lonely planet

Zentralamerika
für wenig Geld

Steve Fallon, Bridget Gleeson, Paul Harding, John Hecht, Tom Masters, Tom Spurling, Lucas Vidgen, Mara Vorhees

REISE-PLANUNG

Willkommen in Zentralamerika 6

Zentralamerika-Karte 8

Zentralamerikas Top 16 . . . 10

Gut zu wissen 18

Zentralamerika für Einsteiger 20

Wie wär's mit 22

Monat für Monat 25

Reiserouten 28

Große Abenteuer für wenig Geld 36

Outdooraktivitäten 39

Zentralamerika im Überblick 44

KUNSTHANDWERKSLADEN CANCÚN, MEXICO S. 50

TUUL & BRUNO MORANDI/GETTY IMAGES ©

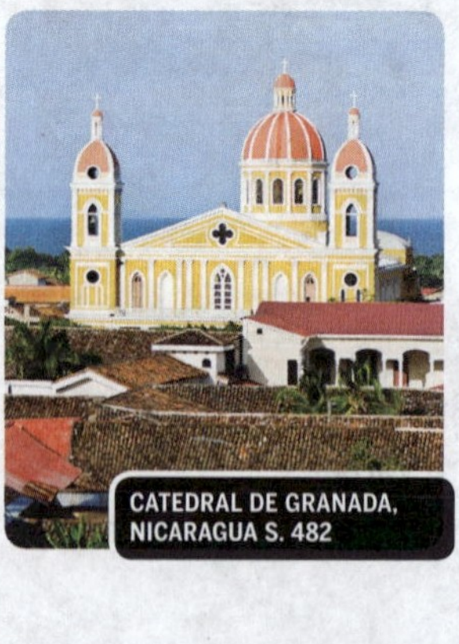

CATEDRAL DE GRANADA, NICARAGUA S. 482

KRYSIA CAMPOS/GETTY IMAGES ©

REISEZIELE IN ZENTRALAMERIKA

MEXIKO: YUCATÁN & CHIAPAS 48

Yucatán 50
Cancún 50
Isla Mujeres 57
Puerto Morelos 59
Playa del Carmen 60
Isla Cozumel 62
Tulum 65
Cobá 66
Laguna Bacalar 68
Mahahual 69
Valladolid 70
Chichén Itzá 72
Mérida 73
Campeche 81
Chiapas 84
San Cristóbal de las Casas 84
Lagos de Montebello 90
Yaxchilán 91
Palenque 91
Agua Azul & Misol-Ha 95
Yucatán & Chiapas verstehen 96
Praktische Informationen 97

GUATEMALA 102

Guatemala-Stadt 106
Antigua 118
Hochland 132
Lago de Atitlán 133
Chichicastenango 150
Santa Cruz del Quiché 154
Nebaj 156
Uspantán 157
Quetzaltenango (Xela) 158
Huehuetenango 168
Todos Santos Cuchumatán 171
Pazifikebene 173
Retalhuleu 173
Parque Arqueológico Takalik Abaj 174
Champerico 175
Santa Lucía Cotzumalguapa 175
La Democracia 177
Sipacate 177
Escuintla 178
Monterrico 178
Zentral-Guatemala 181
Salamá & Umgebung . . . 181
Biotopo del Quetzal 181
Cobán 182
Ost-Guatemala 189
Chiquimula 189
Esquipulas 190
Quiriguá 193
Lago de Izabal 194
Puerto Barrios 198
Punta de Manabique 200
Lívingston 200
El Petén 204
Sayaxché 204
Ceibal 205
Finca Ixobal 205
Flores & Santa Elena 205
El Remate 213
Tikal 214
Uaxactún 222
Yaxhá 223
El Mirador 225
Guatemala verstehen 226
Praktische Informationen 226

BELIZE 245

Belize City 247
Die nördlichen Cayes . . . 254
Caye Caulker 254
Ambergris Caye & San Pedro 259
Nord-Belize 265

Inhalt

Bermudian Landing 265
Altun Ha 265
Lamanai 265
Orange Walk 266
Corozal 268
Sarteneja 270
Von Belize City nach Belmopan 271
West-Belize (Cayo District) 272
Belmopan 272
Hummingbird Hwy 275
San Ignacio 276
Mountain Pine Ridge & Caracol 282
Nach Westen bis Guatemala 283
Süd-Belize 284
Dangriga 284
Zentrale Cays 287
Hopkins & Sittee Point . . . 287
Placencia 290
Punta Gorda 293
Dörfer in Toledo 297
Belize verstehen 298
Praktische Informationen 301

EL SALVADOR 305

San Salvador 307
Rund um San Salvador 324
Los Planes de Renderos 325
La Libertad 325
La Costa del Bálsamo . . . 327
Santa Tecla 330
Westliches El Salvador 331
Parque Nacional Los Volcanes 331
Lago de Coatepeque 332
Santa Ana 333
Metapán 336
Chalchuapa 337
Ruta de Las Flores 338
Sonsonate 344
Tacuba 345
Parque Nacional El Imposible 346
Östliches El Salvador . . . 347
San Vicente 347
Alegría 348
Isla Montecristo 349
Usulután 350
Bahía de Jiquilisco 350
San Miguel 351
La Unión 354
Strände rund um La Union 355
Inseln im Golfo de Fonseca 356
Morazán 357
Nördliches El Salvador 359
Suchitoto 359
Chalatenango 361
La Palma 363
El Salvador verstehen 365
Praktische Informationen 371

HONDURAS 379

Tegucigalpa 381
Westliches Honduras 394
Comayagua 394
La Esperanza 395
Marcala 396
Lago de Yojoa 397
San Pedro Sula 400
Copán Ruinas 404
Archäologische Stätte Copán 410
Gracias 414
Nördliches Honduras . . . 418
Omoa 419
Puerto Cortés 419
Tela 420
La Ceiba 423
Trujillo 431
Islas de la Bahía 434
Roatán 434
Utila 440
La Moskitia 446
Laguna de Ibans 447
Reserva de la Biosfera del Río Plátano 447
Palacios 448
Brus Laguna 448
Puerta Lempira 448
Südliches Honduras & Isla del Tigre 449
Honduras verstehen . . . 450
Praktische Informationen 456

NICARAGUA 463

Managua 465
Granada & die Region Masaya 479
Granada 479
Masaya 490
Parque Nacional Volcán Masaya 492
Südwestliches Nicaragua 493
Rivas 493
San Jorge 494
Isla de Ometepe 494
Südliche Pazifikküste . . . 501
San Juan del Sur 501
León & nordwestliches Nicaragua 506
León 506
Poneloya & Las Peñitas 514
Die Strände der Halbinsel Cosigüina 515
Nördliches Nicaragua 516

REISEZIELE IN ZENTRALAMERIKA

Estelí.................. 517
Área Protegida Miraflor... 521
Área Protegida Cerro Tisey-Estanzuela 523
Somoto 524
Jinotega............. 525
Matagalpa 526
Karibikküste 529
Bluefields............. 530
Pearl Lagoon.......... 532
Corn Islands 534
Bilwi (Puerto Cabezas) ... 539
San Carlos & Umgebung........... 540
San Carlos............ 541
Islas Solentiname....... 542
Río San Juan........... 543
Nicaragua verstehen... 545
Praktische Informationen........ 553

COSTA RICA 558

San José............ 562
Valle Central & Hochland 576
Alajuela 576
Parque Nacional Volcán Poás............ 580
Parque Nacional Braulio Carrillo......... 581
Cartago 582
Valle de Orosi 582
Turrialba.............. 583
Karibikküste 585
Tortuguero............. 585
Puerto Limón 588
Cahuita............... 589
Puerto Viejo de Talamanca............ 593
Sixaola 598
Arenal & das nördliche Tiefland 598
La Fortuna & Volcán Arenal 598
Tilarán 603
Los Chiles 603
Valle de Sarapiquí 604
Nordwestliches Costa Rica........... 606
Monteverde & Santa Elena........... 607
Liberia 614

NICK LEDGER/GETTY IMAGES ©

VOLCÁN ARENAL, COSTA RICA S. 598

Inhalt

Parque Nacional Rincón de la Vieja....... 616
La Cruz................ 618
Península de Nicoya... 618
Playa del Coco 619
Playa Tamarindo........ 622
Playa Sámara 626
Mal País & Santa Teresa.......... 628
Montezuma............. 630
Zentrale Pazifikküste... 633
Puntarenas 633
Parque Nacional Carara................ 634
Jacó 634
Quepos................ 637
Manuel Antonio 639
Dominical.............. 642
Uvita.................. 644
Südliches Costa Rica & Península de Osa ... 645
San Isidro de El General 645
San Gerardo de Rivas ... 646
Palmar 650
Sierpe................. 650
Bahía Drake............ 650
Puerto Jiménez......... 652
Parque Nacional Corcovado............. 654
Golfito 655
Pavones............... 656
Paso Canoas........... 657
Costa Rica verstehen ... 657
Praktische Informationen......... 662

PANAMA 671
Panama-Stadt........ 673
Rund um Panama-Stadt 693
Rud um den Kanal 694
Isla Taboga............ 696
Archipiélago de las Perlas.............. 698
Pazifikküste & Hochland 698
El Valle 699
Chitré 701
Pedasí................ 701
Sunset Coast 703
Playa Venao........... 704
Santa Catalina 705
Santa Fé.............. 707
Provinz Chiriquí 708
David 708
Golfo de Chiriquí 710
Playa Las Lajas......... 711
Boquete 711
Parque Nacional Volcán Barú........... 716
Cerro Punta........... 717
Parque Internacional La Amistad 718
Provinz Bocas del Toro 719
Isla Colón............. 719
Isla Carenero.......... 728
Isla Bastimentos 729
Almirante............. 732
Changuinola 733
Provinz Colón 733
Colón................. 733
Portobelo............. 735
Isla Grande 737
Comarca de Guna Yala........... 738
Provinz Darién........ 742
Metetí................ 746
Yaviza................ 746
El Real 747
Rancho Frío........... 748
La Palma 749
Reserva Natural Punta Patiño........... 750
Sambú 750
Panama verstehen 751
Praktische Informationen......... 760

ZENTRALAMERIKA VERSTEHEN

Zentralamerika aktuell 770
Geschichte........... 772
Menschen & Kultur ... 780

PRAKTISCHE INFORMATIONEN

Allgemeine Informationen........ 788
Verkehrsmittel & -wege 800
Sprache 806
Register 817
Kartenlegende 829

SPECIALS

Große Abenteuer für wenig Geld............ 36
Outdooraktivitäten 39
3D-Illustration von Chichén Itzá, Mexiko... 74
3D-Illustration von Tikal, Guatemala...... 216

Willkommen in Zentralamerika

Türkisfarbenes Meer und üppige Nebelwälder, großartige Maya-Ruinen, bunte Märkte und Kaffeeplantagen – Zentralamerika beeindruckt mit einem extrem vielfältigen Angebot.

Outdoorabenteuer

Acht Länder mit über 300 Vulkanen und zwei ausgedehnten tropischen Küsten – hier findet jeder sein persönliches Abenteuer, egal ob man in einem Einbaum tief in indigene Gebiete vordringt oder die Ruinen spanischer Festungen erforscht. Man kann an Seilrutschen durch die Regenwälder rauschen, mit Meeresschildkröten schwimmen oder in fabelhaften Nebelwäldern wandern. Tiere begegnen einem überall: ein prächtiger Quetzal an einem Hochlandweg, Brüllaffen im Dschungel oder ein Wal, der eine Fährfahrt zum Event macht – der Abenteuerlust sind keine Grenzen gesetzt.

Maya-Ruinen

Das Territorium der Mayas zog sich vom heutigen Mexiko bis nach Honduras – Ruinen finden sich in fünf zentralamerikanischen Ländern: von den versunkenen Tempeln von Tikal im guatemaltekischen Dschungel bis zu Palenque und Tulum in Mexiko. Lebensgroße Jaguar-Statuen beeindrucken Besucher in Copán und Chichén Itzá gilt zu Recht als eines der „Sieben neuen Weltwunder". Hier ist eine 4000 Jahre alte Kultur zu entdecken, die bedeutendste präkolumbische Zivilisation überhaupt. Wer sie erkundet, taucht in eine faszinierende Welt voller Mysterien ein.

Vielfältige Kulturen

Zentralamerika ist gerade mal so groß wie Spanien, aber die kulturelle Vielfalt ist umwerfend. Das indigene Kernland der Region ist Guatemala, wo noch über 20 Maya-Sprachen gesprochen werden. Auch die Spanier hinterließen ihre Spuren: majestätische Plazas, leidenschaftliche Schönheitswettbewerbe und die Siesta. An der Karibikküste sind mit den Trommelrhythmen der Garifuna afrikanische Spuren erkennbar. Und im letzten Jahrhundert kam noch der Rest der Welt hinzu: Asiaten, Europäer und Nordamerikaner – und mit ihnen eine Modernität, die Panama-Stadt in eine kosmopolitische Metropole verwandelte.

Sonne & Meer

Mit coolen Karibik-Vibes auf der einen und eindrucksvollen Pazifikwellen auf der anderen Seite bietet Zentralamerika eine phantastische Vielfalt an Stränden. Von einsamen *playas* bis zu Vollmondpartys: Diese Region bietet Sonnenanbetern jedes nur erdenkliche Stranderlebnis. Und im Wasser wartet dazu noch eine ganz eigene geheimnisvolle Welt. Vor Honduras kann man mit Walhaien tauchen, vor Belize im zweitgrößten Korallenriff der Welt schnorcheln, in Costa Rica auf Weltklassewellen reiten oder vor Panama inmitten unberührter Inseln die Segel setzen. Ein Paradies!

Warum ich Zentralamerika liebe

Von Mara Vorhees, Autorin

An einem klaren Tag sind vom Gipfel des Volcán Barú in Panama in einem weiten Rundumblick sowohl das Karibische Meer als auch der Pazifik zu sehen. Mir gefällt vor allem, dass diese kleine Landenge, die an ihrer schmalsten Stelle nur 50 km breit ist, einen ganzen Kontinent voller Abenteuer, Geschichte und natürlicher Lebensräume enthält. Ob man nun eine Woche oder ein Jahr unterwegs ist: Man wird in dieser so vielfältigen und an allen möglichen Schätzen reichen Region immer nur an der Oberfläche kratzen.

Weitere Informationen über unsere Autoren siehe S. 830.

Frau in traditioneller Maya-Kleidung, Panajachel (S. 134), Guatemala

Zentralamerika

0
200 km
84°W
82°W
80°W
78°W
76°W
KARIBIK
20°N
18°N
16°N
14°N
12°N
10°N
Caye Caulker
Ein idyllisches Inselparadies
(S. 254)
Bay Islands
Ein Mekka für Taucher
(S. 434)
JAMAIKA
KINGSTON
Islas Santanilla
(Swan Islands, Honduras)
Guanaja
Isla de Ometepe
Binnenseeinsel mit reichlich
Abenteuer-Optionen (S. 494)
Laguna de Caratasca
La Moskitia
Río Patuca
Río Coco (Segovia)
Cayos Miskitos
(Nicaragua)
Parque Nacional
Manuel Antonio
Spektakuläre Strände (S. 639)
Bilwi
(Puerto
Cabezas)
NICARAGUA
Isla de
Providencia
(Kolumbien)
Isla de
San Andrés
(Kolumbien)
Archipiélago de
Bocas del Toro
Türkisfarbenes Meer (S. 719)
Pearl Lagoon
Boaco
Rama
Bluefields
Corn Islands
(Islas del Maíz,
Nicaragua)
Lago de
Nicaragua
Isla de
Ometepe
San
Carlos
El Castillo
Los Chiles
Bahía
Punta
Gorda
Panama-Stadt
Kosmopolitische Hauptstadt
und Panamakanal (S. 673)
Liberia
El Coco
Volcán Arenal
(1633 m)
Tortuguero
Parque Nacional
Tortuguero
Península
de Nicoya
Puntarenas
SAN
JOSÉ
Puerto Limón
Cahuita
Montezuma
Golfo
de Nicoya
Quepos
COSTA
RICA
Volcán
Barú
(3475 m)
Bocas del
Toro
Golfo de
los Mosquitos
Colón
Archipiélago
de San Blás
Lago
Bayano
PANAMA-
STADT
Comarca de
Guna Yala
Río
Chucunaque
San Vito
Boquete
Parque Nacional
Corcovado
Península
de Osa
David
PANAMA
Penonomé
Bahía de
Panamá
La Palma
Santiago
Chitré
Archipiélago
de las Perlas
Yaviza
Golfo de
Chiriquí
Península
de Azuero
Golfo de
Panamá
KOLUMBIEN
Reserva Biológica Bosque
Nuboso Monteverde
Mystischer Nebelwald (S. 607)
Isla de
Coiba
Santa
Catalina

Zentralamerikas Top 16

Bocas del Toro, Panama

1 Kein Wunder, dass diese karibische Inselkette (S. 719) das Urlaubsziel Nummer eins in Panama ist. Auf der Isla Bastimentos kann man beim improvisierten Calypso mitsummen und am Wasser in einer strohgedeckten Hütte ein entspanntes Abendessen genießen. An Unterkünften gibt's alles von billigen Bleiben bis zu den Luxusresorts auf den äußeren Inseln. Wer nicht surft, kann inmitten großer prächtiger Korallen und übergroßer Seesterne schnorcheln oder bei Freiwilligenprojekten Meeresschildkröten retten.

Tikal, Guatemala

2 Die restaurierten Dschungeltempel (S. 214) beeindrucken auch heute noch durch ihre monumentale Größe und ihre architektonische Brillanz, von der man sich frühmorgens an der Gran Plaza überzeugen kann. Sie sind Zeugnis der kulturellen und künstlerischen Höhen, zu denen sich diese rund 1600 Jahre lang bestehende Dschungelkultur aufschwang. Ein Highlight ist der Blick vom hoch aufragenden Tempel IV am Westrand der Anlage. Ebenso faszinierend ist die vielfältige Tierwelt, der man zwischen den verschiedenen Zeremonialbezirken begegnet.

1

TYLER STABLEFORD/GETTY IMAGES ©

2

3

MLENNY/GETTY IMAGES ©

4

SORINCOLAC/GETTY IMAGES ©

Granada, Nicaragua

3 Granada (S. 479) übt eine starke Anziehungskraft aus. Den Reiz der Stadt machen vor allem malerische Kopfsteinpflasterstraßen und bunte Kolonialhäuser und -kirchen aus, die die bewegte Vergangenheit Granadas in die Gegenwart transportieren. Am besten lässt sich das alles zu Fuß erkunden: Mit einem Bummel zu Galerien, Restaurants und Kolonialkirchen lässt sich problemlos fast ein ganzer Tag füllen. Und in der Nähe harren Wildnisgebiete, Inseln, Vulkane und Kunsthandwerksdörfer der Erkundung. Oben: Catedral de Granada (S. 482)

Bay Islands, Honduras

4 Ein karibischer Traum: zuerst an einem weißen Sandstrand in türkisfarbenem Wasser baden und dann den Sonnenuntergang mit einem Drink begrüßen. Die Bay Islands (S. 434) mit ihrer faszinierenden britischen und Piratengeschichte sind heute für ihre Korallenriffe und Tauchreviere berühmt. Vor Utila kann man nach großen Walhaien suchen oder man erkundet vor Roatán Schiffswracks. Und abends genießt man frische Meeresfrüchte und macht die überraschend lebendige Kneipenszene der Inseln unsicher. Unten: Roatán (S. 434)

BOHEMIAB/GETTY IMAGES ©

HBRIZARD/GETTY IMAGES ©

Palenque, Mexiko

5 Bei der Besichtigung dieser beeindruckenden Ruinen (S. 91) taucht man in die Welt der Mayas ein. Pyramiden erheben sich aus den Wipfeln des Dschungels und Brüllaffen liefern den passenden Sound dazu. Im labyrinthischen Palacio schaut man hoch zu dessen einzigartigem Turm. Vom Templo de las Inscripciones, dem Mausoleum für Pakal, den mächtigsten Herrscher von Palenque, bietet sich ein toller Blick über die weitläufige Anlage. Bergab lockt der Fluss Otulum mit seinen Wasserfällen und den Abschluss bildet ein Besuch in den hervorragenden Museen.

Parque Nacional Manuel Antonio, Costa Rica

6 Nicht umsonst ist der Parque Nacional Manuel Antonio (S. 639) der beliebteste Nationalpark Costa Ricas: Dieses grüne Juwel ist mit atemberaubenden Stränden, tollen Wanderwegen und jeder Menge Tieren gesegnet. An einem perfekten Tag folgen auf die Ausschau nach Tieren ein entspanntes Picknick unter wogenden Palmen und ein Bad im Pazifik. Fürs Abendessen bietet sich ein Restaurant auf einer Klippe an, während die Sonne den Horizont in ein Flammenmeer taucht. *Pura vida* fürwahr. Unten: Leguan

Panama-Stadt, Panama

7 Panama-Stadt (S. 673) ist wie Lateinamerika mit extrahoher Drehzahl, mit Menschenmassen, Kasinos und einer Skyline aus Wolkenkratzern. Die rund eine Million Einwohner zählende Stadt steht im Zeichen des Wandels, mit neuen Parkanlagen am Wasser, einem neuen Museum der Artenvielfalt und einer neuen U-Bahn. Zudem gleich vor der Haustür: eins der größten Wunder der Ingenieurskunst aller Zeiten, der Panamakanal. Und all das neben der schönen Kolonialarchitektur von Casco Viejo und den Ruinen von Panamá Viejo.

Monteverde, Costa Rica

8 Die Reserva Biológica Bosque Nuboso Monteverde (S. 607) liegt auf der kontinentalen Wasserscheide Costa Ricas. Hier wehen warme, feuchte Passatwinde von der Karibik hinauf, wo sie abkühlen und zu Wolken kondensieren, die sich hier und über der nahen Reserva Santa Elena sammeln. Das Resultat sind zwei wunderbare Nebelwälder mit einer umwerfenden Artenvielfalt, in denen flechtenüberwucherte Bäume himmelwärts streben, exotische Vögel Gesänge anstimmen und Orchideen und Bromelien blühen.

7

MAISANT LUDOVIC/HEMIS.FR/GETTY IMAGES ©

8

MARICEL QUESADA/500PX ©

JOHN COLETTI/GETTY IMAGES ©

LOCA4MOTION/GETTY IMAGES ©

ADRIANNA WILLIAMS/GETTY IMAGES ©

Playa El Tunco, El Salvador

9 Die Playa El Tunco (S. 327) ist der berühmteste Strand in El Salvador, bekannt für seine ausgelassenen Wochenendpartys, Weltklasse-Surfbedingungen und die vielen Besucher aus dem Ausland. Wer lieber chillen möchte: In vielen der umliegenden Strandsiedlungen geht es weit weniger hektisch zu. Barra de Santiago am westlichen Ende ist wild und windgepeitscht, Meereschildkröten legen hier an der Küste ihre Eier ab. Weiter östlich finden sich einsame Traumstrände, die man ganz für sich allein hat.

Lago de Atitlán, Guatemala

10 Der Atitlán (S. 133), vielleicht das schönste Ziel in Guatemala, entlockt selbst den abgebrühtesten Reisenden poetische Ausbrüche. Der teils stille, teils stürmische See ist umgeben von Vulkanen und Dörfern wie Santiago Atitlán mit seiner blühenden indigenen Kultur und San Marcos La Laguna, einem Mekka für Leute auf der Suche nach der kosmischen Energie des Sees. Und dazu sorgen Paragliding in Santa Catarina Palopó, Kajaktouren um Santa Cruz La Laguna und Wanderungen auf den herrlichen Uferwegen für Abwechslung. Rechts oben: Volcán San Pedro (S. 133)

Costa Maya, Mexiko

11 Diese Region sollte man ansteuern, solange sie noch so aussieht wie jetzt. Im Gegensatz zum touristischen Cancún und der Riviera Maya findet man hier noch stille Fischerdörfer, die sich einer nachhaltigen Erschließung verschrieben haben, wie das reizende Mahahual (S. 69). Hier kann man entschleunigen, an grandiosen weichen Stränden relaxen und sich an allerfrischesten Meeresfrüchten laben. Vor der Küste können Taucher und Schnorchler den Banco Chinchorro erkunden, das größte Korallenatoll der nördlichen Erdhalbkugel.

JOHN COLETTI/GETTY IMAGES ©

MATTHEW MICAH WRIGHT/GETTY IMAGES ©

ORLANDO SIERRA/STAFF/GETTY IMAGES ©

Ruta de las Flores, El Salvador

12 Eine Fahrt vorbei an Kaffeeplantagen und Bergdörfern klingt vielleicht nicht superspannend, aber die 60 km lange „Blumenroute" (S. 338) über die vulkanische Apanecakette wartet mit Wasserfällen, Abendmärkten, kulinarischen Festen und Wanderwegen auf. Am nördlichen Ende der Strecke liegt Tacuba, ein Tor zum spektakulären Parque Nacional El Imposible an der Grenze zu Guatemala. Und an der Südspitze liegen das raue Sonsonate und ganz in der Nähe der Lago de Coatepeque, ein unberührter Vulkansee. Oben: Mädchen in Juayúa (S. 343)

Isla de Ometepe, Nicaragua

13 Die beliebte, entspannte Insel (S. 494) im Lago de Nicaragua hat alles: archäologische Stätten, Wasserfälle, Vögel, Affen und ans Ufer plätschernde Wellen. Abenteuerlustige können zwei Vulkane erklimmen, üppige Berghänge durchstreifen, an Ziplines entlangrauschen und das Paradies per Kajak, Fahrrad oder zu Fuß erkunden. Dazu locken coole Hostels, Campingplätze und eine relaxte Travellerszene. Hier gibt es alles von exklusiven Lodges bis zu Hippie-Hütten; auf Ometepe ist Platz genug für alle. Rechts oben: Volcán Concepción (S. 495)

Copán, Honduras

14 In Zentralamerika gibt es zwar hunderte Mayastätten, aber nur wenige können es in puncto Schönheit mit Copán (S. 410) aufnehmen. Die Lage in einem idyllischen Flusstal inmitten kiefernbewachsener Hügel mit Hellroten Aras und anderen herrlichen Vögeln ist einfach fabelhaft. Auch die Stätte selbst hat einiges zu bieten, z. B. eine hoch aufragende Hieroglyphentreppe und eine große Plaza mit imposanten, wunderbar verzierten Stelen und Altären. Eine reizende Basis für die Erkundung der Mayatempel ist das nette Städtchen Copán Ruinas ganz in der Nähe.

Caye Caulker, Belize

15 Direkt von den Bootsanlegern ins Wasser eintauchen, beim Kitesurfen den Adrenalinkick suchen und das belizische Barriereriff erkunden: Das relaxte Caye Caulker (S. 254) verzaubert mit seinen paradiesischen Reizen alle Besucher. Im berühmten Blue Hole schwimmen Taucher unter Stalaktiten inmitten von Tiger- und Hammerhaien. Freunde des guten Essens genießen Kebabs mit Kokosnuss und gegrillten Hummer. Caye Caulker liegt zentraler als Placencia und ist entspannter als Ambergris Caye.

Altun Ha, Belize

16 Altun Ha (S. 265) ist zwar nicht die größte Mayastätte in Belize, jedoch die bekannteste. Die 607 ha große Anlage nicht weit von Belize City umfasst einen zentralen Zeremonialbezirk mit zwei Plazas zwischen zwei Tempeln, dem Temple of the Green Tomb und dem Temple of the Masonry Altars – Letzterer findet sich auch auf dem Label von Beliken Beer und einer belizischen Banknote. Nach einem langen Tag voller Erkundungen kann man sich im Maruba Spa, 24 km nördlich der Ruinen, verwöhnen lassen.

15

16

Gut zu wissen

Weitere Infos siehe Praktische Informationen (S. 787)

Auto

Mit einem Mietwagen darf man das jeweilige Land gewöhnlich nicht verlassen.

Bus

Das Haupttransportmittel in der Region. Von komfortablen, klimatisierten Fernbussen bis zu abgewrackten früheren Schulbussen.

Flugzeug

Wegen der langgestreckten Form der Region kann man sich durch einen Flug u. U. mehrere Stunden Reisezeit sparen. Jedes Land hat mindestens einen internationalen Flughafen, außerdem Inlands- und Charterflüge.

Schiff/Fähre

Zu Inseln und Landesgrenzen verkehren teils unterschiedlichste Boote.

Zug

Beschränkt auf die Strecke von Panama-Stadt nach Colón in Panama.

Reisezeit

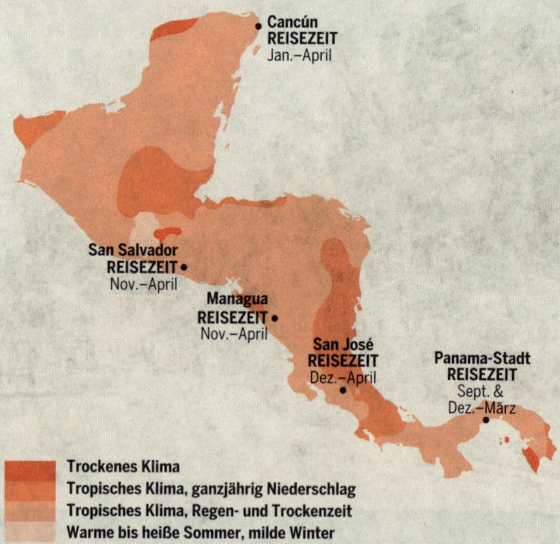

Hochsaison

(Sommer: Mitte Dez.–Mitte April)

- Trockenzeit im Großteil der Region.
- Größere Nachfrage nach Hotels und um 25 bis 50 % höhere Preise.
- An den beliebtesten Zielen erheblich mehr Touristen.

Absolute Hochsaison

(Ferien)

- Weihnachten, Neujahr und Osterwoche.
- Hotelpreise können sich verdoppeln.
- Resorts, Festivalorte und Strände sind voll mit Urlaubern aus dem Inland.

Nebensaison

(Winter: Mitte April–Anfang Dez.)

- Regenzeit im Großteil der Region; Hurrikansaison zwischen Juni und November.
- Viele Ziele sind trotzdem gut zu bereisen – siehe regionale Klimakarten.
- Günstigere Übernachtungspreise.

Websites

Planeta (www.planeta.com) Artikel über die Region: Events, Infos und Links, mit Schwerpunkt auf nachhaltigem Reisen.

Authentic Maya (www.authenticmaya.com) Alle möglichen Artikel über die Kultur der alten Mayas

OAS (Organization of American States; www.oas.org) Regionale Fragen und Kulturevents.

Lonely Planet (www.lonelyplanet.com/central-america) Traveller-Forum, Reisenachrichten und nützliche Links.

Visa

- Gewöhnlich nicht erforderlich für Aufenthalte von bis zu 90 Tagen. Aufenthaltsdauer in Belize 30 Tage.
- Centro America 4 (CA-4; S. 797) Regionales Abkommen zwischen Guatemala, Nicaragua, Honduras und El Salvador; die 90-Tage-Regelung bezieht sich auf die gesamte CA-4-Region.

Geld

Geldautomaten sind außer in abgelegenen Gebieten weit verbreitet. Kreditkarten werden vorwiegend von gehobenen Hotels, Restaurants und Tourenanbietern angenommen. Bei informellen Transaktionen darf gefeilscht werden.

Tagesbudget

Budget: 30–50 US$

- Dormbett: ab 10 US$
- Tagesmenüs oder Streetfood: 4–8 US$
- Öffentliche Verkehrsmittel: 5–15 US$

Mittelklasse: 50–180 US$

- Doppelzimmer in Mittelklassehotel: ab 30 US$ (ab 50 US$ in Belize, Costa Rica und Panama)
- Restaurantessen: 8–20 US$
- Nationalparkseintritt oder Surfunterricht: 15–25 US$

Spitzenklasse: ab 180 US$

- Doppelzimmer in Top-Hotel, -Resort oder -Lodge: ab 60 US$ (ab 120 US$ in Belize, Costa Rica und Panama)
- Geführte Wanderungen und Touren: 30–60 US$

Spartipps

- In der billigeren Nebensaison reisen
- Mit Bussen und anderen öffentlichen Verkehrsmitteln fahren
- Wanderungen und Touren auf eigene Faust unternehmen statt einen Führer anzuheuern
- In Hostels oder Zimmern ohne eigenes Bad übernachten
- An Straßenständen essen, picknicken und selbst kochen

Ankunft in Zentralamerika

Dies sind die wichtigsten Flughäfen der Region:

Philip Goldson International Airport Belize City (S. 254)

Aeropuerto Internacional Juan Santamaría San José, Costa Rica (S. 574)

Aeropuerto Internacional Daniel Oduber Quirós Liberia, Costa Rica (S. 616)

Aeropuerto Internacional Comalpa San Salvador, El Salvador (S. 376)

Aeropuerto Internacional La Aurora Guatemala-Stadt, Guatemala (S. 116)

Aeropuerto Internacional Mundo Maya Flores, Guatemala (S. 212)

Aeropuerto Internacional Ramón Villeda Morales San Pedro Sula, Honduras (S. 402)

Aeropuerto Internacional Toncontín Tegucigalpa, Honduras (S. 392)

Aeropuerto Juan Ramón Galvez Roatán, Honduras (S. 801)

Aeropuerto Internacional de Cancún Cancún, Mexiko (S. 56)

Aeropuerto Augusto C. Sandino Managua, Nicaragua (S. 479)

Tocumen International Airport Panama-Stadt, Panama (S. 691)

Aeropuerto Enrique Malek David, Panama (S. 710)

Nachhaltig reisen

Über Land fahren Mit dem Bus fahren statt fliegen

Richtig spenden Kindern Geld zu geben fördert das Betteln; besser direkt an Schulen oder Krankenhäuser spenden

Lokale Anbieter bevorzugen In Familienbetrieben essen und übernachten und kommunale Angebote nutzen

Freiwilligenarbeit Z. B. Schutz von Schildkröten, Englischunterricht oder in einer gemeinnützigen Organisation

Müll reduzieren Eine wiederbefüllbare Trinkflasche kaufen oder mitbringen

Traditionen achten In Kirchen und traditionellen Siedlungen angemessene Kleidung tragen

Neugierig sein Mit den Einheimischen in Kontakt treten und ein bisschen deren Sprache sprechen

Mehr zum Thema
Unterwegs vor Ort
siehe S. 803

Zentralamerika für Einsteiger

Weitere Infos siehe Praktische Informationen (S. 787)

Checkliste

- Ist der Reisepass noch mindestens sechs Monate nach dem Datum der Ankunft gültig?
- Visaregelungen und amtliche Reisehinweise prüfen
- Auslandsreisekrankenversicherung abschließen
- Höchstgewicht für Gepäck und Regelungen für Mitnahme von Camping- und Outdoorausrüstung prüfen
- Sind Impfungen nötig?
- Schließt der Kreditkartenvertrag Mietwagenversicherung ein?

An alles gedacht?

- Sprachführer
- Flipflops oder Sandalen
- Poncho oder Regenjacke
- Fernglas
- Insektenschutz mit DEET
- Trinkflasche
- Wer ein Auto mieten möchte: Führerschein
- Bestimmungsbuch Flora und/oder Fauna
- Akkus und Ladegeräte
- Taschenlampe

Top-Tipps für die Reise

- So viel Spanisch lernen wie möglich, auch wenn es nur ein paar einfache Ausdrücke sind. Die können u. U. sehr nützlich sein.
- Nur die Hälfte der Kleidung mitnehmen, die man zu brauchen glaubt. Wäsche kann man vor Ort billig waschen lassen.
- Bei den Unterkünften nicht ausschließlich auf E-Mail und Internet vertrauen – falls man keine Antwort erhält, telefonisch nachfragen!
- Die örtlichen Märkte besuchen, nicht nur, um billig Frisches zu essen, sondern auch in den Alltag der Einheimischen einzutauchen.
- Belize, Costa Rica und Mexiko sind erheblich teurer als die anderen Länder der Region. Am billigsten sind Guatemala, Honduras und Nicaragua.

Kleidung

Die Einheimischen tragen außer am Strand kaum Shorts. Leichte lange Hosen oder Röcke und kurzärmelige Shirts mitnehmen.

In den Hauptstädten kann es abends in Restaurants, Bars und Clubs recht formell zugehen – dementsprechend formellere Abendkleidung einpacken.

Fürs Hochland braucht man eine Fleecejacke und leichte Outdoorjacke. Beim Wandern schützen lange Ärmel und eine schnell trocknende lange Hose vor Insekten.

Etikette

- **Um Hilfe bitten** Man sagt *disculpe*, um jemanden anzusprechen, und *perdón*, um um Entschuldigung zu bitten.
- **Distanz** Der als angemessen empfundene Körperabstand zu den Mitmenschen ist geringer als in Europa oder Nordamerika.
- **Indigene Siedlungen besuchen** Angemessene Kleidung tragen und beim Fotografieren, besonders von Kindern, vorher um Erlaubnis fragen. Feilschen ist vielleicht beim Kauf von Kunsthandwerk möglich, jedoch nicht bei Unterkunft und Essen. Die besten Geschenke für Kinder sind nützliche Dinge wie Stifte, Papier, Notizbücher, Lernspiele und Bücher.
- **Surfen** Anfänger sollten darauf achten, dass sie erfahreneren Surfern und auch Schwimmern nicht in die Quere kommen.

Feilschen

Auf Märkten und an Straßenständen darf gefeilscht werden, jedoch sollte man sich zunächst über angemessene Preise und die Qualität des Angebotenen informieren.

Trinkgeld

- **Restaurants** 10 %, aber zuerst nachschauen, ob das Trinkgeld schon im Rechnungsbetrag enthalten ist.
- **Taxis** Wer möchte, kann den Betrag aufrunden, besonders abends.
- **Guides** Bei Tagestouren 1–2 US$ pro Person, mehr für Guides mit Fachkenntnissen.

Übernachten

Außer für die Hauptreisezeiten – dann sollte man insbesondere in Badeorten zwei bis sechs Monate im Voraus buchen – müssen Unterkünfte kaum reserviert werden.

- **Hotels** Gibt es in allen Variationen. Günstig sind Doppelzimmer in Hostels.
- **Camping** Richtige Campingplätze sind eher selten, jedoch gibt es in Nationalparks und Naturschutzgebieten Einrichtungen für Camper, besonders in Costa Rica.
- **Pensionen/B&Bs** Eine gute Mittelklasseoption, gewöhnlich von Familien geführt und klein.
- **Hostels** Nicht nur für junge Traveller; von ruhigen Häusern bis zu Partyhostels.
- **Lodges** Von rustikal bis luxuriös; gut fürs Eintauchen in die Natur, zumeist im Dschungel und im Hochland.

MATTEO COLOMBO/GETTY IMAGES ©

Die Ruinen von Uxmal (S. 78), Mexiko

Der Sound Zentralamerikas

Man denkt vor allem an Salsa, Calypso, Soca und Steeldrums. Aber heute gibt es noch viel mehr. Sehr beliebt sind Reggaetón und Punta, stark beeinflusst von afrokaribischer Perkussion. Interessant sind z. B.:

Rubén Blades Panamaische Salsa-Ikone und ehemaliger Präsidentschaftskandidat

Café Tacvba Mexikanische Rockband mit modernen Beats

Gaby Moreno Singer-Songwriterin aus Guatemala mit üppigem Latino-Sound

Sonido Gallo Negro Psychedelische *cumbia*-Band mit perkussivem Sound

Rodrigo y Gabriela Schnelle, rhythmische Akustik-Gitarrenmusik

Aurelio Martínez Seine Alben *Garifuna Soul* und *Laru Beya* sind weltweit in den höchsten Tönen gepriesen worden

Sprache

Außerhalb des englischsprachigen Belize ist Spanisch die wichtigste Sprache Zentralamerikas. Ein paar Brocken Spanisch zu können ist nicht nur höflich, sondern auch erforderlich. An der Karibikküste wird teils Englisch gesprochen.

Wer eine indigene Siedlung besucht, sollte vorher ein paar Wörter in der jeweiligen Sprache lernen – das erleichtert den Zugang.

Wie wär's mit ...

Schnorcheln

Isla Holbox, Mexiko Abgelegene Golfinsel mit Meeresschildkröten, Mantarochen und Barrakudas. (S. 57)

Utila, Honduras Das ultimative Schnorchelerlebnis: die Begegnung mit riesigen Walhaien. (S. 440)

Belize Ein wundervolles endloses Riff macht Belize zum Paradies für Schnorchler. (S. 245)

Parque Nacional Coiba, Panama Nicht leicht zu erreichen, aber dieser Meerespark bietet wunderbare Bedingungen. (S. 705)

Wandern

Volcán Mombacho, Nicaragua Gut zugänglicher Nebelwald mit tollen Wanderwegen und noch besseren Möglichkeiten zur Vogelbeobachtung. (S. 487)

Parque Internacional La Amistad, Panama Echte Wildniswanderwege, zu erreichen übers Hochland oder von der Karibikküste aus. (S. 718)

Parque Nacional Cusuco, Honduras Dramatische Bergpfade vorbei an Riesenfarnen, Zwergwäldern und versteckten Quetzals. (S. 400)

Parque Nacional Chirripó, Costa Rica Ein echtes Abenteuer: der Weg auf den Cerro Chirripó, den höchsten Berg Costa Ricas. (S. 647)

Volcán Tajumulco, Guatemala Recht einfache Wanderung zum höchsten Punkt Zentralamerikas, besonders wenn man sich zwei Tage Zeit lässt. (S. 159)

Juayúa, El Salvador Perfekt für Tageswanderungen mit freundlichen Guides zu Kaffeeplantagen und Wasserfällen. (S. 343)

Tierbeobachtung

Península de Osa, Costa Rica Affen und Aras, Faultiere und Schlangen – auf der ganzen Halbinsel gibt es jede Menge Tiere. (S. 645)

Refugio de Vida Silvestre La Flor, Nicaragua Nistplatz der Oliv-Bastardschildkröte. (S. 506)

Isla Bastimentos, Panama Im Juli und August legen an der Nordküste Unechte und Echte Karettschildkröten sowie Suppen- und Lederschildkröten ihre Eier ab. (S. 729)

Moskitia, Honduras Riesige Feuchtgebiete, Savannen und Tropenwälder – der beste Ort für die Suche nach Jaguaren und Tapiren. (S. 446)

Monterrico, Guatemala Eine Schildkröte retten, einen Wal erspähen oder in den Mangroven Vögel beobachten. (S. 178)

Playa El Cuco, El Salvador In der Trockenzeit schlüpfen Schildkröten. Delfine und Adler schauen ihnen dabei zu. (S. 355)

Tauchen

Roatán, Honduras Erstklassiges Steilwandtauchen am Rand des Cayman-Grabens, Korallen und jede Menge Meerestiere. (S. 434)

Blue Hole, Belize In diesem tiefblauen Cenote schwimmt man unter Stalaktiten zusammen mit Stier- und Hammerhaien. (S. 262)

Isla Cozumel, Mexiko Die berühmten Riffe vor dieser Insel locken Tauchfreaks aus aller Welt an. (S. 62)

Isla del Caño, Costa Rica Meeresschildkröten und Buckelwale machen diese Insel zu einem beliebten Ziel auf Tauchtrips. (S. 651)

Lago de Atitlán, Guatemala Hier locken das reizende Santa Cruz La Laguna und zum Tauchen ein wunderbarer Bergsee. (S. 133)

Oben: Hellroter Ara, Costa Rica

Unten: Kolonialgebäude, Mérida (S. 73), Mexiko

Abseits der ausgetretenen Pfade

Pearl Keys, Nicaragua Auf diesen winzigen, idyllischen Karibikinseln kann man Robinson Crusoe spielen. (S. 532)

Bahía de Jiquilisco, El Salvador Tosende Brandung, üppige Mangroven, Fischerdörfer und ein Biosphärenreservat schaffen ein echtes Wunderland. (S. 350)

Darién, Panama Voller indigener Kultur und exotischer Wildnis – diese abgelegene Provinz ist wild und ursprünglich. (S. 742)

Mal País, Costa Rica Unberührte Strände, tolle Brandung und gute Vibes an der Südspitze der Península de Nicoya. (S. 628)

La Campa, Honduras Hübscher *pueblo* im Herzland. Seilrutschen über Canyons, authentische Keramiken und geführte Bergwanderungen. (S. 417)

Kolonialstädte

Antigua, Guatemala Die Kolonialstadt beeindruckt mit Kopfsteinpflasterstraßen, Ruinen und eleganten Kirchen. (S. 118)

Granada, Nicaragua Die herrliche Kolonialstadt geizt nicht mit ihren Reizen. (S. 479)

Suchitoto, El Salvador Malerische Stadt voller Kunstgalerien. An den meisten Wochenenden finden Feste statt. (S. 359)

Casco Viejo, Panama-Stadt Super für Nachteulen, mit Bars, Kneipen, Weinlokalen und Livemusikläden. (S. 673)

Comayagua, Honduras Entspannt und wohlhabend, historischer Kern mit eleganten Kirchen und Gebäuden. (S. 394)

Mérida, Mexiko Das *centro histórico* aus der Kolonialzeit ist eins der größten in ganz Amerika. (S. 73)

Surfen

Dominical, Costa Rica Manche Surfer wollen nie mehr weg aus diesem relaxten Hippie-Ort. (S. 642)

Santa Catalina, Panama Staubiges Dorf ohne Andenkenläden, aber dafür mit Weltklassewellen. (S. 705)

Pavones, Costa Rica Hierher lockt der weltweit längste Lefthander Surfer aus aller Welt. (S. 656)

Playa Hermosa, Nicaragua Außer Wellen gibt es hier eines der besten Strandhostels weit und breit. (S. 505)

Las Flores, El Salvador Das Surfmekka im einsamen Osten zählt zu den besten Lateinamerikas. (S. 355)

Ruinen

Tikal, Guatemala Dieser Superstar unter den Ruinenstätten lohnt mit seinen Tempelpyramiden inmitten des Dschungels einen Besuch. (S. 214)

Chichén Itzá, Mexiko Vor allem zur Tagundnachtgleiche verzaubert die gewaltige Pyramide El Castilo die Besucher. (S. 72)

Copán, Honduras Exquisite Tempelakropolis mit wundervollen Maya-Steinverzierungen. (S. 404)

Tulum, Mexiko Mayaruinen auf einer Klippe mit atemberaubendem Ausblick auf die Karibik. (S. 65)

Caracol, Belize Allein der Blick von der Ka'ana-Pyramide lohnt die Anreise. (S. 282)

Tazumal, El Salvador Die eindrucksvollsten Maya-Ruinen des Landes – hier wurden einst Menschenopfer dargebracht. (S. 337)

Panamá Viejo Die Ruinen einer Stadt des 16. Jhs. sind durch Wege und ein tolles neues Museum erschlossen worden. (S. 678)

Vulkane

Volcán Rincón de la Vieja, Costa Rica Hier führen Wege zu bunten Fumarolen, warmen Quellen, blubbernden Schlammtöpfen und einem spuckenden *volcancito*. (S. 616)

Volcán Masaya, Nicaragua Hier nisten in den Schwefelgaswolken oberhalb der Lavabecken Sittiche. (S. 492)

Volcán Barú, Panama Steil, neblig und schlammig – aber wo sonst kann man beide Ozeane zugleich sehen? (S. 716)

Volcán Poás, Costa Rica Nie war es einfacher, in den Krater eines aktiven Vulkans zu schauen. (S. 580)

El Salvador Im Land der Vulkane ist der Santa Ana zwar der größte, aber am eindrucksvollsten ist der Kegel des Izalco. (S. 305)

Strände

Guna Yala, Panama Perfekte winzige Inselchen inmitten türkisfarbener Gewässer. (S. 738)

Playa Norte, Mexiko Das hinreißende Juwel aus weichem Sand gilt manchen als der schönste Strand Mexikos. (S. 57)

West Bay, Honduras Der weiße Karibikstrand bietet vor der Küste ein tolles Korallenriff. (S. 440)

Little Corn Island, Nicaragua Auf dieser zauberhaften Insel trifft funkelndes türkises Wasser in einsamen Buchten auf schneeweißen Sand. (S. 537)

Hopkins, Belize Fast noch ein Geheimtipp: mit schönem Strand und einer reichen Garifuna-Kultur. (S. 287)

Playa El Tunco, El Salvador Beim Lagerfeuer am schwarzen Sandstrand treffen sich hier Surfprofis und heimische Partylöwen. (S. 327)

Playa Blanca, Guatemala Diese Schönheit an der Amatique-Bucht ist von der Stadt aus mit dem Boot zu erreichen. (S. 200)

Monat für Monat

TOP-EVENTS

Día de los Muertos, November

Carnaval, Februar oder März

Semana Santa, März oder April

Bolas de Fuego, August

Garifuna Settlement Day, November

Januar

Der Höhepunkt der Trockenzeit ist auch die Hauptreisezeit, mit tollen Bedingungen zum Kitesurfen und Baden im Pazifik. In Monteverde in Costa Rica beginnt die Zeit für die Quetzal-Beobachtung.

☆ Nicaraguan Baseball Championship

Das wichtigste nicaraguanische Freizeitvergnügen findet seinen Höhepunkt mit der Baseballmeisterschaft Mitte Januar.

☆ Panama Jazz Festival

Das einwöchige Festival gehört zu den größten Musikevents in Panama und lockt internationale Topmusiker aus z. B. Jazz, Blues und Salsa an. Findet in der ganzen Stadt statt; Freiluftkonzerte sind gewöhnlich gratis.

Februar

Die beste Zeit zum Surfen an der Pazifik- und der Karibikküste. Im Februar oder März ist in allen zentralamerikanischen Ländern Karneval.

Carnaval, Mexiko

Karneval wird als riesige Straßenparty mit Umzügen, Musik, Tanz und jeder Menge Spaß in Mérida, Campeche und auf der Isla Cozumel gefeiert.

Festival de Diablos y Congos, Panama

Bei diesem alle zwei Jahre stattfindenden Fest in Portobelo werden auf Tanzveranstaltungen und bei frechen Rollenspielen mit Masken und Kostümen rebellische Sklaven der Vergangenheit gefeiert.

März

Ostern im März oder April ist ein wichtiges Fest. Zur Semana Santa (Karwoche) gehören Nachstellungen der Passion Christi. Am Karfreitag finden in ganz Zentralamerika Prozessionen statt.

Desfile de Bufos, Guatemala

Am Freitag vor Karfreitag veranstalten die Studenten der Universität von Panama-Stadt einen Narrenumzug, um die Politik aufs Korn zu nehmen.

April

Das Ende der Trockenzeit im größten Teil Zentralamerikas. Im Dschungeltiefland von Guatemala sind März und April Hitzemonate; gleichzeitig ist dies die beste Zeit für die Beobachtung von Walhaien vor Honduras und Belize.

Día de Juan Santamaria, Costa Rica

Am 11. April wird des costaricanischen Nationalhelden gedacht, der 1856 beim Befreiungskampf gegen den amerikanischen Söldner William Walker starb. Die einwöchigen Feierlichkeiten umfassen u. a. Paraden und Feste, besonders in Santamarías Heimatstadt Alajuela.

SEMANA SANTA, GUATEMALA

Obwohl die Semana Santa in ganz Guatemala gefeiert wird, ist in der Karwoche nirgends mehr los als in Antigua. Die Gläubigen nehmen jeden Tag in purpurne Gewänder gehüllt an Prozessionen teil, die an die Passion Christi erinnern. Dichte Weihrauchschwaden umnebeln die Umzüge und die Straßen sind mit aufwendigen *alfombras* (Teppichen) aus buntem Sägemehl und Blumenblüten geschmückt. Am meisten ist am Karfreitag los: Dann beginnen an der Kirche La Merced und an der Iglesia de la Escuela de Cristo Prozessionen. Schon vorher finden an jedem Wochenende der 40-tägigen Fastenzeit vor Ostern kleinere Prozessionen, *velaciones* (Totenwachen) und andere Feierlichkeiten statt.

Mai

Beginn der Regenzeit. Im Mai fängt in der Karibik die fünf- bis sechsmonatige Nistzeit der Unechten Karett- und der Suppenschildkröten an.

Feria de Cultura de las Flores y las Palmas, El Salvador

Bei diesem bunten Fest in Panchimalco in der Nähe von San Salvador werden Schönheitsköniginnen gekrönt und grelle Blumenarrangements präsentiert.

Chocolate Festival, Belize

Mitte Mai kommen in der südlichsten Provinz von Belize alle Liebhaber der Schokolade zusammen: Produzenten, Verkäufer und Genießer. Außerdem wird Toledos Geschichte und Kultur präsentiert.

La Feria de San Isidro, Honduras

Die größte Fiesta in Honduras findet auf den Straßen und in den Clubs von La Ceiba statt; Höhepunkt sind die Umzüge Ende Mai mit 250 000 Zuschauern. Kostümierte Tänzer und Feiernde füllen die Stadt bis zum Bersten.

Palo de Mayo, Nicaragua

Bluefields feiert mit einer Reihe von Straßenpartys die Fruchtbarkeit; Höhepunkt ist am letzten Samstag des Monats ein bunter und lauter Karneval. Beim abschließenden Tulululu zieht man um Mitternacht mit einer Blaskapelle durch die Straßen.

Juni

Von Juni bis November ist Hurrikansaison, jedoch treten schwere Stürme nur sporadisch auf und sind schwer vorherzusagen. Vierzig Tage nach Ostern wird im Mai oder Juni in der gesamten Region Fronleichnam gefeiert.

Hummerfest, Belize

Beim Fest zu Ehren des Hummers fließen die Getränke in Strömen. Mitte Juni in San Pedro, in der letzten Juniwoche in Placencia und Anfang Juli auf Caye Caulker.

Juli

Zur Mitte der Regenzeit ist das Wetter auf der Karibikseite recht trocken und in Belize kann es unangenehm warm sein. Touristen lockt die Nebensaison mit niedrigeren Preisen.

Rabin Ajau, Guatemala

Das eindrucksvollste indigene Fest Guatemalas findet Ende Juli oder Anfang August in Cobán statt.

August

Im Pazifik sind Buckelwale zu erspähen. Die Regenzeit geht weiter.

Festival de Invierno, El Salvador

Zum Winterfest strömen hippe linke Studenten ins Bergstädtchen Perquín und feiern wilde Partys.

Sun Jam, Honduras

Auf der Suche nach der perfekten Welle? Zu dieser Party legen international bekannte DJs auf. Schauplatz ist eine winzige Wüsteninsel vor Utila.

Bolas de Fuego, El Salvador

Die örtlichen Flegel malen sich Teufelsfratzen ins Gesicht und bewerfen einander mit Feuerkugeln – nicht ganz ungefährlich! Am 31. August in Nejapa.

September

Höhepunkt der Hurrikansaison im Norden; in Panama-Stadt wird es trockener; in Honduras sind Überschwemmungen möglich.

Costa-ricanische Unabhängigkeit

Im Mittelpunkt steht ein Fackellauf, bei dem eine „Freiheitsfackel" von Guatemala nach Costa Rica gebracht wird. Am Abend des 14. September erreicht die Fackel Cartago; die Costa-Ricaner stimmen die Nationalhymne an.

Festival de la Mejorana, Panama

Panamas größtes Volksfest in Guararé stellt Musik und Tanz der vielen indigenen und ethnischen Gruppen des Landes vor.

Oktober

In fast der gesamten Region ist der 12. Oktober der Día de la Raza (Kolumbustag) – eine zwiespältige Angelegenheit, zu der jedoch jede Schulband lautstark in die Tröten bläst. An der Pazifikküste nisten bis März Unechte Karettschildkröten.

Nogapope, Panama

Auf der Isla Tigre treffen sich vom 10. bis zum 12. Oktober indigene Kuna zu einem dreitägigen traditionellen Tanzmarathon – sehr schön anzuschauen und ganz authentisch, mit kulturellen Darbietungen und Kanurennen.

Noche de Agüizotes, Nicaragua

Dieses unheimliche Fest am letzten Freitag im Oktober in Masaya erweckt Figuren aus Horrorgeschichten der Kolonialzeit mit ausgefeilten Kostümen zum Leben. Nach dem kopflosen Priester Ausschau halten!

November

Die Regenzeit ist zumeist zu Ende, außer an der Nordküste von Honduras, wo bis Februar Überschwemmungen möglich sind. In Panama feiert das ganze Land verschiedene Unabhängigkeitstage.

Día de Todos los Santos, Guatemala

In Santiago Sacatepéquez und Sumpango nicht weit von Antigua lässt man zu Allerheiligen riesige Drachen steigen. Im winzigen Bergdorf Todos Santos Cuchumatán finden am 1. November Pferderennen statt.

Día de los Muertos, Mexiko

Am 1. und 2. November bauen die Familien in ihren Häusern Altäre auf und gehen mit Girlanden und Geschenken auf die Friedhöfe, um mit ihren Toten zusammen zu feiern. Im Freizeitpark Xcaret an der Riviera Maya sind bunte Altäre zu sehen.

Garifuna Settlement Day, Belize

Mit Tanz, Getränken und Trommeln wird am 19. November die Ankunft der ersten Garifuna per Boot in Belize gefeiert, am schönsten in Dangriga und Hopkins.

Dezember

Dezember und Januar sind die kühlsten Monate an der Pazifikküste, von Nicaragua bis zum Dschungeltiefland Guatemalas. Zur Weihnachtszeit strömt alles an die Strände.

Las Fiestas de Zapote, Costa Rica

Eine Woche lang wird in Zapote südöstlich von San José alles Costa-ricanische gefeiert – mit Rodeos, frittierten Speisen und jeder Menge Alkohol.

Reiserouten

2 WOCHEN

Der Norden: Guatemala, Mexiko & Belize

Diese Kultur- und Küstenroute beschreibt eine Schleife zu den Highlights im Norden der Region: zu Maya-Ruinen, zum Riffschnorcheln und zu Dschungeltouren.

Von **Guatemala-Stadt** geht's direkt ins koloniale **Antigua** samt Vulkanbesteigung und einem Spanisch-Crashkurs. Am **Lago de Atitlán** kann man ein paar Tage wandern und im Esoterikermekka **San Marcos La Laguna** baden. Anschließend lockt der berühmte Maya-Markt von **Chichicastenango**.

Weiter geht's Richtung Norden nach Chiapas in Mexiko mit der Kolonialstadt **San Cristóbal de las Casas** und den nahen Maya-Dörfern sowie den Maya-Dschungelruinen von **Palenque**. Zurück in Guatemala ist das Ziel **Tikal**, die Mutter aller Maya-Stätten.

Mit dem Bus geht's Richtung Osten nach Belize. Außerhalb des von Hügeln umgebenen **San Ignacio** kann man sich auf Gummischläuchen den Fluss hintertreiben lassen oder Höhlen erkunden, um sich schließlich ein Bad im Karibischen Meer zu gönnen und bei **Hopkins** das Barriereriff zu erkunden. Von **Punta Gorda** fahren *lanchas* (kleine Motorboote) nach **Lívingston**, dem Ausgangspunkt für echte Dschungelfahrten auf dem Río Dulce. Von hier verkehren regelmäßig Busse zurück nach Guatemala-Stadt.

MICHAEL DEFREITAS/ROBERTHARDING/GETTY IMAGES ©

WITOLD SKRYPCZAK/GETTY IMAGES ©

Oben: Markt in Chichicastenango (S. 150), Guatemala

Rechts: Ruinen in Palenque (S. 91), Mexiko

4 WOCHEN An der Pazifikküste bis nach Panama

Die Pazifikküste bietet etwas für jeden, von unersättlichen Surfern bis zu eingefleischten Sonnenanbetern. Im Landesinneren locken Kaffeeplantagen, Nebelwälder und höchst vielfältige Landschaften. Diese Reise durch vier Länder voller Monsterwellen und Abenteuer macht Laune. In El Salvador und Nicaragua erreicht die Surfsaison ihren Höhepunkt von März bis Dezember, weiter südlich im Februar und März.

Von San Salvador geht's direkt zur nahen **Costa del Bálsamo** mit ihren erstklassigen Breaks; die Strände El Zonte und Sunzal warten mit Unterkünften am Meer und Unterricht für Surfanfänger auf. Wer mal eine Surfpause braucht, kann an der **Ruta de las Flores** zu Wasserfällen wandern und die kulinarischen Genüsse der Region erkunden.

Dann geht's hinüber nach Nicaragua. Das szenige und bunte **Léon** wartet mit Kunst und Kultur auf. Von Managua aus wird **San Juan del Sur** angesteuert, ein relaxter Badeort mit hohen Wellen. Von hier ist es nicht weit zur **Isla de Ometepe**, einer Insel voller Abenteuer.

Von Liberia in Costa Rica führt ein Abstecher zu einigen Surfspots an der Península de Nicoya. An der langen **Playa Grande** kann man tagsüber auf den Wellen reiten und abends Schildkröten beobachten. Hartgesottene sollten keinesfalls die holprige Fahrt zur Südspitze der Halbinsel scheuen: Hier warten **Mal País und Santa Teresa** mit einigen der besten Breaks der Region auf. Der wunderschöne Strand und die lockere Stimmung locken neben Surfern auch Yogis und Freigeister aller Art an. Der nahe **Cabo Blanco** war das erste staatliche Naturschutzgebiet Costa Ricas und lohnt auch heute noch einen Besuch. Eine Abkürzung zum Festland bildet die Fähre nach **Puntarenas**. Hardcore-Surfer sollten dann **Dominical** ansteuern. Kühlere Temperaturen, Canopy-Touren und zauberhaften Nebelwald bietet im Landesinneren **Monteverde**.

Anschließend führt die Route nach Panama. Wer nicht in Monteverde war, sollte einen Abstecher nach **Boquete** machen, einem Bergort mit kühler Luft und starkem Kaffee. Ansonsten geht's weiter nach **Santa Catalina** mit seinen grandiosen Wellen. Von Santiago fahren dann schließlich Busse nach **Panama-Stadt** oder David.

4 WOCHEN

An der Karibikküste von Mexiko nach Honduras

Diese Route erkundet die andere Seite Zentralamerikas, wo man weniger Spanisch als Englisch oder Kriol hört und Latinobeats durch Reggae-Rhythmen und Garifuna-Trommeln ersetzt werden. Hier erleben Reisende die reiche kulturelle Vielfalt und die wilden Landschaften, die die Karibik so einzigartig machen.

Von **Cancún** aus führt die Route nach Süden. Erster Stopp ist **Tulum** mit seinen eindrucksvollen Maya-Ruinen direkt am Meer. Weiter südlich lädt bei **Mahahual** das größte Korallenatoll der nördlichen Erdhalbkugel zum Schnorcheln ein. Von **Chetumal** fahren Boote zum relaxten **Caye Caulker** in Belize; hier kann man ein paar Tage in der Sonne liegen, baden und schnorcheln. Über **Belize City** geht's zurück aufs Festland, eventuell mit einem Besuch im **Belize Zoo**. Wer noch ein paar Inseln vertragen kann, nimmt einen Bus nach **Dangriga** und von dort ein Boot zum Schnorchler- und Faulenzerparadies **Tobacco Caye**. Wer lieber auf dem Festland bleibt: Die entspannte Garifuna-Siedlung **Hopkins** wartet ebenfalls mit einem tollen Strand auf.

Wer Zeit sparen möchte, nimmt das Boot, das einmal in der Woche von **Placencia** nach **Puerto Cortés** in Honduras fährt. Oder man setzt die Reise weiter Richtung Süden durch Toledo nach **Punta Gorda** fort und steigt dort in ein Boot nach **Puerto Barrios** in Guatemala. Danach geht's mit einem Minibus zur honduranischen Grenze bei **Corinto**. Von hier verkehren Busse über San Pedro Sula nach **La Ceiba**. Die Küste säumen zahlreiche einzigartige Attraktionen wie der Raftingfluss **Río Cangrejal** und das Garifuna-Dorf **Sambo Creek**. Ein absolutes Muss für Taucher sind die **Bay Islands**.

Und jetzt hat man quasi das Ende der Zivilisation erreicht: die **Moskitia**. Diese gewaltige ungezähmte Wildnis ist nur an ein paar wenigen einsamen Stellen besiedelt. Wer möchte, kann sich in La Ceiba einer Tour anschließen – hier gibt's nur wenige Straßen, dafür aber viel Kriminalität. Dies ist mehr oder weniger das Ende der Welt. (Bei **Leimus** befindet sich ein Grenzübergang nach Nicaragua, doch dorthin kommt man nur nach einer harten Dschungeltour.) Es ist also Zeit, einen Bus nach **Tegucigalpa** zu besteigen und die faszinierende Karibikküste zu verlassen.

2 WOCHEN Die Mitte Zentralamerikas

Diese Strecke erkundet die weniger bereisten, billigeren und insgesamt unbekannteren Länder in der Mitte Zentralamerikas, mit zwei Küsten und jeder Menge spektakulärer Landschaft dazwischen.

Von **Guatemala-Stadt** geht's Richtung Osten über die salvadorianische Grenze nach Tacuba, Startpunkt der **Ruta de las Flores** mit ihren Wanderwegen und kulinarischen Festivals. Südlich von Sonsonate erstreckt sich die **Costa del Bálsamo**; hier kann man ein paar Tage surfen und sonnenbaden. **San Salvador** wartet mit dem besten Nachtleben des Landes auf. An der östlich gelegenen **Playa El Cuco** ist La Tortuga Verde eine coole und originelle Unterkunft. Anschließend geht's zum **Lago de Yojoa** in Honduras, um im Nebelwald nach Quetzals Ausschau zu halten. Weiter nördlich liegt **La Ceiba**, das Tor zur Tauchdestination Nummer eins der Region, den **Bay Islands**. Um Utila sind im Wasser der Karibik riesige Walhaie zu sehen.

Nach einem Zwischenstopp im Kopfsteinpflasterort **Copán Ruinas**, wo man sich den Fluss hinabtreiben lassen, reiten und die gleichnamigen Ruinen bestaunen kann, geht's zurück nach Guatemala.

2 WOCHEN Der Süden

Von Vulkanen bis zu Badeorten: Das südliche Zentralamerika bietet zugleich Abenteuer und Entspannung. Das grüne Costa Rica wird von zwei quirligen Ländern mit kolonialem Flair und dem Reiz abgeschiedener Orte flankiert.

Von **San José** geht die Reise ins Hippieparadies **Puerto Viejo de Talamanca** mit tollem Essen, einer klasse Brandung und einem Regenwald voller Tiere. In Panama besteigt man dann ein Boot zu den Sandstränden der **Bocas del Toro**. Nach ein paar Tagen im Paradies locken weiter südlich die Nebelwälder um **Boquete**; wer den **Volcán Barú** besteigt, genießt atemberaubende Ausblicke auf die beiden Küsten.

Zurück in Costa Rica wechselt man an die Pazifikküste, um die Wege und malerischen Strände im **Manuel Antonio** zu erkunden. Auf der Interamericana geht's weiter nach Nicaragua. In **San Juan del Sur** kann man surfen und faulenzen und sich so auf die Abenteuer auf der **Isla de Ometepe** vorbereiten, einer Vulkaninsel in einem gewaltigen Binnensee. Nachdem man in **Granada** die Kolonialarchitektur bewundert hat, nimmt man in Managua einen Bus zurück nach San José.

Oben: Parque Nacional Manuel Antonio (S. 639), Costa Rica

Rechts: San Juan del Sur (S. 501), Nicaragua

Zentralamerika: Abseits der üblichen Pfade

SANTA CLARA & DZILAM DE BRAVO

An der windigen Küste von Santa Clara und Dzilam de Bravo, östlich von Progreso, scheint die Zeit stillzustehen. In einer Region voller Touristenzentren sind diese einsamen Strände eine willkommene Abwechslung. (S. 71)

TOLEDO DISTRICT

Der tiefe Süden von Belize lockt mit entlegenen Maya-Dörfern, bröckelnden Ruinen und wenig besuchten Nationalparks und Schutzgebieten. (S. 297)

LAGUNITA CREEK

Rund um dieses entlegene Ökotourismusprojekt in einer nicht ganz leicht erreichbaren Ecke Guatemalas laden türkisfarbenen Gewässer zum Schwimmen und Kajakfahren ein. (S. 196)

PERQUÍN

Kühle Bergluft, zerklüftete Wanderwege und Kriegsgeschichte erwarten den, der sich die Mühe macht, die alte Guerilla-Hochburg nahe der Grenze zu El Salvador aufzusuchen. (S. 357)

PARQUE NACIONAL COIBA

Panamas jüngste Welterbestätte mit ihrer bemerkenswerten Meeresfauna war einst ein berüchtigtes Gefängnis. Entlegen und unberührt bietet sie tolle Möglichkeiten zum Tauchen und Tiere beobachten (S. 705)

SARTENEJA

Wer an der Küste entlangschlendert, kann die hölzernen Segelboote bewundern, die hier noch immer gebaut werden. Oder man beobachtet in der nahe gelegenen Shipstern Nature Reserve Vögel und andere Tiere. (S. 270)

TRUJILLO

Das schönste Stück der Karibikküste von Honduras ist ein wunderbarer Ort, geschichtsträchtig und zugleich herrlich verschlafen, mit einigen der besten Festlandsstrände gleich in der Nähe. (S. 431)

PEARL KEYS

Üppig und meist unbewohnt bieten diese Kokosinseln Schnorchelfreuden im kristallklaren Wasser – nur einen Bootstrip von Bluefields entfernt und den Aufwand definitiv wert. (S. 532)

CAÑO NEGRO

Nur wenige Reisende dringen in die entlegenen Gebiete von Costa Ricas nördlichem Tiefland vor. Die Lagunen und Feuchtgebiete mit über 365 Vogelarten sind ein Paradies für Vogelkundler. (S. 604)

SAMBÚ

Das Drehkreuz im Dschungel ist ein guter Ausgangspunkt für Abenteuer im Darién. Guides bringen die Gäste den Río Sambú hinauf zu Indígena-Dörfern oder man hält Ausschau nach Harpyien und Petroglyphen. (S. 750)

Reiseplanung

Große Abenteuer für wenig Geld

Die besten Dinge im Leben sind kostenlos – auf jeden Fall in Zentralamerika: Hier zahlt man für Sand, Meer und Sonne sowie eine grandiose Natur keinen müden Cent. Natürlich muss man essen – aber bei guter Planung kann man mit wenig Geld weit kommen.

Im Rahmen des Budgets bleiben

- Eventuell in der Nebensaison reisen.
- Sich günstigere Reiseziele aussuchen, z. B. Länder mit niedrigeren Lebenshaltungskosten oder nicht so touristische Orte.
- Pauschalangebote meiden.
- Flugpreise im Internet vergleichen.
- In Hostels oder Zimmern mit Gemeinschaftsbad übernachten.
- Mit dem Bus und anderen öffentlichen Verkehrsmitteln reisen.
- An Straßenständen essen, picknicken und selbst kochen.
- Schnorcheln statt tauchen.
- Mit dem Fahrrad statt mit dem Taxi fahren.
- Wanderungen und Touren auf eigene Faust unternehmen.
- WWOOFen oder Freiwilligenarbeit leisten (S. 664), bei der Kost und Logis inbegriffen sind.
- Einen Sprachkurs mit Unterbringung in einer Gastfamilie belegen.
- Den Überblick über die täglichen Ausgaben behalten.

Was kostet die Reise?

In Zentralamerika können Sparfüchse mit 30 bis 50 US$ pro Tag auskommen. Damit sind Essen, Unterkunft, Transport vor Ort und ein paar Bierchen abgedeckt. Dieses Tagesbudget variiert zwischen Haupt- und Nebensaison sowie von Land zu Land und je nach Beliebtheit des Reiseziels.

Dazu kommen noch die Transportkosten für längere Strecken sowie Ausgaben für Aktivitäten wie Tauchen oder Surfunterricht. Außerdem sollte man Geld für unvorhergesehene Ausgaben einplanen – und fertig ist das Reisebudget.

Um im Budget zu bleiben, muss man besonders bei einer längeren Reise einen Überblick über die täglichen Ausgaben behalten, z. B. mit einer entsprechenden App oder ganz altmodisch mit Stift und Papier.

Tipps für Unterkünfte

Die Übernachtungskosten machen den größten Teil der Ausgaben aus. Glücklicherweise herrscht in Zentralamerika kein Mangel an einfachen Unterkünften mit entsprechenden Preisen. Auf je mehr Komfort (Klimaanlage, warmes Wasser, eigenes Bad) man verzichten kann, desto mehr spart man. Hier einige Tipps:

- Die billigsten Unterkünfte bieten oft Campingplätze. Natürlich muss man zunächst in Campingausrüstung investieren und auch recht viel herumschleppen, jedoch kann man sein Zelt oft umsonst oder fast umsonst aufstellen.

- Auch Hostels sind günstig – und man muss nicht sein eigenes Bett mitbringen. Viele Hostels verfügen über Gemeinschaftsküchen und bieten preiswerte Ausflüge an.
- Wer lieber ein bisschen mehr Privatsphäre hat: Die meisten Hostels und viele Pensionen bieten preisgünstige Zimmer ohne Bad an.
- Wenn der Preis zu hoch ist, kann man im Hotel oder in der Pension fragen, ob es etwas Billigeres gibt. Unabhängige Vermieter sind häufig flexibel mit den Preisen.
- Außer in der Nebensaison sind die meisten Preise nicht verhandelbar.
- Am besten zahlt man pro Tag und nicht alles auf einmal. So hat man die Möglichkeit zu wechseln, wenn einem die Unterkunft nicht gefällt oder sich die Pläne ändern.

Wann fahren?

Reisezeiten

Im Allgemeinen dauert die Hauptsaison in Zentralamerika von Mitte Dezember bis Mitte April, die Nebensaison von Mitte April bis Mitte Dezember. Um die wichtigen Feiertage herum gibt es noch einmal Spitzenzeiten, z. B. in den letzten beiden Dezemberwochen und der Woche vor Ostern.

In der Hauptreisezeit sind die Übernachtungspreise höher, ebenso die Preise für einige Aktivitäten; zu den absoluten Spitzenzeiten können die Preise doppelt so hoch liegen. Außerdem sind in der Hauptsaison natürlich mehr Touristen unterwegs.

WAS KOSTET WIE VIEL?

- Flasche Bier 2–4 US$
- Busticket 5–15 US$
- Menü 5–8 US$
- Hostelbett 10–18 US$
- Inlandsflug 80–150 US$
- Nationalparkseintritt 8–15 US$
- Canopy-Tour 40–60 US$
- Schnorcheltour 35–45 US$

In der Nebensaison sind die Preise niedriger, manchmal um bis zu 25 bis 40 %, und es ist weniger los. In der Nebensaison ist man also sehr viel günstiger unterwegs.

Jahreszeiten

In Zentralamerika gibt es zwei Jahreszeiten: die Trocken- und die Regenzeit.

Natürlich fällt die Hauptreisezeit ungefähr mit der Trockenzeit zusammen, die in den meisten Regionen von Januar bis März oder April dauert. Die Regenzeit dauert gewöhnlich von Mai bis Dezember und von Juni bis November ist obendrein noch Hurrikansaison.

An einigen Orten ist es jedoch zu jeder Zeit recht regnerisch, etwa im Regenwald. Aber es regnet nicht den ganzen Tag und auch nicht jeden Tag, doch sollte man hier auf nasses Wetter eingestellt sein. Näheres auf der Klimakarte (S. 18).

Wohin reisen?

Zwar sind die Lebenshaltungskosten in Zentralamerika im Allgemeinen niedriger als in Europa oder Nordamerika, doch gibt es auch Unterschiede: Belize, Costa Rica und Panama sind erheblich teurer als die anderen Länder der Region. Am meisten bekommt man für sein Geld in Guatemala, Honduras und Nicaragua. Diese Länder sind insgesamt ärmer und verfügen über eine weniger entwickelte touristische Infrastruktur.

Gewöhnlich gibt es überall in Zentralamerika eine zweigeteilte Wirtschaft: Die Dienstleistungen für Touristen sind teurer als diejenigen für die Einheimischen. Jedoch ist man als Reisender nicht auf edle Restaurants, private Shuttles und geführte Touren – oder auch Touristenorte – festgelegt. Je mehr man wie ein Einheimischer leben kann, mit Selbstversorgung, normalen Esslokalen und öffentlichen Verkehrsmitteln, desto mehr spart man. Wer ein bisschen Spanisch spricht, erhält leichter gute Informationen für günstiges Reisen.

Tipps für Ziele

Hier ein paar Tipps zu preisgünstigen, aber lohnenden Reisezielen in den verschiedenen Ländern:

Mexiko Die Costa Maya (insbesondere Mahahual und Laguna Bacalar) bietet erschwingliche Unterkünfte und Essmöglichkeiten sowie jede Menge preiswerte Aktivitäten wie Baden in *cenotes*, Schnorcheln am Banco Chinchorro und Abhängen am Strand.

Guatemala San Pedro La Laguna ist das perfekte Ziel für Sparfüchse: billige Hotels, billiges Essen und billige Drinks.

Belize Der beste Tipp für Reisende mit schmalem Geldbeutel sind die mittleren Cayes. Tobacco Caye liegt direkt auf dem Riff und mit eigener Ausrüstung kann man unmittelbar vor der Insel umsonst schnorcheln.

El Salvador La Tortuga Verde ist eine fabelhafte kreative Gemeinschaft, wo man umsonst übernachten kann, wenn man sich für einen Monat als Freiwilliger verpflichtet. Ein reizender Ort mit viel Kultur ist Shuchitoto, mit der ausgezeichneten und erschwinglichen Pajaro Flor Spanish School und tollen Möglichkeiten zur Freiwilligenarbeit im Centro Arte Para la Paz.

Honduras Im Augenblick ist das ganze Land ein Schnäppchen: Reisende bekommen viel für ihre Dollars und angesichts der nur wenigen Besucher herrscht zwischen den Hotels und den Reiseagenturen ein starker Wettbewerb. Das wichtigste Backpackerziel ist nach wie vor Utila: Hier kann man billig tauchen. Am Lago de Yojoa gibt's eine Brauerei, ein tolles Hostel und alle möglichen erschwinglichen Aktivitäten.

Nicaragua San Juan del Sur und die Badeorte in der Nähe sind tolle Ziele für Budgetreisende. Die schöne Natur ist natürlich gratis und es gibt zahlreiche Hostels, billige Esslokale und Angebote für Leute mit wenig Geld. Auch Guides sind nicht teuer – aber das Trinkgeld nicht vergessen!

Costa Rica Der erschwinglichste Teil des Landes ist die Karibikküste. Einige tolle preiswerte Unterkünfte bietet Puerto Viejo de Talamanca. Die Strände sind natürlich umsonst, und hin kommt man auch mit dem Fahrrad. Außerdem kann man im nahen Tierschutzgebiet Gandoca-Manzanillo kostenlos wandern.

Panama Bocas del Toro und besonders Boquete warten mit einigen tollen Budgetunterkünften auf – und jede Menge Abenteuer warten gleich vor der Haustür.

Gepäck

Was man an Gepäck mitnehmen sollte, hängt auch davon ab, wie üppig die Reisekasse gefüllt ist.

Als Traveller mit schmalem Geldbeutel muss man sein Gepäck immer mitschleppen – daher sollte man auch so wenig wie möglich einpacken. Ein kleineres Gepäckstück passt besser in die Gepäckablage der Busse und Boote und man kann auf der Suche nach einem Hostel unbeschwerter durch die Orte streifen. Und außerdem ist man weniger ein Ziel für Schlepper und andere nervige Zeitgenossen.

Außerdem kann man in Zentralamerika billig seine Wäsche waschen – also weniger mitnehmen, öfter waschen!

Gerätschaften

Natürlich nehmen viele Leute gerne ihre Handys, Tablets, Laptops und Kameras mit auf Reisen – denn man braucht sie ja, oder? Aber was man an elektronischen Gerätschaften mitschleppt, sollte man aus mehreren Gründen beschränken. Erstens nehmen sie Platz weg, zweitens ist das Risiko von Diebstahl oder Beschädigung hoch. Zentralamerika ist feucht und matschig, Gepäck wird herumgeworfen, Diebe wollen gerne haben, was man selbst hat, und es ist nur ein kurzer heftiger Schauer nötig, um einen Kurzschluss auszulösen.

Hier einige Tipps zum Reisen mit moderner Technik:

- Sich auf ein oder zwei vielseitige Geräte beschränken: ein Tablet, mit dem man Bücher lesen und E-Mails checken kann, oder ein Handy, das alles kann.
- Elektronische Geräte regensicher und die Akkus separat verstauen.
- Einen Spannungsstabilisator benutzen: Teils gibt's Überspannungen, die manchen Geräten schaden können.
- USB-Surfsticks, erhältlich beim Handyprovider, ermöglichen fast überall auf der Welt Internetzugang vom Computer.
- Statt teure Roaming-Gebühren zu zahlen, sich beim Handyprovider nach Welttarifen erkundigen.
- Eine Reiseversicherung abschließen, die den Diebstahl oder die Beschädigung der mitgeführten Geräte abdeckt.

Reiseplanung

Outdoor-aktivitäten

Mit seinen beiden wunderbar vielfältigen Küsten lockt Zentralamerika alle möglichen Wasserfreunde an die Brandung des Pazifiks und die Riffe der Karibik. Im Landesinneren wollen Berge und Vulkane erkundet werden, die tropischen Regenwälder strotzen vor Vögeln und anderen Tieren und rauschende Flüsse durchschneiden die Region. Auf ins Abenteuer!

Wandern

Mit seinen Wäldern, Vulkanen und Tieren ist Zentralamerika ein echtes Wanderparadies. Das Terrain reicht von Nebel- und Regenwäldern bis zu tropischem Trockenwald, von Flüssen bis zu Palmenstränden.

In den meisten Nationalparks und Naturschutzgebieten gibt es genügend gut instandgehaltene und gekennzeichnete Wege für Tageswanderungen, für die man auch zumeist keinen Führer benötigt. Trekker haben die Auswahl aus mehreren Mehrtagesrouten. Aber die ausgetretenen Pfade kann man auch völlig verlassen – doch ist dafür auf jeden Fall ein Guide erforderlich.

Reisezeit

In Regen- und Nebelwäldern können die Wanderwege matschig sein. Ihr Zustand schwankt in der gesamten Region erheblich. Vielleicht sind sie durch Betonblöcke oder Holzplanken verstärkt, doch auch dann wird man den Schlamm nicht los. Während der Trockenzeit ist der Untergrund natürlich fester und die Wege sind leichter zu begehen – die beste Zeit für Wanderer ist Ende Dezember bis April.

Einige Nationalparks und Schutzgebiete sind in den nassesten Monaten des Jahres geschlossen, z. B. der Chirripó (Mai und Oktober) und der Corcovado (Oktober) in Costa Rica.

Die richtigen Schuhe

Nicht mit Flipflops – hier einige Tipps zu festerem Schuhwerk zum Wandern in den Tropen:

Gummistiefel Gibt's für rund 10 US$ in jedem Baumarkt. Sie sind robust, schützen vor Krabbelgetier und können am Ende des Tages einfach abgespült werden. Nachteile: Sie sind nicht unbedingt sehr bequem und wenn sie sich mit Wasser und Schlamm füllen, hat man den ganzen restlichen Tag nasse Füße.

Sportsandalen Toll fürs Raften und für Flussdurchquerungen, bieten den Füßen aber nur wenig Schutz. Am besten mit geschlossenen Zehen.

Wasserdichte Wanderstiefel Wer eine echte Bergwanderung plant, sollte in ein Paar robuste, wasserdichte Wanderstiefel investieren.

Reiseziele

Belize Der Dschungel und die niedrigen Berge sind mit Maya-Ruinen gespickt. Eins der besten Wanderreviere ist die Mountain Pine Ridge (S. 282).

Guatemala Die beliebtesten Wanderziele sind die Vulkane um Antigua (S. 118). Die ultimative Wanderung ist die 60-km-Strecke in den Dschungel des Petén nach El Mirador (S. 225), einer ausgedehnten, zum Großteil noch nicht freigelegten Maya-Stadt.

El Salvador Hier laden die tropischen Bergwälder des Parque Nacional El Imposible (S. 346) zur Erkundung ein.

Honduras In den Nebelwäldern um den Lago de Yojoa (S. 397) oder beim Gipfel der Montaña de Santa Barbara (S. 399) lassen sich Quetzals erspähen.

Nicaragua Auf der Isla de Ometepe (S. 494) locken prähistorische Petroglyphen oder man erklimmt einen Vulkan wie den Volcán Mombacho (S. 487) oder die Vulkane bei León (S. 506).

Costa Rica Bei Arenal (S. 589) kann man zu Wasserfällen und Vulkanseen wandern, in Monteverde (S. 607) durch Wolken stapfen. Um den Cerro Chirripó (S. 647), den höchsten Gipfel des Landes, zu besteigen, braucht man zwei Tage.

Panama In den Hügeln um den Volcán Barú (S. 716) im Hochland von Chiriquí sprießt der Kaffee.

DIE BIG FIVE DER VOGELWELT

Die gesamte Region ist mit einer reichen Vogelwelt gesegnet, jedoch kommen in unterschiedlichen Habitaten natürlich auch unterschiedliche Arten vor. Einige Highlights:

Hellroter Ara Überall im Corcovado (S. 654) und Carara(S. 634), Costa Rica

Bechsteinara Valle de Sarapiquí, Costa Rica (S. 604)

Quetzal Monteverde, Costa Rica (S. 607), Lago de Yojoa, Honduras (S. 397), Volcán Barú, Panama (S. 716)

Jabiru Crooked Tree, Belize (S. 267), Caño Negro, Costa Rica (S. 604)

Prachtadler Isla de Coiba, Panama (S. 705)

Tierbeobachtung

Das unerwartete Auftauchen eines Tukans, Brüllaffen oder Faultiers zählt sicher zu den Höhepunkten einer Reise. In Zentralamerika bieten sich dank der vielen Naturschutzgebiete unzählige Möglichkeiten, solche Tiere in der Wildnis zu erblicken. Oft begegnet man einem Wildtier, wenn man es gar nicht erwartet, z. B. im Hotelgarten oder irgendwo am Straßenrand. Also: Augen offen halten!

Am besten hält man am frühen Morgen oder späten Nachmittag nach Tieren Ausschau.

Reiseziele

Mexiko Brüllaffen lassen sich an der Grenze zu Guatemala häufig sehen. Celestún (S. 78) ist toll für Flamingos sowie andere Vögel und Krokodile.

Guatemala Walbeobachtung bietet Monterrico (S. 178), frühmorgendliche Vogelbeobachtung Tikal (S. 214). In Bocas del Polochic (S. 234) erblickt man unter Umständen Seekühe, sicher aber zahlreiche andere Tiere.

Belize Der Schwarze Brüllaffe kommt nur in Belize vor und im Community Baboon Sanctuary (S. 265) bekommt man ihn fast garantiert zu Gesicht.

Honduras Die Montaña de Celaque (S. 418) und Cusuco (S. 400) sind tolle Ziele für Vogelfreunde, Säugetiere sind jedoch schwerer zu erspähen. Abenteuerlustige können die Moskitia (S. 446) ansteuern.

Nicaragua Auf einer Bootstour auf dem Dschungelfluss Río San Juan (S. 543) sind freche Affen, sonnenbadende Kaimane und zahllose Vögel zu sehen.

Costa Rica Das ultimative Ziel für Tierfreunde ist der Corcovado (S. 654): Hier sind alle vier Breitnasenaffenarten vertreten, dazu der bedrohte Baird-Tapir, Honigbären und Faultiere. An den Kanälen des Tortuguero (S. 585) und den trägen Flüssen um Puerto Viejo de Sarapiquí (S. 604) wimmelt es außerdem vor Tieren.

Panama Bei einer Bootstour können die Teilnehmer einige der 381 Vogel- und 120 Säugetierarten auf der Isla Barro Colorado (S. 696) sehen. Oder man stattet dem Regenwald des Parque Nacional Soberanía (S. 695) einen Besuch ab: Er ist leicht zugänglich und wartet ebenfalls mit unzähligen Tieren auf.

Oben: Wandern auf dem Volcán Acatenango bei Antigua (S. 118), Guatemala

Rechts: Flamingos, Reserva de la Biosfera Ría Celestún (S. 78), Mexiko

SCHILDKRÖTENTOUREN

Meeresschildkröten nisten in Zentralamerika sowohl an der Karibik- als auch der Pazifikküste. Während der Nistsaison kann man verschiedene Schildkötenarten bei der Eiablage an ihren Geburtsstränden beobachten, teils in großer Zahl – ein wunderbares Naturerlebnis! Die besten Spots für Schildkröten sind z. B. die Playa Ostional bei Sámara (S. 626) und Tortuguero (S. 585) in Costa Rica, die Isla Cañas (S. 702) in Panama und La Flor (S. 506) in Nicaragua.

Surfen

Die größte Surferszene hat Costa Rica und vielleicht auch die meisten und besten Wellen. Aber auch El Salvador, Nicaragua, Panama und sogar Guatemala sind im Kommen. Vielleicht sind die Wellen nicht „Weltklasse", zumindest nicht alle, doch sie sind schon ziemlich gut. Und man muss sie sich nicht mit so vielen anderen Surfern teilen wie an bekannteren Orten.

Reisezeit

Die Surfsaison ist in der Region unterschiedlich – aber immer gibt's irgendwo vernünftige Wellen.

An der Pazifikküste in Costa Rica kommt die beständigste Brandung aus Südwesten von Ende Mai bis August. In Panama ist die Zeit von April bis Juni am besten, mit ablandigen Winden und beständiger südwestlicher Dünung. In beiden Fällen kann man zwischen Februar und August auf jeden Fall gut surfen. Ab Mai regnet es mehr, dafür gibt's weniger Touristen.

El Salvador An der Südküste ist die Dünung am besten von Mai bis August, doch dann regnet es auch sehr stark. Erfahrene Surfer meinen, dass das Ende der Trockenzeit (Ende März/Anfang April) den besten Kompromiss darstellt, mit noch tollem Wetter und der ersten Dünung von Süden.

Nicaragua An der Pazifikküste gibt's dank südlicher Dünung und ablandigen Winden von April bis Juni die größten Wellen. Zwischen März und November ist die Brandung aber zu jeder Zeit zuverlässig. Auch hier setzt im Mai der Regen ein.

Costa Rica & Panama Diese beiden Länder gehören zu den wenigen Reisezielen, an denen man an einem Tag auf zwei Ozeanen surfen kann. In beiden Ländern dauert die karibische Surfsaison von November bis April mit einer zusätzlichen Minisaison im Juni und Juli. Dem Regen kann man an dieser Küste allerdings nicht entkommen.

Reiseziele

Costa Rica Berühmt für die Salsa Brava in Puerto Viejo de Talamanca (S. 593) und den Drei-Minuten-Lefthander in Pavones (S. 656) – nur für Experten! Doch an der gesamten Pazifikküste ist die Brandung phänomenal, z. B. an allen Stränden um Tamarindo (S. 622), Santa Teresa und Mal País (S. 628) sowie weiter südlich bei Dominical (S. 642).

El Salvador An der gesamten Costa del Bálsamo (S. 327) kann man toll surfen. La Libertad ist eine zwielichtiger Hafenstadt, aber der Righthander an der Punta Roca (S. 325) ist spitze.

Guatemala Hier ist Surfen nicht so angesagt wie weiter im Süden, doch um Sipacate (S. 177) entsteht langsam eine Surferszene mit Lodges, Unterricht und Brettverleih.

Nicaragua Hauptsurfziele sind die Strände nördlich und südlich von San Juan del Sur (S. 501). Seine ganz eigene Welle findet man bei Las Peñitas (S. 514) oder an den Tola-Stränden (S. 501).

Panama Surfen an beiden Küsten! Die Wellen vor Santa Catalina (S. 705) zählen zu den größten der Region, während Bocas del Toro (S. 719) zumeist mit Riffbreaks aufwartet – aua!

Schnorcheln & Tauchen

Die Karibikküste Zentralamerikas ist fast ununterbrochen von meilenlangen Barriereriffen gesäumt: Somit ist dies eine der besten Destinationen für Taucher und Schnorchler. Das Leben unter Wasser ist äußerst vielfältig, mit phantastischen Korallen und bunten Fischen sowie riesigen – und teils bedrohlichen – Meeresbewohner in größerer Tiefe. Mexiko, Belize und Honduras bieten Unterwasserwelten von Weltrang, aber auch weiter südlich eröffnen sich Gelegenheiten zum Schnorcheln und Tauchen.

An der Pazifikküste gibt's zwar kein Riff, aber immer noch jede Menge zu sehen, besonders von Oktober bis Februar: Dann ist die Sicht in der Regel besser.

Empfehlenswerte Tauchreviere gibt's bei San Juan del Sur (S. 501) in Nicaragua sowie an der Playa del Coco (S. 619), bei Quepos (S. 637) und in der Bahía Drake (S. 650) in Costa Rica.

Nicht nur im Meer, sondern auch im Landesinneren kann man wunderbar tauchen. Mexiko bietet umwerfende Tauchmöglichkeiten in *cenotes* (Süßwasser-Kalksteinlöcher), z. B. in der Nähe von Tulum (S. 65). Oder wie wär's mit einem Kratersee wie der Laguna de Apoyo (S. 488) in Nicaragua? In Guatemala kann man in großer Höhe im Lago de Atitlán (S. 133) tauchen.

Egal wo, man sollte immer seinen Tauchschein dabeihaben. Tauch- und Schnorchelausrüstung kann vielerorts geliehen werden.

Reiseziele

Mexiko Zahlreiche Tauch- und Schnorchelspots mit viel Verkehr gibt's um die Isla Cozumel (S. 62), während der Banco Chinchorro bei Mahahual (S. 69) zwar weniger bekannt, aber genauso interessant ist.

Belize Das Zentrum der Tauch- und Schnorchelszene sind die Nördlichen Cayes (S. 254) mit dem Blue Hole und dem Barriereriff. Da das Riff hier unter Naturschutz steht, ist sogar zum Schnorcheln ein lizenzierter Guide erforderlich. Hopkins (S. 287) und Placencia (S. 290) können als Basis für das mittlere Riff dienen. Auf Tobacco Caye (S. 287) kann man direkt vom Strand aus losschnorcheln.

Honduras Die Bay Islands (S. 434) sind für ihre billigen Open-Water-Kurse bekannt, doch sind sie dank neuer Steuervorschriften vielleicht nicht mehr ganz so billig wie früher. Ziemlich spektakulär für Taucher ist Roatán, doch nur vor Utila kann man Walhaie sehen.

Nicaragua Little Corn Island (S. 537) bietet eine stimmungsvolle Lage und unterschiedliche Tauchspots wie etwa Unterwasserhöhlen.

Costa Rica Zwar nicht so toll wie weiter nördlich, jedoch kann man an der gesamten südlichen Karibikküste (S. 585) schnorcheln und tauchen. Die Bedingungen sind sehr wechselhaft.

Panama Im Archipel Bocas del Toro (S. 719) und in der Comarca de Guna Yala (S. 738) herrscht im Meer reges Treiben, aber die Sicht ist hier nicht so besonders gut.

Wildwasser-Rafting

Zentralamerika bietet einige der besten Möglichkeiten zum Wildwasser-Raften in den Tropen, z. B. in Guatemala, Honduras, Panama und besonders Costa Rica. Es gibt alles von schäumendem Wildwasser der Kategorie IV bis zu trägen Flüssen der Kategorie II. Die meisten Flüsse können ganzjährig befahren werden, doch mit dem Regen steigen die Wasserstände.

Reiseziele

Honduras Auf dem Río Cangrejal bei La Ceiba (S. 423) sorgen die herrliche Landschaft und die reiche Vogelwelt zusammen mit den Stromschnellen des Schwierigkeitsgrads III für einen echten Adrenalinschub.

Costa Rica Tolles Wildwasser auf zwei Flüssen bei Turrialba (S. 583), besonders dem Río Paquare. Der Río Sarapiquí (S. 604) bringt das Herz ebenfalls auf Touren.

Panama Auf dem Río Chiriquí und dem Chiriquí Viejo bei Boquete (S. 711) passiert man enge Schluchten und kommt an versteckten Wasserfällen vorbei.

Radfahren

Es werden zwar allenthalben Fahrräder für lockere Erkundungen vermietet, aber nur wenige Radtouren angeboten, und gibt auch nicht so viele Möglichkeiten zum Radwandern und Mountainbiken in der Region.

Guatemala Mehrere Veranstalter in Antigua (S. 118) bieten Mountainbiketrips in die umliegenden Berge, von Halbtags- bis zu einwöchigen Touren.

Costa Rica Der Hotspot für Mountainbiker ist das Gebiet um den Arenal: Bike Arenal (S. 600) hat verschiedene Touren im Programm und verleiht Bikes. Wer sein eigenes Fahrrad dabeihat: Die **Vuelta al Lago** (www.vueltaallagoarenal.com; ⏲März) ist eine tolle jährliche Zweitagestour um den Lago de Arenal herum.

Zentralamerika im Überblick

Die sieben relativ kleinen Länder zwischen Nord- und Südamerika plus der Südteil Mexikos, die zusammen Zentralamerika ausmachen, sind ein Paradies für Traveller: mit einer vielfältigen Landschaft der Ethnien und Kulturen, mit bedeutenden uralten Ruinen, wundervollen tropischen Pflanzen und Tieren und jeder Menge Abenteuer. Hier kann man Vulkane ersteigen, durch den Dschungel zu Maya-Ruinen trekken oder vor goldenen Sandstränden in der tosenden Brandung surfen. Außerdem lässt es sich hier günstig tauchen, in einer coolen Kolonialstadt Spanisch lernen oder in einem Maya-, Miskito- oder Kuna-Dorf, in dem sich alte Traditionen bis heute gehalten haben, einen geruhsameren Lebensrhythmus kennenlernen.

Mexiko

Archäologie
Aktivitäten
Essen

Ruinen-Hopping

Hier gibt's so viele Maya-Ruinen, dass man, wollte man sie alle sehen, eine längere Auszeit bräuchte. Ein Muss ist Chichén Itzá. Am besten früh kommen, bevor die Reisebusse eintrudeln.

Abenteuer

Mit tonnenschweren Walhaien schwimmen, wunderschöne Korallenriffe erkunden, bei einer Motorboottour Krokodilen und Flamingos begegnen oder in schönen Kalksteinlöchern baden: Bei so vielen Aktivitäten kann man leicht vergessen, wie das Hotelzimmer von innen aussieht.

Cocina Yucateca

Kenner halten Yucatán für eines der lohnendsten kulinarischen Ziele Mexikos. Zwar kann man klassische *yucateco*-Speisen auch anderswo probieren, aber nirgends schmecken sie so gut wie hier!

S. 48

Guatemala

Archäologie
Natur
Geschichte

Maya-Rätsel

An hunderten Stätten kann man im Tieflanddschungel in die Geheimnisse der klassischen Maya-Kultur eintauchen – an den gut besuchten Tempeln von Tikal genauso wie an der stillen Sternwarte von Uaxactún.

Naturwunder

Von üppigen Nebelwäldern und Karibikstränden bis zu dampfendem Dschungel und dramatischen Vulkanlandschaften: Guatemala präsentiert Zentralamerika von seiner schönsten Seite.

Kolonialstädte

Ob in Würde verfallen wie in Guatemala-Stadt oder Quetzaltenango oder wunderbar restauriert wie in Antigua – das spanische Erbe bietet unzählige Postkartenansichten und die Chance zu einer Reise durch die Geschichte.

S. 102

Belize

Aktivitäten
Archäologie
Entspannung

Abenteuer zu Wasser

Mit einer langen Küste, unzähligen Inseln und einem spektakulären Riff bietet Belize endlose Wassersportmöglichkeiten.

Die Welt der Mayas

Das winzige Land strotzt vor archäologischen Stätten der Mayas, sowohl bedeutenden wie Caracol und Lamanai als auch kleineren wie um San Ignacio (Cayo) und Toledo. Modernes Maya-Leben gibt's in den Dörfern im tiefen Süden zu sehen.

Auszeit

Auf dem einzigen Verkehrsschild auf Caye Caulker, einem der entspanntesten Orte der Welt, steht „Slow Down". Belize ist stolz darauf, dass es im Land sehr entschleunigt zugeht – hier kann man die Seele wirklich baumeln lassen.

S. 245

El Salvador

Landschaften
Geschichte
Surfen

Mini-Wunderland

El Salvador bietet in einem Radius von nur 100 km um die Hauptstadt herum schwarzsandige Strände, Vulkanseen, Maya-Ruinen, hippe Kaffeestädtchen und ein wildes Nachtleben – Zentralamerika im Miniaturformat.

Kriegsgeschichten

In abgeschiedenen Bergdörfern, wo im Bürgerkrieg die heftigsten Kämpfe stattfanden, kann man den Wandel der Geschichte miterleben. Den Hintergrund liefern ausgezeichnete Regionalmuseen sowie Galerien in San Salvador.

Tolle Wellen

Die sanftesten Wellen Lateinamerikas hat man fast für sich allein, ob an der Costa del Bálsamo oder an abgeschiedeneren Orten im Osten.

S. 305

Honduras

Tauchen
Tiere
Aktivitäten

Tauchen für wenig Geld

An wenigen Orten kann man so billig tauchen lernen wie auf den Bay Islands. Utila und Roatán bietet mit tollen Riffen, berühmten Wracks und jeder Menge Meerestieren denkwürdige Taucherlebnisse.

Ruf der Wildnis

In den Nationalparks von Honduras kann man wunderbar Tiere beobachten: Quetzals in den Nebelwäldern des Parque Nacional Cusuco, Krokodile in den Feuchtgebieten bei Tela und Vögel und Affen in der Moskitia.

Abenteuer

Die grandiose Natur von Honduras wartet mit jeder Menge Abenteuer auf. Am Lago de Yojoa kann man zu Wasserfällen wandern, auf Bootstouren Vögel beobachten, man kann Höhlen und alte Lenca-Ruinen erkunden.

S. 379

Nicaragua

Surfen
Geschichte
Aktivitäten

Surferparadies

Bessere Wellen gibt's an nicht vielen anderen Orten. Und nach dem Surfen an den legendären Stränden Hermosa und Maderas kann man bei cooler Musik mit netten Leuten im Hängemattenparadies am Strand chillen.

Kolonialer Charme

Von der sehr komplexen Geschichte Nicaraguas zeugen Architektur, Feste, Kunst und Kultur der Kolonialstädte wie Granada and León.

Geheimtipps

Die Isla de Ometepe und der nicaraguanische Teil der Karibikküste sind noch unentdeckte Paradiese mit Petroglyphen, Vulkanen, kleinen Buchten, die man per Kajak ansteuern kann, und coolen Traveller-Enklaven am Rand der Wildnis.

S. 463

Costa Rica

Surfen
Tiere
Natur

Wellenreiten

Point- und Beachbreaks, Left- und Righthander, Riffe und Flussmündungen – warmes Wasser und ganzjährige Brandung machen Costa Rica zu einem legendären Surferziel.

Tolle Tiere

Die Artenvielfalt ist erstaunlich: Hier gibt's 850 Vogelarten, 380 Arten Reptilien und Amphibien, sechs Wildkatzen-, vier Affen-, drei Ameisenbären- und zwei Faultierarten – und den tolpatschigen Baird-Tapir.

Nebelwälder

Nebelwälder bedecken nur 0,25 % der Erdoberfläche: Sie bilden einen seltenen, geheimnisvollen Lebensraum voller Ranken, Farne und Bromelien und sprudelnder Bäche – ein echtes Füllhorn der Natur.

S. 558

Panama

Technik
Tiere
Inseln

Ingenieurskunst

Dank der Erweiterung der 80 km langen Abkürzung hat man noch mehr Grund für einen Besuch am Panamakanal. Und abseits der Schifffahrtsrinnen kann man Tiere beobachten, angeln und Kajak fahren.

Dschungel

Gleich vor den Toren von Panama-Stadt bieten sich dank Aussichtstürmen und Regenwald-Resorts tolle Gelegenheiten zur Tierbeobachtung. Mit noch mehr Natur warten der Darién und der Parque Nacional Coiba auf.

Tropisches Paradies

Idyllische Inseln im glitzernden türkisfarbenen Wasser auf den panamaischen Ferieninseln gibt's fast nur strohgedeckte Hütten mit Sandböden und ein paar Hängematten, aber was braucht man auch mehr?

S. 671

Reiseziele in Zentralamerika

Mexiko: Yucatán & Chiapas

☎52 / 8,9 MIO. EW.

Inhalt ➡

Cancún 50
Isla Mujeres 57
Playa del Carmen 60
Isla Cozumel 62
Tulum 65
Chichén Itzá 72
Mérida 73
Campeche 81
San Cristóbal de las Casas 84
Palenque 91
Agua Azul & Misol-Ha 95

Gut essen

➡ Nohoch Kay (S. 69)
➡ Kiosco Verde (S. 55)
➡ Yerba Buena del Sisal (S. 71)
➡ Tierradentro (S. 87)

Schön übernachten

➡ Poc-Na Hostel (S. 58)
➡ Hotel El Rey del Caribe (S. 50)
➡ Hotel López (S. 83)
➡ Madre Sal (S. 91)
➡ L'Hotelito (S. 66)

Auf nach Yucatán und Chiapas!

Die von der türkisblauen Karibik und der artenreichen Golfküste flankierte Halbinsel Yucatán begeistert Besucher mit ihren Maya-Ruinen, Cenoten, bunten Korallenriffen und romantischen Kolonialstädten. Sicher, Yucatán ist die meistbesuchte Touristenregion Mexikos und damit auch die kostspieligste, aber selbst in den teuren Tourismuszentren finden sich noch erschwingliche Unterkünfte und Restaurants. Wer Yucatán erkundet, kann tief in die Maya-Kultur eintauchen, in beschaulichen Fischerdörfern chillen, viel Natur erleben oder die regionalen Küchen Mexikos genießen. In Chiapas, der Heimat der Zapatistas, lockt im Hochland die hinreißende, von Kiefernwäldern umgebene Kolonialstadt San Cristóbal de las Casas. In Palenque dreht sich alles um die imposanten Ruinen in einem paradiesischen Urwald. Egal, wohin es einen verschlägt, in dieser Ecke Mexikos kann man es sich sehr, sehr gut gehen lassen.

Reisezeit

Cancún

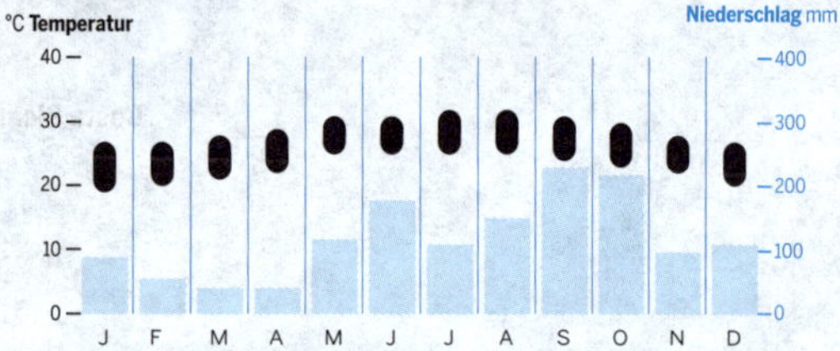

Jan. Die Kulturhauptstadt Mérida veranstaltet ein einmonatiges Fest mit Musik, Kunst und Tanz.

Juni–Sept. Schwimmen mit riesigen Walhaien um die Isla Holbox.

Okt.–Nov. Kühleres Wetter und billigere Unterkünfte in der Nebensaison.

Von Land zu Land

Von Mexiko bieten sich kurze Ausflüge nach Guatemala an – von San Cristóbal de las Casas nach Quetzaltenango oder über Palenque nach Tikal sowie von Chetumal südlich von Tulum nach Corazal in Belize. Busse fahren häufig vom Nuevo Mercado Lázaro Cárdenas in Chetumal zu verschiedenen Orten in Belize. Der beste Grenzübergang nach Guatemala ist der von Ciudad Cuauhtémoc (nahe La Mesilla in Guatemala). Eine weitere Option ist der von Tapachula weiter im Südwesten. Genaueres siehe Praktische Informationen S. 100

REISEROUTEN

Eine Woche

Der erste Tag beginnt in Cancúns Zona Hotelera mit einem Sprung ins türkisblaue Wasser. Später lockt die Innenstadt mit preiswerten Restaurants und wilden Partynächten. Tolle Ausflugsziele sind Isla Mujeres und Isla Blanca mit den schönsten Stränden der mexikanischen Karibik. Zurück auf dem Festland geht's südwärts nach Playa del Carmen, wo Fähren zur Isla Cozumel mit ihren berühmten Tauchrevieren ablegen. Als Nächstes wird Tulum mit seinen Maya-Ruinen am Meer angesteuert. Und wenn noch Zeit ist, geht's weiter nach Süden nach Mahahual, einem beschaulichen Fischerdorf mit tollen Tauchspots.

Zwei Wochen

Zu Beginn der zweiten Woche fährt man zurück nach Norden nach Valladolid, einer gemütlichenKolonialstadt. Westlich von Valladolid liegt Chichén Itzá, die berühmteste aller Maya-Ruinen. Ein paar Tage werden dann in Mérida, der Kulturhauptstadt der Halbinsel, verbracht, um yukatekische Küche und das reichliche Unterhaltungsangebot zu genießen. Weiter südlich beeindruckt die Stadt Campeche mit ihrer bestens erhaltenen Festungsmauer. Auf dem Weg in den Bundesstaat Chiapas lohnen die archäologischen Stätten Edzná und Calakmul. Selbst wenn es jetzt langsam reicht mit all den Ruinen – der Abstecher nach Palenque mit seinen Maya-Bauten inmitten eines Märchenwaldes lohnt sich. Zum Abschluss folgt ein Besuch in San Cristóbal de las Casas, einer Kolonialstadt im Hochland umgeben von Maya-Dörfern.

Essen & Trinken

- **Cochinita pibil** Langsam geschmortes Schweinefleisch, mariniert mit Zitrussaft und gewürzt mit Annatto-Samen
- **Panuchos** Frittierte, mit Bohnenmus bestrichene Tortillas, belegt mit Hühnerfleisch, Blattsalat und Zwiebel-Pickle
- **Meskal** Ein Agavenschnaps, der es in sich hat
- **Sopa de lima** Suppe mit Pute, Limetten und Tortillastreifen
- **Papadzules** Mit gewürfelten, hart gekochten Eiern gefüllte Tortillas, dazu Saucen aus Kürbiskernen und Tomaten

AUF EINEN BLICK

Währung Mexikanischer Peso (Mex$)

Sprache Spanisch und Maya

Geld In den meisten Städten gibt's Geldautomaten

Visa Für Angehörige vieler Staaten nicht erforderlich

Zeit MEZ minus sieben Stunden

Fläche Halbinsel Yucatán und Chiapas 220 700 km²

Notfall ☎ 066

Wechselkurse

Belize	1 BZ$	9,07 Mex$
Euro-Zone	1 €	20,53 Mex$
Guatemala	1 Q$	2,40 Mex$
Schweiz	1 SFr	18,89 Mex$
USA	1 US$	18,63 Mex$

Preise

- **Hostelbett/Budgetzimmer** 170/550 Mex$
- **Abendessen** 100 Mex$
- **Busfahrkarte** 190 Mex$ (dreistündige Fahrt)
- **Ruineneintritt** 50–220 Mex$

Infos im Internet

- **Yucatán Today** (www.yucatantoday.com)
- **Caribe Mexikano** (www.caribemexikano.gob.mx)
- **Turismo Chiapas** (www.turismochiapas.gob.mx)

YUCATÁN

Yucatán ist eine wahre Wundertüte voller Überraschungen und bis zum Rand gefüllt mit Maya-Ruinen, karibischen Stränden, alten Kolonialstädten, berühmten Tauchgebieten und jeder Menge Naturwundern.

Cancún

☎998 / 630 000 EW.

Cancún besteht eigentlich aus zwei Städten. Da ist einerseits die glamouröse Hotelzone mit ihren berühmten weißen Sandstränden, der hemmungslosen Partyszene und eleganten Fischrestaurants und andererseits die eigentliche Stadt, deren Lokalkolorit sich am besten an einer Tacobude oder einem unbebauten Strand in der Nähe erleben lässt.

Genau das macht Cancún so interessant. Genug von den lärmenden Diskos in der Hotelzone? Dann ab in einen Salsa-Club in der Innenstadt. Keine Lust mehr auf Faulenzen am Pool in der Ciudad Cancún? Dann einfach rein in einen Bus und ab zum strahlend blauen Meer in der Hotelzone.

Aber noch besser ist es, außerhalb der Stadt mehr vom Bundesstaat Quintana Roo zu erkunden. Der unberührte Nationalpark Isla Contoy beispielsweise ist nur einen Tagesausflug von Cancún entfernt und lockt mit einer faszinierenden Vielfalt an Vogel- und Pflanzenarten. Und im Norden liegt die stille Isla Holbox, wo das Schwimmen mit riesigen Walhaien zum absoluten Hit geworden ist.

GUTES FÜRS GELD

Das **Hotel El Rey del Caribe** (☎998-884-20-28; www.elreydelcaribe.com; Av Uxmal 24; EZ/DZ mit Frühstück 900/983 Mex$; ; R-1) ist ein echtes Ökohotel – es recycelt, verwendet Solaranlagen und Zisternen, nutzt Brauchwasser für die Gärten und hat einige Zimmer mit Trockenklos. Die schöne Anlage verfügt über einen Swimmingpool und Whirlpool in einem dschungelhaften Innenhof, in dem eine kleine Familie von *tlacuaches* (Opossums) lebt. Alle Zimmer sind mit einer Kochnische, komfortablen Betten und Kühlschränken ausgestattet. Auf der Website gibt es gute Angebote.

Sehenswertes

Die meisten Hauptattraktionen Cancúns – nämlich Strände, Museum, Ruinen und Wasseraktivitäten – sind in der Zona Hotelera zu finden. Wer in der Ciudad Cancún untergekommen ist, kann mit jedem Bus der Linie R-1, R-2, oder mit Zielangabe „Zona Hotelera" zu jedem Punkt an der Küste fahren.

★ Museo Maya de Cancún MUSEUM

(Maya-Museum; www.inah.gob.mx; Blvd Kukulcán Km 16.5; 64 Mex$; Di–So 9–18 Uhr; R-1) Das moderne Museum mit einer der bedeutendsten Sammlungen von Maya-Artefakten ist ein willkommener Anblick in einer Stadt, die eher für ihre Partyszene als für ihre kulturellen Attraktionen bekannt ist. Gezeigt werden rund 400 Teile, die an wichtigen Stätten auf der Halbinsel gefunden wurden, darunter Skulpturen, Töpferwaren und Schmuck. In einem der drei Säle sind zeitgenössische Exponate zu Maya-Themen ausgestellt.

Das ursprüngliche anthropologische Museum Cancúns wurde 2006 wegen Bauschäden nach Hurrikanen geschlossen. Das neue Museum ist mit sturmresistentem Sicherheitsglas ausgestattet worden. Die Eintrittskarte gilt auch für die angrenzende archäologische Stätte San Miguelito.

Aktivitäten

Geführte Touren zur Isla Contoy geben Teilnehmern mehrere Stunden Zeit, die Lehrpfade der Insel zu erkunden, einen 27 m hohen Beobachtungsturm zu besteigen und ein wenig zu schnorcheln.

Weitere Informationen über die Ökologie der Insel sind über die Website der **Amigos de Isla Contoy** (☎998-884-74-83; www.islacontoy.org; Plaza Bonita Mall) zu erfahren.

Reiseveranstalter in Cancún und auf der Isla Mujeres bieten Ausflüge zur Isla Contoy an.

★ Museo Subacuático de Arte TAUCHEN SCHNORCHELN

(MUSA; Unterwassermuseum; www.musacancun.com; Schnorcheltour 41,50 US$, 1 Tauchgang 64,50 US$) Diese einzigartige Unterwasserausstellung mit über 500 lebensgroßen Skulpturen auf dem Meeresgrund vor Cancún und der Isla Mujeres soll Taucher von angeschlagenen Korallenriffen fortlocken. Die künstlichen Riffe liegen 4 und 8 m unter Wasser, sind also ideal für Schnorchler und Tauchanfänger. Tauchgänge organisie-

Highlights

1 **Palenque** (S. 91) Die erstaunlichen Maya-Ruinen im Dschungel erkunden.

2 **Mérida** (S. 73) Die Regionalküche der Kulturhauptstadt genießen.

3 **Mahahual** (S. 69) In der ruhigen Karibikstadt chillen.

4 **Isla Holbox** (S. 57) Schwimmen mit riesigen Walhaien.

5 **Isla Cozumel** (S. 62) In die farbenfrohe Unterwasserwelt eintauchen.

6 **Valladolid** (S. 70) In kristallklare Cenoten springen.

7 **Campeche** (S. 81) Dem abenteuerlichen Geist der von Mauern umgebenen Stadt nachspüren.

Yucatán

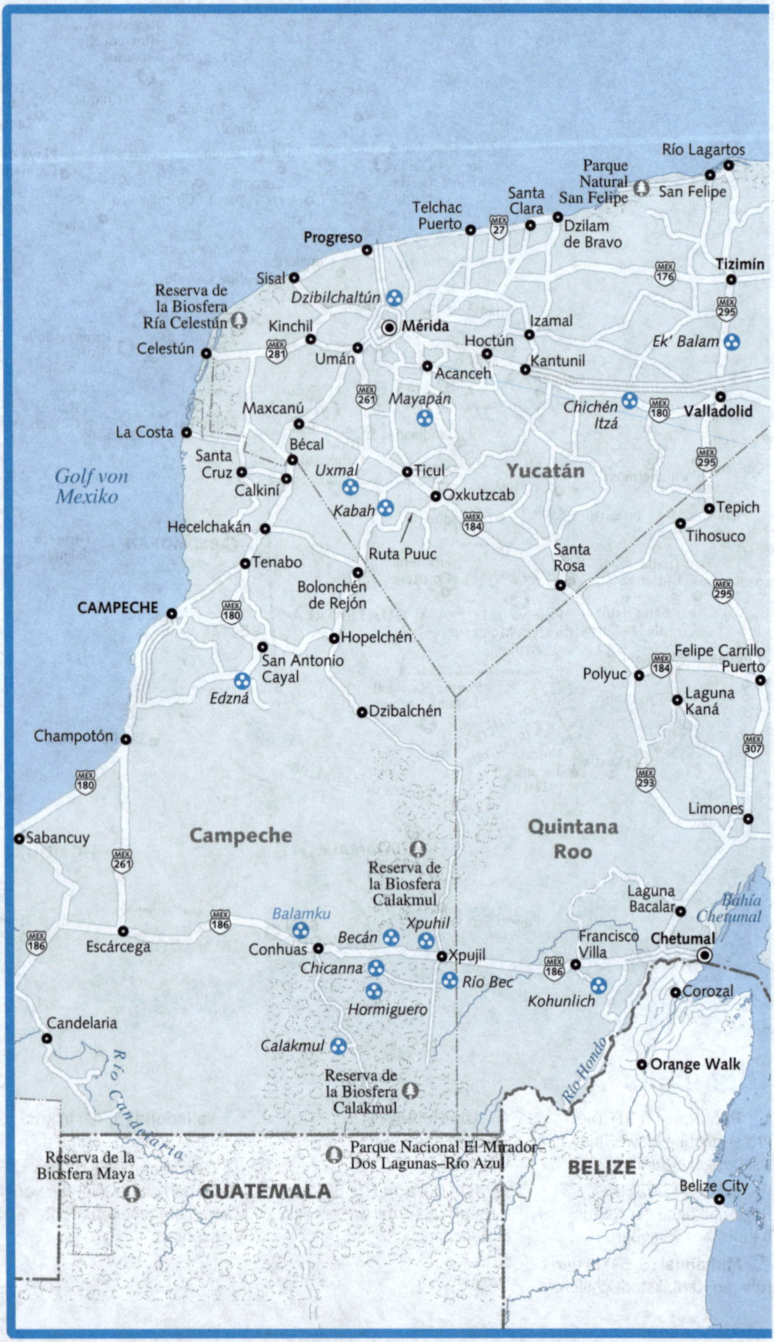
Golf von Mexiko
Río Lagartos
Parque Natural San Felipe
San Felipe
Santa Clara
Dzilam de Bravo
Telchac Puerto
Progreso
Tizimín
Sisal
Reserva de la Biosfera Ría Celestún
Dzibilchaltún
Kinchil
Mérida
Izamal
Celestún
Umán
Hoctún
Ek' Balam
Acanceh
Kantunil
Mayapán
Chichén Itzá
Valladolid
Maxcanú
La Costa
Bécal
Santa Cruz
Calkiní
Uxmal
Ticul
Yucatán
Kabah
Oxkutzcab
Tepich
Tihosuco
Hecelchakán
Ruta Puuc
Santa Rosa
Tenabo
Bolonchén de Rejón
CAMPECHE
Hopelchén
San Antonio Cayal
Edzná
Felipe Carrillo Puerto
Polyuc
Laguna Kaná
Dzibalchén
Champotón
Limones
Sabancuy
Campeche
Quintana Roo
Reserva de la Biosfera Calakmul
Laguna Bacalar
Bahía Chetumal
Balamku
Xpuhil
Francisco Villa
Chetumal
Escárcega
Conhuas
Becán
Xpujil
Chicanna
Río Bec
Kohunlich
Corozal
Hormiguero
Candelaria
Calakmul
Orange Walk
Río Candelaria
Río Hondo
Reserva de la Biosfera Calakmul
Reserva de la Biosfera Maya
Parque Nacional El Mirador–Dos Lagunas–Río Azul
BELIZE
GUATEMALA
Belize City
MEX 27
MEX 176
MEX 295
MEX 281
MEX 261
MEX 180
MEX 184
MEX 186
MEX 307
MEX 293

ren entsprechende Anbieter; empfehlenswert ist Scuba Cancún.

Scuba Cancún TAUCHEN
(998-849-75-08; www.scubacancun.com.mx; Blvd Kukulcán Km 5.2; 1/2 Tauchgänge 62/77 US$, Ausrüstungsverleih extra) Scuba Cancún, ein familieneigener Tauchanbieter mit PADI-Zertifikat und jahrelanger Erfahrung, war der erste Tauchladen in der Stadt. Er bietet verschiedene Schnorchel-, Angel- und Tauchausflüge an (auch nachts und in Cenoten) sowie Schnorchel- und Tauchtouren im Unterwassermuseum (MUSA).

Asterix BOOTSTOUR
(998-886-42-70; www.contoytours.com; Blvd Kukulcán Km 5,2; Erw./Kind 5–12 J. 109/63 US$; Touren Di, Do & Sa 9–17 Uhr) Die Boote zur Isla Contoy legen an der **Marina Scuba Cancún** ab. Zur Tour gehören ein Führer, Frühstück, Mittagessen, freie Getränke und Schnorchelausrüstung.

Schlafen

Mezcal Hostel HOSTEL $
(Handy 998-1259502; www.mezcalhostel.com; Mero 12; B/Zi. mit Frühstück 14/45 US$; R-1) Alles, was Meskal im Namen trägt, muss wohl gut sein, möchte man meinen. In diesem Fall ist wirklich alles gut mit dem Mezcal Hostel, das in einem schönen, zweistöckigen Haus in einem ruhigen Wohnviertel untergebracht ist. Die Zimmer und Schlafsäle sind sehr sauber und die sonntäglichen Grillpartys sind perfekt, um einen rauchigen Meskal zu kippen.

Hostal Mayapan HOSTEL $
(998-883-32-27; www.hostalmayapan.com; Blvd Kukulcán Km 8,5; mit Frühstück B 180–235 Mex$, Zi. 850 Mex$; R-1) Die großartige Budgetunterkunft in der Zona Hotelera ist in einem verlassenen Einkaufszentrum untergebracht. Dank der Lage nur 30 m vom Strand ist es eines unserer Lieblingshostels in der Stadt. Die Zimmer sind supersauber und oben gibt es ein Atrium (der ehemalige Food-Court?) zum Abhängen.

Hostel Natura HOSTEL $$
(998-883-08-87; www.hostelnaturacancun.com; Blvd Kukulcán Km 9,5; B 26–27 US$, Zi. 60 US$; R-1) Das neue Hostel über einem Naturkostrestaurant gleichen Namens bietet Zimmer mit Lagunenblick sowie etwas beengte Schlafsäle, aber dafür einen luftigen Gemeinschaftsbereich auf dem Dach. Die Partyzone ist ganz in der Nähe.

Ciudad Cancún

Ciudad Cancún

Schlafen
1 Hotel El Rey del Caribe D2
2 Mezcal Hostel D3

Essen
3 Chedraui Supermarket C4
4 Comercial Mexicana C2
5 El Paisano del 23 ..... B1
6 La Playita D7
7 Los de Pescado C6
8 Mexikanische Essensstände B3

Unterhaltung
9 11:11 ..... C4
10 Grand Mambo Café A5

Shoppen
11 Mercado 23 ..... B1
12 Mercado Municipal Ki-Huic C4

Essen

Die Restaurantauswahl in der Ciudad Cancún reicht von den üblichen Tacobuden bis zu feinen Fischrestaurants. Viele Restaurants liegen in der Nähe des Parque de las Palapas und in der Avenida Yaxchilán. Auf den **Mercados 23** (Av Tulum s/n; 6–19 Uhr; R-1) und **28** (Mercado Veintiocho; Ecke Av XEl-Há & Sunyaxchén; 19 Uhr) gibt es gutes Marktessen und direkt auf dem Palapas-Platz stehen einige **Imbissstände** (Parque de las Palapas; 7.30–24 Uhr). Lebensmittel sind im **Comercial Mexicana** (Ecke Av Tulum & Uxmal; 7–23 Uhr) in der Nähe des Busbahnhofs und im **Chedraui Supermarket** (Ecke Av Tulum & Cobá; 7–23 Uhr; P; R-1) erhältlich.

El Paisano del 23 MEXIKANISCH $
(Ecke Cedro & Cericote, Mercado 23; Tortas 35 Mex$; 6–16 Uhr; R-1) Das *paisano* („Landsmann" – Spitzname des Besitzers) ist seit über 40 Jahren eine feste lokale Größe. Die in Rotwein marinierte *pierna* (Schweinehaxe) wird langsam gegart und die *tortas* (Sandwiches) sind schnell ausverkauft, besonders am Wochenende.

Los de Pescado FISCH & MEERESFRÜCHTE $
(www.losdepescado.com; Av Tulum 32; Tacos & Tostadas 27–29 Mex$, Ceviche 86–129 Mex$, Burritos 39–43 Mex$; 10–18 Uhr; R-27) Bestellen ist einfach in einem Lokal, das nur vier Gerichte anbietet: *ceviche* (in Zitronen- oder Limonensaft, Knoblauch und Gewürzen marinierter Fisch), Tacos, *tostadas* (frittierte Tortilla) oder Burritos. Wer die Tacos mit Fisch und Garnelen samt Beilagen von der Salatbar probiert, versteht, warum die Einheimischen das Lokal mögen.

★ **Kiosco Verde** FISCH & MEERESFRÜCHTE $$
(www.restaurant-kiosco-verde.blogspot.mx; Av López Portillo s/n, Puerto Juárez; Hauptgerichte 80–140 Mex$; Mi–Mo 12–19 Uhr; P) Der „grüne Kiosk" ist vielleicht das meistunterschätzte Fischrestaurant in ganz Cancún. Es wurde 1974 als Lebensmittelgeschäft gegründet und serviert nun aufwendige Fisch- und Meeresfrüchtegerichte wie in Kokosnuss gewälzte Garnelen und leckere gegrillte ganze Fische. Unbedingt das mexikanische Craft-Bier oder den Meskal probieren.

Zu erreichen ist es mit dem *colectivo* „Puerto Juárez" gegenüber dem Busbahnhof Richtung Norden über die Avenida Tulum.

La Playita FISCH & MEERESFRÜCHTE $$
(Av Bonampak 60; Hauptgerichte 90–170 Mex$; 11–2 Uhr; R-27) Gegen die Hitze helfen erfrischende, leichte Gerichte wie Meeresfrüchtecocktails und *ceviche tostadas*. Als Getränk lohnt sich der „gefrorene *miche*", ein Cocktail auf Bierbasis, der garantiert Kältekopfweh verursacht. Dank der täglich wechselnden Getränkeangebote und der Straßentische ist dies eine der beliebtesten Bars in der Innenstadt.

Surfin' Burrito MEXIKANISCH $$
(www.facebook.com/thesurfinburrito; Blvd Kukulcán Km 9,5; Burritos 62–119 Mex$; 24 Std.; R-1) Das kleine Lokal kommt immer gut an in der Hotelstraße, wo billige Restaurants dünn gesät sind. Geboten werden Rindfleisch-, Fisch-, Garnelen- und vegetarische Burritos mit vielen schmackhaften Extras. Es ist rund um die Uhr geöffnet und macht riesige Margaritas, weswegen es nachts sehr beliebt ist.

Ausgehen & Nachtleben

★ **Grand Mambo Café** CLUB
(998-884-45-36; www.mambocafe.com.mx; Plaza Hong Kong, Ecke Av Xcaret & Tankah; Mi–Sa 22.30–5 Uhr; R-2) Die große Tanzfläche in diesem angesagten Club ist ideal, um endlich die lateinamerikanischen Tanzschritte in die Praxis umzusetzen. Bands spielen live kubanische Salsa und andere Musik der Tropen.

11:11 SCHWULE
(Once Once; Ecke Av Tulum & Claveles; Do–Sa 22.30–6 Uhr; R-1) Im Hauptsaal dieses großen Hauses gibt's Drag-Shows, Go-Go-Tänzer und dergleichen, in den kleineren Räumen legen DJs bis zum Morgengrauen Electronica und Pop auf.

Shoppen

La Europea GETRÄNKE

(www.laeuropea.com.mx; Blvd Kukulcán Km 12,5; ⌚Mo–Sa 10–21, So 11–19 Uhr; 🚌R-1) Ein Gourmet-Spirituosenladen mit günstigen Preisen, sachkundigen Angestellten und der besten Alkoholauswahl in der Stadt, darunter feinste Tequilas und Meskals. Die meisten Fluglinien erlauben die Mitnahme von 3 l Alokohl, aber besser ist es, vorher anzufragen. Salud!

Mercado Municipal Ki-Huic MARKT

(Av Tulum s/n; ⌚9–21 Uhr; 🚌R-1) Das wuselige Labyrinth aus Ständen und Läden bietet eine große Auswahl an Souvenirs und Kunsthandwerk.

An- Weiterreise

BUS

Der moderne **Busbahnhof** (Ecke Av Uxmal & Tulum) Cancúns liegt auf dem keilförmigen Areal, das von der Kreuzung Avenida Uxmal und Tulum gebildet wird. Die Gegend ist sicher und es ist kein Problem, dort herumzulaufen. Auf der anderen Seite der Calle Pino gegenüber vom Busterminal, ein paar Häuser von der Avenida Tulum entfernt, befinden sich das Ticketbüro und das Mini-Terminal von **Playa Express** (Calle Pino), deren klimatisierten Busse alle zehn Minuten bis zum frühen Abend die Küste entlang nach Playa del Carmen fahren und in größeren Orten sowie an bestimmten Sehenswürdigkeiten halten. Die 1.-Klasse-Busse von **ADO** (☎800-009-90-90; www.ado.com.mx) fahren dieselbe Strecke und noch weiter.

ADO setzt den Standard für die 1. Klasse, für Luxus hingegegen sorgen **ADO Platino** (☎800-737-58-56; www.adoplatino.com.mx), **ADO GL** (☎800-900-01-05; www.adogl.com.mx) und **OCC** (☎800-900-0105; www.occbus.com.mx). Mayab bietet eine gute „Zwischenklasse" (mit eher mehr Haltestellen als die 1. Klasse) zu vielen Zielorten, die klimatisierten 2.-Klasse-Busse von Oriente fahren oft mit Verspätung ab und kommen auch später an.

FLUGZEUG

Aeropuerto Internacional de Cancún (CUN; ☎998-848-7200; www.asur.com.mx; Carretera Cancún-Chetumal Km 22; 📶) Eine Fahrkarte für die Shuttlebusse Yellow Transfers (Kartenschalter im Terminal) kostet 160 Mex$ pro Person in die Ciudad Cancún oder die Zona Hotelera. ADO-Busse (52 Mex$) fahren zum Busbahnhof in der Innenstadt. Reguläre Taxis und private Kleinbusse verlangen 450 bis 500 Mex$.

SCHIFF/FÄHRE

Boote zur Isla Mujeres fahren an mehreren Anlegern in Cancún ab. Vom Puerto Juárez kostet es 80 Mex$, ab der Zona Hotelera etwa 235 Mex$.

Puerto Juárez Der Puerto Juárez ist der Haupthafen für Passagierfähren zur Isla Mujeres. Punta Sam, der Kai für die langsameren Autofähren zur Isla Mujeres, befindet sich 7 km nördlich der Innenstadt. Von der Zona Hotelera legen ebenfalls Fähren ab.

BUSSE AB CANCÚN

ZIELORT	PREIS (MEX$)	FAHRZEIT (STD.)	HÄUFIGKEIT (TGL.)
Chetumal	235–456	5½–6	häufig
Chichén Itzá	135–258	3–4	14
Chiquilá	114	3–3½	3 (Mayab)
Felipe Carrillo Puerto	186–248	3½–4	3
Mérida	198–578	4–4½	häufig
Mexiko-Stadt	1928	27	1 zum Terminal Norte; 18.30 Uhr
Mexiko-Stadt (TAPO)	1904–2160	24½–28	4
Palenque	876–1040	13–13½	3
Playa del Carmen	34–60	1–1½	häufig ADO & Playa Express
Puerto Morelos	22–24	½–¾	häufig ADO & Playa Express
Ticul	220–296	8½	häufig
Tizimín	130–280	3	3
Tulum	92–130	2½	häufig
Valladolid	150–158	2–2¼	8
Villahermosa	550–1480	12¾–14½	häufig

ABSTECHER

FLUCHT AUS CANCÚN

Nördlich von Cancún gibt es mehrere interessante Inselrefugien. Wer sehen will, wie Cancún vor dem Bauboom aussah, kann mit dem Taxi von Cancún Centro zur Isla Blanca fahren, um dort am Strand mit erschwinglichen Hütten zu faulenzen.

Schwimmen mit 15 t schweren Walhaien ist um die **Isla Holbox** möglich. Zwei Busse fahren täglich vom **Busbahnhof in Cancún** (S. 56) nach Chiquilá, wo Fähren zur Isla Holbox übersetzen, einer relaxten Insel mit Sandstraßen und ohne Autos. Turística Moguel bietet Touren an und das Hostel Tribu ist eine prima Unterkunft.

Cabañas Playa Blanca (Handy 998-2139131; Isla Blanca; Eintritt zum Beachclub 30 Mex$, Hütten 500–1000 Mex$; P) Ein Beachclub und Hütten an einem herrlichen weißen Sandstrand mit Blick auf die Isla Mujeres.

Turística Moguel (984-875-20-28, Handy 984-1149921; www.holboxislandtours.com; Ecke Av Tiburón Ballena & Damero; pro Pers. 1200 Mex$) Der im Minimarkt an der Plaza ansässige Anbieter gilt als einer der besten Organisatoren von Walhaitouren. Die Tour führt u. a. zu einer herrlichen Quelle (mit Gelegenheit zum Schwimmen) und zur Isla Pasión, einer Insel, auf der sich wunderbar Vögel beobachten lassen.

Hostel Tribu (984-875-25-07; www.tribuhostel.com; Av Pedro Joaquín Coldwell; B/Zi. ab 170/550 Mex$;) Bei so vielen Aktivitäten im Angebot (von Salsa-Kursen bis Yoga und Kajakfahren) dauert es nicht lang, sich hier einzuleben. Die Schlafsäle mit sechs Betten und die Privatzimmer sind sauber, farbenfroh und heiter. Im Tribu gibt es zudem eine Bücherbörse und eine Bar mit wöchentlichen Jam-Sessions. Von der Plaza aus liegt es einen Straßenblock nach Norden und zwei nach Westen.

Isla Mujeres

998 / 16 000 EW.

Manche Leute verbringen ihren Urlaub rund um Cancún und planen die Isla Mujeres nur als kurzen Ausflug ein. Aber die Insel ist eine ganz eigenständige Destination und generell ruhiger und erschwinglicher als die Orte in der Bucht. Klar finden sich hier ein paar abgeschmackte Touristenläden, aber die Leute tuckern immer noch per Golfmobil über die Insel und die Strände aus Korallensand sind sogar noch besser als die von Cozumel and Holbox. Was das ruhige, türkisfarbene Gewässer der Isla Mujeres angeht, nun ja, das muss man wirklich mit eigenen Augen gesehen haben.

Es gibt hier gerade genug, um sich nicht zu langweilen: Schnorcheln oder Tauchen, ein Besuch auf einer Schildkrötenfarm oder sich mit Sonnenbrille und dem Buch zurückziehen, das man schon ewig mal lesen wollte. Wenn die Sonne untergeht, locken reichlich Restaurants und das Nachtleben geht seinen geruhsamen Inselgang.

Sehenswertes

Schildkrötenfarm Isla Mujeres FARM

(Isla Mujeres Tortugranja; 998-888-07-05; Carretera Sac Bajo Km 5; 30 Mex$; 9–17 Uhr;) Meeresschildkröten sind zwar gefährdet, werden aber noch immer in ganz Lateinamerika wegen ihrer Eier und ihres Fleisches getötet. In den 1980er-Jahren wurde dank des Einsatzes eines lokalen Fischers diese *tortugranja* (Schildkrötenfarm) 5 km südlich der Stadt gegründet, die Brutplätze absichert und die Eier schützt.

Wer von der Bushaltestelle kommt, hält sich an der Weggabelung gleich hinter dem Parkplatz der Hacienda Mundaca rechts (den Abzweig markiert ein winziges Schild). Die Farm ist von der Stadt leicht mit dem Taxi (60 Mex$) zu erreichen.

Playa Norte STRAND

Wer erst einmal an der Playa Norte, dem Hauptstrand der Insel, gelandet ist, will nie wieder weg. Das warme, flache Gewässer ist ein tiefes Türkisblau und der Strand besteht aus Korallensand. Die Playa Norte ist im Gegensatz zur Ostküste der Insel sicher zum Schwimmen und selbst weiter draußen reicht das Wasser nur bis zur Brust.

Museo Capitán Dulché MUSEUM, STRAND

(www.capitandulche.com; Carretera a Garrafón Km 4,5; 65 Mex$; 10.30–18.30 Uhr; P) Und da denke einer, auf der Isla Mujeres gebe es keine Kultur. Hier wird nicht nur ein Seefahrtsmuseum zur Marinegeschichte der Insel geboten, sondern auch einer der besten Beachclubs vor Ort – und das sagen wir nicht nur wegen der coolen Bootsbar.

Aktivitäten

Fischerkooperative TOUR
(Handy 998-1534883; Ecke Av Rueda Medina & Madero; Schnorcheln inkl. Mittagessen 350 Mex$, Tour zur Isla Contoy 1000 Mex$, Walhaitour 1400 Mex$; Büro 8–20 Uhr) Die Fischerkooperative der Insel bietet Schnorcheltouren zu verschiedenen Stellen an, auch zur Isla Contoy und zum Riff vor der Playa Garrafón, sowie Bootsfahrten zu den Walhaien.

Sea Hawk Divers TAUCHEN
(998-877-02-96; www.seahawkislamujeres.com; Carlos Lazo s/n; 1/2 Tauchgänge inkl. Ausrüstung 70/85 US$, Tauchkurs 95 US$, Walhaitour 125 US$) Bietet Rifftauchen, Tauchkurse, Angelausflüge und Schnorcheltouren mit Walhaien. Und vermietet auch Zimmer.

Schlafen

★ **Poc-Na Hostel** HOSTEL $
(998-877-00-90; www.pocna.com; Matamoros 15; B mit Ventilator/Klimaanlage 155/195, DZ mit/ohne Bad 430/370 Mex$, mit Frühstück, Camping pro Pers. 110 Mex$;) Die Gemeinschaftsbereiche dieses Hostels sind einfach unschlagbar. Zudem liegt es direkt an einem palmenbeschatteten Strand mit einer der angesagtesten Strandbars der Insel – und man darf auch sein eigenes Zelt hier aufschlagen. Gäste können in einer coolen *palapa*-Lobbybar chillen, wo auch Frühstück serviert wird und jeden Abend lokale Bands spielen.

Apartments Trinchan APARTMENT $
(998-877-08-56, Handy 998-1666967; atrinchan@prodigy.net.mx; Carlos Lazo 46; Zi. mit Ventilator/Klimaanlage 400/450 Mex$, Apt. mit Ventilator/Klimaanlage 450/500 Mex$;) Diese Budgetunterkunft hat keine Website, aber versprochen: Sie ist eine der besten der Stadt und der Strand ist direkt um die Ecke. Am besten sind die großen Apartments mit richtiger Küche, falls eines frei ist.

Essen

Pita Amore MEDITERRAN $
(Guerrero s/n, zw. Morelos & Madero; Sandwiches 35–45 Mex$; Mo–Sa 12.30–22, So 18–22 Uhr;) In dieser bescheidenen Hütte kommen nur drei Sandwichvarianten auf den Tisch und die sind verdammt gut. Kreiert hat die Hühnchen-, Rindfleisch- und Gemüsepitas ein ehemaliger Schüler des New Yorker Culinary Institute. Das Geheimnis sind die hausgemachten Saucen und das herausragende Fladenbrot, das aus einer libanesischen Bäckerei in Mérida stammt.

Mercado Municipal MARKT $
(Guerrero s/n, zw. López Mateos & Matamoros; Hauptgerichte 35–100 Mex$; 7–17 Uhr) In der umgebauten Markthalle gibt es mehrere Imbissstände mit preiswerten warmen Mahlzeiten; an anderen Ständen werden Obst und Gemüse sowie frische Säfte verkauft. Außerhalb des Markts servieren vier Open-Air-Restaurants einfaches regionales Essen wie *sopa de lima* (Limettensuppe) zu günstigen Preisen.

Mininos FISCH & MEERESFRÜCHTE $$
(Av Rueda Medina s/n; Hauptgerichte 90–170 Mex$; 10–21 Uhr) In dem farbenfroh gestrichenen *palapa*-Restaurant mit Sandboden werden leckere Knoblauchgarnelen, gebratene ganze Fische und Tintenfische sowie köstliche Meeresfrüchtesuppen serviert. Es ist bei Einheimischen und Touristen gleichermaßen beliebt.

Ausgehen & Nachtleben

★ **T&T Tropical Paradise** LOUNGE
(www.facebook.com/tropicalparadiseislamujeres; Matamoros 20; 17–2 Uhr) Eine Bar mit Sandboden ist schlichtweg klasse – und anders als einige der benachbarten Bars traut sich das T&T Musik des 21. Jhs. zu spielen!

Poc-Na Hostel BAR
(www.pocna.com; Matamoros 26; 19–3 Uhr;) Hat eine Lobbybar mit Livemusik jeden Abend und eine Strandbar mit Lagerfeuer und mehr Hippies als alle Flower-Power-Busse zusammen. Hier ist Szene pur und zudem eine unterhaltsame.

Anreise & Unterwegs vor Ort

Es gibt mehrere Anleger für Boote von Cancún zur Isla Mujeres. Die meisten Leute benutzen die Passagierfähren von Ultramar. Der Stadtbus R-1 in Cancún nach Puerto Juárez hält an allen Anlegern in der Zona Hotelera und am Puerto Juárez in der Ciudad Cancún.

Die Fähren ab der Zona Hotelera werden in US-Dollars bezahlt. Es kommt viel billiger ab dem Puerto Juárez. Fähren (www.granpuerto.com.mx) legen an folgenden Kais ab:

Puerto Juárez (4 km nördlich von Ciudad Cancún) Alle 30 Min.; einfach 78 Mex$.

El Embarcadero (Blvd Kukulcán Km 4) 6-mal tgl.; einfach 14 US$.

Playa Tortugas (Blvd Kukulcán Km 6,5) 8-mal tgl.; einfach 14 US$.

Playa Caracol (Blvd Kukulcán Km 9,5) 6-mal tgl.; einfach 14 US$.

Puerto Morelos

☎998 / 9200 EW.

Puerto Morelos auf halber Strecke zwischen Cancún und Playa del Carmen besitzt trotz des Baubooms nördlich und südlich der Stadt noch immer eine ruhige Kleinstadtatmosphäre. Es gibt hier zwar genug Restaurants und Bars, um abends keine Langeweile aufkommen zu lassen, aber Besucher werden in erster Linie vom flachen karibischen Wasser angezogen. Streifen aus strahlend kontrastierendem Hellgrün und Dunkelblau trennen die Küste vom Barriereriff – ein faszinierender Anblick für Taucher und Schnorchler –, während landeinwärts einige tolle Cenoten auf Abenteuerlustige warten. Nur ein paar Minuten zu Fuß vom Hauptplatz liegt ein netter Markt mit einer guten Auswahl an Kunsthandwerk und Hängematten.

Sehenswertes & Aktivitäten

Jardín Botánico Dr Alfredo Barrera Marín GÄRTEN

(Jardín Botánico Yaax Che; ☎998-206-92-33; Ctra 307 Km 320; Erw./Kind 3–10 J. 120/50 Mex$; ⏲Mo–Sa 8–16 Uhr;) Der 65 ha große botanische Garten ist einer der größten in Mexiko. Es gibt dort insgesamt 2 km Wegstrecken sowie Bereiche für Aufsitzerpflanzen (Orchideen und Bromelien), Palmen, Farne, Sukkulenten (Kakteen und ihre Verwandten) und Pflanzen, die in der traditionellen Medizin der Maya verwendet wurden. Auch viele Tiere leben in dem Garten, darunter das einzige Rudel Klammeraffen, die es in der Region noch gibt. Der Garten liegt 1,3 km südlich des Abzweigs nach Puerto Morelos.

Aquanauts TAUCHEN

(☎998-206-93-65; www.aquanautsdiveadventures.com; Hotel Hacienda Morelos, Av Melgar s/n; 1/2 Rifftauchgänge 70/90 US$, Schnorcheln 30 US$; ⏲Büro Mo–Sa 8–16 Uhr) Hat viele interessante Touren, darunter Strömungstauchen, Cenoten- und Wracktauchen sowie Rotfeuerfischjagen. Der Tauchladen befindet sich im Hotel Hacienda Morelos einen Block südlich der Plaza.

Puerto Morelos Language Center SPRACHKURSE

(☎998-871-01-62; www.puertomorelosspanishcenter.com; Niños Héroes 46; Kurs pro Std./Woche 25/200 US$, Privatunterkunft pro Tag 45–60 US$) Die Sprachschule bietet neben stundenweisem und einwöchigem (mit 20 Std.) Unterricht auch ein Immersionsprogramm mit der Option, bei einer mexikanischen Gastfamilie zu wohnen. Die Schule vermittelt außerdem Touren und Aktivitäten.

Schlafen

Hotel Sevilla HOTEL $

(☎998-206-90-81; pm.h.sevilla@gmail.com; Av Niños Héroes 29; DZ ab 500 Mex$;) Das von Spaniern geführte Sevilla ist wirklich nichts Besonderes, aber während der Hochsaison das einzige Budgethotel in der Stadt. Am besten sind die Dachzimmer, die natürliches Licht und einen Blick auf Teile von Puerto Morelos haben.

★ **Posada El Moro** HOTEL $$

(☎998-206-90-05; www.posadaelmoro.com; Av Rojo Gómez s/n; Zi. mit Frühstück 69–79 US$, Suite 105–117 US$; P) Ein gut geführtes Haus mit bunten Geranien in den Fluren und im Innenhof. Einige Zimmer haben eine Kochnische, alle ein Sofa, das zum Futon ausgerollt werden kann, und es gibt einen kleinen Pool in einem tropischen Garten. In der Nebensaison sinken die Preise beträchtlich. El Moro liegt nordwestlich der Plaza.

Essen

El Nicho FRÜHSTÜCK $$

(www.elnicho.com.mx; Ecke Av Tulum & Rojo Gómez; Frühstück 55–105 Mex$, mittags 75–150 Mex$; ⏲Fr–Mi 7–14 Uhr;) El Nicho ist das beste und beliebteste Frühstückscafé in Puerto Morelos. Geboten werden Gerichte aus Bioeiern, Eier Benedikt, *chilaquiles* (frittierte Tortillastreifen in Salsa) mit Huhn und Biokaffee aus Chiapas. Vegetarier finden hier eine große und gute Auswahl.

El Merkadito FISCH & MEERESFRÜCHTE $$

(www.elmerkadito.mx; Av Melgar s/n, nördlich des Leuchtturms; Imbiss 48–58 Mex$, Hauptgerichte 115–190 Mex$; ⏲12–21 Uhr;) Ein toller Laden, der Tortilla-Chips in einer Papiertüte „*Hecho en Mexico*" (Made in Mexico) serviert und noch toller ist es, in einem herrlichen *palapa*-Strandrestaurant zu sitzen. Das *aguachile ceviche* mit Garnelen ist exzellent, ebenso die Grünschalmuscheln in Weißweinbrühe. Zum Abschluss gibt's ein erfrischendes Eis in einer ausgehöhlten Orangenschale.

Shoppen

Kunsthandwerksmarkt KUNSTHANDWERK

(Av Rojo Gómez s/n; ⏲9–18 Uhr) Hier werden hochwertige Hängematten, *alebrijes* (bunte, holzgeschnitzte Tiere), Handtaschen, Masken, Schmuck und mehr verkauft. Der Markt ist erfrischend zwanglos und oft sind die Kunsthandwerker bei der Arbeit zu sehen.

An- & Weiterreise

Die Busse von Playa Express und ADO, die zwischen Cancún und Playa del Carmen verkehren, halten unterwegs an der Carretera an. Busse und die Minibusse von Playa Express vom ADO-Busbahnhof in Cancún kosten 22 bis 24 Mex$. Vom Flughafen in Cancún fahren häufig Busse nach Puerto Morelos für 90 Mex$.

Taxis warten gewöhnlich an der Abzweigung, um Leute in die Stadt zu fahren; die Taxis am Stand an der Plaza fahren zurück zur Carretera. Einige Fahrer behaupten, der Fahrpreis gelte pro Person oder verlangen unter anderen Vorwänden zuviel; 25 Mex$ für die 2 km sind völlig ausreichend und zwar für so viele Fahrgäste wie reinpassen.

Playa del Carmen

☎984 / 150 000 EW.

Da täglich Kreuzfahrtschiffe anlegen, wirkt das Touristenzentrum von Playa wie ein Urlaubsort des Massentourismus. Aber die Stadt bewahrt dennoch ihren europäischen Chic und nur ein paar Straßen westlich der Hauptstraße zeigt sie ihre untouristische Seite.

Aktivitäten

Flora, Fauna y Cultura de México FREIWILLIGENARBEIT
(☎984-871-52-44; www.florafaunaycultura.org) Freiwilligenarbeit zum Erhalt von Schildkröten an der Karibikküste.

Scuba Playa TAUCHEN
(☎984-803-31-23; www.scubaplaya.com; Calle 10 s/n; ⏲7.30–21 Uhr) Ein PADI-Fünf-Sterne-Resort, das auch Kurse für technisches Tauchen anbietet.

Schlafen

Hostel Playa HOSTEL $
(☎984-803-32-77; www.hostelplaya.com.mx; Calle 8 s/n; B/DZ/3BZ mit Frühstück 200/490/735 Mex$; P ⊖ 📶) Das Hostel ist mit seinem zentralen Gemeinschaftsbereich, einem coolen Garten und einer Dachterrasse wie geschaffen, um Leute zu treffen. Die Zimmer sind einfach, aber ganz anständig und das Personal ist extrem hilfsbereit und hat tolle Vorschläge für Sehenswürdigkeiten und Aktivitäten.

Playa del Carmen

Aktivitäten, Kurse & Touren
1 Scuba Playa C3

Schlafen
2 Hostel Playa A3
3 Hotel Playa del Karma B1

Essen
4 Kaxapa Factory B3

Ausgehen & Nachtleben
5 Playa 69 .... C4

★ **Hotel Playa del Karma** BOUTIQUEHOTEL $$
(☎984-803-02-72; www.hotelplayadelkarma.com; 15 Av, zw. Calle 12 & 14; Zi. ab 1084 Mex$; P ⊖ ❄ 📶 🏊) Näher ran an den Dschungel geht's nirgendwo in der Stadt; die Zimmer hier blicken auf einen üppig grünen Hof mit einem kleinen Pool. Alle Zimmer haben eine Klimaanlage und TV, einige auch eine Kochnische, eine Sitzecke und eine hübsche kleine Veranda mit Hängematten. Das Hotel vermittelt auch Touren zu den Ruinen in der Nähe und Tauchausflüge.

Essen

Kaxapa Factory SÜDAMERIKANISCH $
(www.kaxapafactory.com; Calle 10 s/n; Hauptgerichte 50–90 Mex$; ⏲Di–So 10–22 Uhr; 📶 🌿) Die Spezialität in diesem venezolanischen Restaurant am Park ist *arepa*, köstliches Maisfladenbrot, wahlweise gefüllt mit Rind- oder Hühnchenfleischstreifen oder mit Bohnen und Kochbananen. Es gibt viele vegetarische und glutenfreie Gerichte und die erfrischenden und frisch gepressten Säfte passen wunderbar zu allem auf der Speisekarte.

Lonchería Doña Mary YUKATEKISCH $
(Calle 28 s/n, Ecke 30 Av; Imbiss 10–35 Mex$, Suppen 30–50 Mex$; ⏲18–1.30 Uhr) Man muss wahrscheinlich auf einen Tisch warten in diesem beliebten Restaurant und die Bedienung kann etwas langsam sein. Aber die Wartezeit lohnt sich, wenn erst einmal Marys yukatekische Hausmannskost auf den Tisch kommt. Alle Gerichte werden mit Huhn zubereitet: Tamales, *panuchos* (frittierte Tortilla mit Bohnenmus und Garnierungen), *salbutes* (wie *panuchos*, nur ohne Bohnen) und eine deftige Hühnersuppe wie daheim bei Mama.

Playa del Carmen

Ausgehen & Nachtleben

La Bodeguita del Medio TANZEN
(www.labodeguitadelmedio.com.mx; Quinta Av s/n; ⌚13.30–2 Uhr; 📶) In dieser kubanischen Restaurant-Bar ist alles vollgekritzelt: die Wand, die Lampenschirme und so weiter. Nach ein paar Mojitos wagen sich auch Europäer auf die Tanzfläche und schwingen zu *cubana*-Livemusik das Tanzbein bis in den frühen Morgen. Um 19.30 Uhr wird kostenloser Salsa-Unterricht geboten.

Playa 69 SCHWULE
(www.rivieramayagay.com; Seitengasse der Quinta Av, zw. Calle 4 & 6; ⌚Di–So 21–5 Uhr) Der schwule Tanzclub präsentiert stolz ausländische Stripper aus so fernen Ländern wie Australien und Brasilien. Am Wochenende gibt's Dragqueen-Shows.

Praktische Informationen

Banamex (Ecke Calle 12 & 10 Av)

An- & Weiterreise

BUS & COLECTIVO

In Playa gibt es zwei Busbahnhöfe mit Fahrkartenschaltern und Informationen zu mindestens einigen Abfahrtzeiten des jeweils anderen. Günstiger wird's mit einer Busfahrkarte der 2. Klasse, aber das bedeutet auch, dass der Bus oft an jeder Ecke hält. Ein Taxi vom Terminal ADO zur Plaza Mayor kostet etwa 25 Mex$.

Mit den Shuttle-Bussen von Playa Express geht es viel schneller an der Riviera Maya entlang oder nach Cancún.

Terminal ADO (www.ado.com.mx; 20 Av s/n, Ecke Calle 12) Am Terminal ADO fahren die meisten 1.-Klasse-Busse ab.

Terminal del Centro (Quinta Av s/n, Ecke Av Juárez) Der alte Terminal del Centro ist der Betriebsbusbahnhof für alle 2.-Klasse-Busse.

Playa Express (Calle 2 Norte) Schnelle und häufige Verbindungen nach Puerto Morelos für 22 Mex$ und in die Innenstadt von Cancún für 34 Mex$.

Colectivos nach Tulum & Cancún (Calle 2, Ecke 20 Av) *Colectivos* fahren zw. 4 und 24 Uhr ungefähr alle 15 Minuten an der Calle 2 ab, sobald sie voll sind. Sie und halten überall entlang der Straße zwischen Playa und Tulum. Die Fahrt kostet ab 20 Mex$. Für Gepäck ist nicht allzu viel Platz, aber für Tagesausflüge eignen sich diese Fahrzeuge prima. An derselben Stelle kann man sich auch ein *colectivo* nach Cancún (34 Mex$) schnappen.

SCHIFF/FÄHRE

Fähren nach Cozumel legen an der Calle 1 Sur häufig ab; dort befinden sich auch die **Ticketschalter** von drei Fährgesellschaften. Barcos Caribe ist die billigste der drei. Preisänderungen sind aber jederzeit möglich. Transcaribe, südlich von Playa gelegen, betreibt Autofähren nach Cozumel.

ABSTECHER

CENOTE CRISTALINO

Südlich von Playa del Carmen lockt ein erfrischendes Bad in einem Kalksteinloch, das mit einem **colectivo** (s. o.) Richtung Tulum zu erreichen ist.

An der Westseite der Carretera, 23 km südlich von Playa del Carmen, befinden sich einige wunderbare Cenoten. Zu ihnen gehört der **Cristalino Cenote** (Crta 307 s/n; Erw./Kind 3–10 J. 100/60 Mex$; ⌚8–8 Uhr) gleich südlich des Barceló Maya Resort. Er ist leicht zugänglich und nur 70 m vom Eingangstor entfernt, das sich quasi direkt neben der Carretera befindet. Zwei weitere Karsttrichter, **Azul** und **El Jardín del Edén**, liegen unmittelbar südlich des Cristalino an der Carretera, aber der Cristalino ist der beste der drei, da man hier tauchen oder einfach nur von den Felsen ins Wasser springen kann.

Isla Cozumel

☎987 / 80 000 EW.

Cozumel ist zu resistent und zu stolz, um sich zu einem weiteren billigen Ziel für Kreuzfahrtschiffe zu entwickeln. Jenseits des Touristengebiets – und der Souvenirläden für Gringos – ist eine Insel von stiller Gelassenheit und wirklicher Autenthizität zu entdecken. Tankstellen haben noch immer Marienschreine, es herrscht ein munteres karibisches Flair und natürlich gibt's einige Urlaubsaktivitäten, z. B. Tauchen in einem der besten Riffe der Welt.

Tauchen und Schnorcheln sind zwar die Hauptattraktionen, aber der Nachmittag lässt sich auch auf dem netten Stadtplatz verbringen. Zudem ist es auch eine wahre Freude, mit einem gemieteten Motorroller oder VW-Cabrio die weniger besuchten Teile der Insel zu erkunden. Die Küstenstraße führt zu kleinen Maya-Ruinen, einem Küstenschutzgebiet und hinreißenden Aussichten an der unvergesslichen, windumtosten Küste.

San Miguel de Cozumel

San Miguel de Cozumel

Sehenswertes

1 Museo de la Isla de Cozumel C1

Aktivitäten, Kurse & Touren

2 Deep Blue C3

Schlafen

3 Hostelito C2
4 Hotel Mary Carmen C2
5 Hotel Pepita C2

Essen

6 La Choza C3
7 Mercado Municipal C3

Sehenswertes & Aktivitäten

Museo de la Isla de Cozumel MUSEUM

(☎ 987-872-14-34; www.cozumelparks.com; Av Melgar s/n; 60 Mex$; ⏲ Mo–Sa 9–16 Uhr) Das Museo de la Isla de Cozumel präsentiert ein klares und detailreiches Bild der Flora, Fauna, Geografie, Geologie und Maya-Geschichte der Insel. Sorgfältige und ausführliche Beschreibungen auf Spanisch und Englisch begleiten die Exponate. Ein guter Ort, um etwas über Korallen zu lernen, bevor man selbst auf Tauchstation geht; unbedingt einen Besuch wert!

Parque Punta Sur NATURSCHUTZGEBIET

(☎ 987-872-40-14; www.cozumelparks.com; Carretera Costera Sur Km 27; Erw./Kind 3–11 J. 210/120 Mex$; ⏲ Mo–Sa 9–16 Uhr) Im Eintrittspreis zu diesem Ökotourismuspark sind der Besuch eines Leuchtturms, eines kleinen Seefahrtsmuseums und einer Maya-Ruine enthalten. Von einem Beobachtungsturm etwa zehn Minuten mit dem Auto entfernt kann man Zugvögel und manchmal auch Krokodile sehen. Zum Parkgelände gehören ein Strand mit einem seichten Riff und ein Restaurant und es gibt um die Mittagszeit drei Bootstouren zur Laguna Colombia. Der Park ist nur mit dem eigenen Fahrzeug oder einem Taxi (einfach 300 Mex$) zu erreichen.

Playa Palancar STRAND
(Carretera Costera Sur Km 19; Schnorchelverleih 130 Mex$) Palancar, etwa 17 km südlich der Stadt, ist ein großartiger Strand unter der Woche, wenn er nur wenig besucht ist. Es gibt einen Beachclub mit Schnorchelausrüstungsverleih und ein Restaurant. Das Arrecife Palancar (Palancar-Riff) in der Nähe des Strands bietet einige hervorragende Tauchreviere (manchmal Palancar Gardens genannt) und ist auch prima zum Schnorcheln (Palancar Shallows).

Deep Blue TAUCHEN
(☎987-872-56-53; www.deepbluecozumel.com; Calle Salas 200; 2 Tauchgänge inkl. Ausrüstung 100 US$, Schnorcheln inkl. Ausrüstung 57 US$; ⌚7–21 Uhr) Das PADI- und NAUI-Unternehmen (National Association of Underwater Instructors) hat kompetente Mitarbeiter, hochmoderne Ausrüstungen und schnelle Boote, die es ermöglichen, an einem Tag mehrere Tauchgänge zu unternehmen. Bei einem Schnorchelausflug werden drei Stellen besucht.

Schlafen

★ **Hostelito** HOSTEL $
(☎987-869-81-57; www.hostelcozumel.com; Av 10 Norte s/n, zw. Av Juárez & Calle 2 Norte; B mit/ohne Klimaanlage 195/180 Mex$, DZ 550 Mex$, Suite ab 600 Mex$;) Zur Wahl stehen Schlafsäle entweder mit Ventilator oder Klimaanlage sowie jüngst frisch eingerichtete Zimmer und Suiten, die mit neuen Betten und Möbeln enorm verbessert wurden. Die schöne Open-Air-Küche und die Dachterrasse des Hostelito sind prima Treffpunkte, um Tauchgeschichten auszutauschen.

Hotel Pepita HOTEL $
(☎987-872-00-98; www.hotelpepitacozumel.com; Av 15 Sur 120; Zi. 450 Mex$;) Die Besitzerin des HP, Maria Teresa, ist stolz auf ihre Arbeit und das sieht man auch im besten Budgethotel der Stadt. Es ist freundlich und hat gepflegte Zimmer um einen Garten. Alle sind mit zwei Doppelbetten, Kühlschrank und Klimaanlage ausgestattet. Im Gemeinschaftsbereich gibt es kostenlosen Morgenkaffee und WLAN.

Hotel Mary Carmen HOTEL $$
(☎987-872-05-81; www.hotelmarycarmen.com.mx; Av 5 Sur 132; DZ 790 Mex$;) Die Ausstattung der Lobby des Mary Carmen wirkt etwas merkwürdig mit der Mischung aus Antiquitäten und zusammengewürfelten modernen Möbeln, aber langweilig ist es sicher nicht. Die sauberen, farbenfrohen Zimmer gehen auf einen Patio raus, wo der Besitzer mehr als ein Dutzend Schildkröten hält, also vorsichtig rumlaufen! Das Hotel liegt nur ein kurzes Stück zu Fuß vom Fährhafen entfernt.

Essen

Camarón Dorado FISCH & MEERESFRÜCHTE $
(www.facebook.com/camaron.dorado; Ecke Av Juárez & Calle 105 Sur; Tortas 33–38 Mex$, Tacos 17–28 Mex$; ⌚Di–So 7–15 Uhr;) Wer auf dem Weg zur Luvseite der Insel ist oder einfach nur eine andere Seite von Cozumel sehen will, sollte dem Camarón Dorado einen Besuch abstatten und sich eine hervorragende *torta de camaron capeado* (panierte Garnelen auf Brötchen) gönnen. Aber Vorsicht: Die Dinger machen absolut süchtig. Das Lokal liegt 2,5 km südöstlich des Fährhafens.

Mercado Municipal MARKT $
(Calle Salas s/n, zw. Av 20 & 25 Sur; Imbiss & Hauptgerichte 25–80 Mex$; ⌚8–17 Uhr) Auf dem Markt in der Stadt gibt's den täglichen Bedarf an Obst und Gemüse, außerdem auch preiswertes warmes Essen.

La Choza MEXIKANISCH $$
(☎987-872-09-58; Av 10 Sur 216; Frühstück 52–70 Mex$, mittags & abends 96–180 Mex$, Menü 115 Mex$; ⌚7–22 Uhr;) Ein hervorragendes und beliebtes Restaurant mit regionaler mexikanischer Küche, darunter Klassiker wie Huhn in *mole poblano* (eine Sauce aus Chilis, Obst, Nüssen, Gewürzen und Schokolade). Zu allen Hauptgerichten gehört eine Suppe. Mittags gibt's in der Choza auch *comida corrida* (Menü).

Anreise & Unterwegs vor Ort

FAHRRAD

Shark Rider (☎987-120-02-31; Av 5 Norte s/n, zw. Av Juárez & Calle 2 Norte; Fahrrad pro Tag 100–150 Mex$, Motorroller 250 Mex$; ⌚8–19 Uhr) Verleiht Beachcruiser, Mountainbikes und Rennräder sowie Motorroller. Der Laden liegt in einer Seitengasse der Avenida 5 Norte.

SCHIFF/FÄHRE

Passagierfähren von **México Waterjets** (www.Mexikowaterjets.com) und **Ultramar** (www.granpuerto.com.mx) verkehren zwischen Cozumel und Playa del Carmen (einfach 155 Mex$, stündl. 6–21 Uhr). Fahrpläne siehe Website.

Autofähren nach Cozumel legen am Autofährhafen Calica ab (offizieller Name: Terminal Marítima Punta Venado). Er liegt etwa 7 km südlich von Playa del Carmen. Dienstags bis samstags gibt es täglich vier Fährverbindungen, sonntags zwei. Fahrpläne siehe www.transcaribe.net. Autofahrer müssen mindestens eine Stunde vor Abfahrt eintreffen, in der Hochsaison zwei Stunden vorher. Der Preis beträgt 500 bis 1153 Mex$, je nach Größe des Fahrzeugs.

Tulum

984 / 18 000 EW.

Tulums spektakuläre Küste mit ihren Puderzuckerstränden, jadegrünem Wasser und sanften Brisen ist einer der besten Strände Mexikos. Wo sonst bekommt man all das und eine dramatisch gelegene Maya-Ruine obendrauf? Außerdem gibt es hier auch noch exzellente Gelegenheiten zum Höhlentauchen, tolle Cenoten und verschiedenste Unterkünfte und Restaurants für jeden Geldbeutel.

Manche mögen von der Lage des Stadtzentrums direkt an der Carretera abgeschreckt sein, wo es die wirklich billigen Restaurants und Unterkünfte gibt und wo die Hauptstraße eher einem Fernfahrertreff gleicht als einem tropischen Paradies. Aber keine Sorge: Wer Tulum Pueblo nicht mag, kann sich immer noch zur Küste begeben und dort einen ruhigen Strandbungalow mieten.

Die Erkundung des Umlands von Tulum ist äußerst lohnenswert: Zu entdecken gibt's die riesige Reserva de la Biosfera Sian Ka'an, das abgeschiedene Fischerdorf Punta Allen und die Ruinen von Cobá.

Sehenswertes

Ruinen von Tulum ARCHÄOLOGISCHE STÄTTE
(www.inah.gob.mx; Ctra 307 Km 230; 64 Mex$, Parkplatz 50–100 Mex$, Touren ab 644 Mex$; 8–17 Uhr; P) Die Ruinen von Tulum liegen an einem schroffen Küstenabschnitt, geprägt von einem umwerfend leuchtend weißem Strand an grün-türkisfarbenem Wasser. Klar sind Ausdehnung und Ausmaß der Bauten eher bescheiden und die postklassische Bauweise ist früheren, grandioseren Konstruktionen unterlegen – aber ehrlich, diese Maya-Bewohner müssen sich bei jedem Sonnenaufgang auf die Schulter geklopft haben.

Aktivitäten

Xibalba Dive Center TAUCHEN
(984-871-29-53; www.xibalbadivecenter.com; Andromeda 7, zw. Libra Sur & Geminis Sur; 1/2 Tauchgänge 85/140 US$) Xibalba ist eins der besten Tauchzentren in Tulum und bekannt für seine Priorität für Sicherheit beim Tauchen. Spezialität ist Höhlentauchen, aber es werden auch Tauchgänge im Meer veranstaltet. Xibalba ist gleichzeitig ein Hotel und bietet attraktive Pauschalpakete mit Unterkunft, Tauch- und Höhlentauchkursen an.

I Bike Tulum FAHRRADVERLEIH
(984-802-55-18; www.ibiketulum.com; Av Cobá Sur s/n, Ecke Venus; Fahrrad pro Tag 100 Mex$, Motorroller pro Tag inkl. Versicherung 500 Mex$; Mo–Sa 9–17.30 Uhr) Verleiht Fahrräder mit Schloss und Helm, aber auch Motorroller.

Community Tours Sian Ka'an ÖKOTOUR
(984-871-22-02, Handy 984-1140750; Osiris Sur s/n, Ecke Sol Oriente; Touren pro Pers. 75–129 US$; 7–20 Uhr) Bietet verschiedene Ausflüge

BUSSE AB TULUM

ZIELORT	PREIS (MEX$)	FAHRZEIT (STD.)	HÄUFIGKEIT (TGL.)
Cancún	92–130	2	häufig
Chetumal	174–268	3¼–4	häufig
Chichén Itzá	190	2½–2¾	2; 9 & 14.45 Uhr
Cobá	66	1	1; 10.10 Uhr
Felipe Carrillo Puerto	54–92	1¼	häufig, besser ist ein *colectivo*
Laguna Bacalar	180	3	1; 20.30 Uhr
Mahahual	240	2½	2; 9 & 17.45 Uhr
Mérida	206–298	4–5	häufig
Playa del Carmen	38–62	1	häufig
Valladolid	84–108	2	häufig

in die spektakuläre Reserva de la Biosfera Sian Ka'an an, einschließlich Kajaktouren auf Kanälen, Vogelbeobachtung und Besichtigung von Maya-Ruinen. Community Tours ist ein nachhaltiges Tourismusprojekt, das von Einheimischen aus Maya-Gemeinden betrieben wird.

Schlafen

El Jardín de Frida HOSTEL $

(☎984-871-28-16; www.fridastulum.com; Av Tulum s/n, Tulum Pueblo, zw. Av Kukulcán & Chemuyil; B/Zi./Suite mit Frühstück 200/850/1200 Mex$; P) Haupthaus, Schlafsäle und Privatzimmer sind in diesem Ökohostel im mexikanischen Pop-Art-Stil gestrichen. Alle Zimmer haben Ventilatoren, mit Ausnahme der Suiten, die auch Klimaanlagen besitzen. Die gemischten Schlafsäle sind sauber und farbenfroh, außerdem gibt es im Hostel eine kleine, fröhliche Bar.

Cenote Encantado CAMPINGPLATZ $

(☎Handy 984-1425930; www.cenoteencantado.com; Carretera Tulum-Boca Paila Km 10,5; Zelt pro Pers. 290 Mex$;) Der etwas esoterisch angehauchte Campingplatz ist eine seltene Budgetunterkunft in Strandnähe und wurde nach einem hübschen Cenote gleich hinter dem Platz benannt. Die Gäste nächtigen in großen Zelten, die mit Betten, Teppichen und Nachttischen möbliert sind. Er liegt nicht direkt am Strand, ist jedoch gut zu Fuß oder mit dem Fahrrad zu erreichen.

Im Cenote kann man schwimmen oder schnorcheln, aber Vorsicht vor Krokodilen! Der Platz befindet sich 6,5 km südlich der T-Kreuzung in der Nähe des Eingangs zur Reserva de la Biosfera Sian Ka'an.

★ **L'Hotelito** HOTEL $$

(☎984-160-02-29; www.hotelitotulum.com; Av Tulum s/n; DZ mit Frühstück 60 US$; @) Die großen, luftigen Zimmer in diesem eigenwilligen, von Italienern geführten Hotel sind über Holzstege durch einen dschungelartigen Garten zu erreichen. Das hauseigene Restaurant serviert auch tolles Frühstück. Die zwei Zimmer im oberen Stock haben zwar einen Balkon, sind aber wegen der Hauptstraße darunter auch lauter als die anderen.

Essen

★ **Taquería Honorio** TAQUERÍA $

(Satélite Sur s/n; Tacos 13 Mex$, Tortas 28 Mex$; ⏲Di–So 17.30–1.30 Uhr) Die Taquería begann als Straßenimbiss und wurde zu einem solchen Hit, dass hier jetzt eine Taco-Bude mit richtigem Dach steht. Yukatekische Klassiker wie *relleno negro* (Truthahn in brauner Sauce) und *cochinita* (Schweinefleisch in Annatto-Marinade) werden in hausgemachten Tortillas und *tortas* (Brötchen) serviert. Wirklich uneingeschränkt empfehlenswert.

Antojitos la Chiapaneca TAQUERÍA $

(Av Tulum s/n, zw. Júpiter & Acuario; Tacos & Antojitos 7–10 Mex$, Tortas 15–20 Mex$; ⏲17.30–1 Uhr) Gut und billig, um den nächtlichen Taco-Hunger zu stillen, allerdings kann es eine Weile dauern, bis ein Tisch in dem beliebten Lokal frei wird. Neben Tacos *al pastor* (mariniertes Schweinefleisch vom Spieß) gibt es auch leckere yukatekische Snacks wie *panuchos* (frittierte Tortillas mit Bohnen und Beilagen) und *salbutes* (wie *panuchos*, nur ohne Bohnen).

Barracuda FISCH & MEERESFRÜCHTE $$

(www.facebook.com/barracudatulum1; Av Tulum; Hauptgerichte 80–180 Mex$; ⏲Di–So 12–21.30 Uhr;) Das sehr beliebte Fischrestaurant ist bekannt für seine *parillada de mariscos*, einen großen Teller (für zwei Personen) mit Fisch, Garnelen, Hummer und Tintenfisch vom Grill.

Anreise & Unterwegs vor Ort

Wer nach Valladolid möchte, sollte sich versichern, dass der Bus über die kurze Strecke durch Chemax und nicht über Cancún fährt. *Colectivos* fahren ab der Avenida Tulum nach **Playa del Carmen** (40 Mex$, 45 Min.). **Colectivos nach Felipe Carrillo Puerto** (Av Tulum s/n; 50 Mex$, 1 Std.) fahren einen Straßenblock südlich des ADO-Busbahnhofs ab.

Der **ADO-Busbahnhof** (www.ado.com.mx; Av Tulum s/n, zw. Calles Alfa & Júpiter) in Tulum liegt im südlichen Teil der Stadt. **Colectivos** zum Strand fahren an der Ecke Venus und Orión ab.

Cobá

☎984 / 1300 EW.

Die Ruinen von Cobá sind zwar nicht so groß wie einige der berühmteren Ruinen, aber echt cool, weil sie direkt aus einem Indiana-Jones-Film zu stammen scheinen. Sie liegen tief im Dschungel und sind noch nicht vollständig ausgegraben, doch man kann über alte *sacbés* (zeremoniele Kalksteinstraßen oder -pfade zwischen großen Maya-Städten) spazieren, auf rankenbedeckte Erdhügel klettern oder auf die Spitze des Nohoch Mul steigen, wo sich ein spektakulärer Blick auf den Dschungel bietet.

Aus Gründen des nachhaltigen Tourismus' ist es sinnvoll und großartig, in kleinen Orten wie Cobá zu übernachten.

Sehenswertes

Ruinen von Cobá ARCHÄOLOGISCHE STÄTTE
(www.inah.gob.mx; 64 Mex$, Führer 500 Mex$, Fahrradverleih 45 Mex$, Parkplatz 50 Mex$; ⊙8–17 Uhr; P) Am Eingang der archäologischen Stätte, am Ende der Straße an der südöstlichen Seite der Laguna Cobá, ist ein Parkplatz mit Restaurants und Imbissbuden. Je nachdem, wieviel man sehen will, müssen mehrere Kilometer auf Pfaden zurückgelegt werden. Wer nach 11 Uhr eintrifft, muss mit Massenandrang rechnen.

➡ Grupo Cobá
Das herausragendste Bauwerk in der Grupo Cobá ist **La Iglesia** (die Kirche). Es ist eine enorme Pyramide; wäre es erlaubt, sie zu besteigen, könnte man von ihrer Spitze die Seen in der Umgebung (die an klaren Tagen einen zauberhaften Anblick bieten) und die Nohoch-Mul-Pyramide sehen. Zu erreichen ist sie vom Eingang knapp 100 m über den Hauptweg und dann rechts.

➡ Grupo Macanxoc
Auf dem 1 km langen Weg zur Grupo Macanxoc sind interessante Pflanzen zu sehen. Am Ende des Pfads steht eine Gruppe restaurierter Stelen mit Reliefs, die königliche Frauen darstellen, die vermutlich aus Tikal kamen. Der Weg zum Macanxoc beginnt etwa 200 m hinter dem *juego de pelota*.

➡ Grupo de las Pinturas
Am Tempel der Grupo de las Pinturas (Gemäldegruppe) befinden sich über der Tür Spuren von Glyphen und Fresken und innen Reste von buntem Verputz. Zum Tempel geht es vom Südosten aus. Abseits des Pfades an der Nordwestecke (gegenüber den Tempeltreppen) sind zwei Stelen zu sehen. Die erste befindet sich 20 m weiter unter einer *palapa*. Hier steht eine majestätische Figur über zwei anderen, eine davon kniet mit am Rücken gefesselten Händen.

➡ Grupo Nohoch Mul
Nohoch Mul (Großer Erdhaufen) wird auch Große Pyramide genannt, was um einiges besser klingt als Großer Erdhaufen. Er ist 42 m hoch und somit das zweithöchste Maya-Bauwerk auf der Halbinsel Yucatán (die Estructura II von Calakmul ist mit 45 m das höchste). Der Aufstieg über die alten Stufen mag manchen Besuchern als zu gefährlich erscheinen. Über der Tür auf der Spitze des Tempels sind zwei tauchende Götter eingemeißelt (in der postklassischen Periode 1100 bis 1450 n. Chr. errichtet), die den Skulpturen in Tulum gleichen.

Aktivitäten

Fahrradverleih FAHRRADVERLEIH
(Pro Tag 50 Mex$; ⊙8–17 Uhr) Wer in den Cenoten südlich der Stadt baden will, kann sich in diesem Laden an der Hauptstraße neben dem Restaurant La Pirámide ein Fahrrad leihen. Das Hotel Sac-Be verleiht ebenfalls Fahrräder.

Cenoten Choo-Ha, Tamcach-Ha & Multún-Ha SCHWIMMEN
(Je Cenote 55 Mex$; ⊙8–18 Uhr) Etwa 6 km südlich der Ortschaft Cobá liegen an der Straße nach Chan Chen drei kommunal verwaltete Cenoten: Choo-Ha, Tamcach-Ha und Multún-Ha. Diese höhlenartigen Cenoten eignen sich wunderbar zum kühlenden Bad oder zum Schnorcheln (mit eigener Ausrüstung).

Schlafen & Essen

Hotel Sac-Be HOTEL $
(Handy 984-1443006; www.hotelsacbe.com; B 150 Mex$, DZ/3BZ 550/650 Mex$; P) Die beste Budgetunterkunft im Ort. Das saubere und freundliche Sac-Be besteht eigentlich aus zwei Häusern an der Hauptstraße nach Cobá rein. Es bietet klimatisierte Schlafsäle mit Badezimmern im Raum selbst und Privatzimmer mit Platz für bis zu vier Personen.

Restaurant Ki-Jamal MEXIKANISCH $$
(Hauptgerichte 70–160 Mex$, Mittagsbuffet 170 Mex$; ⊙8–17 Uhr; P) Das Ki-Jamal (was in der Maya-Sprache „leckeres Essen" bedeutet) gehört der örtlichen Maya-Gemeinde. Dort werden in der Tat leckere traditonelle Gerichte zubereitet; auch gibt es täglich ein Mittagsbuffet. Wenn gerade keine Reisebusse da sind, kann man in diesem Lokal auf dem Parkplatz der Ruinen sehr angenehm essen.

An- & Weiterreise

Die meisten Busse, die Cobá anfahren, machen einen Schlenker zu den Ruinen, um ihre Fahrgäste dort an einer kleinen **Haltestelle** rauszulassen. Einige Busse fahren nur bis zum Hotel El Bocadito, das ebenfalls eine **Haltestelle** ist. Die Busse verkehren täglich sechsmal zwischen Tulum und Cobá (50–68 Mex$, 45 Min.). Busse fahren auch nach Valladolid (60–70 Mex$, 45 Min.) und Chichén Itzá (120 Mex$, 1½ Std.).

Tagesausflügler kommen von Tulum mit **colectivos** (50 Mex$) nach Cobá. Sie fahren in der Avenida Tulum und der Calle Osiris ab.

Die Straße von Cobá nach Chemax ist pfeilgerade und in gutem Zustand. Für Autofahrer, die nach Valladolid oder Chichén Itzá möchten, ist sie die beste Strecke.

Laguna Bacalar

983 / 11 000 EW.

Die Laguna Bacalar stellt eine Überraschung in dieser Region aus buschigem Dschungel dar. Der kristallklare, über 60 km lange See mit einem glitzernd weißen Sandboden ist wunderbar zum Zelten, Schwimmen, Kajakfahren und einfach zum Faulenzen geeignet.

Das kleine, verschlafene Uferstädtchen Bacalar liegt 125 km südlich von Felipe Carrillo Puerto östlich der Carretera. Es ist vor allem bekannt für seine alte spanische Festung und die beliebten *balnearios* (Schwimmbäder). Ansonsten ist hier nicht viel los, aber gerade das macht den Charme von Bacalar aus. Im Umkreis der Plaza gibt es einen Geldautoamten, einen kleinen Lebensmittelladen, einen Taxistand und eine Touristeninformation.

Sehenswertes & Aktivitäten

Festung FESTUNG

(Ecke Av 3 & Calle 22; 67 Mex$; Di–So 9–19 Uhr) Die Festung oberhalb der Lagune wurde zum Schutz der Bürger vor Überfällen von Piraten und der indigenen Bevölkerung gebaut. Sie diente auch als Stützpunkt der Spanier im Kastenkrieg. 1859 wurde sie von Maya-Rebellen eingenommen, die die Stellung hielten, bis Quintana Roo 1901 schließlich von mexikanischen Truppen erobert wurde.

Die Festung, auf deren Mauern noch immer beeindruckende Kanonen stehen, ist auch heute noch ein imposanter Anblick. Sie birgt jetzt ein Museum, das koloniale Waffen und Uniformen vom 17. bis 18. Jh. ausstellt.

Cenote Azul SCHWIMMEN

(Ctra 307 Km 34; Erw./Kind unter 10 J. 10 Mex$/frei; 10–18 Uhr) Dieser Cenote, ein 90 m tiefes natürliches Wasserbecken mit Bar und Restaurant, befindet sich kurz vor dem südlichen Ende der *costera* (Küstenstraße) und etwa 3 km südlich vom Stadtzentrum Bacalars. Da er nur 200 m östlich der Ctra 307 liegt, kann man einen der zahlreichen Busse nehmen, die auf der Carretera verkehren. Kajaks werden hier auch vermietet.

Balneario SCHWIMMEN

(Av Costera s/n, Ecke Calle 14; 9–17 Uhr) GRATIS Das herrliche Schwimmbad liegt mehrere Straßen südlich der Festung an der Avenida Costera. Der Eintritt ist frei, aber Parken kostet 10 Mex$.

Schlafen

Hostal Pata de Perro HOSTEL $

(983-834-20-62; www.patadeperrobacalar.com; Calle 22 No 63; DZ ab 510 Mex$, Suite 750–1560 Mex$;) Das Hostel nur für Erwachsene an der Plaza hat blitzblanke Zimmer, von Drei-Bett-Zimmern mit Gemeinschaftsbad bis zu großen Suiten mit Kochnische und eigenem Bad. Die detailverliebten Gastgeber Veronica und Alejandro scheuen keine Mühe, ihren Gästen einen angenehmen Aufenthalt zu bereiten. Merkwürdigerweise sind in der „Hundepfote" keine Haustiere erlaubt.

Amigo's Hotel Bacalar HOTEL $$

(983-107-92-34; www.bacalar.net; Av Costera s/n; DZ 900 Mex$; P) Das ideal gelegene Hotel direkt am See und etwa 500 m südlich der Festung hat fünf geräumige Zimmer mit extrabreiten Betten, Hängematten, Satelliten-TV, Terrassen und einen Gemeinschaftsbereich mit *palapa*-Dach und Seeblick.

ABSEITS DER ÜBLICHEN PFADE

ÖKOTOURISTISCHES PARADIES

Etwa 8 km südlich von Felipe Carrillo Puerto führt von der Ctra 307 ein 3 km langer Feldweg nach **Síijil Noh Há** (984-834-05-25; siijilnohhankp@gmail.com; an der Crta 307, Abzweig Laguna Ocom; Eintritt 15 Mex$, Kajaks 50 Mex$, Cabañas 250 Mex$; 7–19 Uhr), einem außergewöhnlichen, solarbetriebenen Ökotourismuszentrum. Das bewaldete Gelände grenzt an einen stillen See und wird von der lokalen Maya-Gemeinde geführt. Man kann Kajaks leihen, in einer Süßwasserquelle baden oder auf Naturlehrpfaden wandern oder radfahren.

Wer mag, kann in einer der rustikalen Hütten nächtigen. Taxis kosten von der Stadt nach Síijil 120 Mex$, ansonsten geht es auch mit einem *colectivo* Richtung Süden bis zum Abzweig und von dort die 3 km zu Fuß.

Essen

Orizaba MEXIKANISCH $

(Av 7, zw. Calle 24 & 26; Frühstück 30–50 Mex$, Menü 60 Mex$; ⏲8–16 Uhr) Das von Einheimischen und Expats sehr empfohlene Lokal serviert in einem zwanglosen Ambiente Frühstück und ein Menü mit typischer mexikanischer Hausmannskost wie *poc-chuc* (gegrilltes Schweinefleisch).

★ **La Playita** FISCH & MEERESFRÜCHTE $$

(www.laplayitabacalar.com; Av Costera 765, Ecke Calle 26; Hauptgerichte 104–159 Mex$; ⏲Di–So 14–22 Uhr; 📶) Ein Schild draußen fordert auf „Iss, trinke und schwimme" – und das fasst es auch gut zusammen. Fisch- und Meeresfrüchtegerichte sind lecker, wenn auch ein bisschen klein portioniert, aber der Meskal Alipús und ein schöner Badestrand machen das wieder wett. Ein großer Gummibaum, der im kieseligen Garten für Schatten sorgt, wurde 2007 fast entwurzelt, als Hurrikan Dean an der Küste tobte.

An- & Weiterreise

Busse fahren nicht in den Ort hinein, aber Taxis und die meisten *combis* bringen Fahrgäste bis zum Stadtplatz. Die Busse halten am ADO-Terminal von Bacalar an der Ctra 307, nahe der Calle 30. Von dort sind es noch etwa zehn Querstraßen Richtung Südosten zum Hauptplatz, entweder zu Fuß oder mit dem Taxi für 15 Mex$.

Mahahual

☎983 / 920 EW.

Das beschauliche Fischerstädtchen Mahahual ist vor allem für sein unaufgeregtes Karibikflair, die hervorragenden Tauchreviere und nachhaltige Erschließung bekannt.

Sehenswertes & Aktivitäten

Banco Chinchorro TAUCHREVIER

Taucher sollten auf keinen Fall die Riffe und die phantastische Unterwasserwelt der Banco Chinchorro versäumen, des größten Korallenatolls der nördlichen Hemisphäre. Chinchorro ist rund 45 km lang und bis zu 12 km breit. Der Westrand liegt etwa 30 km vor der Küste – der knapp unter der Meeresoberfläche befindliche Korallenring ist schon Dutzenden von Schiffen zum Verhängnis geworden.

Mahahual Dive Centre TAUCHEN

(☎983-102-09-92, Handy 983-1367693; www.mahahualdivecentre.com; Huachinango Km 0,7, Ecke Cazón; 2/3 Tauchgänge 2450/2850 Mex$, Schnorcheln 1650 Mex$) Unternimmt Ausflüge zu Tauchrevieren in der Nähe sowie zur Banco Chinchorro und dem Fischerdorf Punta Herrero.

Schlafen

Hostal Jardín Mahahual HOTEL $

(☎983-834-57-22; www.facebook.com/hostal.jardin; Sardina s/n, Ecke Rubia; B 130 Mex$, Zi. mit/ohne Klimaanlage 620/450 Mex$; ⊖❄📶) Für den Preis ist es ein überraschend stilvolles kleines Hotel mit fünf Privatzimmern und einem gemischten Schlafsaal mit acht Betten. Die Zimmer sind blitzblank und die Schlafsäle bei Weitem die besten im Ort. Das Haus liegt zwei Straßen hinter dem Strand nahe der Calle Rubia.

Essen

★ **Nohoch Kay** FISCH & MEERESFRÜCHTE $$

(Großer Fisch; Ecke Malecón & Cazón; Hauptgerichte 125–160 Mex$, Platte pro Pers. 300 Mex$; ⏲13–21.30 Uhr; 📶) Das Nohoch Kay, der „Große Fisch", wird seinem Namen absolut gerecht. Das von Mexikanern geführte Strandrestaurant lohnt wirklich einen Besuch: Es gibt leckere ganze Fische in Weißweinsauce mit Knoblauch oder auch eine Surf-and-Turf-Platte für zwei Personen, auf der sich der Hummer, Steak, Tintenfisch und Garnelen häufen.

Fernando's 100% Agave MEXIKANISCH $$

(Malecón, zw. Calle Martillo & Coronado; Hauptgerichte 110–180 Mex$; ⏲Di–So 14–22 Uhr) Das Fernando's wirkt am neuen, kleineren Standort an der Promenade jetzt viel intimer. Die Restaurant-Bar bietet verschiedene Fisch- und Meeresfrüchtegerichte in Saucen, die von süßlich mit Kokosnuss und Mango bis scharf und rot reichen. Nach dem Essen – oder davor – darf ein samtiger Tequila Siete Leguas nicht fehlen.

An- & Weiterreise

Es gibt keinen offiziellen Busbahnhof in Mahahual. Bei unserem letzten Besuch verkaufte der Spirituosenladen **Solo Chelas** (Calle Huachinango und Calle Cherna) die Fahrkarten für einen täglichen ADO-Bus Richtung Norden, der in Mahahual um 17 Uhr nach Tulum (240 Mex$, 3 Std.), Playa del Carmen (310 Mex$, 4 Std.) und Cancún (370 Mex$, 5 Std.) abfährt. Der Caribe-Bus nach Xcalak (50 Mex$, 1¼ Std.) fährt über die Calle Huachinango durch den Ort, meist zwischen 7 und 8 Uhr.

Shuttle-Minibusse fahren stündlich von 5.45 bis 18.45 Uhr nach Chetumal (88 Mex$, 2½ Std.), zur Laguna Bacalar (55 Mex$, 2 Std.) und nach Limones (50 Mex$, 1 Std.), wo es Anschluss an häufige Busse nach Norden gibt. Die Haltestelle ist an der Ecke Calle Sardina und Cherna am nördlichen Rand des Fußballplatzes.

Valladolid

985 / 49 000 EW.

Yucatáns drittgrößte Stadt, die auch „Sultanin des Ostens" genannt wird, ist für ihre ruhigen Straßen und sonnendurchfluteten, pastellfarbenen Mauern bekannt. Es lohnt sich, hier ein paar Tage oder sogar eine Woche zu bleiben, da die Provinzstadt ein ausgezeichneter Ausgangspunkt für Ausflüge zum Río Lagartos, nach Chichén Itzá, Ek' Balam und etlichen Cenoten in der Nähe ist. Die Stadt befindet sich in jenem magischen Zwischenstadium, wo sie zwar jede Menge Unternehmungen bietet, aber immer noch klein, überschaubar und erschwinglich erscheint.

Sehenswertes

★ Casa de los Venados MUSEUM

(985-856-22-89; www.casadelosvenados.com; Calle 40 No 204, zw. Calle 41 & 43; Eintritt mit Spende; Führung 10 Uhr oder nach Vereinbarung) Die Privatsammlung mit über 3000 Teilen hochwertiger mexikanischer Volkskunst ist insofern einmalig, da die Objekte in einem Haus so ausgestellt sind, wie es ihrem ursprünglichen Zweck entsprach, anstatt sie in Glasvitrinen zu verschließen. Die Führung (auf Englisch oder Spanisch) erläutert kurz die Ursprünge einiger der bedeutenderen Stücke und die Geschichte des preisgekrönten, restaurierten Kolonialhauses, in dem sie untergebracht sind.

Templo de San Bernardino KIRCHE

(Kirche des San Bernardino; Ecke Calle 49 & 51; Mo–Sa 30 Mex$, So frei; 9–19 Uhr) Der Templo de San Bernardino und der angrenzende **Convento de Sisal** liegen etwa 700 m südwestlich der Plaza. Sie wurden zwischen 1552 und 1560 erbaut und erfüllten eine Doppelfunktion als Kirche und Festung. Zur sehenswerten Ausstattung der Kirche gehören schöne, rosenfarbene Wände, Bögen, einige jüngst freigelegte Fresken aus dem 16. Jh. und ein kleines Marienbild auf dem Altar. Dies sind so ziemlich die einzigen erhaltenen Originalteile; der prächtige hölzerne *retablo* (Altaraufsatz) stammt aus dem 19. Jh.

Aktivitäten

★ Hacienda San Lorenzo Oxman SCHWIMMEN

(Abseits der Calle 54; 30 Mex$; 9–18 Uhr) Die Hazienda war ehemals eine *henequén*-Plantage und Zuflucht von Rebellen des Kastenkriegs, aber heute ist ihre Hauptattraktion ein hinreißender Cenote, der weitaus weniger überlaufen ist als andere Wasserlöcher in und um Valladolid, besonders wenn er montags bis donnerstags aufgesucht wird.

Zur Hazienda kommt man per Fahrrad oder Auto: erst die Calle 41A (Calzada de los Frailes) nehmen, dann hinter dem Templo de San Bernardino weiter auf der Calle 54A, anschließend rechts in die Avenida de los Frailes und links in die Calle 54 abbiegen und dann noch rund 3 km weiter Richtung Südwesten fahren. Ein Taxi kostet um die 70 Mex$.

Cenote X'Kekén SCHWIMMEN

(Cenote Dzitnup; 1/2 Cenoten 60/90 Mex$; 8.30–17.20 Uhr) X'Kekén ist einer von zwei Cenoten in Dzitnup (kürzlich in X'Kekén Jungle Park umbenannt) und eine riesige Kalksteinformation mit Stalaktiten an der Decke. Das Wasserbecken ist künstlich beleuchtet und bestens zum Schwimmen geeignet. Hier kann man auch im Cenote Samulá baden, einem wunderbaren Höhlensee, in dem *álamo*-Wurzeln viele Meter tief reichen. *Colectivos* fahren an der Calle 44 zw. Calle 41 und 43 zum Cenote X'Kekén ab.

Schlafen

Hotel Zací HOTEL $

(985-856-21-67; www.hotelzaci.com.mx; Calle 44 No 191; DZ 595 Mex$; P) Die Zimmer in dem Haus, das reisetechnisch günstig einen Block westlich des Busbahnhofs und einen Block östlich der Plaza liegt, sind ganz kolonial gehalten, ebenso die Lobby mit ihren schönen, antiken Möbeln. Das Zací betreibt auch ein „spartanischeres" Budgethotel gegenüber, aber das normale Hotel ist weitaus besser, da es hinten einen Pool hat.

Hostel La Candelaria HOSTEL $

(985-856-22-67; www.hostelvalladolidyucatan.com; Calle 35 No 201F; B/Zi. mit Frühstück 160/440 Mex$; @) Ein sympathisches Haus an einem ruhigen kleinen Platz. Kann manchmal recht überfüllt und heiß werden, aber es gibt zwei Küchen, einen gemütlichen Gartenbereich mit Hängematten, einen rei-

ABSEITS DER ÜBLICHEN PFADE

SELTEN BESUCHTE STRÄNDE ÖSTLICH VON PROGRESO

An diesen abgeschiedenen, windigen Stränden scheint die Zeit stillzustehen – Aussteiger werden von der Einsamkeit von **Dzilam de Bravo** und **Santa Clara** begeistert sei. Wer kein Auto hat, kann den Bus in der Hafenstadt Progreso (30 km nördlich von Mérida) nehmen. Er fährt ab Calle 29 und Calle 82 um 7.30 und 14.30 Uhr Richtung Osten bis zum Dzilam de Bravo und wieder zurück nach Progreso.

Hotel Kame House (Handy 991-1066847; www.hotelkamehouse.com; Calle 15 No 16, Santa Clara; Zi. 550–750 Mex$;) Übernachtet wird entweder in luftigen Zimmern mit Meerblick im Haupthaus oder ein Stück den Strand runter in einem ungewöhnlichen Rundhaus mit zwei Zimmern mit Ventilatoren, geschmackvoller, rustikaler Einrichtung und großen Duschen aus recycelten Dingen. Essen gibt es nur im Ort, aber es ist nicht weit zu laufen. Das Kame verleiht Bodyboards und Schnorchelausrüstung. Es befindet sich am östlichen Ende von Santa Clara.

Perla Escondida (Handy 991-1079321; miriam_figueroa2@hotmail.com; Calle 11 Km 1; Zi. 600 Mex$;) Die Perla Escondida („verborgene Perle") an einem weißen Sandstrand gleich westlich von Dzilam de Bravo wird ihrem Namen wirklich gerecht. Die rustikalen Hütten stehen direkt am Strand und die Gastgeber sorgen für verschiedene Aktivitäten wie Vogelbeobachtung, einen Ausflug zu einem Cenote oder Angeltouren. Eine Sandbank etwa 500 m vor der Küste eignet sich wunderbar, um den Tag zu vertrödeln.

nen Frauenschlafsaal und jede Menge Platz zum Abhängen, weswegen es eines der besten Hostels in der Stadt ist. Verleiht auch Fahrräder für 15 Mex$ pro Stunde.

★**La Aurora** HOTEL $$
(985-856-12-19; www.hotellaaurora.com; Calle 42 No 192; DZ 640 Mex$;) Wären doch mehr Budgethotels so wie das Aurora im Kolonialstil! Die gut ausgestatteten Zimmer blicken auf einen hübschen Patio mit Pool und Topfpflanzen und der Hit sind Whirlpool und Bar auf dem Dach. Wenn möglich, sollten die lauteren Zimmer zur Straße raus vermieden werden.

Essen

★**Yerba Buena del Sisal** MEXIKANISCH $
(985-856-14-06; www.facebook.com/yerbabuenadelsisal; Calle 54A No 217; Hauptgerichte 60–80 Mex$; Di–So 8–17 Uhr;) Wunderbar gesunde und köstliche Gerichte werden in einem beschaulichen Garten serviert. Tortilla-Chips und drei leckere Salsas gibt's schon während die Gäste noch die Speisekarte studieren. Im Angebot sind viele tolle vegetarische und überwiegend Bio-Speisen, z. B. die wunderbaren *tacos maculum* (handgemachte Maistortillas, Bohnen, Käse und aromatischer mexikanischer Blattpfeffer). Bei Appetit auf Fleisch empfehlen sich die *tacos de carne ahumada* (Tacos mit geräuchertem Schweinefleisch).

Conato 1910 MEXIKANISCH $$
(Calle 40 No 226; Hauptgerichte 60–130 Mex$; Mi–Mo 17–24 Uhr;) Das historische Gebäude war im frühen 20. Jh. ein Treffpunkt für Revolutionäre und beherbergt heute in atmosphärischem Ambiente mit Wandbildern eines der besten Restaurants der Stadt. Zum vielfältigen vegetarierfreundlichen Speisenangebot zählen z. B. Salate und Pasta, aber es gibt auch hervorragende Huhn- und Rindfleischgerichte.

An- & Weiterreise

BUS & COLECTIVO

Hauptbusbahnhof von Valladolid ist der günstig gelegene **ADO-Busbahnhof** (www.ado.com.mx; Ecke Calle 39 & 46). Die wichtigsten 1.-Klasse-Busgesellschaften sind ADO, ADO GL und OCC; Oriente und Mayab sind für die 2. Klasse zuständig.

Die Busse nach Chichén Itzá/Pisté halten während der Öffnungszeiten in der Nähe der Ruinen.

Oft schneller, zuverlässiger und komfortabler als die 2.-Klasse-Busse sind die *colectivos*, die losfahren sobald sie voll besetzt sind. Die meisten verkehren von 7 oder 8 Uhr bis gegen 19 Uhr.

Nach **Mérida** (nahe dem ADO-Busbahnhof; 110 Mex$, 2 Std.) und **Cancún** (Calle 41, Ecke Calle 38; eine Straße östlich der Plaza; 170 Mex$; 2 Std.) gibt's Direktverbindungen; am besten fragt man, ob sie nonstop fahren. *Colectivos* nach **Pisté** und **Chichén Itzá** (30 Mex$, 1 Std.) fahren nördlich des ADO-Busbahnhofs ab. Nach **Tizimín** (Calle 40, zw. Calle 35 & 37; 40 Mex$, 40 Min.) und nach **Ek' Balam** (Calle 44, zw. Calle 35 & 37; 50 Mex$) fahren *colectivos* Richtung „Santa Rita".

Chichén Itzá

985 / 5500 EW.

Die archäologische Stätte Chichén Itzá liegt in der Kleinstadt Pisté.

Sehenswertes

Chichén Itzá ARCHÄOLOGISCHE STÄTTE

(Mund des Brunnens der Itzá; www.chichenitza.inah.gob.mx; an der Ctra 180, Pisté; Erw./Kind unter 13 J. 220 Mex$/frei, Führungen 750 Mex$; Di–So 8–17 Uhr; P) Chichén Itzá, die berühmteste und bestrestaurierte Maya-Stätte Yucatáns, mag zwar völlig überlaufen sein – Hinz und Kunz versucht die neuen sieben Weltwunder abzuklappern –, lässt aber selbst den abgestumpftesten Besucher staunen. Viele Rätsel des astronomischen Maya-Kalenders entwirren sich, sobald die Bauweise der „Zeittempel" verstanden wird. Die Bauwerke dürfen, abgesehen von einigen kleineren Durchgängen, nicht bestiegen werden.

➡ El Castillo

Gleich hinter dem Eingang von Chichén Itzá erhebt sich El Castillo (oder Pyramide des Kukulcán) in aller Pracht. Der erste Tenpel hier stammte aus der vortoltekischen Zeit (um 800 n. Chr.). Das heutige, 25 m hohe Bauwerk, über dem alten errichtet, schmücken entlang der Treppe ein Relief der gefiederten Schlange und den Türeingang auf der Spitze des Tempels die herausgearbeiteten Figuren toltekischer Krieger. Die Reliefs sind jedoch nicht zu besichtigen, da der Aufstieg auf die Pyramide verboten wurde, nachdem eine Frau 2006 zu Tode stürzte.

➡ Gran Juego de Pelota

Der große Ballspielplatz, der größte und eindrucksvollste in Mexiko, ist nur einer von acht Plätzen der Stadt, ein Hinweis auf die Bedeutung der Spiele, die hier stattfanden. Um den Platz (links vom Besucherzentrum) stehen am jeweiligen Ende Tempel und an den Längsseiten hohe Mauern, an denen oben steinerne Ringe angebracht sind. An den Mauern des Ballspielplatzes befinden sich Steinreliefs, die teilweise die Enthauptung von Spielern zeigen.

➡ Templo del Barbado

Das Bauwerk am Nordende des Ballspielplatzes, nach einem Relief im Innenraum „Tempel des bärtigen Mannes" genannt, besitzt schön gestaltete Säulen und Reliefs von Blumen, Vögeln und Bäumen.

➡ Plataforma de los Cráneos

Die Plattform der Totenschädel (Tzompantli auf Náhuatl, einem Maya-Dialekt) befindet sich zwischen dem Templo de los Jaguares y Escudos und El Castillo. Sie ist nicht zu verwechseln: Die T-förmige Plattform schmücken Schädelreliefs und Adler, die den Brustkorb von Männern aufreißen, um ihre Herzen zu fressen. In früherer Zeit wurden auf der Plattform die Köpfe von Menschenopfern präsentiert.

➡ Plataforma de las Águilas y los Jaguares

Die Reliefs der Plattform der Adler und Jaguare, gleich anschließend an die Plattform der Totenschädel, stellen diese Tiere dar, wie sie Menschen die Herzen herausreißen. Es wird angenommen, dass diese Plattform Teil eines Tempels für die Krieger war, die für das Einfangen menschlicher Opfer zuständig waren.

➡ Cenote Sagrado

Von der Plattform der Totenschädel führt ein 400 m langer *sacbé* (Pfad) aus grobem Stein nordwärts (fünf Minuten zu Fuß) zu dem großen, steilwandigen Wasserloch, das der Stadt ihren Namen gab. Der Heilige Cenote ist ein phantastisches natürliches Wasserloch, etwa 60 m im Durchmesser und 35 m tief. Die Wände zwischen Wasseroberfläche und dem oberen Rand sind von verschlungenen Ranken und anderen Gewächsen überwuchert.

➡ Plaza de las Mil Columnas

Die Ansammlung hinter El Castillo besteht aus dem Templo de los Guerreros (Tempel der Krieger), dem Templo de Chac-Mool (Tempel des Chac-Mool) und dem Baño de Vapor (Schwitzhaus oder Dampfbad) und erhielt ihren Namen (Platz der 1000 Säulen) von dem Wald aus Pfeilern, der sich nach Süden und Osten erstreckt.

➡ El Osario

Das Beinhaus, auch Tumba del Gran Sacerdote (Grab des Hohepriesters) genannt, bezeichnet eine verfallene Pyramide im Südwesten von El Castillo. Wie bei den meisten Bauten in diesem südlichen Abschnitt entspricht die Architektur eher dem Puuc-Stil als dem toltekischen Bauspiel. Bemerkenswert sind hier die schönen Schlangenköpfe am Fuß der Treppe.

➡ El Caracol

Das Observatorium südlich des Beinhauses wurde von den Spaniern wegen der Wendeltreppe im Innenraum El Caracol (die Schnecke) genannt und ist eines der faszinierendsten und bedeutendsten Bauwerke in Chichén Itzá (aber leider darf man es nicht betreten). Die runde Form erinnert an einige

BUSSE AB CHICHÉN ITZÁ

ZIELORT	PREIS (MEX$)	FAHRZEIT (STD.)	HÄUFIGKEIT (TGL.)
Cancún	137–258	3–4½	9
Cobá	69	2	1; 7.30 Uhr
Mérida	78–144	1¾–2½	häufig
Playa del Carmen	135–282	3½–4	2; 7.30 & 16.30 Uhr
Tulum	100–190	2½–3	3
Valladolid	30	1	8

Bauwerke im zentralen Hochland, überraschenderweise jedoch nicht an jene in der Toltekenstadt Tula.

Schlafen

Pirámide Inn HOTEL $
(☎985-851-01-15; www.piramideinn.com; Calle 15 No 30; Zeltplatz pro Pers. 50 Mex$, Zi. 500 Mex$;) Camper können unter einer *palapa* ein Zelt aufschlagen oder eine Hängematte aufhängen, den Pool des Gasthauses und die lauwarmen Duschen benutzen plus Satelliten-TV in der Lobby schauen. Auch die sauberen Gemeinschaftstoiletten und ein sicherer Platz für ihre Habseligkeiten stehen ihnen zur Verfügung. Die geräumigen Zimmer sind mit recht guten Bädern und zwei sehr federnden Doppelbetten ausgestattet.

Das Hotel bietet zudem eine Bücherbörse und eine Maya-Schwitzhütte. Es liegt an der Hauptstraße in Pisté und so dicht an Chichén Itzá wie es für den Preis nur geht, allerdings sind es bis dorthin noch 1,5 km zu Fuß. Haustiere sind willkommen.

Hotel Chichén Itzá HOTEL $$
(☎985-851-00-22; www.mayaland.com; Calle 15 No 45; Zi./Suite 980/1360 Mex$;) Das Hotel an der Westseite von Pisté hat 42 nette Zimmer mit Fliesenboden und altmodischen Ziegeldecken. Die Zimmer in der oberen Preiskategorie gehen zum Pool und zur Gartenanlage hinaus, alle sind mit festen Matratzen und Minibars ausgestattet. Eltern können zwei Kinder unter 13 Jahren umsonst unterbringen.

Essen

Cocina Económica Fabiola MEXIKANISCH $
(Calle 15 s/n; Hauptgerichte 30–60 Mex$; 7–22 Uhr) In dem bescheidenen, kleinen Lokal am Ende der Reihe von Restaurants gegenüber der Kirche gibt es gute, anständige und billige Mahlzeiten. Die *sopa de lima* (Limettensuppe) und der *pollo yucateco* (Hähnchen à la Yucatán) sind höchst empfehlenswert.

Las Mestizas MEXIKANISCH $$
(Calle 15 s/n; Hauptgerichte 70–100 Mex$; 8–22 Uhr;) Wer Appetit auf anständiges yukatekisches Essen hat, ist hier genau richtig. Tische stehen drinnen und draußen – an einem Tisch draußen gibt's aber je nach Tageszeit auch Abgase von Reisebussen zur *cochinita* (langsam geschmortes Schweinefleisch).

An- & Weiterreise

Fahrkartenschalter von Oriente befinden sich nahe der Ost- und der Westseite von Pisté und 2.-Klasse-Busse durch die Stadt halten so ziemlich überall. Viele 1.-Klasse-Busse fahren nur bis zu den Ruinen und zur Westseite der Stadt, in der Nähe der mautpflichtigen Carretera.

Minibusse nach Valladolid (30 Mex$, 40 Min.) fahren regelmäßig durch die Stadt.

Mérida

☎999 / 780 000 EW.

Seit der spanischen Eroberung ist Mérida die Kulturhauptstadt der gesamten Halbinsel Yucatán. Die manchmal provinzielle, manchmal *„muy cosmopolitano"* Stadt mit engen Straßen, breiten Plazas und den besten Museen der Region ist tief mit ihrer Kolonialgeschichte verbunden. Sie ist auch ein idealer Ausgangspunkt, um den Rest von Yucatán zu erkunden. Es gibt hier preiswerte Restaurants, gute Hostels und Hotels und lebhafte Märkte. Und so ziemlich jeden Abend ist irgendwo in der Innenstadt irgendwas los.

Mérida ist seit Langem beliebt bei europäischen Reisenden, die mehr als nur das Getriebe in den Ferienorten von Quintana Roo erleben wollen, aber sie ist kein „unentdecktes mexikanisches Juwel", wie manche Touristenbroschüren behaupten. Unterm Strich ist Mérida eine Touristenstadt, aber eine, die zu groß ist, um wie eine Touristen-

Chichén Itzá

Es wird schnell klar, warum die Maya-Stätte Chichén Itzá einer von Mexikos beliebtesten Touristenmagneten ist. Hinter dem Haupteingang erhebt sich direkt die majestätische Burgpyramide **1 El Castillo** und man kommt aus dem Staunen gar nicht mehr heraus.

Chichén Itzá lässt sich bequem an einem Tag bewältigen. Nur einen Steinwurf von der Burg entfernt gibt es den weltgrößten **2 Ballspielplatz** der Maya zu bewundern. Daneben erwartet einen der Tempel der Jaguare sowie die Plattform der Schädel mit gruseligen Eingravierungen von Totenköpfen und Adlern, die Herzen verspeisen. Auf der anderen (östlichen) Seite befinden sich die reich verzierte **3 Gruppe der Tausend Säulen** und der **4 Tempel der Krieger**. Ein kurzer Spaziergang von der Burgpyramide gen Norden führt zum abgründig tiefen **5 Heiligen Cenoten**, einer einst bedeutenden Pilgerstätte. Südwestlich von El Castillo wachen riesige Schlangen aus Stein über das Grab des Hohepriesters, auch bekannt als El Osario. Ganz im Süden des Areals beeindrucken das **6 Observatorium**, mit seiner spiralförmigen Kuppel, das imposante Nonnenkloster und Akab-Dzib, eine der ältesten Ruinen.

Beim Durchstreifen des 47 ha großen Geländes macht es Spaß, sich vorzustellen, dass Chichén Itzá zu seiner Hochzeit geschätzte 90 000 Einwohner hatte und sich über eine Fläche von etwa 30 km² erstreckte. Im Grunde ist hier also nur ein kleiner Teil der einst großen Stadt zu sehen.

WICHTIGES IN KÜRZE

» **Früh um 8 Uhr** auf der Matte stehen, dann hat man noch drei Stunden Ruhe, bevor massenweise Reisebusse und Händler anrollen.

» **Dran denken**, dass Chichén Itzá der Name der Stätte ist, die benachbarte Stadt heißt Pisté.

ADINA TOVY/GETTY IMAGES ©

El Caracol
Observatorium
Heute würden sie wohl eine Website nutzen, aber damals verkündeten die Priester die anstehenden Rituale und Feierlichkeiten von der Kuppel des kreisrunden Baus.

Grupo de las Mil Columnas
Gruppe der Tausend Säulen
Wie in einer Art Ruhmeshalle sind auf den Säulen, die den Tempel umringen, Götter, Würdenträger und berühmte Krieger verewigt.

ROSS BARNETT/GETTY IMAGES ©

LOLA L. FALANTES/GETTY IMAGES ©

El Castillo

Die Burg

Selbst diese mächtige Pyramide ist dem Ansturm von einer Mio. Besuchern pro Jahr nicht gewachsen und darf nicht erklommen werden, aber allein der Anblick ist überwältigend.

ROSS BARNETT/GETTY IMAGES ©

Gran Juego de Pelota

Großer Ballspielplatz

Wie ist es möglich, jemanden zu verstehen, der am anderen Ende dieses langen Spielfeldes spricht? Bis heute ist diese meisterhafte Akustik ein Rätsel.

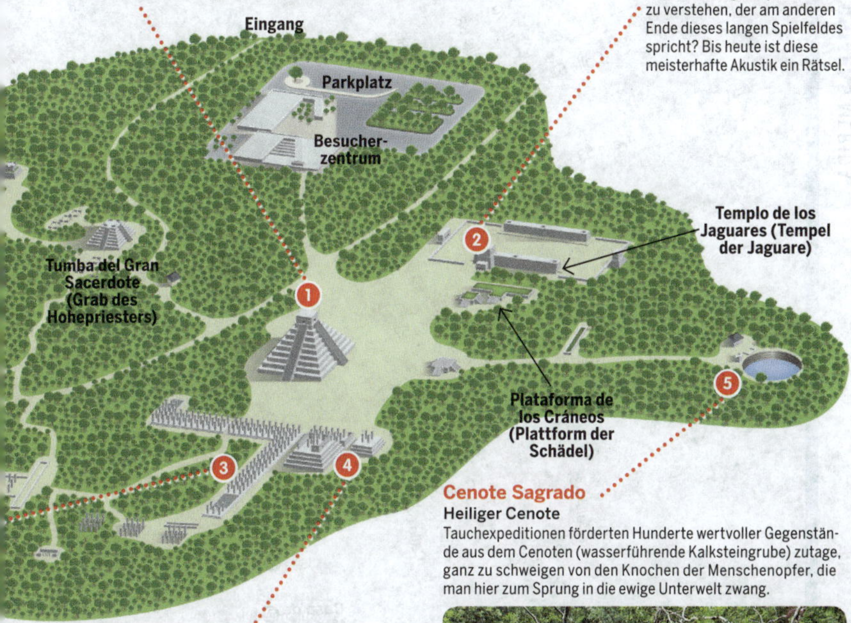

Cenote Sagrado

Heiliger Cenote

Tauchexpeditionen förderten Hunderte wertvoller Gegenstände aus dem Cenoten (wasserführende Kalksteingrube) zutage, ganz zu schweigen von den Knochen der Menschenopfer, die man hier zum Sprung in die ewige Unterwelt zwang.

Templo de los Guerreros

Tempel der Krieger

Die Maya assoziierten Krieger mit Adlern und Jaguaren, wie die Friese der Tempel zeigen. Besonders der Jaguar wurde als Sinnbild für Stärke und Gewandtheit verehrt.

EDUCATION IMAGES/UIG/GETTY IMAGES ©

JUAN CARLOS MUNOZ/GETTY IMAGES ©

Mérida

A
B
C
D
1
2
3
4
5
6
7
Fiesta Americana (700 m)
Calle 43
Calle 45
Calle 47
Calle 47A
Calle 49
Calle 51
Calle 53
Calle 55
Calle 57
Calle 59
Calle 61
Calle 63
Calle 65
Calle 67
Calle 69
Calle 71
Calle 74A
Calle 74
Calle 72
Calle 70
Calle 68
Calle 66
Calle 64
Calle 62
Calle 60
Calle 58
Calle 56A
Parque Santa Ana
Parque Santa Lucía
Parque de Santiago
Parque Zoológico del Centenario (950 m)
Parque de la Madre
Parque Hidalgo
Casa de Montejo
Parque de San Juan
(10 km)
Terminal de Segunda Clase
CAME-Bus-bahnhof
1
2
3
5
6
7
8
9
10
11
12
13
14
15
16
17

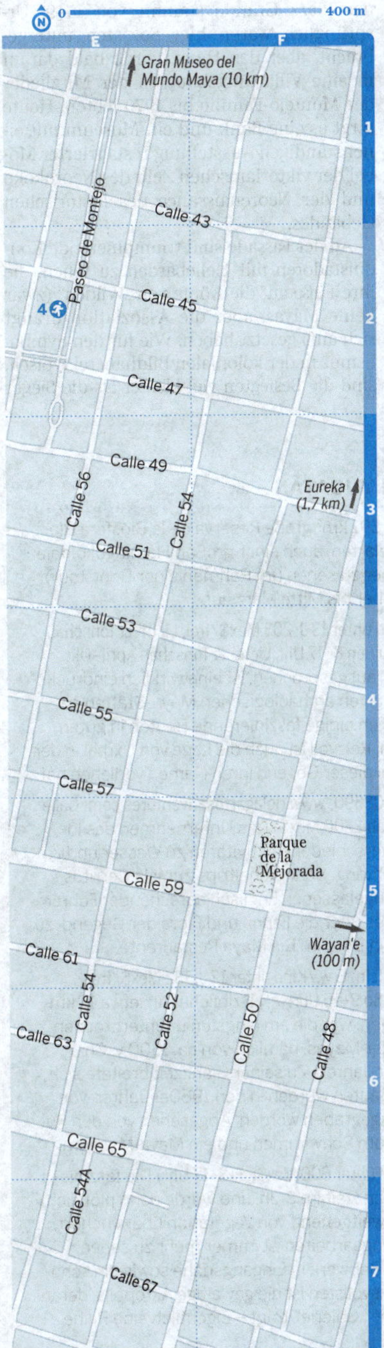

Mérida

Highlights
1 Casa de Montejo C6
2 Parque Santa Lucía D4

Sehenswertes
3 Plaza Grande C5

Aktivitäten, Kurse & Touren
4 Bici Mérida E2
5 Historic Center Tours C5

Schlafen
6 Art Apart Hostel D3
7 Hotel Santa Lucía D4
8 Luz en Yucatán D4
9 Nómadas Hostel C3

Essen
10 La Chaya Maya D4
11 La Chaya Maya C4
12 La Socorrito D2
13 Manjar Blanco D2

Ausgehen & Nachtleben
14 La Negrita D2
15 Orgánico D3

Unterhaltung
16 Centro Cultural Olimpo C5

Shoppen
17 Hamacas Mérida C6

falle zu wirken. Als Hauptstadt des Staates Yucatán ist Mérida zudem der kulturelle Knotenpunkt der Region mit einem Hauch elitärem Flair: Die Stadt ist wunderschön, und das wissen ihre Bewohner auch.

Sehenswertes

★ **Gran Museo del Mundo Maya** MUSEUM
(Calle 60 Nte No 299E; 150 Mex$; ⏲Mi–Mo 8–17 Uhr, Licht- und Tonschau 20.30 Uhr; P; R-2) Das Gran Museo ist ein Museum von Weltrang, das sich ganz der Maya-Kultur widmet. Es birgt eine ständige Sammlung von über 1100 bemerkenswert gut erhaltenen Artefakten, darunter eine liegende *chacmool*-Skulptur aus Chichén Itzá und eine coole Unterweltfigur, die in Ek' Balam ausgegraben wurde (man beachte den Punkrock-Schädelgürtel und die Reptilien-Kopfbedeckung des Kerlchens). Wer vorhat, die Ruinen in der Umgebung zu besuchen, sollte zuerst hier vorbeischauen, um etwas Hintergrundwissen und einen Blick aus der Nähe auf die faszinierenden Fundstücke aus den Stätten zu erhalten.

★**Parque Santa Lucía** PARK

(Ecke Calle 60 & 55) Der hübsche kleine Parque Santa Lucía ist an der Nord- und Westseite von Arkaden gesäumt; hier hielten einst die Postkutschen, die Städte und Dörfer mit der Provinzhauptstadt verbanden. Heute ist es eine beliebte Restaurantgegend und Schauplatz der **Serentas Yucatecas** (yukatekische Serenaden): Ein kostenloses Konzert, das jeden Donnerstag um 21 Uhr stattfindet.

★**Casa de Montejo** MUSEUM

(Museo Casa Montejo; www.casasdeculturabanamex.com/museocasamontejo; Calle 63 No 506, Palacio de Montejo; ⌚Mo–Sa 10–19, So bis 14 Uhr) GRATIS Die Casa de Montejo an der Südseite der Plaza Grande stammt von 1549. Ursprünglich waren hier Soldaten untergebracht, aber das Haus wurde bald darauf in eine Villa umgebaut, in der Mitglieder der Montejo-Familie bis 1970 lebten. Heute birgt es eine Bank und ein Museum mit einer ständigen Ausstellung restaurierter Möbel der viktorianischen Zeit, des Neorokoko und der Neorenaissance des historischen Gebäudes.

An der Fassade sind triumphierende Konquistadoren mit Hellebarden zu sehen, die ihre Füße auf die Köpfe von „Wilden“ (zwar keine Mayas, aber die Assoziation drängt sich auf) gesetzt haben. Wie für den Symbolismus in der kolonialen Bildhauerei typisch, sind die Besiegten viel kleiner als die Sieger

ABSTECHER

ABENTEUER AUF EIGENE FAUST IN YUCATÁN

Reserva de la Biosfera Ría Celestún Die 591 km² große Reserva de la Biosfera Ría Celestún ist Lebensraum vieler Tier- und Vogelarten, auch einer großen Flamingokolonie. In Celestún sind Flamingos das ganze Jahr über zu sehen (im Rahmen einer Bootstour), aber meist tauchen sie in Massen von November bis Mitte März auf.

Ruinen von Uxmal (Ctra 261 Km 78; Erw./Kind unter 13 J. 203 Mex$/frei, Licht- & Tonschau 83 Mex$, Parken 30 Mex$, Führer 700 Mex$; ⌚Ruinen 8–17 Uhr, Licht- & Tonschau April–Okt. 20 Uhr, Nov.–März 19 Uhr; 👪) Uxmal, „Uschmal“ ausgesprochen, ist eine wirklich eindrucksvolle Ruinenstätte, die fraglos zu den großartigsten archäologischen Maya-Stätten gezählt werden kann. Auf dem großen Areal stehen einige faszinierende Bauten in gutem Zustand und mit phantastischen Verzierungen. Reizvoll ist auch die Lage von Uxmal in der hügeligen Region Puuc, die dem Architekturstil dieser Gegend ihren Namen verliehen hat.

Río Lagartos Adventures (☎Handy 986-1008390; www.riolagartosadventures.com; Calle 19 No 134; Boot 2 Std. 1200 Mex$, Fliegenfischen ab 2200 Mex$) Das Unternehmen des lokalen Experten Diego Núnez Martinez bietet verschiedene Aktivitäten zu Wasser und zu Land an, auch Flamingo- und Krokodilbeobachtung, Schnorcheltrips zur Isla Cerritos, Fliegenfischen und Fotosafaris. Diego ist ein zugelassener, Englisch sprechender Führer und ausgebildeter Naturforscher und weiß alles über die Fauna und Flora der Gegend, zu der um die 400 Vogelarten gehören. Er hat sein Büro im Ria Maya Restaurante.

Dzibilchaltún (Ort der steinernen Inschriftentafeln; Erw./Kind unter 12 J. 132 Mex$/frei, Parken 20 Mex$; ⌚Ruinen 8–17 Uhr, Museum Di–So 9–16 Uhr; P) Dzibilchaltún, etwa 17 km Richtung Norden vom Zentrum Méridas gelegen, war die am längsten ununterbrochen genutzte Verwaltungs- und Zeremonialstadt der Mayas, nämlich von ca. 1500 v. Chr. bis zur europäischen Eroberung in den 1540er-Jahren. Zu seiner Glanzzeit breitete sich Dzibilchaltún über 15 km² aus. Um die 8400 Bauten wurden in den 1960er-Jahren von Archäologen verzeichnet; nur wenige sind ausgegraben worden. Abgesehen von den Ruinen gibt es hier auch einen schönen Cenote zum Schwimmen und ein Maya-Museum.

Ek' Balam (Erw./Kind unter 13 J. 181 Mex$/frei, Führer 600 Mex$; ⌚8–17 Uhr) Die faszinierende Ruinenstadt Ek' Balam erreichte ihre Glanzzeit im 8. Jh. und wurde dann plötzlich verlassen. Die archäologische Stätte ist noch weitgehend von Vegetation überwuchert, aber dank der Ausgrabungen und Restaurierungsarbeiten ist immer mehr zu sehen, auch ein interessantes, tempelturmähnliches Bauwerk in Eingangsnähe sowie ein schöner Bogen und ein Ballspielplatz. Am eindrucksvollsten ist die gewaltige Akropolis, deren gut restaurierter Sockel 160 m lang ist und eine „Galerie“ trägt – eigentlich eine Reihe separater Kammern.

wiedergegeben; Kunstwerke an verschiedenen Kirchen in der ganzen Region zeigen große Priester, die über oder vor kleinen indigenen Menschen hochragen. Von der Fassade blicken außerdem Büsten von Montejo dem Älteren, seiner Frau und seiner Tochter über die Plaza.

Plaza Grande PLATZ

GRATIS Eine der hübschesten Plazas in Mexiko mit breiten Gehsteigen und riesigen Lorbeerbäumen, die den Parkbänken Schatten spenden. Der Platz war das religiöse und gesellschaftliche Zentrum des alten T'ho; unter den Spaniern wurde er zur Plaza de Armas, dem Exerzierplatz, angelegt von Francisco de Montejo (dem Jüngeren).

Aktivitäten

Bici Mérida FAHRRADVERLEIHL

(Handy 999-2873538; Paseo de Montejo s/n, zw. Calle 45 & 47; pro Std. 30 Mex$; Mo–Fr 8–21, Sa bis 18, So 7–14 Uhr; R-2) Verleiht Mountainbikes, Tandems, Kinderfahrräder und andere coole Gefährte.

Altstadttouren STADTRUNDGANG

(999-942-00-00; www.merida.gob.mx/turismo; Calle 62 s/n, Plaza Grande; Stadtrundgang Mo–Sa 9.30 Uhr) GRATIS Die Touristeninformation der Stadt bietet täglich ab dem Palacio Municipal kostenlose Führungen durch die Altstadt an. Wer lieber auf eigene Faust loszieht, kann sich hier auch einen Audioguide für 80 Mex$ leihen.

Festivals & Events

Mérida Fest KULTUR

(www.merida.gob.mx/festival; Jan.) Das Kulturfest findet fast den ganzen Januar über statt und feiert die Gründung der Stadt mit Kunstausstellungen, Konzerten, Theater und Buchpräsentationen an verschiedenen Schauplätzen.

Schlafen

Nómadas Hostel HOSTEL $

(999-924-52-23; www.nomadastravel.com; Calle 62 No 433; B ab 169 Mex$, DZ 450 Mex$, ohne Bad 390 Mex$; P) Eines der besten Hostels in Mérida mit gemischten und Frauenschlafsälen sowie Privatzimmern. Gäste können die voll ausgestattete Küche mit Kühlschrank und die Duschen benutzen und ihre Handwäsche waschen. Es werden sogar kostenlose Salsa- und Kochkurse angeboten und hinter dem Haus liegt ein toller Pool. Auf der Website des Hostels sind auch verschiedene Touren zu den Ruinen der Umgebung verzeichnet.

GUTES FÜRS GELD

Viele weitaus langweiligere Hotels bezeichnen sich zwar lauthals als „Boutiquehotel", aber das **Luz en Yucatán** (999-924-00-35; www.luzenyucatan.com; Calle 55 No 499; Zi. 59–79 US$, Suite 99 US$, Apt. 69–150 US$; P) erfüllt in aller Stille tatsächlich sämtliche Kriterien – individuell eingerichtete Zimmer, fabelhafte Aufenthaltsräume und einen bezaubernden Patio mit Pool. Das Haus mit Platz für sieben Personen, das gegenüber vermietet wird und einen Whirlpool hat, ist genauso gut, wenn nicht noch besser.

Art Apart Hostel HOSTEL $

(999-923-24-63; www.artaparthostel.com; Calle 60 No 456A; B mit Ventilator/Klimaanlage 135/160 Mex$, Zi. mit Ventilator/Klimaanlage 400/550 Mex$;) Das abgefahrene Hostel wirkt fast wie ein Museum: In jeder Ecke ist schrullige Kunst zu finden, selbst im Garten, in den Fluren und am Pool. Die Schlafsäle und Zimmer sind unterschiedlich; einige fallen ziemlich schlicht aus, aber in allen gibt es originale Kunstwerke. Der frühere Besitzer war ein exzentrischer Sammler, der besser im Kaufen als im Verkaufen der Stücke war.

Hotel Santa Lucía HOTEL $

(999-928-26-72; www.hotelsantalucia.com.mx; Calle 55 No 508; EZ/DZ/3BZ 450/540/600 Mex$; P) Das zentral gelegene Hotel gegenüber dem gleichnamigen Park ist sauber, sicher und beliebt. Es hat einen kleinen, aber sauberen Pool und Zimmer mit TV und Telefon. Die Betten sind so lala.

Essen

★ **Wayan'e** TAQUERÍA $

(Ecke Calle 59 & 46; Tacos 11–15 Mex$, Tortas 18–25 Mex$; Mo–Sa 7–14.30 Uhr) Wayan'e („hier ist es" in der Maya-Sprache) ist beliebt wegen seines *castacan* (gebratener Schweinebauch) und eines der allerbesten Frühstückscafés in Mérida. Auch Vegetarier kommen hier auf ihre Kosten, z. B. beim Taco *huevo con ixkatic* (Eier mit Chili) und frischen Säften. Für Fleischesser geht jedoch nichts über eine saftige, leckere *castacan torta* (belegtes Brötchen).

La Socorrito YUKATEKISCH $
(Calle 47, zw. Calle 58 & 60; Tortas 17 Mex$; ⌚7–14 Uhr; R-2) Seit über 60 Jahren garen diese Profis *cochinita* in Erdöfen. Das ausgezeichnete Minilokal befindet sich an der Plaza-Seite des Mercado de Santa Ana.

Manjar Blanco MEXIKANISCH $$
(Calle 47, zw. Calle 58 & 60; Hauptgerichte 75–140 Mex$; ⌚8–18 Uhr; 📶; R-2) In diesem familiengeführten Restaurant werden regionale Klassiker mit Gourmet-Touch kreiert. Die *tortillitas tropicales* (gebratene Kochbananen mit geräuchertem Schweinefleisch) sind köstlich und Süßmäuler delektieren sich am namensgebenden *manjar blanco* (ein Dessert aus Milch, Zucker und Vanille).

La Chaya Maya MEXIKANISCH $$
(www.lachayamaya.com; Calle 55 No 510; Hauptgerichte 67–178 Mex$; ⌚Mo–Sa 13–22, So 8–22 Uhr; 📶) Das bei Einheimischen und Touristen gleichermaßen beliebte Restaurant eröffnete an einem neuen Standort in einem schönen Kolonialhaus in der Innenstadt. La Chaya ist eine gute Einführung in yukatekische Klassiker wie *relleno negro* (schwarzer Truthahneintopf) oder *cochinita pibil* (geschmortes Schweinefleisch). Im Lokal am **ursprünglichen Standort** (Ecke Calle 62 & 57; ⌚tgl. ab 7 Uhr) wird Frühstück serviert.

Ausgehen & Nachtleben

La Negrita TANZEN
(www.lanegritacantina.com; Calle 62 s/n, Ecke Calle 49; ⌚12–22 Uhr; 📶) Wenn die Livemusik im Laden nicht sofort zu tropischen Grooves animiert, dann ist es nur eine Frage der Zeit, bis die Mojitos und Meskals dafür sorgen, dass die Nacht durchgetanzt wird. Der Garten hinten eignet sich prima für eine Verschnaufpause und einen Plausch mit Einheimischen. Die Gruppen legen mittwochs bis sonntags nach 17 Uhr los.

Orgánico CAFÉ
(Calle 53 No 502, zw. Calle 60 & 62; Kaffee 20–42 Mex$; ⌚Mo 8–16, Di–Sa bis 23 Uhr; 📶) Kaffeekenner werden den Biokaffee hier schät-

BUSSE AB MÉRIDA

ZIELORT	PREIS (MEX$)	FAHRZEIT (STD.)	HÄUFIGKEIT (TGL.)
Campeche	202–254	2½–3	häufig
Cancún	198–440	4½–6½	häufig: CAME und Terminal de Segunda Clase
Celestún	56	2½	häufig; Busbahnhof Noreste
Chetumal	444	6	4
Chichén Itzá	80–144	1½–2	häufig; Busbahnhöfe CAME und Noreste
Escárcega	258	4–4½	4; Terminal de Segunda Clase
Felipe Carrillo Puerto	200	6	häufig; Terminal de Segunda Clase
Izamal	27	1½	häufig; Busbahnhof Noreste
Mayapán	25	1½	stündl.; Busbahnhof Noreste
Mexiko-Stadt	1582–1882	20	7
Palenque	544–576	7½–10	4
Playa del Carmen	408–450	4–6	häufig
Progreso	19	1	häufig; Busbahnhof Progreso
Río Lagartos/San Felipe	142–196	3½	3; Busbahnhof Noreste
Ruta Puuc (hin & zurück; 30 Min an jeder Stätte)	179	8–8½	8 Uhr; Terminal de Segunda Clase
Ticul	50–76	1¾	häufig; Terminal de Segunda Clase
Tizimín	105–110	2	häufig; Busbahnhof Norestel
Tulum	298	4	4
Uxmal	55	1½	5; Terminal de Segunda Clase
Valladolid	95–178	2½–3	häufig

zen, für den Bohnen aus dem Hochland von Chiapas, Veracruz und Guerrero verwendet werden. Hungrig? Es gibt ein gutes vegetarisches Speisenangebot.

Unterhaltung

Centro Cultural Olimpo KONZERTHAUS
(999-924-00-00, App. 80152; www.merida.gob.mx/capitalcultural; Ecke Calle 62 & 61) Fast jeden Abend wird irgendwas geboten: Filme, Konzerte, Kunstinstallationen oder was auch immer.

Shoppen

Hamacas Mérida KUNSTHANDWERK
(999-924-04-40; www.hamacasmerida.com.mx; Calle 65 No 510, zw. Calle 62 & 64; Mo–Fr 9–19, Sa bis 14 Uhr) Hat ein riesiges Hängemattenangebot in allen Größen, Formen und Farben und verschickt auch weltweit.

An- & Weiterreise

BUS

Mérida ist der Verkehrsknotenpunkt der Halbinsel Yucatán. Auf das Gepäck sollte in Nachtbussen und Bussen, die zu Touristenorten fahren, besonders geachtet werden, insbesondere in 2.-Klasse-Bussen; auf einigen Strecken wurden Diebstähle gemeldet.

Es gibt etliche Busbahnhöfe und einige Buslinien benutzen mehrere Terminals. Fahrkarten für einen Bus ab einem Terminal können oft auch an einem anderen gekauft werden. Die Zielorte der Buslinien sind meist identisch. Fahrkarteninfos für einige der Buslinien gibt's über www.ado.com.mx.

CAME-Busbahnhof (999-920-44-44; Calle 70 s/n, zw. Calle 69 & 71) Vom „Terminal de Primera Clase", Méridas Hauptbusbahnhof, fahren überwiegend 1.-Klasse-Busse – u. a. von ADO, OCC und ADO GL – zu Orten auf der Halbinsel Yucatán und entfernteren Zielen wie z. B. Mexiko-Stadt.

Terminal de Segunda Clase (TAME; Calle 69) Der Busbahnhof, auch TAME (Terminal de Autobuses de Segunda Clase) genannt, liegt gleich um die Ecke des CAME-Busbahnhofs. Überwiegend 2.-Klasse-Busse von ADO, Mayab, Oriente, Sur, TRT und ATS fahren zu Orten im Bundesstaat und auf der Halbinsel Yucatán, auch nach Felipe Carrillo Puerto und Ticul.

FLUGZEUG

Aeropuerto Internacional de Mérida (Internationaler Flughafen Mérida; 999-940-60-90; www.asur.com.mx; Ctra 180 Km 4,5; R-79) Der Flughafen von Mérida liegt 10 km (20 Minuten mit dem Auto) südwestlich der Plaza Grande an der Ctra 180 (Avenida de los Itzáes). Es gibt dort Autovermietungen, einen Geldautomaten, eine Wechselstube und eine Touristeninformation.

Campeche

981 / 220 000 EW.

Campeche ist der am wenigsten besuchte Bundesstaat Yucatáns, eine Region mit einsamen Landstraßen, freundlichen Menschen, stillen Küsten und dem provinziellen Charme eines vergessenen Landstrichs. Campeche bietet eine willkommene Unterbrechung von den Touristenhorden, die in die populäreren Orte der Halbinsel einfallen; hier warten Ruhe und überraschende Attraktionen.

Sehenswertes

★Centro Cultural Casa Número 6 KULTURZENTRUM
(Calle 57 No 6; 20 Mex$, Audioguide 15 Mex$; 9–21 Uhr) In der vorrevolutionären Zeit, als in dieser Villa eine großbürgerliche *campechano*-Familie lebte, war Número 6 eine angesehene Adresse an der Plaza. Die Räume vermitteln einen Eindruck davon, wie die High Society der Stadt damals lebte. Das vordere Wohnzimmer beispielsweise ist mit Möbeln im kubanischen Stil jener Epoche eingerichtet. Im Haus gibt es außerdem Ausstellungsräume und einen Geschenkeladen, auch ein Patio darf nicht fehlen.

★Museo de la Arquitectura Maya MUSEUM
(Calle 8; 39 Mex$; Di–So 9–17.30 Uhr) Im Baluarte de Nuestra Señora de la Soledad, der als Schutzbollwerk für die Puerta del Mar gebaut wurde, befindet sich das faszinierende Museo de la Arquitectura Maya, das eindeutig sehenswerteste Museum in Campeche. Es bietet einen hervorragenden Überblick über die Maya-Stätten im Bundesstaat Campeche und deren wichtigste Architekturstile. In fünf Sälen sind Stelen ausgestellt, die von verschiedenen Stätten stammen, begleitet von grafischen Wiedergaben ihrer Inschriften mit kurzen Kommentaren auf Englisch.

Museo Arqueológico de Campeche & Fuerte de San Miguel MUSEUM, FESTUNG
(Archäologisches Museum von Campeche; Av Escénica s/n; 46 Mex$; Di–So 8.30–17 Uhr; P) In der größten Kolonialfestung von Campe-

Campeche

che, ca. 4 km südwestlich des Stadtzentrums am Golf von Mexiko gelegen, ist heute das exzellente Museo Arqueológico de Campeche untergebracht. Ausgestellt sind Fundstücke aus Calakmul und Edzná sowie von der Isla de Jaina, einer Insel nördlich der Stadt, die einst als Begräbnisstätte des Maya-Adels diente.

Zu erreichen ist die Festung vom Marktplatz per Bus oder *combi* (Minibus; „Lerma" beschildert). Der Fahrer hält auf Wunsch an der Zufahrtsstraße (nur „Fuerte de San Miguel" sagen), wo es noch 200 m bergauf zu Fuß sind. Taxis kosten 50 Mex$.

Schlafen

Hotel Campeche HOTEL $

(☎981-816-51-83; hotelcampeche@hotmail.com; Calle 57, zw. Calle 8 & 10; EZ/DZ mit Ventilator 280/320 Mex$, mit Klimaanlage 370/450 Mex$; ❄📶) Viel Schnickschnack gibt's hier nicht, aber die Lage an der Plaza und die großen Zimmer in dem vornehm vor sich hinbröckelnden Haus machen es so ziemlich zur besten Unterkunft der Stadt. Ein paar Zimmer haben kleine Balkone zur Plaza raus.

Hotel Guarandocha Inn HOTEL $

(☎981-811-66-58; rool_2111@hotmail.com; Calle 55, zw. Calle 12 & 14; mit Frühstück DZ 460–550 Mex$,

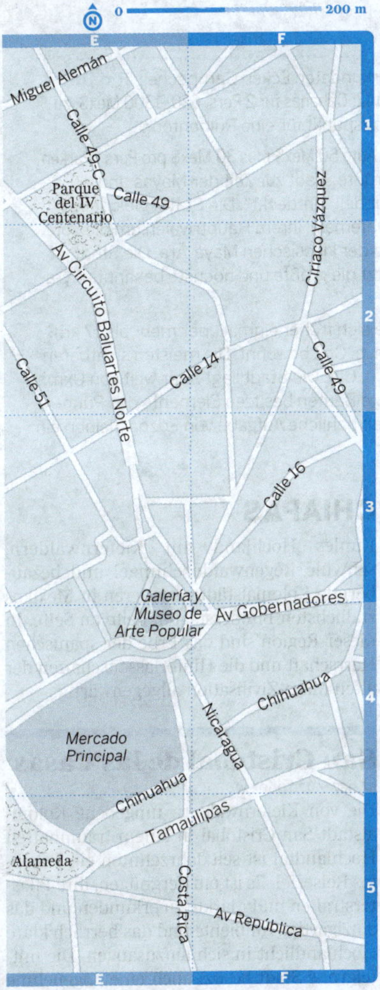

Campeche

Highlights
1 Centro Cultural Casa Número 6 ....C2
2 Museo de la Arquitectura Maya C2

Schlafen
3 Hotel Campeche C2
4 Hotel Guarandocha Inn C3
5 Hotel López.......................................B3

Essen
6 Café La Parroquia C2
7 Chef Color C2
8 Luz de Luna B3

Ausgehen & Nachtleben
9 La Casa Vieja C2

3BZ 670 Mex$; ❄@📶) Das einfache, aber angenehme Hotel ist eine der besseren Herbergen in der Stadt. Die Zimmer sind hübsch und geräumig, wobei die neueren Räume im oberen Stockwerk heller und offener (und ein bisschen teurer) sind. Ein sehr einfaches Frühstück ist im Preis enthalten.

★ **Hotel López** HOTEL $$
(☎981-816-33-44; www.hotellopezcampeche.com.mx; Calle 12 No 189; EZ/DZ/Suite 650/720/980 Mex$; ❄📶🏊) Das elegante Hotel ist eine von Campeches besten Mittelklasseoptionen. Die kleinen, aber modern und gemütlich eingerichteten Zimmer mit geschwungenen Art-déco-Balkonen gruppieren sich um einen ovalen, schön begrünten Hof. Hinterm Haus liegt ein wunderbarer Pool.

Essen

Café La Parroquia MEXIKANISCH $
(☎981-816-25-30; Calle 55 No 8; Hauptgerichte 60–170 Mex$,Tagesgerichte 80 Mex$; ⏲24 Std.) Das rund um die Uhr geöffnete, zwanglose Restaurant spricht mit dem breiten Speisenangebot und der aufmerksamen Bedienung Einheimische wie Ausländer an. Auf der Karte stehen u. a. Brathuhn, gegrilltes Schweinefleisch oder Truthahnsuppe sowie regionale Spezialitäten und Meeresfruchtegerichte wie *ceviche*. Mit dem Riesenangebot an Getränken lässt sich alles gut runterspülen und zum Nachtisch sollte man keinesfalls den cremigen Flan auslassen.

Chef Color MEXIKANISCH $
(☎981-811-44-55; Ecke Calle 55 & 12; halber/ganzer Mittagsteller 35/60 Mex$; ⏲Mo–Sa 11–17 Uhr) In dem cafeteriaartigen Restaurant gibt's große Portionen mexikanischer Gerichte mit zentralamerikanischem Einschlag aus der Auslage hinter einem Glastresen; man zeigt einfach auf das gewünschte Gericht. Das Angebot wechselt täglich, aber das Essen ist immer gut, billig und sättigend.

★ **Luz de Luna** INTERNATIONAL $$
(☎981-811-06-24; Calle 59 No 6; Hauptgerichte 90–150 Mex$; ⏲Mo–Sa 8–22 Uhr) Bunt bemalte Tische mit Schnitzmustern und die folkloristische Einrichtung verleihen dem beliebten Restaurant in der Fußgängerzone eine kreative Note. Ebenso interessant ist

ABSTECHER

MEHR ENTDECKEN IN CAMPECHE

Im Folgenden ein paar Tipps für die weniger erkundeten Ecken Campeches. **Rio Bec Dreams** (www.riobecdreams.com; Ctra 186 Km 142; Cabañas für 2 Pers. 620–1300 Mex$, zusätzl. Pers. 180 Mex$; P) ist ein guter Ausgangspunkt für eine Ruinentour.

Calakmul (Eintritt 48 Mex$, Straßengebühr pro Auto 50 Mex$ plus 30 Mex$ pro Pers., Parken 56 Mex$; 8–17 Uhr) Calakmul war wohl die größte Stadt zur Zeit der Mayas und wurde 1931 vom amerikanischen Botaniker Cyrus Lundell „entdeckt". Die Stätte gleicht in Größe und historischer Bedeutung Tikal in Guatemala, ihrem Hauptrivalen um die Vormacht in den südlichen Niederungen während der klassischen Maya-Ära. Die Stadt, in der einst über 50 000 Menschen lebten, besitzt die größte und höchste bekannte Pyramide in Yucatán.

Edzná (48 Mex$; 8–17 Uhr) Edzná erstreckte sich früher einmal über mehr als 17 km² und war von ungefähr 600 v. Chr. bis ins 15. Jh. n. Chr. bewohnt. Die meisten sichtbaren Reliefs stammen aus der Zeit von 550 bis 810 n. Chr. Die Stadt liegt zwar weit von Uxmal und Kabah in den Puuc-Hügeln weg, aber einige Bauten besitzen Elemente des Puuc-Stils. Die Gründe für den Niedergang und die allmähliche Aufgabe von Edzná bleiben ein Rätsel.

die Speisekarte, sehr zu empfehlen sind z. B. Krabbensalat, Hühnchen-Fajitas, Flankensteak und vegetarische Burritos. Auch zum Frühstück besteht eine breite Auswahl, besonders an Omelettes.

Ausgehen & Nachtleben

La Casa Vieja BAR
(Calle 10 No 319A; 8.30–0.30 Uhr) Es gibt kein schöneres Ambiente für einen abendlichen Cocktail als der Kolonnadenbalkon der Casa Vieja mit Blick auf die Plaza Principal. Zugang ist über die Treppe neben dem Eiscremetresen von McDonald's.

Praktische Informationen

Hospital Dr. Manuel Campos (981-811-17-09; Av Circuito Baluartes Nte, zw. Calle 14 & 16)

Secretaría de Turismo (981-127-33-00; www.campeche.travel; Plaza Moch-Couoh; Mo–Fr 8–21, Sa & So bis 20 Uhr) Gute Informationen zum Bundesstaat und zur Stadt Campeche.

An- & Weiterreise

Hauptbusbahnhof (981-811-99-10; Av Patricio Trueba 237) Der Hauptbusbahnhof von Campeche, in der Regel ADO- oder 1.-Klasse-Terminal genannt, liegt etwa 2,5 km südlich der Plaza Principal, erreichbar über die Avenida Central. Busverbindungen gibt es in der 1. Klasse und der Luxuskategorie nach Mérida, Cancún, Chetumal (via Xpujil), Palenque, Veracruz und Mexiko-Stadt. 2.-Klasse-Busse fahren nach Sabancuy (82 Mex$), Hecelchakán (27 Mex$), Candelaria (138 Mex$) und Orten in Tabasco.

CHIAPAS

Kühles Hochland mit Kiefernwäldern, schwüle Regenwalddschungel und bezaubernde Kolonialstädte existieren in Mexikos südlichsten Bundesstaaten Seite an Seite. In dieser Region sind das Erbe der spanischen Herrschaft und die Hinterlassenschaften der alten Maya-Zivilisation allgegenwärtig.

San Cristóbal de las Casas

967 / 170 000 EW.

Die von Kiefernwäldern umgebene Kolonialstadt San Cristóbal in einem traumhaften Hochlandtal ist seit Jahrzehnten ein beliebtes Reiseziel. Es ist ein Vergnügen, ihre Pflasterstraßen und Märkte zu erkunden und das einzigartige Ambiente und das herrlich klare Hochlandlicht in sich aufzusaugen. Die mittelgroße Stadt besitzt auch eine angenehme Mischung aus urbanem und ländlichem Charme: Renovierte, jahrhundertealte Häuser gehen in Weiden mit grasendem Vieh und Maisfelder über.

San Cristóbal ist von Dutzenden traditionellen Tzotzil- und Tzeltal-Dörfern umgeben und liegt im Zentrum eines der traditionellsten indigenen Gebiete Mexikos. Die Stadt ist nicht nur ideal als Ausgangpunkt für Erkundungen der Umgebung und der ganzen Region, sondern auch ein Ort, wo alte Bräuche und moderne Annehmlichkeiten Seite an Seite existieren.

Die Stadt ist ein Brennpunkt für Sympathisanten (und einige Gegner) der Zapatista-Rebellen und ein zentraler Standort für

Organisationen, die mit der indigenen Bevölkerung von Chiapas arbeiten. Neben einer soliden touristischen Infrastruktur und einer dynamischen Bevölkerung aus kreativen und politisch progressiv eingestellten Ausländern und Mexikanern bietet San Cristóbal auch eine großartige Auswahl an Unterkünften und eine kosmopolitisches Spektrum an Cafés, Bars und Restaurants.

Sehenswertes & Aktivitäten

★ Na Bolom HISTORISCHES GEBÄUDE

(www.na-bolom.org; Guerrero 33; 40 Mex$, mit Führung 50 Mex$; 7–19 Uhr) Das atmosphärische Museums- und Forschungszentrum Na Bolom war viele Jahre lang das Wohnhaus der schweizerischen Anthropologin und Fotografin Gertrude Duby-Blom (Trudy Blom; 1901–1993) und ihres Ehemanns, des dänischen Archäologen Frans Blom (1893–1963). Na Bolom bedeutet „Jaguarhaus" in der Tzotzil-Sprache (und ist auch ein Wortspiel mit dem Namen der früheren Besitzer). Es steckt voller Fotos, archäologischer und anthropologischer Relikte und Bücher.

★ Museo de la Medicina Maya MUSEUM

(Av Salomón González Blanco 10; 20 Mex$; Mo–Fr 10–18, Sa & So bis 16 Uhr) Das preisgekrönte Museum am Nordrand der Stadt stellt die traditionelle Medizin vor, die noch immer von vielen Mayas im Hochland Chiapas' angewandt wird. Zu den Exponaten zählen Darstellungen einer rituellen Handlung in einer Kirche und einer Hebamme, die bei einer Geburt hilft, ein veraltetes Video über die Arbeit traditioneller Hebammen und eine neue Ausstellung zu einheimischen Pflanzen und der Biopiraterie von Großunternehmen.

Centro de Textiles del Mundo Maya MUSEUM

(Calz Lázaro Cárdenas; 52 Mex$; Di–So 9–18 Uhr) Das hervorragende Museum im oberen Stock des Ex-Convento de Santo Domingo zeigt über 500 Exemplare handgewebter Textilien aus ganz Mexiko und Zentralamerika. Zwei Säle sind für eine ständige Ausstellung von *huipiles* (ärmellose Tuniken) reserviert- darunter ein 1000 Jahre altes Exemplar aus Baumborke. Videos zeigen, wie Textilien und Kleidung hergestellt wurden, auch gibt es einige Erläuterungen auf Englisch. Der Eintritt gilt auch für das **Museo de los Altos de Chiapas** (Calz Lázaro Cárdenas s/n; 52 Mex$; Di–So 9–18 Uhr).

Natutours NATUR

(967-678-12-95; www.natutours.com.mx; Calle 28 de Agosto 4; Mo–Sa 9–16 Uhr) Spezialist für Ökotourismus (auch spannende Baumklettertouren), Dschungeltreks und Kulturtourismus; bietet auch Workshops an, um Recycling und nachhaltigen Energieverbrauch in der Region zu fördern.

Festivals & Events

Feria de la Primavera y de la Paz KULTUR

(Frühlings- & Friedensfest) Am Ostersonntag beginnt das einwöchige Stadtfest mit Paraden, Konzerten und Stierkämpfen.

Schlafen

Hostal Akumal HOSTEL $

(Handy 967-1161120; Calle 16 de Septiembre 33; B/EZ/DZ mit Frühstück 120/210/420 Mex$;) Freundliche Besitzer, die hier auch wohnen, eine recht gute Lage und ein großes, kostenloses Frühstück (ein unübersehbares Schild weist zu Recht darauf hin, dass „ein kontinentales Frühstück kein richtiges Frühstück" sei) sind einige der überzeugenden Punkte in diesem zentral gelegenen Hostel. An kühlen Abenden prasselt ein Kamin in der Lounge, ein hipper Patio eignet sich super als Treffpunkt und die Zimmer und Schlafsäle sind zwar nicht umwerfend, aber zweckmäßig.

Le Gite del Sol HOTEL $

(967-631-60-12; www.legitedelsol.com; Madero 82; EZ/DZ 340/440 Mex$, ohne Bad 240/305 Mex$; @) Ein üppiges Frühstück ergänzt die einfachen Zimmer mit sonnengelben Fußböden sowie Badezimmern, die eher wie übergroße Duschkabinen wirken. Aber es gibt auch nette Zimmer mit Gemeinschaftsbädern in einem neueren Standort gleich gegenüber. Küchenbenutzung inklusive; man spricht Englisch und Französisch.

Rossco Backpackers HOSTEL $

(967-674-05-25; www.backpackershostel.com.mx; Real de Mexicanos 16; mit Frühstück B 180–220 Mex$, DZ/3BZ 550/800 Mex$; P@) Das Rossco Backpackers ist ein freundliches, geselliges und gut geführtes Hostel mit guten Schlafsälen (einer nur für Frauen), einer Gästeküche, einem Loft zum Filmegucken und einer kleinen Wiese. Die Privatzimmer oben haben nette Oberlichter. Wer mit dem Fahrrad oder Motorrad ankommt, kann hier eine Nacht umsonst schlafen!

Chiapas

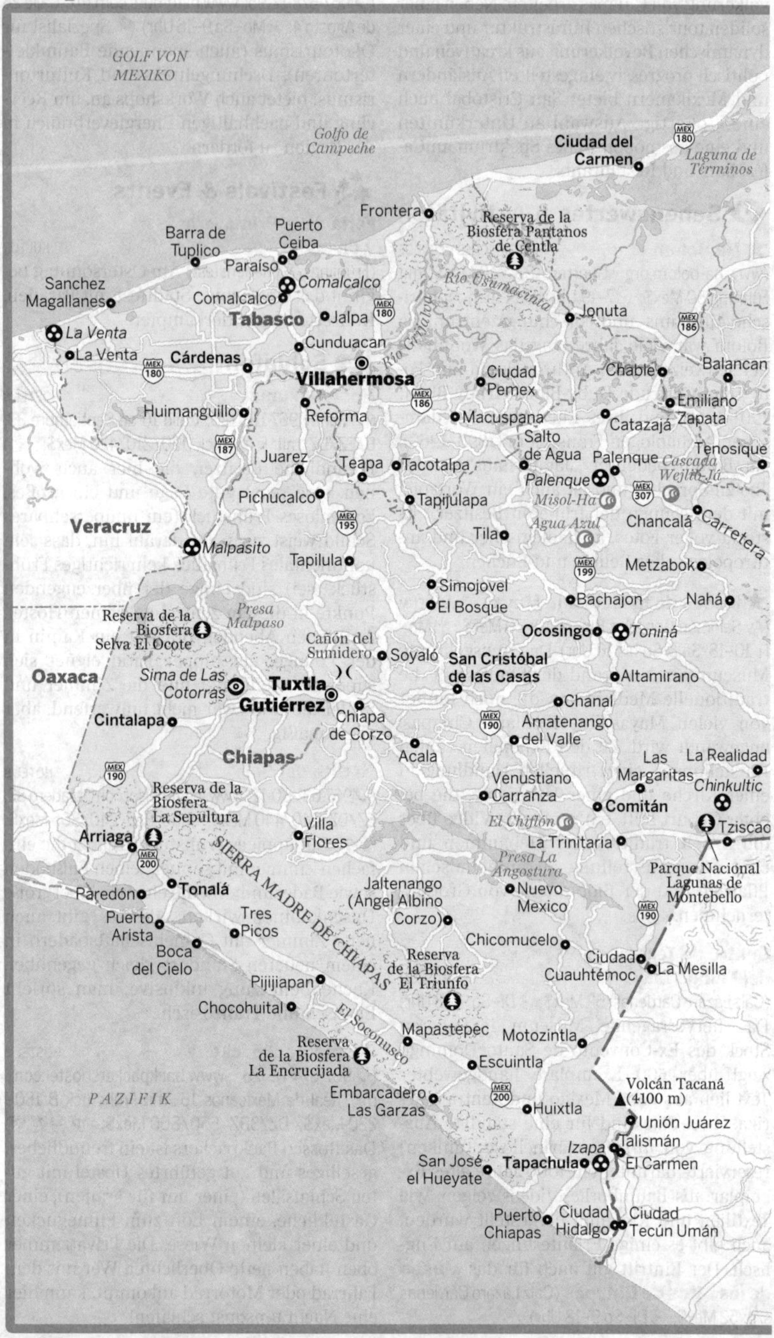
GOLF VON MEXIKO
Golfo de Campeche
Ciudad del Carmen
Laguna de Términos
Frontera
Reserva de la Biosfera Pantanos de Centla
Barra de Tuplico
Puerto Ceiba
Paraíso
Sanchez Magallanes
Comalcalco
Río Usumacinta
Jonuta
Tabasco
Jalpa
La Venta
Cunduacan
Río Grijalva
Cárdenas
Villahermosa
Ciudad Pemex
Chable
Balancan
Emiliano Zapata
Huimanguillo
Reforma
Macuspana
Catazajá
Salto de Agua
Tenosique
Juarez
Teapa
Tacotalpa
Palenque
Cascada Wejlib-Já
Pichucalco
Tapijulapa
Misol-Ha
Chancalá
Carretera
Veracruz
Malpasito
Agua Azul
Tila
Tapilula
Metzabok
Simojovel
El Bosque
Bachajon
Nahá
Reserva de la Biosfera Selva El Ocote
Presa Malpaso
Cañón del Sumidero
Soyaló
Ocosingo
Toniná
Oaxaca
Sima de Las Cotorras
Tuxtla Gutiérrez
San Cristóbal de las Casas
Altamirano
Chanal
Cintalapa
Chiapa de Corzo
Amatenango del Valle
Chiapas
Acala
Las Margaritas
La Realidad
Venustiano Carranza
Chinkultic
Comitán
Reserva de la Biosfera La Sepultura
El Chiflón
Tziscao
Arriaga
Villa Flores
La Trinitaria
Parque Nacional Lagunas de Montebello
SIERRA MADRE DE CHIAPAS
Presa La Angostura
Paredón
Tonalá
Jaltenango (Ángel Albino Corzo)
Nuevo Mexico
Puerto Arista
Tres Picos
Boca del Cielo
Chicomucelo
Ciudad Cuauhtémoc
La Mesilla
Reserva de la Biosfera El Triunfo
Pijijiapan
Chocohuital
El Soconusco
Mapastepec
Motozintla
Reserva de la Biosfera La Encrucijada
Escuintla
Volcán Tacaná (4100 m)
PAZIFIK
Embarcadero Las Garzas
Huixtla
Unión Juárez
Izapa
Talismán
San José el Hueyate
Tapachula
El Carmen
Puerto Chiapas
Ciudad Hidalgo
Ciudad Tecún Umán
MEX 180
MEX 186
MEX 187
MEX 195
MEX 199
MEX 307
MEX 190
MEX 200

Essen

★ TierrAdentro MEXIKANISCH $

(Real de Guadalupe 24; Menü 55–130 Mex$; 8–23 Uhr;) Das große Restaurant plus Café und Pizzeria in einem Patio ist ein beliebter Treffpunkt für politisch links gerichtete sowie kaffeetrinkende und mit Laptops bewaffnete Einheimische (das eine schließt ja das andere nicht aus) und prima, um die Zeit zu vertrödeln. Das Lokal wird von Zapatista-Anhängern betrieben, die häufig Kulturevents und Versammlungen zu lokalen Angelegenheiten veranstalten.

La Tertulia CAFÉ $

(Cuauthémoc 2; Frühstück um 38 Mex$; So & Mo 9.30–17, Di–Sa bis 22 Uhr) In diesem Café, einem der coolsten in der Stadt, gibt es tolles Frühstück, leckere Salate und eine annehmbare Pizza, alles mit Charme und Schwung in einem angenehm szenigen Ambiente serviert. Ein angeschlossener kleiner Geschenkeladen mit lokalen Erzeugnissen und Souvenirs rundet das Ganze ab.

★ Restaurante LUM MEXIKANISCH $$

(Hotel Bo, Av 5 de Mayo 38; Hauptgerichte 110–200 Mex$; 7–23 Uhr) Das elegante Restaurant mit Straßentischen, in dem Gerichte aus Chiapas, Veracruz und Yucatán zubereitet werden, befindet sich im ersten Designhotel von San Cristóbal. Individuell gefertigte Lampen, spiegelnde Pools und Wände, an denen Feuerholz geometrisch gestapelt ist, schaffen ein ungewöhnliches und zeitgenössisches Ambiente.

Ausgehen & Nachtleben

Mezcalería Gusana Grela MEZCALERÍA

(MA Flores 2; Mo–Sa 19–3 Uhr) Wer ein Plätzchen an einem der wenigen Tische ergattert, kann einige der etwa ein Dutzend verschiedener Meskals (40–50 Mex$) aus Oaxeña-Kleinbrennereien probieren, viele davon mit Obst aufgepeppt.

Unterhaltung

★ Cafe Bar Revolución LIVEMUSIK

(www.elrevo.com; Calle 1 de Marzo 11; 13–1 Uhr) Im Revolución wird immer etwas geboten: jeden Abend zwei Livebands (um 21 und 23 Uhr) und eine bunte Mischung aus Salsa, Rock, Blues, Jazz und Reggae. Unten wird abgetanzt, oben im *tapanco* (Dachboden) kann man bei einem Mojito oder Caipirinha in Ruhe quatschen.

San Cristóbal de las Casas

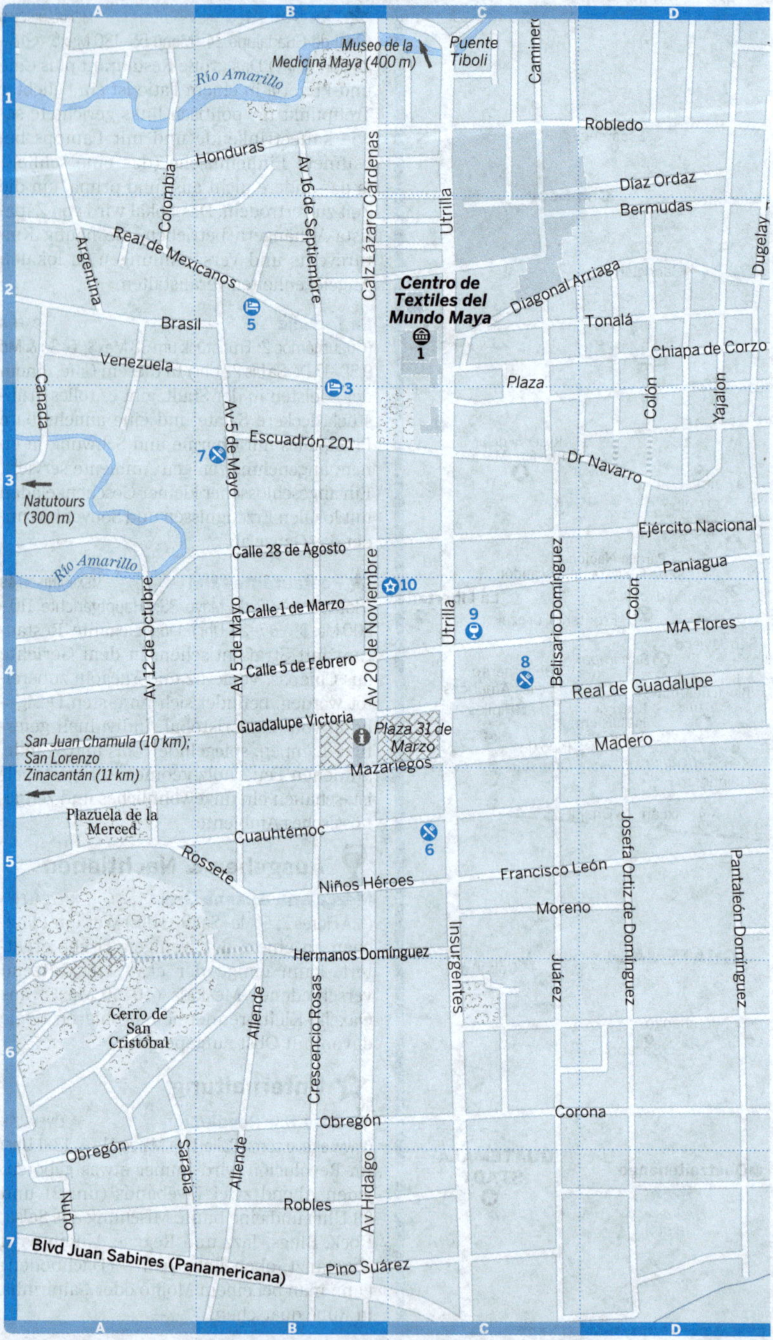

San Cristóbal de las Casas

Highlights
1 Centro de Textiles del Mundo Maya C2
2 Na Bolom F2

Sehenswertes
Museo de los Altos de Chiapas .... (s. 1)

Schlafen
3 Hostal Akumal B3
4 Le Gite del Sol E4
5 Rossco Backpackers B2

Essen
6 La Tertulia C5
7 Restaurante LUM B3
8 TierrAdentro C4

Ausgehen & Nachtleben
9 Mezcalería Gusana Grela C4

Unterhaltung
10 Cafe Bar Revolución C4

Shoppen
11 Nemi Zapata E4

Shoppen

Nemi Zapata KUNSTHANDWERK

(www.nemizapata.com; MA Flores 57; Mo–Fr 9–19, Sa 9.30–15.30 Uhr) Ein Fair-Trade-Laden, der Produkte verkauft, die in Zapatista-Gemeinden hergestellt werden: Webarbeiten, Stickereien, Kaffee und Honig sowie Karten, Poster und Bücher des Ejército Zapatista de Libéracion Nacional (EZLN; Zapatistische Nationale Befreiungsarmee).

Praktische Informationen

Banamex (Insurgentes zw. Niños Héroes & Cuauhtémoc; Mo–Sa 9–16 Uhr) Hat einen Geldautomaten; wechselt Dollar.

Kommunale Touristeninformation (967-678-06-65; Palacio Municipal, Plaza 31 de Marzo; 9–21 Uhr) Die Angestellten haben viel Ahnung von San Cristóbal und Umgebung, manche sprechen auch Englisch.

An- & Weiterreise

Der Hauptbusbahnhof der 1.-Klasse-Busse von OCC wird von den 1.-Klasse- und Luxusbussen von ADO und UNO genutzt, aber auch von einigen 2.-Klasse-Bussen. Die AEXA-Busse und die Minibusse von Ómnibus de Chiapas teilen sich einen Busbahnhof gegenüber dem OCC-Terminal. Alle *colectivo*-Minibusse *(combis)* und Taxis

BUSSE AB SAN CRISTÓBAL

ZIELORT	PREIS (MEX$)	FAHRZEIT (STD.)	HÄUFIGKEIT (TGL.)
Campeche	548	10	18.20 Uhr
Cancún	700–1242	18–19	3 OCC, 1 AEXA
Ciudad Cuauhtémoc (guatemaltekische Grenze)	132	3¼	3
Comitán	64	1¾	häufige OCC & *colectivos*
Mérida	778	12¾	18.20 Uhr
Mexiko-Stadt (TAPO & Norte)	1240–1560	13–14	13
Oaxaca	604–726	11–12	3
Ocosingo	52–88	2	7 OCC, 3 AEXA, häufige *colectivos*
Palenque	122–248	5	6 OCC, 3 AEXA
Pochutla	584	11–12	2
Puerto Escondido	668	12½–13	2
Tuxtla Gutiérrez	52	1–1¼	häufige OCC; 4 AEXA
Flughafen Tuxtla Gutiérrez (Ángel Albino Corzo)	210	1½	8
Villahermosa	402	5½–7	10 Uhr

haben Depots an der Panamericana, etwa einen Block vom OCC-Terminal.

Die meisten Verkehrsgesellschaften bieten eine tägliche Minibusverbindung nach Guatemala und zwar nach Quetzaltenango (390 Mex$, 8 Std.), Panajachel (390 Mex$, 10 Std.) und Antigua (500 Mex$, 12 Std.); Viajes Chincultik ist etwas billiger und hat ebenfalls einen Minibusservice nach Guatemala City und Chichicastenango. Wenn alle Stricke reißen, begibt man sich nach Ciudad Cuauhtémoc auf der guatemaltekischen Seite und sucht dort ein Transportmittel für die Weiterfahrt.

Lagos de Montebello

Die Kiefern- und Eichenwälder in der gemäßigten Klimazone entlang der guatemaltekischen Grenze östlich von Chinkultic sind mit über 50 kleinen Seen in unterschiedlichsten Farbtönen gespickt, den Lagos (oder Lagunas) de Montebello. Das Gebiet ist sehr malerisch, wohltuend und beschaulich. Die Asphaltstraße nach Montebello zweigt gleich nördlich von La Trinitaria, 16 km südlich von Comitán, von der Ctra 190 nach Osten ab. Nach 32 km führt sie durch Chinkultic und 5 km weiter in den Parque Nacional Lagunas de Montebello. Nach weiteren 800 m steht eine Ticketbude, wo der Parkeintritt von 23 Mex$ bezahlt werden muss. Dahinter gabelt sich die Straße: Richtung Norden geht's zu den Lagunas de Colores (2–3 km), Richtung Osten zum Dorf Tziscao (9 km). Hinter dem Dorf wird die Straße zur Carretera Fronteriza, führt weiter ostwärts nach Ixcán und schließlich zurück nach Palenque.

Schlafen

Villa Tziscao CABAÑAS, CAMPINGPLATZ $
(☎in Guatemala 502-5780-27-75; www.ecotziscao.com; Zeltplatz pro Pers. 60 Mex$, 1/2/3BZ oder Cabaña 50/780/980 Mex$ P⊖@ᯤ) Die mittelgroße Anlage am See im Dorf Tziscao (2 km vom Abzweig von der Carretera) wird von einer *ejido*-Kooperative betrieben. Zu dem weitläufigen Rasengelände gehört ein Sandstrand mit großartigem Blick über den See zu den Ausläufern der Cuchumatanes in Guatemala. Die komfortablen Zimmer im Haupthaus haben neue Betten sowie Flachbildschirmfernseher und die Bäder sind gefliest.

An- & Weiterreise

Die öffentlichen Verkehrsverbindungen von Comitán sind prima und machen einen Tagesausflug leicht. Minibusse fahren bis zum Ende der Straße an der Laguna Bosque Azul und nach Tziscao und halten an den Abzweigungen zum Museo Parador Santa María, nach Chinkultic und zu den anderen Seen. Das letzte Fahrzeug zurück nach Comitán fährt am frühen Abend in Tziscao und an der Laguna Bosque Azul ab.

Etliche Agenturen in San Cristóbal bieten Tagestouren zu den Seen samt einem Besuch in El Chiflón an.

Yaxchilán

Yaxchilán ARCHÄOLOGISCHE STÄTTE
(55 Mex$; ⌚8–17 Uhr, letzter Eintritt 16 Uhr) Das von Urwald eingerahmte Yaxchilán liegt grandios über einer hufeisenförmigen Krümmung des Río Usumacinta. Da diese Lage der Stadt die Kontrolle über den Flusshandel ermöglichte und dank erfolgreicher Bündnisse und Eroberungen, entwickelte sich Yaxchilán während der Klassischen Periode zu einer der wichtigsten Maya-Städte der Region Usumacinta. Archäologisch ist Yaxchilán für seine aufwendig verzierten Fassaden und Dachkämme sowie die beeindruckenden steinernen Türstürze berühmt, die mit eingemeißelten Zeremonien- und Eroberungsszenen versehen sind. Eine Taschenlampe ist für die Erkundung einiger Teile der Stätte hilfreich.

An- & Weiterreise

Um Yaxchilán von Palenque aus zu erreichen, muss man erst nach Frontera Corozal fahren. Minibusse von Autotransporte Chamoán nach Frontera Corozal (130 Mex$, 2½–3 Std., 4–17 Uhr alle 40 Min.) fahren ab dem *colectivo*-Stand nahe der Statue eines Maya-Kopfs und südlich des Busbahnhofs ab.

Lanchas (kleine Motorboote) brauchen von Frontera Corozal 40 Minuten flussabwärts, zurück eine Stunde. Die Büros der Bootsunternehmen befinden sich in einem Reetdachgebäude in der Nähe des *embarcadero* (Kai) von Frontera Corozal; alle verlangen in etwa den gleichen Preis für die Fahrten (hin & zurück mit 2½ Std. für die Ruinen für 1–3/4/5–7/8–10 Pers. 900/1050/1450/1800 Mex$). *Lanchas* legen normalerweise bis ca. 13.30 Uhr häufig ab; am besten schließt man sich anderen Reisenden oder einer Reisegruppe an, um die Kosten zu teilen.

ABSTECHER

MADRE SAL

Einschlafen bei Meeresrauschen bietet das **Madre Sal** (☎Handy 966-6666147, Handy 966-1007296; www.elmadresal.com; Manuel Ávila Camacho; Hängemattenplatz 120 Mex$, Zeltplatz für 4 Pers. plus Ausstattung 280 Mex$, Cabañas 800 Mex$; P), ein Ökotourismusprojekt einer Kooperative 25 km südlich von Puerto Arista, das nach einer Mangrovenart benannt ist. Das Restaurant (Mahlzeiten 80–150 Mex$) und die fast 20 strohgedeckten *cabañas* mit jeweils zwei Schlafzimmern und Bad (und Moskitonetzen) liegen auf einem schmalen, unberührten Landstreifen zwischen einer Lagune und dem Pazifik. Zu erreichen ist Madre Sal per *lancha* (hin & zurück 20 Mex$) durch dichten Mangrovenwald.

Wenn um 23 Uhr der Strom abgeschaltet wird, zünden die Gäste Kerzen an, und wenn die Sterne am Nachthimmel leuchten, huschen Krebse über den Sand. Zur Nistsaison krabbeln Meeresschildkröten an Land, um ihre Eier abzulegen; wer das beobachten oder beim Einsammeln der Eier für die Brutstätte Boca del Cielo helfen will, kann sich vom Nachtwächter wecken lassen.

Von Tonalá fahren Taxis (Gemeinschaftstaxi 60 Mex$, privat 250 Mex$) oder *combis* (50 Mex$) bis Manuel Ávila Camacho; *combis* verlangen 5 Mex$ zusätzlich bis zum *embarcadero*, der aber auch in fünf Minuten zu Fuß zu erreichen ist.

Palenque

☎916 / 43 000 EW.

Die mächtigen, von Urwald umringten Tempel von Palenque sind ein Nationalheiligtum und ein Paradebeispiel für die Maya-Architektur in Mexiko – und zu Recht eine der Top-Destinationen in Chiapas. Die moderne Stadt Palenque, ein paar Kilometer weiter östlich, ist ein stickiger, langweiliger Ort ohne allzu große Anziehungskraft. Sie dient einzig als Ausgangspunkt für einen Besuch der Ruinen und um Zugang ans Internet zu finden. Viele ziehen es vor, sich in einer der Unterkünfte im Wald an der Straße zwischen der Stadt und den Ruinen einzuquartieren, beispielsweise im szenigen Backpackertreff El Panchán.

Sehenswertes

Combis (24 Mex$ je Strecke) fahren tagsüber etwa alle zehn Minuten zu den Ruinen. Sie sind an dem Schild „Ruinas" zu erkennen und stehen in der Stadt überall in der Juárez westlich der Allende. Sie halten auf Wunsch auch an jedem Punkt der Straße zwischen Stadt und Ruinen.

Ruinen von Palenque ARCHÄOLOGISCHE STÄTTE
(51 Mex$; ⌚8–17 Uhr, letzter Eintritt 16.30 Uhr) Das alte Palenque steht genau an der Stelle, an der die ersten Hügel sich aus der Golfküstenebene erheben und der dichte Urwald, der

Ruinen von Palenque

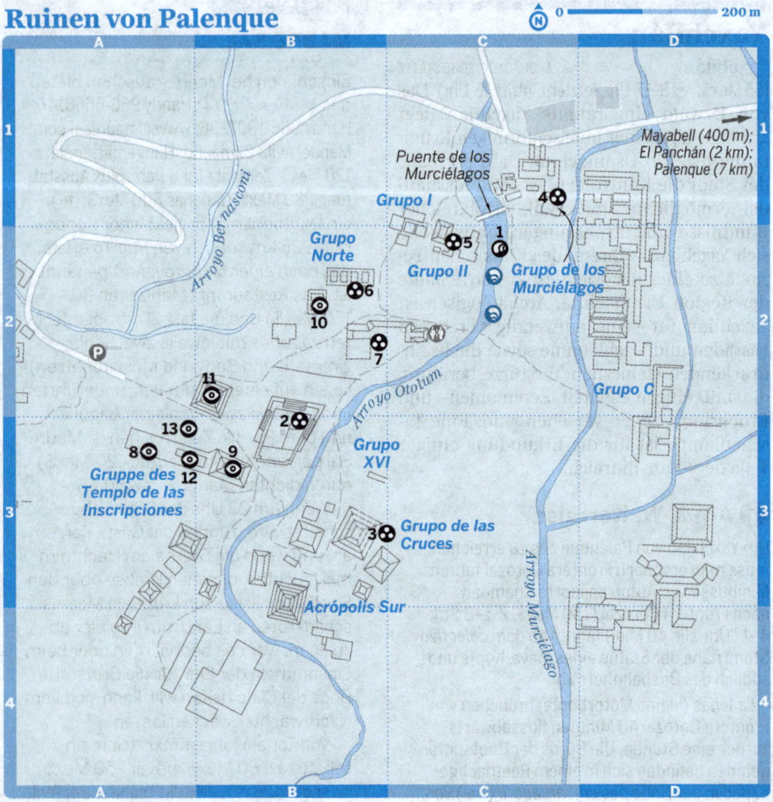

Ruinen von Palenque

Sehenswertes

1 Baño de la Reina ... C2
2 El Palacio ... B3
3 Grupo de las Cruces ... B3
4 Grupo de los Murciélagos ... C1
5 Grupo II ... C2
6 Grupo Norte ... B2
7 Juego de Pelota ... B2
8 Templo de la Calavera ... A3
9 Templo de las Inscripciones ... B3
10 Templo del Conde ... B2
11 Templo XI ... B2
12 Templo XIII ... A3
13 Grab von Alberto Ruz Lhuillier ... A3

diese Hügel bedeckt, bildet einen atmosphärischen Hintergrund für die außerordentliche Maya-Architektur Palenques. Hunderte verfallener Gebäude liegen auf 15 km² verstreut, aber nur ein recht kompakter Bereich in der Mitte der Anlage wurde ausgegraben. Alles, was hier zu sehen ist, wurde ohne Hilfe von Metallwerkzeugen, Packtieren oder des Rads erbaut.

➡ Gruppe des Templo de las Inscripciones

Auf dem Weg vom Eingang in Richtung Süden, am überwucherten **Templo XI** vorbei, teilt sich plötzlich die Vegetation und gibt auf grandiose Weise den Blick auf viele der prachtvollsten Bauwerke Palenques frei. Eine Reihe von Tempeln erhebt sich rechts vor dem Dschungel und endet 100 m weiter mit dem Templo de las Inscripciones; El Palacio steht mit seinem typischen Turm links des Templo de las Inscripciones und die Grupo de las Cruces erhebt sich in der Ferne unter einem dichten Dschungel.

Der erste Tempel auf der rechten Seite ist der Templo XII, wegen des Reliefs eines Kaninchen- oder Hirschschädels am Fuß einer der Säulen **Templo de la Calavera** (Tempel der Totenschädel) genannt. Der zweite Tempel ist wenig interessant. Der dritte ist der

Templo XIII mit dem Grab einer vornehmen Frau, deren sterbliche Überreste rot gefärbt waren (sie waren mit Zinnober behandelt), als sie 1994 ausgegraben wurden. Besucher können in der Tumba de la Reina Roja (Grab der Roten Königin) ihren Sarkophag sehen. Zusammen mit dem Skelett wurden eine Maske aus Malachit und um die 1000 Jadestücke gefunden. Laut DNA-Analyse und Ähnlichkeiten zum Grab von Pakal nebenan wird angenommen, dass die hier bestattete „Königin" seine Frau Tz'ak-b'u Ajaw ist. Das **Grab von Alberto Ruz Lhuillier**, der Pakals Grab 1952 entdeckte, liegt unter den Bäumen vor Templo XIII.

Der **Templo de las Inscripciones** (Tempel der Inschriften), das wohl berühmteste Grabdenkmal auf dem amerikanischen Doppelkontinent, ist das höchste und stattlichste Bauwerk in Palenque. Der Templo de las Inscripciones besteht aus acht Abstufungen und besitzt eine 25 m lange Fassadentreppe, die zu mehreren kleinen Räumen führt. Der hohe Dachkamm, der den Tempel einst krönte, ist längst verschwunden, aber zwischen den vorderen Eingängen befinden sich Stucktafeln mit Reliefs vornehmer Figuren. Innen an der hinteren Wand befinden sich die drei Tafeln mit der langen Maya-Inschrift, die von der Geschichte von Palenque und diesem Gebäude berichtet und nach der der mexikanische Archäologe Alberto Ruz Lhuillier den Tempel benannte. Von der Spitze führen innen Treppen hinab ins Grab von Pakal (für Besucher auf unbestimmte Zeit geschlossen, um weitere Schäden an den Wandbildern durch Feuchtigkeit, die zwangsläufig von Besuchern abgesondert wird, zu vermeiden). Pakals juwelengeschmücktes Skelett und die Totenmaske aus Jademosaik wurden nach Mexiko-Stadt verbracht, wo das Grab im Museo Nacional de Antropología nachgebildet wurde. Die unschätzbare Totenmaske wurde 1985 bei einem ausgeklügelten Raubüberfall gestohlen (aber ein paar Jahre später wieder sichergestellt). Der steinerne Sarkophagdeckel mit eingemeißelten Verzierungen verblieb jedoch in dem geschlossenen Grab – eine Replik ist im Museum der Stätte zu sehen.

➡ El Palacio

(Der Palast) Schräg gegenüber vom Templo de las Inscripciones steht der Palacio, ein großes Bauwerk, das in vier Haupthöfe unterteilt ist und aus einem Labyrinth an Korridoren und Räumen besteht. Er wurde seit dem 5. Jh. gebaut und über 400 Jahre Stück für Stück verändert und diente vermutlich als Residenz der Herrscher von Palenque.

➡ Acrópolis Sur

Im Dschungel südlich der Grupo de las Cruces befindet sich die südliche Akropolis, wo Archäologen bei jüngsten Ausgrabungen einige phantastische Funde gemacht haben. Ein Teil des Areals ist meist abgesperrt. Die Acrópolis Sur scheint als Erweiterung der Grupo de las Cruces gebaut worden zu sein, beide Gruppen liegen vermutlich um einen einzigen, langen Platz.

➡ Grupo de las Cruces

(Gruppe der Kreuze) Pakals Sohn, Kan B'alam II., war ein eifriger Bauherr und begann bald nach dem Tod seines Vaters mit dem Entwurf der Tempel der Grupo de las Cruces (Gruppe der Kreuze). Alle drei pyramidenförmigen Bauten umgeben einen Platz südöstlich des Templo de las Inscripciones. Sie wurden alle 692 n. Chr. als spirituelles Zentrum den drei Schutzgöttern Palenques geweiht. Die Abbildungen von „Kreuzen" in einigen Gebäuden symbolisieren den Kapokbaum, von dem die Mayas glaubten, dass er das Universum abstützte.

➡ Grupo Norte

(Nördliche Gruppe) Nördlich des Palacio liegen ein **Juego de Pelota** (Ballspielplatz) und die schönen Bauwerke der nördlichen Gruppe. Der exzentrische Graf von Waldeck wohnte im sogenannten **Templo del Conde** (Tempel des Grafen), der 647 n. Chr. erbaut wurde.

➡ Nordöstliche Gruppen von Palenque

Östlich der Grupo Norte überquert der Hauptweg den Arroyo Otolum. Etwa 70 m hinter dem Bach führt eine Gabelung nach rechts zur **Grupo C**, einer Gruppe aus dschungelüberwucherten Gebäuden und Plätzen, die vermutlich von 750 bis 800 n. Chr. bewohnt waren.

Weiter über den Hauptweg geht es einige steile Stufen hinab zu einer Gruppe aus niedrigen, langgestreckten Bauten, die mutmaßlich von 770 bis 850 n. Chr. als Wohnhäuser dienten. Der Weg folgt dem Lauf des Arroyo Otolum, der hier einige kleine Wasserfälle überwindet und einen natürlichen Badeteich namens **Baño de la Reina** (Bad der Königin) bildet. Leider kann man hier nicht mehr baden.

Der Weg führt dann zu einem weiteren Wohnviertel, der **Grupo de los Murciélagos** (Fledermausgruppe), und anschließend über die Fußgängerbrücke **Puente de los Murciélagos** über den Arroyo Otolum.

Jenseits der Brücke und ein Stück weiter flussabwärts verläuft ein Pfad ein kurzes Stück bergauf nach Westen zur **Grupo I** und **Grupo II**. Diese nur teilweise freigelegten Ruinen liegen in einem herrlichen Dschungelareal. Der Hauptweg führt weiter flussabwärts bis zur Straße, wo das Museum nur ein kurzes Stück entfernt auf der rechten Seite steht.

El Panchán GEBIET

(www.elpanchan.com; Carretera Palenque-Ruinas Km 4,5) El Panchán, ein Stück abseits der Straße zu den Ruinen, ist ein legendärer Treff von Reisenden in einem Stück dichten Regenwalds. Es ist das Epizentrum der Alternativszene von Palenque, wo ein Haufen unkonventioneller Mexikaner und Ausländer lebt. Das einstige Ranchgebiet wurde von der bemerkenswerten Familie Morales, von denen einige zu den führenden archäologischen Experten zu Palenque gehören, wieder aufgeforstet. In El Panchán gibt es mehrere (meist rustikale) Unterkünfte, ein paar Restaurants, einige Bäche, die sich durch jeden Teil des Grundstücks winden, jeden Abend Unterhaltung (und tägliches Trommeln), einen Meditationstempel, ein *temascal* (präkolumbisches Dampfbad) und einen ständigen Strom interessanter Besucher aus aller Welt.

Aktivitäten

Viajes Kukulcán TOUR

(☎916-345-15-06; www.kukulcantravel.com; Av Juárez 8) Bietet Rundfahrten nach Agua Azul und Misol-Ha, nach Bonampak, Yaxchilán und Lacanjá Chansayab sowie nach Flores in Guatemala an.

Schlafen

Yaxkin HOSTEL $

(☎916-345-01-02; www.hostalyaxkin.com; Prolongación Hidalgo 1; B 162 Mex$, DZ mit/ohne Bad 472/342 Mex$, Zi. mit Klimaanlage & Bad 586 Mex$; P ⊖ ❄ @ ☕) Die ehemalige Disko mit einem Hauch des lässigen El Panchán im hübschen Viertel La Cañada wurde in ein modernes Hostel mit Gästeküche, einem Tischtennistisch, mehreren Lounges und einer schicken Restaurant-Bar und Café umgebaut. Die Zimmer ohne Klimaanlage sind spartanisch, aber witzig. Die Schlafsäle (einer nur für Frauen) mit Ventilatoren und privaten Zimmer mit Klimaanlage wirken dagegen angenehmer und komfortabler.

Hostal San Miguel HOTEL $

(☎916-345-01-52; hostalmiguel1@hotmail.com; Hidalgo 43; B 150 Mex$, EZ/DZ mit Ventilator 250/380 Mex$, mit Klimaanlage 380/510 Mex$; ⊖ ❄ ☕) Wer kann einem Hotel mit Handtuchtieren schon widerstehen? Die Zimmer in dem ruhigen und sauberen Budgethotel haben gutes Licht und die in den oberen Stockwerken sogar eine Aussicht. In den dunklen Dorms mit zwei und vier Betten gibt es weder Heißwasser noch Klimaanlage. Alle klimatisierten Zimmer haben zwei französische Betten.

Margarita & Ed Cabañas PENSION $

(☎916-348-69-90; www.margaritaandedcabanas.blogspot.com; Carreterra Palenque-Ruinas Km 4,5, El Panchán; Cabañas 285 Mex$, Zi. mit Ventilator 320–410 Mex$, EZ/DZ mit Klimaanlage 480/570 Mex$; P ❄) Seit Jahrzehnten schon begrüßt Margarita Gäste in ihrem außerordentlich hei-

BUSSE AB PALENQUE

ZIELORT	PREIS (MEX$)	FAHRZEIT (STD.)	HÄUFIGKEIT (TGL.)
Campeche	382	5–5½	5 ADO
Cancún	630–1040	12–13½	6 ADO
Mérida	576	8	5 ADO
Mexiko-Stadt (1 TAPO & 1 Norte)	1108–1308	13½	2 ADO
Oaxaca	856	15	ADO um 14.35 Uhr
Ocosingo	76–138	2½	11 ADO, 5 AEXA, sehr häufige Minibusse
San Cristóbal de las Casas	122–206	5	12 ADO, 5 AEXA
Tulum	524–844	10–11	6 ADO
Tuxtla Gutiérrez	186–324	6½	11 ADO, 5 AEXA
Villahermosa	150–174	2½	häufig ADO & AEXA
Flughafen Villahermosa	278	2¼	5 ADO

meligen Haus, der saubersten Unterkunft im Dschungel. Die hellen, heiteren Zimmer haben robuste Moskitonetze und sind genau wie die rustikaleren *cabañas* mit Leselampen und eigenem Bad gut gepflegt. Hinzu kommen kostenloses Trinkwasser, eine Bücherbörse und ein hübsches neueres Haus mit riesengroßen Zimmern.

Hotel Maya Rue HOTEL $$
(☎916-345-07-43; www.hotelmayaruepalenque.com; Aldama s/n; Zi./3BZ 750/900 Mex$; ❄ @ 📶) Baumstammbalken und dramatische Lampen verleihen dem Hotel mit zwölf Zimmern unerwarteten Stil. Die Einrichtung ist eine Mischung aus traditionellen Materialien und Industrieschick, einige Zimmer haben schattige Balkone, aber alle sind geräumig und mit Kabelfernsehen ausgestattet. Ein Café befindet sich im Haus.

Essen

★ **Don Mucho's** MEXIKANISCH, INTERNATIONAL $
(Carretera Palenque-Ruinas Km 4,5, El Panchán; Hauptgerichte 60–150 Mex$; ⏲7–23 Uhr) Das populäre Don Mucho's ist der Mittelpunkt von El Panchán und serviert preiswerte Gerichte in Dschungelumgebung, abends bei Kerzenlicht. Emsige Kellner bringen Pasta, Fisch, Fleisch, reichlich *antojitos* (typische mexikanische Snacks) und Pizza (aus einem italienischen Holzofen), die zur besten jenseits von Neapel gehört. Livemusik – meist *andina*, *cumbia* oder kubanisch – beginnt freitags bis samstags gegen 20 Uhr (an anderen Abenden um 21.30 Uhr) und um 23 Uhr gibt es an den meisten Abenden eine mitreißende Feuertanzvorführung.

Café Jade MEXIKANISCH, CHIAPANECO $
(Prolongación Hidalgo 1; Frühstück 42–68 Mex$, Hauptgerichte 53–90 Mex$; ⏲7–23 Uhr; 📶) Das relaxte Café mit Straßentischen im Erdgeschoss des Hostels Yaxkin hat lange Sitzbänke an Plankentischen. Gut für Frühstück, Chiapas-Spezialitäten und Hühnergerichte.

★ **Restaurant Las Tinajas** MEXIKANISCH $$
(Ecke Av 20 de Noviembre & Abasolo; Hauptgerichte 85–130 Mex$; ⏲7–23 Uhr) Es dauert nicht lang herauszufinden, warum das Restaurant immer voll ist: Die riesigen Portionen exzellenter Hausmannskost halten einen (und vielleicht noch eine zweite Person) stundenlang satt. *Pollo a la veracruzana* (Huhn in Tomaten-, Oliven- und Zwiebelsauce) und *camarones al guajillo* (Garnelen mit nicht allzu scharfen Chilis) sind köstlich, ebenso die Salsa des Hauses.

La Selva MEXIKANISCH $$
(☎916-345-03-63; Ctra 199; Hauptgerichte 85–220 Mex$; ⏲11.30–23 Uhr) Das feinste Restaurant in Palenque serviert gut zubereitete Steaks, Meeresfrüchte, Salate und *antojitos* unter einem riesigen *palapa*-Dach und Buntglasfenstern mit Dschungelmotiven an einer Wand. Empfehlenswert ist *pigua* (Süßwasserhummer), wenn er im Herbst im Angebot ist. In der Hochsaison muss reserviert werden.

ℹ Praktische Informationen

Bancomer (Av Juárez 96; ⏲Mo–Fr 8.30–16 Uhr) Hat einen Geldautomaten.

Clínica Palenque (Velasco Suárez 33; ⏲8.30–13.30 & 17–21 Uhr) Dr. Alfonso Martínez spricht Englisch.

ℹ An- & Weiterreise

Am besten ist es, den kurvigen Straßenabschnitt zwischen Palenque und San Cristóbal bei Tageslicht zu fahren, da Straßenüberfälle wenn auch nicht häufig, so doch gelegentlich vorkommen. Es gab jüngsten Berichten zufolge Diebstähle im Nachtbus aus Mérida. Wer mit dem Bus auf diesen Strecken fährt, sollte seine Wertsachen im Gepäckraum verstauen.

BUS

ADO-Busbahnhof (☎916-345-13-44) Der Hauptbusbahnhof gehört zu ADO und hat Luxus- und 1.-Klasse-Verbindungen, einen Geldautomaten und Gepäckaufbewahrung; er wird auch von OCC (1. Klasse) und TRT (2. Klasse) genutzt.

Agua Azul & Misol-Ha

Diese hinreißenden Wasserspektakel – die donnernden Kaskaden von Agua Azul und der 35 m hohe Dschungelwasserfall Misol-Ha – sind jeweils nur einen kurzen Abstecher von der Straße zwischen Ocosingo und Palenque entfernt. Während der Regenzeit verlieren sie ein wenig von ihrer Schönheit, da das Wasser sich dann eintrübt, die Wucht der Wasserfälle dagegen ist dann noch stärker.

Am einfachsten lassen sich beide auf einer organisierten Tagestour von Palenque besuchen. Es ist aber auch möglich für etwa den gleichen Preis selbst loszuziehen. Ein Grund für einen Ausflug auf eigene Faust ist, dass man länger am Misol-Ha bleiben kann, der auf Touren meist nur kurz besucht wird. Agua Azul ist ziemlich zugebaut und wimmelt von Händlern.

Sehenswertes

Agua Azul WASSERFALL

(40 Mex$) Agua Azul ist mit dem reißenden und blendend weißen Wasserfall, der (außerhalb der Regenzeit) in einen türkisfarbenen, von grünem Dschungel umgebenen Teich donnert, ein atemberaubender Anblick. An Feiertagen und Wochenenden ist es hier proppenvoll, sonst sind nur wenige Leute da. Die Versuchung, im Teich zu baden, ist groß, aber es ist größte Vorsicht geboten, da hier schon Menschen ertrunken sind. Die Strömung ist trügerisch rasant, die Wucht des Wasserfalls offensichtlich und es gibt unter Wasser viele Gefahren wie Felsen und tote Bäume. Wer gut in Form ist, sollte flussaufwärts marschieren – es wird immer einsamer je weiter man läuft.

Der Abzweig nach Agua Azul liegt auf halber Strecke zwischen Ocosingo und Palenque, von beiden Orten 60 km entfernt. Eine 4,5 km lange befestigte Straße führt von der Ctra 199 zum Parkplatz von Agua Azul, wo sich viele Imbiss- und Souvenirbuden sowie einfache Unterkünfte befinden. Von dort verläuft ein guter Stein- und Betonweg mit Stufen 700 m neben den Fällen nach oben.

Leider wird hier viel geklaut, daher sollte man keine Wertsachen mitbringen, auf seine Habe achten und auf dem befestigten Weg bleiben.

Misol-Ha WASSERFALL

(Insgesamt 35 Mex$) Der spektakuläre Misol-Ha nur 20 km südlich von Palenque stürzt schätzungsweise 35 m in einen herrlichen, weiten Teich, der von üppiger, tropischer Vegetation umgeben ist. Er ist wunderbar für ein Bad, sofern der Wasserfall in der Regenzeit nicht allzu angeschwollen ist. Hinter dem Wasserfall führt ein Pfad in eine Höhle, von der aus die Gewalt des Wassers ganz aus der Nähe erlebt werden kann. Misol-Ha liegt 1,5 km abseits der Ctra 199; der Abzweig ist ausgeschildert. Zwei *ejidos* (Gemeindeland) verlangen jeweils Eintrittsgeld.

Schlafen

Centro Turístico Ejidal Cascada de Misol-Ha HÜTTE $

(☎916-345-12-10; www.misol-ha.com; DZ/3BZ 330/450 Mex$, FZ mit Küche 580–700 Mex$; ⏲Restaurant 7–19 Uhr, in der Hochsaison bis 22 Uhr; P⊜) Die tollen Holzhütten zwischen den Bäumen nahe dem Wasserfall haben Ventilatoren, Bäder mit Heißwasser und Moskitonetze. Außerdem gibt es ein gutes Freiluftrestaurant (Hauptgerichte 80–60 Mex$). Absolut traumhaft ist ein nächtlicher Badeausflug.

YUCATÁN & CHIAPAS VERSTEHEN

Yucatán & Chiapas aktuell

Der Tourismus ist einer der Hauptwirtschaftszweige in Yucatán, der meistbesuchten Region Mexikos. Die Branche beeinflusst im Guten wie im Schlechten die Politik, Wirtschaft und viele der hauptsächlichen Sozial- und Umweltprobleme. Und da die Halbinsel zweifellos eine der sichersten und besucherfreundlichsten Gebiete Mexikos ist, blüht der Tourismus wie nie zuvor.

Trotz des Touristenbooms lebt ein großer Teil der Bevölkerung auch weiterhin in Armut und die rasante Entwicklung verursacht eine dauerhafte Zersetzung von Umwelt und Kultur. Große Sorge bereitet das allmähliche Verschwinden indigener Sprachen, da mehr und mehr Hotels und Restaurants englischsprachige Mitarbeiter suchen.

Geschichte

Die Mayas gründeten zahlreiche Stadtstaaten im weiten Süden Mexikos, auch wenn deren Bevölkerung und Aktivitäten bereits abnahmen, bevor die Spanier eintrafen. Zwei Spanier – Diego de Mazariegos im heutigen Chiapas und Francisco de Montejo in Yucatán – brachten die Region Mitte des 16. Jhs. unter spanische Kontrolle. Mexiko errang 1821 die Unabhängigkeit von Spanien und holte sich 1824 Chiapas von den Vereinigten Provinzen Mittelamerikas zurück.

Lange von Spaniern und *criollos* (Lateinamerikaner spanischer Abstammung) unterdrückt, erhoben sich die Mayas 1847 im Kastenkrieg. Während dieses Krieges wurden Kirchen zerstört und unzählige Massaker angerichtet. Das überbordende Gefühl der Ungerechtigkeit legte sich auch nicht durch den Friedensschluss 1901. Als 1994 das Nordamerikanische Freihandelsabkommen (NAFTA) in Kraft trat, stürmten die hauptsächlich aus Mayas bestehenden Zapatistas San Cristóbal de las Casas. Seitdem ihnen fünf autonome Zonen (*caracoles* genannt, wörtlich: „Schne-

LUST AUF ROTFEUERFISCH-CEVICHE?

Es gibt Ärger im Gewässer der mexikanischen Karibik: Invasive Rotfeuerfische, die im Indopazifik beheimatet sind und Anfang der 1990er-Jahre im Atlantik ausgesetzt wurden, vermehren sich beängstigend schnell – mit katastrophalen Folgen für die heimischen Fischarten. Die Rotfeuerfische, die sich mit giftigen Stacheln schützen und keine bekannten Feinde haben, besitzen einen hemmungslosen Appetit und sind daher eine ernsthafte Gefahr für das Gleichgewicht im Ökosystem der Riffe. Als Maßnahme zur Kontrolle der Bestandsexplosion werden Fischer dazu ermuntert, den Rotfeuerfisch zum menschlichen Verzehr zu fangen. Auch bieten viele Tauchzentren Jagd auf Rotfeuerfische an, mit anschließendem Verspeisen von Rotfeuerfisch-Ceviche.

cken") außerhalb San Cristóbals unterstellt sind, ist es etwas stiller um ihren Befreiungskampf geworden.

Kultur

Reisende berichten oft vom offenen, freundlichen, geselligen Wesen der Menschen, insbesondere der Mayas, in Yucatán. Hier findet man, scheinbar mehr als irgendwo sonst in Mexiko, eine große Bereitschaft zum Austausch und ein aufrichtiges Interesse an Fremden. Diese Offenheit ist umso bemerkenswerter, wenn man bedenkt, dass die Menschen auf der Yucatán-Halbinsel sich so lange Zeit gegen Fremdherrschaft zur Wehr setzen mussten – und dies auch heute noch müssen. Ein Großteil des Grundbesitzes ist in ausländischer Hand und die Mayas haben im Allgemeinen nichts zu sagen, wenn es um größere infrastrukturelle Entscheidungen geht.

Landschaft & Natur

Die Halbinsel Yucatán, vom Großteil Mexikos durch den Golf von Mexiko und von den Großen Antillen durch die Karibische See abgetrennt, ist ein weiter, flacher Kalksteinschelf, der sich unter Wasser über 100 km nach Norden und Westen fortsetzt. Die östliche (karibische) Seite fällt viel steiler ab. Der Unterwasserschelf sorgt dafür, dass die Küstengewässer Yucatáns warm sind und die Meeresfauna und -flora überreichlich ist.

Die Abgrenzung der Halbinsel Yucatán und ihrer Ökosysteme brachten einen außerordentlich vielfältigem Pflanzen- und Tierreichtum mit sich, darunter auch etliche Arten, die es nur in dieser Region gibt. Aktivitäten in der Natur sind reichlich vorhanden, ob man nun Vögel beobachtet, den Meeresschildkröten zuschaut, die ihre Eier am Strand ablegen, mit Teufelsrochen oder schillernden Fischschwärmen schwimmt oder Wildkatzen durch Ferngläser erspäht.

PRAKTISCHE INFORMATIONEN

ℹ Allgemeine Informationen

BOTSCHAFTEN & KONSULATE

Es ist wichtig zu wissen, was die eigene Botschaft tun kann und was nicht, wenn man in Schwierigkeiten gerät. Im Allgemeinen kann sie nicht viel in Notfällen ausrichten, wenn die Probleme auch nur im Geringsten auf eigenes Verschulden zurückzuführen sind. Grundsätzlich gilt immer die Gesetzgebung des Gastgeberlandes. Bei echten Notfällen gibt es etwas Hilfe, zum Beispiel eine Liste von Rechtsanwälten, aber nur, wenn alle anderen Möglichkeiten ausgeschöpft sind.

Botschaftsadressen sind über die **Secretaría de Relaciones Exteriores** (www.sre.gob.mx) und **Embassyworld.org** (www.embassyworld.org) zu erfahren.

Viele Botschaften oder Konsulate befinden sich in Mexiko-Stadt; in Cancún gibt es mehrere Konsulate (darunter von Deutschland, Österreich und der Schweiz) und einige weitere in anderen Gegenden der Region.

Belizisches Konsulat Chetumal (☎983-129-3328; conbelizeqroo@gmail.com; Av Juárez 226B, zw. Av Primo de Verdad & Carranza, Chetumal; ⏲Mo–Fr 9–12 Uhr)

Deutsches Konsulat Cancún (☎998-884-15-98; Punta Conoca 36, SM24, Cancún); **Mérida** (☎999-944-32-52; Calle 49 No 212, Mérida)

Guatemaltekisches Konsulat Ciudad Hidalgo (☎962-698-01-84; 9a Calle Oriente 9, Colonia San José; ⏲Mo–Fr 9–14 & 15–17 Uhr); **Comitán** (☎963-110-68-16; www.minex.gob.gt; 1a Calle Sur Poniente 35, Int.3 4. Stock, Comitán; ⏲Mo–Fr 9–13 & 14–17 Uhr); **Tapachula** (☎962-626-12-52; www.minex.gob.gt; Quinta Norte No 3, 3. Stock; ⏲Mo–Fr 9–17 Uhr)

Österreichisches Konsulat Cancún (☎998-881-1970; consulado@schondube.com; Av Nichupte Lote 20, SM 19, Mza 2, Edificio Atrium 410, Cancún; ⏲Mo–Fr 9–15 Uhr); **Mérida** (☎55-52-51-0806; mexiko-ob@bmeia.gv.at; Sierra Tarahumara 420, Colonia Lomas de Chapultepec, Mérida; ⏲Mo–Fr 9–12 Uhr)

Schweizerisches Konsulat Cancún (☎998-884-8446; mex.vertretung@eda.admin.ch; Av Coba No. 12, local 214, SM 5, Cancún)

ERMÄSSIGUNGEN

Ermäßigungen für Studenten und Senioren in mexikanischen Bussen sowie in Museen und archäologischen Stätten erhalten nur Personen mit einem Wohnsitz oder nachweislichem Studium in Mexiko. Aber mit folgenden Karten gibt es manchmal Ermäßigungen (die ISIC ist weithin am anerkanntesten). Sie gelten auch für ermäßigte Flugtickets in Reisebüros speziell für Studenten und junge Leute:

ISIC (www.isic.org) Internationaler Studentenausweis.

ITIC (International Teacher Identity Card) Internationaler Lehrerausweis für Vollzeitlehrer.

IYTC (International Youth Travel Card) Internationale Jugendreisekarte für alle unter 31 Jahren.

FEIERTAGE

Banken, Postämter, Behörden und viele Geschäfte sind an den folgenden Feiertagen in ganz Mexiko geschlossen:

Año Nuevo (Neujahr) 1. Januar

Día de la Constitución (Tag der Verfassung) 5. Februar

Día del Nacimiento de Benito Juárez (Geburtstag von Benito Juárez) 21. März

Día del Trabajo (Tag der Arbeit) 1. Mai

Día de la Independencia (Unabhängigkeitstag) 16. September

Día de la Revolución (Tag der Revolution) 20. November

Día de Navidad (Weihnachtstag) 25. Dezember

Zusätzlich schließen viele Büros und Geschäfte an den folgenden optionalen Feiertagen:

Día de la Bandera (Flaggentag) 24. Februar

Viernes Santo (Karfreitag) Zwei Tage vor Ostersonntag

Cinco de Mayo (Gedenken an Mexikos Sieg über die französischen Streitkräfte in Puebla) 5. Mai

Día de la Raza (Kolumbus' „Entdeckung" der Neuen Welt) 12. Oktober

Día de los Muertos (Tag der Toten) 1. und 2. November

Día de Nuestra Señora de Guadalupe (Tag unserer lieben Frau von Guadalupe) 12. Dezember

FREIWILLIGENARBEIT

Freiwilligenarbeit ist eine tolle Möglichkeit, einheimische Gemeinden für ihre Benachteiligung ein wenig zu entschädigen. In Yucatán gibt es verschiedene Organisationen, die sich über jede Hilfe freuen, seien es Nichtregierungsorganisationen für Umwelt und Naturschutz oder soziale Programme. Auch in den Hostels und Sprachschulen vor Ort kann man sich über Möglichkeiten informieren, von denen einige freiwillige Teilzeitarbeit anbieten. Für die meisten Programme muss man sich mindestens einen Monat verpflichten, einige verlangen einen Unkostenbeitrag für Verpflegung und Logis.

GEFAHREN & ÄRGERNISSE

Trotz all der düsteren Nachrichten über die gewalttätige Drogenkriminalität in Mexiko ist die Halbinsel Yucatán noch immer ein sicheres Paradies. Die meisten Morde finden zwischen rivalisierenden Drogenbanden statt, Touristen sind daher selten von den Auseinandersetzungen betroffen – besonders in Yucatán, das sich von den Revierkämpfen fernhält, die andernorts in Mexiko toben. Wie sicher es tatsächlich ist, zeigt der Vergleich mit US-amerikanischen Großstädten wie New York und Chicago, die höhere Mordraten haben als der ganze Bundesstaat Yucatán.

Die jeweiligen auswärtigen Ämter veröffentlichen nützliche Informationen über Reisen nach Mexiko.

GELD

Die mexikanische Währung ist der Peso, meist abgekürzt als Mex$.

Zahlung mit internationalen Kreditkarten wird in den meisten Mittelklasse- und Spitzenklassehotels und in einigen Restaurants akzeptiert. Viele nehmen auch Bankkarten, aber das kostet in der Regel eine Gebühr von 3 % für internationale Transaktionen.

Zusätzlich zu Kredit- oder Bankkarten sollte immer Bargeld mitgeführt werden, besonders in abgelegenen Orten mit wenigen oder gar keinen Geldautomaten.

HANDELN

Die meisten Geschäfte haben feste Preise. Auf manchen Kunstgewerbemärkten ist ein bisschen freundliches Feilschen möglich, aber man sollte es nicht übertreiben – die meisten Kunsthandwerker kommen mit ihrem Verdienst gerade mal über die Runden. In einigen Hotels lässt sich vor Ort und ohne Reservierung ein Nachlass aushandeln, besonders in der Nebensaison.

KLIMA

Auf der Yucatán-Halbinsel und rund um Palenque ist es immer heiß. Während der Regenzeit von Mai bis November wird die Luft schwül-heiß. Die Hurrikansaison dauert von Juni bis November.

NOTFALL & WICHTIGE NUMMERN

Vor gebührenfreien Telefonnummern und bei Ferngesprächen wird zuerst die ☎1 gewählt. Wird ein Handy angerufen, kommt erst die ☎044 und dann die Ortsvorwahl; dasselbe gilt für Ferngespräche, aber mit der Vorwahl ☎045.

Landesvorwahl	☎52
Auskunft	☎040
Notfälle	☎066
Internationale Vorwahl	☎00
Pannendienst	☎078

ÖFFNUNGSZEITEN

Übliche Öffnungszeiten:

Archäologische Stätten 8–17 Uhr

Banken Mo–Fr 9–17, Sa 10–14 Uhr; einige Banken sind samstags geschlossen; die Zeiten können sich ändern

Cafés 8–21 Uhr

Casas de Cambio (Wechselstuben) 9–19 Uhr, meist täglich

Cenoten 9–17 Uhr

Geschäfte Mo–Sa 9–20 Uhr; manche schließen von 14–17 Uhr

Museen Viele sind montags geschlossen

SCHWULE & LESBEN UNTERWEGS

Mexiko ist in Sachen Sexualität aufgeschlossener als mancher erwartet. Schwule und Lesben werden selten offen diskriminiert oder angegriffen. Seit 1999 ist Diskriminierung aufgrund der sexuellen Orientierung verboten und kann mit bis zu drei Jahren Gefängnis bestraft werden. Schwule treten ungenierter auf als Lesben. In Cancún gibt es eine kleine Schwulenszene und auf www.gayMexikomap.com gibt es eine Liste etlicher schwulenfreundlicher Unterkünfte und Lokale in Mérida.

TOURISTENKARTE & GEBÜHR

Die mexikanische Touristenkarte (offiziell *forma migratoria multiple* oder FMM) ist ein kleines Papierdokument, das bei der Einreise ausgefüllt und von der mexikanischen Einreisebehörde abgestempelt wird. Sie muss bis zur Ausreise aufbewahrt werden und ist erhältlich an allen offiziellen Grenzübergängen, internationalen Flughäfen, Häfen und oft auch bei den Fluggesellschaften und mexikanischen Konsulaten. Wer auf dem Landweg einreist, erhält sie in der Regel nicht automatisch, sondern muss danach fragen.

➡ Mit einer Touristenkarte dürfen Reisende nur sogenannten touristischen Aktivitäten nachgehen (z. B. Sport, Wellness, künstlerische und kulturelle Unternehmungen).

➡ Die maximale Aufenthaltsdauer beträgt für die meisten Staatsangehörigen 180 Tage, aber die Einwanderungsbeamten tragen manchmal weniger Tage ein, wenn ihnen nicht extra gesagt wird, wie lange man bleiben will.

➡ Die Gebühr für die Touristenkarte namens *derecho para no inmigrante* (DNI; Gebühr für Nicht-Immigranten) beträgt 332 Mex$. Sie entfällt aber für alle, die auf dem Landweg einreisen und weniger als sieben Tage bleiben. Bei Flugreisenden ist die Gebühr im Ticket inbegriffen.

➡ Wer auf dem Landweg ankommt, muss sie irgendwann bei einer Bank in Mexiko bezahlen, bevor er das Grenzgebiet bei der Ausreise aus Mexiko erneut betritt (oder bevor er am Flughafen eincheckt, um Mexiko per Flugzeug zu verlassen). An den meisten mexikanischen Grenzposten sind vor Ort Bankschalter eingerichtet, an denen die DNI-Gebühr gezahlt werden kann. Beim Bezahlen stempelt die Bank die Touristenkarte ab, um die Einzahlung zu dokumentieren.

➡ Die Touristenkarte sollte gut aufbewahrt werden, da sie beim Verlassen des Landes vorgezeigt werden muss. Wer sie dann nicht hat, muss mit einer Strafgebühr rechnen.

UNTERKÜNFTE

Yucatán bietet eine bunte Mischung an bezahlbaren Unterkünften wie Hostels, *cabañas* (Hütten), Campingplätze, Pensionen und günstige Hotels. Die Zimmer in dieser Kategorie kommen mit Bad, wenn nicht anders angegeben. Die empfohlenen Unterkünfte in dieser Gruppe sind einfach und ohne Extras, aber generell sauber.

Hostels gibt es in fast allen der beliebtesten Touristenziele der Region. Sie haben Schlafsäle (um 180–220 Mex$ pro Pers.), Gemeinschaftsküchen, Badezimmer und Aufenthaltsräume, oft auch teurere Privatzimmer. Der Standard von Hygiene und Sicherheit ist unterschiedlich. Es sollte immer gefragt werden, ob es im Schlafsaal eine Klimaanlage gibt – an heißen Tagen ist sie nötig.

VISA

Jeder Tourist benötigt eine Touristenkarte der mexikanischen Regierung, die einfach zu bekommen ist. Reisende aus manchen Ländern müssen außerdem ein Visum beantragen.

PREISKATEGORIEN SCHLAFEN

Die folgenden Preiskategorien beziehen sich auf eine Unterkunft für zwei Personen in der Hochsaison einschließlich Steuern.

$	unter 600 Mex$
$$	600–1200 Mex$
$$$	über 1200 Mex$

PREISKATEGORIEN: ESSEN

Die folgenden Kategorien beziehen sich auf den Preis einer Hauptmahlzeit.

$	unter 80 Mex$
$$	80–160 Mex$
$$$	über 160 Mex$

Staatsangehörige der EU-Länder und der Schweiz brauchen kein Visum, um als Touristen nach Mexiko einzureisen.

- Die Website des **Instituto Nacional de Migración** (✆ gebührenfrei 800-004-62-64; www.inm.gob.mx) listet die Länder auf, deren Bürger in Mexiko auch als Urlauber ein Visum benötigen. Wenn der Zweck der Reise Arbeit (auch Freiwilligenarbeit), Berichterstattung, Studium oder Mitarbeit bei humanitärer Hilfe oder Menschenrechtsüberwachung ist, müssen alle, egal welcher Nationalität, ein Visum beantragen. Die Antragsbearbeitung für das Visum kann mehrere Wochen dauern und der Antrag muss im jeweils eigenen Land eingereicht werden.
- Touristen (auch Transitreisende), die über die USA nach bzw. von Mexiko ein- oder ausreisen, sollten sich rechtzeitig über die komplizierten Visabestimmungen der USA informieren – z. B. bei einem US-Konsulat oder auf den Websites des **US State Department** (www.travel.state.gov) und der **US Customs and Border Protection** (www.cbp.gov).
- Die Bestimmungen ändern sich manchmal. Es ist sinnvoll, sie bei einer mexikanischen Botschaft oder Konsulat zu erfragen. Gute Informationsquellen zu Visa und ähnlichen Angelegenheiten sind die **Mexikanische Botschaft in Berlin** (embamex.sre.gob.mx/alemania), die **Mexikanische Botschaft in Wien** (embamex.sre.gob.mx/austria/) und die **Mexikanische Botschaft in Bern** (embamex1@swissonline.ch).

ZOLL

Besucher dürfen folgende Artikel zollfrei nach Mexiko einführen:

- Zwei Kameras
- Zehn Päckchen Zigaretten
- 3 l Alkohol
- Medikamente zum persönlichen Gebrauch, Psychopharmaka nur mit Rezept
- Einen Laptop
- Ein digitales Musikgerät

Weitere Infos siehe www.sat.gob.mx

Nach Abgabe des Zollerklärungsformulars entscheidet ein automatisches System, ob das Gepäck kontrolliert wird. Ein grünes Licht bedeutet Passieren, ein rotes Licht bedeutet, dass das Gepäck durchsucht wird.

An- & Weiterreise

FLUGZEUG

Die meisten Flüge zur Halbinsel landen in Cancún oder Mérida. Die wichtigsten Flughäfen Yucatáns:

Aeropuerto Ángel Albino Corzo (✆ 961-153-60-68; www.chiapasaero.com; Sarabia s/n) Auch bekannt als Tuxtla Gutiérrez; Flughafen für San Cristóbal de las Casas in Chiapas.

Aeropuerto Internacional de Cancún (✆ 998-848-72-00; www.asur.com.mx; Ctra 307 Km 22)

Aeropuerto Internacional de Mérida (Mérida International Airport; ✆ 999-940-60-90; www.asur.com.mx; Ctra 180 Km 4,5; R-79)

Cozumel Airport (✆ 987-872-20-81; www.asur.com.mx; Ecke Av 65 & Blvd Aeropuerto;)

Campeche, Chetumal, Ciudad del Carmen, Palenque und Villahermosa haben ebenfalls Flughäfen.

GRENZÜBERGÄNGE

Belize

- Die Einreise von Mexiko nach Belize ganz im Süden von Quintana Roo ist für die meisten Touristen kein Problem, auch müssen dafür keine besonderen Gebühren bezahlt werden.
- Bei der Ausreise von Belize nach Mexiko wird jedoch pro Person eine Ausreisegebühr von 15 US$ für einen Besuch unter 24 Stunden und 19 US$ für längere Aufenthalte fällig. Alle Gebühren müssen bar bezahlt werden, entweder in belizischer Währung oder in US-Dollar – die Beamten haben meist kein Wechselgeld für US-Dollar.
- Busse fahren häufig von Chetumal zu den belizischen Städten Corozal (40–50 Mex$, 1 Std.) und Orange Walk (75 Mex$, 2 Std.). Abfahrt ist am Nuevo Mercado Lázaro Cárdenas, manche Busse fahren auch weiter bis Belize City (150 Mex$, 4 Std.).
- Autovermietungen in Mexiko erlauben nicht, ihre Wagen über die Grenze nach Belize mitzunehmen.

Guatemala

- Von den Grenzübergängen La Mesilla/Ciudad Cuauhtémoc, Ciudad Tecún Umán/Ciudad Hidalgo und El Carmen/Talismán fahren zahlreiche Busse und/oder *combis* (Minibusse) nach Guatemala-Stadt und zu benachbarten Städten in Guatemala und in Mexiko.
- In San Cristóbal de las Casas bieten etliche Unternehmen tägliche Minibusverbindungen

mit den guatemaltekischen Städten Quetzaltenango, Panajachel und Antigua.

➡ Vom Busbahnhof in San Cristóbal de las Casas fährt zudem einmal täglich ein Bus zum Grenzübergang Ciudad Cuauhtémoc, wo es auf der guatemaltekischen Seite in der Grenzstadt La Mesilla Anschlussbusse gibt.

➡ Minibusse von **Transportes Palenque** (Ecke Allende & Av 20 de Noviembre) fahren von Palenque nach Tenosique (Tabasco), dort besteht Anschluss weiter nach Guatemala.

➡ Autofahrer mit einem eigenen Wagen nehmen die Straße zwischen Tenosique und Flores (Guatemala) über den Grenzübergang El Ceibo.

➡ Autovermietungen in Mexiko erlauben nicht, ihre Wagen über die Grenze nach Guatemala mitzunehmen.

SCHIFF/FÄHRE

Wassertaxis nach San Pedro (Belize) legen am *Muelle Fiscal* (staatlicher Bootsanleger) am Boulevard Bahía in Chetumal ab. Zwei Wassertaxiunternehmen sorgen für eine tägliche Verbindung mit der Insel. Weitere Informationen siehe www.sanpedrowatertaxi.com und www.belizewatertaxi.com.

Charterboote nach San Pedro gibt es im **XTC Dive Center** (www.xtcdivecenter.com; Carretera Costera Km 0,3; 2 Tauchgänge an der Banco Chinchorro 110 US$, Schnorcheln 45–75 US$, PADI-Kurs 529 US$, Zi. 45–60 US$) in Xcalak für 300 US$ (mindestens fünf Passagiere).

In Mahahual, Puerto Chiapas, Progreso und vor der Isla Cozumel legen Kreuzfahrtschiffe an. Viele Kreuzfahrtreedereien benutzen diese Häfen.

Unterwegs vor Ort

BUS

Auf der Halbinsel Yucatán gibt es ein gutes Straßen- und Busverkehrsnetz sowie komfortable, häufige und preisgünstige Busverbindungen zwischen allen Städten. Die meisten Städte haben einen Hauptbusbahnhof, wo alle Fernbusse ankommen und abfahren. Sie heißen entweder Terminal de Autobuses, Central de Autobuses, Central Camionera oder einfach La Central (nicht zu verwechseln mit *el centro*, dem Stadtzentrum). Wenn es keinen Hauptbusbahnhof gibt, unterhalten die Busunternehmen eigene Terminals, die sich über die Stadt verteilen. **Grupo ADO** (☎ 800-900-01-05; www.ado.com.mx) betreibt die meisten Buslinien.

COLECTIVOS & COMBIS

Fast überall auf der Halbinsel sorgen diverse Fahrzeuge – oft Volkswagen-, Ford- oder Chevrolet- Kleinbusse – für den Gemeinschaftstransport zwischen Städten oder Nachbarvierteln. Sie fahren meist dann ab, wenn sie voll besetzt sind. Der Fahrpreis ist üblicherweise niedriger als der von 1.-Klasse-Bussen. Als *combi* wird meist ein Volkswagen-Kleinbus bezeichnet, *colectivo* bezieht sich auf jede Automarke. Ein *taxi colectivo* bedeutet entweder Gemeinschafts- oder Privattaxi, je nach Ort.

SCHIFF/FÄHRE

Häufige Fährverbindungen bestehen zwischen Playa del Carmen und der Isla Cozumel, Cancún und der Isla Mujeres sowie Chiquilá und der Isla Holbox. Die folgenden Preise gelten für die einfache Fahrt:

➡ **Isla Holbox** 80 Mex$

➡ **Isla Cozumel** 135–163 Mex$

➡ **Isla Mujeres** 78 Mex$ ab Puerto Juárez, rund 230 Mex$ von der Zona Hotelera

In Cancún und Chiquilá gibt es Langzeitparkplätze an den Fährgebäuden. Weitere Infos zu Fahrplänen, Ablegeorten und Autofähren siehe www.granpuerto.com.mx und www.transcaribe.net. Die Fähren zur Isla Holbox haben keine Websites.

Die unbewohnte Isla Contoy ist mit Booten von Reiseveranstaltern zu erreichen, die in **Cancún** (S. 56) und von der **Isla Mujeres** (S. 58) ablegen.

TRAMPEN

Trampen ist in keinem Land gänzlich sicher und selbst in Mexikos relativ sicherer Region Yuacatán sollte man es besser unterlassen. Reisende, die trampen wollen, sollten sich darüber im Klaren sein, dass sie ein kleines, aber möglicherweise schwerwiegendes Risiko eingehen. Kidnapping für Lösegeld kommt in Mexiko durchaus vor. Wer dennoch trampt, ist sicherer zu zweit und sollte jemandem Bescheid geben, wohin es gehen soll. Alleinreisende Frauen sollten auf keinen Fall in Mexiko trampen, auch zwei Frauen zusammen sind nicht sicher, besonders nahe der Grenze zwischen Mexiko und Guatemala.

Guatemala

☎ 502 / 15 MIO. EW.

Inhalt ➡

Guatemala-Stadt 106
Antigua 118
Lago de Atitlán 133
Chichicastenango ... 150
Quetzaltenango 158
Huehuetenango 168
Cobán 182
Lago de Izabal 194
Lívingston 200
Der Petén 204
Flores & Santa Elena 205
Tikal 214

Gut essen

- Las Orquídeas (S. 214)
- Restaurante Hana (S. 140)
- Taberna El Pelicano (S. 180)
- Xkape Koba'n (S. 185)
- Cactus Grill (S. 128)
- Ambia (S. 111)

Schön schlafen

- La Fortuna (S. 150)
- Finca Ixobel (S. 205)
- Takalik Maya Lodge (S. 175)
- El Hostal (S. 125)
- Dai Nonni (S. 110)

Auf nach Guatemala

Guatemala ist pure Magie. Wer sich für die Mayas, hohe Berge, quirlige Märkte, Faulenzen an einem See oder die Erkundung stimmungsvoller präkolumbischer Ruinen und wundervoller Kolonialdörfer begeistert, kann sich in dem Land verzaubern lassen.

Morgens surfen und nachmittags Spanisch lernen? Kein Problem! Von einem Vulkan runtersteigen, kurz duschen und zum Abendessen in die Sushi-Bar? Warum nicht? Einen Maya-Tempel besuchen und bei Sonnenuntergang in einer Hängematte am Strand schaukeln? Los geht's!

Guatemala hat zwar auch seine problematischen Seiten und eine gute Reisevorbereitung im Hinblick auf die Gefahren des Landes ist unabdingbar. Aber wer die Risiken kennt, kann sie meiden und mehr oder weniger alles machen, wonach ihm der Sinn steht ... ach, wenn man nur mehr Zeit hätte!

Reisezeit

Guatemala-Stadt

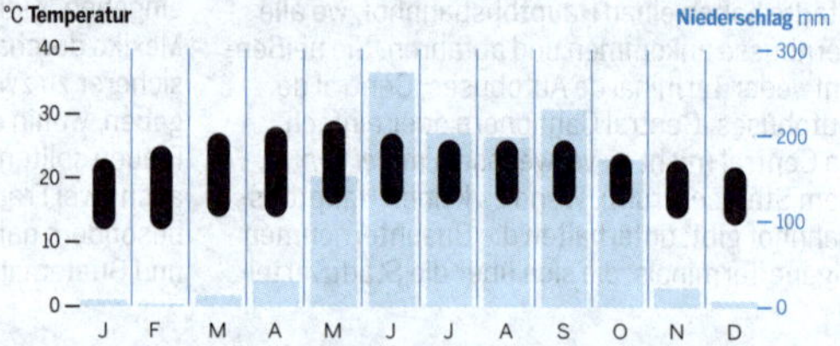

Dez.–Mai Feste wie Weihnachten und Ostern werden mit großer Hingabe gefeiert.

April–Sept. In der Regenzeit fallen die Preise und die Besucherströme nehmen ab.

Okt.–Nov. Der Regen lässt nach – eine tolle Zeit zum Wandern.

Von Land zu Land

Von Mexiko aus reist man über Ciudad Hidalgo oder Ciudad Cuauhtémoc nach Guatemala ein, von El Salvador über Anguiatú, von Honduras über Agua Caliente und von Belize über Benque Viejo del Carmen. Nähere Informationen siehe Praktische Informationen S. 242.

GUATEMALA FÜR EINSTEIGER

Eine Woche

Wer nur eine Woche Zeit hat, kann sicher nicht das ganze Land sehen, aber zumindest die „Großen Drei" ansteuern. Zuerst geht's nach Antigua, wo man zwei Tage lang in kolonialer Pracht weilt und Vulkane erklimmt, bevor es weitergeht zum Lago de Atitlán. Von einem passenden Dorf aus, vielleicht dem quirligen Panajachel oder dem abgeschiedenen San Juan, werden der See und seine Umgebung per Boot, Kajak, Pferd oder Fahrrad erkundet. Von hier geht's zurück nach Guatemala-Stadt und dann mit dem Bus oder Flugzeug nach Flores, Ausgangspunkt für die bedeutendste aller Maya-Ruinen, Tikal.

Zwei Wochen

In der zweiten Woche ist Zeit für ein Bad in den hübschen Kalksteinbecken von Semuc Champey und eine Bootstour den Río Dulce hinunter. Ein Tag sollte für die phantastischen Museen in Guatemala-Stadt eingeplant werden.

Essen & Trinken

➡ **Wohin zum Essen?** Das billigste Essen gibt's an den Essensständen um den Hauptplatz oder den Busbahnhof – dabei sollte man jedoch seinen gesunden Menschenverstand walten lassen. Etwas teurer sind dann die familienbetriebenen *comedores* (Kantinen) mit ihren oft sehr preisgünstigen Menüs. Am größten ist die Auswahl in touristischen Orten wie Antigua und Panajachel: Hier gibt's alles bis hin zu erstklassigen Restaurants mit Fusionsküche.

➡ **Was essen?** An Tortillas führt kein Weg vorbei – warum auch, denn wenn sie richtig zubereitet werden, sind sie köstlich. Die üblichsten Varianten bestehen aus Gelb- oder Weißmaismehl, aber auch die aus Blaumaismehl und Weizenmehl sind interessant. Die Augen offen halten sollte man auch nach regionalen Spezialitäten wie *tapado* (ein Meeresfrüchte-Eintopf, der vor allem an der Karibikküste gegessen wird), *pepián* (eine würzige Sesamsauce, die zu Huhn oder Truthahn gereicht wird) und *jocón* (ein Eintopf mit Huhn oder Schwein sowie Gemüse und Kräutern, den es im Hochland gibt) sowie *boxbol* (Maisteig und fein gehacktes Fleisch, z. B. Huhn), einem Standardgericht im Gebiet des Ixil-Dreiecks.

AUF EINEN BLICK

Währung Quetzal (Q)

Sprache Spanisch (Amtssprache), 21 Maya-Sprachen, Garifuna

Visa Für Aufenthalte bis drei Monate gewöhnlich nicht erforderlich.

Geld Geldautomaten sind weit verbreitet. Kreditkarten werden in gehobenen Einrichtungen akzeptiert.

Zeit MEZ minus sieben Stunden

Fläche 108 890 km²

Hauptstadt Guatemala-Stadt

Notfall ☎1500 (Englisch), ☎110 (Spanisch)

Wechselkurse

Eurozone	1 €	8,16 Q
Schweiz	1 SFr	7,50 Q
USA	1 US$	7.40 Q

Preise

➡ **Hostelbett** 80–100 Q

➡ **Menü** 30–45 Q

➡ **Dreistündige Busfahrt** 20 Q

Infos im Internet

➡ **Lanic Guatemala** (www.lanic.utexas.edu/la/ca/guatemala)

➡ **EntreMundos** (www.entremundos.org)

➡ **Lonely Planet** (www.lonelyplanet.com/guatemala)

Highlights

1 Tikal (S. 214) Den Reisegruppen aus dem Weg gehen und selbst herausfinden, warum dies die beliebteste Touristenattraktion des Landes ist

2 Antigua (S. 118) Spanisch lernen, in der Nähe von Guatemalas kosmopolitischster und malerischster Stadt auf Vulkane klettern und dabei gut essen, trinken und schlafen

3 Lívingston (S. 200) In dieser Garifuna-Enklave an der Karibik eine andere Seite Guatemalas kennenlernen

4 Westliches Hochland (S. 132) Die besten Wanderrouten des Landes erkunden

5 Semuc Champey (S. 187) Herausfinden, warum dieser als der schönste Ort des ganzen Landes gilt

6 Bootstour auf dem Río Dulce (S. 194) Zwischen den Städten Río Dulce und Lívingston eine spektakuläre Bootsfahrt durch einen von Urwald gesäumten Canyon machen

7 San Marcos La Laguna (S. 148) Das hübscheste und entspannteste Dorf am Lago de Atitlán erkunden

8 Santa Lucía Cotzumalguapa (S. 175) Steinskulpturen einer Prä-Maya-Kultur bestaunen

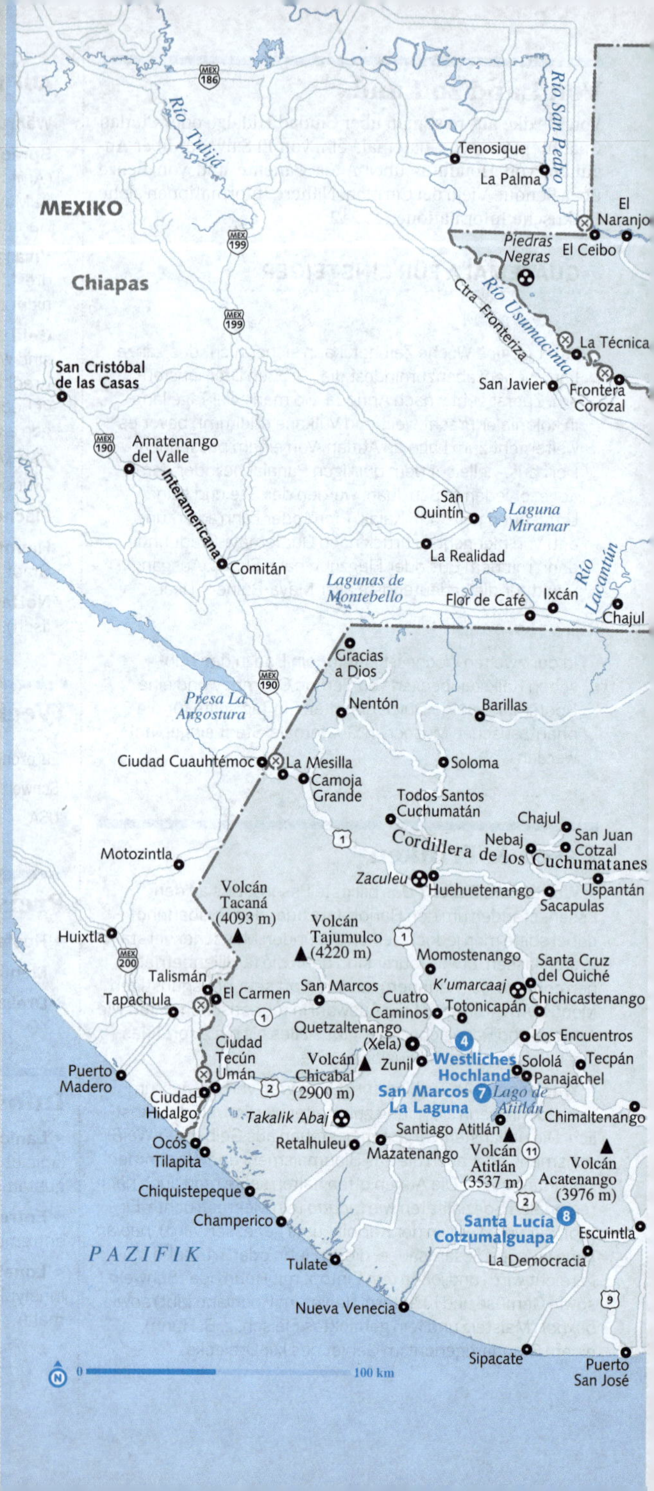

El Mirador
Carmelita
Uaxactún
El Perú
El Zotz
1 Tikal
Río San Pedro
Río Azul
Laguna Perdida
Lago de Petén Itzá
Yaxhá
Flores
El Cruce
Santa Elena
Sierra del Lacandón
Bethel
Río de la Pasión
El Subín
Río San Juan
Sayaxché
Ceibal
Benemérito de las Américas
Río Salinas
Río Machaquilá
Cuevas de Poptún
Poptún
Río Mopán
Laguna Yaxhá
Chiquibul Branch River
Belize River
Fähre
Belize City
BELMOPAN
San Ignacio
Benque Viejo del Carmen
Melchor de Mencos
Dangriga
Macal River
Stann Creek
Barrier Reef
BELIZE
Big Creek
Monkey River
KARIBIK
Moho River
Punta Gorda
Fähre
Bahía de Amatique
Golfo de Honduras
Punta de Manabique
Modesto Méndez
Playa Grande
Sierra de Chamá
Chisec
San Antonio las Cuevas
Fray Bartolomé de las Casas
Sebol
Biotopo Chocón Machacas
3 Livingston
Río Dulce
6 El Golfete
Puerto Barrios
Finca la Inca
Cuyamel
IZABAL
El Chinchado
Corinto
Grutas de Lanquín
Lanquín
5 Semuc Champey
El Estor
El Castillo de San Felipe
Lago de Izabal
Mariscos
San Cristóbal Verapaz
Cobán
Río Polochic
ZACAPA
Quiriguá
Carretera de Occidente
Río Ulúa
Biotopo del Quetzal
Purulhá
Salamá
Rabinal
Sierra de las Minas
Sierra de Chuacús
Río Hondo
Estanzuela
Zacapa
Carretera al Atlántico
Río Motagua
La Entrada
Copán Ruinas
El Florido
Santa Rita de Copán
Copán
Santa Bárbara
Santa Rosa de Copán
Chiquimula
CHIQUIMULA
GUATEMALA-STADT
2 Antigua
Jalapa
Ipala
Quetzaltepeque
Esquipulas
Volcán de Ipala (1650 m)
Agua Caliente
Interamericana
San José Pinula
Laguna de Ayarza
Lago de Amatitlán
Anguiatú
Nueva Ocotepeque
Metapán
El Progreso
Jutiapa
Cuilapa
HONDURAS
La Esperanza
Lago Güija
San Cristóbal Frontera
San Cristóbal
Río Lempa
Carretera al Pacífico
Chiquimulilla
Valle Nuevo
Las Chinamas
Santa Ana
Chalatenango
Embalse Cerrón Grande
El Congo
Iztapa
Monterrico
Ciudad Pedro de Alvarado
Apaneca
La Hachadura
EL SALVADOR
Lago de Coatepeque
Sonsonate
SAN SALVADOR
Embalse 15 de Septiembre
Ciudad Barrios

GUATEMALA-STADT

3,4 MIO. EW. / 1500 M

Zu Guatemalas Hauptstadt – allgemein als „Guate" bekannt – hört man unterschiedliche Meinungen: Die einen finden sie groß, dreckig, gefährlich und getrost zu vernachlässigen, andere hingegen groß, dreckig, gefährlich und faszinierend. Wie auch immer – es besteht kein Zweifel, dass die Stadt eine Energie ausstrahlt, die man im Rest Guatemalas nirgendwo findet. In Guatemala-Stadt blasen heruntergekommene Busse neben nagelneuen BMWs und Hummers Qualm in die Luft, während Wolkenkratzer ihre Schatten auf Elendsviertel werfen.

Guate erfindet sich gerade neu als menschenfreundliche Stadt. Die Zona 1, das Zentrum, jahrelang eine No-go-Area mit verlassenen Häusern und viel Kriminalität, führt diese Bewegung mit der Fußgängerzone 6a Calle an: Hier gibt's jetzt Bars, Cafés und Restaurants.

Viele Reisende lassen die Stadt sowieso gänzlich links liegen und küren stattdessen Antigua zu ihrer Basis. Aber vielleicht möchte man doch die Hauptstadt des Landes kennenlernen, die mit den besten Museen und Galerien Guatemalas und allerlei touristischen Einrichtungen punktet.

Sehenswertes & Aktivitäten

Die wichtigsten Sehenswürdigkeiten liegen in Zona 1 (dem historischen Zentrum) und in den Zonas 10 und 13, in denen die meisten Museen beheimatet sind. Wer sonntags in der Stadt ist, kann sich der Hop-on-hop-off-Tour **SubiBaja** (Karte S. 108; 9–14 Uhr) GRATIS der TransMetro anschließen – eine ausgezeichnete Möglichkeit, viele Sehenswürdigkeiten zu sehen, ohne sich Gedanken um öffentliche Verkehrsmittel oder Taxis machen zu müssen.

Zona 1

Parque Central PLAZA

(Plaza de la Constitución; Karte S. 108; Zona 1) Der Hauptplatz von Guatemala-Stadt ist ein toller Ausgangspunkt für die Erkundung der Zona 1. Auf dem Parque Central und dem benachbarten Parque Centenario ist tagsüber immer etwas los: Schuhputzer, Eisverkäufer und gelegentliche Versammlungen unter freiem Himmel tragen zum allgemeinen Trubel bei.

Palacio Nacional de la Cultura HISTORISCHES GEBÄUDE

(Karte S. 108; 2253-0748; Ecke 6a Av & 6a Calle, Zona 1; 40 Q; Mo–Sa 9–11.45 & 14–16.45 Uhr) Der imposante Präsidentenpalast auf der Nordseite des Parque Central wurde 1936 bis 1943 während der Zwangsherrschaft von General Jorge Ubico erbaut – von den Gefangenen, die hier schuften mussten, verloren nicht wenige ihr Leben. Dies ist der dritte Palast an dieser Stelle.

Centro Cultural Metropolitano KULTURZENTRUM

(Karte S. 108; 7a Av 11-67, Zona 1; Mo–Fr 9–17 Uhr) Dieses überraschend avantgardistische Kulturzentrum hinten im Erdgeschoss des *palacio de correos* (Postamt) bietet Kunstausstellungen, Buchvorstellungen, Kunsthandwerksworkshops und Filmabende.

Casa MIMA MUSEUM

(Karte S. 108; 2253-4020; www.casamima.org; 8a Av 14-12, Zona 1; 20 Q; Mo–Sa 10–17 Uhr) Das Museum und Kulturzentrum präsentiert sich auf großartige Weise und ist in einem Haus aus dem späten 19. Jh. untergebracht. Die Besitzer des Hauses waren Sammler mit äußerst eklektischem Geschmack, der von französischem Neo-Rokoko über chinesische Kunst und Art déco bis zu indigenen Artefakten reicht. Das Museum ist aufgemacht wie ein ganz normales Wohnhaus und voller Kuriositäten und Möbel aus mehreren Jahrhunderten.

Museo del Ferrocarril MUSEUM

(Eisenbahnmuseum; Karte S. 108; www.museofegua.com; 9a Av 18-03, Zona 1; 5 Q; Di–Fr 9–16, Sa & So 10–16 Uhr) Das Eisenbahnmuseum ist eines der spannenderen Museen der Stadt. Es dokumentiert die goldenen Zeiten des angeschlagenen Eisenbahnsystems Guatemalas und zeigt einige skurrile Artefakte, z. B. handgezeichnete Diagramme von Entgleisungen und eine Küche voller Gegenstände, die in den Speisewagen benutzt wurden. Man darf durch die Passagierwaggons klettern, nicht aber in die Lokomotive.

Museo Nacional de Historia MUSEUM

(Karte S. 108; 2253-6149; 9a Calle 9-70, Zona 1; 10 Q; Mo–Fr 9–17 Uhr) Das Museum ist ein Sammelsurium historischer Relikte mit Schwerpunkt auf Fotografien und Porträts. Einen Blick wert sind etwa die sorgfältig gestylten Frisuren der Generäle und Politiker aus dem 19. Jh.

Zona 2

Mapa en Relieve DENKMAL

(Reliefkarte; www.mapaenrelieve.org; Av Simeón Cañas Final, Zona 2; 30 Q; ⌚9–17 Uhr) Zona 2 nördlich von Zona 1 ist überwiegend ein Wohngebiet der Mittelklasse. Es lohnt sich aber ein Abstecher zum Parque Minerva mit dieser riesigen Freiluftreliefkarte von Guatemala im Maßstab 1:10 000. Der Höhenmaßstab ist auf 1:2000 vergrößert, sodass die Vulkane und Berge erheblich höher und steiler erscheinen, als sie in Wirklichkeit sind.

Parque Minerva PARK

(Av Simeón Cañas Final, Zona 2) Minerva, die römische Göttin der Weisheit, des Gewerbes und des Handwerks, zählte zu den Lieblingen von Präsident Manuel Estrada Cabrera. Ihr Park ist ein angenehmer Ort, in dem man wunderbar zwischen Eukalyptusbäumen schlendern und ein kühles Getränk genießen kann. Man sollte sich aber vor Trick- und Handtaschendieben in Acht nehmen.

Zona 10

Museo Ixchel MUSEUM

(Karte S. 112; ☎2361-8081; www.museoixchel.org; 6a Calle Final, Zona 10; 35 Q; ⌚Mo–Fr 9–17, Sa bis 13 Uhr) Das Museum ist nach der Maya-Göttin des Mondes, der Frauen, der Fortpflanzung und der Textilien benannt. Fotografien und Ausstellungsstücke indigener Gewänder und anderer Kunsthandwerksstücke zeigen die unglaubliche Vielfalt der traditionellen Hochlandkunst. Führungen werden auf Englisch (nach Vereinbarung) und Spanisch angeboten.

Museo Popol Vuh MUSEUM

(Karte S. 112; ☎2338-7896; www.popolvuh.ufm.edu; 6a Calle Final, Zona 10; Erw./Kind 35/10 Q; ⌚Mo–Fr 9–17, Sa bis 13 Uhr) In diesem Museum hinter dem Museo Ixchel füllen schön präsentierte vorspanische Keramiken, Figurinen, Räuchergefäße, Graburnen, geschnitzte Holzmasken und traditionelle Textilien mehrere Ausstellungsräume. In den weiteren Räumen warten koloniale Gemälde und vergoldete Holz- und Silberartefakte. Eine originalgetreue Kopie des Dresdner Kodexes, eines der wertvollen „gemalten Bücher" der Maya, zählt zu den interessanteren Exponaten.

Pasos y Pedales SPAZIERGANG

(Karte S. 112; ⌚So 10–14 Uhr) Sonntags kann man beim Pasos y Pedales vorbeischauen, einem wunderbaren Gemeindeprojekt, bei dem die Avenida de las Americas (Zona 10) und ihre Verlängerung, die Avenida la Reforma in Zona 13, auf 3 km Länge für den Verkehr gesperrt sind und von Jongleuren, Clowns, Inlinern, Spaziergängern mit Hunden, Essensverkäufern, Tai-Chi-Klassen, Skateparks und Kinderspielplätzen in Beschlag genommen werden.

Zona 13 & Umgebung

Die Attraktionen der südlichen Ausläufer der Stadt konzentrieren sich alle um die 5a Calle im Viertel Finca Aurora nordwestlich des Flughafens. Hier kann man auch dem **Mercado de Artesanías** (Kunsthandwerkermarkt; Karte S. 112; ☎2475-5915; Ecke 5a Calle & 11a Av, Zona 13; ⌚9.30–18 Uhr) einen Besuch abstatten.

Museo Nacional de Arqueología y Etnología MUSEUM

(Karte S. 112; ☎2475-4399; www.munae.gob.gt; 6a Calle, Sala 5, Finca La Aurora, Zona 13; 60 Q; ⌚Di–Fr 9–16, Sa & So 9–12 & 13.30–16 Uhr) Dieses Museum verfügt über die größte Sammlung von Maya-Artefakten des Landes, doch die Erläuterungen fallen spärlich aus. Zu sehen sind zahlreiche monumentale Steinskulpturen, darunter Stelen aus klassischer Zeit aus Tikal, Uaxactún und Piedras Negras. Außerdem gibt's einen wunderbaren Thron aus Piedras Negras und Tierdarstellungen aus dem vorklassischen Kaminaljuyú.

Museo Nacional de Arte Moderno GALERIE

(Karte S. 112; ☎2472-0467; 6a Calle, Sala 6, Finca La Aurora, Zona 13; 10 Q; ⌚Di–Fr 9–16, Sa & So 9–12.30 & 14–16 Uhr) Hier ist eine schöne Sammlung von guatemaltekischer Kunst des 20. Jhs. zu sehen, u. a. mit Werken von bekannten guatemaltekischen Künstlern wie Carlos Mérida, Carlos Valente und Humberto Gavarito.

Museo Nacional de Historia Natural Jorge Ibarra MUSEUM

(Karte S. 112; ☎2472-0468; 6a Calle 7-30, Zona 13; 10 Q; ⌚Di–So 9–16 Uhr) Hinter dem Archäologiemuseum befindet sich das Naturkundemuseum, das sich mit seiner großen Sammlung an Tierpräparaten ein Stückchen Ruhm sichern möchte.

Guatemala-Stadt Nord

Guatemala-Stadt Nord

Sehenswertes
1 Casa MIMA ... C3
2 Centro Cultural Metropolitano ... C2
3 Museo del Ferrocarril ... C4
4 Museo Nacional de Historia ... D2
5 Palacio Nacional de la Cultura ... C1
6 Parque Central ... C1

Aktivitäten, Kurse & Touren
7 SubiBaja ... C1

Schlafen
8 Hotel Ajau ... C4
9 Hotel Clariss ... C3
10 Hotel Spring ... C3
11 Posada Belen ... D3
12 Theatre International Hostel ... C3

Essen
13 Café de Imeri ... B1
14 Café-Restaurante Hamburgo ... B3
15 La Cocina de Señora Pu ... C2
16 La Majo ... B2

Ausgehen & Nachtleben
17 Black & White Lounge ... B2
18 El Gran Hotel ... C2
19 Genetic ... B6
20 Las Cien Puertas ... C1
21 Los Lirios ... C2

Unterhaltung
22 La Bodeguita del Centro ... B2
23 TrovaJazz ... C7

Shoppen
24 Mercado Central ... C1

La Aurora Zoo ZOO
(Karte S. 112; ☎2472-0507; www.aurorazoo.org.gt; 5a Calle, Zona 13; Erw./Kind 30/15 Q; ⊙Di–So 9–17 Uhr) Dieser Zoo ist für Tierparks in diesem Teil der Welt recht annehmbar. Die schöne, parkähnliche Anlage allein ist schon den Eintrittspreis wert.

X-Park ABENTEUERSPORT
(☎2380-2080; www.xpark.net; Av Hincapié Km 11,5; 15 Q; ⊙10–18 Uhr) Etwa zehn Autominuten vom Flughafen entfernt befindet sich dieser sehr gut angelegte „Abenteuersport"-Park. Die Attraktionen (hier „Herausforderungen" genannt) kosten jeweils 20 Q und umfassen u. a. Boulder- und Kletterwände, Reverse-Bungee-Sprünge, mechanische Bullen, einen Seilparcours, Seilrutschen sowie einen Kinderspielplatz. Die Cafeteria hat ein begrenztes Angebot an Imbissspeisen.

Schlafen

Budget- und Mittelklasse-Unterkünfte befinden sich in Zona 1. Für Leute, die gerade mit dem Flugzeug angekommen sind oder am nächsten Tag wieder abreisen, gibt's in der Nähe des Flughafens ein paar Pensionen.

Zona 1

★**Theatre International Hostel** HOSTEL $
(Karte S. 108; ☎4202-5112; www.theatreihostel.com; 8a Av 14-17, Zona 1; B 60–80 Q, Zi. ohne Bad ab 170 Q;) Das beste Hostel in Zona 1 ist einfach, aber trotzdem gut. Die Zimmer und Dorms sind geräumig, das ganze Haus ist makellos sauber und der kleine Terrassenpool bietet an schwülen Tagen eine tolle Möglichkeit sich zu erfrischen.

Hotel Clariss HOTEL $
(Karte S. 108; ☎2232-1113; www.hotelclarissyasociados.amawebs.com; 8a Av 15-14, Zona 1; EZ/DZ 190/240 Q, EZ/DZ ohne Bad 145/190 Q; P@) Das freundliche Hotel residiert in einem modernen Gebäude und besitzt außer kleinen auch einige größere Zimmer. Die nach vorne raus sind luftiger und heller, bekommen aber den meisten Verkehrslärm ab.

Hotel Spring HOTEL $
(Karte S. 108; ☎2230-2858; www.hotelspring.com; 8a Av 12-65, Zona 1; EZ/DZ ab 190/235 Q, EZ/DZ ohne Bad 140/180 Q; P@) Mit seiner schönen Innenhoflage besitzt das Spring viel mehr Stil als andere Hotels in der Zona 1. Es bietet ruhige, sonnige Innenhöfe. Die 43 Zimmer fallen sehr unterschiedlich aus, die meisten sind jedoch geräumig und sauber und haben hohe Decken – am besten erst mal umschauen. Alle Zimmer besitzen Kabelfernsehen und einige der teureren sind rollstuhltauglich.

Hotel Ajau HOTEL $
(Karte S. 108; ☎2232-0488; hotelajau@hotmail.com; 8a Av 15-62, Zona 1; EZ/DZ 180/230 Q, EZ/DZ ohne Bad 110/140 Q; P@) Dies ist eines der wenigen Budgethotels in Guate, in denen man einen Sinn für Stil entdeckt. Mit seinen hübsch polierten Bodenfliesen und den kühlen, sauberen Zimmern ist es auf jeden Fall ein recht nettes Schnäppchen. Die Zimmer sind unterschiedlich groß und die nach vorne raus kriegen (viel) Straßenlärm ab.

★**Posada Belen** BOUTIQUEHOTEL $$
(Karte S. 108; ☎2232-6178; www.posadabelen.com; 13a Calle A 10-20, Zona 1; EZ/DZ 330/420 Q;

) Das Boutiquehotel ist eine der stilvollsten Herbergen der Zona 1. Es hat nur zehn Zimmer, die sich um zwei üppige Innenhöfe gruppieren und schön mit traditionellem Mobiliar eingerichtet sind. Im Haus gibt's ein gutes Restaurant.

Zona 10 & 13

Quetzalroo HOSTEL $

(Karte S. 112; 5746-0830; www.quetzalroo.com; 6a Av 7-84, Zona 10; B/EZ/DZ ohne Bad 120/200/280 Q;) Das beste Hostel im Zentrum von Guatemala-Stadt wartet mit passablen Zimmern und Dorms, einem engen Küchenbereich und einer tollen Dachterrasse auf. Und es liegt günstig zum Restaurant- und Ausgehviertel Zona Viva. Wer sich kostenlos vom Flughafen oder Busbahnhof abholen lassen möchte, kann einfach im Quetzalroo anrufen.

Hostal Los Lagos HOSTEL $

(2261-2809; www.loslagoshostal.com; 8a Av 15-85 Aurora 1, Zona 13; B/EZ/DZ 120/170/320 Q, EZ/DZ ohne Bad 140/180 Q;) Die Option in Flughafennähe, die am ehesten einem Hostel gleicht. Die meisten Zimmer sind luftige und geräumige Dorms, zudem gibt es ein paar Privatzimmer zu vernünftigen Preisen. Die ganze Anlage ist mit ihren großen Sitzbereichen drinnen und draußen sehr gemütlich.

★ **Eco Suites Uxlabil** APARTMENTS $$

(Karte S. 112; 2366-9555; www.uxlabil.com; 11a Calle 12-53, Zona 10; EZ/DZ mit Frühstück 395/495 Q;) Wer länger in der Stadt bleibt, ist mit diesen netten kleinen Apartments nicht schlecht beraten. Sie sind mit indigenen Motiven geschmückt und verstecken sich in einer schattigen Ecke der Zona 10. Wochenrabatte.

★ **Dai Nonni** HOTEL $$$

(2362-5458; www.dainonnihotel.com; 15a Av A 5-30, Zona 13; EZ/DZ 695/790 Q;) Das kleine Hotel südlich der Action in Zona 10 sammelt Pluspunkte mit seiner vielfältigen Einrichtung, seinen Aufenthaltsbereichen im Hinterhof und seinen geräumigen Zimmern. Wer bar zahlt und/oder länger bleibt, erhält Ermäßigung.

Essen

Billiges Essen gibt's in Zona 1. Um den Mercado Central tummeln sich kleine *comedores*; die allerbilligsten befinden sich im Untergeschoss des Marktes selbst. Die meisten gehobenen Restaurants mit einem guten Querschnitt durch die internationale Küche findet man in Zona 10 und 14.

Nordamerikanische Fast-Food-Ketten sind in Zona 1 und der gesamten übrigen Stadt gut vertreten. Bei Pollo Campero handelt es sich um einen guatemaltekischen KFC-Klon.

Zona 1

★ **Café de Imeri** CAFÉ $

(Karte S. 108; 6a Calle 3-34, Zona 1; Hauptgerichte 40–70 Q; Mo–Sa 8–18.30 Uhr;) Interessante Frühstücksspeisen, Suppen und Pastagerichte. Die Liste der Sandwiches ist eindrucksvoll, hinten befindet sich ein wunderschöner kleiner Innenhof.

Café-Restaurante Hamburgo GUATEMALTEKISCH $

(Karte S. 108; 15a Calle 5-34, Zona 1; Menüs 35–55 Q; 7–21.30 Uhr) Die lebhafte Option auf der Südseite des Parque Concordia serviert gute guatemaltekische Gerichte, wobei die Köche auf der einen Seite des Lokals brutzeln, während orange beschürzte Kellnerinnen um sie herumwirbeln. Am Wochenende heizt eine Marimba-Band die Atmosphäre an.

★ **La Cocina de Señora Pu** GUATEMALTEKISCH $$

(Karte S. 108; 6a Av A 10-16, Zona 1; Hauptgerichte ca. 80 Q; Mo–Sa 12–20 Uhr) Das klitzekleine Lokal hat ausgezeichnete „modernisierte" Versionen klassischer Maya-Gerichte. Das Angebot ist von eindrucksvoller Breite (Rind, Huhn, Schwein, Ente, Truthahn, Taube, Kaninchen, Fisch und Garnelen), wenn man bedenkt, dass alles vor den Augen der Gäste auf einem Vier-Platten-Herd gebrutzelt wird. Die Aromen sind köstlich und manchmal überraschend.

La Majo GUATEMALTEKISCH $$

(Karte S. 108; 12a Calle 3-08, Zona 1; Hauptgerichte 50–80 Q; 10–19 Uhr;) Die Renaissance der Innenstadt von Guatemala-Stadt findet auch Ausdruck in diesem reizenden kleinen Künstlercafé in einem bröckelnden Kolonialgebäude. Das Essen ist okay und es gibt auch ein paar vegetarische und vegane Gerichte, aber die Hauptattraktion sind die hier stattfindenden Veranstaltungen wie Livemusik und Theater.

Zona 10 & 14

★ Arbol de la Vida VEGETARISCH $

(17a Calle A 19-60, Zona 10; Hauptgerichte ca. 50 Q; Mo & Di 7.30–18, Mi–Fr bis 20, Sa & So bis 16 Uhr;) Das beste vegetarische Restaurant in Zona 10 öffnet schon früh am Morgen die Pforten für seine Frühstücksgäste. Auf der Karte stehen köstliche Suppen und Hauptgerichte mit vegetarischen Leckereien wie Tofu und Quinoa.

San Martín & Company CAFÉ, BÄCKEREI $

(Karte S. 112; 13a Calle 1-62, Zona 10; kleine Mahlzeiten 40–60 Q; 6–20 Uhr;) Das kühle und saubere Café in der Zona Viva wartet mit Deckenventilatoren und einer kleinen Terrasse auf und ist zu jeder Tageszeit toll. Zum Frühstück gibt's z. B. üppige, im Innern von Croissants versteckte Omeletts, später dann verführerische, originelle Sandwiches, Suppen und Salate.

Pecorino ITALIENISCH $$$

(Karte S. 112; 2360-3035; 11a Calle 3-36, Zona 10; Hauptgerichte 120–250 Q; Mo–Sa 12–1, So bis 18 Uhr;) Das schöne Hofrestaurant gilt allgemein als der beste Italiener der Stadt. Die Karte beeindruckt mit einer großen Auswahl an Antipasti, Pizzas und Nudel-, Fleisch- und Fischgerichten.

★ Ambia FUSIONSKÜCHE $$$

(www.fdg.com.gt; 10a Av 5-49, Zona 14; Hauptgerichte 150–300 Q; Mo–Sa 12–24 Uhr) Wie die Preise schon andeuten, wird hier mit die edelste Küche der Stadt serviert. Auf der umfangreichen Karte stehen auch einige gute Fusionsgerichte mit starkem asiatischem Einschlag. Die Präsentation ist phantastisch und das Ambiente herausragend. An lauen Abenden lockt die schöne Hoflounge.

Ausgehen & Nachtleben

In Zona 1 gibt es ein paar gute Kneipen, darunter einige Latino-Musik- und Tanzläden, alles praktisch versammelt im Umkreis von einem halben Block unmittelbar südlich vom Parque Central.

Zona 10 hat ein paar Tanzclubs; andere sind allerdings inzwischen Richtung Süden an den Stadtrand umgezogen. Sonderveranstaltungen werden auf Flyern beworben – also die Augen aufhalten!

Zona 1

★ La Bodeguita del Centro LIVEMUSIK

(Karte S. 108; 2230-2976; 12a Calle 3-55, Zona 1; Di–Sa 21–1 Uhr) Guatemala-Stadt erfreut sich einer lebendigen kreativen Szene. Dieser große, unkonventionelle Laden ist einer der besten Orte, um sich darunterzumischen. Dienstags bis sonntags spielen fast jeden Abend Bands, normalerweise ab 21 Uhr. Hin und wieder finden außerdem Lesungen, Filmvorführungen und Diskussionen statt.

Las Cien Puertas BAR

(Karte S. 108; 9a Calle 6-45, Pasaje Aycinena 8-44, Zona 1; 12–1 Uhr) Diese unverkrampft ultrahippe kleine Bar befindet sich in einer schäbigen Arkade aus der Kolonialzeit, die über hundert Türen verfügen soll – daher der Name. Manchmal spielen hier Livebands.

Los Lirios CLUB

(Karte S. 108; 7a Av 9-20, Zona 1; Mi–Sa 17–1 Uhr) Dank Livemusik und Tanz an den meisten Abenden ist Los Lirios bei Leuten über 25 eine beliebte Adresse.

El Gran Hotel PUB

(Karte S. 108; 9a Calle 7-64, Zona 1; Di–So 18–1 Uhr) Hier kann man auch übernachten, aber die renovierte Lobby dieses klassischen Hotels ist eine der besser aussehenden Bar in Zona 1. Außerdem kann zu Latin und Electronica geschwoft werden.

Black & White Lounge SCHWULE

(Karte S. 108; www.blackandwhitebar.com; 11a Calle 2-54, Zona 1; Mi–Sa 19–1 Uhr) Eine etablierte schwule Diskobar in einem ehemaligen Privathaus nahe der Innenstadt mit Dragshows und Mottopartys an den meisten Wochenenden.

Zona 4

TrovaJazz LIVEMUSIK

(Karte S. 108; 2267-9388; www.trovajazz.com; Vía 6 3-55, Zona 4) Jazz-, Blues- und Folk-Fans sollten sich auf jeden Fall das aktuelle Programm von TrovaJazz anschauen.

Genetic SCHWULE

(Karte S. 108; Ruta 3 3-08, Zona 4; ab 30 Q; Fr & Sa 21–1 Uhr) Das ehemalige Pandora's Box ist seit den 1970er-Jahren das Zuhause der schwul-lesbischen Gemeinde Guatemalas. Dennoch ist das Publikum des Genetic sehr

Guatemala-Stadt Süd

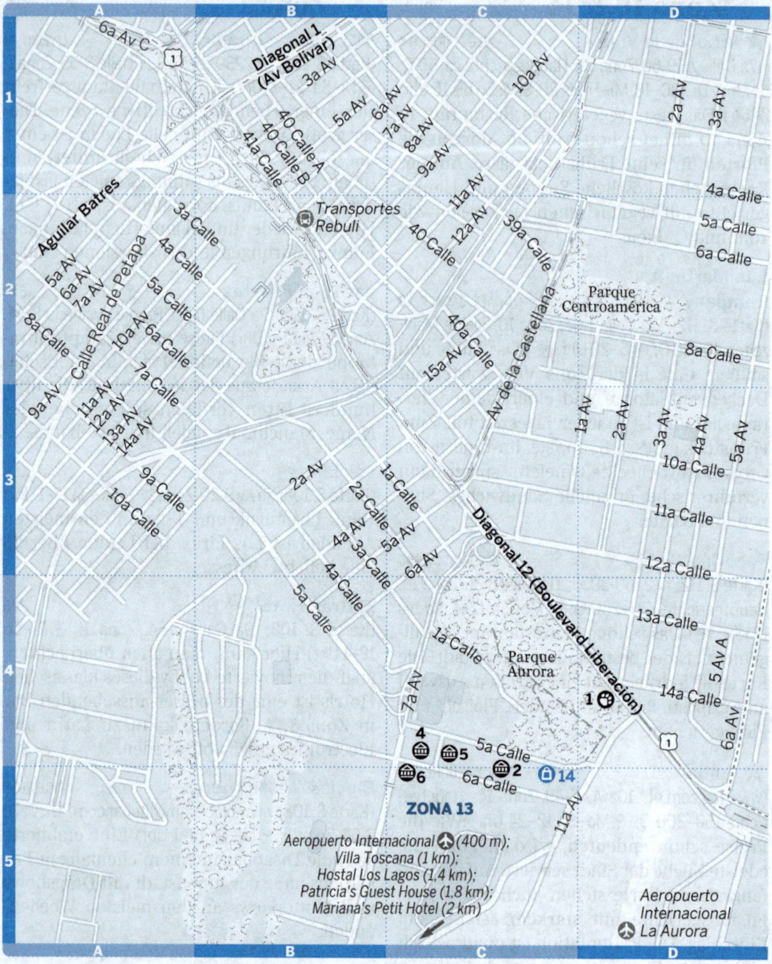

Guatemala-Stadt Süd

Sehenswertes

1 La Aurora Zoo D4
2 Museo de los Niños C5
3 Museo Ixchel G2
4 Museo Nacional de Arqueología y Etnología C4
5 Museo Nacional de Arte Moderno C4
6 Museo Nacional de Historia Natural Jorge Ibarra C5
7 Museo Popol Vuh H2

Aktivitäten, Kurse & Touren

8 Pasos y Pedales F2

Schlafen

9 Eco Suites Uxlabil H4
10 Quetzalroo F2

Essen

11 Pecorino F4
12 San Martín & Company F4

Shoppen

13 Centro Comercial Los Próceres E5
14 Mercado de Artesanías C5
15 Oakland Mall G4
16 Sophos F4

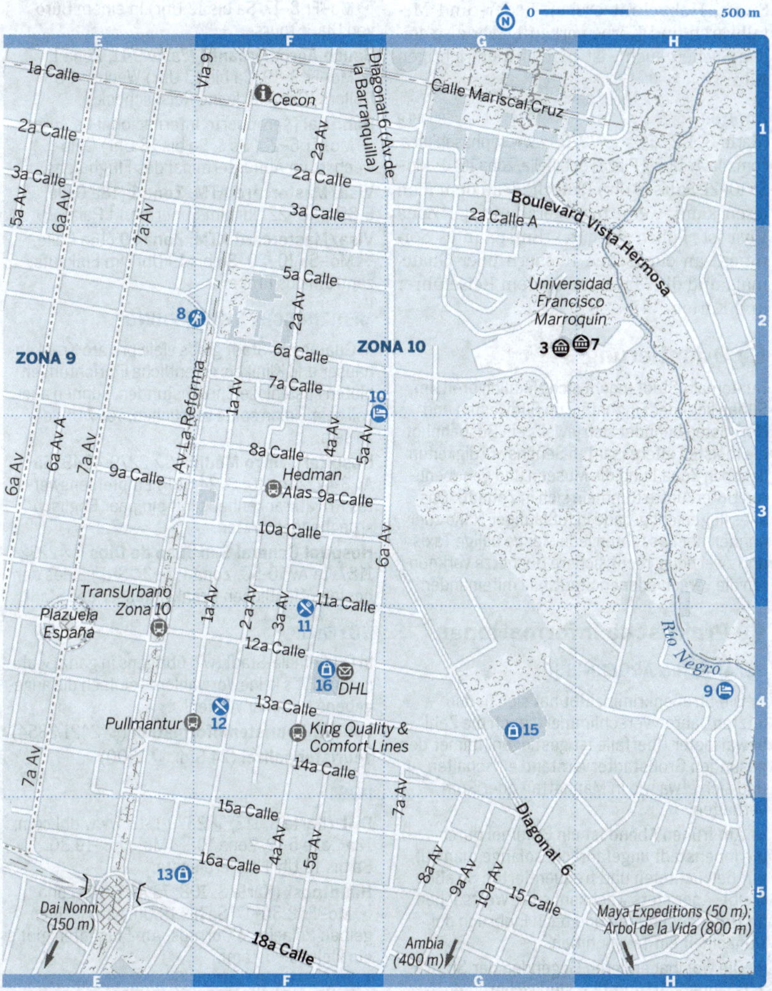

gemischt, da es zu den besten Trance- und Dance-Schuppen der Stadt gehört. Auf den zwei Ebenen und der Dachterrasse herrscht eine entspannte Atmosphäre. Freitags „All you can drink".

Shoppen

Modeboutiquen, Elektrowaren und andere Requisiten der modernen Welt findet man in den großen Einkaufszentren wie dem **Centro Comercial Los Próceres** (Karte S. 112; www.proceres.com; 16a Calle, Zona 10; ⏲ 8–20 Uhr) oder der **Oakland Mall** (Karte S. 112; www.oaklandmall.com.gt; Diagonal 6 13-01, Zona 10; ⏲ 8–20 Uhr) in oder bei der Zona 10. Für einen geselligen Schaufensterbummel bietet sich die 6a Avenida in Zona 1 an – die halbe Stadt versammelt sich hier zum Shoppen, Eisessen und Bummeln.

Mercado Central MARKT
(Karte S. 108; Ecke 8a Av & 8a Calle, Zona 1; ⏲ Mo–Sa 9–18, So bis 12 Uhr) Bis zum Erdbeben von 1976 kauften die Einheimischen auf dem Zentralmarkt Lebensmittel und andere Dinge des täglichen Bedarfs. In der nach dem Beben wieder aufgebauten Markthalle werden jetzt zu vernünftigen Preisen bunte guatemaltekische Kunstgewerbeartikel wie

Stoffe, Holzschnitzereien, Leder- und Metallwaren und Körbe verkauft. Wer also solche Sachen sucht, ist hier an der richtigen Adresse.

Sophos BÜCHER
(Karte S. 112; ☎2419-7070; www.sophosenlinea.com; 4a Av 12-59, Plaza Fontabella, Zona 10; ⊙Mo–Sa 10–21, So bis 19 Uhr) Plätzchen, an dem man lesen kann, wenn man gerade in der Zona Viva ist. Führt ein gutes Entspanntes Sortiment an englischen Büchern über Guatemala und die Mayas, außerdem Reiseführer und Karten.

Orientierung

Guatemala-Stadt macht sich ziemlich breit. Im Süden liegt der Flughafen, im Südwesten und Nordosten befindet sich jeweils ein Busbahnhof, die meisten interessanten Sehenswürdigkeiten liegen in Zona 1 und die Museen und gehobeneren Unterkünfte tummeln sich in Zona 10. Das alles liegt nicht gerade in fußläufiger Nähe zueinander, aber es fahren jede Menge billige Taxis und zwei neue, recht sichere Busnetze verknüpfen die verschiedenen Stadtteile miteinander.

Praktische Informationen

GEFAHREN & ÄRGERNISSE

- Die Straßenkriminalität hat sich in den letzten Jahren verschlimmert, auch die Zahl bewaffneter Überfälle ist gestiegen. Immer den gesunden Großstädterverstand einschalten und sich etwa wie in Manhattan oder Rom verhalten.
- Am frühen Abend ist ein Bummel durch die Innenstadt ungefährlich, solange man auf gut beleuchteten und frequentierten Straßen bleibt. Aber stets wachsam sein, Wertsachen im Hotel deponieren und nach Einbruch der Dunkelheit ein Taxi nehmen.
- Die wohlhabenderen Gegenden der Stadt – z. B. Zona 9, 10 und 14 – sind sicherer, doch auch hier wurden schon Touristen überfallen.
- In der Zona Viva in Zona 10 patrouilliert nachts die Polizei.
- Wer Opfer eines Überfalls wird, darf sich auf gar keinen Fall (!) zur Wehr setzen.

GELD

Skimming, das illegale Ausspähen von Bank- und Kreditkartendaten, ist in Guatemala-Stadt weit verbreitet – daher ist es ratsam, Geldautomaten zu nutzen, die ständig überwacht werden, wie etwa solche in Geschäften oder Einkaufszentren.

American Express (☎2331-7422; 12a Calle 0-93, Centro Comercial Montufar, Zona 9; ⊙Mo–Fr 8–17, Sa bis 12 Uhr) In einem Büro von Clark Tours.

Banco Agromercantil (7a Av 9-11, Zona 1; ⊙Mo–Fr 9–19, Sa bis 13 Uhr) Wechselt US-Dollars (Bargeld, keine Reiseschecks).

Banrural (Aeropuerto Internacional La Aurora; ⊙Mo–Fr 6–20, Sa & So bis 18 Uhr) Geldwechsel im Abflugterminal des Flughafens.

Visa/Mastercard ATM, Zona 1 (18a Calle 6-85; ⊙8–22 Uhr) Im Supermarkt Paiz.

Visa/Mastercard ATM, Zona 10 (16a Calle; ⊙Mo–Sa 10–20, So bis 19 Uhr) Im Einkaufszentrum Los Próceres.

MEDIZINISCHE VERSORGUNG

In Guatemala-Stadt gibt's viele private Krankenhäuser und Kliniken. Öffentliche Einrichtungen bieten kostenlose Sprechstunden, können aber voll sein – man sollte versuchen, vor 7 Uhr da zu sein.

Hospital Centro Médico (☎2279-4949; 6a Av 3-47, Zona 10; ⊙24 Std.) Empfehlenswertes Privatkrankenhaus mit ein paar Englisch sprechenden Ärzten.

Hospital General San Juan de Dios (☎2232-1187; 1a Av 10-50, Zona 1; ⊙24 Std.) Eines der besten öffentlichen Krankenhäuser der Stadt.

NOTFALL

In Guatemala-Stadt (wie übrigens in ganz Guatemala) gibt's keine Vorwahlen – einfach die angegebene Nummer wählen!

INGUAT-Touristeninformation (☎2421-2854)

Touristenpolizei (24 Std.; ☎1500)

POST

DHL (Karte S. 112; ☎2379-1111; www.dhl.com; 12a Calle 5-12, Zona 10; ⊙Mo–Fr 8–19.30, Sa bis 12 Uhr) Kurierdienste.

Hauptpost (Karte S. 108; 7a Av 11-67, Zona 1; ⊙Mo–Fr 8.30–17, Sa bis 13 Uhr) Im riesigen gelben Palacio de Correos. Am Flughafen gibt's ein kleines Postamt.

TOURISTENINFORMATION

Disetur (Touristenpolizei; ☎2232-0202; 11a Calle 12-06, Zona 1; ⊙24 Std.) Guatemalas Touristenpolizei; Reisende sollten sich an die Kontaktagentur **Proatur** (Karte S. 108; ☎gebührenfrei, auf Englisch 1500; 7a Av 1-17, Zona 4; ⊙24 Std.) wenden.

INGUAT (Karte S. 108; ☎2421-2800; www.visitguatemala.com; 7a Av 1-17, Zona 4; ⊙Mo–Fr 8–16 Uhr) Hauptbüro der guatemaltekischen Tourismusbehörde; das Infomaterial ist überschaubar, die Angestellten sind aber sehr hilfsbereit. Eine **Filiale** (☎2322-5055; Aeropuerto Internacional La Aurora; ⊙6–21 Uhr) gibt's am Flughafen.

An- & Weiterreise

BUS

Von Guatemala-Stadt aus fahren Busse in alle Regionen des Landes, ferner steuern sie Ziele in Mexiko, Belize, Honduras, El Salvador und darüber hinaus an. Die meisten Busunternehmen haben einen eigenen Busbahnhof, einige davon befinden sich in der Zona 1. Die Stadtverwaltung versucht seit einiger Zeit, die Fernbusunternehmen aus der Innenstadt zu verbannen – es kann also nicht schaden, sich bei INGUAT oder im Hotel zu erkundigen, ob die angegebenen Adressen noch stimmen.

Busse an die Pazifikküste fahren zumeist vom Busbahnhof CentraSur am südlichen Stadtrand. Busse nach Zentral- und Ost-Guatemala und in den Petén fahren zumeist vom Busbahnhof CentraNorte im Nordosten der Stadt. 2.-Klasse-Busse ins westliche Hochland fahren von einer Reihe von *paradas* (Bushaltestellen) an der 41a Calle zwischen 6a und 7a Avenida in Zona 8.

Internationale Busverbindungen

Die folgenden Unternehmen bieten täglich 1.-Klasse-Busverbindungen zu internationalen Zielen an.

Hedman Alas (Karte S. 112; ☎2362-5072; www.hedmanalas.com; 2a Av 8-73, Zona 10) Zahlreiche Ziele in Honduras.

King Quality & Comfort Lines (Karte S. 112; ☎2501-1000; www.king-qualityca.com; 4a Av 13-60, Zona 10) In die meisten zentralamerikanischen Hauptstädte.

Línea Dorada (Karte S. 108; ☎2415-8900; www.lineadorada.com.gt; Ecke 10a Av & 16a Calle, Zona 1) Hat einen Bus nach Tapachula in Mexiko.

Pullmantur (Karte S. 112; ☎2495-7000; www.pullmantur.com; 1a Av 13-22, Holiday Inn, Zona 10) Nach El Salvador und Honduras.

Tica Bus (☎2473-3737; www.ticabus.com; Calz Aguilar Batres 18-35, Zona 12) Zentralamerika und Mexiko.

Transportes Galgos Inter (Karte S. 108; ☎2232-3661; www.transgalgosinter.com.gt; 7a Av 19-44, Zona 1) Anschlussverbindungen nach Tapachula in Mexiko, in Richtung Norden bis in die USA und Richtung Süden nach El Salvador möglich.

Inlandsstrecken mit Pullman-Bussen

Die folgenden Busunternehmen bieten Pullman-Verbindungen zu verschiedenen Zielen innerhalb Guatemalas an.

ADN (Karte S. 108; ☎2251-0610; www.adn-autobusesdelnorte.com; 8a Av 16-41, Zona 1) Nach Flores und Quetzaltenango.

Fortaleza del Sur (☎2230-3390; CentraSur, Zona 12) An die Pazifikküste.

Fuente del Norte (Karte S. 108; ☎2251-3817; www.grupofuentedelnorte.com; 17a Calle 8-46, Zona 1) Busse zu Zielen im ganzen Land.

Hedman Alas (s. links) Tägliche Verbindungen zwischen Guatemala-Stadt und Antigua.

Línea Dorada (s. links) Luxusbusse in den Petén sowie nach Quetzaltenango, Huehuetenango, Río Dulce usw.

Litegua (Karte S. 108; ☎2220-8840; www.litegua.com; 15a Calle 10-40, Zona 1) Busse in den Osten und nach Antigua.

INTERNATIONALE BUSSE AB GUATEMALA-STADT

ZIEL	PREIS (Q)	DAUER (STD.)	HÄUFIGKEIT	UNTERNEHMEN
San José (Costa Rica)	700–880	40–63	2-mal tgl.	Tica Bus
San Salvador (El Salvador)	175–390	5	6-mal tgl.	King Quality & Comfort Lines, Tica Bus, Pullmantur
Copán (Honduras)	410–650	5	2-mal tgl.	Hedman Alas
La Ceiba (Honduras)	450–690	12	2-mal tgl.	Hedman Alas
San Pedro Sula (Honduras)	410–655	8	2-mal tgl.	Hedman Alas
Tegucigalpa (Honduras)	305–705	10–35	6-mal tgl.	Hedman Alas, King Quality & Comfort Lines, Tica Bus, Pullmantur
Tapachula (Mexiko)	175–230	5–7	4-mal tgl.	Tica Bus, Línea Dorada, Transportes Galgos Inter
Managua (Nicaragua)	465–625	16–35	2-mal tgl.	King Quality & Comfort Lines, Tica Bus
Panama-Stadt (Panama)	1040–1350	76	2-mal tgl.	Tica Bus

Los Halcones (☎2433-9180; Calz Roosevelt 37-47, Zona 11) Nach Huehuetenango.

Monja Blanca (CentraNorte, Zona 18) Nach Cobán und zu Orten an der Strecke.

Rapidos del Sur (☎2232-7025; CentraSur, Zona 12) An die Pazifikküste.

Rutas Orientales (☎2503-3100; CentraNorte, Zona 18) Deckt den Osten ab.

Transportes Álamo (☎2471-8646; 12a Av A 0-65, Zona 7) Nach Quetzaltenango.

Transportes Galgos (Karte S. 108; ☎2253-4868; 7a Av 19-44, Zona 1) Nach Quetzaltenango und Retalhuleu.

Transportes Rebuli (Karte S. 112; ☎2230-2748; 41a Calle zw. 6a & 7a Av, Zona 8) Nach Panajachel.

FLUGZEUG

Der **Aeropuerto La Aurora** (Karte S. 112; ☎2260-6257) von Guatemala-Stadt ist der wichtigste Flughafen des Landes. Sämtliche internationalen Flüge nach Guatemala-Stadt landen und starten hier. In der Ankunftshalle gibt's einen Geldautomaten, der auch manchmal funktioniert, einen Touristeninformationsschalter, der manchmal besetzt ist, und Geldwechselschalter. Mehrere Reisende haben sich über die Wechselkurse am Wechselschalter in der Ankunftshalle beschwert und empfehlen stattdessen die Banrural-Bank in der Abflughalle. In der Abflughalle befindet sich auch ein verlässlicherer Geldautomat, schön versteckt hinter der Treppe, die ins Zwischengeschoss führt.

Zum Zeitpunkt der Recherche hatten die einzigen *planmäßigen* Inlandsflüge ab Guatemala-Stadt Flores zum Ziel: **Avianca** (☎2470-8222; www.avianca.com) fliegt um 6 und 18.40 Uhr ab Guatemala-Stadt, **TAG** (☎2380-9494; www.tag.com.gt; Ecke Av Hincapie & 18a Calle, Zona 13) um 6.30 und 17.15 Uhr. Inlandsflüge starten *vielleicht* am Inlandsterminal, 15 Minuten mit dem Taxi vom internationalen Terminal.

Tickets nach Flores kosten bei Avianca einfach/hin & zurück etwa 910/1825 Q, bei TAG 1065/1825 Q. Einige Reisebüros, besonders in Antigua, bieten satte Rabatte für diese Flüge an.

Außerdem steuern 14 ausländische Fluglinien Guatemala an, aus Nord-, Zentral- und Südamerika sowie aus Europa.

SHUTTLE-MINIBUS

Von Reisebüros in Antigua werden Shuttle-Verbindungen von Guatemala-Stadt zu beliebten touristischen Zielen wie Panajachel und Chichicastenango (via Antigua; jeweils um die 260 Q) angeboten. Reisebüros in Quetzaltenango bieten ebenfalls Shuttles von und nach Guatemala-Stadt.

PULLMAN-BUSSE AB GUATEMALA-STADT (INLANDSVERBINDUNGEN)

ZIEL	PREIS (Q)	DAUER (STD.)	HÄUFIGKEIT	UNTERNEHMEN
Antigua	75	1	4-mal tgl.	Litegua, Hedman Alas
Chiquimula	60	3	4.30–18 Uhr halbstündl.	Rutas Orientales
Ciudad Tecún Umán	75	6	4-mal tgl.	Fortaleza del Sur
Cobán	60–75	5	4–17 Uhr stündl.	Monja Blanca
El Carmen (mexikanische Grenze)	90	7	4–17 Uhr stündl.	Fortaleza del Sur
Esquipulas	60	5	4.30–18 Uhr halbstündl.	Rutas Orientales
Flores & Santa Elena	140–160	8–10	6-mal tgl.	Fuente del Norte, Línea Dorada, ADN
Huehuetenango	90–100	5	4-mal tgl.	Los Halcones, Línea Dorada
Poptún	120–150	8	3-mal tgl.	Línea Dorada
Puerto Barrios	80	5	3.45–19 Uhr halbstündl.	Litegua
Quetzaltenango	80	4	10-mal tgl.	Transportes Galgos, Transportes Alamo, Línea Dorada
Retalhuleu	85	3	5-mal tgl.	Fuente del Norte
Río Dulce	70	5	6–16.30 Uhr halbstündl.	Litegua

2.-KLASSE-BUSSE AB GUATEMALA-STADT

Bei den hier aufgeführten Bussen handelt es sich um 2.-Klasse-Busse („Hühnerbusse").

ZIEL	PREIS (Q)	DAUER (STD.)	HÄUFIGKEIT	ABFAHRT
Amatitlán	8	30 Min.	7–20.45 Uhr alle 5 Min.	CentraSur
Antigua	13	1	7–20 Uhr alle 5 Min.	Calz Roosevelt zw. 4a Av & 5a Av, Zona 7
Chichicastenango	30	3	5–18 Uhr stündl.	Parada, Zona 8
Ciudad Pedro de Alvarado	55	2½	5–16 Uhr halbstündl.	CentraSur
Escuintla	25	1	6–16.30 Uhr halbstündl.	CentraSur
Huehuetenango	65	5	7–17 Uhr halbstündl.	Parada, Zona 8
La Democracia	30	2	6–16.30 Uhr halbstündl.	CentraSur
La Mesilla	100	8	8–16 Uhr stündl.	Parada, Zona 8
Monterrico	45	3	3-mal tgl.	CentraSur
Panajachel	40	3	7–17 Uhr halbstündl.	Parada, Zona 8
Puerto San José	25	1	4.30–16.45 Uhr alle 15 Min.	CentraSur
Salamá	50	3	5–17 Uhr halbstündl.	17a Calle 11-32, Zona 1
San Pedro La Laguna	45	4	2–14 Uhr stündl.	Parada, Zona 8
Santa Cruz del Quiché	45	4	5–17 Uhr stündl.	Parada, Zona 8
Santiago Atitlán	45	4	4–17 Uhr halbstündl.	Parada, Zona 8
Tecpán	20	2	5.30–19 Uhr alle 15 Min.	Parada, Zona 8

ℹ Unterwegs vor Ort

ANKUNFT IN GUATEMALA-STADT

Aeropuerto La Aurora Der internationale Flughafen liegt in Zona 13; eine Taxifahrt nach Zona 1 kostet 80 Q, nach Zona 10 70 Q. Viele Reisende, die spät abends ankommen, verbringen die erste Nacht in einer der Pensionen in Flughafennähe und machen sich dann am nächsten Tag auf in die Stadt.

Bus Wer aus anderen Landesteilen nach Guatemala-Stadt kommt, reist wahrscheinlich mit dem Bus. Die Busbahnhöfe von Guatemala-Stadt Stadt sind über die ganze Stadt verteilt. Wer mehr als ein paar Straßen weiter muss, nimmt am besten eins der vielen herumfahrenden Taxis – das ist erheblich billiger, als bei einem Überfall sein Gepäck einzubüßen.

BUS

Angesichts der in alarmierendem Ausmaß zunehmenden und oft gewalttätigen Verbrechen, die sich in den roten Stadtbussen in Guatemala-Stadt ereignen, wird Touristen von nahezu allen Seiten empfohlen, auf diese nur im äußersten Notfall zurückzugreifen. Die großen Ausnahmen bilden die TransMetro- und TransUrbano-Netze, die am nützlichsten für Fahrten zu den Busbahnhöfen CentraSur bzw. CentraNorte sind.

Ein bisschen Nervenkitzel gefällig? Dann sind unten die nützlichsten Routen der roten Busse genannt. Busse halten überall, wo sie einen Fahrgast erspähen, an Straßenecken und Ampeln kann man sie jedoch am besten heranwinken – einfach die Hand raushalten. Tagsüber kostet eine Busfahrt 1 Q (das kann sich aber an Feiertagen und je nach Lust und Laune des Busfahrers auch vervierfachen): Bezahlt wird beim Einsteigen direkt beim Fahrer oder seinem Assistenten. Abends und nachts auf Busfahrten verzichten!

Zona 1–Zona 10 (Bus 82 oder 101) Fährt entlang der 10a Av, dann über die 6a Av und die Ruta 6 in der Zona 4 und auf der Av La Reforma.

Zona 10–Zona 1 (Bus 82 oder 101) Fährt über die Av La Reforma, dann entlang der 7a Av in der Zona 4 und der 9a Av in der Zona 1.

Flughafen–Zona 1 (Bus 82) Fährt durch Zona 9 und 4.

Zona 1–Flughafen (Bus 82) Fährt über die 10a Av, Zona 1, und dann entlang der 6a Av in den Zonas 4 und 9.

TransMetro

Anfang 2007 packte die Stadtverwaltung die Probleme rund um die Stadtbusse (Sicherheit, Überlastung) an und brachte das TransMetro-Netz (http://transmetro.muniguate.com) auf den Weg. TransMetro-Busse unterscheiden sich von den alten roten Vehikeln in einigen Punkten:

> **WEITERREISE NACH ANTIGUA**
>
> Tür-zu-Tür-Minibusse fahren vom Flughafen zu jeder Adresse in Antigua (normalerweise 80 Q pro Pers., 1 Std.); nach den Schildern in der Ausgangshalle des Flughafens oder Personen Ausschau halten, die Schilder mit der Aufschrift „Antigua Shuttle" hochhalten. Der erste Shuttle nach Antigua fährt gegen 7 Uhr, der letzte gegen 20 Uhr oder 21 Uhr; oft wartet ein Shuttle jedoch die letzte Fluganukunft ab (gegen Mitternacht). Für Gruppen ist die andere Möglichkeit der Weiterreise ein Taxi (ca. 250 Q), wer aber allein oder zu zweit unterwegs ist, für den ist ein Shuttle günstiger, wenn auch ein bisschen langsamer und unbequemer.

Man muss für die Fahrt vorab bezahlen (der Fahrer hat kein Geld dabei, um das Überfallrisiko zu verringern), die Busse sind auf eigenen Fahrspuren unterwegs und geraten so nicht in Staus, sie halten nur an ausgewiesenen Stationen und sind neu, komfortabel und auffällig grün.

Derzeit gibt es zwei Strecken: Eine verbindet die Plaza Barrios in Zona 1 mit dem Busbahnhof CentraSur, an dem nun die meisten Busse in Richtung Pazifikküste abfahren. Die andere Strecke führt von der Plaza Barrios Richtung Süden durch die Zonas 9 und 10.

Die Kriminalität hat in Guates normalen roten Bussen so überhandgenommen, dass Traveller davon abgeraten wird, sie zu benutzen. Die TransMetro-Busse sind jedoch sicher, schnell und komfortabel. Alle Fahrten kosten 1 Q, zu zahlen vor dem Einsteigen mit einer 1-Q-Münze an der Bushaltestelle.

TransUrbano

Eine weitere Neuerung im Busnetz von Guatemala-Stadt ist **TransUrbano** (Karte S. 112; www.transurbano.com.gt; Ecke Av Reforma & 12a Calle, Zona 10), ein erheblich größeres Netz von Bussen, die zwar nicht so schick wie die TransMetro-Busse sind, aber dennoch sicher, zuverlässig und komfortabel. Da sie keine eigene Spur haben, sind sie langsamer, aber auf jeden Fall sicherer als die alten roten Busse: Zum Einsteigen ist eine wiederaufladbare Magnetkarte (Karte und erste Fahrt sind umsonst) nötig, die auf Vorzeigen des Passes oder eines guatemaltekischen Ausweises erhältlich ist. Die Karten gibt es an speziellen Kiosken; die für Besucher am praktischsten befinden sich an der Plaza Barrios in der Zona 1, am Busbahnhof Centro-Norte und im TransUrbano-Büro an der Avenida Reforma in Zona 10.

TAXI

Zahlreiche Taxis fahren durch die meisten Bezirke der Stadt. Preise sind Verhandlungssache; man sollte Ziel und Preis immer vor dem Einsteigen festlegen. Fahrten von der Zona 1 in die Zona 10 – oder umgekehrt – kosten etwa 50 bis 70 Q. Wer sich ein Taxi bestellen möchte: **Taxi Amarillo Express** (☎1766) hat Taxis mit Taxameter (ca. 5 Q pro km), die oft günstiger sind als die Konkurrenz, auch wenn alle waschechten *capitaleños* (Hauptstadtbewohner) felsenfest der Meinung sind, dass die Taxameter ohnehin alle manipuliert seien und man mit Feilschen viel billiger fahre.

ANTIGUA

34 685 EW.

Antigua, ein Ort von seltener Schönheit, immenser historischer Bedeutung und lebendiger Kultur, ist ein Muss auf jeder Reise durch Guatemala.

Als ehemalige Hauptstadt kann sich Antigua zahlreicher kolonialer Relikte in traumhafter Umgebung rühmen. Pastellfarbene Fassaden säumen die Straßen, während drei mächtige Vulkane über die Szenerie wachen. Viele alte Kirchengebäude und städtische Bauten wurden wunderschön renoviert, andere haben sich den Charme des Niedergangs erhalten, sodass in parkähnlichen Anlagen zahlreiche Fragmente verstreut liegen.

Dutzende im Ort ansässige spanische Sprachschulen haben Antigua zu einem Trendziel für Traveller aus aller Herren Länder gemacht. Doch Antigua ist und bleibt eine lebendige guatemaltekische Stadt, deren Kirchen, Plätze und Märkte zu jeder Tageszeit vor pulsierender Energie nur so strotzen. Außerhalb der Stadt harren indigene Siedlungen, Kaffeeplantagen und Vulkane der Erkundung.

Vielleicht ist das wahre Wunder Antiguas seine Widerstandsfähigkeit. Erdbeben, Vulkanausbrüche und Überflutungen suchten die Stadt heim, die praktisch völlig verlassen und jahrhundertelang vernachlässigt wurde. Trotzdem hat sich die Stadt entschlossen in die Gegenwart zurückgekämpft und durch den Stolz ihrer Einwohner neuen Auftrieb bekommen.

Geschichte

Das 1543 gegründete Antigua diente 233 Jahre als koloniale Hauptstadt Guatemalas. Erst nach dem verheerenden Erdbeben von 1773 wurde der Regierungssitz 1776 nach Guatemala-Stadt verlegt.

Die Stadt wurde nur langsam wieder aufgebaut und hat sich einen Großteil ihres ursprünglichen Charakters erhalten. 1944 erklärte die Gesetzgebende Versammlung Antigua zum Nationaldenkmal, seit 1979 ist sie Teil des Unesco-Weltkulturerbes.

Die meisten Gebäude Antiguas wurden im 17. und 18. Jh. erbaut, als die Stadt ein wohlhabender spanischer Außenposten war und der Aufstieg der katholischen Kirche zu einer machtvollen Instanz begann. Viele schöne, mächtige Kolonialbauten sind noch immer erhalten und auch verschiedene eindrucksvolle Ruinen wurden bewahrt und der Öffentlichkeit zugänglich gemacht.

Sehenswertes

Einst erstrahlten Antiguas Kirchen und Klöster im Glanz vergoldeter barocker Pracht. Doch im Lauf der Geschichte setzten ihnen sowohl die Natur als auch der Mensch ordentlich zu. Der Wiederaufbau nach den Erdbeben bescherte den Kirchen dickere Mauern, niedrigere Türme und Glockenstühle und kahle Innenräume – und als der Regierungssitz nach Guatemala-Stadt umzog, wurde Antigua auch noch der Bevölkerung beraubt, die es gebraucht hätte, um seine Kirchen in ihrer alten Pracht zu erhalten. Nichtsdestotrotz sind die Gotteshäuser noch immer beeindruckende Zeugnisse.

Parque Central

Palacio de los Capitanes Generales HISTORISCHES GEBÄUDE
(Generalspalast; ☎7832-2868; www.centroculturalrealpalacio.org.gt; 5a Calle Poniente; ⏱Mi–So 9–16.30 Uhr) GRATIS Der 1549 erbaute Palast war bis zur Verlagerung der Hauptstadt nach Guatemala-Stadt 1776 das Regierungszentrum von ganz Zentralamerika, von Chiapas bis Costa Rica. Die stattliche Doppelarkaden-Fassade, die sich entlang der Südseite des Parque erstreckt, ist alles, was vom ursprünglichen Komplex erhalten ist. Nach umfassender Renovierung dient der Palast heute als Zentrum für Kunstausstellungen und Kulturveranstaltungen.

Catedral de Santiago KATHEDRALE
(Ecke 4a Av Norte & 5a Calle Oriente; Ruinen 8 Q; ⏱Ruine 9–17 Uhr, Kirche Mo, Di, Do & Fr 6.30–12 & 15–18.30, Sa 8–12 & 15–19, So 5.30–13 & 15–19.30 Uhr) Mit dem Bau der Kathedrale von Antigua wurde 1545 begonnen. Im Erdbeben von 1773 wurde sie zerstört und im folgenden Jahrhundert nur teilweise wieder aufgebaut. In der Eingangshalle des ursprünglichen Bauwerks befindet sich die derzeitige kleine Pfarrkirche San José. Dahinter erstreckt sich die dachlose **Ruine** des Hauptteils der Kathedrale, zu erreichen über die 5a Calle Oriente.

Antiguo Colegio de la Compañía de Jesús HISTORISCHES GEBÄUDE
(☎7932-3838; www.aecid-cf.org.gt; 6a Av Norte; ⏱9–18 Uhr) GRATIS Das 1626 gegründete Jesuitenkloster und -kolleg war bis zur Vertreibung des Ordens 1767 ein bedeutender Teil des Alltagslebens der Stadt. Nur sechs Jahre später wurde das Kloster durch das große Erdbeben zerstört. Der spanische Staat ließ den Komplex neu aus dem Schutt erstehen und heute ist das alte Kloster ein Kulturzentrum, das **Centro de Formación de la Cooperación Española**.

Palacio del Ayuntamiento HISTORISCHES GEBÄUDE
(Rathaus; 4a Calle Poniente) Das zweistöckige Bauwerk an der Nordseite des Platzes stammt aus dem 18. Jh. Neben Büros der Stadtverwaltung befindet sich hier das **Museo del Libro Antiguo** (Museum des alten Buches; ☎7832-5511; 30 Q; ⏱Di–Fr 9–16, Sa & So 9–12 & 14–16 Uhr) zur Geschichte des guatemaltekischen Buchdrucks. Von den Steinbänken im Schatten der unteren Arkade lässt sich gut das allgemeine Treiben beobachten.

Westlich des Parque Central

Iglesia y Convento de Nuestra Señora de la Merced KIRCHE
(Klosterruine 15 Q; ⏱Kirche 6–12 & 15–20 Uhr, Ruine 8.30–17.30 Uhr) Am Nordende der 5a Avenida befindet sich La Merced, ein auffallendes gelbes Gebäude mit feinem Gipsschmuck. Der gedrungene, dickwandige Bau sollte erdbebensicher sein und daher ist er auch nach drei Jahrhunderten noch gut in Schuss. Nur die Kirche dient noch ihrem Zweck. Am letzten Donnerstagabend des Monats beginnt und endet hier eine Kerzenprozession, untermalt von Glockengeläut und Böllerknallen.

Iglesia y Convento de la Recolección RUINE
(Av de la Recolección; 40 Q; ⏱9–17 Uhr) Eine heitere Stille durchweht die Ruinen des Klosters La Recolección westlich vom Stadt-

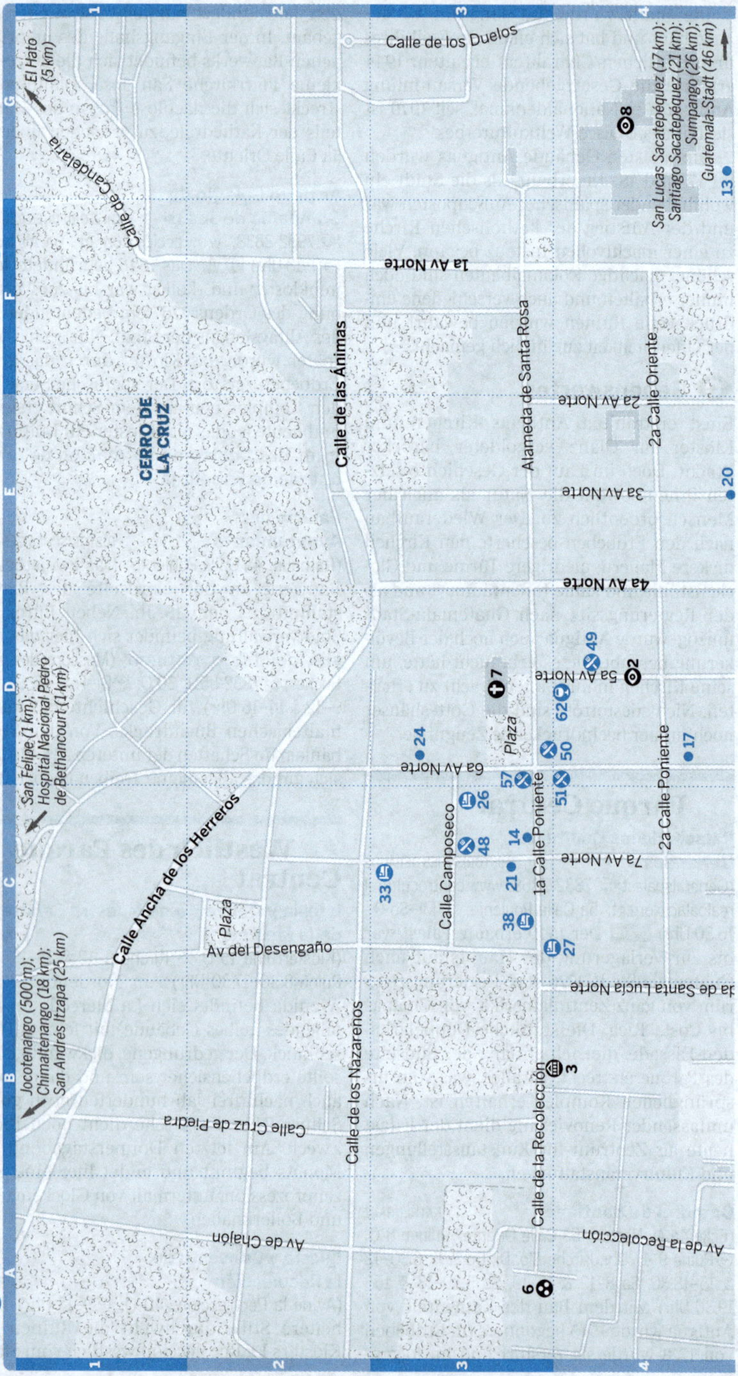
Antigua
0
200 m
CERRO DE LA CRUZ
Calle de los Duelos
Calle de Candelaria
El Hato (5 km)
San Felipe (1 km); Hospital Nacional Pedro de Bethancourt (1 km)
Jocotenango (500 m); Chimaltenango (18 km); San Andrés Itzapa (25 km)
San Lucas Sacatepéquez (17 km); Santiago Sacatepéquez (21 km); Sumpango (26 km); Guatemala-Stadt (46 km)
Calle Ancha de los Herreros
Calle de las Ánimas
Alameda de Santa Rosa
1a Av Norte
2a Av Norte
3a Av Norte
4a Av Norte
5a Av Norte
6a Av Norte
7a Av Norte
2a Calle Oriente
2a Calle Poniente
1a Calle Poniente
Calle Camposeco
Plaza
Plaza
Av del Desengaño
da de Santa Lucía Norte
Calle Cruz de Piedra
Calle de los Nazarenos
Calle de la Recolección
Av de Chajón
Av de la Recolección
2
3
6
7
8
13
14
17
20
21
24
26
27
33
38
48
49
50
51
57
62

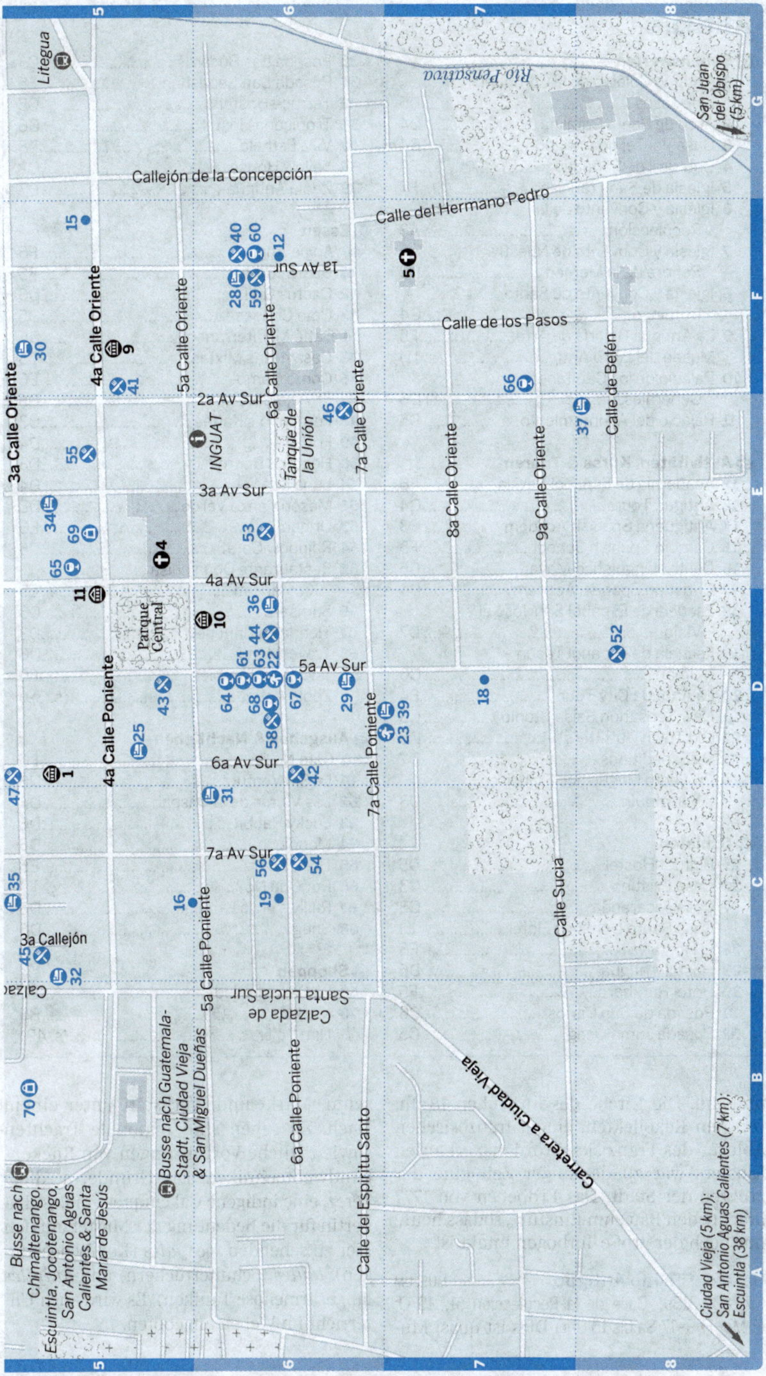
Litegua
Río Pensativo
San Juan del Obispo (5 km)
Callejón de la Concepción
Calle del Hermano Pedro
1a Av Sur
Calle de los Pasos
Calle de Belén
3a Calle Oriente
4a Calle Oriente
5a Calle Oriente
6a Calle Oriente
7a Calle Oriente
8a Calle Oriente
9a Calle Oriente
2a Av Sur
3a Av Sur
4a Av Sur
5a Av Sur
6a Av Sur
7a Av Sur
INGUAT
Tanque de la Unión
Parque Central
4a Calle Poniente
5a Calle Poniente
6a Calle Poniente
7a Calle Poniente
3a Callejón
Calzada
Calzada de Santa Lucía Sur
Calle Sucia
Calle del Espíritu Santo
Carretera a Ciudad Vieja
Busse nach Guatemala-Stadt, Ciudad Vieja & San Miguel Dueñas
Busse nach Chimaltenango, Escuintla, Jocotenango, San Antonio Aguas Calientes & Santa María de Jesús
Ciudad Vieja (5 km); San Antonio Aguas Calientes (7 km); Escuintla (38 km)
1
4
5
9
10
11
12
15
16
18
19
22
23
25
28
29
30
31
32
34
35
36
37
39
40
41
42
43
44
45
46
47
52
53
54
55
56
58
59
60
61
63
64
65
66
67
68
69
70
5
6
7
8
A
B
C
D
E
F
G

Antigua

Sehenswertes
1 Antiguo Colegio de la Compañía de Jesús ... D5
2 Arco de Santa Catalina ... D4
3 Casa del Tejido Antiguo ... B4
4 Catedral de Santiago ... E5
5 Iglesia de San Francisco ... F7
6 Iglesia y Convento de la Recolección ... A3
7 Iglesia y Convento de Nuestra Señora de la Merced ... D3
8 Iglesia y Convento de Santo Domingo ... G4
9 La Antigua Galería de Arte ... F5
Museo del Libro Antiguo ... (s. 11)
10 Palacio de los Capitanes Generales ... D6
11 Palacio del Ayuntamiento ... D5

Aktivitäten, Kurse & Touren
12 Academia de Español Sevilla ... F6
13 Antigua Tours ... G4
14 Antigüeña Spanish Academy ... C3
15 Cambio Spanish School ... F5
16 Centro Lingüístico Maya ... C5
17 Christian Spanish Academy ... D4
18 Escuela de Español San José el Viejo ... D7
19 Escuela de Español Tecún Umán ... C6
20 La Antigua City Tour ... E4
21 New Sensation Salsa Studio ... C3
22 Old Town Outfitters ... D6
23 Ox Expeditions ... D7
24 Proyecto Lingüístico Francisco Marroquín ... D3

Schlafen
25 Bigfoot Hostel ... D5
26 Casa Cristina ... C3
27 Casa Jacaranda ... C3
Casa Santo Domingo Hotel ... (s. 8)
28 El Hostal ... F6
29 Hostal Antigua ... D6
30 Hotel Burkhard ... F5
31 Posada de San Carlos ... C6
32 Posada Juma Ocag ... C5
33 Posada Los Búcaros ... C3
34 Posada San Sebastián ... E5
35 Terrace Hostel ... C5
36 Tropicana Hostel ... D6
37 Villa Esthela ... E8
38 Yellow House ... C3
39 Zoola Antigua ... D7

Essen
40 Angie Angie ... F6
41 Bistrot Cinq ... F5
42 Cactus Grill ... D6
43 Café Condesa ... D5
44 Caffé Mediterráneo ... D6
45 Casa de las Mixtas ... C5
46 Como Como ... E6
47 El Viejo Café ... D5
48 Fernando's Kaffee ... C3
49 Fridas ... D4
50 Hector's Bistro ... D3
51 Luna de Miel ... D4
52 Mesón Panza Verde ... D8
53 Origami ... E6
54 Rainbow Café ... C6
55 Restaurante Doña Luisa Xicotencatl ... E5
56 Samsara ... C6
57 Tienda La Canche ... D3
58 Travel Menu ... D6
59 Y Tu Piña También ... F6
Zoola Antigua ... (s. 39)

Ausgehen & Nachtleben
60 Café No Sé ... F6
61 La Sin Ventura ... D6
62 Las Vibras de la Casbah ... D4
63 Lucky Rabbit ... D6
64 Monoloco ... D6
65 Ocelot Bar ... E5
66 Por Qué No? ... F7
67 Reilly's en la Esquina ... D6
68 Snug ... D6

Shoppen
69 La Casa del Jade ... E5
70 Markt ... B5
Nim Po't ... (s. 49)

zentrum. Die Kirche des im frühen 18. Jh. von den Rekollekten, einem französischen Ableger des Franziskanerordens, erbauten Klosters war zu damaliger Zeit eine der größten der Stadt. Das Erdbeben von 1773 brachte den Bau zum Einsturz, sodass heute nur noch der große Torbogen intakt ist.

Casa del Tejido Antiguo MUSEUM
(☎7832-3169; Calle de la Recolección 51; 15 Q; ⏲Mo–Fr 9–17, Sa bis 16 Uhr) Dies ist quasi Museum, Markt und Werkstatt unter einem Dach. Zu sehen sind regionale Trachten sowie tägliche Vorführungen von Rückenbandwebtechniken. Die Gründerin Alicia Pérez, eine indigene Cakchiquel-Frau, ist Expertin für die Bedeutung der Muster auf den hier zu sehenden *tocoyales* (Kopfbedeckungen), *tzutes* (Schultertüchern) und *huipiles* lange, ärmellose Tuniken). Es wird auch Unterricht im Weben angeboten.

Östlich des Parque Central

Iglesia y Convento de Santo Domingo KLOSTER

(7820-1220; 3a Calle Oriente 28; 42 Q; Mo–Sa 9–18, So 11.45–18 Uhr) Das 1542 von Dominikanern gegründete Kloster Santo Domingo entwickelte sich zum größten und reichsten Kloster in Antigua. Nach drei Erdbeben im 18. Jh. wurden die Gebäude zwecks Baumaterialien geplündert. 1970 erwarb ein amerikanischer Archäologe, der auf dem Gelände umfangreiche Grabungen durchführte, das Ganze als Privatwohnsitz. Heute residiert hier das Hotel **Casa Santo Domingo** (7820-1220; www.casasantodomingo.com.gt; 3a Calle Oriente 28A; Zi. ab 1425 Q; P @).

La Antigua Galería de Arte GALERIE

(7832-2124; www.laantiguagaleria.com; 4a Calle Oriente 15; Mo–Sa 10–19, So 12–18 Uhr) GRATIS Das wichtigste Kunstmuseum der Stadt zeigt in den Sälen und dem Innenhof eines Kolonialhauses Werke von über 70 zumeist guatemaltekischen Künstlern und lohnt einen ausgedehnten Besuch.

Iglesia de San Francisco KIRCHE, KLOSTER

(7882-4438; Ecke 7a Calle Oriente & Calle de los Pasos; Museum & Kloster Erw./Kind 6/3 Q; 9–17.30 Uhr) Diese Kirche prägt der Geist von Hermano Pedro de San José Bethancourt, einem Franziskanermönch, der in Antigua ein Krankenhaus für die Armen gründete und sich so die Dankbarkeit vieler Generationen sicherte. Auf der Südseite der Kirche befinden sich die Ruinen des benachbarten Klosters; inmitten des Schutts sind noch einige lebendige Fresken zu sehen.

Aktivitäten

Einige professionelle, etablierte Veranstalter bieten eine Reihe von Aktivitäten an. Einfach mal persönlich vorbeischauen und fragen, was es alles gibt.

Old Town Outfitters ABENTEUERSPORT

(5399-0440; www.adventureguatemala.com; 5a Av Sur 12C) Mountainbiken, Klettern, Kajakfahren und Wandern sind nur einige der von diesem sehr zuverlässigen Veranstalter angebotenen Aktivitäten. Die Guides stammen aus der Umgebung. Beliebt sind die in den Bergen um Antigua stattfindenden halbtägigen geführten Mountainbike-Touren (400 Q) in verschiedenen Schwierigkeitsgraden. Zur zweitägigen Pedal & Paddle Tour (2075 Q pro Pers. bei mind. 3 Teilnehmern) gehören auch eine Kajaktour und Wandern auf bzw. am Lago de Atitlán.

Ox Expeditions ABENTEUERSPORT

(5801-4301; www.oxexpeditions.com; 7a Calle Poniente 17) Bietet Kletterexkursionen in der Umgebung sowie Aktivitäten wie Paragliding, Surfen und Ziplining. Teile der Gewinne fließen in Umweltprojekte in der Gegend.

Ravenscroft Riding Stables REITEN

(7830-6669; 2a Av Sur 3, San Juan del Obispo; Anfänger/erfahrene Reiter 190/230 Q pro Std.) Dieser Reiterhof 3 km südlich von Antigua an der Straße nach Santa María de Jesús bietet zwei- bis dreistündige Ausritte in den Ausläufern des Volcán Agua.

New Sensation Salsa Studio TANZ

(5033-0921; 7a Av Norte 78; 85 Q pro Std.) Eine von mehreren Tanzschulen in der Stadt, mit Einzelunterricht in Salsa, Merengue, *bachata* und Cha-Cha-Cha.

Kurse

Die Spanischsprachschulen von Antigua locken Schüler aus der ganzen Welt an. Man hat die Qual der Wahl aus Dutzenden von Einrichtungen. Preise, Unterrichtsqualität und Zufriedenheit der Schüler variieren von Anbieter zu Anbieter stark. Oft hängt die Qualität des Unterrichts vom jeweiligen Lehrer ab und kann also selbst innerhalb derselben Schule schwanken. Bevor man sich festlegt, sollte man sich ein paar Schulen anschauen und wenn möglich auch ein paar Sprachschüler nach ihren Erfahrungen fragen. Ein Verzeichnis der autorisierten Sprachschulen hat die INGUAT-Touristeninformation (S. 131).

Die Sprachkurse beginnen an den meisten Schulen montags, für gewöhnlich kann man sich aber an jedem beliebigen Tag einem Lehrer zuteilen lassen. Die meisten Schulen bieten Unterricht auf allen Fertigkeitsstufen und Kurse von beliebiger Dauer. Typisch sind drei oder vier Wochen, aber auch eine Woche ist okay. Am meisten Betrieb herrscht im Januar und von April bis August – einige Schulen empfehlen für diese Zeiten eine Reservierung.

Normalerweise gibt es Einzelunterricht: Der kostet zwischen 1000 und 1800 Q pro Woche und umfasst vier Unterrichtsstunden täglich an fünf Tagen der Woche. Die meisten Schulen bieten Kost und Logis bei einer Familie vor Ort an, wobei man gewöhnlich ein eigenes Zimmer hat; inbegriffen sind drei Mahlzeiten täglich (außer sonntags). Hierfür zahlt man ca. 800 Q pro Woche, etwas mehr für ein Zimmer mit eigenem Bad. Einige Schulen bieten auch Unterbringung in Pensionen oder eigenen Hostels.

Indem die Schüler bei guatemaltekischen Familien unterkommen, sollen sie auch abseits des Unterrichtes in die neue Sprache eintauchen, allerdings sind oft mehrere Ausländer in einem Haus einquartiert, die dann von der Familie getrennt essen. Und nicht für jeden, der Spanisch lernen möchte, ist Antigua die richtige Adresse; hier gibt's so viele Ausländer, dass man eine gehörige Portion Disziplin braucht, um sich auf Spanisch und nicht in einer anderen Sprache zu unterhalten. Viele schätzen die gesellige Atmosphäre – wer aber glaubt, sie könne ihn eher stören, sollte vielleicht lieber einen Kurs in Quetzaltenango, im Petén oder anderswo machen, wo weniger Ausländer sind.

Academia de Español Sevilla SPRACHKURSE
(☎7832-5101; www.sevillantigua.com; 1a Av Sur 17C) Die gut geführte Sprachschule bietet zahlreiche kostenlose Aktivitäten an und kann Freiwilligenarbeit in Gemeindeprojekten organisieren. Der Einzelunterricht findet in den Überresten eines Klosters aus der Kolonialzeit statt. An Unterkünften werden u. a. Sprachschüler-WGs angeboten.

★ **Proyecto Lingüístico Francisco Marroquín** SPRACHKURSE
(☎7832-1422; www.spanishschoolplfm.com; 6a Av Norte 43) Antiguas älteste Spanischschule, gegründet 1969. Sie wird von einer gemeinnützigen Stiftung geführt, die für den Erhalt der Sprache und der Kultur der indigenen Völker Guatemalas kämpft. Bietet auch Unterricht in K'iche' (Quiché) und Cakchiquel sowie anderen Maya-Sprachen an.

Escuela de Español San José el Viejo SPRACHKURSE
(☎7832-3028; www.sanjoseelviejo.com; 5a Av Sur 34) Alteingesessene Schule mit parkähnlichem Lernumfeld mitsamt Tennisplatz und Pool sowie eigenen, geschmackvollen Unterkünften. Die Schüler können jede Woche den Lehrer wechseln. Akkreditiert beim guatemaltekischen Bildungsministerium.

Christian Spanish Academy SPRACHKURSE
(☎7832-3922; www.learncsa.com; 6a Av Norte 15) Die moderne Schule wurde ursprünglich zur Ausbildung von Missionaren gegründet und wird von reiferen Semestern bevorzugt, die Spanischkenntnisse für ihren Beruf benötigen.

Escuela de Español Tecún Umán SPRACHKURSE
(☎5513-4349; www.tecunumanschool.com; 6a Calle Poniente 34A) Alteingesessene guatemaltekische Sprachschule mit an Universitäten ausgebildeten Lehrkräften. Der Unterricht findet auf der netten Dachterrasse eines Cafés in der Nähe statt.

Antigüeña Spanish Academy SPRACHKURSE
(☎5735-4638; www.spanishacademyantiguena.com; 1a Calle Poniente 10) Eine oft empfohlene, vom Bildungsministerium anerkannte Schule. Kann für Sozialarbeiter außerdem Freiwilligenarbeit im Krankenhaus Hermano Pedro vermitteln.

Centro Lingüístico Maya SPRACHKURSE
(☎7832-0656; www.clmaya.com; 5a Calle Poniente 20) Großes, professionell geführtes, etwas teureres Institut mit 30-jähriger Erfahrung im Unterrichten von Diplomaten und Journalisten.

Cambio Spanish School SPRACHKURSE
(☎7832-8033; www.cambiospanishschool.com; 4a Calle Oriente 28) Unterstützt Niños de Guatemala, ein Bildungsprogramm für benachteiligte Kinder.

Geführte Touren

Von INGUAT autorisierte Führer bieten rund um den Parque Central Stadtspaziergänge an, die auch die Klöster, Ruinen und Museen einschließen und rund 80 Q pro Person kosten. Ähnliche geführte Spaziergänge werden auch täglich von Reisebüros in Antigua wie Atitrans (S. 131) angeboten. Ebenfalls im Angebot sind Trips in die umliegenden Dörfer und zu Kaffeeplantagen.

Elizabeth Bell, eine Expertin der Geschichte Antiguas, und ihre kompetenten Mitarbeiter bieten dienstag-, mittwoch-, freitag- und samstagvormittags dreistündige kulturelle Spaziertouren durch die Stadt an (englisch- und/oder spanischsprachig); Kostenpunkt 190 Q. Reservierungen können über **Antigua Tours** (☎7832-5821; www.antiguatours.net; 3a Calle Oriente 22; Tour inkl. Museumseintritte 190 Q) im Café Condesa beim Parque Central vorgenommen werden; die Gruppen versammeln sich zur verabredeten Zeit am Springbrunnen im Park. Bells Buch *Antigua Guatemala: The City and Its Heri-*

tage beinhaltet umfassende Beschreibungen aller Monumente und bietet eine schöne Einführung in die Geschichte der Stadt und ihrer Feste. Bell und ihr Unternehmen veranstalten außerdem Touren in die nahen Dörfer San Antonio Aguas Calientes und San Andrés Itzapa, bei denen man Weberateliers bzw. Maya-Schreine besucht.

La Antigua City Tour (7832-6151; www.antiguacitytour.com; Touren 200 Q; 9–17 Uhr) klappert mit einem kleinen Bus alle wichtigen Sehenswürdigkeiten der Stadt vom Cerro de la Cruz bis zum Parque Central ab.

De la Gente (5585-4450; www.dlgcoffee.org; Tour 200 Q pro Pers.) bietet Touren zu Kaffeeplantagen um San Miguel Escobar, einen Vorort von Ciudad Vieja, bei denen Anbau-, Ernte- und Verarbeitungsmethoden gezeigt werden. Am Ende werden noch traditionelle Röstverfahren vorgestellt und die Teilnehmer können zusammen mit der Familie ein Tässchen Kaffee genießen. Die Führungen (3–5 Std., mind. 2 Pers.) beginnen um 9 und 13 Uhr und sollten mindestens einen Tag im Voraus gebucht werden.

Die Reiseagenturen bieten außerdem Touren in entferntere Orte an, so nach Tikal, in die Gegend um Cobán, nach Monterrico, Chichicastenango und an den Lago de Atitlán – allerdings geht's dabei meist in Guatemala-Stadt los. Zweitägige Trips nach Tikal inklusive Flug ab Guatemala-Stadt nach Flores und zurück beginnen bei ca. 3000 Q pro Person. Zweitägige Landtouren nach Copán (einige einschließlich Quiriguá und Río Dulce) kosten etwa 1140 Q pro Person.

CATours (7832-9638; www.catours.co.uk; 6a Calle Oriente 14; Di–So 9–17 Uhr) bietet zweitägige Motorradtouren zum Lago de Atitlán oder nach Monterrico; Kostenpunkt: ab 1435 Q.

Festivals & Events

Semana Santa RELIGIÖSES FEST
(Karwoche; Osterwochenende) In der Karwoche kleiden sich Hunderte Gläubige in dunkelviolette Gewänder und ziehen jeden Tag in Prozessionen durch die Straßen. Dabei tragen sie im Gedenken an die Kreuzigung Jesu Bildnisse aus ihren Kirchen.

Schlafen

★ **Yellow House** HOSTEL $
(7832-6646; yellowhouseantigua@hotmail.com; 1a Calle Poniente 24; B mit Frühstück 70 Q, EZ/DZ ohne Bad mit Frühstück 110/200 Q;) Überlegt gestaltet, umweltbewusst und wahnsinnig freundlich – eine hervorragende Budgetoption. Die Zimmer fallen in puncto Stil und Größe recht unterschiedlich aus, gemütliche Betten, versenkte Lichtspots und Moskitonetze vor den Fenstern sind aber die Regel. Unten gibt's nur drei Bäder, was zu Engpässen führen kann, doch sie sind sauber und haben mit Sonnenenergie aufgeheiztes Wasser. Auf der Terrasse voller Pflanzen lässt sich wunderbar das riesige gesunde Frühstück genießen.

★ **El Hostal** HOSTEL $
(7832-0442; www.elhostal-antigua.com; 1a Av Sur 8; B mit Frühstück 90 Q, EZ/DZ/3BZ ohne Bad 200/270/360 Q;) Das El Hostal, nur einen Katzensprung vom beliebten Café No Sé, ist eine angenehm geführte Budgetunterkunft mit einem Hauch Kolonialstil. Einen freundlichen kleinen Innenhof mit Café säumt ein halbes Dutzend ordentlicher Zimmer und Schlafsäle mit stabilen Einzel- oder großzügigen Stockbetten, ein paar anderen Möbeln und phantasievoll bemalten Wänden. Außerdem gibt's noch eine blitzsaubere Gästeküche und gute Duschen mit Gasheizung.

Tropicana Hostel HOSTEL $
(7832-0462; www.tropicanahostel.com; 6a Calle Poniente 2; B 70 Q, Zi. mit/ohne Bad 300/200 Q;) Das Tropicana setzt neue Standards bei den Partyhostels und ist ein absoluter Renner. Hier kann man zu jeder Tages- und Nachtzeit einchecken und sich dann zu den jungen Leuten aus aller Welt gesellen, die an der Poolbar abhängen oder vor einer Ruinenkulisse im Whirlpool planschen. In den gemischtgeschlechtlichen Dorms stehen bis zu 15 Betten (dreistöckig) mit eingebautem Schließfach, Vorhängen zum Schutz der Privatsphäre und Smartphone-Ladestationen.

Zoola Antigua HOSTEL $
(7832-0364; www.zoolaantigua.wix.com/zoola; 7a Calle Poniente 15; B/Zi. mit Frühstück 70/180 Q;) Auch im kolonialen Ambiente Antiguas geht das Konzept des von Israelis geführten Zoola am Lago de Atitlán auf: Die spärlich eingerichteten Zimmer umgeben einen offenen Innenhof, in dem die Traveller aus aller Welt unter regenbogenfarbenen Stoffbahnen chillen oder gesunde orientalische Snacks verspeisen. Eine weitere Chillmöglichkeit bietet die spektakuläre Dachterrassenbar mit Whirlpool.

Hostal Antigua HOSTEL $
(7832-8090; www.hostalantigua.com; 5a Av Sur 22; B/DZ/4BZ 70/295/340 Q;) Das recht

ruhige Hostel nur anderthalb Straßen vom Parque Central setzt eher auf Sauberkeit und Komfort als auf laute Partys. Einen hübschen, schattigen Flur säumen 12- und 4-Bett-Dorms und Privatzimmer mit robusten Holzbetten und Deckenventilatoren. Oben gibt's eine Dachterrasse mit Gästeküche und Kacheltischen.

Bigfoot Hostel HOSTEL $

(☎7832-0489; www.bigfoothostelantigua.com; 6a Av Norte; B/DZ/3BZ/4BZ 75/225/275/325 Q; ❄📶) In diesem von einem nicaraguanischen Unternehmen frisch renovierten Hostel ist immer was los, sowohl in der Herberge selbst als auch in der Bar. Zwar ist der hohe, schmale Bau nach wie vor beengt, doch warten die Dorms mit bequemen geschnitzten Holzbetten mit Vorhängen und großen Schließfächern auf und es gibt auch Klimaanlagen. Das junge Volk aus aller Welt freut sich über Billardtische, eine Fernsehlounge, eine Snackbar und den beliebten montäglichen Kneipenbummel.

Villa Esthela HOSTEL $

(☎7832-5162; www.hostelantigua.com; 2a Av Sur 48, Casa A-3; B/Zi. 45/150 Q; 📶) Das bescheidene, aber begehrte, von einem Niederländer geführte Hostel liegt in einer ruhigen Ecke der Stadt fünf Querstraßen südlich vom Parque Central. In dem durch eine Gasse zu erreichenden alten Haus sind ein 6-Bett-Dorm mit metallenen Herbergsbetten und mehrere Privatzimmer untergebracht, die sich einfache Bäder teilen. Die Gäste treffen sich im Fernsehzimmer oder auf der Terrasse.

Terrace Hostel HOSTEL $

(☎7832-3463; www.terracehostel.com; 3a Calle Poniente 24; B mit Frühstück 70 Q, Zi. mit Frühstück ohne Bad 200 Q; 📶) Das wichtigste Merkmal dieser vergnüglichen Unterkunft ist die Dachterrasse, toll sowohl für Vulkanblicke als auch 10-Q-Brahvas (Happy Hour ab 12 Uhr). Die Zimmer selbst sind recht karg, aber sauber. Montags startet von hier aus um 15 Uhr eine Kneipentour.

Hotel Burkhard HOTEL $

(☎7832-4316; hotelburkhard@hotmail.com; 3a Calle Oriente 19A; Zi. 150 Q; 📶) Das winzige Hotel bietet ein Dutzend kompakter, phantasievoll eingerichteter Zimmer auf zwei Stockwerken.

Casa Jacaranda HOSTEL $

(☎7832-7589; www.casajacaranda.hotel.com; 1a Calle Poniente 37; B mit Frühstück 95 Q, EZ/DZ mit Frühstück ohne Bad 115/230 Q; @📶) Die Zimmer in diesem originellen Hostel – kein Partyhostel – sind einfach, verströmen aber ein bisschen Flair; sie teilen sich Gemeinschaftsbäder. Nett ist auch die luftige Lounge vorn im Haus mit Plasma-TV und einem Wandgemälde nach Klimt-Art, wobei die Frauenfigur hier in eine *huipil* gehüllt ist. Am besten nächtigt man hinten hinter dem Jacaranda-Baum, denn hier stört kein Straßenlärm. Üppiges Frühstück.

Posada Los Búcaros BOUTIQUEHOTEL $$

(☎7832-2346; www.hotelbucaros.com; 7a Av Norte 94; EZ/DZ 300/400 Q; P📶🏊) Westlich von La Merced erstreckt sich ein stilles Viertel mit hübschen Kopfsteinpflasterstraßen. Dem umgebauten, 150 Jahre alten Wohnhaus gelingt eine schöne Balance zwischen kolonialer Pracht und modernem Komfort. Die mit pastellfarbenen Wänden und hohen Holzbalkendecken versehenen Zimmer öffnen sich zu drei üppig bepflanzten Innenhöfen mit *búcaros* – halbkreisförmigen Brunnen in den Mauern.

Posada de San Carlos HOSTEL, HOTEL $$

(☎7832-4698; www.posadadesancarlos.com; 5a Calle Poniente 11; B/Zi. mit Frühstück 60/300 Q; 📶🐾) Das San Carlos ist eine hippe Bleibe für Leute aus aller Welt. Der Schwerpunkt liegt auf Komfort; die geräumigen Zimmer säumen einen Flur, der sich zu einem hübschen Innenhof mit Brunnen öffnet. Sowohl die Privatzimmer als auch der 7-Bett-Dorm verströmen mit ihren Holzbetten und -truhen Kolonialambiente; dazu gibt's LED-TVs. Das Café vorn im Haus serviert köstliche Naturkost und es werden Fahrräder mit dicken Reifen verliehen.

Posada Juma Ocag HOTEL $$

(☎7832-3109; www.posadajumaocag.com; Calz Santa Lucia Norte 13; EZ/DZ 150/200 Q; 📶) Die sieben blitzsauberen, komfortablen Zimmer dieser Posada verfügen über gute Matratzen und eine traditionelle Einrichtung mit schmiedeeisernen Betten, Schränken und Spiegeln. Den Gästen steht eine schicke kleine Küche zur Verfügung. Trotz der Lage gegenüber vom hektischen Markt ist es hier friedvoll, besonders in den Zimmern oben sowie auf der Dachterrasse und im gepflegten kleinen Garten. Reservierungen nur persönlich möglich.

Casa Cristina BOUTIQUEHOTEL $$

(☎7832-0623; www.casa-cristina.com; Callejón Camposeco 3A; EZ/DZ unten 190/230 Q, EZ/DZ oben 270/340 Q; 📶) In dem Hotel in einer hübschen Nebenstraße nahe La Merced gibt's nur ein Dutzend Zimmer. Sie sind zwar klein, aber alle mit Tagesdecken, frischen Pastelltönen und gebeiztem Holz hübsch altmodisch eingerichtet. Die vor Pflanzen strotzende Dachterrasse ist ein netter Zufluchtsort. *Muy tranquilo.*

Posada San Sebastián PENSION **$$**
(☎7832-2621; www.posadasansebastian.com; 3a Av Norte 4; EZ/DZ/3BZ 420/490/570 Q; 📶) Der Tischler, Restaurator und gelegentliche Xylofonspieler Luis Méndez Rodríguez ist der Schöpfer dieses umgebauten Herrenhauses. Jedes der neun individuell gestalteten Zimmer zeugt von seiner Fähigkeit, Kunst und Mobiliar aufzutreiben und aufzufrischen. Ein Bonus sind die großen Bäder mit Badewanne, ebenso die Dachterrasse, der hübsche kleine Hofgarten und die Gästeküche.

Essen

Für die Globetrotter unter den Gourmets ist Antigua ein Paradies: In einem Umkreis von zehn Fußminuten um den Parque Central kann man gut und preiswert italienisch, belgisch, französisch, thailändisch, indisch, irisch, israelisch, deutsch, chinesisch, mexikanisch und salvadorianisch speisen.

Samstags und sonntags werden vor dem Convento La Merced (S. 119) Tische aufgestellt: Hier gibt's dann u. a. Snacks, Hühnchensalat-Sandwiches, *rellenitos*, Enchiladas, Tamales und *chuchitos* mit scharfer Sauce und eingelegtem Kraut. Dazu gibt's Schüsseln mit *atol blanco* (ein Heißgetränk auf Maisbasis). Balsam für die Seele!

Die meisten formelleren Restaurants in Antigua addieren übrigens 10 % Trinkgeld zum Rechnungsbetrag. Es ist meistens ausgewiesen – wenn man sich nicht sicher ist, einfach nachfragen.

★ **Zoola Antigua** ISRAELISCH **$**
(www.zoolaantigua.wix.com/zoola; Calle de Santa Lucia 15; Salate 45 Q, Sandwiches 35–50 Q; ⏲8–22 Uhr; ✎) Das Restaurant des Hostels Zoola (S. 125) wartet mit sehr authentischem Essen aus Israel auf: Falafeln, Kebabs und *sabich*-Wraps mit Hummus, Aubergine und Salat. Die Gäste sitzen umgeben von Kissen an niedrigen Kaffeetischen. Freitagabends wird ein Salatbuffet aufgefahren.

★ **Restaurante Doña Luisa Xicotencatl** CAFÉ **$**
(☎7832-2578; 4a Calle Oriente 12; Sandwiches & Frühstücks-Hauptgerichte 20–45 Q; ⏲7–21.30 Uhr) Im kolonialen Innenhof des Cafés mit erfrischend einheimischem Flair lässt sich wunderbar ein Frühstück oder eine kleine Mahlzeit genießen. Die Backwaren stammen aus der angeschlossenen Bäckerei, das Bananenbrot kommt jeden Tag gegen 14 Uhr frisch aus dem Ofen.

Samsara VEGETARISCH **$**
(☎7832-2200; 6a Calle Poniente 33; Salate 40–50 Q; ⏲7–21 Uhr; ✎) Das kleine vegetarische Café mischt Zutaten in Suppen, Salaten und Getränken zu spannenden Kombinationen – wie wär's mit einem Smoothie aus Grünkohl, Erdnussbutter und Avocado? Zum Frühstück gibt's Quinoa-Porridge und Bananen-Amarantsamen-Pfannkuchen, dazu Kaffee aus der Stempelkanne und verschiedenste Tees.

Y Tu Piña También SANDWICHES **$**
(www.ytupinatambien.com; 1a Av Sur 10B; Sandwiches & Salate 40–50 Q; ⏲7–19 Uhr; 📶✎) Das Naturkostcafé versorgt ausländische Studenten mit gesunder, raffinierter Kost zum Mitnehmen, z. B. leckere Sandwiches mit Vollkorn-Weizenbrot, Pita-Brot oder Bagels sowie Salate. Das Café sperrt schon früh seine Pforten auf und bietet sich daher für ein Frühstück mit Omeletts, Obstsalaten und Bananenpfannkuchen an, gekrönt von hervorragendem Kaffee.

Tienda La Canche GUATEMALTEKISCH **$**
(6a Av Norte 42; Mittagsmenü 25 Q; ⏲7–22 Uhr) Nicht viel mehr als ein Loch in der Wand. Das Restaurant hinter einem Tante-Emma-Laden besteht aus zwei Tischen. Es gibt jeden Tag ein paar traditionelle Gerichte, z. B. *pepián de pollo* (herzhafter Hühnereintopf mit *huizquil*, einer Yucca-ähnlichen Knolle) und dazu dicke Tortillas sowie frisch gepresste Obstsäfte.

Café Condesa CAFÉ **$**
(☎7832-0038; www.cafecondesa.com.gt; Portal del Comercio 4; Kuchen & Pasteten 20–26 Q; ⏲So–Do 7–20, Fr & Sa bis 21 Uhr) Das Café liegt am Innenhof eines Hauses aus dem 16. Jh. nicht weit vom Zentralplatz und erfreut die Kundschaft mit Gebäck wie Pasteten, Kuchen, Quiche, Scones und selbst gebackenem Vollkorn-Sandwichbrot. Sonntags gibt's von 9 bis 13 Uhr ein üppiges Buffet (78 Q) – eine echte Institution in Antigua.

Fernando's Kaffee CAFÉ **$**
(☎7832-6953; www.fernandoskaffee.com; Ecke 7a Av Norte & Callejón Camposeco; Zimtschnecken

10 Q, Empanadas 40 Q; Mo–Sa 7–19, So 12–19 Uhr;) Das freundliche Eckcafé ist schon lange ein Mekka für Kaffee- und Schokoladenfans. Außerdem gibt's hier gute Backwaren wie etwa herrlich klebrige Zimtschnecken. Hinter dem Tresen verbirgt sich ein einladender Innenhof, wie geschaffen für ein ruhiges Frühstück.

Luna de Miel CRÊPERIE $
(7882-4559; www.lunademielantigua.com; 6a Av Norte 40; Crêpes 34–55 Q; Mo & Di 10–21.30, Mi–So 9–21.30 Uhr;) Das loungige Luna de Miel bietet Dutzende Varianten der klassischen Crêpe – die *chapín*-Variante z. B. ist mit Avocado, Käse und gebratenen Tomaten gefüllt – sowie tropische Smoothies. Und die graffitiverzierte Dachterrasse bietet das ideale Ambiente, um diese Sachen zu verzehren.

Casa de las Mixtas GUATEMALTEKISCH $
(3a Callejón; Hauptgerichte 20–30 Q; Mo–Sa 8–21 Uhr) Wer Lust auf guatemaltekische Hausmannskost hat, sollte in dem familiengeführten Lokal vorbeischauen, das in einer ruhigen Nebenstraße auf der anderen Seite des Markts beheimatet ist. Neben dem namensgebenden Snack – *mixtas* sind eine Art guatemaltekische, in Tortillas gewickelte Hotdogs – serviert es auch einige Frühstückmenüs. Die Stammgäste zieht es auf die kleine Terrasse ein Treppe höher.

Travel Menu INTERNATIONAL $
(7832-2937; 6a Calle Poniente 14; Hauptgerichte 40–50 Q; 12–23 Uhr;) Die kürzlich renovierte und erweiterte Restaurant-Bar richtet sich, wie der Name schon andeutet, an die Travellerszene und serviert in geräumigem, relaxtem Ambiente die Greatest Hits der globalen Küche wie Gemüse-Currys, Fischburger und Salate.

★ **Cactus Grill** MEXIKANISCH $$
(7832-2163; 6a Calle Poniente 21; Tacos 45 Q; 12–22 Uhr) Das farbenfrohe kleine Lokal ist ein Werk eines Mannes aus Mexiko-Stadt und mit seiner authentischen mexikanischen Kost gut im Geschäft. Es gibt sowohl traditionelle wie auch neue mexikanische Küche; die tollen Salate werden in Tonschüsseln serviert. Sehr zu empfehlen sind die Fisch-Tacos. Das Lokal liegt an der Ausgehmeile – so kann man den Abend bei Margarita mit Chilirand oder einem erstklassigen Mescal aus Oaxaca einläuten.

El Viejo Café CAFÉ $$
(7832-1576; www.elviejocafe.com; 3a Calle Poniente 12; Hauptgerichte 50–95 Q; 7–21 Uhr;) Das stimmungsvolle Café ist mit seinem alten Trödel bei Touristen genauso beliebt wie bei *chapínes*. Hier kann man in einer der Fensternischen toll frühstücken, z. B. frisch gebackene Croissants zum gut gerösteten guatemaltekischen Kaffee.

Hector's Bistro FRANZÖSISCH $$
(7832-9867; 1a Calle Poniente 9A; Hauptgerichte 70–175 Q; 12–22 Uhr) Dieses winzige Bistro gegenüber von La Merced ist besonders bei in Antigua lebenden Ausländern beliebt und verfügt nur über ein paar Tische; die Küche ist hinter der Theke. Der aus Guatemala-Stadt stammende Hector hat sich mit seinen Versionen von *bœuf bourguignon*, gegrillter Entenbrust usw. eine Fangemeinde erkocht. Es gibt kein Schild im eigentlichen Sinn: Auf einer Schiefertafel sind die Tagesgerichte und die Quiche der Woche notiert.

Caffé Mediterráneo ITALIENISCH $$
(7882-7180; 6a Calle Poniente 6A; Hauptgerichte 90–130 Q; Mi–Mo 12–15 & 18–22 Uhr) Hier gibt's das beste und authentischste italienische Essen in Antigua, in reizendem Kerzenlicht-Ambiente mit erstklassigem Service. Küchenchef Francesco aus Kalabrien zaubert aus saisonal erhältlichen Zutaten eine wundervolle Auswahl an Salaten und Pastagerichten.

Como Como BELGISCH $$
(5514-5014; 2a Av Sur 12; Hauptgerichte 100–150 Q; Di–So 12–15 & 18–22 Uhr) In diesem bei den Expats der Stadt beliebten belgischen Bistro werden guatemaltekische Zutaten mit europäischen Gerichten vermählt. Zu den flämischen Spezialitäten zählen *waterzooi* (ein sahniger Fischeintopf) und *filet americain* (Rindstatar). Gegessen wird draußen im kerzenbeschienenen Innenhof.

Origami JAPANISCH $$
(7882-4250; 6a Calle Oriente 6; Hauptgerichte 50–65 Q; Mo–Mi & Fr 12–15 & 18–21, Sa 18–21, So 12–16 Uhr;) Das japanische Paar, das dieses Lokal betreibt, strebt nicht unbedingt nach Authentizität, sondern kocht einfach das, was es auch zu Hause kochen würde. Zu den beliebtesten Speisen zählen Pulled-Pork-*donburi*, rotes Curry und Salat mit Wasabi (100 % bio). Ein gemütliches Restaurant mit mehreren Räumen und ein paar Tischen im Innenhof. Unbedingt probieren: das hausgemachte Ginger Ale.

Ausgehen & Nachtleben

Besonders freitag- und samstagabends tobt in Antigua die Ausgehszene, denn dann strömen jede Menge Leute aus Guatemala-Stadt zum Feiern hierher. Die Restaurants **Fridas** (☎7832-1296; 5a Av Norte 29; Hauptgerichte 75–140 Q; ⏰12–24 Uhr) und **Bistrot Cinq** (☎7832-5510; www.bistrotcinq.com; 4a Calle Oriente 7; Hauptgerichte 135–175 Q; ⏰12–22.30 Uhr) sind mindestens ebenso beliebt für ihre Cocktails wie für ihre Küche. Wer früh anfängt, spart: In vielen Kneipen kosten *cuba libres* (Rum und Cola) und Mojitos zwischen 17 und 20 Uhr nur die Hälfte. Einen Überblick über die Ausgehszene von Antigua verschafft der Kneipenbummel, der jeden Montag um 15 Uhr am Terrace Hostel (S. 126) beginnt.

★Por Qué No? PUB
(☎4324-5407; www.porquenocafe.com; Ecke 2a Av Sur & 9a Calle Oriente; ⏰Mo–Sa 18–22 Uhr) Dieses alternative Café befindet sich in einer absurd schmalen Ecke eines alten Gebäudes – ins obere Stockwerk hangelt man sich an einem Seil. Von den Deckenbalken hängt alter Plunder und jedes Fitzelchen Fläche ist mit von den Besuchern geschaffenen Graffiti überzogen. Die Stimmung ist relaxt und gesellig und die Gäste stehen allabendlich bis draußen vor die Tür.

Ocelot Bar PUB
(☎5658-9028; 4a Av Norte 3; ⏰16.30–1 Uhr) Die walisische Kneipe nicht weit vom Parque Central wirkt mit ihren langen Sofas, Wandbildern von Literatur- und Sportgrößen und Brettspielen wie ein großes Wohnzimmer und verfügt außerdem über die am besten bestückte Bar von Antigua. Sehr beliebt bei den etwas älteren Ausländern der Stadt; mächtig populär ist auch das Pubquiz am Montag. Das Ocelot gehört zu einem Ausgehzentrum mit mindestens drei weiteren Bars wie der Südseebar Vudu sowie dem Spielecenter Bullseye.

Café No Sé BAR
(www.cafenose.com; 1a Av Sur 11C; ⏰15–1 Uhr) Die entspannte kleine Bar dient als Bezugspunkt für Antiguas blühende Gemeinde junger Burroughs und Kerouacs. Sie ist außerdem das Herz einer lebendigen Musikszene – an den meisten Abenden hört man in irgendeiner Ecke des Raumes Künstler in Aktion. In einer halbgeheimen Bar wird auch ein eigener, aus Oaxaca „geschmuggelter" Mescal serviert (Mindestverzehr 2 Schnäpse). Nach Schließungszeit einfach an die Tür klopfen.

SCHWULE & LESBEN IN ANTIGUA

Dank eines steten Stroms an ausländischen Besuchern weist Antigua inzwischen eine Weltläufigkeit und Toleranz auf, die mit der anderer ähnlich großer Städte im Land nicht zu vergleichen ist. Und so finden Schwule und Lesben ungeachtet der weit verbreiteten Religiosität hier eine Art Mekka mit einer bunten Ausgehszene vor. Oben im Restaurant **Fridas** (s. links) findet an jedem letzten Samstag des Monats ein Schwulentreffen mit DJs statt und der Tanzclub **Las Vibras de la Casbah** veranstaltet jede Woche Szeneevents.

Reilly's en la Esquina IRISH PUB
(☎7832-6251; 6a Calle Poniente 7; ⏰12–0.30 Uhr) Das renovierte Reilly's in der wichtigsten Ecke der Ausgehmeile von Antigua platzt am Wochenende aus allen Nähten, wenn sich hier sowohl Guatemalteken als auch Ausländer drängeln. Die große Kneipe besteht aus sage und schreibe vier Bars – am meisten ist auf dem Innenhof los. Unter der Woche ist es ruhiger: Dann locken der Billardtisch, das Kneipenessen und das Guinness vom Fass die Stammgäste an.

Snug PUB
(☎5838-5390; 6a Calle Poniente 14; ⏰12–23 Uhr) Eng ist's zwar, doch die Stimmung ist bestens im kleinen Snug, einem neuen Zentrum der Expat-Kneipenszene. Sonntags Livemusik.

Monoloco PUB
(☎7832-4235; 5a Av Sur 6, Pasaje El Corregidor; ⏰11–0.45 Uhr) Der „Verrückte Affe" ist sowohl Wochenendziel der Guatemalteken als auch ein Touritreff. Serviert wird im lockeren Ambiente mit Sport auf verschiedenen Bildschirmen eine gute Mischung aus Seelenfutter und heimischen Speisen, außerdem eiskaltes Bier.

La Sin Ventura CLUB
(5a Av Sur 8; ⏰Di–Fr 16–1, Sa 12–1, So 12–20 Uhr) Die lebendigste Tanzfläche der Stadt ist am Wochenende voll mit guatemaltekischen Jugendlichen. Meistens legen die DJs *cumbias* (kolumbianische Tanzstücke) und Reggaetón auf, dienstags gibt's Live-Salsa.

Las Vibras de la Casbah CLUB
(☎3141-5311; www.lasvibrasantigua.com; 5a Av Norte 30; ⏰Mi–Sa 17–1 Uhr) An den meisten

Abenden steppt in dieser zweistöckigen Disko beim Santa-Catalina-Bogen echt der Bär: Selfies, Vaporshots und elektronische Tanzmusik prägen die Szene. Wer ein bisschen frische Luft braucht, kann auf die Terrasse vorm Haus flüchten.

Lucky Rabbit BAR

(☎7832-5099; 5a Av Sur 8; ⌚Mo–Sa 19–1 Uhr) Die bei guatemaltekischen Jugendlichen beliebte Bar in einem ehemaligen Kino ist eine Kombination aus Spielhalle und Tanzsaal – es laufen aber den ganzen Abend lang auch immer noch Filme.

☆ Unterhaltung

Das Centro de Formación de la Cooperación Española (S. 119) zeigt mittwochabends Dokumentarfilme und ausländische Arthouse-Streifen.

Das Café No Sé (S. 129), **Angie Angie** (☎7832-3352; 1a Av Sur 11A; ⌚Mi–Mo 12–23 Uhr), das **Rainbow Café** (☎7832-1919; www.rainbowcafeantigua.com; 7a Av Sur 8; ⌚8–23 Uhr; 📶) und das **Mesón Panza Verde** (☎7832-2925; www.panzaverde.com; 5a Av Sur 19; ⌚Mo 18–22, Di–So 12–15 & 18–22 Uhr) veranstalten Folk-, Rock- und Jazzkonzerte.

Shoppen

Web- und Lederwaren, Kunstschmiedearbeiten, Gemälde und Jadeschmuck zählen zu den Dingen, nach denen man in den Geschäften und auf den Märkten in Antigua Ausschau halten kann. Wem der Sinn nach traditionellen Stoffen steht, sollte sich erst in der Casa del Tejido Antiguo (S. 122) informieren und sich dann bei Nim P'ot oder auf den großen Kunstgewerbemärkten beim Busbahnhof und neben der Iglesia del Carmen umschauen.

Markt MARKT

(Calz de Santa Lucía Sur; ⌚Mo, Do & Sa 6–18, Di, Mi & Fr 7–18, So 7–13 Uhr) Antiguas Markt – chaotisch, bunt und immer voll – erstreckt sich nördlich der 4a Calle Poniente. Die besten Tage sind die offiziellen Markttage Montag, Donnerstag und besonders Samstag: Dann kommen die Dorfbewohner aus der Umgebung und präsentieren nördlich und westlich des Hauptmarktgebäudes ihre Angebote.

La Casa del Jade SCHMUCK

(www.lacasadeljade.com; 4a Calle Oriente 10; ⌚9–18 Uhr) Die Casa del Jade ist nicht nur ein Schmuckgeschäft, sondern hat auch ein Museum mit Dutzenden präkolumbischen Jadestücken sowie eine offene Werkstatt, in der man die Arbeiten zeitgenössischer Kunsthandwerker bewundern kann. Im Einkaufszentrum Casa Antigua El Jaulón.

Nim Po't KUNSTHANDWERK

(☎7832-2681; www.nimpotexport.com; 5a Av Norte 29; ⌚So–Do 9–21, Fr & Sa bis 22 Uhr) Der große Laden führt eine riesige Kollektion an Maya-Bekleidung, Hunderte von Masken, Holzschnitzereien, Drachen, Gemälde, Kühlschrankmagneten und verschiedene Figürchen von Maximón, einem in der Stadt verehrten Heiligen. Die *huipiles*, *cortes*, *fajas* und anderen Bekleidungsstücke sind allesamt nach Regionen sortiert. Ein Besuch ist immer faszinierend, egal, ob man etwas kaufen möchte oder nicht.

ℹ Orientierung

Den Mittelpunkt Antiguas bildet der Parque Central; nur wenige Stellen der Stadt sind weiter als eine Viertelstunde zu Fuß von hier entfernt. An die durchnummerierten Calles und Avenidas werden Himmelsrichtungen angehängt: *norte* (nördlich), *sur* (südlich), *poniente* (westlich) oder *oriente* (östlich) vom Parque Central.

Die drei Vulkane dienen als praktische Orientierungspunkte. Der Volcán Agua liegt südlich der Stadt und ist von den meisten Punkten aus sichtbar; der Volcán Fuego und der Volcán Acatenango erheben sich im Südwesten – der Acatenango ist der nördlichere der beiden.

Ein weiterer guter Orientierungspunkt ist der **Arco de Santa Catalina** (5a Av Norte): Der Bogen überspannt zweieinhalb Querstraßen nördlich des Parque Central auf dem Weg zu La Merced die 5a Avenida Norte.

ℹ Praktische Informationen

GEFAHREN & ÄRGERNISSE

- Normalerweise kann man sich bei einem Spaziergang durch Antigua sicher fühlen, doch auch hier ereignen sich Überfälle, sodass man dennoch wachsam bleiben sollte. Dies gilt besonders, wenn die Bars nach 1 Uhr morgens schließen. Nach 22 Uhr sollte man darüber nachdenken, mit dem Taxi zurück in die Unterkunft zu fahren.
- Taschendiebe gehen ihrem Gewerbe auf dem geschäftigen Markt nach und machen an Zahltagen zur Monatsmitte und am Monatsende Überstunden. Im Dezember (Weihnachtsgeld) schwappt eine weitere Raubwelle durch die Stadt.
- Auch auf einigen abgelegeneren Wanderwegen kam es bereits zu Überfällen, aber seit die Polizeistreifen erhöht wurden, hat die Zahl

dieser Zwischenfälle abgenommen. Wer plant, auf eigene Faust zu wandern, sollte sich vorab bei **Proatur** über die aktuelle Lage informieren.

GELD

Banco Agromercantil (4a Calle Poniente 8; ⌚Mo–Fr 9–19, Sa & So bis 17 Uhr) Wechselt US-Dollars und Euros (Bargeld oder Reiseschecks). Mit einer Filiale von Western Union.

Banco Industrial (5a Av Sur 4; ⌚Mo–Fr 9–19, Sa bis 13 Uhr) Hat einen verlässlichen Geldautomaten und wechselt US-Dollar. Ein weiterer nützlicher Geldautomat befindet sich im Café Barista an der Nordwestecke des Parque Central.

Citibank (Ecke 4a Calle Oriente & 4a Av Norte; ⌚Mo–Fr 9–16.30, Sa 9.30–13 Uhr) Wechselt US-Dollars und Euros.

Visa & MasterCard ATM (Portal del Comercio) Am Parque Central.

MEDIEN

Das in Antigua ansässige *Revue Magazine* (www.revuemag.com) besteht etwa zu 90 % aus Werbung, enthält aber auch vernünftige Informationen zu kulturellen Veranstaltungen. Es ist überall erhältlich. *La Cuadra* (www.lacuadraonline.com), herausgegeben vom **Café No Sé** (S. 129), präsentiert die westliche Szeneperspektive und mischt Politiknachrichten mit respektlosen Kommentaren – erhältlich im Café.

MEDIZINISCHE VERSORGUNG

Farmacia Cruz Verde Ivori (☎7832-8318; 7a Av Norte; ⌚24 Std.)

Hospital Nacional Pedro de Bethancourt (☎7831-1319; ⌚24 Std.) Öffentliches Krankenhaus in San Felipe, 2 km nördlich des Zentrums, mit Notaufnahme.

Hospital Privado Hermano Pedro (☎7832-1190; www.hospitalhermanopedro.net; Av de la Recolección 4; ⌚24 Std.) Das Privatkrankenhaus hat eine 24-Stunden-Notaufnahme und akzeptiert auch ausländische Versicherungen.

NOTFALL

Feuerwehr (☎123)

Krankenwagen (☎128)

Polizei (☎120)

Touristenpolizei (☎1500 oder ☎2421-2810)

REISEBÜROS

Atitrans (☎7832-3371; www.atitrans.net; 6a Av Sur 8; ⌚8–21 Uhr) Mehrzweckagentur mit empfehlenswertem Shuttleservice.

LAX Travel (☎7832-2674; laxantigua@hotmail.com; 6a Av Sur 12; ⌚Mo–Fr 9–18, Sa bis 17 Uhr) Experten für internationale Flüge.

Onvisa Travel Agency (☎5226-3441; onvisatravel@hotmail.com; 6a Calle Poniente 40) Unterhält Shuttles nach Copán und in andere Orte.

Rainbow Travel Center (☎7931-7878; www.rainbowtravelcenter.com; 7a Av Sur 8; ⌚Mo–Fr 9–18, Sa bis 17 Uhr) Spezialisiert auf Flüge für Studenten und Lehrer.

TOURISTENINFORMATION

INGUAT (☎7832-0787; info-antigua@inguat.gob.gt; 5a Calle Oriente 11; ⌚Mo–Fr 8–16, Sa & So 9–17 Uhr) Die Touristeninformation hat kostenlose Stadtpläne, Businformationen und hilfsbereite, zweisprachige Mitarbeiter.

Proatur (☎5578-9835; operacionesproatur@inguat.gob.gt; 6a Calle Poniente Final; ⌚24 Std.) Die nützliche Hilfsagentur für Touristen hat ihren Hauptsitz im Westen der Stadt, drei Querstraßen südlich vom Markt. Sollte man Opfer eines Verbrechens werden, wird man zur Nationalpolizei begleitet und bei der Abwicklung der Formalitäten unterstützt, inklusive Übersetzung falls nötig. Wenn man früh genug Bescheid sagt, kann auch eine Eskorte für Selbstfahrer gestellt werden, die auf potenziell gefährlichen Strecken die Stadt verlassen.

ℹ Anreise & Unterwegs vor Ort

BUS

Busse aus Guatemala-Stadt, Ciudad Vieja und San Miguel Dueñas kommen gegenüber vom **Mercado de Artesanías** (Ecke 5a Calle Poniente & Av de la Recolección) in einer Straße gleich südlich des Marktes an und fahren dort auch ab. Busse nach Chimaltenango, Escuintla, San Antonio Aguas Calientes und Santa María de Jesús starten hinter dem **Hauptmarktgebäude** (Av de la Recolección). Wer in eines der umliegenden Dörfer fahren möchte, sollte sich am besten frühmorgens auf den Weg machen und nachmittags zurückkommen – abends verkehren nur noch sehr wenige Busse.

Um Orte im Hochland wie Chichicastenango, Quetzaltenango, Huehuetenango oder Panajachel zu erreichen, kann man einen der häufig verkehrenden Busse nach Chimaltenango auf der Interamericana (Carretera 1) nehmen und dort in einen Anschlussbus umsteigen. Das Umsteigen sollte kein Problem darstellen, da ständig freundliche Menschen zu Hilfe eilen, wenn man aus dem einen Bus steigt und sich nach dem nächsten umschaut. Auf jeden Fall auf das Gepäck achten!

SHUTTLE-MINIBUS

Zahlreiche Reisebüros und Betreiber von Minibussen für Touristen bieten Shuttle-Verbindungen nach Guatemala-Stadt samt Flughafen oder nach Panajachel und Chichicastenango an. Sie kosten mehr als herkömmliche Busse, dafür sind sie aber komfortabel und umfassen einen praktischen Tür-zu-Tür-Service. Einige Preisbeispiele (einfache Fahrt): Chichicastenango 115 Q, Cobán 250 Q, Copán (Honduras) 270 Q, Guate-

BUSSE AB ANTIGUA

ZIEL	PREIS (Q)	DAUER	HÄUFIGKEIT	ANMERKUNGEN
Chimaltenango	5	30 Min.	alle 10 Min.	
Ciudad Vieja	3	15 Min.	alle 15 Min.	Einen Bus nach San Miguel Dueñas nehmen.
Escuintla	8	1 Std.	alle 20 Min.	
Guatemala-Stadt	10	1 Std.	7–20 Uhr alle 15 Min.	Außerdem verkehrt ein Pullman-Bus (45 Q; 9.30 & 16 Uhr) von **Litegua** (☎ 7832-9850; www.litegua.com; 4a Calle Oriente 48) vom Büro des Unternehmens am Ostrand der Stadt.
Panajachel	36	2½ Std.	1-mal tgl. um 7 Uhr	Der Bus von Transportes Rebulli fährt von der Panadería Colombia an der 4a Calle Poniente, einen halben Block östlich vom Markt.
San Antonio Aguas Calientes	4	20 Min.	alle 10 Min.	

mala-Stadt 80 Q, Monterrico 115 Q, Panajachel 115 Q und Quetzaltenango 195 Q.

Man sollte sich auf jeden Fall genauestens nach den Abfahrtszeiten erkundigen und danach, ob eine Mindestzahl von Fahrgästen erforderlich ist.

TAXI & TUK-TUK

Taxis und Tuk-Tuks warten an der Ostseite des Parque Central und dort, wo die Busse aus Guatemala-Stadt anhalten. Eine Fahrt im Taxi kostet innerhalb der Stadt etwa 25 bis 30 Q, im Tuk-Tuk um die 5 bis 10 Q. Tuk-Tuks sind im Stadtzentrum nicht erlaubt; man muss sich ein paar Blocks aus der Innenstadt entfernen, um eines zu finden. Außerdem stellen sie um 20 Uhr den Betrieb ein.

DAS HOCHLAND

Guatemalas spektakulärste Region – El Altiplano (die Hochebene) – erstreckt sich von Antigua bis zur mexikanischen Grenze. Hier sind die traditionellen Werte und Gebräuche am stärksten ausgeprägt und Maya-Dialekte werden mehr gesprochen als Spanisch. Über ein Dutzend unterschiedliche Ethnien siedeln in dieser Region, jede davon mit eigener Sprache und Kleidung. Diese außerordentliche Vielfalt ist vielleicht am deutlichsten auf den Wochenmärkten von Chichicastenango und San Francisco El Alto zu erkennen. Hier treffen die indigenen Traditionen am augenfälligsten auf die spanischen: Nicht selten kann man sehen, wie vor oder sogar in Kolonialkirchen Maya-Rituale vollzogen werden.

Die meisten Reisenden verbringen etwas Zeit am von Vulkanen gesäumten Lago de Atitlán. Westlich vom See liegt die zweitgrößte Stadt Guatemalas, Quetzaltenango. Richtung Norden erstrecken sich die Cuchumatanes, wo das Leben der Indigenen inmitten phantastischer Berglandschaften seinem eigenen Rhythmus gehorcht. Für Wanderer ist dies das gelobte Land.

ℹ Anreise & Unterwegs vor Ort

Die öffentlichen Verkehrsmittel zwischen den Städten und Dörfern im Hochland sind einfach zu nutzen und billig, es gibt jede Menge Unterkünfte und die Menschen sind im Allgemeinen freundlich und hilfsbereit – das Umherreisen ist also kein Problem.

Die kurvige Interamericana (Carretera 1) führt auf der 345 km langen Strecke zwischen Guatemala-Stadt und der mexikanischen Grenze in La Mesilla entlang der Bergkämme. Sie führt an all den bedeutendsten Stätten der Region vorbei und den ganzen Tag über donnern unzählige Busse über die Straße. Zwei wichtige Kreuzungen dienen als große Umsteigebahnhöfe: Los Encuentros nach Panajachel und Chichicastenango sowie Cuatro Caminos nach Quetzaltenango und Huehuetenango. Wer keinen Bus zum eigentlichen Ziel findet, kann einfach einen dieser beiden Orte ansteuern. Die Anschlüsse funktionieren gewöhnlich nahtlos, ohne lange Wartezeiten; die Einheimischen helfen einem gerne, den richtigen Bus zu finden.

Am einfachsten reist es sich vormittags und zu kleineren Zielen an Markttagen. Nachmittags verkehren eventuell weniger Busse. Weiter abseits der Hauptstrecken muss man vielleicht eher mit Pick-ups reisen als mit Bussen.

Microbusse, große Vans, die abfahren, wenn sie voll sind, entwickeln sich auf Hochlandstrecken wie Santa Cruz del Quiché–Nebaj und Chichicastenango–Los Encuentros zu den wichtigsten Verkehrsmitteln. Viele Einheimische geben ihnen den Vorzug, weil sie praktischer und nur ein bisschen teurer als die Busse sind.

Ansonsten bringen von Tourenanbietern betriebene Vans Touristen an die wichtigen Ziele in der Region und anderswo. Sie sind schneller, komfortabler und teurer als Busse.

Lago de Atitlán

Der amerikanische Entdeckungsreisende John L. Stephens beschrieb in seinem Buch *Incidents of Travel in Central America* den Lago de Atitlán im 19. Jh. als „das großartigste Schauspiel, das wie je gesehen haben" – und er hatte schon viel gesehen! Heute schwärmen sogar abgebrühteste Globetrotter von dieser spektakulären Landschaft. Über die aquamarinfarbene Oberfläche des Sees schippern rustikale Fischerboote und indigene Frauen in bunter Kleidung waschen Wäsche am Ufer, wo die Bäume erblühen. Fruchtbare Hügel spicken die Landschaft und über allem erheben sich die Vulkane und verleihen der gesamten Region eine geheimnisvolle Schönheit. Beim zweiten Anblick sieht hier nie etwas aus wie beim ersten Mal. Es ist daher kein Wunder, dass sich viele Auswärtige in diesen Ort verliebt und sich hier niedergelassen haben.

Zwar gab es hier schon seit Millionen von Jahren Vulkanausbrüche, doch die Landschaft, wie sie sich heute präsentiert, geht auf eine gewaltige Eruption, Los Chocoyos genannt, von vor 85 000 zurück: Dabei wurde Vulkanasche bis nach Florida und Panama geschleudert. Durch das viele Magma, das von unterhalb der Erdkruste hervorgedrückt wurde, brach die Erdoberfläche zusammen und es bildete sich eine riesige, mehr oder weniger kreisrunde Kuhle, die sich bald mit Wasser füllte – so entstand der Lago de Atitlán. Im südlichen Teil des Sees erhoben sich Tausende Jahre später kleinere Vulkane aus dem Wasser: vor rund 60 000 Jahren der Volcán San Pedro (heute 3020 m über dem Meeresspiegel), gefolgt vom Volcán Atitlán (3537 m) und Volcán Tolimán (3158 m). Von Nord nach Süd hat der See heute einen Durchmesser von 8 km, von Ost nach West von 18 km. Durchschnittlich ist er 300 m tief, jedoch steigt der Wasserspiegel seit 2009.

Um das Jahr 900 herum, als die Kultur der Hochland-Mayas schon im Vergehen begriffen war, wurde die Region von zwei Gruppen besiedelt, die aus der Tolteken-Hauptstadt Tula in Mexiko abgewandert waren: die Cakchiquel und Tz'utujil. Die zweite Gruppe ließ sich in Chuitinamit nieder, gegenüber vom heutigen Dorf Santiago Atitlán. Die erste Gruppe nahm das Nordufer des Sees in Beschlag. Diese demografische Verteilung besteht auch heute noch. Als die Spanier 1524 auf der Bildfläche erschienen, hatten die Tz'utujil ihren Einflussbereich fast auf das gesamte Seeufer ausgeweitet. Pedro de Alvarado nutzte diese Situation aus, indem er sich mit den Cakchiquel gegen ihre Rivalen verbündete, die in einer blutigen Schlacht bei Tzanajuyú besiegt wurden. Die Cakchiquel rebellierten in der Folge jedoch gegen die Spanier und wurden nun ihrerseits 1531 unterworfen.

Der wichtigste Ort am See ist heute Panajachel und dies ist für die meisten Reisenden auch der erste Anlaufpunkt. Santiago Atitlán am Südufer des Sees wartet mit der am stärksten ausgeprägten indigenen Identität aller größeren Orte am See auf. Das am Westufer gelegene San Pedro La Laguna gilt als alternatives Partyzentrum. San Marcos La Laguna am Nordufer ist ein Mekka der New-Age-Jünger, Santa Cruz La Laguna und Jaibalito, näher an Panajachel gelegen, zählen zu den idyllischsten und malerischsten Orten am See.

Der See liegt drei Busstunden westlich von Guatemala-Stadt und Antigua. An der Fernstraßenkreuzung Los Encuentros hat sich eine Art Ort gebildet, da hier immer jede Menge Leute die Busse wechseln. Von der Kreuzung La Cuchilla, 2 km weiter westlich die Interamericana entlang, führt eine Straße 12 km hinab Richtung Süden nach Sololá; von dort sind es weitere 8 km hinunter nach Panajachel. Am besten sitzt man auf der rechten Seite des Busses, um die Aussicht auf den See und die Vulkane zu genießen.

Praktische Informationen

GEFAHREN & ÄRGERNISSE

Zwar haben die allermeisten Reisenden nie irgendwelche Probleme, doch auf den Wegen rund um den Lago de Atitlán sind schon Überfälle vorgekommen. Die Sicherheitslage ändert sich ständig – eine Wanderroute zwischen bestimmten Dörfern, die lange Zeit unbedenklich war, kann urplötzlich riskant sein. **Proatur** (S. 141) bietet die besten Informationen über die aktuelle Lage.

Lago de Atitlán

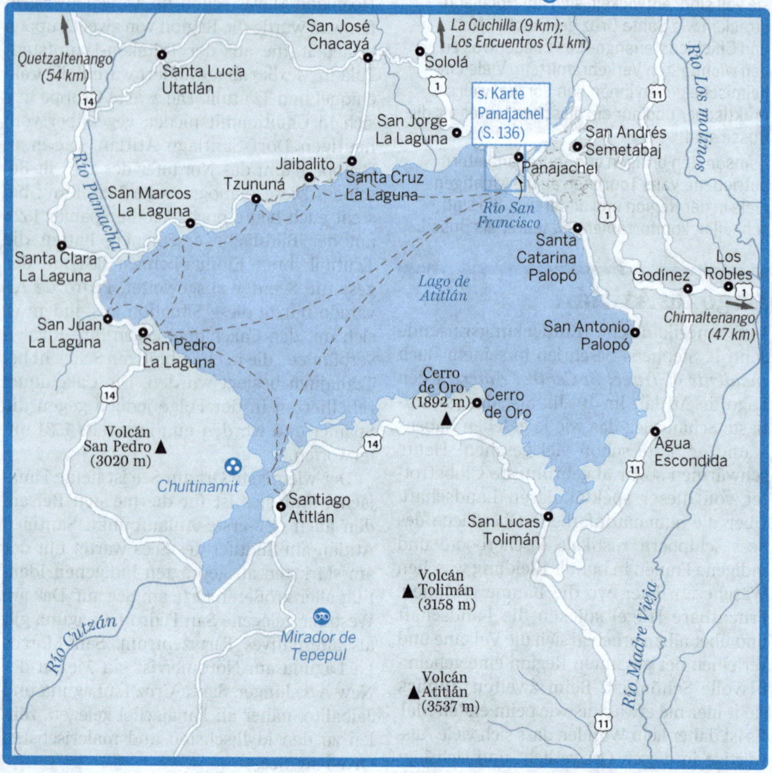

Anreise & Unterwegs vor Ort

Panajachel, das Tor zum Lago de Atitlán, ist von der Interamericana leicht mit dem Bus oder Shuttle zu erreichen, entweder direkt oder mit Umsteigen an der Kreuzung La Cuchilla unmittelbar westlich von Los Encuentros. Außerdem gibt's Direktbusse von Quetzaltenango nach San Pedro La Laguna am Westufer. Die Orte am See sind am schnellsten und einfachsten per Boot zu erreichen; einige Orte sind aber auch per Straße miteinander verbunden.

Panajachel

10 238 EW. / 1584 M

Panajachel – oder „Pana", wie praktisch das ganze Land den Ort nennt – ist die geschäftigste und wohl auch am meisten zugebaute Siedlung am Seeufer. Seine städtebauliche Entwicklung verlief planlos, das Ergebnis ist – wie nicht wenige finden – auch nicht besonders hübsch. Wer die Hauptstraße, die Calle Santander, mit all ihren Cybercafés, Reisebüros, Kunstgewerbehändlern und lauten Kneipen entlangschlendert und dabei immer versuchen muss, den knatternden Tuk-Tuks aus dem Weg zu gehen, kann schnell den Eindruck gewinnen, dass hier ein Paradies im Trubel versunken ist.

Man muss jedoch nur einen Abstecher zum Seeufer machen, um daran erinnert zu werden, warum Pana so viele Besucher anzieht. Dank dem umwerfenden Vulkanpanorama, einer ausgezeichneten Verkehrsanbindung, der zahlreichen Unterkünfte und unterschiedlichsten Restaurants und einem pulsierenden Nachtleben steht die Stadt bei Wochenendurlaubern aus ganz Guatemala hoch im Kurs.

Auf Panajachels staubigen Straßen tummeln sich verschiedene Kulturen. *Ladinos* (Personen mit einem gemischt indigen-europäischen Hintergrund) und Gringos haben die Tourismusindustrie fest in der Hand. Die Cakchiquel- und Tz'utujil-Mayas aus den umliegenden Dörfern kommen in den Ort, um Kunsthandwerk an Touristen zu verkaufen. Reisegruppen fallen für ein paar Stunden oder über Nacht in der Stadt ein. Diese Mischung macht Pana zu einem eigentümlich globalen Örtchen in einem ansonsten abgeschiedenen ländlichen Umfeld. Insgesamt ist das kein schlechter Einstieg in die Welt des Atitlán – doch um die Schönheit des Sees wirklich zu erleben, ziehen die meisten Reisenden schon bald wieder weiter.

Sehenswertes & Aktivitäten

Die Umgebung des Lago de Atitlán ist mit ihren Hügeln und Tälern ein Paradies für Radler und Wanderer. Bevor man sich auf den Weg macht, sollte man sich jedoch bei Proatur (S. 141) über die aktuelle Sicherheitslage informieren und auch unterwegs immer mal wieder nachfragen. Mehrere Veranstalter im Ort bieten Besteigungen des Volcán San Pedro für etwa 700 Q pro Person an, inklusive Bootstransfer, Taxi zum Ausgangspunkt der Wanderung, Eintrittsgebühren und Guide. Kajaks (25 Q pro Std.) verleiht in einem Schuppen zwischen dem Santiago-Bootsanleger und dem öffentlichen Strand **Diversiones Acuáticas Balam** (☎5514-8512; Playa Pública).

Roger's Tours RADFAHREN
(☎7762-6060; www.rogerstours.com; Calle Santander) Roger's Tours bietet gute Mountainbikes für 35/170 Q pro Stunde/Tag an und veranstaltet eine Reihe von Radtouren (460 Q pro Pers. inkl. Helm, Führer und Mittagessen). Eine Tour führt per Boot von Panajachel nach Tzununá, dann über eine unbefestigte Straße Richtung Westen nach San Marcos La Laguna und von dort auf einer Straße nach San Pedro La Laguna; schließlich geht's per Boot wieder zurück nach Pana.

Eine weitere Tour klappert die Orte am Ostufer des Sees ab.

RealWorld Paragliding PARAGLIDING
(☎5634-5699; realworldparagliding.jimdo.com; Calle Santander, Centro Comercial San Rafael; Tandemflüge 700 Q) Der von der US Hang Gliding & Paragliding Association zertifizierte Christian Behrenz ist ein geduldiger und sympathischer Englisch sprechender Guide, der mehr als 2500 Tandemflüge absolviert hat. Bei entsprechenden Windverhältnissen erfolgt der Absprung oberhalb von Santa Catarina Palopó, um am Ende in Panajachel zu laden. Die Flüge dauern 20 Minuten bis eine Stunde, je nach Wind und Vorliebe der Passagiere.

Kurse

Auch in Panajachel besteht die Möglichkeit, Spanisch zu lernen. Zwei gut geführte Schulen sind **Jardín de América** (☎7762-2637; www.jardindeamerica.com; Calle del Chalí) und **Jabel Tinamit** (☎7762-6056; www.jabeltinamit.com; Ecke Avenida de Los Árboles & Callejón Las Armonías). Erstere Schule liegt inmitten üppiger Gärten, letztere im Stadtzentrum. Ein Kurs mit täglich vierstündigem Einzelunterricht an fünf Tagen in der Woche kostet etwa 1500 Q pro Woche, die Unterkunft bei einer Familie vor Ort ist im Preis enthalten.

Schlafen

Budgetreisende werden sich über die zahlreichen familiengeführten *hospedajes* (Pensionen) freuen. Sie sind schlicht – manchmal lediglich ein kahles Zimmer mit harten Betten, kleinen Tischen und nur einer Glühbirne –, aber billig. Die teureren bieten Langzeitgästen großzügige Rabatte an.

Hospedaje El Viajero HOTEL $
(☎7762-0128; www.hospedajeelviajero.com; Final de la Av Santander; EZ/DZ/3BZ 100/180/240 Q; wifi) Das El Viajero befindet sich in ruhiger, aber zentraler Lage am Ende einer kurzen Gasse abseits der unteren Calle Santander. Das Haus ist nicht unbedingt schick, aber die Zimmer sind geräumig und hell und auf dem Balkon ist jede Menge Platz zum Sitzen. Die Gäste können eine Küche benutzen und es gibt kostenloses Trinkwasser.

Villa Lupita HOTEL $
(☎5054-2447; Callejón Don Tino; EZ/DZ 75/150 Q, ohne Bad 50/100 Q) Das familiengeführte Lupita ist eine preiswerte Option in der Innenstadt. Es liegt abseits des Touristenstroms und blickt auf eine Plaza unterhalb der Kirche. Die Unterkunft ist schlicht, aber gepflegt. Aufgelockert wird das Ganze durch Kunst aus San Juan und einen mit Blumen überfüllten Patio mit Mosaiken aus zerbrochenen Kacheln.

Mario's Rooms HOTEL $
(☎7762-2370; mariosroomsatitlan.com; Calle Santander; EZ/DZ mit Frühstück 150/230 Q; @) Sie zählen zu den besten im unteren Preissegment: die liebevoll gepflegten Zimmer verteilen sich auf zwei Etagen an einem Innenhof voller Pflanzen. Das Haus liegt mitten im Trubel, schafft es aber trotzdem, eher ruhig zu sein. Hilfsbereites Personal.

Panajachel

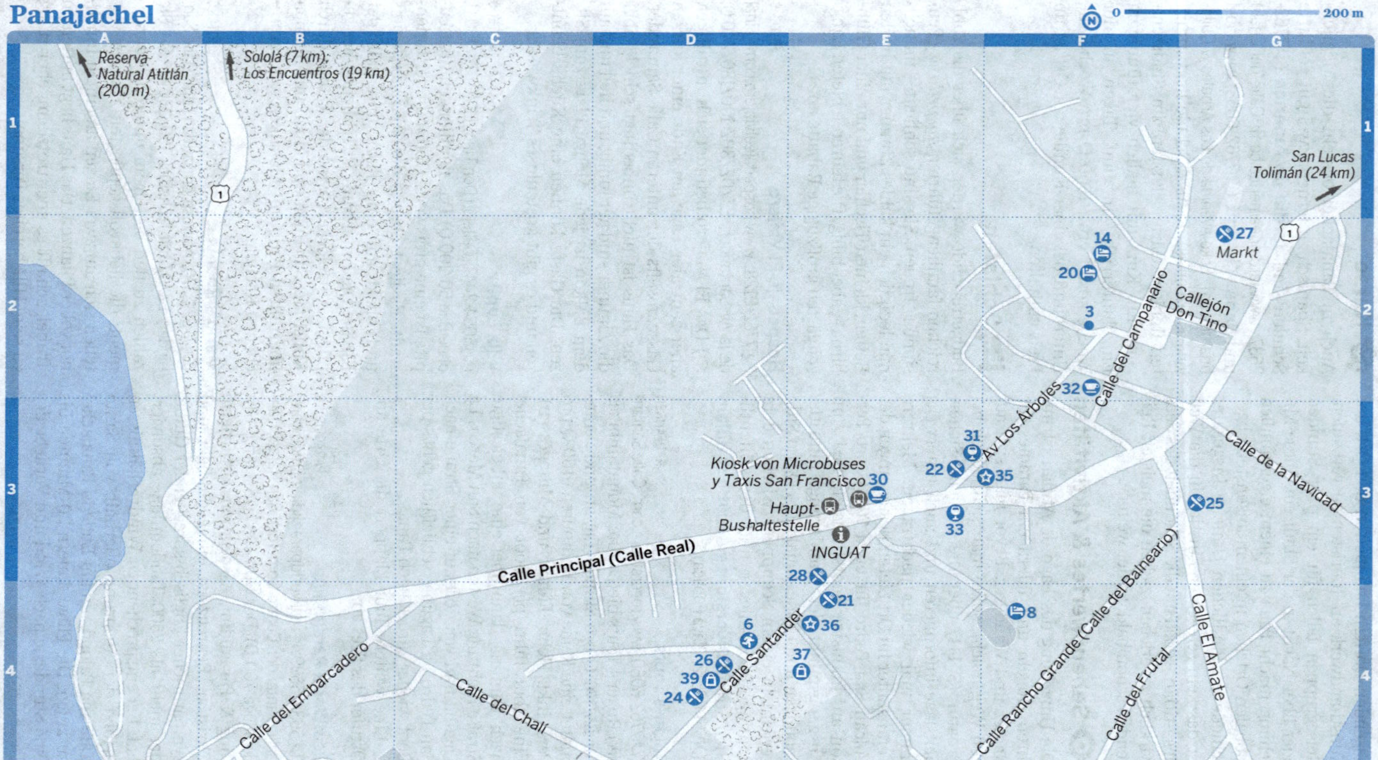
0
200 m
Reserva Natural Atitlán (200 m)
Sololá (7 km); Los Encuentros (19 km)
San Lucas Tolimán (24 km)
Markt
Callejón Don Tino
Calle del Campanario
Av Los Árboles
Calle de la Navidad
Kiosk von Microbuses y Taxis San Francisco
Haupt-Bushaltestelle
INGUAT
Calle Principal (Calle Real)
Calle Santander
Calle del Embarcadero
Calle del Chalí
Calle Rancho Grande (Calle del Balneario)
Calle del Frutal
Calle El Amate

Av El Tzala
Calle del Río
Hotel El Sol (400 m); Restaurante Hana (450 m); Santa Catarina Palopó (4 km); San Antonio Palopó (7 km)
Río San Francisco
JUCANYÁ
Calle del Frutal
Calle Chinimaya
Calle del Río
Calle 14 de Febrero
Callejón Los Quenum
Calle Rancho Grande (Calle del Balneario)
Calle 15 de Febrero
Calle Monte Rey
Calle Santander
Calle de las Buenas Nuevas
Calle Ramos
Calle del Lago
Playa Pública
Calle Monte Rey
Embarcadero Tzanjuyú
Boote nach Santa Cruz La Laguna, Jaibalito, San Marcos La Laguna, San Pedro La Laguna
Lago de Atitlán
Boote nach Santiago Atitlán
A
B
C
D
E
F
G
5
6
7
8

Panajachel

Sehenswertes
1 Casa Cakchiquel ... D5

Aktivitäten, Kurse & Touren
2 Diversiones Acuáticas Balam ... C7
3 Jabel Tinamit ... F2
4 Jardín de América ... C5
5 Posada Los Encuentros ... G5
6 RealWorld Paragliding ... D4
7 Roger's Tours ... C6

Schlafen
8 Hospedaje Casa Linda ... F4
9 Hospedaje El Viajero ... C5
10 Hospedaje García ... E5
11 Hospedaje Sueño Real ... D7
12 Hotel Jere ... D6
13 Hotel Larry's Place ... D5
14 Hotel Montana ... F2
15 Hotel Posada Viñas del Lago ... D7
16 Hotel Utz-Jay ... D6
17 Jenna's River B&B ... D7
18 Mario's Rooms ... D5
19 Posada de los Volcanes ... C6
Posada Los Encuentros ... (s. 5)
20 Villa Lupita ... F2

Essen
21 Café Loco ... E4
22 Chero's Bar ... E3
23 Deli Jasmín ... C6
24 Deli Llama de Fuego ... D4
25 Despensa Familiar ... G3
26 El Patio ... D4
27 Fuentes de Vida ... G2
Guajimbo's ... (s. 24)
28 Mister Jon's ... E3
29 Restaurante El Atitlán ... C8
Restaurante Hana ... (s. 1)

Ausgehen & Nachtleben
30 Café La Parada ... E3
31 Chapiteau ... E3
32 Crossroads Café ... F2
33 La Palapa ... E3
34 Sunset Café ... B6

Unterhaltung
35 Circus Bar ... F3
36 Pana Rock Café ... E4

Shoppen
37 Comerciales de Artesanías Típicas Tinamit Maya ... E4
38 La Señora de Cancuén ... C5
39 Oxlajuj B'atz' ... D4
The Book Store ... (s. 26)

Hospedaje Sueño Real HOTEL $
(☎7762-0608; hotelsuenorealpana@hotmail.com; Calle Ramos; EZ/DZ ab 150/180 Q; P @ ᯤ) Das Sueño Real ist besser als die meisten anderen Budgetunterkünfte an dieser Gasse; es bietet fröhlich gestaltete, jedoch eher kleine Zimmer mit TV und Ventilator. Am besten sind die 3-Bett-Zimmer oben, die sich auf eine mit Pflanzen geschmückte Terrasse mit Seeblick öffnen.

Hospedaje Casa Linda PENSION $
(☎7762-0386; Callejón El Capulin; Zi. 180 Q, EZ/DZ/3BZ ohne Bad 80/160/180 Q) In dieser ruhigen, von einer Familie geführten Pension an einer Gasse, die von der Calle Santander abzweigt, gruppieren sich 21 blitzsaubere kleine Zimmer um einen üppigen Garten. In den Zimmern oben weht immer ein schönes Lüftchen und die Balkone eignen sich prima für ein kleines Nachmittagsnickerchen. Tipp: Basilio, den netten Eigentümer, nach seinem nächsten Marimbakonzert fragen!

Hotel Larry's Place HOTEL $
(☎7762-0767; www.hotellarrysplace.com; Calle 14 de Febrero; Zi. 150 Q; P) Larry's Place liegt abseits der Straße hinter einer grünen Mauer aus Pflanzen. Es vermietet großzügige, kühle Zimmer in Waldumgebung. Die Möbel sind geschmackvoll und es gibt hohe Decken und einladende Balkone. Kein TV und Internet.

Hotel Jere HOTEL $
(☎7762-2781; www.jerehotel.com; Calle Rancho Grande; EZ/DZ/3BZ 100/125/180 Q; P @) Den Zimmern mit Backsteinwänden hauchen traditionelle Stoffe Leben ein; einige öffnen sich auf sonnige Balkone. Man kann an Ort und Stelle Shuttlebusse und Touren auf dem See buchen sowie Fahrräder leihen.

Hotel Posada Viñas del Lago HOTEL $
(☎7762-0389; braulio.pana@hotmail.com; Playa Pública; EZ/DZ/3BZ 85/150/200 Q; P @ ᯤ) Das grell gestrichene Hotel einen Katzensprung vom Seeufer wird von einer Cakchiquel-Großfamilie geführt, deren Alltag man hautnah miterlebt. Die Matratzen hängen durch und des Öfteren gibt's kein Wasser, aber das machen die Ausblicke auf den See wieder wett, besonders von den Zimmern 21 bis 23.

Hospedaje García HOTEL $
(☎7762-2187; Calle 14 de Febrero; EZ/DZ 130/160 Q, ohne Bad 70/130 Q; P ᯤ) Das große, luf-

tige Hotel an einer Nebenstraße der Calle Santander wartet mit einem leutseligen Manager und zahlreichen Zimmern unterschiedlicher Form und Größe auf. Wen die abgenutzten Möbel nicht stören: Einige der Zimmer oben sind sehr gut, mit großen Bädern und Balkonen zur Terrasse hin.

Jenna's River B&B B&B $$
(☎5458-1984; www.jennasriverbedandbreakfast.com; Calle Rancho; EZ/DZ mit Frühstück 350/500 Q; ⊖@📶) Im Jenna's nicht weit vom Seeufer fühlen sich die Gäste ganz wie zu Hause. Geboten werden sieben unterschiedlich eingerichtete Zimmer, ein Studio-Apartment und eine traditionelle mongolische Jurte, nachts beleuchtet vom Sternenhimmel. Jenna und ihre Hunde heißen Reisende in ihrem tropisch üppigen Garten samt Pavillon willkommen. Zum Frühstück reicht Jenna ihr selbstgebackenes Brot und Marmelade aus Eigenproduktion.

Posada Los Encuentros LODGE $$
(☎7762-1603; www.losencuentros.com; Callejón Chotzar 0-41; EZ/DZ mit Frühstück 300/335 Q, mit Küche 380/420 Q; @📶) Unmittelbar auf der anderen Flussseite liegt dieses „ökokulturelle" B&B mit sieben gemütlichen Zimmern in einem relaxten Haus mit vulkanisch beheiztem Whirlpool, Heilkräutergarten, Sonnenterrasse und Fitnesscenter. Eigentümer Richard Morgan teilt mit seinen Gästen gern sein enzyklopädisches Wissen über den See und bietet Kulturtouren in die Umgebung.

Hotel Utz-Jay HOTEL $$
(☎7762-0217; www.hotelutzjay.com; Calle 15 de Febrero 2-50; EZ/DZ/3BZ ab 225/360/495 Q; P@📶) Diese acht Lehmziegel-Häuschen stehen inmitten eines hübschen Gartens voller Helikoniengewächse, Feuerranken und Farne – hier sind schon 46 Vogelarten gesichtet worden. Die Zimmer sind mit traditionellen Stoffen geschmückt und haben vorne behagliche Veranden. Auf Wunsch gibt's gutes Frühstück, außerdem ein *chuj* (traditionelle Maya-Sauna).

Posada de los Volcanes HOTEL $$
(☎7762-0244; www.posadadelosvolcanes.com; Calle Santander 5-51; EZ/DZ mit Frühstück ab 380/460 Q) Das Hotel im Chaletstil hat neben einem eigenen Reisebüro hübsche, mit Kiefernholz verkleidete Zimmer. Im vierten Stock gibt's eine eigene private Terrasse, ideal zum Entspannen bei einem Cocktail und zum Genießen des Ausblicks auf den See.

Hotel Montana HOTEL $$
(☎7762-0326; atitlanhotelmontana@hotmail.com; Callejón Don Tino; EZ/DZ 175/275 Q; P) Das Montana liegt an einer Gasse nahe der Kirche und ist ein altmodisches Hotel mit wundervollen Balkonen voller Pflanzen. Die Zimmer im oberen Stock bieten tolle Ausblicke auf die Berge.

Essen

Am Südende der Calle del Lago tummelt sich am Seeufer eine Ansammlung von Reetdachrestaurants. In allen werden *mojarra* (Brasse, 95 Q) und Forellenbarsch (140 Q) aus dem See serviert – die Kellner sind dürre, Fliege tragende Jugendliche. Die beste Qualität und Auswahl bietet das Restaurante El Atitlán (S. 140), das letzte auf der linken Seite.

Preiswertes Essen gibt's außerdem an den zahllosen Taco- und Grillhähnchenständen, die sich nachmittags und abends an der Calle Santander aneinanderreihen. Man kann es z. B. am trefflich benannten Humo en Tus Ojos (Rauch in Deinen Augen) versuchen, das zuletzt an der Kreuzung Calle Principal und Calle Santander gesichtet wurde; hier speist auch die Polizei.

Lebensmittel kann man im **Despensa Familiar** am Nordende der Calle El Amate kaufen.

Chero's Bar SALVADORIANISCH $
(Av Los Árboles; pupusas 10 Q; ⏲Di–Sa 12.30–1 Uhr) In dem im Ausgehviertel gelegenen Chero's kann's ziemlich lebhaft zugehen: Während draußen die Tuk-Tuks vorbeiknattern, drängen sich drinnen die Biertrinker an einfachen Holztischen. Das salvadorianische Personal serviert *pupusas*, entweder ohne alles oder gefüllt mit Sachen wie *guicoy* (eine Kürbisart) oder dem spinatähnlichen Kraut *chipilín*, und dazu wie üblich sauer eingelegten Kohl und Salsa.

Fuentes de Vida GUATEMALTEKISCH $
(Markt; Mittagessen 20 Q; ⏲7.30–16 Uhr) Dies ist der größte einer Reihe von recht rustikalen Essensständen hinter dem Marktgebäude, in der Nähe der Schweinefleischstände. Es werden täglich ein halbes Dutzend Menüs geboten, allesamt mit Bohnen, Tortillas und einer feurigen Salsa aus getrockneten roten Chilis.

Deli Jasmín NATURKOST $
(☎7762-2585; Calle Santander; Speisen 25–45 Q; ⏲Mi–Mo 7–18 Uhr; 🖉) Das friedliche Gar-

tenrestaurant serviert eine Reihe gesunder Gerichte und Getränke zu den Klängen klassischer Musik. Frühstück gibt's den ganzen Tag. Man kann Vollkorn- oder Pitabrot mit Hummus oder Mangochutney zum Mitnehmen kaufen.

★ Restaurante Hana JAPANISCH $$
(☎4298-1415; restaurantehana.com; Calle 14 de Febrero; Hauptgerichte 65–85 Q; ⏲Di–So 12–21 Uhr) Das Hana im stillen Innenhof der **Casa Cakchiquel** (☎7762-0969; Calle 14 de Febrero; ⏲7–20 Uhr), geschmückt mit Hängepflanzen und Fotos vom alten Pana, bietet absolut authentische japanische Küche. Neben Klassikern wie Nigiri-Sushi, Sashimi und Tempura zaubert Chefköchin Mihoko *uramaki* („verkehrtes" Sushi), *donburi* und kalte Udon-Nudeln genauso wie in ihrer Heimat Japan.

Mister Jon's NORDAMERIKANISCH $$
(☎4710-8697; www.mister-jon.com; Calle Santander; Frühstück 35–50 Q; ⏲Di–So 7–22 Uhr; 📶) Hier werden alle aus einem amerikanischen Diner bekannten Leckereien geboten wie Buttermilch-Pfannkuchen, tolle Omeletts mit *hash browns* (Rösti-Ecken) oder *country biscuits* (Brötchen im Landstil) sowie Kaffee bis zum Abwinken, und zwar guten guatemaltekischen. Aber das Lokal ist kein Ausländerghetto – *chapines* (Guatemalteken) mit US-Erfahrung fühlen sich hier ebenso wohl.

Guajimbo's STEAKS $$
(☎7762-0063; Calle Santander; Hauptgerichte 60–95 Q; ⏲Fr–Mi 7.30–21.30 Uhr) In dem uruguayischen Grill kommen großzügige Portionen Steak-, Würstchen- oder Hühnchengerichte mit Gemüse, Salat, Knoblauchbrot und Reis oder Kartoffeln auf den Tisch – hungrig geht niemand raus. Für Vegetarier gibt's Tofu-Kebabs.

El Patio GUATEMALTEKISCH $$
(☎7762-2041; Plaza Los Patios, Calle Santander; Hauptgerichte 38–60 Q; ⏲7–21.30 Uhr) Die Einheimischen kommen gern zum Mittagessen her: Die Terrasse bietet sich wunderbar als Treffpunt an. Wenn möglich, sollte man das El Patio montagmittags besuchen und den *caldo de res* (Rindfleischsuppe) probieren, der mit allem Drum und Dran serviert wird.

Deli Llama de Fuego NATURKOST $$
(☎7762-2586; Calle Santander; Speisen 40–55 Q; ⏲Do–Di 7–21 Uhr) In diesem Mekka für Freunde des gesunden Essens dreht sich alles um einen *llama de fuego* (Afrikanischer Tulpenbaum).

Restaurante El Atitlán FISCH & MEERESFRÜCHTE $$
(Calle del Lago; Forellenbarsch 140 Q; ⏲7–21 Uhr) Das letzte einer Reihe von reetgedeckten Restaurants am Seeufer hat die beste Qualität und Auswahl. Neben der atemberaubenden Lage sind die Hauptattraktion hier Seefische wie *mojarra* (Brasse) und Forellenbarsch.

🍷 Ausgehen & Nachtleben

Panajachels kleine Zona Viva (Ausgehviertel) schmiegt sich an die Avenida Los Árboles.

★ Crossroads Café CAFÉ
(☎5292-8439; www.crossroadscafepana.com; Calle del Campanario 0-27; ⏲Di–Sa 9–13 & 14.30–18 Uhr) Der aus der Gegend der San Francisco Bay stammende Mike Roberts hat Panajachel zu einem wichtigen Mekka für Kaffeegourmets gemacht. Wenn er nicht gerade Bohnen röstet oder in seinem schmalen Café in Zentrumsnähe die Cimbali in Schwung hält, durchkämmt er das Hochland auf der Suche nach kleinen Kaffeeproduzenten, die er in sein Angebot aufnehmen kann, wie den würzigen Acatenango Eighth Wonder und den sanften Huehue Organic.

La Palapa PUB
(Calle Principal; ⏲9–1 Uhr) Wie der Name andeutet, verbirgt sich diese Partyadresse mit Strandflair unter einem Reetdach (eigentlich zweien). Hier verkehren gern Peace-Corps-Freiwillige und andere Westler, doch die Grillparty am Samstagnachmittag lockt alle möglichen Leute an. Dahinter liegt praktischerweise ein Hostel für diejenigen, die noch ein Bett (61 Q pro Pers.) brauchen.

Café La Parada CAFÉ
(Centro Comercial El Dorado; ⏲6–19 Uhr; 📶) Das freundliche Café direkt bei der Hauptbushaltestelle ist bei einheimischen Reisenden wegen des ausgezeichneten Eiskaffees und kostenlosen WLAN beliebt.

Chapiteau CLUB
(☎7762-2056; Av Los Árboles; ⏲Mi–Sa 19–1 Uhr) Diese Diskobar bildet das Zentrum von Panas kleiner Zona Viva. Bevor man eintritt, sollte man sich die traumhafte Markise anschauen.

Café Loco CAFÉ $
(Calle Santander; ⏲Di–So 9–20, Mo 15–20 Uhr) Das von Koreanern geführte Café ist bei den Travellern auf viel Gegenliebe gestoßen und

so drängeln sich diese jetzt an der langen Theke. Das junge Personal hat eine umwerfende Palette von Kaffeevarianten in petto, vom „Brown Cloud" (kleiner Espresso mit ein bisschen Milch und Schaum) bis zum „Habana Blues" (mit braunem Zucker über Espressosatz).

Sunset Café BAR
(Ecke Calles Santander & del Lago; 11–23 Uhr) Das Open-Air-Lokal am Ende der Calle Santander ist der beste Ort, um die phänomenalen Sonnenuntergänge über den Vulkanen zu genießen. In der Hauptreisezeit gibt's freitag- bis sonntagabends Livemusik.

Circus Bar LIVEMUSIK
(7762-2056; Av Los Árboles; 12–24 Uhr) Hinter den Saloon-Schwingtüren überrascht die Circus Bar mit Varieté-Atmosphäre. Jeden Abend gibt's von 19.30 bis 22.30 Uhr Livemusik. Flamenco, Folk oder Marimbas passen bestens zum gemütlichen Ambiente, genauso wie die große Auswahl an importierten Spirituosen, 10-Q-Cocktails und guter Pizza.

Pana Rock Café LIVEMUSIK
(7762-2194; Calle Santander 1-74) In dieser munteren kleinen Kneipe spielen jeden Abend ab 21 Uhr Bands. Besonders beliebt bei jungen Leuten aus Guatemala-Stadt, die sich mit einem *cubetazo* (Eimer Bier) oder auch zweien hier für den Abend niederlassen.

Shoppen

Einige Reisende ziehen die ruhigere Shoppingszene von Pana dem bekannten Markt von Chichicastenango (S. 152) vor. Die Calle Santander säumen Stände, Läden und Komplexe, wo u. a. traditionelle Maya-Bekleidung, Jade, Rastamützen mit eingebauten Dreadlocks, bunte Decken, Lederwaren und Holzschnitzereien feilgeboten werden. Ansonsten kann man noch die traditionelle Markthalle im Zentrum ansteuern, wo sonntags am meisten los ist: Dann wird jedes Fleckchen von Händler in indigener Kleidung genutzt.

La Señora de Cancuén BEKLEIDUNG
(7762-2602; Calle Santander; 9.30–19 Uhr) Zeigt die innovative Kleidung und den Schmuck der guatemaltekischen Designerin Ana Kayax, produziert in ganz Guatemala von indigenen Weberinnen und Kunsthandwerkern. Jedes hier angebotene Stück hat seine eigene Geschichte.

The Book Store BÜCHER
(Calle Santander, Centro Comercial El Patio; 9–18 Uhr) Von einem belesenen Gringo geführter Laden mit vielseitiger Auswahl an Belletristik und Sachbüchern. Mit Leihbücherei.

Oxlajuj B'atz' KUNSTHANDWERK
(Dreizehn Fäden; 7762-2921; www.oxlajujbatz.org.gt; Plaza Hotel Real Santander; 10–18 Uhr) Dieser Fair-Trade-Laden unterstützt eine Initiative zur Stärkung der Frauen und verkauft auf natürliche Weise gefärbte Teppiche, Handtaschen, handgewebte Artikel und Perlenschmuck.

Comerciales de Artesanías Típicas Tinamit Maya KUNSTHANDWERK
(7–19 Uhr) Auf diesem großen Kunstgewerbemarkt mit einer eindrucksvollen Auswahl an Taschen, Kleidung, Decken, Gürteln und Hängematten sollte man sich auf jeden Fall umschauen. Weitere Stände stehen am Seeuferende der Calle Santander.

Praktische Informationen

GELD

Banco de América Central (Calle Santander, Centro Comercial San Rafael; Mo–Fr 9–17, Sa 9–13 Uhr) Geldautomat; Barauszahlungen auf Visa, American Express und MasterCard, Wechsel von US-Dollar.

Banco Industrial (Calle Santander, Comercial Los Pinos; Mo–Fr 9–16, Sa 9–13 Uhr) Geldautomat für Visa und MasterCard.

MEDIZINISCHE VERSORGUNG

Das nächste Krankenhaus ist in Sololá.

Pana Medic (4892-3499; drzulmashalom@hotmail.com; Calle Principal 0-72) Von einem Englisch sprechenden Arzt geleitetes Ärztezentrum.

NOTFALL

Proatur (Programa Asistencia al Turista; 5874-9450; proatur.solola@gmail.com; Calle Rancho Grande; 9–17 Uhr)

POST

DHL (Calle Santander, Edificio Rincón Sai) Kurierdienste.

Post (Ecke Calle Santander & 15 de Febrero)

TOURISTENINFORMATION

INGUAT (2421-2953; info-pana@inguat.gob.gt; Calle Principal 1-47; 9–17 Uhr) Gegenüber der Hauptbushaltestelle an der Calle Principal 50 m westlich der Calle Santander. Der Englisch sprechende Direktor ist eine sehr gute Informationsquelle.

An- & Weiterreise

BUS

Panajachels **Hauptbushaltestelle** befindet sich an der Kreuzung von Calle Santander und Principal, unmittelbar westlich vom Centro Comercial El Dorado.

SCHIFF/FÄHRE

Passagierboote nach Santiago Atitlán (35 Min.) fahren an der Playa Pública (öffentlicher Strand) am Anfang der Calle Rancho Grande ab. Alle anderen legen am **Embarcadero Tzanjuyú** am Anfang der Calle del Embarcadero ab. Häufig fahren überdachte *lanchas* (kleine Motorboote) gegen den Uhrzeigersinn um den See nach San Pedro La Laguna, entweder direkt oder mit Stopps in Santa Cruz La Laguna (15 Min.), Jaibalito, Tzununá, San Marcos La Laguna (30 Min.), San Juan La Laguna und San Pedro La Laguna (45 Min.). Das erste Boot nach San Pedro legt um 7 Uhr ab, das letzte gegen 19.30 Uhr.

Eine einfache Fahrt nach San Pedro, Santiago oder San Lucas kostet 25 Q (Einheimische zahlen etwas weniger). *Lanchas* können an der Playa Pública oder am Embarcadero Tzanjuyú auch gemietet werden: Die Fahrt nach San Pedro La Laguna kostet dann rund 400 Q.

SHUTTLE-MINIBUS

Touristen-Shuttlebusse sind doppelt so schnell wie Busse am Ziel, kosten aber ein Vielfaches. Man kann sie in jedem Reisebüro in der Calle Santander buchen. Der Kiosk von **Microbuses y Taxis San Francisco** (☎7762-0556; mitaf sa_56@hotmail.com; Calle Principal) bei der Hauptbushaltestelle verkauft auch Fahrkarten für Shuttlebusse. Einige Ziele und Preise:

ZIEL	PREIS (Q)
Antigua	95 Q
Chichicastenango	Hin- & Rückfahrt Do & So; 95 Q
Guatemala Stadt	175 Q
San Cristóbal de las Casas, Mexiko	280 Q
Quetzaltenango	150 Q

Santiago Atitlán

28 665 EW. / 1606 M

Von Panajachel aus quer über den See liegt am Ufer eines Seearms zwischen den Vulkanen Tolimán und San Pedro Santiago Atitlán, der größte der Orte am See, mit einer ausgeprägten indigenen Identität. Viele *ati-*

BUSSE AB PANAJACHEL

ZIEL	PREIS (Q)	DAUER	HÄUFIGKEIT & ANMERKUNGEN
Antigua	45	2½ Std.	Ein Direktbus von Transportes Rébuli fährt Mo–Sa um 11 Uhr. Oder man nimmt einen Bus nach Guatemala-Stadt und steigt in Chimaltenango um.
Chichicastenango	20	1½ Std.	6.45–18 Uhr 5-mal tgl. Oder man nimmt einen Bus nach Los Encuentros (über Sololá) und steigt dort um.
Ciudad Tecún Umán (mexikanische Grenze)			Über die Pazifikroute (via Mazatenango) nimmt man einen Bus nach Cocales und steigt dort um; über die Hochlandroute steigt man in Quetzaltenango um.
Guatemala-Stadt	35	3½ Std.	4.30–15 Uhr fünf Busse tgl. von Transportes Rebuli. Oder man nimmt einen Bus nach Los Encuentros (via Sololá) und steigt dort um.
Huehuetenango		3½ Std.	Man nimmt einen Bus nach Los Encuentros (via Sololá) und wartet dort auf einen Bus Richtung Huehue oder La Mesilla. Oder man nimmt einen Bus nach Quetzaltenango, steigt in Cuatro Caminos aus und dort in einen anderen Bus. An diesen Knotenpunkten gibt's mind. stündl. Anschlüsse.
Los Encuentros	5,50	40 Min.	Man nimmt einen der häufig verkehrenden Busse nach Sololá; von dort fahren bis 18 Uhr alle 10 Min. Busse nach Los Encuentros.
Quetzaltenango	25	2½ Std.	5–13 Uhr 4-mal tgl. Oder man nimmt einen Bus nach Los Encuentros (via Sololá) und steigt dort um.
Sololá	3	15 Min.	7–19 Uhr alle 10 Min.

tecos (wie die Einwohner genannt werden) halten stolz am traditionellen Lebensstil der Tz'utujil-Mayas fest. Die Frauen tragen purpurfarben gestreifte Röcke und mit bunten Blumen und Vögeln bestickte *huipiles*, die älteren Männer noch immer lavendelfarben oder kastanienbraun gestreifte bestickte Hosen. Die *cofradías* (religiösen Bruderschaften) der Stadt halten die synkretischen Traditionen und Rituale des Katholizismus der Mayas aufrecht. Dazu kommt noch eine große Kunst- und Kunsthandwerksszene. Ein wichtiges Gewerbe ist der Bootsbau: Am Seeufer sind grob behauene *cayucos* (Einbaumkanus) aufgereiht. Am besten besucht man Santiago Atitlán an einem Freitag oder Sonntag, den beiden wichtigsten Markttagen; es hat aber auch an allen anderen Tagen seinen Reiz.

Santiago Atitlán ist der Ort am See, in dem sich das Alltagsflair am stärksten erhalten hat. Zudem ist es das Zuhause eines Bildnisses von Maximón, das nach der Semana Santa am 8. Mai einen zeremoniellen Umzug in ein neues Zuhause erlebt. Für den Rest des Jahres wohnt Maximón bei einem „Wächter" und nimmt Opfergaben entgegen. Er wechselt alljährlich sein Zuhause, das aber sehr leicht zu finden ist, wenn man sich durchfragt.

Als die Spanier hier aufkreuzten, hatten die Tz'utujil schon seit Generationen in dieser Gegend gelebt, mit der rituellen Hauptstadt Chuitinamit auf der anderen Seite des Seearms. Santiago wurde 1547 im Rahmen einer kolonialen Strategie zur Befriedung der indigenen Bevölkerung von Franziskanermönchen gegründet. In den 1980er-Jahren waren linksgerichtete Guerilleros stark in der Gegend vertreten. Die guatemaltekische Armee reagierte darauf, indem sie Hunderte Dorfbewohner ermordete oder verschwinden ließ.

Sehenswertes

Cojolya Association of Maya Women Weavers MUSEUM
(☎7721-7268; www.cojolya.org; Calle Real, Comercial Las Máscaras, 2. OG; Spende erwünscht; ⌚Mo–Fr 9–17, Sa 9–14 Uhr) GRATIS Das kleine Museum widmet sich der Kunst des Webens am Bandwebstuhl. Die interessante Ausstellung zeigt die Geschichte und den Prozess vom Spinnen der Baumwollfäden bis zum fertigen Stoff. Täglich wird die spezielle Webmethode vorgeführt und es gibt einen kleinen Laden.

Iglesia Parroquial Santiago Apóstol KIRCHE
Die imposante Pfarrkirche wurde Mitte des 16. Jhs. von Franziskanern erbaut. Eine Gedenktafel rechts hinter dem Eingang erinnert an Vater Stanley Francis Rother, einen von den Einwohnern des Ortes geliebten Missionar und Priester aus Oklahoma, der 1981 von einem ultrarechten Todeskommando im Pfarrhaus nebenan getötet wurde. Sein Schlafzimmer kann besichtigt werden.

Parque de Paz DENKMAL
(Friedenspark) Santiago war das erste Dorf des Landes, das während des Bürgerkriegs die Armee erfolgreich vertrieb; zuvor waren am 2. Dezember 1990 bei einem berüchtigten Massaker 13 Dorfbewohner getötet worden. Der Ort des Massakers, an dem sich einst das Lager der Truppen befand, ist heute der Parque de Paz (Friedenspark); er befindet sich 1 km südlich des Parque Central, zu erreichen über die Straße Richtung San Pedro La Laguna.

Aktivitäten

Rund um Santiago stehen verschiedene lohnende **Tageswanderungen** zur Auswahl. Am verlockendsten sind natürlich die drei Vulkane in der Umgebung: Tolimán, Atitlán und San Pedro. Bevor man sich an den Aufstieg macht, sollte man sich über die aktuelle Sicherheitslage informieren. Am besten geht man mit einem Guide; die Posada de Santiago kann einen zuverlässigen vermitteln. Geführte Vulkanbesteigungen kosten etwa 425 Q für zwei bis fünf Personen.

Weniger anspruchsvoll als die gewaltigen Vulkane der Gegend ist der **Cerro de Oro** (1892 m). Auch von ihm bieten sich tolle Ausblicke und dazu gibt's hier mehrere Zeremonialstätten der Mayas. Er liegt rund 8 km nordöstlich etwa auf halber Strecke zwischen Santiago und San Lucas Tolimán.

Milpas Tours (☎5450-2381; milpastours@yahoo.es) hat eine Reihe faszinierender Ausflüge in und um Santiago Atitlán im Programm, z. B. zur Tz'utujil-Gemeinde Chuk Muk an den Hängen des Volcán Tolimán mit einer nicht ausgegrabenen archäologischen Stätte, zum temporären Schrein des hier verehrten Heiligen Maximón (170 Q) oder zu den Werkstätten von Webern, Malern und Bildhauern sowie zu Köchen.

Ein weiteres lohnendes Ziel ist der **Mirador de Tepepul** 4 km südlich von Santiago beim Ende des Seearms (4–5 Std. hin

& zurück, 225 Q pro Pers.). Die Wanderung führt durch einen kühlen Wald voller Vögel wie Sittichen, Hokkos, Schwalben, Bootschwanzgrackeln und Arassaris zu einem Aussichtspunkt mit Blick hinunter zur Küste.

Die präkolumbische Tz'utujil-Hauptstadt **Chuitinamit** liegt von Santiago auf der anderen Seite des Seearms. Die archäologische Stätte auf einem Hügel umfasst neben Petroglyphen auch phantasievoll bemalte Steinbilder jüngeren Datums. Vom Bootsanleger sind es 20 Minuten zu Fuß zur Spitze, von wo sich auch schöne Ausblicke auf Santiago eröffnen. Milpas Tours bietet eine Fahrt per *cayuco* zur anderen Seite des Seearms inklusive Begleitung über den kaum erkennbaren Pfad nach oben.

Geführte Touren

Dolores Ratzan Pablo KULTURTOUR
(☎5730-4570; dolores_ratzan@yahoo.com) Diese Englisch sprechende Tz'utujil-Frau führt Besucher in die Wunder der Geburtshilfe und Heilung nach Maya-Art ein, erläutert in der Kirche und bei den *cofradías* Beispiele des Synkretismus aus Maya-Kult und Katholizismus und beschreibt die Vorfälle, die 1990 zum Massaker im heutigen Parque de Paz führten. Die Touren dauern in der Regel zwei Stunden und kosten 300 Q pro Person.

Schlafen & Essen

Hotel Ratzán HOTEL $
(☎7721-7840; www.hotelyposadaratzan.blogspot.nl; Calle Principal; EZ/DZ 100/200 Q; 📶) Diese Budgetunterkunft ist ein von einer Familie geführtes Etablissement in Zentrumsnähe mit hübschen Balkendecken und großen, modernen Bädern. Nur drei der fünf Zimmer haben Außenfenster, da das Hotel aber nicht weit von der gigantischen neuen evangelikalen Kirche mit ihren allabendlichen lauten Gottesdiensten entfernt liegt, ist das vielleicht ganz gut.

Posada de Santiago LODGE $$
(☎7721-7366; www.posadadesantiago.com; EZ/DZ 235/400 Q, Cottages EZ/DZ/3BZ 500/615/690 Q, Suite ab 765 Q; P@📶🏊) Die *posada* eines amerikanischen Besitzers hält gekonnt die Balance zwischen rustikalem Charme und Luxus – ein schönes Refugium. Sieben Häuschen und fünf Suiten, alle mit Steinwänden, Kaminen, Veranden, Hängematten und Volkskunst, verteilen sich in einem weitläufigen Garten. Auf der anderen Straßenseite befindet sich ein Seeresort mit Pool und Bar. Das Restaurant serviert leckere natürliche Kost sowie Kaffee aus heimischem Anbau.

Die *posada* liegt 1,5 km vom Anleger entfernt. Man kann sich ein Tuk-Tuk (10 Q) nehmen oder eine *lancha* rüber zum Hotelanleger chartern.

Hotel La Estrella HOTEL $$
(☎7721-7814; www.hotel-laestrella.blogspot.com; Calle Campo; EZ/DZ/3BZ 175/300/425 Q; P📶) Dieses Hotel mit ausgezeichnetem Preis-Leistungs-Verhältnis liegt einen kurzen Spaziergang nördlich des Fähranlegers an der Straße nach San Lucas und wartet mit modernen, komfortablen Zimmern mit hübschen Holzdecken und in der Gegend gewebten Bettdecken auf. Zimmer 13 neben der Dachterrasse macht am meisten aus der Lage des Hotels am See und bietet einen direkten Blick über die Bucht auf den Vulkan San Pedro.

Comedor Santa Rita GUATEMALTEKISCH $
(Calle de Santa Rita 88; Mittagessen 25–30 Q; ⏲Mo–Fr 7–21 Uhr) In der neuesten Inkarnation eines generationenalten Lokals kann man gut Maya-Spezialitäten wie *pulique* (Eintopf mit viel Gemüse) und *patín* (Seefisch in Tomatensauce) probieren, serviert mit Tortillas. In den letzten 40 Jahren schwang hier Doña Hélida Esther Cabrera, Santiagos eigene Ethnografin, das Zepter; jetzt ist ihre Enkelin die Herrin in der Küche. Das Lokal liegt einen halben Block östlich vom Parque Central.

Praktische Informationen

GEFAHREN & ÄRGERNISSE

Die Straße zwischen Santiago und San Pedro La Laguna hat gewisse Probleme mit Banditen, Autoräubern, Kidnappern usw. Proatur, die Sicherheitsabteilung der Tourismusbehörde, empfiehlt, zwischen den beiden Orten eine Fähre zu nehmen.

GELD

G&T Continental (⏲Mo–Fr 8.30–17, Sa 9–13 Uhr) Bei G&T Continental auf der Südseite des Parque Central gibt's einen Cajero-5B-Geldautomaten.

An- & Weiterreise

Stündlich verkehren Boote nach San Pedro La Laguna (25 Q, 30 Min.). Pick-ups nach Cerro de Oro und San Lucas Tolimán fahren vor dem Markt ab. Busse nach Guatemala-Stadt (40 Q, 3½ Std.) fahren zwischen 3 und 6 Uhr jede halbe Stunde, dann bis 15 Uhr jede Stunde vom Hauptplatz.

San Pedro La Laguna

10 150 EW. / 1592 M

Das auf einer Halbinsel am Fuß des gleichnamigen Vulkans gelegene San Pedro gehört zu den meistbesuchten Orten am See – nicht nur wegen der erschwinglichen Unterkünfte und der internationalen Travellerszene, sondern natürlich insbesondere auch wegen seiner spektakulären Lage. Die Besucher quartieren sich hier gern für einige Tage ein, angelockt von – in beliebiger Reihenfolge – feucht-fröhlichen Abenden, Feuerwirbeln, afrikanischen Trommeln, Spanisch- oder Malkursen, Vulkanwanderungen und Abhängen im Whirlpool und Hängematten.

Während all dies am Seeufer zu finden ist, folgt San Pedros Viertel auf dem Hügel eher einem traditionelleren Rhythmus. In ihre Trachten gehüllt, versammeln sich vorwiegend indigene *pedranos* (wie die Einwohner genannt werden) rund um den Marktplatz. An den Hängen des Vulkans kann man dabei zuschauen, wie Kaffee geerntet und zu Beginn der Trockenzeit auf weiten Flächen zum Trocknen ausgebreitet wird.

Aktivitäten

Der über der Stadt thronende Volcán San Pedro (3020 m) schreit beinahe danach, von jedem erklommen zu werden, der ein bisschen Energie und Abenteuerlust in sich spürt. Er ist der am einfachsten zugängliche der drei hiesigen Vulkane und als städtischer Naturpark wird er regelmäßig von der Touristenpolizei patrouilliert.

Eine weitere beliebte Wanderung führt zu einem Hügel westlich des Ortes, der **Indionase** genannt wird – seine Umrisse ähneln dem Profil eines antiken Maya-Würdenträgers. **Asoantur** (☎4379-4545; asoantur@gmail.com; 4a Av A 3-60; ⌚7–19 Uhr), eine Vereinigung aus 16 vom INGUAT anerkannten Führern aus der örtlichen Gemeinde, bietet für 100 Q pro Person Expeditionen hinauf zum Gipfel. Angeboten werden zudem kulturelle Touren durch San Pedro und nahe gelegene Kaffeeplantagen sowie Reittouren. Einen Kajak-, Fahrrad- und Motorradverleih gibt's auch. Das Büro befindet sich in einer Hütte an der Gasse, die zum Pana-Anleger führt.

Unweit des Pana-Docks – hier rechts abbiegen – kann man sich für 10 Q pro Stunde ein **Kajak** ausleihen – beim Friseur Natalí fragen.

Kurse

Auf dem Gebiet des Spanischunterrichts macht sich San Pedro mit sehr preiswerten Kursen, die von verschiedenen Sprachschulen angeboten werden, gerade einen Namen. Der Standardpreis für vier Stunden Einzelunterricht an fünf Tagen pro Woche beträgt rund 850 Q. Die Unterkunft bei einer Familie vor Ort kostet normalerweise 650 Q; man bekommt täglich außer sonntags drei Mahlzeiten. An Aktivitäten außerhalb des Unterrichts werden z. B. Vulkanwanderungen, Maya-Kulturseminare und Tanzunterricht angeboten.

Community Spanish School SPRACHKURSE
(☎5466-7177; communityspanishschool.com) Die staatlich anerkannten einheimischen Lehrkräfte dieser professionell geführten Schule geben ihren Einzelunterricht in Reetdachhütten an einem Stück Garten, das zum Seeufer hinunterführt. Vom Pana-Anleger 300 m nach links.

San Pedro Spanish School SPRACHKURSE
(☎5715-4604; www.sanpedrospanishschool.org; 7a Av 2-20) Gut organisierte Schule an der Straße zwischen den beiden Anlegern, die beständig gute Kritiken erhält. Der Unterricht findet in strohgedeckten Hütten in einem hübschen Garten statt. Die Schule unterstützt Niños del Lago, eine Organisation, die einheimischen Tz'utujil-Kindern Bildung, medizinische Versorgung und Ernährung bietet.

Celas Maya SPRACHKURSE
(☎5933-1450; www.spanishschool.com.gt) Die Seefiliale des renommierten **Instituts in Quetzaltenango** (Karte S. 162; ☎7765-8205; www.celasmaya.edu.gt; 6a Calle 14-55, Zona 1) möchte anhand von Dokumentarfilmen, Nachrichten, Sportberichten und Geschichten die Sprech- und Hörverständnisfähigkeiten ihrer Schüler verbessern. Es wird auch Unterricht in Tz'utujil angeboten. Vom Pana-Anleger am Ende des Seeuferpfads.

Schlafen

In vielen Unterkünften in San Pedro kann man für längere Aufenthalte und während der Nebensaison günstigere Tarife aushandeln. Außerdem kann man im Ort Privatzimmer oder auch ein ganzes Haus mieten – einfach herumfragen!

Hotel Gran Sueño HOTEL $
(☎7721-8110; 8a Calle 4-40, Zona 2; EZ/DZ 75/150 Q; 📶) Das Hotel befindet sich zwar nicht

im hübschesten Teil der Stadt, doch hinter einem mit Pflanzen bewachsenen Eingang führt eine Wendeltreppe in helle Zimmer mit buntem, abstraktem Design, bequemen Betten und einzigartig gestalteten Bädern. Zimmer 9 und 11 bieten ein phantastisches Seepanorama. Vom Pana-Anleger liegt das Hotel ein paar Häuser links von der ersten Kreuzung.

Zoola HOSTEL $
(☎5847-4857; B 50 Q, Zi. 160 Q, ohne Bad 130 Q) „Entspannt" ist die treffende Beschreibung für dieses Haus unter israelischer Leitung – hier kann man nach einer nahöstlichen Schlemmerei im Restaurant nebenan (S. 147) wunderbar abhängen. Zu erreichen ist das Hostel über einen langen, urwaldartigen Gehweg gegenüber vom Museo Tz'unun Ya'. Hinter dem Café bzw. der Lounge ziehen sich Lehmziegelblocks mit Dorms zum See hinunter, wo ein überdachter Swimmingpool im Mittelpunkt der allabendlichen Partys steht. Mindestaufenthalt zwei Nächte.

Hotel Mansión del Lago HOTEL $
(☎7721-8124; www.hotelmansiondellago.com; 3a Vía & 4a Av, Zona 2; EZ/DZ 75/150 Q) Das große L-förmige Hotel befindet sich gleich oberhalb vom Pana-Anleger – ideal für Leute, die schnell ihr Gepäck loswerden wollen. Die blitzsauberen Zimmer zieren Wolken- oder Taubenmotive und von den Schaukelstühlen auf den breiten Balkonen blickt man direkt auf die Indionase.

Mr Mullet's Hostel HOSTEL $
(☎4419-0566; mrmullets.com; B 60 Q, Zi. mit/ohne Bad 140/95 Q; WLAN) Durch Mundpropaganda hat es das neueste Partyhostel am See in San Pedro zum Erfolg gebracht. Die Feierwütigen drängen sich in den auf zwei Etagen verteilten 4-Bett-Dorms – zu jedem Bett gehören ein großes Schließfach und eine Steckdose zum Laden der lebenswichtigen Gerätschaften – und in den zellenartigen Privatzimmern sowie in der Terrassenbar hinterm Haus. Diese schließt um 23 Uhr, damit diejenigen, die möchten, auch ein bisschen Schlaf kriegen.

Hostel Fe HOSTEL $
(☎3486-7027; www.hostelfe.com; B/Zi. 70/200 Q) Das neue Hostel in einem großen Betonbau 100 m südlich des Pana-Anlegers ist ein echter Renner. Dies ist die erste Adresse für junge Leute aus aller Welt, nicht nur wegen des lebhaften Cafés am Wasser und der benachbarten Sonnenterrassenbar (mit Rutsche), sondern auch wegen der sparsam eingerichteten Zimmer und Dorms mit Stahltüren. Einheimische *pedranos* sorgen dafür, dass die Bäder und Terrassen immer schön sauber und ordentlich sind.

Hotel Sak'cari El Amanecer HOTEL $$
(☎7721-8096; www.hotel-sakcari.com; 7a Av 2-12, Zona 2; EZ/DZ/3BZ 275/305/385 Q; P WLAN Pool) Das umweltfreundliche Sak'cari (Tz'utujil für „Sonnenaufgang") etwa auf halbem Weg zwischen den beiden Anlegern bietet 20 Zimmer mit Holzvertäfelung und vielen Regalen. Die hinteren Zimmer sind die besten (und teuersten) – mit großen Balkonen und Blick auf einen gepflegten Rasen (toll für Hängematten!) und den See. Aktive Gäste können per Kajak den See erkunden.

Hotel Mikaso HOTEL $$
(☎7721-8232; www.mikasohotel.com; 4a Callejon A-88; B/EZ/DZ/3BZ 80/150/250/300 Q; WLAN) Trotz des steigenden Seewasserspiegels steht das Mikaso immer noch stolz am Atitlán. Die großen Zimmer sind mit Holzmöbeln eingerichtet und werden von Deckenventilatoren gekühlt. Sie säumen einen Garten, in dem es von Paradiesvögeln nur so wimmelt. Ein paar Zimmer verfügen über eine eigene Terrasse. Das Dachrestaurant mit Bar lockt mit einem phantastischen Blick auf den See, die Terrassenlounge mit Whirlpool und Billardtisch.

Essen

Café La Puerta CAFÉ $
(☎4050-0500; 7a Av 2-20; Frühstück 30–40 Q; ⏲7–17 Uhr; ✎) Das Café der San Pedro Spanish School (S. 145) ist ein nettes Plätzchen für üppige Naturkost. Zum Frühstück gibt's hausgemachtes Müsli, Vollkornbrot, köstliche Himbeermarmelade und Avocado-Milchshakes, alles serviert auf schönen Mosaikkacheltischen von den nettesten Kellnerinnen, die je eine *huipil* getragen haben. Die Höhepunkte der Mittagskarte bilden traditionelle guatemaltekische Gerichte mit asiatischem Einschlag.

Shanti Shanti ISRAELISCH $
(8a Calle 3-93; Hauptgerichte 20–30 Q; ⏲7–23 Uhr; ✎) Die terrassenartig angeordneten Sitzgelegenheiten reichen bis zum Seeufer. Hier gibt's prima orientalisches Essen wie Falafel, Baba Ghanoush und herzhafte Suppen.

Hummus-Ya ISRAELISCH $$
(Hummusplatten 42–52 Q; ⏲9–21.30 Uhr) *Sabich* (ein israelisches Sandwich, gefüllt mit

hartgekochten Eiern, Hummus und gebratenen Auberginen) ist nur *ein* Highlight auf der Karte dieses freundlichen nahöstlichen Lokals zwischen dem Pana- und dem Santiago-Anleger. Weitere authentische Spezialitäten sind *malawach,* ein würziges jemenitisches Gericht, und *shakshuka,* eine tunesische Kombination aus verlorenen Eiern und gedämpften Tomaten.

Idea Connection CAFÉ $$
(Panini & Pasta 30–50 Q; ⌚7–17 Uhr; 📶) An den Computern dieses Cybercafés an der Touristenmeile kann man sich mit der Außenwelt verbinden, aber schöner ist's eigentlich als Bäckerei und Gartencafé. Die von Massimo aus Mailand geführte schattige Oase beeindruckt mit phantastisch frischen Croissants, Zimtschnecken und Muffins sowie mit wunderbaren Smoothies.

D'Noz INTERNATIONAL $$
(☎7721-8078; 4a Av 8-18; Hauptgerichte 40–50 Q; ⌚Mo–Sa 9–22 Uhr; ✎) Das D'Noz gleich neben dem Pana-Anleger beeindruckt mit einer tollen Terrasse fürs Speisen mit Blick auf den See. Die Karte reist einmal um die Welt und reicht von Tempeh-Fajitas über chinesische Tacos bis zu Tecpán-Würsten. Außerdem dient der Laden als Leihbücherei und beliebte Bar.

Ausgehen & Nachtleben

Während viele *pedranos* ihre Abende damit verbringen, bei evangelikalen Gottesdiensten lautstark den Herrn zu preisen, machen Besucher die Party-Kneipen des Orts unsicher.

D'Juice Girls SAFTBAR
(⌚7–23 Uhr) Bei den D'Juice Girls handelt es sich um junge, Hebräisch sprechende Tz'utujil-Frauen, die die tropischen Früchte Guatemalas in supernahrhafte Kombinationen wie Karotte-Ingwer-Rote Bete pressen. Ihr gutbesuchter Stand steht fünf Fußminuten östlich vom Pana-Anleger.

Café Las Cristalinas CAFÉ
(⌚7–21 Uhr; 📶) In dem strohgedeckten Café auf dem Weg vom Pana-Anleger hoch ins Zentrum gibt's Kaffee von den umliegenden Hängen, der hier vor Ort geröstet wird. Empfehlenswert ist auch das ausgezeichnete Bananenbrot, das man auf mehreren einladenden Terrassen genießen kann. Mit Internetcafé.

Buddha PUB
(☎5391-5234; thebuddhaguatemala.com; 7a Av 2-24; ⌚12–1 Uhr) Das Buddha kann man auf verschiedenen Ebenen genießen: Unten gibt's eine laute Bar mit Billardtisch, Videos von Rockkonzerten und gelegentlicher Livemusik, in der Mitte ein Restaurant, das überzeugende thailändische, indische und nahöstliche Gerichte (35–45 Q) zubereitet. Und ganz oben kann man unter dem Strohdach der Lounge rauchen, quatschen und originelle Cocktails probieren.

Zoola LOUNGE
(⌚11–24 Uhr; 📶) Das Zoola ist nach wie vor das wichtigste Chillzentrum von San Pedro. An niedrigen Tischen lümmeln sich auf Kissen Traveller und mampfen köstliche nahöstliche Speisen, lauschen groovigen Klängen, spielen Brettspiele und lassen es sich generell einfach gut gehen. DJ-Sessions finden in der sensationellen Lounge mit Pool am See statt, zu erreichen über einen Kopfsteinpflasterpfad.

Alegre Pub PUB
(8a Calle 4-10; ⌚9–1 Uhr) Einige Abende sind in dieser alteingesessenen Kneipe an der Ecke oberhalb des Pana-Anlegers mehr *alegre* (fröhlich) als andere, doch sie ist immer noch die Lieblingskneipe der einheimischen Originale. Im sehr entspannten Dachgarten kann man mit den Einheimischen Billard spielen – nach Tz'utujil-Regeln.

An- & Weiterreise

Von San Pedro gibt es Bootsverbindungen nach Panajachel und Santiago Atitlán. Boote von San Pedro nach Santiago (25 Q, 25 Min.) fahren stündlich von 6 bis 16 Uhr. Boote von San Pedro nach Panajachel (25 Q) verkehren etwa halbstündlich von 6 bis 17 Uhr. Einige fahren direkt, andere halten unterwegs in San Juan, San Marcos (10 Q) und Jaibalito/Santa Cruz (20 Q).

Von San Pedro führen geteerte Straßen nach Santiago Atitlán (jedoch treiben an dieser Strecke Banditen ihr Unwesen) und zur Interamericana bei Km 148 (ca. 20 km westlich von Los Encuentros), Letzteres eine haarsträubende Fahrt mit spektakulären Ausblicken auf den See. Ein asphaltierter Zweig der Straße zwischen San Pedro und Interamericana führt an der Nordwestseite des Sees von Santa Clara nach San Marcos La Laguna.

Sieben Busse fahren montags bis samstags von 4.45 bis 13.30 Uhr an der katholischen Kirche im Zentrum von San Pedro nach Quetzaltenango (35 Q, 3 Std.) ab. Sonntags fahren drei Busse, u. a. Pullman-Busse um 8.30 und 13.30 Uhr.

San Marcos La Laguna

2585 EW. / 1580 M

Das ohne Zweifel hübscheste Dorf am gesamten Seeufer führt ein Doppelleben: Oben wohnen überwiegend Mayas, während die Expats und Touristen einen flachen dschungelartigen Bereich Richtung Seeufer mit Beschlag belegt haben, wo sich Pfade durch Bananen-, Kaffee- und Avocadobäume schlängeln. Am hübschen Hauptplatz treffen beide Teile unter dem großen *matapalo*-Baum (Würgefeige) zusammen.

San Marcos hat sich zu einer Art Magnet für Esoteriker aus aller Welt entwickelt, die glauben, der Ort strahle eine besonders spirituelle Energie aus und sei besonders geeignet, um Meditationstechniken, ganzheitliche Therapien, Massieren, Reiki oder Ähnliches zu erlernen und zu praktizieren. Auf jeden Fall kann man hier herrlich entspannen und den Alltag der Welt eine Zeitlang hinter sich lassen. Der Lago de Atitlán ist hier wunderschön und sauber und man kann von den Felsen aus ins Wasser steigen. Die Boote halten an einem Anleger unterhalb der Posada Schumann. Der Pfad, der von hier ins Ortszentrum führt, und ein etwa 100 m weiter westlich verlaufender Parallelpfad sind die beiden wichtigsten Touristenmeilen.

Der Ort ist durch eine irre Mischung der Kulturen geprägt, mit evangelikalen Christen, selbsternannten Schamanen, Cakchiquel-Bauern und visionären Künstlern, und das alles vor einer Kulisse von unglaublicher Schönheit. Jemand sollte einen Film darüber drehen.

Sehenswertes & Aktivitäten

Cerro Tzankujil PARK

(Eintritt 15 Q; 8–18 Uhr) Das Naturschutzgebiet auf einem heiligen Hügel westlich von San Marco wartet mit gepflegten Schotterwegen auf, die zu Badestellen mit Unterständen am Ufer und einem Sprungturm führen. Das Wasser ist hier kristallklar. Ein Nebenweg führt zu einem Maya-Altar auf dem Gipfel, ein tiefer verlaufender zu einem Vulkan-Aussichtspunkt. Am Eingang werden Kajaks (20 Q pro Std., bis 11 Uhr) verliehen.

The Yoga Forest YOGA

(3301-1835; www.theyogaforest.org) Inmitten von üppigem Wald in den Hügeln nördlich des Orts kann man an wunderbar abgeschiedener Stelle schamanische Heilpraktiken und andere esoterische Künste erlernen und praktizieren. In den Hang wurde eine großartige Yoga-Plattform gebaut. Ein Café serviert vegetarisches Essen und es gibt Übernachtungsmöglichkeiten in Lehmziegel-*cabañas* mit Reetdächern und überwältigendem Seeblick.

East-West Center MEDITATION

(3102-4666) Tiefengewebemassage (250 Q pro Std.), Reflexzonenmassage, Akupunktur und Bachblüten zählen zu den hier angebotenen ganzheitlichen Therapien. Dazu kommen Workshops z. B. im I-Ching-Lesen und über Heilkräuter. Beim oberen Ende des Hauptpfads, der vom Bootsanleger wegführt.

Centro de Meditación LAS PIRÁMIDES MEDITATION

(5205-7302; www.laspiramidesdelka.com) Die berühmteste Attraktion von San Marcos La Laguna ist dieses Meditationszentrum am See, das seit über zwei Jahrzehnten besteht. Die meisten Bauten auf dem Gelände sind pyramidenförmig und an den vier Himmelsrichtungen ausgerichtet, so auch die beiden Tempel, in denen die Sessions stattfinden. Bei jedem Vollmond beginnt ein einmonatiger Kurs zur Persönlichkeitsentwicklung mit drei Sitzungen täglich (700 US$).

Schlafen

Circles HOSTEL $

(3327-8961; www.circles-cafe.com; B/Zi. ohne Bad 75/150 Q) Dieses lockere Café-Hostel beim oberen Ende des vom Bootsanleger wegführenden Hauptpfads bietet einem Großteil der Esoteriker aus der ganzen Welt, die hier auflaufen, die wichtigen Dinge des Lebens: guten Kaffee und einen behaglichen Platz zum Schlafen. Oben gibt's zwei Privatzimmer und einen durchdacht eingerichteten Dorm mit Vorhängen vor jedem Bett. Von einer Terrasse blicken die Gäste auf einen Garten mit Nischen voller Kissen.

Hotel La Paz HOSTEL $

(5061-5316; www.lakeatitlanlapaz.com; B/Zi./Bungalow 60/150/250 Q) Das ganzheitlich eingestellte La Paz am oberen Verbindungspfad zwischen den beiden Hauptpfaden verfügt über einen weitläufigen Garten mit Bungalows aus traditionellem *bajareque* (Stein, Bambus und Schlamm) mit Strohdach. Ein vegetarisches Restaurant, die traditionelle Maya-Sauna, Spanischunterricht und die morgendlichen Yogasitzungen sind zusätzliche Attraktionen.

★ Hotel Jinava Bay RESORT **$$**
(5299-3311; en.hoteljinava.com; Zi. mit/ohne Bad 350/250 Q; P) In diesem tropischen Seeresort 300 m westlich vom Dorf winden sich kopfsteingepflasterte Pfade durch einen Garten voller Blumen, Kaffeepflanzen, Palmen und Kolibris. Die Bungalows ziehen sich terrassenförmig den Hang hinunter und haben umwerfende Ausblicke auf den See – die Bungalows weiter unten sind schöner, mit Steinwänden und Betten aus tropischen Harthölzern. Keine Kinder!

Dragon Hotel BOUTIQUEHOTEL **$$**
(eldragonhotel.com; EZ/DZ 340/565 Q, ohne Bad 215/380 Q;) An diesem von einem amerikanischen Künstler geschaffenen Seehotel wird immer weiter gewerkelt – vielleicht die irrste Unterkunft in San Marcos. Überall sind Zeichen künstlerischen Überschwangs zu finden, ob im Speiseraum mit den hängenden Kugeln oder in der Terrassenbar mit dem namengebenden Drachen. Das geht aber nicht auf Kosten des Luxus: In den einzigartig ausgestatteten Zimmern stehen Plasmafernseher und Loftbetten und sie haben eigene Terrassen.

Essen

Fast alle oben beschriebenen Hotels verfügen über ein eigenes Restaurant.

Allala JAPANISCH **$**
(5166-8638; Hauptgerichte 35–45 Q; Do–Di 15–21 Uhr;) Grooviger kleiner Schuppen am Bach östlich des Dorfs. Der japanische Besitzer Seiko zaubert eine klasse Miso-Suppe, dazu vegetarisches Sushi und Tempura-Platten und der Pflaumenwein ist einfach himmlisch. Zum Nachtisch wird umsonst Käsekuchen gereicht. Die Bedienung kann etwas langsam sein, aber dank der außergewöhnlichen Einrichtung gibt's immer was zu schauen.

Moonfish NATURKOST **$**
(Sandwiches & Burritos 30 Q; Mi–Mo 7.30–20 Uhr;) Das am Hauptpfad westlich des Platzes gelegene Moonfish serviert Flower-Power-Gerichte wie Tempeh-Sandwiches, Tofupfannen und sehr gute Falafel mit frischen Zutaten aus dem hauseigenen Garten. Ein Schwarzes Brett informiert über Yoga-Retreats und andere Events.

Restaurante Fé INTERNATIONAL **$$**
(Hauptgerichte 55–80 Q; 7.30–22 Uhr;) Das Fé ungefähr auf halber Strecke den Hauptpfad hinunter bietet in einer netten offenen Halle mit einem Baum in der Mitte zwangloses Schlemmen bei Kerzenlicht. Die Pastagerichte, Currys und der Fisch aus der Pfanne sind allesamt lecker, ausgezeichnet ist der Mulligatawny-Eintopf. Hier kann man schön den Abend verbringen.

Blind Lemon's BURGER **$$**
(www.blindlemons.com; Hauptgerichte 55–70 Q; 12–22 Uhr;) Dieser Treff zaubert das Flair des Mississippi-Deltas nach Atitlán: Jede Woche finden in einem Herrenhaus im Kolonialstil Bluessessions mit Carlos und besonderen Gästen statt. Auf der Karte stehen Hühnchengerichte, Cajun Blackened Fish, Pizza, Burger und anderes Gringo-Seelenfutter. Am Ende des westlichen Pfades.

An- & Weiterreise

Das letzte verlässlich verkehrende Boot nach Santa Cruz La Laguna und Panajachel legt gegen 17 Uhr ab.

Eine unbefestigte Straße verbindet San Marcos mit Tzununá im Osten, eine befestigte mit San Pablo und Santa Clara in Richtung Westen; bei Santa Clara trifft letztere auf die Straße, die von der Interamericana nach San Pedro führt. Man kann zwischen San Marcos und San Pedro in Pick-ups mitfahren, muss aber in San Pablo umsteigen.

Santa Cruz La Laguna

6000 EW. / 1833 M

Wie alle Orte am Atitlán-See ist auch Santa Cruz zweigeteilt: Er verfügt am See über ein Resort, wo auch der einzige Veranstalter am See residiert, der Tauchtrips anbietet, und ein indigenes Cakchiquel-Dorf etwa 600 m bergauf vom Anleger. Auf der Kopfsteinstraße den Berg hinauf schleppen die Dorfbewohner gewöhnlich Säcke voller Avocados oder Feuerholz nach oben. Die abgeschiedene Lage des Ortes – er ist nur per Boot und zu Fuß erreichbar – behindert zwar seine Erschließung, verstärkt aber gleichzeitig seine rustikale Schönheit.

Aktivitäten

ATI Divers TAUCHEN
(5706-4117; www.atidivers.com) Der Lago de Atitlán ist einer der wenigen Orte weltweit, an dem man in großer Höhe ohne Trockenanzug tauchen kann. Dieser Veranstalter bietet Tauchexkursionen ab Santa Cruz, darunter viertägige PADI-Open-Water-Zertifizierungskurse (1915 Q) sowie einen PADI-Höhenkurs und normale Tauchgänge. Im Hotel La Iguana Perdida.

Schlafen & Essen

Hotel Isla Verde BUNGALOWS $$
(☎5760-2648; www.islaverdeatitlan.com; EZ/DZ 375/420 Q, ohne Bad 285/330 Q; 📶) 🍃 Das stylische, umweltfreundliche Hotel macht das Beste aus seiner spektakulären Lage. Durch üppige Vegetation windet sich ein Mosaiksteinpfad zu neun Hanghütten, sechs davon mit eigenem Bad. Je höher man kommt, desto atemberaubender werden die Ausblicke. Die einfachen Zimmer sind geschmackvoll mit Kunst und recycelten Gegenständen eingerichtet. Die Bäder präsentieren sich im Dschungelchic; Warmwasser und Strom stammen aus Sonnenenergie.

La Iguana Perdida LODGE $$
(☎5706-4117; www.laiguanaperdida.com; B 45 Q, Zi. ab 270 Q, EZ/DZ ohne Bad 95/125 Q; @📶) Die erste Unterkunft, die man erblickt, wenn man den Bootsanleger verlässt, ist das La Iguana Perdida. Hier können die Gäste den Ausblick auf den See genießen und dabei andere Reisende kennenlernen, sie können tauchen oder Kajak fahren, Spanisch lernen oder in der Sauna schwitzen. Toll sind auch die Grillpartys am Samstagabend mit Travestie, Feuer und Musik.

★ **La Fortuna** BUNGALOWS $$$
(☎5203-1033; www.lafortunaatitlan.com; Bungalows ab 600 Q) 🍃 Dieses nach ökologischen Gesichtspunkten ausgestattete Refugium ist genauso wild und abgeschieden wie luxuriös. Es befindet sich in Patzisotz, einer einsamen Bucht hinter einer felsigen Landspitze unmittelbar östlich von Santa Cruz. Die vier reetgedeckten, eleganten Hütten aus heimischem Guanacaste-Holz warten mit asiatischen Einflüssen auf. Jede Hütte verfügt über eine Veranda und oben eine Terrasse mit Seeblick, Betten mit Moskitonetz und offene Bädern mit Regenduschen.

Café Sabor Cruceño GUATEMALTEKISCH $
(Hauptgerichte 35–40 Q; ⏲Mo–Sa 8–15 Uhr) Dieser innovative *comedor* oben im Dorf wird von einheimischen Studenten geführt, die lernen, guatemaltekische Gerichte auf internationalem Niveau zuzubereiten. Cakchiquel-Speisen wie *subanik* (eine Tomatensauce aus gemahlenen Samen und Chilis mit *tamalitos*) werden mit in der Gegend angebauten Kräutern und Gemüsesorten zubereitet und in einem Esssaal mit Blick auf die Bucht serviert.

An- & Weiterreise

Santa Cruz ist eine 15-minütige *lancha*-Fahrt von Panajachel (15 Q) bzw. eine 25-minütige von San Pedro (20 Q) entfernt. Das letzte Boot zurück nach Pana kommt um etwa 17.15 Uhr vorbei.

Chichicastenango

148 855 EW. / 2172 M

Von Tälern umgeben und Bergen, die den Horizont zerschneiden, scheint Chichicastenango zuweilen in Raum und Zeit gefangen und vom Rest Guatemalas völlig isoliert. Wenn die schmalen Pflasterstraßen und roten Ziegeldächer der Straßen von Nebel umhüllt werden, ist ihr Antlitz einfach magisch. Viel weltlicher und kommerzieller geht's zu, wenn zum riesigen Donnerstags- und Sonntagsmarkt die Händler und Reisegruppen in die Stadt strömen, doch auch dann ist Chichi noch zauberhaft. Die *masheños* (Einwohner von Chichicastenango) sind bekannt dafür, an ihrem vorchristlichen Glauben und seinen Zeremonien festzuhalten. Um die Kirche Santo Tomás herum veranstalten die verschiedenen *cofradías* (religiöse Bruderschaften) Prozessionen zu Ehren ihrer Heiligen.

Chichi verfügt über zwei religiöse und weltliche Verwaltungen. Einerseits ernennen die katholische Kirche und die Republik Guatemala Priester und städtische Amtsträger. Andererseits wählen die indigenen Bewohner ihre eigenen religiösen und zivilen Beamten zur Regelung der lokalen Angelegenheiten, mit separatem Rat und Bürgermeister sowie einem Gericht, das über Fälle entscheidet, bei denen nur Indigene betroffen sind.

Geschichte

Einst Chaviar genannt, war Chichi lange vor der spanischen Eroberung ein wichtiger Handelsplatz der Cakchiquel. Im 15. Jh. führten die Cakchiquel Krieg mit den Quiché (K'iche') aus dem 20 km nördlich gelegenen K'um'arkaj und mussten ihr Hauptquartier ins leichter zu verteidigende Iximché verlegen. Als 1524 die Konquistadoren K'um'arkaj eroberten, flohen viele Bewohner nach Chaviar, das sie in Chugüilá (Über den Nesseln) bzw. Tziguan Tinamit (Von Canyons umgeben) umbenannten. Die Quiché-Mayas verwenden diese Namen noch immer, auch wenn sonst alle Welt den Ort Chichicastenango nennt – und damit einen Begriff benutzt, der von den mexikanischen Verbündeten der Konquistadoren stammt.

Chichicastenango

Chichicastenango

Sehenswertes

1 Galería Pop-Wuj A3
2 Iglesia de Santo Tomás C2
3 Markt C2
4 Pascual Abaj A5

Schlafen

5 Chalet House D1
6 Hotel Girón C2
7 Hotel Mashito A2
8 Mayan Inn B2
9 Posada El Arco C1

Essen

10 Casa San Juan C2
11 Comedor Típico C1
Mayan Inn .... (s. 8)

Sehenswertes & Aktivitäten

Man sollte unbedingt einen Blick auf das Wandgemälde werfen, das an der Ostseite des Platzes die Mauer des Rathauses ziert – es ist den Opfern des Bürgerkriegs gewidmet und erzählt mithilfe der Symbolik des *Popol Vuh* die Geschichte des Krieges nach.

INGUAT-autorisierte Guides in beigefarbenen Westen bieten Kulturrundgänge durch Chichi und hoch zum Pascual Abaj an.

Markt MARKT
(Plaza Principal; ⊙Do & So) Einige Dorfbewohner gehen auch heute noch stundenlang zu Fuß, um ihre Erzeugnisse auf dem Markt von Chichi anzubieten, einem der größten des Landes. Am frühen Donnerstag- und Sonntagmorgen breiten sie Gemüse, Kreidestücke (das zu Pulver zermahlen mit Wasser vermischt und dazu verwendet wird, getrockneten Mais weicher zu machen), handgefertigtes Gurtzeug und andere Waren aus und warten auf Kunden.

Iglesia de Santo Tomás KIRCHE
(5a Av) Diese Kirche an der Ostseite des Hauptplatzes stammt von 1540 und ist oft Schauplatz verschiedener Rituale, die eher dem Maya-Glauben als dem Katholizismus entspringen. Im Inneren ist der Boden manchmal mit Opfergaben wie Mais, Blumen und in Maisblätter gewickelte Schnapsflaschen bedeckt. Auf niedrigen Steinplattformen sind Kerzen zu bestimmten Mustern arrangiert.

Galería Pop-Wuj GALERIE
(☎4629-9327; www.galeriapopwuj.wix.com/galeriapopwuj; Casa 2-27, Calle Pascual Habaj) GRATIS Auf dem Weg den Hügel hinab zum Schrein Pascual Abaj kann man einen Zwischenstopp in dieser interessanten Galerie einlegen, die mit Unterstützung des Project Guggenheim als Kunstinstitut für einheimische Kinder konzipiert wurde. Sie zeigt eine kleine, aber einzigartige Sammlung von Ölgemälden des Künstlerbruderpaars Juan und Miguel Cortéz und deren Schüler. Es wird auch Quiché-Unterricht angeboten.

Pascual Abaj SCHREIN
Auf einem Hügel südlich der Stadt befindet sich der Pascual Abaj (Opferstein), ein Schrein für Huyup Tak'ah, den Erdgott der Mayas. Inmitten eines Kreises aus gedrungenen Steinkreuzen steht auf einer Lichtung ein Kultbild mit versteinertem Gesicht. Hunderte – vielleicht Tausende – Jahre alt, musste die Gottheit bereits unzählige Demütigungen durch Uneingeweihte ertragen, die Einheimischen verehren sie aber noch immer.

Festivals & Events

Quema del Diablo KULTUR
(Teufelsverbrennung; ⊙7. Dez.) Einwohner verbrennen ihren Müll auf den Straßen und tragen eine Statue der Jungfrau Maria zu den Stufen der Iglesia de Santo Tomás. Dazu gibt's jede Menge Weihrauch und Kerzen, eine Marimba-Band und ein Feuerwerk, bei dem sich die Zuschauer nicht selten vorsichtshalber in Sicherheit bringen.

Fest der Unbefleckten Empfängnis KULTUR
(⊙8. Dez.) Den frühmorgendlichen Tanz der riesigen, betrunkenen Comicfiguren auf der Plaza am Tag nach dem Quema del Diablo sollte man nicht verpassen.

Fest des Santo Tomás KULTUR
(⊙13.–21. Dez.) Der Schutzheilige wird fast den ganzen Dezember lang gefeiert. Los geht's am 5. mit einer Prozession und zu Ende ist's am 21.: Dann hängen mutige – einige würden auch sagen verrückte – Männer paarweise von einer Stange und fliegen mit hoher Geschwindigkeit durch die Luft. Dazu kommen noch traditioneller Tanz, Konzerte und ein Feuerwerk.

Schlafen

Wer für die Nacht vor dem Donnerstags- oder Sonntagsmarkt ein Zimmer benötigt, sollte telefonisch reservieren oder früh da sein.

Hotel Girón HOTEL $
(☎5601-0692; hotelgiron@gmail.com; 6a Calle 4-52; EZ/DZ/3BZ 85/145/180 Q; P @) Die motelähnliche Unterkunft eine Straße nördlich der Plaza gewinnt mit ihrer Einrichtung sicher keine Preise, aber sie erfüllt ihren Zweck und wirkt sicher. Zu erreichen ist sie durch eine Einkaufsgasse und liegt somit etwas geschützt vor dem Trubel des Zentrums.

Hotel Mashito HOTEL $
(☎5168-7178; 8a Calle 1-72; EZ/DZ 70/140 Q, ohne Bad 40/80 Q) Das familiengeführte Mashito an der Straße zum Friedhof säumt einen Innenhof voller Pflanzen. Es ist zwar schon ein bisschen in die Jahre gekommen, aber farbenfroh, und auf den Betten liegen Patchwork-Decken. Die holzvertäfelten Zimmer oben (mit Gemeinschaftsbad) sind besser als die unten.

Chalet House PENSION $$
(☎5842-2100; www.chalethotelchichicastenango.com; 3a Calle C 7-44; Zi. mit Frühstück 240 Q) Die Pension in einer ruhigeren Wohngegend nördlich vom Zentrum wirkt ein bisschen wie ein Wohngebäude mit einer Dachterrasse als exotischer Dreingabe. Die einfach eingerichteten Zimmer verfügen über dicke

traditionelle Decken und mit Sonnenenergie betriebene Duschen; es gibt sogar eine Gästeküche. Der gesellige Eigentümer Manuel kann seinen Gästen viel über seine Stadt erzählen.

Posada El Arco PENSION $$
(☎3469-1590; 4a Calle 4-36; EZ/DZ/3BZ 225/244/305 Q) In der Nähe des Arco Gucumatz liegt die heimelige, mit Strom aus Sonnenenergie versorgte Posada El Arco, eine von Chichis originelleren Unterkünften. Alle neun Zimmer sind individuell mit Maya-Webarbeiten, kolonialzeitlichen Bettgestellen und Kaminen eingerichtet. Von den Zimmern 3, 4, 6 und 7 blickt man auf den stillen Garten hinterm Haus und in Richtung Norden auf die Berge. Der belesene Eigentümer Pedro unterhält sich gern auf Englisch. Reservierung empfehlenswert.

Mayan Inn HOTEL $$$
(☎2412-4753; www.mayaninn.com.gt; 8a Calle A 1-91; ⊙EZ/DZ/3BZ 878/1122/1239 Q) Das 1932 gegründete Mayan Inn umfasst heute mehrere restaurierte Kolonialhäuser beiderseits der 8a Calle. Ihre Innenhöfe sind mit tropischer Vegetation bepflanzt, ihre Wände mit indigenen Stoffen behängt. Jedes der individuell eingerichteten Zimmer verfügt über Schränke und Kamine, die mit Schnitzereien verziert sind. Die Zimmer auf der Südseite haben den besten Ausblick. Das Restaurant gehört zu den edelsten in Chichi.

Essen

Wenn sie nicht gerade von Reisegruppen in Beschlag genommen werden, sind die meisten Restaurants der Stadt leer. Die eigentliche Action spielt sich am Hauptplatz ab. Hier servieren aufmerksame *abuelitas* (Großmütter) aus riesigen Töpfen dem an langen, mit Wachstuch bedeckten Tischen sitzenden Landvolk Hühnersuppe, Rindfleischeintopf, Tamales und *chiles rellenos.*

Comedor Típico GUATEMALTEKISCH $
(4a Av 4-23; Gerichte 20 Q) Eines der wenigen untouristischen Lokale der Stadt. Diese beliebte Mittagskneipe bietet Rindsfußsuppe und andere herzhafte Speisen, die die Seele des Reisenden erfreuen.

Casa San Juan GUATEMALTEKISCH $$
(☎7756-2086; 6a Av 7-30; Hauptgerichte 60 Q; ⊙Di–So 10–21.30 Uhr) Das San Juan, eines der stilvolleren Restaurants, residiert in einem schönen Kolonialgebäude neben der Kirche Santo Tomás. Hier können die Gäste in verschiedenen Räumen bei Kerzenschein speisen. Auf der Karte steht neben Burgern und Sandwiches auch traditionelleres Essen wie etwa gute *chiles rellenos* mit würziger Salsa.

Mayan Inn GUATEMALTEKISCH $$
(☎2412-4753; 8a Calle A 1-91; Hauptgerichte 70–125 Q; ⊙7–22 Uhr) Die drei Speisesäle im edelsten Hotel von Chichi warten mit Einrichtungen im kolonialen Stil und Gemälden des bekannten Malers Humberto Garabito auf. Die Kellner tragen Trachten, die aus der Kleidung spanischer Kolonialbauern entstanden sind. Das Essen wird sehr schön angerichtet und serviert und es gibt auch ein paar traditionelle Gerichte wie *pepián* und *jocón.*

Praktische Informationen

Chichis zahlreiche Banken haben alle auch sonntags geöffnet.

Banco Industrial (6a Calle 6-05) Mit Visa-/MasterCard-Geldautomat.

INGUAT (☎5966-1162; info-quiche@inguat.gob.gt; 7a Av 7-14; ⊙So–Do 8–16 Uhr) Hier

BUSSE AB CHICHICASTENANGO

ZIEL	PREIS (Q)	DAUER	HÄUFIGKEIT & ANMERKUNGEN
Antigua	25	3½ Std.	Man nimmt einen Bus Richtung Guatemala-Stadt und steigt in Chimaltenango um.
Guatemala-Stadt	30	2½ Std.	3–17 Uhr alle 30 Min.
Los Encuentros	6	30 Min.	Microbusse fahren regelmäßig vor dem Telgua-Gebäude in der 7a Av ab.
Panajachel	20	2 Std.	Mit dem Microbus nach Los Encuentros und dort umsteigen.
Quetzaltenango	20	2 Std.	Bis 15 Uhr jede halbe Stunde. Oder man nimmt einen Microbus nach Los Encuentros und steigt dort um.
Santa Cruz del Quiché	6	40 Min.	Microbusse fahren zw. 7 und 20 Uhr regelmäßig von der 5a Calle auf der Westseite der 5a Av.

können autorisierte Guides für Kulturtouren durch den Ort und zum Pascual Abaj gebucht werden.

Visa-/MasterCard-Geldautomat (Ecke 5a Av & 6a Calle)

An- & Weiterreise

Richtung Süden nach Panajachel, Quetzaltenango und zu allen anderen Orten, die von der Interamericana aus erreichbar sind, fahren von der 5a Calle bei der Ecke mit der 5a Avenida ab, einen Block bergauf vom Arco Gucumatz. Aus dem Süden kommende Busse fahren die 7a Avenida hinauf und setzen Fahrgäste zwei Straßen östlich des Hauptplatzes ab.

Die **Agencia de Viajes Maya Chichi Van** (☎5007-2051; mayachichivan@yahoo.es; 6a Calle 6-45) bietet donnerstags und sonntags um 14 Uhr Shuttles nach Guatemala-Stadt (125 Q), Antigua (90 Q) und Panajachel (55 Q), außerdem täglich um 7 Uhr einen Shuttle nach San Cristóbal de las Casas in Mexiko. Meistens sind mindestens fünf Fahrgäste nötig. Das Unternehmen veranstaltet außerdem Touren nach K'um'arkaj bei Santa Cruz del Quiché, nach Nebaj und zu anderen Orten.

Das Hotel **Chalet House** (S. 152) bietet zuverlässige Shuttle-Verbindungen nach Los Encuentros mit Anschluss nach Antigua, zum Lago de Atitlán und nach Quetzaltenango.

Santa Cruz del Quiché

102 782 EW. / 1979 M

Ohne einen großen Markt und den damit verbundenen Tourismus wie in Chichicastenango präsentiert Santa Cruz – oder einfach El Quiché – ein authentischeres Bild vom Provinzalltag und ist erfrischend untouristisch. Die nur 19 km nördlich von Chichi gelegene Stadt ist die Hauptstadt des Departamento Quiché und lockt eine bunte Menge an, die hier Geschäften nachgeht oder Behördengänge erledigt. Die wichtigsten Markttage sind Donnerstag und Sonntag und dann ist erheblich mehr Trubel. Die Reisenden, die es hierher verschlägt, kommen in der Regel wegen der Ruinen der alten Quiché-Maya-Hauptstadt K'um'arkaj, oder um auf dem Weg nach Norden in einen anderen Bus umzusteigen.

Die spannendste Zeit für einen Besuch ist während der **Fiestas Elenas** (www.fiestaselenas.com; ⌚Mitte Aug.). Bei dem einwöchigen Festival präsentierten die Menschen der Umgebung voller Stolz die indigenen Traditionen. Alle Feierlichkeiten münden im *convite femenino:* El Quichés Frauen setzen sich Masken auf und tanzen zu Marimba-Klängen wie wild durch die Stadt.

Sehenswertes

Die meisten Sehenswürdigkeiten liegen im Umkreis von ein paar kurzen Straßen um die dreiteilige Plaza herum, auf der gewöhnlich jede Menge los ist. Den obersten Platz flankiert auf der Ostseite der Gobernación, der Palast der Provinzregierung, den mittleren die Kathedrale und die *municipalidad* (Rathaus) und den unteren der Kuppelbau der Veranstaltungshalle. Vor dieser steht eine Statue des Quiché-Kriegers Tecún Umán in grimmiger Haltung, heute leider umrahmt von allen möglichen fliegenden Händlern. Der Hauptmarkt ist in ein paar Gebäuden östlich der Plaza untergebracht.

K'um'arkaj ARCHÄOLOGISCHE STÄTTE
(Q'um'arkaj, Utatlán; Eintritt 30 Q; ⌚8–16 Uhr) Die Ruinen der alten Quiché-Maya-Hauptstadt K'um'arkaj sind für die Mayas nach wie vor eine heilige Stätte und hier werden weiterhin Rituale vollzogen. Archäologen haben mehr als 80 große Bauten in zwölf Gruppen identifiziert, jedoch ist bisher nur sehr wenig restauriert worden. Die von Schluchten umgebenen Ruinen sind schön im Schatten großer immergrüner Pflanzen gelegen. Taschenlampe mitnehmen!

Das Königreich Quiché wurde gegen Ende der postklassischen Periode (ca. 14. Jh.) von einem Volk gegründet, das aus der Vermischung einer indigenen Bevölkerungsgruppe mit Invasoren aus dem Grenzgebiet Tabasco-Campeche in Mexiko hervorgegangen war. König Ku'ucumatz gründete K'um'arkaj, das dank seiner natürlichen Festungslage über ein weites Tal herrschte und viele benachbarte Siedlungen eroberte. Während der langen Herrschaft des Nachfolgers Q'uik'ab (1425–1475) erweiterte das Königreich Quiché seine Grenzen bis nach Huehuetenango, Nebaj, Rabinal und in die Pazifikebene. Zur selben Zeit rebellierten die Cakchiquel, ein Vasallenvolk, das einst zusammen mit den Quiché gekämpft hatte, und gründete in Iximché eine unabhängige Hauptstadt.

Als der spanische Konquistador Pedro de Alvarado 1524 mit seinen Truppen nach Guatemala kam, führten die Quiché unter ihrem König Tecún Umán den Widerstand gegen die Spanier an. In der entscheidenden Schlacht bei Quetzaltenango am 12. Februar 1524 lieferten sich Alvarado und Tecún einen Kampf auf Leben und Tod. Alvarado behielt die Oberhand. Die besiegten Quiché luden ihn zu einem Besuch in K'um'arkaj ein. Alvarado ahnte jedoch eine Falle und bat seine mexikanischen Verbündeten sowie die mit den Quiché verfeindeten Cakchiquel um Hilfe. Gemeinsam nahmen sie die Anführer der Quiché gefangen, verbrannten sie auf dem Hauptplatz von K'um'arkaj bei lebendigem Leibe und zerstörten die Stadt.

Eine Orientierungshilfe bietet das Museum am Eingang. Das höchste Bauwerk am Hauptplatz, der Templo de Tohil (ein Himmelsgott), ist von Rauch geschwärzt und verfügt über eine Nische, in der Priester den Maya-Göttern regelmäßig Opfer darbringen. Der L-förmige Ballplatz daneben ist umfassend restauriert worden.

Den Hügel rechts vom Platz hinunter liegt der Eingang zu einem Tunnel, der *cueva*. Der Legende zufolge gruben die Quiché diesen Tunnel vor der Ankunft Alvarados als Zufluchtsort für ihre Frauen und Kinder. Später soll in einem tiefen Schacht, der vom Tunnel abzweigt, eine Quiché-Prinzessin begraben worden sein. Der Tunnel wird als der Ort verehrt, an dem das Quiché-Königreich unterging; er ist den Hochlandmayas heilig, sodass hier gebetet wird, Kerzen entzündet und Opfergaben wie z. B. Hühner dargebracht werden.

Falls jemand am Eingang ist, sollte man um die Erlaubnis fragen, den Tunnel betreten zu dürfen. Drinnen ist der vielleicht 100 m lange Tunnel schwarz von Rauch und Weihrauch und mit Kerzen und Blütenblättern übersät. Taschenlampe mitnehmen und aufpassen, wohin man tritt: Es gibt mehrere Seitentunnel und in mindestens einem, rechts kurz vor dem Ende, befindet sich ein tiefer schwarzer Schacht.

Die Ruinen von K'um'arkaj liegen 3 km westlich von El Quiché. Graue „Ruinas"-Microbusse fahren alle 20 Minuten vor der Kathedrale in Santa Cruz ab (1 Q). Der letzte fährt um 18.50 Uhr zurück.

Schlafen & Essen

Die meisten Hotels gibt es nördlich des Busbahnhofs entlang der 1a Avenida (Zona 5), wobei sich in zwei Blocks mindestens fünf Hotels befinden, weitere an der 9a Calle.

Hotel Rey K'iche HOTEL $
(☎7755-0827; 8a Calle 0-39, Zona 5; EZ/DZ 100/180 Q; @ wifi) Das sehr preiswerte Rey K'iche zwischen dem Busbahnhof und dem Platz vermietet ordentliche Zimmer mit Ziegelwänden rund um einen ruhigen Innenhof und zeichnet sich durch freundliche Mitarbeiter aus. Es gibt kostenloses Trinkwasser und oben ein anständiges Café mit Frühstück und Abendessen. Insgesamt die beste Unterkunft am Ort.

El Sitio Hotel HOTEL $$
(☎7755-3656; elsitiohotel@gmail.com; 9a Calle 0-41, Zona 5; EZ/DZ/3BZ 175/300/400 Q; P wifi) Von außen ähnelt das Businesshotel zwei Straßen nördlich vom Busbahnhof einer modernen evangelikalen Kirche. Die große Lobby ist recht steril, doch die Zimmer sind modern und gepflegt und warten mit ein wenig traditioneller Einrichtung auf.

Posada Santa Cecilia HOTEL $$
(☎5180-1194; Ecke 1a Av & 6a Calle; EZ/DZ 125/190 Q) Das gleich südlich des chaotischen Hauptplatzes gelegene moderne Haus befindet sich im obersten Stockwerk eines kleinen Einkaufszentrums. Zwar verfügt das halbe Dutzend behaglicher Zimmer über große, feste Betten mit hübschen Überdecken, doch sie sind nicht sehr gut gepflegt und tagsüber ständig dem Verkehrslärm und den Abgasen von der Plaza ausgesetzt.

Restaurant El Chalet STEAKS $$
(☎7755-0618; 1a Calle 2-39, Zona 5; Hauptgerichte 60–70 Q; ⏲7–21 Uhr) Spezialität des Hauses

BUSSE AB SANTA CRUZ DEL QUICHÉ

ZIEL	PREIS (Q)	DAUER	HÄUFIGKEIT & ANMERKUNGEN
Chichicastenango	6	40 Min.	Microbusse fahren regelmäßig von der Ecke 5a Calle & 2a Av, gegenüber vom Café San Miguel.
Guatemala-Stadt	35	3 Std.	3–17 Uhr alle 10 Min.
Huehuetenango	25	2 Std.	Microbusse fahren zw. 5 und 18 Uhr halbstündl. von der Südseite des Parkplatzes.
Nebaj	20	2 Std.	6–19 Uhr halbstündl.
Sacapulas	12	1 Std.	Microbusse fahren bis 19.30 Uhr halbstündl. von der 1a Av abseits der Nordostecke des Hauptplatzes.
Uspantán	30	2–2½ Std.	Microbusse fahren von 5.30 bis 19 Uhr regelmäßig von der Westseite des Parkplatzes.

ist Grillfleisch, das mit hausgemachter Salsa serviert wird. Die tortillagroßen Portionen sind eine eher kleine Mahlzeit. Man speist unter einer Laube an einem Streifen Garten. Das El Chalet gehört zu einem noblen Hotel und Tagungszentrum nur ein paar Häuserblocks östlich vom großen Uhrenturm.

An- & Weiterreise

El Quiché ist der Ausgangspunkt für Touren in den abgeschiedeneren Norden des Departamento Quiché, der sich bis an die mexikanische Grenze erstreckt. Der Hauptbusbahnhof, ein staubiges Stück Land in Zona 5, liegt vier Blocks südlich und zwei Blocks östlich der Plaza.

Nebaj

18 484 EW. / 2000 M

Versteckt in einer abgeschiedenen Falte der Cuchumatanes-Berge nördlich von Sacapulas liegt das Triángulo Ixil (Ixil-Dreieck), ein 2300 km² großes Gebiet mit den Städtchen Santa María Nebaj, San Juan Cotzal und San Gaspar Chajul sowie Dutzenden abgelegener Dörfer und Weiler. Die hier ansässigen Ixil-Mayas litten während des Bürgerkriegs vielleicht mehr als sonst jemand in Guatemala und halten stolz an ihren Traditionen und ihrer Sprache fest. Die Frauen von Nebaj sind bekannt für ihren schönen purpurfarbenen, grünen und gelben geflochtenen Kopfschmuck mit dicken Quasten, ihre scharlachroten *cortes* (Wickelröcke) und ihre *huipiles* und *rebozos* (Schultertücher) mit Vogel- und anderen Tiermotiven.

In diesen weiten Berglandschaften zu leben ist seit jeher Segen und Fluch zugleich. Die Spanier hatten große Probleme, das Gebiet zu erobern, und als sie es dann schafften, ließen sie ihren Unmut an den Bewohnern aus. Während des Bürgerkriegs waren hier Massaker und Verschleppungen an der Tagesordnung und es wurden mehr als zwei Dutzend Dörfer zerstört. Laut Schätzungen von Kirchengruppen und Menschenrechtsorganisationen wurden zwischen 1978 und 1983 rund 25 000 Ixil (von insgesamt 85 000 Einwohnern) vom Militär im Zuge des Kriegs gegen die Guerilleros entweder getötet oder vertrieben. Viele Einheimischen können grauenhafte Geschichten erzählen.

Mit der Hilfe von Entwicklungshilfeorganisationen und NGOs, deren Mitarbeiter man hier immer wieder trifft, versuchen die Menschen des Ixil-Dreiecks, sich eine neue Existenz aufzubauen.

Sehenswertes & Aktivitäten

Centro Cultural Kumool MUSEUM
(5a Av 1-32; Eintritt 20 Q; Mo–Fr 9–12 & 13–18, Sa 8–13 Uhr) Das im Gebäude von Radio Ixil residierende Museum präsentiert vorwiegend in der Region Ixil ausgegrabene und nach historischen Epochen geordnete Keramiken. Zu den interessanteren Stücken zählen eine Zeremonialaxt mit Totenkopfgriff und eine große Begräbnisurne mit Jaguargesicht sowie einige gut erhaltene bunte Vasen.

Guías Ixiles WANDERN
(5847-4747; www.nebaj.com; 3a Calle, El Descanso Bldg, Zona 1; 8–12.30 & 14–17 Uhr) Guias Ixiles veranstaltet Halbtagswanderungen zu Las Cataratas (1. Pers. 55 Q, jede weitere Pers. 25 Q), einer Abfolge von Wasserfällen nördlich des Orts, und Touren durch den Ort, bei denen man auch die heiligen Stätten der *costumbristas* besucht (*indígenas,* die noch immer nicht-christliche Maya-Riten praktizieren). Guias Ixil führt außerdem dreitägige Treks über die Cuchumatanes nach Todos Santos Cuchumatán.

Kurse

Nebaj Language School SPRACHKURSE
(5847-4747; www.nebaj.com/nls.html; 3a Calle, El-Descanso-Gebäude, Zona 1; 1 Woche 615 Q) Zusammen mit Unterkunft bei einer einheimischen Familie inklusive zwei Mahlzeiten am Tag, zwei geführten Wanderungen zu Dörfern in der Nähe und Internetzugang kostet Spanischunterricht hier 1100 Q. Eine weitere Möglichkeit ist Unterricht in der indigenen Sprache Ixil.

Außerdem kann man die Zubereitung regionaler Gerichte wie *boxboles* (Maisteig in Kürbisblättern mit pikanter Erdnusssauce) erlernen.

Festivals & Events

Nebajs jährliches Fest fällt mit Mariä Himmelfahrt (15. Aug.) zusammen und erstreckt sich über zehn Tage Mitte August.

Schlafen & Essen

Hotel Turansa HOTEL $
(4144-7609; Ecke 5a Calle & 6a Av; EZ/DZ ab 85/150 Q; P) Das freundliche Hotel im Zentrum nur eine Straße vom Parque Principal bietet recht geräumige Zimmer mit großen bequemen Betten und Flachbildfernsehern sowie Balkonen voller Pflanzen. Die Dreibettzimmer im obersten Geschoss öffnen sich auf eine Sonnenterrasse. Der ein-

zige Nachteil ist der ständige Verkehrslärm von draußen.

Media Luna Medio Sol HOSTEL $

(☎5749-7450; www.nebaj.com/medialuna.html; 3a Calle 6-25; B 35 Q, Zi. 45 Q pro Pers.; 📶) Das Hostel von Nebaj ist um die Ecke von der Trägerorganisation El Descanso, wo man auch eincheckt. Es hat zwei Schlafsäle mit sechs Betten und ein paar Privatzimmer mit dünnen Matratzen sowie saubere Gemeinschaftstoiletten und -duschen. Die Gäste dürfen die (dürftig ausgestattete) Küche benutzen.

★ **Hotel Santa María** HOTEL $$

(☎4212-7927; www.hotelsantamarianebaj.com; Ecke 4a Av & 2a Calle; EZ/DZ 150/200 Q; P 📶) Scharlachrote gewebte Bettdecken, geschnitzte hölzerne Kopfbretter und andere Ixil-Handwerksartikel zieren die hellen, makellos sauberen Zimmer in diesem gepflegten Hotel drei Querstraßen nordwestlich des Hauptplatzes.

El Descanso CAFÉ $

(☎5847-4747; www.nebaj.com; 3a Calle, Zona 1; Hauptgerichte 28–35 Q; ⏲6.30–21.30 Uhr) Das gemütliche Restaurant verfügt über Bar- und Loungebereiche und somit über das alternativste Ambiente des Orts. Serviert werden Snacks, Salate und Suppen.

Comedor El Si'm GUATEMALTEKISCH $

(3a Av; Frühstück 30 Q; ⏲7–21 Uhr) Dieses Souterrain-Lokal abseits des Hauptplatzes eignet sich toll für ein sättigendes *desayuno* (Frühstück) mit Schüsseln voller *mosh* (warme Zerealien) und frisch gebackenen Plätzchen sowie Kaffee bis zum Abwinken. Schon um 8 Uhr wimmelt es hier von Einheimischen.

Shoppen

Mercado de Artesanías KUNSTHANDWERK

(Kunsthandwerksmarkt; Ecke 7a Calle & 2a Av, Zona 1; ⏲8–18 Uhr) Die zahlreichen Stände hier bieten gut gemachte *rebozos, cintas* (der mit Quasten verzierte Kopfschmuck, den sich die Ixil-Frauen ins Haar binden) und *huipiles,* die je nach Qualität zwischen 300 und 5000 Q kosten.

Praktische Informationen

Banrural (⏲Mo–Fr 8–16.30, Sa 7–11 Uhr) Wechselt Reiseschecks.

Post (5a Av 4-37) Eine Straße nordwestlich vom Hauptplatz.

Touristeninformation (☎3072-4224; Ecke 7a Calle & 2a Av, Zona 1; ⏲Mo–Sa 8–18, So 8–12 Uhr) Die Touristeninformation im Mercado de Artesanías kann alle Fragen beantworten, solange man sie auf Spanisch stellt.

An- & Weiterreise

Der Busbahnhof befindet sich unterhalb des Marktes. **Microbusse** über Sacapulas nach Santa Cruz del Quiché (20 Q, 2 Std.) fahren zwischen 4 und 17 Uhr jede halbe Stunde ab, und zwar hinter der Kirche an der Ecke 5a Avenida und 7a Calle. Um nach Huehuetenango im Westen zu gelangen oder Richtung Osten nach Uspantán und Cobán, muss man in Sacapulas umsteigen.

Microbusse nach Chajul (7 Q, 45 Min.) fahren bis 18 Uhr etwa alle 20 Minuten vor dem Hotel Villa Nebaj an der Calz 15 de Septiembre ab.

Vom **Hauptbusbahnhof** hinter dem **Markt** verkehren hauptsächlich Busse in umliegende Dörfer wie Tzalbal, Vicalama und Palop; um 2 Uhr nachts fährt ein Bus die ganze Strecke bis nach Guatemala-Stadt (50 Q, 5½ Std.) via Chichicastenango.

Uspantán

41 892 EW.

Die meisten Reisenden, die durch Uspantán kommen, sind auf dem Weg nach Cobán. Zwar ist schon die Fahrt hierher durch die Cuchumatanes Grund genug, Uspantán anzusteuern, doch hat der freundliche Ort auf halber Strecke zwischen Huehuetenango und Cobán an der Straße 7W auch selbst ein paar Sachen zu bieten.

Einen guten Überblick verschafft man sich vom Cerro Xoqoneb', einer Maya-Kultstätte 1,5 km östlich der Stadt. Die Ausschilderung ist nicht gerade berauschend; der Tourismusverband **ACAT** (☎7951-8027; amalia.urizar@yahoo.com) kann Guides vermitteln.

Schlafen & Essen

Hotel Posada Doña Leonor HOTEL $

(☎7951-8041; calutis54@hotmail.com; 6a Calle 4-25, Zona 1; EZ/DZ/3BZ 80/160/240 Q; P 📶) Die gepflegte Unterkunft eine Straße östlich der Plaza verfügt über 21 Zimmer um einen Innenhof mit einem Jacaranda-Baum in der Mitte und einen Kochschuppen für Frühstück und Abendessen. Die Betten sind fest, es wurde frisch gestrichen und die makellosen Badezimmer verfügen über elektrische Duschköpfe.

Comedor Yeimy GUATEMALTEKISCH $
(7a Calle; Mahlzeiten 20 Q; ⏲7.30–20 Uhr) Yeimi's Kantine ist ein ungewöhnlich sauberes Lokal mit silbernen Tischdecken und mehreren rosafarbenen Speiseräumen. Die hausgemachten Huhn-, Steak- und Eiergerichte sind schön präsentiert und werden mit einem Schüsselchen sauer eingelegter Möhren und Zwiebeln serviert. Eine Straße südlich und 1½ Straßen östlich der Plaza.

An- & Weiterreise

Microbusse über Sacapulas nach Quiché (30 Q, 2½ Std.) fahren bis 19 Uhr, sobald sie voll sind, vom Busbahnhof von Uspantán an der 6a Calle drei Straßen westlich des Parque Central. Nach Cobán (30 Q, 3 Std.) fahren von 4 bis 15.30 Uhr stündlich Microbusse; ein 35 km langer Abschnitt dieser Strecke führt über eine gefährlich unbefestigte Straße. Nach Nebaj gibt's zwei direkte Microbusse (die aus Cobán kommen), oder man nimmt einen Microbus nach Sacapulas, von wo es regelmäßige Verbindungen ins Ixil-Dreieck gibt.

Quetzaltenango (Xela)

152 743 EW. / 2367 M

Quetzaltenango ist vielleicht die perfekte guatemaltekische Stadt: nicht zu groß, nicht zu klein, genügend Besucher, um eine gute Auswahl an Hotels und Restaurants zu gewährleisten, aber nicht so viele, dass der Ort sein authentisches Flair verlieren würde. Der guatemaltekische „Schichteffekt" ist auch hier in der Innenstadt zu erkennen: Als die Spanier verschwanden, zogen die Deutschen nach. Deren Architektur verleiht dem Zentrum ein etwas düsteres Ambiente.

Selbst Einheimischen scheint der Name der Stadt Quetzaltenango zu kompliziert zu sein, weshalb sie ihn kurzerhand zu Xela (*schell*-ah) verkürzen. Dies wiederum ist eine Abkürzung des Originalnamens „Xelajú" der Quiché-Mayas. Für guatemaltekische Verhältnisse ist Xela geordnet, sauber und sicher. Es zieht eher Traveller an, die mit ihrer Reise mehr als „lediglich" Spaß und Sightseeing verbinden – Leute, die die spanische Sprache richtig erlernen und anschließend noch länger bleiben wollen, um sich in einem der zahlreichen vor Ort angebotenen Freiwilligenprojekte zu engagieren.

Die Stadt dient außerdem als Basislager für eine Reihe spektakulärer Wanderungen durch die umliegende Landschaft, z. B. zum Gipfel des Vulkans Tajumulco, der höchsten Erhebung Zentralamerikas. Faszinierend ist auch die dreitägige Tour zum Lago de Atitlán.

Geschichte

Quetzaltenango fiel unter die Herrschaft der Quiché-Mayas, als diese im 14. Jh. ihre große Expansion einleiteten. Zuvor gehörte es zum Territorium der Mam-Mayas. Hier in der Nähe wurde der Quiché-Anführer Tecún Umán 1524 vom spanischen Konquistadoren Pedro de Alvarado besiegt und getötet.

Während des Kaffeebooms des späten 19. Jhs. hatte die Stadt ihre Blüte: Händler eröffneten Lagerhäuser und Plantagenbesitzer kamen in die Stadt, um Vorräte zu kaufen. (Freunde städtischen Verfalls freuen sich sicher über die vielen nicht renovierten Bauten aus dieser Zeit, die noch stehen.) Xela florierte, bis 1902 eine doppelte Katastrophe über den Ort hereinbrach: Ein Erdbeben und ein Ausbruch des Vulkans Santa María richteten verheerende Zerstörungen an. Später sicherte Xelas Lage als Kreuzungspunkt der Straßen zum Pazifikstreifen, nach Mexiko und nach Guatemala-Stadt dem Ort einen gewissen Wohlstand. Heute brummt der Handel hier wieder – dafür sorgen Indigene, Ausländer und *ladinos*.

Sehenswertes

Museo de Arte MUSEUM
(Karte S. 160; 4a Calle & 19 Av, Zona 3; Spende erwünscht; ⏲9–13 & 15–19 Uhr) Hier ist eine interessante, wenn auch chaotische Sammlung von rund 400 Gemälden führender guatemaltekischer Modernisten wie Efraín Recinos, Jorge Mazariegos und dem Landschaftsmaler José Luis Álvarez zu sehen. Im Mittelpunkt stehen die phantastischen Bilder von Rodrigo Díaz, der zufällig auch der Kurator des Museums ist.

Museo Ixkik' MUSEUM
(Karte S. 160; ☎5653-5585; 4a Calle 19 & 21 Av, Zona 3; erbetene Spende 35 Q; ⏲Mo–Fr 9–17 Uhr) Das Museum widmet sich der Maya-Webkunst: Traditionelle Trachten werden nach Region sortiert präsentiert. Direktorin Raquel García ist Expertin für die Symbole und Bedeutungen der indigenen Kleidungsstücke und liefert interessante Erläuterungen.

Centro Intercultural de Quetzaltenango KULTURZENTRUM
(Karte S. 160; 4a Calle & 19 Av, Zona 3) GRATIS Quetzaltenangos Bahnhof 1 km östlich des Templo de Minerva an der 4a Calle lag

jahrelang brach, bis die Stadt ihn in dieses Kulturzentrum umfunktionierte. Heute sind hier eine Kunst- und eine Tanzschule sowie drei interessante Museen untergebracht.

Parque Centro América PLAZA
(Karte S. 162) Die meisten Sehenswürdigkeiten Xelas tummeln sich am oder um den breiten Zentralplatz herum. Nach den Plänen des italienischen Architekten Alberto Porta gab es im 19. Jh. ursprünglich zwei separate Plätze. Bei einem Umbau in den 1930er-Jahren wurden diese zu dem jetzigen länglichen Platz zusammengefasst. Das interessanteste der Denkmäler auf dem Platz ist eine Rotunde mit ionischen Säulen, die dem Komponisten Rafael Álvarez Ovalle gewidmet ist.

Parque Zoológico Minerva ZOO
(Karte S. 160; ☎7763-5637; Av Las Américas 0-50, Zona 3; Erw./Kind unter 1,20 m 2 Q /frei; ⏲Di–So 9–16 Uhr) Rund 2 km nordwestlich des Parque Centro América befindet sich der Zoo mit Klammeraffen, Kojoten, Schildkröten, Graufüchsen und zahlreichen tropischen Vögeln; dazu gibt's noch ein paar Karussells für Kinder. Der Eingang liegt um die Ecke vom Templo de Minerva.

Aktivitäten

In der Umgebung von Xela lassen sich zahlreiche spannende Wanderungen und Bergbesteigungen unternehmen. Der **Volcán Tajumulco** (4220 m), 50 km nordwestlich, ist der höchste Punkt Zentralamerikas. Von der Stadt aus ist's ein anstrengender langer Tag zum Gipfel, oder man nimmt sich zwei Tage Zeit mit Übernachtung am Berg. Hinauf sind es vom Ausgangspunkt Tuhichan (2½ Std. mit dem Bus ab Xela) rund fünf Stunden.

Wer früh aufbricht, kann den **Volcán Santa María** (3772 m), der im Süden über der Stadt thront, oder den sehr aktiven **Santiaguito** (2488 m) an der Südwestflanke des Santa María an einem langen Vormittag ab Xela besteigen, doch die rauen, rutschigen Wege empfehlen sich nur für geübte Wanderer. Los geht's im Dorf Llanos del Pinal, 5 km südlich von Xela (5 Q per Bus); von dort sind es vier bis fünf Stunden bis zum Gipfel des Santa María. Dem Santiaguito zu nahe zu kommen ist gefährlich – die meisten Leute begnügen sich damit, ihm von einem Aussichtspunkt 1½ Stunden Fußmarsch von Llanos del Pinal entfernt einen Blick zuzuwerfen.

★ Guate Guides WANDERN
(☎5195-7734; www.guateguides.com) Der kleine Veranstalter bietet Touren zu den Vulkanen, Dörfern und Naturschutzgebieten der Gegend und legt viel Wert auf gute Ausrüstung und fachkundige Erläuterungen. Die Guides Marvín und Martín sind Wander- bzw. Radfahr- und zertifizierte Erste-Hilfe- und Survival-Experten.

Altiplano's Tour Operator KULTURTOUREN
(Karte S. 162; ☎7766-9614; www.altiplanos.com.gt; 6a Calle 7-55, Zona 1; Halbtagstouren 250–350 Q pro Pers.) Veranstaltet einige interessante Halbtagestouren zu Dörfern und Märkten der *indígenas*, zu Kolonialkirchen und zu Kaffeeplantagen rund um Xela und bietet außerdem zuverlässige Shuttlebusse.

Quetzaltrekkers WANDERN
(Karte S. 160; ☎7765-5895; www.quetzaltrekkers.com; Diagonal 12 8-37, Zona 1) Die meisten Guides dieses einzigartigen Veranstalters im Hotel Casa Argentina sind ausländische Freiwillige – erfahrene Wanderer sind übrigens immer als freiwillige Helfer *(volunteers)* willkommen. Die Organisation gewährt verschiedenen sozialen Projekten sowohl finanzielle als auch logistische Unterstützung.

Jede Woche werden Tageswanderungen nach Fuentes Georginas und zum Vulkan Santa María, dreitägige Ausflüge zum Lago de Atitlán (750 Q pro Pers.) und sechstägige Wanderungen von Nebaj nach Todos Santos Cuchumatán (1300 Q) angeboten – Termine siehe Website. Das Programm umfasst außerdem Kletterexpeditionen nach La Muela, einer Pilgerstätte im Almolonga-Tal, wo sich aus einem erloschenen Lavafeld Felssäulen erheben.

Kurse

Quetzaltenangos viele Spanischschulen ziehen Schüler aus aller Welt an. Anders als Antigua wird Xela nicht von Ausländern überrannt, nichtsdestotrotz gibt es auch hier eine wachsende gesellige Szene aus Sprachschülern und Leuten, die Freiwilligenarbeit leisten.

Die meisten Sprachschulen der Stadt bieten die Möglichkeit, sich an sozialen Projekten für die Quiché-Mayas zu beteiligen. Der Standardwochenpreis beträgt 920/1000 Q für vier/fünf Stunden Unterricht pro Tag (Mo–Fr). Für 325 Q zusätzlich bekommt man ein Zimmer mit Vollpension bei einer Familie vor Ort. Einige Schulen erhöhen ihre Preise von Juni bis August um bis zu 20 %;

Quetzaltenango

Quetzaltenango

Sehenswertes
1 Centro Intercultural de Quetzaltenango ... C1
2 Monumento a la Marimba ... G3
Museo de Arte ... (s. 1)
Museo del Ferrocarril de los Altos ... (s. 1)
Museo Ixkik' ... (s. 1)
3 Parque Zoológico Minerva ... B1

Aktivitäten, Kurse & Touren
4 Centro de Estudios de Español Pop Wuj ... D2
5 El Portal Spanish School ... D4
6 El Quetzal Spanish School ... E4
Highland Partners ... (s. 10)
7 Proyecto Lingüístico Quetzalteco de Español ... E4
Quetzaltrekkers ... (s. 8)

Schlafen
8 Casa Argentina ... C4

Essen
9 Panorama ... D4

Shoppen
10 Pixan ... E4

zudem berechnen viele besonders bei Buchungen aus Europa eine Anmeldegebühr, die nicht rückerstattet wird. Begleitend zum Unterricht werden neben Filmvorführungen und kostenlosem Internet noch Aktivitäten wie Tanz- und Kochunterricht sowie Vorträge über guatemaltekische Politik und Kultur geboten.

Proyecto Lingüístico Quetzalteco de Español SPRACHKURSE
(Karte S. 160; ☎7763-1061; www.plqe.org; 5a Calle 2-40, Zona 1) Dieses genossenschaftlich geleitete und politisch engagierte Institut leitet auch die Escuela de la Montaña, ein Sprachlernprogramm mit begrenzter Teilnehmerzahl in einer ländlichen Gegend beim Ort Colomba. Es werden auch Quiché-Sprachkurse angeboten.

El Quetzal Spanish School SPRACHKURSE
(Karte S. 160; ☎7761-2784; www.elquetzalspanish.com; 7a Calle 4-24, Zona 1) Eines der wenigen Unternehmen der Stadt, die von Indigenen geführt werden. Hat zahlreiche Aktivitäten im Programm.

El Portal Spanish School SPRACHKURSE
(Karte S. 160; ☎7761-5275; www.spanishschoolelportal.com; 9a Callejón A 11-49, Zona 1) Kleine, aber sehr engagierte Schule mit gutem Lernumfeld. Mit den Gewinnen werden Stipendien für Kinder alleinerziehender Mütter finanziert.

Inepas SPRACHKURSE
(Instituto de Español y Participación en Ayuda Social; Karte S. 162; ☎7765-1308; www.inepas.org; 15a Av 4-59) Beim Spanischunterricht dieser von der Unesco anerkannten NGO, die sich für die Bildung in ländlichen Gemeinden einsetzt, kommen auch soziale Fragen zur Sprache. Die Schüler können an verschiedenen unterstützenswerten Projekten mitarbeiten. Neben anderen günstigen Unterkünften vermittelt die Schule auch die Unterbringung bei Familien.

Centro de Estudios de Español Pop Wuj SPRACHKURSE
(Karte S. 160; ☎7761-8286; www.pop-wuj.org; 1a Calle 17-72, Zona 1) Pop Wujs Erlöse kommen Entwicklungsprojekten in nahe gelegenen Dörfern zugute, bei denen Studenten mit anpacken können.

Geführte Touren

Highland Partners FREIWILLIGENARBEIT
(Karte S. 160; ☎7761-6408; 5a Av 6-17, Zona 1) Diese Gruppe unterstützt in fünf ländlichen Gemeinden bei Quetzaltenango Maya-Frauen, indem sie ihnen hilft, wirtschaftlich unabhängig zu werden. Man kann sich einer Tour anschließen, um das Leben in diesen Dörfern kennenzulernen und etwas über Bräuche, Traditionen und den Alltag zu erfahren. Wer möchte, kann sich auch an verschiedenen Projekten beteiligen: So werden z. B. brennstoffeffiziente Kocher gebaut, Bäume umgepflanzt und Kunstunterricht für Schulkinder organisiert.

In Xela betreibt Highland Partners den Laden Pixan (S. 167), wo von Maya-Frauen hergestellte Webarbeiten erhältlich sind.

Festivals & Events

Xela Music Festival MUSIK
(Nov.) Bei dem vom französischen Kulturinstitut organisierten Festival werden in der Innenstadt fünf oder sechs Bühnen aufgebaut, auf denen dann Musiker aus der Region auftreten.

Feria de la Virgen del Rosario KULTUR
(Sept./Okt.; Feria Centroamericana de Independencia) Xelas großes Jahresfest findet Ende September oder Anfang Oktober statt. Die Straßen der Stadt werden mit bunten Säge-

Quetzaltenango Zentrum

Quetzaltenango Zentrum

Sehenswertes
1 Parque Centro América D4

Aktivitäten, Kurse & Touren
2 Altiplano's Tour Operator F5
3 Celas Maya B4
4 EntreMundos F5
5 Inepas B3

Schlafen
6 Black Cat Hostel D3
7 Casa Nativos D4
8 Casa Renaissance D6
9 Casa Seibel E6
Guest House El Puente .... (s. 3)
10 Hostel Nim Sut E4
11 Hotel Kiktem-Ja C5

Essen
12 Aj de Lunas D6
13 Café Nativos D4
Doña Cristy .... (s. 28)
14 La Chatia Artesano B4
15 Royal Paris C2
16 Sabe Delis C3
17 Sabor de la India B3

Ausgehen & Nachtleben
18 Café Armonía C4
19 Café El Balcón del Enríquez D4
20 Café El Cuartito C5
21 Café La Luna F4
22 King & Queen C5
23 Salón Tecún D4

Unterhaltung
24 Bari C1
25 Blue Angel Video Café A4
26 Casa No'j D5
27 Teatro Municipal D1

Shoppen
28 Mercado Central D5
29 Vrisa Books B3

mehlteppichen geschmückt, Taxifahrer veranstalten ein Feuerwerk und die Sirenen der Feuerwehrwagen heulen. Die Einwohner amüsieren sich auf dem Jahrmarkt am Stadtrand. Und an vielen Orten in der ganzen Stadt wird jede Menge Spaß geboten, u. a. ein Blaskapellenwettbewerb im Parque Centro América.

Schlafen

Angesichts der vielen Freiwilligen und Sprachschüler aus dem Ausland hält Xela zahlreiche Langzeitunterkünfte bereit. Einige Pensionen bieten möblierte Apartments und die meisten Sprachschulen können die Unterbringung in einer Gastfamilie organisieren. Orientieren kann man sich über das Angebot z. B. im Anzeigenteil von *XelaWho*.

Casa Seibel HOSTEL $
(Karte S. 162; ☎7765-2130; www.casaseibel.com; 9a Av 8-10; B/Zi. 50/110 Q; 📶) Die kürzlich eröffnete Casa Seibel ist raffiniert in ein altes Xela-Haus integriert worden und erweist sich als gemütlich und komfortabel. Die um zwei Innenhöfe voller Pflanzen angeordneten Dorms und Zimmer (die sich zwei Gemeinschaftsbäder teilen, davon eins mit Badewanne) verfügen über schöne Holzböden und bemalte Decken. Teils sind auch Originalmöbel erhalten und es gibt jede Menge Regal- und Schrankplatz. In der Gemeinschaftsküche und im Fernsehzimmer können sich die Gäste treffen und austauschen.

Hotel Kiktem-Ja HOTEL $
(Karte S. 162; ☎7761-4304; www.hotelkiktem-ja.com; 13a Av 7-18, Zona 1; EZ/DZ/3BZ 135/180/230 Q; P) Das Kiktem-Ja befindet sich in einem wunderbaren hundert Jahre alten Haus im Zentrum und ist geprägt von schrägen Holzböden, Steinbögen und verschnörkelten Säulen an Fluren voller Pflanzen. Die geräumigen Zimmer verfügen über robuste Betten, Kamine und hübsche gekachelte Bäder.

Hostel Nim Sut HOSTEL $
(Karte S. 162; ☎7761-3083; www.hostelnimsutquetzaltenango.weebly.com; 4a Calle 9-42, Zona 1; B 45 Q, EZ/DZ 100/170 Q, ohne Bad 85/130 Q; 📶) Das restaurierte Kolonialhaus einen Block östlich des Parque Centro América bietet große, unterschiedlich helle Zimmer – am besten ist Zimmer 5 – mit einfachem Bettzeug und sauberen Parkettböden. Auf der Terrasse, von der man gelegentlich Rauch aus dem Santiaguito aufsteigen sehen kann, lässt sich gut ein Espresso aus dem Café unten genießen.

Guest House El Puente HOSTEL $
(Karte S. 162; ☎7761-4342; celasmaya@gmail.com; 15a Av 6-75, Zona 1; EZ/DZ/3BZ 75/150/225 Q) Die drei umfassend renovierten Zimmer mit Bad umgeben einen großen, gepflegten Garten. Da das Hostel zur Spanischschule Celas Maya (S. 145) gehört, wird es oft von Spanischstudenten in Beschlag genommen, die sich in der großen, gut ausgestatteten Küche versammeln.

Black Cat Hostel HOSTEL $
(Karte S. 162; ☎7761-2091; 13a Av 3-33; B mit Frühstück 70 Q, Zi. 175 Q; 📶) Ein toller Ort, wenn man sich gerne mit anderen Travellern austauschen möchte. Die „Schwarze Katze" punktet mit einem sonnigen Innenhof, einem Bar-Restaurant und einer Lounge mit Fernseher. Wenn auch nur spärlich möbliert, sind die Zimmer in beruhigenden Farben gestrichen und mit schönen Holzböden ausgestattet.

Casa Argentina HOSTEL $
(Karte S. 160; ☎7763-2320; casargentina.xela@gmail.com; Diagonal 12 8-37, Zona 1; B 30 Q, EZ/DZ mit Bad 60/100 Q; 📶) Das große Gästehaus westlich des Zentrums ist ein echtes Mekka für Sparfüchse, jedoch sollte man die furchtbar überfüllten Schlafsäle meiden und sich für eins der nur geringfügig teureren Privatzimmer entscheiden. Die Großfamilie, die den Laden führt, umsorgt ihre Gäste gern.

Casa Nativos HOSTEL $
(Karte S. 162; ☎7765-4723; casanativos.com; Pasaje Enríquez, 13a Calle, Zona 1; B 40 Q, DZ ohne Bad 125 Q; 📶) Das Hostel, Teil eines Kulturzentrums hinten im Pasaje Enríquez, beherbergt einfache, aber stilvoll renovierte Zimmer, die die alte Schönheit des Gebäudes gut zur Geltung bringen. Einige verfügen über einen Balkon. Für längere Aufenthalte gibt's ein 2-Zimmer-Apartment mit Gemeinschaftsküchennutzung.

★ Casa Renaissance HOTEL $$
(Karte S. 162; ☎3121-6315; www.casarenaissance.com; 9a Calle 11-26, Zona 1; Zi. mit/ohne Bad 160/125 Q; 📶) Das Kolonialhaus ist als lockeres Gästehaus wieder auferstanden, mit fünf großen, schön restaurierten Zimmern (zwei davon mit eigenem Bad) an einem reizenden Innenhof. Das von Holländern geführte Hotel verströmt eine entspannte Atmosphäre: Die Gäste bedienen sich aus dem Kühlschrank mit Getränken und können sich ihr Essen in der Küche selbst zubereiten oder sich aus einer umfassenden Sammlung ein Video anschauen. Unter der Woche erheblich günstiger.

Essen

Quetzaltenango verfügt in allen Preisklassen über eine gute Restaurantauswahl. Am billigsten isst man an den Essensständen am unteren Ende des Hauptmarktes, an denen Snacks und Hauptgerichte für 10 Q oder weniger verkauft werden. Das **Doña Cristy** (Karte S. 162; ⌚7–19 Uhr), ein beliebtes Frühstückslokal, serviert *atol de elote* (ein heißes Maisgetränk), Empanadas und *chuchitos* (kleine Tamales mit gehackter Roter Bete und gehobeltem Käse).

Café Nativos CAFÉ $

(Karte S. 162; ☎7765-4723; 13a Calle; Frühstück 25–30 Q; ⌚10–22 Uhr) Im einladenden Café Nativos, das zum Hostel und Kulturzentrums am Pasaje Enríquez gehört, gibt's gute Naturkost, Kaffee, *French toast* zum Frühstück, Falafel und Tofu in *mole*. Von einer tollen Balkonterrasse mit dem Tresen am Rand blickt man direkt auf das ehemalige Gebäude der Gutierrez-Bank, ein Art-déco-Juwel, und die ausgebrannte Hülle des Café Baviera.

La Chatia Artesano BÄCKEREI $

(Karte S. 162; ☎7765-0031; 7a Calle 15-20; Sandwiches 30–40 Q; ⌚6.30–21 Uhr) In dieser Bäckerei können Wanderer sich bestens mit Proviant für eine Vulkantour eindecken: Hier bekommt man Vollkorn-Sandwiches (mit Tofu, Tempeh, Aubergine, Käse), hervorragende Plätzchen und Müsli.

Aj de Lunas GUATEMALTEKISCH $

(Karte S. 162; ☎7761-0097; 9a Calle 11-16; Mittagskombos 25 Q; ⌚Mo–Sa 8–21 Uhr; 📶🥗) Das kürzlich aufgehübschte Restaurant ist eine gute Adresse für Quetzalteco-Hausmannskost, mit Tagesgerichten wie *jocón* und *caldo de pata*, serviert mit einem Stapel Tortillas und kleinen Tellerchen mit Zitronen und winzigen Chilis. Auch vegetarische Gerichte.

★Sabor de la India INDISCH $$

(Karte S. 162; ☎7765-2555; 15a Av 3-64; Hauptgerichte 50–70 Q; ⌚Di–So 12–22 Uhr; 📶🥗) Authentisches indisches Essen wird hier von einem Koch aus Kerala zubereitet. Die Portionen sind riesig, die *thalis* – gemischte Platten mit Gemüse-, Hühnchen- oder Rindfleischcurry – eine sehr gute Wahl. Hier treffen sich oft Gruppen von Ausländern. Das alte Steinhaus bildet einen stimmungsvollen Rahmen für eine ausgedehnte Mahlzeit.

Sabe Delis CRÊPERIE $$

(Karte S. 162; ☎7761-2635; 14a Av A 3-38; Crêpes 35–50 Q; 📶) Crêpes und Holzofenpizzas sind die Hauptattraktionen in diesem gehobenen Restaurant; außerdem gibt's hier besonders pikante Salate. Sowohl bei Ausländern als auch *chapines* beliebt.

Panorama EUROPÄISCH $$

(Karte S. 160; ☎7765-8580; www.restaurantepanorama.com; 13a Av A, D16-44; Fondue 80 Q; ⌚12–24 Uhr) Das Restaurant in Schweizer Hand liegt zehn Gehminuten am Südende der Stadt auf einem Hügel mit einem Ausblick, der dem Namen des Restaurants voll und ganz gerecht wird – toll für einen außergewöhnlichen Abend. Fondues und Raclette bilden den Schwerpunkt der Karte.

Royal Paris FRANZÖSISCH $$

(Karte S. 162; ☎7761-1942; royalparis-quetzaltenango.blogspot.nl; 14a Av A 3-06; Salate 60 Q; ⌚Di–So 12–22 Uhr; 📶) Von der französischen Konsulin höchstpersönlich geleitet, sollte dieses Bistro auf jeden Fall authentisch sein. Und die Schnecken, der gebackene Camembert und das Filet Mignon reichen tatsächlich an Pariser Standards heran. Die Tagesgerichte sind auf einer Tafel notiert. Das behagliche Ambiente wird noch durch eine nette Terrasse verstärkt. Mittwochs, freitags und samstags gibt's abends Livemusik.

🍷 Ausgehen & Nachtleben

Kaffee spielt eine wichtige Rolle für Xelas Wirtschaft. Folgerichtig herrscht auch kein Mangel an Cafés.

Die Zona Viva der Stadt liegt rund um das Teatro Municipal; an der 1a und 2a Calle und der 14a Avenida entstehen immer wieder neue Diskos und Clubs.

★Café La Luna CAFÉ

(Karte S. 162; ☎7761-4354; 8a Av 4-11; ⌚Mo–Fr 11–21, Sa 16–21 Uhr; 📶) Ein echtes Mekka für Schokoladenjunkies: Die hier vor Ort hergestellte Schokolade ist samtig-weich und wird in verschiedensten Getränken serviert – umwerfend ist der Schokoladen-Cappuccino. In den mit altem Trödel eingerichteten Räumen versammeln sich oft Freundesgruppen.

★Salón Tecún PUB

(Karte S. 162; Pasaje Enríquez; ⌚9.30–0.30 Uhr) Im Tecún am Plaza-Ende des eleganten Pasaje Enríquez ist den ganzen Tag bis in die Nacht hinein richtig was los. Das Publikum besteht aus Guatemalteken und Ausländern, die hier literweise Cabro trinken: Das Tecún behauptet, die älteste Bar des Landes zu sein (seit 1935). Außerdem gibt's hier gute Pizza und Kneipenkost. Auf jeden Fall vorbeischauen!

Café El Cuartito CAFÉ

(Karte S. 162; 13a Av 7-09; ⌚8–23 Uhr; 📶) Das schräge Café, dessen urige Einrichtung aus gefundenen Gegenständen besteht, ist ein guter Anlaufpunkt für Traveller und Sprachschüler. Serviert werden gute vegetarische Gerichte, Kräutertees und Biokaffee in allerlei Zubereitungsarten, außerdem kreative Cocktails – wie wär's mit einem Himbeer-Mojito? An den meisten Abenden Livemusik.

Café Armonía CAFÉ
(Karte S. 162; ☎7765-3509; www.cafearmonia.com; 13a Av 5-48; ⌚Mo–Sa 7.30–20.15 Uhr) Das einfache Café Armonía ist das wichtigste Outlet für die kleinen Erzeuger der wichtigsten Kaffeeanbauregionen des Landes wie Acatenango, Huehuetenango, Atitlán und San Marcos – hier wächst der Kaffee in höheren Lagen, sodass die Bohnen säurehaltiger sind als die aus Quetzaltenango. Herbert, einer der schicken Baristas hier, wuchs auf einer Kaffee-*finca* auf und ist ein echter Meister-Röster.

King & Queen PUB
(Karte S. 162; 7a Calle 13-27; ⌚18–1 Uhr) Der winzige Pub lockt stets ein sehr gemischtes Publikum an. Ob in der Ecke eine Band spielt (mittwochs und freitags) oder ein spannendes Quiz stattfindet (dienstags) – die Bildkarten an den Wänden schauen dem Treiben ungerührt zu.

Café El Balcón del Enríquez CAFÉ
(Karte S. 162; 12a Av 4-40, Pasaje Enríquez; ⌚8–22 Uhr) Mit seinen speziell designten Aussichtstresen mit Blick auf den Parque Centro América ist dieses muntere Café im oberen Geschoss des Pasaje Enríquez ein nettes Plätzchen für einen morgendlichen Kaffee oder einen Cocktail am Abend.

☆ Unterhaltung

Wenn die Sonne untergegangen ist, wird es kühl, sodass man wohl eher nicht draußen auf dem Parque Centro América sitzt und ein laues Lüftchen genießt. Doch für einen Abendspaziergang ist der Platz ganz nett.

Die Livemusikszene ist in Xela besonders ausgeprägt. In vielen der Restaurants, Cafés und Kneipen der Stadt finden Veranstaltungen statt, so etwa im Royal Paris und Café El Cuartito. Näheres zu aktuellen Gigs steht in der *XelaWho* bzw. unter www.xelawho.com.

Teatro Municipal THEATER
(Karte S. 162; ☎7761-2218; 14a Av & 1a Calle) Quetzaltenangos prachtvolles klassizistisches Theater nördlich vom Stadtzentrum ist die Hauptbühne für Theater, Konzerte und Tanz. Prominente Familien der Stadt besitzen auf dem reich verzierten zweistöckigen Balkon eigene Logen.

Casa No'j DARSTELLENDE KÜNSTE
(Karte S. 162; ☎7761-4400; www.centroculturalcasanoj.blogspot.com; 7a Calle 12-12, Zona 1; ⌚Mo–Fr 8–18 Uhr) Das ehemalige Bethlehem-Kloster aus dem 19. Jh. unweit der Südwestecke des Parque beherbergt heute Xelas wichtigstes Kulturzentrum. Neben Foto- und Kunstausstellungen findet hier alles von Dichterfestivals und Marimbakonzerten bis zu Archäologiekonferenzen statt; hin und wieder treten auch international bekannte Künstler und Literaten auf. Sonntags gibt's ein regionales kulinarisches Festival. Der Blog informiert über anstehende Events.

Bari LIVEMUSIK
(Karte S. 162; 1a Calle 14-31; ⌚Mi–Sa 20–1 Uhr) Das Bari, eines von mehreren Abendlokalen gegenüber vom Teatro Municipal, veranstaltet regelmäßig Konzerte mit *trova* (lateinamerikanischer Protestfolk), Rock und Pop.

Blue Angel Video Café KINO
(Karte S. 162; 7a Calle 15-79, Zona 1) Hat ein umfangreiches Filmarchiv mit kommerziellen und Kunstfilmen, die man sich auf Anfrage anschauen kann. Dazu werden hier vegetarische Speisen, Kräutertees und heiße Schokolade serviert.

ABSEITS DER ÜBLICHEN PFADE

RUND UM QUETZALTENANGO

In das schöne Vulkanland rund um Xela lassen sich zahlreiche spannende Tagesausflüge unternehmen. Schon die Vulkane selbst üben auf viele Reisende einen unwiderstehlichen Reiz aus. Augen und Seele können sich an der extravaganten Kirche von San Andrés Xecul laben, man kann zum Zeremonialufer der Laguna Chicabal wandern oder in den idyllischen warmen Quellen der Fuentes Georginas planschen. Oder man fährt einfach mit dem Bus in eines der zahllosen kleinen traditionellen Dörfer in diesem Teil des Hochlands. An den Markttagen kann man die Einheimischen wunderbar in Aktion erleben: Besonders gute Besuchstage sind also Sonntag und Mittwoch in Momostenango, Montag in Zunil, Dienstag und Samstag in Totonicapán und Freitag in San Francisco El Alto.

Shoppen

Pixan KUNSTHANDWERK
(Karte S. 160; ☎7761-6408; www.amaguate.org; 5a Av 6-17; ⏰Mo–Fr 9–17 Uhr) Pixan, das Modegeschäft der Frauenorganisation AMA (Verband der Hochlandfrauen), verkauft gute Stoffe und Kleidungsstücke, die von Maya-Weberinnen in Zusammenarbeit mit Designern aus z. B. London und New York hergestellt wurden.

Zentralmarkt MARKT
(Karte S. 162) Xelas Zentralmarkt bietet auf drei Etagen Kunsthandwerk und Souvenirs zu vernünftigen Preisen. „Unerbittlich" feilschen!

Vrisa Books BÜCHER
(Karte S. 162; 15a Av 3-64) Buchantiquariat mit 4000 Titeln auf Englisch, kauft auch gebrauchte Bücher an.

Praktische Informationen

GELD

Banco Industrial (4a Calle 11-38, Zona 1; ⏰Mo–Fr 9–18, Sa 9–13 Uhr) Auf der Nordseite des Parque Centro América. Wechselt US-Dollars und Euros und tätigt Barauszahlungen auf Visa-Karten. Im Edificio Rivera unmittelbar nördlich des *municipalidad*-Gebäudes befindet sich ein Cajero-5B-Geldautomat.

MEDIEN

Veröffentlichungen in englischer Sprache sind kostenlos in Bars, Restaurants und Cafés in der ganzen Stadt erhältlich:

EntreMundos (Karte S. 162; ☎7761-2179; www.entremundos.org; 6a Calle 7-31, Zona 1; ⏰Mo–Do 14–16 Uhr) Die alle zwei Monate erscheinende Zeitung enthält zahlreiche Informationen zur politischen Entwicklung und zu Freiwilligenprojekten in der Region.

BUSSE AB QUETZALTENANGO

ZIEL	PREIS (Q)	DAUER	HÄUFIGKEIT & ANMERKUNGEN
Almolonga	3	10 Min.	6–22 Uhr alle 15 Min. Die Busse fahren von der Shell-Tankstelle an der Ecke 9a Av & 10a Calle.
Antigua			Man nimmt einen Bus über die Interamericana nach Guatemala-Stadt und steigt in Chimaltenango um.
Chichicastenango	25	2½ Std.	8–17 Uhr alle 30 Min. Oder man nimmt einen Bus nach Guatemala-Stadt und steigt in Los Encuentros um.
Ciudad Tecún Umán (mexikanische Grenze)	40	3 Std.	Direktbusse stündl. Oder man nimmt einen Bus nach Coatepeque (4–17.45 Uhr alle 15 Min.) und steigt nach Ciudad Tecún Umán um.
El Carmen/Talismán (mexikanische Grenze)			Man nimmt einen Bus nach San Marcos (10 Q, 2 Std., alle 15 Min.) und dort einen weiteren nach Malacatán (15 Q, 1 Std.); von dort fahren Sammeltaxis (5 Q) nach El Carmen.
Guatemala-Stadt	35	3½ Std.	2–17 Uhr alle 15 Min. Unternehmen mit 1.-Klasse-Bussen zw. Quetzaltenango & Guatemala-Stadt haben ihre eigenen Terminals.
Huehuetenango	20	2 Std.	4–18.30 Uhr alle 15 Min. Oder man nimmt einen Bus nach Cuatro Caminos, von wo Pullman-Busse von Los Halcones und Velasquez verkehren.
La Mesilla (mexikanische Grenze)	40	4 Std.	7–14.15 Uhr 4-mal tgl. Oder man nimmt einen Bus nach Huehuetenango und steigt dort um.
Momostenango	7	1½ Std.	6–19 Uhr alle 15 Min.
Panajachel	30	2 Std.	10–17 Uhr 5-mal tgl.
Retalhuleu	13	1 Std.	5–19.30 Uhr alle 10 Min.
San Andrés Xecul	8	30 Min.	6–15 Uhr halbstündl.
San Pedro La Laguna	25	3 Std.	11.30–17.30 Uhr 6-mal tgl.
Zunil	5	25 Min.	6–22 Uhr alle 15 Min. Die Busse fahren von der Shell-Tankstelle an der Ecke 9a Av & 10a Calle.

XelaWho (www.xelawho.com) Die kleine Monatszeitschrift bezeichnet sich selbst als Quetzaltenangos führendes „Kultur- & Szenemagazin", listet kulturelle Events in der Stadt auf und veröffentlicht ein paar ziemlich forsche Artikel über das Leben in Guatemala.

MEDIZINISCHE VERSORGUNG

Hospital Privado Quetzaltenango (☎7774-4700; www.hospitalprivadoquetzaltenango.com; Calle Rodolfo Robles 23-51) Normalerweise ist ein Englisch sprechender Arzt anwesend. 24-Stunden-Notaufnahme.

NOTFALL

Bomberos (Feuerwehr; ☎7761-2002)
Cruz Roja (Rotes Kreuz; ☎7761-2746)
Policía Nacional (Nationalpolizei; ☎7761-0042)
Proatur (☎1500 oder ☎2421-2810)

POST

Hauptpost (Karte S. 162; 4a Calle 15-07, Zona 1)

TOURISTENINFORMATION

Es sind Unmengen von Touristenstadtplänen im Umlauf; man findet sie in Internetcafés, Sprachschulen und Hotels. Auch wenn sie im Grunde nur Werbeflyer sind, enthalten die besseren wie Xelamap recht nützliche Informationen.

INGUAT (Karte S. 162; ☎7761-4931; vivexela.visitguatemala.com; 7a Calle 11-35, Zona 1; ⏲Mo–Fr 9–17, Sa 9–13 Uhr) Am südlichen Ende des Parque Centro América. Gewöhnlich ist ein Englisch sprechender Mitarbeiter anwesend.

WEBSITES

Xela Pages (www.xelapages.com) Unmengen an Informationen über Xela und die Sehenswürdigkeiten in der Nähe sowie ein nützliches Diskussionsforum.

ℹ An- & Weiterreise

BUS

Alle 2.-Klasse-Busse fahren, wenn nicht anders angegeben, am **Terminal Minerva** (Karte S. 160; 7a Calle, Zona 3) ab, einem staubigen, überfüllten Busbahnhof im Westen der Stadt.

Auf ihrem Weg in die Stadt oder aus ihr heraus legen Busse aus bzw. in Richtung Salcajá, Cuatro Caminos, San Francisco El Alto und Totonicapán östlich des Zentrums einen **Stopp** (Karte S. 160) an der Rotonda ein, einem Kreisverkehr an der Calz Independencia mit dem **Monumento a la Marimba** (Karte S. 160). Wer bei der Anreise nach Xela hier aussteigt, spart sich die zehn oder 15 Minuten, die der Bus braucht, um das Terminal Minerva am anderen Ende der Stadt zu erreichen.

Sonntags verkehren weniger Busse.

SHUTTLE-MINIBUS

Die meisten Reiseagenturen in Xela wie **Altiplano's** (S. 159) betreiben Shuttle-Minibusse zu Zielen wie Antigua (195 Q), Chichicastenango (195 Q), Panajachel (160 Q) und San Cristóbal de las Casas in Mexiko (240 Q).

ℹ Unterwegs vor Ort

Vom Terminal Minerva fahren **Microbusse** (Karte S. 160) in die Stadt; die 10- bis 15-minütige Fahrt kostet 2 Q. Vom Busbahnhof geht man Richtung Süden durch den Markt bis zur Kreuzung am Templo de Minerva; hier warten die Fahrzeuge auf der Südseite der 4a Calle. Vom Zentrum zum Busbahnhof fahren die **Microbusse** (Karte S. 162) an der 14a Avenida nördlich der 5a Calle ab. **Taxis** (Karte S. 162) warten am Nordende des Parque Centro América; eine Fahrt zum Terminal Minerva sollte tagsüber nicht mehr als 30 Q kosten.

Zur Bushaltestelle Rotonda an der Calz Independencía fahren die mit „Parque" beschilderten Microbusse Richtung Zentrum.

INGUAT (s. links) bietet Informationen über andere Buslinien in der Stadt.

Huehuetenango

111 108 EW. / 1909 M

In Huehuetenango machen vor allem Traveller Halt, die auf dem Weg nach Mexiko sind bzw. von dort kommen. Die Stadt ist außerdem eine praktische Basis für Ausflüge in die Sierra de los Cuchumatanes oder das Hochland, hat jedoch selbst nur wenig zu bieten. Es gibt aber auch Reisende, die den „authentischen Charme" der Stadt schätzen. Über zu wenige Restaurants oder Schlafgelegenheiten wird man sich in „Huehue" jedenfalls nicht beklagen können und die Bergkulisse ist ein Traum.

Huehuetenango war bis ins 15. Jh. eine Mam-Maya-Region. Doch dann verdrängten die Quiché, die ihr Territorium von ihrer Hauptstadt K'um'arkaj (beim heutigen Santa Cruz del Quiché) aus erweiterten, die Mam-Mayas. Die Schwäche der Quiché-Herrschaft führte allerdings bald zu einem Bürgerkrieg, der im ganzen Hochland tobte und den Mam-Mayas die Chance zur Unabhängigkeit brachte. 1525, als Gonzalo de Alvarado, der Bruder von Pedro de Alvarado, auf der Bildfläche erschien, um Zaculeu, die Mam-Hauptstadt, für Spanien einzunehmen, war der Konflikt immer noch nicht beigelegt.

Huehuetenango

Huehuetenango

Sehenswertes

1 Catedral de Huehuetenango C2
2 Municipalidad B1
3 Parque Central C1

Schlafen

4 Hotel Casa Blanca A2
5 Hotel Mary C1
6 Hotel San Luis de la Sierra A2
7 Hotel Zaculeu B1

Essen

8 Cafetería Las Palmeras C2
9 La Fonda de Don Juan B1
10 La Tinaja C2
11 Restaurante Lekaf B3

Ausgehen & Nachtleben

12 Café Museo A3

Sehenswertes & Aktivitäten

Zaculeu ARCHÄOLOGISCHE STÄTTE

(Eintritt 50 Q; 8–16 Uhr) Die archäologische Stätte Zaculeu, ein Überrest der Mam-Hauptstadt, wurde in den 1940er-Jahren auf Geheiß der United Fruit Company restauriert. Seither sind die Pyramiden, Ballspielfelder und Zeremonienplattformen von ergrauendem Gips überzogen. Viele Sanierungsmethoden zerstörten den authentischen Charakter der Anlage, dafür sieht sie heute so aus, wie sie wahrscheinlich früher einmal ausgesehen hat, als sie noch aktiv von Mam-Priestern und Gläubigen genutzt wurde.

Das postklassische religiöse Zentrum Zaculeu („Weiße Erde" in der Sprache der Mam) hat eine strategisch günstige Position: Es wird auf drei Seiten von Schluchten begrenzt. Dies bedeutete Sicherheit für die einstigen Bewohner. Trotzdem fiel die Anlage 1525 nach zweimonatiger Belagerung in die Hände Gonzalo de Alvarados, der von Tlaxcalan- und Quiché-Kämpfern unterstützt wurde. Die Mam mussten sich geschlagen geben, weil sie nach und nach dem Hungertod erlagen.

Ein kleines Museum zeigt u. a. Schädel und andere Gegenstände aus einem Grab, das unterhalb der Estructura 1, dem größten Bauwerk auf dem Gelände, gefunden wurde.

Zaculeu liegt 4 km westlich von Huehuetenangos Hauptplaza. Busse zur Stätte (2,50 Q, 15 Min.) fahren ca. alle 30 Minuten (7.30–18 Uhr) vor der Schule an der Ecke 2a Calle und 7a Avenida ab. Eine Taxifahrt ab dem Stadtzentrum kostet 30 Q. Eine Stunde gibt ausreichend Zeit, das Gelände und das Museum zu erkunden.

Parque Central PLAZA
Zylindrische Feigenbäume spenden Huehuetenangos Hauptplatz Schatten. Gesäumt wird er von imposanten Gebäuden wie der **Municipalidad** (Rathaus), mit einem Musikpavillon im oberen Stockwerk, und der eindrucksvollen klassizistischen **Kirche**. Einen Überblick über das Departamento Huehuetenango bietet eine kleine Reliefkarte mit Höhenangaben sowie den Sprachgruppen und Bevölkerungszahlen der verschiedenen Kommunen.

Schlafen

Hotel Sucot HOTEL $
(☎7764-2511; Terminal de Buses; EZ/DZ 80/140 Q, ohne Bad 50/80 Q; P 📶) Für Reisende, die nur eine Unterkunft zwischen zwei Busreisen brauchen, ist dies die am wenigsten furchteinflößende am Busbahnhof. Die Betten sind okay, die Duschen funktionieren, das Personal ist jovial und es gibt ein Café (und einen Veranstaltungssaal!). Es ist das vorletzte Hotel rechts.

Hotel Mary HOTEL $
(☎7764-1618; 2a Calle 3-52; EZ/DZ 80/130 Q; P) Großes, älteres Hotel mit Café im Erdgeschoss und einer nützlichen Karte der Provinz in der Lobby. Die eintönig möblierten Zimmer haben bequeme Betten und große gekachelte Bäder. Nr. 310 (und vielleicht noch andere) wartet mit einem Balkon auf.

Hotel Zaculeu HOTEL $$
(☎7764-1086; www.hotelzaculeu.com; 5a Av 1-14; EZ/DZ/3BZ 125/250/330 Q; P @ 📶) Das alteingesessene Zaculeu verströmt jede Menge Flair und ist trotz seines Alters noch immer recht schick. Die Zimmer im „neuen", gerade mal 20 Jahre alten Teil sind ein bisschen größer und stilvoller. Die große Terrasse mit Pflanzen und Vögeln lädt zum Verweilen ein, genauso wie die ausgezeichnete Bar.

Hotel Casa Blanca HOTEL $$
(☎7769-0777; 7a Av 3-41; EZ/DZ 220/280 Q; P 📶) Den schönen Innenhof zieren hängende Farne und in Form geschnittene Sträucher. Drumherum gruppieren sich geräumige, moderne Zimmer mit gebogenen Holzdecken und guten warmen Duschen. Im Terrassenrestaurant gibt's preiswerte Mittagsmenüs (22 Q); ein tolles Schnäppchen ist das sonntägliche Frühstücksbuffet (40 Q).

Hotel San Luis de la Sierra HOTEL $$
(☎7764-9217; hsanluis@gmail.com; 2a Calle 7-00; EZ/DZ 135/190/238 Q; P 📶) Die einfachen, eher kleinen Zimmer sind mit Kiefernmöbeln und heimeligen Details eingerichtet und das Hotel schafft es, sich erfolgreich vom Trubel draußen abzuschirmen. Die eigentliche Attraktion jedoch ist die große Kaffeeplantage hinterm Haus mit ihren Spazierwegen.

Essen & Ausgehen

★ **La Tinaja** GUATEMALTEKISCH $
(☎7764-1513; 4a Calle 6-51; Menü 25 Q; ⏲12–22 Uhr) Das Zuhause des Historikers und Feinschmeckers Rolando Gutierréz ist gleichermaßen Café und Kulturzentrum: Es verfügt über eine interessante Bibliothek und eine Sammlung alter Uhren, Radios und der namengebenden *tinajas* (Urnen), alles ausgestellt in einer Reihe einladender Räume. Neben Quesadillas und Tamales (serviert mit Salz aus San Mateo Ixtatán) werden hier auch heimische Snacks wie *sanguichitos* (Sandwiches im Huehue-Stil) und *rellenitos* geboten.

Cafetería Las Palmeras GUATEMALTEKISCH $
(4a Calle 5-10; Hauptgerichte 27–50 Q; ⏲7–20.30 Uhr; 📶) Das große Plus des beliebten Las Palmeras ist sein luftiges Obergeschoss mit Ausblick auf den Parque Central. Der *caldo de pollo criollo* (27 Q) mit viel Hühnerfleisch, *güisquil* und Mais ist ein echtes Muss. Samstags locken köstliche Tamales.

La Fonda de Don Juan PIZZA $$
(2a Calle 5-35; Pizza 45–75 Q; ⏲24 Std.) Die Anlaufstelle für Nachtschwärmer und Frühaufsteher. Hier gibt's verschiedene guatemaltekische und internationale Speisen, darunter auch günstige Pizza.

Restaurante Lekaf INTERNATIONAL $$
(☎7764-3202; 6a Calle 6-40; Hauptgerichte 50–100 Q; ⏲10–23 Uhr) Moderner, luftiger Speisesaal mit abwechslungsreicher Karte, auf der u. a. Sandwiches, Pizzas und Meeresfrüchtegerichte stehen. Jeden Abend treten von 19 bis 22 Uhr Marimba- und Folklorebands auf und ziehen ein lebhaftes Publikum an.

Café Museo CAFÉ
(☎7764-1101; 4a Calle 7-40; ⏲Mo–Sa 7–21.30, So 14–21.30 Uhr; 📶) In dem „Museum" wird mit der beste Kaffee von ganz Huehue serviert, und das will was heißen! Aber hier gibt's nicht nur eine gut gebrühte Tasse Kaf-

BUSSE AB HUEHUETENANGO

ZIEL	PREIS (Q)	DAUER (STD.)	HÄUFIGKEIT & ANMERKUNGEN
Antigua			Man nimmt einen Bus nach Guatemala-Stadt und steigt in Chimaltenango um.
Barrillas	50	6	Microbusse 2–16.30 Uhr halbstündl.
Cobán	40	7	Microbusse Mo–Sa 13 Uhr ab Tankstelle El Calvario
Gracias a Dios (mexikanische Grenze)	50	5	3–13 Uhr stündl. von Chiantlequita
Guatemala-Stadt	60	5	5.30–14.30 Uhr fünf Pullman-Busse von Velázquez Plus. Zwei Busgesellschaften haben Pullman-Busse ab ihren eigenen Terminals: Transportes Los Halcones (65 Q) fährt zw. 1 & 15.30 Uhr 7-mal tgl., darunter Luxusbusse (75 Q) um 7, 10.30 und 14 Uhr; Línea Dorada fährt um 23 Uhr (110 Q).
La Mesilla	20	2	3–19 Uhr alle 15 Min. von Transportes Los Verdes
Nebaj			Man nimmt einen Microbus nach Sacapulas; dort gibt's häufige Anschlüsse nach Nebaj.
Panajachel			Man nimmt einen Bus nach Guatemala-Stadt und steigt in Los Encuentros um.
Quetzaltenango	20	2	3.30–19 Uhr alle 15 Min.
Sacapulas	20	2	Häufige Microbusse 5.30–17.30 Uhr, via Aguacatán.
Santa Cruz del Quiché	25	2	Häufige Microbusse 5–17 Uhr
Soloma	25	3	Microbusse 4.30–14.30 Uhr stündl. ab Tankstelle El Calvario
Todos Santos Cuchumatán	20	2	3–15 Uhr alle 30 Min. ab Tankstelle El Calvario

fee, sondern auch Hintergrundinfos über die Bohne, die einen so starken Einfluss auf die guatemaltekische Geschichte hatte. Von frühmorgens mit spätabends ist in den verschiedenen Räumen und dem hübschen Patio des Cafés immer was los.

Praktische Informationen

Banco Industrial (6a Av 1-26) Eine Straße westlich des Hauptplatzes mit zuverlässigem Geldautomaten.

An- & Weiterreise

Der Busbahnhof befindet sich in der Zona 4, 2 km südwestlich der Plaza an der 6a Calle. Verschiedene Busunternehmen bedienen dieselben Routen, allerdings werden die erforderlichen Infos nicht in nachvollziehbarer Form präsentiert. Microbusse nach Cobán und Barrillas, via Soloma und San Mateo Ixtatán, gibt es an der Tankstelle in El Calvario, an der Ecke 1a Avenida und 1a Calle, vier Blocks nordöstlich des Parque Central.

Todos Santos Cuchumatán

2980 EW. / 2470 M

Sehenswertes

Museo Balam MUSEUM

(Eintritt 5 Q; ⌚8–18 Uhr) Das Museum von Todos Santos befindet sich in einem zweistöckigen Haus eine Straße östlich der Plaza. Die Sammlung von Trachten und Masken, traditionellen Küchenutensilien, archäologischen Funden und Musikinstrumenten erwacht erst dann so richtig zum Leben, wenn Fortunato, der Schöpfer des Museums und ein Gemeindevorsteher, seine Erläuterungen beisteuert.

Aktivitäten

Januar bis April sind die besten Monate für Wanderungen in der Umgebung von Todos Santos, doch das ganze Jahr über kann man in der Regel vormittags unterwegs sein, bevor sich der Himmel zuzieht.

TODOS SANTOS' GROSSER TAG

Todos Santos Cuchumatán ist bekannt für seine überaus farbenfrohen Pferderennen, das Highlight des **Día de Todos los Santos**, eines rauschenden Festes, das jedes Jahr am 1. November stattfindet und den Abschluss und Höhepunkt einer Woche voller Festivitäten bildet. Am Vorabend der Rennen, bei denen die *todosanteros* den ganzen Tag über – mit Mittagspause – die Gelegenheit haben, so schnell wie möglich hin und her zu reiten, während sie immer betrunkener werden, tanzen die Männer zu Marimba-Klängen und trinken *aguardiente* (Zuckerrohrschnaps). Diese wirklich authentische Veranstaltung lockt Scharen von Besuchern aus den umliegenden Gemeinden an. Sie versammeln sich auf einer abschüssigen Wiese an der Sandbahn oder auf den Dächern gegenüber, um sich die in traditionelle Festkleidung gewandeten Reiter anzuschauen. Todos Santos ist übrigens der einzige Ort in Guatemala, wo der Día de los Muertos nicht am 1. November begangen wird, da dieser Tag in der Provinz Huehuetenango für ein Unabhängigkeitsfest reserviert ist. Stattdessen wird der traditionelle Friedhofsbesuch auf den nächsten Tag verschoben. Dann sind die Gräber geschmückt und Marimba-Klänge empfangen die Friedhofsbesucher.

Red de Turismo Natural y Cultural de Huehuetenango WANDERN
(☎4051-5597; turismoruralguatemala.com/huehuetenango; ab 250 Q pro Pers.) Dieses Netz naturfreundlich eingestellter Guides aus dem gesamten Departamento wird vor Ort durch Roberto Jerónimo Bautista repräsentiert. Er führt in rund sechs Stunden Wanderungen zur abgeschiedenen Bergsiedlung San Juan Atitán, wo die Frauen wunderschön bestickte *huipiles* tragen; zurück nach Todos Santos geht's mit dem Bus. Der Pfad steigt durch Primärwald hinauf zu Gipfeln, von denen sich Blicke bis hin zur mexikanischen Grenze eröffnen.

Mam Trekking WANDERN
(☎5206-0916; rigoguiadeturismo@yahoo.com; ab 100 Q pro Pers.) Der fachkundige und Englisch sprechende *todosantero* Rigoberto Pablo Cruz leitet Wanderungen durch den Parque Regional Municipal de Todos Santos Cuchumatán, darunter einen Aufstieg zum Gipfel des La Torre, gefolgt von einem Abstieg nach La Maceta. Außerdem gibt's Wanderungen nach Tzunul; hier weben Männer Frauen-*cortes* und Frauen Männerhemdkragen.

Schlafen & Essen

Hotel Casa Familiar HOTEL $
(☎5737-0112; hotelyrestaurante_casafamiliar@yahoo.com; EZ/DZ 100/150 Q, ohne Bad 60/90 Q) Die freundliche Unterkunft gleich unterhalb des Hauptplatzes bietet vier behagliche Zimmer mit Böden aus Hartholz, traditionellen Tagesdecken, guten Duschen mit warmem Wasser und privaten Terrassen. Die neueren Zimmer im oberen Stockwerk verfügen mit ihren gefliesten Böden und billigen Möbeln über weniger Flair. Im Café unten kann man sich zum Frühstück mit *mosh* (Porridge) oder frisch gebackenem Bananenbrot stärken. Für 30 Q pro Person dürfen Gäste im *chuj* (Maya-Sauna) schwitzen.

Hotelito Todos Santos HOTEL $
(☎3030-6950; EZ/DZ 75/150 Q, ohne Bad 45/90 Q) Dieser Backpacker-Liebling südlich der Plaza an einer nach links abzweigenden Seitenstraße bietet kleine und schlichte, aber sehr saubere Zimmer mit gefliesten Böden und soliden Betten. Von Zimmer 15, einem der vier Turmzimmer mit eigenem Bad, bieten sich eine tolle Aussicht über das Tal. Das lockere Café empfiehlt sich wegen seiner Pfannkuchen.

Tourist Hotel HOTEL $
(☎4491-0220; Zi. 75 Q, ohne Bad 50 Q) Das in einem ruhigeren Teil der Stadt gelegene Tourist ist recht sauber und gepflegt, mit funktionierenden warmen Duschen, guten Matratzen und zahlreichen (synthetischen) Decken gegen die abendliche Kühle. Den einsamen rosa Betonbau findet man, indem man 200 m östlich vom Hauptplatz bei einem Geschäft mit dem Namen La Todosanterita bergab nach links geht.

Comedor Katy GUATEMALTEKISCH $
(Mahlzeiten 20 Q; ⏲7.30–20 Uhr) Frauen in traditioneller Kleidung kümmern sich um die großen Kessel, die in diesem rustikalen Laden unterhalb der zentralen Plaza über glühenden Kohlen vor sich hin blubbern. Es gibt auch Tische draußen auf der Terrasse.

An- & Weiterreise

Busse und Microbusse fahren in der Hauptstraße zwischen der Plaza und der Kirche ab. Von 4.30 bis 14 Uhr gibt's ca. zehn Verbindungen nach Huehuetenango (20 Q, 2 Std.). Microbusse bis nach Tres Caminos (der Kreuzung mit der Straße von Huehue nach Barillas) fahren den ganzen Tag lang, wenn sie voll sind. Täglich verkehren zwei Busse Richtung Nordwesten nach Jacaltenango. Ein Huisteca-Bus fährt um 5 Uhr nach La Mesilla.

PAZIFIKEBENE

Die Ebene, die durch eine Vulkankette vom Hochland abgeschnitten ist und sich bis zum Pazifik erstreckt, wird unter dem Begriff La Costa (die Küste) zusammengefasst. Hier herrscht ein drückendes Klima; je nach Jahreszeit ist es entweder heiß und feucht oder heiß und trocken. Auf den nährstoffreichen vulkanischen Böden gedeihen Kaffee, Ölpalmen und Zuckerrohr.

Die wichtigsten Sehenswürdigkeiten sind die archäologische Stätte Takalik Abaj und die Skulpturen rund um Santa Lucía Cotzumalguapa aus der Zeit vor der Olmeken-Kultur.

Die überwältigende Mehrheit der Einheimischen sind *ladinos* mit gemischter indigener und europäischer Abstammung. Selbst die größten Städte sind sehr bescheiden – man wird vor allem niedrige Häuser und hin und wieder ein mit Palmblättern gedecktes Dach zu sehen bekommen.

Der Strandtourismus steckt in Guatemala noch in den Kinderschuhen. Der einzige Ort mit zufriedenstellender Infrastruktur ist Monterrico, wo sich auch unter Naturschutz stehende Mangrovenwälder erstrecken. Sipacate entwickelt sich langsam zu einer Surferhochburg. Ambitionierte Wellenreiter werden aber wahrscheinlich in Mexiko und El Salvador bessere Bedingungen vorfinden.

Retalhuleu

34 300 EW.

Wenn man am Busbahnhof von Retalhuleu – von den meisten Guatemalteken kurz Reu (*re*-u) genannt – ankommt, wird man mit an Sicherheit grenzender Wahrscheinlichkeit überhaupt kein bisschen beeindruckt sein. Das umliegende Viertel ist ziemlich geschmacklos und billig und es wimmelt von heruntergekommenen Holz-*cantinas* und Straßenhändlern.

Das Zentrum ist nur fünf Blöcke entfernt, scheint jedoch einer anderen Welt anzugehören. Die majestätische, von Palmen bestandene Plaza wird von ein paar prächtigen alten Gebäuden flankiert, selbst die Polizei beteiligt sich aktiv an der Stadtverschönerung: Pflanzen zieren die Fassade der Hauptwache.

Hauptanziehungspunkt für die meisten Besucher ist der Zugang zur Stätte Takalik Abaj. Und wenn man wirklich viel Zeit hat, könnte man sich auch die hervorragenden Freizeitparks ganz in der Nähe anschauen.

Schlafen

Hotel Casa y Campo HOTEL **$$**
(☎7771-3289; 3a Calle 4-73, Zona 1; EZ/DZ 160/300 Q; P❄📶) Gemütliche, preiswerte Zimmer nur zwei Straßen von der Plaza. Schnell ausgebucht, daher am besten vorher anrufen!

La Estancia HOTEL **$$**
(☎7771-3053; 10a Calle 8-50, Zona 1; EZ/DZ 120/240 Q; P❄📶) Eine gute Unterkunft mit vernünftigen Preisen ist dieses familiengeführte Hotel mit einfachen, sauberen Zimmern ein paar Straßen von der Bushaltestelle.

Hotel Posada Don José HOTEL **$$**
(☎7771-0180; www.hotelposadadedonjose.com; 5a Calle 3-67, Zona 1; Zi. ab 440 Q; P❄📶🏊) Schönes Hotel im Kolonialstil um einen riesigen

BUSSE AB RETALHULEU

ZIEL	PREIS (Q)	DAUER (STD.)	HÄUFIGKEIT
Champerico	15	1	6–19 Uhr alle paar Minuten
Ciudad Tecún Umán (mexikanische Grenze)	20	1½	5–22 Uhr alle 20 Min.
Guatemala-Stadt	50–95	3	2–20.30 Uhr alle 15 Min.
Quetzaltenango	20	1	4–18 Uhr alle 30 Min.
Santa Lucía Cotzumalguapa	30	2	2–20.30 Uhr alle 15 Min.

FREIZEITPARKS BEI RETALHULEU

Wer mit Kindern im Schlepptau unterwegs ist, kann diese beiden benachbarten Freizeitparks an der Straße nach Quetzaltenango ansteuern, 12 km nördlich von Retalhuleu.

Sowohl Xocomil als auch Xetulul werden vom Irtra (Instituto de Recreación de los Trabajadores de la Empresa Privada de Guatemala; Freizeitinstitut der Arbeiter der Privatunternehmer Guatemalas) betrieben, das in ganz Guatemala Freizeitstätten für Arbeiter und ihre Familien unterhält. Zusammen machen diese beiden Parks mit mehr als 1 Mio. Besuchern im Jahr die beliebteste Attraktion Guatemalas aus.

Parque Acuático Xocomil (☎7772-9400; www.irtra.org.gt; Carretera CITO Km 180,5; Erw./Kind 100/50 Q; ⊙Do–So 9–17 Uhr) Dieses erstklassige Spaßbad steht unter einem eindeutig guatemaltekischen Motto und bietet Wasservergnügungen für alle Altersstufen (Kinder unter fünf Jahren benötigen eine Schwimmweste, die man für 20 Q ausleihen kann). Zwischen den 14 Wasserrutschen, zwei Swimmingpools und zwei Wellenbädern befinden sich Nachbildungen von Maya-Monumenten aus Tikal, Copán und Quiriguá. Die Besucher können auf einem Fluss durch Schluchten und an alten Tempeln und Maya-Masken vorbeitreiben. Von der Anlage hat man einen Blick auf die drei (echten) Vulkane Santiaguito, Zunil und Santa María.

Parque de Diversiones Xetulul (☎7722-9450; www.irtra.org.gt; Carretera CITO Km 180,5; Erw./Kind 100/50 Q; ⊙Fr–So 10–17 Uhr) Xetulul ist ein überraschend schön angelegter Vergnügungspark mit erstklassigen Fahrten für alle Altersgruppen. Außerdem gibt's Nachbauten einer Tikal-Pyramide, historischer guatemaltekischer Gebäude und berühmter Bauwerke aus europäischen Städten. Eine Karte für alle Fahrten kostet zusätzlich zum Eintritt 50 Q.

Alle Busse auf der Strecke von Retalhuleu Richtung Quetzaltenango setzen Fahrgäste an den Parks Xocomil und Xetulul oder bei den Hostales (8 Q, 30 Min.) ab.

Swimmingpool herum – Schwalbensprünge vom obersten Balkon sind zwar verlockend, aber wahrscheinlich keine gute Idee. Die Zimmer sind geräumig und komfortabel. Sie werden nach und nach modernisiert, sodass man sich vielleicht erstmal ein paar anschaut.

Essen

Die Einwohner von Reu scheinen total auf Pizza zu stehen, jedenfalls reiht sich in der 5a Avenida nördlich der Plaza eine Pizzeria an die andere. Noblere Speisemöglichkeiten bieten die Restaurants des Hotels Posada Don José und des **Hotel Astor** (☎7771-2559; 5a Calle 4-60, Zona 1; Hauptgerichte 60–120 Q; ⊙7.30–23 Uhr).

Cafetería La Luna GUATEMALTEKISCH $
(Ecke 8a Av & 5a Calle, Zona 1; Hauptgerichte 35–75 Q; ⊙8–22 Uhr) Ein Favorit der Einheimischen in neuer Location eine Straße von der Plaza entfernt, mit reichhaltigen Gerichten in bescheidenem Ambiente.

Praktische Informationen

In der Stadt gibt es keine offizielle Touristeninformation, doch die Leute von der **Municipalidad** (Rathaus; 6a Av, Zona 1) gegenüber der Ostseite der Kirche helfen Touristen gern weiter.

Banco Agromercantil (5a Av, Zona 1) Hier können US-Dollars und Reiseschecks getauscht werden. Der Automat akzeptiert MasterCard.

Banco Industrial (Ecke 6a Calle & 5a Av, Zona 1) Tauscht US-Dollars und Reiseschecks und hat einen Automaten, der Visa akzeptiert.

An- & Weiterreise

Die meisten Busse, die auf der Carretera al Pacífico unterwegs sind, machen einen Umweg nach Reu. Wer nach El Asintal (zur Ruine Takalik Abaj) fahren möchte, nimmt am besten ein Sammeltaxi (9 Q). Diese Kombis findet man rund um die Bushaltestelle und die Plaza; an der Windschutzscheibe steht „Asintal".

Die meisten Busse legen in der Stadt zwei Stopps ein, am **Hauptbusbahnhof** (5a Av, Zona 5) und an einem kleineren **Busbahnhof** (10a Calle, Zona 1).

Parque Arqueológico Takalik Abaj

Der **Parque Arqueológico Takalik Abaj** (www.takalikabajpark.com; 50 Q; ⊙7–17 Uhr) rund 25 km nordwestlich von Retalhuleu ist eine faszinierende archäologische Stätte auf einem Gelände, das heute von Kaffee-, Kautschuk- und Zuckerrohrplantagen eingenommen wird. Takalik Abaj war in der späten vorklassischen Zeit vor 250 n. Chr. ein bedeutendes Handelszentrum und bildet eine historische Verbindung zwischen den Olmeken, der ersten Hochkultur Mesoamerikas, und den Mayas. Die Olmeken erlebten ihre Blütezeit ungefähr zwischen 1200 und 600 v. Chr. an der südlichen Golfküste Mexikos, doch ihr Einfluss reichte erheblich weiter, daher sind auch in Takalik Abaj zahlreiche olmekische Skulpturen gefunden worden.

Die Stadt, die eng mit der Stadt Kaminaljuyú auf dem Gebiet des heutigen Guatemala-Stadt verbunden war, wurde um 300 n. Chr. geplündert und die großen Monumente, besonders die im Maya-Stil, wurden enthauptet. Einige Monumente wurden nach 600 n. Chr. wiederhergestellt und die Stätte blieb für die Mayas von zeremonieller und religiöser Bedeutung – und das ist auch heute noch so. Regelmäßig kommen Mayas aus dem guatemaltekischen Hochland hierher, um Zeremonien abzuhalten.

Schlafen & Essen

★ Takalik Maya Lodge HOTEL $$

(☎ 2334-7693; www.takalik.com; Bauernhaus/Bungalow So–Mi 330/490 Q, Do–Sa 400/590 Q) Auf dem Gelände einer Farm 2 km hinter dem Eingang zur archäologischen Stätte Takalik Abaj – und auf einem großen noch nicht ausgegrabenen Teil derselben – steht die mit Abstand luxuriöseste Unterkunft in der Umgebung. Man kann im alten Bauernhaus oder in den neuen Gebäuden im „Maya-Stil" inmitten des Waldes übernachten.

Auf der Website werden Pauschalarrangements geboten: Unterkunft, Verpflegung sowie Führungen über die Kaffee-, Macadamia- und Kautschukplantagen und geführte Ausritte zu den Wasserfällen auf dem Gelände und zur Ruine. Die Pick-ups, die von El Asintal Richtung Takalik Abaj fahren, halten auf Wunsch am Eingang zur Lodge.

Anreise & Unterwegs vor Ort

Will man den archäologischen Park mit öffentlichen Verkehrsmitteln erreichen, muss man ein Gemeinschaftstaxi von Retalhuleu nach El Asintal (5 Q, 30 Min.) nehmen, das 12 km nordwestlich von Retalhuleu und 5 km nördlich der Carretera al Pacífico liegt. Etwas seltener fahren Busse an der Haltestelle in der 5a Avenida A ab, 800 m südwestlich der Plaza von Reu (6–18 Uhr, Abfahrt ca. alle 30 Min). Von El Asintal gelangt man mit Pick-ups nach Takalik Abaj (5 Q); die Fahrt geht 4 km lang über eine befestigte Straße. Ein ehrenamtlicher Guide zeigt den Besuchern das Gelände, was mit einem Trinkgeld honoriert werden sollte (ca. 20 Q pro Pers.). Takalik Abaj kann auch im Rahmen einer Tour von Quetzaltenango aus besichtigt werden.

Champerico

Champerico, 38 km südwestlich von Retalhuleu, entstand während des Booms des späten 19. Jhs. als Verschiffungshafen für Kaffee. Heute ist es ein schäbiger, heißer, verfallener Ort, in den sich nur selten Touristen verirren. Jedoch hat er einen der auf einem Tagesausflug von Quetzaltenango am leichtesten zu erreichenden Ozeanstrände – sich nach Hitze sehnende Studenten versuchen hier ihr Glück. Doch Vorsicht: Die Strömung ist heftig und darf nicht unterschätzt werden. Zudem sollte man am mittleren Teil des Strandes bleiben, denn an seinen Ausläufern leben zum Teil sehr arme und verzweifelte Menschen in heruntergekommenen Hütten. Einige Touristen wurden dort Opfer von Raubüberfällen.

Schlafen & Essen

Hotel Maza HOTEL $$

(☎ 7773-7180; EZ/DZ 180/270 Q; ❄) Eine gute Unterkunft mit großen, sauberen Zimmern auf der anderen Seite der Strandstraße.

7 Mares FISCH & MEERESFRÜCHTE $

(Hauptgerichte ab 40 Q; ⏲ 8–19 Uhr) Bietet einen schattigen Pool, eine ebensolche Essecke und oben eine luftige Terrasse mit Ausblick.

An- & Weiterreise

Zwischen Champerico und anderen Städten auf der Pazifikebene, Quetzaltenango und Guatemala-Stadt verkehren regelmäßig Busse. Die Bushaltestelle befindet sich zwei Straßen landeinwärts vom Strand an der Straße, die aus der Stadt hinausführt. Die letzten Busse nach Quetzaltenango fahren gegen 18 Uhr, nach Retalhuleu gibt es auch noch ein wenig später ein paar Verbindungen.

Santa Lucía Cotzumalguapa

49 480 EW.

Santa Lucía Cotzumalguapa ist zwar ganz nett, aber nicht umwerfend. Die Umgebung ist jedoch für alle interessant, die ein Faible für Archäologie haben. Auf den Feldern und Plantagen in der Nähe der Stadt stehen große Steinköpfe mit grotesken Gesichtern und fein ausgeführten Reliefszenen – ein Produkt der geheimnisvollen Pipil-Kultur, die hier von etwa 500 bis 700 n. Chr. florierte.

Bei der Erkundung der Gegend erlebt man vielleicht auch eine guatemaltekische Zuckerrohr-*finca* in vollem Betrieb.

Sehenswertes

Museo El Baúl — MUSEUM

(Mo–Fr 8–16, Sa bis 12 Uhr) GRATIS Dieses Museum, rund 2,75 km zu Fuß oder 5 km mit dem Auto von der Hügelstätte El Baúl gelegen, beherbergt unter freiem Himmel eine interessante Sammlung von Pipil-Steinskulpturen, die in den Zuckerrohrfeldern rund um die Finca El Baúl gefunden wurden. Am Eingang werden Besucher von einem großen steinernen Jaguar empfangen.

Zu den weiteren Skulpturen zählen vier Menschen oder Affen mit über der Brust gekreuzten Armen, ein grinsender Kopf mit blinden Augen ähnlich dem in der Hügelstätte, und Schädelskulpturen. Weiter hinten steht eine Stele, die eine Person mit Tier-Kopfbedeckung zeigt und die über einer ähnlich ausstaffierten, auf dem Boden liegenden Figur steht: Vielleicht sind dies der Sieger und der Verlierer eines Ballspiels.

Hügelstätte El Baúl — ARCHÄOLOGISCHE STÄTTE

Diese archäologische Stätte mit zwei großen behauenen Steinen ist besonders interessant, da dieser Ort heidnischer Andacht noch heute von Einheimischen genutzt wird. Besonders am Wochenende kommen immer wieder Mayas hierher und hinterlegen Opfergaben, entzünden Feuer und Kerzen und opfern Hühner. An den Touristen scheinen sie sich nicht zu stören und vielleicht sind sie gegen eine kleine Spende auch bereit, vor den Kultbildern für ein Foto zu posieren.

Museo Cultura Cotzumalguapa — MUSEUM

(30 Q; Mo–Fr 8–13 & 14.30–16.30, Sa 8–13 Uhr) Das Museum in der Hauptverwaltung der Zuckerrohrplantage Finca Las Ilusiones beherbergt eine Sammlung von Skulpturen, die auf dem Plantagengelände gefunden wurden. Es gibt auch Erläuterungen dazu und der Museumswächter führt Besucher meist ein bisschen herum.

Zu sehen sind im Museum u. a. der Nachbau eines Opferaltars aus Originalsteinen und Fotos von einigen schönen Stelen, die 1880 ins Museum Dahlem in Berlin geschafft wurden. Beim eindrucksvollsten Ausstellungsstück, dem Monumento 21, handelt es sich um die Glasfaserkopie eines Steins, der auch heute noch auf dem Gelände der Finca Bilbao (die zu Las Ilusiones gehört) steht. Er zeigt links vielleicht einen Schamanen, der eine Art Puppe in der Hand hält, in der Mitte einen Ballspieler mit einem Messer in der Hand und rechts einen König oder einen Priester, der vielleicht ein Herz hält. Eine weitere Kopie dieses Steins liegt zusammen mit einer von Monumento 19 auf der anderen Straßenseite gegenüber vom Museum auf dem Boden. An der Straße befinden sich kurz vor der Brücke zum *finca*-Haus Kopien einiger der Skulpturen im Museo El Baúl.

Zum Museum gelangt man, indem man von der Innenstadt auf der Carretera al Pacífico (Ctra 2) rund 1,5 km Richtung Osten fährt. Kurz vor dem Landwirtschaftsladen Tecún geht's links ab und nach 400 m Richtung Norden ist man da.

Las Piedras — ARCHÄOLOGISCHE STÄTTE

(Bilbao-Steine) Das Monumento 21, von dem sich eine Kopie im Museo Cultura Cotzumalguapa befindet, steht zusammen mit drei anderen schönen behauenen Steinen in den Zuckerrohrfeldern der Finca Bilbao nordöstlich der Kirche El Calvario am nördlichen Stadtrand. In der Vergangenheit haben Touristen diese Steine regelmäßig besichtigt und sich dafür oft von einheimischen Jungen durch das hohe Zuckerrohr zu Las Piedras führen lassen. Jedoch ist dies ein abgelegenes Gebiet und Überfälle auf Touristen sind keine Seltenheit – darum am besten vorher nach der aktuellen Sicherheitslage erkundigen.

Schlafen & Essen

Hotel Internacional — HOTEL $

(7882-5504; Calle los Mormones; EZ/DZ 130/180 Q; P ❄) Am Ende einer kurzen Straße (ausgeschildert), die von der Carretera al Pacífico abgeht, liegt das beste Budgethotel der Stadt. Saubere, ausreichend große Zimmer mit Ventilator, Duschen (nur kaltes Wasser) und TV. Für eine Klimaanlage zahlt man 70 Q extra.

Hotel Santiaguito — HOTEL $$

(7882-5435; www.hotelsantiaguito.com; Carretera al Pacífico Km 90,4; EZ/DZ 330/435 Q; P ❄ ≋) Das Santiaguito an der Fernstraße am westlichen Stadtrand ist für die guatemaltekische Pazifikebene recht üppig, mit einem großen, schattigen Grundstück und einem schönen Pool (Nichtgäste 20 Q). Die großen Zimmer verfügen über große, feste Betten und säumen eine üppig bewachsene begrünte Terrasse und einen Parkplatz.

Im geräumigen, von Deckenventilatoren gekühlten Restaurant kühlen werden gute Cheeseburger und leicht überteuerte Mahlzeiten (30–80 Q).

Praktische Informationen

Banco Industrial (Ecke 4a Av & 4a Calle; ⌚ Mo–Fr 9–17, Sa bis 13 Uhr) Einen Block nördlich der Plaza. Tauscht US-Dollars und Reiseschecks, der Geldautomat akzeptiert Visa-Karten.

An- & Weiterreise

Da die Carretera 2 mittlerweile um Santa Lucía herumführt, machen auch viele Busse einen Bogen um die Stadt. Wer aus östlicher Richtung anreist, muss sehr wahrscheinlich in Escuintla umsteigen (12 Q, 30 Min.). Nähert man sich der Stadt von Westen her, muss man vermutlich in Mazatenango den Bus wechseln (20 Q, 1¼ Std.). 23 km westlich von Santa Lucía trifft in Cocales eine Straße vom Lago de Atitlán auf die Carretera 2 und ermöglicht so eine direkte Verbindung ins Hochland. Täglich fahren zwischen 6 und 14 Uhr acht Busse von Cocales nach Panajachel (30 Q, 2½ Std., 70 km). Es wurde schon von Überfällen entlang dieser Strecke berichtet; man sollte sich vor Ort noch mal nach der aktuellen Sicherheitslage erkundigen.

La Democracia

17 500 EW.

In La Democracia, einem gesichtslosen Städtchen auf der Pazifikebene 10 km südlich von Siquinalá, ist es sowohl tagsüber als auch nachts brütend heiß, egal ob Trocken- oder Regenzeit. In der späten vorklassischen Zeit (300 v. Chr.–250 n. Chr.) beheimatete dieser Ort genauso wie Takalik Abaj im Nordwesten eine Kultur, die Einflüsse aus dem südlichen Mexiko aufwies. Auf dem Weg in den Ort ist das Regionalmuseum an der Plaza ausgeschildert. Hier befindet sich auch ein 5B-Geldautomat.

Schlafen & Essen

Mit vielleicht einer Ausnahme gibt es keine richtigen Restaurants in La Democracia. Doch die mit Fleisch gefüllten Tortillas an den kleinen Straßenständen um die Plaza herum sind köstlich und zum Preis von 20 Q dazu noch ein echtes Schnäppchen.

Guest House Paxil de Cayala PENSION $
(☎ 7880-3129; EZ/DZ ohne Bad 60/120 Q) Die einzige Unterkunft im Ort, einen halben Block von der Plaza entfernt, ist für eine Nacht ganz okay. In den großen Zimmern sollte man vor Moskitos sicher sein.

Burger Chops FAST FOOD $
(Hauptgerichte 25–45 Q; ⌚ 8–21 Uhr) Unweit des Platzes befindet sich das einzige Lokal, das annähernd als Restaurant bezeichnet werden könnte.

An- & Weiterreise

Busse von Chatía Gomerana fahren zwischen 6 und 16.30 Uhr halbstündlich vom Terminal Centra Sur in Guatemala-Stadt via Escuintla nach La Democracia (25 Q, 2 Std.). Wer aus Santa Lucía Cotzumalguapa anreist, muss einen Bus Richtung Osten nach Siquinalá nehmen und dort umsteigen.

Sipacate

Eineinhalb Stunden von Santa Lucía Cotzumalguapa entfernt liegt Guatemalas Surferhochburg. Die Wellen sind im Schnitt 2 m hoch, die beste Zeit zum Wellenreiten ist von Dezember bis April. Zwischen Stadt und Strand verläuft der Canal de Chiquimulilla.

Schlafen & Essen

★ **Driftwood Surfer** HOSTEL $
(☎ 3036-6891; www.driftwoodsurfer.com; B/DZ 65/295 Q; ❄ ≋) Ein Neuling in Sipacates Unterkunftsszene ist dieses ausgezeichnete kleine Surferhostel direkt am Strand. Das Highlight sind die Dorms mit Klimaanlage, aber auch die Poolbar mit Strandblick ist toll. Außerdem Surfunterricht und Brettverleih.

El Paredon BUNGALOWS $
(☎ 4994-1842; www.paredonsurf.com; B 85 Q, EZ/DZ ab 270/360 Q) Bei dieser Budgetunterkunft handelt es sich um ein rustikales kleines Surfercamp östlich des Orts. Es wird von guatemaltekischen Wellenreitern betrieben, die Bretter und Kajaks verleihen und darüber hinaus Surfstunden und gutes, einfaches Essen (50–80 Q) anbieten. Im Voraus reservieren!

Hierher gelangt man mit dem täglich verkehrenden Bus aus Puerto San José (Abfahrt Mo–Fr 13 Uhr, 20 Q) oder mit einem Tuk-

Tuk/Pick-up von Sipacate zum Bootsanleger von El Escondite, dann mit einem Boot (20 Q einfach) nach El Paredon.

An- & Weiterreise

Busse aus Guatemala-Stadt (Terminal Centra-Sur; 40 Q, 3½ Std.) passieren La Democracia alle zwei Stunden auf dem Weg nach Sipacate. Von Antigua aus ist die einfachste Anreise mit dem Shuttle für rund 100 Q – Tickets gibt's in allen Reisebüros der Stadt.

Escuintla

116 000 EW.

Das von üppiger grüner Vegetation umsäumte Escuintla sollte eine tropische Idylle sein, wo Leute faul in Hängematten abhängen und aus dem reichlich vorhandenen exotischen Obst und Gemüse höchst aromatische Gerichte zubereiten. Aber tatsächlich ist es eine heiße, schäbige Handels- und Industriestadt, die für die Wirtschaft der Pazifikebene von zentraler Bedeutung ist, jedoch nicht unbedingt für Reisende – außer sie wollen hier den Bus wechseln. Banken sind rund um die Plaza ansässig, einen Block vom Busterminal den Hügel hinauf findet sich ein Geldautomat in der **Farmacia Herdez** (Ecke 13a Calle & 4a Av; ⏲7–22 Uhr).

Die Übernachtungsmöglichkeiten in Escuintla sind begrenzt. Wer eine billige Unterkunft benötigt, könnte das **Hotel Costa Sur** (☎7888-1819; 12a Calle 4-13; EZ/DZ mit Ventilator 90/120 Q, mit Klimaanlage 130/150 Q; ❄) ansteuern. Die Zimmer sind in Ordnung und angenehm kühl (mit TV & Ventilator). Komfortabler ist das **Hotel Sarita** (☎7888-1959; Av Centro América 15-32; EZ/DZ 340/380 Q; ❄📶🏊) hinter dem gleichnamigen, herrlich klimatisierten Restaurant (Hauptgerichte 60–110 Q).

Einfache Esslokale gibt's entlang der Hauptstraße und um den Busbahnhof herum. Etwas gehobener ist **Jacobo's** (4a Av 14-62; Hauptgerichte 30–50 Q; ⏲11–22 Uhr) mit annehmbarem chinesischem Essen in sauberem und ruhigem Umfeld.

Alle am Terminal abfahrenden Busse passieren die 1a Avenida. Um jedoch einen Sitzplatz zu bekommen, muss man sich zum Busbahnhof im Süden der Stadt aufmachen (ein Stück abseits der 4a Av). Am Eingang befindet sich eine Scott-77-Tankstelle. Wer nach Monterrico fahren möchte und keinen direkten Bus erwischt, kann einen nach Puerto San José oder Iztapa nehmen und dort umsteigen.

Busse, die über die Carretera al Pacífico fahren, setzen Reisende möglicherweise im Norden der Stadt ab; wenn man zum Hauptterminal gelangen will, steht einem ein schweißtreibender Marsch durch das chaotische Stadtzentrum bevor.

Monterrico

Die Küste um Monterrico ist ganz anders als das restliche Guatemala. Hier ist das Leben wirklich tropisch geprägt, mit rustikalen, strohgedeckten Häusern aus Holzbrettern und furchteinflößenden Vulkanen im Hinterland. Der Ort wird bei ausländischen Besuchern zunehmend als Ziel für einen kleinen Strandurlaub ab Antigua oder Guatemala-Stadt beliebt. Unter der Woche ist es relativ ruhig, aber am Wochenende und an Feiertagen tummeln sich hier immer jede Menge guatemaltekische Familien.

Monterrico selbst ist ein Küstenort mit ein paar preiswerten kleinen Hotels direkt am Strand, einem großen Tierschutzgebiet und zwei Aufzuchtstationen für Meeresschildkröten und Kaimane. Gegen den recht eindrucksvollen Strand aus schwarzem Vulkansand tost aus unterschiedlichen Richtungen eine kräftige Brandung. Dieses unruhige Wellenbild weist darauf hin, dass es heimtückische Strömungen gibt; hier sind schon Menschen ertrunken, also Vorsicht! Hinter dem Ort erstreckt sich ein Geflecht aus Mangrovensümpfen und Kanälen, die zum 190 km langen Canal de Chiquimulilla gehören.

Sehenswertes & Aktivitäten

Biotopo Monterrico-Hawaii TIERSCHUTZGEBIET (Reserva Natural Monterrico) Das vom Centro de Estudios Conservacionistas de la Universidad de San Carlos (Cecon) verwaltete Schutzgebiet ist die Hauptattraktion von Monterrico. In dem 20 km langen Küstengebiet mit Mangrovensümpfen leben Unmengen von Vögeln und Meeresbewohnern. Am Strand legen vom Aussterben bedrohte Leder- und Bastardschildkröten ihre Eier ab. Die Sümpfe sind von Kanälen durchzogen, die 25 Lagunen miteinander verbinden.

Man kann sich einer Bootsfahrt durch das Reservat anschließen (1½–2 Std.; 75 Q pro Pers., jede weitere Pers. 50 Q). Die besten Chancen, Tiere zu Gesicht zu bekommen, bieten sich bei Sonnenaufgang. Passionierte Vogelbeobachter sollten ihren Besuch am besten für den Januar oder Februar einplanen (Fernglas nicht vergessen!). Einheimische hauen Touristen auf der Straße an – manche haben beeindruckende Ausweise! – und bieten sich als Guide an. Wer aber den *tortugario* unterstützen will und Wert auf umweltbewusste Führer legt, sollte sich direkt an den Tortugario Monterrico wenden.

Einige Reisende haben sich über den Einsatz von Motorbooten beschwert, deren Lärm die Tiere verscheucht. Wer also genug Zeit hat, sollte sich nach einer Paddeltour erkundigen.

Tortugario Monterrico TIERSCHUTZGEBIET
(50 Q; ⏲7–17 Uhr) Den vom Cecon geführten Tortugario Monterrico erreicht man nach kurzem Fußweg vom Ende der Calle Principal am Strand Richtung Osten und dann einen Block landeinwärts. Dort werden verschiedene bedrohte Tierarten aufgezogen, z. B. Leder-, Oliv-Bastard- und Suppenschildkröten, Kaimane und Leguane.

Zu den Einrichtungen zählen ein interessanter Lehrpfad und ein kleines Museum mit in Flaschen konservierten Exponaten. Die Angestellten organisieren Lagunenfahrten, von August bis Dezember auch Nachtwanderungen (50 Q), bei denen Schildkröteneier gesucht werden. Freiwillige Helfer sind herzlich willkommen. Von September bis Januar setzen Angestellte am Strand vor dem *tortugario* Schildkrötenbabys aus. Für eine Spende von 10 Q können Besucher eine Schildkröte „kaufen" und sie freisetzen. Obwohl es alle machen – bitte keine Blitzlichter und Taschenlampen benutzen!

Parque Hawaii TIERSCHUTZGEBIET
(☎4743-4655; www.arcasguatemala.com; ⏲8–17 Uhr) Das von der Asociación de Rescate y Conservación de Vida Silvestre (Arcas) verwaltete Schutzgebiet 8 km östlich von Monterrico ist über den Strand zu erreichen. Vom benachbarten Biotopo Monterrico-Hawaii ist es getrennt, leistet aber eine ähnliche Tierschutzarbeit: Es schützt einen Brutplatz für Meeresschildkröten und bietet ein paar Kaimanen ein Zuhause. Freiwillige sind das ganze Jahr über willkommen. Die eigentliche „Schildkrötensaison" dauert von Juni bis November; die meisten Eier legen die Tiere im August und September.

Volunteers müssen pro Woche 1330 Q für Kost und Logis direkt vor Ort im Schutzgebiet zahlen. Fürs ungefähr gleiche Geld kann man auch bei Gastfamilien unterkommen. Zu den Arbeiten, die Freiwillige verrichten, zählen die Kontrolle und die Pflege der Brutplätze, Waldaufforstungsarbeiten, einfache Bauarbeiten und das Sammeln von Daten – genauere Informationen sind auf der Website zu finden. Die Eier werden zumeist nachts eingesammelt. Das Gebiet liegt weit außerhalb, aber gewöhnlich ist man nicht der einzige Freiwillige hier. Und man kann die Kajaks benutzen, Dörfer besuchen und im Meer und in den Mangroven angeln gehen.

Am Anlegesteg von Monterrico fährt unter der Woche alle paar Stunden ein Bus (5 Q, 30 Min.) zum Schutzgebiet, am Wochenende sogar stündlich (die Fahrt ist ziemlich holprig). Auch Pick-ups (35 Q pro Pers.) sind auf dieser Strecke unterwegs.

Geführte Touren

Productos Mundiales BOOTSTOUREN
(☎2366-1026; www.productos-mundiales.com) Der Veranstalter bietet Touren an, bei denen man diverse Meeresbewohner beobachten kann (6 Std., ab 1775 pro Pers.); Abfahrt an der Marina Pez Vela im nahe gelegenen Puerto Quetzal. Die Chancen, Grindwale, Große Tümmler, Ostpazifische Delfine, Oliv-Bastard- und Lederschildkröten, Mantarochen und Walhaie zu sehen. Von Dezember bis Mai bekommt man eventuell auch Buckel- und Pottwale vor die Linse.

Ohne Reservierung geht gar nichts (5 Tage im Voraus); mehr Infos auf der Webseite. Zur Marina in Puerto Quetzal (12 Q, 1 Std.) gelangt man mit einem der Richtung Guatemala-Stadt fahrenden Busse; in Puerto Quetzal geht's weiter per Taxi oder Tuk-Tuk.

Kurse

Proyecto Lingüístico Monterrico SPRACHKURSE
(☎5475-1265; www.proyectolinguisticomonterrico.com; Calle Principal) Diese 250 m vom Strand entfernte Schule ist recht professionell. Der Unterricht findet in der Regel draußen in einem schattigen Garten statt. Je nach Unterrichtsplan kann man vor- oder nachmittags Unterricht nehmen. 20 Wochenstunden kosten 760 Q bzw. 1300 Q mit Unterbringung bei einer Gastfamilie.

Auch wer hier keinen Kurs besucht: Die Schule ist die beste Informationsquelle im Ort für Reisende.

Schlafen & Essen

Um sich einen anstrengenden Marsch durch den Sand zu ersparen, sollte man vor dem Strand von der Calle Principal in die letzte Straße links bzw. rechts abbiegen. In vielen

Unterkünften gibt es Rabatte, wenn der Aufenthalt drei oder mehr Nächte dauert. Fürs Wochenende sollte man besser reservieren. Unter der Woche lässt sich eventuell ein Preisnachlass aushandeln.

Hotel El Delfin HOTEL $

(☎4661-9255; www.hotel-el-delfin.com; B 40 Q, EZ/DZ ab 125/200 Q, ohne Bad 50/100 Q;) Das bescheidene, aber weitläufige Strandhotel hat sich im Verlauf der Jahre immer weiter verbessert. Die Zimmer sind geräumig und gut eingerichtet, am Wochenende kann's hier jedoch laut werden.

Johnny's Place HOTEL $

(☎5812-0409; www.johnnysplacehotel.com; B 45 Q, Zi. ohne Bad 145 Q, Zi. mit Klimaanlage ab 320 Q, Bungalows 550–1200 Q; P) Johnny's Place ist sicher nicht jedermanns Sache, aber zumindest ist es einfach zu finden: Es ist die erste Unterkunft, die man erreicht, wenn man am Strand links abbiegt, und zugleich eine der größten. Trotzdem herrscht hier eine recht angenehme Atmosphäre: Das Hotel beherbergt ein bunt gemischtes Völkchen aus Backpackern und Familien.

Brisas del Mar HOTEL $$

(☎5517-1142; Zi. mit Ventilator/Klimaanlage 120/180 Q pro Pers.; P) Das beliebte Hotel eine Straße landeinwärts vom Strand bietet relativ geräumige Zimmer, einen Speisesaal im zweiten Stock mit tollem Seeblick und einen großen Pool.

★ **Hotel Pez de Oro** BUNGALOWS $$

(☎2368-3684; www.pezdeoro.com; EZ/DZ 400/500 Q; P) Die wohl schickste Bleibe der Stadt. Geschlafen wird in gemütlichen kleinen Hütten und Bungalows, die sich über das schattige Gelände verteilen. Die Zimmer sind geschmackvoll eingerichtet, mit großen Deckenventilatoren ausgestattet und in fröhlichen Farben gehalten (Blau und Gelb). In dem hervorragenden Restaurant mit Meerblick gibt's italienische Küche und Seafood.

★ **Taberna El Pelicano** ITALIENISCH, FISCH & MEERESFRÜCHTE $$

(Hauptgerichte 60–150 Q; Mi–So 12–14 & 18–22 Uhr) Das mit Abstand beste Restaurant der Stadt überzeugt mit einer umfangreichen Speisekarte und interessanten Spezialitäten, darunter Meeresfrüchte-Risotto (80 Q), Rindfleisch-Carpaccio (75 Q) und verschiedene Gerichte mit Riesengarnelen (140 Q).

Ausgehen & Nachtleben

Las Mañanitas BAR

(12 Uhr bis spät) Am Strand am Ende der Hauptstraße befindet sich diese kleine Bar – genau die Art von Lokal, die in Monterrico gefehlt hat. Die Gäste machen es sich in Hängesesseln mit Blick auf den Strand gemütlich, die Auswahl an Getränken ist gut, die Musik angenehm.

Playa Club CLUB

(8–1 Uhr) In dem Club im Johnny's Place geht an den Wochenenden die Post ab. Das Publikum wird mit Reggaetón, House und speziellen Getränkeangeboten bei Laune gehalten.

An- & Weiterreise

Es gibt zwei Möglichkeiten, nach Monterrico zu gelangen: Wer aus Guatemala-Stadt oder Antigua anreist, nimmt am besten einen der Busse, die direkt durch Monterrico fahren, seitdem die Brücke bei Pueblo Viejo fertiggestellt wurde. Option Nummer 2 führt nach La Avellana, wo *lanchas* und Autofähren nach Monterrico ablegen. Cubanita betreibt einige wenige Direktbusse, die zwischen La Avellana und Guatemala-Stadt (45 Q, 4 Std., 124 km) verkehren. Alternativ kann man erst nach Taxisco an der Carretera 2 fahren und dort in einen Bus nach La Avellana umsteigen. Zwischen 5 und 16 Uhr gibt es halbstündlich Verbindungen zwischen Guatemala-Stadt und Taxisco (40 Q, 3½ Std.). Auf der Strecke Taxisco–La Avellana (10 Q, 40 Min.) verkehren Busse von 7 bis 16.30 Uhr etwa stündlich; Taxifahrer werden einem jedoch weismachen wollen, dass man den letzten Bus gerade verpasst hat – egal, zu welcher Tageszeit. Eine Taxifahrt von Taxisco nach La Avellana kostet ca. 80 Q.

In La Avellana setzt man mit einer *lancha* oder Autofähre nach Monterrico über. Die *lanchas* benötigen eine halbe Stunde für die Fahrt auf dem Canal de Chiquimulilla, einem langen, von Mangroven gesäumten Kanal (5 Q/Pers.). Das erste Boot legt morgens gegen 4.30 Uhr ab, danach macht sich bis zum späten Nachmittag alle 30 bis 60 Minuten eine *lancha* auf den Weg. Wer bereit ist, mehr zu zahlen, kann ein Boot chartern. Die Autofähre kostet 100 Q pro Wagen.

Auch Shuttlebusse fahren von/nach Monterrico. Die verlässlichsten (Antigua/Guatemala-Stadt 80/160 Q) starten um 13 und 16 Uhr an der Sprachschule **Proyecto Lingüístico Monterrico** (S. 179). Fahrkarten und Infos über weitere Ziele gibt's in der Schule. In Antigua können alle Reisebüros Shuttles von Guatemala-Stadt oder Antigua nach Monterrico organisieren.

ZENTRAL-GUATEMALA

Dies ist die vielfältigste Region Guatemalas: Sie erstreckt sich von den dampfenden Tieflandwäldern des Petén bis zu den trockenen Tropen des Río-Motagua-Tals und vom Rand des westlichen Hochlands bis zur Karibik. Die Carretera al Atlántico (Ctra 9) führt von Guatemala-Stadt Richtung Osten zum Meer. Unterwegs kann man zu den wunderbar erhaltenen Ruinen von Copán (Honduras), nach Quiriguá mit seinen eindrucksvollen Stelen und nach Río Dulce abzweigen, einer bei Karibikseglern beliebten Zwischenstation und Tor zum Refugio de Vida Silvestre Bocas del Polochic (Tierschutzgebiet Bocas del Polochic). Und hier in der Gegend sollte man sich auch nicht die wundervolle Bootstour auf dem Río Dulce nach Lívingston entgehen lassen, der Enklave der Garifuna.

Der Norden der Region ist ein üppiges und bergiges Kaffeeanbaugebiet. Die Kalksteinlandschaft um Cobán lockt Höhlenerkunder aus aller Welt an und die schönen Becken und Kaskaden von Semuc Champey stehen auf der Liste der guatemaltekischen Naturwunder ganz weit oben.

Salamá & Umgebung

Salamá ist ein Musterbeispiel für das nicht zu heiße, aber auch nicht zu kühle Klima von Baja Verapaz – ideal, um die postkolonialen und indigenen Sehenswürdigkeiten in der Umgebung zu entdecken.

Die Stadt selbst ist bekannt für ihre reich verzierte Kirche (mit einer grausigen Christus-Darstellung), den quirligen Sonntagsmarkt sowie das fotogene Museum (früher eine Zuckerfabrik) und den eindrucksvollen Steinaquädukt in der Nachbarstadt San Jerónimo.

Salamá wartet ein paar Straßen von der Plaza entfernt mit einigen guten Unterkünften auf, z. B. der **Posada de Don Maco** (☎7940-0083; 3a Calle 8-26; EZ/DZ 120/160 Q; P) und dem **Hotel Real Legendario** (☎7940-0501; www.hotelreallegendario.com; 8a Av 3-57; EZ/DZ 160/180 Q; P 📶).

Restaurants und Cafés säumen die Plaza. Wer die mit Fleisch gefüllten Tortillas im **Antojitos Zacapanecos** (Ecke 6a Calle & 8a Av; Hauptgerichte 25 Q; ⏲10–21 Uhr) nicht probiert, verpasst auf jeden Fall etwas.

Salamá ist außerdem ein guter Ausgangspunkt für eine Fahrt über Nebenstraßen nach Guatemala-Stadt, vorbei an **Rabinal**, dessen jährliche Fiesta San Pedro (19.–25. Jan.) eine faszinierende Mischung aus präkolumbischen und katholischen Traditionen darstellt, und **Cubulco**, wo auch heute noch die Tradition des *palo volador* (Pfahlfliegen, Fliegertanz) geachtet wird. Sowohl in Rabinal als auch in Cubulco stehen einfache, aber passable *pensiones* zur Verfügung.

Von dort sind es noch 100 km Richtung Süden nach Guatemala-Stadt. Unterwegs kommt man an der Abzweigung nach **Mixco Viejo** vorbei, einer der am wenigsten besuchten, aber am spektakulärsten gelegenen Maya-Stätten im ganzen Land. Die ehemalige Poqomam-Hauptstadt liegt eingezwängt zwischen tiefen Schluchten, wobei es nur einen Zugang und Ausgang gibt. Die Poqomam befestigten die Stätte noch weiter, indem sie um die Stadt herum beeindruckende Steinwälle errichteten. Pedro de Alvarado benötigte mit seinen Truppen mehr als einen Monat hartnäckiger Angriffe, um die Stadt einzunehmen. Als er schließlich Erfolg hatte, ließ er sie ohne jede Gnade zerstören. Zu ihrer Glanzzeit sollen hier fast 10 000 Menschen gelebt haben. Heute sind davon noch mehrere Tempel und zwei Ballspielfelder zu sehen.

Vom Busbahnhof in der Innenstadt von Salamá fahren regelmäßig Busse nach Cobán (30 Q, 1½–2 Std.), Guatemala-Stadt (40–55 Q, 3 Std.) und in umliegende Dörfer.

Biotopo del Quetzal

Entlang der Fernstraße 14 liegt 34 km hinter der Abzweigung La Cumbre nach Salamá unmittelbar östlich des Dorfes Purulhá das Biotopo Mario Dary Rivera, das unter dem Namen **Biotopo del Quetzal** (Ctra 14, Km 161; 40 Q; ⏲7–16 Uhr) bekannt ist.

Um einen Quetzal zu sehen, den Nationalvogel Guatemalas, ist schon ziemlich viel Glück nötig, denn Quetzals sind selten und scheu. Die größte Chance bietet sich zwischen März und Juni. Trotzdem lohnt sich ein Abstecher hierher zur Erkundung des üppigen, hoch gelegenen Nebelwaldes, den der Quetzal sein natürliches Zuhause nennt – und vielleicht lässt sich sogar wirklich einer sehen. Am besten hält man früh am Morgen oder früh am Abend nach ihnen Ausschau – um die Gelände der nahen Hotels herum sind sie allerdings häufiger zugegen als hier.

Das Naturschutzgebiet wartet mit einem Besucherzentrum, einem kleinen Laden mit Getränken und Snacks und einem Zelt- und Grillbereich auf. Die Campingregeln ändern sich hin und wieder. Am besten wendet man sich an **Cecon** (Centro de Estudios Conservacionistas de la Universidad de San Carlos; Karte S. 112; www.cecon.usac.edu.gt; Av La Reforma 0-63, Zona 10, Guatemala-Stadt); Cecon verwaltet dieses und weitere *biotopos*.

Zwei ausgezeichnete, gut in Schuss gehaltene **Naturlehrpfade** winden sich durch das Schutzgebiet: der 1800 m lange **Sendero los Helechos** (Farnweg) und der 3600 m lange **Sendero los Musgos** (Moosweg). Unterwegs auf schwerem, schwammigem Humus und Laubkompost sieht man im dichten Wald jede Menge Epiphyten (Aufsitzerpflanzen), die in der feuchten Luft des Waldes gedeihen. Tief im Wald steht der etwa 450 Jahre alte **Xiu Gua Li Che** (Großvaterbaum), den es schon gab, als die spanischen Eroberer in den hiesigen Bergen gegen die Rabinal-Mayas kämpften.

Schlafen & Essen

Ranchitos del Quetzal HOTEL $

(☎4130-9456; www.ranchitosdelquetzal.com; Ctra 14 Km 160,5; Zi. ab 100 Q pro Pers.; P) Dieses Hotel befindet sich 200 m vom Eingang zum Biotopo del Quetzal an einem Hügel mitten im Urwald. Die schlichten Zimmer haben eine vernünftige Größe, mit (Lau-)Warmwasserduschen im älteren Gebäude und echten Warmwasserduschen im neueren Gebäude aus Beton. Es gibt zudem einfache, preisgünstige Mahlzeiten (Hauptgerichte ca. 30 Q; auch vegetarische Speisen).

★ **Hotel Restaurant Ram Tzul** HOTEL $$

(☎5908-4066; www.ramtzul.com; Ctra 14 Km 158; EZ/DZ 290/425 Q; P 📶) Das vermutlich schönste Hotel in der Region Verapaz verfügt über einen Restaurant-/Aufenthaltsbereich in einem großen, strohgedeckten Gebäude mit Feuerstellen. Die Atmosphäre ist super und steht ganz unter dem Motto „rustikal mit Stil" – das gilt auch für die eleganten, geräumigen Zimmer und Bungalows. Wasserfälle und diverse Schwimmgelegenheiten runden das Bild ab.

An- & Weiterreise

Alle Busse ab/nach Guatemala-Stadt halten am Parkeingang. Für den Rückweg hält man am besten einen (Micro-)Bus nach El Rancho an und steigt dort um.

Cobán

68 900 EW. / 1320 M

Cobán für sich betrachtet ist sicher keine Sehenswürdigkeit, doch können von hier aus sämtliche Naturwunder von Alta Verapaz problemlos erreicht werden. In der wohlhabenden Stadt herrscht eine optimistische Grundstimmung. Gäste, die schon einmal vor längerer Zeit hier waren, werden erstaunt feststellen, wie enorm sich der Ort gemacht hat.

Die Stadt war einst das Zentrum von Tezulutlán (Tierra de Guerra, „Land des Krieges"), einer Bastion der Rabinal-Mayas.

Im 19. Jh. ließen sich hier deutsche Einwanderer nieder. Sie gründeten ausgedehnte Kaffee- und Kardamomplantagen und verpassten Cobán mit ihren Stadthäusern das Aussehen und Flair eines deutschen Bergortes. Die Zeit der kulturellen und wirtschaftlichen Dominanz der deutschen Siedler endete im Zweiten Weltkrieg: Die USA setzten bei der guatemaltekischen Regierung durch, die einflussreichen *finca*-Besitzer auszuweisen, von denen viele Parteigänger der Nazis waren.

Sehenswertes & Aktivitäten

Orquigonia GARTEN

(☎4740-2224; www.orquigonia.com; Ctra 14 Km 206; 40 Q; ⌚7–16 Uhr) Orchideenfreunde sollten sich auf keinen Fall diese wunderbar informativen Führungen durch das Orchideen-Schutzgebiet nahe der Straße nach Cobán entgehen lassen. Die 1½- bis zweistündige Tour führt auf einem Waldweg in die Geschichte des Orchideensammelns ein, angefangen bei den Mayas. Auf dem Gelände gibt's außerdem nette kleine Hütten, in denen man für 350 Q pro Nacht nächtigen kann.

Um hierher zu gelangen, nimmt man von Cobán irgendeinen Bus Richtung Tontem und steigt beim Schild zum Orchideengarten aus, der sich etwa 200 m von der Carretera 14 entfernt an einer unbefestigten Straße befindet.

Parque Nacional Las Victorias PARK

(3a Calle, Zona 1; 15 Q; ⌚8–16.30 Uhr, Wanderwege 9–15 Uhr) Der bewaldete, 82 ha große Nationalpark mitten in der Stadt besitzt Teiche, Grill- und Picknickbereiche, Kinderspielplätze, einen Aussichtspunkt und zahlreiche Wanderwege. Der Eingang befindet sich unweit der Kreuzung von 9a Avenida und

3a Calle. Die meisten Wege sind recht einsam – am besten nicht allein, sondern in der Gruppe wandern. Für 40 Q pro Person kann man hier auch zelten.

Templo El Calvario KIRCHE
(3a Calle, Zona 1) Am nördlichen Ende der 7a Avenida führt eine lange Treppe zu der Kirche hinauf, die einen schönen Ausblick auf die Stadt bietet. *Indígenas* legen Opfergaben an Schreinen und Kreuzen vor dem Bauwerk nieder. Nach 16 Uhr sollte man sich hier nicht mehr aufhalten – hier sind schon Raubüberfälle vorgekommen.

Geführte Touren

Chicoj Cooperative KAFFEETOUR
(☎5524-1831; www.coffeetourchicoj.com; Führungen 60 Q) Nur 15 Busminuten von der Stadt entfernt bietet diese Tourismusinitiative 2 km lange, 45-minütige Führungen über eine Kaffeeplantage. Unterwegs wird noch Seilrutschen durch die Baumwipfel eingeschoben und am Ende gibt's eine Tasse Kaffee aus vor Ort angebauten und gerösteten Bohnen.

Misterio Verde TOUREN
(☎7952-1047; 2a Calle 14-36, Zona 1; ⌚8.30–17.30 Uhr) Fungiert als Buchungsagentur für verschiedene gemeindebasierte Tourismusprojekte in der Gegend. Man kann Ausflüge in den Chicacnab-Nebelwald (bei Cobán) und die subtropischen Regenwälder von Rocjá Pomtilá nahe der Laguna Lachuá unternehmen, wo die Teilnehmer in Dörfern bei Kekchí-Maya-Familien übernachten. Etwa 350 bis 450 Q reichen für einen Führer, zwei Übernachtungen und vier Mahlzeiten.

Aventuras Turísticas TOUREN
(☎7951-2008; www.aventurasturisticas.com; 1a Calle 4-25, Zona 1) Organisiert Touren zur Laguna Lachuá, den Grutas de Lanquín, nach Rey Marcos und zum Parque Nacional Cuevas de Candelaria sowie zum Semuc Champey, nach Tikal und Ceibal – um nur einige Ziele zu nennen. Gern werden die Touren auch auf die Kundenwünsche zugeschnitten. Es stehen Französisch, Englisch und Spanisch sprechende Guides zur Verfügung.

Finca Santa Margarita KAFFEETOUR
(☎7952-1586; 3a Calle 4-12, Zona 2; Führungen 40 Q; ⌚Führungen Mo–Fr 8.30–11 & 14–16, Sa 8.30–11 Uhr) Diese Kaffeeplantage mitten im Zentrum von Cobán kann im Rahmen erstklassiger geführter Touren besichtigt werden. In 45 Minuten erfahren die Besucher alles über die Aussaat, das Rösten und den Export der Kaffeebohne. Zuletzt gibt's noch ein Tässchen des herrlichen Gebräus und wer möchte, kann ein Pfund frisch gerösteter Bohnen kaufen. Der exzellente Führer spricht Englisch und Spanisch.

Schlafen

Casa Luna HOSTEL $
(☎7951-3528; www.cobantravels.com/casaluna; 5a Av 2-28, Zona 1; B/EZ/DZ ohne Bad 50/60/120 Q; @📶) Die modernen Zimmer sind um einen hübschen, grünen Hof angeordnet. Die Mehrbettzimmer sind mit Schließfächern ausgestattet, die Einzelzimmer haben ein hübsches Dekor. Die Gemeinschaftsbäder sind blitzsauber und es herrscht eine lockere Atmosphäre.

Hotel La Paz HOTEL $
(☎7952-1358; 6a Av 2-19, Zona 1; EZ/DZ 55/80 Q; P) Das freundliche, saubere Budgethotel 1½ Straßen nördlich und zwei Straßen westlich von der Plaza ist ein ausgezeichnetes Schnäppchen. Es wird von zahlreichen Pflanzen geschmückt und verfügt über eine gute Cafeteria (nebenan).

Camping Las Victorias CAMPINGPLATZ $
(Parque Nacional Las Victorias; Zeltplätze 50 Q pro Pers.) Der Campingplatz im Parque Nacional Las Victorias bietet die Möglichkeit, mitten in der Stadt ein Zelt aufzuschlagen. Es gibt fließendes Wasser und Toiletten, allerdings keine Duschen.

★ **Hotel La Posada** HOTEL $$
(☎7952-1495; www.laposadacoban.com; 1a Calle 4-12, Zona 2; EZ/DZ 450/490 Q) Das Hotel im Kolonialstil nicht weit von der Plaza ist das beste der Stadt, wenn auch die zur Straße hin gelegenen Zimmer unter dem Verkehrslärm leiden. Auf den mit Lehnstühlen und Hängematten versehenen Säulenveranden gedeihen jede Menge tropische Pflanzen. Die Zimmer sind etwas karg, mit zahlreichen religiösen Relikten, aber sie verfügen über schöne alte Möbel, Kamine und im traditionellen Stil gewebte Wandbehänge.

Hotel Central HOTEL $$
(☎7952-1442; 1a Calle 1-79, Zona 1; EZ/DZ 140/200 Q; P📶) Zimmer mit guter Größe und hübsche Sitzbereiche im Freien machen dieses Hotel zu einer guten Wahl. Am besten wählt man eine Unterkunft im hinteren Teil – dort ist die Belüftung besser und man blickt auf die Stadt.

Cobán

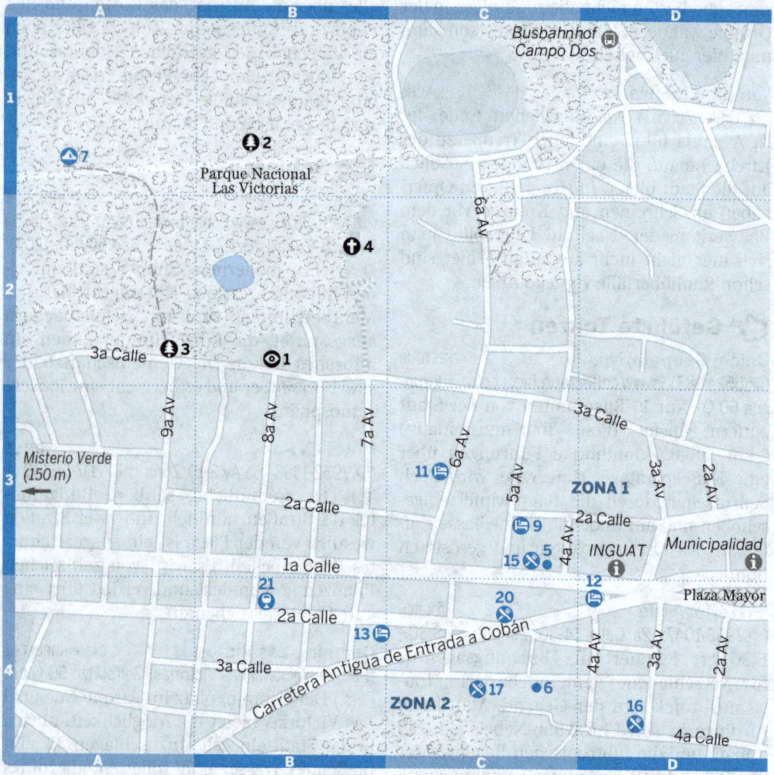

Pensión Monja Blanca HOTEL $$
(☎7952-1712; 2a Calle 6-30, Zona 2; EZ/DZ 185/250 Q, ohne Bad 135/175 Q; P) Trotz der Lage an der geschäftigen 2a Calle ist es hier recht ruhig. Durch zwei Innenhöfe gelangt man zu einem üppigen Garten voller Obst- und Hibiskusbäume – um diesen Garten sind die makellos sauberen Zimmer angeordnet. Sie haben einen altmodischen Touch und sind mit zwei hochwertigen Einzelbetten mit traditionellen Bettdecken sowie Kabel-TV ausgestattet. Dank der zentralen Lage und der ruhigen Atmosphäre ist dies eine gute Adresse für Frauen, die allein unterwegs sind.

Posada de Don Antonio HOTEL $$
(☎7951-1792; 5a Av 1-51, Zona 4; EZ/DZ 270/490 Q; P❄📶) Stimmungsvolle Unterkunft in zweistöckigem Haus mit geräumigen Zimmern, die mit zwei, manchmal auch drei Doppelbetten, hohen Decken und liebevoller Hingabe zum Detail ausgestattet sind. Das im üppigen Innenhof servierte Frühstück (30–50 Q) ist ein guter Start in den Tag. Mit das beste Preis-Leistungs-Verhältnis in der Stadt.

Casa Duranta HOTEL $$
(☎7951-4716; www.casaduranta.com; 3a Calle 4-46, Zona 3; EZ/DZ 310/420 Q; P📶) Einige der Zimmer in diesem liebevoll restaurierten, bunt eingerichteten Hotel bieten ein ausgezeichnetes Preis-Leistungs-Verhältnis, während andere für den Preis ein bisschen beengt sind. Am besten schaut man sich wenn möglich erst ein paar Quartiere an.

Essen & Ausgehen

Die meisten Hotels in Cobán haben ein eigenes Restaurant. Abends parken rund um die Plaza Foodtrucks, an denen es mit das günstigste Essen der Stadt gibt. Wie üblich orientiert man sich am besten an der Länge der Warteschlangen.

Cobán

Sehenswertes

1 Ermita de Santo Domingo de Guzmán B2
2 Parque Nacional Las Victorias B1
3 Parque Nacional Las Victorias Eingang A2
4 Templo El Calvario B2

Aktivitäten, Kurse & Touren

5 Aventuras Turísticas C3
6 Finca Santa Margarita C4

Schlafen

7 Camping Las Victorias A1
8 Casa Duranta F4
9 Casa Luna C3
10 Hotel Central E3
11 Hotel La Paz C3
12 Hotel La Posada D4
13 Pensión Monja Blanca B4
14 Posada de Don Antonio F3

Essen

15 Casa Chavez C3
16 El Bistro D4
17 Kardamomuss C4
18 La Abadia F4
19 La Casa del Monje F4
20 Xkape Koba'n C4

Ausgehen & Nachtleben

21 Bohemios B4

★ **Xkape Koba'n** GUATEMALTEKISCH $

(2a Calle 5-13, Zona 2; Snacks 25 Q, Hauptgerichte 50 Q; 10–19 Uhr) Der perfekte Ort für ein kleines Päuschen oder einen entspannten Nachmittag. Hinter dem hübschen, kleinen Café befindet sich ein üppig grüner Garten. Auf der kleinen Speisekarte stehen ein paar interessante traditionell angehauchte Gerichte. Der Kuchen ist hausgemacht, der Kaffee köstlich und es steht interessantes Kunsthandwerk zum Verkauf.

★ **La Abadia** FUSIONSKÜCHE $$

(Ecke 1a Calle & 4a Av, Zona 3; Hauptgerichte 90–160 Q; Mo–Sa 18–22 Uhr) Im Lauf der Jahre hat sich die kulinarische Szene Cobáns erheblich gemausert und dies ist ein weiterer toller Neuzugang. Das Ambiente ist kultiviert, aber locker, die Karte weist ein ausgezeichnetes Angebot an guatemaltekischen, internationalen und Fusionsgerichten auf und auch die Weinkarte kann sich sehen lassen.

La Casa del Monje STEAKS $$

(4a Av 2-16, Zona 3; Hauptgerichte 60–150 Q; 6.30–23 Uhr;) Cobáns bestes Steakhaus residiert in einem hübschen Kloster aus der Kolonialzeit ein paar Straßen von der Plaza. Wer keinen Appetit auf große Stücke Fleisch hat: Sehr zu empfehlen sind auch die guatemaltekischen Gerichte wie *cack'ik* (Truthahneintopf).

Casa Chavez INTERNATIONAL $$

(1a Calle 4-25, Zona 1; Hauptgerichte 50–100 Q; 8–20.30 Uhr;) Die Karte des in einem reizenden alten Haus untergebrachten Restaurants ist zwar umfangreich, jedoch ein wenig uninspiriert. Aber die Lage ist toll: hinterm Haus mit Blick auf den Garten und die Berge zu frühstücken ist kaum zu toppen.

Kardamomuss FUSIONSKÜCHE $$

(3a Calle 5-34, Zona 2; Hauptgerichte 60–130 Q; 8–21 Uhr;) Das schicke neue Restaurant ein paar Straßen von der Plaza wartet mit der vielfältigsten Karte der Stadt auf. Die Fusionsküche bietet recht gute indische, chinesische und italienische Gerichte, oft unter Verwendung von Kardamom aus der Gegend.

El Bistro INTERNATIONAL $$

(4a Calle 3-11, Zona 2; Hauptgerichte 80–150 Q; ⏲6.30–22 Uhr) Das Restaurant des Hostels Casa d'Acuña überzeugt mit authentischen italienischen und anderen europäischen Gerichten, die in dieser hübschen Oase der Ruhe zu den Klängen klassischer Musik auf den Tisch kommen. Neben proteinreichen Hauptgerichten gibt's verschiedene Pastagerichte (40–65 Q), Salate, hausgemachte Brote, Kuchen und hervorragende Desserts.

Bohemios CLUB

(Ecke 8a Av & 2a Calle, Zona 2; 15–30 Q; ⏲Do–Sa) Eine Art Riesendisko mit Sitzplätzen auf dem Balkon. Fliegen sind Teil der Arbeitskluft des Personals!

ℹ Praktische Informationen

Die folgenden Banken wechseln US-Dollars in bar und Reiseschecks.

Banco G&T (1a Calle) Hat einen MasterCard-Geldautomaten.

Banco Industrial (Ecke 1a Calle & 7a Av, Zona 1) Hat einen Visa-Geldautomaten.

INGUAT (☎Mobil 4210-9992; 1a Calle 3-13, Zona 1; ⏲Mo–Sa 8–16, So 9–13 Uhr) Hat eine Niederlassung zwei Straßen von der Plaza. Wenn einem hier nicht geholfen werden kann, kann man es in der **Municipalidad** (Rathaus; ☎7952-1305, 7951-1148; 1a Calle, Zona 1; ⏲Mo–Sa 8–16 Uhr) versuchen: Hinter der Polizei arbeiten hier ein paar jüngere Leute, die sich auskennen.

Lavandería Econo Express (7a Av 2-32, Zona 1; ⏲Mo–Sa 7–19 Uhr) Wäschereien sind in Cobán eher Mangelware – hier kann man seine Wäsche für 50 Q pro Ladung waschen und trocknen lassen.

Post (Ecke 2a Av & 3a Calle, Zona 3) Einen Block südöstlich der Plaza.

ℹ An- & Weiterreise

Die Fernstraße von Cobán nach Guatemala-Stadt und zur Carretera 9 ist die wichtigste Verbindung zwischen Cobán und der „Außenwelt". Die Straße Richtung Norden durch Chisec nach Sayaxché und Flores ist komplett asphaltiert, sodass die Strecke in den Petén nun viel leichter zurückzulegen ist. Die Nebenstrecken Richtung Westen nach Huehuetenango und Nordwesten nach Fray Bartolomé de las Casas und Poptún sind zumeist unbefestigt und bieten so noch ein bisschen Abenteuer (letztere Straße wurde zur Zeit der Recherche allerdings geteert). Die Abfahrtszeit sollte am besten immer doppelt gecheckt werden, besonders bei Fahrten zu weniger oft angesteuerten Zielen.

Busse fahren in Cobán am Busbahnhof Campo Dos (Campo Norte) ab. Achtung: Die Straße nach Uspantan und Nebaj ist oft von Erdrutschen betroffen – hier sollte man sich vor der Fahrt nach der aktuellen Lage erkundigen.

Busse fahren von verschiedenen Stellen in der Stadt ab. Mittlerweile kommen zusätzlich zu den bzw. anstatt der klapprigen „Hühnerbusse" auf vielen Strecken vermehrt Minibusse (Microbusse) zum Einsatz.

Rund um Cobán

Lanquín

Eines der lohnendsten Ziele für einen Tagesausflug in der Nähe von Cobán ist das hübsche Dorf Lanquín 61 km weiter östlich. Außerhalb des Orts gibt es das wunderbare Höhlensystem Grutas de Lanquín (S. 234) zu erkunden und Lanquín ist zudem ein guter Ausgangspunkt für einen Besuch bei den natürlichen Felsbecken von Semuc Champey.

🛏 Schlafen & Essen

Zephyr Lodge HOSTEL $

(☎5168-2441; www.zephyrlodgelanquin.com; B 50 Q, Zi. 150–250 Q; 📶) Lanquins erstklassiges Partyhostel bietet tolle Zimmern mit spektakulärem Ausblick, annehmbare Dorms und einige hübsche Aufenthaltsbereiche, u. a. das große Bar-Restaurant mit Reetdach. Zum Fluss sind es nur fünf Minuten zu Fuß bergabwärts.

El Muro HOSTEL $$

(☎4904-0671; www.elmurolanquin.net; B 50 Q, Zi. 150–250 Q; 📶) Das El Muro ist die bei Weitem beste Unterkunft im Ort selbst, ein fröhliches kleines Hostel mit Bar und recht geräumigen Dorms und Zimmern. Die meisten davon verfügen über ein eigenes Bad, alle über luftige Balkone mit Blick auf die Berge oder den Garten.

Restaurante Champey GUATEMALTEKISCH $

(Hauptgerichte 30–60 Q; ⏲8–23 Uhr) In dem großen Freiluftrestaurant auf halber Strecke zwischen der Stadt und El Retiro werden die Gäste mit großen Portionen Steak, Eiern und Reis verwöhnt. Abends wird's hier ziemlich laut und bierselig.

An- & Weiterreise

Die **Grutas de Lanquín** und **Semuc Champey** lassen sich am einfachsten im Rahmen von Touren mit Übernachtung besichtigen, die in Cobán für 400 Q pro Person angeboten werden. Doch auch auf eigene Faust ist es kein Problem. Von Cobán nach Lanquín brauchen die Touren rund zwei Stunden; ein Lunchpaket ist im Preis inbegriffen.

Mehrmals täglich verkehren Busse zwischen Cobán und Lanquín (und weiter nach Cahabón). Zwischen 6 und 17.30 Uhr fahren acht Busse nach Cobán (35 Q, 3 Std.). Shuttles nach Semuc Champey (25 Q einfach) fahren um 9.30 Uhr ab (im Hotel reservieren), Pick-ups (20 Q) sobald sie voll besetzt sind (Abfahrt einen halben Block abseits des Hauptplatzes).

Wer selbst fahren möchte: Wenn es geregnet hat, braucht man ein Allradfahrzeug. Die Straße von San Pedro Carchá nach El Pajal, wo man nach Lanquín abbiegt, ist asphaltiert, die 11 km von El Pajal nach Lanquín sind es jedoch nicht. Von Lanquín geht es in 14 bis 15 Stunden über El Pajal, Sebol, Raxrujá und Sayaxché nach Flores. Zur Zeit der Recherche wurde die Straße von El Pajal nach Sebol gerade geteert. Oder man fährt von Lanquín nach Sebol und Fray Bartolomé de las Casas und dann weiter nach Poptún.

Richtung Río Dulce gibt's eine Nebenstraße, die aber größtenteils ungeteert ist und bei starkem Regen weggespült werden kann. Die öffentlichen Verkehrsverbindungen auf dieser Strecke sind flexibel, um es vorsichtig zu formulieren. Am besten erkundigt man sich vor Ort nach der aktuellen Lage. Täglich befährt ein Shuttle (180 Q, 6 Std.) diese Straße – die zuverlässigste und bequemste Verbindung, zu buchen in den Hotels.

Semuc Champey

11 km südlich von Lanquín liegt **Semuc Champey** (50 Q; ⌚8–18 Uhr), zu erreichen über eine schlecht ausgebaute Straße vol-

BUSSE AB COBÁN

Abfahrt am Busbahnhof Campo Dos

ZIEL	PREIS (Q)	DAUER
Biotopo del Quetzal	15	1¼ Std.
Chisec	25	2 Std.
Fray Bartolomé de las Casas	50	4 Std.
Nebaj	75	5½–7 Std.
Playa Grande, nach Laguna Lachuá	60	3 Std.
Raxruhá	35	2½–3 Std.
Salamá	30	1½ Std.
Sayaxché	75	4 Std.
Tactic	10	40 Min.
Uspantán	40	4½ Std.

Andere Abfahrten

Busse, die nicht vom Busbahnhof Campo Dos abfahren, sind z. B.:

ZIEL	PREIS (Q)	DAUER	HÄUFIGKEIT & ANMERKUNGEN
Cahabón	30	4½ Std.	Dieselben Busse wie nach Lanquín.
Guatemala-Stadt	60–70	4–5 Std.	Transportes Monja Blanca (☎7951-3571; 2a Calle 3-77, Zona 4) bietet von 2 bis 6 Uhr halbstündl. Busse nach Guatemala-Stadt, danach bis 16 Uhr stündl.
Lanquín	30	2½–3 Std.	Transportes Martínez (6a Calle 2-40, Zona 4) bietet den ganzen Tag über zahlreiche Abfahrten. Busse nach Lanquín fahren außerdem von 7 bis 16 Uhr von der Ecke 5a Calle & 3a Av, Zona 4, einige davon weiter nach Semuc Champey. Diese Zeiten scheinen aber variabel zu sein, also nachprüfen!
San Pedro Carchá	5	20 Min.	Von 6 bis 19 Uhr fahren alle 10 Min. Busse vom Parkplatz vor dem Terminal von Monja Blanca.

ler Schlaglöcher. Das Highlight ist eine 300 m lange Naturbrücke aus Kalkstein mit zahlreichen Becken, die von kühlem Flusswasser durchspült werden und zum Schwimmen einladen. Der Río Cahabón verläuft größtenteils unterirdisch unterhalb der Kalksteinbrücke. Das paradiesische Fleckchen Erde ist nicht ganz leicht zu erreichen, aber der Aufwand lohnt sich: Die Lage der Becken ist traumhaft, das Wasser schimmert in allen Farbtönen zwischen Türkis und Smaragdgrün. Viele Besucher halten dies für den schönsten Ort Guatemalas.

Bei geführten Touren klettert man manchmal eine Strickleiter zum niedrigsten Pool am Fluss hinab, der zwischen den Steinen hervorschießt. Jede Menge Leute machen das und haben auch ihren Spaß daran, aber es ist ein bisschen riskant.

Schlafen & Essen

In dem schlichten Restaurant am Parkplatz gibt's annehmbares Essen (inkl. *cack'ik,* 50 Q); es liegt allerdings ein ganzes Stück von den Pools entfernt (besser ein Lunchpaket einpacken).

Im Reservat darf **gezeltet** (Stellplatz 50 Q pro Zelt) werden, allerdings nur im oberen Bereich, da sich unten immer wieder Springfluten ereignen. Wer nicht beklaut werden möchte, sollte genau auf seine Habseligkeiten achten. Eine gute Nachricht: Mittlerweile wird das Gelände rund um die Uhr bewacht, doch Wertsachen sollte man trotzdem nie aus den Augen lassen. Wem der Sinn nach etwas mehr Komfort steht: Gleich außerhalb der Eingangstore befindet sich **El Portal** (☎4091-7878; www.elportaldechampey.com; B 60 Q, Zi. mit/ohne Bad 300/185 Q; P 📶).

★**Utopia** HOSTEL $$

(☎3135-8329; www.utopiaecohotel.com; Camping 30 Q pro Pers., Hängematte/B 35/65 Q, Zi. mit/ohne Bad 425/165 Q; 📶) Das 3 km von Semuc Champey auf einem Hügel oberhalb des kleinen Dorfs Semil gelegene Utopia ist die eindrucksvollste Unterkunft der Gegend. Hier werden alle möglichen Übernachtungsmöglichkeiten angeboten, von Luxushütten am Fluss bis zu Zeltstellplätzen. Das Restaurant mit Bar punktet mit vegetarischen Familiengerichten und einem tollen Ausblick auf das Tal. Der Abschnitt des Flusses, an dem das Utopia liegt, ist wirklich sehr idyllisch.

Die Abzweigung nach Semil befindet sich 2 km vor Semuc Champey. Von hier ist es noch 1 km zum Hotel. Wer von Lanquín aus anruft oder sich im Büro an der Kreuzung, wo der Bus ankommt, meldet, kann sich abholen lassen.

An- & Weiterreise

Die 2½-stündige Wanderung ab Lanquín ist recht nett: Sie führt durch eine üppige Landschaft und ländliche Szenerien. Fußfaule können auf zahlreiche Transportmöglichkeiten zurückgreifen. Von der Plaza in Lanquín fahren Pick-ups nach Semuc Champey – am besten erwischt man sie am frühen Morgen und an Markttagen (So, Mo, Do). Die Fahrt kostet zwischen 15 und 30 Q. Außerdem bieten alle Hotels und Hostels in Lanquín Shuttles für ihre Gäste.

Fray Bartolomé de las Casas

Dieser Ort, oft nur Fray genannt, bildet eine Zwischenstation auf der Nebenstrecke zwischen dem Gebiet Cobán/Lanquín und Poptún an der Fernstraße von Río Dulce nach Flores (Ctra 13). Gesäumt wird die Straße von traditionellen Maya-Dörfern, in denen nur die Patriarchen Spanisch sprechen – und das auch nur wenig. Dies ist eine tolle Gelegenheit, die ausgetretenen Pfade zu verlassen und ins Herz Guatemalas vorzudringen.

Dafür, dass es mitten in der Pampa liegt, ist Fray recht groß, doch das täuscht. Das wöchentliche Fußballmatch ist das absolute Highlight im Ort, auf den Straßen sonnen sich die Hühner und die Siesta wird hier noch sehr ernst genommen.

Unterkünfte gibt's hier nur wenige. Die vielleicht beste am Ort ist das **Hotel La Cabaña** (☎7952-0352; 2a Calle 1-92, Zona 3; Zi. mit/ohne Bad 80/60 Q pro Pers.).

Restaurants sind dünn gesät. Man könnte den Comedor Jireh und das Restaurante Doris an der Hauptstraße ansteuern. Eine weitere Option sind die einfachen Grillbuden, die abends entlang der Hauptstraße öffnen. Dort gibt's z. B. Steaks (mit Tortillas und Bohnen; 20 Q).

Mindestens zwei Busse täglich fahren morgens an der Plaza nach Poptún ab (40 Q, 5 Std.). Von 4 bis 16 Uhr gibt es stündliche Verbindungen nach Cobán. Manche Busse fahren über Chisec (50 Q, 3½ Std.), andere nehmen die langsamere Route via San Pedro Carchá.

OST-GUATEMALA

Östlich von Guatemala-Stadt gelangt man in die langen, flachen Täler der Region, die die Guatemalteken El Oriente (der Osten) nennen. Dies ist eine trockene, raue Landschaft mit von kargen Sträuchern bewachsenen, krüppeligen Hügeln. Zu dieser zerklüfteten Kulisse passen bestens die Cowboyhüte, -stiefel, und -gürtelschnallen und Waffen, die viele Männer der Region tragen.

Die meisten Reisenden kommen auf dem Weg nach Copán in Honduras hier durch oder sie statten dem Pilgerort Esquipulas einen Besuch ab. Weiter östlich wird die Landschaft erheblich tropischer und an Straßenständen wird jede Menge Obst verkauft. Wer hier ein bisschen Zeit verbringen möchte, kann noch einen lohnenden Abstecher zu den Ruinen von Quiriguá unternehmen.

Chiquimula

55 400 EW.

Chiquimula, 32 km südlich von Río Hondo an der Carretera 10, ist die bedeutendste Marktstadt in ganz Ost-Guatemala. Für Reisende ist die Stadt nicht unbedingt ein Ziel, eher fungiert sie als Verkehrsknotenpunkt – die meisten Traveller befinden sich auf dem Weg zu den fabelhaften Maya-Ruinen in Copán in Honduras, gleich hinter der Grenze bei El Florido. Außerdem gibt es zwischen Chiquimula und dem 78 km westlich gelegenen Jalapa ein paar interessante Strecken. Davon abgesehen steht Chiquimula vor allem für ein drückend heißes Klima und anständige Budgethotels, die teils über einen Pool verfügen.

Schlafen

Hotel Hernández HOTEL $

(☎7942-0708; 3a Calle 7-41, Zona 1; EZ/DZ mit Ventilator 90/140 Q, mit Klimaanlage 150/220 Q, ohne Bad 60/100 Q;) Das Hernández ist kaum zu toppen. Es steht schon seit Jahren bei Travellern hoch im Kurs und ist wie eh und je gut ausgelastet. Das liegt u. a. an der zentralen Lage, den einfachen, aber geräumigen Zimmern und dem nicht zu kleinen Swimmingpool.

Hotel Posada Don Adan HOTEL $

(☎7942-3924; 8a Av 4-30, Zona 1; EZ/DZ 120/180 Q;) Das Don bietet in dieser Preisklasse die besten Deals – saubere Zimmer mit TV, Ventilator, Klimaanlage, ein wenig Mobiliar und guten, festen Betten. Um 22 Uhr werden die Türen zugesperrt.

Hostal Casa Vieja HOTEL $$

(☎7942-7971; www.hostalcasaviejachiquimula.com; 8a Av 1-60, Zona 2; EZ/DZ/Suite 200/400/500 Q;) Das nur einen kurzen Spaziergang vom Zentrum entfernte Hotel ist wahrscheinlich das beste der Stadt. Die eher kleinen Zimmer sind schön eingerichtet und die Gartenbereiche reizend. Das ganze Haus verströmt eine Ruhe, an der es in der übrigen Stadt leider schmerzlich mangelt.

Essen

Entlang der 8a Avenida hinter dem Markt gibt es eine Reihe von günstigen *comedores*. Abends findet man auf der 7a Avenida gegenüber der Plaza Snack- und Taco-Verkäufer. Nirgendwo in der Stadt bekommt man günstigeres Essen.

Corner Coffee CAFÉ $

(6a Calle 6-70, Zona 1; Bagels 30 Q, Frühstück 30–40 Q; ⏲Mo–Sa 7–22, So 15–22 Uhr) Klimatisierter Laden direkt am hübschen Parque Calvario. Hier gibt's die beste Auswahl an Sandwiches, Burgern und Bagels der Stadt.

Charli's INTERNATIONAL $$

(7a Av 5-55; Hauptgerichte 60–120 Q; ⏲8–21 Uhr) Das schickste Restaurant von Chiquimula (wow, Tischdecken!) wartet mit einer umfangreichen Speisekarte auf. Pasta, Pizza und Steaks werden in einem ordentlich klimatisierten Laden serviert. Freundliches Personal.

Parillada de Calero STEAKS $$

(7a Av 4-83; Frühstück ab 40 Q, Hauptgerichte 60–110 Q; ⏲8–22 Uhr) Ein Freiluft-Steakhaus, in dem das saftigste Grillfleisch der Stadt serviert wird. Aber auch das Frühstück kann sich sehen lassen: Das „Tropical Breakfast" (Pfannkuchen mit einem Berg frischer Früchte) ist genau das Richtige in diesem Klima.

Praktische Informationen

Banco G&T (7a Av 4-75, Zona 1; ⏲Mo–Fr 9–20, Sa 10–14 Uhr) Einen halben Block südlich der Plaza. Wechselt US-Dollars, löst Reiseschecks ein und tätigt Barauszahlung auf Visa und MasterCard.

Post (10a Av; ⏲Mo–Fr 9–16, Sa bis 13 Uhr) Zwischen 1a und 2a Calle.

BUSSE AB CHIQUIMULA

ZIEL	PREIS (Q)	DAUER	HÄUFIGKEIT & ANMERKUNGEN
Anguiatú (salvadorianische Grenze)	20	1 Std.	5–17.30 Uhr wenn voll
El Florido (honduranische Grenze)	28	1½ Std.	5.30–16.30 Uhr wenn voll
Esquipulas	25	45 Min.	5–21 Uhr alle 20 Min.
Flores	120	7–8 Std.	2-mal tgl.
Guatemala-Stadt	60	3 Std.	3–15.30 Uhr alle 30 Min.
Ipala	10	1½ Std.	5–19 Uhr stündl.
Puerto Barrios	50	4½ Std.	3.30–16 Uhr alle 30 Min.
Quiriguá	35	2 Std.	3.30–16 Uhr alle 30 Min.
Río Hondo	18	35 Min.	5–18 Uhr alle 15 Min.

An- & Weiterreise

Es gibt verschiedene Bus- und Microbus-Unternehmen im Ort; An- und Abfahrt an der 11a Avenida, zwischen der Calle 1a und der Calle 2a. **Litegua** (☎7942-2064; www.litegua.com; 1a Calle, zw. 10a & 11a Av) betreibt Busse nach El Florido, dem Grenzübergang auf der Strecke nach Copán; es hat ein eigenes Busterminal einen halben Block weiter nördlich. Wer zum Grenzübergang bei Agua Caliente gelangen will, nimmt einen Minibus nach Esquipulas und steigt dort um. Ist Jalapa das Fahrtziel, muss man in Ipala umsteigen. Reisende auf dem Weg nach Río Dulce nehmen einen Bus nach Flores. Alternativ kann man auch mit einem Bus nach Puerto Barrios bis zur Anschlussstelle La Ruidosa fahren und dort umsteigen. Wer unterwegs nach Esquipulas ist, sollte sich einen Sitzplatz auf der linken Seite des Busses suchen – dort hat man die bessere Aussicht auf die Basilika mit dem Schrein von El Cristo Negro.

Esquipulas

27 400 EW.

Von Chiquimula aus gelangt man über die Carretera 10 nach Süden in die Berge, wo das Klima etwas kühler ist. Nach einer Stunde Fahrt durch eine hübsche Landschaft führt die Carretera in ein von Bergen umringtes Tal hinab – hier liegt Esquipulas. Auf halber Strecke den Hang hinunter, ca. 1 km vor dem Zentrum, gibt es einen *mirador* (Aussichtspunkt) mit tollem Blick auf den Ort. Der eigentliche Grund für einen Besuch hier erschließt sich einem, sobald man die mächtige Basílica de Esquipulas erblickt, die über der Stadt thront und strahlend weiß in der Sonne schimmert. Seit der Entdeckungsreisende John L. Stephens vor über 150 Jahren hier war, hat sich der Anblick kaum verändert; er beschreibt ihn in seinem Buch *Incidents of Travel in Central America, Chiapas and Yucatan* (1841).

Geschichte

Esquipulas war eventuell schon vor der Ankunft der Spanier ein wichtiger Wallfahrtsort. Der Name der Stadt soll auf den Maya-Herrscher zurückgehen, der über dieses Territorium herrschte, als die Europäer mit der Kolonialisierung Zentralamerikas begannen – er empfing diese übrigens im Frieden.

Nach der Ankunft der Mönche wurde die erste Kirche errichtet und 1595 hinter dem Altar ein Bildnis aufgestellt, das unter dem Namen El Cristo Negro (Schwarzer Christus) bekannt wurde. Die Zahl der Pilger schoss in die Höhe, woraufhin bis 1758 eine riesige neue Kirche gebaut wurde. Seither ist der Pilgerverkehr die Haupteinnahmequelle des Städtchens.

Sehenswertes & Aktivitäten

Basílica de Esquipulas KIRCHE

(11a Calle) Durch einen hübschen Park und über eine breite Treppe gelangt man zur Basilika, einem pompösen Steinklotz, der tapfer den Erdbeben der vergangenen knapp 250 Jahre getrotzt hat. Die beeindruckende Fassade und die Türme werden nachts mit Scheinwerfern angestrahlt.

Drinnen nähern sich die Gläubigen dem überraschend kleinen El Cristo Negro (Schwarzer Christus) mit größter Ehrerbietung. Viele rutschen auf den Knien. Weihrauchduft wabert durch das Gotteshaus, das vom Gemurmel der Betenden und dem schlurfenden Geräusch von Sandalen erfüllt ist. Bei einem besonders großen Ansturm von Pilgern muss auf den Seiteneingang ausgewichen werden, um die berühmte Christusfigur aus der Nähe betrachten zu können. Mit etwas Glück wird man vielleicht einen längeren Blick erheischen können, bevor einen die von hinten nachrückenden Menschenmassen weiterschieben. Erwartungsgemäß schnellt die Besucherzahl sonntags, an religiösen Feiertagen und vor allem anlässlich des Festes **Cristo de Esquipulas** (15. Januar) in die Höhe. Unter der Woche kann es vorkommen, dass man der einzige Besucher ist – ein wirklich tolles Erlebnis. Am Wochenende hingegen fühlt man sich unter all den sehr frommen Pilgern, die ihren Glauben sehr gefühlvoll zum Ausdruck bringen, vielleicht eher fremd.

Parque Chatún FREIZEITPARK

(☎7873-0909; www.parquechatun.com; Erw./Kind inkl. Mittagessen 80/70 Q; ⏲Di–Sa 9–18 Uhr) Für Reisende mit oder auch ohne Kinder liefert der Vergnügungspark Parque Chatún eine nette Abwechslung zum ansonsten eher religiösen Sightseeing-Programm. 3 km außerhalb der Stadt warten Swimmingpools, eine Kletterwand, Zeltplätze und ein Streichelzoo. Zudem werden Canopy-Touren und Bungeespringen angeboten. Im Eintrittsgeld ist die Nutzung all dieser Einrichtungen inbegriffen (lediglich die Canopy-Tour kostet extra).

Wer keinen eigenen Wagen hat, kann den Minibus nehmen, der seine Runden durch die Stadt dreht, oder die Angestellten im Hotel bitten, ihn kommen zu lassen – die Fahrt raus zum Freizeitpark kostet 5 Q.

Centro Turístico Cueva de las Minas HÖHLE

(25 Q; ⏲8–16 Uhr) Die Highlights hier sind die 50 m tiefe Höhle (Taschenlampe mitbringen!), grasbewachsene Picknickbereiche und der Río El Milagro (es soll Wunder wirken, in ihm zu baden!). Höhle und Fluss sind 500 m vom Eingangstor entfernt, das sich hinter dem Basilikafriedhof befindet (300 m südlich der Abzweigung in die Stadt, an der Straße, die Richtung Honduras führt). Vor Ort werden Getränke verkauft.

Schlafen

In Esquipulas gibt es eine Vielzahl an Unterkünften. An Feiertagen und während des jährlichen Festes Cristo de Esquipulas (15. Januar) sind die Hotels dennoch allesamt ausgebucht und auch an den Wochenen-

KNOCHENARBEIT

Die meisten Leute, die in Guatemala heutzutage etwas ausbuddeln, sind Archäologen. Oder Bergbauunternehmen. Aber da ist noch eine weitere Gruppe von Leuten zugange, die auf der Suche nach Schätzen mühselig den Boden durchsieben, und das sind die Paläontologen.

Zwar ist nicht gesagt, dass im heutigen Guatemala einst wirklich Dinosaurier lebten, doch gibt es Beweise dafür, dass hier in grauer Vorzeit große Säugetiere wie Riesengürteltiere, 3 m große Faultiere und Säbelzahntiger zu Hause waren. Auf ihrem Weg von Nordamerika nach Süden konnten sie nicht weiter als bis ins heutige Guatemala vorstoßen – damals endete das Festland in Nord-Nicaragua und erst 10 Mio. Jahre später vereinten sich Zentral- und Südamerika, wodurch der amerikanische Kontinent ungefähr so entstand, wie wir ihn heute kennen.

Zum Aussterben der Dinosaurier und anderer großer prähistorischer Säugetiere gibt's verschiedene Theorien. Diejenige, die die breiteste Akzeptanz findet, besagt, dass vor 66 Mio. Jahren ein gewaltiger Meteorit in die Halbinsel Yucatán einschlug und einen globalen Klimawandel einläutete.

Der größte Teil an Fossilien und Knochen wurde in der Südostecke des Landes gefunden, doch wurden in Guatemala-Stadt riesige Faultier- und Mastodon-Überreste entdeckt. Der Paläontologe Roberto Woolfolk Saravia, Gründer des **Museo de Paleontología, Arqueología y Geología** (Museum für Paläontologie, Archäologie & Geologie; Ctra 10, Estanzuela; ⏲Mo–Fr 8–17 Uhr) GRATIS, will mehr als 5000 Fragmente und Skelette gesammelt haben. Er sagt, dass noch viel mehr gefunden werden könnte – wenn denn Geld dafür vorhanden wäre.

Für all diejenigen, die sich auch nur ein bisschen für Urgeschichte interessieren, lohnt sich ein Abstecher zu diesem Museum – es ist kürzlich umgebaut worden und man kann hier die Überreste von Mastodonten, Riesenfaul- und -gürteltieren, ein prähistorisches, 50 cm „großes“ Pferd und zwei Backenzähne eines Mammuts bestaunen.

den ist eine Menge los (dann sind die Preise um einiges höher als unter der Woche). Die hier angegebenen Preise gelten fürs Wochenende. Wer an einem herkömmlichen Wochentag anreist, könnte nach einem *descuento* (Rabatt) fragen. Soll die Bleibe möglichst günstig sein, steuert man am besten die Straßen gleich nördlich der mächtigen Basilika an.

Hotel Portal de la Fe HOTEL $$
(☎7943-4261; 11a Calle 1-70, Zona 1; EZ/DZ 280/500 Q; P ❄ @ ≈ ≋) Eins der wenigen Hotels im Ort, die über einen Hauch von Stil verfügen. Die Zimmer im Untergeschoss sind erwartungsgemäß trostlos, treppauf sieht das Ganze jedoch schon um einiges ansprechender aus.

Hotel Mahanaim HOTEL $$
(☎7943-1131; 10a Calle 1-85, Zona 1; Zi. 380 Q; P ❄ @ ≈ ≋) Das Hotel erstreckt sich rund um einen überdachten Innenhof über drei Stockwerke. Die Zimmer sind gemütlich, aber schlicht. Was das Hotel zu einem guten Deal macht, ist der große überdachte Pool hinterm Haus.

Hotel Monte Cristo HOTEL $$
(☎7943-1453; 3a Av 9-12, Zona 1; EZ/DZ 200/280 Q, ohne Bad 90/120 Q; P) Angemessen große Zimmer mit ein wenig Mobiliar und superheißen Duschen. Die Zimmer oben werden erst vergeben, wenn unten alles voll ist – man wird also eventuell im Erdgeschoss unterkommen.

ℹ WEITERREISE NACH EL SALVADOR

Die Kreuzung Padre Miguel, 35 km von Chiquimula und 14 km von Esquipulas entfernt, ist gleichzeitig die Abzweigung nach Anguiatú an der Grenze von El Salvador (19 km bzw. 30 Min. Fahrt entfernt). Häufig kommen Minibusse aus Chiquimula, Quetzaltepeque und Esquipulas vorbei.

Der Grenzübergang bei Anguiatú ist rund um die Uhr geöffnet, aber am besten überquert man ihn tagsüber. Auf der Strecke sind viele Lkws unterwegs. Auf der anderen Seite der Grenze gibt's jede Stunde Busverbindungen über Metapán und Santa Ana in die Hauptstadt San Salvador.

Hotel Vistana al Señor HOTEL $$
(☎7943-4294; hotelvistana@gmail.com; 1a Av 'B' 1-42; EZ/DZ 280/360 Q; ≈) Das bei Weitem beste Preis-Leistungs-Verhältnis in dieser Preisklasse bieten die netten kleinen Zimmer in diesem Hotel unmittelbar südlich des Marktes. Oben eröffnen sich von einem hübschen Balkon gute Ausblicke.

✕ Essen

Die Restaurants hier sind etwas teurer als anderswo in Guatemala. Günstige Esslokale drängen sich rund um das nördliche Ende der Plaza und sind leicht zu finden.

Restaurante Calle Real GUATEMALTEKISCH $
(3a Av; Hauptgerichte 40–80 Q; ⏲8–22 Uhr) Ähnlich wie in den übrigen Restaurants in der Stadt gibt's auch in diesem großen Laden günstiges Essen für hungrige Pilger. Die Speisekarte ist umfangreich, die Beleuchtung grell, der Fernseher laut.

La Rotonda FAST FOOD $$
(11a Calle; Hauptgerichte 60–100 Q; ⏲8–22 Uhr) Gegenüber dem Busbahnhof Rutas Orientales steht der Rundbau, in dem die Sitzplätze um eine ebenfalls runde Theke unter einer großen Markise angeordnet sind. La Rotonda ist ein sauberes, einladendes Restaurant mit guter Auswahl (u. a. Pizzas, Pasta und Burger).

City Grill STEAKS $$
(Ecke 2a Av & 10a Calle, Zona 1; Hauptgerichte 50–140 Q; ⏲8–22 Uhr) Im besten Steakhaus der Stadt gibt's nicht nur die besten Steaks meilenweit, sondern auch recht gute Meeresfrüchte- und Pastagerichte. Auch die Pizza kann sich sehen lassen.

Restaurant El Angel CHINESISCH $$
(☎7943-1372; Ecke 11a Calle & 2a Av, Zona 1; Hauptgerichte 50–70 Q; ⏲11–22.30 Uhr) Dieser Chinese hat sämtliche Standardgerichte auf der Karte sowie außerdem Steaks und eine gute Auswahl an *licuados* (frische Fruchtgetränke). Mit Lieferservice.

ℹ Praktische Informationen

Banco Internacional (3a Av 8-87, Zona 1; ⏲Mo–Fr 8–16, Sa 9–13 Uhr) Wechselt Bargeld und Reiseschecks, tätigt Barauszahlungen auf Visa und MasterCard, ist die American-Express-Agentur der Stadt und hat einen Visa-Geldautomaten.

Post (6a Av 2-15) Rund 10 Häuserblocks nördlich des Zentrums.

An- & Weiterreise

Busse nach Guatemala-Stadt (60 Q, 4 Std.) fahren von 1.30 bis 16.30 Uhr stündlich vom Busbahnhof von **Rutas Orientales** (☎7943-1366; Ecke 11a Calle & 1a Av, Zona 1) am Ortseingang.

Minibusse nach Agua Caliente (honduranische Grenze; 25 Q, 30 Min.) fahren zwischen 5 und 17 Uhr halbstündlich auf der anderen Straßenseite ab; dort stehen auch Taxis parat. Sie kosten dasselbe wie die Minibusse, wenn mindestens fünf Fahrgäste zusammengekommen sind.

Minibusse nach Chiquimula (20 Q, 45 Min., alle 15 Min.) fahren am östlichen Ende der 11a Calle ab.

Transportes Guerra (Ecke 5a Av & 10a Calle, Zona 1) bietet Busse nach Anguiatú (salvadorianische Grenze; 20 Q, 1 Std., alle 30 Min.).

Nach Flores/Santa Elena (130 Q, 8 Std.) fahren vom Büro von **Transportes María Elena** (☎7943-0957; 11 Calle 0-54, Zona 1) drei Busse täglich. Sie passieren Quiriguá (50 Q, 2 Std.), Río Dulce (75 Q, 4 Std.) und Poptún (100 Q, 6 Std.).

Quiriguá

4800 EW.

Die archäologische Stätte Quiriguá liegt von Copán nur 50 km Luftlinie entfernt, aber dank der Beschaffenheit des Terrains, einer Staatsgrenze und den Straßenbedingungen sind es insgesamt 175 km hierher. Quiriguá ist für seine aufwendig verzierten Stelen bekannt, riesige, bis zu 10,5 m hohe braune Sandsteinmonolithen. Wie uralte Wächter stehen sie in einem ruhigen, gepflegten Park mit tropischer Vegetation.

Von der Kreuzung Río Hondo sind es 67 km auf der Carretera 9 bis zum Dorf Los Amates mit ein paar Hotels, Restaurants und Essensständen sowie einer Bank und einem kleinen Busbahnhof. Das Dorf Quiriguá liegt 1,5 km östlich von Los Amates und die Abzweigung zu den Ruinen dann noch einmal 1,5 km östlich. Eine 3,4 km lange Zufahrtsstraße führt Richtung Süden durch Bananenhaine.

Geschichte

Die Geschichte von Quiriguá erinnert an die von Copán. Tatsächlich war Quiriguá die meiste Zeit der klassischen Periode von Copán abhängig. Von den drei Stätten in der Gegend ist nur dieser archäologische Park interessant.

Quiriguás Lage war ideal für die Schaffung großer Stelen. Aus dem Flussbett des nahe gelegenen Río Motagua förderten die Menschen riesige braune Sandsteinblöcke. Diese waren zunächst weich, härteten an der Luft jedoch schnell aus – ideale Voraussetzungen, um die gigantischen verzierten Steinstelen zu schaffen. Herausragende Künstler aus Copán unterstützten die Steinmetze aus Quiriguá bei ihren faszinierenden Schöpfungen. Alles, was sie benötigten, war ein großer Anführer, der sie inspirierte – und für ihre Arbeit zahlte.

Solch eine Führungspersönlichkeit war K'ak' Tiliw Chan Yo'at (Cauac Sky; reg. 725–784), der für Quiriguás Unabhängigkeit von Copán kämpfte. Cauac Sky nahm im Jahr 737 schließlich Uaxaclahun Ubak K'awil („18 Kaninchen"), den König von Copán, gefangen und ließ ihn später enthaupten. Quiriguá war endlich unabhängig – Cauac Sky trommelte die Steinmetze zusammen und ließ sie in den folgenden 38 Jahren zu seinen Ehren riesige Stelen und Zoomorphen erschaffen.

Cauac Skys Sohn Sky Xul (reg. 784–800) verlor den Thron an einen Usurpator, Jade Sky. Dieser letzte große König von Quiriguá setzte den von Cauac Sky initiierten Bauboom fort und ließ die Akropolis von Quiriguá im größeren Maßstab neu aufbauen.

Den Europäern blieb Quiriguá unbekannt, bis der Entdeckungsreisende und Diplomat John L. Stephens hier 1840 auf der Bildfläche erschien. Beeindruckt von den mächtigen Monumenten, beklagte Stephens in seinem Buch *Incidents of Travel in Central America, Chiapas and Yucatan* (1841) das Desinteresse der restlichen Welt. Stephens versuchte, die Ruinenstadt zu kaufen, um die Stelen nach New York schaffen zu lassen, doch der Besitzer, Señor Payes, nahm an, dass Stephens – als Diplomat – im Auftrag der US-Regierung verhandelte und diese auch zahlen würde. Daher nannte er einen extravaganten Preis und der Deal kam nie zustande.

Zwischen 1881 und 1894 führte Alfred P. Maudslay Grabungen durch. Im frühen 20. Jh. kaufte die US-amerikanische United Fruit Company das gesamte Land rund um Quiriguá und errichtete Bananenplantagen. Die UFC ist wieder verschwunden, die Bananen sind aber geblieben. In den 1930er-Jahren wurde die Stätte unter Federführung der University of Pennsylvania restauriert. 1981 erklärte die Unesco die Ruinen zur Welterbestätte, eine von nur dreien in Guatemala – die anderen beiden sind Tikal und Antigua.

Sehenswertes

Archäologische Stätte Quiriguá

ARCHÄOLOGISCHE STÄTTE

(80 Q; 8–16.30 Uhr) Trotz der klebringen Hitze und der teils nervigen Moskitos ist Quiriguá ein wundervoller Ort. Die gigantischen Stelen auf der Gran Plaza (Große Plaza) sind allesamt erheblich verwitterter als die in Copán. Um ihren weiteren Zerfall hinauszuzögern, wurde jede mit einem Reetdach überdacht. Im Schatten dieser Dächer sind die Steinmetzarbeiten nur schwer genau zu sehen und es ist fast unmöglich, ein gutes Foto von ihnen zu schießen – doch das tut dem Gefühl der Ehrfurcht, das einen hier beschleicht, keinerlei Abbruch.

Sieben der Stelen, die Stelen A, C, D, E, F, H und J, wurden in der Regierungszeit Cauac Skys gefertigt und tragen sein Bild. Stele E ist die größte bekannte Maya-Stele überhaupt: Sie ist 8 m hoch – wobei noch weitere 3 m in der Erde verbuddelt sind – und wiegt fast 60 t. Besondere Beachtung verdienen der aufwendige Kopfschmuck, die Bärte mancher Figuren (eine Rarität in der Welt der Maya), die Machtsymbole in den Händen des Königs und die Glyphen an den Seiten der Stele.

Am Ende der Plaza befindet sich die Akropolis, weit weniger eindrucksvoll als die in Copán. Dort können verschiedene Zoomorphen besichtigt werden, gemeißelte Steinblöcke, die realen oder mythischen Tieren ähneln. Besonders beliebt waren Frösche, Schildkröten, Jaguare und Schlangen. Die niedrigen Zoomorphen sind nicht ganz so beeindruckend wie die hoch aufragenden Stelen, aber dennoch wunderschöne Kunstwerke mit mythischer Bedeutung, die von einem hohen Maß an Vorstellungskraft zeugen.

Schlafen & Essen

Hotel y Restaurante Royal

HOTEL $

(7947-3639; EZ/DZ 140/200 Q; P) Eine der besseren Optionen unter den billigeren Unterkünften im Ort, mit geräumigen, sauberen Zimmern und einem Restaurant, in dem einfache, sättigende Mahlzeiten (40–60 Q) serviert werden. Bei den Zimmerpreisen gibt's großen Verhandlungsspielraum.

Anreise & Unterwegs vor Ort

Busse auf den Strecken Guatemala-Stadt–Puerto Barrios, Guatemala-Stadt–Flores, Esquipulas–Flores oder Chiquimula–Flores lassen Fahrgäste hier aus- und zusteigen. Wer zum Hotel möchte, sollte sich auf jeden Fall an der Pasarela de Quiriguá (Fußgängerüberweg) absetzen lassen. Die Fahrer stoppen auf Wunsch auch an der Abzweigung zur archäologischen Stätte.

Von der Carretera sind es 3,4 km bis zur archäologischen Stätte – eine 10 Q teure Tuk-Tuk-Fahrt. Sollte man gerade kein Tuk-Tuk erspähen, kein Problem: Es ist ein netter Spaziergang (ohne Gepäck!) an Bananenplantagen vorbei zur Stätte.

Wer im Dorf Quiriguá oder in Los Amates übernachtet und zu den Stelen spazieren will, kann eine Abkürzung entlang der Zuggleise vom Dorf durch die Bananenfelder nehmen; man überquert die Zufahrtsstraße unweit des Eingangs zur archäologischen Stätte. Eine Tuk-Tuk-Fahrt von Quiriguá zu den Stelen kostet ca. 20 Q.

Auf der Fernstraße kommen regelmäßig Busse nach Río Dulce (30 Q, 2 Std.), Chiquimula (30 Q, 2 Std.) und Puerto Barrios vorbei.

Lago de Izabal

Der größte See Guatemalas, nördlich der Carretera 9 gelegen, erobert sich langsam seinen Platz auf den Reiserouten der Touristen. Die meisten, die dem See einen Besuch abstatten, übernachten im Ort Río Dulce. Er liegt an der langen, hohen Brücke, über die die Carretera 13 nach Flores und Tikal im Norden den Río Dulce überquert. Dieser romantische Fluss entspringt dem See im Osten. Flussabwärts verbreitert er sich zum See El Golfete, bevor er bei Lívingston ins Karibische Meer mündet. Eine Bootsfahrt auf dem Río Dulce zählt zu den Highlights im Osten Guatemalas. Wem es nach Seeambiente ohne das Verkehrschaos und den Trubel von Río Dulce gelüstet, der kann Chapin Abajo nördlich von Mariscos oder El Estor beim Westende des Sees ansteuern: Von beiden Orten hat man Zugang zur reichen Tierwelt des Flussdeltas Bocas del Polochic. In dieser Gegend wimmelt es von unentdeckten Orten, die einer Erkundung harren – also keine falsche Bescheidenheit!

Río Dulce

Am östlichen Ende des Lago de Izabal befindet sich der Ort Río Dulce, das nach wie vor oft als Fronteras bezeichnet wird. Dieser Name stammt noch aus den Zeiten, als man den Fluss ausschließlich mit der Fähre überqueren konnte und der Ort das letzte bisschen Zivilisation war, bevor man sich auf die lange und beschwerliche Reise in den Petén begab.

Die Zeiten ändern sich – mittlerweile wurde eine riesige Brücke gebaut und die Straßen im Petén zählen zu den besten des Landes. Río Dulce wird derweil von immer mehr Touristen frequentiert. Darunter tummeln sich verblüffend viele Jachtbesitzer, seitdem die US-amerikanische Küstenwache hat verlauten lassen, der See sei für Boote während der Hurrikan-Saison der sicherste Ort in der westlichen Karibik. Die übrigen ausländischen Besucher lockt wohl vor allem der phantastische Bootstrip nach Lívingston an.

Geführte Touren

Am besten ist es, sich an einem der Jachthäfen nach Segelbooten umzuhören, die für die Fahrt auf dem Río Dulce gechartert werden können.

Aventuras Vacacionales SEGELN
(☎7873-9221; www.sailing-diving-guatemala.com) Dieser Anbieter organisiert tolle siebentägige Fahrten von Río Dulce zu den Riffen und Inseln vor Belize (ab 3200 Q) und viertägige Ausflüge zum Lago Izabal (ab 1250 Q). Das Hauptbüro befindet sich in Antigua, man kann aber auch in Río Dulce Kontakt mit dem Veranstalter aufnehmen. Die Belize- und Lago-Izabal-Trips finden jeweils abwechselnd jede zweite Woche statt.

Schlafen

Viele Unterkünfte in Río Dulce kommunizieren via Funk, sind aber auch übers Telefon zu erreichen. Die Bar im Bruno's funkt die Unterkunftswahl falls nötig weiter.

Hotel Vista al Río HOTEL $
(☎7930-5665; B 40 Q, Zi. mit/ohne Bad 180/120 Q; ❄📶) Das kleine Hotel mit Marina unter der Brücke unmittelbar südlich von Bruno's bietet geräumige, makellos saubere Zimmer, die teureren mit Flussblick. Das gute Restaurant (Hauptgerichte 60–100 Q) serviert saftige Steaks, Küche der US-Südstaaten und reichhaltiges Frühstück.

Casa Perico HOSTEL $$
(☎7930-5666; www.casa-perico.com; B 60 Q, EZ/DZ ohne Bad ab 95/140 Q, Hütte 220 Q; @📶) Eine der unauffälligeren Unterkünfte in der Gegend. Sie liegt an einer kleinen Bucht ca. 200 m vom Hauptfluss entfernt. Die Hütten sind stabil gebaut und durch Stege miteinander verbunden. Die Betreiber bieten Bootsfahrten den Fluss hoch und runter an und richten ein hervorragendes Abendbuffet her (90 Q), es gibt jedoch auch Gerichte à la carte (Hauptgerichte 50–80 Q).

Wer es auf die eine Hütte mit eigenem Bad abgesehen hat, sollte diese reservieren.

Hacienda Tijax HOTEL $$
(☎7930-5505; www.tijax.com; EZ/DZ ab 334/372 Q, ohne Bad 160/220 Q; P❄📶🏊) Die 47 ha große Hacienda befindet sich gegenüber von Bruno's auf der anderen Seite der Bucht (2 Min. mit dem Boot). Gäste erwartet ein ganz besonderer Ort: Man kann reiten, wandern, Vögel beobachten und entweder am Boden oder bei Baumwipfeltouren die Kautschukplantage und das private Naturschutzgebiet erkunden. Geschlafen wird in hübschen kleinen Hütten, die durch Stege miteinander verbunden sind. Die teureren Hütten haben eine Küche und sind ideal für Familien.

Bruno's HOTEL $$
(☎7930-5721; www.brunoshotel.com; Camping 35 Q pro Pers., B 60 Q, EZ 110–250 Q, DZ 140–350 Q; P❄📶🏊) Vom nordöstlichen Ende der Brücke führt ein Pfad zu dieser Unterkunft am Fluss hinab. Die Mehrbettzimmer sind sauber und geräumig. Die Räumlichkeiten im neuen Gebäude zählen zu den komfortabelsten der ganzen Stadt: Sie sind klimatisiert und haben Balkone mit Flussblick.

Hotel Backpackers HOSTEL $$
(☎7930-5480; www.hotelbackpackers.com; B 60 Q, Zi. mit/ohne Bad ab 250/160 Q; @📶) Vom Ort Río Dulce aus gesehen liegt auf der anderen Seite der Brücke diese von Casa Guatemala, einer Wohlfahrtsorganisation für Waisen, betriebene Unterkunft. Das alte, klapprige Haus mit sehr einfachen Zimmern ist beliebt bei Backpackern. Die angeschlossene Bar erwacht abends so richtig zum Leben.

Essen

Die meisten Hotels verfügen über eigene Restaurants. Im Bruno's gibt's leckeres Frühstück, typische Gringo-Leibspeisen und eine gut ausgestattete Bar. In der Hacienda Tijax ist mittags einiges los – einfach anrufen, um abgeholt zu werden.

★ **Sundog Café** INTERNATIONAL $
(Sandwiches 30 Q, Mahlzeiten ab 50 Q; ⏲12–21 Uhr) Vom Büro der Busgesellschaft Litegua (hinter dem Ende der Brücke 200 m die Hauptstraße rauf) aus geht's eine Gasse hinab zu diesem Bar-Restaurant unter freiem Himmel am Fluss, in dem aus hausgemach-

tem Brot tolle Sandwiches gezaubert werden. Außerdem gibt's eine gute Auswahl an vegetarischen Gerichten, köstlicher Pizza und Obstsäften. Die Mitarbeiter geben gern Tipps und Infos, u. a. zu Unternehmungen in der Umgebung.

Praktische Informationen

In den Banken in der Hauptstraße können Bargeld und Reiseschecks gewechselt werden. Der Geldautomat der **Banco Industrial** (9–17 Uhr) akzeptiert Visa-Karten. Im Supermarkt Despensa Familiar, ebenfalls an der Hauptstraße, gibt's einen verlässlichen Visa-/Mastercard-Geldautomaten.

Jede Menge Informationen über Río Dulce bietet die örtliche Internetzeitung **Chisme Vindicator** (www.riodulcechisme.com).

Unvoreingenommene Informationen über die Gegend gibt's im **Sundog Café**.

An- & Weiterreise

BUS

Die Büros der Buslinien Fuente del Norte und Litegua liegen einander gegenüber auf der Nordseite der Brücke.

Ab 9.30 Uhr fahren täglich sieben Busse der Busgesellschaft Fuente del Norte Richtung Norden auf einer asphaltierten Straße nach Poptún (40 Q, 2 Std.) und Flores (75 Q, 4 Std.).

IZABAL JENSEITS VON RÍO DULCE

Río Dulce ist zwar ganz nett, die schönsten Unterkünfte finden sich jedoch in noch entlegeneren Gebieten. Hier eine kleine Auswahl:

Finca Tatin (4148-3332; www.fincatatin.com; B 60 Q, EZ/DZ 180/200 Q, ohne Bad 80/130 Q;) Dieses wunderbare, rustikale B&B am Zusammenfluss des Río Dulce mit dem Río Tatin ca. 10 km von Lívingston bietet eine tolle Möglichkeit, den Dschungel zu erleben. Es werden vierstündige geführten Wanderungen und Kajaktrips angeboten, einige mit Besuch in Q'eqchi'-Dörfern. Die Unterbringung erfolgt in originellen Holz- und Reethütten im Dschungel und einigen recht schicken neuen am Fluss mit Balkon am Wasser.

Lagunita Creek (4113-0103; B/Zi. 100/400 Q) Nordwestlich von Lívingston gelangt man zum Río Sarstun, dem Grenzfluss zwischen Belize und Guatemala. 10 km flussaufwärts liegt die kleine Siedlung Lagunita Creek, wo ein gemeindebasiertes Tourismusprojekt Unterkunft in einer schlichten Ökolodge anbietet. Einfache Mahlzeiten kosten 50 bis 70 Q, Besucher können sich aber auch selbst verpflegen.

Zu den Highlights zählen Kajakfahrten auf dem herrlichen, türkisgrünen Fluss und geführte Wanderungen/Vogelbeobachtungen – alles im Preis inbegriffen. Die Anreise ist nicht kompliziert, aber teuer: Hierher kommt man nur mit dem Boot. *Lanchas* ab Lívingston kosten 1400 Q pro Boot (für bis zu 8 Pers.), für kleine Gruppen ist's etwas billiger. **Happy Fish Travel** (S. 201) in Lívingston bietet Tagestouren (320 Q) und Touren mit Übernachtung (560 Q), es müssen jedoch mindestens sechs Personen teilnehmen.

Hotelito Perdido (5725-1576; www.hotelitoperdido.com; B 60 Q, EZ/DZ Bungalow 200/250 Q, ohne Bad 150/200 Q) Dieses schöne, versteckte Refugium liegt fünf Bootsminuten von der Finca Tatin entfernt. Das Ambiente ist wirklich toll – entspannt und freundlich. Die Anlage wurde umweltschonend erbaut und wird mit Solarenergie betrieben.

Hotel Kangaroo (5363-6716, auf Englisch 4513-9602; www.hotelkangaroo.com; B 60 Q, Zi. 160–200 Q, Hütten 250 Q; @) Am Río La Colocha steht gegenüber vom Castillo de San Felipe in den Mangroven dieses schlichte, aber schöne Pfahlbauhotel. Es wird von Australiern und Mexikanern betrieben. Auf der spannenden Karte des Restaurants (Hauptgerichte 50–100 Q) steht neben einigen australischen Klassikern das vielleicht beste mexikanische Essen außerhalb von Mexiko.

Roundhouse (4294-9730; www.roundhouseguatemala.com; B/DZ ohne Bad 50/110 Q; @) Das mittelgroße Hostel 20 Bootsminuten von Lívingston, eines der besten am Fluss, war zur Zeit der Recherche leider geschlossen (Website checken). Im Erdgeschoss befindet sich am Fluss ein Bereich mit Bar, Restaurant und Hängematten. Im ersten Stock gibt's einen geräumigen Dorm und ein paar gute, einfache Privatzimmer.

Wer Glück mit den Verbindungen hat, kann es in schlappen sechs Stunden nach Tikal schaffen. Darüber hinaus gibt es Verbindungen nach San Salvador (El Salvador; 140 Q) und San Pedro Sula (Honduras; 150 Q); beide Busse fahren um 10 Uhr los.

Mindestens 11 Busse pro Tag (von Fuente del Norte und Litegua) steuern Guatemala-Stadt an (70 Q, 6 Std.). Línea Dorada hat 1.-Klasse-Verbindungen nach Guatemala-Stadt (140 Q; 13 Uhr) und nach Flores (140 Q; 15 Uhr) im Fahrplan; die Busse sind bis zu einer Stunde schneller als die regulären.

Die Minibusse nach Puerto Barrios (30 Q, 2 Std.) fahren los, sobald sie voll sind, zwar beim Büro von Fuente del Norte an der Hauptstraße.

Täglich fährt vom **Sundog Café** um 13.30 Uhr ein Shuttlebus nach Lanquín (180 Q, 5 Std.).

Minibusse nach El Estor (20 Q, 1½ Std., 7–18 Uhr stündl.) fahren an der Abzweigung nach San Felipe und El Estor mitten in der Stadt ab.

SCHIFF/FÄHRE

Sammel-*lanchas* (einfach/hin & zurück 150/250 Q pro Pers.) fahren auf dem Río Dulce entlang einer wunderschönen Strecke nach Lívingston (Abfahrt am neuen Dock). Normalerweise legen sie erst ab, wenn acht bis zehn Passagiere zusammengekommen sind. Das Ganze ist wie eine Ausflugsfahrt mit mehreren Stopps. Abfahrt gewöhnlich von 9 bis 14 Uhr, wobei um 9.30 und 13.30 Uhr regulär zwei Boote ablegen. So ziemlich alle Einheimischen können eine *lancha*-Fahrt nach Lívingston oder anderswohin organisieren, verlangen dafür allerdings mehr Geld.

El Castillo de San Felipe

Die Festung von San Felipe de Lara, **El Castillo de San Felipe** (25 Q; ⏲8–17 Uhr), ca. 3 km westlich des Ortes Río Dulce, wurde 1652 erbaut, um den plündernden Piraten Einhalt zu gebieten, die es auf die Dörfer und Handelskarawanen in Izabal abgesehen hatten. Das funktionierte nur bedingt; ein paar Freibeuter eroberten und verbrannten die Festung 1686. Am Ende des folgenden Jahrhunderts gehörten die Piraten in der Karibik jedoch der Geschichte an. Eine Zeit lang diente das Bauwerk mit seinen massiven Wänden noch als Gefängnis. Doch schon bald wurde es aufgegeben und verfiel. Was heute zu sehen ist, ist eine Rekonstruktion von 1956.

Heute ist die Festung Teil eines Schutzgebiets und gehört zu den Hauptattraktionen am Lago de Izabal. Die Anlage umfasst einen großen Park mit Grill-/Picknickbereichen und Badestellen. Besonders während der **Feria de San Felipe** (30. April–4. Mai) ist hier jede Menge los.

Unweit des Castillo bietet das **Hotel Don Humberto** (☎7930-5051; EZ/DZ 60/100 Q; Ⓟ) einfache Zimmer mit großen Betten und Moskitonetzen. Es ist nicht schick, der Standard ist aber angesichts des günstigen Preises absolut angemessen.

San Felipe liegt am Seeufer, 3 km westlich von Río Dulce. Der wunderschöne Spaziergang von einem Ort zum anderen dauert 45 Minuten. Ansonsten kann man auch einen Minibus nehmen (15 Q, alle 30 Min.). Sie halten in Río Dulce an der Carretera-Anschlussstelle der Straße nach El Estor und in San Felipe vorm Hotel Don Humberto am Eingang zum Castillo.

Boote aus Lívingston halten auf Wunsch in San Felipe. Auch bei den Bootsausflügen ab Río Dulce kommt man gewöhnlich am Castillo vorbei; dann ist auch ein Besuch der Festung vorgesehen. Andernfalls kann man mit einem selbst gecharterten Boot von Río Dulce aus übersetzen.

Finca El Paraíso

An der Nordseite des Sees liegt zwischen Río Dulce und El Estor die **Finca El Paraíso** (☎7949-7122; 10 Q), ein beliebtes Tagesausflugsziel von beiden Orten aus. Auf dem Fincagelände kann man zu einem wunderschönen Plätzchen im Urwald spazieren: Dort ergießt sich ein breiter Wasserfall (12 m hoch) in ein tiefes Becken. Man kann in dem warmen Wasser baden, im „Pool" schwimmen oder unter dem Überhang eine Art Urwaldsauna genießen.

Wer sich den Wasserfall anschauen möchte, geht von der Stelle, wo der Bus seine Fahrgäste absetzt, Richtung Norden (weg vom See) – man zahlt das Eintrittsgeld und dann sind es noch 2 km zu Fuß zum Wasserfall. Zu den Hotels geht's rund 3 km Richtung Süden (und See).

Es gibt zwei Unterkünfte hier, direkt nebeneinander am See. Eine befindet sich auf dem Gelände der **Finca El Paraíso** (☎7949-7122; mit Ventilator/Klimaanlage 220/300 Q), die andere nebenan: Das sind die kleinen Hütten von **Brisas del Lago** (☎7958-0309; Hütte 120 Q pro Pers.).

Sowohl die Brisas del Lago als auch die Finca El Paraíso verfügen über ein Restaurant. Am Wasserfall ist kein Essen erhältlich, am Eingang an der Fernstraße ist manchmal jedoch ein *comedor* in Betrieb.

Die Finca liegt an der Busroute Río Dulce–El Estor und ist ca. eine Stunde (12 Q) von Río Dulce bzw. 30 Minuten (10 Q) von El Estor entfernt. Die letzten Busse in beide Richtungen kommen zwischen 16.30 und 17 Uhr vorbei.

El Estor

Die größte Siedlung am Nordufer des Lago de Izabal ist El Estor, ein freundlicher, eher verschlafener kleiner Ort in hübscher Lage und ein praktischer Zugangspunkt zum extrem artenreichen Tierschutzgebiet Bocas del Polochic am westlichen Ende des Sees. El Estor ist auch eine Zwischenstation auf einer Alternativroute zwischen Río Dulce und Lanquín.

Schlafen & Essen

Hier gibt's keine nobleren Unterkünfte, doch für die kurze Zeit, die man sich wahrscheinlich hier aufhält, reicht es aus.

Außer dem Restaurante Típico Chaabil sei Hungrigen die Gegend rund um den Parque Central empfohlen.

Restaurante Típico Chaabil HOTEL $
(☎7949-7272; 3a Calle; EZ/DZ 150/250 Q; P) Am westlichen Straßenende. Das Holzhütten-Image ist zwar etwas dick aufgetragen, doch die Zimmer bieten ein unschlagbares Preis-Leistungs-Verhältnis. Am besten nimmt man sich eins im Obergeschoss mit mehr Tageslicht und einem schöneren Blick. Das Restaurant überzeugt mit einer hübschen Terrasse am See, auf der leckeres Essen serviert wird, z. B. *tapado* (Garifuna-Eintopf).

Das Wasser ist kristallklar; man kann direkt am Hotelpier hineinhüpfen!

Hotel Villela HOTEL $
(☎7949-7214; 6a Av 2-06; EZ/DZ 80/120 Q) Die Zimmer sind zwar weniger schön als der propere Rasen und die Bäume, die sie umgeben, aber einige sind luftiger und heller als andere und alle verfügen über Ventilator und Bad.

Hotel Vista al Lago HOTEL $$
(☎7949-7205; 6a Av 1-13; EZ/DZ 180/250 Q) Das klassische historische Gebäude steht direkt am Wasser und hat jede Menge Stil, wobei die Zimmer an sich eher gewöhnlich sind. Der Ausblick vom Balkon ist genial!

Praktische Informationen

Café Portal (5a Av 2-65; ⏲7–21 Uhr) Bietet Informationen, Touren und Transportmöglichkeiten.

Fundación Defensores de la Naturaleza (☎7949-7130; www.defensores.org.gt; Ecke 5a Av & 2a Calle) Verwaltet u. a. das Refugio de Vida Silvestre Bocas del Polochic und die Reserva de Biosfera Sierra de las Minas.

An- & Weiterreise

El Estor ist leicht von Río Dulce aus zu erreichen.

Die Straße, die im Westen via Panzós und Tucurú nach Tactic südlich von Cobán führt, hatte einst einen schlechten Ruf; hier ereigneten sich zahlreiche Raubüberfälle, besonders in der Nähe von Tucurú. Am besten erkundigt man sich vor Ort nach der aktuellen Sicherheitslage. Die Straße steht zudem während der Regenzeit häufig unter Wasser (auch diesen Punkt sollte man gegebenenfalls vor der Fahrt klären). Ein Lkw nach Cahabón (50 Q, 4–5 Std.) fährt um 10.30 Uhr am Parque Central ab; in Cahabón angekommen, kann man noch am selben Tag mit einem Bus oder Pick-up nach Lanquín weiterfahren. In umgekehrter Richtung muss man derzeit zu unchristlichen Zeiten aufbrechen und in Cahabón übernachten.

Puerto Barrios

86 400 EW.

Während der Fahrt von der Kreuzung La Ruidosa Richtung Osten nach Puerto Barrios wird die tropische Vegetation immer dichter und das Klima feuchter.

Hafenstädte stehen seit jeher in dem Ruf, etwas zwielichtig zu sein. Das gilt ganz besonders für diejenigen, die sich an einer Landesgrenze befinden. Puerto Barrios verströmt ein raues, etwas schäbiges Flair. Ausländische Besucher kommen jedenfalls in erster Linie in die Stadt, um so schnell wie möglich eines der Boote nach Punta Gorda in Belize oder nach Lívingston zu nehmen.

Schlafen

Hotel Ensenada HOTEL $
(☎7948-0861; hotelensenadapuertobarrios@hotmail.com; 4a Av zw. 10a & 11a Calle; EZ/DZ 150/200 Q; P ❄) Gehört zu den besseren Budgetunterkünften und hat ordentliche kleine Zimmer mit gutem Bad und passablen Betten. Die Zimmer oben sind luftiger.

Hotel Europa HOTEL $
(☎7948-1292; 3a Av zw. 11a & 12a Calle; EZ/DZ mit Ventilator 80/130 Q, mit Klimaanlage 130/170 Q; P ❄ ☎) Die beste Budgetunterkunft im Hafenviertel liegt nur eineinhalb Blocks vom Muelle Municipal (städtischer Bootsanleger) entfernt zwischen Calle 11a und 12a und wird von einer netten Familie geführt. Die

sauberen Zimmer mit TV sind um einen Hof mit Parkmöglichkeiten angelegt.

Hotel Lee HOTEL $

(☎7948-0685; 5a Av zw. 9a & 10a Calle; EZ/DZ mit Ventilator 80/120 Q, DZ mit Klimaanlage 180 Q; ❄) Nette, familienbetriebene Unterkunft in der Nähe der Busbahnhöfe. So wie in den meisten Budgethotels in Puerto Barrios sind die Zimmer auch hier schmucklos und nur annähernd sauber. Auf dem kleinen Balkon vorn weht ab und an ein laues Lüftchen.

Puerto Bello HOTEL $$

(☎7948-0525; www.hotelpuertobello.com; 8a Av zw. 18a & 19a Calle; EZ/DZ 230/350 Q; P❄@📶🏊) Von allen Hotels der Stadt sieht dieses am besten aus – nur die etwas abseitige Lage stört ein bisschen. Die Zimmer sind geräumig und modern und der hübsche Garten und der Pool sind das ganze Jahr über ein Segen.

Hotel del Norte HOTEL $$

(☎7948-2116; 7a Calle; EZ/DZ mit Ventilator 100/180 Q, mit Klimaanlage 180/300 Q; P❄@📶🏊) Das 100 Jahre alte Hotel del Norte, ein großer, klassisch tropischer Holzbau mit Fluren, die durch Moskitonetze geschützt sind, spielt in einer eigenen Liga. Das verwitterte und windschiefe Gebäude verströmt jede Menge historisches Flair und die Bodenbretter sind in allen möglichen Winkeln zueinander verlegt. Das Zimmer sorgfältig auswählen: Einige sind quasi nur ein kleiner Holzkasten, andere bieten einen tollen Meerblick und werden von der Brise erfrischt.

Essen

Kaffa CAFÉ $

(8a Av zw. 7a & 8a Calle; Sandwiches & Frühstück 40–60 Q; ⏰8.30–22 Uhr) Ein hippes Café in Puerto Barrios? Warum nicht? Mal schauen, wie lange es sich hält. Das Essen ist eher durchschnittlich, aber der Kaffee und die luftige Terrasse am Hauptplatz sind klasse.

Restaurante Morano Calabro MEDITERRAN $$

(11a Calle zw. 7a & 8a Av; Hauptgerichte 80–160 Q; ⏰Mo–Sa 11–22 Uhr) Hier gibt's neben überraschend gutem italienischem Essen – der Renner hier sind die Pizzas, aber auch die Pastagerichte sind nicht schlecht – auch interessante Tapas. Abgerundet wird das Ganze durch ein tolles Angebot an Weinen z. B. aus Spanien und Südamerika.

★Restaurante Safari FISCH & MEERESFRÜCHTE $$

(☎7948-0563; Ecke 1a Calle & 5a Av; Meeresfrüchte 70–150 Q; ⏰10–21 Uhr) Das netteste Restaurant der Stadt befindet sich auf einer Plattform mit Strohdach direkt überm Wasser, ca. 1 km nördlich des Zentrums. Meeresbrise garantiert! Das Safari ist sowohl bei Einheimischen als auch bei Touristen beliebt. Auf der Speisekarte stehen hervorragende Fischgerichte aller Art, darunter die köstliche Garifuna-Spezialität *tapado*.

Orientierung

Im weitläufigen Stadtgebiet von Puerto Barrios müssen vergleichsweise große Distanzen zu Fuß oder motorisiert zurückgelegt werden. Die Busbahnhöfe beim Markt im Stadtzentrum und am Muelle Municipal am Ende der 12a Calle – hier legen Passagierboote ab – sind 800 m voneinander entfernt. Nur wenige Hotels, Restaurants usw. haben Hausnummern. Die meisten geben nur die Straße sowie die Querstraßen an, zwischen denen sie sich befinden.

Praktische Informationen

Banco Industrial (7a Av; ⏰Mo–Fr 9–17, Sa 9–13 Uhr) Hier können US-Dollars und Reiseschecks gewechselt werden. Außerdem gibt's einen Geldautomaten.

Einreisebehörde (Ecke 12a Calle & 3a Av; ⏰24 Std.) Einen Block vom Muelle Municipal entfernt. Hier erhält man seinen Einreise- bzw. Ausreisestempel, wenn man gerade aus Belize ankommt bzw. auf dem Weg dorthin ist. Wer übers Meer ausreist, muss eine Ausreisesteuer in Höhe von 80 Q bezahlen. Und falls Honduras das nächste Reiseziel ist: Der Ausreisestempel ist in einem anderen Büro auf dem Weg zur Grenze zu haben.

An- & Weiterreise

BUS & MINIBUS

Transportes Litegua (☎7948-1172; Ecke 6a Av & 9a Calle) fährt regelmäßig über Quiriguá und Río Hondo nach Guatemala-Stadt (65–100 Q, 5–6 Std.). *Directos* lassen den halbstündigen Umweg nach Morales aus.

Die **Minibusse nach Chiquimula** (50 Q, 4½ Std.) fahren über Quiriguá; Abfahrt von 3 bis 15 Uhr halbstündlich an der Ecke 6a Avenida und 9a Calle. Dort starten auch die Minibusse nach Río Dulce (25 Q, 2 Std.).

SCHIFF/FÄHRE

Boote legen vom Muelle Municipal am Ende der 12a Calle ab.

Fünfmal am Tag nehmen zwischen 6.30 und 17 Uhr *lanchas* Kurs auf Lívingston (45 Q, 30 Min.). Die Fahrkarten sollte man so früh wie möglich am Tag der Abfahrt besorgen (sie können nicht zu einem früheren Datum gekauft werden), da die Anzahl der Tickets begrenzt ist.

Außerhalb dieser Zeiten legen *lanchas* auch dann ab, wenn sich sechs Passagiere eingefunden haben (50 Q pro Pers.).

Die meisten Verbindungen von Lívingston nach Puerto Barrios gibt's am Vormittag; die Boote kehren nachmittags zurück. Das letzte Boot ab Lívingston ist vermutlich die *lancha* um 17 Uhr, besonders in der Nebensaison, in der weniger Reisende den Bootsservice in Anspruch nehmen.

Dreimal täglich legt am Muelle Municipal eine *lancha* nach Punta Gorda in Belize (220 Q, 1 Std.) ab. Wer um 10 Uhr abfährt, kommt rechtzeitig in Punta Gorda an, um den Mittagsbus nach Belize City zu erwischen. Tickets gibt's am Anleger. Bevor man an Bord geht, muss man sich beim nahe gelegenen **Einwanderungsamt** einen Ausreisestempel besorgen und 80 Q Ausreisesteuer zahlen.

Wer einen oder zwei Tage in Lívingston verbringen und sein Auto in Puerto Barrios stehen lassen möchte, kann dies auf den zahlreichen *parqueos* (Parkplätze) um den Anleger herum tun (30 Q für 24 Std.). Auch viele der Hotels bieten einen Parkservice.

Punta de Manabique

Das Kap Punta de Manabique, das die Bahía de Manabique vom offenen Meer trennt, bildet zusammen mit der Küste und dem Hinterland Richtung Südosten bis zur honduranischen Grenze ein großes und faszinierendes, nur dünn besiedeltes Feuchtlandgebiet. Der Zugang zu diesem Gebiet, das als **Área de Protección Especial Punta de Manabique** unter Naturschutz steht, ist nicht gerade billig. Doch wer es hierher schafft, der kann u. a. jungfräuliche karibische Strände genießen, Bootstouren durch Mangrovenwälder, über Lagunen und andere Wasserwege machen, Vögel beobachten, mit den Einheimischen angeln und Krokodile und vielleicht sogar Manatis erspähen.

Die einzige Unterkunft ist die von der Kommune betriebene **Ecoalbergue** (☎5303-9822; www.turismocomunitarioguatemala.com/estero_lagarto.html; Estero Lagarto; Zelt/Zi. 25/50 Q pro Pers.).

Köstliche Mahlzeiten (30–60 Q), meist Fisch und Meeresfrüchte, bereiten einige Einheimische zu und servieren sie in der Ecoalbergue.

Wer hier vorbeischauen möchte, sollte sich möglichst eine Woche im Voraus mit **Turismo Comunitario Estero Lagarto** (☎5303-9822; www.turismocomunitarioguatemala.com/estero_lagarto.html) in Verbindung setzen.

Lívingston

26 300 EW.

Lívingston ist eine echte Rarität in Guatemala. Die Stadt, in der größtenteils Garifuna leben, ist schon für sich allein ein echtes Highlight. Doch damit nicht genug: Hier enden bzw. beginnen auch die Flussfahrten auf dem Río Dulce und in der Umgebung gibt es einige nette Strände.

Lívingston ist – derzeit noch – vom nationalen Straßennetz abgeschnitten. Die Stadt wird auch „Buga" genannt – das Garifuna-Wort für „Mund" bezieht sich auf die Lage an der Flussmündung. Entsprechend gut sind die Bootsverbindungen ausgebaut: Reisende können problemlos nach Belize, zu den Cayes und nach Puerto Barrios gelangen.

Sehenswertes & Aktivitäten

Die Strände in Lívingston selbst sind enttäuschend, da die Bebauung oder die Vegetation meist bis ans Wasser reicht. Und da, wo ein Strand vorhanden ist, ist das Wasser oft stark verschmutzt. Bessere Strände gibt es jedoch nur wenige Kilometer Richtung Nordwesten. Die Playa Quehueche bei der Mündung des Río Quehueche lässt sich in zehn Minuten mit dem Taxi (30 Q) erreichen. Der beste Strand der Gegend ist die **Playa Blanca** (15 Q) etwa 12 km von Lívingston, die aber in Privatbesitz und nur mit einem Boot zu erreichen ist.

Los Siete Altares WASSERFALL

(Die Sieben Altäre; 25 Q) Bei den „sieben Altären" handelt es sich um eine Reihe von Süßwasserfällen und Naturschwimmbecken ca. 5 km (zu Fuß ca. 1½ Std.) nordwestlich von Lívingston. Um das hübsche Ausflugsziel, das zum Picknicken und Schwimmen einlädt, zu erreichen, spaziert man einfach am Ufer der Bahía de Amatique Richtung Norden bis zur Flussmündung. Dann folgt man dem Strand bis zu dem Pfad, der in die Wälder direkt zu den Wasserfällen führt (ca. 30 Min.).

Es werden zwar Bootsfahrten zu den Siete Altares angeboten, schöner ist allerdings die Wanderung, da sich so die herrliche Natur besser erleben lässt und unterwegs die Chance besteht, ein paar Garifuna zu begegnen. Etwa auf halber Strecke liegt hinter der Seilbrücke das **Hotel Salvador Gaviota** (☎7947-0874; www.hotelsalvadorgaviota.com; Playa Quehueche; mit/ohne Bad 160/80 Q pro Pers.; @). Hier gibt's anständiges Essen, eiskaltes Bier und alkoholfreie Getränke. Außerdem kann man hier übernachten.

Geführte Touren

Ein paar Anbieter organisieren Touren zu den Naturwundern in der Umgebung. Gut organisiert sind **Exotic Travel** (☎7947-0133; www.bluecaribbeanbay.com; Calle Principal, Restaurante Bahía Azul) und **Happy Fish Travel** (☎7947-0661; www.happyfishtravel.com; Calle Principal, Restaurante Happy Fish). Happy Fish unterstützt gemeindebasierte Tourismusprojekte in der Umgebung und gibt gerne Informationen weiter, wie Reisende die vielen Attraktionen der Gegend ohne Guide besuchen können.

Die beliebte „Öko-/Urwaldtour" (70 Q) umfasst eine Wanderung durch die Stadt, dann geht's nach Westen zu einem Aussichtspunkt und weiter zum Río Quehueche. Mit einem Kanu fährt man von dort aus weiter zur Playa Quehueche (30 Min.) und spaziert anschließend durch den Urwald nach Los Siete Altares. Nachdem man sich umgeschaut hat, geht's am Strand entlang zurück nach Lívingston. Dies stellt eine tolle Möglichkeit dar, die Gegend kennenzulernen, und die freundlichen einheimischen Guides bieten den Teilnehmern auch einen guten Einblick in den Alltag der hiesigen Garifuna.

Die Playa-Blanca-Tour (mind. 2 Pers.; 100 Q pro Pers.) führt zunächst mit dem Boot zu Los Siete Altares und dann zur Playa Blanca, dem besten Strand in der Gegend. Dort verweilt man zwei oder drei Stunden.

Happy Fish bietet eine Bootstour (220 Q) durch den Schluchtabschnitt des Río Dulce, den interessantesten und malerischsten Teil des Flusses. Dabei bleibt mehr Zeit fürs Wandern und Vögelbeobachten als bei der „Tour" der öffentlichen *lanchas*. Happy Fish bietet außerdem Touren zum gemeindebasierten Tourismusprojekt Cueva del Tigre, 8 km von Lívingston (180 Q für die Tour, oder die Organisatoren erklären, wie man auf eigene Faust dort hinkommt), sowie den Transport nach Lagunita Creek (S. 196), einem weiteren gemeindebasierten Tourismusprojekt.

Beliebt ist außerdem eine Exkursion (auch mit Übernachtung möglich) zu den Cayos Sapodillas (oder Zapotillas), ein ganzes Stück vor der Küste von Süd-Belize. Die Cayos sind ein Paradies für Schnorchler (mind. 8 Pers.; 500/1200 Q für 1/2 Tage, plus Ausreisesteuer und Nationalparkgebühren von insgesamt 160 Q).

Kurse

Rasta Mesa KULTURZENTRUM
(☎4459-6106; Barrio Nevago; ⏲10–14 & 19–22 Uhr) Das freundliche, informelle kleine Kulturzentrum bietet Unterricht (ohne vorherige Anmeldung) in der Garifuna-Küche (60 Q pro Pers.) und im Trommeln (100 Q pro Pers.). Oder man lässt sich einfach nur massieren (ab 150 Q). Außerdem werden Gelegenheiten zur Freiwilligenarbeit geboten.

Festivals & Events

In der **Semana Santa** (⏲Karwoche) wimmelt es in Lívingston von feierfreudigen Einheimischen. Der **Nationalfeiertag der Garifuna** (⏲26. Nov.) wird mit diversen Kulturveranstaltungen begangen.

Schlafen

Am höchsten sind die Übernachtungspreise in Lívingston von Juli bis Dezember. Den Rest des Jahres sind die Tarife in den Mittel- und Spitzenklassehotels nur halb so hoch.

Casa de la Iguana HOSTEL $
(☎7947-0064; www.casadelaiguana.com; Calle Marcos Sánchez Díaz; Hängematte/B 25/50 Q, Hütten mit/ohne Bad 160/120 Q; 🛜) Partyhostel fünf Gehminuten vom Hauptdock entfernt. Die Preise für die Holzhütten sind fair: Sie sind sauber und haben eine schlichte, aber elegante Ausstattung. Man kann auch zelten oder in einer Hängematte übernachten. Tolle Happy Hour.

Flowas BUNGALOWS $
(☎7947-0376; infoflowas@gmail.com; 120 Q pro Pers.) Eine extrem relaxte Backpackeroase direkt am Strand, die rustikale Unterkünfte aus Holz und Bambus im 2. Stock bietet – inklusive gelegentlicher Brise. Die Atmosphäre ist entspannt und man kann gutes, günstiges Essen bestellen. Taxis (15 Q ab dem Dock) fahren bis auf ca. 150 m ans Eingangstor heran.

Hotel Ríos Tropicales HOTEL **$$**
(☎5755-7571; Calle Principal; EZ/DZ 180/230 Q, ohne Bad ab 70/150 Q;) Verschiedenste große Zimmer mit Blick auf einen zentralen Patio, in dem zahlreiche Hängematten hängen und viel Platz zum Faulenzen und Entspannen ist. Die Zimmer mit Gemeinschaftsbad sind geräumiger, die übrigen sind dafür hübscher gestaltet.

Vecchia Toscana HOTEL **$$**
(☎7947-0884; www.vecchiatoscana-livingston.com; Barrio Paris; EZ/DZ ab 341/488 Q;) Wunderschöne Bleibe, von Italienern geführt und gleich am Strand. Die Zimmer gehören zu den besten der ganzen Stadt – das Angebot umfasst unterschiedliche Zimmer bis zu Apartments für acht Personen. Die Anlage und die gemeinschaftlich genutzten Bereiche sind tadellos. Vorn befindet sich zudem ein gutes italienisches Restaurant mit Meerblick. Ein Taxi vom Dock hierher kostet etwa 20 Q.

Essen

Lebensmittel sind vergleichsweise teuer in Lívingston. Mit Ausnahme von Fisch und Kokosnüssen muss nämlich so ziemlich alles mit Booten in die Stadt transportiert werden. Fisch und Meeresfrüchte sind dafür von erstklassiger Qualität und werden in für Guatemala untypischen Kreationen mit Kokosmilch oder als Curry zubereitet. Eine echte Köstlichkeit ist die hiesige Spezialität: *tapado*, ein mit Koriander gewürzter Eintopf mit Fisch, Krabben, Krustentieren und Kokosmilch. Ein kräftiger Drink entsteht, wenn

BOOTSTOUREN AUF DEM RÍO DULCE

Die Reiseveranstalter im Ort wie auch ein Großteil der Fischer am Pier von Lívingston organisieren Tagestouren nach Río Dulce auf dem gleichnamigen Fluss (Abfahrt 9.30 und 14.30 Uhr; einfach/hin & zurück 150/250 Q). Viele Traveller kehren nicht nach Lívingston zurück, sondern gehen in Río Dulce von Bord. Die Fahrt durch den tropischen Urwald ist überwältigend.

Zwar ist eine Bootsfahrt auf dem Río Dulce wirklich toll, aber für Reisende, die aus Guatemala-Stadt oder Puerto Barrios kommen, ist es sinnvoller, ein Boot von Puerto Barrios nach Lívingston zu nehmen und die Flusstour bei der Weiterreise von Lívingston zu unternehmen.

Kurz hinter Lívingston passiert man rechts die Einmündung des Nebenflusses Río Tatin; danach hält das Boot wahrscheinlich am **Museum für indigene Kunst** der **Asociación Ak' Tenamit** (☎5908-3392; www.aktenamit.org), einer NRO, die sich die Verbesserung der Lebensbedingungen der Q'eqchi'-Mayas in der Gegend auf die Fahnen geschrieben hat. Anschließend erreicht man die Schlucht **La Cueva de la Vaca**. Die steilen Wände sind mit einem Gewirr aus Urwaldvegetation und Bromelien überwuchert und die Luft ist erfüllt vom Gesang tropischer Vögel. Ein Stück dahinter erhebt sich **La Pintada**, eine mit Graffiti übersäte Steinklippe. Danach gelangt man zu einer **Thermalquelle**: Schwefelhaltiges Wasser wird am Fuß der Klippe herausgepresst – eine tolle Gelegenheit für ein warmes Bad. Schließlich verbreitert sich der Fluss: **El Golfete**, ein seeähnliches Gewässer, bietet gewissermaßen einen Vorgeschmack auf den noch größeren Lago de Izabal weiter flussaufwärts.

Am Nordufer des Golfete erstreckt sich das **Biotopo Chocón Machacas**, ein 72 km² großes Naturschutzgebiet im Parque Nacional Río Dulce, das den Fluss, die kostbaren Wälder und die Mangrovensümpfe sowie die darin lebenden Tiere wie Tapir und Manati (Seekuh) schützt. Dank diverser Bootsrouten durch Dschungellagunen ist die hiesige Flora und Fauna aus nächster Nähe zu erleben. Außerdem kann man in der von der Gemeinde geführten Lodge **Q'ana Itz'am** (☎5992-1853; www.lagunitasalvador.com; Zi. mit/ohne Bad 200/70 Q, Bungalow 400 Q) in Lagunita Salvador übernachten; der Transport hierher muss jedoch separat arrangiert werden.

Wahrscheinlich fahren die Boote auch zu den **Islas de Pájaros**, zwei Inseln mitten im Golfete, auf denen Tausende von Wasservögeln leben. Hinter El Golfete nehmen die Boote weiter Kurs stromaufwärts und passieren immer mehr teure Villen und Bootshäuser auf dem Weg nach Río Dulce (wo die Fernstraße 13 über den Fluss hinwegführt) und zum Castillo de San Felipe am Lago de Izabal.

Diese Bootstour kann auch ab Río Dulce unternommen werden.

man eine grüne Kokosnuss köpft und das Wasser darin mit einem ordentlichen Schuss Rum würzt – diese *coco locos* treffen genau ins Schwarze. Entlang der Calle Principal befinden sich zahlreiche Straßenküchen.

Restaurante Gaby GUATEMALTEKISCH $
(Calle Marcos Sánchez Díaz; Hauptgerichte 40–80 Q; ⌚8–21 Uhr) An Gaby kommt man nicht vorbei, wenn es einen nach guter, „ehrlicher" Küche in einem bescheidenen Ambiente gelüstet. Es gibt Hummer, *tapado,* Reis und Bohnen und gutes Frühstück zu guten Preisen und dazu kostenlose Unterhaltung in Form von *telenovelas* (TV-Seifenopern).

Antojitos Yoli's BÄCKEREI $
(Calle Principal; Backwaren 15–30 Q; ⌚8–17 Uhr) *Die* Adresse für Backwaren. Besonders zu empfehlen sind das Kokosbrot und der Ananaskuchen.

★ **Restaurante Buga Mama** FISCH & MEERESFRÜCHTE $$
(Calle Marcos Sánchez Díaz; Hauptgerichte 70–120 Q; ⌚12–22 Uhr; 📶) Hat die schönste Lage von allen Restaurants im Ort. Die Einnahmen kommen der Asociación Ak Tenamit (S. 202) zugute, einer NGO mit mehreren Projekten in der Gegend. Man hat die Wahl zwischen Fisch und Meeresfrüchten, hausgemachter Pasta und Currys; auch der *tapado* (120 Q) ist phantastisch.

Die meisten Kellner gehören zu einem von der Gemeinde betriebenen nachhaltigen Tourismusprojekt und sind noch in der Ausbildung – der Service lässt also eventuell zu wünschen übrig, doch sollte man da ein Auge zudrücken.

Happy Fish FISCH & MEERESFRÜCHTE $$
(Calle Principal; Hauptgerichte 50–120 Q; ⌚7–22 Uhr; 📶) In diesem munteren und luftigen Lokal an der Hauptstraße tummeln sich immer Einheimische und Touristen, sodass das Essen frisch und der Service auf Zack ist. Hier gibt's neben anderen Speisen auch den obligatorischen *tapado*.

Ausgehen & Nachtleben

Wer gern mal etwas Neues ausprobiert, sollte *guifiti* kosten, ein lokales Gebräu mit Kokosnussrum (und oft auch Kräutern), von dem es heißt, es habe heilende Kräfte.

Am Strand steht eine Handvoll Bars (am Ende der Calle Principal muss man sich links halten). Dort finden sich zwischen 22 und 23 Uhr Traveller wie Einheimische ein. In der Ecke ist es ziemlich dunkel, man sollte entsprechend vorsichtig sein. Die Bars sind jeweils etwa fünf Gehminuten voneinander entfernt – man kann sich also problemlos ein wenig umsehen, um herauszufinden, wo am meisten los ist. Musikalisch wird alles von *punta* über Salsa und Merengue bis hin zu Techno und House geboten. Freitags fängt man an, sich auf den großen Partyabend einzustimmen, den Samstag. Dann wird häufig bis 5 oder 6 Uhr morgens gefeiert.

Die Happy Hour gehört zum Standard in den Restaurants entlang der Hauptstraße. Einer unserer Favoriten ist die Casa de la Iguana (S. 201).

☆ Unterhaltung

Oftmals spielen umherziehende Gruppen zur Abendessenszeit ein paar Lieder für die Restaurantgäste in der Calle Principal. Wenn einem die Musik gefällt, sollte man den Spielern ein bisschen Geld geben. Es gibt ein paar Lokale, in denen immer mal wieder Garifuna-Bands auftreten.

Jeden Abend um 19 Uhr kommen die Restaurantgäste im **Hotel Villa Caribe** (☎7947-0072; www.hotelvillacaribeguatemala.com; Calle Principal) in den Genuss einer Garifuna-Show.

ℹ Praktische Informationen

Nach einer halben Stunde in der Stadt weiß man bereits, wo alles ist. Es gibt zwar Straßennamen, doch werden sie kaum je benutzt. Wer mehr über Lívingston erfahren will, sollte einen Blick auf die **Website der Gemeinde** (www.livingston.com.gt) werfen.

EINREISE

Einreisebehörde (Calle Principal; ⌚6–19 Uhr) Stellt Einreise- und Ausreisestempel für Reisende aus, die gerade aus Belize oder Honduras ankommen bzw. auf dem Weg in eines der beiden Länder sind (Ausreisesteuer 80 Q). Einfach anklopfen, wenn man außerhalb der Öffnungszeiten kommt.

GEFAHREN & ÄRGERNISSE

Lívingston ist ein teilweise recht raues, kriminelles Pflaster, daher sollten die normalen Sicherheitsmaßnahmen auf jeden Fall beachtet werden. Abgesehen davon ist es ratsam, reichlich Insektenschutz auftragen und möglichst weitere Vorkehrungen zu treffen, um Stichen vorzubeugen, vor allem im Urwald. Die Moskitos hier übertragen Malaria und Denguefieber.

GELD

Banrural (Calle Principal; ⌚Mo–Fr 9–17, Sa 9–13 Uhr) Wechselt US-Dollars und Reiseschecks und hat einen Geldautomaten.

An- & Weiterreise

Häufig legen Boote aus Río Dulce oder Puerto Barrios bzw. Boote aus Honduras und Belize in Lívingston an.

Happy Fish (S. 201) und **Exotic Travel** (S. 201) bieten kombinierte Boots- und Shuttlebusfahrten nach La Ceiba an. Sie kosten etwa 550 Q pro Person (die günstigste Transportmöglichkeit zu den honduranischen Bay Islands; Mindestteilnehmerzahl: 4 Pers.). Wer Lívingston bis spätestens 6 Uhr morgens verlässt, erreicht La Ceiba rechtzeitig, um das Boot zu den Inseln zu erwischen. Es ist nahezu unmöglich, die eintägige Reise auf eigene Faust zu organisieren.

Täglich um 7 Uhr setzt ein Boot ohne Zwischenstopp nach Punta Gorda über (250 Q, 1½ Std.); Abfahrt am öffentlichen Pier. In Punta Gorda hat man Anschluss an einen Bus nach Placencia und Belize City. Wer in die andere Richtung unterwegs ist: Das Boot wartet in Punta Gorda, bis der Bus aus Placencia ankommt, bevor es gegen 10.30 Uhr nach Lívingston zurückkehrt.

Wer frühmorgens an Bord eines internationalen Boots geht, muss sich seinen Ausreisestempel einen Tag zuvor bei der Einreisebehörde in Lívingston besorgen.

DER PETÉN

Riesig, dünn besiedelt und von Dschungel bedeckt: Guatemalas größtes und nördlichstes Departamento harrt der Erkundung. Ob die Mysterien der klassischen Mayas, das Füllhorn des Dschungels oder die Chance, an einem See abzuhängen: Hier gibt's alles im Übermaß. Wie tief man in die Geheimnisse der Mayas eintaucht, hängt davon ab, ob man gewillt ist, sich schlammige Füße zu holen. Die hoch aufragenden Tempel von Tikal sind von fast überallher im Rahmen organisierter Touren zu erreichen, während man für abgelegenere Stätten wie El Mirador und Piedras Negras einige Tage Planung braucht und dann weitere Tage durch den Dschungel wandern muss. Die Reserva de Biosfera Maya (Maya-Biosphärenreservat) umfasst mehr oder weniger das gesamte nördliche Drittel des Petén und bildet zusammen mit ihren Gegenstücken in Mexiko und Belize ein länderübergreifendes Naturschutzgebiet mit einer Größe von mehr als 30 000 km².

Anreise & Unterwegs vor Ort

Den wichtigsten Tourismusknotenpunkt des Petén machen die Schwesterstädte Flores und Santa Elena aus, etwa 60 km südwestlich von Tikal. Die Hauptstraßen nach Flores (von Río Dulce im Südosten, von Cobán und Chisec im Südwesten, von der belizischen Grenze im Osten und von der mexikanischen Grenze im Nordwesten) sind nunmehr alle außer auf ein paar kurzen Abschnitten asphaltiert und in gutem Zustand. Auf diesen Strecken verkehren regelmäßig Busse und Minibusse. Santa Elena hat übrigens neben Guatemala-Stadt den einzigen funktionierenden zivilen Flughafen im Land.

Sayaxché

Sayaxché liegt 61 km südwestlich von Flores am Südufer des Río de la Pasión. Von dort aus können rund zehn in der Umgebung verstreut liegende Maya-Stätten erreicht werden, z. B. Ceibal, Aguateca, Dos Pilas, Tamarindito und Altar de Sacrificios. Neben seiner strategisch günstigen Lage zwischen Flores und der Region um Cobán wartet der Ort außerdem mit einigem Flussflair auf: Klapprige Motorboote und schicke Kähne befördern Lastwagen über den breiten Wasserweg, Erstere bis Sonnenuntergang, Letztere rund um die Uhr (Fußgänger 2 Q, Autos 15 Q).

Die **Banrural** (⌚Mo–Fr 9–18, Sa 8–12, So 9–12 Uhr) gleich unterhalb der Kirche Richtung Fluss wechselt Dollars und Euros; eine Filiale in der Nähe verfügt über einen 5B-Geldautomaten. Ins Internet kommt man bei **Zona X** (6 Q pro Std.; ⌚8–18 Uhr) drei Straßen landeinwärts vom Bootsanleger auf der linken Seite.

Zwar sind die Lodges um die nahe Laguna Petexbatún herum weit schönere Übernachtungsmöglichkeiten, doch wartet Sayaxché am Fluss mit ein paar entspannten Unterkünften auf, beispielsweise dem modernen, gut ausgestatteten **Hotel del Río** (☎7928-6138; hoteldelriosayaxche@hotmail.com; EZ/DZ 125/175 Q, mit Klimaanlage 150/225 Q; P ❄ 📶).

Essen von annehmbarer Qualität gibt's nur im **Café Maya** (Calle del Ferry; Hauptgerichte 40–50 Q; ⌚7–21 Uhr) und in dem Imbissschuppen beim **Hospedaje Yaxkín** (☎4913-4879; B 30 Q, Bungalow mit/ohne Bad 70/35 Q pro Pers.). Aufgrund zu hoher Wasserverschmutzung ist Fisch aus dem Fluss vielleicht gerade nicht erhältlich.

Von Sayaxché fahren täglich zwischen 5 und 15 Uhr vier Microbusse Richtung Süden nach Cobán (60 Q, 4 Std.). Rund alle 25 Minuten fahren Microbusse Richtung Raxrujá zur Kreuzung San Antonio (30 Q,

1½ Std.), wo es regelmäßig Anschluss nach Cobán gibt. Die Busse findet man auf einem Platz nicht weit vom Fähranleger. An der Nordseite des Río de la Pasión fahren alle 15 Minuten Microbusse nach Santa Elena ab (5.45–18.30 Uhr, 23 Q, 1½ Std.).

Infos über Transportmöglichkeiten auf dem Fluss gibt's bei **Viajes Don Pedro** (☎4580-9389; servlanchasdonpedro@hotmail.com).

Ceibal

Während der klassischen Zeit war Ceibal (manchmal auch Seibal geschrieben) meist noch unbekannt, im 9. Jh. aber wuchs die Stadt rasch: Um 900 n. Chr. lebten in ihr rund 10 000 Menschen. Kurz danach wurde die Stadt jedoch aufgegeben und die Tempel wurden bald vom Urwald geschluckt. Zurzeit finden an der Stätte Ausgrabungen unter Leitung des Archäologen Takeshi Inomata von der University of Arizona statt.

Viajes Don Pedro auf der Nordseite des Flusses in Sayaxché bietet *lanchas* hierher (600 Q für bis zu 5 Pers.). Ein Guide sollte im Preis inbegriffen sein; er ist eventuell gleichzeitig der Bootsführer. In der Hauptsaison kann man die *lancheros* fragen, ob man sich einer Reisegruppe anschließen kann.

Nach einstündiger Fahrt auf dem Río de la Pasión gelangt man zu einem primitiven Anleger. Von dort aus führt ein schmaler, steiniger Pfad im Schatten riesiger Kapokbäume und Kletterpflanzen zur archäologischen Stätte 100 m oberhalb des Flusses hinauf.

Ceibal ist aber auch auf dem Landweg zu erreichen. Man kann jeden Bus, Minibus oder Pick-up nehmen, der von Sayaxché auf der Carretera 5 nach Süden fährt (Richtung Raxrujá und Chisec). Nach 9 km muss man in Paraíso aussteigen. Von dort führt ein unbefestigter Pfad gen Osten nach Ceibal (8 km). Nach 2 km geht man an einer Stelle, wo der Weg bei einem kleinen Bauernhaus nach links führt, geradeaus weiter bergan, um den Park zu betreten – es gibt hier kein Schild. In der Regenzeit sollte man sich erst vergewissern, ob der Pfad überhaupt passierbar ist.

Finca Ixobal

Die **Finca Ixobel** (☎5410-4307; www.fincaixobel.com; Zeltplatz 35 Q, B 50 Q, EZ/DZ 180/315 Q, ohne Bad 85/135 Q, Baumhaus ab 90/140 Q; P@📶) 🍃 ist ein Ökoresort und Szenerefugium inmitten von Kiefernwald und Dschungelgebieten zwischen Flores und Río Dulce im südöstlichen Petén. Mit seiner freundlichen, lockeren Atmosphäre, einem breiten Angebot an Aktivitäten, Unterkünften und köstlichen hausgemachten Mahlzeiten ist dies ein toller Ort, um andere Reisende zu treffen.

In der Finca Ixobel funktioniert alles nach dem Ehrlichkeitsprinzip: Die Gäste notieren sich, was sie essen und trinken und welche Dienste sie in Anspruch nehmen. Wenn einem diese Einstellung behagt und man sich vorstellen kann, hier mindestens sechs Wochen zu bleiben, kann man sich auch nach Freiwilligenarbeit erkundigen.

ℹ An- & Weiterreise

Die Finca Ixobel liegt 5 km südlich von Poptún. Von dort fahren Taxis (30 Q) und Tuk-Tuks (20 Q) zur Finca. Ansonsten kann einen jeder Bus oder Minibus, der auf der Carretera 13 unterwegs ist, an der Abzweigung zur Finca absetzen; von hier sind es noch 15 Minuten zu Fuß. Für den Rückweg: Die meisten Busse lesen Fahrgäste an der Carretera auf, allerdings nur bis zur Dämmerung.

Die beste Möglichkeit, von Flores/Santa Elena nach Poptún zu gelangen, ist, vom Hauptbusbahnhof einen Minibus (30 Q, 5–19 Uhr alle 10 Min.) zu nehmen. Man sagt dem Fahrer, wo man hinmöchte, und er lädt einen bei der Lodge ab. Von Guatemala-Stadt oder Río Dulce halten alle Busse nach Santa Elena in Poptún.

Flores & Santa Elena

85 000 EW.

Mit seinen würfelförmigen Häusern, die sich von der zentralen Plaza zum smaragdgrünen Wasser des Lago de Petén Itzá hinabziehen, verströmt die Inselstadt Flores ein mediterranes Flair. Durch einen 500 m langen Damm ist Flores mit ihrer Schwesterstadt Santa Elena am Seeufer verbunden, welche dann Richtung Westen wiederum in den noch heimeligeren Ort San Benito übergeht. Die drei Niederlassungen bilden zusammen eine große Ansiedlung, die insgesamt einfach Flores genannt wird.

Das eigentliche Flores ist die bei Weitem schönste Basis. Die Straßen säumen kleine Hotels und Restaurants, viele davon mit Dachterrassen mit Seeblick. Die Bewohner sind sehr stolz auf die Schönheit ihrer Inselstadt, um die herum eine Promenade führt. Der Ort ist allerdings ein bisschen zugebaut,

El Petén

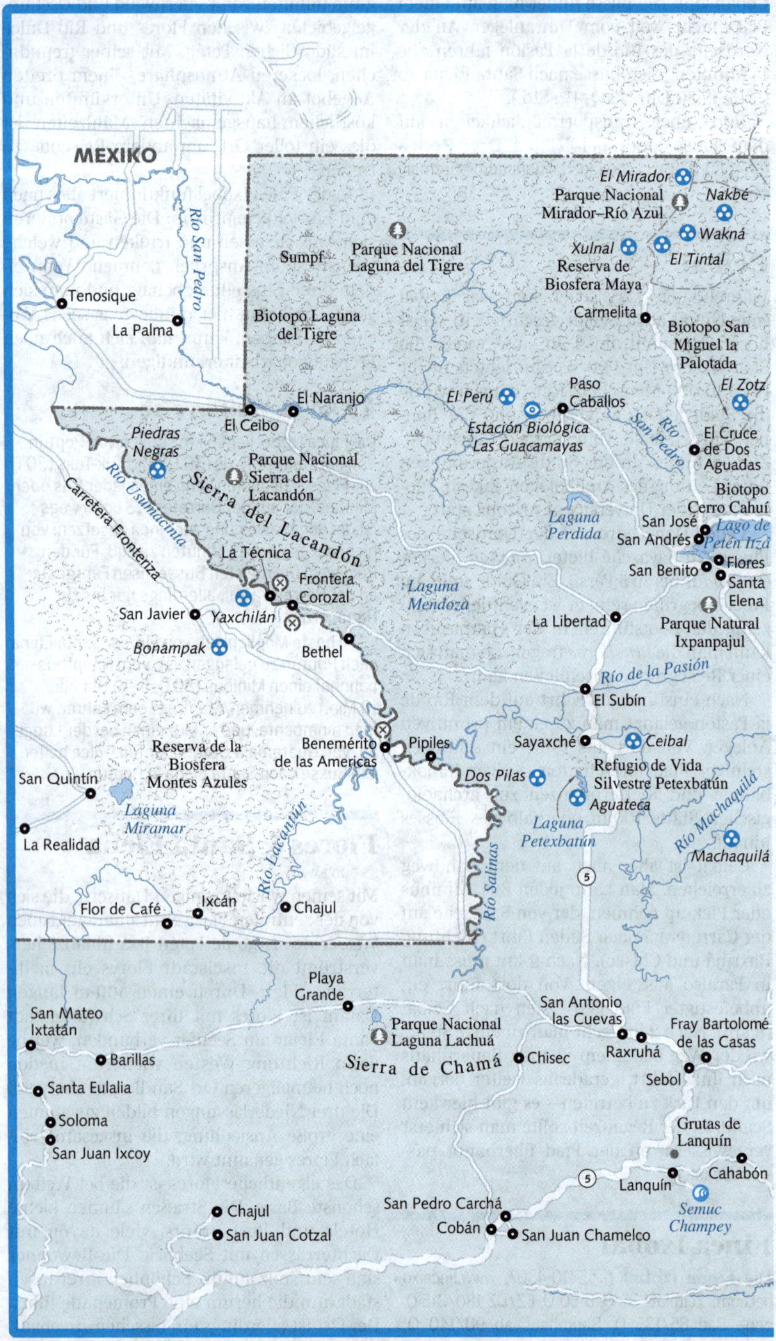
MEXIKO
Río San Pedro
Tenosique
La Palma
Sumpf
Parque Nacional Laguna del Tigre
Biotopo Laguna del Tigre
El Mirador
Parque Nacional Mirador–Río Azul
Nakbé
Wakná
Xulnal
El Tintal
Reserva de Biosfera Maya
Carmelita
Biotopo San Miguel la Palotada
El Zotz
El Naranjo
El Ceibo
El Perú
Paso Caballos
Estación Biológica Las Guacamayas
Río San Pedro
El Cruce de Dos Aguadas
Piedras Negras
Parque Nacional Sierra del Lacandón
Sierra del Lacandón
Río Usumacinta
Carretera Fronteriza
Biotopo Cerro Cahuí
San José
San Andrés
Lago de Petén Itzá
Laguna Perdida
San Benito
Flores
Santa Elena
La Técnica
Frontera Corozal
Laguna Mendoza
San Javier
Yaxchilán
Bethel
Bonampak
La Libertad
Parque Natural Ixpanpajul
Río de la Pasión
El Subín
Sayaxché
Ceibal
Benemérito de las Americas
Pipiles
Reserva de la Biosfera Montes Azules
Refugio de Vida Silvestre Petexbatún
Dos Pilas
Aguateca
San Quintín
Laguna Miramar
Laguna Petexbatún
Río Machaquilá
Machaquilá
La Realidad
Río Lacantún
Río Salinas
5
Flor de Café
Ixcán
Chajul
Playa Grande
San Mateo Ixtatán
Parque Nacional Laguna Lachuá
San Antonio las Cuevas
Fray Bartolomé de las Casas
Barillas
Sierra de Chamá
Chisec
Raxruhá
Sebol
Santa Eulalia
Soloma
San Juan Ixcoy
Grutas de Lanquín
Cahabón
Lanquín
Chajul
San Pedro Carchá
Semuc Champey
Cobán
San Juan Chamelco
San Juan Cotzal

weshalb einige Traveller auf dem Weg nach Tikal die Stille des nahe gelegenen El Remate vorziehen. Banken, Busse und ein großes Einkaufszentrum findet man in Santa Elena.

Geschichte

Flores wurde von den Itzáes auf einem *petén* (Insel) gegründet, nachdem das Volk aus Chichén Itzá auf der mexikanischen Halbinsel Yucatán vertrieben worden war, wahrscheinlich um die Mitte des 15. Jhs. Sie nannten diesen Ort Tah Itzá („Ort der Itzá"), was von den Spaniern später zu Tayasal verballhornt wurde. 1525 kam es zu einem Zusammentreffen zwischen Hernán Cortés und König Canek von Tayasal; Córtez befand sich auf dem Weg ins heutige Honduras und das Treffen verlief überraschenderweise friedlich. Cortés ließ ein lahmes Pferd zurück, das die Itzáes mit Blumen und Truthahneintopf fütterten. Als es starb, fertigten die Itzáes eine Statue von ihm an. Und als 1618 zwei spanische Mönche hier vorbeikamen, sahen sie, wie die Statue als Manifestation des Regengottes Chac verehrt wurde. Erst 1697 unterwarfen die Spanier schließlich die Itzáes aus Tayasal, das letzte überlebende unabhängige Maya-Königreich. Die spanischen Soldaten zerstörten die vielen Pyramiden, Tempel und Statuen, sodass keine Spuren mehr davon zu sehen sind, obwohl die heutige Stadt zweifelsohne auf den Fundamenten und Ruinen von Maya Tayasal steht.

Sehenswertes

Flores eignet sich wunderbar zum Bummeln, insbesondere da die Promenade rund um die Insel nun ganz fertig ist – jedoch steht ein großer Teil des nördlichen Teils unter Wasser, weil der Wasserspiegel des Sees angestiegen ist. Im Zentrum liegt auf einer Anhöhe der Parque Central mit der Kathedrale Nuestra Señora de los Remedios, die eine Zwillingskuppel krönt.

Museo Santa Bárbara MUSEUM
(☎7926-2813; www.radiopeten.com.gt; Insel Santa Bárbara; 20 Q; ⊙8–12 & 14–17 Uhr) Dieses kleine Museum auf einem Inselchen westlich von Flores beherbergt ein buntes Sammelsurium an Maya-Artefakten von archäologischen Stätten in der Umgebung sowie Funkinstrumente des Senders Radio Petén (88,5 FM), der von einem benachbarten Gebäude aus sendet. Wenn man anruft, wird

man für 20 Q pro Person vom Anleger hinter dem **Hotel Santana** (Calle 30 de Junio, Flores) abgeholt.

Cuevas de Ak'tun Kan HÖHLE

(25 Q; 7–18 Uhr) Die eindrucksvollen Kalksteinhöhlen Ak'tun Kan, übersetzt aus dem Q'eqchi'-Maya „Höhle der Schlange", laden zu einer Erkundung ein. Der Höhlenaufseher liefert die offizielle Interpretation der merkwürdig geformten Stalagmiten und Stalaktiten, darunter der Gefrorene Wasserfall, der Walschwanz und das Himmelstor, Letzteres in einer großen Halle, in deren Nischen Fledermäuse umherflattern.

Schlafen

Mit Ausnahme einiger gehobener Unterkünfte am Wasser in Santa Elena ist Flores der weitaus angenehmere Ort für eine Übernachtung – es sei denn, man sehnt sich nach Verkehr und Staub.

Hostal Frida HOSTEL $

(7926-5427; fridahostel@gmail.com; Callejón El Rosario, Flores; B 45 Q) Das unauffällige Hostel wird von der gastfreundlichen Magdalena und ihrer Familie betrieben, die außerdem näher zum See hin einen alternativen Schönheitssalon mit Café betreiben. Das Hostel befindet sich in einem typischen alten Haus mit Garten dahinter. Die Dorms sind recht einfach, mit Bädern hinter einer Trennwand, aber sie sind sauber. Mit Gästeküche.

Hostel Los Amigos HOSTEL $

(7867-5075; www.amigoshostel.com; Calle Central, Flores; B 70–90 Q, Zi. mit/ohne Bad 320/180 Q; @) Die bei Weitem beliebteste Backpacker-Herberge im Petén ist in den 13 Jahren ihres Bestehens ständig gewachsen und bietet inzwischen verschiedene Übernachtungsmöglichkeiten, von 6- und 10-Bett-Dorms bis zu einem Baumhaus. Sie wartet mit allem auf, was Traveller so „brauchen": Kräuterdampfbäder, Billardtisch, Hängematten, große Essensportionen aus Bio-Zutaten, Yogaunterricht und Urwaldtouren zu ermäßigten Preisen.

Hospedaje Doña Goya HOSTEL $

(7867-5513; hospedajedonagoya@yahoo.com; Calle Unión, Flores; B 40 Q, EZ/DZ 120/160 Q, ohne Bad 90/120 Q;) Die von einer Familie geführte Pension ist eine tolle Budgetwahl. Zwar ist alles sehr einfach, aber die Bettwäsche ist sauber, die Ventilatoren funktionieren, das Wasser ist heiß und die Farbe frisch. Die Schlafsäle sind geräumig und blitzsauber. Das Beste aber ist die strohgedeckte Dachterrasse mit Hängematten.

Hotel El Peregrino HOTEL $

(7867-5701; peregrino@itelgua.com; Av La Reforma, Flores; EZ/DZ 120/160 Q, ohne Bad 70/120 Q;) Das El Peregrino ist eine ältere, familienbetriebene Unterkunft mit Hausmannskost im *comedor* vorn im Haus. Die großen Zimmer mit Fliesenböden und kräftigen Deckenventilatoren säumen einen Flur voller Pflanzen – Ausblick ist hier allerdings Fehlanzeige.

Posada de la Jungla HOTEL $

(7867-5185; lajungla@martsam.com; Calle Centroamérica 30, Flores; EZ/DZ 120/180 Q, mit Klimaanlage 190/280 Q;) Schlankes dreistöckiges Gebäude mit Balkonen vorne. Die etwas beengten Zimmer sind recht gemütlich und verfügen über gute Betten.

Hotel Aurora HOTEL $

(7867-5516; aldeamaya@gmail.com; Calle Unión, Flores; B/EZ/DZ 40/75/150 Q; @) Das Backpackermekka steht unter einem Dschungelmotto: Die Geländer sehen z. B. aus wie Kletterpflanzen. Die Zimmer sind schlicht, luftig und sauber und verfügen über Moskitogitter an den Fenstern; meistens bietet sich außerdem Aussicht auf irgendwas Nettes. Auf der tollen Dachterrasse steht ein offener Schutzraum mit Hängematten. Gästeküste vorhanden.

Hotel Flores de Petén HOTEL $

(4718-2635; Calle Sur, Flores; EZ/DZ/3BZ 125/170/200 Q;) Das erste Hotel hinter dem Damm hat helle, geräumige Zimmer mit billigen Möbeln und eine Terrasse mit Seeblick. Da hier unablässig der Verkehr aus Santa Elena vorbeifließt, werden die Gäste wohl schon früh wach sein.

Green World Hotel HOTEL $

(7867-5662; greenworldhotel@gmail.com; Calle 30 de Junio, Flores; EZ/DZ 125/175 Q, mit Klimaanlage 205/275 Q; @) Das ruhige Hotel am Seeufer hat einen Innenhof und oben eine Sonnenterrasse mit Blick auf den See. Die kompakten, schummrig beleuchteten Zimmer verfügen über Safes, große Deckenventilatoren und gute warme Duschen – Zimmer. Nr. 8 mit dem Balkon nach hinten raus ist mit Abstand die beste Wahl.

Hotel Santa Bárbara HOTEL $$

(7926-2813; radiopeten.com.gt; EZ/DZ/3BZ 200/400/500 Q;) Das Hotel gehört zu

Flores

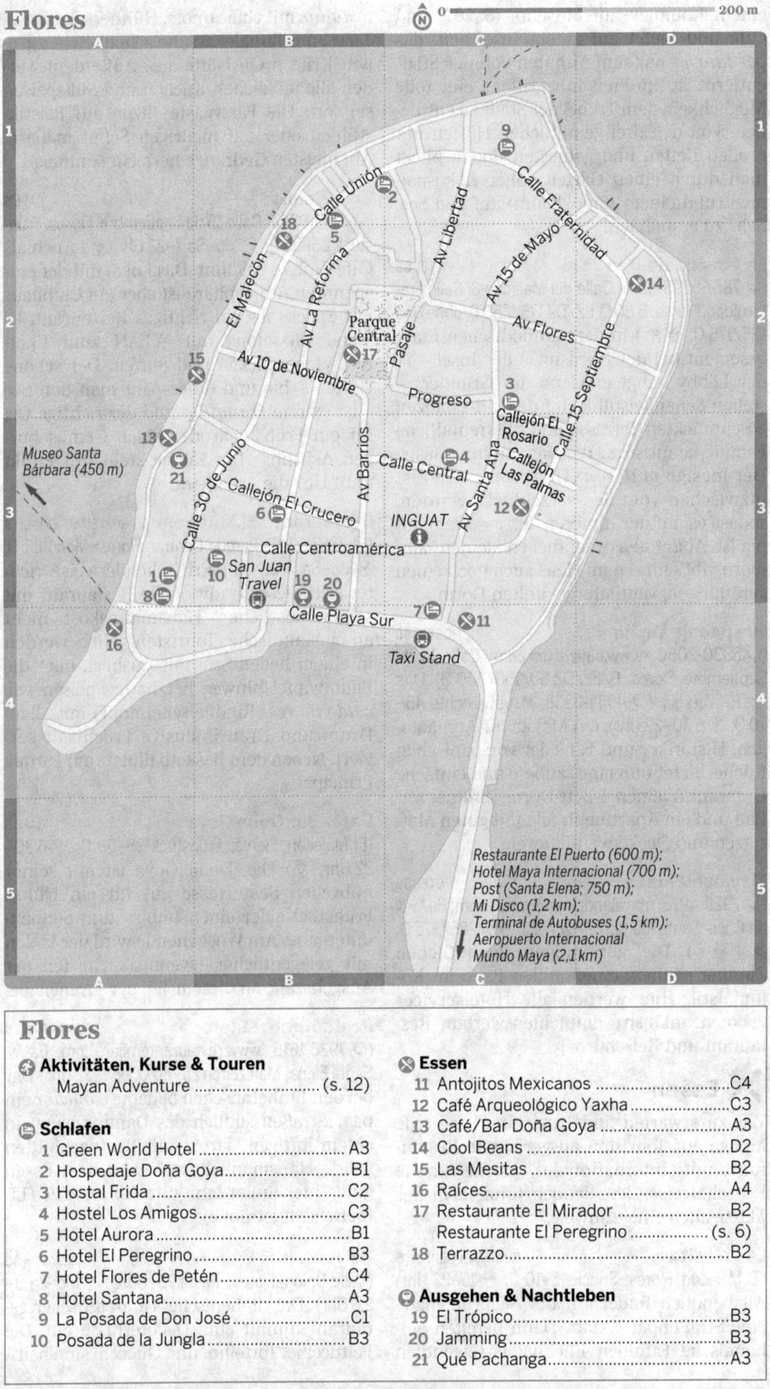

Flores

Aktivitäten, Kurse & Touren
Mayan Adventure .... (s. 12)

Schlafen
1 Green World Hotel A3
2 Hospedaje Doña Goya B1
3 Hostal Frida C2
4 Hostel Los Amigos C3
5 Hotel Aurora B1
6 Hotel El Peregrino B3
7 Hotel Flores de Petén C4
8 Hotel Santana A3
9 La Posada de Don José C1
10 Posada de la Jungla B3

Essen
11 Antojitos Mexicanos C4
12 Café Arqueológico Yaxha C3
13 Café/Bar Doña Goya A3
14 Cool Beans D2
15 Las Mesitas B2
16 Raíces A4
17 Restaurante El Mirador B2
Restaurante El Peregrino .... (s. 6)
18 Terrazzo B2

Ausgehen & Nachtleben
19 El Trópico B3
20 Jamming B3
21 Qué Pachanga A3

einem Komplex mit Museum (S. 207) und Café und bietet auf einem Inselchen, das per *lancha* nur fünf Minuten von der Stadt entfernt ist (im Preis inbegriffen), eine tolle Möglichkeit, dem Trubel der Stadt zu entfliehen. Von den drei gemütlichen Hütten mit großen Betten und gefliesten Böden blickt man durch einen Garten voller Kokospalmen (und einem Kapokbaum) auf den See. Sehr zu empfehlen!

La Posada de Don José HOTEL $$
(☎7867-5298; Ecke Calle del Malecón & Calle Fraternidad, Flores; B 60 Q, EZ/DZ 175/250 Q, ohne Bad 125/175 Q; ❄📶) In dem altmodischen Etablissement bei der Nordspitze der Insel – in der Lobby hängt ein Foto des Gründers – stehen Schaukelstühle auf der mit Pflanzen geschmückten Terrasse und die freundliche Familie kennt sogar die Namen ihrer Gäste. Der hiesige *malecón* (Uferpromenade) ist inzwischen vom See verschluckt worden, sodass es auf der hinteren Terrasse sehr ruhig ist. Außer den ordentlichen kleinen Zimmern gibt's hinten im Haus auch noch einen geräumigen, ventilatorgekühlten Dorm.

Hospedaje Yaxha HOSTEL $$
(☎5830-2060; www.cafeyaxha.com; Calle 15 de Septiembre, Flores; B/EZ/DZ 60/150/200 Q) Das **Café Yaxha** (☎4934-6353; Hauptgerichte 45–70 Q; ⏲6.30–22 Uhr), ein Mekka für Archäologen, Historiker und Fans der vorspanischen Küche, bietet nun eine saubere und einfache Unterkunft: einen 4-Bett-Dorm, Zimmer mit Bad und ein Apartment; alle mit guten Matratzen und Deckenventilatoren.

Mayaland Plaza Hotel HOTEL $$
(☎7926-4976; mayalandplaza@yahoo.com; 6a Av & 4a Calle, Santa Elena; EZ/DZ/3BZ 225/285/375 Q; P❄@≋) Die geräumigen, gemütlichen Zimmer säumen einen stillen Patio im Kolonialstil. Hier werden alle Hotelservices geboten, inklusive empfehlenswertem Restaurant und Reisebüro.

Essen

Wie zu erwarten findet man in Flores jede Menge auf Touristen ausgerichtete Restaurants mit „internationaler" Küche für die Pauschalreisenden. Jedoch funkeln in der Masse auch einige Juwele.

Las Mesitas GUATEMALTEKISCH $
(El Malecón, Flores; Snacks 5–10 Q; ⏲15–22 Uhr) Allabendlich findet auf der Seepromenade eine Straßenparty statt. Dann bereiten einheimische Familien Enchiladas (eigentlich *tostadas* mit Guacamole, Hühnersalat usw.), Tacos und Tamales zu und schenken aus großen Krügen Obstsäfte aus. Außerdem werden alle möglichen Kuchen und Süßspeisen serviert. Die Partygäste sitzen auf Plastikstühlen oder auf niedrigen Schutzmauern. Am meisten Gedränge herrscht sonntags.

Cool Beans CAFÉ $
(☎5571-9240; Calle 15 de Septiembre, Flores; Frühstück 25–35 Q; ⏲Mo–Sa 7–22 Uhr; 📶) Auch als Café Chilero bekannt. Das Lokal mit der entspannten Atmosphäre ist eher ein Clubhaus mit Snacks als ein richtiges Restaurant. Es bietet Sitzsalons mit WLAN zum Chatten, Videosgucken und Surfen. Der schöne Garten – hie und da erspäht man den See – ist extrem *tranquilo* und der richtige Ort für ein Frühstück oder einen Gemüseburger. Achtung: Die Küche stellt um Punkt 21.01 Uhr die Arbeit ein.

Restaurante El Mirador GUATEMALTEKISCH $
(☎7867-5246; Parque Central, Flores; Menü 25 Q; ⏲Mo–Sa 7–22 Uhr) Erfrischenderweise richtet sich dieses traditionelle Restaurant mit seiner köstlichen Hausmannskost nicht an ausländische Touristen. Hier werden in einem hellen Saal mit Ausblick über die Baumwipfel hinweg herzhafte Speisen wie *caldo de res* (Rindfleischeintopf) mit allem Drum und Dran inklusive Fruchtsaft serviert. Neben dem Basketballplatz am Parque Principal.

Café/Bar Doña Goya CAFÉ $
(El Malecón, Flores; Frühstück 35–50 Q; ⏲6.30–22 Uhr; 📶) Das Doña Goya ist mit seiner hübschen Seeterrasse gut für ein frühes Frühstück oder einen Imbiss zum Sonnenuntergang. Am Wochenende wird der Laden mit gelegentlicher Livemusik ein Teil der Ausgehszene an diesem Teil der Promenade.

Restaurante Mijaro RESTAURANT $
(☎7926-1615; www.restaurantemijaro.com; 6a Av, Santa Elena; Mahlzeiten 25–40 Q; ⏲7–22 Uhr) Der bei den Einheimischen beliebte *comedor* ein paar Straßen südlich des Damms bietet in einem luftigen Garten mit Reetdachhütten solide Hausmannskost. Neben dem Essen gibt's hier außerdem gute *limonadas* (Limettensaftgetränke).

★ Terrazzo ITALIENISCH $$
(Calle Unión, Flores; Pasta 70–80 Q; ⏲Mo–Sa 8–22 Uhr) Das italienische Feinschmeckerrestaurant nimmt eine Dachterrasse ein. Die Fettuccine, Tortellini und Gnocchi sind haus-

gemacht, die Pizza wird gegrillt, nicht gebacken und die frische Minzlimonade ist einfach unglaublich. Obendrein ist der Service der aufmerksamste der Stadt.

Antojitos Mexicanos STEAKS $$
(Calle Playa Sur, Flores; Grillfleisch 50–60 Q; ⏲19–22 Uhr) Jeden Abend schmeißen diese Leute am Fuß des Damms den Grill an und grillen Steaks, Huhn und Schweinerippchen von außergewöhnlicher Qualität. Ihre Spezialität ist *puyazo* (Sirloin) mit Knoblauchsauce. Bei gutem Wetter sitzt man draußen und schaut den Lichtern überm See beim Funkeln zu, wenn es regnet drinnen unter einem Blechdach. Das Personal benimmt sich so förmlich wie in einem eleganten Restaurant.

Raíces STEAKS $$
(☎7867-5743; Calle Sur, Flores; Hauptgerichte 90–175 Q; ⏲12–22 Uhr) Die Hauptmerkmale dieses stilvollen Restaurants mit Bar am See – und mit vielleicht der schönsten Lage für ein Abendessen – sind die breite Terrasse und ein Grill mit offener Flamme. Spezialitäten sind entsprechend Fleisch und Seafood vom Grill, es gibt aber auch Holzofenpizza.

Restaurante El Peregrino GUATEMALTEKISCH $$
(☎7867-5115; Av La Reforma, Flores; Hauptgerichte 40–60 Q; ⏲7–22 Uhr) In dem bescheidenen *comedor* des gleichnamigen Hotels kommen große Portionen hausgemachter Gerichte auf den Tisch, z. B. Schweinebaucheintopf und panierte Zunge. Nach den täglichen Mittagsangeboten (25 Q) fragen!

Ausgehen & Nachtleben

Die kleine Zona Vida von Flores bilden seit jeher die Kneipen an der Calle Sur, aber auch um die Ecke an der Seepromenade nördlich des Hotels Santana ist jede Menge los.

Qué Pachanga CLUB
(El Malecón, Flores) Einer von zwei munteren Clubs auf der Westseite der Insel: Hier steppt fast jeden Abend der Bär, wenn junge Guatemalteken in ihren engsten Jeans zu pulsierendem Reggaetón und zu *cumbia* (kolumbianische Tanzmusik) herumhüpfen.

El Trópico BAR
(Calle Sur, Flores; ⏲Mo–Sa 16.30–1 Uhr) Die alteingesessenste der Bars am Südufer bietet einem zumeist etwas älteren guatemaltekischen Publikum Tacos und *cerveza* (Bier). Auf der kerzenbeschienenen Terrasse kann man wunderbar den Abend einläuten, wenn die Lichter von Santa Elena nett auf dem See glitzern. Viele Biere später wird es lebhafter und DJs bearbeiten die Gästeschar.

Jamming BAR
(Calle Sur, Flores) Das Jamming, einer von mehreren Ausgehläden am Südufer, steht ganz im Zeichen des Reggae, doch das Publikum berauscht sich hier mehr am Bier als an Marihuana und besteht größtenteils aus jüngeren Guatemalteken der Mittelschicht.

Praktische Informationen

GELD

Die **Banrural** (Av Flores, Flores) beim Parque Central wechselt US-Dollars und Euros, Bargeld wie auch Reiseschecks. Viele Reisebüros und Unterkünfte wechseln bare US-Dollars, manchmal auch Reiseschecks, jedoch zu ungünstigen Kursen.

Der einzige **Geldautomat** (Calle 30 de Junio) in Flores befindet sich in dem kleinen Supermarkt Fotomart gegenüber von Capitán Tortuga. Weitere Banken mit Geldautomaten gibt's auf der 4a Calle in Santa Elena.

NOTFALL

Hospital Privado Santa Elena (☎7926-1140; 3a Av 4-29, Zona 2, Santa Elena)

Polizei (☎7926-1365; Calle Límite 12-28, San Benito)

Proatur (Touristenpolizei; ☎5414-3594; proatur.peten1@gmail.com; Calle Centro América, Flores)

POST

Post (4a Calle & 4a Av; ⏲Mo–Sa 8–17 Uhr)

REISEBÜROS

Martsam Travel (☎7832-2742; www.martsam.com; Calle 30 de Junio, Flores)

TOURISTENINFORMATION

INGUAT (☎2421-2800, App. 6303; info-ciudadflores@inguat.gob.gt; Calle Centro América, Flores; ⏲Mo–Sa 8–16 Uhr) Das offizielle INGUAT-Büro bietet einfache Informationen.

INGUAT (☎7926-0533; info-mundomaya@inguat.gob.mx; Aeropuerto Internacional Mundo Maya; ⏲7–12 & 15–17 Uhr) Flughafenfiliale der offiziellen Touristeninformation.

An- & Weiterreise

BUS & MINIBUS

Fernbusse steuern den Terminal Nuevo de Autobuses in Santa Elena an, 1,5 km südlich des Damms an der 6a Avenida. Hier wartet auch eine ganze Reihe von Microbussen, die häufige

Verbindungen zu diversen Orten anbieten. 2.-Klasse-Busse und einige Microbusse halten vor der Abfahrt aus Santa Elena außerdem an der 5a Calle im **Marktviertel** (am „alten" Terminal). Wer direkt zum Markt geht, spart sich eine Viertelstunde Fahrzeit, jedoch kann der Bus dort schon voll sein.

Wie immer können sich Fahrpläne jederzeit ändern; vor der Abfahrt also stets noch einmal genau nachfragen!

FLUGZEUG

Der **Aeropuerto Internacional Mundo Maya** liegt am östlichen Stadtrand von Santa Elena, 2 km vom Damm zwischen Santa Elena und Flores. **Avianca** (www.avianca.com) bietet zwei Verbindungen täglich zwischen hier und Guatemala-Stadt. Die in Belize beheimatete Fluglinie **Tropic Air** (☎7926-0348; www.tropicair.com) fliegt einmal am Tag von/nach Belize City (1 Std., ca. 1500 Q einfach).

BUSSE & MINIBUSSE AB SANTA ELENA

ZIEL	PREIS (Q)	DAUER	HÄUFIGKEIT & ANMERKUNGEN
Belize City	160	5 Std.	Línea Dorada (☎7924-8535) fährt um 7 Uhr, Rückfahrt ab Belize-Stadt um 13 Uhr. Dieser Bus hat Anschluss an die Boote nach Caye Caulker & Ambergris Caye.
Bethel/La Técnica (mexikanische Grenze)	45	4–4½ Std.	AMCRU (☎3127-6684) bietet zw. 4.15 & 16.30 Uhr 12 Microbusse nach Bethel; acht davon fahren weiter nach La Técnica.
Carmelita	40	4½ Std.	Zwei Pinitas-Busse um 5 & 13 Uhr vom Markt.
Cobán			Mit dem Bus oder Minibus nach Sayaxché, von dort fahren Microbusse nach Cobán.
El Ceibo/La Palma (mexikanische Grenze)	40	4 Std.	Microbusse mit Ziel El Naranjo fahren von 4.20 bis 18.30 Uhr alle 20 Min., mit Halt an der Kreuzung El Ceibo; von dort gibt's Shuttles zur Grenze (10 Q, 15 Min.). Fünf davon fahren ganz bis nach El Ceibo (45 Q). In La Palma auf mexikanischer Seite gibt's Verbindungen nach Tenosique, Tabasco (1 Std.) & weiter nach Palenque oder Villahermosa.
El Remate	20	45 Min.	Microbusse von ATIM (S. 222) fahren von 6.30 bis 19 Uhr halbstündl. Busse & Minibusse von & nach Melchor de Mencos setzen Fahrgäste an der Kreuzung Puente Ixlú ab, 2 km südlich von El Remate.
Guatemala-Stadt	130–225	8–9 Std.	Línea Dorada bietet zw. 6.30 & 22 Uhr 4 1.-Klasse-Busse (225 Q). Autobuses del Norte (☎7924-8131) hat Busse um 21 & 22 Uhr (180 Q). Fuente del Norte betreibt zw. 4 & 22.30 Uhr mind. 11 Busse (130 Q), darunter 5 Deluxe-Busse (180 Q).
Melchor de Mencos (belizische Grenze)	50	2 Std.	Microbusse von 5 bis 18 Uhr etwa stündl. Línea-Dorada-Pullman-Busse auf dem Weg nach Belize City fahren um 7 Uhr (40 Q).
Poptún	30	2 Std.	Microbusse über Dolores 5–19 Uhr alle 10 Min.
Puerto Barrios	115	6 Std.	Man nimmt einen Bus von Fuente del Norte Richtung Guatemala-Stadt und steigt an der Kreuzung La Ruidosa südlich von Río Dulce um.
Río Dulce	100	4 Std.	Man nimmt einen Bus von Fuente del Norte oder Línea Dorada Richtung Guatemala-Stadt.
San Andrés/San José	8	35–40 Min.	Microbusse 5–18.40 Uhr etwa alle 15 Min.; Abfahrt links vom Eingang zum Busbahnhof.
Sayaxché	23	1½ Std.	Microbusse 5.35–17 Uhr etwa alle 15 Min.
Tikal	30	1¼ Std.	Sechs Microbusse von ATIM (S. 222) 6.30–15 Uhr, letzte Rückfahrt um 17 Uhr. Oder man nimmt um 14 Uhr den Bus Richtung Uaxactún (40 Q), der ein bisschen langsamer ist.

SHUTTLE-MINIBUS

Maayach Expeditions bietet einen Shuttleservice um 8 Uhr (150 Q) mit Abholung von Hotels; Tickets gibt's bei **San Juan Travel** (☎4068-7616; Calle Playa Sur, Flores). San Juan Travel betreibt Minibusse nach Tikal (einfach/hin & zurück 50/80 Q); Abfahrt fünfmal zwischen 4.30 und 13 Uhr. Die meisten Hotels und Reisebüros übernehmen Buchungen für diese Shuttles. Praktisch: Die Fahrer holen einen an der eigenen Unterkunft ab. In Tikal machen sich die Minibus um 12.30, 15 und 17 Uhr auf den Rückweg. Wer schon vorher weiß, um wie viel Uhr es nach Flores zurückgehen soll, könnte den Fahrer bitten, einen Sitzplatz zu reservieren (eventuell auch in einem anderen Bus). Wer in Tikal übernachtet und mit dem Minibus nach Flores zurückkehren will, sollte bei einem der Busfahrer, die morgens ankommen, einen Sitzplatz reservieren.

Unterwegs vor Ort

Ein **Taxi** vom Flughafen nach Santa Elena oder Flores kostet 30 Q. Tuk-Tuk-Fahrer berechnen für Strecken zwischen Flores und Santa Elena bzw. innerhalb der Ortschaften 5 bis 10 Q. Nach 19 Uhr fahren keine Tuk-Tuks mehr.

El Remate

Dieser idyllische Ort am östlichen Ende des Lago de Petén Itzá ist eine gute alternative Basis für Reisende auf dem Weg nach Tikal – hier geht es entspannter zu als in Flores und El Remate liegt näher bei den archäologischen Stätten. Der Ort, der eigentlich nur aus zwei Straßen besteht, verfügt über einen ganz eigenen Reiz.

El Remate beginnt 1 km nördlich von Puente Ixlú, wo die Straße zur belizischen Grenze von der Straße nach Tikal abzweigt. Das Dorf erstreckt sich 1 km lang an der Straße nach Tikal bis zu einer weiteren Kreuzung, von wo eine Nebenstraße Richtung Westen am Nordufer des Sees entlangführt.

El Remate ist für Holzschnitzereien bekannt. An Ständen an der Hauptstraße werden schöne Holzartikel verkauft.

Sehenswertes & Aktivitäten

In den meisten Unterkünften in El Remate können zweistündige Bootsfahrten zur **Vogelbeobachtung** bzw. nächtliche Fahrten zum **Krokodilebeobachten** (jeweils 100 Q pro Pers.) gebucht werden. Wir empfehlen z. B. das **Hotel Mon Ami** (☎3010-0284; www.hotelmonami.com; Jobompiche Rd), das auch Sonnenuntergangstouren auf dem See mit Abstechern zu den Flüssen Ixlú und Ixpop (150 Q pro Pers.) anbietet.

Bei **Ascunción** (bei der zweiten Temposchwelle von der Kreuzung am Nordufer des Sees) werden Kajaks (35 Q pro Std.) und Fahrräder (10/70 Q pro Std./Tag) ausgeliehen. Außerdem werden geführte Ausritte zur Laguna Sacpetén und der dortigen kleinen archäologischen Stätte (150 Q pro Pers., 2½ Std.) veranstaltet.

Biotopo Cerro Cahuí NATURSCHUTZGEBIET

(40 Q; ⏰7–16 Uhr) Das Naturschutzgebiet umfasst 7,3 km² subtropischen Wald, der sich vom Seeufer über Kalksteinland hinaufzieht. Es bietet die Gelegenheit zu mittelmäßig anstrengenden Wanderungen und auf Pfaden zu erstklassigen Aussichtspunkten bestehen tolle Möglichkeiten zur Tierbeobachtung. Dazu gibt's nebenan einen Park am See mit Tauchanlegern, wo man seine Tour erfrischend ausklingen lassen kann.

Mehr als 20 Säugetierarten sind in dem Reservat unterwegs, darunter Spinnen- und Brüllaffen, Weißwedelhirsche und die scheuen mesoamerikanischen Tapire. Auch die Avifauna ist sehr vielfältig; vielleicht sieht man Tukane, Spechte und das berühmte Pfauentruthuhn: ein großer Vogel, der einem Pfau ähnelt. Hiesige Vertreter der Pflanzenwelt sind z. B. Mahagonibäume, Zedern, Ramón- und Cohunepalmen, dazu verschiedene Arten Bromelien, Farne und Orchideen.

Verschiedene Wege führen hinauf zu drei Aussichtspunkten mit Blick auf den See sowie die Laguna Sacpetén im Osten. Der Weg Los Escobos (4 km, ca. 2¼ Std.) führt durch Sekundärwald; hier kann man gut Affen beobachten.

Im Eintritt inbegriffen ist die Übernachtung im Zelt; alternativ darf man in den kleinen strohgedeckten Unterschlüpfen hinterm Eingang eine Hängematte befestigen. Toiletten und Duschen sind vorhanden. Das Naturschutzgebiet liegt 1,75 km westlich von El Remate und ist über die Straße am Nordufer des Sees zu erreichen.

Schlafen & Essen

Die meisten Hotels bieten Gelegenheiten zum Baden im See und zum Beobachten des Sonnenuntergangs über selbigem.

Hotel Sun Breeze HOTEL $

(☎5898-2665; sunbreezehotel@gmail.com; Main Rd; EZ/DZ 80/120 Q; Ⓟ) Die am nächsten bei der Kreuzung gelegene Unterkunft. Das behagliche Gästehaus bietet mit seinen gepflegten und gut belüfteten Zimmern mit Moskitogittern an den Fenstern und Veranden ein ausgezeichnetes Preis-Leistungs-Verhältnis. Am besten sind die Zimmer nach hinten raus an einer netten Terrasse. Einen kurzen Spaziergang vom öffentlichen Strand entfernt.

Posada Ixchel HOTEL $
(☎3044-5379; hotelixchel@yahoo.com; EZ/DZ 90/120 Q) Das von einer Familie betriebene Hotel bei der Hauptkreuzung des Dorfs ist ein echtes Schnäppchen. Es hat blitzsaubere, nach Holz duftende Zimmer mit Ventilatoren und handgefertigten Moskitonetzen. Der kopfsteingepflasterte Innenhof wartet mit einladenden kleinen Nischen mit Baumstammsitzen auf.

Hotel Las Gardenias HOTEL $
(☎5936-6984; www.hotelasgardenias.com; Ruta a Tikal; EZ/DZ ab 90/150 Q, mit Klimaanlage 150/200 Q; ❄@📶) Das nette Hotel (mit Restaurant und Shuttlebetrieb) direkt an der Kreuzung mit der Norduferstraße hat zwei Abteilungen: Die holzvertäfelten Zimmer vorne sind größer, die hinten sind schön von der Straße entfernt. In allen stehen bequeme Betten mit gewebten Decken, die Duschen sind schön gekachelt und die Veranden verfügen über Hängematten.

Casa de Doña Tonita HOSTEL $
(☎5767-4065; B/EZ/DZ 30/40/80 Q) Das freundliche, familiengeführte Hostel wartet in einem zweistöckigen kleinen Haus mit vier einfachen, annehmbar belüfteten Zimmern auf, jedes mit zwei Einzelbetten und Fenstern mit Fliegengittern. Außerdem gibt's einen Dorm über dem Restaurant, das schmackhafte Gerichte zu vernünftigen Preisen serviert. Allerdings steht nur eine Dusche zur Verfügung. Auf der anderen Straßenseite befindet sich am Ende des Piers eine Hütte zum Beobachten des Sonnenuntergangs.

★ **Las Orquídeas** ITALIENISCH $$
(☎5819-7232; Jobompiche Rd; Pasta 55–80 Q; ⏲Di–So 12–21 Uhr) Fast versteckt liegt im Wald zehn Minuten zu Fuß von der Kreuzung nach Tikal am Nordufer entlang dieses großartige Freiluftrestaurant. Der freundliche italienische Eigentümer und Koch mischt in seine selbst gefertigten Tagliatelle und *panzarotti* (kleinere Versionen von Calzones) *chaya*, ein heimisches Kraut. Außerdem verführt er seine Gäste mit leckeren Desserts.

ℹ Praktische Informationen

Horizontes Mayas (☎5825-8296; www.horizontesmayas.com; Ruta a Tikal) Bei dieser Mehrzweckagentur bei der Kreuzung kann man – zu schlechten Kursen – US-Dollars und Euros tauschen und seine Mails checken. Gut für Shuttles oder Touren nach Tikal, Yaxhá und zu zahlreichen anderen Zielen.

ℹ Anreise & Unterwegs vor Ort

Auf der Strecke zwischen El Remate und Santa Elena verkehren bis etwa 19 Uhr zahlreiche Minibusse (20 Q).

Shuttles nach Tikal fahren in El Remate um 5.30 Uhr ab, Rückfahrt in Tikal um 14 Uhr (einfach/hin & zurück 30/50 Q). In sämtlichen Unterkünften in El Remate können Sitzplatzreservierungen vorgenommen werden. Alternativ kann man einen der Shuttles (20 Q) von **ATIM** (S. 222) oder **San Juan Travel** (S. 213) nehmen, die El Remate zwischen 5 und 15.30 Uhr auf dem Weg von Santa Elena nach Tikal passieren.

Nach Taxis kann man sich im **Hotel Sun Breeze** erkundigen. Die einfache Fahrt nach Flores kostet etwa 300 Q, die Hin- und Rückfahrt nach Tikal 350 Q.

Wer nach Melchor de Mencos an der Grenze zu Belize fahren möchte, steigt in Puente Ixlú 2 km südlich von El Remate in einen Minibus oder regulären Bus (20 Q, 1¼ Std.). Außerdem bietet **Horizontes Mayas** täglich um 5.30 und 8 Uhr Busse über Melchor nach Belize City (150 Q).

Tikal

Das auffälligste Charakteristikum der antiken Stadt **Tikal** (☎2367-2837; www.parque-tikal.com; 150 Q; ⏲6–18 Uhr) sind die hoch aufragenden, steilwandigen Tempel, die bis über 44 m hoch sind. Darüber hinaus unterscheidet sich Tikal von anderen Stätten natürlich auch durch seine Lage mitten im Urwald. Die zahlreichen Plätze wurden von Bäumen und Kletterpflanzen befreit und die Tempel freigelegt und teilweise restauriert, doch wer von einem Gebäude zum nächsten spaziert, wird sich immer wieder unter dem dichten Baldachin des Regenwalds wiederfinden und von dem kräftigen, lehmigen Geruch nach Erde und Pflanzen umhüllt werden. Eine besondere Freude ist es, auf den breiten Wegen zu spazieren, ursprünglich angelegt aus gestampftem Kalkstein für das Hin und Her zwischen den Tempelkomplexen. Wer sich leise bewegt, hat größere Chancen, Affen, Agutis, Füchse und Pfauentruthühner zu erspähen.

Tikal ist ein beliebtes Ziel für einen Tagesausflug von Flores oder El Remate. Mehr hat man von dem Besuch aber, wenn man vor Ort übernachtet, denn frühmorgens und am späten Nachmittag ist es an den Ruinen am ruhigsten.

Geschichte

Tikal liegt auf einem niedrigen Hügel – das merkt man, wenn man von der Zufahrtsstraße zur Gran Plaza hinaufsteigt. Die Lage oberhalb einer morastigen Fläche erklärt vielleicht, warum sich die Mayas um 700 v. Chr. hier niederließen. Ein weiterer Grund war sicher das reichhaltige Vorkommen an Flintsteinen, aus denen Keulen, Speerspitzen und Messer hergestellt wurden. Da es von diesem wertvollen Material reichlich gab, konnten auch qualitativ hochwertige Waren hergestellt und die Flintsteine außerdem gegen andere Waren eingetauscht werden. Binnen 200 Jahren hatten die Mayas aus Tikal begonnen, religiöse Steinbauten zu errichten. Und um 200 v. Chr. erhob sich dort, wo sich heute die Acrópolis del Norte befindet, bereits ein Gebäudekomplex.

Klassische Zeit

Vor rund 2000 Jahren begann die Gran Plaza, der Große Platz, seine heutige Form anzunehmen. In der frühen klassischen Zeit (um 250 n. Chr.) war Tikal schon eine dicht besiedelte Stadt von großer religiöser, kultureller und wirtschaftlicher Bedeutung. König Yax Ehb' Xooc, der ab ca. 230 regierte, gilt als Begründer der ab dann herrschenden Dynastie.

Unter König Chak Tok Ich'aak I. (Große Jaguartatze, reg. Mitte des 4. Jhs.) gingen die Bewohner von Tikal zu einer brutalen Form der Kriegsführung über, die von den Herrschern von Teotihuacán in Zentral-Mexiko praktiziert wurde: Statt sich den Kontrahenten im Nahkampf zu stellen, kreisten die Krieger aus Tikal ihre Feinde von nun an ein und töteten sie mit Speeren, die sie aus sicherer Entfernung warfen. Als diese Form des „Luftangriffs" zum ersten Mal bei einer Auseinandersetzung zwischen den Mayas des Petén zum Einsatz kam, konnte der Tikal-General Siyah K'ak' (Rauchender Frosch) die Armee von Uaxactún unterwerfen. So stieg Tikal zum herrschenden Königreich im Petén auf.

Etwa Mitte des 6. Jhs. breitete sich Tikal dank seiner militärischen Stärke und seiner Verbindung mit Teotihuacán stark aus. Es erreichte eine Fläche von etwa 30 km^2 und eine Bevölkerungszahl von um die 100 000 Menschen. Doch 553 bestieg Yajaw Te' K'inich II. (Herr Wasser) den Thron von Caracol im Südwesten des heutigen Belize. Innerhalb eines einzigen Jahrzehnts eroberte er Tikal und ließ dessen Herrscher den Opfertod sterben. Tikal und andere Reiche im Petén litten bis ins späte 7. Jh. unter dem Joch Caracols – dann schüttelte Tikal unter einer neuen Führung offenbar das Joch ab und konnte erneut florieren.

Tikals Renaissance

Der mächtige König Ha Sawa Chaan K'awil (682–734, auch Ah Cacao oder Mond Doppelkamm genannt), der 26. König nach Yax Ehb' Xooc, reorganisierte das Heer Tikals, das erneut die Vorherrschaft als prächtigste Stadt der Maya-Welt erlangte. 695 eroberte er den größten Rivalen Tikals, das mexikanische Maya-Reich Calakmul. Die meisten der erhaltenen Tempel am Großen Platz stammen aus der Zeit Ah Cacaos und seiner Nachfolger. König Ah Cacao wurde unter dem schwindelerregend hohen Tempel I beigesetzt.

Der Stern Tikals verblasste um 900. Die Stadt teilte damit das Schicksal der Maya-Zivilisation in den Niederungen, die einen allgemeinen mysteriösen Verfall erlitt.

Neuentdeckung

Es besteht kein Zweifel daran, dass die Itzáes aus Tayazal, dem heutigen Flores, in der späten postklassischen Periode von der Existenz Tikals wussten. Vielleicht reisten sie sogar dorthin, um den Göttern in den Schreinen ihre Aufwartung zu machen. Die Aufzeichnungen spanischer Missionare, die nach der Eroberung durch den Petén reisten, enthalten kurze Hinweise auf die Bauwerke im Urwald. Die jahrzehntelange Lagerung in diversen Büchereien ist den Schriftstücken aber leider nicht gut bekommen.

Erst 1848 entsandte die guatemaltekische Regierung eine von Modesto Méndez und Ambrosio Tut angeführte Expedition nach Tikal. Den Anstoß gaben vielleicht die 1841 und 1843 erschienenen Bestseller von John L. Stephens, in denen er über fabelhafte Maya-Ruinen berichtete – in Tikal selbst war er jedoch nie gewesen. Wie auch Stephens nahmen Méndez und Tut einen Künstler mit, Eusebio Lara, der ihre archäologischen Entdeckungen festhalten sollte. Ein Bericht über ihre Funde veröffentlichte die Berliner Akademie der Wissenschaften.

Tikal

DIE KLASSISCHE MAYASTADT IM ÜBERBLICK

Das in mehreren Phasen über einen Zeitraum von mindestens 800 Jahren erbaute Tikal ist eine riesige, komplizierte Anlage mit Hunderten von Tempeln, Pyramiden und Stelen. Es ist unmöglich, alles an einem Tag zu sehen, aber mit diesem Rundgang kann man viele der Highlights erleben. Zunächst sollte man sich im Besucherzentrum das Modell der Anlage anschauen. Das kleine **1 Museo Sylvanus G. Morley** beherbergt normalerweise königliche Grabbeigaben, die meisten Objekte (außer der Stele 31) befinden sich jedoch derzeit im Forschungszentrum CCIT, während das Museum renoviert wird. Bei der nahegelegenen Einlasskontrolle zeigt man seine Eintrittkarte vor; an der Tafel mit dem Übersichtsplan geht man links. Von hier sind es zwanzig Minuten bis zum einsamen **2 Templo VI**, von dem ein schöner Spaziergang den breiten Méndez-Damm entlang zur **3 Gran Plaza**, dem zeremoniellen Kern von Tikal, führt. Dort kann man den antiken Bereich der **4 Nordakropolis** erkunden. Anschließend verlässt man die Plaza Richtung Westen und nimmt den ersten Abzweig links einen gewundenen Pfad entlang zum **5 Templo V**. Hinter dem Tempel führt rechts ein Weg um die größtenteils nicht freigelegte Südakropolis zur **6 Plaza de los Siete Templos**. Unmittelbar westlich erhebt sich die große Pyramide des **7 Mundo Perdido**. Von hier ist es ein kurzer Spaziergang zum **8 Templo IV** und dann ein ziemlich anstrengender Aufstieg hinauf zur Spitze des höchsten Bauwerks in Tikal.

WICHTIGES IN KÜRZE

» Proviant und Wasser mitnehmen.

» Nach 15 Uhr gekaufte Tickets gelten auch für den nächsten Tag.

» Wer in einem der Hotels in Tikal nächtigt, kann hier den Sonnenuntergang und Sonnenaufgang erleben.

» Um die Sonne vom Templo IV unter- oder aufgehen zu sehen, braucht man ein weiteres Ticket (100 Q).

» Mückenschutz nicht vergessen.

MARVIN DEL CID /GETTY IMAGES ©

Templo IV
Am späten Nachmittag bietet sich vom Tempel IV ein wunderschöner Blick auf die Tempel I, II und III, die dann in ein magisches Licht getaucht sind. Wer Glück hat, erspäht über den Wipfeln des Dschungels vielleicht sogar einen Rotbrustfalken.

Mundo Perdido
Der kleinere Tempel westlich der großen Pyramide ähnelt mit seinem eleganten *talud-tablero*-Stufendesign Tempeln in Teotihuacán in der Nähe von Mexiko-Stadt und zeugt vom Einfluss dieses fernen Reiches.

RALF BROSKVAR/GETTY IMAGES ©

EDUCATION IMAGES/UIG/GETTY IMAGES ©

Gran Plaza
Während der hohe Templo I, ein Mausoleum für den spätklassischen Herrscher Ah Cacao, nicht erklommen werden darf, darf man auf den fast genauso hohe Templo II gegenüber klettern.

Nordakropolis
Inmitten der zahlreichen kleineren und viel älteren Tempel am Hang nördlich des Hauptplatzes befinden sich in zwei strohgedeckten Schutzhütten auf einem Vorsprung zwei furchterregende Masken.

Museo Sylvanus G. Morley
Über die Stele 31 sind schon Bände geschrieben worden; sie zeigt die Selbstkrönung des Herrschers Stürmischer Himmel, flankiert von mit Speeren bewaffneten Kriegern, gekleidet im Stil von Teotihuacán.

DEAGOSTINI /GETTY IMAGES ©

Templo VI
Auf der Rückseite des Dachkamms dieses abgelegenen Tempels befindet sich eine lange Glypheninschrift, die die Abfolge der Königreiche verzeichnet. Hier ist Geduld gefragt: Der verwitterte Stein ist schlecht zu entziffern.

Plaza de los Siete Templos
Die Ostseite dieses grasbewachsenen Platzes säumen sieben Minitempel. Vom größeren „Palast" am Südende blickt man auf das aufgereihte Septett.

DAVIDE CAMESASCA/AGF/UIG/GETTY IMAGES ©

Templo V
Die genauso steile wie massive, zweithöchste Tempelpyramide Tikals verfügt über ungewöhnliche runde Ecken. Auch wenn sie sehr verlockend erscheint, die breite vordere Treppe darf man nicht hinaufkraxeln.

TONY WHEELER/GETTY IMAGES ©

1877 machte sich der Schweizer Dr. Gustav Bernoulli auf in den Urwald, entfernte Türstürze von den Tempeln I und IV und brachte sie nach Basel, wo sie noch heute im Museum für Völkerkunde zu sehen sind.

Die wissenschaftliche Erforschung Tikals nahm ihren Lauf mit der Ankunft des englischen Archäologen Alfred P. Maudslay im Jahre 1881. Später setzten u. a. Teobert Maler, Alfred M. Tozzer und R. E. Merwin seine Arbeit fort. Tozzer erforschte Tikal von Beginn des 20. Jhs. mit Unterbrechungen bis zu seinem Tode 1954. Die Inschriften auf dem Gelände entschlüsselte Sylvanus G. Morley.

Bis 1969 waren die Universität von Pennsylvania und das guatemaltekische Instituto de Antropología e Historia für die Forschungs- und Ausgrabungsarbeiten in Tikal verantwortlich. Seit 1991 arbeitet ein guatemaltekisch-spanisches Team an der Erhaltung und Restaurierung der Tempel I und IV. Der Parque Nacional Tikal gehört seit 1979 zum Weltkulturerbe der Unesco.

Sehenswertes

Gran Plaza

Der Pfad führt zur Gran Plaza (Großer Platz) um den **Templo I** herum – den Templo del Gran Jaguar (Tempel des Großen Jaguars), der zu Ehren von Ah Cacao und als dessen Grabstätte erbaut wurde. Vielleicht hat der König selbst die Baupläne ausgearbeitet, errichtet wurde der Tempel über seinem Grab jedoch von seinem Sohn, der ihm 734 auf den Thron folgte. Zu den Grabbeigaben zählten Rochenstachel, die bei rituellen Aderlässen zum Einsatz kamen, 180 Gegenstände aus Jade, Perlen und 90 Knochen mit eingeschnitzten Hieroglyphen. Ganz oben in dem 44 m hohen Tempel befinden sich drei Räume unter einem Kraggewölbe. Die Türstürze aus Sapodilla-Holz waren reich verziert; einer davon wurde entfernt und befindet sich heute in einem Basler Museum. Der hohe Dachkamm, der den Tempel krönte, war ursprünglich mit Reliefs verziert und in kräftigen Farben gestrichen. Wenn er von der Spätnachmittagssonne angestrahlt wird, kann man die Figur eines sitzenden Würdenträgers ausmachen.

Zwar darf der Tempel I nicht mehr bestiegen werden, doch der Ausblick vom **Templo II** gleich gegenüber ist ähnlich phantastisch. Der Tempel II, auch bekannt als Tempel der Masken, war einst beinahe so hoch wie der Tempel I; heutzutage misst er ohne seinen Dachkamm 38 m.

Die **Acrópolis del Norte** (Nordakropolis) entstand erheblich früher als die beiden großen Tempel. Archäologen haben etwa 100 verschiedene Bauwerke freigelegt – das älteste stammt aus der Zeit vor Christ Geburt. Und vieles deutet darauf hin, dass die Stätte schon um 600 v. Chr. genutzt wurde. Die Mayas errichteten neue Gebäude auf den älteren – und die vielfältigen „Schichten" verliehen den Tempeln in Kombination mit aufwendigen Begräbnissen der frühen Herrscher von Tikal mehr Macht und Heiligkeit. Um 800 bestand die Akropolis aus mehr als zwölf Tempeln auf einer großen Plattform. Viele davon waren das Werk des Königs Ah Cacao. Interessant sind vor allem die beiden riesigen, ausdrucksstarken Wandmasken, die aus einem früheren Bau geborgen wurden und jetzt durch Dächer geschützt sind. Auf der dem Platz zugewandten Seite der Nordakropolis wird man zwei Stelenreihen entdecken. Sie sollten an die großen Taten der Könige von Tikal erinnern und den umliegenden Tempeln und Plätzen „Macht" verleihen.

Acrópolis Central

Die zentrale Akropolis südlich und östlich des Großen Platzes besteht aus einem Labyrinth aus Höfen, kleinen Räumen und Tempeln. Viele Forscher nehmen an, dass dort die Adeligen von Tikal wohnten, andere deuten die Malereien in den Räumen als Hinweis auf rituelle Zeremonien, die in ihnen stattgefunden haben könnten. Über die Jahrhunderte wurde die Gestaltung der Zimmer immer wieder geändert, was eventuell darauf schließen lässt, dass der „Palast" immer anderen Gruppen von Verwandten als Wohnsitz diente. Vor 100 Jahren diente ein Teil der Akropolis dem Archäologen Teobert Maler während seiner Arbeiten vor Ort als Wohnstatt.

Templo III & Plaza Oeste

Westlich der Gran Plaza steht jenseits der Calzada Tozzer (Tozzer-Dammweg) der **Templo III**, der immer noch restauriert wird. Bisher wurden nur die oberen Teile freigelegt. Eine in einen Türsturz ganz oben in 55 m Höhe eingeschnitzte Szene zeigt eine Figur in einem aufwendigen Jaguarfell, bei der es sich um den Herrscher Dunkle Sonne handeln soll. Vor dem Tempel steht die Stele 24 mit dem Datum ihrer Herstellung, 810 n. Chr. Von hier kann man über die Calzada Tozzer, einen von mehreren heiligen

Wegen zwischen den Tempelkomplexen von Tikal, weiter Richtung Westen zum Templo IV gehen.

Templo V & Acrópolis del Sur

Der bemerkenswert steile, 57 m hohe **Templo V** direkt südlich der Gran Plaza entstand irgendwann im 7. oder 8. Jh. n. Chr. Er besteht aus sieben gestuften Plattformen und verfügt im Gegensatz zu den anderen großen Tempeln über leicht gerundete Ecken. Bei jüngsten Grabungen kam eine Gruppe unter dem Tempel verborgener Bauten zum Vorschein, teils mit Maya-Kalendern an den Wänden. Sie sieht zwar verlockend aus, aber die große Treppe in der Mitte darf nicht betreten werden.

Bei all den Bauten unmittelbar westlich des Tempels, der sogenannten **Acrópolis del Sur** (Südakropolis), hat man noch kaum mit den Ausgrabungen begonnen. Die zuletzt entstandenen Paläste stammen aus der spätklassischen Zeit (der Zeit von König Mond Doppelkamm), die darunter liegenden Bauten sind wahrscheinlich 1000 Jahre alt.

Plaza de los Siete Templos

Westlich der Acrópolis del Sur befindet sich eine breite Rasenfläche, deren Südrand über einen Pfad zu erreichen ist. Die Ostseite des Platzes säumen die in spätklassischer Zeit entstandenen sieben **Tempel** mit ihren untersetzen Dachkämmen. Am Südende stehen drei größere „Paläste“, gegenüber gibt's einen ungewöhnlichen **Dreifach-Ballspielplatz**.

El Mundo Perdido

Etwa 400 m südwestlich des Großen Platzes liegt **El Mundo Perdido** (die verlorene Welt), ein Komplex aus 38 Gebäuden mit einer großen Pyramide in der Mitte, vorwiegend wahrscheinlich aus vorklassischer Zeit, ergänzt durch Reparaturarbeiten und Renovierungen in späterer Zeit. Auf den vier Seiten der 32 m hohen Pyramide – ihre Seitenlänge beträgt an der Basis 80 m – gibt es jeweils eine heute stark erodierte Treppe, die von großen Masken flankiert ist. Man nimmt an, dass von der Osttreppe der Lauf der Sonne vor drei Bauten, die Richtung Osten auf einer erhöhten Plattform stehen, beobachtet wurde – ähnlich einer Anordnung im astronomischen Observatorium von Uaxactún. Archäologen haben in die Pyramide Tunnel gegraben und vier ähnliche Pyramiden unter der Außenfassade entdeckt. Der älteste (Bauwerk 5C-54 Sub 2B) stammt aus dem Jahr 700 v. Chr. und ist somit das älteste Maya-Gebäude von Tikal.

Der *talud-tablero*-Stil eines kleineren **Tempels**, der westlich hiervon steht und aus frühklassischer Zeit stammt, zeugt vom Einfluss von Teotihuacán.

Templo IV & Complejo N

Mit einer Höhe von 65 m ist der **Templo IV** das höchste Gebäude in Tikal sowie nach dem La Danta in El Mirador das zweithöchste präkolumbische Gebäude der westlichen Erdhalbkugel. Er wurde als westliche Grenze des Zeremonialbezirks um 741 fertiggestellt, wahrscheinlich auf Geheiß von Ah Cacaos Sohn Yax Kin, der auf dem geschnitzten Türsturz über der mittleren Tür dargestellt war (der Türsturz befindet sich jetzt in einem Museum in Basel). Hinauf zur Spitze führt eine Holztreppe. Der Ausblick Richtung Osten ist fast genauso gut wie von einem Hubschrauber aus – der Blick schweift über die Wipfel des Dschungels, aus dem (von links nach rechts) die Tempel der Gran Plaza, Tempel III, Tempel V (nur die Spitze) und die große Pyramide des Mundo Perdido herausragen.

Der **Complejo N** zwischen Templo IV und Templo III stellt ein Beispiel für die in spätklassischer Zeit erbauten „Zwillingstempel“ dar. Dieser Komplex wurde 711 von Ah Cacao zum Andenken an den 14. *katun* (20-Jahres-Zyklus nach dem Maya-Kalender) des *baktún* 9 errichtet (ein *baktún* sind etwa 400 Jahre). Der König selbst ist in einer Einfriedung auf der anderen Seite des Pfads auf der bemerkenswert gut erhaltenen Stele 16 dargestellt. Neben der Stele befindet sich Altar 5: Auf einem Rundstein ist derselbe König in Begleitung einer Priesterfigur zu sehen, die gerade das Skelett einer Herrscherin exhumiert.

Templo de las Inscripciones (Templo VI)

Der **Templo VI** ist einer der wenigen Tempel in Tikal mit schriftlichen Zeugnissen. Die Rückseite des 12 m hohen Dachkamms ziert eine lange Inschrift, die im Sonnenlicht allerdings nur schwer zu erkennen ist, aber eine Jahreszahl liefert: 766 n. Chr. Auch die Seiten und das Gesims des Dachkamms sind mit Glyphen versehen. Dank seiner abgeschiedenen Lage rund 25 Fußminuten südöstlich der Gran Plaza, zu erreichen über die Calzada Méndez, ist dies eine gute Stelle zum Tierebeobachten. Von hier sind es 20 Minuten zurück zum Haupteingang.

Nördliche Gebäudekomplexe

Etwa 1 km nördlich des Großen Platzes erstreckt sich der **Complejo P**. Wie beim Komplex N handelt es sich auch hierbei um einen Zwillingstempel aus spätklassischer Zeit, der wahrscheinlich an das Ende eines *katun* erinnern sollte. Der **Complejo M** nebenan wurde in spätklassischer Zeit teilweise niedergerissen, da die Mayas Baumaterial für den Dammweg benötigten, der nach Südwesten zum Tempel IV führt. Der Dammweg ist heute nach Alfred P. Maudslay benannt. Die **Grupo H**, nordöstlich der Komplexe P und M, mit einem hohen, ausgegrabenen Tempel, verfügte in ihren Tempeln über einige interessante Malereien.

Weitere spätklassische Zwillingspyramiden mit Stelen und Altären davor umfassen **Complejo Q** und **Complejo R** etwa 300 m nördlich des Großen Platzes. Der teils restaurierte Komplex Q liefert das wahrscheinlich beste Beispiel für die Zwillingstempelbauweise. Die Stele 22 und der Altar 10 veranschaulichen eindrucksvoll die spätklassische Reliefschnitzerei aus Tikal; sie entstanden 771.

Museen

CCIT MUSEUM

(Centro de Conservación e Investigación de Tikal; ⏲8–12 & 13–16 Uhr) GRATIS Das von Japan finanzierte Forschungszentrum widmet sich der Identifizierung und Restaurierung von Stücken, die auf dem Gelände gefunden wurden. Die 1300 m² große Einrichtung muss sich noch durch Unmengen von Funden arbeiten; man kann den Restauratoren bei der Arbeit über die Schulter schauen. Dies ist zwar eigentlich kein richtiges Museum, doch werden in einer ausgezeichneten Galerie die von den Maya-Handwerkern verwendeten Materialien vorgestellt.

Während das Museum umgebaut wird, findet hier auf unbestimmte Zeit das **Museo Sylvanus G. Morley** (Museo Cerámico; Keramikmuseum; 30 Q, auch gültig fürs Museo Lítico; ⏲8–16 Uhr) eine Heimstatt.

Museo Lítico MUSEUM

(Steinmuseum; 30 Q, gilt auch fürs Museo Sylvanus G. Morley; ⏲Mo–Fr 8–16.30, Sa & So 8–16 Uhr) Das größere der beiden Museen in Tikal ist im Besucherzentrum untergebracht und beherbergt eine Reihe von bearbeiteten Steinen aus den Ruinen. Besonders interessant sind aber die Fotos der Archäologiepioniere Alfred P. Maudslay und Teobert Maler, die die Urwaldtempel in verschiedenen Phasen der Ausgrabungsarbeiten zeigen. Draußen befindet sich ein Modell, das zeigt, wie Tikal um 800 ausgesehen haben mag.

Geführte Touren

Die Archäologin **Roxy Ortiz** (☎5197-5173; www.tikalroxy.blogspot.com) verfügt über 32 Jahre Erfahrung im Führen von Wanderun-

VOGELBEOBACHTUNG

Neben den Brüll- und Klammeraffen, die in Tikal in den Bäumen herumturnen, ist auch die Vielzahl an Vögeln beeindruckend, die hier überall unterwegs sind. Die Ruinen der Tempelkomplexe sind ideale Aussichtsplattformen zur Vogelbeobachtung; oft kann man auf die Baumwipfel hinabblicken und einige der rund 300 Vogelarten (Zugvögel und endemische Arten) erspähen, die bislang in Tikal gesichtet worden sind. Am besten bringt man ein Fernglas und ein Exemplar von *The Birds of Tikal: An Annotated Checklist* von Randell A. Beavers mit, das im Besucherzentrum erhältlich ist. Es ist wichtig, sich leise zu bewegen und Geduld mitzubringen, um wahrscheinlich die Vertreter folgender Gattungen vor die Linse zu bekommen:

Templo de las Inscripciones Zwergmotmots (oder Sägeracken), vier verschiedene Trogon-Gattungen und Kronentyrannen

El Mundo Perdido Zwei Pirolarten, Fischertukane und Halsbandarassaris

Complejo P Hokkohühner, drei Spechtarten, Haubenguans, Braunflügelguans und drei Tangaren-Arten

Aguada Tikal Drei Arten von Eisvögeln, Jacanas (Blatthühnchen), Blaureiher, zwei Strandläufergattungen und Schwefeltyrannen

Eingangsweg In dem großen Ceiba-Baum nisten manchmal Tigerreiher.

Complejo Q Gelbhosenpipra und Schnurrvögel

Complejo R Laucharassaris

gen durch die Welt der Mayas. Sie bietet ab ihrer Basis im Tikal Inn frühmorgendliche Führungen durch Tikal. Außerdem veranstaltet sie individualisierte Exkursionen in ihrem 15-sitzigen Armeefahrzeug nach Uaxactún, Yaxhá und zu anderen weniger besuchten Stätten.

Mehrsprachige Guides können am Infokiosk engagiert werden. Die offiziellen Führer tragen ihren Ausweis deutlich sichtbar; darauf sind auch die Sprachen vermerkt, die sie sprechen. Vor 7 Uhr zahlt man 80 Q pro Person für eine Halbtagestour (bei mind. 5 Teilnehmern), später sind es 475 Q für eine Gruppe.

Am Eingang zum Nationalpark bietet **Canopy Tours Tikal** (☎5615-4988; www.tikalcanopy.com; Touren 230 Q; ⏰7–17 Uhr) einstündige Baumwipfeltouren. Man schlüpft in ein Gurtzeug und wird an Kabeln befestigt, die kreuz und quer zwischen den Baumkronen gespannt sind; die Bäume sind bis zu 300 m voneinander entfernt! Außerdem geht's über mehrere Hängebrücken. Im Preis inbegriffen sind die Transfers nach Tikal oder El Remate und zurück.

Schlafen & Essen

Über Nacht in Tikal zu bleiben hat den Vorteil, dass man das Gelände bei Sonnenauf- und -untergang besuchen kann – zu dieser Zeit sind die Vögel und andere Tiere des Dschungels am aktivsten, besonders die Brüllaffen. Neben dem Campingplatz gibt's hier nur drei Übernachtungsmöglichkeiten und viele der Zimmer sind mit Reisegruppen belegt. Fast alle Reisebüros in Guatemala haben Tikal-Touren inklusive Übernachtung, Teil-Verpflegung und Führung im Angebot.

Wer auf dem **Campingplatz** (Stellplatz 50 Q pro Pers., Hängematte mit Moskitonetz 85 Q) hinter dem Forschungszentrum nächtigen möchte, braucht nicht zu reservieren. Der Platz befindet sich auf einer großen Rasenfläche mit einem sauberen Sanitärblock und einer *palapa* (Strohdach-Schutzhütte) für Hängematten.

Auf der rechten Seite der Zufahrtsstraße nach Tikal stehen einige kleine *comedores*; sie bieten geschmacksneutrale Versionen von Standardgerichten wie gegrilltes Huhn oder Steak (40–50 Q). Die Lokale sind täglich von 5 bis 21 Uhr geöffnet. Auf der Speisekarte des Restaurants im Besucherzentrum stehen u. a. Pastagerichte und Hamburger.

Überdachte Picknicktische findet man gleich neben dem Großen Platz. Dort warten Getränkeverkäufer, Essen gibt es allerdings nicht. Wer den ganzen Tag auf dem Ruinengelände verbringen und seine Zeit nicht mit dem 20- bis 30-minütigen Fußmarsch zu den *comedores* vergeuden will, sollte ausreichend Proviant und Wasser einpacken.

Tikal Inn HOTEL $$
(☎7861-2444; www.tikalinn.com; EZ/DZ 500/730 Q; P@🛜🏊) Diese Ende der 1960er-Jahre erbaute, resortähnliche Unterkunft vermietet Zimmer im Hauptgebäude sowie reetgedeckte Bungalows am Pool und Rasen hinterm Haus, jeweils mit einer kleinen Veranda davor. Alle sind einfach, geräumig und recht komfortabel. Die billigsten Unterkünfte sind die abgeschiedensten: eine Handvoll Hütten am Ende eines Sägemehlpfads durch den Wald.

Jungle Lodge HOTEL $$$
(☎7861-0446; www.junglelodgetikal.com; EZ/DZ 695/810 Q, ohne Bad 370/385 Q; P@🏊) Das dem Eingang zur Stätte am nächsten gelegene Hotel diente ursprünglich als Unterkunft für Archäologen, die in Tikal arbeiteten. Die voll ausgestatteten Bungalows und die billigeren Unterkünfte stehen in genügendem Abstand voneinander auf einem weitläufigen Urwaldanwesen. Einige neuere Unterkünfte warten mit einer Einrichtung im Dschungelchic und Regenduschen unter freiem Himmel auf. Das Restaurant mit Bar serviert in einem tropischen Ambiente Gemüse-Pastagerichte, Crêpes und andere internationale Speisen (Hauptgerichte 80–100 Q).

Jaguar Inn HOTEL $$$
(☎7926-2411; www.jaguartikal.com; Stellplatz 50 Q pro Pers., mit Zelt 115 Q, EZ/DZ/3BZ 580/695/925 Q; P❄@🛜) Diese Unterkunft, vor allem bei jungen, unabhängigen Reisenden beliebt, bietet Bungalows mit zwei und vier Betten, Strohdächern und Hängematten auf den Veranden sowie ein nettes kleines Restaurant mit einer beliebten Terrasse. Leute mit sehr spärlich gefüllter Reisekasse können Zelte auf einem Podest mieten.

Orientierung

Die archäologische Stätte liegt im Zentrum des 550 km² großen Parque Nacional Tikal. Die Straße aus Flores führt ca. 19 km südlich der Ruinen in den Nationalpark. Vom Parkplatz der Stätte ist es nur ein kurzer Spaziergang zurück zur Kreuzung; dort gibt es einen Informationskiosk. Unmittelbar südlich der Kreuzung werden in einem Besucherzentrum Bücher, Karten, Souvenirs, Hüte, Insektenschutzmittel, Sonnencreme u. a. verkauft. Hier gibt's auch ein Restaurant und ein **Museum** (S. 220). In der Nähe des Besucherzentrums befinden sich die drei Hotels von Tikal, ein Campingplatz, ein paar kleine *comedores* und ein modernes Forschungszentrum mit einem zweiten **Museum** (S. 220).

Vom Kartenkontrollhäuschen sind es fünf Minuten zu Fuß zum Eingangstor. Gleich dahinter findet man eine große Lagekarte. Von hier sind es 1,5 km (20 Min.) Richtung Südwesten zur Gran Plaza. Von der Gran Plaza Richtung Westen zum Templo IV sind es dann etwas mehr als 600 m.

Praktische Informationen

Jeder muss am Eingangstor an der Zufahrtsstraße ein Ticket kaufen. Nach 15 Uhr gekaufte Tickets gelten auch für den gesamten nächsten Tag. Wer mehrere Tage bleibt, kann am Kartenkontrollhäuschen am Pfad zum Eingang der Stätte weitere Tickets erwerben. Von etwa Oktober bis März ist vom Tempel IV am westlichen Rand der Hauptstätte der Sonnenaufgang zu sehen; wer den Park jedoch vor oder nach den eigentlichen Öffnungszeiten betreten möchte, muss für 100 Q eine zusätzliche Eintrittskarte kaufen, wahrscheinlich für den Guide, der einen begleiten muss.

Der Kern der einstigen Stadt bedeckt eine Fläche von rund 16 km^2 mit mehr als 4000 Bauwerken. Wer alle bedeutenden Gebäudekomplexe besichtigen will, wird mindestens 10 km zurücklegen müssen – bequemes Schuhwerk ist sicher keine schlechte Idee. Eine ordentliche Gummisohle mit Profil ist für das Terrain am besten geeignet. Der Regen und Pflanzenbewuchs können die Erkundung der Ruinen zu einer ziemlich rutschigen Angelegenheit machen, besonders während der Regenzeit. Außerdem sollte man ausreichend Wasser mitbringen, da man den ganzen Tag in der Hitze umherläuft.

Und noch eine Bitte: auf keinen Fall die *pisotes* (Nasenbären) füttern!

Im **Jaguar Inn** können US-Dollars und Reiseschecks getauscht werden, allerdings zu schlechten Kursen.

An- & Weiterreise

Zwischen 6.30 und 15 Uhr fahren ab Flores (30 Q, 1½ Std.) sechs Microbusse der **Asociación de Transportistas Imperio Maya** (ATIM; ☎5905-0089). Die Rückfahrt von Tikal erfolgt um 12, 13.30, 15 und 17 oder 18 Uhr. Vom Markt in Santa Elena kann man auch um 15.30 Uhr den etwas langsameren Bus Richtung Uaxactún nehmen. **San Juan Travel** (S. 213) bietet zwischen 4.30 und 13 Uhr fünf Shuttles am Tag ab Flores (einfach/hin & zurück 50/80 Q, mit Guide 150 Q); der letzte fährt um 18 Uhr zurück.

Von El Remate fährt um 5.30 Uhr ein Sammelshuttle nach Tikal, Rückfahrt um 14 Uhr (einfach/hin & zurück 30/50 Q). Alle Unterkünfte in El Remate können Plätze buchen.

Aus Belize kommend kann man einen Minibus Richtung Santa Elena bis nach Puente Ixlú (auch El Cruce genannt) nehmen und dort in einen der Minibusse umsteigen, die Richtung Norden fahren; bis Tikal sind es von dort aus noch 36 km. Wer im Anschluss an den Besuch von Tikal nach Belize ausreisen möchte, sollte sich frühmorgens auf den Weg nach Puente Ixlú machen, um dort einen Bus oder Minibus Richtung Osten zu erwischen. Aufpassen sollte man mit den Shuttles nach Belize, die in Tikal angepriesen werden; es ist vorgekommen, dass die Fahrer einen Umweg über Flores machen, um mehr Passagiere einzusammeln.

Uaxactún

700 EW.

Uaxactún (wa-schack-*tun*) war in präklassischer Zeit der politische und militärische Rivale des Königreichs Tikal. Es ist über eine unbefestigte Straße durch den Urwald zu erreichen. Im 4. Jh. unterwarf König Chak Tok Ich'aak I. (Große Jaguartatze) die Siedlung 23 km nördlich von Tikal. Uaxactún blieb danach jahrhundertelang abhängig von der „großen Schwester" im Süden. Doch nach dem Niedergang Tikals erlebte Uaxactún in der Endphase der Klassik offenbar eine erneute Blüte.

Die Dorfbewohner verdienen sich ihren Lebensunterhalt mit dem Sammeln von *chicle* (ein Kaugummirohstoff), *pimienta* (Piment) und *xate* (eine kleine Palme, die an Blumenhändler in Holland verkauft wird) in den umliegenden Wäldern. Im *xate*-Lagerhaus am Westrand des Örtchens binden Frauen die Pflanzen zu Bündeln für den Transport zusammen.

Den Reiz des Orts machen vor allem die absolute Stille und seine Isolation aus. Nur wenige Reisende verirren sich hierher.

Zur Zeit der Recherche gab es hier keinen Handyempfang und nur ein öffentliches Telefon, und zwar in einem **Büro** (⏲bis 18 Uhr) südlich des Flugfelds.

Sehenswertes

Die durch das Carnegie Institute in den 1920er- und 1930er-Jahren durchgeführten Forschungen bildeten die Grundlage für einen Großteil der archäologischen Erkundungen, die später in der Region stattfanden, u. a. in Tikal.

Die Eintrittsgebühr für Uaxactún in Höhe von 50 Q wird am Tor zum Parque Nacional Tikal bezahlt, allerdings erfolgt in Uaxactún selbst keine Kartenkontrolle.

Grupo E

Die Gebäude hier gruppieren sich auf fünf kleinen Hügeln. Vom Flugfeld weist zwischen der katholischen und der evangelischen Kirche rechts ein Schild den Weg zur Grupo E; dahin sind es 10 bis 15 Minuten zu Fuß. Der wichtigste Tempel hier ist der **Templo E-VII-Sub**: Er gehört zu den ältesten intakten Tempeln, die freigelegt wurden; die Fundamente reichen vielleicht bis in die Zeit um 2000 v. Chr. zurück. Die Pyramide ist Teil einer Gruppe von astronomischer Bedeutung. Von hier aus gesehen geht die Sonne am längsten Tag des Jahres hinter dem **Templo E-I** auf, am kürzesten Tag hinter dem **Templo E-III**. Die vier Jaguar- und Schlangenmasken an der Treppe des Haupttempels wurden 2014 von slowakischen Archäologen penibelst restauriert, dann zu ihrem Schutz aber wieder verdeckt.

Grupo B & A

Rund 20 Fußminuten nordwestlich der Landepiste befinden sich Grupo B und Grupo A, Letztere mit den größeren Bauten rund um den Hauptplatz der Stadt herum. Der **Palacio V** auf der Ostseite des Platzes gilt als Vorbild für die Nordakropolis von Tikal. 1916 entdeckte der amerikanische Archäologe Sylvanus Morley in der Grupo A eine Stele aus dem 8. *baktún* (Begriff aus dem Maya-Kalender). Daher wurde die Stätte Uaxactún genannt, „Achtstein". Hinter dem Palacio V erhebt sich an einem Pfad zurück ins Dorf der imposante **Palacio A-XVIII** mit dem besten Panoramablick der Stätte von seiner Spitze.

Die **Stele 5** der Grupo B weist Tikals Erkennungsglyphe auf: Aus ihr schlossen die Archäologen, dass sich Uaxactún im hier verzeichneten Jahr 358 n. Chr. unter der Herrschaft Tikals befand.

Schlafen & Essen

Wer mit einem öffentlichen Bus anreist, muss hier übernachten, da der einzige Bus zurück früh am Morgen fährt. Es stehen zwei Unterkünfte zur Verfügung, eine einfach, die andere rustikal.

Essen bekommt man in ein paar schlichten Imbissbuden wie dem **Comedor Uaxactún** (Hauptgerichte 20 Q; ⌚8–20 Uhr) und dem **Comedor Imperial Okan Arin** (Hauptgerichte 20 Q; ⌚7–19 Uhr). Außerdem bietet die wichtigste Unterkunft im Dorf alle Mahlzeiten.

Posada & Restaurante Campamento El Chiclero HOTEL $

(☎7783-3931; campamentochiclero@gmail.com; Stellplatz/Zi. 30/75 Q pro Pers.) El Chiclero liegt an der Nordseite der Landebahn und hat zehn spartanisch eingerichtete Zimmer unter einem Strohdach. Die Matratzen sind ordentlich, an den Decken und Fenstern sind Moskitonetze angebracht. Die sauberen Duschen und Toiletten befinden sich in einem Nebengebäude; um 21 Uhr wird das Licht ausgeschaltet. Die flotte Besitzerin Neria bereitet das beste Essen im Ort zu (Suppe & Hauptgericht mit Reis 50 Q).

Aldana's Lodge HÜTTEN $

(☎7783-3931; Stellplatz/Zi. 20/25 Q pro Pers.) Rechts von der Straße, die zu den Gruppen B und A führt, können Traveller in sechs Holzhütten mit dünnen Matratzen auf Pritschen übernachten. Alfido und sein Sohn Hector Aldaña arbeiten als Tourguides, Amparo kümmert sich um das Essen.

An- & Weiterreise

Um 14.15 Uhr fährt am Hauptbusbahnhof in Santa Elena ein Pinita-Bus nach Uaxactún (40 Q) ab, der zunächst den Busbahnhof am Markt ansteuert und schließlich um 15.30 Uhr die Stadt verlässt. Dieser Bus passiert El Remate gegen 16.30 Uhr und Tikal gegen 17 Uhr. Am nächsten Morgen fährt er um 7 Uhr von Uaxactún nach Santa Elena zurück. Man muss also zwei Übernachtungen in Uaxactún einplanen, wenn man sich die Ruinen ansehen will. Organisierte Touren der **Casa de Don David** (☎5306-2190; www.lacasadedondavid.com; Jobompiche Rd) von El Remate nach Uaxactún und zurück kosten 615 Q für bis zu fünf Personen.

Wer selbst fährt und aus Richtung Süden kommt, hat in Puente Ixlú etwas südlich von El Remate die letzte Gelegenheit vollzutanken. In der Regenzeit (Mai–Okt., manchmal bis Nov.) kann die Straße von Tikal nach Uaxactún ziemlich matschig werden. Von Uaxactún führen ungeteerte Straßen zu anderen Ruinen: El Zotz (ca. 30 km südwestlich), Xultún (35 km nordöstlich) und Río Azul (100 km nordöstlich).

Yaxhá

Die klassischen Maya-Stätten Yaxhá, Nakum und El Naranjo bilden ein Dreieck, das die Grundlage für einen Nationalpark mit einer Fläche von mehr als 370 km² bildet und im Westen an den Parque Nacional Tikal grenzt. Yaxhá, die meistbesuchte Stätte von den dreien, liegt auf einem Hügel zwischen zwei größeren Seen, dem Lago Yaxhá und dem Lago Sacnab. Die Lage, die schiere Ausdehnung der Stätte, die Zahl der ausgezeichnet restaurierten Gebäude und die üppige Dschungelflora und -fauna machen einen Besuch hier sehr lohnend. Die Stätte liegt 11 km nördlich der Straße von Puente Ixlú nach Melchor de Mencos und ist von einer Abzweigung 32 km von Puente Ixlú und 33 km von Melchor de Mencos über eine ungeteerte Straße zu erreichen.

An- & Weiterreise

Reisebüros in Flores und El Remate bieten organisierte Touren nach Yaxhá, teils inklusive Nakum und/oder Tikal. **Horizontes Mayas** (S. 214) in El Remate hat Touren (125 Q pro Pers. inkl. Guide und Eintritt, mind. 3 Teilnehmer) um 7 und 13 Uhr im Programm, Rückfahrt um 13 bzw. 18.30 Uhr. Oder man nimmt einen Microbus Richtung Melchor de Mencos und steigt am Restaurante El Portal de Yaxhá gegenüber der Abzweigung nach Yaxhá aus; die Restaurantmitarbeiter können die Weiterfahrt per Pick-up oder Motorrad (hin & zurück 65 Q) organisieren.

ABGELEGENE MAYA-STÄTTEN

Die Region El Petén strotzt nur so von archäologischen Stätten. Einige sind schwieriger zu erreichen als andere; die Reisebüros in Flores und El Remate können Interessenten bei der Anreise unter die Arme greifen. Hier einige der derjenigen, die einen Abstecher lohnen:

San Bartolo Die 2003 entdeckte Stätte beherbergt eines der besterhaltenen Maya-Wandbilder mit der Schöpfungslegende aus dem Popul Vuh. Die Stätte liegt ca. 40 km nordöstlich von Uaxactún nicht weit vom Río Azul.

Piedras Negras Die am Ufer des Río Usumacinta inmitten schwarzer Klippen gelegenen Ruinen weisen eindrucksvolle Steinmetzarbeiten und einen großen Akropolis-Komplex auf. Hier entschlüsselte die Teilzeitarchäologin Tatiana Proskouriakoff das Hieroglyphensystem der Mayas.

La Blanca Dieser palastartige Komplex am Río Mopan nicht weit von der belizischen Grenze erblühte in der spätklassischen Zeit vielleicht als Handelszentrum. Die Akropolis zeichnet sich durch ihre bemerkenswert gut erhaltenen Steinmauern und jede Menge Graffiti aus. Das Ganze wird derzeit von einem spanischen Team ausgegraben. Touren hierher bietet **Mayan Adventure** (☎5830-2060; www.the-mayan-adventure.com; Calle 15 de Septiembre) in Flores.

El Zotz Diese weitläufige Stätte liegt in einem eigenen Biotop am Parque Nacional Tikal. Von den drei kaum ausgegrabenen Tempeln kann einer, die Pirámide del Diablo, bestiegen werden; von oben blickt man bis nach Tikal. Wer bis zur Abenddämmerung bleibt, versteht auch, wie der Ort zu seinem Namen kam: „Die Fledermaus". Forscher von der University of Southern California legen derzeit 23 Masken in den Gräbern der größten Pyramide frei. Vom INGUAT autorisierte Guides aus dem Ort Cruce dos Aguadas (42 km nördlich von Flores) führen Touren nach El Zotz, eine 24 km lange Wanderung Richtung Osten durch den Dschungel.

Río Azul Diese mittelgroße Stätte in der Nähe der Stelle, wo Belize, Guatemala und Mexiko zusammentreffen, fiel in frühklassischer Zeit unter die Domäne von Tikal und entwickelte sich zu einem wichtigen Handelsposten für Kakao aus der Karibik. Am interessantesten sind die Grabmale mit den bunten gemalten Glyphen im Innern. **Campamento El Chiclero** (S. 223) in Uaxactún bietet eine empfehlenswerte Exkursion hierher.

Naranjo An dieser riesigen Stätte 12 km von der belizischen Grenze finden gerade umfangreiche Ausgrabungs- und Restaurierungsarbeiten statt. Im Zuge dieser Arbeiten haben die Archäologen herausgefunden, dass diese Stadt dichter bevölkert war als Tikal und vielleicht auch größer. Das von der Prinzessin Sechs Himmel, Tochter eines Herrschers von Dos Pilas, regierte Naranjo eroberte benachbarte Königreiche und brachte eine der am weitesten entwickelten Kunstszenen der Maya-Welt hervor. Infos über eine Besichtigung der Stätte gibt's bei der **Río Mopan Lodge** (☎7926-5196; avinsa@yahoo.com).

El Mirador

Die Metropole **El Mirador** (Der Aussichtspunkt; www.miradorbasin.com; ⏲24 Std.) GRATIS aus der späten vorklassischen Zeit liegt im entlegensten Urwald des Petén nur 7 km südlich der mexikanischen Grenze. Sie beherbergt die umfangreichste Ansammlung von Gebäuden aller Maya-Stätten, darunter die größte je in der Welt der Mayas gebaute Pyramide. Bisher konnten die Ausgrabungen nur ein bisschen an der Oberfläche kratzen, sodass viele Bauten immer noch unter dem Dschungel verborgen sind.

El Mirador wurde von einheimischen *chicleros* (*chicle*-Sammlern) nach den wundervollen Aussichten benannt, die sich von manchen Pyramiden bieten. **La Danta** (der Tapir) erhebt sich 70 m über dem Waldboden. **El Tigre** ist 55 m hoch und hat ein 18 000 m^2 großes Fundament. Zu ihrer Blütezeit bedeckte die Stadt eine Fläche von 16 km^2 und hatte Zehntausende Bewohner. Dies war zweifellos die größte Maya-Stadt der vorklassischen Zeit – und erheblich größer als alles, was später entstand.

ℹ An- & Weiterreise

Wer El Mirador besuchen möchte, muss eine anstrengende, mindestens fünftägige Dschungelwanderung bewältigen (ca. 60 km je Richtung); es gibt keinerlei Einrichtungen und man muss alles mit sich führen bzw. im Dschungel suchen. In der Regenzeit, insbesondere von September bis Dezember, kann die Wanderung durch den Matsch extrem schwierig sein. Die beste Zeit ist Februar bis Juni.

Die Wanderung beginnt gewöhnlich bei einer Ansammlung von Häusern namens Carmelita, 82 km von Flores entfernt. Die **Comisión de Turismo Cooperativa Carmelita** (☎7861-2641, 7861-2639; www.turismocooperativacarmelita.com), eine Gruppe von 16 INGUAT-autorisierten Guides, kann sämtliche Vorbereitungen für eine Wanderung nach El Mirador mit möglichen Abstechern zu den vorklassischen Stätten Nakbé, El Tintal, Wakná und Xulnal treffen. Wer an dieser Tour teilnehmen möchte, sollte fit sein, hohe Temperaturen (durchschnittlich fast 38 °C) und hohe Luftfeuchtigkeit (durchschnittlich 85 %) aushalten und lange Strecke von bis zu 30 km am Tag bewältigen können.

Am ersten Tag einer typischen sechstägigen Wanderung geht man sechs Stunden durch überwiegend landwirtschaftlich genutztes Gelände nach El Tintal, wo im Zelt übernachtet wird. Am zweiten Tag geht es nach einer kurzen Besichtigung von El Tintal durch dichtere Wälder nach El Mirador; dort wird das Nachtlager aufgeschlagen. Der nächste Tag ist für El Mirador reserviert. Am vierten Tag wandert man vier Stunden Richtung Südosten nach Nakbé und zeltet dort. Am folgenden Tag geht's auf einem weiter östlich verlaufenden Weg wieder zurück Richtung Süden mit einer Übernachtung in La Florida. Und am sechsten Tag marschiert man schließlich zurück nach Carmelita.

Für einen fünf-/sechs-/siebentägigen Trip verlangt die Kooperative 1915/2300/2700 Q pro Person bei einer Gruppe von mindestens drei Teilnehmern. Im Preis inbegriffen sind Zelte, Hängematten und Moskitonetze, sämtliche Mahlzeiten und Trinkwasser, ein Spanisch sprechender Guide, Maultiere und Maultiertreiber sowie Erste-Hilfe-Ausstattung.

Von Flores fahren täglich um 5 und 13 Uhr zwei Busse nach Carmelita (40 Q). Normalerweise nimmt man den Bus morgens und läuft gleich nach der Ankunft los.

Wer sich informieren und buchen möchte, kann der **Agentur** (☎7867-5629; Calle Centro América) der Kooperative in Flores einen Besuch abstatten. Es ist aber auch möglich, von Uaxactún nach El Mirador zu gelangen; das dauert länger, ist aber einfacher, da es hier weniger *bajos* (saisonale Sümpfe) gibt und die Route nicht so stark von der Abholzung des Dschungels zwecks landwirtschaftlicher Nutzung betroffen ist – man geht also gleich von Anfang an unter dem Baldachin des Dschungels. Die **Posada Campamento El Chiclero** (S. 223) bietet eine sechstägige Tour für 1900 Q pro Person und Tag. Die erste Etappe fährt man in einem Monstertruck zu einem Zeltplatz beim früheren *chiclero*-Camp im fünf Stunden entfernten Yucatán. Am nächsten Morgen gesellen sich Lasten-Maultiere zur Gruppe und es geht zu einem weiteren Camp, La Leontina, eine vierstündige Dschungelwanderung entfernt. Am folgenden Tag wandert man dann drei Stunden nach Nakbé. Nach dem Besuch der Stätte führt die Expedition weiter nach El Mirador. Zurück geht's schließlich auf derselben Route.

Wenn Geld keine Rolle spielt, kann man es sich leicht machen und den Hubschrauber nehmen. Zu ausgewählten Zeiten des Jahres bietet **TAG Airlines** (☎2380-9400; www.tag.com.gt) Hubschrauber-Exkursionen von Flores nach El Mirador mit Kommentar des Archäologen Richard Hansen, der lange an den Ausgrabungen beteiligt war, sowie Verpflegung und Unterkunft, für ca. 10 340 Q pro Person. Über die aktuellen Termine informiert die Fluggesellschaft.

GUATEMALA VERSTEHEN

Guatemala aktuell

Die Guatemalteken haben es nicht leicht. Über die Hälfte der Bevölkerung lebt unterhalb der Armutsgrenze und die Mitgliedschaft in Gangs nimmt zu, während eine überforderte und schlecht ausgestattete Polizei händeringend versucht, die Ordnung aufrecht zu erhalten. Vor diesem immer düstereren Hintergrund ist eine Reihe von Graswurzelorganisationen entstanden, die unermüdlich gegen die vielen Probleme Guatemalas ankämpfen. Zwar machen die verschiedenen Regierungen immer wieder neue Versprechungen, doch sind es am Ende die Guatemalteken selbst, die Lösungen anbieten.

Weder korrupt noch ein Dieb

Die Wahlen, die nach der Amtsenthebung von Präsident Otto Pérez Molina folgten, gewann Jimmy Morales, ein beliebter Fernsehkomiker. Seine Popularität verdankte er zum Teil der Tatsache, dass er nicht zur politischen Elite des Landes gehörte. Morales trat mit dem Slogan *„Ni corrupto, ni ladrón“* (Weder korrupt noch ein Dieb) an. Das stieß in einem Land, dessen vorheriger Präsident und vorherige Vizepräsidentin inzwischen im Gefängnis sitzen, offensichtlich auf Widerhall. Morales übernahm das Präsidentenamt im Januar 2016 und die Hoffnung, dass sich nun etwas ändern würde, war groß. Doch angesichts der Verbindungen des neuen Präsidenten zum Armee-Establishment, das als Kern der eigentlichen politischen Elite des Landes gilt, gehen viele davon aus, dass alles so weitergehen wird wie bisher.

Eine Frage der Sicherheit

Guatemala kämpft weiter mit seiner schwierigen Sicherheitslage. Eine landesweite Kampagne zur Registrierung von Schusswaffen kam zunächst gut aus den Startlöchern, geriet dann aber ins Stocken. Auf 100 Guatemalteken kommen elf Schusswaffen, von denen nur drei registriert sind.

Die unterbesetzte und finanziell unterversorgte Polizei hat große Probleme, mit dem Anstieg der Drogenkriminalität besonders in städtischen Zentren und ganz besonders in Guatemala-Stadt Schritt zu halten. Von den Polizeiproblemen zeugen auch die geschätzten 150 000 privaten Sicherheitskräfte im Land – verglichen mit nur 30 000 Polizisten. Wer in Guatemala unterwegs ist, erblickt bald schwer bewaffnete junge – und teils Furcht erregend junge – Männer in offiziell wirkenden Uniformen, die alles von Privathäusern bis zu Apotheken und Fast-Food-Restaurants bewachen.

Weltpolitik

Auch die Weltpolitik übt weiter ihren Einfluss auf Guatemala aus. Eine wohl eher unvorhergesehene Folge des weltweiten Anstiegs der Nutzung von Biokraftstoffen war der gewaltige Preisanstieg bei Maistortillas in Guatemala – die USA nutzen bis zu 40 % ihrer Maisernte für die Erzeugung von Biokraftstoffen. Mais ist ein Grundnahrungsmittel in Guatemala und er gehört praktisch zu jedem Essen. Trotz gewaltiger Anbauflächen gibt Guatemala jedes Jahr über 200 Mio. US$ für die Einfuhr von Mais aus.

Ein sehr umstrittenes Thema im ländlichen Guatemala sind die großen, oft vom Ausland betriebenen Bauprojekte wie Staudämme für die Stromerzeugung und der Abbau von Bodenschätzen. Amnesty International berichtet, dass sich ausländische Unternehmen bei der Vertreibung ortsansässiger Menschen regelmäßig über Menschenrechtsbestimmungen hinwegsetzen. Am schlimmsten betroffen sind arme indigene Siedlungen auf dem Land.

Der lange Weg zur Genesung

Guatemala erholt sich langsam von den im Bürgerkrieg davongetragenen Wunden. Zum Teil ist dieser Prozess der Tatsache geschuldet, dass die Menschen, die den Bürgerkrieg erlebten, nach und nach versterben. Daneben ist aber auch die offizielle Anerkennung einiger Gräueltaten ein wichtiger Schritt der Aufarbeitung. Zwar bemerkte Präsident Morales, dass er nicht glaube, im Ixil-Dreieck habe je ein Völkermord stattgefunden, doch es gibt eine Kampagne zur Exhumierung von Leichen auf Geheimfriedhöfen, die das Militär dazu benutzte, „verschwundene“ Dissidenten zu begraben. Einige Kriegsverbrecher wurden auch schon vor Gericht gestellt. Die härteste Strafe traf bisher den ehemaligen Militärbeauftragten Lucas Tecún: Er wurde zu 7710 Jahren Haft verurteilt.

Im März 2012 räumte ein guatemaltekischer Richter die letzte Hürde aus dem Weg, die verhindert hatte, dass sich der ehemalige Diktator Efraín Ríos Montt für das Verbrechen des Völkermords verantworten musste. Zunächst wurde er zu 80 Jahren Gefängnis verurteilt, doch das Urteil wurde später wieder aufgehoben und wegen Ríos Montts vermeintlicher Senilität wurde eine neue Verhandlung angesetzt.

Graswurzelbewegungen

Angesichts der Gleichgültigkeit der Behörden beziehungsweise ihrer Unfähigkeit, mit den zahllosen Problemen des Landes fertig zu werden, versuchen zahlreiche gemeindebasierte Organisationen und NGOs, die Lücke zu füllen. Sehr viele Guatemalteken engagieren sich als Freiwillige, z. B. in Bürgerwehren in Gebieten, die von der Polizei nicht patrouilliert werden, oder in Initiativen zur Lebensmittelkontrolle und zur Unterbringung der Armen. Dieser Bürgersinn manifestiert sich außerdem, wenn das Land von Naturkatastrophen heimgesucht wird: Dann tun sich die Bürger zusammen, um betroffenen Familien Hilfe zukommen zu lassen.

Die Massenproteste gegen die Regierung von Pérez Molina, die hauptsächlich nicht parteipolitisch, sondern über die sozialen Medien organisiert war, scheinen bei den jungen Guatemalteken ein neues Interesse an der Politik entfacht zu haben, und aus vormals zersplitterten Gruppen sind neue Allianzen entstanden.

Geschichte

Forscher nehmen an, dass Menschen das heutige Guatemala frühestens 11 000 v. Chr. besiedelten. Der vorherrschenden Theorie zufolge wanderten die ersten Siedler über die damals existierende Landbrücke zwischen Sibirien und Alaska auf den amerikanischen Kontinent ein. Die Entwicklung der Landwirtschaft und die daraus resultierende sicherere Versorgung mit Nahrungsmitteln führten zu einem Bevölkerungswachstum sowie zur Entwicklung erster Kunstformen und einer Sprache, die als Basis zahlreicher heute noch gesprochener Maya-Sprachen gilt.

Aufstieg & Untergang der Mayas

Dank weiterer Fortschritte in den Anbaumethoden und eines anhaltenden Bevölkerungswachstums besaßen diese frühen Zivilisationen die Zeit und die Ressourcen, um künstlerische und architektonische Fertigkeiten zu entwickeln.

Zwischen 800 v. Chr. und 100 n. Chr. entstanden Siedlungszentren wie El Mirador im Petén und auch Kaminaljuyú wurde durch Handel und Eroberungen immer größer, sodass Hunderte, wenn nicht Tausende Tempel und zeremonielle Zentren gebaut wurden – viele schlummern immer noch unentdeckt unter der Erde. Tikal, Guatemalas berühmteste Maya-Stätte, entstand zu Beginn der klassischen Periode um 250 n. Chr.

Die Entwicklung dieser und vieler anderer Stadtstaaten ging bestenfalls holprig vonstatten und war von nicht eingehaltenen Militärbündnissen, Nahrungsmangel und Dürren gekennzeichnet. Eines der besten, nicht allzu wissenschaftlichen Bücher zu dieser Epoche ist Nikolai Grubes reich bebildertes *Maya: Gottkönige im Regenwald*.

Zu Beginn des 16. Jhs. war die Maya-Zivilisation bereits im Niedergang. Einige Zentren wie El Mirador waren bereits verlassen, während andere wie Tikal oder Quiriguá das Dasein kleiner unbedeutender Städte fristeten. Verschiedene Theorien legen nahe, dass unzählige Bewohner den Petén verließen und ins Hochland zogen, wo sie große Städte wie K'um'arkaj (Gumarcaj), Iximché, Zaculeu und Mixco Viejo gründeten.

Diese neue Heimat brachte ihnen jedoch keinen Frieden – schon bald folgten ihnen toltekische Stämme aus Yucatán und übernahmen nach und nach die Kontrolle. Kämpfe zwischen einzelnen Stämmen sowie die Überbevölkerung und die daraus resultierende Nahrungsknappheit bereiteten den Boden für die Eroberungen der Spanier, die 1523 ins heutige Guatemala vordrangen.

Eroberung & Kolonialisierung

Die Spanier sind aber nicht einfach so einmarschiert. Sie trafen auf energischen Widerstand, hauptsächlich von den K'iche' (Quiché; in einer berühmten Schlacht wurden sie nahe dem heutigen Quetzaltenango von Tecún Umán angeführt). Die benachbarten Cakchiquel weigerten sich nicht nur, ihre Kräfte mit den Quiché zu vereinen, sie verbündeten sich sogar mit den Spaniern und kämpften gegen ihre Landsleute.

Es dauerte jedoch nicht lange, bis die Spanier sich auch gegen die Cakchiquel wendeten und schon bald befand sich der Großteil des einstigen Maya-Territoriums unter spanischer Kontrolle. Die Ausnahme bildeten die Rabinal, die ihre Kultur bis heute größtenteils bewahren konnten, und die Itzáes, die sich weit weg auf der erst 1697 eroberten Insel Flores im Petén versteckten.

Unabhängigkeit & 19. Jahrhundert

Als sich die ersten Gedanken über eine Unabhängigkeit von Spanien in Guatemala breitmachten, war die Gesellschaft schon streng in soziale Schichten gegliedert. Nachdem ihnen wiederholt der soziale Aufstieg verwehrt worden war, zettelten die guatemaltekischen *criollos* (in Guatemala geborene Spanier) 1821 erfolgreich einen Aufstand an. Für die indigenen Bevölkerungsteile Guatemalas brachte die Unabhängigkeit jedoch kaum Veränderungen: Sie fristeten ihr Dasein weiterhin unter der Knute der Kirche und der Elite der Landbesitzer.

Während der kurzen Existenz der Zentralamerikanischen Konföderation brachte der liberale Präsident Francisco Morazán (1830–1839) Reformen auf den Weg, die drei dauerhafte Probleme beheben sollten: die Übermacht der Kirche, die Teilung der Gesellschaft in eine hispanische Ober- und eine indigene Unterschicht und die Bedeutungslosigkeit der Region auf den Weltmärkten. Doch die Konföderation zerbrach und Guatemala erlangte 1839 die Eigenstaatlichkeit.

Eine unpopuläre Wirtschaftspolitik, hohe Steuern und die Cholera-Epidemie von 1837 führten zu Aufständen der indigenen Bevölkerung, die dem konservativen Rafael Carrera zur Macht verhalfen. Carrera, der mit dreijähriger Unterbrechung bis 1865 regierte, machte viele von Morazás Errungenschaften zunichte.

Unter Präsident Justo Rufino Barrios, einem Kaffeeplantagenbesitzer, erlangten die Liberalen in den 1870er-Jahren erneut die Macht. Er brachte ein Modernisierungsprogramm auf den Weg, ließ Straßen, Eisenbahnstrecken und Schulen bauen und begründete ein modernes Bankensystem. Und er tat alles nur Mögliche zur Förderung der Kaffeeproduktion und machte auch vor Zwangsumsiedlungen und Zwangsarbeit nicht halt. Die folgenden Regierungen behielten mehr oder weniger das altbekannte Schema bei: Die Macht lag in den Händen einer reichen Minderheit, die die Opposition unterdrückte.

Das frühe 20. Jahrhundert

Von 1898 bis 1920 regierte Manuel Estrada Cabrera als Diktator das Land. In der öffentlichen Darstellung stilisierte er sich zum „Lehrer und Beschützer der Jugend Guatemalas", der versucht, Kultur in ein rückständiges Land zu bringen. Gleichzeitig belastete er die Bevölkerung mit Ausnahme der herrschenden Oligarchie schwer.

Dem Sturz Cabreras folgte eine Phase der Instabilität. Sie endete 1931 mit der Wahl von General Jorge Ubico, der das Gesundheits- und Sozialsystem des Landes modernisierte, 1944 jedoch ins Exil getrieben wurde.

1945 kam der Philosoph Juan José Arévalo an die Macht. Er schuf ein Sozialversicherungssystem, eine Behörde für die Belange der *indígenas*, ein modernes öffentliches Gesundheitswesen und ein liberales Arbeitsrecht. In seiner sechsjährigen Amtszeit überstand er 25 Putschversuche des konservativen Militärs.

Arévalo folgte 1951 Oberst Jacobo Arbenz Guzmán nach, der die großen Farmen auflösen und die Produktivität kleinerer Betriebe steigern wollte. 1954 steuerte die US-Regierung schließlich bei einer der ersten dokumentierten verdeckten CIA-Operationen dieser Art eine Invasion von Honduras aus, die von zwei im Exil lebenden Militäroffizieren aus Guatemala geleitet wurde.

Arbenz wurde zum Rücktritt gezwungen, seine Landreform wurde nie umgesetzt. Es folgten Gewalt, Unterdrückung und Enteignungen, die zur Bildung linksradikaler Guerillagruppen führten.

Bürgerkrieg

In den 1960er- und 1970er-Jahren wuchs das wirtschaftliche Ungleichgewicht. Während die Gewerkschaftsbewegung aufkeimte, erreichten die Repressionen neue Dimensionen. Amnesty International schätzt, dass während der politischen Unruhen der 1970er-Jahre 50 000 bis 60 000 Guatemalteken getötet wurden. Darüber hinaus forderte 1976 ein Erdbeben 22 000 Todesopfer und machte rund 1 Mio. Menschen obdachlos.

1982 verfolgte General José Efraín Ríos Montt, der durch einen Putsch an die Macht gelangt war, eine erbarmungslose Politik der „verbrannten Erde": Zahllose Personen aus über 400 Dörfern, vorwiegend indigene Männer, wurden ermordet. Ríos Montt schrieb sich die Niederschlagung der Aufstände, die Stabilisierung des Landes und den Antikommunismus auf die Fahnen. Geschätzte 15 000 Zivilisten wurden gefoltert und massakriert; 100 000 Flüchtlinge flohen nach Mexiko. Als Antwort schlossen sich vier Guerilla-Organisationen zur URNG („Revolutionäre Nationale Einheit Guatemalas“) zusammen.

Im August 1983 wurde Ríos Montt durch einen von General Oscar Humberto Mejía Victores geführten Putsch gestürzt, doch die Menschenrechte wurden auch in der Folge mit Füßen getreten. Nachdem die USA ihre militärische Hilfe eingestellt hatten, gewann 1985 der Zivilist und Christdemokrat Marco Vinicio Cerezo Arévalo die Wahl – jedoch erst, nachdem sich das Militär Immunität vor strafrechtlichen Verfolgungen gesichert hatte. Und in abgelegenen Gebieten tobten weiter bewaffnete Auseinandersetzungen.

Die Unterzeichnung des Friedensabkommens

1996 wurde Álvaro Enrique Arzú Irigoyen von der Mitte-Rechts-Partei PAN (Partido de Avanzada Nacional) zum Staatspräsidenten gewählt. Im Dezember unterzeichnete er ein Friedensabkommen mit der URNG, das den 36-jährigen Bürgerkrieg beendete – einen Krieg, in dem geschätzte 200 000 Guatemalteken getötet und 1 Mio. Menschen obdachlos wurden und in dem unzählige Tausend „verschwanden“.

Das Abkommen sah vor, die Menschenrechtsverletzungen durch die Militärs aufzuklären und 1 Mio. Flüchtlinge wieder in ihre Heimat zurückzuholen. Es griff darüber hinaus Probleme wie die Identität und die Rechte der *indígenas* auf, das Gesundheitswesen, die Bildung und andere staatliche Sozialleistungen, die Rechte der Frauen, die Abschaffung des Militärdienstes und die Wiedereingliederung ehemaliger Guerillas in die Zivilgesellschaft.

Seit Ende des Krieges ist das Land einen steinigen Weg gegangen. Die größte Herausforderung für den Frieden stellen die Ungerechtigkeiten in den Machtstrukturen dar. Schätzungsweise 70 % des urbaren Landes sind im Besitz von nur 3 % der Bevölkerung. Laut eines UN-Berichts verfügen die oberen 20 % der Bevölkerung über ein Einkommen, das 30-mal größer ist als das der unteren 20 %. Oder, wie es auch die meisten Guatemalteken ausdrücken: Es gibt sieben Familien, denen Guatemala „gehört“.

Guatemala im 21. Jahrhundert

In den Jahren seit 1996 scheinen sich sämtliche Hoffnungen für eine wahrhaft gerechte und demokratische Gesellschaft als immer zerbrechlicher zu erweisen. Während internationale Organisationen die Menschrechtslage im Land regelmäßig kritisieren, werden guatemaltekische Menschenrechtler immer wieder bedroht oder verschwinden einfach, und das erschreckend regelmäßig. Nach wie vor weit von einer Lösung entfernt sind die größten Probleme des Landes: Armut, Analphabetismus und ein mangelhaftes Bildungs- und Gesundheitswesen (in ländlichen Gegenden, in denen überproportional Mayas leben, sind diese noch deutlich ausgeprägter).

Die Präsidentschaftswahlen im Jahr 1999 gewann Alfonso Portillo von der konservativen Frente Republicano Guatemalteco (FRG). Portillo wurde als Frontmann des FRG-Führers und Ex-Präsidenten und -Generals Efraín Ríos Montt angesehen. Am Ende seiner Präsidentschaft floh auch Portillo aus dem Land, als Anschuldigungen gegen ihn erhoben wurden, er habe 500 Mio. US$ aus der Staatskasse auf eigene Konten und die von Familienangehörigen verschoben.

Das guatemaltekische Verfassungsgericht erlaubte Ríos Montt, bei der Wahl 2003 anzutreten, obwohl die Verfassung dies Ex-Präsidenten verbietet, wenn sie bereits in der Vergangenheit durch einen Putsch an die Macht gekommen sind – wie auch Ríos Montt 1982. Am Ende bescherten die guatemaltekischen Wähler Ríos Montt eine saftige Niederlage und wählten Oscar Berger von der gemäßigt-konservativen Gran Alianza Nacional (GANA) zum Präsidenten. Berger gelang es, von politischen Skandalen relativ unbeschadet zu bleiben – Kritiker behaupten allerdings, dies habe allein an seiner Untätigkeit gelegen.

2006 ratifizierte Guatemala das Cafta (Central America Free Trade Agreement, auf Spanisch *Tratado de Libre Comercio*, TLC). Befürworter meinen, es mache das Land fit für den internationalen Wettbewerb, während Gegner warnen, das Abkommen sei ein schlechtes Geschäft für die ohnehin gebeutelte, verarmte Landbevölkerung.

Ende 2007 wurde Álvaro Colom von der Mitte-Links-Partei Unidad Nacional de la Esperanza (UNE) zum Präsidenten Guatemalas gewählt. Colom folgte Oscar Bergers Beispiel einer Politik der ruhigen Hand und pflegte einen behutsamen Regierungsstil. Die Infrastruktur des Landes verbesserte sich ganz entscheidend, obwohl immer wieder Anschuldigungen erhoben wurden, die Coloms Mannschaft direkten Stimmenkauf sowie Deals hinter verschlossenen Türen vorwarfen, bei denen solchen Unternehmen Aufträge zugeschustert wurden, die in Coloms Wahlkampfkasse eingezahlt hatten.

Aber das wahrscheinlich Bizarrste während Coloms Präsidentschaft ereignete sich, als er aus dem Amt schied: Die guatemaltekische Verfassung verbietet es Mitgliedern der Familie des Präsidenten, sich für die nächste Präsidentschaft zu bewerben (vermeintlich als Maßnahme zur Verhinderung von Diktaturen). Also ließen sich Colom und seine Frau vor den Wahlen des Jahres 2011 scheiden, damit Frau Colom als Präsidentschaftskandidatin antreten konnte. Doch das Verfassungsgericht verbot ihr die Kandidatur und so übernahm Anfang 2012 der ehemalige Bürgerkriegsgeneral Otto Pérez Molina das Amt des Präsidenten.

Es war von Anfang an klar, dass die Wahl von Pérez Molina immer umstritten sein würde: Er war zu Zeiten, in denen die schlimmsten Gräueltaten geschahen, und in den Gegenden, in denen sie geschahen, General in Ríos Montts Armee. Doch die Guatemalteken hatten inzwischen genug von der wachsenden Gesetzlosigkeit im Land und ließen Vergangenheit Vergangenheit sein in der Hoffnung, dass Molina seine beiden Wahlversprechen einlösen würde – Arbeit und Sicherheit.

Während auf Proteste teils rücksichtslos reagiert wurde – bei einem Protest gegen einen Staudammbau und die Ausbeutung von Bodenschätzen tötete die Armee sieben Menschen und verwundete 40 –, unternahm Pérez Molina wenig, um die Kriminalität zu bekämpfen, und zu Beginn seiner Präsidentschaft kursierten vage Gerüchte über Korruption in seiner Regierung. Im April gab die Anti-Korruptionskommission der Vereinten Nationen in Guatemala, die CICIG, einen Bericht heraus – jetzt waren die Anschuldigungen nicht mehr so vage.

Dem Bericht zufolge nahmen mehrere hochrangige Mitglieder der Regierung Pérez Molinas von Warenimporteuren Bestechungsgelder an, um die Zollgebühren zu senken. Innerhalb weniger Tage wurden über die sozialen Medien Massenproteste organisiert und in Guatemala-Stadt gingen Zehntausende auf die Straße. Vizepräsidentin Roxana Baldetti war das erste Opfer: Sie trat Anfang Mai zurück, da sie z. B. nicht erklären konnte, woher die 13 Mio. US$ für ihren Hubschrauber stammten.

In den folgenden Monaten, als der Skandal langsam seinen Weg zur Regierungsspitze fand, traten mehr als 20 Regierungsbeamte zurück und zahlreiche wurden verhaftet. Als noch mehr Details zutage traten, gingen die Massenproteste weiter. Baldetti wurde im August verhaftet und es wurden Rufe laut, Pérez Molina seines Amtes zu entheben. Der Präsident klammerte sich noch ein paar Wochen an seinen Posten und trat dann im Angesicht der drohenden Amtsenthebung zurück. Er wurde Anfang September verhaftet.

Die Menschen

Mentalität

Wer zum ersten Mal nach Guatemala kommt, ist erstaunt, wie hilfsbereit, höflich und gelassen die Guatemalteken sind. Jeder hat Zeit, kurz ein Päuschen zu machen, ein Schwätzchen zu halten und einem zu erklären, was man wissen möchte. Die meisten Guatemalteken lernen andere Menschen lieber in aller Ruhe kennen und finden heraus, welche Gemeinsamkeiten sie haben bzw. welche Ansichten sie teilen.

Was sich hinter dieser höflichen Fassade abspielt, ist schwieriger zu fassen. Nur wenige Guatemalteken scheinen den Stress, die Sorgen und die Hektik einer „modernen“ Gesellschaft zu kennen, was aber ganz offensichtlich nicht daran liegt, dass sie sich nicht um Geld oder Arbeit sorgen müssen. Dieses Volk leidet seit langer Zeit und hat die Hoffnung auf Wohlstand und eine vernünftige Regierung aufgegeben – die Menschen hier machen das Beste aus dem, was sie haben: Freundschaft, Familie, gutes Essen und etwas nette Gesellschaft.

Nach außen hin scheinen die Familienbande stark zu sein, bei genauerem Hinsehen stellt man aber fest, dass der wahre Grund für das Zusammenleben dreier Generationen in einem Haus eher wirtschaftlicher Natur ist und nicht zwangsläufig etwas mit gegenseitiger Zuneigung zu tun hat.

Die Guatemalteken sind ein religiöses Volk, Agnostiker und Atheisten sind nur sehr spärlich gesät. Man wird oft schon zu Beginn einer Unterhaltung gefragt, welcher Religion man angehört. Wer keine Lust auf eine derartige Diskussion verspürt, kann sein Gegenüber mit der Antwort „Ich bin Christ" in der Regel zufriedenstellen. Der katholisch-orthodoxe Glaube weicht unter den *ladinos* (Menschen gemischter, also indigener und europäischer Abstammung) immer mehr dem evangelikalen Protestantismus, während der animistisch-katholische Synkretismus der Mayas stets gegenwärtig ist.

Manch Beobachter meint, Guatemala habe keine Mittelschicht, sondern nur eine herrschende und eine ausgebeutete Klasse. Tatsächlich wird Guatemala von einer kleinen, reichen *ladino*-Elite regiert, deren wichtigstes Ziel es zu sein scheint, ihren Wohlstand und ihre Macht um nahezu jeden Preis zu erhalten. Auf der anderen Seite des gesellschaftlichen Spektrums finden sich indigene Mayas wieder, die mehr als die Hälfte der Gesamtbevölkerung ausmachen, in der Regel arm, schlecht ausgebildet und schlecht versorgt sind.

Neben diesen beiden Gruppen existiert auch eine große Gruppe *ladinos* aus der Unter- und Mittelschicht, deren Sehnsüchte durch ihre Bildung, das Fernsehen, internationale Popmusik und die USA (wo viele Guatemalteken eigene Erfahrungen als Gastarbeiter gemacht haben) geprägt werden – und möglicherweise vom liberalen Gedankengut sozialer Gleichheit und Toleranz. Zu dieser Schicht gehören auch unkonventionelle Studenten und Künstler, die Ziele und Ansichten mit der Gruppe der gebildeten, nach vorne blickenden Mayas teilen und vielleicht am ehesten gewillt und auch in der Lage sind, eine gerechtere Gesellschaft zu verwirklichen.

Lebensart

Die meisten Guatemalteken leben in Ziegel- oder Betonhäusern mit nur einem Zimmer oder in den traditionellen *bajareque* mit Blech-, Ziegel- oder Strohdach. Die Häuser haben einen Boden aus Erde, einen Ofen oder eine Feuerstelle und eine minimale Einrichtung – oft nicht mehr als ein paar karge Betten und ein paar Töpfe. So lebt der Großteil der indigenen Bevölkerungsmehrheit, egal ob auf dem Land, in Dörfern oder in der Stadt.

Die wenigen wohlhabenderen *indígenas* und die meisten *ladino*-Familien haben größere Häuser in den Städten und größeren Dörfern, die aber ebenfalls selten aus viel mehr als ein oder zwei Zimmern und einer Küche bestehen, die gleichzeitig als Wohnzimmer dient. Familien der Mittelschicht in den reicheren Vororten von Guatemala-Stadt leben in großzügigen ein- oder zweistöckigen Häusern mit Garten. Die kleine Elite besitzt sowohl ländliche Anwesen als auch Immobilien in der Stadt, z. B. ein komfortables Gehöft am Pazifikgürtel oder eine Villa direkt am Meer bzw. in Küstennähe.

Trotz moderner Einflüsse sind die traditionellen Familienbande nach wie vor sehr stark. Die erweiterte Verwandtschaft trifft sich am Wochenende zum Essen oder für gemeinsame Unternehmungen. Auch traditionelle Geschlechterrollen sind weit verbreitet: Viele Frauen haben zwar einen Job, um das Familieneinkommen aufzustocken, aber nur wenige bekleiden höhere Positionen. Homosexuelle wagen sich nur selten aus der Deckung: Lediglich in Guatemala-Stadt gibt's so etwas wie eine offene Szene, die allerdings fast ausschließlich homosexuellen Männern vorbehalten ist.

Dem World Factbook der CIA zufolge lebt mehr als die Hälfte der Guatemalteken in Armut. Der offizielle nationale Mindestlohn beträgt gerade einmal 81 Q (10 €) pro Tag – und bei Weitem nicht jeder hat Anspruch darauf. Ein ausgebildeter Lehrer verdient bis zu 1950 Q (ca. 230 €) pro Monat. Besonders stark ausgeprägt ist die Armut in ländlichen Gebieten, Heimat vieler *indígenas*, und ganz besonders im Hochland. Wohlstand, Industrie und Kommerz wird man fast ausschließlich im riesigen, verschmutzten Guatemala-Stadt antreffen.

Bevölkerung

Die große Mehrheit der 15 Mio. Einwohner Guatemalas lebt im Hochlandstreifen zwischen Guatemala-Stadt und Quetzaltenango, den beiden größten Städten des Landes. In dieser Region liegen verstreut zahlreiche weitere Städte und größere Dörfer. Etwa 49 % der Bevölkerung leben in Städten, fast die Hälfte ist jünger als 19 Jahre.

41 % der Guatemalteken sind *indígenas*, diese Zahl hat aber nur bedingt Aussagekraft, da viele Menschen zwar indigene Vorfahren haben, sich selbst aber nicht als solche bezeichnen. Nahezu alle *indígenas* sind Mayas, daneben gibt es allerdings auch eine sehr kleine Bevölkerungsgruppe, die dem in der Südost-Ecke des Landes lebenden Volk der Chinka' (Xinca) angehören. Die Angehörigen der vier wichtigsten Maya-Bevölkerungsgruppen – Quiché (K'iche'), Mam, Kekchí (Q'eqchi') und Cakchiquel – sind vor allem im Hochland beheimatet. Der Rest der

Bevölkerung Guatemalas besteht fast ausschließlich aus *ladinos*, die sowohl Mayas als auch europäische (meist spanische) Siedler unter ihren Vorfahren haben. Außerdem leben rund um die karibische Stadt Lívingston ein paar Tausend Garifuna, die von karibischen Inselbewohnern und schiffbrüchigen afrikanischen Sklaven abstammen.

Viele Mayas sprechen noch immer Maya-Sprachen, wobei in den einzelnen Regionen des Landes etwa 20 verschiedene Varianten in Gebrauch sind. Mayas, die unterschiedliche Maya-Sprachen sprechen, können sich nicht zwangsläufig untereinander verständigen. So bestimmt hauptsächlich die Sprache, welchem Maya-Volk man angehört. Obwohl viele Mayas etwas Spanisch sprechen, ist es stets ihre Zweitsprache – und viele *indígenas* sprechen auch überhaupt kein Spanisch.

Religion

Der Katholizismus ist zwar die vorherrschende Religion in Guatemala, aber nicht die einzige. Seit den 1980er-Jahren erfreuen sich evangelikal-protestantische Sekten wachsender Beliebtheit. Schätzungen zufolge gehören 30 bis 40 % der Guatemalteken einer evangelikalen Konfession an. Und die Zahl wächst stetig, werben doch die evangelikalen Kirchen eifrig um weitere Schäfchen.

Der Niedergang der katholischen Kirche hat seinen Ursprung teilweise im Bürgerkrieg. Katholische Priester waren und sind offene Verteidiger der Menschenrechte und wurden von den verschiedenen Diktatoren verfolgt; besonders Ríos Montt griff hart durch. Viele Kirchen in ländlichen Gebieten wurden geschlossen, sodass die Evangelikalen nachziehen und die entstandene Lücke füllen konnten.

Die Anzahl der neuen evangelikalen Kirchen in einigen Städten und Dörfern, nicht zuletzt in Maya-Dörfern, ist verblüffend. Bei einem Bummel durch deren Straßen wird man zweifellos laute guatemaltekische Gospel-Gesänge vernehmen, mitunter wird die Kirchenmusik mitsamt Predigt über Lautsprecher im ganzen Ort verbreitet.

Der Katholizismus war in den Maya-Gegenden noch nie auf einer streng orthodoxen Linie. Die Missionare, die die Mayas im 16. Jh. zum neuen Glauben bekehrten, ließen auch Aspekten der alten animistischen, schamanischen Maya-Religion ihren Raum, die so neben den christlichen Bräuchen und dem Glauben weiter bestehen blieben. Indem Maya-Gottheiten mit christlichen Heiligen gleichgesetzt werden konnten, überlebte der Synkretismus bis heute. Eines der bizarreren Beispiele ist die Gottheit, die u. a. als Maximón bekannt ist.

Die Mayas üben ihren Glauben noch immer in denselben heiligen Stätten aus wie in präkolumbischer Zeit. Dort bringen sie den Göttern ihrer Ahnen Gaben dar oder opfern ihnen Hühner. Jeder dieser Orte hat seine ureigene Götterschar – oder zumindest andere Namen für ähnliche Gottheiten.

An Orten wie dem Pascual-Abaj-Schrein (S. 152) in Chichicastenango, an den Altären der Laguna Chicabal (S. 166) vor den Toren von Quetzaltenango oder in El Baúl (S. 176) in der Nähe von Santa Lucía Cotzumalguapa haben Besucher mitunter die Möglichkeit, traditionelle Maya-Zeremonien zu beobachten; zu vielen traditionellen Riten wird Fremden jedoch der Zutritt verwehrt.

Kunst & Kultur

Literatur

Der guatemaltekische Schriftsteller Miguel Ángel Asturias (1899–1974) gewann 1967 den Literaturnobelpreis. Vor allem für seine nur sehr dünn verschleierte Schmähung lateinamerikanischer Diktatoren in *Der Herr Präsident* bekannt, schrieb Asturias auch Gedichte (erschienen in der Sammlung *Sien de alondra*). Weitere gefeierte guatemaltekische Schriftsteller sind der Dichter Luis Cardoza y Aragón (1901–92) und der Meister der Kurzgeschichten, Augusto Monterroso (1921–2003). *A Mayan Life* von Gaspar Pedro Gonzáles gilt als erster Roman eines Maya-Autors.

Musik

Musik ist ein sehr wichtiger Bestandteil der Gesellschaft Guatemalas. Quell des guatemaltekischen Stolzes ist, dass die Marimba (Xylophon) möglicherweise hier erfunden wurde (obwohl einige behaupten, dass sie zunächst von Sklaven aus Afrika eingeführt wurde). Die Mayas spielen ferner traditionelle Instrumente wie die mit der Oboe verwandte *chirimía* (arabischen Ursprungs) oder die Schilfflöte.

Der guatemaltekische Geschmack in Sachen Popmusik wird stark von dem beeinflusst, was andere lateinamerikanische Länder produzieren. Reggaetón ist extrem beliebt – die derzeitigen Favoriten sind Pitbull, Nicky Jam und J Balvin. Das einzige Plattenlabel, das ernsthaft Künstler aus Guatemala fördert (die meisten aus der Urban/Hip-Hop-Ecke), ist Outstanding Productions in Guatemala-Stadt.

Der guatemaltekische Rock erlebte sein goldenes Zeitalter in den Achtzigern und frühen Neunzigern. Bands aus dieser Zeit, z. B. Cambio, Bohemia Suburbana und Viernes Verde, haben noch immer treue Fans. Der berühmteste in Guatemala geborene Musiker ist Ricardo Arjona.

Weberei

In Guatemala haben die vielfältigen traditionellen *artesanías* (Handarbeiten) einen hohen Stellenwert, sowohl für den alltäglichen Gebrauch als auch für den Handel. Das Kunsthandwerk stellt Körbe, Keramik und Holzschnitzereien her, am häufigsten aber fertigen Maya-Frauen Webarbeiten, Stickereien und andere Textilkunstwerke an.

Die *huipil* (eine lange, gewebte, ärmellose weiße Tunikabluse mit kunstvollen bunten Stickereien) ist eines von mehreren Kleidungsstücken, das schon in präkolumbischen Zeiten getragen wurde. Weitere farbenfrohe Exemplare sind der *tocoyal*, eine gewebte, oft mit bunten Quasten verzierte Kopfbedeckung, der *corte*, ein 7 oder 10 m langer Stoff, der als Wickelrock getragen wird, und die *faja*, eine lange, gewebte Taillenschärpe, die so gewickelt wird, dass man darin Dinge aufbewahren kann, die sich andere in die Hosentasche stecken würden.

Die bunte traditionelle Kleidung ist vor allem im von Mayas geprägten Hochland verbreitet, man sieht sie aber in allen Teilen des Landes. Die Vielfalt der Techniken, Materialien, Stile und Muster ist für Neulinge verwirrend. Einige der farbenfrohsten, aufwendigsten, auffälligsten und am weitesten verbreiteten Designs kann man in Sololá und Santiago Atitlán in der Nähe des Lago de Atitlán, in Nebaj im Ixil-Dreieck, in Zunil in der Nähe von Quetzaltenango und in Todos Santos und San Mateo Ixtatán im Cuchumatanes-Gebirge bestaunen.

Natur & Umwelt

Das Land

Guatemala erstreckt sich über eine Fläche von fast 109 000 km² und besteht hauptsächlich aus bergigem, bewaldetem Hochland und mit Urwald bewachsenen Ebenen. Im westlichen Hochland ragen 30 Vulkane in den Himmel, die südwestlich von Huehuetenango eine Höhe von über 4200 m erreichen. Weiter nordwestlich liegt in der Sierra de los Cuchumatanes (Cuchumatanes-Gebirge) das Land, das nicht für die *milpas* (Maisfelder) der Maya freigegeben ist; die hiesigen Kiefernwälder lichten sich jedoch rapide.

Am Pazifikgürtel gibt es fruchtbare Kaffee-, Kakao-, Obst- und Zuckerrohrplantagen. Im Tiefland trifft der Vulkanstreifen auf das Meer, so haben sich weite, glühend heiße Strände aus schwarzem Vulkansand gebildet.

Guatemala-Stadt liegt auf einer Höhe von etwa 1500 m. Im Norden weicht das Hochland Alta Verapaz allmählich dem Petén, das in puncto Klima und Topographie der Halbinsel Yucatán ähnelt: heiß und feucht bzw. heiß und trocken. Südöstlich des Petén befindet sich das von Bananenstauden übersäte Tal des Río Motagua, dessen Flussbett in einigen Gegenden trocken ist, anderswo aber auch noch Wasser führt.

Unter Guatemala stoßen drei tektonische Platten aufeinander, was immer wieder Erdbeben und Vulkanausbrüche verursacht. Große Beben erschütterten das Land in den Jahren 1773, 1917 und 1976. Zur dynamischen Geologie des Landes gehört außerdem ein erstaunliches Höhlensystem; das Karst-Terrain durchlöchert die Region Verapaces und hat Guatemala zu einem beliebten Ziel für Höhlenforscher gemacht. Einige Höhlen werden seit der Antike für Maya-Zeremonien genutzt.

Tiere

Die unglaubliche Tiervielfalt des Landes umfasst 250 Säugetierarten, 600 Vogelarten, 200 Reptilien- und Amphibienarten und nicht zuletzt unzählige Schmetterlinge und Insekten.

Der Nationalvogel, der prächtige Quetzal, gilt oft als Symbol für ganz Zentralamerika. Die Männchen besitzen ein außergewöhnlich schönes Gefieder: einen blaugrün leuchtenden Körper, eine auffällig rote Brust und eine Schwanzfeder mit grellweißer Unterseite.

Weitere Vertreter der farbenfrohen Vogelwelt sind Tukane, Aras und Papageien. Tikal kann sich mit dem Pfauentruthahn („Petén-Truthahn") brüsten – einem großen, beeindruckenden, mehrfarbigen Vogel, der an einen Pfau erinnert. Nicht zuletzt seinetwegen ist die antike Stadt ein Mekka für Vogelkundler, in der bis heute um die 300 Tropen- und Wandervogelarten gesichtet wurden. Mehrere Spechtarten, neun verschiedene Kolibrispezies und vier Trogonarten sind nur der Anfang der Liste. In der Gegend leben außerdem Kanadareiher, Falken, Waldsänger, Eisvögel, die seltenen Harpyienadler u. v. a.

Auch wenn durch Guatemalas Wälder verschiedene Säugetiere und Reptilienarten streifen, sind viele von ihnen schwer zu beobachten. Besucher Tikals kommen aber mit ziemlicher Sicherheit in den Genuss der Possen des allgegenwärtigen *pizote* (Nasenbär), eines tropischen Säugetiers, das mit dem Waschbären verwandt ist; und vielleicht sehen sie auch Brüll- und Klammeraffen. Tiefer in den Wäldern leben Jaguare, Ozelote, Pumas, Pekaris, Agutis, Opossums, Tapire, die nachtaktiven und auf Bäumen wohnenden Wickelbären, *tepezcuintles* (Pakas, bräunliche Nager mit weißen Punkten), Weißwedel- und Spießhirsche, Gürteltiere und sehr große Klapperschlangen. Zu den Reptilien und Amphibien im restlichen Guatemala zählen auch drei Meeresschildkrötenarten (Lederschildkröte, *tortuga negra* und Olive Bastardschildkröte) und zwei Krokodilarten; die eine lebt im Petén, die andere im Río Dulce. Darüber hinaus sind Seekühe teils in den Gewässern rund um den Río Dulce heimisch.

Pflanzen

In Guatemala wachsen über 8000 Pflanzenarten in 19 verschiedenen Ökosystemen, die von Mangrovenwäldern an der Küste über die Kiefernwälder der Berge im Landesin-

NATIONALPARKS & NATURSCHUTZGEBIETE

In Guatemala gibt es 92 Schutzgebiete, darunter auch Biosphärenreservate, Nationalparks, geschützte Biotope, Tier- und private Naturschutzgebiete. Auch wenn einige dieser Reservate innerhalb anderer Schutzgebiete liegen, machen sie insgesamt 28 % der Landesfläche aus.

Viele Reservate sind abgeschieden und für Individualreisende nur schwer zu erreichen; die folgende Tabelle listet die auf, die am leichtesten zu erreichen und/oder besonders sehenswert sind (ausgenommen Vulkane, die nahezu alle unter Naturschutz stehen, und Gebiete von hauptsächlich archäologischem Interesse).

Parque Nacional Tikal Vielfältige Urwaldtiere und -pflanzen inmitten Guatemalas eindrucksvollster Maya-Ruinen

Parque Nacional Laguna del Tigre Abgeschiedener, großer Park in der Reserva Maya mit Süßwasser-Feuchtgebieten; darin Hellrote Aras, Affen, Krokodile

Parque Nacional Mirador-Río Azul Nationalpark in der Reserva Maya mit der archäologischen Stätte El Mirador

Parque Nacional Río Dulce Herrlicher, von Urwald gesäumter Unterlauf des Río Dulce zwischen dem Lago de Izabal und der Karibik; Manati-Schutzgebiet

Parque Nacional Grutas de Lanquín Großes Höhlensystem 61 km östlich von Cobán mit jeder Menge Fledermäusen

Biotopo del Quetzal (S. 181) Leicht zugängliches Nebelwald-Schutzgebiet mit Brüllaffen und Vögeln; Quetzal-Sichtung möglich

Biotopo Cerro Cahuí (S. 213) Waldschutzgebiet am Lago de Petén Itzá mit zahlreichen Tieren und guten Wanderwegen

Refugio de Vida Silvestre Bocas del Polochic Guatemalas zweitgrößtes Süßwasser-Feuchtgebiet am westlichen Ende des Lago de Izabal (S. 194) mit mehr als 300 Vogelarten

Reserva Natural Monterrico-Hawaii (S. 178) Strände und Feuchtgebiete mit Vögeln und Meeresschildkröten

neren bis zu hoch gelegenen Nebelwäldern reichen. Darüber hinaus sind im Petén etliche Baumarten heimisch, u. a. Mahagoni, Zedern, Ramóns und Sapodillas.

Die Nationalblume, die *monja blanca* (weiße Nonnenorchidee), wurde angeblich schon so oft gepflückt, dass sie in der Wildnis mittlerweile sehr selten anzutreffen ist. Doch darüber hinaus gedeihen hier noch 600 weitere Orchideenarten, von denen ein Drittel endemisch ist. Guatemala bietet außerdem das perfekte Klima für die *xate* (*scha*-te), eine niedrig wachsende Palmenart, die im Petén häufig vorkommt und weltweit gern für Blumenarrangements genutzt wird.

Umweltprobleme

Das Umweltbewusstsein ist in Guatemala nicht sonderlich ausgeprägt, was man angesichts der riesigen Müllberge, die überall im Land verstreut liegen, schnell feststellen wird. Trotz der beeindruckenden Liste mit Parks und Reservaten ist ein nennenswerter wirksamer Schutz für diese Gebiete nur schwer zu bewerkstelligen. Dies liegt einerseits an stillen Absprachen der Behörden, die offizielle Vorgaben ignorieren, andererseits am Druck ärmerer Guatemalteken, die verzweifelt Land benötigen. Die Abholzung ist daher in vielen Regionen ein ernsthaftes Problem, besonders im Petén, wo der Urwald in alarmierendem Tempo gerodet wird – und zwar nicht nur zur Holzgewinnung, sondern auch, um Platz für Rinderfarmen, Ölpipelines, versteckte Landebahnen, neue Siedlungen und neue Maisfelder zu schaffen, die durch Brandrodung erschlossen werden.

Auf der dichter besiedelten Pazifikseite Guatemalas wird das Land hauptsächlich landwirtschaftlich genutzt oder wurde der Industrie überlassen. Und auch die verbleibenden Wälder entlang der Pazifikküste und im Pazifikhochland werden nicht mehr lange erhalten bleiben, sollte der Abholzung kein Einhalt geboten werden. Die Gemeinden vor Ort sind jedoch auf das Holz zum Heizen und als Brennstoff angewiesen.

Dennoch leistet eine Reihe guatemaltekischer Organisationen wertvolle Arbeit und versuchen, die Umwelt und die biologische Vielfalt ihres Landes zu schützen. Diese NGOs sind gute Quellen für alle, die etwas mehr über Guatemalas Naturparks und Reservate erfahren möchten.

PRAKTISCHE INFORMATIONEN

ℹ Allgemeine Informationen

AKTIVITÄTEN

Caving (Höhlenwanderungen)

Höhlenwanderer aus der ganzen Welt zieht es nach Guatemala. Die Kalksteinformationen rund um Cobán sind besonders reich an verzweigten Höhlensystemen, deren Ausmaße noch lang nicht vollständig bekannt sind. Traveller können die Höhlen bei Lanquín, B'omb'il Pek, Candelaria und Rey Marcos besuchen. Weitere spannende Höhlen gibt es bei der Finca Ixobel bei Poptún sowie in der Nähe von Flores.

Klettern & Wandern

Die guatemaltekischen Vulkane stellen eine unwiderstehliche Herausforderung dar. Viele können von Antigua oder Quetzaltenango aus innerhalb eines Tages erklommen werden. Weitere tolle Ziele für Gipfelstürmer findet man im Ixil-Dreieck und in der Sierra de los Cuchumatanes nördlich von Huehuetenango, besonders rund um Todos Santos Cuchumatán und Nebaj. Auch rund um den Lago de Atitlán findet man einige spektakuläre Wanderwege, es haben sich jedoch Raubüberfälle auf einigen Routen ereignet, die entsprechend gemieden werden sollten.

Es ist durchaus möglich, mehrtätige Treks zu unternehmen; Reiseveranstalter in Antigua, Quetzaltenango und Nebaj können die Organisation übernehmen. Im Urwald des Petén locken Wanderungen zu entlegenen archäologischen Stätten, z. B. nach El Mirador und El Perú – eine echte Herausforderung.

Radfahren

Das guatemaltekische Hochland kann man kaum besser erleben als vom Sattel eines Drahtesels aus. Panajachel, San Pedro La Laguna, Quetzaltenango und Antigua sind besonders gute Ausgangspunkte für Touren. Diverse Veranstalter vor Ort organisieren Fahrten und verleihen Ausrüstung.

Reiten

Die Gelegenheiten zu kürzeren wie auch längeren Ausritten werden in Guatemala immer zahlreicher. Es gibt Reiterhöfe in Antigua, Santiago Atitlán, Quetzaltenango, El Remate, Laguna Brava und San Pedro La Laguna. **Unicornio Azul** (☎ 5205-9328; www.unicornioazul.com), nördlich von Huehuetenango, bietet in den Cuchumatanes Exkursionen von bis zu neun Tagen Länge.

Wassersport

Am Lago de Atitlán hat man die nicht alltägliche Gelegenheit, in einem Vulkankrater zu schwimmen. Man kann ferner auf dem Río Cahabón in der Nähe von Lanquín raften, mit einem Boot aus dem Hafen von Río Dulce auslaufen oder die Wasserstraßen um Monterrico, den Lago de Atitlán und Lago de Petén Itzá, Lívingston, die Bocas del Polochic oder die Punta de Manabique mit dem Kanu oder Kajak erkunden.

ARBEITEN

Manche Traveller suchen sich einen Job in einer Bar, einem Restaurant oder Hotel in Antigua, Panajachel oder Quetzaltenango, das Gehalt ist allerdings nicht der Rede wert. Wer auf einem Boot anheuern möchte, sollte sich nach Río Dulce begeben: Hier wird immer Arbeit angeboten, manchmal für kurze Fahrten, manchmal auch für Trips in die USA oder andere Länder. Nähere Infos findet man an Schwarzen Brettern und in Internetforen.

BOTSCHAFTEN & KONSULATE

Österreich unterhält in Guatemala lediglich ein Honorargeneralkonsulat ohne Passbefugnis und Visabefugnis; falls die Dienste einer Botschaft benötigt werden, muss man sich an die diplomatische Vertretung in Mexiko-Stadt (www.bmeia.gv.at/botschaft/mexiko.html) wenden.

Belize (☎2367-3883; www.embajadadebelize.org; 5a Av 5-55, Europlaza 2, Büro 1502, Zona 14, Guatemala-Stadt)

Deutschland (☎2364-6700; www.guatemala.diplo.de; Av La Reforma 9-55, Edificio Reforma 10, 10. OG, Zona 10, Guatemala-Stadt)

Honduras (☎2332-6281; embhond@intelnet.net.gt; Av La Reforma 6-64, Zona 9, Guatemala-Stadt)

Mexiko (☎2420-3400; www.embamex.sre.gob.mx/guatemala; 2a Av 7-57, Zona 10, Guatemala-Stadt)

Österreich (Honorargeneralkonsulat ☎2385-3584; consuladodeaustria.gua@gmail.com; Edificio Multimédica, Blvr Vista Hermosa 25-19; Zona 15 Nivel 12, Oficina 12-18, Guatemala-Stadt)

Schweiz (☎2367-5520; gua.vertretung@eda.admin.ch; Edificio Torre Internacional, 16 Calle 0-55, Zona 10, Guatemala-Stadt)

USA (☎2326-4000; http://guatemala.usembassy.gov; Av La Reforma 7-01, Zona 10, Guatemala-Stadt)

ESSEN

Das kulinarische Angebot in Guatemala besteht aus einer Mischung aus guatemaltekischer Küche – nahrhaft und sättigend, aber nicht umwerfend schmackhaft – und internationalem Touristenessen, das es überall dort gibt, wo sich Reisende tummeln. In beiden Fällen schmeckt es in der Regel am leckersten in den kleineren Restaurants, in denen der Chef/die Chefin des Hauses selbst in der Küche steht.

PREISKATEGORIEN ESSEN

Die folgenden Preiskategorien gelten für ein Standard-Hauptgericht inklusive Steuern, aber ohne Trinkgeld.

$	bis 50 Q
$$	50–150 Q
$$$	über 150 Q

FEIERTAGE

Einige Feiertage in Guatemala:

Neujahr (Año Nuevo) 1. Januar

Ostern (Semana Santa; Gründonnerstag–Ostersonntag) März/April

Tag der Arbeit (Día del Trabajo) 1. Mai

Tag der Armee (Día del Ejército) 30. Juni

Mariä Himmelfahrt (Día de la Asunción) 15. August

Unabhängigkeitstag (Día de la Independencia) 15. September

Revolutionstag (Día de la Revolución) 20. Oktober

Allerheiligen (Día de Todos los Santos) 1. November

Heiligabend (Víspera Navidad) 24. Dezember

Weihnachten (Navidad) 25. Dezember

Silvester (Víspera de Año Nuevo) 31. Dezember

FOTOGRAFIEREN

Die weit verbreiteten Fotogeschäfte verkaufen Filme, vielleicht jedoch nicht die bevorzugte Marke. In den größeren Städten gibt es schnell arbeitende Fotolabore. Die meisten Internetcafés verfügen über Kartenlesegeräte *(lectores de tarjeta)*, sodass digitale Fotos hochgeladen und auf CD gebrannt werden können.

Menschen fotografieren

Fotografieren ist ein heikles Thema in Guatemala. Bevor man ein Bild von jemandem macht, muss man immer um Erlaubnis bitten, besonders wenn man Mayafrauen oder -kinder ablichten möchte. Häufig werden diese Bitten ausgeschlagen. Kinder posieren oftmals nur gegen Bezahlung (meist 1 Q). Es gibt Orte, an denen das Fotografieren strikt verboten ist, z. B. in der Kirche von Santo Tomás in Chichicastenango. Wer das Glück hat, einer Maya-Zeremonie beizuwohnen, muss die Kamera in der Tasche lassen (es sei denn, es wird ausdrücklich erlaubt, Fotos zu knipsen). Wenn Einheimische in irgendeiner Form deutlich machen, dass sie sich durch den Fotoapparat gestört fühlen, sollte man ihn sofort einstecken und sich entschuldigen – aus Respekt, aber auch im Interesse der eigenen Sicherheit. Niemals Aufnahmen von Militäreinrichtungen, bewaffneten Männern oder Ähnlichem machen.

FRAUEN UNTERWEGS

Alleinreisende Frauen sollten in Guatemala normalerweise keine Probleme aufgrund ihres Geschlechts haben. Der beste Ratschlag für Frauen ist, Kleidungsstücke mit Bedacht auszuwählen, denn ein sittsames Äußeres ist den Guatemalteken sehr wichtig – wer sich dezent kleidet, wird normalerweise respektvoll behandelt werden. Vor allem kurze Hosen sollten ausschließlich am Strand getragen werden, nie in der Stadt (vor allem nicht im Hochland). Rocksäume sollten mindestens bis zum Knie reichen. Außerdem sollte man nie ohne BH losziehen, da das als Provokation gilt. Guatemaltekische Frauen tragen beim Schwimmen häufig ein T-Shirt über ihrem Badeanzug.

Frauen, die allein unterwegs sind, können sich auf viel Aufmerksamkeit vonseiten der männlichen Bevölkerung einstellen. Oft sind sie nur neugierig und nicht auf „Eroberung" aus. Frau sollte sich von ihren Avancen nicht einschüchtern lassen, die Situation analysieren und immer schön selbstbewusst bleiben. Im Bus kann man sich eventuell neben Frauen oder Kinder setzen, um „unangenehme" Begegnungen auszuschließen. Einheimische Frauen fangen nur selten ein Gespräch mit Ausländern an, haben aber viel Interessantes zu erzählen, wenn die Unterhaltung einmal ins Rollen gekommen ist.

Auch wenn kein Grund zur Panik besteht, sollten Frauen wissen, dass Vergewaltigungen und gewalttätige Übergriffe eine reale Gefahr darstellen. Frauen sollten sich auf ihren gesunden Menschenverstand verlassen, nachts nicht allein durch menschenleere Straßen spazieren und niemals trampen.

FREIWILLIGENARBEIT

Will man tiefer in die guatemaltekische Realität eintauchen als ein 08/15-Traveller, könnte man sich als Freiwilliger versuchen. Die Einsatzgebiete sind ganz unterschiedlich: Volunteers können sich um vernachlässigte Kinder oder Tiere kümmern, beim Bestellen der Felder helfen usw. Sehr gefragt sind natürlich Touristen mit besonderen Fähigkeiten, z. B. Krankenschwestern, Ärzte, Lehrer und Webdesigner.

Meist wird von Freiwilligen erwartet, dass sie zumindest ein paar Brocken Spanisch sprechen und sich für einen bestimmten Zeitraum verpflichten. Je nach Organisation müssen die Freiwilligen für die Zeit des Aufenthalts für Kost und Logis bezahlen. Bevor man sich verpflichtet, sollte man mit vorherigen Freiwilligen sprechen und das Kleingedruckte des Vertrags lesen.

Eine gute Infoquelle für Freiwillige ist **EntreMundos** (Karte S. 162; ☎7761-2179; www.entremundos.org; 6a Calle 7-31, Zona 1; ⌚Mo–Do 14–16 Uhr) mit Sitz in Quetzaltenango. EntreMundos betreut eine kostenlose Onlinedatenbank mit den unterschiedlichsten Stellen für Freiwillige. Weiterhin haben viele Sprachschulen enge Kontakte zu gemeinnützigen Organisationen und können Reisenden so Zugang zur Welt des *volunteering* gewähren – dies ist oft die beste Möglichkeit für Leute, die nur etwas für ein paar Wochen suchen. Die beste Webseite für Freiwilligenarbeit weltweit (mit vielen Tätigkeiten in Guatemala) ist übrigens www.idealist.org.

GEFAHREN & ÄRGERNISSE

Zwar finden in Guatemala natürlich Verbrechen statt, auch an Touristen, aber heutzutage stellen Raubüberfälle auf Wanderwegen das wohl größte Problem für Touristen dar.

Dass Touristenbusse auf offener Landstraße angehalten und überfallen werden, scheint zum Glück der Vergangenheit anzugehören, aber hin und wieder kommt es zu Überfällen auf Mietwagen. Die Sicherheitslage kann sich jedoch über Nacht ändern – am besten erkundigt man sich bei **Proatur** (☎ auf Englisch 1500) nach der aktuellen Situation.

Am häufigsten werden Reisende Opfer von Taschendiebstahl und Ähnlichem: Taschen werden dem Besitzer entrissen oder unbemerkt aufgeschlitzt und ausgeräumt. Aufpassen muss man auf vollen Straßen und Märkten sowie in überfüllten Busbahnhöfen und Bussen, aber auch in menschenleeren dunklen Straßen.

Sicherheitstipps

- Am besten tagsüber reisen und sein Ziel noch bei Tageslicht erreichen. Ist das nicht machbar, einen Nachtbus 1. Klasse nehmen und nach der Ankunft mit einem Taxi zum Hotel fahren.
- Immer nur Geld, Karten, Schecks und Wertsachen in notwendiger Menge bei sich tragen. Den Rest in einem verschlossenen und unterschriebenen Umschlag im Hotelsafe lassen und für den Umschlag um eine Quittung bitten.

AMTLICHE REISEWARNUNGEN

Die folgenden amtlichen Websites bieten Reisehinweise zu aktuellen Gefahrengebieten. Dabei sollte immer auf Aktualität geachtet werden.

Auswärtiges Amt in Berlin (www.auswaertiges-amt.de)

Österreichisches Außenministerium (www.bmeia.gv.at)

Eidgenössisches Departement für auswärtige Angelegenheiten (www.eda.admin.ch)

- Schmuck, Kameras und teuer aussehende Uhren nicht offen zur Schau stellen. Brieftasche und Portemonnaie nicht sichtbar tragen.
- In Bussen wichtige Sachen nah bei sich tragen und zudem festhalten.
- An Geldautomaten die üblichen Vorsichtsmaßnahmen treffen – Skimming ist weit verbreitet.
- Das Wandern in großen Gruppen und/oder mit Polizeieskorte verringert das Risiko von Raubüberfällen.
- Wer sich Räubern widersetzt oder versucht wegzulaufen, verschlimmert die Situation normalerweise noch.
- Eine Wanderung auf einem aktiven Vulkan bedeutet natürlich eine gewisse Gefahr, daher sollte man sich vorher über die aktuelle Lage informieren. In der Regenzeit am besten morgens wandern, bevor Regengüsse und möglicherweise Gewitter einsetzen.
- Besonders in ländlichen Gebieten sollten Reisende vorsichtig sein, wenn sie mit kleinen Kindern sprechen – vor dem Fotografieren immer erst um Erlaubnis fragen und alles vermeiden, was missverstanden werden kann.

Abzocke

- Eine beliebte Praktik ist, dem Opfer eine klebrige Flüssigkeit wie Ketchup auf die Kleidung zu spritzen. Als nächstes taucht ein Komplize auf und hilft beim Abwischen und Saubermachen. Dabei räumt er auch gleich noch die Taschen aus. Diebe bedienen sich auch weiterer Ablenkungsmanöver: Sie lassen ein Portemonnaie oder eine Münzen fallen oder täuschen eine Ohnmacht vor.
- Leider sind mittlerweile auch in Guatemala „Geldkarten-Kloner" aktiv, die es auf Einheimische wie Traveller gleichermaßen abgesehen haben. Sie bringen einen eigenen Kartenleser an den Geldautomaten an (häufig im Kartenschlitz) und räumen das Konto, sobald sie die notwendigen Daten haben. Aus allen Touristenregionen wurden bereits Betrugsfälle dieser Art gemeldet. Der einzige Schutz dagegen ist, Geldautomaten zu nutzen, die nicht so leicht manipuliert werden können (z. B. in Supermärkten, Einkaufszentren). Besondere Vorsicht ist bei den Geldautomaten in kleinen, nicht abgeschlossenen Räumen vor den Bankfilialen geboten. Achtung: Um sich Zugang zu einem Raum mit Geldautomaten zu verschaffen, muss man niemals die PIN-Nummer eingeben!

GELD

In den Banken werden Bargeld gewechselt und manchmal auch Reiseschecks eingelöst, doch schneller geht's gewöhnlich in den *casas de cambio* (Wechselstuben), die vielleicht auch bessere Kurse anbieten.

Bargeld

In Guatemala wird bevorzugt bar bezahlt; wer allerdings viel Bargeld mit sich herumträgt und überfallen wird, wird sich umso mehr ärgern. In manchen Städten ist Kleingeld rar – darum möglichst immer einen Vorrat an kleineren Banknoten griffbereit haben. Auch ist es keine schlechte Idee, für Notfälle US-Dollars in kleinen Scheinen dabeizuhaben; damit kann fast überall bezahlt werden, wenn auch zu unterschiedlichen Wechselkursen.

Zwar werden überall US-Dollars angenommen, günstiger ist es jedoch fast immer, in Quetzales zu zahlen.

Alle anderen Fremdwährungen sind praktisch nutzlos, auch wenn hier und da bare Euro getauscht werden.

Geldautomaten

Geldautomaten *(cajeros automáticos)*, die Visa/Plus-Karten akzeptieren, findet man mit Ausnahme der kleinsten Ortschaften überall im Land; vielerorts gibt es auch Automaten für MasterCard/Cirrus-Karten. Es ist also ratsam, eine Kreditkarte im Reisegepäck zu haben. Das 5B-System ist weit verbreitet und besonders nützlich, da es sowohl Visa- als auch MasterCard-Kreditkarten akzeptiert.

Das Skimming, also das Ausspionieren von Bankkartendaten, ist auch in Guatemala ein verbreitetes Problem. Daher sollten Geldautomaten gemieden werden, die nachts unbewacht sind (z. B. in einem kleinen Raum vor einer Bank), und solche genutzt werden, die sich in einem sicheren Umfeld befinden wie in Supermärkten, Einkaufszentren usw. Falls das nicht möglich ist, sollte bei der Eingabe der PIN das Eingabefeld mit der anderen Hand abgedeckt und der Kontostand im Internet überprüft werden.

Reiseschecks

Wer keine Kreditkarte besitzt, kann sich mit Reiseschecks und Bargeld (jeweils in US-Dollars) behelfen. Selbst Kartenbesitzer sollten Dollars und Reiseschecks als eiserne Reserve dabeihaben. Viele Banken im Land tauschen US-Dollar-Reiseschecks um und bieten zudem die besten Wechselkurse. Am weitesten verbreitet sind die Reiseschecks von American Express.

Trinkgeld

In Restaurants werden 10 % Trinkgeld erwartet und in Touristenorten wie Antigua automatisch auf die Rechnung geschlagen. In kleinen *comedores* (einfachen, billigen Esslokalen) sind Trinkgelder freiwillig, aber am besten folgt man der üblichen Praxis und hinterlässt ein wenig Wechselgeld.

Hotels 10 Q pro Gepäckstück

Privatunterkünfte Ein kleines Geschenk ist besser als Bargeld.

Restaurants Höchstens 10 % (falls nicht schon inbegriffen)

Taxis Nicht üblich

Wander- & Reiseleiter 50 Q pro Pers. und Tag (auf sehr freiwilliger Basis)

GESUNDHEIT

Wer in Guatemala gesund bleiben möchte, sollte sich an die üblichen Vorsichtsmaßnahmen halten. Dazu kommen noch ein paar guatemaltekische Besonderheiten.

Am besten erkundigt man sich bei seinem Hausarzt. Für Zentralamerika werden gewöhnlich Impfungen gegen Hepatitis A und B sowie Typhus empfohlen. Wer wahrscheinlich mit Tieren in Berührung kommen oder auch Höhlen erkunden wird, sollte eine Tollwutimpfung in Betracht ziehen.

INTERNETZUGANG

Die Mehrzahl der Reisenden nutzt ständig Internetcafés und webbasierte E-Mail-Accounts. In den meisten Orten gibt es Cybercafés mit recht verlässlichen Verbindungen. Normalerweise kostet die Stunde zwischen 8 und 10 Q.

WLAN-Empfang hat man an immer mehr Orten im ganzen Land, wirklich darauf zählen kann man allerdings nur in großen Städten und Touristenhochburgen. In den meisten (aber nicht in allen) Hostels kann man kabellos ins Internet gehen, ebenso wie in vielen Hotels des mittleren und oberen Preissegments. Eine gute Anlaufstelle für WLAN-„Junkies" sind die Pollo-Campero-Restaurants. Filialen findet man in so ziemlich jeder Stadt; der Internetzugang ist kostenlos (ungesicherte Netzwerke).

KINDER

Kleine Kinder stehen in Guatemala hoch im Kurs und können oft dabei helfen, das Eis zwischen Einheimischen und Touristen zu brechen. Jedoch hat das Land so viel kulturell Bedeutsames mit Schwerpunkt auf Geschichte und Archäologie zu bieten, dass es Kindern schnell langweilig wird. Um die Kids bei Laune zu halten, steuert man zwischendurch Sachen an wie das **Museo de los Niños** (Kindermuseum; Karte S. 112; ☎2475-5076; www.museodelosninos.com.gt; 5a Calle 10-00, Zona 13; 40 Q; ⏲Di–Fr 8–12 & 13–16.30, Sa & So 9.30–13.30 & 14.30–18 Uhr) und den **La Aurora Zoo** (S. 109) in Guatemala-Stadt, die **Autosafari Chapín** (☎2222-5858; www.autosafarichapin.com; Carretera a Taxisco Km 87,5; Erw./Kind 60/50 Q; ⏲Di–So 9.30–17 Uhr) bei Escuintla oder das Spaßbad **Xocomil** (S. 174) und den Freizeitpark **Xetulul** (S. 174) bei Retalhuleu. Die meisten Sprachschulen nehmen auch Kinder als Schüler auf und vielen älteren Kindern machen sicher Sachen wie Seilrutschen, Kajakfahren und Reiten Spaß.

Allgemeine Informationen zum Reisen mit Kindern bietet der Lonely Planet Band *Travel with Children*.

Praktisches

- Sachen wie Kindersitze in Mietwagen sind selten, doch fast jedes Restaurant kann so etwas wie einen Kinderstuhl herbeischaffen.
- Wer Windeln und Salben spezieller Marken benötigt, sollte so viel wie möglich mitbringen und sich ansonsten in Supermärkten eindecken.
- Falls das Kind spezielle Gläschen oder verpackte Nahrung benötigt, sollte diese mitgebracht werden.
- Frische Milch gibt's nur selten und eventuell ist sie nicht pasteurisiert – auch hier sind Supermärkte die beste Anlaufstelle. Weiter verbreitet sind H-Milch und Milchpulver.
- Ein Baby in der Öffentlichkeit zu stillen ist unter nichtindigenen Frauen in den Städten nicht üblich und wenn es doch getan wird, geschieht es diskret.

ÖFFNUNGSZEITEN

Die hier angegebenen Öffnungszeiten sind nur Orientierungshilfen, denn die Zeiten unterscheiden sich in der Praxis erheblich. Besonders bei Restaurants sind Abweichungen von bis zu zwei Stunden möglich.

Der *Ley Seca* („trockenes Gesetz"; Alkoholverkaufsverbot) zufolge müssen Bars und *discotecas* um 1 Uhr schließen, es sei denn, der nächste Tag ist ein offizieller Feiertag. In den großen Städten hält man sich strikt an diese Verordnung, in kleineren Orten pfeift man darauf.

Banken Mo–Fr 9–17, Sa 9–13 Uhr

Bars 11–24 Uhr

Behörden Mo–Fr 8–16 Uhr

Cafés und Restaurants 7–21 Uhr

Geschäfte Mo–Sa 8–12 & 14–18 Uhr

POST

Die Post wurde 1999 privatisiert. Normalerweise sind Briefe und Pakete nach Europa zehn bis zwölf Tage unterwegs. In nahezu allen Groß- und Kleinstädten (nicht in Dörfern) gibt es eine Postfiliale, in der man Briefmarken kaufen und Briefe und Postkarten verschicken kann. Wer einen Kurierdienst in Anspruch nimmt, sollte sicherstellen, dass das jeweilige Unternehmen eine Niederlassung in der Stadt hat, in der man gerade verweilt, andernfalls fallen hohe „Verwaltungsgebühren" an.

RECHTSFRAGEN

Eventuell stößt man in Guatemala auf Polizisten, die nicht gerade hilfsbereit erscheinen. Im Allgemeinen ist es am besten, so wenig mit den Gesetzeshütern zu tun zu haben wie möglich.

Von illegalen Drogen sollte man sich unbedingt fernhalten, auch wenn Einheimische scheinbar sorglos mit ihnen umgehen. Als Ausländer ist man immer deutlich im Nachteil und wird eventuell von anderen angeschwärzt oder hinters Licht geführt. Die Drogengesetze sind sehr strikt und die Strafen hoch. Wer bei etwas Illegalem erwischt wird, sollte sich entschuldigen, ruhig bleiben und schauen, was passiert.

Zwar wird gerne behauptet, dass Korruption in Guatemala an der Tagesordnung ist, aber das heißt noch lange nicht, dass man sich aus misslichen Lagen freikaufen kann. Falls es in einer bestimmten Situation dennoch den Anschein hat, dass man sich durch eine Geldzahlung aus ihr befreien könnte, sollte man auf jeden Fall diskret und taktvoll vorgehen.

REISEN MIT BEHINDERUNG

Es ist eine Herausforderung, Guatemala mit einer Behinderung zu bereisen. Zwar sind viele Bürgersteige in Antigua abgeschrägt und man wird kleine Kacheln entdecken, auf denen ein Rollstuhl dargestellt ist. Doch die Straßen haben Kopfsteinpflaster und die Rampen sind alles andere als glatt und eben.

Bei vielen Hotels handelt es sich um umgebaute Wohnhäuser; die Zimmer sind um Höfe angeordnet und für Rollstuhlfahrer zugänglich, die Bäder jedoch eventuell nicht. Spitzenklassehotels sind oft mit Rampen, Aufzügen und barrierefreien Toiletten ausgestattet. Die größte Hürde für Reisende mit eingeschränkter Mobilität in Guatemala ist es, von A nach B zu gelangen. Rollstuhlfahrer organisieren sich am besten einen Wagen mit Fahrer, da Busfahrten nicht zuletzt wegen des Platzmangels kaum zu meistern sind.

Mobility International USA (www.miusa.org) bietet Infos für Reisende mit Behinderung, führt Austauschprogramme durch (auch mit Guatemala) und ist Herausgeber einiger nützlicher Bücher. Ebenfalls empfehlenswert sind die Websites von Access-Able Travel Source (www.access-able.com) und Accessible Journeys (www.disabilitytravel.com) sowie von MyHandicap Deutschland (www.myhandicap.de), der Nationalen Koordinierungsstelle Tourismus für Alle e. V. (www.natko.de) und Mobility International Schweiz (www.mis-ch.ch).

Transitions (www.transitionsfoundation.org) ist eine Organisation mit Sitz in Antigua, die es sich zum Ziel gemacht hat, den Interessen von Behinderten in Guatemala Gehör zu verschaffen.

SCHWULE & LESBEN UNTERWEGS

Nur wenige Orte in Lateinamerika sind wirklich schwulen- und lesbenfreundlich. Guatemala stellt da keine Ausnahme dar. Per Gesetz ist Homosexualität legal, sofern man 18 Jahre oder älter ist, im Alltag sieht das Ganze jedoch anders aus: Diskriminierung und Gewalt gegen Homosexuelle sind nicht gerade selten. Man sollte nicht einmal im Traum daran denken, die Toleranzgrenze der Einheimischen angesichts öffentlicher Zuneigungsbekundungen auszutesten.

In Antigua gibt es eine zurückhaltende Szene, die jedoch im Verborgenen agiert; die absolute Ausnahme bildet der Club Las Vibras de la Casbah. In Guatemala-Stadt zählen das Genetic und die Black & White Lounge derzeit zu den besten Anlaufstellen. Die meisten Schwulen und Lesben üben sich auf ihrer Reise durch Guatemala jedoch in Zurückhaltung – und werden Einzelbetten in Zwei-Bett-Zimmern zusammenrücken.

Gay.com bietet eine Rubrik „Persönliches" für Guatemala und die Website The Gully (www.thegully.com) beinhaltet normalerweise ein paar relevante Artikel und Informationen zu Guatemala. Die beste Website, Gay Guatemala (www.gayguatemala.com), ist auf Spanisch.

TELEFON

In Guatemala gibt es keine Ortsvorwahlen. Wer aus dem Ausland anruft, wählt zunächst die ☎ 00, dann die ☎ 502, die Landesvorwahl für Guatemala, und zuletzt die achtstellige Rufnummer. Innerhalb von Guatemala wählt man nur die achtstellige Nummer. Wer aus Guatemala ins Ausland telefonieren will, muss die ☎ 00 vorwählen.

In vielen von Touristen frequentierten Städten und Orten gibt es private Telefonzentren, in denen Auslandsgespräche zu fairen Preisen geführt werden können.

Die schwarzen Telefone, die an strategischen Punkten in Touristenstädten stehen und kostenlose Gespräche versprechen, sollte man nicht verwenden. Sie funktionieren nach der Lockvogeltaktik: Das Gespräch wird über die Kreditkarte des Anrufers abgerechnet, der nach seiner Heimkehr verblüfft feststellen wird, dass er bis zu 20 US$ für die Minute gezahlt hat.

Viele Traveller legen sich z. B. ein Skype-Konto zu. Wer an einem Rechner hockt, auf dem kein Skype installiert ist, braucht nur wenige Minuten, um die Software herunterzuladen. Am besten bringt man sich einen eigenen Kopfhörer mit Mikro von zu Hause mit.

Handys

Mobiltelefone sind weit verbreitet. Roaming ist teuer – die meisten Reisenden kaufen sich vor Ort eine SIM-Karte oder ein Prepaid-Handy.

Es gibt drei Mobilfunkanbieter im Land: Movistar (www.movistar.com.gt) hat meist die günstigsten Tarife, wobei die Netzabdeckung überwiegend nur bis in die Umgebung der größeren Orte reicht. Tigo (www.tigo.com.gt) und Claro (www.claro.com.gt) haben die beste Netzabdeckung.

Man kann sein eigenes Handy mitbringen, in Guatemala gegebenenfalls entsperren lassen (je nach Handymarke ca. 50–100 Q) und dann die eigene SIM-Karte gegen eine guatemaltekische austauschen. Bei manchen Telefonen funktioniert dies prima, bei anderen nicht – weshalb, scheint nicht mit den Grundsätzen der Logik erklärt werden zu können.

Guatemaltekische Mobilfunknetze nutzen die Frequenzen 850, 900 oder 1900 MHz; mit Tri- oder Quadband-Handys sollten sich eigentlich keine Probleme ergeben. Bleibt das Risiko, beklaut zu werden – Grund genug für die meisten Traveller, sich nach der Ankunft in Guatemala erst mal ein billiges Handy mit Prepaid-Karte zuzulegen.

Diese gibt's so ziemlich überall, Kostenpunkt 100 bis 150 Q (oft inkl. eines Gesprächsguthabens in Höhe von 100 Q). Karten zum Wiederaufladen des Guthabens sind in nahezu jedem Laden erhältlich. Anrufe kosten landesweit 1,50 Q pro Minute, Gespräche nach Europa sind bis zu fünfmal so teuer.

Telefonkarten

Die meisten der immer weniger werdenden öffentlichen Telefone betreibt Telgua. Dafür benötigt man eine Telgua-Telefonkarte *(tarjeta telefónica de Telgua)*, die es in z. B. Geschäften und an Kiosken gibt. Teils sind Verkaufsstellen mit roten Zeichen mit der Aufschrift *Ladatel de Venta Aquí* versehen. Es gibt verschiedene Varianten (zu 20, 30 und 50 Q). Die Karte wird in den Schlitz gesteckt, dann wählt man die jeweilige Nummer und auf der Anzeige wird angegeben, wie viel Restguthaben (Minuten) man noch hat.

Auf Telgua-Telefonen ist vermerkt, dass man die ☎147110 bei Inlands-R-Gesprächen und die ☎147120 bei internationalen R-Gesprächen wählen soll.

TOILETTEN

➜ In guatemaltekische Toiletten darf nichts hineingeworfen werden, auch kein Toilettenpapier. In den Bädern stehen kleine Behältnisse für gebrauchtes Papier.

➜ Toilettenpapier ist nicht immer vorhanden. Wenn man keins hat und welches braucht, fragt man im Restaurant nach *un rollo de papel* und macht ein panisches Gesicht – das führt in der Regel zum Ziel.

➜ Öffentliche Toiletten sind selten. Stattdessen werden die in Cafés und Restaurants, im Hotel und an archäologischen Stätten benutzt. Auch Busse sind nur selten mit einer Toilette ausgestattet und wenn ja, ist kein Verlass darauf, dass sie funktioniert.

TOURISTENINFORMATION

Das nationale Tourismusinstitut INGUAT (www.visitguatemala.com) unterhält Büros in den wichtigen Touristenzentren. In ein paar anderen Städten findet man von den Verwaltungsbezirken oder Gemeinden betriebene bzw. private Touristeninformationen. **Proatur** (☎auf Englisch 1500), eine staatliche und private Gemeinschaftsinitiative, bietet eine kostenlose Info-Hotline für Touristen, die rund um die Uhr besetzt ist.

PREISKATEGORIEN SCHLAFEN

Die angegebenen Preiskategorien gelten für ein Doppelzimmer mit Bad in der Hauptsaison (jedoch nicht der absoluten Hochsaison). Falls nicht anders angegeben, beinhalten die Preise 22 % Steuern.

$	bis 200 Q
$$	200–550 Q
$$$	über 550 Q

UNTERKÜNFTE

In der Regel müssen Unterkünfte nicht im Voraus gebucht werden. Wer sich jedoch während der Karwoche in Antigua oder am Strand aufhalten möchte, sollte so weit wie möglich vorausbuchen.

Hotels Es gibt jede Menge Hotels – von abgewrackten Absteigen an den Busbahnhöfen bis zu schicken Boutique-Herbergen.

Hostels In der Szene für Billigbleiben tauchen immer mehr Hostels auf, besonders in den Backpackerhochburgen Antigua, Quetzaltenango und um den Lago de Atitlán herum.

Privatunterkünfte Sie werden gewöhnlich von Sprachschulen organisiert und sind eine tolle Möglichkeit, mit den Einheimischen in Kontakt zu kommen.

VISA

Deutsche, österreichische oder schweizerische Staatsbürger benötigen kein Visum, wenn sie Guatemala ausschließlich als Touristen bereisen wollen. Es wird lediglich ein noch mindestens sechs Monate gültiger Reisepass benötigt, in den gewöhnlich eine 90-tägige Aufenthaltserlaubnis gestempelt wird (darauf achten, dass auch wirklich die Zahl 90 eingetragen wird).

ZEIT

MEZ minus 7 Stunden: Wenn es in Guatemala 12 Uhr mittags ist, ist es in Berlin 19 Uhr.

ZOLL

In der Regel inspizieren die Zollbeamten das Gepäck der Reisenden nicht genau oder auch gar nicht. In Guatemala gelten für die Ein- und Ausfuhr bestimmter Dinge (Waffen, Drogen, große Mengen Bargeld usw.) so ziemlich dieselben Bedingungen wie in anderen Ländern auch.

An- & Weiterreise

FLUGZEUG

Von den USA aus bieten verschiedene Fluggesellschaften Direktflüge an, u. a. Avianca (www.avianca.com). AeroMexico (www.aeromexico.com) und Interjet (www.interjet.com.mx) fliegen direkt ab Mexiko-Stadt. Avianca und Alternative Airlines (http://taca.alternativeairlines.com) bieten außerdem Verbindungen ab den meisten zentralamerikanischen Hauptstädten. Wer aus Europa anreist, muss in der Regel in den USA, in Mexiko oder anderswo in Zentralamerika umsteigen.

AUF DEM LANDWEG

Von Guatemala aus gibt's zu allen Nachbarländern offizielle Grenzübergänge. Über die Visabestimmungen (S. 241) sollte man sich vor der Anreise informieren.

Belize

- Melchor de Mencos (GUA) – Benque Viejo del Carmen (BZE)

El Salvador

- Ciudad Pedro de Alvarado (GUA) – La Hachadura (ES)
- Valle Nuevo (GUA) – Las Chinamas (ES)
- San Cristóbal Frontera (GUA) – San Cristóbal (ES)
- Anguiatú (GUA) – Anguiatú (ES)

Honduras

- Agua Caliente (GUA) – Agua Caliente (HND)
- El Florido (GUA) – Copán Ruinas (HND)
- Corinto (GUA) – Corinto (HND)

Mexiko

- Ciudad Tecún Umán (GUA) – Ciudad Hidalgo (MEX)
- El Carmen (GUA) – Talisman (MEX)
- La Mesilla (GUA) – Ciudad Cuauhtémoc (MEX)

FLUSSÜBERGÄNGE

Vom mexikanischen Bundesstaat Chiapas gibt's zwei mögliche Übergänge in den Petén – am meisten wird der Übergang von der mexikanischen Grenzstadt Frontera Corozal nach entweder La Técnica oder Bethel in Guatemala genutzt. Von Frontera Corozal bestehen gute Verbindungen nach Palenque in Mexiko und von La Técnica und Bethel verkehren regelmäßig Busse nach Flores/Santa Elena in Guatemala.

Die andere Flussroute von Mexiko in den Petén in Guatemala führt von Benemérito de las Américas südlich von Frontera Corozal über den Río de la Pasión nach Sayaxché. Jedoch findet man an dieser Strecke keine Zollabfertigung und keine verlässlichen Verkehrsverbindungen.

AUSREISESTEUER

Für alle internationalen Flüge ab Guatemala fällt eine Ausreisesteuer in Höhe von 30 US$ an. Die Ausreisesteuer ist fast immer bereits im Ticketpreis enthalten. Falls nicht, muss die Steuer am Check-in-Schalter der Fluggesellschaft bar in US-Dollars oder Quetzales bezahlt werden.

ÜBERS MEER

Öffentliche Boote verbinden Punta Gorda in Belize mit Lívingston und Puerto Barrios in Guatemala. Nach Punta Gorda fahren Busse ab Belize City.

Wer Guatemala übers Meer verlässt, muss eine Ausreisesteuer von 80 Q bezahlen.

Unterwegs vor Ort

AUTO & MOTORRAD

Mit dem eigenen nationalen Führerschein oder mit einem International Driving Permit (IDP) kann man sich in Guatemala selbst hinters Steuer setzen. Der guatemaltekische Fahrstil unterscheidet sich vom teutonischen allerdings stark: Hier wird gern mal in unübersichtlichen Kurven überholt und sowieso überall aus nicht ersichtlichem Grund laut gehupt. Es gibt nur wenige Straßenschilder und die anderen Verkehrsteilnehmer lassen einen über ihre Absichten gern im Dunklen. Geblinkt wird so gut wie gar nicht, und wenn, dann nicht unbedingt in die Richtung, in die man auch fahren will. Wer die Warnblinkanlage eingeschaltet hat, kündigt in der Regel damit an, dass er gleich etwas Verrücktes und/oder Verbotenes tut.

Ein bergan fahrendes Fahrzeug hat immer Vorfahrt. *Túmulos* sind Bodenschwellen; sie sind großzügig (und manchmal anscheinend grundlos) übers Land verteilt, gewöhnlich auf den durch die Ortschaften führenden Hauptstraßen. Anschnallen ist Pflicht, aber daran stört sich kaum jemand.

In Guatemala bei Dunkelheit zu fahren ist aus allerlei Gründen keine gute Idee, u. a. wegen bewaffneter Banditen und betrunkener Fahrer.

Jeder Fahrzeuglenker, der an einem Unfall beteiligt ist, bei dem eine Person zu Schaden kommt, wird erst einmal in Haft genommen. Ein Richter entscheidet dann über die Schuldfrage.

Bei einer Panne auf einer Fernstraße, besonders auf kurvigen Bergstraßen, legen die Autofahrer ein paar hundert Meter vor der Stelle, an der das eigene Auto steht, Gebüsch oder kleine Äste auf die Straße, um die anderen Verkehrsteilnehmer zu warnen. Leider sammeln sie das Grünzeug nachher nur selten wieder ein ... Trotzdem sollte man immer vorsichtig sein, wenn man welches sieht.

BUS

Mit Bussen gelangt man in Guatemala so ziemlich in jede Ecke des Landes und eine Busfahrt hinterlässt mit die lebhaftesten Erinnerungen einer Guatemala-Reise. Bei den meisten Bussen handelt es sich um alte Schulbusse aus den USA und Kanada. Es ist nicht ungewöhnlich, dass sich eine fünfköpfige guatemaltekische Familie auf zwei Sitze quetscht, die für Kinder geschaffen wurden. Bei Reisenden sind diese Busse gemeinhin als „Hühnerbusse" bekannt – denn viele Fahrgäste haben solche (lebenden) Tiere dabei. Die Busse fahren häufig und sind voll und billig. Für eine Stunde Fahrt zahlt man 10 Q oder gar noch weniger.

Die Hühnerbusse halten überall und für jeden. Die „Schaffner" rufen *„hay lugares!"* – es gibt Plätze. Dabei spielt es keine Rolle, dass der Platz, den sie anpreisen, vielleicht nur aus einem Stückchen Luft zwischen Hunderten Einheimischen besteht, die sich aneinander quetschen. Dieselben Busbegleiter rufen auch das Ziel ihres Busses aus, in unterschiedlicher Stimmlage und Fröhlichkeit – man warte einfach, bis das eigene Ziel gesungen wird. Insbesondere großgewachsene Reisende haben es in diesen Bussen nicht leicht. Wer einen dieser Hühnerbusse anhalten möchte, stellt sich einfach an die Straße und streckt seinen Arm parallel zum Boden nach vorn.

Auf einigen Strecken, besonders zwischen den großen Städten, verkehren auch bequemere Busse mit einem gewissen Luxus – hier gibt's einen Sitzplatz pro Fahrgast. Die besten Busse werden „Pullman", *especial* oder *primera clase* genannt. Manchmal verfügen diese Busse auch über eine Toilette – die aber nicht unbedingt funktioniert –, Videobildschirm und sogar einen Imbissservice.

Pullman-Strecken beginnen oder enden immer in Guatemala-Stadt.

Im Allgemeinen fahren mehr Busse vormittags (teils ab 2 Uhr nachts) als nachmittags ab. Nach 16 Uhr ist nicht mehr viel los; Nachtbusse sind selten und auch nicht unbedingt zu empfehlen. Eine Ausnahme bilden die Nachtbusse von Guatemala-Stadt nach Flores, bei denen in den letzten Jahren relativ wenig Negatives vorgefallen ist.

Die Entfernungen in Guatemala sind nicht groß und außer der erwähnten Strecke von Guatemala-Stadt nach Flores ist man auch selten mehr als vier Stunden am Stück unterwegs. Auf einer normalen vierstündigen Busfahrt schafft man 175 bis 200 km und zahlt dafür 60 bis 100 Q.

Für einige der besseren Busverbindungen kann gibt es Fahrkarten im Voraus zu kaufen, was in der Regel auch besser ist, um sich einen Platz zu sichern.

Auf einigen kürzeren Strecken verkehren statt der Hühnerbusse Minibusse, gewöhnlich Microbusse genannt. Sie werden aber genauso vollgestopft und können noch unbequemer sein, da noch weniger Beinfreiheit besteht. Wo es weder Hühner- noch Minibusse gibt, fahren Pick-ups *(picop)*; man hält sie an und zahlt für die Fahrt genau wie in normalen Bussen.

Mindestens zweimal im Monat stürzt ein Hühnerbus über eine Klippe oder hat hinter einer nicht einsehbaren Kurve eine Frontalkollision. Die Zeitungen sind voll von den gruseligen Einzelheiten und Fotos des aktuellsten Unfalls – was einem die öffentlichen Verkehrsmittel des Landes nicht unbedingt sympathischer macht.

FAHRRAD

Angesichts des bergigen Terrains und der zuweilen haarsträubenden Straßenzustände ist das Radeln von Stadt zu Stadt sehr mühselig. Doch erfahrene Radler können per Drahtesel prima kleinere Städte wie Antigua, Quetzaltenango und San Pedro La Laguna erkunden: Hier werden annehmbare Mountainbikes pro Tag, Stunde oder Woche oder auch für länger vermietet – andere Räder sind übrigens nutzlos. In fast allen Städten gibt's Fahrradläden, in denen man neue Räder für rund 800 Q aufwärts kaufen kann.

FLUGZEUG

Die einzigen planmäßigen Inlandsflüge, die zum Zeitpunkt der Recherche verfügbar waren, verbanden Guatemala-Stadt mit Flores und wurden von Avianca (www.avianca.com) und TAG (www.tag.com.gt) durchgeführt.

NAHVERKEHR

Bus

In Orten außerhalb von Guatemala-Stadt besteht der öffentliche Nahverkehr zumeist aus recht neuen, überfüllten Minibussen. Für Reisende sind sie vor allem in weitläufigeren Städten wie Quetzaltenango und Huehuetenango interessant. Guatemala-Stadt verfügt über eine eigene Version von Busverkehr: die alten roten Busse, die aus Sicherheitsgründen nicht zu empfehlen sind, und die neueren Trans-Metro- und TransUrbano-Busse.

Taxi

In allen größeren Orten sind jede Menge Taxis unterwegs. Eine zehnminütige Fahrt kann rund 60 Q kosten, was vergleichsweise teuer ist – man darf sich darauf gefasst machen, von den Taxifahrern jede Menge trauriger Geschichten über den horrenden Benzinpreis erzählt zu bekommen. Abgesehen von einigen Taxis in Guatemala-Stadt haben die Taxis keinen Taxameter: Man muss sich vorher über den Fahrpreis einigen, am besten, bevor man einsteigt.

Wer sich auf den Straßen Guatemalas nicht selbst hinters Steuer setzen möchte, kann auch ein Taxi samt Fahrer mieten. Das ist meist nur wenig teurer als ein Mietwagen und verleiht einem sämtliche Freiheiten eines eigenen Fahrzeugs, ohne selbst fahren zu müssen.

Tuk-Tuk

Wer schon mal in Asien war, dem sind Tuk-Tuks hinreichend bekannt, dreirädrige Minitaxis für drei Fahrgäste und einen Fahrer – aber natürlich passen auch doppelt so viele Leute drauf.

Die nach dem Geräusch ihres kleinen Rasenmähermotors benannten Tuk-Tuks eignen sich am besten für kurze Fahrten in der Stadt und kosten um die 5 Q pro Person. Man winkt sie heran wie ein normales Taxi.

SCHIFF/FÄHRE

Die Karibikstadt Lívingston ist nur per Schiff erreichbar: über die Bahía de Amatique ab Puerto Barrios oder den Río Dulce hinunter von der Stadt Río Dulce aus. Am Lago de Atitlán verbinden schnelle Glasfaserboote die einzelnen Orte miteinander – das bei Weitem beste Verkehrsmittel hier.

SHUTTLE-BUS

Die von Reisebüros betriebenen Shuttle-Minibusse bieten bequeme und schnelle Verbindungen auf den von Touristen frequentierten Hauptstrecken. Für diese Busse wird, wo sie angeboten werden, massiv geworben. Mit ein paar wenigen Ausnahmen sind sie erheblich teurer als Busse – zwischen fünf- bis 15-mal so teuer –, dafür aber viel praktischer, denn gewöhnlich bieten sie einen Service von Tür zu Tür sowie unterwegs Essens- und Toilettenpausen. Zu den beliebtesten Shuttle-Strecken gehören Guatemala-Stadt (Flughafen)–Antigua, Antigua–Panajachel, Panajachel–Chichicastenango und Lanquín–Antigua.

TRAMPEN

Trampen im westlichen Sinne ist in Guatemala absolut unüblich, da viel zu unsicher. Wo allerdings Busse nur sehr sporadisch oder gar nicht verkehren, dienen Pick-ups und andere Fahrzeuge als öffentliche Transportmittel. Man kann sich an den Straßenrand stellen und einen Arm ausstrecken, um Fahrer anzuhalten. Es wird erwartet, dass man fürs Mitnehmen auch bezahlt – und zwar in etwa so viel wie für eine vergleichbare Busstrecke. Das Prozedere ist ein sicheres, zuverlässiges System, das Einheimische und Traveller gleichermaßen nutzen – man kann sich aber schon mal auf rappelvolle Fahrzeuge einstellen.

Ansonsten birgt das Trampen immer ein gewisses Risiko, über das man sich im Klaren sein sollte – wir raten generell vom Trampen ab.

Belize

☎ 501 / 370 300 EW.

Inhalt ➡

Belize City 247
Caye Caulker 254
Ambergris Caye & San Pedro 259
Orange Walk 266
Corozal 268
West-Belize 272
Belmopan 272
San Ignacio 276
Dangriga 284
Placencia 290
Punta Gorda 293

Gut essen

- Nerie's II Restaurant (S. 250)
- Bauernmarkt, San Ignacio (S. 280)
- Mojo Lounge & Bartique (S. 292)
- Cocina Sabor (S. 267)
- Habaneros (S. 258)

Schön übernachten

- Sea Dreams Hotel (S. 255)
- Tobacco Caye Paradise (S. 287)
- Funky Dodo (S. 288)
- Crooked Tree Lodge (S. 267)
- Ak'bol Yoga Retreat (S. 261)

Auf nach Belize!

Das winzige Belize entspricht nicht ganz der Vorstellung von Lateinamerika oder der Karibik, fühlt sich aber stolz beiden zugehörig. Die offizielle Sprache ist Englisch, nicht Spanisch, zudem tanzt das jüngste zentralamerikanische Land nach der eigenen Pfeife mit seiner vielfältigen Kultur, die Einflüsse der Garifuna, Maya, Kreolen und Mestizen, aber auch der Mennoniten und Expats umfasst. Mit knapp 400 km Karibikküste, unzähligen Inselchen und dem größten Barriereriff der nördlichen Hemisphäre lässt es sich hier erstklassig tauchen, schnorcheln, schwimmen und faulenzen und im dichten Dschungel im Binnenland warten alte Maya-Ruinen, tolle Höhlen, Naturschutzgebiete und Aktivitäten.

Belize gehört zu den teureren Reisezielen in Zentralamerika. Es hat aber kulinarisch und kulturell so viel zu bieten, dass es die Reise wert ist.

Reisezeit

Belize City

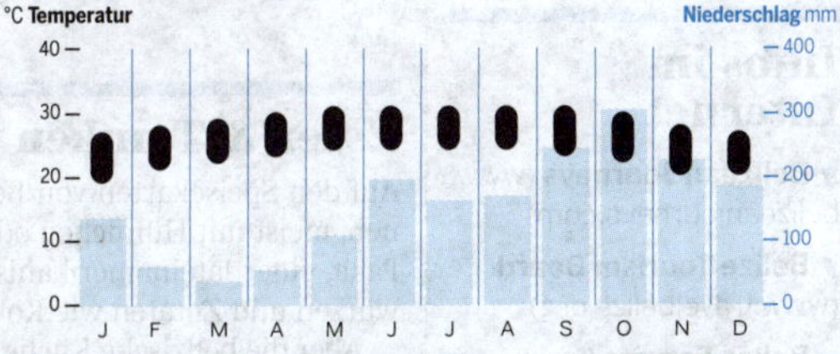

Mitte Dez.–April Höhere Preise, trockeneres Wetter; ideal für Strand, Tauchen und Tiere

Mai–Nov. Preisnachlässe für alle, denen Hitze und Regengüsse nichts ausmachen

Sept. Nationalfeiertage sind der Auftakt für zwei Wochen mit Musik, Tanz und Straßenumzügen.

AUF EINEN BLICK

Währung Belize Dollars (BZ$); US Dollars (US$) werden überall akzeptiert

Sprachen Englisch, Spanisch, Kreolisch, Garifuna

Geld Geldautomaten sind weit verbreitet.

Visa Bei Aufenthalten unter 30 Tagen grundsätzlich nicht nötig

Zeit MEZ minus sieben Stunden

Fläche 22 966 km²

Hauptstadt Belmopan

Notruf ☎ 911

Wechselkurse

Europa	1 €	2,22 BZ$
Guatemala	1 Q	0,25 BZ$
Mexiko	1 Mex$	0,10 BZ$
Schweiz	1 SFr	2,04 BZ$
USA	1 US$	1,98 BZ$

Preise

- **Budgethotel** 30 US$
- **Flasche Bier** 2 US$
- **Mittagstisch** 5 US$
- **Busfahrt (3 Std.)** 6 US$

Infos im Internet

- **Belizean Journeys** (www.belizeanjourneys.com)
- **Belize Tourism Board** (www.travelbelize.org)
- **Belize Forums** (www.belizeforum.com/belize)

Von Land zu Land

Von der mexikanischen Grenzstadt Chetumal gibt es gute Verkehrsverbindungen nach Belize, über Land nach Corozal und übers Meer nach Ambergris und Caye Caulker. Von Tikal kommend kann man über Benque Viejo del Carmen an der guatemaltekischen Grenze nach Belize einreisen. Im Süden ist eine Straße vom Toledo District nach Guatemala fast fertig. Der neue Grenzübergang soll noch 2016 geöffnet werden. Weitere Infos s. Praktische Informationen auf S. 303.

REISEROUTEN

Eine Woche

Von der Westgrenze aus (ab Guatemala) geht es erst nach Xunantunich und dann nach San Ignacio. Von dort wird die Auswahl zur Erkundung des Cayo Districts nur von Zeit und Geld eingeschränkt. Dschungelaktivitäten gibt's reichlich, Highlights sind Caracol und die ATM-Höhle. Die letzten Tage werden auf Caye Caulker oder San Pedro mit Schwimmen, Schnorcheln, Meeresfrüchteschlemmen oder Faulenzen in der Hängematte verbracht.

Zwei Wochen

Von Mexiko geht es durch Corozal und dann im Crooked Tree oder Community Baboon Sanctuary weiter in die Natur. Allein scgib für die Ausblicke am Hummingbird Highway lohnt sich die Fahrt von Nord nach Süd.

Dangriga, ein Zentrum der Garifuna-Kultur, ist Ausgangsort für die zentralen Cayes, einschließlich Tobacco und Glover's Reef. Wer auf dem Festland bleiben will, fährt für ein paar Strandtage weiter südwärts nach Hopkins oder Placencia. Wer genug am Strand rumgehangen hat, fährt weiter nach Punta Gorda im Süden, um sich über Unterkünfte in Maya-Dörfern zu informieren und das Garifuna-Trommeln bei den Meistern zu erlernen. Danach folgen die Maya-Dörfer ganz im Süden (Big Falls, San Pedro Columbia und Blue Creek), wo man Ruinen besuchen und im herrlichen Río Blanco National Park wandern oder schwimmen kann.

Essen & Trinken

Auf den Speisekarten von Belize dominieren Reis und Bohnen, meist mit Hühnchen oder Rind serviert (oder auch mit Paka, einer lateinamerikanischen Nagetierart) und mit Gewürzen und Zutaten wie Kokosnussmilch angerichtet.

Aber die belizische Küche hat weitaus mehr zu bieten. An der Küste gibt's reichlich Meeresfrüchte. Hummer ist in der Saison (Juni-Feb.) immer gut; frittierte Meeresschnecken sollte jeder mal gekostet haben. Auch gibt es viele mexikanische Gerichte wie *salbutes* und *garnaches* sowie *ceviche*. Und kein Besuch in Dangriga oder Hopkins ist perfekt, ohne *hudnut*, ein beliebtes Garifuna-Gericht, probiert zu haben.

BELIZE CITY

60 963 EW.

Belize City steht nicht gerade an der Spitze der Touristenziele im Land und viele Besucher lassen die einzige Großstadt des Landes lieber außen vor. Sie ist die historische (wenn auch nicht mehr die tatsächliche) Hauptstadt des Landes und deswegen interessant genug für einen Besuch über ein oder zwei Tage. In den verwinkelten Straßen tummeln sich schillernde Persönlichkeiten, die jeden Aspekt der ethnischen Zusammensetzung Belizes repräsentieren, vor allem die Kreolen.

Sehenswertes

Die wichtigsten historischen Sehenswürdigkeiten von Belize City liegen alle in Laufnähe der Swing Bridge.

★ Museum of Belize MUSEUM

(Karte S. 252; www.museumofbelize.org; Gabourel Lane; Eintritt 10 BZ$; Di–Do 9–17, Fr & Sa 9–16.30 Uhr) Das moderne Museum im Bezirk Fort George bietet einen exzellenten Überblick über die Geschichte von Belize. Das Museum ist im ehemaligen Gefängnis des Landes untergebracht (1857 aus Ziegeln gebaut) und beließ eine Zelle im ursprünglichen Zustand samt Graffiti der Insassen – wer glaubt, sein Hotelzimmer sei beengt, wird hier eines Besseren belehrt! Faszinierende historische Fotos und Dokumente zeichnen die Kolonialzeit und die Unabhängigkeit wie auch die Zerstörungen durch Hurrikane nach.

★ Swing Bridge WAHRZEICHEN

(Karte S. 252) Der Dreh- und Angelpunkt von Belize City, der praktisch von allen so ziemlich jeden Tag überquert wird, soll die einzige erhaltene, per Hand betriebene Drehbrücke der Welt sein. Die in der Eisenhütte Liverpool hergestellte Swing Bridge wurde 1923 errichtet und ersetzte eine ältere Brücke von 1897.

★ St. John's Cathedral KIRCHE

(Karte S. 252; Albert St; Mo–Fr 8–12, Sa & So 8–18 Uhr) Die St. John's Cathedral gleich hinter dem Government House ist die älteste anglikanische Kirche in Zentralamerika. Sklaven haben sie zwischen 1812 und 1820 aus Backsteinen errichtet, die als Schiffsballast aus Großbritannien kamen. Bemerkenswert im Innenraum sind die alte Pfeifenorgel und Grabsteine aus der Baymen-Zeit. Letztere erzählen ihre ganz eigene Geschichte der frühen Zeit Belizes und bezeugen, wie hoch die Sterblichkeit unter den ersten Siedlern der Stadt war.

Image Factory GALERIE

(Karte S. 252; www.imagefactorybelize.com; 91 North Front St; Mo–Fr 9–17 Uhr) GRATIS Die innovativste und spannendste Kunstgalerie der Stadt veranstaltet fast jeden Monat eine neue Ausstellung, meist von Werken belizischer Künstler. Die Vernissagen finden meist zu Monatsbeginn auf der Veranda mit Blick auf den Haulover Creek statt.

Schlafen

Belcove Hotel HOTEL $

(Karte S. 252; 227-3054; www.belcove.com; 9 Regent St; Zi. ohne Bad 65 BZ$, EZ/DZ 69/81 BZ$, Zi. mit Klimaanlage 93 BZ$, DZ/3BZ Deluxe mit Klimaanlage 104/115 BZ$;) Das familiengeführte Belcove in einem leuchtend gelben und weinroten Haus am Haulover Creek ist sicher und makellos sauber. Die Mitarbeiter sind höflich und zuvorkommend und die Managerin Myrna weiß unglaublich viel über die Gegend. Dank der zentralen Lage ist es nicht weit zu Verkehrsanbindungen und zu allen Sehenswürdigkeiten und der Balkon zum Creek raus ist ideal zum Entspannen.

Sea Breeze Guesthouse PENSION $

(Karte S. 252; 203-0043; www.seabreeze-belize.com; 18 Gabourel Lane; Zi. mit/ohne Bad 60/50 BZ$, 3BZ mit Klimaanlage 80 BZ$;) Die kleine, familiengeführte Pension ist eine solide Budgetunterkunft, allerdings macht der Nato-Draht um das Haus den Eindruck, als wollten die Besitzer sich gegen mehr als nur die übliche Kriminalität in Belize City wappnen – vielleicht gegen eine Zombie-Apokalypse? Die neun Zimmer sind sauber und für den Preis komfortabel; die Familie Kalam bietet unaufdringlichen und freundlichen Service.

Bayview Guest House PENSION $

(223-4179; www.belize-guesthouse-hotel.com; 58 Baymen Ave; EZ mit/ohne Bad 40/60 BZ$, DZ 55/70 BZ$;) Die Pension im ruhigen Wohnviertel Newtown Barracks hat gar keinen „Blick auf die Bucht", ist dafür aber bloß ein kurzes Stück zu Fuß von einem der besten Ausgehviertel der Stadt entfernt. Die acht Zimmer sind schlicht – die Badezimmer sind nur durch Vorhänge abgetrennt –, aber ziemlich sauber. Einige sind winzig, deshalb sollte man sich am besten mehrere anschauen und eines mit Fenster nach hinten raus wählen.

Highlights

1 Caye Caulker (S. 254) Das großartige Angebot an Wasseraktivitäten nutzen – von Kitesurfen und Stehpaddeln bis Schnorcheln und Tauchen.

2 Actun Tunichil Muknal (S. 282) Die spektakulärste Höhle Belizes erforschen.

3 San Pedro (S. 259) Bei einem Segeltörn vor der Küste einen abendlichen Cocktail genießen.

4 Lighthouse Reef (S. 262) In die Dunkelheit des Blue Hole Natural Monument abtauchen.

5 Caracol (S. 282) Die abgelegenen alten Maya-Ruinen erkunden.

6 Placencia (S. 290) Essen, trinken, faulenzen und schnorcheln auf der „Festlandsinsel".

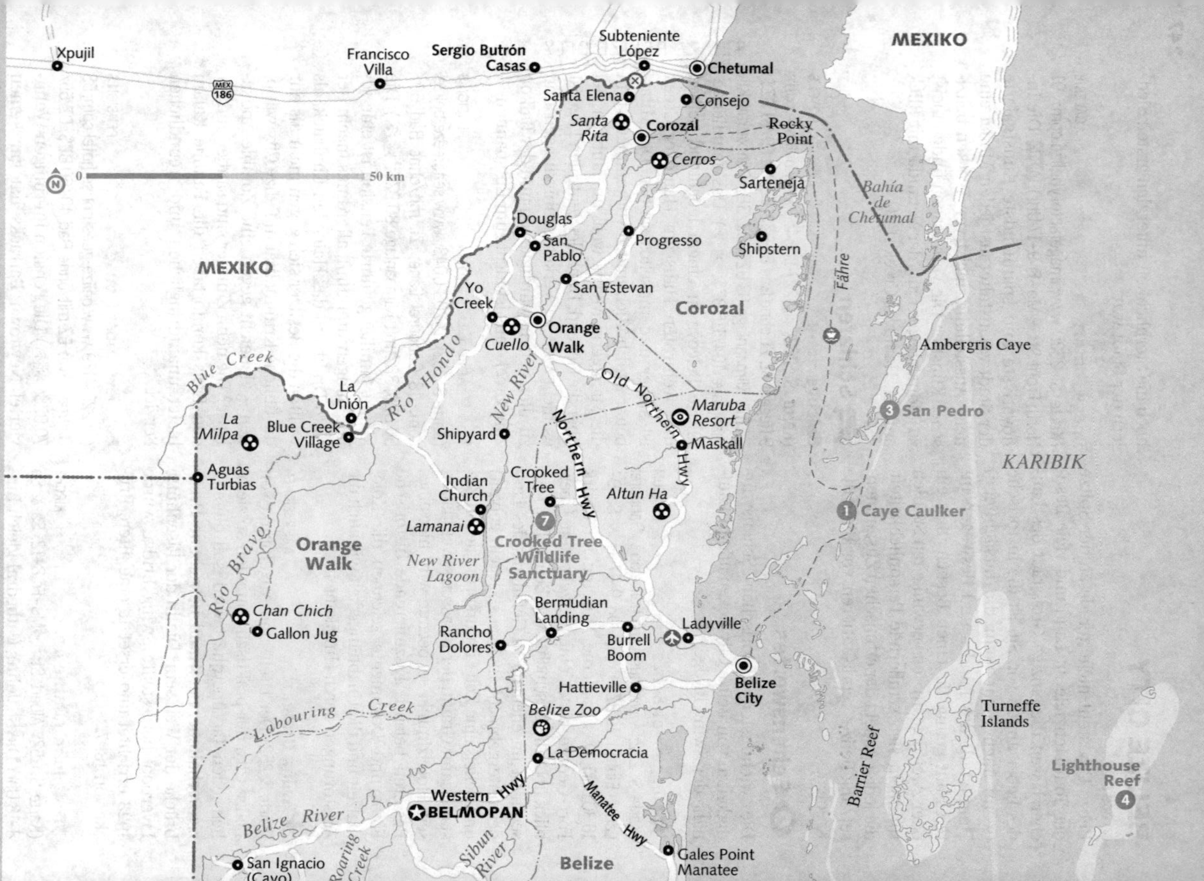

7 Crooked Tree Wildlife Sanctuary (S. 267) Bei einer Bootsfahrt auf der Lagune die Vogelwelt bestaunen.

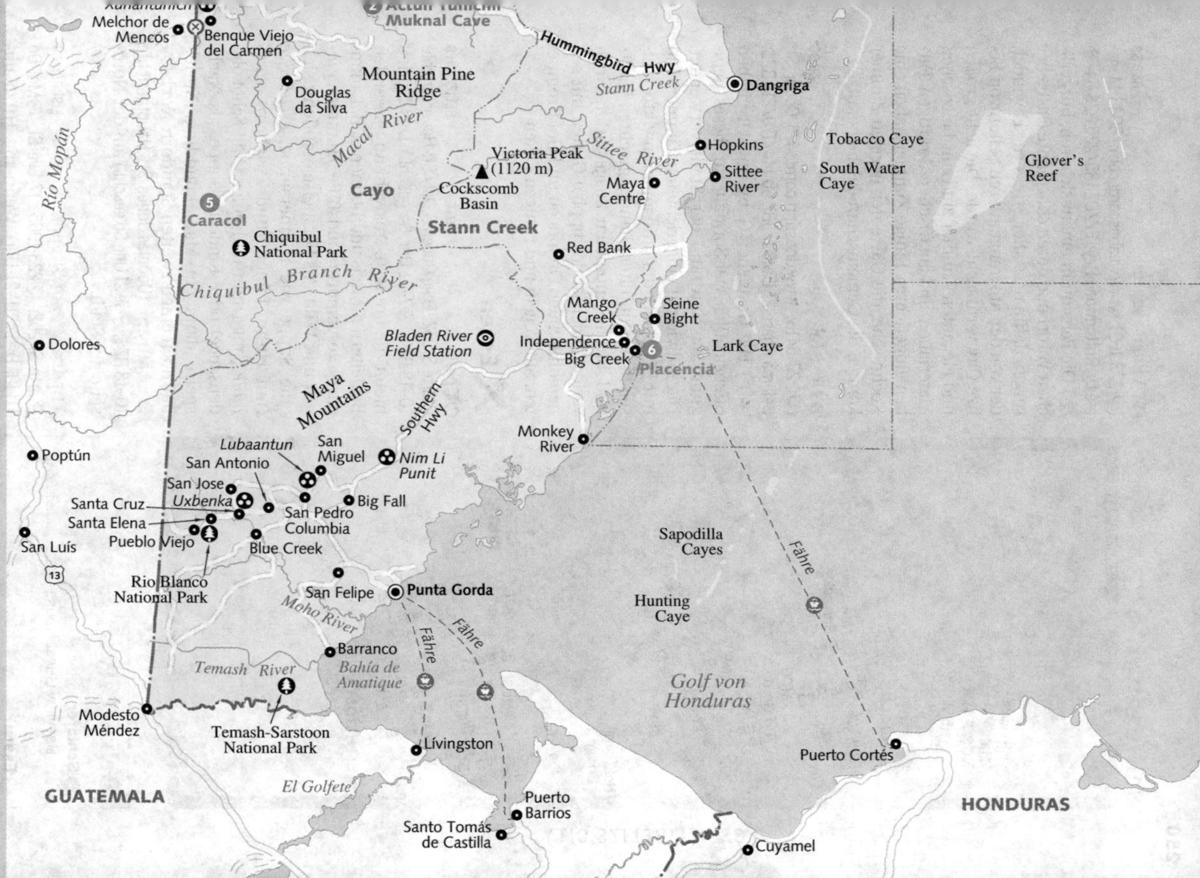

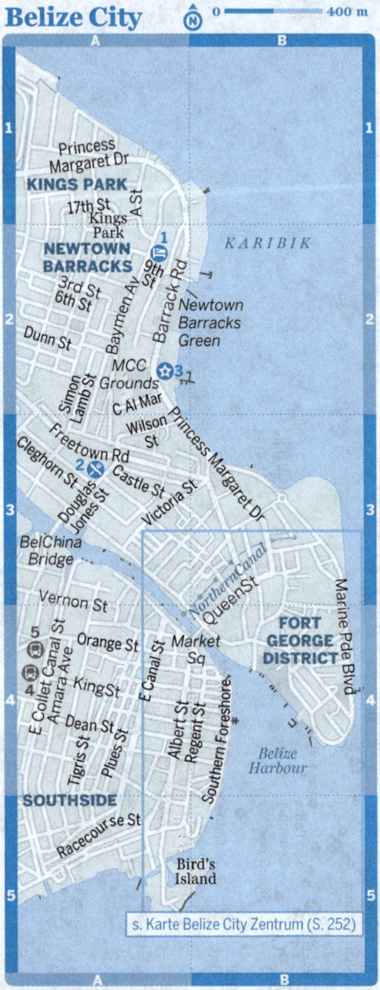

Belize City

Schlafen
1 Bayview Guest House A2

Essen
2 Nerie's I Restaurant A3

Unterhaltung
3 Princess Cinema A2

Transport
4 Hauptbusbahnhof A4
5 Bushaltestelle Pound Yard A4

★ **Villa Boscardi** B&B $$
(☎223-1691; www.villaboscardi.com; 6043 Manatee Dr, Buttonwood Bay; EZ/DZ 185/225 BZ$; ❄@📶) Die Pension in einem sicheren, bürgerlichen Vorort und deren charmante Gastgeber sorgen dafür, dass aller Stress verschwindet, der von den anstrengenderen Seiten von Belize City verursacht wurde. Die acht großen und eleganten Zimmer sind mit belizischen Materialien und in frischen, kräftigen Farben eingerichtet. Einige Zimmer haben eine Kochnische, die Gäste der übrigen Zimmer können die Gemeinschaftsküche benutzen.

D'Nest Inn B&B $$
(☎223-5416; www.dnestinn.com; 475 Cedar St, Belama Phase 2; EZ/DZ/3BZ ab 144/179/214 BZ$; ❄📶) Die Gastgeber Gaby und Oty haben offensichtlich viel Sorgfalt auf dieses Refugium am Nordrand der Stadt verwendet. Die individuell eingerichteten Zimmer sind mit Himmelbetten und anderen viktorianischen Antiquitäten, handgemachten Quilts und Blümchentapeten ausgestattet. Noch verlockender ist der üppige Garten mit seinen blühenden Orchideen und Goldtrompeten, Singvögeln und ruhigen Ecken.

Essen

★ **Nerie's II Restaurant** BELIZISCH $
(Karte S. 252; Ecke Queen & Daly St; Hauptgerichte 10–18 BZ$; ⌚7–21 Uhr, So geschl.) Das Nerie's bietet die breiteste Auswahl an passenden Begleitern für Reis und Bohnen, z. B. Lammcurry, geschmorte Rindsfüße, Hummer, *gibnut* und Wild. Als Vorspeise empfiehlt sich eine Suppe wie Hühnersuppe, *escabeche* (mit Huhn, Limone und Zwiebeln), *chirmole* (mit Huhn und einer Chili-Schokoladensauce) oder Rinderfußsuppe, als Nachspeise dann ein Maniokpudding. Nerie's hat noch einen zweiten Standort: **Nerie's I Restaurant** (Douglas Jones St; Hauptgerichte 10–18 BZ$; ⌚7–21 Uhr, So geschl.) auf der Nordseite der Stadt.

The Ice Cream Shoppe EISCREME $
(Karte S. 252; ☎223-1965; 17 Eve St; ⌚Mo–Do 11–19, Fr–So 11–21 Uhr) Wenn die Hitze unerträglich wird, sorgt der kleine Eissalon mit köstlichem, hausgemachtem Eis in verschiedenen tollen Geschmacksrichtungen, auch mit einigen einheimischen Früchten, für Abkühlung. Bei einem Eisbecher mit ein paar Kugeln lassen sich ganz entspannt die Klimaanlage und das schnelle WLAN genießen.

Dario's Meat Pies BELIZISCH $
(Karte S. 252; ☎203-5197; 33 Hydes Lane; Fleischpasteten 1 BZ$; ⌚5–15 Uhr) Jeder Einheimische wird auf die Frage, wer die besten Fleischpasteten mache, ohne Zögern antworten: Dario's. Zur Wahl stehen Rind- und Hühnerfleisch. Die Pasteten werden im ganzen Land verkauft, aber am besten schmecken sie frisch aus dem Ofen dort, wo sie hergestellt werden. Die Füllung ist kochend heiß – also Vorsicht beim Reinbeißen.

Celebrity Restaurant INTERNATIONAL $$
(Karte S. 252; ☎223-7272; www.celebritybelize.com; Ecke Marine Parade Blvd & Goal Lane; Hauptgerichte 16–40 BZ$; ⌚11–23 Uhr) Das Celebrity ist einfach superklasse, weil es ein halbwegs schickes Restaurant ist, das nicht zu einem Hotel gehört. Es hat ein umfangreiches Speisenangebot, darunter nordamerikanische Klassiker wie Steaks und Sandwiches, mexikanisches Essen wie Fajitas und Quesadillas, zahlreiche Pastagerichte und ein paar mediterrane Überraschungen wie Hummus, Köfte und Kebabs.

Ausgehen & Unterhaltung

★ **Sponoaz** CAFÉ
(Karte S. 252; ☎223-1043; North Front St; ⌚Mi 12–22, Do & Fr 15–24, Sa 12–24 Uhr) Das kosmopolitische Café ist eine Oase in der Innenstadt von Belize City mit erstklassigem Kaffee sowie Panini und Sandwiches. Der Innenraum ist schick und klimatisiert, aber hinten unter den grünen Sonnenschirmen sitzt es sich beim Anblick der schaukelnden Segelboote auf dem Haulover Creek und einem Cocktail in der Hand viel schöner.

Bird's Isle Restaurant BAR
(Karte S. 252; Bird's Island; ⌚Mo–Fr 10.30–14.30 & 17.30 Uhr–open end, Sa 10.30–22 Uhr) Das Bird's Isle ist wohl das beste Lokal in Belize City. Die Inseloase an der Südspitze der Stadt schafft es, die urbanen Widrigkeiten nur ein paar Straßenzüge weiter fernzuhalten. Sowohl Einheimische als auch Touristen zieht es in die Open-Air-*palapa*, um die Meeresbrise, frisch gepressten Säfte und kaltes Bier zu genießen.

Bliss Centre for the Performing Arts DARSTELLENDE KUNST
(Karte S. 252; ☎227-2110; www.nichbelize.org; Southern Foreshore) Im 600-sitzigen Theater des umgebauten, vom Institute for Creative Arts geführten Bliss Centre gibt es das ganze Jahr über verschiedene Veranstaltungen. Interessant sind Konzerte traditioneller belizischer Musik sowie Shows, die Belize und seine Kultur zelebrieren. Zu den jährlichen Events zählen das Belize Film Festival und das Children's Art Festival im Mai.

Princess Cinema KINO
(☎223-2670; Princess Hotel & Casino, Newtown Barracks, Kings Park; Eintritt 15 BZ$) Das Princess-Kino mit zwei Leinwänden zeigt neue Hollywoodfilme, allerdings erst etwas später als die US-Premieren.

Praktische Informationen

GEFAHREN & ÄRGERNISSE

Belize City ist keineswegs so lässig wie der Rest des Landes. Besucher verbringen zwar wahrscheinlich die meiste Zeit im Geschäftsviertel (östlich des Southside Canal um die Albert und die Regent Street) und im Viertel Fort George, die beide tagsüber sicher sind, aber Wachsamkeit ist dennoch angesagt.

Nach Einbruch der Dunkelheit ist ein Taxi in jedem Teil der Stadt ratsam. Wer unbedingt zu Fuß gehen will, sollte sich an die gut beleuchteten Hauptstraßen halten und wenn möglich nie allein losziehen. Das Hotel gibt Tipps zur Sicherheit in bestimmten Stadtvierteln.

GELD

Alle Banken wechseln US-Dollars, britisches Pfund und in der Regel auch Euros. Die meisten Geldautomaten sind 24 Stunden zugänglich, es ist jedoch äußerst ratsam, sie nur bei Tageslicht zu benutzen.

Belize Bank (60 Market Sq; ⌚Mo–Do 8–15, Fr 8–16.30 Uhr) Der Geldautomat befindet sich an der Nordseite des Gebäudes. Ein weiterer **Geldautomat der Belize Bank** (North Front St) liegt in günstiger Nähe zu den Wassertaxis.

First Caribbean International Bank (21 Albert St; ⌚Mo–Do 8–14.30, Fr 8–16.30 Uhr)

Scotiabank (Ecke Albert & Bishop St; ⌚Mo–Do 8–15, Fr 8–16.30 Uhr)

INTERNETZUGANG

King Internet Service (16 King St; pro Std. 3 BZ$; ⌚Mo–Sa 9–19 Uhr) Internetzugang in der Innenstadt.

S&L Travel (Karte S. 252; ☎227-5145, 227-7593; www.sltravelbelize.com; 91 North Front St) Klimatisiertes Internetcafé nahe dem Anleger der Wassertaxis.

MEDIZINISCHE VERSORGUNG

Karl Heusner Memorial Hospital (☎223-1671, 223-1548; www.khmh.bz; Princess Margaret Dr; ⌚Notfalldienst 24 Std.) Öffentliches Krankenhaus im Norden der Stadt.

Belize City Zentrum

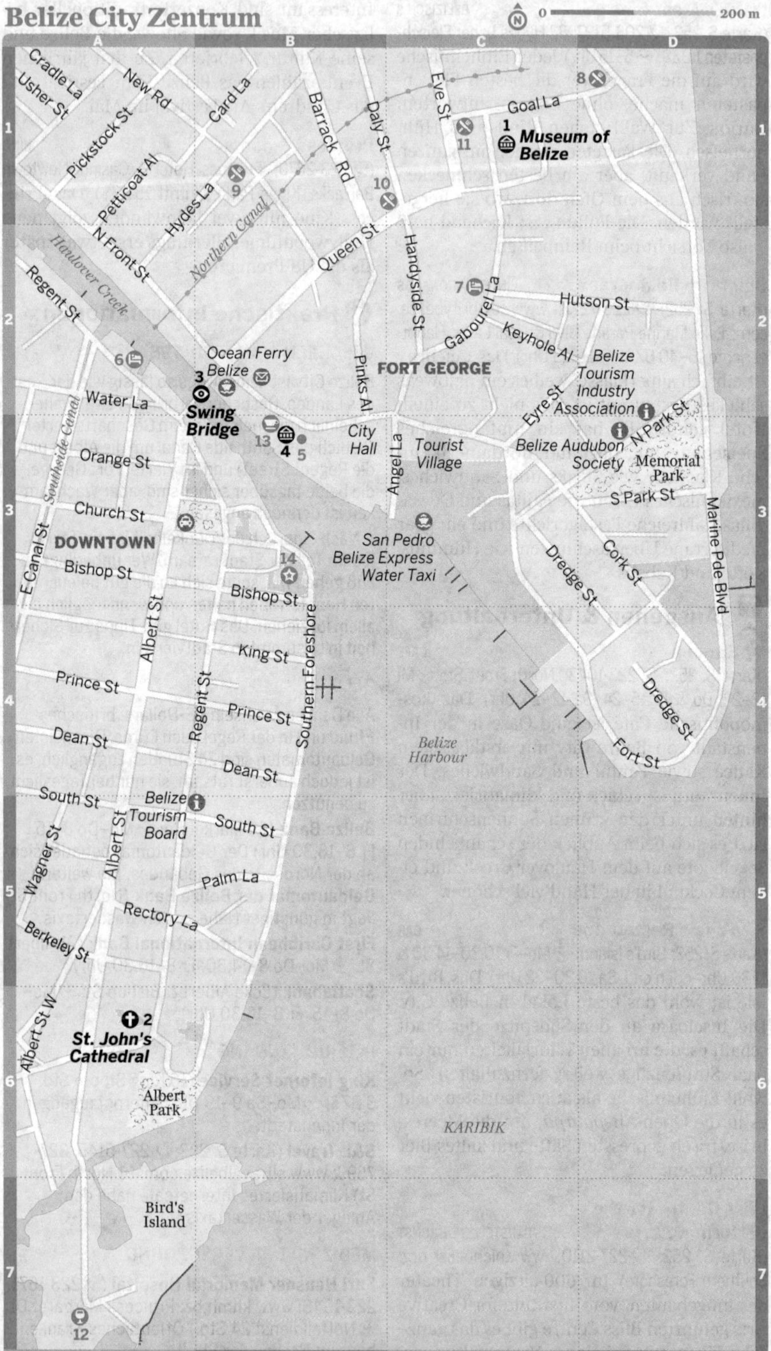

BELIZE BELIZE CITY

Belize City Zentrum

Highlights
1 Museum of Belize C1
2 St. John's Cathedral A6
3 Swing Bridge B2

Sehenswertes
4 Image Factory B3

Aktivitäten, Kurse & Touren
5 S&L Travel B3

Schlafen
6 Belcove Hotel A2
7 Sea Breeze Guesthouse C2

Essen
8 Celebrity Restaurant D1
9 Dario's Meat Pies B1
10 Nerie's II Restaurant C1
11 The Ice Cream Shoppe C1

Essen & Nachtleben
12 Bird's Isle Restaurant A7
13 Spoonaz B3

Unterhaltung
14 Bliss Centre for the Performing Arts B3

POST

Hauptpostamt (Karte S. 252; North Front St; ⌚ Mo–Do 8–17, Fr 8–16.30 Uhr)

TELEFON

BTL (☎ 227-7085; 1 Church St; ⌚ Mo–Fr 8–18 Uhr) Der Laden in der Innenstadt verkauft-SIM-Karten für Handys.

TOURISTENINFORMATION

Belize Tourism Board (BTB; Karte S. 252; ☎ 227-2420; www.travelbelize.org; 64 Regent St; ⌚ Mo–Do 8–17, Fr 8–16 Uhr) Karten, Magazine und alle möglichen Informationen für Reisen in Belize. Hier ist auch der Kreuzfahrt-Fahrplan in Form einer praktischen Broschüre erhältlich.

Belize Tourism Industry Association (BTIA; Karte S. 252; ☎ 227-1144; www.btia.org; 10 North Park St, Belize City; ⌚ Mo–Fr 8–12 & 13–17 Uhr) Die BTIA ist ein unabhängiger Verein von Tourismusbetrieben, der aktiv für „nachhaltigen, ökokulturellen Tourismus" eintritt. Im Büro gibt es Prospekte zu den Regionen des Landes, Exemplare des jährlichen Magazins *Destination Belize* (kostenlos) und Informationen über die Vereinsmitglieder, zu denen viele der besten Hotels, Restaurants und andere touristische Unternehmen Belizes gehören. Die Website hat massenhaft Infos.

An- & Weiterreise

BUS

Der **Hauptbusbahnhof** von Belize City (West Collett Canal St) ist das alte Novelo-Terminal am Kanal, das in den mittlerweile verblichenen Rastafari-Farben Rot, Gold und Grün gestrichen ist. Hier fahren die meisten Busse ab, Regionalbusse innerhalb des Belize Districts zu Zielen wie Ladyville und Burrell Boom fahren jedoch um die Ecke an der **Bushaltestelle Pound Yard** (Cemetery Rd) los.

FLUGZEUG

Belize City hat zwei Flughäfen: den Philip Goldson International Airport (BZE), der 18 km nordwestlich des Stadtzentrums am Philip Goldson Highway liegt, und den Municipal Airstrip (TZA) gut 3 km nördlich des Stadtzentrums. Alle internationalen Flüge landen auf dem internationalen Flughafen. Die zwei einheimischen Fluglinien benutzen beide Flughäfen, aber Flüge vom Municipal Airstrip sind billiger (oft erheblich).

Die folgenden einheimischen Fluggesellschaften fliegen ab Belize City:

Maya Island Air (☎ 223-1140, 223-1362; www.mayaislandair.com) Inlandsflüge nach Caye Caulker, Dangriga, Placencia und Punta Gorda sowie San Pedro auf dem Ambergris Caye.

Tropic Air (☎ 226-2012; www.tropicair.com) Inlandsflüge von Belize City nach Caye Caulker, Dangriga, Placencia, Punta Gorda, San Ignacio und San Pedro. Flugverbindungen auch mit Flores in Guatemala, Roatan in Honduras und Cancún und Mérida in Mexiko.

SCHIFF/FÄHRE

Zwei Wassertaxiunternehmen in der North Front Street bieten jeweils ähnliche Verbindungen mit Caye Caulker und San Pedro:

San Pedro Belize Express Water Taxi (Karte S. 252; ☎ 223-2225; www.belizewatertaxi.com; Brown Sugar Mall, Front St) Professionell geführter Wassertaxiservice mit neun Fahrten pro Tag (ungefähr stündl. 8–17 Uhr) nach Caye Caulker (einfach/hin & zurück 30/50 BZ$, 45 Min.) und San Pedro (einfach/hin & zurück 40/70 BZ$, 1½ Std.). Einmal täglich gibt es auch eine Bootsverbindung zwischen Caye Caulker und Chetumal in Mexiko (via San Pedro).

Ocean Ferry Belize (Karte S. 252; ☎ 223-0033; www.oceanferrybelize.com; North Front St) Neues Unternehmen mit Bootsverbindungen nach Caye Caulker (einfach/hin & zurück 19/29 BZ$, 45 Min.) und San Pedro (einfach/hin & zurück 29/49 BZ$, 1½ Std.) ab dem alten Anleger Caye Caulker Water Taxi. Abfahrtszeiten ab Belize City zu beiden Zielen sind 8, 10.30, 13.30, 15 und 17 Uhr.

Unterwegs vor Ort

TAXI

Taxis kosten um die 7 BZ$ für Fahrten innerhalb der Stadt. Die Fahrt von einer Seite der Stadt zur anderen dauert lang, es ist dann mit einem höheren Preis zu rechnen. Der Preis sollte im Voraus mit dem Fahrer vereinbart werden. Die meisten Restaurants und Hotels rufen auf Wunsch ein Taxi für ihre Gäste.

VOM/ZUM FLUGHAFEN

Philip Goldson International Airport Der Taxipreis vom/zum internationalen Flughafen beträgt 50 BZ$ für ein bis zwei Fahrgäste und 60 BZ$ für drei bis vier Fahrgäste. Ansonsten kann man auch die 2,4 km bis zum Philip Goldson Highway laufen, wo recht häufig Busse nach Belize City fahren.

Municipal Airstrip Taxis ins Stadtzentrum kosten rund 10 BZ$.

Hauptbusbahnhof Taxis warten vor dem Busbahnhof. Sie sollten eigentlich der Reihe nach fahren, aber die Fahrer streiten sich stets um die Reihenfolge.

DIE NÖRDLICHEN CAYES

Wer sich vorstellt, eine Hängematte an einem einsamen Strand aufzuknüpfen, kann diese Phantasie an einem äußeren Atoll verwirklichen. Steht der Sinn nach Luxus? Auf Ambergris Caye werden immer mehr Nobelresorts angelegt. San Pedro ist super, um die Nacht beim Reggae durchzutanzen, während es auf Caye Caulker gemächlicher zugeht.

Aber die Inseln selbst sind nur der Anfang: Der größte Reichtum der nördlichen Cayes liegt unter der Meeresoberfläche. Nur ein paar Kilometer vor der Küste erstreckt sich das Barriereriff über 130 km und bietet unvergleichliche Gelegenheiten, tiefe Spalten und Korallen zu erkunden, Ammenhaien und Stachelrochen zu begegnen und mit kunterbunten Fischschwärmen zu schwimmen.

Caye Caulker

1763 EW.

Auf Caye Caulker gibt es keine Autos, keine Abgase und keinen Stress, nur sanfte Brisen, frische Meeresfrüchte, himmelblaues Wasser und ein phantastisches Barriereriff vor der Küste. Die gelassene Haltung ist teilweise der überwiegend kreolischen Bevölkerung dieser zu klassischen Reggae-Rhythmen swingenden Insel zu verdanken, auf der eine kleine Gruppe Rastafaris lebt.

Aktivitäten

Die Aktivitäten auf der Insel drehen sich hauptsächlich um Wassersport und Meerestiere.

★ Stressless Tours SCHNORCHELN, ANGELN
(☎624-6064; www.stresslesstours.com; Dock St) Das professionelle neue Unternehmen hebt sich auf dem überreichlichen Schnorchelmarkt durch großartige Kundenbetreuung sowie Schwerpunkt auf Nachhaltigkeit und engagierte Führer ab. Es bietet eine gekürzte Fassung des klassischen Trips Hol Chan/Shark Ray Alley, mit Konzentration auf verschiedene Erkundungen im Wasser statt all der Extras, die nichts mit Schnorcheln zu tun haben. Veranstaltet auch Angeltouren und Ausflüge mit Charterbooten.

★ Contour WASSERSPORT
(☎653-8515; www.contourbelize.com; Front St; Verleih pro Std./halb-/ganztags 30/80/120 BZ$; ⏲8–18 Uhr) Der gut geführte Laden bringt neuen Schwungs ins Wasservergnügen von Caulker: Er führt Besucher auf dem Paddleboard durch Mangroven oder auf abendliche Exkursionen. Außerdem bietet er Yoga auf dem Paddleboard in schöner Natur und vermietet erstklassiges Zubehör.

Belize Diving Services TAUCHEN
(☎226-0143; www.belizedivingservices.net; Chapoose St) Professioneller und hoch empfohlener Tauchladen, der PADI-Kurse und Tauchen in den Riffen der Umgebung sowie weiter draußen im Turneffe Elbow und im Blue Hole anbietet. Hinzu kommen Tauchausbildungen für Fortgeschrittene und Höhlentouren.

Kitexplorer KITESURFEN
(☎626-4613; www.kitexplorer.com; Front St; Ausrüstungsverleih pro Std./halb-/ganztags 120/200/300 BZ$; ⏲8–18 Uhr) Bietet zweistündige Einführungskurse (360 BZ$) und sechsstündige Grundkurse (980 BZ$) sowie Ausrüstungsverleih. Hinzu kommen Windsurfingkurse und es gibt auch Paddleboards. Der Laden liegt am nördlichen Ende der Insel in der Nähe des Split.

Geführte Touren

Blackhawk Sailing Tours SEGELN
(☎607-0323; www.blackhawksailing.com; Front St) Das von Einheimischen geführte Blackhawk organisiert Segel- und Schnorcheltouren sowie Segeltörns mit Übernachtung auf Sandbänken unter dem Sternenhimmel und

abendliche Reggae-Rundfahrten samt frischem *ceviche*.

★ Caveman Tours SCHNORCHELN
(☎226-0367; www.cavemansnorkelingtours.com; Front St; ⌚8.30–17.30 Uhr) Der legendäre Captain Caveman bietet äußerst beliebte Schnorcheltouren in lokalen Gewässern an, auch Ausflüge zu den Seekühen um Swallow Caye und zum sandigen Goff Caye. Er ist seriös, sicherheitsbewusst und achtet sehr auf Kundenwünsche. Sein Büro befindet sich im Kunsthandwerksmarkt.

Raggamuffin Tours BOOTSTOUR
(☎226-0348; www.raggamuffintours.com; Front St) Die beliebten dreitägigen Segel- und Campingausflüge nach Placencia gehen jeden Dienstag und Freitag los und führen zwischen weniger besuchten Inseln und Riffen hindurch. Reservierung erforderlich. Es werden auch Schnorcheltouren nach Hol Chan und abendliche Segeltörns geboten.

Schlafen

Ocean Pearl Royale Hotel HOTEL $
(☎226-0074; oceanpearl@btl.net; Park St; Zi. mit/ohne Klimaanlage 90/65 BZ$, Cabaña 100 BZ$; ❄📶) Das kleine Hotel in einer ruhigen Seitenstraße ist von sandigem Gelände voller Palmen und blühenden Bäumen umgeben, die Kolibris und andere schöne Tierchen anlocken. Die zehn sauberen, in leuchtenden Farben gestrichenen Zimmer sind erstaunlich preiswert und mit einfachen Holzmöbeln eingerichtet. In der großen, luftigen Lobby können sich Gäste zusammensetzen und Inselgeschichten austauschen.

Juan in a Million PENSION $
(Pirates of the Caribbean; Front St; B 15 BZ$, EZ mit/ohne Klimaanlage 44/39 BZ$, DZ mit/ohne Klimaanlage 49/44 BZ$) Die kleine, nette Pension am ruhigeren Ende der Front Street ist wegen der billigen, komfortablen und klimatisierten Schlafsäle und der gepflegten Privatzimmer bei Budgetreisenden beliebt. Der Preis ist praktisch unschlagbar.

Bella's Hostel HOSTEL $
(☎635-4265; bellas.hostel@yahoo.com; Crocodile St; B mit/ohne Klimaanlage 35/25 BZ$, EZ/DZ/3BZ 35/60/75 BZ$; 📶) Dieses Hostel auf der Rückseite der Insel ist ein Refugium für Backpacker, die die preiswerten, aber guten Schlafsäle in den Dachgeschossen der Holzhäuser schätzen. Die lässige Atmosphäre ist auch dem relaxten Management und der guten Musik zu verdanken. Reisende essen hier oft gemeinsam in der Küche, spielen Karten auf dem Balkon und leihen sich Kanus und Fahrräder.

Dirty McNasty's Hostel HOSTEL $
(☎636-7512; Crocodile St; B mit/ohne Klimaanlage 43/32 BZ$, DZ 76 BZ$; 📶) Die andauernden Bauarbeiten an dem großen Hostel nehmen etwas vom paradiesischen Flair und viele der Zimmer wirken eher wie billige Studentenbuden oder sogar Buschgefängnisse, wo die einzige Einrichtung aus einem Feuerlöscher besteht. Gleichwohl ist das Haus beliebt, weil es ein kostenloses Frühstück und Rumpunsch bietet, was erheblich zur geselligen Atmosphäre beiträgt.

★ Sea Dreams Hotel B&B $$
(☎226-0602; www.seadreamsbelize.com; Hattie St; Zi. 230 BZ$, Apt. 330–430 BZ$; ❄📶) Die hübsche Pension an der Nordseite der Insel bietet eine seltene Kombination aus guter Erreichbarkeit und herrlicher Ruhe, wo die Gäste tagsüber am Split abhängen und sich dann nur wenige Schritte entfernt in die gemütliche Unterkunft zurückziehen können. Originalgemälde lokaler Künstler schmücken die bunten Wände der eleganten und komfortablen Zimmer und Apartments.

★ Oasi PENSION $$
(☎623-9401; www.oasi-holidaysbelize.com; Back St; Apt. 190–210 BZ$; ❄📶🏊) Die großartige Pension um einen blühenden tropischen Garten mit einladendem Pool hat nur vier elegante Apartments mit wunderbaren breiten Veranden (natürlich mit Hängematten). Gewebte Wandteppiche und warme Farbtöne schmücken die Zimmer, die mit Küche, Sofas und erstklassigen Badezimmern ausgestattet sind. Es gibt auch eine kleine Bar mit, in der regelmäßig dezente Konzerte stattfinden, und einen schönen Grillplatz.

Seaside Cabanas RESORT $$
(☎226-0498; www.seasidecabanas.com; Dock St; Zi. 258–358 BZ$, Suite 398 BZ$; ❄📶🏊) Sonnengelbe Häuser mit Palmwedeldächern verströmen eine tropische Atmosphäre in dieser schönen Anlage am Strand. Die Einrichtung besteht aus Wüstenfarben, schweren Stoffen und vielen Kissen. Die meisten Zimmer befinden sich im Hauptgebäude mit Blick aufs Meer; die komfortablen *cabañas* liegen dichter am Wasser und haben jeweils eine Dachveranda und einen Whirlpool auf der Terrasse.

Caye Caulker

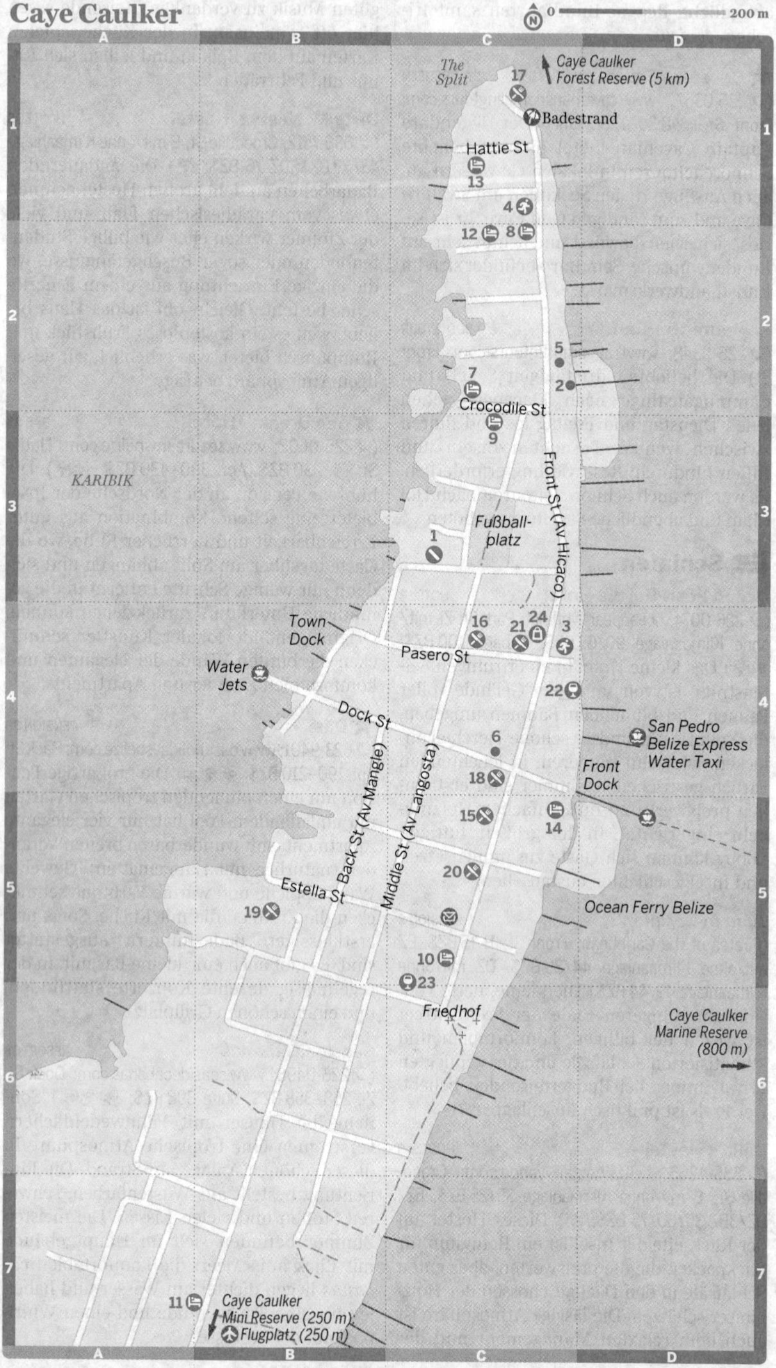

Caye Caulker

Aktivitäten, Kurse & Touren

1 Belize Diving Services C3
Blackhawk Sailing Tours .... (s. 8)
2 Caveman Tours C2
3 Contour C4
4 Kitexplorer C1
5 Raggamuffin Tours C2
6 Stressless Tours C4

Schlafen

7 Bella's Hostel C2
8 Caye Reef C2
9 Dirty McNasty's Hostel C3
10 Juan in a Million C5
11 Oasi B7
12 Ocean Pearl Royale Hotel C2
13 Sea Dreams Hotel C1
14 Seaside Cabanas C5

Essen

15 Amor Y Café C5
16 Errolyns House of Fry Jacks C4
17 Gelato Italiano C1
18 Habaneros C4
19 Little Kitchen Restaurant B5
20 Pasta per Caso C5
21 Roy's Blue Water Grill C4

Ausgehen & Nachtleben

22 Barrier Reef Sports Bar & Grill C4
23 I&I Reggae Bar C5

Shoppen

24 Little Blue Gift Shop C4

★ **Caye Reef** BOUTIQUEHOTEL $$$
(☎226-0381; www.cayereef.com; Front St; Apt. mit 1 Schlafzi. 346–420 BZ$, mit 2 Schlafzi. 420–494 BZ$; ❄📶🏊) Die sechs Apartments des Caye Reef wurden mit äußerster Sorgfalt eingerichtet – von Originalkunstwerken an den Wänden bis zu Hängematten auf den Balkonen. Die Preise steigen mit jedem Stockwerk, das teuerste Apartment liegt im 3. Stock.

Essen

Amor Y Café FRÜHSTÜCK $
(Front St; Frühstück 6–12,50 BZ$; ⏰6–12 Uhr; ✍) Wenn es um das beliebteste Frühstückscafé auf der Insel geht, gibt es keine Konkurrenz – der Laden ist immer voll, aber niemand muss lange auf einen Tisch auf der schattigen Veranda an der Front Street warten. Zur Auswahl stehen frisch gepresste Säfte, Rühreier und hausgemachter Joghurt mit Obst – nicht zu vergessen der frisch gebrühte Kaffee.

Errolyns House of Fry Jacks BELIZISCH $
(Middle St; 1,50–5 BZ$; ⏰Di–So 6–15 & 18–21 Uhr) Wer sagt, dass Belize teuer sein muss? Sowohl Einheimische als auch Reisende strömen zu dieser adretten Imbisshütte, um das preiswerteste Frühstück zu mampfen: köstliche, goldene *fry-jacks* (frittierte Teigtaschen) gefüllt mit jeglicher Kombination aus Bohnen, Käse, Ei, Rindfleisch oder Huhn. Billig, sättigend und lecker.

Gelato Italiano EISCREME $
(The Split; Eiscreme 5–10 BZ$; ⏰11–18 Uhr) Gelato Italiano brachte erstklassiges Eis auf die Insel, was längst überfällig auf Caye Caulker war. Hier gibt's mehr als ein Dutzend Sorten echtes italienisches Eis, das man sich auf einem Hocker auf dem langen Balkon mit Blick über die leuchtend blaue Karibik schmecken lassen kann. Die perfekte Abkühlung.

Little Kitchen Restaurant BELIZISCH $$
(☎667-2178; nahe Luciano Reyes St; Hauptgerichte 15–25 BZ$; ⏰12–22 Uhr) Elisia Flowers Little Kitchen ist ein Open-Air-Restaurant im 3. Stock an der Südwestseite von Caulker. Serviert werden traditionelle (aber raffiniert zubereitete) belizische Gerichte wie Garnelencurry, Roter Schnapper in Kokosnuss und exzellente Meeresschneckenfrikadellen (um nur einige zu nennen). Die Portionen sind groß und unglaublich preiswert, Bedenken haben wir jedoch wegen der jungen Hummer auf der Speisekarte – man sollte auf der erlaubten Größe bestehen.

Pasta per Caso ITALIENISCH $$
(Front St; Hauptgerichte 25–27 BZ$; ⏰Mo–Do 18–21 Uhr) An den langen Tischen auf der Veranda wird so ziemlich die beste Pasta in Belize serviert, traditionell zubereitet von den Mailänder Besitzern. Es gibt meist nur eine vegetarische und eine nichtvegetarische Sauce zu den ordentlichen Portionen frischer, hausgemachter Pasta in vielen Variationen. Gartenfrische Salate sind ebenfalls zu haben.

Roy's Blue Water Grill BELIZISCH $$
(Pasero St; Hauptgerichte 18–25 BZ$; ⏰18–22 Uhr) Der ehemalige Habaneros-Koch Roy hat sich mit diesem einfachen Open-Air-Restaurant nahe der Hauptstraße selbstständig gemacht. Auf der Speisekarte stehen reichlich frische Meeresfrüchte, aber es gibt auch interessante Huhn- und Schweinefleischgerichte, alle karibisch gewürzt.

★ **Habaneros** INTERNATIONAL $$$
(☎626-4911; habanerosdream@gmail.com; Ecke Front & Dock St; Hauptgerichte 32–58 BZ$; ⏲18–23 Uhr) Das „schärfste" Restaurant von Caulker, benannt nach den Habanero-Chilis, befindet sich in einem leuchtend bunt gestrichenen Schindelhaus im Ortszentrum. Die Köche bereiten internationale Gourmetküche zu, bestehend aus frischen Meeresfrüchten, Fleisch und Gemüse und kombiniert mit irrsinnig leckeren Saucen und Aromen. Dazu passt ein guter Wein oder ein Krug Sangria.

Ausgehen & Nachtleben

Barrier Reef Sports Bar & Grill SPORTBAR
(Front St; ⏲9–24 Uhr) Die bei Expats und Besuchern aus aller Welt stets beliebte Strandbar serviert phantastische internationale Gerichte und alle möglichen Getränke. Es gibt oft Livemusik und wichtige Sportübertragungen auf den vielen Flachbildschirm-TVs. Dies ist so ziemlich das einzige Lokal auf der Insel, wo garantiert immer eine gesellige Atmosphäre herrscht.

I&I Reggae Bar BAR
(Luciano Reyes St; ⏲18–24 Uhr) I&I ist die hippste und angesagteste Bar auf der Insel, wenn abends aus dem starken Soundsystem Reggae tönt. Jede der drei Etagen bietet eine andere Szenerie: Auf einer ist die Tanzfläche und auf der anderen hängen Schaukeln von den Dachbalken. Der oberste Stock ist die „Chill-Zone" samt Hängematten und Panoramablick. Eine tolle Kneipe für einen Drink bei Sonnenuntergang.

Shoppen

Little Blue Gift Shop GESCHENKE
(Front St; ⏲Mo–Sa 9–16 Uhr) Der großartige Geschenkeladen in der Nähe des Anlegers verkauft handgefertigte Produkte aus lokalen Produkten, darunter chemiefreies Insektenspray aus Kokosnussöl sowie verschiedene interessante Werke lokaler Künstler.

Praktische Informationen

Auf der Insel gibt es eine einfache Ärztepraxis, aber wer wirklich ärztliche Hilfe braucht, sollte sich besser direkt nach Belize City begeben.

Atlantic Bank (Middle St; ⏲Mo–Fr 8–14, Sa 8.30–12 Uhr) Hat zwei recht zuverlässige Geldautomaten, doch es ist ratsam, etwas Bargeld mit auf die Insel zu nehmen, falls sie außer Betrieb sind.

Caye Caulker BTIA (www.cayecaulkervacation.com) Offizielle Website für Caye Caulker der Belize Tourism Industry Association (BTIA).

Caye Caulker Health Center (☎226-0166, Notfall 668-2547) Ärztepraxis nahe der Front Street, zwei Häuserblocks südlich der Dock Street.

GoCayeCaulker.com (www.gocayecaulker.com) Allgemeine Informationen für Besucher.

Postamt (Estella St, Caye Caulker Health Center Bldg; ⏲Mo–Do 8–12 & 13–16.30, Fr bis 16 Uhr)

An- & Weiterreise

FLUGZEUG

Maya Island Air (☎226-0012; www.mayaislandair.com) und **Tropic Air** (☎226-0040; www.tropicair.com) verbinden beide Caye Caulker mit San Pedro und Belize City. Die Fluglinienbüros befinden sich im jüngst renovierten Flughafen am südlichen Ende der Insel.

SCHIFF/FÄHRE

Boote von zwei Gesellschaften fahren von Caye Caulker nach Belize City und San Pedro.

Ocean Ferry Belize (☎226-0033; www.oceanferrybelize.com) Die Boote nach Belize City (einfach 19 BZ$, hin & zurück 29 BZ$, 45 Min.) legen um 6.30, 8.30, 10.30, 13.30 und 16.30 Uhr ab und nach San Pedro (einfach 19 BZ$, hin & zurück 29 BZ$, 40 Min.) um 8.45, 11.15, 14.15, 15 und 17 Uhr.

San Pedro Belize Express Water Taxis (☎226-0225; www.belizewatertaxi.com) Die Wassertaxis nach San Pedro (einfach 30 BZ$, hin & zurück 50 BZ$) fahren um 7, 8.45, 9.45, 11.15, 12.45, 14.15, 15.45, 16.45, 17.15 und 18.15 Uhr und nach Belize City (einfach 30 BZ$, hin & zurück 50 BZ$) um 6.30, 7, 8, 9, 10.30, 12, 13.30, 15.30 und 17 Uhr.

Die Anleger befinden sich ein paar Häuserblocks voneinander entfernt an der Riffseite der Insel.

San Pedro Belize Express Water Taxis hat auch eine tägliche Verbindung mit Chetumal in Mexiko via San Pedro. **Water Jets** (☎226-2194; www.sanpedrowatertaxi.com; Lagunenanleger) befährt dieselbe Strecke an alternierenden Tagen.

Unterwegs vor Ort

Caulker ist so klein, dass die meisten Leute überall zu Fuß hingehen. Ein paar Golfwagentaxis stehen in der Front Street herum und verlangen 5 bis 7 BZ$ je Kurzstrecke im Ort.

Golfwagen vermietet **Buddy's Golf Cart Rentals** (☎628-8508; buddys_carts@hotmail.com; Middle St; pro Std./Tag/24 Std. 25/100/150 BZ$), aber Leihfahrräder sind viel billiger und genauso schnell. Fahrräder werden von Lebensmittelläden, Reiseveranstaltern und Hotels verliehen.

Ambergris Caye & San Pedro

16 444 EW.

„La Isla Bonita", der unbestrittene Tourismussuperstar von Belize, ist ein Rätsel, das entgegen allen Erwartungen noch immer massentouristische Erschließung mit einer fröhlichen und gelassenen Atmosphäre ausgleicht. Ambergris Caye ist für viele Besucher nach wie vor das archetypische Tropenparadies, wo sonnendurchflutete Tage bei fruchtigen Drinks und Wassersport verbracht werden. Einfache Vergnügungen gibt es reichlich, von Radfahren auf einem Strandweg im Schatten von Kokospalmen bis zu Schnorcheln in kristallklarem Wasser. Die gesamte Insel wird zwar oft San Pedro genannt, aber tatsächlich ist das der Name des Orts auf der Südhälfte der Insel.

Aktivitäten

Wer auf Wassersport steht, wird auf Ambergris in Verzückung geraten. San Pedro steckt voller Touristikunternehmen und Einzelpersonen, die Tauch-, Schnorchel-, Windsurf-, Segel-, Kitesurf-, Schwimm- und Angelausflüge anbieten.

★Hol Chan Marine Reserve TAUCHREVIER
(www.holchanbelize.org; Eintritt 20 BZ$) Das 17 km² große Hol Chan Marine Reserve an der Südspitze von Ambergris ist wegen seiner spektakulären Korallenformationen und der reichlichen und vielfältigen Meereslebewesen – ganz abgesehen von der Nähe zu den Inseln – vermutlich das meistbesuchte Tauch- und Schnorchelrevier von Belize. Hol Chan bedeutet in der Maya-Sprache „kleiner Kanal", was sich auf den natürlichen Einschnitt im Riff bezieht, den sogenannten **Hol Chan Cut**. Die Kanalwände bedecken farbenprächtige Korallen, in denen sich unglaubliche viele Fischarten tummeln, darunter Muränen und Schwarze Zackenbarsche.

Belize Pro Dive Center TAUCHEN
(☎226-2092; www.belizeprodivecenter.com; Sea Grape Dr; ⏰7–18 Uhr) Professionell geführter Tauchladen mit zwei Tauchgängen im Riff und Ausflügen zum Hol Chan jeden Morgen sowie küstennahen Tauchgängen und Tauchkursen.

Belize Sailing Center WASSERSPORT
(☎632-4101; www.belizesailingschool.com; Caribbean Villas Hotel, Sea Grape Dr) Segelkurse kosten hier 90 BZ$ pro Stunde; wer selbst ein Kapitänspatent hat, kann sich ein Laser Pico oder ein Hobie mieten und lossegeln. Kitesurfen wird ebenfalls angeboten – ein dreistündiger Grundkurs kostet 400 BZ$, Ausrüstungsverleih für einen halben Tag 240 BZ$. Die Ausbilder sind engagiert und höchst qualifiziert.

★Ecologic Divers TAUCHEN
(☎226-4118; www.ecologicdivers.com; 1/2/3 Tauchgänge 112/180/247 BZ$) Edeltauchladen mit großartigem Kundenservice und soliden Umweltreferenzen. Im Angebot sind alle lokalen Tauchreviere, mehrtägige Tauchcharter auf Luxuskatamaranen, Angeltouren und Bootsrundfahrten. Die Geschäftsleitung verspricht kleine Gruppen mit einem Tauchmeister für jeweils sechs Taucher bei allen Tauchgängen. Auch die Tauchkurse sind empfehlenswert. Ein Ausflugspaket zum Blue Hole mit Frühstück, Mittagessen, Getränken und Parkgebühren kostet 697 BZ$, zum Turneffe Atoll 540 BZ$.

Just Relax Massage MASSAGE
(666-3536; am Strand von Boca del Rio) Die staatlich geprüfte Massagetherapeutin Shirlene Santino betreibt in einem wunderbaren *palapa*-Zelt am Strand ein kleines Spa. Spezialität von Shirlene sind schwedische, Tiefen- und belizische Massagen (mit Kokosnussöl und verschiedenen toxinlösenden Techniken). Massagen vor Ort kosten 80 bis 100 BZ$ pro Stunde, Hausbesuche 120 bis 140 BZ$.

Ak'bol Yoga Retreat YOGA
(☎626-6296, 226-2073; www.akbol.com; North Island) Ak'bol bietet in zwei offenen, palmwedelgedeckten Yoga-Studios (eines am Ende des Anlegers) tägliche Kurse ohne Anmeldung (30 BZ$), außerdem einwöchige Yoga-Seminare, die das ganze Jahr über stattfinden. Es liegt 1,5 km nördlich der Brücke.

Geführte Touren

Island Dream Tours BOOTSTOUR
(www.islanddreamtours.com; Fido's Dock) Veranstaltet verschiedene Ausflugsfahrten auf einem großen, motorisierten Katamaran, auch Schnorcheltrips und eine super Sonnenuntergangsfahrt mit komplettem Abendessen auf dem Wasser.

San Pedro (Ambergris Caye)

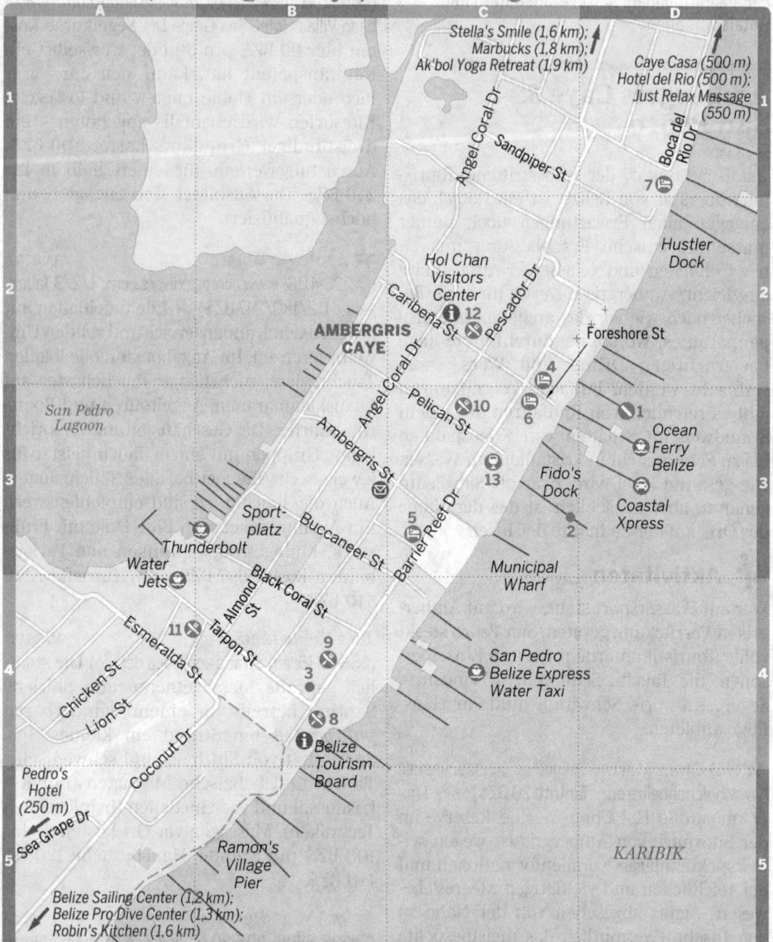

Seaduced by Belize BOOTSTOUR
(☎226-2254; www.seaducedbybelize.com; Tarpon St, Vilma Linda Plaza; ⌚8–18 Uhr; 👪) Verschiedene Segeltörns, einschließlich einer Rundfahrt bei Sonnenuntergang, und eine ganztägige Tour nach Caye Caulker. Im Angebot sind auch preiswerte Ausflüge, um Seekühe bei Swallow Caye (210 BZ$) zu sehen, Mittagessen auf Goff's Caye und Schnorcheln sind inbegriffen. Zudem gibt es Touren zum Bacalar Chico und eine empfehlenswerte Tagestour zum Robles Beach samt Schnorcheln und Grillen am Strand.

El Gato BOOTSTOUR
(☎602-8552, 226-2264; www.ambergriscaye.com/elgato; Halb-/Ganztagsbootstour 120/160 BZ$) Segeltörn nach Caye Caulker an Bord der *El Gato,* auf Wunsch auch Schnorcheln unterwegs. Sonnenuntergangstouren sind ebenfalls im Angebot.

Schlafen

Reservierungen sind in der Hochsaison zwischen Dezember und Mai empfehlenswert. Fast alle Hotels akzeptieren die verbreiteteren Kreditkarten, allerdings oft gegen gepfefferten Aufpreis. Apartments, Suiten und

San Pedro (Ambergris Caye)

Aktivitäten, Kurse & Touren

1 Ecologic Divers ... D3
2 Island Dream Tours ... C3
3 Seaduced by Belize ... B4

Schlafen

4 Conch Shell Inn ... C2
5 Hostel La Vista ... C3
6 Hotel San Pedrano ... C3
7 Sandbar ... D1

Essen

8 Belize Chocolate Company ... B4
9 Celi's Deli ... B4
10 DandE's Frozen Custard ... C3
11 El Fogón ... A4
12 My Secret Deli ... C2

Ausgehen & Nachtleben

13 Fido's ... C3

Shoppen

Belizean Arts Gallery ... (s. 13)

Ferienwohnungen sind auf www.ambergriscaye.com zu finden.

Hostel La Vista HOSTEL $

(☎627-0831; www.hostellavista.com; Barrier Reef Dr; B 30–36 BZ$, Zi. 100–120 BZ$; ❄) Das nette, neue Hostel an der Stelle eines der alten Hotels von San Pedro vor dem Park mitten im Ort hat saubere und komfortable Zimmer mit Klimaanlage. Die Schlafsäle sind recht geräumig, die Privatzimmer haben Platz für bis zu fünf Personen: ideal und günstig für Gruppen.

Hotel San Pedrano PENSION $

(☎226-2054; sanpedrano@btl.net; Barrier Reef Dr; EZ/DZ 75/85 BZ$, mit Klimaanlage 95/105 BZ$; ❄ 📶) Die zweistöckige, an der Straße gelegene Pension bietet keine Ausblicke, aber vom Balkon lässt sich das Meer erahnen. Recht geräumige Zimmer mit zwei oder drei Betten.

Pedro's Hotel HOSTEL, HOTEL $

(☎226-3825, 206-2198, 610-5526; www.pedroshotel.com; Sea Grape Dr; EZ/DZ ohne Bad 30/60 BZ$, Zi. mit Klimaanlage 120 BZ$, Deluxe 140 BZ$; ❄ 📶 🏊) Pedro's ist eine der günstigsten Budgetunterkünfte auf der Insel und seit jeher beliebt als Partyhotel. Das ursprüngliche „Hostel“ hat winzige, zellenartige Zimmer mit dünnen Wänden und Gemeinschaftsbädern. Am besten sind die zwölf Zimmer im Deluxe-Anbau in der Nähe des Pools, die mit Flachbildfernseher (über 110 Kanäle), Klimaanlage und jeweils eigenem Bad mit heißer Dusche ausgestattet sind.

Sandbar HOSTEL $$

(☎226-2008; www.sanpedrohostel.com; Boca del Rio; B/Zi. 30/120 BZ$; ❄ 📶) Juhu! Ein knappes Budget heißt nicht mehr, in einem stickigen Zimmer in einer finsteren Gasse nächtigen zu müssen. Das einzige Strandhostel San Pedros ist auch locker das beste. Die hellen Privatzimmer haben große Schiebetüren zu einem Balkon mit schönem Karibikblick, die klimatisierten Dorms sind gut eingerichtet und haben Vorhänge für die Privatsphäre und eine eigene Steckdose pro Bett.

★ **Caye Casa** BOUTIQUEHOTEL $$

(☎226-2880; www.cayecasa.com; Boca del Rio; Zi. 250 BZ$, Suite 300 BZ$, Ferienwohnung ab 480 BZ$; ❄ 📶 🏊) Caye Casa an der stillen Nordseite der Stadt San Pedro zeichnet sich durch Einfachheit, Kultiviertheit und absolute Schönheit aus. Die hübschen *casitas* und Ferienwohnungen im Kolonialstil haben Palmdächer über den Veranden mit herrlichem Meerblick, voll eingerichtete Küchen mit Edelstahlgeräten und Arbeitsflächen aus Kalkstein, große, geflieste Badezimmer und einladende Doppelbetten.

★ **Ak'bol Yoga Retreat** RESORT $$

(☎626-6296, 226-2073; www.akbol.com; North Island; EZ/DZ 70/100 BZ$, Cabaña 290–330 BZ$; 🏊) Yogis, freut euch! Ak'bol, bzw. „Herz des Dorfs“, ist ein wunderbares Refugium in fast perfekter Lage etwa 1,5 km nördlich der Stadt auf der North Island. In den sieben farbenfrohen *cabañas* gibt es reizvolle Details wie handgefertigte Hartholzmöbel und Mosaikwaschbecken mit muschelförmigen Armaturen. Toll sind die Fensterläden im Plantagenstil, die sich zum Meer hin öffnen, und die Mosaikduschen unter freiem Himmel.

Conch Shell Inn HOTEL $$

(☎226-2062; 11 Foreshore St; Zi. unten/oben 148/188 BZ$; ❄ 📶) Die rosa und weiße Schönheit am Strand und mittenmang in der Stadt ist außerordentlich preiswert. Die zehn jüngst renovierten, hell gefliesten Zimmer sind geräumig und komfortabel, die im oberen Stock haben Kochnischen und Hängematten auf dem Gemeinschaftsbalkon. Der Sandstrand eignet sich nicht gut zum Schwimmen, hat aber Hängematten und Liegestühle, von denen sich das Kommen und Gehen beobachten lässt.

Hotel del Rio PENSION, HÜTTEN $$
(☎226-2286; www.hoteldelriobelize.com; Boca del Rio; Zi. 120–150 BZ$, Cabaña 180–300 BZ$; ❄📶) Das kleine Haus gleich südlich des San Pedro River liegt herrlich an einem ruhigen Strandabschnitt und nicht weit von der Stadt. Die Zimmergröße und -ausstattung ist unterschiedlich: Am reizvollsten sind die Reetdach-*cabañas* mit Ventilatoren (für zwei bis vier Personen), die sich auf dem sandigen Gelände um eine zentrale *palapa* gruppieren; Letztere ist ideal als geselliger Treffpunkt oder zum Faulenzen in der Hängematte.

★ **Victoria House** RESORT $$$
(☎226-2067; www.victoria-house.com; Sea Grape Dr; Zi. ab 400 BZ$, Casitas 670 BZ$, Villen 1950–3950 BZ$; ❄📶🏊) Das elegante Strandresort ist eins der ältesten auf der Insel, aber es ist äußerst gepflegt und erstrahlt wie neu. Es liegt an einem herrlichen, breiten Strand mit kräftigen Palmen, die Schatten spenden. Die beiden exzellenten Pools sind von Rasen umgeben. Die Zimmer befinden sich in palmstrohgedeckten *casitas* und in „Plantagenhäusern" im Kolonialstil mit eleganter Farbgebung in Weißtönen, die Luxusfeeling verströmen.

Essen

Es gibt zwar reichlich günstige Straßenkost wie Tacos und *fry-jacks*, aber es ist nicht einfach, in San Pedro ein ordentliches Restaurant zu finden, ohne gleich 50 BZ$ pro Person hinlegen zu müssen.

★ **DandE's Frozen Custard** EISCREME $
(www.dande.bz; Pescador Dr; Eiscreme ab 6 BZ$; ⌚14–21 Uhr; 👪) Der Name „gefrorener Vanillepudding" sollte nicht verwirren. Es ist im Prinzip ein hochwertiges Eis, das mit Eiern für mehr Reichhaltigkeit gemacht und dann beim Gefrieren gerührt wird, damit es cremiger wird. Die Geschmacksrichtungen ändern sich häufig, meist durch Beigabe hiesiger Fruchtessenzen wie Kokosnuss, Stachelannone und Mango. Ansonsten liegt man nie falsch, wenn man „nicht nur" Vanille bestellt. DandE's produziert auch Sorbets, aber es wäre ein Jammer, auf den gefrorenen Vanillepudding zu verzichten.

My Secret Deli BELIZISCH $
(Caribeña St; Mahlzeiten 8–12,50 BZ$; ⌚Mo–Sa 8–21 Uhr) Viel zu gut, um es geheim zu halten, vor allem für klamme Reisende, die günstige Essensangebote suchen. In diesem Familienbetrieb werden belizische Spezialitäten aufgetischt, beispielsweise geschmortes Hühnchen, Steak und Reis sowie Hühnchen-Gemüsesuppe (in der wirklich Hühnerfleisch drin ist). Es wird hier schnell voll, aber das Warten auf einen Tisch lohnt sich.

Celi's Deli FAST FOOD $
(Barrier Reef Dr; Portion 1–8 BZ$; ⌚5–17 Uhr) Celi's Deli ist phantastisch, um Frühstück oder Mittagessen einzukaufen, denn es hat tolles Essen zum Mitnehmen wie Sandwiches, Fleischpasteten, Tacos, Tamales und frisch gebackene Kuchen.

Belize Chocolate Company SÜSSIGKEITEN $
(www.belizechocolatecompany.com; Barrier Reef Dr; Schokolade 2,50–4 BZ$; ⌚9–19 Uhr; ❄📶) Das neu eröffnete Café wird von Chris und Jo Beaumont betrieben, dem Paar, das auch die wunderbare (und auf Ambergris produzierte) Schokoladenmarke Kakaw her-

ABSTECHER

BLUE HOLE NATURAL MONUMENT

Im Zentrum des Lighthouse Reef befindet sich das weltberühmte **Blue Hole Natural Monument** (www.belizeaudubon.org; Eintritt 60 BZ$; ⌚8–16.30 Uhr), ein unvergleichliches Naturwunder und ein einzigartiges Taucherlebnis. Es mag zwar nicht das beste Tauchrevier in Belize sein, aber es zählt gewiss zu den beliebtesten. Das Bild des „Blauen Lochs" – eine tiefblaue Pupille mit einem aquamarinblauen Rand, umgeben von den helleren Farbtönen des Riffs – wurde zum Logo der Touristenwerbung und zu einem Symbol von Belize.

Das im Zentrum tiefblaue Loch bildet einen perfekten Kreis von 304 m Durchmesser an der Oberfläche. Es soll angeblich 131 m tief sein, aber davon sind mittlerweile wahrscheinlich 60 m mit Schlick und anderen natürlichen Ablagerungen gefüllt.

Die Bootsfahrt zum Loch dauert jeweils zwei Stunden hin und wieder zurück durch möglicherweise raues, offenes Gewässer. Auch wird eine Meeresschutzgebühr von 60 BZ$ fürs Tauchen und Schnorcheln im Blue Hole erhoben, meist zusätzlich zum Preis fürs Tauchen selbst.

stellt. Hier gibt es die besten Kakaoprodukte der Insel.

El Fogón BELIZISCH $$

(☎206-2121; Trigger Fish St; Hauptgerichte 25–40 BZ$; ⏲11–21 Uhr) Auf den ersten Blick scheint das Ambiente nicht den Preisen in diesem Restaurant in einer Seitengasse zu entsprechen, aber sobald das Essen auf dem Tisch ist, mokiert sich keiner mehr wegen der mangelnden Eleganz. El Fogón steht für köstliche klassisch belizische Kreolenküche mit jeder Menge perfekt zubereiteten Meeresfrüchten. Besonders lecker sind die Meeresschnecken.

★ **Robin's Kitchen** JAMAIKANISCH $$

(☎651-3583; Sea Grape Dr; Hauptgerichte 15–20 BZ$; ⏲So–Fr 11–21, Sa 18–21 Uhr) In dem einfachen kleinen Restaurant an der Straße südlich der Stadt bereitet der jamaikanische Grillkönig Robin die besten *jerk*-Hühnchen und -Fische jenseits von Kingston zu. Die Gerichte sind stark gewürzt, aber ohne die feinen Aromen zu überwältigen, und auch die Saucen sind unwiderstehlich. Wer seinen eigenen Fisch fängt, kann ihn von Robin nach Wunsch zubereiten lassen, der dann nur die Beilagen berechnet.

★ **Palmilla Restaurant** INTERNATIONAL $$$

(☎226-2067; www.victoria-house.com; Coconut Dr; Hauptgerichte 40–78 BZ$; ⏲7–22 Uhr; ❄✎) Das elegante Restaurant mit Kerzenlicht im Victoria House wird vom Chefkoch José Luis Ortega geführt, der in New York gelernt hat und für seine anspruchsvollen Gäste hochwertige Küche zubereitet. Mittags ist es netter in der Admiral Nelson's Beach Bar, dem zwanglosen Open-Air-Café des Hotels am Strand.

★ **Hidden Treasure** KARIBISCH $$$

(☎226-4111; www.hiddentreasurebelize.com; 4088 Sarstoon St; Hauptgerichte 29–68 BZ$; ⏲Mi–Mo 17–21 Uhr; ✎) Der „Verborgene Schatz" wird seinem Namen gerecht: Es handelt sich um ein hinreißendes Open-Air-Restaurant in einem abgelegenen Wohnviertel (vom Coconut Drive immer den Schildern nach). Der schöne Gastraum aus Bambus und Holz bietet mit seinem Kerzenlicht das perfekte Ambiente für ein romantisches Abendessen. Auf den Teller kommen dann vielleicht ein mit Mandeln panierter Zackenbarsch, ein Schnapper im Bananenblatt oder Rippchen, die in Gewürzen auf Garifuna-Art mariniert wurden.

Ausgehen & Nachtleben

Stella's Smile WEINBAR

(☎602-6574; Mile 1, Tres Cocos, North Island; ⏲Mi–Sa 16–21, So 8–14 Uhr) Stella's ist ein phantastischer Neuzugang im Nachtleben der North Island, eine elegante aber nicht überhebliche Weinbar in einem wunderbaren Garten am Rand der San Pedro Lagoon mit schönem Blick auf den Sonnenuntergang. Auf den Sesseln unter den Bäumen oder an einem Tisch in der *palapa* kann man gut die Liste mit 14 Rot- und 14 Weißweinen abarbeiten.

Marbucks KAFFEE

(Kaffee 4–15 BZ$) Das einzige wirkliche Kaffeehaus der North Island serviert alle möglichen heißen oder kalten Kaffeegetränke aus hochwertigen guatemaltekischen Bohnen. Sehr gutes Frühstück gibt's auch. Es liegt gleich abseits der Hauptstraße am Abzweig zur Palapa Bar.

Fido's CLUB

(www.fidosbelize.com; 18 Barrier Reef Dr; ⏲11–24 Uhr) In die riesige, mit maritimen Kinkerlitzchen dekorierte *palapa* zieht es massenhaft Leute zum Trinken, Tanzen und Anbaggern. Es gibt reichlich Tische, ein umfangreiches Speisenangebot und eine große Tanzfläche. Livemusik wird jeden Abend ab 20 Uhr geboten – Classic und Acoustic Rock, Reggae und gelegentlich ein DJ.

Shoppen

Belizean Arts Gallery KUNST

(www.belizeanarts.com; 18 Barrier Reef Dr; ⏲Mo–Sa 9–22 Uhr) Der beste Laden des Landes für einheimische Kunst und Kunsthandwerk verkauft Keramiken, Garifuna-Trommeln und Antiquitäten sowie preisgünstigen und geschmackvollen Nippes. Außerdem gibt es auch eine gute Auswahl an Gemälden von lokalen und landesweiten Künstlern. Kosmetika aus Regenwaldflora, z. B. Seifen, sind ebenfalls im Angebot. Der Laden befindet sich im Fido's.

Praktische Informationen

Geldwechseln ist in San Pedro kein Problem und US-Dollars werden fast überall akzeptiert. Die meisten Unterkünfte können mit der Karte bezahlt werden.

In San Pedro gibt es sowohl private als auch staatliche Krankenversorgung, aber bei ernsthaften Erkrankungen ist Belize City vorzuziehen.

Ambergris Caye (www.ambergriscaye.com) Hervorragende Inselinformationen und ein gut besuchtes Forum.

Atlantic Bank (Barrier Reef Dr; ⏲ Mo–Fr 8–15, Sa 8.30–12 Uhr)

Belize Bank (Barrier Reef Dr; ⏲ Mo–Do 8–15, Fr bis 16.30 Uhr)

Belize Tourism Board (☎ 226-4532; Barrier Reef Dr; ⏲ Mo–Fr 8–17 Uhr) Staatliche Touristeninformation mit nur wenig praktischen Informationen.

Hol Chan Visitors Center (Caribeña St; ⏲ 9–17 Uhr) Information und Schautafeln zur Meeresflora und -fauna.

Hyperbaric Chamber (☎ 226-3195, 684-8111, 226-2851; Lion St; ⏲ 24 Std.) Zentrum für Tauchunfälle vor dem Terminal von Maya Island Air.

Postamt (Pescador Dr; ⏲ Mo–Do 8–17, Fr bis 16 Uhr)

San Carlos Medical Clinic, Pharmacy & Pathology Lab (☎ 226-2918, Notfälle 614-9251; 28 Pescador Dr; ⏲ 24 Std.) Privatklinik, wo Krankheiten behandelt und Blutuntersuchungen durchgeführt werden.

San Pedro Policlinic (☎ 226-2536; Sea Grape Dr; ⏲ 24 Std.) Eine rund um die Uhr zugängliche staatliche Klinik.

ℹ An- & Weiterreise

FLUGZEUG

Der Flughafen von San Pedro befindet sich gleich südlich des Stadtzentrums am Coconut Drive.

Tropic Air (☎ 226-2012; www.tropicair.com; Coconut Dr) Fliegt rund 20-mal pro Tag zum Philip Goldson International Airport in Belize City (einfach 178 BZ$, hin & zurück 315 BZ$, 20 Min.) sowie etwa zwölfmal zum Belize City Municipal Airstrip, knapp 20 km näher an der Stadt (einfach 109 BZ$, hin & zurück 192 BZ$, 20 Min.). Vier tägliche Flüge gibt es nach Caye Caulker (einfach 106 BZ$, hin & zurück 186 BZ$, 5 Min.), außerdem Flugverbindungen mit Corozal, Orange Walk und San Ignacio.

Maya Island Air (☎ 226-2485; www.mayaislandair.com) Regelmäßige Flugverbindungen mit den Flughäfen Belize International (einfach 169 BZ$, hin & zurück 306 BZ$, 20 Min.) und Belize Municipal (einfach 102 BZ$, hin & zurück 186 BZ$, 20 Min.), einige auch mit Zwischenlandung auf Caye Caulker.Hinzu kommen täglich vier Flüge nach Corozal und zwei nach Orange Walk.

SCHIFF/FÄHRE

Zwei Wassertaxiunternehmen betreiben die Strecke zwischen San Pedro und Belize City via Caye Caulker, beide legen an der Riffseite der Insel ab.

San Pedro Belize Express Water Taxi (☎ 226-3535; www.belizewatertaxi.com; Black Coral St) Abfahrtszeiten von San Pedro zur Caye Caulker (einfach 30 BZ$, hin & zurück 50 BZ$, 40 Min.) und nach Belize City (einfach 40 BZ$, hin & zurück 70 BZ$, 1½ Std.) sind um 6, 6.30, 7.30, 8.30, 10, 11.30, 13, 15 und 16.30 Uhr.

Ocean Ferry Belize (☎ 226-2033; www.oceanferrybelize.com; Caribeña St) Abfahrt von San Pedro zur Caye Caulker (einfach 19 BZ$, hin & zurück 29 BZ$, 40 Min.) und Belize City (einfach 29 BZ$, hin & zurück 49 BZ$, 1½ Std.) um 6, 8, 10, 13 und 16 Uhr.

Thunderbolt (☎ 631-3400; Black Coral St) Die Boote verkehren täglich zwischen San Pedro und Corozal in Nord-Belize (einfach 50 BZ$, hin & zurück 90 BZ$, 2 Std.) und legen hinter dem Fußballplatz an der Lagunenseite der Insel ab.

Vom **International Departures Dock** an der Lagunenseite der Stadt fahren auch jeden Morgen um 8 Uhr abwechselnd Boote von **Water Jets** (☎ 226-2194; www.sanpedrowatertaxi.com; Tarpon St) und San Pedro Express nach Chetumal in Mexiko (einfach 100–110 BZ$, 2 Std.).

ℹ Unterwegs vor Ort

Vom Flughafen sind es fünf Minuten zu Fuß ins Ortszentrum, von den Bootsanlegern ist es sogar noch kürzer.

Minibustaxis fahren auf der Suche nach Kundschaft die Straßen entlang. Der offizielle Preis für alle Fahrten innerhalb des Ortszentrums liegt tagsüber bei 7 BZ$ und nachts bei 10 BZ$. Wer zu Hotels außerhalb des Zentrums fahren will, sollte den Preis vor dem Einstieg aushandeln.

Über den Fluss San Pedro führt eine kleine **Mautbrücke**. Für alle 20 m mit dem Golfwagen müssen absurde 5 BZ$ bezahlt werden. Fahrräder überqueren die Brücke kostenfrei.

Beach Cruiser (☎ 651-1533; solenyancona@gmail.com; Pescador Dr; pro Tag 18 BZ$; ⏲ Mo–Do 9–19, Fr & Sa bis 21 Uhr) Fahrradverleih mit vielen Rädern.

Coastal Xpress (☎ 226-2007; www.coastalxpress.com; Caribeña St; pro Fahrt 10–28 BZ$, Tageskarte 50 BZ$, Wochenkarte 250 BZ$; ⏲ 5–22 Uhr) Fahrplanmäßige Passagierboote zwischen der Stadt San Pedro und den Resorts im Norden der Insel. Die Boote legen am Pier Amigos del Mar von 5.30 bis 22 Uhr ungefähr alle zwei Stunden ab. Bootscharter zu Zielen außerhalb der normalen Strecken und Fahrpläne ist ebenfalls möglich.

Gulf Karts (☎ 615-5278; www.belizebuggies.com; Lion St; ⏲ 8–18 Uhr) Der neue Golfwagenverleih an der Lagunenseite des Flughafens bietet gute Preise und erstklassigen Kundendienst.

NORD-BELIZE

Nord-Belize besteht aus zwei Distrikten: Corozal und Orange Walk, beide durchquert vom geraden, ebenen Philip Goldson Highway. Abenteuerlustige Reisende werden abseits der Hauptstraße hübsche Fischerdörfer, unberührten Dschungel, alte Maya-Städte und anachronistische Mennonitengemeinschaften entdecken.

Bermudian Landing

In Belize leben keine echten Paviane *(baboons)*, aber die Belizer benutzen diesen Namen für den Guatemala-Brüllaffen *(Alouatta pigra)*. Das ist einer der größten Affen auf dem amerikanischen Doppelkontinent und eine gefährdete Art, die es nur in Belize, Nordguatemala und Südmexiko gibt. Das **Community Baboon Sanctuary** (CBS; www.howlermonkeys.org; 10 $BZ; ⏲8–17 Uhr) ist eine phantastische, kommunal geführte Basisinitiative zum Naturschutz, die es geschafft hat, die lokale Population der Primaten enorm zu erhöhen.

Das CBS ist gut 50 km² groß, verteilt über etliche Kreolendörfer im Tal des Belize River. Über 200 Landbesitzer in sieben Dörfern haben Zusicherungen unterschrieben, den Lebensraum der Affen zu bewahren, indem sie Wälder am Fluss und in Korridoren an ihren Grundstücksgrenzen schützen. Die Guatemala-Brüllaffen haben sich in der Gegend wieder erstaunlich ausgebreitet und durchstreifen nun frei das umliegende Gebiet.

Das **CBS Museum & Visitor's Center** (☎622-9624, 245-2007, 245-2009; cbsbelize@gmail.com; Bermudian Landing; Eintritt 14 BZ$; ⏲8–17 Uhr; Ⓟ) hat etliche gute Exponate und Ausstellungen zu den Brüllaffen, zur Geschichte des Schutzgebiets und zu anderen Wildtieren Belizes. Eine 45-minütige Naturwanderung, auf der die Teilnehmer wahrscheinlich einem Rudel Brüllaffen aus nächster Nähe begegnen, ist im Eintrittspreis enthalten. Die ausgebildeten lokalen Guides informieren unterwegs auch über die vielen Heilpflanzen.

Schlafen & Essen

Nature Resort CABAÑAS $$

(☎223-6115; naturer@btl.net; Bermudian Landing; Cabañas EZ/DZ 130/150 BZ$, Zi. mit Ventilator 90 BZ$; Ⓟ❄) Das kleine Resort neben dem CBS Museum & Visitor's Center vermietet sechs komfortable *cabañas* inmitten schönster Natur. Es wird von Belize City aus geführt und es sind nicht immer Angestellte anwesend. Gebucht werden kann aber über das Besucherzentrum.

An- & Weiterreise

Bermudian Landing liegt 45 km nordwestlich von Belize City und gut 14 km westlich von Burrell Boom. Vom CBS Museum & Visitor's Center fahren sehr früh am Morgen Busse nach Belize City (5 BZ$, 1 Std.) und montags bis samstags zusätzlich um 15.30 Uhr. Von Belize City fahren die Busse an der Ecke Amara Avenue und Cemetery Road um 12.20, 15.30, 17, 17.20 und 20 Uhr ab.

Altun Ha

Altun Ha RUINE

(www.nichbelize.org; Eintritt 10 BZ$; ⏲8–17 Uhr) Altun Ha, die Maya-Ruinen, die auf den Etiketten des Biers von Belikin und auf belizischen Banknoten abgebildet sind, liegt 55 km nördlich des Zentrums von Belize City hinter dem Old Northern Highway. Altun Ha ist zwar kleiner und weniger imposant als einige andere Maya-Stätten im Land, aber mit der unversehrten zentralen Plaza dennoch spektakulär und den kleinen Abstecher wert.

Die ursprüngliche Stätte breitete sich auf über 600 ha aus, doch Besucher sehen heute nur noch das zentrale zeremonielle Gebiet aus zwei Plazas, die von Tempeln umgeben sind. Die Ruinen wurden erstmals in den 1960er-Jahren freigelegt und sind nun nach Stabilisierungs- und Konservierungsarbeiten von 2000 bis 2004 blitzblank geschrubbt. Der größte und bedeutendste Tempel ist der Temple of the Masonry Altars (B-4; „Tempel der Maueraltäre"), auch als Tempel des Sonnengotts bezeichnet.

Lamanai

Lamanai ARCHÄOLOGISCHE STÄTTE

(www.nichbelize.org; Eintritt 10 BZ$; ⏲8–17 Uhr) Lamanai, die wohl faszinierendste Maya-Stätte in Nord-Belize, liegt 38 km südlich von Orange Walk Town, wenn man auf dem New River herkommt (oder 58 km über eine unbefestigte Straße). Die Ruinen zeichnen sich sowohl durch ihre eindrucksvolle Architektur als auch durch ihre hinreißende Lage inmitten eines dichten Dschungels an der New River Lagoon aus. Der Aufstieg auf die Spitze des 38 m hohen High Temple, wo der

Blick über das endlos weite Dschungeldach schweift, ist eine zutiefst beeindruckende Erfahrung, die niemand versäumen sollte.

Die meisten Besucher fahren auf einer geführten Flusstour ab Orange Walk nach Lamanai, nicht nur um die lange und holprige Straße zu vermeiden, sondern auch um die Bootsfahrt selbst zu genießen, die tief in den Lebensraum von zahllosen bunten und ungewöhnlichen Vögeln hineinführt. Viele Führer auf dieser 1½-stündigen Flusstour sind Experten in Sachen Archäologie und Flora und Fauna der Gegend, was den Ausflug zu einem besonders lohnenswerten Erlebnis macht. Die Flussfahrt führt durch eines der schönsten Dschungel- und Lagunengebiete von Nord-Belize und durch die Mennonitengemeinde Shipyard bis hin nach Lamanai. Es gibt etliche hervorragende Reiseleiter in Orange Walk, die auf diese Fahrt spezialisiert sind.

Schlafen

Guesthouse Olivia PENSION $
(☎ 668-8593; Indian Church; Zi. pro Pers. 40 BZ$) Die schlichte Pension vermietet die einzigen billigen Zimmer in der Nähe von Lamanai. Luxus ist nicht zu erwarten, aber dafür hat man die archäologische Stätte am Vormittag ganz für sich allein. Vorher anrufen ist ratsam, um sicherzugehen, dass ein Zimmer frei ist. Das Gästehaus liegt neben dem Gonzalez Store im Zentrum von Indian Church.

An- & Weiterreise

Wer ohne Guide losziehen möchte, kann mit dem Bus von Orange Walk zum Dorf Indian Church (neben Lamanai) fahren, allerdings verkehrt er nur zweimal pro Woche: am Montag und Freitag. Man braucht also unbedingt eine Unterkunft für ein paar Nächte, bevor es wieder mit dem Bus zurück nach Orange Walk geht.

Orange Walk

13 687 EW.

Orange Walk Town hat viele Funktionen: Landwirtschaftsstadt, Wirtschaftszentrum, Begegnungsstätte der Mennoniten, Imbissparadies ... aber eine Touristenstadt ist sie eigentlich nicht. Es sieht auch nicht danach aus, dass sich das irgendwann ändert. Die Stadt mit 14 000 Einwohnern – nur 92 km von Belize City entfernt – hat nicht viel zu bieten, was Reisende länger als ein oder zwei Tage hier hält.

Schlafen

St. Christopher's Hotel HOTEL $
(☎ 302-1064; www.stchristophershotelbze.com; 10 Main St; Zi. mit Ventilator/Klimaanlage 80/110 BZ$; P ❄ @ ≋) Die blühenden Gärten und die Lage am Fluss machen dieses sonst unscheinbare Hotel zu einer attraktiven Übernachtungsmöglichkeit. Die Zimmer sind geräumig, aber einfach. Flussfahrten nach Lamanai beginnen direkt auf dem Hotelgelände und die Besitzer, die Familie Urbina, sind auf unaufdringliche Art zuvorkommend und gastfreundlich.

Orchid Palm Inn HOTEL $
(☎ 322-0719; www.orchidpalminn.com; 22 Queen Victoria Ave; EZ/DZ 77/94 BZ$; P ❄ @ ≋) Das freundliche Orchid Palm an einer geschäftigen Ecke mitten in der Stadt ist eine winzige Insel der Ruhe. Es hat acht gut möblierte und hübsch eingerichtete Zimmer, die fürs Gebotene recht preiswert sind. Wer WLAN braucht, sollte Zimmer Nr. 1 meiden.

El Gran Mestizo CABAÑAS $$
(☎ 322-2290; www.elgranmestizo.com; 1 Naranjal St; Zi. 30–150 BZ$; P ❄ ≋) Die neuen *cabañas* am Ufer des New River südlich der Stadt sind eine prima Option für Leute, die von Natur umgeben, aber in Stadtnähe sein wollen. Auf der anderen Seite des Flusses beginnt dichter Dschungel, in dem es von Vögeln nur so wimmelt, und auf dem Hotelgelände lümmeln sich Leguane.

Hotel de la Fuente HOTEL $$
(☎ 322-2290; www.hoteldelafuente.com; 14 Main St; Zi. 80–170 BZ$, Suite 130–170 BZ$; P ❄ @ ≋) Der Familienbetrieb liegt mitten im Zentrum von Orange Walk. Die meisten Zimmer befinden sich aber in dem nagelneuen Gebäude, das etwas zurückgesetzt vom Betrieb (und dem Lärm) der Straße liegt. Die sauberen, gemütlichen Zimmer – alle mit Kühlschrank und Kaffeemaschine – gehören wahrscheinlich zu den besten der Stadt. Die Suite hat eine vollständige Küche.

Essen & Ausgehen

Maracas Bar & Restaurant BELIZISCH $
(☎ 322-2290; 1 Naranjal St; Hauptgerichte 8–22 BZ$; ⊙ Do–So 11.30–22, Fr & Sa bis 24 Uhr) Wer in phantastischer Natur gut essen will, sollte sich ein Taxi zu diesem Restaurant im El Gran Mestizo am Ufer des New River südlich der Stadt leisten. Am schönsten ist ein Tisch in einer der *palapas* direkt am Ufer mit belizisch und mexikanisch inspirierten Gerichten.

Come n' Dine Restaurant FRÜHSTÜCK, BELIZISCH $
(Philip Goldson Hwy; Gerichte 8–30 BZ$; ⏲7–22 Uhr) Das unscheinbare Straßenrestaurant serviert überraschenderweise einige der besten belizischen Gerichte. Es liegt neben einer Tankstelle an einer Biegung des Philip Goldson Highway nur ein paar Kilometer südlich der Stadt und daher ideal für Autoreisende (lohnt aber auch die Fahrt, wenn man in der Stadt nächtigt). Die Eintöpfe, Steaks und Pfannengerichte sind köstlich.

★ **Cocina Sabor** BELIZISCH $$
(☎322-3482; Philip Goldson Hwy; Hauptgerichte 18–40 BZ$, leichte Mahlzeiten 12–25 BZ$; ⏲11–22.30 Uhr, Di geschl.) Das einladende Lokal an der Fernstraße ist bei Expats enorm beliebt. Zum umfangreichen Angebot einheimischer und internationaler Gerichte gehören auch gute Pasta und Steaks, die in einem sauberen, klimatisierten Gastraum mit Holzverkleidung serviert werden. Tagsüber gibt es leichte Mahlzeiten wie leckere Hamburger und Wraps. Die Bedienung ist zügig und höflich und auch eine gut bestückte Bar ist vorhanden.

Nahil Mayab BELIZISCH, MEXIKANISCH $$
(www.nahilmayab.com; Ecke Santa Ana & Guadalupe St; Hauptgerichte 14–25 BZ$; ⏲Mo 11–15, Di–Do 11–22, Fr & Sa 11–2 Uhr; 📶✎) Geschmückt mit tropischem Grünzeug und Imitationen von Maya-Reliefs erinnern der Speiseraum und der angenehm schattige Hof an die Dschungel der Umgebung. Das Ambiente ist witzig und kitschig und serviert werden yukatekisch inspirierte Gerichte wie Ke'Ken (gesalzenes Schwein in Tomatensauce) oder Cham Cham (Empanadas).

ℹ Praktische Informationen

Belize Bank (34 Main St) Der Geldautomat akzeptiert alle gängigen Kreditkarten.

Postamt (Ecke Queen Victoria Ave & Arthur St; ⏲Mo–Do 8–17, Fr bis 16 Uhr)

Scotiabank (Ecke Park & Main St) Akzeptiert alle Karten.

ℹ An- & Weiterreise

Orange Walk ist ein wichtiger Verkehrsknotenpunkt in Nord-Belize für Busse auf der Strecke zwischen Corozal und Belize City. Ein halbes Dutzend Busunternehmen befahren die Stre-

CROOKED TREE WILDLIFE SANCTUARY

Zwischen Dezember und Mai versammeln sich Zugvögel an den Lagunen, Flüssen und Sümpfen des riesigen **Crooked Tree Wildlife Sanctuary** (CTWS; www.belizeaudubon.org; Eintritt 8 BZ$; ⏲8–16.30 Uhr), das von der Belize Audubon Society verwaltet wird. Vögel lassen sich am besten im April und Mai beobachten, wenn der niedrige Wasserstand der Lagunen Tausende Vögel zur Futtersuche an die seichten Stellen lockt. Vogelbeobachter werden aber zu jeder Zeit zwischen Dezember und Mai stundenlang ihre ornithologische Freude haben.

Kahnschnäbel, Speer- und Nacktkehlreiher, Moschusenten, Graubrust-Pfeifgänse, Schneckenmilane, Fischadler, Fischbussarde und alle fünf Eisvogelarten Belizes gehören zu den 276 Arten, die hier erfasst wurden. Jabirus, die größten fliegenden Vögel des amerikanischen Doppelkontinents mit einer Flügelspannweite von 3,6 m, versammeln sich hier im April und Mai, einige Paare nisten im Schutzgebiet in den Monaten davor.

Am Dorfeingang gleich hinter dem Damm befindet sich das **CTWS Visitor Center** (⏲8–16.30 Uhr) mit einigen interessanten Exponaten.

Tillett's Village Lodge (☎607-3871, 245-7016; www.tillettvillage.com; Zi. 60–120 BZ$, Hütte am See 200 BZ$; P ❄) Die Tilletts sind eine Großfamilie aus Crooked Creek, aus der einige der berühmtesten Vogelführer des Landes stammen. Ihre freundliche Pension ist eine gute Option für Leute, die sich mit dem Dorfleben vertraut machen wollen. Sie hat fünf einfache Zimmer (einige mit Klimaanlage) mit komfortablen Betten, heißen Duschen und Originalkunstwerken mit Motiven der hiesigen Vogelwelt.

Crooked Tree Lodge (☎626-3820, 636-3396; www.crookedtreelodgebelize.com; Zeltplatz pro Pers. 20 BZ$, Cabaña mit 1 Schlafzi. 140–200 BZ$, mit 2 Schlafzi. 400 BZ$; P 📶) Mick ist ein britischer Pilot, der jahrelang in Belize stationiert war, Angie ist in Crooked Tree geboren und aufgewachsen. Das reizende Paar hat sein kleines Stück Paradies gefunden und nimmt Besucher auf! Die wunderschön gebauten Holz-*cabañas* haben alle eine eigene Veranda mit Blick auf die Lagune und den Sonnenaufgang. Die Selbstbedienungsbar am Ufer und der offene Speiseraum sind wunderbar und einladend.

cke und rund 30 Busse pro Tag fahren in jede Richtung. Alle Fernbusse, auch die nach Belize City, Corozal, Chetumal und Sarteneja, halten am **behelfsmäßigen Busbahnhof** (Temporary Bus Station; Dunn St) westlich des Friedhofs. Er sollte eigentlich nur vorübergehend in Betrieb sein, aber es sieht ganz danach aus, dass er bleibt, da sein Ersatz nicht vorankommt.

Die Busse ab Orange Walk nach Norden verkehren von 6.45 bis gegen 21.15 Uhr, nach Belize City im Süden von 4.45 bis 20.30 Uhr. Die Fahrt nach Belize City dauert rund zwei Stunden und kostet 5 bis 7 BZ$; die Fahrt nach Corozal ist etwas kürzer und billiger.

Corozal

11 722 EW.

Corozal, nur 14 km südlich von Mexiko und knapp 47 km nördlich von Orange Walk Town, hat eine Atmosphäre, die sich von der in allen anderen Städten in Belize unterscheidet. Der mexikanische Einfluss ist in den Straßen dieser Provinzstadt spürbar, wo eher Spanisch gesprochen wird und Tacos gegessen werden. Sie macht zwar einen wohlhabenden Eindruck (besonders für belizische Verhältnisse), aber ein Großteil des Reichtums ist auf ihre Rolle als Handels- und Landwirtschaftszentrum zurückzuführen – nicht auf den Tourismus. Denn der vorsichtig aufblühende Tourismussektor der Stadt wurde durch die Einrichtung einer direkten Bootsverbindung zwischen San Pedro und Chetumal praktisch im Keim erstickt. Viele Reisende lassen Corozal jetzt komplett links liegen, und mehrere touristenorientierte Unternehmen mussten schließen.

Sehenswertes

★ Old Customs House HISTORISCHE STÄTTE
(Ecke 2nd St South & 1st Ave; ⌚Mo–Fr 9–17 Uhr) GRATIS In dem schönen alten spanischen Kolonialgebäude von 1886 waren einst ein lebhafter Markt und das Zollamt untergebracht. Es war eines von elf Gebäuden, die 1955 vom Hurrikan Janet verschont blieben. Heute birgt das historische Haus ein Kulturzentrum und ein Museum, das lokale Artefakte ausstellt. Hier ist auch gut zu erfahren, was gerade los ist in Corozal.

Santa Rita RUINE
(Eintritt 10 BZ$; ⌚8–18 Uhr) Santa Rita war eine alte Küstenstadt der Mayas. Sie erfreute sich einst der gleichen strategisch günstigen Lage als Handelsstadt wie das heutige Corozal, nämlich zwischen zwei Flüssen: dem Río Hondo (der heute die Grenze zwischen Belize und Mexiko bildet) und dem New River (der südlich der Stadt in die Corozal Bay mündet). Ein großer Teil von Santa Rita ist noch immer nicht freigelegt worden, aber der kurze Ausflug zur Erkundung der Stätte lohnt sich.

Cerro Maya RUINE
(Cerros; Eintritt 10 BZ$; ⌚8–17 Uhr) Die Ruine am Cerro Maya ist die einzige Maya-Stätte in Belize, die am Strand liegt. Sie besteht aus einer Tempelreihe, die seit etwa 50 v. Chr. gebaut wurde. Das Areal besteht zwar überwiegend aus grasbewachsenen Hügeln, aber das Zentrum wurde freigelegt und zwei Bauwerke sind zu sehen. Vorsicht: Cerro Maya kann sehr insektenverseucht sein, vor allem während der Regenzeit; man sollte sich also gut verhüllen und das Insektenschutzmittel nicht vergessen.

Schlafen

Bayside Guesthouse PENSION $
(☎625-7824; baysideguesthouse@live.com; 31 3rd Ave; EZ/DZ/3BZ 80/90/100 BZ$, DZ mit Klimaanlage 105 BZ$, inkl. Frühstück) Ein freundliches und behagliches Haus gleich am Wasser mit nur vier großen, gut ausgestatteten Zimmern und geräumiger Terrasse oben mit Blick auf die Bucht. Alles ist blitzblank und gepflegt. Frühstück ist im Preis enthalten und andere Mahlzeiten gibt's auf Anfrage.

Hotel Maya HOTEL $
(☎422-2082; hotelmaya@btl.net; 7th Ave, South End; EZ/DZ 70/85 BZ$, mit Klimaanlage 85/95 BZ$; ❄📶) Die einnehmende Rosita May führt diese alteingesessene Lieblingsherberge preisbewusster Reisender. Die Zimmer sind sauber und behaglich und werden mit bunten Bettüberwürfen und Bildern örtlicher Künstler aufgepeppt. Apartments stehen für langfristige Anmietung zur Verfügung. Rosita ist nicht nur eine zugelassene Reisevermittlerin, sondern auch eine tolle Informationsquelle für die Umgebung.

★ Serenity Sands B&B $$
(☎669-2394; www.serenitysands.com; Consejo Rd; DZ 190–200 BZ$, Haus 220 BZ$; P❄@📶) 🍃 Das B&B etwa 5 km nördlich von Corozal Town liegt abseits vom Rummel, ist abgekoppelt vom Versorgungsnetz und einfach himmlisch. Die abgelegene Strandlage bietet die perfekte Kombination aus Einsamkeit

Corozal

Corozal

Highlights
1 Old Customs House C2

Schlafen
2 Bayside Guesthouse D1
3 Hok'ol K'in Guest House C3
4 Hotel Maya A4

Essen
5 The 1 .... D2
6 Venky's Kabab Corner B3

Ausgehen & Nachtleben
7 Jamrock B3

und Erreichbarkeit (um dorthin zu kommen ist aber ein Fahrzeug nötig). Die vier geräumigen, gefliesten Zimmer sind mit Möbeln eingerichtet, die von hiesigen Handwerkern angefertigt wurden, und haben alle einen eigenen Balkon.

Hok'ol K'in Guest House PENSION $$
(☎422-3329; www.corozal.net; 89 4th Ave; EZ/DZ mit Ventilator 77/104 BZ$, mit Klimaanlage 92/120 BZ$; ❄@📶) Das moderne, gut geführte kleine Hotel mit dem Maya-Namen, der „aufgehende Sonne" bedeutet, liegt an der Bucht und ist wohl das preiswerteste im Ort. Die großen, makellos sauberen Zimmer sind so gestaltet, dass sie die Meeresbrise einfangen. Jedes hat zwei Doppelbetten, ein Bad und einen Balkon mit Hängematte. Hok'ol K'in serviert auch Mahlzeiten zu günstigen Preisen (besonders gut ist das Frühstück).

Essen & Ausgehen

The 1 MEXIKANISCH $
(4th Ave; Tacos 2 BZ$; ⏲8–20 Uhr) In dem beliebten kleinen Laden direkt an der Ecke vom Central Park werden authentische mexikanische Tacos und *tortas* (mexikane Sandwiches) mit einer großen Auswahl an Saucen serviert.

Venky's Kabab Corner INDISCH $
(☎402-0546; 5th St South; Gerichte 10–15 BZ$; ⌚9–21.30 Uhr) Venky ist der führende – und soweit wir wissen einzige – Hindu-Koch in Corozal, der exzellentes indisches Essen sowohl mit Fleisch als auch vegetarisch zubereitet. Das Lokal macht innen nicht viel her, eigentlich steht da nur ein Tisch, der meist mit diversem Kram vollgestellt ist, aber das Essen ist hervorragend und sättigend.

Corozo Blue's PIZZA, BELIZISCH $
(Philip Goldson Hwy; Hauptgerichte 12–24 BZ$; ⌚So–Do 10–24, Fr & Sa 10–2 Uhr;) In dem halb offenen Restaurant an einem einladenden Strand direkt dort, wo die Straße aus der Stadt raus nach Süden abbiegt, hat drinnen und draußen am Strand Tische mit spektakulärem Blick auf die Bucht (an klaren Tagen sind die Ruinen von Cerros zu sehen!). Draußen steht ein Steinofen für Pizza, aber es gibt auch belizische Klassiker wie Reis und Bohnen sowie *ceviche*.

Jamrock BAR
(1st Ave; ⌚11–24 Uhr, Di geschl.) Die Open-Air-Bar in einem Park direkt an der Bucht ist angenehm luftig und beliebt bei Expats und Einheimischen. Leckere Mahlzeiten werden von 12 bis 22 Uhr serviert und es gibt eine gute Getränkeauswahl.

Praktische Informationen

Belize Bank (Ecke 5th Ave & 1st St North; ⌚Mo–Fr 9–16 Uhr) An der Plaza gelegen; der Geldautomat akzeptiert alle internationalen Kreditkarten.

Corozal Hospital (☎422-2076) Das Krankenhaus liegt nordwestlich des Stadtzentrums Richtung Chetumal (Mexiko).

Einreisebehörde (☎402-0123; 4th Ave; ⌚Mo–Fr 8.30–12 & 13–16 Uhr) Hier sind für die meisten Nationalitäten Visaverlängerungen über 30 Tage erhältlich.

Postamt (5th Ave; ⌚Mo–Do 8.30–12 & 13–16.30, Fr bis 16 Uhr) Am Fort Barlee an der Plaza.

An- & Weiterreise

FLUGZEUG

Der kleine Flughafen von Corozal (CZH) liegt ein paar Kilometer südlich des Stadtzentrums in Ranchito. Taxis (10 BZ$) stehen bereit, wenn Flugzeuge landen. **Tropic Air** (☎226-2012; www.tropicair.com; Airport, Ranchito) und **Maya Island Air** (☎422-2333; www.mayaislandair.com; Airport, Ranchito) haben Direktflüge zwischen Corozal und San Pedro.

SCHIFF/FÄHRE

Corozal ist der natürliche Ausgangspunkt für Ausflüge nach Cerros, Sarteneja und San Pedro; das einzige Wassertaxiunternehmen der Stadt ist **Thunderbolt** (☎631-3400, 610-4475; 1st Ave). Seit Einrichtung der Bootsverbindung von Chetumal nach San Pedro ist diese Fahrt allerdings nicht mehr so beliebt, mit dem Bus nach Mexiko zu fahren und dort das Boot zu nehmen kommt erheblich billiger.

Das Wassertaxi legt in Corozal um 7 Uhr ab und kehrt um 15 Uhr von San Pedro zurück. Es hält auf Wunsch auch in Sarteneja. Die Fahrt nach Sarteneja dauert 30 Minuten und kostet 25/50 BZ$ einfach/hin & zurück, nach San Pedro sind es zwei Stunden und es kostet 50/90 BZ$ einfach/hin & zurück.

BUS

Der **Hauptbusbahnhof** von Corozal ist ein wichtiger Zwischenstopp für fast alle der unzähligen Buslinien, die über den Philip Goldson Highway nach Orange Walk und Belize City fahren. Bei der letzten Zählung fuhren 30 Busse täglich zwischen 3.30 bis 19 Uhr die 2½ Stunden von Corozal Town nach Belize City; ein halbes Dutzend Busse fahren die 15-minütige Strecke in die andere Richtung zur mexikanischen Grenze, der letzte gegen 16 Uhr. Es gibt ein paar sehr frühe Direktverbindungen nach Belmopan über Orange Walk um 3 und 3.30 Uhr.

Sarteneja

2000 EW.

Wer nach Belize kommt und glitzerndes, blaues Gewässer, köstliche Meeresfrüchte, tierreiche Wälder und erschwingliche Preise wünscht, ist in Sarteneja (sar-ten-*e*-cha) genau richtig. Das winzige Fischer- und Schiffbaudorf nahe der Nordostspitze des belizischen Festlands ist ein zauberhafter Ausgangsort, um die traumhafte Wasserwelt und den Urwald der Region zu erkunden.

Sehenswertes & Aktivitäten

Shipstern Conservation Management Area NATURSCHUTZGEBIET
(☎660-1807; www.visitshipstern.com; Eintritt 10 BZ$; ⌚8–17 Uhr) Das große, von einer gemeinnützigen Organisation verwaltete Naturschutzgebiet umfasst eine über 110 km² große Fläche aus halbimmergrünen Hartholzwäldern, Sumpfgebieten und Lagunen sowie Küstenmangroven. Der Sitz der Organisation befindet sich 5,5 km südwestlich von Sarteneja an der Straße nach Orange Walk. Die Vielfalt der Lebensräume

in dem Naturschutzgebiet, das im Übergangsgebiet zwischen den Tropenwäldern Zentralamerikas und dem trockeneren Ökosystem wie in Yucatán liegt, ist selten in Belize.

Alle fünf Wildkatzenarten Belizes und unzählige andere Säugetiere leben hier. Zu den 250 Vogelarten zählen Fischadler, Rosalöffler, Schneesichler und eine Kolonie von 300 Paaren Waldstörchen, eine der wenigen Brutkolonien dieser Vögel in Belize.

Schlafen

Shipstern Nature Reserve Bungalows LODGE $
(☎660-1807; www.visitshipstern.org; Shipstern Conservation Management Area; B/EZ/DZ 40/78/98 BZ$) Die vier neuen Bungalows am Hauptsitz des Shipstern Nature Reserve 5 km außerhalb des Orts sind prima für Besucher, die an frühen Naturtouren teilnehmen oder von Wildnis umgeben sein wollen. Die klimatisierten Zimmer haben jeweils ein eigenes Bad und eine Veranda mit Fliegengitter, so dass man sich an den Geräuschen des Dschungels erfreuen kann.

Backpackers Paradise CABAÑAS, CAMPINGPLATZ $
(☎607-1873, 423-2016; cabanasbelize.wordpress.com; Bandera Rd; Camping 12 BZ$, EZ/DZ 30/40 BZ$, EZ/DZ ohne Bad 26/34 BZ$, kleines Haus 50–60 BZ$, Familienhaus 60–80 BZ$, Frühstück 10 BZ$, Mittag- & Abendessen 20 BZ$; 📶) Die zwanglose Anlage auf einem üppig grünen Gelände ist friedlich, nachhaltig und erschwinglich. Sie liegt zwar eine ganze Ecke vom Strand entfernt, ist jedoch eine der besten Unterkünfte für Budgetreisende in Nord-Belize. Alle möglichen Reisenden (nicht nur Backpacker) werden es genießen, hier ein paar Tage zu verbringen, auf Dschungelpfaden zu wandern, im nahen Meer zu schwimmen oder einfach bloß in den behaglichen Gemeinschaftsräumen zu faulenzen.

VON BELIZE CITY NACH BELMOPAN

Der George Price Highway, ehemals Western Highway und von vielen Einheimischen auch noch so genannt, führt von Belize City durch das Dorf Hattieville und weiter nach Belmopan und in den Cayo District.

Sehenswertes & Aktivitäten

Monkey Bay Wildlife Sanctuary TIERSCHUTZGEBIET
(☎822-8032; www.belizestudyabroad.net; Mile 31,5 George Price Hwy) Das 4,4 km² große Wildreservat und Umweltbildungszentrum ist ein Naturparadies gleich an einer der wichtigen Fernstraßen des Landes. Es bietet Unterkunft und Aktivitäten für Durchreisende sowie Praktika für alle, die sich längerfristig in Belize engagieren wollen. In der gut bestückten Bibliothek findet sich reichlich Fachliteratur und Lesestoff zur Naturkunde und zum Land.

★ Belize Zoo ZOO
(☎822-8000; www.belizezoo.org; Mile 29 George Price Hwy; Erw./Kind 30/10 BZ$; ⌚8–17 Uhr) Wenn die meisten Zoos Hochsicherheitsgefängnisse für Tiere sind, dann ist der Belize Zoo eher eine offene Anstalt für wilde Tiere, die in freier Wildbahn nicht überleben würden. Der Besuch des Zoos ist ein Muss auf jeder Tour durch den Belize District, da es hier viele Tiere gibt, die wohl kaum anderswo zu sehen sind – hier leben neun dicke Tapire (ein belizischer Verwandter des Nashorns), Pakas, etliche Südamerikanische Nasenbären (sie sehen wie eine Mischung aus Waschbär und Affe aus), Hellrote Aras, Weißbartpekaris, Pumas und viele andere Vertreter der Tierwelt.

★ Nohoch Che'en Caves Branch Archaeological Reserve HÖHLE
(Parkeintritt 10 BZ$; ⌚7–16 Uhr) Das weitläufige Geflecht aus Kalksteinhöhlen nordwestlich von Belmopan ist enorm beliebt zum Höhlentubing, Kajakfahren und zur Höhlenerkundung. Der Caves Branch River fließt durch neun Höhlen und bietet ideale Bedingungen zum Flößen auf einem Gummischlauch oder zur Erkundung von Seitenpassagen, die zu anderen Höhlen führen, darunter zur spektakulären Crystal Cave.

Vital Nature & Mayan Tours HÖHLENAKTIVITÄTEN
(☎602-8975; http://cavetubing.bz; pro Pers. ab 90 BZ$, mit Seilrutsche 130 BZ$) Vitalino Reyes ist einer der Pioniere für Höhlentubing in Belize und immer noch ein zuverlässiger und empfehlenswerter Veranstalter. Es gibt verschiedene Tubingausflüge (inkl. Ausrüstung und Mittagessen) bis hin zum ganztägigen Tubing in der Crystal Cave (180 BZ$) und „Sonnenuntergangstubing“ (letzter Einlass 16 Uhr). Vital hat auch einen Zipline-Par-

cours und Quads. Eine Kombination aus allen drei Aktivitäten kostet 200 BZ$ pro Person. Der Transfer von Belize City oder Belmopan schlägt zusätzlich mit 40 BZ$ pro Person zu Buche.

WEST-BELIZE (CAYO DISTRICT)

Die Provinz Cayo gilt als die führende Region Belizes für Abenteuer- und Ökoaktivitäten. Die üppig grüne Landschaft des „Wilden Westens" ist von Dschungel bedeckt, von Flüssen, Wasserfällen und tiefblauen Teichen durchzogen und übersät mit Maya-Ruinen, von kleinen, baumbewachsenen Hügeln bis zu riesigen, prachtvollen Tempeln. Cahal Pech, Xunantunich, El Pilar und die gewaltigste aller Maya-Stätten Belizes, Caracol, befinden sich alle im Cayo District.

Belmopan

19 460 EW.

Wie so viele zweckgebaute Hauptstädte in der Welt kann auch Belmopan auf den ersten Blick etwas langweilig wirken. Geordnet angelegte Straßen, kahle städtische Grünanlagen und eintönige Regierungsgebäude verleihen der Stadt etwas Trostloses. Die Ausnahme bildet der pulsierende Markt im Zentrum, wo preisgünstige Imbissstände und eintreffende Busse für etwas willkommene Aktivität sorgen.

Aber es ist die Landeshauptstadt, ein wichtiger Verkehrsknotenpunkt, ein Ort, wo das Visum verlängert wird und eine lässige Universitätsstadt mit recht guten Restaurants und Einkaufsmöglichkeiten. Wichtiger noch, sie ist eine nützliche Basis für die Erkundung der Höhlen und Nationalparks in der Umgebung, des Hummingbird Highway und der meisten Attraktionen im östlichen Cayo.

Sehenswertes & Aktivitäten

Die großen Markttage sind Dienstag und Freitag, wenn Händler aus der gesamten Provinz herbeiströmen, um ihre Waren zu verkaufen.

George Price Center for Peace & Development MUSEUM

(☎822-1054; www.gpcbelize.com; Price Blvd; ⌚Mo–Do 8–18, Fr 8–17, Sa 9–12 Uhr) GRATIS Das Museum und Konferenzzentrum für Frieden und Entwicklung ehrt den beliebten Staatsmann und ersten Premierminister nach der Unabhängigkeit Belizes George Price, der 2011 verstarb. Neben Fotos und Informationstafeln gibt es auch ein Archiv mit Dokumenten und Briefen von Price.

Guanacaste National Park NATIONALPARK

(George Price Hwy; Eintritt 5 BZ$; ⌚8–16.30 Uhr) Der kleinste Nationalpark Belizes wurde 1990 gegründet und nach dem riesigen Guanacaste-Baum an seinem Westrand benannt. Der Baum überlebte die Äxte der Kanubauer, starb aber nun eines natürlichen Todes. Er steht aber immer noch in seinem Dschungelumfeld. Der knapp 210 000 m² große Nationalpark neben der Fernstraße am Abzweig nach Belmopan wird vom Roaring Creek und dem Belize River gesäumt und auf den über 3 km langen Wanderwegen lernt man die zahlreichen heimischen Bäume und farbenprächtigen Vögel kennen.

Belize Inland Tours ABENTEUERTOUR

(http://belizeinlandtours.com; Mile 42 Hummingbird Hwy, Armenia) Belize Inland Tours gleich außerhalb von Belmopan in Armenia organisiert Höhlentubing, geführte Touren im Blue Hole National Park und Touren im ganzen Cayo District.

Schlafen

★ **El-Rey Hotel** HOTEL $

(☎822-3438; www.elreyhotel.com; 23 Moho St; Zi. 80 BZ$, mit Klimaanlage 120–160 BZ$; P ❄ 📶) Das El-Rey im Nordosten der Stadt ist das beste Budgethotel in Belmopan, ein preisgünstiges und freundliches Haus mit zwölf einfachen, sauberen Erdgeschosszimmern mit Bad, TV, WLAN und Ventilatoren. Alle Zimmer haben eine Klimaanlage, aber wer sie nicht benutzt, zahlt weniger. Touren können hier auch gebucht werden.

★ **Hibiscus Hotel** HOTEL $$

(☎822-0400, 633-5323; www.hibiscusbelize.com; Market Sq; EZ/DZ 110/120 BZ$; ⌚Rezeption ab 11 Uhr; P ❄ 📶) Das adrette kleine Hotel dicht am lebhaften Markt von Belmopan hat nur sechs Zimmer. Eingerichtet sind sie mit breiten Doppel- oder zwei Einzelbetten, Kabel-TV mit Flachbildschirmen, Badewannen und Wasserkessel für Tee oder Kaffee. Ein bisschen Öko gibt's auch – ein Teil der Einnahmen fließt in lokale Vogelschutzprojekte. Oben befindet sich das exzellente Bar-Restaurant Corkers.

Bull Frog Inn HOTEL $$
(☎822-2111; www.bullfroginn.com; 25 Half Moon Ave; EZ/DZ 180/213 BZ$; P❄📶) Das Bull Frog ist ein fröhliches, wenn auch unscheinbares Haus am Ostrand der Stadt. Die 26 Zimmer sind geräumig und mit Kabel-TV, Kühlschrank und zwei Doppelbetten ziemlich komfortabel (Kinder unter zwölf Jahren nächtigen umsonst). Zudem gibt es einen Spielplatz und ein beliebtes Bar-Restaurant.

Essen

★ Marktimbissstände MARKT $
(Market Sq; ab 2 BZ$; ⏲6–18 Uhr) Die Imbissstände auf dem Marktplatz sind in Sachen billiges Essen unschlagbar. Sie verkaufen schnelle mexikanische Snacks wie Burritos und *salbutes* Mini-Tortillas, meist gefüllt mit Huhn) sowie belizische Standardgerichte wie Bohnen und Reis und Rinderfußsuppe oder Omelettes und *fry-jacks* zum Frühstück.

Caladium Restaurant BELIZISCH, FISCH & MEERESFRÜCHTE $
(☎822-2754; Market Sq; Hauptgerichte 8–12 BZ$; ⏲Mo–Fr 7.30–20, Sa 7.30–19 Uhr; ❄) Das Caladium am Marktplatz ist eines der ältesten Familienunternehmen Belmopans. Der intime Speiseraum passt gut zum Angebot belizischer Klassiker wie gebratener Fisch und Kokosnussreis, Meeresschneckensuppe und Brathuhn. Gute Hamburger sind ebenso zu haben wie kreolischer Hummer.

Moon Clusters Coffee House CAFÉ $
(☎602-1644; 4 Shopping Center, E Ring Rd; Kaffee & Getränke 3–11 BZ$; ⏲Mo–Sa 12–19 Uhr; ❄) Das ausgezeichnete kleine und altmodische Café der Familie Aguilar hat den besten Kaffee in Belize, von dunkel gerösteten Bohnen aus Kuba bis zum absoluten Umhauer, einem fünffachen Espresso, der die ganze Nacht wach hält. Getränke stehen hier im Mittelpunkt, auch diverse Smoothies und Shakes, aber eine Quesadilla ist auch zu haben.

Corkers INTERNATIONAL $$
(☎822-0400; Hibiscus Plaza, Melhado Pde; Hauptgerichte 16–30 BZ$; ⏲Mo–Mi 11–21, Do–Sa 11 Uhr–open end; 📶✎) Das luftige Bar-Restaurant im oberen Stock hat ein Flair wie ein „englisches Pub in den Tropen", eine einladende Atmosphäre und ein buntes Angebot von Meeresfrüchten, Fleisch- und Pastagerichten, Tortillas, Steak und Gemüse. Es gibt preiswerte Mittagsgerichte und kleine Speisen und die Happy Hour an der Bar ist schön lang, nämlich donnerstags bis samstags von 16 bis 22 Uhr.

Everest NEPALESISCH $$
(☎662-2109; Hauptgerichte 15–20 BZ$; ⏲Mo–Sa 8–21, So 9–18 Uhr; ✎) Das einzige nepalesische Restaurant in Belmopan (und wahrscheinlich in ganz Belize) befindet sich in einer niedlichen blauen Bretterbude gegenüber dem Marktplatz. Geboten werden authentische Hammel-, Huhn- und Gemüsecurrys sowie Biryanis und indische Spezialitäten wie Masala-Tee. Die laminierte Speisekarte hat sogar Bilder für die Uneingeweihten.

Praktische Informationen

Es gibt ein paar Internetläden in der Stadt. **PC.com** (pro Std. 5 BZ$; ⏲8–20 Uhr) bietet Internetzugang und Computerreparaturen.

Die **Belize Bank** (Constitution Dr) und **Scotiabank** (Constitution Dr) haben reguläre Öffnungszeiten und Zugang zu Geldautomaten rund um die Uhr.

Belmopan Hospital (☎822-2264; an der N Ring Rd) Die einzige Notfallstation zwischen Belize City und San Ignacio liegt gleich nördlich des Stadtzentrums.

Darah Travel (☎822-3272; www.belizetravelservices.com; 23 Moho St) Die Mitarbeiter des Reisebüros mit Sitz in Belmopan buchen Flüge, Fahrten und Abenteuertouren in ganz Cayo und Süd-Belize.

Einreisebehörde (☎822-3860; Dry Creek St; ⏲Mo–Do 8–12 & 13–17, Fr bis 16.30 Uhr) In der einzigen Einreisebehörde in Cayo gibt es für 50 BZ$ Stempel für Visaverlängerungen von 30 Tagen. Sie befindet sich in dem grünen Gebäude in einer Seitenstraße der South Ring Road. Der Andrang ist groß und frühe Ankunft daher ratsam.

Postamt (⏲Mo–Do 8–12 & 13–17, Fr bis 16.30 Uhr)

An- & Weiterreise

BUS

Der **Busbahnhof** (☎802-2799; Market Sq) von Belmopan ist der Verkehrsknotenpunkt für Cayo und alle Busse (egal von welcher Busgesellschaft), die vom Belize District nach Süden oder Westen oder von Dangriga (und südlicheren Orten) nach Norden und Westen fahren. Auf dem George Price Highway fahren die Busse von 6 bis 19 Uhr alle halbe Stunde ostwärts nach Belize City (5 BZ$, 1 Std.) und westwärts nach San Ignacio (5 BZ$, 1 Std.) und Benque Viejo del Carmen (6 BZ$, 1½ Std.). Auf dem Hummingbird Highway fahren Busse von 6.45 bis 19.15 Uhr ein- oder zweimal pro Stunde südwärts nach Dangriga (6 BZ$, 2 Std.).

West-Belize

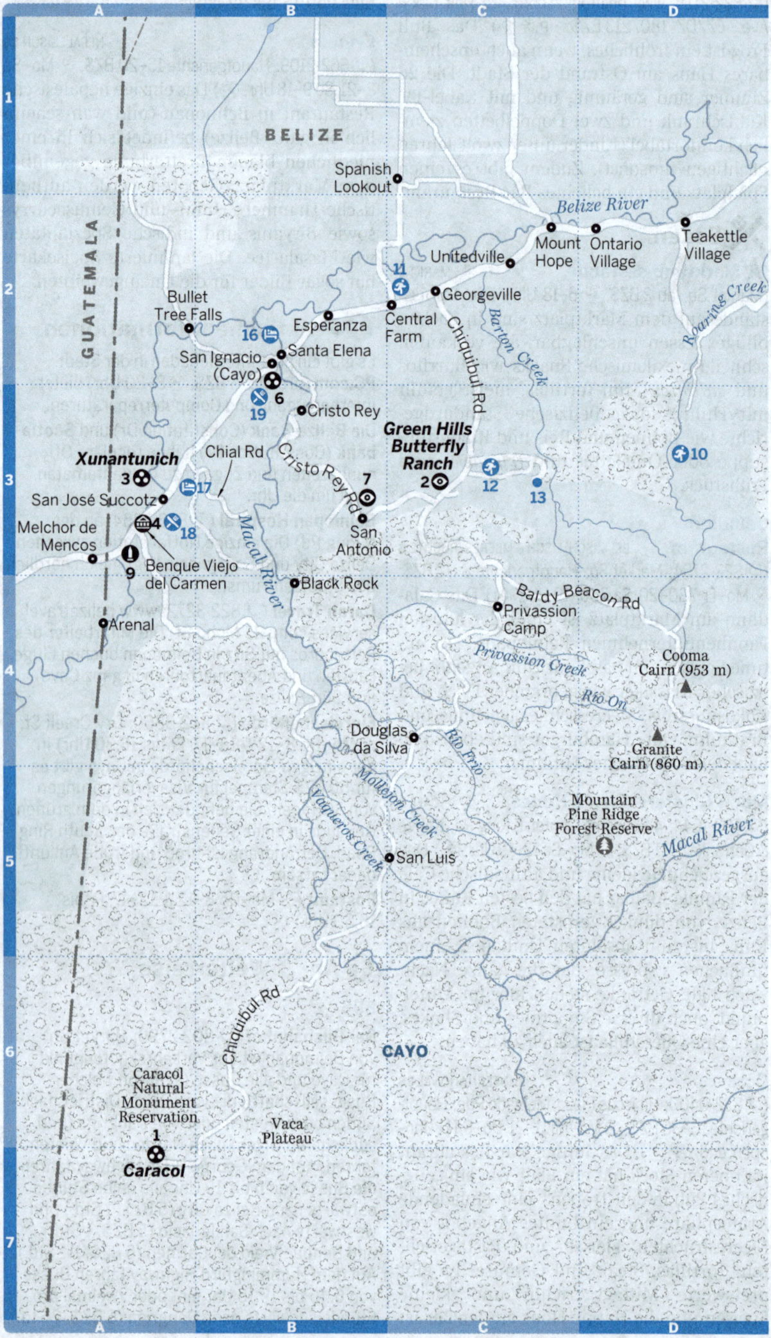
A
B
C
D
1
2
3
4
5
6
7
BELIZE
GUATEMALA
Spanish Lookout
Belize River
Mount Hope
Ontario Village
Teakettle Village
Unitedville
11
Georgeville
Central Farm
Roaring Creek
Bullet Tree Falls
Esperanza
16
San Ignacio (Cayo)
Santa Elena
6
19
Cristo Rey
Barton Creek
Chiquibul Rd
Green Hills Butterfly Ranch
2
12
13
10
Xunantunich
3
Chial Rd
Cristo Rey Rd
7
17
San José Succotz
San Antonio
Melchor de Mencos
4
18
Macal River
9
Benque Viejo del Carmen
Black Rock
Baldy Beacon Rd
Privassion Camp
Arenal
Privassion Creek
Cooma Cairn (953 m)
Río On
Douglas da Silva
Río Frio
Granite Cairn (860 m)
Mollejon Creek
Vaqueros Creek
Mountain Pine Ridge Forest Reserve
San Luis
Macal River
Chiquibul Rd
CAYO
Caracol Natural Monument Reservation
1
Caracol
Vaca Plateau

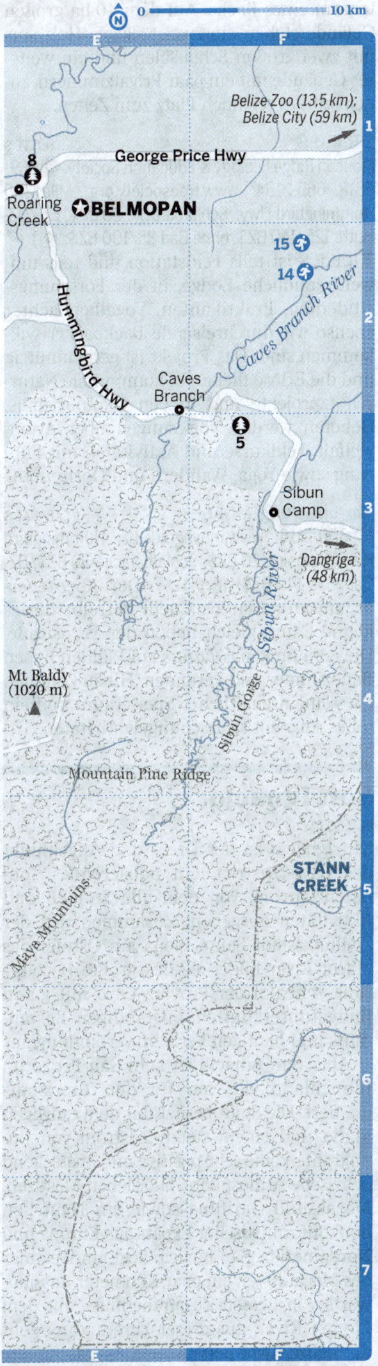

West-Belize

Highlights

1 Caracol A7
2 Green Hills Butterfly Ranch C3
3 Xunantunich A3

Sehenswertes

4 Benque Viejo House of Culture A3
5 Blue Hole National Park F3
6 Cahal Pech B2
7 García Sisters' Place B3
8 Guanacaste National Park E1
9 Poustinia Land Art Park A3

Aktivitäten, Kurse & Touren

10 Actun Tunichil Muknal D3
11 Belize Wildlife & Referral Clinic C2
12 Calico Jack's C3
13 Mike's Place C3
14 Nohoch Che'en Caves Branch Archaeological Reserve F2
15 Vital Nature & Mayan Tours F2

Schlafen

Benque Resort & Spa .... (s. 4)
16 Midas Resort B2
17 Trek Stop A3

Essen

18 Benny's Kitchen A3
19 Cahal Pech Restaurant B3

Von dort fahren die meisten Busse weiter nach Punta Gorda (19 BZ$, 5½ Std.).

FLUGZEUG

Der winzige Flughafen von Belmopan liegt nur ein paar Kilometer östlich der Stadt.

Tropic Air (☎ 226-2012; www.tropicair.com) fliegt täglich viermal nach San Pedro (243 BZ$, 55 Min.), zum Belize City Municipal Airstrip (134 BZ$, 25 Min.) und zum Belize City International (178 BZ$, 25 Min.).

Unterwegs vor Ort

Das Stadtzentrum innerhalb der Ringstraße ist kompakt und leicht zu Fuß zu bewältigen. Ein Taxistand befindet sich vor dem Busbahnhof. Ein kurze Fahrt innerhalb der Stadt kostet 5 BZ$.

Hummingbird Highway

Der Hummingbird Highway mit seinem poetischen Namen („Kolibristraße") ist eine der hübschesten Strecken in Belize. Er schlängelt sich am Nordrand der Maya Mountains zwischen Belmopan und Dangriga durch Dschungel, Zitrusplantagen und unglaublich kleine Dörfer; unterwegs locken Höhlen und Dschungelabenteuer. An klaren Tagen bietet die Straße jede Menge postkartenschöne Aussichten. Die 88 km sind in zwei Stunden zu schaffen, aber am Wegesrand liegen ein paar so erstklassige Öko- und Budgetunterkünfte, dass es fast eine Sünde wäre, nicht irgendwo zu übernachten.

Sehenswertes & Aktivitäten

Blue Hole National Park NATIONALPARK
(Eintritt 8 BZ$; 8–16.30 Uhr) Im 232 ha großen Blue Hole National Park befindet sich die St. Herman's Cave, eine der wenigen Höhlen in Belize, die ohne Führung besucht werden kann. Das Besucherzentrum (wo Taschenlampen für 3 BZ$ verliehen werden) liegt über dem Hummingbird Highway 18 km von Belmopan. Von dort führt ein knapp 460 m langer Weg zur St. Herman's Cave. Ein weiterer Pfad führt an einem unterirdischen Fluss entlang über 180 m in die Höhle – wer weiter gehen will, braucht einen Führer.

Caves Branch Adventures ABENTEUERTOUR
(610-3451; www.cavesbranch.com; Mile 41½ Hummingbird Hwy; Touren pro Pers. 150–500 BZ$) Zu den typischen Angeboten von Ian Anderson gehören Dschungeltrecks, Touren in Fluss- und Wasserfallhöhlen sowie zum Black Hole Drop. Die Abenteueraktivitäten sind exklusiv und starten ab der hervorragenden Lodge gleich hinter dem Hummingbird Highway.

Maya Guide Adventures TOUR
(600-3116; www.mayaguide.bz; Touren mit Übernachtung 320 BZ$) Der sehr erfahrene Kekchí-Maya-Führer Marcos Cucul bietet Survival-Touren im Dschungel mit einer oder mehreren Übernachtungen an. Zu den Touren gehören Trekking, Führungs- und Überlebensstrategien sowie Übernachtung in Hennessy-Hängematten. Cucul besitzt eine mehr als zehnjährige Erfahrung und genießt einen exzellenten Ruf.

Schlafen & Essen

Hummingbird Haven Lodge & Hostel HOSTEL $
(626-4599; www.hummingbirdlodge.com; Mile 29,5 Hummingbird Hwy; Camping 20 BZ$, B/DZ 30/80 BZ$, Lodge mit 2 Schlafzi. 150 BZ$; P) Hummingbird Haven hat eine grandiose Lage in einem ruhigen Waldstück gleich hinter der Fernstraße und ist umgeben vom Seitenarm eines Bachs. Auf dem 40 ha großen Gelände stehen ein zweistöckiges Holzhaus mit zwei großen Schlafsälen und ein weiteres Gebäude mit ein paar Privatzimmern, zudem gibt es reichlich Platz zum Zelten.

T.R.E.E.S HÜTTE $
(Toucan Ridge Ecology & Education Society; 669-6818, 665-2134; www.treesociety.org; Mile 27,5 Hummingbird Hwy; Schlafbaracke 30 BZ$, EZ-/DZ-Hütte 125/140 BZ$, ohne Bad 85/100 BZ$;) T.R.E.E.S ist teils Feldstation und teils umweltfreundliche Lodge, in der Forschungsstudenten, Praktikanten, Vogelbeobachter ebenso wie durchreisende Backpacker willkommen sind. Das Projekt ist gemeinnützig und die Erlöse fließen in kommunale Naturschutzprojekte und in den Ökotourismus. Geboten werden Vorlesungen über Artenvielfalt, Feldkurse und Aktivitäten mit Führung sowie Yoga, Wandern und Dorftouren.

Yax'che Jungle Camp CABAÑAS $
(600-3116; www.mayaguide.bz; Hummingbird Hwy; Camping 20 BZ$, Schlafbaracke 30 BZ$, DZ-Cabañas 140 BZ$; P) Der Abenteuerorganisator Marcos Cucul betreibt dieses kleine Camp gleich neben der Fernstraße. Die geräumigen *cabañas* auf Pfählen haben Badezimmer und Veranden. Hinzu kommen ein gemeinschaftlicher Speiseraum und ein tolles Angebot an Dschungelaktivitäten.

San Ignacio

20 580 EW.

San Ignacio ist der Dreh- und Angelpunkt des Cayo District, ein pulsierendes Touristenzentrum, von dem alle Straßen und Aktivitäten ausgehen. Zusammen mit der Zwillingsstadt Santa Elena am Ostufer des Macal River bildet sie das größte Bevölkerungszentrum der Provinz Cayo mit guten Budgetunterkünften, anständigen Restaurants und häufigen Verkehrsverbindungen.

Aber San Ignacio ist kein San Pedro im Binnenland, das nur für den Tourismus existiert. Die Stadt besitzt mit dem quirligen Markt und einem steten Zustrom von Immigranten eine sehr positive und ansteckend belizische Atmosphäre. Hier leben Mestizen, Mayas und Garifuna sowie ein Häufchen nonkonformistischer Expats aus Europa und Nordamerika. San Ignacio liegt am Westufer des Macal River, ein paar Kilometer flussaufwärts von dessen Zusammenfluss mit dem Mopan River, aus dieser Vereinigung geht der Belize River hervor.

Sehenswertes & Aktivitäten

Cahal Pech RUINE

(☎824-4236; Eintritt 10 BZ$, 2-Std.-Führung 20 BZ$; ⏲6–18 Uhr) Cahal Pech auf einem Hügel etwa 1,5 km südlich von San Ignacio ist die älteste bekannte Maya-Stätte im Tal des Belize River, die zwischen 1500 und 1000 v. Chr. erstmals besiedelt war. Sie ist weniger eindrucksvoll als Xunantunich und Caracol, aber immer noch ein faszinierendes Beispiel der vorklassischen Maya-Architektur und von der Stadt auf einem Spaziergang leicht bergauf gut zu erreichen. Sie war eine bedeutende Maya-Stadt für über 2000 Jahre. Im kleinen Besucherzentrum wird etwas von der Geschichte von Cahal Pech erläutert.

Cahal Pech (ka-hal peck) bedeutet in der Mopan- und yukatekischen Maya-Sprache „Ort der Zecken", ein Name, der der Stätte in den 1950er-Jahren verliehen wurde, als auf den Weiden in der Umgebung zeckenverseuchtes Vieh graste. Heute ist Cahal Pech angenehm schattig, mit vielen Bäumen und wenig Touristen. Das Kerngebiet aus sieben miteinander verbundenen Plazas wurde seit Ende der 1980er-Jahre freigelegt und restauriert. Plaza B ist der größte und beeindruckendste Komplex, Structure A-1 in der Nähe der Plaza A ist der höchste Tempel der Stätte. Zwei Ballspielplätze liegen jeweils an den Rändern des restaurierten Areals.

★ Green Iguana Conservation Project GÄRTEN

(☎824-2034; www.sanignaciobelize.com; 18 Buena Vista St; Führung 18 BZ$; ⏲8–16 Uhr, Führung jede Std.; 👪) Die Mitarbeiter des großartigen Projekts auf dem üppigen Gelände des San Ignacio Resort im Macal Valley sammeln Leguaneier, lassen sie im Brutkasten ausbrüten und ziehen die Reptilien auf, bis sie aus dem Gröbsten raus sind. Anschließend werden die Leguane in die Wildnis freigelassen. Auf der Führung gibt es reichlich Gelegenheiten, die entzückenden Leguane zu streicheln und anzufassen und viel über ihre Gewohnheiten und ihre Lebensweise zu erfahren. Die Tour folgt auch dem Heilpflanzenweg, der sich durch den Dschungel schlängelt.

★ Ajaw Chocolate TOUR

(☎635-9363; ajawchocolatebze@gmail.com; Victoria St; nur Vorführung pro Pers. 24 BZ$, mit Plantagentour 50 BZ$; ⏲Mo–Sa 9–18 Uhr, Führung stündl.; 👪) Adrian und Elida, Kekchí-Mayas aus Toledo, zeigen in San Ignacio ihr Können als Schokoladenhersteller mit exzellenten Vorführungen, auf Wunsch auch verbunden mit einer Führung über ihre kleine Kakaoplantage. Auf der Tour können Teilnehmer geröstete Kakaobohnen mahlen und selbst Kakao oder eine Schokoladentafel herstellen.

Geführte Touren

San Ignacio oder die Unterkünfte im Umland bilden die besten Ausgangspunkte, um die Kultur- und Naturschönheiten von Cayo zu besuchen. Ausflüge zu den Höhlen Actun Tunichil Muknal und Barton Creek sind nur mit einem Guide möglich, Caracol hingegen muss im Fahrzeugkonvoi besucht werden.

David's Adventure Tour ABENTEUERTOUR

(☎804-3674; www.davidsadventuretours.com; Savannah St; Kanutouren 40–90 BZ$) David's, gleich gegenüber dem Samstagsmarkt, ist ein erfahrener Veranstalter, der umweltfreundliche Touren zu Stätten in der ganzen Gegend anbietet. Spezialität sind Kanutouren auf dem Fluss, Höhlenabenteuer und Dschungelwanderungen mit Übernachtung.

Belize Nature Travel HÖHLENTOUR

(☎824-3314; www.experiencebelize.com; Santa Elena) Schwerpunkt von Belize Nature Travel sind Höhlentouren, z. B. in die Actun Tunichil Muknal und die Barton Creek, sowie Ausflüge nach Caracol. Weitere Angebote stehen auf der Website.

Pacz Tours TOUR

(☎824-0536; www.pacztours.net; 30 Burns Ave; Touren 80–290 BZ$) Bietet verlässlichen und hervorragenden Service sowie sachkundige Führer auf den Touren nach Actun Tunichil Muknal und Tikal, sowie Transfers in ganz Cayo.

Mayawalk Tours ABENTEUERTOUR

(☎824-3070; www.mayawalk.com; 19 Burns Ave) Eines der ersten Tourunternehmen in San Ignacio bietet empfehlenswerte Ausflüge nach Caracol (190 BZ$), Actun Tunichil Muknal (190 BZ$), Tikal (Guatemala) und viele andere Abenteuertouren für alle Interessen und Fitnesslevels an. Betreibt auch einen Shuttleservice für ganz Belize.

River Rat Expeditions ABENTEUERTOUR

(☎661-4562; www.riverratbelize.com; Burns Ave) Spezialist für Kajakfahrten, Rivertubing und Höhlenausflüge, auch zur Che Chem Ha bei Benque Viejo del Carme. Im Angebot sind entspanntes Paddeln auf dem Mopan River

San Ignacio

0
200 m
Fußball-
platz
Simpson St
George St
4th St
5th St
Burns Ave
West St
Far West St
Galvez St
Savannah St
Savannah Taxi
Association
New
Bridge
Busse zu den Bullet
Tree Falls & nach
San Antonio
Cayo
Plaza
Busse nach
Belmopan
Eastern Branch Belize
River (Macal River)
Waight's Ave
Hudson St
Wyatt St
King St
Eve St
Church St
Far West St
Missiah St
Bullet Tree
Falls (4,5 km)
Hawkesworth
Bridge
Victoria St
Benque Viejo Rd
Buena Vista St
Green Iguana
Conservation
Project
Guatemaltekische
Grenze (14 km)

San Ignacio

Highlights
1 Green Iguana Conservation Project D6

Aktivitäten, Kurse & Touren
2 Ajaw Chocolate C5
3 David's Adventure Tour C3
4 Mayawalk Tours C4
5 Pacz Tours C3
6 River Rat Expeditions C3

Schlafen
7 Bella's Backpacker's B4
8 Casa Blanca Guest House C4
9 Mana Kai Camp & Cabins C2
Old House Hostel .... (s. 23)
10 Rainforest Haven Inn C5
San Ignacio Resort Hotel .... (s. 1)
11 Venus Hotel C3
12 Western Guesthouse B2

Essen
13 Eva's C4
14 Farmers Market D3
15 Great Mayan Prince B6
16 Guava Limb Cafe B1
17 Hode's Place C1
18 Ko-Ox Han-nah C4
19 Mike's C3
20 Pop's Restaurant C4
21 Serendib C3

Ausgehen & Nachtleben
22 Bamboo Bar C3

Unterhaltung
23 Soul Project C5

bei den Clarissa Falls bis zur rasanten Fahrt durch das Wildwasser bei den Paslow Falls.

Schlafen

In San Ignacio gibt es das beste Angebot an preiswerten Budgetunterkünften (Campingplätze inbegriffen) des ganzen Landes.

Casa Blanca Guest House — PENSION $

(☎ 824-2080; www.casablancaguesthouse.com; 10 Burns Ave; EZ/DZ/3BZ 50/65/80 BZ$, mit Klimaanlage 80/100/120 BZ$; ❄ 📶) Die Casa Blanca ist behaglich, blitzblank und sicher, also genau so, wie man sich eine Budgetunterkunft wünscht. Die relativ großen Zimmer haben weiße Wände und frische Bettwäsche. Den Gästen stehen eine gemütliche Sitzecke, eine saubere Küche und ein luftiger Balkon zur Verfügung, von dem sie das Treiben draußen beobachten können.

Old House Hostel — HOSTEL $

(☎ 623-1342; www.facebook.com/hostelbelize; 3 Buena Vista St; B/DZ 25/70 BZ$) Es gibt eine Menge Gutes an dem Hostel über dem manchmal quirligen Soul Project. Die zwei Schlafsäle mit je acht Betten, Schließfächern und WLAN sind sauber und geräumig und es gibt einen adretten Gemeinschaftsraum, eine Selbstversorgerküche und einen Balkon mit Straßenblick. Das einzige zur Verfügung stehende Doppelzimmer muss frühzeitig gebucht werden.

Bella's Backpacker's — HOSTEL $

(☎ 824-2248; www.bellasinbelize.com; 4 Galvez St; B 25 BZ$, DZ mit/ohne Bad 66/60 BZ$; 📶) Bella's ist eine klassische Backpackerunterkunft mit rustikalem Charme, szenigen Reisenden jeden Alters und einem geselligen Gemeinschaftsraum auf dem Dach mit Hängematten und Sofas. Zu den gut eingerichteten Dorms mit stabilen Stockbetten aus Holz und Badezimmern kommen noch ein paar Privatzimmer mit Fensterläden und Bädern mit Felsmotiven hinzu. Frühstück gibt's für 10 BZ$. Bella besitzt auch eine Farm in Cristo Rey.

Venus Hotel — HOTEL $

(☎ 824-3202; 29 Burns Ave; DZ/3BZ 66/82 BZ$, mit Klimaanlage 93/115 BZ$; P ❄ 📶) Das dreistöckige Venus ist eine Art Wahrzeichen in der Burns Avenue, das umherirrende Reisende wie ein Traktorstrahl anzieht. Schick ist es nicht, aber freundlich und preiswert und die verschiedenen Zimmer sind sauber und behaglich – am besten sind die großen, klimatisierten Zimmer mit gemeinsamem Balkon zum Marktplatz raus. Ein Bonus ist die kostenlose Nutzung des großen Parkplatzes nebenan.

Mana Kai Camp & Cabins — CAMPINGPLATZ $

(☎ 624-6538; http://manakaibelize.weebly.com; Branch Mouth Rd; Camping pro Pers. 10 BZ$, EZ-/DZ-Hütte 30/40 BZ$, mit Bad 50/60 BZ$, mit Klimaanlage 100/110 BZ$; P ❄ 📶) Mana Kai ist einer der besten urbanen Campingplätze in Belize, ein breiter Streifen flachen Rasens mit einer Open-Air-Gemeinschaftsküche, einer *palapa* mit Hängematten und Gratis-WLAN. Wer nicht zeltet, kann eine der Blockhütten mieten, von denen einige mit Klimaanlage ausgestattet sind. Es wirkt hier alles sehr großräumig und der Platz ist nur ein kurzes Stück zu Fuß vom Stadtzentrum entfernt.

Western Guesthouse PENSION $
(824-2572; www.westernguesthousebelize.com; 54 Burns Ave; EZ/DZ mit Ventilator 66/76 BZ$, mit Klimaanlage 86/106 BZ$, Familiensuite 152 BZ$;) Die Pension der Familie Urbina befindet sich über einer Eisenwarenhandlung im ruhigen Westteil von San Ignacio. Toll sind die familiäre Atmosphäre und die Nutzung einer voll ausgestatteten Küche. Die acht sauberen und komfortablen Gästezimmer sind jeweils mit zwei Betten, TV und heißer Dusche versehen. Zudem gibt es eine große Familiensuite mit drei Doppelbetten und Badezimmer.

Midas Resort HOTEL $$
(824-3172; www.midasbelize.com; Branch Mouth Rd; Cottage/Cabaña/Casita 152/166/370 BZ$, DZ/FZ 235/320 BZ$;) Das Midas sticht inmitten von Budgetunterkünften als eines der besseren Mittelklassehäuser San Ignacios hervor. Der große Pool, die abgefahrene Bar und das freundliche Personal ergänzen ein interessantes Unterkunftsangebot, von Hotelzimmern im Hauptgebäude bis zu Cottages, *cabañas* und einer *casita* mit zwei Schlafzimmern hinter dem Gebäude. Das Resort befindet sich in ruhiger Lage fünf Minuten zu Fuß nördlich des Markts.

Rainforest Haven Inn HOTEL $$
(674-1984; www.rainforesthavens.com; 2 Victoria St; Zi. & Cabaña 100 BZ$, Apt. mit 2 Schlafzi. 130 BZ$;) Das Rainforest Haven ist eine prima Entdeckung in Sachen Mittelklassekomfort mit nahezu Budgetpreisen. Die fünf Zimmer sind mit Klimaanlage, Kabel-TV mit Flachbildschirmen, Kühlschränken, WLAN und Heißwasserduschen ausgestattet. Die *cabaña* hat eine Kochnische und das Apartment eine richtige Küche – ein Schnäppchen für Familien oder Gruppen. Im 2. Stock gibt es eine coole Chill-out-Ecke.

San Ignacio Resort Hotel HOTEL $$$
(824-2034; www.sanignaciobelize.com; 18 Buena Vista St; EZ/DZ ab 336/382 BZ$, „königliche" EZ/DZ 368/442 BZ$, Familiensuite 550 BZ$;) Das bei Weitem nobelste Hotel in San Ignacio (Königin Elizabeth nächtigte hier 1994, wie die Fotos in der Lobby belegen), ist feinster Luxus, aber mit freundlichen, professionellen Mitarbeitern und einer beschaulichen Lage auf dem Hang oberhalb vom Ortszentrum. Hinter dem Pool grenzt das Grundstück (auf dem sich das hervorragende Green Iguana Conservation Project befindet) an den Dschungel.

Essen

Bauernmarkt MARKT $
(Sa ab 5 Uhr) Samstags ist großer Markttag in San Ignacio, dann verkaufen Händler aus ganz Cayo ihre frischen, preiswerten Erzeugnisse, Kunsthandwerk und Kleidung. An etwa einem Dutzend Imbissständen mittendrin im Gewusel gibt's schnelle Happen auf die Hand – billig und lecker. An den meisten anderen Wochentagen finden kleinere Versionen des Markts statt.

Pop's Restaurant DINER $
(West St; Frühstück 4–13 BZ$; 6.30–14 Uhr) Dieser freundliche Diner mit sechs Sitzecken scheint aus einer Folge von *Seinfeld* zu stammen. Dank der besten Omelettes der Stadt und dem endlos nachgeschenkten Kaffee ist er längst kein Frühstücksgeheimtipp mehr. Hier kann man prima mit anderen Gästen in Kontakt kommen. Mittags gibt's gute Burritos.

Mike's FRÜHSTÜCK $
(Gerichte 3–8 BZ$; 5–9 Uhr) Die schilderlose grüne Bude gegenüber dem Markt ist wegen ihres Frühstücks und der frischen Johnnycakes (Maisfladenbrot) eine Legende in der Stadt. Früh herkommen, sonst ist alles weg.

Great Mayan Prince BELIZISCH $
(824-2588; 28 Benque Viejo Rd; Hauptgerichte 8–15 BZ$, Sonntagsbrunch Erw./Kind 15/7 BZ$; Mo–Do 7–21, Fr & Sa 7–22, So 7–15 Uhr;) Das Mayan Prince lohnt den kurzen Marsch die Benque Viejo Road hoch, allein schon wegen des weiten Blicks vom Balkon über San Ignacio, aber auch wegen des ehrlichen (nicht überteuerten) Angebots belizischer und mexikanischer Gerichte. Guter Laden für Frühstück und Sonntagsbrunch.

Eva's FRÜHSTÜCK, BELIZISCH $$
(Burns Ave; Hauptgerichte 10–24 BZ$; 6–22 Uhr) Das Eva's in der Burns Avenue, das schon früh zum Frühstück öffnet, ist ein beliebter Treff von Reisenden, da es gutes Frühstück und leckere belizische und westliche Klassiker serviert: Tex-Mex, Reis und Bohnen, Hamburger, Steaks und Currys.

Cahal Pech Restaurant BELIZISCH $$
(824-3740; Cahal Pech Village Resort, Cahal Pech Hill; Hauptgerichte 5–22 BZ$; 7–22 Uhr;)

Wer auf Essen mit Aussicht steht, wird nichts Besseres als dieses Restaurant finden, es sei denn, man hat seinen eigenen Koch und einen Zeppelin. Vom Gastraum mit den Maya-Dschungelmotiven schweift der Blick beim Verspeisen belizischer Spezialitäten wie Maya-Schweinekoteletts oder Hamburger und Pasta weit über San Ignacio.

Ko-Ox Han-nah BELIZISCH, INDISCH **$$**
(☎623-0019; 5 Burns Ave; Frühstück 8–12 BZ$, belizische Hauptgerichte 10–12 BZ$, indische Hauptgerichte 28–32 BZ$; ⏲6–21 Uhr; ✎) Der Name bedeutet in der Maya-Sprache *lasst uns essen gehen*, aber das Han-nah's ist keineswegs nur ein weiteres belizisches Restaurant. Auf der Speisekarte steht ein faszinierendes Angebot indischer Gerichte wie Lammcurry sowie mosambikanisches Peri-Peri-Huhn; alle Zutaten stammen von Erzeugern aus der Umgebung. Das Frühstück ist gut, Mittag- und Abendessen sind eine Mischung aus mexikanischen und indischen Gerichten und Hamburgern.

Serendib SRI-LANKISCH **$$**
(☎804-2302; Burns Ave; Hauptgerichte 14–22 BZ$; ⏲11–22 Uhr) Das einzige sri-lankische Restaurant in San Ignacio serviert leckere Currys mit einer Auswahl aus gelbem, gebratenem und gewürztem Reis, scharfes Hühnchentandoori und andere Köstlichkeiten des indischen Subkontinents. Freundliche Besitzer, sensationelles Essen, serviert an Straßentischen oder im ruhigen Innenhof.

Hode's Place BELIZISCH, AMERIKANISCH **$$**
(Branch Mouth Rd; Hauptgerichte 10–28 BZ$; ⏲9–22 Uhr; 📶👶) Die Einheimischen lieben dieses scheunengroße Lokal nördlich des Stadtzentrums. Das große Terrassenrestaurant mit einem Zitrusfrüchtegarten und Kinderspielplatz wird gern von Familien oder auf einen abendlichen Drink besucht. Freundliche Bedienung und ordentliches Essen – von Burritos und Fajitas bis zu Steaks, Meeresfrüchten und Reis und Bohnen – komplettieren das Gesamtpaket.

★ **Guava Limb Cafe** INTERNATIONAL **$$$**
(☎824-4837; 79 Burns Ave; Hauptgerichte 14–38 BZ$; 📶✎) 🍃 Das kleine Guava Limb in einem reizenden, türkisfarbenen zweistöckigen Haus mit einem beschaulichen Garten ist eines der neuesten und trendigsten Restaurants in San Ignacio. Frische Bioprodukte von der Farm des Besitzers oder lokalen Zulieferern werden zu einem bunten Angebot internationaler Gerichte verarbeitet, z. B. indonesischem *gado gado*, thailändischem Huhn oder hawaiianischem Hamburger mit Teriyaki-Huhn.

Ausgehen & Unterhaltung

Bamboo Bar BAR
(South Side, Market Sq; ⏲9–24 Uhr; 📶) In einer Stadt mit überschaubarem Nachtleben ist die Bamboo Bar mitten auf dem Marktplatz die Ausnahme. Sie hat freundliches Personal, regelmäßige Livemusik und ist an den meisten Abenden proppenvoll.

Soul Project DARSTELLENDE KUNST
(☎653-1855; Buena Vista Rd; ⏲Mi 16–22, Fr 18–23 Uhr; 📶) 🍃 Das Soul Project ist eine super Bar, wo der Künstler, Filmemacher und Umweltschützer Daniel Velazquez eine Plattform für lokale und auswärtige Künstler und Musiker schafft. Außerdem macht er seinen eigenen Kräuter-Obstwein. Zur Zeit der Recherche war die Bar nur mittwochs und freitags geöffnet. Aber mit einem Hostel im Haus und ein bisschen Drängeln mag sich das ändern.

Praktische Informationen

Belize Bank (16 Burns Ave), **Scotiabank** (Ecke Burns Ave & King St) und **Atlantic Bank** (Burns Ave) haben Geldautomaten, die Visa, MasterCard, Plus und Cirrus akzeptieren.

Cayo Welcome Center (☎634-8450; Savannah St, Cayo Plaza; ⏲Mo–Fr 8–17, Sa 8–16 Uhr) Die einzige Touristeninformation im Cayo District ist hilfsbereit und befindet sich seit 2013 in einem klimatisierten, modernen Haus an der zentralen Plaza. Neben einigen Ausstellungen zur Umgebung läuft auch ein kurzer Film über die Region in Endlosschleife.

Postamt (☎824-2049; West St)

An- & Weiterreise

In San Ignacio gibt es (überraschenderweise) keinen Busbahnhof. Die Busse halten am Marktplatz auf ihrer Strecke von/nach Belize City (normal/Express 9/10 BZ$, 2 Std.), Belmopan (5 BZ$, 1 Std.) und Benque Viejo del Carmen (2 BZ$, 30 Min.). Busse verkehren von 3.30 bis 19 Uhr in beide Richtungen etwa alle halbe Stunde, weniger häufig an Sonntagen.

Von einem unbebauten Grundstück in der Savannah Street fahren Busse montags bis samstags von 10.30 bis 17 Uhr ungefähr stündlich nach Bullet Tree Falls (1 BZ$, 15 Min.) sowie montags bis samstags fünf- oder sechsmal täglich nach San Antonio (3 BZ$, 35 Min.).

Mehrere Reiseunternehmen bieten auch Charterbusse in Cayo und darüber hinaus an, u. a. zur guatemaltekischen Grenze (50 BZ$) und nach Belize City (150 BZ$).

ACTUN TUNICHIL MUKNAL

Der Besuch der **Actun Tunichil Muknal** (Eintritt 30 BZ$) – der Höhle des steinernen Grabs – ist eine der unvergesslichsten und abenteuerlichsten Höhlentouren in Belize. Die geführte Tour in die ATM geht tief hinein in die Unterwelt, die von den alten Mayas Xibalba genannt wurde. Der Eingang in die 5 km lange Höhle liegt an den nördlichen Ausläufern der Maya Mountains.

Das Abenteuer ist von mittlerem Schwierigkeitsgrad und beginnt mit einem leichten 45-minütigen Marsch durch den üppigen Dschungel und den Roaring Creek (die Füße sind dann den ganzen Tag nass). Vor dem weiten, eieruhrförmigen Eingang zur Höhle wird ein Helm mit Stirnlampe aufgesetzt. Um zum Höhleneingang zu gelangen, müssen die Besucher zunächst durch das eisige Wasser eines tiefen Beckens schwimmen (etwa 4,5 m), sie müssen also unbedingt gute Schwimmer sein. Danach geht es teilweise kletternd etwa eine Stunde dem Führer auf gewundenen Pfaden durch die dunkle Höhle hinterher.

Unterwegs faszinieren riesige, schimmernde Tropfsteinformationen, dicke Stalaktiten aus Kalkstein, die von der Decke hängen, und phallische Stalagmiten, die aus dem Höhlenboden ragen. Schließlich geleitet der Guide die Teilnehmer in einen gewaltigen Höhlenraum mit Hunderten Tongefäßen und -scherben sowie menschlichen Überresten. Eines der schockierendsten Exemplare ist das von Kalkspat überkrustete Skelett einer Frau, nach der Actun Tunichil Muknal benannt ist.

Von San Ignacio dauert der Ausflug etwa zehn Stunden, einschließlich der jeweils einstündigen Fahrt hin und wieder zurück. Einige der Unternehmen in San Ignacio bieten die Tour für 180 BZ$ pro Person an, einschließlich Transport, Eintritt, Mittagessen und Ausrüstung. Die Tour ist nur mit einem anerkannten Führer möglich und das Fotografieren und Filmen ist in der Höhle nicht erlaubt.

Um Cayo wirklich zu erkunden, ist ein Auto hilfreich, vorzugsweise ein Geländewagen mit hoher Radaufhängung. Von einer Fahrt nach Caracol ohne Geländewagen ist unbedingt abzuraten. Autos vermietet **Cayo Auto Rentals** (☎824-2222; www.cayoautorentals.com; 81 Benque Viejo Rd).

Im Stadtzentrum gibt es mehrere Taxistände; **Savannah Taxi Association** (☎824-2155; ⏲24 Std.) ist der größte Stand im Zentrum von San Ignacio. Eine Fahrt zur guatemaltekischen Grenze (14 km) kostet beispielsweise 25 BZ$, hin und zurück nach Xunantunich 60 BZ$ und eine einfache Fahrt zu den Unterkünften im Mountain Pine Ridge 80 bis 100 BZ$. Taxis nach Bullet Tree Falls (*colectivo*/privat 4/20 BZ$) fahren in der **Wyatt Street** abseits der Burns Avenue ab.

ℹ Unterwegs vor Ort

San Ignacio ist relativ klein, sodass die meisten Sehenswürdigkeiten zu Fuß erreichbar sind. Autofahrer sollten wissen, dass das Parken im Stadtzentrum schwierig sein kann. Außerdem ist das Einbahnstraßensystem zu beachten; die Hawkesworth Bridge führt in eine Richtung aus San Ignacio hinaus, die New Bridge nördlich des Markts in die Stadt hinein.

Kurze Taxifahrten in der Stadt kosten 5 BZ$.

Mountain Pine Ridge & Caracol

Südöstlich von San Ignacio geht es allmählich bergauf in die Maya Mountains, deren gewölbter Kamm die Grenze zwischen dem Cayo District und dem Stann Creek District im Osten und dem Toledo District im Süden bildet.

Im Zentrum des 520 km² großen Hochlandgebiets aus subalpinen Kieferwäldern erstreckt sich das **Mountain Pine Ridge Forest Reserve**. In dem Waldschutzgebiet gibt es reichlich **Flüsse**, **Teiche**, **Wasserfälle** und **Höhlen**; die Höhenlage lindert die Hitze und die Moskitoplage. Jenseits des Mountain Pine Ridge liegt die spektakuläre Maya-Ruine Caracol.

Sehenswertes & Aktivitäten

★ **Caracol** ARCHÄOLOGISCHE STÄTTE
(Eintritt 30 BZ$; ⏲8–16 Uhr, Konvoiabfahrt 9 Uhr)
Caracol war einst eine der mächtigsten Städte der gesamten Maya-Welt und liegt heute zugewachsen im dichten Dschungel nahe der Grenze zu Guatemala, 83 km bzw. ungefähr zwei Stunden Fahrt von San Igna-

cio entfernt. Die größte Maya-Stätte von Belize liegt hoch auf dem Vaca Plateau und hat sich wahrscheinlich zu ihrer Glanzzeit um 650 v. Chr. Über eine Fläche von 180 km² erstreckt. Wege von insgesamt gut 65 km Länge verlaufen vom Zentrum zu den großen am äußeren Rand gelegenen Plazas und Wohnvierteln.

In ihren besten Tagen haben hier wahrscheinlich fast 150 000 Menschen gelebt, mehr als doppelt so viele wie in Belize City heute. Die Bewohner von Caracol hatten zwar keine natürliche Wasserquelle, aber sie gruben künstliche Wasserbecken, um das Regenwasser zu sammeln und bauten Feldfrüchte auf ausgedehnten Terrassenfeldern an. Das Zentrum war ein lebhafter Platz aus Tempeln, Palästen, verkehrsreichen Straßen, Handwerksbetrieben und Märkten. Caracol ist nicht nur eine überragende archäologische Stätte in Belize, sondern auch wegen der Dschungellage und der reichen Vogelwelt spannend. Am Kartenschalter gibt ein kleines Besucherzentrum einen Überblick über die Geschichte von Caracol und zeigt ein Miniaturmodell (gut zur Orientierung) und in einem Museum sind viele der in Caracol gefundenen Skulpturen ausgestellt. Außerdem gibt es hier Toiletten, Picknicktische und einen kleinen Souvenirladen. Unbedingt Essen und Trinken mitbringen. Wer mit dem Auto kommt, sollte einen Reservereifen einpacken. Übernachten ist nicht erlaubt.

García Sisters' Place KULTURZENTRUM

(☎669-4023; artistmai1981@gmail.com; Cristo Rey Rd, San Antonio; ⏲7–18 Uhr) Die García-Schwestern stellen eine große Auswahl wunderschöner Reliefs auf schwarzen Schieferplatten aus, die sie auch verkaufen. Die fünf Schwestern – im nahen San Antonio geboren und aufgewachsen – entwickelten dieses Kunsthandwerk, das nun in Belize weithin imitiert wird. Die Reliefs, die für 10 bis 200 BZ$ verkauft werden, haben verschiedene Motive, u. a. Tiere, Maya-Gottheiten und Kalender.

★ Green Hills Butterfly Ranch FARM

(☎834-4017; http://biological-diversity.info/greenhills.htm; Mile 8 Chiquibul Rd; Erw./Kind 20/10 BZ$; ⏲8–16 Uhr, letzte Führung 15.30 Uhr) Die außergewöhnliche Schmetterlingsfarm bietet eine einzigartige Gelegenheit, über 50 exquisite einheimische Arten im freien Flug zu sehen. Die Biologen Jan Meerman und Tineke Boomsma züchten die Schmetterlinge zu Forschungs- und Lehrzwecken. Zu ihrer Arbeit gehören das Beobachten der Interaktion zwischen verschiedenen Arten und das Erstellen eines Naturführers sowie die Anlage eines botanischen Gartens als Lebensraum für die Schmetterlinge. Auf der Ranch leben zudem 13 Kolibriarten. Führungen finden stündlich für mindestens zwei Teilnehmer statt.

Calico Jack's ABENTEUERSPORT

(☎820-4078; www.calicojacksvillage.com; 7 Mile El Progresso; pro Pers. 80–170 BZ$; ⏲8–16 Uhr) Das 148 ha große Areal besitzt die größte und modernste Seilrutschenanlage im westlichen Cayo mit neun Durchläufen und 15 Plattformen. Diverse Pakete enthalten verschiedene Durchläufe, vom 45-minütigen „Explorer" bis zum 90-minütigen „Ultimo Explorer". Abenteuerlustige Besucher können die Drahtseiltour oder die Dschungelschaukel (50 BZ$) probieren, ein Trip über einen Canyon samt freien Fall über 18 m.

Mike's Place TOUR

(☎670-0441; www.bartoncreekcave.com; Barton Creek Cave; Höhlentour Erw./Kind 260/130 BZ$) Mike's Place befindet sich in der Nähe der Barton Creek Cave und bietet geführte Kanutouren in die Höhle sowie Klettern und eine kurze Seilrutsche. Ein Zeltplatz kostet hier 20 BZ$ und es gibt ein Restaurant, das Burritos und belizischen Reis mit Bohnen serviert. Transport von San Ignacio wird für zusätzliche 60 BZ$ angeboten. Die steile Straße hierher ist grauenhaft.

Nach Westen bis Guatemala

Der George Price Highway südwestlich von San Ignacio verläuft durch sanft hügelige Landschaft Richtung Benque Viejo del Carmen und die guatemaltekische Grenze. Entlang der Straße und an Seitenstraßen wie der Chial Road gibt es diverse Unterkünfte.

Sehenswertes & Aktivitäten

★ Xunantunich RUINE

(San Jose Succotz; Eintritt 10 BZ$; ⏲7.30–16 Uhr) Xunantunich (schu-nan-*tu*-nitsch) auf einer abgeflachten Hügelkuppe ist eine der am leichtesten erreichbaren und eindrucksvollsten archäologischen Maya-Stätten in Belize. Die Anfahrt mit einer kostenlosen, handgekurbelten Kabelfähre, die Passagiere (und Autos) über den Mopan River transportiert, ist schon der halbe Spaß. Xunantunich war wohl schon 1000 v. Chr. besiedelt, aber es war kaum mehr als ein Dorf. Die großen Bauten, die heute zu sehen sind, entstanden erst im 7. Jh. n. Chr.

Wer auf die Spitze des Castillo klettert, genießt einen spektakulären Rundumblick. Die oberen Ebenen wurden in zwei verschiedenen Phasen errichtet. Zur ersten, um 800 erbaut, gehört ein aufwendiges Gipsfries rund um das Gebäude, die zweite, um 900 erbaut, überdeckte den größten Teil der ersten und das Fries.

Die Ruinen sind mit der Fähre ab dem Dorf San Jose Succotz und dann zu Fuß gut 1,5 km bergauf zum Parkplatz und zum Kartenschalter zu erreichen. Alle Busse von San Ignacio halten am Fähranleger.

Poustinia Land Art Park SKULPTUR
(☎822-3532; Mile 2.5 Mollejon Rd; Eintritt nur nach Vereinbarung 20 BZ$) Der völlig überraschende avantgardistische Skulpturenpark der Brüder Luis und David Ruiz aus Benque ist eines der verborgenen Kunstschätze von West-Belize. In dem 24 ha großen Park im Regenwald etwa 3 km südöstlich von Benque sind um die 35 Werke von belizischen und internationalen Künstlern ausgestellt.

Schlafen & Essen

★ Trek Stop LODGE, CAMPINGPLATZ $
(☎823-2265; www.thetrekstop.com; Mile 71 Western Hwy; Camping pro Pers. 14 BZ$, EZ/DZ ohne Bad ab 30/48 BZ$, DZ/3BZ/4BZ mit Bad 76/100/120 BZ$; P @) Das Trek Stop ist ideal für Leute, die außerhalb von San Ignacio günstig aber in der Nähe von Xunantunich unterkommen wollen. Die Ökoherberge für Backpacker besteht aus soliden Holzhütten im Dschungel neben der Fernstraße. Alles wirkt Öko, aber es ist ans Stromnetz angeschlossen und hat WLAN. Zudem gibt's reichlich Platz für Geselligkeiten, eine Selbstversorgerküche und ein cooles, kleines Restaurant.

Benque Resort & Spa HOTEL $
(☎632-0688; www.benque-resort.com; 22 Riverside; B 35 BZ$, EZ/DZ 60/80 BZ$, DZ mit Klimaanlage 100 BZ$;) Das reizende, dreistöckige Haus am Südufer des Mopan River bietet überraschende B&B-Annehmlichkeiten, wie schöne Holzausstattung und bunt geflieste Badezimmer mit heißen Duschen sowie auch gefragte günstige Schlafsäle. Zum Haus gehört ein professioneller Massagesalon. Die größeren Zimmer bieten mehr Platz und eine Veranda mit Flussblick.

Benny's Kitchen BELIZISCH $
(☎823-2541; Mile 72 Western Hwy; Mahlzeiten 10–16 BZ$; ⏰Mo–Do 8–21, Fr & Sa 8–23, So 8–22 Uhr;) Benny's ist eine Institution in San Jose Succotz – der Abzeig zum Restaurant ist gegenüber der Fähre nach Xunantunich, also günstig für ein Essen nach dem Ruinenbesuch. Zu den lokalen Spezialitäten gehören herb-würzige *escabeche* (scharfes Huhn mit Limette und Zwiebeln), feurige Grillgerichte und Rinderfußsuppe. In dem halb offenen Gastraum gibt es eine Bar, einen Geschenkeladen, einen Kinderspielplatz und ein Internetcafé.

SÜD-BELIZE

Süd-Belize ist der faszinierendste Schmelztiegel der Kulturen des Landes mit einer starken Garifuna-Präfung um Dangriga und Hopkins sowie der größten Maya-Bevölkerung in Toledo. Auch die Landschaft ist vielfältig – offene Savanne und Zitrusplantagen gehen über in bewaldete Hügel voller Maya-Dörfer und Ruinen.

Dangriga

10 100 EW.

Dangriga ist die größte Stadt in Süd-Belize und die spirituelle Hauptstadt der belizischen Garifuna. Sie hat eine lässige Küstenatmosphäre – heruntergekommen und wirkt leicht chaotisch. Dangriga sieht zwar äußerlich ähnlich marode aus wie Belize City, aber hat nicht die Großstadtatmosphäre und ist generell sicher.

Sehenswertes

Gulisi Garifuna Museum MUSEUM
(☎669-0639; www.ngcbelize.org; Hummingbird Hwy, Chuluhadiwa Park; Eintritt 10 BZ$; ⏰Mo–Fr 10–17, Sa 8–12 Uhr) Das vom National Garifuna Council (NGC) geführte Museum ist ein Muss für alle, die sich für die lebhafte Garifuna-Kultur interessieren. Es liegt etwa 3 km außerhalb der Stadt; alle Busse ab Dangriga halten hier auf Wunsch, es ist aber auch mit dem Fahrrad zu erreichen. Gezeigt werden Artefakte, Bilder und Dokumente zur Geschichte und Kultur der Garifuna, auch eine Ausstellung zum Leben und zur Musik des verstorbenen Garifuna-Musikers Andy Palacio. Im Eintritt ist eine Führung enthalten.

Pen Cayetano Studio Gallery GALERIE
(☎628-6807; www.cayetano.de; 3 Aranda Cres; Erw./Stud. 5/3 BZ$; ⌚Mo–Fr 9–17 Uhr, wochenends nach Vereinbarung) Pen Cayetano ist in ganz Belize berühmt für seine Kunst und Musik und stellt in seiner Atelier-Galerie Artefakte und Kunsthandwerk der Garifuna aus. Die Kunst und Musik von Pen und die Textilarbeiten seiner Frau Ingrid stehen auch zum Verkauf. Zu den einzigartigsten Gegenständen zählen Trommeln aus Schildkrötenpanzern, die um 50 BZ$ kosten.

Marie Sharp's Factory FABRIK
(☎532-2087; www.mariesharps-bz.com; 1 Melinda Rd; ⌚Mo–Fr 7–16 Uhr) Die Flaschen mit superscharfen Saucen, die auf den Tischen in ganz Belize und anderen Ländern zu finden sind, werden hier in Marie Sharp's Factory, knapp 13 km nordwestlich der Stadt in der Melinda Road, aus Habanero-Chilis hergestellt. Während der Geschäftszeiten werden meist (bei vorheriger Anmeldung) kostenlose Führungen angeboten und im Fabrikladen scharfe Saucen und Konfitüren zum Fabrikpreis verkauft. Wer es nicht zur Fabrik schafft: Marie Sharp's führt auch ein **Geschäft** (☎522-2370; 3 Pier Rd; ⌚Mo–Fr 8–12 & 13–17 Uhr) in Dangriga.

Festivals & Events

Garifuna Settlement Day KULTUR
Am 19. November wird in Dangriga die Ankunft der Garifuna in Dangriga im Jahr 1832 gefeiert. Exil-Dangriganer strömen dann zurück in die Heimat. Trommeln, Tanz und Trinkgelage ziehen sich durch die ganze Nacht vom 18. zum 19. November, und morgens wird mit Kanus die Landung am Strand nachvollzogen. Unterkünfte müssen frühzeitig gebucht werden.

Schlafen & Essen

D's Hostel HOSTEL $
(☎502-3324; 1 Sharp St; B/DZ 25/100 BZ$; @ 📶) Das einzige Hostel in Dangriga (ehemals das Val's) ist eine lokale Institution. Eine große Veranda blickt über einen trostlosen Park aufs Meer und im Haus gibt es einen Schlafsaal mit acht Betten und zwei geräumige Zimmer mit Hotelqualität für bis zu drei Personen samt TV und Kühlschrank.

Jungle Huts Hotel HOTEL $$
(☎665-8966, 522-0185; junglehutsresort@gmail.com; 4 Ecumenical Dr; DZ ab 86 BZ$, Cabañas & Suiten 158 BZ$; P ❄ 📶) Philip Ushers Resort liegt etwas außerhalb der Stadt am Fluss, aber die Lage ist eine Wohltat, da sie eine beschauliche (sogar dschungelhafte) Atmosphäre abseits des Treibens in der Commercial Road bietet. Die preiswerten Zimmer, Suiten und drei *cabañas* sind alle mit einem Doppel- und einem Einzelbett, Bad mit Duschen und Klimaanlage ausgestattet. Nur die Suiten und *cabañas* haben Kabel-TV.

Bonefish Hotel HOTEL $$
(☎522-2243; www.bluemarlinlodge.com/bonefish-hotel; 15 Mahogany Rd; Zi. 180–210 BZ$; P ❄ 📶) Die Zimmer im oberen Stock sind nicht ohne Charme, aber die im Erdgeschoss sind dunkler und etwas weniger fröhlich, wenngleich genauso funktional. Alle Zimmer sind mit zwei Doppelbetten, Ventilator, Klimaanlage und Kabel-TV ausgestattet. Mit Frühstück kostet es etwas mehr, mit Vollpension erheblich mehr.

Steph's BELIZISCH $
(St Vincent St; Hauptgerichte 5–10 BZ$; ⌚Mi–Mo 7–22 Uhr) Es gibt keine Speisekarte, aber die leckeren belizischen Klassiker wie gebackenes Schweinefleisch oder Huhn mit Reis und Bohnen sind ein Schnäppchen in diesem sauberen Budenrestaurant in der Hauptstraße.

Riverside Café FISCH & MEERESFRÜCHTE $
(S Riverside Dr; Hauptgerichte 8–15 BZ$; ⌚7–21 Uhr) In dem Café gleich östlich der Stann-Creek-Brücke trifft man auf Fischer und Kapitäne, die Touren und Fahrten zu den abgelegenen Cayes anbieten. Das Essen ist preisgünstig, der Fisch immer frisch und das Belikin ist kalt.

Praktische Informationen

Die **Belize Bank** (St Vincent St), **Scotiabank** (St Vincent St) und **First Caribbean International Bank** (Commerce St) haben Geldautomaten, die rund um die Uhr zugänglich sind und Visa, MasterCard, Plus und Cirrus akzeptieren. Cirrus verlangt eine unverschämte Gebühr von 5 US$ pro Transaktion.

Einreisebehörde (☎522-3412; St Vincent St; ⌚Mo–Do 8–17, Fr 8–16.30 Uhr) Stellt 30-tägige Visaverlängerungen gegen 50 BZ$ aus.

Postamt (☎522-2035; Mahogany Rd) Neben dem Bonefish Hotel.

An- & Weiterreise

BUS

Der **Busbahnhof** (St Vincent St) von Dangriga nahe dem Kreisverkehr am Südrand der Stadt ist ein wichtiger Verkehrsknotenpunkt für alle

Dangriga

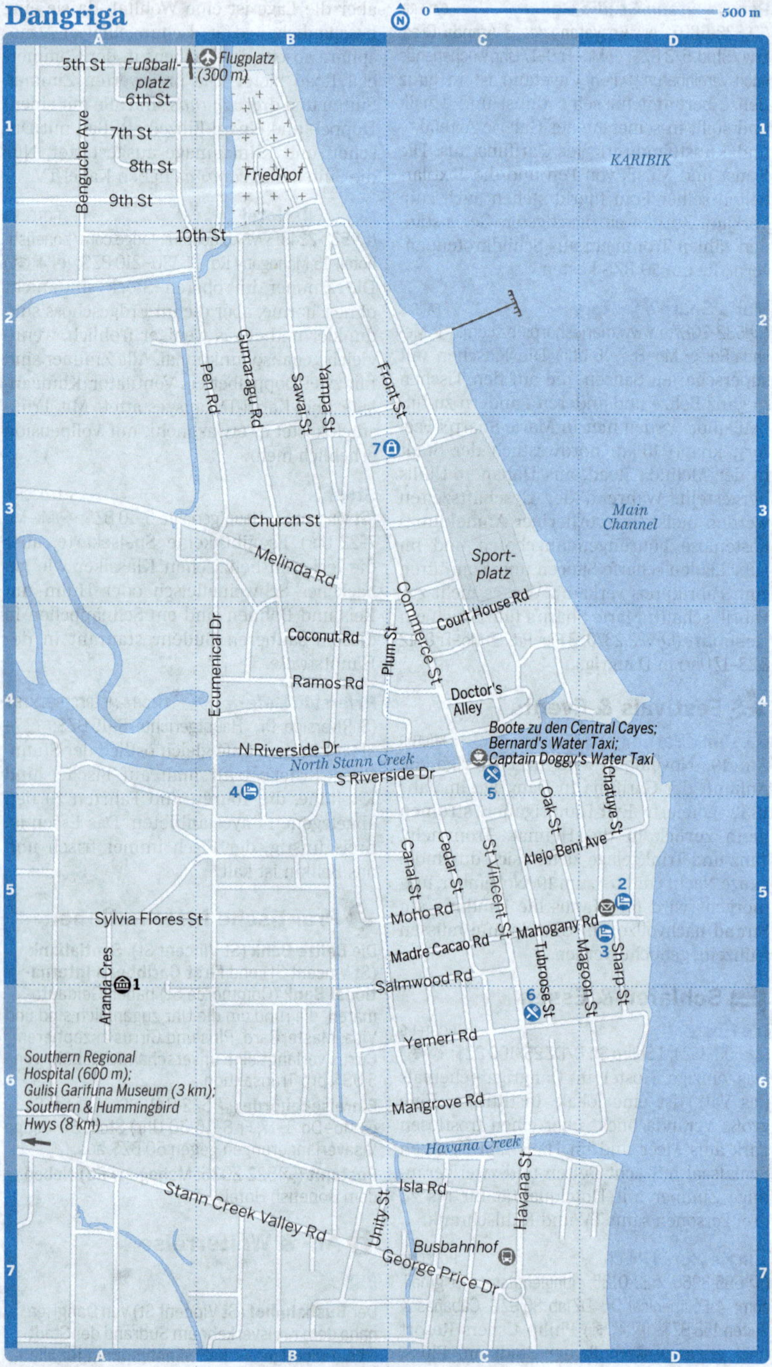
0
500 m
A
B
C
D
1
2
3
4
5
6
7
5th St
Fußball-platz
Flugplatz (300 m)
6th St
7th St
8th St
9th St
10th St
Benguche Ave
Friedhof
KARIBIK
Pen Rd
Gumaragu Rd
Sawai St
Yampa St
Front St
7
Church St
Melinda Rd
Main Channel
Sport-platz
Commerce St
Court House Rd
Ecumenical Dr
Coconut Rd
Plum St
Ramos Rd
Doctor's Alley
Boote zu den Central Cayes; Bernard's Water Taxi; Captain Doggy's Water Taxi
N Riverside Dr
North Stann Creek
S Riverside Dr
4
5
Oak St
Chatuye St
Canal St
Cedar St
St Vincent St
Alejo Beni Ave
2
Sylvia Flores St
Moho Rd
Mahogany Rd
3
Madre Cacao Rd
Tubroose St
Magoon St
Sharp St
Salmwood Rd
Aranda Cres
1
6
Yemeri Rd
Southern Regional Hospital (600 m); Gulisi Garifuna Museum (3 km); Southern & Hummingbird Hwys (8 km)
Mangrove Rd
Havana Creek
Havana St
Isla Rd
Stann Creek Valley Rd
Unity St
Busbahnhof
George Price Dr

Dangriga

Sehenswertes
1 Pen Cayetano Studio Gallery A5

Schlafen
2 Bonefish Hotel D5
3 D's Hostel D5
4 Jungle Huts Hotel B4

Essen
5 Riverside Café C4
6 Steph's C6

Shoppen
7 Marie Sharp's Factory Store C3

Busunternehmen in Süd-Belize. Es gibt häufige Busverbindungen mit Belize City (normal/Express 10/12 BZ$, 2 Std.), Belmopan (6 BZ$, 1½ Std.), Punta Gorda (13 BZ$, 2½ Std.) und San Ignacio (11 BZ$, 2¼ Std.) sowie ein paar Direktverbindungen nach Hopkins (5 BZ$, 30 Min.) und Placencia (10 BZ$, 1½ Std.).

FLUGZEUG

Maya Island Air (☎522-2659; www.mayaisland air.com) und **Tropic Air** (☎226-2012) fliegen mehrmals täglich vom Flughafen Dangriga (DGA) direkt nach Belize City, Placencia und Punta Gorda.

SCHIFF/FÄHRE

In Dangriga legen die Boote zu den zentralen Cayes von Belize und die Charterboote für Ausflüge an der Küste entlang ab. **Bootsfahrten** lassen sich am besten vor dem Riverside Café am South Riverside Drive vereinbaren. Wann die Boote abfahren ist vor 9 Uhr oder am Nachmittag des Vortags zu erfahren. Je mehr Leute für eine Fahrt zusammenkommen (im angemessenen Rahmen), desto billiger wird es pro Person.

Boote fahren in der Regel täglich nach Tobacco Caye (40 BZ$ pro Pers.), aber sie können auch nach Thatch Caye, South Water Caye und Glover's Reef gechartert werden; die Nobelunterkünfte auf diesen Inseln arrangieren für ihre Gäste den Bootstransfer.

Das 8 m lange **Boot** (☎627-7443; captain doggy@gmail.com) des schillernden Captain Doggy fährt zwischen Dangriga und allen Cayes. Er unternimmt auch individuelle Tagesausflüge mit Speerfischen, Inselbesuchen und Mittagessen für 100 BZ$.

Bernard's Water Taxi (☎633-0160; dalila56@ yahoo.com) bietet ebenfalls Fahrten zu allen Cayes an sowie auch Angel- und andere private Chartertouren.

Zentrale Cayes

Die zentralen Cayes – die meisten sind Privatinseln – sind weniger überfüllt, weniger bekannt und oft weniger teuer als die Cayes im Norden. Sie liegen vor der zentralen Küste Belizes inmitten einiger der hinreißendsten Tauch-, Schnorchel- und Angelreviere des Landes. Auf South Water Caye und Thatch Caye haben sich schicke Resorts niedergelassen, aber preisgünstige Angebote sind auf Tobacco Caye und dem Glover's Reef Atoll zu finden.

In den meisten Fällen sorgen die Resorts für den Bootstransfer. Die zentralen Cayes sind am besten von Dangriga zu erreichen, aber es gibt auch Charterboote ab Hopkins und Placencia.

Schlafen

Tobacco Caye Paradise HÜTTE $

(☎532-2101; http://tobaccocaye.com; Cabañas pro Pers. 70 BZ$;) Das Paradise ist die günstigste Unterkunft auf Tobacco. Es hat sechs wunderbare *cabañas* auf Pfählen im Wasser mit eigenem Bad und Kaltwasserduschen. Die Veranden mit Sesseln und Hängematten gehen zum Riff raus, wo das Wasser seicht genug ist, um hineinzuwaten. Mahlzeiten werden in einem mensaartigen Speiseraum serviert (Frühstück/Mittag-/Abendessen 20/20/30 BZ$). WLAN kostet 5 BZ$ pro Tag und Hütte.

★ **Glover's Atoll Resort** HÜTTE $

(☎520-5016; www.glovers.com.bz; pro Pers./Woche Camping 198 BZ$, B & Zeltunterkunft 298 BZ$, Hütten 498–598 BZ$;) Das zusammengeschusterte Backpackerparadies auf dem nordöstlichen Caye des Glover-Atolls ist das perfekte erschwingliche Inselrefugium. Auf der 4 ha großen Privatinsel gibt es 16 Hütten (über dem Wasser und am Strand), einen schlichten Schlafsaal und acht private Campingplätze. Die meisten Reisenden buchen für eine Woche, wozu auch der Bootstransfer von Sittee River gehört, aber es gibt auch Tagespreise für Spontanbesucher ab 24 BZ$ fürs Zelten.

Hopkins & Sittee Point

1500 EW.

Das freundliche, leicht schmuddelige Küstendorf Hopkins ist etwas für Reisende, die Meeresbrisen und Garifuna-Kultur erleben wollen. Hier kann man zwanglos andere Traveller treffen und es ist ein guter Ausgangspunkt für Ausflüge zu den Cayes, Riffen und Inseln im Osten sowie in die Dschungel, Berge und Nationalparks im Westen.

Sittee Point, etwa 2,5 km südlich von Hopkins, ist eine kleine Gemeinde mit Nobelresorts am Strand und ein paar interessanten Restaurants.

Aktivitäten

Von Hopkins aus lassen sich prima einige der besten **Tauchreviere** Belizes erreichen. Das Barriereriff liegt nur knapp 40 Minuten per Boot entfernt und das Glover's Reef etwa 90 Minuten mit einem schnellen Ruderboot. Tauch- und Schnorchelausflüge werden von mehreren Anbietern in Hopkins und Sittee Point organisiert.

Lebeha KURS

(☎665-9305; North Side; Kurs pro Std. 30 BZ$) Lebeha wurde vom lokalen Trommler Jabbar Lambey und seiner Frau Dorothy gegründet und dient sowohl als Bildungs- und Kulturzentrum für Einheimische als auch als angesagter Treffpunkt für Reisende, die sich fürs Garifuna-Trommeln interessieren. Es gibt Einzel- und Gruppenunterricht und ab 19 Uhr wird an den meisten Abenden getrommelt. Ein Besuch lohnt sich auf jeden Fall zu den Trommelpartys bei Vollmond.

Motorbike Rentals & Alternate Adventures TOUR

(☎665-6292; www.alternateadventures.com; South Side) MR&AA verleiht 200cc Geländemotorräder (118 BZ$ pro Tag, 598 BZ$ pro Woche) und 250cc Cruiser-Motorräder (150 BZ$ pro Tag, 750 BZ$ pro Woche) für eigenständige Motorradtouren. Die Besitzerin Emma gibt Individualreisenden hilfreiche Hinweise und hat enorme Ortskenntnisse.

Hopkins Standup Paddleboard WASSERSPORT

(☎650-9040; www.suphopkins.com; Sittee Point; Paddleboard-Touren 110–150 BZ$) Stehpaddeln wurde in Sittee Point auf ganz besondere Weise eingeführt. Dieses Unternehmen veranstaltet auf dem Sittee River phantastische, zweistündige Biolumineszenz-Paddeltouren am Abend oder eine halbtägige Tour zum Tiere entdecken. Kombinierte Paddel- und Schnorcheltouren sind ebenfalls im Angebot. Das Büro befindet sich an der Kreuzung in Sittee Point.

Happy Go Luckie Tours BOOTSTOUR

(☎635-0967; www.hgltours.com; Halb-/Ganztagscharter 470/700 BZ$) Happy Go Luckie veranstaltet individuell zugeschnittenen, halb- und ganztägigen Bootscharter für bis zu fünf Personen, darunter Schnorchel-, Angel- und Inselhoppingtouren. Außerdem bietet er Transfer zu den südlichen Cayes und zum Glover's Reef. Das Büro befindet sich in Hopkins, aber die Boote legen am Hafen von Sittee Point ab.

Belize Underwater TAUCHEN

(☎633-3401; www.hopkinsunderwateradventures.com; Sittee Point) Belize Underwater ist ein anerkannter PADI-Tauchladen, der Tauchkurse und Tauchausflüge nach South Water Caye, Thatch Caye und Glover's Reef im Programm hat.

Seemore Adventures TAUCHEN, SCHNORCHELN

(☎602-4985, 667-6626; http://seemoreadventures.com) Seemore wird vom lokalen Tauchlehrer Elmar „Boo" Avila geführt und bietet kundenspezifische Schnorchel-, Angel- oder einfach nur Bootsausflüge zum Riff sowie Tauchtouren an.

Schlafen

★ **Funky Dodo** HOSTEL $

(☎676 3636; www.funkydodo.bz; South Side; B/DZ mit Gemeinschaftsbad 22/51 BZ$, DZ/3BZ/4BZ mit Bad 66/90/120 BZ$; 📶) Das einzige Hostel in Hopkins ist wirklich „funky": ein dicht gedrängtes Dorf aus rustikalen Holzhütten mit Zimmern und Schlafsälen in einem grünen Garten. Backpacker schaukeln in Hängematten und lesen, während andere sich auf ihren ausgerollten Yogamatten „verrenken". Die Tree Top Bar ist toll zum Kontakte knüpfen oder um billig zu essen. Es gibt auch eine Gemeinschaftsküche und einen Tourbuchungsschalter.

Solution Guest House PENSION $

(☎668-7594; elaineortiz_37@yahoo.com; Zi. mit/ohne Bad 66/56 BZ$; P📶) Die Pension mit fünf Gastzimmern gegenüber dem Funky Dodo ist eine günstige Unterkunft für Leute, die ein sauberes Privatzimmer im Dorfzentrum wollen. Elaine ist eine fröhliche Gastgeberin, die auch Touren bucht und Essen kocht, aber ihre Gäste auch die Küche benutzen lässt.

Windschief Cabanas HÜTTE $

(☎523-7249; www.windschief.com; South Side; kleine/große Cabaña 60/90 BZ$; P@📶) Es gibt hier direkt am Meer nur zwei schlichte, aber behagliche Pfahl-*cabañas* mit Bad und heißen Duschen. Freitags und samstags geht es in der Strandbar von Oliver und Pamela hoch her. Bei unserem Besuch legte Oliver gerade einen Minigolfplatz an.

Castille Beach CAMPINGPLATZ **$**
(☎660-2413; pro Zelt 10 BZ$) Auf dem Stück Privatstrand zwischen Hopkins und Sittee Point kann man sein Zelt aufschlagen. Gemeinschaftsbäder und Kanuverleih vorhanden.

★ **Coconut Row Guesthouse** PENSION **$$**
(☎670-3000; www.coconutrowbelize.com; am Strand; DZ 230 BZ$, Hütten 250 BZ$, Apt. 260 BZ$; P ❄ 📶) Das bunt gestrichene Coconut Row hat einige der schönsten Zimmer am Strand in Hopkins. Die fünf Zimmer sind geräumig und blitzsauber und mit Klimaanlage, Kühlschrank und Kaffeemaschine ausgestattet; zwei davon sind eigentlich Apartments mit je zwei Schlafzimmern – megakomfortabel, mit Fliesenböden und Kingsize-Betten. Nebenan am Strand werden auch drei Holzhütten vermietet.

★ **All Seasons Guest House** PENSION **$$**
(☎523-7209; www.allseasonsbelize.com; South Side; Zi. 86–150 BZ$, Familienhütten 196 BZ$; P ❄ 📶) Das All Seasons mit seinen *cabañas* mit zwei Schlafzimmern und den gemütlichen Pensionszimmern ist wohl die hübscheste Unterkunft im Ort. Alle Zimmer haben Klimaanlage, Kaffeemaschinen und heiße Duschen. Vor dem Haus gibt's eine tolle Terrasse mit Grill und Picknickecke. Die Lage ist gut, nämlich am Südrand des Orts und ein kurzes Stück die Straße entlang zum Strand.

Tipple Tree Beya HOTEL **$$**
(☎615-7006; www.tippletreebelize.com; South Side; Zi. 80–110 BZ$, Apt. mit 1/2 Schlafzi. 196/360 BZ$; 📶) 🍃 Das robuste Holzhaus am Strand verfügt über drei gemütliche, saubere Zimmer mit Ventilator, die sich eine Veranda unterhalb der Wohnung der Besitzer teilen. Die hervorragenden separaten Apartments in einem angrenzenden Gebäude sind ideal für Familien oder Gruppen. Die Besitzerin Tricia ist auf Nachhaltigkeit bedacht – sie kompostiert, recycelt und spart Strom, wo immer es geht.

Essen & Ausgehen

Gecko's BELIZISCH **$**
(☎629-5411; North Side; Hauptgerichte 6–15 BZ$; ⏲Mo & Mi–Sa 12–21 Uhr; 📶 ✍) Gecko's ist eines der neueren Lokale in Hopkins und punktet mit billigen Tacos, vegetarischem, veganem und glutenfreiem Essen, einem interessanten Angebot an Tagesgerichten und einem luftigen Open-Air-Speiseraum gleich nördlich der Hauptkreuzung.

★ **Loggerheads Pub & Grill** HAMBURGER **$$**
(☎650-2886; Hamburger 12–20 BZ$; ⏲Do–Mo 11–22 Uhr) Die besten Hamburger im Ort werden hier in selbstgebackenen Brötchen serviert. Empfehlenswert sind der mit Pulled Pork und der mit Rinderboulette, Gorgonzola und Speck. Der luftige Gastraum oben ist ideal für ein kaltes Bier.

★ **Driftwood Beach Bar & Pizza Shack** PIZZA **$$**
(North Side; Pizza 16–25 BZ$, Tacos 10 BZ$; ⏲Do–Di 11–22 Uhr) Das Driftwood an einem netten Strandabschnitt am Nordende von Hopkins serviert hervorragende Pizza und Tacos unter seinem Palmblattdach und ist zudem ein beliebter Treffpunkt und Partykneipe: Dienstag ist die große Nacht mit Garifuna-Trommeln, aber es gibt auch Events am Wochenende und Grillpartys am Strand.

★ **Swinging Armadillo** FISCH & MEERESFRÜCHTE **$$**
(☎635-5404; North Side; Hauptgerichte 12–25 BZ$; ⏲So–Fr 10–22 Uhr) Das Swinging Armadillo hat einen der beneidenswertesten Standorte in Hopkins und eine hübsche kleine Veranda über dem Wasser. Ted und seine Leute sorgen für großzügige Portionen superfrischer Meeresfrüchte und ständig wechselnde Tagesgerichte.

Thongs Cafe CAFÉ **$$**
(Main St; Hauptgerichte 7–22 BZ$; ⏲Mi–So 7–15 Uhr) Das nette, europäisch anmutende Café ist ein cooler Laden fürs Frühstück oder einen leichten Mittagsimbiss aus Salat, Wraps und Tagesgerichten wie Quesadillas oder Fleischklopse. Die Smoothies sind gut – wer entgiften möchte, könnte Green Fusion mit Spinat, Gurke und Ananas probieren. Die Bedienung kann schleppend sein, aber in der Wartezeit kann man sich im Geschenkeladen mit Designer-T-Shirts und Vintageklamotten umtun.

ℹ Praktische Informationen

An der Hauptkreuzung im Ortszentrum gibt es einen **Geldautomaten der Belize Bank** (⏲24 Std.).

An- & Weiterreise

Von Montag bis Samstag fahren zweimal täglich Busse ab der Hauptkreuzung in Hopkins nach Dangriga (5 BZ$, 30 Min.). Viele Leute trampen oder nehmen ein Taxi (20 BZ$) zur 6,5 km entfernten Abfahrt auf den Southern Highway und halten dort irgendeinen Bus nach Norden oder Süden an. Ein Taxi von Dangriga nach Hopkins kostet 80 BZ$.

Placencia

1500 EW.

Placencia ist ein richtiger Strandurlaubsort auf dem Festland und schon seit Ewigkeiten beliebt bei nordamerikanischen Expats und Touristen. Das Dorf an der Südspitze einer langen, schmalen und sandigen Halbinsel gilt seit jeher als „der Caye, zu dem man fahren kann" – eine 43 km lange Asphaltstraße führt vom Southern Highway über Maya Beach und Seine Bight zur Spitze der Halbinsel.

Das Dorf Placencia liegt am südlichsten Kilometer der Halbinsel. Auf der Ostseite befindet sich ein Sandstrand; zwischen Strand und Straße ist ein schmaler Fußgängerweg, der sogenannte Sidewalk.

Aktivitäten

In Placencia werden Ausflüge zum Tauchen, Schnorcheln, Angeln und Kajakfahren sowie Touren ins Landesinnere angeboten und es wimmelt von Unternehmen, die Aktivitäten organisieren.

★ **Splash Dive Center** TAUCHEN, TOUREN
(☎523-3058; www.splashbelize.com; Main St) Das Splash gibt PADI-Kurse für Taucher aller Stufen und bietet auch Tauch- und Schnorcheltouren zu den Inseln und Riffen der Gegend an. Die Besitzerin Patty Ramirez ist eine geduldige und professionelle Ausbilderin und daher für Tauchanfänger und -erfahrene gleichermaßen geeignet. Wie Quest Tours unternehmen auch Patty und Partner Ralph Touren ins Landesinnere und veranstalten Ausflüge zu Maya-Ruinen und in den Dschungel.

Geführte Touren

Joy Tours TOUR
(☎523-3325; www.belizewithjoy.com; Main St) Joy ist ein bewährtes Unternehmen, das diverse Angel-, Schnorchel- und Tauchaktivitäten im Umland anbietet, auch Wandertouren zu Maya-Ruinen in Süd-Belize.

Ocean Motion Services TOUR
(☎523-3162, 523-3363; www.oceanmotionplacencia.com; Sidewalk; Touren 70–400 BZ$; ⊙Mo–Sa 7.30–18, So 7.30–17 Uhr) Organisiert Angel- und Schnorchelausflüge sowie Höhlentubing.

Trip 'n Travel TOUR, ANGELN
(☎523-3205; www.tripntravel.bz; Main St; Touren 140–450 BZ$; ⊙Mo–Fr 8–18, Sa 8–14 Uhr) Bewährtes Unternehmen, das all die üblichen Touren anbietet, plus Fliegenfischen und reguläre Touren ins Maya-Land in Toledo. Die meisten Touren finden auch mit nur zwei Teilnehmern statt.

Schlafen

★ **Anda Di Howse** HOSTEL $
(☎523-3306, 631-1614; pandora_gaudino@yahoo.com; B 25 BZ$; 📶) „Unter dem Haus" ist das einzige echte Hostel in Placencia. Die Besitzerin Pandora hat unter ihrem Pfahlbauhaus einen schönen Schlafsaal mit zehn Betten, Holzboden, Sprungfedermatratzen, individuellen Ventilatoren, Spinden und makellos sauberen Badezimmern eingerichtet. Das Beste: Es liegt direkt am Strand am Südende des Sidewalk.

Lydia's Guesthouse PENSION $
(☎523-3117; www.lydiasguesthouse.com; Zi. 60 BZ$, Apt. 70 BZ$; 📶) Lydia's ist eine gute Budgetunterkunft an einem ruhigen Abschnitt des Sidewalk am Nordende des Orts. Die acht Zimmer haben Gemeinschaftsbäder und es gibt ein Studio-Apartment mit Küche. Hinzu kommen ein Wäschedienst, eine Gemeinschaftsküche mit gefiltertem Trinkwasser und Hängematten auf der Veranda.

Deb & Dave's Last Resort PENSION $
(☎523-3207; debanddave@btl.net; Zi. ohne Bad 55 BZ$; 📶) Das D&D ist eine verlässliche und zentrale Billigunterkunft im Ortszentrum mit vier kompakten Zimmern (zwei Zweibett-, zwei Doppelzimmer) mit Ventilatoren in einem baumbestandenen Garten. Ein Gemeinschaftsraum hinter Fliegengittern mit Kaffeemaschine, aber ohne Küche ist ideal zum Abhängen. Der Outdoorpool ist nicht für Gäste!

Manatee Inn HOTEL $
(☎523-4083; www.manateeinn.com; EZ/DZ/3BZ 70/80/90 BZ$; P📶) Der klassische, von Slavek Machacka 1999 gebaute Holzbau ist die beste Budgetunterkunft. Das Manatee in ruhiger Lage in einer Gasse liegt nah genug am Strand, um eine ständige Meeresbrise abzu-

Placencia

Placencia

Aktivitäten, Kurse & Touren

Book it @ Barefoot .... (s. 20)
1 Joy Tours B4
2 Ocean Motion Services D4
3 Splash Dive Center C5
4 Trip 'n Travel C4

Schlafen

5 Anda Di Howse D4
6 Captain Jak's B2
7 Deb & Dave's Last Resort B3
8 Lydia's Guesthouse B2
9 Manatee Inn B1
10 One World Rentals C4
11 Sea Glass Inn C5

Essen

12 Above Grounds C4
13 Mojo Lounge & Bartique C4
14 Omar's Creole Grub B4
15 Radi's Fine Food B3
16 Rick's Cafe C4
17 Rumfish C4
18 Shak D4
19 Tutti Frutti C4

Ausgehen & Nachtleben

20 Barefoot Bar C3
21 Brewed Awakenings B2
22 Tipsy Tuna Sports Bar C3

bekommen. Die Zimmer sind geräumig, haben hohe Decken, Holzboden, Kühlschränke und eigene Badezimmer mit Warmwasserdusche.

Sea Glass Inn HOTEL $$
(☎523-3098; www.seaglassinnbelize.com; DZ/3BZ 158/188 BZ$, jede weitere Pers. 20 BZ$; ❄📶) Das freundliche Sea Glass Inn bietet dank seiner Lage an der Südküste von Placencia einen ungehinderten Blick auf den Ozean und endlose Meeresbrisen. Die renovierten Zimmer sind mit Kaffeemaschine, Mikrowelle, Kühlschrank und Klimaanlage ausgestattet. Auf der breiten Holzveranda laden Sessel und Hängematten zum Verweilen ein.

One World Rentals APARTMENT $$
(☎620-9975, 523-3103; www.oneworldplacencia.com; Main St; Studios ab 130 BZ$, Cabaña 180 BZ$, Apt. ab 200 BZ$; P❄📶) Die sauberen, farbenfrohen, voll eingerichteten Studios und Apartments haben Kochnischen, reichlich Parkplätze und einen grünen Innenhof. Sie werden von einer geselligen Schweizerin namens Claudia geführt und liegen hinter dem Geschenkeladen gleichen Namens. Zum Haus gehört auch ein Waschsalon.

Captain Jak's HÜTTE $$
(☎628-6447; www.captainjaks.com; Main St; Cabaña 190 BZ$, Cottage 250 BZ$; P📶) Das Captain bietet drei *cabañas* und zwei größere Cottages um einen ruhigen Garten (auch wochenweise Vermietung). Alle Zimmer sind mit Ventilator, Kochnische, Heißwasser und eigenem Bad ausgestattet. Vermietet wird auch ein mustergültig eingerichtetes und sehr geräumiges zweistöckiges Ferienhaus mit Platz für bis zu acht Personen, Kostenpunkt 630 BZ$ pro Nacht.

Casa Placencia APARTMENT $$
(☎630-7811; www.casaplacencia.com; Zi. 110 BZ$, Apt. pro Woche 1300 BZ$; P❄📶🏊) Die Casa Placencia am ruhigen Nordrand der Stadt hat wunderschön eingerichtete Zimmer mit Kochecke, Kabel-TV und WLAN. Es gibt einen Biogarten mit Bananen, Mangos und Papayas und eine Chill-out-Ecke und hinten einen Pool und Grill. Die Apartments mit einem und zwei Schlafzimmern besitzen eine komplett ausgestattete Küche und sind perfekt für Familien. Fahrradverleih ist kostenlos.

Essen

Tutti Frutti EIS $
(Main St; ab 5 BZ$; ⏲Do–Di 9–21 Uhr) Wer das Eis hier nicht mag, wird es nirgendwo mögen. Ganz einfach. Das italienische Eis schmeckt sogar noch besser und die Geschmacksrichtungen ändern sich ständig.

Above Grounds CAFÉ $
(☎634-3212; www.abovegroundscoffee.com; Main St; Kaffee 3–5 BZ$, Imbiss 2–7 BZ$; ⏲Mo & Do–Sa 7–16, So 8–12 Uhr; 📶) Das Pfahlbudencafé verkauft klasse Kaffee, Bagels, Muffins und hat von der erhöhten Holzveranda einen tollen Blick aufs Geschehen. Jeder Kaffee stammt aus guatemaltekischem Bioanbau direkt von den Erzeugern. Es gibt auch Biokakaogetränke, frische Säfte, WLAN und gute Musik.

Radi's Fine Food BELIZISCH $
(Main St; Mittagsgerichte 10 BZ$; ⏲11–15 Uhr) So sieht's aus: eine Hütte, eine Veranda, eine Küche und drei Tagesgerichte, die vom kreolischen Chefkoch Radiance (alias Radi) zubereitet werden. Es gibt immer ein Garnelengericht, die beiden anderen Gerichte können alles von Muschelsuppe bis Hackbraten sein. Die Speisen sind immer lecker und die Portionen üppig.

Shak CAFÉ $
(☎622-1686; Gerichte 10–15 BZ$; ⏲So & Mo 7–18, Mi–Sa 7–21 Uhr) Das Restaurant am Meer ist eines der besten, wenn es um gesunde Smoothies – 28 Sorten gibt's – oder ein Ganztagsfrühstück geht. Im Angebot sind auch Meeresfrüchte, Tacos und andere mexikanische Gerichte. Die Atmosphäre ist entspannt und die Gelegenheit zum Leutegucken ist auch gut.

★ **Mojo Lounge & Bartique** CAFÉ $$
(☎628-7974; www.mojoloungeplacencia.com; Main St; Vorspeisen 10–12 BZ$, Hauptgerichte 24–30 BZ$; ⏲Mo–Sa 17–21 Uhr; ❄📶) Das kleine Mojo hat sich seit der Eröffnung 2013 mit einem kreativen Speiseangebot, frischen lokalen Produkten, beachtlichen Cocktails und der ultimativen behaglichen Lounge-Atmosphäre einen guten Ruf erworben. Happy Hour ist von 17 bis 16 Uhr, wer also Cocktails und Vorspeisen zum halben Preis haben will, sollte früh auftauchen.

★ **Rumfish** FUSIONSKÜCHE $$
(☎523-3293; www.rumfishyvino.com; Main St; Tacos 9 BZ$, Hauptgerichte 22–38 BZ$; ⏲12–24 Uhr, Küche bis 22 Uhr) Das Rumfish ist eine Art Feinschmecker-Weinbar auf zentralamerikanische Art. Auf dem Balkon des schönen Holzgebäudes werden einfache Vorspeisen wie peruanisches *ceviche* oder Spezialitäten wie yukatekisches Huhn oder karibischer

Fischeintopf serviert. Gourmet-Tacos kosten 9 BZ$ pro Stück. Importierter Wein, Bier und Cocktails und eine luftige koloniale Veranda runden die Sache ab.

★ **Omar's Creole Grub** FISCH & MEERESFRÜCHTE **$$**
(☎605-7631; Main St; Hauptgerichte 10–45 BZ$; ⏲So–Do 7–21, Fr 7–17, Sa 18–21 Uhr) Omar's gibt's schon lange und es serviert noch immer die frischesten Meeresfrüchte im Ort. In der kleinen und rustikalen Bude stehen Krebse, Hummer, Garnelen und Meeresschnecken zur Auswahl, die entweder traditionell kreolisch, als karibisches oder als Kokosnusscurry zubereitet werden. Hamburger und Burritos sind ebenfalls zu haben, nicht aber Getränke mit Alkohol.

Rick's Cafe PIZZA **$$**
(Sidewalk; Hauptgerichte 14–32 BZ$; ⏲11–21.30 Uhr; 📶) Das meiste Geschäft macht das coole kleine Terrassencafé am Sidewalk mit Pizza und Pasta, aber Rick bereitet auch Sandwiches, Quesadillas und *ceviche* zu.

Ausgehen & Nachtleben

Barefoot Bar BAR
(☎523-3515; Sidewalk; ⏲11–24 Uhr; 📶) Die angesagteste Bar von Placencia auf einem Filetgrundstück am Strand hat Livemusik an fünf Abenden der Woche, Feuertanz jeden Mittwoch, Vollmondpartys und mehr. Zur Happy Hour von 17 bis 18 Uhr gibt's Magenbitter und billigen Rum. Auf der Speisekarte steht eine große Auswahl an mexikanischen Snacks, Pizza und Hamburgern.

Tipsy Tuna Sports Bar BAR
(www.tipsytunabelize.com; Sidewalk; ⏲11–24 Uhr) Das Tipsy Tuna, das mit seinen bunten Liegestühlen Farbe auf den Strand bringt, sorgt gelegentlich für Action mit Livemusik (Garifuna-Trommeln am Mittwoch), hat aber auch einen Großbildfernseher, Billardtische, eine Dachterrasse und Happy Hour von 17 bis 19 Uhr. Das Essen ist relativ günstig: Hamburger, Tacos, Hühnerflügel und dergleichen.

Brewed Awakenings CAFÉ
(Main St; Kaffee 3,50–6,75 BZ$, Shakes 7–8 BZ$; ⏲Mo–Sa 6–17 Uhr) Der einfallsreiche Name bezieht sich auf die Getränke, darunter perfekt gebrauter Espresso und etliche aromatisierte Algenshakes (die Algen dienen als Bindemittel und sollen diverse gesunde Vitamine enthalten). Toll für einen morgendlichen Koffeinschub.

Praktische Informationen

Belize Bank und **Scotiabank** (⏲Mo–Do 8.30–14.30, Fr bis 16 Uhr) befinden sich beide in der Hauptstraße und haben rund um die Uhr zugängliche Geldautomaten. Eine Filiale der Atlantic Bank liegt am äußersten Nordrand des Ortes.

Infos zu Placencia gibt's reichlich, sowohl im Internet als auch in ganz Belize. Im Ort selbst hilft das **Placencia Tourism Center** (☎523-4045; www.placencia.com; ⏲Mo–Fr 8–17 Uhr) in einer Gasse gegenüber der Scotiabank (beschildert). Das Büro der privaten BTIA (Belize Tourism Industry Association) hat freundliche Mitarbeiter, die auch über Verkehrsmittel informieren. Dort liegt außerdem das Monatsblatt *Placencia Breeze* aus (im Internet: www.placenciabreeze.com). Eine Alternative ist das unregelmäßig besetzte **Informationskiosk** (Main St; ⏲Mo–Fr 9–11 & 14–16 Uhr).

Anreise & Unterwegs vor Ort

Boote von **Hokey Pokey Water Taxi** (☎665-7242; einfach 10 BZ$; ⏲ungefähr stündl. 6.45–18, So bis 17 Uhr) verkehren zwischen der Südspitze von Placencia und dem Ort Independence/Mango Creek. Vom Busbahnhof in Independence fahren alle möglichen Busse über den Southern Highway (z. B. nach Punta Gorda).

Das 45-sitzige Boot **D Express** fährt freitags um 9 Uhr vom Stadthafen in Placencia nach Puerto Cortés in Honduras (130 BZ$, 4½ Std. inkl. Zeit für Einreiseformalitäten). Tickets verkauft **Book it @ Barefoot** (☎523-3515). Zurück von Puerto Cortés geht es montags um 11 Uhr.

Die Buslinie **Ritchie's** (☎523-3806; www.ritchiesbusservice.com) fährt einmal täglich um 6.15 Uhr nach Belize City (20 BZ$, 4½ Stdt.) und montags bis samstags dreimal täglich nach Dangriga (10 BZ$, 1¾ Std.), wo es Anschluss nach Belmopan und darüber hinaus gibt. Die Busse nach Dangriga fahren um 7, 12.45 und 14.30 Uhr (sonntags nur um 14.30 Uhr) von der **Bushaltestelle** in der Main Street gegenüber von Hokey Pokey Water Taxi ab.

Wer nach Hopkins will, muss darum bitten, dass der Bus an der Hopkins-Kreuzung hält und von dort trampen oder ein Taxi rufen.

Autos, Motorräder und Golfwagen werden auf der Halbinsel Placencia überall vermietet, z. B. bei **Barefoot Services** (☎523-3066; www.barefootservicesbelize.com; ⏲So–Fr 8–17.30 Uhr) in der Nähe des Flughafens.

Punta Gorda

5910 EW.

Punta Gorda (oder auch nur PG) ist ein leicht heruntergekommener Küstenort im äußersten Süden von Toledo. Einst war er

Reisenden nur bekannt als Hafen für die Überfahrt nach Guatemala, inzwischen jedoch kommen auch immer mehr Besucher, die im Süden relaxen und von hier aus die Maya-Dörfer und die entlegenen Southern Cayes erkunden wollen.

Aktivitäten

Ixcacao Maya Belizean Chocolate LEBENSMITTEL
(☎742-4050; www.ixcacaomayabelizeanchocolate.com; San Felipe; Touren ab 60 BZ$ pro Pers.; ⏲9–17 Uhr) Auf der herrlichen Kakaoplantage samt Schokoladenfabrik von Juan und Abelina im abgelegenen Dorf San Felipe, 16 km von PG entfernt, ist alles über die Schokoladenherstellung der Mayas zu erfahren. Es sind verschiedene Touren im Angebot, darunter Plantagen- und Fabriktouren und ein traditionelles Maya-Mittagessen. Juan erläutert die traditionelle Schokoladenherstellung, von der Ernte und der Fermentierung bis zum Trocknen, Rösten, Schälen und Mahlen, jeweils mit Kostprobe.

Die Familie vermietet auch eine kleine Wohnhütte neben dem Fabrikgebäude (50 BZ$ pro Pers. inkl. Frühstück und Abendessen) sowie Zeltplätze (10 BZ$) und Zimmer im Farmhaus (50 BZ$).

★ **Cotton Tree Chocolate Factory** LEBENSMITTEL
(www.cottontreechocolate.com; 2 Front St; ⏲Mo–Fr 8–12 & 13.30–17, Sa bis 12 Uhr) GRATIS Cotton Tree ist eine gute Gelegenheit, lokale Schokolade zu kaufen und etwas über die Herstellung zu erfahren. Die Kakaobohnen stammen von der Toledo Cacao Growers Association, die sich für Fair Trade und einheimische Produktion einsetzt. Der Besitzer bietet gerne eine Führung durch die kleine Fabrik an und es gibt einen Geschenkeladen, in dem nur lokal hergestelltes Kunsthandwerk (zum Teil mit Schokoladenmotiv) verkauft wird, darunter Seifen, Schmuck aus Kakaobohnen und natürlich Schokoladentafeln.

Maroon Creole Drum School KURS
(☎668-7733, 632-7841; methosdrums@hotmail.com; Joe Taylor Creek; ⏲nach Vereinbarung) Wer bei einem Meister lernen will, wird den Ausflug zu Emmeth Youngs Trommelschule nicht bereuen. Wenn er nicht gerade durchs Land tourt und auftritt, leitet einer der anerkanntesten kreolischen Trommler von Belize Trommelbauworkshops und Gruppenvorführungen. Trommelkurse kosten 25 BZ$ pro Stunde, für etwa 250 BZ$ gibt es einen mehrtägigen Trommel- und Trommelbaukurs. Die selbst gebaute Trommel kann mitgenommen werden.

Warasa Garifuna Drum School KURS
(☎632-7701; www.warasadrumschool.com; New Rd; Trommelstunde 25 BZ$, Halbtagskurs 125 BZ$; ⏲nach Vereinbarung) Der einheimische Trommler Ronald Raymond (Ray) McDonald unterrichtet Garifuna-Rhythmen in seiner Warasa Garifuna Drum School in der New Road (etwa 15 Minuten zu Fuß außerhalb des Orts). Er bietet Einzel- und Gruppenunterricht. McDonald tritt auch auf und doziert über Garifuna-Kultur in den **Hickatee Cottages** (☎662-4475; www.hickatee.com; Cottages 130–200 BZ$, DZ 160 BZ$, Suite 240–260 BZ$; P 📶 ✱).

Garbutt's Marine & Fishing Lodge ANGELN, TAUCHEN
(☎722-0070; www.garbuttsfishinglodge.com; Front St; Angelcharter pro Tag 450 US$) Garbutt's ist ein erfahrenes und höchst professionelles Angelcharter- und Tauchunternehmen mit exklusivem Zugang zur Privatinsel Lime Caye in den Sapodillas sowie Unterkunft und Kajakverleih in Punta Gorda.

A Piece of Ground HOTEL $
(☎665-2695; www.apieceofground.com; 1050 Pelican St; B/DZ 30/70 BZ$; ❄ 📶) Das ungezwungene vierstöckige Haus, vor Ort besser bekannt als Backa Jama's, hat im Erdgeschoss ein neues Hostel mit zwei Dorms (einer mit Klimaanlage) und vier blitzsaubere Zimmer mit Bad im 1. Stock. Eine Treppe höher befindet sich das beliebte Restaurant, wo Hühnchengerichte sowie Hamburger und Pommes serviert werden. Auf dem Dach schließlich ist die Bar mit Billardtisch.

Tate's Guest House PENSION $
(☎722-0147; tatesguesthouse@yahoo.com; 34 Jose Maria Nunez St; Zi. 70–80 BZ$, Wohneinheit 125–150 BZ$; P ❄ 📶) Die Pension des ehemaligen Postmeisters Mr. Tate ist einwandfrei gepflegt und die beste Budgetunterkunft im Ortszentrum. Die sechs Zimmer in dem zweistöckigen, malvenfarbenen Haus in einem kleinen Garten mit Pavillon fallen für diese Preise recht günstig aus. Zwei sind separat mit Kochnische und Klimaanlage, alle haben Kabelfernsehen und heiße Duschen.

Nature's Way Guest House PENSION $
(☎702-2119; naturesway guesthouse@hotmail.com; 82 Front St; B 18 BZ$, EZ/DZ/3BZ/4BZ 28/38/48/58 BZ$, EZ/DZ mit Bad 30/40 BZ$) Das rustikale, klapprige Haus ist eine altbekannte Backpa-

Punta Gorda

Punta Gorda

Aktivitäten, Kurse & Touren

1 Cotton Tree Chocolate Factory D2

Schlafen

2 Coral House Inn........................A5
3 Nature's Way Guest House B4
4 Tate's Guest House C2

Essen

5 Asha's Culture Kitchen B4
6 Gomiers..D1
7 Snack Shack C2

ckerunterkunft in Punta Gorda. Einfache, vor Insekten geschützte, von der Meeresbrise gekühlte, holzverkleidete Zimmer liegen im Obergeschoss, darunter gibt es einen großen, zwanglosen Gemeinschaftsbereich mit TV, Musik und kostenlosem WLAN. Nature's Way verleiht Fahrräder und Kajaks für 15 BZ$ pro Tag.

Garbutt's Marine & Fishing Lodge HÜTTE **$$**
(☎604-3548, 722-0070; www.garbuttsfishinglodge.com; Front St, Joe Taylor Creek; Zi. 160–200 BZ$; P❄📶) Garbutt's supertolle Zimmer und Pfahl-*cabañas* am Meer sind zwar

in erster Linie für Gäste auf Angel- oder Tauchchartertouren gedacht, aber wenn sie gerade leer stehen, kann sie jeder mieten. Es ist alles sehr einfach gehalten, aber es ist die einzige Unterkunft in PG direkt am Wasser und die Zimmer und Hütten mit Klimaanlage, Fernseher und Balkonen über dem Wasser sind ihren Preis wert. Einen Tauchladen und Kajakverleih gibt's auch.

Beya Suites HOTEL **$$**
(☎722-2188; www.beyasuites.com; 6 Hopeville; EZ/DZ/3BZ 142/175/208 BZ$; P❄📶) Das luftige, zweistöckige Strandhotel (das knallrosa Gebäude) etwa 800 m nördlich von PG ist eine prima Wahl für Leute, die Wert auf erschwinglichen Komfort legen. Die acht Zimmer und zwei Suiten sind gut ausgestattet und für den Preis erstaunlich luxuriös. Frühstück wird im behaglichen Speiseraum serviert und eine kleine Bar gibt's auch.

★ **Coral House Inn** BOUTIQUEHOTEL **$$**
(☎722-2878; www.coralhouseinn.net; 151 Main St; DZ mit kontinentalem Frühstück 196–218 BZ$, Suite 272 BZ$; ❄📶🏊) Das großartige Strandhotel am südlichen Ortsrand besitzt einen wunderbaren Garten und einen Swimmingpool. Die riesigen Zimmer wurden eindeutig von jemandem eingerichtet, der ein Auge für Stil hat, was dem Haus ein klassisches (aber keineswegs steifes) koloniales Flair verleiht. Auf der Meeresseite liegt eine große Veranda, auf der anderen Seite ein malerischer alter Friedhof.

Essen & Ausgehen

★ **Snack Shack** CAFÉ **$**
(Main St; Hauptgerichte 6–12 BZ$; ⏲Mo–Sa 7–15 Uhr) Das Café abseits der Hauptstraße zwischen mehreren anderen Budenrestaurants hat das beste westliche und belizische Frühstücksangebot im Ort. Mittags können sich Gäste ihre eigenen Burritos zusammenstellen, dazu gibt's eiskalte Slushies. Die Terrasse ist luftig und einladend.

★ **Gomiers** VEGETARISCH **$**
(☎620-1719; 5 Alejandro Vernon St; Mahlzeiten 6–17 BZ$; ⏲8–22 Uhr; 📶☎) In dem kleinen Open-Air-Restaurant herrscht eine zwanglose Szeneatmosphäre. Geboten werden exzellente vegetarische Biogerichte, Gemüse- und Muschelbratlinge, frische Säfte und verschiedene Kreationen mit Tofu. Die Reggae-Livekonzerte am Freitagabend sind eine Institution in PG.

Asha's Culture Kitchen FISCH & MEERESFRÜCHTE **$$**
(☎722-2742; Front St; Hauptgerichte 15–30 BZ$; ⏲16–22 Uhr) Gegrillter Hummer, gebackener Barracuda, ganze Schnapper und Fischstäbchen aus Rotfeuerfisch – und die beste Strandterrasse in PG. Es spricht einiges für das auf Meeresfrüchte spezialisierte und von einer wohltuenden Meeresbrise umschmeichelte Asha's. Als Standardmahlzeit wählt man gewöhnlich eins der auf dem Schwarzen Brett angeschriebenen Hauptgerichte und ordert dazu zwei Beilagen (der Knoblauchkartoffelbrei ist köstlich). Der Service ist schleppend, aber das Warten lohnt sich.

Waluco's BAR
(☎702-2129; Front St, Hopeville; ⏲Di–So 11.30–24 Uhr; 📶) Die große, luftige *palapa* gut 1,5 km nordöstlich des Orts ist ein beliebter Treff am Wochenende, besonders sonntags, wenn der Grill angefeuert wird und die Gäste alle am Bootsanleger gegenüber schwimmen gehen. Zu essen gibt's billige Kneipenkost und manchmal treten Garifuna-Trommler auf.

Praktische Informationen

Belize Bank (30 Main St) und **Scotiabank** (1 Main St) haben beide rund um die Uhr zugängliche Geldautomaten, die die meisten internationalen Karten akzeptieren.

Customs & Immigration (☎722-2022; Front St; ⏲Mo–Fr 9–17 Uhr) Die Einreisebehörde ist der erste Anlaufpunkt für alle, die mit dem Boot von Guatemala oder Honduras in Punta Gorda eintreffen; es sollte auch die letzte Anlaufstelle sein, wenn es wieder zurück übers Meer geht (die Ausreisegebühr beträgt 40 BZ$). Visaverlängerungen werden hier auch erledigt.

Punta Gorda Tourism Information Center (☎722-2531; Front St; ⏲Mo–Fr 8–17 Uhr) Die kleine Touristeninformation der BTIA in PG beantwortet allgemeine Fragen und hat Fahrpläne für Busse im Dorf. Hier liegt auch die kostenlose Touristenzeitung *Toledo Howler* aus.

TIDE (☎722-2274; www.tidebelize.org; One Mile San Antonio Rd) Das Toledo Institute for Development and Environment (TIDE) ist für eine Reihe von kommunalen Umweltprojekten im äußersten Süden verantwortlich, sowohl in den Wäldern im Binnenland als auch in den Küstengewässern.

An- & Weiterreise

Viermal täglich, um 9.30, 13, 14 und 16 Uhr, fahren **Boote** nach Puerto Barrios in Guatemala, einmal täglich auch nach Livingstone. Die Boote legen am Stadthafen vor dem Büro von Customs & Immigration ab.

Die *Mariestela* von **Requena's Charter Service** (☎722-2070; 12 Front St) legt täglich um 9.30 Uhr in Punta Gorda nach Puerto Barrios in Guatemala ab (50 BZ$, 1 Std.) und kehrt um 14 Uhr zurück. Tickets werden im Büro und am **Zollanleger** ein Stück die Straße runter verkauft.

Memo's Boat Service (☎651-4780; memosboatservicandtours@yahoo.com; Front St) fährt täglich um 12.45 Uhr von Punta Gorda nach Livingston (50 BZ$, 30 Min.) und Puerto Barrios in Guatemala (60 BZ$, 45 Min.). Von Livingston zurück fährt das Boot um 14 Uhr und von Puerto Barrios um 15 Uhr jeweils zum gleichen Preis. Das Büro befindet sich gegenüber von Customs & Immigration.

Die Busse der **James Bus Line** (☎702-2049, 722-2625; King St) fahren von 4 bis 16 Uhr stündlich von Punta Gorda nach Belize City (normal/klimatisiert 22/24 BZ$, 7 Std.) und halten in Independence (9/11 BZ$, 2 Std.), Dangriga (13/15 BZ$, 3½ Std.) und Belmopan (19/22 BZ$, 5½ Std.). Alle Busse fahren am Busbahnhof in der King Street ab und dann ein wenig durch PG, bevor sie gen Norden steuern.

Dörfer in Toledo

Besucher im äußersten Süden von Belize haben die einmalige Gelegenheit, gleichzeitig alte und moderne Maya-Kultur zu erleben. Über 50 % der Bevölkerung des Toledo District sind Mayas, die sich in ihren über 30 Dörfern dafür eingesetzt haben, ihre Kultur lebendig und intakt zu halten. Durch die Asphaltierung des Southern Highway bis nach Guatemala ist diese Gegend viel leichter erreichbar und viele Dörfer können besucht werden, ohne die Hauptstraße zu verlassen. Aber um die besten Seiten des Südens zu erleben, ist ein etwas tieferes Eintauchen nötig.

Big Falls & Umgebung

Big Falls am Southern Highway, gut 32 km von Punta Gorda entfernt, ist ein kleines Dorf mit etlichen kulturellen Attraktionen und Aktivitäten. Es ist ein guter Ausgangspunkt für die Maya-Tour durch Toledo, die auch San Miguel und San Pedro Columbia einschließt.

★ Living Maya Experience KULTURZENTRUM
(☎Chiacs 632-4585, Cals 627-7408; livingmayaexperience@gmail.com; Big Falls; Tour pro Pers. 20–30 BZ$; ⏲nach Vereinbarung) Zwei Kekchi-Familien in Big Falls haben ihre Häuser als Kulturerlebnis für Besucher geöffnet, und beide sind großartig. Die Familie Cal demonstriert alte Maya-Bräuche, vom Tortillabacken über die Schokoladenherstellung bis zur Anfertigung traditioneller Instrumente, und erklärt ihren Selbstversorgergarten. Bei der Familie Chiac dagegen können Besucher erfahren, wie die Mayas auf herkömmliche Art Körbe, Hängematten und Taschen weben.

Nim Li Punit RUINE
(☎822-2106; Eintritt 10 BZ$; ⏲8–17 Uhr) Die Maya-Ruinen Nim Li Punit liegen auf einem natürlichen Hügel etwa 800 m nördlich vom Southern Highway in der Nähe des Dorfs Indian Creek. Bemerkenswert sind dort vor allem die 26 Stelen, die auf der südlichen Stelen-Plaza entdeckt wurden. Vier der schönsten sind im Stelenhaus neben dem Besucherzentrum ausgestellt.

San Pedro Columbia

San Pedro Columbia liegt gut 32 km nordwestlich von Punta Gorda und ist das größte Dorf der Kekchi-Mayas außerhalb von Guatemala.

TEA-GÄSTEHÄUSER

Eine einzigartige Gelegenheit, in lokalen Dörfern aufgenommen zu werden und das Dorfleben aus erster Hand zu erleben bietet die **Toledo Ecotourism Association** (TEA; ☎702-2119; www.teabelize.org). TEA ist eine kommunale Organisation, die Pensionen in mehreren Maya-Dörfern verwaltet. TEA-Pensionen gibt es derzeit in San Jose, Santa Elena, San Antonio, Laguna und San Miguel.

Man wohnt zwar im Gästehaus und nicht bei Gastfamilien, geht aber zum Essen in verschiedene Privathäuser und lernt so einheimische Familien kennen. Die Preise sind je nach Gästehaus unterschiedlich, etwa ab 25 BZ$ pro Person, Mahlzeiten kosten um die 10 BZ$. Kontaktinformationen von Ansprechpartnern in den jeweiligen Dörfern sind telefonisch beim TEA-Vorsitzenden Reyes Chun zu erfahren oder über das **Nature's Way Guest House** (S. 294) in Punta Gorda, wo auch gebucht werden kann.

Sehenswertes & Aktivitäten

Lubaantun RUINE
(Eintritt 10 BZ$; 8–17 Uhr) Die Maya-Ruinen in Lubaantun, 2 km nordwestlich von San Pedro Columbia, liegen auf einer Hügelkuppe und unterscheiden sich in ihrer Bauweise von den mörtellosen, säuberlich gehauenen schwarzen Schieferblöcken der alten Maya-Welt. Archäologen nehmen an, dass Lubaantun, das zwischen 730 und 860 n. Chr. seine Blütezeit hatte, ein Verwaltungszentrum zur Regelung des Handels gewesen sein könnte, während das benachbarte Nim Li Punit als religiöses und zeremonielles Zentrum diente. Die Maya-Stätte besteht aus sieben Plazas, drei Ballspielplätzen und den Bauten um sie herum.

Eladio's Chocolate Adventure LEBENSMITTEL
(624-0166; eladiopop@gmail.com; pro Pers. 60 BZ$) Eladio Pop in San Pedro Columbia führt Besucher über seine Kakaoplantage mit anschließender Vorführung traditioneller Schokoladenherstellung und einem Maya-Mittagessen.

San Antonio

San Antonio ist das größte Dorf der Mopan-Mayas in Belize. Es wurde Mitte des 19. Jhs. von Bauern aus San Luis Rey im Departamento Petén in Guatemala gegründet.

Río Blanco National Park NATIONALPARK
(Eintritt 10 BZ$; 7–17 Uhr) Der 42 ha große Nationalpark Río Blanco ist ein kompaktes Naturschutzgebiet mit einer reichhaltigen Flora und Fauna. Ein Highlight für Besucher sind zweifellos die Río Blanco Falls, ein bezaubernder, 6 m hoher Wasserfall nur fünf Minuten zu Fuß von der Rangerstation, der in einen klaren Badeteich stürzt. Weitere Attraktionen sind Vogelbeobachtung, Wandern und Kajakfahren (die Rangerstation verleiht ein Kajak für 5 BZ$ pro Stunde). An der Rangerstation gibt es zudem eine Schlafbaracke (20 BZ$) mit einem kleinen Ofen zum Kochen. Andernfalls ist auch Zelten im Park selbst möglich (10 BZ$).

Blue Creek

Durch das Dorf, dessen Bewohner teils Kekchi und teils Mopan sind, fließt der hübsche, blaugrüne Fluss gleichen Namens. Im umliegenden hügeligen Dschungel leben Brüllaffen, Otter tummeln sich am Flussufer und grüne Leguane gibt es überall. Für Reisende ist Blue Creek wegen der Seilrutschen und Dschungelwanderungen ein reizvolles Ziel.

Blue Creek Canopy Tours ABENTEUERSPORT
(653-6533; www.bluecreekbelize.com; Blue Creek; pro Pers. 130 BZ$, pro Gruppenteilnehmer 110 BZ$) Einer der abgelegeneren Seilrutschenparcours von Belize hat 15 Plattformen und neun Ziplines, die durch den dichten Dschungel über den Blue Creek führen. Nur 35 Personen sind pro Tag zugelassen, frühzeitige Buchung ist also ratsam.

BELIZE VERSTEHEN

Belize aktuell

Auf den ersten Blick scheint es Belize gut zu gehen: Es herrscht Schulpflicht, es gibt eine relativ stabile Demokratie, einen blühenden Tourismus und eine Wirtschaft, die sich wacker hält. Genügend Belizer waren tatsächlich so zufrieden mit der Regierung, dass sie sie 2015 ein drittes Mal ins Amt wählten. Allerdings kam nicht jeder in den Genuss der Vorzüge des Fortschritts und Armut ist noch immer weit verbreitet, besonders in ländlichen Gebieten.

Die Tourismusbranche ist der größte Arbeitgeber des Landes und auch die Investitionen sind hier am höchsten. Die Entdeckung von Erdöl hat jedoch die Exportwirtschaft angekurbelt. Die größte Herausforderung der Zukunft scheint für das Land darin zu liegen, eine Balance zwischen den Ansprüchen des Tourismus und dem Umweltschutz zu finden, ein Anliegen, das Belize immer wieder nachdrücklich betont.

Die Vorteile des Tourismus für das Land als Ganzes werden zwar von Belizern aller Gesellschaftsschichten begrüßt, aber das Land besitzt noch nicht die Infrastruktur, um die hohe Zahl der jährlich eintreffenden Touristen zu verkraften. Das umstrittenste Thema in der Tourismusdebatte sind die Passagiere der Kreuzfahrtschiffe.

Geschichte

Belize vor Kolumbus

Belize hat seinen Platz an der Ruta Maya mit Sicherheit verdient – überall sind Ruinen zu finden und vor allem im Südwesten leben noch immer viele Mayas. Sie waren die ersten Einwohner von Belize. Eine der frühen Maya-Siedlungen war Cuello in der Nähe der heutigen Stadt Orange Walk. Die Handelsrouten der Mayas verliefen durch das ganze Land und der New River, der Río Hondo sowie der Belize River spielten eine wichtige Rolle für den frühen Handel und Kommerz. Aus dieser Zeit stammen auch so bedeutende archäologische Stätten wie Cahal Pech in der Nähe von San Ignacio und Lamanai.

Piratenparadies

Eine wenig tatkräftige Regierung und der Schutz durch das Barriereriff lockten im 17. Jh. viele englische und schottische Piraten vor die Küste von Belize. Sie konnten ihrem Handwerk quasi ohne jede Einschränkung nachgehen und kaperten spanische Galeonen. 1670 konnten die Spanier die britische Regierung davon überzeugen, dass dem Treiben der Piraten rigoros ein Ende gesetzt werden müsse. Die meisten der so arbeitslos gewordenen Piraten wechselten ins Holzgeschäft.

In den 1780er-Jahren unterstützten die Briten die Interessen der Holzfäller aktiv und versicherten dabei den Spaniern, dass Belize spanisch sei, was aber absolut nicht den Tatsachen entsprach. Zu dieser Zeit fühlte sich Belize schon von seiner Tradition und Sympathie her zu England hingezogen. Mit Erleichterung und großer Freude nahmen die Belizer am 10. September 1798 die Nachricht auf, dass die britischen Streitkräfte die spanische Armada vor der Küste von St. George's Caye in die Flucht geschlagen hatten.

Belize im 19. Jahrhundert

Nachdem das Holzgeschäft abgeflaut war, erlebte Belize einen neuen Boom. Jetzt wurden Waffen, Munition und andere Gerätschaften an die Maya-Rebellen in Yucatán geliefert, die Mitte des 19. Jhs. den Kastenkrieg führten. Der Krieg war der Grund dafür, dass unzählige Flüchtlinge von beiden Seiten nach Belize strömten.

1859 unterzeichneten Großbritannien und Guatemala einen Vertrag: Die Briten sollten das Land bekommen und dafür eine Straße von Guatemala an die Karibikküste bauen. Der Vertrag gilt noch heute, aber der Bau der Straße wurde lange hinausgezögert und hat erst jetzt begonnen. Die meisten Karten aus Guatemala zeigen den Teil von Belize südlich des Hummingbird Highway als Teil von Guatemala an.

Die Unabhängigkeit & die Zeit danach

1954 fanden die ersten allgemeinen Wahlen in Belize statt, die von der nach Unabhängigkeit strebenden People's United Party (PUP) unter George Price mit großem Vorsprung gewonnen wurden. Am 21. September 1981 wurde die Kolonie Britisch-Honduras offiziell zum unabhängigen Staat Belize erklärt.

Seit der Unabhängigkeit wechseln die Regierungen von einer Legislaturperiode zur nächsten (die Gegenspielerin der PUP ist die UDP, die United Democratic Party). Korruptionsskandale und Machtkämpfe sind an der Tagesordnung und Wahlversprechen werden nicht gehalten. 2003 wurde die PUP für eine zweite Legislaturperiode erneut gewählt – etwas ganz Neues. Aber es war schließlich die UDP, die im letzten Jahrzehnt die Regel durchbrach, als sie angesichts einer stabilen Wirtschaft 2007, 2012 und 2015 drei Wahlen hintereinander gewann.

Kultur

Mentalität

Regel Nummer eins in Belize lautet: Wer andere respektiert, wird selbst respektiert. Die Belizer sind von Natur aus freundliche, neugierige Menschen. Oft schauen sie sich ihr Gegenüber aber abwartend an, bevor sie sich entscheiden, wie sie sich verhalten. Die langjährige Verbindung zu Großbritannien hat in Belize einige merkwürdige Spuren hinterlassen. Vielleicht ist das (abgesehen von der Sprache) der Grund dafür, dass Belize mit den USA enger verbunden ist als mit anderen zentralamerikanischen Ländern. Viele Belizer identifizieren sich zudem mehr mit der Kultur der Karibikinseln als mit der Zentralamerikas.

Bevölkerung

Belize ist ein winziges Land (rund 370 300 Einwohner), aber es besitzt eine ethnische Vielfalt, die unbestreitbar anregend und unglaublich gelassen ist. Die vier großen ethnischen Gruppen – Mestizen, Kreolen, Mayas und Garifuna – machen 76 % der Bevölkerung aus. Die restlichen 24 % bestehen aus Indern, Chinesen, Spaniern, Arabern (meist Libanesen), der kleinen, aber einflussreichen Gruppe der Mennoniten sowie Nordamerikanern und Europäern, die sich hier in den letzten Jahrzehnten niedergelassen haben.

Die Mayas in Belize machen etwa 10 % der Bevölkerung aus und sind in drei Sprachgruppen unterteilt. Die Yucatec leben im Norden nahe der Grenze mit Yucatán, die Mopan in West-Belize in der Gegend um die Grenzstadt Benque Viejo del Carmen und die Q'eqchi' im äußersten Süden von Belize und um Punta Gorda.

Der Süden von Belize ist die Heimat der Garifuna (der Garinagu oder „schwarze Kariben"). Die Garifuna stammen von südamerikanischen Ureinwohnern und Afrikanern ab.

Musik

Musik ist mit Abstand die beliebteste Kunstform in Belize, vom Reggae auf den Cayes bis zur hämmernden Musik, die in jedem Bus des Landes dröhnt. Der Sound klingt mehr nach Karibik als nach Latinomusik, und wer ein paar Wochen im Land ist, kennt sich mit Sicherheit mit Calypso, Soca, Steel-Drums und natürlich auch Reggae aus.

Punta-Rock ist der offizielle Musikstil von Belize. Seine Ursprünge liegen in der Musik der Garifuna, die sehr auf Trommeln beruht und viele Call-and-Response-Elemente aufweist. Nach dieser Musik muss man einfach die Hüften schwingen. Der berühmteste Punta-Rocker ist wohl Pen Cayetano, der ein Studio und eine Galerie in Dangriga hat.

Der Parranda-Stil hat seine Wurzeln in traditionelleren Garifuna-Songs mit akustischer Gitarre, Trommeln und Rasseln und wird meist mit Künstlern wie Paul Nabor und dem verstorbenen Andy Palacio in Zusammenhang gebracht.

Brukdown ist ein belizischer Musikstil, der von den Kreolen entwickelt wurde, die im 18. und 19. Jh. als Holzarbeiter schufteten. Benutzt werden Akkordeon, Banjo, Mundharmonika und ein Schlaginstrument – traditionell ein Schweinekiefer, dessen Zähne mit einem Stock zum Klappern gebracht werden.

Wenn es um Musik geht, vertreten die Mayas in Belize einen ganz eigenen Stil. Am bemerkenswertesten ist die Flötenmusik von Pablo Collado und die traditionelle Marimba (gespielt auf großen Holzxylofonen, Kontrabass und Schlagzeug) von Alma Beliceña.

Natur & Umwelt

Geografie

Belize besteht größtenteils aus tropischem Tiefland. Die meiste Zeit des Jahres ist es heiß und feucht. Im Norden regnet es am wenigsten, im Süden am meisten. In den Regenwäldern im Süden beträgt die jährliche Niederschlagsmenge 4 m, somit ist dies die feuchteste Region des Landes. Eine Ausnahme von der Tiefebene mit ihrem heißen, stickigen Klima sind die fast 1000 m hohen Maya Mountains im Südwesten. In diesen Bergen herrscht ein erträglicheres Klima – hier ist es tagsüber angenehm warm und nachts kühlt es sich etwas ab.

Die Küste und die Küstenebene im Norden sind von Mangrovensümpfen überzogen, die die Verbindung zwischen Land und Meer herstellen. Vor der Küste erstrecken sich in etwa 5 m Tiefe Kalksteinfelsen kilometerweit Richtung Osten hinaus in die Karibik. Am östlichen Ende dieses Festlandsockels befindet sich das zweitgrößte Barriereriff der Welt (nach dem Great Barrier Reef in Australien).

Tiere & Pflanzen

In den üppigen Tropenwäldern stehen riesige Kapok- und Mahagonibäume sowie Guanacasten und Cohune-Palmen, die von Orchideen, Bromeliengewächsen sowie anderen Epiphyten und Lianen geschmückt sind. Große Teile des Küstenstreifens verstecken sich hinter dichten Mangrovenwäldern – auf den Inseln genauso wie auf dem Festland.

Das Wappentier von Belize ist der Baird-Tapir. *Gibnuts* oder *tepezcuintles* (Pakas), kaninchengroße Nagetiere, gibt's im Überfluss. Auch andere tropische Tiere wie Jaguare, Ozelots, Brüllaffen, Klammeraffen, Pekaris, Geier, Störche und Ameisenbären sind hier zu Hause.

60 Schlangenarten tummeln sich in den belizischen Wäldern und Gewässern. Aber nur wenige sind giftig – besonders gefährlich sind die Lanzenschlange, die Korallenschlange und die tropische Klapperschlange.

Die Vogelwelt Belizes ist reich und vielfältig. Es gibt Kolibris, Regenbogentukane, Spechte und viele Arten von Papageien und Aras.

Nationalparks & Naturschutzgebiete

Fast 40 % der Fläche von Belize stehen unter Naturschutz. Diese Gebiete werden entweder von staatlichen Organisationen oder privaten Stiftungen verwaltet. Große Teile der Wälder in den Maya Mountains südlich von San Ignacio sind als Pine Ridge Forest Reserve und Chiquibul National Park geschützt. Überall im Land gibt's kleinere Nationalparks, Natur- und Meeresschutzgebiete.

Umweltprobleme

Umweltprobleme werden in Belize nicht auf die leichte Schulter genommen und es wurde viel getan, um vom Aussterben bedrohte Tierarten zu schützen. Zu den gefährdeten Arten gehören die Karettschildkröte, die Grüne Meeresschildkröte und die Lederschildkröte, das Spitz- und das Beulenkrokodil, der Hellrote Ara, der Jabiru und die Seekuh.

Zunehmend kritisch beurteilt wird auch die Abholzung der Wälder zur Gewinnung von Ackerland mit dem daraus entstehenden schlimmen Folgen: Verlust des Lebensraums der Tiere, Bodenerosion und Versalzung der Flüsse.

Anhaltende Ölbohrungen in der Provinz Cayo und die Suche nach neuen Ölquellen im ganzen Land geben weiteren Anlass zur Sorge.

PRAKTISCHE INFORMATIONEN

Allgemeine Informationen

BOTSCHAFTEN & KONSULATE

Deutsches Honorarkonsulat (☎ 222 4371; belize-stadt@hk-diplo.de; c/o Cisco Construction, 3,5 Miles Western Hwy, Belize City)

Guatemaltekische Botschaft (☎ 223-3150; embbelice1@minex.gob.gt; 8 A St, Kings Park, Belize City; ⏲ Mo–Fr 8.30–17 Uhr)

Honduranische Botschaft (☎ 224-5889; embajadahonduras.belice@gmail.com; 6 A St, Kings Park, Belize City; ⏲ Mo–Fr 9–12 & 13–16 Uhr)

Mexikanische Botschaft (☎ 822-0406; www.sre.gob.mx/belice; Embassy Sq, Belmopan; ⏲ Mo–Fr 8–17 Uhr)

Mexikanisches Konsulat (☎ 223-0193; consular@embamex.bz; Ecke Wilson St & Newtown Barracks Rd, Belize City)

Österreichisches Honorarkonsulat (☎ 227-7070; brodies@btl.net; 16 Regent Street P.O. Box 365, Belize City; ⏲ Mo–Fr 8–12 & 13.30–17 Uhr)

Schweizerisches Honorarkonsulat (☎ 223-5505; belize@honrep.ch; 83 North Front St, Belize City)

US-amerikanische Botschaft (☎ 822-4011; http://belize.usembassy.gov; Floral Park Rd; ⏲ Mo–Fr 8–12 & 13–15 Uhr)

FEIERTAGE

Viele Feiertage in Belize werden auf den nächstliegenden Montag des angegebenen Datums verlegt, damit es ein langes Wochenende gibt. Banken und die meisten Geschäfte sind an diesen Tagen geschlossen. Belizer verreisen am meisten um Weihnachten, Neujahr und Ostern. In diesen Zeiträumen ist es sinnvoll, Verkehrsmittel und Unterkünfte im Voraus zu buchen.

Neujahr 1. Januar
Baron Bliss Day 9. März
Karfreitag März oder April
Karsamstag März oder April
Ostermontag März oder April
Tag der Arbeit 1. Mai
Sovereign's Day 24. Mai
Nationalfeiertag 10. September
Unabhängigkeitstag 21. September
Day of the Americas 12. Oktober
Garifuna Settlement Day 19. November
1. Weihnachtsfeiertag 25. Dezember
2. Weihnachtsfeiertag 26. Dezember

FREIWILLIGENARBEIT

Es gibt viele Gelegenheiten für Freiwilligenarbeit in Belize, besonders bei Umweltschutzprojekten. In einigen Fällen müssen Interessierte für die Teilnahme zahlen (die Preise sind unterschiedlich).

Belize Audubon Society (Karte S. 252; ☎ 223-4987, 223-5004; www.belizeaudubon.org; 16 North Park St) Nimmt Freiwillige auf, die mindestens drei Monate mitarbeiten, sei es im Büro, in der Bildung oder im Außeneinsatz. Taucher können bei Meeresforschungsprojekten mitwirken. Bei Projekten auf dem Land sollten Teilnehmer körperlich fit und in der Lage sein, mit rustikalen Unterkünften klarzukommen.

Belize Wildlife & Referral Clinic (☎ 632-3257; www.belizewildlifeclinic.org) Kurze tiermedizinische Praktika für Studenten. Es gibt Stipendien und Austauschprogramme für Studenten mit ernsthaftem Interesse und Vorkenntnissen. Die Klinik ist flexibel und immer interessiert an einem Kontakt zu potenziellen Praktikanten und langfristigen freiwilligen Helfern.

Oceanic Society (www.oceanic-society.org; Blackbird Caye; 5-tägige Forschungsprogramme 5400 BZ$) Zahlende Teilnehmer an Expeditionen der Gesellschaft assistieren

Wissenschaftlern bei Meeresforschungsprojekten in der Feldstation der Gesellschaft auf Blackbird Caye und andernorts.

Cornerstone Foundation (www.cornerstonefoundationbelize.org) Die NGO in San Ignacio nimmt Freiwillige für Aids-Aufklärung, Dorfentwicklung und andere Projekte auf. In den meisten Fällen werden mindestens zwei Wochen Teilnahme verlangt sowie eine angemessene Gebühr für Essen und Unterbringung.

Monkey Bay Wildlife Sanctuary (S. 271) Die Programme bieten Mitarbeit in der Bildung, im Umweltschutz und in gemeinnütziger Arbeit. Monkey Bay hat auch viele Verbindungen zu anderen Umweltschutzorganisationen in Belize.

Maya Mountain Research Farm (☎630-4386; www.mmrfbz.org) Die 28 ha große Biofarm und eingetragene NGO in Toledo bietet Praktika für alle, die sich für Bioanbau, Biodiversität und alternative Energien interessieren.

Plenty International (www.plenty.org) Gelegenheit zur Mitarbeit in Basisorganisationen (wie Kunsthandwerks-Kooperativen) und Schulen, meist im Toledo District.

GELD

Der belizische Dollar (BZ$) ist zwei zu eins an den US-Dollar gekoppelt (1 BZ$ = 0,50 US$). Nahezu jedes Geschäft oder Unternehmen in Belize akzeptiert US-Dollars. In Nobelresorts und -hotels sind die Preise auch manchmal in US-Dollars angegeben.

Geldautomaten & Kreditkarten

Geldautomaten sind fast überall vorhanden; Kreditkarten werden in den meisten Hotels, Restaurants und Läden akzeptiert.

Trinkgeld & Handeln

Trinkgeld ist nicht zwingend, wird aber immer gern von Guides, Fahrern oder Bedienungen angenommen, die einen wirklich guten Service geboten haben. Einige Spitzenklassehotels und -restaurants schlagen auf die Rechnung ein obligatorisches Bedienungsgeld auf (meist 10 %), in diesem Fall ist ein Trinkgeld nicht notwendig.

Handeln ist in Belize nicht üblich, mit Ausnahme der Souvenirstände auf Straßenmärkten, wo alles verhandelbar ist.

GEWICHTE & MASSE

In Belize gilt das englische Maßsystem. Benzin wird jedoch per US-Gallone verkauft.

INTERNETZUGANG

In Belize gibt es viele Internetcafés, die in der Regel 4 bis 8 BZ$ pro Stunde verlangen. Viele Hotels und Lodges stellen ihren Gästen auch internetfähige Computer zur Verfügung. Die meisten Unterkünfte haben WLAN in den Zimmern oder Gemeinschaftsräumen.

MEDIEN

- **Radio** Love FM ist der verbreitetste Radiosender Belizes, zu hören auf 95.1MHz und 98.1MHz. KREM FM (www.krembz.com) sendet hingegen moderne Musik auf 91.1MHz und 96.5 MHz.
- **Fernsehen** Es gibt zwei große privatrechtliche Fernsehsender: Channel 5 (www.channel5belize.com) und Channel 7 (www.7newsbelize.com).
- **Zeitungen** Die meistgelesene Zeitung Belizes ist *Amandala*, ein linksgerichtetes Blatt, das zweimal pro Woche erscheint.

ÖFFNUNGSZEITEN

Banken Mo–Do 8–15, Fr 8–16 oder 16.30 Uhr

Kneipen und Bars 12–24 Uhr (oder länger)

Läden Mo–Sa 9–17 Uhr, manche sind auch sonntags geöffnet

Restaurants und Cafés 7–9.30 (Frühstück), 11.30–14 Uhr (Mittagessen) und 18–20 Uhr (Abendessen)

POST

Die Post von Belize hat Filialen im ganzen Land. Eine normale Sendung dauert ziemlich lang, viel besser ist ein Expressversand. Die Expresspost muss manchmal an einem anderen Schalter oder in einer anderen Filiale aufgegeben werden.

SICHERHEIT

Belize hat eine ziemlich hohe Rate an Gewaltverbrechen, aber die meisten von Reisenden besuchten Gegenden sind sicher. Wer grundsätzliche Vorsichtsmaßnahmen einhält, wird wohl kaum in ernsthafte Schwierigkeiten geraten. Das größte Problem stellen wahrscheinlich Gelegenheitsdiebstähle dar, sowohl unterwegs als auch aus Hotelzimmern.

SCHWULE & LESBEN UNTERWEGS

In Belize ist männliche Homosexualität verboten, weibliche Homosexualität jedoch nicht. Touristen wurden bislang nicht wegen Homosexualität strafrechtlich verfolgt, aber Einheimische

PREISKATEGORIEN: ESSEN

Die folgenden Preise beziehen sich auf ein Standardgericht: Reis, Bohnen, Fleisch oder Fisch und eine Beilage. Nur die feinsten Restaurants berechnen ein Bedienungsgeld, aber ein Trinkgeld wird immer gern genommen.

$	unter 15 BZ$
$$	15–35 BZ$
$$$	über 35 BZ$

werden durchaus verhaftet und eingesperrt. Generell ist Belize eine tolerante Gesellschaft mit einer „leben und leben lassen"-Haltung. Aber der unterschwellige zentralamerikanische Machismo und die traditionelle Religiosität zusammen mit dem gesetzlichen Verbot erfordern, dass gleichgeschlechtliche Paare diskret auftreten sollten.

Gay Travel Belize (☎ 635-0518) Ein Reisebüro speziell für Schwule und Lesben in San Pedro. Auf der Facebook-Seite stehen nützliche Tipps für LGBT-Reisende.

TELEFON

In Belize gibt es keine Ortsvorwahlen. Jede Nummer besteht aus sieben Ziffern, die von überall im Land angewählt werden. Bei Anrufen aus anderen Ländern nach Belize wird die Landesvorwahl plus die siebenstellige Teilnehmernummer gewählt.

Handys

Einheimische SIM-Karten können in den meisten freigeschalteten internationalen Handys benutzt werden.

SIM-Karten mit Guthaben gibt es für 10 US$ in den DigiCell-Läden im ganzen Land.

TOURISTENINFORMATION

Belize Tourism Board (BTB; www.travelbelize.org) Die staatliche Tourismusbehörde unterhält Touristeninformationen in Belize City und San Pedro.

Belize Tourism Industry Association (BTIA; www.btia.org) Der unabhängige Verband von Tourismusunternehmen setzt sich aktiv für „nachhaltigen, ökokulturellen Tourismus" ein.

UNTERKÜNFTE

Budget In dieser Kategorie bekommt man in der Regel die besten Zimmer fürs Geld in kleinen, oft familiengeführten Pensionen. Nur die billigsten Budgetunterkünfte haben Gemeinschaftsbäder oder kalte Duschen. Das gilt auch für die wenigen Backpackerhotels mit Schlafsälen sowie Campingplätze.

Mittelklasse Zur Mittelklasse zählen viele Hotels, komfortablere Pensionen und die meisten der kleinen Lodges und Resorts. Viele Unterkünfte in dieser Kategorie haben eigene Restaurants und Bars und vermitteln Aktivitäten, geführte Touren und andere Dienstleistungen. Die Bandbreite an Unterkünften und Serviceangeboten ist groß in dieser Kategorie.

Spitzenklasse Unterkünfte der Spitzenklasse können richtig luxuriös sein. Es sind Resorts, Lodges und Nobelhotels mit großen, gut ausgestatteten Zimmern und zahlreichen anderen Annehmlichkeiten, von Restaurants und Bars bis zu Privatstränden, Spas, Pools, Pferdestallungen, Tauchläden und Wanderwegen. Viele besitzen dank der Architektur, Einrichtung, Standort und Anlage einen ganz eigenen Stil und eigene Atmosphäre.

PREISKATEGORIEN SCHLAFEN

Die folgenden Preise beziehen sich auf Doppelzimmer mit Bad in der Hauptsaison. Wenn nicht anders angegeben, wird noch eine Beherbergungssteuer von 9 % auf den Preis aufgeschlagen.

$	unter 100 BZ$
$$	100–300 BZ$
$$$	über 300 BZ$

VISA

Zur Zeit der Recherche brauchten u. a. EU-Bürger und Schweizer kein Visum. Eine Besuchsgenehmigung, gültig für 30 Tage, wird bei der Einreise in den Pass gestempelt. In den meisten Fällen kann sie in einem Büro der Einreisebehörde (es gibt mindestens eines in jedem der sechs Distrikte Belizes) jeweils um einen Monat verlängert werden (bis zu maximal sechs Monaten). Weitere Informationen beim **Immigration & Nationality Department** (S. 273) in Belmopan.

ℹ An- & Weiterreise

FLUGZEUG

Belize City hat zwei Flughäfen. Alle internationalen Flüge starten und landen am Philip SW Goldson International Airport (BZE), 16 km nordwestlich des Zentrums.

Nicht-Belizer müssen Gebühren von insgesamt 39,25 US$ bezahlen, wenn sie von Belize City ins Ausland fliegen. Bei den meisten großen Fluggesellschaften ist diese Steuer bereits im Ticketpreis enthalten. Viele Reisende sparen Geld, indem sie nach Cancún fliegen und von dort den ADO-Bus nach Chetumal nehmen. Von dort geht es über Land nach Corozal und über Wasser nach San Pedro.

AUF DEM LANDWEG

Bei der Ausreise aus Belize auf dem Landweg müssen Nicht-Belizer Gebühren von insgesamt 37,50 BZ$ (18,75 US$) in bar entweder in belizischen oder US-Dollars zahlen.

Mexiko

Es gibt zwei offizielle Grenzübergänge zwischen Mexiko und Belize. Am häufigsten benutzt wird jener in Subteniente López–Santa Elena, gut 14 km von Corozal in Belize und 11 km von Chetumal in Mexiko. Der asphaltierte Philip Goldson Highway verläuft von der Grenze bis nach Belize City.

Der andere Übergang befindet sich in La Unión–Blue Creek, knapp 55 km südwestlich von Orange Walk nahe der Rio Bravo Conservation and Management Area. Die Straße zwischen Blue Creek und Orange Walk befand sich zur Zeit der Recherche im Bau und sollte inzwischen eine schön breite Asphaltstraße sein.

Die exzellenten, klimatisierten Busse der mexikanische Busgesellschaft ADO fahren jeden Abend von Cancún (102 BZ$, 10 Std.) und viermal pro Woche von Mérida (102 BZ$, 10 Std.) nach Belize City via Corozal und Orange Walk. Der Bus aus Cancún hält in Playa del Carmen und lässt auf der Rückfahrt Fahrgäste auch direkt am Flughafen Cancún aussteigen. Die Busse fahren in beide Richtungen nicht durch Chetumal.

Viele reguläre belizianische Busse verkehren auf dem Philip Goldson Highway zwischen Belize City und Chetumal. In Chetumal fahren die Busse nach Corozal (4 BZ$, 1 Std.), Orange Walk (8 BZ$, 2 Std.) und Belize City (14–16 BZ$, 4 Std.) an der Nordseite des Nuevo Mercado ab, etwa 1,2 km nördlich des Stadtzentrums. Die Busse ab Belize City fahren überwiegend am Morgen los, in Chetumal eher am Nachmittag.

Zusätzlich verkehrt ein klimatisierter Touristenbus (50 BZ$, 3 Std.) täglich zwischen dem San Pedro Belize Express Water Taxi Terminal und Chetumal.

Guatemala

Ein neuer Grenzübergang im Süden sollte zwar 2016 eröffnet werden, aber der Hauptgrenzübergang zwischen Belize und Guatemala liegt etwa 1,6 km westlich der belizischen Stadt Benque Viejo del Carmen am Ende des George Price Highways von Belize City. Der Ort Melchor de Mencos liegt auf der guatemaltekischen Seite des Grenzübergangs.

Zwei Busgesellschaften sorgen für den Expressbusverkehr nach und von Guatemala. Vom San Pedro Belize Express Water Taxi Terminal in Belize City fährt ein Bus um 10 und um 13 Uhr nach Flores (50–60 BZ$, 5 Std.). Von dort gibt es häufige Verbindungen nach Guatemala-Stadt.

Nach Benque Viejo del Carmen kommt man auch mit einem der vielen belizischen Busse Richtung Westen, von wo es dann mit einem lokalen Bus weiter zur Grenze geht.

AUF DEM SEEWEG

Belize ist nun auch mit dem Schiff von allen drei Nachbarländern zu erreichen.

Bei der Ausreise aus Belize ab Placencia ist lediglich die Gebühr für den Protected Areas Conservation Trust (PACT) zu zahlen 7,50 BZ$ (3,75 US$) und zwar bar in belizischen oder US-Dollars.

Wer von Punta Gorda oder mit dem Wassertaxi von Caye Caulker/San Pedro nach Chetumal ausreist, muss die normale Ausreisesteuer von 37,50 BZ$ bezahlen plus eine Bearbeitungsgebühr von 2,50 BZ$.

ℹ Unterwegs vor Ort

Öffentliche Verkehrsmittel sind in Belize billig und gelegentlich auch effizient. Eine nützliche Website mit aktuellen Fahrplänen und anderen Informationen zum Verkehrsnetz ist http://belizebus.wordpress.com.

Auto In Belize wird auf der rechten Straßenseite gefahren. Alle größeren Fernstraßen sind asphaltiert, aber nur wenige haben gute Seitenstreifen und eine Mittellinie. Bodenschwellen sind üblich, aber nicht immer markiert.

Bus Busse sind das häufigste Verkehrsmittel in Belize. Alle Orte von Corozal bis Punta Gorda werden von einer oder mehreren der verwirrend vielen privaten Busgesellschaften angefahren. Auf den Fernstraßen lassen sich Busse meist auch anhalten.

Flugzeug Zwei Fluglinien (Maya Island und Tropic Air) verkehren zwischen allen größeren Städten in Belize. Die Flugzeuge sind klein, die Flüge kurz und ziemlich günstig, allerdings verteuern sich die Ticketpreise allmählich. Beide Fluglinien haben ein gutes Sicherheitsprotokoll.

Schiff/Fähre Caye Caulker und Ambergris sind mit Fähren ab Belize City zu erreichen, auch gibt es ein Boot von Corozal nach Ambergris mit möglichem Stopp in Sarteneja. Es besteht keine reguläre Bootsverbindung zu den kleineren Inseln und Cayes, aber die Überfahrt kann mit einem privaten Bootsbesitzer in Dangriga, Hopkins oder Placencia sowie über Resorts und Hotels vereinbart werden.

El Salvador

☎ 503 / 6,4 MIO. EW.

Inhalt ➡

San Salvador........307
La Libertad........ 325
La Costa del Bálsamo............327
Santa Ana.......... 333
Ruta de Las Flores.. 338
Parque Nacional El Imposible........ 346
San Miguel..........351
La Unión........... 354
Morazán.............357
Suchitoto.......... 359
Chalatenango.......361
La Palma.......... 363

Gut essen

- Beto's, Zona Rosa (S. 319)
- R&R (S. 344)
- Balompie Sports Bar & Cafe (S. 337)
- Sharky's (S. 329)

Schön übernachten

- La Tortuga Verde (S. 355)
- Hostal Cumbres del Volcan (S. 313)
- Hotel Mopelia (S. 328)
- Los Almendros de San Lorenzo (S. 360)
- Hotel Anáhuac (S. 343)

Auf nach El Salvador

Das meistunterschätzte Land Zentralamerikas könnte dringend ein neues Image gebrauchen. El Salvador leidet sehr unter der negativen Berichterstattung. Nachrichten über Bandenkriminalität dominieren die internationalen Schlagzeilen und halten viele abenteuerlustige Reisende davon ab, dieses schöne Land zu bereisen, dabei beschränken sich die beschriebenen Schwierigkeiten auf wenige Regionen.

Die Besucher, die es wagen, sind beeindruckt von der Bandbreite, die dieses winzige Land zu bieten hat. Sensationelle Breaks für Surfer an einsamen, dunklen Sandstränden, Kaffeeplantagen an den Hängen von Vulkanen, farbenfrohe Kolonialstädte, Nationalparks ... alles ist dabei. Außerhalb der Hauptstadt dünnen die Menschenmassen aus, San Salvador derweil wirft sich besonders stolz in die Brust, stärker als die übrigen zentralamerikanischen Hauptstädte. Mehr Werbung können wir für El Salvador kaum machen; den Rest erfährt man dann vor Ort.

Reisezeit

San Salvador

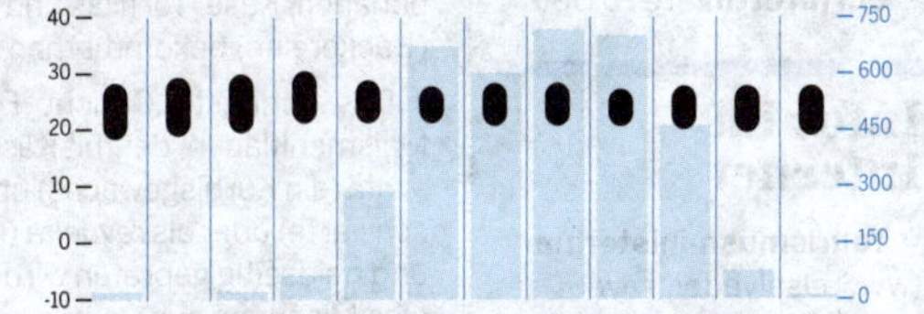

Dez.–Jan. Nach der Regenzeit ist die Vegetation üppig und die Landschaft saftig grün. Ideales Wetter.

Mai–Aug. Hohe Wellen und Anfang August wird eine Woche lang El Salvadors Schutzpatron gefeiert.

Juli–Nov. Brutzeit der Meeresschildkröten entlang der 300 km langen Pazifikküste.

AUF EINEN BLICK

Währung US-Dollar (US$)

Sprache Spanisch, Nahuatl

Geld Es gibt zahlreiche Geldautomaten und man kann fast überall mit Kreditkarte zahlen.

Visa Touristenkarten - kosten für die Angehörigen der meisten Nationalitäten 10 US$ und sind bis zu 90 Tage gültig.

Zeitzone Zentrale Standardzeit (MEZ minus 6 bzw. 7 Std.)

Fläche 21 040 km²

Hauptstadt San Salvador

Notruf 911

Wechselkurse

Eurozone	1 €	1,11 US$
Schweiz	1 SFr	1,02 US$

Preise

- **Bett im Schlafsaal** 7–10 US$
- **Flasche Bier** 1,50 US$
- **3-stündige Busfahrt** 1,50 US$
- **Pupusa mit Bohnen und Käse** 0,25 US$
- **Surfbrettmiete** 10 US$

Infos im Internet

- **Tourismusministerium** (www.elsalvador.travel)
- **SalvaNATURA** (www.salvanatura.org)
- **Search Beat** (www.searchbeat.com/elsalvador.htm)
- **Lonely Planet** (lonelyplanet.com/el-salvador)

Von Land zu Land

Grenzübergänge: Anguiatú, San Cristóbal und La Hachadura (von Guatemala) bzw. El Poy und El Amatillo (von Honduras) sind die offiziellen Möglichkeiten. Viele Unternehmen bieten inzwischen Bootstransfers von La Unión in El Salvador nach Potosí in Nicaragua. Die besten Firmen dafür sind La Tortuga Verde (S. 355) in El Cuco und Suchitoto Adventure Outfitters (S. 359) in Suchitoto. Dies spart sowohl Zeit als auch Geld auf der Reise durch Zentralamerika. Mehr Infos bieten die Praktischen Informationen auf S. 376.

REISEROUTEN

Eine Woche

El Salvador ist klein, man kann in nur einer Woche einmal quer durchs Land reisen. Wer aus Guatemala kommt, sollte direkt zur Costa del Bálsamo fahren und je nach Ruhebedarf an der Playa El Tunco oder Playa El Zonte übernachten. Dann geht's nach Norden zur Ruta de las Flores, um Kaffee zu kosten und in Kunsthandwerkerdörfern ein Stück Kultur kennenzulernen. Über Nacht bleibt man in Juayúa. Am nächsten Tag steht eine Wanderung auf den nahen Cerro Verde oder die Besichtigung der Tazumal-Pyramiden an. Abschließend besucht man die Galerien und Museen von San Salvador.

Zwei Wochen

In der zweiten Woche geht's in die Berge und nach La Palma und Suchitoto, bevor man in die Hauptstadt zurückkehrt. Wer auf dem Weg nach Nicaragua ist, folgt der Schnellstraße nach Osten. Alternativ quartiert man sich an der relaxten Playa El Cuco ein und erkundet die Inseln im Golfo de Fonseca, die Vulkane von San Miguel oder wagt sich weiter nach Norden vor, in die einstige Guerilla-Bastion Morazán. Die Grenze quert man in La Unión.

Essen & Trinken

- Ein typisches Frühstück besteht aus Eiern, Bohnen oder *casamiento* (Reis und Bohnen gemischt), gebratenen Kochbananen, Käse, Tortillas und Kaffee oder Saft. In *panaderías* (Bäckereien) bekommt man Gebäck und Kaffee.
- Das wichtigste „Gericht" El Salvadors ist die *pupusa*, ein Maismehlfladen, der mit Käse, Bohnenmus, Wildgemüse wie *ayote* (ein Kürbisgewächs) und *chicharrón* (Schweinespeckschwarte) oder als *revuelta* (mit allem zusammen) gefüllt und beidseitig gebraten wird. Oben drauf kommt *curtido*, eine Mischung aus Gemüse und Sauerkraut.
- *Licuados* (Fruchtgetränke mit Wasser oder Milch) sind perfekt für das hiesige Klima. Ein *refresco*, in vielen Ländern Synonym für Softdrink, ist in El Salvador Limonade. *Horchata* (Reismilch mit Zimt) und *chilate* (Getränk aus geröstetem Mais) sind ebenfalls beliebt und an Straßenständen und in Restaurants erhältlich. Ein *refresco de ensalada* ist ein gemischter Fruchtsaft mit etwas Obstsalat drin.

SAN SALVADOR

1,1 MIO. EW.

San Salvador ist, verglichen mit anderen zentralamerikanischen Städten, hübsch. Ringsum erheben sich Vulkane mit grünen Gipfeln und die baumbestandenen Vororte lassen sich wunderbar zu Fuß erkunden. Die Galerien und Museen sind top für eine so übersichtliche Stadt. Die Schere zwischen Arm und Reich klafft hier allerdings weit auseinander, weshalb Kriminalität und Gewalt Teil der Lebensrealität sind; einige Viertel östlich der Innentadt sind daher tabu. Stattdessen sollte man die hippen Bars der Zona Rosa und die Geschäfte und Cafés der Colonia Escalón ansteuern oder sich die wuseligen Märkte im *centro* ansehen. Dort sind Reisende willkommen und werden oft mit der unverwechselbaren *guanaco*-Gastfreundschaft begrüßt.

Die größte Stärke von San Salvador ist aber wohl die Lage: Sowohl das Meer als auch die Berge befinden sich in nächster Nähe und man kann Tagesausflüge zum Volcan El Boquerón, in das Künstlerdorf Panchimalco und den unheimlichen Hügelbezirk Los Planes de Renderos unternehmen oder sich auf längere Touren zur Costa del Bálsamo und zur Ruta de las Flores begeben – und San Salvador als Basis nutzen.

Sehenswertes

★ Catedral Metropolitana — KATHEDRALE

(Karte S. 312; Calle Rubén Darío; 8–12 & 14–16 Uhr) Mit Blick auf die Plaza Barrios erhebt sich das Wahrzeichen der Stadt, die letzte Ruhestätte von Erzbischof Óscar A. Romero. Als der Bürgerkrieg seinen Höhepunkt erreicht hatte, kritisierte Romero die Regierung von der Kanzel, bis er in einem Krankenhaus ermordet wurde, wo er eine Messe las. Erdbeben und Feuer haben die Grundmauern des Gebäudes erschüttert, doch die blau-gelb gemusterte Kuppel ist ein unverwüstliches Symbol des nationalen Stolzes.

★ Iglesia El Rosario — KIRCHE

(Karte S. 312; 4a Calle Oriente; 8.30–16.30 Uhr) Die Iglesia El Rosario wurde von dem Bildhauer Ruben Martinez gestaltet und 1971 vollendet und ist die vielleicht schönste Kirche Zentralamerikas. Hinter der unauffälligen Betonfassade verbirgt sich ein Tonnendach, und ein Regenbogen aus natürlichem Licht spannt sich über den Altar und taucht Metall- und Steinflächen in bunte Farben. Der Vater der zentralamerikanischen Unabhängigkeit, Padre Delgado, wurde hier beigesetzt – es gibt sicherlich tristere Grabstätten! Am dramatischsten sind die Lichteffekte am frühen Morgen und späten Nachmittag.

★ Jardín Botánico La Laguna — BOTANISCHER GARTEN

(www.jardinbotanico.org.sv; 1,25 US$; Di–So 9–17.30 Uhr) Von Moos bedeckte Brücken, Kieselsteinwege, kleine Wasserfälle, unter denen die Frösche quaken, und Schildkröten und Fische, die an der Wasseroberfläche der Teiche auf Futtersuche gehen ... In dem botanischen Garten am Fuß eines Vulkankraters wachsen und gedeihen viele salvadorianische Pflanzengattungen. Dieses Ambiente ist das perfekte Heilmittel gegen die Großstadthektik. Im Zentrum Buslinie 44 nehmen und den Fahrer bitten, einen am „Plan de la Laguna" abzusetzen. Von dort aus geht es 1 km zu Fuß bergab zum Park.

★ El Arbol de Dios — GALERIE

(Karte S. 318; www.fernando-llort.com/el-arbol-de-dios; Calle la Mascota; Mo–Fr 8–19, Sa 9–18 Uhr) GRATIS Der „Gottesbaum" widmet sich dem Werk des renommierten Malers Fernando Llort, auch den feiner ausgearbeiteten Stücken, die sich von seinen schlichteren, bekannteren Arbeiten auf Holz abheben. Viele Werke seiner Kooperative stehen zum Verkauf (zu erschwinglichen Preisen). Zu finden ist El Arbol de Dios vier lange Häuserblocks südlich der Plaza Masferrer. Ein Besuch empfiehlt sich vor allem dann, wenn man es nicht nach La Palma schafft, der spirituellen Heimat von Llorts Kunst.

Museo de Arte de El Salvador — MUSEUM

(MARTE; Karte S. 318; www.marte.org.sv; Av La Revolución; 1,50 US$; Di–So 10–18 Uhr) Die beeindruckende Sammlung aus Skizzen und Gemälden spürt der Entwicklung bekannter lokaler und internationaler Künstler nach; einige der größeren modernen Skulpturen sind herausragend. Das Kunstmuseum liegt auf dem Hügel hinter dem großen Monumento a la Revolución. Vor Ort befindet sich ein kleines Restaurant. Sonntags kostenfreier Eintritt.

Museo de la Palabra y La Imagen — MUSEUM

(Karte S. 316; www.museo.com.sv; 27 Av Norte 1140; 2 US$; Mo–Fr 8–12 & 14–17, Sa 8–12 Uhr) Das innovative Museum dokumentiert visuell, audiovisuell und mittels Schwarz-Weiß-Fotografien verschiedene Menschenrechtskampagnen.

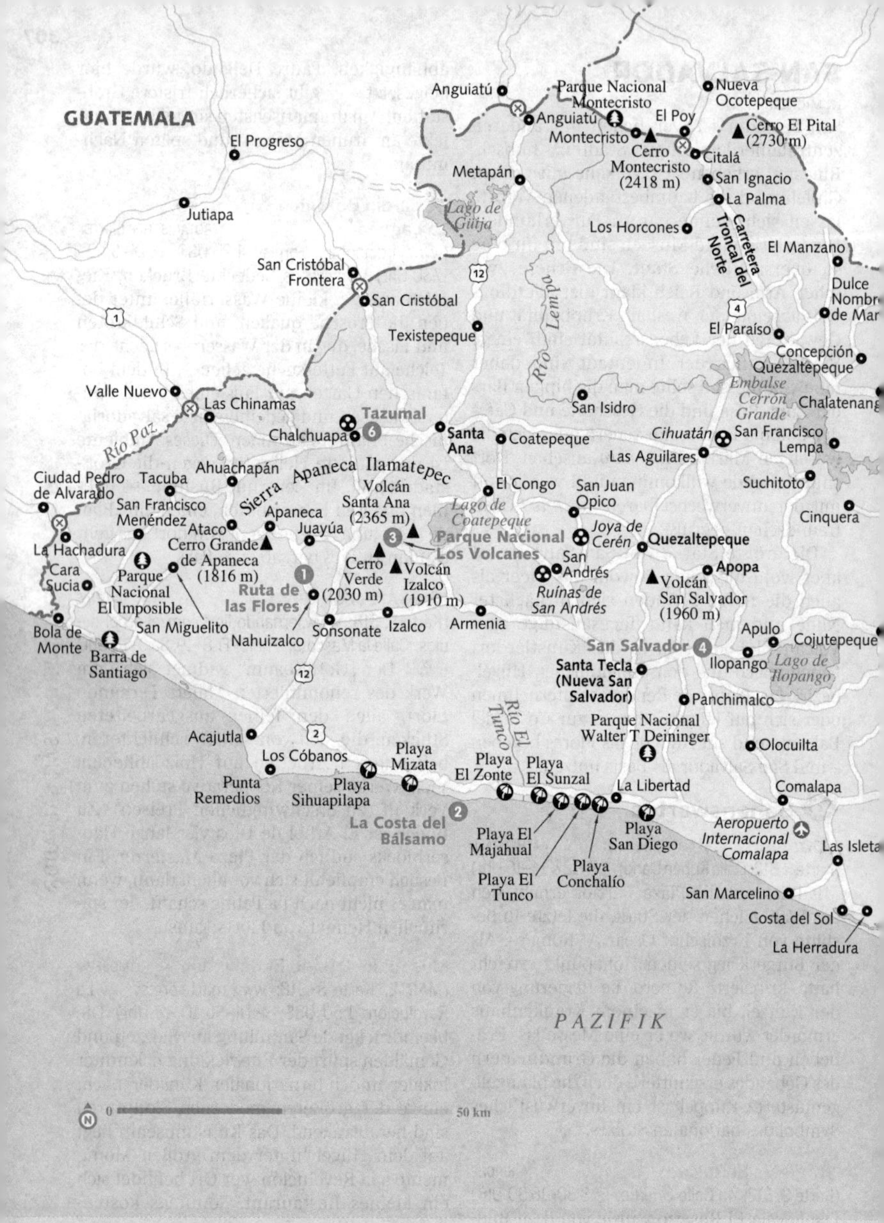

Highlights

❶ **Ruta de las Flores** (S. 338) Den Weg der Gourmet-Kaffeebohne von der Plantage bis in die Tasse verfolgen, in natürlichen Quellen schwimmen und am Wochenende gutes Essen auf Lebensmittelmärkten genießen.

❷ **La Costa del Bálsamo** (S. 327) Entspannen an der Playa El Tunco: surfen, feiern und wieder von vorn.

❸ **Parque Nacional los Volcanes** (S. 332) Beim Erklimmen der aktiven Vulkane im Park ins Schwitzen geraten.

❹ **San Salvador** (S. 307) Von Galerie zu Galerie ziehen und

in der Zona Rosa mit der jungen Partyszene feiern gehen.

5 Playa Esteron (S. 355) Den „Wilden Osten" in Angriff nehmen, angefangen mit dem schlecht gehüteten Geheimtipp Playa Esteron, und dann mit dem Boot zu den verlassenen Inseln vor der Küste Nicaraguas fahren.

6 Tazumal (S. 337) Die Maya-Ruinen ganz für sich allein haben und im nahe gelegenen Santa Ana prachtvolle Architektur des Landes bewundern.

Palacio Nacional PALAST

(Karte S. 312; Av Cuscatlán; 3 US$; ⏲9–17 Uhr) Der Palacio Nacional wurde Anfang des 20. Jhs. aus italienischem Marmor erbaut und war bis zum Erdbeben 1986 Hauptsitz der Regierung. Viele Zimmer bergen inzwischen Überbleibsel aus den Anfängen der Staatsführung des Landes, die meisten Besucher finden aber vor allem den Hof sehenswert. Das Bauwerk steht an der Westseite der Plaza Barrios.

Centro Monseñor Romero MUSEUM

(www.uca.edu.sv/cmr; Calle de Mediterraneo; ⏲Mo–Fr 8–12 & 14–18, Sa 8–11.30 Uhr) GRATIS Das Zentrum, das sich in der Universidad Centroamericana José Simeón Cañas (La UCA) befindet, ist dem Erzbischof Óscar Romero gewidmet, der als Märtyrer starb. Ein sehr informatives und berührendes Museum.

Hospital La Divina Providencia HISTORISCHE STÄTTE

(El Hospitalito; www.hospitaldivinaprovidencia.org; Ecke Calle Toluca & Av Rocio; ⏲8–12 & 14–17 Uhr) GRATIS Monseñor Romero wurde am 24. März 1980 von Agenten der Regierung ermordet, als er gerade in der Kapelle des Krankenhauses eine Messe abhielt. In seiner bescheidenen Unterkunft sind sein blutgetränktes Hemd und seine Roben ausgestellt.

Teatro Nacional THEATER

(Karte S. 312; Calle Delgado) GRATIS Diese alternde Schönheit ist unverändert die Bühne für bedeutende Produktionen in der Hauptstadt. Das Theater liegt östlich der Catedral Metropolitana und wurde Mitte des 20. Jhs. im Stil der französischen Klassik renoviert. Die Öffnungszeiten sind nicht sehr verlässlich, aber hartnäckig zu bleiben lohnt sich, insbesondere, wenn man nicht nach Santa Ana reist. Der Eintritt ist frei (das gilt natürlich nicht für Vorstellungen).

NICHT VERSÄUMEN

QUEZALTEPEQUE

Der Quezaltepeque (Volcán San Salvador) hat zwei Gipfel, von denen der höhere, Picacho, 1960 m über dem Meeresspiegel liegt. Der andere, Boquerón (Großer Mund), ist 1893 m hoch und weist innerhalb seines Kraters einen zweiten Kegel auf – 45 m hoch und perfekt symmetrisch –, der 1917 entstand. Eine geteerte Straße führt bis ganz nach oben und so wird man nach einem einfachen Aufstieg mit einem unglaublichen Ausblick auf San Salvador belohnt. Der Eintritt zum Park kostet 3 US$. Den eigenen Müll wieder mitnehmen (Tüte einstecken).

Museo Nacional de Antropología David J Guzmán MUSEUM

(Karte S. 318; Av La Revolución; 3 US$; ⏲Di–So 9–17 Uhr) Das kleine Museum verfügt über eine ausgezeichnete Auswahl an Statuen und Relikten aus den Kulturen der Maya und Olmeken (prä-Maya-Zeit); sie stammen aus dem alten Cuscatlan. Das traditionelle Kunsthandwerk ist ebenfalls einen Blick wert, vor allem, wenn man vorhat, in einem Künstlerdorf einkaufen zu gehen. Alle Erklärungen auf Spanisch.

Iglesia El Calvario KIRCHE

(Karte S. 312; 6 Calle Poniente) Westlich der Biblioteca Nacional und umringt von geschäftstüchtigen Verkäufern erheben sich die gotischen Türme der verfallenden Iglesia El Calvario. Bitte einzutreten für ein Manifest wahrer Schönheit.

Biblioteca Nacional BIBLIOTHEK

(Karte S. 312; 4a Calle Oriente; ⏲Mo–Fr 8–16 Uhr) Die beeindruckende Biblioteca Nacional liegt am südlichen Ende der Plaza Barrios. Sie ist geräumig und gemütlich und ein guter Zufluchtsort vor der drückenden Hitze.

Aktivitäten

EC Tours STADTFÜHRUNG

(☎7842-4708; www.ectourselsalvador.com) Das nette, neue Unternehmen organisiert sehr empfehlenswerte Stadtführungen durch die Innenstadt.

Akwaterra ABENTEUERSPORT

(☎2263-2211; www.akwaterra.com) Die freundlichen Besitzer von Akwaterra, Julio und Gabi deVega, sprechen Spanisch und Englisch und bieten maßgeschneiderte Ökotouren zu Land und zu Wasser an, z.B. Reit-, Mountainbike-, Surf- und Paddelausflüge. Darüber hinaus arrangieren sie tolle Reisen durch ganz Zentralamerika.

El Salvador Divers TAUCHEN

(Karte S. 318; ☎2264-0961; www.elsalvadordivers.com; 3a Calle Poniente; ⏲Mo–Fr 9–18.30, Sa bis 13 Uhr) Ein professioneller Tauchshop, der Tauchgänge im Lago Ilopango und im Pazifik bei Los Cóbanos organisiert. Open-Water-Kurse kosten 365 US$, Tauchausflüge mit zwei Tauchgängen 75 US$.

San Salvador

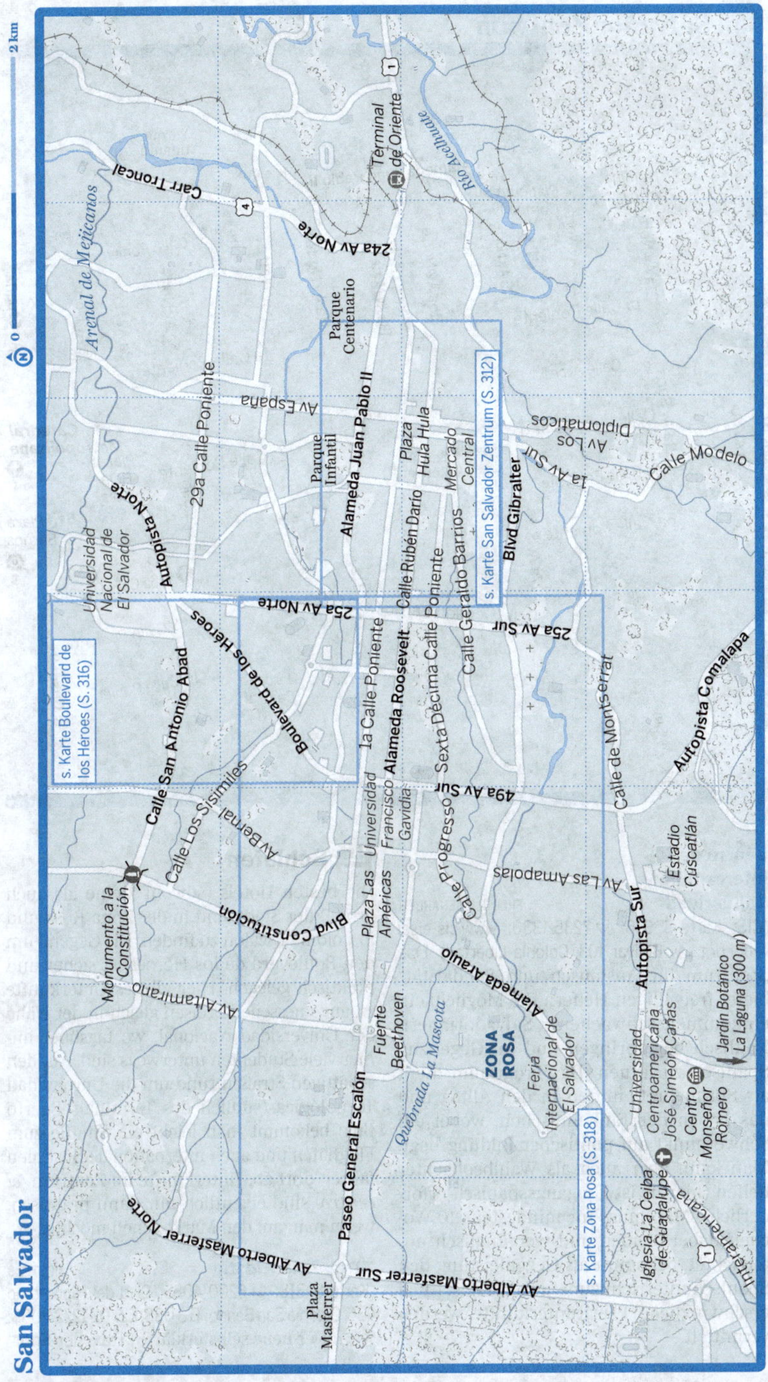

San Salvador Zentrum

Centro de Intercambio y Solidaridad FREIWILLIGENARBEIT
(CIS; Karte S. 316; ☎2235-1330; www.cis-elsalvador.org; Av Bolivar 103, Colonia Libertad) Das „Zentrum für Austausch und Solidarität" bietet freiwilligen Helfern die Möglichkeit, einkommensschwachen Salvadorianern Englisch beizubringen und im Gegenzug Spanisch zu lernen. Das Programm dient als Sprungbrett mitten in den Alltag und das Leben der Einheimischen, wobei ein Schwerpunkt auf politischer Bildung liegt. Man kann aber auch als Wahlbeobachter helfen (hierfür ist Umgangsspanisch erforderlich). Man muss für mindestens 10 Wochen dabei bleiben und wer Englisch unterrichtet, bekommt als Gegenleistung den Spanischunterricht zum halben Preis. Auch erschwingliche Privatunterkünfte werden vermittelt.

Schlafen

Die besten Hotels (sowohl kleine als auch große) der Stadt sind in der Zona Rosa und in Colonia Escalón zu finden. Die Gegend um den Boulevard de los Héroes ist sicher und praktisch gelegen. Hier gibt es Unterkünfte zu angemessenen Preisen gleich in der Nähe der Universidad Nacional, wo tagsüber immer viele Studenten unterwegs sind. Auf den schattigen Straßen rund um die Universidad Tecnológica (südlich des Terminals Puerto Bus) bekommt man leicht ein Shuttle zum Flughafen und auch internationale Buslinien fahren dort ab. Unterkünfte im Zentrum *(el centro)* sind eigentlich nur dann praktisch, wenn man auf den Markt gehen möchte.

★ **La Zona Hostal** HOSTEL $
(Karte S. 318; ☎6200-4085; Blvd del Hipódromo 436, Colonia San Benito; B 8 US$, EZ/DZ 12/24 US$; ❄📶) Der neue selbsterklärte „Traveller-Spot"

San Salvador Zentrum

Highlights
1 Catedral Metropolitana D3
2 Iglesia El Rosario E3

Sehenswertes
3 Biblioteca Nacional D3
4 Iglesia El Calvario D3
5 Palacio Nacional D3
6 Teatro Nacional E3

Schlafen
7 Hotel Villa Florencia Centro Historico B2

Essen
8 Restaurante Hong Kong C3
9 Comedores am Straßenrand D3

Shoppen
10 Mercado Central C4
11 Mercado Ex-Cuartel F3

ist ein willkommener Neuzugang in der Budgetunterkunftszene von San Salvador. Man ist nah dran an den Bars der Zona Rosa und wohnt in einem sicheren, wohlhabenden Viertel. La Zona hat bunte, saubere Mehrbettzimmer und gemütliche Gemeinschaftsbereiche und wird von vielen Alleinreisenden angesteuert.

★ **Hostal Cumbres del Volcan** HOSTEL $
(Karte S. 318; ☎2207-3705; www.cumbresdelvolcan.com; 85a Av Norte 637; B 8–10 US$, Zi. 20–45 US$; ❄📶) Diese Unterkunft wird vom fachkundigen Walter gemanagt und bietet beliebte Schlafsäle sowie vier Privatzimmer mit Farbmotto (*naranja* unten ist am einfachsten, *rojo* gewährt den besten Ausblick). Die Lounge für alle ist groß und ruhig, die kommunale Küche und Terrasse eignen sich bestens, um mit anderen Travellern ins Gespräch zu kommen. Die Besitzer betreiben noch eine neue Unterkunft in Colonia Flor Blanca.

Ali's Downtown HOSTEL $
(☎7170-3262; www.ectourselsalvador.com; 17 Calle Oriente 283; 10 US$ pro Pers. mit Frühstück; P❄📶) Ein sehr hübsches Haus mit hellen, gefliesten Räumlichkeiten und einem schönen Stadtgarten. Die mit Abstand beste Bleibe in der Nähe der City. In den drei blitzsauberen Zimmern stehen zwei Betten. Kostenloser Abholservice von den Busbahnhöfen, starkes WLAN-Signal und für Übernachtungsgäste, die mehr als zwei Nächte bleiben, kostenlose Stadtführungen.

La Almohada HOSTEL $
(Karte S. 316; ☎2260-7380; www.la-almohada.com; Calle Berlín 220; B 10 US$; 📶) 🍃 Die sozial engagierten Betreiber des Almohada unterstützen einen Wohlfahrtsverband für einheimische Kids mit den Geldern, die die Vermietung der billigen Schlafgelegenheiten in einer freundlichen, geselligen Atmosphäre einbringt. In dem ruhigen Vorort kann man sich bedenkenlos frei bewegen und hat es nicht weit zu ein paar Restaurants. Viele Gäste lassen sich aber einfach in der großen Küche oder den Gemeinschaftsbereichen nieder und entwerfen dort ihren Schlachtplan für die Stadterkundung.

Ximena's Guest House HOSTEL $
(Karte S. 316; ☎2260-2481; www.ximenasguesthouse.com; Calle San Salvador 202; B 7–9,50 US$, DZ 19–35 US$, 3BZ 45 US$; P❄@📶) Ximena's gibt's schon seit fast zwei Jahrzehnten und ein paar der älteren Zimmer zeigen deutli-

FESTE FEIERN, WIE SIE FALLEN

Angesichts der Tatsache, wie konservativ und katholisch El Salvador ist, wird hier mächtig gefeiert.

Feria Gastronómica (S. 343) Jedes Wochenende ist ein Grund zum Feiern, deshalb ab nach Juayúa, wo alle Leute Eidechsenfleisch essen und das Tanzbein schwingen.

Día de Indepencia (15. Sept.) GRATIS Am 15. September wird eins der vielen politischen Ereignisse in El Salvador gewürdigt – in diesem Fall auf nationaler Ebene und von beiden politischen Lagern.

Carnaval de San Miguel (S. 353) Ein Farbenmeer, Merengue, viel Alkohol, spärlich bekleidete Tänzerinnen und Umzugswagen.

Suchitoto (S. 359) An sämtlichen Wochenenden im Februar frönt Suchitoto seiner Kunstleidenschaft mit erstklassigen Darbietungen unterschiedlichster Art.

Bolas de Fuego (S. 325) Maskierte Einheimische werfen mit Feuerbällen zu Ehren eines Heiligen – vielleicht aber auch auf Leute, mit denen sie noch eine Rechnung offenhaben.

Fiestas Agostinas (1.–6. Aug.) Feierlichkeiten zum Gedenken an den Schutzpatron von El Salvador finden in allen Städten statt, am meisten ist aber in San Salvador los.

che Gebrauchsspuren. Die Unterkunft liegt jedoch in einem baumbestandenen Vorort von San Salvador und wird von einer Norwegerin betrieben, die ihre Wahlheimat in- und auswendig kennt. Das Hostel ist nicht ganz leicht zu finden, aber wenn man mal da ist, wird man bestimmt viele nette Leute kennenlernen.

International Guest House HOTEL $
(Karte S. 316; 2226-7343; i_guesthouse@hotmail.com; 35a Av Norte 9 Bis; EZ/DZ 18/25 US$;) Der Kampf um Kundschaft holt das Beste aus dem International heraus. Es ist an den vielen Flaggen zu erkennen und der Betreiber ist liebenswert überschwänglich. Das WLAN ist superschnell, das Bier gekühlt und die Betten sind genau richtig. Eine unspektakuläre, aber solide Option.

Hostal Armonía BOUTIQUEHOTEL $$
(Karte S. 316; 2225-6124; www.armoniahostal.com; 35a Av Norte; Zi. 35 US$; P) Dank tollem Preis-Leistungs-Verhältnis und schnellem, freundlichem Service hat dieses neue Gästehaus seine Konkurrenz im Viertel abhängen können. Eine clevere Wahl für alle, die sich Ruhe und Komfort wünschen. Nach einem Eingang mit weißen Arkaden Ausschau halten.

Hotel Villa del Angel BOUTIQUEHOTEL $$
(Karte S. 318; 2223-7171; www.villadelangelhotel.com; 39a Av Norte 219; DZ mit Frühstück 65–75 US$; P) Das Angel steckt die übrigen Hotels in die Tasche. Es ist erst vor ein paar Jahren auf der Bildfläche aufgetaucht und hat helle, sehr große Zimmer zu guten Preisen. Der Service ist diskret und professionell, die Lage nahe den Galerías Escalón sehr sicher. Es wird Englisch gesprochen.

Arbol de Fuego HOTEL $$
(2557-3601; www.arboldefuego.com; Av Antiguo Cuscatlan, Colonia La Sultana; EZ 60–70 US$, DZ 70–80 US$ mit Frühstück;) Der „Feuerbaum" ist das beste Hotel im ruhigeren Viertel Antiguo Cuscatlan südlich der Stadt. Die Zimmer sind tadellos und mit bunten lokalen Textilien und Naturseifen bestückt. Die meisten Zimmer liegen nach innen und wirken so z. T. etwas beengt, doch der Frühstücksgarten ist eine kleine Oase und der Service freundlich und herzlich.

Hotel Villa Florencia Zona Rosa BOUTIQUEHOTEL $$
(Karte S. 318; 2243-7164; www.hotelvillaflorencia.com; Av La Revolución; EZ/DZ/3BZ mit Frühstück 55/68/85 US$; P) Das kleine Hotel ist sehr beliebt bei wiederkehrenden San-Salvador-Besuchern. Mehrere hervorragende kulturelle Einrichtungen und Restaurants sind fußläufig zu erreichen. Es ist nicht billig, aber die kleinen Zimmer sind dafür vergleichsweise opulent und der Hof aus Stein bietet Zuflucht vor der Hitze. In der Nähe fahren Busse nach Guatemala und Honduras ab.

Hotel Villa Florencia Centro Historico HOTEL $$
(Karte S. 312; 2221-1706; www.hotelvillaflorencia.com; 3a Calle Poniente 1023; EZ/DZ 25/35 US$)

Die meisten Budgethotels San Salvadors sehen eher langweilig aus, nicht so das Florencia Centro. Es ist mit reichlich Antiquitäten ausgestattet und der mit Terrakottafliesen geschmückte Patio verleiht dem Ganzen etwas mehr Platz und verströmt europäischen Charme Tage. Es gibt kein warmes Wasser und Englisch wird kaum gesprochen, doch unlängst hat im Haus ein Café eröffnet.

Hotel Morrison HOTEL **$$**

(Karte S. 318; ☎2223-7111; www.hoteldelaescalon.com; 1 Calle Nueva 3999; EZ/DZ/3BZ mit Frühstück 59/73/83 US$; P ❄ ☎ ≋) Das Morrison wird professionell geführt und bereitet seinen Gästen einen angenehmen Reiseauftakt oder -ausklang. Die ordentlichen Zimmer sind eher klein, aber hier befindet sich alles am rechten Platz. Das Highlight ist der Hof- und Loungebereich, wo am Rand eines kleinen Pools das Frühstück serviert wird. Die Lage ist praktisch für Streifzüge durch Colonia Escalón.

La Posada del Rey I HOTEL **$$**

(Karte S. 318; ☎2264-5245; www.laposadadelreyprimero.com; Pasaje Dordely, Colonia Escalón; EZ/DZ/3BZ 59/80/95 US$; ❄ @ ☎ ≋) Die treue Seele von Colonia Escalón verfügt über angenehm große Zimmer mit edlen Betten und (zu) vielen Holzmöbeln. Hier übernachten Reisegruppen, Geschäftsleute und Alleinreisende. Die zahlreichen Angestellten haben immer ein Lächeln auf den Lippen und die Farbe an den Wänden sorgt für gute Laune. Die Gegend ringsum bietet sich für Spaziergänge an.

Hostal San José HOTEL **$$**

(Karte S. 316; ☎2226-4603; www.sanjosehostal.com; Blvd Universitario 2212; EZ/DZ/3BZ mit Frühstück 32/50/60 US$; @ ☎) Ein bisschen teuer für die bescheidene Lage, aber dennoch günstig, wenn man den Norden der Stadt erkunden möchte. Das San José verströmt das Flair eines effizienten Motels samt einladender Frühstücksterrasse. Nach einem Zimmer mit Fenster fragen! Nach vorheriger Anmeldung wird man kostenlos vom Busbahnhof abgeholt.

Casa de Huéspedes Tazumal HOTEL **$$**

(Karte S. 316; ☎2235-0156; www.hoteltazumalhouse.com; 35a Av Norte 3; EZ/DZ/3BZ mit Frühstück 35/45/55 US$; @ ☎) In einer Gegend mit vielen kleinen Hotels, die ähnliche Zimmer vermieten, sticht das Tazumal durch seine anheimelnden Gemeinschaftsbereiche, viel natürliches Licht und einen hübschen Hof hervor. Da nicht viel Englisch gesprochen wird, sollte man vielleicht sein Spanischwörterbuch aus der Tasche kramen.

★ **Casa ILB** BOUTIQUEHOTEL **$$$**

(Karte S. 318; ☎2528-4200; www.casailb.com; Blvd del Hipódromo 605, Colonia San Benito; EZ/DZ mit Frühstück ab 110/120 US$; P ❄ ☎) Die Casa ILB ist das edelste Boutiquehotel des Landes. Die fünf Zimmer im minimalistischen Design sind groß genug, um seine Yoga-Matte auszurollen und die Sonne zu grüßen. Die Steinböden, die geschützte Rasenfläche und Bettwäsche aus reiner Baumwolle trösten über den fehlenden Swimmingpool hinweg, das Mobiliar und die Kunstwerke schaffen eine Oase des guten Geschmacks.

Suites Las Palmas APARTMENT **$$$**

(Karte S. 318; ☎2250-0800; www.hotelsuiteslaspalmas.com.sv; Blvd del Hipódromo, Colonia San Benito; Zi./Suite mit Frühstück 75/90 US$; ❄ @ ≋) Auf der Kippe zum leicht Überteuerten und dennoch eine gute Wahl für Gruppen

EIN STÜCK GESCHICHTE: GRAFFITIKUNST IN EL SALVADOR

Die Wandmalereien, die viele Städte und Dörfer in El Salvador zieren, dokumentieren den Übergang des Landes in eine stabile Nachkriegszeit. Sie stellen sowohl primäre als auch sekundäre Quellen der neueren geschichtlichen Ereignisse dar und dienen häufig dazu, das Bewusstsein für aktuelle soziale Probleme zu wecken.

Die Zerstörung des Mosaikgemäldes an einer Fassade der Catedral Metropolitana in San Salvador Ende 2011 war ein unerwarteter Schritt der Katholischen Kirche, der Angst um das reiche künstlerische Erbe des Landes auslöste. Der Schock wog umso schwerer, als das Wandgemälde vom nationalen Idol Fernando Llort stammte.

Lokale Aktivisten und ein wachsendes internationales Interesse an den Graffiti sollten dazu beitragen, dass die Wandbilder als geschichtliches Zeugnis für die Nachwelt erhalten bleiben. Die schönsten Kunstwerke außerhalb der Hauptstadt findet man in Perquín, La Palma und Suchitoto.

Boulevard de los Héroes

EL SALVADOR SAN SALVADOR

Boulevard de los Héroes

Sehenswertes

1 Museo de La Palabra y La Imagen......D5

Aktivitäten, Kurse & Touren

2 Centro de Intercambio y Solidaridad........B1

Schlafen

3 Casa de Huéspedes Tazumal........C2
4 Hostal Armonía........C2
5 Hostal San José........B3
6 International Guest House........C2
7 La Almohada........C4
8 Ximena's Guest House........B5

Essen

9 Café Maquilishuat........B6
10 Las Fajitas........B3
11 Pupusería La Ceiba........B4

Unterhaltung

12 Café La 'T'........B3
13 CineMark........B6
14 Multicinema Reforma........C3
15 Teatro Luis Poma........B6

Shoppen

16 La Ceiba Libros........B6

von Reisenden, die sich aufs Partymachen in der Zona Rosa gleich gegenüber freuen. Die Apartments haben große Betten und Kühlschränken, diskretes Personal, viel Platz zum Tanzen und einen Dachpool. Na? Wie die Black Eyed Peas so schön singen: I gotta feeling ... that tonight's gonna be a good night.

Essen

Die mit Abstand kosmopolitischsten Restaurants von ganz El Salvador findet man in der Hauptstadt. Noch dazu ist das Angebot abwechslungsreich und für jedes Budget ist etwas dabei. In vielen Restaurants der Zona Rosa ist vor allem abends einiges los, während die Colonia Escalón mit einer netten Cafészene aufwartet.

Auch im Zentrum gibt es zahlreiche Restaurants, aber nur wenige sind wirklich empfehlenswert.

Pupusería La Ceiba PUPUSERÍA $
(Karte S. 316; Calle San Antonio Abad; Hauptgerichte 1–3 US$; ⌚7–11 & 16–21 Uhr) So salvadorianisch wie es nur geht! Eine *pupusas*-Platte von La Ceiba, benannt nach der Hafenstadt in Honduras, und die Welt ist wieder in Ordnung.

Café Maquilishuat SALVADORIANISCH $
(Karte S. 316; Av Los Andes, Metrocentro; Hauptgerichte 2–6 US$; ⌚7.30–19 Uhr; ✎) Ein sehr sauberes, verlässlich gutes salvadorianisches Restaurant. Der Name geht auf den Nationalbaum von El Salvador zurück, dessen Blüten pinkfarben sind. Jeden Tag werden andere einheimische Leibspeisen zubereitet, darunter auch einige vegetarische Optionen.

Comedores am Straßenrand SALVADORIANISCH $
(Karte S. 312; 1a Av Sur; Hauptgerichte 1–3 US$; ⌚8–22 Uhr) Wenn man zu Fuß in der Stadt unterwegs ist, wird einen der Duft aus den *comedores* am Straßenrand einen Block westlich der Plaza Barrios wahrscheinlich in der Nase kitzeln. Die *panes de carne* (Sandwiches mit Rindfleisch) werden leicht angetoastet und mit Pfefferkörnern gewürzt.

Le Croissant BÄCKEREI $
(Karte S. 318; 1a Calle Poniente 3883, Colonia Escalón; süße Teilchen 1–3 US$; ⌚7.30–18.30 Uhr) Toller Ableger einer Bäckereikette in Escalón. Der Kaffee ist brauchbar.

★ **Rustico Bistro** BURGER $$
(Karte S. 318; ☎2224-5656; 3a Calle Poniente; Burger 10–12 US$; ⌚11–16 Uhr) Das Rustico kann es unserer Meinung nach mit so ziemlich jedem Burgerladen in der Welt aufnehmen. Das Brot ist schön dick und frisch und das Fleisch wiegt gefühlt ein halbes Rind. Wir lieben das Sandwich mit *pulled pork* und Tamarindensoße. Zu trinken gibt's z. B. einen Krug Fruchtsaft.

★ **El Sopón Típico** SALVADORIANISCH $$
(Karte S. 318; Paseo General Escalón; Hauptgerichte 5–8 US$; ⌚10.30–21 Uhr; 👪) Einfach, frisch und köstlich ist die einheimische Küche in diesem berühmten *típico*-Restaurant an einer belebten Ecke neben den Galerías Escalón. Überzeugt haben uns die *mariscos en crema* und die *sopa de chorizo*, aber eigentlich liegt man mit keinem Gericht daneben. Abends machen sich Familien über die beliebten Yuca-Gerichte her.

Mile Time VEGETARISCH $$
(Karte S. 318; ☎2264-9980; Ecke 11a Calle Poniente 4134 & 81a Av Norte, Colonia Escalón; Hauptgerichte 4–8 US$; ⌚7–22 Uhr; ✎) Fleischersatz hat noch nie so gut gemundet wie im Mile Time in Escalón, in dem Querbeet alle vegetarischen Gerichte aus Asien und dem Abendland aufgefahren werden. Die *empa-*

Zona Rosa

0
1 km
s. Karte San Salvador Zentrum (S. 312)
s. Karte Boulevard de los Héroes (S. 316)
Av Gustavo Guerrero
Blvd Tutunichapa
Boulevard de los Héroes
Calle Los Sisimiles
1a Calle Poniente
Alameda Roosevelt
Parque Cuscatlán
33a Av Norte
35a Av Norte
39a Av Norte
Centro Nacional de Registros
Instituto Salvadoreño de Turismo
C El Progresso
43a Av Sur
Estadio Flor Blanca
Sexta Décima Calle Poniente
SalvaNatura
29a Av Sur
Calle Geraldo Barrios
25a Av Sur
12a Calle Poniente
49a Av Sur
Blvd Venezuela
Terminal de Occidente
Arenal de Montserrat
Av Los Pinos
Calle Progresso
Universidad Francisco Gavidia
Av Olímpica
57a Av Norte
59a Av Sur
63a Av Sur
63a Av Norte
65a Av Sur
67a Av Sur
Hospital La Divina Providencia (150 m)
Av Bernal
Prolongación Juan Pablo II
Blvd Constitución
Plaza Las Américas
3a Calle Poniente
1a Calle Poniente
71a Av Sur
Calle Nueva No 1
Calle Nueva No 2
Alameda Araujo
Corporación Salvadoreña de Turismo
Calle Loma Linda
Calle La Reforma
ZONA ROSA
Calle No 2
Calle Las Mercedes
Parque Nacional de Béisbol
Ministerio de Medio Ambiente
75a Av Norte
77a Av Norte
Fuente Beethoven
11a Calle Poniente
83a Av Norte
5a Calle Poniente
79a Av Sur
Av Las Magnolias
Peace Corps
Blvd del Hipódromo
Calle Las Palmas
Alameda Araujo
85a Av Norte
Av Delgado
Pasaje Dordely
Calle Padres Aguilar
Calle El Mirador
9a Calle Poniente
87a Av Norte
89a Av Norte
91a Av Norte
Paseo General Escalón
Av La Revolución
Pasaje No 1
Tica Bus
Calle Circunvalación
Blvd del Hipódromo
Centro Monseñor Romero (1,4 km); Arbol de Fuego (1,5 km); Jardín Botánico La Laguna (2,5 km)
7a Calle Poniente Bis
7a Calle Poniente
Calle La Ceiba
3a Calle Poniente
Quebrada La Mascota
Av Los Almendros
Calle Maquilishuat
Calle La Mascota
Av Las Azeleas
Av La Capilla
Av Las Azaleas
Av Alberto Masferrer Norte
Plaza Masferrer
El Arbol de Dios
Av Alberto Masferrer Sur

Zona Rosa

Highlights
1 El Arbol de Dios A3

Sehenswertes
2 Museo de Arte de El Salvador B3
3 Museo Nacional de Antropología David J Guzmán B4

Aktivitäten, Kurse & Touren
4 El Salvador Divers B1

Schlafen
5 Casa ILB A3
6 Hostal Cumbres del Volcan B1
7 Hotel Morrison C2
8 Hotel Villa del Angel F2
9 Hotel Villa Florencia Zona Rosa B4
10 La Posada del Rey I B2
11 La Zona Hostal B4
12 Suites Las Palmas C3

Essen
13 Beto's B2
14 Caminito Chocos C3
15 El Cafe de Don Pedro F2
16 El Sopón Típico D2
Koi Sushi .... (s. 29)
17 Le Croissant C2
18 Mile Time C1
19 Rustico Bistro C2
20 Típicos Margoth C1

Ausgehen & Nachtleben
21 Barbass C2
22 La Ventana C1
23 Los Rinconcitos B3
24 Republik C3
25 Scape E2
26 Zanzibar C3

Shoppen
27 Bookmarks C3
28 Galerías Escalón D2
29 La Gran Vía B1

nada en sopa agripicante (7 US$) ist göttlich, die Dessertkarte ellenlang.

Koi Sushi JAPANISCH $$
(Karte S. 318; ☎2264-4294; Calle El Mirador, Plaza Futura, Colonia Escalón; ⌚12–23 Uhr) Okay, dies ist ein Japaner in einem Einkaufszentrum in Zentralamerika. Aber manchmal braucht man einfach eine Portion frisches Sushi mit einem Hauch von Salsa. Und das Einkaufszentrum ist ganz schön schick.

El Cafe de Don Pedro SALVADORIANISCH $$
(Karte S. 318; ☎2260-2011; Ecke 39a Av Norte & Alameda Roosevelt; Hauptgerichte 4–8 US$; ⌚7–16 Uhr) Die *pinchos* (Fleisch- und Gemüsespieße) und Frühstücksangebote sind die Highlights in diesem familienbetriebenen Restaurant, das fast rund um die Uhr geöffnet ist und insgesamt vier Ableger in der ganzen Stadt hat. In der Filiale auf der Roosevelt darf man sich auf gesprächige Bedienung, viel Platz zum Parken und spottbilliges Bier freuen.

Caminito Chocos ARGENTINISCH $$
(Karte S. 318; ☎2223-6807; Calle La Reforma; Hauptgerichte 7–9 US$; ⌚12–22 Uhr) Bei dem pseudo-argentinischen Essen handelt es sich tatsächlich um unwiderstehliche Grillgerichte, Burger und Pommes frites. Muckibudengänger und Damen auf Diät werden einem hier wahrscheinlich nicht über den Weg laufen. An den Wochenenden sitzt viel junges Volk in dem Laden und trinkt Bier.

Las Fajitas MEXIKANISCH $$
(Karte S. 316; Blvd Universitario; Hauptgerichte 4–8 US$; ⌚12–24 Uhr) Das Geheimnis sind die fünf scharfen Soßen, zwischen denen man sich entscheidet, um anschließend seine Nachos hineinzutunken. Ein verlässlich guter Mexikaner.

Típicos Margoth SALVADORIANISCH $$
(Karte S. 318; ☎2263-3340; 77a Av Norte, Colonia Escalón; Hauptgerichte 5–8 US$; ⌚7–21.30 Uhr; 👪) Der Service ist nicht immer so *margoth* (lebendig und extrovertiert) wie es der Name verspricht, dafür bietet das familienbetriebene Selbstbedienungsrestaurant eine leckere Einführung in die salvadorianische Küche. Los geht's mit den *antojitos* (Appetithäppchen) und zum Abschluss gibt's *plátanos* (Kochbananen) und Zimtcreme.

Restaurante Hong Kong CHINESISCH $$
(Karte S. 316; 9a Av Sur; Hauptgerichte 4–9 US$; ⌚11–21 Uhr) Es gibt keine Chinatown in San Salvador, daher wird man sich mit diesem alteingesessenen großen süd-„chinesischen" Restaurant begnügen müssen. Die Nudeln sind ölig, die Frühlingsrollen triefen vor Sojasoße.

★ **Beto's** FISCH & MEERESFRÜCHTE $$$
(Karte S. 318; ☎2263-7304; www.betosrestaurante.wix.com/betosrestaurante; Ecke 85a Av Norte & Pasaje Dordely, Colonia Escalón; Hauptgerichte 7–18 US$; ⌚12–22 Uhr; P 📶) Colonia Escalón ist das Viertel, in dem man es sich bei einer Portion Krustentieren gut gehen lässt. Beto's bietet den perfekten Mix aus Business

Lunch und Abendessen für die salvadorianische Elite. Hier landet alles, was im Meer lebt, auf dem Teller, und der Service ist entwaffnend großartig.

Ausgehen & Nachtleben

San Salvador hat ein gutes, abwechslungsreiches Nachtleben. Die beliebteste Anlaufstelle ist die Zona Rosa. Auf zahlreichen verrauchten Tanzflächen und bei Livemusikbegleitung kann man bis tief in die Nacht feiern, Colonia Escalón ist derweil etwas gediegener. Außerhalb der Stadt zieht es die Nachtschwärmer zum Paseo El Carmen in Santa Tecla. Dort locken Cafés unter freiem Himmel und an den Wochenenden dröhnt in den Bars die Musik aus den Lautsprechern.

★ La Ventana BAR

(Karte S. 318; ☎2264-4885; www.laventana.com.sv; 83a Av Norte 510; ⌚Mo–Do 12–24, Fr & Sa bis 1, So 8–22 Uhr) Das schummerig beleuchtete Ventana fungiert seit fast zwei Jahrzehnten als Galerie und Restaurant, was in einer Stadt wie San Salvador eine ziemliche Errungenschaft ist. Zuerst kommt aber das Bier: Die Auswahl ist riesig. Dazu gibt's solide Kneipenkost (Hauptgerichte 5–12 US$). Die verschiedenen Crêpes sind eine nette Abwechslung.

Barbass BAR

(Karte S. 318; 79a Av Norte 725, Colonia Escalón; ⌚19 Uhr–open end) Rock 'n' Roll wird in diesem Laden nicht als Krach abgetan. Hier treten lokale Gitarristen auf, das freundliche Publikum ist gemischten Alters. Die Wände bedeckt interessante Straßenkunst. Tattoos sind keine Grundvoraussetzung, um eingelassen zu werden, aber durchaus gern gesehen.

Republik BAR

(Karte S. 318; ☎2240-0041; Calle La Reforma 243–247; ⌚Mi–So 15–1 Uhr) In der irischen Bar ist eigentlich immer etwas los. Somit ist das Republik die verlässlichste Anlaufstelle in der Zona Rosa. Cover-Bands und DJs spielen für ein gut gekleidetes Publikum, das in Grüppchen tanzt und dabei Mojitos (5 US$) und Eimer voll Flaschenbier an reservierten Tischen trinkt.

Scape SCHWUL

(Karte S. 318; Prolongación Juan Pablo II; ⌚Do–Sa 9.30–1 Uhr) An Wochenenden der Clubhimmel für Schwule.

Zanzibar COCKTAILBAR

(Karte S. 318; ☎2279-0833; Blvd del Hipódromo, Centro Commercial Basilea; ⌚11–1 Uhr) Eine überdurchschnittlich gute Cocktailbar in erhöhter Lage auf dem Hippodrom.

Los Rinconcitos BAR

(Karte S. 318; Blvd del Hipódromo 310; ⌚Mi–Sa 18–1 Uhr) Karaoke ist eine Art Lingua franca und die Salvadorianer lieben sie. Dies ist nicht unbedingt der edelste Ort, um sich ein paar Drinks zu genehmigen, das Geschäftsmodell scheint aber dennoch aufzugehen. Ausländer werden oft angefeuert und zum Singen animiert.

Unterhaltung

★ Café La 'T' LIVEMUSIK

(Karte S. 316; Calle San Antonio Abad 2233; ⌚Mo–Mi 10–21.30, Do–Sa bis 23 Uhr) Hin und wieder treten in diesem entspannten Laden abseits des Partytumults die besten Musiker des Landes auf. Sie spielen Ska, Jazz oder Blues. Dazu gibt's leichte Mahlzeiten, Alkohol und ausgezeichneten Kaffee.

Teatro Luis Poma THEATER

(Karte S. 316; ☎2261-1029; Blvd de los Héroes, Metrocentro; 5 US$) In San Salvadors angesehenstem Theater werden genreübergreifende moderne Darbietungen inszeniert. Es befindet sich in einem Einkaufszentrum.

Multicinema Reforma KINO

(Karte S. 316; ☎2225-9588; Blvd Universitario; 2,50 US$) Dienstags ist Kinotag.

CineMark KINO

(Karte S. 316; ☎2261-2001; Blvd de los Héroes, Metrocentro, 3. OG; 3 US$) Unser Liebling unter den großen Kinoketten.

Shoppen

In San Salvador gibt es mehrere schnieke Einkaufszentren, in denen alle international bekannten Marken vertreten sind. Colonia Escalón wartet zudem mit netten lokalen Boutiquen und Geschäften auf. Der Mercado Centro ist die richtige Adresse für günstige Kleidung und Elektrowaren, während der Mercado Ex-Cuartel ein wahres Riesenkaufhaus für traditionelles Kunsthandwerk ist; die Hängematten sind fantastisch!

Der bekannteste Künstler des Landes ist der Maler Fernando Llort aus La Palma. Seine unverwechselbaren, bunten Werke sind geradezu allgegenwärtig. Wer eine umfassende Sammlung sehen will, sollte im El Arbol de Dios (S. 307) vorbeischauen.

La Gran Vía EINKAUFSZENTRUM
(Karte S. 318; 87a Av Norte) Ein tolles Einkaufserlebnis mit guten Clubs und Restaurants.

Mercado Central MARKT
(Karte S. 312; 6 Calle Ote; ⌚Mo–Sa 7.30–18, So bis 14 Uhr) Salvadorianischen Stadtalltag par excellence bietet der Mercado Central, die einheimische Lieblingsadresse für Kleidung und Elektrowaren.

Mercado Ex-Cuartel MARKT
(Karte S. 312; Calle Delgado; ⌚Mo–Sa 7.30–18, So bis 14 Uhr) Auf dem Mercado Ex-Cuartel findet man sich nicht so leicht zurecht, aber mit Geduld und Spucke und einem Freund oder einer Freundin findet man sicherlich eine selbstgeknüpfte Hängematte und bestickte Textilien aus dem ganzen Land, die einem zusagen.

Bookmarks BÜCHER
(Karte S. 318; www.bookmarks.com.sv; Blvd del Hipódromo, Centro Commercial Basilea; ⌚10–21 Uhr) Eine gute Auswahl an englischsprachigen Romanen und Reiseführern (auch Lonely Planet).

Galerías Escalón EINKAUFSZENTRUM
(Karte S. 318; Paseo General Escalón; ⌚8–20 Uhr) Die Galerías Escalón warten mit exklusiven Klamotten- und Schmuckläden, Elektronikgeschäften, Handyanbietern und Banken auf drei klimatisierten Stockwerken auf. Am besten in einem der schicken Foodcourts Sushi kaufen und im riesigen Cinépolis-Kino einen Film anschauen.

La Ceiba Libros BÜCHER
(Karte S. 316; Blvd de los Héroes, Metrocentro, 1. OG; ⌚Mo–Sa 9–19, So 10–17 Uhr) Hier gibt's jede Menge spanischsprachige Geschichtsbücher und Literatur aus El Salvador. La Ceiba hat auch noch weitere Filialen in der Hauptstadt.

ℹ Praktische Informationen

EINREISE

Einreisebehörde (☎2221-2111; Ecke 9a Calle Poniente & 15a Av Norte, Centro de Gobierno; ⌚Mo–Fr 9–17, Sa bis 13 Uhr) Zuständig für die Verlängerung des Visums und andere Formalitäten zur Ein- und Ausreise.

GELD

Dispensa de Don Juan (2a Calle Poniente; ⌚9–20 Uhr) Nahe der Plaza Barrios gelegen. Hier gibt's mehrere Geldautomaten und es ist vermutlich der sicherste Ort im Zentrum, um Geld abzuheben.

MEDIZINISCHE VERSORGUNG

Die Luftverschmutzung ist und bleibt ein hartnäckiges Problem und die Berge, die die Stadt einkesseln, tragen ihren Teil dazu bei. Die hohe Abgas-Konzentration, die vor allem von den Bussen verursacht wird, kann tränende Augen oder sogar ein Kratzen im Hals hervorrufen.

Hospital Bloom (☎2225-4114; Ecke Blvd de los Héroes & Av Gustavo Guerrero; ⌚24 Std.) Öffentliches Krankenhaus mit langen Warteschlangen. Auf die Behandlung von Kindern spezialisiert.

Hospital Diagnóstico Escalón (☎2264-4422; 3a Calle Poniente; ⌚24 Std.) Von der US-Botschaft empfohlen.

NOTFALL

Polizei (☎2261-0630; Calle Berlín; ⌚24 Std.)

Touristenpolizei (☎2298-9983)

POST

Hauptpost (Karte S. 316; Blvd de los Héroes, Metrocentro; ⌚Mo–Fr 7.30–17, Sa 8–12 Uhr) Am praktischsten gelegene Filiale.

TOURISTENINFORMATION

Centro Nacional de Registros (CNR; Karte S. 318; www.cnr.gob.sv; 1a Calle Poniente, 2. OG; ⌚Mo–Fr 8–12.30 & 14–17 Uhr) Eine der besten Adressen in San Salvador für Stadtpläne.

Corporación Salvadoreña de Turismo (Corsatur; Karte S. 318; ☎2243-7835; www.elsalvador.travel; Alameda Araujo; ⌚8–12.30 & 13.30–17.30 Uhr) Hervorragende Website.

Entre Amigos (☎2206-8400; entreamigos@salnet.net; 17a Calle Poniente 142, Barrio San Miguelito; ⌚Mo–Fr 10–16 Uhr) Die Organisation setzt sich für die Rechte von Lesben, Schwulen, Bi- und Transsexuellen ein.

Instituto Salvadoreño de Turismo (ISTU; Karte S. 318; ☎2260-9249; istu@mh.gob.sv; 41a Av Norte; ⌚Mo–Sa 8.30–12 & 13–16 Uhr) Allgemeine Infos über Nationalparks und *turicentros* in El Salvador.

Ministerio de Medio Ambiente (Karte S. 318; ☎2267-6276; www.marn.gov.sv; Alameda Araujo/Carretera Santa Tecla Km 5,5; ⌚Mo–Fr 7.30–16.30 Uhr) Managt den Parque Nacional Montecristo-El Trifinio nahe Metapán. Man benötigt eine Genehmigung, um in dem Park übernachten zu dürfen. Auch Tagesausflügler sollten vorab anrufen, um sicherzustellen, dass nicht gleichzeitig eine größere Reisegruppe vor Ort ist. Die Genehmigungen werden persönlich oder per Fax ausgestellt.

Peace Corps (Karte S. 318; ☎2207-6002; www.peacecorps.gov; Av Las Dalias 3; ⌚Mo–Fr 9–16.30 Uhr) Wer sich etwas abseits ausgetretener Pfade halten will, ist bei dieser US-amerikanischen Organisation richtig. Die freiwilligen Helfer sind Besuchern gegenüber sehr aufgeschlossen.

SalvaNatura (Karte S. 318; ☎2202-1515; www.salvanatura.org; 33 Av Sur 640; ⌚Mo–Fr 8–12.30 & 14–17.30 Uhr) Die Angestellten, die den Parque Nacional El Imposible und den Parque Nacional los Volcanes verwalten, sind freundlich und hilfsbereit. Hier anrufen, bevor man sich in die Parks aufmacht.

WÄSCHEREI

Lavapronto (Calle Los Sisimiles 2944; ⌚Mo–Fr 7–18, Sa bis 17 Uhr) Wer möchte, kann die Wäsche noch am selben Tag wieder abholen.

An- & Weiterreise

BUS

Internationale Buslinien fahren am **Terminal Puerto Bus** (Karte S. 312; Ecke Alameda Juan Pablo II & 19a Av Norte) ab. Hin kommt man mit den Stadtbussen 29, 101D, 7C oder 52.

Platinum (Karte S. 312; ☎2281-1996; www.platinumcentroamerica.com; 19a Av Norte) bietet vom Terminal Puerto Bus einen Deluxe-Service nach Guatemala-Stadt an. Enthalten sind Klimaanlage, Filme und ein Essen (35 US$ einfache Strecke, 5 Std.), Abfahrt ist um 6.30 Uhr. Außerdem fahren täglich um 3 Uhr Busse nach San José (67 US$, 18 Std.). Nach Honduras gibt's Busse mit Klimaanlage, die täglich um 5.30 Uhr nach Tegucigalpa (44–56 US$, 6 Std.) und um 7 Uhr nach San Pedro Sula (35 US$, 6 Std.) fahren. Der Bus nach Managua, Nicaragua, startet um 11.30 Uhr (51 US$, 10 Std.).

Tica Bus (Karte S. 318; ☎2243-1188; www.ticabus.com; Blvd El Hipodrómo, Colonia San Benito; ⌚8–16.30 Uhr) bietet Busse, die um 6 und 14 Uhr vom Hotel San Carlos nach Guatemala-Stadt abfahren (18 US$, 5 Std.). Am besten ein bis zwei Tage im Voraus reservieren und eine halbe Stunde vor Abfahrt am San Carlos sein. Tica Bus hat im Hotel ein Büro. Von Guatemala-Stadt fährt der Bus zur mexikanischen Grenze bei Tapachula, Chiapas (19 US$, 7 Std.).

Tica Bus fährt um 5 Uhr am Hotel San Carlos los und erreicht Managua, Nicaragua, um 15.30 Uhr (30 US$). Ankunft in San José, Costa Rica, ist einen Tag später zwischen 15 und 16 Uhr (56 US$). Von dort geht die Fahrt um 22 Uhr weiter nach Panama (96 US$), wo der Bus am dritten Tag zwischen 15 und 16 Uhr ankommt.

Für nationale Langstreckenbusse gibt's in San Salvador drei Hauptterminals.

FLUGZEUG

Der **Aeropuerto Internacional Comalpa** (☎2339-8264; www.aeropuertoelsalvador.gob.sv) liegt 50 km südöstlich von San Salvador und ist ein wichtiger Verkehrsknotenpunkt Zentralamerikas.

American Airlines (☎2298-0777; www.aa.com; Ecke 89a Av Norte & Calle del Mirador, World Trade Center I; ⌚Mo–Fr 9–19, Sa bis 13 Uhr)

Avianca (☎2247-3263; www.avianca.com; Paseo General Escalón, Galerías Escalón; ⌚Mo–Fr 9–19, Sa bis 17, So bis 13 Uhr)

Copa Airlines (☎2209-2672; www.copaair.com; Ecke 89a Av Norte & Calle del Mirador, World Trade Center I; ⌚Mo–Fr 8–18, Sa bis 12 Uhr)

Delta Airlines (☎2275-9292; www.delta.com; Ecke 89a Av Norte & Calle del Mirador, World Trade Center I; ⌚Mo–Fr 8–18 Uhr)

United Airlines (☎2283-4000; www.united.com; Av de la Revolución, Sheraton Presidente Hotel; ⌚Mo–Fr 8–18, Sa bis 12 Uhr)

Unterwegs vor Ort

AUTO & MOTORRAD

Wer mit dem eigenen Fahrzeug unterwegs ist, sollte das Zentrum am besten meiden. Tagsüber staut sich dort der Verkehr und nachts ist die Gegend zu gefährlich. Der schnellste Weg führt über die großen Durchgangsstraßen. Einbahnstraßen sind mit einem auf die Straße aufgemalten Pfeil oder mit Schildern gekennzeichnet.

Alamo Rent a Car (☎2367-8000; www.alamoelsalvador.com; Blvd del Hipódromo 426; ⌚5.30–19.30 Uhr)

Avis (☎2500-2800, Flughafen 2339-9268; www.avis.com.sv; 43a Av Sur 127; 40 US$ pro Tag; ⌚Mo–Sa 7.30–18.30, So bis 17 Uhr)

Budget (☎2264-3888; www.budget.com.sv; 85a Av Norte 648, Colonia Escalón; 35 US$ pro Tag; ⌚Mo–Fr 8–17, Sa bis 12 Uhr)

Quick Rent a Car (☎2229-6959; www.quickrentacar.com.sv)

BUS

San San Salvador hat ein umfangreiches Busnetz – hier ist einiges unterwegs, vom großen, Rauch speienden Monster bis hin zum schnittigen Microbus. Eine Busfahrt kostet zwischen 0,30 und 0,35 US$.

Täglich zwischen 5 und 19.30 Uhr fahren regelmäßig Busse; sonntags ist die Frequenz geringer. Die letzten Busse fahren zwischen 19.30 und 20.30 Uhr; Microbusse sind länger, bis etwa um 21 Uhr, unterwegs. Nach 21 Uhr bleibt einem nur das Taxi.

Wenn man im Zentrum in den Bus steigen will, lohnt es sich, von der Plaza Barrios aus zu Fuß ein paar Blocks zu gehen – das geht schneller. Einige der Routen sind:

Bus 9 Fährt auf der 29a Av Norte an der Universidad de El Salvador entlang. Dann biegt er nach Osten ins Zentrum ab, vorbei an der Kathedrale und auf der Independencia am Terminal de Oriente vorbei.

BUSSE AB SAN SALVADOR

Terminal de Oriente

Alle Busse, die Ziele im Osten und einige wenige, die Ziele im Norden des Landes anfahren, kommen am **Terminal de Oriente** (Alameda Juan Pablo II) im Osten der Stadt an bzw. fahren von dort ab. Um hierher zu gelangen, nimmt man östlich des Zentrums Bus 9, 29 oder 34; die Busse 29 und 52 fahren vom Boulevard de los Héroes ab; vom Terminal de Occidente fahren die Busse 7C und 34; vom Terminal de Sur ist es Bus 21. Unten sind regelmäßig angefahrene Ziele aufgeführt; Achtung: Nach La Unión und San Miguel gibt es schnellere Sonderverbindungen.

REISEZIEL	BUS	PREIS (US$)	DAUER (STD.)
Chalatenango	125	1,10	2
El Poy (honduranische Grenze)	119	1,75	3
Ilobasco	111	1,10	1½
La Palma	119	1,80	2¾
La Unión	304	3,25	4
San Miguel	301	1,25–2,50	3
San Vicente	177	1	1½
Suchitoto	129	0,90	1½

Terminal de Occidente

Alle Busse, die Ziele im Westen des Landes anfahren, darunter auch die Grenze nach Guatemala, kommen am **Terminal de Occidente** (Karte S. 318; Blvd Venezuela, nahe der 49a Av Sur) an, bzw. fahren von dort ab. Um hierher zu gelangen, nimmt man vom Zentrum aus Bus 34; Bus 44 fährt vom Boulevard de los Héroes ab (am Boulevard Venezuela aussteigen und ein paar Blocks in Richtung Westen zum Terminal gehen); vom Terminal de Oriente fahren die Busse 7C und 34. Regelmäßig angefahrene Ziele:

REISEZIEL	BUS	PREIS (US$)	DAUER (STD.)
Ahuachapán	205	1,10	2¼ Std.
Cerro Verde	Santa Ana bis El Congo, dann 246	0,90	40 Min.
Joya de Cerén	108 bis San Juan Opico	0,65	1¾ Std.
La Hachadura	205 bis Sonsonate, dann 259	1,55	3½ Std.
La Libertad	102	0,70	1 Std.
Lago de Coatepeque	Santa Ana bis El Congo, dann 248	0,90	40 Min.
Las Chinamas	202 bis Ahuachapán, dann 263	1,60	2½ Std.
Los Cóbanos	205 bis Sonsonate, dann 257	1,30	2½ Std.
Metapán	201A	2,50	1¾ Std.
Ruínas de San Andrés	Santa-Ana-Bus 201	0,80	40 Min.
San Cristóbal	498	1,30	3 Std.
Santa Ana	201	0,90	1¼ Std.
Sonsonate	205	1	1¼ Std.

Terminal de Sur

Im Süden der Stadt liegt das **Terminal de Sur** (Autopista a Comalapa), auch Terminal San Marcos genannt. Von hier aus werden Ziele im Süden und Südosten angesteuert. Vom Stadtzentrum aus fahren die Buslinie 26 und der Microbus 11B dorthin, vom Terminal de Oriente Bus Nr. 21. Folgende Strecken werden bedient (Achtung: Nach Usulután fährt auch ein schnellerer *especial*-Bus):

REISEZIEL	BUS	PREIS (US$)	DAUER (STD.)
Costa del Sol	495	1,25	2½
Puerto El Triunfo	185	1,60	2
Usulután	302	1,70	2½

Bus 26 Passiert auf seinem Weg zum Terminal del Sur die Plaza Barrios und den Parque Zoológico.

Bus 29 Kommt auf seinem Weg zum Terminal de Oriente durch das Zentrum. Die Busse halten zwischen dem Metrocentro und dem MetroSur.

Bus 30 Fährt ins Zentrum und bildet die beste Anbindung an Bus 138 zum Flughafen. Hält hinter dem Metrocentro und am Parque Libertad im Zentrum.

Bus 30B Fährt, vor allem ab dem Boulevard de los Héroes, eine sehr praktische Strecke. Er ist zunächst auf dem Boulevard Universitario nach Osten unterwegs, dann auf dem Boulevard de los Héroes nach Südwesten zum Metrocentro. Dort biegt er nach Westen auf die Alameda Roosevelt ab und dann auf die 79a Avenida nach Süden. Weiter geht's auf dem Boulevard del Hipódromo bis zur Avenida Revolución, dann über die Alameda Araujo, Roosevelt und 49a Avenida Sur zurück zum Metrocentro.

Bus 34 Ist vom Terminal de Oriente zum Metrocentro, dann hinunter zur Zona Rosa unterwegs und dreht direkt vor dem MARTE (Kunstmuseum) um. Fährt auf dem Rückweg am Terminal de Occidente vorbei.

Bus 42 Von der Kathedrale aus folgt der Bus der Calle Arce in westlicher Richtung und setzt seine Fahrt auf der Alameda Roosevelt fort. An der Statue El Salvador del Mundo biegt er nach Südwesten auf die Alameda Araujo ab und kommt auf seinem Weg am Mercado de Artesanías und dem Museo Nacional de Antropología David J. Guzmán vorbei. Die Route verläuft weiter auf der Panamericana und passiert La Ceiba de Guadalupe.

Bus 101 Kommt auf seinem Weg von der Plaza Barrios ins Zentrum am Metro Sur, dem Anthropologiemuseum und der Basilika La Ceiba de Guadalupe vorbei und fährt weiter auf die Santa Tecla.

VOM/ZUM FLUGHAFEN

Shuttle Die beste Option für Fahrten vom/zum Flughafen (45 Min.) sind die von **Taxis Acacya** (s. oben rechts) angebotenen Shuttles. Jeder Gast darf zwei Koffer/Rucksäcke transportieren. In San Salvador fahren die Shuttles bei Taxis Acacya gleich hinter dem Puerto-Busterminal ab 8 Uhr immer zur vollen Stunde ab. Am Flughafen starten sie um 9, 13 und 17.30 Uhr.

Microbus Der Microbus 138 (0,60 US$, ¾–1 Std., alle 10 Min.) fährt, wenn man den Fahrer daran erinnert, auf seiner Route vom und ins Zentrum auch über den Flughafen. Zusteigen kann man in der Stadt gleich südlich der Plaza Barrios. Am Flughafen muss man erst 75 m über den Parkplatz bis zum Wartehäuschen am Highway gehen.

Taxi Eine Taxifahrt zwischen San Salvador und dem Flughafen kostet 30 bis 35 US$.

TAXI

Taxis gibt's hier wie Sand am Meer. Sie haben allerdings keine Taxameter, deshalb immer im Voraus einen Preis aushandeln. Tagsüber sollte eine Fahrt innerhalb der Stadt zwischen 5 und 8 US$ kosten. Spät abends und nachts steigen die Preise um ein paar Dollar. Registrierte Taxis sind mit einem „A" am Beginn des Nummernschilds gekennzeichnet und die Fahrer können bei Problemen theoretisch zur Verantwortung gezogen werden. Wenn gerade kein Taxi vorbeikommt, kann man bei **Taxis Acacya** (☎ 2271-4937, Flughafen 2339-9282; Ecke 19a Av Norte & 3a Calle Poniente; 5 US$) oder **Acontaxis** (☎ 2523-2424) telefonisch eins bestellen.

RUND UM SAN SALVADOR

San Salvador liegt im „Tal der Hängematten" und wird von improvisierten Siedlungen gesäumt, die sich an die Hänge der hügeligen Landschaft klammern. Hie und da befindet sich auch eine Maya-Ruine. Darüber hinaus umgeben steile Vulkane die salvadorianische Hauptstadt, die erklommen werden können, und kleine Künstlerdörfer und Kaffee-*fincas* (Plantagen) in erhöhter Lage (weniger heiße Temperaturen) machen sich wunderbar als Ausflugsziele. Zur Küste ist es nur eine kurze Fahrt nach Süden. Und La Libertad, der wichtigste Hafen, dient als Ausgangspunkt für ein phantastisches Surf-Abenteuer.

Sehenswertes

Die Gegend um San Salvador ist gespickt mit historischen Ruinen und herrlichen *miradores* (Aussichtspunkte).

Joya de Cerén RUINE

(Eintritt 3 US$; ⌚Di–So 9–17 Uhr) Das von der Unesco ins Verzeichnis der Welterbestätten aufgenommene Joya de Cerén wird auch das Pompeji Amerikas genannt. Beim Ausbruch des Vulkans Laguna Caldera wurde die kleine Maya-Siedlung im Jahr 595 n. Chr. unter Vulkanasche begraben. Das kleine Museum bietet den Besuchern eine gute Ausstellung mit Fundstücken und Miniaturnachbildungen der Dörfer. Ein besonders fesselndes Stück ist ein kleiner Teller, auf dem die Essensreste einer offenbar unterbrochenen Mahlzeit und darin sogar noch Fingerabdrücke zu erkennen sind.

Die Stätte befindet sich 36 km westlich von San Salvador. Am Terminal de Occidente Bus 108 nehmen und aussteigen, sobald dieser die Brücke über den Río Sucio überquert hat.

Cihuatán RUINE

(www.cihuatan.org; Eintritt 3 US$; ⌚Di–So 9–16 Uhr) Die bescheidenen Ruinen von Cihuatán bildeten früher ein enormes Stadtgebiet entlang des Río Guazapa – vielleicht war dies sogar die größte präkolumbische Stadt zwischen Guatemala und Peru. Heute ist die Stätte eine Art Lektion in Lokalgeschichte, die von San Salvador aus leicht zu erreichen ist und Besuchern dabei hilft, die moderne Hauptstadt in einen historischen Kontext zu bringen.

Vom Terminal de Oriente in San Salvador aus nimmt man Bus 119 in Richtung Chalatenango und steigt etwa 4 km hinter Las Aguilares aus – den Fahrer bitten, bei den Ruinen anzuhalten. Vom Haltepunkt aus sind es noch etwa 900 m bis zu der Stätte.

Ruinas de San Andrés RUINE

(Eintritt 3 US$; ⌚Di–So 9–17 Uhr) 1977 wurden an dieser Ausgrabungsstätte, die zwischen 600 und 900 n. Chr. von den Mayas bewohnt wurde, eine steile Pyramide und ein großer Hof mit einem unterirdischen Teilstück ausgegraben. Experten glauben, dass hier einmal bis zu 12 000 Menschen gelebt haben. Die friedlichen Ruinen liegen 300 m nördlich des Highways und 33 km westlich von San Salvador im Valle de Zapotitán.

Vom Terminal de Occidente in San Salvador nimmt man den Santa-Ana-Bus 201 und steigt bei Kilometer 33 aus. Ein kleines, schwarzes Schild weist von dort den Weg zu den Ruinen.

Festivals & Events

Bolas de Fuego KULTUR

(⌚31. Aug.) In Erinnerung an den Ausbruch des Volcán San Salvador und die Zerstörung des ursprünglichen Ortes werden am 31. August in Nejapa Feuerbälle in die Luft geworfen und anschließend wird auf den Straßen bis in die frühen Morgenstunden um Lagerfeuer herumgetanzt.

Los Planes de Renderos

Dieser hügelige Distrikt, 12 km südlich von San Salvador, ist berühmt für seine **Puerta del Diablo** (Teufelstor). Die zwei emporragenden Felsstücke, angeblich ein einzelner Steinblock, der auseinandergebrochen ist, bieten einen tollen Aussichtspunkt und herrliche Ausblicke. Während des Krieges wurden hier Hinrichtungen ausgeführt und die Leichen einfach über die Klippen geworfen.

Sehenswertes

Parque Balboa PARK

(Eintritt 0,80 US$) Die hiesigen *pupusas* sind in ganz San Salvador berühmt. Hut ab vor dem, der eine doppelte Portion schafft. Aber selbst wenn man keinen Hunger hat, ist der Park ein nettes Fleckchen, auch – oder gerade – für Kinder.

An- & Weiterreise

Die Felsen liegen 2 km hinter dem familienfreundlichen **Parque Balboa**. An der Ostseite des Mercado Central, auf der 12a Calle Poniente, nimmt man Bus 12 mit der Aufschrift „Mil Cumbres“. Mit dem eigenen Fahrzeug fährt man die Avenida Cuscatlán hinunter, bis die Felsen ausgeschildert sind.

La Libertad

16 885 EW.

Die meisten Reisenden, die San Salvador den Rücken kehren, um endlich das Meer und Surfstrände zu sehen, steuern als Erstes La Libertad an. Die Stadt ist zwar kein Postkartenmotiv, aber die berüchtigte Welle **Punta Roca** bricht in Sichtweite eines quirligen Fischmarkts und schafft in Verbindung mit dem *malecón* (Strandpromenade) ein außergewöhnliches Stadtbild. La Libertad ist übrigens längst nicht so gefährlich, wie viele Kritiker behaupten.

ABSEITS DER ÜBLICHEN PFADE

PANCHIMALCO

Inmitten der grünen Hänge des Cerro Chulo liegt das kleine Örtchen Panchimalco, das für seine religiösen Feste bekannt ist. Besonders eindrucksvoll sind dabei die Feierlichkeiten am Palmsonntag, wenn die Bewohner mit prächtig geschmückten Palmwedeln durch die Straßen ziehen. Anfang Mai findet die **Feria de Cultura de las Flores y las Palmas** mit Palmwedel-Kunst, Volkstanz und Feuerwerk statt.

Die von den Pipil abstammende Bevölkerung Panchimalcos hat sich neu erfunden und das Dorf zu einer Künstlerenklave gemacht. Besucher haben die Gelegenheit, eine Reihe von Werkstätten/Galerien aufzusuchen und Arbeiten führender nationaler Künstler zu erschwinglichen Preisen zu kaufen.

Zudem ist die Stadt mehr als der Strand; sie ist vor allem wegen des Hafens ein wichtiges kommerzielles Zentrum und hat viel mehr Dynamik, frisierte Busse und laute Schlepper, als man in einem Ort dieser Größe erwarten würde. Viele Touristen lassen La Libertad aus und machen sich direkt zu den relaxteren Stränden weiter westlich oder in den Deininger-Nationalpark im Osten auf. Dabei lohnt sich ein Abstecher, um Vorräte oder Ausrüstung zu kaufen und das Leben in einer mittelgroßen salvadorianischen Stadt von der bequemen Warte einer Hängematte aus kennenzulernen.

Sehenswertes

Parque Nacional Walter T. Deininger NATIONALPARK
(Eintritt 1 US$, Guides 12 US$; 8–17 Uhr) An der Straße nach Comalapa, etwa 4 km nördlich von La Libertad, liegt der Parque Nacional Walter T. Deininger, der nach einem deutschen Siedler benannt ist, der das Land stiftete. Zwei Arten von Wald sind hier vertreten: der Laub abwerfende *caducifolio* und der immergrüne *galería*. Wer den Nationalpark besuchen möchte, muss sich eigentlich fünf Tage im Voraus bei der ISTU in San Salvador eine Genehmigung besorgen. Einfach am Park auftauchen und dort mit dem Wächter reden ist aber zumindest einen Versuch wert. Der Park liegt mit dem Bus (Bus 187) etwa 15 Minuten von La Libertad entfernt.

Aktivitäten

Hospital de Tablas de Surf SURFEN
(2335-3214; 3a Av Norte 28-7) Der Surfbrett-Doktor Saul hat sein Hospital de Tablas de Surf auf das Nachbargrundstück ausgeweitet und nun noch mehr Platz für Reparaturen, Vermietungen und den Verkauf von Surfbrettern. Ach, und Unterricht gibt er natürlich auch noch. Wenn es verlassen aussieht, einfach klopfen.

Schlafen

In La Libertad gibt es ein paar eher rudimentäre Motels, auf die nur im Notfall zurückgegriffen werden sollte. Besser sind die Unterkünfte etwas weiter westlich an der Playa El Tunco und dahinter.

Hotel Renacer HOTEL $
(7027-2899; Calle 4a Poniente 3 Av Sur; mit/ohne Klimaanlage 20/15 US$ pro Pers.;) In einer Stadt, die für ihre schlechten Hotels bekannt ist, schafft es sogar ein Renacer in die obere Liga. Die sieben Zimmer mit privatem Bad sind beliebt bei Surfern, die einen längeren Aufenthalt planen, aber auch bei anderen Reisenden.

Hotel Rick HOTEL $
(2335-3542; 5a Av Sur; DZ 25 US$;) Selbst die hartgesottensten Surfer bestätigen, dass das Rick ganz schön unschön ist, aber die Bäder sind sauber. Die Zimmer im oberen Stockwerk bekommen mehr Licht ab.

Punta Roca Surf Resort RESORT $$
(2352-4628; Playa El Cocal; DZ 40 US$;) Den Betreibern dieses beliebten lokalen Resorts gehört auch das berühmte Restaurant auf der Landspitze in La Libertad. Tagesausflügler lieben den großzügigen Poolbereich, abends wird es dann aber wieder angenehm ruhig. Schick ist anders, aber die aufrichtige Gastfreundlichkeit und die komfortablen Betten machen das Punta Roca zu einer guten Anlaufstelle.

Sol Bohemio HOTEL $$
(7262-0497; www.solbohemio.com; Playa San Blas; DZ 54 US$) Nicht eben die günstigste Adresse, aber sehr friedlich und in jedem Fall besser als eine Übernachtung in La Libertad. An Wochenenden wimmelt es im Restaurant von Tagesgästen; das Gästehaus mit vier Zimmern liegt an einem bildschönen Strand und ist geradezu gespenstisch ruhig.

Essen

Den *malecón* säumen mehrere tolle Fischrestaurants.

★ **Punta Roca** FISCH & MEERESFRÜCHTE $$
(Ecke 5a Av Sur & 4a Calle Poniente; Hauptgerichte 4–14 US$; So–Do 8–20, Fr & Sa bis 22 Uhr) Das Restaurant mit Blick auf die Landspitze ist Robert Rotherhams ganzer Stolz. Der Wahl-Salvadorianer und Surfer versorgt die notorisch pingelige Surfer-Gemeinde schon seit Jahrzehnten mit Essen. Das *gringo frijolero* (gegrillter Fisch oder Fleisch mit Bohnen, Gemüse, Avocado und Tortillas für 11 US$) stillt auch den größten Bärenhunger, die großen Shakes, Smoothies und Cocktails (4–5 US$) führt man sich am besten bei Sonnenuntergang zu Gemüte.

Nuevo Altamar FISCH & MEERESFRÜCHTE $$
(4a Calle Poniente; Hauptgerichte 6–15 US$; 11–23 Uhr) Ein Stopp in dieser Institution mit weißen Tischdecken lohnt sich, denn das *ceviche* und die *cazuela* (Meeresfrüch-

tesuppe) sind köstlich. Viele San Salvadorianer unternehmen die Fahrt hierhin zu besonderen Anlässen.

La Dolce Vita ITALIENISCH $$

(☎2335-3592; Calle San Diego; Hauptgerichte 9–12 US$; ⏲9–22 Uhr) Nahe dem Wasser stehen mehrere Restaurants mit Angestellten, die Gäste direkt ansprechen, um sie in die Lokale zu locken. La Dolce Vita hat Werbung dieser Art nicht nötig; die Pizzas und die Pastagerichte sind richtig gut.

ℹ Praktische Informationen

Banco Agrícola Filialen befinden sich östlich des Marktes in Barrios und im Einkaufszentrum El Faro. Tauscht Reiseschecks; außerdem hat die Filiale im Einkaufszentrum El Faro einen neuen 24-Stunden-Geldautomaten.

Post (2a Calle Oriente; ⏲Mo–Fr 8–17, Sa bis 13 Uhr) Nahe der 2a Av Norte.

ℹ An- & Weiterreise

Hier gibt es kein Busterminal. Bus 102 verbindet La Libertad mit San Salvador (0,70 US$, 1 Std.). In San Salvador fährt dieser am Terminal hinter dem Parque Bolivar bzw. am Terminal de Occidente ab. In La Libertad starten die Busse an der Ecke 4a Av Norte und Calle Gerardo Barros.

Um nach Sonsonate zu kommen, vnimmt man on der Bushaltestelle in der 2a Calle Poniente Bus 287 (1,25 US$, 2½Std., nur um 13.45 Uhr) oder alternativ Bus 192 zur Playa Mizata und steigt dann um.

La Libertad ist auch direkt vom Flughafen aus zu erreichen und etwa gleich weit entfernt wie San Salvador. Mit dem Bus 133 fährt man einige Minuten bis zum *puente a Comalapa* (Comalapa-Überführung) . Von dort führt ein Fußweg zur Straßenkreuzung, von der es noch 100 m bis zum Ort Comalapa sind. Die Busse 187 und 495 fahren von hier alle 20 Minuten nach La Libertad (0,40 US$).

La Costa del Bálsamo

Willkommen im Surferparadies made in El Salvador. Von der rauen Hafenstadt La Libertad aus führt die Küstenautobahn nach Westen, vorbei an winzigen Stränden mit surfbaren Wellen und schwarzem Sand.

An der **Playa El Tunco** wird am Wochenende immer bis zum Umfallen gefeiert, aber nur ein Stück weiter hat man den glitzernden Ozean, in dem es von Schildkröten, Delfinen und riesigen fliegenden Fischen nur so wimmelt, so gut wie für sich allein. Die **Playa El Zonte** ist der beste Ort, um surfen zu lernen oder sich ein Fischerboot zu mieten.

Los Cóbanos ist ein Fischerdorf an einem abgeschiedenen Riff an der westlichen Spitze der Costa del Bálsamo. Nirgendwo im Land kann man besser schnorcheln und tauchen.

Ihren Namen verdankt die Region dem kostbaren Öl, das hier durch das Verbrennen der Rinde von lebenden Balsambäumen gewonnen wird. Heute gibt es nur noch wenige davon – die wichtigste Nutzpflanze ist jetzt Baumwolle.

Schlafen

In den Strandorten westlich von La Libertad findet man einige der besten Budgetunterkünfte des ganzen Landes.

Papaya's Lodge HOSTEL $

(☎2389-6027; www.papayalodge.com; Playa El Tunco; B mit/ohne Klimaanlage 10/8 US$, Zi. mit/ohne Klimaanlage 25/20 US$) Ein schnörkelloses, einladendes Hostel, das mitverfolgt hat, wie unglaublich die Gemeinde ringsum seit 2000 gewachsen ist. Die Schlafsäle aus Beton sind nichts Besonderes, die nettesten haben aber eigene Bäder und sämtliche Zimmer sind sauber. Die Anlage steht ein Stückchen abseits der Partyszene, aber wenn die Surfergemeinde in Stimmung kommt, kann es trotzdem laut werden. Die Flussterrasse ist eine willkommene Abwechslung vom sonst Üblichen.

Sombra HOSTEL $

(www.surflibre.com; Playa El Tunco; B/DZ ohne Bad 7/18 US$, B/DZ/3BZ mit Bad 18/22/30 US$; 📶❄) Das Sombra ist ein hippes kleines Hostel, das in einer höheren Gewichtsklasse mitmischt. Die ordentlichen Schlafsäle sind die schönsten von ganz El Tunco und der kleine Pool reicht völlig aus. Weit überdurchschnittlich sind aber die Extras: der kostenlose Abholservice in San Salvador, die Dusche im Freien, Gratis-Trinkwasser, stabiles WLAN und die Tatsache, dass hier mitgebrachte alkoholische Getränke konsumiert werden dürfen.

El Balsamo HOSTEL $

(☎2389-6140, 7404-8117; www.elbalsamo.com; Playa El Sunzal; B 7 US$, EZ/DZ ohne Bad 10/15 US$, mit Bad 20/25 US$) Die Doppel- und Mehrbettzimmer sind sauber, das Preis-Leistungs-Verhältnis stimmt. Aus den Fenstern schaut man ins Grüne und im Obergeschoss profitiert man von der Meeresbrise. El Balsamo liegt allerdings nicht direkt am Strand, man muss 300 m laufen (als Frau besser nicht allein). Wenn die Wellen zu flach zum Surfen sind, kann man sich an der Skaterrampe verausgaben.

Canegue Hostal HOSTEL $
(☎7598-6913; Playa El Zonte; B/Zi. 7/20 US$, Hängematten & Camping 3 US$) Das Canegue ist ein einfaches Hostel, das von einem witzigen einheimischen Surfer betrieben wird: Zancudo. In seiner berüchtigten Bar hält er gern ein Schwätzchen mit den Gästen. Die beiden Privatzimmer sind schlicht, aber die Lage ist sehr ruhig und die Hängematten gleich am Wasser sind ebenfalls eine super Sache.

Sunzal Point Surf Lodge LODGE $
(☎2389-6070; www.surfsunzal.com; Carretera del Litoral Km 44, Playa El Sunzal; B 8 US$, DZ mit/ohne Klimaanlage 30/16 US$; ❄@) Die älteste unter den altmodischen Unterkünften wurde vor ein paar Jahren moderat modernisiert. Heute frequentieren die einfache Lodge vor allem Surfer. Das Highlight ist der weitläufige Garten.

El Palmarcito Hotel HOSTEL $
(☎2305-7900; Playa El Palmarcito; DZ ab 12 US$; P@≋) El Palmarcito, 5 km westlich von Sunzal gelegen, bietet nicht viel mehr als ein paar Hütten und einen wunderschönen Strand. Achso, ja. Und natürlich diese nette, anheimelnde Surferbleibe mit komfortablen Zimmern. Zu essen gibt's riesige Portionen Fisch und Meeresfrüchte aus der Gegend (4–10 US$).

★Hotel Mopelia BOUTIQUEHOTEL $$
(www.hotelmopelia-salvador.com; Playa El Tunco; EZ/DZ ab 15/20 US$, mit Klimaanlage 35/40 US$; ❄) Von der großen Anlage fühlen sich vor allem Reisende angezogen, die sich für das Geschäftsmodell des Besitzers begeistern können, das durchdacht ist und sich durch viel Platz auszeichnet. Inzwischen stehen zwölf Zimmer (verschiedene Preiskategorien) zur Verfügung. Für jedes Budget ist etwas dabei. Bei Tunco Veloz (vor Ort) bekommt man zudem die beste Pizza der Stadt und darf sich auf eins der umfangreichsten Biersortimente von El Salvador freuen.

★Eco del Mar BOUTIQUEHOTEL $$
(www.ecosurfelsalvador.com; Playa El Tunco; Zi. 44–66 US$, mit Klimaanlage 54–86 US$; ❄) Neben der Polizei und dem Strand befindet sich eins der diskretesten Hotels von Tunco. Das Eco del Mar ist ein zweigeschossiges Gebäude mit viel Holz, z. B. an der netten Veranda, den Außentreppen und in den Sitzbereichen. Die Zimmer sind ungewöhnlich groß und warten mit Frühstückstischen, Kochgelegenheiten und Fernsehern auf. Eine günstige Unterkunft für Kleinfamilien. Nur Bargeldzahlungen möglich.

Tekuani Kal BOUTIQUEHOTEL $$
(☎2389-6388; www.tekuanikal.com; Playa El Tunco; EZ/DZ mit Frühstück 60/75 US$; ❄≋) Am oberen Ende der Preisskala von El Tunco. Man zahlt in erster Linie für die Aussicht. Beliebt bei einer etwas gesetzteren Klientel.

SURFEN IN EL SAL

16 Point Breaks (Righthander), eine Wassertemperatur von 28 °C und ein Meer, in dem es von Schildkröten nur so wimmelt. Was will man mehr? Hier unsere Favoriten:

Punta Roca Hat Kultstatus, und das zu Recht. Die beste Welle Zentralamerikas wird oft mit der südafrikanischen J Bay verglichen. Der felsige Boden macht sie schnell und kraftvoll. Nichts außer dem Brett mitbringen – auf dem Weg zur Landspitze wird oft geklaut.

Las Flores Ein schneller, sandiger Point Break, der bei Ebbe am besten läuft. Nach einem flachen Start reitet man bis zu 300 m (!) bis zu einem Strand mit schwarzem Sand. Von hier aus lässt sich per Boot auch die berüchtigte Punta Mango erreichen. Bloß nicht reinfallen!

Playa El Sunzal Die beliebteste Welle von El Salvador, ein toller, konstant großer Righthander, der von erfahrenen Surfern geritten wird.

Playa El Zonte Jede Menge Schaum und viele Surflehrer vor Ort machen diesen hübschen, größtenteils geschützten Strand zum idealen Ort für Surfanfänger.

Playa El Palmarcito So etwas wie ein Geheimtipp. Diese kleine Schönheit serviert leckere Wellen für alle Niveaus, wenn die Bedingungen stimmen.

El Sunzalito HOSTEL $$

(☎7211-9519; Playa El Tunco; B/EZ/DZ 5/25/50 US$) Willkommener Neuzugang in El Tunco nahe dem Ortseingang.

El Dorado BOUTIQUEHOTEL $$

(☎7859-4212; www.surfeldorado.com; Playa El Zonte; B/EZ/DZ ab 28/40/55 US$; P❄≋) Von der „Hauptstraße" aus gesehen auf der anderen Flussseite liegt dieses stylische Resort. Die Betreiber sind zwei geschäftstüchtige Franco-Kanadier, ein Pärchen; das Personal ist eingespielt und besteht aus Einheimischen. Der direkte Zugang zu den Wellen sorgt dafür, dass man früh aus den Federn kommt. Die Zimmer mit Bambuskunst, hochwertiger Bettwäsche und Steinduschen sind ein echter Augenschmaus.

La Guitarra BOUTIQUEHOTEL $$

(☎2389-6388; www.surfingeltunco.com; Playa El Tunco; EZ/DZ/3BZ mit Ventilator ab 20/30/36 US$, mit Klimaanlage 30/55/75 US$; ❄@≋) Die Strandzimmer dieser Unterkunft mit Rockmusik-Motto sind einen Tick zu teuer, die Gartenzimmer (ruhiger und näher an der Rezeption) aber eine gute, preiswerte Wahl. Das Management kommt zwar ein bisschen hochnäsig daher, doch der Rasenbereich neben dem Pool und die TV-Lounge drinnen bieten Gelegenheit, mit anderen Gästen ins Gespräch zu kommen. An den Wochenenden treten Bands in der Bar auf (es kann laut werden!).

Esencia Nativa HOSTEL $$

(☎7737-8879; www.esencianativa.com; Playa El Zonte; B/DZ/3BZ 15/25/30 US$, Zi. mit Bad & Klimaanlage 35 US$; P❄≋) Die einzige Straße in El Zonte führt zum Escencia Nativa – eine gute Sache. Das unauffällige Hostel ist nämlich ein beliebter Backpacker-Treffpunkt, unabhängig von der eigentlichen Schlafgelegenheit. Der Pool ist ein echter Abräumer und es bedarf schon richtig guter Wellen, um einen von der leckeren Pizza in der „Munchie Shack" samt Blick aufs Meer wegzulocken. Alex (lebt schon seit Ewigkeiten hier) weiß alles über die Gegend, was es zu wissen gibt.

Casa Garrobo HOTEL $$

(www.casagarrobo.com; Los Cóbanos; EZ/DZ 20/30 US$; P❄≋) Das „Leguanhaus" ist das Paradies für Sonnenanbeter. Ein Pfad mit goldenem Sand führt zu den nährstoffreichen, felsigen Untiefen vorn (als Playa La Amor bekannt) und zu ein paar Stränden weiter westlich. Die eigentliche Anlage umfasst drei große Zimmer, zehn Betten, Fliesenböden und lauwarme Duschen. Auf dem Absatz findet man mehrere Hängematten, komfortable Möbel und eine kleine Büchersammlung. Der kleine, nierenförmige Pool und die offene Gemeinschaftsküche runden das Budget-Urlaubserlebnis für ein paar faule Tage ab.

B Boutique Hotel BOUTIQUEHOTEL $$$

(☎7210-9258; www.bboutiquehotel.com; 45,9 Carretera del Litoral; DZ 350 US$; P❄≋) Gleich außerhalb von Playa El Sunzal befindet sich die edelste und teuerste Unterkunft des Landes. Das kleine Hotel ist bemerkenswert diskret. Gerade mal vier Zimmer blicken auf einen Infinitypool und den Pazifik dahinter. Auf dem Gelände ist auch das erstklassige Fischrestaurant Beto's angesiedelt.

Boca Olas BOUTIQUEHOTEL $$$

(☎2389-6333; Playa El Tunco; DZ 100–140 US$; ≋) Das kleine El Tunco ist erwachsen geworden! Boca Olas hat den Kultiviertheitsgrad des Strandnests mit seinem gepflegten, hochpreisigen Angebot deutlich erhöht. Der Pool ist top, der Service professionell. Die Suiten mit zwei Schlafzimmern sind ideal für kleinere Gruppen von Reisenden (150 US$).

Essen

Die beste Adresse zum Essengehen in der Gegend ist die Playa El Tunco mit ihrer riesigen Auswahl an Surfer-Cafés, Fischrestaurants und relaxten Bars mit warmer Küche.

Cojo Coyote CAFÉ $

(Playa El Tunco; Hauptgerichte 3–6 US$; ⏲6.30–17 Uhr) Ein cooles, neues Café kurz vorm Ende der Sandpiste. Im Cojo Coyote gibt's Frühstück, Smoothies, Kaffee und Surfer-Snacks, die Lust auf mehr machen.

★ **Sharky's** TEX-MEX $

(Playa El Sunzal; Hauptgerichte 3–6 US$; ⏲7–15 Uhr) Taucht da dieser Ex-Pilot in Playa El Sunzal auf und beschließt, ein kleines Café zu eröffnen, weil er immer so platt ist vom Surfen (und dringend Beschäftigung braucht, wenn die Wellen mal nichts taugen). Soweit die Geschichte, nichts Ungewöhnliches. Alles klar, Richard, viel Glück dabei. Und das Resultat? Um zu den Frühstücks-Burritos (und dem ganzen Rest) vorzudringen, muss man über zerbrochene Bierflaschen steigen.

★ **Take a Wok** NUDELN $$

(Playa El Tunco; Hauptgerichte 6–8 US$; ⏲17–22 Uhr) Die besten Nudeln von El Salvador (ehrlich – wir haben uns überall umgesehen) bekommt man in dieser kleinen Bude an der Straße nach El Tunco. Zu erkennen ist sie an den Massen von Surfern und Kiffern, die ihre gewünschte Kombo rufen und dann ungeduldig warten, bis das Essen fertig ist.

Comedor La Esquina SALVADORIANISCH $$

(Playa El Tunco; Hauptgerichte 4–8 US$; ⏲7–21 Uhr) In der berühmten „Eckkneipe" werden Burritos auf große, bunte Teller geladen.

La Bocana FISCH & MEERESFRÜCHTE $$

(Playa El Tunco; Hauptgerichte 6–16 US$; ⏲8–23 Uhr) Es liegt am Strand, hat mehr als hundert Sitzplätze, ein Überangebot an Kellnern und eine umfangreiche Karte, auf der so ziemlich alles draufsteht, worauf Besucher Appetit haben könnten. Wenn die Sonne untergeht (beziehungsweise nach einem sechsstündigen Mittagessen), darf man getrost laut werden.

Dale Dale Cafe CAFÉ $$

(☎7080-0263; Playa El Tunco; Sandwiches 5–7 US$; ⏲6.30–17 Uhr) Wer gern einen weniger lateinamerikanischen Start in den Tag hätte, könnte sich in diesem etwas feineren Café an der Hauptstraße einen Smoothie, Kräutertee, Americano-Kaffee oder einen Haufen luftig-leichter Pfannkuchen bestellen. Nur zu! *(Dale dale!)*

Soya Nutribar SAFTBAR

(☎7887-1596; Playa El Tunco; ⏲8.30–15 Uhr) Die Säfte, Shakes und probiotischen Flüssigmahlzeiten (klingt schlimm, ist aber lecker) sind *delicioso* und die Kunden strahlen, wenn sie den Laden wieder verlassen. Hier kann man sich einen Energieschub für den Tag besorgen.

Ausgehen & Nachtleben

★ **Monkey Lala** BAR

(Playa El Tunco) Alle lieben diese neue Cocktailbar links vom Hauptstrand, ein wunderbarer Sonnenuntergangstreff. Im Hintergrund laufen knackige Elektro-Sounds und auf dem Sandboden tummeln sich wohlsituierte Einheimische und clevere Traveller. Freitags ist Karaoketag, sonntags wird gegrillt und dazwischen gibt's die eine oder andere Überraschung. Monkey Lala setzt einen Trend, der sicher Nachahmer finden wird.

D'Rocas CLUB

(☎2389-6313; Playa El Tunco; ⏲Fr & Sa 12–2 Uhr) Mancher liebt dieses Hotel, das sich an Wochenenden in einen wilden Club verwandelt, wenn die Einheimischen nach El Tunco strömen, andere wundern sich darüber, wie zum Teufel sie schon wieder hier gelandet sind. Im D'Rocas wird zu Latino-Hymnen getanzt und bildschöne KellnerInnen schütten hochprozentige Getränke in Plastikbecher.

Lab BAR

Im Lab gibt's Kurze mit natürlichem Fruchtaroma (1–2 US$) und DJs und Latino-Bands aus dem ganzen Land sind eingeladen, auszutesten, welche Mischung die meisten Leute zum Tanzen animiert. Bombastisches Nachtvergnügen.

An- & Weiterreise

Bus 80 aus La Libertad fährt bis zur Playa El Sunzal. Dort muss man dann in die seltener verkehrende Linie 192 umsteigen.

Santa Tecla

133 601 EW.

Während San Salvador mit gesellschaftlichen und Infrastrukturproblemen kämpft, schreitet in Santa Tecla (oder Nueva San Salvador), 15 km südwestlich der Hauptstadt, langsam, aber sicher die Gentrifizierung voran, insbesondere in der Gegend um den **Paseo El Carmen**. Am Wochenende und im Sommer auch täglich verwandelt sich die Fußgängerstraße in einen Markt, zu vorgerückter Stunde dann in eine quirlige Ausgehmeile mit Cafés, Bars, Restaurants und sogar Möbelgeschäften. Die Klientel ist auffallend relaxt.

Eine Taxifahrt ab San Salvador kostet ca. 12 US$ (einfache Strecke).

Schlafen

Rund um den Paseo El Carmen haben sich ein paar Pensionen angesiedelt.

Hotel El Portal de Las Colinas HOTEL $

(☎2287-2544; Calle Poniente 5-4; EZ/DZ 10/13 US$) Das brandneue Hotel mit Restaurant hat eine gesellige Atmosphäre. An Wochenenden wird Livemusik (Akustik) geboten. In den Zimmern gibt's Holzböden und Grünpflanzen. Ein tolles Preis-Leistungs-Verhältnis angesichts der Lage nahe dem Trubel.

Hotel Jardin del Carmen HOTEL $$
(☎2519-6487; www.hoteljardindelcarmen.com; 7a Calle Oriente 7-8; EZ/DZ 28/35 US$; P ❄ 📶) Das beste Hotel nahe der Fußgängerzone Paseo El Carmen und zugleich das mit der langjährigsten Erfahrung. Die gefliesten Zimmer sind geschmackvoll eingerichtet und geräumig. Großzügige Rabatte für längere Aufenthalte.

Essen

Das Restaurantangebot von Santa Tecla ist recht abwechslungsreich. An den Wochenenden wird es z. T. richtig voll.

Cafe Caracol INTERNATIONAL $$
(☎7730-6502; Paseo El Carmen; 8–12 US$; 🕒16–23 Uhr) Das klassische Café mitten auf dem Paseo El Carmen verkörpert die Wochenend-Demografie von Santa Tecla. Die internationale Speisekarte ergänzt eine erlesene Weinkarte, außerdem stehen jede Menge Kaffeespezialitäten und Cocktails zur Wahl.

Teklebab TÜRKISCH $$
(☎7910-1482; 5a Av Norte 2-13; Hauptgerichte 6–14 US$) Wunderbares Essen mit türkischer Note in einer hippen Restaurant-Bar mit dazugehöriger Shisha-Lounge.

Happy Coffee CAFÉ $$
(☎2532-9918; Av Río Amazonas 3, Antiguo Cuscatlan; Burger 5–6 US$, Espresso 1,50 US$; 🕒8–17 Uhr) Dieser moderne Coffeeshop im amerikanischen Stil ist das erfolgreiche Projekt von einer Gruppe junger Leute, deren Leidenschaft es ist, Kaffeebohnen aus ihrem Heimatland zu rösten. Langsam entwickelt sich eine Kaffeekultur in El Salvador, Läden wie Happy Coffee sei Dank!

Ausgehen & Nachtleben

Santa Tecla ist freitagabends die Lieblingsadresse hipper junger Partygänger aus San Salvador. Jede Saison schließen Bars und Clubs und neue öffnen, aber auf der Suche nach der perfekten Location wird man definitiv nicht verdursten.

Hard Bar BAR
(☎7468-2552; Calle Oriente 1, Paseo El Carmen; 🕒Do–Sa 15 Uhr–open end) Freitagabends ist eigentlich in allen Musikbars am Paseo El Carmen etwas los. Die Hard Bar ist uns durch ihren Glitzerfaktor besonders ins Auge gefallen.

An- & Weiterreise

Bus Die Linie 102 ab La Libertad braucht 45 Minuten (1 US$).

Taxi Die Fahrt nach/ab San Salvador kostet ca. 12 US$.

WESTLICHES EL SALVADOR

Der Westen von El Salvador ist eine kleine Region, in der sich erstaunlicherweise der Großteil der Hauptattraktionen des Landes befindet: Der Wolkenwald und die Vulkankegelpracht des Parque Nacional Los Volcanes, die mysteriösen und bisweilen menschenleeren Maya-Ruinen Tazumal, die Ruta de las Flores und ein Kratersee sind alle nur 90 Fahrminuten von Santa Ana entfernt. Die charmante Provinzhauptstadt trumpft mit der schönsten Plaza des Landes auf.

Von der Wildnis des Parque Nacional El Imposible nahe der Grenze zu Guatemala – dort sind Pumas, Wildschweine und *tigrillos* (Ozelotkatzen) heimisch – geht's an Wasserfällen vorbei zur berühmten „Blumenroute", einer Postkartenlandschaft mit vielen heißen Quellen, kulinarischen Festivals und Künstlerdörfern.

Wer nach San Salvador fliegt, kann all diese Punkte in nur einem Tag besuchen. Die letzte Station ist der westlichste Zipfel, Barrio de Santiago, ein windgepeitschter Strand mit riesigen Wellen, an dem Schildkröten im Mondschein ihre Eier ablegen.

Parque Nacional Los Volcanes

Die drei großen Vulkane (einer prähistorisch, einer unfassbar steil und einer seit kurzem erloschen), zwischen denen man hin- und herwandern kann, sind das brennende Herz von El Salvador und zu Recht eins der Highlights für viele El-Salvador-Reisende.

Der aktive Volcán Izalco ist der Jüngste im Bunde. Sein Kegel formte sich erst ab 1770 aus einem Lava speienden Loch mit schwefelhaltigem Rauch. Heute ragt er 1910 m hoch in die Luft. Der Izalco brach im 20. Jh. mehrmals aus, wobei er Rauch, Felsbrocken, und Flammen spie und den Beinamen „Leuchtturm des Pazifiks" bekam. Heute steht dieser völlig karge, perfekt geformte Kegel inmitten von sonst sehr fruchtbarem Land.

Ohne Izalcos Hang zur Dramatik aber 400 m höher, ist der Santa Ana (auch als Ilamatepec bekannt) der dritthöchste Gipfel El Salvadors. Sein Ausbruch im Oktober 2005 löste Erdrutsche aus, die zwei Kaffeepflücker unter sich begruben und zur Evakuierung von Tausenden Menschen führten. Von seinem kargen, windgepeitschten Gipfel bieten sich spektakuläre Ausblicke: auf der einen Seite auf den Lago de Coatepeque und auf der anderen auf den steil in den Krater abfallenden Abhang.

Sehenswertes

Parque Nacional Los Volcanes NATIONALPARK
(Eintritt 3 US$, Führer 8 US$; ⏲8–17 Uhr) Abgesehen von den drei Vulkanen wartet der Parque Nacional Los Volcanes auch mit vielen Hektar üppigem Wald auf, der Hunderten Zugvogelarten Schutz bietet. Dazu gehören Laucharassaris, Spechte und 17 verschiedene Kolibriarten. Der Nationalpark ist über eine gepflasterte Straße zu erreichen, die bis zum Besucherzentrum führt.

Aktivitäten

Vierstündige geführte Wanderungen zu einem der beiden Vulkane (Izalco 1 US$; Santa Ana 2 US$) beginnen um Punkt 11 Uhr. Das bedeutet auch, dass man beide Gipfel nicht an einem Tag erklimmen kann. Festes Schuhwerk tragen. Eine kürzere Alternative ist eine 40-minütige Natur-Wanderung, in deren Verlauf man einen schönen Blick auf den See und den Volcán Santa Ana erhaschen kann. Alle Wanderungen beginnen auf dem Parkplatz am Eingang des Parks.

Schlafen

Zeltplatz CAMPING $
(☎2483-4713, 2483-4679; Stellplatz 2 US$ pro Pers.) Eine örtliche Kooperative verwaltet den rustikalen Campingplatz, 13 km von San Blas in Richtung Los Andes gelegen. In Los Andes sind Ranger stationiert, die auch als Guides für eine Santa-Ana-Wandertour infrage kommen (35 US$ für eine Wanderung mit 2 Pers.). Weitere Infos gibt's bei SalvaNatura (S. 322) in San Salvador.

Casa de Cristal HÜTTEN $$
(☎2483-4713; jm78755@gmail.com; Hütte 12–18 US$ pro Pers.) Zur Casa de Cristal gehören rustikale *cabañas*; sie ist ein beliebter Treffpunkt für Wandergruppen. Vorher anrufen und die Verfügbarkeit klären.

Campo Bello HÜTTEN $$
(☎2271-0853; Zi. 25–60 US$) In einem Betoniglu aufwachen, umgeben von Vulkanen – irgendwie traumhaft.

An- & Weiterreise

Spätestens um 11 Uhr da sein, da es nur einmal täglich geführte Wanderungen gibt. Am einfachsten und verlässlichsten ist die Anfahrt von Santa Ana aus. Von dort fährt Bus 248 direkt bis zum Eingang. Der letzte Bus fährt um 17 Uhr zurück; besser aber schon auf der Hinfahrt die Zeiten mit dem Busfahrer abklären.

Wer von San Salvador aus startet, muss früh aufbrechen, um sicher alle Anschlüsse zu erreichen. Einfach einen der Busse nach Santa Ana nehmen und bei El Congo an der Carretera Panamericana aussteigen. Bis zur Überführung hinaufgehen und dort in den Bus 248 steigen.

Mit dem eigenen Fahrzeug erreicht man den Parque Nacional Los Volcanes über Sonsonate (67 km von San Salvador) oder über die landschaftlich schönere Strecke Richtung Santa Ana (77 km von San Salvador).

Lago de Coatepeque

Viele Besucher sind vom Anblick des 6 km breiten, blauen Lago de Coatapeque überwältigt, und auf der Straße zum Kratersee gehen die Autofahrer unter Garantie vom Gas, um erst mal am *mirador* zu halten. Dabei ist hier gar nicht so viel los, denn die meisten Grundstücke am Seeufer sind Privatbesitz der Elite aus San Salvador. Man darf aber im Wasser schwimmen, tauchen oder mit einem Bötchen herumschippern, ohne sich Gedanken um die gefürchteten Cyanobakterien machen zu müssen.

Für 5 US$ erhalten Tagesausflügler in einem der Hotels am Nordostufer Zugang zum See. Für 20 US$ gibt's ein Boot für ein paar Stunden zu mieten.

Schlafen

Hostal Amacuilco HOSTEL $
(☎7834-9843; hostalamacuilco@hotmail.com; El Congo; B 8 US$, DZ 20–30 US$; ❄@≋) Das beliebte Hostel ist in das kleine Dorf am oberen Ende der Straße nach Coatapeque umgezogen. Geschlafen wird in ordentlichen Schlafsälen und fünf Doppelzimmern. In dem tropischen Garten befindet sich ein kompakter Pool, es gibt eine Bücherbörse und ein kostenloses Shuttle zum See und man kann Spanischunterricht nehmen (sehr empfehlenswert!).

Rancho Alegre HOTEL $$
(☎7888-0223; Carretera al Cerro Verde Km 53,5; 4BZ 40 US$; ❄) Eine der wenigen öffentlichen Anlagen mit Zugang zum See. Im Fischrestaurant und dem billigen „Day Club" am Pool der Rancho Alegre wird es an den Wochenenden voll. Nahe der Straße stehen ein paar schicke Bungalows – damit sich die Investition lohnt, sollte man aber mit einer Gruppe anreisen.

Hotel Torremolinos HOTEL $$
(☎2441-6037; Zi. ab 30 US$) Das klassische, baufällige Hotel liegt am Seeufer. Im Restaurant wird sehr leckere Pasta mit Fisch und Meeresfrüchten zubereitet (8 US$).

Essen

El Gran Mirador FISCH & MEERESFRÜCHTE $$
(☎7822-4251; Hauptgerichte 5–10 US$) Hier lässt sich *mojarro*-Fisch frisch aus dem See mit Aussicht genießen. Das Fischrestaurant befindet sich linker Hand gleich hinter dem Dorf El Congo, auf halber Strecke die Straße aus Santa Ana hinunter.

An- & Weiterreise

Die Busse 220 und 242 fahren von Santa Ana aus im Halbstundentakt zum See (0,50 US$, 45 Min.). Der letzte Bus zurück nach Santa Ana fährt um 18 Uhr.

Santa Ana

176 660 EW.

Nur 65 km von der Hauptstadt entfernt liegt diese mittelgroße Stadt, deren Wohlstand auf dem Kaffeeanbau beruht und sich in der Architektur widerspiegelt. Hier stehen einige der prachtvollsten Bauwerke Zentralamerikas. Die breiten Alleen und bunten Häuser verströmen ein entspanntes Selbstbewusstsein und die Santanecos sind stolz auf die wachsende Kulturszene ihrer Stadt. Clevere Reisende wählen Santa Ana anstelle von San Salvador als Basis für Ausflüge zum Lago de Coatepeque, zu den Maya-Ruinen Tazumal oder zur Ruta de las Flores.

Sehenswertes

Catedral de Santa Ana KATHEDRALE
(1a Av Norte; ⏲7–12.30 & 14.30–19 Uhr) Die augenfälligste Sehenswürdigkeit von Santa Ana ist diese große neugotische Kathedrale, die 1913 fertiggestellt wurde. Kunstvolle Ornamente schmücken ihre Fassade, während die hohen Bogengänge und Pfeiler im Innern mit blaugrauen und pinkfarbenen Streifen versehen sind, was den Eindruck von Stille und Weite unterstreicht. Am Eingang steht eine unheimliche Statue der Stadtpatronin Nuestra Señora de Santa Ana.

Iglesia El Carmen KIRCHE
(7a Calle Oriente; ⏲7–19 Uhr) El Carmen ist die nächste der insgesamt drei katholischen Kirchen in Santa Ana. Fast zwei Jahrhunderte stand das Gotteshaus fest auf seinem Fundament, doch bei dem Erdbeben von 2001 wurde es beschädigt. Besucher sind willkommen.

Iglesia El Calvario KIRCHE
(10a Av Norte; ⏲7–18 Uhr) El Calvario hat seit Fertigstellung im frühen 19. Jh. einige Schicksalsschläge hinnehmen müssen. Heute ist die Kirche ein besinnlicher Ort für die Gemeinde. Besucher sind willkommen.

Schlafen

★ **Casa Verde** HOSTEL $
(☎Englisch 7856-4924, Spanisch 7840-4896; www.hostalcasaverde.com; 7a Calle Poniente; B/Zi. mit Frühstück 10/25 US$; P❄📶) Carlos und sein Team verkörpern die Art einfallsreicher, gewissenhafter Gastlichkeit, die El Salvador zu einem derart tollen Reiseland macht. Auf der Dachterrasse kann man wunderbar runterkommen, besonders bei Sonnenuntergang. Die Mehrbettzimmer sind großzügig geschnitten (keine Etagenbetten!) und bieten viel Stauraum sowie kleine Tische. Außerdem gibt's zwei blitzsaubere Küchen und eine Lounge, in der man andere Traveller treffen kann.

Hostal Vital Yek HOSTEL $
(☎2455-4899; realtripses7@outlook.es; 15a Av Norte, Barrio Santa Cruz; B/DZ 8/16 US$) Das kleine Vital Yek macht einfach Spaß – von der verfallenden Fassade sollte man sich nicht abschrecken lassen. Der begrünte, mit Graffiti besprühte Gemeinschaftsbereich ist beliebt bei einheimischen Musikern und Künstlern, die Doppelzimmer sind sehr sauber und komfortabel und die Küche ist groß genug für eine Party. Zudem ist der Bau einer Bar im Gespräch.

Casa Frolaz B&B $
(☎2440-5302; 29a Calle Poniente; 8 US$ pro Pers.) Francisco ist ein kultivierter Gentleman, der von der komfortablen Warte seines wunder-

Santa Ana

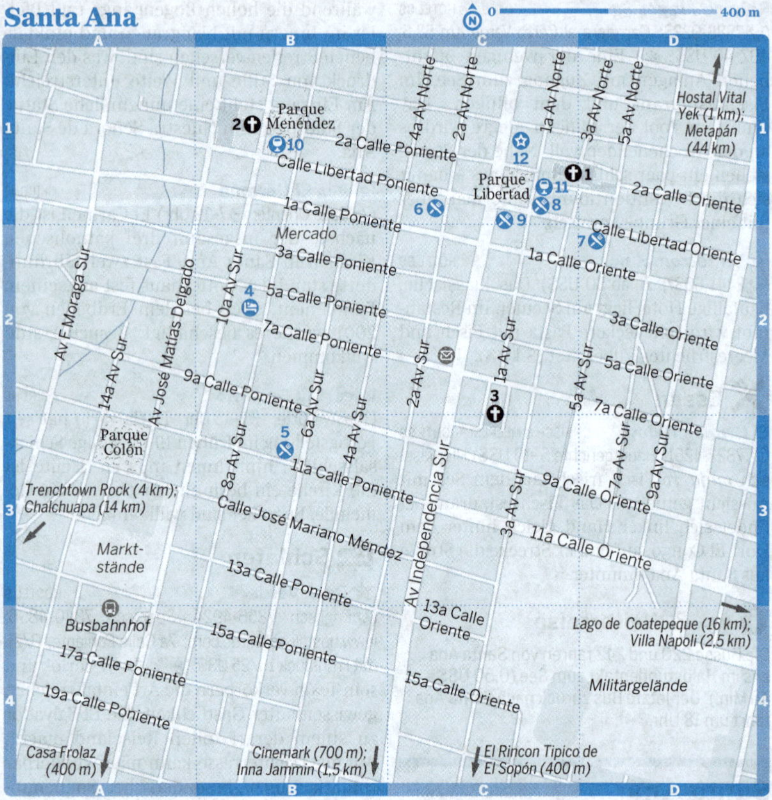

Santa Ana

Sehenswertes
1 Catedral de Santa Ana C1
2 Iglesia El Calvario B1
3 Iglesia El Carmen C2

Schlafen
4 Casa Verde B2

Essen
5 Café Expresión Cultural B3
6 Cafe Santaneco C1
7 El Sin Rival D2
8 Essensstände C1
9 Pastelería Ban Ban C1

Ausgehen & Nachtleben
10 Los Cuñados B1
11 Simmer Down C1

Unterhaltung
12 Teatro de Santa Ana C1

baren Heims aus einen höflichen, interessierten Blick auf die Reisepläne seiner Gäste wirft. Die Doppelzimmer verfügen jeweils über einen kleinen Balkon und man darf die Küche und den Garten nutzen. Die Casa Frolaz liegt in einer ruhigen Straße in der Nähe eines Supermarkts.

Villa Napoli B&B **$$**
(☎7985-6021; www.villanapoli.hostel.com; Quinta del Moral Km 62–63; DZ 20–30 US$; P❄📶🏊) Rosa liegt die Gastfreundschaft im Blut und ihre Villa Napoli ist ein ruhiges, stilvolles Gästehaus an der Straße, die aus Santa Ana hinausführt. Dort sind die Gärten verwilderter und die Häuser wurden für Großfamilien gebaut. Der Poolbereich wird einen dazu verleiten, über einen längeren Aufenthalt nachzudenken. Die Gäste können sich im Café Expresión abholen lassen – toll, denn die Beschilderung ist nicht so leicht zu deuten.

Essen

El Rincon Tipico de El Sopón SALVADORIANISCH $
(☎2440-5697; 3a Av Sur; Hauptgerichte 3–5 US$; ⏲11–22 Uhr; 📶) Eine tolle Adresse für herzhafte salvadorianische Eintöpfe, gegrilltes Fleisch und frische Salate. Auch die selbstgemachten Softdrinks sind großartig. Am Wochenende gibt's oft Livemusik.

Pastelería Ban Ban BÄCKEREI $
(Av Independencia Sur; süße Teilchen 0,50–2,50 US$; ⏲8–19 Uhr) Ban Ban ist inzwischen eine landesweite Kette, ihre Wiege steht jedoch in Santa Ana. Hier lassen es sich die Einheimischen nachmittags bei einem leckeren Stück Kuchen oder Gebäck gut gehen.

El Sin Rival EISCREME $
(Calle Libertad Oriente; Hörnchen 0,50–1 US$; ⏲9–21 Uhr) Seit Jahrzehnten werden bei El Sin Rival Eiscreme und Sorbets (und herausragende Fruchthörnchen) hergestellt. Besonders gut sind die Geschmacksrichtungen *arrayán* (eine bittersüße lokale Frucht) und *mora* (Brombeere).

Cafe Santaneco SALVADORIANISCH $
(☎2447-8431; Calle Libertad Poniente; Hauptgerichte 2–4 US$; ⏲7–16 Uhr) In dem Restaurant mit den grüngelben Wänden scheint sich so ziemlich ganz Santa Ana zu versammeln, um die frische *comida a la vista* zu verzehren.

Essensstände FAST FOOD $
(1a Av Norte; Hauptgerichte 1–2 US$; ⏲7–20 Uhr) Wer sich ins Getümmel rund um die Essensstände auf der Plaza stürzt, wird mit riesigen Hühnchensandwiches auf Toastbrot, Burgern und fettigen Pommes belohnt.

★ **Inna Jammin** INTERNATIONAL $$
(☎2400-5757; Av Indepecia Sur; kleine/große Pizzas 3/10 US$; ⏲11–23 Uhr; P📶✎) Zwei Etagen voller Rasta-Flair (das ist schon allein Grund genug für einen Besuch) bietet dieses quirlige neue Restaurant mit der umfangreichen internationalen Speisekarte. Die Pizzas stehen hoch im Kurs, aber auch die salvadorianischen Grillgerichte können was und die Barkeeper mixen großzügige Cocktails. Cooles, junges Personal flitzt durch die Gegend, im Hintergrund läuft Reggae-Musik (manchmal live) und die Santanecos zelebrieren das Leben – einfach, weil sie können.

★ **Café Expresión Cultural** CAFÉ $$
(☎2440-1410; 11a Calle Poniente, zw. 6a & 8a Av Sur; Hauptgerichte 4–8 US$; ⏲Mo–Sa 7–18 Uhr; 📶👪) Ein Chamäleon von einem Café, die Lieblingsadresse von Intellektuellen und Künstlern, die es wegen der Livemusik und dem gut sortierten Buchladen herzieht. Touristen und junge Pärchen genießen die großzügigen Frühstücksportionen, den aromatischen Kaffee und die ausgestellte Kunst. Dem Straßenlärm den Rücken kehren und im Garten Zuflucht suchen.

Ausgehen & Nachtleben

★ **Trenchtown Rock** CLUB
(Carretera Panamericana desvío a Chalchuapa; ⏲Mi–Sa 19 Uhr–open end) Der Club im Freien am Stadtrand von Santa Ana hat eine spontane, freundliche Atmosphäre und das Potenzial zum Urlaubs-Highlight für alle, die gern zu Reggae und Ska tanzen. In einem Laden wird Kunsthandwerk verkauft, auf der Karte stehen viele Biersorten und köstliche gebackene Kartoffeln und die Musikanlage ist erstklassig.

Simmer Down BAR
(☎2484-7511; 1a Av Norte; ⏲10–2 Uhr) In der geschäftigen Bar mit Blick auf die Kathedrale wird eiskaltes Bier serviert. Die Stimmung ist die ganze Woche über super. Das Mobiliar aus Echtholz steht im Kontrast zum urbanen Ambiente.

Los Cuñados BAR
(Ecke Calle Libertad Poniente & 10 Av Sur 25; ⏲8–21.30 Uhr) Diese Kneipe im Zentrum erwartet ihre Gäste mit eiskaltem Bier in großen Gläsern, einem klebrigen Boden und Großbild-TV.

Unterhaltung

Teatro de Santa Ana THEATER
(☎2447-6268; Ecke Av Independencia Sur & 2a Calle Poniente; 1,50 US$; ⏲Mo–Fr 8–12 & 14–18, Sa 8–12 Uhr) Das Teatro de Santa Ana ist ein opulentes Bauwerk im Stil der Renaissance. Es wurde mit den Einnahmen aus einer Exportsteuer für Kaffeebohnen finanziert und ist mit seinen Buntglasfenstern, Marmortreppen und vielen zauberhaften Ornamenten ein Symbol für Wohlstand, Üppig- und Kultiviertheit. Ab 1933 diente es eine Zeitlang als Kino, nach einer umfassenden Renovierung ist es nun wieder ein Theater (Eintrittskarten um 5 US$).

Cinemark KINO
(www.cinemark.com.sv; Ecke Av Independencia & 35a Av Poniente; 3 US$; ⏲10–22 Uhr) Neben den üblichen Hollywood-Actionfilmen flimmern hier gelegentlich auch Schnulzen über die Kinoleinwand.

BUSSE AB SANTA ANA

REISEZIEL	BUS	PREIS (US$)	DAUER
Ahuachapán	210	0,75	1 Std.
Lago de Coatepeque	220, 242	0,40	1¼ Std.
San Cristóbal (guatemaltekische Grenze)	236	0,50	1 Std.
San Salvador *directo*	201	1	1½ Std.
San Salvador *especial*	201e	1,30	1¼ Std.
Sonsonate	216	0,75	1¼ Std.
Tazumal, Chalchuapa	218	0,25	30 Min.

Praktische Informationen

Ciberworld (Av Independencia Sur, zw. 9a & 11a Calle Poniente; 1 US$ pro Std.; Mo–Sa 8–19.30, So 9–18 Uhr) Freundliche Mitarbeiter.

Citibank (Ecke Independencia Sur & 3a Calle Oriente; Mo–Fr 8–16.30, Sa bis 12 Uhr) Geldautomat.

Post (Av Independencia Sur; Mo–Fr 7.30–17, Sa bis 12 Uhr)

Red Cross (2441-2645, 2447-7213; Ecke 1a Av Sur & 3a Calle Oriente; 24 Std.)

An- & Weiterreise

Zentrales Busterminal (Ecke 10a Avenida Sur & 15a Calle Poniente)

Metapán

19 145 EW.

Dank der neuen Schnellstraße zwischen Metapán und La Palma wird es jetzt vielleicht mehr Besucher in diese heiße Stadt verschlagen, das wichtigste landwirtschaftliche Zentrum des Landes. Sie stellt eine nette Abwechslung zum Wirbel und der Hektik in den größeren Städten dar.

Metapán macht sich zudem gut als Basis für Streifzüge durch den Parque Nacional Montecristo, den am schwersten zugänglichen und gleichzeitig exotischsten Nationalpark von El Salvador. Von Mai bis November ist er geschlossen, damit die dort heimischen Tiere in Ruhe ihren Nachwuchs zur Welt bringen können. Zu den übrigen Zeiten benötigt man einen Wagen mit Allradantrieb für die Anreise.

Aktivitäten

Apuzunga-Wasserpark RAFTING
(2483-8952; www.apuzunga.com; Eintritt 3 US$, Rafting 50 US$ pro Pers.) Apuzunga ist eins der bekannteren und besser entwickelten Thermalquellenresorts in El Salvador. Der größte Vorteil sind die Stromschnellen, die unterhalb des Bar-Restaurants (Hauptgerichte 5–12 US$) vorbeirauschen. Nach der Regenzeit haben sie einen ordentlichen Zahn drauf!

Schlafen

Hostal de Metapan HOSTEL $
(2402-2382; 2 Calle Oriente; DZ mit Frühstück 20 US$; P ✻) Die Betreiber tun alles, damit sich Ortsfremde in diesem funktionellen, kleinen Hotel wohl und zu Hause fühlen. Es wurde erst vor ein paar Jahren geöffnet, die Innenausstattung lässt jedoch an das Filmset einer TV-Schnulze aus den 90ern erinnern.

★ **Hostal Villa Lemon** HOSTEL $$
(2442-0149; Hütten 55 US$; P) Das Hostal Villa Lemon besteht aus drei Hütten im Wald, in denen jeweils vier Personen bequem übernachten können, vielleicht sogar noch mehr. Die Unterkunft liegt 14 km nördlich von Metapán nahe einem spektakulären Wasserfall im Schutzgebiet Reserva Ecologica El Limo. Vorher anrufen, um einen Abholservice in Metapán zu organisieren. Wer selbst fährt, nimmt die staubige Straße Richtung Frontera Anguiatú, dann geht's geradeaus weiter, bis man die Schilder sieht.

Hostal Villa Blanca BOUTIQUEHOTEL $$
(2402-3383; www.hostalvillablanca.com; Av Isidro Menendez 4; EZ/DZ 30/45 US$; P ✻) Die schickste Unterkunft im Ort ist dieses neue Hotel in der niedlichen Altstadt. Die Fliesenböden sorgen für angenehme Temperaturen, bunte Möbel bringen frischen Wind in die großen Zimmer. Beliebt bei Flitterwöchnern und Wanderern.

Essen

El Portal Colonial SALVADORIANISCH $
(Hauptgerichte 3–6 US$) Das gut laufende, nette *típico*-Restaurant neben der Iglesia San Pedro bietet tolle Mittagsangebote für

unter 4 US$ (Getränk und Tortillas inbegriffen). Zu empfehlen sind *pollo al horno* (gebackenes Huhn) und *carne a la parilla* (gegrilltes Fleisch); beides kommt frisch vom Bauernhof.

★ **Balompie Sports Bar & Cafe** CAFÉ $$
(☎2402-3567; 3 Av Norte 17; pupusas 1–2 US$, Hauptgerichte 4–8 US$; ⊙Mi–So 10–13 Uhr) Zwischen dem zentralen Platz und Fußballstadion befindet sich diese erstaunlich gute Sportbar (durch einen Bogen aus Beton gelangt man zu einer Treppe), die weit mehr ist als ein Ort zum Bierchen kippen und *Los Caleros* anfeuern. Auf der Sonnenterrasse servieren freundliche Kellner authentische salvadorianische Küche.

ℹ Praktische Informationen

Scotiabank (Av Ignacio Gómez; ⊙Mo–Fr 8–16.30, Sa bis 12 Uhr) Tauscht Reiseschecks und der Geldautomat ist rund um die Uhr in Betrieb.

ℹ An- & Weiterreise

Der Busbahnhof liegt am Highway direkt an der Zufahrtsstraße zur Stadt. Santa Ana wird von Bus 235 (0,90 US$, 1½ Std.) und dem *directo* (2,50 US$, 1 Std.) angefahren. Abfahrt nach San Salvador ist siebenmal täglich mit Bus 201A (2,50 US$, 1¾ Std.). Bus 235 und einige Microbusse bedienen die guatemaltekische Grenze in Anguiatú (0,50 US$, 30 Min.); letzte Abfahrt ist um 18.30 Uhr. Bus 463 fährt täglich um 5.30 und 12 Uhr die wunderschöne, aber auch haarsträubende Strecke über die Berge nach Citalá (2 US$, 3 Std.) nahe dem honduranischen Grenzübergang in El Poy.

Agencia Puerto Bus (☎2440-1608; 25a Calle Poniente)

Chalchuapa

83 060 EW.

Die Stadt Chalchuapa liegt im Flachland und ist für die präkolumbische Siedlung Tazumal, die schönste Ruinenstätte El Salvadors, bekannt. Das nette zentrale Viertel mit seinen niedrigen, vielfarbigen Häusern und baufälligen Kolonialfassaden ist wie gemacht für gemütliche Spaziergänge.

Die **Laguna Cuzcachapa** ist ein natürlicher schwefelhaltiger Tümpel am Stadtrand und in der Kultur der Mayas ein mystischer Ort von großer Bedeutung. Die Einheimischen kommen hierher, wenn schwierige Entscheidungen anstehen. Man sollte sich aber vor der *siguanaba* (einer mystischen Kreatur, die in der Gestalt einer schönen Frau alleinreisende Männer anlockt) in Acht nehmen! Die natürlichen Quellwassertümpel von **El Trapiche** (der Stätte der ersten Maya-Siedlung um 2000 v. Chr.) eignen sich hervorragend zum Schwimmen. Alternativ kann man im **Salto El Espino** unter einem Wasserfall abtauchen.

Sehenswertes & Aktivitäten

Tazumal RUINE
(3 US$; ⊙Di–So 9–17 Uhr) Archäologen nehmen an, dass das fruchtbare Gebiet erstmals um 5000 v. Chr. besiedelt wurde. Ein Teil des

VULKANE ÜBER VULKANE

Ob Schicht- oder Schildvulkan, konisch geformt oder von einem Lavadom gekrönt, erloschen, aktiv oder nur „Gelegenheitsraucher", El Salvador bietet sämtliche Vulkantypen für angehende Geologen. Oft sind sie sogar ganz unkompliziert zu erreichen.

Parque Nacional Los Volcanes (S. 332) Weniger als eine Stunde von der Hauptstadt entfernt buhlen gleich drei Vulkane in einem vegetationsreichen Nationalpark um die Aufmerksamkeit der Besucher.

Volcán Izalco (S. 331) Der Izalco ist nicht von dieser Welt. Am besten erklimmt man den Santa Ana, dann sieht man ihn aus den Wolken hervorragen. Im Hintergrund erstreckt sich der Pazifik.

Quezaltepeque (S. 310) Wenn einem die Großstadthektik zu viel wird: einfach den Kopf in den Nacken legen und den höchsten Punkt von San Salvador fixieren – den noch recht jungen Vulkan El Boquerón.

Volcán Chaparrastique (S. 353) Die Vulkanschönheit im Osten des Landes thront über San Miguel und kann innerhalb eines Tages bestiegen werden.

Lago de Coatepeque (S. 332) Eine Caldera mit kristallblauem Wasser, ideal zum Schwimmen oder *mojarro*-Angeln.

10 km² großen Areals liegt weiterhin unter den einfacheren Behausungen Chalchuapas begraben. Die jüngsten Restaurierungsarbeiten haben im Dezember 2006 begonnen und die ursprüngliche Stein-Mörtel-Konstruktion eines Großteils der Ruinen wiederherstellen können. Eine Kette hindert Besucher daran, die Pyramiden zu betreten, doch durch die unmittelbare Nähe der historischen Stätte zum modernen salvadorianischen Alltag entsteht eine eindrucksvolle Verbindung zwischen Vergangenheit und Gegenwart.

Casa Blanca RUINE
(3 US$; ⊙Di–So 9–17 Uhr) Von Tazumal aus betrachtet auf der anderen Seite der Schnellstraße steht die Casa Blanca mit einigen Ruinen der Präklassik und einer Indigo-Werkstatt, in der Besucher selbst aktiv werden und eigene Stoffe färben können.

Rasta Maya Tours GEFÜHRTE TOUREN
(☎2408-0344; www.rastamaya.com; 5 Av Sur Casa 6, Barrio Apaneca, zw. Calles 1 & 3 Oriente) In der Nähe der Tazumal-Ruinen arrangiert der frühere Englischlehrer Jorge zusammen mit einem dynamischen jungen Team sehr engagiert ausgefallene Abenteuertouren. Die Ausflüge zu den Aguas Termales (heiße Quellen) und zur Ruta Ancestral sind einzigartig und sehr kurzweilig.

Schlafen

Es gibt ein paar billige (und ganz schön gruslige) Unterkünfte sowie ein ganz vernünftiges Hotel. Die meisten Touristen übernachten lieber in Santa Ana.

Hostal Las Flores HOTEL $$
(☎2408-1098; Av 2 de Abril; Zi. 25–35 US$; ❄) Die einzige ernstzunehmende Schlafoption ist glücklicherweise mehr als nur zufriedenstellend. Der Kolonialbau, ehemals im Besitz eines wohlhabenden Santaneco, beherbergt inzwischen ein nettes Hotel mit einem Dutzend heller Räume, einem gelb gefliesten Innenhof und einem blühenden Garten. Die Angestellten sind sehr zuvorkommend. Fußläufig zu den Ruinen von Tazumal.

Essen

Die Stadt ist für ein nahrhaftes Maisgetränk namens *chilate* bekannt, das zu *camote* (Süßkartoffeln) und zuckersüßen *buñuelos* (Maniok) gereicht wird, und für *yuka* mit Schweinebraten – ein Nationalgericht. An den Ständen entlang der Straße nach Tazumal wird hervorragende *comida típica* serviert.

La Rinconchita SALVADORIANISCH $$
(Ecke Av 2 de Abril & 6a Calle Poniente; Hauptgerichte 5–9 US$; ⊙Sa 12–22, So bis 18 Uhr) In dem Bar-Restaurant an einer belebten Ecke werden *pupusas* und pikante *ceviches*, aber auch Cocktails zubereitet. Das Publikum ist eher jung.

An- & Weiterreise

Aus dem 14 km entfernten Santa Ana fährt Bus 218 (30 Min.) hierher. An der Hauptstraße durch Chalchuapa weist ein Schild den Weg zu den Ruinen. Zu Fuß ist man vom Highway aus fünf Minuten unterwegs. Wer von Santa Ana aus mit dem eigenen Fahrzeug fährt, hält sich an der Gabelung rechts, bleibt auf der Straße nach Ahuachapán und biegt an der Texaco-Tankstelle in Chalchuapa links ab. Die Ruinen liegen am Ende der Straße.

Ruta de las Flores

Mit offenen Augen eine gemächliche Reise über La Ruta de las Flores zu unternehmen gleicht einem Streifzug durch die Geschichte El Salvadors. Unterwegs passiert man eine Reihe Bilderbuchdörfer mit verschiedenen Kolonialarchitekturstilen in indigenen Farbtönen. Wer gern schlemmt, kann sich quer durch die lokaltypische Küche essen, insbesondere auf den Wochenendmärkten, und sich persönlich davon überzeugen, warum der Kaffee aus El Salvador in der ganzen Welt bekannt ist. Ebenfalls sehenswert sind die Kunsthandwerker-*tiendas*. Und wer einen Kick braucht, kann sich in die Cordillera Apaneca aufmachen, eine Vulkankette mit zahlreichen Wasserfällen, Mountainbike-Pisten und Wanderwegen durch Kiefernwälder, in denen im Mai weiße Blüten knospen.

1932 ereigneten sich in dieser Region die furchtbaren La-Matanza-Massaker: Regierungstruppen schlugen einen Massenprotest und versuchten Aufstand blutig nieder, der in erster Linie von Nahuatl-Kaffeebauern organisiert worden war. Wie viele Menschen starben, ist unklar, 30 000 Opfer scheinen jedoch wahrscheinlich.

An- & Weiterreise

Der Bus 249 fährt regelmäßig zwischen Sonsonate und Ahuachapán und hält unterwegs in allen Ortschaften, darunter auch Juayúa, Apaneca und Ataco.

Ahuachapán

38 110 EW.

Ahuachapán ist entweder Ausgangs- oder Endpunkt der Ruta de las Flores, je nachdem, in welcher Richtung man die Strecke abfährt. Es ist eine wohlhabende kleine Provinzhauptstadt mit ein paar hübschen Kolonialgebäuden, aus der El Salvador 15 % des benötigten Stroms bezieht – dank sei dem Wunder der Geothermie. Für Reisende ist Ahuachapán aber vor allem das Tor zum Parque Nacional El Imposible oder nach Ataco.

Sehenswertes

Nuestra Señora de Asunción KIRCHE

Die Kirche östlich der Plaza Concordia wartet mit hübschen *azulejo*-Böden und einer Jungfrau aus Buntglas auf.

Plaza Concordia PLAZA

Hier laden Grünflächen und Palmen zum Verweilen ein. Im Pavillon finden gelegentlich Konzerte und kostenlose Veranstaltungen statt.

Schlafen

Termales de Santa Teresa RESORT $

(☎2423-8041; www.termalesdesantateresa.com; Themenzi. spanisch/französisch/japanisch 25/45/50 US$) Die Gegend ist für ihre heißen Quellen berühmt, aber das Santa Teresa übertrifft die Erwartungen. Man kann einfach nur baden (10 US$), aber auch in leicht kitschiger Pracht übernachten und eine Kaffeeplantagentour unternehmen. Die Anreise erfolgt über die Straße nach Ataco; nach 2 km geht's links ab (ausgeschildert) und dann noch mal 2 km weiter.

Hotel Casa Blanca HOTEL $$

(☎2443-1505; Ecke 2a Av Norte & Calle Barrios; EZ/DZ mit Ventilator 25/35 US$, mit Klimaanlage 35/65 US$; P ❄ @ ≋) Das etwas protzige Hotel nimmt eine alte Villa voller Möbel im Kolonialstil ein, ein toller Auftakt für die Reise entlang der Ruta de las Flores. Die acht Zimmer sind ein wenig beengt und die Farben passen nicht unbedingt zusammen, doch die Betten sind einfach himmlisch und jedes einzelne Detail dient einem bestimmten Zweck. Im Patio beim Kaffeetrinken spürt man noch den Hauch vergangener Zeiten.

La Casa de Mamapan B&B $$

(☎2413-2507; www.lacasademamapan.com; Ecke 2a Ave Sur & Pasaje La Concordia; EZ/DZ 26/52 US$; P ❄ ☏) Das Mamapan, erbaut im 19. Jh., steht gegenüber der Plaza Concordia und feiert die salvadorianische Kultur mit authentischer Küche und Kunst. Die bescheidenen, funktionellen Zimmer sind mit komfortablen Betten aus dunklem Holz ausgestattet, die Bäder sind makellos sauber und die Besitzer respektieren die Privatsphäre ihrer Gäste.

Essen

Las Mixtas SALVADORIANISCH $

(Ecke 2a Av Sur & 1a Calle Poniente; Hauptgerichte 4–5 US$; ⏲8–21 Uhr) Ein buntes Restaurant mit freundlicher Atmosphäre, in dem immer viele junge Pärchen sitzen. Wie der Name schon sagt, werden hier *mixtas* serviert, weiche Sandwiches, die mit fast zu viel von allem belegt sind, darunter eingelegtes Gemüse. Die Einheimischen schwören auf die eiskalten *licuados* (frische Obstsäfte).

La Casa Grande SALVADORIANISCH $

(Av Norte 4a; Hauptgerichte 4–6 US$; ⏲12–22 Uhr) Das einzige Lokal in der Stadt, das bis „spät abends" geöffnet ist. Kaninchen und Wild fallen auf der ansonsten eher durchschnittlichen Speisekarte ins Auge. Hinten raus werden auch ein paar Betten vermietet (12 US$), übernachten sollte man dort aber nur im Notfall.

BUSSE AB AHUACHAPÁN

REISEZIEL	BUS	PREIS (US$)	DAUER
Las Chinamas	263	0,60	40 Min.
San Salvador	202	1,25	3 Std.
San Salvador *especial*	202e	2	1¼ Std.
Santa Ana	210	0,75	1 Std.
Sonsonate *directo*	23	1,25	1½ Std.
Sonsonate via Apaneca & Juayúa	249	0,95	2 Std.
Tacuba	264 oder Ruta 15	0,70	45 Min.

La Estancia SALVADORIANISCH $

(1a Av Sur zw. Calle Barrios & 1a Calle Oriente; Hauptgerichte 2–4 US$; ⌚Mo–Sa 7–18 Uhr) Wochentags besetzen Angestellte und Geschäftsleute die Sitzplätze in dem Gebäude aus der Kolonialzeit, um sich das *típico*-Büfett mittags zu genehmigen, an den Wochenenden besteht die Klientel aus jungen Familien. Gespeist wird im Schatten ausgestopfter Tiere. (Guten Appetit!)

Praktische Informationen

Banco de America Central (3a Calle Oriente; ⌚Mo–Fr 8–17, Sa bis 12 Uhr) Wechselt Reiseschecks von Amex und Visa.

Ciber Café Cetcomp (Ecke 2a Av Sur & 1a Calle Poniente; 0,60 US$ pro Std.; ⌚Mo–Fr 9–20, Sa 9.30–20.30, So 10–21 Uhr)

An- & Weiterreise

Einen Block nördlich des Parque Central steht auf der Avenida Menéndez direkt an der 10a Calle Oriente ein Bus am anderen. Die Busse zur guatemaltekischen Grenze bei Las Chinamas starten von der 8a Calle Poniente, an der nordwestlichen Ecke des Parque Menéndez. Achtung: Nach Santa Ana kann man auch den schnelleren Bus nach San Salvador nehmen und am Metrocentro in einen lokalen Bus umsteigen.

Apaneca

8460 EW.

Apaneca bedeutet auf Nahuatl „Fluss des Windes", was ganz gut passt, denn in der am zweithöchsten gelegenen Stadt von El Salvador (1450 m) ist die Luft tatsächlich frisch. Die kleine Stadt ist einer der schönsten Orte im ganzen Land. Die mit Kopfsteinen gepflasterten Straßen und Häuser aus Adobe-Ziegeln sind noch weitestgehend unberührt vom Tourismus und die Kunsthandwerkerbranche floriert. Die Sierra Apaneca Ilamatepec ringsum ist ein Paradies für Wanderer. Die schöne **Iglesia San Andres** war früher eine der ältesten Kirchen des Landes, wurde aber vom Erdbeben 2001 vollständig zerstört. Sie ist renoviert worden und sieht jetzt wieder fast so aus wie früher.

Sehenswertes

Finca Santa Leticia KAFFEEFARM

(☎2433-0357; www.hotelsantaleticia.com; Km 86,5) Die Finca Santa Leticia ist Kaffeefarm und Restaurant in einem. Sie liegt gleich südlich von Apaneca. Das Highlight des kleinen, auf dem Gelände liegenden **Archäologieparks** (Eintritt 5 US$) sind zwei dickbäuchige Figuren, die aus riesigen Basaltbrocken herausgeschlagen wurden und zwischen 6350 und 11 000 kg wiegen. Experten nehmen an, dass diese 2000 Jahre alten Pummelchen der frühen Maya-Kultur entstammen und Hochachtung vor den Herrschern ausdrücken sollten. Das angrenzende Hotel ist teuer, eignet sich aber für Familien und Gruppen.

Aktivitäten

Vivero Alejandra GEFÜHRTE TOUR

(⌚Mi–So 7–16 Uhr) GRATIS Eine Führung durch einen *vivero* (Baumschule) verspricht einen entspannten Nachmittag mit Erdbeeren, starkem Kaffee und seltenen Pflanzen. Am schönsten ist der Vivero Alejandra, nur einen kurzen Fußmarsch vom Zentrum entfernt (Richtung Juayúa).

Apaneca Canopy Tours ABENTEUERTOUR

(☎2433-0554; 2-stündige Tour 35 US$) Ein tolles Zipline-Abenteuer, bestehend aus Dutzenden Seilrutschen und 2,5 km Bergwald. Touren starten täglich um 9.30, 11.30, 14 und 16 Uhr.

Apaneca Aventura ABENTEUERTOUR

(☎2612-7034; www.503apanecabuggies.wix.com/apanecaadventure; 4a Av Norte; 2-stündige Tour

AGUAS TERMALES

Dank der vulkanischen Aktivitäten brodelt es beständig unter der Erdoberfläche El Salvadors – das äußert sich u. a. im zahlreichen Vorkommen heißer und kalter *aguas termales* (Thermalquellen). Ein Bad in dem sauberen, klaren Wasser hat nicht nur etwas Heilsames, sondern ist auch eine nette Gelegenheit, ein Stück vom Alltag der Einheimischen zu erleben: Familien und Teenager sitzen in den natürlichen Becken, plaudern und entspannen gemeinsam. Meist sind die Quellen (moderat) bewirtet, sodass man Getränke und Snacks kaufen kann. Der Eintritt liegt bei ca. 1 US$. *Aguas termales* gibt es überall im Land, besonders dicht ist die Konzentration aber um Ahuachapán, Santa Ana, Metapán und San Miguel. Einfach den Schildern mit dem verschnörkelten Whirlpool an den Straßenrändern folgen … und reinhüpfen!

für 2 Pers. 60 US$) Ein beliebter Anbieter. Die Gelände-Karts passen eigentlich nicht in das verschlafene Nest Apaneca, aber es macht tierischen Spaß, mit viel Motorenlärm zur Laguna Verde zu röhren.

Schlafen

Hostal II Piemonte HOSTEL $

(☎7739-5830; Av 2 Sur 4; B/DZ 8/15 US$; ❄📶) Massimo, ein Italiener, vermietet lichtdurchflutete, gepflegte Zimmer in seinem Wohnhaus an Budgetreisende (und gewährt ihnen Zugang zu seiner Action-Figuren-Sammlung). Wanderer werden die hausgemachte Pasta lieben.

Laguna Verde Guest House CHALET $

(☎7859-2865, 2102-8575; gpssal@intercom.com.sv; B/DZ 15/35 US$) Ein guter Kompromiss für alle, die sich eine ländliche Lage wünschen, aber nicht allzu weit von der Zivilisation entfernt sein wollen. Das Laguna Verde ist 3 km von Apaneca entfernt, die vulkanische Cuyanausal-Kette liegt ganz in der Nähe. Man hat die Wahl zwischen einem Schlafsaal und einem größeren Chalet. Wanderoptionen gibt's massenhaft; vorher anrufen, um sich abholen zu lassen.

Solvang Hostal HOSTEL $$

(☎7025-5862; jc_artero1923@hotmail.com; Av 15 de Abril Norte; EZ/DZ 20/40 US$; 📶) Das senfgelbe Eckhaus im Zentrum wirkt eher wie eine WG für um die Zwanzigjährige, eingerichtet von einer der liebenden Mütter. Es ist aber ein Hostel mit neuer Ausstattung, von den Küchengeräten bis hin zum Esstisch. Eine gute Adresse für Selbstversorger.

Hostal Colonial HOSTEL $$

(☎2433-0662; hostalcolonial_apaneca@hotmail.com; Ecke 1a Av Sur & 6a Calle Poniente; DZ 20–30 US$; Ⓟ) Das Hostal Colonial bekommt schon einmal einen Punkt für seine Langlebigkeit im Vergleich zu anderen kleinen Hostelbetrieben. Farbenprächtige Wandbilder zieren die neun Doppelzimmer, die auf einen beschaulichen Garten hinausgehen.

Essen

Mercado Saludable MARKT $

(Hauptgerichte 2–3 US$; ⏲6.30–20 Uhr) Billige Happen vom Feinsten – das hat dieser Markt gegenüber dem Park zu bieten. Hier gibt es kleine, gute Essensstände die Schinken, Eier mit Bohnen und *atole* (ein Maisgetränk), aber auch Hähnchengerichte und *pupusas* auf der Speisekarte stehen haben.

★ **El Jardin de Celeste** INTERNATIONAL $$$

(☎2433-0281; www.eljardindeceleste.com; Hauptgerichte 8–17 US$; ⏲9–21 Uhr; 📶) Das traumhaft schöne Gartenrestaurant ist eins der kulinarischen Highlights in der Region. Unbedingt wenigstens auf einen Kaffee und ein Stück Kuchen vorbeischauen! Das Celeste liegt zwischen Apaneca und Ataco und macht am meisten Spaß mit ein paar Freunden, mit denen man lachen, schmausen und die subtropische Pracht zelebrieren kann.

VON DER BOHNE IN DIE TASSE: GOURMETKAFFEE AUS EL SALVADOR

Kaffeebohnen aus El Salvador sind weltweit berühmt. Angesichts der Tatsache, dass gefühlt die gesamte internationale Mittelschicht absolut kaffeeverrückt ist, scheint die Haltung des Durchschnitts-Salvadorianers gegenüber dem aromatischen Gebräu überraschend gleichgültig. Kurz gesagt: Es ist schwierig, einen vernünftigen Latte aufzutreiben, und das, obwohl die führenden Produzenten große Mengen Kaffee exportieren. Vielleicht wird sich das nun langsam ändern, da ein globales Interesse daran besteht, jede Bohne sorgfältig zu verlesen. Schließlich versuchen Kaffeeröster inzwischen, sich mit ihren Bohnen von der Konkurrenz abzuheben. Und auch die Produzenten sollen fairer bezahlt werden.

In Städten wie Juayúa, Ataco, La Palma, Metapán und Alegría beschreitet die neue Generation von Plantagenbesitzern neue Wege in Sachen Kaffeekultur. Statt sich auf die Massenproduktion zu fokussieren, die schlechte Löhne, aber eine stabile Auftragslage verspricht und für die unreife Kaffeebohnen geerntet und verarbeitet werden, reagieren viele Salvadorianer auf eine gestiegene Nachfrage im In- wie Ausland nach authentischen, nuancierten Bohnenmischungen, aus denen man die Qualität des vulkanischen Bodens, das Hochland und das heiße Klima herausschmeckt.

Vielleicht wird also die wässerige Plörre, die man in El Salvador vorgesetzt bekommt, schon bald im Abfluss landen – und damit wirtschaftlich, sozial und kulinarisch ein Schritt nach vorn gemacht. Hipster aller Länder, vereinigt euch!

Die Blockhütten (30–50 US$) sind mehr als gemütlich und bieten genug Platz für mehrere Personen.

An- & Weiterreise

Busse halten auf der Hauptstraße, direkt vor dem Markt. Bus 249 bedient alle 30 Minuten die Strecke zwischen Ahuachapán und Sonsonate mit einem Halt in Apaneca. Der letzte Bus fährt zwischen 19 und 20 Uhr. Sicherheitshalber sollte man aber einen Einheimischen fragen.

Ataco

12 910 EW.

Viele Reisende haben nach dem Besuch von Ataco ein neues Lieblingsdorf in El Salvador. Das verschlafene Nest an der „Blumenroute" bietet Wandbilder in kräftigen Farben und Kunsthandwerkermärkte, Kopfsteinpflasterstraßen und Kolonialgebäude, eine wunderschöne Lage in den Bergen und günstige, gute Restaurants und Hotels. Und samstagabends wird es dann sogar ein wenig laut, wenn die Livemusik aus den Bars bis auf die Straße zu hören ist. Wasser ist ein kostbares Gut in dieser Gegend. Jetzt wird langsam auch etwas dafür getan, die Ressource zu schützen. Die Entdeckung einiger Ruinen in der Nähe könnte dazu führen, dass es schwieriger wird, den Charme des Städtchens für künftige Generationen zu bewahren.

Das nächste Dorf entlang dieser Route ist das von dem präkolumbischen Volk der Pipil gegründete **Salcoatitán**. In seinen Kopfsteinpflasterstraßen finden sich zahlreiche winzige Kunstgalerien.

Schlafen

Meson de San Fernando HOSTEL $
(☎7871-2126; Calle Poniente 1; B/DZ 10/20 US$; P❄) Günstige Preise, ein schattiger Garten und ein zufriedenstellender Service, die Wände sind allerdings dünn und die Begrüßung fällt vielleicht etwas oberflächlich aus.

Segen Hostel HOSTEL $$
(☎2450-5832; alicanteapaneca@hotmail.com; Calle Poniente 3; B/DZ 15/30 US$; P❄📶) In den letzten Jahren hat sich im Segen, einem der besten kleinen Hostels von Ataco, wenig verändert. Die Zimmer sind dem Preis angemessen, der Dachbalkon ist ein toller Ort, um den Dorfalltag aus der Vogelperspektive zu beobachten, und die Betreiber kümmern sich rührend um ihre Gäste. Das Eingangstor ist verschlossen, aber es ist immer jemand zu Hause, gewöhnlich Eduardo, der Englisch spricht.

Quinta El Carmen BOUTIQUEHOTEL $$
(☎2243-0304; www.elcarmenestate.com; 4BZ mit Frühstück ab 70 US$; P❄📶) Die allgegenwärtige Marke „Cafe Ataco" stammt von dieser hübschen *finca*, die es schon seit den 1930er-Jahren gibt. Die Führungen (5 US$) sind interessant; besonders schön ist es, durch die eigentlichen Pflanzungen zu spazieren. Das smarte Hotel ist eine tolle Adresse für Familien oder für Gruppen von Freunden, die es sich bei einem ausgedehnten Mittagessen in dem beliebten Restaurant gut gehen lassen möchten (Hauptgerichte 6–12 US$).

Raíces Hostal PENSION $$
(☎2512-4331; Ecke Av Central & Calle Poniente 6; Zi. ab 25 US$; ❄📶) In dieser neuen Pension ist es selbst dann still, wenn viel los ist, denn es gibt keine Gemeinschaftsbereiche. Das kommt manchen Besuchern wahrscheinlich gelegen.

Villa Santo Domingo HOSTEL $$
(☎2450-5442; hotel.villasantodomingo@gmail.com; DZ 30 US$; @) Wunderschöne Gartenanlagen und eine Reihe einheimischer Antiquitäten und Kunstwerke runden das Bild dieses durchweg angenehmen Hotels ab, das sich hinter einer roten Backsteinfassade verbirgt.

Essen

KáfeKali SALVADORIANISCH $
(Parque Concepcion de Ataco; Hauptgerichte 4–6 US$; ⏰9–21 Uhr) Eins der besten und günstigsten Cafés in Ataco, an der Westseite des *parque* gelegen. Oben kann man den Blick auf den Platz genießen, während man sich an gegrilltem Fleisch, Reisgerichten und gekühltem Wein labt.

★ **Café Tayua** CAFÉ $$
(1a Calle Poniente; Mahlzeiten 5–12 US$; ⏰So–Do 8–22, Fr & Sa bis 23 Uhr) Die hausgemachten Pizzas, Salate und Gourmet-Sandwiches werden mit frischen Kräutern aus dem eigenen Garten zubereitet und die dekadenten süßen Teilchen lassen sich wunderbar in den Kaffee tunken. Hin und wieder tritt eine Band auf. Die Kunst an den Wänden steht zum Verkauf.

House of Coffee CAFÉ $$
(☎2450-5353; Av Central; Mahlzeiten 2–10 US$; ⏰Mo–Fr 9–19, Sa & So bis 22 Uhr) All das Gewese, das um die dunkelbraune Flüssigkeit

gemacht wird, ergibt in diesem einfachen Outdoor-Café mit den schwarzen Rattanstühlen und der kleinen Kaffee-„Bar" plötzlich Sinn. Zum perfekten Espresso werden viele süße Leckerbissen gereicht, von den Hauptgerichten sollte man aber die Finger lassen.

La Caretta SALVADORIANISCH $$
(☎2450-5369; Ecke Av Central & 4a Calle Poniente; Hauptgerichte 3–9 US$) Hier gibt's nicht nur *comida típica* vom Feinsten, sondern auch farbenfrohe *artesanías* (Kunsthandwerk). Der *gallo en chicha* (Hahn in Maislikör) ist im Ort unübertroffen.

Shoppen

Markt MARKT
(2a Av Sur; ⏲8–17 Uhr) Der weitläufige Markt von Ataco verspricht einen faszinierenden Streifzug.

Diconte-Axul KUNSTHANDWERK
(Ecke 2a Av Sur & Calle Central; ⏲8–18 Uhr) Dieser Laden ist für seine von Hand hergestellten Textilien, gebatikten Stoffe und handbemalten Gegenstände bekannt.

Praktische Informationen

Touristeninformationskiosk (⏲Sa & So 7–19 Uhr)

An- & Weiterreise

Bus 249 hält an der Ecke 2a Calle Oriente und 4a Av Sur. Er fährt alle 15 Minuten Richtung Norden nach Ahuachapán (0,35 US$, 15 Min.) und, ebenso häufig, nach Süden Richtung Apaneca (0,25 US$, 10 Min.), Juayúa (0,70 US$, 30 Min.) und Sonsonate (0,80 US$, 1 Std.).

Juayúa

9935 EW.

Juayúa (Chuai-*ju*-wa) ist die meistbesuchte Stadt an der Ruta de las Flores, wohl wegen der hübschen Kopfsteinpflasterstraßen, der Lebensmittelmesse am Wochenende und den nahen Wasserfällen und Thermalquellen. Die frische Bergluft hat viele Ureinwohner dazu bewogen, sich hier niederzulassen. Das Nahua-Erbe kommt im hiesigen Kunsthandwerk zum Ausdruck und zeigt sich auch in den Gesichtern der Einwohner (hohe Wangenknochen).

Cristo Negro, der schwarze Christus, ist eine bedeutende religiöse Statue, die von Quirio Cataño im späten 16. Jh. geschnitzt wurde und in der Kirche aufbewahrt wird. Sie ist wunderschön und zugleich ein Symbol für Wandel. Die Vergangenheit Juayúas war alles andere als friedlich. Die Aufstände der indigenen Bevölkerung der Region waren Auslöser für die Revolutionsbewegung von 1932. Mit der Unterstützung der durch den Kaffeeanbau zu Reichtum gelangten Oberschicht, schlugen die Regierungstruppen den schlecht organisierten Aufstand brutal nieder.

Ein Ausflug zu **Los Chorros de Calera**, einer Gruppe von Wasserfällen, die über zerklüftete Abhänge in große, kühle Becken hinabstürzen, ist eine empfehlenswerte Wanderung, mit der Option auf einen Sprung ins kühle Nass. Die **Ruta de las Seite Cascadas** verläuft an sieben malerischen Kaskaden am Río Bebedero entlang. Im Hotel Anáhuac oder der Casa Mazeta nach dem Weg oder einem Guide fragen. Da es gelegentlich zu Diebstählen kommt, ist es bei manchen Aktivitäten besser, sich einen Führer zu nehmen. Weitere geführte Touren sind z.B. Ausflüge zum See, Kaffee-Touren und das Abseilen an einem Wasserfall.

Festivals & Events

Feria Gastronómica ESSEN
Die beliebte Lebensmittelmesse findet jedes Wochenende statt.

Schlafen

★ **Casa Mazeta Hostal** HOSTEL $
(☎7252-8498; www.casamazeta.com; 1 Calle Poniente 22; B/EZ/DZ 9/20/25 US$; P❄@) Das kleine Mazeta ist ein Hostel der Superlative. Die Besitzer flitzen hin und her und kümmern sich um alles. Sie haben das umgebaute Wohnhaus mit Hingabe und Geschmack dekoriert. In den Doppelzimmern erwarten einen lokaltypische Textilien und antike Möbel und die Dorms haben viel Charme und sind überhaupt nicht angestaubt – der Stoff, aus dem Reiseführerträume gemacht sind.

★ **Hotel Anáhuac** HOSTEL $
(☎2469-2401; www.hotelanahuac.com; B/EZ/DZ 9/17/25 US$; @) Für viele Reisende ist das Hotel Anáhuac ein Synonym für Juayúa. Der Platz wird optimal ausgenutzt, angefangen beim Frühstücksgarten und dem Doppelzimmer treppauf über den Bäumen bis hin zu dem Extra-Badezimmer neben dem Eingang. Besitzer César kennt die Gegend in- und auswendig, über Kaffee weiß er sogar noch mehr. Auf keinen Fall verpassen darf man die

Führung über seine Plantage und durch seine Rösterei (20 US$) inklusive Kaffee bis zum Abwinken. Und der Kaffee ist sensationell.

Hotel Juayúa BOUTIQUEHOTEL $$
(☎2469-2109; www.hotel-juayua.com; Final Av 6; Zi. 30–50 US$; P ❄ 📶 🏊) Ein hübsches Boutiquehotel, ideal für Familien mit Kindern, die Platz zum Toben brauchen. Schnell hat man sich daran gewöhnt, auf dem gestutzten Rasen neben dem glitzernden Pool zu entspannen. Im Hintergrund erstrecken sich blühende Kaffeeplantagen. Manche Zimmer sind heller als andere (z. B. Nr. 4 und 5), aber sie alle sind groß und rustikal-schick.

Portezuelo Mountain LODGE $$
(☎2265-1111; www.elportezuelo.com; Cantón San Juan de Dios; Stellplätze (Zelt) 5 US$, feste Zelte DZ 35 US$, Zi./Suite für 4 Pers. 55/65 US$) Die ausgefallene Lodge 6 km von Juayúa entfernt ist ein Muss für Camper und Naturfreunde, die über die Türschwelle direkt in die Landschaft stolpern wollen. Mögliche Aktivitäten sind u. a.: den Seilparcours absolvieren, Wanderungen, Mountainbiketouren und Ausritte.

Essen

Taquería la Guadalupana MEXIKANISCH $
(2a Calle Oriente; Hauptgerichte 2–7 US$; ⌚Di–So 11–21 Uhr) Knallig, grell und laut: im Guadalupana gibt's sehr gutes mexikanisches Essen ohne viel Tamtam.

Tienda San José FAST FOOD $
(Hauptgerichte 2–7 US$; ⌚8.30–23 Uhr) Der kleine Supermarkt am Hauptplatz fungiert gleichzeitig als Imbissbude mit fettigen Snacks zu vorgerückter Stunde. Ein cleveres Geschäftsmodell.

★ **R&R** SALVADORIANISCH, FUSIONSKÜCHE $$$
(☎2452-2083; Calle Mercedes Caceres 1-4 Poniente; Hauptgerichte 7–17 US$; ⌚Di–So 11–22 Uhr) Das edelste Restaurant in Juayúa, vielleicht sogar an der gesamten Ruta de las Flores. Chefkoch Carlos verleiht den Steaks, Salaten und mexikanischen Gerichten eine besondere, persönliche Note. Selbst wenn im Rest von Juayúa nichts los ist, sind die Tische dieses kleinen, bunt gestrichenen Eckhauses voll besetzt mit zufriedenen Gästen.

Ausgehen & Nachtleben

★ **El Cadejo** BAR
(☎7603-5306; 3a Av Norte; Hauptgerichte 4–10 US$; ⌚Mi–Sa 11 Uhr–open end) Die Cadejo-Brauerei gewinnt zunehmend an Profil in El Salvador, und diese hippe Café-Bar tut ihrem Ruf keinerlei Abbruch. Zu den Cadejo-Klassikern werden kreative Gerichte serviert und auch die Cocktailkarte überzeugt. Das eigentliche Highlight ist aber die Livemusik. Im Hof, dekoriert mit allerlei Kunst, werden Jazz, Funk und experimentellere Musikrichtungen gespielt. Schon allein dafür lohnt sich die Fahrt nach Juayúa.

Praktische Informationen

Juayutur (Plaza de Juayúa; ⌚Sa & So 9–17 Uhr) Die Touristeninformation von Juayúa besteht aus einem Kiosk an der östlichen Seite der Plaza. Dort erhalten Touristen Infomaterial über die Stadt und Ausflugsziele in der Umgebung.

Scotiabank (Calle Monseñor Óscar Romero) Tauscht Reiseschecks, gewährt Barvorschüsse auf Visa-Karten und hat einen Geldautomaten.

An- & Weiterreise

Bus 249 fährt in Richtung Nordwesten nach Apaneca (0,60 US$, 20 Min.), Ataco (0,70 US$, 30 Min.) und Ahuachapán (0,90 US$, 1 Std.) und tagsüber auch Richtung Süden nach Sonsonate (0,80 US$, 45 Min.). Alle 15 Minuten fahren Busse vom Park ab, am Wochenende jedoch vier Blocks westlich des Parks. Bus 238 fährt direkt nach Santa Ana (0,75 US$, 40 Min.) und startet sechsmal täglich ein paar Blocks westlich vom Parque Central.

Sonsonate

59 470 EW.

Sonsonate ist eine staubige Stadt mit ein paar hübschen Kolonialgebäuden am Fuß der Ruta de las Flores, die viele Reisende auf dem Weg zu den Stränden und Vulkanen passieren werden. Angesichts der Viehbauern in Jeans und Stiefeln kommt ein ländliches Feeling auf. Einen wirklichen Grund, länger in „Cincinatti" zu verweilen (geschweige denn hier zu übernachten), gibt es eigentlich nicht, es sei denn, man ist während der **Semana Santa** hier. Dann scheint sich die halbe Provinz in der Stadt zu versammeln.

Schlafen

Hotel Orbe HOTEL $
(☎2451-0469; Ecke 4a Calle Oriente & 2a Av Flavian Muchi; EZ/DZ 14/18 US$, mit Klimaanlage 20/24 US$; ❄) In einer Stadt mit einer derart bescheidenen Hotelszene kommt das Orbe ziemlich gut weg, denn es ist sauber und die Angestellten sind meist freundlich. Es befindet sich im Zentrum.

ABSEITS DER ÜBLICHEN PFADE

LA COCOTERA

Das einzige Luxusresort des Landes außerhalb von San Salvador, **La Cocotera** (2245-3691; www.lacocoteraresort.com; Barra de Santiago; DZ inkl. Mahlzeiten ab 128 US$ pro Pers.; @), hängt die Luxusherbergen in der Hauptstadt in Sachen bewusst leben und idyllische Abgeschiedenheit locker ab. Es liegt an der rauen Küste der Barra de Santiago unweit der guatemaltekischen Grenze. Die sechs Apartments mit großen Betten gehen auf einen langen, menschenleeren Strand hinaus, der von Kokospalmen und Mangobäumen gesäumt ist.

Für die Anreise benötigt man einen Jeep oder man lässt sich per Boot abholen. Wenn die Sonne untergeht, legt sich die Stille über die Anlage. Es gibt keine Fernseher und kein Internet und manchmal ist man ganz allein mit den zuvorkommenden Angestellten. Das gesamte Grundstück zeichnet sich durch die Verwendung lokaler, ökologisch nachhaltiger Materialien aus. Vorbildlich.

Hotel Plaza HOTEL $$
(2451-6626; Ecke 9a Calle Oriente & 8a Av Norte; EZ/DZ 40/50 US$; P) Das gelbe Haus mit dem Flachdach hat einen netten Swimmingpool und ein Restaurant. Die Zimmer huldigen dem Komfortstandard anno 1980 – wenn es dunkel wird und man nicht mehr weiterfahren möchte oder kann, stört das gar nicht.

Essen

Essensstände FAST FOOD $
(Ecke 7a Calle Oriente & 10a Av Norte; 17–22 Uhr) Hier gibt's Junkfood en Masse – Burger, Sandwiches, Pommes Frites und *pupusas* lassen grüßen.

La Casona PUPUSERÍA $
(3 Calle Poniente zw. 1 & 3 Av Norte; Hauptgerichte 1,50–4 US$; Mo–Sa 8–16 Uhr) Hier gibt's *comida a la vista* und frische brutzelnde und dampfende *pupusas*. Das Restaurant bietet den besten Deal der Stadt und ist in einem altertümlichen Gebäude untergebracht.

Praktische Informationen

Citibank (Ecke Calle Marroquín & 4a Av Norte; Mo–Fr 8–16.30, Sa bis 12 Uhr) 24-Stunden-Geldautomat.

Post (1a Av Norte, zw. 1 & 3 Calles Poniente; Mo–Fr 8–17, bis Sa 12 Uhr)

An- & Weiterreise

Um vom Park im Zentrum zum Busterminal zu kommen, das 2 km östlich vom Zentrum liegt, nimmt man ein Taxi oder Bus 53C. Busse nach San Salvador fahren vor dem Terminal ab.

Vom Terminal aus fahren auch Busse nach Izalco (Bus 53A), Nahuizalco (Bus 53D) und Acajutla (Bus 252). Zum Parque Nacional El Imposible gelangt man mit allen La-Hachadura-Bussen nach Puente Ahuachapío oder Cara Sucia (0,50 US$, 30 Min.). Wer zur Barra de Santiago möchte, kann auch Bus 259 bis zur Abzweigung und dann einen Pickup nehmen.

Tacuba

31 210 EW.

Tacuba ist ein hübscher kleiner Außenposten in den Bergen, der Touristen als Tor zum Parque Nacional El Imposible (S. 346) ein Begriff ist. Das üppig grüne Umland auf einer Höhe von 680 m am Ende einer einspurigen Straße versetzt Erstbesucher in Staunen, die Abgeschiedenheit des Orts ist allerdings ein zweischneidiges Schwert. Tacuba ist in linken Kreisen als Stätte der ersten kommunistischen Revolution auf dem gesamten amerikanischen Kontinent im Jahre 1932 bekannt. Heute setzt man in Tacuba auf nachhaltigen Tourismus in der Hoffnung, dass er die Wirtschaft ankurbeln wird.

Aktivitäten

★ **Imposible Tours** ABENTEUERTOUR
(2417-4268; www.imposibletours.com; Hostal de Mamá y Papá; Tour zu den Warmwasserpools 20 US$, Wasserfalltour 30 US$, 2-tägige Tour zur Barra de Santiago 65 US$) Eine Imposible-Tour lohnt sich, auch wenn das mit Aufwand verbunden ist. Der temperamentvolle Manolo kennt die Gegend in- und auswendig und seine Leidenschaft für diese Region ist ansteckend. Er bietet Touren mit einer Länge von zwei Stunden bis drei Tagen an, je nachdem, wie tief seine Kunden in den Nationalpark vordringen möchten.

Schlafen

Hostal de Mamá y Papá HOSTEL $
(2417-4268; www.imposibletours.com; B/DZ 7/14 US$;) Mamá betreibt das beste Hostel von Tacuba, das glücklicherweise nicht den Befürchtungen angesichts einer derart abgeschiedenen Stadt entspricht. Im Mittel-

punkt der Unterkunft steht der Garten, wo es zur köstlichen Hausmannskost (Mahlzeiten 4 US$) Gitarrenmusik gratis gibt. Die Zimmer sind groß, sauber und günstig; aus den Duschen kommt warmes Wasser. Oben befindet sich eine Lounge zum Chillen mit herrlicher Aussicht. Manolo von Imposible Tours steht jederzeit als Ansprechpartner zur Verfügung.

La Cabaña HÜTTE $$
(☎2417-4332; Zi. 30 US$;) Rustikale Hütten und ein großes Grundstück hügelabwärts vom Platz.

An- & Weiterreise

Bus 264 und Ruta 15 (0,70 US$, 45 Min., 5.30–19 Uhr alle 30 Min.) fahren vom Hauptplatz nach Ahuachapán.

Parque Nacional El Imposible

Der größte Nationalpark El Salvadors, der Parque Nacional El Imposible, verdankt seinen Namen der gefährlichen Schlucht, die schon vielen Bauern und Lasttieren, die Kaffee zum Hafen am Pazifik beförderten, das Leben kostete. Er wurde 1989 zum Nationalpark ernannt und liegt im Höhenzug Apaneca Ilamatepec zwischen 300 und 1450 m Höhe. Zu ihm gehören acht Flüsse, die das Einzugsgebiet der Barra de Santiago und der Mangrovenwälder an der Küste nähren.

Sehenswertes

Parque Nacional El Imposible NATIONALPARK
(6 US$) Dieser Nationalpark reicht bis zur guatemaltekischen Grenze und besteht in erster Linie aus Primärwald. Er ist durchzogen von Flüssen und wunderschönen Wasserfällen. Wanderungen führen z. T. über matschige und steile Pfade, der sagenhafte Blick auf die von Nebelschwaden umgebenen Gipfel und den schillernden Pazifischen Ozean entschädigt aber dafür. Die beste Zeit für einen Ausflug in den Park ist zwischen Oktober und Februar, da das Reisen in der Regenzeit oft nicht oder nur schwer möglich ist. Zugang hat man entweder von Norden oder Südosten her.

Der Haupteingang San Benito befindet sich an der südöstlichen Seite hinter dem kleinen San Miguelito. Theoretisch muss man die Eintrittsgebühr im Büro der Parkverwaltung, SalvaNatura (S. 322), in San Salvador begleichen und einen geführten Besuch anmelden (der Führer ist kostenlos, ein Trinkgeld von 5 US$ ist aber üblich). In Wirklichkeit kann man aber auch einfach zum Park fahren und dort zahlen. Nähert man sich von Norden her, via Tacuba, muss man nichts bezahlen, sollte aber besser in Begleitung eines Guides gehen, da die Vegetation schnell dicht und unüberschaubar wird. Imposible Tours hat ein paar tolle Touren im Programm.

Geduldige Beobachter können Pumas, Tigrillos, Wildschweine und Ameisenbären zu Gesicht bekommen, Hobby-Ornithologen dürfen sich auf Schopfadler, Falken, Motmots und Hunderte weitere Vogelarten freuen. Schmetterlinge sind ebenfalls zahlreich vertreten.

Aktivitäten

Piedra Sellada WANDERN
Auf diesem 4 km langen Weg kommt man zu einer Badestelle und zu einem mit Maya-Inschriften versehenen Stein. Einfach der Los-Enganches-Wanderung folgen und kurz vor deren Ende den Weg nehmen, der flussaufwärts führt und nach 1 km die Piedra Sellada erreicht.

Los Enganches WANDERN
Ein 3,5 km langer Weg (einfache Strecke) führt am Mirador El Mulo vorbei, fällt dann steil ab und endet schließlich an einer großen Badestelle. Ein idealer Platz zum Picknicken. Der Weg passiert außerdem den Mirador Madre Cacao, von dem man den südöstlichen Teil des Parks überblicken kann. Nach Agutis und Nasenbären Ausschau halten.

Cerro El Leon WANDERN
Ein anstrengender, 8 km langer Rundweg, der über einen der höchsten Gipfel des Parks (1113 m) führt. Er beginnt in einer üppig grünen, feuchten Schlucht und führt durch dichten Wald nach oben. Während der Wanderung eröffnen sich immer wieder neue grandiose Ausblicke. Man muss ein paar Stunden einplanen; viel Wasser mitnehmen.

Schlafen

Hostal El Imposible LODGE $$
(☎2405-6505; www.hostalelimposible.com; EZ/DZ 25/40 US$, jede weitere Pers. 10 US$;) Diese Ökolodge ist eine gute Option für Besucher, die mehr vom Leben im Park mitbekommen

möchten oder eine Schlafgelegenheit zwischen zwei oder mehr Wanderungen suchen. In jeder der gepflegten Hütten können bis zu sechs Personen übernachten. Ein Kaffee auf der Steinterrasse oder in einer Hängematte nach dem Besuch im Imposible-Park ist Pflicht. Die Unterkunft liegt 1 km vom Parkeingang entfernt. Das Bio-Restaurant ist beliebt bei Reisegruppen.

An- & Weiterreise

Von Sonsonate geht es mit Bus 259 Richtung La Hachadura; bei Cara Sucia (1,75 US$) aussteigen. Von dort fahren ein Bus um 11 Uhr und ein Pickup um 14 Uhr (beide 2 US$, 1 Std.) zum Haupteingang. Die kleinen Transporter fahren jeden Morgen um 5.30 und 7.30 Uhr nach Cara Sucia zurück. Wer Angst hat, die Pickups in Cara Sucia zu verpassen, kann probieren, sie an der Puente Ahuachapío (Brücke), ein paar Kilometer vor Cara Sucia, einzuholen. Sind sie auch dort schon weg, kann man es immer noch per Anhalter probieren (13,5 km).

Der Park kann auch von Norden aus über Tacuba erkundet werden.

ÖSTLICHES EL SALVADOR

Die meisten Reisenden heizen die Panamericana hinunter, um den Westen El Salvadors zu erkunden bzw. in östlicher Richtung zur nicaraguanischen Grenze zu gelangen, dabei ist der „wilde Osten“ eine geografisch abwechslungsreiche Region, die eigentlich mehr Beachtung verdient hätte.

Das niedliche Dorf Alegría, die tief im Bewusstsein der Menschen verankerte Kriegsgeschichte rund um Morazán und die langen, sandigen Surfstrände in der Nähe von El Cuco und Las Flores werden selbst die verwöhntesten Reisenden spannend finden. Der Verkehr aus umliegenden Städten wie z.B. San Miguel, der Hauptstadt der Arbeiterklasse mit einer ausgesprochen ungezwungenen Lebenseinstellung, ist sehr überschaubar. Für ein Küstenabenteuer abseits der Touristenpfade bieten sich die vogelreiche Bahía de Jiquilisco und die winzigen, weltabgeschiedenen Fischerdörfer an.

Vor dem Krieg sicherte hier lange die Subsistenzlandwirtschaft das Überleben. Die unvermeidbare Forderung nach einer landesweiten Landreform fand in den ärmeren Gemeinden große Zustimmung und vor allem der Nordosten wurde zu einer hart umkämpften Guerillahochburg. Weit von der Hauptstadt entfernt trugen sich hier schreckliche Gräueltaten zu. Wenn auch keine so schrecklich war wie die von El Mozote, blieb dennoch kaum ein Dorf von den Kämpfen verschont und die Widerstandsfähigkeit der Einwohner wird noch viele Generationen von Besuchern beeindrucken.

Es gibt zwei Möglichkeiten für die Reise in den Osten: die Panamericana oder die Carretera del Litoral (CA2). Letztere führt zu den Stränden, die andere in die nördlichsten Ecken der Region. Die Ruta de La Paz (Friedensstraße; CA7) verläuft von San Miguel aus nach Norden.

San Vicente

53 213 EW.

San Vicente liegt im Schatten des spitz zulaufenden Volcán Chichontepec im Jiboatal. Ebenso dramatisch ist der gewaltige Torre Kiosko, ein Glockenturm wie aus einer anderen Welt, der über den Feldern emporragt wie eine Disneyland-Attraktion, die nicht so richtig in ihre Umgebung passt. Hier leben viele Musiker; außerdem ist die Stadt sehr schwulenfreundlich – der jährlich im Juli stattfindende Wettbewerb Miss Gay San Vicente zieht die Massen (und zahllose Teilnehmer!) an.

El Pilar, eine wunderschöne Kolonialkirche aus den 1760er-Jahren, wurde bei einem Erdbeben schwer beschädigt; obwohl sie renoviert wurde, bleibt sie weiterhin geschlossen.

Schlafen

Hotel Central Park HOTEL $
(☎2393-0383; Zi. mit Ventilator/mit Klimaanlage 10/15 US$; ❄) Die einzige brauchbare Schlafgelegenheit, die wir auftun konnten. Das neue Management hat einige Dinge verbessert. Die Terrasse oben ist prima und die kleine Bar beliebt. In dem Restaurant (6.30–22 Uhr) unter dem Hotel gibt's gute *típico*-Speisen (regionale Spezialitäten).

Essen

Jarro Cafe SALVADORIANISCH $
(3a Calle Oriente; 5–7 US$; ⏲11–22 Uhr) Regelmäßig Getränke-Deals, Fleisch vom Grill mit Reis und Salat und eine erstklassige Lage am Platz im Park machen das Jarro zu einem netten Ort für einen entspannten Nachmittag.

BUSSS AB SAN VICENTE

REISEZIEL	BUS	PREIS (US$)	DAUER	ABFAHRT
Ilobasco	530	0,60	1 Std.	6.50, 11, 16 Uhr
San Miguel	301 ab der Abzweigung auf dem Highway	1,50	1½ Std.	letzter Bus 18 Uhr
San Salvador	116	1	1½ Std.	letzter Bus 18 Uhr
Zacatecoluca	177	0,60	50 Min.	

Comedor Rivolí SALVADORIANISCH $
(1 Av Sur; Hauptgerichte 2–4 US$; ⏲7–20.30 Uhr) Wir haben uns im Rivolí kugelrund gegessen und uns über den Geschmack und den Preis der *comida a la vista* und den Anblick des Rosengartens nebenan gefreut. Wie viele *licuados* kann man trinken, bis man platzt? Wir denken vier.

ℹ Praktische Informationen

Citibank (2a Av Sur; ⏲Mo–Fr 8–16.30, Sa bis 12 Uhr) Tauscht Reiseschecks um und ihr Geldautomat ist rund um die Uhr in Betrieb.

Polizei (☎2303-7300, 2396-3353; Ecke 1a Av Norte & 3a Calle Poniente) Kann Begleitschutz für den Aufstieg zum Vulkan arrangieren.

ℹ An- & Weiterreise

Alle Busse fahren am Parque Central vorbei, nachdem sie das auf dem Hügel gelegene Busterminal in der 6a Calle und 15 Av verlassen haben. Um den Massen, die am Park zusteigen, zuvorzukommen, ohne den ganzen Weg bis zum Terminal gehen zu müssen, am besten an der Ecke 6a Calle und 2a Av zusteigen. Wer nach Alegría will, muss an der Panamericana einen Bus in Richtung Osten nehmen und in Villa El Triunfo umsteigen.

Alegría

Alegría, Glückseligkeit, ist ein flüchtiger Zustand, und es ist ein Segen, dass es Städte wie Alegría gibt, die einen daran erinnern, dass man hin und wieder stehenbleiben und an den Rosensträuchern an der Plaza schnuppern muss. Die Anreise über einen Bergpass geht langsam vonstatten. Neuankömmlinge sind erstaunt, wie friedlich dieser Ort ist. Richtig viel zu tun gibt es nicht – nach einem halbstündigen Spaziergang hat man eigentlich alles gesehen –, aber ein Tag an der Lagune oder ein Nachmittag in einem oder mehreren Cafés und anschließendem Blumen- und Kunsthandwerk-Shopping ist vielleicht genau das Richtige, um sich zwischen Wanderungen in der Umgebung ein wenig auszuruhen.

Das freundliche Touristenbüro erteilt Infos sowohl in einem Gemeindeamt als auch in einem Infostand im Parque Cental. Es bietet außerdem einige lohnenswerte geführte Wanderungen (10–15 US$/halber Tag) zu Kaffeeplantagen, Geothermiekraftwerken und Orten an, die mit dem aus Alegría stammenden Philosophen Alberto Masferrer in Verbindung stehen.

Sehenswertes

La Laguna de Alegría SEE
(Eintritt 0,25 US$) Der malerische Kratersee La Laguna de Alegría liegt einen 2 km langen, bergab verlaufenden Fußweg vom Ort entfernt. Seinem eisigen Wasser werden heilende Kräfte nachgesagt. Der wunderschöne Blick vom **Mirador de las Cien Grados** lohnt die 100 Stufen hinauf zum Aussichtspunkt. Dazu die Straße nach **Berlín** nehmen, einem weiteren hübschen Bergdorf.

Schlafen

Cabanas La Estancia de Daniel HÜTTE $
(☎2628-2030; 1a Av Norte; 10 US$ pro Pers.; P 📶) Das beste Preis-Leistungs-Verhältnis aller Unterkünfte in Alegría bietet diese nette Unterkunft einen Block südlich der Plaza. In einem Blumengarten stehen fünf *cabañas*, und die Besitzer sind sehr entgegenkommend. Der See ist ganz in der Nähe.

Casa de Huéspedes la Palma B&B $
(☎2628-1131; 1a Av Norte, nahe der Calle Alberto Masferrer; 10 US$ pro Pers.; @) Ein Wohnhaus mit exzentrischer Ausstattung (religiöse Schnitzereien, Fotos und allerlei Krimskrams) dient zugleich als informelles Hostel mit spartanischen, gefliesten Zimmern. Kaffee wird auf der Plaza serviert.

★ **Entre Piedras Hotel** HOTEL $$
(☎2313-2812; entrepiedras.alegria@hotmail.com; Av Camilo Campus; EZ/DZ 16/32 US$; ❄ @) Die wohl besten Zimmer im Ort mit kühlen Fliesen, Wandverkleidungen aus Holz und schicken Bädern sind die im Entre Piedras. In dem charmanten Café im Hof kann man

eine der Spezialitäten mit Schokolade und Panini (5 US$) bestellen. Fürs Wochenende vorher reservieren.

La Casa Mia HOTEL $$
(☎2634-0608; www.berlinlacasamia.com; 2a Av Norte, Berlín; DZ 33 US$) Das am nächsten bei Alegría gelegene Dorf heißt Berlín. Es ist genauso schön, wenn auch viel kleiner. Wer Einsamkeit sucht oder eine Unterkunft (weil in Alegría alles belegt ist), könnte dieses verlässlich gute Familienhotel ansteuern.

Essen

Merendero Mi Pueblito SALVADORIANISCH $
(Av Camilo Campus; Hauptgerichte 2–6 US$; ⏲8–19 Uhr) Diese alteingesessene Institution südlich des Parks wird von einer emsigen Familie betrieben. Sie trägt große Portionen Hühnchen, Reis, Bohnen und Salat auf. Man kann bis zur Grenze blicken.

Cartagena SALVADORIANISCH $$$
(Hauptgerichte 10–12 US$; ⏲10–20 Uhr) Hier locken nicht die überteuerten Zimmer, sondern die Aussicht. Das Bier ist kalt und das Mittagessen (gegrilltes Fleisch und Beilagen) so reichlich, dass zwei davon satt werden können. Das Cartagena liegt ein paar Blocks unterhalb der Plaza.

Ausgehen & Nachtleben

El Portal CAFÉ
(Av Camilo Campus; ⏲11–21 Uhr) Das netteste Parkcafé für ein Bier am Abend (1 US$) und ein Stück Wildbraten.

Praktische Informationen

Touristenbüro (☎2628-1087; 1a Av Norte an der 1a Calle Poniente)

An- & Weiterreise

Alegría liegt zwischen der Panamericana und der Carretera del Litoral und ist von beiden aus gut zu erreichen. Von der Panamericana geht es von Villa El Triunfo mit dem Minibus nach Santiago de María (0,30 US$, 15 Min.), wo stündlich Busse nach Alegría abfahren (0,60 US$, 45 Min.).

Isla Montecristo

Dort, wo der Río Lempa in den Pazifik fließt, befindet sich dieses dunstige und unberührte Schutzgebiet. Die Insel und der Meeresarm bieten Hunderten von Reihern und Pelikanen einen Lebensraum. Im Krieg waren die Insel und ihre Cashewnuss-Plantagen aufgegeben und von der FMLN übernommen worden. Nach 1992 wurde sie von einheimischen Bauern wieder besiedelt, die nach dem Ende des Krieges von dem Programm zur Landübertragung profitieren. Heute bauen dort ein paar Familien für den Export bestimmte Bio-Cashewnüsse an.

Schlafen

Hostal Lempa Mar HOSTEL $$
(☎2310-9901; www.gbajolempa.net; La Pita; Zi. 25 US$) Ein Verbund für die Entwicklung der Region ist Betreiber dieses netten Hostels. Die Zimmer in den Hütten sind schlicht und teilen sich die Bäder und eine komfortable Terrasse. Es gibt auch ein Restaurant mit warmer Küche.

An- & Weiterreise

La Pita und Montecristo liegen am Ende einer 22 km langen Straße, die die Küste mit der Carretera del Litoral verbindet. Die Straße kann in der Regenzeit schwer zu befahren sein. Den Bus 155 (0,75 US$, 40 Min.) oder einen Pickup von der Texaco-Tankstelle in San Nicolás Lempa nehmen. Diese fahren zwischen 6 und 17.30 Uhr.

Von La Pita aus kann man sich mit *lanchas* (kleine Motorboote; 20 US$ hin & zurück) oder Kanus (4 US$ einfache Strecke) zur Insel bringen lassen.

SEXY ÜBERRASCHUNGEN

Sorpresas (Überraschungen) sind kleine Szenen und Figuren, die in Schalen in der Größe eines Hühnereis versteckt werden. Erfinderin dieser Kunstwerke ist die Volkskünstlerin Dominga Herrera aus Ilobasco. Unter einer weißen Kapelle oder auch in einer bauchigen Papaya sind bezaubernde Szenen aus dem Dorfleben in Miniaturgröße dargestellt – meistens zumindest. Einem der einheimischen Künstler wurde dies offenbar zu langweilig und so stellte er kurzerhand ein Paar beim ausgelassenen Liebesspiel dar. Diese verbotene Kunst wurde vom örtlichen Priester für gottlos erklärt und für kurze Zeit aus den Läden verbannt. Geld scheint aber stärker zu wiegen als Gottesfurcht und so sind die *pícara* (sündigen) *sorpresas* nun als Kopulationsszene im Streichholzformat zu haben – mit gleichbleibend hohen Absatzzahlen. Keine Sorge: Sie werden neutral verpackt.

Usulután

51 910 EW.

Usulután, die Hauptstadt des gleichnamigen *departamento* am Fuße des 1450 m hohen Volcán de Usulután, ist eine laute Marktstadt. Traveller werden sie vermutlich nur als Zwischenstation auf dem Weg zur Bahía de Jiquilisco und zur schönen Playa El Espino nutzen. Von hier ist auch das Bergdörfchen Alegría leicht zu erreichen.

Schlafen

★ La Posada de Don Quijote HOTEL $

(☎2635-9792; Ecke 1a Calle Poniente & 1a Av Sur; EZ/DZ 12/24 US$; ❄) Das Don Quijote befindet sich im 1. Stock eines kleinen Einkaufszentrums. Es bietet Warmwasserduschen, ein kleines Fitnessstudio, sehr gute Einrichtungen für Selbstversorger und stabile Betten. Da es im „Zentrum" liegt, gibt es reichlich Restaurants und Geschäfte in der näheren Umgebung.

Hostal Dona Consuelo BOUTIQUEHOTEL $$

(☎2627-5254; info@hostaldonaconsuelo.com; Barrio La Parroquia, Jucuarán; EZ/DZ/3BZ 40/60/80 US$; P❄📶🏊) Wer der Stadt entfliehen möchte, könnte sich in diesem wunderbaren Hotel in dem Dorf Jucuarán, 30 km südwestlich von Usulután, einquartieren. Die Anlage hat ein professionelles Management und sämtliche Zimmer zeugen von viel Liebe zum Detail. Es gibt einen hübschen Pool, ein Restaurant und der Blick reicht bis zur Bahia de Jiquilisco, die mit dem Wagen nur 20 Minuten entfernt ist. Beliebt bei Pärchen und Familien.

Essen

Mercado Central FAST FOOD $

(4a Av Norte; ⏲7–18 Uhr) Der Mercado Central ist bei Liebhabern von Straßensnacks der Hit.

L'Azteca MEXIKANISCH $

(Ecke Calle Dr Federíco Penado & 1a Av Norte; Hauptgerichte 2–3 US$; ⏲10–20 Uhr) Großes mexikanisches Restaurant mit offenen Fenstern, langen Holzbänken und einem brutzelnden Grill. Die *tortas,* die draußen gemacht werden, sind einfach köstlich, ebenso wie die stattlichen Tacos.

Pastelería Trigo Puro BÄCKEREI $

(Calle Dr Penado; Hauptgerichte 2–3 US$; ⏲Mo–Sa 7–17 Uhr) Aus der Glasvitrine dieser beliebten Bäckerei, die auch *comida típica* im Cafeteria-Stil serviert, lachen einem fette Zimtschnecken, Donuts und Kokoskekse entgegen. Ein Block westlich des Parks.

Praktische Informationen

Citibank (2a Calle Oriente, nahe Av Dr Guandiquil) Liegt am Parque Central und tauscht Reiseschecks; der Geldautomat ist rund um die Uhr in Betrieb.

Cyber Start (4a Calle Oriente, zw. 2a & 4a Avs Norte; 0,50 US$ pro Std.; ⏲Mo–Sa 8.30–18, So bis 12 Uhr)

An- & Weiterreise

Usulutáns Hauptbusbahnhof liegt 1,5 km östlich des Parque Central (Taxi 3 US$). Der Terminal San Miguel befindet sich westlich der Stadt, Passagiere können aber auch auf der 1a Calle Oriente zusteigen, einen Block südlich des Parque Central. Bus 373 fährt nach San Miguel (0,80 US$, 1½Std.); mit ihm erreicht man Verbindungen nach La Unión.

Busse nach Alegría, Puerto El Triunfo und San Salvador fahren alle auf der 4a Calle in westlicher Richtung durchs Zentrum. Da die meisten Busse diesen Weg durch die Stadt nehmen, muss man nicht unbedingt zum Busbahnhof gehen (außer wenn man einen Sitzplatz haben möchte).

Nach Playa El Espino fahren die Busse 351 und 358 (1,25 US$, 1½Std.) von einer kleinen Haltebucht gegenüber einem Supermarkt und 100 m westlich des Hauptbusbahnhofs ab. Nach Puerto El Triunfo fährt Bus 363 (0,55 US$, 1 Std.) von einer Haltebucht auf dem Highway ab.

Bahía de Jiquilisco

Die Península San Juan del Gozo lockt mit kilometerlangen, von der Brandung umspülten weißen Sandstränden und küstenfernen Mangrovenwäldern vor einer beeindruckenden Kulisse aus Vulkanen. Das Binnenland bietet Graureihern, Pelikanen und anderen Wasservögeln einen Lebensraum. Fischerdörfer sind u.a. **Corral de Mulas** und **Isla Méndez**. Weitere, schwerer zugängliche Strände finden sich an der **Punta San Juan** am östlichen Ende der Halbinsel und auf der **Isla Madre Sal**. Die **Isla Espíritu Santo**, auch Isla Jobal genannt, hat endlos viele Kokoshaine und eine Aufbereitungsanlage für Kokosöl, die Strände sind aber nicht erwähnenswert. Achtung: Die Brandung auf der dem Pazifik zugewandten Seite ist sehr stark und kräftig, aber es sind keine Rettungsschwimmer vor Ort.

Schlafen

★ Hotel Solisal RESORT $$

(☎7890-2638, 2243-2290; www.hotelsolisal.com; San Juan del Gozo; Zi. für max. 3/5 Pers. 35/55 US$, Haus 80 US$) Sehr zu empfehlen für Gruppen (aber auch für Alleinreisende, die etwas mehr zahlen können). Das Solisal ist berühmt für sein schwimmendes Restaurant auf der ruhigen Halbinsel San Juan del Gozo. Geschlafen wird in unterschiedlichen hölzernen Pfahlbauten, vorm Fenster segeln Vögel vorbei und an der Hintertür springen die Fische.

Das Angebot an Übernachtungsmöglichkeiten und Aktivitäten ist für einen derart abgeschiedenen, spektakulären Winkel der Erde beeindruckend. Grüne Mangroven und Vulkane runden die klassische zentralamerikanische Landschaft ab.

Puerto Barillas RESORT $$$

(☎Hauptbüro in San Salvador 2632-1802; www.puertobarillas.com; Baumhaus/Apt. 118/236 US$) Puerto Barillas liegt im Herzen eines einzigartigen Biosphärenreservats, in dem sehr schicke Boote ankern, deren Besitzer die Einsamkeit suchen. Das Hotel arbeitet eng mit Umweltgruppen zusammen, um die Brutplätze der Echten Karettschildkröte zu schützen und die Zugvögel zu beobachten.

Wer mit dem Auto kommt, verlässt die Carretera del Litoral (CA2) bei Km 108,5. Wer mit dem Bus anreist, steigt in Usulután um oder nimmt sich an der Abzweigung einen Minibus (0,50 US$) oder ein Taxi (5 US$).

Die edlen Baumhäuser sind eine nette Abwechslung, aber nicht günstig, deshalb beschränkt man den Besuch vielleicht doch besser aufs Restaurant (Burger 7 US$), unternimmt eine Bootstour und zieht dann wieder von dannen. Mitglieder zahlen nur die Hälfte für die Übernachtung (jährlicher Mitgliedsbeitrag 600 US$).

La Familia Flores PRIVATUNTERKUNFT $

(Zi. 15 US$) La Familia Flores ist einzigartig. Das Wohnhaus wurde komplett aus Kokosnussschalen errichtet – ein preiswertes Baumaterial mit Potenzial. Am Busbahnhof nach der Wegbeschreibung fragen.

Essen

El Cangrejito Playero FISCH & MEERESFRÜCHTE $$

(☎7567-4603; Hauptgerichte 4–10 US$) Das beste Fischrestaurant auf der Festlandseite. Seine Spezialität sind Gerichte mit Krabben.

An- & Weiterreise

Das schäbige Puerto El Triunfo, das Tor zur Bahía de Jiquilisco, lässt man lieber schnell hinter sich (am besten per Boot). Der letzte Bus von Usulután nach Puerto El Triunfo fährt um 16.40 Uhr los, der letzte zurück nach Usulután um 17.30 Uhr. Von der Abzweigung am Highway Bus 377 nach San Miguel (1,40 US$, 2½ Std., letzter Bus um 14.50 Uhr) oder Bus 185 nach San Salvador (1,65 US$, 2 Std., alle 30 Min, letzter Bus um 14.50 Uhr) nehmen.

San Miguel

249 638 EW.

San Miguel, gegründet 1530, ist die zweitgrößte Stadt El Salvadors. Sie liegt im Schatten des Volcán Chaparrastique und ist eine Provinzhauptstadt, die etwas auf sich hält. Reisende können mehrere Kolonialbauten im Zentrum betrachten, in erster Linie ist San Miguel aber ein wichtiger Verkehrsknotenpunkt auf halber Strecke zwischen den Bergen von Morazán und den Pazifikstränden und bietet sich als Basis für Ausflüge ins vulkanische Hinterland an.

In San Miguel steigt zudem El Salvadors größte Party (S. 353). Für den Rest des Jahres kehrt das Nachtleben dann in den Normalzustand zurück, aber da es hier mehr Strip-Schuppen pro Kopf gibt als in sämtlichen Städten Zentralamerikas, halten sich die meisten Besucher an die schnieken neuen Einkaufszentren entlang der Avenida Roosevelt, wenn sie ausgehen.

Der Parque David J. Guzmán ist der Parque Central, die Kathedrale erhebt sich an der Ostseite. Tagsüber herrscht hier sehr viel Verkehr, nachts ist die Gegend ein wenig zwielichtig; westlich des Parks geht's ruhiger und sicherer zu. Die Avenida Roosevelt (Panamericana) begrenzt die Stadt im Südwesten.

Sehenswertes

Ruinas de Quelepa ARCHÄOLOGISCHE STÄTTE

Archäologiebegeisterte werden die Ruinas de Quelepa, einige Grashügel, die 40 terrassenförmig angelegte und zum größten Teil noch nicht freigelegte Zeremonialplattformen bedecken, zu würdigen wissen. Die Lenca haben diese Stätte zwischen dem 2. und 7. Jh. n. Chr. bewohnt und mit Copán in Honduras und mit Mexiko Handel getrieben. Hier entdeckte Steinskulpturen sind im Museo Regional del Oriente ausgestellt.

San Miguel

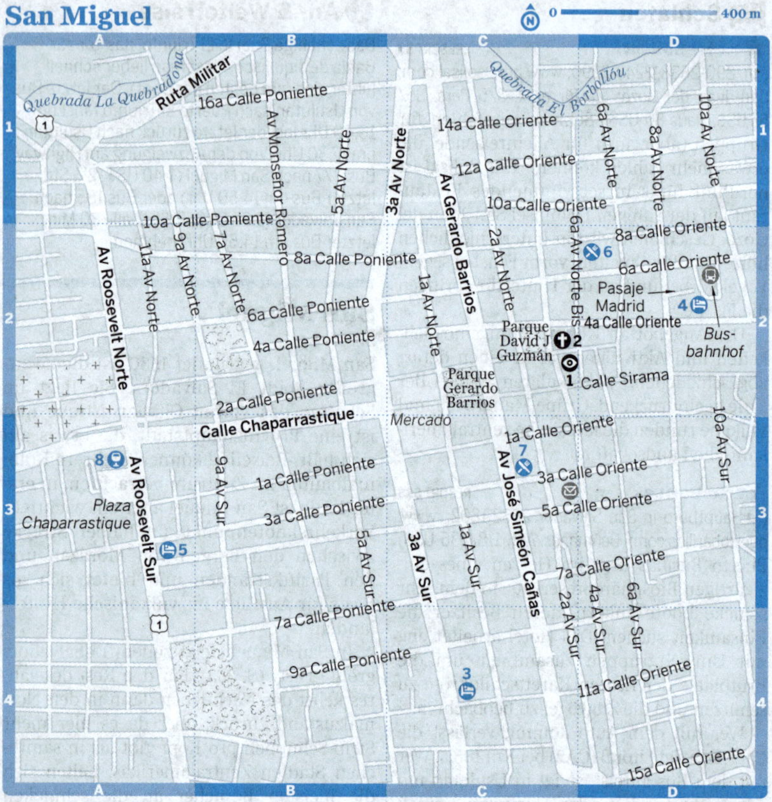

San Miguel

Sehenswertes
1 Antiguo Teatro Nacional C2
2 Catedral Nuestra Señora de la Paz C2
Museo Regional del Oriente .... (s. 1)

Schlafen
3 Hotel Caleta C4
4 Hotel Inn El Guanaco D2
5 Hotel Plaza Floresta A3

Essen
6 Comedor Chilita D2
7 Pastelería Lorena C3

Ausgehen & Nachtleben
8 Melodia A3

Die Ruinen liegen abseits der Panamericana, 8 km westlich von San Miguel. Bus 90 fährt an der Kathedrale ab und passiert die Ruinen auf dem Weg nach Moncagua (0,60 US$, 30 Min.).

Laguna de Olomega SEE

Rund 40 km südöstlich von San Miguel erstreckt sich ein hübscher See, auf dem kleine Boote (hin und zurück 5 US$) zu der winzigen Insel Los Cerritos fahren. Außerdem kann man hier wunderbar schwimmen und angeln. Dieser Ort ist von großer Bedeutung für die indigene Bevölkerung. Am einfachsten ist die Anfahrt per Taxi (30 Min., etwa 15 US$).

Museo Regional del Oriente MUSEUM

(2a Calle Oriente; Mo–Sa 10–17 Uhr) GRATIS Das Museo Regional del Oriente (eröffnet 2007) ist in demselben Gebäude untergebracht wie das Antiguo Teatro Nacional. Die Sammlung von Töpferarbeiten und Fotografien ist zwar recht dürftig, aber gut und in der Stadt selbst die wichtigste Attraktion.

Antiguo Teatro Nacional THEATER

(2a Calle Oriente; 10–17 Uhr) GRATIS Ein neoklassizistisches Juwel, das in der Stummfilmzeit als Kino und später als Hauptsitz der Telecom und als öffentliches Krankenhaus diente.

Catedral Nuestra Señora de la Paz KATHEDRALE
Die Kathedrale steht am Parque David J. Guzmán und stammt aus dem 18. Jh.

Aktivitäten

Volcán Chaparrastique WANDERN
Fitte Wanderer können den Aufstieg zum Gipfel des 2130m Volcano Chaparrastique, auch Volcán de San Miguel genannt, wagen. Dessen Kegel überragt die Stadt im Südwesten. Für die Besteigung muss mindestens ein paar Tage im Voraus über die Polizeiwache Chinameca (S. 354) ein Polizeibegleitschutz organisiert werden. Zum Vulkan kommt man mit einem Mietwagen oder dem Placitas-Bus ab der Ecke Calle Chaparrastique und 7a Av Sur in San Miguel. Dann geht's mit dem Taxi weiter. Auf dem Gipfel angekommen, eröffnet sich ein umwerfender Blick auf die Küste und einen Flickenteppich aus hügeligem Ackerland. Der Krater ist Hunderte Meter tief und auf seinem Grund liegen zwischen Steinblöcken zahlreiche Statuen der Virgen de la Paz.

Festivals & Events

Carnaval de San Miguel KARNEVAL
(Nov.) Die größte Party des Landes findet am letzten Novemberwochenende in San Miguel statt.

Fiestas Patronales RELIGIÖSES FEST
(Nov.) Bei den Fiestas Patronales wird in San Miguel jeden November die Virgen de la Paz mit Prozessionen und riesigen, bunten Teppichen aus Sägemehl gewürdigt.

Schlafen

Hotel Plaza Floresta B&B $$
(2640-1549; Av Roosevelt 704; EZ/DZ 25/50 US$; P) Eine gastfreundliche einheimische Familie betreibt das „Boutique"-Hotel an der Avenida Roosevelt. Wahrscheinlich gibt es in ganz San Miguel keinen entspannteren Ort zum Chillen als den Innenhof mit Swimmingpool. Die gefliesten Standardzimmer auf zwei Stockwerken sind luftig, sauber und erstaunlich ruhig.

Hotel Caleta BOUTIQUEHOTEL $$
(2677-0091; 3a Av Sur, Barrio San Nicolas; DZ 25 US$) Die beste Unterkunft im mittleren Preissegment vor Ort hat einen Garten mit tropischen Pflanzen, Hängematten, eine geschmackvolle Farbgebung in Kastanienbraun und Senfgelb und schicke, erschwingliche Zimmern.

Hotel Inn El Guanaco HOTEL $$
(2661-8026; Ecke 8a Av Norte & Pasaje Madrid; EZ/DZ 20/30 US$;) Klein und einladend, hat das El Guanaco riesige, makellose Zimmer mit heißem Wasser im Bad und Kabel-TV. Wer es ruhig und abgeschieden mag, mietet sich weiter oben ein. Es gibt einen Billardtisch und im Erdgeschoss befindet sich ein kleines Restaurant.

Essen

★ **Comedor Chilita** CAFÉ $
(Ecke 8a Calle Oriente & 6a Av Norte Bis; Hauptgerichte 2–3 US$; 7–22 Uhr) In dieser geschäftigen Cafeteria kann man aus einer guten und umfangreichen Speisekarte z. B. gedämpftes Gemüse, Spaghetti oder gebratenes Pfefferhähnchen wählen. Nach 16 Uhr dreht sich hier alles um *pupusas* – den Seiteneingang auf der 8a Calle Oriente benutzen.

Pastelería Lorena BÄCKEREI $
(3a Calle Poniente 21; Kuchen 0,20–3 US$; 7–19 Uhr) Die berühmteste Bäckerei El Salvadors nahm hier ihre Anfänge. Ein Glas *horchata* und ein Stück *Maria Luisa* (Marmeladen-Kuchen) sind der absolute Renner.

La Pema SALVADORIANISCH $$
(Hauptgerichte 7–15 US$; 10.30–16.30 Uhr) Dieses kirchenähnliche Bauwerk beherbergt eines der erfreulichsten gastronomischen Erlebnisse des Landes. La Pema liegt etwa 5 km außerhalb an der Straße zur Playa El Cuco und ist für seine cremigen Suppen und ausgedehnten Mittagessen bekannt. Unbedingt die *mariscada* (cremige Suppe mit Meeresfrüchten) probieren, die mit dicken Käsetortillas serviert wird. Das Servicepersonal nimmt seine Arbeit ernst und ist schnell. Die Gäste kommen teilweise von weit her. Die Taxifahrer wissen, wo's hingehen soll.

Ausgehen & Nachtleben

Melodia CLUB
(Av Roosevelt Sur, Plaza Chaparrastique; Fr–Sa 22–5 Uhr) Alle *discotecas* sollten so sein wie diese hier: dröhnende Beats, kitschiges Ambiente, hochhackige Schuhe und eine hochgradig hyperdynamische Stimmung. Ein Latino-Pop-Paradies, in dem gut betuchte Studenten um Aufmerksamkeit buhlen. Vor

BUSSE AB SAN MIGUEL

REISEZIEL	BUS	PREIS (US$)	DAUER (STD.)	HÄUFIGKEIT (TGL.)
El Cuco	320	1	1½	alle 30 Min.
La Unión	324	1,50	1¼	stdl.
Marcala, Honduras	426	4	5½	4 tgl.
Puerto El Triunfo	377	1,60	2	3 tgl.
San Salvador	301	2,20	3	alle 30 Min.
San Salvador *especial*	301	4	2	stdl.

24 Uhr sind die Getränke am billigsten – vor 1 Uhr morgens ist es aber natürlich noch ziemlich leer.

Praktische Informationen

Banco Cuscatlán (Ecke 4a Calle Oriente & Av Barrios) Tauscht Reiseschecks und ausländische Devisen und hat einen 24-Stunden-Geldautomaten.

Banco Salvadoreño (Ecke Av Barrios & 6a Calle Poniente) Tauscht Reiseschecks, gibt Barvorschuss auf Visa-Karten und der Geldautomat ist rund um die Uhr in Betrieb.

Einreisebehörde (Migración; 2660-0957; Ecke 15a Calle Oriente & 8a Av Sur; Mo–Fr 8–16 Uhr)

Polizeiwache Chinameca (2665-0074; Fax 2665-1014) Die Chinameca-Wache organisiert Polizeibegleitung für Wanderungen auf den Chaparrastique.

Post (Ecke 4a Av Sur & 3a Calle Oriente; Mo–Fr 8–17, Sa bis 12 Uhr)

An- & Weiterreise

Die Busspuren in San Miguels **Busbahnhof** sind deutlich markiert, nach Fahrplänen muss man allerdings erst mal fragen. Wer hier nachts ankommt, sollte mit dem Taxi zum Hotel fahren.

Bus 330 nach El Amatillo an der Grenze zu Honduras (2 US$, 1½ Std.) fährt zwischen 4 und 18 Uhr im Zehn-Minuten-Takt ab. Bus 332 nach Perquín (1,75 US$, 3 Std.) fährt um 6.20, 9.50, 10.20, 12.40 und 15.20 Uhr. Alternativ nimmt man den Bus 328 zur San Francisco Gotera und steigt dort in einen Pickup um.

Unterwegs vor Ort

Alamo Rent A Car (2661-0344; Av Roosevelt Sur)

La Unión

26 739 EW.

Zwar gibt es hier ein paar Ecken, die sich einen salzverkrusteten, kolonialen Charme bewahrt haben, ansonsten ist La Unión aber eine Stadt, die man besser schnell hinter sich lässt. Hier ist es heiß und ausgesprochen dreckig und es gibt nur wenige Gründe länger zu bleiben – einer davon vielleicht ein verspätetes Boot nach Nicaragua. Die Hitze kann so unerträglich sein, dass um die Mittagszeit selbst die Hunde völlig geschafft sind.

Die Strände Playa Las Tunas und Playa Jaguey westlich von La Unión sind ganz gut. Um der Gluthitze zu entkommen und einen Blick über den Golf zu erhaschen empfiehlt sich ein Besuch in **Conchagua** am Fuß des beeindruckenden Vulkans gleichen Namens. Der Anblick ist ehrfurchtgebietend.

Schlafen

Comfort Inn MOTEL $$
(2665-6565; Km 2,8 Calle a Playitas Carretera Panamericana; Zi. mit Frühstück 75 US$;) An der Schnellstraße, die aus dem Ort führt, steht das meilenweit beste Hotel. Gut, die Lage könnte schöner sein, aber der Pool ist top und der Standard besser als in Drei-Sterne-Motels üblich.

Hotel San Francisco HOTEL $$
(2604-4159; Calle San Carlos, zw. 9a & 11a Av Sur; EZ/DZ 20/40 US$;) Die Zimmer in dem rustikalen Motel mit nur halbwegs ansprechender Fassade sind ein wenig feucht, es gibt allerdings auch kaum Konkurrenz in der Stadt. Die Straße, an der es liegt, ist aber okay.

Essen

Cappucino's CAFÉ $
(Ecke 1a Calle Oriente & 3a Av Norte, Barrio El Centro; Kaffee 2 US$, Imbisse 2–5 US$; 8–19 Uhr) Das Cappucino's ist ein hell beleuchtetes, professionell geführtes Café mit toller Atmosphäre und leckerem Essen. Es gibt z. B. Frühstückssandwiches (4 US$) und Apfelkuchen (1 US$).

Pupusería Mayra SALVADORIANISCH $
(Calle San Carlos; Hauptgerichte 1–2 US$; 17–22 Uhr) Früher Vogel fängt die *panes de*

pollo (Hühnchen-Sandwiches) und frischen *pupusas*! Schnell sein, sonst ist alles ausverkauft.

Praktische Informationen

Cyber Cafe (1 Calle Poniente Comercial Flores, Comercial Flores; 0,50 US$ pro Std.)

Einreisebehörde (☎2604-4375; Ecke Av General Cabañas & 7a Calle Poniente; ⌚Mo–Sa 6–22 Uhr) Neben der Post; auf dem Schild steht *Control Migración*. Wer mit dem Boot von Nicaragua oder Honduras ein- bzw. dorthin ausreist, muss sich hier einen Stempel holen.

Plaza Médica Vida (☎2604-2065; Calle General Menénde, zw. Av Sur 7a & Av Sur 9a; ⌚24 Std.) Gutes Krankenhaus in der Nähe des Zentrums.

Scotiabank (3a Calle Oriente, nahe der 1a Calle Sur; ⌚Mo–Fr 8–17, Sa bis 12 Uhr) Tauscht Reiseschecks und hat einen 24-Stunden-Geldautomaten.

An- & Weiterreise

Der Busbahnhof liegt an der 3a Calle Poniente zwischen 4a Av Norte und 6a Av Norte. Wer nach El Amatillo an der Grenze zu Honduras möchte, nimmt den Santa-Rosa-de-Lima-Bus 342 (1 US$, 1 Std.) nach San Carlos; an der Abzweigung in Bus 330 umsteigen.

Nur sporadisch fahren Boote von La Unión nach Coyolitos in Honduras oder zum Hafen Potosí in Nicaragua. Hierfür am besten einen Mitarbeiter am Pier fragen. Man kann auch versuchen, telefonisch zu erfragen, ob vom **Hotel La Joya del Golfo** (S. 356) auf der Isla Meanguera bald ein Boot ablegt. Die Route über Land ist unspektakulär, in La Unión gestrandet zu sein, ist aber auch nicht besser.

Strände rund um La Unión

Südwestlich des unberührten Küstenwalds Bosque Conchagua erstreckt sich ein langer, ausladender Sandstrand. Einst gehörte er ganz allein den Surfern, Einheimischen aus San Miguel und den Meeresschildkröten. Am schönsten ist die **Playa Esteron**. Sie ist gut zugänglich, sauber und von Kokospalmen bestanden. Außerdem befindet sich hier das angesagteste Resort für spirituelle Selbsterfahrungen von ganz Zentralamerika.

Etwa 3 km westlich von Esteron befindet sich die **Playa El Cuco**, die an Wochenenden von Städtern aus San Miguel überrannt wird. Surfer stürzen sich in die recht ordentlichen Wellen. Immer an die potenzielle Gefahr von Quallen und Mantarochen denken und beim Hinausgehen den Sand immer ein wenig aufwühlen. Auf dem sandigen Marktplatz gibt's Unmengen von guten und günstigen Fischrestaurants.

Das weiter westlich gelegene **Las Flores** ist von Dezember bis Februar ein optimaler Surfspot für Anfänger. Den Rest des Jahres lässt man hier lieber die Profis ran. Den berühmten Break an der Punta Mango erreicht man mit dem Boot entweder von Las Flores oder El Cuco aus.

Die **Playa Jaguey** ist ein breiter Sandstrand mit einer moderaten Brandung zwischen El Tamarindo und El Cuco. Der Strand ist von privaten Häusern gesäumt. Nutzen kann man ihn dennoch, es gibt allerdings keine sanitären Anlagen. Die **Playa Las Tunas** ist auch ganz nett, mit einem weitläufigen, flachen Strand, der bis auf 100 m an einen Meeresarm heranreicht. Die Fischrestaurants sind am Wochenende schnell voll.

Schlafen

Cuartos Mama Cata HOTEL **$**
(☎2619-9173; casacata1@hotmail.com; Playa Las Flores; Zi. 15 US$) Mama Cata vermietet günstige, saubere Zimmer in unmittelbarer Nähe der Breaks. Davon abgesehen kocht sie für ihre Gäste und findet immer genau den richtigen Ton.

★ **La Tortuga Verde** RESORT **$$**
(☎7774-4855 7338-9646; www.latortugaverde.com; Playa Esteron; B/EZ/Haus 10/18/200 US$, DZ 25–70 US$; ❄☒) Die Zimmer sind über drei Strandhäuser verteilt. Die Anlage ist herrlich grün und von Kokospalmen bestanden. Überall liegt aufgesammeltes Strandgut und sandige, schwach beleuchtete Pfade führen zu den Unterkünften, die Entspannung pur durch viel natürliches Licht und frische Luft versprechen. Ob im Schlafsaal oder einem Haus mit fünf Schlafzimmern: die Bettwäsche ist hochwertig und die Seifen tragen das Prädikat „Bio". Seit mehr als sechs Jahren arbeitet Tom Pollack nun bereits an der Erfüllung seines Traums am Meer. Mit offenem Herzen, den nötigen finanziellen Mitteln und der Hilfe von zig einheimischen Angestellten hat der gebürtige New Yorker ein unfassbar schönes Öko-Resort für jedes Budget geschaffen. Es gibt einen glitzernden Pool (ein zweiter wird gerade gebaut), eine angesagte Bar, ein Yogastudio, eine Schildkrötenaufzuchtstation, ein „kosmisches" Café (sensationelle vegetarische Küche!) und ein Wellnessstudio (die Massagen sind top) und eine große Küche für Selbstversorger.

Das renommierte Restaurant hat eine endlos lange Speisekarte und wird von Einheimischen und Reisenden frequentiert, die ihren Augen nicht trauen. Ein Freiwilligenprogramm bietet die Möglichkeit, Arbeit gegen freie Logis zu tauschen. Darüber hinaus werden Partys, Bootstouren und spontane Aktivitäten veranstaltet. Wir empfehlen, sich auf die Seele dieses Orts einzulassen, in all die gezückten Kameras zu lächeln und zu genießen. Nach/ab Nicaragua fahren Schnellboote (75 US$); toller kann eine Grenzüberquerung kaum sein. La Tortuga Verde liegt 3 km östlich von El Cuco. In El Cuco angekommen, links abbiegen und der Schotterstraße für ungefähr 3 km folgen. La Tortuga Verde liegt auf der rechten Seite.

Hotel Miraflores HOTEL **$$**
(☎7890-4751; www.elhotelmiraflores.com; Playa Las Flores; EZ/DZ/3BZ 70/82/95 US$) Vernünftige Zimmer in einem Gebäude aus roten Lehmziegeln mit einem großen Innenhof. Aus einer erhöhten Warte kann man die legendären Wellen von Las Flores in Augenschein nehmen.

Azul Surf Club RESORT **$$**
(☎2612-6820; www.azulsurfclub.com; Playa El Cuco; B/Zi. 10/25 US$, DZ mit Frühstück ab 75 US$; ❄@≋) Der Azul Surf Club ist ein hübsches, familienbetriebenes Surfresort mit verschiedenen Schlafoptionen direkt am Strand. Der Schlafsaal ist neu und gut geschnitten, liegt aber in El-Cuco-Stadt. Besitzerin Lisette liebt ihre Gemeinde und organisiert soziale Projekte in der Umgebung.

An- & Weiterreise

La Unión Bus 383 fährt einen Rundweg nach El Tamarindo und kommt dabei an Las Tunas und Jaguey vorbei. Eine flotte Abkürzung ist die Fahrt mit demselben Bus bis nach Buenavista. Von dort geht's mit einer *lancha* quer über den Meeresarm nach El Tamarindo (0,40 US$), wo Bus 383 wieder erreicht werden kann, um über Jaguey und Las Tunas wieder nach La Unión zurückzufahren.

San Miguel Bus 320 fährt zur Playa El Cuco (1 US$, 1½ Std., alle 30 Min., 5.30–16 Uhr).

Inseln im Golfo de Fonseca

Im 17. Jh. trieben in dem Archipel nahe der nicaraguanischen Grenze Piraten ihr Unwesen. Heute befinden sich hier kleine Fischerdörfer und hübsche Buchten. Das Wasser ist schön warm und die raue Ozeanszenerie denkwürdig. Man kann sie während der kurzen Bootsfahrt zur Grenze genießen oder bei einer Schnellbootchartertour von El Cuco zum Mittagessen in einem Fischrestaurant auf der Isla Meanguera. Die am nächsten gelegene Insel, die **Isla Zacatillo**, hat die meisten Einwohner und viele Buchten mit Sandstrand warten darauf, erkundet zu werden. Der Hauptort hat ein paar Läden und Unterkunftsmöglichkeiten in einem Holzverschlag auf der anderen Seite der Bucht.

Einsame Strände findet man auf der **Isla Martín Pérez**, gleich südlich von Zacatillo. Die eher bergige **Isla Conchagüita** lädt mit ihren Wanderwegen zum aktiv sein ein. Direkt am Strand vor dem Hauptort sind die Fischerboote in Reih und Glied unter *enramadas* (Lauben oder Vordächern aus Holz oder Ästen) angebunden. Auf dem Weg hinaus zur **Playa Brava** findet man prähistorische Petroglyphen. Der schwarze Sandstrand der Playa liegt zu Fuß eine Stunde vom Dorf entfernt. Die beste der Inseln liegt am weitesten vom Festland entfernt. Die **Isla Meanguera** war lange Gegenstand von Territorialstreitigkeiten mit Honduras und Nicaragua, bis sie ein internationales Gericht 1992 El Salvador zusprach. Neben einem kleinen, freundlichen Dorf hat die Insel noch die **Playa Majahual** zu bieten, einen atemberaubenden schwarzen Strand, dessen warmes, ruhiges Wasser zum Baden einlädt. Von der Fähranlegestelle sind es zu Fuß 45 Minuten; Shuttles (1 US$) gibt's nur dann, wenn sie gerade anderweitig nicht gebraucht werden.

Schlafen

Hotel La Joya del Golfo HOTEL **$$**
(☎2648-0072; www.hotellajoyadelgolfo.com; Isla Meanguera; DZ 79–89 US$, jede weitere Pers. 10 US$; ❄@) In einer malerischen Bucht liegt dieses Boutiquehotel. Die Zimmer sind groß, haben mit Gold verzierte Bäder, Kabel-TV und einen tollen Blick auf die „Vogelinsel". Vorab anrufen (auch, um die Abholung vom Anlegesteg zu arrangieren).

An- & Weiterreise

Vom Landungssteg in La Unión fahren Boote nach Zacatillo (2 US$, 20 Min.) und Meanguera (2,50 US$, 1½ Std.). Die Abfahrtszeiten können variieren, meist legen die Boote aber um 10.30 Uhr ab und kehren um 5 Uhr am nächsten Morgen zurück. Wer nur einen Tag bleiben möchte, muss sich selbst um ein Boot für die Abholung kümmern.

Eine private „Express"-*lancha* kostet für den Hin- und Rückweg nach Meanguera 60 US$. Auf jeden Fall vor dem Ablegen einen Preis aushandeln und vorab nur die Hälfte bezahlen, um auch wirklich wieder abgeholt zu werden. Auch von Las Playitas, weiter entlang der Küste, legen Fähren zu den Inseln ab.

Morazán

Das kleine nordöstliche Departmento Morazán ist eine landwirtschaftliche Region, durchzogen von unwegsamen Bergwäldern. Das kühlere Klima, aber auch der sauberste Fluss des Landes, der Río Sapo, und sehr gute Wandermöglichkeiten zu Wasserfällen und alten Verstecken aus Zeiten des Bürgerkriegs locken viele Besucher aus San Miguel an. Das Museum in Perquín und ein Denkmal in El Mozote sind eindrucksvolle Symbole der Versöhnung und der Erinnerung, und in den Dörfern um San Francisco Gotera, der Hauptstadt von Morazán, werden die Traditionen der indigenen Bevölkerung unverändert gepflegt.

Sehenswertes

Cacaopera-Museum MUSEUM
(Cacaopera; Eintritt 1 US$; ⌚Mo–Fr 9–12 & 14–17 Uhr) Im Dorf Cacaopera (Bus 337 ab San Francisco Gotera, 15 Min., 0,20 US$) zeigt ein kleines ethnografisches Museum Fotoausstellungen und Fundstücke zur örtlichen indigenen Gemeinschaft der Kakawira. Es organisiert in der Trockenzeit (Dez.–April) geführte Wanderungen zu präkolumbischen Petroglyphen (15 US$ je Gruppe).

Schlafen

Cacaopera Hostel HOSTEL $
(☎2651-0251; Cacaopera; B 5 US$) Das Cacaopera-Museum unterhält außerdem ein rustikales Hostel ohne Strom und fließendes Wasser. Baden kann man im nahen Río Torola, gekocht wird auf dem Holzofen. Das ist vielleicht nicht gerade bequem, die Erfahrung ist aber zweifelsohne einzigartig.

Shoppen

Cedart KUNSTHANDWERK
(Calle Principal; ⌚Mo–Fr 8–17, Sa bis 12 Uhr) Die Gemeinde von Guatajiagua stellt qualitativ hochwertige schwarze Töpferarbeiten nach alter Lenca-Tradition her. Einen Eindruck davon kann man sich in dem schlichten Kunsthandwerksladen Cedart verschaffen. Dort erhält man auch Adressen von Werkstätten einheimischer Künstler.

Perquín

5500 EW.

Ein Besuch der früheren FMLN-Zentrale im Bergdorf Perquín ist ein wichtiger Schritt, um den brutalen Bürgerkrieg in El Salvador verstehen zu können. Hier, in diesen Hügeln, konnte die Opposition ihre treuesten Gefolgsleute gewinnen und trotz heftiger Bombardierungen gelang es dem Militär nicht, die Guerillakräfte von hier zu vertreiben. Der Ort an sich ist klein, aber der Kiefernwald ringsum ist umwerfend und das Bergklima und das Kriegsmuseum machen einen Ausflug hierher für viele Traveller zu einem der Höhepunkte ihrer Reise nach El Salvador.

Sehenswertes

Museo de la Revolución Salvadoreña MUSEUM
(Calle Los Héroes; Eintritt 1,25 US$; ⌚Di–So 8.30–16.30 Uhr) Wenige Blocks nördlich des Parks illustriert das Museo de la Revolución Salvadoreña die Gründe und den Hergang des bewaffneten Kampfes. Zu den Highlights gehören u.a. Anti-Kriegs-Poster aus der ganzen Welt, schonungslose Farbbilder des Lebens in den Guerillacamps, eine unglaubliche Sammlung sowjetischer Waffen und einige Geschichten über Menschen, die im Kampf fielen. Der Besuch hier ist traurig und ergreifend.

El Campamento Guerrillero Simulado MUSEUM
(Calle Los Héroes; Eintritt 0,50 US$, Gruppenführungen 20 US$; ⌚Di–So 8.30–16.30 Uhr) El Campamento Guerrillero Simulado ist ein rekonstruiertes Guerillacamp in einem teilweise gerodeten Waldstück, das über Hängebrücken verbunden und von Pfaden durchzogen ist. Im Museum kann man auch Kontakt zu ehemaligen Guerillakämpfern aufnehmen, die die Besucher auf faszinierenden **geführten Touren** durch die Kriegszone begleiten. Das beliebteste Ziel ist El Mozote.

Auf dem Gelände sind u. a. die Überreste des abgeschossenen Helikopters zu sehen, in dem Leutnant Colonel Domingo Monterrosa, der Anführer des berüchtigten Atlacatl-Bataillons, in den Tod stürzte. Außerdem können die Studios des illegalen Radiosenders der FMLN, Radio Venceremos („Wir werden gewinnen") besichtigt werden. Der Sender war in einen ausgeklügelten Plan verwickelt, der dazu führte, dass der Helikopter zerstört wurde – durch einen mit Sprengstoff präparierten Funksender.

Aktivitäten

Prodetur GEFÜHRTE TOUREN
(☎2680-4086; prodeturperquin.tripod.com; Parque Central; ⏲Mo–Fr 8–17, Sa bis 14 Uhr) Das hilfsbereite Team des Touristenbüros von Perquín organisiert geführte Touren und Wanderungen (15 US$; einen Tag Vorlaufzeit geben). Die Mitarbeiter sprechen auch ein wenig Englisch.

Festivals & Events

Festival del Invierno KUNST
(⏲Aug.) Das Kunst- und Musikfestival ist sehr beliebt bei Studenten und Bohemiens.

Tours Ciclista de Montaña RADRENNEN
(⏲Nov.) Ein wichtiges Radrennen.

Festival de Montaña KULTUR
(⏲Ende Dez.) Einwöchiges Kulturfestival.

Schlafen

La Posada de Don Manuel B&B $
(☎2680-4037; EZ/DZ 10/20 US$; P 📶) Manuel und seine Frau halten die umgebaute Sägemühle in Schuss (hinter dem Ortseingang 500 m nach links gehen). Die Zimmer sind ziemlich teuer, aber das Wasser ist heiß, das WLAN zuverlässig und die Hausmannskost spitzenmäßig. Die angebotenen Touren sind empfehlenswert.

Hostal Perquín Real HOSTEL $
(☎2680-4158; EZ 8 US$) Eine erstklassige Lage am südlichen Ortseingang von Perquín hat dieses bescheidene Hotel mit fairen Preisen für saubere Zimmer und einem entspannten Sitzbereich, der hinten an das beste Restaurant der Stadt angrenzt: die Cocina de Mama Toya y Mama Juana. Aber Vorsicht: Es kommt nur eiskaltes Wasser aus den Duschen.

Eco Albergue Río Sapo HÜTTE $
(☎2680-4087, 2680-4086; Stellplätze/B 4/7 US$ pro Pers.) Hier wohnt man in unmittelbarer Nähe einer Badestelle und dem Ausgangspunkt einer ganzen Reihe von Wanderungen. Schon deshalb lohnt sich eine Übernachtung in diesen rustikalen Hütten in der Area Natural Protegida Río Sapo, die doch stark an einen Schlafsaal erinnern. Hier gibt's keinen Strom und nur begrenzt Wasser; Verpflegung muss man selbst mitbringen und auch die Taschenlampe sollte man nicht vergessen. Zelte (3 US$) und Schlafsäcke (1 US$) können bei Bedarf geliehen werden. Die Eco Albergue wird von Prodetur betrieben.

Hotel Perkin Lenca HOTEL $$
(☎2680-4046; www.perkinlenca.com; EZ/DZ mit Frühstück 40/50 US$) Das schöne, renommierte Berghotel an der Straße nach Perquín wurde von einem ausgewanderten US-Amerikaner errichtet, der auch herausragende Gemeindeprojekte auf die Beine stellt. Die großen Zimmer mit viel Kiefern- und Eichenholz verströmen Wohlfühlatmosphäre. Warmwasser gibt es auch. Man kann Wanderungen und kulturelle Touren buchen und den Ausblick im Restaurant genießen.

Essen

La Cocina de la Abuela SALVADORIANISCH $
(Hauptgerichte 2–4 US$; ⏲8–20 Uhr) Der beste der preiswerten *comedores* auf der Plaza.

La Cocina de Ma'Anita SALVADORIANISCH $$
(Hotel Perkin Lenca; Hauptgerichte 5–10 US$; ⏲7–20 Uhr; 📶) „Anitas Küche" ist den ganzen Tag geöffnet und immer lecker. Die Zutaten sind größtenteils „Bio" und abgesehen vom üblichen Frühstücks- und Mittagsangebot stehen auch substantiellere Mahlzeiten auf dem Programm, darunter die Perkin-*parillada* (Barbecue, 8,50 US$), von der eine Bergziege sattwerden könnte, und das superleckere *churrasco de la casa* (Steak nach Art des Hauses, 8 US$). Die Gäste erfreuen sich auch an den Panoramafenstern und dem Eingemachten.

Praktische Informationen

Cyberspace (1 US$ pro Std.; ⏲Sa–Do 8–21, Fr bis 18 Uhr)

An- & Weiterreise

Die CA7 von San Miguel nach Norden bis zur Grenze nach Honduras ist in gutem Zustand. Bus 332 fährt um 6, 7, 9.50 und 12.40 Uhr von San Miguel nach Perquín (2,50 US$, 3 Std.). Alternativ kann man auch den regelmäßiger verkehrenden Bus 328 nach San Francisco Gotera (1 US$, 2 Std.) nehmen und dort in einen Pickup nach Perquín (0,70 US$, 1 Std.) umsteigen. Der letzte Bus zurück nach San Miguel geht um 16 Uhr; der letzte Pickup nach Gotera startet um 17.40 Uhr. Wer aber von dort die letzte Busverbindung nach San Miguel erwischen will, der muss den Pickup schon um 17 Uhr nehmen.

NÖRDLICHES EL SALVADOR

Die kleine Provinz Chalatenango bildet den nördlichen Teil El Salvadors, in dem sich die Berge bis zur honduranischen Grenze erstrecken. Diese hübsche, friedliche Gegend und die honduranische Grenze sind von San Salvador aus gut zu erreichen, insbesondere seit Fertigstellung der neuen Schnellstraße. Die Hauptattraktion des Nordens ist – verdientermaßen – Suchitoto, die wohl schönste salvadorianische Kolonialstadt. An den Wochenenden wirkt sie manchmal wie das Kulturzentrum Zentralamerikas. Davon abgesehen bildet Suchitoto eine wunderbare Basis für die Erkundung des Landes.

La Palma ist ein einzigartiger Künstler-Treff, wo naive Kunst unverändert die Phantasie der Welt beflügelt. Ein weiteres Highlight sind Wanderungen ab San Ignacio und Miramundo. Das kommerzielle Herz von Chalatenango – und das Zentrum der mittlerweile sichersten Provinz des Landes – ist die gleichnamige, stolze Stadt, die vor allem von der Landwirtschaft lebt, und in der ein starker Gemeinschaftssinn herrscht. Dieser kommt auch in dem fortwährenden Disput mit internationalen Bergbaukonzernen zum Ausdruck.

Das *departamento* Chalatenango hatte am schwersten unter der Taktik der *tierra arrasada* (der verbrannten Erde) zu leiden. Dabei wurden als Teil der Kampfhandlungen Felder abgebrannt und Nutztiere getötet. Chalatenango ist der wichtigste Lieferant für Strom aus Wasserkraft, hat aber angesichts der enormen Abholzung mit schwerwiegenden Umweltproblemen zu kämpfen.

Suchitoto

Das erstaunliche Städtchen „Suchi", 50 km nordöstlich von San Salvador gelegen, ist die Kulturhauptstadt El Salvadors. Jedes Wochenende findet in den Straßen mit Kopfsteinpflaster ein Kunst- und Lebensmittelmarkt statt, der mit dem gebührenden *guanaco*-Stolz gefeiert wird. Der Februar gehört den einheimischen Künstlern; dann sind die kleinen Galerien vollgestopft mit salvadorianischen Besuchern. Dies alles ist nicht neu, denn Suchitoto war bereits der Stolz der Provinz, als das Indigo noch das Bild des Marktplatzes bestimmte und die wunderschöne spanische Kirche täglich von reuigen Sündern bevölkert wurde.

Wer sich für Architektur interessiert, wird die Kolonialgebäude lieben, wer gern draußen in der Natur ist, hat in unmittelbarer Nähe der Stadt unzählige Möglichkeiten, Wasserfälle, Höhlen und den wunderschönen Lago Suchitlán zu Fuß zu erkunden. Suchitoto ist mit seinen 200 Vogelarten aber auch ein wichtiges Gebiet für Zugvögel. Tausende Habichte und Falken bevölkern zum Wechsel der Jahreszeiten die Lüfte und allerlei Vögel bauen in der relativen Sicherheit der Flussinseln ihre Nester.

Man nimmt an, dass sich die Yaqui und Pipil vor etwa 1000 Jahren hier niederließen. Die Hauptstadt El Salvadors wurde Anfang des 16. Jhs. hier ganz in der Nähe gegründet. In der jüngeren Geschichte war Suchitoto der Ort, an dem die ersten Kämpfe des Bürgerkriegs ausgetragen wurden, was viel Zerstörung und Abwanderung mit sich brachte. Heute ist die Stadt im Hochland wieder zurück und ein wichtiges Reiseziel des Landes.

Sehenswertes

★ Centro Arte para la Paz KULTURZENTRUM
(☎2335-1080; www.capsuchitoto.org; 2a Calle Poniente 5) GRATIS Das 2000 eröffnete Centro Arte para la Paz war ursprünglich ein gemeinnütziges Projekt zur Unterstützung von Opfern häuslicher Gewalt; inzwischen finden in dem bildschönen alten Dominikanerkonvent verschiedene kulturelle Aktivitäten statt. Es beherbergt zudem ein kleines Museum und eine Galerie sowie einen gut ausgestatteten Schlafsaal (7 US$) für Selbstversorger. Schon allein wegen des spürbaren Gemeinschaftssinns dieses Orts lohnt sich ein Besuch.

Aktivitäten

★ Suchitoto Adventure Outfitters GEFÜHRTE TOUREN
(☎2335-1859, 7921-4216; www.elsalvadoradventures.com) Es gibt wirklich nicht viele Orte in El Salvador, die René Barbon nicht selbst bereist hat. Seine Stärken sind Kajaktouren, Angeln und andere körperliche Herausforderungen, er weiß aber auch jede Menge über die Geschichte und Kultur des Landes. Neu im Programm sind der Tagesausflug zum Lago de Ilopango im Osten San Salvadors und zum Kriegsgeschichte- und Regenwaldpark von Cinquera (55 US$). Maya Grouper heißt sein neues B&B; auf der Website buchen.

Pajaro Flor Spanish School SPRACHKURSE
(☎7230-7812, 2327-2366; www.pajaroflor.com; 4a Calle Poniente 22) Die Spanischschule Pajaro Flor bietet für 160 US$ 20 Stunden fundierten Privatunterricht an. Für um die 10 US$ am Tag kann eine Unterbringung in Familien arrangiert werden.

IPES FREIWILLIGENARBEIT
(☎2335-1891; www.permacultura.com.sv; 2a Av Sur 38, Barrio El Cavario) Eine gute Gelegenheit, freiwillige Arbeit in Graswurzel-Permakulturprojekten zu leisten. Die Anlage, in der einheimische Bauern alles über nachhaltige Landwirtschaft lernen können, wurde eigens zu diesem Zweck 15 km außerhalb Suchitotos gebaut. Für 400 US$ pro Monat können freiwillige Helfer vor Ort übernachten und in die einheimische Gesellschaft eintauchen; außerdem stehen ihnen erfahrene Ausbilder zur Seite.

El Tejado SCHWIMMEN
(☎2335-1769; 3a Av Norte 58; Pool Eintritt 3 US$; ⌚9–18 Uhr) Um der Hitze zu entkommen, bietet sich ein Sprung in den riesigen Hotelpool mit Aussicht an. Das Hotel (DZ 65 US$) gehört einer evangelikalen Kirche. Das Poolgelände ist auch ein nettes Plätzchen für ein Bierchen.

Global Platform SPRACHKURSE
(☎2340-6301; globalplatform-elsalvador@ms.dk; 2a Av Sur 39, Barrio El Cavario) Global Platform ist eine dänische NGO, die Spanischunterricht für Mitarbeiter der selbstorganisierten Entwicklungsprojekte rund um Suchitoto anbietet. Auch Nicht-Dänen können sich gern bewerben; ein Monat kostet etwa 400 US$. Inbegriffen sind schlichte Unterkunft, Verpflegung und verschiedene Ausflüge.

Festivals & Events

Festival de Maíz KULTUR
(⌚Aug.) Das Maiserntefest von Suchitoto geht mit religiösen Prozessionen und einem Straßenfest einher.

Schlafen

Posada Blanca Luna HOSTEL $
(☎2335-1661; 1a Calle Oriente; Zi. 8 US$ pro Pers.) Das kleine, friedliche Hotel einen Häuserblock hinter der Kirche hat sechs ordentliche, einfache Zimmer mit Bad (kein Warmwasser) und Ausblick, z. B. auf den herrlichen Sonnenuntergang über Suchi. Die geräumige Terrasse ist ein prima Treffpunkt.

El Gringo HOSTEL $
(☎2327-2351; www.elgringosuchitoto.com; Calle Francisco Morazán 27; B/EZ/DZ 7/12/18 US$; P ❄📶) Robert, der El Salvador zu seiner Wahlheimat erkoren hat, betreibt ein buntes Hotel und Tex-Mex-Restaurant westlich vom Platz, die einen entspannten, erschwinglichen Aufenthalt in Suchitoto versprechen. Die Zimmer sind schlicht, aber sehr gemütlich. Hier sind Werke lokaler Künstler ausgestellt und die tolle Bücherbörse ist eine super Sache in diesen Breitengraden.

Hostal Vista al Lago HOSTEL $$
(☎2335-1357; 2a Av Norte 18; B/DZ 8/30 US$) Die Aussicht, die dieses baumbestandene Grundstück gewährt, ist schlichtweg umwerfend. Zutritt hat man via einen unspektakulären Rezeptionsbereich; die dortigen Mehrbettzimmer sind ein wenig trist. Aber dann geht's in den Garten und zu den neueren Doppelzimmern, die genau den Blick bieten, den der Name Vista al Lago verspricht. Die Besitzer sind gut aufgelegt.

★ **Los Almendros de San Lorenzo** BOUTIQUEHOTEL $$$
(☎2335-1200; www.hotelsalvador.com; 4a Calle Poniente; DZ/Suite 93/120 US$; ❄@≋) Zweifellos eine der besten Übernachtungsmöglichkeiten in El Salvador. Ein schickes Boutiquehotel in einem restaurierten, 200 Jahre alten Gebäude, erstklassige salvadorianische Kunst, antikes und modernes Mobiliar, maßgefertigte Türen und mehrere gurgelnde Brunnen bilden den Hintergrund für die sechs makellosen Zimmer, die mit hohen Decken, großen gefliesten Badezimmern und schlichtem, klassischem Dekor ausgestattet sind. Eine der Suiten hat einen eigenen Brunnen, die andere ist auf zwei Stockwerke verteilt – beide sind jeden einzelnen Cent wert. Außer in den Zimmern, die man nur ungern wieder verlässt, kann man sich in einer luxuriösen Bibliothek, am gepflegten Pool oder im üppigen Garten aufhalten. Ein gutes Restaurant und eine hippe Lounge-Bar runden das Ganze ab.

Essen

★ **La Lupita del Portal** INTERNATIONAL $
(☎2335-1429; Hauptgerichte 3–8 US$; ⌚8–22 Uhr) La Lupita wird inzwischen von *pupusa*-Imbissen flankiert, ist aber nach wie vor Suchis Nummer eins für gute, preisgünstige Küche und ebensolche Drinks. Zu den großzügigen Sandwiches, Pizzas und Grillgerichten gibt's riesige Fruchtshakes. Rundum gut und unterhaltsam.

La Posada Suchitatlan SALVADORIANISCH $$
(☎2335-1064; Barrio San José; Hauptgerichte 6–12 US$; ⏲11–20 Uhr) Auf einem üppig grünen, weitläufigen Grundstück mit Blick auf den See wird typisch salvadorianisches Essen in einem außergewöhnlichen Ambiente serviert.

Xela's Pizza PIZZA $$
(☎2335-1397; Pizza 6–10 US$; ⏲12–21 Uhr) Der smarte kleine Pizzaladen wird zunehmend beliebter. Er ist der perfekte Ort für ein Date. Den Schildern von der Plaza aus folgen.

Ausgehen & Nachtleben

El Necio BAR
(4a Calle Oriente No 9; ⏲16–1 Uhr) Hier geht's ums Trinken, keine Frage, und die ordentlichen Drinks schmecken nach Revolution: Jerry und seine Freunde sind stolz auf die verschiedenen ausgestellten politischen Utensilien. Hier kann man in einer Nacht mehr über die Geschichte des Landes lernen als in einem dreijährigen Bachelor-Studiengang.

Shoppen

Casa de la Abuela KUNSTHANDWERK
(☎2335-1227; www.suchitotoelsalvador.com; Ecke 1 Av Norte & 2 Calle Oriente; ⏲9–19 Uhr) Wer wenig Zeit, aber noch Platz im Rucksack hat, sollte in diesem Laden vorbeischauen, der immer weiter expandiert und Handwerk und Kunst aus der Region verkauft.

Praktische Informationen

Banco ProCredit (Ecke 2a Av Norte & 2a Calle Poniente; ⏲Mo–Fr 8–16.30, Sa bis 12 Uhr)

Touristenbüro (☎2335-1739; Calle San Martin 2; ⏲8–16 Uhr) Professionelle, freundliche Mitarbeiter informieren über Sehenswürdigkeiten, Aktivitäten und kulturelle Veranstaltungen in Suchitoto.

X-Streme Speed Cyber Cafe (☎2235-1722; 1a Calle Poniente; 1 US$ pro Std.; ⏲8–20 Uhr)

An- & Weiterreise

Vom Terminal de Oriente in San Salvador wird Suchitoto von Bus 129 angefahren. Derselbe Bus fährt auf dem Rückweg an der Ecke 1a Calle Poniente und 4a Av Sur, einen Block westlich des Parque Centenario, ab. Mit dem Auto geht's auf der Panamericana zuerst Richtung Cojutepeque; in San Martín dann am Texaco-Schild nach links abbiegen.

Wer nach Norden weiterfährt, nimmt Bus 163 nach Las Aguilares (0,80 US$, 1 Std.), wo Busse in Richtung Chalatenango, La Palma und zur Grenze El Salvador–Honduras vorbeifahren.

Langsamer aber landschaftlich schöner ist es, wenn man mit dem Boot (6 US$/Pers., 20 Min.) oder mit der Autofähre (1 US$/Pers., 4 US$/Auto) über den Lago de Suchitlán nach San Francisco Lempa und von dort weiter mit dem Bus nach Chalatenango fährt. Der letzte fährt um 15 Uhr ab.

Chalatenango

21 102 EW.

„Chalate" ist die Hauptstadt der bergigen Provinz Chalatenango im Norden von El Salvador. Sie hat einen wunderbaren Alltagsrhythmus: In den schmalen Straßen drängen sich Laster, beladen mit Obst, Zuckerrohr, Indigo und Kaffee auf dem Weg zum Morgenmarkt in der Calle San Martín, wo man vielleicht sogar einem Cowboy begegnet. Nette Einheimische verkaufen DVDs, Toilettenartikel und glitzernde Paillettenkleider und man kommt schnell mit den Leuten ins Gespräch.

Bei einem Spaziergang lassen sich Ausblicke auf die spektakulären La-Peña-Berge und den Cerro Verde weiter westlich erhaschen, zwei mögliche weitere Ziele für Reisende, die es schon mal bis hierhin geschafft hat. Ein beliebter Tagesausflug führt zum Lago de Suchitlan im Osten.

Die Vergangenheit ist in Chalate allgegenwärtig, und es ist ein großer Kontrast zwischen den ehrgeizigen jungen Menschen zu erkennen, die das Stadtleben lieben, und einer Generation von Bauern mit von der Sonne gegerbter Haut, die sich mit der Landwirtschaft ihren Lebensunterhalt sichern und Geschichten aus der Zeit der FMLN-Herrschaft erzählen. Die große Militärgarnison auf der Plaza wurde zu Kriegszeiten erbaut, um die revolutionären Aktivitäten in dieser FMLN-Hochburg im Zaum zu halten.

Sehenswertes

Turicentro Agua Fría PARK
(Eintritt 1 US$; ⏲8–17 Uhr) Vom Parque Central ist nach 20 Minuten das Turicentro Agua Fría mit einem üppig grünen Park mit Picknicktischen erreicht; Hauptanziehungspunkt sind aber die Schwimmbecken mit künstlicher Felseninsel und Wasserrutsche. Trockenzeit heißt auch Wassermangel – also nicht überrascht sein, wenn von der Überdosis Chlor die Augen brennen. In der Cafeteria gibt's Essen und Bier. Hierher kommt man auf der Calle Morazán (nach Osten); nach 400 m am großen Schild links abbiegen.

Iglesia de Chalatenango KIRCHE

Die Iglesia de Chalatenango mit ihrem plumpen Glockenturm und der leuchtend weißen Fassade steht am östlichen Ende des Parque Central, nur einen Steinwurf von der Militärgarnison entfernt.

Aktivitäten

Cerro La Peña WANDERN

Einen schönen Blick über den Cerrón-Grande-Stausee verspricht eine Wanderung hinauf zum Cerro La Peña. Es ist ein Fußmarsch von etwa 1½ Stunden; der Ausgangspunkt befindet sich kurz vor dem *turicentro*. Viele Wege führen nach oben – am besten Passanten nach dem Weg fragen.

Schlafen

Hotel La Ceiba HOSTEL $

(☎ 2301-1080; 1a Calle Poniente; EZ 10 US$) Altmodische Billigunterkunft hinter dem Garnisonsgebäude.

La Posada del Jefe HOTEL $

(☎ 2335-2450; Calle el Instituto, Barrio El Calvario; EZ/DZ 16/25 US$; ❄) Mit dem Rucksack oder Koffer den Berg hoch zu diesem weißen Betonbau, das ist nicht ohne. Auch die Innenausstattung ist kein schlagkräftiges Argument, das die Anstrengung rechtfertigen würde. Aber immerhin gibt's vorn einen kleinen Supermarkt und der nette Besitzer zeigt einem gern, wo die Wanderwege anfangen.

Essen

Comedor Carmary SALVADORIANISCH $

(3a Av; Hauptgerichte 2–3 US$; ⏲ Mo–Sa 7–17 Uhr) In dieser sehr sauberen Cafeteria ist immer was los. Die köstliche *comida a la vista* besteht z. B. aus geschmortem Huhn in Tomate, Kochbananen oder den allgegenwärtigen Bohnen mit Reis. Die frisch gepressten Säfte werden in einem riesigen Glas serviert.

Markt MARKT $

(⏲ 5–13 Uhr) Der Markt im Freien ist ein echter Augenschmaus: Gemüse, Obst und Getreide und dazu noch jede Menge Toilettenartikel. Gleich östlich der Avenida Fajardo. Einen lärmenden Markt gibt's auch dienstags und sonntags im Stadtzentrum.

Cafe Colombia CAFÉ $

(4a Calle Poniente; Kaffee 1 US$; ⏲ 8–17 Uhr) In dem zusammengeschusterten Café werden große Sandwiches mit Schinken, Käse oder Hühnchen sowie starker Kaffee aus der Region serviert. Unter den Gästen sind viele Studententypen. Gesessen wird auf großen Kaffeesäcken aus Jute.

Praktische Informationen

Cibercafé@halate Online (1a Calle Oriente Höhe 5a Av Norte; 1 US$ pro Std.; ⏲ Mo–Sa 8–21.30, So 9–13 Uhr)

Citibank (4a Calle Poniente nahe 6a Av Sur; ⏲ Mo–Fr 8–16.30, Sa bis 12 Uhr)

An- & Weiterreise

Regelmäßig fährt Bus 125 von San Salvador (1 US$, 2 Std.) bis zur 3a Av Sur in Chalatenango, ein paar Blocks südlich der Kirche. Wer nach La Palma oder El Poy möchte, nimmt den Bus 125 in Richtung El Amayo (die Carretera-Kreuzung) und steigt dort in den Bus 119 (1½ Std.) nach Norden um.

Rund um Chalatenango

Rund um Chalate geht die Landschaft in einen trockenen Wald über, der von spitzen Gipfeln und schroffen, gelbbraunen Hügeln gespickt ist. Die kleinen Dörfer in dieser abgeschiedenen Gegend warten mit einer tollen Landschaft und interessanten Geschichten auf. La Montañona liegt auf 1600 m und ist ein Kiefern-Schutzgebiet. Der Ausblick ist erstklassig und es gibt präkolumbische Petroglyphen zu bewundern. Der Bürgerkrieg hinterließ hier mehrere *tatús* (Höhlenverstecke), darunter auch den des illegalen Guerilla-Radiosenders Radio Farabundo und ein unterirdisches Guerillakrankenhaus. Jenseits des Río Sumpul liegt das wunderschöne Dörfchen **Arcatao** inmitten der entlang der Grenze zu Honduras verlaufenden Berge. Nordwestlich von Chalate befindet sich Concepción Quezaltepeque, ein Zentrum der Hängemattenherstellung. Am Straßenrand kann man Frauen bei der Arbeit an den Hängematten beobachten.

Festivals

Festival de Hamacas VOLKSFEST

(⏲ Mitte Nov.) Hängematten füllen die Straßen von Concepción Quezaltepeque anlässlich dieses Straßenfestes.

Schlafen

La Montanaño HÜTTE $

(☎ 7723-6283; Zi. 5 US$) In La Montañona gibt es eine Übernachtungsmöglichkeit – eine rustikale Hütte mit Betten und Gemeinschaftsbad.

La Palma

Wandbilder *en masse* im regenbogenfarbigen, naiven Malstil, den der berühmte Sohn der Stadt, Fernando Llort, salonfähig gemacht hat, sind das Markenzeichen des winzigen Dorfs La Palma. Es liegt zwei Fahrstunden nördlich von San Salvador und die klare Bergluft und die wunderschönen Wanderwege sind schon Grund genug für einen Abstecher hierhin. Aber die Tatsache, dass jede Bushaltestelle, verfügbare Mauer und Parkbank mit kunterbunter Farbe bemalt ist, macht La Palma zu einem Muss. Die verspielte Respektlosigkeit dieser Kunstwerke ist entwaffnend. Diese bunten und primitiven Bilder von Bergdörfern, *campesinos* (Bauern) oder Jesus Christus sind gleichbedeutend mit der Kunstbewegung des modernen El Salvador. Llort brachte den Einheimischen hier bei, die gleichen Bilder herzustellen, und gründete so eine erfolgreiche Kooperative. Heute verdienen sich schätzungsweise drei Viertel der Dorfbewohner mit der Massenproduktion dieser grellen Motive ihren Lebensunterhalt.

Wanderer können ihre Kondition an ein paar herausfordernden Gipfeln testen. Wer es wirklich ernst meint, ist im benachbarten **San Ignacio** besser aufgehoben; der Ort liegt näher an den Hauptwegen.

Sehenswertes

★La Semilla de Dios KUNSTZENTRUM
(Ecke 3a Calle Poniente & 5a Av Norte; ⏲10–18 Uhr)
Die ortsansässige Kooperative La Semilla de Dios wurde 1977 von Fernando Llort selbst gegründet und stellt hinter dem Laden in Werkstätten qualitativ hochwertiges Kunsthandwerk her. Wer freundlich fragt, kann sich in der Werkstatt umsehen und den Malern und Holzarbeitern bei der Arbeit zusehen.

Copapase KUNSTZENTRUM
(☎2305-9376; ⏲Mo–Fr 8–17, Sa & So bis 12 Uhr)
Copapase ist die etablierteste Künstlerkooperative in der Gegend – sogar ein kleines Museum gehört dazu.

Aktivitäten

Der **Cerro El Pital** (2730 m) ist zwar El Salvadors höchster Gipfel, dank einer Zufahrtsstraße aber auch einer derjenigen, die am einfachsten erklommen werden können. Aus dem nahegelegenen San Ignacio mit Bus 509 nach Las Pilas bis zum Río Chiquito fahren. Der Bus hält in der Nähe des Wanderwegs. Von dort dauert es etwa 1½ Stunden bis zur Spitze, wo den Gipfelstürmer eine wunderbare Aussicht erwartet. Wer daran zweifelt, ob er wirklich schon oben angekommen ist, kann nach dem Betonblock Ausschau halten, der den höchsten Punkt des Landes markiert. Dieser befindet sich auf Privatgelände; 2 US$ für den Eintritt mitbringen.

Wenn man schon mal da ist, lohnt sich auch noch ein Abstecher zur **Piedra Rajada** (nach dem Weg fragen), einem riesigen, gespaltenen Felsen, etwa eine halbe Stunde vom Gipfel entfernt. Der Weg dorthin führt über eine nervenaufreibende

ABSEITS DER ÜBLICHEN PFADE

CINQUERA

Diese ehemalige FMLN-Hochburg hat sich zu einem erfolgreichen Beispiel für Graswurzeltourismus entwickelt. Die freundliche Dorfgemeinschaft hat eine Reihe von Projekten ins Leben gerufen, die dazu beigetragen haben, die Schrecken des Bürgerkriegs zu bewältigen. In einem **Kriegsmuseum** erzählen Ex-Guerillakämpfer von ihren eigenen Erfahrungen in diesem Konflikt. In einem tollen kleinen **Regenwaldpark** kann man eine kurze Wanderung machen und am Wasserfall schwimmen. Wer Amphibien und Reptilien mag, sollte sich die nachhaltige **Leguanfarm** anschauen.

Das **ARDM Hostel** (☎2389-5732; ardmcqr@yahoo.es; Hütten 20 US$) wird von der Vereinigung für Wiederaufbau und städtische Entwicklung (Association for Reconstruction and Municipal Development, kurz ARDM) betrieben. Freiwillige Helfer für Gemeinde- und Ökotourismusprojekte sind willkommen. Die schicke, komfortable Unterkunft hat ein eigenes, ganz gutes Restaurant. Die spartanisch eingerichteten Zimmer sind in Hütten aus Kiefernholz auf Beton untergebracht.

Die Straße nach Cinquera ist in einem desolaten Zustand. Bus 482 (0,80 US$, 1 Std.) fährt um 9.15 und 13.30 Uhr in Suchitoto ab.

Baumstamm-Brücke, die einen 25 m tiefen Abgrund überspannt. Bei feuchtem Wetter sollte man diesen Abstecher daher besser gleich wieder streichen.

Den wirklich schönsten Ausblick über die Wälder gibt's in **Miramundo**, einer kleinen Gemeinde mit aussagekräftigem Namen, die sich an einen steilen Berghang schmiegt. Wieder zurück am Río Chiquito, ist das Örtchen entlang des nach rechts abzweigenden Wegs nach etwa einer Stunde erreicht. Auf der rechten Seite des Wegs liegt direkt am Gebirgskamm das Hostal Miramundo.

San Ignacio ist ein hervorragender Ausgangspunkt für Wander-Freaks. Wer einen Führer sucht, der kontaktiert entweder José Samuel Hernández, den Eigentümer des etwas außerhalb von La Palma gelegenen Comedor y Artesanías El Manzana, oder Humberto Regalado (☎2352-9138). Letzterem gehört der Weg zur Peña Cayaguanca und er ist es auch, der ihn instand hält.

Busse nach Las Pilas (via Río Chiquito) fahren in San Ignacio um 7, 9.30, 12.30, 14.30 und 16.30 Uhr ab und fahren zu den gleichen Zeiten auch wieder zurück.

Comedor y Artesanías El Manzana WANDERN
(☎2305-8379; Carretera La Palma–El Poy Km 85) Bietet Kunsthandwerk, einfache Mahlzeiten und Wanderinfos.

Schlafen

Hotel La Palma HOTEL $
(☎2305-9344; www.hotellapalma.com.sv; Zi. 14–18 US$ pro Pers.; @) Das alteingesessene Hotel in den Bergen richtet sich hauptsächlich an große Reisegruppen, dennoch ist die Unterkunft neben dem Río La Palma aufgrund des guten Restaurants und der gepflegten Anlage auch für Alleinreisende eine gute Wahl.

Hotel Posada Real HOTEL $
(☎2335-9009; Zi. 10 US$ pro Pers.) Nette Lage und eine niedliche kleine Snackbar; die Betonzimmer haben allerdings wenig Charme. Immerhin stimmt der Preis und es gibt fließendes warmes Wasser.

Hostal Miramundo HOTEL $$
(☎2219-6252; www.hotelmiramundo.com; San Ignacio; 4-Pers.-Hütten 65 US$) Diese smarte Unterkunft im Wald nahe San Ignacio ist eine gute Option, wenn man in einer kleinen Gruppe von Wanderfreunden unterwegs ist. Von der Türschwelle aus kann man zum Río Sumpul und zum El Pital marschieren und anschließend auf herrlich festen Matratzen schlafen.

Hotel de Montaña El Pital HOTEL $$$
(☎2221-6954, 7894-4349; www.elpital.com.sv; Hütten ab 90 US$;) Wer sich etwas mehr Komfort wünscht, wenn er es mit den Bergen und der Natur aufnimmt, ist mit diesem Bergresort gut beraten – sofern er oder sie nicht allein reist. Neue Hütten und ein tolles Restaurant sorgen für einen schönen Aufenthalt und die Lage ist wirklich traumhaft. Das Resort unterhält ein Büro in San Salvador.

Essen

★ **Ola Cafe** CAFÉ $
(Kaffee 1–2 US$, Kuchen 1–2 US$; ⊙8–18 Uhr) Die Hipster-Kaffeekultur hält nun auch in La Palma Einzug. Der kleine, unerwartet gute Coffeeshop am Platz hat eine eigene Rösterei und serviert selbstgebackenen Kuchen. An den Tischen sitzen Einheimische und ortsfremde Connoisseure einträchtig beisammen.

Restaurante del Pueblo SALVADORIANISCH $
(Hauptgerichte 2–6 US$; ⊙7–21 Uhr) Hinter der wildesten Wandmalerei am Ort gibt's üppige Rindfleischsandwiches, die nur von der wurst- und steaklastigen *plato típico* (Grillfleisch, Bananen, Bohnen, Käse und Sauerrahm) geschlagen werden.

Cafe de Cafe CAFÉ $
(☎2335-9190; Calle El Principal; Hauptgerichte 3–7 US$; ⊙11–19 Uhr) In dem beliebten Café am zentralen Platz wird erstklassiges Essen serviert, darunter Steaks, gegrilltes Gemüse und verschiedene Desserts. Der Kaffee ist stark und heiß.

Cartagena Pizza PIZZA $$
(☎2305-9475; Barrio el Centro; Pizzas 3–12 US$; ⊙11–21 Uhr) Die leckere Pizza mit dünnem Boden ist eine willkommene Abwechslung zur herkömmlichen zentralamerikanischen Küche.

Praktische Informationen

Citibank (Ecke Calle Barrios & 1a Calle Poniente; ⊙Mo–Fr 8–16.30, Sa bis 12 Uhr) Der Geldautomat an der nordöstlichen Ecke des Parque Centro ist rund um die Uhr in Betrieb.

Palma City Online (Calle Principal; 0,80 US$ pro Std.; ⊙8–19 Uhr)

Touristenbüro (☎2335-9076; Parque Municipal; ⏲Mo–Fr 8–16, Sa & So 9–13 Uhr) Sehr hilfreich, allerdings nur auf Spanisch.

An- & Weiterreise

Bus 119 fährt alle 30 Minuten vom Terminal de Oriente in San Salvador nach El Poy an der Grenze zwischen El Salvador und Honduras ab. In La Palma (1,70 US$, 2¾Std.) wird ein Stopp eingelegt. Einige der Busse fahren die 3 km ins nördlich gelegene San Ignacio hinein, andere halten nur am Ortseingang.

Ein Shuttlebus verkehrt halbstündig zwischen La Palma und San Ignacio (10 Min., 0,25 US$). Von San Ignacio aus fährt ein Bus nach El Pital und in die Umgebung.

EL SALVADOR VERSTEHEN

El Salvador aktuell

Ein neuerlicher Anstieg der Bandenkriminalität hat El Salvador international negative Presse eingebracht. Diese beunruhigende Entwicklung warf einen Schatten auf das durchaus positive erste Jahr der Regierung von Präsident Salvador Sanchez Ceren, einem ehemaligen Guerilla-Soldaten. Er brachte mehrere Initiativen im Sozialwesen auf den Weg, die gut angenommen wurden, und führte eine Bildungsreform durch. Der knappe Sieg seiner linken Partei Frente Farabundo Martí para la Liberación Nacional (FMLN) im Jahr 2014 wurde als Triumpf des demokratischen Fortschritts interpretiert, die rechte Partei ARENA schreit aber unverändert Zeter und Mordio.

Die salvadorianische Wirtschaft hängt weiterhin sehr stark von Überweisungen aus dem Ausland ab (sie machen ein Fünftel der Gesamtwirtschaft aus); die Salvadorianer sind nach den Mexikanern und Puerto-Ricanern die drittgrößte Latino-Bevölkerungsgruppe in den USA. Manche Kritiker bemängeln auch, dass Präsident Ceren zu sehr auf „Schmusekurs" mit strauchelnden sozialistischen Ländern wie Venezuela ist, was sich nachteilig auf einen längerfristigen wirtschaftlichen Fortschritt auswirkt.

Das Militär hält einen gesunden Abstand zur Politik; die Korruption stellt jedoch ein großes Problem dar, das El Salvadors internationalem Ansehen schadet. Selbst die geliebte Fußballnationalmannschaft ist schwach geworden: 2013 wurden 14 Spieler wegen Spielmanipulation auf Lebenszeit gesperrt. Die Enthüllung dieses Skandals einte beide Parteien; gemeinschaftlich verurteilten sie das Foul Play, auch die Ermordung des in Ungnade gefallenen Stars Alfredo Pacheco. Beobachter fragen sich, ob eine ähnliche Solidarität nicht vielleicht auch in der politischen Arena praktikabel ist.

Geschichte

Händler & Krieger

Volksstämme von Paläoindianern besiedelten El Salvador schon vor 10 000 Jahren und hinterließen im heutigen Morazán ihre Spuren in Form von Höhlenmalereien. Ihnen folgten um 2000 v. Chr. die Olmeken, die der Nachwelt den Olmeken-Felsen hinterließen, eine riesige Skulptur in Form eines Kopfes, die bei Casa Blanca gefunden wurde und Skulpturen in Mexiko sehr ähnlich ist.

El Salvador war früher ein wichtiges Handelszentrum in der Region. Archäologische Funde weisen auf Einflüsse unterschiedlichster Völker hin; von den Pipil, Teotihuacan und den Mayas im Westen, bis hin zu den Lenca, Chorti und Pok'omama im Osten. Die Ruinen von Stufenpyramiden in Tazumal, San Andrés und Casa Blanca bezeugen, dass die Region schon vor der Kolonialisierung durch die Spanier 3000 Jahre lang fast durchgängig bewohnt wurde.

Als der spanische Eroberer Pedro de Alvarado 1524 seinen Fuß auf diesen Boden setzte, wurde das Land von den Pipils, den Nachkommen der Tolteken und Azteken, dominiert. Diese Völker aus dem Norden (dem heutigen Mexiko) nannten ihre Heimat Cuscatlán, „Land der Juwelen". Ihre Landwirtschaft basierte auf dem Maisanbau und war ertragreich genug, um einige Städte bauen und eine hochentwickelte Kultur fördern zu können, die eine Bilderschrift verwandte und Disziplinen wie Astronomie und Mathematik betrieb. Ihr Dialekt war dem heutigen Nahuatl sehr ähnlich.

Vom Indigoanbau zur Unabhängigkeit

Die spanische Herrschaft begann mit einem ein Jahr lang andauernden Krieg gegen die Pipil. Die Spanier konnten sich letztendlich durchsetzen und beanspruchten das Land für sich. Sie verwandelten es in Baumwoll-, Balsam- und Indigoplantagen. Mit der

Indigopflanze als wichtigstem Exportgut boomte die Landwirtschaft in der Region im 18. Jh. geradezu. Eine kleine Gruppe von Europäern, bekannt als die „14 Familien", kontrollierte praktisch das gesamte Vermögen und die Landwirtschaft der Kolonie und ließ das Land von versklavten Indígenas und Afrikanern bearbeiten.

Vor dem Hintergrund einer derartig ungleichen Machtverteilung schwelte schnell ein Konflikt vor sich hin. Eine von Padre (Pater) José Delgado angeführte Revolte gegen die Spanier im Jahr 1811 scheiterte zwar, schürte aber die Unzufriedenheit der Menschen weiter. Zehn Jahre später, am 15. September 1821, gelangte El Salvador seine Unabhängigkeit von Spanien und trat dann der Zentralamerikanischen Konföderation bei.

Anastasio Aquino drängte auf eine Landreform und führte 1833 einen Aufstand der indigenen Bevölkerung an. Obwohl dieser niedergeschlagen und Aquino hingerichtet wurde, wurde er zum Nationalhelden. Nach der Auflösung der Zentralamerikanischen Föderation in den Jahren 1838/1839 sah sich El Salvador noch bis 1841 als Rechtsnachfolger dieses Staatenbunds.

Der Aufstieg des Kaffees

Im späten 19. Jh. lösten synthetische Farbstoffe die aus der Indigopflanze gewonnene Farbe als Färbemittel ab und stattdessen wuchs die Bedeutung des Kaffees. Eine Handvoll reicher Landbesitzer vergrößerte ihren Grundbesitz, indem sie die indigene Bevölkerung vertrieben. Kaffee wurde zur wichtigsten für den Verkauf bestimmten Anbaufrucht und *cafetaleros* (Kaffeebauern) verdienten sich eine goldene Nase, ohne dass der Gewinn besteuert oder ein Teil des Erlöses über gerechte Löhne an die Arbeiter ausbezahlt worden wäre. Im 20. Jh. hingen 95% der Einkünfte El Salvadors direkt oder indirekt von Kaffeeexporten ab, aber nur 2% der Salvadorianer kontrollierten diesen Reichtum.

Das 20. Jahrhundert

Die unerbittliche Regierung ging in den 1920er-Jahren mit harter Hand gegen jegliche gewerkschaftliche Vereinigung innerhalb der Kaffeeindustrie vor. Im Januar 1932 führte Augustín Farabundo Martí, einer der Gründer der Zentralamerikanischen Sozialistischen Partei, einen Aufstand der Bauern und der indigenen Bevölkerung an. Das Militär schlug brutal zurück und brachte systematisch jeden um, der indigene Gesichtszüge hatte oder den Aufstand unterstützte. Im Zuge der „La Matanza" (das Massaker) wurden 30 000 Menschen getötet, darunter auch Martí selbst, der von einem Erschießungskommando hingerichtet wurde. Ihm zu Ehren übernahm die Revolutionsarmee FMLN (Frente Farabundo Martí para la Liberación Nacional) später seinen Namen.

In den 1970er-Jahren wurde die Situation der Kleinbauern ohne Landbesitz immer schwerer zu ertragen und Armut, Arbeitslosigkeit und Überbevölkerung wurden zum ernsthaften Problem. Innerhalb der Regierung kämpften die polarisierten linken und rechten Parteien mit Staatsstreichen und Wahlbetrug um die Macht. 1972 ließ sich José Napoleon Duarte, der Mitbegründer der Christlichen Demokratischen Partei (Partido Democrático Cristiano; PDC), als Präsidentschaftskandidat aufstellen und wurde von einer breiten Koalition aus Reformgruppen unterstützt. Als ihm, unter dem Vorwurf des Wahlbetrugs, der Wahlsieg aberkannt wurde, kam es zu ersten Protesten. Ein Putschversuch wurde vom Militär abgewehrt und die Rechte reagierte mit der Gründung von Todesschwadronen auf die wachsende Guerillaaktivität. Tausende Salvadorianer wurden entführt, gefoltert und ermordet.

1979 wurde Präsident Carlos Humberto Romero von einer Junta aus Militär und Zivilisten gestürzt und Reformen wurden versprochen. Als diese ausblieben, schlossen sich die Oppositionsparteien zur Frente Democrático Revolucionario (FDR) zusammen und verbündeten sich mit der FMLN, einer Revolutionsarmee aus fünf Guerillagruppen, für die der bewaffnete Widerstand der einzige Ausweg zu sein schien. Die erfolgreiche Revolution in Nicaragua 1979 ermutigte viele Salvadorianer, selbst Reformen zu fordern. Der Erzbischof Oscar A. Romero war einer von ihnen; ein ehemaliger konservativer Priester, der sich für seine Mitmenschen einsetzte.

Am 24. März 1980 wurde der für seine direkte Art bekannte Romero ermordet, während er in der Krankenhauskapelle des Hospital Divina Providencia in San Salvador die Messe las. Dieser Mord hatte einen bewaffneten Aufstand zur Folge, der noch im selben Jahr in einen Bürgerkrieg mündete.

Bürgerkrieg

Infolge der Vergewaltigung und Ermordung von vier US-amerikanischen Nonnen Ende 1980, die nach El Salvador gekommen waren, um den Bedürftigen zu helfen, stellte die Carter-Regierung jede militärische Unterstützung ein. Aber nachdem 1981 bei den Präsidentschaftswahlen in den USA Ronald Reagan an die Macht gekommen war, pumpte die US-Regierung angesichts der Bedrohung durch die sozialistische Revolution in Nicaragua erneut riesige Summen in das eigentlich bereits dem Untergang geweihte salvadorianische Militär. Diese Finanzspritze von „Uncle Sam" hatte de facto die Verlängerung des Konflikts zur Folge. Als die Guerilla Gebiete Nord- und Ostsalvadors unter ihre Kontrolle brachte, wurde dies vom salvadorianischen Militär mit Angriffen auf Dörfer gerächt. 1981 tötete die in den USA ausgebildete Elitetruppe „Atlacatl Battalion" in El Mozote, Morazán, über 700 Männer, Frauen und Kinder. Bis zu 300 000 Menschen flüchteten daraufhin aus dem Land.

1982 wurde Major Roberto D'Aubisson, der Gründer der extrem-rechten ARENA-Partei, Präsident der gesetzgebenden Versammlung und erließ ein Gesetz, das der Legislative Macht über den Präsidenten einräumte. D'Aubisson organisierte die Todesschwadronen, die u.a. auf Gewerkschafter und Befürworter der Agrarreform angesetzt wurden. Im Gegenzug tat die FMLN alles, um der Wirtschaft zu schaden. Sie sprengte Brücken, unterbrach die Stromversorgung, zerstörte Kaffeeplantagen und tötete Viehbestände. Als die Regierung ein Friedensangebot der FMLN ablehnte, verweigerten die Rebellen ihre Teilnahme an den Präsidentschaftswahlen 1984, bei denen Duarte gegen D'Aubisson gewann. In den folgenden Jahren beteiligten sich die PDC und die FMLN immer wieder erfolglos an Friedensgesprächen. Die Todesschwadronen setzten ihre Plünderungen fort und die Guerillas untergruben weiterhin die Macht des Militärs und boykottierten Kommunalwahlen.

Der Preis des Friedens

Der Frieden rückte 1989 in greifbare Nähe, als die FMLN ihre Wahlteilnahme an die Bedingung knüpfte, die Regierung müsse den Termin aufschieben, um einen demokratischen Urnengang zu ermöglichen. Diese Aufforderung wurde jedoch ignoriert und Alfredo Cristiani, ein reicher Geschäftsmann und ARENA-Mitglied, wurde zum Präsidenten gewählt. Die Antwort der FMLN war ein großangelegter Angriff auf die Hauptstadt. Im Gegenzug tötete das Militär geschätzte 4000 „linke Sympathisanten".

Im April 1990 begannen unter Aufsicht der UN Verhandlungen zwischen der Regierung und der FMLN. Unter den ersten Vereinbarungen war ein Menschenrechtsabkommen, das von beiden Parteien unterzeichnet wurde. Dennoch stieg die Mordrate 1991 sogar noch an, obwohl im Rahmen einer UN-Mission Beobachter zur Überwachung der Menschenrechte in das Land entsandt wurden.

Am 16. Januar 1992 wurde endlich ein Kompromiss unterzeichnet. Die FMLN wurde eine Oppositionspartei und die Regierung stimmte einer Reihe von Reformen zu, u.a. der Auflösung der paramilitärischen Gruppierungen und der Todesschwadronen sowie deren Ablösung durch eine nationale zivile Polizei. Das Land sollte unter den Bürgern aufgeteilt und Menschenrechtsverletzungen untersucht werden. Doch stattdessen wurden diejenigen, die die Menschenrechte missachtet hatten, von der Regierung begnadigt.

In den 12 Jahren des Bürgerkriegs wurden etwa 75 000 Menschen getötet.

Jüngste politische Entwicklungen

Die FMLN hat weitgehend bewiesen, ein vorbildliches Beispiel für eine ehemalige Guerillaorganisation auf dem Weg in die reguläre Politik zu sein. Skeptiker hatten damit gerechnet, dass die Salvadorianer eher konservativ wählen würden. 2009 änderte sich dies jedoch, als Mauricio Funes die FMLN bei den Präsidentschaftswahlen zum Sieg führte. Mit knappem Vorsprung wurde die FMLN 2014 wiedergewählt, dieses Mal unter der Führung von Salvador Sanchez Ceren.

Auch seine Regierung steht vor der großen Frage, wie mit den beiden größten Banden im Land, MS-13 oder Mara Salvatrucha (*mara* heißt „Bande", *salva trucha* „schlaue Forelle") und Barrio 18, verfahren werden soll. Diese beiden Banden haben mittlerweile geschätzte 100 000 Mitglieder in Zentralamerika. Gegründet wurde Mara Salvatrucha in den USA, als Antwort auf die konzertierten Angriffe der dortigen mexikanischen Gangs. Zwischen 2000 und 2004 wurden unzählige *maras* aus den USA ausgewiesen und kamen so mit Drogenkartellen, Waffen, Prostitution und illegaler Einwanderung in Kontakt.

Aufeinanderfolgende Regierungen haben es weder mit Zuckerbrot noch mit Peitsche geschafft, der Bandenkriminalität einen Riegel vorzuschieben. Das harte Durchgreifen der rechten ARENA-Partei in den 2000er-Jahren zog zwar zahlreiche medienwirksame Verhaftungen nach sich, katalysierte allerdings auch die Vergeltungsschläge, und der sorgsam ausgearbeitete „Waffenstillstand" zwischen den rivalisierenden Banden im Jahre 2012 war nur von kurzer Dauer.

2015 war die Zahl der Toten so hoch wie nie – ein trauriger Rekord, der El Salvador zu dem Land mit der höchsten Mordrate weltweit machte. Internationale Medienberichte über die Fortschritte des Landes werden immer noch gleichzeitig durch Hinweise auf diese vernichtende Statistik wieder ein Stück weit relativiert. Dennoch herrscht vorsichtiger Optimismus, dass Cerens großangelegte Sozialreformen zuletzt auch zu einer Verbesserung der öffentlichen Sicherheit führen werden.

Kultur

Mentalität

Salvadorianer sind selbstbewusst und Reisenden gegenüber sehr gastfreundlich. Geschätzt ein Drittel der Bevölkerung lebt in den USA, weshalb die Menschen oftmals nostalgisch werden, wenn sie über ihr Geburtsland nachdenken. Typisch ist auch ein geradezu verbissen idealistischer Blick in die Zukunft. Manchmal ist die Frustration über den schleppenden Fortschritt des Landes deutlich spürbar.

Der Bürgerkrieg ist selbstverständlich immer noch tief im Bewusstsein dieser Nation verankert. Nicht nur, weil die Erinnerungen daran zu tief eingebrannt sind, als dass man sie vergessen könnte, sondern auch, weil die amtierende Regierungspartei aus der Guerilla-Bewegung hervorgegangen ist. Gleichzeitig sind die Salvadorianer aber auch aufrichtig bestürzt darüber, dass viele Ausländer so wenig über ihr Land wissen, was über den Krieg hinausgeht. Sie sind sehr gerne bereit, alle Fragen über El Salvador zu beantworten und dem Reisenden helfend zur Seite zu stehen.

Lebensart

Geldsendungen der rund 2 Millionen im Ausland lebenden und arbeitenden Salvadorianern und Salvadorianerinnen, jährlich um die 3 Mrd. US$ (20 % des BIP), sind eine wichtige Säule der Wirtschaft und wirken sich auf die Arbeits- und Lebensweise der Bevölkerung aus. Armut und Arbeitslosigkeit sind weiterhin ein Problem und 30 % der Bevölkerung leben, vor allem in den ländlichen Gebieten, unterhalb der Armutsgrenze. Dabei gilt in El Salvador der

HINTER DEN KULISSEN: NAIVE KUNST

Geschichten aus der Bibel, seltsame Vögel, bunte Regenbogenfarben: Die kindlichen Bilder von Fernando Llort sind, in einem von Kriegen zerrütteten Zentralamerika, Sinnbilder der Hoffnung geworden. Der Unterschied zwischen Llort und Miró oder Picasso besteht in der ernsthaften Bilddeutung und den einfachen, tropischen Farbtönen, die seinen Stil der „primitiven Moderne" ausmachen.

Ironischerweise festigte sich diese starke lateinamerikanische Identität erst, als Llort nach Frankreich ging, um erst Architektur, dann Theologie zu studieren. Religiöse Symbole kehren in seinen Kunstwerken immer wieder; statt Verherrlichung bevorzugt er das Einfache und Alltägliche.

Als Llort Anfang der 1970er-Jahre nach El Salvador zurückkehrte, erwarteten ihn Spannungen und Gewalt, die letztendlich zum Bürgerkrieg führten. Llort zog sich in das abgelegene Bergdorf La Palma im Norden des Landes zurück. Die offensichtliche Einfachheit des Lebens in Harmonie mit der Natur prägten seinen Stil noch stärker. Er rief La Semilla de Dios (Die Saat Gottes) ins Leben, einen Workshop, in dem er andere Menschen sein Handwerk lehrte und die Kunsthandwerker im Ort professionalisierte.

Mittlerweile lebt Llort in San Salvador und auch immer wieder im Ausland; sein Workshop in seinem ehemaligen Atelier läuft aber weiterhin prächtig. Llorts Werke sind sowohl an der Fassade der Catedral Metropolitana in San Salvador, als auch im Weißen Haus, im Museum of Modern Art in New York und im Vatikan zu bewundern.

höchste Mindestlohn von ganz Zentralamerika (etwa 150 US$/Woche) und das Land ist deutlich wohlhabender als seine Nachbarn Honduras und Nicaragua.

Religion

El Salvador ist ein sehr religiöses Land. Vormals streng katholisch erlebt El Salvador, genau wie der Rest Lateinamerikas, derzeit eine explosionsartige Zunahme des Evangelikalismus. Die emotionalen Gottesdienste scheinen dem Glauben neue Energie zu geben. Gottesdienste auf öffentlichen Plätzen mit dröhnenden Lautsprechern sind mittlerweile ein typisches Mittel für diese Art der „Verbreitung des Wortes". Protestantisch-evangelikale Kirchen ziehen mittlerweile fast die Hälfte aller Gläubigen an, was zeigt, wie groß die Frustration gegenüber der traditionellen Katholischen Kirche derzeit ist. Vor und während des Kriegs waren Priester und Missionare oft offene Kritiker staatlicher Repressionen – und viele von ihnen, wie Erzbischof Oscar Romero, bezahlten dafür mit ihrem Leben.

Kunst & Kultur

El Salvadors Kunsthandwerk kann innovativ und qualitativ sehr hochwertig sein. Fernando Llorts Naive Kunst hat Künstler in der Gemeinde La Palma zur Schaffung einer neuen Art bunt bemalten Kunsthandwerks mit kindlichen Motiven inspiriert. In Guatajiagua in Morazán werden einzigartige schwarze Keramikarbeiten hergestellt, die Einflüsse der indigenen Lenca zeigen, und Ilobasco ist bekannt für seine *sorpresas,* aufwendig gearbeitete Minifiguren, die in einer Keramikhülle versteckt sind.

Die Salvadorianer lieben die Dichtung. Der ikonoklastische Dichter Roque Dalton wurde für seine radikale politische Haltung des Landes verwiesen. Er kehrte schließlich in seine Heimat zurück, um die Guerilla in ihrer Sache zu unterstützen, wurde aber von seinen eigenen Leuten unter dem Verdacht, ein CIA-Agent zu sein, hingerichtet. Namhafte Werke sind z. B. *Taberna y otros lugares* (1969), eine politische Vision in Versform, und *Miguel Marmol.* Die progressive Dichterin Claudia Lars verfasste freizügige, gewagt erotische Dichtung und zählt in ihrem Land zur Riege der führenden und fortschrittlichsten Schriftsteller.

Unter dem Künstlernamen Salarrué veröffentlichte der viel gelobte Schriftsteller Salvador Efraín Salazar Arrué 1933 seine *Cuentos de barro* (Erzählungen vom Schlamm), die den Beginn des Genres der modernen Kurzgeschichten in Zentralamerika markieren. Gleichermaßen gilt Manlio Arguetas *Tage des Alptraums* (*Un día en la vida,* 1980), eine Erzählung über eine ländliche Familie zu Zeiten des Bürgerkriegs, als moderner Klassiker. Die Bühnenautorin Matilde Elena Lopez schrieb 1978 ein fesselndes Stück, das auf dem Leben des indigenen Anführers Anastasio Aquino basiert.

Einer der interessanteren salvadorianischen Romanautoren der Gegenwart ist Horacio Casellanos Moya. Sein Roman *Insensatez* von 2004 (auf Englisch unter dem Titel *Senselessness* erschienen) ist eine beißend schwarze Komödie über die von Regierungen unterstützte Gewalt.

BÜCHER ZUR EINSTIMMUNG AUF EL SALVADOR

Die wichtigsten salvadorianischen Schriftsteller sind mittlerweile auch ins Deutsche übersetzt. Joan Didions *Salvador* beispielsweise ist eine bewegende Erzählung aus der Zeit der Kriegsanfänge. Englischsprachige Sachbücher über den Bürgerkrieg sind z. B. *Massacre at El Mozote* von Mark Danner und *Rebel Radio,* eine faszinierende Erzählung aus erster Hand über die illegalen Radiostationen, die die FMLN-Guerilla betrieb.

Auch ins Deutsche übersetzt wurde das von María López Vigil verfasste Buch *Óscar Romero: ein Porträt aus tausend Bildern* – ein empfehlenswerter Bericht über das Leben des Klerikers und ein politisches Bekenntnis; erzählt von denjenigen, die ihn persönlich kannten. *When the Dogs Ate Candles* von Bill Hutchinson ist eine geschichtliche Anekdote, die den Konflikt auf der Grundlage von mit Flüchtlingen geführten Interviews darstellt. Archäologiebegeisterte können in *Before the Volcano Erupted: The Ancient Ceréen Village in Central America* von Payton Sheets Informationen über das Pompeji Zentralamerikas bekommen.

La Diáspora ist ein wichtiger Roman von Horacio Casellanos Moya. Er erzählt vom Leben im Exil, fernab der Heimat El Salvador.

Der 1988 von Ellwood Kieser produzierte Film *Romero* und der Film *Salvador* des Regisseurs Oliver Stone brachten den Bürgerkrieg in El Salvador auf die Kinoleinwand. *Voces inocentes – Unschuldige Stimmen* (2004) betrachtet den Bürgerkrieg aus der Sicht eines Kindes. Der Film wurde mit einer Oscar-Nominierung gewürdigt.

2015 war El Salvador Mitgastgeber des prestigeträchtigen mexikanischen Dokumentarfilmfestivals Ambulante.

Natur & Umwelt

Geografie

El Salvador ist das Land der Vulkane. Zwei vulkanische Gebirgsketten, die sich von Osten nach Westen erstrecken, verleihen sowohl der Landschaft als auch dem Leben hier eine gewisse Dramatik. Ein Großteil des Landes ist abgeholzt, die Berge im äußersten Norden sind jedoch von Kiefern- und Eichenwäldern, zerklüfteten Felsen und Nebelwäldern überzogen. Der Río Lempa zieht eine fruchtbare Schneise durch das Land und teilt es in zwei Teile. Während El Salvador das einzige zentralamerikanische Land ist, das nicht an der Karibikküste liegt, besitzt es am Pazifik eine 300 km lange Küste mit Mangroven, Meeresarmen und tropischem Trockenwald. Die Seen und Süßwasserlagunen versorgen das Land mit Trinkwasser und Erholungsmöglichkeiten.

Tiere & Pflanzen

Im Verlauf des 20. Jh. wurden die Wälder in El Salvador radikal abgeholzt. Als Folge davon sind viele Tier- und Pflanzenarten in dem Land ausgestorben; dennoch ist in den Nationalparks und Schutzgebieten noch immer eine große Artenvielfalt vorhanden.

El Salvador hat über 800 Tierarten aufzuweisen. Fast die Hälfte davon sind Schmetterlinge, an zweiter Stelle stehen die Vögel mit 330 hier heimischen Arten (und 170 Zugvögelarten). Zu ihnen gehören Quetzale, Tukane, Reiher, Eisvögel, Braunpelikane, Papageien und Schnepfenvögel. Der ille-

NATIONALPARKS & NATURSCHUTZGEBIETE

El Salvador hat offiziell nur vier Nationalparks, es gibt aber auch einige lokal oder privat verwaltete Schutzgebiete.

Barra de Santiago (S. 345) Ein abgelegenes Gebiet mit von Mangroven gesäumten Meeresarmen und Stränden entlang der Pazifikküste.

Cerro El Pital (S. 363) Der höchste Berg von El Salvador. An seinen mit Kiefern bewachsenen Hängen kann man den *torogoz* (Blauscheitelmotmot) und Quetzale beobachten.

La Laguna de Alegría (S. 348) Ein smaragdgrüner, von heißen Quellen gespeister See mitten im Krater des schlafenden Volcán de Tecapa. Ozelote und Nasenbären sind unter den wilden Bewohnern des Primärwaldes zu finden, der den See umgibt. 2015 war der Pegelstand so niedrig wie noch nie zuvor.

Laguna El Jocotal Die Süßwasserlagune östlich von Usulután ist von Oktober bis März ein wichtiges Schutzgebiet für Zugvögel.

Parque Nacional El Imposible (S. 346) Nahe der westlichen Grenze El Salvadors liegt einer der letzten Überreste des ursprünglichen tropischen Regenwalds mit Wasserfällen, tollen Aussichten und zahlreichen bedrohten Tier- und Pflanzenarten.

Parque Nacional Los Volcanes (S. 332) Von dem bewaldeten Vulkankrater aus hat man eine beeindruckende Aussicht auf die nahen Vulkane Izalco und Santa Ana. Zu den Highlights gehören die Laucharassaris, Motmots und Kolibris.

Parque Nacional Montecristo–El Trifinio Dieses bergige Nebelwald-Schutzgebiet liegt an der Grenze zwischen El Salvador, Honduras und Guatemala. Zu den hier lebenden wilden Tieren gehören Pumas, Klammeraffen und Agutis. Riesige Farne, Orchideen und Bromelien gibt es in diesem Park in rauen Mengen.

Parque Nacional Walter T. Deininger (S. 326) Tropischer Trockenwald am Pazifik, der 87 Vogelarten, Rehen, Hirschen und Pakas Lebensraum bietet.

gale Handel mit Vögeln (insbesondere mit Aras aus Nicaragua) stellt unverändert ein großes Problem dar. Die Zahl der noch hier lebenden Säugetierarten liegt bei etwa 200, darunter befinden sich Opossums, Ameisenbären, Stachelschweine, Agutis, Ozelote, Klammeraffen und Weißwedelhirsche. Man bekommt sie vor allem in den Naturschutzgebieten zu Gesicht. Insgesamt sind etwa 90 Tierarten vom Aussterben bedroht. Meeresschildkröten, Gürteltiere und über 15 Kolibriarten gehören dazu.

Aufgrund des großen Anteils landwirtschaftlich genutzter Fläche haben nur wenige einheimische Pflanzenarten überlebt. Entlang der Pazifikküste findet man einen kleinen Bestand von Balsambäumen (deshalb wird die Küste auch Costa del Bálsamo genannt) und Mangroven säumen die Meeresarme. Im Bosque Montecristo und im El Imposible gibt es die größte Vielfalt an hier heimischen Pflanzen, die Vegetation im Parque Nacional los Volcanes ist ebenfalls in gutem Zustand. Zu den in diesen Gebieten verbreiteten Pflanzen gehören u.a. Bergkiefern, Eichen, Feigenbäume, Agaven, Farne und Orchideen.

Umweltprobleme

Der aktuellste Umweltskandal dreht sich um den Bergbaukonzern Pacific Rim, der inzwischen in australischem Besitz ist. Er will in der Region Cabañas im Norden Gold abbauen, was unter Umweltschützer auf erbitterten Widerstand stößt. Daher hat Pacific Rim die salvadorianische Regierung auf 300 Mio. US$ verklagt. Anfang 2016 erwartete die internationale Gemeinschaft gespannt das Ergebnis, das weitreichende Konsequenzen für Bodenrechte und Umweltschutz weltweit haben wird.

Besorgniserregend ist auch die Abholzung. Gepaart mit einer relativ hohen Bevölkerungsdichte behindert sie die Regeneration der Ökosysteme. Heute sind noch gerade mal 14% des Landes bewaldet und davon wiederum ist nur der verschwindend kleine Anteil von 2 bis 5% Primärwald. Aufgrund dessen sind viele einheimische Arten vom Aussterben bedroht oder existieren bereits nicht mehr.

In den vergangenen Jahren war El Salvador mehrfach Hauptleidtragender diverser Naturkatastrophen. Erdbeben im Jahre 2001 zogen Erdrutsche nach sich, zerstörten Gebäude und kosteten 1159 Menschen das Leben. Auch der Ausbruch des Vulkans Santa Ana im Oktober 2005 führte in Kombination mit den durch den Hurrikan Stan verursachten sintflutartigen Regenfällen zahllose Erdrutsche; besonders viele Menschen starben in ärmlichen Gegenden, in Siedlungen an steilen Hängen oder Flussufern. Außerdem kamen 2009 bei massiven Überschwemmungen 200 Menschen ums Leben und ein Großteil der Felder und unzählige Häuser im Umkreis von 50 km rund um die Hauptstadt wurden verwüstet. 2012 war ein weiteres Jahr vermehrter seismischer Aktivität. 2015 dann brach der Vulkan Chaparrastique *aus*, der sich unmittelbar neben der zweitgrößten Stadt des Landes, San Miguel, erhebt.

Der Río Lempa, eine der wichtigsten Wasseradern des Landes, ist aufgrund des jahrzehntelangen Einsatzes von Pestiziden stark verschmutzt. Die Ökosysteme rund um den Fluss sind zudem durch die Folgen der globalen Erwärmung gefährdet. Kommunale Führungskräfte haben die Schäden an den geschützten Biosphärenreservaten um die Bahía de Jiquilisco als Umweltkatastrophe eingestuft und Klimaschützer beobachten die Maßnahmen der Regierung mit Argusaugen.

PRAKTISCHE INFORMATIONEN

Allgemeine Informationen

ARBEITEN

Offiziell gibt es für Traveller keine Arbeitsstellen, aber manchmal besteht die Möglichkeit, kurzfristig Englisch- oder Surfunterricht zu geben. Wer länger bleiben und arbeiten möchte, muss sich in einem Freiwilligenprojekt engagieren.

BOTSCHAFTEN & KONSULATE

Deutschland (☎ 2247-0000; www.sansalvador.diplo.de; 7a Calle Poniente 3972; ⊙ Mo–Do 8–11.30, Fr bis 11 Uhr)

Guatemala (☎ 2271-2225; 15a Av Norte zw. Calles Arce & 1a Calle Poniente, Colonia Escalón; ⊙ Mo–Fr 8–12 Uhr)

Honduras (☎ 2263-2808; 89a Av Norte zw. 7a & 9a Calle Poniente, Colonia Escalón; ⊙ Mo–Fr 8–12 Uhr)

Mexiko (☎ 2243-0445; http://embamex.sre.gob.mx/elsalvador; Ecke Calle Circunvalación & Pasaje 12, Colonia San Benito)

Nicaragua (☎ 2263-8770; 7a Calle Poniente, Colonia Escalón; ⊙ Mo–Fr 9–16.30 Uhr)

Österreich (☎2562 1247; consuladodeaustria.elsalvador@gmail.com; Calle Circunvalación 150, Colonia San Benito, ⊙Mo, Mi, Fr 10–12 Uhr)

Schweiz (sansalvador@honrep.ch; 9a Calle poniente bis, Pasaje Bella Vista 356, Colonia Escalón)

USA (☎2501-2999; http://sansalvador.usembassy.gov; Blvd Santa Elena; ⊙Mo–Fr 9–16 Uhr)

EIN- & AUSREISE

➡ Die Grenzbeamten in El Salvador gehören zu den strengsten in der Region. Die eingetragenen Ein- und Ausreisestempel werden äußerst genau unter die Lupe genommen. Wer mit einem internationalen Bus einreist, muss damit rechnen, dass das Gepäck durchsucht wird.

➡ In den Grenzregionen sollte man den Reisepass immer dabei haben, ganz egal, ob man ausreisen will oder nicht. Dort gibt es eine Vielzahl von Kontrollpunkten der Polizei (die bei einer Kontrolle meist auf der Suche nach Drogen ist).

Visa & Dokumente

EU-Bürger und Schweizer Staatsbürger brauchen für El Salvador kein Visum, müssen aber an der Grenze für 10 US$ eine Touristenkarte für die einmalige Einreise erwerben. Die normale Aufenthaltsdauer beträgt 30 Tage; wer länger bleiben will, kann bis zu 90 Tage bekommen. Dies muss man beim Grenzbeamten anfragen, bevor dieser seinen Stempel in den Pass setzt – also schnell reagieren. Wer innerhalb der genehmigten Zeit das Land verlässt, kann mit derselben Touristenkarte wieder einreisen.

Das Einreiseabkommen zwischen den vier zentralamerikanischen Staaten (CA-4) ermöglicht das Überqueren der Grenzen zwischen Guatemala, Honduras, El Salvador und Nicaragua ohne die Einreisegebühr mehrmals bezahlen zu müssen. Auch der Reisepass wird nur einmal abgestempelt (auf jeden Fall die 90 Tage beantragen). Bei Einreise auf dem Landweg sollte man an diese abgeänderte Vorschrift denken; manchmal muss man die Grenzbeamten auch daran „erinnern", dass es dieses Abkommen überhaupt gibt.

PREISKATEGORIEN ESSEN

Die folgenden Preiskategorien beziehen sich auf ein Standard-Hauptgericht. Wenn nicht anders angegeben, ist die Mehrwertsteuer im Preis enthalten.

$	unter 5 US$
$$	5–15 US$
$$$	über 15 US$

Aktuelle Visainformationen finden sich auf www.lonelyplanet.com/el-salvador/practical-information/visas.

Für die Einreise sind keine besonderen Impfungen erforderlich; Reisende, die aus einem Gelbfiebergebiet einreisen, müssen allerdings eine Schutzimpfung vorweisen (einige Impfungen werden dennoch empfohlen).

FEIERTAGE

1. Januar Neujahr
Ostern Semana Santa
1. Mai Tag der Arbeit
17. Juni Vatertag
6. August Feierlichkeiten von San Salvador
15. September Unabhängigkeitstag
2. November Allerseelen
25. Dezember Weihnachten

FEILSCHEN

Feilschen ist hier nicht ganz so verbreitet wie in anderen zentralamerikanischen Ländern. Mit Taxifahrern und Ladenbesitzern kann man schon mal ein bisschen verhandeln, wer es aber übertreibt, wird schnell als unhöflich abgestempelt.

FREIWILLIGENARBEIT

In der Nähe des Boulevard de los Héroes bietet das **Centro de Intercambio y Solidaridad** (S. 312) Spanischunterricht für Touristen und Englischunterricht für wenig verdienende und engagierte Salvadorianer an. Schwerpunkt ist in allen Fällen die progressive Politik. Im CIS wird man sehr viel Gastfreundschaft erfahren und es werden immer Englischlehrer auf Freiwilligenbasis gesucht (min. 10 Std./Woche). Außerdem bekommt man hier Infos über verschiedene NGOs und die Bereiche, in denen sie arbeiten, z. B. in der Entwicklung der Gemeinden, Bandenaktivität, Umwelt und mehr. Das CIS kann zwar keine Freiwilligenarbeit im eigentlichen Sinne vermitteln, dafür aber die richtigen Tipps geben. Für die Parlamentswahlen kann man sich als freiwilliger Helfer bei der angesehenen internationalen Wahlbeobachtungsmission der CIS melden.

Global Platform (S. 360) ist eine dänische NGO, die ihren Sitz in Suchitoto hat und als Gegenleistung für die Mitarbeit an Gemeindeprojekten in der Umgebung Spanischunterricht und Unterkunft anbietet. Mit 400 US$ pro Monat ist alles abgedeckt.

GEFAHREN & ÄRGERNISSE

Kriminalität sollte keinen Traveller vor El Salvador mehr als vor irgendeinem anderen zentralamerikanischen Land zurückschrecken lassen. Obwohl das Land für seine Gewalttätigkeit bekannt ist, sind Touristen davon so gut wie nie betroffen.

Das heißt nicht, dass alles Friede, Freude, Eierkuchen ist; immerhin sind zwei der größten *maras* (Banden) in El Salvador aktiv. Es ist aber höchst unwahrscheinlich, dass man als Traveller mit ihnen in Berührung kommt, da sie sich vor allem in Gegenden aufhalten, die für Reisende sowieso nicht von Interesse sind, und da die Polizei in den meisten Touristengebieten patrouilliert. Dennoch sollte man, wenn möglich, nicht bei Nacht reisen. Waffen sind hier sehr verbreitet, bei einem Überfall also niemals Widerstand leisten – das ist es einfach nicht wert.

Einfache Vorsichtsmaßnahmen beachten: auf Tagesausflüge so wenig wie möglich mitnehmen, im Bus immer ein Auge auf das Gepäck haben und, sofern möglich, keine wertvollen Dinge mit sich herumtragen. Vor Reisebeginn von allen Kreditkarten und wichtigen Dokumenten Kopien anfertigen; eine Ausführung mitnehmen und die andere zu Hause bei jemandem deponieren, der sie im Notfall umgehend per Fax/Scan weiterleiten kann. Nach Einbruch der Dunkelheit nimmt man sich am besten ein Taxi, selbst wenn die Tarife dann etwas happig sein können. Dies gilt vor allem für San Salvador, San Miguel, Sonsonate, La Unión und La Libertad.

Wer eine Vulkanbesteigung plant, lässt sich dabei am besten von der Polizei eskortieren. Zum einen ist es sicherer, zum anderen verläuft man sich dann nicht – was angesichts nicht gekennzeichneter, sich gabelnder Wege nicht unwahrscheinlich ist. Dieser Dienst ist kostenlos, man muss ihn aber telefonisch oder persönlich einen Tag im Voraus (wenn möglich noch früher) anfordern. Die Beamten sind freundlich und vertrauenswürdig.

GELD

Die offizielle Währung ist der US-Dollar. Geldautomaten gibt's wie Sand am Meer und man kann fast überall mit Kreditkarte (vor allem Visa) zahlen.

Bargeld

Seit Januar 2001 ist der US-Dollar die offizielle Währung in El Salvador (davor war es der Colón), deshalb US-Dollar mitbringen, am besten in Scheinen zu 20 US$ und kleiner. An den Grenzübergängen warten immer Geldwechsler.

Geldautomaten

Geldautomaten gibt's in den meisten Städten und Ortschaften. Citibank, Scotiabank und Banco Atlántida haben das dichteste Netzwerk. Plus/Visa und Cirrus/MasterCard funktionieren meist sehr gut; sollte es an einem Gerät mal nicht funktionieren, einfach einen anderen Automaten ausprobieren. Zum Abheben empfehlen sich die etwas sichereren Kabinen; wenn möglich nachts kein Bargeld abheben.

Kreditkarten

Fast überall werden Kreditkarten problemlos akzeptiert, in vielen Läden muss man jedoch mit einem Preisaufschlag rechnen. Visa-Karten werden am häufigsten angenommen, MasterCard wird immer verbreiteter, American Express hingegen ist eher selten.

Trinkgeld

- **Restaurants** 10 % Trinkgeld sind die Norm.
- **Taxis** Taxifahrer bekommen in der Regel nichts, den Betrag aufzurunden kommt aber gut an.

GESUNDHEIT

Das öffentliche Gesundheitssystem von El Salvador ist überlastet, die private Gesundheitsversorgung dagegen ausgezeichnet und die Ärzte sind sehr gut ausgebildet. Achtung: Dengue-Fieber! Vorsicht ist geboten in küstennahen Gebieten, in denen es viele Mücken gibt, und während der Regenzeit. Außerdem sollte man immer wieder aktuelle Infos zum Zika-Virus einholen.

Auslandskrankenversicherung

Wir empfehlen den Abschluss einer Auslandskrankenversicherung (in besseren Krankenhäusern unerlässlich).

Trinkwasser

Das Wasser aus dem Hahn hat generell eine gute Qualität in El Salvador, in ärmlicheren Gegenden sollte man es jedoch vor dem Trinken abkochen.

Verfügbarkeit & Kosten

In San Salvador findet man leicht einen guten Arzt, allerdings muss man in Vorkasse treten (und die Gebühren sind ordentlich).

GEWICHTE- & MASSE

In El Salvador gilt das metrische System.

INTERNETZUGANG

Internetzugang findet man im ganzen Land problemlos, die Schnelligkeit der Verbindung kann allerdings variieren. Für eine Stunde Surfen muss man 0,50 bis 1 US$ bezahlen.

KARTEN

- Corsatur und das Tourismusministerium bieten Hochglanzkarten von El Salvador und der Hauptstadt an, die in manchen Hotels und bei Tourveranstaltern ausliegen.
- Einfache Karten mit Wanderwegen sind manchmal in den Touristeninformationen erhältlich.

KLIMA

Der *invierno* (Regenzeit) dauert von Mai bis Oktober, der *verano* (Trockenzeit) von November bis April. Während der Regenzeit regnet es meistens nur nachts.

In San Salvador schwanken die Höchsttemperaturen zwischen 27 °C (Nov.) und 30 °C (März/April); die Tiefsttemperaturen bewegen sich zwischen 16 °C (Jan./Feb.) und 20 °C (März). Die heißeste Region ist das Küstentiefland.

MEDIEN

Die größten Tageszeitungen San Salvadors sind *La Prensa Gráfica* und das konservative *El Diario de Hoy*. Sie haben beide einen nationalen und einen internationalen Teil und außerdem bieten sie eine Auflistung der Unterhaltungsangebote. *El Mundo* und *El Latino* sind weniger umfangreiche Nachmittagszeitungen. Ein renommiertes Online-Magazin ist *El Faro*, das auch vor Kontroversen nicht zurückschreckt.

NOTFALL

Notruf ☎ 911

ÖFFNUNGSZEITEN

Einige Büros und Läden schließen über die Mittagszeit zwischen 12 und 14 Uhr, was aber immer seltener wird.

Kaufhäuser & Geschäfte Mo–Fr 9–18, Sa 9–12 Uhr

Behörden Mo–Fr 8–16 Uhr

Banken Mo–Fr 8–16 oder 17 Uhr; meist auch Sa vormittags

Restaurants Abendessenszeit ist schon relativ früh; 16 Uhr ist *pupusa*-Zeit.

POST

Für internationale Sendungen gibt's zwei Tarifkategorien: Luftpost und Express-Sendungen. Briefe, die per Luftpost verschickt werden, brauchen nach Europa (0,65 US$) bis zu 15 Tage. Express-Briefe sollten in 10 Tagen ankommen (1,20 US$). Große Städte haben auch FedEx- und DHL-Filialen.

RAUCHEN

In El Salvador wird noch ziemlich viel geraucht, in öffentlichen Einrichtungen ist das Rauchen allerdings verboten.

RECHTSFRAGEN

Die Gesetzeshüter hier sind streng und effektiv – vom Streifenpolizisten bis zum Grenzbeamten. Die Polizei hat das Recht, Busse anzuhalten und Personen und Taschen zu durchsuchen, wovon sie auch relativ häufig Gebrauch macht. Unterstützung bekommen die Polizisten dabei häufig von Soldaten. Bestechungsgelder werden normalerweise nicht verlangt, helfen jedoch bei kleineren Vergehen. Wer verhaftet wird, sollte kooperieren und mit der Botschaft Kontakt aufnehmen. Im Falle einer Straftat kann aber auch die Botschaft nur wenig unternehmen. Schon kleinste Vergehen werden oft mit Gefängnis bestraft.

REISEN MIT BEHINDERUNG

In El Salvador haben viele Menschen eine Behinderung – bei den meisten von ihnen handelt es sich um Opfer von Gewalttaten während des Bürgerkriegs –, es gibt aber nur wenige Einrichtungen oder Ausstattungen, die ihnen das Leben erleichtern. Es fehlt an gut gewarteten Rampen und Geländern; Dienstleistungen für Sehbehinderte und Gehörgeschädigte sind ebenfalls Mangelware. Aber alle Reisenden, ob mit oder ohne Behinderung, werden schnell feststellen, dass die Salvadorianer sehr freundlich und hilfsbereit sind.

KINDER

El Salvador ist ein sehr katholisches bzw. christliches Land, in dem sich alles um die Familie dreht. Kinder sind daher immer willkommen. Hier ein paar Tipps für Eltern:

- San Salvador ist nichts für Kinder; die Stadt kann ziemlich anstrengend sein.
- La Costa del Bálsamo hat wunderschöne Strände, das Meer dort ist allerdings für Schwimmanfänger ungeeignet.
- Nette Alternativen sind Suchitoto, die Ruta de Las Flores und Alegría.
- Camping ist wunderbar, wegen mangelnder Infrastruktur aber nur etwas für erfahrene Camper.

SCHWULE & LESBEN UNTERWEGS

Schwule und Lesben dürfen hier nur auf wenig Toleranz hoffen. Unlängst sind gleich mehrere Übergriffe auf Homosexuelle nicht geahndet worden. Einige Hotels weigern sich sogar, Zimmer mit nur einem Bett an zwei Männer zu vermieten; Frauen werden nicht ganz so misstrauisch beäugt. Einige Kulturzentren und Clubs rund um San Salvadors Boulevard de los Héroes sind schwulen- und lesbenfreundlich. Die Schwulen- und Lesbenorganisation **Entre Amigos** (S. 321) ist die etablierteste ihrer Art im Land und widmet sich vor allem dem Thema HIV/AIDS.

SPRACHE

Die Landessprache in El Salvador ist Spanisch. In ein paar wenigen indigenen Dörfern spricht noch eine Handvoll Menschen Nahuatl, die Sprache der Pipil. Es besteht jedoch zunehmend Interesse daran, die Sprache zu erhalten. Viele Salvadorianer lernen beim Arbeiten in den USA, Australien oder sonstwo ein paar Brocken Englisch, sodass man hier tendenziell mehr Leute mit Englischkenntnissen antreffen wird als in den Nachbarländern.

Kurse

SalvaSpan unterhält eine Reihe renommierter Privatunterkünfte im ganzen Land. Der Sprachunterricht des **Centro de Intercambio y Solida-**

ridad (S. 312) ist stark auf progressive Themen ausgerichtet. In Suchitoto gibt's zwei hervorragende Sprachschulen. Die Einheimischen dort sind es gewohnt, mit Reisenden zu plaudern, die Spanisch lernen. Luis von der S-Cool in Playa El Zonte ist einer der besten Spanisch- und Surflehrer entlang der Costa del Bálsamo. Auch Playa El Tunco ist eine gute Adresse, um eine qualifizierte Lehrkraft aufzutun.

STEUERN & ERSTATTUNGEN

Die Mehrwertsteuer von 13 % wird auf sämtliche Waren und Dienstleistungen angerechnet. Meist sind Bruttopreise angegeben.

TELEFON

- Die Ländervorwahl von El Salvador ist ☎503.
- Telefonnummern haben normalerweise acht Ziffern, lokale Vorwahlen gibt es nicht.
- Die öffentlichen Fernsprecher der Telecom und Telefónica funktionieren mit den entsprechenden Telefonkarten (mit Guthaben in Höhe von 3, 5 und 10 US$). Diese gibt's in Apotheken und kleinen Läden.
- In Telefonzellen hängen Anleitungen für Orts- und Ferngespräche auf Spanisch und Englisch aus.
- Einige Internetcafés bieten auch Internettelefonie an.

Mobiltelefone

Claro, Tivo, Digicel und Movistar sind brauchbare Anbieter und allgegenwärtig. Die SIM-Karten (Prepaid) sind erschwinglich und mit europäischen Mobiltelefonen kompatibel. Beim Kauf muss man zur Registrierung seinen Reisepass vorlegen.

TOILETTEN

- Keine Hockklosetts, sondern westliche Toiletten zum Sitzen.
- Benutzung meist kostenlos, sonst gegen eine geringe Gebühr (0,10 US$).

TOURISTENINFORMATION

- In touristischen Gegenden wie Suchitoto, an der Ruta de las Flores, in La Libertad und Perquín findet man recht gut aufgestellte Touristenbüros. Die besten Ansprechpartner sind aber die Hotel- und Hostelbesitzer.
- Das Büro der **Corporación Salvadoreña de Turismo** (S. 321) in der Hauptstadt hat Broschüren und Faltblätter vorrätig.
- Das **Instituto Salvadoreño de Turismo** (S. 321) bietet sehr allgemeine Infos zu den Nationalparks und *turicentros* im Land.

UNTERKÜNFTE

Das Angebot an kleinen Hotels und Hostels für Rucksackreisende ist hervorragend, insbesondere in San Salvador und in touristischen Gegend wie z. B. an der Playa El Tunco, in Suchitoto und entlang der Ruta de las Flores. Wir haben uns auf die sichersten Optionen konzentriert.

Campingplätze und *eco-albergues* (Öko-Hostels; einfache Hütten für mehrere Personen, z. T. mit rudimentärer Küche) findet man in der Nähe beliebter Outdoor-Destinationen. Zeltausrüstung muss mitgebracht werden.

Die Zimmerpreise sind das ganze Jahr über gleich; eine Ausnahme bilden die Sommerferien (erste Augustwoche) und die Semana Santa (um Ostern), wenn die Hotels mitunter schnell ausgebucht sind. Der Durchschnittspreis für ein Bett in einem Schlafsaal liegt bei etwa 10 US$, ein Doppelzimmer kostet 35 US$.

PREISKATEGORIEN SCHLAFEN

Die folgenden Preiskategorien beziehen sich auf ein Doppelzimmer mit Bad. Wenn nicht anders angegeben, ist das Frühstück nicht im Preis inbegriffen.

$	unter 25 US$
$$	25–80 US$
$$$	mehr als 80 US$

VERANTWORTUNGSBEWUSST REISEN

Viele Reisende haben sich schon vor ihrer Ankunft in El Salvador Gedanken darüber gemacht, welche „Seite" sie im Bürgerkrieg unterstützt hätten bzw. haben (meist die FMLN). Tatsächliche haben beide Seiten schreckliche Gräueltaten begangen und in 12 Jahren Krieg hat es keine Partei geschafft, die Ideale der salvadorianischen Mehrheit vollständig zu repräsentieren (oder zu verraten). Das Thema Krieg kann durchaus angesprochen werden, man sollte aber die persönliche Erfahrung jedes Salvadorianers respektieren.

Allmählich macht sich der Tourismus in El Salvador bemerkbar, doch seine Einwohner sind Backpackern gegenüber noch nicht so abweisend wie anderswo. Heftiges Feilschen ist weder bei Taxifahrten noch auf dem Markt an der Tagesordnung. Auch wenn es schwer sein wird, sein Misstrauen angesichts der lästigen Gaunerei in Guatemala und anderen Orten abzulegen – in El Salvador sind ein ehrlicher Preis und eine freundliche Umgangsweise immer noch der Normalfall.

ZEIT

El Salvador liegt in nur einer Zeitzone; hier gilt die Zentrale Standardzeit (Central Standard Time, kurz CST). **Zeitdifferenz zur** MEZ minus sechs Stunden, MESZ minus sieben Stunden.

STADT	ZEITUNTERSCHIED ZU EL SALVADOR
Sydney	+ 17 Std.
Tokio	+ 15 Std.
Dubai	+ 10 Std.
Berlin	- 6 Std.
New York	+ 1 Std.

ZOLL

Als Eigenbedarf für Personen über 18 Jahren dürfen 500 Gramm loser Tabak oder 200 Zigaretten oder 50 Zigarren sowie 2 l alkoholische Getränke eingeführt werden. Die Ausfuhr von Antiquitäten, Edelsteinen, Tieren und Pflanzen ohne amtliche Genehmigung ist verboten. Bei Zuwiederhandlung drohen empfindliche Geldbußen und Haftstrafen.

An- & Weiterreise

Die strengen Grenzbeamten nehmen die eingetragenen Ein- und Ausreisestempel sehr genau unter die Lupe. Man sollte ihnen direkt mitteilen, dass man 90 Tage im Land bleiben will, sonst wird die Touristenkarte vielleicht für einen kürzeren Zeitraum ausgestellt.

AUTO & MOTORRAD

Wer mit dem eigenen Fahrzeug nach El Salvador einreist, muss einen Führerschein vorweisen können (der internationale Führerschein wird anerkannt) und beweisen, dass er oder sie der Besitzer des Fahrzeugs ist. Außerdem muss eine Reihe umfangreicher Formulare ausgefüllt werden. Eine Autoversicherung ist möglich und ratsam, aber nicht vorgeschrieben. Fahrzeuge dürfen 30 Tage lang in El Salvador bleiben. Wer länger bleiben will, reist am besten mit dem Fahrzeug aus und wieder ein. Das ist immer noch besser, als zu versuchen, sich mit dem Verkehrsministerium herumzuschlagen.

EIN- & AUSREISESTEUER

Die Staatsangehörigen mancher Länder müssen bei der Einreise am Flughafen in El Salvador 10 US$ für eine Touristenkarte bezahlen. Das Einreiseabkommen zwischen den vier zentralamerikanischen Staaten (CA-4) ermöglicht das Reisen zwischen Guatemala, Honduras, El Salvador und Nicaragua, ohne die Einreisegebühr jedes Mal entrichten zu müssen.

Die Abflugsteuer ist bereits im Ticketpreis enthalten.

FLUGZEUG

Flüge in die/aus den Vereinigten Staaten, aber auch aus Europa sind um Weihnachten und Ostern herum heiß begehrt; am besten so früh wie möglich ein Ticket kaufen, damit es nicht zu teuer wird.

La Costa del Bálsamo ist genauso weit vom Flughafen entfernt wie San Salvador, man kann die Hauptstadt also problemlos umgehen.

Flughäfen & Fluggesellschaften

Der **Aeropuerto Internacional Comalpa** (S. 322) befindet sich 44 km südlich von San Salvador. Als wichtiger Verkehrsknotenpunkt in Lateinamerika ist er auch das Tor zu vielen Städten in Nordamerika.

Busse fahren alle 60 Minuten ins Zentrum, den Abfahrtsort zu finden, kann aber stressig sein, insbesondere mit Gepäck. Die zahlreichen Taxis brauchen 45 Minuten für die Strecke (30–35 US$; Preis vorher vereinbaren). Taxis Acacya (5 US$) unterhalten eine Shuttleverbindung in die Innenstadt, der Endhaltepunkt liegt jedoch in einer unsicheren Gegend, weshalb man dort in ein Taxi umsteigen sollte. Hotels bieten Abholservices an.

Avianca, American Airlines, United Airlines, Delta Air Lines und Copa Airlines sind ein paar der Fluggesellschaften, die nach El Salvador fliegen.

AUF DEM LANDWEG

El Salvador hat ein exzellentes Busnetzwerk. Nur wenige Traveller mieten ein Auto; die meisten wechseln fröhlich zwischen aufgemotzten amerikanischen Schulbussen und Langstreckenbussen hin und her. Ein Schienennetz gibt es nicht.

Grenzübergänge

Wer nicht mit dem Flugzeug nach El Salvador einreist, wird sein CA-4-Visum (S. 799) bei der Ankunft an der salvadorianischen Grenze bereits haben. Es fallen keinerlei zusätzliche Gebühren an, auch wenn die Beamten vielleicht etwas Anderes erzählen (beharrlich bleiben!) – es sei denn, man hat einen US-amerikanischen Pass und reist nach Nicaragua ein bzw. verlässt das Land (12 US$).

Costa Rica & Nicaragua

El Amatillo Von El Amatillo fahren zwischen 5.30 und 17 Uhr Microbusse über die Südspitze Honduras' zur nicaraguanischen Grenzstadt Guasaule (abhängig von der Zahl der Fahrgäste 5 US$, 2 Std.). Um die Busverbindungen nach León and Managua zu erreichen, muss man einen 200 m langen Fußweg zurücklegen.

San Miguel Platinum schickt Busse nach Managua (www.platinumcentroamerica.com; 30 US$, 9 Std.), die von dort weiter nach San

José, Costa Rica (67 US$, 19 Std.) fahren. Der Bus hält gegen 7.30 und 13.30 Uhr an der Esso-Tankstelle (Ecke Av Roosevelt und Ruta Militar) in San Miguel.

Guatemala

Ahuachapán Der Grenzübergang Las Chinamas–Valle Nuevo ist rund um die Uhr geöffnet, man sollte aber besser bei Tageslicht ein- bzw. ausreisen. Busse zur guatemaltekischen Grenze fahren in Ahuachapán alle 15 Minuten (0,50 US$, 5–19.30 Uhr) vom Parque Menéndez ab. An der Haltestelle 300 m hinter dem Grenzübergang fahren Busse nach Guatemala-Stadt (via Cuilapa) ab. Alle 30 Minuten kommt hier ein Tica-Bus (3 US$) vorbei. Diese sind sicherer als die 2.-Klasse-Busse. Der letzte Bus von der Grenze nach Ahuachapán startet hier um 17.45 Uhr.

Metapán Die **Agencia Puerto Bus** (S. 337) bietet normale und *especial*-Verbindungen nach Guatemala-Stadt über Las Chinamas–Valle Nuevo an. Normale Busse (9 US$, 4 Std.) fahren stündlich von 5 bis 16 Uhr, außer um 7 Uhr. Die *especial*-Busse (11,50 US$, die sich lohnen, 3½Std.) starten um 7 und 17.30 Uhr. Eine weitere Möglichkeit ist der 1.-Klasse-Bus, der in Las Chinamas abfährt. Von Metapán fahren außerdem halbstündlich Microbusse zum Grenzübergang Anguiatú–Chiquimula (24 Std. geöffnet; am zuverlässigsten von 6–19 Uhr). Auf der guatemaltekischen Seite fahren regelmäßig Busse nach Chiquimula (1 Std., letzter Bus um 17.30 Uhr) und weiter nach Guatemala-Stadt (3 Std., letzter Bus ab Chiquimula um 15.30 Uhr). Dies ist der schnellste Weg nach Nueva Ocotopeque oder Copán Ruínas in Honduras. Auf salvadorianischer Seite fährt der letzte Bus nach Metapán um 18.30 Uhr ab.

Santa Ana Der Grenzübergang San Cristóbal–El Progreso ist rund um die Uhr geöffnet, man sollte aber nur bei Tageslicht ein- bzw. ausreisen. Von Santa Ana aus Bus 236 nach San Cristóbal nehmen (0,50 US$, 1 Std., 5.30–21 Uhr; alle 20 Min.). Die Busse auf der anderen Seite der Grenze fahren nach El Progreso. Der letzte Bus von San Cristóbal fährt um 18 Uhr zurück.

Sonsonate Der Grenzübergang La Hachadura–Ciudad Pedro de Alvarado ist rund um die Uhr geöffnet, man sollte aber besser bei Tageslicht ein- bzw. ausreisen. Bus 259 aus Sonsonate hält an der Grenze an; die Einwanderungsstellen sowohl El Salvadors als auch Guatemalas befinden sich am anderen Ende des Komplexes. Die Haltestelle in Guatemala ist 1 km entfernt. Ein Fahrrad-Taxi kostet 0,50 US$. Busse nach Guatemala-Stadt (5 US$, 4 Std.) fahren halbstündlich und halten in Chiquimulilla und Escuintla. Der letzte Bus von La Hachadura nach Sonsonate startet um 18 Uhr.

Honduras

La Palma Der Bus aus La Palma hält etwa 100 m vor dem Grenzübergang nach Honduras (rund um die Uhr geöffnet) in El Poy, wo 2 US$ für die Einreise nach Honduras bezahlt werden müssen. Von El Poy geht's mit dem Bus oder dem *colectivo* (Gemeinschaftstaxi) weiter nach Nueva Ocotepeque in Honduras. Von dort fahren stündlich Busse nach San Pedro Sula. Wer nach Copán Ruinas möchte, muss in La Entrada umsteigen. Der letzte Bus von La Palma nach El Poy (Bus 119, 0,50 US$, 30 Min.) startet um 19 Uhr. Die letzte Abfahrt in Richtung Süden, von El Poy nach San Salvador, ist um 16.15 Uhr.

San Miguel Tegucigalpa (56 US$, 5 Std.) wird von den 1.-Klasse-Bussen von Platinum angefahren, die täglich um etwa 8 und 15.30 Uhr von der Esso-Tankstelle in San Miguel (Ecke Av Roosevelt und Ruta Militar) starten. Pünktlich sein! Tickets gibt's an der Tankstelle – am besten am Tag vorher kaufen. Alternativ hält Bus 330 50 m von El Amatillo entfernt an der salvadorianischen Grenze, wo eine Brücke hinüber nach Honduras führt. Von dort fahren die honduranischen Busse weiter nach Choluteca (2,10 US$, 1½Std.) und von dort weiter nach Tegucigalpa (2 US$, 3½ Std.); der letzte Bus zu diesen beiden Zielen fährt um 17.30 Uhr ab. Der letzte Bus von El Amatillo nach San Miguel startet um 18.30 Uhr.

AUF DEM SEEWEG

El Salvador grenzt, genau wie Honduras und Nicaragua, an den Golfo de Fonseca. Gelegentlich sind Fähren zwischen La Unión (El Salvador), Coyolito, Amapala und San Lorenzo (Honduras) und Potosí (Nicaragua) unterwegs. Zeit spart man auf diese Weise kaum, da es keine Passagierboote mit festen Abfahrtszeiten gibt und die Grenzübergänge an Land relativ nah sind.

ℹ Unterwegs vor Ort

El Salvador ist ein kleines Land und kann deshalb problemlos mit dem Bus, Auto oder Taxi bereist werden.

AUTO & MOTORRAD

Zwar sind die meisten Straßen in El Salvador befestigt, überschaubar ist der Verkehr aber nur schwer und die Ausschilderung ist nicht besonders gut. Eine Gallone bleifreies Normalbenzin kostet 2,50 US$.

Die Polizei richtet, insbesondere auf Straßen in der Nähe von Grenzübergängen, oft Kontrollpunkte ein. Autodiebstähle sind ebenso verbreitet wie das Abmontieren von Teilen an geparkten Fahrzeugen. In Gegenden, die für hohe Kriminalität bekannt sind, sollte man nie alleine mit dem Auto unterwegs sein und immer sichere Parkplätze wählen. Obwohl es nicht zwingend notwendig ist, ist es empfehlenswert, eine Autoversicherung abzuschließen.

In San Salvador und San Miguel können Autos gemietet werden, die auch in anderen Städten zurückgegeben werden können. Alamo, Avis, Budget und Quick Rent a Car unterhalten Büros in San Salvador.

BUS

- Kunterbunt gestrichene amerikanische Schulbusse fahren regelmäßig und sehr günstig (0,25–5 US$) Ziele im ganzen Land an. Am Wochenende können die Tickets um bis zu 25 % teurer werden.
- Die Fahrtrouten zu einigen Zielen im Osten sind in verschiedene Kategorien aufgeteilt: *ordinario, especial* und *super especial*. Die letzten beiden Optionen sind zwar teurer, dafür aber auch schneller und komfortabler.
- Die meisten Überlandbusse fahren ab 4 oder 5 Uhr morgens und bis 18 oder 19 Uhr abends.

FLUGZEUG

Inlandsflüge sind weder günstig noch leicht verfügbar. Gutbetuchte Geschäftsleute nutzen Privatflugzeuge, um von San Miguel nach San Salvador zu gelangen, und Puerta Barillas (Bahía de Jiquilisco) verfügt über einen Hubschrauberlandeplatz.

SCHIFF/FÄHRE

Wer in der Bahía de Jiquilisco im Osten El Salvadors herumkommen oder irgendwelche Ausflüge im Golfo de Fonseca in der Nähe von La Unión unternehmen will, muss zu Wasser reisen. Ansonsten ist der Seeweg eher selten.

TRAMPEN

Busse oder Sammel-Pickups bringen einen praktisch an jedes nur vorstellbare Ziel, so dass es normalerweise nicht notwendig ist zu trampen. Normalerweise schwingen sich hier sowohl Männer als auch Frauen auf die Ladeflächen der Pickups. Sind auf einem Fahrzeug aber mal nur Männer unterwegs, sollte eine Frau vielleicht lieber passen. Trampen ist nie hundertprozentig sicher und deshalb nicht unbedingt empfehlenswert. Wer trampt, sollte wissen, dass er oder sie dabei ein kleines, aber möglicherweise folgenschweres Risiko eingeht.

Honduras

☎ 504 / 8,1 MIO. EW.

Inhalt ➡

Tegucigalpa 381
Comayagua 394
Lago de Yojoa 397
San Pedro Sula 400
Copán Ruinas 404
Gracias 414
Tela 420
La Ceiba 423
Trujillo. 431
Roatán 434
Utila 440
La Moskitia 446
Isla del Tigre 449

Gut essen

➡ Roatán Oasis (S. 437)
➡ Restaurante El Estoraque (S. 399)
➡ Galeano Cafe (S. 385)
➡ Café Honoré (S. 388)
➡ El Jardín de Susana (S. 426)

Schön übernachten

➡ D&D Brewery (S. 398)
➡ La Madrugada (S. 401)
➡ Roatán Backpackers Hostel (S. 439)
➡ La Casa de Café (S. 407)
➡ Hotel Guancascos (S. 415)

Auf nach Honduras!

Honduras gilt als gefährlich und wird daher oft nur schnell durchstreift oder gänzlich vermieden. Dabei ist es ein lebenssprühendes und faszinierendes Land, das furchtlosen Reisenden unglaublich viel zu bieten hat. Nach einem Jahrzehnt, in dem Honduras von einer Welle grausamer Gewalt erfasst wurde, geht es mit dem Land nun wieder deutlich aufwärts. Die anstehenden Probleme mögen zwar noch massiv sein, aber die Aussichten waren seit Jahren noch nie so vielversprechend.

Zu den Attraktionen gehören die Maya-Ruinen von Copán, das unberührte Tauchrevier der Islas de la Bahía und die majestätische Landschaft von über einem Dutzend Nationalparks. Weitere Gründe für einen Besuch: Es ist auch eines der billigsten Länder Zentralamerikas, wo Aktivitäten nur einen Bruchteil dessen kosten, was die Nachbarn verlangen. In den Städten ist Vorsicht angesagt, aber abgesehen davon ist Honduras wieder zurück und wartet nur darauf, entdeckt zu werden.

Reisezeit

Tegucigalpa

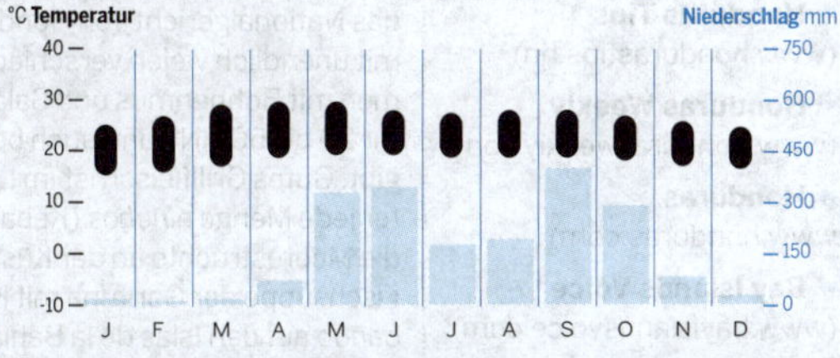

Okt.–Feb. Regenzeit an der Nordküste und auf den Inseln, aber trocken im Binnenland.

März–April Heiß und trocken überall, mit hohen Temperaturen im Landesinneren.

Juni–Sept. Hochsaison zum Sichten von Walhaien in Utila.

AUF EINEN BLICK

Währung Lempira

Sprache Spanisch (und etwas Englisch)

Geld Geldautomaten gibt es überall

Visa Für Europäer nicht erforderlich

Zeit MEZ minus sieben Stunden

Fläche 112 090 km²

Hauptstadt Tegucigalpa

Notruf ☎ 199

Wechselkurse

Eurozone	1 €	25,83 HNL
Schweiz	1 SFr	23,74 HNL
USA	1 US$	22,86 HNL

Preise

- **Hostelbett** 200 HNL
- **Einfaches Essen** 80–120 HNL
- **Tauchkurs** 6000–7000 HNL

Infos im Internet

- **Honduras Tips** (www.hondurastips.hn)
- **Honduras Weekly** (www.hondurasweekly.com
- **Honduras** www.honduras.com)
- **Bay Islands Voice** (www.bayislandsvoice.com)

Von Land zu Land

Die Einreise nach Honduras ist von allen drei Nachbarländern möglich. Grenzübergänge sind u. a. Corinto und El Florido (Guatemala), El Amatillo und El Poy (El Salvador) sowie Guasaule und Las Manos (Nicaragua). Genauere Infos s. Praktische Informationen S. 460.

REISEROUTEN

Eine Woche

Nach der Einreise in Honduras über den Grenzübergang El Florido lockt sofort eine der Hauptattraktionen: die großartigen Ruinen von Copán. Mindestens zwei Tage sollten für die Tempel und die Sehenswürdigkeiten der Umgebung eingeplant werden. Danach geht es eine kurze Strecke nach Westen in die Hochlandstadt Gracias mit ihren Thermalquellen und Lenca-Dörfern. Es folgt eine lange Fahrt zur Küstenstadt La Ceiba. Von hier geht's mit dem Boot nach Roatán oder Utila an den Strand zum Schnorcheln oder Tauchen im Riff und um es sich schlichtweg gut gehen zu lassen.

Zwei Wochen

Zurück auf dem Festland steht eine Floßtour auf dem Río Cangrejal an, dann geht's nach Süden zum Lago de Yojoa zu ein paar Craft-Bierchen, zum Wandern oder zu Bootsausflügen. Den Abschluss bildet eine Übernachtung im kolonialen, stillen Comayagua oder in der quirligen Hauptstadt Tegucigalpa.

Essen & Trinken

- **Wohin zum Essen** Am preisgünstigsten sind die *comedores* (einfache Lokale), wo ein Essen mit zwei oder drei Gängen quasi garantiert unter 70 HNL kostet. Snacks gibt es in *panaderías* (Bäckereien) und auf Märkten. Cafés und Restaurants in Touristenorten servieren zahlreiche internationale Gerichte, auch vegetarische.
- **Was essen und trinken** Probieren sollte jeder unbedingt das Nationalgericht von Honduras, die *baleada* (eine Tortilla mit unendlich vielen verschiedenen Füllungen, meist zusammen mit Bohnenmus und Salat), die es von Straßenhändlern für 20 bis 50 HNL und auch bei der Kette Baleadas Express gibt. Gutes Grillfleisch ist im Landesinneren zu finden, darunter jede Menge *pinchos* (Kebabs). Hervorragend schmecken die Meeresfrüchte an der Küste: *tapado* ist eine legendäre Fischsuppe der Garifuna mit Kokosnuss und Gewürzen; *bando* auf den Islas de la Bahía ist ganz ähnlich. Überall in Honduras werden frische Säfte angeboten; sie sind meist ausgezeichnet und erschwinglich. In allen größeren Orten gibt es Kaffeebars, in denen Espresso gebraut wird; eine bewährte Kette ist American Espresso.

TEGUCIGALPA

1,13 MIO. EW. / HÖHE: 975 M

Die ausgedehnte Stadt Tegucigalpa in einem von bewaldeten Hügeln umgebenen Hochlandtal hat ein relativ frisches, mildes Klima und eine spektakuläre Lage. Es ist eine quirlige und dynamische Stadt, aber sie wird von vielen Reisenden nur kurz oder erst gar nicht besucht. Das ist schade, denn auch wenn Tegus, wie die Bewohner sie nennen, keine Schönheit ist – die Straßen sind verstopft und die Luft deswegen verschmutzt, die Kriminalitätsrate ist hoch –, so ist sie doch faszinierend, hat einige gute Museen, Restaurants und das Flair eines aufstrebenden Orts. Wer sich richtig auf die Stadt einlässt, wird eine dynamische, junge und urbane Szene erleben, allen voran junge Künstler, Musiker, DJs und Designer.

Sehenswertes

Die Innenstadt von Tegus ist das vernachlässigte Herz des Landes, eine Ansammlung einst eleganter, aber mittlerweile verblichener Straßen, wo Läden für *ropa americana* (gebrauchte Kleidung) die Kaufhäuser ersetzt haben. Ein Bummel über die verkehrsfreie Calle Peatonal, ein Besuch von ein paar der recht guten Museen und ein Imbiss auf dem Markt vermitteln ein Gefühl für die Stadt.

★ Museo para la Identidad Nacional — MUSEUM

(MIN; Karte S. 390; www.min.hn; Av Miguel Paz Barahona; L70; Di–Sa 9–17, So 11–17 Uhr) Wer nur eine Sehenswürdigkeit in Tegus besuchen will, sollte diese wählen. Das beste Museum der Hauptstadt ist in einem gekonnt renovierten Bauwerk aus dem 19. Jh. untergebracht, dem ehemaligen Ministeriumspalast. Die modernen Ausstellungen vermitteln einen hervorragenden und umfassenden Überblick über Geschichte und Identität des Landes. Die Exponate sind spanisch beschriftet, aber viermal täglich gibt es kostenlose Führungen auf Englisch. Das Highlight des Museums ist eine 3D-Filmtour durch die Ruinen von Copán (35 HNL), die viermal pro Tag gezeigt wird.

Plaza Morazán — PLAZA

(Karte S. 390; Av Miguel de Cervantes) Zentrum und Herz der Stadt ist die Plaza Morazán, oft auch Parque Central genannt. In der Mitte steht die Reiterstatue des ehemaligen Präsidenten Francisco Morazán. Überragt wird der Platz von einer schmuckreichen, spätbarocken Kathedrale aus dem 18. Jh. Sie birgt einen kunstvollen Altar aus Gold und Silber.

Iglesia Los Dolores — KIRCHE

(Karte S. 390; Av Máximo Jeréz) Die auffallende Kirche an einer ansonsten unscheinbaren Plaza besitzt einige schöne sakrale Kunstwerke. Die Fassade ist mit Figuren geschmückt, die das Leiden Christi darstellen – seinem Kreuzigungsgewand, dem Hahn, der dreimal krähte – alles gekrönt vom indigenen Sonnensymbol.

Basílica de Suyapa — KIRCHE

(Anillo Periferico 2) Die gotische Basílica de Suyapa ist die wichtigste Kirche in Tegucigalpa und somit auch in Honduras. La Virgen de Suyapa ist die Schutzheilige des Landes, nach einem päpstlichen Erlass 1982 auch ganz Zentralamerikas. Der Bau der Basilika, die berühmt für ihre großen Buntglasfenster ist, begann 1954; bei unserem Besuch wurde noch immer an der Vollendung gearbeitet.

Centro de la Cultura Garinagu de Honduras — KULTURZENTRUM

(Karte S. 390; 2222-0511; Plaza Morazán; Mo–Sa 8–17 Uhr) GRATIS Ein Besuch in dem Kulturzentrum direkt am Parque Morazán lohnt sich. Es stellt Kunsthandwerk, Kleidung und Werkzeuge aus und es gibt auch eine Bibliothek und Informationen zu den Garifuna. Die Angestellten können darüber informieren, wo Garifuna-Tanzensembles mit ihren unglaublich athletischen und sinnlichen Tänzen auftreten.

Monumento a La Paz — DENKMAL

(Karte S. 386) Das Denkmal im größten Park von Tegucigalpa wurde 1996 im Namen des ewigen Friedens zwischen den „brüderlichen Nationen Zentralamerikas" errichtet.

Palacio Legislativo — GEBÄUDE

(Karte S. 390; Calle Bolívar) Das ungewöhnliche moderne Gebäude auf Pfeilern neben dem Parque La Merced ist der Palacio Legislativo, in dem der Kongress tagt. Dieser stimmte hier im Dezember 2009 gegen die Wiedereinsetzung des abgesetzten Präsidenten Manuel Zelaya.

Iglesia La Merced — KIRCHE

(Karte S. 390; Calle Bolívar) 1847 wurde das Kloster La Merced zur ersten Universität von Honduras umgebaut; 1996 wurde hier die Nationalgalerie des Landes gegründet, die aber 2015 nach Comayagua umzog. Das hervorragend restaurierte Gebäude ist selbst

Highlights

1 Copán Ruinas (S. 404)
Die Steinreliefs und gewaltigen alten Bauten aus einem grandiosen Maya-Reich bewundern.

2 Río Cangrejal (S. 428)
Mit dem Schlauchboot den spektakulären Fluss mit den besten Stromschnellen Zentralamerikas befahren.

3 Trujillo (S. 431) Den vergessenen Karibikort mit den schönen Stränden, charmanten Bewohnern und der schrägen Geschichte entdecken.

4 Lago de Yojoa (S. 397)
Sich auf die Suche nach dem Quetzal im Nebelwald ober-

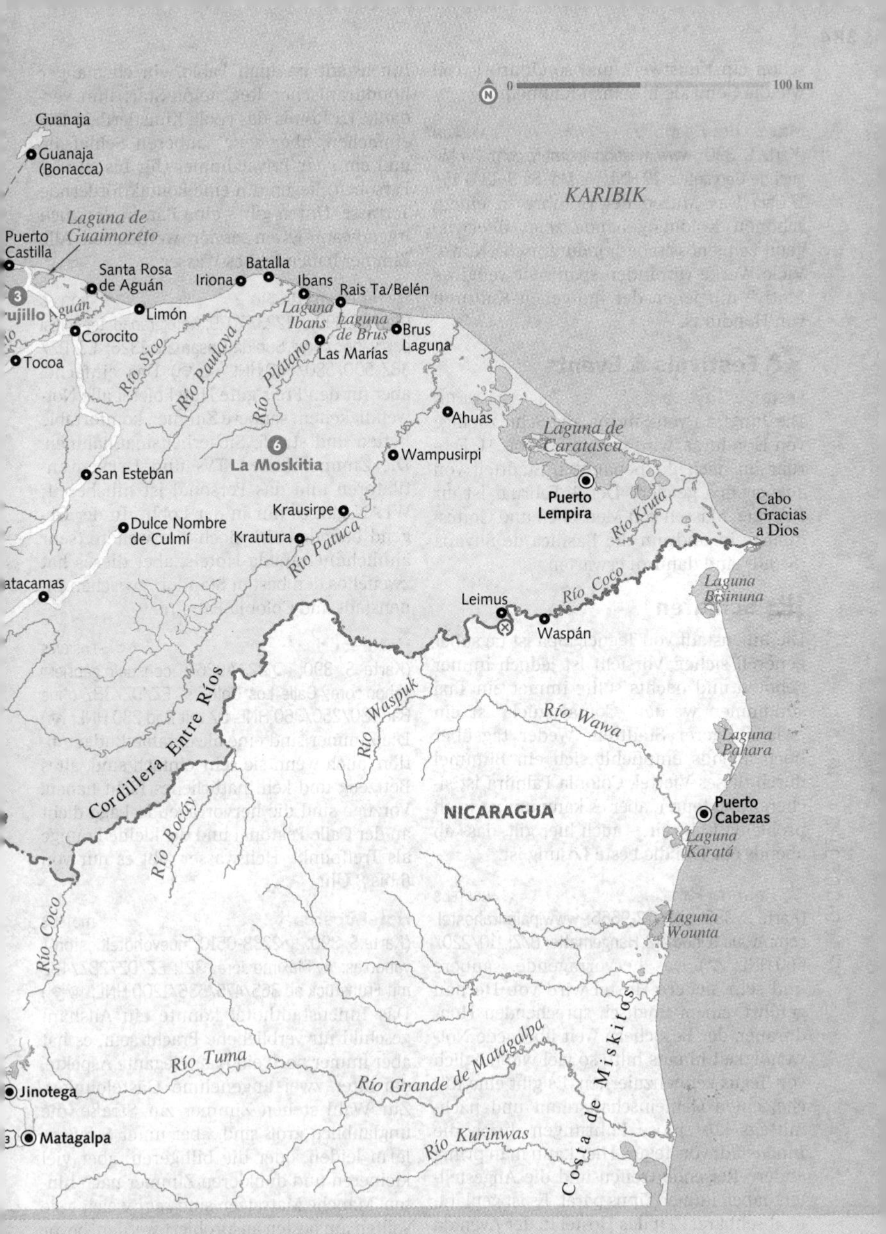

halb einer hinreißend unberührten Natur begeben.

5 Roatán (S. 434) In Wracks und Riffen schnorcheln und dann den abgelegenen Osten der Insel erkunden.

6 La Moskitia (S. 446) Flussaufwärts zur abenteuerlichen Tour in die letzte ungezähmte Wildnis Zentralamerikas aufbrechen.

7 Utila (S. 440) In diesem Taucherparadies mit seinen günstigen Preisen, tollen Partys und großartigen Riffen ausspannen.

schon ein Kunstwerk und so eindrucksvoll wie die Gemälde in seinen Räumen.

Museo del Hombre MUSEUM

(Karte S. 390; www.museodelhombre.com; Av Miguel de Cervantes; 10 HNL; ⌚ Mo–Sa 9–13 & 15–17 Uhr) Das Museo del Hombre in einem schönen Kolonialgebäude zeigt überwiegend zeitgenössische honduranische Kunst. Viele Werke verbinden spanische religiöse Motive mit jenen der indigenen Kulturen von Honduras.

Festivals & Events

Feria de Suyapa KULTUR

Die Jungfrau von Suyapa, die Schutzheilige von Honduras, wird von etwa 2. bis 11. Februar im nach ihr benannten Stadtteil von Tegucigalpa gefeiert. Der 3. Februar ist ihr Feiertag. Massen von Menschen und Gottesdienste in und um die Basílica de Suyapa (S. 381) sind dann zu erwarten.

Schlafen

Die Innenstadt von Tegucigalpa ist tagsüber generell sicher, Vorsicht ist jedoch immer geboten und nachts sollte immer ein Taxi genommen werden. Comayagüela ist ein zwielichtigerer Stadtteil: Weder tagsüber noch abends empfiehlt sich ein Bummel durch dieses Viertel. Colonia Palmira ist sicherer und teurer, aber es kann immer noch problematisch sein – auch hier gilt, dass ab abends ein Taxi die beste Lösung ist.

★ **Palmira Hostel** HOSTEL $

(Karte S. 386; ☎ 9972-9666; www.palmirahostel.com; Av Juan Lindo 412; Hängematte/B/Zi. 110/220/660 HNL; 📶) Das hervorragende, saubere und sehr sichere Hostel wird von Hernán geführt, einem Englisch sprechenden Honduraner, der Besuchern weit über jede Notwendigkeit hinaus hilft, so viel wie möglich von Tegus kennenzulernen. Es gibt eine Küche, einen Gemeinschaftsraum und nachmittags kostenlose Führungen durch die Innenstadt von Tegus. Hier kann man prima andere Reisende treffen und die Angestellten haben immer Tipps parat. Es ist geplant, in absehbarer Zeit das Hostel in der Avenida de los Próceres unter dem Namen Hostel Proceres neu zu eröffnen.

★ **La Ronda** HOSTEL $

(Karte S. 390; ☎ 9949-9108; www.larondahostel.com; Ecke Calle La Ronda & Av Máximo Jeréz; B 330 HNL, Zi. 770 HNL; 📶) Betreiber der begrüßenswerten neuen Unterkunft in der Innenstadt ist Juan Pablo, ein ehemaliger honduranischer Reggaetón-Star; ihm verdankt La Ronda das coole Künstlerflair. Die einfachen, aber sehr sauberen Schlafsäle und ein paar Privatzimmer (für bis zu vier Personen) liegen um eine kontaktfördernde Terrasse. Unten gibt's eine Bar, in der auch irgendwann Essen serviert werden soll. Alle Zimmer haben heißes Wasser.

Hotel Granada No 2 HOTEL $

(Karte S. 390; ☎ 2237-7079; hotelgranadategucigalpa@yahoo.com; Subida Casamata 1326; EZ/DZ/3BZ 500/580/680 HNL; @📶) Das einfache, aber für den Preis gute Hotel bietet alle Notwendigkeiten: saubere Zimmer, komfortable Betten und straffe Sicherheitsmaßnahmen. Die Zimmer haben TVs und Deckenventilatoren und das Personal ist hilfsbereit; WLAN gibt es nur in der Lobby. In der Gegend befinden sich noch vier weitere (sehr ähnliche) Granada-Hotels, aber dieses hat zweifellos den besten Standort zwischen Innenstadt und Colonia Palmira.

Hotel Iberia PENSION $

(Karte S. 390; ☎ 2237-9267; consuelo.gabrie@yahoo.com; Calle Los Dolores; EZ/DZ/3BZ ohne Bad 180/250/360 HNL, DZ mit Bad 280 HNL; 📶) Die Zimmer sind eine akzeptable Budgetoption, auch wenn sie sehr einfach sind, altes Bettzeug und kein natürliches Licht haben. Vorzüge sind die hervorragende Lage dicht an der Calle Peatonal und die kleine Lounge als Treffpunkt. Heißwasser gibt es nur von 6 bis 8 Uhr.

Hotel Boston HOTEL $

(Karte S. 390; ☎ 2238-0510; nuevohotelboston@yahoo.es; Av Máximo Jérez 321; EZ/DZ/2BZ/4BZ mit Frühstück ab 365/475/536/1200 HNL; @📶) Das Innenstadthotel könnte ein Aushängeschild für verblichene Pracht sein, es hat aber immer noch ein paar elegante Aspekte, darunter zwei angenehme Gästelounges. Zur Wahl stehen Zimmer zur Straße, die unglaublich groß sind, aber unter Straßenlärm leiden, oder die billigeren, aber viel kleineren und dunkleren Zimmer nach hinten. Manche Matratzen sind *sehr* weich – sie sollten am besten ausprobiert werden, bevor man sich für ein Zimmer entscheidet. Tee und Kaffee gibt's umsonst.

Hotel MacArthur HOTEL $$

(Karte S. 390; ☎ 2237-9839; www.hotelmacarthur.com; Av Lempira 454; EZ/DZ mit Ventilator 890/1110 HNL, mit Klimaanlage 1110/1380 HNL; ❄📶🏊) Das Hotel ist typisch honduranisch, hat eine wunderbare altmodische Lobby voller alter Fotos der Stadt und eine große Auswahl an geräumigen Zimmern an langen Fluren. Die Einrichtung ist nichts Besonderes, aber die Zimmer sind sauber und komfortabel. In der preisgünstigen Cafeteria wird Frühstück serviert und es gibt hier einen der besten Hotelpools der Hauptstadt.

Casa Bella HOTEL **$$$**
(Karte S. 386; ☎2262-6000; www.casabellahn.com; Calle Principal s/n, Colonia Palmira; EZ/DZ/Suite mit Frühstück ab 1750/1950/2180 HNL; P) Das exzellente Hotel hat eine phantastische Lage im Herzen von Colonia Palmira, nur ein kurzes Stück zu Fuß zu vielen Restaurants und Bars. Die öffentlichen Räume sind ziemlich kitschig, aber die Zimmer sind überraschend geschmackvoll und modern und mit schönen, dunklen Holzmöbeln und lokalem Kunsthandwerk eingerichtet. Die Suiten sind riesig. Alle Zimmer haben Kühlschrank, Safes und Kabelfernsehen. Am Wochenende sind die Preise um einiges niedriger.

Hotel Edén HOTEL **$$$**
(Karte S. 386; ☎2222-0711; www.hoteledenhn.com; 4a Av, Colonia Palmira; EZ/DZ mit Frühstück ab 1080/1450 HNL;) Das eigentümliche, aber zentrale Hotel hat 14 komfortable Zimmer, viele mit leuchtend bunten Wandbildern (selbst wenn sie nicht immer für den Mangel an Licht oder Platz entschädigen. Der Empfang ist jedoch herzlich und es gibt einen improvisierten „Fitnessraum" sowie oben eine hübsche Terrasse.

Econo B&B B&B **$$$**
(Karte S. 386; ☎2221-5949; www.econobb.com; Av San Carlos 437, Colonia Palmira; EZ/DZ mit Frühstück 1320/1540 HNL;) Das merkwürdige Haus ist eher eine in sich geschlossene Anlage als ein B&B, aber somit ein echter Zufluchtsort weg von den Straßen der Hauptstadt und völlig sicher. Hinter dem unbeschilderten Tor (Gäste müssen am grünen Tor gegenüber einer Bar namens Chomy's klingeln) liegen geräumige, wenn auch etwas wahllos möblierte Zimmer in Familiengröße. Das im Preis enthaltene Frühstück ist jedoch etwas fade.

Essen

Es gibt in der Innenstadt nur wenige Restaurants, stattdessen jede Menge Fast-Food-Läden. Mehr Auswahl ist in Colonia Palmira zu finden, wo das Essen zwar teurer ist, aber sehr viel mehr Qualität und Vielfalt geboten werden.

★ **Baleadas Express** FAST FOOD **$**
(Karte S. 386; Av La Paz & Av Juan Lindo, Texaco; Baleadas 20–45 HNL; ⏲7–23 Uhr) Es ist zwar schwer vorstellbar, dass ein Fast-Food-Laden an der Tankstelle eines der besten Esslokale der Stadt sein soll, aber innerhalb von 24 Stunden wird jeder höchstwahrscheinlich einen Einheimischen in Tegus treffen, der von den phantastischen *baleadas* (dicke Tortillas aus Weizenmehl mit gebratenen Bohnen, Käse, Fleisch, Eiern und anderen Zutaten) schwärmt, die es hier gibt.

Govinda VEGETARISCH **$**
(Karte S. 390; Paseo La Leona & Av Paulino Valladares; Tagesgericht 65 HNL; ⏲Mo–Sa 11–15 Uhr;) Das Govinda ist ein angenehm schräges vegetarisches Restaurant mit stark indischem Einfluss, das sich super für ein fleischfreies und sehr preiswertes Mittagessen in der Innenstadt von Tegus eignet. Am besten ist das Tagesgericht (wechselt täglich), das unten serviert wird, aber das man nach oben auf die Terrasse mitnehmen kann. Ganz oben gibt es sogar eine Hängematte für ein Mittagsschläfchen, dazu einen schönen Blick auf die Stadt.

Pupusería El Patio HONDURANISCH **$**
(Karte S. 386; Blvr Morazán, Colonia Palmira; Pupusas 30–50 HNL; ⏲11–1.30 Uhr) An Wochenenden geht es in dieser Bierhalle hoch her, die Tische sind mit Flaschen vollgestellt und Familien schmettern Karaoke. Auf der Speisekarte stehen hauptsächlich *pupusas* (Maismehltortillas gefüllt mit Käse oder Bohnenmus), Tacos und andere typische honduranische Gerichte. Toll für Gruppen ist der *Plato de Variedad* mit allen honduranischen Spezialitäten für drei bis vier Personen.

Imbissstände HONDURANISCH **$**
(Karte S. 390; Av Paulino Valladares; Snacks 20–50 HNL; ⏲tgl. 11–15 Uhr) Die Imbissstände an der Seite der Iglesia Los Dolores verkaufen verschiedene verlockende und günstige kleine Schnellgerichte, u. a. *pupusas* und *baleadas*.

★ **Galeano Cafe** CAFÉ **$$**
(Karte S. 386; ☎2263-8096; Plaza San Martín, Colonia Palmira; Panini 135–145 HNL; ⏲Mo–Sa 7–21, So 9–19 Uhr;) Das sehr hippe Café gibt sich im Industrie- und Upcycling-Look: Wände aus gebürstetem Beton und wiederverwertete Holzmöbel. Es ist jedoch ein echter Rettungsanker, weil es hier tollen Kaffee, Smoothies in großen Gläsern, Crêpes und Panini

Tegucigalpa

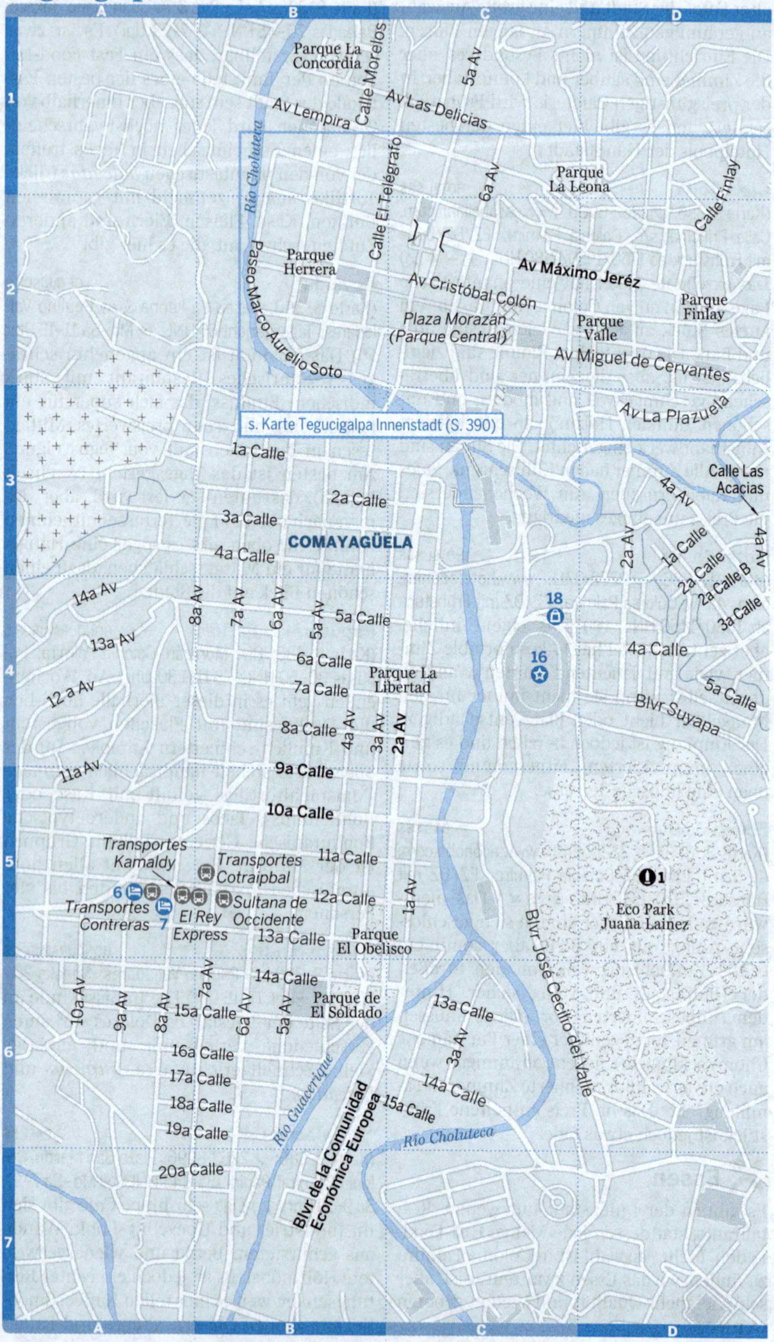

HONDURAS TEGUCIGALPA

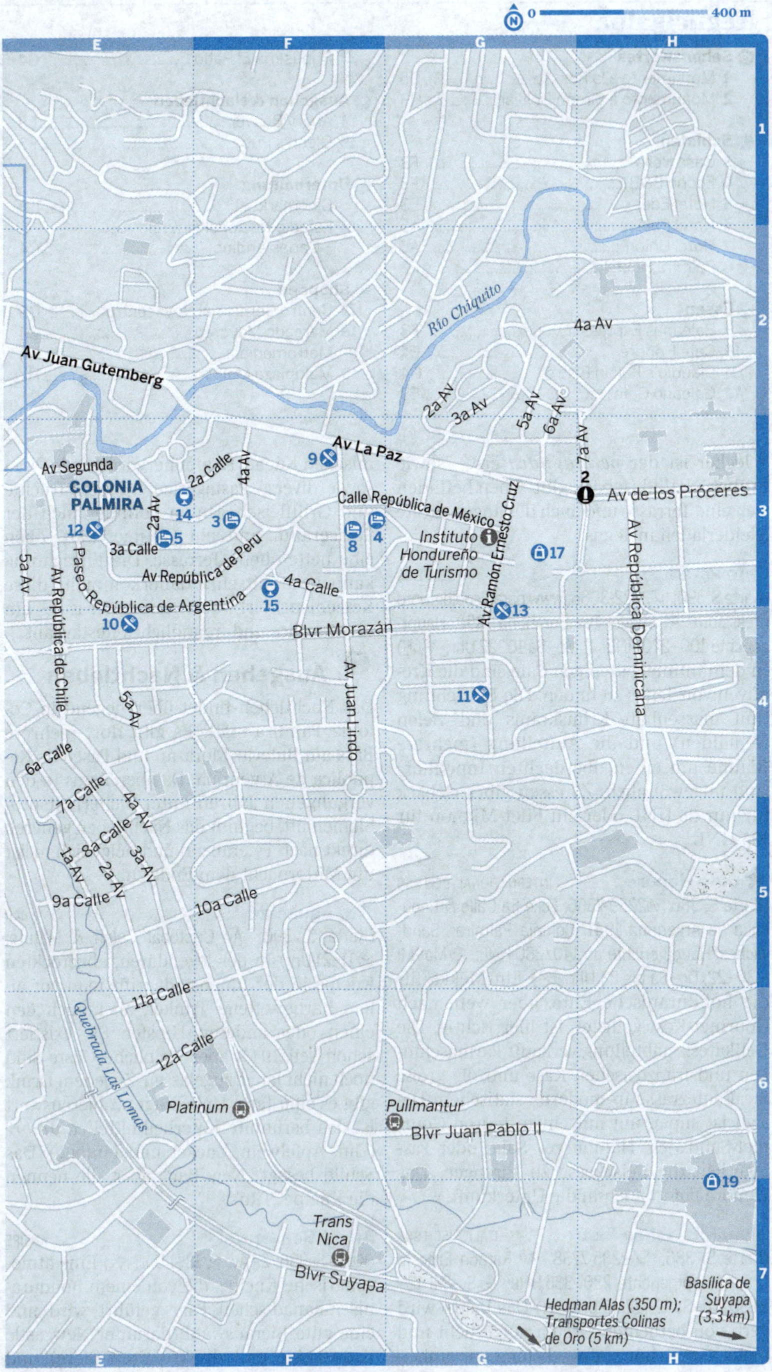
0
400 m
E
F
G
H
1
2
3
4
5
6
7
Río Chiquito
Av Juan Gutemberg
4a Av
2a Av
3a Av
5a Av
6a Av
7a Av
Av La Paz
Av Segunda
2a Calle
4a Av
COLONIA PALMIRA
2a Av
3a Calle
Calle República de México
Av de los Próceres
Instituto Hondureño de Turismo
Av Ramón Ernesto Cruz
Av República Dominicana
Av República de Peru
4a Calle
5a Av
Av República de Chile
Paseo República de Argentina
Blvr Morazán
Av Juan Lindo
5a Av
6a Calle
7a Calle
4a Av
8a Calle
1a Av
2a Av
3a Av
9a Calle
10a Calle
11a Calle
12a Calle
Quebrada Las Lomas
Platinum
Pullmantur
Blvr Juan Pablo II
Trans Nica
Blvr Suyapa
Hedman Alas (350 m); Transportes Colinas de Oro (5 km)
Basílica de Suyapa (3,3 km)
2
3
4
5
8
9
10
11
12
13
14
15
17
19

Tegucigalpa

Sehenswertes
1 Monumento a la Paz ... D5
2 Monumento a Simón Bolívar ... H3

Schlafen
3 Casa Bella ... F3
4 Econo B&B ... F3
5 Hotel Edén ... E3
6 Hotel Palace ... A5
7 Hotel Unión ... A5
8 Palmira Hostel ... F3

Essen
9 Baleadas Express ... F3
10 Café Honoré ... E4
11 Claudio's Italian Bistro ... G4
12 Galeano Cafe ... E3
13 Pupusería El Patio ... G4

Ausgehen & Nachtleben
14 Angry Beaver ... E3
15 Glenn's Pub ... F3

Unterhaltung
Cinemark ... (s. 19)
16 Estadio Nacional Tiburcio Carías Andino ... C4

Shoppen
17 Centro Comercial Novacentro ... G3
18 Mercado Mayoreo ... C4
Metromedia ... (s. 19)
19 Multiplaza Mall ... H7

– lecker ist der *pero aguacatero* – sowie Frühstück und Gebäck gibt. Oben befinden sich eine Terrasse und auch der angesagteste Kleiderladen in Tegus.

Café Paradiso CAFÉ $$
(Karte S. 390; ☎2222-3066; www.paradisoblog.wordpress.com; Av Miguel Paz Barahona 1351; Hauptgerichte 100–220 HNL; ⊙Mo–Sa 10–22 Uhr; 📶✍) In dem intimen, szenigen Café sind die Kreativen von Tegus zu finden. Die Einrichtung (mit massenhaft Krimskrams und vielen Gemälden) und die Aufteilung (mehrere Räume um einen überdachten Innenhof) sind ungewöhnlich. Zu essen gibt's Gebäck für nur 35 HNL oder ein Filet Mignon für 195 HNL.

★ **Café Honoré** INTERNATIONAL, DELI $$$
(Karte S. 386; %2239-7566; Ecke 5a Calle & República de Argentina 1941, Colonia Palmira; Sandwiches/Hauptgerichte ab 140/280 HNL; ⊙Mo–Mi 8.30–22, Do–Sa bis 23 Uhr; 📶) Ein Mekka für die honduranische Elite, aber wem nach Gourmet-Kost gelüstet, ist hier richtig. Die Delikatessenabteilung verkauft Parmaschinken und französischen Käse und die große Straßenterrasse in modern asiatischem Design ist super, um mit einem teuren Gourmet-Sandwich, Hamburger, Salat oder Pastagericht die Reisekasse zu sprengen. Das Honoré liefert auch in die Unterkunft.

Claudio's Italian Bistro ITALIENISCH $$$
(Karte S. 386; ☎2235-7738; Av Ramón Ernesto Cruz; Hauptgerichte 230–335 HNL; ⊙So–Mi 12–21.30, Do–Sa 12–22.30 Uhr; 📶) Das Bistro wird gern von betuchten Gästen aufgesucht und bietet eine schöne Abwechslung zur einheimischen Küche. Es gibt hervorragende Pizza sowie diverse Pastagerichte, Meeresfrüchte und Grillfleisch. Unten befinden sich der Speiseraum und ein Weingeschäft, oben eine nette offene Terrasse. Die Einrichtung kann zwar kitschig daherkommen (diese Kerzenleuchter!), aber ansonsten ist es ein niveauvolles und freundliches Restaurant.

Ausgehen & Nachtleben

Das Nachtleben findet überwiegend in Colonia Palmira statt. Es gibt dort mehrere Bars am Bulevar Morazán und Paseo de Republica de Argentina. Da aber Tegus in den vergangenen Jahren unter Sicherheitsproblemen litt, beginnt das Nachtleben generell direkt nach Feierabend und neigt sich meist um Mitternacht dem Ende zu.

Tito Aguacate BAR
(Karte S. 390; Av Cristóbal Colón & Matute; ⊙11–21 Uhr) In der legendären, abgerockten Kneipe in der Innenstadt trifft man vor allem hartgesottene Trinker, aber auch den einen oder anderen Hipster. Sie existiert schon seit 1945, aber weibliche Gäste sind noch nicht lange zugelassen. Zu jedem Drink gibt es eine Tapa. Unbedingt probierenswert ist das berühmte Katerheilmittel *calambre* (Gin, Apfelwein, Zucker und Limone). Das Schild besagt „New Bar", aber alle nennen die Kneipe „Tito's".

Angry Beaver KNEIPE
(Karte S. 386; 2a Av; ⊙18–1 Uhr; 📶) Eine atmosphärische Kneipe, die von einem honduranisch-kanadischen Paar geführt wird und eine gute Bierauswahl (darunter Newcastle Brown Ale und diverse Craft-Biere) und

nette Angestellte hat. Ausgestattet ist sie mit einer tollen Jukebox und gedämpftem Licht und an der Bar steht eine gute Mischung aus Einheimischen und Expats.

Glenn's Pub KNEIPE
(Karte S. 386; 4a Calle, Colonia Palmira; ⌚Mo–Sa 18–2 Uhr; 📶) In der intimen, sehr geselligen Bar – ein alter „Geheimtipp" unter *capitalinos* – verkehrt eine Mischung aus freigeistigen Twens und hartgesottenen Trinkern. Am Wochenende drängen sich die Leute bis auf den Bürgersteig. Der Besitzer ist ein Hard-Rock-Fan, im Hintergrund dudeln also endlose Gitarrensolos.

☆ Unterhaltung

In Tegucigalpa gibt es eine kleine, aber lebendige Kunst- und Musikszene. Wer Spanisch versteht, kann sich über www.agendartehonduras.com einen Überblick über Kulturveranstaltungen verschaffen; auch Hostels haben Tipps. Im Museo para la Identidad Nacional (S. 381) finden häufig Kulturveranstaltungen und Ausstellungen statt, u. a. jeden Mittwoch um 17 Uhr kostenlose Jazzkonzerte.

Cinemark KINO
(Karte S. 386; ☎2231-2044; www.cinemarkca.com; Blvr Juan Pablo II, Multiplaza Mall; Tickets ab 85 HNL) Ein modernes Multiplexkino in der Multiplaza Mall, in dem hauptsächlich Hollywoodfilme mit spanischen Untertiteln gezeigt werden.

Estadio Nacional Tiburcio Carías Andino ZUSCHAUERSPORT
(Karte S. 386; 9a Calle, am Blvd Suyapa) In dem Stadion auf der anderen Flussseite von Comayagüela finden Fußballspiele und andere Sportwettkämpfe statt.

Teatro Nacional Manuel Bonilla DARSTELLENDE KUNST
(Karte S. 390; ☎2222-4366; Av Miguel Paz Barahona) Das 1912 erbaute Nationaltheater von Honduras zeigt vielfältige Bühnenkunst, darunter Theater und Konzerte. Der Innenraum wurde nach dem Vorbild des Pariser Theaters Athénée-Comique gestaltet und ist für sich schon ein wunderbarer Grund, eine Aufführung zu besuchen.

Shoppen

Honduranisches Kunsthandwerk wird in kleinen Läden in der Avenida Miguel de Cervantes östlich der Plaza Morazán verkauft. Ansonsten gibt es in Tegus, wo sich die meisten Läden in diversen großen Einkaufszentren befinden, nicht viele interessante Einkaufsmöglichkeiten.

Centro Comercial Novacentro EINKAUFSZENTRUM
(Karte S. 386; ☎2280-2999; www.novacentrolosproceres.com; zw. Blvr Morazán & Av La Paz; ⌚9–23 Uhr) Das große neue Einkaufszentrum ist derzeit hoch angesagt in der Stadt, was auch gut nachzuvollziehen ist: Neben hohen Sicherheitsmaßnahmen und einer großen Auswahl an Läden liegt es sehr zentral und ist einfach zu erreichen. Außer zahlreichen Bekleidungsgeschäften, Cafés und Restaurants gibt es hier auch Geldautomaten und Verkaufsstellen aller einheimischen Mobilfunkbetreiber.

Mercado Mayoreo MARKT
(Karte S. 386; Estadio Nacional; ⌚Fr 8–17, Sa 6–15 Uhr) Jeden Freitag und Samstag wird dieser billige, bunte Markt in der Nähe des Estadio Nacional aufgebaut. Die Auswahl an Obst und Gemüse und Ständen, an denen alles von Vogelkäfigen bis hin zu Gemüse verkauft wird, ist gewaltig. Außerdem gibt es ein paar tolle kleine *pupusa*-Cafés.

Metromedia BÜCHER
(Karte S. 386; Blvr Juan Pablo II, Multiplaza Mall; ⌚Mo–Sa 10–19 Uhr) Verkauft englischsprachige Bücher und Magazine und hat auch ein Café.

Multiplaza Mall EINKAUFSZENTRUM
(Karte S. 386; www.multiplaza.com; Blvr Juan Pablo II; ⌚Mo–Sa 10–20, So 12–18 Uhr) Der für Reisende günstig gelegene Einkaufskomplex liegt südwestlich von Colonia Palmira und bietet eine große Auswahl an Läden, Geldautomaten und ein Kino.

ℹ Praktische Informationen

GEFAHREN & ÄRGERNISSE

- Tegucigalpa hat eine sehr hohe Kriminalitätsrate. Selbst bei Tageslicht kann die Stadt gefährlich sein, Vorsicht ist also immer ratsam.
- Wertsachen sollten immer außer Sicht aufbewahrt werden und niemand sollte allein durch Nebenstraßen laufen. Vorsicht vor Taschendieben.
- Comayagüela, ein ärmerer und schmutzigerer Stadtteil auf der anderen Seite des Flusses, wird von Banden kontrolliert. Einige Buslinien haben dort ihre Endbahnhöfe, aber sonst gibt es keinen Grund, sich hier aufzuhalten.
- Nur Geldautomaten mit bewaffneten Wächtern davor oder jene in Einkaufszentren sollten benutzt werden.

Tegucigalpa Innenstadt

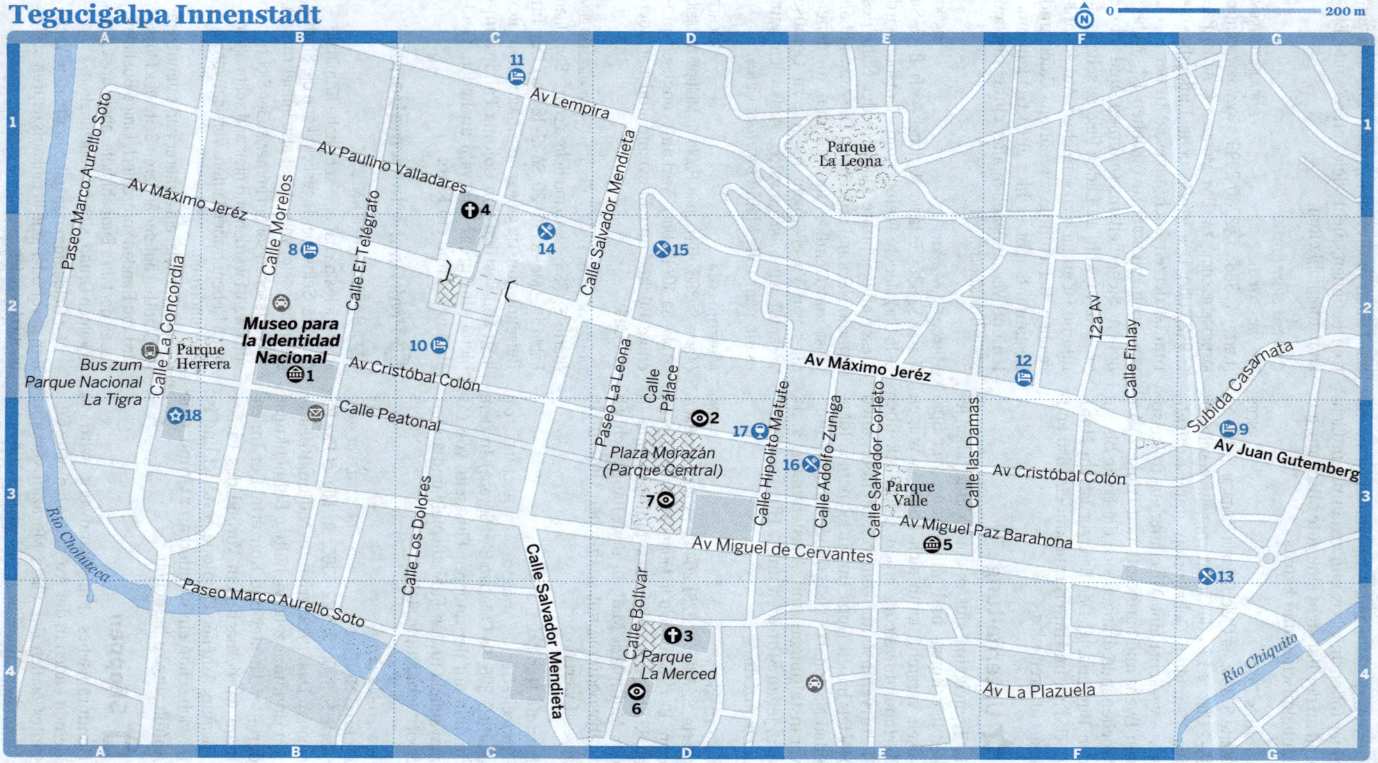

Tegucigalpa Innenstadt

Highlights
1 Museo para la Identidad Nacional ... B2

Sehenswertes
2 Centro de La Cultura Garinagu de Honduras ... D3
3 Iglesia La Merced ... D4
4 Iglesia Los Dolores ... C1
5 Museo del Hombre ... E3
6 Palacio Legislativo ... D4
7 Plaza Morazán ... D3

Schlafen
8 Hotel Boston ... B2
9 Hotel Granada No 2 ... G3
10 Hotel Iberia ... C2
11 Hotel MacArthur ... C1
12 La Ronda ... F2

Essen
13 Café Paradiso ... G3
14 Food Stands ... C2
15 Govinda ... D2
16 Restaurante Duncan Maya ... E3

Ausgehen & Nachtleben
17 Tito Aguacate ... D3

Unterhaltung
18 Teatro Nacional Manuel Bonilla ... A3

➡ Stadtbusse sollten am besten gemieden werden (in ihnen verlangen Bandenmitglieder oft eine „Gebühr"), ebenso die meisten *colectivos* (Gemeinschaftstaxis). Nachts sind Taxis ein Muss, es sei denn, es handelt sich nur um eine kurze Distanz zu Fuß auf einer verkehrsreichen Straße.

GELD

Geldautomaten gibt es überall in der Stadt: auf dem Flughafen, an der Nordost-Ecke des Parque Central, im **Busbahnhof Hedman Alas** (☎2516-2273; www.hedmanalas.com; Blvd Centro America, Colonia Tres Caminos) und in den Einkaufszentren.

Banco Atlántida (Parque Central; ⏲Mo–Fr 9–16, Sa 9–14 Uhr) Hat einen 24-Stunden-Geldautomaten.

Citibank (Blvr Morazán, Centro Comercial Plaza Criolla; ⏲Mo–Fr 8–16, Sa 9–13 Uhr) Eine von mehreren Banken.

HSBC (Blvr Morazán; ⏲Mo–Fr 8–17, Sa 9–13.30 Uhr) Mit Geldautomat.

NOTFALL & MEDIZINISCHE VERSORGUNG

Krankenwagen (☎195)

Notruf (☎199)

Honduras Medical Center (☎2280-1500; www.hmc.com.hn; Av Juan Lindo; ⏲24 Std.) Eine der besten Privatkliniken des Landes mit Englisch sprechenden Ärzten und modernster Ausstattung.

Polizei (☎2222-8736, 199; 5a Av; ⏲24 Std.)

POST

Postamt in der Innenstadt (Karte S. 390; Ecke Av Miguel Paz Barahona & Calle El Telégrafo; ⏲Mo–Fr 8–17, Sa 8–13 Uhr)

TOURISTENINFORMATION

Instituto Hondureño de Turismo (IHT; Karte S. 386; ☎2222-2124; www.letsgohonduras.com; Ecke Av Ramón Ernesto Cruz & Calle República de México, 1. Stock; ⏲Mo–Fr 9–17 Uhr) Hilfreiche Touristeninformation mit guten allgemeinen Infos und jeder Menge Hochglanzbroschüren. Viele praktische Informationen sind jedoch nicht zu erwarten. Einlass ist nur mit Lichtbildausweis.

Einreisebehörde (☎2234-1996, 2234-1998; www.inm.gob.hn; Blvd Communidad Económica Europea, Colonia Las Torres; ⏲Mo–Fr 8.30–16.30 Uhr) Die Einreisebehörde gegenüber der City Mall und in Flughafennähe verlängert Visa (20 US$ für 30 Tage) und erledigt andere Einreiseformalitäten.

ℹ An- & Weiterreise

BUS

Ärgerlicherweise gibt es in Tegus keinen zentralen Busbahnhof, weswegen die Buslinien sich auf die ganze Stadt verteilen. Leider liegen viele Busbahnhöfe in Comayagüela, dem unsichersten Stadtgebiet – allerdings hat eine Welle jüngster Bandenangriffe dafür gesorgt, dass mehrere Busgesellschaften in sicherere Gebiete im Ostteil von Tegus umgezogen sind und nur noch wenige Busgesellschaften der 1. Klasse von dort abfahren.

Auf jeden Fall sollte man schon wissen, welchen Bus man nehmen will, und nicht einfach an einem Busbahnhof auftauchen und warten. Es ist also klug, vorher anzurufen.

Internationale & Fernbusse

Es gibt fünf Unternehmen für internationale Busse:

Hedman Alas (s. links) Verbindet Tegus mit San Salvador und Guatemala-Stadt. Zwei Stationen: eine in Comayagüela und eine weitaus nettere hinter der Multiplaza Mall im Südosten der Stadt.

Platinum (Karte S. 386; ☎2225-5415; www.platinumcentroamerica.com; Juan Manuel Gálvez 1521) Fährt nach El Salvador, Guatemala und Nicaragua.

Pullmantur (Karte S. 386; ☎2232-0216; www.pullmantur.com; Blvr Juan Pablo II, Hotel Marriott) Verbindet Tegus mit San Salvador und Guatemala-Stadt.

Tica Bus (☎2291-0022; www.ticabus.com; Centro Comercial Plaza Toncontín) Fährt nach El Salvador, Guatemala, Nicaragua und an die mexikanische Grenze und hat Anschluss nach Costa Rica und Panama.

Trans Nica (Karte S. 386; ☎2239-7933; www.transnica.com; Blvr Suyapa, Hotel Alameda) Fährt nach Managua und weiter nach San José in Costa Rica.

Fernbusse innerhalb des Landes:

Colinas de Oro (☎9523-1637; Centro Comercial la Alhambra, Colonia Kennedy)

Contreras (Karte S. 386; ☎2238-8984)

Cotraipbal (Karte S. 386; ☎2237-1666)

Cristina (☎2225-1446; www.transportescristina.com; Blvr F.F.A.A.)

El Rey Express (Karte S. 386; ☎2237-8561)

Hedman Alas (S. 391)

Kamaldy (Karte S. 386; ☎2220-0117)

Sultana de Occidente (Karte S. 386; ☎2238-8507; www.sultanaexpress.webs.com)

Viana (☎2225-6583; www.vianatransportes.com; Blvr Fuerzas Armadas)

FLUGZEUG

Der **Aeropuerto Internacional Toncontín** (TGU; ☎2234-0106; www.interairports.hn; CA-5) liegt 6,5 km südlich des Zentrums von Tegucigalpa. Ein Taxi vom Stadtzentrum kostet um 120 HNL, vom Flughafen in die Stadt hingegen 220 bis 250 HNL.

ZIEL	PREIS (HNL)
La Ceiba	1800
Roatán	2400
Utila	2900

BUSSE AB TEGUCIGALPA

Internationale Busse

ZIEL	PREIS (HNL)	DAUER (STD.)	BUSLINIE	ABFAHRTEN
Guatemala-Stadt (Guatemala)	880	12	Tica Bus	1-mal tgl., 6 Uhr
	1205	14	Hedman Alas	1-mal tgl., 5.30 Uhr
Managua (Nicaragua)	476	8	Tica Bus	1-mal tgl., 9.30 Uhr
	651	7–8	Trans Nica	1-mal tgl., 5 Uhr
San Salvador (El Salvador)	440	6½	Tica Bus	1-mal tgl., 6 Uhr

Fernbusse

ZIEL	PREIS (HNL)	DAUER (STD.)	BUSLINIE	ABFAHRTEN
Agua Caliente	360	9–10	Sultana de Occidente	stündl. bis 13 Uhr
Comayagua	50	2	Contreras	12-mal tgl.
Copán Ruinas	790	7	Hedman Alas	3-mal tgl.
El Paraíso	83	2	Colinas de Oro	alle 40 Min.
La Ceiba	274	8	Cristina	8-mal tgl.
	725	7½	Viana	3-mal tgl.
	274	8	Hedman Alas	3-mal tgl.
	274	8	Kamaldy	3-mal tgl.
Las Manos*	97	2½	Colinas de Oro	2-mal tgl.
San Pedro Sula	210	4	Cristina	10-mal tgl.
	178	4	El Rey Express	10-mal tgl.
	120	4	Sultana de Occidente	7-mal tgl.
	600	4	Viana	5-mal tgl.
Santa Rosa de Copán	248	7	Sultana de Occidente	stündl. 6–13.30 Uhr
Tela	227	5½	Cristina	8-mal tgl.
Trujillo	280	10	Cotraipbal	2-mal tgl.

* Nicaraguanische Grenze; der letzte Bus von der Grenze nach Ocotal (Nicaragua) fährt um 16 Uhr.

Aerolíneas Sosa (☎2233-5107, Flughafen 2234-0137; www.aerolineasosahn.com; Blvr Morazán, Centro Comercial Los Proceres; ⊙Mo–Fr 8–17, Sa 8–12 Uhr)

American Airlines (☎2216-4800; Hotel Marriott, Blvd Juan Pablo II; ⊙Mo–Fr 8–17.30, Sa 9–12 Uhr)

Avianca (☎2281-8222; www.avianca.com; Metrópolis, Blvr Suyapa; ⊙Mo–Sa 8–17, So 9–14 Uhr)

CM Airlines (☎2547-2425; www.cmairlines.com)

Lanhsa Airlines (☎Flughafen 2234-0804; www.lanhsa.com; Aeropuerto Internacional Toncontín)

Unterwegs vor Ort

BUS

Stadtbusse gibt es als billige ehemalige US-amerikanische Schulbusse (7 HNL) und als schnellere Minibusse, die sogenannten *rapiditos* (11 HNL); beide können schmutzig und gefährlich sein. Diebstähle kommen regelmäßig vor und oft sind die Busse Angriffsziel von Banden. Besser sind Taxis.

AUTO & MOTORRAD

Ein Mietwagen kostet ab 700 HNL pro Tag. **National/Alamo** (☎2239-1537, Flughafen 2233-4962; www.alamo.com; Blvr San Juan Bosco; ⊙Mo–Sa 8–18 Uhr) und andere große internationale Firmen sind im Flughafen zu finden, auch die einheimische Firma **Econo Rent-a-Car** (☎2235-2105, Flughafen 2291-0108; www.econorentacarhn.com; Calle El Trapiche; ⊙Mo–Fr 7–19, Sa & So 7–17 Uhr).

TAXI

Taxis fahren durch das ganze Stadtgebiet; eine Fahrt kostet je nach Strecke 60 bis 120 HNL. Es ist immer besser, ein zuverlässiges Taxiunternehmen anzurufen, statt ein Taxi an der Straße anzuhalten. **Call Taxi** (☎8952-8461, 8803-2941) und **Taxi Express** (☎9600-1707) sind seriöse Unternehmen.

In der Innenstadt gibt es ein paar nützliche *colectivo*-Haltestellen; die in der Calle Morelos ist besonders praktisch für Fahrten zum Flughafen. Eine weitere befindet sich zwischen dem Parque Valle und dem Parque La Merced, von wo die Sammeltaxis zum Busbahnhof Mercado Jacaleapa fahren (für Busse nach El Paraíso und Danlí). Sie kosten 12 HNL.

ZUM/VOM FLUGHAFEN

Stadtbusse fahren vom Flughafen nach Comayagüela, aber wegen der Sicherheitsbedenken in den Stadtbussen ist es besser, ein Taxi oder ein **colectivo** (12 HNL) zu nehmen, das zwischen dem Flughafen und der Calle Morelos, fünf Straßenblöcke westlich des Parque Central, verkehrt.

Rund um Tegucigalpa

Im hinreißenden Umland von Tegucigalpa befinden sich einer der eindrucksvollsten Nationalparks von Honduras und mehrere hübsche Bergstädtchen, die ideal für Tagesausflüge sind. Eines davon ist **Santa Lucía**, eine zauberhafte alte Bergbaustadt aus der Kolonialzeit mit einem spektakulären Blick über die Hauptstadt 14 km im Osten. Zu erkunden sind dort eine bemerkenswerte *iglesia* (Kirche) aus dem 18. Jh. und historische Straßen.

Sehenswertes

Parque Nacional La Tigra NATIONALPARK

(☎Jutiapa 2265-1891, Rosario 2265-3167; www.latigra.hn; 300 HNL; ⊙8–16 Uhr, letzter Eintritt 14 Uhr) Der 238 km² große Parque Nacional La Tigra nicht weit von der Hauptstadt in nordöstlicher Richtung umfasst unberührte Nebelwälder und trockene Kiefernwälder, zahlreiche Flüsse und Wasserfälle. Viele unterschiedliche (aber äußerst scheue) Säugetiere leben hier, darunter Pumas, Pekaris, Gürteltiere und Agutis (kaninchengroße Nagetiere). Etwas leichter zu erspähen sind die unzähligen Vögel im Park – insgesamt 350 Arten. La Tigra ist somit nach dem Lago de Yojoa das beste Revier, um Vögel zu beobachten.

Wer Glück hat, wird vielleicht sogar einen Quetzal zu Gesicht bekommen, einen unverkennbaren türkisblauen Vogel mit langen Schwanzfedern. Unübersehbar ist die wuchernde Flora im Park: üppig grüne Bäume, Lianen, Flechten, riesige Farne, bunte Pilze, Bromelien und eine gefühlte Million Orchideen.

Schlafen

★ **Cabaña Mirador El Rosario** PENSION $$

(☎2767-2141; Zi. 750 HNL) Das Haus am Berghang bietet großartige Aussichten, schöne Zimmer, Waschküche, hausgemachte Konfitüren und Chutneys und liegt nicht weit vom Nationalpark. Der Haken: Es gibt nur zwei Zimmer, telefonische Anfrage ist also ratsam. Das Essen ist vegetarisch (Frühstück 60 HNK, Abendessen 120 HNL). Mitarbeiter des Hauses holen Gäste in San Juancito für 200 HNL ab (nicht nach 22 Uhr).

An- & Weiterreise

Der Jutiapa-Eingang liegt am nächsten zur Hauptstadt (22 km nordöstlich). In Tegucigalpa fahren Busse (22 HNL, 1 Std., Mo–Fr 7–17 Uhr stündl., Sa & So 8, 10, 12, 13 und 15 Uhr) vom Parque Herrera nach Aldea El Chaparro, 15 Minuten zu Fuß vom Besucherzentrum. Zurück ab El Chaparro fahren die Busse in stündlichen Abständen, am Wochende letztmalig um 16 Uhr.

WESTLICHES HONDURAS

Die bergige, bewaldete Region ist das Kernland von Honduras und umfasst einige der herausragendsten Sehenswürdigkeiten des Landes. Die Hauptattraktion sind natürlich die großartigen Maya-Ruinen von Copán, dicht gefolgt von zauberhaften Kolonialstädten wie Copán Ruinas und Gracias.

Wanderer werden von den spektakulären Wanderwegen im Nebelwald der Montaña de Celaque begeistert sein. Der idyllische Lago de Yojoa mit seiner herrlichen Vogelwelt und herrlichen Landschaft wurde in den vergangenen Jahren ein wichtiges Ziel auf der zentralamerikanischen Backpackerroute.

Das große, boomende San Pedro Sula ist das Wirtschaftszentrum des Landes und ein Verkehrsknotenpunkt. Da die Stadt aber außer einem beängstigenden Ruf als eine der gefährlichsten Städte der Welt Besuchern wenig zu bieten hat, halten sich hier nur wenige Reisende auf.

Comayagua

80 000 EW.

Comayagua war die erste Hauptstadt Honduras' und über 300 Jahre lang ein wichtiges religiöses und politisches Zentrum des Landes, bis die Hauptstadt 1880 nach Tegucigalpa verlegt wurde. Die reiche Vergangenheit der Stadt zeigt sich in den schönen alten Kirchen, einer beeindruckenden Kathedrale und den kolonialen Plazas. Die sehr katholische Stadt ist der beste Ort in Honduras, um die Osterfeierlichkeiten zu erleben. Im übrigen Jahr ist sie eine angenehme Zwischenstation zwischen Tegucigalpa und dem Norden von Honduras, besitzt aber kaum etwas, das einen längeren Aufenthalt lohnen würde.

Am Stadtrand befindet sich ein großer Luftwaffenstützpunkt der US-Armee. La Palmerola (oder Soto Cano) war die Basis der US-Streitkräfte in den 1980er-Jahren, als in Nicaragua der Contra-Krieg wütete. Heute sind hier etwa 1000 Soldaten stationiert, die ihre Freizeit oft in der Stadt verbringen.

Sehenswertes

Die Sehenswürdigkeiten befinden sich alle am schönen Parque Central.

Kathedrale KIRCHE

(Parque Central; ⏲7–20 Uhr) Die eindrucksvolle Kathedrale von Comayagua ist das größte Gotteshaus aus der Kolonialzeit in Honduras. Sie wurde zwischen 1685 und 1715 gebaut und ist mit aufwendigen Holzschnitzereien und vergoldeten Altären geschmückt. Die interessanteste Besonderheit der Kathedrale ist ihre alte maurische Uhr, die von etwa 1100 n. Chr. stammt und sich ursprünglich in der Alhambra im spanischen Granada befand. 1620 schenkte König Philipp III. von Spanien sie der Stadt. Bemerkenswert ist übrigens die ältere römische Zahl IIII (statt der jüngeren IV) auf dem Ziffernblatt der Turmuhr. Jemand aus der Touristeninformation begleitet Interessierte auf Anfrage den Glockenturm hinauf, um sie aus der Nähe anzuschauen: Die Uhr schlägt alle 15 Minuten.

Iglesia La Merced KIRCHE

(1a Av NE; ⏲8–18 Uhr) La Merced war Comayaguas erste *iglesia*. Sie wurde ab 1550 gebaut und 1561 als Kathedrale geweiht. Der Platz davor ist sehr hübsch.

Museo Regional de Arqueología MUSEUM

(6a Calle NO; L88; ⏲8.30–16 Uhr) Das schöne Museum ist in einem ehemaligen Präsidentenpalast untergebracht, was zu seinem Reiz beiträgt. Ausgestellt werden einige Artefakte der Lenca, wie eine Stele, mehrfarbige Keramiken, Jadeschmuck und Petroglyphen. Die Beschreibungen sind nur auf Spanisch.

Parque Nacional Montaña de Comayagua NATIONALPARK

(PANACOMA; 66 HNL) Im PANACOMA (der von Ecosimco verwaltet wird) mit einer Fläche von über 300 km² Primär- und Sekundärwald führen zwei **Wanderwege** nahe dem Dorf Río Negro 42 km nördlich von Comayagua durch den Nebelwald zu Wasserfällen. Der erste Weg führt etwa zur **Cascada de los Ensueños**, einem 75 m hohen Wasserfall, zu dem man eine Stunde vorwiegend durch Sekundärwald unterwegs ist. Der zweite Pfad zweigt kurz vor Los Ensueños vom ersten ab und führt zu einem weiteren Wasserfall, dem **El Gavilán**.

Schlafen

Hotel America Inc HOTEL $

(☎2772-0630; www.hotelamericainc.com; Ecke 1a Av NO & 1a Calle NO; Zi. mit Ventilator/Klimaanlage ab 495/595 HNL;) Das einladende und moderne Hotel am Markt hat eine schicke Lobby und eine vielfältige Zimmerauswahl. Die billigeren Zimmer sind schlicht, aber zweckdienlich, die neueren haben modernisierte Badezimmer und gute Möbel. Der Pool ist winzig (etwa 8 m lang).

Hotel Antigua Comayagua HISTORISCHES HOTEL $$

(☎2772-0816; www.hotelantiguacomayagua.com; Ecke 6a Calle NO & 2a Av NO; EZ/DZ mit Frühstück 860/985 HNL;) Die beste Adresse der Stadt: Ein sehr sicheres, wunderbar gepflegtes Haus mit herrlichem Pool und großen, schicken Zimmern, viele mit Balkon. Das Hotel hat auch einen eigenen Nachtclub, was jedoch am Wochenende etwas Lärm mit sich bringt. Es liegt gleich um die Ecke vom Parque Central.

Essen

Cafe Tío Juan CAFÉ $

(Parque Central; Snacks 40–80 HNL; 7–21 Uhr;) In dem hübschen und netten Café am Hauptplatz gibt's guten Kaffee, animierende Zitate an der Wand und köstliches Bananenbrot. Draußen an der Straße stehen auch ein paar Tische – ideal, um bei einem Espresso Leute zu beobachten.

★ **Ricardo's** HONDURANISCH $$$

(Parque Central; Hauptgerichte 140–300 HNL; 7.30–22 Uhr;) Das stilvolle Restaurant direkt am Parque Central bietet von seinen Terrassentischen den schönsten Blick auf die Stadt und hat mehrere Speiseräume voller Kuriositäten und Charakter. Es ist ziemlich teuer, aber das Mittagsmenü (81 HNL) ist recht preisgünstig. Zudem sind die Meeresfrüchte und gegrillten Fleischgerichte von überraschend hoher Qualität.

Ausgehen & Nachtleben

La Gota de Limón BAR

(5a Calle NO; So–Mi 10.30–19, Do–Sa bis 2 Uhr) Eine gehobene Lounge-Bar, die tagsüber als (wenig genutztes) Café dient. Am Wochenende wird sie abends zu einer der besten Bars der Stadt, wo sich schicke Gäste tummeln und DJs eine Mischung aus Salsa, Merengue und lateinamerikanischen Hits auflegen. Meist kostet es keinen Eintritt.

Orientierung

Ab der Straße von San Pedro Sula nach Tegucigalpa Richtung Norden geht es nach 750 m über den Markt, dann nach weiteren 250 m zum Parque Central.

Die Straßen sind nach den Himmelsrichtungen benannt: NO für *noroeste* (Nordwesten), NE für *noreste* (Nordosten), SO für *suroeste* (Südwesten) und SE für *sureste* (Südosten).

Praktische Informationen

Banco Atlántida (1a Av NO; Mo–Fr 8–17, Sa 9–13.30 Uhr) Hat einen Geldautomaten.

Banco Credomatic (Parque Central & 1a Av NO; Mo–Fr 8–12 & 13–16 Uhr)

Ecosimco (Ecosistema Montaña de Comayagua; ☎2772-4681; ecosimco@yahoo.com.mx; Edifico Pasaje Andara Flores, Calle del Comercio; Mo–Fr 9–12 & 13–17 Uhr) Verwaltet den Nationalpark Montaña de Comayagua (und kassiert auch das Eintrittsgeld). Das Büro liegt 500 m nördlich der Stadt – zu erkennen am großen grünen Tor.

An- & Weiterreise

Zwischen Comayagua und Tegucigalpa (50 HNL, 2 Std., alle 20 Min.) gibt es eine sehr regelmäßige Busverbindung, auch mit Bussen von **Transportes Catrachos** (☎2772-0260; Ecke 1a Calle SO & 1a Av NO), **Transportes Contreras** (☎2772-4618; Av 3 SO) und El Rey Express; die Busse von Transportes El Rey halten an der Fernstraße an der Südseite der Stadt. Alle Busse zwischen San Pedro Sula und Tegucigalpa fahren am Eingang zum Comayagua an der Fernstraße vorbei.

Busse von Transportes Catrachos und El Rey fahren auch nach San Pedro Sula (85 HNL, 3 Std., alle 30 Min.). Die Busse nach Marcala (50 HNL, 1½ Std.) fahren stündlich von 6 bis 13 Uhr und nochmals um 15 Uhr vor dem **Busbahnhof Transportes Rivera** (Ecke 2a Calle SO & 1a Ave NO) ab.

La Esperanza

22 000 EW. / 1770 M

Das gemächliche La Esperanza oben im Hochland ist für seine Märkte bekannt. Der Einfluss der indigenen Bevölkerung ist deutlich zu spüren: Viele Frauen tragen den charakteristischen, bunten Lenca-Kopfschmuck. Daher – nicht wegen der matschigen Straßen – ist die Stadt ein interessanter Zwischenstopp als Marcala. In der höchstgelegenen Stadt Honduras' (1770 m) kann es ziemlich kühl werden.

BUSSE AB LA ESPERANZA

ZIEL	PREIS (HNL)	DAUER (STD.)	ABFAHRTEN
Gracias	90	2½	5-mal tgl.
Marcala	50	1½	6-mal tgl.
San Juan	40	1¼	stündl.
San Pedro Sula	125	4	alle 40 Min.
Santa Rosa de Copán	90	3½	1-mal tgl.
Tegucigalpa	130	4	alle 40 Min.

Sehenswertes

In der **Casa de la Cultura** (Av Morazán; Mo–Fr 12–16 Uhr) GRATIS zwei Blocks westlich des hübschen Parque Central sind ein paar Räume den Lenca gewidmet und zeigen u. a. einige hervorragende Keramiken und Webarbeiten. Von hier weiter den Berg hoch geht es zu **La Gruta** (9–16 Uhr), einer kleinen Höhle, die heute eine Kapelle ist.

Schlafen

Hotel & Comedor Martiner HOTEL $
(2783-0931; Av España; Zi. 250 HNL) Das Budgethotel anderthalb Straßenblöcke östlich des *parque* hat saubere Zimmer mit Kabelfernsehen – aber mehr hat es nicht zu bieten, nur die Dachterrasse mit Aussicht ist prima. Die Zimmer erhalten nicht viel natürliches Licht; es ist wirklich nur eine Unterkunft für Leute mit sehr wenig Geld. Essen gibt es in einem kleinen *comedor*.

★ **Posada Papa Chepe** HOTEL $$
(2783-0443; posadapapachepe@gmail.com; Parque Central; EZ/DZ/3BZ/4BZ 700/800/900/1000 HNL;) Papa Chepe am Parque Central in La Esperanza ist ein unerwartetes Schmuckstück: Das Haus hat einen wunderbaren Innenhof voller Pflanzen und Blumen, umgeben von gut ausgestatteten Zimmern mit hohen Decken und guten Heißwasserduschen (in diesem Klima notwendig). Hinten befinden sich ein kleines Restaurant und ein Café mit gutem Espresso und Kunsthandwerk zum Verkauf.

Essen

Die Restaurantspeisekarten unterscheiden sich hier nicht groß, aber es lohnt sich, Ausschau nach lokalen Gerichten mit *choros* (Wildpilzen) zu halten.

La Casa Vieja HAMBURGER $$
(Parque Central; Hauptgerichte 130–250 HNL; Di–Do 11–22, Fr & Sa bis 23, So bis 21 Uhr;) Die Casa Vieja ist berühmt für ihre Hamburger – der König der Bouletten ist La Big Daddy (mit knapp einem Pfund Rindfleisch) –, aber es gibt auch Hühnerflügel und panierte Garnelen. Der Laden mit Holzbalkendecke und freundlicher Bedienung ist ziemlich cool.

La Hacienda Lenca HONDURANISCH $$
(Av España; Hauptgerichte 80–250 HNL; 9–22 Uhr) Das eigentümliche Lokal eine Straße östlich vom Parque Central ist ein echter Knaller in Sachen Kitsch und rätselhafter Inneneinrichtung. Die Bedienung ist supernett und das Essen ganz in Ordnung, aber auf der typisch honduranischen Speisekarte steht nichts Außergewöhnliches.

Praktische Informationen

Bargeld gibt's in der **Banco Atlántida** (Av Los Proceres) einen Häuserblock nördlich des Parque Central.

An- & Weiterreise

Sich mit den Bussen zurechtzufinden, ist in La Esperanza nicht ganz leicht. Der größte „Busbahnhof" für Busse nach Tegucigalpa, San Pedro Sula und Santa Rosa de Cópan (über Gracias) liegt 800 m östlich des Zentrums hinter der Brücke. Andere, meist regionale Busse (auch die nach Marcala) fahren um den *mercado quemado* („verbrannter Markt") ab, der sich ein paar Blocks nordöstlich des Parque Central befindet. Fahrkarten werden im Bus verkauft.

Die Straße zwischen Gracias und La Esperanza ist überwiegend asphaltiert und wird von sehr regelmäßigen Minibussen befahren (unter Umständen ist Umsteigen in San Juan erforderlich).

Marcala

20 000 EW.

Marcala ist eine Stadt im Hochland mit starker indigener Tradition. Sie liegt am südlichen Ende der honduranischen „Ruta Lenca" – einer Ansammlung von Lenca-Dörfern und Hochburg des Lenca-Volks. Die Stadt selbst ist beschaulich und unscheinbar, liegt aber hübsch in einem erstklassigen Kaffeeanbaugebiet. Im gesamten Umkreis kann man sehen, wie die beliebteste Bohne der Welt geerntet und verarbeitet wird. Zahlreiche Wanderungen im Umkreis führen zu malerischen Wasserfällen und Höhlen.

Aktivitäten

Die Wanderung zu **La Estanzuela** – einem hübschen Wasserfall und Badeteich – über die beeinduckende Höhle **La Cueva del Gigante** ist ein beliebter Ausflug.

Cooperativa RAOS ÖKOTOUR
(☎2764-3779, 9987-8920; www.cooperativaraos.org; ⌚Mo–Fr 8–16, Sa bis 12 Uhr) Die Cooperativa RAOS an der Straße Richtung La Esperanza ist Honduras' erste Ökokaffee-Kooperative. Sie vertritt mehr als 200 Kleinbauern. Auf einer Fincaführung (pro Pers. 100–300 HNL) lernen Besucher viel über ökologischen Kaffeeanbau und können mit den Bauern reden.

Schlafen

La Casona HOTEL $
(☎9696-7269; EZ/DZ 375/475 HNL; 📶) La Casona ist das beste Haus in dieser kleinen Stadt. Es steht auf einem großen Grundstück hinter einer Computerschule (deren großes Schild den Weg weist) etwa einen Block von der Kirche entfernt. Wer hier übernachten will, sollte um ein Zimmer vorne im Gebäude bitten, da diese eine Terrasse haben. Warmwasser gibt's auch.

Hotel y Cafetería Roxana HOTEL $
(☎2764-5866; Zi. 180–280 HNL) Das unattraktive Betonhotel mit rosafarbenen Akzenten wird wohl kaum einen Architekturpreis gewinnen, aber die Zimmer sind ausreichend für eine Nacht und sehr billig und haben alle ein Bad mit Heißwasser, Kabelfernsehen und einige einen Balkon. Unten im *comedor* gibt es auch Essen (Hauptgerichte 50 HNL). Das Hotel liegt gegenüber der Post in der Nähe des Marktes.

Essen

Casa Gloria HONDURANISCH $$
(Parque Central; Hauptgerichte 60–170 HNL; ⌚8–21 Uhr; 📶) Attraktives Lokal im Kolonialstil, das tagsüber ein Bufett – *pollo asada* (Grillhuhn) oder *bistek* (Steak) und ein paar vegetarische Gerichte – und freundlichen Service bietet. Das Haus ist schon etwas verblichen, aber mit schöner Lenca-Keramik und -Kunst geschmückt.

Praktische Informationen

Bargeld gibt's bei der **Banco Atlántida** (⌚Mo–Fr 8–16.30, Sa bis 12 Uhr) am Ortseingang, die einen Geldautomaten hat.

An- & Weiterreise

Busse fahren an zahlreichen Stellen ab. Alle passieren die Texaco-Tankstelle am östlichen Ende der Hauptstraße in die und aus der Stadt.

Ausländer dürfen am nahen Grenzübergang Sabanetas nicht nach El Salvador einreisen. Honduraner dürfen jedoch durch. Alle andere sollten sich die frustrierende Fahrt sparen und andere Grenzübergänge benutzen.

Lago de Yojoa

Der weitgehend unerschlossene und von dichtem tropischem Wald umgebene Lago de Yojoa ist außerordentlich malerisch. Dank des unermüdlichen Einsatzes eines lokalen Kleinbrauereibesitzers, die Region zu promoten, ist der See nun der beliebteste Zwischenstopp zwischen den Islas de la Bahía und Nicaragua.

Die Vogelwelt des Lago de Yojoa ist spitzenmäßig: Die jüngste Artenzählung ergab 485 – über die Hälfte der Gesamtzahl in Honduras –, einschließlich des scheuen Quetzals. Besucher können hier auch zu abgelegenen Wasserfällen und zum Gipfel des Santa Bárbara wandern, Kaffeeplantagen besuchen, auf Reifenschläuchen übers Wasser und an Seilrutschen durch die Luft flitzen oder auf dem See selbst paddeln. Da er sehr flach und am Ufer von viel Schilf

BUSSE AB MARCALA

ZIEL	PREIS (HNL)	DAUER (STD.)	ABFAHRTEN
Comayagua	60	2½	8-mal tgl.
La Esperanza	50	1½	6-mal tgl.
San Pedro Sula	125	5	1-mal tgl.
Tegucigalpa	110	3½	stündl.

umgeben ist, ist er zum Schwimmen nicht geeignet.

Peña Blanca, eine geschäftige, aber uninteressante Handelsstadt, ist der wichtigste Verkehrsknotenpunkt in der Nähe des Sees. In der D&D Brewery in Los Naranjos, einem ansonsten unscheinbaren Dorf ein Stück eine holprige Straße runter, quartieren sich die meisten Reisenden ein.

Aktivitäten

Bootstouren auf dem See sind ein einmaliges Erlebnis, aber sie erfordern einen frühen Start und Paddeln an der völlig unerschlossenen Westseite des Sees. Hier sind prachtvolle Vögel zu sehen, darunter Tukane und Fischadler; manchmal lassen sich auch große Leguane und Affen blicken. Eine zweistündige Tour im Ruderboot kostet 300 HNL pro Person.

Die **Drei-Wasserfälle-Wanderung** führt über die Bergausläufer des Parque Montaña Nacional de Santa Bárbara – eine herrliche Tageswanderung durch Kaffeeplantagen und traditionelle Dörfer. Die Hauptattraktion ist ein hinreißender, gestufter Wasserfall, **La Escalada de los Gigantes** (Riesentreppe) genannt, von wo sich ein weiter Blick öffnet. D&D Adventures verlangt 600 HNL für diese Wanderung, einschließlich Transport.

★ D&D Adventures ABENTEUERTOUR
(☎9994-9719; www.ddadventures.com; D&D Brewery, Los Naranjos; Tagestouren ab 600 HNL) Das hervorragende Unternehmen der D&D Brewery hat engagierte, Englisch sprechende Führer und ist der beste Weg, um die abgelegeneren Gebiete um den Lago de Yojoa zu erkunden. Eine der Touren ist eine phantastische Tageswanderung über die Bergausläufer des Parque Nacional Montaña de Santa Bárbara zu drei abgeschiedenen Wasserfällen. Vogelbeobachtung, Kajaktouren und Höhlenwandern sind ebenfalls im Angebot.

Schlafen

★ D&D Brewery LODGE $
(☎2544-0052, 9994-9719; www.ddbrewery.com; Los Naranjos; Camping/B pro Pers. 80/150 HNL, EZ/DZ/Hütte ab 280/340/840 HNL; ❄📶🏊) 🌿 Der US-Amerikaner Bobby Durrette, der das innovativste und am ethischsten geführte Hotel samt Brauerei von Honduras gegründet hat, machte sich daran, Backpacker zum Lago de Yojo zu locken (bislang mit erheblichem Erfolg). Die einfachen, aber sauberen und komfortablen Zimmer inmitten von dichtem Dschungel sind großartig, aber die Trumpfkarte des D&D ist die erstklassige Kleinbrauerei mit mehreren phantastischen Craft-Bieren vom Fass (darunter auch ein Porter).

Die Lodge hat keinen Seeblick, ist aber eine großartige Basis für alle möglichen Ausflüge, von harten Wandertouren bis zum gemütlichen Vogelbeobachten. Die engagierten Mitarbeiter sind alle Einheimische und erhalten großartige Zusatzleistungen, darunter Gesundheitsversorgung, hohe Löhne und Ausbildung am Arbeitsplatz. Dass sie ihre Arbeit lieben, ist unverkennbar.

El Cortijo del Lago HOTEL $
(☎2608-5527, 9906-5333; www.elcortijodellago.com; B/EZ/DZ 250/550/625 HNL; ❄📶) Das Hotel ist eine der wenigen Unterkünfte in der Gegend, das direkt am Seeufer liegt. Der große Schlafsaal ist klimatisiert und es gibt einen mit Fliegengittern geschützten Gemeinschaftsbereich mit Seeblick. Die separate *cabaña* ist die beste Unterkunft, die sich durchaus zu buchen lohnt. Für Unterhaltung sorgt der Papagei Victoria.

Finca Paradise CABAÑAS $$$
(☎9995-1875, 9502-8189; Zi./Hütte 880/2200 HNL) Die herrliche Kaffeeplantage ist eine bezaubernde Unterkunft. Die einfachen Zimmer haben heißes Wasser und sind sehr sauber, aber die eigentliche Attraktion sind die beiden baumhausartigen Hütten, die jeweils Platz für sechs Personen bieten. Die Bauten sind ziemlich einfach (und nichts für Leute mit Höhenangst), haben rundum einen Balkon und sind perfekt, um den Geräuschen des Waldes zu lauschen.

Essen

El Dorao Cafe CAFÉ $
(Peña Blanca; Panini 40–60 HNL; ⏲7–19 Uhr; 📶) Das schicke und coole Café ist eine unglaubliche Entdeckung im verschlafenen Peña Blanca – es verbindet Fachkenntnisse im Kaffeeanbau mit den Bedürfnissen des kosmopolitischen Stadtmenschen. Das Ergebnis ist ein wunderbares Café, das exzellenten Kaffee, tollen Kuchen (lecker: der Passionsfrucht-Käsekuchen) und ein täglich wechselndes Panini-Angebot hat. Es liegt gleich nach dem Abzweig Richtung Los Naranjos auf der linken Seite.

★ Restaurante

El Estoraque FISCH & MEERESFRÜCHTE $$

(Hauptgerichte 140–170 HNL; ⏲9–21 Uhr; 📶) Das in der Gegend sehr berühmte Restaurant an der Hauptstraße von La Guama 3 km vor dem Ortseingang von Peña Blanca serviert hervorragenden Fisch, der jeden Morgen frisch im See gefangen wird. Die Zubereitungsart kann sich jeder Gast selbst aussuchen. Als Beilagen zum fertigen Fisch gibt's köstliche *tajadas* (weiche Kochbananenchips) mit dazugehörigem Dip, Reis und Bohnen sowie eine Auswahl leckerer *encurtidos* (eingelegtes Gemüse).

An- & Weiterreise

Der kleine Ort Peña Blanca dient als Verkehrsknotenpunkt für den See. Vom Hauptbusbahnhof in San Pedro Sula geht es mit einem der bunten Busse Richtung El Mochito zum Dorf Los Naranjos (50 HNL, 2 Std., alle 30 Min.). Der Bus hält etwa 300 m von der D&D Brewery entfernt.

In Tegucigalpa fährt vom Mercado Mama Chepa in Comayagüela täglich um 13 Uhr ein Bus direkt nach Los Naranjos und Peña Blanca (145 HNL, 4 Std.). Zielort des Busses ist Las Vegas in Santa Barbara, der Fahrer hält auf Anfrage am gewünschten Ort an. Eine andere Möglichkeit ist ein Bus nach San Pedro Sula bis nach La Guama (44 HNL, 3 Std., über 20-mal tgl.). Von dort fährt ein weiterer Bus nach Peña Blanca (10 HNL, 15 Min., alle 15 Min.), von wo es mit Bus oder *mototaxi* noch 6 km bis nach Los Naranjos sind.

Rund um den Lago de Yojoa

Wer die freie Natur liebt, wird in der hinreißenden Gegend um den Lago de Yojoa tagelang beschäftigt sein. In der sanft hügeligen, grünen Landschaft verbergen sich rauschende Flüsse, tolle Wasserfälle, spektakuläre Höhlen, bedeutende archäologische Stätten und eine äußerst reiche Flora und Fauna. All das kann auf eigene Faust oder mit einem engagierten, englischsprachigen Führer von D&D Adventures (S. 398) erkundet werden.

Sehenswertes

Parque Nacional Cerro Azul Meámbar NATIONALPARK

(☎8881-2553; 154 HNL) In dem gut in Schuss gehaltenen Nationalpark östlich des Sees gibt es kilometerlange Wanderwege, die zu Wasserfällen, Höhlen und unberührtem Nebelwald führen. Außerdem gibt es hier ein Besucherzentrum, eine Lodge und ein Restaurant. Der Eingang ist von La Guama über eine Abfahrt von der Fernstraße CA-5 zu erreichen. Nach Santa Elena fahren regelmäßig Kleintransporter. Von dort ist es eine Stunde zu Fuß zur PANACAM Lodge im Park.

Parque Nacional Montaña de Santa Bárbara NATIONALPARK

GRATIS Der Parque Nacional Santa Bárbara ist ein abgelegener Nationalpark mit dem zweithöchsten Berg von Honduras (Montaña de Santa Bárbara, 2744 m) und einem ausgedehnten Nebelwald voller Orchideen und Epiphyten. Die Landschaft ist wundervoll, und wer den anstrengenden Marsch bis zum Gipfel auf sich nimmt, hat gute Chancen unterwegs Quetzale zu sehen – für viele Leute der Hauptgrund herzukommen.

Pulhapanzak WASSERFALL

(www.pulhahn.com; 100 HNL; ⏲6–18 Uhr) Der prachtvolle 43 m hohe Wasserfall auf dem Río Lindo befindet sich nur 17 km nördlich des Lago de Yojoa (und ist auch ein gutes Tagesausflugsziel von San Pedro Sula). Die Naturattraktion inmitten von üppigem Wald wird privat verwaltet. Führer geleiten Besucher auf einem Pfad direkt hinter dem Wasserfall. **Schwimmen** kann man hier auch und es gibt eine **Seilrutsche** 500 HNL) direkt über den Wasserfall. Wer die Höhlentour mitmacht, sollte trockene Kleidung mitnehmen. Am Wochenende kann es sehr voll werden.

Cuevas de Taulabé HÖHLE

(☎9545-0095; von Tegucigalpa 140 km auf der CA-5; 88 HNL; ⏲8–16 Uhr) Rund 20 km südlich vom Lago de Yojoa befindet sich der Eingang zu den Cuevas de Taulabé, einem unterirdischen Höhlensystem mit ungewöhnlichen Stalaktiten und Stalagmiten. Im Preis enthalten ist ein Führer – aber mit einem Trinkgeld geht es dann auch in die weniger besuchten Ecken. Bislang wurden die Höhlen 12 km tief erkundet, ohne dass ein Ende in Sicht ist. Der erste Abschnitt der Höhlen ist beleuchtet und hat einen (manchmal rutschigen) Betonweg: Angemessene Schuhe sind ratsam.

Parque Eco-Arqueológico Los Naranjos NATIONALPARK

(☎9654-0040; 120 HNL; ⏲8–16 Uhr) Der Park nordwestlich des Sees wurde gegen 1300 v. Chr. erstmals besiedelt und gilt als größte archäologische Lenca-Stätte der vorklassischen Zeit. Die Ruinen selbst sind nicht sehr interessant: Sie wurden aus Lehm gebaut und wurden daher nur halb freigelegt, um sie vor Umweltschäden zu schützen. Der Hauptgrund für einen Besuch ist jedoch die Tierwelt. Im Park gibt es 6 km Wanderwege, die sich durch den Wald über Hängebrücken und einen Bohlenweg am Seeufer entlang schlängeln und phantastische Gelegenheiten für Vogelbeobachtung bieten.

Schlafen

Fast alle Besucher dieser Gegend quartieren sich in der D&D Brewery (S. 398) ein, aber es gibt mehrere Alternativen in und um den kleinen Ort Peña Blanca. Und dann ist da noch die Panacam Lodge im Parque Nacional Cerro Azul Meámbar.

Panacam Lodge LODGE **$$**
(☎8881-2553, in Tegucigalpa 9865-9082; www.panacam.com; Parque Nacional Cerro Azul Meámbar; EZ/DZ/3BZ/4BZ mit Frühstück 1100/1320/1540/1760 HNL) Die feine Lodge ist eine exzellente Basis für Wanderungen und Vogelbeobachtung im Parque Nacional Cerro Azul Meámbar. Die Unterkunft besteht aus einer Kombination aus Hütten und kleineren Zimmern im Hauptgebäude. Zelten ist hier ebenfalls möglich (pro Pers. 180 HNL) und es gibt auch ein Restaurant. Die Location inmitten des Dschungels mit all seinen Bildern und Geräuschen ist märchenhaft.

Praktische Informationen

Besucherzentrum Parque Nacional Cerro Azul Meámbar (☎2608-5510, in Tegucigalpa 2773-2027)

An- & Weiterreise

Der Wasserfall Pulhapanzak ist von San Pedro Sula mit einem der alten, bunten Busse nach El Mochito (50 HNL, 1 Std.) mit Ausstieg in San Buenaventura zu erreichen, von wo es noch 15 Minuten zu Fuß über einen gut markierten Weg sind. Die weniger häufigen, aber direkten Pulhapanzak-Express-Busse fahren bis zum Eingang. Der letzte Bus zurück fährt gegen 16 Uhr durch San Buenaventura. Der Bus nach El Mochito fährt auch durch Los Naranjos, der Wasserfall ist also von der D&D Brewery einfach zu erreichen.

Zum Parque Nacional Cerro Azul Meámbar geht es mit dem Bus von Peña Blanca nach La Guama (20 HNL, 20 Min., alle halbe Std.). In La Guama muss man dann einen Minibus Richtung Santa Helena nehmen und dem Fahrer 200 HNL für die Tour in den Park zahlen.

San Pedro Sula

719 000 EW.

San Pedro, die Geschäfts- und Industriehauptstadt von Honduras erwirtschaftet fast zwei Drittel des Bruttoinlandsprodukts und beschäftigt Tausende Menschen in riesigen *maquila*-Fabriken (Stoffwebereien). Die Stadt ist wohlhabender und kultivierter als Tegucigalpa, trotz des schlechten Rufs, den ihr blutige Auseinandersetzungen zwischen rivalisierenden Gangsterbanden eingebracht haben.

Tatsächlich wurde sie als gewalttätigste Stadt der Welt (außerhalb eines Kriegsgebiets) bezeichnet, zuletzt im Jahr 2015. Aber es muss betont werden, dass die meisten Verbrechen zwischen den Banden geschehen und es sehr selten ist, dass Touristen das Ziel sind oder in Gewalt verwickelt werden. Einige Gegenden sind gefährlich, aber sie stehen ohnehin kaum auf dem Touristenprogramm: Es ist nach wie vor möglich, die Stadt als Reisender für ein oder zwei Tage zu besuchen.

Trotz alledem werden sich nur wenige Reisende hier länger aufhalten: Es gibt nur wenige Sehenswürdigkeiten, kaum Kultur und das schwüle Klima kann beklemmend sein. Da San Pedros internationaler Flughafen das wichtigste Tor nach Honduras ist und der Busbahnhof ein wesentlicher Verkehrsknotenpunkt, werden die meisten wohl hier durchkommen.

Sehenswertes

Das Zentrum der Stadt um den Parque Central ist etwas abgerockt, aber voller Leben.

Kathedrale KIRCHE
(Parque Central; ⏲8–16 Uhr) San Pedros Kathedrale ist ein pseudokoloniales Bauwerk, das tatsächlich von 1949 stammt. Sie steht gegenüber dem einst majestätischen (heute ziemlich baufälligen) **Palacio Municipal**, einem Art-déco-Palast, auf der anderen Seite des Platzes.

Museo de Antropología e Historia de San Pedro Sula MUSEUM
(☎2557-1874; Ecke 3a Av NO & 4a Calle NO; Erw./Kind 40/20 HNL; ⏲Mo & Mi–Sa 9–16, So bis 15 Uhr) Das schöne Museum führt Besucher durch die Geschichte des Valle de Sula von der präkolumbischen Zeit bis heute.

Parque Nacional Cusuco NATIONALPARK
(220 HNL; ⏲8–16.30 Uhr) Der Parque Nacional Cusuco ist ein Nebelwald im beeindrucken-

den Merendón-Gebirge, der nur 45 km von San Pedro Sula entfernt, aber erstaunlich schwer zu erreichen ist. Im Park leben unzählige Tiere, darunter Papageien, Tukane und eine große Population von Quetzalen, die zwischen April und Juni am häufigsten zu sehen sind. Der höchste Gipfel ist der Cerro Jilinco (2242 m). Das Besucherzentrum (wo Führer angeheuert werden können) ist der Startpunkt für fünf verschiedene **Wanderwege**. Zwei davon – Quetzal und Las Minas – führen an Wasserfällen und Badeteichen vorbei.

Schlafen

Ältliche Budgethotels befinden sich meist in der Innenstadt südlich des Parque Central, einer Gegend, die nach Einbruch der Dunkelheit ziemlich zwielichtig ist. Hostels und Pensionen liegen eher in den bürgerlicheren Vierteln der Stadt und eine Ecke von der Innenstadt entfernt. Die meisten billigen Unterkünfte haben kein Warmwasser.

La Hamaca HOSTEL $
(☎2510-5174, 9868-3270; www.lahamacahostel.com; 10 Calle zw. 26 & 27 Av, Colonia Figueroa; B mit/ohne Klimaanlage 390/300 HNL, Zi. mit/ohne Bad 1050/910 HNL;) Das exzellente Partyhostel liegt mit dem Taxi fünf Minuten vom Busbahnhof entfernt. Es wird von dynamischen, jungen Honduranern geführt, die alle fließend Englisch sprechen und großartige aktuelle Reisetipps parat haben. Die Zimmer und Schlafsäle sind geräumig, wenn auch etwas verwohnt, und es gibt eine tolle Lounge, ein Spielezimmer, eine Küche und hinten einen Garten. Es ist auf jeden Fall ein geselliges Haus, aber die Partygänger ziehen nach 23 Uhr weiter.

Dos Molinos B&B B&B $
(☎2550-5926; www.dosmolinos.hostel.com; Ecke 13a Calle & 8a Av, Barrio Paz Barahona; B 280 HNL, EZ/DZ/3BZ mit Frühstück 430/650/780 HNL;) Die Zimmer sind hier ziemlich muffig, aber die Begrüßung könnte nicht herzlicher sein: Blanca und Luis sind außerordentlich nette Gastgeber, die zwar wenig Englisch sprechen, aber schnell dafür sorgen, dass sich Gäste heimisch fühlen. Alle Zimmer, auch die „Schlafsäle" (eigentlich ein Zweibett- und ein Dreibettzimmer, deren Betten einzeln vermietet werden), haben Ventilatoren und jeweils ein eigenes Bad mit kaltem Wasser.

★ **La Madrugada** HOSTEL $$
(☎2540-1309, 2553-1089; www.lamadrugadahostel.com; 8 Calle zw. 8 & 9 Av, Barrio Guamilito; B/EZ/DZ/3BZ/4BZ 260/780/1030/1290/1550 HNL;) Das neue Hostel in der Innenstadt nimmt einen ganzen Straßenzug ein – es handelt sich um den faszinierenden Umbau einer Villa, in der noch einige Originalbestandteile erhalten blieben, z. B. wunderschöne Fliesenböden. Die Dorms sind geräumig und hell und besitzen große Badezimmer mit Warmwasser. Die Privatzimmer haben Platz für bis zu vier Personen. Zum Haus gehören eine nette Bar, ein Gemeinschaftsraum, ein Billardtisch und ein ausgedehntes Freigelände.

Hotel Guacamaya Inn HOTEL $$
(☎2556-8406, 2556-9083; www.guacamayainn.com; Colonia Los Arcos; EZ/DZ 1300/1565 HNL;) Das nette und preiswerte Hotel liegt günstig nur ein Stück zu Fuß zu einem großen Einkaufszentrum, also auch zu mehreren Restaurants und Bars in der Nähe. Die rot akzentuierten Zimmer sind groß, sauber, komfortabel und mit Schreibtischen und guten Bädern ausgestattet.

Essen

San Pedro Sula hat ein breites Angebot an kulinarischen Adressen. Feinere Restaurants und auch amerikanische Fast-Food-Ketten liegen meist in der Circunvalación. Es gibt auch eine Menge gute und günstige *comedores* auf dem Mercado Guimilito.

Plaza Típica HONDURANISCH $
(3a Av NO; Mahlzeiten 50–100 HNL; 6–16.30 Uhr) Eine preiswerte Mahlzeit ist tagsüber in dem offenen Food-Court gleich nördlich des Parque Central zu bekommen. Etwa 25 Stände verkaufen hier köstliches *carne asada* (Grillfleisch), *tapado* (Meeresfrüchtesuppe mit Kokosnuss) und wunderbare tropische Fruchtsäfte.

Café Skandia CAFETERIA, INTERNATIONAL $$
(Gran Hotel Sula, Parque Central; Hauptgerichte ab 120 HNL; 6–24 Uhr;) Das klassische Café im Stil der 1950er-Jahre ist eine absolute Institution im Stadtzentrum. Es würde mit seinen blauen Farben und den alten Sitzen aus Chrom und weißem Leder perfekt auf einen Ozeandampfer passen. Durch ein großes Fenster ist der palmengesäumte Pool des Hotels zu sehen. Zu essen gibt's Steaks, Burger, Salate, Sandwiches und jede Menge Süßkram, zu trinken u. a. Milchshakes.

Donde Ofelia MEXIKANISCH $$

(☎9982-6864; 10 Calle & Av 25; Hauptgerichte 100–200 HNL; ⌚Di–So 17.30–23 Uhr) Die Gäste sind in dem familiengeführten, äußerst sicherheitsbewussten Restaurant buchstäblich eingesperrt. Ebenso eigenwillig sind die Bestellzettel, auf die jeder seine Wahl aus der langen Liste traditioneller mexikanischer Gerichte aufschreibt, beispielsweise *sopa azteca* (Tortillasuppe) und Tacos – alles eine willkommene Abwechslung von der einheimischen Küche.

Ausgehen & Nachtleben

In der *zona viva* in der Circunvalación zwischen 7a Calle SO und 11a Calle SO sind die meisten Bars und Clubs der Stadt ansässig.

Doghouse KNEIPE

(Jardines del Valle; ⌚Mo–Fr 16–23, Sa bis 1 Uhr; 📶) Die intime Bar im lebhaften Stadtteil Jardines del Valle sieht wie ein Blockhaus aus. Sie ist bei Gringos sehr beliebt, da das Bier billig ist und sie auf der YouTube-Jukebox Musik wählen können. Mittwochabends steht Open-Mike-Comedy an, Quiznacht (auf Englisch und Spanisch) ist donnerstags.

Praktische Informationen

BAC/Bamer (5a Av NO zw. Calle NO 1a & 2a; ⌚Mo–Fr 9–17, Sa bis 12 Uhr) Mit Geldautomat.

Banco Atlántida (Parque Central; ⌚Mo–Fr 8.30–17, Sa 9–13 Uhr) Hat einen Geldautomaten.

Mesoamérica Travel (☎2558-6447; www.mesoamerica-travel.com; Ecke 8a Calle & 32a Avenida NO) Professionelle Reiseagentur mit interessanten, hochwertigen Touren in ganz Honduras und anderen zentralamerikanischen Ländern, darunter auch in die Nationalparks.

Post (Ecke 9a Calle & 3a Av SO; ⌚Mo–Fr 7.30–17, Sa 8–12 Uhr)

Touristenpolizei (☎2550-0001; Ecke 12a Av NO & Blvr Morazan; ⌚24 Std.) Die Mitarbeiter sprechen nur Spanisch.

GEFAHREN & ÄRGERNISSE

- Die Kriminalitätsrate von San Pedro Sula ist die höchste der Welt. Meist handelt es sich um Bandenkriege, Reisende geraten also selten in größere Schwierigkeiten. Dennoch ist ganz besondere Vorsicht geboten.
- Wertsachen sollten nicht zu offen gezeigt werden und die Kleidung sollte zurückhaltend sein (Shorts sind für den Strand).
- Nach Einbruch der Dunkelheit ist die Innenstadt gefährlich. Wer unterwegs ist, sollte ein Taxi nehmen – und sich nicht in die Stadtbusse wagen.

An- & Weiterreise

BUS

Alle Busse fahren von zugewiesenen Buchten im modernen, gut organisierten **Terminal Gran Central Metropolitana** (☎2516-1616; Av Circunvalación), 6 km südlich des Parque Central. Es gibt dort auch ein großes Einkaufszentrum mit Food-Court. Am Eingang zum Busbahnhof befindet sich ein praktischer Wegweiser; die Busse von **Hedman Alas** (☎2516-2273; www.hedmanalas.com; 3a Calle NO & 8a Av NO) haben ihren eigenen Bahnhof am hinteren Ende. Im Magazin *Honduras Tips* stehen auch Businformationen; die Website www.horariodebuses.com ist eine exzellente Infoquelle im Internet.

Für die Fahrt von hier aus in die Stadt sollte man nur ein Taxi vom offiziellen Taxistand nehmen und sich keinesfalls einem nichtautorisierten Taxifahrer anvertrauen.

FLUGZEUG

San Pedro Sulas moderner **Aeropuerto Internacional Ramón Villeda Morales** (SAP; ☎6689-3261) hat tägliche Direktverbindungen mit größeren Städten in Zentralamerika und mehreren Städten in den USA. Inlandsverbindungen gibt es mit Tegucigalpa, La Ceiba, Puerto Lempira und den Islas de la Bahía (meist über La Ceiba). Der Flughafen liegt an der Carretera CA-13 zwischen San Pedro Sula und Tela, etwa 14 km südöstlich des Stadtzentrums.

Internationale Fluglinien

American Airlines (☎2553-3506, Flughafen 2668-3244; www.aa.com; Ecke Av Circunvalación & 5a Calle SO, Edificio Banco Ficohsa) Fliegt von/nach Miami.

Avianca (☎2550-8222; www.avianca.com; Av Circunvalación, Colonia Trejo, Edif Yude Canahuati) Verbindet San Pedro mit Guatemala-Stadt, Miami, New York, San José und San Salvador.

Copa (☎Flughafen 2668-3212; www.copa.com) Fliegt von/nach Panama City.

Maya Island Air (☎2668-0569; www.mayaislandair.com) Fliegt von/nach Belize.

United (☎2501-0481; www.united.com) Fliegt von/nach Houston und Newark.

Inländische Fluglinien

Aerolíneas Sosa (☎2550-6545, am Flughafen 2668-3128; www.aerolineasosa.com; 1a Calle SO zw. 7a & 8a Av SO)

CM Airlines (S. 393)

Unterwegs vor Ort

AUTO & MOTORRAD

Autovermietungen in San Pedro Sula mit Vertretung am Flughafen:

Econo Rent-A-Car (☎2668-1884; www.econorentacarhn.com)
Hertz (☎2580-9191; www.hertz.com)
Thrifty (☎2668-2427; www.thrifty.com)

BUS

Die Stadtbusse sollten besser nicht benutzt werden, da sie oft überfallen werden und Banden „Abgaben" verlangen.

BUSSE AB SAN PEDRO SULA

Internationale Busse

ZIEL	PREIS (HNL)	DAUER (STD.)	BUSLINIE	TELEFON	ABFAHRTEN
Antigua (Guatemala)	1320	9	Hedman Alas	☎2516-2273	1-mal tgl.
Guatemala-Stadt (Guatemala)	1188	8	Hedman Alas	☎2516-2273	1-mal tgl.
	660	8	Fuentes del Norte	☎9843-0507	1-mal tgl.
	1452	8	Platinum	☎2516-2167	1-mal tgl.
Léon (Nicaragua)	704	10	Tica Bus	☎2220-0579	1-mal tgl.
Managua (Nicaragua)	704	12	Tica Bus	☎2220-0579	1-mal tgl.
San Salvador (El Salvador)	550	7	Congolón	☎2553-1174	1-mal tgl.
	1012	7	Platinum	☎2516-2167	1-mal tgl.

Fernbusse

ZIEL	PREIS (HNL)	DAUER (STD.)	BUSLINIE	TELEFON	ABFAHRTEN
Agua Caliente	240	5	Congolón	☎2553-1174	alle 2 Std.
Comayagua	85	2½	Diaz	☎2505-9955	stündl.
Copán Ruinas	154	3	Casasola	☎2516-2031	7-mal tgl.
	440	3	Hedman Alas	☎2516-2273	2-mal tgl.
El Mochito	55	2	Tima	☎2659-3161	alle 30 Min.
La Ceiba	150–500	3–4	7 Buslinien inkl. Hedman Alas, Viana, Diana Express		alle 15–30 Min.
Puerto Cortés	66	1–1½	Impala	☎2665-0606	alle 15 Min.
Pulhapanzak & Lago de Yojoa	44	2	Etul	☎2516-2011	alle 20 Min.
	44	2	Pulhapanzak Express	Kein Telefon	9-mal tgl.
Santa Rosa de Copán	100	3	Toritos y Copanecos	☎2516-2045	alle 30 Min.
Tegucigalpa	150–650	4–4½	6 Buslinien inkl. El Rey Express, Hedman Alas, Sultana, Viana		alle 15–30 Min.
Tela	155	1½	7 Buslinien inkl. COTUC, Mirna, Tela Express		alle 15–30 Min.
Trujillo	230	7	Cotuc	☎2520-7497	8-mal tgl.
	250	6½	Cotraipbal	☎9908-1509	9-mal tgl.

TAXI

Die durchschnittlichen Preise für Stadtfahrten liegen bei 50 bis 120 HNL. Vom Busbahnhof ins Zentrum kostet es etwa 100 HNL, zum Flughafen um 300 HNL. Nach 21 Uhr erhöhen sich die Preise gewaltig.

Copán Ruinas

10 000 EW.

Copán Ruinas, oft nur Copán genannt, ist eine schöne Stadt mit Kopfsteinpflaster und weißen Lehmhäusern mit roten Ziegeldächern. Sie ist auch eine der zauberhaftesten und touristischsten Städte in Honduras. Die Einwohner sind freundlich, viele sprechen Englisch und es gibt einige großartige Hotels und Restaurants. Viele Leute machen nur einen kurzen Abstecher hierher, um die berühmten Maya-Ruinen (S. 409) in der Nähe zu sehen. Aber zahlreiche andere Attraktionen sowohl in der Stadt als auch im Umland sprechen für einen längeren Aufenthalt.

Sehenswertes

Die archäologische Stätte ist zwar die Hauptattraktion der Region Copán, aber es gibt noch andere schöne Sehenswürdigkeiten in der Gegend, auch mehrere Museen in und um die Stadt.

Memorias Frágiles GALERIE

(☎2651-3900; Palacio Municipal, Parque Central; ⏲Mo–Fr 8–17 Uhr) GRATIS Die faszinierende Fotoausstellung war ein Geschenk des Bostoner Peabody Museum; sie besteht aus einer Sammlung seltener Fotos, die die erste archäologische Expedition nach Copán um die Wende zum 20. Jh. dokumentieren. Viele erwiesen sich als wichtig für die späteren Restaurierungsarbeiten, da auf den Fotos die Stätte im damaligen Zustand zu sehen war und sie Hinweise lieferten, wie die verschiedenen Hieroglyphensteine lagen.

Die Ausstellung befindet sich im **Palacio Municipal** (Rathaus) hinter der zweiten Tür links vom Eingang aus (unter Umständen muss man um den Schlüssel bitten).

Macaw Mountain Bird Park ZOO

(☎2651-4245; www.macawmountain.org; 220 HNL; ⏲9–17 Uhr) Etwa 2,5 km außerhalb von Copán Ruinas liegt ein ausgedehntes Privatreservat zum Schutz von zentralamerikanischen Aras. Die sind hier reichlich vorhanden, ebenso Tukane, Motmots, Papageien, Eisvögel und Pirole, die alle in sehr geräumigen, tierfreundlich gebauten Käfigen herumflattern. Im „Begegnungszentrum" fliegen freie Vögel auf die Schultern oder Hände von Besuchern, die sich mit ihnen fotografieren lassen können.

El Lugar del Té & Chocolate HAUS

(☎2651-4087; ⏲Mo–Sa 16–18 Uhr) Der zauberhafte „Tee- & Schokoladenort" ist ein Forschungszentrum und dient ein paar Stunden am Nachmittag auch als Tee- und Geschenkeladen, um die wichtige Wiederaufforstungstätigkeit der hier ansässigen Umweltstiftung zu unterstützen. Einen Tee mit Kuchen auf der wunderbaren Veranda bei Sonnenuntergang zu genießen, ist ein Muss in Copán Ruinas. Um hinzukommen nimmt man ein *mototaxi* und sagt dem Fahrer, dass es zum „Haus von David Sedat" gehen soll.

Museo de Arqueología Maya MUSEUM

(☎2651-4437; Parque Central; 66 HNL; ⏲9–21 Uhr) Das Museo de Arqueología Maya ist ein bisschen veraltet, aber immer noch einen Besuch wert. Zu den Exponaten gehören ausgegrabene Keramiken, Fragmente der Altäre und der Untermauerung der Maya-Ruinen, eine Erklärung des ausgeklügelten Maya-Kalenders und die Nachbildung des Grabes einer Schamanin. Einige Beschriftungen sind auch auf Englisch.

Museo Digital de Copán MUSEUM

(Parque Central; 66 HNL; ⏲8–16 Uhr) Das nagelneue Museum eröffnete Ende 2015 als Geschenk Japans an die Bevölkerung von Copán und enthält einige interessante alte Fotos der Stadt. Die Hauptattraktion ist jedoch der hervorragende virtuelle Besuch der archäologischen Stätte Copán, der täglich um 10 und 15 Uhr auf Spanisch und Englisch gezeigt wird.

Iglesia Católica Copán Ruinas KIRCHE

(Parque Central) Die hübsche Pfarrkirche von Copán dominiert den Hauptplatz der Stadt. Nachts ist sie beleuchtet.

Casa K'inich MUSEUM

(☎2651-4105; an der Av Centroaméricano; 20 HNL; ⏲Di–So 8–12 & 13–17 Uhr) Zur Casa K'inich gehört die interaktive Nachbildung eines alten Ballspiels, das von den Bewohnern Copáns vor über 1000 Jahren gespielt wurde. Die Darstellungen sind dreisprachig: Englisch, Spanisch und Ch'orti'. Kinder haben wahrscheinlich ihren Spaß an der Stele mit dem Loch, durch das sie ihren Kopf stecken können.

Copán Ruinas

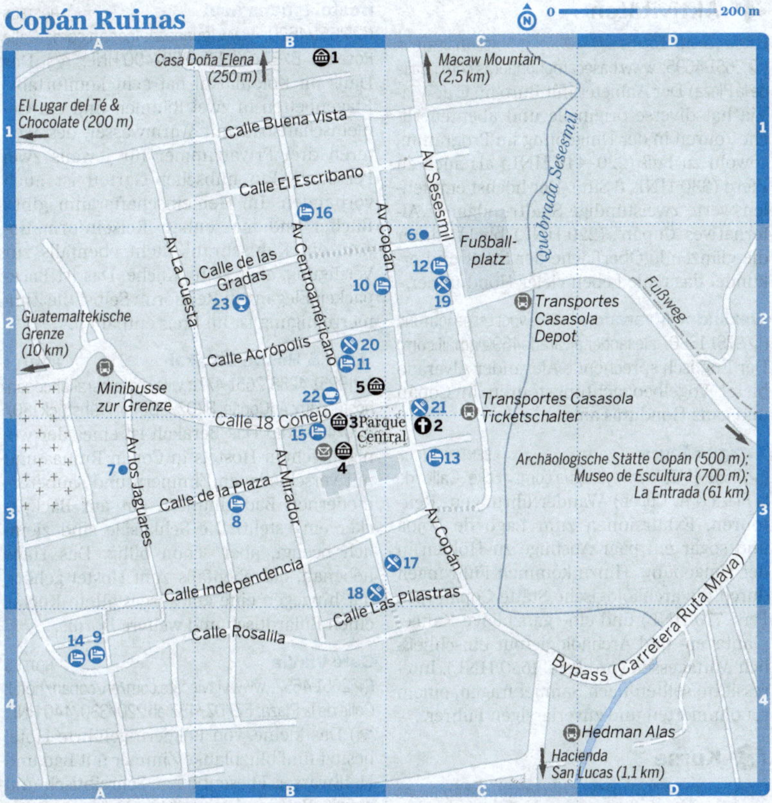

Copán Ruinas

Sehenswertes

1 Casa K'inich B1
2 Iglesia Católica Copán Ruinas C3
3 Memorias Frágiles B3
4 Museo de Arqueología Maya B3
5 Museo Digital de Copán B2

Aktivitäten, Kurse & Touren

Basecamp Tours .... (s. 8)
6 Guacamaya Spanish Academy C2
7 Ixbalanque Spanish School A3
Yaragua Tours .... (s. 13)

Schlafen

8 Café ViaVia B3
9 Hostel Iguana Azul A4
10 Hotel & Hostal Berakah B2
11 Hotel La Posada B2
12 Hotel Mary C2
13 Hotel Yaragua C3
14 La Casa de Café A4
15 Lauro's Hotel B3
16 Terramaya B1

Essen

17 Café San Rafael C3
Café ViaVia .... (s. 8)
18 Carnitas Nia Lola C3
19 Casa Ixchel C2
Comedor Mary .... (s. 12)
20 El Rincón Colombiano B2
21 Twisted Tanya's C2

Ausgehen & Nachtleben

Cafe ViaVia .... (s. 8)
22 Café Welchez B2
23 Sol de Copán B2

Aktivitäten

Basecamp Tours ABENTEUERTOUR
(☎2651-4695; www.basecamphonduras.com; Calle de la Plaza) Der Anbieter mit Büro im Café Via-Via hat diverse originelle und abenteuerliche Touren in der Umgebung im Programm, sowohl zu Fuß (220–440 HNL) als auch zu Pferd (330 HNL, 3 Std.). Der höchst empfehlenswerte zweistündige Stadtrundgang „Alternatives Copán" (220 HNL) blickt hinter die glänzende Oberfläche der Stadt und erkundet das reale Leben vieler Honduraner.

Alexander Alvarado VOGELBEOBACHTUNG
(☎9751-1680; alexander.alvarado469@gmail.com) Der Englisch sprechende Alexander Alvarado bietet Vogelbeobachtungstouren in Copán und ganz Honduras an.

Yaragua Tours ABENTEUERTOUR
(☎2651-4147; www.yaragua.com; Ecke Calle de la Plaza & Av Copán) Wanderführungen, Reittouren, Exkursionen zum Lago de Yojoa und sogar ein paar Ausflüge zu Höhlen in der Umgebung. Hinzu kommen Führungen durch die archäologische Stätte Copán (pro Pers. 770 HNL) und eine ganztägige Kaffeeplantagen- und Archäologietour einschließlich Mittagessen (pro Pers. 1650 HNL). Interessierte sollten nach Samuel fragen, einem renommierten und zuverlässigen Führer.

Kurse

Guacamaya Spanish Academy SPRACHKURS
(☎2651-4360; www.guacamaya.com; Calle de las Gradas, an der Av Copán) Bietet einen Kurs von 20 Stunden Einzelunterricht für 3520 HNL. Für zusätzliche 2200 HNL gibt es Vollpension und Unterkunft bei einer Familie.

Ixbalanque Spanish School SPRACHKURS
(☎2651-4432; www.ixbalanque.com; Av los Jaguares) Bietet 20 Stunden Einzelunterricht in Spanisch für 5720 HNL pro Woche, einschließlich Privatunterkunft bei einer Familie mit drei Mahlzeiten am Tag.

Schlafen

★**Hotel Mary** HOTEL $
(☎2651-4673; www.comedormary.com; Av Sesesmiles; EZ/DZ 600/700 HNL) Das schön ausgestattete Haus, eines der besten Angebote im Ort, hat ganz bezaubernde Zimmer, die hell gestrichen und gut gepflegt sind. Ausgestattet sind sie mit Heißwasser, Deckenventilatoren und schönen traditionellen Bettüberwürfen. Zum Haus gehört auch ein wunderschöner Garten.

Hostel Iguana Azul HOSTEL $
(☎2651-4620; www.iguanaazulcopan.com; Calle Rosalila; B/EZ/DZ 175/350/400 HNL; 📶) Das Haus im Kolonialstil hat acht komfortable Etagenbetten in zwei Räumen und ein Gemeinschaftsbad mit Warmwasser, des Weiteren drei Privatzimmer für jeweils zwei Personen. Ein hübscher Garten ist auch vorhanden. Im Gemeinschaftsraum gibt's Bücher und massenhaft Reiseinformationen, ein Kühlschrank steht ebenfalls zur Verfügung, aber keine Küche. Das ist Backpacker-Eleganz in Reinform: Selbst die Zimmerreinigung ist im Preis enthalten.

Hotel & Hostal Berakah HOSTEL $
(☎9951-4288, 2651-4771; www.hotelberakahcopan.hostel.com; Av Copán; B/DZ/2BZ mit Frühstück 180/400/440 HNL) Das Berakah ist eines der wenigen echten Hostels in Copán Ruinas und mit verschiedenen Zimmern und sauberen, modernen Badezimmern gut auf Backpacker eingestellt. Die Schlafsäle sind ziemlich beengt, aber schön billig. Das Haus nebenan, das ebenfalls zum Hostel gehört, hat hingegen eine gut ausgestattete Küche, einen Billardtisch und weitere Dorms.

Café ViaVia HOTEL $
(☎2651-4652; www.viaviacafe.com/en/copan/hotel; Calle de la Plaza; EZ/DZ/4BZ ab 220/330/440 HNL; 📶) Das kleine, von Belgiern geführte Hotel besitzt fünf blitzblanke Zimmer mit Bad und Heißwasser, Fliesenboden, Schreibtisch und prima Betten. Auch gibt es Hängematten, einen kleinen Garten und genug Platz zum Relaxen. Die touristischen Informationen sind hier ebenfalls super. Überdies gibt's eine Kunstgalerie und eine quirlige Bar, die allerdings sehr laut werden kann.

Lauro's Hotel HOTEL $
(☎2651-4068; www.lauroshotel.com; Calle 18 Conejo; EZ/DZ mit Ventilator 420/595 HNL, Zi. mit Klimaanlage 800 HNL; ❄📶) Das gut geführte Hotel einen halben Block vom Parque Central vermietet blitzblanke Zimmer, einige mit Klimaanlage. Die Besitzer haben es mit dem beigefarbenen Farbschema etwas übertrieben, aber ansonsten ist es keine schlechte Wahl. Die Zimmer in den oberen Etagen mit Aussicht über die Stadt sind etwas teurer.

Hotel Yaragua HOTEL $
(☎2651-4147; www.yaragua.com; Ecke Av Copán & Calle de la Plaza; EZ/DZ 300/400 HNL; ❄📶) Der leuchtend gelbe Anstrich und der dschungelartige Innenhof verleihen dem Haus ein fröhliches Flair. Die Zimmer sind eher klein,

aber komfortabel und die zentrale Lage ist unschlagbar. Es gibt Heißwasser und einen gemeinschaftlichen Balkon; Klimaanlage kostet 100 HNL zusätzlich pro Tag.

Casa Doña Elena PENSION $$
(☎2651-4029; www.casadonaelena.com; Av Centroaméricano; EZ/DZ/3BZ 484/792/1100 HNL; ❄ 📶) Das familiengeführte Haus auf einer Hügelkuppe bietet tolle Ausblicke über die Stadt und das Tal. Die sieben unterschiedlich benannten Zimmer teilen sich einen picobello gepflegten Garten. Die Zimmer selbst sind einfach, aber geräumig und sauber und mit Ventilator (Klimaanlage kostet 220 HNL extra pro Tag) und Fernseher ausgestattet. Vom Stadtzentrum ist die Pension in einem strammen Marsch bergauf zu erreichen.

Hotel La Posada HOTEL $$
(☎2651-4059; www.laposadacopan.com; Av Centroaméricano; EZ/DZ mit Frühstück 575/800 HNL; 📶) La Posada ist preiswert, beschaulich und komfortabel und zudem nur einen halben Block von der Plaza entfernt. Die 19 Zimmer gruppieren sich um zwei begrünte Innenhöfe, sind behaglich und sauber und verfügen über Badezimmer mit Heißwasser, Ventilator und Fernseher.

★**La Casa de Café** B&B $$$
(☎2651-4620; www.casadecafecopan.com; Calle Rosalila; EZ/DZ mit Frühstück 1250/1520 HNL; ❄📶) Die Zimmer in dem perfekt eingerichtetes B&B sind mit geschnitzten Holztüren und guatemaltekischen Masken ausgestattet. Die Lage ist umwerfend – der Blick schweift beim ausgiebigen, köstlichen Frühstück auf dem Rasen bis hin zu den fernen guatemaltekischen Bergen im Morgendunst. Der US-amerikanische Besitzer Howard ist eine Goldgrube an Infos zum Umland und vermittelt das Gefühl, dass jeder sein persönlicher Gast ist.

Zur Casa de Café gehört auch ein exzellentes Restaurant, das den ganzen Tag über geöffnet ist. Außerdem gibt es ein vornehmeres Haus gegenüber (2000–2600 HNL pro Nacht, für längere Aufenthalte günstiger).

Terramaya BOUTIQUEHOTEL $$$
(☎2651-4623; www.terramayacopan.com; Av Centroaméricano; EZ/DZ mit Frühstück ab 2090/2350 HNL; ❄📶) Das neue komfortable und stilvolle Haus schwebt irgendwo zwischen B&B und Boutiquehotel. Es hat sechs schicke Zimmer, einen entzückenden Garten und eine von Kerzen beleuchtete Terrasse mit Aussicht auf nebelverhangene Berge. Zwei der Zimmer oben haben einen Balkon mit spektakulärem Blick auf die Ruinen und die Berge dahinter.

✖ Essen

Casa Ixchel CAFÉ $$
(Av Sesesmiles; Hauptgerichte 100–200 HNL; ⏲8–18 Uhr; 📶) In diesem Café für Kaffeeliebhaber herrscht eine freundliche Atmosphäre. Der Kaffee der Sorte Casa Ixchel Arabica stammt aus lokalem Anbau und die Espressomaschine ist hier im Dauergebrauch. Hinten gibt es einen schönen kleinen Hof zum Essen und Trinken in der Sonne und auf der Speisekarte stehen leckere Gerichte zum Frühstück, leichten Mittagessen oder Brunch.

Comedor Mary COMEDOR $$
(Hotel Mary, Av Sesesmiles; Hauptgerichte 115–250 HNL; ⏲7–21 Uhr; 📶) Ein reizendes Lokal, wo hervorragende *pupusas* im Garten oder im Speiseraum voller dunkler Holzmöbel serviert werden. *Comida típica* wird hier ebenfalls neu definiert (z. B. der *lomito de res a la plancha*, gegrillte Rinderlende); die Bedienung ist ausnehmend freundlich und die Atmosphäre vornehm.

Café ViaVia INTERNATIONAL $$
(www.viaviacafe.com/en/copan; Calle de la Plaza; Frühstück 60–80 HNL, Hauptgerichte 80–180 HNL; ⏲7–22 Uhr; 📶🖊) Das großartige Restaurant bietet Frühstück, Mittag- und Abendessen in einer fröhlichen Atmosphäre. Es hat Tische an der Straße und hinter der Bar eine Replik des Altars Q von der Akropolis der Copán-Ruinen. Der Biokaffee ist hervorragend, das Brot selbst gebacken und es gibt immer eine gute Auswahl an vegetarischen und Fleischgerichten.

★**Café San Rafael** CAFÉ, DELI $$$
(Av Centroaméricano; Mahlzeiten 150–335 HNL; ⏲Di–Sa 11–23, So & Mo 8–18 Uhr; 📶) In dem schicken Café gibt's Biokaffee, der auf der Finca gleichen Namens angebaut wird, die hier aber berühmter für ihre verschiedenen Käsesorten (Platten 20–500 HNL) ist. Das Frühstücksangebot ist üppig und verführerisch (180 HNL) und die getoasteten Sandwiches (hervorragend schmeckt das mit Steak und Provolone) ergeben einen prima Mittagsimbiss. Das Lokal mit Aussicht auf den gepflegten Rasen ist einfach rundum hinreißend und die Bedienung freundlich.

El Rincón Colombiano KOLUMBIANISCH $$$
(Calle Acrópolis; Hauptgerichte 150–300 HNL; ⏲Di–Sa 10.30–22 Uhr; 📶) Die „kolumbiani-

sche Ecke" hat eine super Dachterrasse, die ideal für ein leichtes Mittagessen (140 HNL) oder ein romantisches Abendessen unter Lichterketten ist. Zu den Gerichten zählen *ajiaco* (eine Hühnersuppe aus Bogotá) und *albóndigas en salsa napolitana de cerveza* (Fleischklößchen mit neapolitanischer Biersauce), aber am tollsten ist der *solomito de res* – Rindermedaillons in einer holländischen Käsesauce mit gedünstetem Gemüse.

Twisted Tanya's INTERNATIONAL $$$
(☎2651-4182; www.twistedtanyas.com; Parque Central; 2-/3-Gänge-Menü 380/420 HNL; ⏲Mo–Sa 11–23 Uhr; 📶) Im Tanya's, im oberen Stock mit Blick über den Parque Central, werden ein paar gute Versionen italienischer und asiatisch beeinflusster Gerichte produziert. Marokkanisch anmutende Lampen sorgen für etwas künstlerischen Pfiff. Happy Hour ist von 17 bis 18 Uhr, dann gibt es auch etliche preiswerte Tagesgerichte (150–220 HNL). Hier kann's laut werden, für ein romantisches Abendessen ist das Lokal also nicht geeignet.

Carnitas Nia Lola HONDURANISCH $$$
(Av Centroaméricano; Hauptgerichte 180–355 HNL; ⏲7–22 Uhr; 📶) Das Open-Air-Restaurant zwei Straßen südlich der Plaza hat einen schönen Blick über Mais- und Tabakfelder bis zu den Bergen. Es ist ein behagliches Plätzchen mit bodenständigem Essen; Spezialität sind Hühnchen und Rindfleisch vom Holzkohlegrill. Die Happy Hour beginnt um 18.30 Uhr.

Ausgehen & Nachtleben

★Sol de Copán BAR, BRAUEREI
(Av Mirador; Hauptgerichte 130–180 HNL; ⏲Di–Sa 14–22 Uhr; 📶) Eine supertolle Kleinbrauerei in einem großen Keller. Thomas, der freundliche deutsche Besitzer, ist sehr aufmerksam und sorgt dafür, dass allen Gästen immer ordentlich Pilsner oder Lager nachgeschenkt wird. Zu essen gibt's knackige deutsche Würstchen und an manchen Abenden wird auch Livemusik geboten. Wer Glück hat, darf Thomas sogar hinters Haus begleiten und ein paar Gärbottiche in Augenschein nehmen. *Baleadas* (65–90 HNL) gibt's auch.

Café ViaVia BAR
(www.viaviacafe.com/en/copan; Calle de la Plaza; ⏲7–22 Uhr; 📶) Die Bar ist die lebhafteste der Stadt, hat eine sehr gesellige Atmosphäre, Drink-Specials, gelegentliche Gigs und DJs, die am Wochenende lateinamerikanische und Popmusik auflegen. Auf jeden Fall eine klasse Bar, um Einheimische und Backpacker kennenzulernen.

Café Welchez CAFÉ
(☎2651-4202; nahe Parque Central; Hauptgerichte 100–150 HNL; ⏲6.30–21.30 Uhr; 📶) Das sehr nette, zweistöckige Café hat exzellenten Kaffee und Kuchen und eine zauberhafte Terrasse mit Blick auf den Parque Central. Gutes Frühstück (100–150 HNL) gibt es hier auch, z. B. Arme Ritter, Eier Benedikt und ein amerikanisches Frühstück mit allem Drum und Dran. Sandwiches, Suppen und Salate ergänzen das Angebot.

Praktische Informationen

Polizei (☎2651-4060; Calle de la Plaza; ⏲24 Std.) 300 m westlich des Parks.

Post (Calle de la Plaza; ⏲Mo–Sa 8–12 & 13–17 Uhr) Nur ein paar Häuser von der Plaza entfernt.

GELD

US-Dollars werden in den meisten Banken gewechselt, guatemaltekische Quetzal hingegen können derzeit nur auf dem Schwarzmarkt getauscht werden. Die folgenden Banken haben Geldautomaten, die ausländische Karten akzeptieren.

BAC (Parque Central; ⏲Mo–Fr 9–17, Sa bis 12 Uhr) Wechselt US-Dollars und hat einen 24 Stunden zugänglichen Geldautomaten.

BAC/Bamer (Parque Central; ⏲Mo–Fr 8–17, Sa 8.30–13 Uhr) Hat einen Geldautomaten, der Visa und MasterCard akzeptiert.

Banco Atlántida (Ecke Calle Independencia & Av Copán) Wechselt US-Dollars und hat einen Geldautomaten.

Banco Credomatic (Calle de la Plaza) An der Plaza.

Banco de Occidente (Ecke Calle 18 Conejo & Av Copán) An der Plaza; wechselt US-Dollars und gibt Bargeld auf Visa und MasterCard aus.

An- & Weiterreise

2015 wurde hier ein Flughafen eröffnet, aber zur Zeit der Recherche landeten dort nur gelegentliche Charterflüge.

BUS

Casasola-Busse (☎2651-4078; Av Sesesmiles) fahren vom **Busdepot** (☎2651-4078) am Ortseingang u. a. nach San Pedro Sula (140 HNL 3 Std., 5-mal tgl.) und Santa Rosa de Copán (100 HNL, 3 Std., stündl.), von wo es Anschluss nach Tegucigalpa gibt.

Minibusse zur/von der guatemaltekischen Grenze (20 HNL, 20 Min., alle 20 Min.) fahren von 6 bis 17 Uhr in der Nähe des Stadtfriedhofs am Ende der Calle 18 Conejo ab. Auf der guatemaltekischen Seite fahren die Busse nach Esquipulas und Chiquimula ab der Grenze regelmäßig bis etwa 17 Uhr los.

Basecamp Tours (S. 404) und das Hotel Berakah (S. 406) haben viel genutzte Shuttlebusse zwischen Copán Ruinas und Antigua (550 HNL, 6 Std.) über Guatemala-Stadt (550 HNL, 5 Std.). Shuttlebusse fahren auch nach El Salvador mit Halt in Santa Ana (640 HNL, 4½ Std.) und San Salvador (880 HNL, 5 Std.); ein Bus fährt nach Managua in Nicaragua (2200 HNL, 12 Std.) und einer nach La Ceiba (880 HNL, 6 Std.). Fahrkarten gibt's über Basecamp oder andere Reiseagenturen.

Hedman Alas (☎2651-4037; Km 62 Carretera a San Lucas) hat einen modernen Busbahnhof gleich südlich der Stadt, von wo täglich um 11 Uhr (Sa–Mo auch um 14 Uhr) 1.-Klasse-Busse nach San Pedro Sula (395 HNL, 3 Std.) abfahren.

Rund um Copán Ruinas

In den bewaldeten Hügeln um Copán Ruinas gibt es ein paar interessante Sehenswürdigkeiten, deren Besuch lohnt, wenn man ohnehin in der Stadt ist.

Sehenswertes

Los Sapos ARCHÄOLOGISCHE STÄTTE

(Hacienda San Lucas; 30 HNL) Die *sapos* (Kröten) sind alte Steinfiguren der Mayas, die an einem Ort mit herrlichem Blick über die Stadt stehen. Die Stätte wird in Zusammenhang mit Fruchtbarkeitsriten gebracht. Zu Pferd ist sie in etwa einer halben Stunde zu erreichen, zu Fuß in ungefähr einer Stunde, alles bergauf. Von Los Sapos kann man zur Stele 10 marschieren – wer das vorhat, sollte sich im Café ViaVia (S. 406) eine kostenlose Karte besorgen, da der Weg schlecht ausgeschildert ist.

Los Sapos liegt auf dem Gelände der Hacienda San Lucas, eines 100 Jahre alten Farmhauses, das zu einem B&B und Restaurant umgebaut wurde. Dort beginnen auch Wanderwege.

Aktivitäten

Finca El Cisne REITEN

(☎2651-4695; www.fincaelcisne.com; Reittour mit Unterkunft, 3 Mahlzeiten & Thermalbad ab 1800 HNL) Ein Besuch dieser Finca 24 km von Copán Ruinas ist weniger eine Besichtigung, sondern eher ein „Erlebnis auf dem Biohof". Auf der in den 1920er-Jahren gegründeten Finca wird immer noch Vieh gezüchtet und Kaffee und Kardamom angebaut. Zu den ganz- oder mehrtägigen Pauschalangeboten gehören geführte Reitausflüge durch die Wälder sowie Führungen durch die Kaffee- und Kardamomplantagen und die Verarbeitungsanlagen.

Luna Jaguar Spa Resort SPA

(www.lunajaguarsparesort.com; 250 HNL; ⊙8–17 Uhr) Das Maya-Spa direkt gegenüber den Thermalbädern auf der anderen Seite des Flusses wurde so gestaltet, als ob die Maya-Könige hier entspannt hätten, wenn sie die Gelegenheit gehabt hätten. 13 „Behandlungsstationen" (mit Hot Tubs, Kräuterdampfbädern und dergleichen) verteilen sich auf dem Hang und sind durch steinerne Pfade miteinander verbunden.

Aguas Termales THERMALBAD

(250 HNL; ⊙10–22 Uhr) Die Thermalbäder befinden sich 24 km nördlich von Copán Ruinas, eine Stunde Fahrt durch üppig grüne Berge und Kaffeeplantagen. Es gibt ein paar künstliche Becken, aber man kann sich auch in den Fluss setzen, wo sich das kochend heiße Quellwasser mit dem kühlen Flusswasser vermischt. Wer abends herkommt, sollte warme Kleidung mitbringen.

Schlafen

★ **Hacienda San Lucas** HISTORISCHES HOTEL $$$

(☎2651-4495; www.haciendasanlucas.com; EZ/DZ/3BZ mit Frühstück 2860/3300/3960 HNL; 📶) 🍃 Die zauberhafte Hazienda etwa 3 km südlich der Stadt bietet von ihren wunderbar gepflegten Gärten weite Aussichten. Es ist ein rustikales Ambiente – trotz des Preises darf nicht mit Luxus gerechnet werden. Die Zimmer unter Terracottadächern sind mit Steinfußböden, Holzmöbeln und viel lokalem Kunsthandwerk ausgestattet. Das hauseigene Restaurant ist hervorragend. Auf dem Grundstück befindet sich die archäologische Stätte Los Sapos.

Essen

★ **Hacienda San Lucas** HONDURANISCH $$$

(☎2651-4495; www.haciendasanlucas.com; 3-/4-Gänge-Menü 550/620 HNL) Das wunderbare Restaurant in einem landwirtschaftlichen Gebiet mit Blick auf die Stadt und archäologische Stätte hat so ziemlich die beste Küche in der Region; ein Essen bei Kerzenlicht im restaurierten Bauernhaus ist an Romantik kaum zu übertreffen. Die Speisen werden überwiegend mit traditionellen Zutaten und Methoden zubereitet und von edlen südamerikanischen Weinen begleitet. Reservierungen sollten zwei Tage im Voraus vorgenommen werden.

An- & Weiterreise

Von Copán Ruinas mit städtischen *mototaxis* einfach und billig zu erreichen.

Archäologische Stätte Copán

Eine der wichtigsten aller Maya-Zivilisationen lebte, gedieh und verschwand dann auf mysteriöse Weise rund um die archäologische Stätte Copán, heute eine Welterbestätte. Während der Klassik (250–900 n. Chr.) dominierte die Stadt beim heutigen Copán Ruinas die Region kulturell. Die Architektur ist nicht so großartig wie die in Tikal auf der anderen Seite der Grenze, es entstanden aber bemerkenswerte Skulpturen und Hieroglyphen. Heutzutage haben Besucher die Stätte oft praktisch ganz allein für sich, was die Erfahrung umso eindringlicher macht.

Die Ruinen liegen einen schönen, 1 km langen Fußmarsch außerhalb von Copán. Am Haupteingang befinden sich ein Besucherzentrum, ein exzellentes Skulpturenmuseum sowie ein Café und ein Geschenkeladen. Die Führer der Asociación de Guías Copán (S. 414) kennen sich wirklich aus und lohnen die Ausgabe.

Geschichte

Präkolumbische Geschichte

Seit mindestens 1200 v. Chr. leben Menschen im Copán-Tal, wie Keramikfunde aus diesem Zeitraum belegen. In Copán muss von Anbeginn an ein reger Handel geherrscht haben, da Gräber aus der Zeit von etwa 900 bis 600 v. Chr. eine eindeutig olmekische Prägung haben.

Im 5. Jh. n. Chr. kam eine Königsfamilie in Copán an die Macht, angeführt von einem mysteriösen König namens Mah K'ina Yax K'uk' Mo' (Großer Sonnenherrscher Quetzal-Ara), der von 426 bis 435 n. Chr. regierte. Archäologische Fundstücke deuten darauf hin, dass er ein großer Schamane war und spätere Könige verehrten ihn als halbgöttlichen Gründer der Stadt. Die Dynastie regierte während der gesamten Blütezeit von Copán in der klassischen Ära (250–900 n. Chr.).

Über die nachfolgenden Herrscher ist bis zum Jahr 628 n. Chr. wenig bekannt. Nur einige ihrer Namen wurden entziffert: „Filzkopf" war der zweite König, Cu Ix der vierte, Wasserlilie-Jaguar der siebte, Mond-Jaguar der zehnte und Butz' Chan der elfte.

Zu den größten Königen Copáns gehörte Rauch-Imix (Rauch-Jaguar; reg. 628–695), der zwölfte König. Rauch-Imix baute Copán zu einer wichtigen Militär- und Handelsmacht der Region aus. Er hat vielleicht auch das Fürstentum Quiriguá eingenommen, da eine der berühmten Stelen dieser Stätte seinen Namen und sein Bild trägt. Als er 695 starb war die Bevölkerung von Copán enorm gewachsen.

Nachfolger von Rauch-Imix war Uaxaclahun Ubak K'awil (18 Kaninchen; reg. 695–738), der 13. König, der die Zügel übernahm und weitere militärische Eroberungen unternahm. In einem Krieg mit Cauac-Himmel, seinem Nachbarn aus Quiriguá, wurde 18 Kaninchen gefangen genommen und geköpft. Ihm folgte K'ak' Joplaj Chan K'awiil (Rauch-Affe; reg. 738–49), der 14. König, dessen kurze Herrschaft kaum Spuren in Copán hinterließ. Der Sohn von Rauch-Affe, K'ak' Yipyaj Chan K'awiil (Rauch-Muschel; reg. 749–763), war jedoch einer der größten Bauherren von Copán. Er gab das berühmteste und bedeutendste Bauwerk der Stadt in Auftrag, die große Escalinata de los Jeroglíficos (Hieroglyphentreppe), die die Errungenschaften der Dynastie seit ihrer Gründung bis 1755, als die Treppe eingeweiht wurde, verewigt. Es ist die längste Inschrift, die jemals in der Maya-Region gefunden wurde.

Yax Pasaj Chan Yopaat (Sonnenaufgang oder Morgendämmerung; reg. 763–820; auch Yax Pac, Yax Pasaj Chan Yoaat und Yax Pasah genannt), Rauch-Muschels Nachfolger und der 16. König, setzte die Verschönerung von Copán fort. Der letzte Herrscher, U Cit Tok', kam 822 auf den Thron, aber es ist nicht bekannt, wann er starb.

Bis in jüngste Zeit war der Untergang der Zivilisation von Copán ein Rätsel. Heute mutmaßen die Archäologen, dass gegen Ende der Blütezeit Copáns die Bevölkerung so rasant wuchs, dass die landwirtschaftlichen Erträge zur Ernährung nicht mehr ausreichten. Zum Schluss konnte sich Copán landwirtschaftlich nicht mehr autark versorgen und musste Lebensmittel aus anderen Gebieten einführen. Der Stadtkern dehnte sich bis in das fruchtbare Tiefland im Zentrum des Tals aus und drängte landwirtschaftliche und Wohngebiete auf die steilen Hänge um das Tal. Große Waldgebiete wurden abgeholzt, was zu massiver Erosion führte, die Lebensmittelgewinnung weiter dezimierte und in der Regenzeit Überflutungen mit sich brachte. Interessanterweise sind diese Schäden von einst nicht allzu verschieden von dem, was heute geschieht – ein beunruhigender Trend, aber einer, der dem Maya-Glauben entspricht,

Archäologische Stätte Copán

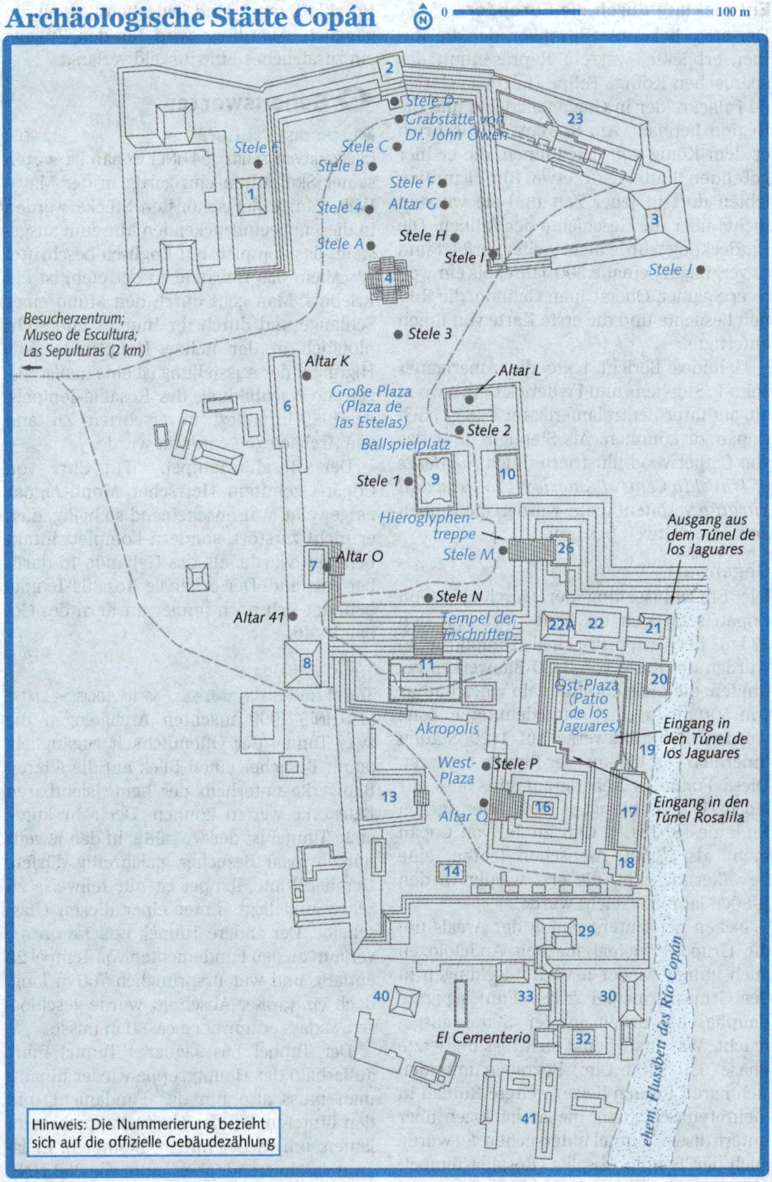

dass das Leben zyklisch verläuft und sich Geschichte wiederholt. Skelette von Menschen, die in den letzten Jahren von Copán starben, zeigen deutliche Spuren von Unterernährung und ansteckenden Krankheiten, außerdem war ihre Lebenszeit deutlich kürzer als die ihrer Vorfahren.

Das Copán-Tal wurde nicht über Nacht verlassen; Landwirte lebten vermutlich noch weitere 100 oder 200 Jahre in dem ökologisch verwüsteten Land. Aber ungefähr um 1200 waren sogar die Bauern verschwunden und die Königsstadt Copán wurde vom Dschungel zurückerobert.

Entdeckung durch die Europäer

Der erste bekannte Europäer, der die Ruinen erblickte, war ein Repräsentant des spanischen Königs Felipe II., Diego García de Palacios, der in Guatemala lebte und die Region bereiste. Am 8. März 1576 schrieb er dem König von den Ruinen, die er hier gefunden hatte. Nur etwa fünf Familien lebten dort in jener Zeit und sie wussten nichts über die Geschichte der Ruinen. Die Entdeckung wurde nicht weiter verfolgt und es vergingen beinahe 300 Jahre, bis ein weiterer Spanier, Oberst Juan Galindo, die Ruinen besuchte und die erste Karte von ihnen anfertigte.

Galindos Bericht regte die Amerikaner John L. Stephens und Frederick Catherwood an, auf ihrer Zentralamerikareise 1839 nach Copán zu kommen. Als Stephens 1841 das von Catherwood illustrierte Buch *Incidents of Travel in Central America, Chiapas, and Yucatán* veröffentlichte, wurden die Ruinen erstmals weltweit bekannt.

Gegenwart

Die Entschlüsselung der Geschichte von Copán setzt sich bis heute fort. Auf den 27 km² der Grupo Principal (Hauptgruppe) wurden die Reste von 3450 Bauwerken gefunden, die meisten innerhalb eines Radius von 500 m. In einer ausgedehnteren Zone wurden 4509 Bauwerke auf 1420 Stätten innerhalb von 135 km² der Ruinen entdeckt. Diese Funde deuten darauf hin, dass zur Hochzeit der hiesigen Zivilisation gegen Ende des 8. Jhs. n. Chr. im Tal von Copán mehr als 27 500 Menschen lebten, eine Bevölkerungszahl, die erst wieder in den 1980er-Jahren erreicht wurde.

Neben der Untersuchung des Areals um die Grupo Principal machen Archäologen auch immer wieder neue Entdeckungen in der Grupo Principal selbst. Fünf separate Bauphasen wurden in der Stätte ausgemacht. Was man heute sieht, ist die letzte Phase (650–820 n. Chr.). Begraben unter den sichtbaren Ruinen liegen weitere Ruinen in mehreren Schichten, die Archäologen über unterirdische Tunnel untersuchen. So wurde auch der Templo Rosalila (Rosalila-Tempel) gefunden, von dem ein Nachbau heute im Museo de Escultura steht. Unterhalb des Rosalila-Tempels liegt ein weiterer früherer Tempel, der Margarita-Tempel, und unter diesem der Hunal-Tempel, der das Grab des Gründers der Dynastie Yax K'uk' Mos (Großer Sonnenherr Quetzal-Ara) beherbergt. Zwei der Grabungstunnel, auch der zum Rosalila-Tempel, sind der Öffentlichkeit zugänglich. Allerdings wird für den Zugang ein zusätzliches Eintrittsgeld verlangt.

Sehenswertes

Museo de Escultura MUSEUM

(Skulpturenmuseum; 154 HNL) Copán ist wegen seiner Skulpturen einzigartig in der Maya-Welt. Einige der schönsten Stücke werden in diesem beeindruckenden Museum ausgestellt, das komplett auf Englisch beschriftet ist. Allein das Gebäude zu betreten, ist ein Erlebnis. Man geht durch den Mund einer Schlange und durch ihr Inneres und steht plötzlich in der hellen Haupthalle. Das Highlight der Ausstellung ist eine maßstabsgetreue Nachbildung des Rosalila-Tempels, der 1989 in nahezu unversehrtem Zustand von Archäologen entdeckt wurde.

Der Rosalila-Tempel, 571 n. Chr. von Copáns zehntem Herrscher Mond-Jaguar eingeweiht, war anscheinend so heilig, dass er nicht zerstört, sondern komplett intakt belassen wurde, als das Gebäude 16 darüber entstand. Der originale Rosalila-Tempel befindet sich noch immer im Kern des Gebäudes 16.

Túnel Rosalila & Túnel de los Jaguares ARCHÄOLOGISCHE STÄTTE

(330 HNL) 1999 machten Archäologen die zwei Tunnel der Öffentlichkeit zugänglich, damit Besucher einen Blick auf die älteren Bauwerke unterhalb der heute sichtbaren Bauwerke werfen können. Der sehr kurze erste Tunnel ist der **Rosalila**, in den jeweils nur ein paar Besucher gleichzeitig dürfen. Der berühmte Tempel ist nur teilweise zu sehen und liegt hinter einer dicken Glasscheibe. Der andere Tunnel, **Los Jaguares**, verläuft an den Fundamenten von Tempel 22 entlang und war ursprünglich 700 m lang, doch ein großer Abschnitt wurde geschlossen, sodass er nur noch ca. 80 m misst.

Der Tunnel Los Jaguares Tunnel führt außerhalb der Hauptgruppe wieder hinaus, man muss also um das Fundament und den hinteren Teil der Hauptgruppe herumlaufen, um wieder hineinzukommen. Er ist zwar faszinierend, aber kaum die 330 HNL Aufpreis wert.

Die Hauptgruppe

Die Hauptgruppe der Ruinen liegt etwa 400 m hinter dem Besucherzentrum und ist über gepflegte Rasen, durch ein Tor im Zaun und über schattige Alleen zu erreichen. Eine

Gruppe Aras lungern hier herum. Die Ruinen selbst wurden zur einfacheren Identifizierung nummeriert und ein ausgetretener Pfad führt um die Stätte herum.

Im **Besucherzentrum** am Eingang zu den Ruinen befinden sich der Kartenschalter und eine kleine Ausstellung über die Stätte und ihre Ausgrabung. In der Nähe gibt es eine **Cafeteria** sowie **Souvenir- und Kunsthandwerksläden** und am Weg zur Hauptgruppe der Ruinen einen Picknickplatz.

Es empfiehlt sich, die Stätte mit einem Führer zu besichtigen, der die Ruinen erklärt und zum Leben erweckt. Die Führer arbeiten für die Kooperative Asociación de Guías Copán (S. 414) und verlangen 660 HNL für Gruppen bis zu fünf Teilnehmern. Sie sind am Eingang zum Parkplatz zu finden. Diese Preise gelten nur für die Hauptstätte – Führer für die Tunnel, Las Sepulturas oder das Museo de Escultura kosten jeweils 200 bis 300 HNL extra.

Stelen der Großen Plaza

ARCHÄOLOGISCHE STÄTTE

Der Pfad führt zur **Gran Plaza** (Großer Platz; Plaza de las Estelas) und zu den großen, kunstvoll gemeißelten Stelen mit den Abbildern der Herrscher von Copán. Die meisten der schönsten Stelen Copáns stammen aus den Jahren 613 bis 738 n. Chr. Alle scheinen ursprünglich bemalt gewesen zu sein; Überreste von roter Farbe sind noch an Stele C zu erkennen. Viele Stelen hatten Vertiefungen unter oder neben sich, in denen Opfergaben niedergelegt werden konnten.

Viele der Stelen an der Gran Plaza stellen König 18 Kaninchen dar, darunter auch die Stelen A, B, C, D, F, H und 4. Die vielleicht schönste Stele an der Gran Plaza ist die **Stele A** (731 n. Chr.); das Original wurde ins Museo de Escultura verbracht und die draußen ist, wie viele hier, eine Replik. In der Nähe stehen die fast ebenso schönen **Stele 4** (731 n. Chr), **Stele B** (731 n. Chr), die 18 Kaninchen bei seiner Thronbesteigung darstellt, und **Stele C** (782 n. Chr) mit einem schildkrötenförmigen Altar davor. Diese letztere Stele ist an beiden Seiten mit Figuren geschmückt. Die **Stele E** (614 n. Chr), die auf der Estructura 1 (Gebäude 1) an der Westseite der Gran Plaza steht, gehört zu den ältesten.

Die **Stele D** (736 n. Chr.) am Fundament der Estructura 2 am Nordrand der Gran Plaza porträtiert ebenfalls König 18 Kaninchen. An ihrer Rückseite befinden sich zwei senkrechte Hieroglyphenreihen und am Fuß ein Altar mit furchterregenden Darstellungen des Regengotts Chac. Vor dem Altar liegt das **Grab von Dr. John Owen**, eines Archäologen einer Expedition des Peabody Museum der Uni Harvard, der 1893 bei Ausgrabungsarbeiten starb.

Die **Stele F** (721 n. Chr.) an der Ostseite der Plaza ist verspielter gestaltet als andere Stelen hier: Das Gewand der Hauptfigur fließt bis zur anderen Seite des Steins, der mit Glyphen geschmückt ist. **Altar G** (800 n. Chr.) mit seinen doppelköpfigen Schlangen gehört zu den letzten Bauten, die in Copán entstanden. Die **Stele H** (730 n. Chr.) stellt vermutlich eine Königin oder Prinzessin statt eines Königs dar. Bei der **Stele I** (692 n Chr.) am Bauwerk am Ostrand der Plaza handelt es sich um eine Person mit einer Maske. Die **Stele J** (702 n. Chr.) weiter im Osten gleicht den Stelen in Quiriguá, da sie nicht von menschlichen Figuren, sondern von Glyphen bedeckt ist.

Ballspielplatz & Hieroglyphentreppe

ARCHÄOLOGISCHE STÄTTE

Südlich des Ballplatzes steht Copáns berühmtestes Bauwerk, die **Escalinata de los Jeroglíficos** (Hieroglyphentreppe; 743 n. Chr.), die unter König Rauch-Muschel entstand. Heute schützt sie ein Zeltdach vor Wind und Wetter. Die Treppe aus 63 Stufen erzählt die Geschichte des Königshauses von Copán in Form von mehreren Tausend Glyphen. Rampen, die mit weiteren Reliefs und Glyphen übersät sind, fassen die Stufen ein. Die Geschichte, die auf den Stufen erzählt wird, ist noch immer nicht vollständig entziffert, da die Treppe teilweise zerstört war und die Steine durcheinandergeraten waren. Aber die Archäologen benutzen 3-D-Scanner, um eine digitale Version des Originals herzustellen, in der Hoffnung, dass sie eines Tages in Gänze lesbar sein wird.

Am Fuß der Hieroglyphentreppe steht **Stele M** (756 n. Chr.), auf der eine Figur (vermutlich König Rauch-Muschel) in einem Federumhang zu sehen ist. Glyphen berichten von der Sonnenfinsternis in jenem Jahr. Auf dem Altar davor sieht man eine gefiederte Schlange, aus deren Maul ein Menschenkopf herausschaut.

Neben der Treppe führt ein Tunnel zum **Grab eines Adligen**, eines königlichen Schreibers, der vermutlich der Sohn von König Rauch-Imix war. Das Grab, das im Juni 1989 entdeckt wurde, barg einen wahren Schatz aus bemalten Keramiken und schö-

NICHT VERSÄUMEN

EL BOSQUE & LAS SEPULTURAS

Ausgrabungen in El Bosque und Las Sepulturas ergaben Erkenntnisse über das Alltagsleben der Mayas in Copán während der Glanzzeit der Stadt. **Las Sepulturas**, einst mit der Gran Plaza über einen Damm verbunden, war vermutlich das Wohnviertel der Reichen und Mächtigen. In einer einzigen riesigen, luxuriösen Wohnanlage lebten anscheinend rund 250 Personen in 40 oder 50 Gebäuden, die um elf Höfe angelegt waren. Das Hauptgebäude, der **Palacio de los Bacabs** (Palast der Beamten), hatte Außenwände, in die zehn lebensgroße Männer mit Federkopfschmuck eingemeißelt waren; innen stand eine große, mit Hieroglyphen verzierte Bank. Las Sepulturas ist von der Hauptstraße rechts, dann am Schild nochmals rechts zu erreichen (2 km von der Gran Plaza).

Der Weg zu **El Bosque** ist der eigentliche Grund für einen Besuch, da er von den Hauptruinen entfernt liegt. Es ist ein einstündiger (5 km) Marsch auf einem gut instandgehaltenen Pfad durch dichtes Laub voller Vögel, aber an der Stätte selbst gibt's nicht viel zu sehen, abgesehen von einem kleinen Ballspielplatz. Es ist dennoch ein tolles Erlebnis, eine Stunde lang die Hauptverkehrswege einer alten Maya-Stadt zu begehen. Der Weg zu El Bosque zweigt rechts von der Bude ab, wo die Eintrittskarte gestempelt wird. Es ist unbedingt nötig, sich vor dem Marsch mit Insektenschutzmittel einzureiben.

nen Jadeschnitzereien, die sich nun in honduranischen Museen befinden.

Akropolis ARCHÄOLOGISCHE STÄTTE
Die imposante Freitreppe südlich der Hieroglyphentreppe führt auf den **Templo de las Inscripciones** (Tempel der Inschriften) hinauf. Die Wände oben an der Treppe sind mit Hieroglyphengruppen verziert. An der Südseite des Tempels der Inschriften ist der **Patio Occidental** (Westhof), im Osten der **Patio Oriental** (Osthof), auch **Patio de los Jaguares** (Hof der Jaguare) genannt. Im Westhof lohnt ein Blick auf den **Altar Q** (776 n. Chr.), der hier zu den berühmtesten Skulpturen gehört; das Original befindet sich im Museo de Escultura. An seinen Seiten sind die prächtigen Reliefs der 16 großen Könige von Copán eingemeißelt, als letzter sein Erschaffer Yax Pasaj Chan Yopaat. Hinter dem Altar ist eine Opfernische, in der Archäologen die Knochen von 15 Jaguaren und mehreren Aras entdeckten, die vermutlich zu Ehren von Yax Pasaj Chan Yopaat und seinen Vorfahren geopfert wurden.

Diese Tempelgruppe, die **Akropolis**, bildete den spirituellen und politischen Kern der Stadt, der nur Mitgliedern des Königshauses und Adligen vorbehalten war, ein Ort der Zeremonien und Königsgräber.

Im Osthof befindet sich auch das **Grab** von Yax Pasaj Chan Yopaat, nämlich unter der Estructura 18. Leider wurde das Grab lange vor den Archäologen entdeckt und geplündert. Auf dem Ost- und dem Westhof stehen diverse faszinierende Stelen sowie Skulpturen von Menschen- und Tierköpfen. Das aufwendigste Relief ist oben auf der Estructura 22 an der Nordseite des Osthofs zu sehen. Es handelt sich um den **Templo de Meditación** (Tempel der Meditation), der in den vergangenen Jahren umfassend restauriert wurde.

Aktivitäten

Asociación de Guías Copán TOUR
(☎2651-4018; guiascopan@yahoo.com) Der Verband der Copán-Führer hat ein Büro auf dem Parkplatz; es lohnt sich unbedingt, einen professionellen Führer anzuheuern, um die Ruinen zu verstehen. Die Standardführung (660 HNL) dauert 90 Minuten, eine Führung einschließlich Tunnel kostet 925 HNL für bis zu fünf Teilnehmer. Reittouren und Führungen durch zwei andere kleinere Stätten werden ebenfalls angeboten.

An- & Weiterreise

Die Maya-Ruinen von Copán liegen ein paar Kilometer von der Stadt Copán Ruinas entfernt und sind leicht zu Fuß zu erreichen. Eine Alternative sind die *mototaxis* (pro Pers. 30 HNL).

Gracias

12 800 EW.

Gracias ist eine kleine, beschauliche Stadt mit Kopfsteinpflaster und einer der hübschesten und historischsten Orte in Honduras. Eine kurze Zeit lang war Gracias im 16. Jh. die Hauptstadt des gesamten spanisch eroberten Zentralamerikas. Spuren ihrer alten Pracht sind noch an den jahrhundertealten Gebäuden, Kolonialkirchen und der eindrucksvollen Festung zu sehen. Seither befindet sie sich im langsamen, aber reizvollen Verfall und heute verläuft das Leben hier selten schneller als im Schritttempo.

Gracias wurde 1526 vom spanischen Kapitän Juan de Chavez gegründet. Der ursprüngliche Name der Stadt lautete Gracias a Dios („Dank sei Gott"). Antigua (Guatemala) und Comayagua stellten die Bedeutung der Stadt schließlich in den Schatten.

Die Gegend um Gracias, darunter der Parque Nacional Montaña de Celaque, ist bergig, wunderschön und weitgehend bewaldet. Der Hauptgrund für einen Besuch von Gracias ist eigentlich die sanft hügelige Landschaft um die Stadt herum.

Sehenswertes

Gracias ist ein bezaubernder Ort zum Umherschlendern, obwohl die Stadt kaum ausgesprochene Sehenswürdigkeiten aufzuweisen hat. Neben der berühmten Festung gibt es noch mehrere koloniale *iglesias*, u. a. **San Marcos** am Parque Central (deren Fassade merkwürdigerweise nicht zur Plaza gerichtet ist).

Die meisten anderen Attraktionen der Gegend, darunter ein paar schöne Thermalquellen, liegen wenige Kilometer außerhalb der Stadt.

Iglesia de la Merced KIRCHE
(unterschiedliche Zeiten) Die auffallende weiße Steinkirche einen Block nördlich des Parque Central besitzt eine kunstvoll gestaltete Fassade und drei Glockentürme. Sie wird derzeit mit staatlichen Zuschüssen der spanischen Regierung restauriert, die Arbeiten sollen 2018 abgeschlossen sein. Gelegentlich finden hier Konzerte und Liederabende statt – vor Ort ist zu erfahren, ob gerade etwas geboten wird (wenn nicht, muss man sich mit dem Anblick der Fassade begnügen).

Fuerte de San Cristóbal FESTUNG
(8–16 Uhr) GRATIS Die eindrucksvolle Fuerte de San Cristóbal, die in der turbulenten Zeit des 18. Jhs. errichtet wurde, bietet einen phantastischen Blick auf Gracias und die Kirche San Marcos darunter. Ansonsten ist hier oben nicht viel zu sehen, abgesehen vom **Grab des Juan Lindo**, eines Honduraners, der einst Präsident von El Salvador (1841–1842) *und* Honduras (1847–1852) war.

Jardín Botánico GARTEN
(Mo–Sa 8–17, So bis 12 Uhr) GRATIS Der botanische Garten der Stadt liegt am Südrand der Stadt, fünf Querstraßen südlich des alten Mercado Municipal, und nimmt einen halben Häuserblock ein. Die einheimische Flora kann das ganze Jahr über von einem gepflasterten Weg durch den Garten bewundert werden. Der Eingang ist durch das Museo Casa Galeano.

Museo Casa Galeano MUSEUM
(2625-5407; 30 HNL; 9–18 Uhr) Das Museum ist in einem faszinierend alten Haus untergebracht, das dringend eine Renovierung benötigt (diese Wände!). Das Ambiente mag zwar interessent sein, aber der Inhalt (eine versteinerte Schildkröte, alte Münzen) ist ziemlich mittelprächtig und nur auf Spanisch beschriftet.

Aktivitäten

Marco Aurelio (2656-0627; guiamarcolencas@yahoo.com), der Besitzer der Cafetería Artesanías El Jarrón, organisiert bzw. führt Wanderungen im Celaque (450–1200 HNL), Ausflüge nach La Campa (ab 850 HNL), **Reittouren** und verleiht Fahrräder (pro Std. 30 HNL) und Zelte (pro Nacht 80 HNL).

Wer einen Führer braucht, sollte nach Ángel im El Jardín fragen, der verschiedene Touren anbietet, oder nach Carlos in der Finca Bavaria (S. 417), der auf Vogelbeobachtung spezialisiert ist. Ganz gute Touren werden auch vom Hotel Guanacascos angeboten.

Schlafen

★ **Hotel Guancascos** HOTEL $
(2656-1219; www.guancascos.com; B/EZ/DZ ab 220/550/600 HNL; @) Eine unvergessliche, von Niederländern geführte Unterkunft mit makellos sauberen und preisgünstigen Zimmern an schattigen Pfaden, die sich über das grüne Gelände des Hotels am Hang unterhalb der Festung schlängeln. Alle Pflanzen sind beschriftet, oft sind auch Spechte und Kolibris zu sehen. Die Zimmer 13 und 14 teilen sich eine hinreißende Terrasse mit großartigem Blick auf die Stadt. Der Schlafsaal mit fünf Betten ist gut und günstig. Das hauseigene Restaurant ist eines der besten der Stadt, die Infos für Touristen sind hervorragend, Touren werden angeboten und das Hotel ist umweltfreundlich orientiert.

Casa de Mia HOTEL $
(2656-0349; EZ/DZ 400/600 HNL;) Das Hotel hat sehr gut eingerichtete und geräu-

mige moderne Zimmer, alle mit neuer Bettwäsche, Klimaanlage, schönen Holzmöbeln und ein paar Bildern an den Wänden. Es gibt kostenloses Trinkwasser und auch heißes Wasser, insgesamt also eine prima Budgetunterkunft. Es liegt gleich südlich des Markts und 200 m südwestlich vom Parque Central.

El Jardín HOSTEL $
(☎2656-1244; jardincafegracias@gmail.com; B/Zi. 220/660 HNL; 📶) Die zwei Privatzimmer und zwei Schlafsäle mit je vier Betten sind für den Komfort recht preisgünstig, obwohl das Hostel ziemlich spartanisch und nicht sehr zentral gelegen ist. Da es unter Reisenden nicht sehr bekannt ist, kann es vorkommen, dass man einen Schlafsaal für sich alleine hat. Der Besitzer Ángel bietet Vogelbeobachtungs-, Wander- und Abseiltouren an, ebenso Besuche einer lokalen Opalmine. Zum Haus gehört auch ein Restaurant.

Hotelito Josue PENSION $
(☎2656-0076; Zi. mit/ohne TV 300/400 HNL; 📶) Ein einfaches Haus mit funktionalen, eher kleinen Doppel- und 2-Bett-Zimmern an einem langen, schmalen und blumengefüllten Hinterhof, alle mit Kaltwasserbädern. Die Besitzerfamilie ist freundlich und betreibt hier auch eine *lavandería* (Waschsalon). Die Zimmer ohne TV sind 50 HNL billiger. Die Pension liegt im Marktviertel, ein paar Blocks westlich des Parque Central.

Hotel Real Camino Lenca HOTEL $$$
(☎2656-1932; www.realcaminolencahotel.com; EZ/DZ/3BZ mit Frühstück 1100/1222/1700 HNL; ❄ 📶) Das Camino Lenca ist ein kleines, schickes und sehr durchgestyltes Hotel in einem Kolonialhaus mit eleganten Zimmern um ein Atrium voller Pflanzen. Die Zimmer selbst sind komfortabel und haben Extras wie Massageduschen und große Flachbildfernseher, manche sind jedoch ohne Tageslicht. Auf dem Dach gibt es eine beliebte Bar und unten ein Restaurant.

Essen

Cafetería Artesenías El Jarrón HONDURANISCH $
(Parque Central; Hauptgerichte 60–120 HNL; ⏰7–20 Uhr; 🖉) Ein quirliges, atmosphärisches Lokal, das besonders mittags gut besucht ist: Das Buffet (70–90 HNL) mit vielen vegetarischen Gerichten ist ein Superschnäppchen. Die Gäste sitzen an polierten Holztischen oder hinten auf der Gartenveranda. Hier werden auch Kunsthandwerk und Keramiken der Lenca verkauft und Touren organisiert.

Jardín Café INTERNATIONAL $$
(☎2656-1244; Hauptgerichte 130–170 HNL; ⏰Mo–Do 11–21, Fr & Sa 12–1 Uhr; 📶🖉) Das nette kleine Café am Nordrand der Stadt ist eine willkommene Ergänzung im Restaurantangebot der Stadt. Es ist zwar nicht sehr atmosphärisch, aber das Essen ist klasse, z. B. das köstliche *sandwich graciano* (eine Fajita mit Steak und Pommes). Ebenfalls im Angebot sind Hamburger und einige vegetarische Gerichte.

Restaurante Guancascos INTERNATIONAL, HONDURANISCH $$
(Hotel Guancascos; Mahlzeiten 85–210 HNL; ⏰7–21 Uhr; 📶) Ein wunderbares Terrassenrestaurant im Hotel Guancascos (S. 415) mit Blick über die Terrakottadächer von Gracias und das Lenca-Hochland. Toll zum Frühstück (70–90 HNL), ein sättigendes Sandwich, ein vegetarisches Gericht oder gebratenen Fisch. Die Bedienung ist effizient und es gibt frische Säfte und glasweise Wein.

Ausgehen & Nachtleben

★**Kandil** BAR
(⏰Di–So 11.30–22 Uhr; 📶) Das Kandil, Vorreiter zeitgenössischer Ästhetik in den ländlichen Lenca-Bergen, ist ein sehr schön gestaltetes Lokal, das modische Einrichtung mit traditionell kolonialem Stil kombiniert. Serviert wird im eleganten Speiseraum und draußen im schattigen Innenhof. Es ist berühmt für seine Cocktails und Pizza, aber das eigentliche Vergnügen ist die Gesellschaft der szenig-künstlerischen Gäste, die hier abhängen. Aus dem Lautsprechen schallt überwiegend Electronic und Indie und gelegentlich werden Indie-Filme gezeigt. Die Bar liegt zwei Straßenblöcke nördlich des Parque Central.

Plaza Cafe KAFFEE
(Parque Central; Getränke & Snacks 20–60 HNL; ⏰7–20.40 Uhr; 📶) Das Café in einem zweistöckigen, sechseckigen Haus inmitten des zentralen Platzes der Stadt ist der schönste Ort für einen Espresso, Cappuccino, aromatisierten Kaffee oder eine *granita* (Obstsaft mit Eis) und einen Doughnut – der Kaffee stammt von der Finca Santa Elena in der Nähe. Die Tische oben sind ideal, um Leute zu beobachten.

Finca Bavaria BAR

(⌚18–24 Uhr) Die lärmende Bar auf einer verwahrlosten, 35 000 m² großen *finca de café* (Kaffeeplantage) ein paar Straßenblöcke nördlich des Parque Central ist beliebt bei Backpackern und zieht auch jede Menge lokaler Originale an. Das Haus ist außerdem eine der billigsten Unterkünfte in der Stadt, aber die Zimmer (EZ/DZ 350/400 HNL) sind sehr schlicht und auch feucht – ein Drink ist hier sicherlich einem Gästebett vorzuziehen.

Shoppen

Ensaladas Dulces Lorendiana LEBENSMITTEL

Der kleine Laden ist eine tolle Entdeckung: Die Regale sind vom Boden bis zur Decke vollgestopft mit Hunderten (Tausenden?) Gläsern mit eingelegtem Gemüse, Chutneys und Obstwein, alles selbst gemacht vom Besitzer. Eine Portion zum Mitnehmen kostet 25 HNL. Der Laden liegt 250 m südwestlich des Parque Central.

Praktische Informationen

Banco Atlantida (⌚Mo–Fr 9–17 Uhr) Einen Häuserblock westlich des Parque Central. Hat einen Geldautomaten.

Banco de Occidente (Parque Central; ⌚Mo–Fr 9–17 Uhr) Mit Geldautomat.

Farmacia Alessandra (☎2656-1275; ⌚7.30–12.30 & 13.30–20 Uhr) Apotheke.

Hospital Dr Juan Manuel Galvez (☎2656-1100; Carretera a Santa Rosa de Copán; ⌚24 Std.) Das sehr einfache Krankenhaus liegt in der Nähe des Ortseingangs gegenüber der Texaco-Tankstelle.

Post (⌚Mo–Fr 8–12 & 14–17, Sa 8–11 Uhr) Einen Block südöstlich des Parque Central.

An- & Weiterreise

Die meisten Busse fahren am Busbahnhof an der Ringstraße gleich nordwestlich der Festung ab. Er ist verkehrsreich und verwirrend und man muss fragen, welcher der unzähligen umfunktionierten amerikanischen Schulbusse der richtige ist (Fahrkarten werden im Bus verkauft). Sie fahren u. a. nach San Juan, Santa Rosa de Copán, San Pedro Sula und La Esperanza. Nach Copán Ruinas muss in Santa Rosa de Copán und nach Comayagua in La Esperanza umgestiegen werden.

ZIEL	PREIS (HNL)	FAHRZEIT	ABFAHRTEN
La Esperanza	90	2½ Std.	5-mal tgl.
San Juan	40	1 Std.	8-mal tgl.
San Pedro Sula	150	4 Std.	4-mal tgl.
Santa Rosa de Copán	50	1½ Std.	alle 30 Min.

Rund um Gracias

In der sanft hügeligen, grünen Landschaft um Gracias befinden sich zwei viel besuchte Thermalquellen, mehrere traditionelle Lemca-Dörfer und grandiose Schluchten. Im Dorf **La Campa** wird Ziplining zum Erkunden der zerklüfteten Landschaft geboten.

Aktivitäten

★ **Canopy Extremo** ABENTEUERSPORT

(☎9696-2967, 9854-4351; La Campa; 660 HNL) Canopy Extremo veranstaltet spannende Zipliningtouren im Umland des kleinen Dorfs La Campa. Dort überspannen sechs Seilrutschen in atemberaubender Höhe die Täler. Auf Sicherheit wird stark geachtet und die

NUEVA OCOTEPEQUE

Das staubige Nueva Ocotepeque ist ein Knotenpunkt mit viel Verkehr zu den nahen Grenzübergängen Agua Caliente (Guatemala) und El Poy (El Salvador). Der Ort ist unangenehm und es wird dringend davon abgeraten, dort zu übernachten. Wer es dennoch tut, sollte bei Dunkelheit vorsichtig sein. Nur wenige Reisende bleiben hier, aber es gibt ein paar zweckmäßige Hotels, darunter das preisgünstige **Hotel Turista** (☎2653-3639; Av General Francisco Morazán; DZ ohne Bad 290 HNL, EZ/DZ 320/450 HNL; 📶).

Zwei Fernbusgesellschaften fahren von und nach Nueva Ocotepeque: **Congolón** (☎2653-3064) liegt einen halben Block südlich des Parque Central, **Sultana** (☎2653-2405) zwei Blocks nördlich des *parque*. Busse nach Agua Caliente und El Poy fahren am Busbahnhof Transportes San José zwei Blocks nördlich des *parque* ab.

Nach Tegucigalpa geht es mit dem Bus nach San Pedro Sula (dort umsteigen) und nach Santa Rosa de Copán mit allen Bussen Richtung San Pedro Sula.

ABSTECHER

TOUREN IM UMLAND VON GRACIAS

Mehrere kleine Ortschaften in der Nähe von Gracias lohnen einen Besuch. **La Campa** ist ein traditionelles Dörfchen 16 km südlich der Stadt: Mit seiner Lage zu Füßen hoher Berge und am Rand einer dramatischen Schlucht ist es wohl eines der malerischsten in Honduras. Es gibt hier mehrere Töpfereien und man kann zum Gipfel des Camapara wandern (6 Std. hin & zurück; in den lokalen Hotels werden Führer vermittelt).

San Manuel Colohete 16 km hinter La Campa ist eine weitere schöne kleine Bergstadt. Ihre schöne, restaurierte Kirche aus der Kolonialzeit ist berühmt für ihre 400 Jahre alten Fresken.

Im **Parque Nacional Montaña de Celaque** (132 HNL), einem der spektakulärsten Nationalparks von Honduras, befindet sich der Cerro de las Minas, der höchste Berg des Landes (2849 m), bedeckt von dichten Wäldern. Im Park entspringen mehrere Flüsse, es gibt einen majestätischen Wasserfall, der vom gesamten Tal aus sichtbar ist, und sehr steile Hänge, auch einige vertikale Felswände. Das Tier- und Pflanzenleben im Park ist sehr vielfältig. Hier leben Pumas, Ozelote und Quetzale, die man aber selten sieht. Häufiger vertreten sind Schmetterlinge, Affen und Reptilien.

Instrukteure sprechen Englisch; für den gesamten Parcours sind gut zwei Stunden nötig. Es ist wichtig, sich vorher anzumelden, damit die Leute vor Ort Bescheid wissen, und es lohnt sich auch, um die kostenlose Abholung vom Hotel in Gracias zu bitten.

Centro Turístico Terma del Río THERMALBAD
(100 HNL; ⏲7–21 Uhr) Das Thermalbad Centro Turístico Terma del Río 7 km außerhalb der Stadt an der Straße nach Santa Rosa de Copán ist zwangloser als sein „präsidiales" Pendant. Es ist mit allen Bussen Richtung Santa Rosa zu erreichen.

Aguas Termales Presidente THERMALBAD
(30 HNL; ⏲6–23.30 Uhr) Die Thermalquellen der Aguas Termales Presidente gehören zu den Hauptattraktionen von Gracias. Sie liegen 6 km südöstlich der Stadt und bestehen aus mehreren Becken mit unterschiedlichen Temperaturen. Die Thermalquellen werden von den meisten Leuten mit Vorliebe am Wochenende und am Abend aufgesucht, diese Zeiten sind also am besten zu vermeiden. Zu erreichen sind die Bäder mit einem *mototaxi* ab Gracias (80 HNL). Man kann mit dem Fahrer entweder einen Preis für die Wartezeit aushandeln oder für die Rückfahrt ein *mototaxi* anhalten.

Schlafen

Hostal JB PENSION $
(☎9925-6042; La Campa; Zi. 350–500 HNL) Eine der besten Unterkünfte an der Ruta Lenca; eine Art großes Ferienhaus mit fünf Zimmern. Alle haben neue französische Betten mit dicken Bettdecken und Heißwasserbäder. Den Gästen stehen eine voll ausgerüstete Küche und ein großes Wohnzimmer mit Sofas, Volkskunst und hoher Balkendecke zur Verfügung. Das Haus liegt an der Haarnadelkurve kurz vor der Kirche.

Hotel Vista Hermosa HOTEL $
(☎2625-4770; La Campa; Zi. 350–500 HNL) Das Hotel hat einige hübsche Aussichten (wie der Name andeutet) und ist sauber und gepflegt. Allerdings fehlt ihm etwas von dem altmodischen Charme des übrigen Dorfs.

An- & Weiterreise

Beide Thermalbäder sind am einfachsten mit dem *mototaxi* (80 HNL) von Gracias zu erreichen. Busse fahren von Gracias nach La Campa (25 HNL, 1 Std., 4-mal tgl.) und normalerweise weiter nach San Manuel Colohete (35 HNL, 2 Std.).

NÖRDLICHES HONDURAS

Die üppige, tropische Nordregion von Honduras hat Besucher schon seit Jahrhunderten mit ihren Naturschönheiten und der lässigen karibischen Atmosphäre verführt. Zwischen den Stränden liegen Mangrovensümpfe und Dschungelreservate, die geradezu zur Erkundung auffordern. Raftingtouren auf dem Wildwasser des Río Cangrejal ist der absolute Hit, aber es gibt auch schöne Wanderwege im Parque Nacional Pico Bonito und das einzigartige Flair und die Rhythmen der Garifuna-Dörfer an der Küste. Das abgelegene Trujillo, letzte

Station vor der Moskitia, ist ein zauberhaftes Stück der alten Karibik mit wunderbaren Stränden in der Nähe und großartiger Berglandschaft dahinter.

Trotz allem, was die Region zu bieten hat, fahren Reisende auf ihrem Weg zu den Islas de la Bahía oder Belize hier einfach durch und sehen nicht mehr als den tristen Charme von Puerto Cortés, Tela oder La Ceiba. Mehr noch als andere Landesteile ist der Norden von Honduras eine Region, in der Städte vermieden werden sollten und es besser ist, sich auf dem Land aufzuhalten.

Omoa

30 000 EW.

Omoa wirkt wie eine Sackgasse und tatsächlich verirren sich in die unscheinbare Stadt 18 km westlich von Puerto Cortés nur wenige Besucher. Dennoch ist sie ein hübscher, kleiner Badeort an einer breiten, gebogenen Bucht mit tollem Blick auf den Sonnenuntergang, selbst wenn wegen der Küstenerosion der braune Sandstrand nur schmal ist. Es gibt eine historische Festung und am Ufer ein paar Fischrestaurants.

Sehenswertes

Fortaleza de San Fernando de Omoa FESTUNG
(☎2658-9167; 88 HNL; ⏲Mo–Fr 8–16, Sa & So 9–17 Uhr) Historische Berühmtheit erlangte Omoa wegen dieser kolossalen spanischen Festung. Sie wurde zwischen 1759 und 1777 aus Ziegeln und Korallen im Auftrag von König Ferdinand VII. von Spanien gebaut, um die Küste vor der grassierenden karibischen Piratenplage zu schützen, wurde aber 1779 von den Briten eingenommen. Gleichwohl ist sie heute in hervorragendem Zustand und das schöne Besucherzentrum und das Museum präsentieren einen überzeugenden Einblick in die Geschichte.

Schlafen & Essen

Roli's Place HOSTEL $
(☎2658-9082; www.omoa.net/roli.html; Zeltplatz/Hängematte/B pro Pers. 80/80/100 HNL, EZ/DZ ohne Bad 150/200 HNL, EZ/DZ mit Bad 220/250 HNL; ❄📶) Ein hervorragendes Hostel in Schweizer Besitz auf einem großen Rasengelände – wunderbar zum Abhängen und nur 70 m vom Strand entfernt. Die gut eingerichteten Doppelzimmer mit Kabelfernsehen sind ein Schnäppchen. Außerdem gibt es einen ganz guten Schlafsaal und einen schattigen Campingplatz. Kostenlos sind die meerestauglichen Kajaks, Fahrräder und Trinkwasser. Dies ist übrigens kein Partyhostel und es gibt zahlreiche Hausregeln.

Hotel Michelle HOTEL $$
(☎2658-9104; www.hotelmichelle.ca; EZ/DZ/4BZ 500/700/800 HNL; ❄📶🏊) Das Hotel in honduranisch-kanadischem Besitz liegt direkt am Strand und ist mit seinen fünf adretten, sehr preisgünstigen Zimmern, einem kleinen Pool und einer Bar sein Geld wert. Einige Zimmer haben Warmwasser, Mahlzeiten gibt es auf Anfrage. Klimaanlage ist optional, wer also nur mit einem Ventilator zurechtkommt, kann etwas Geld sparen.

Burgers & Mariscos HONDURANISCH, FISCH & MEERESFRÜCHTE $$
(Carretera a Guatemala; Hauptgerichte 70–200 HNL; ⏲8–21 Uhr) Es ist zwar zu Fuß ganz schön weit hierher (etwa 15 Minuten von Roli's), aber das exzellente Lokal an der Fernstraße hat gutes und günstiges Essen, z. B. hervorragende Hamburger, frische Meeresfrüchte und leckeren *tamarindo*-Saft.

An- & Weiterreise

Es gibt stündliche Busverbindungen (20 HNL, 30 Min.) mit Puerto Cortés; einige Busse zweigen von der Carretera ab und lassen Fahrgäste am Strand aussteigen, der etwa 1,5 km von der Fernstraße entfernt ist.

Roli's Place bietet auf Anfrage einen Shuttleservice nach La Ceiba oder Puerto Barrios in Guatemala.

Puerto Cortés

126 000 EW.

Die wichtigste Hafenstadt von Honduras ist durch und durch deprimierend und hässlich – ab hier kann für Neuankömmlinge aus Guatemala oder Belize alles nur besser werden. Außer der Fähre nach Belize gibt es für Reisende hier nichts Interessantes. Wer durch den Fährfahrplan zum Übernachten gezwungen wird, ist mit dem attraktiveren Omoa besser bedient. Die meisten Leute ziehen aber direkt nach San Pedro Sula weiter.

Festivals & Events

Día de los Garifunas KULTUR
(⏲12. April) Das jährliche Fest der Garifuna erinnert an den Tag im Jahr 1797, als sie in Honduras eintrafen.

Schlafen

Hotel El Centro HOTEL $

(☎2665-1160; 3a Av. zw. Calle E 2a & 3a; Zi. mit Ventilator/Klimaanlage ab 450/650 HNL; P ❄ 📶) Das Hotel im Stadtzentrum ist sicher und sauber: Eine gute Wahl für Backpacker.

Prince Wilson Hotel HOTEL $$

(☎2665-6512; EZ/DZ mit Klimaanlage 600/800 HNL; ❄ 📶) Das annehmbare Haus ist die beste Option für die Fähre, da es direkt am Anleger liegt. Die Zimmer sind sauber und komfortabel und das Personal ist hilfsbereit. Mit Abstand die beste und sicherste Unterkunft.

An- & Weiterreise

BUS

Busse nach San Pedro Sula (38 HNL, 1 Std., alle 15 Min. bis 17.30 Uhr) fahren vom Busbahnhof in der 4a Avenida zwischen den Calles 3a und 4a ab. Die Busse zur guatemaltekischen Grenze in Corinto verkehren ungefähr stündlich (60–80 HNL, 2 Std.) über Omoa (20 HNL, 30 Min.).

SCHIFF/FÄHRE

Zwei Fähren von zwei verschiedenen Unternehmen fahren wöchentlich nach Belize. Beide legen seltsamerweise exakt zur gleichen Zeit) am gleichen Tag (Mo 11 Uhr) ab und auch vom gleichen Kai neben dem Restaurant El Delfin in Barra la Laguna 3 km südöstlich des Zentrums. Wer mit dem Bus in Puerto Cortés eintrifft, sollte den Fahrer bitten, an der Laguna-Kreuzung anzuhalten, dann dort die Straße überqueren und Richtung Brücke gehen. Dort befinden sich der Ticketverkauf und die Einreisebehörde.

Die **D-Express** (☎2665-0726, 9991-0778) fährt nach Big Creek und Placencia (beide 1320 HNL). Die **Starla International** (☎9545-9322) legt in Dangriga (1210 HNL) und Belize City (1760 HNL) an. In beiden Fällen müssen Passagiere um 10 Uhr am Kai sein, um vor der Abfahrt die Formalitäten zu erledigen.

Eine Überfahrt nach Belize ist übrigens meist billiger und einfacher ab der guatemaltekischen Hafenstadt Puerto Barrios.

Tela

87 600 EW.

Tela ist ein heruntergekommener urbaner Badeort, dessen Strände leider zugemüllt sind und der an vielen Ecken schlichtweg auch tagsüber zu gefährlich ist. Das Stadtzentrum ist ziemlich unansehnlich und absolut unsicher bei Nacht, während die Hotels und Restaurants mittelmäßig und überteuert sind.

Trotz alledem kommen viele Leute hier durch und bleiben sogar ein oder zwei Nächte, um den phantastischen Lancetilla Jardín Botánico zu besuchen, den größten botanischen Garten auf dem amerikanischen Doppelkontinent. Die beiden Nationalparks Jeannette Kawas und Punta Izopo sind ebenfalls wunderbare Ausflugsziele und liegen in unmittelbarer Nähe der Stadt.

Während der **Semana Santa** (Karwoche vor Ostern) ist Tela voll mit honduranischen Urlaubern, aber im übrigen Jahr ist hier alles ziemlich *tranquilo*.

Sehenswertes

Die Hauptattraktion von Tela selbst sind die **Strände**, die sich kilometerlang um die Bucht erstrecken. Die meisten sind vermüllt, aber westlich der Stadt ist vor dem Hotel Villas Telamar ein heller, pudriger Abschnitt, der makellos sauber gehalten wird. Auch Nichtgäste können hier Strandliegen

LERN DEN BEAT: DIE GARIFUNA-TÄNZE

Zur Livemusik der Garifuna zu tanzen, ist ein Highlight an der Nordküste. Musiker erzeugen mit mächtigen Trommeln, dem Panzer einer Schildkröte, Maracas und einer großen Muschelschale einen stampfenden, schlichten Rhythmus. Worte werden gesungen, die Zuhörer antworten und die Tänzer fangen an, wie wild ihre Hüften zur punta, einem traditionellen Tanz der Garifuna, kreisen zu lassen.

Jedes Jahr Mitte Juli findet das **Nationale Garifuna-Tanzfest** in der kleinen Stadt Baja Mar nahe Puerto Cortés statt. Alle Städte und Dörfer haben ihre jährlichen Fiestas und das ganze Jahr über gibt es Kulturveranstaltungen und Versammlungen aller Art. Am **Garifuna-Tag** (S. 419), einem wichtigen Feiertag für alle Garifuna-Gemeinden, wird des Tages im Jahr 1797 gedacht, als die Garifuna in Honduras anlandeten.

Die Städte Santa Fe und Santa Rosa de Aguán in der Nähe von Trujillo haben ihre eigenen Feste, jeweils vom 15. bis 30. Juli und vom 22. bis 29. August. An den letzten drei Tagen ist die Stimmung in der Regel am ausgelassensten.

mieten, aber nur, wenn die Auslastung des Resorthotels gering ist. Die entfernter liegenden Strände sind zwar viel sauberer, aber auch gefährlicher.

Aktivitäten

Eco di Mare Tours TOUR
(☎9932-3552, 9727-1007; www.ecodimaretours.edicypages.com; Ecke 4a Av NE & 10 Calle NE, vor dem Parkplatz der Banco Atlántida) Das Tourunternehmen bietet Ausflüge zum Lancetilla Jardín Botánico, Parque Nacional Jeannette Kawas und Parque Nacional Punta Izopo sowie verschiedene Aktivitäten wie **Sportangeln** und **Bananenbootfahren**. Tagestouren kosten ab 680 HNL pro Person.

Garífuna Tours BOOTSTOUR
(☎2448-1069; www.garifunatours.com; 9a Calle NE, an der 5a Ave NE) Eine professionelle, alteingesessene Agentur, die Touren anbietet, darunter ganztägige Bootsfahrten in den Parque Nacional Jeannette Kawas (ab 860 HNL), ganztägige Kajaktouren im Punta Izopo 860 HNL) und Ausflüge zu den Cayos Cochinos (1080 HNL). Wie der Name vermuten lässt, sind auch exzellente Ausflüge zu verschiedenen Garifuna-Dörfern im Angebot, darunter eine begehrte Motorradtour (1740 HNL). Für die Touren sind mindestens sechs Teilnehmer erforderlich.

Schlafen

M@ngo Hotel HOTEL $
(☎2448-0388; www.hotelmangotela.com; Ecke 5a Av & 8a Calle NE; EZ/DZ/3BZ 475/584/704 HNL; ❄📶) Das Hotel ist eine prima Budgetunterkunft und das nächste, was Tela an einem Hostel zu bieten hat. Es ist zentral, sauber und sicher. Die Zimmer sind zwar ziemlich einfach und kriegen die volle akustische Ladung von kitschigem Merengue und wildem Reggaetón aus dem Laden gegenüber ab, aber das Mango selbst ist angenehm und freundlich. Fahrräder werden hier auch verliehen (175 HNL pro Tag), was die Erkundung von Tela erleichtert.

Hotel Bertha PENSION $
(☎2448-3020; 2a Av NE & 7a Calle NE; Zi. mit Ventilator/Klimaanlage ab 230/400 HNL; ❄) Eine klassische Pension der alten Schule in einer ruhigen Lage. Toll an ihr ist, dass die freundliche Besitzerfamilie keinen Schnickschnack bietet, aber sehr anständige, saubere Zimmer mit Bad (Kaltwasser) zu erschwinglichen Preisen vermietet. Eine besonders herzliche Begrüßung ist allerdings nicht zu erwarten. Hotel Bertha liegt fünf Minuten zu Fuß landeinwärts vom Strand.

★ **Maya Vista Hotel y Restaurante** HOTEL $$
(☎2448-1497; www.mayavista.com; 8a Calle NE, zw. 9a & 10a Av NE; EZ/DZ/3BZ 1300/1350/1750 HNL; ❄📶🏊) Das architektonisch interessante Hotel auf einem Hügel inmitten der Stadt ist mit Abstand die beste Unterkunft in Tela. Es hat eine schöne Auswahl an Zimmern mit geschmackvoller Einrichtung, viele mit weitem Blick über Tela und das Meer. Zum Haus gehört auch ein sehr gutes, wenn auch teures Restaurant (Hauptgerichte 230–345 HNL), dessen Spezialität Hamburger und Meeresfrüchte sind.

Essen

Auto Pollo Al Carbón FAST FOOD $
(11a Calle NE Höhe 2a Av NE; Huhn 38–165 HNL; ⏲7–23 Uhr) Brathühnchen unter einem Wellblechdach in einer hübschen, rot und weiß gestrichenen offenen Bude nur einen Steinwurf von der Karibik entfernt. Ein Viertel Hühnchen und ein Salat kosten nur 38 HNL.

Luces del Norte FISCH & MEERESFRÜCHTE $$
(Ecke 11a Calle NE & 5a Av NE; Hauptgerichte 140–350 HNL; ⏲7–21 Uhr; 📶) Das beliebte Restaurant in einem ansehnlichen karibischen Holzhaus ist in der Stadt für seine Meeresfrüchte bekannt. Es serviert auch diverse Pastagerichte, Omelettes und ein üppiges Frühstück (um 120–50 HNL).

Pizzería Bella Italia ITALIENISCH $$
(☎2448-1055; Ecke 4a Av NE & Calle Peatonal; Hauptgerichte 100–300 HNL; ⏲Do–So 16.30–22 Uhr; 📶) Die Gäste zahlen in dem recht teuren italienischen Restaurant für die Lage am Meer (und die bewaffneten Sicherheitsleute). Die Pizza – von Einzelportionen bis zu 16-teiligen *gigantes* – ist ganz anständig. Spezialität des Hauses sind jedoch die *panzerotti*, eine Calzone-Variante mit einer Füllung aus Salami, Schinken, Pilzen und weiteren Zutaten. Die kitschige Einrichtung rundet das Bild ab.

Praktische Informationen

Banco de Occidente (Parque Central; ⏲Mo–Fr 8–17.30, Sa 8.30–13 Uhr) Mit Geldautomat.

Fundación Prolansate (☎2448-2042; www.prolansate.org; Ecke 7a Av & 8a Calle NE; ⏲Mo–Do 8–17.30, Fr bis 16.30 Uhr) Fördert den Ökotourismus in Tela, hat Infos zum Lancetilla Jardín Botánico und Parque Nacional Jeannette Kawa. Organisiert auf Anfrage auch Besichtigungen zu Lehrzwecken.

Post (4a Av; ⌚ Mo–Fr 8–16, Sa 8–12 Uhr)

Touristenpolizei (☎ 9713-6731; Ecke 11a Calle NE & 4a Av NE; ⌚ 24 Std.)

GEFAHREN & ÄRGERNISSE

Tela ist eine arme Stadt und nach Einbruch der Dunkelheit nicht sicher. Nachts ist jeglicher noch so kurze Weg zu Fuß zu vermeiden, besonders in schlecht beleuchteten Straßen und am Strand.

Wertsachen sollten auf keinen Fall an den Strand mitgenommen werden. Ohne Begleitung sind alle Ecken hinter dem Hotel Villas Telamar Resort (westliches Strandende) und dem Anleger des La Ensenada Beach Resort (östliches Strandende) auch tagsüber absolut tabu.

An- & Weiterreise

Langsame Busse nach La Ceiba (50 HNL, 2½ Std., 4–18 Uhr) fahren alle 20 Minuten vom Fernbusbahnhof in Tela an der Ecke 9a Calle NE und 9a Avenida NE ab. Schnellere Direktbusse nach La Ceiba (80 HNL) und San Pedro Sula (155 HNL) fahren regelmäßig an der Tankstelle an der Fernstraße ab. Sie ist mit dem Taxi zu erreichen.

Am Busbahnhof von **Transportes Tela Express** (2a Av NE) fahren täglich neun (sonntags sieben) Direktbusse nach San Pedro Sula (160 HNL, 2 Std.). **Hedman Alas** (☎ 2448-3075; Hotel Villas Telamar; ⌚ 8–17 Uhr) hat einmal täglich eine Verbindung nach San Pedro Sula (265 HNL, 2 Std.) und nach La Ceiba (295 HNL, 2 Std.).

Regionalbusse zu den Garifuna-Dörfern bei Tela fahren von einem ungeteerten Platz an der Ecke 11a Calle und 8a Avenida ab.

Rund um Tela

Das Umland von Tela besticht durch seine faszinierende Vielfalt. In einem relativ kleinen Gebiet gibt es tolle Strände, mehrere Naturschutzgebiete, florierende Garifuna-Dörfer und einen der größten botanischen Gärten der Welt.

Sehenswertes

Refugio de Vida Punta Izopo TIERSCHUTZGEBIET

(66 HNL) Die Flüsse, die in das Wildreservat Punta Izopo fließen, bilden ein Labyrinth aus Flussläufen im dichten Mangrovenwald. Affen, Schildkröten und sogar Krokodile leben hier, ebenso viele Vogelarten. Beim stillen Gleiten auf den Mangrovenkanälen sind viele Tiere oft aus nächster Nähe zu sehen. Tourunternehmen in Tela organisieren **Kajakausflüge** zur Punta Izopo. Es ist aber auch möglich, auf eigene Faust eine Kajaktour im Dorf El Triunfo de la Cruz zu vereinbaren.

Parque Nacional Jeannette Kawas NATIONALPARK

(120 HNL) In dem Nationalpark nicht weit von Tela gibt es mehrere weiße Sandstrände, u. a. die hübsche **Playa Cocalito**. Die Korallenriffe vor der Küste bieten halbwegs gute **Schnorchelmöglichkeiten**, während Brüllaffen, Königsboas und Tukane im Wald leben. Auf Tagesausflügen kann man **wandern**, schnorcheln und am Strand faulenzen. Die beiden großen Reiseagenturen in Tela bieten Touren an.

Garifuna-Dörfer

Von Tela aus gut zu erreichen sind mehrere idyllische Dörfer, in denen Garifuna leben. Jedes besteht aus rustikalen Häusern (manchmal auf Pfählen) direkt am Strand, wo Fischerkanus liegen und das blaue Wasser der Karibik ans Ufer schwappt.

Sehenswertes

Das nächstgelegene Dorf ist das hübsche kleine **La Ensenada** kurz vor der Landspitze 3 km östlich von Tela den Strand entlang. Das nur 100 m vom Strand gelegene **Hotel Laguna Mar** (☎ 9811-5558; La Ensenada; DZ 600 HNL; P ❄) hat penibel gepflegte Gärten und adrette kleine Zimmer. Meeresfrüchterestaurants in La Ensenada sind meist nur am Wochenende geöffnet.

Das größere **El Triunfo de la Cruz** ist mit regulären Bussen zu erreichen, die in der Nähe des Markts in Tela abfahren. Es ist das am meisten erschlossene Garifuna-Dorf und hat daher nicht das beschauliche Flair der anderen Dörfer.

8 km westlich von Tela liegt das große Garifuna-Dorf **Tornabé**, wo Bootstouren vereinbart werden können. Hinter Tornabé erstreckt sich der Strand noch mehrere Kilometer bis nach **Miami**, einem wunderschönen Dorf aus Hütten mit *palapa*-Dächern auf einer schmalen Sandbank; es ist das traditionellste und ursprünglichste Dorf an diesem Abschnitt. Hier werden Boote für Ausflüge in den Parque Nacional Jeannette Kawas vermietet (1800 HNL für bis zu 7 Pers.).

An- & Weiterreise

Ab dem Regionalbusbahnhof in Tela fahren Busse über zwei Routen in ca. 30 bis 45 Minuten zu den Garifuna-Dörfern: In Richtung Westen fahren sie nach Tornabé, gen Osten nach El Triunfo de la Cruz (jeweils 14–20 HNL, Mo–Sa ca. 7–17 Uhr, stündl.).

Auto- und Fahrradfahrer erreichen Tornabé über die Strandstraße ab Tela Richtung Westen. Vorsicht beim Überqueren der Sandbank an der Laguna de los Micos zwischen San Juan und Tornabé – hier bleiben Fahrzeuge regelmäßig stecken. Von Tornabé weiter nach Miami ist ein Allradfahrzeug nötig. Alternativ ist Tornabé von der Landstraße aus zugänglich: An der Abzweigung 5 km westlich von Tela weist ein Schild den Weg zu „The Last Resort". Von Tela aus nach La Ensenada oder El Triunfo de la Cruz zweigen Autofahrer von der Landstraße nach Triunfo de la Cruz 5 km östlich von Tela ab. Nach 1 km gabelt sich die Straße: Links geht's nach La Ensenada, rechts nach Triunfo de la Cruz.

Lancetilla Jardín Botánico

Botanischer Garten & Forschungszentrum Lancetilla GARTEN

(2408-7806; www.esnacifor.hn; 178 HNL; 7–17 Uhr) Der Botanische Garten & Forschungszentrum Lancetilla ist mit über 1680 ha einer der größten tropischen botanischen Gärten der Welt und erzeugt 60 % des Süßwassers von Tela. Er wurde 1926 von der United Fruit Company angelegt. Ein Besuch der Gärten ist eine wahre Freude – sie sind ein tropisches Wunderland mit insgesamt 1200 Pflanzenarten aus aller Welt. Hier wachsen 636 Arten asiatischer Obstbäume, darunter Lychee, Mango, Durian, Mangostane und Jackfrucht.

Auch die Vogelwelt gedeiht in Lancetilla – Hunderte Arten wurden entdeckt. Jedes Jahr findet hier am 14. und 15. Dezember die 24-stündige Vogelzählung der Audubon Society statt; wer dann gerade vor Ort ist, kann daran teilnehmen. Zugvögel lassen sich hier von November bis Februar nieder.

Gut markierte Wege führen durch den Hauptgarten und die Arboretum-Areale, aber es werden auch **Führungen** (nur auf Spanisch) für 100 HNL pro Stunde angeboten. Letzter Einlass ist um 15.30 Uhr.

Auf dem Gelände gibt es auch eine reizende Unterkunft: Hütten (2408-6715; 2BZ/Hütte 345/460 HNL; ❄) mit drei Einzelbetten und eigenem Bad. Sie können im Besucherzentrum gebucht werden (2408-6715; 7–16 Uhr).

An- & Weiterreise

Lancetilla liegt 6 km südwestlich von Telas Zentrum und ist prima per Fahrrad (in Tela ausleihbar) zu erreichen; nach 4 km von der Stadt führt eine Abzweigung von der Schnellstraße zu den Hauptgärten. Taxis kosten 120 HNL (einfache Fahrt).

La Ceiba

204 000 EW.

La Ceiba ist die Partystadt von Honduras. Hierzulande sagen die Leute: „Tegucigalpa denkt, San Pedro Sula arbeitet und La Ceiba amüsiert sich". Das quirlige Nachtleben macht diese Hafenstadt auf jeden Fall zu einem Mekka für feierwütige Honduraner. Allerdings findet fast das ganze Nachtleben jenseits der Flussmündung im Barrio La Isla statt, der *zona viva* (Vergnügungsviertel) der Stadt. In anderen Vierteln herrscht glühende Hitze und extreme Luftfeuchtigkeit (Vorsicht nach Einbruch der Dunkelheit!).

Ansonsten hat Ceiba kaum etwas zu bieten: Die Strände sind verschmutzt und unsicher und die Innenstadt wirkt verfallen und vernachlässigt (was Charme angeht, ist sie Tela jedoch immer noch weit voraus). Gleichwohl werden die meisten Reisenden sich hier irgendwann wiederfinden, da Ceiba ein Verkehrsknotenpunkt für die Islas de la Bahía und auch ein toller Standort zur Erkundung des Nationalparks Pico Bonito, der idyllischen Cayos Cochinos und der erstklassigen Wildwasser des Río Cangrejal ist.

Sehenswertes

Catedral de San Isidro KIRCHE

(Parque Central) Das imposante Bauwerk am Parque Central stammt aus dem frühen 20. Jh. und ist das charakteristischste Gebäude der Stadt.

Parque Swinford GARTEN

(Av La República, zw. Calle 7a & 8a; 6–18 Uhr) GRATIS Der Parque Swinford ist eine üppig bewachsene Tropenoase im Herzen La Ceibas, die sogar einen restaurierten Waggon aus den glorreichen Eisenbahntagen der Gegend aufzuweisen hat.

Aktivitäten

Omega Tours ABENTEUERTOUR

(9631-0295, 9745-6810; www.omegatours.info; Omega Lodge, 9 km über die Straße Richtung Ya-

La Ceiba

ruca) Omega wurde von einem international anerkannten Kajaksportler gegründet und bietet Wildwasserfahrten (ab 950 HNL), Kajak- und Kanutouren, Ausritte, Mountainbiketouren sowie Dschungel- und Flusswanderungen an. Zu allen Touren gehört eine kostenlose Übernachtung in der Dschungellodge des Veranstalters.

Jungle River Tours ABENTEUERTOUR
(☎ 9681-6466, 2416-5009; www.jungleriverlodge.com) Der Veranstalter im Banana Republic

La Ceiba

Sehenswertes

1 Catedral de San Isidro ... B3
2 Parque Swinford ... A3

Aktivitäten, Kurse & Touren

3 Jungle River Tours ... B5
4 Tourist Options ... B4

Schlafen

5 1877 Hostel ... B6
6 Hotel Catracho ... C4
7 Hotel El Estadio ... C2

Essen

8 Al Corral ... C3
9 Cafeto ... C4
10 Chef Guity ... B1
11 El Jardín de Susana ... B6
12 Ki'boc Café ... C3
13 Pupusaría Universitaria ... A1
14 Xpats Bar & Grill ... C4

Ausgehen & Nachtleben

15 La Casa del Jaguar ... A1
16 La Palapa ... B1

Shoppen

17 Souvenirs El Buen Amigo ... C4
18 Uniplaza Mall ... B6

Guest House organisiert Wildwasserfahrten und Baumwipfeltouren (880 HNL), Mountainbiketouren (440 HNL) und andere Unternehmungen.

Tourist Options WANDERN, TAUCHEN
(☎9978-8868, 9982-7534; www.hondurastouristoptions.com; Av La República) Das Reiseunternehmen bietet Ausflüge zu Garifuna-Dörfern, Wanderungen zum Pico Bonito und Tagestouren zu den Cayos Cochinos (ab 880 HNL pro Pers.). Im Angebot sind auch Tauchausflüge, Tagestouren nach Trujillo und Vogelbeobachtung.

Festivals & Events

Carnaval KULTUR
(Ende Mai) Mit dem Karneval erlebt die Stadt ihren Partyhöhepunkt und es wimmelt nur so von Faschingsnarren. Ihre Spitze erreicht die Stimmung am Samstag bei Umzügen mit maskierten und kostümierten Teilnehmern, Musik und Straßenfesten.

Schlafen

Die Unterkünfte in La Ceiba sind wenig verlockend, jedoch hat ein hervorragendes neues Hostel aufgemacht. Im Zentrum zu übernachten ist praktisch, aber dort ist es nachts (wenn ohnehin niemand mehr rumlaufen sollte) auf unheimliche Weise ruhig. Außerhalb der Stadt im tropischen Dschungel am Río Cangrejal gibt es weitaus bessere Alternativen.

★ **1877 Hostel** HOSTEL $
(☎9613-3842, 9829-5997; www.1877hostel.com; Av Morazán; B 265 HNL, Zi. ab 770 HNL;) Das großartige neue Hostel ist mit Abstand die beste Unterkunft in der Stadt. Das umgebaute Haus ist geräumig und die Zimmer – gemischte und Frauenschlafsäle sowie Privatzimmer für bis zu vier Personen – sind alle sauber und mit nagelneuen Betten und tollen Badezimmern ausgestattet. Es gibt auch eine große Küche und einen Garten, in dem die Besitzer eine Bar errichten wollen. Das ganze Grundstück ist sehr sicher und liegt direkt neben dem Einkaufszentrum Uniplaza und mehreren Restaurants.

Hotel El Estadio HOSTEL $
(☎3187-6027; www.backpackershuttle.com; Calle Estadio; B/EZ/DZ 180/375/440 HNL;) Das einfache Hostel bietet sehr billige Zimmer und ist gut auf Reisende eingestellt, selbst wenn es ziemlich dunkel ist und die Zimmer recht abgenutzt sind. Beide Dorms mit je vier Betten sind klein, einer ist nur für Frauen. Handtücher und Bettwäsche werden gestellt. Die Privatzimmer sind geräumiger. Auch Hängematten (100 HNL) stehen zur Verfügung, ebenso wie geführte Touren in die Umgebung, u. a. in die Moskitia.

Hotel Catracho HOTEL $
(☎2440-2312; www.hotelcatracho.com; 12a Calle, Barrio El Iman; EZ mit Ventilator/Klimaanlage 350/450 HNL, DZ mit Ventilator/Klimaanlage 450/600 HNL;) Die funktionalen und ziemlich verwohnten Zimmer mit frischer Bettwäsche sind für den Preis nicht schlecht (die Zimmer mit Ventilatoren haben jedoch nur Kaltwasserbäder) – allerdings haben die meisten kein Tageslicht. Das Hotel liegt in einem ruhigen, aber zentralen Viertel mit mehreren Restaurants in Laufnähe. WLAN funktioniert nur in der Lobby.

Hotel Las Hamacas HOTEL $$
(☎2440-5299; www.web.hotellashamacas.com; Carretera a Trujillo; Zi. mit Frühstück ab 800 HNL;) Das Hotel liegt etwas außerhalb des Zentrums, aber günstig zu den Fähren zu den Islas de la Bahía. Für das Geld wird einiges geboten, z. B. ein Pool, geräumige Zim-

mer in tropischen Farben, moderne Badezimmer und ein gutes Restaurant. Das Hotel vermittelt auch Touren in der Umgebung, darunter Ausflüge zu den Cayos Cochinos. Das Haus liegt am Ostrand der Stadt an der Hauptstraße Richtung Sambo Creek.

Essen

In La Ceiba gibt es einige gute Restaurants, die so ziemlich alle Fisch und Meeresfrüchte anbieten. An **La Línea**, wo die alte Eisenbahnlinie von La Ceiba auf der Avenida La República verläuft, gibt es rund um die Uhr geöffnete Imbissstände, z. B. mit köstlichen *baleadas* (Tortillas mit Bohnenmus und anderen Füllungen).

Pupusaría Universitaria HONDURANISCH $
(1a Calle nahe Av 14 de Julio; Pupusas 25 HNL, Hauptgerichte 130–150 HNL; ⌚So–Fr 10–22 Uhr) Das prima Billiglokal in einem aus Holzschindeln und Bambus bestehenden Gebäude serviert leckere Gerichte zu moderaten Preisen: *pupusas* (Maismehltortillas, gefüllt mit Käse oder Bohnenmus), Tacos und köstliche *pinchos* (Kebabs). Es wird gern von Studenten aufgesucht und die Angestellten sind freundlich.

★ **Ki'boc Café** HONDURANISCH, INTERNATIONAL $$
(4a Av, zw. Calle 8a & 9a; Hauptgerichte 70–150 HNL; ⌚Mo–Fr 7–19, Sa 8–19, So 8–12 Uhr; 📶) Das nette Café mit einer zivilisierten und künstlerischen Atmosphäre, freundlichem Personal und Biokaffee ist so alternativ-szenig wie es in Ceiba nur geht. Das reichliche Frühstück ist das beste in der Stadt (die *chilaquiles* sind echt lecker), das übrige Speisenangebot ist klassisch honduranisch. Es gibt eine Bücherbörse, eine kleine Terrasse und einen klimatisierten Gastraum mit Gemälden und zusammengewürfelter Einrichtung.

Al Corral GRILL $$
(☎9960-9855; 4a Av, zw. Calle 8a & 9a; Hauptgerichte 110–225 HNL; ⌚18–23 Uhr) In dem bei Einheimischen beliebten Grillrestaurant gibt es nur Fleisch. Das wird direkt vor den Gästen in einem Innenhof gegrillt, der mit einer bunten Mischung aus Kuhschädeln und alten Nähmaschinen dekoriert ist. Zu den Highlights der Speisekarte gehören gegrillte Schweinerippchen, Rindernieren, Chorizo oder eine riesige Grillplatte für vier Personen (650–750 HNL).

Cafeto CAFÉ $$
(Calle 13 & Av Ramon Rosa; Frühstück 80–150 HNL; ⌚Mo–Fr 7–17, Sa bis 12 Uhr; 📶) Das merkwürdige kleine Café im geschäftigen Medicentro Hospital in La Ceiba ist tatsächlich kein schlechter Ort, um den Tag zu beginnen: Es hat guten Espresso, frische Obst-Smoothies und verschiedene Frühstücksangebote, u. a. honduranisches, amerikanisches, mexikanisches und spanisches Frühstück (das aber nur bis 10 Uhr serviert wird). Ist die Tür geschlossen, geht's auch durchs Krankenhaus rein.

Chef Guity FISCH & MEERESFRÜCHTE $$
(Nähe 1a Calle; Hauptgerichte 120–300 HNL; ⌚Di–So 11–22 Uhr) Das Restaurant im Garifuna-Stil in der *zona viva* ist berühmt für seine Meeresfrüchte, wie Muscheln, Fisch, Hummer und Krebs, aber besonders für sein *tapado* (ein Fischeintopf in Kokossauce). Es liegt direkt an der Flussmündung ins offene Meer.

★ **El Jardín de Susana** HONDURANISCH $$$
(☎2440-0061; Calle 15 & Av Morazán; Hauptgerichte 250–280 HNL; ⌚Mi–Mo 10–14.30 & 17–22 Uhr) Kein Schild kennzeichnet „Susanas Garten" (es ist das grüne Haus mit Tischen im Innenhof), trotzdem macht der Laden reichlich Furore und ist mittlerweile eine lokale Institution. Berühmt ist vor allem die Salatbar (ja, frisches Gemüse, keine Einbildung) und es ist wohl das einzige Restaurant im ganzen Land, wo Zucchini serviert werden. Die Hauptgerichte sind fleischlastig und köstlich.

Xpats Bar & Grill INTERNATIONAL $$$
(12a Calle, Barrio El Imán; Hauptgerichte 140–300 HNL; ⌚Mo–Do 16–24, Fr 16–2, Sa 11–2 Uhr; 📶🍸) Der klassische Kneipentreff für Expats wird seinem Namen wirklich gerecht, da er mit US-Sport im Fernseher und einem vertrauten Angebot an Grillfleisch und ein paar vegetarischen Gerichten eine Stammkundschaft aus Gringos anzieht. Praktisch jeden Tag gibt es irgendwelche Sonderangebote für Drinks und Essen.

Ausgehen & Nachtleben

★ **La Casa del Jaguar** BAR
(Nähe 1a Calle; ⌚Mo–Sa 17–23 Uhr) Eine der interessantesten Kneipen in Ceiba ist eine schräge Strandbar mit Baumhausatmosphäre und vielen Ecken und Nischen für ein gemütliches Beisammensein. Im Ort ist sie berühmt für die hausgebrannten Schnäpse des Besitzers – er nennt sie augenzwinkernd „die einzige Biobar in Honduras". Die Gäste sind eher szenig und Partys am Wochenende dauern bis tief in die Nacht.

La Palapa BAR, CLUB
(Av 15 de Septiembre; ⏲So–Mi 11–23, Do–Sa bis 2 Uhr) Das große und noble zweistöckige Bar-Restaurant mit Strohdach direkt hinter dem Strand ist ein fester Bestandteil der *zona viva*. Hier tummeln sich meist reiche und hedonistische Partygäste, allerdings kommen auch viele sowohl wegen der hervorragenden Meeresfrüchte hierher als auch zum Tanzen nach dem Essen. Es gibt zwei Tanzflächen: die oben ist kostenlos, unten wird Eintritt in unterschiedlicher Höhe verlangt.

Shoppen

Uniplaza EINKAUFSZENTRUM
(www.uniplaza.net; ⏲Mo–Sa 8–21 Uhr) Das zentral gelegene Einkaufszentrum voller Restaurants und mit mehreren sicheren Geldautomaten ist ein nützlicher Anlaufpunkt für Reisende.

Mall Megaplaza EINKAUFSZENTRUM
(Carretera a Muelle Cabotaje; ⏲10–21 Uhr) Modernes Einkaufszentrum mit Kino, Food-Court, Internetcafés, Bankfilialen und Geldautomaten.

Souvenirs El Buen Amigo KUNSTHANDWERK
(Av Naranjal s/n, Barrio El Iman; ⏲Mo–Sa 8–18.30 Uhr) Der kleine, familiengeführte Laden verkauft honduranische *artesanías* (Kunsthandwerk) wie Töpferwaren der Lenca, Holzschnitzereien und Hängematten. Ideal für Souvenirs.

Praktische Informationen

Banco Atlántida (Av San Isidro; ⏲Mo–Fr 9–12 & 13–17 Uhr) Hat einen Geldautomaten.

Einreisebehörde (☎2442-0638; 1a Calle, Ecke Av 14 de Julio; ⏲Mo–Fr 7.30–15.30 Uhr)

Fundación Cuero y Salado (FUCSA; ☎2443-0117; Calle 11, zw. Av San Isidro & Av La República; ⏲Mo–Fr 8–17, Sa 8–11 Uhr) Verwaltet das Wildreservat Cuero y Salado.

Hospital Eurohonduras (☎2440-0927; Av Atlántida; ⏲24 Std.) Zwischen 1a Calle und dem Strand.

Post (Ecke Av Morazán & 14a Calle; ⏲Mo–Fr 8–16, Sa 8–12 Uhr)

Touristeninformation (☎2440-3044; 9a Calle; ⏲Mo–Fr 8–16.30 Uhr) Die freundlichen und hilfsbereiten Mitarbeiter sprechen Englisch und verteilen massenhaft Broschüren und kostenlose Stadtpläne. Es gibt auch einen Kiosk (☎2440-1562; ⏲Mo–Sa 8–18 Uhr) am Parque Central und einen Schalter am Flughafen.

An- & Weiterreise

BUS

Der Hauptbusbahnhof befindet sich am Mercado San José, etwa 1,5 km westlich des Zentrums

BUSSE AB LA CEIBA

ZIEL	PREIS (HNL)	DAUER (STD.)	BUSLINIE	ABFAHRTEN
Antigua (Guatemala)	1230	11	Hedman Alas	2-mal tgl.
Copán Ruinas	745	7	Hedman Alas	2-mal tgl.
La Unión-Cuero y Salado	30	1½	Hauptbusbahnhof	Mo–Sa alle 45 Min., So stündl.
Nueva Armenia	30	1½	Hauptbusbahnhof	6- bis 8 -mal tgl.
Sambo Creek/Corazal	20	1	Hauptbusbahnhof	alle 35 Min.
San Pedro Sula	145	3½	Diana Express	6-mal tgl.
	138	3½	Catisa-Tupsa	stündl. 5–18 Uhr
	425	3	Hedman Alas	4-mal tgl. (über Flughafen San Pedro Sula)
	470	3	Viana	4 -mal tgl.
Tegucigalpa	265	7	Kamaldy	4-mal tgl.
	715	6½	Viana	4-mal tgl.
	750	6½	Hedman Alas	3-mal tgl.
Tela	75	2	Kamaldy	4-mal tgl.
	54	2	Hauptbusbahnhof	alle 25 Min.
Trujillo	138	3	Cotuc/Cotraipbal	stündl.
Yaruca/Río Cangrejal	20	30 Min.	Hauptbusbahnhof	5-mal tgl., oder jeder Bus nach Las Mangas

von La Ceiba, von wo Stadtbusse ins Stadtzentrum und zur zentralen Plaza fahren (8 HNL). Eine Alternative ist ein *colectivo*-Taxi (20 HNL). Busse mit der Aufschrift „Terminal" fahren von der Haltestelle in der Avenida La República zwischen der 7a Calle und 8a Calle zum Busbahnhof.

La Ceiba ist ein wichtiger Verkehrsknotenpunkt; von hier gibt es sogar Verbindungen nach Antigua in Guatemala sowie regelmäßige Busse von/nach Copán Ruinas – Näheres dazu im 1877 Hostel (S. 425). Die meisten normalen Busse (im Unterschied zu den Luxusbussen) benutzen den Hauptbusbahnhof; **Diana Express** (☎2509-4886; www.transportedianaexpress.jimdo.com), **Catisa-Tupsa** (☎2441-2539) und **Kamaldy** (☎2441-2028; www.transporteskamaldy.com) haben hier ihre Schalter. Es gibt aber ein paar Ausnahmen: Der Busbahnhof von **Viana** (☎2441-2230; www.vianatransportes.com; Blvr 15 de Septiembre) liegt 500 m weiter westlich an derselben Straße, der von **Hedman Alas** (☎2441-5347; www.hedmanalas.com) gegenüber. Die Busse von **Cotuc/Cotraipbal** (☎2441-2199) nach Trujillo fahren von Haltestellen an der Carretera a Tela ab.

FLUGZEUG

Der Aeropuerto Golosón liegt 10 km westlich von La Ceiba an der Straße nach Tela. Häufige Flüge gibt es nach San Pedro Sula, Tegucigalpa, zu den Islas de la Bahía und zur Moskitia.

AeroCaribe (☎2442-1088, 3364-7688; www.aerocaribehn.com; Flughafen) Fliegt nach Guanaja und zu mehreren Orten in der Moskitia, u. a. Puerto Lempira, Palacios und Brus Laguna.

Aerolíneas Sosa (☎2443-1399, Flughafen 2440-0692; www.aerolineasosa.com; Av San Isidro zw. Calle 8a & 9a) Regelmäßige Verbindungen mit Roatán, Utila und Puerto Lempira.

Avianca (☎2443-2683; www.avianca.com; Flughafen) Fliegt nach Roatán, San Pedro Sula und Tegucigalpa.

Lanhsa (☎2442-1283; www.lanhsa.com; Flughafen) Flüge zwischen La Ceiba und Roatán, Guanaja, Puerto Lempira und Tegucigalpa.

SCHIFF/FÄHRE

Fähren zu den Islas de la Bahía legen vom Muelle de Cabotaje etwa 8 km östlich der Stadt ab. Taxis vom Busbahnhof oder von der Stadt kosten etwa 100 HNL. *Colectivos* (20 HNL) fahren an der 7a Calle im Stadtzentrum ab, aber keines zurück. Vom Stadtzentrum zum Fährhafen fährt ein Bus ab der Avenida La República.

Die moderne und komfortable **Galaxy Wave** (☎2445-1775; www.roatanferry.com) fährt täglich um 9.30 und 16.30 Uhr nach Roatán (1./normale Klasse 836/726 HNL, 1¾ Std.). Es gibt zwei Fährgesellschaften, die zwischen La Ceiba und Utila verkehren, und sie befinden sich seit einiger Zeit im Preiskrieg, weswegen Tickets zur Zeit der Recherche sehr billig waren. Die Wahl besteht zwischen der um vieles angenehmeren und moderneren **Utila Dream** (☎9450-8133; www.utilaferry.com; Muelle de Cabotaje; einfach 200 HNL; ⏲tgl. 9.30 & 16 Uhr), die 45 Minuten benötigt, und der schäbigeren **Utila Princess** (☎2425-3190; www.utilaprincess.com; Muelle de Cabotaje; einfach 114 HNL; ⏲Ticketbüro 7–16 Uhr, ⏲tgl. 9.20 & 16 Uhr), deren Überfahrt eine Stunde dauert.

Passagiere können auf allen oben genannten Fähren seekrank werden – Spucktüten stehen nicht zur Verfügung, Vorsorge ist also ratsam.

ℹ Unterwegs vor Ort

Es gibt in La Ceiba zahlreiche Autovermietungen. Am Flughafen lassen sich die Preise am besten vergleichen. Autovermieter sind u. a. **Avis** (☎2441-2802; www.avis.com.hn) und **Econo Rent-A-Car** (☎2441-5080, 2441-5079; www.econorentacarhn.com; ⏲8–17 Uhr).

Colectivo-Taxis in La Ceiba verlangen 20 HNL pro Person, nach 20 Uhr etwas mehr.

ZUM/VOM FLUGHAFEN

Alle normalen Busse, die vom Hauptbusbahnhof in La Ceiba Richtung Westen fahren, halten auf Wunsch auch am Flughafen. *Colectivo*-Taxis vom Parque Central fahren auch am Flughafen vorbei (20 HNL), aber sie fahren erst ab, wenn sie voll besetzt sind. Ein normales Taxi kostet um 150 HNL.

Taxis am offiziellen Stand außerhalb des Flughafens verlangen rund 200 HNL für die Fahrt nach la Ceiba; wer an der Hauptstraße ein *colectivo* anhält, zahlt nur 20 HNL pro Person.

Rund um La Ceiba

Die Umgebung von La Ceiba ist umwerfend und mit Abstand der beste Grund, die Stadt zu besuchen. Und in der Tat übernachten viele Reisende lieber in der Umgebung als in La Ceiba selbst, was ohnehin besser ist, um den Parque Nacional Pico Bonito, den hinreißenden Río Cangrejal, die herrlichen Strände der Cayos Cochinos oder die Tierwelt im Refugio de Vida Silvestre Cuero y Salado zu erkunden.

Río Cangrejal

Der türkisfarbene Río Cangrejal, der durch den Dschungel braust, ist zu Recht als Zentralamerikas bester Fluss für Wildwasserfahrten bekannt. Selbst wenn nicht die geringste Lust besteht, durch die reißenden Wasser zu paddeln, ist die Region eine hinreißende Basis für alle möglichen Abenteuersportarten, aber auch um Vögel zu beobachten oder einfach am Fluss die Seele baumeln zu lassen. Die Landschaft ist spektakulär, die Luft frisch und es gibt ein paar tolle Unterkünfte am Flussufer.

Aktivitäten

Die meisten Besucher wollen auf dem Cangrejal raften oder paddeln, aber man kann auch schwimmen, Mountainbike- und Reitausflüge sowie tolle Wanderungen im Regenwald unternehmen. Buchungen erledigen die jeweiligen Unterkünfte oder jedes Reisebüro in La Ceiba.

Baumwipfeltouren

Jungle River Tours (S. 424) hat einen Parcours mit acht Seilrutschen (pro Pers. 88 HNL). Die Tour dauert zwei Stunden und beinhaltet eine 200 m lange Seilrutschpartie über den Fluss.

Wandern

Ein Stück bergauf von der Jungle River Lodge, direkt am Centro de Visitantes (Besucherzentrum), geht es über eine Seilbrücke ans andere Ufer des Cangrejal und von dort aus auf einem Wanderweg ins Zentrum des Parque Nacional Pico Bonito. Auf dem Privatgelände der Omega Lodge (s. rechts unten) gibt es ebenfalls mehrere gut markierte Wanderwege.

Guaruma Servicios WANDERN

(☎2442-2673; www.guaruma.org) Dieses empfehlenswerte Unternehmen im Weiler Las Mangas am Río Cangrejal fördert die örtliche Gemeinde gezielt über den Ökotourismus.

Reiten

Reitausflüge werden von der Omega Lodge für 1600 HNL pro halben Tag angeboten. Alle Pferde gehören zur Lodge und werden sehr gut versorgt.

Wildwasserfahrten

Der Río Cangrejal bietet grandiose Wildwasserfahrten. Die Landschaft ist überwältigend: Der Fluss strömt durch Regenwald, der zum Parque Nacional Pico Bonito gehört und wo häufig Reiher, Eisvögel und Tukane zu sehen sind.

Der Cangrejal ist in zwei Hauptabschnitte aufgeteilt: Der obere Teil ist knochenhart und bietet Stromschnellen und echten Nervenkitzel der Klasse IV und V. Nach starken Regenfällen ist er meist nicht mehr befahrbar. Auf dem unteren Abschnitt, wo der Fluss um riesige Felsbrocken rauscht, sind das ganze Jahr über Wildwasserfahrten der Klasse III möglich.

Für beide Abschnitte ist ein erfahrener und kompetenter Führer nötig. Im oberen Teil des Cangrejal ist es nämlich nach heftigen Regenfällen schon zu Unfällen gekommen, weil die Stromschnellen dann besonders tückisch sind. Die aktuelle Lage sollte erst beim Touranbieter erfragt werden (die Buchung kann man in der Lodge erledigen lassen, in der man abgestiegen ist).

Schlafen & Essen

La Moskitia Adventuras Lodge LODGE $

(☎2441-3279; www.lamoskitia.hn; Straße nach Yaruca Km 9; B/DZ 200/500 HNL; WLAN) Eine eindrucksvolle Lodge am Fluss mit hinreißender Lage am tosenden Cangrejal – der Blick ist einfach faszinierend. Die Preise für Unterkunft und das Essen im Restaurant sind auf Backpacker abgestimmt. Es werden auch professionell organisierte Wildwasserfahrten, Wanderungen und Seilrutschentouren angeboten.

Guaruma Community Lodge HÜTTE $

(☎9572-8393; www.guaruma.org; Straße nach Yaruca Km 12; DZ/3BZ/4BZ 400/450/500 HNL) Die Einnahmen aus den gut gebauten, sauberen Hütten im Dorf Las Mangas fließen zurück an die Gemeinde und bieten Interessierten die Gelegenheit Einheimischen zu begegnen, statt sich in einer Lodge einzunisten. Geboten werden preiswerte Mahlzeiten (80–110 HNL), Fahrräder (pro Tag 100 HNL) und Führer.

★ **Omega Lodge** LODGE $$

(☎9631-0295; www.omegatours.info; Straße nach Yaruca Km 9; EZ/DZ ohne Bad 440/880 HNL, Hütten 2090 HNL; @ WLAN Pool) Die wunderschöne Ökolodge ist von dichtem Dschungel umgeben und bietet daher natürlich keine weiten Ausblicke. Aber dafür sie ist wirklich umsichtig erbaut worden: Sonnenenergie, ein chemiefreier Pool und umweltfreundliche Abfallentsorgung gehören zum Konzept. Die Besitzer waren die ersten Veranstalter von Wildwasserfahrten auf dem Río Cangrejal und bieten inzwischen viele exzellente Trips an. Das Essen, darunter viele vegetarische Gerichte, ist herausragend.

Jungle River Lodge LODGE $$

(☎2416-5009, 9681-6466; www.jungleriverlodge.com; Straße nach Yaruca Km 7; B/DZ/3BZ 270/880/990 HNL, Mahlzeiten ab 100 HNL; WLAN) Die

Lodge von Jungle River Tours hockt auf einem Felsvorsprung mit schlichtweg prachtvollem Blick auf das Tal des Río Cangrejal – das Terrassenrestaurant hier hat wohl eine der großartigsten Aussichten in Honduras. Die Unterkunft ist weitaus nüchterner mit einem Spektrum von funktionalen Schlafsälen bis zu hübschen Zimmern, einige samt eigenem Bad mit Heißwasser. Unten gibt es natürliche Schwimmbecken und es können alle möglichen Touren gebucht werden (Baumwipfeltouren, Wanderungen und Wildwasserfahrten).

An- & Weiterreise

Die meisten Lodges sorgen für Abholung aus La Ceiba, auch vom Flughafen, Busbahnhof oder Muelle de Cabotaje (Fähranleger). Da alle Lodges an der Hauptstraße liegen, sind sie auch vom Hauptbusbahnhof in La Ceiba mit dem Bus nach Yaruca oder Las Mangas (20 HNL, 30 Min.) zu erreichen.

Parque Nacional Pico Bonito

Der dicht bewaldete Berg Pico Bonito hoch über La Ceiba ist einer der bekanntesten **Nationalparks** (160 HNL) in Honduras. Er birgt eine reiche Tierwelt, darunter Jaguare, Gürteltiere und Affen.

Es gibt zwei Eingänge. Der eine befindet sich im Dorf **El Pino** etwa 15 km westlich von La Ceiba an der Schnellstraße nach Tela. Für die mittelschwere dreistündige Wanderung zum **Wasserfall Cascada Zacate** (pro Pers. inkl. Parkeintritt 160 HNL) können hier Führer gebucht werden. Wer hier übernachten will, kann sich eine rustikale Hütte im **Centro Ecoturístico Natural View** (☎2368-8343; Zi. 350 HNL) mieten.

Der andere Eingang ist am Río Cangrejal, wo jüngst ein **Besucherzentrum** (Straße nach Yaruca Km 10; ⏰7–16 Uhr) und eine Hängebrücke über den tosenden Fluss gebaut wurden (Zugang für Fotos 20 HNL). Praktischerweise liegt der Eingang an der gleichen Straße wie die Lodges am Río Cangrejal. Vom Besucherzentrum führt ein wunderbarer Wanderweg (3 Std. hin & zurück) durch dichten Bergwald zum **Wasserfall El Bejuco**.

An- & Weiterreise

Alle Busse Richtung Tela oder San Pedro Sula halten in El Pino (20 HNL, 30 Min.). Zum Río Cangrejal fahren ab dem Hauptbusbahnhof in La Ceiba Busse Richtung Yaruca oder Las Mangas (20 HNL, 30 Min.).

Cayos Cochinos

Die idyllischen weißen Sandstrände der Cayos Cochinos (Schweineinseln), nur 17 km vom Festland entfernt, können von der Region um La Ceiba aus als Tagesausflug besucht werden. Von Nueva Armenia oder Sambo Creek östlich von La Ceiba setzen Motorkanus über. Der Zutritt zu den Cayos Cochinos kostet 220 HNL.

Die beiden Schweineinseln, 13 winzige Koralleninselchen und die umgebenden Gewässer bilden zusammen ein Meeresschutzgebiet – das kommerzielles Fischen und Ankern auf den Riffen ist streng verboten. Letztere sind dementsprechend unberührt und fischreich. Schwarzkorallen, Steilwände, Höhlen, Tiefseeberge und ein Flugzeugwrack machen die Unterwasserwelt um die Inseln zu einem wunderbaren Tauch- und Schnorchelrevier. Die Inseln sind auch bekannt für ihre Kaiserboas und die ausgeprägte Garifuna-Kultur.

Schlafen & Essen

Die meisten Leute besuchen die Cayos Cochinos nur als Tagesausflug, aber wer Robinson Crusoe spielen möchte, kann sich zwanglose und extrem rustikale *cabañas* (150–500 HNL) auf dem Cayo Chachauate mieten; Leute am Strand wissen Bescheid wo und wie. **Laru Beya** (☎9918-8931; www.cayoscochinoshonduras.webs.com; B 250 HNL) hat auch zwei komfortable, moderne Hütten mit Bad an der Ostseite der Hauptinsel zu vermieten.

Zu den organisierten Tagesausflügen gehört entweder ein Picknick oder Grillen am Strand. Andere Verpflegungsmöglichkeiten gibt es kaum, abgesehen von einigen Buden, die Fisch und Meeresfrüchte verkaufen, und dem Restaurant im Laru Beya.

An- & Weiterreise

Es ist zwar möglich, die Cayos auf eigene Faust zu besuchen, aber viel billiger wird das auch nicht. Zudem haben die meisten lokalen Bootsbetreiber weder Funkgeräte noch Schwimmwesten an Bord.

Zahlreiche Tourunternehmen in La Ceiba bieten Touren zu den Inseln an: Das ist die beste Art für einen Besuch. Für einen ganztägigen Ausflug verlangen die Agenturen um die 900 HNL pro Person (mindestens sechs Teilnehmer). Tagesausflüge sind auch ab Roatán möglich.

Sambo Creek

Sambo Creek, etwa 21 km östlich von La Ceiba, ist ein florierendes Garifuna-Fischerdorf – ein etwas vergammelter, aber faszinierender Ort, wo Frauen in auffallender Kleidung und traditionellem Kopfputz zu sehen sind. Ein Fest mit *punta* (traditioneller Garifuna-Tanz) steht hier öfters an. Der wunderbare Sandstrand ist die meiste Zeit des Jahres ziemlich sauber, aber nach Stürmen ist er von Müll überschwemmt.

Aktivitäten

Sambo Creek Canopy Tour & Spa ABENTEUERSPORT

(☎3355-5481; Baumwipfeltour & Spa 880 HNL) Sambo Creek Canopy Tour bietet eine umfangreiche Baumwipfeltour mit 18 Ziplines, zu der auch ein Bad in den Thermalquellen und Schlammbecken gehören. Wer auf die Seilrutschen verzichtet, zahlt nur für die Bäder 500 HNL. Das Unternehmen befindet sich 500 m östlich des Abzweigs von der Hauptstraße zum Hotel Canadien.

Schlafen & Essen

Centro Turístico Sambo Creek PENSION $

(☎9587-0874; mauricioelvir@yahoo.com; pro Pers. 220 HNL) Die billige Unterkunft direkt am Strand gehört zum Reiseveranstalter Tourist Options in La Ceiba und ist super für eine Übernachtung in Sambo Creek, wenn das Geld knapp ist.

Villa Helen's PENSION $$

(☎2408-1137; www.villahelens.com; Zi. 880–990 HNL, Hütten ab 1210 HNL; ❄📶🏊) Das Hotel mit tropischer Bar und Restaurant sowie einem hinreißenden Garten und anständigen Pool ist das beste Schnäppchen im Ort. Die Zimmer sind ziemlich einfach, besitzen jedoch Heißwasserbäder und kleine Kühlschränke. Sieben Hütten werden auch vermietet, die meisten haben Wohnzimmer und Küche.

Kay's Place HONDURANISCH $$

(Mahlzeiten ab 170 HNL; ⏲9.30–22 Uhr) Das Strandrestaurant serviert guten Fisch, Meeresfrüchte und Fleisch vom Grill, auch Cocktails für Strandhasen. Oft gibt es auch Garifuna-Livemusik.

An- & Weiterreise

Busse fahren den ganzen Tag über alle 30 Minuten vom Hauptbusbahnhof in La Ceiba nach Sambo Creek (20 HNL, 1 Std.).

Refugio de Vida Silvestre Cuero y Salado

Das Feuchtlandreservat an der Küste etwa 30 km westlich von La Ceiba schützt viele verschiedene Tierarten: Die Seekühe (Manatis) sind am berühmtesten, werden aber am seltensten gesichtet. Doch es gibt auch Brüllaffen, Weißschulterkapuziner, Faultiere, Agutis (kaninchengroße Nager), Leguane, Kaimane und rund 200 Vogelarten.

Das Städtchen **La Unión** ist das Tor zum Cuero y Salado. Von dort fährt ein Zug zu einem **Besucherzentrum**, wo das Eintrittsgeld von 220 HNL bezahlt wird und Touren angeboten werden. Zweistündige geführte **Kanutouren** (150 HNL für 2 Pers., plus 220 HNL pro Führer) sind bei Weitem die beste Art, das Reservat zu erkunden.

Weitere Informationen hat die Fundación Cuero y Salado (S. 427) in La Ceiba.

An- & Weiterreise

Das Reservat ist vom Hauptbusbahnhof in La Ceiba mit dem Bus nach La Unión zu erreichen (30 HNL, 1½ Std., alle 45 Min.). Von La Unión fährt ein *trencito* (Schienenbus) 9,5 km auf der alten Bananenbahnlinie zum Besucherzentrum (260 HNL, 7–14 Uhr stündl.). Der letzte Schienenbus fährt vom Besucherzentrum um 14.30 Uhr zurück, der letzte Bus von La Unión nach La Ceiba um 16 Uhr.

Eine andere Möglichkeit ist eine organisierte Tour ab La Ceiba.

Trujillo

62 500 EW.

Das abgeschiedene, tapfere Trujillo ist die Endstation für das honduranische Festland – dahinter liegt nur noch der praktisch straßenlose Dschungel der Moskitia, was dem Ort die Atmosphäre einer Grenzstadt verleiht. Das Umfeld der Stadt ist herrlich: hohe Berge in der Ferne, der breite Bogen der Bahía de Trujillo und davor ein leuchtend blaues Meer, auf dem schon Kolumbus und viele der berühmten Freibeuter segelten. Trujillo hat eine interessante Geschichte, großartige Strände in der Umgebung und ein gemächliches karibisches Flair zu bieten, wie es anderswo an der honduranischen Nordküste nicht zu finden ist.

Seit Jahren schon wird die Stadt als das neueste Touristenziel angepriesen und seit der Fertigstellung des Kreuzfahrthafens ist die Stadt gelegentlich überschwemmt von

Trujillo

Trujillo

Highlights
1 Fortaleza Santa Bárbara de Trujillo B2

Sehenswertes
2 Iglesia B2

Schlafen
3 Hotel Emperador A2

Essen
4 Café & Sabores A2
5 Cafe Vino Tinto A2
6 Carivida Club Café B1
7 Chico's Place A2

Ausgehen & Nachtleben
8 Cafe Ares A2

Kreuzfahrtpassagieren, aber zum Glück nicht oft. Ansonsten geht in diesem reizenden, halbvergessenen Ort alles seinen Gang wie eh und je.

Sehenswertes

Die turbulente Geschichte Trujillos lässt sich bei einem kleinen Bummel in der Altstadt mit ihren Kopfsteinpflasterstraßen erahnen. Viele schöne karibische Holzhäuser sind noch um den Parque Central erhalten und natürlich gibt es eine faszinierende alte Festung mit weitem Blick über die Bucht.

Trujillo hat auch eine schöne Küste, allerdings wird eine Menge Müll an die Strände geschwemmt. Die schönsten Strände befinden sich ein paar Kilometer westlich der Stadt. Kurz vor der Küste, 2 km östlich der Casa Kiwi an der Straße nach Puerto Castillo, befindet sich das Wrack eines gesunkenen Schiffs, das sich prima zum **Schnorcheln** eignet. Da es dicht an der Küste liegt, ist es leicht vom Strand aus zu erreichen.

Die **Laguna de Guaimoreto** rund 5 km östlich von Trujillo dient als Wildreservat. Sie besteht aus einem verschachtelten Gewirr aus Wasserläufen und Mangrovenwäldern, ein Refugium für unzählige Vögel, Pflanzen und Tiere (darunter scheue Seekühe). Tausende von Zugvögeln machen hier zwischen November und Februar Station. An der alten Brücke zwischen Trujillo und Puerto Castillo werden Ruderboote und Kanus verliehen (und sogar Leute, die sie paddeln). Ein zweistündiger Ausflug kostet etwa 250 HNL.

★ Fortaleza Santa Bárbara de Trujillo — FESTUNG

(66 HNL; 9–17 Uhr) Die spanische Festung aus dem 17. Jh. könnte keine bedeutungsvollere Lage haben: Sie blickt hoch über dem Meer über die Karibik in Richtung des europäischen Mutterlands. Die verfallenen Überreste sind zwar nicht unbedingt ein eindrucksvoller Anblick, aber es ist dennoch ein Ort, der zum Nachdenken über die Mächte und Personen anregt, die die Geschichte des amerikanischen Kontinents geprägt haben. 15 Kanonen sind aufs Meer gerichtet und eine Plakette markiert die Stelle, an der der nordamerikanische Möchtegern-Eroberer William Walker hingerichtet wurde. Das Festungsmuseum zeigt Artefakte aus der Kolonialzeit und der Garifuna.

Iglesia — KIRCHE

(Parque Central) Die Hauptkirche von Trujillo stammt von 1832 und steht stolz am Parque Central.

Grab von William Walker — FRIEDHOF

Der Stadtfriedhof liegt gleich westlich des Ortes, wo der Río Cristales ins Meer mündet. Hier befindet sich auch das Grab von William Walker, der kurz nach seiner misslungenen Eroberung Zentralamerikas in Trujillo starb.

Schlafen

Hotel Emperador PENSION $

(2434-4446; Zi. mit/ohne Klimaanlage 600/300 HNL;) Das Hotel gehört einem ziemlich exzentrischen einheimischen Historiker. Es hat zehn funktionale Zimmer an der Seite eines bemerkenswerten karibischen Gebäudes von 1787. Im angrenzenden Café scheint die Zeit stehen geblieben zu sein.

Casa Alemania HOTEL $$

(2434-4466; hotelcasaalemania77@gmail.com; EZ/DZ/2BZ/3BZ/Apt. mit Frühstück 595/952/1190/1428/2328 HNL;) Das überraschend große Hotel des fröhlichen deutschen Besitzers Gunter Wassmus liegt an einem Stückchen Strand gleich östlich des Zentrums von Trujillo. Die Zimmer sind modern, gut ausgestattet und preiswert und haben Bettzeug und Matratzen in guter Qualität, auch wenn einige etwas zusammengeflickt wirken. Bei unserem letzten Besuch wurden weitere Zimmer angebaut, womit das Hotel insgesamt 50 Zimmer hätte. Fahrrad- und Kajakverleih.

★ **Tranquility Bay** CABAÑAS $$$

(www.tranquilitybayhonduras.com; cabañas 1958 HNL;) Die phantastische Anlage ist ganz schön teuer (in der Nebensaison gehen die Preise jedoch fast um die Hälfte runter), aber die Ausgabe lohnt sich: Die geräumigen, schönen und sauberen Holzhütten für jeweils bis zu vier Personen liegen alle am schönsten Strand in Trujillo und sind von üppigen Gärten umgeben. Es gibt hier ein Restaurant und eine Menagerie, zu der auch ein geretteter Kapuzineraffe und ein Weißschulterkapuziner gehören. Die netten kanadischen Besitzer sorgen dafür, dass sich alle wie zu Hause fühlen. Sie organisieren auch Reitausflüge und verleihen Paddleboards. Die Hütten liegen ein paar Kilometer westlich von Trujillo an der Küstenstraße.

Essen

Café & Sabores HONDURANISCH $

(Calle Principal; Baleadas 16–30 HNL, Hauptgerichte 90 HNL; Mo–Sa 6–21, So bis 13 Uhr;) Das liebenswürdig altmodische Diner-artige Café bietet gutes Frühstück (70 HNL) und stets fünf oder sechs Mittagsgerichte. Die exzellenten *licuados* (frische Obstsäfte) kosten 20 bis 30 HNL und die *baleadas* (dicke Weizenmehltortillas mit verschiedenen Füllungen) sind berühmt. Hinten befindet sich ein Raum mit Klimaanlage.

★ **Carivida Club Café** INTERNATIONAL $$

(9763-5201; Hauptgerichte 150–250 HNL; 7–22 Uhr, Fr & Sa bis spät;) Schon beim Anblick dieser neuen, eleganten Strandbar am Meer wird deutlich, dass sie etwas anderes als die Konkurrenz zu bieten hat: gedämpftes Licht, minimalistische Einrichtung, moderne Holzmöbel – und keine nervige Musik, die man überschreien muss. Es wirkt, nach einiger Zeit in Honduras, fast schon surreal. Das Essen ist hervorragend, die Cocktails sind stark und die Atmosphäre ist cool. Montags ist Filmnacht und donnerstags gibt's Livemusik und das amerikanische Management gibt sich große Mühe, alles perfekt zu machen. Mit Abstand die coolste Kneipe in Trujillo.

Cafe Vino Tinto HONDURANISCH $$

(Hauptgerichte 120–250 HNL; 8–22 Uhr;) In dem stimmungsvollen kleinen Restaurant gleich unterhalb der Plaza mit wunderbarem Blick aufs Meer werden Pizza, Hamburger, Quesadillas sowie frischen Fisch und Meeresfrüchte serviert. Rotwein gibt's glasweise (60 HNL) und wer Glück hat, trifft den englischen Besitzer Jon, einen passionierten Lokalhistoriker und eine sprudelnde Informationsquelle zur Geschichte der Stadt und der benachbarten Moskitia.

Chico's Place FISCH & MEERESFRÜCHTE $$$

(Hauptgerichte 175–660 HNL; Fr–So 10–19 Uhr;) Das Restaurant direkt am Strand genießt wegen seiner Meeresfrüchte einen guten Ruf. Am Wochenende ist es hier sehr voll mit Leuten, die eine typisch karibische Strandbar erleben wollen – die Wellen brechen praktisch direkt vor den Füßen. Das volle kulinarische Programm bietet die riesige Meeresfrüchteplatte (990 HNL).

Ausgehen

Cafe Ares KAFFEE

(Mo–Sa 8–18, So 9–18 Uhr;) Die nette Hütte mit Holzsäulen steht am Hang gleich unterhalb des Parque Central. Sie hat einen hinreißenden Blick aufs Meer und – noch viel wichtiger – ist die beste Anlaufstelle für guten Kaffee und WLAN.

Praktische Informationen

Banco Atlántida (Parque Central; Mo–Fr 8–16.30, Sa 8.30–12 Uhr) Hat einen 24-Stunden-Geldautomaten.

Banco Occidente (Calle 2a & Calle Principal; Mo–Fr 8–12 & 13.30–17 Uhr)

Post (4a Calle; Mo–Fr 8–16, Sa 8–11 Uhr)

Touristeninformation (☎2434-3140; Parque Central; ⏲Mo–Fr 8–16 Uhr) Englisch sprechendes Personal ist hier behilflich.

ℹ An- & Weiterreise

Bitte beachten, dass die Straße zwischen Trujillo und La Ceiba Teil einer berüchtigten Drogenschmugglerroute in die Moskitia ist. Es gibt hier daher viele Polizeikontrollpunkte.

BUS

Zwei Busunternehmen, **Cotuc** (☎2444-2181) und **Cotraipbal** (☎2434-4932), haben (schnelle) Direkt- und normale Verbindungen ab zwei kleinen Busbahnhöfen jeweils 1 km und 2 km westlich des Parque Central. An einem kleineren Busbahnhof näher an der Stadt fahren Regionalbusse und die Busse durch Olancho ab.

Ab den beiden Busbahnhöfen fahren Busse nach San Pedro Sula (220 HNL, 6 Std., 9-mal tgl.) über La Ceiba (138 HNL, 3 Std.) und Tela (190 HNL, 5 Std.), die meisten am Vormittag, der letzte um 15 Uhr. Von hier gibt es auch dreimal täglich Busverbindungen nach Tegucigalpa (360 HNL, 10–11 Std.).

Die Regionalbusse fahren von einer Haltestelle am alten Friedhof zu den Garifuna-Dörfern Santa Fe, San Antonio und Guadalupe ab.

SCHIFF/FÄHRE

Eine Fähre verbindet Trujillo mit Guanaja (800 HNL, 1½ Std.), eine der Islas de la Bahía, aber der Fahrplan ist ziemlich ungenau. An Tagen, wenn sie verkehrt, läuft sie in Trujillo gegen 13 Uhr aus, die Häufigkeit ändert sich allerdings je nach Nachfrage. Zur Zeit der Recherche fuhr sie mindestens jeden zweiten Tag. Von Guanaja zurück fährt sie gegen 8 Uhr und trifft gegen 10 Uhr in Trujillo ein.

Von Trujillo gibt es keine fahrplanmäßigen Verbindungen zur Moskitia, aber vom Hafen der Stadt schippern gelegentlich Fischer- und Frachtboote dorthin. Es lohnt sich also nachzufragen, wenn man einen Ausflug in die Moskitia plant.

ISLAS DE LA BAHÍA

Großartige Tauch- und Schnorchelmöglichkeiten locken Besucher aus aller Welt zu den drei Islas de la Bahía (Bay Islands) – Roatán, Utila und Guanaja – zwischen 25 und 50 km vor der honduranischen Nordküste. Ihre Riffe gehören weltweit zum zweitgrößten Barriereriff nach dem australischen Great Barrier Reef und werden von Fischen, Korallen, Schwämmen, Rochen, Meeresschildkröten und sogar Walhaien bevölkert.

Tauchen ist hier sehr erschwinglich, aber Unterkunft und Essen sind auf den Inseln teurer als auf dem Festland. Utila ist die preisgünstigste Insel (und sehr beliebt bei Backpackern), während Roatán schönere Strände und ein wunderschön bewaldetes Binnenland hat. Tauchangebote sind auch auf Guanaja gut, allerdings sind die Preise für die meisten Reisenden unerschwinglich.

Regenzeit ist von Oktober oder November bis Februar. März und August sind die heißesten Monate; zu anderen Zeiten mildern Meeresbrisen die Hitze.

Roatán

65 000 EW.

Roatán ist die größte und erschlossenste der Islas de la Bahía. Die Insel ist lang und schmal (50 km lang und nur 2 bis 4 km breit) und wie das benachbarte Utila ein wahres Tauch- und Schnorchelmekka – praktisch die gesamte Küste ist von erstaunlich vielfältigen Korallenriffen voller tropischer Fische gesäumt. Zu Land warten herrliche weiße Sandstrände wie in West Bay, ein bergiges Binnenland aus kiefernbewaldeten Hügeln und der abgeschiedene wilde Osten der Insel (einst ein Piratennest) auf Erkundung.

Nach Roatán zieht es weitaus mehr Leute mit mittlerem Reisebudget als nach Utila, wo einige preisgünstige Unterkünfte und Restaurants vorhanden sind. Die überwiegende Mehrheit der Backpacker lässt sich in West End nieder, wo es zumindest einige Hostels und erschwingliche Essensangebote gibt. Kein Wunder, dass auch Bauunternehmer und Touranbieter diese Naturschönheit entdeckt haben. Etliche Resorthotels, ein Einkaufszentrum sowie ein Kreuzfahrthafen sind in den vergangenen Jahren entstanden.

West End

West End ist ein supercooles Dorf nahe der Westspitze der Insel, das sich um zwei kleine, türkisfarbene Buchten erstreckt und von Kokospalmen gesäumt ist. Es ist der einzige Ort auf Roatán, wo nicht Pauschaltouristen, sondern unabhängige Reisende in der Mehrheit sind. Seine eigenwillige „Hauptstraße“ ist gesäumt von Restaurants mit Meerblick, Boutiquen, die Sarongs und Schmuck verkaufen, Reggae-Bars und natürlich Tauchschulen. Zwar sind die meisten Unterkünfte und Restaurants eher im mittelpreisigen Segment, aber es gibt auch

Bay Islands (Islas de la Bahía)

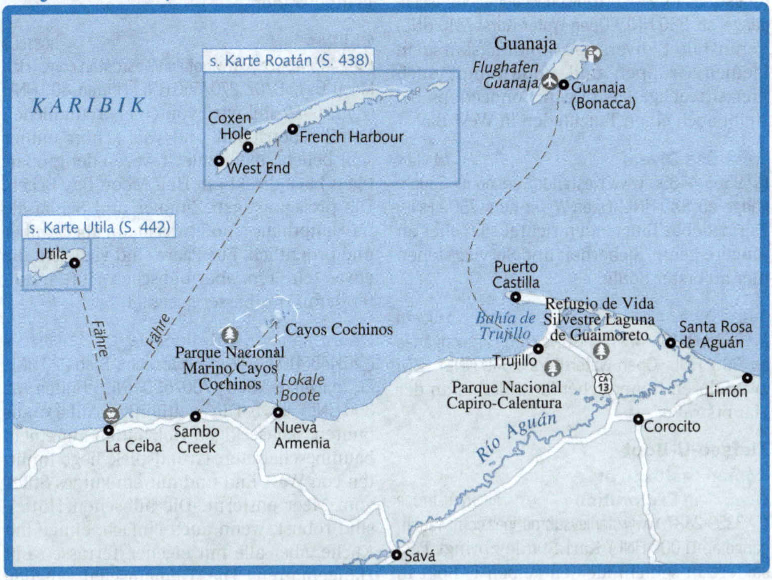

einige gute Budgetoptionen und immer eine Gemeinschaft von Backpackern, um Kontakte zu knüpfen.

Sehenswertes

Meeresschutzgebiet Roatán
NATURSCHUTZGEBIET

(☎2445-4206; www.roatanmarinepark.com) Die gemeinnützige Organisation Roatán Marine Park wurde 2005 zum Schutz der Riffe um West End und Sandy Bay gegründet, aber umfasst heute die gesamte Insel. Sie setzt sich massiv dafür ein, die Meeresumwelt zu erhalten – Roatáns Riffe sind stark belastet, sowohl von Neubauten als auch von der schieren Masse der Besucher. Vier Boote patroullieren an der Küste. Leute, die beim illegalen Fischen erwischt werden (mit Netzen, Harpunen und Fallen), erhalten Gefängnisstrafen. Das Büro der Organisation verleiht Schnorchelausrüstung (100 HNL pro Tag).

Aktivitäten

Strände & Schnorcheln

Die **Half Moon Bay**, die den nördlichen Teil von West End bildet, ist eine wunderbare, geschützte Sandbucht mit flachem Wasser. Die Schnorchelbedingungen sind hier gut, aber das Riff ist ein ganzes Stück von der Küste entfernt und es gibt eine Menge Bootsverkehr. Andere Plätze, wie das nahe West Bay, sind daher besser. Verleiher von Schnorchelausrüstungen (100 HNL pro Tag) gibt es in West End reichlich: Wir empfehlen das Büro des Marine Park, da das Geld dort zum Schutz des Riffs beiträgt.

Tauchen

Training und Kurse in **Apnoetauchen** werden ebenfalls in West End angeboten.

Roatán Divers
TAUCHEN

(☎9949-3781; www.roatandiver.com; Tauchgänge ab 814 HNL, Open-Water-Kurs 5280 HNL) Das PADI-Tauchresort mit fünf Sternen bietet neue Ausrüstungen und eine freundliche Atmosphäre.

Native Sons
TAUCHEN

(☎2445-4003; www.roatandivingnativesons.com; Tauchgänge ab 770 HNL, Open-Water-Kurs 6160 HNL) Kurse beim einheimischen Lehrer Alvin Jackson mit über 30 Jahren Erfahrung. Sehr beliebt bei Backpackern.

Reef Gliders
TAUCHEN

(☎8413-5099; www.reefgliders.com; Tauchgänge ab 880 HNL, Haitauchen 2200 HNL) Tauchschule in US-amerikanischem Besitz, die besonderen Wert auf Sicherheit und Meeresschutz legt.

Ocean Connections TAUCHEN
(☎9901-3646; www.ocean-connections.com; Tauchgänge ab 880 HNL, Open-Water-Kurs 7810 HNL) Veranstaltet diverse Ausbildungskurse in kleinen Gruppen und unternimmt auch Freizeittauchgänge. Ocean Connections betreibt auch einen Tauchladen in West Bay.

West End Divers TAUCHEN
(☎9565-4465; www.westenddivers.com; Tauchgänge ab 880 HNL, Open-Water-Kurs 7500 HNL) Der beliebte Tauchladen richtet sich eher an jüngere Leute. Sicherheit und Service stehen hier an erster Stelle.

Tyll's Dive TAUCHEN
(☎9698-0416; www.tyllsdive.com; Tauchgänge ab 990 HNL, Open-Water-Kurs 7040 HNL) Ein zwangloser, freundlicher Tauchladen an der Hauptstraße.

Tiefsee-U-Boot

Roatán Institute of Deep Sea Exploration ABENTEUERTOUR
(☎3359-2887; www.stanleysubmarines.com; Tauchgänge ab 11 000 HNL) Karl Stanley bringt Passagiere in seinem kleinen gelben U-Boot in Tiefen von 300 m, 450 m oder 600 m. Da in diese Tiefen kein Licht mehr vordringt, erleben Wagemutige außerordentliche Meereslebewesen, beispielsweise den geheimnisvollen Sechskiemerhai.

Reiten

El Rancho Barrio Dorcas REITEN
(☎9687-1067; www.barriodorcasranch.com) Der gut organisierte Reitstall bietet Ausritte am Strand (800 HNL pro Pers.). Auch Ausritte bei Vollmond (1000 HNL pro Pers.) sind möglich.

Schlafen

Budgetunterkünfte gibt es nur wenige in West End. Einige preisgünstige Unterkünfte sind an Tauchschulen gebunden. Wer also einen Kurs bucht, erhält ein Zimmer zu ermäßigtem Preis.

★ **Buena Onda** HOSTEL $
(☎9770-0158; www.hbuenaonda.com; B 360 HNL, EZ/DZ mit Gemeinschaftsbad 520/790 HNL, EZ/DZ mit Bad 650/900 HNL; WLAN) Das hervorragende Hostel eines freundlichen, weltläufigen spanischen Globetrotters hat stilvolle Schlafsäle mit wunderbaren Bambusbetten, guten Matratzen, Schließfächern und riesigen Gemälden. Das Herzstück des Hostels ist eine sehr gesellige Wohnküche mit Poolbillard und Sofas. Jeden Samstag wird gegrillt und es gibt auch Yogakurse und Leihfahrräder.

Chillies HOSTEL $
(☎2445-4003; www.hotelchilliesroatan.com; Half Moon Bay; B/DZ 270/550 HNL, Hütten 800 HNL; WLAN) Das Hostel wird von einer freundlichen Familie betrieben und war schon immer sehr beliebt, nicht zuletzt wegen der großartigen Lage direkt am Half Moon Bay Beach. Die preisgünstigen Zimmer und Schlafsäle im Haupthaus sind etwas klein, aber sauber und ordentlich. Für Paare sind vielleicht die etwas teureren, aber hübschen Hütten hinter dem Haus besser geeignet.

Georphi's Tropical Hideaway HÜTTEN $
(☎2445-4104; www.georphis.com; B ab 220 HNL, Zi. mit/ohne Bad 700/500 HNL, Hütten ab 800 HNL; Klimaanlage, WLAN) Die weitläufige Anlage aus bunten, sechseckigen Holzhütten auf einem baumbeschatteten Grundstück liegt inmitten von West End und nur ein kurzes Stück vom Meer entfernt. Die hübschen Hütten sind robust, wenn auch einfach, einige mit Küche, aber alle mit eigener Terrasse samt Hängematten. Die Gemeinschaftsküchen sind winzig, aber funktional und es gibt rund um die Uhr heißes Wasser.

Posada Arco Iris HOTEL $$
(☎2445-4264; www.roatanposada.com; EZ/DZ/3BZ mit Ventilator 925/1056/1188 HNL, Apt. ab 1450 HNL; Klimaanlage, @, WLAN) Das schöne, von Argentiniern geführte Hotel auf einem schattigen Grundstück hinter der Half Moon Bay hat sehr schön ausgestattete Zimmer und Apartments mit Küchen, die alle mit Webarbeiten und folkloristischer Kunst aufgehübscht sind. Mit Klimaanlage und Meerblick wird es teurer, aber für Gruppen kann es halbwegs preisgünstig werden. Gäste können Kajaks umsonst benutzen.

Posada Las Orquideas HOTEL $$
(☎2445-4387; www.posadalasorquideas.com; EZ/DZ mit Ventilator 924/1056 HNL, mit Küche 1056/1188 HNL; P, Klimaanlage, @) Das geschmackvolle und gut geführte Hotel liegt ganz am Ende von West End (am Kreisverkehr am Ortseingang nach rechts abbiegen). Die Zimmer sind schick und geräumig, im dritten Stock jedoch teurer, da sie einen besseren Meerblick haben. Der Anlegesteg ist ausschließlich für Gäste, aber das Wasser in der Gibson Bay ist brackig.

Land's End Resort HOTEL $$
(☎9979-9324; www.landsendroatan.com; Zi./Bungalow mit Frühstück ab 1320/1760 HNL; Klimaanlage, WLAN, Pool)

Das reizende Nobelhotel am Meer hat auch ein paar preisgünstigere Zimmer ohne Meerblick, die aber immer noch gut für das Geld sind. Das Hotel hat einen eigenen Salzwasser-Infinity-Pool, ein Bar-Restaurant und dank einer Leiter ins Meer auch einfachen Zugang zum Riff. Es liegt nur zehn Minuten zu Fuß vom Zentrum West Ends entfernt. Zusätzlicher Pluspunkt: Wilde Rehe durchstreifen das Gelände.

Casa del Sol HOTEL $$
(☎9961-5260; www.casadelsolroatan.com; Zi. 880–1430 HNL, Studio mit Küche 1300 HNL; ❄@📶) Das Haus direkt am Ortseingang von West End vermietet verschiedene Zimmer in mexikanischen Farben und mit handbemalten Porzellanwaschbecken in den Badezimmern. Die Studios haben Platz für vier Personen und sind mit großen Badewannen ausgestattet. Klimaanlage kostet 100 HNL zusätzlich.

Essen

Essen ist in West End teuer. Vor allem für Gruppen wird es in Unterkünften mit Gästeküche kostengünstiger.

Billige Snacks gibt es bei den **Baleada-Verkäufern** in der Hauptstraße; die Weizenmehltortillas kosten 120 bis 144 HNL pro Stück.

¿Por qué no? FRÜHSTÜCK, DEUTSCH $$
(Hauptgerichte 110–275 HNL; ⏲So–Fr 8–15 Uhr, Abendessen mit Reservierung; 📶) Das nette Café mit Tischen auf der Veranda am Meer serviert gutes Frühstück (80–200 HNL), Gebäck und Kaffee, weswegen es jeden Morgen hier brummt. Später am Tag locken deutsche Gerichte wie Würstchen mit Kartoffelsalat oder Sauerkraut und Schnitzel.

ROA Juice Bar & Salads NATURKOST $$
(Hauptgerichte 110–175 HNL; ⏲Mo–Sa 8–15 Uhr; 📶✎) In der innovativen, aus alten Holzpaletten gebauten Bude ist mal etwas Anderes im Angebot. Die jungen Angestellten bereiten diverse frische Obstsäfte und Smoothies zu, auch verschiedene Salate und Wraps. Ideal für einen leichten Mittagsimbiss.

Rudy's HONDURANISCH, INTERNATIONAL $$
(www.roatangeorphis.com/restaurant; Frühstück 70–110 HNL, Sandwiches 110–140 HNL; ⏲So–Fr 7–15 Uhr; 📶) Rudy's liegt direkt am Strand und ist berühmt für das Frühstücksangebot mit viel Obst, Granola und Pfannkuchen. Ebenfalls im Angebot ist die einheimische Frucht *noni*, die alles heilen soll, von Arthritis bis zu Bluthochdruck. *Noni*-Smoothies werden mit Orangensaft vermischt, um den Geschmack zu überdecken; die kleinen Gläser, die naturrein gereicht werden, sind nur etwas für Mutige!

Creole's Rotisserie Chicken HONDURANISCH $$
(Hauptgerichte 100–210 HNL; ⏲Di–Sa 12–21 Uhr) Creole's ist eine zwanglose Institution auf der Insel, wo exzellente Grillhühnchen nach Inselart (ein Viertel kostet 70 HNL) sowie Garnelen und Fischgerichte serviert werden. Zur Wahl stehen acht verschiedene *fixins* (Beilagen) zum Hauptgericht, z. B. Kokosnussreis, Möhrensalat, Krautsalat und rote Bohnen. Mit einem Stück Rumkuchen zum Nachtisch ist dann alles paletti. Gegessen wird auf einer offenen Veranda zum Strand raus.

★ **Roatán Oasis** INTERNATIONAL $$$
(☎9484-6659; Hauptgerichte 285–525 HNL; ⏲Mo–Sa 17–21 Uhr; 📶) Das hinreißende Oasis ist eine totale Revolution im überschaubaren Essensangebot von Roatán. Hier dreht sich alles um saisonale und lokale Erzeugnisse und es ist wohl eines der wenigen Restaurants in Honduras, in dem es Austern gibt. Für das dreigängige Menü (17–19 Uhr) ist rechtzeitiges Erscheinen ratsam – es ist für 440 HNL ungemein preisgünstig und enthält viele der herausragenden Gerichte von der Speisekarte. Die charmanten Mitarbeiter sind engagiert und effizient und das Lokal ist so unglaublich beliebt, dass eine Reservierung immer empfehlenswert ist. Es liegt an der Hauptstraße Richtung West Bay, zehn Minuten zu Fuß von West End.

Cannibal Café MEXIKANISCH, INTERNATIONAL $$$
(Hauptgerichte 65–290 HNL; ⏲Mo–Sa 10–22.30 Uhr; ✎) Die Spezialität des lässigen mexikanischen Lokals sind echt große Tacos. Alles auf der Speisekarte ist auf Wunsch auch in der vegetarischen Variante erhältlich. Wein wird ebenfalls angeboten, ob glas- oder flaschenweise.

Ausgehen & Nachtleben

In der Hauptstraße von West End gibt es reichlich Bars mit Livemusik oder DJs am Abend. Die Partyszene ist zahm, da die meisten Besucher zum Tauchen am nächsten Tag früh aufstehen. Trotzdem ist dies der lebhafteste Ort auf der Insel.

Cafe Escondido BAR
(⏲Do–Sa & Mo 7.45–15, Do–Sa 18–22 Uhr) Die nette Café-Bar Escondido über dem West

Roatán

End Divers hat eine wunderbare, luftige Balkonveranda mit schönem Hafenblick, Zeitschriften zum Blättern und Sofas zum Faulenzen. Tagsüber ist es hier nett für einen Espresso oder ein Bier zum Relaxen. Am Sonntagabend gibt es Livemusik (Funk, Reggae und Acoustic).

Blue Marlin BAR
(www.bluemarlinroatan.com; ⏲Mo–Do 12–24, Fr & Sa bis 2, So bis 22 Uhr) Sehr geselliges und freundliches Bar-Restaurant mit herrlichem Blick auf den Sonnenuntergang von der hinteren Veranda. Eine gute Gästemischung aus Einheimischen, Expats und Besuchern. Freitags wird Livemusik und donnerstags Karaoke geboten. Zur Happy Hour (16–18 Uhr) gibt es zwei Cocktails zum Preis von einem.

Sundowners BAR
(⏲11–21.30 Uhr) Die offene Strandbar ist *der* Expat-Treff in Roatán, wo sich ab mittags immer ein paar grauhaarige alte Gestalten auf den Barhockern breitmachen. Auch für Backpacker ist die Bar ein Treffpunkt, trotz der altmodischen Musik. Und deftige Bargerichte werden ebenfalls serviert.

ℹ Praktische Informationen

In West End gibt es mehrere Geldautomaten.

ℹ An- & Weiterreise

Taxis verlangen für die Fahrt vom Flughafen nach West End 350 HNL. Wer zur Straße außerhalb des Flughafens geht, kommt billiger weg: *colectivos* kosten 50 HNL.

Vom Fährhafen verlangen offizielle Taxis 500 HNL für die Strecke nach West End. Eine billigere Alternative ist es, 150 m zur Hauptstraße zu gehen und ein *colectivo* nach Coxen Hole (50 HNL) und von dort ein anderes nach West End (35 HNL) zu nehmen.

Captain Van's (☎2445-5040; www.captainvans.com; ⏲8–16 Uhr) Das bewährte, wenn auch teure Unternehmen in West End verleiht Motorroller (860 HNL pro Tag), Motorräder (1200 HNL) und Autos (ab 1200 HNL).

Far East

Östlich von Oak Ridge führt eine unbefestigte Straße durch eine unglaublich schöne Landschaft, wo der bewaldete Rücken der Insel sich über einige abgelegene Buchten, Strände und Mangroven erhebt. Es gibt Abzweigungen zur Garifuna-Siedlung **Punta Gorda** und dem alten Piratennest **Port Royal**, aber die Hauptattraktion ist der hinreißende **Camp Bay Beach** an der Nordküste – ein wunderbarer, praktisch unerschlossener Streifen aus hellem Sand.

Ein kleines Stück weiter nach Osten folgt der dichte Kiefernwald des **Port Royal National Park**.

Essen

La Sirena FISCH & MEERESFRÜCHTE $$$
(☎3320-6004, 8867-5227; Camp Bay; Mahlzeiten 150–300 HNL; ⏲11–20 Uhr) Das wahrhaft abgelegene und eher provisorische Restaurant befindet sich in einem ziemlich heruntergekommenen hölzernen Pfahlbau über dem Wasser. Hier werden jedoch einige der besten Meeresfrüchte von ganz Roatán aufgetischt, die lange und holprige Fahrt vom Osten der Insel lohnt sich also.

French Harbour

French Harbour ist eine wichtige Hafenstadt mit einer großen Fisch-, Krabben- und Hummerfangflotte, hat aber ansonsten nichts zu bieten, außer dem kuriosen Reiz der **Arch's Iguana Farm** (☎2455-7743; www.archsiguanaandmarinepark.com; Eintritt 200 HNL; ⏲9–16 Uhr) in French Cay gleich außerhalb der Stadt. Es ist weniger eine Farm, sondern mehr das Haus eines echten Leguanliebhabers: Wohin man auch schaut, sind Leguane zu sehen, um die 4000 insgesamt – auf der Einfahrt, in den Bäumen, überall.

Sandy Bay

Sandy Bay, etwa 4 km nordöstlich von West End gelegen, ist ein ruhiges kleines Dorf, das bei Expats beliebt ist. Hier befinden sich auf einem naturgeschützten Hang die **Carambola Botanical Gardens** (☎2445-3117; www.carambolagardens.com; 200 HNL; ⏲8–17 Uhr). Der botanische Garten hat mehrere Naturwanderwege voller Orchideen, Gewürzpflanzen, eine „Leguanwand" und zahlreiche umherwandernde Agutis (eine Nagetiergattung). Wie der Name schon andeutet, gibt es hier einen Sandstrand. Es ist eine relaxte Alternative zum weitaus umtriebigeren West End.

Schlafen & Essen

★ **Roatán Backpackers Hostel** HOSTEL $
(☎9714-0413; www.roatanbackpackers.com; B/Zi./Apt. ab 265/660/770 HNL; 📶🏊) Die jüngste Unterkunft für Backpacker in Roatán wird von der unermüdlichen und überaus netten Mel geführt, die sicherstellt, dass sich alle Neuankömmlinge gleich wie zu Hause fühlen. Das gut organisierte Hostel hat mehrere Zimmerkategorien, eine Gemeinschaftsküche und einen Pool mit Terrasse zum Sonnenbaden – samt eigenem Wasserfall. Der Sandy Bay Beach ist nur ein kurzes Stück zu Fuß entfernt. Sehr empfehlenswert.

Sunken Fish INTERNATIONAL $$$
(☎2407-2070; www.tranquilseas.com; Tranquil Seas Eco-Lodge & Dive Center, Sandy Bay; Mahlzeiten 180–380 HNL; ⏱7.30–22 Uhr) Das Sunken Fish, das hauseigene Restaurant einer Lodge mit Tauchzentrum, ist den ganzen Tag über geöffnet und auch der Allgemeinheit zugänglich. Es hat eine phantastische Lage mit Blick aufs Meer, der besonders für beeindruckende Sonnenuntergänge super ist. Das vielfältige Speisenangebot besteht aus Meeresfrüchten und Garifuna-Gerichten sowie spanisch, honduranisch und sogar thailändisch inspirierten Speisen.

Praktische Informationen

Clinica Esperanza (☎2445-3234; www.clinicaesperanza.org; ⏱Mo–Fr 7.30–18 Uhr) Die Klinik, die hier zu Ehren der Gründerin Peggy Stranges auch „Hospital Miss Peggy" genannt wird, ist die verlässlichste medizinische Einrichtung auf Roatán. Sie bietet eine sehr einfache Versorgung, gilt aber unter den Einheimischen als besser als das Inselkrankenhaus.

West Bay

Man stelle sich ein paradiesisches Traumbild der Karibik vor: ein stiller, weißer Sandstrand, gesäumt von Kokospalmen und ein blaues Meer bis zum Horizont. West Bay ist dieses Traumbild (nur nicht, wenn ein Kreuzfahrtschiff angelegt hat).

Vor zwanzig Jahren war dies tatsächlich noch ein unberührter Strand, wo Backpacker in der ursprünglichen und majestätischen Natur schwelgten. Doch die Zeiten haben sich geändert und eine Reihe von langweiligen Resorthotels lauern nun hinter den Palmen und Küstenkiefern. Aber wer zum südlichsten Ende des kilometerlangen Strands nahe den vulkanischen Felsen marschiert, in denen sich große, schwarze Leguane verbergen, wird kaum einen schöneren Ort in Honduras finden, um wahres Strandleben zu genießen.

Es ist jedoch wichtig, den Besuch zeitlich gut zu planen: Wenn ein Kreuzfahrtschiff die Insel ansteuert, können bis zu 5000 Menschen auf das arme West Bay losgelassen werden. Für Sonnenliegen, die sonst 100 HNL kosten, werden dann 500 HNL verlangt.

Am Strand gibt es keine Restaurants mit backpackerfreundlichen Preisen. Am besten bringt jeder sein eigenes Essen mit oder deckt sich in den Läden hinter dem Strand ein. **Java Vine** (www.javavine.com; Sandwiches ab 130 HNL; ⏱Mo–Fr 7.30–17, Sa & So 8–14 & 15–17 Uhr; 📶) z. B. hat gute Sandwiches, Kuchen, Kaffee und Wein.

Utila

3500 EW.

Utila ist eine zauberhafte Insel, die seit Jahren den Ruf genießt, der beste Ort zum Tauchenlernen in Lateinamerika zu sein. Utila mag zwar dank neuer Tauchsteuern nicht mehr das unglaubliche Schnäppchen sein, ist aber immer noch tauchbegeistert und eines der beliebtesten Backpackerziele in Honduras.

Utila ist klein (etwa 13 km lang und 5 km breit) und konzentriert sich fast gänzlich auf Utila Town, das einzige Dorf der Insel, das an einer gebogenen Bucht mit zwei kleinen Stränden und Dutzenden Hotels, Restaurants, Bars und Tauchläden liegt. Es gibt nur wenige Straßen und ein Großteil der Insel ist undurchdringliche Wildnis, die sich nur übers Meer erreichen lässt. Utila lebt hauptsächlich vom Riff – es gibt über ein Dutzend Tauchschulen und einige erstklassige Tauchreviere um die ganze Küste. Eine weitere große Attraktion: Junge Walhaie, sanfte Riesen, die bis zu 6 m lang werden können, werden regelmäßig um die Insel gesichtet.

Sehenswertes

★ **Whale Shark & Oceanic Research Center** AQUARIUM
(☎2425-3760; www.wsorc.com; Main St E; ⏱Mo–Sa 9–16 Uhr) GRATIS Das hervorragende Zentrum, das sich der Erforschung der Walhaie widmet, zeigt zahlreiche Exponate zur Biologie des Hais. Der eigentliche Grund für einen Besuch ist jedoch die Teilnahme an einem der regelmäßigen Schnorchelausflüge (1000 HNL, 7.30–12 Uhr), um diesen herrlichen Kreaturen selbst zu begegnen. Sobald die Walhaie in Sicht kommen, legen alle ihre Schnorchel an und springen zu ihnen ins Meer – ein unvergessliches Erlebnis.

Iguana Research & Breeding Station TIERZUCHTSTATION
(☎2425-3946; www.utila-iguana.de; 60 HNL; ⏱Mo–Fr 9.30–12 & 13.30–17 Uhr) Diese großartige Einrichtung hügelaufwärts vom Ortszentrum erforscht und schützt den hoch gefährdeten Utila-Leguan (*Ctenosaura bakeri*), der hier auch „Swamper" genannt wird. Besucher bekommen hier viele dieser faszinierenden, stachelschwänzigen Viecher

zu Gesicht. Vier hervorragende naturkundliche Touren (zu Fledermaushöhlen und anderen Zielen) werden auf der Insel angeboten; auch Freiwilligenarbeit ist möglich.

Bando Beach STRAND
(66 HNL) Der Privatstrand von Utila Town ist ein bisschen enttäuschend, aber zumindest hat das umzäunte Areal Sonnenliegen und eine Bar mit kühlen Drinks aufzuweisen. Zu erreichen ist er vom Hafen rechts und dann weiter bis ganz zum Ende der Main Street; jenseits der Brücke ist er gleich rechts zu sehen.

Aktivitäten

Tauchen

Utila hat einige erstklassige Tauchreviere. Vor der Nordküste gibt es eine spektakuläre Steilwand und reichlich Meeresgetier wie Rochen und Haie sowie meist eine exzellente Sichtweite. Es ist hier super zum Strömungs- und Tieftauchen. Die Reviere an der Südseite sind mit ihrem flacheren Wasser eher für Anfänger geeignet, aber die Korallen sind nicht in so unberührtem Zustand. Um den Unterwasserberg **Black Hills** gibt es oft die meisten Meerestiere, z. B. Schwärme von Pferdemakrelen. Das Wrack der *Halliburton 211* ist ein Kick für Tieftaucher.

Utila ist zu Recht berühmt für die prachtvollen **Walhaie**, die sich hier das ganze Jahr über aufhalten. Die Begegnung mit einer dieser Kreaturen wird ein Highlight eines jeden Besuchs sein. Aber da die Walhaie um Utila Jungtiere sind, ist Tauchen mit ihnen nicht erlaubt (Schnorcheln aber schon).

Die meisten Tauchläden beginnen jeden oder jeden zweiten Tag einen Kurs, viele auch in verschiedenen Sprachen. Die Preise unterscheiden sich kaum, daher empfiehlt es sich, vor der Anmeldung mit den Tauchlehrern zu reden. Sicherheit und Naturschutz sind am wichtigsten – daher sind Tauchschulen, die Mitglied im UDSEC sind, am besten. Die meisten Schulen bieten kostenlose oder ermäßigte Unterkunft für Kursteilnehmer. PADI-Open-Water-Kurse dauern drei oder auch vier Tage und kosten von 6000 bis 6500 HNL, einschließlich einer Riffgebühr von 58 HNL pro Tag, die zur Pflege der Bojen und Korallen dient.

Kurse im **Apnoetauchen** werden im Free Dive Utila angeboten.

Alton's Dive Center TAUCHEN
(☎2425-3704; www.diveinutila.com) Die freundliche PADI-Tauchschule in einheimischem Besitz bietet modernste Ausrüstung und Unterkunft direkt am Kai. Sie wird überwiegend von jüngeren, tauchbegeisterten Backpackern genutzt. Die Schule liegt 300 m östlich der Hauptkreuzung.

Ecomarine TAUCHEN
(Gunter's Dive Shop; ☎2425-3350; www.ecomarineutila.com) Der älteste Tauchladen der Insel liegt zehn Minuten zu Fuß westlich des Kais. Er ist einfach und bescheiden und hat kleine Klassen und solide PADI-Kurse. Kursteilnehmer kommen umsonst in der Backpackerunterkunft gegenüber unter.

Utila Dive Centre TAUCHEN
(UDC; ☎2425-3326; www.utiladivecentre.com) Das UDC ist die größte Tauchschule in Utila und nimmt Sicherheit äußerst ernst. Sie hat fünf Tauchboote und bietet jede Menge Kurse und Anleitungen für technisches Tauchen und Kreislauf-Tauchgeräte. Schüler und zertifizierte Taucher bleiben getrennt und die Unterkunft im Mango Inn (S. 444) ist hervorragend.

Captain Morgan's Dive Centre TAUCHEN
(☎2425-3349; www.divingutila.com; neben dem Pirate Bay Inn, Main St) Captain Morgan's direkt gegenüber vom Kai bietet mehr Ausflüge zur Nordküste und ihren enormen Steilhängen an als alle anderen Tauchzentren. Es gibt ein Übungsbecken, einen kleinen Strand und neue Neoprenanzüge. Unterkunft ist in einem guten, neuen Hotel, dem Pirate's Bay Inn, ein kurzes Stück zu Fuß entfernt.

Underwater Vision TAUCHEN
(☎2425-3103; www.utilascubadiving.com) Freundliche und ungezwungene Tauchschule mit professionellem Unterricht auf Englisch, Spanisch, Deutsch, Französisch, Schwedisch und Italienisch. Die ermäßigte Unterkunft ist in großen Schlafsälen im feinen Hotel Trudy's (S. 444), das auch als praktischer Treffpunkt dient und einen eigenen kleinen, zum Schwimmen geeigneten Strand hat.

Parrots Diving Center TAUCHEN
(☎2425-3772; www.parrotsdivecenter.com) Das Parrots ist ein Tauchzentrum, das stolz nur einheimische Tauchlehrer einstellt und beliebt bei Reisenden mit knapper Kasse ist, da es zu den preisgünstigsten auf Utila gehört. Es ist zudem ein sehr gut geführtes Zentrum mit einem vorbildlichen kommunalen Sozialprogramm für die Insel. Taucher übernachten im Parrots Inn umsonst.

Utila

Bay Islands College of Diving TAUCHEN
(BICD; ☎2425-3291; www.dive-utila.com) Gefragte, fundierte Schule mit eigenem Pool, kostenloser Unterkunft und Fitnessraum; Tauchausflüge finden nur in kleinen Gruppen statt. Das College besitzt die einzige Dekompressionskammer auf der Insel und liegt westlich des Kais.

Utila Water Sports TAUCHEN
(☎2425-3264; www.utilawatersports.com) Kleine Gruppen und neue Ausrüstung sind die wichtigsten Punkte in dieser professionellen Schule im feinen Palms Hotel in etwa östlich der Hauptkreuzung. Die meisten Kurse sind keine PADI-, sondern SSI-Kurse.

Free Dive Utila ABENTEUERSPORT
(☎9730-3424; www.freediveutila.com; Main St E) Die höchst angesehene Schule – die erste ihrer Art in Zentralamerika – unterrichtet Apnoetauchen (Tauchen ohne Atmungsgerät). Ein 2½-tägiger Kurs kostet 225 US$ und umfasst zweimal theoretischen und zweimal praktischen Unterricht.

Schnorcheln

Utila hat exzellente Schnorchelbedingungen, allerdings muss man einige Mühen auf sich nehmen, um ein wirklich gutes Riff zu erreichen. Viele Tauchläden verleihen Schnorchelausrüstung (um 150 HNL pro Tag). Die meisten Tauchschulen lassen Schnorchler gegen eine kleine Gebühr (um 100 HNL) auch auf den Tauchbooten mitfahren.

Ein gutes Tauchrevier gibt es ansonsten am **Chepes Beach** am westlichen Ende der Main Street, aber das Wasser ist hier in Küstennähe sehr flach – Schnorchler müssen sich schon vorsichtig über den Sandboden vortasten, um in tieferes Wasser zu gelangen.

Naturführungen

Nur wenige Besucher kommen über Utila Town und die Riffe vor der Küste hinaus, aber das sumpfige Inselinnere ist ebenso faszinierend.

Kanahau (☎9874-3344; www.kanahau.com) ist eine hiesige Naturschutzorganisation mit Sitz in Pumpkin Hill. Besucher können gerne die Wissenschaftler auf Studienfahrten begleiten (500 HNL, 5–6 Std.), um Tiere zu sichten, so z. B. den höchst gefährdeten Utila-Leguan, Agutis (große Nagetiere), Fledermäuse und Eidechsen.

Die Iguana Research & Breeding Station (S. 440) bietet Touren (240–400 HNL) zu Fledermaushöhlen und einer abgestorbenen Lagune sowie Kajakfahrten durch die Mangroven an.

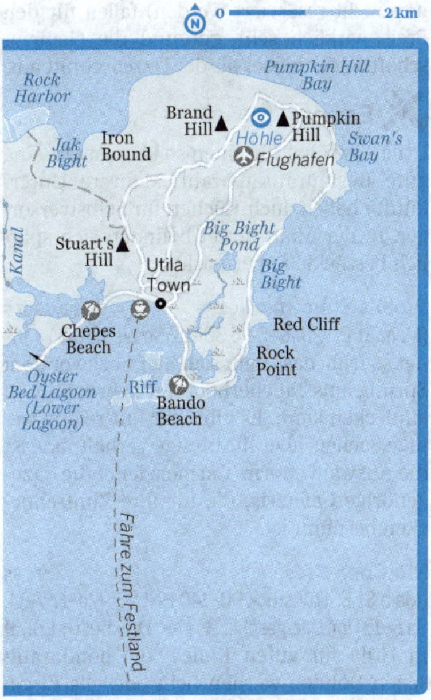

Kayak-, Kanufahren & Paddeln

Eine Paddeltour von Utila Town zum **Rock Harbour** ist ein wunderbarer Tagesausflug. Die Strecke führt über die Oyster Bed Lagoon, die Lower Lagoon und über einen Mangrovenkanal. Am Rock Harbour gibt es einen guten und sehr abgeschiedenen Strand. Viele Tauchschulen bieten ihren Schülern kostenlose Kajaks an, andernfalls können sie in Gunter's Dive Shop ausgeliehen werden. Paddle Boards vermietet Rico's Café östlich des Kais.

Höchst empfehlenswert sind die geführten Touren von **Kayak Utila** (☎3300-9537; Halbtagstour ab 800 HNL) zu den vorgelagerten Inseln oder zur Nordküste. Auch mehrtägige Touren sind im Angebot.

Bootsausflüge

In den Fenstern vieler einheimischer Fischer werben Schilder für Bootsausflüge, beispielsweise zur Water Cay, zum Rock Harbour über den Mangrovenkanal oder über die Lagune und zu anderen Orten. Sie kosten ab 1000 HNL pro Boot.

Bush's Bay Island Charters BOOT
(☎3145-7139; utilarooster14@hotmail.com; Main St E) Das bewährte einheimische Unternehmen bietet regelmäßige Ausflüge zur Water Cay an (300 HNL pro Pers., inkl. Hängematten und Kühlbox fürs Bier). Es ist die richtige Adresse für Leute, die Bootscharter oder Sportfischen in und um Utila unternehmen wollen. Ausflüge zu den Cayos Cochinos werden regelmäßig organisiert.

Schlafen

Am Kai wartet bereits ein Haufen von Schleppern mit Broschüren, die Neuankömmlinge bedrängen. Viele Tauchschulen haben gute, billige (oder kostenlose) Unterkünfte für Kursteilnehmer, aber diese Angebote gelten nur an Tagen, wenn tatsächlich getaucht wird oder ein Kurs stattfindet.

★ **The Venue** HOSTEL $
(☎9505-5760; www.thevenueutila.com; B 450 HNL; 📶) Das tolle neue Hostel ist nur einen Katzensprung vom Stadtstrand entfernt und gibt dem Begriff „Partyhostel" eine neue Bedeutung: Da es auch ein beliebtes Bar-Restaurant hat, besteht hier jede Menge Gelegenheit, andere Leute zu treffen. Die eher kleinen Zimmer haben jeweils zwei Stockbetten und ein Gemeinschaftsbad. Das Ambiente ist einfach, aber genial. Unter der phantastischen *champa* (strohgedeckter, offener Rundbau) befinden sich ein Restaurant und eine Bar, wo schon früh am Tag getrunken wird. Zur Geselligkeit des Partyhostels gehören auch organisierte Kajaktouren, Schweinebraten am Sonntag und sogar Ausflüge zu den Cayos Cochinos. Ein absolut toller Ort, um andere Backpacker zu treffen, selbst wenn man anderswo nächtigt.

★ **Rubi's Inn** HOTEL $
(☎2425-3240; rubisinn@yahoo.com; Main St E; Zi. ab 440 HNL; ❄📶) Das kleine Hotel gehört einem charmanten Paar, das zwölf saubere, große Zimmer mit lackierten Holzböden und frischer Bettwäsche in einem Holzhaus am Wasser vermietet. Die Zimmer im oberen Stock blicken aufs Meer, aber für die Aussicht ist der Preis gleich doppelt so hoch. Es gibt einen privaten Bootsanleger zum Schwimmen und Sonnenbaden, Hängematten zum Ausspannen und eine Gästeküche. Klimaanlage wird gestellt, kostet allerdings 100 HNL mehr. Reservierung per Telefon.

Sea Side Utila Hostel HOTEL $
(☎2425-3150; Main St W; Zi. mit/ohne Klimaanlage 660/330 HNL; ❄📶) Das gepflegte Haus zehn Minuten zu Fuß westlich des Kais liegt beschaulich dicht am Chepes Beach. Die Zimmer haben Doppelbetten und sind entweder mit Klimaanlage oder einem Ventilator (sehr

viel billiger) zu haben. Außerdem gibt es eine Gästeküche. Der Blick vom gemeinschaftlichen Balkon auf die Karibik ist herrlich.

Tony's Place PENSION $
(☎2425-3376; Nähe Cola de Mico; EZ/DZ 150/300 HNL; 📶) Die acht einfachen, aber sauberen Zimmer in zwei Stockwerken auf demselben Grundstück wie das Haus des Besitzers bieten eine preiswerte Bleibe. Vom Kai aus ist Tony's Place direkt bergauf zu erreichen: Es handelt sich um das weiß-grüne Gebäude schräg gegenüber vom Mango Inn.

Hotel Trudy HOTEL $$
(☎2425-3103; www.utilascubadiving.com; Main St E; B 180 HNL, Zi./Suite 770/1550 HNL; 📶) Das Hotel in Besitz von Einheimischen auf einem phantastischen Grundstück am Meer mit einem Beachvolleyball-Platz und einem Café, das zum entspannenden und geselligen Aufenthalt beiträgt, ist eine wundervolle Unterkunft. Die Schlafsäle sind klein, aber haben Holzböden und Meerblick vom gemeinschaftlichen Balkon. Die Gemeinschaftsbäder haben Heißwasser. Taucher bei Underwater Vision bekommen Ermäßigung.

Bayview Hotel PENSION $$
(☎2425-3114; bayviewinternet@yahoo.com; Main St W; Zi. 880 HNL; ❄📶) Die traditionelle Pension einer freundlichen einheimischen Familie mit Verwandten in den USA hat eine beneidenswerte Lage am Wasser (mit privatem Bootsanleger zum Relaxen) nahe dem Chepes Beach. Die preisgünstigen Zimmer sind schlicht, aber groß und haben feste Matratzen – alle verfügen über ein Bad mit Heißwasser, einige auch über einen Kühlschrank.

Utila Cay Rentals HÜTTEN $$$
(☎2408-3100; www.utilacaysrentals.com) Barry Jackson betreibt diese Vermietungsagentur für Sandy Cay und Little Cay, zwei winzige Koralleninseln vor der Küste von Utila mit perfekten weißen Sandstränden und sonst nicht viel mehr. Die Preise sind erschwinglich, meist um 140 US$ pro Nacht auf Sandy Cay und 155 US$ pro Nacht auf Little Cay.

Mango Inn HOTEL $$$
(☎2425-3326; www.mango-inn.com; Cola de Mico; B 220 HNL, Zi. ab 1500 HNL; ❄📶🏊) Das hervorragende Haus gehört zum Utila Dive Center und liegt gleich hügelaufwärts vom Kai. Die gut gebauten Holzunterkünfte liegen in einem von Mangobäumen beschatteten Garten. Der Pool und das Café sind absolut klasse. Die Schlafsäle für Backpacker (können nicht reserviert werden) fallen für den Preis wirklich sehr gut und die Gemeinschaftsbäder besser als der Durchschnitt aus.

Essen

Utila Town hat für einen so kleinen Ort eine gute Restaurantauswahl. Mehrere Unterkünfte haben auch Küchen für Selbstversorger. In der Main Street befinden sich spärlich bestückte Supermärkte.

Bush's Supermarket SUPERMARKT $
(Main St E; ⏰Mo–Sa 6.30–18, So bis 12 Uhr) Öffnet so früh, dass man sich hier noch vor dem Sprung aufs Taucherboot mit Lebensmitteln eindecken kann. Es gibt hier nur relativ wenige Sachen, aber für hiesige Verhältnisse ist die Auswahl enorm. Carmela leitet die dazugehörige Cafeteria, die für ihre Zimtschnecken berühmt ist.

Rio Coco Cafe CAFÉ $$
(Main St E; Frühstück 90–140 HNL; ⏰Mo–Fr 7–14, Sa 8–13 Uhr, Dez. geschl.; 📶) 🌿 Das beste Lokal in Utila für guten Kaffee; die honduranischen Bohnen werden heiß oder als Eisgetränk zubereitet. In dem hübschen blau-weißen Holzhaus am Meer bekommt man auch gutes Frühstück und einfache kleine Mittagsgerichte. Ein Teil der Gewinne fließt zurück an die Gemeinde.

RJ's KARIBISCH $$
(Main St E; Hauptgerichte 150–200 HNL; ⏰Mi, Fr & So 17–21 Uhr) Jeder auf der Insel antwortet auf die Frage, wo es das beste Essen auf Utila gibt, ohne zu zögern: bei RJs. Das mag zwar mehr mit dem hiesigen Geschmack für traditionelle karibische Küche zu tun haben, aber in dem einladenden Restaurant werden wirklich hervorragende Schweinefleisch- und Meeresfrüchtegerichte zubereitet, alle mit einem Berg an Beilagen. Zu beachten sind die merkwürdigen Öffnungstage. Frühzeitiges Erscheinen ist ratsam.

Hotspot Cafe CAFÉ $$
(Main St W; Hauptgerichte 80–130 HNL; ⏰Mo–Sa 6–17 Uhr; 📶) Die hübsche, gelb und weiß gestrichene Bude mit richtigem Kaffee und einer riesigen Auswahl an Frühstück (60–100 HNL), Smoothies, Hamburgern, Wraps und einem beliebten Jumbosandwich mit Steak wird ihrem Namen gerecht – sie ist den ganzen Tag rappelvoll mit Tauchern und Backpackern. Es gibt nur relativ wenige Tische, aber der kontaktfördernde Tresen ist super, um Leute kennenzulernen.

Che Pancho CAFÉ $$

(Main St E; Mahlzeiten 115–140 HNL; ⌚8–18 Uhr;) Das kleine Café in einem Garten hat köstliche Salate, Hotdogs, Schnitzel, Sandwiches und sogar Thunfischfilet. Hinzu kommt eine gute Auswahl an Pfannkuchen, Smoothies und Säften (auch eine große Bibliothek zum Büchertauschen) – alles in allem ein Superladen.

Mango Café PIZZA, INTERNATIONAL $$

(Mango Inn, Cola de Mico; Pizza 150–180 HNL, Hauptgerichte 125–300 HNL; ⌚6–14 & 17–22 Uhr;) Das Lokal gehört Andrea, einem Italiener, der seit den 1990er-Jahren auf Utila lebt. Spezialität sind die authentischen, dünnkrustigen Pizzas aus einem speziell gebauten Ziegelofen. Zum Angebot gehören Eiersandwiches, Burritos, gebratener Thunfisch, Kokosnussgarnelen und Schnapperfilet in Weinsauce; ein täglich wechselndes Tagesgericht gibt's auch. Wer hier isst, darf den Pool und die Sonnenliegen des Hotels benutzen.

Munchies INTERNATIONAL $$

(Main St W; Hauptgerichte 100–190 HNL; ⌚Mi–Mo 7–21 Uhr;) Die Veranda des Restaurants in einem charakteristischen Utila-Gebäude von 1864 ist der beste Platz, um Leute zu beobachten. Der Service ist freundlich, es gibt eine gute vegetarische Auswahl, großes Frühstück, Hühnerflügel und Espresso (wenn die Maschine funktioniert). Morgens lassen sich auf der hinteren Veranda Leguane blicken.

Mango Tango INTERNATIONAL $$$

(Hauptgerichte 190–275 HNL; ⌚Mo–Fr 8–21.30, Sa & So 11–21.30 Uhr;) Im Mango Tango in einem leuchtend gelben Mariposa-Haus in der Nähe des Kais gibt es einige der besten Gerichte der Stadt. Auf der interessanten internationalen Speisekarte stehen u. a. Hamburger mit Rotfeuerfisch, Thunfisch-Ravioli und Filet Mignon. Zudem wird ein kleines, aber preiswertes Frühstück (80 HNL) geboten. Die luftige Terrasse hat den besten Meerblick im Ort.

Birdhouse KARIBISCH $$$

(☎9695-6257; Main St W; Hauptgerichte 150–300 HNL; ⌚Mi–Mo 11–14.30 & 17–23 Uhr;) Bei dem einladenden Neuzugang am Strand von Utila handelt es sich um ein farbenfrohes, relaxtes Bar-Restaurant. Hausspezialität sind Grillhähnchen, die mit einer Auswahl an Beilagen serviert werden, z. B. Reis und Bohnen, Kraut- oder Kartoffelsalat. Samstags stehen Suppen auf dem Speisezettel, die Verkaterten wieder auf die Beine helfen.

Ausgehen & Nachtleben

In Utila ist mächtig was los, was manchmal so wirkt, als wäre es eine coole Studentenstadt mit einer kleinen Tauchuniversität. Leider haben in den vergangenen Jahren die meisten einzigartigen (wenn auch wilden) Tanzschuppen dichtgemacht.

Skid Row BAR

(Main St W; ⌚10–23 Uhr) Alles, was eine gute Säuferbar braucht: ein undichtes Blechdach, Betonboden, Poolbillard, Dartscheibe, ein Haufen verhutzelter Typen und ein leidgeprüfter Barkeeper. Alle Besucher werden herzlich eingeladen, beim „Giufity Challenge" mitzumachen – dem Kippen von schwarzgebranntem, mit Kräutern versetztem Garifuna-Schnaps. Gute Kneipengerichte wie Tex-Mex und Hamburger gibt's auch, ebenso Lieferung außer Haus.

Treetanic BAR

(Cola de Mico; ⌚20–24, Mi & Fr bis 1 Uhr) Die psychedelische Baumhausbar auf einem Mangobaum gehört dem exzentrischen US-amerikanischen Künstler Neil. Man muss sie einfach gesehen haben, während man auf Utila ist. Hier hängt immer eine Truppe einheimischer Charaktere rum und es ist fraglos eine der witzigeren Kneipen auf der Insel.

La Cueva BAR

(Main St W; ⌚11–24 Uhr) Eine Kneipe voll mit einer merkwürdigen Mischung aus lokalen Gestalten, Säufern und internationalen Globetrottern. Der Bananenrum ist nicht schlecht.

Tranquila Bar BAR

(Main St W; ⌚So, Mo & Mi 16–1, Di & Do–Sa bis 4 Uhr) Die eher langweilige Bar, die übers Wasser in die Bucht rausragt, ist dennoch ein wichtiger Bestandteil des Nachtlebens und einer der geselligen Mittelpunkte für Backpacker auf der Insel – eher wegen der Superlage und langen Öffnungszeiten als wegen der grauenvollen Musik (Hard Rock, langweiliger Top-40-Kram), über die sich alle beklagen.

Praktische Informationen

Morgan's Travel (☎2425-3161; www.utilamorganstravel.com) Bucht Flüge von der Insel und Taxis vom und zum Flughafen. Liegt neben dem Kai.

Utila Community Clinic (☎ 2425-3137; Main St W; ⊙ Mo–Fr 8–12 & 13–14 Uhr) Wird von der Englisch sprechenden Ärztin Dr. Raissa Canales geleitet, die eine Spezialausbildung für Tauchverletzungen hat. Im gleichen Haus gibt es auch eine Apotheke.

World Wide Travel (☎ 9891-1960; Main St E) Die effiziente und freundliche Agentur bucht Tickets für alle Flüge in Honduras, ist aber besonders nützlich zur Buchung für verschiedene Charterflüge zu den anderen Islas de la Bahía, die normalerweise nicht online gebucht werden können.

ℹ An- & Weiterreise

FLUGZEUG

Auf Utila gibt es eine Landebahn, aber kein Flughafengebäude; Tickets verkaufen World Wide Travel und Morgan's Travel in der Stadt. Die Flugzeuge von und nach Utila reichen von kleinen 20-Sitzern bis zu winzigen Fünfsitzern – und sie sind schnell ausgebucht, ein Ticket sollte also so früh wie möglich beschafft werden.

Flüge zwischen Utila und Roatán sparen Zeit, die ansonsten mit dem Fährenwechsel in La Ceiba verbracht würde. Momentan gibt es jedoch planmäßige Flüge nur samstags mit **CM Airlines** (☎ 9522-5304; www.cmairlines.com). **Aerolíneas Sosa** (www.aerolineasosahn.com) fliegt dienstags, donnerstags und samstags um 6 Uhr zwischen Utila und La Ceiba; CM Airlines fliegt nur samstags.

In La Ceiba gibt es Anschlussflüge nach San Pedro Sula und Tegucigalpa. Flüge nach La Ceiba kosten um die 2000 HNL und dauern 15 Minuten.

SCHIFF/FÄHRE

Derzeit verkehren zwei Fähren zwischen dem Festland und Utila – die *Utila Dream* und die *Utila Princess* –, auf denen fast alle Besucher eintreffen. Zur Zeit der Recherche waren die beiden Fährunternehmen in einem heftigen Preiskrieg um Kundschaft verwickelt, was zu unerhört niedrigen Preisen für die Fahrt führte. Höchstwahrscheinlich wird das jedoch nicht andauern; Anfang 2016 kostete die Überfahrt zwar nur 114 HNL auf der *Utila Princess*, aber die Preise mögen nach Erscheinen dieses Buchs bereits angestiegen sein.

Die **Utila Dream** (☎ 2425-3191; www.utilaferry.com; einfach 200 HNL) ist neu im Geschäft und das modernste Schiff mit der professionellsten Mannschaft und generell der komfortabelsten Überfahrt. Die **Utila Princess** (☎ 2425-3390; einfach 114 HNL; ⊙ Ticketbüro 8–11 & 14–16.30 Uhr) ist hingegen ein umgebautes Frachtschiff; jahrelang war sie für Leute, die kein Geld für den Flug hatten, die einzige Möglichkeit, Utila zu erreichen. Zur Zeit der Recherche war sie die günstigste der beiden Fähren.

Beide Fähren haben ähnliche Fahrpläne und fahren zweimal täglich jeweils hin und zurück. Die *Utila Dream* legt in Utila täglich um 6.25 und 14 Uhr ab, in La Ceiba um 9.30 und 16 Uhr, die *Utila Princess* fährt in Utila täglich um 6 und 14 Uhr los und in La Ceiba um 9.20 und 16 Uhr. Die Überfahrt dauert zwischen 45 und 60 Minuten. Passagiere müssen 30 Minuten vor Abfahrt erscheinen.

Es gibt keine fahrplanmäßige Verbindung zwischen Utila und Roatán, aber etliche Charterboote für die Überfahrt – zu erfahren bei den lokalen Reisebüros. Die Betreiber der *Utila Dream* haben angekündigt, dass sie ein planmäßiges Schiff zwischen Utila und Roatán einsetzen wollen, aber zur Zeit der Recherche war noch nichts gewiss.

ℹ Unterwegs vor Ort

Zu Fuß ist die gesamte Main Street von Utila in 20 Minuten zu schaffen.

Fahrräder werden an vielen Stellen verliehen und kosten pro Stunde/Tag/Woche 25/100/600 HNL, sind aber generell schlecht instandgehaltene Rostlauben. Die besten des ziemlich miesen Angebots gibt's bei **Utila Bike Rental** (☎ 8818-5633; Main St E; ⊙ So–Fr 6–18 Uhr).

LA MOSKITIA

Die Moskitia, jener riesige Teil auf den Landkarten von Honduras mit sehr wenigen Straßen, ist eines der letzten Gebiete ungezähmter Wildnis in Zentralamerika. Riesige Flächen sind praktisch unberührter Dschungel und zusammen mit den herrlichen Feuchtgebieten und Savannen ist es kein Wunder, dass Moskitia oft als das Amazonasbecken Zentralamerikas bezeichnet wird. Bis heute leben hier Seekühe, Tapire und Jaguare, die aufgrund erlernter Vorsicht gegenüber Menschen aber nur schwer zu beobachten sind. Krokodile bevölkern die Gewässer und die Vogelwelt, darunter Aras und Fischadler, ist phantastisch.

Ein Besuch dieser Region ist nichts für Zartbesaitete – der Zugang ist kompliziert und die Gegebenheiten im Gebiet sind bestenfalls rustikal, weswegen die Teilnahme an einer organisierten Tour die sicherste und einfachste Art eines Besuchs ist. Für eine Tour durch die Moskitia muss mit einem weitaus höheren Reisebudget gerechnet und außerdem Bargeld mitgenommen werden, denn in diesem Teil des Landes gibt es keine Geldautomaten.

Laguna de Ibans

Die kleinen, traditionellen Küstendörfer um die Laguna de Ibans sind vermutlich der erste Übernachtungsstopp auf der Landroute in die Moskitia. Die Dörfchen **Cocobila**, **Raista** und **Belén** haben ordentliche Budgetunterkünfte und liegen nur ein kurzes Stück voneinander entfernt.

Das ruhige Miskito-Dorf Raista ist vermutlich das netteste der drei. Es besteht aus hölzernen Pfahlbauten. Möglich sind hier Strandspaziergänge (obwohl Müll die Szenerie ruiniert) und es können Naturwanderungen organisiert werden, um nistende Meeresschildkröten und Krokodile in der Lagune zu sehen (auf keinen Fall hier baden!). Wenn möglich, lohnt auch ein Besuch von **Plaplaya**, einem hübschen traditionellen Garifuna-Dorf nur eine kurze Bootsfahrt von Raista entfernt, wo riesige Lederschildkröten nisten und zwischen April und Juli von Freiwilligen ins Meer entlassen werden.

Schlafen & Essen

Etwas zu essen gibt es nur in den Hotels.

Raista Eco Lodge LODGE $

(☎2433-8220, 8926-5635; Raista; pro Pers. 220 HNL) Die Raista Eco Lodge, eine Wegbereiterin des Ökotourismus in der Moskitia, hat rustikale, aber angenehme Zimmer, Moskitonetze und gute Hausmannskost (Mahlzeiten um 100 HNL). Die Familie Bodden, die das Haus betreibt, ist freundlich und kenntnisreich, organisiert Touren und sorgt für die Weiterreise.

An- & Weiterreise

In Belén gibt es eine Landepiste mit täglichen Flugverbindungen von und nach Trujillo (2400 HNL). *Lanchas* (kleine Motorboote) nach Batalla (250 HNL, 2 Std.) zur Busverbindung nach Trujillo halten in allen drei Dörfern zu unmöglichen Zeiten, nämlich zwischen 3 und 3.30 Uhr morgens. Für Fahrten ins Landesinnere können Verbindungen nach Las Marías (hin & zurück 4500 HNL, 5–6 Std.) organisiert werden. Zur Weiterfahrt nach Westen fährt eine *lancha* frühmorgens nach Palacios mit direktem Anschluss an das erste Schnellboot nach Iriona.

Reserva de la Biosfera del Río Plátano

Das herrliche Biosphärenreservat Río Plátano wurde bereits 1980 in die Liste der Weltnaturerbestätten aufgenommen. Seine weite, unberührte und ursprüngliche Wildnis mit außergewöhnlicher Tierwelt beheimatet auch ein paar bedrohte Arten. Beste Besuchszeit ist von November bis Juli. Vogelbeobachter sollten im Februar und März kommen, wenn viele Zugvögel das Naturschutzgebiet bevölkern.

Las Marías ist einer der besten Orte, um geführte Touren zu organisieren. Das Dorf mit ca. 100 Familien der Miskito und Pech liegt mitten im Reservat. Es hat einige Generatoren, aber kein Strom- oder Wasserleitungsnetz.

Kurze Wanderwege um das Dorf sind gut für Vogelbeobachter, aber für längere Ausflüge ist es wichtig, einen Führer zu mieten und für Campingausrüstung und Essen zu sorgen. Die Führer sprechen kein Englisch. Buchungen sind kompliziert zu organisieren und nicht wirklich nötig.

Geführte Touren

Zu den beliebten Kurztouren gehören eine Krokodilwanderung bei Dämmerung und ein Tagesausflug per Boot zu einigen Felszeichnungen. Anstrengende längere Touren in den Regenurwald bestehen aus zweitägigen Wanderungen auf den tierreichen **Cerro Baltimore** und eine dreitägigen Expedition zum Gipfel des **Pico Dama** (840 m). Für beide sind mehrere Führer nötig.

Schlafen & Essen

In mehreren einfache Unterkünften, darunter Hospedaje Doña Justa, werden die Gäste auf Wunsch mit einfachen Mahlzeiten bekocht. Andere Verpflegungsmöglichkeiten gibt es nicht.

Hospedaje Doña Justa HOTEL $

(☎9966-9234; Las Marías; Zi. ohne Bad pro Pers. 150 HNL, Mahlzeiten 60 HNL) Das supernette Doña Justa ist ein strohgedecktes Haus mit mehreren luftigen Zimmern, die auf einen großen Blumengarten blicken. Jedes Zimmer ist gut gepflegt und hat annehmbare Betten mit Moskitonetzen. Im großen Innenhof gibt es viele Hängematten, perfekt, um mit einem Buch einen Nachmittag lang die Zeit zu vertrödeln. Mahlzeiten werden auf Wunsch zubereitet.

An- & Weiterreise

Es gibt keine planmäßigen *lanchas* (kleine Motorboote) zwischen Las Marías und Raista, aber wer ein paar Tage bleibt, mag Glück haben und zahlt dann 700 HNL pro Person (einfache Strecke). Ein Charterboot von Raista hin und zurück kostet um 4500 HNL für bis zu drei Personen (5–6 Std.); der Bootsführer wartet dann zwei Nächte in Las Marías für die Fahrt zurück. Es ist auch möglich, Touren mit dem Einbaum und Wanderungen zwischen der Küste und Las Marías zu vereinbaren.

Palacios

Palacios ist ein brenzliger, ziemlich gesetzloser Ort, der als Drogenschmugglernest bekannt ist. Niemand sollte sich hier nachts auf die Straße hinauswagen, und auch tagsüber ist jederzeit Vorsicht geboten.

Schlafen & Essen

Im Ort gibt es nur einen *comedor*, der sehr billige Mahlzeiten serviert.

Hotel Moskitia HOTEL $
(☎9996-5648; Zi. 600 HNL) Dies ist die beste Unterkunft in Palacios, aber immer noch ganz schön schlicht. Die modernen Zimmer sind sauber, viele haben einen Balkon mit Seeblick.

An- & Weiterreise

Colectivo-Kanus fahren Passagiere von Batalla über den See (60 HNL, 5 Min.).

Brus Laguna

Brus Laguna an der gleichnamigen Lagune ist ein gut erreichbares Tor zur Moskitia, da es hier einen Flughafen gibt, von wo aus es nach Raista oder sogar direkt nach Las Marías geht. Es gibt auch ein paar Internetcafés, aber keine Bank. Wegen der zunehmenden Rauschgiftaktivitäten sind in der Gegend jetzt übrigens verstärkt die US-amerikanische DEA (Drogenbehörde) und das honduranische Militär vertreten.

Schlafen & Essen

Es gibt hier nur drei bescheidene Hotels: das geringste Übel ist die Villa Biosfera. Einfache Mahlzeiten sind im *comedor* des Dorfs erhältlich und Selbstversorger können sich in ein paar Geschäften mit dem Allernotwendigsten eindecken.

Villa Biosfera HÜTTE $
(☎9919-9925; EZ/DZ ohne Bad 200/375 HNL) Die Pfahlhütte ist die beste Option in Brus Laguna, aber nichts Besonderes. Geboten werden adrette, wenn auch nicht gerade saubere Zimmer mit Ventilatoren und Moskitonetzen. Die Badezimmer sind keine Glanznummer.

An- & Weiterreise

AeroCaribe (☎2442-1088; www.aerocaribehn.com) verbindet La Ceiba täglich mit Brus Laguna (2660 HNL). Von Batalla aus fahren *lanchas* (kleine Motorboote) zwischen 15 und 17 Uhr direkt nach Brus Laguna (400 HNL, 4 Std.).

Puerta Lempira

8900 EW.

Puerto Lempira ist zwar nicht mehr als ein übergroßes Dorf, aber die größte Stadt in der Moskitia. Sie liegt auf der Landseite der Laguna de Caratasca und ist nicht gerade interessant, aber sie hat gute Flugverbindungen, ein Krankenhaus und unregelmäßigen Internetzugang.

Als Tagestour von Puerto Lempira bietet sich das beschauliche Miskito-Dorf **Mistruk** an, das 18 km südlich der Stadt am Ufer der Laguna de Tansing liegt und mit dem Fahrrad zu erreichen ist.

Aktivitäten

La Ruta Moskitia ABENTEUERTOUR
(☎3391-3388; www.larutamoskitia.com) Ein Kollektiv kommunaler Ökotourismus-Unternehmen in der Region, die gemeinsam Touren organisieren und dafür sorgen, dass das Geld in den Gemeinden bleibt.

Schlafen & Essen

Das Essensangebot in Puerto Lempira, überwiegend Imbissstände, ist sehr bescheiden. Ein gutes Restaurant gibt es hingegen im Hotel Pinares.

Hotel Pinares HOTEL $
(☎2433-6681; Av 10; Zi. 500–800 HNL; ❄🏊) Das Pinares direkt an der Lagune ist die komfortabelste Unterkunft in Puerto Lempira. Es hat luftige Zimmer um einen bepflanzten Innenhof, einen guten Pool und ein hauseigenes Restaurant, eines der wenigen empfehlenswerten im Ort.

Hotel Yu Baiwan HOTEL $$
(☎2433-6348, 9568-2142; Nähe Calle Principal; EZ/DZ 650/750 HNL; ❄) Dies ist die preiswerteste Unterkunft im Ort. Sie bietet viel Platz, feste Matratzen, saubere Bettwäsche, Kabel-

fernsehen und freundlichen Service. Zu finden ist das Yu Baiwan in einem schmalen Betondurchgang an der Calle Principal, einen halben Block vom Bootsanleger.

Praktische Informationen

Jon Tompson (☎9758-8996; jontompson 2002@yahoo.com) Jon Tompson, Besitzer des beliebten Bar-Restaurants Vino Tinto in Trujillo, hat die Moskitia umfassend bereist und ist bei der Planung von Ausflügen behilflich. Er organisiert seine eigenen informellen Expeditionen in die Gegend und kann auch die Weiterreise nach Nicaragua arrangieren, was normalerweise nicht möglich ist.

An- & Weiterreise

CM Airlines (www.cmairlines.com; 3050 HNL) und **Aerolíneas Sosa** (☎2433-6558; www.aerolineasosa.com; 2800 HNL; ⌚Mo–Fr 8.30–17.30, Sa & So bis 12 Uhr) fliegen mehrmals die Woche nach La Ceiba und Puerto Lempira. Zwischen Brus Laguna und Puerto Lempira ist auch der Landweg (und Wasserweg) möglich, aber dabei wird eine der wichtigsten Routen des Kokainschmuggels im ganzen amerikanischen Doppelkontinent gekreuzt – das sollte niemand auch nur versuchen. Zu beachten ist, dass Ausländer über den nahen Grenzposten Leimus nicht nach Nicaragua einreisen dürfen.

SÜDLICHES HONDURAS & ISLA DEL TIGRE

Honduras stößt am Golfo de Fonseca mit einer 124 km langen Küste an den Pazifik. Diese ständig und oft höllisch heiße Küstenebene ist von Agrarindustrie geprägt: Zuckerrohr, Ölpalmplantagen und Krabbenzucht. Es ist zwar eine viel bereiste Region (die Panamericana führt hier durch Honduras), aber für Reisende ist sie nicht besonders interessant – mit Ausnahme von der Isla de Tigre vielleicht, die einige Reize hat.

Die Isla del Tigre ist eine nicht aktive Vulkaninsel vor der Südküste von Honduras, deren höchster Punkt 783 m misst. Sie ist spektakulär von dichtem Wald bedeckt und hat einige nette Strände, an denen sich zahlreiche Einheimische, aber nur wenige Ausländer tummeln.

Der größte Ort ist **Amapala**, ein armseliges Fischerdorf mit malerischen, halbzerfallenen Schindelhäusern. Die schwarzsandige **Playa Negra** im Norden der Insel ist zweifellos der beste Strand, aber es gibt hier noch mehrere andere, völlig unerschlossene Strände.

Schlafen

Unterkünfte auf der Isla del Tigre sind teurer als auf dem Festland. Budgetunterkünfte sind rar, aber an der herrlichen Playa Grande, 4 km südlich von Amapala, befindet sich das preisgünstige Hotel y Restaurante Dignita.

Hotel y Restaurante Dignita HOTEL $$
(☎2795-8707; EZ/DZ 550/700 HNL) Dies ist eins der besseren Hotels an der Playa Grande. Es hat saubere und geräumige Zimmer, einige mit tollem Meerblick. Das Restaurant (Hauptgerichte 120–250 HNL) ist für seine hervorragenden Meeresfrüchtegerichte bekannt; die Gäste sitzen an langen Holztischen fast direkt am Meer. Es ist perfekt für ein paar Bierchen zu einem Teller Ceviche.

Essen

An der Playa Grande der Isla del Tigre gibt es zahlreiche Restaurants, das beliebteste ist das Dignita mit seinen Meeresfrüchten.

An- & Weiterreise

Wer den Süden von Honduras lediglich durchfährt, braucht nur knapp drei Stunden mit dem Bus zwischen den Grenzen von El Salvador und Nicaragua. Auf dem Weg ostwärts nach Nicaragua geht es auf jeden Fall durch die Großstadt Choluteca, die als Verkehrsknotenpunkt dient, ansonsten aber wenig Spannendes bietet, allerdings viele Banken und Dienstleistungen hat.

Zur Isla del Tigre fahren kleine *colectivo*-Boote (20 HNL, 20 Min.) ab dem Ort Coyolito, 30 km von der Panamericana entfernt, aber erst, wenn zehn Passagiere zusammenkommen. Eine private Bootsfahrt kostet 100 HNL, was vorzuziehen ist, da am einfachsten.

Vom Busbahnhof hinter dem Fertigbau der Markthalle von San Lorenzo oder von einem staubigen Abzweig 2 km nördlich der Stadt fahren Busse nach Coyolito (24 HNL, 1 Std., alle 40 Min. bis 17.30 Uhr). Nach San Lorenzo geht es mit dem Bus ab Tegucigalpa (87 HNL, 2 Std., alle 40 Min.) über Blanquita oder San Benito.

Unterwegs vor Ort

Minibusse (10 HNL) ab Amapala fahren um die Hälfte der Insel herum zu den Stränden, andernfalls bietet sich ein *mototaxi* an.

HONDURAS VERSTEHEN

Honduras aktuell

Willkommen beim Bösewicht Zentralamerikas: Honduras gilt seit Jahren als abschreckendes Beispiel für das, was die Kombination aus Korruption, Drogen und Armut anrichten kann. Aber dieses stets tapfere Land weigert sich, in eine Schublade gesteckt zu werden und kämpft beharrlich gegen den weltweiten Ruf, gefährlich zu sein. Die Mordrate ist zwar noch immer sehr hoch, aber fällt allmählich, um die Sicherheit ist besser bestellt als seit Jahren und es geht endlich aufwärts für eines der am wenigsten angesehenen Reiseziele Zentralamerikas.

Kriminalität & Emigration

Honduras, die ursprüngliche Bananenrepublik, wurde seit Bestehen meist ignoriert oder herumgestoßen. Doch 2012 geriet die Nation endlich in die Schlagzeilen – die Vereinten Nationen erklärten das Land zur Weltspitze im Hinblick auf die Mordrate (die Honduraner scherzten mit Galgenhumor, dass sie schließlich doch etwas erreicht hätten). Es ist kein Wunder, dass die hohe Kriminalität und die damit eng verbundenen Aktivitäten von Banden und Drogenkartellen mittlerweile das kollektive Unterbewusstsein des Landes beherrschen.

2015 verlor Honduras den fragwürdigen Titel als das Land mit der weltweit höchsten Zahl von Mordfällen ans benachbarte El Salvador, aber die Sicherheitslage im Land ist so oder so noch immer bedenklich. Es ist nicht nur die alltägliche Gefahr von Überfällen oder Raub, mit der die Honduraner beim Einkaufen, Auto- oder Busfahren leben müssen. Räuberische Erpressung oder „Kriegsbesteuerung" durch Banden in armen Stadtvierteln treiben die Kosten für die ganze Nation in die Höhe: Straßenhändler müssen für ihren Standplatz zahlen, Transportunternehmen für die Durchfahrt ihrer Busse durch bandenkontrolliertes Territorium. Die hohen Kriminalitätsraten bremsen ausländische Direktinvestitionen, da mögliche Arbeitgeber Honduras wegen der hohen Sicherheitskosten meiden. Bewaffnete Wächter stehen vor fast jedem Gebäude. Darunter leidet auch der Tourismus und selbst das Friedenskorps zog sich wegen Sicherheitsbedenken 2012 zurück.

Angesichts der aktuellen Lage stimmten viele Honduraner mit den Füßen ab und suchten ein neues Leben in den USA oder anderswo. Schätzungsweise eine Million Honduraner leben nördlich der Grenze; laut der Zeitung *La Prensa* betrugen ihre Geldüberweisungen 2014 etwa 3,4 Mrd. US$, etwa 17 % der honduranischen Wirtschaft. Es gibt im ganzen Land kaum eine Familie, die nicht ein Mitglied in *El Norte* hat.

Politik

Nach einem Wahlsieg Ende 2013 übernahm der Kandidat des Partido Nacional de Honduras Juan Orlando Hernández 2014 die Präsidentschaft. Dem konservativen Hernández (von Honduranern nach seinen Initialen JOH genannt) ist es zu verdanken, dass die Mordrate sank, aber ihm gelang es nicht, das uralte honduranische Problem der Korruption ernsthaft anzugehen – er wurde sogar selbst indirekt der Korruption bezichtigt. Die vermeintliche Korruption der politischen Elite führte in jüngster Zeit so auch zu massiven regierungsfeindlichen Protesten, die Mitte 2015 nach einem Skandal kulminierten, laut dem die Partido Nacional angeblich Millionen an Schmiergeldern erhalten haben soll. Da die nächste Wahl erst 2018 stattfinden wird, versuchte Hernández den Volkszorn wegen der Korruption im Land zu beschwichtigen, indem er eine staatliche Kommission zur Untersuchung von Bestechung einsetzte. Die leidgeprüften Honduraner trauen den gewählten Machtstrukturen nicht über den Weg, blicken aber stattdessen mit etwas Zuversicht auf die langsame Verbesserung der Sicherheitslage und hoffen weiterhin, dass die schlimmsten Gewaltausbrüche nun überstanden sind.

Geschichte

Honduras hatte es nicht leicht über die Jahrhunderte. Der Anfang war mit dem Auftauchen der Mayas in Copán zwar glanzvoll, aber dann kamen die Spanier und trampelten im gesamten Land herum. Im 17. Jh. kamen noch plündernde Piraten hinzu. Die Unabhängigkeit brachte eine kurze Ruhepause mit sich. Aber fast im ganzen 20. Jh. wurde Honduras von ausländischen Mächten dominiert, wie den großen US-amerikanischen Obstkonzernen und später dem US-Militär, das sich im Land einnistete.

Frühgeschichte

Die ersten Menschen kamen vermutlich um 9000 v. Chr. nach Honduras. Allerdings ist über sie nichts bekannt, außer dass sie Jäger und Sammler waren. Um 2000 v. Chr. entstanden im ganzen Land Siedlungen.

Es dauerte noch Jahrtausende, bevor die Maya-Stadt bei Copán Ruinas zu erblühen begann und Bildhauer in der Maya-Welt einmalige Steinstelen schufen, Soldaten erfolgreiche Feldzüge führten und Mathematiker und Astronomen unheimlich präzise Kalender und die Bewegungen der Planeten berechneten. Über Hunderte Jahre, während eines nicht geringen Teils der Klassischen Maya-Zeit (250–900 n. Chr.), dominierte die Stadt die Region kulturell – bis zu ihrem Verfall im 9. Jh. n. Chr.

Spanische Kolonialisierung

Auf seiner vierten und letzten Reise landete Kolumbus 1502 in der Nähe des heutigen Trujillo. Wegen der tiefen Wasser vor der Nordküste nannte er das neu entdeckte Land Honduras (Spanisch: „Tiefen").

Er gründete 1525 eine Stadt (Trujillo), die erste Hauptstadt von Honduras. Doch der Glanz des Silbers lockte die Eroberer ins Binnenland: 1537 wurde Comayagua, auf halbem Weg zwischen dem Pazifik und der Karibikküste, ihre neue Hauptstadt.

Die indigenen Stämme leisteten heftigen Widerstand gegen die Invasoren, doch der schwächte sich ab, da sie anfällig für Krankheiten waren, die von den Europäern eingeschleppt wurden. Am unerbittlichsten widersetzte sich Lempira (Häuptling der Lenca und heutiger Nationalheld), der mit 30 000 Mann gegen die Spanier kämpfte, bevor er ermordet wurde. 1539 war jeglicher Widerstand weitgehend niedergeschlagen.

Der Einfluss der Briten

Anfang des 17. Jhs. wurden die spanischen Kolonialisten regelmäßig von Truppen rivalisierender Imperien angegriffen – vor allem von britischen. Kaufleute aus Großbritannien, angelockt vom Mahagoni und Hartholz der honduranischen Karibikküste, errichteten Siedlungen vor Ort und auf den Bay Islands.

1786 überließ Großbritannien schließlich den Spaniern die Herrschaft über die Karibikküste, übte aber immer noch Einfluss in der Region aus. 1797 rebellierten Sklaven auf der Karibikinsel St. Vincent. Die Briten verschleppten Tausende auf die Insel Roatán, wo sie sich mit den dortigen *indígenas* vermischten. Ihre Nachkommen, die Garifuna, kamen schließlich aufs Festland und gründeten Siedlungen an der Küste.

Unabhängigkeit

Nachdem Honduras 1821 die Unabhängigkeit von Spanien erlangt hatte, gehörte es für kurze Zeit zum unabhängigen Mexiko und wurde dann Mitglied der Zentralamerikanischen Konföderation. 1830 wurde der honduranische Freiheitsheld General Francisco Morazán zum Präsidenten gewählt. Die Union hatte jedoch nicht lange Bestand: Am 5. November 1838 erklärte sich Honduras zu einer eigenständigen, unabhängigen Nation.

Liberale und Konservative rangen um die Macht, sodass Honduras immer wieder mal eine Zivil-, mal eine Militärregierung hatte – die Verfassung des Landes wurde zwischen 1821 und 1982 17-mal umgeschrieben. Zudem erlebte Honduras seit der Unabhängigkeit buchstäblich Hunderte Putsche, Rebellionen und Machtergreifungen.

Die „Bananenrepublik"

Gegen Ende des 19. Jhs. staunten US-Händler über das schnelle Wachstum von Bananen an der fruchtbaren Nordküste des Landes, die nur eine kurze Schiffsfahrt vom Süden der USA entfernt liegt. US-Unternehmer kauften Land zum Anbau von Bananen, drei Unternehmen, darunter die Standard Fruit Company (die spätere Dole Food Company), erwarben riesige Ländereien. 1892 machten Bananen 11 % des Exportgeschäfts von Honduras aus, 1903 42 % und 1913 66 %. Der Erfolg der Industrie verhalf den Bananenunternehmen zu extrem großer Macht in Honduras, die Politik und Politiker wurden von ihren Interessen beherrscht.

Die Politik des 20. Jahrhunderts

Die USA nahmen immer stärker Einfluss auf die Geschehnisse in Honduras. 1911 und 1912 wurden US-Marines in das Land entsandt, um „US-Investitionen zu schützen". Ein zweimonatiger Streik im Jahr 1954, an dem über 25 000 Arbeiter der Bananenindustrie und Sympathisanten teilnahmen, ist nach wie vor ein bahnbrechender Moment in der honduranischen Arbeitergeschichte.

Gewerkschaften wurden anerkannt und Arbeiter erhielten Rechte, von denen man in den zentralamerikanischen Nachbarländern noch nicht einmal gehört hatte.

Ab Ende der 1950er-Jahre spielte das Militär durch Putsche und politischen Druck eine immer wichtigere Rolle in der Landesregierung. In den 1960er- und 1970er-Jahren wechselten sich lange Zeiträume der Militärherrschaft mit zivilen Präsidenten ab. Dieser Kreislauf endete schließlich 1981 mit demokratischen Präsidentschaftswahlen.

Die 1980er-Jahre

In den 1980er-Jahren war Honduras von Revolutionen und Konflikten umgeben. Im Juli 1979 stürzten die revolutionären Sandinistas in Nicaragua die Diktatur von Somoza, dessen Nationalgardisten nach Honduras flohen. 1980 brach in El Salvador ein Bürgerkrieg aus und interne Konflikte in Guatemala spitzten sich zu. Honduras rückte in den Fokus der US-Politik und strategischer Operationen in Zentralamerika mit Unterstützung von General Gustavo Álvarez, der eine zunehmende US-Militärpräsenz befürwortete. Unter dem US-Präsidenten Ronald Reagan flossen gewaltige Geldsummen nach Honduras und Tausende von US-Soldaten wurden ins Land geschickt. Flüchtlingslager von Nicaraguanern in Honduras wurden als Stützpunkte für einen von den USA finanzierten Guerilla-Krieg gegen die nicaraguanische Sandinista-Regierung genutzt, der als Contra-Krieg bekannt wurde.

Die Besorgnis in der Bevölkerung wuchs, als Hunderte Linke in Honduras „verschwanden" und sich die US-Militärpräsenz in Honduras verstärkte. 1984 wurde General Álvarez von seinen Offizieren ins Exil geschickt und die honduranische Regierung verbot die Ausbildung des salvadorianischen Militärs durch die USA auf honduranischem Boden. In Washington wurde die Regierung unter Reagan durch die Aufdeckung erschüttert, sie habe illegalerweise Gelder aus Waffenverkäufen in den Iran genutzt, um die anti-sandinistischen Contras zu unterstützen. Es folgten große Demonstrationen in Tegucigalpa und im November 1988 weigerte sich die honduranische Regierung, ein neues Militärabkommen mit den USA zu unterzeichnen. Mit Violeta Chamorros Wahl zur Präsidentin von Nicaragua im Jahr 1990 endete der Contra-Krieg.

Moderne Entwicklungen & Putsche

Während der Regierungszeit von Rafael Leonardo Callejas Romero (1990–1994) und Carlos Roberto Reina Idiaquez (1994–1998) hatte Honduras wirtschaftlich zu kämpfen. 1998 erlitt Honduras einen verheerenden Schlag, als Hurrikan Mitch Tausende Menschen tötete und gewaltige Verwüstungen verursachte (geschätzter Schaden: 3 Mrd. US$) und somit die Wirtschaft um Jahre zurückwarf.

2001 wurde Ricardo Maduro von der Partido Nacional zum Präsidenten gewählt, vor

DER FUSSBALLKRIEG

Die sportliche Rivalität zwischen Honduras und El Salvador wurde durch die Guerra de Fútbol von 1969, dem berüchtigten Fußballkrieg, vom Spiel zu blutigem Ernst.

Die Gewaltausbrüche auf den Tribünen kamen nicht aus heiterem Himmel. In den 1950er- und 1960er-Jahren zwang die erlahmende Wirtschaft 300 000 Bewohner El Salvadors, ihr Glück in Honduras zu versuchen. Die honduranische Wirtschaft kränkelte allerdings selbst und die Salvadorianer wurden zum Sündenbock gemacht. Im Juni 1969 begannen die honduranischen Behörden, Immigranten aus Salvador aus dem Land zu werfen. Es folgte ein Strom von salvadorianischen Flüchtlingen, die Honduras der Brutalität beschuldigten.

Im gleichen Monat spielten die beiden Länder im Qualifikationsspiel der Weltmeisterschaft gegeneinander. Während des Spiels in San Salvador griffen die Salvadorianer honduranische Fans an, schändeten die honduranische Flagge und verspotteten die Hymne. Jenseits der Grenze gingen wütende Honduraner auf salvadorianische Einwanderer los. Die Gemüter erhitzten sich noch weiter und am 14. Juli marschierte die salvadorianische Armee in Honduras ein und besetzte Nueva Ocotepeque. Honduras konterte mit Luftangriffen. Nach nur sechs Tagen wurde der Waffenstillstand ausgerufen, aber 2000 Honduraner hatten ihr Leben gelassen und Tausende Salvadorianer flohen zurück in ihr Heimatland.

allem aufgrund seines Wahlversprechens, die Kriminalität zu reduzieren. Doch obwohl er große Summen in die Lösung des Problems steckte, stieg die Kriminalität unerbittlich weiter. Im Januar 2006 wurde José Manuel Zelaya Rosales, ein Rancher mit Cowboy-Hut aus Olancho, zum Präsidenten gewählt. Er schloss sich eng an andere lateinamerikanische linke Regierungschefs an (wie Hugo Chávez). Aber sein Versuch, 2009 die Verfassung zu ändern, um für eine zweite Amtszeit wählbar zu werden, führte zur politischen Krise. Das Verfassungsgericht ordnete die Absetzung von Zelaya an und trotz weltweiter Empörung (manche betrachteten seine Vertreibung als Putsch) wurde er ins Exil in die Dominikanische Republik geschickt.

Es folgten demokratische Wahlen und gewählt wurde der Kandidat der Nationalen Partei Porfirio „Pepe" Lobo, ein Mitte-Rechts-Konservativer mit starker Unterstützung der honduranischen Oligarchie. Pepe, ebenfalls ein Rancher aus Olancho, ließ zwar seinen Sombrero auf der Ranch zurück, aber das Chaos setzte sich fort. Unter Lobos Präsidentschaft häufte das Land Auslandsschulden in Höhe von über 5 Mrd. US$ an. Staatsangestellte wie Lehrer und Militär erhielten kein Gehalt mehr.

Die Menschen

Honduras ist ein komplexer ethnischer, religiöser und kultureller Schmelztiegel, der verstanden werden muss, will man die Reise durch das Land voll genießen. Das Vermächtnis der ereignisreichen und turbulenten Geschichte ist überall zu sehen, von den Garifuna-Dörfern ehemaliger Sklaven (die sich von der restlichen Bevölkerung ziemlich abgrenzen) bis zur deutlich britischen Prägung der Islas de la Bahía. Für viele ist die Natur der Hauptgrund für einen Besuch von Honduras und nur wenige Naturfreunde werden enttäuscht sein.

Mentalität

Bei einem Land mit so verschiedenen Kulturen kann und sollte man nicht verallgemeinern. Der *ladino*-Angestellte (jemand mit gemischter indigener und europäischer Abstammung) hat eine ganz andere Mentalität als ein Garifuna-Fischer, der wiederum nicht viel mit einem Lenca-Kleinbauern gemein hat. Gleichwohl ist es sehr viel unwahrscheinlicher als in den Nachbarländern, dass es unter Honduranern zu explosiven Reibungen kommt, zumindest wenn man die Vergangenheit betrachtet.

Diese gelassene Wesensart bestimmt vermutlich mehr als alles andere die nationale Mentalität. Andere Zentralamerikaner, besonders jene aus El Salvador, betrachten das oft als Faulheit, was ein bisschen harsch ist. Für westliche Besucher kann dieser Mangel an Dringlichkeit manchmal frustrierend sein, aber es ist wichtig, sich vor Augen zu führen, dass die Einstellung zur Dienstleistung eine ganz andere ist als beispielsweise in den USA oder Europa. Honduraner gehen die Dinge gemächlich und gelassen an. Auch wird oft eine gewisse Zurückhaltung geübt – nur wenige Honduraner sind unverblümt laut und bestimmt.

Lebensart

Die Lebensarten in Honduras sind genauso vielfältig wie die erschreckende soziale Ungleichheit des Landes. Die wirtschaftliche Elite führt oftmals einen amerikanisierten Lebensstil, fährt SUVs und shoppt in klimatisierten Einkaufszentren. Die deutliche Mehrheit der Honduraner allerdings muss sich mühsam ihren Lebensunterhalt verdienen. Am gravierendsten ist die Not wohl in den armen Stadtteilen, wo stets Gewalt droht. Die Chancenlosigkeit hat viele Menschen gezwungen, in den USA Arbeit zu suchen, wo schätzungsweise 1 Mio. Honduraner leben, davon 60 % illegal.

Honduraner sind sehr familienorientiert. Meist haben sie ein größeres familiäres Netzwerk als viele Europäer oder Nordamerikaner – Tanten, Onkel, Großeltern, Cousins und Cousinen und sogar entferntere Verwandte spielen oft eine wichtige Rolle im Familienleben. Ebenfalls auffällig in der honduranischen Gesellschaft ist der Machismo. Frauen werden häufig noch wie Menschen zweiter Klasse behandelt. Ihr Gehalt ist deutlich niedriger als das der Männer und es gibt erschreckend viele Fälle von Gewalt in der Ehe.

Bevölkerung

Etwa 90 % der Honduraner sind Mestizen, eine Mischung aus spanischer, indigener und afrikanischer Herkunft.

Eine der ethnisch vielfältigsten Regionen von Honduras ist die Moskitia, in der

LESESTOFF

Mehr Hintergrund bieten die folgenden Bücher:

- *Enrique's Journey* (von Sonia Nazario) Ein Ausreißer aus Tegucigalpa sucht seine Mutter in den USA.
- *Bananas: How the United Fruit Company Shaped the World* (von Peter Chapman) Großartiger Einblick in den Einfluss des Bananengiganten auf Zentralamerika
- *Moskito-Küste* (von Paul Theroux) Ein anschaulicher fiktionaler Bericht über das Leben im Dschungel
- *The United States, Honduras, and the Crisis in Central America* (von Donald E. Schulz und Deborah Sundloff Schulz) Diskutiert die Rolle der USA in Zentralamerika während der turbulenten Bürgerkriege.
- *Prisión Verde* (von Ramón Amaya-Amador) Leben auf einer Bananenplantage, von einem Politautoren beschrieben
- *El Humano y la Diosa* (Der Mensch und die Göttin), *Los Barcos* und *The Big Banana* (von Roberto Quesada) Einer der führenden Schriftsteller von Honduras
- Die Werke von Juan Ramón Molina (1875–1908), des wohl meistgeliebten Dichters des Landes.

die Miskito und die Pech sowie eine winzige Anzahl Tawahka (weniger als 3000) um den Río Patuca beheimatet sind.

Über 50 000 Garinagu (afro-karibische Garifuna) leben an der Nordküste von Honduras zwischen der Moskitia und der guatemaltekischen Grenze. Tausende andere Menschen afrikanischer Herkunft leben ebenfalls an der Nordküste und auf den Islas de la Bahía.

Die indigenen Tolupanes (auch Jicaque oder Xicaque genannt) leben in kleinen Dörfern in den Verwaltungsbezirken Yoro und Francisco Morazán. Um Copán Ruinas gibt es noch etwa 38 000 Ch'orti'-Mayas, während die große Gruppe der Lenca (bis zu 300 000) den Südwesten von Honduras bewohnt.

Die Elite des Landes ist zum großen Teil weißer (spanischer oder anderer europäischer) Abstammung, aber auf den Islas de la Bahía gibt es auch eine kleine Anzahl, deren (entfernte) Wurzeln bis nach Großbritannien zurückführen.

In Honduras gibt es auch etwa 100 000 Menschen arabischer Herkunft, hauptsächlich katholische und orthodoxe Christen, die ursprünglich aus Palästina und der Levante kamen.

Religion

Honduras war traditionell ein überwiegend römisch-katholisches Land, aber das hat sich in den letzten Jahrzehnten mit dem Vordringen des Protestantismus erheblich gewandelt. Anders als im benachbarten Guatemala wurden nur wenige Bräuche und Glaubensvorstellungen der indigenen Bevölkerung in das Christentum eingebunden. Es gibt auch eine kleine Anzahl orthodoxer Christen, Juden und Muslime. In Tegucigalpa und in San Pedro Sula gibt es jeweils Synagogen und Moscheen.

Kunst & Kultur

Die Garifuna sind für ihre unglaublichen Tänze bekannt. Wer die Chance hat, eine der Vorstellungen des Ballet Folklórico Garífuna zu sehen, sollte sich die Gelegenheit nicht entgehen lassen.

Der Musiker und Politiker Aurelio Martínez (der vier Jahre lang Kongressabgeordneter in Honduras war) ist der Star der *punta*-Szene (traditionelle Garifuna-Musik und -Tänze). Seine Alben *Garífuna Soul* und *Laru Beya* erhielten in der ganzen Welt glänzende Kritiken.

Auch die bildende Kunst floriert hier. Julio Visquerra (geb. 1943) malt in einem Stil, der „magischer Realismus" genannt wird. José Antonio Velásquez (1906–1983) war ein bekannter primitiver Maler. Urban Maeztro ist das Pseudonym eines honduranischen Straßenkünstlers, der provokante, Banksy-artige Werke malt. Fans von Comicromanen sollten einen Blick auf **Honduran Independent Comics** (www.hiccomics.com) werfen.

Natur & Umwelt

Die natürliche Schönheit des Landes mit seinen unzähligen Vogel-, Säugetier-, Reptilien- und Pflanzenarten ist atemberaubend. Die Vielfalt ist allerdings durch illegales Holzfällen, unterbesetzte Behörden und Bauprojekte gefährdet. Zwar hat die Umwelt zahlreiche Verteidiger, sie müssen jedoch gegen Bauunternehmer, Korruption und pure Ignoranz ankämpfen.

Geografie

Die Länder Zentralamerikas sind allgemein nicht besonders groß. Aber Honduras ist mit einer Fläche von 112 090 km² das zweitgrößte Land nach Nicaragua. Seine Küste besteht aus 644 km an der Karibik und 124 km am Pazifik. Hinzu kommen die Islas de Bahía und andere Inselchen. Der fruchtbare Norden ist bei Weitem am erschlossensten – die dortigen Bananenplantagen sind seit Langem ein Standbein der Wirtschaft. Ein Großteil des honduranischen Binnenlandes ist bergig mit bis zu 2849 m hohen Gipfeln. Es gibt dort viele fruchtbare Hochlandtäler, aber keine aktiven Vulkane. Weitläufige Feuchtgebiete, Sümpfe und Mangrovenwälder erstrecken sich an der Nordküste.

Flora & Fauna

In Honduras gibt es überwältigend viele Pflanzen- und Tierarten. Jaguare, Tapire, Krokodile und der gewaltige Kapokbaum (Ceiba) sind in den tropischen Zonen beheimatet, in den Nebelwäldern flattern seltene Schmetterlinge zwischen Orchideen und prachtvollen Kiefern. Und in den türkisfarbenen karibischen Gewässern gleiten Walhaie und Meeresschildkröten. Die schiere Vielfalt der Lebensräume ermöglicht es, dass so viele unterschiedliche Arten gedeihen können. In Honduras gibt es Mangroven, Süßwasserseen, Meere, Lagunen, Nebel-, Kiefern- und tropische Regenwälder (deutlich mehr als in Costa Rica).

NATIONALPARKS & NATURSCHUTZGEBIETE

Nahezu ein Fünftel des honduranischen Territoriums ist offiziell als Nationalpark oder Reservat geschützt, aber allzu oft fehlt es der Regierung an finanziellen Mitteln oder am politischen Interesse, Bauvorhaben und Abholzung zu stoppen.

Die wichtigsten Natur- und Meeresschutzgebiete:

Lancetilla Jardín Botánico (S. 423) Der botanische Garten beherbergt über 1200 Pflanzen- und Hunderte Vogelarten. Bei Tela.

Parque Nacional Cusuco (S. 400) Ein Nebelwald mit einer großen Quetzal-Population. Bei San Pedro Sula.

Parque Nacional Jeannette Kawas (S. 422) Zu den Biotopen zählen Mangrovensümpfe, ein kleiner Tropenwald, Strände und Riffe vor der Küste. Bei Tela.

Parque Nacional Montaña de Celaque (S. 418) Ein Hochplateau mit dem höchsten Gipfel von Honduras. Bei Gracias.

Parque Nacional Pico Bonito (S. 430) Große Artenvielfalt, dichte Wälder und viele Wasserfälle. Bei La Ceiba.

Refugio de Vida Punta Izopo (S. 422) Tropischer Feuchtwald, Mangroven und Feuchtgebiete. Bei Tela.

Refugio de Vida Silvestre Cuero y Salado (S. 431) Das größte Seekuhreservat in Zentralamerika. Auch zahlreiche Affen und Vögel leben hier. Bei La Ceiba.

Reserva de la Biosfera del Río Plátano (S. 447) Das Biosphärenreservat Río Plátano, ein Weltnaturerbe, besteht aus 5251 km² tropischem Regenwald. In der Moskitia.

Roatán Marine Park (S. 435) Schützt die gesamte Küste der Insel samt einigen herausragenden Korallenformationen. Auf Roatán.

Biosphärenreservat Tawahka Asangni Tropischer Regenwald im angestammten Gebiet der Tawahka. In der Moskitia.

Turtle Harbor Marine Reserve Turtle Harbour an der Nordküste von Utila ist ein bei Tauchern beliebtes Meeresschutzgebiet.

VÖGEL IN HONDURAS

Über 700 Vogelarten wurden in Honduras verzeichnet. Der Lago de Yojoa ist ein Vogelparadies und Nationalparks und Naturschutzgebiete bieten exzellente Gelegenheiten, Tukane, Papageien und Raubvögel zu sichten. Quetzale gibt es in den Nebelwäldern, z. B. in den Nationalparks Cusuco, Celaque und La Tigra.

Von November bis Februar versammeln sich Zugvögel in den Feuchtgebieten und Lagunen an der Nordküste. Durch ein erfolgreiches Zucht- und Auswilderungsprogramm konnte der Hellrote Ara (der Nationalvogel von Honduras) wieder im Copán-Tal angesiedelt werden, wo es auch einen hervorragenden Vogelpark gibt.

Große Teile der Lebensräume sind von der Abholzung bedroht. Zu den gefährdeten Tierarten gehören u.a. der Hellrote Ara (der Nationalvogel), der Utila-Leguan, die Seekuh, der Quetzal, Jaguar und Tapir. Ihre Zukunft hängt davon ab, wie viel Schutz Honduras' Naturschutzgebiete wirklich bieten können.

Umweltprobleme

Entwaldung ist heute das gravierendste Umweltproblem in Honduras. Die Wälder des Landes sind zwar die dichtesten in Zentralamerika, aber sie verschwinden rasch – rund 2 % gehen jedes Jahr verloren. Im Januar 2013 beschlossen die EU und Honduras ein freiwilliges Partnerschaftsabkommen für den Export von ausschließlich legal gefälltem Holz nach Europa. Illegale Holzexporte in die USA und auf die Karibischen Inseln gehen jedoch weiter.

Aktivisten, die Holzfäller, Bauunternehmer und Rancher bekämpfen, werden regelmäßig bedroht und sogar getötet. 2015 wurde Honduras von der Nichtregierungsorganisation Global Witness als „tödlichstes Land der Welt für Land- und Umweltschützer" bezeichnet. Das Naturschutzgebiet Punta Sal bei Tela ist heute der Parque Nacional Jeannette Kawas, benannt nach der Aktivistin, die jahrelang Baupläne bekämpfte und 1995 ermordet wurde.

Daneben gibt es unzählige andere Umweltprobleme: Zwischen 1980 und 2003 verlor Honduras zwei Drittel aller Mangrovenwälder, meist für Krabbenzuchtbetriebe. Bergbau verseucht den Lago de Yojoa (das größte Süßwasserreservoir des Landes) mit Schwermetallen und riesige Ölpalmplantagen dehnen sich an der Nordküste aus, eine Monokultur, die Wildtieren kaum Lebensraum bietet.

PRAKTISCHE INFORMATIONEN

Allgemeine Informationen

ARBEITEN IN HONDURAS

Die meisten Individualreisenden, die in Honduras zum Arbeiten bleiben, tun dies auf den Islas de la Bahía; die Tauchlehrer stammen fast ausschließlich aus dem Ausland und viele Leute, die hier ihre Ausbildung zum Tauchführer absolvieren, verdienen sich nebenbei als Bedienung oder Barkeeper in West End, West Bay oder Utila etwas dazu. Die meisten haben keine Arbeitserlaubnis und reisen alle drei oder sechs Monate aus, um ein neues Touristenvisum zu erhalten.

BOTSCHAFTEN & KONSULATE

Die folgenden Botschaften und Konsulate befinden sich in Tegucigalpa. Die nächstgelegene österreichische Botschaft ist in Mexiko, die Botschaft der Schweiz in Guatemala.

Belizische Botschaft (☎2238-4614; consuladobelice@yahoo.com; Av República de Chile, Centro Comercial Hotel Honduras Maya)

Deutsche Botschaft (☎2232-3161; www.tegucigalpa.diplo.de; Av República Dominicana 925, Callejon Siria Col. Lomas del Guijarro)

El Salvadorianische Botschaft (☎2232-4947; http://embajadahonduras.rree.gob.sv; Diagonal Aguán 2952, Colonia Altos de Miramontes)

Guatemaltekische Botschaft (☎2232-5018; www.honduras.minex.gob.gt; Calle Londres, Bloque B, 2. Stock, Büro 0440, Colonia Lomas del Guijarro Sur)

Nicaraguanische Botschaft (☎2231-1966; www.cancilleria.gob.ni; Av Choluteca, Bloque M-1, No 1130, Colonia Lomas de Tepeyac)

Österreichisches Honorarkonsulat (☎2238 0680; consaustria@gmail.com; Av La Paz 2326)

Schweizerisches Generalkonsulat (☎2236 9098; www.eda.admin.ch/guatemala; Colonia Palmira, Av República de México, Casa No. 2402)

US-amerikanische Botschaft (☎2236-9320; http://honduras.usembassy.gov; Av La Paz)

FEIERTAGE

Neujahr 1. Januar

Tag der amerikanischen Länder 14. April

ETIKETTE

Honduraner sind ziemlich locker und es ist ungewöhnlich für sie, sich über Ausländer aufzuregen oder zu ärgern, die kulturelle Normen nicht kennen.

Es ist höflich, Leute auf Spanisch zu begrüßen, wenn man ihnen begegnet: *buenos días* (vormittags), *buenas tardes* (nachmittags) oder *buenas noches* (abends).

Männer schütteln sich die Hand, wenn sie sich begegnen. Frauen umarmen einander meistens, bedenken Männer aber eher nur mit einem freundlichen Kopfnicken, es sei denn, man kennt sich gut.

Semana Santa (Karwoche) Donnerstag, Freitag und Samstag vor Ostersonntag
Tag der Arbeit 1. Mai
Unabhängigkeitstag 15. September
Geburtstag von Francisco Morazán 3. Oktober
Día de la Raza (Kolumbus-Tag) 12. Oktober
Tag der bewaffneten Truppen 21. Oktober
Weihnachten 25. Dezember

FRAUEN UNTERWEGS

Honduras ist noch immer eine männerdominierte Gesellschaft. Persönliche Sicherheit ist für weibliche Reisende daher die größte Sorge. Die meisten Frauen fühlen sich als Alleinreisende in Honduras nicht bedroht, aber es zahlt sich auf jeden Fall aus, selbstbewusst aufzutreten. Wie überall erregen Frauen weniger Aufmerksamkeit, wenn sie moderat gekleidet sind. Auf den Islas de la Bahía mit ihren zahlreichen ausländischen Touristen geht es lockerer zu, aber Baden „oben ohne" ist absolut nicht angezeigt. Es empfiehlt sich, Clubs und Bars nur in männlicher Begleitung oder in einer Gruppe zu besuchen.

FREIWILLIGENARBEIT

Etliche Organisationen bieten in Honduras Freiwilligenarbeit für Projekte an, die von Hausbau bis (für Englischsprachler) Englischunterricht reichen. Die Website www.travel-to-honduras.com hat ein langes Verzeichnis von Gruppen mit Freiwilligenprogramm von großen Organisationen wie Casa Alianza (www.casa-alianza.org) bis zum kleinen Utila Iguana Conservation Project (S. 440).

GELD

An Geld zu kommen ist in Honduras relativ einfach: In allen größeren Orten und in Städten gibt es reichlich Geldautomaten. Kreditkarten werden in Hotels in der Regel akzeptiert.

Bargeld

- Die Währungseinheit von Honduras ist der Lempira (HNL), der in 100 *centavos* aufgeteilt ist.
- Im letzten Jahrzehnt ist der Lempira beständig gegen den US-Dollar abgefallen. Viele Geschäfte geben den Preis in US-Dollars an und akzeptieren auch gerne Bezahlung in Dollars.
- Banken tauschen US-Dollars und gelegentlich auch Euros um und verlangen die Vorlage des Reisepasses. Die beste Zeit ist am Vormittag.
- Hotels akzeptieren eventuell US-Dollars (lohnt sich, um die Schlangen in der Bank zu vermeiden) oder tauschen sie sogar für Gäste um, was auch manche Einrichtungen in touristischeren Gegenden anbieten.

Geldautomaten

- Geldautomaten gibt es in Städten und größeren Orten im ganzen Land, aber in kleineren Ortschaften funktionieren sie nicht immer.
- Raubüberfälle an Geldautomaten sind weit verbreitet. Sie sollten niemals nachts benutzt werden, außer in einem sicheren Umfeld wie innerhalb von Einkaufszentren. Selbst tagsüber ist es ratsam, nur Geldautomaten mit bewaffneten Schutzleuten davor zu benutzen.

Handeln

Kunsthandwerk ist in Honduras ziemlich selten, es gibt daher nicht viele Gelegenheiten, beim Einkauf zu feilschen. Die Preise für viele Dienstleistungen sind festgelegt, es besteht also keine Notwendigkeit zu handeln: In großen Städten z. B. haben *colectivos* und Taxis einen festen Preis für Fahrten im Stadtgebiet. Das jeweilige Hotel gibt Auskunft, wieviel ein Taxi kostet – wenn ein Fahrgast einsteigt und den Preis kennt, werden die meisten Fahrer nicht streiten.

Kreditkarten

- Visa- und MasterCard werden in den meisten Mittel- und Spitzenklassehotels und auch in manchen Hostels akzeptiert, aber dafür wird eine Kreditkartengebühr von 5 bis 10 % verlangt (was die Benutzung auf Dauer recht teuer macht).
- Bargeldauszahlung auf Kreditkarten ist in Notfällen in den meisten Banken möglich.

Reiseschecks

Reiseschecks sind überall in Honduras extrem schwierig einzulösen oder zu benutzen. Die meisten Banken, Hotels und Einzelhändler wollen damit nichts zu tun haben.

Steuern

Restaurants und Hotels müssen immer die Mehrwertsteuer in ihren Preisen einbeziehen, aber bei Hotelzimmerpreisen ist dies nicht immer der Fall, man sollte bei der Buchung also fragen. Viele Hotels vermieten auch Zimmer ohne die Mehrwertsteuer zu berechnen, solange keine Quittung verlangt wird.

Trinkgeld

Cafés & Comedores In *comedores*, Cafés oder einfachen Restaurants ist Trinkgeld nicht üblich, wird aber gern gesehen.

Restaurants Gehobene Restaurants schlagen automatisch ein Bedienungsgeld von 10 % auf die Rechnung auf.

Wechselkurse

Der US-Dollar und (in geringerem Maße) der Euro sind die einzigen ausländischen Währungen, die in Honduras problemlos gewechselt werden; außer an der Grenze ist es sogar schwierig, die Währungen von Nachbarländern zu wechseln.

GEWICHTE & MASSE

In Honduras gilt das metrische System.

INTERNETZUGANG

WLAN gibt es nahezu überall in Honduras, in fast allen Hotels und Hostels auch kostenlos (selbst wenn das Signal in vielen Fällen nicht immer alle Zimmer erreicht). Kostenloses WLAN gibt es auch an vielen öffentlichen Plätzen und in Behörden (allerdings selten sehr verlässlich) sowie in vielen Restaurants, Bars und Cafés. Viele Hotels stellen ihren Gästen Computer für den Internetzugang zur Verfügung.

KINDER

Wie fast überall in Lateinamerika ist auch Honduras Kindern gegenüber sehr offen und entgegenkommend und es ist überhaupt kein Problem, Kinder in Restaurants und zu Aufführungen mitzunehmen.

Reisende werden allerdings Mühe haben, kinderspezifische Ausstattung zu finden wie Autositze, Hochstühle und Babybetten, außer vielleicht in Spitzenhotels und -resorts. Einwegwindeln, Feuchttücher, Säuglingsnahrung und andere Notwendigkeiten sind jedoch in den meisten größeren Supermärkten erhältlich.

KLIMA

Es gibt verwirrenderweise zwei Regenzeiten in Honduras. An der Nordküste regnet es das ganze Jahr, aber die regenreichste Zeit ist von September bis Februar. In diesen Monaten kann es zu Überflutungen kommen, die den Verkehr behindern und gelegentlich schwere Schäden anrichten. Der Süden und Westen des Landes hat eine andere, ausgeprägtere Regenzeit zwischen Mai und Oktober.

Das bergige Binnenland ist viel kühler als das feuchte Küstengebiet. Die Höhenlage beeinflusst die Temperaturen enorm: In Orten wie Tegucigalpa (975 m) und Gracias (803 m) wird die Hitze selten drückend.

Die Hurrikansaison ist von Juni bis November.

ÖFFNUNGSZEITEN

In der Regel gelten folgende Öffnungszeiten:

Banken Mo–Fr 8.30–16.30 & Sa 8.30–12 Uhr

Bars tgl. 12–24 Uhr

Läden tgl. 9–18 Uhr

Restaurants tgl. 7 oder 8–21 Uhr

POST

Die Postämter in den meisten honduranischen Städten sind in der Regel von Montag bis Freitag 8 bis 17 Uhr (oft mit einer Mittagspause zwischen 12 und 14 Uhr) und samstags von 8 bis 12 Uhr geöffnet. Die Zustellung dauert zehn bis 14 Tage zu den meisten internationalen Adressen. Trotz des langen Postwegs wird Honducor, die honduranische Post, als relativ zuverlässig angesehen.

Eine sicherere Zustellung bieten FedEx, DHL, Express Mail Service (EMS) oder Urgent Express; alle sind in Tegucigalpa, San Pedro Sula und anderen größeren Städten vertreten.

RAUCHEN

In Honduras gelten strenge Gesetze gegen das Rauchen und in allen Restaurants und den meisten Hotels darf nicht geraucht werden.

RECHTSFRAGEN

In Städten wie San Pedro Sula und Tela gibt es eine Touristenpolizei, aber da nur wenige Beamte Englisch sprechen, ist nicht mit viel Hilfe zu rechnen. Auch honduranische Polizisten sind teilweise korrupt – wer irgendein Problem mit der Polizei bekommt, sollte sofort seine diplomatische Vertretung (Botschaft bzw. Konsulat) benachrichtigen.

REISEN MIT BEHINDERUNG

Abgesehen von gehobenen Hotels und Resorts hat Honduras keine behindertengerechte Einrichtungen. Schlechte Bürgersteige und Kopfsteinpflaster erschweren Rollstuhlfahrern die Bewegung in Ortschaften. Öffentliche Ver-

PREISKATEGORIEN: ESSEN

Die folgenden Preiskategorien beziehen sich auf ein durchschnittliches Hauptgericht.

$	unter 100 HNL
$$	100–200
$$$	über 200 HNL

kehrsmittel sind nicht für behinderte Fahrgäste eingerichtet, die Fähren nach Roatán sind jedoch barrierefrei.

SCHWULE & LESBEN UNTERWEGS

Honduras ist für Schwule und Lesben ein eher widersprüchliches Land. Einerseits sind gleichgeschlechtliche Ehe und Adoption in der Verfassung verboten, aber andererseits verstößt es auch gegen das Gesetz, Menschen aufgrund ihrer Sexualität zu diskriminieren. Schwule treten in der Gesellschaft offen auf, aber öffentliche Zuneigungsbekundungen zwischen schwulen oder lesbischen Paaren sind ungewöhnlich und in manchen Situationen sogar riskant. Gleichwohl gibt es in allen größeren Städten eine kleine, aber aktive schwule und lesbische Gemeinde, allerdings finden die meisten Kontakte online statt.

SICHERHEIT

- In Städten ist äußerste Vorsicht angebracht, besonders in San Pedro Sula und Tegucigalpa, die beide ein Bandenproblem haben (Reisende sind jedoch selten betroffen). Tagsüber im Stadtzentrum herumzulaufen ist in der Regel sicher.
- Wertsachen sollten nicht offen gezeigt werden, allein durch Seitenstraßen in unbekannten Gegenden zu laufen, ist zu vermeiden, und stets sollte auf Leute geachtet werden, die sich annähern: Straßenraub kommt häufig vor.
- Nachts sollte man nie unterwegs sein, wer dennoch ausgehen muss, sollte immer ein Taxi nehmen.
- Kleine Städte sind generell wesentlich sicherer als große. Vorsicht an der Nordküste und besonders am Strand.
- An den Stadtstränden in Tela oder La Ceiba sollte niemand allein herumspazieren, egal ob bei Tag oder bei Nacht.

TELEFON

Die Landesvorwahl für Honduras lautet ☎504 und die internationale Vorwahl ☎00. Es gibt keine Ortsvorwahlen. Alle Telefonnummern im Land (Handys und Festnetz) haben acht Ziffern.

TOURISTENINFORMATION

Es gibt derzeit nur sehr wenige Touristeninformationen in Honduras und die wenigen existierenden bieten nur eingeschränkt praktische Tipps. Die landesweite Information ist das Instituto Hondureño de Turismo (S. 391) in Tegucigalpa. Viel bessere Infos sind in Hostels und Reisebüros erhältlich.

UNTERKÜNFTE

Die Hotels in Honduras sind je nach Ort höchst unterschiedlich. In den meisten Ortschaften sind ordentliche, funktionale und saubere Zimmer mit Bad und Ventilator für etwa 300 bis 500 HNL zu haben. In den großen Städten ist es sehr wichtig, ein Hotel in einem möglichst sicheren Stadtviertel auszusuchen, was dann aber oft mehr kostet (400–700 HNL), ebenso wie die Unterkünfte auf den Islas de la Bahía.

Hostels mit Schlafsälen gibt es dort, wo sich Backpacker aufhalten, wie in Tegucigalpa, Copán Ruinas, Utila, Roatán, La Ceiba und San Pedro Sula. Die Preise schwanken gewaltig, von 175 bis 300 HNL pro Bett.

Honduras ist insgesamt recht günstig, auf jeden Fall im Vergleich zu Guatemala und Nicaragua. Der Tourismus in Honduras hatte jedoch in den vergangenen Jahren einen schweren Stand. Viele kleinere Backpackerunterkünfte machten daher dicht und die einzig annehmbaren (und sicheren) Unterkünfte sind ein bisschen teurer als üblich.

Wie überall in Zentralamerika ist auch hier eine *sencilla* (EZ) meist ein Zimmer mit Doppelbett, während ein *doble* (DZ) zwei Betten hat – wer sich mit einem guten Freund ein Bett teilt, spart Geld.

In Ferienorten wie den Islas de la Bahía steigen die Preise um Weihnachten und Neujahr und während der Semana Santa (Karwoche).

Klimaanlagen sind ein teurer Luxus, besonders auf den Islas de la Bahía. Kostenloses WLAN ist in Hostels und Hotels nahezu komplett vorhanden.

Es gibt keine organisierten Campingplätze in Honduras, aber Zelten ist in mehreren Nationalparks möglich.

PREISKATEGORIEN SCHLAFEN

Die folgenden Preiskategorien beziehen sich auf Doppelzimmer mit Bad. Die Steuer ist im Preis enthalten.

$	unter 700 HNL
$$	700–1400 HNL
$$$	über 1400 HNL

VISA

EU-Bürger und Schweizer mit gültigem Reisepass erhalten bei der Einreise normalerweise eine kostenlose Touristenkarte, die 90 Tage lang gültig ist. Diese gilt auch für alle Staaten, die das CA-4-Grenzabkommen unterzeichnet haben, nämlich Guatemala, Nicaragua, Honduras und El Salvador.

In Honduras selbst kann bei der Einreisebehörde in Tegucigalpa (Reisende haben von Problemen mit der Verlängerung in anderen Büros berichtet) eine einmalige 30-tägige Verlängerung beantragt werden (500 HNL). Möglich ist auch ein mindestens dreitägiger Trip außerhalb des Gebiets des CA-4-Grenzabkommens (Belize und Costa Rica liegen am nächsten). Dann gibt es bei der Wiedereinreise nach Honduras ein neues 90-Tage-Visum.

ZEIT

Die Zeitverschiebung in Honduras ist MEZ minus sieben Stunden (MEZS minus acht Stunden). Es gibt keine Sommerzeit, da Tag und Nacht das ganze Jahr über mehr oder weniger gleich lang sind.

ZOLL

Die Zollbeamten sind ziemlich lax; die Polizei- und Zollbeamten sind zwar berechtigt, Leute jederzeit zu durchsuchen, besonders in Grenzgebieten, aber sie tun das nur selten. Selbst Durchsuchungen am Flughafen fallen meist oberflächlich aus, nur das Gepäck wird bei Ein- und Ausreise durchleuchtet. Ausnahme ist, wenn Aussehen und Verhalten einer Person die Beamten vermuten lassen, dass Drogen mitgeführt werden.

Abgesehen von Drogen dürfen Reisende auch keine antiken Artefakte mitnehmen, desgleichen keine gefährdeten Tiere oder Pflanzen, ob lebendig oder in Form eines aus ihnen hergestellten Produkts. Es empfiehlt sich, Kassenbelege für alle Einkäufe aufzubewahren, besonders für alles, was mit einem verbotenen Artikel verwechselt werden könnte wie eine besonders gute Maya-Replik.

ℹ An- & Weiterreise

Flüge, Touren und Bahnfahrkarten können online über www.lonelyplanet.com/bookings gebucht werden.

FLUGZEUG

Es gibt häufige Flugverbindungen mit anderen zentralamerikanischen Hauptstädten und Orten in den USA, aber keine Direktflüge von und nach Europa.

Flughäfen & Fluglinien

Der Flughafen von San Pedro Sula ist der verkehrsreichste und größte des Landes, gefolgt von dem der Hauptstadt Tegucigalpa. Roatán ist der einzige andere Flughafen mit internationalen Verbindungen, u. a. mit Atlanta, Houston und Miami in den USA.

Honduras besitzt keine eigene Fluglinie. Zu den Fluggesellschaften, die Honduras anfliegen, gehören **Aeroméxico Connect** (www.aeromexico.com), **American Airlines** (www.aa.com), **Avianca** (www.avianca.com), **Copa** (www.copa.com), **Delta** (www.delta.com), **Spirit Airlines** (www.spirit.com), **TAG** (www.tag.com.gt), **Tropic Air** (www.tropicair.com) und **United** (www.united.com).

AUF DEM LANDWEG

Bus

Es gibt fünf große internationale Busgesellschaften der Luxusklasse, die aus den Nachbarländern nach Honduras fahren: Platinum, Pullmantur, Tica Bus, Hedman Alas und Trans Nica. Drei weitere Gesellschaften (Rutas Orientales, Fuente del Norte und Sultana) sind weniger teuer.

Die zwei Verkehrsknotenpunkte für internationale Busfahrten sind San Pedro Sula und Tegucigalpa. Von diesen beiden Städten fahren Busse nach San Salvador (El Salvador), Guatemala-Stadt, Antigua und Santa Elena/Flores (Guatemala), Managua (Nicaragua), San José (Costa Rica) und Panama-Stadt (Panama).

Es ist auch möglich, mit Regionalbussen zu fahren, die Grenze zu Fuß zu überschreiten und auf der anderen Seite einen anderen Bus zu nehmen. Das ist zwar billiger, aber auch sehr viel langsamer.

Grenzübergänge

Grenzübergänge sind Corinto und El Florido (Guatemala), El Amatillo und El Poy (El Salvador) sowie Guasaule und Las Manos (Nicaragua).

Guatemala

Die wichtigsten Grenzübergänge nach Guatemala sind in El Florido, Agua Caliente und Corinto. Es gibt keine offizielle Gebühr für die Ausreise aus Honduras oder die Einreise nach Guatemala, aber Grenzbeamte verlangen oft ein oder zwei Dollar.

Die rund um die Uhr geöffnete Grenze in Agua Caliente ist eine halbe Stunde mit dem Bus von Nueva Ocotepeque entfernt. Zwischen den honduranischen und guatemaltekischen Grenzposten, die 2 km voneinander entfernt sind, verkehren Busse. Auf der guatemaltekischen Seite fahren Busse nach Esquipulas mit Anschluss nach Guatemala-Stadt oder Flores.

Die rund um die Uhr geöffnete Grenze in El Florido liegt 9 km westlich von Copán Ruinas und wird von sehr regelmäßigen Minibussen angefahren (20 HNL, 20 Min., alle 20 Min.). Wer mit einem grenzüberschreitenden oder Shuttlebus reist, muss aussteigen und jeweils an beiden Seiten der Grenze die Einreiseformalitäten erledigen. Geldwechsler sprechen Reisende an und bieten meist gute Wechselkurse. Auf der guatemaltekischen Seite gibt es auch eine Bank.

Die guatemaltekische Grenze in Corinto (6–21 Uhr) liegt 51 km südwestlich von Omoa (45 HNL, 1½ Std., stündl.). Die Busse zur Grenze fahren von der Fernstraße ab und halten an einer Reihe *comedores*. Von dort geht es zu Fuß über die Grenze. Kleinbusse warten auf der guatemaltekischen Seite zur Weiterfahrt nach Puerto Barrios.

El Salvador

Die Hauptgrenzübergänge nach El Salvador sind El Poy und El Amatillo; der Übergang in Sabanetas bei Marcala ist für Ausländer nicht gestattet.

Die salvadorianische Grenze in El Poy (24 Std. geöffnet) ist nur eine kurze Busfahrt von Nueva Ocotepeque entfernt (15 HNL, 15 Min., alle 20 Min. bis 19 Uhr). Auf beiden Seiten hält der Bus etwa 100 m vor dem jeweiligen Grenzübergang, der zu Fuß bis zum anderen Bus überschritten wird. Auf der salvadorianischen Seite fahren Busse häufig nach San Salvador und La Palma.

Von Choluteca im Süden von Honduras gibt es auch Busverbindungen zur salvadorianischen Grenze in El Amatillo (52 HNL, 2 Std., alle 20 Min. bis 18.30 Uhr).

Nicaragua

Grenzübergänge nach Nicaragua sind in Guasaule, El Espino und Las Manos.

Von Choluteca im südlichen Honduras fahren Busse zur nicaraguanischen Grenze in Guasaule (30 HNL, 45 Min., alle 20 Min. 6–18 Uhr).

Zur Grenze in El Espino geht es ab San Marcos de Colón, von wo es sehr regelmäßige Verkehrsverbindungen gibt (18 HNl, 15 Min.).

Nach Las Manos fahren Busse ab Tegucigalpa (88 HNL, 2½ Std., 3-mal tgl.).

SCHIFF/FÄHRE

Die einzigen planmäßigen internationalen Passagierschiffe nach und von Honduras sind zwei kleine Boote, die wöchentlich (am gleichen Tag und zur gleichen Zeit!) von Puerto Cortés nach Belize fahren.

Wer übers Meer nach oder von Honduras reist, sollte sich umgehend in der Einreisebehörde in Puerto Cortés um alle Formalitäten kümmern (nach Bedarf Ein- und Ausreisestempel).

Unterwegs vor Ort

AUTO & MOTORRAD

Fahrten auf den Fernstraßen in Honduras sind wie das nächste Level in einem Videospiel. Viele Einheimische rasen in einer Wahnsinnsgeschwindigkeit (um die vermeintliche Gefahr des Autoraubs zu vermeiden). Aber Autofahren ist in Honduras völlig sicher, solange auf die Geschwindigkeit geachtet und rücksichtsvoll gefahren wird.

Die wichtigsten Straßen sind asphaltiert und meist in vernünftigem Zustand; die meisten sind auch mautpflichtig, Fahrer müssen also in regelmäßigen Abständen ein wenig Geld bezahlen (um 20 HNL). Die kleineren Landstraßen sind oftmals holprig und manchmal nicht asphaltiert: Je nach Regenmengen und Jahreszeit können dort die Verhältnisse von akzeptabel bis unpassierbar schwanken. Wer sich auf den Weg macht, sollte vorher bei Einheimischen nachfragen und daran denken, dass manche Navis den direktesten Weg anweisen, nicht den besten – Tipps von Ortskundigen sind immer entscheidend.

Mietwagen gibt es in Tegucigalpa, San Pedro Sula, La Ceiba und auf Roatán. Ein einfacher Pkw kostet ab 650 HNL pro Tag. Motorräder und -roller werden auf Utila und Roatán vermietet.

BUS

Busse sind in Honduras ein günstiges und unkompliziertes Verkehrsmittel, aber es gibt auch einige sehr schicke (und sehr viel teurere) Buslinien. Die ersten starten oft frühmorgens, die letzten in der Regel am späten Nachmittag. Busse auf den großen Fernstraßen fahren später.

Für die größeren Busstrecken besteht oft die Wahl zwischen einem *directo* (Direktbus) oder einem *parando* („Bummelbus" mit vielen Haltestellen). Minibusse oder *rapiditos* sind minivanähnliche Busse.

Stadtbusse sind aus Sicherheitsgründen nicht empfehlenswert – Banden „besteuern" Verkehrsgesellschaften und überfallen gelegentlich die Fahrer.

FAHRRAD

Auf dem Festland gibt es nur wenige Möglichkeiten, sich ein Fahrrad zu leihen, da starker Verkehr, schlechte Straßen und die stets vorhandene Gefahr von Raubüberfällen ziemlich abschrecken. Tela ist eine Ausnahme: Dort verleiht das M@ngo Hotel (S. 421) Fahrräder, die sich gut zur Erkundung des Umlands der Stadt eignen.

Richtig brauchbar sind Fahrräder auf den Islas de la Bahía, besonders auf dem kleinen Utila, wo es nur wenig Verkehr gibt – dort ist Radeln sicher und ein Vergnügen.

FLUGZEUG

Inlandsflüge sind in Honduras ziemlich teuer, aber der Sicherheitsstandard ist im Allgemeinen gut. Verbindungen gibt es von La Ceiba, Tegucigalpa und San Pedro Sula nach Utila und Roatán sowie zwischen den drei großen Städten selbst. Von La Ceiba gibt es auch Flüge in die Moskitia und zur Bahía-Insel Guanaja. Ein kleiner Flug-

AUSREISESTEUER

Wer Honduras mit dem Flugzeug verlässt, muss am Flughafen eine Abfluggebühr in Höhe von 880 HNL (40 US$) zahlen. Die Abfluggebühr bei Inlandsflügen beträgt 44 HNL (2 US$). Diese Gebühren sind oft im Ticket enthalten: Beim Einchecken erfährt man, ob diese Gebühren fällig werden.

hafen wurde in Copán Ruinas eröffnet, allerdings landen dort derzeit nur Charterflüge für Tagestouren aus Roatán.

AeroCaribe (☎ 2442-1088; www.aerocaribehn.com)

Aerolíneas Sosa (☎ La Ceiba 2442-1512, Roatán 2407-0248, San Pedro Sula 2407-0249, Tegucigalpa 2235-5107; www.aerolineasosa.com)

Avianca (☎ San Pedro Sula 2570-8222, Tegucigalpa 2281-8222; www.avianca.com)

CM Airlines (☎ La Ceiba 9450-6477, Roatán 2445-0106, San Pedro Sula 2668-0068, Tegucigalpa 2233-5050; www.cmairlines.com)

Lanhsa Airlines (☎ La Ceiba 2442-1283, Puerto Lempira 9450-1025, San Pedro Sula 2668-0472, Tegucigalpa 2234-0804; www.lanhsa.com)

SCHIFF/FÄHRE

Drei Passagierfähren verkehren zwischen La Ceiba und den Islas de la Bahía. Zwischen den drei Inseln besteht keine planmäßige Fährverbindung, in der Hochsaison fahren jedoch Charterboote regelmäßig zwischen Utila und Roatán. Eine reguläre Fährverbindung gibt es zwischen Trujillo und Guanaja, der dritten Insel der Islas de la Bahía.

In der Moskitia verlaufen fast alle Verkehrswege übers Wasser. Wassertaxis fahren außerdem auf Roatán von West End nach West Bay sowie von Coyolito durch den Golfo de Fonseca hinüber zur Isla del Tigre.

TAXI

Taxis gibt es in honduranischen Städten überall. In vielen Orten ist es üblich, sich eine Fahrt zu teilen, jeder Fahrgast zahlt dann um die 20 HNL. Wer eines allein für sich haben will, zahlt etwa ab 60 HNL. Nachts wird es teurer.

In den größeren Städten befahren *colectivos* (Gemeinschaftstaxis) etliche festgelegte Strecken. Sie kosten um 15 bis 25 HNL pro Fahrgast.

Dreirädrige *mototaxis* (Motorradtaxis) sind in kleinen Städten und Dörfern üblich, dürfen aber nicht im Zentrum von Großstädten fahren. Sie kosten etwa die Hälfte dessen, was fürs normale Taxi gezahlt werden müsste: Eine Fahrt kostet in der Regel 10 HNL pro Person.

Nicaragua

505 / 6,1 MIO. EW.

Inhalt ➜

Managua 465
Granada 479
Masaya 490
Isla de Ometepe 494
San Juan del Sur 501
León 506
Die Strände der Halbinsel Cosigüina .. 515
Estelí 517
Matagalpa 526
Bluefields 530
Pearl Lagoon 532
Corn Islands 534
Bilwi (Puerto Cabezas) 539
San Carlos 541
Río San Juan 543

Gut essen

- El Tercer Ojo (S. 485)
- Café La Nicaragüita (S. 512)
- Barrio Café (S. 503)
- Café Campestre (S. 499)

Schön übernachten

- Surfing Turtle Lodge (S. 515)
- Casa Oro Hostel (S. 502)
- Finca Magdalena (S. 499)

Auf nach Nicaragua

Das gastfreundliche Nicaragua empfängt seine Besucher mit Vulkanlandschaften, Kolonialarchitektur, sensationellen Stränden und unberührten Wäldern in einer Bandbreite von atemberaubend bis überirisch. Lust auf phantastische Wellen und faule Tage an einsamen Stränden? Kein Problem: Entlang der beiden langen Küstenstreifen erstrecken sich entspannte Surfcamps, Hippie-Enklaven und abgeschiedene Fischerdörfer, die erst nach und nach von den Touristen entdeckt werden.

Neugierig auf Geschichte, Kolonialstädtchen und ein unvergleichliches kulturelles Erbe? In León und Granada kann man Einblicke in die Vergangenheit gewinnen. Wer sich mehr für den heutigen Alltag der Bewohner dieser bunten, stolzen und optimistischen Nation interessiert, sollte die Fischerorte entlang der Karibikküste besuchen. Fernab von Meer und Strand warten Vulkane darauf, erklommen zu werden, und Lagunen und Inseln wollen erkundet und entdeckt werden – willkommen in Nicaragua!

Reisezeit

Managua

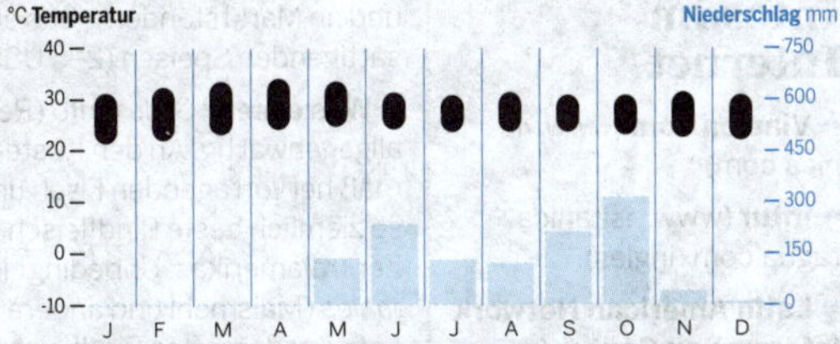

Nov.–Mai In der Hauptsaison ist es trocken und die Tage sind sonnig, es ist allerdings auch mehr los.

März–Nov. Regnerisch, aber grün. Am Pazifik bieten gewaltige Brecher spektakuläre Surfabenteuer.

Sept.–Nov. Hotels sind günstiger, doch die letzten Hurrikane wirbeln schon mal Pläne durcheinander.

AUF EINEN BLICK

Währung Córdoba (C$)

Sprache Spanisch

Geld In den meisten mittelgroßen Städten gibt's überall Geldautomaten.

Visa Für Aufenthalte von bis zu drei Monaten gewöhnlich nicht erforderlich.

Zeit MEZ minus sieben Stunden

Fläche 129 494 km²

Hauptstadt Managua

Notfälle ☎ 115 (Feuerwehr), ☎ 118 (Polizei), vom Handy ☎ 911

Wechselkurse

Costa Rica	100 ₡	5,03 C$
Eurozone	1 €	31,62 C$
Schweiz	1 SFr	29,17 C$
USA	1 US$	28,25 C$

Preise

- **Hostelbett** 7–20 US$
- **Abendessen** 2–6 US$
- **Busticket** 1–4 US$

Infos im Internet

- **Vianica.com** (www.vianica.com)
- **Intur** (www.visitanicaragua.com/ingles)
- **Latin American Network Information Center** (www.lanic.utexas.edu/la/ca/nicaragua)

Von Land zu Land

Die Grenze nach Honduras kann in Las Manos, El Espino und El Guasaule überquert werden. Die Einreise aus Costa Rica auf dem Landweg erfolgt via Peñas Blancas, auf dem Seeweg via Los Chiles. In Potosí kann man an Bord eines kleinen Boots nach El Salvador gelangen. Mehr Infos bieten die Praktischen Informationen auf S. 555.

NICARAGUA FÜR EINSTEIGER

Eine Woche

Zum ersten Mal hier? Dann verspricht ein Trip durch den Südwesten großes Kino bei vergleichsweise wenig Fahrtzeit im Bus. Ein toller Ausgangspunkt ist Granada. Man sollte drei Übernachtungen einplanen, um durch die malerischen Straßen zu spazieren und Museen und Kirchen zu besichtigen. Außerdem besteht die Möglichkeit, Tagestouren (auch mit Übernachtung) zum Kratersee Laguna de Apoyo, den als Pueblos Blancos (weiße Dörfer) bekannten Künstlerkommunen, zu den Vulkanen Mombacho und Masaya und in Naturschutzgebiete zu unternehmen.

Zwei Wochen

Als nächstes geht's auf der Carretera hinunter nach San Jorge. Dort legt die Fähre zur unwirklich schönen Isla de Ometepe mit ihren zwei Vulkanen ab. Die Möglichkeiten für Outdoor-Aktivitäten sind endlos. Auf der anderen Seite des Isthmus liegen die südpazifischen Strände. Für viele Reisende ist das internationale Dorf San Juan del Sur Ausgangs- und Endpunkt ihres Strandabenteuers, man sollte aber unbedingt ein oder zwei Nächte an den Surfstränden nördlich und südlich von hier verbringen. Auf dem Weg nach Norden ist León ein obligatorischer Stopp.

Essen & Trinken

- **Wohin zum Essen?** In *comedores* oder *cafetínes*, *fritangas* und an Marktständen gibt's eine überschaubare Auswahl an sättigenden Speisen (2–5 US$).
- **Was essen?** *Gallo pinto* (Reis und Bohnen gemischt) ist allgegenwärtig. An den Küsten bekommt man erwartungsgemäß hervorragenden Fisch und Meeresfrüchte, im Inland das so ziemlich beste Rindfleisch von mit Gras gefütterten Tieren Zentralamerikas. Unbedingt lokale Spezialitäten wie *nacatamales* (Maismehl und andere Leckereien im Bananenblatt), *baho* (gedämpftes Rindfleisch, Kochbananen und Yucca), *rondón* (Kokosmilcheintopf mit Meeresfrüchten, typisch für die Karibik) und *quesillo* (eine Tortilla mit Käse und Zwiebeln und einer Sour-Cream-Haube) probieren!
- **Was trinken?** Überall gibt es frische Fruchtsäfte. Der nicaraguanische Rum heißt Flor de Caña, hiesige Biere sind z. B. Toña und Victoria, zwei leichte Pilssorten.

MANAGUA

2 223 375 EW.

Managua ist ein heilloses Durcheinander, chaotisch und am Boden, poetisch und faszinierend – und das alles gleichzeitig.

Viele Reisende lassen die Hauptstadt einfach komplett aus und organisieren schnelle Flughafentransfers ab Granada, doch wer ein oder zwei Tage bleibt, wird sehen, dass das große, böse Managua gar nicht so schlimm ist wie sein Ruf. Vielmehr ist es der Kleister, der die Kultur und Wirtschaft der Nation zusammenhält.

Abgesehen davon, dass man in einen wuseligen Bienenstock aus hupenden Autos, Märkten, Abfällen und Krach eintaucht, ist Managua, jene Stadt mit niedrigen Häusern und unerwartet vielen Bäumen, bemerkenswerter Street Art und Denkmälern, auch ein bequemer Ausgangspunkt für Trips zu Lagunen, Naturschutzgebieten, einer ganzen Reihe von tollen Stränden wie Pochomil sowie zu heißen Quellen.

Geschichte

Schon vor 6000 Jahren gab es im heutigen Managua eine Fischersiedlung und seit mindestens zwei Jahrtausenden ist es ein wichtiger Handelsplatz. Als der spanische Chronist Fernández de Oviedo 1528 nach Managua kam, schätzte er die Bevölkerungszahl der Stadt auf 40 000; die meisten dieser ursprünglichen Bewohner flohen kurz nach der Ankunft der Spanier in die Sierritas, einen kleinen Gebirgszug im Süden der Stadt. Das kleine Managua, wo es bis in die 1750er-Jahre nicht einmal ein Krankenhaus oder eine Schule gab, betrat die große Bühne erst 1852, als es zur Hauptstadt auserkoren wurde, um den endlosen Zwist zwischen Granada und León zu beenden.

Der clevere Kompromiss hätte vielleicht besser funktioniert, hätte man einen Geologen zu Rate gezogen: Managua steht auf einem Netz aus Verwerfungen, das seine Geschichte seither geprägt hat. Im späten 19. Jh. wurde die Stadt von Erdbeben heimgesucht, die die Infrastruktur der neuen Hauptstadt zerstörten – als der Boden unter ihnen ins Wanken geriet, stürzten Kirchen und Banken in sich zusammen. 1931 lag das Epizentrum des Bebens unter dem Stadion, wo gerade ein wichtiges Spiel stattfand, und Dutzende Zuschauer kamen ums Leben. 1968 legte ein einziger kräftiger Erdstoß unter dem heutigen Einkaufszentrum Metrocentro ein ganzes Stadtviertel in Trümmer.

Am Abend des 23. Dezember 1972 erschütterten schließlich mächtige Erdstöße die Stadt – ein Beben der Stärke 6,2, bei dem 11 000 Menschen umkamen und 43 000 Häuser zerstört wurden. Unverfroren zapfte Präsident Somoza internationale Hilfsgelder für sich ab – einer der Auslöser der sandinistischen Revolution. Darauf folgte der Contra-Krieg und die Innenstadt mit der schönen alten Kathedrale wurde nie wieder aufgebaut. Ersetzt wurde sie durch ein irres Labyrinth unbenannter Straßen mit Schuppen, aus denen schließlich Wohnstätten und irgendwann richtige Gebäude wurden. Es gibt zwar einige Versuche, das alte Zentrum wiederzubeleben – die Restaurierung des *malecón* ist sicher ein vielversprechender Anfang –, doch die meisten neuen Häuser entstehen am Rand des Zentrums.

Sehenswertes & Aktivitäten

Plaza de la Revolución & Malecón

Diese Ansammlung von Denkmälern, Parks, Museen und Regierungsbüros aus der Zeit vor dem Erdbeben und nach der Revolution war einst das Herz Managuas. Nach dem Erdbeben von 1972 und zwei Jahrzehnten des Kriegs und der Entbehrungen lag das Zentrum verlassen da. Doch langsam wird ihm neues Leben eingehaucht. Zur Zeit der Recherche erlebte der *malecón* (Uferpromenade) eine Wiedergeburt als familienfreundliches Ziel mit neuen Restaurants und Aktivitäten für Kinder.

★ Antigua Catedral KATHEDRALE

(Karte S. 472; 14 Av Sureste) Die leere Hülle von Managuas im Erdbeben von 1972 zerstörter alter Kathedrale ist das sinnfälligste Symbol der Stadt: trotz anderslautenden Ankündigungen wurde sie nie restauriert. Zwar ist sie mit ihren steinernen Engeln und in goldenes Licht getaucht immer noch eine Schönheit, doch sie ist leer und nicht zugänglich – eine Kathedrale ohne Herz in einer Stadt ohne Zentrum.

Plaza de la Revolución PARK

(Karte S. 472) General José Santos Zelaya, der antiamerikanisch eingestellte Nationalheld, weihte die offene Plaza 1899 ein. Sie war Schauplatz zahlloser Proteste, Paraden, Romanzen u. v. m. An der nordöstlichen Ecke des Platzes befindet sich das Grab des Sandinistenkommandanten Carlos Fonseca.

Highlights

1 Isla de Ometepe (S. 494) Die Gipfel der bildschönen grünen Insel erklimmen, um die herrlichen Ausblicke zu genießen.

2 Corn Islands (S. 534) Im kristallklaren Wasser der Karibik planschen.

3 Granada (S. 479) Die kolonialen Schätze und schönen Straßen dieser farbenfrohen Stadt erkunden.

4 León (S. 506) In den alternativen Bars der munteren Stadt herausfinden, warum die Revolution dort nicht im Fernsehen übertragen wurde.

5 Südliche Pazifikküste (S. 501) In coolen Surfstädtchen die großen Wellen herausfordern.

6 Reserva Natural Laguna de Apoyo (S. 488) In kristallklarem Wasser baden oder in der Hängematte chillen.

7 Río San Juan (S. 543) Vom Boot aus die reiche Vogelwelt an diesem malerischen Fluss erkunden.

8 Matagalpa (S. 526) In der bodenständigen Stadt das Herz des emsigen Hochlands entdecken.

Cabo Gracias a Dios
Laguna Bismuna
Bismuna Tara
Río Coco (Segovia)
Leimus
Waspám
La Troquera
Río Patuca
Cordillera Entre Ríos
San Andres
Río Waspuk
Reserva de Biosfera Bosawás
Río Wawa
Luciana
Dákura
Sisin
Atlántico Norte
Laguna Pahara
BILWI (PUERTO CABEZAS)
Yulú
Lamlaya
Kukalaya
Laguna Karatá
Rosita
Costa de Miskitos
Río Bocay
Jinotega
Siuna
Laguna Wounta
El Ocote
El Empalme
Wiwili
El Cuá
Valle Kuikuinita
Río Prinzapolka
Cordillera Isabelia
Yaoska
Kangrina
Río Tuma
Matagalpa
Río Grande de Matagalpa
Barrera
Karawala
Barra de Río Grande
San José
San Ramón
Matiguás
Chamarro
Río Kurinwas
Tortuguero
Tasbapauni
Atlántico Sur
Orinoco
Boaco
BOACO
El Ayote
Río Kama
Laguna de Perlas
Pearl Keys
Camoapa
Laguna de Perlas
Chontales
El Alto
San Lorenzo
Río Escondido
El Rama
Corn Islands (Islas del Maiz) 2
JUIGALPA
BLUEFIELDS
Isla El Muerto
7
Río Ojecuapa
Río Rama
KARIBIK
Bahía de Bluefields
San Ubaldo
Zapatera
Lago de Nicaragua
Río Tepenaguasapa
Morrito
Monkey Point
Altagracia
Río Punta Gorda
Punta Gorda
Volcán Concepción (1610 m) 1
San Jorge
La Virgen
Isla de Ometepe
San Miguelito
Río San Juan
Bahía Punta Gorda
Río Maíz
Archipiélago de Solentiname
Sapoá
Peñas Blancas
SAN CARLOS
Boca de Sábalos
El Ostional
La Cruz
Los Chiles
El Castillo
San Juan del Norte (Greytown)
1
Río Frío
COSTA RICA
7 Río San Juan
Barra del Colorado

Malecón UFERPROMENADE

(Karte S. 472) Der *malecón* (Uferpromenade) hat durch den gerade renovierten Touristenkomplex Puerto Salvador Allende eine echte Aufwertung erfahren. An weniger belebten Tagen kann es hier dennoch ein bisschen deprimierend sein, besonders wenn man sich fragt, wie es dazu kommen konnte, dass der Lago de Managua (auch bekannt als Xolotlán-See) heute zu den meistverschmutzten Gewässern Zentralamerikas zählt. Inzwischen leisten ausländische Staaten Hilfe bei der Säuberung des Sees. Am Wochenende lockt die Gegend immer zahlreiche Familien an.

Puerto Salvador Allende HAFEN

(Karte S. 472; Malecón;) Dank einer Sanierung des vormals öden Hafengebiets, die auch dringend nötig gewesen war, ist dieser luftige Komplex am Seeufer jetzt ein Anlaufpunkt für Touristen wie für Einheimische. Mit mehr als 20 Esslokalen – von Essenständen bis zu eleganteren Restaurants – sowie Spielplätzen für Kinder und Spazierwegen ist er ein nettes Ziel für den Nachmittag oder Abend, besonders zum Sonnenuntergang, wenn der See besonders schön anzusehen ist.

Barrio Martha Quezada & Umgebung

Parque Histórico Nacional Loma de Tiscapa PARK

(Karte S. 472) Im landesgeschichtlichen Park Loma de Tiscapa steht Managuas auffälligstes Wahrzeichen, eine ernste Statue von Sandino. Einst erhob sich hier die Casa Presidencial, in der der Guerillaführer und seine Männer 1934 hingerichtet wurden. Was wie ein zusammengestürztes Parkhaus aussieht, war jahrzehntelang eines der berüchtigtsten Gefängnisse des Landes.

Die nach der Wahlniederlage 1990 von der aus der Regierung scheidenden Frente Sandinista de Liberación Nacional (FSLN) hastig errichtete Sandino-Statue ist von fast überall in der Stadt zu sehen; den Aufstieg beginnt man am besten beim Hotel Crowne Plaza. Der Weg führt am **Monumento Roosevelt** (Karte S. 472) von 1939 mit der herrlichen Aussicht auf den See vorbei. Heute wird mit dem Denkmal der während der Revolution Gefallenen gedacht.

Oben auf dem Loma de Tiscapa angekommen steht man dann am Rande des bildhübschen kleinen Tiscapa-Kratersees und hat eine geniale Aussicht über die Stadt, die beiden Kathedralen und den Volcán Momotombo. Bei **Canopy Tiscapa** (Karte S. 472; ☎8872-2555; canopytiscapa@yahoo.com; Lomo de Tiscapa; 17,25 US$ pro Pers.; ⏲Di–So 9–17 Uhr) besteht die Möglichkeit, eine kurze, aber witzige Seilrutschpartie durch die Baumkronen zu unternehmen (3 Plattformen, 1,2 km, 25 Min.). Nicht vergessen: Der radikalen Kampagne zur Verbesserung der Wasserqualität zum Trotz ist der See immer noch mit ungeklärten Abwässern belastet.

Spazierweg an der Nationalversammlung VIERTEL, ÖFFENTLICHE KUNST

(Karte S. 472; Av Central) Östlich der Nationalversammlung erstreckt sich an der Avenida Central ein Spazierweg mit Freiluftexponaten zur Geschichte Nicaraguas. Die Kunstwerke reichen von historischen Fotos von Sandino bis zu stimmungsvollen Managua-Ansichten aus der Zeit vor dem Erdbeben. Der Weg bietet eine wunderbare Möglichkeit, vom Barrio Martha Quezada zum Seeufer zu gelangen, besonders für Leute, die sich für die Politik und Geschichte des Landes interessieren.

Weitere Viertel

Huellas de Acahualinca ARCHÄOLOGISCHE STÄTTE

(Karte S. 470; ☎2266-5774; 4 US$; ⏲9–16 Uhr) Diese versteinerten Spuren wurden 1874 von Bergarbeitern entdeckt. Sie dokumentieren, dass vor 6000 Jahren vielleicht zehn Personen – Männer, Frauen und Kinder – sowie Vögel, Waschbären und Rehe am schlammigen Ufer des Lago de Managua entlangliefen. Früher wurde angenommen, sie hätten versucht sich vor einem Vulkanausbruch in Sicherheit zu bringen, aber inzwischen haben Forensiker festgestellt, dass es diese Leute nicht eilig hatten – und dass sie überraschend groß waren, zwischen 1,45 und 1,60 m.

Catedral Metropolitana KATHEDRALE

(Karte S. 472; www.catedralmga.blogspot.com; ⏲9–19 Uhr) Nördlich des Einkaufszentrums Metrocentro befindet sich ein einprägsames Wahrzeichen Managuas, das so gut wie neu ist; es eröffnete erst 1993 seine Pforten. Das Architekturjuwel bringt die Besucher ins Grübeln. Es ist keine Moschee, sondern die 63 Kuppeln (oder Brüste oder Eier, darüber streitet man sich noch) symbolisieren die

STRASSEN OHNE NAMEN – ORIENTIERUNG IN MANAGUA

Wie in anderen nicaraguanischen Städten und Ortschaften gibt es auch in Managua nur wenige Straßenschilder, und nur die Hauptstraßen haben Namen. Insofern dienen große Gebäude, *rotondas* (Verkehrskreisel) und Ampeln als Orientierungspunkte. Zur Umschreibung eines Ortes gibt man die Richtung und Entfernung zu diesen Orientierungspunkten an, und zwar meistens in *cuadras* (Blocks). Und als wäre das noch nicht kompliziert genug, gibt es inzwischen viele dieser Orientierungspunkte nicht mehr, sodass man bei Adressangaben oft etwas von der Art „*de donde fue Sandy's*" (von dort, wo früher das Sandy's stand ...) zu hören bekommt.

Hinzu kommt, dass sich in Managua ein spezielles System zur Bezeichnung der Himmelsrichtungen etabliert hat: Da bedeutet *al lago* (zum See) „nach Norden", *arriba* (nach oben) „nach Osten" und *abajo* (nach unten) „nach Westen", wobei die letzten beiden sich am Lauf der Sonne orientieren. „Nach Süden" heißt einfach nur *sur*. Wenn man also hört: „*del antiguo Cine Dorado, una cuadra al lago, dos cuadras arriba*", bedeutet das: „Vom alten Kino Dorado einen Block nach Norden, dann zwei Blocks nach Osten."

Verwirrt? Man gewöhnt sich dran. Die Adressen in Managua sind auf Spanisch angegeben; allerdings haben wir die üblichen Himmelsrichtungsbezeichnungen verwendet – N (*norte* für Norden), S (*sur* für Süden), E (*este* für Osten) und O (*oeste* für Westen) –, sodass man Einheimische fragen oder einfach auch den Taxifahrer damit zurechtkommen lassen kann. *Cuadra* (Block) ist in den Adressangaben mit „c" abgekürzt.

damals existierenden 63 katholischen Gemeinden Nicaraguas und sorgen außerdem bei Erdbeben für eine bessere Statik – und das ist auch gut so, denn das Bauwerk steht auf einer Verwerfungslinie.

Kurse

Viva Spanish School SPRACHKURSE
(Karte S. 472; ☎2270-2339; www.vivaspanishschool.com; Metrocentro 5 c E, Del Edificio Banco Produzcamos, 2 c S; Unterricht 10 US$ pro Std.) Diese Schule wird von Freiwilligen und NGO-Mitarbeitern, die länger im Land sind, wärmstens empfohlen. 20 Stunden Unterricht pro Woche kosten ab 175 US$. Für zusätzliche 140 US$ wöchentlich kann die Unterbringung in einer Gastfamilie organisiert werden.

La Academia Nicaragüense de la Danza KURSE
(Karte S. 472; ☎2277-5557; UCA, 50 m N, Av Universitaria) Breites Angebot an Tanzunterricht, z. B. Salsa, Merengue, Reggaetón, Volkstanz, Ballett, Flamenco und Bauchtanz.

Alianza Francesa KURSE
(Karte S. 472; ☎2267-2811; www.alianzafrancesa.org.ni; Planes de Altamira, de la Embajada de México ½ c N) Das Programm umfasst Mal- und Zeichenunterricht, Französisch-, Deutsch- und Portugiesischkurse sowie gelegentliche Kunstausstellungen und Lesungen.

Festivals & Events

Carnaval Alegría por la Vida STRASSENKARNEVAL
(Anfang März) Das „Lebensfreude"-Festival ist Managuas Version von Karneval, mit Kostümumzügen, Livemusik, Essen, Tanz und einer Faschingskönigin. Jedes Jahr steht der Karneval unter einem anderen Motto.

Tag der Revolution KULTUR
(19. Juli) Warum die Menschen Präsident Daniel Ortega lieben, wird offensichtlich, wenn man ihn im Umgang mit 100 000 treuen Anhängern sieht, die beim Día de la Revolución die rot-schwarze Flagge schwenken.

Santo Domingo de Guzman RELIGIÖSES FEST
(1.–10. Aug.) Zum Programm der *fiestas patronales* (Feierlichkeiten zu Ehren des Schutzheiligen) gehören ein Karneval, Sportveranstaltungen, *hípicos* (Pferdeparaden) und eine Prozession von *diablitos*, die Santo Domingo zu seinem Schrein in den Sierritas de Managua geleiten, gefolgt von Musik und Feuerwerk.

La Purísima RELIGIÖSES FEST
(Ende Nov.–Mitte Dez.) Das Fest der Unbefleckten Empfängnis wird in ganz Nicaragua gefeiert und am 8. Dezember finden die Feierlichkeiten ihren Höhepunkt. Besonders

Managua

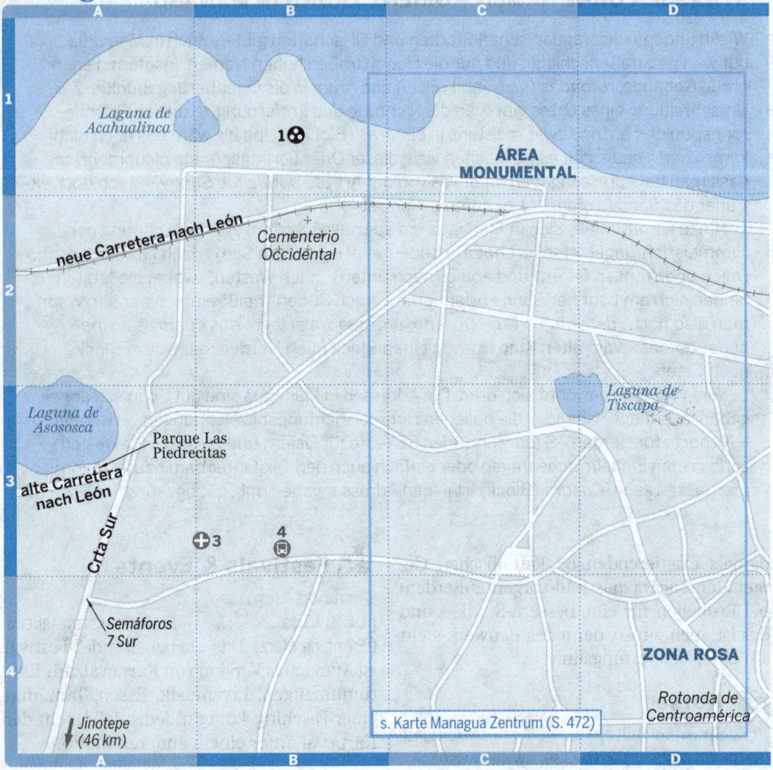

Managua

Sehenswertes

1 Huellas de Acahualinca B1

Shoppen

2 Mercado Roberto Huembes E4

Praktisches

3 Hospital Alemán-Nicaragüense B3

Transport

4 Mercado Israel Lewites (Bóer) B3
5 Mercado Mayoreo H3
6 Mercado Roberto Huembes E4

farbenprächtig ist das Fest in Managua. An der Avenida Bolivar werden Richtung See große Marienaltäre errichtet. Nach Einbruch der Dunkelheit verwandelt sich der Boulevard in den Schauplatz einer großen Straßenparty mit Essensständen und Livemusik.

Schlafen

Die meisten Budgetreisenden übernachten im rund zehn Straßenkarrees umfassenden Barrio Martha Quezada und im benachbarten Bolonia. Allerdings stellt besonders nach Einbruch der Dunkelheit Kriminalität ein Problem dar. Aufgrund der Nähe zum Tica-Busbahnhof ist das Barrio Martha Quezada besonders bei Touristen auf der Durchreise beliebt.

Weitere Übernachtungsmöglichkeiten sind die Kettenhotels an der Carretera a Masaya und die kleineren Pensionen in den Wohnstraßen in der Nähe. Diese Gegend liegt näher am UCA-Busbahnhof mit seinen regelmäßigen Verbindungen nach León und Granada.

Managua Backpackers Inn HOSTEL $
(Karte S. 472; ☎2267-0006; www.managuahostel.com; Monte de Los Olivos, 1 c N (lago), 1 c O y ½ c N, Casa #56, Carretera a Masaya; B/DZ ab 10/32 US$;

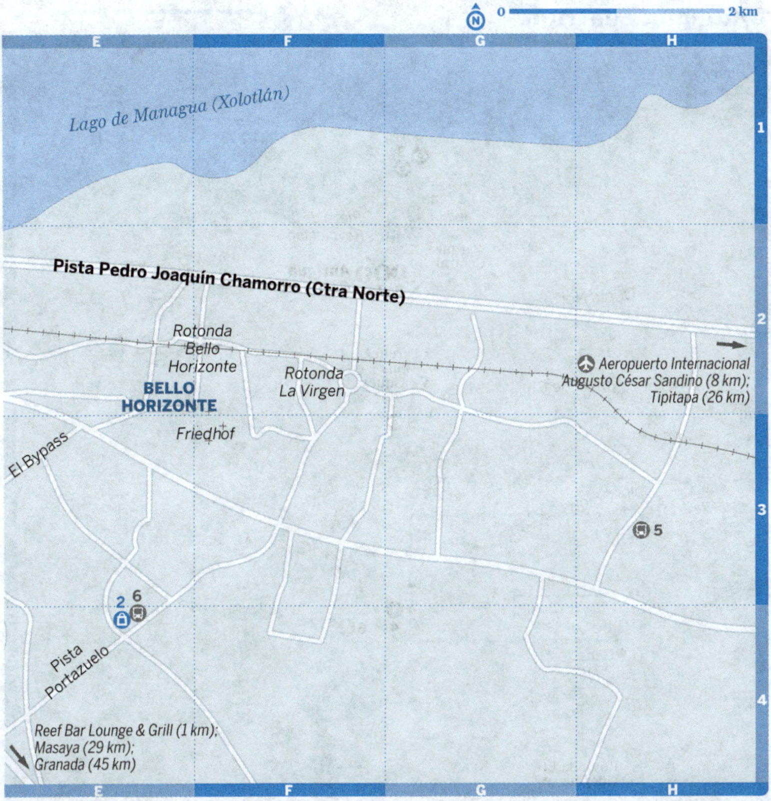

P❄@🛜≋) Das Billighostel im ruhigen Vorort Los Robles ist nur wenige Minuten vom Einkaufszentrum Metrocentro entfernt. Ringsum sind zig Bars und Restaurants angesiedelt. Die Zimmer sind einfach, aber schön luftig, geräumig und komfortabel und es gibt alles, was ein Hostel zu einem guten Hostel macht: einen Aufenthaltsraum mit DVD-Player, einen Pool, eine gut ausgestattete Küche und jede Menge Infos für Touristen.

Pandora Hostel HOSTEL $
(Karte S. 472; ☎7524-5303; www.pandorahostel.com; Tica Bus, 1 c S, 1 c E; B/DZ 12/30 US$; ❄🛜) Sauber, freundlich und um die Ecke vom Tica-Busbahnhof: Das nagelneue Hostel ist eine tolle Wahl für eine erschwingliche Übernachtung. Das Haus hat eine eigene Bar und es können Shuttles zum Flughafen organisiert werden.

Hostal Dulce Sueño HOTEL $
(Karte S. 472; ☎2228-4195; www.hostaldulcesueno.com; Tica Bus, 70 m E; EZ/DZ ab 12/18 US$; 🛜) Eine einfache Unterkunft mit sauberen, schmucklosen Zimmern und einem zentralen Patio mit TV und Gästeküche. Bis zum Terminal Tica Bus sind es nur wenige Schritte, diese Ecke ist allerdings abends nicht ganz ungefährlich.

Casa Vanegas HOTEL $
(Karte S. 472; ☎2222-4043; casavanegas1@hotmail.com; Tica Bus, 1 c O; EZ/DZ ab 15/22 US$; 🛜) Der nette Familienbetrieb einen Katzensprung vom Tica-Busterminal entfernt ist sauber und sicher und sehr praktisch, wenn man früh morgens einen Bus erwischen muss. Die Casa Vanegas bietet ausreichend große, aber unspektakuläre Zimmer, die einen kleinen Patio umgeben. Dazu gibt's noch Hängematten, einen geräumigen Aufenthaltsbereich und eine Waschküche.

Managua Zentrum

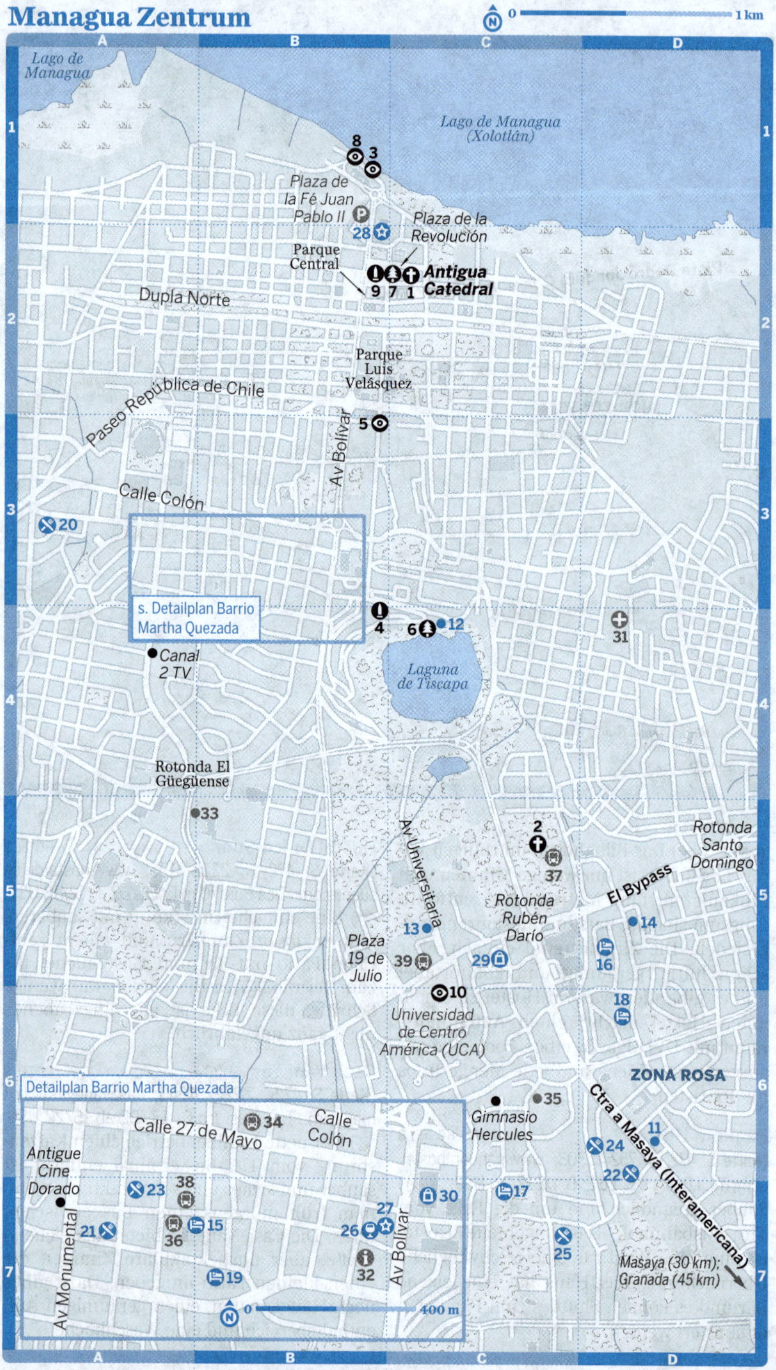

Managua Zentrum

Highlights
1 Antigua Catedral C2

Sehenswertes
2 Catedral Metropolitana C5
3 Malecón B1
4 Monumento Roosevelt B4
5 Spazierweg an der Nationalversammlung B3
6 Parque Histórico Nacional Loma de Tiscapa C4
7 Plaza de la Revolución C2
8 Puerto Salvador Allende B1
9 Grab von Carlos Fonseca B2
10 UCA C6

Aktivitäten, Kurse & Touren
11 Alianza Francesa D6
12 Canopy Tiscapa C4
13 La Academia Nicaragüense de la Danza C5
14 Viva Spanish School D5

Schlafen
15 Casa Vanegas B7
Hostal Dulce Sueño .... (s. 15)
16 Hotel Brandt's D5
17 La Bicicleta Hostal C7
18 Managua Backpackers Inn D6
19 Pandora Hostel B7

Essen
20 Ananda A3
21 Cafetín Mirna A7
22 Cocina Doña Haydee D6
23 Doña Pilar A7
24 La Terraza Peruana D6
25 Pan e Vino C7

Ausgehen & Nachtleben
26 El Grillito B7

Unterhaltung
27 La Casa de los Mejía Godoy B7
28 Teatro Nacional Rubén Darío B2

Shoppen
29 Librería Hispamer C5
30 Plaza Inter C7

Praktisches
31 Hospital Bautista D4
32 Intur Central B7

Transport
33 American Airlines A5
34 Central Line B6
35 Delta Airlines C6
36 Tica Bus A7
37 Transnica C5
38 Transporte del Sol A7
39 UCA Minivans C5

La Bicicleta Hostal HOSTEL $$
(Karte S. 472; ☎2225-2557; www.labicicletahostal.com; Restaurante La Marsellaise, 2½ c abajo; B/DZ 18/42 US$; ❄📶) Die Dorms und Zimmer in diesem coolen, umweltfreundlich erbauten neuen Hostel sind nach Fahrrädern benannt, entsprechend nimmt das Tándem zwei Personen auf, das Tricíclo drei. Im hübschen Garten können die Gäste in Hängematten entspannen. Außerdem stehen kostenloses WLAN sowie eine offene Küche zur Verfügung.

Hotel Brandt's HOTEL $$
(Karte S. 472; ☎2277-1884; www.hotelbrandt.com; Los Robles de San Juan, Zona Hippos, 1 c S, 1 c O; Zi. 84 US$; ❄📶) Das recht erschwingliche Hotel im eher gehobenen Viertel Los Robles hat saubere, moderne, luftige Zimmer für bis zu vier Personen. Dies ist kein charmantes B&B, aber trotzdem beliebt bei Geschäftsreisenden; die Qualität des Frühstücksbuffets ist sicher überdurchschnittlich. Ein paar Straßen hinter dem Einkaufszentrum Metrocentro.

Essen

Das Barrio Martha Quezada eignet sich hervorragend, um die nicaraguanische Küche kennenzulernen, denn hier drängen sich jede Menge günstige Restaurants für die Berufstätigen aus der Umgebung. Viele der beliebtesten Adressen säumen die Carretera a Masaya südlich vom Metrocentro.

Doña Pilar NICARAGUANISCH $
(Karte S. 472; Tica Bus, 1 c O, ½ c N; Gerichte 3–6 US$; ⏲Mo–Sa 18–21 Uhr) Das Doña Pilar gibt's schon seit Jahren. Diese *fritanga* (Grilllokal) ist eine echte Institution im Viertel, nicht nur wegen der saftigen, knusprigen Grillhähnchen, sondern auch wegen der Tacos und Enchiladas. Eine tolle Einführung in die nicaraguanische Küche mit großzügig bemessenen Beilagen wie *gallo pinto* (Reis und Bohnen), Sauerkraut und Bananenchips.

Ananda VEGETARISCH $
(Karte S. 472; frente Estatua de Montoya; Hauptgerichte 2–5 US$; ⏲Mo–Sa 8–15 Uhr; 🖉) Vegetarische Leckerbissen und ein breites Angebot an *licuados* (Obst- und Gemüsesäfte und

-smoothies) werden auf der geräumigen Terrasse mit Blick auf den Garten serviert. Am Mittagsbuffet kann man sich von 11 bis 15 Uhr bedienen.

Cafetín Mirna NICARAGUANISCH $

(Karte S. 472; Tica Bus, 1 c O, 1 c S; Hauptgerichte 2–6 US$; ⏲Mo–Sa 8–17 Uhr) Riesiges Frühstück mit wunderbar lockeren Pfannkuchen und frisch gepressten Säften. Das Mittagsbuffet ist aber auch gut.

Cocina Doña Haydee NICARAGUANISCH $$

(Karte S. 472; www.lacocina.com.ni; Carretera a Masaya Km 4,5; Hauptgerichte 5–10 US$; ⏲morgens, mittags & abends) Das traditionelle nicaraguanische Esslokal bietet sorgfältig zubereitete und schön präsentierte Klassiker wie *gallo pinto* und *guiso de chilote* (Käsesuppe mit Maiskölbchen) sowie Steak mit allem, was dazugehört. Das Lokal hat auch Imbissableger in den Food Courts der Einkaufszentren Plaza Inter und Metrocentro.

La Terraza Peruana PERUANISCH $$

(Karte S. 472; www.laterrazaperuana.com; de la Pasteleria Sampson 100 m al lago; Hauptgerichte 5–12 US$; ⏲Di–So 12–23 Uhr) Das entspannte, aber edle peruanische Restaurant auf einem coolen Balkon an einer schattigen Nebenstraße wartet mit einer umfangreichen Speisekarte auf, die die Gäste auf eine Reise von der Küste bis zu den Hochanden mitnimmt. Bei Vorausbestellung werden peruanische Klassiker wie *cuy* (gebackenes Meerschweinchen) zubereitet. Die Cocktails auf der Pisco-Karte sind ein absolutes Muss.

Pan e Vino ITALIENISCH $$

(Karte S. 472; ☎2278-4442; www.paneevino.online.com.ni; Enitel Villa Fontana, 200 m N; Hauptgerichte 7–14 US$; ⏲Mo–Sa 12–15 & 18–23 Uhr) Obwohl stylische, ist das Lokal dennoch unprätentiös und bekommt mit seinen recht großzügigen Pastagerichten und der knusprigen Pizza den Segen italienischer Expats. Wer länger verweilen möchte, kann sich an einem Gläschen Wein aus Italien, Spanien oder Chile festhalten. Über die Website kann man auch einen Bringservice zum Hotel in Anspruch nehmen.

Ausgehen & Nachtleben

Bars sind über das gesamte Stadtgebiet verteilt, die nettesten haben sich aber im Barrio Martha Quezada, rund um das Einkaufszentrum Metrocentro und an der Rotonda Bello Horizonte niedergelassen. Unbedingt mit dem Taxi nach Hause fahren!

El Grillito BAR

(Karte S. 472; Intur, ½ c N; ⏲12 Uhr bis spät) In der Gegend haben sich ein paar Outdoor-Kneipen angesiedelt. Diese hier ist immer recht voll. Neben Snacks werden auch ein paar substanziellere Mahlzeiten (Hauptgerichte 3–6 US$) zubereitet und man muss nicht gegen die Musik anbrüllen. Ein Ableger befindet sich einen Häuserblock weiter südlich.

Reef Bar Lounge & Grill LOUNGE

(Galeria Santo Domingo; ⏲Mi–Sa 18–3 Uhr) Die beliebteste Bar und Lounge in der aufstrebenden *zona viva* (die „lebendige Zone“, sprich: ein Ausgehviertel) hinter dem Einkaufszentrum Santo Domingo. Hier wärmen sich Szenekenner vorm Tanzen auf.

☆ Unterhaltung

An Dutzenden Veranstaltungsorten in der ganzen Stadt werden gelegentlich Livemusik, Volkstanz, alternatives Theater, Dichterlesungen und anderes geboten. Einen guten Überblick verschaffen die Donnerstagsausgaben der *Prensa* und des *Nuevo Diario*. Außerdem kann man sich in der **UCA** (Universidad Centro America; Karte S. 472; www.uca.edu.ni; Rotonda Rubén Darío, 500 m O) umschauen, um zu sehen, was gerade so los ist.

La Casa de los Mejía Godoy LIVEMUSIK

(Karte S. 472; ☎2222-6110; www.losmejiagodoy.com; frente Hotel Crowne Plaza; Eintritt ab 10 US$) Die lebenden Legenden Carlos und Luis Enrique Mejía Godoy erfassen mit ihrer Folkmusik die nicaraguanische Seele. Sie komponieren seit den 1960er-Jahren; ihre Lieder sind zu Kirchen- und Revolutionshymnen geworden. Jetzt haben die beiden ihre alte kleine Konzertlocation hinter sich gelassen und sind in ein größeres Lokal mit Restaurant und Bar (Mo & Di 8–16.30, Mi–Sa bis 1 Uhr) umgezogen. Wer die Hermanos Godoy spielen sehen möchte, muss reservieren.

Teatro Nacional Rubén Darío THEATER

(Karte S. 472; ☎2266-3630; www.tnrubendario.gob.ni; Área Monumental) Dieses schöne Theater ist eines der wenigen Gebäude in Managua, die das Erdbeben von 1972 überlebt haben. Auf der Hauptbühne treten oft international bekannte Künstler auf. In der kleineren Sala Experimental Pilar Aguirre wird viel experimenteller Jazz oder Aktionskunst geboten.

Shoppen

Mercado Roberto Huembes KUNSTHANDWERK

(Karte S. 470) Dies ist mehr als das Busterminal für Reiseziele im Süden, denn hier bekommt man die beste Souvenirauswahl Managuas. Die Waren stammen aus dem ganzen Land. Allerdings ist es auch einer der gefährlichsten Orte für einen Bummel – am besten in Begleitung eines Guides besuchen.

Librería Hispamer BÜCHER

(Karte S. 472; www.hispamer.com.ni; UCA, 1 c E, 1 c N; ⌚Mo–Fr 9–19, Sa bis 17 Uhr) Der Buchladen am Rand des UCA-Campus hat ein gutes Sortiment an nicaraguanischer und lateinamerikanischer Literatur, Geschichtsbüchern und Gedichtbänden.

Plaza Inter EINKAUFSZENTRUM

(Karte S. 472; www.plazaintermall.com.ni; ⌚11–21 Uhr) Günstig gelegen neben dem Barrio Martha Quezada. In der Plaza Inter gibt's ein Kino (OmU-Filme), jede Menge Billigläden, ein paar Warenhäuser und einen ganz guten Restaurantbereich, in dem sich zu den Mahlzeiten immer zahlreiche nicaraguanische Familien tummeln.

Orientierung

Managuas weit verstreute *barrios* liegen südlich des Lago de Managua (Xolotlán). Das frühere Zentrum am Seeufer wurde nach dem Erdbeben von 1972 aufgegeben und ist heute bis auf einige Besucherattraktionen weitgehend verlassen. Südlich davon befindet sich das größte Wahrzeichen der Stadt, der Vulkan Tiscapa mit einem Kratersee. Westlich davon findet man das pyramidenförmige Hotel Crowne Plaza und den Barrio Martha Quezada mit vielen Budgetunterkünften und im Süden eine florierende Geschäftsmeile an der wichtigsten Durchfahrtsstraße Managuas, der Carretera a Masaya.

Managuas zentraler Markt, der Mercado Roberto Huembes, liegt 2 km südöstlich von Metrocentro. Weitere große Märkte (und Busbahnhöfe) befinden sich am westlichen (Bóer), nördlichen (verwirrenderweise: Oriental) und östlichen (Mayoreo) Stadtende.

Praktische Informationen

GEFAHREN & ÄRGERNISSE

Managua gilt als gefährlich, und das nicht ohne Grund. Doch wer seinen gesunden Menschenverstand nutzt und umsichtig ist, kann Probleme aus dem Weg gehen.

- Teure Sachen nicht öffentlich zur Schau stellen. Das Handy in der Tasche lassen.
- Auf die Karte schauen, bevor man zu einem Spaziergang aufbricht.
- Geld nur tagsüber am Geldautomaten abheben.
- Das Hotel oder Hostel bitten, einem ein Taxi zu rufen, anstatt eines an der Straße heranzuwinken.
- Nur so viel Geld mitnehmen, wie man für den Tag braucht.
- Wer in einer Gegend voller verlassener Häuser und Läden landet, sollte sofort umkehren und den Weg zurückgehen, den er gekommen ist.

GELD

In Managua gibt es reichlich Banken und Geldautomaten (gewöhnlich können Visa-Plus-Karten gelesen werden). BAC (hat Automaten im Metrocentro, am internationalen Flughafen und an der Plaza España) nimmt MasterCard/Cirrus und gibt US-Dollar und Córdobas aus. Alle Banken wechseln US-Dollar.

INTERNETZUGANG

Internetzugang mit schneller Verbindung gibt's überall in der Stadt in Internetcafés (ca. 1 US$ pro Std.). Die meisten Hostels bieten außerdem WLAN, ebenso wie immer mehr Cafés und Restaurants.

MEDIZINISCHE VERSORGUNG

Managua hat jede Menge Apotheken – einige sind rund um die Uhr geöffnet (einfach klopfen) – und die besten Krankenhäuser des Landes.

Hospital Alemán-Nicaragüense (Karte S. 470; ☎2249-3368; Carretera Norte Km 6) Moderne Ausstattung, deutschsprachige Mitarbeiter.

Hospital Bautista (Karte S. 472; ☎2264-9020; www.hospitalbautistanicaragua.com; Casa Ricardo Morales Avíles, 2 c S, 1½ c E, Barrio Largaespada) Die beste Adresse für Touristen. Manche Angestellte sprechen auch Englisch.

Hospital Metropolitano Vivian Pellas (☎2255-6900; www.metropolitano.com.ni; Carretera a Masaya Km 9,75) Hochmodernes Krankenhaus.

NOTFALL

Feuerwehr (Notruf ☎115; ☎2222-6406)

Krankenwagen (Cruz Roja; ☎128)

Polizei (Notruf ☎118; ☎2249-5714)

TELEFON

Man kann sich eine nicaraguanische SIM-Karte fürs eigene Handy kaufen oder von der Unterkunft aus telefonieren. Im Zentrum gibt's außerdem zahlreiche Telefonläden und Internetcafés.

TOURISTENINFORMATION

Intur Central (Nicaraguanisches Fremdenverkehrsamt; Karte S. 472; ☎2254-5191; www.

visitanicaragua.com/ingles; Crowne Plaza, 1 c S, 1 c O; ⏲Mo–Fr 8–17 Uhr) Die Vorzeigefiliale der offiziellen Tourismusorganisation wartet mit zahlreichen Broschüren auf. Eine weitere Touristeninformation gibt's im internationalen Terminal des Flughafens.

Marena Central (Ministerium für Umwelt & natürliche Ressourcen; ☎2263-2830; www.marena.gob.ni; Carretera Norte Km 12,5) Den Ausweis einstecken, um Zugang zu Karten, Flyern und Verwaltungsplänen zu fast allen der 82 Naturschutzgebiete Nicaraguas zu bekommen. Der Hauptsitz von Marena Central liegt ziemlich ungünstig (noch hinter dem Flughafen).

ℹ An- & Weiterreise

BUS

Managua ist der wichtigste Verkehrsknotenpunkt des Landes. Es gibt mehrere große Inlandsbus- und Minibusterminals sowie eine Handvoll internationaler Buslinien. Die meisten Busse fahren im Barrio Martha Quezada ab.

Busse ins Ausland

Central Line (Karte S. 472; ☎2254-5431; www.transportescentralline.com; Calle 27 de Mayo, 4½ c O, Esso) bietet einen Bus am Tag nach San José in Costa Rica (29 US$, 8 Std.), mit Stopps in Granada und Rivas.

Tica Bus (Karte S. 472; ☎8739-5505; www.ticabus.com) befindet sich in einem Busbahnhof im Herzen des Barrio Martha Quezada.

➡ Costa Rica (29–46 US$, 10 Std., 4-mal tgl.) Nach San José.

➡ Guatemala (63–80 US$, 30 Std., 2-mal tgl.) Nach Guatemala-Stadt.

➡ (25 US$, 7 Std., 1-mal tgl.) Nach Tegucigalpa.

➡ Panama-Stadt (74–110 US$, 34 Std., 6-mal tgl.) Über San José nach Panama-Stadt.

➡ San Salvador (40–57 US$, 11 Std., 2-mal tgl.)

Transnica (Karte S. 472; ☎2270-3133; www.transnica.com) hat seine Büros auf der anderen Seite der *laguna*.

➡ Costa Rica (29 US$, 9 Std., 4-mal tgl.) Nach San José. Außerdem fährt täglich um 13 Uhr ein Luxusbus (38 US$).

➡ Honduras (30 US$, 10 Std., 1-mal tgl.) Nach Tegucigalpa.

Transporte del Sol (Karte S. 472; ☎2422-5000; www.busesdelsol.com) hat zwei Busse am Tag nach San Salvador (50 US$) sowie zwei nach Guatemala-Stadt (78 US$).

Inlands- & Minibusse

Es gibt drei Hauptabfahrtsorte: den Mercado Roberto Huembes für Verbindungen nach Granada, Masaya und in den Südwesten, den Mercado Israel Lewites, kurz Bóer genannt, für Fahrten nach León und in die nördliche Pazifikregion und den Mercado Mayoreo für Fahrten an die Karibikküste und ins nördliche Hochland. Manche Busse fahren auch am Mercado Oriental ab; von dort aus geht's vor allem in ländliche Gegenden, die nicht hier aufgeführt sind. Schneller, komfortabler und auch ein bisschen teurer sind die Minivans, die an der UCA („Uka" gesprochen) abfahren, sowie die *expreso*-Busse gegenüber den *ordinario*-Bussen.

Shuttlebusse

Da die öffentlichen Minibusse häufig León, Granada und andere beliebte Ziele ansteuern und günstig sind, ist der Markt für Shuttlebusse in Managua nicht besonders groß. Die schlagenden Argumente sind das Thema Sicherheit und die Abfahrt direkt am Flughafen, sprich: Man spart sich den Weg in die Stadt, um dort in einen Bus umzusteigen. **Paxeos** (☎2552-8291; www.paxeos.com) bedient die Strecke nach Granada (40 US$) und León (70 US$; Preise für bis zu drei Pers.) sowie zu zahlreichen anderen Zielen. Ein ähnliches Angebot hat **Adelante Express** (☎8850-6070; www.adelanteexpress.com).

FLUGZEUG

Der **Managua International Airport** (Augusto C. Sandino; MGA; www.eaai.com.ni; Carretera Norte Km 13) ist ein kleiner, übersichtlicher Flughafen. Bis zu den meisten Hotels sind es 30 bis 45 Fahrtminuten. **Intur** (Flughafen; ⏲8–22 Uhr) unterhält ein Büro im internationalen Terminal, neben dem Gepäckband im Ankunftsbereich. Die Angestellten sprechen Englisch und empfehlen Hotels, bestätigen Flüge und geben Flyer aus.

Das kleinere, chaotischere Inlandsterminal befindet sich neben dem Hauptgebäude.

Die folgenden Airlines steuern Managua an:

American Airlines (Karte S. 472; ☎2255-9095; www.aa.com; Plaza España, 3 c S) Täglich Flüge ab Miami.

Delta Airlines (Karte S. 472; ☎2254-8130; www.delta.com; Seminole Plaza, 3½ c S) Täglich Flüge ab Atlanta.

La Costeña (☎2263-2142; www.lacostena.com.ni; Managua International Airport) Die Inlandsfluglinie bietet regelmäßige Verbindungen nach Bluefields, zu den Corn Islands, nach Las Minas, Puerto Cabezas und Waspán.

ℹ Unterwegs vor Ort

AUTO & MOTORRAD

Nach Einbruch der Dunkelheit sollte man in Managua nicht mehr Auto fahren – besser ein Taxi nehmen und seinen Wagen auf einem bewachten Parkplatz abstellen. Wer dennoch bei Dunkelheit unterwegs ist, sollte auf jeden Fall die Fenster geschlossen halten und wachsam sein.

BUS

Die Nahverkehrsbusse fahren sehr regelmäßig und sind immer voll – Vorsicht: Taschendiebe! Sie sind wahre Meister ihres Fachs, aber wer auf der Hut ist, muss sich keine Sorgen machen. Die Busse fahren zwischen 4.45 und 18 Uhr im 10-Minuten-Takt und von 18 bis 22 Uhr alle 15 Minuten. Man kann sie nicht immer mitten auf der Straße anhalten, also besser zur nächsten regulären Haltestelle laufen. Eine Fahrt kostet 0,25 US$.

VOM/ZUM FLUGHAFEN

Der Flughafen liegt 11 km außerhalb der Stadt. Dort fahren spezielle, teurere Taxis ab (gewöhnlich 20–25 US$ zu Zielen in Managua), die im

INLANDSBUSSE AB MANAGUA

ZIEL	PREIS (US$)	DAUER	ABFAHRTEN	HÄUFIGKEIT	ABFAHRTSORT
Boaco	2,20	3 Std.	4–18.30 Uhr	alle 15 Min.	Mayoreo
Carazo (mit Stopps in Diriamba & Jinotepe)	1,40	1 Std.	4.30–18.20 Uhr	alle 20 Min.	Bóer
Chinandega/El Viejo	2,70	3 Std.	5–18 Uhr	alle 30 Min.	Bóer
Chinandega (Minibus)	3	2 Std.	4–18 Uhr	wenn voll	Bóer
Estelí	3	2 Std.	5.45–17.45 Uhr	stündl.	Mayoreo
Granada	0,75	1 Std.	4–18 Uhr	alle 15 Min.	Huembes
Granada (Minibus)	1,25	1 Std.	6–20 Uhr	wenn voll	UCA
Jinotega	3,50	4 Std.	4–17.30 Uhr	stündl.	Mayoreo
Jinotepe (Minibus)	1,15	1 Std.	5–20 Uhr	wenn voll	UCA
Juigalpa	2	4 Std.	3.15–22 Uhr	alle 20 Min.	Mayoreo
La Paz Centro	1,60	1½ Std.	6.15–20 Uhr	alle 30 Min.	Bóer
León (*expreso*; über die neue Carretera & La Paz Centro)	1,85	1½ Std.	10–18.30 Uhr	alle 2 Std.	Bóer
León (*ordinario*; über die alte Carretera)	1,50	2 Std.	5–19 Uhr	alle 20 Min.	Bóer
León (Minibus)	2,75	1½ Std.	4–18 Uhr	wenn voll	Bóer
León (Minibus)	2,75	1½ Std.	5–21.15 Uhr	wenn voll	UCA
Masatepe (Minibus)	1,10	1 Std.	6.30–18.30 Uhr	alle 20 Min.	Huembes
Masaya	0,50	1 Std.	5.30–21 Uhr	alle 30 Min.	Huembes
Masaya (Minibus)	0,90	½ Std.	6–21 Uhr	wenn voll	UCA
Matagalpa	2,25	2¾ Std.	3–18 Uhr	stündl.	Mayoreo
Mateare	0,30	40 Min.	5.50–18.30 Uhr	alle 2 Std.	Bóer
Naindame	1	1½ Std.	11–15.30 Uhr	alle 20 Min.	Huembes
Ocotal	4,25	3½ Std.	5–17 Uhr	stündl.	Mayoreo
Pochomil/Masachapa	1,30–1,60	2 Std.	6–19 Uhr	alle 20 Min.	Bóer
Río Blanco	5	4 Std.	9.15–12.15	stündl.	Mayoreo
Rivas *(expreso)*	3,25	1½ Std.	4–18 Uhr	alle 30 Min.	Huembes
Rivas *(ordinario)*	2	2 Std.	4–18 Uhr	alle 30 Min.	Huembes
San Carlos	7,50	9 Std.	5–18 Uhr	6-mal tgl.	Mayoreo
San Juan del Sur	3,25	2½ Std.	5–18 Uhr	2-mal tgl.	Huembes
San Marcos (Minibus)	1	1 Std.	4–18 Uhr	wenn voll	Huembes
Somoto	4	4 Std.	5–18 Uhr	8-mal tgl.	Mayoreo
Ticuantepe (Minibus)	0,40	40 Min.	4–18 Uhr	wenn voll	Huembes

Gegensatz zu vielen anderen Taxis in Managua unterwegs keine weiteren Fahrgäste aufsammeln. Etwas billiger kommt es vielleicht, sich durch den Fahrdienst der gebuchten Unterkunft abholen zu lassen.

TAXI

➡ In Managua handelt es sich bei den meisten Taxis um *colectivos*, die während der Fahrt immer neue Fahrgäste aufnehmen. Es gibt auch teurere, sicherere Privattaxis am Flughafen und an den Einkaufszentren, dem Mercado Roberto Huembes etc. Die „normalen" Taxis sind aber auch immer in der Nähe zu finden.

➡ Die offiziellen Wagen erkennt man an den roten Schildern. Außerdem ist die Fahrerlizenz sichtbar angebracht – sollte sie fehlen, hat man sich in ein Piratentaxi gesetzt. Das ist soweit in Ordnung, man sollte sich allerdings nicht an einem Geldautomaten absetzen lassen. Oberstes Gebot, ganz gleich, in welcher Art Taxi, ist wachsam bleiben. Die Taxis in Managua haben keine Taxameter und sind dafür berüchtigt, Touristen abzuzocken. Immer den Fahrpreis aushandeln, bevor man sich ins Taxi setzt!

➡ Bei Dunkelheit ausschließlich offizielle Taxis nehmen, denn unlängst wurden vermehrt Überfälle durch Taxifahrer nach Einbruch der Dunkelheit zur Anzeige gebracht.

Rund um Managua

Masachapa & Pochomil

Die beiden Orte Masachapa und Pochomil gehen förmlich ineinander über. Zunächst erreicht man Masachapa, einen kleinen Fischerort mit einer Handvoll Bars, Hotels und Restaurants am Strand. Einige verleihen Surfbretter und organisieren Bootsausflüge.

Aktivitäten

Die Gegend eignet sich super zum Surfen. Gleich nördlich von Montelimar ist ein toller Spot (Lefthander, Point Break) und südlich gibt's einen Righthander (Reef Break). Der Beach Break von Quizala liegt näher an

Rund um Managua

0 — 20 km

Masachapa. Südlich, Richtung Pochomil, findet man jede Menge kleinerer, vorhersehbarer Wellen – prima für Anfänger.

Der Fluss zwischen Masachapa und Pochomil ist überraschend sauber – nichts wie rein!

Schlafen & Essen

Hotel Altamar HOTEL **$$**
(☎8692-7971; Centro Turístico Pochomil, terminal de buses, 1 c E; DZ 45 US$; P❄) Eine der Unterkünfte in Pochomil mit dem besten Preis-Leistungs-Verhältnis: Das Altamar bietet gute Meerblicke, kleine, blitzsaubere Zimmer und ein recht gutes Restaurant.

Casa del Titito HOTEL **$$**
(☎8484-7724; www.casadeltitito.com; San Rafael del Sur, Pochomil; DZ 60 US$;) Das zwanglose Hotel direkt am Strand mit Pool ist eine gute Mittelklassewahl mit kostenlosem nicaraguanischem Frühstück. Man spricht Französisch, Englisch und Spanisch.

An- & Weiterreise

Die Busse halten zuerst in Masachapa. Wer hier übernachten möchte, sollte am *empalme* (die T-Kreuzung) aussteigen.

Von Pochomil und Masachapa gibt's Verbindungen bis zum Mercado Israel Lewites in Managua (1,30–1,60 US$, 2 Std.). Die Busse fahren zwischen 8 und 18 Uhr etwa im 30-Minuten-Takt.

GRANADA & DIE REGION MASAYA

Das geografisch vielfältige Gebiet bietet einige der bekanntesten Sehenswürdigkeiten Nicaraguas, darunter die faszinierende Kolonialstadt Granada und das Kunsthandwerkszentrum Masaya. Das Gebiet hat auch eine reiche Artenvielfalt. Viele Wildtiere leben auf den Hängen des Volcán Mombacho, einem der am besten zu bewundernden aktiven Vulkane des Landes, mit dem Parque Nacional Volcán Masaya. Üppiger tropischer Regenwald umgibt die Ufer der kristallklaren Laguna de Apoyo und die Isletas de Granada im Lago de Nicaragua sind ebenfalls ideal zum Baden. Gleich westlich von Granada liegen in einer hochgelegenen Region, in der Kaffee angebaut wird und viele präkolumbische Traditionen fortleben, die Pueblos Blancos (Weißen Dörfer). In diesen charmanten Ortschaften kann man bei der Herstellung von Kunsthandwerk zusehen, das zu dem schönsten in Nicaragua gehört.

Granada

123 000 EW.

Granada ist ein sehr fotogener Ort. An so ziemlich jeder Ecke wird es einem im Auslöserzeigefinger jucken. Da verwundert es kaum, dass viele Reisende Granada als Basis nutzen und mindestens einen Tag damit verbringen, auf Kopfsteinpflaster von Kirche zu Kirche zu spazieren, um dann Ausflüge in die Umgebung zu unternehmen.

Tolle Halbtagestouren führen zum Beispiel zu der verzauberten Wasserwelt des Archipels Las Isletas und zu den schönen Stränden der Peninsula de Asese. Der Volcán Mombacho lädt zum Wandern ein. Außerdem kann man ein Schmetterlingsschutzgebiet besichtigen oder in einer der heißen Quellen in den Vorbergen ausspannen. Ein Muss ist auch die Laguna de Apoyo mit kristallklarem türkisfarbenem Wasser und entspannten Lodges am Wasser – tolle Refugien inmitten der Natur.

Wer sich für die nicaraguanische Kultur interessiert, könnte sich Gemeindetourismusprojekte wie Nicaragua Libre in nahe gelegenen Dörfern ansehen.

Geschichte

Granada trägt in Anspielung auf die maurisch geprägte andalusische Metropole gleichen Namens den Spitznamen „Fette Sultanine“ und wurde 1524 von Francisco Hernández de Córdoba gegründet. Sie ist eine der ältesten Städte in der Neuen Welt und sollte als Vorzeigestadt dienen: Hier wollten die Spanier beweisen, dass sie mehr zu bieten hatten als bizarre Religionen und fortschrittliche Militärtechnik. Auch heute noch zeichnet sich die Stadt durch eine erhabene Schönheit aus – jedes dickwandige Architekturjuwel wurde nach Zerstörungen immer getreu den alten Plänen wieder aufgebaut.

Fast von Anfang an war Granada ein Handelszentrum, und als die Spanier erkannten, dass der Río San Juan vom See zum Meer schiffbar war, wurde es aufgrund seiner Lage am Nicaraguasee noch bedeutender. Das machte Granada reich – und verletzlich. Zwischen 1665 und 1670 wurde die Stadt dreimal von Piraten geplündert. Davon ließ sich die Stadt aber nicht unterkriegen: Granada wurde wieder aufgebaut und wurde noch reicher und mächtiger, ein konservatives Bollwerk der zentralamerikanischen Wirtschaft. Nach der Unabhän-

Granada

gigkeit von Spanien rang Granada mit der Kolonialhauptstadt und langjährigen Rivalin León um die Vormachtstellung in der jungen Nation.

In den 1850er-Jahren arteten die Auseinandersetzungen schließlich in einen regelrechten Bürgerkrieg aus: Das verzweifelte León versicherte sich der Dienste des amerikanischen Söldners William Walker und seiner Truppe. Walker besiegte Granada, rief sich zum Präsidenten aus und setzte zu einem Eroberungsfeldzug durch Zentral-

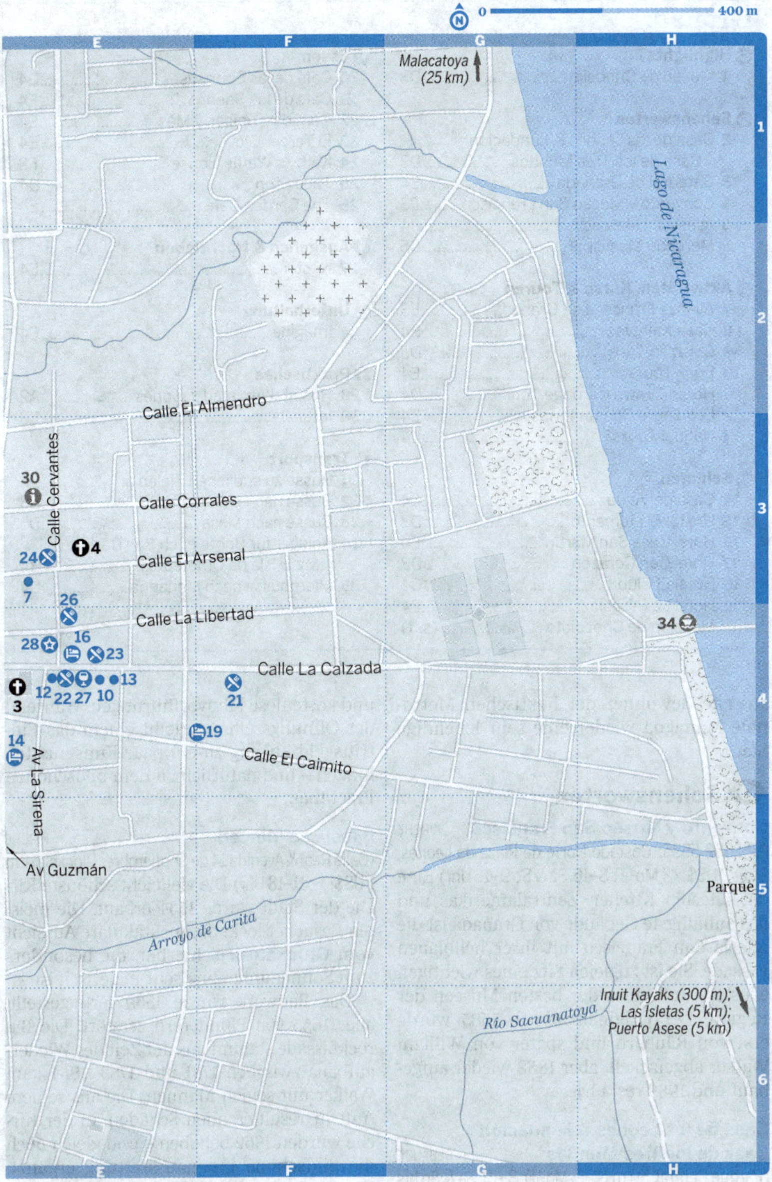

amerika an – doch der war nicht von Erfolg gekrönt. Nach ein paar peinlichen Niederlagen musste sich Walker zurückziehen und erreichte schließlich wieder seine alte Hauptstadt Granada; diese ließ er niederbrennen und in den rauchenden Trümmern ein Schild mit der zynischen Aufschrift: „Hier stand Granada" aufstellen.

Erneut wurde Granada wiederaufgebaut. Heute ist sie zwar kein Zentrum der Macht mehr, aber dank zahlreicher Touristen und als leicht erreichbarer Zufluchtsort für ge-

Granada

Highlights
1 Museo de Chocolate D3

Sehenswertes
2 Casa de los Leones & Fundación Casa de los Tres Mundos D3
3 Catedral de Granada E4
4 Convento y Museo San Francisco E3
5 Iglesia La Merced C4
6 Mercado Municipal D5

Aktivitäten, Kurse & Touren
7 Alianza Francesa de Granada E3
8 Casa Xalteva B4
9 Corazón Trips D3
10 Erick Tours E4
11 Horse-Drawn Carriage Tour D4
12 Leo Tours Comunitarios E4
13 Nahual Tours E4

Schlafen
14 Casa del Agua E4
15 Hostal El Momento D3
16 Hotel Casa San Martín E4
17 Hotel Con Corazón D3
18 Hotel El Club C4
19 Hotel La Pérgola F4
Mansión de Chocolate (s. 1)

Essen
20 Café de las Sonrisas D4
21 Cafe de los Sueños F4
22 Comidas Tipicas y Más E4
23 El Tercer Ojo E4
24 Kathy's Waffle House E3
25 Taco Stop D4
26 The Garden Café E4

Ausgehen & Nachtleben
27 Nectar E4

Unterhaltung
28 Imagine E4

Praktisches
29 Hospital Amistad Japonés A2
30 Intur E3

Transport
31 Busse zu südlichen Zielen D6
32 Busse nach Managua B3
33 Busse nach Masaya D5
34 Anleger für Boote nach San Carlos & zur Isla de Ometepe H4
35 Microbusse nach Managua D4

stresste Bewohner der hektischen Metropole Managua wieder eine sehr lebendige Stadt.

Sehenswertes

Convento y Museo San Francisco KIRCHE
(2552-5535; Costado Norte de Plaza de Leones, 1c E; 2 US$; Mo–Fr 8–16, Sa & So 9–16 Uhr) Eine der ältesten Kirchen Zentralamerikas und das auffälligste Gebäude von Granada ist die Iglesia San Francisco mit ihrer hellblauen Fassade. Sie ist zugleich Sitz eines wichtigen Klosters und eines der besten Museen der Region. Der Originalbau von 1585 wurde erst von Räubern und später von William Walker abgefackelt, aber 1868 wieder aufgebaut und 1989 restauriert.

Casa de los Leones & Fundación Casa de los Tres Mundos GEBÄUDE
(Parque Central, 50 m N; Mo–Fr 8–19, Sa & So bis 18 Uhr) Ernesto Cardenal gründete die Fundación Casa de los Tres Mundos im Jahre 1986. Seit 1992 nimmt sie die elegante Casa de los Leones (erb. 1720) ein. An einem Brett am Eingang kann man sich über anstehende Veranstaltungen informieren, z. B. Dichterlesungen, klassisches Ballett, Folkloretänze und kostenlose Filmvorführungen. Während der Öffnungszeiten verleiht einem das Eintrittsgeld Zugang zu ein paar Kunstausstellungen – und natürlich zu dem bildschönen Prachtbau.

Iglesia La Merced KIRCHE
(Calle Real & Avenida 14 de Septiembre; Glockenturm 1 US$; 11–18 Uhr) Die vielleicht schönste Kirche der Stadt wurde 1534 erbaut. Die meisten Besucher lockt die spektakuläre Aussicht vom **Glockenturm** hierher, die besonders zum Sonnenuntergang sehr malerisch ist.

Das Bauwerk wurde 1539 fertiggestellt, aber 1655 von Plünderern zerstört. Die Barockfassade stammt aus der Zeit des Wiederaufbaus zwischen 1781 und 1783. 1854 kam Walker mit seinen Mannen. Die aus seinem Auftritt resultierenden Schäden an der Kirche wurden 1862 behoben – und gleich noch die bildschöne Innenausstattung ergänzt. Heute pilgern Katholiken hierher, um ein bedeutendes Bildnis der Virgen de Fatima zu sehen.

Catedral de Granada KATHEDRALE
(Parque Colón; unterschiedlich) Die Kathedrale von Granada auf der Ostseite der Plaza wurde 1583 errichtet, aber seitdem unzählige

Male zerstört. Die aktuelle Version stammt von 1915 und verfügt über vier Kapellen. Die Kuppel zieren ein Dutzend Buntglasfenster.

★ **Museo de Chocolate** MUSEUM
(☎2552-4678; www.chocomuseo.com; Calle Atravesada, gegenüber vom Bancentro; Schokoladenworkshop Erw./Kind 21/12 US$; ⏲7–18.30 Uhr; 👪) GRATIS Reisende mit Kindern werden sich über das neue Schokoladenmuseum in Granada sicher freuen. Besonders der Workshop in der Schokoladenherstellung, bei dem die Teilnehmer lernen, wie man Kakaobohnen rösten und mahlt, und ihren eigenen Schokoriegel herstellen, ist ein großer Spaß für Jung und Alt. Das Museum befindet sich im **Hotel Mansión de Chocolate** (www.mansiondechocolate.com; DZ ab 104 US$; ❄📶🏊), das außerdem über ein Spa mit Schokomotto verfügt und ein begehrtes Frühstücksbuffet (6 US$) bietet. Der Zugang zum tollen Swimmingpool kostet 5 US$.

Kurse

Viele Reisende belegen einen Sprachkurs in Granada, entsprechend groß ist das Angebot an namhaften Schulen und Privatlehrern.

Casa Xalteva SPRACHKURSE
(☎2552-2993; www.casaxalteva.org; Calle Real Xalteva, Iglesia Xalteva, 25 m N; 1 Woche ab 160 US$; ⏲Mo–Fr 8–17 Uhr) Die Casa Xalteva neben der gleichnamigen Kirche organisiert neben Sprachunterricht auch ein Programm, bei dem Straßenkinder Frühstück und eine Ausbildung erhalten.

MIT DEM BOOT ZU DEN ISLETAS

Lust auf einen kleinen Ausflug am Vor- oder Nachmittag? Von Granada aus setzen Boote zu diesem Miniarchipel mit 365 winzigen Tropeninseln über. Unterwegs erblickt man seltene Vögel, bunte Blumen und einige interessante einheimische Tiere – Ausschau halten nach Fischadlern, Eisvögeln, Kaimanen und Brüllaffen (am Festland)! Echte Highlights sind dann die in Privatbesitz befindlichen kleinen Inselchen sowie das Mittagessen in einem der wenigen Inselhotels und -restaurants.

Und es gibt sogar eine spanische Festung: Das **Castillo San Pablo** von 1784 gewährt einen schönen Blick auf Granada und den Volcán Mombacho. In der Nähe befindet sich eine Badestelle.

Die meisten Touren führen auch zur **Isla de los Monos** (Affeninsel). Die Klammer- und Kapuzineräffchen hat ein Tierarzt, der auf einer Nachbarinsel wohnt, hier eingeführt. Sie sind gutmütig, aber verfressen und haben sich schon mit dem einen oder anderen Picknickproviant aus dem Staube gemacht.

Die Inseln entstanden vor 10 000 Jahren, als der Volcán Mombacho ausbrach und sich seine heutige zerklüftete Silhouette schuf. Sie gehörten einst zu den ärmsten Teilen Granadas und auf einigen leben auch heute noch arme Familien, denen das Land, auf dem sie leben, in der Regel nicht rechtmäßig gehört. Nach und nach werden sie durch Leute wie die Familie Pellas, Eigentümer von Flor de Caña, den ehemaligen Präsidenten Chamorro und zahlreiche Expats verdrängt.

Fast alle Reisebüros organisieren Touren nach Las Isletas. Wer mag, kann sich auch einer geführten Kajaktour von **Inuit Kayaks** (S. 484) anschließen, ca. 1 km vom Eingang des Centro Turístico entfernt. Sobald man das Centro Turístico betritt, werden sich die Schlepper förmlich auf einen stürzen; wer allein oder zu zweit unterwegs ist, sollte abwarten, bis sich eine größere Gruppe gebildet hat; dann gibt's Sitzplätze zu Schleuderpreisen, damit die Boote voll werden (allein zahlt man ca. 20 US$ für 1 Std.). Wer Vögel beobachten will, sollte die Tour am Vortag organisieren, damit man bei Sonnenaufgang aufbrechen kann. Fahrten bei Sonnenuntergang sind auch sehr nett, aber kürzer. Außerdem werden nicht so viele entlegenere Ecken der Inselgruppe angesteuert.

Wer der Abzweigung gleich rechts hinter Inuit Kayaks folgt (bei dem Schild zur Marina Cocibolca), gelangt zur anderen Seite der Peninsula de Asese, zum **Puerto Asese**. Auch dort können Boote zu den *isletas* gechartert werden. Diese Trips sind nicht ganz so beliebt, daher ist es weniger wahrscheinlich, dass sich spontan eine Gruppe zusammenfindet. Der Vorteil der hiesigen Touren ist, dass es sweniger Strommasten und andere Boote gibt und die Tour insgesamt ruhiger ist, jedoch verbringt man recht viel Zeit auf offenem Wasser.

Auf den Inseln gibt's diverse Restaurants – wer mag, bittet den Bootsführer, an einem davon Halt zu machen. Eine große Mahlzeit mit frischem Fisch kostet ca. 7,50 US$.

Alianza Francesa de Granada SPRACHKURSE
(www.alianzafrancesagranada.org; Calle El Arsenal s/n; Preise unterschiedlich; Mo–Fr 9–21.30 Uhr) Französisch- und Spanischkurse sowie französische Kulturveranstaltungen.

Geführte Touren

Bei der klassischen Granada-Tour geht's mit der **Pferdekutsche** (30-min./1-std. Fahrten 5/10 US$) vom Parque Central eine Stunde lang an Kirchen, dem Friedhof, dem *malecón* und anderen Sehenswürdigkeiten vorbei – alles in Begleitung eines (Spanisch sprechenden) Guides. Dieser wird übrigens warten, während man an der anderen klassischen Granada-Tour teilnimmt: einer Bootsfahrt zum Archipel Las Isletas.

Corazón Trips TOUREN
(2552-8852; www.hotelconcorazon.com; Calle Santa Lucia 141) Der gemeinnützige Veranstalter im Hotel Con Corazón bietet gut durchorganisierte Ausflüge, z. B. Radtouren, Kochunterricht und Exkursionen zum Mombacho.

Leo Tours Comunitarios TOUREN
(8422-7905; leotoursgranada@gmail.com; Calla la Calzada, Parque Central, 1½ c E; 8–21 Uhr) Engagiertes Unternehmen mit ortsansässigen Besitzern, das neben den üblichen Optionen – Bootstouren zu den Las Isletas (15 US$), Touren zum Mombacho (29 US$) und einem Tagesausflug nach Masaya (39 US$) – einige interessante Besuche bei Gemeinden in der Umgebung im Programm hat.

Nahual Tours TOUREN
(2552-3779; www.nahualtours.com; Calle La Calzada, Parque Central 1 c E) Betreibt täglich verkehrende Shuttles zur Monkey Hut an der Laguna de Apoyo (einfach/hin & zurück 5/10 US$) und bietet das Standardprogramm an Touren und Aktivitäten.

Inuit Kayaks KAJAKFAHREN
(2552-6695; Centro Turístico; 25–35 US$ pro Pers.) Inuit Kayaks organisiert verschiedene geführte Touren rund um die Las Isletas.

Festivals & Events

Festival Internacional de Poesía KULTURFESTIVAL
(www.festivalpoesianicaragua.com; Feb.) Bei diesem Festival treffen sich Wortschmiede aus ganz Nicaragua und Lateinamerika.

Fiestas de Agosto RELIGIÖSES FEST
(3. Augustwoche) Granada feiert Mariä Himmelfahrt mit Feuerwerk, Konzerten auf der Plaza, Stierkämpfen – in Nicaragua darf der Stier übrigens nicht getötet werden – Pferdeparaden und jeder Menge Spaß am See.

Inmaculada Concepción RELIGIÖSES FEST
(Purísimas; 28. Nov.–7. Dez.) Zu Ehren der Schutzpatronin von Granada, der Nuestra Señora de la Inmaculada Concepción, also der Jungfrau Maria, ziehen reich verzierte Umzugswagen durch die Straßen. Ihre Ankunft kündigen sie an, indem zur Vertreibung der Teufel in Schneckenhörner geblasen wird.

Schlafen

Es gibt ein breites Angebot an Unterkünften in Granada, von preisgünstigen Hostels und Pensionen bis zu einigen der schönsten Hotels in diesem Teil Nicaraguas.

Hostal El Momento HOSTEL $
(2552-7811; www.hostelgranadanicaragua.com; Calle del Beso; B/DZ 10/40 US$; @) Die hippe Unterkunft richtet sich an eine „reifere" Backpacker-Klientel mit tollen Bereichen zum Abhängen und Nichtstun, iPads in der Lobby, einem Büchertausch und einer Gemeinschaftsküche. Die Privatzimmer sind prima; manche verströmen ein historisches Flair wie das Gebäude.

Casa del Agua HOTEL $$
(8872-4627; www.casadelaguagranada.com; Av Guzmán s/n; DZ ab 38 US$; @) In toller Lage direkt beim Parque Central säumen große Zimmer einen kleinen Pool. Die Einrichtung ist neu und sorgfältig ausgewählt und es gibt große Bäder. Die Gäste können eine voll ausgestattete Küche benutzen und in der Unterkunft Fahrräder mieten.

Hotel Casa San Martín HOTEL $$
(2552-6185; www.hotelcasasanmartin.com; Calle La Calzada, Parque Central, 1 c E; EZ/DZ 43/55 US$;) Diese Pension an einem einigermaßen ruhigen Abschnitt von Granadas beliebter Fußgängerpromenade verströmt dezenten Charme. Die Zimmer sind unterschiedlich, aber jedes zeichnet sich entweder durch seine Größe, den Ausblick, die Einrichtung oder das Ambiente besonders aus – eine solide Unterkunft in der mittleren Preisklasse.

Hotel El Club HOTEL $$
(2552-4245; www.elclub-nicaragua.com; Calle Libertad de la Piedra Bocona, 1 c O; DZ ab 42 US$;) In dem Eckhotel in einem hübschen Kolonialgebäude kann es abends laut sein. Aber es ist recht preisgünstig und wartet mit

einem kleinen Pool und einer netten Cocktailbar auf.

Hotel La Pérgola HOTEL $$
(☎2552-4221; www.lapergola.com.ni; Calle El Caimito, alcaldía, 3 c E; Zi. ab 50 US$; P❄📶) Das behagliche Hotel mit kleinem Patio, geräumigen Zimmern und großen, festen Betten ist eine gute Wahl. Achtung: kein warmes Wasser!

Hotel Con Corazón HOTEL $$$
(☎2552-8852; www.hotelconcorazon.com; Calle Cervantes, Parque Central, 3 c N; EZ/DZ/3BZ/4BZ 62/73/94/121 US$; ❄@📶) Ein elegantes gemeinnütziges Hotel; die Einnahmen fließen in die Entwicklung lokaler Bildungsprogramme. Die Zimmer sind schlicht, aber schön und recht geräumig. Im Gebäude selbst sind moderne und traditionelle Stile perfekt vermählt – ein Großteil der Einrichtung besteht aus recyceltem Material, das ursprünglich von Handwerkern der Stadt gefertigt wurde. Wer möchte, kann sich hier nach Möglichkeiten zur Freiwilligenarbeit erkundigen. Montagabends findet öffentlicher Salsa-Unterricht statt.

Essen

Granada wimmelt von Restaurants mit einer sehr vielfältigen Küche und ständig werden neue Läden eröffnet. Außerdem besticht die Stadt durch hervorragendes Straßenessen. Das gibt's vormittags am Parque Central und auf dem **Mercado Municipal** (Calle Atravesada) sowie kurz vor Sonnenuntergang an zahlreichen *fritangas* (Grillbuden) in der ganzen Stadt. Selbstversorger können sich in zwei praktisch gelegenen Supermärkten eindecken.

★ **The Garden Café** CAFÉ $
(www.gardencafegranada.com; Calle La Libertad, Parque Central, 1 c E; Hauptgerichte 4–8 US$; ⏰7–21 Uhr; ❄) Das hübsche Café an einem Innenhof im Kolonialstil mit wunderbarem Hofgarten bietet tolles Frühstück, gesunde Sandwiches und Salate sowie ein traditionelles nicaraguanisches Gericht als Tagesspeise wie z. B. *carne tapada*, geschmortes Rindfleisch mit Möhren, Kartoffeln und Chayote. Außerdem werden Cocktails, Sangria und Wein serviert und einen ausgezeichneten Fair-Trade-Laden gibt's auch noch.

Kathy's Waffle House FRÜHSTÜCK $
(www.kathyswafflehouse.com; Calle El Arsenal; Gerichte 3–5 US$; ⏰7–14 Uhr) Diese alteingesessene Frühstücksinstitution versorgt Touristen und Einheimische mit Waffeln und Pfannkuchen sowie mit Kaffee bis zum Abwinken. Durchs Eingangsportal fällt der Blick aufs Kloster San Francisco.

Taco Stop TEX-MEX $
(www.tacostopnicaragua.com; Ex Cine Karawala, Calle Atravesada, Parque Central 1 c O, ½ c N; Hauptgerichte 3–8 US$; ⏰So–Di 10.30–24, Mi & Do bis 3, Fr & Sa bis 5 Uhr; 📶) Diese *taquería* (Tacolokal) im Gerippe eines alten Kinos ist locker, aber stylisch. Hier gibt's Burritos auf die Hand oder man lässt sich zu einem scharfen mexikanischen Eintopf und einem kalten Bier hier nieder. Die Tortillas werden vor Ort gemacht und es gibt sogar eine kleine Salsabar. Achtung: Die Salsa verde wird mit heimischen Jalapeños zubereitet und hat's echt in sich!

Café de las Sonrisas NICARAGUANISCH $
(www.tioantonio.org; Iglesia de la Merced, 50 m al lago; Gerichte 2,50–4 US$; ⏰Mo–Fr 7–16, Sa bis 15 Uhr) In dem gemeinnützigen Café arbeiten Schwerhörige, die herzhafte und gesunde nicaraguanische Kost zubereiten und servieren. Bestellt wird mithilfe von Bilderspeisekarten und Symboltabellen.

★ **El Tercer Ojo** FUSIONSKÜCHE $$
(☎2552-7774; www.eltercerojonicaragua.com; Calle La Calzada, Catedral, 1½ c E; Mahlzeiten 6–14 US$; ⏰11–23 Uhr; 📶) Das El Tercer Ojo (Dritte Auge) ist hip und quirlig und abends werden Stummfilme an die Wand projiziert. Hier gibt's neben Sushi und indischem und thailändischem Essen auch Panini und Salate, darunter vegetarische und glutenfreie. Happy Hour ist täglich von 17 bis 20 Uhr. Sogar Livemusik wird geboten – Programm siehe Website.

Cafe de los Sueños INTERNATIONAL $$
(☎2552-7272; Calle La Calzada, frente Centro Escolar Carlos A Bravo; Gerichte 4–8 US$; ⏰11–22.30 Uhr) Das reizende Café ein paar Schritte von der lauten Calle La Calzada entfernt beeindruckt mit guten Salaten, frisch gegrilltem Fisch und ein paar ausländischen Gerichten wie mexikanischen Tacos und herzhaften Crêpes.

Comidas Tipicas y Más NICARAGUANISCH $$
(Calle La Calzada, Iglesia, 1 c E; Gerichte 4–6 US$; ⏰Do–Di 18 Uhr bis spät) Typisch nicaraguanisches Essen an der Hauptfußgängerstraße. Die Gerichte sind teurer als im *comedor*,

doch die Lage des Restaurants an einem Innenhof ist reizvoll und das Essen wird sorgsam zubereitet. Tipps: *indio viejo* (Rindfleischeintopf; 2,50 US$), *nacatamales* (Weizenmehl, Fleisch, Gemüse und Kräuter, eingewickelt in ein Bananenblatt; 2 US$) und Quesadillas (2,50 US$).

Ausgehen & Nachtleben

In Granada ist meistens ziemlich viel los, der größte Trubel herrscht aber donnerstags bis samstags. Eine beliebte Art, den Abend einzuläuten oder ausklingen zu lassen, ist der Besuch einer der Bars in der Calle La Calzada, vor denen man schön draußen sitzen und dem allgemeinen Treiben zuschauen kann.

Im am See gelegenen Centro Turístico, das zwar nicht mehr das ist, was es einmal war, befinden sich ein paar Clubs und Bars. Abends sollte man zwischen dem Centro Turístico und der Innenstadt von Granada immer ein Taxi nehmen.

Nectar LOUNGE
(Calle La Calzada, Parque Central, 1½ c E; Gerichte 4–6 US$; ⌚11–23.30 Uhr) Verführerische kleine Lounge-Bar mit einer guten Cocktailauswahl (Happy Hour!) und gemütlichen Sitzbereichen. In der Hauptsaison treten häufig DJs und Livebands auf. Die kleine, aber kreative Speisenauswahl umfasst köstliche leichte Mahlzeiten und Snacks.

Unterhaltung

Für eine Stadt dieser Größe und Beliebtheit ist kulturell nicht ganz so viel los wie man vielleicht erwarten würde. Am Wochenende finden in der Calle La Calzada und Umgebung Livemusik und Filmvorführungen statt.

Imagine LIVEMUSIK
(www.imaginerestaurantandbar.com; Calle La Libertad s/n; ⌚17–23 Uhr) Ganz nach John Lennons Geschmack wäre diese Bar mit der entspannten Atmosphäre, in der fast jeden Abend Bands auftreten.

Praktische Informationen

GEFAHREN & ÄRGERNISSE

Ein paar Überfälle auf der Straße zum See und weiter südlich ins Centro Turístico sind zur Anzeige gebracht worden, daher sollte man nach Einbruch der Dunkelheit ein Taxi nehmen. Auch bei Radtouren zur Peninsula de Asese ist es zu Überfällen gekommen.

GELD

Im Umkreis von einem Häuserblock um den Parque Central befinden sich mehrere Banken.

BAC (Calle La Libertad, Parque Central, 1 c O)

BanPro (Calle Consulado, Parque Central, 1 c O)

Western Union (Calle Real Xalteva) Für internationale Geldtransfers.

INTERNETZUGANG

Die meisten Hotels und viele Restaurants und Cafés verfügen über WLAN. Am Hauptplatz gibt es einige Internetcafés.

MEDIZINISCHE VERSORGUNG

Hospital Amistad Japonés (☎2552-2719; Calle La Inmaculada, Esso-Tankstelle, 2 km O) Das meistempfohlene private Krankenhaus liegt außerhalb der Stadt an der Straße nach Managua.

POST

Post (Calle Atravesada, Bancentro, ½ c S) Gegenüber vom ehemaligen Cine Karawala, heute ein Taco Stop.

TOURISTENINFORMATION

Die aktuellsten Infos für Reisende halten die Hostels und Reisebüros parat.

Intur (☎2552-6858; www.visitanicaragua.com/ingles; Calle Corrales) Hier gibt's aktuelle Busfahrpläne, einen einigermaßen vernünftigen Stadtplan und jede Menge Infos und Broschüren.

WÄSCHEREIEN

Die meisten Hotels und Hostels bieten einen Wäscheservice.

An- & Weiterreise

BUS

Die meisten Auslandsbusse fahren vom nahen Managua. Wer auf dem Weg Richtung Süden (Costa Rica) ist, kann einen der durch Granada kommenden Busse von Transnica (☎2270-3133; www.transnica.com) oder Tica Bus (☎8739-5505; www.ticabus.com) nehmen – Näheres auf der jeweiligen Website.

In Granada gibt es keinen zentralen Busbahnhof. Die Busse zum Mercado Roberto Huembes in Managua (0,75 US$, 1 Std., 4–19 Uhr, alle 20–30 Min.) fahren in Granada auf dem Gelände gleich nördlich des alten Krankenhauses am westlichen Stadtrand ab. Microbusse zur UCA in Managua (1,25 US$, 1 Std., 5–19.30 Uhr, alle 15–30 Min.) fahren in Granada von dem praktisch gelegenen Platz südlich des Parque Central (Calle Vega) ab. Der Abfahrtsort der Busse nach Masaya (0,50 US$, 30 Min., 5–18 Uhr, alle 20–30 Min.) ist zwei Häuserblocks westlich vom Mercado Municipal, um die Ecke vom Palí-Supermarkt.

Busse mit Zielen südlich von Granada fahren einen Block südlich des Markts gegenüber der Shell-Tankstelle ab.

Carazo (0,75 US$, 45 Min., 6–17.05 Uhr, alle 20 Min.) Nach San Marcos, Diriamba (mit Umsteigeverbindungen an die Carazo-Strände) und Jinotepe.

Catarina & San Juan de Oriente (0,60 US$, 30 Min., 6–18 Uhr, alle 30–60 Min.)

Rivas (1,25 US$, 1½ Std., 5.45–15.22 Uhr, fast stündl.) Wer einen Bus am frühen Nachmittag nimmt, erwischt das letzte Boot zur Isla de Ometepe.

Shuttlebus

Managua ist gerade mal eine Stunde entfernt (Minibus; 1 US$), die Busse nach León fahren da ab, wo man ankommt, und andere Ziele sind ähnlich leicht zu erreichen. Deshalb verwundert es kaum, dass Shuttlebusse in Granada kaum gebraucht werden. Wer jedoch unbedingt mit einem Shuttle reisen möchte, sollte versuchen, eine Gruppe zusammenzubekommen, oder bezahlt das ganze Fahrzeug alleine – dann ist vielleicht ein Taxi billiger.

Erick Tours (☎8974-5575; www.ericktours nicaragua.com; Parque Central 3 c al lago; unterschiedliche Tourpreise) Flughafentransfers.

Nahual Tours (S. 484) Zwei Shuttles täglich zur Laguna de Apoyo (einfach/hin & zurück 5/10 US$).

SCHIFF/FÄHRE

Bisher fuhren zweimal pro Woche Fähren von Granada zur Isla de Ometepe, doch bei Redaktionsschluss war der Fährverkehr aufgrund des niedrigen Wasserstands des Nicaraguasees bis auf Weiteres eingestellt. Infos über die aktuelle Lage gibt's auf www.ometepenicaragua.com/ferryboat.php.

Vom **Puerto Asese** (☎2552-2269) ca. 2 km südöstlich der Stadt setzen Boote nach Las Isletas und in den Parque Nacional Archipiélago Zapatera über.

TAXI

In Granada gibt's Taxis en masse. Den Preis mit dem Fahrer immer vor dem Einsteigen aushandeln; überall in der Stadt sollte eine Fahrt im Sammeltaxi weniger als 1 US$ pro Person kosten.

Auch andere Reiseziele sind recht günstig zu erreichen, beispielsweise Masaya und die Laguna de Apoyo. Die Tarife hängen von den aktuellen Benzinpreisen und dem individuellen Verhandlungsgeschick ab. Man kann jederzeit im Hotel oder Hostel ein Taxi bestellen lassen und dann den Fahrpreis noch vor der Abholung aushandeln.

Rund um Granada

Reserva Natural Volcán Mombacho

Sehenswertes

Reserva Natural Volcán Mombacho NATURSCHUTZGEBIET

(☎2552-5858; www.mombacho.org; El Guanacaste, Carretera Granada-Nandaime Km 50; Parkeintritt Auto/Fußgänger 20/5 US$, mariposario 2 US$; ⏲Fr–So 8–17 Uhr, an anderen Tagen für Gruppen mit mind. 10 Pers. nach Vereinbarung) Es ist schon ein paar Jahrzehnte her, seit der 1345 m hohe Vulkan, das auffälligste Wahrzeichen von Granada, zum letzten Mal aufgemuckt hat. Der friedliche Schein trügt jedoch: Der Mombacho ist unverändert aktiv und stößt weiter regelmäßig Aschewölkchen aus. Die Wanderung zum Rand des Nebelwalds ist einfach. Dort wird man Fumarolen und andere Produkte der vulkanischen Aktivität im Schatten nebelverhangener Schlingpflanzen und Orchideen erspähen. Die meisten Besucher kommen im Rahmen einer organisierten Tour hierher.

Die Reserva Natural Volcán Mombacho wird von der Fundación Cocibolca verwaltet, die seit 1999 Wege anlegt und ein Ökomobil (einen umgebauten Armeejeep mit 25 Plätzen) betreibt, das die 40-prozentige Steigung bis auf 1100 m Höhe bewältigt. Ein kurzer Fußweg führt über das Gelände der **Biokaffeeplantage**. Außerdem gibt es in der Nähe des Parkplatzes ein **mariposario** (Schmetterlingsgarten) und einen **Orchideengarten**.

Die Hauptaufgabe des Parks ist der Schutz der Flora und Fauna. Unter dem Dschungeldach leben z. B. drei Affen- und 168 Vogelarten und man kann mehr als 100 verschiedene Orchideen bewundern. Es stehen mehrere Wanderwege zur Wahl: So führt der 1,5 km lange **Sendero del Cráter** zu den Fumarolen mit tollen Ausblicken auf Granada und Las Isletas und der steilere, 4 km lange **Sendero la Puma** um die Kante des Kraters herum, mit noch besseren Ausblicken. Am Eingang warten Guides, von denen viele Englisch sprechen, auf Kundschaft. Sie kosten 12 bis 22 US$ für Gruppen von bis zu sieben Personen. Für die Wanderung den **Sendero el Tigrillo** hinauf benötigt man auf jeden Fall einen Guide: Diese anstrengende zweistündige Wanderung führt zu zwei Aussichtspunkten hinauf.

Der Park ist freitags, samstags und sonntags geöffnet. Für Gruppen von mindestens zehn Personen lässt sich auch an anderen Tagen ein Besuch vereinbaren. Am besten versucht man dann beim Park anzukommen, wenn das Ökomobil abfährt (8.30, 10 und 13 Uhr).

Wer über ein Allradfahrzeug verfügt, kann für 22 US$ extra -zuzüglich zu den 5 US$ für jeden Erwachsenen und 3 US$ für jedes Kind im Auto - selbst den Vulkan hochfahren.

In der unmittelbaren Umgebung gibt's noch einige Sehenswürdigkeiten, u. a. zwei interessante ländliche Gemeinden. Innerhalb des Schutzgebiets liegen versteckt auf einer Farm die schönen, 45 °C warmen Quellen **Aguas Termales de Calera** - sie sind am besten auf einem separaten Ausflug von Granada aus zu erreichen. Der Schwefel, das Kalzium und die anderen Mineralien hier sollen einen gesund und munter halten. Verschiedene Veranstalter bieten für etwa 25 US$ pro Person einen Ausflug hierher an.

An- & Weiterreise

Die Anreise mit öffentlichen Verkehrsmitteln ist schwierig, deshalb kommen die meisten Besucher mit dem eigenen Auto hierher oder im Rahmen einer organisierten Tour ab Granada.

Man kann aber auch von Granada einen Nandaime-Bus nehmen und den Fahrer bitten, einen am Eingang abzusetzen. Von hier sind es zwei steile Kilometer (wo sich die Straße teilt links gehen) zu der Stelle, wo das Ökomobil Fahrgäste für die Fahrt nach oben einsammelt.

Reserva Natural Laguna de Apoyo

Der in einem malerischen Tal voller wilder Tiere und Pflanzen gelegene, wunderschöne Apoyo-Kratersee ist ein weiteres der vielen Naturwunder in Nicaragua. In dem tropischen Trockenwald an den umliegenden Hängen herrscht eine große Artenvielfalt - man findet hier u.a. Brüllaffen und viele Fledermausspezies. Die Hauptattraktion ist aber das unberührte Wasser des Kratersees, eines großen, mineralreichen Gewässers, das landesweit die besten Möglichkeiten zum Schwimmen bietet.

Aktivitäten

Am unteren Ende der Straße liegt ein **Strand** (kostenlos); gleich rechts von der T-Kreuzung befindet sich ein Pfad. Alternativ kann man auch ein paar Dollar für eine Tageskarte in den Hotels zahlen, um deren Strände, Bootsanleger und Kajaks (5–7 US$) nutzen zu können. Tauchunterricht organisiert das **Hotel SelvAzul** (☎8631-1890; www.hotelselvazul.com; Triangulo, 500 m N; 1 Tauchgang 40 US$, Einführungskurs 60 US$).

Schlafen & Essen

Die Laguna de Apoyo ist leicht als Tagesausflug von Granada aus zu erreichen, aber es ist auch sehr schön, hier aufzuwachen. Neben ein paar guten normalen Unterkünften gibt's einige Ferienhäuser für Leute, die etwas länger bleiben wollen. Da zur Zeit der Recherche gerade wieder neue Unterkünfte eröffneten, lohnt es, sich im Internet oder vor Ort nach dem aktuellen Angebot umzuschauen.

The Monkey Hut HOSTEL $
(☎8887-3546; www.themonkeyhut.net; Triangulo, 450 m N; B/DZ/Hütte 14/39/59 US$; P 🛜) Die beliebte Unterkunft am Wasser (Tageskarte für Nichtgäste 6 US$) hat einen kleinen Seestrand, eine Terrassenlounge und Picknickplätze, einen Anleger mit zahlreichen Kajaks, eine Cocktailbar samt Café und eine Pizzeria. Wer hier übernachtet, kann außerdem eine Küche und Grillstellen nutzen. Bei den Unterkünften besteht die Wahl aus Dorms, Zimmern und einer freistehenden Hütte.

Hostel Paradiso HOSTEL $
(☎2520-2878; www.hostelparadiso.com; Triangulo, 300 m E; B 10 US$, EZ/DZ ohne Bad 15/25 US$, DZ/3BZ 32/40 US$; P ❄ @ 🛜) Das Hostel am See ist eine tolle Wahl für Budgetreisende. Es verfügt über eine große Terrasse, einen eigenen Bootsanleger, Kajaks und eine Gemeinschaftsküche, ein gutes Restaurant und eine Bar. Tageskarten kosten 7 US$ pro Person. Das Hostel betreibt einen Shuttle von/nach Granada (3 US$ pro Strecke), Näheres auf der Website.

An- & Weiterreise

Viele Hotels und Hostels am See bieten von Granada Shuttles zur Laguna de Apoyo (ab 3 US$ einfach), sowohl für Übernachtungs- als auch für Tagesgäste. Näheres und Fahrpläne gibt's auf den Websites der Monkey Hut und des Hostel Paradiso, oder man schaut sich in Granada nach den Angeboten um.

Ein Taxi zur Unterkunft an der Laguna de Apoyo kostet von Granada 12 bis 15 US$, von Masaya 10 bis 12 US$ und von Managua 30 bis 40 US$.

ABSTECHER

ALTERNATIVE TAGESAUSFLÜGE AB GRANADA

Von Granada aus bieten sich mehrere wunderbare Tagesausflüge an. Hier zwei Touren abseits der ausgetretenen Pfade:

Nicaragua Libre (☎2552-0238; www.ucatierrayagua.org; Entrada de Monte Verde, 500 m SE; Führung 3 US$ pro Pers.; ⏲Führungen nach Vereinbarung) Diese kleine ländliche Gemeinschaft am Fuß des Volcán Mombacho gehört zum gemeindebasierten Tourismusprojekt UCA. Geboten werden Führungen durch Biokaffeeplantagen, Ausritte nach San Juan de Oriente und Wanderungen zum Mombacho. Außerdem wurde hier viel unternommen, um das traditionelle Kunsthandwerk zu retten – nach jungen Künstlern Ausschau halten, die ihre Arbeiten verkaufen!

Aguas Agrias – La Nanda (☎8439-9658; www.ucatierrayagua.org/aguas-agrias; Carretera Granada-Nandaime, entrada a Monte Verde 12 km E; Führungen 3–5 US$; ⏲Führungen nach Vereinbarung) In dieser ländlichen Gemeinde unmittelbar südlich des Vulkans Mombacho bieten örtliche Guides zweistündige Wanderungen über eine traditionelle Plantage. Die ungewöhnliche Vulkanlandschaft mit ein paar erfrischenden Lagunen (in einigen kann man schwimmen) ist ein interessantes Ausflugsziel. Die Gemeinde wird von der „UCA Tierra y Agua" geleitet.

Diese beiden Arten der Anreise sind in der Regel den öffentlichen Verkehrsmitteln vorzuziehen. Die Laguna de Apoyo liegt nicht weit von Granada und Masaya entfernt, aber die meisten Busse fahren nicht in die Nähe der Hotels; normalerweise setzen sie ihre Fahrgäste beim Kraterrand ab. Der Abstieg (2 km, 30 Min.) ist ganz nett, aber der Weg zurück bergauf ist besonders an einem heißen Tag ganz schön anstrengend.

Der Haupteingang liegt an einer Straße, die bei Km 37,5 von der Carretera a Masaya abzweigt. Busse pendeln im Halbstundentakt zwischen Masaya und dem Kraterrand (0,50 US$, 6–18 Uhr). Nur drei Busse (mit der Aufschrift „La Laguna") legen die komplette Strecke bis zum Wasser zurück (0,70 US$, 5.30, 10.30 und 15.30 Uhr).

Oft erhält man Wegbeschreibungen, deren Ausgangspunkt El Triangulo ist – das ist die T-Kreuzung am Seeufer, wo sich die Straße teilt und nach rechts (Süden) und links (Norden) führt.

Pueblos Blancos

Die charmante Bergregion unweit von Masaya und Granada bietet ein erfrischendes Klima und viele hübsche Dörfer, die für ihre geschickten Kunsthandwerker und bunten Traditionen bekannt sind. Die nach den weiß getünchten Wohnhäusern, die früher hier vorherrschten, benannten Pueblos Blancos (weißen Dörfer) stehen sehr eng beieinander, ja gehen praktisch ineinander über, sodass man sie gut im Rahmen eines Tagesausflugs besuchen kann.

Das prächtige Dorf **Catarina** ist für seinen *mirador* (Aussichtspunkt) bekannt, von dem aus man einen weiten Blick über die Laguna de Apoyo, den Lago de Nicaragua und Granada hat.

Im nahe gelegenen, verschlafenen **San Juan de Oriente** leben vielleicht nicht einmal 3000 Menschen, aber das Dorf ist das wichtigste Töpfereizentrum in Nicaragua. Überall im Ort gibt's Werkstätten, in denen man den Kunsthandwerkern bei der Arbeit zusehen kann.

Das freundliche Dorf **Diria** wird von Touristen eher selten besucht. Von hier gelangt man zum **Mirador el Boquete**, einem weiteren Aussichtspunkt auf die Laguna de Apoyo.

In Granada fahren einen Block südlich vom Markt regelmäßig Busse zu diesen Dörfern (0,60–1,20 US$, 30 Min., bis 17 Uhr alle 20–30 Min.).

Carazo

Südwestlich der Pueblos Blancos liegen im Verwaltungsbezirk Carazo inmitten eines Gebiets, in dem Kaffee und Zitrusfrüchte angebaut werden, **San Marcos** und die „Schwesterstädte" **Jinotepe** und **Diriamba**. Die drei Städte feiern ein eigenwilliges religiös-folkloristisches Ritual, den „Toro Guaco", in dem die Niquirano-Siedlung Jinotepe sowie Diriamba, der von Chorotegas bewohnte Rivale aus der Zeit vor der Eroberung durch die Europäer, ihrer Verbindung gedenken. Jinotepes Schutzheiliger ist Santiago (St. Jakobus), dessen Tag der 25. Juli ist, Diriambas Schutzheiliger ist San Sebastián (20. Jan.).

Die Bewohner von San Marcos, Jinotepe und Diriamba statten sich gegenseitig zeremonielle Besuche ab, bei denen sie aufwendige Kostüme und Masken tragen und in Tänzen, Scheingefechten und Spielen die spanischen Eindringlinge verspotten. Die Figur des „El Güegüense" ist ein Symbol der nicaraguanischen Identität.

Busse nach Diriamba, Jinotepe und San Marcos fahren in Granada einen Block südlich vom Markt ab (1 US$, 45 Min., bis 18 Uhr stündl.). Auch von Masaya und Managua fahren sehr häufig Busse.

Masaya

166 500 EW.

Reisenden, die zuvor in Granada waren, wird Masaya ein wenig schäbig vorkommen. Dies ist eine ganz alltägliche Kleinstadt, mit Ausnahme von zwei Dingen. Zum einen wäre da der bildschöne, alte *malecón* (Ufermauer), zum anderen der berühmte Kunsthandwerkermarkt, Mercado de Artesanías de Masaya, auf dem man sich mit genug Geburtstags-, Weihnachts- und Jahrestagsgeschenken für den Rest des Lebens eindecken kann. Nicaraguanische Touristen timen ihren Besuch übrigens immer mit einem der vielen spektakulären Stadtfeste. Jeden Donnerstagabend finden kulturelle Ausstellungen und Tänze statt.

Masaya liegt 29 km südöstlich von Managua und 16 km nordwestlich von Granada am Rande der Laguna de Masaya. Hinter dem See erhebt sich der Volcán Masaya. Ausflüge zu dem Vulkan können auch von Granada aus unternommen werden.

Sehenswertes & Aktivitäten

Wer die Stadt kennenlernen will, setzt sich am besten in eine **Pferdekutsche**. Die „große Runde" kostet ca. 3 US$ pro Person.

★ Mercado de Artesanías de Masaya MARKT

(Mercado Viejo; Ecke Calle San Miguel & Av El Progreso; 9–18 Uhr) Diese historische Markthalle von 1888, ein düsterer Bau aus schwarzem Basalt, sieht mit ihren Türmchen, Türmen und großen Toren wie eine spanische Festung aus. Hier wird erstklassiges nicaraguanisches Kunsthandwerk aller Art verkauft – sehr beliebt bei Reisegruppen. Nicht zu verwechseln mit der Kunstgewerbeabteilung des Mercado Municipal Ernesto Fernández.

Fortaleza De Coyotepe FESTUNG

(0,70 US$; 8–17 Uhr) Die 1893 erbaute Festung auf dem Cerro de los Coyotes war

Masaya

Schauplatz des letzten Gefechts von Benjamín Zeledón, dem Helden des Widerstands gegen die US-amerikanische Intervention 1912. Ein junger Mann namens Sandino beobachtete damals, wie US-Marinesoldaten die Festung schließlich einnahmen, und schwor Rache. Viele Jahre später war es dann tatsächlich das letzte Bollwerk der Nationalgarde und wurde 1979 während der sandinistischen Offensive überrannt.

Malecón & Laguna de Masaya UFERPROMENADE

Sieben Straßenkarrees westlich des Parque Central eröffnet sich ein atemberaubender Ausblick, und zwar über die Laguna de Masaya auf den rauchenden Santiago-Krater. Der nette, aber bröselnde *malecón* entstand 1944, als die Anwohner in dem eindrucksvollen See noch baden und angeln und sogar sein Wasser trinken konnten. Unter am Wasser stehen ein paar Restaurants/Bars.

Festivals & Events

San Lázaro RELIGIÖSES FEST

(Woche vor Palmsonntag) Eines der ungewöhnlicheren religiösen Feste des Landes ehrt den Volksheiligen San Lázaro, der Hunde segnete. Zum Fest brezeln die Einheimische ihre geliebten Vierbeiner auf und es gibt u. a. eine Prozession verkleideter Hunde.

San Jerónimo RELIGIÖSES FEST

(30. Sept.) Offiziell dauert das Fest acht Tage. Der Schutzheilige – hier ein bärtiger *campesino* namens „Tata Chombó", „Doktor der Armen" – wird vom Altar der **Iglesia de San Jerónimo** (Ecke Av San Jerónimo & Calle Palo Blanco) heruntergenommen und im Rahmen traditioneller Tanzaufführungen durch Masaya getragen. Zur Erinnerung an die Friedensschlüsse von 1856, 1912 und 1979 wird ein Scheingefecht ausgefochten, das schließlich mit Friedensritualen endet. Feuerwerk, Marimbas, Umzüge, Transvestiten und mehr stehen auf dem Programm – San Jéronimo vergisst man mit Sicherheit nicht so schnell.

Schlafen

Hier gibt's keine umwerfenden Unterkünfte – besser nächtigt man im nahen Granada. Die meisten Unterkünfte konzentrieren sich in den vier Häuserblocks nördlich der Parroquia de la Asunción an der Avenida Zelaya (auch als Calle Central bekannt).

Hotel Maderas Inn HOTEL $$

(2522-5825; www.hotelmaderasinn.com; Calle Central, Cuerpo de Bomberos, 2 c S; DZ mit Ventilator/Klimaanlage 20/45 US$;) Das von einer Familie geführte Gasthaus ist einfach und ein bisschen verräuchert, aber die Matratzen sind fest und der Service ist recht freundlich. Nach einem Zimmer oben fragen!

Essen

Günstige *comedores* (einfache Esslokale) reihen sich an der Außenseite des Mercado Municipal Ernesto Fernández aneinan-

Masaya

Highlights
1 Mercado de Artesanías de Masaya D3

Sehenswertes
2 Iglesia de San Jerónimo C2
3 Malecón & Laguna de Masaya A3

Schlafen
4 Hotel Maderas Inn C2

Praktisches
5 Intur D3

Transport
6 Busterminal F3
7 Minibusse nach Managua D3

BUSSE AB MASAYA

ZIEL	PREIS (US$)	DAUER	ABFAHRTEN (TGL.)
Carazo (San Marcos, Diriamba & Jinotepe)	0,30–0,50	1¼ Std.	5–18 Uhr alle 30 Min.
Catarina, Diriomo & Diriá	0,30–0,50	40 Min.	6–17 Uhr alle 20 Min.
Catarina, San Juan de Oriente, Niquinohomo, Masatepe & San Marcos	0,50	1¼ Std.	5–18 Uhr alle 30 Min.
Granada	0,50	40 Min.	5–18 Uhr alle 30 Min.
Laguna de Apoyo (Eingang)	0,40	20 Min.	5–17 Uhr mind. stündl.
Managua	0,50	1 Std.	5–17 Uhr alle 20 Min.
Matagalpa	3	3 Std.	5.30 & 6 Uhr
Ticuantepe	0,60	45 Min.	6–17 Uhr alle 20 Min.

der, direkt außerhalb des Busbahnhofs. *Vigorón* (pürierte Yucca mit Krautsalat und Schweineschwarten), Obstsalat und *gallo pinto* (Reis mit Bohnen) kosten rund 1 US$; wer sich hinsetzen möchte, zahlt für eine Mahlzeit mit Getränk 2 bis 3 US$. Imbissstände findet man auch im Parque 17 de Octubre und im Mercado Artesanías.

Praktische Informationen

Intur (☎2522-7615; www.visitanicaragua.com/ingles; Av El Progreso, Mercado Artesanías, ½ c S) Karten und Informationen.

An- & Weiterreise

Minibusse nach Managua (Universidad Centro America; 0,90 US$, 30 Min.) fahren am Park vor der Iglesia de San Miguel ab, wenn alle Sitzplätze besetzt sind. Weitere Busse (0,50 US$) und Minibusse nutzen das Busterminal an der Ostseite des Mercado Municipal.

Die Busse fahren nach keinem festen Fahrplan, auf den man sich bei der Planung des Tages verlassen könnte – eventuell vorhandene Fahrpläne sind nur als Richtschnur anzusehen.

Parque Nacional Volcán Masaya

Die Spanier meinten, dies sei das Tor zur Hölle, und pflanzten auf eine heute leider unzugängliche Klippe das Bobadilla-Kreuz, benannt nach dem Priester, der es aufstellte. Der **Volcán Masaya** (☎2528-1444; Carretera a Masaya Km 23; 4 US$; ⏲9–16.45 Uhr) ist der aktivste Vulkan des Landes, und wenn die Dinge in Nicaragua weniger laissez-faire wären, dürften Besucher wohl kaum mit dem Wagen bis zum Rande des extrem launischen Santiago-Kraters fahren. 2001 wurden bei einem Ausbruch heiße Felsenbrocken 500 m in die Luft geschleudert, die Autos beschädigten und beinahe auch Menschen getroffen hätten. Bei Redaktionsschluss war der Park wegen gefährlicher vulkanischer Aktivitäten bis auf Weiteres geschlossen. Falls er wieder geöffnet ist, sollte man sich einen Besuch nicht entgehen lassen.

Sehenswertes & Aktivitäten

Nicaraguas größter Nationalpark schmiegt sich um den Volcán Masaya mit seinen Calderas und Kratern (darunter der riesige, uralte Krater namens El Ventarrón, mit einem kaum zu erkennenden Rand zwischen Ticuantepe und Masatepe) sowie um die Laguna de Masaya.

Wenn möglich sollte man am Nachmittag ankommen, wenn die *chocoyos* (Sittiche) – und zwar Tausende von ihnen! – in ihre Nester in der Kraterwand zurückkehren. Die giftigen Gase scheinen ihnen nichts auszumachen. Im Krater blubbert die Lava immer fröhlich vor sich hin (man wird sie aber wahrscheinlich nicht sehen), gekrönt von einer Säule aus schwefelhaltigen Gasen.

Ein paar Anbieter in Granada haben **Abendtouren** (28–35 US$ pro Pers., 4 Std.) im Programm: Dabei geht man durch Lavaröhren und sieht zahllose Fledermäuse in Höhlen hinein und aus ihnen herausfliegen. Die An- und Rückfahrt ist in diesen Angeboten inbegriffen. Wer jedoch schon am Vulkan ist, kann sich im Besucherzentrum einer kürzeren Abendtour (10 US$) anschließen. Für Besucher, die nicht abends kommen können, wird auch eine Tagestour durchgeführt. Die meisten Reisebüros in Granada bieten den Ausflug zum Vulkan im Rahmen eines Tagesausflugs nach Masaya (ca. 15–20 US$ pro Pers.) inklusive Besuch der Märkte und des Aussichtspunkts Catarina an, jedoch ist die Zeit am Vulkan recht begrenzt.

Wer mehr Zeit hat, kann die 20 km **Wanderwege** des Parks erkunden. Die kürzeren, besser erreichbaren Wege dürfen nur mit einem Guide (0,70–2 US$ pro Gruppe) begangen werden; die Guides bezahlt man zusammen mit dem Eintrittsgeld (Trinkgeld ist extra). Der **Sendero Los Coyotes** (1,5 km) windet sich durch Felder voller Lava und tropischen Trockenwald, der **Sendero El Comalito** (2 km) führt zu einem kleineren, von Fumarolen umgebenen Kegel, und der **Sendero Las Cuevas** (1,5–6 km je nach gewähltem Weg) erkundet die sehr coolen Lavatunnel von Tzinancanostoc mit ihren Fledermäusen.

Daneben gibt's noch längere Wanderungen (5–6 km) zu Aussichtspunkten und großen Felsen, für die nicht unbedingt ein Guide erforderlich ist. Wer Spanisch spricht, sollte sich das schöne **Museum** (Eintritt frei) im Besucherzentrum mit eindrucksvollen naturkundlichen Exponaten und schönen Wandbildern anschauen. Einen Besuch lohnt auch das **Schmetterlingsschutzgebiet (Reserva de Mariposas de Nicaragua)**.

Der Parkeingang liegt 7 km nördlich von Masaya. Den Eintritt und die geführten Wanderungen zahlt man am Eingangstor und erhält dabei eine praktische Broschüre mit einer Karte und nützlichen Informationen auf Spanisch und Englisch. 5 km Pflasterstraße führen zum Krater und zur **Plaza de Oviedo**, die an jenen unerschrockenen Priester erinnert, der in den Vulkan hinabstieg, um herauszufinden, ob es sich bei der Lava nicht doch um (so seine Vermutung) pures Gold handelte. Das war natürlich nicht der Fall, erregte aber immerhin Aufsehen genug, um den Parkplatz nach ihm zu benennen. Die Parkmitarbeiter werden Besucher nach gerade mal fünf Minuten weiterschicken.

An- & Weiterreise

Viele Besucher kommen im Rahmen einer organisierten Tour hierher.

Sämtliche Busse von Masaya oder Granada nach Managua halten auf Wunsch am Eingang, das Stück zum Krater ist allerdings steil und sehr anstrengend (falls möglich per Anhalter fahren). Eine Alternative wäre die Hin- und Rückfahrt mit dem Taxi ab Masaya (ca. 10 US$) oder Granada (ca. 15–20 US$) inkl. einer Stunde Wartezeit oben am Krater.

SÜDWESTLICHES NICARAGUA

Attraktionen en masse, traumhafte Aussichtspunkte und Abenteuer bietet der Südwesten des Landes. Seit vielen Jahren kommen Surfer an diesen wenig überlaufenen Küstenabschnitt, denn nördlich und südlich von San Juan del Sur locken perfekte Wellen und entspannte Surferkommunen. Ein absolutes Muss sind ein paar Tage auf der Isla de Ometepe.

Rivas

50 600 EW.

Rivas hat durchaus seine Fans. Diese loben die Stadt als authentisch und lebendig. Die meisten Reisenden bleiben aber nicht lange genug hier, um sich wirklich davon überzeugen zu können, denn die Strände, der See und die Ometepe-Insel sind einfach attraktiver. Für eine Übernachtung bietet sich eher das nahe San Jorge mit einfachem Zugang zu den Ometepe-Fähren an.

Sehenswertes

Museo de Antropología e Historia MUSEUM
(☎2563 3708; mercado, 1 c S, 1 c E; 1 US$; ⏲Mo–Sa 9–12 Uhr) Wer nur kurz in der Stadt ist, sollte dieses Museum ansteuern. Neben einigen mottenzerfressenen ausgestopften Tieren und einer Mythen- und Legendenwand gibt's hier gut auf Englisch und Spanisch beschriftete präkolumbische Artefakte, von denen viele erst kürzlich im Rahmen des Archäologischen Projekts Santa Isabela entdeckt wurden.

Schlafen & Essen

Hospedaje Lidia PENSION $
(☎2563-3477; Texaco ½ c O; DZ 25 US$, EZ/DZ ohne Bad 10/18 US$; 📶) Die Lage ist nicht so toll, aber dieser schnörkellose Familienbetrieb ist preiswert und ordentlich. Die Zimmer sind sauber und gepflegt und das Zimmer-Badezimmer-Verhältnis ist hier überdurchschnittlich gut.

Vila's Rosti-Pizza PARRILLA $$
(costado sur, Parque Central; Gerichte 5–10 US$; ⏲10–24 Uhr) Das zentral gelegene Restaurant ist eins der besseren der Stadt. Geboten werden Steaks und Burger, die schön an einem der Tische am Parque Central verspeist werden können. Im Verlauf einer Mahlzeit defiliert die ganze Stadt hier vorbei.

BUSSE AB RIVAS

ZIEL	PREIS (US$)	DAUER	HÄUFIGKEIT
Granada	1,25	1½ Std.	bis zum frühen Abend stündl.
Managua	2	2½ Std.	4.30–18 Uhr alle 30 Min.
Strände Salinas & Tola	2	1½ Std.	6- bis 8-mal tgl.
San Jorge	0,30	20 Min.	alle 30 Min.
San Juan del Sur	1	45 Min.	fast stündl.
Südliche Strände (San Juan del Sur, Playa el Coco, La Flor und El Ostional)	2,50	2–3 Std.	4-mal tgl.

Praktische Informationen

Intur (☎2563-4914; rivas@intur.gob.ni; Texaco-Tankstelle, ½ c O; ⏲Mo–Fr 9–18 Uhr) Recht gutes Angebot an Broschüren zu Rivas, San Juan del Sur und Ometepe.

An- & Weiterreise

Rivas ist ein Verkehrsknotenpunkt. Das **Busterminal** (☎8669-0330) grenzt an den Markt an. Komfortablere Langstreckenbusse (die meisten fahren nach Managua, nicht nach Granada) fahren an der **Fernbushaltestelle** (Panamericana) gleich nördlich der Ausfahrt nach San Jorge ab. Richtung Süden nach Costa Rica nimmt man einen der Busse von **Transnica** (☎2563-5397; www.transnica.com) oder **Tica Bus** (☎8877-1407; www.ticabus.com), die von Managua nach San José (29–40 US$) unterwegs sind.

Mehrere Busse pro Tag fahren nach El Ostional.

San Jorge

Von diesem entspannten Ort 6 km östlich von Rivas setzen die meisten Traveller zur Isla de Ometepe über. Das Ortszentrum liegt 1 km von der Fähranlegestelle entfernt, doch es ist praktischer, in Seenähe zu übernachten.

Schlafen

Hotel Hamacas HOTEL $$
(☎2563-0048; www.hotelhamacas.com; Fähranleger, 100 m O, 25 m S; EZ/DZ mit Ventilator 25/30 US$, mit Klimaanlage 35/40 US$; P❄📶🏊) Mit seinen netten kleinen, farbenfroh ausgestalteten Backsteinzimmern ist dieses Hacienda-ähnliche Hotel das stimmungsvollste des Orts. Die Zimmer säumen einen schattigen Patio und die namensgebenden Hängematten baumeln auf der Veranda vor den Zimmern.

An- & Weiterreise

Die Straße von Rivas nach San Jorge endet am Fähranleger; von dort setzen regelmäßig Boote zur Isla de Ometepe über, und zwar zwischen 7 und 17.45 Uhr achtzehn Mal (1,50–3 US$, 1 Std.).

Fast jede Stunde fahren vom Fähranleger Busse nach Rivas (0,25 US$) und kommen unterwegs auch am Parque Central vorbei.

Taxis verlangen für die Fahrt vom Busbahnhof in Rivas zum Fährterminal in San Jorge etwa 5 bis 6 US$.

Isla de Ometepe

29 800 EW.

Ometepe beeindruckt immer! Die beiden Vulkangipfel, die sich aus dem Nicaraguasee erheben, haben schon alle möglichen Leute in ihren Bann gezogen, von den Azteken, die glaubten, sie hätten das Gelobte Land gefunden, bis zu Mark Twain, der in seinem Buch *Travels with Mr Brown* ins Schwärmen geriet – und natürlich auch bis zu den recht wenigen Reisenden, die sich hierher verirren. Doch die fruchtbare vulkanische Erde der Insel, das saubere Wasser, die weiten Strände, eine reiche Fauna, die archäologischen Stätten und das dramatische Panorama machen Ometepe immer beliebter. Ometepe ist wahrlich eine Abenteuerinsel wie aus dem Fantasyroman. Hier sind schon über 1700 Petroglyphen entdeckt worden.

Um von dieser Seite des Festlands zur Isla de Ometepe zu gelangen, muss man zunächst Rivas passieren und dann in San Jorge ein Boot nehmen.

Aktivitäten

Ometepe ist ein wunderbarer Ort zum Wandern, Erkunden und Schwimmen. Allerdings ist das Gelände schwierig, die Ausschilderung schlecht, und die Wege sind kaum auszumachen. Da einige Besucher die Orientierung verloren und beim Aufstieg auf die Vulkane ihr Leben ließen, schreiben die örtlichen Behörden nun für diese Touren Guides zwingend vor. Führer kann man über Tourveranstalter in Moyogalpa und Altagracia oder über die Hotels engagieren.

Beide Vulkane sind eine Herausforderung: Leichter zugänglich ist der **Volcán Maderas**. Aber auch zu dessen Krater, in dem sich ein grünlicher See befindet, führt nur ein schwieriger, sumpfiger Weg durch den Nebelwald. Hin & zurück benötigt man ungefähr acht Stunden. Es gibt mehrere Routen zum Gipfel; am häufigsten benutzt werden die Wege, die von der Finca Magdalena, von Mérida und von El Porvenir ausgehen.

Der Aufstieg auf den **Volcán Concepción** ist eine schwere, 10- bis 12-stündige Wanderung, deren letzter, steiler Abschnitt über loses Vulkangeröll führt. Man muss auf starke Hitze (die Sonnenglut, nicht die Lava), aber oben auf dem Gipfel auch auf Kälte vorbereitet sein. Die beiden wichtigsten Wanderwege beginnen an Punkten in der Nähe von Altagracia und Moyogalpa.

An den Hängen des Maderas führen mehrere Wege zu Petroglyphen. Die Petroglyphen nahe dem Hotel von El Porvenir erreicht man im Rahmen eines 45-minütigen Ausritts von Santo Domingo aus; das Hotelpersonal nach einer Wegbeschreibung fragen! Weitere Felsritzungen finden sich bei El Socorro, nahe der Finca Magdalena und El Corozal. Am Südhang des Maderas befindet sich ein eindrucksvoller, 35 m hoher Wasserfall, den man im Rahmen einer mehrstündigen Wanderung oberhalb von San Ramón erreicht.

Tolle Strände und Stellen zum Schwimmen gibt's überall auf der Insel; besonders zu empfehlen sind die **Punta Jesús María**, die **Playa Venecia** und die **Isla de Quiste**, ein wunderschönes Inselchen unweit von Charco Verde. Der beliebteste Strand, die **Playa Santo Domingo**, liegt auf der Landbrücke, die die beiden Vulkane verbindet. Hier gibt's viele Unterkünfte und Restaurants. In vielen Unterkünften kann man zu vernünftigen Preisen Pferde, Fahrräder oder Kajaks leihen.

Geführte Touren

Ortskundige Führer kann man für wenig Geld anheuern – und das sollte man bei Wanderungen auch unbedingt immer tun, aus Sicherheitsgründen einerseits, aber auch, weil man so bessere Chancen hat, Tiere zu erspähen und mehr über die Kultur der Insel erfährt. Da die Guides im Grunde von den Trinkgeldern leben, sollte man großzügig sein. Alle Hotels können den Kontakt zu Touristenführern herstellen.

Moyogalpa

10 500 EW.

In Moyogalpa befindet sich das Fährterminal; dort legen stündlich Boote vom Festland an. Außerdem ist die Stadt das Zentrum der noch jungen Tourismusindustrie von Ometepe mit ein paar Hotels und Restaurants und dem Großteil der Reisebüros auf der Insel. Weiterhin landen hier alle, die den Volcán Concepción besteigen wollen. Jedoch ist dies kein Inselparadies, wo man länger verweilen möchte – man ist hier nur auf der Durchreise.

Schlafen

Hotel Teosintal HOTEL $

(2569-4105; muelle, 2 c E, 1½ c S; DZ 20 US$;) Das einfache, aber saubere Hotel bietet dem Preis angemessene Zimmer.

Hospedaje Soma PENSION $$

(2569-4310; www.hospedajesoma.com; frente del Instituto J. R. Smith; DZ 10 US$, Zi. mit/ohne Bad 35/25 US$, 2-Pers.-Hütten mit Klimaanlage/Ventilator 60/50 US$;) Wer in diesem legeren, aber professionell geführten Gästehaus zehn Gehminuten vom Fähranleger ein Zimmer ergattern möchte, sollte vorausbuchen. Man hat die Wahl zwischen Dorm, Zimmer und Hütte, allesamt in einem großen und schönen tropischen Garten gelegen. Die Eigentümer können bei der Planung von Inselexkursionen helfen.

Cornerhouse B&B B&B $$

(www.thecornerhouseometepe.com; muelle, 1 c O; EZ/DZ/3BZ 25/35/45 US$;) Das nette B&B einen Block vom Fähranleger den Berg hinauf hat nur vier Zimmer, die nicht einmal reserviert werden können – potenzielle Gäste müssen einfach ihr Glück versuchen. Im Preis inbegriffen ist das Frühstück im hübschen Café Cornerhouse unten im Gebäude.

Essen

Cornerhouse CAFÉ $

(www.thecornerhouseometepe.com; muelle 1 c E; Hauptgerichte 3–7 US$; Mo–Fr 7–17, Sa bis 15 Uhr;) Bei Weitem das stilvollste Esslokal in dieser Ecke der Insel. In diesem rustikal-schicken Café nicht weit vom Fähranleger wird den ganzen Tag Frühstück serviert: Auf der Karte stehen z. B. Eier Benedikt mit gebackenen Tomaten und frischem Basilikum. Außerdem gibt's leckere Sandwiches und Salate, darunter einen mit Papaya und gerösteten Mandeln. WLAN vorhanden. Gehört zum Cornerhouse B&B.

Isla de Ometepe

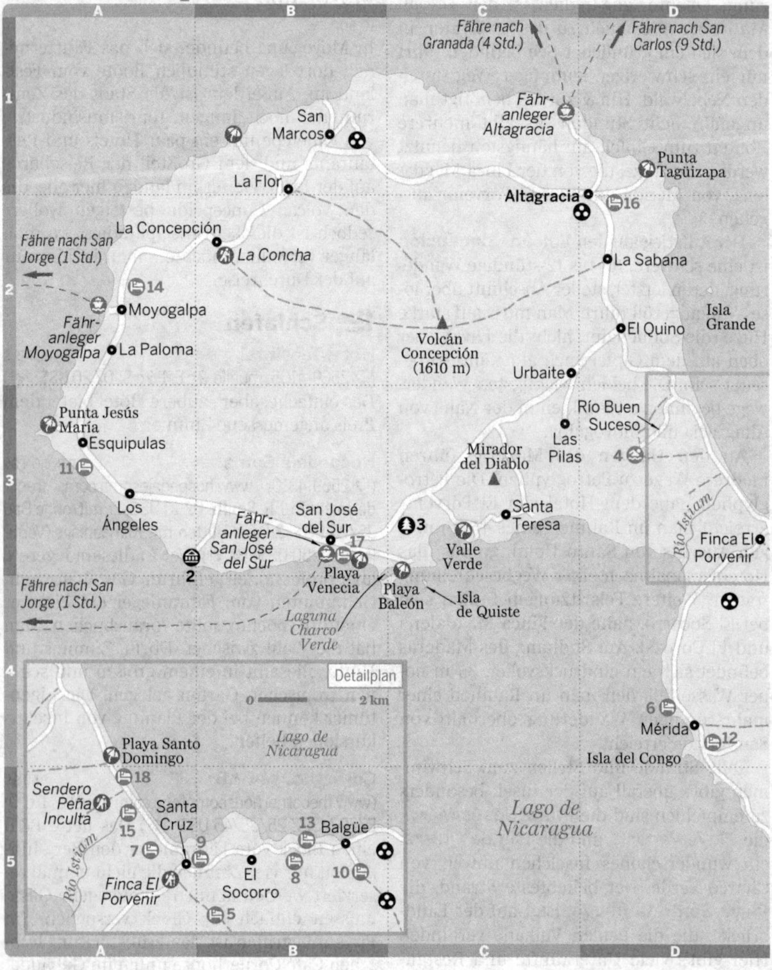

Los Ranchitos INTERNATIONAL $
(muelle, 2 c E, ½ c S; Hauptgerichte 4–6 US$; ⏱7–21.30 Uhr) Eines der besser aussehenden Restaurants am Ort, mit offenen Wänden, reetgedeckten Dächern und einem Boden aus gestampfter Erde. Auf der Karte steht das übliche Angebot an Fleisch und Fisch, dazu kommen noch gute Pizza und Pastagerichte.

Von Moyogalpa nach Altagracia

Rund 5 km südlich von Moyogalpa liegt die mit dem Fahrrad leicht erreichbare, bemerkenswerte **Punta Jesús María**, eine schmale, in den See hinausragende Sandbank, die ein natürliches Pier bildet, das zum Schwimmen und Picknicken ideal ist.

Etwa einen Kilometer von der Abzweigung nach Punta Jesús María entfernt liegt Esquipulas. Anschließend kommt die Abzweigung zur **Finca Samaria** (☎8824-2210; Cementerio Esquipulas, 30 m al lago; B/DZ 9/23 US$; 📶). Auf der bildschönen Farm am Ende einer 500 m langen, unbefestigten Straße lässt es sich wunderbar übernachten. Kurz bevor man ans Wasser gelangt, links abbiegen.

Isla de Ometepe

Sehenswertes

1 Cascada San Ramón E5
2 Museos El Ceibo A3
3 Reserva Charco Verde C3

Aktivitäten, Kurse & Touren

4 Ojo de Agua D3

Schlafen

5 Albergue Ecológico El Porvenir B5
6 Caballito's Mar D4
7 El Encanto A5
8 El Zopilote Finca Ecológica B5
9 Finca del Sol B5
10 Finca Magdalena B5
11 Finca Samaria A3
12 Hacienda Mérida D4
13 Hospedaje Así es Mi Tierra B5
14 Hospedaje Soma A2
15 Hotel Casa Istiam A5
16 Hotel Castillo D2
17 Hotel Charco Verde B3
18 Hotel Villa Paraíso A5

Essen

Café Campestre .... (s. 13)

Auf halber Strecke zwischen Esquipulas und San José del Sur führt eine 2 km lange schattige Straße zu den **Museos el Ceibo** (☎8874-8706; www.museoselceibo.com; ein Museum/beide Museen 5/8 US$; ⏲8–17 Uhr), die archäologische Artefakte und Münzen beherbergen.

Rund 10 km von Moyogalpa entfernt liegt an der Straße nach Altagracia die **Reserva Charco Verde** (0,75 US$). Ein Wanderweg führt durch die Wälder, in denen Affen und viele Vögel zu sehen sind. Von der hübschen **Playa Bancón** blickt man hinüber zur **Isla de Quiste**.

In dem Gebiet gibt's drei Unterkünfte, die vorsichtshalber reserviert werden sollten. Das **Hotel Finca Venecia** (☎8887-0191; DZ 25 US$, Hütten mit Ventilator/Klimaanlage ab 30/50 US$; P❄📶) ist eine der besseren Adressen in diesem Teil der Insel. Die 20 Hütten und vier einfachen Zimmer sind nicht weit vom Strand entfernt. Ein paar Hundert Meter weiter östlich befindet sich das **Hotel Charco Verde** (☎2560-1271; www.charcoverde.com.ni; Charco Verde, San José del Sur; 2-/3-Pers.-Hütten ab 48/70 US$; ❄📶) mit modernen Hütten (nach einer mit Seeblick fragen) und Standardzimmern.

Ein paar Kilometer entfernt liegt das völlig abgeschiedene **Hotel El Tesoro del Pirata** (☎8927-2831; Valle Verde; DZ mit Ventilator/Klimaanlage 25/35 US$; ❄📶🍴) mit nüchternen, funktionalen Beton-*cabañas* (Hütten) zwischen den Bäumen an einem netten, geschützten Strand. Die Anlage befindet sich 1 km abseits der asphaltierten Straße und ungefähr 14 km von Moyogalpa entfernt.

Altagracia

7000 EW.

Das besser als Moyogalpa vor den gelegentlichen Lavaströmen des Volcán Concepción geschützte Altagracia ist die ursprüngliche indigene Hauptstadt von Ometepe und unverändert die wichtigste Siedlung auf der Insel. Für Reisende gibt's hier nicht viel zu sehen, aber der Ort eignet sich als Ausgangspunkt zum Erkunden der Umgebung. Und wer erst spät mit dem Boot aus Granada ankommt, findet hier erst mal eine Bleibe für die Nacht.

Schlafen & Essen

Hotel Castillo HOTEL $
(☎2569-4403; www.hotelcastillo-ometepe.blogspot.com; iglesia, 1 c S, ½ c O; B/EZ/DZ ab 6/8/15 US$; ❄@📶) Luxuriös ist anders, aber das Castillo ist zumindest recht sauber, in leuchtenden Farben gestrichen und verfügt über zwei Aufenthaltsbereiche. Für eine Klimaanlage – so sie denn funktioniert – müssen ein paar Dollar mehr auf den Tisch gelegt werden. Zum Hotel gehört ein gutes Restaurant (Gerichte 3–5 US$), wo richtiger Kaffee gebrüht wird. Außerdem kann man hier Touren organisieren und Fahrräder leihen.

Hospedaje Kencho HOTEL $
(☎8944-4087; Casa Cural, 1 c S; Zi. ohne Bad 3 US$ pro Pers., EZ/DZ mit Ventilator 5/7 US$, Zi. mit Klimaanlage ab 30 US$; ❄) Ein Budgettipp mit etwas heruntergekommenen Zimmern, die aber sauber sind. Freundliche Besitzer. Die Tagesgerichte im angeschlossenen Restaurant genießen bei Travellern einen sehr guten Ruf.

Playa Santo Domingo & Santa Cruz

Vom Winde verwehte Sandstrände und viele der schönsten Zimmer der Insel gibt's südöstlich von Altagracia an dem langen, hübschen Lavaisthmus mit der Playa Santo Domingo.

Wenn man auf der Hauptstraße der Insel Richtung Süden nach Santa Cruz fährt, wird der Strand immer leerer. Santa Cruz selbst wartet mit ein paar Esslokalen und Unterkünften sowie wunderschönen Ausblicken auf.

Aktivitäten

Die Hauptattraktion ist der **Strand**, ein je nach Wasserstand 30 bis 70 m breiter Streifen aus grauem Vulkansand, der sich auf dem Höhepunkt der Regenzeit fast bis zur Ufermauer zurückzieht.

Das Hotel Finca Santo Domingo und andere Anbieter am Ort verliehen Fahrräder und Reitpferde.

Ojo de Agua SCHWIMMEN
(3 US$; ⏲Sonnenauf- bis Sonnenuntergang) Ein netter Spaziergang durch eine Bananenplantage führt zu diesem gut ausgeschilderten, schattigen Badeteich rund 1,5 km nördlich der Playa Santo Domingo. Das mineralreiche Wasser blubbert aus 35 kleinen unterirdischen Quellen hervor und hat eine Durchschnittstemperatur von 22 bis 28 °C – erfrischend!

Schlafen & Essen

Hotel Casa Istiam HOTEL $
(☎8844-2200; DZ ab 20 US$; ❄📶) Das einfache Hotel ungefähr auf halber Strecke zwischen der Playa Santo Domingo und Santa Cruz besitzt ein ordentliches Restaurant, das auch Nichtgästen offensteht. Auf der anderen Straßenseite liegt der Strand und hinterm Haus fließt der Río Istiam vorbei.

Finca del Sol LODGE $$
(☎8364-6394; www.hotelfincadelsol.com; Santa Cruz; 2-Pers.-Hütten ab 49 US$; 📶) 🍃 Ruhige, umweltfreundliche Hütten mit eigener Veranda, kostenloser Fahrradverleih, auf Wunsch Lunchpakete, ein Frühstück mit tropischen Früchten aus dem Garten – und das Ganze mit Sonnenenergie betrieben? Wir haben in dieser Ecke der Insel, im Dorf Santa Cruz, ein echtes Paradies entdeckt. Man kommt von hier sogar zu Fuß zum Strand.

El Encanto HOTEL $$
(☎8867-7128; www.goelencanto.com; Santa Cruz; DZ/Hütte ab 35/70 US$) Die Zimmer des auf einer Bananenplantage gelegenen Hotels sind einfach, aber nett eingerichtet und verfügen über große Fenster mit Moskitogitter und saubere moderne Bäder. Von den Hängematten vor den Zimmern bieten sich tolle Ausblicke auf den See. Das Restaurant wird für seine Mischung aus Nica-Klassikern und ausländischen Gerichten wie Currys in höchsten Tönen gelobt. Außerdem gibt's Vollkornbrot und mehrere vegetarische Speisen.

Hotel Villa Paraíso HÜTTEN $$
(☎2569-4859; www.villaparaiso.com.ni; DZ/Hütte ab 35/75 US$; P❄@📶) Das einladende Strandhotel vermietet die besten Zimmer in Santo Domingo. Die eleganten *cabañas* haben Klimaanlage und eigene Terrassen. Beim tollen Personal kann man Touren buchen und das Hotelrestaurant ist phantastisch.

Von Santo Cruz nach Balgüe

Die Nordhänge des Volcán Maderas zählen zu den Hotspots der Insel, denn hier befinden sich viele der schönsten Unterkünfte und Restaurants und es bestehen tolle Möglichkeiten für Ausritte, zum Wandern und zum Relaxen.

Schlafen

★ **Finca Magdalena** HOSTEL $
(☎8418-5636; www.fincamagdalena.com; Hängematten oder Zeltstellplätze 4 US$ pro Pers., B/DZ 12/23 US$, Hütten 46 US$; @) Die Finca Magdalena an den Hängen des Volcán Maderas ist eine Kaffeeplantage mit einem klassischen Backpackerhostel. Ein wackelig anmutendes Bauernhaus aus Holz beherbergt die Privat- und Mehrbettzimmer, die mal wieder eine Auffrischung nötig hätten. Doch angesichts der weiten Ausblicke auf den See und den Volcán Concepción, der üppig grünen Umgebung und des guten Essens sind sie auch so für ein paar Tage okay. Von der Bushaltestelle geht es 1,5 km hoch zur *finca*.

El Zopilote Finca Ecológica HOSTEL $
(☎8961-8742; www.ometepezopilote.com; 200 m von der Straße den Weg hoch; Hängematte/B 4/7 US$, 2-Pers.-Hütten ab 16 US$;) In diesem hippiemäßig wirkenden Refugium bleiben viele Gäste länger hängen als geplant. Der recht große Biobauernhof bietet an einem dicht bewachsenen Hang unterschiedliche Schlafgelegenheiten. Die Dorms sind einfach und die Zimmer rustikal (aber ganz reizend) und es gibt einen coolen Aufenthaltsbereich, einen Yogaraum und ein Biorestaurant.

Die *finca* liegt landeinwärts von der Straße. Man folgt dem Pfad links vom umgebauten Schulbus/Biomarkt und geht dann 200 m nach rechts zu einer an einem Grashang gelegenen Ansammlung von traditionellen Strohdachhütten – immer den Schildern nach.

Hospedaje Así es Mi Tierra PENSION $
(☎8493-0506; www.mitierraometepe.com; Zi. 20 US$) Am südlichen Ende des Orts steht dieser niedliche kleine Familienbetrieb mit einfachen, aber funktionellen Zimmern. Das Beste daran ist sicher der Dschungelpfad, der zu einem Kieselstrand hinabführt. Dort wartet ein offener Bungalow regelrecht darauf, dass Gäste hier bei einer Flasche *cerveza* (Bier) in einer Hängematte die Seele baumeln lassen.

Essen

★ **Café Campestre** INTERNATIONAL $$
(☎8571-5930; www.campestreometepe.com; Gerichte 3–8 US$; ⌚11.30–21 Uhr;) In dem beliebten Café werden Zutaten vom benachbarten Biohof verarbeitet und es gibt für jeden Geschmack etwas: guten Kaffee, frisch gebackenes Brot, große Salate und internationale Gerichte, von Hummus bis Thai-Currys. Weitere Pluspunkte: Einrichtungen für Kinder und kostenloses WLAN.

Von Santa Cruz nach Mérida & San Ramón

Dieser Abschnitt der Straße ist zwar dichter besiedelt als der restliche Süden der Insel, doch er wirkt trotzdem noch wild und ungezähmt. Wie auch anderswo auf Ometepe sind die Straßen in einem lächerlichen Zustand – außer in der Regenzeit, dann vergeht einem das Lachen – und die Busverbindungen ziemlich lückenhaft.

Sehenswertes

Cascada San Ramón WASSERFALL
(3 US$) Dieser atemberaubende Wasserfall zählt zu den echten Highlights der Insel. Der steile, aber leicht zu findende Weg hierher (4 Std. hin & zurück) beginnt bei der Estación Biológica de Ometepe. Der Pfad hat leider etwas von seinem Reiz verloren, da viele Bäume abgeholzt wurden, aber oben im Moos ist es immer noch herrlich und an einem heißen Tag kann man sich hier wunderbar abkühlen.

Aktivitäten

Da sie recht geschützt ist, eignet sich diese Seite der Insel sehr gut zum **Kajakfahren**. Ein offensichtliches Ziel ist die **Isla del Congo**, die heute **Isla de los Monos** (Affeninsel) heißt – hier tummeln sich die Nachkommen von vier Klammeraffen. Klammeraffen gibt's sonst nirgends auf der Insel (nur Brüllaffen und Weißschulterkapuziner), sodass sich diese Kreaturen vielleicht etwas einsam fühlen. Man sollte ihnen trotzdem nicht zu nahe kommen, denn diese kleinen Jungs und Mädels beißen. Den der Insel am nächsten gelegenen Kajakverleih hat die Hacienda Mérida.

Der zweite klassische Kajaktrip führt zum **Río Istiam**, einem sumpfigen Seearm mit Schildkröten, Kaimanen, dem einen oder anderen Brüllaffen und verschiedenen Vögeln. Den dem Flussbeginn am nächsten gelegenen Kajakverleih hat Caballito's Mar; dort gibt's auch Guides, die wissen, wo sich die Tierchen alle so rumtreiben.

Schlafen & Essen

★ **Hacienda Mérida** HOTEL $$

(☎8868-8973; www.hmerida.com; Zeltstellplatz oder Hängematte 5 US$ pro Pers., B 8 US$, Zi. mit/ohne Seeblick 35/25 US$; P @) Die mit Abstand schönste Budgetunterkunft in der Gegend (mit ein paar sehr netten mittelteuren Zimmern) befindet sich im Süden von Mérida. Hier wird so ziemlich jede Aktivität angeboten, die man sich vorstellen kann: Vulkanwanderungen, Kajaktouren, Segeln, Schwimmen u. v. m., und es können ausgezeichnete Mountainbikes ausgeliehen werden. Die besten Zimmer befinden sich oben, sie haben einen umwerfenden Seeblick und teilen sich einen Balkon mit supergroßen Hängematten.

Caballito's Mar HOSTEL, PENSION $$

(☎8842-6120; www.caballitosmar.com; B/Zi./Hütte 8/25/35 US$) Rund 1 km vor Mérida weist ein Schild den Weg zu einem schlichten Hostel und Gästehaus direkt am Strand; vom Bar-Restaurant eröffnet sich eine schöne Aussicht auf den See. Die Gäste haben die Wahl zwischen einfachen Dorms, Privatzimmern und Hütten. Dies ist außerdem die beste Adresse für eine **Kajaktour** auf dem Río Istiam (25 US$ pro Pers.) oder Ausflüge auf eigene Faust zur nahen Isla del Congo.

Albergue Ecológico El Porvenir LODGE $$

(☎8438-4851; www.hotel-elporvenir-isladeometepe.com; EZ/DZ ab 11/23 US$; P) Diese sonnenverwöhnte Lodge samt Restaurant am Fuß des Volcán Maderas hat einfach alles: einen tollen Blick auf den Vulkan, Petroglyphen umgeben von einem hübschen Garten, ein Restaurant, in dem preiswertes Essen serviert wird, und einfache, aber geräumige Zimmer. Außerdem lässt sich hier alles von Ausritten bis zu geführten Wanderungen organisieren.

An- & Weiterreise

Wer ganz entspannt zur Isla de Ometepe gelangen möchte, nimmt am besten ein Boot von San Jorge nach Moyogalpa oder San José del Sur (17 km). Jeden Tag legen zwischen 7 und 17.45 Uhr 18 Boote ab (1,50–3 US$, 1 Std.). Die meisten Fähren steuern Moyogalpa an, doch einige kleinere Boote fahren stattdessen nach San José del Sur. Von November bis Februar kann der See besonders am Nachmittag recht aufgewühlt sein.

Außerdem verkehren Fähren von Altagracia nach Granada und San Carlos, jedoch waren diese Verbindungen bei Redaktionsschluss bis auf unbestimmte Zeit eingestellt. Aktuelles dazu steht unten auf der Seite mit den Fährfahrplänen auf www.ometepenicaragua.com. Sollten die Fähren wieder fahren und man trägt sich mit dem Gedanken, nur eine Strecke zwischen Granada und Altagracia mit dem Schiff zu fahren, sollte man von Granada aus fahren – dann reist man tagsüber, hat schöne Ausblicke und kommt am späten Nachmittag an. Die Fähre von Altagracia nach Granada legt abends und kommt frühmorgens an.

Die meisten Boote können problemlos Fahrräder und andere Ausrüstung transportieren. Wer ein Auto mitnehmen möchte, muss eventuell auf einen freien Platz warten; ansonsten ist keine Buchung erforderlich. Fußgänger zahlen auf der Fähre.

Unterwegs vor Ort

Die Südschleife zwischen Moyogalpa und Altagracia, den beiden größten Orten der Insel, ist eine einwandfrei asphaltierte Straße. Die anderen Straßen sind in unterschiedlichem Zustand. Die Insel ist größer als sie aussieht, und nur wenige Entfernungen lassen sich wirklich zu Fuß bewältigen. Durch den Mangel an Verkehr ist Trampen nicht wirklich eine Option (obwohl praktisch jeder vorbeikommende Pick-up Tramper mitnimmt), sodass ein eigener fahrbarer Untersatz ratsam ist.

AUTO & MOTORRAD

In Moyogalpa werden Autos und Motorräder vermietet. Motorradverleih (ca. 25 US$ pro Tag) gibt's auch auf der anderen Seite der Insel rund um die Playa Santo Domingo.

Ein Auto zu leihen ist nicht ganz so einfach: Mietwagen sind rar und können bis 100 US$ am Tag kosten. Besser ist es wahrscheinlich, vom Festland ein Mietauto mitzubringen.

BUS

Es gibt nur eine Hauptstraße auf der Insel – das vereinfacht das Ganze. Doch bevor man einen Bus besteigt, sollte man einen guten Blick auf die Karte werfen und sich auf www.ometepenicaragua.com die aktuellen Busfahrpläne anschauen. Zwar fahren regelmäßig Busse, doch die furchtbaren Straßen im südlichen Teil der Insel setzen den Vehikeln übel zu. Die Fahrpläne ändern sich ständig. Zwischen Moyogalpa und Altagracia fahren stündlich Busse, sonntags weniger. Alle Busse von Moyogalpa zur Maderas-Seite der Insel halten rund eine Stunde später in Altagracia, bevor sie hinter der Playa Santo Domingo die Landenge überqueren.

In Santa Cruz halten sich die Busse rechts (Richtung Süden) nach Mérida und San Ramón bzw. links (Richtung Osten) nach Balgüe – eventuell zur Weiterfahrt nach La Palma. Im südöstlichen Teil der Insel, zwischen San Ramón und La Palma, fahren überhaupt keine Busse.

TAXI

Taxis sind selten und teuer, bei allen handelt es sich um Minibusse, Jeeps oder Allradjeeps. Sie kommen immer zu den Fährankünften. Ansonsten kann über die Unterkunft ein Taxi organisiert werden – unbedingt ein paar Stunden im Voraus bestellen!

Ein Taxi von Moyogalpa kostet mindestens 20 US$ nach Altagracia, 20 US$ nach Playa Santo Domingo, 25 US$ nach Balgüe, 30 US$ nach Mérida und 45 US$ nach San Ramón. Vielleicht werden einem höhere Preise genannt – und auf einer so abgelegenen Insel hat man eigentlich keine andere Wahl, als den verlangten Preis zu zahlen.

SÜDLICHE PAZIFIKKÜSTE

Die Pazifikstrände im Südwesten Nicaraguas bieten tolle Möglichkeiten zum Surfen und Sonnenbaden. Um zu den **Tola-Stränden** zu gelangen (von El Astillero bis Playa Gigante), muss man durch Rivas und Tola hindurch zur Küste fahren. Zwischen Veracruz und El Astillero gibt es an der Küste nur sehr raue Allradpisten. Das Tor zu den Stränden zwischen der Playa Marsella im Norden bis hinunter nach El Ostional ist San Juan del Sur.

San Juan del Sur

15 500 EW.

Das entspannte San Juan del Sur ist der Dreh- und Angelpunkt zwischen den südlichen Pazifikstränden, ein nettes Städtchen voller viktorianischer Holzhäuser und einer Christusstatue an einem benachbarten Hang. Ständig kommen neue junge Reisende und Surfer aus dem Ausland an, die die recht zahlreichen Restaurants, Kneipen, Geschäfte und Clubs bevölkern.

In dem einst verschlafenen Fischerdorf selbst gibt es zwar keinen Traumstrand – dafür muss man entweder nach Norden oder Süden fahren –, aber der halbmondförmige Strand sieht aus wie mit Rohrzucker bestreut und bietet sich für einen Spaziergang zum Sonnenuntergang an. Und dazu kommen in praktischer Entfernung zum Ort noch einige erstklassige Surfspots. Was braucht es mehr für ein traumhaftes Abenteuer im Paradies?

Aktivitäten

Die besten Surfbedingungen herrschen im Allgemeinen von April bis Dezember, aber dafür muss man sich die Wellen in der Nebensaison natürlich mit weniger Leuten teilen. Am nördlichen Ende des Strands ist ein Beach Break, die meisten Surfer lassen sich jedoch mit dem Boot zu den Stränden weiter nördlich oder südlich fahren (bzw. übernachten gleich dort). Das Casa Oro Hostel betreibt täglich ein Shuttle zur Playa Maderas.

In San Juan del Sur verleihen mehrere Anbieter Fahrräder. Beliebt ist auch die Wanderung zum Aussichtspunkt bei der Statue des **Cristo de la Misericordia** (Statue des Barmherzigen Christus; 2 US$; 8–17 Uhr) hoch über der Stadt.

★ **Da Flying Frog** CANOPY-TOUR
(8613-4460; www.daflyingfrog.com; 30 US$ pro Pers; Mo–Sa 8–16 Uhr;) Die beliebte und professionell geführte Baumwipfeltour ist ein Spaß für die gesamte Familie. Mit 17 Plattformen und 2,5 km an Kabeln ist dies einer der größten Zipline-Parcours in Nicaragua. Während der Fahrt zur außerhalb der Stadt an der Straße zur Playa Maderas gelegenen Anlage (Abholung möglich) sind Affen und Vögel zu sehen.

Good Times Surf Shop SURFEN
(8675-1621; www.goodtimessurfshop.com; zw. El Gato Negro & Barrio Café; 7.30–19 Uhr) Verleiht Ausrüstung und organisiert Shuttles, Surfunterricht und Tagesausflüge zu Surfspots in der Nähe.

Rancho Chilamate REITEN
(8849-3470; www.ranchochilamate.com; Escamequita; Tages-/Sonnenuntergangsritt 75/79 US$) Tolle Reitmöglichkeiten auf einer schönen Ranch rund 20 Autominuten südlich von San Juan del Sur (Abholung inklusive). Die dreistündigen Ausritte finden jeweils bei Ebbe statt. Die Teilnehmer müssen mindestens 18 Jahre alt sein.

Kurse

APC Spanish School SPRACHKURSE
(8450-8990; www.spanishschoolapcsjds.com; Casa de Cultura, Av del Mar s/n, BDF Bank, 20 m S; ab 120 US$ pro Pers. & Woche, mit Unterkunft ab

San Juan del Sur

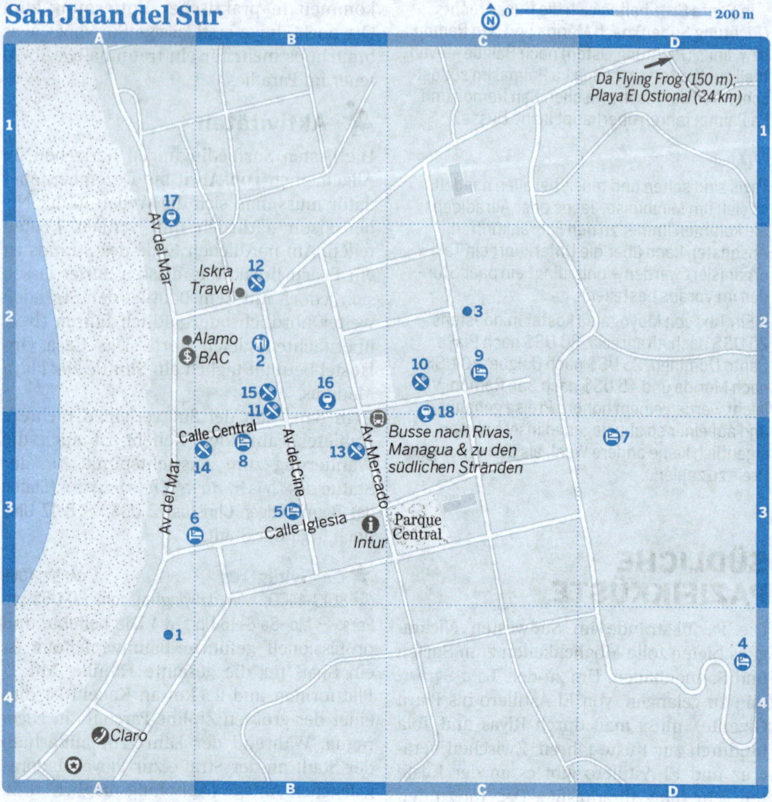

195 US$) Diese Sprachschule bietet Unterbringung, Touren, ein Kulturzentrum und Möglichkeiten zur Freiwilligenarbeit.

Spanish Corner School SPRACHKURSE
(☎2568-2142; www.spanishcornerschool.com; Royal Chateau Hotel, 1 c N; Unterricht 1 Std./10 Std./20 Std. 9/80/125 US$; ⏲8–22 Uhr) Spanischunterricht mit Fokus auf nicaraguanischer Geschichte und Kultur.

Schlafen

★ **Casa Oro Hostel** HOSTEL $$
(☎2568-2415; www.casaeloro.com; Av del Cine, Parque Central, 1 c O, 50 m N; B/DZ ab 10/32 US$; ❄@📶) Backpacker-Bastion mit allem Pipapo: tollem Infozentrum, kostenlosem Frühstück, Gemeinschaftsküche, Lounge, Gratis-WLAN (das man mit zur Verfügung gestellten iPads nutzen kann), Dachbar mit Meerblick und guter Stimmung zu jeder Tages- und Nachtzeit. Die Dormbetten und Zimmer sind nicht reservierbar. Die Casa Oro betreibt außerdem die beliebtesten und zuverlässigsten Strandshuttles – aktuelle Fahrpläne auf der Website.

Buena Onda Backpackers Hostel HOSTEL $$
(☎8743-2769; www.sanjuandelsurbackpackers.com; Casa de Dragon, 50 m a mano izquierda, Barrio Frente Sur; DZ mit/ohne Ausblick 26/21 US$; 📶) Das ruhige Hostel ein paar Minuten oberhalb vom Zentrum San Juan del Sur in einem als Barrio Frente Sur bekannten Viertel am Hang wartet mit einer lockeren Atmosphäre und schönen Ausblicken auf, besonders von der Dachterrasse. Auch einige Zimmer haben Meerblick. Mit Gemeinschaftsküche.

Rositas Hotel HOTEL $$
(☎8326-7733; www.rositashotel.com; mercado, 1½ c O; DZ/3BZ/4BZ ab 33/39/45 US$) Das klassische Hotel hat in die Jahre gekommene, ziemlich schräge Zimmer, bietet aber ein tol-

San Juan del Sur

Aktivitäten, Kurse & Touren
1 APC Spanish School A4
2 Good Times Surf Shop B2
3 Spanish Corner School C2

Schlafen
4 Buena Onda Backpackers Hostel D4
5 Casa Oro Hostel B3
6 El Coco Azul B3
7 Pelican Eyes Resort D3
8 Rositas Hotel B3
9 Royal Chateau Hotel C2

Essen
10 Asados Juanita C2
11 Barrio Café B2
12 El Gato Negro B2
13 G&G Gourmet B3
14 Super Frutto B3
15 Taco Stop B2

Ausgehen & Nachtleben
16 Bar Republika B2
17 Howler Bar A1
La Cascada ....(s. 7)
18 San Juan del Sur Cervecería C2

les Preis-Leistungs-Verhältnis. Es liegt nur einen halben Häuserblock vom Strand und besitzt einen luftigen Aufenthaltsbereich im ersten Stock. Man hat die Wahl zwischen einem „ruhigen" Zimmer und einem mit schönem Balkon zur Straße raus.

El Coco Azul HOTEL $$$
(☎2568-2697; www.elcocoazul.com; Av del Parque; Calle Iglesia; DZ mit/ohne Bad 60/50 US$; 📶) „Die blaue Kokosnuss" ist ein kleines Hotel im Boutiquestil, in fröhlichem Blau und Weiß gestrichen, jugendlich und erschwinglich. Es liegt nicht nur bloß einen Katzensprung vom Strand entfernt, sondern hat auch einladende Aufenthaltsbereiche und saubere, luftige Zimmer, jedes mit eigenem Balkon.

Royal Chateau Hotel HOTEL $$$
(☎2568-2551; www.hotelroyalchateau.com; mercado, 1 c E; DZ ab 75 US$; P ❄ 📶) Der Name Royal Chateau führt einen auf die falsche Fährte: Hier handelt es sich eher um ein Motel mit Tropenmotto als um ein Hotel. Aber es ist preiswert und hat helle, geräumige moderne Zimmer rund um einen Parkplatz voller Palmen. Wem das Klettern nichts ausmacht, sollte sich ein Zimmer ganz oben nehmen, geschmückt mit naiver Kunst und gesegnet mit weiten Blicken auf die Bucht.

Essen

★ Barrio Café INTERNATIONAL $
(www.barriocafesanjuan.com; Av del Cine & Calle Central; Gerichte 3–8 US$; ⏰6.30–22 Uhr) Ausgezeichneter Kaffee, tolles Frühstück, fabelhaftes *ceviche*, ein durch und durch nicaraguanisches Personal und kräftige, fruchtige Rumcocktails – was will man mehr? Das luftige Café in zentraler Ecklage nur eine Straße vom Strand gehört zu einem schönen Boutiquehotel.

Asados Juanita NICARAGUANISCH $
(Av Mercado; Hauptgerichte 3–5 US$; ⏰Mo–Sa 18–22 Uhr) Rauchwolken geleiten einen zu dieser äußerst beliebten Freiluft-*fritanga* (Grilllokal). Hier haben Hungrige die Qual der Wahl zwischen Steak und Huhn, süßen oder herzhaften Bananen und *gallo pinto*. Ob vor Ort verspeist oder mitgenommen: das Essen ist köstlich und nicht teuer.

El Gato Negro CAFÉ $
(UNO-Tankstelle, 2½ c O; Sandwiches & leichte Mahlzeiten 4–7 US$; ⏰7–15 Uhr; 📶) 🌿 Dieses hippiemäßige Café hat das übliche Programm an Kaffee, Säften und Obsttellern, außerdem Crêpes, Bagels und andere Frühstücksspeisen. Extrapunkte gibt's für die große Lounge und den schattigen Patio hinterm Haus, wo man toll andere Traveller treffen kann, sowie die hervorragende Auswahl an neuen und gebrauchten Büchern.

Super Frutto EISCREME $
(Hotel Estrella, ½ c E; Eiscreme 2–3 US$) Vielleicht die beste kalte Leckerei in ganz Nicaragua: Super Frutto überzeugt durch fabelhaftes italienisches Eis aus eigener Herstellung.

Taco Stop TEX-MEX $
(www.tacostopnicaragua.com; Av del Cine; Hauptgerichte 3–7 US$; ⏰8.30–5.30 Uhr) Diese zentral gelegene Filiale der modernen nicaraguanischen Taco-Kette bietet Tacos, Quesadillas, Burritos, Salate und Suppen, alles zum Mitnehmen oder zum Verspeisen vor Ort. Und der Laden hat fast nie geschlossen. Am anderen Ende desselben Karrees befindet sich ein Taco-Rivale.

G&G Gourmet INTERNATIONAL $$$
(☎7789-7460; www.ggsanjuan.com; mercado, 25 m S; Hauptgerichte 9–13 US$; ⏰Di–Sa 18.30–22 Uhr) Das noble G&G, das einem guatemaltekisch-argentinischen Paar gehört, sticht aus dem Angebot in diesem entspannten Strandort deutlich hervor. Auf der knappen Karte stehen Gourmetgerichte wie in Passionsfrucht

marinierte Shrimps, Meeresfrüchte-Risotto und *pasta vongole* (schmeckt ausgezeichnet). Das Schokoladenvulkandessert des Hauses genießt einen erstklassigen Ruf. Reservieren!

Ausgehen & Nachtleben

San Juan del Sur Cervecería BIERKNEIPE
(www.sjdsbrewers.com; Av Mercado; ⌚Mi–Mo 11–2 Uhr) Nicaraguas erste Craft-Brauerei ist – kaum überraschend – ein großer Erfolg. In der von US-amerikanischen Bierenthusiasten gegründeten Kneipe im eleganten Industriechic kann man toll ein paar der hauseigenen Biere vom Fass probieren, z. B. das schokoladige Pelibuey-Porter oder das rosige, würzige Weißbier. Manchmal gibt's Livemusik, am Wochenende lockt ein Brunch und sonntags finden um 12 Uhr kostenlose **Brauereiführungen** statt.

Howler Bar BAR
(am Strand; ⌚11–2 Uhr) Die Howler Bar gegenüber vom Strand, mit Plätzen drinnen wie draußen, bietet unter einer offenen Stroh-*palapa* von allem etwas: frische Smoothies und lateinamerikanisches Essen, Livemusik, Kinoabende und Kulturevents, Craft-Cocktails und Tanz spät am Abend. Die Barkeeper sind berühmt für ihre *micheladas* (Biercocktails).

Bar Republika BAR
(Calle Central; Gerichte 3–8 US$; ⌚8.30 Uhr bis spät) Wer von Toña und Rum genug hat, kann diese hipsterfreundliche Bar im französischen Stil ansteuern. Hier werden z. B. Martinis, White Russians und Gin Tonics kredenzt, außerdem gibt's Essen, von Tacos und Burgern bis zu Salaten und Pitabrot mit Hummus. Auch zum Frühstück geöffnet.

La Cascada BAR
(www.pelicaneyesresort.com; Pelican Eyes Resort; ⌚7–22 Uhr) Die Bar und das Restaurant des auf einem Hügelchen gelegenen Resorts **Pelican Eyes** (☎2563-7000, App. 310; www.pelicaneyesresort.com; DZ ab 170 US$, Villa für 4 Pers. 490 US$; ❄📶🏊) ist toll für Sonnenuntergangsdrinks – zur Happy Hour dürfen auch Gäste von auswärts oft den kleinen, aber reizend gelegenen Pool benutzen Mittwochabends (manchmal auch an anderen Tagen) gibt's Livemusik und sonstige Unterhaltung.

Praktische Informationen

Bei Dunkelheit nicht allein am Strand entlangspazieren! Nach einem Kneipenbummel in einer großen Gruppe nach Hause gehen oder ein Taxi nehmen.

BAC (Hotel Casa Blanca, Av del Mar) MasterCard-Geldautomat im Hotel Casa Blanca.

Claro (Av del Mar s/n) Hier sind SIM-Karten erhältlich.

Intur (☎2568-3022; Calle Iglesia, frente Parque Central) Gut ausgestattet mit Broschüren.

Polizei (☎2453-3732, 8453-3732; final, Av del Mar)

An- & Weiterreise

Mehrere Veranstalter in San Juan del Sur bieten Shuttles zu den Stränden im Norden und Süden. Die Shuttles des Hostels Casa Oro (S. 502) z. B. fahren viermal täglich zur Playa Maderas (hin & zurück 5 US$), zweimal täglich zur Playa Hermosa (hin & zurück 8 US$) und einmal täglich zur Playa Remanso (hin & zurück 8 US$). Im Ort wird auch für Shuttles zu anderen Stränden in der Gegend geworben, u. a. zu beliebten Zielen wie der Playa Marsella und der Playa Majagual.

AUTO

Alamo (☎2277-1117; www.alamonicaragua.com; Av del Mar) verleiht Pkws und Allradfahrzeuge. Letztere sind wohl besser, besonders wenn man die Strände nördlich der Stadt anvisiert.

BUS

An der Bushaltestelle vor dem Markt fahren regelmäßig Busse mit folgenden Zielen ab:

Rivas (1 US$, 45 Min., 6–18 Uhr, etwa alle 30–60 Min.) Dort kann man in Busse nach z. B. Granada und Managua umsteigen.

Südliche Strände (1,50 US$, 20 Min.–1 Std., 3- bis 4-mal tgl.) Busse zur Playa Remanso, zur Playa El Coco, zum Refugio de Vida Silvestre La Flor und zur Playa El Ostional. Die Abfahrtszeiten ändern sich manchmal; die Mitarbeiter der Hostels in San Juan del Sur wissen in der Regel Bescheid. Die Busverbindungen zu den Stränden südlich der Stadt sind zwar regelmäßig, hängen jedoch stark von den Straßenbedingungen ab. In der Regenzeit sind oft viel weniger Busse unterwegs (und manche Fahrten werden komplett gestrichen).

Shuttlebus

Mehrere Reisebüros und andere Anbieter in der Stadt wie **Iskra Travel** (☎2568-2054; www.iskratravel.com; UNO-Tankstelle, 2½ c O; Shuttle nach San Jorge oder Granada 30 US$, Shuttle nach Managua 40 US$; ⌚9–18 Uhr) bieten Shuttles nach Managua, Granada, Masaya, San Jorge (zur Fähre nach Ometepe), zur costa-ricanischen Grenze und zu anderen Zielen an. Vorausbuchen!

TAXI

Taxis warten am Markt. Theoretisch hat jeder Fahrer eine Liste mit festen Preisen für die

Ziele außerhalb der Stadt, doch es werden auch andere Preise genannt. Am besten schließt man sich mit anderen Reisenden zusammen.

Die Strände nördlich von San Juan del Sur

Die wunderschönen Strände nördlich von San Juan del Sur – Maderas, Majagual, Marsella und Ocotal – locken Surfer und Sonnenanbeter gleichermaßen an. Und die Szene wächst immer weiter: An der Küste schießen Yoga-Retreats und Boutiquehotels aus dem Boden und an den Surfspots kann es in der Hochsaison voll werden.

Playa Maderas

Die hübsche Playa Maderas ist ein beliebter Treffpunkt von Backpackern und Surfern mit einem der besten Beach Breaks des Landes. Zwischen den felsigen Ecken kann man wunderbar im seichten Wasser planschen und dann sind da wieder breite Sandstreifen zum Sonnenbaden ... Die berühmte Surfwelle wird manchmal Los Playones genannt; sie ist langsam und befindet sich in ziemlich tiefem Wasser (2 m), sehr günstig für Anfänger. Sie besteht aus zwei Right und zwei Left Breaks (bei Flut bilden sich surfbare Tubes).

Schlafen & Essen

Matilda's Hostal HOSTEL $
(☎8456-3461; www.hostalmatilda.com; Playa Maderas; B/EZ/DZ ab 10/15/25 US$) Einfacher, aber beliebter familiengeführter Komplex mit Surferhütten und einfachen Zimmern.

Casa Maderas Ecolodge LODGE $$
(☎8786-4897; www.casamaderas.com; empalme Playa Maderas–Marsella, 200 m N; B/EZ/DZ/3BZ 18/38/42/48 US$;) Das preiswerte, lodgeartige Hostel in der Nähe der Strände Maderas und Marsella befindet sich auf einem 3 ha großen Grundstück mit dschungelähnlichen Terrassengärten. Zur Auswahl stehen Dormbetten mit Moskitonetzen und behagliche Hanghütten. Das Essen ist eher durchschnittlich und der Strand ist zehn Minuten zu Fuß entfernt – insgesamt aber ein recht gutes Preis-Leistungs-Verhältnis.

Tacos Locos MEXIKANISCH $$
(am Strand, Playa Maderas; Gerichte 6–14 US$) In dem luftigen Tacoladen am Strand kann man an heißen Tag gut Zuflucht vor der Sonne suchen.

An- & Weiterreise

Die meisten Reisenden kommen mit einem eigenen Allradfahrzeug zu diesen Stränden oder nehmen von San Juan del Sur einen Shuttle.

Die Shuttles (5 US$, 4-mal tgl.) der Casa Oro (S. 502) setzen ihre Fahrgäste an der Playa Maderas ab, einen kurzen Spaziergang von Majagual entfernt.

Eine weitere Möglichkeit ist die Anfahrt von San Juan del Sur mit dem Taxi. Das kostet pro Fahrzeug 10 bis 30 US$. Entweder man bucht eins über seine Unterkunft oder handelt mit den lizenzierten Taxifahrern beim Markt einen Preis aus.

Die Strände südlich von San Juan del Sur

Auf dem Weg von San Juan del Sur nach Süden Richtung costa-ricanischer Grenze bieten verschiedene kleine Stranddörfer Surfbreaks, Möglichkeiten zur Beobachtung von Meeresschildkröten und stille Gewässer zum Schnorcheln. Dazu kommt noch ein interessantes Tierschutzgebiet, aber wer auf der Fahrt über die hügelige, von Wald gesäumte Straße die Augen offen hält, sieht auch unterwegs jede Menge Affen in den Bäumen. Die Playa Hermosa ist ein Privatstrand, der Eintritt kostet.

Playa Hermosa

Die Playa Hermosa ist ein berühmter Surferstrand mit sage und schreibe fünf Breaks. Außerdem herrscht hier eine coole, weltverlorene Stimmung. Der Strand befindet sich in Privatbesitz, daher ist bei der Playa Hermosa Ecolodge ein Eintrittspreis von 10 US$ zu entrichten. In der Lodge und im Surfcamp können auch Aktivitäten wie Reiten, Segeln, Angeln, Ziplining u. Ä. gebucht werden.

Unmittelbar südlich der Playa Hermosa – und nördlich der Playa El Coco – erstrecken sich die immer beliebter werdenden Strände und Surfbreaks der **Playa Yankee** und der **Playa Escameca**.

Playa El Coco

Die Playa El Coco ist ein Traum: ein spektakulärer Streifen funkelnden Sandes, durchsetzt von Felsen, die so bildschön sind, dass sie die Buchdeckel der Hälfte aller Nicaragua-Reiseführer zieren. Entsprechend hoch sind hier die Preise.

Schlafen & Essen

La Veranera PENSION $$$
(☎8328-6260; www.laveranera.net; Calle Playa el Coco; DZ ab 90 US$, 4BZ mit Gemeinschaftsbad 80 US$;) Das nette Strand-B&B hat nur vier ventilatorgekühlte Zimmer, alle mit Zugang zu einem Pool. Außerdem gibt's eine einfache Bar und ein Restaurant. Insgesamt ist die Pension relativ teuer; ein guter Deal ist das Vierbettzimmer mit Gemeinschaftsbad. Klimaanlage kostet 10 US$ pro Nacht extra.

Puesta del Sol FISCH & MEERESFRÜCHTE $$$
(www.playaelcoco.com.ni/restaurante; Parque Marítimo El Coco, am Strand; Hauptgerichte 9–20 US$; ⏲7 Uhr bis spät;) Das Strandrestaurant serviert neben Frühstück auch Mittagsspezialitäten wie *ceviche* und Meeresfrüchte-Eintopf und -Risotto. Sogar eine Kinderkarte ist vorhanden. Küche und Bedienung sind von wechselhafter Qualität, aber die Ausblicke auf den Sonnenuntergang sind erstklassig.

Refugio de Vida Silvestre La Flor

Das Tierschutzgebiet 20 km südlich von San Juan del Sur, in der Gegend abgekürzt „La Flor" genannt, ist einer der wichtigsten Eiablageplätze der bedrohten Oliv-Bastardschildkröte und der Lederschildkröte. Wer möchte, kann ab San Juan del Sur oder von der Playa Hermosa Ecolodge eine geführte Tour hierher unternehmen.

Selbst ohne Schildkröten ist der Park sehenswert, denn hier leben ein paar Affen und es gibt einen netten, unberührten Strand mit einigen kurzen Wanderwegen. Am nördlichen Ende befindet sich ein recht guter Beach Break (Right und Left Break). Während der Schildkröten-Brutzeit ist der Strand gesperrt.

Man kann im Tierschutzgebiet zelten (20 US$ pro Zelt). Die nächsten Hotels sind an der Playa El Coco.

Playa El Ostional

Nur einen Steinwurf von der costa-ricanischen Grenze entfernt liegt dieses Fischerdorf mit dem schönen braunen Sandstrand, der oft völlig leer ist. In den stillen Gewässern lässt es sich wunderbar schnorcheln und baden. Dieser Strand bietet eine tolle Möglichkeit, dem Trubel der Welt den Rücken zu kehren ohne sich allzu weit von San Juan del Sur zu entfernen. Bei Flut fahren die Fischer mit ihren bunten Holzbooten hinaus aufs Meer – ein tolles Fotomotiv!

Schlafen

Manta Raya Hospedaje PENSION $$
(☎8353-7091; nördliches Strandende; EZ/DZ/3BZ 15/25/35 US$) Hat ziemlich einfache Zimmer (mit Bett, Ventilator und Lampe), manche gewähren jedoch einen Blick aufs Meer (und eine leichte Brise).

An- & Weiterreise

Zwar bestehen regelmäßige Busverbindungen zwischen San Juan del Sur und El Ostional (1,50 US$, 1 Std., 4-mal tgl.), doch muss man von der Bushaltestelle zu vielen der Strände mehrere Kilometer zu Fuß gehen. Playa El Coco, La Flor und Playa El Ostional liegen alle nahe der Straße. Praktisch ist die Anfahrt mit einem eigenen Gefährt.

LEÓN & NORDWESTLICHES NICARAGUA

Dies ist der leidenschaftlichste und temperamentvollste Teil von Nicaragua. Die regionale Hauptstadt León ist die Wiege des Intellektualismus und des Unabhängigkeitsstrebens und wird es auf ewig bleiben. Gleich außerhalb von León wartet mehr als ein Dutzend Vulkane darauf, erklommen (oder hinuntergesurft) zu werden. Gleichzeitig findet man hier die so ziemlich schönsten Strandunterkünfte und eins der Top-Surfreviere des Landes. Ein absolutes Muss ist das unberührte Feuchtgebiet Reserva Natural Isla Juan Venado. Ein Stück entfernt erstrecken sich der größte Mangrovenwald Zentralamerikas und das Naturschutzgebiet Reserva Natural Volcán Cosigüina voller Ehrfurcht gebietender Schönheit und die kleinen Städte ringsum erlauben unvergleichliche Einblicke in den nicaraguanischen Alltag.

León

201 100 EW.

León ist unglaublich politisch, brummt förmlich vor Energie, ist stellenweise so bildschön, dass es einem den Atem raubt (sofern man verfallene Kolonialbauten mag), und in vielerlei Hinsicht so, wie Managua sein sollte: eine Stadt voller umwerfender Kirchen, herausragender Kunstsammlungen, verblüffender Straßenlandschaften, einer weltmännischen Restaurant- und feurigen Intellektuellenszene, gekrönt von einem Nachtleben, das einem keinen einzigen Tag

Verschnaufpause gönnt. Viele Reisende verlieben sich in Granada, ihr Herz verlieren sie aber in León.

Geschichte

León wurde ursprünglich 1524 von Francisco Hernández de Córdoba nahe dem Fuß des Volcán Momotombo gegründet. Nach einer Serie von Naturkatastrophen gaben die Spanier 1610 die Stätte auf und verlegten die Stadt in die Nähe der wichtigen indigenen Siedlung Subtiava, wo sie heute noch zu finden ist.

Fast die gesamte Kolonialzeit hindurch bildete León die Hauptstadt des Landes und war darüber hinaus das wichtigste kirchliche Zentrum der ganzen Region, wie noch heute das eindrucksvolle Erbe an vielen schönen Kirchen und kolonialzeitlichen Gebäuden verrät. Die Universidad Autónoma de Nicaragua (UNAN), Nicaraguas erste Universität, wurde 1912 in der Stadt gegründet.

Traditionell war León schon immer die politisch progressivste aller nicaraguanischen Städte. Während der Revolution kämpfte praktisch die gesamte Stadt gegen den Diktator Somoza. Dramatische Wandgemälde erinnern hier überall an jene Zeit, und auch heute noch ist León eine Hochburg der Sandinisten.

Sehenswertes

Catedral de León KATHEDRALE

(Parque Central; ⌚Mo–Sa 8–12 & 14–16 Uhr) Die Kathedrale von León, offiziell als Basílica de la Asunción bekannt, ist die größte Kathedrale Zentralamerikas. Der aufwendige Bauplan wurde im weit wichtigeren Lima in Peru abgenickt. Die Stadtherren von León hatten ursprünglich einen bescheideneren Plan eingereicht, es handelte sich aber nur um einen „Alibientwurf". Daraufhin sprach der Architekt Diego José de Porres Esquivel, der Generaloberst von Guatemala (er ist auch für den Bau der Kirchen San Juan Bautista de Subtiaba, La Recolección, La Merced und anderer verantwortlich), ein Machtwort und ließ diese Schönheit errichten.

Museo Rubén Darío MUSEUM

(www.rubendario.enriquebolanos.org; Ecke Calle Central Rubén Darío & 4a Av SO; per Spende; ⌚Di–Sa 8–12 & 14–17, So 8–12 Uhr) In diesem Haus verbrachte Nicaraguas berühmtester Dichter, Rubén Dario, die ersten 14 Jahre seines Lebens – und genau hier begann er auch im Alter von zwölf Jahren Gedichte zu schreiben. Sein erstes Gedicht ist denn auch zusammen mit verschiedenen persönlichen Gegenständen hier ausgestellt. Von all den Museen und

DIE STADT DER KIRCHEN

Angesichts von mehr als 16 Gotteshäusern – und weiteren im Barrio Subtiaba – möchte das Fremdenverkehrsamt León offiziell zur „Stadt der Kirchen" erklären lassen.

Eine der ältesten Kirchen der Stadt ist die **Iglesia de San Francisco** (Parque Central, 2c O, ½ c N; ⌚unterschiedlich) von 1639 – ein nationales Kulturerbe mit jeder Menge Gold, einem wunderschönen Langschiff und einer überbordenden Innenausstattung. Von 1830 bis 1881 war die Kirche verwaist, erhielt dann aber zwei aufwendige Altäre für San Antonio und Nuestra Señora de la Merced (Unsere Jungfrau der Barmherzigkeit). Das benachbarte, 1639 gegründete **Kloster San Francisco** (⌚unterschiedlich) wurde 1979 bei der Schlacht um León schwer beschädigt. Wie das Kloster einst aussah, kann man sich nebenan im Hotel El Convento anschauen.

Die 1743 erbaute Kirche **Nuestra Señora de Guadalupe** (7a Calle SE & Av Central) ist als einziges Gotteshaus von León in Nord-Süd-Richtung ausgerichtet. Mit der Stadt ist sie durch die 1850 errichtete Brücke **Puente Guadalupe** über den Río Chiquito verbunden. Von dem plumpen modern-klassizistischen Äußeren der **Capilla San Juan de Dios** (Ecke 1a Calle SO & 3a Av SO), Baujahr 1625, darf man sich nicht täuschen lassen: Falls die Kapelle geöffnet ist, sollte man sich unbedingt ihre Innenausstattung anschauen, die zu den schönsten der Stadt gehört, mit viel Edelholz und einem sehr menschengerechten Maßstab.

Ganz anders wiederum ist die ultragotische **Iglesia Zaragoza** (Parque Central, 4 c O, 2 c N; ⌚unterschiedlich) von 1884, eine der besten Kulissen für studentische Vampirfilme. Außerdem können die Filmstudenten eine der Kirchenruinen der Stadt als Drehort nutzen, z. B. die **Ruinas Veracruz** und **Ruinas Iglesia Santiago** im Barrio Subtiaba oder die **Ruinas San Sebastian** (Parque Central, 3 c S) bei La XXI (21. Garnison).

León

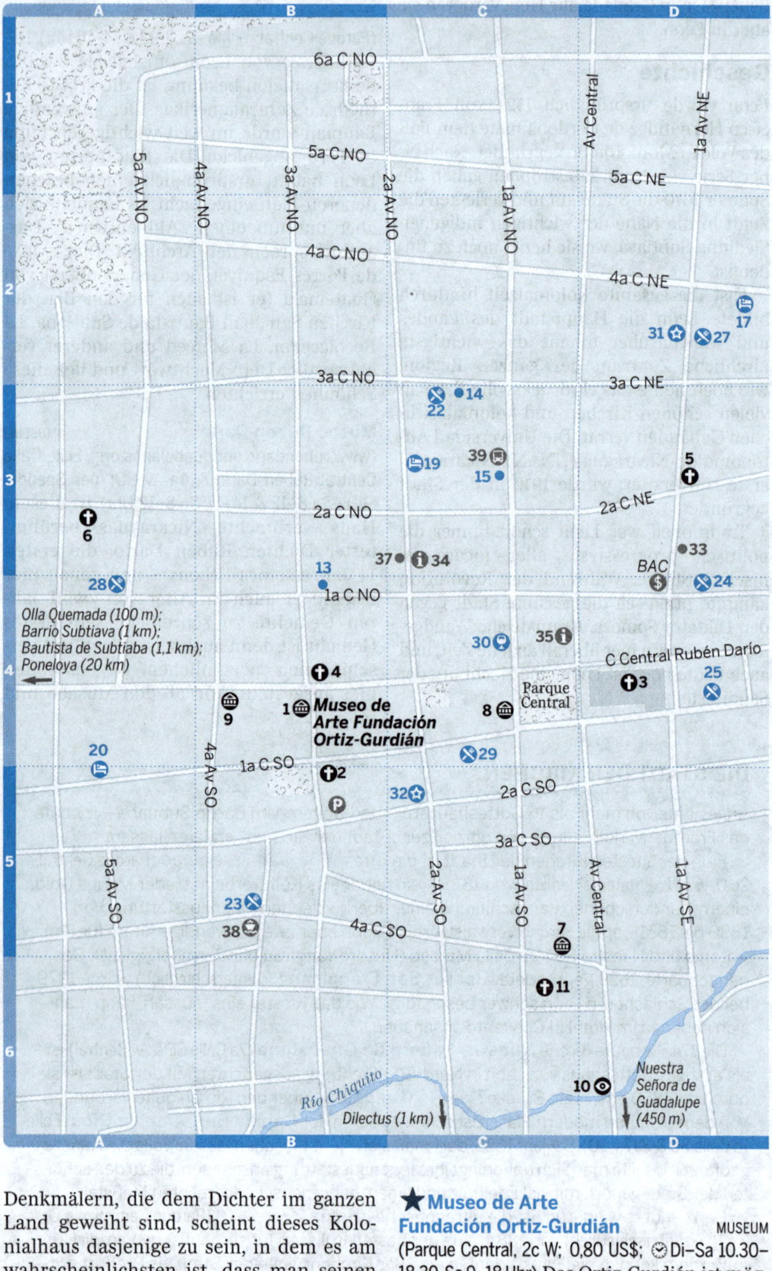

Denkmälern, die dem Dichter im ganzen Land geweiht sind, scheint dieses Kolonialhaus dasjenige zu sein, in dem es am wahrscheinlichsten ist, dass man seinen Geist trifft.

★ Museo de Arte Fundación Ortiz-Gurdián

MUSEUM

(Parque Central, 2c W; 0,80 US$; ⊙ Di–Sa 10.30–18.30, So 9–18 Uhr) Das Ortiz-Gurdián ist möglicherweise das beste Museum für zeitgenös-

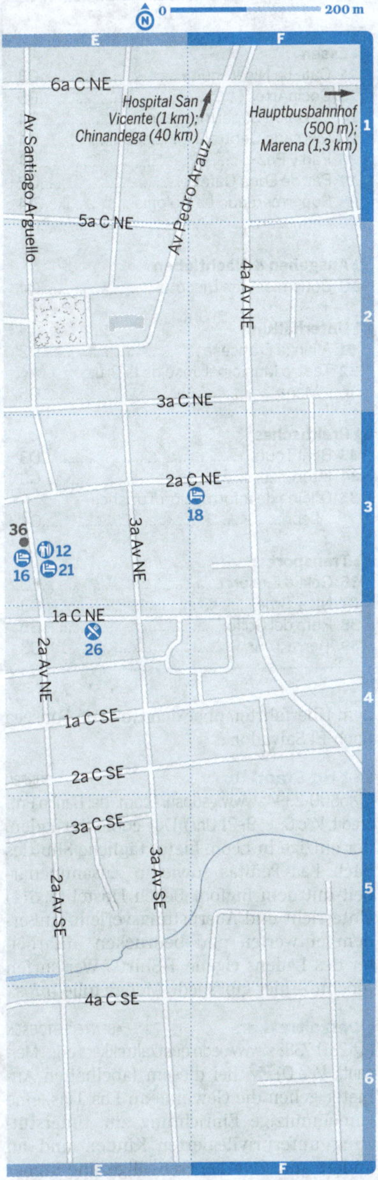

sische Kunst in ganz Zentralamerika. Die Sammlung ist inzwischen über ihr eigentliches Zuhause in der Casa Don Norberto Ramiréz hinausgewachsen, die im Jahr 2000 im ursprünglichen Creole-Civil-Stil mit arabischen Kacheln und eindrucksvollen Steinplatten renoviert wurde. Sie umfasst Werke von Picasso, Chagall und Miró sowie einer Reihe namhafter nicaraguanischer Künstler.

Museo de Leyendas y Tradiciones MUSEUM
(☎2315-4678; 4a Calle SO, frente Ruinas San Sebastián; 2 US$; ⌚8–17 Uhr) Das unterhaltsamste und vielseitigste Museum von León ist in La XXI (die 21. Garnison) umgezogen. Auf der einen Seite sind schrullige lebensgroße Pappmaschee-Figuren zu sehen, Persönlichkeiten aus der Stadtgeschichte und lokale Sagenhelden, die die Gründerin des Museums, Señora Toruña, angefertigt hat – sie selbst ist ebenfalls in Pappmaschee vertreten. Auf der anderen Seite zeigen Wandbilder sehr anschaulich die Foltermethoden der Guardia Nacional (Nationalgarde). Gerade der Kontrast zwischen den Exponaten ist es, der das Museum der Legenden & Traditionen so attraktiv macht.

Iglesia de la Recolección KIRCHE
(1a Av NE, 2a Calle NE; ⌚unterschiedlich) Die von 1786 stammende Iglesia de La Recolección drei Blocks nördlich der Kathedrale gilt als schönste Kirche der Stadt, eine Barocktorte im mexikanischen Stil mit Weinranken, die sich um Steinsäulen winden, und als Basreliefs ausgeführte Medaillons mit Symbolen, die das Leben Christi nachzeichnen. Zwar ist die dunkelgelbe, mit cremefarbenen Akzente üppig verzierte Fassade auf allen Touristenbroschüren zu sehen, doch sollte man auf jeden Fall auch einen Blick ins Kircheninnere mit seinen schlanken Mahagonisäulen und der mit Erntemotiven geschmückten Decke hinein werfen.

Museo Historico de la Revolución MUSEUM
(Parque Central; 2 US$; ⌚8–17 Uhr) León ist das Herz und die Seele des fortschrittlichen Nicaragua. Dieses Museum liefert einen Überblick über die nicaraguanischen Revolutionäre, die sich der Somoza-Diktatur widersetzten, sowie über die Geschichte des Landes vom verheerenden Erdbeben von 1972 bis zum Sieg der Sandinisten.

Kurse

Wer in Einzelunterricht Spanisch lernen möchte (ca. 7 US$ pro Std.), erkundigt sich am besten in den Hostels.

León Spanish School SPRACHKURSE
(☎8183-7389; www.leonspanishschool.org; La Casa de Cultura, 1a Calle NO, Iglesia de La Merced, 2c O;

León

Highlights
1 Museo de Arte Fundación Ortiz-Gurdián ... B4

Sehenswertes
2 Capilla San Juan de Dios ... B5
3 Catedral de León ... D4
4 Kloster San Francisco ... B4
5 Iglesia de la Recolección ... D3
6 Iglesia Zaragoza ... A3
7 Museo de Leyendas y Tradiciones ... C5
8 Museo Histórico de la Revolución ... C4
9 Museo Rubén Darío ... B4
10 Puente Guadalupe ... D6
11 Ruinas San Sebastián ... C6

Aktivitäten, Kurse & Touren
12 Get Up Stand Up ... E3
13 León Spanish School ... B4
14 Quetzaltrekkers ... C3
15 Tierra Tour ... C3

Schlafen
16 Bigfoot Hostel ... E3
17 Casona Colonial ... D2
18 Hostal Las Vacaciones ... F3
19 Lazybones Hostel ... C3
20 Tortuga Booluda ... A5
21 Vía Vía ... E3

Essen
22 Café La Nicaragüita ... C3
23 CocinArte ... B5
24 La Unión Supermercado ... D4
25 Mercado Central ... D4
26 Pan y Paz ... E4
27 Paz de Luna Café ... D2
28 Supermercado La Colonia ... A4
29 Taquezal ... C4

Ausgehen & Nachtleben
30 Bohemios Bar-Disco ... C4

Unterhaltung
31 Alianza Francesa ... D2
32 Teatro Municipal José de la Cruz Mena ... C5

Praktisches
33 Beni Tours ... D3
34 Intur ... C3
35 Oficina de Información Turistica León ... C4

Transport
36 Gekko Explorer ... E3
37 Nica Time ... C3
38 Ruta del Golfo ... B5
39 Tierra Tour ... C3

20 Std. mit/ohne Unterbringung in Gastfamilie 250/150 US$) Professionelle Sprachschule in der Casa de Cultura, die zahlreiche kulturelle Aktivitäten und Ausflüge anbietet.

Geführte Touren

Vulkansurfen ist in der Umgebung von León total angesagt. Dabei saust man auf einem „Sandboard" (einem umgebauten Snowboard) oder Schlitten die mit schwarzen Kieseln bedeckten Hänge hinunter. Veranstalter in der Stadt bieten Exkursionen zum Cerro Negro, Volcán Cosigüina und anderen Vulkanen der Umgebung.

Tierra Tour ABENTEUERTOUREN
(☎2315-4278; www.tierratour.com; Iglesia de la Merced, 1½ c N) Der alteingesessene Veranstalter mit Niederlassungen in León und Granada bietet halb- und ganztägige Trips zu den Vulkanen (sowohl Wander- als auch Sandboarding-Exkursionen) sowie zu allen möglichen anderen Zielen in der Region wie nach León Viejo und zur Reserva Natural Isla Juan Venado. Außerdem hat er jeden Tag Shuttles von/nach Granada, Antigua und El Salvador. Tierra Tour organisiert zudem Überfahrten über den Golf von Fonseca nach El Salvador.

Get Up Stand Up SURFEN
(☎5800-2394; www.gsupsurf.com; del Banco Procredit, ½ c S; ⌚9–21 Uhr) Der coole Surfladen, der einzige in León, bietet tägliche Shuttles nach Las Peñitas sowie in Zusammenarbeit mit dem Bigfoot Beach Hostel (S. 514) Unterricht und Ausrüstungsverleih. Außerdem entwerfen und bedrucken Mitarbeiter des Ladens eigene T-Shirts. Wer surfen möchte – hier gibt's jede Menge tolle Infos.

Quetzaltrekkers ABENTEUERTOUREN
(☎2311-7388; www.leon.quetzaltrekkers.org; Mercantil, ½ c O) Bei diesem fabelhaften Anbieter gehen die Gewinne an Las Tias, eine gemeinnützige Einrichtung zur Unterstützung unterprivilegierter Kinder, und an andere gute Zwecke. Freiwillige sind immer willkommen.

Festivals & Events

Jeden Samstag sprüht der Parque Central vom frühen Nachmittag bis Mitternacht vor Leben, wenn die **Tertulia Leónesa** steigt und jeder dazu angehalten ist, mit anderen zu essen, zu trinken und zur Musik einheimischer Musikkapellen zu tanzen. Außerdem finden in León einige lebhafte Feste statt.

Semana Santa RELIGIÖSES FEST
(Ende März oder Anfang April) Die Semana Santa in León ist etwas Besonderes. Im Barrio Subtiaba schreitet die Karfreitagsprozession über wunderschöne, zum einmaligen Gebrauch bestimmte Bilderteppiche aus buntem Sägemehl und in Poneloya findet ein Wettbewerb im Sandburgenbauen statt.

Masacre del 23 Julio 1959 KULTUR
(23. Juli) An einem Nachmittag des Jahres 1959 organisierten Schulkinder eine Demonstration gegen Somoza. Als sie „Freiheit! Freiheit!" riefen, feuerte die Nationalgarde in die Menge und tötete vier Schüler; weitere wurden verletzt. Diese Verwundeten, einige davon im Rollstuhl, führen noch immer eine Parade an, nachdem jede einzelne Blaskapelle aus der Region verkündet hat, dass ihre Generation das Massaker nicht vergessen wird.

Carnaval Mitos y Leyendas KULTUR
(1. Nov.) Bei diesem Halloween-artigen Fest kommen bei einem Umzug von der Kathedrale zum Barrio Subtiaba Pappmascheefiguren aus dem Museo de Leyendas y Tradiciones (S. 509) zum Einsatz.

Día de la Purísima Concepción RELIGIÖSES FEST
(7. Dez.) Das im ganzen Land gefeierte Fest zu Ehren der Schutzheiligen Nicaraguas ist kurz als „La Purísima" bekannt. Unverzichtbarer Bestandteil der Feierlichkeiten ist *La Gritería*, ein Rufritual zu Ehren der Jungfrau Maria, das hier mit besonderem Elan umgesetzt wird.

Schlafen

Bigfoot Hostel HOSTEL $
(2315-3863; www.bigfoothostelleon.com; del Banco Procredit, ½ c S; B/DZ ab 8/26 US$;) Da eine Gästeküche, ein Minipool und frisch gemachte Mojitos geboten werden, wäre es beinahe egal, wie die Zimmer aussehen, aber sie sind in Ordnung. Spaß macht auch die gesellige Stimmung. Dieses Partyhostel gelobt übrigens, dass um 22 Uhr Schluss ist mit Feiern. Vorn gibt's ein nettes kleines Café.

Lazybones Hostel HOSTEL $
(2311-3472; www.lazyboneshostelnicaragua.com; 2a Av NO, Parque Rubén Darío, 2½ c N; B 8 US$, Zi. mit/ohne Bad 30/20 US$;) Das Lazybones ist ruhig und nicht so feierwütig, hat eine sehr entspannte Atmosphäre und ausgezeichnete Zimmer und Schlafsäle auf einem gepflegten Grundstück. Der alte Patio und die Sitzbereiche hier sind genauso schön wie in einigen Mittelklassehotels. Und dank Bar, recht großem Pool und leckerem Frühstück ist dies ein wirklich guter Deal.

Hostal Las Vacaciones PENSION $
(8552-1568; Iglesia La Recolección, 200 m E; EZ/DZ 20/25 US$;) Die beliebte Pension ist perfekt gelegen und erschwinglich. Sie bietet Hostel-Unterkünfte sowie gemütliche Zimmer. Zu den Einrichtungen zählen eine Gemeinschaftsküche, ein Fahrradverleih und eine schattige Terrasse.

Tortuga Booluda HOSTEL $
(2311-4653; www.tortugabooluda.com; 1a Calle SO, Catedral, 4½ c O; B/Zi. 8/24 US$;) Die „Faule Schildkröte" ist eher ein kleines Hotel als ein Hostel, wartet jedoch mit allen Einrichtungen eines Hostels auf wie toller Küche, Büchertausch, kostenlosem Kaffee, Billardtisch, einigen guten Aufenthaltsecken und einer geselligen Atmosphäre. Die Zimmer sind einfach, aber stilvoll und die Dorms geräumig genug. Die Schlafsaalbetten können übrigens nicht reserviert werden.

Vía Vía HOSTEL $
(2311-6142; www.viaviacafe.com; del Banco ProCredit, ½ c S; B/EZ/DZ 7/19/29 US$;) Filialen der Vía-Vía-Hostelkette findet man von Kathmandu bis Buenos Aires und sie sind immer klasse. Dieser Ableger bildet keine Ausnahme. Die Zimmer im Kolonialstil sind bildschön und haben tolle Bäder. Selbst die geräumigen Schlafsäle (6 Betten) verfügen über ein eigenes Bad! Schön üppig präsentiert sich der Patiobereich und vorne lockt ein stimmungsvolles Café.

Casona Colonial HISTORISCHES HOTEL $$
(2311-3178; www.casonacolonialguest.com; 4a Calle NE, Parque San Juan, ½ c O; EZ/DZ ab 20/25 US$;) Die Casona Colonial hat mehr Persönlichkeit als andere Hotels dieser Preisklasse. Die mittelgroßen Zimmer verströmen viel koloniales Flair, und das ganz ohne die ganzen kleinen teuren Extras. Die Betten sind groß und haben reich verzierte Kopfteile; gelegentliche Macken in der Lackierung oder an den Tapeten mindern den Charme des Hauses nicht, sondern verstärken ihn eher noch.

Essen

Die beste Adresse für eine günstige Mahlzeit oder wenn man sich mit frischem Gemüse eindecken möchte, ist der **Mercado Central** (Parque Central, 2 c E; ⏲6–17 Uhr). In mehreren preiswerten Restaurants werden *comidas corrientes* (Menüs) serviert. Wenn der Markt zumacht, öffnen gleich davor zwei der besten *fritangas* der Stadt (an der Straße hinter der Kathedrale). Dort kostet eine ordentliche Portion Essen um die 2 US$. Ein großer Supermarkt ist **La Unión Supermercado** (1a Calle NE; ⏲Mo–Sa 8–22, So bis 20 Uhr), gehobenere Qualität bietet **La Colonia** (www.lacolonia.com.ni; La Casa de Cultura, 2 c O; ⏲9–21 Uhr).

★ **Pan y Paz** CAFÉ $
(☎8631-2760; www.panypaz.com; esquina de los bancos, 1½ c E; Hauptgerichte 3–6 US$; ⏲Mo–Sa 7–21 Uhr; 📶) Die fabelhafte französische Bäckerei, geführt von einem europäischen Paar, ist auf hausgemachtes Brot spezialisiert. An einem der Tische im luftigen Innenhof kann man schön frische Backwaren und tolle Salate und Sandwiches verspeisen. Später am Tag bietet sich die Käseplatte an; dazu passt vielleicht ein Glas Wein aus Argentinien. Und die Preise sind echt fair!

Paz de Luna Café CAFÉ $
(☎2311-2581; www.pazdelunabb.com; Iglesia La Recolección, 1½ c N; Hauptgerichte 3–6 US$) In diesem schicken Coffeeshop mit schwarzweiß gefliestem Fußboden, vergoldetem Lüster und aus Obstkisten gezimmerten Möbeln verkündet eine wandgroße Schiefertafel das umfangreiche Angebot an Kaffee, Frühstück (sowohl traditionell nicaraguanisch als auch anderes), Crêpes, Panini, Omeletts, Salaten und Pastagerichten.

★ **Café La Nicaragüita** INTERNATIONAL $$
(Iglesia La Merced, 2 c N, ½ c O; Hauptgerichte 4–8 US$; ⏲Do–Di 12–21 Uhr) Die Mitarbeiter des freundlichen kleinen Restaurants verarbeiten frische regionale Zutaten zu z. B. Sandwiches, Salaten, Burgern, Pastagerichten, Steaks und Fajitas; dazu kommen noch einige kleine nicaraguanische Speisen wie *tostones* (gebratene Bananenscheiben). Überdies im Angebot: frische Smoothies und eisige Cocktails auf Rumbasis, von Mojitos bis zu Daiquiris (2 US$).

CocinArte VEGETARISCH $$
(☎8854-6928; www.cocinarterestaurant.com; 4a Calle SO, frente El Laborío; Hauptgerichte 4–7 US$; ⏲Mi–Mo 12–22 Uhr; 🌶) Leóns buntes Vegetariermekka bietet im eleganten, aber entspannten Ambiente eines alten Kolonialhauses fleischfreie Versionen von Gerichten aus aller Welt. Für Fleischesser werden in eigenen Töpfen auch einige Fleischgerichte zubereitet, die dann auf separatem Essgeschirr serviert werden. Es gibt einen schattigen Innenhof, aber die begehrtesten Tische sind die auf der vorderen Veranda.

Taquezal NICARAGUANISCH $$
(1a Calle SO, Parque Central, ½ c O; Gerichte 4–7 US$; ⏲16 Uhr bis spät) Eins der stimmungsvollsten Restaurants in León. Die Batterie Ventilatoren an der hohen Decke hält den prächtigen Speisesaal schön kühl. Das Essen ist gut und hinterm Haus gibt's einen gemütlichen, kerzenbeschienenen Patio.

Ausgehen & Nachtleben

Die Unistudenten der Stadt sorgen dafür, dass immer etwas los ist. León lockt mit zahlreichen Kneipen – besonders gut für einen Bummel eignet sich die 1a Calle westlich des Hauptplatzes. Viele Hostels verfügen über muntere Bars, die sowohl Traveller als auch Einheimische anziehen.

An der Umgehungsstraße gleich außerhalb der Stadt haben sich ein paar Diskos angesiedelt, doch auch im Zentrum finden sich ein paar gute Tanzflächen.

Olla Quemada BAR
(Colegio La Salle, 150 m O) Livemusik, Indie-Filme und Latin-Tanzabende und die ganze Woche über ein guter Mix aus Einheimischen und Travellern.

Bohemios Bar-Disco CLUB
(1a Av NO, Parque Central, ½ c N; ⏲Mi–Sa 21–3.30 Uhr) In dem nicht beschilderten orangefarbenen Gebäude vor dem Basketballspielfeld ist eine urtypische Latinodisko untergebracht – mit viel Rum, Reggaetón und *bacchata* (romantische dominikanische Tanzmusik).

Unterhaltung

Teatro Municipal José de la Cruz Mena DARSTELLENDE KÜNSTE
(www.teatrojcmena-nicaragua.com; 2a Av SO, Parque Central, 1 c O, 1 c S; ⏲unterschiedlich) Das hübsche Theater von 1885 wurde aufwendig renoviert. An dem Brett vorn ist angeschrieben, was gerade so läuft. Für weniger als 3 US$ wird alles Mögliche geboten, von Rockbands aus El Salvador bis zu Kunstfil-

men und Nationalballett. Das Programm steht auch auf der Website.

Alianza Francesa DARSTELLENDE KÜNSTE
(☎2311-0126; www.alianzafrancesa.org.ni; 1a Av NE, Iglesia de la Recolección, 1½ c N; ⏲Mo–Fr 8–12 & 14–17 Uhr) Oft Arthaus-Filme auf Französisch und Spanisch sowie Konzerte; siehe Monatsprogramm vor Ort.

Praktische Informationen

Die meisten Budgetunterkünfte bieten WLAN und einen Wäscheservice.

BAC (1a Calle NE, La Unión, 10 m E)

Clean Express Lavandería (Ecke Av Central & 4a Calle NE; ⏲7–19 Uhr) Waschmaschinen (2 US$) und Trockner (1,25 US$ für 20 Min.); wer ein bisschen mehr zahlt, kann die Wäsche auch waschen lassen.

Hospital San Vicente (☎2311-6990) Das größte Krankenhaus der Region befindet sich jenseits des Hauptbusbahnhofs in einem hübschen neoklassizistischen Gebäude von 1918 – eine Anlaufstelle sowohl für Architekturfans als auch für Kranke.

Intur (☎2311-3382; www.intur.gob.ni; 2a Av NO, Parque Rubén Darío, 1½ c N) Das zumeist hilfsbereite Personal bietet zahlreiche Flyer und einen einigermaßen nützlichen Stadtplan. Bei eher schwierigen Fragen sind die Hostels zuverlässigere Anlaufstellen.

Marena (Ministerium für Umwelt & natürliche Ressourcen; ☎2311-3776; www.marena.gob.ni; frente estación Shell; ⏲Mo–Fr 10–18 Uhr) Das Marena-Büro gegenüber der Shell-Tankstelle an der südlichen Auffahrt zur Umgehungsstraße von León verwaltet die nationalen (vulkanischen) Schutzgebiete Telica-Rota, Pilas-El Hoyo und Momotombo sowie die (nicht vulkanische) Isla Juan Venado und bietet eher allgemeine Informationen. Am besten wendet man sich direkt an die Rangerstation Isla Juan Venado in Las Peñitas oder bucht eine private Tour.

Oficina de Información Turistica León (☎2311-3528; Av Central, Parque Central, 25 m N; ⏲Mo–Fr 8.30–12 & 14–18, Sa & So 9–17 Uhr) Die Touristeninformation gleich bei der Kathedrale ist eine ausgezeichnete Informationsquelle. Wer ein bisschen Spanisch spricht, kann sich hier von den jungen Mitarbeitern bei seinen Reiseplanungen helfen lassen. Es gibt auch jede Menge Infobroschüren zu Touren und Aktivitäten, denn viele Veranstalter informieren hier über ihre aktuellen Angebote.

Anreise & Unterwegs vor Ort

Die Stadt lässt sich durchaus zu Fuß erkunden, doch manchmal muss man auch auf Taxis zurückgreifen, besonders nach Einbruch der Dunkelheit. Die Einbahnstraßen und der vergleichsweise geringe Verkehr machen León zu einer guten Fahrradstadt. Leihfahrräder für ca. 5 US$ pro Tag gibt's in den Hostels.

BUS

Inlandsbusse

Ein Großteil der Busse fährt am chaotischen **Hauptbusbahnhof** (☎2311-3909; 6a Calle NE, Palí, 1½ km E) ab. In der Nähe ist ein Marktbereich; gut aufs Portemonnaie achten! Die Busse, die nach Süden fahren, fahren alle über Managua.

INLANDSBUSSE AB LEÓN

ZIEL	PREIS (US$)	DAUER	HÄUFIGKEIT
Chinandega (Bus)	0,80–1	1½ Std.	4.30–20 Uhr alle 20 Min.
Chinandega (Microbus)	1,20	50 Min.	4.30–20 Uhr wenn voll
Estelí	2,70	2½–3 Std.	5.20–15.30 Uhr 4-mal tgl.
Granada (Microbus)	3	2–3 Std.	stündl.
La Paz Centro	0,75	40 Min.	alle 45 Min.
Managua (Microbus)	2,75	1¼ Std.	4.30–19 Uhr wenn voll
Managua (Carretera Nueva, via La Paz Centro; expreso)	1,80	1¼ Std.	5–16 Uhr fast stündl.
Managua (Carretera Vieja, via Puerto Sandino; ordinario)	1,50	1¾ Std.	5–18.30 Uhr alle 20 Min.
Masaya	2,90	2½ Std.	stündl.
Matagalpa	3	2½ Std.	4.30–14.45 Uhr 3-mal tgl.
Nagarote	1	1 Std.	stündl.
Rota (Cerro Negro)	0,75	2¼ Std.	5.50–15.20 Uhr 3-mal tgl.
Salinas Grandes	0,80	2 Std.	5.15–16 Uhr 4-mal tgl.

Internationale Busse

Mehrere internationale Busstrecken durchqueren Nicaragua, doch der wichtigste internationale Busbahnhof und die Buchungszentren befinden sich in Managua. Die Busse, die nach Süden fahren, halten zuerst in Managua; dort wird oft eine lange Pause eingelegt, bevor es weitergeht. Am besten fährt man erst mal direkt nach Managua und sucht sich dort eine Umsteigeverbindung für die Weiterfahrt.

Bustickets für Fahrten nach Costa Rica und Honduras gibt's online und bei **Beni Tours** (☎ 2315-2349; ⏲ Mo–Fr 9–18 Uhr). Wer Richtung Norden nach Guatemala oder El Salvador unterwegs ist, kann Fahrkarten bei Reisebüros der Region erstehen.

Shuttlebusse

Shuttlebusse bieten eine gute und sichere Möglichkeit, von León zu wichtigen Zielen im In- und Ausland zu reisen. Viele Veranstalter der Stadt haben Fahrten in klimatisierten Vans im Programm; Abfahrt meist zwischen 8.30 und 9.30 Uhr. Diese Shuttlebusse sollten vorgebucht werden. Wer zu weniger beliebten Zielen unterwegs ist, sollte bedenken, dass die meisten Shuttles nur mit mindestens vier Fahrgästen abfahren.

Tierra Tour (☎ 2315-4278; www.tierratour.com; 1a Av NO, Iglesia de la Merced, 1½ c N) und **Nica Time** (☎ 8404-9638; agencianicatime@gmail.com) haben Shuttles nach Granada, Managua und San Juan del Sur. **Gekko Explorer** (☎ 001-305-560-5354; www.gekkotrailsexplorer.com; Procredit Bank, 25 m S) fährt nach Chinandega sowie zu Zielen im Ausland wie Antigua in Guatemala.

Richtung El Salvador kann man es bei Gekko Explorer oder Tierra Tour versuchen. Tierra Tour bietet ein Paket inklusive Bootsfahrt ab Potosí in Nicaragua nach La Union in El Salvador mit Übernachtung in einem Strandhostel (80 US$ pro Pers.).

SCHIFF/FÄHRE

Eine praktische und schöne Art der Weiterreise nach El Salvador ist die kombinierte Shuttle- und Bootstour von **Ruta del Golfo** (☎ 2315-4099; www.rutadelgolfo.com; Vapues, costado norte, Iglesia El Laborío; Grenzübergang nach El Salvador ab 99 US$; ⏲ 9–18 Uhr); diese Fahrt muss vorausgebucht werden. Fahrgäste werden in León abgeholt und fahren dann per Allradfahrzeug über Chinandega nach Potosí, anschließend geht's per Boot über den Golf von Fonseca nach La Unión. Das Ganze wird zwei- oder dreimal wöchentlich angeboten. Die reine Fahrzeit beträgt etwa fünf Stunden, jedoch muss man noch rund zwei Stunden an der Grenze einplanen. Auch Tierra Tour hat diese Tour im Programm.

Poneloya & Las Peñitas

Bis zu diesen beiden Stränden benötigt man mit dem Bus vom Mercadito Subtiaba in León gerade mal 20 Minuten. An der Küste gabelt sich die Straße; rechts liegt Poneloya, links befinden sich Las Peñitas (hat eine bessere Infrastruktur als Poneloya) und das Naturschutzgebiet Isla Juan Venado.

Die unberührteren Strände weiter südlich sind nicht so leicht zu erreichen. **Salinas Grandes** wird von Bussen aus León angesteuert; hier besteht Zugang zur Reserva Natural Isla Juan Venado. Von der holprigen, aber passierbaren Carretera Vieja nach Managua lassen sich drei noch weniger erkundete Strände erreichen: **Puerto Sandino**, **El Velero** und **El Tránsito**.

Sehenswertes

Reserva Natural Isla Juan Venado NATURSCHUTZGEBIET

(4,50 US$) Die 18 km lange Sandbank wartet mit jeder Menge Badelöchern auf. Sie ist an manchen Stellen gerade mal 300 m breit, bietet aber vielen Tieren, darunter Schildkröten und zahllosen Mücken, einen Lebensraum. Auf der einen Seite der unbewohnten Insel säumen lange, wilde Sandstrände den Pazifik, auf der anderen Seite spiegeln sich Rote und Schwarze Mangroven in smaragdgrünen Lagunen.

Schlafen & Essen

Die größte Bandbreite an Unterkünften hat Las Peñitas. Vor der Küste von Poneloya liegt außerdem ein berühmtes Hostel, die Surfing Turtle Lodge. Viele Reisende besuchen diese Strände auch im Rahmen von Tagestouren ab León.

Bigfoot Beach Hostel HOSTEL $

(☎ 8410-0409; www.bigfoothostellaspenitas.com; del la Policia, 250 m S; B 5 US$, DZ/3BZ mit Gemeinschaftsbad 15/20 US$; 📶🏊) Die jugendliche Strandschwester des beliebten Bigfoot Hostel (S. 511) in León hat einiges aufzuweisen: Swimmingpool, Strandvolleyballplatz, Bar-Restaurant mit täglicher Happy Hour und sogar einen Zeltverleih (3 US$ pro Pers.). Außerdem bietet es zusammen mit Get Up Stand Up (S. 510) in León Surfunterricht sowie einen praktischen Shuttle von der/in die Stadt.

★ **Surfing Turtle Lodge** LODGE $$
(☎8640-0644; www.surfingturtlelodge.com; Isla Los Brasiles, Poneloya; B 10–12 US$, Zi. 35–45 US$, Hütte 60 US$; 📶) 🍃 Schon die Fahrt zu diesem unwirklich paradiesischen Inselrefugium ist ein Abenteuer. Von Chepe's Bar in Poneloya nimmt man ein kleines Boot (1 US$) zur 7 km langen Isla Los Brasiles, dann geht man 15 Minuten zu Fuß (oder lässt sich per Pferdekutsche abholen) bis zu dieser Strandlodge. Direkt vor der Haustür locken ein paar tolle Wellen und abends werden Lagerfeuer angezündet.

Lazy Turtle HOTEL $$
(☎8546-7403; www.thelazyturtlehotel.com; DZ/Suite 35/50 US$) Das relaxte *hotelito* (kleines Hotel) an den stillen Gewässern der Gezeitenbucht ist ein echter Renner. Die einfachen, aber recht modernen Zimmer und Suiten sind alle mit Trinkwasser versorgt und das angeschlossene Restaurant ist bekannt für seine mexikanisch angehauchte Küche und die Burger, z. B. den leckeren Gemüseburger.

Bomalu PENSION $$
(☎7532-5546; www.bomalunicaragua.com; cruce Peñitas-Poneloya, 900 m S; DZ ohne Bad 20 US$, DZ mit Klimaanlage 38 US$; ❄📶🏊) Diese ruhige Unterkunft direkt am Strand bietet sieben erschwingliche Zimmer (die meisten ohne eigenes Bad). Die Gäste freuen sich besonders über den Loungebereich unter freiem Himmel und das exzellente Restaurant, das auf Fisch und Meeresfrüchte spezialisiert ist und auch Nichtgästen offensteht. Außerdem vermittelt das Hotel für 4 US$ pro Person Transfers nach León.

Dulce Mareas PIZZA $$
(Hauptgerichte 3–8 US$; ⏲Mi–So 8–21 Uhr) Das „süße" Strandlokal ist zwar besonders für seine Pizzas aus dem Lehmziegelofen bekannt, doch gibt's auch Frühstück und Mittagessen sowie Kaffee, Desserts und kalte Cocktails. alles mit Blick aufs Wasser. Außerdem werden Zimmer (DZ 40 US$) vermietet.

ℹ An- & Weiterreise

Busse nach Poneloya und Las Peñitas (0,50 US$, 40 Min.) fahren von 6 bis 18 Uhr stündlich ab El Mercadito in Subtiaba. Für Tagesausflügler: Der letzte Bus fährt gegen 18 Uhr zurück.

Eine weitere Möglichkeit: Das Bigfoot Hostel (S. 511) bietet täglich einen Shuttle zum Bigfoot Beach Hostel in Las Peñitas.

Die Strände der Halbinsel Cosigüina

Die Halbinsel Cosigüina ist auf dem besten Wege, eine Insel zu werden: Zwei hübsche Ästuare knabbern auf beiden Seiten an ihr. Cosigüina hat einen Saum aus Sandstränden von Perlengrau (Jiquilillo) bis Kohlschwarz (Playa Carbón).

Die Strände sind nicht unbedingt leicht erreichbar, aber für die Mühe entschädigen eindrucksvolle Sandstreifen, Fischerdörfer, Meeresschildkröten und Mangrovensümpfe. Auch tolle Surfmöglichkeiten gibt es hier (das ist aber bisher wenig erkundet), Unterkünfte sind jedoch Mangelware.

Playa Aserradores

An diesem langen, glatten Sandstreifen kann man wunderbar surfen, und zwar auf einer echt harten Welle, die nur etwas für erfahrene Surfer ist. Es werden auch noch andere Aktivitäten angeboten, vom Angeln und Kajakfahren bis zum Reiten und Radeln. Wer möchte, kann hier aber auch einfach bloß in aller Ruhe am Meer abhängen.

🛏 Schlafen & Essen

Hotel Chancletas HOTEL $$$
(☎8868-5036; www.hotelchancletas.com; Playa Asseradores; B 10 US$, 3BZ mit/ohne Bad 100/45 US$; P❄📶) Die relaxte Surferunterkunft an einem grasbewachsenen Hügel oberhalb des berühmten Breaks von Aserradores bietet neun nette Zimmer und verschiedene Aktivitäten. Die Gäste können Surfbretter ausleihen und das Frühstück, Mittag- und Abendessen im hauseigenen Restaurant einnehmen.

Playa Jiquilillo

Dieser endlose blassgraue Strand könnte auch in „es war einmal"-Märchen auftauchen: An eine felsige Landzunge schmiegt sich ein malerisches Fischerdorf und in den Gezeitenbecken spiegeln sich die Rot- und Goldtöne der untergehenden Sonne. Im Norden schließlich erhebt sich die zerklüftete Cosigüina-Halbinsel im Dunst.

Diese Gegend ist trotz ihrer Schönheit und Zugänglichkeit größtenteils nach wie vor unerschlossen – das Dorf wurde 1992 von einer verheerenden Tsunamiwelle vollständig zerstört.

Schlafen & Essen

Rancho Tranquilo HOSTEL $

(☎8968-2290; www.ranchotranquilo.wordpress.com; Los Zorros Jiquilillo; B/EZ/DZ 7/20/22 US$; P) Die wunderbare Budgetunterkunft besteht aus ein paar Bungalows und einem kleinen Schlafsaal an einem Privatstrand. Die Bar und die Aufenthaltsbereiche sind einladend und es gibt vegetarisches Abendessen (2–4,50 US$). Auf der Website stehen Infos zum Schildkrötenschutzprogramm in der Gegend.

Rancho Esperanza PENSION $$

(☎8879-1795; www.rancho-esperanza.com; Jiquilillo; B 8 US$, 2-Pers.-Cabañas mit/ohne Bad 35/25 US$) Die einfachen und ruhigen umweltfreundlichen Bambushütten sind über eine Rasenfläche ein Stück abseits vom Strand verteilt. Der Betreiber bietet Interessierten die Möglichkeit zur Mitarbeit in Gemeindeprojekten, die sich mit Bildungs- und Umweltfragen beschäftigen. Es gibt eine kleine Bibliothek mit englischsprachigen Büchern und den ganzen Tag über gutes Frühstück.

Corinto

Nicaraguas einziger Tiefseehafen war eigentlich eine erheblich ältere Stadt, das 1522 gegründete Puerto El Realejo. Dieser Hafen wurde von berühmten Freibeutern wie William Dampier und John Davis angegriffen. Mit der Zeit versandete die Flussmündung und der Hafen verlagerte sich auf die Barriereinsel Punto Icaco, wo 1858 Corinto gegründet wurde.

1983 ließ US-Präsident Ronald Reagan den Hafen verminen. Daraufhin verabschiedete der Kongress ein Gesetz, wonach es ausdrücklich verboten war, Steuergelder für den Sturz der nicaraguanischen Regierung zu verwenden. So begann die Iran-Contra-Affäre.

Die hölzernen Reihenhäuser aus dem 19. Jh., die schmalen Straßen und die breiten Strände verleihen Corinto ein malerisches Antlitz, jedoch hält es sich mit der wirklichen Beschaulichkeit arg in Grenzen: Zwar passieren 65 % der Importe und Exporte des Landes diesen Hafen, doch hier bleibt nicht viel Geld hängen. Und das ganze Jahr über machen hier Kreuzfahrtschiffe fest, doch die Passagiere werden gleich zu reizvolleren Orten geschleust.

Reserva Natural Estero Padre Ramos

Ein paar Minuten nördlich von Los Zorros liegt Padre Ramos, einer der wenigen kleinen Orte im staatlich geschützten Feuchtgebiet der Reserva Natural Estero Padre Ramos. Das Flussdelta gehört zum größten erhaltenen Mangrovenwald Zentralamerikas und ist ein wichtiger Bestandteil der geplanten **Reserva Biologica Golfo de Fonseca**; die Schaffung dieses Feuchtgebietreservats wurde zwischen Nicaragua, Honduras und El Salvador vereinbart.

Hier gibt's keine große touristische Infrastruktur. Die Hotels in der Gegend bieten für 10 bis 40 US$ Boots-, Kajak- und Vogelbeobachtungstouren. In der Zeit von Juli bis Dezember legen Meeresschildkröten hier ihre Eier ab, besonders im Oktober und November.

An- & Weiterreise

Auf der Strecke zwischen Chinandega und Corinto pendeln Busse und Minivans, doch die Verbindungen zu den Stränden im Norden sind unregelmäßig: Bei Redaktionsschluss gab es nur einen Bus pro Tag von Chinandega nach Aserradores, mit Abfahrt am Mercadito von Chinandega um 12.30 Uhr (1 US$, 1½ Std.).

Viele Reisende kommen mit einem eigenen fahrbaren Untersatz hierher: Für die holprige Strecke vom gut ausgeschilderten Abzweig an der Straße von Chinandega nach Potosí ist allerdings einen Allradwagen erforderlich.

NÖRDLICHES NICARAGUA

Nun hat man den zentralamerikanischen „Backpacker-Highway" ganz offiziell hinter sich gelassen und ist in einer Gegend gelandet, in der quietschbunte Quetzals in Nebelwäldern nisten und der beste Kaffee und Tabak Nicaraguas mit kapitalistischem Eifer und Gemeinschaftssinn angebaut werden. Mit etwas Zeit und Hingabe wird man alte Kathedralen und zahllose Wasserfälle zu sehen bekommen, Schluchten erkunden und den Freibeutern, Kolonialherren, Revolutionären, Künstlern und Dichtern Tribut zollen können, die sich von diesen fruchtbaren Bergen inspirieren ließen und mit den bescheidenen, offenen Menschen in Kontakt kamen, die hier schon seit Generationen leben.

Estelí

122 900 EW.

Estelí hat viele Gesichter. Die Universitätsstadt ist eine Sandinisten-Hochburg und ein wichtiges Handelszentrum für die Tausenden von Bauern aus den umliegenden Hügeln. Unter der Woche beginnt der Tag vielleicht mit einer Runde Yoga bei Sonnenaufgang vor dem Spanischunterricht, samstags mischt man sich dann auf dem riesigen Lebensmittelmarkt unters Volk und trifft die Händler später, gegen Mitternacht, auf der Tanzfläche einer *ranchero*-Bar wieder. Ebenfalls bemerkenswert sind natürlich die hervorragenden Zigarren und der Feuereifer, mit dem die tief im Sozialismus verwurzelte Stadt sich auf die „neumodischen" Spielautomaten gestürzt hat! Man muss wahrlich kein Che-Guevara-Anhänger sein, um Estelí zu verfallen.

Wegen der strategischen Lage an der Panamericana in der Nähe der Grenze zu Honduras war Estelí während der Revolution heftig umkämpft und spielte auch im Contra-Krieg eine wichtige Rolle – kein Wunder also, dass die Sandinisten hier nach wie vor sehr viele Anhänger haben.

Sehenswertes

Die Topattraktionen liegen zwar außerhalb, doch es gibt auch ein paar Sehenswürdigkeiten in der Stadt, z. B. die Kathedrale (erb. 1823) mit der bildschönen Fassade oder die allgegenwärtigen **Wandmalereien**. Viele davon stammen von Teilnehmern des Funarte-Wandmalerei-Workshops für Kinder (www.funarte.org.ni).

★Galería de Héroes y Mártires MUSEUM
(☎2714-0942, 8419-3519; http://galleryofheroesandmartyrs.blogspot.com; Av 1a NE & Calle Transversal, ½ c N; Spende erbeten; ⏲Di–Fr 9.30–16 Uhr) Ein Muss ist diese bewegende Galerie mit verblichenen Fotos, Kleidungsstücken und Waffen, die den Männern und Frauen gewidmet ist, die ihr Leben in der Revolution ließen. Sehr interessant ist beispielsweise die auch auf Englisch beschriftete Ausstellung zum Kämpferpoeten Leonel Rugama. Die Öffnungszeiten sind eher unregelmäßig; falls gerade keiner da ist, einfach später noch einmal vorbeischauen.

Catedral KIRCHE
Die Kathedrale von 1823 beeindruckt mit einer wundervollen Fassade und lohnt auf jeden Fall eine kurze Besichtigung. Die umliegenden Häuser schmücken einige interessante Wandbilder, wenn auch die meisten Originalbilder aus der Revolutionszeit schon lange verschwunden sind.

Wandbilder ÖFFENTLICHE KUNST
In den Straßen der Stadt sind hier und da noch Wandmalereien zu sehen. Zwar sind viele der alten Revolutionsbilder im Verlauf von Umbauten und Renovierungen übertüncht worden, doch es entstehen immer wieder neue Gemälde, die die Tradition am Leben erhalten. Viele der neueren Bilder wurden im Rahmen eines Programms der Organisation **Funarte** (www.funarte.org.ni) von Kindern geschaffen.

Kurse

CENAC Spanish School SPRACHKURSE
(☎2713-5437; www.spanishschoolcenac.com; Panamericana, zw. Calle 5a SE & 6a SE; mit/ohne Unterbringung in Gastfamilie 195/120 US$ pro Woche) Professionell geführte Spanischschule mit Unterricht für alle Stufen.

Horizonte Nica SPRACHKURSE
(☎2713-4117; www.escuelahorizonte.edu.ni; Av 2a SE, Calle 9a SE, ½ c S; mit/ohne Unterbringung in Gastfamilie 220/150 US$ pro Woche) Diese renommierte Schule nutzt ihre Kontakte zu zahlreichen regionalen Unterstützergruppen, um ihre Sprachschüler in die Gemeinschaft einzubinden.

Geführte Touren

Estelí produziert mit den besten Tabak weltweit. Die Pflanzen stammen ursprünglich aus Kuba, genauso wie die Fermentierungs- und Rolltechniken, die sich Besucher in den lagerhausartigen Fabriken aus nächster Nähe anschauen können. Hier kann's ganz schön qualmen, doch man gewöhnt sich dran. Der Tabak wird im März und April geerntet, gerollt werden die *puros* (Zigarren) aber jederzeit.

Zwar ist die Tabakindustrie ein wichtiger Arbeitgeber in der Region, doch die Arbeitsbedingungen in den Fabriken unterscheiden sich erheblich. Einige verfügen über luftige und großzügige Arbeitsräume, während es in anderen aussieht wie im 19. Jh.

Viele der großen Produzenten genießen einen steuerlichen Sonderstatus und dürfen in ihren Fabriken keine Zigarren direkt an die Kundschaft verkaufen. Auch ein Versand per nicaraguanische Post ist nicht möglich.

Der ortsansässige Fremdenführer **Leo Flores** (☎8415-2428; leoafl@yahoo.es) hat gute

Estelí

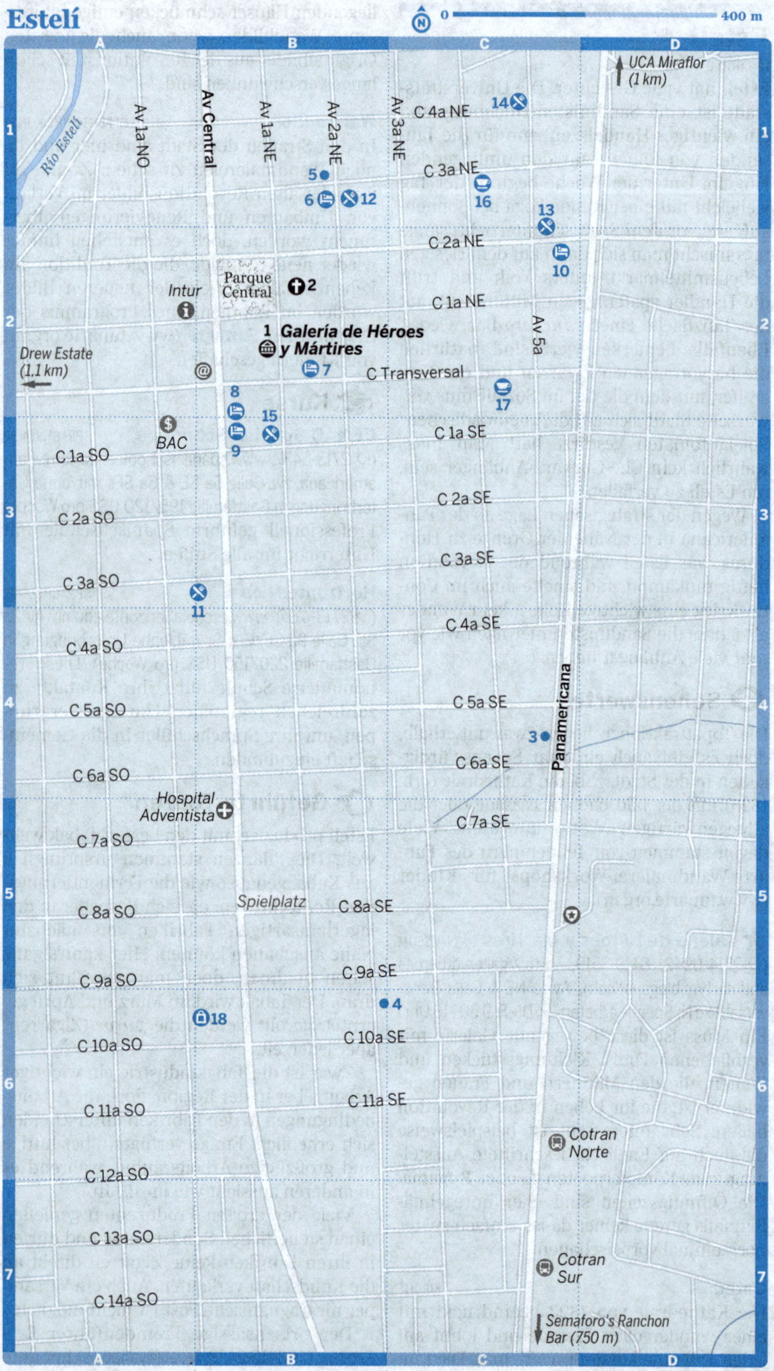

0
400 m
A
B
C
D
1
2
3
4
5
6
7
UCA Miraflor (1 km)
Río Estelí
Av 1a NO
Av Central
Av 1a NE
Av 2a NE
Av 3a NE
C 4a NE
C 3a NE
C 2a NE
C 1a NE
Av 5a
Parque Central
Intur
1 Galería de Héroes y Mártires
2
Drew Estate (1,1 km)
C Transversal
BAC
C 1a SO
C 2a SO
C 3a SO
C 4a SO
C 5a SO
C 6a SO
C 7a SO
C 8a SO
C 9a SO
C 10a SO
C 11a SO
C 12a SO
C 13a SO
C 14a SO
C 1a SE
C 2a SE
C 3a SE
C 4a SE
C 5a SE
C 6a SE
C 7a SE
C 8a SE
C 9a SE
C 10a SE
C 11a SE
Panamericana
Hospital Adventista
Spielplatz
Cotran Norte
Cotran Sur
Semaforo's Ranchon Bar (750 m)
3
4
5
6
7
8
9
10
11
12
13
14
15
16
17
18

Estelí

Highlights
1 Galería de Héroes y Mártires ... B2

Sehenswertes
2 Catedral ... B2

Aktivitäten, Kurse & Touren
3 CENAC Spanish School ... C4
4 Horizonte Nica ... B6
5 Tree Huggers ... B1

Schlafen
6 Hospedaje Luna ... B1
7 Hotel Los Altos ... B2
8 Hotel Nicarao ... B2
9 Iguana Hostel ... B3
10 Sonati ... C2

Essen
11 Buffet Castillo ... B3
12 Café Luz ... B1
13 El Quesito ... C1
14 Restaurante Tipiscayán ... C1
15 Rincón Pinareño ... B3

Ausgehen & Nachtleben
16 Aroma's Ole ... C1
17 Mocha Nana Café ... C2

Shoppen
18 Calzado Figueroa ... B6

Kontakte zur Tabakindustrie und somit Zugang zu unterschiedlichen Fabriken und Plantagen.

Tree Huggers veranstaltet Touren zur **Tabacalera Santiago**, die sich in kubanischem Besitz befindet. Hier kann man sich anschauen, wie Zigarren gerollt werden (8 US$ inkl. Transport und Führer, plus 2 US$ empfohlene Spende für den Büchereibus der Organisation). Die Tour gewährt Einblicke in den gesamten Produktionsprozess und die Besucher dürfen sich auch mit den Angestellten unterhalten, die 60 verschiedene Zigarrenarten rollen. Wer möchte, kann am Ende der Führung Zigarren kaufen.

Bei einigen Fabriken lassen sich auch im direkten Kontakt Besuche vereinbaren. Am einfachsten sind die Besichtigungen unter der Woche zu bewerkstelligen.

★ Tree Huggers KULTURTOUREN
(☎8496-7449; http://treehuggers.cafeluzyluna.org; Av 2a NE & Calle 3a NE; ⏲8–20 Uhr) Der nette Reiseveranstalter ist der örtliche Spezialist für Ausflüge nach Miraflor und Tisey, hat aber noch weitere interessante Gemeindetourismusprojekte der Region im Programm. Super ist die Zigarrentour. Die freundlichen Mitarbeiter haben außerdem jede Menge Tipps für Individualreisende auf Lager. Mit den Gewinnen werden örtliche soziale Projekte unterstützt.

Drew Estate TOUREN
(www.cigarsafari.com; Barrio Oscar Gamez 2) Der innovativste Zigarrenhersteller von Estelí veranstaltet mehrtägige „Zigarrensafari"-Touren mit allem Drum und Dran, die sich an echte Glimmstängelenthusiasten wenden.

Schlafen

Iguana Hostel HOSTEL $
(☎8824-2299; Av Central, Transversal, 75 m S; B/EZ/DZ 7/12,50/14 US$) Das billige, fröhliche Iguana bietet neben einer Lage im Zentrum alles, was Budgetreisende brauchen: geräumige Zimmer, eine Gästeküche und Hängematten im Innenhof. Besonders preisgünstig sind die „Schlafsäle" – in jedem stehen nur zwei bequeme Betten.

Hospedaje Luna HOSTEL $$
(☎8405-8919, 8441-8466; www.cafeluzyluna.org; Ecke Av 2a NE & Calle 3a NE; B/EZ/DZ/3BZ 10/20/28/33 US$; 📶) Dank seiner zentralen Lage, den makellos sauberen Zimmern, einem Patio zum Abhängen und Unmengen an Infos über Estelí und die Umgebung ist dieses gemeinnützige Hostel ein echter Liebling der Reisenden mit schmalem Geldbeutel. Die Gäste können eine kleine Küche benutzen und überall gibt's schnelles WLAN. Der Profit geht an Gemeindeprojekte in Miraflor, wo man auch als Volunteer tätig werden kann.

Sonati HOSTEL $$
(☎2713-6043; hostal.esteli@sonati.org; Catedral, 3½ c E; B 8–9 US$, EZ/DZ/3BZ ab 15/20/28 US$; 📶) Das coole Hostel wirkt mit seinen Gemeinschaftsbereichen, der geräumigen Küche und dem netten Garten ein bisschen wie ein WG-Haus. Die Zimmer sind ordentlich und in einigen der riesigen Bäder könnte man sich glatt verlaufen. Das Hostel bietet außerdem Touren und Wanderungen in der Umgebung und organisiert Freiwilligenarbeit bei entsprechenden Organisationen der Region. Mit den Gewinnen werden Umwelterziehungsprojekte in der Gegend unterstützt.

Hotel Nicarao PENSION $$

(☎2713-2490; hotelnicarao79@yahoo.es; Av Central, Calle Transversal, ½ c S; EZ/DZ ab 13/23 US$, ohne Bad 10/20 US$; 📶) Die charmante Pension mit Garten und netten Zimmern rund um einen großen Hof voller Sofas und Schaukelstühle sieht von außen nicht sehr einladend aus. Aber das Preis-Leistungs-Verhältnis ist hervorragend.

★ **Hotel Los Altos** BOUTIQUEHOTEL $$$

(☎2713-5264; hotel_losaltosesteli@hotmail.com; Calle Transversal, Av 1a NE, 50 m E; EZ/DZ/3BZ mit Frühstück 55/60/70 US$; ❄📶) Das in einem liebevoll restaurierten Kolonialhaus mitten im Zentrum gelegene Hotel ist sowohl stilvoll als auch unprätentiös. Die einladende Lobby begrüßt die Gäste mit einer hohen Decke aus Wildzuckerrohr, mit schmiedeeisernen Kronleuchtern und klassischen spanischen Kacheln. Die Zimmer sind alle unterschiedlich, doch verfügt jedes über helle Fliesenböden, elegante Holzmöbel und geräumige Schreibtische. Das Frühstück wird im reizenden Patio serviert.

Essen

El Quesito NICARAGUANISCH $

(Ecke Calle 2a NE & Av 4a NE, Del Asoganor, 1 c N; Frühstück 0,70–2,50 US$, Hauptgerichte 4,50 US$; ⏲6.30–20 Uhr) Rustikaler Imbiss mit selbst gezimmerten Holzstühlen, in dem es hausgemachten Joghurt mit Früchten aus der Gegend, *quesillos* und *leche agria* (Dickmilch) gibt ... Ebenfalls lecker: das (fettarme) nicaraguanische Frühstück und die Menüs.

Buffet Castillo NICARAGUANISCH $

(☎2713-0337; Parque Central, 4 c S, ½ c O; Mahlzeiten 2–4 US$; ⏲Mo–Sa 7–18 Uhr) Der geräumige Diner bietet restaurantwürdige Gerichte wie Rippchen, Bratfisch oder Jalapeño Chicken zu Tiefstpreisen und ist mittags oft überfüllt. Das ursprüngliche Restaurant auf der anderen Straßenseite ist auch noch geöffnet, falls im neuen Gebäude kein Platz mehr frei ist.

Café Luz INTERNATIONAL $$

(☎8405-8919; www.cafeluzyluna.org; Ecke Av 2a NE & Calle 3a NE; Snacks 2–4 US$, Hauptgerichte 6,50–9 US$; ⏲8–23 Uhr; 📶✎) 🍃 Genug vom nicaraguanischen Essen? Im hippen Café Luz werden Burritos und Fajitas mit einem gewissen Etwas zubereitet und die Biosalate landen direkt von den Erzeugern in Miraflor auf dem Teller. Auf der vielseitigen Karte stehen auch vegetarische Gerichte. Dies ist außerdem die beste Adresse im Zentrum für einen geselligen Drink am Abend.

Restaurante Tipiscayán NICARAGUANISCH $$

(☎2713-7303; Ecke Calle 4a NE & Av 4a NE; Hauptgerichte 3,50–10 US$; ⏲Do–Di 12–22 Uhr) Die Familie des Specksteinkünstlers Freddy Moreno aus San Juan de Limay verwöhnt die Gäste in einem eleganten Restaurant voller Kunst mit guter traditioneller Küche. So gibt's z. B. tolle Quesadillas und Tacos im nicaraguanischen Stil. Außerdem werden hier ausgezeichneter Kaffee und traditionelle Getränke wie *pinolillo* (gekühltes Getränk aus Mais und Kakao) ausgeschenkt.

Rincón Pinareño KUBANISCH $$

(☎2713-4369; Av 1a SE & Calle 1a SE; Hauptgerichte 5,50–17 US$, Sandwiches ab 3,50 US$; ⏲12–22 Uhr) Der gute kubanische Diner mit hübscher Veranda im ersten Stock serviert köstliche getoastete Sandwiches, leckeres geräuchertes Hühnchen, Schweinskoteletts und Rippchen. Auch die Desserts finden reißenden Absatz.

Ausgehen & Nachtleben

★ **Semaforo's Ranchon Bar** BAR

(Panamericana & Krankenhaus, 300 m S; ⏲Do–So 18–4 Uhr) In dieser echten *ranchero*-Bar treffen sich die hart arbeitenden Menschen von Estelí, Tisey und Miraflor. Das Lokal besitzt einen Innen- und Außenbereich, ein *palapa*-Dach und einen Pavillon und versorgt das Publikum mit erstklassiger Livemusik. Ausstaffiert mit Stiefeln und Cowboyhut wird getanzt, was das Zeug hält – und zwar von Leuten aller Altersgruppen, von 18 bis 60.

Aroma's Ole CAFÉ

(Ecke Calle 3a NE & Av 4a NE; ⏲Mo–Sa 10–22, So 7–22 Uhr) Es liegt ein bisschen abseits, aber das stilvolle Straßencafé serviert erstklassigen Kaffee aus frisch gerösteten Bohnen aus Dipilto, einem der besten Anbaugebiete des Landes. Dazu kommen noch eine kleine Auswahl an Weinen sowie leichte Gerichte und herzhaftere Sachen.

Mocha Nana Café CAFÉ

(☎2713-3164; Calle Transversal, Av 4a SE, ½ c E; Getränke 1–2,50 US$; ⏲11–21 Uhr) Hier treffen sich die Intellektuellen, um bei einer Tasse Kaffee und leckeren Waffeln über Politik und Kultur zu diskutieren. Oft sorgen lokale Bands freitagabends für musikalische Unterhaltung (Eintritt 2,50 US$).

BUSSE AB ESTELÍ

Busse ab Cotran Norte

ZIEL	PREIS (US$)	DAUER	HÄUFIGKEIT (TGL.)
Jalapa	3,50	2¾ Std.	4.10, 12 Uhr
Jinotega (via Concordia, San Rafael)	1,80	2 Std.	5.45, 8.15, 9.15, 14.15, 15.45, 16.45 Uhr
León (Bus)	2,80	2½ Std.	15.10 Uhr
León (Microbus)	3	2 Std.	ca. 6 und 13 Uhr wenn voll
Masaya	3	3 Std.	14 & 15 Uhr
Ocotal	1,80	1½ Std.	6–11 Uhr stündl.
San Juan de Limay	1,80	2½ Std.	5.30, 7, 10, 12.15, 14, 15 Uhr
Somoto	1,15	1½ Std.	5.30–18.10 Uhr stündl.
Yali (via Miraflor)	2	2½ Std.	6, 9.15, 12.30, 15.45 Uhr

Busse ab Cotran Sur

ZIEL	PREIS (US$)	DAUER	HÄUFIGKEIT
León	2,80	2½ Std.	Mo–Sa 5, 5.45 & 6.45, So 6.45 Uhr
Managua (expreso)	3	2½ Std.	4.45–9.45 & 12.15–15.15 Uhr (So ab 6.45 Uhr) stündl.
Managua (ordinario)	2,25	3½ Std.	3.30–18 Uhr halbstündl.
Matagalpa (ordinario)	1,25	1¾ Std.	5.15–17.40 Uhr halbstündl.
Tisey	1	1½ Std.	Do–Di 6.30, 13.30 Uhr

Shoppen

Das standesgemäße Mitbringsel aus Estelí ist natürlich eigentlich eine Kiste Zigarren, die man am besten nach einer Fabrikführung ersteht. Daneben ist die Region aber auch für recht erschwingliche maßgefertigte Lederwaren bekannt: In den vielen Werkstätten an der Avenida 1a SO gibt's Sättel, Stiefel und Brieftaschen.

Calzado Figueroa SCHUHE
(☎8946-4341; Av 1a SO & Calle 9a SO, 30 m S; ⊙Mo–Sa 8–19, So bis 12 Uhr) In dieser erstklassigen Lederwerkstatt kann man handgefertigte Reitstiefel (80–100 US$) erstehen und so gestiefelt mit seinem inneren Cowboy in Verbindung treten. Wer unter der großen Auswahl fertiger Stiefel nicht fündig wird, kann sich auch welche maßanfertigen lassen und beim gesamten Fertigungsprozess zuschauen.

Praktische Informationen

BAC (Av 1a NO, Calle Transversal, 50 m S) Zuverlässiger Geldautomat.

Estelí@Net (Calle Transversal, Av Central, 20 m O; Internet 0,50 US$ pro Std.; ⊙8–20 Uhr) Auch Auslandsgespräche.

Hospital Adventista (☎2713-3827, 8851-5298; Av Central, Calle 6a SO, ½ c S; ⊙24 Std.) Privates Krankenhaus mit verschiedenen Spezialisten.

Intur (☎2713-6799; Plaza Plator, Parque Central, ½ c O; ⊙8–16 Uhr) Offizielle Touristeninformation mit einer Vielzahl von regionalen Broschüren, die Mitarbeiter sind aber nicht besonders fit.

Lavanderia Express (☎2714-1297; Av 2a SE, Calle 1a SE, 30 m S; 0,80 US$ pro Pfund; ⊙9–17 Uhr) Preisgünstige Wäscherei.

Polizei (☎2713-2615; Panamericana, Calle 8a SE)

An- & Weiterreise

In Estelí gibt es zwei Busbahnhöfe: den bodenständigen **Cotran Norte** (☎2713-2529) samt einarmigen Banditen und Soft-Rock-Beschallung und den etwas gediegeneren **Cotran Sur** (☎2713-6162). Beide Terminals befinden sich am südlichen Stadtrand an der Panamericana.

Área Protegida Miraflor

Miraflor ist kein 08/15-Touriziel. Es ist teils Naturschutzgebiet, teils ländliche Bauerngemeinde und es ist schwer zu erreichen und noch schwerer zu definieren. Hier gibt's keine großen Hotels und Restaurants, nur eine lockere Ansammlung gleichgesinnter Landwirte mit einem Interesse an Tourismus und Umwelt.

Den Namen Miraflor trägt auch der kleine Bergsee, um den herum sich die seit 1999 bestehende Área Protegida Miraflor schmiegt: mit Wasserfällen, blühenden Orchideen, Kaffeeplantagen, Überreste von Regenwald (wo noch ein paar Affen leben), Wanderwegen und Dutzenden Kollektivhofsiedlungen, die Touristen willkommen heißen. Die Natur hier ist wirklich prachtvoll – absolut unvergesslich aber ist die Erfahrung, am ländlichen Alltag Nicaraguas teilzunehmen: frische Tortillas herstellen, Kühe melken, Kaffee ernten oder mit den *caballeros* (Reitern) durch die hügelige Landschaft galoppieren.

Besucher müssen sich auf jeden Fall ankündigen, damit sichergestellt wird, dass das Einkommen aus dem Tourismus gleichmäßig unter den teilnehmenden Bauern verteilt wird und die Gastgeber die notwendigen Vorbereitungen treffen können.

Aktivitäten

Miraflor umfasst auf einer Höhe von 800 bis 1400 m drei Klimazonen und beherbergt mehr als 200 Orchideen- und 307 Vogelarten. Neben 20 km Wanderwegen durchziehen auch einige Holperpisten das Gebiet. Die *zona bajo* (tiefergelegene Zone) um **Coyolito** ist ein tropisches Eichensavannen-Ökosystem, die *zona intermedia* (mittlere Zone) mit **Sontule** verfügt noch über Nebelwaldreste und jede Menge Orchideenarten und in der *zona alta* (höher gelegene Zone) findet man Kaffeeplantagen, weiteren Nebelwald und bei **Cebollal** in **Los Volcancitos** ausgezeichnete Möglichkeiten, Quetzals und Affen zu beobachten.

Die preisgünstigen einheimischen Guides (15 US$ für 1 Pers., 20 US$ für 2 bis 4 Pers.) kennen die besten Wanderungen und helfen Ortsfremden dabei, Einblicke in Miraflors Geschichte und Alltag zu gewinnen. Wer nicht nur die unmittelbare Umgebung seiner Unterkunft erkunden möchte, benötigt auf jeden Fall einen Führer – die Pfade sind schlecht ausgeschildert und führen außerdem über privates Land, wo man manchmal die Erlaubnis aushandeln muss, passieren zu dürfen. Außerdem werden Pferde verliehen (ca. 15 US$ pro Tag) – auf dem Rücken eines Pferdes lassen sich bestens verschiedene Siedlungen abklappern.

Auf Wunsch können auch **Kaffeetouren** mit Verkostungen (70 US$ für bis zu 10 Pers.) arrangiert werden. Weitere Thementouren sind z. B. **Orchideenwanderungen** (35 US$ für bis zu 10 Pers.) und **Vogelbeobachtungstouren** (35–50 US$ für bis zu 6 Pers.).

Manche Grundstücksbesitzer verlangen Eintritt zu den Sehenswürdigkeiten bzw. dafür, dass man ihr Land betreten darf, deshalb ausreichend Kleingeld mitbringen.

Die **UCA Miraflor** (Unión de Cooperativas Agropecuarias de Miraflor; ☎2713-2971; www.ucamiraflor.com; Gasolinera Uno Norte, 2 c E, ½ c N; ⏲Mo–Fr 8–12 & 13–17.30, Sa 8–15 Uhr) in Estelí verwaltet das Naturschutzgebiet und kann bei der Planung eines Besuchs behilflich sein, einen englischsprachigen Guide vermitteln und Übernachtungen bei Familien organisieren. Tree Huggers (S. 519) liefert detaillierte Infos zur Reiseplanung und nimmt ebenfalls Reservierungen vor.

Schlafen & Essen

Im Naturschutzgebiet gibt es eine Reihe von Übernachtungsmöglichkeiten, die allesamt bei der UCA Miraflor oder bei Tree Huggers (S. 519) in Estelí gebucht werden sollten.

Die Zimmer in den Bauernhäusern ermöglichen den direktesten Kontakt zu einheimischen Familien, in den *cabañas* hat man dafür mehr Privatsphäre. Beide Optionen (z. T. mit Plumpsklos) sind sehr rustikal. Inklusive Vollpension zahlt man etwa 28 US$ pro Person.

Wer Wert auf Komfort legt, sollte sich in der **Finca Neblina del Bosque** (☎8701-1460; www.neblinadelbosque.com; Cebollal; Cabañas inkl. Mahlzeiten 30–40 US$ pro Pers.) einquartieren, die von einem nicaraguanisch-deutschen Paar betrieben wird. Es ist die luxuriöseste Unterkunft in Miraflor, hat dafür aber auch erheblich weniger ländliches Flair.

An- & Weiterreise

Nach Coyolito (0,70 US$, 1 Std.) und La Pita (1 US$, 1¾ Std.) fahren täglich um 5.45 und 13 Uhr Busse von der Pulpería Miraflor in Estelí (bei der Uno-Tankstelle an der Panamericana nördlich der Stadt), Rückfahrt ab La Pita um 7.30 und 14.30 Uhr.

Von Estelí über Sontule und La Perla nach Cebollal (1,50 US$, 2 Std.) fährt täglich außer sonntags um 14.15 Uhr ein direkter Bus vom Cotran Norte; Rückfahrt von Cebollal um 18.45 Uhr.

Nach Cebollal kann man um 6, 12 oder 15.45 Uhr auch den Bus vom Cotran Norte in

Estelí über Miraflor nach Yali nehmen und bis nach La Rampla (1 US$, 2 Std.) fahren. Von dort ist es 1 km zu Fuß den Berg hinauf bis zu den ersten Unterkünften. Der Bus fährt weiter nach Puertas Azules; von dort sind es 20 Fußminuten nach La Perla und 1¾ Stunden nach Sontule.

Wer möchte, kann auch in rund 45 Minuten von La Pita den Berg hinauf nach Cebollal gehen, aber der Anstieg ist steil.

Área Protegida Cerro Tisey-Estanzuela

Dieses Schutzgebiet nur 10 km südlich von Estelí ist kleiner, trockener und weniger dicht besiedelt als die Área Protegida Miraflor, aber mindestens genauso bildschön und ist jetzt ebenfalls auf den Touristenzug aufgesprungen. Tisey kann nicht mit der gleichen Artenvielfalt aufwarten, doch die zerklüfteten, von Kiefern überzogenen Berge, die Fledermaushöhlen aus rotem Ton, die Wasserfälle und wunderbaren Aussichten, die bis zum Lago de Managua reichen – und an klaren Tagen bis nach El Salvador – lohnen den Abstecher hierher allemal.

Wer möchte, kann einen Tagesausflug ab Estelí unternehmen, allerdings liegen die Attraktionen über das 93 km² große Gelände verteilt und es fahren nur wenige öffentliche Verkehrsmittel. Mehr sehen wird man also, wenn man über Nacht bleibt.

Sehenswertes

Eine unbefestigte Straße neben dem Krankenhaus San Juan de Dios in Estelí führt zum Haupteingang von Tisey. In den niedrigen Höhenlagen des Parks, gerade mal 5 km von Estelí entfernt, stürzt sich der hübsche **Salto Estanzuela** (1 US$) über eine mit Bromelien bewachsene Klippe 36 m in die Tiefe und verzweigt sich in ein halbes Dutzend schäumender Arme, die ein perfektes Badeloch füllen. Während der Karwoche kommen die Einheimischen in Scharen hierher.

Hinter den Wasserfällen steigt die Straße an und führt in die Berge zur Eco-Posada. Dort warten ein paar spanischsprachige Guides auf Kundschaft (20–25 US$ pro Tag).

Ein Stückchen weiter an der Straße befindet sich Alberto Gutiérrez' einzigartiger **Galería del Arte el Jalacate** (Eintritt per Spende); hier hat er seine bezaubernden Wandbilder in die Felswand gemeißelt. Rund 3 km später ist das niedliche Dörfchen **La Garnacha erreicht**. In der Dorfkapelle hielten sich Flüchtlinge einer Contra-Invasion während des Kriegs versteckt. Die hiesige **Molkereikooperative** (☎8658-1054; garnachaturistica@yahoo.es; Comunidad La Garnacha) produziert Ziegenkäse nach italienischem Rezept.

Schlafen & Essen

Im einzigen *comedor* von La Garnacha werden hervorragende *comidas típicas* (regionale Spezialitäten; Gerichte 3–5 US$) aus regionalen Zutaten zubereitet, z. B. aus Biosalaten und Käse.

Eco-Posada LODGE $

(☎8658-4086; Zi. 7 US$ pro Pers., Cabañas 18 US$; P) Hier übernachten die Gäste in komfortablen *cabañas* mit Spültoiletten und Veranden, auf denen man in Hängematten mit Blick auf den von Blumen und Obstbäumen gesäumten Bach faulenzen kann. Daneben gibt's noch spartanische Zimmer mit Blechdach und Gemeinschaftsbädern. Im angeschlossenen *comedor* sind billige Mahlzeiten erhältlich.

Cabañas La Garnacha LODGE $$

(☎8658-1054; garnchaturistica@yahoo.es; La Garnacha; Zi. 10 US$ pro Pers., Cabañas 25–30 US$) Die von der Gemeinde betriebenen netten *cabañas* mit Blick auf einen kleinen See haben Warmwasser. In der Nähe vom Eingang gibt's außerdem billigere, hotelartige Zimmer mit gefliesten Bädern. Unbedingt Reservieren.

An- & Weiterreise

Täglich fahren zwei Busse nach Tisey (1 US$, 1½ Std.). Sie sind mit „La Tejera" beschildert und verlassen das Terminal Cotran Sur in Estelí um 6.30 und 13.30 Uhr. Sie passieren den Salto Estanzuela und die Eco-Posada, bevor sie an der Abzweigung nach La Garnacha halten; von dort sind es noch 1,5 km bis ins Dorf. An derselben Abzweigung fahren um 8.30 und 15.30 Uhr Busse zurück nach Estelí. Achtung: mittwochs keine Verbindungen!

In der Trockenzeit kann man in Estelí vielleicht einen Taxifahrer für einen Tag anheuern (ca. 50 US$ für 5 bis 6 Std.), doch die Straße ist in einem ziemlich erbärmlichen Zustand und die meisten Fahrer möchten sich nicht ihr Fahrzeug ruinieren. Tree Huggers (S. 519) bietet für 60 US$ die Hin- und Rückfahrt in einem Pick-up – eine gute Option für Tagesausflüge.

Der Salto Estanzuela ist zu Fuß ca. 90 Minuten, mit dem Rad 40 Minuten vom Krankenhaus San Juan de Dios in Estelí in Estelí entfernt. Eine Taxifahrt kostet rund 15 US$ pro Strecke.

Somoto

37 000 EW.

Das kleine Somoto stand früher noch nicht auf der To-do-Liste von Besuchern im Norden Nicaraguas. Bis 2003 war dies tatsächlich nur eine weitere verschlafene Kolonialstadt im Schatten von Honduras und bekannt für die vielen Esel und *rosquillas* (knusprige Maisbrotkringel). Doch dann stolperten zwei tschechische Wissenschaftler über eine Spalte in der unebenen Tonerde außerhalb der Stadt und „entdeckten" die Granitlandschaft des Cañon de Somoto (Somoto-Schlucht) gerade mal 75 Millionen Jahre nach seiner Entstehung; hier entspringt der Río Coco.

„Entdeckung" steht in Anführungsstrichen, weil die Einheimischen natürlich schon immer von der Existenz der Schlucht gewusst haben. Sie nannten sie La Estrechura (die enge Stelle). Den Chorotegas, den Ureinwohnern, war die Region hingegen als Tepezonate (Wasserberg) bekannt.

Sehenswertes

★ Monumento Nacional Cañon de Somoto NATIONALPARK
(Carretera Somoto–El Espino Km 229,5; 2 US$) Der Coco (oder Wangki), der längste Fluss Zentralamerikas, fließt bis zum Karibischen Meer, doch am spektakulärsten ist vielleicht sein Anfang. Er quillt aus dem Untergrund und hat ins harte Felsgestein eine 3 km lange Schlucht gegraben, die 160 m tief und teils nur 10 m breit ist. Sie steht als Monumento Nacional Cañon de Somoto unter Naturschutz und der Besuch ist ist ein umwerfendes Erlebnis.

Geführte Touren

★ Somoto Canyon Tours ABENTEUERTOUREN
(☎8610-7642; www.somotocanyontours.org; Carretera Somoto–El Espino Km 229,5) Direkt beim Eingang zum Cañon de Somoto befindet sich im Dorf Sonis eine gut geführte gemeindebasierte Tourismusorganisation. Sie ist auf Abenteuer im Canyon spezialisiert; z. B. kann man in Zelten unter den Sternen übernachten. Außerdem werden **Reitexkursionen** und **Wanderungen** in der Region angeboten. Sehr zu empfehlen.

Schlafen & Essen

Sonis Homestay PRIVATUNTERKÜNFTE $
(☎8610-7642; www.somotocanyontours.org; Carretera El Espino Km 229,5, Sonis; B/Zi. 7/15 US$) Wer nur hier ist, um sich die Schlucht anzuschauen, kann bei einer der Familien im Dorf Sonis direkt am Eingang des Canyons übernachten. Die Privatunterkünfte gehören zum hiesigen gemeindebasierten Tourismusprojekt. Übernachtet wird in für den Zweck erbauten *cabañas* direkt neben den Häusern der Familien.

Quinta San Rafael LODGE $$$
(☎8449-1766; info.canondesomoto@gmail.com; entrada Cañon de Somoto; Haus für bis zu 12 Pers. 250 US$, Cabaña für 6–8 Pers. 120 US$) Dieses ländliche Anwesen in privilegierter Lage unten im Tal vor dem Eingang zur Schlucht bietet die komfortabelste Unterbringung weit und breit. Das Haupthaus hat Gästezimmer auf zwei Etagen, in der Lounge einen offenen Kamin, eine Küche und eine wunderbare Terrasse mit Panoramablick auf die Berge. Außerdem stehen mehrere kleinere *cabañas* zur Verfügung.

Bar y Restaurant El Almendro NICARAGUANISCH $$
(☎2722-2152; Parque Central, 2 c S; Hauptgerichte 8–9 US$; ⏲12–22 Uhr) Dieses Bar-Restaurant könnte aus dem US-amerikanischen Wilden Westen stammen, doch das Essen ist eigentlich ziemlich gut. Fisch, Huhn und Rindfleisch werden mit verschiedenen Saucen und den üblichen Beilagen serviert.

An- & Weiterreise

Der Busbahnhof liegt an der Panamericana, sechs Querstraßen vom Stadtzentrum entfernt.

BUSSE AB SOMOTO

ZIEL	PREIS (US$)	DAUER	HÄUFIGKEIT
El Espino (honduranische Grenze)	0,50	40 Min.	5.15–17.15 Uhr stündl.
Estelí	1,15	1¾ Std.	5.20–17 Uhr alle 40 Min.
Managua (expreso)	4	4 Std.	5, 6.15, 7.30, 14, 15.15 Uhr
Managua (ordinario)	3	4½ Std.	4–17 Uhr fast stündl.
Ocotal	0,60	1 Std.	5.15–16.30 Uhr alle 45 Min.

Jinotega

46 000 EW.

In einem winzigen Tal liegt die „Stadt der Nebel“, eingeschlossen von Bergen, die in Nebelwälder gehüllt und von tiefen Schluchten zerfurcht sind. Granitkämme krönen die Gipfel.

Während in Matagalpa der Kaffeetourismus boomt, verspricht Jinotega Abenteuer und hat eine vielversprechende Zukunft; bislang sind die Entwicklungshelfer den Urlaubern allerdings noch zahlenmäßig überlegen. Man kann auf altem Kopfsteinpflaster wandeln, den nahe gelegenen Lago de Apanás besuchen und in die nebelverhangenen Berge wandern, um dort mit Einheimischen Kaffeebohnen zu ernten und durch Primärwald zu schlendern. Den Cerro La Cruz sollte man unbedingt bei klarem Wetter erklimmen, um das Tal in all seiner jadegrünen Pracht bewundern zu können.

Jinotegas Spitzname kommt übrigens nicht von ungefähr. Die Durchschnittstemperatur liegt bei gerade mal 20 °C und manchmal fallen um die 2600 mm Regen pro Jahr; deshalb sollte man Regenkleidung und ein warmes Fleece für kalte Abende mitbringen.

Sehenswertes

★ Cerro La Cruz RELIGIÖSE STÄTTE
Ein steiler Weg führt vom Friedhof in einer Stunde hoch zum **Stadtkreuz**. Es steht auf einem felsigen Grat und wurde 1703 von dem Franziskanermönch Fray Margil de Jesús aufgestellt. Die Aussicht auf Jinotega und die gestaffelte Cordillera Isabelía von hier oben ist phantastisch. Ausgangspunkt ist der zentrale Fußweg durch den Friedhof; gleich dahinter beginnt der schweißtreibende Aufstieg. Wenn man aus den Bäumen auftaucht und ein Plateau erreicht, hält man sich dicht am Grat und klettert weiter.

Catedral San Juan KIRCHE
Der schönste Teil der um 1805 erbauten Kathedrale ist der **Altarraum** mit den weißen Bogen, den sehr lebensnah gearbeiteten himmlischen Heiligenskulpturen und dem vergoldeten Kastanienholzaltar. Gegenüber der Kathedrale liegt der charmante **Parque Central**, in dem Palmen und riesige Lorbeerbäume Schatten spenden.

Schlafen

Hotel Primavera PENSION $
(☎2782-2400; Parque Central, 5 c N, 1 c E; EZ/DZ 8/12,50 US$, ohne Bad 4,70/9,35 US$) Die Zimmer der saubersten Budgetunterkunft der Stadt sind frisch gefliest, haben Kabel-TV und anständige Matratzen auf den Betten. Die goldige Besitzerfamilie ist in der Lobby anzutreffen. Punkt 22 Uhr wird die Tür abgeschlossen; wer sich länger herumtreiben will, sollte das vorher kundtun.

Hotel Sollentuna Hem HOTEL $
(☎2782-2334; solentunahem@gmail.com; Parque Central, 4 c N; EZ/DZ 13,50/16 US$; P Wi-Fi) Das einladende kleine Hotel ist bei Travellern sehr beliebt. Es verfügt über unterschiedliche Zimmer mit Kabel-TV und warmem Wasser, alle recht preisgünstig. Einige sind besser als andere, also am besten vorher anschauen.

★ Hotel Café HOTEL $$$
(☎2782-2710; www.cafehoteljinotega.com; Gasolinera Uno, 1 c O, ½ c N; EZ/DZ mit Frühstück 50/60 US$; P ❄ Wi-Fi) Die Zimmer der komfortabelsten Unterkunft in Jinotega sind fast alle lichtdurchflutet und in Pastellfarben gestrichen. Der Service ist professionell und zuvorkommend. Schön sind auch die Marmorbäder und der superschnelle Wäscheservice.

Essen & Ausgehen

★ La Casa de Don Colocho BÄCKEREI $
(☎2782-2584; Parque Central, 3 c E, 3 c S; Backwaren 0,60–1,10 US$, Kaffee 1–1,50 US$; ⌚Mo–Sa 8–18 Uhr; 👪) Jede Stadt würde sich über eine Bäckerei wie diese freuen. Die Zimtröllchen sind schwer und zuckrig, die Ananasteilchen haben Suchtfaktor – und das sind nur zwei der Dutzenden von Sachen, die hier jeden Tag gebacken werden und außer am Wochenende täglich gegen 13 Uhr aus dem Ofen kommen.

Soda El Tico NICARAGUANISCH $
(☎2782-2059; Parque Central, 1 c E, ½ c S; Buffetgerichte 4 US$, Hauptgerichte 6 US$; ⌚7.30–22 Uhr) Das mit Abstand leckerste Essen gibt's hier: Das Soda El Tico ist ein klassisches Buffet-Restaurant. Zum Steak, zur Schweinelende und zum Grillhühnchen können sich die Gäste an der Salattheke mit Grünzeug eindecken. Und auf der Karte stehen noch weitere kleine Speisen und Spezialitäten.

★ Bar Jinocuba BAR
(Alcaldía, 5 c N; Mo–Do 15–23, Fr–So bis 24 Uhr; Wi-Fi) Eine groovige Szenebar – garantiert ohne *rancheros* – mit gelegentlicher Livemusik und anderen Kulturevents. Die jungen Be-

treiber kennen sich in Sachen Tourismus in der Gegend bestens aus und können für die Erkundung der umliegenden Berge unabhängige Englisch und Deutsch sprechende Guides vermitteln. Außerdem sind hier kubanische und andere ausländische Gerichte erhältlich.

Café Flor de Jinotega CAFÉ
(☎2782-2617; Cotran Norte, 1½ c N; Espressogetränke 0,50–0,75 US$; ⏲8–18 Uhr) Hier gibt's schlicht und ergreifend den besten Kaffee der Stadt (und möglicherweise auch der gesamten Ruta de Café). An einem der durchsichtigen, mit dreierlei Arten Kaffeebohnen gefüllten Tische kann man relaxen und richtig guten Kaffee kennenlernen. Die Mitarbeiter vermitteln auf Nachfrage Guides und Ausflüge zu Kaffeeplantagen in der Umgebung.

La Taverna BAR
(Parque Central, 2 c O; ⏲12–24 Uhr) Die coolste Bar im nördlichen Hochland hat Holztische, ein dunkles Holzinterieur, ein munteres Publikum und köstliche Rindfleisch-Fajitas (5 US$).

An- & Weiterreise

Es gibt zwei Busbahnhöfe: Der **Cotran Norte** beim Markt ist nicht viel mehr als ein chaotischer Parkplatz. Einen wunderbaren Gegensatz bildet der nagelneue **Cotran Sur** (📶) am südlichen Stadtrand, der beste Busbahnhof der Region, mit Geschäften, Abfahrtsdurchsagen und sogar einer Wartelounge mit WLAN.

Matagalpa

89 100 EW. / 902 M

Wer Kaffee, Berge und die Zivilisation liebt, sollte einen Zwischenstopp in Matagalpa einlegen. Seit Jahrzehnten sitzen hier bei Stadtfesten und auf dem Markt zunehmend mehr liberale Kaffeepatriarchen und sandinistische Subsistenzbauern Seite an Seite. Da die Stadt immer weiter wächst, ist sie in die Ausläufer der Berge vorgedrungen, mit zerfurchten, von Hütten gesäumten Straßen und terrassierten Plateaus mit schicken Neubausiedlungen. Wer den Blick hebt, schaut von so gut wie jeder Stelle in der Stadt auf unberührte zerklüftete Gipfel.

Wenn man dann keine Lust mehr auf Stadt hat, spaziert man einfach in Richtung der Hügel, läuft durch Primärwald zu rauschenden Wasserfällen, pflückt Kaffeebohnen, erkundet Minenschächte und lauscht *ranchero*-Troubadouren beim Improvisieren.

Reisende, die eine Basis für Erkundungen der Region suchen oder einfach nur ein bisschen Zeit in einer typischen nicaraguanischen Stadt verbringen möchten, werden von Matagalpa bestimmt nicht enttäuscht sein.

Sehenswertes

★ Casa Museo Comandante Carlos Fonseca MUSEUM
(Parque Rubén Darío, 1 c E; Spende erbeten; ⏲Mo–Fr 9–17, Sa bis 12 Uhr) GRATIS Carlos Fonseca ist so etwas wie der sandinistische Malcolm X – ein hochintelligenter und charismatischer

BUSSE AB JINOTEGA

ZIEL	PREIS (US$)	DAUER	HÄUFIGKEIT	ABFAHRTSORT
Estelí	1,80	2 Std.	5.15, 7, 9, 13, 14.45 & 15.30 Uhr	Cotran Norte
Managua	3,40	3½ Std.	4–16 Uhr 10-mal tgl. Fährt über eine neue Straße & nicht nach Matagalpa hinein.	Cotran Sur
Matagalpa	1	1¼ Std.	5–18 Uhr halbstündl.	Cotran Sur
Pantasma (via Asturias)	2	1½ Std.	4–16.30 Uhr stündl.	Cotran Norte
Pantasma (via San Gabriel)	1,80	1½ Std.	5.30–16.30 Uhr stündl.	Cotran Norte
San Rafael del Norte (ordinario)	0,80	40 Min.	6–18 Uhr halbstündl.	Cotran Norte
San Rafael del Norte (expreso)	1	30 Min.	6–18 Uhr halbstündl.	Cotran Norte
Yalí	2	2 Std.	6, 8.30, 10, 12 & 14.30 Uhr	Cotran Norte

ABSEITS DER ÜBLICHEN PFADE

BOSAWÁS

Für Traveller, die gern mal abtauchen, ist die **Reserva de Biosfera Bosawás** genau das Richtige. Der nach dem Amazonas zweitgrößte Regenwald auf dem amerikanischen Kontinent ist ein magischer Ort spektakulärer, bewaldeter Gipfel und schnell fließender Flüsse, die an kleinen indigenen Dörfern vorbeibrausen. Hier gibt es weder Straßen, noch Hotels oder Strom, sodass ein Besuch hier eine Menge Abenteuer verspricht.

In das Reservat kommt man am einfachsten über den Ort Wiwili am Río Coco im Norden des Verwaltungsbezirks Jinotega. Auf dem Fluss verkehren keine öffentlichen Verkehrsmittel, aber wer keine Eile hat, kann auf den Booten örtlicher Händler oder Kooperativen die ganze Strecke bis zum Karibischen Meer mitfahren. Beim eigentlichen Reservat angekommen, kann man nur in den Dörfern der indigenen Mayanga und Miskito übernachten. Dort kann man sich irgendeine Art Unterkunft organisieren. Nachts wird es hier oft ziemlich kalt; also sollte man warme Kleidung sowie ausreichend Verpflegung, Wasserreinigungstabletten und eine Taschenlampe mitbringen.

Brillenträger mit Ziegenbart. Obwohl sein Vater ein Kaffeebaron war, wuchs er gemeinsam mit seiner alleinerziehenden Mutter und vier Geschwistern in diesem bescheidenen Haus in furchtbar ärmlichen Verhältnissen auf. Heute beherbergt das Haus ein winziges, faszinierendes Museum, in dem Fonsecas Lebensweg bis zu seinem Tod als Comandante nachgezeichnet wird.

Museo de Café MUSEUM
(Av José Benito Escobar, Parque Morazán, 1 c S; Mo–Fr 8–12.30 & 14–17, Sa bis 12 Uhr) GRATIS Das faszinierende Museum wurde kürzlich renoviert. Die großen Hochglanzdarstellungen auf Spanisch und Englisch widmen sich den Wurzeln der regionalen Kaffeesorten und der modernen Kaffeeproduktion. Unter anderem sind alte Kaffeeverarbeitungsmaschinen zu sehen. Besonders interessant sind die Informationen zu den zähen Einwanderern, die die ersten Kaffeeplantagen in der Gegend anlegten. Lohnt vor einer Fahrt ins Umland auf jeden Fall einen Besuch.

Aktivitäten

Café Girasol WANDERN
(2772-6030; www.familiasespeciales.org; contiguo Puente Salida Managua; 7–18 Uhr) Die Wohlfahrtseinrichtung vermittelt Freiwilligenjobs und verkauft detaillierte Broschüren (1 US$) für einige Wanderungen in der Umgebung von Matagalpa, die jeweils vier bis acht Stunden dauern. Und wer schon mal hier ist, sollte auf jeden Fall den ausgezeichneten Kaffee und den hausgemachten Joghurt probieren – die Gewinne fließen in Projekte für Kinder mit Behinderungen. An der Hauptbrücke, zwei Straßen südwestlich vom Markt.

Kurse

Escuela de Español Colibri SPRACHKURSE
(www.colibrispanishschool.com; Parque Morazán, 1 c S, ½ c E; Unterricht 11–12 US$ pro Std.) Die beliebte Sprachschule im Gebäude von Matagalpa Tours bietet Einzelunterricht, jede Menge kulturelle Aktivitäten und Freiwilligenjobs für ihre Sprachschüler. 20 Stunden Unterricht pro Woche plus Unterbringung in einer Gastfamilie mit Vollpension kostet 344 US$.

Geführte Touren

★ **Matagalpa Tours** ABENTEUERTOUREN
(8647-4680, 2772-0108; www.matagalpatours.com; Touren ab 15 US$; Mo–Fr 8–12.30 & 14–18, Sa 8–16 Uhr) Matagalpa Tours offeriert fast ein Dutzend interessante Möglichkeiten, die Stadt und ihr Umland zu erkunden. In Matagalpa selbst werden Stadtrundgänge angeboten und Fahrräder verliehen, aber die schönsten Touren führen in die umliegenden Berge. Zu den Tages- und Mehrtagestouren gehören z. B. informative Führungen durch Kaffeeplantagen in der Nähe.

Schlafen

Hotel El Castillo HOTEL $
(2772-0034; hotelelcastillomt@gmail.com; Parque Morazán, 3 c E; EZ/DZ/3BZ 15/17/24 US$;) Das familiengeführte Hotel an einem Hang mit überwältigender Aussicht liegt nur drei Häuserblocks von der Kathedrale entfernt. Die Zimmer vorn im Gebäude verfügen über kleine Balkone mit Blick auf die Stadt und bieten ein tolles Preis-Leistungs-Verhältnis. Die Zimmer hinten haben keinen Ausblick und sind beengt und nicht sonderlich einladend. Frühstück kostet 2 US$.

Martina's Place HOSTEL $$

(☎2772-3918; www.martinasplace-hostal.com; Cancha El Brigadista, 1½ c E; B/EZ/DZ mit Gemeinschaftsbad 8/14/28 US$, EZ/DZ 15/30 US$; 📶) Das heimelige neue Hotel in praktischer Lage hat ordentliche, behagliche Zimmer und einen großen Dorm im Angebot. Die Matratzen sind bequem und die Eigentümer extrem hilfsbereit, aber am besten ist der geräumige Garten mit Grill und Gartenküche.

Buongiorno Principessa PENSION $$

(☎2772-2721; buongiornoprincipessa35@gmail.com; Colonia Lainez; B/Zi. mit Frühstück 12/30 US$; 📶) Das lockere Gästehaus an einer schmalen Gasse bietet ein ausgezeichnetes Preis-Leistungs-Verhältnis. Die Schlafsäle verfügen über gute Matratzen und sind nicht zu voll, die Privatzimmer sind hell und einladend. Das im Preis inbegriffene Frühstück ist erstklassig; das Highlight jedoch ist die herrliche Dachterrasse mit Rundumblick auf die Stadt.

Hostal Don Guillermo HOTEL $$

(☎2772-3182; www.hoteldonguillermomatagalpa.com; Claro, ½ c E; EZ/DZ 30/35 US$; 📶) Dank der ausgezeichneten Lage, eleganten Einrichtung und entspannten Atmosphäre zählt das kleine Hotel zu den Unterkünften mit dem besten Preis-Leistungs-Verhältnis der Stadt. Die Zimmer sind hell und geräumig und in den großen Bädern strömt heißes Wasser aus den Hähnen. Das Frühstück wird in dem kleinen Patio voller Pflanzen serviert. Eine sehr gute Wahl.

Maria's B&B HOTEL $$

(☎2772-3097; www.mariasbnb.com; BanPro, 1 c E, ½ c N; Zi. 46–66 US$; P❄📶) Ein phantastischer Neuling der örtlichen Hotelszene: Die kleine Herberge mitten im Zentrum hat nur ein halbes Dutzend helle, blitzsaubere und komfortable Zimmer sowie einladende Gemeinschaftsbereiche. Die Gäste können die offene Küche nutzen. Der Service ist herzlich: Doña Chepa bereitet jedem Gast ein Frühstück nach Wunsch zu.

Essen

In den qualmenden Buden, die pünktlich zum Sonnenuntergang nördlich vom Supermarkt Pali und der Kathedrale öffnen, gibt's die hiesige Spezialität, *güirílas*. Sie werden aus frischer Mais-*masa* gemacht und sind süßer und dicker als die Durchschnitts-Tortilla.

Rincón Don Chaco NICARAGUANISCH $

(Av José Benito Escobar, Parque Morazán, 2 c S; batidos 1–1,80 US$, Burger 1–2 US$, Hauptgerichte 4,30–4,80 US$; ⏲Mo–Fr 7.30–17, So bis 15 Uhr) In dem luftigen Lokal werden tollen *batidos* gemixt: frische Obstshakes auf Milch- oder Wasserbasis. Ein echter Klassiker ist Ananas und Sellerie in Orangensaft, ebenfalls gut ist Kokosnuss in Milch. Dazu gibt's köstliche vegetarische Burger und andere Snacks sowie ein kleines Angebot an Hauptgerichten.

Taquero NICARAGUANISCH, MEXIKANISCH $

(Parque Darío, 1 c S, 1½ c O; Mahlzeiten 3–7 US$; ⏲17.30–24 Uhr) Teils *fritanga* (Grilllokal), teils mexikanischer Diner: Der sehr beliebte Laden serviert bis spät am Abend überraschend gutes Essen. Die geschmacklosen ausgestopften Leguane an der Wand ignoriert man am besten und trifft dann die Wahl zwischen unglaublich zartem Rindfleisch vom Grill, pikantem Huhn und Grillrippchen oder man konsultiert die Karte mit ihren guten Tacos, Burritos und Quesadillas.

★ **La Vita é Bella** ITALIENISCH $$

(☎2772-5476; Parque Morazán, 2½ c E, 1½ c N; Pasta 3–4 US$, Hauptgerichte 5–8 US$; ⏲12–22 Uhr, Di geschl.; 🖉) Eine lokale Institution. Die Gäste genießen den Geschmack der günstigen, authentischen Speisen in einer relaxten Bistro-Atmosphäre. Hier bekommt man die so ziemlich beste Pizza (mit dünnem Boden) Nicaraguas! Auch die Nudelgerichte sind sehr schmackhaft. Für Vegetarier hält die Karte eine recht breite Auswahl bereit. Nicht so gut: die Pilze aus der Dose. Früh da sein, um einen Tisch zu ergattern.

Ausgehen

Artesanos BAR

(☎2772-2444; Parque Morazán, 1 c S, ½ c E; ⏲9–24 Uhr) Bei Weitem die groovigste Café-Bar in der Stadt, mit viel dunklem Holz, großem Patio, köstlichem Kaffee und einem jungen, hippen Publikum, das zu Electronica und Latin-Rhythmen tanzt.

Selección Nicaraguense CAFÉ

(www.sn.com.ni; Parque Darío; ⏲8–22 Uhr; ❄) Das moderne Café ist für das nördliche Hochland ziemlich schick. Hier werden gute warme und kalte Kaffeegetränke auf der Grundlage sortenreiner Bohnen aus der Region serviert. Seinen Drink kann man dann in der schicken klimatisierten Lounge oder auf dem großen Patio hinterm Haus genießen. Auch Bohnen zum Mitnehmen, gemahlen oder ungemahlen.

BUSSE AB MATAGALPA

Busse ab Cotran Sur

ZIEL	PREIS (US$)	DAUER	HÄUFIGKEIT
Chinandega	3,40	3½ Std.	5 & 14 Uhr
Ciudad Darío	0,85	1 Std.	5.30, 7.30, 10.25, 11, 11.25, 12.55 Uhr
Estelí	1,20	2¼ Std.	5.20–17.40 Uhr halbstündl.
Jinotega	0,80	1 Std.	5–18 Uhr halbstündl.
León	3	2½ Std.	6, 9.30, 15, 16 Uhr
Managua (expreso)	3	2¼ Std.	5.20–17.20 Uhr stündl.
Managua (ordinario)	2,10	2¾ Std.	3.35–18.05 Uhr halbstündl.
Masaya	3	3 Std.	14 & 15.30 Uhr (keine Busse Do & So)

Busse ab Cotran Norte

ZIEL	PREIS (US$)	DAUER	HÄUFIGKEIT (TGL.)
Cerro Colorado (via Yucul)	2	2 Std.	5.30–16 Uhr stündl.
El Cuá	2,30	4 Std.	6, 7, 9, 10.30, 12, 13.30 Uhr
Esquipulas	1,50	1½ Std.	5.40, 7, 8, 9, 12, 13.30, 15, 16.30, 17.30 Uhr
San Ramón	0,40	30 Min.	5–19 Uhr halbstündl.

Shoppen

Telares de Nicaragua KUNSTHANDWERK
(☎2772-0108; Parque Morazán, 1 c S, ½ c E; ⏲Mo–Fr 8–17, Sa bis 14 Uhr) Der Fair-Trade-Laden im Gebäude von Matagalpa Tours verkauft bunte Faserkunst von indigenen Künstlern in El Chile, Maisblätterpuppen, Perlenschmuck, Körbe und schwarze Töpferwaren aus der Region – die Töpfereien bestehen teils aus Vulkanasche und werden bei extrem hohen Temperaturen gebrannt.

Praktische Informationen

BAC (Parque Morazán, ½ c S) Geldautomat für Visa und MasterCard.

Clinica Santa Fe (☎2772-5113, Notfall 8419-6283; catedral, 3 c N, ½ c E; ⏲24 Std.) Professionelles privates Ärztezentrum.

Copymat Cyber (Parque Morazán, 1 c S; 0,40 US$ pro Std.; ⏲7–21 Uhr) Billiger und schneller Internetzugang.

Intur (☎2772-7060; inturmatagalpa@gmail.com; Av Martínez, Parque Morazán, 3 c S; ⏲Mo–Fr 8–12 & 13–17 Uhr) Allgemeine Tipps zu Sehenswürdigkeiten in der Gegend.

Lavanderia Cuenta Conmigo (☎2772-6713; Parque Morazán, 2 c E, 3½ c N; kleine/große Ladung 2,90/4,30 US$; ⏲Mo–Fr 8–17 Uhr) In einer gemeinnützigen Wäscherei Wäsche waschen und dadurch Programme für psychisch Kranke unterstützen.

Polizei (☎2772-3870, Notfall 118; Parque Morazán)

An- & Weiterreise

In Matagalpa gibt es zwei Hauptbusterminals: Am sauberen, recht gut durchorganisierten **Cotran Sur** (☎2772-4659) ca. 800 m westlich des Parque Rubén Darío fahren vor allem Busse nach Managua, Jinotega und zu den meisten anderen Reisezielen im Süden ab.

Im Vergleich zum Cotran Sur ist der **Cotran Norte** (Cotramusun) neben dem Nordmarkt verwirrend. Von hier fahren zumeist Busse zu ländlichen Zielen im Norden.

KARIBIKKÜSTE

Die Karibikküste ist der perfekte Schauplatz für einen epischen Roman. Die Kulisse würde z. B. aus breiten, schlammigen Flüssen in dichtem Dschungel bestehen. Weitere Kapitel könnten in einer faszinierenden tropischen Hafenstadt spielen oder in indigenen Fischerdörfern in Mangrovenwäldern, ganz zu schweigen von den unberührten Inseln vor der Küste, deren weiße Sandstrände von türkisfarbenen Wellen umspült werden.

Die Charaktere wären gleichsam toughe und einfühlsame Bewohner englischsprachiger Kreolenstädte und indigener Miskito-, Mayangna-, Rama- und Garifuna-Gemeinden. Natürlich würde auch jede Menge Action geboten: Tauchen, lange Treks durch den Regenwald, Streifzüge am Strand und Angeln in den Mangrovensümpfen.

Doch selbst der erfahrenste Autor hätte Probleme, das Wesen der Region zu erfassen, eine bunte Mischung aus indigenen, afrikanischen und europäischen Kulturen, für die man nur dann ein bisschen Gefühl entwickeln kann, wenn man sich selbst mitten hinein begibt.

Bluefields

54 900 EW.

Backsteinstraßen führen über eine Reihe jadegrüner Halbinseln und die Stadt Bluefields erstreckt sich wie die Finger einer Hand in die gleichnamige Bucht. Dazwischen liegen mehrere Docks, schwimmende Restaurants, Schiffswracks und Fisch- und Lebensmittelmärkte. Einst verströmte die Stadt viktorianischen Charme, doch dann kam Juana: Der Hurrikan der Kategorie 4 fegte Bluefields 1988 förmlich von der Landkarte. Heutzutage dominieren neue Betonklötze das Stadtbild, insbesondere in dem Geflecht aus Straßen im Zentrum, das schließlich in ärmliche Wellblechhüttensiedlungen übergeht. Diese bedecken die nahe gelegenen Hänge und erstrecken sich entlang verschmutzter brackiger Bäche landeinwärts.

Die nach dem holländischen Piraten Blaauwveldt, der hier im 18. Jh. sein Hauptquartier aufschlug, benannte Hauptstadt der Región Autónoma Atlántico Sur (Autonome Region Südatlantik; RAAS) ist das Herz der kreolischen Kultur und berühmt für ihre Musik, bunte Tänze und die köstliche Küche, die für viele die beste des Landes ist. Zwar ist dies kein tropisches Traumziel, doch hier kann man noch echten Originalen begegnen – der tropische Charme von Bluefields nimmt irgendwann jeden gefangen. Dennoch werden Reisende sich hier wahrscheinlich nicht allzu lange aufhalten, schließlich ist es nur eine kurze Bootsfahrt zur Pearl Lagoon, den spektakulären Pearl Keys und den umwerfenden Corn Islands.

Sehenswertes & Aktivitäten

★ Museo Historico Cultural de la Costa Caribe MUSEUM
(CIDCA; Iglesia Morava, 2 c S; Eintritt 2 US$; Mo–Fr 9–12 & 14–17 Uhr) Das faszinierende Museum informiert über die vielfältigen Kulturen der Karibikregion. Zu sehen ist hier eine interessante Mischung alter Gegenstände aus präkolumbischer Zeit und der Ära der britischen Herrschaft, darunter ein Schwert, das dem letzten Miskito-König gehörte, und Artefakte der indigenen Kukra.

Rama Cay INSEL
Auf der tonnenförmigen Insel in der Bucht von Bluefields leben rund 800 Menschen, das ist die Hälfte aller noch verbleibenden Indigenen des Volks der Rama. Sie sind von der herrschenden Miskito-Kultur isoliert, sprechen noch ihre eigene Sprache und nutzen ihre traditionellen Verwaltungsstrukturen. Die Insel ist relativ dicht besiedelt – ein Ausflug hierher ist ein Kulturerlebnis und keine entspannte Karibikexkursion. Besuche können über das GTRK-Büro (S. 532) in Bluefields organisiert werden, inklusive Transport und Unterkunft.

Moravian Church (Kirche der Herrnhuter Brüdergemeine) KIRCHE
Die große Betonkirche ist das auffallendste Gebäude in Bluefields und wurde exakt nach dem Vorbild der alten Holzkirche von 1849 errichtet, die dem Hurrikan Juana zum Opfer gefallen war. Wie alle Kirchen der Herrnhuter verfügt sie über ein rotes Blechdach und ein ganz in Weiß gehaltenes Inneres.

Geführte Touren

Rumble in the Jungle ANGELN
(8832-4269; www.rumbleinthejungle.net; Casa Rosa, Loma Fresca; Pakete ab 375 US$ pro Tag) Der einzige Angelsportanbieter hat seinen Sitz im Hotel Casa Rosa. Der Eigentümer Randy Poteet kennt alle guten Angelspots und bietet um Bluefields und die Pearl Lagoon herum sowie an anderen Orten Lagunen-, Fluss- und Meeresangeltrips.

Festivals & Events

★ Palo de Mayo KULTUR
(Maibaumfest; Mai) Nicaraguas bestes Straßenfest findet im ganzen Monat hindurch mit Stadtteilpartys und Kulturevents statt, doch die Highlights sind der bunte Karneval am letzten Samstag im Mai und der abschließende Tulululu-Umzug am 31. Mai.

Schlafen

Bluefields Bay Hotel PENSION $
(Tia Irene; 2572-2143; Barrio Pointeen, frente Nicafish; Zi. mit/ohne Klimaanlage 20/15 US$;) Das entspannte Gästehaus an der Bucht

wird zusammen mit einer ortsansässigen Hochschule betrieben. Die verschiedenen kürzlich renovierten Zimmer bieten ein ausgezeichnetes Preis-Leistungs-Verhältnis und eine tolle Lage – von hier lässt sich alles zu Fuß erreichen. Das angeschlossene Freiluftrestaurant ist direkt übers Wasser gebaut; das Essen ist durchwachsen, doch kann man bei einem Drink schön dem Ein- und Auslaufen der *pangas* (kleine Motorboote) zuschauen.

Guesthouse Campbell PENSION $

(☎8827-2221; Galileo, 2½ c S; Zi. mit/ohne Klimaanlage 11/20 US$; ❄) Diese von einer Familie geführte Pension ist etwas abgelegen, bietet aber ein sehr gutes Preis-Leistungs-Verhältnis und frisch gestrichene saubere, komfortable Zimmer mit eigenem Bad und Kabel-TV.

Hotel Jackani PENSION $$

(☎2572-0440; hoteljackani@gmail.com; frente Policia, Barrio Punta Fria; EZ/DZ/2BZ/3BZ mit Frühstück 30/40/50/60 US$; ❄📶) Das neue familienbetriebene Hotel vor der Polizeiwache ist dank seinen blitzsauberen Zimmern und dem herzlichen Empfang schon jetzt ein Hit bei Travellern. Erfreulich sind auch das im Preis inbegriffene Frühstück, das schnelle Internet und der große Balkon vorne mit Ausblick über die Bucht.

Casa Rosa LODGE $$$

(☎8832-4269; Loma Fresca; Zi./Suite 55/75 US$; ❄📶) Das nicaraguanisch-amerikanische Anglerresort an einem Nebenfluss des Río Escondido im luftigen Viertel Loma Fresca ist zehn Minuten mit dem Taxi vom Zentrum der Stadt entfernt, wirkt jedoch, als sei es meilenweit weg. Die meisten Gäste kommen zum Angeln, doch die sauberen und komfortablen Holzzimmer mit Klimaanlage, WLAN, Kabel-TV und Flusspromenade kommen auch bei anderen gut an.

Essen

Der Lieblingssnack in Bluefields heißt *paty*. Überall in der Stadt bieten Verkäufer die herzhaft gewürzten Fleischpasteten für 0,30 US$ feil.

★ **Cevicheria El Chino** FISCH & MEERESFRÜCHTE $

(frente Colegio Bautista; Ceviche 2 US$; ⏲7–21 Uhr) Man darf Bluefields nicht verlassen, ohne von El Chinos phantastischem *ceviche* gekostet zu haben, das täglich frisch zubereitet und in diesem unauffälligen Lebensmittelgeschäft inmitten von verschiedenen Autoteilen in kleinen Styroporbechern serviert wird. Man hat die Wahl aus Shrimps, Fisch, Austern oder einer Mischung und kann das Ganze dann mit der wahnsinnig scharfen hausgemachten Chilisauce „Ass in Space" würzen. Das Lokal ist nicht ausgeschildert, aber dies ist der einzige Geschäft in dem Häuserblock vor der Baptist School.

Comedor de Las Platas NICARAGUANISCH $

(contiguo Galileo; Mahlzeiten inkl. Getränk 3 US$; ⏲12–20 Uhr) In dem ruhigen *comedor* gibt's tagsüber preiswerte Mittagsgerichte. Abends verwandelt sich die örtliche Institution in die beste *fritanga* der Stadt: Dann gibt's hier leckere *fritos* – Brathuhn auf einem Berg von Bananenchips mit Pickles. Früh da sein!

★ **Galeria Aberdeen** CAFÉ $$

(Los Pipitos; ☎2572-2605; Mercado, 1½ c O; leichte Mahlzeiten 4–7 US$) Für das schmuddelige Bluefields ist dieses helle Café eigentlich ein bisschen zu nobel. Hier gibt's neben echtem Kaffee (1–2,50 US$) Panini, Pasta, Salate und andere Gerichte, die in der Gegend sonst nicht zu finden sind. Auch die Auswahl an Nachspeisen ist gut und in einem Kühlschrank stapelt sich importiertes Bier. Die Wände schmücken Arbeiten einheimischer Künstler und regelmäßig finden Kulturveranstaltungen statt.

Luna's Ranch NICARAGUANISCH $$

(Loma Fresca, frente Urracan; Hauptgerichte 5–9 US$; ⏲11–22 Uhr) Für einen Besuch dieses eindrucksvollen Reetdach-Restaurants gibt es vielerlei Gründe wie etwa gelegentliche Konzerte und die interessante Sammlung von Sachen aus dem alten Bluefields, die zum Teil an den verheerenden Hurrikan erinnern. Doch die Hauptattraktion sind die großzügigen Portionen mit köstlichen Meeresfrüchten. Zehn Minuten per Taxi (0,50 US$) vom Zentrum entfernt.

Ausgehen & Nachtleben

★ **Four Brothers** CLUB

(Parque Reyes, 6 c S; ⏲Do–So 20–4 Uhr) Auf der hölzernen Tanzfläche dieser legendären Disko-Ranch kann man zu Dancehall-Reggae, Country und normalem Reggae ganz aus sich rausgehen – kein Sorge, bei der äußerst schummrigen Beleuchtung sieht das keiner. So richtig was los ist erst nach Mitternacht. Am besten in einer Gruppe auflaufen, zu vorgerückter Stunde geht es hier schon mal etwas rauer zu.

Midnight Dream (LaLa's) BAR
(Iglesia, 2 c N; ⏲11–24 Uhr) Mit einer Freiluftterrasse, die auf der Bucht zu schweben scheint, und unfassbar lauter Reggaemusik – hier treffen sich die Coolen zum Trinken und Tanzen.

ℹ Praktische Informationen

BanCentro (Iglesia, ½ c S) Mit Visa-/Plus-Geldautomat.

Clinica Bacon (☎2572-2384; Iglesia, 1 c S, ½ c O) Privatklinik mit verschiedenen Spezialisten und Labor.

Cyberzone (Galileo 20 m N; 0,35 US$ pro Std.; ⏲Mo–Sa 8–19 Uhr) Schnelles Internet.

Fadcanic (☎2572-2386; wawashang@fadcanic.org.ni; Barrio Punta Fria, oficinas del PNUD; ⏲Mo–Fr 9–17, Sa 9–12 Uhr) Organisiert Ausflüge zum Schutzgebiet Kahka Creek und zum Wawashang Education Center. Außerdem werden tolle Produkte von der Landwirtschaftsschule verkauft.

Gobierno Territorial Rama-Kriol (GTRK; ☎2572-1765, 8622-8407; www.rama-territory.com; Parque Reyes, 2 c N; ⏲8–17 Uhr) Die offizielle Vertretung des großen Territoriums südlich von Bluefields, das den indigenen Rama und der kreolischen Bevölkerung gehört. Das Personal hier hilft bei der Buchung von Transportmitteln und Unterkünften in Dörfern in der gesamten Region wie z. B. Monkey Point, Rama Cay, Tik Tik Kaanu und Bang Kukuk.

Intur (☎2572-0221; Iglesia, 2 c S, Punta Fria; ⏲Mo–Fr 8–17 Uhr) Touristeninformation mit einfachen Informationen zum Reisen in der Region. Auch am Flughafen gibt's einen kleinen Infokiosk.

Polizei (☎2572-2448; Barrio Punta Fria)

ℹ An- & Weiterreise

FLUGZEUG

Taxis fahren zum Flughafen von Bluefields (0,50 US$). Von dort fliegt **La Costeña** (☎2572-2500, 2572-2750; Aeropuerto; ⏲6–17 Uhr) täglich nach Managua und nach Great Corn Island. Nach Bilwi geht's an drei Tagen pro Woche.

Bilwi (einfach/hin & zurück 96 US$/148, 50 Min., Mo, Mi & Fr 11.10 Uhr)

Corn Island (einfach/hin & zurück 64/99 US$, 20 Min., 7.25 und 15.05 Uhr)

Managua (einfach/hin & zurück 82/127 US$, 70 Min., 8.45, 13.10 und 16.15 Uhr)

SCHIFF/FÄHRE

Mittwochs setzen zwei Boote nach Corn Island über. Den verlässlichsten Fahrplan hat die staatliche *Río Escondido* (10 US$, 5 Std.). Abfahrt ist Punkt 9 Uhr am Muelle Municipal (städtische Mole). Größer und komfortabler, aber etwas langsamer ist die **Captain D** (☎8850-2767; Sitzplatz/Koje 10/12 US$). Die Abfahrt ist gegen 12 Uhr mittags. Wenn das Schiff schon voll beladen ankommt, fährt es eventuell ab Bluff, da es Bluefields dann vielleicht nicht anlaufen kann. Der Fahrplan ändert sich ständig, also vorher anrufen.

Zudem unternehmen eine Reihe Frachtschiffe die Fahrt, allerdings unregelmäßig.

Transporte Vargas (☎2572-0724, 2572-1510; contiguo Muelle Municipal; ⏲5–16 Uhr) am Muelle Municipal bietet Sammel-*pangas* nach El Rama (9,50 US$, 2 Std.); Abfahrt ist um 5.30 Uhr und danach, wenn die Boote voll sind. Gewöhnlich fahren Boote gegen 12 und 15 Uhr. Transporte Vargas betreibt außerdem Boote nach Tasbapauni und Orinoco in der weiteren Umgebung der Pearl Lagoon.

Transporte Jipe (☎2572-1879; contiguo Mercado; ⏲5–16 Uhr) neben dem Markt betreibt ebenfalls *pangas* nach El Rama (9,50 US$, 2 Std., 5.30 und 15 Uhr).

Pangas nach Pearl Lagoon (6 US$, 1 Std.) fahren um 8.30, 11, 14 und 15.30 Uhr vom Anleger neben dem Muelle Municipal. An die Fahrpläne wird sich aber nicht strikt gehalten – wenn ein Boot voll ist, fährt es auch schon früher ab. *Pangas* über die Bucht nach El Bluff (2 US$, 30 Min.) fahren, sobald alle Plätze besetzt sind, hinter dem Markt ab.

Pearl Lagoon (Laguna de Perlas)

Endlich ist man „so richtig" in der Karibik angekommen. Die Straßen sind unbefestigt, Palmen wiegen sich im Wind und Reggaemusik liegt in der Luft. Die englischsprachige Kreolengemeinde lebt vom Krabben-, Fisch- und Hummerfang und bezeichnet die spanischsprachigen Nicaraguaner als „Spanier". Wer vom Boot aus Bluefields kommt, merkt gleich, wie der Stress von ihm abfällt. Und das Beste ist, dass der Orte trotz seiner unübersehbaren Reize kaum von Touristen angesteuert wird – und vielleicht ist man sogar der einzige Ausländer, der sich durch die Mangroven und den Dschungel um die Bucht Pearl Lagoon herum schlägt. Diese Bucht ist ein zeitloses schwarzes Gewässer, das von mehr als einem Dutzend Fischerdörfern gesäumt wird.

Leute, in deren Karibiktraum die Farbe Türkis vorkommt, können problemlos einen Ausflug zu den nahen Pearl Keys arrangieren: Hier gibt's zuckerweiße Strände, die zugleich Schildkrötennistplätze sind, und die sich im Wind wiegenden Kokospalmen schaukeln einen in den inneren Frieden.

Natürlich bildet nichts einen passenderen Ausklang eines Tages auf dem Wasser als ein kühles Bier, ein Hummer mit Kokossauce und Reggae bis zum Abwinken – das alles bieten die Restaurants und Kneipen an den verkehrsfreien Straßen von Pearl Lagoon, auf denen Fischer mit ihren Familien wie auch freilaufende Pferde herumspazieren.

Sehenswertes & Aktivitäten

Der Ort zieht sich an zwei Nord-Süd-Straßen entlang, der Front Road am Wasser und einer weiteren Straße ein Häuserkarree weiter landeinwärts.

Am südlichen Ende der Inlandsstraße steht die **Moravian Church** mit ihrem typischen roten Blechdach. Wer gegenüber der Kirche den Pfad Richtung Westen nimmt, landet irgendwann bei einem auffallend flachen Gebiet mit mehreren Süßwasserbächen und einer interessanten Vogelwelt. Geht man weiter auf dem Betonpfad, kommt man nach 2 km (30 Min.) zu den kleinen Miskito-Fischersiedlungen **Awas** und **Raiti Pura** – das grasige Ufer hier eignet sich wunderbar für ein Picknick. Und im seichten Wasser kann man toll baden.

Diese kleine Tour lässt sich auch mit dem Fahrrad absolvieren: Drahtesel verleiht Queen Lobster Tours (1 US$ pro Std.).

Geführte Touren

Den Löwenanteil bei einem Bootstrip machen die Treibstoffkosten aus. Der Preis für ein Boot mitsamt Bootsführer liegt bei 60 bis 80 US$ plus Benzin. Wer sparen muss, hält nach einem Boot mit kleinem Motor Ausschau – die Fahrt dauert dann zwar länger, aber sie ist erheblich billiger. Allerdings sind Boote mit kleinem Motor nur dann eine Alternative, wenn das Wasser ruhig ist.

Zwar schwanken die Benzinpreise teils erheblich, doch eine Tagestour zu den Keys sollte für eine kleine Gruppe rund 180 bis 200 US$ kosten. Bei größeren Gruppen muss mit 45 US$ pro Teilnehmer gerechnet werden. In allen Touren ist ein Mittagessen auf einer der Inseln inbegriffen.

★ Captain Sodlan McCoy BOOTSTOUREN

(☎ 8410-5197, 8368-6766; Up Point) So ziemlich jeder Bootsinhaber kann einen in die Pearl Keys mitnehmen, aber nur wenige kennen das Areal auch nur halb so gut wie Captain Sodlan McCoy, ein bunter Charakter und gradliniger Fischer, der schon seit seiner Kindheit auf den Inseln unterwegs ist. Ein Ausflug mit Sodlan ist viel mehr als nur eine Sightseeing-Tour: Es ist ein echtes Kulturerlebnis! Er bietet auch Touren zur Vogelbeobachtung, zum Angeln und zu indigenen Siedlungen an. Um ihm einen Besuch abzustatten, geht man vom Anleger rechts bis zum Ende des Pfads.

Kabu Tours ÖKOTOUREN

(☎ 8714-5196; www.kabutours.com) Das gemeindegeführte Unternehmen wurde von der Wildlife Conservation Society (S. 534) ins Leben gerufen. Es bietet Schildkrötensammlern aus der Siedlung Kakabila eine alternative Einkommensquelle. Auf dem Programm stehen neben mehrtägigen Touren zu den Pearl Keys inklusive Schildkrötenbeobachtung und Schnorcheln auch faszinierende Kulturtouren zu Siedlungen an der Pearl Lagoon. Näheres siehe Website.

Queen Lobster Tours BOOTSTOUREN

(☎ 8499-4403, 8662-3393; www.queenlobster.com; Muelle, 200 m N) Das professionell geführte Ökotourismus-Unternehmen veranstaltet Ausflüge mit Übernachtung zu den Pearl Keys sowie innovative Aktivitäten in der Stadt, z. B. traditionellen Kochunterricht.

Schlafen

Slilma Guesthouse PENSION $

(☎ 2572-0523; slilma_gh1@yahoo.com; Enitel, 1 c S, 1 c E; Zi. mit Klimaanlage 30–35 US$, Zi. mit Ventilator 15–20 US$, Zi. ohne Bad 10 US$; ❄) Wer hinter dem Mobilfunkmast die erste Straße links nimmt, kommt zu dieser preisgünstigen Pension. Sie hat kleine, aber sehr saubere Zimmer mit kleinen Fernsehern und den saubersten Gemeinschaftsbädern in der Atlantik-Region. Außerdem werden oben geräumigere Zimmer mit Klimaanlage und eigenem Bad geboten.

Comfort Zone PENSION $

(☎ 8829-7113; Muelle, 2 c S, ½ c E; Zi. mit Klimaanlage 35 US$, EZ/DZ/3BZ mit Ventilator 11/14,50/18 US$; ❄) Neben dem Laden der Familie wird in gefliesten Zimmern mit Flachbildfernsehern, kleinen Schreibtischen, Ventilatoren und eigenen Bädern übernachtet. Gutes Preis-Leistungs-Verhältnis und die Eigentümer könnten nicht zuvorkommender sein.

Queen Lobster BUNGALOWS $$

(☎ 8662-3393; Front Rd, Muelle 200 m N; EZ/DZ/3BZ 30/40/50 US$; 📶) Das innovative kleine Hotel bietet zwei schön gefertigte, auf Stelzen über dem Wasser stehende Hütten aus Bambus und Reet mit eigenem Bad und Hängematten auf der Veranda. Das angeschlossene Restaurant zählt mit seinen phantastischen Meeresfrüchtegerichten zu den besten am Ort, doch leider wollen die Eigentümer es schließen, um Platz für weitere Zimmer zu schaffen.

Green Lodge HOTEL $$
(☎2572-0507; Front Rd, Muelle 75 m S; EZ/DZ mit Klimaanlage 30/35 US$, Zi. ohne Bad 7–14 US$; ❄📶) Einen halben Block von der Anlegestelle entfernt steht dieses alteingesessene Hotel, eine gute Option. Die günstigeren Zimmer im Obergeschoss des Wohnhauses der Familie sind etwas beengt, doch die im neuen Flügel sind sauber, geräumig und komfortabel.

Essen

In Pearl Lagoon kann man wunderbar die traditionelle kreolische Küche probieren, entweder in einem der Restaurants des Orts oder während einer Bootstour.

Coconut Delight BÄCKEREI $
(Miss Betty's; Muelle, 30 m S; Backwaren 0,25–1 US$; ⌚Mo–Sa 8–20 Uhr) Immer der Nase nach! Der süße Duft führt Hungrige zu dieser pinkfarbenen Hütte, in der es karibische Backkunst vom Feinsten gibt: heißes Kokosbrot, *toto* (klebriges Ingwerbrot), *journey cakes*, fluffige *soda cakes* und sogar vegetarisches *paty*, mit einem Lächeln serviert vom freundlichen Riesen Mr Byron.

★ **Casa Ulrich** INTERNATIONAL $$
(☎8603-5173; Up Point, Muelle 350 m N; Hauptgerichte 5,50–12,50 US$; ⌚7–22 Uhr; 📶) Der aus dem Ort stammende und in der Schweiz ausgebildete Koch Fred Ulrich ist nach langer Abwesenheit, während der er in Resorts in ganz Amerika arbeitete, nach Pearl Lagoon zurückgekehrt und hat in ein eigenes Hotel und Restaurant direkt am Wasser investiert. Sämtliche Gerichte auf der Speisekarte sind erste Sahne, unsere Favoriten sind aber die zarten Filetsteaks und die feine Krabbenpasta.

Praktische Informationen

Western Union (frente Muelle, Tienda Miss Isabel; ⌚Mo–Fr 9–17 Uhr) Internationale Geldtransfers. Gegen Gebühr werden auch Barauszahlungen auf Kreditkarten getätigt.

Wildlife Conservation Society (WCS; ☎2572-0506; www.wcs.org; Muelle, 20 m S, Pearl Lagoon; ⌚Mo–Fr 9–17 Uhr) Die Naturschutzorganisation engagiert sich für den Schutz der bedrohten Meeresschildkröten auf den Pearl Keys. Wer sich über die Arbeit informieren möchte, kann hier mal vorbeischauen.

An- & Weiterreise

Um 6.30 und 13 Uhr machen sich Boote auf den Weg nach Bluefields (6 US$, 1 Std.). Wer die frühe Verbindung nehmen will, sollte am Tag vorher reservieren.

Jeden Montag, Mittwoch, Donnerstag und Samstag macht sich eine *panga* in Bluefields auf den Weg über Pearl Lagoon (12 US$, 2 Std., 9 Uhr) nach Orinoco und Marshall Point; jeweils am Folgetag kehrt sie via Pearl Lagoon zurück nach Bluefields. Das Boot kann Fahrgäste außerdem bei den Siedlungen Kakabila, Brown Bank und La Fe absetzen. Täglich um 11 Uhr fahren *pangas* von Bluefields nach Tasbapauni (12 US$, 2½ Std.), die auch in Pearl Lagoon Halt machen. Die Fahrtzeiten sind saisonal unterschiedlich; an der Anlegestelle nachfragen.

Täglich um 5 Uhr macht sich ein Bus (6,30 US$, 5 Std.) in Pearl Lagoon auf den Weg nach El Rama. Dort gibt es Anschlüsse nach Managua und San Carlos.

Corn Islands

Die größte Touristenattraktion der Karibikseite von Nicaragua liegt tatsächlich 70 km vor der Küste. Dort befinden sich zwei zauberhafte Inseln mit hufeisenförmigen Buchten, kristallklarem Wasser und Unterwasserhöhlen. Great Corn Island ist größer. Die kreolische Bevölkerung lebt in bunten Holzhäusern. Viele davon stehen an der Hauptstraße, die einmal rund um die Insel führt. Der Tourismus ist der zweitwichtigste Pfeiler der lokalen Wirtschaft (nach dem Hummerfang), dennoch ist die Insel nicht verbaut.

Little Corn Island ist ein winziges, dschungelbestandenes und autofreies Schmuckstückchen. Hier sind tatsächlich mehr Urlauber unterwegs, die sich vor allem in den ausgefallenen, kreativ gestalteten *cabañas* am Strand einquartieren. Sie liefern das ideale Setting für ein modernes Robinson-Crusoe-Abenteuer (quasi Robinso Crusoe 2.0). Little Corn bietet abwechslungsreichere Tauchgründe, der Dschungel ist nah und das Essen unverschämt lecker. Einen Nachteil gibt es allerdings: In der Hauptsaison sind hier zuweilen mehr Ausländer als Einheimische unterwegs.

Great Corn Island

7100 EW.

Great Corn Island ist groß genug, um sich in bescheidenen Hügel- und Strandvierteln, die zwar arm, aber trotzdem voller Esprit sind, zu verirren, und klein genug, um doch wieder den Weg nach Hause zu finden: Great Corn steht in der engeren Auswahl für die authentischste Karibikinsel überhaupt. Hier läuft man barfuß in die Bars, spielt Baseball am Strand, schaut bei den Fischerwerften vorbei, winkt jungen Hummerfischern, die den Tagesfang in der Hand halten, und nickt der Armada älterer Herrschaften zu, die in Schaukelstühlen auf wackligen Veranden sitzen. Malerische Landzungen trennen die hübschen unberührten Strände voneinander und Reggae- und Country-Musik führen eine friedliche Koexistenz. Willkommen in einer Gegend, in der frischer Hummer ein Grundnahrungsmittel ist und kein Luxus. Je länger man sich hier aufhält, desto schwerer fällt der Abschied.

Sehenswertes

Great Corn ist rund 6 km² groß und um die Insel herum verläuft eine Hauptstraße mit mehreren Nebenstraßen, die zu verschiedenen Stränden und Siedlungen führen. An der **Long Bay** ist der schönste (goldene) Sandstrand der Insel zu finden. Er erstreckt sich von einer Ansammlung von Fischer-*pangas* und Hummerfallen bis zu einer wilden, dschungelbewachsenen Landspitze. Wer in aller Ruhe faulenzen und baden möchte, ist hier genau richtig. Auch die **Southwest Bay** wartet mit einem tollen, breiten Sandstreifen auf. Hier ist die See ruhiger, doch die Umgebung ist intensiver erschlossen und nicht so rustikal.

Hinter dem Sunrise Hotel in South End führt ein Pfad an Bananenhainen vorbei auf den **Mount Pleasant**. Dort hat man einen herrlichen Panoramablick, wenn die Sonne abends im karibischen Meer versinkt. Eine Alternative ist der **Quinn Hill**, wo der spanische Künstler Rafael Trénor einen Kubus aufgestellt hat, dessen untere Hälfte im Erdboden steckt, um ihn wie eine Pyramide aussehen zu lassen. Der Kubus symbolisiert im Rahmen seines Soul of the World Project (www.souloftheworld.com) einen der acht Vortexpunkte der Erde.

Das **Culture House** (Mount Pleasant, contiguo Alcaldía; ⌚Mo–Fr 8–20 Uhr) neben dem Stadion kann Besucher mit seinen Bildern ehemaliger Schönheitsköniginnen, eingelegten Hummern und einer Sammlung von John-Grisham-Romanen wirklich nicht sehr lange fesseln. Doch es gibt hier ein paar präkolumbische Töpfe, und wer abends herkommt, kann der örtlichen Jugendband im Musikzimmer beim Proben zuhören.

Aktivitäten

Die Touristeninformation (S. 536) kann Guides (15–30 US$ pro Pers.) für Wanderungen über die gesamte Insel vermitteln, auch zum rauen **Bluff Point**.

Das Riff vor der **Sally-Peachie-Küste** eignet sich hervorragend zum Schnorcheln. Zu den Highlights für Schnorchler zählen die Überreste einer spanischen Galeone vor dem Waula Point – viel ist davon nicht übrig, aber die alten Kanonen und der Anker sind nicht schlecht – und das kompletter erhaltene Wrack eines Dampfschiffs voller Fische im seichten Wasser vor Sally Peachie. Herr Dorsey vom Yellowtail (S. 536) bietet sehr empfehlenswerte geführte Schnorcheltouren. Der **Paraiso Club** (☎2575-5111; www.paraisoclub.com; Waula Point; Cabañas EZ/DZ 54/70 US$, Bungalow EZ/DZ 66/84 US$, jeweils mit Frühstück; ❄📶) verleiht Schnorchelausrüstung und arrangiert Schnorcheltouren (25 US$ pro Pers.) und Angelausflüge (40 US$ pro Pers.).

Außerdem gibt es zwei neue Tauchläden auf der Insel, sodass Great Corn auch als Tauchziel weiter an Bedeutung gewinnt. Ständig werden neue Tauchspots entdeckt; Tauchern aller Fertigkeitsstufen stehen somit immer mehr Attraktionen zur Verfügung.

Schlafen

G&G HOTEL $

(☎2575-5017; martinez-downs69@hotmail.com; contiguo Pasenic, Brig Bay; Zi. mit/ohne Klimaanlage 25/15 US$; ❄) Wer nicht unbedingt direkt am Wasser nächtigen muss, kann sein Geld in Hummer und Bier anlegen und in diesem modernen Hotel im Ort übernachten. Mit seinen sauberen und geräumigen Zimmern bietet es ein hervorragendes Preis-Leistungs-Verhältnis. In Gehnähe zu einem recht guten Strand und zum Hauptanleger.

Mi Mundo HOSTEL $$

(☎8526-6379; www.mimundocornislandhostel.com; Brig Bay; B 10–12 US$, Zi. 30–40 US$; ❄📶) Ein Traum für Budgetreisende: Das einladende neue Hostel wurde tatsächlich direkt überm Wasser erbaut. Es wartet mit verschiedenen gemütlichen Zimmern und Dorms auf. Dazu kommen oben ein luftiger Aufenthaltsbereich und eine Gemeinschaftsküche mit phantastischen Ausblicken über das türkisfarbene Karibische Meer. Die Mitarbeiter können tolle Tipps für die Insel geben und für die Erkundung des Riffs, das direkt vor der Haustür liegt, wird Schnorchelausrüstung verliehen.

Hospedaje Los Escapados PENSION $$
(www.losescapadosecocabins.com; Sally Peachie; EZ/DZ/3BZ ab 36/49/71,50 US$; 📶) Die kleine Pension an einem Hügel in Sally Peachie hat mit ihren vier großen Luxuszelten mit polierten Holzböden und phantastischen Bädern inmitten eines üppigen tropischen Gartens etwas ganz Besonderes in petto. Vorne lassen sich die Zelte vollständig öffnen, damit die frische Brise hineinwehen kann, und jedes verfügt über eine eigene Holzterrasse mit Meerblick.

Yellowtail PENSION $$
(☎8909-8050; Sally Peachie; Zi. 25 US$) In einem hübschen Teil der Insel gleich östlich vom Restaurant Seva's liegt diese entspannte Unterkunft mit gerade einmal zwei Hütten, die über Kühlschrank, Kochgelegenheit und eigenes Bad verfügen. Der Eigentümer Dorsey führt Schnorcheltouren durch das Riff vor der Pension.

★ **Arenas Beach Resort** HOTEL $$$
(☎2575-5223; www.arenasbeachhotel.com; Southwest Bay; EZ/DZ Bungalow 67/84 US$, EZ/DZ 87/109 US$; ❄) Das am professionellsten geführte Resort auf Great Corn Island. Zur Auswahl stehen bunte Holzbungalows mit Seeblick von den Hängematten auf den Balkonen sowie moderne Zimmer mit phantastischen Bädern im Haupthaus. Auf dem geharkten weißen Sandstrand laden weiche Polstermöbel zum Faulenzen ein; in einem Holzboot befindet sich eine Bar.

Essen

Island Bakery & Sweets BÄCKEREI $
(Sally Peachie; ⏲Mo–Sa 7–18 Uhr) Die gute altmodische Karibik-Bäckerei lockt mit allen möglichen süßen Leckereien wie phantastischen Zimtschnecken, Kokosnusspasteten und Kuchen. Außerdem gibt's verschiedene Obst-/Gemüsesäfte wie Ingwer-Ananas.

Victoria's NICARAGUANISCH $
(Sally Peachie; Gerichte 1,35–5 US$; ⏲6.30–21 Uhr) In dieser freundlichen Kombination aus Geschäft, Bar und Restaurant kann man sich einen der Plastikstühle auf der Straßenveranda in Sally Peachie schnappen und köstliches regionales Fast Food und eiskaltes Bier genießen. So gibt's z. B. *fritos* (gebratenes Huhn oder Schweinefleisch und Kohlsalat auf Bergen von gebratenen Bananenchips) und nicaraguanische Tacos. Ein sehr karibisches Erlebnis.

Sea Side Grill FISCH & MEERESFRÜCHTE $$
(North End; Hauptgerichte 7–14 US$; ⏲7–21 Uhr) Das freundliche Restaurant am Wasser ist bekannt für ausgezeichnete Fisch- und Meeresfrüchtegerichte mit drei Beilagen nach Wahl sowie Hummerburger und andere kleine Speisen. Im offenen Speisebereich weht ein frisches Lüftchen und nach dem Essen lässt sich hier angenehm noch das eine oder andere Bier vertilgen. Bei zweistündiger Vorankündigung wird auch *rundown* (gewürzter Fisch oder gewürztes Fleisch mit Wurzelgemüse in Kokosmilch gekocht) zubereitet.

Praktische Informationen

BanPro (Brig Bay) Geldautomat und Geldwechsel an der Hauptstraße unmittelbar südwestlich vom Flugplatz.

Cyber Comisariato (☎2575-5268; Entrada Picnic Center; Internet 0,70 US$ pro Std.; ⏲7–20 Uhr)

Krankenhaus (☎2575-5236; Alcaldía, 500 m E) Rund um die Uhr geöffnete staatliche Klinik mit Notaufnahme.

Polizei (☎2570-1440; contiguo Aeropuerto) Auf dem Hügel zwischen Flughafen und Stadion.

Touristeninformation (☎App. 29, 2575-5091; lgarcia@intur.gob.ni; contiguo Estadio; ⏲Mo–Fr 8–12 & 13.30–17 Uhr) Freundliche Touristeninformation im *alcaldía*-Gebäude.

An- & Weiterreise

La Costeña fliegt um 8.10, 12.45 und 16.10 Uhr von Great Corns kleinem Flughafen nach Bluefields (einfach/hin & zurück 64/99 US$, 20 Min.) und anschließend weiter nach Managua (einfach/hin & zurück 107/164 US$, 70 Min.).

Mehrere Boote unternehmen die fünf- bis sechsstündige Fahrt nach Bluefields (via El Bluff). Die staatliche *Río Escondido* (10 US$) fährt donnerstags um 9 Uhr und stellt die pünktlichste Verbindung dar. Komfortabler, aber etwas weniger zuverlässig ist die *Captain D* (Sitzplatz/Koje 10/12 US$), ein großes Frachtschiff. Abfahrt ist samstags um 23 Uhr. Einmal im Monat nimmt es auch Kurs auf Bilwi (22 US$, 10 Std.), meist donnerstags abends.

Auch einige andere, weniger luxuriöse Fischer- und Frachtboote nehmen Kurs auf Bluefields, u. a. gewöhnlich mindestens eins sonntagabends. Es ist ratsam, eine Hängematte mitzunehmen, um es sich nicht auf dem kalten Stahldeck gemütlich machen zu müssen.

Little Corn Island

500 EW.

Die jadegrüne *isleta* (Inselchen) ist ein traumhaftes Refugium mit kreativ gestalteten Bungalowanlagen an sonst völlig jungfräulichen Stränden. Selbst wenn hier Autos fahren dürften – was nicht der Fall ist – könnten sie auf den schmalen Betonwegen und den schlammigen Dschungelpfaden, die sich durch Mango-, Kokos- und Brotfruchthaine winden, und in dem dichten Wald an der Nord- und Ostküste gar nicht fahren.

Am abgeschiedensten ist die Nordspitze der Insel. Hier gibt's die schönsten Strände und das beste Ambiente für ein echtes Robinson-Crusoe-Abenteuer. Die Einheimischen wohnen, feiern, essen, tanzen und spielen Billard im Village (Dorf), das an einem Hafen liegt, geschützt vor den Nordwinden. Die zerklüftete, windige Ostküste lädt zu einem verträumten Nachmittag bei Strandgutsammeln ein: An den schneeweißen Stränden gibt's Felsbrocken, Landvorsprünge, Kokoshaine und Treibholz.

Sehenswertes & Aktivitäten

Die schönsten und malerischsten Strände erstrecken sich an den entgegensetzten Enden der Insel. Zur Zeit der Recherche hatten viele Strände der Luvseite der Insel durch Erosion ziemlich viel Sand verloren, doch die Einheimischen meinen, dass bei andauernden guten Nordwinden wieder genügend neuer Sand angespült wird.

Von der Casa Iguana kann man an der windseitigen Küste entlang nach Süden spazieren und über Felsen kraxeln, um zum **Big Fowl House Beach** GRATIS und dann zum **Jimmy Lever Beach** zu gelangen. 2 km (20 Min.) nördlich vom Village befindet sich der **Otto Beach** und wenn man der zerklüfteten Nordküste eine Weile folgt, stößt man schließlich auf den spektakulären **Goat Beach**, der von zwei Landzungen begrenzt wird.

Auf dem Rückweg unbedingt den **Leuchtturm** besuchen! Die Stahlkonstruktion (6 m hoch) gewährt einen Blick über die Mangobäume auf die Buchten der Insel – ein umwerfender Anblick bei Sonnenuntergang.

Prima zum Schnorcheln sind die Ost- und Nordseite der Insel. Viele der hiesigen Hotels und die Tauchzentren verleihen Schnorchelausrüstung. Lust auf ortskundige Begleitung? Im Dorf nach **Aqua Boy** (☎8573-2875, 8422-4500; Front Rd, Village; Schnorcheln 20 US$) oder auf der Luvseite nach **Schweizer** (☎8367-0939; Schnorcheln 20 US$) fragen.

Am Hang hinter der Schule wohnt **Alfonso** (☎8732-6398; School, 300 m N; Angeln 60 US$ pro Pers.), der Leute in seinem Boot zu Angeltrips mitnimmt.

Kite Little Corn KITESURFEN
(www.kitelittlecorn.com; Stedman's Hotel; ⏲8–18 Uhr) Diese Kitesurfschule bietet die Möglichkeit, über das türkisfarbene Wasser vor Little Corn Island zu brausen. Betreiber der neuen Schule ist der leutselige Spanier Nacho, der sich echt für seinen Sport begeistert. Er ist auf der Windseite der Insel im Stedman's Hotel zu finden und bietet zweitägige Intensivkurse (300 US$) und Gruppenunterricht (35 US$ pro Std.).

Dive Little Corn TAUCHEN
(☎8856-5888; dlcshopstaff@gmail.com; Village; 1/10 Tauchgänge 35/280 US$; ⏲8–18 Uhr) Der erste Tauchshop von Little Corn wird von der Casa Iguana betrieben. Er beeindruckt mit einem sehr guten Service und bietet Open-Water-Kusrse für Anfänger (330 US$) wie auch für Fortgeschrittene (270 US$).

Schlafen

Reisende können sich entweder im Village einquartieren, was in puncto Restaurant- und Ausgehoptionen sicher am bequemsten ist, oder eins der abgeschiedeneren Stücke vom Paradies für sich erobern. Die meisten Unterkünfte, Geschäfte etc. sind ausgeschildert.

Lighthouse Hotel HOSTEL $$
(☎5723-2477; www.thelighthouseci.com; B/Cabaña 17/50 US$; 📶) Das einladende neue Hotel auf dem höchsten Punkt der Insel hat niedliche Holz-*cabañas* mit phantastischem Blick über die Windseite der Insel. Sowohl die *cabañas* als auch die Dorms sind einfach, aber gemütlich. Im angeschlossenen Restaurant gibt's ausgezeichnetes Essen und die Bar hat sich zu einem beliebten Treffpunkt entwickelt. Eine prima Wahl für Leute, die nicht unbedingt direkt am Strand übernachten wollen.

Casa Iguana LODGE $$
(www.casaiguana.net; Cabañas EZ/DZ 30/35 US$, Casitas 65–75 US$) Diese Ansammlung frisch gestrichener *cabañas* (kleiner, mit Gemeinschaftsbädern) und *casitas* (größer, mit eigenem Bad) auf einem Felsen etwas oberhalb des Strands ist sehr beliebt. Die Lage und die Ausblicke sind wirklich super und das Essen im Restaurant ist erstklassig. Da das Personal jedoch aus ständig wechselnden Ausländern besteht, herrscht hier kein einheimisches Flair.

Ensueños BUNGALOWS $$
(www.ensuenos-littlecornisland.com; Cabañas ab 30 US$, Casas 70–100 US$) Das von Wäldern und Obsthainen umgebene reizende Hotel an einem halbmondförmigen goldenen Sandstreifen und einer geschützten türkisfarbenen Bucht verfügt am Wasser über verschiedene rustikale *cabañas* mit Kerzenbeleuchtung und ein Stückchen weiter zurückversetzt über drei nette, mit Sonnenenergie versorgte *casas* mit kleinen Küchen.

Elsa's Place HÜTTEN $$
(☎8848-8136, 2575-5014; elsasplace@yahoo.com; Cabañas 30–60 US$, Zi. ohne Bad 15–25 US$) Fräulein Elsa hält sich an eine Erfolg versprechende Formel. Sie vermietet günstige, komfortable Zimmer gleich am Wasser. Zur Auswahl stehen einfache, aber ordentliche Holzbungalows mit eigenem Bad und ein paar einfache, billige Bungalows hinten auf dem Anwesen. Wahrscheinlich der beste Deal hier.

Derek's Place BUNGALOWS $$$
(www.derekplacelittlecorn.com; Cabañas 60–100 US$) Die verträumtesten Strandbungalows auf der Insel verteilen sich auf einer hübschen, grasbewachsenen Landspitze voller Kokospalmen; zumindest gefühlt weit entfernt von jeglichem Trubel. Die *cabañas* sind reetgedeckt und bestehen ansonsten aus Bambus, Holz, alten Flaschen, recycelten Bootstauen und anderen natürlichen Materialien. Es gibt einen Extrabereich für Hängematten, einen Schnorchelausrüstungsverleih und sogar einen freundlichen kleinen Tauchladen.

Essen

Die meisten Restaurants befinden sich im Village, doch auch in fast allen Hotels wird Essen serviert.

El Bosque NICARAGUANISCH $
(Frühstück 3,50 US$, Hauptgerichte 4,30–7 US$) El Bosque ist ein einfacher *comedor* mit Sandboden inmitten von Vegetation. Hier bekommen hungrige Reisende gutes Frühstück und sättigende Portionen örtlicher Spezialitäten.

Rosa's NICARAGUANISCH, VEGETARISCH $
(Frühstück 3,50 US$, Mahlzeiten 4,30–7 US$; ⊙6.30–21.30 Uhr; ✎) Der bescheidene *comedor* am Weg zwischen Dorf und Iguana Beach ist eine gute Adresse fürs Frühstück, hat aber auch vegetarische Nudelgerichte und Kokosmilch-Currys sowie weitere regionaltypische Gerichte.

★ **Habana Libre** KUBANISCH $$
(☎2572-9086; Hauptgerichte 8–12 US$; ⊙12–22 Uhr) Das Habana Libre gilt seit Langem als das beste Restaurant auf den Corn Islands. Auf der mondänen Terrasse werden hervorragender Fisch, Krabben, Schweinebraten und *ropa vieja* (eine kubanische Spezialität mit geschnetzeltem Rindfleisch) serviert, der Hummer in Jalapeño-Sauce stiehlt ihnen allerdings die Show – den sollte man auf jeden Fall probieren.

Comedor Bridget NICARAGUANISCH $$
(☎8437-7295; Mahlzeiten 7–9,50 US$; ⊙7–22 Uhr) Die Veranda dieses umgebauten Wohnhauses eignet sich hervorragend, um sich den erstklassigen mit Salz bestäubten und kurz gebratenen Fisch sowie ein Bierchen dazu einverleiben. Auf der Karte stehen außerdem sehr preiswerte Hummer-, Garnelen- und Brathühnchengerichte. Die beste Adresse für schnörkellose authentische Lokalküche.

Ausgehen & Nachtleben

Tranquilo Cafe CAFÉ
(⊙8 Uhr bis spät; 📶) Heimweh? Dann ist dieses hippe Open-Air-Café genau das Richtige. Zu Independent Rock werden tolle Burger, scharf gewürzte Hähnchenflügel und Bruschetta serviert. Außerdem ist das der beliebteste abendliche Travellertreff und es finden regelmäßig Freudenfeuerpartys und andere Events statt. Für einige ist das Ganze vielleicht zu westlich-ausländisch.

Aguila's BAR
(⊙11–1 Uhr) Die beliebteste Kneipe auf Little Corn Island. Im nach Schweiß müffelnden Billardsaal werden Wettkämpfe ausgetra-

gen und im offenen Tanzsaal gleich überm Strand dröhnt die Musik. Nicht gerade schick, aber sehr vergnüglich.

An- & Weiterreise

Gemeinschafts-*pangas* nach Little Corn (5,20 US$, 40 Min.) legen um 10 und 16.30 Uhr von dem Dock auf Great Corn Island ab. Wer am nördlichen Ende von Little Corn übernachten will, sollte die frühere Verbindung nehmen. Auf Little Corn fahren Boote um 7 und 13.30 Uhr an der Hauptpier ab. Wer mit der Morgenmaschine nach Managua fliegen will, sollte sich am Tag zuvor auf den Weg nach Great Corn machen. Die Überfahrt kann ziemlich rau sein; unter Umständen kommt man klitschnass auf der anderen Seite an. Besser ein paar Müllsäcke mitnehmen und das Gepäck darin einwickeln. Weniger holprig sind die Fahrten an Bord der großen Frachtschiffe (2–3 US$, 1¼ Std.), die aber nur ein paar Mal pro Woche fahren.

Bilwi (Puerto Cabezas)

48 500 EW.

Die verarmte Hafenstadt Bilwi, ein ethnischer Schmelztiegel, erstreckt sich entlang der Küste und landeinwärts in struppige Kiefernwälder. Sie ist von festgetretenen Pfaden aus roter Erde und breiten Ziegelstraßen voller Musik durchzogen, in denen es von Menschen wimmelt, die einem breit zulächeln – oder verstohlene Seitenblicke zuwerfen. Die alten Holzkirchen und Handwerkerhäuser sind genauso wie die abgewrackten Hütten von rostigen Blechzäunen, Kokospalmen und Mangobäumen umgeben. Bei einem einzigen Spaziergang hört man lautes Geplänkel auf Miskito, schnelles Spanisch und den reizenden Singsang des karibischen Englisch. Ohne Frage, Bilwi hat Probleme (Armut, Verfall, Kriminalität etc.) und seine heruntergekommene Infrastruktur kann mit der im restlichen Land nicht mithalten. Vielleicht muss man sie einfach wie einen etwas dubiosen neuen Freund betrachten ... und leckerer Fisch und Meeresfrüchte, preiswerte historische Unterkünfte und indigene Gemeinden in nächster Nähe haben doch durchaus ihren Reiz, oder?

Sehenswertes & Aktivitäten

Hier gibt's so gut wie keinen Tourismus. Missionare und Mitarbeiter von Hilfsorganisationen sind auch heute noch zahlreicher vertreten als Touristen.

Die Strände rund um Bilwi haben wenig mit dem allgemeinen paradiesisch anmutenden Bild von der Karibik zu tun. **La Bocana**, ein alter Piratentreffpunkt an der Flussmündung nördlich der Stadt, besitzt einen ganz netten Strand, hier treibt sich aber nach wie vor recht zwielichtiges Volk herum. Besser in Begleitung eines Einheimischen herkommen.

★ **Casa Museo Judith Kain** MUSEUM
(☎2792-2225; Parque Central, 4 c N, 1 c O; ⊙Mo–Fr 8–17 Uhr) GRATIS Das frühere Wohnhaus einer produktiven Malerin aus der Gegend beherbergt ein Museum, das eine Vorstellung davon vermittelt, wie der Alltag in Bilwi in den guten alten Zeiten ausgesehen hat. Neben Schwarzweißfotos sind hier alte Einbaumkanus, tolles örtliches Kunsthandwerk und eine Sammlung alter Gegenstände ausgestellt; besonders cool sind die alten Nähmaschinen. Außerdem gibt's Dutzende von Kains Gemälden zu sehen. Grenzt an eines der besten Hotels der Stadt.

Geführte Touren

Amica KULTURTOUREN
(Verband der indigenen Frauen der Atlantikküste; ☎2792-2219; asociacionamica@yahoo.es; Parque Central, 3 c S; ⊙Mo 8–12, Mo–Fr 14–17.30, Sa 8–12 Uhr) Amica ist gewissermaßen die Eintrittskarte zu den Naturschutzgebieten und indigenen Gemeinden in der Gegend. Der Verband engagiert sich gegen häusliche Gewalt und für Familienplanung und indigene Rechte. Außerdem kann er Waldwanderungen, Kanutouren und Angeltrips in die Mangroven organisieren und bietet Besuche inklusive Übernachtung auf den Miskito Keys (600 US$, 8 Teilnehmer) und Guides (6 US$) für den Besuch von Siedlungen in der Umgebung der Stadt.

Schlafen

Casa Museo Judith Kain HOTEL $
(☎2792-2225; www.casamuseojudithkain.com; Parque Central, 4 c N, 1 c O; Zi./2BZ mit Ventilator 13/16 US$, Zi./2BZ/3BZ mit Klimaanlage 24/28/32 US$; P ❄ 📶) In Bilwi gibt es jede Menge preisgünstige, tolle Unterkünfte, doch diese hier ist möglicherweise die Nummer 1. Die ansprechenden Zimmer sind auf zwei alte Gebäude, wahre Meisterwerke der Handwerkskunst, verteilt und sehr sauber. Sie verfügen über hohe Decken mit Balken, warmes Wasser, Veranden und Balkone mit Schaukelstühlen und Blick auf einen Garten voller Vögel. Kein Wunder, dass das Hotel immer ausgebucht ist.

BUSSE AB BILWI (PUERTO CABEZAS)

ZIEL	PREIS (US$)	DAUER	HÄUFIGKEIT (TGL.)
Managua	25,20	20–24 Std.	10 & 13 Uhr
Rosita	7,50	6–10 Std.	6 & 19 Uhr
Siuna	10	10–12 Std.	7 Uhr
Waspám	6	6 Std.	5.30 & 19 Uhr

El Cortijo II PENSION $$
(☎2792-2340; cortijoarguello@yahoo.com; Parque Central, 3 c N, 1 c E; EZ/DZ 18/21,50 US$, mit Balkon 21,50/25 US$; ❄📶) Wenn man eine Oma in der Karibik hätte, würde sie wohl hier wohnen. Das 60 Jahre alte Schmuckstück von einem Gebäude verfügt über makellos saubere Zimmer mit abgelaufenen Holzböden und hohen Decken. Das Gemeinschaftswohnzimmer zieren prachtvolle Antiquitäten wie alte handgeblasene Glasbojen. Wer vorausbucht, ergattert vielleicht ein Zimmer mit eigenem Balkon mit Meerblick, einen Katzensprung von einem alten Holzweg zum Meer. Nicht schlecht!

Essen & Ausgehen

Der meiste Hummer wird exportiert, aber in der Saison kostet er rund 7,50 US$ pro Teller – oft genauso viel wie Huhn oder Fisch! Sparfüchse begeben sich zum Markt, wo an manchen Ständen köstlicher Bratfisch verkauft wird.

★ Restaurante

Faramhi FISCH & MEERESFRÜCHTE $$
(☎2792-1611; frente Aeropuerto; Hauptgerichte 7,50 US$; ⏲11–22 Uhr) Das beliebte Restaurant in Flughafennähe produziert das bei Weitem beste Essen der Stadt. Es ist ein typisches Bilwi-Lokal: Die Lampenschirme im offenen Speiseraum sind aus Muscheln, eine Diskokugel rotiert und im Hintergrund läuft Country. Die Karte zeugt von den Multikulti-Wurzeln der Stadt: Neben den typischen Meeresfrüchteplatten werden auch gute chinesische Gerichte aufgetischt.

Wachi's Pizza PIZZA $$
(Parque Central, 2 c E; Pizza 4,50–13 US$; ⏲12–21 Uhr) Die einzige echte Pizzeria in einem Umkreis von 200 km würde sich selbst dann dumm und dusselig verdienen, wenn sie keine guten Pizzas backen würde, doch glücklicherweise bestechen die großzügig bemessenen Pizzas durch gute dicke Krusten und köstliche Beläge. Und serviert werden sie auf einer netten Veranda mit Blick aufs Meer.

Kabu Yula BAR
(Parque Central, 5 c S; ⏲14–2 Uhr) Die zweigeschossige Freiluftbar „Seebär" gewährt einen ungehinderten Blick aufs Meer und ist das perfekte Plätzchen für einen Nachmittagsdrink.

An- & Weiterreise

BUS

Busse fahren am Busterminal 2 km westlich der Stadt ab.

FLUGZEUG

Zwar kann man die sehr lange und ziemlich anstrengende Busfahrt von Managua aus auf sich nehmen oder manchmal ab Corn Island ein Boot erwischen, doch die meisten Leute kommen mit dem Flugzeug hierher. **La Costeña** (☎2792-2282; Aeropuerto; ⏲8–12 & 15–18 Uhr) fliegt nach Managua und Bluefields. Tickets im Voraus buchen! Die Abflugsteuer liegt bei 2 US$.

Bluefields (einfach/hin & zurück 96/148 US$, 50 Min., Mo, Mi & Fr 11.20 Uhr)

Managua (einfach/hin & zurück 97/149 US$, 1½ Std., Mo–Sa 7.40, 12 und 15.40, So 7.40 und 12 Uhr)

SCHIFF/FÄHRE

Das einzige Boot, das regelmäßig nach/ab Bilwi fährt, ist die **Captain D** (☎8850-2767). Sie verkehrt je nach Bedarf etwa einmal im Monat zwischen Corn Island und Bilwi (22 US$, 10–12 Std.). Den Fahrplan telefonisch erfragen.

SAN CARLOS & UMGEBUNG

Die schwülwarme Uferstadt San Carlos ist ein wichtiger Knotenpunkt für den Transport auf dem Fluss und das Tor zu einer Reihe sehr interessanter Sehenswürdigkeiten, darunter der Archipiélago de Solentiname, mehrere Naturschutzgebiete und die sagenhafte spanische Festung El Castillo.

San Carlos

12 200 EW.

Die Hauptstadt des Verwaltungsbezirks Río San Juan ist das Tor zu einer der schönsten Landschaften Nicaraguas, leidet jedoch an einer Art Identitätskrise. San Carlos ist ein bisschen seltsam: Tagsüber geht es hektisch und ausgesprochen international zu, wenn hier hordenweise Touristen einen Zwischenstopp einlegen. Das erklärt auch die zahlreichen Restaurants am quirligen *malecón* (Uferpromenade). Doch abends verschwindet all der Glanz zusammen mit der untergehenden Sonne und zurück bleibt eine eher öde Kleinstadt, in der die Hauptform von Unterhaltung Klatsch und Tratsch ist.

Die meisten Reisenden verbringen ihre Zeit in San Carlos damit, die alte spanische Festung zu erkunden, Fluss- und Inselabenteuer zu planen, sich mit Córdobas einzudecken und vor dem Abtauchen in eine Welt ohne Internet ein letztes Mal ihre Mails zu checken.

Sehenswertes

San Carlos ist weniger ein Reiseziel als eine Art Wartesaal aufs nächste Schiff oder die nächste *panga* (kleines Motorboot), doch auch dieser Ort kann mit einer gewissen Schönheit aufwarten, besonders auf dem Gelände des **Centro Cultural Jose Coronel Urtecho**. Es befindet sich inmitten der bröselnden Mauern der 1724 erbauten **Fortaleza de San Carlos** (⌚9–17 Uhr) GRATIS. Mit El Castillo kann die Festung nicht mithalten, aber die Aussicht von mehreren durch Gartenwege miteinander verbundenen Aussichtspunkten auf den See und den Río San Juan ist genial. Im Kulturzentrum finden sich einige interessante Exponate zur örtlichen Kultur, Biologie und Geschichte. Es gibt sogar eine Karte von ungefähr 1791 vom nicaraguanischen Kanal, der nie gebaut wurde. Am Restaurant Mirador gibt's noch einen alten **spanischen Beobachtungsposten** mit Kanonen.

Schlafen & Essen

Das günstigste Essen in der Stadt bekommt man in den *comedores* am Busbahnhof. Unser Favorit ist der **Comedor Alondra** (terminal de buses; Mahlzeiten inkl. Getränk 3 US$).

Gran Lago Hotel HOTEL $$
(☎2583-0075; www.grandhotelsnicaragua.com; Parque Central, 1 c O, 1 c S; EZ/DZ/3BZ mit Frühstück 36/40/60 US$; ❄📶) Das direkt am See mit Blick auf den Archipiélago de Solentiname gelegene kleine Hotel wartet auf zwei Etagen mit unterschiedlichen Zimmern auf. Die unten sind ein bisschen beengt und dunkel, aber die größeren oben bekommen jede Menge natürliches Licht ab und haben Seeblick. Auf der kleinen Terrasse hinterm Haus kann man sich nett mit einem Buch entspannen.

Posada Doña Juanita PENSION $$
(☎2583-0024; posada_juanita@hotmail.com; Del Hospital 2 c N, 1 c O, ½ c N; EZ/DZ mit Frühstück 35/45 US$) Das reizende Gästehaus im ersten Stock eines Wohnhauses liegt recht weit vom Zentrum entfernt, doch die Zimmer sind hell, geräumig und gemütlich. Im Preis inbegriffen ist ein gutes Frühstück.

Restaurante Kaoma NICARAGUANISCH $$
(☎2583-0293; Parque Central, 1½ c S; Hauptgerichte 7–11 US$; ⌚8–24 Uhr) Bildschönes Terrassenrestaurant mit alten Holzböden, Balkendecken und umwerfendem Blick auf den See. Auf der umfangreichen Karte stehen Rindfleisch- und Fischgerichte; der Fisch wird in einer buttrigen Knoblauchsauce sautiert oder mit Garnelen gefüllt.

Praktische Informationen

Banpro (Malecón) Geldautomat im zweiten Pavillon am *malecón*.

Hospital Felipe Moncada (☎2583-0244) Etwa 1 km nördlich der Stadt.

Intur (☎2583-0301; riosanjuan@intur.gob.ni; contiguo a Migración; ⌚8–16 Uhr) Allgemeine Reisetipps.

Marena (☎2583-0296; ⌚8–16 Uhr) Vergibt die theoretisch fürs Angeln am Río San Juan notwendigen Angellizenzen. Darum kümmert sich in der Regel der Kapitän des Boots oder der Veranstalter des Angeltrips, es sei denn, man ist mit einem eigenen Boot unterwegs.

Migración (☎2583-0263; Malecón; ⌚8–17 Uhr) Ausreiseformalitäten für Leute, die auf dem Río Frio nach Costa Rica weiterreisen.

Telecentro (Parque Central; 0,70 US$ pro Std.; ⌚Mo–Fr 8–17.30 Uhr) Internet am Parque.

An- & Weiterreise

BUS

Am Busbahnhof fahren Busse mit folgenden Fahrtzielen ab:

- **Boca de Sábalos** (2,20 US$, 2 Std., 7, 9, 11, 14, 16.30 und 19 Uhr)
- **El Rama** (5,50 US$, 7 Std., 9 Uhr)

➡ **Juigalpa** (4 US$, 4 Std., 10, 11.10, 12.40 und 13.30 Uhr) Busse Richtung Managua setzen Fahrgäste auch in Juigalpa ab.

➡ **Managua** (5,50 US$, 6 Std., 2, 6.30, 12, 14.30, 18, 21 und 22.30 Uhr)

➡ **San Miguelito** (2 US$, 2 Std.) Direktbusse fahren um 12.20 und 13 Uhr, man kann aber auch einfach einen beliebigen Managua- oder Juigalpa-Bus nehmen und an der Abzweigung nach San Miguelito aussteigen.

Minivans zum Grenzübergang Las Tablillas (2,20 US$, 30 Min.) fahren zwischen 3 und 17.30 Uhr am Busbahnhof ab, wenn sie voll sind.

Agua Trails (☎ 8859-1481; www.aguatrails.com) hat einen Shuttleservice nach La Fortuna in Costa Rica.

FLUGZEUG

Da es jetzt zwischen San Carlos und Managua eine neue geteerte Straße gibt, werden nicht mehr so viele Flüge in die Region angeboten und die vorhandenen sind oft ausgebucht – also reservieren.

Der Flughafen von San Carlos ist 3 km vom Stadtzentrum entfernt (1 US$ mit dem Taxi). Donnerstags und sonntags fliegen kleine 12-sitzige Maschinen von **La Costeña** (☎ 2583-0048; frente Cementerio; ⏲ 8–12 & 15–17 Uhr) um 12.55 Uhr von San Carlos nach San Juan de Nicaragua (einfach/hin & zurück 55/85 US$, 30 Min.). In die andere Richtung starten um 14.15 Uhr Flüge nach Ometepe (einfach/hin & zurück 55/85 US$, 20 Min.) und Managua (einfach/hin & zurück 76/116 US$, 50 Min.). Allerdings sind die Flugpläne variabel und vielleicht muss man erst den Fluss entlang nach San Juan, bevor es von dort weiter nach Managua geht; auf jeden Fall rechtzeitig einchecken!

SCHIFF/FÄHRE

Passagierboote nach Boca de Sábalos (2,85 US$, 2 Std.) und El Castillo (3 US$, 3 Std.) fahren am **Muelle Municipal** (städtische Anlegestelle) einen halben Block westlich vom Markt ab (Mo–Sa 8, 12, 14.30 und 15.30, So 8 und 13.30 Uhr). Die Abfahrtszeiten der Expressboote nach Sábalos (4,15 US$, 1½ Std.) und El Castillo (5,20 US$, 2 Std.) sind 6.30, 10 und 16 Uhr.

Zur Zeit der Recherche war die staatliche Fährverbindung zwischen San Carlos und San Miguelito, Altagracia (Isla de Ometepe) und Granada wegen des niedrigen Wasserstands vor San Carlos eingestellt. Derzeit gibt es keine Pläne, die Verbindung wieder aufzunehmen. Sollte die Fähre inzwischen doch wieder verkehren, fährt sie wahrscheinlich wieder nach dem alten Fahrplan: Abfahrt vom Muelle Municipal in San Carlos dienstags und freitags um 14 Uhr. Über den aktuellen Stand informiert **EPN** (☎ 2583-0256; Muelle Municipal) in San Carlos.

Boote zu den Islas Solentiname fahren vom öffentlichen Anleger neben dem Migracíon-Büro.

Islas Solentiname

Wer vom Dschungel überwucherte und von kristallklarem Wasser, in dem sich der Wald, die Sonne und der Himmel spiegeln, umgebene Inseln mag, bewohnt von Bauern und Fischern, die ihren Reichtum teilen und zufällig auch noch hervorragende Künstler und Kunsthandwerker sind, sollte sich diesen oft übersehenen Archipel nicht entgehen lassen. Und dabei haben wir noch nicht einmal die Alligatoren, Affen, Orchideen und Wasservögel, die sensationellen Angelmöglichkeiten vor der Küste, die atemberaubenden Sonnenuntergänge und den spektakulären Sternenhimmel erwähnt! Der 500 Jahre lang fast vergessene und dann beinahe an einem einzigen Tag zerstörte Archipiélago de Solentiname ist wirklich eine ganz eigene Welt.

👁 Sehenswertes & Aktivitäten

Der Solentiname-Archipel besteht aus 36 Inseln, deren größte Mancarrón, San Fernando (auch Isla Elvis Chavarría) und Venada (Isla Donald Guevara) sind. Die meisten Einrichtungen für Traveller befinden sich auf den beiden erstgenannten Inseln. Auf **Mancarrón** steht auch die berühmteste Sehenswürdigkeit der Inseln: die einfache, aber schöne, aus Lehmziegeln errichtete **Kirche**, die das geistliche und das Verwaltungszentrum von Cardenals Gemeinschaft bildete. In der Nähe gibt es auch eine interessante archäologische Ausstellung. Ein kurzes Stück weiter liegt **El Refugio**, die größte Siedlung der Insel, in der man inmitten der Wohnhäuser herumspazieren und örtlichen Künstlern bei der Arbeit an bunt bemalten Schnitzereien aus Balsaholz zuschauen kann.

San Fernando hat ein ausgezeichnetes Museum mit informativen Ausstellungen zu den präkolumbischen Bewohnern des Archipels sowie eine Galerie, die Werke von einigen der besten Künstlern der Inseln zeigt. Über die Inseln verstreut findet man viele **Petroglyphen**, die schöne Ziele für Wanderungen sind – auf der **Isla Venada** gibt's auch Höhlen zu erkunden. Außerdem kann man hier gut angeln und auf der **Isla Zapote** wunderbar Vögel beobachten. Und davon abgesehen sind die Inseln einfach wunderbar zum Entspannen.

Schlafen & Essen

Die meisten Unterkünfte liegen auf Mancarrón und San Fernando, auf der Isla Venada gibt's eine Privatunterkunft.

Hotel Sueño Feliz PENSION $

(☎8478-5243; esperanzosales.29@gmail.com; El Refugio; Zi. mit/ohne Frühstück 10/8 US$ pro Pers.) Die einfache Pension befindet sich im Wohnhaus einer freundlichen Handwerkerfamilie. Sie hat drei pfirsichfarbige Zimmer im Haupthaus sowie eine *cabaña* aus Holz und Beton für bis zu sechs Personen hinterm Haus. Es werden erschwingliche Mahlzeiten und alle möglichen Touren durch den Archipel geboten.

★**Hotel La Comunidad** PENSION $$

(☎2277-3495, 8966-7056; contiguo Muelle; Zi. mit/ohne Mahlzeiten 40/20 US$ pro Pers.) Diese beiden charmanten, mit Sonnenenergie versorgten Holzhäuser an der Bucht sind bei Weitem der beste Deal auf Mancarrón. Sie haben luftige Balkone mit Hängematten, geräumige Zimmer und riesige Bäder mit Freiluftduschen. Einige besitzen sogar Bidets. Die Gäste können in der Bibliothek das WLAN nutzen. Mit den Gewinnen wird die örtliche Schule unterstützt. Wenn man niemanden antrifft, kann man in der Bücherei nach Ernesto fragen.

Albergue Celentiname PENSION $$

(☎8465-2426, in Costa Rica 506-7096-8676; hotelcelentiname.blogspot.com; Zi. mit VP 40 US$ pro Pers.) Das abgeschiedene Gästehaus, zehn schöne Fußminuten vom Hauptanleger am äußersten nördlichen Ende des Westküstenwegs, versteckt sich in einem Blumengarten, der aus einem tropischen Utopia zu stammen scheint. Die einfachen, aber ordentlichen Holz-*cabañas* verfügen über zwei Betten und eine Terrasse mit See- und Gartenblick.

Anreise & Unterwegs vor Ort

Transol (☎8828-3243, 8555-4739; www.transol.com.ni; ⏲24 Std.) betreibt eine tägliche Schnellbootverbindung (10 US$, 90 Min.) zwischen San Carlos und den Inseln. Abfahrt am Bootsanleger beim Migración-Büro in San Carlos um 15 Uhr, Rückfahrt um 9 Uhr. Dies ist die mit Abstand schnellste und bequemste Verbindung zu den Inseln.

Wer sparen muss, aber flexibel ist, kann auch eins der langsamen staatlichen Boote (4 US$, 2–3 Std.) nehmen. Diese fahren dienstags und freitags um 5 Uhr in Mancarrón ab, halten dann eine halbe Stunde später in San Fernando, um schließlich nach San Carlos weiterzufahren. Um 13 Uhr fahren sie vom Bootsanleger neben dem Migración-Büro in San Carlos zurück nach Solentiname.

Natürlich besteht auch immer die Möglichkeit, ein privates Boot für die Fahrt von San Carlos zu den Inseln zu chartern (mind. 6 Pers.). Das kostet 120 bis 150 US$.

Río San Juan

Diesen Fluss muss man einfach gesehen haben. Stolz bahnt er sich seinen Weg durch eine sanft gewellte grüne Hügellandschaft, dichten Dschungel und Feuchtgebiete zum Karibischen Meer.

Nicht dass man den ganzen Tag herumsitzt und seine Schönheit bewundert – dieser Fluss verlangt nach Action! Nicht umsonst waren hier früher indigene Händler, spanische Konquistadoren, britische Freibeuter, Goldsucher und sogar Mark Twain unterwegs. Auf ihren Spuren können Besucher die verschlungene Wildnis der Jaguare und Aras der Reserva Biológica Indio-Maíz durchdringen, auf Tarpun fischen, im Mondlicht nach Alligatoren suchen und dann beim Blick auf die Überreste einer spanischen Festung aus dem 16. Jh. einen Toast auf die erlebten Abenteuer ausbringen. All das hat natürlich seinen Preis. Doch es lohnt sich, diesen spektakulären und unvergesslichen Wasserweg umfassend zu erleben.

Boca de Sábalos

Es scheint so, als wäre der Dschungel drauf und dran, sich den Platz, den ihm diese schlammige, staubige Stadt am Zusammenfluss des Río San Juan und Río Sábalos (Tarpun-Fluss) abgerungen hat, wieder zurückzuerobern. Und genau darin liegt ihr Zauber: Wer bei Sonnenuntergang auf der Terrasse seiner Unterkunft sitzt, kann den Vögeln dabei zusehen, wie sie den Tag mit einem letzten Fischhappen und eleganten Schwung übers Wasser ausklingen lassen, während gleichzeitig der (mittlerweile sattsam bekannte) Urschrei der Brüllaffen ertönt.

Der Río Sábalos teilt die Stadt in zwei Hälften. In der einen befinden sich günstige *hospedajes* und die Hauptstraße, in der anderen hat sich eine kleinere Gemeinde angesiedelt, in der ein schmaler Fußweg an rustikalen Häusern und Gärten vorüberführt. Für zwei Córdobas (0,10 US$) kann man den Kanal mit einem Kanu überqueren.

AUSFLÜGE RUND UM EL CASTILLO

Die praktischerweise am Bootsanleger gelegene **Touristeninformation** (☎8526-9267; frente muelle; ⏲8–18 Uhr) vermittelt Guides für verschiedene Ausflüge. Am besten bucht man einen Tag im Voraus. Hier ein paar Wanderungen und *panga*-Touren:

Reserva Biológica Indio-Maíz, Río Bartola (75 US$ für bis zu 5 Pers., 4 Std.) Mit einer *panga* werden die Besucher zum Río-Bartola-Eingang des Indio-Maíz-Reservats gebracht. Dann wandert man 3 km durch Primärwald mit 500 Jahre alten Baumgiganten, probiert Heilpflanzen und hält Ausschau nach Laubfröschen, Grünen Leguanen und Klammer-, Weißschulterkapuziner- und Brüllaffen. Anschließend geht's per Boot weiter den Río Bartola hinauf zu einer kristallklaren Badestelle inmitten des Dschungels.

Reserva Biológica Indio-Maíz, Aguas Frescas (85 US$ für bis zu 5 Pers., 5 Std.) In Sachen Landschaft dem Bartola-Ausflug sehr ähnlich, doch der Aguas-Frescas-Pfad ist etwas länger und auch anspruchsvoller.

Reserva Biológica Indio-Maíz, Caño Sarnoso (120 US$ für bis zu 5 Pers., 5 Std.) Diese Bootstour führt weiter den Río San Juan hinunter zu den Wracks alter Dampfer und der reichhaltigen Tierwelt mit Krokodilen und zahlreichen Vögeln um die Stromschnellen El Diamante herum. Kann auch mit einem der Wanderwege im Reservat kombiniert werden.

Die Touristeninformation organisiert auf Wunsch außerdem eine abendliche Tour zur Kaimanbeobachtung (45 US$ für bis zu 4 Teilnehmer).

Die Ausflüge müssen nicht unbedingt über die Touristeninformation gebucht werden – die kann zuweilen einen wenig hilfsbereiten Eindruck machen. Ähnliche Ausflüge veranstalten auch private Anbieter, die in der Stadt für sich werben.

Schlafen

★ **Sábalos Lodge** LODGE $$

(☎8823-5555, 8823-5514; www.sabaloslodge.com; Muelle, 1 km E; Bungalows 35–75 US$) Für alle, die sich immer schon mal wie Robinson Crusoe fühlen wollten: Hier stehen in einer Reihe am Fluss Bungalows auf Stelzen, ausgestattet mit Terrassen, Hängematten, Moskitonetzen und einer Dusche unter freiem Himmel. Aber das Beste ist, dass jeder Bungalow mit einem ganz eigenen Blick auf den Fluss und die Insel vor der Küste gesegnet ist, auf der sich bei Sonnenuntergang die Vögel versammeln. Mahlzeiten kosten 9 bis 12 US$. Der beste Deal ist die Familien-*cabaña* (75 US$) für vier bis fünf Gäste.

Hotel Sábalos HOTEL $$

(☎8659-0252; www.hotelsabalos.com.ni; frente Muelle; EZ/DZ 22/38 US$, mit Flussblick 27/42 US$, jeweils mit Frühstück; 📶) Das charmante Hotel steht auf Stelzen über dem Wasser an der Mündung des Río Sábalos und bietet behagliche Holzzimmer mit warmem Wasser und Schaukelstühlen auf der großen Veranda. Außerdem befindet sich hier das einzige echte Restaurant in Sábalos (Hauptgerichte 6–7 US$); es besticht sowohl durch Flussblick als auch seine gute Küche. Einer der Mitarbeiter bringt Gäste in einem Boot über den Fluss.

An- & Weiterreise

Boca de Sábalos ist mehr oder weniger der letzte Ort am Fluss, der über eine Straße zu erreichen ist. Busse fahren relativ regelmäßig hierher – hier kann man also gut übernachten, wenn man das letzte Boot ab San Carlos flussabwärts verpasst hat.

Bootsverbindungen ab Boca de Sábalos:

El Castillo (0,55 US$, 1 Std., Mo–Sa 10, 14, 16.30 und 17.30, So 10 und 14.30 Uhr; Express 1 US$, 30 Min., 7.30 und 11 Uhr)

San Carlos (3,50 US$, 2½ Std., Mo–Sa 6, 7, 8 und 15, So 6 und 15 Uhr; Express 4,75 US$, 1 Std., 6 und 12 Uhr)

Busse von San Carlos überqueren den Río Sábalos auf einem eher wenig vertrauenswürdigen Kahn (auf jeden Fall aussteigen, bevor er weiterfährt) und fahren dann direkt in den Ort weiter.

Busse ab Sábalos:

Buena Vista (1,50 US$, 1 Std., 11 und 16 Uhr) Rückfahrt um 6 und 13 Uhr.

San Carlos (2,50 US$, 2 Std., 4, 6, 7, 13, 15 und 16 Uhr)

El Castillo

Das winzige El Castillo ist niedlich, kompakt und von einer imposanten spanischen Festung aus dem 17. Jh. gekrönt – daher überrascht es kaum, dass der Ort *das* Touristenziel am Río San Juan ist. Den Hügel hinauf und um ihn herum führen im Schatten von Mango-, Kokos-, Orangen- und Mandelbäumen Wege aus Beton und Kieselsteinen. Der Ort schmiegt sich an den breiten und schäumenden Río San Juan mit seinen zwei Stromschnellen, die jahrhundertelang der Fluch britischer Freibeuter waren. Hier ist der Dschungel gezähmt worden – Brüllaffen werden einen also kaum in den Schlaf singen. Aber nur eine Viertelstunde mit dem Boot entfernt liegt in der Reserva Biológica Indio-Maíz der besterhaltene Tieflandwald Nicaraguas.

Geführte Touren

★ Nena Tour ABENTEUERTOUREN
(☎2583-3010; www.nenalodge.com) Der phantastische Veranstalter in der Nena Lodge bietet verschiedenste Wanderungen in der Reserva Indio-Maíz sowie Kanutouren auf dem nahen Río Juana (15 US$ pro Pers., 3 Std.) und eine abendliche Alligatortour (45 US$ für bis zu 4 Pers.). Zudem verleiht er für die Fahrt über die Stromschnellen vor dem Ort aufblasbare Flöße (20 US$ für bis zu 3 Pers.).

Schlafen & Essen

Casa de Huesped Chinandegano PENSION $
(☎2583-3011; Muelle, 240 m E; EZ/DZ 12/18 US$, ohne Bad 8/15 US$; 📶) Es knirscht und knackt im Gebälk dieses direkt über dem Fluss erbauten Holzgebäudes, in dem allerlei tropische Topfpflanzen herumstehen. Die beste Billigbleibe in der Stadt verfügt über einen Speisesaal im Shabby-Chic-Stil. Die Zimmer aus Holz und Bambus sind luftig und haben hohe Decken, am schönsten ist das Eckzimmer. Wer anderswo nächtigt, kann auch einfach nur zum Mittag- oder Abendessen herkommen.

Hotel Tropical HOTEL $$
(☎5772-5283; Muelle 130 m E; Zi. mit Frühstück 25 US$; ❄) In dem kleinen Hotel über dem Restaurant Vanessa können sich die Gäste entspannt zurücklehnen und dem Gurgeln des Wassers vorm Fenster lauschen. Die Holzzimmer mit Klimaanlage, Kabel-TV und gekachelten Bädern sind ziemlich preiswert, doch am besten ist die luftige Veranda direkt oberhalb der Stromschnellen.

An- & Weiterreise

Um 5, 6, 7 und 14 Uhr machen sich Boote in El Castillo via Boca de Sábalos (0,50 US$, 30 Min.) auf den Weg nach San Carlos (3 US$, 3 Std.). Sonntags gibt es nur zwei Verbindungen (um 5 und 14 Uhr). Schnelle *pangas* nach San Carlos (5 US$, 2 Std.) via Boca de Sábalos (1 US$, 15 Min.) fahren um 5.30, 9 und 11 Uhr ab.

Dienstags, donnerstags und freitags legen gegen 9 Uhr langsame Boote nach San Juan de Nicaragua (10 US$, 7–8 Std.) in El Castillo an. Expressboote (20 US$, 4–5 Std.) machen dienstags und freitags etwa um 8.15 Uhr an der hiesigen Anlegestelle fest.

NICARAGUA VERSTEHEN

Nicaragua aktuell

Man mag ihn lieben oder hassen, doch Präsident Daniel Ortega hat Nicaragua mit seiner Wiederwahl 2011 beschert, woran es dem Land über viele Jahre gemangelt hat: ein Gefühl von Stabilität. Nach dem langen, verheerenden Bürgerkrieg konnte die Infrastruktur des Landes langsam wieder aufgebaut werden. Vorbei sind die Verkehrsstreiks, Stromrationierungen und unberechenbaren Protestkundgebungen. Aber da er sich anschickt, 2016 für eine dritte Amtszeit zu kandidieren, hat Ortegas Anti-Armut-Programm Fragen aufgeworfen – denn nach Haiti ist Nicaragua nach wie vor das zweitärmste Land der westlichen Hemisphäre.

Traditionell durften Nicaraguas Präsidenten nur zwei fünfjährige Amtszeiten im Amt bleiben. Doch 2014 erlebte der Kongress einen historischen Moment: Die Amtszeitbeschränkung wurde aufgehoben. Außerdem wurde eine altbewährte Regelung außer Kraft gesetzt, die besagte, dass ein erfolgreicher Präsidentschaftskandidat mindestens 35 % der Stimmen auf sich vereinigen muss. Zum Teil gewalttätige Proteste gegen diese Änderungen führten zu harten Auseinandersetzungen zwischen Polizei und Öffentlichkeit.

Für Daniel Ortega sind diese Veränderungen natürlich von großer Bedeutung. Bei Redaktionsschluss bereitete er sich darauf vor, im November 2016 ein drittes Mal anzutreten. *Offiziell* zum dritten Mal, denn Ortega war von 1985 bis 1990 schon einmal Präsident des Landes, doch der Oberste Gerichtshof Nicaraguas entschied, dass diese Amtszeit hinsichtlich der Amtszeitbegrenzung unter den Tisch fallen sollte.

Geschichte

Frühgeschichte

Im vorspanischen Nicaragua lebten verschiedene indigene Völker, darunter die Vorfahren der heutigen Rama an der karibischen Küste sowie am Pazifik die Chorotegas und Niquiranos. Letztere sprachen eine Form des Náhuatl, der Sprache der Azteken. Viele Orte in Nicaragua tragen auch heute noch ihre alten Náhuatl-Namen.

Um das Jahr 1500 v. Chr. herum war Nicaragua in weiten Teilen durchgehend besiedelt. Von dieser frühen Geschichte ist kaum etwas überliefert. Doch immerhin wird mit dem Tanz „Toro Guaco" bis heute ein alter Vertrag zwischen der Nicarao-Hauptstadt Jinotepe und ihrer benachbarten Chorotega-Rivalin Diriamba gefeiert.

Die Ankunft der Europäer

Zwar legte Kolumbus 1502 einen kurzen Halt an der Karibikküste ein, doch erst Gil González de Ávila, der 1522 von Panama aus Richtung Norden segelte, hinterließ wirkliche Spuren. Er traf am Südufer des Nicaraguasees auf den Kaziken Nicarao, der dort über die Niquiranos herrschte. Die Spanier benannten das Gebiet nach diesem Häuptling und seinem Stamm.

Nicarao fragte González stundenlang über Naturwissenschaften, Technologie und Geschichte aus. González wiederum setzte Nicarao ein Ultimatum: Entweder er würde zum Christentum übertreten oder es drohte ihm Unheil. Nicaraos Leute ließen sich auf den Handel ein, was ihre Massakrierung durch die Spanier allerdings nur hinauszögerte. Andere indigene Gruppen waren gewarnt.

Ein halbes Jahr später machte González Cacique Diriangén das gleiche Angebot; Diriangén entschied sich für das Unheil. Seine Truppen fielen der Feuerkraft der Spanier zum Opfer und wurden schließlich vernichtet, doch sie regten andere zum Widerstand an. Nachdem die Spanier vier Pazifikvölker besiegt hatten – von 700 000 Chorotega, Nicarao, Maribios und Chontal waren nach 25 Jahren nur noch 35 000 übrig –, stoppten die Völker des zentralen Hochlands die spanische Expansion unter hohen Verlusten an den Bergen.

Die Kolonialzeit

Die eigentlichen spanischen Kolonisationstruppen kamen 1524 an und es wurden die Städte León und Granada gegründet, beide in der Nähe indigener Siedlungen, deren Bewohner für die Spanier schuften mussten.

Das Gold, das die Spanier ins Land gelockt hatte, ging schnell zur Neige, aber Granada und León blieben bestehen. Granada wurde auch dank des landwirtschaftlich ertragreichen Landes in der Umgebung zu einem vergleichsweise reichen kolonialen Handelszentrum. Außerdem war es ein Bollwerk der Konservativen und unterstützte die Monarchie und die Kirche. Das ursprünglich am Lago de Managua gelegene León wurde 1610 durch einen Vulkanausbruch zerstört, sodass 30 km nordwestlich eine neue Stadt angelegt wurde. León entwickelte sich mit der Zeit zum Zentrum radikaler Priester und Intellektueller, die die Liberale Partei gründeten, welche ein vereinigtes Mittelamerika und Reformen nach dem Vorbild der Französischen und der Amerikanischen Revolution anstrebte.

Die Unterschiede im Wohlstand und die politische Vorherrschaft Leóns führten zu Konflikten zwischen den beiden Städten, die bis in die 1850er-Jahre anhielten und zuweilen in Bürgerkriege ausarteten. Die Feindschaft nahm erst ein Ende, als die Hauptstadt in das neutrale Managua verlegt wurde.

Zelayas Staatsstreich & die US-Intervention

1893 setzte ein liberaler General namens José Santos Zelaya den konservativen Präsidenten ab und übernahm selbst die Präsidentschaft. Zelaya brachte schnell die USA gegen sich auf, indem er versuchte, mit Deutschland und Japan zu einer Vereinbarung über den Bau eines Kanals zu kommen. Mit Unterstützung Washingtons, das seinerseits durch den Bau des Panamakanals das Monopol über den Seeweg erlangen wollte, rebellierten 1909 die Konservativen.

Nachdem Zelaya die Exekution zweier US-Söldner befohlen hatte, die beschuldigt wurden, im Auftrag der Konservativen zu arbeiten, erzwang die US-amerikanische Regierung die Abdankung des Präsidenten und entsandte Marines nach Nicaragua. Somit begann eine 20 Jahre währende Periode der amerikanischen Einmischung in die Belange Nicaraguas. 1925 wurde dann durch einen Staatsstreich der Konservativen eine neue Runde der Gewalttätigkeit ausgelöst.

Gegen das konservative Regime wandte sich eine Gruppe liberaler Rebellen, darunter Augusto César Sandino, der im Norden des Landes Bauern rekrutierte und schließlich zum Anführer eines langjährigen Kampfes gegen die US-amerikanische Einmischung wurde.

Sandino & die Somoza-Ära

Die Marines wurden 1933 abgezogen. Aber jetzt hatte Sandino einen neuen Feind: die von den USA ausgebildete Guardia Nacional. Deren Ziel war es, den Widerstand von Sandinos Guerilleros zu brechen. Oberster Befehlshaber der Nationalgarde war Anastasio Somoza Garciá.

Somoza sorgte dafür, dass Sandino ermordet wurde. Der Rebellenführer war nach Managua zu einer Friedenskonferenz eingeladen worden und wurde auf dem Heimweg von Nationalgardisten erschossen. Nachdem sein gefährlichster Widersacher beseitigt war, strebte Somoza die alleinige Macht an.

Einige Jahre später stürzte er den liberalen Präsidenten Sacasa und machte sich selber zum Präsidenten. Damit begründete er eine Dynastie, die das Land fast vier Jahrzehnte beherrschte.

Nach der Schaffung einer neuen Verfassung, die ihm uneingeschränkte Macht gab, regierte Somoza Garciá Nicaragua die nächsten 20 Jahre, mal als Präsident, mal als starker Mann hinter einer als Präsident eingesetzten Marionette. Dabei verschaffte er sich einen riesigen Privatbesitz. Die Ländereien, die er sich unter den Nagel gerissen hatte, waren zusammen so groß wie der Staat El Salvador.

Nachdem der Diktator in León einem Attentat zum Opfer fiel, trat sein ältester Sohn Luis Somoza Debayle die Herrschaft an. Nach dessen Tod 1967 übernahm sein jüngerer Bruder Anastasio Somoza Debayle die Kontrolle über das Land und führte die Arbeit seines Vaters fort, indem er seine wirtschaftlichen Interessen auf das ganze Land ausdehnte.

Wachsende Opposition

1961 taten sich Carlos Fonseca Amador, ein prominentes Mitglied der Studentenbewegung, die in den 1950er-Jahren gegen das Somoza-Regime opponiert hatte, Colonel Santos López (ein alter Kampfgefährte Sandinos) und weitere Aktivisten zusammen und gründeten die Frente Sandinista de Liberación Nacional (Sandinistische Nationale Befreiungsfront, kurz FSLN). Die ersten Widerstandsversuche gegen die Truppen Somozas endeten für die junge Gruppe desaströs, aber im Lauf der Zeit bekam die FSLN immer mehr Unterstützung, sammelte Erfahrungen und entwickelte sich zu einem schlagkräftigen Gegner.

Gegen Mitternacht am 23. Dezember 1972 verwüstete ein Erdbeben Managua. Ein Gebiet von mehr als 250 Wohnblocks wurde völlig zerstört. Als internationale Hilfsgelder eintrafen, wurden diese laut einem Bericht der Zeitung *Guardian* in die Taschen von Anastasio Somoza und seiner Kumpane umgeleitet, während die Menschen, denen es zugutekommen sollte, litten und starben. Dieser schreiende Missbrauch führte in allen Schichten der Gesellschaft zu einem dramatischen Anstieg des Widerstands gegen das Willkürregime.

So entwickelte sich bis 1974 eine starke Opposition. Zwei Gruppen standen dabei im Vordergrund: die FSLN (Sandinisten) und die Unión Democrática de Liberación unter Führung von Pedro Joaquín Chamorro, dem populären Besitzer und Herausgeber der in Managua erscheinenden Zeitung *La Prensa*, die schon seit Langem Artikel druckte, die die Somozas kritisierten.

Im Dezember 1974 entführte die FSLN mehrere prominente Vertreter des Somoza-Regimes. Das Regime griff daraufhin hart durch; im Rahmen der Vergeltungsmaßnahmen wurde 1976 Carlos Fonseca getötet.

Die Revolution & die FSLN

Der letzte Tropfen, der für die der ständigen Gewalt überdrüssigen Nicaraguaner das Fass schließlich zum Überlaufen brachte, war die Ermordung Chamorros. Als offene Gewalt ausbrach und der Generalstreik ausgerufen wurde, versuchten Geschäftsleute und moderate Kräfte in der Frente Amplio Opositor (FAO; Breiten Oppositionsfront) vergeblich, auf dem Verhandlungsweg ein Ende der Somoza-Diktatur zu erreichen.

Bis Mitte 1978 hatten sich viele wichtige Städte gegen die Regierungstruppen erhoben. Die brutalen Vergeltungsmaßnahmen der Nationalgarde brachten den Sandinisten nur noch weitere Unterstützung ein.

Die FAO schloss sich den Sandinisten an, in denen sie nun die einzige Kraft sah, die in der Lage sein konnte, die Diktatur zu stürzen. Diese breite Allianz bildete eine Revolutionsregierung, die ihren provisorischen Sitz in San José, Costa Rica, bezog. Diese Exilregierung wurde von einigen lateinamerikanischen und europäischen Staaten anerkannt und erhielt auch militärische Unterstützung in Form von Waffenlieferungen.

So war die FSLN gut vorbereitet, als sie im Juni 1979 in die Offensive ging. Die revolutionären Streitkräfte eroberten Stadt auf Stadt, wobei sie von Tausenden Zivilisten unterstützt wurden. Als die Sandinisten am 17. Juli vor den Toren Managuas standen, floh Somoza außer Landes. Ein Jahr später wurde er von sandinistischen Agenten in Asunción, Paraguay, getötet. Am 19. Juli 1979 marschierten die Sandinisten als Sieger in Managua ein.

Sie erbten einen Trümmerhaufen: Armut, Obdachlosigkeit. Analphabetismus und eine erbärmliche Gesundheitsversorgung waren nur einige der gewaltigen Probleme. Nach Schätzungen waren während des Revolutionskriegs rund 50 000 Menschen ums Leben gekommen und weitere 150 000 obdachlos geworden.

Im Versuch, so viel wie möglich von ihrem früheren Einfluss zu retten, stellte die US-Regierung unter Präsident Jimmy Carter der von den Sandinisten geführten Regierung 75 Mio. US$ als Soforthilfe zur Verfügung. Doch schon Ende 1980 regte sich in Washington die Sorge über die wachsende Zahl sowjetischer und kubanischer Berater in Nicaragua und Beschuldigungen wurden laut, dass die Sandinisten die linksgerichteten Rebellen in El Salvador mit Waffen belieferten.

Der Contra-Krieg

Nachdem Ronald Reagan im Januar 1981 Präsident der USA geworden war, verschlechterten sich die Beziehungen zwischen Nicaragua und den USA weiter. Reagan fror alle Hilfsgelder für Nicaragua ein und begann im Verlauf des Jahres konterrevolutionäre Milizen, die sogenannten Contras, finanziell zu unterstützen, die von Honduras und später auch von Costa Rica aus operierten. Auf formeller Ebene blieben die diplomatischen Beziehungen zu Managua aber bestehen.

Die meisten der ursprünglichen Contras waren ehemalige Soldaten aus Somozas Guardia Nacional, doch mit der Zeit schlossen sich ihnen auch enttäuschte Menschen aus der örtlichen Bevölkerung an. Honduras wurde stark aufgerüstet und große US-amerikanisch-honduranische Manöver ließen eine Invasion in Nicaragua befürchten. Die Sandinisten reagierten mit der Einführung der Wehrpflicht und bauten eine Armee auf, der schließlich 95 000 Soldaten angehörten. Die Militär- und Wirtschaftshilfe aus der Sowjetunion und Kuba erreichte 1987 schließlich eine Höhe von 700 Mio. US$.

1984 wurde ein CIA-Komplott zur Verminung der nicaraguanischen Häfen aufgedeckt; wegen dieses Verstoßes gegen das Völkerrecht wurden die USA schließlich vom Internationalen Gerichtshof in Den Haag verurteilt. Der Gerichtshof befand, dass die USA internationales Recht gebrochen und Reparationsleistungen an Nicaragua zu zählen hätten. Die Reagan-Regierung verwarf das Urteil und leistete nie irgendwelche Zahlungen.

Kurz darauf berichteten die *New York Times* und die *Washington Post* über ein von der CIA aufgesetztes Trainingsprogramm für die Contras, das auch die Ermordung nicaraguanischer Regierungsbeamter und andere Strategien beinhaltete, die unter US-Recht verboten waren – eine weitere peinliche Enthüllung für die Reagan-Administration.

Die nicaraguanischen Wahlen im November 1984 wurden von führenden Nicht-Sandinisten boykottiert, da sie der Regierung die umfassende Kontrolle der FSLN über die Medien des Landes vorwarfen. Die Sandinisten wiesen diese Vorwürfe zurück und behaupteten ihrerseits, dass die Medien von Contra-Anhängern manipuliert seien – die Zeitung *La Prensa* gab denn auch schließlich zu, von der CIA für die Veröffentlichung anti-sandinistischer Artikel Geld erhalten zu haben. Daniel Ortega wurde mit 63 % der Stimmen zum Präsidenten gewählt und die FSLN verfügte in der Nationalversammlung über eine ähnliche Mehrheit.

Im Mai 1985 verhängten die USA ein Handelsembargo gegen Nicaragua und übten Druck auf andere Länder aus, sich anzuschließen. Das Embargo blieb fünf Jahre in Kraft und fügte der nicaraguanischen Wirtschaft schweren Schaden zu.

Da die Mehrheit der US-Bürger den Krieg inzwischen satt hatte, verweigerte der US-Kongress 1985 weitere Militärhilfen für die Contras. Laut dem Kongressbericht über die Iran-Contra-Affäre reagierte die Reagan-Regierung darauf, indem sie die Contras heimlich finanzierte: Die CIA lieferte illegal Waffen an den Iran und leitete die Gelder aus dem Waffenverkauf an die Contras um. Als Details durchsickerten, flog die Affäre auf.

Nach vielen gescheiterten Friedensinitiativen erzielte Oscar Arías Sánchez, der Präsident Costa Ricas, schließlich eine Übereinkunft, die im August 1987 von den Staatschefs Costa Ricas, El Salvadors, Nicaraguas, Guatemalas und Honduras' in Guatemala-Stadt unterzeichnet wurde. Weniger als ein Jahr später wurde zwischen Vertretern der Contras und der nicaraguanischen Regierung in Sapoa nicht weit von der costa-ricanischen Grenze der erste Waffenstillstand unterzeichnet.

Wahlen & Frieden

Ende der 1980er-Jahre befand sich die nicaraguanische Wirtschaft in einem erbärmlichen Zustand. Der Bürgerkrieg, das US-Handelsembargo sowie die Ineffizienz einer zentralen Planwirtschaft sorgten für eine galoppierende Inflation, sinkende Produktion und steigende Massenarbeitslosigkeit. Als klar wurde, dass der US-Kongress sich anschickte, den Contras weitere Hilfen zu gewähren, setzte Daniel Ortega Wahlen an, die nach seiner Meinung die Unterstützung des Volkes für die Politik der Sandinisten bestätigen sollten.

Die FSLN hatte jedoch die Enttäuschung und auch die Müdigkeit der nicaraguanischen Bevölkerung unterschätzt. Angesichts der Wirtschaftsprobleme fielen die eindrucksvollen Errungenschaften der frühen Jahre der sandinistischen Herrschaft – die Verteilung der Ländereien des Somoza-Clans an kleine Bauernkooperativen, die Reduzierung der Analphabetenrate von 50 auf 13 %, die Ausrottung der Kinderlähmung durch ein großes Impfprogramm und die Senkung der Kindersterblichkeitsrate um ein Drittel – nicht mehr ins Gewicht.

1989 bildete sich die Unión Nacional Opositora (UNO), eine breite Koalition aus 14 Parteien, die die Herrschaft der Sandinisten ablehnten. Violeta Barrios de Chamorro, die Präsidentschaftskandidatin der UNO, erhielt Unterstützung und finanzielle Hilfe aus den USA, die versprachen, das Embargo aufzuheben und Hunderte Millionen US$ Wirtschaftshilfe bereitzustellen, falls die UNO an die Regierung käme. Und die UNO gewann die Wahlen vom 25. Februar 1990. Das Bündnis erzielte 55 % der Stimmen in der Präsidentschaftswahl und gewann 51 von 110 Sitzen in der Nationalversammlung, während die FSLN nur auf 39 kam. Ortega hatte gute Gründe, diese Wahl anzufechten, doch schließlich trat er ab und verhinderte so weitere Konflikte.

Die Politik in den 1990er-Jahren

Chamorro trat das Amt im April 1990 an. In einem von den Medien stark beachteten Akt legten die Contras Ende Juni ihre Waffen nieder. Das US-Handelsembargo wurde aufgehoben und Hilfsgelder begannen ins Land zu strömen.

Die Präsidentin stand vor einem schwierigen Balanceakt, wenn sie das Land einen und dabei allen Interessen entgegenkommen wollte. Die wirtschaftliche Erholung kam nur langsam in Gang, das Wachstum blieb schwach und die Arbeitslosigkeit unverändert hoch. Trotzdem versagten die Wähler beim nächsten Urnengang im Jahr 1996 dem FSLN-Kandidaten Ortega die Unterstützung und wählten stattdessen den früheren Bürgermeister von Managua, Arnoldo Alemán, zum Präsidenten – er war der Kandidat des liberalen Mitte-rechts-Bündnisses PLC.

Alemán investierte umfassend in den Ausbau der Infrastruktur und verminderte die Truppenstärke der nicaraguanischen Armee um 10 %. Doch davon abgesehen war seine Amtszeit von Skandalen geprägt. Die Korruption erreichte neue Höhen und Alemán stahl sich ein riesiges Privatvermögen aus Staatsgeldern zusammen – dadurch verdiente er sich einen Platz auf der Transparency-International-Liste der zehn korruptesten Regierungsbeamten aller Zeiten. Unterdessen hatten aber auch die Sandinisten Imageprobleme, weil deren ewiger Vorsitzender Ortega von seiner Stieftochter des sexuellen Missbrauchs bezichtigt wurde. In einem Akt des gegenseitigen Selbstschutzes schlossen Ortega und Alemán eine Vereinbarung, die unter dem Namen *el pacto* Berühmtheit erlangte. Das Ziel war, jede Opposition zu unterbinden, den Kampf gegen die Korruption zu behindern und Alemán Immunität vor Strafverfolgung zu gewähren.

Sandinistische Hardliner fühlten sich durch Ortegas Mauscheleien betrogen, doch viele glaubten weiter an ihre Partei und Ortega blieb ein wichtiger Drahtzieher.

Sandinista 2.0

Nachdem Sandinistenchef Daniel Ortega drei Wahlen hintereinander verloren hatte, gelangte er im November 2006 doch wieder an die Macht. Ihm hatten zwei Umstände in die Hände gespielt: das Scheitern der neoliberalen Politik, welche die Wirtschaft hatte ankurbeln sollen, und ein Gesetz, demzufolge 35 % der Stimmen im ersten Wahlgang eine Stichwahl im zweiten Wahlgang obsolet machten (Ortega hatte im ersten Wahlgang 38 % der Stimmen auf sich vereint).

Bei seiner Amtsübernahme im Januar 2007 proklamierte der neue Präsident eine neue Einheit der lateinamerikanischen Linken, was die USA und einige ausländische Investoren etwas nervös machte. Die ersten Tage seiner Amtszeit waren von einer emsigen Betriebsamkeit gekennzeichnet. Ortega beendete die Energiekrise in Nicaragua (so schien es zumindest) durch einen Deal mit Venezuelas Staatschef Hugo Chávez, gelobte aber, die guten Beziehungen zu den USA weiter zu pflegen. Gleichzeitig näherte er sich dem Erzrivalen der Vereinigten Staaten an, dem Iran.

Doch auch nachdem die FSLN-Regierung in den Alltag gefunden hatte, blieben die Landreformen und Verstaatlichungen aus, die der Wirtschaftssektor befürchtet und radikale Sandinisten herbeigesehnt hatten. Ortega verfolgte in weiten Teilen den Wirtschaftskurs, den die Vorgängerregierung ausgearbeitet hatte, und sorgte dafür, dass Nicaragua seinen internationalen finanziellen Verpflichtungen nachkam. Bei den landesweiten Kommunalwahlen 2008 wurde erstmalig geprüft, wie weit es mit der Demokratie unter der neuen Regierung her war. Die FSLN ging in mehr als 70 % der Gemeinden siegreich aus den Wahlen hervor. Die Opposition sprach von groß angelegtem Wahlbetrug, *La Prensa* gar von den „betrügerischsten Wahlen in der Geschichte Nicaraguas".

Dennoch überstand Ortega den Sturm und konnte zum Ende seiner ersten Amtsperiode u. a. ein solides Wirtschaftswachstum und die Wiedereinführung eines kostenlosen Gesundheitswesens und Bildungssystems vorweisen.

Die Menschen

Mentalität

Nicaragua hat ein ausgeprägtes Kulturbewusstsein. Es gibt „hausgemachte" Literatur, Tänze, Kunst, Musik und eine eigene kulinarische Szene. Die intellektuelle Unabhängigkeit ist ein Überbleibsel aus den Zeiten der Revolution und des Contra-Kriegs, reicht aber eigentlich sogar noch weiter zurück, bis in die spanische Kolonialzeit, als die indigenen Völker sich eine Teilautonomie erkämpften, wobei die menschlichen Verluste horrend waren.

Nicaragua leidet darüber hinaus unverändert an einer Art posttraumatischer Störung. Wer Spanisch versteht, wird viele Geschichten über Panzer, Explosionen und Luftangriffe hören. Mittlerweile arbeiten und feiern ehemalige Sandinisten und Contras aber wieder zusammen und sitzen nebeneinander in der Kirchenbank. Wer mit Spannungen gerechnet hat, wird stattdessen den Eindruck erlangen, dass sämtliche Probleme aufgearbeitet und aus der Welt geschafft worden sind. Über die Jahre der Sandinisten-Herrschaft gehen die Meinungen auseinander, doch beide Seiten lassen sich immer gern auf eine gute Debatte ein. Wer einer solchen lauscht, erfährt mehr über die politische Szene des Landes als aus jeder Zeitung oder jedem Reiseführer.

Die Einstellungen sind natürlich nicht überall gleich. Nur wenige Bewohner der Atlantikküste – die Englisch oder Miskito sprechen – fühlen sich als Nicaraguaner. Lieber würden sie wieder zum Britischen Weltreich gehören, als weiter der Diskriminierung durch die „Spanier" auf der anderen Seite des Landes ausgesetzt zu sein. Die Viehbauern im zentralen Hochland lassen sich nichts von der Bundesregierung sagen und Kaffeepflücker aus Matagalpa und Studenten aus León sind jederzeit bereit, sich nach Managua aufzumachen und sich bei der politischen Führung zu beschweren, wenn sie das Gefühl haben, ungerecht behandelt zu werden.

Lebensart

Nicaragua ist eine Nation in Bewegung: Einer von fünf Nicaraguanern lebt im Ausland, die meisten in den USA, Costa Rica und Honduras. Dank der in den 1950er-Jahren einsetzenden Landflucht wohnen heute 55 % der Nicaraguaner in den Städten. Innerhalb der Landesgrenzen sind die jungen Frauen für den Großteil der Migration zuständig; die meisten von ihnen ziehen nach Managua. Männer folgen tendenziell den Erntezeiten in den ländlichen Gebieten oder in den Nachbarländern. Reguläre Jobs sind rar. Mehr als die Hälfte der Erwerbstätigen sind dem informellen Sektor zuzurechnen. Sie arbeiten als Straßenhändler, Reinigungskräfte oder Künstler ohne Versicherungsleistungen und Arbeitsplatzsicherheit.

Obwohl Nicaragua ein katholisches Land ist, leben viele Pärchen, auch mit Kindern, ohne Trauschein zusammen, insbesondere in den größeren Städten. Schwule und Lesben sind weitestgehend akzeptiert, eine vollständige Gleichstellung vor dem Gesetz ist aber noch nicht erreicht.

Der Wohlstand ist ungleich verteilt. Reiche Nicaraguaner leben nicht viel anders als Topverdiener in Miami oder anderswo auf der Welt. Die große Mehrheit der Bevölkerung muss jedoch Tag für Tag darum kämpfen, die Familie zu ernähren. 46 % aller Nicaraguaner fristen ein Dasein unterhalb der Armutsgrenze und ungefähr ein Drittel muss mit zwei Mahlzeiten oder weniger pro Tag auskommen. Fast ein Fünftel aller Kinder sind von durch Unterernährung erzeugten Gesundheitsproblemen bedroht, in den Gebieten am Atlantik sind es mehr als 30 %.

Wenn sie jedoch das Haus verlassen, erscheinen gewöhnlich selbst die ärmsten Nicaraguaner in sauberer, frisch gebügelter Kleidung – darum finden sie auch die „reichen" Backpacker in müffelnden Klamotten so amüsant.

Bevölkerung

In Nicaragua leben 6,1 Mio. Menschen auf 130 000 km², damit ist es nach Belize das am zweitdünnsten besiedelte Land Zentralamerikas. Dem World Factbook der CIA zufolge sind 69 % der Bevölkerung *mestizos* (Menschen gemischter Abstammung, gewöhnlich mit spanischen und indigenen Vorfahren), 17 % weiß, 9 % schwarz und 5 % gehören indigenen Völkern an. Bei den jüngsten Volkszählungen stellte sich heraus, dass sich gerade mal 440 000 Menschen als indigen bezeichnen würden. Die Miskito (121 000), Mayangna/Sumo (9800) und Garifuna (3300) haben afrikanische Wurzeln und leben an der Karibikküste, gemeinsam mit den Rama (4200). Die Cacaopoeras und Matagalpas (15 200) im zentralen und nördlichen Hochland gehen vielleicht auf die Mayas zurück, die Chorotegas (46 000), Subtiavas (20 000) und Nahoas (11 100) haben gewisse Ähnlichkeiten mit den Azteken.

Auch die Europäer haben reichlich Spuren hinterlassen. Die Spanier besiedelten die Pazifikküste, während eine Einwandererwelle aus Deutschland im 19. Jh. dazu beigetragen hat, dass das nördliche Hochland überraschend *chele* (weiß, von Span. *leche*, die Milch) ist. Und die vielen blauen Augen, die man an der Atlantikküste sehen wird, sind dem „Wirken" britischer, französischer und niederländischer Piraten geschuldet.

Die ersten afrikanischen Einwanderer waren havarierte, entflohene und befreite Sklaven. Sie kamen kurz nach den Spaniern an. Ein weiterer Schwung Kreolen und Kariben siedelte sich im späten 19. Jh. in Nicaragua an, um auf den Bananen- und Kakaoplantagen im Osten zu arbeiten. Wenn man das Ganze zusammenmischt und ein paar hundert Jahre köcheln lässt, kommen ungewöhnlich gut aussehende Menschen heraus, die Rassismus für ziemlich albern halten.

Religion

Die Glaubensgemeinschaft mit den meisten Anhängern ist der Katholizismus, doch dieser weist in Nicaragua auch viele indigene Elemente auf, davon zeugen die Ausgestaltung von Kirchen wie San Juan Bautista de Subtiava und María Magdalena in Masaya sowie die in ihnen vollzogenen Zeremonien. Auch die Befreiungstheologie hat ihre Spuren hinterlassen. So unterstützte der Priester und Dichter Ernesto Cardenal den bewaffneten Widerstand gegen das Somoza-Regime. Dafür wurde er von Papst Johannes Paul II. öffentlich kritisiert und später aus seinem Priesteramt verstoßen, doch Cardenal ist nach wie vor eine beliebte Persönlichkeit. Die unglaublich vielen katholischen Kirchengebäude und die faszinierenden *fiestas patronales* sind ein echtes Highlight des Landes.

Anfang des 19. Jhs. kamen die ersten Herrnhuter Missionare aus Deutschland an die Atlantikküste. Heute sind ihre rot-weißen Holzkirchen die Mittelpunkte vieler Kreolen- und Miskito-Städte. In jüngerer Zeit sind mindestens 21 % der Bevölkerung mehr als 100 verschiedenen protestantischen Sekten beigetreten (viele von ihnen kommen aus den USA und werden unter den Sammelbegriff *evangelistas* zusammengefasst). Und in der Tat handelt es sich bei vielen der Ausländer, die man auf dem Land trifft, um Missionare – die einen vielleicht zu bekehren versuchen.

Am interessantesten mag sein, dass sich rund 12 % der Nicaraguaner als Atheisten oder Agnostiker bezeichnen, was für Lateinamerika wirklich ungewöhnlich ist.

Kunst & Kultur

Nicaragua ist ein leuchtender Stern am Himmel der lateinamerikanischen Literatur, und die Poesie steht dabei ganz obenan. Rubén Darío (1867–1916), der Dichter aus León, ist einer der bedeutendsten spanischsprachigen Autoren; seine Schriften haben Literaturbewegungen in der gesamten lateinamerikanischen Welt inspiriert und Trends gesetzt. Drei bedeutende Autoren traten bald nach Darío auf, und ihre Werke sind immer noch populär: Azarías Pallais (1884–1954), Salomón de la Selva (1893–1959) und Alfonso Cortés (1893–1969). In den 1930er-Jahren machte die experimentelle Bewegung „Vanguardia“ von sich reden, deren bedeutendste Vertreter José Coronel Urtecho, Pablo Antonio Cuadra, Joaquín Cuadra Pasos und Manolo Cuadra waren. Eine Reihe führender Sandinisten, darunter Sergio Ramírez, Rosario Murillo und Ernesto Cardenal, betätigten sich nicht nur politisch, sondern auch literarisch.

Natur & Umwelt

Nicaragua ist mit 129 494 km² das größte Land Zentralamerikas. Es grenzt im Norden an Honduras, im Süden an Costa Rica, im Osten an das Karibische Meer und im Westen an den Pazifik. Das Land besteht aus drei verschiedenen geografischen Regionen.

Pazifisches Tiefland

Die westliche Küstenregion ist eine breite, heiße und fruchtbare Tiefebene, aus der sich elf größere Vulkane erheben. Zu den höchsten zählen der San Cristóbal (1745 m) nordöstlich von Chinandega, der Concepción (1610 m) auf der Isla de Ometepe im Lago de Nicaragua und der Mombacho (1345 m) in der Nähe von Granada. Dank der überaus fruchtbaren Vulkanerde und dem heißen Klima mit ausgeprägten Regen- und Trockenzeiten ist die Region die landwirtschaftlich ertragreichste des ganzen Landes. Kein Wunder also, dass sich hier auch die größten Bevölkerungszentren befinden. In dieser Region liegen auch der Lago de Nicaragua (oder nach dem indigenen Namen Lago de Cocibolca), der größte See Zentralamerikas mit über 400 Inseln, und der kleinere Lago de Managua (oder Xolotlán).

Nördlich-zentrale Gebirgsregion

Die nördlich-zentrale Region mit ihren hohen Bergen und Tälern ist kühler als das pazifische Tiefland, aber ebenfalls sehr fruchtbar. Fast 25 % der Landwirtschaft des Landes konzentriert sich hier, u. a. wird hier der überwiegende Anteil der nicaraguanischen Kaffeeernte eingebracht. Der höchste Gipfel des Landes, der Pico Mogotón (2438 m), liegt in der Nähe der honduranischen Grenze in der Gegend um Ocotal.

Karibikküste

Die karibische oder atlantische Region umfasst nahezu die Hälfte Nicaraguas. An der 541 km langen Küste finden sich viele große Lagunen und Deltas. Aus den Bergen im Landesinneren strömen 23 Flüsse ins Karibische Meer, darunter der Río Coco (685 km), Nicaraguas längster Fluss, und der Río San Juan (199 km), der dem Lago de Nicaragua entspringt. Diese beiden Flüsse markieren mehr oder weniger die Grenzen nach Honduras beziehungsweise Costa Rica.

In der karibischen Region regnet es viel. Sie ist dünn besiedelt und von tropischem Regenwald bedeckt. Die größten Städte hier sind die beiden Küstenhäfen Bluefields und Bilwi (Puerto Cabezas). Mehrere kleine, von Korallenriffen umgebene Inseln, darunter die vielbesuchten Islas del Maíz (Corn Islands), liegen vor der karibischen Küste.

Flora & Fauna

Nicaragua ist die Heimat von rund 1800 Wirbeltierarten, darunter 250 Säugetiere, und insgesamt 30 000 Tierarten, darunter 688 Vogelspezies (ca. 500 heimische und 150 Zugvögel). Die Tierdichte verschiebt sich langsam Richtung Norden, was eines Tages durch den sogenannten Mesoamerikanischen Korridor erleichtert werden wird, eine Achse mit geschütztem Regenwald von Panama nach Mexiko. Andere beteiligte Länder stecken mit der Umsetzung des Abkommens noch in den Startlöchern, doch die beiden nicaraguanischen Unesco-Biosphärenreservate Bosawás und Reserva de Biosfera Río San Juan machen schon jetzt einen großen Teil des Korridors aus.

Umweltprobleme

Die Wirtschaft strauchelt, die Infrastruktur ist mangelhaft, die Ressourcen sind knapp – Nicaragua steht vor der Mammutaufgabe, die Umwelt zu schützen und gleichzeitig die Bevölkerung aus der Armut zu holen. Und während es in letzter Zeit sicher auch Fortschritte gegeben hat, sieht sich das Land noch immer einer Reihe drängender Umweltprobleme gegenüber.

PRAKTISCHE INFORMATIONEN

Allgemeine Informationen

BOTSCHAFTEN & KONSULATE

Die meisten Botschaften und Konsulate befinden sich in Managua.

Costa Rica (☎2251-0429; www.rree.go.cr; Rotonda Rubén Darío, 2 c E, 500 m N; ⊙8–15 Uhr)

Deutschland (☎2266-7500; www.managua.diplo.de; Rotonda El Güegüense, 1½ c N)

Mexiko (☎2278-1859; http://embamex.sre.gob.mx/nicaragua; Altamira d'Este, frente Claro)

Schweiz (☎2266–3010; Rotonda Jean Paul Genie, 900 m O, 150 m N)

Österreich keine Vertretung, zuständig ist die österreichische Botschaft in Guatemala

USA (☎2266-6010; http://nicaragua.usembassy.gov; Carretera Sur, Km 5,5)

FEIERTAGE

Neujahr (1. Januar) Geschäfte und Büros schließen am 31. Dezember ab 12 Uhr.

Semana Santa (Karwoche) Volle Strände, teure Unterkünfte und alles ist geschlossen – Unterkünfte auf jeden Fall vorausbuchen.

Tag der Arbeit (1. Mai)

Muttertag (30. Mai) Am Muttertag haben mehr Dienstleistungsbetriebe geschlossen als zu Weihnachten.

Jahrestag der Revolution (19. Juli) Kein offizieller Feiertag mehr, aber viele Geschäfte und Behörden bleiben trotzdem geschlossen.

Schlacht von San Jacinto (14. September)

Unabhängigkeitstag (15. September)

Día de los Difuntos (2. November) Allerseelen.

La Purísima (8. Dezember) Fest der Unbefleckten Empfängnis Marias.

Navidad (25. Dezember) Weihnachten.

FREIWILLIGENARBEIT

Die Freiwilligenkultur in Nicaragua ist stark ausgeprägt, was wohl auch mit dem stetigen Zustrom von „Sandalistas" (junge Freiwillige aus dem Ausland) während der Revolution zu tun hat. In vielen Hostels und Spanischschulen kann man sich über entsprechende Organisationen informieren. Weitere gute Anlaufstellen sind Volunteer South America (www.volunteersouthamerica.net) und Go Abroad (www.goabroad.com).

GEFAHREN & ÄRGERNISSE

Nicaragua hat eine der niedrigsten Kriminalitätsraten Zentralamerikas, doch als „reicher Ausländer" ist man zumindest ein potenzielles Ziel für Trickbetrüger und Diebe.

- Auf seine Sicherheit sollte man besonders in Managua, an der Karibikküste, an den abgelegenen Stränden des Südens und in den Naturschutzgebieten mit schwacher Infrastruktur achten.
- In den größeren Städten sollte man sich vom Hotel ein zuverlässiges Taxi rufen lassen.
- Wildniswanderer sollten daran denken, dass in sehr abgeschiedenen Regionen noch immer Blindgänger herumliegen können, vor allem entlang der honduranischen Grenze. Am besten einen einheimischen Guide anheuern.

GELD

In dem meisten mittelgroßen Orten Nicaraguas ist es kein Problem, einen Geldautomaten zu finden. Wer sich jedoch aufs platte Land begibt, sollte sich vorher mit Bargeld eindecken. In größeren Orten werden Kreditkarten weithin akzeptiert, in ländlichen Gebieten abgesehen von Tophotels allerdings eher selten. Die Alternativwährung des Landes ist der US-Dollar, der auch vielerorts angenommen wird, doch kleine Sachen bezahlt man einfacher und günstiger mit Córdobas.

Für den Fall, dass es mit der Kreditkarte irgendwelche Probleme gibt, sollte man immer genügend Notdollar dabeihaben.

INTERNETZUGANG

An der Pazifikküste sind Internetverbindungen schnell, günstig (0,50–0,70 US$ pro Std.) und weithin verfügbar. Auf der Karibikseite gibt es weniger Internetcafés, das Surfen ist etwas langsamer und dabei teurer. Spitzenhotels verfügen meist über ein „Business Center" sowie auf den Zimmern über Anschlüsse für Laptops und über WLAN. Das Computer-Icon bei den Hotelbesprechungen zeigt an, dass das Hotel über einen Computer mit Internetzugang verfügt, den die Gäste kostenlos benutzen können.

Öffentliches WLAN in Restaurants und Cafés greift immer mehr um sich, ist aber außerhalb der großen Städte nach wie vor eine Seltenheit. Wer länger bleibt, kann sich vielleicht ein USB-Modem besorgen, das in großen Städten gut funktioniert, aber auf dem Land oft sehr langsam ist.

Nicaraguas Handydatennetz wird immer besser und funktioniert in großen Städten recht gut, aber auf dem Land, wo alle über einen einzigen Mobilfunkmasten ins Internet möchten, kann es nervtötend langsam sein. SIM-Karten sind billig und Prepaid-Internetpakete sind auch sehr erschwinglich.

ÖFFNUNGSZEITEN

Die Öffnungszeiten schwanken in Nicaragua erheblich, da es so viele informelle und familiengeführte Einrichtungen gibt. Die normalen Bürozeiten sind von 9 bis 17 Uhr. Besonders auf dem Land schließen viele Büros und Geschäfte mittags von 12 bis 14 Uhr. Behörden schließen in der Regel etwas früher und machen ebenfalls eine Mittagspause.

Comedores (billige Esslokale) sind gewöhnlich morgens und mittags geöffnet, formellere Restaurants bieten Mittag- und Abendessen.

Ämter Mo–Fr 8–12 & 13–16, Sa 8–12 Uhr
Banken Mo–Fr 8.30–16.30, Sa bis 12 Uhr
Bars 12–24 Uhr
Clubs 21–3 Uhr
Comedores 6–16 Uhr
Geschäfte Mo–Sa 9–18 Uhr
Museen 9–12 & 14–17 Uhr
Restaurants 12–22 Uhr

RECHTSFRAGEN

Die meisten Polizisten in Nicaragua sind für zentralamerikanische Verhältnisse professionell und umgänglich. Bei kleinen Verstößen gegen die Verkehrsregeln wird normalerweise der Führerschein einbehalten. Man muss dann zur Bank gehen und das Bußgeld bezahlen und kann sich dann bei der nächsten Polizeiwache seinen Führerschein wieder abholen. Manche Reisende raten, dass man Verkehrspolizisten bei kleineren Vergehen einen 100-Córdoba-Schein (4 US$) zusammen mit dem Ausweis in die Hand drücken sollte, der Schuss kann aber auch nach hinten losgehen. Am besten bleibt man einfach ruhig und hofft, mit einer Verwarnung davonzukommen.

Wer mit Drogen erwischt wird oder sich eines anderen Verbrechens schuldig macht, wird sich nicht so leicht aus der Affäre ziehen können.

REISEN MIT BEHINDERUNG

Nicaraguaner haben gewöhnlich keine Berührungsängste gegenüber körperlich eingeschränkten Menschen und helfen gern. Die Kopfsteinpflasterstraßen, aufgeplatzten Bürgersteige und Treppen in so ziemlich jedem Gebäude können einem das Leben allerdings wirklich schwer machen.

Es gibt nur wenige behindertengerechte Transportmittel, deshalb wendet man sich am besten gleich an einen Tourveranstalter. Der zuverlässige nicaraguanische Reiseveranstalter Vapues Tours (www.vapues.com) ist auf Reisen für Menschen mit Behinderung spezialisiert.

Es gibt nur sehr wenige rollstuhlgerechte Toiletten und Waschräume in Nicaragua – Toilettenaufsatz und ähnliche Hilfsmittel besser von zu Hause mitbringen.

SCHWULE & LESBEN UNTERWEGS

Einvernehmlicher Sex zwischen Homosexuellen ist inzwischen nicht mehr strafbar, doch es mag noch etwas dauern, bis Homosexualität vorbehaltlos akzeptiert wird. Für ganz Lateinamerika gilt, dass Homosexuelle es einfacher haben werden, wenn sie sich öffentliche Zuneigungsbekundungen verkneifen und im Hotel nach zwei Betten fragen (die man dann zusammenschieben kann). Tatsächlich gehen aber viele Nicaraguaner sehr offen mit ihrer Homosexualität um – die „Szene" ist also nicht geheim.

In Managua gibt es ein paar Bars und Clubs für Schwule und Lesben und auch Granada ist relativ tolerant; davon abgesehen präsentiert sich Nicaragua nach außen ziemlich hetero.

TELEFON

Die Ländervorwahl von Nicaragua ist die ☎505. Ortsvorwahlen gibt es nicht. Zwar ist das dank der Verbreitung von Handys seltener geworden, doch viele Haus- und Ladenbesitzer „vermieten" ihre Telefone für Inlandsgespräche (Festnetz und Handy) gegen eine Gebühr (gewöhnlich ca. 0,25 US$ pro Min.). Auslandsgespräche sind teuer. In den Internetcafés kommt man auf jeden Fall billiger davon.

Handy

Viele Reisende kaufen sich bei der Ankunft einfach ein Telefon. Bereits am Flughafen befinden sich ein paar Telefonläden. Die billigsten gibt's schon für 15 US$. Man kann natürlich auch eine SIM-Karte kaufen (ca. 3,50 US$) und in entsperrte GSM-Handys einsetzen. Die beiden nationalen Netzbetreiber sind Claro und Movistar, mit ähnlicher Netzabdeckung. Guthaben zum Aufladen ist in *pulperías* (Tante-Emma-Läden) und an Tankstellen erhältlich.

PREISKATEGORIEN ESSEN

Die Preisangaben in diesem Buch beziehen sich auf einen typischen Hauptgang.

$	bis 5 US$
$$	5–10 US$
$$$	über 10 US$

PREISKATEGORIEN SCHLAFEN

Die Preisangaben in diesem Kapitel beziehen sich auf Übernachtungen in Standard-Doppelzimmern mit eigenem Bad.

$	bis 20 US$
$$	20–50 US$
$$$	über 50 US$

TOURISTENINFORMATION

Intur (Nicaraguanisches Tourismusinstitut; ☎2222-3333; www.visitanicaragua.com), die staatliche Fremdenverkehrsbehörde, hat in den meisten größeren Orten eine Niederlassung. Dort kann man sich Hotels und Aktivitäten sowie auch Guides empfehlen lassen, jedoch keine– Buchungen vornehmen.

In kleinen Orten ohne Touristeninformation wendet man sich am besten an die *alcaldía* (Bürgermeisteramt). Zwar gehört der Tourismus nicht zu den zentralen Aufgaben eines Bürgermeisters, doch die meisten helfen bei Fragen nach Essen, Unterkunft oder Guides gern weiter. In indigenen Gemeinden gibt's vielleicht keinen Bürgermeister, da viele noch immer über einen Ältestenrat verfügen. Stattdessen wendet man sich also an den Ratspräsidenten (*wihta* in Miskito-Gemeinden), der wahrscheinlich Spanisch spricht und weiterhelfen kann.

UNTERKÜNFTE

Außerhalb der absoluten Spitzenzeiten in wichtigen Touristenzentren ist es in Nicaragua kaum je erforderlich, Unterkünfte im Voraus zu buchen.

Hospedajes Diese billigen Pensionen werden oft von einer Familie geführt und sind in kleineren Orten womöglich die einzigen Unterkünfte.

Hotels Größer, formeller und unpersönlicher; mit Rezeption und oft auch einem Restaurant.

Hostels Hostels mit Schlafsälen und Aufenthaltsbereichen findet man nur in den wichtigen Touristenzentren.

Ökolodges Gewöhnlich in der oberen Preisklasse angesiedelt; komfortable Zimmer inmitten der Natur.

VISA

Alle Touristen müssen bei der Einreise nach Nicaragua für 10 US$ eine Touristenkarte erstehen. Wer auf dem Landweg einreist, zahlt außerdem eine Bearbeitungsgebühr von 2 US$. Bei der Ausreise auf dem Landweg oder per Boot wird eine Ausreisegebühr von ebenfalls 2 US$ und je nach Grenzübergang außerdem eine kleine kommunale Gebühr – meist 1 US$ – der jeweiligen Gemeinde fällig.

An- & Weiterreise

Nicaragua hat einen internationalen Flughafen (in Managua), vier große Grenzübergänge nach Honduras und Costa Rica (sowie einen weiteren Grenzübergang nach Costa Rica, San Pancho/Las Tablillas, den aber nur wenige Touristen benutzen) und es gibt eine internationale Seeroute zwischen El Salvador und Potosí sowie zwischen Costa Rica und San Carlos.

Flüge, Mietwagen und Touren können auch auf lonelyplanet.com/bookings gebucht werden.

FLUGZEUG

Bei der Einreise nach Nicaragua muss am Flughafen eine Touristenkarte für 10 US$ erstanden werden; dafür sollte man US-Dollar griffbereit haben.

Es lohnt sich, die Flugpreise mit denen von Costa Rica aus zu vergleichen, die z. T. erheblich günstiger sind – und Costa Rica liegt nur eine Busfahrt in einem klimatisierten Bus entfernt.

AUF DEM LANDWEG

Auto & Motorrad

Inzwischen kann man mit dem Auto über zwei Grenzübergänge nach Costa Rica fahren. Der beliebteste ist Sapoá–Peñas Blancas bei Rivas; am neuen Übergang San Pancho–Las Tablillas am Río San Juan ist dagegen noch wenig Fahrzeugverkehr.

Die Grenze zwischen Nicaragua und Honduras lässt sich mit dem Auto an den Grenzübergängen El Guasaule, Somoto–El Espino und Ocotal–Las Manos überqueren.

Bus

Die internationalen Busse sind mit Liegesitzen, Klimaanlagen, TVs und Toiletten ausgestattet. Manchmal wird sogar Essen serviert. Für Reisende mit (viel) Gepäck sind sie ein sicherer Transportmodus. Die Grenzüberquerung verläuft im Allgemeinen reibungslos. Oft wird ein Helfer das Abstempeln des Passes übernehmen und die fälligen Ein- und Ausreisegebühren von den Fahrgästen kassieren. Wenn man wieder in den Bus einsteigt, erhält man die Reisedokumente dann zurück. Am Grenzübergang Peñas Blancas (Costa Rica) müssen sich die Reisenden allerdings persönlich um die Ein-/Ausreiseformalitäten kümmern.

Direktbusse (ohne Buswechsel) fahren nach Costa Rica, Honduras, El Salvador und Guatemala. Es bestehen Umsteigeverbindungen nach Panama und Mexiko.

King Quality (www.king-qualityca.com) Luxusbusse nach Costa Rica, Honduras, El Salvador und Guatemala.

Nica Expreso (www.nicaexpreso.com) Von Chinandega (über León) nach San José in Costa Rica.

Tica Bus (☎8739-5505; www.ticabus.com) Verbindungen nach Costa Rica, Honduras und El Salvador mit Anschlüssen nach Guatemala, Mexiko und Panama.

Transnica (☎2270-3133; www.transnica.com) Fährt nach Costa Rica, Honduras und El Salvador.

Transporte del Sol (☎2422-5000; www.busesdelsol.com) Verbindungen nach Guatemala und San Salvador mit Ankunft am selben Tag.

Grenzübergänge

Nicaragua grenzt an Costa Rica und Honduras. Gewöhnlich geht es an den nicaraguanischen Grenzübergängen recht chaotisch zu – so gibt's nirgendwo irgendwelche Schilder –, doch der eigentliche Grenzübertritt ist problemlos, sofern man alle erforderlichen Dokumente bereithält.

Von Ocotal nach Tegucigalpa, Honduras An diesem großen, geschäftsmäßigen Übergang gelangt man von den sonnigen Segovias zur honduranischen Hauptstadt. Der Übergang Las Manos ist effizient, aber manchmal auch sehr voll.

Von Somoto nach Choluteca, Honduras Ein Grenzübergang in luftigen Höhen, Granitschlucht inklusive. Der Übergang El Espino ist locker und einfach.

Von El Guasaule nach Choluteca, Honduras Die schnellste Route von Nicaragua nach Honduras. El Guasaule liegt eine entspannte Fahrtstrecke nördlich von León. Der Grenzübergang El Guasaule aber ist hektisch und chaotisch – und heiß ist es auch.

Von Sapoá nach Peñas Blancas, Costa Rica Der Hauptgrenzübergang lässt sich gewöhnlich ziemlich reibungslos überqueren, es sei denn, man kommt gleichzeitig mit einer oder zwei internationalen Reisegruppen an, dann kann es Stunden dauern. An diesem Übergang verlangt die örtliche Kommune eine zusätzliche Gebühr von 1 US$.

ℹ Unterwegs vor Ort

AUTO & MOTORRAD

Die Pazifikküste und Zentral-Nicaragua lassen sich wunderbar mit einem eigenen Fahrzeug erkunden. An der Karibikküste ist man dagegen besser mit öffentlichen Verkehrsmitteln bedient, da die Straßen hier zumeist furchtbar sind.

BUS

Nicaraguas Busnetzwerk ist umfassend, wenn die Busse auch oft unbequem und überfüllt sind. Den öffentlichen Nahverkehr bestreiten meist alte Bluebird-Schulbusse (keine Gepäckfächer). Wenn möglich sollte das Gepäck nicht aufs Dach geschnallt, sondern mit in den Bus genommen werden; im hinteren Teil Platz nehmen und den Rucksack bei den Reis- und Bohnensäcken verstauen.

Gezahlt wird, wenn sich der Bus in Bewegung gesetzt hat. Bei längeren Strecken bekommt man vielleicht ein Papier-„Ticket". Gut aufbewahren, sonst darf man noch mal zahlen. An manchen Terminals können Tickets im Voraus gekauft werden, was theoretisch der Garant für einen Sitzplatz ist. Die Busse drehen manchmal noch eine Runde durch die Stadt, bevor sie losfahren, aber wer sitzen möchte, sollte am Busbahnhof einsteigen.

Die Busterminals sind oft riesige, chaotische Plätze neben Märkten, auf denen man sich verlaufen kann, insbesondere, wenn man nicht viel Spanisch spricht. Aber keine Bange. Wer den Namen des Zielorts aussprechen kann, muss sich nur an die brüllenden Busmitarbeiter wenden. Wichtig: *Expreso*-Verbindungen nehmen, keine *ordinarios*, sonst dauert die Fahrt um einiges länger.

FLUGZEUG

Das Drehkreuz für Inlandsflüge ist der Internationale Flughafen von Managua. Die anderen Flughäfen sind eher einfache Einrichtungen und einige bestehen nur aus einer Landepiste vor den Toren der Stadt – oder wie in Siuna und Waspám mitten in der Stadt. Der Flughafen San Juan de Nicaragua befindet sich auf der anderen Seite der Bucht in Greytown und ist einer der wenigen Flughäfen in ganz Amerika, bei denen man für die Anreise zum Flughafen ein Boot nehmen muss.

La Costeña (☎2263-2142; www.lacostena.com.ni), die einzige Inlandsfluglinie, bietet regelmäßige Flüge von Managua nach Bluefields, zu den Corn Islands, nach Las Minas, Ometepe, Tola, San Carlos, San Juan de Nicaragua (Greytown), Bilwi und Waspám an. Bei vielen Maschinen handelt es sich um winzige Propellerflugzeuge, bei denen das Gewicht eine große Rolle spielt und manches Gepäckstück zurückgelassen werden muss. Alles Wichtige ins Handgepäck packen!

La Costeña ist eine der wenigen Fluggesellschaften, bei denen es tatsächlich teurer ist, online zu buchen (18 US$ Aufschlag).

NAHVERKEHR

In kleineren Städten sind weniger Taxis und dafür mehr Tuk-Tuks (motorisierte dreirädrige Gefährte) und *triciclos* (Fahrradrikschas) unterwegs. Sie sind günstig (ca. 0,50 US$ pro Pers. für alle Fahrten im Stadtgebiet) und machen Spaß.

SCHIFF/FÄHRE

Viele Reiseziele können nur (oder am einfachsten) mit dem Boot erreicht werden. Die öffentlichen *pangas* (kleine offene Motorboote) mit

Außenbordmotoren sind viel teurer als Busse & Co. Im Allgemeinen kostet eine Stunde Fahrtzeit 6 bis 8 US$. In Gegenden ohne regelmäßige Bootsverbindungen wird man eine *panga* für sich allein mieten müssen. Die Preise schwanken stark. Als Richtwert: Eine Stunde Fahrt für vier bis sechs Personen kostet 50 bis 100 US$. Reiseveranstalter finden gewöhnlich günstigere Optionen. An der Pazifikküste lassen sich Boote recht einfach chartern, auch wenn's teuer ist. Sehr viel schwieriger gestaltet es sich auf der Atlantikseite. Zwar ist es nicht an der Tagesordnung, aber manchmal gehen Boote unter und es sind schon Touristen ertrunken. Immer eine Schwimmweste tragen!

Die auf dem Río San Juan verkehrenden Flussboote sind gewöhnlich langsam und recht billig. Oft gibt's neben den normalen Booten auch Expressboote – der Aufpreis für die schnelleren Schiffe lohnt sich.

Hier die wichtigsten Häfen mit regelmäßigen Bootsverbindungen:

Bluefields Nach Pearl Lagoon, El Rama und Corn Island.

Corn Islands Regelmäßige Bootsverbindungen zwischen Great Corn und Little Corn.

El Rama Nach Bluefields.

San Carlos Zu den Islas Solentiname, nach Río San Juan, zu dem malerischen Grenzübergang zwischen Nicaragua und nach Costa Rica und in einige Naturschutzgebiete.

Waspám Das Tor zum Río Coco.

TAXI

Fast alle Taxis in Nicaragua sind *colectivos*, Sammeltaxis oder -minibusse, die auf dem Weg zum Fahrtziel weitere Passagiere aufnehmen. Aber wer's eilig hat, bekommt normalerweise gegen Aufpreis einen „Expressservice".

In Managua sollte der Fahrpreis immer ausgehandelt werden, und zwar schon vor dem Einsteigen. An den Grenzübergängen wird häufig mehr genommen, als angemessen ist, wenn sich die Gelegenheit ergibt.

Die meisten Stadttaxis berechnen fixe Preise für Fahrten im Stadtgebiet (gewöhnlich 0,50–0,70 US$, abends etwas mehr). Am besten einen Einheimischen fragen, wie viel er/sie für eine Fahrt zahlen würde, bevor man ein Taxi nimmt.

Wer eine etwas größere Urlaubskasse hat, könnte mit einem Taxi von Stadt zu Stadt fahren, eine durchaus komfortable Option. Die Preise variieren stark. 10 US$ pro 20 km sind realistisch.

TRAMPEN

Trampen ist nie ganz sicher und deshalb empfehlen wir es nicht. Wer dennoch per Anhalter fährt, sollte sich drüber im Klaren sein, dass er sich potenziell in große Gefahr begibt.

Trampen ist in Nicaragua weit verbreitet, auch alleinreisende Frauen fahren per Anhalter. Wer also mitgenommen werden will, braucht nur den Daumen rauszuhalten. Ausländische Frauen sollten es sich jedoch, besonders wenn sie mit ihrem gesamten Gepäck unterwegs sind, zweimal überlegen, allein zu auf diese Art zu reisen. Und niemals nach Managua hinein oder aus Managua raus trampen!

In ländlichen Gegenden, in denen kaum Busse fahren, werden Pick-up-Fahrer nahezu garantiert Tramper mitnehmen. Einfach auf die Ladefläche klettern (falls man nicht explizit aufgefordert wird, vorn Platz zu nehmen) und ein paar Mal aufs Dach klopfen, wenn man aussteigen will.

Wichtig: Immer anbieten, für die Fahrt zu bezahlen. Normalerweise lehnen die Fahrer das ab.

Costa Rica

☎ 506 / 4,87 MIO. EW.

Inhalt ➡

San José 562
Valle Central & Hochland 576
Karibikküste 585
La Fortuna & Volcán Arenal 598
Monteverde & Santa Elena 607
Playa Tamarindo 622
Montezuma 630
Manuel Antonio 639
Südliches Costa Rica & Península de Osa 645

Gut essen

- ➡ Café de los Deseos (S. 569)
- ➡ Jalapeños Central (S. 577)
- ➡ Como en mi Casa Art Café (S. 596)
- ➡ Orchid Coffee (S. 612)
- ➡ Cocina Clandestina (S. 631)

Schön übernachten

- ➡ Camp Supertramp (S. 627)
- ➡ Luz en el Cielo (S. 630)
- ➡ Flutterby House (S. 645)
- ➡ Hostel Pangea (S. 567)
- ➡ Aracari Garden Hostel (S. 586)
- ➡ Buddha House (S. 635)

Auf nach Costa Rica

Das Schreien der Brüllaffen hallt über die Baumwipfel. Hoch darüber ziehen prächtige Fregattvögel ihre Kreise, während sich lautstark zwei Hellrote Aras ankündigen. Ähnliche Szenen spielen sich in ganz Costa Rica ab, vom trockenen Tropenwald an der Pazifikküste bis zum Nebelwald in höheren Lagen. Ein Drittel des Landes steht unter Naturschutz – ein echtes Wildnis-Wunderland.

Doch das ist nur ein Teil der Faszination, die Costa Rica jährlich auf mehr als eine Million Besucher ausübt. Ob beim Surfen, Wandern auf einem Vulkan oder anderen Aktivitäten, es gibt viele Wege, sich diesem Paradies zu nähern.

Es ist nie einfach, das Gleichgewicht zwischen der Bewahrung der Natur und ihrer wirtschaftlichen Nutzung zu finden, aber die Costa-Ricaner, die Ticos, geben sich jede nur erdenkliche Mühe. Sie teilen mit großer Freude die grandiose Natur, die riesige Artenvielfalt und die vollkommene Ausgeglichenheit der *pura vida,* des „reinen Lebens“, in Costa Rica.

Reisezeit

San José

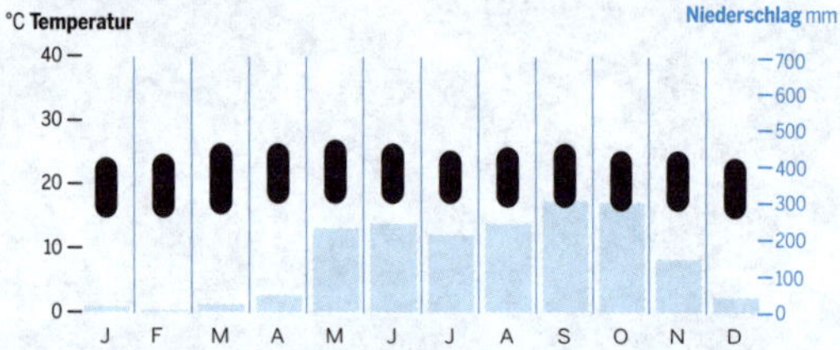

Jan.–April Die „Trockenzeit“ ist geprägt durch durchgehend hohe Temperaturen und blauen Himmel.

Mai–Juli Zu Beginn der „grünen“ Regenzeit fallen Besucherzahlen und Preise.

Dez. Zu den Feiertagen erreichen die Preise für Unterkünfte astronomische Höhen.

Von Land zu Land

Auf dem Landweg kann man von Nicaragua (Peñas Blancas, Las Tablillas oder Los Chiles) und von Panama (Sixaola, Paso Canoas oder Río Sereno) aus nach Costa Rica einreisen. Weitere Informationen s. S. 667.

COSTA RICA FÜR EINSTEIGER

Eine Woche

Von San José geht's in den Norden nach La Fortuna. Nach einer erfrischenden Wanderung an den Hängen des Volcán Arenal kann man in den besten Thermalquellen des Landes planschen. Anschließend bringen einen ein Boot über die Laguna de Arenal und ein Bus nach Monteverde, wo sich in der Reserva Biológica Bosque Nuboso Monteverde vielleicht ein Quetzal zeigt.

Nächster Programmpunkt: Abhängen am Strand. Im Westen lockt das Partymekka von Guanacaste, Playa Tamarindo, mit idealer Brandung, erstklassigen Restaurants und geräuschvollem Nachtleben.

Zwei Wochen

In der zweiten Woche geht's zu Wasserfällen und ins relaxte Montezuma, von dort vielleicht per Jetboot nach Jacó, einem weiteren Partylöwen- und Surfermekka. Einen halben Tag ist man anschließend nach Quepos unterwegs, dem Tor zum Parque Nacional Manuel Antonio. Der Besuchstag im Nationalpark beginnt mit Dschungelwanderungen und Tierbeobachtungen und endet mit einem Picknick und einem Bad in den perfekten Gewässern des Parks.

Essen & Trinken

- Das Standardgericht in Costa Rica ist Reis mit Bohnen – oder, wenn's mal was anderes sein soll, Bohnen mit Reis.
- Zum Frühstück gibt's gewöhnlich *gallo pinto* (wörtlich „gefleckter Hahn"), ein Pfannengericht aus Reis und Bohnen, in der Regel serviert mit Eiern, Käse oder *natilla* (Schmand).
- Die meisten Restaurants bieten mittags und abends ein *casado* genanntes Menü, ein „Ehemänner"-Essen mit Fleisch, Bohnen, Reis und Salat. Sehr beliebt ist *arroz con pollo*, Huhn mit Reis.
- Die reichhaltig vorhandenen Meeresfrüchte in Costa Rica sind frisch und köstlich. *Ceviche* (roher Fisch oder rohe Garnelen, in Limettensaft mariniert und gekühlt serviert) ist zwar kein traditionelles Tico-Gericht, man findet es aber auf den meisten Speisekarten.
- An der Karibikküste verrät die Küche ihre karibischen Wurzeln. Probieren sollte man auf jeden Fall *rondón*, einen würzigen Meeresfrüchtetopf.

AUF EINEN BLICK

Währung Costa-ricanischer Colón (₡); auch US-Dollar (US$) werden akzeptiert

Sprachen Spanisch & Englisch

Geld Geldautomaten sind weit verbreitet; Kredit- und Bankkarten werden vielerorts angenommen

Visa Für Aufenthalte bis zu 90 Tagen in der Regel nicht erforderlich

Zeit MEZ minus sieben Stunden; keine Sommerzeit

Fläche 51 100 km²

Hauptstadt San José

Notruf ☎ 911

Wechselkurse

Eurozone	1 €	608 ₡
Schweiz	1 SFr	555 ₡
USA	1 US$	543 ₡

Preise

- **Schlafsaalbett** 8–15 US$
- **Casado** 3–8 US$
- **Busfahrt** 4–12 US$
- **Nationalparkeintritt** 15 US$
- **Canopy-Tour** 40–60 US$

Infos im Internet

- **Tico Times** (www.ticotimes.net)
- **Costa Rica Tourism Board** (www.visitcostarica.com)
- **Lonely Planet** (www.lonelyplanet.com)

Highlights

1 Parque Nacional Tortuguero (S. 585) Auf der Suche nach wilden Tieren still über die Dschungelkanäle gleiten oder an einem Projekt zum Schutz der bedrohten Meeresschildkröten mitarbeiten.

2 Puerto Viejo de Talamanca (S. 593) Surfen, die regionale Küche probieren, am Strand abhängen und Partys feiern.

3 La Fortuna (S. 598) Die Hänge des Volcán Arenal entlangwandern und dann seinen müden Muskeln bei einem Bad in Thermalbecken eine Auszeit gönnen.

4 Monteverde & Santa Elena (S. 607) In einem der Schutzgebiete hinter Nebelschleiern den prächtigen Quetzal erspähen.

5 Mal País (S. 628) Auf tollen Breaks surfen und sich an Speisen aus Zutaten frisch vom Bauernhof laben.

6 Parque Nacional Manuel Antonio (S. 639) Eine Affenhorde, sich gemächlich bewegende Faultiere und durch die Lüfte gleitende Braunpelikane beobachten.

7 Parque Nacional Chirripó (S. 647) Auf dem höchsten Gipfel Costa Ricas den Sonnenaufgang bestaunen.

8 Parque Nacional Corcovado (S. 654) Im schönsten Nationalpark des Landes an der einsamen Küste entlangwandern und den dichten Regenwald durchstreifen.

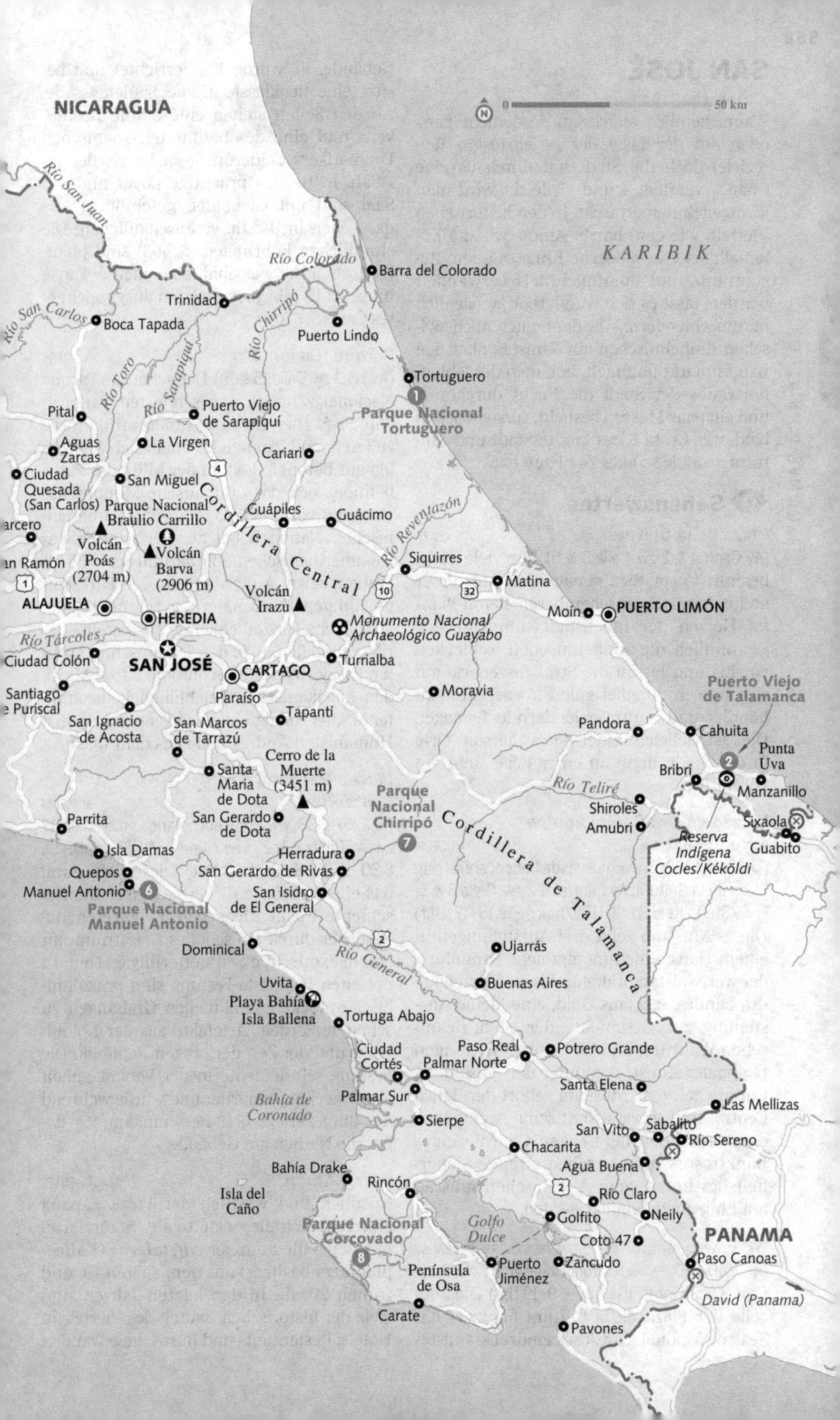

NICARAGUA
KARIBIK
PANAMA
50 km
Río San Juan
Río Colorado
Río San Carlos
Río Chirripó
Río Toro
Río Sarapiquí
Río Reventazón
Río Tárcoles
Río Teliré
Río General
Barra del Colorado
Trinidad
Boca Tapada
Puerto Lindo
Tortuguero
Parque Nacional Tortuguero
Pital
Puerto Viejo de Sarapiquí
Aguas Zarcas
La Virgen
Cariari
Ciudad Quesada (San Carlos)
San Miguel
Parque Nacional Braulio Carrillo
Guápiles
Guácimo
Cordillera Central
Volcán Poás (2704 m)
Volcán Barva (2906 m)
Siquirres
Matina
an Ramón
ALAJUELA
HEREDIA
Volcán Irazu
Moín
PUERTO LIMÓN
Monumento Nacional Archaeológico Guayabo
Ciudad Colón
SAN JOSÉ
CARTAGO
Turrialba
Santiago de Puriscal
Paraíso
Moravia
Puerto Viejo de Talamanca
San Ignacio de Acosta
San Marcos de Tarrazú
Tapantí
Pandora
Cahuita
Punta Uva
Cerro de la Muerte (3451 m)
Santa Maria de Dota
Bribrí
Manzanillo
Parque Nacional Chirripó
Shiroles
Parrita
San Gerardo de Dota
Amubri
Sixaola
Guabito
Reserva Indígena Cocles/Kéköldi
Isla Damas
Herradura
Quepos
San Gerardo de Rivas
Manuel Antonio
Parque Nacional Manuel Antonio
San Isidro de El General
Cordillera de Talamanca
Dominical
Ujarrás
Uvita
Buenas Aires
Playa Bahía
Isla Ballena
Tortuga Abajo
Paso Real
Potrero Grande
Ciudad Cortés
Palmar Norte
Santa Elena
Palmar Sur
Bahía de Coronado
Las Mellizas
Sierpe
Sabalito
San Vito
Río Sereno
Chacarita
Agua Buena
Bahía Drake
Rincón
Isla del Caño
Río Claro
Golfito
Neily
Parque Nacional Corcovado
Golfo Dulce
Coto 47
Puerto Jiménez
Zancudo
Paso Canoas
Península de Osa
David (Panama)
Carate
Pavones

SAN JOSÉ

1,72 MIO. EW.

Wahrscheinlich steht San José nicht ganz oben auf der Liste der begehrtesten Reiseziele, doch die Stadt hat durchaus eine Chance verdient – und vielleicht wird man ja angenehm überrascht. In den historischen Vierteln wie dem Barrio Amón, wo alte Kolonialhäuser in moderne Kunstgalerien, Restaurants und Boutiquehotels verwandelt wurden, lässt es sich wunderbar gemächlich herumschlendern. Wer dann auch noch zwischen Einheimischen am Samstag über den Bauernmarkt bummelt, in einem der lebhaften Clubs der Stadt die Nacht durchtanzt und ein paar Museen besucht, versteht schon bald, was Costa Ricas größte Stadt und Kulturmetropole so alles zu bieten hat.

Sehenswertes

Plaza de la Cultura — PLAZA

(Av Central & 2 zw. Calle 3 & 5) Für viele Ticos beginnt Costa Rica genau hier. Auf dieser architektonisch unscheinbaren Beton-Plaza im Herzen der Innenstadt tummeln sich gewöhnlich die Einheimischen, schlecken ein Eis und lassen die Straßenszenerie auf sich wirken: jonglierende Clowns, Straßenhändler und herumschlendernde Teenager. Dies ist vielleicht einer der sichersten Orte in der Stadt, denn an einer Ecke steht ein Polizeiturm.

Museo de Oro Precolombino y Numismática — MUSEUM

(☎2243-4202; www.museosdelbancocentral.org; Plaza de la Cultura, Av Central & 2 zw. Calle 3 & 5; Erw./Stud./Kind 11/8 US$/frei; ⏲9.15–17 Uhr) Dieses Museum zeigt drei Ausstellungen in einem Haus: eine umfangreiche Sammlung der wertvollsten präkolumbischen Artefakte des Landes, u. a. aus Gold, eine kleine Ausstellung zur Geschichte der costa-ricanischen Währung und Wechselausstellungen regionaler Kunst. Das unter der Plaza de la Cultura gelegene Museum gehört der Banco Central und so verströmt seine Architektur denn auch den heimeligen Charme eines Banktresors. Es herrschen strenge Sicherheitsbestimmungen: Alle Taschen müssen am Eingang deponiert werden.

★Teatro Nacional — BEMERKENSWERTES GEBÄUDE

(☎2010-1110; www.teatronacional.go.cr; Av 2 zw. Calle 3 & 5; Eintritt 10 US$; ⏲9–19 Uhr) Die Südseite der Plaza de la Cultura flankiert das Teatro Nacional, San Josés eindrucksvollstes Gebäude. Es wurde 1897 errichtet und besitzt eine neoklassizistische Säulenfassade. An den Seiten stehen eine Statue Beethovens und eine des berühmten spanischen Dramatikers Calderón de la Barca, der im 17. Jh. lebte. Das prächtige Foyer und der Saal sind mit Gemälden geschmückt, die das Leben im 19. Jh. veranschaulichen. Die stündlichen Führungen (S. 563) sind phantastisch, und wer mal eine kleine Pause braucht: Es gibt hier auch ein ausgezeichnetes Café (S. 570).

Parque Nacional — PARK

(Av 1 & 3 zw. Calle 15 & 19) Der schattige Parque Nacional zählt zu den schönsten Parks in San José. Hier sitzen Rentner, um Zeitung zu lesen, und Pärchen kuscheln sich verstohlen auf Betonbänken. In der Mitte des Parks befindet sich das dramatische Monumento Nacional von 1953, das die zentralamerikanischen Nationen bei der Vertreibung des US-amerikanischen Söldnerführers William Walker zeigt. Außerdem ist der Park mit unzähligen Denkmälern geschmückt, die historische Persönlichkeiten aus Lateinamerika darstellen, u. a. den kubanischen Dichter, Essayisten und Revolutionär José Martí, den mexikanischen Unabhängigkeitskämpfer Miguel Hidalgo und den venezolanischen Humanisten Andrés Bello aus dem 18. Jh.

Museo Nacional de Costa Rica — MUSEUM

(☎2257-1433; www.museocostarica.go.cr; Calle 17 zw. Av Central & 2; Erw./Kind 8/4 US$; ⏲Di–Sa 8.30–16.30, So 9–16.30 Uhr) Dieses Museum, das einen schnellen Überblick über die Geschichte Costa Ricas liefert, betreten die Besucher durch ein schönes Glasatrium mit einem exotischen Schmetterlingsgarten. In der alten Bellavista-Festung sind präkolumbische Stücke aus aktuellen Grabungen zu sehen, außerdem Artefakte aus der Kolonialzeit und der Zeit der jungen Republik. Die Festung selbst diente in der Vergangenheit als Armeehauptquartier und wurde während des Bürgerkriegs 1948 heiß umkämpft – daher die Narben am Gebäude.

Barrio Amón — STADTVIERTEL

Nördlich und westlich der Plaza España erstreckt sich dieses nette alte Stadtviertel mit den Villen einiger *cafetaleros* (Kaffeeplantagenbesitzer) aus dem späten 19. und frühen 20. Jh. In den letzten Jahren sind viele der historischen Bauten des Viertels in Hotels, Restaurants und Büros umgewandelt worden, sodass es sich schön für einen Architekturbummel anbietet. Hier gibt's alles von Art-déco-Betongemäuern bis zu bunten tropisch-viktorianischen Häusern in unterschiedlichem Erhaltungszustand. Außerdem ist Amón ein wichtiges Künstlerviertel.

Museo de Arte y Diseño Contemporáneo MUSEUM
(☎2257-7202; www.madc.cr; Ecke Av 3 & Calle 15; Eintritt 3 US$, Mo frei; ⏲Mo–Sa 9.30–17 Uhr) Das gewöhnlich zu MADC abgekürzte Museum für zeitgenössische Kunst und Design ist in dem historischen, 1856 errichteten Gebäude der National Liquor Factory untergebracht. Das größte und wichtigste Museum für Gegenwartskunst in der gesamten Region zeigt Werke zeitgenössischer Künstlern aus Costa Rica, Zentral- und Südamerika sowie manchmal Sonderausstellungen zu Raumgestaltung, Mode und grafischer Kunst.

★**Museo de Jade** MUSEUM
(☎2521-6610; www.museodeljadeins.com; Plaza de la Democracia; Erw./Kind 15/5 US$; ⏲10–17 Uhr) Das Mitte 2014 in seiner nagelneuen Heimstatt wiedereröffnete Museum besitzt die weltgrößte Sammlung amerikanischer Jade. Die großzügigen neuen Räumlichkeiten mit sechs Abteilungen auf fünf Etagen ermöglichen der Öffentlichkeit einen besseren Zugang zu der vielfältigen Sammlung des Hauses. Ausgestellt sind hier fast 7000 schön gearbeitete und gut erhaltene Stücke, von glasigen Jadeschnitzereien von Fruchtbarkeitsgöttinnen, Schamanen, Fröschen und Schlangen bis zu unglaublichen Keramiken – von denen einige Maya-Einflüsse aufweisen –, darunter ein höchst ungewöhnlicher Kopf mit einer Reihe gezackter Zähne.

Parque Metropolitano La Sabana PARK
Diese 72 ha große Grünfläche am westlichen Ende des Paseo Colón beherbergte einst den Hauptflughafen von San José. Heute gibt es hier ein **Museum** (☎2256-1281; www.musarco.go.cr; Osteingang des Parque La Sabana; ⏲Di–So 9–16 Uhr; 👪), eine Lagune und verschiedene Sportstätten wie das **Nationalstadion** von Costa Rica. Tagsüber kann man hier schön spazieren gehen, joggen und picknicken.

Geführte Touren

★**Really Experience Community** TOUREN
(Slumtour Triángulo de la Solidaridad; ☎2297-7058; www.elninoylabolacr.org; 12–25 US$ pro Pers.) Die gemeinnützige Einrichtung „el niño y la bola" (der Junge und der Ball) stellt klar: Dies ist eine Führung durch einen Slum. Auf den ersten Blick mag das voyeuristisch erscheinen, doch ein Besuch in El Triángulo, einer 2000 Menschen beherbergenden illegalen Siedlung nördlich von San José, ist alles andere als voyeuristisch. Die Führungen werden von jungen Bewohnern geleitet, die den Teilnehmern Nachbarn und Kleinunternehmer vorstellen. Kameras sind tabu, doch die Gespräche hinterlassen einen nachhaltigen Eindruck.

Teatro Nacional KULTURTOUREN
(☎2010-1143; www.teatronacional.go.cr/Visitenos/turismo; Av 2 zw. Calle 3 & 5; Führungen 10 US$; ⏲9–17 Uhr) Auf dieser faszinierenden Führung werden die Teilnehmer mit Geschichten über die Kunst, Architektur und Menschen hinter dem Kronjuwel Costa Ricas unterhalten, dem Nationaltheater. Am besten ist der Einblick in Bereiche, die sonst nicht zugänglich sind, wie in den Raucher-

REDEN WIE EIN TICO

In San José gibt's Sprachschulen wie Sand am Meer, die neben Einzel- und Gruppenunterricht auch alles von Tanzstunden bis zu Möglichkeiten zur Freiwilligenarbeit bieten. Renommierte Schulen sind z. B.:

Amerispan Study Abroad (☎215-531-7917; www.amerispan.com; mit/ohne Unterbringung in Gastfamilie ab 380/225 US$)

Costa Rican Language Academy (☎2280-5834; www.crlang.co.cr; Calle Ronda, Barrio Dent)

Institute for Central American Development Studies (ICADS; ☎2225-0508; www.icads.org; Curridabat; Monatskurse mit/ohne Unterbringung in Gastfamilie 1990/915 US$)

Personalized Spanish (☎2278-3254; www.personalizedspanish.com; Tres Ríos)

Wer schon Spanisch spricht: Um wie ein echter Tico zu klingen, kann man sich die für iOS und Android erhältliche App **Costa Rica Idioms** anschauen. Sie ist recht einfach, erklärt aber costa-ricanische Ausdrücke an einem Beispiel. *Tuanis, mae!* (Cool, Alter!)

San José

BARRIO MÉXICO
Plaza
Interamericana (2 km); Aeropuerto Internacional Juan Santamaría (17 km); Alajuela (18 km)
Av 13
Av 11
Av 9
Av 7
Av 5
Av 3
Av 1
Paseo Colón
Av Central
Av 2
Av 4
Av 6
Av 8
Av 10
Av 12
Av 14
Av 16
Av 20
Calle 18
Calle 16
Calle 14
Calle 12
Calle 10
Calle 8
Calle 6
Calle 4
Calle 2
Calle Central
Calle 1
Tica Bus (200 m)
La Sabana (1,2 km)
Hospital San Juan de Dios
Parque La Merced
Parque Central
Catedral Metropolitana
27
39
42
34
46
44
48
49
41
45
21
4
51
43
37
38

0 400 m
E
F
G
H
1
2
3
4
5
6
7
BARRIO TOURNON
Centro Comercial El Pueblo
108
BARRIO ARANJUEZ
Río Torres
32
Av 13
BARRIO AMÓN
BARRIO OTOYA
Av 11
24
17
15
31
Av 11
Restaurant Whapin (475 m)
Calle 15
Av 11
35
Calle 3A
18
Av 9
19
13
Av 9
Calle 9
25
Calle 13
Calle 7
Calle 11
Calle 5
Av 7A
Calle 17
Calle 19
Av 7
29
33
20
Calle 1
Calle 3
Parque España
5
Av 7
Parque Morazán
Av 3
Av 3
Av 3
23
8
22
12
Av 1
Instituto Costarricense de Turismo
36
3
BARRIO LA CALIFORNIA
6
9
Museo de Jade
Plaza de la Democracia
Av Central
Calle 23
2
Teatro Nacional
1
7
Calle 13
Av 2
Los Yoses (700 m); San Pedro (1,6 km)
30
Av 4
16
Calle 15
Calle 17
Calle 19
Calle 21
11
Av 6
50
Oberster Gerichtshof
10
Av 8
28
Calle 3
Calle 5
40
Calle 7
Calle 9
Calle 11
14
Av 10
26
Av 10
Calle 13
Av 12
Av 12
Av 14
47

San José

Highlights
1 Museo de Jade G4
2 Teatro Nacional E4

Sehenswertes
3 Asamblea Legislativa G4
4 Mercado Central C4
5 Museo de Arte y Diseño Contemporáneo G3
6 Museo de Oro Precolombino y Numismática E4
7 Museo Nacional de Costa Rica G4
8 Parque Nacional G4
9 Plaza de la Cultura E4

Aktivitäten, Kurse & Touren
Teatro Nacional .... (s. 2)

Schlafen
10 Casa Ridgway G5
11 Costa Rica Backpackers H5
12 Hostel Casa del Parque H4
13 Hostel Pangea E3
14 Hostel Shakti F6
15 Hotel Aranjuez H2
16 Hotel Posada del Museo G5

Essen
Alma de Café .... (s. 2)
17 Café de los Deseos G2
18 Café Miel G3
19 Café Rojo E3
20 Café Té Ría G3
21 La Sorbetera de Lolo Mora C4
22 La Ventanita Meraki H4
23 Maza Bistro H4
Restaurante Shakti .... (s. 14)
24 Talentum E2
25 Zero Army F3

Ausgehen & Nachtleben
26 Bochinche F6
27 Castro's A1
28 La Avispa E5
29 Stiefel G3

Unterhaltung
30 El Lobo Estepario G5
31 El Sótano E2
Teatro Nacional .... (s. 2)

Shoppen
32 Feria Verde de Aranjuez H2
33 Galería Namu F3

Transport
Autotransportes Caribeños .... (s. 39)
Autotransportes Mepe .... (s. 46)
Autotransportes San Carlos .... (s. 46)
34 Blanco Lobo B2
35 Busse nach Heredia E2
36 Busse nach Los Yoses & San Pedro F4
Empresa Alfaro .... (s. 44)
37 Empresarios Unidos B6
38 Expreso Panamá B6
39 Gran Terminal del Caribe D1
40 Lumaca E6
41 Nicabus A3
42 Pulmitan de Liberia A2
43 Station Wagon C4
44 Terminal 7-10 .... C2
45 Terminal Coca-Cola B3
46 Terminal del Atlántico Norte B2
47 Terminal Tracopa E7
48 Tralapa A2
Transmonteverde .... (s. 46)
49 TransNica A3
Transportes Cobano .... (s. 44)
Transportes Deldú .... (s. 39)
Transportes Jacó .... (s. 44)
50 Transtusa G5
51 Tuasa B4

salon mit berühmten Gemälden, einer opulenten Einrichtung und kunstvollen Goldverzierungen.

ChepeCletas TOUREN
(☎8849-8316, 2222-7548; www.chepecletas.com) Das dynamische costa-ricanische Unternehmen bietet kulturelle Rundgänge und kostenlose Radtouren durch San José (Trinkgelder werden entgegengenommen), eine kulinarische Erkundung des Mercado Central, einen Kneipenbummel mit Schwerpunkt auf den traditionellen *cantinas* des Zentrums sowie eine Führung durch die Parks und Grünanlagen der Stadt. Einmal die Woche findet außerdem eine abendliche Radtour statt, dazu sonntagvormittags Gruppenausflüge.

Carpe Chepe TOUREN
(☎8326-6142; www.carpechepe.com; geführte Kneipenbummel 20 US$; ⏲Do & Sa 19 Uhr) Wer sich einen Einblick in das Nachtleben der Stadt verschaffen möchte, kann donnerstag- und sonntagabends an einer dieser munteren Kneipentouren teilnehmen, die von engagierten jungen Einheimischen geführt werden. In jeder der vier besuchten Bars wird ein Begrüßungsschnäpschen gereicht. Wer online bucht, erhält 20 % Rabatt.

Festivals & Events

Las Fiestas de Zapote KULTUR

(www.fiestaszapote.com; Ende Dez.–Anfang Jan.) Zwischen Weihnachten und Neujahr wird in der Stierkampfarena von Zapote, einem Vorort südöstlich des Zentrums von San José, eine Woche lang alles Costa-Ricanische gefeiert, mit Rodeos, Cowboys, Fahrgeschäften, Frittiertem und Alkohol. Das lockt jedes Jahr Zehntausende Ticos an.

Schlafen

Die günstigsten Bleiben findet man im Stadtzentrum, die netteren Mittelklasse- und Topadressen eher in wohlhabenderen Stadtteilen wie dem Barrio Amón und La Sabana. Dank Charme, Sicherheit und Ruhe sind auch die benachbarten Viertel Los Yoses und San Pedro in Gehnähe zum Stadtzentrum gut. Vornehmere Unterkünfte beherbergt der edle Vorort Escazú, 20 Busminuten entfernt.

Zentrum

★ Hostel Casa del Parque HOSTEL $

(2233-3437; www.hostelcasadelparque.com; Calle 19 zw. Av 1 & 3; B 14 US$, DZ mit/ohne Bad 49/39 US$;) Diese behagliche und einladende Herberge am Nordostrand des Parque Nacional ist in einem Art-déco-Haus von 1936 untergebracht. Die fünf großen, einfachen Zimmer (zwei mit Bad), ein neuer 5-Bett-Schlafsaal und der ältere 10-Bett-Schlafsaal oben haben Parkettböden und sind mit schlichten Möbeln ausgestattet. Der Patio voller Pflanzen lädt zum Faulenzen in der Sonne ein, die Gemeinschaftsküche zum Brutzeln.

★ Hostel Pangea HOSTEL $

(2221-1992; www.hostelpangea.com; Av 7 zw. Calle 3 & 3A, Barrio Amón; B 14 US$, DZ mit/ohne Bad 55/35 US$, Suite ab 70 US$; P@) Das stark frequentierte Hostel mit 25 Schlafsälen und 25 Zimmern gilt schon seit Jahren als beliebte Herberge für Backpacker über 20 Jahren. Warum? Es liegt mitten in der Stadt und bietet einen Pool und ein Dachterrassenrestaurant mit Lounge erstklassiger Aussicht. Logisch, dass hier die Party abgeht!

Costa Rica Backpackers HOSTEL $

(2223-2406, 2221-6191; www.costaricabackpackers.com; Av 6 nahe Calle 21; B 12–16 US$, DZ ohne Bad 35 US$; P@) Das beliebte Hostel verfügt um einen geräumigen Garten voller Hängematten und einen Pool herum über 17 einfache, aber saubere Dorms und 14 Doppelzimmer mit Gemeinschaftsbädern. Zwei Bars, ein Restaurant und chillige Musik sorgen für eine einladende, lockere Atmosphäre. Dazu kommen noch eine Gemeinschaftsküche und ein Fernsehzimmer, kostenlose Gepäckaufbewahrung, Internetzugang, eine Reiseagentur und preisgünstiger Flughafentransfer (26 US$).

Hostel Shakti HOSTEL $

(www.hostelshakti.com; Ecke Av 8 & Calle 13; B/EZ/DZ/3BZ 18/30/40/60 US$; P@) Die reizende kleine Pension schafft mit kräftigen Farben und natürlichen Materialien inmitten des Chaos von San José eine Oase der Ruhe und Behaglichkeit. Die drei Schlafsäle und vier Privatzimmer sind mit zusammengewürfeltem Mobiliar und bunten Bettdecken ausgestattet. Dazu gibt's eine komplett eingerichtete Küche – aber die braucht man vielleicht gar nicht, da das angeschlossene Restaurant gesunde und frische Kost anbietet.

Casa Ridgway PENSION $

(2222-1400, 2233-6168; www.casaridgwayhostel.com; Ecke Calle 15 & Av 6A; mit Frühstück B 17 US$, EZ/DZ ohne Bad 24/38 US$; P) Die kleine, friedvolle Pension in einer ruhigen Seitenstraße wird von der Quäker-Organisation *Amigos para la paz* geführt, die gleich nebenan ihren Sitz hat und sich für soziale Gerechtigkeit und Menschenrechte einsetzt. Ausgestattet ist das Gästehaus mit einer kleinen Lounge, einer Gemeinschaftsküche und einer Leihbibliothek voller Bücher über lateinamerikanische Politik und Gesellschaft. Hier herrscht Rauch- und Alkoholverbot und von 22 bis 6 Uhr ist Ruhezeit.

★ Hotel Aranjuez HOTEL $$

(2256-1825; www.hotelaranjuez.com; Calle 19 zw. Av 11 & 13; mit Frühstück EZ 28–55 US$, DZ 48–65 US$, EZ/DZ ohne Bad 22/38 US$; P@) Das Hotel im Barrio Aranjuez besteht aus fünf gepflegten alten Familienhäusern, die durch ein Labyrinth von Gärten und Wegen verbunden sind. Die 36 tadellosen Zimmer sind ganz unterschiedlich gestaltet, aber alle haben Schließfächer und Kabel-TV. Das Schönste am Hotel ist jedoch die üppige Gartenterrasse, auf der jeden Morgen ein tolles Frühstück serviert wird.

Luz de Luna BOUTIQUEHOTEL $$

(2225-4919; www.luzdelunahotelboutique.com; Calle 33 zw. Av 3 & 5; Zi. 50–80 US$;) Das neue Boutiquehotel, Restaurant und Café in einem umgebauten alten Herrenhaus besticht mit seiner tollen Lage im Herzen des Paseo Gastronómico La Luz im Barrio Escalante mit seinen aufstrebenden Restaurants. Feinschmecker, die sich gern mal entspannen, freuen sich sicher über dieses Refugium mit seinem üppigen Garten, Holzfußböden und hier und da einer präkolumbischen Statue.

Hotel Posada del Museo PENSION $$
(2258-1027; www.hotelposadadelmuseo.com; Ecke Calle 17 & Av 2; EZ 50–80 US$, DZ 70–90 US$; @) Das architektonisch interessante Hotel von 1928 liegt schräg gegenüber dem Nationalmuseum und wird von einem freundlichen, mehrsprachigen Paar geführt. Die individuell gestalteten Zimmer betreten die Gäste durch große Glastüren. In einigen Zimmern finden bis zu vier Personen Platz – gut für Familien. Leute mit leichtem Schlaf sollten wissen, dass neben dem Hotel Eisenbahngleise verlaufen.

La Sabana & Umgebung

Gaudy's HOSTEL $
(2248-0086; www.backpacker.co.cr; Av 5 zw. Calle 36 & 38; B 13 US$, Zi. mit/ohne Bad 39/32 US$; P@) Dieses gemütliche Hostel befindet sich in einem weitläufigen modernistischen Haus nordöstlich des Parque La Sabana. Die seit Jahren bei Budgettravellern beliebte Herberge besitzt 13 Zimmer und zwei Schlafsäle. Die Betreiber setzen auf schlichte Gestaltung und ruhige Atmosphäre, professionellen Service und gepflegte Zimmer. Zur Ausstattung gehören auch eine Gemeinschaftsküche, eine Fernsehlounge, ein Billardtisch und ein Innenhof voller Hängematten.

Mi Casa Hostel HOSTEL $
(2231-4700; www.micasahostel.com; mit Frühstück B 15 US$, Zi. mit/ohne Bad ab 38/27 US$; P@) Das umgebaute modernistische Haus in La Sabana wartet mit polierten Holzböden, einer Einrichtung im alten Stil und 14 unterschiedlichen Zimmern auf, u. a. einem 10-Bett-Dorm. Ein Zimmer ist rollstuhltauglich. Die ruhigen Gemeinschaftsbereiche sind gemütlich eingerichtet und die Gemeinschaftsküche ist sauber und geräumig. Dazu kommen noch ein netter Garten, ein Billardtisch, kostenloses Internet und ein Wäscheservice.

Rosa del Paseo HOTEL $$
(2257-3225; www.rosadelpaseo.com; Paseo Colón zw. Calle 28 & 30; EZ/DZ/Suite ab 75/85/90 US$; P@) Von der Lage am Paseo Colón und der schmalen Fassade darf man sich nicht täuschen lassen: Das große viktorianisch-karibische Herrenhaus, erbaut 1910 für die Kaffeeexporteursfamilie Montealegre, wartet mit 18 Zimmern auf, die sich an einem Innenhof weit nach hinten erstrecken und vom Lärm der Stadt entrückt sind. Das Hotel verfügt noch über die Originalkacheln und andere historische Merkmale wie alte Ölgemälde und Skulpturen.

Colours Oasis Resort HOTEL $$
(2296-1880; www.coloursoasis.com; Ecke Triángulo de Pavas & Blvr Rohrmoser; Zi. 55–200 US$;) Das schon seit langem schwulenfreundliche Hotel residiert in einem weitläufigen Komplex im spanischen Kolonialstil im eleganten Rohrmoser-Viertel nordwestlich von La Sabana. Die Zimmer und Mini-Apartments sind modern eingerichtet und beeindrucken mit tadellosen Bädern. Zur Ausstattung gehören außerdem eine TV-Lounge, ein kleines Fitnessstudio, ein Billardtisch, eine Sonnenterrasse, ein Whirlpool sowie ein neues Restaurant mit internationaler Küche, ideal für einen abendlichen Cocktail.

Los Yoses & San Pedro

Wenn die Einheimischen Ortsunkundigen den Weg beschreiben, orientieren sie sich an mehreren bekannten Landmarken wie dem Restaurant Spoon, dem Brunnen Fuente de la Hispanidad und dem Supermarkt Más x Menos.

★ **Hostel Bekuo** HOSTEL $
(2234-1091; www.hostelbekuo.com; B 11–13 US$, DZ ab 30 US$;) Ein Hostel mit mehr positiver Energie ist in San José wahrscheinlich nirgends zu finden. Diese erholsame Herberge in einer hippen Gegend von Los Yoses nur eine Straße südlich der Avenida Central macht dank der Grillpartys im Hinterhof, der Krüge mit kostenloser Sangria, einem Wohnzimmer mit Klavier und Gitarre und einer mit guten Gerätschaften und einem Arbeitsplatz in der Mitte ausgestatteten Küche einen sehr anheimelnden Eindruck.

Hostel Urbano HOSTEL $
(2281-0707; www.hostelurbano.com; B 12–14 US$, DZ mit/ohne Bad 38/32 US$) Das makellose

neue Hostel ist in einem Wohnhaus aus den 1950er-Jahren gegenüber vom Parque Kennedy in San Pedro ansässig, in fußläufiger Nähe zur Universität und dem dazugehörigen Nachtleben und direkt an der Busstrecke ins Zentrum von San José. Die Gäste fühlen sich hier sofort wohl; dafür sorgen die offene Gestaltung des Hauses, der große Hinterhof, der Billardtisch, die modernen Interneteinrichtungen und der Küchenbereich, der schön genug für eine Dinnerparty wäre.

Hostel Casa Yoses HOSTEL $
(☎2234-5486; www.casayoses.com; Av 8, Los Yoses; mit Frühstück B 11–15 US$, DZ 42 US$; P@📶) Das im spanischen Kolonialstil errichtete stille Gebäude von 1949 thront auf einem Hügel und bietet vom Garten vorm Haus eine hübsche Aussicht aufs Tal. Die zehn Zimmer, darunter vier Dorms, sind unterschiedlich gestaltet, aber allesamt blitzsauber und mit Holzböden und gefliesten Fluren ausgestattet.

Hostel Backpackers San José HOSTEL $
(☎2234-8186; Av Central zw. Calle 29 & 33, Los Yoses; B/Zi. ohne Bad 14/40 US$, EZ/DZ/3BZ/4BZ mit Bad 40/55/69/80 US$; P@📶) Das anmutige neoklassizistische Haus gehörte einst José Figueres, dem costa-ricanischen Präsidenten, der die Armee abschaffte und Frauen das Wahlrecht gab. Zwar beherbergt das Haus auch fünf Schlafsäle, doch wirkt es mit seinen sieben großen Privatzimmern mit modernen Bädern, Sofas, WLAN und Flachbildfernsehern eher wie eine Pension. Zur Straße raus haben die Eigentümer kürzlich eine Bar eröffnet.

Hotel Ave del Paraíso HOTEL $$
(☎2225-8515, 2283-6017; hotelavedelparaiso.com; EZ/DZ mit Frühstück 68/79 US$; @📶) Das mit schönen Mosaikkacheln geschmückte Haus wird von einer kunstinteressierten Familie betrieben. Von der geschäftigen Straße liegt es gerade so weit zurückversetzt, dass die Gäste nachts ruhig schlafen können. Zum Hotel gehört neben einem Whirlpool unter freiem Himmel auch ein wunderbares Restaurant mit Bar, das Café Kracovia (S. 571). Die Universität liegt nur zwei Fußminuten Richtung Norden.

Hotel Milvia B&B $$
(☎2225-4543; www.hotelmilvia.com; EZ/DZ/3BZ mit Frühstück 67/78/85 US$; @📶) Das hübsche Haus im karibischen Stil gehört einem bekannten costa-ricanischen Künstler und ehemaligen Museumsdirektor und bietet ein heimeliges Refugium vom Trubel der Stadt. Die neun verschieden gestalteten Zimmer um einen hübschen Hof mit einem Brunnen angelegt herum sind alle mit farbenfrohen Kunstwerken geschmückt. Von der Terrasse oben eröffnen sich Ausblicke auf die Berge. In San Pedro 100 m nördlich von Más x Menos.

Essen

Zentrum

Im hektischen Geschäftszentrum der Stadt gibt es einige der günstigsten Essmöglichkeiten. Zu den besten Adressen für ein günstiges Mittagsmahl zählt der **Mercado Central** (Av Central & 1 zw. Calle 6 & 8; ⏲Mo–Sa 6–18 Uhr), wo eine Reihe von *sodas* u. a. *casados*, Tamales und Meeresfrüchte serviert.

★ **Café de los Deseos** CAFÉ $
(☎2222-0496; www.facebook.com/Cafedelosdeseos; Calle 15 zw. Av 9 & 11; Hauptgerichte 5–12 US$; ⏲Di–Sa 14–22 Uhr; 📶) Das gemütliche, bunte Café im Barrio Otoya lockt ein junges und munteres künstlerisch angehauchtes Publikum an und ist ein romantisches Plätzchen für einen Drink (von Wein bis zu Cocktails und Smoothies), für *bocas* (handgemachte Tortillas mit Turrialba-Käse, Salate, Teriyaki-Huhn, Pizza) und verlockende Nachspeisen. Die Wände sind mit Arbeiten örtlicher Künstler geschmückt, die Räumlichkeiten mit handbemalten Tischen, Perlenvorhängen und Ästen mit Lichterketten.

La Sorbetera de Lolo Mora NACHTISCH $
(☎2256-5000; Mercado Central; Nachtisch 2–5 US$; ⏲Mo–Sa 9.30–17.45 Uhr) In dem hundert Jahre alten Klassiker im Zentralmarkt gibt's Desserts wie frische Sorbets und gefrorene Englische Creme mit Zimt. Oder man macht es wie die Einheimischen und bestellt *barquillos*, zylindrische Zuckerkekse, die perfekt zum Stippen geeignet sind.

La Ventanita Meraki FAST FOOD $
(☎4034-2655; www.facebook.com/laventanitameraki; Av 3 & Calle 21, vor dem Bahnhof; Hauptgerichte 5–8 US$; ⏲Di–Do 12–21, Fr bis 2, Sa 18–2 Uhr) Ventanita heißt „kleines Fenster", Meraki kommt aus dem Griechischen und bedeutet „Kunstfertigkeit". Zusammen beschreiben die beiden Begriffe bestens den neuen kleinen Imbiss für innovatives Streetfood vor dem Bahnhof im Zentrum. Zu haben sind hier raffinierte Varianten landestypischer

Gerichte sowie Sandwiches mit Kürbis, Butter und Käse oder zum Nachtisch der Twinkie-*frito* (frittierter kleiner Kuchen mit Cremefüllung).

Café Té Ría CAFÉ $
(☎2222-8272; www.facebook.com/CafeTeRiaenAmon; Ecke Av 7 & Calle 13; Hauptgerichte 6 US$, Kuchen 1,50–3 US$; ⏰Mo–Fr 10.30–19.30, Sa 12–19.30 Uhr; 📶🌱🐾) Das kleine hundefreundliche Café im Barrio Amón schmückt sich mit heimischer Kunst und strotzt vor Gastlichkeit – der ideale Ort für einen Kaffee am Morgen oder ein Mittagessen. Zu den Tagesgerichten zählt oft die leckere gebackene Forelle mit Kapern und frischem Salat. Ein Renner sind auch die Sandwiches und Backwaren und selbst Vegetarier kommen nicht zu kurz.

Alma de Café CAFÉ $
(☎2010-1119; www.almadecafe.net; Teatro Nacional; Hauptgerichte 6–11 US$; ⏰Mo–Sa 9–19, So bis 18 Uhr) Eines der schönstes Cafés der Stadt: Mit seinem stimmungsvollen Ambiente erinnert es an das Wien des frühen 20. Jhs. Also die perfekte Anlaufstelle, um einen Cappuccino zu schlürfen oder sich eine Crêpe oder Quiche zu genehmigen und sich dabei die hübschen Deckenfresken und die wechselnden Kunstausstellungen zu Gemüte zu führen. Besondere „Schmankerl" sind die raffinierten Kaffeecocktails.

Talentum CAFÉ $
(☎2256-6346; www.galeriatalentum.com; Av 11 zw. Calle 3 & 3A; Mittagsangebote 8–10 US$; ⏰Mo & Di 11–19, Mi–Fr bis 20 Uhr) Das quirlige, originelle Kulturlokal in einer renovierten Villa ist zugleich Café und Kunstgalerie. Drinnen und draußen lockt heimische Kunst und die Gäste sitzen auf alten Sofas oder draußen auf der Terrasse – schön für eine Mittagspause. An Kulturellem werden z. B. Buchsignierstunden, Filmvorführungen, Zeichenunterricht und manchmal auch Livemusik geboten.

Café Miel CAFÉ $
(www.facebook.com/cafemielcostarica; Av 9 zw. Calle 11 & 13; Kaffee 1–5 US$, Backwaren 2 US$; ⏰Mo–Fr 9–18, Sa 14–18 Uhr) Dieses winzige Café war nach seiner Eröffnung 2014 ein so großer Erfolg, dass die Betreiber weiter die Straße runter gleich noch eins aufgemacht haben. Was ist ihr Geheimnis? Neben der tollen Einrichtung sind dies die handwerklich aufwendigen Produkte der Köche und Bäcker der Cafés. Himmlisch sind etwa die Pilz-Empanadas und toll ist auch der costa-ricanische Kaffee.

Zero Army CAFÉ $
(☎2248-2401; www.facebook.com/zeroarmycr; Calle 9 & Av 9; Smoothies 3–4 US$; ⏰Mo–Fr 6.30–17.15, Sa 9–14 Uhr) Die neue Smoothie- und Saftbar mitten im Barrio Amón ist nach der nichtexistierenden costa-ricanischen Armee benannt und serviert in wiederverwend baren Glasflaschen frische Obstgetränke. Die Smoothies sind vollkommen naturbelassen, sehr erfrischend und nach Zielen in Costa Rica benannt. Sehr zu empfehlen sind auch die Frühstücks-Wraps.

Café Rojo CAFÉ $
(☎2221-2425; Ecke Av 7 & Calle 3; Hauptgerichte 7–10 US$, Kaffee 1,50–4 US$; ⏰Mo–Do 12–19, Fr & Sa bis 20, So 10–19 Uhr; 🌱) Das urige neue Café mit einem hoch aufschießenden Kaktus davor verarbeitet die frischen Produkte Costa Ricas zu innovativen Mittagsgerichten wie Bällchen aus grünen Kochbananen und eingelegter Roter Bete mit Chayote-Püree. Veganer kommen hier genauso auf ihre Kosten wie Kaffeefreaks. Die Aromen und Sirups für die Drinks sind allesamt hausgemacht. Göttlich ist der Ingwer-Eiskaffee.

Maza Bistro BISTRO $
(☎7293-9082; www.facebook.com/Mazacostarica; Calle 19, am Parque Nacional; Hauptgerichte 8 US$; ⏰Mo–Fr 10–19 Uhr; 🌱) Hier stehen die Möbel ein bisschen im Weg herum, sodass man manchmal Schwierigkeiten hat, durch die Tür zu kommen. Vielleicht haben die Betreiber nur ihr Essen im Sinn. Das Angebot wird jeden Tag auf Papierrollen verzeichnet und oft gibt's das, was gerade an biologisch Angebautem, Frischem und Regionalem verfügbar ist. Das könnten beispielsweise große Portionen Gemüse und Räucherforelle sein, oder hausgemachter Honigwein und Grünkohl-*tortas*. Charmante Details sind die Terrarien und Minischallplatten als Untersetzer.

Restaurante Shakti VEGETARISCH $
(☎2222-4475; Ecke Av 8 & Calle 13; Hauptgerichte 5–10 US$; ⏰Mo–Fr 7.30–19, Sa 8–18 Uhr; 🌱) Das zwanglose Lokal hat gesundes Essen, einfache Biogerichte und frische Backwaren im Angebot. Besonders gut sind die Gemüseburger und Fisch- und Hühnchengerichte, aber die meisten Leute kommen wegen dem vegetarischen *plato del día*: Suppe, Salat, Hauptgericht und Obstsaft für nur 6 US$, mit Kaffee und Nachspeise 8 US$!

La Sabana & Umgebung

Zu den hiesigen Supermärkten gehören **Más X Menos** (☎2248-0968; www.masxmenos.com.cr; Ecke Autopista General Cañas & Av 5; ⊙Mo–Sa 7–24, So bis 22 Uhr; P) und **Palí** (☎2256-5887; www.pali.co.cr; Paseo Colón zw. Calle 24 & 26; ⊙Mo–Do 8–19, Fr & Sa bis 20, So bis 17 Uhr; P).

Soda Tapia FAST FOOD $
(☎2222-6734; www.sodatapia.com; Ecke Av 2 & Calle 42; Hauptgerichte 4–10 US$, Nachtisch 2–7 US$; ⊙So–Do 6–2 Uhr, Fr & Sa 24 Std.; P) Der schlichte Imbiss im Stil der 1950er-Jahre mit knallbunter Einrichtung in Rot und Weiß ist immer gut besucht. Paare und Familien laben sich hier an gegrillten Sandwiches und großzügig bemessenen *casados*. Leute mit sehr großem Hunger können den gewaltigen „El Gordo" in Angriff nehmen: spanisches Brot und darauf ein Stapel aus Steak, Zwiebeln, Käse, Salat und Tomate. Aber noch Platz fürs Dessert lassen: Eiscreme und Obstbecher sind eine Spezialität des Hauses.

Las Mañanitas MEXIKANISCH $$
(☎2248-1593; Calle 40 zw. Paseo Colón & Av 3; Hauptgerichte 6–17 US$; ⊙Mo–Sa 11.30–22 Uhr) In diesem authentischen mexikanischen Restaurant in der Nähe des Parks zählen zu den gut ausgeführten Spezialitäten z. B. Tacos in Vierersets: Maistortillas mit Huhn, Steak, Seebarsch oder *carne al pastor* (würziges Schweinefleisch). Fans von *mole poblano*, der berühmten Chili-Schokoladen-Sauce aus Zentralmexiko, sollte diese hier probieren – der Eigentümer des Restaurants stammt aus Puebla.

Los Yoses & San Pedro

Café Kracovia CAFÉ $
(☎2253-9093; www.cafekracovia.com; Imbiss 4–10 US$, Hauptgerichte 8–14 US$; ⊙Mo 10.30–21, Di–Sa bis 23 Uhr; 📶) Das hippe Café verfügt über mehrere unterschiedliche Räumlichkeiten, von einem schummrigen kleinen Raum unten bis zum Gartenhof draußen, und bietet somit jedem etwas. Moderne Kunst und ein eindeutiges Uniflair schaffen ein ansprechendes Ambiente für Crêpes, Wraps, Salate, Tagesgerichte und Craft-Bier. 500 m nördlich des Kreisverkehrs Fuente de la Hispanidad, wo San Pedro und Los Yoses zusammentreffen.

Él Porton Rojo PIZZA $$
(☎2224-4872; www.facebook.com/PizzaElPortonRojo; Av 10 & Calle 43; Pizza klein 8–10 US$, groß 16–18 US$; ⊙Mo–Sa 12–15 & 18–23.30 Uhr) Das hippe Restaurant serviert mit die beste Pizza und Sangria in der Gegend von Los Yoses und fungiert zugleich als Kunstgalerie: Die an den Wänden hängende Kunst steht zum Verkauf. Die Gäste des Hostel Bekuo (S. 568) sorgen für gute Stimmung.

Mantras VEGETARISCH $$
(☎2253-6715; www.facebook.com/mantrasveggiecafe; Calle 35 zw. Av 11 & 13; Hauptgerichte 8–10 US$; ⊙8.30–17 Uhr; 🖉) Das Mantras gilt gemeinhin als das beste vegetarische Restaurant in San José, wenn nicht in ganz Costa Rica. Mit seinen fleischlosen Hauptgerichten, Salaten und extrem köstlichen Desserts löst der Laden bei Feinschmeckern jeglicher Couleur Begeisterung aus. Im Barrio Escalante. Zum Sonntagsbrunch reicht die Warteschlange oft bis vor die Tür.

SAN JOSÉ FÜR SCHWULE & LESBEN

San José wartet mit der lebendigsten Schwulen- und Lesbenszene Zentralamerikas auf. Wie auch anderswo hängt der Eintrittspreis vom jeweiligen Abend und vom Club ab (5–10 US$). Einige Clubs haben an bestimmten Wochentagen, gewöhnlich sonntags bis dienstags, geschlossen, andere veranstalten reine Frauen- oder Männerabende. Infos bieten die jeweiligen Websites.

Viele Clubs liegen im Süden der Stadt, wo es nach Einbruch der Dunkelheit etwas rau zugehen kann. Ein Taxi nehmen!

La Avispa (☎2223-5343; www.laavispa.com; Calle 1 zw. Av 8 & 10; ⊙Do–Sa 20–6, So 17–6 Uhr) Die Lesbenbar La Avispa (die Wespe) gibt's schon seit mehr als 30 Jahren. Sie verfügt über eine Bar, Billardtische und eine gut genutzte Tanzfläche – wird von Reisenden sehr empfohlen!

Bochinche (☎2221-0500; Ecke Calle 11 & Av 10; ⊙Mi–Sa 20–5 Uhr) In diesem Club läuft alles von klassischer Diskomusik bis Electronica; außerdem gibt's spezielle Themenabende. Der Club liegt im Süden der Stadt, wo es abends und nachts eher ungemütlich sein kann.

Ausgehen & Nachtleben

Die bohemehaftesten und kultiviertesten Kneipen San Josés tummeln sich nördlich und östlich des Zentrums in Vierteln wie dem Barrio Amón und Barrio Escalante. Wer es lieber lauter und jünger mag, sollte das Barrio la California, das Viertel um die Universität von Costa Rica oder die Calle la Amargura ansteuern.

★Stiefel PUB
(www.facebook.com/StiefelPub; ⌚Mo–Sa 18–2 Uhr) Mehr als zwei Dutzend costa-ricanische Craft-Biere vom Fass und eine ansprechende Lage in einem historischen Gebäude schaffen in dieser Kneipe einen halben Häuserblock von der Plaza España ein geselliges Ambiente. Man gönne sich ein großes Glas Pelona oder Maldita Vida, Malinche oder Chichemel; oder aber man bestellt ein Probierset mit vier kleinen Gläsern und zelebriert eine kleine Verkostung.

Hoxton Pub PUB
(☎7168-1083; www.facebook.com/hoxtonstag; ⌚Di–Sa 21–4 Uhr) Ordentliche Cocktails, tolle Musik und eine gut genutzte Tanzfläche in einem coolen alten Haus in Los Yoses unmittelbar östlich von Subaru. Hier finden oft Mottoabende statt und am Wochenende legen namhafte Gast-DJs auf. Die Ladies Night am Dienstag ist die größte Party der Stadt – dann haben die Damen freien Eintritt und können bis Mitternacht umsonst trinken. Hunderte feiern dann bis zum frühen Morgen.

Wilk BRAUEREI
(www.facebook.com/wilkcraftbeer; Calle 33 & Av 9; ⌚Di–Sa 16–1 Uhr) Die neue Kneipe im Barrio Escalante lockt eine gemischte Gästeschar von Ticos und Gringos an, die sich alle über die Craft-Biere und die wirklich leckeren Burger freuen; auch an Vegetarier wird gedacht. Zur breiten Palette an Craft-Bieren zählen die innovativen Gebräue von **Costa Rica Craft Brewing** (☎2249-0919; www.facebook.com/craftbeercostarica; Ciudad Colón; ⌚Mo 9–17, Di & Mi bis 23, Do bis 24, Fr 12–17, Sa 13–24, So 12–18 Uhr); die Brauerei ist Miteigentümerin der Kneipe.

Castro's CLUB
(☎2256-8789; Ecke Av 13 & Calle 22; ⌚So–Do 18–3, Fr & Sa 17–4.30 Uhr) San Josés ältester Tanzclub ist eine klassische lateinamerikanische Disko im Barrio México. Mit den großen Tanzflächen und einem zuverlässigen Mix aus Salsa, Cumbia und Merengue lockt Castro's sowohl Einheimische als auch Touristen an.

Unterhaltung

Ein Verzeichnis der Veranstaltungen der kommenden Woche (auf Spanisch) enthält die Donnerstagsausgabe von *La Nación*. Ein Eventkalender in englischer Sprache ist in der „Weekend"-Rubrik der *Tico Times* zu finden. Einen praktischen Überblick über Nachtleben und Kulturveranstaltungen bringen die kostenlose Publikation *GAM Cultural* (www.gamcultural.com) und die Website San José Volando (www.sanjosevolando.com).

★Teatro Nacional THEATER
(☎2010-1111; www.teatronacional.go.cr; Calle 3 & 5 zw. Av Central & 2) Im angesehensten Theater des Landes stehen von März bis November Schauspiel, Tanz, Sinfoniekonzerte und lateinamerikanische Musik auf dem Programm. Hauptsaison ist von März bis November, aber das ganze Jahr über finden Veranstaltungen statt.

El Lobo Estepario LIVEMUSIK
(☎2256-3934; www.facebook.com/loboestepariocr; Av 2, Ecke gegenüber La Caja de ANDE; ⌚So–Do 16–0.45, Fr & Sa bis 2 Uhr, Mo geschl.) Die Bohemekneipe veranstaltet Konzerte mit costa-ricanischen Top-Bands.

El Sótano LIVEMUSIK
(☎2221-2302; www.facebook.com/sotanocr; Ecke Calle 3 & Av 11; ⌚Mo 19–2.30, Di–Sa 12–2.30, So 14–18 Uhr) Das Sótano, eines der stimmungsvollsten Nachtlokale der Stadt, ist nach seinem Jazzclub im Kellergeschoss benannt. Dienstags findet in dem gut besuchten Lokal immer eine Jamsession statt. Einige elegante Räume mit hohen Decken oben im Gebäude sind in Galerieräume, eine Bühne und eine Tanzfläche verwandelt worden, wo verschiedenste Konzerte stattfinden.

Shoppen

★Feria Verde de Aranjuez MARKT
(www.feriaverde.org; ⌚Sa 7–12 Uhr) Dieser fabelhafte samstägliche Bauernmarkt ist ein echtes Kulturerlebnis für Feinschmecker: Hier treffen sich seit 2010 die Künstler und Biobauern San Josés. An den langen Reihen voller Stände kann man Biokaffee, handgefertigte Schokolade, tropisches Fruchteis, frische Lebensmittel, Backwaren, Leder und Schmuck erstehen. Im Park am nördlichen Ende des Barrio Aranjuez.

Galería Namu KUNSTHANDWERK
(☎2256-3412; www.galerianamu.com; Av 7 zw. Calle 5 & 7; ⊙ganzjährig Mo–Sa 9–18.30 Uhr, Dez.–April außerdem So 13–16 Uhr) Diese Fair-Trade-Galerie bietet Kunst und Kunsthandwerk verschiedener regionaler Ethnien an wie Boruca-Masken, fein geflochtene Wounaan-Körbe, Guaymí-Puppen, Bribrí-Kanus, Chorotega-Keramiken, traditionelle Huetar-Strohmatten und zeitgenössisches urbanes und afro-karibisches Kunsthandwerk. Das Personal kann auch dabei helfen, Besuche in abgelegenen indigenen Territorien in verschiedenen Teilen Costa Ricas zu organisieren.

Kiosco SJO KUNSTHANDWERK
(☎2253-8426; www.kioscosjo.com; Ecke Calle 31 & Av 5; ⊙Di–Fr 12–22, Sa 9–22, So 9–16 Uhr) Das schicke Geschäft im Barrio Escalante ist auf nachhaltige Designs von lateinamerikanischen Kunsthandwerkern spezialisiert. Im Sortiment finden sich handgemachter Schmuck, handgefertigte Stiefel und Taschen, Originalfotos, handgefertigte Pralinen, Mode und moderne Heimaccessoires von etablierten Designern der Region. Teuer, aber von außergewöhnlicher Qualität.

ℹ Orientierung

Das Stadtzentrum von San José ist rasterförmig angelegt; die *avenidas* (Boulevards) verlaufen in Ost-West- und die *calles* (Straßen) in Nord-Süd-Richtung. Die Avenida Central, das Herz der Innenstadt, ist zwischen den Calles 6 und 9 eine Fußgängerzone.

Etwas westlich der Innenstadt liegt La Sabana, benannt nach dem riesigen, beliebten Park, in dem viele *josefinos* am Wochenende joggen, schwimmen, picknicken oder sich ein Fußballspiel anschauen.

Östlich des Zentrums liegen in fußläufiger Nähe die benachbarten Viertel Los Yoses und San Pedro. Los Yoses ist ein ruhiges Wohnviertel mit ein paar netten Unterkünften, in San Pedro ist der schattige Campus der Universität von Costa Rica (UCR), der renommiertesten Hochschule des Landes, beheimatet.

In der Touristeninformation sind kostenlose Stadtpläne erhältlich.

ℹ Praktische Informationen

GEFAHREN & ÄRGERNISSE

Obwohl Costa Rica die niedrigste Verbrechensrate aller zentralamerikanischen Länder hat, ist die Kriminalität in städtischen Zentren wie San José ein Problem. Das häufigste Verbrechen sind Diebstähle und Überfälle. Man sollte hier genauso die Augen aufhalten wie in anderen Großstädten.

Die in diesem Reisehandbuch vorgestellten Viertel sind tagsüber im Allgemeinen sicher, allerdings ist, besonders nach Einbruch der Dunkelheit, im Bereich um den Coca-Cola-Busterminal sowie im Rotlichtviertel südlich des Parque Central besondere Vorsicht geboten. Benachbarte Viertel können in Sachen Sicherheit sehr unterschiedlich sein – immer nachfragen, bevor man irgendwohin aufbricht.

MEDIZINISCHE VERSORGUNG

Clínica Bíblica (☎2522-1000; www.clinicabiblica.com; Av 14 zw. Calle Central & 1; ⊙24 Std.) Die beste Privatklinik im Innenstadtbereich. Die Ärzte sprechen Englisch, Deutsch und Französisch. Es gibt sogar eine rund um die Uhr geöffnete Notaufnahme.

Hospital CIMA (☎2208-1000; www.hospitalcima.com; Los Laureles) Das Krankenhaus liegt 500 m westlich des Mautkiosks Próspero Fernández in Guachipelín im Westen von Escazú. Das mit dem Baylor University Medical Center in den USA verbandelte Hospital ist eins der modernsten Krankenhäuser im Großraum San José.

NOTFALL

Feuerwehr (☎118)
Rotes Kreuz (☎128)
Verkehrspolizei (☎2222-9245, ☎2222-9330)

POST

Correo Central (Hauptpost; ☎2223-9766; www.correos.go.cr; Calle 2 zw. Av 1 & 3; ⊙Mo–Fr 6.30–18, Sa bis 12 Uhr) In einem wunderschönen historischen Gebäude in Zentrumsnähe. Auch Express- und Übernachtdienste.

TOURISTENINFORMATION

Instituto Costarricense de Turismo (ICT; ☎2222-1090; www.visitcostarica.com; Edificio de las Academias, Av Central zw. Calle 1 & 3; ⊙Mo–Fr 8–17 Uhr) Im Büro der staatlichen Tourismusbehörde sind ein praktischer Fernbusfahrplan sowie kostenlose Stadtpläne bzw. Karten von San José und Costa Rica erhältlich.

ℹ An- & Weiterreise

BUS

Der Fernbusverkehr ab San José kann sehr verwirrend sein. Ein staatliches Busnetz gibt es nicht und auch keinen zentralen Busbahnhof. Stattdessen betreiben Dutzende von Busunternehmen Busse von Halteplätzen in der ganzen Stadt. Viele Busgesellschaften verfügen nur über eine einfache Haltestelle – in diesem Fall zahlt man beim Fahrer –, andere unterhalten an der Straße ein kleines Büro mit einem Verkaufsschalter, einige Busunternehmen fahren auch von größeren Terminals, die ganze Regionen abdecken.

Gran Terminal del Caribe (Calle Central) Großer Busbahnhof nördlich der Av 13; Busse zu Zielen Richtung Karibik, mit Anschlüssen nach Tortuguero.

Terminal 7-10 (☎2519-9740; www.terminal7-10.com; 7th Av & Calle 10) Nagelneuer Busbahnhof für Busse nach Nicoya, Nosara, Sámara, Santa Cruz, Tamarindo, Jacó, Cóbano und zu einigen anderen Zielen.

Terminal Coca-Cola (Av 1 zw. Calle 16 & 18) Ein bekanntes, labyrinthisches Wahrzeichen. Busse fahren von hier sowie in einem Umkreis von vier Straßenkarrees zu Zielen im ganzen Land ab, u. a. ins Valle Central und an die Karibikküste.

Terminal del Atlántico Norte (Ecke Av 9 & Calle 12) Kleiner, recht heruntergekommener Busbahnhof mit Bussen nach Monteverde, La Fortuna und zu Orten an der südlichen Karibikküste.

Terminal Tracopa (☎2221-4214; www.tracopacr.com; Calle 5 zw. Av 18 & 20) Am südlichen Stadtrand; Busse zu Zielen im Süden und Südwesten wie Golfito, Quepos/Manuel Antonio und Paso Canoas an der panamaischen Grenze.

Inlandsbusse

Autotransportes Caribeños (☎2222-0610; www.grupocaribenos.com; Gran Terminal del Caribe, Calle Central) Busse zu Zielen im Nordosten wie Puerto Limón, Guápiles, Cariari, Siquirres und Puerto Viejo de Sarapiquí.

Autotransportes Mepe (☎2257-8129, 2758-1572; www.mepecr.com; Terminal del Atlántico Norte) Busse zu Zielen an der südlichen Karibikküste wie Cahuita, Puerto Viejo de Talamanca, Manzanillo, Bribrí und Sixaola.

Autotransportes San Carlos (☎2255-4300; Terminal del Atlántico Norte) Nach La Fortuna, Ciudad Quesada und Los Chiles.

Blanco Lobo (☎2257-4121; Calle 12 zw. Av 7 & 9) Nach Puerto Jiménez.

Empresa Alfaro (☎2222-2666; www.empresaalfaro.com; Terminal 7-10) Nach Nicoya, Nosara, Sámara, Santa Cruz und Tamarindo.

Empresarios Unidos (☎2222-8231; Ecke Av 12 & Calle 16) Nach San Ramón und Puntarenas.

Lumaca (☎2552-5280, 2537-2320; Av 10 zw. Calle 5 & 7) Nach Cartago.

Pulmitan de Liberia (☎2222-0610; Calle 24 zw. Av 5 & 7) Busse zu Zielen im Nordwesten wie Cañas, Liberia, Playa del Coco und Tilarán.

Station Wagon (☎2441-1181; Av 2 zw. Calle 10 & 12) Nach Alajuela und zum Flughafen.

Tracopa (☎2221-4214; www.tracopacr.com) Busse zu Zielen im Südwesten wie Ciudad Neily, Dominical, Golfito, Manuel Antonio, Palmar Norte, Paso Canoas, Quepos, San Isidro del General, San Vito und Uvita.

Tralapa (☎2248-1925; Av 5 zw. Calle 20 & 22) Busse zu Zielorten auf der Península de Nicoya wie Playa Flamingo, Playa Hermosa, Playa Tamarindo und Santa Cruz.

Transmonteverde (☎2645-7447; www.facebook.com/Transmonteverde; Terminal del Atlántico Norte, Ecke Av 9 & Calle 12) Nach Monteverde.

Transportes Cobano (☎2221-7479; transportescobano@gmail.com; Terminal 7-10) Nach Montezuma und Mal País.

Transportes Deldú (Gran Terminal de Caribe) Nach Peñas Blancas (nicaraguanische Grenze).

Transportes Jacó (☎2290-2922, 2290-7920; www.transportesjacoruta655.com; Terminal 7-10) Nach Jacó.

Transtusa (☎2222-4464; www.transtusacr.com; Calle 13A zw. Av 6 & 8) Nach Cartago und Turrialba.

Tuasa (☎2442-6900; Av 2 zw. Calle 12 & 14) Nach Alajuela und zum Flughafen.

Auslandsbusse

Busse ins Ausland sind schnell ausgebucht, deshalb das Ticket im Vorverkauf besorgen und den Pass nicht vergessen!

Expreso Panamá (☎2221-7694; www.expresopanama.com; Terminal Empresarios Unidos, Ecke Av 12 & Calle 16) Nach Panama-Stadt.

Nicabus (☎2221-2581; Ecke Av 1 & Calle 20) Nach Managua.

Tica Bus (☎2296-9788; www.ticabus.com; Ecke Transversal 26 & Av 3) Nach Nicaragua, Panama, El Salvador und Guatemala.

TransNica (☎2223-4242; www.transnica.com; Calle 22 zw. Av 3 & 5) Nach Nicaragua und Honduras.

Shuttlebusse

Grayline (☎2220-2126; www.graylinecostarica.com) und **Interbus** (☎4100-0888; www.interbusonline.com) befördern Fahrgäste in klimatisierten Minibussen von San José zu allen möglichen beliebten Zielen in Costa Rica. Die Shuttles sind teurer als die normalen Busse, sind aber auch schneller und bieten einen Service von Tür zu Tür.

FLUGZEUG

Alle internationalen Flüge starten auf dem Flughafen Juan Santamaría (SJO) außerhalb von Alajuela.

Aeropuerto Internacional Juan Santamaría (☎2437-2400; fly2sanjose.com) Im Haupttermінal werden alle internationalen Flüge sowie Inlandsverbindungen von **NatureAir** (☎2299-6000; www.natureair.com) abgefertigt. Inlandsflüge von **Sansa** (☎2290-4100; www.flysansa.com) starten am Sansa-Terminal.

INLANDSBUSSE AB SAN JOSÉ

ZIEL	UNTERNEHMEN	PREIS (US$)	DAUER (STD.)	HÄUFIGKEIT
Cahuita	Mepe	8,95	4	6, 10, 12, 14, 16 Uhr
Cartago	Lumaca	1,08	1	alle 15 Min.
Dominical & Uvita	Tracopa	10,86	4½–5½	6, 6.30, 15 Uhr
Golfito	Tracopa	13,85	7	6.30, 7, 15.30 Uhr
Jacó	Transportes Jacó	4,45	2½	7–19 Uhr alle 2 Std.
La Fortuna	San Carlos	4,70	4	6.15, 8.40, 11.30 Uhr
Liberia	Pulmitan	7,30	4½	stündl.
Los Chiles	San Carlos	4,50	5	5.30, 15 Uhr
Monteverde/Santa Elena	Transmonteverde	5,23	4½	6.30, 14.30 Uhr
Montezuma/Mal País	Cobano	15,10	5½–6	6, 14 Uhr
Nicoya	Alfaro	7,13	5	7.30, 10, 13, 15, 17 Uhr
Palmar Norte	Tracopa	10,86	4½	5, 7, 10, 13, 18.30 Uhr
Paso Canoas	Tracopa	15,40	6½	5, 11, 13, 18.30 Uhr
Peñas Blancas	Deldú	8,62	6	9-mal tgl.
Playa Flamingo	Tralapa	11,34	6	8, 10.30, 15 Uhr
Playa Sámara	Alfaro	8,26	5	12 Uhr
Playa Tamarindo	Alfaro	10,50	5	11.30, 15.30 Uhr
Playa Tamarindo	Tralapa	12	5	11.30, 15.30 Uhr
Puerto Jiménez	Blanco Lobo	13	8	8, 12 Uhr
Puerto Limón	Caribeños	5,95	3	stündl.
Puerto Viejo de Sarapiquí	Caribeños	4,71	2½	13-mal tgl.
Puerto Viejo de Talamanca	Mepe	10,60	4½	6, 10, 12, 14, 16 Uhr
Puntarenas	Empresarios Unidos	5,10	2½	stündl.
Quepos/Manuel Antonio	Tracopa	7,60	3½	alle 1–2 Std.
San Isidro de El General	Tracopa	12,70	7	6, 8.15, 12, 14.15, 16 Uhr
Sixaola	Mepe	13	5½	6, 10, 14, 16 Uhr
Tilarán	Pulmitan	7,48	4	7.30, 9.30, 12.45, 15.45, 18.30 Uhr
Turrialba	Transtusa	2,75	2	stündl.

INTERNATIONALE BUSSE AB SAN JOSÉ

ZIEL	UNTERNEHMEN	PREIS (US$)	DAUER (STD.)	HÄUFIGKEIT
David (Panama)	Tracopa	21	8	7.30, 12 Uhr
Guatemala-Stadt	Tica Bus	105	48	3 Uhr
Panama-Stadt	Expreso Panamá	40	14	12 Uhr
Panama-Stadt	Tica Bus	42–58	16	12, 23.45 Uhr
Managua (Nicaragua)	Tica Bus	29–42	9	3, 6, 7.30, 12.30 Uhr
Managua (Nicaragua)	TransNica	29–38	8–9	4, 5, 9, 12 Uhr
Managua (Nicaragua)	Nicabus	29	8	5.30, 9.30 Uhr
San Salvador (El Salvador)	Tica Bus	84	20	3 Uhr
Tegucigalpa (Honduras)	TransNica	57	18	4 Uhr

Aeropuerto Tobías Bolaños (☎2232-2820; Pavas) Im Vorort Pavas; private Charter- und einige Inlandsflüge.

ℹ Unterwegs vor Ort

BUS

Mit den Nahverkehrsbussen sind die Vororte und die umliegenden Dörfer oder auch der Flughafen gut zu erreichen. Die meisten Busse verkehren von 5 bis 22 Uhr und kosten zwischen 0,40 und 1,10 US$.

La Sabana Busse von San José Richtung Westen nach La Sabana (0,40 US$) fahren in der Innenstadt an der Südostecke der Kreuzung von Avenida 3 und Calle 3 ab.

Los Yoses & San Pedro Busse von San José Richtung Osten nach Los Yoses und San Pedro (0,50 US$) fahren an der Nordostecke der Kreuzung von Calle Central und Avenida 9 ab.

Heredia Reguläre Busse (Calle 1 zw. Av 7 & 9) fahren von der Ecke Calle 7 und Avenida 7.

VOM/ZUM FLUGHAFEN

Bei normalem Verkehr sollte ein Taxi vom Flughafen in die Innenstadt von San José rund 30 US$ kosten (mit Taxameter). Taxifahrten können bei **Taxi Aeropuerto** (☎2221-6865) vorbestellt werden. Bei hohem Verkehrsaufkommen dauert die Fahrt entsprechend länger.

Interbus (S. 574) betreibt Shuttles zwischen dem Flughafen und Hotels in San José (Erw. 15 US$, Kind unter 12 Jahren 7 US$) – preiswert, wenn man allein unterwegs ist.

Noch billiger sind die öffentlichen Busse (1,10 US$) von Tuasa (S. 574) und Station Wagon (S. 574); sie laden ihre Fahrgäste an einer Haltestelle an der Hauptstraße vor dem Flughafen ein. Bevor man einsteigt, sollte man sich darüber im Klaren sein, wohin der Bus fährt – von dieser Haltestelle fahren einige Busse nach Alajuela, andere nach San José. Richtung Flughafen steigt man in den Terminals von Tuasa oder Station Wagon in der Innenstadt von San José ein; beide befinden sich gegenüber der Iglesia de La Merced nahe der Ecke Avenida 2 und Calle 12. Und man muss dem Fahrer sagen, dass man am Flughafen aussteigen möchte *(quiero ir al aeropuerto, por favor)*. Die meisten Hotels können zu vernünftigen Preisen die Abholung am Flughafen arrangieren.

TAXI

Marías (Taxameter) werden grundsätzlich benutzt, aber einige Fahrer behaupten schon mal, das Taxameter sei kaputt, um insbesondere Fahrgästen, die kein Spanisch können, einen höheren Preis abzuknöpfen – ohne Taxameter zu fahren, ist aber verboten. Wenn das Taxameter funktioniert, sollte automatisch der Preis für den ersten Kilometer angezeigt werden – zur Zeit der Recherche waren das 610 Colones. Beim Einsteigen sollte man also sicherstellen, dass die *maría* funktioniert, oder ansonsten vorab den Preis aushandeln. Kurze Fahrten im Zentrum kosten zwischen 2 und 4 US$. Nach 22 Uhr wird ein Aufschlag von 20 % erhoben, der nicht auf dem Taxameter angezeigt sein muss.

VALLE CENTRAL & HOCHLAND

Die Seele Costa Ricas findet man in den von Kaffeesträuchern gesäumten Hügeln des Valle Central. Dies ist nicht nur das geografische Zentrum des Landes, sondern hier schlägt auch sein kulturelles und spirituelles Herz. Hier ließen sich die ersten spanischen Siedler nieder, hier erwuchs aus dem Kaffeeanbau ein wohlhabendes Land und finden in malerischen Hochlanddörfern noch immer jahrhundertealte Feste statt. In dieser Region lernt man auch die echte costa-ricanische Landküche kennen, mit handgefertigtem Käse, dampfenden Maiskuchen und frisch gefangenen Forellen.

Kurvige Bergstraßen entschleunigen das Reisen. Urige bis schrullige landwirtschaftlich geprägte Orte machen Lust auf gemächliche Abstecher zu Bauernmärkten und Kirchenprozessionen – ein wunderbarer Gegensatz zum Pauschaltourismus an den Küsten. Aber hier gibt's nicht nur Kühe und Kaffee – erstklassige Stromschnellen, prächtige Quetzale und aktive Vulkane zeugen allesamt von der vielfältigen Landschaft, die Costa Rica ausmachen.

Alajuela

185 000 EW.

Die zweitgrößte Stadt Costa Ricas ist die Heimat einer der berühmtesten Persönlichkeiten des Landes: Juan Santamaría war ein junger Trommler, der zum Helden wurde, als er in der Schlacht von Rivas im Jahre 1856 gegen den Söldnerführer William Walker fiel.

Ein typisches Touristenziel ist Alajuela nicht. Aber es ist eine echte costa-ricanische Stadt, die auch entspannte Momente kennt, wie Familien beim ausgedehnten Sonntagsmahl, oder Teenager beim heimlichen Knutschen im Park. Außerdem ist die Stadt eine gute Basis für die Erkundung des Nordens von Costa Rica.

Sehenswertes

Museo Juan Santamaría MUSEUM

(☎2441-4775; www.museojuansantamaria.go.cr; Av 1 zw. Calle Central & 2; ⏲Di–So 10–17.30 Uhr) GRATIS Das Museum ist in einem hundert Jahre alten Bau untergebracht, der schon als Gefängnis und Waffenarsenal diente. Es beschäftigt sich mit der costa-ricanischen Geschichte von der Anfangszeit der Besiedlung durch die Europäer bis zum 19. Jh. Ein besonderer Schwerpunkt liegt auf dem Leben und Wirken von Juan Santamaría und den wichtigen Schlachten Mitte der 1850er-Jahre von Santa Rosa, Sardinal und Rivas. Zu sehen sind neben Videos, alten Karten und Gemälden auch historische Artefakte, die in Verbindung mit dem Konflikt stehen, der am Ende die Unabhängigkeit Costa Ricas sicherte.

Schlafen

Hotel Pacandé B&B $

(☎2443-8481; www.hotelpacande.com; Av 5 zw. Calle 2 & 4; mit Frühstück Zi. 50–60 US$, ohne Bad 35 US$; P@) Das beliebte, costa-ricanisch geführte Hotel ist durch und durch sauber und hat zehn große Zimmer mit Holzeinrichtung, Volkskunstakzenten und Kabelfernsehen. Die billigeren Zimmer besitzen kein eigenes Bad. Die helle, sonnige Frühstücksecke ist ein tolles Plätzchen für den morgendlichen Kaffee.

Hostel Maleku HOSTEL $

(☎2430-4304; www.malekuhostel.com; mit Frühstück B 15 US$, EZ/DZ ohne Bad 25/38 US$; @) Die superfreundliche, von einer Familie betriebene Backpackerherberge zwischen dem Flughafen und dem Zentrum von Alajuela (gegenüber vom Hospital San Rafael) ist in einem historischen Haus untergebracht und umfasst fünf kleine, blitzsaubere Schlafräume. Es gibt eine Gemeinschaftsküche und außerdem können kostenlos Gegenstände gelagert werden, die man in der Zeit in Costa Rica nicht benötigt, wie z. B. Fahrradtransportboxen. Zwischen 5 und 17 Uhr werden jede Stunde kostenlose Flughafentransfers geboten.

Alajuela Backpackers Boutique Hostel HOTEL $

(☎2441-7149; www.alajuelabackpackers.com; Ecke Av 4 & Calle 4; B/Zi./Suite 19/55/70 US$; ❄@) Das vierstöckige Hostel mit Zimmern nach Schema F wirkt auf den ersten Blick ein wenig anstaltsmäßig, doch es wartet mit einigen Pluspunkten auf: kostenlosen Transfers vom und zum Flughafen, klimatisierten Dorms und Doppelzimmern mit Bad. Von der supercoolen Bar im dritten Stock aus kann man, während man an einem Bierchen nuckelt, den Flugzeugen in der Ferne dabei zuschauen, wie sie sich in die Lüfte schwingen.

Hotel Los Volcanes PENSION $$

(☎2441-0525; www.hotellosvolcanes.com; Av 3 zw. Calle Central & 2; mit Frühstück EZ/DZ ohne Bad 40/52 US$, mit Bad 52/68 US$, mit Klimaanlage 72/84 US$; P❄@) Das einladende Hotel in einem umgebauten Herrenhaus der 1920er-Jahre ist ruhig und zentral gelegen. Es bietet 15 Zimmer, von alten mit Stilmöbeln und sauberen Gemeinschaftsbädern bis zu modernen mit Flachbildfernseher, Klimaanlage und Safe. Hinterm Haus befindet sich außerdem ein netter Garten mit gurgelndem Brunnen. Die hilfsbereiten Eigentümer organisieren am Ende des Aufenthalts kostenlosen Flughafentransfer.

Vida Tropical B&B B&B $$

(☎2443-9576; www.vidatropical.com; Calle 3; mit Frühstück EZ/DZ 45/65 US$, ohne Bad 35/50 US$; P@) In einer ruhigen Wohngegend fünf Fußminuten vom Zentrum entfernt bietet das freundliche Haus sieben kleine, einfache Zimmer voller bunter Wandgemälde; zwei davon teilen sich ein Gemeinschaftsbad. Wer mag, kann sich im gepflegten Hinterhof in einer Hängematte des Sonnenscheins erfreuen, und es gibt auch einen Wäscheservice. Die Betreiber können die Abholung vom Flughafen (8 US$) zu jeder Tages- und Nachtzeit organisieren.

Essen

★ **Jalapeños Central** MEXIKANISCH $

(☎2430-4027; Calle 1 zw. Av 3 & 5; Hauptgerichte 4–8 US$; ⏲Mo–Sa 11.30–21, So bis 20 Uhr) Das beliebte, nur elf Tische umfassende Lokal bringt mit der besten Tex-Mex-Küche des Landes Abwechslung in den Speiseplan. Die einfachen und frischen Burritos, Chimichangas und Enchiladas sind als Teil eines Menüs, aber auch einzeln erhältlich. Am besten passt dazu eine salzige Margarita.

El Chante Vegano VEGETARISCH $

(☎2440-3528, 8911-4787; www.elchantevegano.com; Hauptgerichte 7–10 US$; ⏲Di–So 11–20 Uhr;) Zwei Brüder, ihre Mutter und eine Freundin führen dieses auf gesunde Biokost spezialisierte Lokal. Die veganen Leckereien werden auf einer Terrasse an der Straße serviert: z. B. Kichererbsen-Portobello-Burger,

Valle Central & Hochland

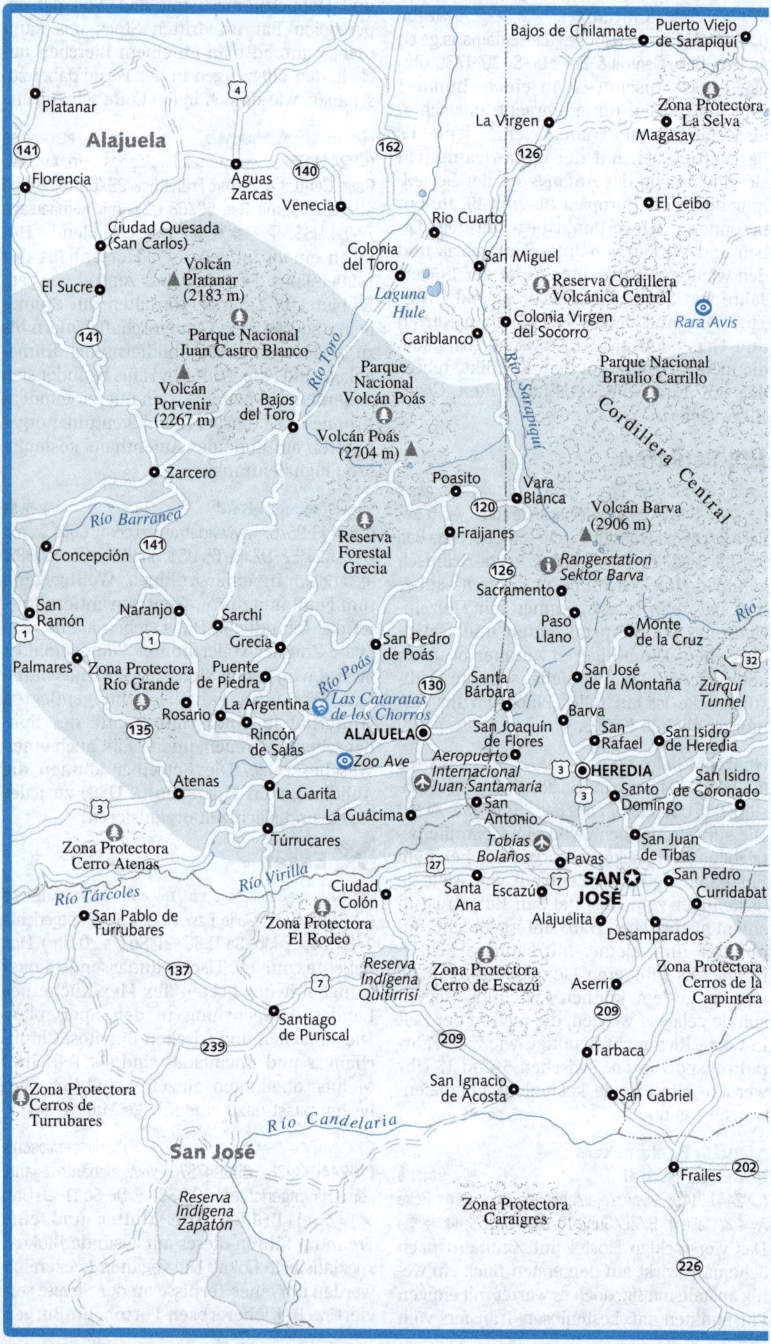

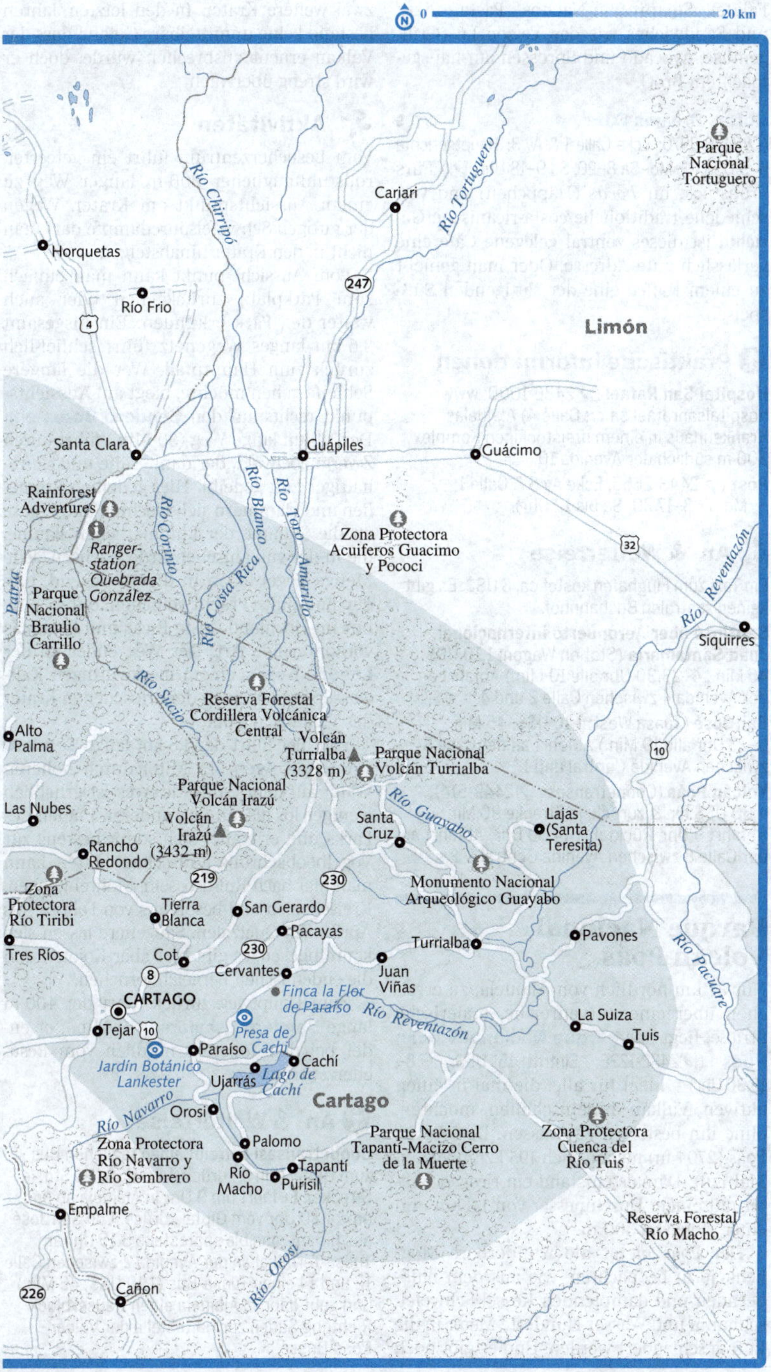
0
20 km
Parque Nacional Tortuguero
Río Chirripó
Río Tortuguero
Cariari
Horquetas
247
Río Frio
4
Limón
Santa Clara
Guápiles
Guácimo
Rainforest Adventures
Río Corinto
Río Blanco
Río Toro Amarillo
Zona Protectora Acuiferos Guacimo y Pococi
Ranger-station Quebrada González
Río Costa Rica
32
Patria
Parque Nacional Braulio Carrillo
Río Reventazón
Siquirres
Río Sucio
Reserva Forestal Cordillera Volcánica Central
Alto Palma
Volcán Turrialba (3328 m)
Parque Nacional Volcán Turrialba
10
Parque Nacional Volcán Irazú
Río Guayabo
Las Nubes
Volcán Irazú (3432 m)
Santa Cruz
Lajas (Santa Teresita)
Rancho Redondo
219
230
Monumento Nacional Arqueológico Guayabo
Zona Protectora Río Tiribi
Tierra Blanca
San Gerardo
Pacayas
Pavones
Tres Ríos
Cot
230
Turrialba
Río Pacuare
8
Cervantes
Juan Viñas
CARTAGO
Finca la Flor de Paraíso
Río Reventazón
Tejar
10
Presa de Cachí
La Suiza
Tuis
Jardín Botánico Lankester
Paraíso
Cachí
Lago de Cachí
Ujarrás
Cartago
Río Navarro
Orosi
Zona Protectora Río Navarro y Río Sombrero
Palomo
Río Macho
Tapantí
Purisil
Parque Nacional Tapantí-Macizo Cerro de la Muerte
Zona Protectora Cuenca del Río Tuis
Empalme
Reserva Forestal Río Macho
Río Orosi
226
Cañon

Falafel, Sojaprotein-Nachos, Pasta, Pizza und Sandwiches wie das Veggie Lú (Grillgemüse, Avocado und Sprossen auf hausgemachtem Brot).

Coffee Dreams Café CAFÉ $
(☎2430-3970; Ecke Calle 1 & Av 3; Hauptgerichte 5–9 US$; ⌚Mo–Sa 8–20, So 9–18 Uhr;) Fürs Frühstück, für *bocas* (Häppchen) und verschiedene traditionelle costa-ricanische Gerichte ist dieses zentral gelegene Café eine verlässlich gute Adresse. Oder man genießt zu einem Kaffee eine der sättigenden Süßspeisen.

Praktische Informationen

Hospital San Rafael (☎2436-1000; www.hospitalsanrafael.sa.cr; Calle 4) Alajuelas Krankenhaus in einem dreistöckigen Komplex 300 m südlich der Avenida 10.

Post (☎2443-2653; Ecke Av 5 & Calle 1; ⌚Mo–Fr 8–17.30, Sa bis 12 Uhr)

An- & Weiterreise

Ein Taxi zum Flughafen kostet ca. 8 US$. Es gibt keinen zentralen Busbahnhof.

San José über Aeropuerto Internacional Juan Santamaría (Station Wagon; 1,10 US$, 45 Min., 4–23.30 Uhr alle 10 Min.) Abfahrt an der Avenida 4 zwischen Calle 2 und 4.

San José (Tuasa West; 1,10 US$, 45 Min., 5–23 Uhr alle 10 Min.) Abfahrt an der Calle 8 zwischen Avenida Central und 1.

Volcán Poás (Coopetransasi; ☎2449-5141; 4,60 US$ hin & zurück, je Strecke 90 Min., Abfahrt 9 Uhr, Rückfahrt 14.30 Uhr) Abfahrt an der Calle 8 zwischen Avenida Central & 2.

Parque Nacional Volcán Poás

Nur 37 km nördlich von Alajuela, zu erreichen über eine kurvenreiche, malerische Straße, liegt der **Parque Nacional Volcán Poás** (☎2482-1226; Eintritt 15 US$; ⌚8–15.30 Uhr) – ideal für alle, die mal in einen aktiven Vulkan hineinschauen möchten, ohne ihn besteigen zu müssen. Der Volcán Poás (2704 m) machte sich 1953 zum letzten Mal Luft. Damals entstand ein riesiger Krater mit einem Durchmesser von 1,3 km und einer Tiefe von 300 m.

Der Poás bietet die wunderbare Möglichkeit zu beobachten, wie aus dem blubbernden und dampfenden Kessel Schwefelschlamm und Wasser Hunderte Meter in die Luft geschleudert werden. Und es gibt noch zwei weitere Krater. In den letzten Jahren bestand keine unmittelbare Gefahr, dass der Vulkan erneut ausbrechen würde, doch er wird streng überwacht.

Aktivitäten

Vom Besucherzentrum führt ein geteerter, rollstuhltauglicher 600 m langer Weg zu einem Aussichtspunkt am Krater. Wegen der giftigen Schwefelsäuredämpfe darf man nicht in den Krater hinabsteigen.

Vom Aussichtspunkt kann man einfach zum Parkplatz zurückgehen oder auch weiter den Park erkunden: Ein insgesamt 3,6 km langes Wegenetz führt schließlich zurück zum Hauptpfad. Wer die längere Schleife gehen möchte, biegt am Aussichtspunkt rechts auf den **Sendero Botos ein**: Der 1,4 km lange Weg (30 Min.) führt durch Zwergnebelwald, der dank Kälte und säurehaltiger Luft gedeiht. Hier gedeihen Bromelien und klammern sich Flechten und Moose an die Stämme der kümmerlichen Bäume, die in der vulkanischen Erde wachsen. Jede Menge Vögel leben in dieser Gegend, u. a. der auffällige Prachtweibchenkolibri, eine nur im Hochland Costa Ricas und Panamas vorkommende Art. Der Weg endet an der **Laguna Botos**, einem merkwürdigen Kaltwassersee, der einen der erloschenen Krater des Vulkans ausfüllt.

Von hier führt der 1,8 km lange **Sendero Canto de Aves** (45 Min.) durch höheren Wald; auf dem Canto de Aves ist erheblich weniger los als auf den anderen Pfaden des Parks und er eignet sich somit bestens zur Vogelbeobachtung. Ausschau halten kann man hier nach Rußdrosseln, Mohrenguanen, Kreischeulen und besonders von Februar bis April nach Quetzalen. Säugetiere lassen sich kaum blicken, es gibt hier aber Kojoten und die endemischen Bergeichhörnchen.

Zum Hauptweg zurück führt der 400 m lange **Sendero Escalonia** (10 Min.); er endet bei den Toiletten nördlich vom Besucherzentrum.

An- & Weiterreise

Coopetransasi betreibt einen täglichen Bus zum Gipfel (hin & zurück 4,60 US$, 1½ Std. je Strecke): Er fährt um 9 Uhr in Alajuela ab und um 14.30 Uhr vom Gipfel zurück. Von San José aus nimmt man bis spätestens 8.15 Uhr am Tuasa-Terminal an der Avenida 2 zwischen Calle 12 und 14 einen Tuasa-Bus (1,10 US$, 45 Min.) und geht dann in Alajuela einen Häuserblock Richtung Süden zur Haltestelle der Volcán-Poás-Busse.

SPANISCHKURSE IM VALLE CENTRAL

Soweit nicht anders angegeben, gelten die Preise für fünf Tage mit jeweils vier Stunden Unterricht mit/ohne Unterbringung in einer Gastfamilie. Inbegriffen sind zwei Mahlzeiten am Tag.

Adventure Education Center (☎209-728-8344; www.adventurespanishschool.com; 485/325 US$)

Amerispan Study Abroad (S. 563)

Centro Panamericano de Idiomas (CPI; ☎2265-6306; www.cpi-edu.com; 20 Std. Unterricht & Unterbringung in Gastfamilie mit Frühstück & Abendessen 660 US$)

Intensa (☎2442-3843; www.intensa.com; 325/470 US$)

Intercultura (☎2260-8480; www.interculturacostarica.com; Wochenpreis mit/ohne Unterbringung in Gastfamilie ab 420/275 US$)

Spanish by the River (☎2556-7380; www.spanishatlocations.com; 5-Tages-Kurs mit/ohne Unterbringung in Gastfamilie 315/225 US$)

Parque Nacional Braulio Carrillo

Dieser kaum besuchte **Nationalpark** (☎2206-5500; Erw./Kind 12/5 US$; ⌚8–15.30 Uhr) vermittelt einen Eindruck davon, wie Costa Rica vor 1950 ausgesehen hat, als noch 75 % des Landes bewaldet waren: Steile, mit unglaublich hohen Bäumen bestandene Berghänge, nur unterbrochen von Schluchten und reißenden Flüssen. Die außerordentliche Artenvielfalt des Braulio Carrillo ist den Höhendifferenzen geschuldet, denn er erstreckt sich vom dampfenden Nebelwald des Volcán Barva (2906 m) bis hinunter ins üppige, feuchte Tiefland der Karibikküste. Das Unglaublichste von allem ist jedoch, dass dieser riesige Park nur 30 Minuten nördlich von San José liegt.

Aktivitäten

Sektor Quebrada González

Von der **Rangerstation Quebrada González** (☎2206-5500; ⌚8–16 Uhr) zwischen Guápiles und San José führen drei einfache bis mittelschwere Wanderwege weg. Der einfachste ist der zumeist flache, geschotterte **Sendero El Ceibo** (1 km) auf der Nordseite der Carretera 32. Er führt an einem gigantischen Kapokbaum, einem schönen Aussichtspunkt und mehreren anderen gekennzeichneten interessanten Punkten vorbei, bevor er in einer Schleife zurück zur Rangerstation führt. Leider ist auf dem Weg der Straßenverkehr zu hören.

Der etwas rauere **Sendero Botarrama** mit Schlamm und freiliegenden Wurzeln zweigt vom Sendero El Ceibo ab und führt 1 km weit zum Zusammenfluss des kristallklaren Río Honduras mit dem Río Sucio (Schmutziger Fluss), dessen gelbes Wasser vulkanische Mineralien mit sich führt.

Der 1,6 km lange **Sendero Las Palmas** auf der Südseite des Highway 32 beschreibt ebenfalls eine Schleife und klettert leicht in den dichten Regenwald hinein an – toll zur Vogelbeobachtung.

Sektor Barva

Der Aufstieg auf den **Volcán Barva** über einen einsamen, aber gut gewarteten Weg ist ein anstrengendes Abenteuer. Dank der relativ schlechten Zugänglichkeit ist nicht ausgeschlossen, dass man hier alleine unterwegs ist. Los geht's am Westeingang des Parks nördlich von Heredia. Von dort klettert ein 2,5 m langer, ausgeschilderter Weg hoch zum Gipfel. Das Gelände ist oft matschig und man muss zu jeder Jahreszeit auf Regen eingestellt sein.

An- & Weiterreise

Die regelmäßig zwischen San José und Guápiles verkehrenden Busse können Fahrgäste an der Rangerstation Quebrada González absetzen; schwieriger ist es auf dem Rückweg. Zwar kann man an der recht viel befahrenen Carretera 32 theoretisch einen Bus anhalten, doch ob auch einer anhält, hängt von der Laune des Fahrers ab und davon, wie voll der Bus ist.

Mit den öffentlichen Bussen ab Heredia (1,40 US$, 1 Std., Abfahrt 5.25 und 6.25 Uhr) kommt man bis nach Paso Llano, das sich 7 km vom Parkeingang im Sektor Barva befindet.

Cartago

158 000 EW.

Nachdem Anfang des 20. Jhs. der Erdbebenschutt weggeräumt war, hatte niemand ein Interesse daran, Cartago in seiner alten Form wieder aufzubauen. Wie in vielen Handelsorten warten auf Besucher hier jede Menge zweckmäßige Betonbauten. Eine Ausnahme bildet die schneeweiße **Basílica de Nuestra Señora de los Ángeles** (Calle 15 zw. Av 0 & 1). Sie ist von vielen Stellen der Stadt zu sehen, als eine Art schneebedeckter Berg in einer Ebene aus einstöckigen Häusern.

Ins Rampenlicht tritt die Stadt für kurze Zeit jeden August: Dann strömen aus allen Teilen des Landes Pilger in die Basilika. Ansonsten ist Cartago hauptsächlich eine inmitten einer schönen Berglandschaft gelegene Einkaufs- und Wohnstadt.

Schlafen & Essen

Los Ángeles Lodge B&B $$

(2551-0957, 2591-4169; hotel.los.angeles@hotmail.com; Av 1 zw. Calle 13 & 15; mit Frühstück EZ 35–40 US$, DZ 50–65 US$;) Mit Balkonen hin zur Plaza de la Basílica ragt die Los Ángeles Lodge aus der Konkurrenz heraus. Die Zimmer sind geräumig und komfortabel und haben Warmwasserduschen. Das Frühstück wird nach Wunsch zubereitet und es gibt ein recht ordentliches Restaurant.

An- & Weiterreise

BUS

Die Bushaltestellen sind über die Stadt verteilt.

Orosi (Autotransportes Mata Irola) 0,95 US$, 35 Min., 5.30–22.25 Uhr alle 20 Min. ab Calle 3 zw. Av 2 und 4.

San José (Lumaca) 1,10 US$, 55 Min., 5–23 Uhr alle 15 Min., ab Busbahnhof an Calle 6 zw. Av 3 und 5.

Turrialba (Transtusa) 1,60 US$, 1½ Std., Mo–Fr 5.45–22.40 Uhr alle 30 Min. (Sa & So weniger häufig), ab Av 4 zw. Calle 5 und 7.

ZUG

Zwischen der Estación del Pacífico in San José und dem **Bahnhof** (Av 3 zw. Calle 4 & 6) im Zentrum von Cartago verkehren Züge. Die einstündige Fahrt kostet 1,05 US$. Die Züge verkehren nur montags bis freitags, vor allem zu den Pendlerzeiten am Vor- und Nachmittag.

Valle de Orosi

Das märchenhafte Flusstal ist für seine Bergpanoramen, einen Stausee, einen echt wilden Nationalpark und Kaffee berühmt – und zwar Unmengen von Kaffee. Durch eine Landschaft mit sanften Hügeln voller terrassierter Kaffeeplantagen und zahlreicher Täler mit Bauerndörfern windet sich eine gut ausgebaute, 32 km lange Straße, das Ganze vor der Kulisse zweier Vulkane, des Irazú und Turrialba. Mit einem Mietwagen (oder einem guten Fahrrad) ist dies ein echter Genuss, doch auch mit öffentlichen Verkehrsmitteln lässt sich der größte Teil der Schleife bewältigen.

Die Rundfahrt beginnt 8 km südöstlich von Cartago in **Paraíso**, führt dann Richtung Süden nach **Orosi**, geht um den Stausee **Lago de Cachí** herum nach Nordosten und zurück nach Westen und passiert auf dem Weg zurück nach Paraíso die historische Kirche von **Ujarrás**. Oder man zweigt in Orosi Richtung Süden in den Parque Nacional Tapantí-Macizo Cerro de la Muerte ab, einen abgeschiedenen Nationalpark mit tollen Fluss- und Berglandschaften.

Sehenswertes & Aktivitäten

Iglesia de San José Orosi KIRCHE

Orosi ist einer der wenigen Orte aus der Kolonialzeit, die Costa Ricas häufige Erdbeben überstanden haben; diese haben glücklicherweise auch die fotogene Dorfkirche verschont. Die weiß getünchte, 1743 errichtete Iglesia de San José ist die älteste Kirche des Landes, in der noch die Messe gelesen wird. Das Dach der Kirche besteht aus reetgedeckten Holzbalken und Keramikkacheln, den Holzaltar schmücken religiöse Gemälde, die aus Mexiko stammen.

Parque Nacional Tapantí-Macizo Cerro de la Muerte NATIONALPARK

(Erw./Kind 6–12 J. 10/5 US$; 8–16 Uhr) Dieser 580 km² große Nationalpark umfasst die üppigen Nordhänge der Cordillera de Talamanca und ist mit durchschnittlich 8000 mm Niederschlag der feuchteste des Landes. Im Jahr 2000 wurde der berüchtigte Cerro de la Muerte (Berg des Todes) in den Nationalpark aufgenommen. Der steile Gipfel ist die höchste Erhebung an der Panamericana. Der Berg umfasst außerdem das nördlichste Gebiet mit *páramo*, einer Hochland-Vegetationsform mit Gebüsch und Gräsern, die zumeist in den Anden zu finden ist. Hier sind einige seltene Vögel zu Hause.

Finca Cristina TOUR
(☎2574-6426; www.cafecristina.com; Führung 15 US$ pro Pers.; ⏲nur nach Vereinbarung) Die Finca Cristina, 2 km östlich von Paraíso an der Straße nach Turrialba, ist eine Biokaffeeplantage. Schon seit 1977 sind Linda und Ernie in Costa Rica auf dem Land tätig. Die 90-minütige Führung durch ihren *microbeneficio* (Kleinbetrieb) ist eine phantastische Einführung in den Anbau und die Verarbeitung von Biokaffee.

Schlafen & Essen

Montaña Linda HOSTEL $
(☎2533-3640; www.montanalinda.com; B 9 US$, EZ/DZ/3BZ ohne Bad 15/22/30 US$, Gästehaus EZ/DZ/3BZ 30/30/35 US$; P@) Dieses freundliche, coole Hostel einen kurzen Spaziergang südwestlich der Bushaltestelle hat drei saubere Schlafsäle und acht Zimmer um eine nette Terrasse voller Blumen und Hängematten herum: sogar einen holzbeheizten Whirlpool gibt's dort. Alle Zimmer teilen sich eine Gästeküche und sechs Bäder mit warmen Duschen. Die Betreiber bieten ein tolles Informationspaket zu Sehenswürdigkeiten wie Thermalquellen und Wasserfällen.

Kiri Mountain Lodge LODGE $
(☎2533-2272, 8488-4085; www.kirilodge.net; EZ/DZ mit Frühstück 35/45 US$; P) Diese Lodge 2 km vor dem Parkeingang hat sechs rustikale *cabinas* mit nicht immer funktionierendem WLAN und warmem Wasser, umgeben von 50 ha Land. Wege führen in die nahe Reserva Forestal Río Macho. Das **Restaurant** (Casados 8–12 US$; ⏲7–20 Uhr) der Lodge ist auf Forellen spezialisiert.

Anreise & Unterwegs vor Ort

Autotransportes Mata Irola (☎2533-1916) hat von mehreren Haltestellen an der Hauptstraße von Orosi alle 30 Minuten Busse (0,95 US$) nach Paraíso (20 Min.) und Cartago (40 Min.). Nach Ujarrás und Cachí (1,15 US$) in Paraíso umsteigen.

Turrialba

29 900 EW.

Als die Eisenbahn 1991 den Betrieb einstellte, sank das Handelsvolumen. Doch Turrialba blieb ein regionales Landwirtschaftszentrum der hiesigen Kaffeeproduzenten. Und als in den 1990er-Jahren der Tourismus immer größere Bedeutung erlangte, wurde das bescheidene Bergstädtchen schnell berühmt: als das Tor zu Wildwasser-Rafting, das weltweit zu den Spitzenreitern zählt. Anfang 2000 war Turrialba dann schon ein angesagter Treffpunkt für Rafter aus aller Welt, denen der Sinn nach Herausforderungen der Kategorie V stand. Bislang fließt der Río Pacuare noch, doch seine Zukunft ist ungewiss.

Aktivitäten

Die meisten organisierten Raftingtrips steuern den Río Pacuare an, der vielleicht die malerischsten Raftingtouren in ganz Zentralamerika bietet. Das Wasser schießt durch eine Reihe spektakulärer, von unberührtem Wald bedeckter Schluchten und in wilden Stromschnellen ins karibische Tiefland hinab. Zwischendurch gibt es auch ruhigere Abschnitte, während denen man die fast vertikal ansteigenden, bewaldeten Wände der Schlucht bewundern kann, die Hunderte Meter in die Höhe ragen.

Ecoaventuras NATUR
(www.ecoaventuras.co.cr) Der Veranstalter von Outdooraktivitäten organisiert neben Wildwasser-Rafting auf den Flüssen Pacuare und Pejibaye auch Ausritte, Mountainbiketrips und Canopy-Touren. Ein dreitägiges Raftingabenteuer mit kompletter Verpflegung, Unterkunft, Ausrüstung und einer Zipling-Tour kostet 360 US$ pro Person. 100 m nördlich und 100 m westlich der Rawlings Factory.

Explornatura RAFTING
(☎2556-0111; www.explornatura.com; Av 4 zw. Calle 2 & 4) Rafting, Mountainbiking und Ausritte. Ein Rafting-Tag auf dem Pacuare kostet 85 US$, Reiten 68 US$ und Mountainbiken 60 US$ pro Person.

Locos RAFTING
(☎2556-6035; www.whiteh2o.com) Locos bietet wilde Fahrten unterschiedlichen Schwierigkeitsgrads auf dem Río Pacuare und dem Río Reventazón, aber auch eine entspanntere Tour auf dem Río Pejibaye. Ein Rafting-Tag kostet in der Regel je nach Gruppengröße um 85 US$ pro Person.

Schlafen

★ **Casa de Lis Hostel** HOSTEL $
(☎2556-4933; www.hostelcasadelis.com; Av Central nahe Calle 2; B 14 US$, EZ/DZ/3BZ/4BZ 40/45/60/68 US$, ohne Bad 36/36/48/56 US$;) Dieses nette 8-Zimmer-Hostel in zentraler Lage hat das bei Weitem beste Preis-Leistungs-Verhältnis der Stadt und ist der Traum eines jeden Backpackers. Die makellos sauberen Schlaf-

ABSTECHER

MONUMENTO NACIONAL ARQUEOLÓGICO GUAYABO

In einen wunderschönen Hügelwald 19 km nordöstlich von Turrialba ist die größte und bedeutendste archäologische Stätte des Landes gebettet. **Guayabo** (☎2559-1220; 5 US$; ⏱8–15.30 Uhr) besteht aus den Überresten einer präkolumbischen Stadt, die um 800 n. Chr. ihre Blütezeit erlebt haben soll: Damals wohnten hier 20 000 Menschen. Heute sind hier die Überreste alter Petroglyphen, Wohnhügel, eine alte Straße und ein eindrucksvoller Aquädukt zu sehen – erbaut aus Steinen, die über eine 8 km lange Pflasterstraße vom Río Reventazón herbeigeschafft wurden. Und die Zisternen funktionieren tatsächlich noch und man findet hier vor Ort noch zumindest theoretisch trinkbares Wasser. 1973, als sich die Bedeutung der Stätte langsam herausstellte, wurde Guayabo zu einem Nationaldenkmal erklärt und 1980 wurde es unter erweiterten Schutz gestellt. Die Stätte umfasst 232 ha, zum allergrößten Teil noch nicht freigelegt. Dies ist eine eher kleine Stätte – man darf also keine Maya-Pyramiden erwarten.

Führungen bietet die **Asociación de Guías U-Suré** (☎8534-1063; geführte Touren für 1–3 Pers. 20 US$, für 4–9 Pers. 35 US$, für 10–20 Pers. 50 US$); ihr Büro befindet sich direkt neben dem Kartenschalter.

An- & Weiterreise

Von Turrialba (0,95 US$, 1 Std.) fahren montags bis freitags Busse um 6, 10.30, 15 und 18 Uhr, samstags und sonntags um 10.30, 15 und 18 Uhr. Rückfahrten von Guayabo nach Turrialba sind täglich um 7, 12.30 und 16 Uhr. Wer möchte, kann von Turrialba aus auch mit dem Taxi fahren (ca. 30 US$ hin & zurück, mit 1 Std. Wartezeit am Park).

säle und Doppelzimmer sind mit bequemen Matratzen und Leselampen an den Betten ausgestattet. Dazu kommen eine vollständig eingerichtete Küche, eine Dachterrasse mit Vulkanblick, ein hübscher Garten hinterm Haus, phantastische Infobretter und eine ausgesprochen freundliche Atmosphäre. Mit Wäscheservice (8 US$ pro Maschine).

Hotel Interamericano HOTEL $

(☎2556-0142; www.hotelinteramericano.com; Av 1 nahe Calle 1; EZ/DZ/3BZ/4BZ 25/35/45/55 US$, ohne Bad 12/20/30/40 US$; Ⓟ📶) Südlich der alten Bahnstrecke liegt dieses einfache 20-Zimmer-Hotel, traditionell der angesagteste Rafter-Treff in Turrialba. Von den schlichten Zimmern haben einige ein eigenes Bad und in mehreren stehen sowohl normale als auch Herbergsbetten. Der freundliche Betreiber organisiert auf Wunsch eine Beaufsichtigung für Kinder, die zu klein zum Raften sind.

Hotel Wagelia HOTEL $$

(☎2556-1566; www.hotelwageliaturrialba.com; Av 4 zw. Calle 2 & 4; EZ/DZ mit Frühstück 55/80 US$; Ⓟ📶) Die einfachen, modernen und sauberen Zimmer verfügen über Kabelfernsehen und säumen einen stillen Patio. Im hauseigenen Restaurant werden Tico-Spezialitäten serviert und auf der netten Terrassenbar kann man einen Drink zu sich nehmen und das WLAN nutzen.

Essen

★ **Maracuyá** CAFÉ $

(☎2556-2021; Calle 2 nördlich der Av 10; Eiskaffee 4 US$, Hauptgerichte 6 US$; ⏱Mi–Mo 14–22 Uhr; 🖉) In dem Café mit den bunten Wänden wird eine der köstlichsten Kaffeeleckereien des Landes gezaubert: ein Eiskaffee mit Maracujasirup und knusprigen Körnern. Zu essen gibt's vegetarische Wraps, kreative Salate und lateinamerikanische Klassiker wie *patacones* (gebratene Kochbananen).

La Feria COSTA-RICANISCH $

(☎2556-5550; Calle 6 nördlich der Av 4; Hauptgerichte 6–15 US$; ⏱Mi–Mo 11–22, Di bis 15 Uhr; 🖉) In dem unscheinbar wirkenden Lokal wird man freundlich bedient und isst zu vernünftigen Preisen ausgezeichnete Hausmannskost. Manchmal muss man ein bisschen aufs Essen warten, doch die herzhaften *casados* (typische Gerichte mit Bohnen, Reis, einem kleinen Salat und etwas Eiweißhaltigem nach Wahl) lohnen die Wartezeit allemal.

Wok & Roll ASIATISCH $

(☎2556-6756; Calle 1; Hauptgerichte 7–19 US$; ⏱Mi–Mo 11–22 Uhr) Panasiatische Küche von Nudeln im Singapur-Stil bis zu chinesischen gedämpften Teigtaschen füllt die Karte in diesem neuen Lokal am Hauptplatz von Turrialba. Bei der Turri Volcano Roll aus Avocado, Gurke und Turrialba-Käse übertreiben sie es vielleicht mit der Fusionsküche, aber gegen ein Tempura-Eis zum Nachtisch kann ja wohl niemand etwas sagen. Auch nicht schlecht: die hausgemachte Minzlimonade und der mit Honig gesüßte Jasmintee.

An- & Weiterreise

Der moderne Busbahnhof befindet sich am westlichen Stadtrand beim Hwy 10.

San José via Paraíso und Cartago 2,70 US$, 1¾ Std., 4–21 Uhr stündl.

Siquirres, zum Umsteigen nach Puerto Limón 2,25 US$, 1½ Std., 5.30–18.30 Uhr alle 60–90 Min. Am Wochenende leicht veränderte Fahrpläne.

KARIBIKKÜSTE

Der Erschließung der reichen Pazifikküste haben ihr sonniges Klima und ihre leichte Zugänglichkeit den Weg bereitet – im Vergleich dazu stagniert die Karibikküste. Die ersten spanischen Siedler, die sich hier im 16. Jh. niederließen, mussten sich der regenreichen, malariaverseuchten Wildnis der Karibikküste geschlagen geben, und die Region blieb jahrhundertelang isoliert. Infolgedessen bildete sich hier unter dem Einfluss von indigenen Völkern und Einwanderern von den Westindischen Inseln langsam und harmonisch eine Mischkultur heraus, die sich deutlich von der Kultur des restlichen Costa Rica unterscheidet.

Hierher zu reisen, um die nistenden Schildkröten von Tortuguero zu sehen, auf dem Río Pacuare zu raften oder an den Riffen von Manzanillo zu tauchen, erfordert nach wie vor ein bisschen mehr Aufwand. An dieser Küste ist das Leben rauer und rustikaler und davon profitiert die Tierwelt; die Tiere können sich hier ungestörter vermehren.

Die Eigenheiten der Küste sollte man sich wirklich nicht entgehen lassen: den *rondón* (ein würziger Meeresfrüchte-Eintopf), den ganz besonderen Tonfall der Sprache und die wenig besuchten, palmengesäumten Strände.

Tortuguero

1500 EW.

Das geschäftige, stark afrokaribisch geprägte kleine Dorf innerhalb des Parque Nacional Tortuguero ist nur aus der Luft oder über das Wasser erreichbar und vor allem dafür bekannt, dass sich hier Scharen von Meeresschildkröten (der Name Tortuguero bedeutet „Schildkrötenfänger") und Scharen von Travellern versammeln, die die Tiere sehen wollen. Der Höhepunkt der Schildkrötensaison sind die Monate Juli und August, aber der Park und das Dorf locken das ganze Jahr über Besucher an. Selbst im Oktober, wenn die Schildkröten sich schon größtenteils wieder ins Meer verdrückt haben, kommen Familien und Abenteuerlustige hierher, um durch den Dschungel zu wandern und mit dem Kanu die von üppiger Vegetation gesäumten Kanäle der Gegend zu erkunden.

Sehenswertes & Aktivitäten

Parque Nacional Tortuguero PARK

(15 US$; 6–7, 7.30–12 & 13–16 Uhr) Der nebelverhangene grüne Küstenpark nimmt eine weite, von vielen Kanälen durchschnittene Überflutungsebene ein. Den als „Mini-Amazonasbecken" bezeichneten Parque Nacional Tortuguero kennzeichnet eine hohe Artenvielfalt, zu der mehr als 400 Vogelarten, 60 bekannte Froschspezies, 30 Süßwasserfischarten, drei Affenspezies und der gefährdete Karibik-Manati gehören.

Kaimane und Krokodile sonnen sich an den Flussufern und auf Baumstämmen sitzen Süßwasserschildkröten.

Mehr als 120 000 Besucher kommen pro Jahr, um auf den Kanälen Boot zu fahren und sich die Tiere anzuschauen, insbesondere die Meeresschildkröten bei der Eiablage. Der Park ist das wichtigste karibische Nistgebiet der Suppenschildkröte. In jeder Saison kommen 40 000 Tiere, um hier ihre Eier abzulegen. Von den acht weltweit existierenden Meeresschildkrötenarten nisten sechs in Costa Rica, vier davon im Tortuguero. Diverse Freiwilligenorganisationen gehen mit Schildkrötenpatrouillen gegen Wilderei vor.

Die Parkverwaltung hat ihren Sitz bei **Cuatro Esquinas** (2709-8086; 6–7, 7.30–12 & 13–16 Uhr) gleich südlich vom Dorf Tortuguero. Weil es hier Haie und starke Strömungen gibt, sind die Strände zum Baden ungeeignet.

Bootstouren

Vier Wasserwege winden sich durch den Parque Nacional Tortuguero und laden zur Erkundung ein. Der **Río Tortuguero** dient als Zugang zu diesem Wasserwegenetz. Der breite, schöne Fluss ist oft mit Seerosen bedeckt. Außerdem erspäht man auf ihm und in seiner Nähe Wasservögel wie Reiher, Eisvögel und Anhingas, wegen ihres schlanken, gebogenen Halses, der beim Schwimmen aus dem Wasser ragt, auch Schlangenhalsvogel genannt.

Zwei schmalere Wasserwege mit guten Möglichkeiten zur Tierbeobachtung sind der **Caño Chiquero** und der **Canõ Mora**. In diesem Gebiet sind laut den Parkregularien nur Kajaks, Kanus und stille Elektroboote erlaubt. Der Caño Chiquero ist ein dicht von Vegetation – insbesondere von roten Guacimobäumen und Epiphyten – umwachsener Wasserweg, in dessen Nähe sich schwarze Schildkröten und Grüne Leguane erspähen lassen. Der 3 km lange und nur 10 m breite Caño Mora scheint direkt dem *Dschungelbuch* entsprungen zu sein. Beim **Caño Harold** handelt es sich um einen künstlich angelegten Kanal, was aber Tiere wie Helmbasilisken und Kaimane nicht daran hindert, sich in dem stillen Gewässer zu tummeln.

Mietkanus und Bootstouren werden im Dorf Tortuguero angeboten.

Wandern

Jenseits der Station Cuatro Esquinas gibt es derzeit nur einen Weg auf festem Boden. Der schlammige, hin und zurück 2 km lange Weg führt durch Regenwald und ein Stück am Strand entlang. Unterwegs sieht man oft grüne Sittiche und verschiedene Affenarten. Der kurze Weg ist gut markiert. Man benötigt hier Gummistiefel, die in Hotels und beim Parkeingang verliehen werden.

Zur Zeit der Recherche wurde gerade die Eröffnung eines zweiten Wanderweges vorbereitet, des Cerro Tortuguero Trail. Um zum Ausgangspunkt des Weges zu gelangen, fährt man mit dem Boot zu einer neuen Rangerstation in San Francisco nördlich von Tortuguero; dort kauft man ein Ticket (Preis stand noch nicht fest). Der Weg führt dann 1,8 km einen Berg hinauf, von dem man auf die Lagune, den Wald und das Meer blickt.

Geführte Touren

Leonardo Tours NATUR
(☎8577-1685; www.leonardotours.wordpress.com) Leonardo Estrada führt schon seit neun Jahren Touren durch die Region. Er verfügt über ausgiebiges Wissen und leitet seine Schildkröten-, Kanu-, Kajak- und Wandertouren mit einem ansteckenden Enthusiasmus.

Tinamon Tours TOUREN
(☎8842-6561, 2709-8004; www.tinamontours.de) Barbara Hartung, eine ausgebildete Zoologin, die inzwischen mehr als 20 Jahren in Tortuguero lebt, veranstaltet Wanderungen, Kanu-, Kultur- und Schildkrötentouren in deutscher, englischer, französischer und spanischer Sprache.

Ballard Excursions TOUREN
(www.tortuguerovillage.com/ballardexcursions) Ross Ballard, ein vor Ort tief verwurzelter Kanadier, führt 3½-stündige Wanderungen mit Schwerpunkt auf der Bio- und Ökologie des artenreichen Regenwaldes am Fuße des Cerro Tortuguero, des höchsten Berges der Region.

Schlafen

★ **Aracari Garden Hostel** HOSTEL $
(☎2767-2246; www.facebook.com/aracarigarden; B 10 US$, Zi. 25–30 US$; 📶) Das kürzlich renovierte, orangerote Hostel südlich des Fußballplatzes wartet mit acht blitzblanken Zimmern, relaxten Gemeinschaftsbereichen und einem Honigbären auf, der von den Obstbäumen des Geländes baumelt. Dazu gibt's kostenlosen Kaffee, eine offene Gemeinschaftsküche, einen Wäscheservice (3 US$ pro kg) und die übliche Geselligkeit eines kleinen, gut geführten Hostels. Das Meer ist 50 m entfernt.

La Casona CABINAS $
(☎2709-8092; lacasonadetortuguero@yahoo.com; EZ/DZ 18/25 US$, DZ mit kleiner Küche 35 US$; 📶) In der von einer Familie geführten Unterkunft säumen elf reizende Zimmer mit rustikalem Einschlag einen hübschen Garten. Das gesamte Haus schmückt aus recycelten Materialien und Schwemmholz hergestellte Kunst und an einem Wasserfall auf dem Grundstück leben mehrere kleine Leguane. Nördlich vom Fußballplatz.

Cabinas Tortuguero CABINAS $
(☎8839-1200, 2709-8114; www.cabinas-tortugero.com; Zi. 14–30 US$; 📶) An einer Nebenstraße zwischen dem Bootsanleger und dem Parkeingang befinden sich in dieser beliebten Budgetunterkunft um einen gepflegten Garten herum acht urige Bungalows. Seit 2015 hat das Ganze einen neuen Eigentümer. Die Gäste können in Hängematten ausspannen und eine Gemeinschaftsküche und einen Wäscheservice nutzen.

El Icaco HOTEL $
(☎2709-8044; www.hotelelicaco.com; EZ/DZ/3BZ/4BZ 20/30/35/40 US$; 📶) Die einfache Unterkunft am Meer wartet mit sauberen, farbenfroh gestalteten Zimmern und freundlichem Service auf. Die Lage am Strand ist

ideal und lässt sich in den zahlreich vorhandenen Hängematten genießen. Das Hotel bietet außerdem den Zugang zu einem abseits des Grundstücks gelegenen Swimmingpool sowie Ferienhäuser für Gruppen und Familien. Nur Barzahlung.

★ **Hotel Miss Junie** CABINAS **$$**
(☎2709-8029; www.iguanaverdetours.com; EZ/DZ Standard 50/55 US$, Superior 65/75 US$, jeweils mit Frühstück; 📶) Miss Junies Unterkunft, die älteste in Tortuguero, befindet sich auf einem großen Grundstück, dem Palmen Schatten spenden, unter denen man es sich in Hängematten und hölzernen Stühlen gemütlich machen kann. Die sauberen, holzvertäfelten Zimmer in einem Haus im tropischen Plantagenstil sind mit Holzakzenten und bunten Bettdecken geschmackvoll eingerichtet. Die Zimmer oben teilen sich einen luftigen Balkon mit Blick auf den Kanal. Das **Restaurant** (☎2709-8029; Hauptgerichte 13–20 US$; ⏱7–9, 12–14 & 18–21 Uhr) unten bietet köstliches Essen. Am Nordende der Hauptstraße.

★ **Rana Roja** LODGE **$$**
(☎2709-8260, 2223-1926; www.tortuguerorana roja.com; Zi./Hütten mit Frühstück 55/70 US$ pro Pers., Zi. mit VP 70 US$ pro Pers.; @📶🏊) 🌿 Dieses Dschungelrefugium ist eine der Unterkünfte in Tortuguero mit dem besten Preis-Leistungs-Verhältnis, besonders für Alleinreisende. Die 15 tadellosen Zimmer und zwölf Hütten mit jeweils eigener Terrasse und Schaukelstühlen sind durch erhöhte Gehsteige miteinander verbunden. Alle verfügen über geflieste Böden, warme Duschen und atemberaubende Ausblicke in die Natur. Es können kostenlos Kajaks sowie der Pool der benachbarten **Evergreen Lodge** (☎2222-6841; www.evergreentortuguero.com; Pauschalangebote mit 2 Übernachtungen EZ/DZ 279/229 US$ pro Pers.; 📶🏊) genutzt werden.

Essen

★ **Taylor's Place** KARIBISCH **$**
(☎8319-5627; Hauptgerichte 7–14 US$; ⏱18–22 Uhr) In diesem Lokal an einer Nebenstraße südwestlich des Fußballplatzes gehen ruhige Atmosphäre und erstklassige Küche eine wunderbare Verbindung ein. Das einladende Gartenambiente mit zirpenden Insekten und Picknickbänken unter bunten Papierlaternen wird nur noch von der Kochkunst des freundlichen Küchenchefs Ray Taylor übertroffen. Zu den Spezialitäten des Hauses zählen Rindfleisch in Tamarindensauce, Grillfisch in Knoblauchsauce und sowohl alkoholische als auch andere Obstgetränke.

Fresh Foods KARIBISCH **$**
(☎2767-1063; Hauptgerichte 7–12 US$, Smoothies 3–4 US$) Der von einer Familie geführte Imbiss neben dem Lebensmittelladen Morpho mitten im Dorf öffnete 2013 seine Pforten. Hier gibt's Frühstück, solide karibische Kost und große, köstliche Smoothies in Fischgläsern. Nach einem langen Tag auf den Kanälen sind ein köstliches Filet nach karibischem Rezept und ein Maracujadrink genau das Richtige.

Praktische Informationen

Im Dorf gibt es keine Banken oder Geldautomaten, und nur ein paar Geschäfte akzeptieren Kreditkarten – also ausreichend Bargeld mitbringen!

Tortuguero Info Center (☎2709-8055; tortugueroinfo.tripod.com; ⏱8–18 Uhr) Das Infozentrum in der Unterkunft **Cabinas Balcon del Mar** (☎2709-8124, 2767-7412) hat auch Touren im Programm.

An- & Weiterreise

BUS & SCHIFF/FÄHRE

Um mit öffentlichen Verkehrsmitteln nach Tortuguero zu gelangen, nimmt man gewöhnlich zunächst einen Bus von San José nach Cariari und dann einen nach La Pavona, anschließend ein Boot von La Pavona nach Tortuguero. Außerdem ist Tortuguero per Privatboot ab Moín bei Puerto Limón an der Karibikküste (S. 589) erreichbar.

Vom Gran Terminal del Caribe in San José fahren um 6.10, 9 und 10.30 Uhr Busse nach Cariari (3,50 US$, 3 Std.). In Cariari kommt man an einem Busbahnhof *(estación nueva)* am südlichen Stadtrand an. Von hier aus geht es zu Fuß oder per Taxi zur 500 m weiter nördlich gelegenen *estación vieja* (dem alten Busbahnhof), die auch als Terminal Caribeño bezeichnet wird. Von hier fahren Busse (2,20 US$, 6, 9, 11.30 und 15 Uhr) von **Coopetraca** (☎2767-7590) nach La Pavona, wo man in ein Boot (3,20–4 US$) nach Tortuguero umsteigt.

In umgekehrter Richtung fahren täglich um 5.30, 9, 11 und 14.45 Uhr Boote von Tortuguero nach La Pavona; vom dortigen Anleger verkehren dann Busse nach Cariari.

SHUTTLESERVICE

Caribe Shuttle (☎2750-0626; www.caribe shuttle.com) Verbindungen in Booten und klimatisierten Vans von Tortuguero nach Puerto Viejo (75 US$, 5 Std.) und Arenal-La Fortuna (60 US$, 6 Std.).

Jungle Tom Safaris (☎2221-7878; www.jungletomsafaris.com) Bietet Shuttles zwischen Tortuguero und San José (45 US$). All-inclusive-Pakete mit einer oder zwei Übernachtungen (99–152 US$) können auch die Shuttles ab Cahuita (60 US$), Puerto Viejo (60 US$) und Arenal-La Fortuna (60 US$) sowie optionale Touren umfassen.

Ride CR (☎2469-2525; www.ridecr.com) Shuttles ab Arenal-La Fortuna (55 US$).

Puerto Limón

Die größte Stadt an der costa-ricanischen Karibikküste, Geburtsstätte von United Fruit und Hauptstadt der Provinz Limón, ist eine geschäftige Hafenstadt weitab vom Rest des Landes. Zwischen Oktober und Mai laden Kreuzfahrtschiffe hier ungläubig dreinschauende Passagiere ab. In Puerto Limón macht man die lukrativsten Geschäfte mit Lkw-Ladungen voller Früchte, nicht mit Busladungen voller Touristen – die dürfen also keine Vorzugsbehandlung erwarten.

Da von der Zentralregierung im Allgemeinen nur wenig politische und finanzielle Unterstützung in Limón ankam, ist die Stadt nicht gerade in Würde gealtert. Sie präsentiert sich als Ansammlung verfallener Gebäude, überwucherter Parks und Bürgersteige voller Straßenhändler. Die Kriminalitätsrate ist hoch: Hier geschehen pro Jahr genauso viele Morde wie in San José, obwohl San José fünfmal so groß ist. Jedoch spielen sich die meisten Verbrechen im Milieu der organisierten Kriminalität ab und betreffen keine Touristen. Trotz seiner Mängel kann Limón aber durchaus ein lohnendes Ziel für Stadtabenteurer sein.

Schlafen & Essen

Billiges Essen bieten die *sodas* im **Zentralmarkt** (Av 2 zw. Calle 3 & 4; ⏲Mo–Fr 6–20 Uhr). Lebensmittel verkauft der große Supermarkt **Más X Menos** (Ecke Av 3 & Calle 3; ⏲6.30–22 Uhr), außerdem der **Palí** (Ecke Calle 7 & Av 1; ⏲Mo–Fr 7–21, Sa & So 8–19.30 Uhr) neben dem Terminal Caribeño.

Hotel Miami HOTEL $
(☎2758-0490; hmiamilimon@yahoo.com; Av 2 zw. Calle 4 & 5; EZ/DZ/3BZ 27/37/42 US$, mit Klimaanlage 41/58/67 US$; P❄@) Angesichts der Lage an der Hauptstraße sind die sauberen, minzgrün gestrichenen Zimmer recht ruhig, vor allem diejenigen nach hinten raus. Alle 34 ordentlichen Zimmer sind mit Kabel-TV und Ventilator ausgestattet. Die Zimmer mit Klimaanlage haben auch warmes Wasser. Dazu kommen freundliches Personal, Gemeinschaftsbalkone zur Straße raus und die nötige Sicherheit – der beste Deal der Stadt.

★ **Soda El Patty** KARIBISCH $
(☎2798-3407; Ecke Av 5 & Calle 7; Patí 1,50 US$, Hauptgerichte 4–5 US$; ⏲7–19 Uhr) In dem beliebten karibischen Lokal mit neun Tischen werden köstliche *patí* – flockige Rindfleisch-Teigtaschen mit Zwiebeln, Gewürzen und panamaischer Paprika – gezaubert, außerdem Bananenkuchen und große Portionen Reis mit Bohnen, eine pikantere Variante des traditionellen *casado* des Landes. Freitags bereitet der Koch einen Kessel mit kochend heißer *rondón*-Suppe zu.

Macrobiótica Bionatura VEGETARISCH $
(☎2798-2020; Calle 6 zw. Av 3 & 4; ⏲Mo–Fr 8–18.15, Sa bis 17.15 Uhr; ✎) Der makrobiotische Lebensmittelladen verkauft gesunde vegetarische Kost, Vitaminpräparate und alles Mögliche aus Soja.

ℹ Praktische Informationen

Reisende auf dem Weg nach Parismina oder Tortuguero haben in Limón die letzte Gelegenheit, Bargeld abzuheben; für Leute, die nach Parismina unterwegs sind, gibt's hier auch die letzten Telefonkarten.

Banco de Costa Rica (☎2758-3166; Ecke Av 2 & Calle 1) Wechselt US-Dollar und hat einen Geldautomaten.

Scotiabank (Ecke Av 3 & Calle 2; ⏲Mo–Fr 9–17, Sa bis 13 Uhr) Wechselt Bargeld und hat einen rund um die Uhr zugänglichen Geldautomaten, der US-Dollar ausgibt.

GEFAHREN & ÄRGERNISSE

Obwohl die Polizeipräsenz erheblich verstärkt worden ist, kann Diebstahl hier ein größeres Problem sein. Bei Tag sollte man sich insbesondere auf dem Markt und entlang der Kaimauer vor Taschendieben in Acht nehmen. Nachts sind schlecht beleuchtete Nebenstraßen sowie die Kaimauer und der Parque Vargas zu meiden. Wer mit dem Auto unterwegs ist, sollte auf einem bewachten Parkplatz parken und das Auto vollständig ausräumen.

ℹ An- & Weiterreise

BUS

Die Busse aus Richtung Westen benutzen das **Terminal Caribeño** (Av 2 zw. Calle 7 & 8) unmittelbar westlich des Baseballstadions. Die Busse zu Zielen im Süden fahren alle vom Terminal der **Autotransportes Mepe** (☎2758-1572; Calle 6 zw. Av 1 & 2) auf der Ostseite des Stadions ab.

Manzanillo (4,90 US$, 2 Std.) über **Cahuita** (2,40 US$, 1 Std.) und **Puerto Viejo de Talamanca** (3,70 US$, 1½ Std.) Terminal von Autotransportes Mepe, 5.30–18.30 Uhr alle 1–2 Std.

San José (7 US$, 3 Std.) Terminal Caribeños, 4.30–9.30 Uhr alle 30 Min., dann bis 16.30 Uhr stündl.; am Wochenende fahren auch noch später Busse.

Sixaola (5,25 US$, 3 Std.) Terminal von Autotransportes Mepe, 5–19 Uhr stündl.

SCHIFF/FÄHRE

In Limón legen zwar Kreuzfahrtschiffe an, kleinere Passagierboote auf dem Weg nach Parismina und Tortuguero dagegen nutzen den Hafen von Moín etwa 7 km westlich der Stadt.

Von 5.30 bis 18.30 Uhr fahren jede Stunde (samstags und sonntags seltener) Tracasa-Busse vom Terminal Caribeño in Puerto Limón nach Moín (0,60 US$, 20 Min.). Aussteigen, bevor der Bus die Brücke überquert!

ABACAT (Asociación de Boteros de los Canales de Tortuguero; ☎8360-7325) Bietet regelmäßige Verbindungen nach Tortuguero.

Tropical Wind (☎8327-0317, 8313-7164) In der Hauptsaison fast täglich Shuttles zwischen Tortuguero und Moín.

Cahuita

11 479 EW.

Obwohl sich der Tourismus an der südlichen Karibikküste Costa Ricas stark ausgebreitet hat, herrscht in Cahuita immer noch ein entspanntes karibisches Flair. Die Straßen sind unbefestigte Pisten, viele der älteren Häuser stehen auf Stelzen und die Nachbarn unterhalten sich immer noch in Mekatelyu (einer Kreolsprache auf Basis des Englischen). Der schöne Strand mit schwarzem Sand außerhalb des Städtchens und das lässige Verhalten der Leute erinnern immer noch an die nicht so ferne Vergangenheit, als es in dem Gebiet nur wenig mehr als ein paar Kakaoplantagen gab.

Cahuita rühmt sich, die Heimat des ersten afrokaribischen Dauersiedlers in der Gegend gewesen zu sein, eines Schildkrötenjägers namens William Smith, der 1828 mit seiner Familie nach Punta Cahuita kam. Heute betreiben seine Nachfahren und die der vielen anderen westindischen Einwanderer Hinterhoflokale mit leckerem Essen oder vermieten die bunten Bungalows an diesem idyllischen Küstenstreifen.

Das auf einer netten Landspitze gelegene Städtchen hat selbst keinen Strand. Die meisten Leute, die Lust auf Strand haben, fahren fünf Minuten die Küste hoch zur Playa Negra oder Richtung Südosten in den Parque Nacional Cahuita.

Sehenswertes

Parque Nacional Cahuita NATIONALPARK
(Eintritt 5 US$) Der nur 10 km² große, aber schöne Park zählt zu meistbesuchten Nationalparks in Costa Rica. Das hat einfache Gründe: Ganz in der Nähe wartet Cahuita mit schönen Unterkünften auf, der Park ist leicht zugänglich und an den weißen Sandstränden, beim Korallenriff und im Küstenregenwald tummeln sich zahllose Tiere.

Tree of Life GARTEN
(☎8317-0325, 2755-0014; www.treeoflifecostarica.com; Erw./Kind 15/7,50 US$; ⏲Führungen Di–So 11 Uhr, Mai, Juni, Sept. & Okt. geschl.) Dieses liebevoll gepflegte Tierschutzzentrum samt botanischem Garten liegt 3 km nordwestlich des Orts an der Straße zur Playa Negra. Hier werden Tiere gerettet und gepflegt und es wird gleichzeitig für den Naturschutz geworben. Zu den hier residierenden Geschöpfen zählen gewöhnlich Honigbären, Nabelschweine, Faultiere, Affen und Tukane. Das Ganze ist ausgezeichnet auf Englisch beschildert. Außerdem kann man hier Freiwilligenarbeit leisten – Näheres auf der Website.

★ **Playa Negra** STRAND
Am nordwestlichen Ende von Cahuita liegt die Playa Negra, ein langer Strand mit schwarzem Strand, an dem die *bandera azul ecológica* aufgezogen ist, eine Flagge, die anzeigt, dass der Strand höchsten ökologischen Standards genügt. Dieses Gelände ist zweifellos Cahuitas bester Badestrand, der außerdem nie überfüllt ist. Bei starkem Wellengang gibt es hier auch klasse Brecher für Anfänger.

Aktivitäten

Schwimmen

Fast unmittelbar nach dem Betreten des Parks erblickt man die 2 km lange **Playa Blanca**, die sich an einer sanft gebogenen Bucht Richtung Osten erstreckt. Die ersten 500 m des Strands eignen sich nicht unbedingt zum Baden, doch dahinter herrscht in der Regel nur ein leichter Wellengang – nach den grünen Fahnen Ausschau halten, die die sicheren Badebereiche markieren! Vom nächsten Strand, der **Playa Vargas**, ist der Strand durch die felsige Landspitze Punta Cahuita getrennt. Wer badet, sollte auf keinen Fall Kleidung und andere Sachen unbeaufsichtigt zurücklassen.

Cahuita

Wandern

Der einfache, 8 km lange **Küstenpfad** führt vom Kelly Creek durch den Dschungel nach Puerto Vargas. Manchmal folgt der Weg dem Strand, manchmal verläuft er 100 m landeinwärts. Am Ende des ersten Strands, der Playa Blanca, müssen die Wanderer den dunklen Río Perezoso durchwaten, den „faulen Fluss", der die Punta Cahuita in zwei Teile teilt. Bevor man losgeht, sollte man sich über die aktuellen Bedingungen hier informieren: Normalerweise ist der Fluss recht leicht zu durchwaten, doch nach starken Regenfällen kann er unpassierbar sein, da er den Ausfluss des Sumpfes bildet, der die Landzunge bedeckt.

Um die Punta Cahuita herum führt der Weg anschließend zur langen Playa Vargas und endet an der Südspitze des Riffs an einer Straße, die zur Rangerstation Puerto Vargas führt. Von der Rangerstation sind es dann noch 1,5 km auf einer Schotterstraße zum Parkeingang. Von hier kann man die 3,5 km auf der Küstenstraße zurück nach Cahuita gehen oder versuchen zu trampen.

☞ Geführte Touren

Centro Turístico Brigitte REITEN

(☎ 2755-0053; www.brigittecahuita.com; Playa Negra) Dieser gut ausgeschilderte Veranstalter an einer Nebenstraße hinter der Reggae Bar in der Mitte der Playa Negra hat ein breit gefächertes Programm, ist jedoch auf Reittouren (3 Std. bis ganzer Tag, 60–110 US$) und Surfunterricht (35 US$ inkl. Board) spezialisiert. Außerdem werden Fahrräder (8 US$) verliehen und es gibt einen Wäscheservice (10 US$ pro Maschine) und Internet (2 US$ pro Std.). Das volle Angebot findet man auf der Website oder man erkundigt sich vor Ort.

Zum Übernachten stehen zwei einfache Holz-*cabinas* und zwei Einzelzimmer zur

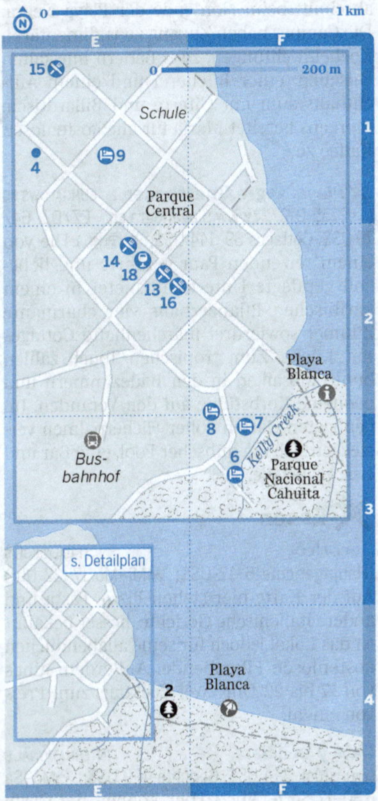

Cahuita

Highlights
1 Playa Negra C3

Sehenswertes
2 Parque Nacional Cahuita E4
3 Tree of Life A1

Aktivitäten, Kurse & Touren
4 Cahuita Tours E1
5 Centro Turístico Brigitte C3

Schlafen
6 Bungalows Aché F3
7 Cabinas Riverside F3
8 Cabinas Secret Garden F2
9 Cabinas Smith 1 & 2 .... E1
10 Cabinas Tito D3
11 Camping María C2
12 Playa Negra Guesthouse C3

Essen
13 Café y Delicias E2
14 Cocoricó E2
15 Miss Edith's E1
16 Smoothie Bar & Crêpe Café E2
17 Sobre Las Olas D3

Ausgehen & Nachtleben
18 Coco's Bar E2

Verfügung und obendrein gibt's ein gutes Restaurant.

Cahuita Tours TOUREN
(☎2755-0101, 2755-0000; www.cahuitatours.com) Dieser Veranstalter gehört zu den etabliertesten vor Ort.

Snorkeling House TOUREN
(☎8361-1924; www.snorkelinghouse.com) Der einheimische Tourguide und Naturschützer Fernando Brown bietet von Miss Edith's (S. 593), dem Restaurant seiner Familie, ausgezeichnete Schnorchelausflüge in den Cahuita-Nationalpark. Die Tour umfasst zwei Stopps, an denen oft Riffhaie, Rochen und zahlreiche andere Fische zu sehen sind, und endet mit einem frischen Fruchtimbiss.

Schlafen

Es gibt zwei Ecken mit Unterkünften in Cahuita: das Ortszentrum (wo es etwas laut zugehen kann) und die Gegend nördlich des Orts an der Playa Negra. Wer bei Dunkelheit zu Fuß zwischen der Playa Negra und dem Ortszentrum unterwegs ist, sollte keine Wertsachen dabeihaben; besser fährt man mit dem Fahrrad oder nimmt ein Taxi, besonders wenn man allein unterwegs ist.

Zentrum

Cabinas Riverside CABINAS $
(☎8893-2252; DZ mit/ohne Küche 30/25 US$; P) Die von dem freundlichen, aus Cahuita stammenden Peck Ferguson und seiner Familie geführte saubere Budgetunterkunft gleich um die Ecke von der Rangerstation Kelly Creek bietet neun einfache Zimmer mit Moskitonetzen und warmen Duschen. Fünf etwas teurere Zimmer verfügen über Küchen. Der grasbewachsene Hof grenzt an ein sumpfiges Gebiet, wo sich Kaimane, Affen und Faultiere beobachten lassen.

Cabinas Secret Garden CABINAS $
(☎2755-0581; koosiecosta@live.nl; B/EZ/DZ/3BZ 12/18/22/30 US$; P WLAN) Die winzige Unterkunft mit üppigem Garten hat fünf geflieste Zimmer mit Ventilatoren, Moskitonetzen und warmem Wasser in den Duschzellen

sowie einen 5-Bett-Schlafsaal mit kalten Duschen. In der netten Gemeinschaftsküche gibt's kostenlos Kaffee.

Cabinas Smith 1 & 2 CABINAS $

(☎2755-0068; EZ/DZ/3BZ mit Ventilator 18/23/30 US$, EZ/DZ/3BZ/4BZ mit Klimaanlage 30/35/40/45 US$; P❄📶) Die sauberen Zimmer auf zwei Grundstücken zwischen der Hauptstraße und dem Wasser werden von einem freundlichen älteren Paar gemanagt, das schon ewig hier lebt. Die acht Zimmer neben dem Haus der Eigentümer haben Fernseher, Klimaanlage und WLAN. Die fünf älteren Zimmer mit Ventilator um die Ecke sind eigentlich nur für absolute Sparfüchse interessant. Für alle gibt's eine Gemeinschaftsküche.

Bungalows Aché BUNGALOWS $$

(☎2755-0119; www.bungalowsache.com; Bungalow EZ 45 US$, DZ 50–55 US$; P📶) In Nigeria bedeutet *Aché* „Amen" – und das sagen die Traveller, wenn sie diese makellosen Bungalows aus poliertem Holz auf einem grasbewachsenen Grundstück gleich beim Nationalpark erblicken. Jede der achteckigen Hütten ist mit Schließfach, Minikühlschrank, Wasserkessel und einer kleinen Terrasse mit Hängematte ausgestattet. 1 km landeinwärts steht noch ein Ferienhaus mit drei Schlafzimmern (DZ 70 US$, für bis zu 7 Pers. 120 US$) zur Verfügung.

Playa Negra

Cabinas Tito BUNGALOWS $

(☎8880-1904, 2755-0286; www.cahuita-cabinastito.com; DZ mit/ohne Warmwasser 35/25 US$, jede weitere Pers. 10 US$, Häuser für 4 Pers. 70 US$; P📶) Die stille, von einer Familie betriebene Oase liegt nur 200 m nordwestlich von Cahuita, ist jedoch von weitläufigen tropischen Gärten und Bananenstauden umgeben. Sie umfasst sieben saubere, bunt gestrichene einfache *casitas* (eine mit Küche) sowie ein familienfreundliches Haus im karibischen Stil. Tito, der nette und charmante junge Gastgeber, hat gerade die Uni abgeschlossen und versucht aktiv, Lebensräume für Vögel, Frösche und andere Tiere zu schaffen.

Camping María CAMPINGPLATZ $

(☎2755-0091; Stellplätze 8 US$ pro Pers., mit Zeltmiete 10 US$; 📶) Besteht aus sieben einladenden, geräumigen Stellplätzen im Schatten von Kokospalmen und verschiedenen Obstbäumen an einem wunderschönen Uferabschnitt beim Nordende der Playa Negra. Die Camper haben Zugang zu rudimentären Kocheinrichtungen, zwei Bädern mit kalten Duschen, einer Bücherei und einem Aufenthaltsraum mit Gitarre und Billardtisch. Morgens bereitet María für alle kostenlosen Kaffee zu.

★ **Playa Negra Guesthouse** BUNGALOWS $$

(☎2755-0127; www.playanegra.cr; EZ/DZ 64/79 US$, Cottages 89–144 US$; P📶🏊) Die von einem reizenden Paar geführte und liebevoll gepflegte Unterkunft bietet in einem karibischen Pflanzerhaus vier charmante Zimmer sowie drei märchenhafte Cottages mit Küche. Zum tropischen Touch zählen bunte Mosaiken in den Badezimmern und bequeme Korbstühle auf den Veranden. Im gepflegten Garten voller Fächerpalmen verstecken sich ein hübscher Pool, eine Bar und eine Grillstelle.

Essen

Cocoricó ITALIENISCH $

(Hauptgerichte 6–12 US$; ⏲Mi–Mo 17–22 Uhr) Auf der Karte hier stehen Pizza, Pasta und andere italienische Gerichte, besser bekannt ist das Lokal jedoch für seine allabendlichen kostenlosen Filmabende. Außerdem gibt's von 17 bis 22 Uhr zwei Cocktails zum Preis von einem.

Café y Delicias INTERNATIONAL $

(Frühstück 3–4 US$, Gerichte 4–9 US$; ⏲Mo–Sa 6.30–17, So 7–13 Uhr) Hier können die Gäste den Morgen mit einer Tasse Kaffee und einer warmen Zimtschnecke begrüßen oder sich am Nachmittag bei einem erfrischenden *jugo* entspannen. Zum Frühstück wird u. a. *French toast* mit Frühstücksspeck serviert, mittags stehen dann Salate, Spaghetti und Quiche auf dem Speisezettel. Die herzhaften Sandwiches mit selbstgebackenem Brot sind perfekt für ein Strandpicknick im Nationalpark.

Smoothie Bar & Crêpe Café SAFTBAR, CRÊPERIE $

(Säfte 2–4 US$, Crêpes 3–7 US$; ⏲7–17.30 Uhr) In diesem freundlichen Lokal an der Hauptstraße zaubert Sherilyn frische Obst-Crêpes und mit Wasser, Milch, Joghurt oder Eiscreme gemischte Säfte. Jeden Tag gibt's einen preisgünstigen Tagessaft (2 US$), aber noch besser ist das *agua de sapo*, ein köstliches, die Nasennebenhöhlen befreiendes karibisches Gebräu aus Zitronensaft, Wasser, braunem Zucker und jeder Menge frischem Ingwer.

BUSSE VON CAHUITA

ZIEL	PREIS (US$)	DAUER (STD.)	HÄUFIGKEIT (TGL.)
Manzanillo	2,40	1	7–19 Uhr etwa alle 2 Std.
Puerto Limón	2,40	1½	6–20 Uhr etwa alle 30 Min.
Puerto Viejo de Talamanca	1,50	½	7–19 Uhr etwa alle 2 Std.
San José	8,90	4	7, 8, 9.30, 11.30 & 16.30 Uhr
Sixaola	3,95	2	6–19 Uhr stündl.; kommt durch Bribrí

★ **Sobre Las Olas** FISCH & MEERESFRÜCHTE $$
(☎2755-0109; Pasta 12–15 US$, Hauptgerichte 12–25 US$; ⊙Mi–Mo 12–22 Uhr; ✎) Zu den Knoblauch-Shrimps, der Meeresfrüchte-Pasta und dem frischen Fisch des Tages vom Grill werden in diesem schönen Lokal, das einem lebhaften Paar gehört, der Sound der ans Land prallenden Wellen und der Ausblick auf das glitzernde Karibische Meer serviert – dies ist die Topadresse in Cahuita für ein romantisches Essen am Wasser, nur 400 m nordwestlich des Orts an der Straße zur Playa Negra. Platz für das köstliche Tiramisu lassen!

★ **Miss Edith's** KARIBISCH $$
(☎2755-0248; Hauptgerichte 6–24 US$; ⊙7–20 Uhr; ✎) In dem alteingesessenen Restaurant locken verschiedene karibische Spezialitäten sowie einige vegetarische Speisen. Der Service ist vielleicht etwas zu entspannt und einige Gerichte sind nicht gerade spektakulär, doch das pikante *jerk chicken* und die in Knoblauch geschmorten Kartoffeln lohnen das Warten allemal.

Ausgehen & Nachtleben

Coco's Bar BAR
(www.facebook.com/cocosbar.cahuita; ⊙12 Uhr–open end) In der sonst so ruhigen Ortschaft gibt es eine Partyhöhle: Coco's Bar. Der Laden an der Hauptkreuzung ist unübersehbar in den Rastafarben Rot, Gold und Grün gestrichen, und der Reggaetón dröhnt bis 23 Uhr. An einigen Abenden, in der Regel am Wochenende, gibt es Livemusik.

Praktische Informationen

Banco de Costa Rica (⊙Mo–Fr 9–16 Uhr) Am Busbahnhof; mit Geldautomat.

Internet Palmer (2 US$ pro Std.; ⊙7–19.30 Uhr) Internetzugang, in der Dorfmitte.

Rangerstation Kelly Creek (☎2755-0461; Eintritt per Spende; ⊙6–17 Uhr)

Rangerstation Puerto Vargas (☎2755-0302; Eintritt 5 US$; ⊙Mo–Fr 8–16, Sa & So 7–17 Uhr)

An- & Weiterreise

Die Busse von Autotransportes Mepe kommen am Busbahnhof rund 200 m südwestlich des Parque Central an und fahren dort ab.

Puerto Viejo de Talamanca

Es gab eine Zeit, als die einzigen Reisenden in dem kleinen Ort am Meer, der ursprünglich Old Harbor hieß, nur furchtlose Surfer waren, die mit dem Surfbrett unterm Arm auf dem Weg zur Salsa Brava durch die stillen, staubigen Straßen stapften. Diese Zeiten sind definitv vorbei. Heute ist die boomende karibische Partystadt voller Leben: Straßenhändler verhökern kitschigen Rasta-Krimskrams und Bob-Marley-T-Shirts, stilvolle Restaurants servieren alle mögliche globale Fusionskost und aus absichtlich rustikal gehaltenen Bambus-Bars dröhnen Dancehall und Reggaetón. Auch trifft man hier auf eine offen hedonistische Szene mit entschlossenen Partypeople, die gekommen sind, um ausgiebig dem Haschisch und dem *guaro* zu frönen.

Trotzdem hat sich Puerto Viejo seinen Charme bewahrt. Nur ein paar Blocks abseits der Hauptstraße mit dem Kommerztrubel stößt man auf unbefestigte, verschlafene Gassen und isst in der Gesellschaft einheimischer Familien würzigen karibischen Eintopf. In der Nähe finden sich Obst- und Kakaoplantagen im Regenwald, wo Vögel keckern und Frösche quaken, und weitläufige Strände, an denen Surfen und Schlafen den Tagesrhythmus bestimmen. Wer relaxen, ein bisschen feiern und gut essen will, ist hier also genau richtig.

Sehenswertes

★ **Playa Cocles** STRAND
Die rund 2 km östlich vom Ort gelegene Playa Cocles bietet Surfern, die sich auf der nahen Salsa Brava, Costa Ricas größtem Break, nicht die Knochen brechen wollen,

Puerto Viejo de Talamanca

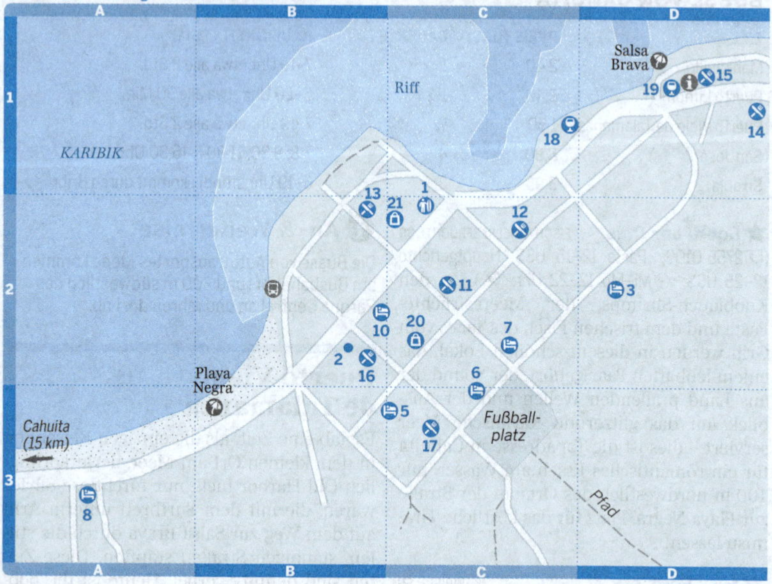

eindrucksvolle Wellen. Sowohl die Left Breaks als auch die Right Breaks brechen nicht weit vom steilen Strand. Am besten sind die Bedingungen gewöhnlich von Dezember bis März sowie eher früh am Tag, bevor der Wind auffrischt.

Jaguar Centro de Rescate TIERSCHUTZGEBIET
(☎2750-0710; www.jaguarrescue.com; Playa Chiquita; Erw./Kind unter 10 J. 20 US$/frei; ⏲Führungen Mo–Sa 9.30 & 11.30 Uhr; 👪) 🌿 Das nach seinem ursprünglichen Bewohner benannte, gut geführte Tierschutzzentrum konzentriert sich jetzt vor allem auf andere Tiere wie Greifvögel, Faultiere und Affen. Es kümmert sich um verwaiste, verletzte und gerettete Tiere, um sie später wenn möglich wieder auszuwildern. Gegründet wurde das Zentrum vom Zoologen Encar und seinem Partner Sandro, einem Herpetologen. Wer möchte, kann hier – mindestens drei Wochen lang – Freiwilligenarbeit leisten.

Aktivitäten

Auf dem Riff vor dem Dorf bricht die berühmte Salsa Brava, ein seichter Break, der zu den berüchtigtsten Wellen des Landes zählt. Diese Welle zu reiten hat's in sich – wer verliert, wird von den Wellen direkt aufs Riff geschleudert – und ist definitiv nichts für Anfänger. Die Salsa Brava bietet sowohl Right und Left Breaks, doch der Right Break ist gewöhnlich schneller. Am besten sind die Bedingungen bei östlicher Dünung.

Die besten Wellen findet man in der Gegend gewöhnlich von November bis März, und dann gibt's noch eine Minisaison im Juni und Juli. Von Ende März bis Mai und im September und Oktober ist das Meer am ruhigsten.

Mehrere Surfschulen im Ort verlangen für zwei Stunden Unterricht 40 bis 50 US$. An Ständen im ganzen Ort werden Bretter vermietet (ab etwa 20 US$ pro Tag).

Caribbean Surf School SURFEN
(☎8357-7703) Unterricht vom superfreundlichen Surflehrer Hershel Lewis, der allgemein als bester Lehrer des Orts gilt. Seit einiger Zeit unterrichtet er auch Stehpaddeln.

One Love Surf School SURFEN
(☎8719-4654; jewell420@hotmail.com) Julie Hickey und ihre surfenden Söhne Cedric und Solomon bieten neben Surfunterricht auch eine Massageschule und Yoga-Unterricht für Frauen und Kinder.

Geführte Touren

Chocolate Forest Experience TOUREN
(☎8836-8930, 8341-2034; www.caribeanscr.com/chocolate-tour; Playa Cocles; geführte Touren

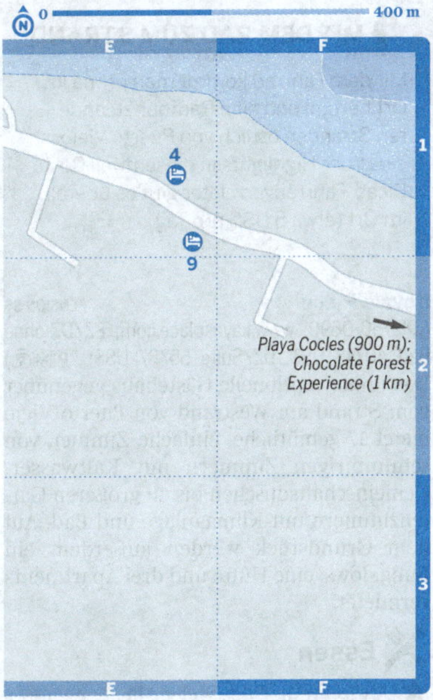

26 US$; ⌚ Führungen Mo 10, Di & Do 10 & 14, Fr & Sa 14 Uhr) Der an der Playa Cocles ansässige Schokoladenproduzent Caribeans veranstaltet Führungen durch seine nachhaltig betriebene Kakaopflanzung und sein Schokoladenschöpfungslabor, begleitet von Verkostungen.

Terraventuras TOUREN
(☎2750-0750; www.terraventuras.com; ⌚7–19 Uhr) Hat neben den üblichen Touren in der Region auch Übernachtungen in Tortuguero, eine Schamanentour und Kochunterricht in karibischer Küche im Programm. Außerdem verfügt der Anbieter über einen eigenen, 2,1 km langen Baumwipfelparcours (58 US$) mit 23 Plattformen und Schwungseil.

Schlafen

Hostel Pagalú HOSTEL $
(☎2750-1930; www.pagalu.com; B/EZ/DZ 12/30/33 US$, EZ/DZ ohne Bad 25/28 US$; P) Das ruhige, moderne Hostel ist eine Erholung von Puerto Viejos Partyszene. Die sauberen, luftigen Schlafsäle und die Doppelzimmer sind bestens ausgestattet, mit großen Schließfächern, Ladegeräten für MP3-Player und Leselampen über jedem Bett. Dazu kommen eine offene Gemeinschaftsküche und eine ruhige Lounge mit Tischen und

Puerto Viejo de Talamanca

Aktivitäten, Kurse & Touren
1 Caribbean Surf School C2
2 Terraventuras B2

Schlafen
3 Cabinas Tropical D2
4 Escape Caribeño E1
5 Hostel Pagalú C3
6 Hotel Pura Vida C3
7 Jacaranda Hotel & Jungle Garden C2
8 Kaya's Place A3
9 La Ruka Hostel E1
10 Lionfish Hostel B2

Essen
11 Bread & Chocolate C2
12 Café Rico C2
13 Como en mi Casa Art Café B2
14 De Gustibus D1
15 Laszlo's D1
16 Sel & Sucre B2
17 Soda Shekiná C3

Ausgehen & Nachtleben
18 Lazy Mon C1
19 Salsa Brava D1

Shoppen
20 Lulu Berlu Gallery C2
21 Ökomarkt C2

Hängematten sowie kostenloses Quellwasser zum Befüllen der eigenen Wasserflasche.

Cabinas Tropical CABINAS $
(☎2750-2064; www.cabinastropical.com; EZ/DZ/3BZ 40/45/55 US$; P) Die zehn großen Zimmer – eingerichtet mit lackiertem Holz und glänzenden Fliesen – umgeben einen gepflegten Garten am Ostrand des Orts. Aber die gemütlichen Zimmer sind nur ein Teil dessen, was den Reiz der Unterkunft ausmacht: Betreiber und Biologe Rolf Blancke leitet hervorragende Wanderungen, Vogelbeobachtungs-Exkursionen und Führungen über eine Obst- und Gewürzplantage in der Nähe (20–65 US$ pro Pers., mind. 2 Pers.).

Jacaranda Hotel & Jungle Garden CABINAS $
(☎2750-0069; www.cabinasjacaranda.net; EZ/DZ/3BZ/4BZ ab 30/45/50/55 US$; P) In der Nähe des Fußballplatzes liegt diese Unterkunft, in deren Blumengarten mit Mosaikwegen 15 einfache Holz-*cabinas* stehen, geschmückt mit tadellosen gefliesten Böden und Blumenwandbilder. Zur Anlage gehören eine kleine Gemeinschaftsküche und ein

Patio. Es werden auch Yoga-Klassen angeboten sowie im angeschlossenen Spa Massagen und Körperarbeit.

Hotel Pura Vida HOTEL $
(☎2750-0002; www.hotel-puravida.com; EZ/DZ/3BZ 55/55/65 US$, ohne Bad 40/45/55 US$; P 📶) Das Hotel gegenüber vom Fußballplatz fungiert gleichzeitig als Sprachschule und bietet solide Mittelklasse-Einrichtungen. Die zehn luftigen, makellosen Zimmer sind holzverkleidet und warten mit hellen Stoffen und Keramikfliesenböden auf. Viele haben fabelhafte Ausblicke ins umliegende Dorf. Das Duschwasser wird mit Sonnenenergie aufgeheizt und es gibt eine Lounge mit Lehnstühlen und Hängematten. Erhältlich sind außerdem Frühstück, Snacks und kaltes Bier.

La Ruka Hostel HOSTEL $
(☎2750-0617; www.facebook.com/laruka.hostel; B 10 US$, Zi. mit/ohne Bad 45/30 US$; 📶) Wenn das niedliche Gemälde vom surfenden Hund einen nicht anlockt, dann tut das sicher der herzliche Empfang durch die Eigentümer Dannie und Dave. Dieses Hostel unmittelbar östlich des Orts hat vorne geräumige Gemeinschaftsbereiche, hinten eine Gästeküche und oben einen Schlafsaal sowie und zwei Zimmer mit Gemeinschaftsbad.

Lionfish Hostel HOSTEL $
(☎2750-2143; www.facebook.com/thelionfishhostel; B 7–10 US$, Zi. 25 US$) Das neue Hostel wurde von einheimischen Surfern aus der Taufe gehoben und wendet sich an Traveller auf der Suche nach gleichgesinnten Abenteuerlustigen. Die Dorms sind einfach und manchmal ein bisschen muffig, aber das machen die Freudenfeuer und Grillpartys am Wochenende mehr als wett. Zur Zeit der Recherche entstand gerade ein Whirlpool.

Escape Caribeño BUNGALOWS $$
(☎2750-0103; www.escapecaribeno.com; EZ/DZ/3BZ mit Gartenblick 70/75/85 US$, mit Meerblick 90/95/105 US$; P ❄ @ 📶) Die sympathischen Eigentümer halten die 14 Bungalows mit blitzsauberen Bädern, einige auf der Strandseite und andere im Garten auf der anderen Straßenseite 500 m östlich des Orts Richtung Playa Cocles, stets in einem ordentlichen Zustand. Bei den teureren Bungalows handelt es sich um hübsche Bauten im Karibikstil mit Buntglas-Duschkabinen. Alle Bungalows verfügen über bestückte Minibars, Kabelfernsehen, Ventilatoren und Hängematten. Auch Frühstück (5–9 US$ extra) ist erhältlich.

> **MIT DEM RAD ZUM STRAND**
>
> Mit dem Fahrrad kommt man prima im Ort herum, und eine Radtour zu anderen Stränden östlich von Puerto Viejo ist eines der Highlights in diesem Teil Costa Ricas. Fahrradvermieter gibt es überall im Ort (etwa 5 US$ pro Tag).

Kaya's Place PENSION $$
(☎2750-0690; www.kayasplace.com; EZ/DZ ohne Bad 40/43 US$, DZ/Suite 55/87 US$; P ❄ 📶) Das unkonventionelle Gästehaus gegenüber vom Strand am Westrand von Puerto Viejo bietet 17 gemütliche, einfache Zimmer, von schummrigen Zimmern mit Kaltwasser-Gemeinschaftsduschen bis zu größeren Gartenzimmern mit Klimaanlage und Bad. Auf dem Grundstück werden außerdem ein Bungalows, eine Hütte und drei Apartments vermietet.

Essen

★ **Como en mi Casa Art Café** CAFÉ $
(☎6069-6337, 6069-6319; www.comoenmicasacostarica.wordpress.com; Kuchen 4 US$, Hauptgerichte 5–10 US$; ⊙Do–Di 7–16 Uhr; ✎) In dem entzückenden vegetarischen Café eines freundlichen, künstlerisch angehauchten Expat-Paares wird alles ganz ohne Fertigprodukte zubereitet, von der Marmelade über die scharfen Saucen bis zu den glutenfreien Pfannkuchen. Die Wände schmückt heimische Kunst und mit 10 % der Kaffeegewinne werden örtliche Schulen unterstützt. Merkwürdigerweise liegt das Café über einer Metzgerei mitten im Ort.

★ **Bread & Chocolate** FRÜHSTÜCK $
(☎2750-0723; Kuchen 4 US$, Mahlzeiten 6–9 US$; ⊙Mi–Sa 6.30–18.30, So bis 14.30 Uhr; ✎) Wer noch nie ein komplett hausgemachtes PB&J-Sandwiches gegessen hat (*bread, peanut butter and jelly* – Brot, Erdnussbutter und Marmelade), kann das in diesem Mekka für Glutenfreunde nachholen.

Café Rico CAFÉ $
(☎2750-0510; caferico.puertoviejo@yahoo.com; Frühstück 3–8 US$; ⊙5.30–13 Uhr; 📶) In diesem gemütlichen Gartencafé wird einer der besten hausgerösteten Kaffees in Puerto Viejo gebraut. Neben Frühstück gibt's auch noch kostenloses WLAN, einen Büchertausch, eine Wäscherei sowie einen Fahrrad- und Schnorchelausrüstungsverleih.

Für Gäste, die in den zum Café gehörigen *cabinas* übernachten, sind Wäscheservice und Verleih kostenlos. Die Zimmer kosten 30 bis 50 US$; ab drei Übernachtungen wird Rabatt gewährt.

Soda Shekiná KARIBISCH $
(☎2750-0549; Hauptgerichte 7–12 US$; ⏲Mi–Mo 11.30–21 Uhr) An einer Nebenstraße unmittelbar nordwestlich des Fußballplatzes liegt dieses Lokal mit Tischen aus Holzplanken auf einer Terrasse. In der Küche wird köstliche karibische Hausmannskost produziert, immer begleitet von Reis und Bohnen, Salat und karamellisierten gebratenen Bananen.

Sel & Sucre FRANZÖSISCH $
(☎2750-0636; Mahlzeiten 4–10 US$; ⏲12–21.30 Uhr;) Starker Kaffee und Smoothies aus frischen Früchten bilden eine schöne Ergänzung zu den sowohl herzhaften als auch süßen Crêpes. Diese Leckereien werden alle von Sebastien Flageul allein gezaubert, sodass man vielleicht etwas warten muss, aber es lohnt sich! Zur Zeit der Recherche entstand oben ein neues Hostel.

De Gustibus BÄCKEREI $
(☎2756-8397; www.facebook.com/degustibusbakery; Backwaren ab 1 US$; ⏲6.45–18 Uhr) Die Bäckerei an der Hauptstraße von Puerto Viejo hat sich mit ihren fabelhaften Focaccias (1 US$ pro Stück) eine treue Stammkundschaft gesichert. Es gibt aber auch Pizza, Apfelstrudel, Profiteroles und alle möglichen anderen süßen und herzhaften Köstlichkeiten, die man auch gut an den Strand mitnehmen kann.

★ **Laszlo's** FISCH & MEERESFRÜCHTE $$
(Hauptgerichte 16 US$; ⏲18–21.30 Uhr) Was kommt dabei heraus, wenn man einen Meistersportfischer, der in Transsilvanien aufwuchs, über einen Umweg über New Jersey nach Puerto Viejo verpflanzt? Die Antwort: ein wunderbar vielfältiges Restaurant ohne Schild und Karte, das nur dann geöffnet hat, wenn Eigentümer Laszlo genügend Essbares ins Netz gegangen ist. Der Tagesfang wird dann mit Knoblauch und Petersilie, hausgemachten Pommes frites und gegrilltem Gemüse aufgetischt. Lecker!

Ausgehen & Nachtleben

Lazy Mon CLUB
(⏲12.30–2.30 Uhr) Das Lazy Mon ist der bewährteste Livemusikladen von Puerto Viejo und lockt mit Reggae zur Happy Hour (16–19 Uhr) jede Menge Publikum an; in derselben Musikrichtung geht's dann den restlichen Abend über weiter. Die Gäste versammeln sich gerne um die Tischtennisplatten und Billardtische und jeden Donnerstagabend finden Feuershows statt.

Salsa Brava BAR
(☎2750-0241; ⏲11–3 Uhr) Die auf frische Meeresfrüchte und das Brutzeln auf dem offenen Grill spezialisierte Bar ist die perfekte Adresse für einen Cocktail am Ende des Tages; Happy Hour ist von 16 bis 18 Uhr. Dann werden vor dem Sonnenuntergang über dem Surfbreak Salsa Brava zwei Mojitos zum Preis von einem kredenzt. Freitag- und samstagabends legen bei den beliebten Reggaenächten Gast-DJs auf.

Shoppen

Lulu Berlu Gallery KUNSTHANDWERK
(☎2750-0394; ⏲9–21 Uhr) Diese Galerie an einer parallel zur Hauptstraße verlaufenden Straße verkauft Volkskunst, Bekleidung, Schmuck, Keramik, bestickte Brieftaschen und Mosaikspiegel sowie andere einzigartige, in der Gegend hergestellte Stücke. Hinterm Laden eröffnete kürzlich das beliebte Restaurant Congo Reef.

Biomarkt MARKT
(⏲Sa 6.30–11 Uhr) Auf dem wöchentlichen Biomarkt werden für die Region typische Lebensmittel verkauft, u. a. auch Schokolade. Nach 9 Uhr sind die besten Sachen schon weg.

Praktische Informationen

Banco de Costa Rica (⏲Mo–Fr 9–16 Uhr) Die beiden Geldautomaten für Plus und Visa geben sowohl Colones als auch Dollar aus. Am Wochenende geht ihnen manchmal das Geld aus und überhaupt können sie sich zuweilen launisch gebärden – wenn einem ein Automat kein Geld geben möchte, kann man es am anderen versuchen.

Banco Nacional (⏲Mo–Fr 9–16 Uhr, Geldautomat tgl. 6–22 Uhr) Nicht weit von der Hauptstraße bei der Brücke, die in die Stadt führt. Nur Colones.

Costa Rica Way (☎2750-3031; www.costaricaway.info; ⏲8–18 Uhr) Internetzugang und verlässliche Informationen zu Touren und Aktivitäten in der Gegend.

Pipens Internet (☎2750-0486; 2 US$ pro Std.; ⏲9–20 Uhr) Computer mit Internet sowie WLAN. Neben dem Busbahnhof.

BUSSE AB PUERTO VIEJO

ZIEL	PREIS (US$)	DAUER	HÄUFIGKEIT (TGL.)
Bribrí/Sixaola	1,50/3,35	30/90 Min.	6.30–19.30 Uhr etwa stündl.
Cahuita/Puerto Limón	1,50/3,60	30/90 Min.	5.30–18.30 Uhr etwa stündl.
Manzanillo	1,30	30 Min.	6.45–19.45 Uhr alle 2 Std. (am Wochenende seltener)
San José	10,90	5 Std.	tgl. 7.30, 9, 11 & 16, So außerdem 13 Uhr

Puerto Viejo Satellite (www.puertoviejo satellite.com) Informationen über Unterkünfte, Restaurants und Aktivitäten.

GEFAHREN & ÄRGERNISSE

Man sollte immer daran denken, dass der Konsum von Marihuana in Puerto Vieja zwar verbreitet sein mag, aber dennoch illegal ist.

Wie in anderen Touristenorten kann auch hier Diebstahl ein Problem darstellen. Wachsam sein, den Hotelsafe benutzen, und wer außerhalb der Stadt nächtigt, sollte bei Dunkelheit nicht allein unterwegs sein.

An- & Weiterreise

Alle öffentlichen Busse nutzen die Bushaltestelle an der Strandstraße im Zentrum von Puerto Viejo. Das Fahrkartenbüro befindet sich schräg gegenüber.

Sixaola

11 061 EW.

Hier enden die Straße und das Land: Eine holprige Teerpiste führt zu einer alten Eisenbahnbrücke über den Río Sixaola, die als Grenzübergang nach Panama dient. Wie die meisten Grenzstädte ist Sixaola mit seinen Spelunken und Straßenständen, an denen Gummistiefel verkauft werden, nicht gerade liebreizend.

Für eine Übernachtung hier gibt's eigentlich keinen Grund; wer doch hier strandet, findet in den ruhigen, sauberen **Cabinas Sanchez** (☎2754-2105; DZ/3BZ 20/30 US$; 📶) ein Bett.

Der Busbahnhof liegt gleich nördlich des Grenzübergangs einen Block östlich der Hauptstraße.

Die Busse nach San José (13,15 US$, 6 Std., 6, 8, 10 und 15 Uhr) und Puerto Limón (6,30 US$, 3 Std., 5–19 Uhr stündl.) halten alle in Bribrí und Cahuita.

Außerdem verkehren regelmäßig Busse nach Puerto Viejo de Talamanca (3,25 US$, 1 Std., Mo–Sa 5.30–19.30 Uhr stündl., So alle 2 Std.).

Informationen zum Grenzübergang siehe S. 668.

ARENAL & DAS NÖRDLICHE TIEFLAND

Die Hauptattraktion der Region ist der jetzt inaktive Vulkan, umgeben von alten Lavafeldern, blubbernden heißen Quellen und einem atemberaubenden See. Entlang der wilden Flüsse und im tropischen Dschungel des nördlichen Tieflands liegt das „echte" Costa Rica, wo kommerzielle Landwirtschaft und Umwelt- und Naturschutz nebeneinander existieren. Vom Grenzgebiet mit Nicaragua erstrecken sich Richtung Süden zur Cordillera de Tilarán Bananen-, Zuckerrohr- und Ananasplantagen über die feuchten Ebenen. In dieser Gegend gedeiht der gemeindebasierte Tourismus und verschafft der hier traditionell starken Landwirtschaft zusätzliches Einkommen. Besucher können in der Wildnis Aras erspähen, zusammen mit einheimischen Guides über rauschende Stromschnellen und tiefblaue Lagunen paddeln und schließlich in Lodges nächtigen, die zugleich private Regenwaldreservate sind. Wem es mit dem Tourismus andernorts zu viel wird, der kann sich hier mit einer erfrischenden Dosis ländlichen Alltags und wilder Schönheit beruhigen.

La Fortuna & Volcán Arenal

Egal ob von Westen oder Osten her: Die Anfahrt ins Gebiet des Arenal ist spektakulär. Die Straße aus Tilarán im Westen schmiegt sich ans Nordufer der Laguna de Arenal und die Ausblicke auf den See und die Berge sind wirklich fesselnd, aber Autofahrer sollten sich trotzdem aufs Fahren konzentrieren und auf Schlaglöcher und Nasenbären achten. Beiderseits der Straße – sowohl an den grünen Hängen als auch unten am See – erscheinen hübsche Gasthäuser, hippe Cafés und exzentrische Galerien wie Bilder in einem Aufklappbuch. Wer aus Ciudad Quesada (San Carlos) kommt, hat den Volcán Platanar als Kulisse: Die Straße windet sich durch die grüne Agrarlandschaft, die reich an Flüssen ist, und führt durch wohlhabende Städtchen, in denen die Bougainvilleen blühen. Und wenn das Wetter mitspielt, erhebt sich vor einem der resolute Gipfel des Arenal.

Der Vulkan selbst ist zwar inaktiv, auf Besucher warten aber jede Menge Abenteuer. Sie können wandern, sich an Wasserfällen abseilen und unzählige Faultiere beobachten. Egal, welche Art der Erkundung man bevorzugt (Wandern, Radfahren, Reiten, Ziplining), hier ist alles machbar. Und nachdem man sich total ausgepowert hat, kann man in einem geothermal beheizten Becken die kleinen Wehwehchen wegplanschen.

Sehenswertes

★ Parque Nacional Volcán Arenal PARK
(☎2461-8499; Erw./Kind 15/5 US$; ⌚8–16 Uhr) Von 1968 bis 2010 war der Volcán Arenal ein stets aktives und Ehrfurcht gebietendes Naturwunder, das fast täglich bedrohliche Aschesäulen, gewaltige Explosionen und rote Magmaflüsse hervorbrachte. Das feurige Abendspektakel ist zwar vorerst vorbei, doch der Bergriese lohnt noch immer einen Besuch. Der zur Area de Conservación Arenal gehörende Nationalpark ist zerklüftet und vielfältig; 15 km gut markierte Wanderwege folgen alten Lavaströmen. Unterwegs bekommen die Wanderer Faultiere, Nasenbären, Brüllaffen, Weißschulterkapuziner und sogar Ameisenbären zu Gesicht.

Der Parque Nacional Volcán Arenal liegt westlich von La Fortuna. Der Haupteingang zum Park befindet sich an der Straße nach El Castillo (13 km westlich des Orts von der Hauptstraße abbiegen). Am einfachsten ist der Park mit dem Auto oder im Rahmen einer geführten Tour zu erreichen. Ansonsten nimmt man einen der Busse nach Tilarán und bittet den Fahrer, einen an der Abzweigung abzusetzen.

Catarata Río Fortuna WASSERFALL
(www.catarataríofortuna.com; Eintritt 12 US$; ⌚8–17 Uhr) Das glitzernde, 70 m lange Band klaren Wassers, das sich durch eine steile, dicht mit Bromeliengewächsen und Farnen bewachsene Schlucht aus dunklem vulkanischem Fels ergießt, kann man sich auch anschauen, ohne groß ins Schwitzen zu kommen. Doch der Abstieg und anschließende Aufstieg lohnen sich, um die Schlucht von ihrem Dschungelboden aus zu betrachten. Zwar ist es gefährlich, unter dem donnernden Wasserfall zu tauchen, doch in den herrlichen Badebecken mit spektakulärem Ausblick kann man gut schwimmen. Dies ist auch der Ausgangspunkt für den anstrengenden Aufstieg zum Cerro Chato.

Aktivitäten

Thermalquellen

Unterhalb von La Fortuna beheizt die Lava noch immer unzählige blubbernde Quellen. Hier gibt's kostenlose Thermalquellen, zu denen Einheimische den Weg weisen können. Wer's lieber etwas komfortabler mag, kann eines der Resorts der Gegend ansteuern.

★ Eco Termales Hot Springs THERMALQUELLE
(☎2479-8787; www.ecotermalesfortuna.cr; Eintritt 36 US$; ⌚10, 13 oder 17 Uhr; 👪) 🍃 In diesem abgezäunten Komplex 4,5 km nordwestlich der Stadt, der nur mit Reservierung zugänglich ist, ist alles von dem natürlichen Umlaufsystem in den Pools bis zur sanften Beleuchtung dezent, luxuriös und romantisch. Die Wege durch die wunderschöne Anlage sind von üppiger Vegetation gesäumt. Es werden immer nur maximal 100 Besucher eingelassen, um ein Ambiente der Stille und Abgeschiedenheit zu gewährleisten.

Paradise Hot Springs THERMALQUELLE
(www.paradisehotspringscr.com; Erw./Kind 23/15 US$; ⌚11–21 Uhr) In dieser ruhigen Anlage gibt's einen hübschen, großen Pool mit einem Wasserfall sowie mehrere kleine, abgeschiedene Becken, umgeben von üppiger Vegetation und tropischen Blüten. Die Becken sind unterschiedlich warm (bis 40 °C) und verfügen teils über Düsen für Hydromassagen. Das Paradise ist erheblich schlichter als die anderen, größeren Thermalquellanlagen, aber hier ist weniger los und das Ganze ist in der Regel entspannender und romantischer.

Wandern

Die große Attraktion hier ist der inzwischen inaktive Volcán Arenal. Den Nationalpark und mehrere private Reservate an seinem Rand durchziehen gut markierte Wege. Lohnende Ziele sind Wasserfälle, Lavaströme und Kraterseen, die sich auch ohne Guide erreichen lassen.

Cerro Chato Trail WANDERN
(www.arenalobservatorylodge.com; Arenal Observatory Lodge; Tageskarte 10 US$ pro Pers.) Der Cerro Chato Trail, die ultimative Wanderung im Nationalpark, schlängelt sich zunächst durch Weideland, bevor er steil in Urwaldbestände und in neblige Höhen aufsteigt.

Der Weg führt über den Cerro Chato, den inaktiven Nachbarn des Arenal, und endet an einem 1100 m hohen Vulkansee, der zu einem Bad einlädt. Die Wanderung ist hin und zurück nur 8 km lang, nimmt aber pro Strecke zwei bis drei Stunden in Anspruch.

Arenal 1968 WANDERN
(☎2462-1212; www.arenal1968.com; Eintritt 12 US$, Mountainbikeverleih 45 US$; ⌚7–22 Uhr) Dieses private Wegenetz befindet sich direkt beim Parkeingang auf dem ursprünglichen Lavastrom von 1968. Von einem *mirador* (Aussichtspunkt) bietet sich an klaren Tagen ein perfekter Blick auf den Vulkan. Für die Fahrt über diesen Weg können Mountainbikes ausgeliehen werden. Der Eingang befindet sich 1,2 km von der Abzweigung von der Fernstraße Richtung Park entfernt kurz vor der Rangerstation.

Geführte Touren

★Don Olivo Chocolate Tour ÖKOTOUREN
(☎6110-3556, 2469-1371; www.facebook.com/tourdechocolatedonolivo; Tour 25 US$; ⌚8, 10, 13 & 15 Uhr; 👪) Don Olivo und sein Sohn führen Besucher über die *finca* der Familie mit Zuckerrohrfeldern, Orangenhainen und natürlich Kakaopflanzungen. Das Verfahren, mit dem die merkwürdige Kakaobohne in die allseits beliebte dekadente Leckerei verwandelt wird, ist wirklich faszinierend. Obendrein darf unterwegs jede Menge probiert werden!

Bike Arenal RADFAHREN
(☎2479-7150; www.bikearenal.com; Av 319 A, Route 702; Leihräder 25/150 US$ pro Tag/Woche, halb-/ganztägige Tour 85/135 US$; ⌚7–18 Uhr) Dieser Veranstalter bietet Fahrradtouren auf unterschiedlichstem Fitnessniveau, u. a. eine beliebte Fahrt um den See herum und eine Halbtagstour nach El Castillo. Diese Touren können in abgewandelter Form auch auf eigene Faust unternommen werden. Wer sein Leihrad vorbestellt, dem wird es von einem englischsprachigen Mechaniker vorbeigebracht.

Tierbeobachtung

Arenal Oasis VOGELBEOBACHTUNG, NACHTSPAZIERGÄNGE
(☎2479-9526; www.arenaloasis.com; Nacht-/Vogelbeobachtungsspaziergänge 40/55 US$; ⌚17.45 Uhr) Die Familie Rojas Bonilla hat dieses Froschschutzgebiet geschaffen, in dem etwa 28 verschiedene Froscharten zu Hause sind. Aber auf den Abendführungen durch den Regenwald wird auch noch nach anderen nachtaktiven Tierchen Ausschau gehalten. Wer lieber morgens unterwegs ist, kann an einer Vogelbeobachtungstour teilnehmen. Reservierung empfohlen. 3 km vom Ortszentrum von La Fortuna entfernt; die Abholung vom Hotel kostet 10 US$.

Canoa Aventura KANUFAHREN
(☎2479-8200; www.canoa-aventura.com; Kanutour 67 US$; ⌚6.30–21.30 Uhr) Das alteingesessene Familienunternehmen ist auf Kanu- und Floßtouren spezialisiert, die von zweisprachigen Naturkundlern geleitet werden. Bei den meisten Touren steht die Tier-, insbesondere die Vogelbeobachtung, im Mittelpunkt.

Reiten

Arenal Wilberth Stables REITEN
(☎2479-7522; www.arenalwilberthstable.com; 65 US$ pro Pers.; ⌚7.30, 11 & 14.30 Uhr) An diesem Reitstall am Fuß des Arenal nehmen dreistündige Reittouren ihren Ausgang. Die Ritte führen durch Wälder und über Agrarland und es eröffnen sich See- und Vulkanblicke. Der Hof befindet sich gegenüber vom Eingang zum Nationalpark, aber es gibt auch ein Büro neben dem Arenal Resort Hostel im Ort.

Alberto's Horse Tours REITEN
(☎2479-7711, 2479-9043; www.facebook.com/albertoshorses; 85 US$ pro Pers.; ⌚8.30–13.30 Uhr) Alberto und sein Sohn führen beliebte Reittouren zur Catarata de la Fortuna. Die Ausflüge dauern drei oder vier Stunden, aber eine Stunde verbringt man mit der Wanderung hinunter zum Wasserfall und vielleicht einem Bad. Schöne Lage, schöne Pferde. Nur Barzahlung.

Canopy-Touren & Canyoning

Arenal Paraíso Canopy Tours CANOPY-TOUR
(☎2479-1100; www.arenalparaiso.com; Touren 45 US$; ⌚8–17 Uhr; 👪) Ein Dutzend Kabel spannen sich über die Schlucht des Río Arenal und ermöglichen eine einzigartige Aussicht auf zwei Wasserfälle sowie den Regenwald. Im Preis inbegriffen ist der Eintritt zum Swimmingpool und den 13 Thermalbecken des Resorts, die sich zwischen den Felsen und der Vegetation am Hang verstecken.

Sky Adventures CANOPY-TOUR
(☎2479-4100; www.skyadventures.travel; Erw./Kind SkyTrek 77/53 US$, Sky Tram 44/37 US$, Sky Walk 37/26 US$, Sky Limit 77/53 US$; ⌚7.30–16 Uhr) Hier in El Castillo gibt's Seilrutschen (Sky Trek), eine Gondelbahn (Sky Tram) und eine

Reihe von Hängebrücken (Sky Walk). Die Anlage ist sicher und gut geführt und die allermeisten Besucher haben hier ihren Spaß. Der Sky River Drift bietet eine einzigartige Kombination aus Seilrutsche, Baumbesteigung und Fluss-Tubing. Auf dem Gelände kann man übrigens auch Mountainbike fahren.

PureTrek Canyoning CANYONING
(☎2479-1313; www.puretrekcanyoning.com; 4 Std. inkl. Transport & Mittagessen 100 US$; ⊙7–22 Uhr; 👪) Das renommierte Unternehmen PureTrek bietet geführtes Abseilen drei Wasserfälle hinunter, von denen einer 50 m hoch ist. Außerdem: Felsklettern und der „Monkey Drop", eine Seilrutsche mit Abseilen am Ende. Es wird viel Wert auf Sicherheit und erstklassige Ausrüstung gelegt. Hier sind teils größere Gruppen unterwegs, was den Ablauf jedoch in der Regel nicht stört. Reservierung im Hauptbüro von PureTrek in einem Baumhaus 6 km westlich der Stadt.

Schlafen

Sleeping Indian Guesthouse PENSION $
(☎2479-8431, 8446-9149; sleepingindianguesthouse@gmail.com; Av Fort; DZ 45 US$; 📶) Eine entzückende, im ersten Stock gelegene Pension unmittelbar nördlich der Kirche. Die sechs netten, mit Ventilatoren ausgestatteten Zimmer haben hohe Decken, geflieste Böden, bunte Wände und große Fenster. Zum geräumigen Gemeinschaftsbereich zählen eine komplett eingerichtete Küche, zwei Balkone mit Vulkanblick und ein gemütliches Wohnzimmer mit Büchern, Spielen und schräger Kunst. Der Eigentümer wohnt im Haus und ist ein liebenswürdiger Gastgeber.

Arenal Hostel Resort HOSTEL $
(☎2479-9222; www.arenalhostelresort.com; Av Central; B/EZ/DZ/3BZ/4BZ 17/50/60/80/90 US$; P ❄ @ 📶 🏊) Diese einladende Unterkunft in einem schön angelegten Garten mit Hängematten, kleinem Pool, Partybar und Vulkanblick bietet das Beste aus Hostel und Resort. Alle Zimmer sind sauber, geräumig und mit Klimaanlage sowie eigenem Bad versehen. Achtung: Reisende beschweren sich immer wieder darüber, dass Reservierungen verlorengehen oder Gäste ins Hostel Backpackers La Fortuna weitergeschleust werden.

Arenal Backpackers Resort HOSTEL $
(☎2479-7000; www.arenalbackpackersresort.com; Av Central; B 14–18 US$, Zelte EZ/DZ 30/40 US$, EZ/2BZ/DZ 55/60/70 US$; P ❄ @ 📶 🏊) Das älteste Hostel-Resort in La Fortuna bezeichnet sich selbst als „5-Sterne-Hostel" und ist mit seinen Vulkanblicken recht angenehm. Wer hier absteigt, ruht auf orthopädischen Matratzen und alle Zimmer, auch die Dorms, verfügen über eigene Bäder mit warmen Duschen. Zwischen Schlafsaal und Hotel changiert die überdachte Zeltstadt: Die erhöht stehenden Zelte bieten Luftmatratzen und Strom, haben aber keine richtigen Wände, sodass man seine Nachbarn laut und deutlich hören kann.

Hostel Backpackers La Fortuna HOSTEL $
(☎2479-9129; www.hostelbackpackerslafortuna.com; B/EZ/DZ/3BZ/4BZ 15/45/50/70/85 US$; P ❄ @ 📶 🏊) Dies ist das „erwachsenste" Hostel der Stadt. Die Zimmer sind in Weiß und Beige gehalten und im üppig begrünten, hübschen Innenhof hängen Hängematten. Die Gäste können im Schwesterhostel, dem Arenal Hostel Resort, Pool und Bar nutzen und sich zur Party gesellen und anschließend hierher zurückkehren, um eine stille und komfortable Nacht zu genießen.

La Choza Inn GASTHOF $
(☎2479-9361; www.lachozainnhostel.com; Av Fort zw. Calle 2 & 4; B 10 US$, EZ/DZ 35/50 US$, Klimaanlage 10 US$, jeweils mit Frühstück; P ❄ @ 📶) Angesichts all der Budget-„Resorts" am Ort ist dieser reizende, altmodische, familiengeführte Gasthof eine erfrischende Abwechslung. Hier haben die Gäste Kontakt zum Nachwuchs und zu den Haustieren der Familie. Die Einrichtung ist einfach, doch die Mitarbeiter sind stets zuvorkommend. Zur Wahl stehen dunkle Palmholz-Schlafsäle und schöne Doppelzimmer mit Aussicht auf den Arenal vom Balkon.

Hotel Monte Real HOTEL $$
(☎2479-9357; www.monterealhotel.com; Av Arenal zw. Calle 3 & 5; Zi. 85–95 US$, Suite 110 US$, jeweils mit Frühstück; P ❄ 📶 🏊) Ein schickes modernes Motel in toller Lage am Río Burio am Stadtrand, mit dem Zentrum in der Nähe und der Natur mit hübschen Gärten und Tieren vor der Haustür. Die geräumigen Zimmer verfügen über Böden aus spanischen Fliesen, Holzdecken und Glasschiebetüren, einige auch über einen Balkon.

La Fortuna Suites PENSION $$
(☎8577-1555; www.lafortunasuites.com; DZ/Suite ab 55/95 US$, jeweils mit Frühstück; P ❄ 📶) Hier können die Gäste zu Mittelklassepreisen in Luxusausstattung schwelgen. Geboten werden edle Bettwäsche und Visco-Matratzen,

maßgefertigte Möbel und Flachbildfernseher, tolles Frühstück auf dem Balkon und umwerfende Ausblicke. Und trotz all dieser schönen Dinge ist es am Ende die Gastfreundschaft der Betreiber, die diese Unterkunft ganz besonders auszeichnet. 300 m westlich vom Parque Central.

Essen

Rainforest Café CAFÉ $

(☎2479-7239; Calle 1 zw. Av Central & Arenal; Hauptgerichte 4–6 US$; ⏰7–20.30 Uhr;) Normalerweise fängt man ja nicht mit dem Nachtisch an, aber die unwiderstehlichen süßen Leckereien dieses beliebten Cafés sind nicht nur schön anzuschauen, sondern auch extrem köstlich. An Herzhaftem stehen schmackhafte Burritos, *casados*, Sandwiches usw. auf der Karte, außerdem heiße und kalte Kaffeegetränke, darunter einige Spezialitäten wie Mono Loco mit Kaffee, Banane, Milch, Schokolade und Zimt.

La Central CAFÉ $

(☎2479-8080; Ecke Calle 2 & Av Central; Frühstück 3 US$, Hauptgerichte 4–8 US$; ⏰Mi–Mo 8–18 Uhr;) Die luftige Terrasse voller Grünpflanzen und Kunst ist eine perfekte Adresse für Frühstück und Mittagessen. Hier wird natürlich gesunde Kost aufgetischt, u. a. viele vegetarische Speisen wie frische Salate, köstliche Gemüseburger und eine orientalische Platte mit Hummus und *baba ganoush*. Später am Abend locken frische Fruchtcocktails und manchmal auch Livemusik.

Soda Viquez SODA $

(☎2479-7133; Ecke Calle 1 & Av Arenal; Hauptgerichte 6–10 US$; ⏰7–22 Uhr;) Traveller lieben den authentischen Geschmack der Speisen, die in der Soda Viquez gekocht werden. In dem superfreundlichen Lokal wird köstliche, *tipico* costa-ricanische Kost serviert, besonders *casados,* Reisgerichte und frische Obst-*batidos*. Vernünftige Preise, große Portionen.

Chifa La Familia Feliz FUSIONSKÜCHE $$

(☎8469-6327; Calle 2; Hauptgerichte 8–12 US$; ⏰11–22 Uhr;) Wem der Sinn nach einer echten Abwechslung zu *casados* und Pizza steht, sollte dieses Restaurant ansteuern. *Chifa* ist übrigens der peruanisch-spanische Ausdruck für „chinesisches Essen". Hier gibt's peruanisch-chinesische Kost, also etwas ganz Besonderes. Und der Koch gibt sich alle nur erdenkliche Mühe, alle seine Gäste willkommen zu heißen und zufriedenzustellen.

Anch'io Ristorante & Pizzeria ITALIENISCH $$

(☎2479-7024; Av Central; Hauptgerichte 10–18 US$; ⏰12–22 Uhr;) Wer Hunger auf Pizza hat, ist bei Anch'io an der richtigen Adresse. Hier sind die Krusten knusprig dünn, die Beläge großzügig und die Pizza kommt aus dem Holzofen. Als Einstieg bietet sich ein traditioneller Antipasto an, zum Runterspülen ein kaltes Bier oder eine Flasche Rotwein. Dazu kommen noch ein erstklassiger Service und ein netter Patio – und fertig ist ein fabelhaftes Speiseerlebnis.

Ausgehen & Nachtleben

El Establo BAR

(☎2479-7675; Calle 2; ⏰Mi–Sa 17–2 Uhr) La Fortunas laute *sendero*-Bar mit angeschlossener Disko bei der Stierkampfarena lockt stets feierfreudige Einheimische aller Altersstufen an.

Praktische Informationen

Centro Medico Sanar (☎2479-9420; Ecke Calle 5 & Av Fort; ⏰8–20.30 Uhr) Medizinische Hilfe, Krankentransporte und Apotheke.

Correos de Costa Rica (Av Fort; ⏰Mo–Fr 8–17.30, Sa 7.30–12 Uhr)

Servicios Contables Mario Esquivel (☎2460-8989, 2479-7027; www.secmesa.com; Calle 1; ⏰24 Std.) Die Privatklinik im Gebäude des Hotels Las Colinas ist rund um die Uhr geöffnet und hat Englisch sprechendes Personal.

An- & Weiterreise

BUS

Der **Busbahnhof** (Av Arenal) liegt an der Straße am Fluss. Besonders in den Wochenendbussen von/nach San José sollte man ein Auge auf sein Gepäck haben.

Monteverde (4 US$, 6–8 Std.) Mit dem frühen Bus nach Tilarán, wo man ein paar Stunden auf den Anschlussbus nach Santa Elena warten muss.

San José (Auto-Transportes San José–San Carlos) 5 US$, 2 Std., Abfahrt um 12.45 und 14.45 Uhr. Oder man nimmt den Bus nach Ciudad Quesada, von wo regelmäßig Busse nach San José fahren.

Tilarán Mit Anschluss nach Monteverde (Auto-Transportes Tilarán, Abfahrt am Parque Central) 3 US$, 3½ Std., Abfahrt um 8 und 16.30 Uhr.

TAXI-BOOT-TAXI

Die schnellste Verbindung zwischen Monteverde-Santa Elena und La Fortuna ist eine Kombifahrt per Taxi, Boot und wiederum Taxi (früher hieß das Ganze Jeep-Boot-Jeep, war aber dasselbe). Beim Taxi handelt es sich um einen Minivan mit dem erforderlichen gelben „*turismo*“-Aufkleber; der Van befördert seine Fahrgäste zur Laguna de Arenal, wo diese in ein Boot umsteigen, das sie über den See bringt. Am anderen Ende geht's mit einem Allradtaxi weiter nach Monteverde. Diese tolle Verbindung kann über fast alle Hotels und Reiseveranstalter gebucht werden (25–35 US$, 4 Std.). Und da diese Tour landschaftlich sehr reizvoll und auch nicht gar so teuer ist, entwickelt sie sich immer mehr zur Hauptverbindung zwischen La Fortuna und Monteverde.

Tilarán

7300 EW.

Das kleine Städtchen Tilarán am südwestlichen Ende der Laguna de Arenal verströmt als altbewährtes agrarisches Regionalzentrum einen lockeren Mittelschichtcharme. Heute dient es zudem als Versorgungszentrum für die wachsende Expat-Gemeinde, die am Ufer der Laguna de Arenal lebt.

Die meisten Reisenden kommen auf dem Weg zwischen La Fortuna und Monteverde einfach nur hier durch. Dank seiner Lage an den Hängen der Cordillera de Tilarán ist das Städtchen jedoch eine erheblich kühlere und coolere Alternative zu den Orten an der Panamericana.

Schlafen & Essen

Hotel Tilarán HOTEL **$**
(☎2695-5043; EZ/DZ ohne Bad 14/22 US$, mit Bad 20/26 US$; P) Die billigen Zimmer sind winzig und mehr oder weniger sauber. Wenn man eines der Zimmer nach hinten raus ergattert, ist diese Unterkunft auf der Westseite des Parque Central eine ordentliche Budget-Wahl. Zur Straße raus liegt eine nette Retro-Bar.

Hotel Guadalupe HOTEL **$$**
(☎2695-5943; www.hotelguadalupe.co.cr; EZ/DZ mit Frühstück 40/60 US$; P) Dieses moderne Hotel zieht mit seinen einfachen Zimmern in Juwelentönen und mit gefliesten Böden vor allem Geschäftsreisende an. Der Service ist freundlich und effizient und es gibt ein recht gutes Restaurant, einen Pool, ein Kinderbecken und einen Whirlpool.

An- & Weiterreise

Die Busse nutzen ein Terminal einen halben Block westlich vom Parque Central. Die Fahrkarten für die Busse, die sonntagnachmittags nach San José fahren, können schon einen Tag vorher ausverkauft sein.

Los Chiles

5550 EW.

Siebzig Kilometer nördlich von Muelle, zu erreichen über eine gute Teerstraße durch Zuckerrohrfelder, und nur 6 km südlich der nicaraguanischen Grenze bei Las Tablillas liegt der heiße Agrar- und Fischerort Los Chiles. Er schmiegt sich mit dem Charme des Verfalls um einen holprigen Fußballplatz und ans überwucherte Ufer des trägen Río Frío. Für einen Grenzort ist der feuchte Tieflandort trotz Prostituierten und nichts Gutes verheißenden „Import-Export“-Typen aber sogar ganz nett. Ursprünglich war der Ort von Händlern und Fischern bewohnt, die sich auf dem nahen Río San Juan ihr Brot verdienten, der heute einen Großteil der Grenze zwischen Nicaragua und Costa Rica bildet.

Seit der Eröffnung des neuen Grenzübergangs bei Las Tablillas kommen Reisende jetzt nicht mehr gezwungenermaßen durch Los Chiles. Aber die Bootsfahrt stellt trotzdem immer noch eine angenehme Art dar, die Grenze zu überqueren. Los Chiles ist außerdem eine gute Basis für die Flussroute zum Caño Negro.

BUSSE AB TILARÁN

ZIEL	UNTERNEHMEN	PREIS (US$)	DAUER	HÄUFIGKEIT
Cañas	Transporte Villana	1	30 Min.	5–15.30 Uhr 7-mal tgl.
La Fortuna	Transporte Tilarán-San Carlos	5	3½ Std.	7, 12.30 Uhr
Puntarenas	Empresa Maravilla	4	2 Std.	6, 13 Uhr
San José		7	4 Std.	tgl. 5, 7, 9.30 & 14 Uhr; Sa & So außerdem 17 Uhr
Santa Elena/Monteverde	TransMonteverde	3	2½ Std.	7, 16 Uhr

ABSTECHER

CAÑO NEGRO

Das abgelegene, 102 km² große Naturschutzgebiet **Refugio Nacional de Vida Silvestre Caño Negro** (☎2471-1309; www.ligambiente.com; Erw./Kind 5/1 US$; ⏰8–16 Uhr) lockt schon seit Langem Angler an, die es auf den scheuen, 18 kg schweren Snook abgesehen haben, sowie Vogelfreunde, die hoffen, seltene Wasservögel zu erspähen. Während der Trockenzeit fällt der Wasserspiegel, sodass sich Vögel und Fische auf recht kleinem Raum drängen. Von Januar bis März, wenn jede Menge Zugvögel Station machen, herrscht hier eine wirklich einmalige Vogeldichte.

Dank verbesserter Straßen können Tourveranstalter jetzt von überallher im Land recht preiswerte Touren zum Caño Negro anbieten. Wer den Fluss erkunden möchte, ist jedoch nicht unbedingt auf sie angewiesen. Interessanter und lohnender ist es, ein Fahrzeug zu mieten (oder einen Bus zu nehmen), die holprige Straße ins ländliche Flachland zu bewältigen und schließlich im Zentrum des Dorfs Caño Negro einen ortsansässigen Guide anzuheuern. Das ist außerdem erheblich billiger, bringt Geld in die Taschen der Einheimischen und liefert ihnen einen weiteren Grund, sich für den Schutz der Tiere einzusetzen.

Schlafen & Essen

Dank dem neuen Grenzübergang bei Las Tablillas braucht man in Los Chiles jetzt nicht mehr zu übernachten. Ansonsten gibt's aber auch ein paar Unterkünfte im Ort.

Hotel y Cabinas Carolina CABINAS $
(☎2471-1151; Zi. ab 30 US$; P❄📶) Keine übliche Grenzstadt-Unterkunft: Die freundliche, von einer Familie geführte Unterkunft wird hoch gelobt wegen des aufmerksamen Personals, der makellos sauberen Zimmer und des ausgezeichneten Essens. Bei der Fernstraße, nur ein paar Blocks südlich vom Busbahnhof.

An- & Weiterreise

BUS

Alle Busse fahren vom bzw. zum Busbahnhof hinter der Soda Pamela, nahe der Kreuzung mit dem Hwy 35. **Chilsaca** (☎2460-1886; www.chilsaca.com) hat zwischen 4.30 und 18 Uhr 16 Busse pro Tag nach Ciudad Quesada (2,25 US$, 2 Std.); dort kann man nach La Fortuna umsteigen. Autotransportes San Carlos (S. 574) bietet täglich zwischen 5 und 15 Uhr Busse nach San José (6 US$, 5 Std.). Um 5, 14 und 17 Uhr verkehren außerdem drei Busse nach Caño Negro (4 US$, 2½ Std.). Die Fahrpläne verändern sich gerne mal, darum besser vor Ort nachfragen. Informationen zum Grenzübergang siehe S. 668.

SCHIFF/FÄHRE

Die Bootsanlegestellen befinden sich rund 1 km westlich vom Busbahnhof. Der regelmäßige Bootsverkehr beschränkt sich auf schnelle Fahrten über die nicaraguanische Grenze (10–12 US$). Dank dem neuen Grenzübergang bei Las Tablillas ist an diesem Flussübergang jetzt nicht mehr viel los. Die Boote fahren nur einmal am Tag – angeblich gegen 13 Uhr. Bevor man ins Boot nach Nicaragua steigt, muss man bei der Zollbehörde gegenüber vom Hotel Tulipán vorbeischauen.

Valle de Sarapiquí

Dieser flache, brütend heiße Abschnitt des mit Plantagen gespickten Tieflands gehörte einst zu den riesigen Bananenanbaugebieten der United Fruit Company. Von den Plantagen wurde die Ernte zum **Puerto Viejo de Sarapiquí** geschafft, wo sie flussabwärts auf Booten mit Ziel Nordamerika verschifft wurde. Ab 1880 verband eine Eisenbahn das ländliche Costa Rica mit dem Hafen Puerto Limón und Puerto Viejo de Sarapiquí verkümmerte zu einem verschlafenen Nest. Zwar hat der Ort seine alte Bedeutung als Verkehrsknotenpunkt nie zurückerlangt, doch erfreute sich der Fluss einer Wiedergeburt als eines der wichtigsten Ziele für Kajakfahrer und Rafter in Costa Rica. Mit dem Parque Nacional Braulio Carrillo vor der Haustür ist dies besonders angesichts der Leichtigkeit, mit der die Region zu erreichen ist, eins der besten Gebiete des Landes zur Tierbeobachtung.

Aktivitäten & Geführte Touren

Bootstouren

Die Boote am Anleger in Puerto Viejo befördern heutzutage keine Pendler mehr, sondern überwiegend Touristen, die auf dem Río Sarapiquí und Río Puerto Viejo nach Vögeln und Affen Ausschau halten möchten. An guten Tagen sind unterwegs viele verschiedene Vogelarten zu sehen, außerdem Krokodile, Faultiere sowie Vertreter zweier Affenspezies, die sich in den Bäumen tummeln, und dazu unzählige Leguane, die am schlammigen Flussufer ein Sonnenbad nehmen.

Ruta Los Heroes BOOTSTOUREN
(☎2766-5858; 2-stündige Tour 20 US$ pro Pers.; ⏲7–15 Uhr) Das pinkfarbene Gebäude bei der Anlegestelle ist eine Bootsführerkooperative, die Flusstouren unter ökologischen und historischen Gesichtspunkten bietet. Am besten legt man so früh wie möglich ab, um der Hitze ein Schnippchen zu schlagen und so viele Tiere wie möglich zu sehen. Wenn das Büro geschlossen ist (passiert in der Nebensaison manchmal), kann man direkt mit den Bootsführern verhandeln, die am Anleger zugegen sind.

Plantagentouren

Best Chocolate Tour ESSEN, PLANTAGE
(☎8815-0031, 8501-7951; 30 US$ pro Pers.; ⏲Touren 8, 10, 13 & 15 Uhr) Die Frage: „Wo kommt Schokolade her?" kann diese einheimische Chilamate-Familie ausführlich beantworten. Los geht's mit den Kakaopflanzen, die auf ihrer Plantage wachsen. Bei der zweistündigen Führung wird der gesamte Herstellungsprozess abgedeckt und es wird auch jede Menge verkostet.

Organic Paradise ESSEN, PLANTAGE
(☎2761-0706; www.organicparadisetour.com; Erw./Kind 35/14 US$; ⏲8, 10, 13 & 15 Uhr) Auf einer holprigen Tour mit einem von einem Traktor gezogenen Wagen lernt man alles, was man je über Ananas wissen wollte. Im Mittelpunkt der zweistündigen Tour stehen der Verarbeitungsprozess und was es bedeutet, Bio-Ananas zu produzieren, aber die Teilnehmer erhalten auch einen guten Einblick in die costa-ricanische Plantagenkultur. Und dazu werden auch noch Tipps geboten, z. B. wie man im Supermarkt die richtige Ananas auswählt.

Wildwasser-Rafting

Aguas Bravas RAFTING
(☎2766-6525; www.aguasbravascr.com; Raftingtrips 75 US$, Floßsafari 65 US$; ⏲9–17.30 Uhr) Dieser ausgezeichnete, renommierte Raftinganbieter hat sich mit Sack und Pack am Río Sarapiquí niedergelassen, sogar ein Hostel ist dabei. Bei Aguas Bravas stehen zwei Touren auf dem Programm: eine sanfte Floßsafari zur Beobachtung von Vögeln, Leguanen, Kaimanen und anderen Tieren sowie eine 14 km lange Spritztour über die „extremen Stromschnellen" des San-Miguel-Abschnitts des Flusses.

Aventuras del Sarapiquí RAFTING
(☎2766-6768; www.sarapiqui.com; Flusstrips 60–80 US$) Der sehr empfehlenswerte Veranstalter organisiert Abenteuer zu Land und Wasser sowie in der Luft, z. B. Wildwasser-Rafting (Kategorie II und Kategorie III/IV) und Canopy-Touren mit 14 Seilrutschen. Wer lieber bodenständig bleibt, kann reiten, mountainbiken oder ganz altmodisch wandern.

Sarapiquí Outdoor Center RAFTING, KAJAKFAHREN
(☎2761-1123; www.costaricaraft.com; 2-/4-stündige Raftingtrips 65/90 US$, geführte Kajaktouren ab 90 US$) Die örtliche Paddel-Autorität. Neben Raftingexkursionen werden auch Leihkajaks und Unterricht angeboten. Unabhängige Paddler können sich beim Center aktuelle Tipps besorgen. Und wer vor der Tour noch eine Unterkunft braucht, kann hier in einfachen Zimmern nächtigen oder sein Zelt aufschlagen.

Tropical Duckies KAJAKFAHREN
(☎8760-3787, 2761-0095; www.tropicalduckies.com; Erw./Kind 65/50 US$; ⏲Abfahrt 9 & 13 Uhr) Sehr empfehlenswert für Anfänger und Familien: Dieser Anbieter hat Touren und Unterricht in aufblasbaren Kajaks im Programm, sodass man auch bei niedrigem Wasserstand seinen Kajakspaß haben kann. Man kann auf sanft dahingleitendem Wasser oder auch über Stromschnellen der Kategorie III paddeln. Vorausbuchen!

Schlafen

Isla del Río HOSTEL $
(☎2766-6525; www.aguasbravascr.com; B 12 US$, Zi. mit/ohne Bad 40/35 US$; P📶) Nach einer Spritztour über die Stromschnellen kann man es sich in diesem von Aguas Bravas betriebenen Hostel am Fluss gemütlich machen. Es ist sauber und einfach, mit soliden Holzbetten, sauberen Bädern und herzhaftem Frühstück (6 US$). Für Erkundungen bieten sich Wege an oder man faulenzt in einer Hängematte, lauscht dem Rauschen des Flusses und lässt sein Raftingabenteuer noch einmal Revue passieren.

Cabinas Laura CABINAS $
(☎2766-6316; EZ/DZ 25/30 US$; P❄) Diese Unterkunft an der Straße zum Bootsanleger in Puerto Viejo ist ruhig und billig. Die

Zimmer sind einfach, aber tadellos sauber, mit neuen Fliesen, Holzmöbeln und Kabelfernsehen.

★ Chilamate Rainforest Eco Retreat LODGE $$
(☎2766-6949; www.chilamaterainforest.com; B 30–35 US$, EZ/DZ/3BZ/4BZ mit Frühstück 90/110/130/155 US$; P 📶) Das einladende und wirklich innovative Retreat wird von einer Familie betrieben und ist gleichzeitig ideal für Familien. Die Eigentümer Davis und Meghan legen großen Wert auf Umweltschutz und soziales Engagement. Die mit Sonnenenergie versorgten Hütten stehen auf einem 20 ha großen Anwesen mit Sekundärwald und sind einfach, verströmen mit ihrem handgefertigten Mobiliar und ihrer natürlichen Belüftung aber viel Flair. Im Restaurant gibt's tolles frisches Frühstück und vorzügliche Abendbuffets aus heimischen Biozutaten.

★ Posada Andrea Cristina B&B B&B $$
(☎2766-6265; www.andreacristina.com; DZ mit Frühstück 58–62 US$; P 📶) Das reizende B&B am Ortsrand von Puerto Viejo und gleichzeitig am Rand des Waldes ist ein echtes Juwel. Auf dem Grundstück tummeln sich Vögel, Faultiere und Affen, ganz zu schweigen von den Fröschen im Teich. Die urigen Hütten verfügen über hohe Balkendecken, sind bunt gestrichen und haben eigene Terrassen. Wer möchte, kann auch in einem abgefahrenen, um einen Regenbaum herum gebauten Baumhaus nächtigen.

Essen & Ausgehen

Chicharronera Caballo Loco STEAKS $
(☎8630-2320; www.facebook.com/chicharroneracaballoloco; Hauptgerichte 4–8 US$; ⏰Mo–Sa 6–20, So 11–22 Uhr) In dem Freiluftrestaurant gleich vor dem Viehauktionsmarkt an der Hauptkreuzung von Puerto Viejo werden *chicharrones* (gebratene Schweine- oder Rinderschwarten) und andere Fleischgerichte serviert. Wer sich die Auktionen anschauen möchte, kann sein Essen auch mit in die Markthalle hineinnehmen. Die Auktionen ziehen jedes Menge *sabaneros* und andere heimische Originale an, sodass sich hier eine interessante Szenerie mit Mensch und Tier entfaltet.

Restaurante Mar y Tierra COSTA-RICANISCH $
(☎8434-2832; Hauptgerichte 8–10 US$; ⏰8–22 Uhr) Das in einem A-frame-Haus untergebrachte Mar y Tierra an einer Straße mitten in La Virgen ist nicht zu übersehen. Das Fisch- und Steak-Restaurant erfreut sich sowohl bei den Einheimischen als auch bei Touristen großer Beliebtheit. Tipp: *arroz Mar y Tierra*, eine costa-ricanische Variante von *surf and turf* (Meeresfrüchte und Fleisch).

Bar & Cabinas El Río BAR
(☎2761-0138; ⏰12–22 Uhr) Wer am südlichen Ende von La Virgen von der Hauptstraße abbiegt, kommt zu dieser stimmungsvollen Kneipe am Fluss, erbaut auf rauen Stelzen hoch über selbigem. Hier treffen sich die Einheimischen gern auf ein kaltes Bier oder zu sättigendem Tico-Essen. Und wer in einem der Bungalows (mit Ventilator/Klimaanlage 15/20 US$) in der Nähe der Straße übernachtet, kann von der Kneipe gleich in sein Bett stolpern.

ℹ An- & Weiterreise

Der **Busbahnhof** (⏰5–19 Uhr) liegt direkt gegenüber vom Hauptplatz von Puerto Viejo de Sarapiquí beim Hotel El Bambú. Von 6 bis 20 Uhr fahren stündlich Busse zwischen La Virgen und Puerto Viejo de Sarapiquí (1 US$, 30 Min.).

Ciudad Quesada (Transportes Linaco) 3 US$, 2 Std., Abfahrt 4.40–18.30 Uhr 8-mal tgl.

San José (Autotransportes Sarapiquí und Empresarios Guapileños) 2,50 US$, 2 Std., Abfahrt 5, 5.30, 7, 8, 11, 13.30, 15 und 17.30 Uhr.

NORDWESTLICHES COSTA RICA

Warum fährt man nach Costa Rica? Um an unberührten Stränden zu faulenzen und auf tollen Wellen zu reiten? Um Vulkane zu besteigen und in Thermalquellen zu planschen? Um Vögel und Affen zu beobachten und sich inmitten uralter Bäume zu verlaufen? In der Nordwestecke Costa Ricas ist all das und noch viel mehr möglich. Im Gegensatz zu allen anderen Teilen des Landes ist Guanacaste hoch oben im Nordwesten weites, flaches Grasland und trockener Tropenwald, wo die Savannenpanoramen nur durch vom Wind gebeutelte Bäume unterbrochen werden. Weiter östlich erhebt sich die Cordillera de Guanacaste mit ihren speienden und dampfenden Vulkanen, die der Erkundung harren, majestätisch aus der Ebene. Im Süden gedeiht in den höheren Lagen ein geheimnisvoller Nebelwald voller Tiere. Alle Gründe, warum man nach Costa Rica kommt – hier sind sie!

Monteverde & Santa Elena

Dieses weite Gebiet an den Hängen der Cordillera de Tilarán ist mit Dörfern, Plantagen und Naturschutzgebieten gespickt. Die größte Ansiedlung, der Ort Santa Elena, geht fast nahtlos in seinen Nachbarn Cerro Plano sowie dessen Nachbarn, das winzige Monteverde, über, das wiederum an das gleichnamige Naturschutzgebiet grenzt.

Das bekannteste Schutzgebiet hier ist die Reserva Biológica Bosque Nuboso de Monteverde (Bioreservat Nebelwald Monteverde), doch gibt es hier staatliche und private Schutzgebiete aller Formen und Größen, von winzigen Familienplantagen bis zum riesigen Children's Eternal Rainforest, die diese Region in üppigstes Grün hüllen. Und so können Besucher hier allerorts wandern, Vögel beobachten, unter Wasserfällen baden und jede Menge Abenteuer erleben.

Sehenswertes

Reserva Biológica Bosque Nuboso de Monteverde TIERSCHUTZGEBIET
(Bioreservat Nebelwald Monteverde; ☎2645-5122; www.reservamonteverde.com; Erw./erm./Kind unter 6 J. 20/10 US$/frei; ⊙7–16 Uhr) Dieses schöne Schutzgebiet wurde 1972 aus der Taufe gehoben: Damals taten sich die Quäker, die sich immer mehr durch illegale Siedler bedroht fühlten, mit Tier- und Umweltschutzorganisationen zusammen, um 328 ha Land zu kaufen und unter Schutz zu stellen. Dieses fragile Stück Natur ist fast vollständig auf Spenden der Öffentlichkeit angewiesen, um zu überleben. Heute ist das Reservat 10 500 ha groß.

Monteverde Friends School KULTURZENTRUM
(www.mfschool.org; Monteverde; 15 US$ pro Pers.; ⊙Führungen Di & Fr 8 Uhr; 👪) Hier können Kinder wunderbar etwas über die costa-ricanische Kultur lernen: und zwar, indem sie etwas Zeit in der Schule verbringen! Wenn sie sich vorher anmelden, können Besucher an der morgendlichen Versammlung und an einer Führung über das Gelände teilnehmen. Die Kinder dürfen sogar zusammen mit einem englischsprachigen „Schulfreund“ am Unterricht und an der Pause teilnehmen.

Bat Jungle ZOO
(☎2645-7701; www.batjungle.com; Monteverde; Erw./Kind 13/11 US$; ⊙9–19 Uhr; 👪) Der „Fledermausdschungel“ in Monteverde ist klein, aber faszinierend, mit guten zweisprachigen Erläuterungstafeln und einem Habitat mit fast 100 Fledermäusen. Hier können Besucher auf einer 45-minütigen Führung (reservieren!) etwas über Echolotung, die Aerodynamik von Fledermausflügeln und andere interessante Dinge über fliegende Säugetiere lernen.

Butterfly Garden ZOO
(Jardín de Mariposas; ☎2645-5512; www.monteverdebutterflygarden.com; Cerro Plano; Erw./Stud./Kind 15/10/5 US$; ⊙8.30–16 Uhr; 👪) Alles, was man je über Schmetterlinge wissen wollte – in vier Gärten werden verschiedene Habitate und über 40 Schmetterlingsarten vorgestellt. Dank der Beobachtungskästen können Besucher miterleben, wie aus Puppen Schmetterlinge schlüpfen (wenn man zur richtigen Zeit hier ist). Zu den anderen hier vorhandenen Tierchen zählen die fleißige Blattschneiderameise und der gnadenlose Tarantulafalke – eine Wespe, die Taranteln frisst – sowie zahlreiche Skorpione. Der Schmetterlingsgarten ist ein echter Hit bei Kindern und noch interessanter ist es, wenn man sich einem der fachkundigen Führer anschließt.

Monteverde Theme Park ZOO
(Ranario Monteverde; ☎2645-6320; www.monteverdethemepark.com; Santa Elena; 13–17 US$ pro Attraktion, Canopy-Tour Erw./Kind 35/20 US$; ⊙9–16.30 Uhr, Ranario bis 20 Uhr) Der früher als Ranario (Froschteich) bekannte Zoo verfügt jetzt auch über ein Insektenhaus, einen Schmetterlingsgarten und einen Canopy-Parcours – daher nennt er sich jetzt Freizeitpark. Jedoch sind die Frösche immer noch das Highlight hier: In durchsichtigen Gehegen, die die gewundenen Indoor-Dschungelpfade säumen, residieren rund 25 Frosch- und Krötenarten. Bei den Führungen weisen die Guides mit Taschenlampen auf Frösche, Eier und Kaulquappen hin. Viele Tiere sind bei Dunkelheit aktiver als tagsüber, sodass man am besten abends noch einmal zurückkommt (im Eintrittspreis enthalten).

Aktivitäten

Cerro Amigos WANDERN
An klaren Tagen lohnt sich die Wanderung auf den höchsten Gipfel der Region (1842 m). Dann eröffnet sich oben eine wunderbare Sicht auf den umliegenden Regenwald sowie den 20 km nordöstlich gelegenen Volcán Arenal. Hinter dem Hotel Belmar in Cerro Plano nimmt man die unbefestigte Straße bergab und dann die nächste

Monteverde & Santa Elena

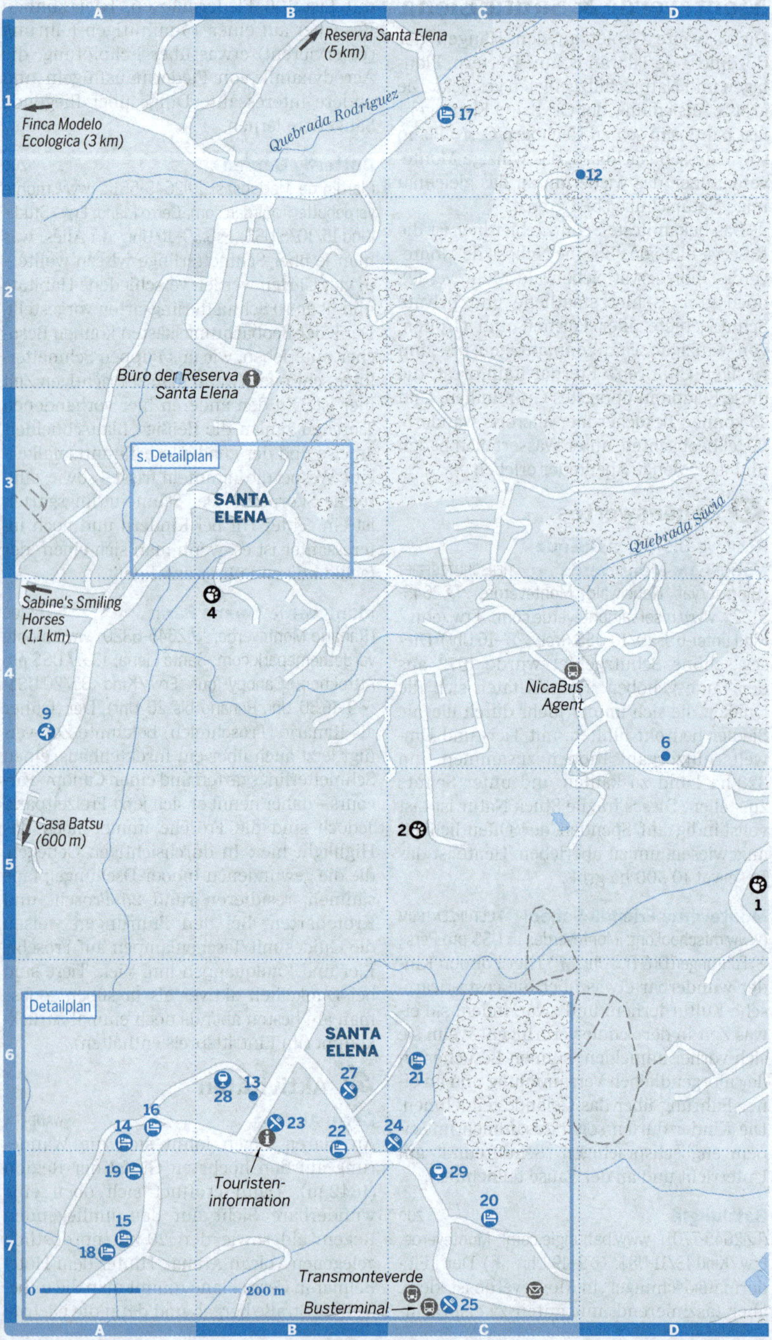

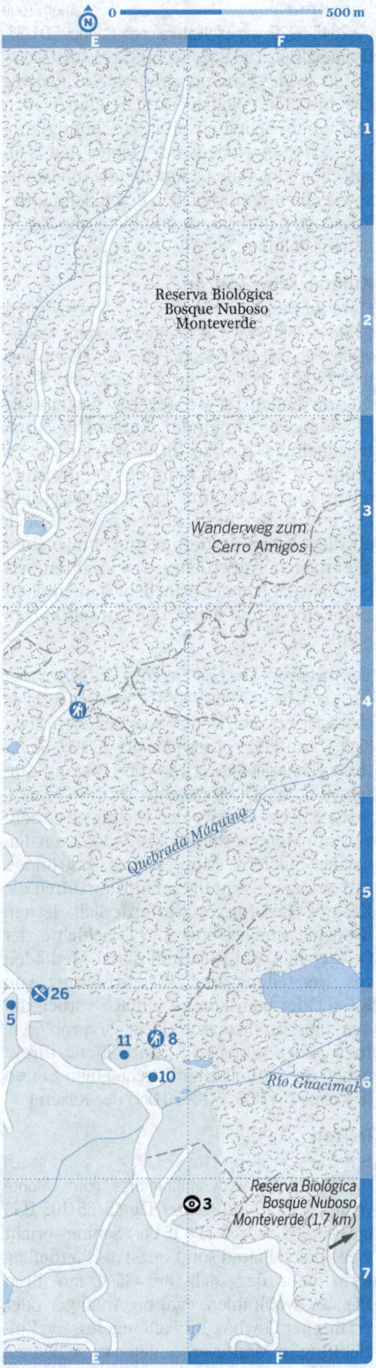

Monteverde & Santa Elena

Sehenswertes

1 Bat Jungle D5
2 El Jardín de Mariposas C5
3 Monteverde Friends School F7
4 Monteverde Theme Park B4

Aktivitäten, Kurse & Touren

5 Café de Monteverde E6
6 Centro Panamericano de Idiomas D4
7 Cerro Amigos E4
8 Curi-Cancha Reserve E6
9 Finca El Rodeo A4
10 Käserei Monteverde E6
11 Monteverde Institute E6
12 Original Canopy Tour D1
13 Selvatura B6

Schlafen

14 Cabinas & Hotel Vista al Golfo A6
15 Cabinas Eddy A7
16 Cabinas El Pueblo A6
17 Capulín Cabins & Farm C1
18 Casa Tranquilo A7
19 Monteverde Backpackers A7
20 Monteverde Luxury Hostel C7
Pensión Santa Elena .... (s. 27)
21 Santa Elena Hostel Resort C6
22 Sleepers B6

Essen

23 Laden der Monteverde Cheese Factory B6
24 Orchid Coffee C6
Paz y Flora .... (s. 18)
25 Sabor Tico C7
26 Stella's Bakery E6
27 Taco Taco B6

Ausgehen & Nachtleben

28 Bar Amigos B6
29 Monteverde Beer House C7

links. Der Pfad erklimmt auf 3 km ungefähr 300 m Höhenmeter. Von diesem Weg bestehen übrigens keine Verbindungen zu den Wegen im Monteverde-Schutzgebiet.

Reserva Curi-Cancha WANDERN, VOGELBEOBACHTUNG

(☎8356-1431, 2645-6915; www.curi-cancha.com; Eintritt 14 US$, geführte Wanderung 15 US$, naturkundliche Führung 45 US$, Vogelbeobachtungstour 60 US$; ⏲7–15.30 Uhr, geführte Wanderungen 7.30 & 13.30 Uhr) Das hübsche private Reservat am Ufer des Río Cuecha grenzt zwar an das Schutzgebiet Monteverde, aber hier ist viel weniger los. Es ist besonders bei Vogelfreunden beliebt und wartet mit 10 km markierter Wanderwege, einem Kolibrigarten und einem Ausblick auf die Kontinentalscheide auf. Die geführten Wanderungen müssen reserviert werden, z. B. die Vogelbeobachtungstouren am frühen Morgen und die dreistündigen Naturkundeführungen.

Kurse

Monteverde Institute SPRACHKURSE

(☎2645-5053; www.monteverde-institute.org; Monteverde; Wochenkurse 375 US$, Unterbringung in Gastfamilie inkl. Verpflegung 23 US$ pro Tag) Die gemeinnützige Bildungseinrichtung veranstaltet interdisziplinäre Kurse in spanischer Sprache sowie Spezialkurse in z. B. tropischer Biologie, in Umweltschutz und Ökotourismus. Manchmal sind die Kurse für die interessierte Öffentlichkeit zugänglich und es gibt Möglichkeiten zur Freiwilligenarbeit in der Bildung und in der Wiederaufforstung.

Centro Panamericano de Idiomas SPRACHKURSE

(CPI; ☎2265-6306; www.cpi-edu.com; Cerro Plano; Wochenkurse 390 US$; ⊙8–17 Uhr) Spezialisiert auf Spanischunterricht mit Kursen z. B. für Familien, Teenager, Mediziner und Rentner. Und wer möchte, kann auch an Tanz- und Kochkursen teilnehmen.

Geführte Touren

Abenteuertouren

Finca Modelo Ecologica NATUR

(☎2645-5581; www.familiabrenestours.com; Baumwipfel/Canyoning/Kombination 40/70/100 US$; ⊙Baumwipfel 8–16 Uhr, Canyoning 8, 11 & 14 Uhr) Die Brenes-Familienplantage bietet einige ungewöhnliche, spannende Aktivitäten. Am besten ist die zweistündige Canyoning-Tour über sechs wunderbare Wasserfälle, von denen der größte 40 m hoch ist. Dafür ist keine Erfahrung notwendig, nur ein Sinn für Abenteuer. Oder man erklimmt einen 40 m hohen Feigenbaum.

Original Canopy Tour CANOPY-TOUR

(☎2645-5243; www.theoriginalcanopy.com; Erw./Stud./Kind 45/35/25 US$; ⊙7.30, 10.30 & 14.30 Uhr) Dies ist die sagenumwobene Baumwipfeltour, die den Trend auslöste. Mit seinen 15 Seilrutschen, einem Schwungseil und einer Seilstrecke durch den Wipfel eines alten Feigenbaums bietet der Parcours mehr Spaß als die meisten Geschichtsmuseen. Vielleicht fällt der Adrenalinrausch hier nicht so kräftig aus wie bei anderen Canopy-Touren, aber die Gruppen sind kleiner und es wird mehr Wert auf das natürliche Umfeld gelegt.

Selvatura CANOPY-TOUR

(☎2645-5929; www.selvatura.com; Canopy 50 US$, Baumwipfelpfad 30 US$, 5–15 US$ pro Ausstellung; ⊙7.30–16 Uhr) Eine der größten Anlagen vor Ort mit 3 km Seilstrecke, 18 Plattformen und einem Schwungseil in einem unglaublich schönen Nebelwald. Neben den Seilrutschen gibt's hier 3 km Baumwipfelsteige sowie einen Kolibrigarten, einen Schmetterlingsgarten und eine Amphibien- und Reptilienausstellung.

Kulinarische Touren

Café de Monteverde LEBENSMITTEL

(☎2645-7550; www.lifemonteverde.com; Monteverde; Führung 18 US$ pro Pers.; ⊙Kaffeeverkostung 7.30–18 Uhr, Führungen 8 & 13.30 Uhr) In diesem Laden in Monteverde besteht die Möglichkeit, an einem Kaffee-Crashkurs teilzunehmen und köstliche Mischungen zu probieren. Oder man nimmt an der dreistündigen Tour zu nachhaltiger Landwirtschaft teil und stattet Bioplantagen einen Besuch ab, die mit Kompostierung und Sonnenenergie arbeiten. Außerdem ist zu erfahren, wie der Kaffeeanbau der örtlichen Gemeinschaft geholfen hat und wie er der Umwelt nutzen kann.

Monteverde Cheese Factory LEBENSMITTEL

(La Lechería; ☎2645-7090; www.monteverdecheesefactory.com; Monteverde; Führungen Erw./Kind 12/10 US$; ⊙Laden Mo–Sa 7.30–17, So bis 16 Uhr, Führungen Mo–Sa 9 & 14 Uhr) Bis zum Aufschwung des Ökotourismus war die Monteverde Cheese Factory der wichtigste Arbeitgeber in Monteverde. Sie wurde 1953 von den Quäker-Siedlern Monteverdes gegründet. Auf einer zweistündigen Führung durch die Käserei (Reservierung erforderlich) lernen Besucher einiges über die Geschichte der Quäker in Costa Rica und deren Methoden zur Herstellung und Pasteurisierung von Käse. Oder man kommt einfach vorbei, um den hier produzierten Käse zu probieren. Inzwischen gibt es in Santa Elena direkt neben der katholischen Kirche einen **Laden** (Eiscreme 2–4 US$; ⊙10–20 Uhr) der Käserei.

Reiten

Sabine's Smiling Horses REITEN

(☎2645-6894; www.smilinghorses.com; Monte verde; 2 Std./3 Std./ganzer Tag 45/65/105 US$ pro Pers.; ⊙Touren 9, 13 & 15 Uhr) Sabine spricht vier Sprachen und sorgt quasi als Pferdeflüsterin dafür, dass sich ihre Gäste auf ihren Pferden wohlfühlen, egal ob Anfänger oder erfahrener Cowboy. Ihre alteingesessene Einrichtung in Monteverde bietet verschiedene

ABSTECHER

RESERVA SANTA ELENA

Die wunderbar dunstige, 310 ha große **Reserva Santa Elena** (☎2645-7107, 2645-5390; www.reservasantaelena.org; Erw./Stud. 14/7 US$, geführte Wanderung 15 US$; ⏲7–16 Uhr) bietet im Vergleich zu Monteverde ein völlig anderes Nebelwalderlebnis. Auf dem 10 km langen Wegenetz durch den Wald sind viel weniger Leute unterwegs und so herrscht hier immer noch eine Magie, die dem Monteverde zuweilen abhandenkommt. Das seit 1992 bestehende Schutzgebiet war eins der ersten gemeindeverwalteten Naturschutzprojekte im Land.

Im Colegio Técnico Profesional im Ort gibt es ein **Reservatsbüro** (☎2645-5390; www.reservasantaelena.org; Colegio Técnico Profesional; ⏲Mi–Fr 8–16 Uhr). Das Schutzgebiet selbst liegt etwa 6 km nordöstlich vom Dorf Santa Elena. Vor Ort gibt's ein einfaches Restaurant, ein Café und einen Andenkenladen. Alle Gewinne fließen in die Verwaltung des Reservats sowie in Naturschutz-Bildungsprogramme an örtlichen Schulen.

Ausritte wie eine beliebte Wasserfalltour (3 Std.) und eine zauberhafte Vollmondtour (monatlich). Und natürlich lächeln sie wirklich, die Pferde!

Finca El Rodeo REITEN
(☎2645-6306; www.caballerizaelrodeo.com; Santa Elena; 40–60 US$ pro Pers.) Auf einer *finca* werden Ausritte über Privatwege durch Regenwald, Kaffeeplantagen und Grasland geboten und auch genügend Pausen eingelegt, damit die Teilnehmer nach Tieren Ausschau halten und die phantastischen Landschaften bestaunen können. Die Spezialität ist eine Sonnenuntergangstour zu einem Aussichtspunkt mit Blick auf den Golfo de Nicoya. *¡Que hermoso!*

Schlafen

★ **Casa Tranquilo** HOSTEL $
(☎2645-6782; www.casatranquilohostel.com; Santa Elena; B 10 US$, DZ mit/ohne Bad 30/22 US$, jeweils mit Frühstück; P@📶) In der Casa Tranquilo beginnt die wunderbare costa-ricanische Gastfreundschaft gleich morgens mit hausgemachtem Bananenbrot. Aber es gibt nicht nur wundervolles Frühstück: Das kenntnisreiche Personal leitet auch kostenlose geführte Wanderungen. Die Zimmer sind einfach, aber makellos sauber, einige mit Dachfenstern und Blick auf den Golf. Draußen schmücken bunte Wandbilder das Gebäude, sodass sich gleich das Gefühl einstellt, dass man hier richtig ist.

Pensión Santa Elena HOSTEL $
(☎2645-5051; www.pensionsantaelena.com; Santa Elena; DZ ohne Bad 28 US$, DZ mit Bad 32–38 US$, Suite 45–60 US$, jeweils mit Frühstück; P@📶) Das Hostel mit vollem Service direkt im Zentrum von Santa Elena ist schon seit Urzeiten beliebt. Es bietet Budgettravellern erstklassigen Service und *pura-vida*-Gastlichkeit. Alle Zimmer unterscheiden sich; für jedes Budget ist etwas dabei. Die Zimmer im Nebengebäude verfügen über Feinheiten wie bessere Betten, Steinduschen und iPod-Docks.

Cabinas Eddy CABINAS $
(☎2645-6635; www.cabinas-eddy.com; Santa Elena; DZ 40–60 US$, ohne Bad 35 US$; P@📶) Diese Budgetunterkunft wird nach wie vor für ihr tolles Frühstück, den aufmerksamen Service und den reizenden Manager Freddy (Eddys Sohn) in höchsten Tönen gelobt. Die Zimmer sind genauso makellos sauber wie die vollständig ausgestattete Gemeinschaftsküche. Auf dem Balkon können die Gäste bei einer kostenlosen Tasse Kaffee wunderbar entspannen und den Ausblick genießen.

Monteverde Backpackers HOSTEL $
(☎2645-5844; www.monteverdebackpackers.com; Santa Elena; B 10–12 US$, DZ/3BZ/4BZ 30/45/55 US$, jeweils mit Frühstück; P@📶) Das kleine und freundliche Hostel Monteverde Backpackers gehört zum Costa Rica Hostel Network. Die holzvertäfelten Zimmer sind sauber und recht behaglich, die Duschen sind warm, die Lage in Santa Elena ist ruhig und die Betreiber sind hilfsbereit. Umsonst gibt's u. a. Kaffee, Hängematten und eine Sonnenuntergangswanderung. Das Frühstück – sprich: die Eier – brutzelt man sich selbst.

Monteverde Luxury Hostel HOSTEL $
(☎2645-5157; www.monteverdeluxuryhostel.com; Santa Elena; B 16 US$, DZ 58 US$; P📶) Hinter dieser Hostel-Lodge verbirgt sich die Vorstellung von einer edlen Berghütte mit jeder Menge Einrichtungen, wo man coole Leute trifft und sich über seine Abenteuer austauscht. Die Zimmer reichen von stilvollen 6-Bett-Dorms bis zu privaten, halbluxuriösen Baumwipfelhütten. Im großen Ge-

meinschaftsbereich können die Gäste Musik hören, sich ins kostenlose WLAN einklinken und Happy-Hour-Cocktails schlürfen.

Cabinas El Pueblo CABINAS $

(2645-6192; www.cabinaselpueblo.com; DZ mit Frühstück mit/ohne Bad ab 32/25 US$; P @) Das nette Hostel an einer ruhigen Straße einen Katzensprung vom Ort Santa Elena wird von einem aufmerksamen costa-ricanischen Ehepaar geführt, Marlenny und Freddy. Die gut ausgestatteten Zimmer sind hell und sauber, wenn auch beengt. Geboten werden außerdem eine Gemeinschaftsküche, Hängematten und – was am wichtigsten ist – eine äußerst herzliche Begrüßung. Jeder Gast erhält ein kleines Geschenk von der Kaffeeplantage der Familie.

Cabinas & Hotel Vista al Golfo CABINAS $

(2645-6321; www.cabinasvistaalgolfo.com; Santa Elena; B 10 US$, Zi. mit/ohne Bad ab 30/20 US$, Suite 50 US$, jeweils mit Frühstück; P) Die Zimmer in dieser hellen, kitschigen Lodge sind gepflegt, die Duschen heiß, und die Betreiber sorgen dafür, dass man sich hier gleich wohl fühlt. Die Balkonzimmer im Obergeschoss bieten einen wunderbaren Ausblick auf den Regenwald und an klaren Tagen über den Golfo de Nicoya. Mit Ausnahme des gemütlichen Gemeinschaftsbereiches mit Sitzsäcken, Sitzhängematten und tollen Ausblicken gibt's hier eigentlich sonst nichts Umwerfendes.

Sleepers HOSTEL $

(8305-0113; www.sleeperssleepcheaperhostels.com; Santa Elena; B 10 US$, EZ/DZ 25/30 US$, jeweils mit Frühstück) Das limonengrüne und meerblaue Gebäude im Zentrum von Santa Elena ist kaum zu übersehen. Unten sieht es wie ein nettes Restaurant aus, aber in Wahrheit handelt es sich um eine Gemeinschaftsküche voller Leute: gutgelaunte Traveller, die kochen und zusammen essen. Oben wirkt es wie ein modernes Motel, dabei ist es eigentlich ein Hostel, wo die Gäste im Internet surfen und auf dem Balkon das kühle Lüftchen genießen. Die blitzsauberen Zimmer verfügen jeweils über ein Bad.

★ Capulín Cabins & Farm CABINAS $$

(2645-6719; www.cabinascapulin.com; Santa Elena; Cabinas 60–90 US$; P) Hier können die Gäste den traditionellen Alltag auf einem Bauernhof beobachten, auf Wegen herumstreifen, um Vögel und Affen zu erspähen, oder einfach in der Hängematte schaukeln. Manche der acht bequemen, unterschiedlich großen Hütten haben eine Küche, einige tolle Ausblicke auf den Golf. Die Gastgeberfamilie könnte ihr Wissen über die Umgebung nicht großzügiger unter die Gäste bringen.

Santa Elena Hostel Resort LODGE $$

(2645-7879; www.costaricahostels.net; Santa Elena; B 14 US$, DZ mit/ohne Balkon 58/52 US$; P) Mit seinen Fischen im Koi-Teich und seinen Affen auf dem Dach wirkt dieses neue Hostel ein wenig wie das Paradies. Auf dem schattigen Grundstück sind für warme Tage Hängematten aufgespannt, an kühlen Abenden sorgt ein großer Steinkamin für wohlige Wärme. Die Zimmer haben Wände aus Holz und hohe Decken. Der Aufpreis für einen Balkon mit Blick auf die Straße lohnt sich.

Essen

★ Orchid Coffee CAFÉ $

(2645-6850; Hauptgerichte 4–12 US$; 7–19 Uhr;) Wer ein bisschen Hunger verspürt, sollte ohne Umschweife dieses hübsche Café in Santa Elena voller Kunst und Licht ansteuern. Auf der Veranda vorm Haus kann man sich dann wunderbar an traditionellen und eher weniger traditionellen Frühstücksspeisen, süßen und herzhaften Crêpes, interessanten und ungewöhnlichen Salaten und fabelhaften, sättigenden Sandwiches laben. Und natürlich gibt's auch Kaffee und noch jede Menge mehr.

Taco Taco MEXIKANISCH $

(5108-0525; www.facebook.com/tacotacomonteverde; Hauptgerichte 5–8 US$; 12–20 Uhr;) Diese schnelle und praktische *taquería* wartet mit leckeren Tex-Mex-Tacos, Burritos und Quesadillas mit Huhn, langsam gerösteter falscher Rippe, gegrilltem Gemüse und Goldmakrele im Teigmantel auf. Das einzige Problem ist, sich zu entscheiden – aber eigentlich kann man nichts falsch machen. Die Terrasse vor der Pensión Santa Elena eignet sich bestens zum Leutebeobachten, doch es gibt nicht allzu viele Plätze, vor allem im Schatten.

Paz y Flora VEGETARISCH $

(2645-6782; www.pazyflorarestaurante.com; Hauptgerichte 7–10 US$;) Gut für den Körper, gut für die Seele und gut für die Erde: Danach strebt das Paz y Flora in Santa Elena mit seinen vegetarischen und veganen Gerichten. Das Angebot ist mit Sandwiches, Salaten, Pasta, Reis und *rollitos* recht umfassend. Alles ist superfrisch und köstlich. Wer das Buddha-Mosaik gefunden hat, weiß, dass er an der richtigen Adresse ist.

Sabor Tico FAST FOOD $
(2645-5827; www.restaurantesabortico.com; Hauptgerichte 5–8 US$; 9–21 Uhr) Ticos und Traveller schwören gleichermaßen auf dieses Lokal in Santa Elena. Standardgerichte wie *sopa da olla* (Rindfleischsuppe), *chorreada Tica* (gebratene Maisküchlein) und Tamales (ein typisches Ferienessen) sind hier köstlich variiert. Die *gallos* (weiche Tortillas mit schmackhafter Füllung nach Wahl) sind mittags eine perfekte Alternative zum reichhaltigeren *casado*.

Stella's Bakery BÄCKEREI $
(2645-5560; Monteverde; Hauptgerichte 4–8 US$; 6–22 Uhr) Eine Bäckerei für Vogelbeobachter. Morgens werden starker Kaffee und süße Backwaren geboten, später Sandwiches mit hausgemachtem Brot und cremige, wärmende Suppe. Zu jeder Tageszeit lohnt sich ein Blick auf das Vogelfutterhäuschen, an dem sich Tangare, Motmots und ein Laucharassari bedienen.

Ausgehen & Nachtleben

Bar Amigos BAR
(2645-5071; www.baramigos.com; Santa Elena; 12–3 Uhr) Mit seinen Panoramafenstern mit Blick auf die Berge erinnert diese Institution in Santa Elena an eine Skihütte. Aber nein: Hier gibt's DJs, Karaoke, Billard und Sport auf den Bildschirmen. Dies ist einer der beständig besten Ausgehläden der Gegend, sodass hier fast immer ein lautes Publikum aus Ticos und Touristen anzutreffen ist. Das Essen ist überraschend gut.

Monteverde Beer House BIERGARTEN
(8659-2054; www.facebook.com/monteverdebeerhouse; Santa Elena;) Auch wenn das auf dem Schild behauptet wird, ist dies keine Brauerei, aber immerhin werden heimische Craft-Biere kredenzt. Hinterm Haus befindet sich eine schattige Terrasse und die Kellner tragen stets ein Lächeln auf den Lippen – die perfekte Atmosphäre für ein bisschen Entspannung nach ein paar Tagen voller Abenteuer. Das orientalische Essen (Hauptgerichte 6–10 US$) ist durchwachsen, aber wer richtig Hunger hat, ist mit dem Shakshuka gut bedient.

Praktische Informationen

Consultorio Médico (2645-7778; Cerro Plano; 24 Std.) Vom Hotel Heliconia aus auf der anderen Seite der Kreuzung.

Correos de Costa Rica (Santa Elena; Mo–Fr 8–16.30, Sa bis 12 Uhr) Gegenüber vom Einkaufszentrum.

L@undry Internet (2645-7717; Santa Elena; 8–20 Uhr) Während man auf seine Wäsche wartet, kann man seine E-Mails checken.

Polizei (2645-6248) In Santa Elena.

Touristeninformation (2645-6565; Santa Elena; 9–12 & 13–19 Uhr) Betrieben von der örtlichen Handelskammer; wirbt für seine Mitgliedshotels und -touranbieter, ist also nicht unbedingt unabhängig.

An- & Weiterreise

BUS

Alle Busse halten am Busbahnhof im Zentrum von Santa Elena, wo die meisten Budgetunterkünfte sind, und fahren nicht weiter nach Monteverde. Wer dort nächtigen möchte, muss zu Fuß weitergehen oder ein Taxi nehmen. Besonders auf der Busfahrt von San José nach Puntarenas wie auch von Monteverde nach Tilarán sollte man sein Gepäck im Auge behalten und nichts in den Gepäckfächern verstauen. Hier ist schon jede Menge Gepäck gestohlen worden oder verlorengegangen.

BUSSE AB SANTA ELENA

ZIEL	UNTERNEHMEN	PREIS (US$)	DAUER	HÄUFIGKEIT
Las Juntas*	TransMonteverde	2	1½ Std.	4.30 Uhr
Puntarenas	TransMonteverde	3	3 Std.	4.30, 6, 15 Uhr
Reserva Monteverde		1,20	30 Min.	Hinfahrt 6.15, 7.30, 13.20, 15 Uhr; Rückfahrt 6.45, 11.30, 14, 16 Uhr
San José	Tilarán Transportes	5	5 Std.	6.30, 14.30 Uhr
Tilarán, mit Anschluss nach La Fortuna		3	2½ Std., insgesamt 7 Std.	7, 16 Uhr

* Busse nach Puntarenas können Fahrgäste ebenfalls in Las Juntas absetzen.

Wer nach Managua oder Granada in Nicaragua reist, kann bei folgenden Firmen organisieren, an der Panamericana in Lagartos in den internationalen Bus zuzusteigen:

Monteverde Experts (☎ 2645-7263; www.monteverdeexperts.com) Agentur für TicaBus.

NicaBus-Agentur (☎ 2645-7063)

TAXI-BOOT-TAXI

Die schnellste Verbindung zwischen Monteverde bzw. Santa Elena und La Fortuna ist die Kombifahrt mit Taxi, Boot und Taxi (25–30 US$, 4 Std., Abfahrt 8 und 14 Uhr), die fast jedes Hotel und jeder Tourveranstalter in den Orten arrangieren kann, z. B. **Monteverde Tours** (Desafío Adventure Company; ☎ 2645-5874; www.monteverdetours.com). Ein geländegängiger Kleinbus bringt einen zum Río Chiquito, wo man in ein Boot umsteigt, das die Laguna de Arenal durchquert. Drüben geht die Fahrt mit einem anderen Van nach La Fortuna weiter. Diese Fahrt wird zunehmend zur wichtigsten Transportverbindung zwischen La Fortuna und Monteverde, weil sie wunderschön und recht preisgünstig ist und man einen halben Tag Reisezeit spart, den man sonst sehr unbequem im Bus verbringt.

Liberia

53 800 EW.

Die sonnige, ländliche Hauptstadt von Guanacaste dient schon seit Langem als Verkehrsknotenpunkt zwischen Costa Rica und Nicaragua und ist außerdem ein Aushängeschild für die *sabanero*-Kultur des Landes. Auch heute noch lebt der Großraum Liberia überwiegend von der Viehzucht, doch inzwischen hat sich auch der Tourismus zu einem wichtigen Erwerbszweig entwickelt. Liberia ist mit seinem expandierenden internationalen Flughafen ein sichereres und cooleres Tor nach Costa Rica als San José. Daher verbringen immer mehr Reisende eine oder zwei Nächte in dieser netten Stadt mit ihren Wellblechzäunen, Mangobäumen und Magnolien.

Schlafen

Hotel Liberia HOTEL $

(☎ 2666-0161; www.hotelliberiacr.com; Calle Real zw. Av Central & 2; B 13 US$, EZ/DZ Torre 32/45 US$, Casona 38/50 US$; P 📶) Der prächtige, schattige Patio dieser historischen Herberge, einer der besten Budgetunterkünfte in Liberia, ist ziemlich unwiderstehlich. Die ansprechendsten *casona*-Zimmer befinden sich im alten Gebäude, wo hohe Decken, geflieste Böden und Holzmöbel für ein altmodisches Ambiente sorgen. Weniger stimmungsvoll sind die Zimmer und Dorms im *torre*, einem neueren Betongebäude hinten am Innenhof.

Hospedaje Dodero HOSTEL $

(☎ 8729-7524; www.hospedajedodero.yolasite.com; Av 11 zw. Calle 12 & 14; DZ 25–30 US$; ❄ 📶) Supersauber, super Service und nahe beim Busbahnhof. Die kleinen Privatzimmer verfügen meist über eigene Bäder. Die Gemeinschaftsküche draußen liegt an einem kleinen Hof voller Blumen und Hängematten. Nichts Aufregendes, aber sehr freundlich.

La Posada del Tope PENSION $

(☎ 2666-3876; www.facebook.com/hotellaposadadeltope; Calle Real zw. Av 2 & 4; DZ 25 US$; P ⊖ @ 📶) Die Zimmer befinden sich von der Holzlobby aus gesehen in der *casa real* auf der anderen Straßenseite. Die Pension in einem herrlichen Garten und mit einer bunten Sammlung an Kunst und Antiquitäten beeindruckt mit jeder Menge Flair. Die Zimmer sind sehr einfach, nicht gar so sauber und haben meistens kein eigenes Bad, aber der Preis stimmt. Der zweisprachige Eigentümer Denis ist eine hervorragende Informationsquelle.

Essen & Ausgehen

Liberia wartet mit einer breiten Palette an Restaurants auf, sowohl in der Stadt selbst als auch an der Straße Richtung Flughafen. Wer mit dem Bus weiterreist, kann sich in der traditionellen **Markthalle** (Av 7 zw. Calle 10 & 12; ⏲ Mo–Sa 6–19, So bis 12 Uhr) neben dem Terminal Liberia mit Proviant versorgen.

Restaurante El Pilon COSTA-RICANISCH $

(☎ 2666-0616; Calle Central zw. Av 5 & 7; Casados 5–8 US$; ⏲ Mo–Sa 6.30–16 Uhr) Ein tolles kleines Restaurant für Freunde der *casados*. Hier werden täglich mindestens zehn geboten, u. a. mit frischem *pescado* (Fisch), *pollo* (Hähnchen), Steak und Lamm. Verspeisen kann man das Ganze an Holztischen in einem kühlen Speisesaal mit dunklen Kacheln.

Café Liberia NATURKOST $$

(☎ 2665-1660; Calle Real zw. Av 2 & 4; Hauptgerichte 8–10 US$; ⏲ Di–So 11–21, Mo 15–21 Uhr; ❄ 📶 🌶) Das schön restaurierte Kolonialgebäude schafft mit schweren Holzmöbeln und bemalten Decken ein romantisches Ambiente für tollen Kaffee und Gourmetspeisen. Im Liberia wird einfaches Essen auf eine höhere Stufe gehoben: Das *ceviche* (in Zitronen- oder Limonensaft, Knoblauch und Gewürzen marinierte Meeresfrüchte) wird mit unwiderstehlichen frisch gebackenen Tor-

Liberia

Liberia

Schlafen

1 Hospedaje Dodero A1
2 Hotel Liberia D2
3 La Posada del Tope D3

Essen

4 Café Liberia D3
5 Markt B2
6 Restaurante El Pilon C1

Ausgehen & Nachtleben

7 Mariajuana A1

tillachips serviert. Außerdem finden in den stimmungsvollen Räumlichkeiten zuweilen Konzerte und andere Veranstaltungen statt.

★ **Mariajuana** CAFÉ

(☎2665-7217; www.facebook.com/mariajuanarestaurante; ⏲Di–So 15–22.30 Uhr; 📶👪) In dieser Freiluftbar in einem großen, schattigen Hof am Ende einer Sackgasse herrscht eine tolle relaxte Stimmung. Teils Café, teils Galerie, zeichnet sich der Laden durch seine Windspiele, die afrikanischen Masken an den Wänden und sein Angebot an Kaffees, Cocktails und Kneipenessen (Hauptgerichte 6–8 US$) aus. In Liberia gibt's an einem heißen Nachmittag kein besseres Plätzchen.

ℹ Praktische Informationen

Hospital Dr. Enrique Baltodano Briceño (☎2666-0011, Notfälle 2666-0318; Route 918) Hinter dem Stadion am nordöstlichen Stadtrand.

Post (Ecke Av 3 & Calle 8)

ℹ An- & Weiterreise

BUS

Busse nutzen das **Terminal Liberia** (Av 7 zw. Calle 12 & 14) und das **Terminal Pulmitan** (Av 5 zw. Calle 10 & 12).

BUSSE AB LIBERIA

ZIEL (UNTERNEHMEN)	PREIS (US$)	DAUER	ABFAHRTSORT	HÄUFIGKEIT (TGL.)
Cañas (Reina del Campo)*	2	1½ Std.	Terminal Liberia	5.30–17.30 Uhr halbstündl.
Curubandé	2	40 Min.	Terminal Liberia	6.40, 12, 17 Uhr
La Cruz/Peñas Blancas (Arrieta)	2,50	1½–2 Std.	Terminal Liberia	5.30, 8.30, 9, 11 Uhr
Nicoya, via Filadelfia und Santa Cruz (La Pampa)	2,50	1½ Std.	Terminal Liberia	4.30–20.20 Uhr halbstündl.
Playa Flamingo (La Pampa)	3	1½ Std.	Terminal Liberia	6, 8, 10, 11, 12.30, 17, 18 Uhr
Playa del Coco (Pulmitan)	1,50	1 Std.	Pulmitan	5–11 Uhr stündl., außerdem 12.30, 14.30, 18.30 Uhr
Playa Hermosa (La Pampa)	2	1½ Std.	Terminal Liberia	7.30–17.30 Uhr 5-mal tgl.
Playa Tamarindo (La Pampa)	3	2 Std.	Mercado Municipal	3.50–12.30 Uhr 7-mal; 14 –18 Uhr stündl.
Puntarenas* (Reina del Campo)	3	3 Std.	Terminal Liberia	5–15.30 Uhr 9-mal tgl.
San José (Pulmitan)	6	4 Std.	Pulmitan	3–22 Uhr 14-mal tgl.

* Es geht schneller, wenn man den Bus nach San José nimmt und in Cañas aussteigt..

FLUGZEUG

Der **Aeropuerto Internacional Daniel Oduber Quirós** (LIR; www.liberiacostaricaairport.net) liegt 12 km westlich von Liberia und ist der zweitgrößte internationale Flughafen des Landes.

NatureAir (☎ Aeropuerto Internacional Daniel Oduber Quirós 2668-1106, Buchungen 2299-6000; www.natureair.com; ⏲ 6–17 Uhr) Von/nach San José.

Sansa (☎ Aeropuerto Internacional Daniel Oduber Quirós 2668-1017, Buchungen 2290-4100; www.flysansa.com) Von/nach San José.

Parque Nacional Rincón de la Vieja

Trotz seiner Nähe zu Liberia, das nur ein paar – holprige – Katzensprünge entfernt ist, wirkt dieser 141 km² große Nationalpark erfrischend leer und abgeschieden. Der Name bedeutet „Ecke der alten Frau" und stammt vom aktiven Volcán Rincón de la Vieja (1895 m), der dampfenden Hauptattraktion des Parks. Der Nationalpark umfasst auch noch ein paar andere Gipfel derselben Vulkankette wie den höchsten Gipfel, den Volcán Santa María (1916 m). Die geothermale Energie zeigt sich in bunten Fumarolen, lauwarmen Quellen und dampfenden, blubbernden Schlammlöchern sowie einem jungen und temperamentvollen *volcancito* (kleinen Vulkan). All diese Attraktionen sind über gepflegte, steile Wege zu erreichen. Der Sektor Las Pailas ist übrigens montags geschlossen.

Aktivitäten

Thermalquellen

Es gibt keine bessere Art, sich von einer schlauchenden Wanderung zu erholen, als in einer Thermalquelle zu baden. Viele der Quellen sollen eine heilende Wirkung haben – das ist immer gut, wenn jemand dem *guaro cacique* ein bisschen zu ausgiebig zugesprochen hat.

Im Sektor Santa María führt ein Weg 2,8 km Richtung Westen durch den „Zauberwald" und vorbei an der hübschen Catarata Bosque Encantado zu schwefelhaltigen Thermalquellen. In diesen sollte man sich allerhöchstens eine halbe Stunde lang aufhalten, ohne in den 2 km entfernten kalten Quellen eine Abkühlung genommen zu haben. Hier findet man echte vulkanische Thermalbecken – natürlicher geht's nicht!

Am Rand des Parks befinden sich mehrere private Einrichtungen mit Thermalbecken unterschiedlicher Wärme. Man muss noch nicht einmal hinwandern, denn zahlreiche Veranstalter und Hotels bieten ab Liberia Touren zu diesen Stätten.

Termales Río Negro THERMALQUELLE
(☎2690-2900; www.guachipelin.com; 10 US$ pro Pers.; ⊙9–17 Uhr) Dieser zauberhafte Ort liegt im Trockenwald am Río Negro und gehört zur Hacienda Guachipelín. Zehn natürliche warme Becken aus Stein sind auf einem reizenden bewaldeten Weg zu erreichen; über Hängebrücken geht es zu Pools beiderseits des tosenden Flusses. Die Becken haben Temperaturen von 28 bis 53 °C.

Wandern

Von der Rangerstation Santa María führen 12 km Wanderwege zu Thermalquellen. Seit dem Vulkanausbruch von 2012 ist der Weg zum Gipfel des Rincón de la Vieja gesperrt.

Sendero Las Pailas WANDERN
Der etwa 3 km lange Rundweg Sendero Las Pailas führt östlich der Rangerstation Las Pailas vorbei an blubbernden Schlammbecken *(las pailas)*, schwefelhaltigen Fumarolen und einem *volcancito*. Dies ist der beliebteste und daher vollste Teil des Parks, denn dieser Weg ist einfach und es gibt viel zu sehen.

Catarata La Cangreja WANDERN
Etwa 350 m westlich der Rangerstation Las Pailas führen zwei Wege zu Wasserfällen. Der Klassiker, die Catarata La Cangreja, ergießt sich von einer Klippe 50 m tief in eine Lagune, in der man auch baden kann. Aufgelöste Kupfersalze verleihen dem Wasserfall eine tiefblaue Farbe. Der Weg windet sich durch Wald und vorbei an wirklich mächtigen Würgefeigen hin zu einer offenen Savanne mit Yuccas an den Flanken des Vulkans. Von hier kann der Blick bis zu den Feuchtgebieten Palo Verde und dem Pazifik schweifen.

Schlafen & Essen

El Sol Verde CAMPINGPLATZ $
(☎2665-5357; www.elsolverde.com; Stellplatz 9 US$, Zelthaus 27,50 US$, DZ/4BZ 50/70 US$; P 📶) Im Dorf Curubandé bietet ein reizendes Paar drei Zimmer mit spanischen Fliesen und Holzvertäfelung. Oder man nächtigt im Campingbereich mit ein paar eingerichteten Zelthäusern, einer Freiluftküche, mit Sonnenenergie beheizen Duschen und jeder Menge Platz, um sein eigenes Zelt aufzustellen. Die mit Wandbildern verzierte Terrasse eignet sich wunderbar zum Entspannen. In unmittelbarer Umgebung kann man wandern, baden und Tiere beobachten.

Casa Rural Aroma de Campo HOTEL $$
(☎2665-0008, Buchungen 7010-5776; www.aromadecampo.com; EZ/DZ/3BZ/4BZ 55/76/104/123 US$, Bungalow 130 US$, jeweils mit Frühstück; P 📶) Diese stille Oase voller Epiphyten und Hängematten beim Dorf Curubandé bietet sechs Zimmer mit Holzböden, offenen Bädern, bunter Kunst an den Wänden, Moskitonetzen und edlem Landflair. Über das Gelände verteilt sind außerdem sechs Fertigbau-Bungalows mit kräftigen Farben und Glaswänden fürs Eintauchen in das Waldambiente. Im Hof werden köstliche Gemeinschaftsmahlzeiten serviert. Achtung: Der Hauspapagei ist früh auf den Beinen!

Rinconcito Lodge LODGE $$
(☎2666-2764, 2200-0074; www.rinconcitolodge.com; Lodge EZ/DZ 34/47 US$, Standard-EZ/DZ 52/74 US$, Superior-DZ 78 US$; P 📶) Diese erschwingliche Unterkunft nur 3 km vom Parksektor Santa María verfügt über schöne, rustikale Hütten, umgeben von überaus reizvoller ländlicher Szenerie. Die billigeren Zimmer sind winzig, aber genauso sauber und frisch wie die größeren. Angeboten werden auch Ausritte und Ziplining-Touren.

ℹ Orientierung & Praktische Informationen

An den beiden Haupteingänge zum Park gibt's jeweils eine eigene Rangerstation: Hier registriert man sich, zahlt die Eintrittsgebühr und bekommt kostenlose Karten. Fast alle Besucher betreten den Park über die **Rangerstation Las Pailas** (☎2666-5051; www.acguanacaste.ac.cr; Erw./Kind 6–12 J./Kind bis 5 J. 15/5 US$/ frei; ⊙Di–So 8–16 Uhr, kein Einlass nach 15 Uhr) an der Westflanke, wo die meisten Wege beginnen. Die **Rangerstation Santa María** (☎2666-5051; www.acguanacaste.ac.cr; Erw./Kind 15/5 US$; ⊙7–16 Uhr, kein Einlass nach 15 Uhr) im Osten befindet sich in der Hacienda Santa María, einem *rancho* aus dem 19. Jh., der einst US-Präsident Lyndon Johnson gehört haben soll. Hier besteht Zugang zu den schwefelhaltigen Quellen.

ℹ An- & Weiterreise

Zu den Parkeingängen verkehren keine öffentlichen Verkehrsmittel. Von Liberia fährt dreimal am Tag ein Bus nach Curubandé (40 Min.). Alle Hotels in Liberia können für rund 20 US$ pro Person den Transport zum Park organisieren. Oder man nimmt von Liberia ein Allradtaxi nach Las Pailas oder Santa María (ca. 40 bzw. 65 US$ je Strecke).

ABSTECHER

SANTA ROSA

Der **Sektor Santa Rosa** (☎2666-5051; www.acguanacaste.ac.cr; Erw./Kind 15/5 US$, Surf- oder Schnorchelaufschlag 12 US$; ⏰8–16 Uhr) ist der südliche Abschnitt der Area de Conservación Guanacaste. Durch diesen tropischen Trockenwald winden sich 30 km Wege, die unterwegs phantastische Ausblicke auf die Cordillera de Guanacaste und das Valle Naranjo gewähren. Außerdem fanden hier zwei historische Schlachten statt; damit befassen sich das kleine Museum La Casona und das Monument de los Heroes. Die Playa Naranjo an der Küste ist ein legendärer Surfstrand, die Playa Nancite ein wichtiger Nistplatz für Oliv-Bastardschildkröten.

An der Panamericana ist 35 km nördlich von Liberia der Eingang zum Sektor Santa Rosa ausgeschildert. Zur Parkverwaltung sind es 7 km auf einer geteerten Straße. Hier befinden sich auch das Museum, Campingplätze und ein Naturlehrpfad. Vom Sitz der Parkverwaltung führt eine sehr holprige, 12 km lange Piste zur Playa Naranjo. Die berüchtigt schlechte Straße ist während der Regenzeit unpassierbar; ein Allradfahrzeug braucht man jedoch zu jeder Jahreszeit.

La Cruz

6040 EW.

La Cruz ist der Ort, der dem Grenzübergang Peñas Blancas nach Nicaragua am nächsten liegt, und er ist das Haupttor zur Bahía Salinas, dem wichtigsten Kitesurferziel Costa Ricas. La Cruz selbst ist ein verschlafenes Provinznest auf einem Bergplateau, das viel costa-ricanischen Charme verströmt und einen wundervollen Blick auf die windgepeitschte Bucht erlaubt. Die Beine vertreten und seinen Blick erweitern kann man am **Mirador**.

Schlafen

Amalia's Inn GASTHAUS $

(☎2679-9618; EZ/DZ 25/35 US$; P ❄) Von den Gemeinschaftsterrassen des gelben Gipsputzhauses auf einer Klippe bieten sich umwerfende Ausblicke auf die Bucht. Die anheimelnden Zimmer sind recht kunterbunt eingerichtet, doch schön sind die Backsteinböden und die Holzdecken. Die Wände des weitläufigen Hauses zieren modernistische Gemälde von Amalias verstorbenem Ehemann Lester Bounds – insgesamt eine recht gute Unterkunft.

Hotel La Mirada HOTEL $

(☎2679-9702; www.hotellamirada.com; DZ 45–65 US$; P ❄ 📶) Nicht weit von der Panamericana entfernt liegt die schickste Herberge der Stadt. Die liebevoll gepflegten Zimmer des von einer Familie betriebenen Hotels sind geräumig und sauber und verfügen über hohe Balkendecken und Loft-Schlafplätze. Die größten Zimmer haben dazu noch kleine Küchen und Klimaanlagen. Trotz des Namens gibt's hier so gut wie keinen Ausblick.

An- & Weiterreise

Der Busbahnhof liegt am westlichen Stadtrand etwas nördlich der Straße zur Bahía Salinas. An einem Schalter von **Transportes Deldú** (☎2221-2596; www.facebook.com/transportedeldu; ⏰7.30–12.30 & 13.30–18 Uhr) werden Fahrkarten verkauft und Gepäck aufbewahrt. Wer mit dem TransNica-Bus nach Peñas Blancas an der Grenze und weiter nach Managua in Nicaragua fahren will, muss ihn an der Panamericana heranwinken.

Peñas Blancas 1 US$, 45 Min., 5–17.30 Uhr 10-mal fast stündl.

San José via Liberia 7 US$, 5 Std., 5–19 Uhr stündl.

Infos über den Grenzübergang siehe S. 668.

PENÍNSULA DE NICOYA

Vielleicht locken einen die strahlend blauen Gewässer, deren Wellen sich an der gesamten Küste zu perfekten Barrels formen, an die Península de Nicoya. Oder man will sich nur an einem wunderbaren Strand legen und die Sonne genießen. Wer möchte, kann tagsüber über raue Straßen holpern, Flüsse durchwaten und Bergkämme mit weiten Ausblicken über die Küste erklimmen. Wer möchte, kann abends nistende Meeresschildkröten in Augenschein nehmen oder zu Mitternacht ein Bad im sanften Pazifik nehmen. Auf jeden Fall herrscht hier kein Mangel an netten Bleiben, guten Restaurants und opulenten Wellnessangeboten für die Zeit zwischen den Abenteuern. Ob man nun zum Abhängen oder fürs Abenteuer gekommen ist – die Halbinsel Nicoya ist genau die richtige Adresse. Hier vergehen die Tage und Wochen viel zu schnell – wie eine Meeresbrise.

Playa del Coco

An der Playa del Coco dreht sich alles ums Sportangeln, während sich Hochseetauchen als weitere Attraktion herausbildet. Zur Happy Hour – die recht früh beginnt – mischen sich die Traveller unter die ausländischen Angler und Taucher. Aber es gibt hier auch eine costa-ricanische Gemeinschaft sowie Touristen aus dem Land selbst. Wer bei Sonnenuntergang über die grasbewachsene Strandplaza bummelt, blickt auf die weite, von langen, zerklüfteten Halbinselarmen geschützte Bucht und die auf dem Wasser schaukelnden Motorboote und Fischer-*pangas*. Hier ist die Welt in Ordnung!

Aktivitäten

Besonders beliebte Aktivitäten sind Sportfischen, Tauchen und Seekajaken. Mit Seekajaks lassen sich wunderbar die felsigen Landspitzen nördlich und südlich vom Strand erkunden.

Pacific Coast Stand-Up Paddle WASSERSPORT
(☎8359-5118; www.pacificcoastsuptours.com; Unterricht 35 US$, Touren 65–85 US$) Jorge und seine Crew bereiten Besuchern wunderbare Paddeltage, an denen Buchten erkundet, Delfine und andere Meerestiere gesichtet und an einem Strand gepicknickt wird, der einem fast ganz allein gehört. Auf der dreistündigen Tour ist sogar Zeit zum Schnorcheln. Außerdem im Angebot sind empfehlenswerte Surf- und Schnorchelausflüge.

Summer Salt TAUCHEN
(☎2670-0308; www.summer-salt.com; 2 Tauchgänge ab 85 US$) Der freundliche, von Schweizern geführte Tauchshop hat professionelles, zweisprachiges Personal. Bei den Tauchausflügen können auch Schnorchler mitfahren.

Schlafen

Garden House at M&M HOSTEL $
(☎2670-0273; gardenhouse@hotelmym.com; La Chorrera; B 20–25 US$, DZ 60 US$;) In Coco gibt's jede Menge billige *cabinas*, doch dies ist das einzige echte Hostel. Nach mehrmaligem Namens- und Betreiberwechsel heißt das Ganze jetzt Garden House und wird von den Leuten hinter dem Hotel M&M gemanagt. Das Angebot umfasst drei Dorms, eine Handvoll Privatzimmer und einen netten Pool, alles nicht weit vom Strand.

Villa del Sol HOTEL $$
(☎2670-0085; www.villadelsol.com; La Chorrera; Zi. mit Frühstück 85 US$, Apt. 100 US$; P @) Das stille, schattige Anwesen rund 1 km nördlich vom Zentrum lockt Affen, Leguane und verschiedenste Vögel an, und dazu natürlich die in den Hängematten abhängenden Reisenden. Im Hauptgebäude befinden sich stilvolle Zimmer mit Balkonen, die Blick auf den Sonnenuntergang erlauben. Im hinteren Gebäude bieten die Studio-Apartments für bis zu vier Personen ein hervorragendes Preis-Leistungs-Verhältnis. Zum Strand sind es höchstens fünf Minuten zu Fuß.

Hotel M&M HOTEL $$
(☎2670-1212; www.hotelmym.com; EZ/DZ/3BZ mit Frühstück 34/54/70 US$; P) Romantische Strand-Hacienda mit Holzbalkon oberhalb des Plankenwegs. Die ventilatorgekühlten Zimmer haben Keramikfliesenböden, Balkendecken und Kaltwasserduschen. Und wer nicht am Strand herumplanschen möchte, kann bei der verbandelten Unterkunft Garden House (S. 619) ein Bad nehmen.

Essen & Ausgehen

Congo CAFÉ $
(☎2670-1265; www.costaricacongo.com; Hauptgerichte 6–10 US$; ⏲8–19 Uhr; P) Das Congo ist teils Café und teils flippiger Laden und wartet drinnen mit Bogennischen, Rattansofas und einer Kaffeebar aus Holz und Granit auf. Serviert werden alle möglichen Kaffeegetränke sowie gesunde Sandwiches und Salate und Frühstück.

Soda La Teresita COSTA-RICANISCH $
(☎2670-0665; Hauptgerichte 5–10 US$; ⏲Mo–Sa 6.30–21, So bis 17 Uhr) In diesem Laden an der Kreuzung zwischen Hauptstraße und Strand kann man wunderbar Leute beobachten. Außerdem ist dies die beste Adresse für ein Mittagessen, egal ob einem der Sinn nach einer *torta* (Sandwich) oder einem traditionellen *casado* steht. Und auch das herzhafte Frühstück kommt gut an.

La Vida Loca BAR
(☎2670-0181; www.lavidalocabeachbar.com; ⏲11–23 Uhr) Dieser sowohl bei Gringos als auch Ticos beliebte Laden am Südende des Strands, zu erreichen über eine wackelige Holzbrücke, ist eine klassische Strandbar

Península de Nicoya

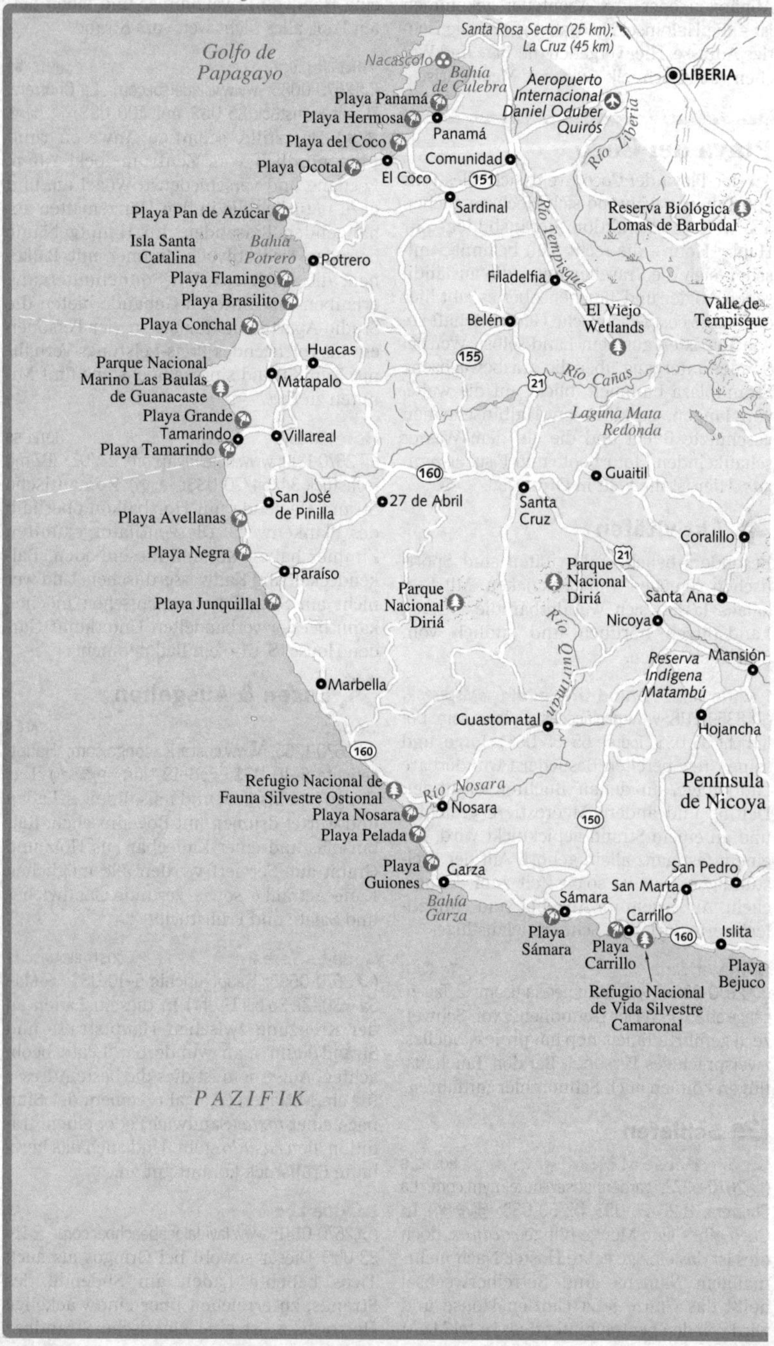

COSTA RICA PENÍNSULA DE NICOYA

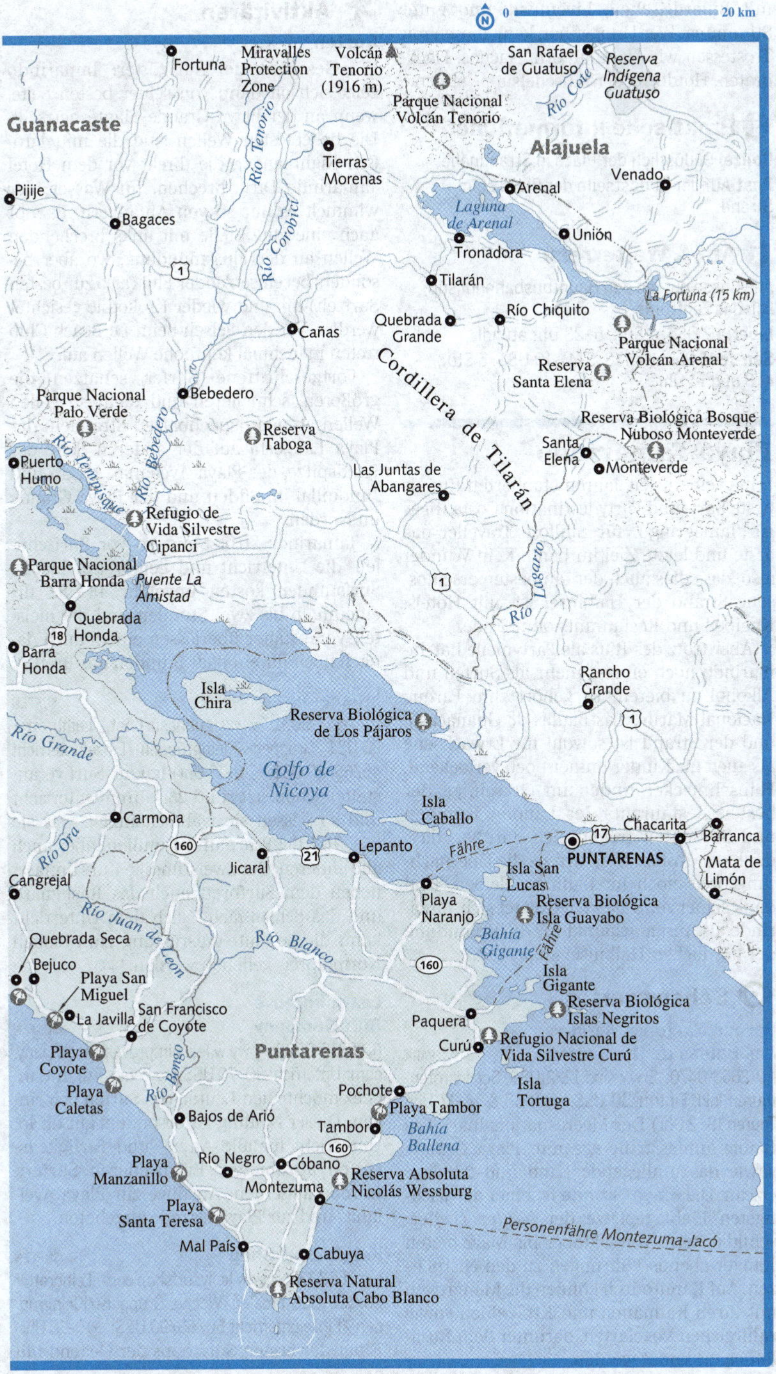

0
20 km
Fortuna
Miravalles Protection Zone
Volcán Tenorio (1916 m)
San Rafael de Guatuso
Reserva Indígena Guatuso
Parque Nacional Volcán Tenorio
Río Cote
Guanacaste
Río Tenorio
Tierras Morenas
Alajuela
Pijije
Bagaces
Río Corobicí
Arenal
Venado
Laguna de Arenal
Tronadora
Unión
1
Tilarán
La Fortuna (15 km)
Cañas
Quebrada Grande
Río Chiquito
Parque Nacional Volcán Arenal
Cordillera de Tilarán
Reserva Santa Elena
Parque Nacional Palo Verde
Bebedero
Río Bebedero
Reserva Taboga
Reserva Biológica Bosque Nuboso Monteverde
Santa Elena
Monteverde
Puerto Humo
Río Tempisque
Las Juntas de Abangares
Refugio de Vida Silvestre Cipancí
Parque Nacional Barra Honda
Puente La Amistad
Río Lagarto
Quebrada Honda
18
Barra Honda
Isla Chira
Rancho Grande
Reserva Biológica de Los Pájaros
Río Grande
Golfo de Nicoya
Isla Caballo
Carmona
160
Chacarita
Barranca
17
PUNTARENAS
Fähre
Lepanto
21
Jicaral
Río Ora
Cangrejal
Isla San Lucas
Mata de Limón
Playa Naranjo
Reserva Biológica Isla Guayabo
Río Juan de Leon
Quebrada Seca
Río Blanco
Bahía Gigante
Fähre
Bejuco
Isla Gigante
Playa San Miguel
Reserva Biológica Islas Negritos
La Javilla
San Francisco de Coyote
Paquera
Refugio Nacional de Vida Silvestre Curú
Curú
Playa Coyote
Puntarenas
Río Bongo
Playa Caletas
Pochote
Isla Tortuga
Playa Tambor
Bajos de Arió
Tambor
Bahía Ballena
Playa Manzanillo
Río Negro
Cóbano
Reserva Absoluta Nicolás Wessburg
Montezuma
Playa Santa Teresa
Personenfähre Montezuma-Jacó
Mal País
Cabuya
Reserva Natural Absoluta Cabo Blanco

mit Billardtischen, Livemusik und guter Stimmung. Wer Hunger hat, kann diesen mit Trostessen wie Hamburgern, Nachos, Hackbraten, Hotdogs oder Muschelsuppe stillen.

Praktische Informationen

Polizei Südöstlich der Plaza in Strandnähe.
Post Auf der Südostseite der Plaza beim Strand.

An- & Weiterreise

Alle Busse nutzen den Hauptbusbahnhof südlich des Zentrums.
Liberia 2 US$, 1 Std., 5–23 Uhr stündl.
San José Pulmitan (S. 574), 10 US$, 5 Std., 4, 8 und 14 Uhr.

Playa Tamarindo

Dank seinem seit Jahren etablierten Ruf als beste Surf- und Partydestination Costa Ricas ist „Tamagringo" für zahllose Traveller das erste und letzte Ziel im Land. Kein Wunder also, dass dies auch der am besten erschlossene Strand der Halbinsel ist, mit Hotels, Kneipen und Restaurants ohne Ende.

Aber trotz des Rufs als Partymeile hat Tamarindo noch einiges mehr als Surfen und Alkohol zu bieten: Es gehört zum Parque Nacional Marino Las Baulas de Guanacaste und der Strand ist sowohl für Erwachsene als auch für Kinder immer noch verlockend. Feinschmecker finden im Ort einige der besten Restaurants des Landes. Familien und Studenten freuen sich darüber, dass dank der großen Konkurrenz die Übernachtungspreis noch im Rahmen bleiben. Und dank seiner zentralen Lage bietet sich Tamarindo als Ausgangspunkt für die Erkundung der nördlichen Halbinsel an.

Sehenswertes

Parque Nacional Marino Las Baulas de Guanacaste PARK
(☎2653-0470; Erw./Kind 12/2 US$, Schildkrötentouren inkl. Eintritt 30 US$; ⏲8–12 & 13–17 Uhr, Touren 18–2 Uhr) Der Meeresnationalpark Las Baulas umfasst die gesamte Playa Grande sowie das umliegende Land und 220 km² Ozean. Die **Playa Grande** ist einer der wichtigsten Eiablageplätze der *baulas* (Lederschildkröten). Von Oktober bis März bieten Ranger abends Führungen zu den Nistplätzen. Auf Kanutouren können die Mangroven mit ihren Kaimanen und Krokodilen sowie zahlreichen Vogelarten, darunter dem Rosalöffler, erkundet werden.

Aktivitäten

Surfen

Ein Geschenk der Surfgötter: Tamarindo zeigt sich oft dann von seiner besten Seite, wenn an der Playa Grande Flaute herrscht. Die beliebtesten Wellen sind die mittelgroßen Righthander, die direkt vor dem Hotel Tamarindo Diria brechen. Im Wasser hier wimmelt es nur so von Anfängern. Es gibt auch eine gute Stelle mit links brechenden Wellen an der Flussmündung, wo aber besonders bei einsetzender Flut (also zur besten Surfzeit) hin und wieder Krokodile gesichtet werden. Vor den Felsen beim Le Beach Club treten manchmal kopfhohe Wellen auf.

Fortgeschrittene Surfer schätzen die größeren, schnelleren und nicht so vollen Wellen an den benachbarten Stränden: der Playa Langosta auf der anderen Seite der Landspitze, der Playa Avellanas, Negra und Junquillal im Süden und der Playa Grande im Norden.

Tamarindo strotzt nur so vor Surfschulen, die Unterricht und Leihbretter bieten. Surfstunden kosten ungefähr 45 US$ für eineinhalb bis zwei Stunden und die meisten Veranstalter überlassen einem auch danach noch für ein paar Stunden das Brett.

Iguana Surf SURFEN
(☎2653-0091; www.iguanasurf.net; Leihbretter 20 US$, Gruppen-/Kleingruppen-/Einzelunterricht 45/65/80 US$; ⏲8–18 Uhr) Iguana Surf veranstaltet schon seit rund 25 Jahren Unterricht und so wissen sie wahrscheinlich, was sie tun. Toll für Paare und Familien, aber auch alle anderen. Der zweistündige Kurs umfasst neben dem Surfbrett auch das Rashguard und das Schließfach. Nach dem Unterricht kann die gesamte Ausrüstung zum halben Normalpreis geliehen werden.

Learn Improve Surf Company SURFEN
(☎8316-0509; www.learnimprovesurfcompany.com; Unterricht 30–70 US$ pro Pers.) Edgar Sanchez möchte den Leuten das Surfen beibringen. Dieser Neuling ist besonders gut darin, Unterricht für alle Alters- und Fertigkeitsstufen anzubieten. Erfahreneren Surfern werden außerdem Ausflüge zur Playa Avellanas und zur Playa Grande angeboten.

Kelly's Surf Shop SURFEN
(☎2653-1355; www.kellysurfshop.com; Leihbretter 20/120 US$ pro Tag/Woche, Gruppen-/Kleingruppen-/Einzelunterricht 50/65/90 US$; ⏲9–18 Uhr) Einer der besten Surfshops der Gegend mit

NICHT VERSÄUMEN

PLAYA AVELLANAS & PLAYA NEGRA

An diesen beiden beliebten Surfstränden rund 15 km südlich von Tamarindo brechen sich ein paar der besten und beständigsten Wellen des Gebiets, das durch den Surffilmklassiker *Endless Summer II* berühmt geworden ist.

Die Playa Avellanas ist ein absolut atemberaubender, unberührter Streifen mit blassgoldenem Sand. In der Mitte wird er von Mangroven begrenzt, an den Seiten von zwei kleinen Hügelchen. Selbst wenn in der Stadt viel los ist, gibt's hier noch genügend Platz, sodass sich kein Surfer oder Sonnenanbeter bedrängt fühlen muss.

Auch die Playa Negra ist ungemein romantisch. Zwar ist der Sand hier ein wenig dunkler und der Strand wird hie und da von Felsen unterbrochen, aber hier gibt es durch romantische Trampelpfade verbundene Gezeitenbecken, wo Expats abhängen – sie haben sich auf diesem Fleckchen Erde niedergelassen, um ein friedliches Dasein zu führen (und zu surfen).

Zwischen Tamarindo und diesen Stränden verkehren keine öffentlichen Verkehrsmittel, jedoch organisieren Surfcamps oft Ausflüge hierher. Außerdem fährt der Avellanas Express (S. 626) um 9, 11, 14 und 15.50 Uhr ab Tamarindo; zwei dieser Shuttles fahren bis zur Playa Negra. Zurück nach Tamarindo geht's ab der Playa Negra um 10 und 15 Uhr und von Avellanas um 10.15, 11.40, 15.15 und 18 Uhr.

toller Auswahl an recht neuen Boards, die man tage- oder wochenweise mieten kann. Premiumbretter kosten ein bisschen mehr. Die Mitarbeiter erteilen gern ausführliche Auskünfte über z. B. Unterrichtsmöglichkeiten.

Tauchen

Tamarindo ist ein Surfmekka. Aber natürlich gibt's auch unter den Wellen was zu sehen. Verlockende Tauchspots in der Gegend sind etwa das Cabo Velas und die Islas Catalinas.

Freedive Costa Rica TAUCHEN
(☎8353-1290; www.freedivecostarica.com; Plaza Conchal; freies Tauchen 35–55 US$, Schnorcheln 55 US$, Speerfischen 145 US$; ⊙9.30–17.30 Uhr) Eigentümer Gauthier Ghilain meint, freies Tauchen sei „die natürlichste, intimste und reinste Form der Kommunikation mit der Unterwasserwelt". Freies Tauchen erfordert keine Ausrüstung und nur wenig Training. Gauthier verspricht bei der Erkundung des Meeres auf neue Art Sicherheit und viel Spaß.

Tamarindo Diving TAUCHEN
(☎8583-5873; tamarindodiving.net; 2 Tauchgänge 110 US$) Es heißt zwar Tamarindo Diving, aber Davide Gabbi fährt mit seinen Kunden auf einem Boot von der Playa Flamingo zu den Islas Catalinas (wer mit dem Auto hinfährt, verbringt mehr Zeit auf der Straße, aber weniger Zeit auf dem Boot). Vom Boot aus sind oft Schildkröten, Delfine und Wale zu sehen und unter der Wasseroberfläche tummeln sich Adler- und Mantarochen sowie Haie.

Kurse

Coastal Spanish Institute SPRACHKURSE
(☎2653-2673; www.coastalspanish.com; ab 310 US$ pro Woche) Die Spanischschule liegt direkt am Strand im Zentrum von Tamarindo – vielleicht tut das der Konzentration auf Grammatik und Vokabular ein wenig Abbruch. Spezialisiert ist die Schule auf Surf- und Spracharrangements mit 20 Stunden Spanischunterricht und sechs Stunden Surfunterricht inklusive Leihbrett.

Instituto de Wayra SPRACHKURSE
(☎2653-0359; www.spanish-wayra.co.cr; ab 320 US$ pro Woche; ⊙Mo–Fr 7.30–17.30, So 10–16 Uhr) Diese Spanischschule bietet kleine Klassen und ein Eintauchen in die Sprache, z. B. durch Unterbringung in einer Gastfamilie.

Schlafen

Tamarindo Backpackers HOSTEL $
(☎2653-1720; www.tamabackpackers.com; B 15 US$, DZ ab 50 US$; P ❄ @ 📶 🏊) Die schöne gelbe Hacienda verströmt ein sehr einladendes Flair. Die Privatzimmer, zumeist mit Gemeinschaftsbad, fallen mit ihren mit spanischen Kacheln gefliesten Böden, den Wandgemälden, Balkendecken und Flachbildfernsehern sehr preisgünstig aus. Die Schlafsäle sind recht sauber, aber unspektakulär. Im tropischen Garten und um einen

Playa Tamarindo

kleinen Pool herum laden Hängematten zum Abhängen ein. Fünf Minuten zu Fuß zum Strand.

La Botella de Leche HOSTEL $

(☎2653-0189; www.labotelladeleche.com; B 13–15 US$, DZ 40 US$; P❄@📶🏊) Das freundliche Hostel mit relaxter Atmosphäre empfiehlt sich durch das warmherzige und aufmerksame Management und die klimatisierten Zimmer und Dorms. Die ansonsten schnörkellosen Zimmer sind mit Schablonenzeichnungen geschmückt. An Einrichtungen gibt's eine Gemeinschaftsküche, Surfbrettständer, Hängematten und ein Fernsehzimmer.

Blue Trailz Hostel HOSTEL $

(☎2653-1705; B/Zi. 15/69 US$; ❄@📶) Das makellos saubere kleine Hostel an der Strandstraße ist bei Surfern beliebt. Die Reisenden freuen sich über die sauberen, klimatisierten Schlafsäle sowie den aufmerksamen Service. Gäste erhalten Ermäßigungen auf Leihbretter, Leihräder, Unterricht und Touren.

Pura Vida Hostel HOSTEL $

(☎8747-8780; www.puravidahostel.com; B 15–18 US$, DZ mit/ohne Bad 60/50 US$; ❄@📶) Der schattige Komplex beherbergt Dorms und Zimmer mit witzigen Wandbildern und

Playa Tamarindo

Aktivitäten, Kurse & Touren

1 Asociación de Guías Locales D2
2 Coastal Spanish Institute B4
3 Freedive Costa Rica B4
4 Iguana Surf C3
5 Instituto de Wayra B5
6 Kelly's Surf Shop C3

Schlafen

7 Blue Trailz Hostel C3
8 Hotel Mahayana C4
9 La Botella de Leche C5
10 Pura Vida Hostel C5
11 Tamarindo Backpackers B5
12 Villas Macondo C4

Essen

13 El Casado del Carro C4
14 Falafel Bar C4
15 Green Papaya C4
16 La Bodega C5
17 Surf Shack B4

Ausgehen & Nachtleben

18 El Be! B4
19 Sharky's B4

Spiegelmosaiken. Es herrscht eine freundliche und chillige Atmosphäre, besonders im Gemeinschafts-*rancho* mit Hängematten und Schaukelstühlen. Manchmal finden Musikveranstaltungen statt, bei denen man vielleicht selbst etwas zum Besten geben kann. Außerdem dürfen kostenlos Fahrräder und Surfbretter genutzt werden.

Hotel Mahayana HOTEL $$
(2653-1154; www.hotelmahayana.com; DZ 62 US$;) Das Mahayana ist ein schönes Refugium abseits des Trubels der Hauptstraße. Die makellos sauberen, in Zitrusfarben gehaltenen Zimmer haben hohe Decken, große Fenster und jeweils eine eigene Terrasse mit Hängematten. Im Hof gibt's einen kleinen, kühlen Pool und eine Gartenküche, die die Gäste ebenfalls nutzen können.

Villas Macondo HOTEL $$
(2653-0812; www.villasmacondo.com; EZ/DZ/3BZ 50/60/70 US$, mit Klimaanlage 75/85/95 US$, Apt. 125–170 US$;) Die Anlage mit sehr gutem Preis-Leistungs-Verhältnis ist zwar nur 200 m vom Strand entfernt, trotzdem aber in dem ansonsten hektischen Ort eine Oase der Ruhe. Die hübschen, modernen Villen mit Patio samt Hängematte liegen rund um einen tropischen Garten mit solarbeheiztem Pool. Die größeren Apartments sind mit richtigen Küchen ausgestattet und somit ideal für Familien.

Essen

★ **La Bodega** FRÜHSTÜCK, SANDWICHES $
(8395-6184; www.labodegatamarindo.com; Nahua Hotel; Hauptgerichte 6–8 US$; Mo–Sa 7–15 Uhr;) Der hübsche Laden samt Café ist auf einzigartige Kombinationen von Zutaten spezialisiert, mit Schwerpunkt auf frisch, regional und bio. Zum Frühstück werden mit Eiern wahre Kunststücke vollbracht, mittags gibt's ein ständig wechselndes Angebot mit erstklassigen Sandwiches und Salaten. Zu jeder Tageszeit passt zu einer frisch aufgebrühten Tasse Kaffee ein Bananenbrot oder ein Zitronenscone.

★ **Green Papaya** MEXIKANISCH $
(2652-0863; www.facebook.com/Gr33nPapaya; Hauptgerichte 5–10 US$; Di–So 9–22 Uhr;) In diesem phantastischen Neuzugang kann man sich an der Theke Frühstücksburritos oder auf einem Baumstumpfstuhl fabelhafte Tacos gönnen. Wirklich perfekt sind die Goldmakrelentacos und Fleischverächter schätzen das breite Angebot an vegetarischen Gerichten. Und zum Nachtisch winkt ein Coco Loco. Hier ist alles funky, frisch und freundlich – unbedingt vorbeischauen!

Surf Shack HAMBURGER $
(2653-2346; www.facebook.com/surfshacktamarindo; Hauptgerichte 5–10 US$; 11–21 Uhr;) Bei Heißhunger nach einem großen bösen Burger ist der Surf Shack genau richtig: Hier werden verschiedene Frikadellen, dicke Zwiebelringe und unwiderstehliche Milchshakes zubereitet. Die Blechwände und die Surfbrett-Deko sorgen für ein superentspanntes Flair, wozu auch die Drinks von der Bar beitragen. Nur einen Katzensprung vom Strand – die Meeresbrise passt bestens zu allem, was man bestellt.

Falafel Bar LIBANESISCH $
(2653-1268; www.facebook.com/tamarindofalafelbar; Hauptgerichte 5–8 US$; Mi–Mo 10–22 Uhr;) Wer genug von *casados* hat (was bei jedem irgendwann mal der Fall sein dürfte), dem bietet dieses orientalische Café mit Schawarma, Falafel, Tabouleh, Hummus und Kebabs eine tolle Abwechslung. Das Pita-Brot wird täglich frisch gebacken. Und nun macht der Laden auch dem „Bar" in seinem Namen alle Ehre, denn er hat jetzt eine Schanklizenz für Alkohol.

BUSSE AB TAMARINDO

ZIEL	UNTERNEHMEN	PREIS (US$)	DAUER (STD.)	HÄUFIGKEIT
Liberia		3	2½	3.30–18 Uhr 12-mal tgl.
San José	Alfaro	11	5½	3 & 5.30 Uhr
San José	Tralapa	11	5½	7 Uhr
Santa Cruz		2	1½	6, 8.30 & 12 Uhr

El Casado del Carro COSTA-RICANISCH $

(Casados 4 US$; ⌚12–15 Uhr) Doña Rosa liefert in ihrem Fließheck-Toyota schon seit mehr als zehn Jahren erstklassige *casados*. Ihre treue Tico-Kundschaft stellt sich jeden Tag mittags an und um 14 Uhr ist gewöhnlich nichts mehr da. Die Mahlzeit wird in einem Styropor-Behälter gereicht, gewöhnlich mit Yuca oder Banane, Reis, Huhn oder Rindfleisch und leckeren schwarzen Bohnen.

Ausgehen & Nachtleben

El Be! BAR

(☎2653-0178; ⌚11 Uhr bis spät) Der ehemalige Le Beach Club hat die Sprache gewechselt und sich ein Ausrufezeichen zugelegt, aber das coole Ambiente ist dasselbe wie und je. Die Gäste lümmeln sich auf Strandbetten oder Hängematten und lauschen den DJ-Klängen. Zur Happy Hour (16–19 Uhr) gibt's Getränkeangebote, Live-Jazz und fabelhafte Sonnenuntergänge. Und wer Hunger hat: Auch das Essen ist nicht schlecht.

Sharky's SPORTBAR

(☎2653-4705; www.sharkysbars.com; ⌚Do–Di 11.30–2.30, Mi 17–2.30 Uhr) Im Sharky's läuft auf neun Bildschirmen Sport – oder man tröstet sich mit Hamburgern und Wings und viel Bier. Jeden Abend wird außerdem spaßige Unterhaltung geboten, so dienstags Karaoke. Samstags ist Frauenabend. Früh da sein!

Praktische Informationen

Backwash Laundry (⌚Mo–Sa 8–20 Uhr) Wäscherei.

Coastal Emergency Medical Service (☎2653-1974, Notfälle 8835-8074; ⌚24 Std.) Für medizinische Notfälle.

An- & Weiterreise

Das Büro von **Empresa Alfaro** (☎2653-0268; ⌚Mo–Sa 7.30–17.30, So 9–15.30 Uhr) befindet sich in Strandnähe, während andere Busse von der Bushaltestelle vor dem Pacific Park abfahren.

Schneller (und teurer) sind private Shuttles. **Tamarindo Shuttle** (☎2653-0505; www.tamarindoshuttle.com) bietet bequeme und praktische Transfers von Tamarindo zu Zielen im ganzen Land, u. a. zu beiden Flughäfen. Shuttles von **Tropical Tours** (☎2640-1900, 2640-0811; www.tropicaltourshuttles.com) pendeln täglich zwischen Tamarindo und San José und verkehren außerdem zu Zielen im Süden der Halbinsel Nicoya.

Unterwegs vor Ort

BUS

Ein toller Service: **Avellanas Express** (6 US$; ⌚8–17 Uhr) betreibt Surfshuttles zu den Stränden der Umgebung. Ab Tamarindo werden drei Strecken abgefahren: zur Playa Grande, Richtung Süden nach Avellanas und Negra sowie Richtung Norden nach Conchal und Flamingo. Im Neptuno Surf Shop.

SCHIFF/FÄHRE

Bei der **Asociación de Guías Locales** (☎2653-1687; www.sinac.go.cr/AC/ACT/PNMarinoBaulas; Boote zur Playa Grande 3 US$, Schildkrötentouren 25–35 US$; ⌚7–16 Uhr) am Nordende des Strands kann man Boote für die Fahrt übers Mündungsgebiet zur Playa Grande mieten.

Playa Sámara

4200 EW.

Ist Sámara das Tor zum Glück? Jedenfalls sind hier schon viele Urlauber für immer hängen geblieben. Oberflächlich betrachtet ist es nur ein übersichtlicher, relaxter Strandort mit einem halbmondförmigen hellgrauen Sandstrand zwischen zwei felsigen Landzungen, wo die See sich von ihrer ruhigen und schönen Seite zeigt. Aber Vorsicht: Je länger man bleibt, desto geringer die Chance, dass man je wieder wegkommt!

Aktivitäten

Was immer die Lieblingsbeschäftigung am Strand sein mag – an der Playa Sámara besteht wahrscheinlich die Möglichkeit dazu. Erfahrene Surfer langweilt der unregelmäßige Wellengang von Sámara wohl eher, aber Anfänger haben hier großen Spaß. Ansonsten kann man hier wandern, reiten und Seekajak fahren sowie um die Isla la Chora herum schnorcheln. Eine Abwechslung zum Strand ist die Erkundung der bewaldeten Hügel, entweder zu Fuß oder per Seilrutsche.

Pato Surf School SURFEN
(☎8761-4638; www.patossurfingsamara.com; Surfbrettverleih 15 US$ pro Tag, Unterricht 30–40 US$) Pato ist direkt am Strand und bietet preisgünstige, aber gute Leihbretter sowie Surfunterricht für Anfänger. Wer eine Unterrichtseinheit absolviert, kann danach fünf Tage lang kostenlos ein Brett ausleihen! Außerdem: Unterricht im Stehpaddeln und SUP-Ausrüstungsverleih, Kajakverleih und -touren sowie Schnorchelausrüstung. Und dazu noch Massagen am Strand und manchmal auch Strand-Yoga. Was will man mehr?

Kurse

Centro de Idiomas Intercultura SPRACHKURSE
(☎2656-3000; www.samaralanguageschool.com; Kurse mit/ohne Unterbringung in Gastfamilie 460/315 US$ pro Woche) Das Centro de Idiomas Intercultura befindet sich direkt am Strand – ein paradiesisches Plätzchen zum Lernen, aber man wird natürlich schnell abgelenkt! Zu den Sprachkursen kann die Unterbringung in einer Gastfamilie arrangiert werden. Auch Sprachkurse für Kinder.

Schlafen

★ **Camp Supertramp** HOSTEL $
(☎2656-0373; campsupertramp.com; Stellplätze 8 US$, B 14–16 US$) Das Camp Supertramp 1,5 km westlich von Sámara und 600 m vom Strand ist wirklich einzigartig. Die Liste der tollen Sachen ist endlos: Thomas (der Eigentümer), Jukebox (sein Hund), die Dschungeldusche, die Feuerstelle, der VW-Bus von 1971, die Tischtennisplatte … Genächtigt wird im mehrstöckigen Monkey Room oder im „Delux Dorm" mit seinen bequemen Betten. Die Atmosphäre hier ist sonnig und sehr entspannt.

El Cactus Hostel HOSTEL $
(☎2656-3224; www.samarabackpacker.com; B 14 US$, DZ 34–48 US$; 📶🏊) Das in leuchtenden Zitrusfarben angemalte El Cactus ist eine tolle Backpackerbleibe, besonders für Leute, die es eher ruhig als partymäßig mögen. Die frischen Zimmer sind mit Holzmöbeln, sauberer Bettwäsche und warmen Duschen ausgestattet. Einen kleinen Pool umgeben Hängematten und es steht auch eine komplett ausgestattete Küche zur Verfügung. An einer Nebenstraße im Ortszentrum, 100 m vom Strand.

Hotel Matilori HOSTEL $
(☎2656-0291; www.hostelmatilori.com; B/EZ/DZ/2BZ 16/30/36/32 US$; P📶) Mit seinen Privatzimmern mit Gemeinschaftsbad im Haupthaus und seinen behaglichen Dorms für vier oder sechs Personen im neueren Nebengebäude bietet dieses Hostel ein fabelhaftes Preis-Leistungs-Verhältnis. Alle Zimmer sind frisch gestrichen und die Gäste können eine runderneuerte Küche und einen schattigen Patio nutzen. Die netten Betreiber Fran und Jen reichen ihren Gästen zur Begrüßung ein Bier!

Casa Paraiso PENSION $
(☎2656-0741; scodinzolo@libero.it; DZ 45 US$; 📶) Hinter dem Ahora Sí versteckt sich ein reizendes kleines Gästehaus. Die Handvoll einfacher Zimmer sind in tiefen Blautönen und angenehmen Pastellfarben gehalten, ergänzt durch Wandbilder, hohe Decken und bequeme Betten. Für Kühle sorgen die Deckenventilatoren, für Wärme die heißen Duschen.

Las Mariposas HOSTEL $
(☎8703-3625, 2656-0314; www.hostelmariposas.com; Hängematte 8 US$, B 12–15 US$, DZ ohne Bad 30–38 US$; 📶) Das freundliche Hostel mit hohem Spaßfaktor für Leute, die in der richtigen Stimmung sind, liegt an der unbefestigten Straße nahe der Sprachschule. Es bietet Holzzimmer und -dorms, zahlreiche Hängematten, Papierlaternen und eine große Küche. Nur 60 m vom Strand entfernt.

La Mansion B&B B&B $$
(☎2265-0165; www.samarabeach.com/lamansion; EZ 40 US$, DZ 50–80 US$, Suite 150 US$; P❄📶) Diese weißgetünchte Beton-Hacienda befindet sich an einer ruhigen Straße und wartet mit Ventilatoren und buntem Schnickschnack auf. Das Haus verströmt jede Menge Charme: Die Zimmer sind geräumig und hell und das Frühstück ist sehr sättigend und köstlich.

Essen & Ausgehen

Sámara ist nicht unbedingt ein Partymekka, doch ist hier abends schon ein bisschen was los. Nach Sonnenuntergang tummeln sich die Gäste in den Strandbars. Bei Lo Que Hay und Flying Taco (s. unten) handelt es sich zwar eigentlich um Taco-Bars, doch zu späterer Stunde liegt der Schwerpunkt eindeutig auf „Bar".

★ **Lo Que Hay** MEXIKANISCH $
(☎2656-0811; www.loquehaybeachbar.com; Tacos 2 US$, Hauptgerichte 5–10 US$; ⏲7 Uhr bis spät) Diese beliebte Strand-*taquería* und -Kneipe bietet sechs köstliche Taco-Füllungen (Fisch, Chorizo, Huhn, Rind, Schwein und vegetarisch). Lecker sind auch die mit *pico de gallo* gefüllten Avocados. Und an der Bar gibt's bis in die frühen Morgenstunden was zum Süffeln.

Roots Bakery BÄCKEREI $
(☎8924-2770; www.facebook.com/rootsbakery cafeEnSamara; Stücke 3–5 US$; ⏲7–16 Uhr; 📶) Sehr gut ist der Möhrenkuchen, aber noch besser ist die Spinatquiche. Doch wahrlich himmlisch sind die Zimtschnecken – so hochkalorisch und klebrig und süß, dass man nach dem Verzehr eine Beichte ablegen muss. Toll! Die Bäckerei liegt an der Hauptstraße gegenüber der Abzweigung nach Carrillo.

Ahora Sí VEGETARISCH $
(☎2656-0741; www.ahorasi.isamara.co; Hauptgerichte 5–11 US$; ⏲8–22 Uhr; P 📶 🖉) Das vegetarische Restaurant samt Cocktailbar bietet Smoothies mit Kokosmilch, Gnocchi mit Muskatnuss, Salbei und Räucherkäse, Sojaburger mit Yuca-Fritten, Wokgerichte und dünnkrustige Pizza. Und alles wird auf einer liebevoll gefliesten Terrasse serviert.

Sámara Organics – Mercado Organico MARKT $$
(☎2656-3046; www.samaraorganics.com; Getränke 2–5 US$; ⏲7–20 Uhr) Es ist nicht billig, aber Selbstversorger und alle, die unter irgendeiner Lebensmittelunverträglichkeit leiden, werden dieses Café mit Markt, seine Bioprodukte und köstlichen fertigen Speisen zu schätzen wissen.

Flying Taco BAR
(☎8409-5376; ⏲12–2 Uhr; 📶) Die relaxte Tex-Mex-Strandbar hat auch zum Mittagessen geöffnet – und das ist lecker –, doch schöner ist es hier abends, mit Livemusik, Karaoke, Poker und Margaritas. Nicht vergessen, die Tacos zu probieren.

ℹ Praktische Informationen

La Vida Verde (Green Life; ☎2656-1051; greenlife@samarabeach.com; 3 US$ pro kg; ⏲Mo–Sa 8–18 Uhr) Die Wäscherei liegt 75 m westlich der Banco Nacional. Oder man ruft an und lässt seine schmuddlige Wäsche abholen.

Post (⏲Mo–Fr 8–12 & 13.15–17.30 Uhr) Im selben Gebäude wie die Polizei, an der Hauptstraße beim Strand.

Samara Info Center (☎2656-2424; www.samarainfocenter.com; ⏲9–21 Uhr) Das Infocenter befindet sich nicht weit vom Lo Que Hay am Strand und wird von der liebenswürdigen Brenda und dem freundlichen Christopher betrieben. Sie bieten Hilfe bei der Unterkunftssuche, empfehlen Restaurants, kümmern sich um Verkehrsmittel und beantworten Fragen über Sámara und Carrillo. Und sie buchen Touren.

ℹ An- & Weiterreise

Zwischen 5.30 und 19 Uhr fahren zehn Traroc-Busse nach Nicoya (3,60 US$, 1 Std.). In entgegengesetzter Richtung fahren sie zur Playa Carrillo.

Mal País & Santa Teresa

Tolle Wellen, kreatives Essen, Jungs in Surfershorts und Mädels in Bikinis – das alles und noch viel mehr bietet die Südwestecke der Península de Nicoya. Und daher hat sie sich auch zu einer der lebensbejahendsten Ziele Costa Ricas entwickelt. Hier wimmelt das Meer nur so vor Tieren und ist beinahe perfekt hinsichtlich Form, Farbe und Temperatur. Die Hügel sind mit stilvollen kleinen Unterkünften gespickt und manches versteckte Restaurant wird von einem Top-Koch geführt, der der Welt den Rücken gekehrt hat. Zwar gibt's an der Küste immer mehr Häuser von Ausländern, doch die Berge sind üppigst begrünt und die Straße ist nach wie vor eine Holperpiste. Das gesamte Gebiet breitet sich einer einzigen Küstenstraße aus, die von Santa Teresa im Norden über Playa El Carmen, das kommerzielle Herz der Gegend, bis zum Fischerort Mal País führt.

Die meisten Leute kommen zum Surfen nach Santa Teresa und Mal País und vielleicht auch wegen der Orte selbst. Ansonsten möchten die meisten Besucher außer vielleicht ein bisschen Yoga auch gar nicht viel machen. Aber an der wunderschönen, unberührten Küste lassen sich bei Bedarf problemlos Ausritte und Angeltouren arrangieren.

🛏 Schlafen

Don Jon's BUNGALOWS $
(☎2640-0700; www.donjonsonline.com; Santa Teresa; B 15–20 US$, Bungalows 45–70 US$, Apt.

80–120 US$; P ❄ 📶) Diese Unterkunft gleich hinter dem Fußballplatz ist die perfekte Basis für Surfer und alle, die mal so richtig abhängen wollen. Die rustikalen Teakholz-Bungalows sind phantasievoll eingerichtet und recht ansprechend. Die schönen Dorms verfügen über spanische Fliesen und hohe Decken und im Garten herrscht kein Mangel an Hängematten.

Casa Zen PENSION $
(☎2640-0523; www.zencostarica.com; Santa Teresa; B/DZ/3BZ/4BZ mit Frühstück 15/35/42/50 US$; P 📶) Die entzückende, asiatisch inspirierte Pension wartet mit himmlischen Wandbildern und fröhlichen Buddhastatuen auf. Die farbenfrohen, aber einfachen Zimmer teilen sich supersaubere Bäder und zwei komplett ausgestattete Küchen. Einige Gäste haben sich darüber beschwert, dass die dünnen Wände und der vorbeifahrende Verkehr der Zen-Atmosphäre Abbruch tut – doch man könnte auch sagen, dass der Lärm einem die Möglichkeit bietet, sich noch mehr in Entspannung zu üben.

Wavetrotter HOSTEL $
(☎2640-0805; www.wavetrottersurfhostel.com; Santa Teresa; B 15 US$, Zi. ohne Bad 35 US$; P 📶) Das einfache Wavetrotter ist mit seinen hölzernen 6-Bett-Schlafsälen an einem großen Aufenthaltsbereich eine ausgezeichnete Herberge nicht nur für Surfer. Im Garten gibt's auch Privatzimmer; außerdem sind hier Brüllaffen und Leguane zu Hause. Den Gästen steht eine riesige Gemeinschaftsküche zur Verfügung. Und – besonders gut – der ganze Laden ist makellos sauber. Das Hostel liegt einen Block östlich der Hauptstraße: vor Pizza El Pulpo rechts abbiegen.

Cuesta Arriba HOSTEL $
(☎2640-0607; www.cuestaarriba.com; Santa Teresa; B 15 US$, DZ 50–60 US$, jeweils mit Frühstück; ⏲9–19 Uhr; P ❄ 📶 🏊) Dieses Hostel für Intellektuelle zieht ein etwas gesetzteres Publikum an, das sich über das geordnete Ambiente freut. Ein eigenes Bad, Betonböden, bunte Wandbehänge und phantasievolle Fliesendekorationen zeichnen sowohl die Dorms als auch die Privatzimmer aus. Zu den Gemeinschaftsbereichen gehören eine große, gut ausgestattete Küche, eine luftige Terrasse oben und ein Garten mit Hängematten.

Malpaís Surf Camp & Resort LODGE $$
(☎2640-0031; www.malpaissurfcamp.com; Mal País; B 17 US$, DZ mit/ohne Bad 73/40 US$, Villa ab 108 US$; P ❄ @ 📶 🏊) Hier gibt's gemütliche private *cabanas* wie auch luxuriösere Bleiben, aber den besten Deal in dieser Surferlodge bietet der Freiluft-*rancho* mit Blechdach und Kieselboden, den man sich mit drei anderen Surfern teilen kann. Ein tropisches Gelände, ein üppiger Pool, eine Freiluftlounge mit kaltem Bier – da kommt gute Laune auf!

Essen & Ausgehen

Zwart Cafe CAFÉ $
(☎2640-0011; Santa Teresa; Hauptgerichte 4–8 US$; ⏲7–17 Uhr; 📶) Zwar bedeutet das niederländische Wort *zwart* „schwarz", doch diese im Shabby-Chic gehaltene, von einem Künstler geführte Galerie samt Café ist ganz weiß. Schön sind die vom Surfen inspirierten bunten Gemälde, der gutbesuchte Patio und das beliebte Frühstück mit z. B. Schoko-Pfannkuchen und Burritos, die dann beim Mittagessen gänzlich die Szene beherrschen. Auch der antiquarische Buchladen ist toll.

Roca Mar BAR
(☎2640-0250; Santa Teresa; ⏲12–21 Uhr; 📶) Die ziemlich perfekte Strandlounge im Blue Surf Sanctuary am nördlichen Ortsrand lockt vor allem die vor Ort lebenden Ausländer an. Sitzsäcke sind im Sand verteilt und zwischen den Bäumen sind Hängematten aufgespannt – alles in perfekter Ausrichtung zum Sonnenuntergang. Sonntagabends findet hier eine offizielle Sunset Party statt, ein familienfreundliches Event mit Livemusik, Feuertänzern usw.

An- & Weiterreise

Alle Busse starten und halten am Ginger Café, 100 m südlich vom Hostel Cuesta Arriba, doch man kann die Busse auch überall an der Straße in Santa Teresa anhalten. Bei Frank's Place biegen die Busse links ab und fahren dann landeinwärts Richtung Cóbano.

Um 7.30 und 15.30 Uhr gehen direkte Busse über die Paquera-Fähre nach San José (13 US$, 6 Std.). Nach Cóbano (2 US$, 45 Min.) verkehren Busse um 7 und 12 Uhr.

Montezuma Expeditions (☎2642-0898; www.montezumaexpeditions.com; Santa Teresa) organisiert Shuttlevans nach San José, Tamarindo und Sámara, Jacó, La Fortuna, Liberia und Monteverde sowie Manuel Antonio und Dominical.

Montezuma

Der reizende Strandort Montezuma lädt zum Bummeln, Baden und (wenn man ein Stückchen weiter geht) Surfen ein. Der warme, wilde Ozean und die Reste des stets vernehmbaren Dschungels haben es diesem felsigen Winkel ermöglicht, sich ein freundliches Künstlerflair zu bewahren. Zwar gibt's hier auch den normalen Tourismus mit etwa Canpoy-Touren, aber man findet auch eine bohemehafte, hippiemäßige Strandkultur mit Yoga-Zentren, Freiwilligenarbeit, vegetarischen Lokalen und Neo-Rastafaris, die erbauliche Kräuter verhökern. Kein Wunder, dass die Einheimischen ihrem Dorf den Spitznamen „Montefuma" verpasst haben.

Aber perfekt ist es nicht. Besonders die Unterkünfte bieten wenig fürs Geld und auch die Restaurants überzeugen oft nicht, obwohl es auch ein paar echte Perlen darunter gibt. Doch in diesem Barfuß-*pueblo*, der sich mehrere Kilometer lang an der zerklüfteten Küste entlangzieht, ist man nie weit vom Meer entfernt – und das ist immer schön.

Sehenswertes & Aktivitäten

★ Montezuma-Wasserfälle WASSERFALL

(Parken 2 US$) Nach einer etwa 40-minütigen Wanderung am Fluss entlang gelangt man zu einem Wasserfall mit einem wunderbaren Badebecken. Weiter den Pfad entlang lädt eine andere Reihe von Fällen zu einem tollen 10-m-Sprung ins tiefe Wasser ein. Die „Tauchplattform" ist vom Weg aus zu erreichen – nicht versuchen, über die glitschigen Felsen zu klettern! Abenteuerlustige können mit einem Seil, das über einer dritten Serie von Wasserfällen schwingt, ihre Tarzan-Fertigkeiten testen. Viele Traveller haben sich hier schon dem kleinen Sprungabenteuer hingegeben, aber es sind dabei auch schon einige zu Tode gekommen – man macht das Ganze also auf eigene Gefahr!

Südlich vom Hotel La Cascada befindet sich ein Parkplatz; gleich hinter der Brücke beginnt rechts ein Weg, für den richtige Wanderschuhe erforderlich sind.

Playa Montezuma STRAND

Der beste Strand in Ortsnähe erstreckt sich unmittelbar nördlich vom Restaurant Cocolores: Der pulvrige Sand ist vor großen Wellen geschützt, sodass man sich hier wunderbar in der Sonne räkeln kann. Das Seegrün des Wassers erfreut sofort das Herz, die Temperatur ist perfekt und es tummeln sich hier zahlreiche Fische. Am Nordende des Strands führt ein Pfad zur Bucht Piedra Colorada. Dort bildet ein kleiner Wasserfall ein Süßwasserbecken, das zum Baden einlädt.

Reserva Natural Absoluta Cabo Blanco NATURSCHUTZGEBIET

(☎2642-0093; Erw./Kind 12/2 US$; ⊙Mi–So 8–16 Uhr) Costa Ricas ältestes Naturschutzgebiet umfasst eine Fläche von 12 km² an der Spitze der Península de Nicoya. Der einzigartige Park ist mit immergrünem Wald bedeckt und wird von leeren weißen Stränden und Inseln flankiert, außerdem geht ein Wanderweg durch ihn hindurch: Der 4,5 km lange **Sendero Sueco** (Schwedische Weg) führt zu einem prächtigen Dschungelstrand an der Spitze der Halbinsel. Montags und dienstags ist das Reservat geschlossen.

Schlafen

★ Luz en el Cielo HOSTEL, B&B $

(☎8811-3700, 2642-0030; www.luzenelcielo.com; B 18–28 US$, DZ/4BZ 90/136 US$; P Wi-Fi) Das heimelige Hostel und B&B im Dschungel, aber nur zwei Minuten vom Ort entfernt, ist ein netter Rückzugsort. Die engen Schlafsäle sind supersauber und bieten stabile Holzmöbel und Schließfächer. Größer sind die neuen „Luxusdorms", die auch über Fernseher und eigene Balkone und Bäder verfügen. Wunderbar sind auch die Baumwipfel-*cabinas*. Tolles Frühstück (inbegriffen), einladende Hängematten und sehr freundliches Personal.

Luna Llena HOSTEL $

(☎2642-0390; www.lunallenahotel.com; B/EZ/DZ ohne Bad 15/28/38 US$, DZ mit Bad 55–65 US$; P Wi-Fi) Diese Budgetunterkunft auf einem Hügel am nördlichen Ortsrand mit Blick auf die Bucht ist absolut entzückend und wirklich einzigartig. Die einfachen Zimmer sind stylisch, farbenfroh und sauber und haben zumeist einen Balkon. Außerdem gibt's zwei Küchen, einen Grill und eine luftige Lounge mit Rattan-Schwingsesseln und atemberaubendem Meerblick. In den umliegenden Bäumen sind jede Menge Tiere unterwegs.

Hotel Los Mangos HOTEL $

(☎2642-0076; www.hotellosmangos.com; Zi. mit/ohne Bad 75/35 US$, Bungalows 90 US$; P ❄ Wi-Fi Pool) Dieses originelle Hotel in einem Garten mit Mangobäumen wartet mit einfachen Zimmern mit bemaltem Holz im Hauptge-

Montezuma

Montezuma

Sehenswertes
1 Playa Montezuma B1

Aktivitäten, Kurse & Touren
Montezuma Yoga .... (s. 4)
2 Zuma Tours A2

Schlafen
3 Downtown Montezuma Hostel A3
4 Hotel Los Mangos B4
5 Hotel Pargo Feliz B2
6 Luna Llena A2
7 Luz en el Cielo A2

Essen
8 Kalibó A3
9 Orgánico B2

Ausgehen & Nachtleben
10 Chico's Bar B2

bäude sowie hübschen, wenn auch dunklen achteckigen Bungalows auf, die mehr Privatsphäre bieten. In den Mangobäumen tummeln sich Affen, und in einem wunderbaren Pavillon mit Meerblick wird **Yoga-Unterricht** (☎2642-1311, 8704-1632; www.montezumayoga.com; 14 US$ pro Pers.; ⌚Unterricht tgl. 8.30 & 18 Uhr) erteilt.

Downtown Montezuma Hostel HOSTEL $
(☎8516-6921; www.facebook.com/dtmontezuma; B 14 US$, DZ mit/ohne Bad 45/35 US$; 📶) In dem schrägen kleinen zweistöckigen Hostel gibt's Kunst an allen Wänden, eine saubere Gemeinschaftsküche und zahlreiche Hängematten zum Herumschaukeln. Im Preis inbegriffen ist zum Frühstück Kaffee bis zum Abwinken und Pfannkuchen zum Selbermachen. Die 4-Bett-Dorms und Privatzimmer sind nichts Besonderes, aber die nette, freundliche Stimmung kommt bei den Gästen gut an. Ab 23 Uhr gilt die streng überwachte Ruhezeit.

Hotel Pargo Feliz CABINAS $
(☎2642-0064; DZ 35–50 US$; 📶) Die Strand-*cabinas* haben eine unschlagbare Lage im Herzen Montezumas. Die einfachen, aber sauberen Zimmer sind mit Ventilator ausgestattet. Auf dem Gemeinschaftsbalkon und der Gartenterrasse gibt's zum Relaxen Hängematten mit Meerblick, und nachts wiegt einen das Rauschen der Wellen in den Schlaf.

Essen & Ausgehen

Kalibó CAFÉ $
(☎2642-4545; Hauptgerichte 3–8 US$; ⌚6–21 Uhr; 🌶) Das winzige Lokal mit offener Küche und einem halben Dutzend Tischen liegt gegenüber der Bushaltestelle. Es ist das perfekte Frühstückscafé und bietet hausgemachtes Gebäck, frische Obst-Smoothies und starken heimischen Kaffee sowie Salate, Sandwiches und richtige Mahlzeiten. Sehr charmant.

★ **Cocina Clandestina** LATEINAMERIKANISCH $$
(☎8315-8003; www.facebook.com/clandestinamontezuma; Hauptgerichte 8–12 US$; ⌚Di–Sa

12–21 Uhr; 📶🌶👨‍👩‍👧) Das Geheimnis ist gelüftet: Das angesagteste neue Restaurant in Montezuma ist dieses fabelhafte Bohemelokal in den Bäumen beim **Schmetterlingsgarten** (☎2642-1317; www.montezumagardens.com; Eintritt 4 US$; ⊙8–16 Uhr). Es verwöhnt seine Gäste mit innovativen Interpretationen zentralamerikanischer Klassiker wie täglich wechselnden Tacos und köstlichen Hühnchen-Enchiladas. Vegetarier dürfen sich auf Süßkartoffel-Linsen-Kuchen und *chiles rellenos* freuen. Das Getränk der Wahl ist das an Ort und Stelle gebraute Butterfly Beer.

Orgánico VEGETARISCH **$$**

(☎2642-1322; Hauptgerichte 8–12 US$; ⊙8–21 Uhr; 🌶) Hier wird „liebevoll zubereitetes, reines Essen" angepriesen, und das ist wörtlich gemeint. Das Café bietet vegetarische und vegane Gerichte wie würzige Thai-Burger, eine *sopa azteca* mit Tofu, außerdem Smoothies und auch Fleischgerichte. Auf jeden Fall sollte man die Avocado-Eiscreme probieren! Fast allabendlich wird Livemusik präsentiert, und montagabends ist offene Bühne – sehr beliebt.

Chico's Bar BAR

(⊙11–2 Uhr) Die wichtigste – oder einzige? – Ausgehadresse im Ort heißt Chico's, sodass hier jeder irgendwann landet, ob alt oder jung, Tico oder Tourist, vor allem donnerstags, wenn Reggae-Nacht angesagt ist. Von den Tischen auf dem Patio hinterm Haus bieten sich wunderschöne Ausblicke auf den Strand.

ℹ Praktische Informationen

Der einzige Geldautomat ist ein BCR-*cajero* gegenüber von Chico's Bar. Die nächste richtige Bank befindet sich in Cóbano. Die Tourveranstalter im Ort wechseln US-Dollar, Euro und Reiseschecks.

ℹ MIT DER FÄHRE VON PUNTARENAS ZUR HALBINSEL

Alle Verkehrsmittel sind auf die Abfahrts- und Ankunftszeiten der Fähren ab Puntarenas abgestimmt. Wenn der Bus oder die Fähre Verspätung hat, wird jeweils gewartet.

Nach Paquera

Die Fähren von **Naviera Tambor** (☎2661-2084; www.navieratambor.com; Erw./Kind/Fahrrad/Motorrad/Auto 1,65/1/4,50/7/23 US$) fahren täglich um 5.30, 9, 11, 14, 17 und 20 Uhr. Die Fahrt ab Puntarenas dauert ungefähr eine Stunde. Man kauft am Kartenschalter ein Ticket, steigt wieder ins Auto und fährt dann auf die Fähre; an Bord kann man keine Karten kaufen. An Feiertagen und Wochenenden ist es ratsam, mindestens eine Stunde vor Abfahrt da zu sein. Am Fährterminal gibt's eine *soda*, wo man etwas essen kann, während man auf das Schiff wartet.

Wenn die Fähre am Ziel ankommt, stehen Busse für die Weiterfahrt nach Paquera, Tambor und Montezuma bereit. Die Busse können im Handumdrehen voll sein, sodass man die Fähre schnell verlassen sollte, um sich einen Platz im Bus zu sichern. Die meisten Reisenden nehmen vom Fähranleger direkt einen Bus nach Montezuma (3 US$, 2 Std.). Viele Taxifahrer wollen Travellern weismachen, dass der Bus nicht kommt, was aber nicht stimmt. Richtung Norden fahren keine Busse.

Eine gute Idee ist es, sich mit mehreren Reisenden ein Taxi nach z. B. Montezuma zu teilen – die Taxifahrt dauert nur halb so lang wie die Busfahrt. Ein Taxi nach Montezuma kostet etwa 12 US$ pro Person, nach Mal País etwa 20 US$ – wenn das Taxi voll besetzt ist.

Nach Playa Naranjo

Die **Coonatramar-Fähre** (☎2661-1069; www.coonatramar.com; Erw./Kind/Fahrrad/Motorrad/Auto 2/1/4/6/18 US$) legt täglich um 8, 12.30, 16.30 und 20.30 Uhr in Puntarenas ab und transportiert sowohl Fußgänger als auch Fahrzeuge. Die Überfahrt dauert 1½ Stunden. Wer mit dem Auto unterwegs ist, kauft am Kartenschalter ein Ticket, steigt wieder ins Auto und fährt dann auf die Fähre; an Bord kann man keine Karten kaufen. An Feiertagen und Wochenenden sollte man mindestens eine Stunde vor Abfahrt der Fähre da sein.

Bei Ankunft der Fähre warten Busse für die Weiterfahrt nach Jicaral im nördlichen Teil der Halbinsel. Wer nach Montezuma oder Mal País möchte, sollte die Fähre von Puntarenas nach Paquera nehmen.

BUSSE AB MONTEZUMA

ZIEL	PREIS (US$)	DAUER	HÄUFIGKEIT (TGL.)
Cabo Blanco via Cabuya	1,50	45 Min.	5.30–20 Uhr 8-mal
Cóbano	2	1 Std.	8.15, 10.15, 12.15 & 16.15 Uhr
Paquera via Cóbano	3	2 Std.	3.45, 6, 10, 12, 14 & 16 Uhr
San José	14	5 Std.	7.30 & 15.30 Uhr

An- & Weiterreise

BUS

Die Busse fahren in Montezuma von dem sandigen Parkplatz am Strand gegenüber vom Fußballplatz ab. Fahrkarten gibt's direkt beim Busfahrer. Wer nach Mal País oder Santa Teresa will, fährt am besten nach Cóbano und steigt dort um.

Montezuma Expeditions (☎ 2642-0919; www.montezumaexpeditions.com; 40–70 US$) betreibt täglich Privatshuttles nach San José, La Fortuna, Monteverde, Jacó, Manuel Antonio, Dominical, Tamarindo, Sámara und Liberia.

SCHIFF/FÄHRE

Zuma Tours (☎ 2642-0024; www.zumatours.net) betreibt ein schnelles Shuttleboot zwischen Montezuma und Jacó (1 Std.). Bei einem Preis von rund 40 US$ ist es nicht gerade billig, aber man spart einen ganzen Reisetag. Ab Montezuma fahren die Schiffe täglich um 9.30 Uhr; im Preis inbegriffen ist der Transfer mit Kleinbussen vom Strand zum Busbahnhof in Jacó. Ab Jacó fährt das Boot um 11 Uhr nach Montezuma zurück. In der Hauptsaison verkehrt vielleicht ein zusätzliches Schiff, Abfahrt in Montezuma um 13.30 Uhr, in Jacó um 15 Uhr. Die Boote lassen sich bei allen Tourenveranstaltern buchen. Angemessene Kleidung anziehen – es könnte ziemlich nass werden!

ZENTRALE PAZIFIKKÜSTE

Die zentrale Pazifikküste zwischen dem rauen Hafen Puntarenas und dem Örtchen Uvita beherbergt neben sonnigen Sandstränden sowohl trockene als auch feuchte tropische Regenwälder und knausert auch nicht mit der Tierwelt. An der Küste bieten Nationalparks gefährdeten Totenkopfäffchen und Hellroten Aras ein sicheres Zuhause, und in den Gewässern vor der Küste tummeln sich wandernde Wale und Schulen von Delfinen.

Angesichts einer solch großen Artenvielfalt auf so engem Raum ist es kein Wunder, dass diese Küste oft als ein Costa Rica im Miniaturformat gilt. Da er nicht allzu weit von San José sowie vom Valle Central und dem Hochland entfernt ist und es hier ein gutes Netz aus geteerten Straßen gibt, ist dieser Teil des Landes ein beliebtes Ziel für Wochenendausflüge sowohl für Leute aus dem In- als auch aus dem Ausland.

Und obwohl die Region durch unreguliertes Wachstum und Umweltschäden bedroht ist, darf man darüber das größere Ganze nicht vergessen, nämlich die atemberaubende Schönheit der mittleren Pazifikküste, wegen der die Region so beliebt ist.

Puntarenas

8063 EW.

Die „Perle des Pazifiks" ist eine schäbige Hafenstadt an der Spitze einer sandigen Halbinsel, die 8 km lang, aber nur 100 m bis 600 m breit ist. Die lebhafte Provinzhauptstadt mit dem heißen Wetter war im 19. Jh. ein wichtiger Hafen für Kaffee. In der Trockenzeit stürmen Tico-Urlauber die hiesigen Strände. Ansonsten finden sich hier Hafenarbeiter und Matrosen neben älteren Damen, die die Gehwege vor ihren Häusern kehren und die Bougainvilleen pflegen. Die meisten Traveller kommen nur hierher, um mit der Fähre weiter zur Halbinsel Nicoya zu fahren.

An- & Weiterreise

BUS

Die Busse nach San José fahren von dem großen marineblauen Gebäude an der nördlichen Ecke Calle 2 und Paseo de los Turistas ab. Für Feiertage und Wochenenden sollte die Fahrkarte im Voraus besorgt werden. Busse zu anderen Zielen fahren von der anderen Straßenseite (Strandseite des Paseo) ab.

SCHIFF/FÄHRE

Von der **nordwestlichen Anlegestelle** (Av 3 zw. Calle 31 & 33) fahren mehrmals am Tag Auto- und Passagierfähren nach Paquera und Playa Naranjo. Wer mit dem Auto unterwegs ist und die Autofähre nehmen möchte, sollte

BUSSE AB PUNTARENAS

ZIEL	PREIS (US$)	DAUER (STD.)	HÄUFIGKEIT
Jacó	2,20	1½	4.30–17.30 Uhr 8-mal tgl.
Quepos	3,80	3½	4.30–15 Uhr 5-mal tgl.
San José	5,10	2½	4–21 Uhr stündl.
Santa Elena, Monteverde	3	3	8.15 & 14.15 Uhr

frühzeitig am Anleger sein: Die Fähre füllt sich schnell und eventuell bekommt man dann keinen Platz mehr. Außerdem muss man am Kartenschalter noch eine Fahrkarte kaufen, bevor man auf die Fähre fährt: Ohne Karte darf keiner aufs Schiff.

Die Fahrpläne ändern sich mit den Jahreszeiten und können durch schlechtes Wetter beeinträchtigt werden. Das Fährbüro am Anleger hat die nötigen Infos. In vielen Unterkünften des Orts hängen außerdem aktuelle Fahrpläne aus.

Coonatramar (☎2661-1069; www.coonatramar.com; Erw./Kind 2/1,10 US$, Fahrrad/Auto 4/18 US$) bietet täglich um 6.30, 10, 14.30 und 19.30 Uhr Boote nach Playa Naranjo, wo Anschluss nach Nicoya und zu anderen Zielen im Westen besteht.

Naviera Tambor (☎2661-2084; www.navieratambor.com; Erw./Kind 1,60/1 US$, Fahrrad/Auto 4,40/23 US$) schickt jeden Tag um 5, 9, 11, 14, 17 und 20.30 Uhr Fähren nach Paquera mit Anschluss nach Montezuma und Mal País.

Parque Nacional Carara

Der 52 km² große Park an der Mündung des Río Tárcoles liegt nur 50 Straßenkilometer südöstlich von Puntarenas sowie rund 90 km westlich von San José über die Carretera Orotina. Der Nationalpark erstreckt sich an der Übergangszone zwischen den Trockenwäldern des nordwestlichen Costa Rica und den feuchten Regenwäldern des südlichen Pazifiktieflands und bildet somit einen biologischen Schmelztiegel der beiden Regionen. Hier gedeihen Akazien neben Würgefeigen und Kakteen neben sommergrünen Kapokbäumen. Dieser natürlichen Vielfalt der Flora entspricht auch die farbenprächtige Fauna mit Hellroten Aras und Costa Ricas größten Krokodilen. Die drei Wanderwege des Parks lassen sich leicht an einem halben Tag erkunden; am besten ist man früh unterwegs, denn dann bestehen die besten Chancen, Tiere zu sehen.

NICHT VERSÄUMEN

KROKODILBRÜCKE

Wer mit einem eigenen fahrbaren Untersatz ab Puntarenas oder San José unterwegs ist, sollte an der Brücke über den Río Tárcoles halten – der sogenannten „Krokodilbrücke". Hier sonnen sich auf den Sandbänken unter der Brücke manchmal bis zu 30 Prachtexemplare gleichzeitig. Zwar sind die Riesenechsen das ganze Jahr über zu sehen, am besten jedoch bei Ebbe in der trockenen Jahreszeit.

ℹ Praktische Informationen

Rangerstation Carara (⏲Dez.–März 7–15 Uhr, April–Nov. 8–16 Uhr) Infos zum Park und zu den Möglichkeiten, Führer (30 US$, mind. 2 Pers.) anzuheuern; 3 km südlich des Río Tárcoles.

ℹ An- & Weiterreise

Alle Busse, die zwischen Puntarenas und Jacó unterwegs sind, setzen Fahrgäste auf Anfrage am Parkeingang ab. Außerdem kann man vor dem Restaurante Los Cocodrilos Busse Richtung Norden oder Süden nehmen. Am Wochenende gestaltet sich das womöglich ein bisschen problematisch, weil die Busse voll sind – wer also auf einen Bus angewiesen ist, sollte unter der Woche herkommen. Wer selbst fährt: Der Eingang zum Carara liegt auf der rechten Seite der Costanera und ist deutlich gekennzeichnet.

Jacó

9527 EW.

Nur wenige Orte in Costa Rica sind so umstritten wie der Badeort Jacó. Feiernde Surffreaks, nordamerikanische Rentner und Bauunternehmer aus dem Ausland sind angetan von Jacó wegen seiner sorglosen Atmosphäre, der vollen Straßen und der tollen Möglichkeiten zu Immobiliengeschäften. Besorgte Ökotouristen, an den Rand gedrängte Ticos und Anhänger des „alten Costa Rica" hassen den Ort aus genau denselben Gründen.

Jacó war der erste Ort an der mittleren Pazifikküste, der umfassend touristisch erschlossen wurde, und lockt auch heute noch zahlreiche Backpacker, Surfer, Winterflüchtlinge und stadtmüde *josefinos* (Einwohner von San José) an. zwar gibt's ganz in der Nähe auch normale Tico-Viertel, doch die Hauptstraße säumen Läden für kitschige Souvenirs und Büros von Tourenanbietern; abends findet man hier eine sichere, aber etwas zwielichtige Szene mit feiernden Studenten, Surfern und leicht bekleideten Damen des horizontalen Gewerbes vor.

Jacós maroder Charme ist nicht jedermanns Sache, aber die Bedingungen zum Surfen sind optimal, die Restaurants und Kneipen im Allgemeinen gut und das Nachtleben kann sehr vergnüglich sein.

Aktivitäten

Surfen

Zwar gilt die Regenzeit als beste Zeit zum Surfen an der Pazifikküste, aber in Jacó gibt es das ganzjährig gute Wellen. Fortgeschrittene Surfer zieht es an die Playa Hermosa weiter südlich, aber auch vor Jacó sind die Wellen stark und beständig und besonders für mittelgute Surfer toll. Außerdem kann man in Jacó gut surfen lernen: Viele Surfveranstalter bieten Unterricht an und es ist hier kein Problem, ein Surfbrett zu kaufen und auch wieder zu verkaufen.

Wer für einen Tag ein Surfboard ausleihen möchte, sollte sich umschauen: Bei den besseren Läden ist ein Brett für 15 bis 20 US$ für 24 Stunden zu haben.

Tortuga Surf Camp SURFEN
(☎2463-3348; www.tortugasurfcamp.com; Surfunterricht ab 60 US$; ⏲9–17 Uhr) Dies ist eine der besten Surfschulen am Ort – Michael und seine Crew sind sehr geduldig und bieten allen Lernenden, egal welchen Alters und auf welcher Stufe, jede erdenkliche Unterstützung.

Wandern

Mount Miros WANDERN
Eine schöne Abwechslung, von der die meisten Besucher gar nichts wissen, ist eine Wanderung auf den Mount Miros. Der Weg windet sich durch primäre und sekundäre Regenwälder und offenbart eine spektakuläre Aussicht auf Jacó und Playa Hermosa. Der Aussichtspunkt liegt mehrere Kilometer den Berg hinauf. Der Beginn des Weges ist nicht ausgeschildert – einfach einen Einheimischen fragen.

Geführte Touren

Jacó Canyoning ABENTEUERSPORT
(☎2643-1834; www.jacocanyoning.com; Av Pastor Díaz; Touren 79–159 US$; ⏲7–21 Uhr) Dieser erfahrene, sicherheitsbewusste Anbieter organisiert einige der spannendsten Ausflüge im Ort, vom zahmeren Abseilen an Wasserfällen hinunter bis zu Canyoning, Klippensprüngen und Stehpaddeln.

Kayak Jacó KAJAKFAHREN
(☎2643-1233; www.kayakjaco.com; Touren ab 75 US$) Das zuverlässige Unternehmen bietet in verschiedenen maßgeschneiderten Paketen ein- und mehrtägige Kajak- und Seekanutrips mit Schnorchelexpeditionen zu tropischen Inseln. Zwar ist das Unternehmen an der Playa Agujas, 250 m östlich vom Strand, vertreten, aber am besten ruft man vorher an oder schickt eine Mail.

Discovery Horseback Tours REITEN
(☎8838-7550; www.horseridecostarica.com; Ausritte ab 80 US$) Von einem englischen Paar geführt wird dieses sehr empfohlene Unternehmen, das bei seinen Strand- und Regenwaldritten Service und Professionalität auf sehr hohem Niveau bietet. Außerdem kümmern die beiden sich bestens um ihre Pferde.

Schlafen

★Room 2 Board Hostel & Surf School HOSTEL $
(☎2643-4949; www.room2board.com; B ab 16 US$, Zi. mit/ohne Bad ab 62/59 US$; P ❄ @ ☎ ≈) Das nagelneue, geräumige und professionell geführte Superhostel verfügt über ein munteres Café, engagierte Mitarbeiter, die Touren und Surfunterricht arrangieren, und über verschiedene Zimmer auf drei Etagen. In den Hängematten auf dem Dach können sich die Gäste ein frisches Lüftchen um die Nase wehen lassen, die Dorms sind mit hervorragenden Matratzen, Regenduschen und Schließfächern gesegnet und es gibt Yoga-Klassen und Filmvorführungen.

Buddha House PENSION $
(☎2643-3615; www.hostelbuddhahouse.com; Av Pastor Díaz; B 18 US$, EZ mit/ohne Bad 70/35 US$, DZ mit/ohne Bad 80/40 US$; P ❄ ☎ ≈) Kräftige Farben und moderne Kunst schaffen in diesem „Boutiquehostel" eine künstlerisch angehauchte Atmosphäre. Die besten Privatzimmer sind hier geräumige Suiten. Zu den Gemeinschaftsbereichen zählen eine luftige Terrasse, eine tadellos saubere Küche und sogar ein kleiner Pool. Sehr nett ist auch das

Personal. Weniger schön ist der Lärm: Das Hostel befindet sich direkt neben einer Bar, in der bis spät in die Nacht gefeiert wird.

Hotel de Haan HOSTEL $
(☎2643-1795; www.hoteldehaan.com; Calle Bohío; B 12 US$, Zi. ab 30 US$; P@🛜🏊) Dieser niederländisch-costa-ricanische Außenposten ist eigentlich eher ein Hostel als ein Hotel und bei kostenbewussten Backpackern und Surfern beliebt. Die einfachen Privatzimmer haben Bäder mit warmen Duschen und sind sauber, aber dunkel; die Schlafsäle haben Gemeinschaftsbäder. Von der offenen Küche fällt der Blick auf den Poolbereich und hier kann man sich gut mit anderen Travellern treffen – und diese Treffen dauern teils bis spät in die Nacht.

Las Camas Hostel HOTEL $
(☎8639-4241, 8533-7619; www.lascamashostel.com; Dorado Sol; B mit/ohne Klimaanlage 13/11 US$, Zi. 30 US$; P❄@🛜🏊) Dieser junge Backpacker-Startup ist eine sehr sympathische Budgetbleibe und ähnelt eher dem Haus eines Freundes. Las Camas liegt nur wenige Fußminuten vom Strand und vom Nachtleben entfernt, doch verbringen viele Gäste die meiste Zeit auf der großen Dachterrasse. Die Zimmer sind ein bisschen schäbig, was aber bei dem Preis entschuldbar ist.

★ **Hotel Perico Azul** HOTEL $$
(☎2643-1341; www.hotelpericoazuljaco.com; Zi./Studio/Suite 60/75/160 US$; P❄🛜🏊) An diesem kleinen, abseits einer stillen Nebenstraße gelegenen Hotel ist kaum etwas auszusetzen. Die Zimmer und Apartments sind hell und sauber und mit bunten Farbtupfern aufgefrischt, es gibt einen kleinen Pool und die Mitarbeiter geben sich jede Mühe, damit sich die Gäste wohl fühlen. Eigentümer Mike betreibt außerdem das empfehlenswerte Tortuga Surf Camp (S. 635); es werden auch Surfpakete geboten.

Essen

★ **Side Street Bistro** FUSIONSKÜCHE $
(☎2643-2724; Calle Bribri; Sandwiches 6–10 US$; ⏲Mo 11–16, Di–Sa 11–21, So 9–17 Uhr) Seit seiner Eröffnung betört das kleine Bistro sowohl Einheimische als auch Touristen mit seinen frischen, kreativen Sandwiches, z. B. mit Pulled Pork drin, aber auch mit in Kaffee und Kakao mariniertem Tenderloin oder Garnelen. Und zum Runterspülen gibt's heimische Craft-Biere. Auch das Frühstück ist umwerfend, beispielsweise die Butter-Pekannuss-Waffeln oder die Eier Benedikt mit Schinken und Whisky. Klasse!

★ **Namaste** INDISCH $
(☎8482-6867; Calle Bohío; Hauptgerichte 6–12 US$; ⏲8–19 Uhr; 🛜🌱) Immer der Nase nach: Das freundliche kleine Lokal findet man, indem man den köstlichen Aromen indischer Gewürze folgt. Zum Frühstück gibt's vielleicht *shakshuka* (pochierte Eier nach israelischer Art mit Tomaten und Kräutern), später dann Falafel, Bombay-Masala-Fisch, Hühnchencurry, *baba ghanoush* und andere schmackhafte nahöstliche und asiatische Gerichte. Auch die Smoothies sind gut.

Soda a Cachete COSTA-RICANISCH $
(☎8633-1831; Av Pastor Díaz; Mahlzeiten 5–9 US$; ⏲8–20 Uhr) Viele der einheimischen *sodas* wurden aufgrund der Vorlieben der Gringo-Gaumen verdrängt, doch dieses kleine Lokal überlebt dank einer treuen Kundschaft, die es zu großzügigem und ausgezeichnetem Frühstück und Mittagessen hierherzieht. Für ein paar Dollar bekommt man hier Reis, Bohnen, das Tagesgericht mit Fisch oder Fleisch und Saft. Gegenüber vom Roten Kreuz.

The Wok ASIATISCH $
(☎2643-6168; Av Pastor Díaz; Hauptgerichte 4–8 US$; ⏲11–21 Uhr; 🌱) The Wok wartet mit einem zuverlässig guten Angebot auf – besonders die Wokgerichte und die Rippchen (nur mittwochs) können sich sehen lassen. Der niederländische Eigentümer hat eine Zeitlang in Asien gelebt. Von den Tischen an der Hauptstraße von Jacó lässt sich wunderbar dem Trubel zuschauen. Neben dem Autoverleih Budget.

Ausgehen & Nachtleben

Bar Nirvana BAR
(☎8429-5255; Av Pastor Díaz; ⏲19–2 Uhr) Hier gibt's tolle Mojitos sowie einen sehr lockeren Boss und Barkeeper, der das Lokal von Grund auf aufgebaut hat und mit seinen Gästen gerne ein Schwätzchen hält. Gut für einen Drink nach dem Abendessen. Später am Abend geht hier dann die Post ab.

Monkey Bar CLUB
(☎2643-2357; Av Pastor Díaz; ⏲21–2.30 Di–So) Die Monkey Bar lockt eine junge Klientel aus Einheimischen und Besuchern an. Auch der Reggaetón sorgt für beste Stimmung.

Praktische Informationen

Jacó ist das Epizentrum der costa-ricanischen Prostitutionsszene. Wenn der/die Prostituierte über 18 Jahre alt ist (was nicht immer der Fall ist), ist Prostitution in Costa Rica legal. Wer diese dunkle Ecke des costa-ricanischen Nachtlebens erkunden möchte, sollte sich jedoch der Gesundheits- und Sicherheitsrisiken und der negativen sozialen Auswirkungen bewusst sein.

Die Einheimischen warnen davor, bei Dunkelheit allein am Strand herumzulaufen, da es schon mehrere Überfälle gegeben hat.

An- & Weiterreise

BUS

Gray Line, Easy Ride und Monkey Ride betreiben Shuttles von Jacó zu beliebten Zielen wie Granada in Nicaragua.

Sämtliche Busse kommen aus Puntarenas bzw. Quepos. Die aktuellen Fahrpläne haben die Unterkünfte. Früh an der Haltestelle sein!

Puntarenas 2,20 US$, 1½ Std., 5–19.30 Uhr 12-mal tgl.

Quepos 2,70 US$, 1½ Std., 6–19 Uhr 12-mal tgl.

San José 5,50 US$, 2½ Std., 6–19 Uhr 8-mal tgl.

SCHIFF/FÄHRE

Zuma Tours (☎2642-0050, 2642-0024; www.zumatours.net) Betreibt Schnellboote von Jacó nach Montezuma, mit Abholung per Shuttle in Jacó zwischen 10 und 10.30 Uhr; Abfahrt der Boote in Herradura (40 US$, 1 Std.) um 11 Uhr. Ab Montezuma fahren die Schiffe um 9.30 Uhr. Wer möchte, kann sich auch in Mal País und Santa Teresa (50 US$) absetzen lassen.

Quepos

12 907 EW.

Die geschäftige Kleinstadt Quepos dient als Tor zum Nationalpark Manuel Antonio, dessen Eingang nur 7 km entfernt liegt. Für Reisende, die ihre Vorräte aufstocken und Tipps einholen wollen, ist Quepos ein guter Anlaufpunkt. Auch wenn sich die Region Manuel Antonio aufgrund des Ökotourismusbooms schnell und irreversibel verändert hat, ist das zurückhaltende Quepos in weiten Teilen noch immer eine authentische Tico-Stadt.

Zwar übernachten die Besucher des Gebietes um den Manuel Antonio zumeist außerhalb von Quepos, doch die Unterkünfte in dem Städtchen bieten in der Regel ein sehr gutes Preis-Leistungs-Verhältnis und für einen Ort dieser Größe gibt's eine florierende Restaurantszene. Außerdem lässt sich Quepos sehr gut zu Fuß erkunden und vielleicht kommt man dabei auch in Kontakt mit den freundlichen Einheimischen.

Aktivitäten

★ Paddle 9 ABENTEUERTOUREN

(☎2777-7436; www.paddle9sup.com; Touren 60–150 US$) Dieser Neuling besteht aus einem jungen, leidenschaftlichen und sicherheitsbewussten Team, das das Stehpaddeln (SUP) nach Quepos gebracht hat und Besuchern gern die Pazifikküste näherbringt. Neben den dreistündigen Mangroven- oder Meeres-SUP-Touren ist die beliebteste Tour ein siebenstündiger Ausflug mit Baden unter verschiedenen Wasserfällen und einer Einführung ins Paddleboarding.

Oceans Unlimited TAUCHEN

(☎2777-3171; www.scubadivingcostarica.com; 2 Tauchgänge 110 US$) Dieser Laden nimmt das Tauchen wirklich ernst und die meisten Exkursionen führen zur Isla Larga und Isla del Caño südlich in der Bahía Drake, die in zwei Stunden mit dem Bus erreicht wird. Dazu kommen noch mehrere spezielle PADI-Kurse und regelmäßige Umweltprojekte, mit denen sich dieser Anbieter vom Rest abhebt.

Unique Tours ABENTEUERTOUREN

(☎8396-0679, 2777-1119; www.costaricauniquetours.com) Der etablierte Veranstalter organisiert u. a. unterhaltsame Raftingtouren auf dem Río Savegre sowie Kajaktrips auf dem Ozean und in den Mangroven. Was ihn jedoch besonders auszeichnet, sind die Küstenwanderungen zum Parque Nacional Manuel Antonio. Die Preise variieren je nach Gruppengröße.

H2O Adventures ABENTEUERSPORT

(Ríos Tropicales; ☎2777-4092; www.h2ocr.com) Der renommierte costa-ricanische Raftinganbieter Ríos Tropicales betreibt in Quepos eine sehr beliebte Niederlassung mit dem Namen H2O Adventures. Diese bietet Raftingtrips auf den Flüssen Naranjo, El Chorro und Savegre sowie Kajak- und Tubing-Ausflüge. Die Preise für Touren auf Stromschnellen der Kategorie II bis IV liegen bei 70 US$.

Schlafen

★ Villas Jacquelina PENSION $

(☎8345-1516; www.villasjacquelina.com; Calle 2; Zi. 35–70 US$, Apt. 130 US$; P ❄ 📶 ≋) Die bei Weitem beste Budgetherberge in der Stadt residiert in einem großen Gebäude und hat unterschiedliche Zimmer mit und ohne Bad. Geleitet wird sie von dem unerschütterlichen Steve, einem Zuzügler aus Arizona mit jeder Menge Energie, der sich außerdem bestens in der Gegend auskennt und auch dabei helfen kann, Touren zu arrangieren. Es gibt große Aufenthaltsbereiche mit Hängematten und gutes Frühstück; unter den Gästen herrscht eine kameradschaftliche Stimmung.

Pura Vida Hostel HOSTEL $

(☎2777-2321; www.puravidahostelmanuelantonio.com; B 10–15 US$, Zi. 15–20 US$ pro Pers., jeweils mit Frühstück; ❄@📶) Von der Regenbogenfassade bis zu den Wandmalereien innen – hier geht's bunt zu. Die Zimmer haben Wände in tropischen Farben, helle Bettwäsche, geflieste Böden und Schließfächer. Von den großen Gemeinschaftsbalkonen blickt man auf den dschungelbewachsenen Hügel, wo man vielleicht Totenkopfäffchen entdeckt. Am südlichen Stadtrand an der Straße nach Manuel Antonio.

Hotel Papa's Papalotes HOTEL $

(☎2777-3774; www.papaspapalotes.com; Av 2; EZ mit/ohne Klimaanlage 45/35 US$, DZ mit/ohne Klimaanlage 55/45 US$; ❄📶) In der recht guten Budgetbleibe im Zentrum von Quepos bieten die Privatzimmer ein besseres Preis-Leistungs-Verhältnis als in anderen Hostels in der Nähe. Die Einrichtung haut einen nicht vom Hocker, doch das Haus ist sauber und sicher. Wer sich für ein Zimmer mit Ventilator entscheidet, wird morgens vom Verkehrslärm geweckt – Ohrstöpsel mitbringen!

Essen

★ Marisquería Jiuberth FISCH & MEERESFRÜCHTE $

(☎2777-1292; Hauptgerichte ab 7 US$; ⏲11–22 Uhr) Diese örtliche Institution mit bunt gekachelten Böden wird von einer Fischerfamilie geführt und hat die besten Meeresfrüchte des Orts, ist aber bei Touristen so gut wie unbekannt, da sie versteckt abseits der Hauptstraße liegt. Ob der Fang des Tages oder die köstliche Fischsuppe – die Portionen sind großzügig und der Service ist aufmerksam. Der ungeteerten Calle 2 aus der Stadt hinaus folgen.

★ Brooklyn Bakery BÄCKEREI $

(Av 3; Bagels 1,50 US$, Hauptgerichte 5–8 US$; ⏲Mo–Sa 7.30–18 Uhr; 📶☎) Hier gibt's echte New Yorker Bagels mit *lox* (Lachs)! Und dazu Roggenbrot und Eiskaffee! In dieser reizenden kleinen Bäckerei wird jeden Morgen frisch gebacken und man serviert den ganzen Tag über kleine Speisen, mittags außerdem köstliche Tagesgerichte wie italienische Frikadellen-Sandwiches und Ochsenschwanz-Ravioli.

Soda Come Bien CAFETERIA $

(☎2777-2550; Av 1; Hauptgerichte 3,50–8 US$; ⏲Mo–Sa 6–17, So bis 11 Uhr) Zum köstlichen Tagesangebot zählen vielleicht Fisch in Tomatensauce, *olla de carne* (Rindfleischsuppe mit Reis) oder Hühnersuppe. Alles ist knackfrisch, die Damen hinterm Tresen sind freundlich und die üppigen Portionen sind ein Traum für hungrige Backpacker. Oder man holt sich hier vor oder nach einer langen Busfahrt eine frische Empanada.

Bauernmarkt MARKT $

(Calle 4; ⏲Fr 16 Uhr–Sa 12 Uhr) Selbstversorger sollten sich diesen Bauernmarkt in der Nähe des Wassers anschauen: Hier kann man direkt bei Bauern, Fischern, Bäckern und anderen Erzeugern einkaufen.

Ausgehen & Nachtleben

Café Milagro CAFÉ

(☎2777-1707; www.cafemilagro.com; Calle 4; ⏲Mo–Sa 7–17 Uhr) Das Café Milagro besorgt sich seine Kaffeebohnen in ganz Costa Rica und produziert eine Reihe von Plantagen-, sortenreinen und gemischten Röstungen für jeden Geschmack. Ein Prozent des Gewinns geht über die internationale Wohltätigkeitsorganisation 1% for the Planet an Umweltprojekte. Im Gegensatz zu der größeren Filiale an der Straße zum Manuel Antonio gibt's hier nur Kaffee *to go* (3,50–7 US$) und kein Essen.

Cuban Republik Disco Lounge CLUB

(☎8345-9922; Eintritt 4 US$; ⏲Do–So 21–3 Uhr) Das Cuban Republik ist die verlässlichste Partylocation im Zentrum von Quepos. Fast jeden Abend ist vor 22.30 oder 23 Uhr ein Getränkesonderangebot zu haben. Später wird die Musik lauter und die Drinks werden teurer. Freitagabends haben Frauen bis 23 Uhr freien Eintritt. Insgesamt eine nette gemischte Szene aus Gringos und Ticos.

An- & Weiterreise

Private Shuttles von Gray Line, Easy Ride und Monkey Ride verkehren zwischen Quepos/Manuel Antonio und beliebten Zielen wie Jacó (35 US$), Monteverde (55 US$), Puerto Jiménez (79 US$), San José (49 US$) und Uvita (35 US$).

BUSSE AB QUEPOS

ZIEL	PREIS (US$)	DAUER (STD.)	HÄUFIGKEIT
Jacó	2,70	1½	4.30–17.30 Uhr 10-mal tgl.
Puntarenas	3,80	3	4.30–17.30 Uhr 8-mal tgl.
San Isidro de El General, via Dominical	3,80	3	5.30, 11.30, 15.30 Uhr
San José	7	3½	4.30–16.45 Uhr 6-mal tgl.
Uvita, via Dominical	8	2	6.30, 9.30, 17.30 Uhr

Abfahrt und Ankunft aller Busse ist am vollen und chaotischen Busbahnhof im Ortszentrum. Wer in der Hauptsaison unterwegs ist, sollte Fahrkarten nach San José rechtzeitig im Voraus im **Fahrkartenbüro von Transportes Morales** (☎2777-0263; ⌚Mo–Sa 7–11 & 13–17, So 7–13 Uhr) im Busbahnhof kaufen. *Colectivos* nach San José sind etwas billiger, brauchen aber zwei Stunden länger.

Manuel Antonio

Wer auf der Straße von Quepos zum Parque Nacional Manuel Antonio unterwegs ist, merkt, wie der Lärm von röhrenden Bussen, Touristenscharen und Einheimischen auf der Jagd nach ausländischen Dollar immer lauter wird und schließlich im etwas chaotischen Dorf Manuel Antonio seinen Höhepunkt erreicht. In dieses winzige, am Eingang zum meistbesuchten Nationalpark des Landes am Ozean gelegene Dorf fallen wahre Besuchermassen ein. Hier sollte man nicht in der Hoffnung auf einsame Strände und unberührte Tropenparadiese mit erwartungsvoll aufgerissenen Augen anreisen. Besonders während der begehrten Trockenzeit, wenn hier zahlreiche Reisegruppen unterwegs sind, erblickt man in erster Linie höhere Primaten.

Wer jedoch in der Nebensaison oder an einem Montag kommt, findet ein ruhiges kleines Dörfchen vor, in dem die Wellen ohne Hast an den weißen Sand rollen. Und wenn die Affen aus dem Blätterdach auf den tropischen Sand hinabklettern, kann man mit einigen wunderbaren wilden Tieren auf Tuchfühlung gehen.

Sehenswertes

★ Parque Nacional Manuel Antonio NATIONALPARK
(☎2777-0644; Eintritt 16 US$; ⌚Di–So 7–16 Uhr) Der Parque Nacional Manuel Antonio ist mit nur 19,83 km² der kleinste Nationalpark des Landes, er ist aber auch der beliebteste. Klar gekennzeichnete Wege winden sich vor der Regenwaldkulisse an weißen Stränden und felsigen Landspitzen entlang. Es gibt jede Menge Wildtiere wie Leguane, Faultiere und Affen und die Ausblicke über die Bucht auf die unberührten Inseln vor der Küste sind hinreißend.

Der große Nachteil sind natürlich die Besuchermassen. Wer ein bisschen Stille sucht und vielleicht ein paar Tierchen zu Gesicht bekommen möchte, sollte schon um 7 Uhr da sein und die am weitesten abgelegenen Teile des Parks ansteuern.

Aktivitäten

Baden

Es gibt fünf schöne Strände: vier im Park und einen gleich vor dem Parkeingang. Oft werden die Strände durchnummeriert – die meisten Leute nennen die Playa Espadilla (außerhalb des Parks) den „ersten Strand", die Playa Espadilla Sur den „zweiten Strand", die Playa Manuel Antonio den „dritten Strand", die Playa Puerto Escondido den „vierten Strand" und die Playa Playitas den „fünften Strand". Manche Leute beginnen die Zählung auch mit der Espadilla Sur, dem ersten Strand im Park selbst, sodass das Ganze ein bisschen verwirrend sein kann und man oft nicht weiß, von welchem Strand die Rede ist. Doch egal – alle Strände sind gleichermaßen unberührt und laden zum Sonnenbaden ein. Wo man gefahrlos baden kann, wissen die Parkranger.

Wandern

Der Parque Manuel Antonio verfügt über eine offizielle Straße, den Sendero El Perezoso, der geteert und rollstuhltauglich ist und vom Eingang zu einem Netz sieben kurzer Wege führt. Von diesen ist keiner sonderlich anstrengend, sie sind alle deutlich markiert und auf ihnen sind jede Menge Leute unterwegs; ein paar stillere Ecken findet man in Richtung Ende der Wege. Wanderungen abseits der Wege sind nicht erlaubt. 2015 kam ein neuer, bisher noch unbenannter Weg hinzu: Der parallel zum

Region Manuel Antonio

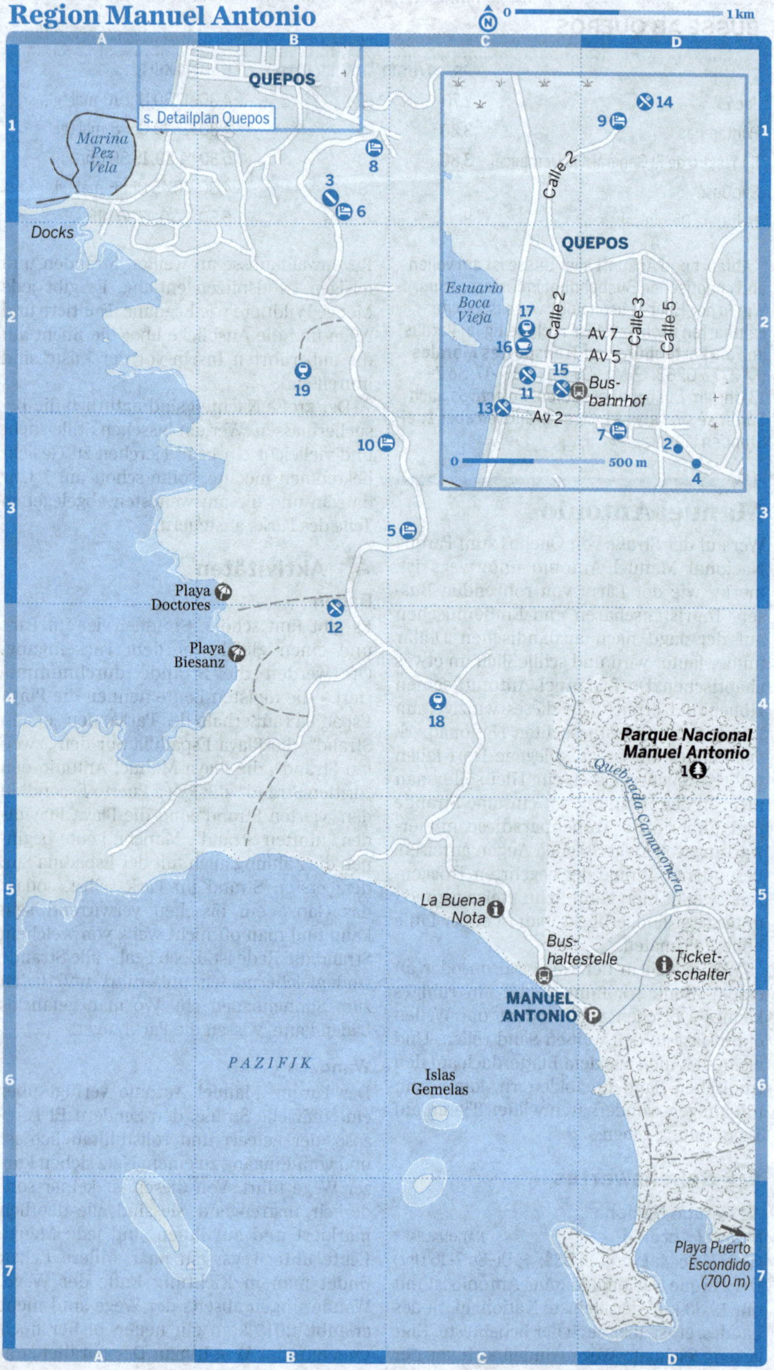

Region Manuel Antonio

Highlights
1 Parque Nacional Manuel Antonio D4

Aktivitäten, Kurse & Touren
2 H2O Adventures D3
3 Oceans Unlimited B1
4 Paddle 9 .... D3

Schlafen
5 Backpackers Manuel Antonio C3
6 Hostel Plinio B1
7 Hotel Papa's Papalotes D3
8 Pura Vida Hostel B1
9 Villas Jacquelina D1
10 Vista Serena Hostel B3

Essen
11 Brooklyn Bakery C2
12 Falafel Bar B4
13 Farmers Market C2
14 Marisquería Jiuberth D1
Sancho's .... (s. 5)
15 Soda Come Bien C2

Ausgehen & Nachtleben
16 Café Milagro C2
17 Cuban Republik Disco Lounge C2
18 El Avión C4
19 Ronny's Place B2

Sendero Principal verlaufende Plankenweg ist eine weniger lärmige Alternative zum Hauptweg.

Schlafen

★ Vista Serena Hostel HOSTEL $
(☎2777-5162; www.vistaserena.com; mit Frühstück B 11–18 US$, Bungalows mit/ohne Klimaanlage 60/50 US$; P @ WLAN) Das schön an einem stillen Hang gelegene Hostel beeindruckt mit spektakulären Sonnenuntergängen über dem Meer, zu beobachten von einer Terrasse voller Hängematten, auf der die Gäste auch auf der Hostelgitarre herumzupfen können. Die Unterbringung reicht von spartanischen Dorms bis zu Bungalows für Leute, die etwas mehr Privatsphäre wünschen. Die superfreundlichen Betreiber Sonia und Conrad verdienen ein dickes Lob für ihre Bemühungen, ihren zahllosen Gästen hilfreich unter die Arme zu greifen.

★ Hostel Plinio HOSTEL $
(☎2777-6123; B/DZ 15/60 US$; ❄ WLAN Pool) Das Hostel Plinio ist ganz auf die Bedürfnisse von Backpackern eingestellt: Es liegt praktisch in der Nähe von Quepos, hat einen großen Pool und großzügige Aufenthaltsbereiche mit Hängematten und Sofas fürs gesellige Beisammensein, einen liebenswürdigen Betreiber, einen effizienten Tourschalter und tolle Doppelzimmer mit Dschungelblick. Der Nachteil ist die Lage an der Straße – einige Zimmer sind laut – und das WLAN schafft es leider nicht in alle Ecken des Hauses.

Backpackers Manuel Antonio HOSTEL $
(☎2777-2507; www.backpackersmanuelantonio.com; B/DZ mit Frühstück 12/35 US$; P ❄ @ WLAN Pool) Das Hostel wartet mit einem sehr geselligen Ambiente und einer guten Lage nicht allzu weit vom Parkeingang und fußläufig zu einem guten Lebensmittelgeschäft auf. Die Schlafsäle sind sauber und sicher – wenn auch etwas klein – und es gibt einen Grillplatz und einen Pool. Die größeren Zimmer mit Herbergs- und Doppelbett eignen sich gut für Freundesgruppen.

Essen & Ausgehen

Falafel Bar MEDITERRAN $
(☎2777-4135; Hauptgerichte 5–9 US$; ⏰11–19 Uhr; WLAN 🌿) Dieser Falafelladen serviert authentische israelische Klassiker sowie zahlreiche vegetarische Speisen wie Couscous, frische Salate, gefüllte Weinblätter, tolle Obst-Smoothies und für wählerische Kids sogar Pommes frites.

Sancho's MEXIKANISCH $
(☎2777-0340; Hauptgerichte ab 5 US$; ⏰8–22 Uhr; WLAN) Ein herrlicher Blick von der Terrasse, gehaltvolle Haus-Margaritas, exzellente Fisch-Tacos und riesige *chile-verde*-Burritos sind nur einige der Attraktionen in diesem freundlichen, von Ausländern geführten Lokal. Hier lassen sich in geselliger und lockerer Atmosphäre gut ein paar Bierchen kippen.

Ronny's Place BAR
(☎2777-5120; www.ronnysplace.com; ⏰12–22 Uhr) Die umwerfenden Ausblicke von Ronny's Place auf zwei unberührte Buchten und den Dschungel rechtfertigen allein schon den Abstecher hierher – aber nur auf einen Drink, das Essen kann man getrost vergessen. Zwar warten viele Lokale an diesem Abschnitt der Straße mit ähnlichen Ausblicken auf, doch wirkt diese Bar durch ihre Lage abseits der ausgetretenen Pfade

wie ein Geheimtipp. Von der Hauptstraße führt eine gut gekennzeichnete unbefestigte Straße hierher.

El Avión BAR
(☎2777-3378; ⏲11.30 Uhr–open end; 📶) Im Zentrum dieses einzigartigen Bar-Restaurants steht eine Fairchild C-123 von 1954, die die USA angeblich in den 1980er-Jahren für die nicaraguanischen Contras kauften, die aber nie eingesetzt wurde. Die Bar ist perfekt für ein Bier und den wundervollen Sonnenuntergang. Nicht gerade umwerfend ist das Essen und man sollte sich auch die Rechnung genau anschauen: Gäste haben sich darüber beklagt, dass man ihnen zu viel Geld abknöpfen wollte.

Praktische Informationen

La Buena Nota (☎2777-1002; ⏲8–18 Uhr) Am Nordende des Dorfs; fungiert als inoffizielles Informationszentrum und verkauft Karten, Reiseführer, fremdsprachige Bücher, englischsprachige Zeitungen, Strandutensilien sowie Souvenirs. Außerdem werden hier Bodyboards verliehen und hier ist auch die kostenlose englischsprachige *Quepolandia* mit Touristeninfos zur Region erhältlich.

Ticketbüro (☎2777-5185; Eintritt 16 US$; ⏲Di–So 7–16 Uhr) Das Kartenbüro des Nationalparks liegt etwa 20 m vom Parkeingang auf der linken Seite.

An- & Weiterreise

Die Bushaltestelle in Manuel Antonio befindet sich am Ende der Straße, die am Strand entlang ins Dorf führt. Von hier fahren zwischen 4 und 17.30 Uhr 15 Busse nach San José (9,10 US$, 3 Std.). Fahrkarten sollte man weit im Voraus am Busbahnhof von Quepos (S. 639) kaufen.

Busse zu anderen Zielen als San José fahren vom Hauptterminal in Quepos.

Nahverkehrsbusse (0,50 US$, 20 Min., alle 30 Min.) und Sammeltaxis verbinden das Dorf Manuel Antonio mit Quepos.

Dominical

Dominical hat bei Travellern einen echten Stein im Brett: Sie marschieren mit ihrem Surfbrett unterm Arm die unbefestigte Straße des Orts entlang und geben sich ansonsten alle Mühe, zwischen dem Surfen und dem Abhängen in Hängematten die richtige Balance zu finden. Zwar beschweren sich einige über die vielen Ausländer, die hier hängengeblieben sind, und die vielen Autos auf der Hauptstraße, doch verweisen die stolzen Einheimischen gerne darauf, dass Dominical an das sagenumwobene „alte Costa Rica" erinnert, als die Straßen noch nicht asphaltiert waren und die Küste von verschlafenen kleinen Orten gesäumt war, die ein buntes Völkchen aus Surfern, Backpackern und leutseligen Nichtstuern anlockten. Dominical wartet nicht mit bedeutenden Sehenswürdigkeiten auf, hat keine asphaltierten Straßen und keine Kettenrestaurants, doch wer surfen oder sich in der Hängematte dem süßen Nichtstun hingeben will, ist hier genau richtig.

Sehenswertes

★ Cataratas Nauyaca WASSERFALL
(☎2787-0542, 2787-0541; www.cataratasnauyaca.com; Reittour 70 US$, Wanderungen 5 US$ Eintritt; ⏲Touren Mo–Sa 8 Uhr) In dem von einer costa-ricanischen Familie betriebenen Zentrum tosen die eindrucksvollsten Wasserfälle an der Küste in einem Naturschutzgebiet mit Primär- und Sekundärwald. Mitglieder der Familie begleiten Besucher bei Ausritten zu den Wasserfällen (Reservierung erforderlich; Abholung ab Dominical möglich), wo man in einladenden natürlichen Becken baden kann. Wer einigermaßen fit ist, kann auch in rund einer Stunde zu den Fällen wandern. Das Zentrum liegt nach 10 km an der Straße von Dominical Richtung San Isidro.

★ Alturas Wildlife Sanctuary NATURSCHUTZGEBIET
(☎2200-5440; www.alturaswildlifesanctuary.org; Mindestspende Erw./Kind unter 12 J. 25/15 US$; ⏲Di–So 9–11 & 13–15 Uhr) Das Tierschutzgebiet rund 1,5 km östlich und bergan von Dominical bietet verletzten und verwaisten Tieren sowie illegalen Haustieren ein Zuhause. Das Ziel ist, die Tiere wenn möglich wieder auszuwildern; falls das nicht geht, kümmert man sich hier um sie. Während der zweistündigen Führung werden einem einige der Bewohner vorgestellt, z. B. ein Ara mit nur einem Auge, Affen, die von klein auf eingesperrt waren, Bubba, der berühmte Nasenbär, und ein Karakara mit einem psychischen Problem. Unterhaltsam, lehrreich und für einen sehr guten Zweck.

Aktivitäten

Dominical verdankt seinen Ruhm den heftigen Point und Beach Breaks. Allerdings sind die Surfbedingungen hier wechselhaft. Auf den Beach Breaks kann man sehr gut surfen lernen, sollte jedoch nicht zu weit ins Wasser gehen, da man weiter draußen arg auf die Nase fallen kann. Anfänger können auch auf die nahe gelegene, zahmere Playa Dominicalito ausweichen.

★ Sunset Surf SURFEN
(☎8917-3143, 8827-3610; www.sunsetsurfdominical.com; Domilocos; All-inclusive-Pakete ab 1415 US$ pro Woche; ⏲8–16.30 Uhr) Sunset Surf wird von Dylan Park, der auf den Wellen Hawaiis und Costa Ricas surfend aufwuchs, betrieben und bietet verschiedene Pakete, darunter eins nur für Frauen. Das Verhältnis von Lernenden und Lehrenden ist hier drei zu eins und Park ist ein ausgezeichneter Lehrer. Es gibt auch Tagesunterricht (ab 55 US$).

Dominical Surf Adventures RAFTING, SURFEN
(☎2787-0431; www.dominicalsurfadventures.com; ⏲Mo–Sa 8–17, So 9–15 Uhr) Eine tolle Adresse für Abenteurer: In einem bescheidenen kleinen Kiosk an der Hauptstraße kann man Wildwasser-Rafting, Kajaktouren, Schnorchel- und Tauchtrips und Surfunterricht (ab 50 US$) buchen. Die Raftingausflüge beginnen bei 80 US$ für Touren auf dem Guabo (Kategorie II und III); es ist auch ein schwierigerer Trip auf den Stromschnellen (Kat. IV) des Río Coto Brus im Programm.

Schlafen

Montañas de Agua HOTEL $
(☎2787-0200; www.montanasdeagua.com; DZ mit/ohne Klimaanlage 50/30 US$, Apt. 75 US$; P❄📶) Dominicals beste Budgetunterkunft versteckt sich unter der dichten Vegetation südlich der Hauptstraße. Sogar die billigsten Zimmer sind schön gepflegt und haben geflieste Böden, Plankendecken, Warmwasserduschen und kleine Veranden mit Hängematten. Schönes Gelände nicht weit vom Strand, freundliches Personal.

Piramys/Cool Vibes Hostel HOSTEL $
(☎Dorm 8353-6428, Privatzimmer 2787-0196; www.hosteldominical.com; B/Zi. 12/32 US$; P@📶) In diesem weitläufigen Strandhostel am Südende des Orts schützen ein Wellblechdach und Planen den offenen Schlafsaal mit seinen in Moskitonetze gehüllten Betten. Die Privatzimmer unten sind recht einfach, aber gemütlich. Die große, luftige Lounge verfügt über Hängematten und einen Fernseher und es gibt eine Bar, eine Gemeinschaftsküche und Surfbretter zum Ausleihen. Die Dormbetten können nicht reserviert werden.

Albergue Alma de Hatillo B&B $$
(☎8850-9034; www.cabinasalma.com; Zi. 70–140 US$; P❄@🏊) Das freundliche B&B besteht aus makellosen Hütten inmitten von Obstbäumen im Dorf Hatillo, 6 km westlich von Dominical. Betrieben wird es von Sabina, einer reizenden und sehr hilfsbereiten Polin. Zum Frühstück werden frische Lebensmittel vom Grundstück selbst gereicht. Beim Yoga-Unterricht im offenen Yoga-Studio wird die Stille leider durch die Geräusche von der Straße gestört.

Essen & Ausgehen

El Pescado Loco FISCH & MEERESFRÜCHTE $
(Hauptgerichte 8–9 US$; ⏲12–18 Uhr) Auf der Karte dieser kleinen Bude stehen nur sieben Gerichte, doch in Sachen Fisch- und Garnelen-Tacos mit Chipotle-Sauce und sämiger Guacamole ist sie ein echter Hit – die Suche nach dem perfekten Fisch-Taco könnte hier ein Ende gefunden haben. Einziger Kritikpunkt: Wie wär's mit echtem statt Wegwerfbesteck?

Del Mar Taco Shop TACOS $
(Tacos 4 US$; ⏲10–21 Uhr) An der Zufahrt zum Strand zaubert ein US-Amerikaner in einem lockeren Surfertreff mit die besten Tacos an der Pazifikküste. Die Fisch-Tacos sind vielleicht besser als die mit Garnelen, die ein bisschen im Teig verschwinden. Außerdem gibt's Burritos und erstklassige Guacamole.

Cafe Mono Congo CAFÉ $
(☎8384-2915; Hauptgerichte 4–9 US$; ⏲6.30–19 Uhr; 📶✎) Auf einer Schaukel an der Bar oder an einem Tisch am Fluss lässt sich hier der bei Weitem beste Kaffee der Stadt genießen. Davon abgesehen werden in dem Freiluftcafé köstliches einfaches Frühstück und größtenteils vegetarisches Mittagessen aus regionalen Biozutaten aufgetischt. Es liegt an der Kreuzung der in den Ort führenden Straße mit der Hauptstraße – ganz einfach zu finden.

Café de Ensueños CAFÉ $
(Mahlzeiten 5–9 US$; ⏲6–20 Uhr) Das von einer reizenden Tico-Familie geführte Café versteckt sich am Ende der südlichen Verbindungsstraße. Auf einer überdachten Terrasse werden Bio-Kaffees, frische Säfte und herzhaftes Frühstück serviert – ein schönes Plätzchen für einen gemächlichen Vormittag. Wer sehr hungrig ist, sollte das Special Breakfast bestellen.

BUSSE AB DOMINICAL

ZIEL	PREIS (US$)	DAUER	HÄUFIGKEIT (TGL.)
Jacó	2,70	1½ Std.	5–18 Uhr 10-mal tgl.
Palmar	2	1½ Std.	4.45, 10.30, 15 Uhr
Quepos	5,50	1 Std.	5.45, 8.25, 12.35, 12.45, 16.35, 16.45 Uhr
San José	10,85	4½ Std.	5.45, 14 Uhr
Uvita	1	20 Min.	4.45–18.30 Uhr 8-mal tgl.

Tortilla Flats BAR
(2787-0033; 12 Uhr bis spät) Die Strandbar Tortilla Flats hat sich zum Hauptziel für Surfer entwickelt, die sich nach einem Tag im Wasser mit einem Sonnenuntergangsbier stärken. Das Essen kann man allerdings vergessen. Die Bar hat eine lockere Freiluft-Atmosphäre und es laufen nonstop Surfvideos, jedoch verschieben sich die Kontinentalplatten schneller, als man hier bedient wird.

Praktische Informationen

An der Fernstraße unmittelbar außerhalb des Orts gibt's eine **Banco de Costa Rica** (BCR; 2787-0381; Mo–Fr 9–16 Uhr). Im selben kleinen Einkaufszentrum ist oben eine Post.

GEFAHREN & ÄRGERNISSE

Wellen, Strömung und Brandung in Dominical sind sehr stark und haben bereits Leute mit sich gerissen. Vor dem Baden sollte man immer nachschauen, welche Flagge gehisst ist – die rote Flagge steht für heftige Strömungen. Den Anweisungen auf den Schildern ist Folge zu leisten. Nur an den von Rettungsschwimmern bewachten Stränden baden! Eigentlich stellt der Strand, wenn man sich an die Vorsichtsmaßnahmen hält, kein Problem dar, trotzdem kommen hier jedes Jahr Menschen zu Tode. Außerdem zieht Dominical ein sehr feierwütiges Volk an, was zu einem ausufernden Drogenproblem geführt hat.

An- & Weiterreise

Gray Line, Easy Ride und Monkey Ride bieten private und Sammelshuttles zu beliebten Zielen wie Jacó, San José, Monteverde, Tamarindo und Sierpe an; Easy Ride wartet mit Direktverbindungen nach Granada in Nicaragua auf.

Entlang der Hauptstraße von Dominical setzen Busse ihre Fahrgäste ab und lassen neue zusteigen.

Uvita

Das nette kleine Dorf 17 km südlich von Dominical besteht aus ein paar unbefestigten Straßen mit Bauernhöfen, Pensionen und winzigen Geschäften, einer Ansammlung von Ladenzeilen an der Hauptzufahrt von der Costanera Sur sowie einigen Hotels in den dschungelüberwucherten Hügeln oberhalb. Mit seinem gemächlichen Alltagsrhythmus vermittelt einem der Ort einen Eindruck davon, wie es an der mittleren Pazifikküste vor dem Tourismusboom zuging. Uvitas Hauptattraktion ist der **Parque Nacional Marino Ballena** (2743-8236; Eintritt 6 US$; 7–18 Uhr), ein unberührtes Meeresschutzgebiet. Dieses ist für seine Buckelwale und seine fast völlig einsamen Wildnisstrände berühmt, doch in der Nähe findet man auch noch ein paar nette Wasserfälle. Einmal im Jahr findet hier das größte Hippiefest des Landes statt, das **Envision Festival** (www.envisionfestival.com).

Nicht weit von der Hauptzufahrt nach Uvita wird ein netter kleiner **Bauernmarkt** (Sa 8–13 Uhr) abgehalten. Hier trifft man auf Einheimische sowie schon lange hier ansässige Expats und kann Obst und Gemüse, Honig und hausgemachtes Essen bekommen.

Uvita ist eine perfekte Basis für die Erkundung der Costanera Sur mit einigen wirklich spektakulären und größtenteils leeren Stränden sowie einer faszinierenden natürlichen Wasserrutsche, der **Cascada Verde** (Eintritt 2 US$; 8–16 Uhr).

Schlafen

★ **Cascada Verde** HOSTEL $
(2743-8191, 8593-9420; www.cascadaverde-costarica.com; B/EZ/DZ ab 11/22/34 US$; P @) Wer nach einem stillen Refugium inmitten des Dschungels sucht, ist in diesem von einem jungen deutschen Paar geführten Hostel genau richtig. Die 2 km bergan von Uvita gelegene Herberge beeindruckt mit umwerfenden Dschungelblicken von der Speiseterrasse, einer großen Gemeinschaftsküche, jeder Menge Platz zum Entspannen drinnen und draußen, ansprechend eingerichteten Zimmern mit Bambustrennwänden sowie einem nur einen kurzen Spaziergang entfernten Wasserfall.

Flutterby House HOSTEL $
(☎8341-1730, 2743-8221; www.flutterbyhouse.com; Stellplatz 7 US$, B 14 US$, DZ 40–120 US$; P@) Kann man sich in ein Hostel verlieben? Diese Ansammlung von bunten Baumhäusern und Schlafsälen hat uns wirklich verzaubert. Das Hostel wird von zwei Schwestern aus Kalifornien geführt und bei den Gästen handelt sich zumeist um die üblichen barfüßigen Surfertypen. Man trifft sich an der Bar.

Tucan Hotel HOSTEL $
(☎2743-8140; www.tucanhotel.com; Stellplätze/Hängematten/B 10/10/14 US$, DZ ab 44 US$; P@) Diese Billigherberge 100 m landeinwärts von der Fernstraße ist bei Reisenden aller Altersstufen beliebt. Die Zimmer sind um einen halboffenen Gemeinschaftsbereich angeordnet, außerdem stehen einfache Zelte und Hängematten sowie ein luftiges Baumhaus zur Verfügung. Dazu kommen noch eine Gästeküche, jeden Tag um 16 Uhr Filmvorführungen, ein italienisches Restaurant und eine gesellige Atmosphäre.

An- & Weiterreise

Die meisten Busse fahren von den beiden überdachten Haltestellen an der Costanera im Hauptdorf ab.

Dominical 1 US$, 30 Min., 4.45–17.30 Uhr 10-mal tgl.

Quepos 8 US$, 2 Std., Abfahrt 4.40, 5, 11, 13 und 16 Uhr.

San José 10,50 US$, 3½ Std., Abfahrt 5.30 und 13 Uhr.

Die privaten Shuttleunternehmen – Grayline, Easy Ride und Monkey Ride – bieten teurere Transfers von Uvita nach Dominical, San José, Quepos, Jacó, Puerto Jiménez und zu weiteren beliebten Zielen.

SÜDLICHES COSTA RICA & PENÍNSULA DE OSA

Von den kühlen Höhen des Cerro Chirripó (3820 m) bis zu den dampfenden Küstendschungeln der Península de Osa umfasst dieser Teil Costa Ricas einige der am wenigsten erkundeten und entwickelten Regionen des Landes. Im Parque Internacional La Amistad sind riesige Wildnisgebiete noch unberührt und in ihren abgeschiedenen Gebieten gehen die am meisten in Erscheinung tretenden indigenen Gruppen des Landes wie die Bribrí, Cabécar, Boruc und Ngöbe noch immer ihren traditionellen Lebensweisen nach.

In den Nebelwäldern sind Quetzal-Sichtungen nichts Ungewöhnliches und fast überall in der Küstenregion gibt es Hellrote Aras zu sehen. Abgesehen von Vögeln und Affen, Faultieren und Nasenbären in den vielen Nationalparks und Schutzgebieten der Region eröffnet sich im Parque Nacional Corcovado die seltene Gelegenheit, dahindösende Tapire zu erspähen. Die zerklüfteten Küsten des Golfo Dulce und der Península de Osa wiederum bezaubern Besucher mit einsamen Wildnisstränden, erstklassigen Surfmöglichkeiten und zahlreichen Gelegenheiten für anstrengende Erkundungstrips. Dies ist eine Region für furchtlose Reisende, die es nach etwas wirklich Wildem gelüstet.

San Isidro de El General

Mit seinen 45 000 Einwohnern ist San Isidro de El General der außer der Hauptstadt am schnellsten wachsende urbane Raum des Landes. Es ist kaum mehr als ein ausufernder, zweckmäßiger Marktflecken an der Schnittstelle einiger der bedeutendsten Ziele Costa Ricas und nur wenige Traveller möchten mehr Zeit als nötig hier verbringen.

„El General" – oft auch Pérez Zeledón genannt, nach dem Namen des Kantons – ist die größte Stadt der Region und ein wichtiger Verkehrsknotenpunkt. Wer die südlichen Pazifikstrände oder Chirripó ansteuert, muss hier einen kurzen Stopp einlegen. Außerhalb des eigentlichen Stadtgebiets befinden sich einige Unterkünfte, die für sich genommen ein lohnendes Ziel darstellen.

Übrigens gelten die Frauen von San Isidro de El General allgemein als die schönsten Costa Ricas. Vielleicht liegt's an der frischen Bergluft und am starken Kaffee?

Das Herz von San Isidro bildet das Netz schmaler Straßen um den Parque Central herum.

Schlafen & Essen

Hotel Chirripó HOTEL $
(☎2771-0529; Av 2 zw. Calle Central & 1; Zi. mit/ohne Bad 57/41 US$; P) Für müde, klamme Reisende ist das beliebte Hotel Chirripó die erste Wahl. Es liegt zentral, nur zwei Fußminuten vom Busbahnhof

entfernt. Die Gäste wohnen hier in weiß getünchten Zimmern, die karg, aber absolut sauber sind.

Hotel Los Crestones HOTEL $$
(☎2770-1200, 2770-1500; www.hotelloscrestones.com; Ecke Calle Central & Av 14; EZ mit/ohne Klimaanlage 43/36 US$, DZ mit/ohne Klimaanlage 57/47 US$; P❄📶🏊) Das elegante Motel südlich vom Fußballplatz ist außen mit Blumenkästen und Weinranken bedeckt – ein willkommener Anblick für reisemüde Traveller. Drinnen finden sich funktionale Zimmer mit moderner Möblierung. Die Angestellten sind aufmerksam und flott. Das Restaurant ist jedoch eher übel.

★ **Urban Farm Cafe** INTERNATIONAL $
(☎2771-2442; Calle Central; Hauptgerichte 5–7 US$; ⌚Mo–Sa 7–19 Uhr; 📶✍) Mit seinem *farm-to-table*-Motto hebt dieses reizende Café die kulinarische Szene von San Isidro ein paar Qualitätsstufen nach oben. Zum Frühstück werden etwa Macadamia-Pfannkuchen mit Bananen im Hawaii-Stil oder vegetarische Omeletts und Schinken-Wraps serviert, während zur Mittagszeit die Wraps und Salate vor frischem Gemüse nur so überquellen. Dazu passen prima die köstlichen Obst-Smoothies.

La Casa del Marisco FISCH & MEERESFRÜCHTE $
(☎8366-1880, 2772-2862; Calle Central; Hauptgerichte 5–12 US$; ⌚Mo–Sa 10–22 Uhr) Da dieses unscheinbare Fischlokal mittags für gewöhnlich aus allen Nähten platzt, kommt man besser zwischendurch, um sich an den täglichen *ceviche*-Variationen oder an frischem Fisch oder frischen Garnelen zu laben, die einem ganz nach Wunsch zubereitet werden. Im Angebot gibt es außerdem: Nudeln, Burger, Salate und Suppen.

ℹ An- & Weiterreise

Der lokale Busbahnhof von San Isidro (unter der Bezeichnung Mercado bekannt) liegt an der Avenida 6; von dort fahren Busse in die umliegenden Dörfer. Der Bus nach San Gerardo de Rivas (zum Parque Nacional Chirripó; 3 US$, 1½ Std.) fährt ab 5.30 Uhr fünfmal am Tag vom Busbahnhof.

Das **Terminal Tracopa** (☎2771-0468) befindet sich an der Panamericana unmittelbar südwestlich der Avenida Central. Wer nach Paso Canoas, Golfito oder Palmar Norte möchte, sollte versuchen, einen der Busse zu erwischen, die in San Isidro eingesetzt werden – andere sind oft schon so voll, dass man stehen muss.

Das **Terminal Quepos** (☎2771-4744) liegt an einer Seitenstraße westlich der Panamericana.

San Gerardo de Rivas

Wer vorhat, den Chirripó zu erklimmen, ist hier richtig, denn das winzige, ruhige San Gerardo de Rivas liegt quasi direkt vor der Haustür des Nationalparks. Hier kann man sich mit Proviant versorgen, noch einmal richtig gut schlafen und vor oder nach der Wanderung warm duschen.

BUSSE AB SAN ISIDRO DE EL GENERAL

Terminal Tracopa

ZIEL	PREIS (US$)	DAUER (STD.)	HÄUFIGKEIT
Golfito	8,60	3	3- bis 4-mal tgl.
Neily	8,60	4	4.45, 7, 12.30, 15 Uhr
Palmar Norte	6,30	2	4-mal tgl.
Paso Canoas	9,25	4½	8, 10.40, 16.10, 18.30, 21.30 Uhr
San José	7,10	3	8.35–20.30 Uhr 13-mal tgl.
San Vito	7,75	3½	5.30, 9, 11, 14, 19 Uhr

Terminal Quepos

ZIEL	PREIS (US$)	DAUER (STD.)	HÄUFIGKEIT (TGL.)
Dominical	3,20	1½	7, 9, 11.30, 15.30, 16 Uhr
Puerto Jiménez (via Palmar Norte)	10	5	6.30, 11, 15 Uhr
Quepos	5,20	3	7, 11.30, 15.30 Uhr
Uvita	3,60	2	9, 16 Uhr

NICHT VERSÄUMEN

DIE BESTEIGUNG DES CERRO CHIRRIPÓ

Parque Nacional Chirripó (☎2742-5083; Nationalparkgebühr 20 US$ pro Tag; ⏲Okt. & 2. Maihälfte geschl.) Während ein großer Teil der Cordillera de Talamanca nur schwer zugänglich ist, lässt sich der höchste Gipfel Costa Ricas, der Cerro Chirripó (3820 m), innerhalb von zwei Tagen ab San Gerardo de Rivas besteigen – ein beliebtes Abenteuer. Auf den Gipfel geht's nur zu Fuß: Zwar ist der Aufstieg lang und nicht so einfach, doch der Blick auf den Sonnenaufgang von oberhalb der Wolken ist sicher ein absolutes Highlight einer Costa-Rica-Reise. Die meisten Wanderer steigen hoch zur Crestones Base Lodge und am nächsten Morgen zum Sonnenaufgang hoch zum Gipfel.

Schlafen & Essen

Crestones Base Lodge (B 39 US$; 📶) Die einzige Unterkunft im Park bietet in Herbergsbetten Platz für 54 Personen. Im Preis inbegriffen sind Bettlaken, Kopfkissen und Decken. Solarzellen liefern die Energie für etwas elektrisches Licht – die Duschen sind allerdings kalt – und eine gute Cafeteria serviert drei Mahlzeiten am Tag (10–13 US$ pro Mahlzeit). Außerdem gibt's hier WLAN. Reservierung dringend anzuraten.

Praktische Informationen

Mindestens einen Tag vor dem geplanten Aufstieg auf den Chirripó muss man sich in der Rangerstation (S. 649) in San Gerardo de Rivas melden, um seine Nationalparkgenehmigung samt Zahlungsbeleg vorzuzeigen. Danach muss man im Konsortiumsbüro noch seine Reservierung für die Crestones Base Lodge bestätigen lassen.

Jane & Fraser Tyrell (☎2556-8664; chirripo@costaricarios.com) Jane und Fraser Tyrell sind darauf spezialisiert, Leuten, die den Chirripó besteigen möchten, bei der Beschaffung der Nationalparkgenehmigungen und der Buchung der Übernachtung in der Crestones Base Lodge zu helfen. Um die nötigen Reservierungen für eine Nacht vorzunehmen, verlangen sie 15 US$ pro Person (2 Nächte 20 US$). Allerdings muss man sich am Tag vor dem Aufstieg trotzdem mit seinem Nationalparkspermit bei der Rangerstation melden.

An- & Weiterreise

Das Tor zu den Wegen am Chirripó ist das Bergdorf San Gerardo de Rivas mit der Rangerstation. Gegenüber der Rangerstation fahren vor den Cabinas El Bosque um 5 Uhr morgens Busse zum Beginn des Wegs. Außerdem bieten mehrere Hotels ihren Gästen Transfers am frühen Morgen zum Ausgangspunkt des Aufstiegs.

Da es die Parkverwaltung so schwer gemacht hat, Wandergenehmigungen zu bekommen – wer spontan hier aufkreuzt, hat fast gar keine Chance –, gibt sich San Gerardo sehr viel Mühe, für andere Aktivitäten zu werben, und in der avifaunareichen Berggegend kann man schön einige Zeit verweilen. Wer nicht so viel Zeit hat oder auch nicht die Herausforderung verspürt, den Chirripó zu erklimmen, kann in zwei privaten Naturschutzgebieten hübsche, weniger anstrengende Wanderungen unternehmen. Außerdem wird jede Menge ländlicher Tourismus geboten, von der örtlichen Forellenzucht bis zu den Käsereien und Schokoladenherstellern im nahen Canaan.

Die Straße nach San Gerardo de Rivas windet sich von San Isidro 22 km weit das Tal des Río Chirripó hinauf.

Sehenswertes

★Cloudbridge Nature Reserve NATURSCHUTZGEBIET
(☎in den USA 917-494-5408; www.cloudbridge.org; Eintritt per Spende; ⏲Sonnenauf- bis Sonnenuntergang) Etwa 2 km hinter dem Ausgangspunkt des Weges hinauf zum Cerro Chirripó liegt der Eingang zur zauberhaften Cloudbridge Nature Reserve. Das 182 ha große private Schutzgebiet am Hang des Cerro Chirripó ist ein Wiederaufforstungs- und Naturschutzprojekt, das die beiden New Yorker Ian und Genevieve Giddy leiten. Durch das Reservat, das sich leicht auf eigene Faust erkunden lässt, führen verschiedene Wege. Nicht weit vom Eingang entfernt befinden sich zwei Wasserfälle, darunter die prächtige Catarata Pacifica.

Península de Osa & Golfo Dulce

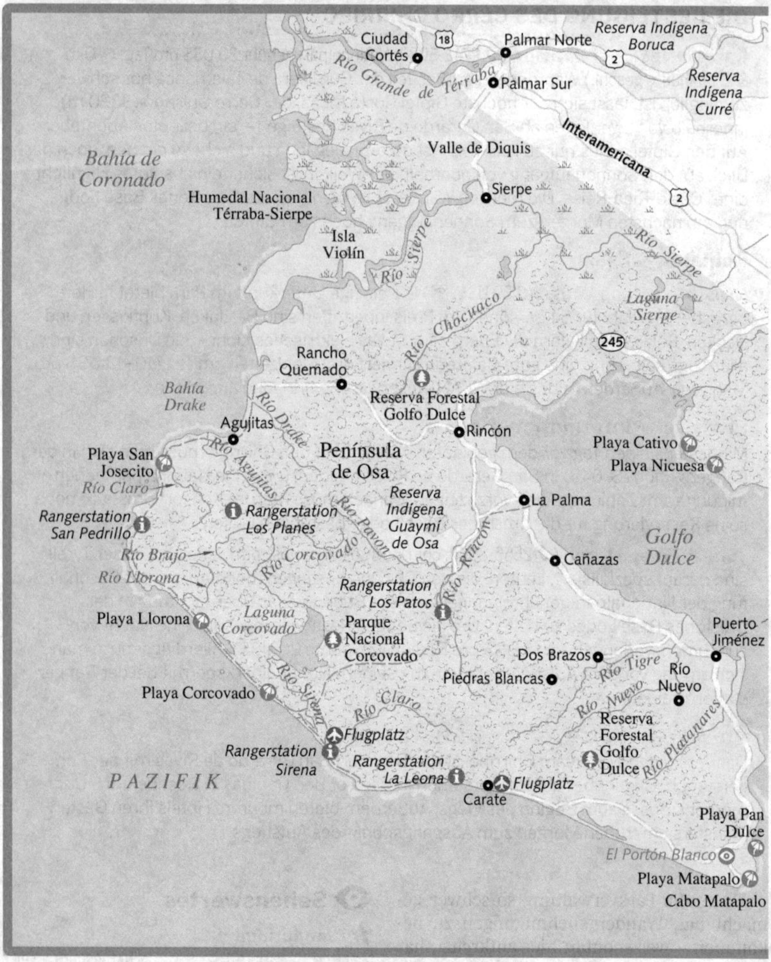

Talamanca Reserve NATURSCHUTZGEBIET
(www.talamancareserve.com) Das private Reservat mit über 4000 Morgen Primär- und Sekundärwald wartet mit zahlreichen Wanderwegen auf; der längste von ihnen ist sieben Stunden lang, ein anderer führt zu zehn Wasserfällen. Talamanca versucht sein Bestes, sich als Alternative zum Parque Nacional Chirripó zu etablieren, und Leute, die nicht hier übernachten, können gegen eine Tagesgebühr von 25 US$ die Wanderwege nutzen. Für Übernachtungs- wie auch Tagesgäste werden Allradtouren angeboten.

Schlafen & Essen

★ **Casa Mariposa** HOSTEL $
(☎2742-5037; www.hotelcasamariposa.net; B 16 US$, DZ 40–60 US$; P @) Das bezaubernde Hostel nur 50 m vom Parkeingang ist in die Flanke des Bergs hineingebaut und geprägt durch die Herzlichkeit und das Wissen der Eigentümer John und Jill. Ideal wird es durch die schönen Extras für Reisende wie die warme Kleidung, die man sich für die Wanderung ausleihen kann, den Wäscheservice, die Unterstützung bei der Buchung der Chirripó-Lodge und die

Tipps für alternative Aktivitäten in der Umgebung.

Casa Hostel Chirripó HOSTEL $

(☎ 2742-5020; www.casachirripo.com; B 15 US$, Zi. mit/ohne Bad 40/35 US$; 📶) Das farbenfrohe neue Hostel beim Fußballplatz bietet seinen Gästen um 5 Uhr morgens einen kostenlosen Shuttle zum Parkeingang, außerdem genügend Platz zum Kochen und Kontakteknüpfen sowie nach der Wanderung gemütliche Zimmer und Dorms, in denen sich die müden Wanderer zur Ruhe begeben können.

El Urán Hotel y Restaurante HOSTEL $

(☎ 2742-5003; www.hoteluran.com; Zi. ohne Bad 22 US$ pro Pers., DZ 57 US$, jeweils mit Frühstück; P 📶) Nur 70 m unterhalb des Wanderweganfangs ist diese schlichte Budgetherberge ein alteingesessenes Mekka für Wanderer, die auf dem Weg zum/vom Chirripó sind. Die günstigen Zimmer sind gut für ein erholsames Schläfchen. In der Anlage gibt es auch ein Restaurant, einen Lebensmittelladen und eine Waschküche; alles für wenig Geld. Übrigens kann man hier Bier kaufen – was in der *pulpería* nicht der Fall ist.

★ **Casa de los Celtas** B&B $$

(☎ 8707-2921, 2770-3524; www.casaceltas.com; Zi. 60 US$; P 📶) Das hübsche B&B auf vier Morgen Land, gekrönt durch Sheelaghs Orchideensammlung, wird von zwei pensionierten britischen Weltreisenden geführt: Ihre echte Herzlichkeit und ihr Wissen über die Region versüßen den Gästen ihren Aufenthalt noch einmal umso mehr. Diese haben die Wahl zwischen einem Zweibettzimmer und einem kompakten Cottage für Selbstversorger und können sich außerdem an Sheelaghs Gourmetkost laben (3-Gänge-Dinner 19 US$). Zum umfangreichen Frühstück gehört auch viel frisches Obst.

ℹ Praktische Informationen

Consorcio Aguas Eternas (Konsortiumsbüro; ☎ 2742-5097; infochirriposervicios@gmail.com; ⏲ 8–12 & 13.30–16.30 Uhr) In diesem Büro direkt am Fußballplatz können Buchungen für die Crestones Base Lodge vorgenommen werden. Wer sich seinen Platz von jemand anderem hat reservieren lassen, muss am Tag vor der Wanderung trotzdem hier vorbeischauen. Ansonsten kann man sein Bett nur mit einem Reservierungskode vom Parkrangerbüro übers Telefon oder per E-Mail reservieren.

Rangerstation (Sinac; ☎ 2742-5348; ⏲ 6.30–12 & 13–16.30 Uhr) Die Chirripó-Rangerstation liegt 1 km unterhalb des Fußballplatzes am Ortseingang von San Gerardo de Rivas. Wer eine Reservierung für die Crestones Base Lodge und die Wanderung auf den Cerro Chirripó hat, muss einen Tag vor der Wanderung hier seine Reservierung bestätigen lassen. Besucher, die ohne im Voraus gebuchte Parkgenehmigung auftauchen, haben kaum Chancen, eine für den nächsten Tag zu erhalten.

ℹ An- & Weiterreise

Wer mit öffentlichen Verkehrsmitteln anreist, muss in San Isidro umsteigen. Von 5.15 bis 21 Uhr fahren sechs Busse täglich (So 3-mal tgl.) vom Fußballplatz nach San Isidro (2 US$, 1½ Std.).

Palmar

Dieser Ort an der Kreuzung zweier der wichtigsten Fernstraßen des Landes dient als Tor zur Península de Osa und zum Golfo Dulce. Die zweckmäßige Bananenanbausiedlung ist für Leute, die sich besonders für präkolumbische Steinkugeln interessieren – für diese ist die Gegend nämlich seit Neuestem bekannt – eine praktische Basis für die Erkundung des Gebiets um Sierpe. Interessant ist auch das Festival de la Luz im Dezember.

Palmar besteht eigentlich aus zwei Teilen. Um von Palmar Norte nach Palmar Sur zu gelangen, nimmt man die Panamericana Richtung Süden auf der Brücke über den Río Grande de Térraba und dann die erste Straße rechts. Die meisten Einrichtungen befinden sich in Palmar Norte um die Kreuzung der Carretera Panamericana und der Costanera Sur herum. Wer auf dem Weg über Sierpe zur Bahía Drake ist, hat hier die letzte Gelegenheit, an einem Geldautomaten Bargeld zu ziehen. Palmar Sur beherbergt den Flugplatz sowie einen kleinen Park, in dem eine faszinierende Steinkugel steht.

An- & Weiterreise

Busse nach San José und San Isidro halten an der Ostseite der Panamericana. Andere Busse fahren vor dem Restaurant Pirola's Pizza and Seafood oder am Tracopa-Schalter auf der anderen Straßenseite ab. Busse nach Sierpe fahren vor dem Geschäft Gollo los.

Sierpe

Das Dörfchen am Río Sierpe ist das Tor zur Bahía Drake. Wer in einer der Urwald-Lodges weiter unten an der Küste reserviert hat, wird hier per Boot abgeholt. Ansonsten gibt's keinen Grund, Sierpe länger als nötig zu beehren. Allerdings lohnt es sich, einen Blick auf die berühmten präkolumbischen Steinkugeln auf dem Hauptplatz zu werfen. Wer dem ausgezeichneten **Sitio Arqueológico Finca 6** (☎2100-6000; finca6@museocostarica.go.cr; 4 km nördlich von Sierpe; Eintritt 6 US$; ⏲Di–So 8–16 Uhr) bei Sierpe einen Besuch abstattet, kann hier auch gleich eine Mittagspause einlegen. Außerdem können Mangrovenbootstouren organisiert werden.

Praktische Informationen

La Perla del Sur (☎2788-1082, 2788-1071; info@perladelsur.net; ⏲8–17 Uhr; 📶) Das Informationszentrum und Freiluftrestaurant neben dem Landungssteg ist das Zentrum von Sierpe – hier kann man sein Auto abstellen (6 US$ pro Nacht), Touren buchen und vor der Bootsfahrt zur Bahía Drake nochmal das kostenlose WLAN nutzen. Das Essen ist hier allerdings so lala.

An- & Weiterreise

Nach Palmar Sur, 14 km nördlich von Sierpe, bestehen reguläre und Charterflugverbindungen. Für die Fahrt zur Bahía Drake organisieren die meisten gehobenen Lodges den Bootstransfer. Falls irgendetwas schieflaufen sollte oder man auf eigene Faust unterwegs ist, gibt's jede Menge Wassertaxis – einen fairen Preis muss man allerdings erst aushandeln. Fahrplanmäßig verkehrende *colectivo*-Boote fahren um 11.30 Uhr (15 US$) und 16.30 Uhr (20 US$) nach Drake.

Vor der Pulpería Fenix fahren um 5.30, 8.30, 10.30, 12.30, 15.30 und 18 Uhr Busse nach Palmar Norte (0,70 US$, 40 Min.). Ein Taxi nach Palmar kostet etwa 28 US$.

Bahía Drake

295 EW.

Die Bahía Drake *(drah-ke)* ist eines der abgelegensten Reiseziele Costa Ricas, eine verlorene Welt, die im Süden an den Parque Na-

BUSSE AB PALMAR

ZIEL	PREIS (US$)	DAUER	HÄUFIGKEIT (TGL.)
Dominical	2	1½ Std.	8.20, 13.20, 15.45 Uhr
Golfito	3,20	1½ Std.	11.20, 12.30 Uhr
Neily	3,20	1½ Std.	7.30–17.30 Uhr 6-mal tgl.
Paso Canoas	3,80	2 Std.	10.30–20.30 Uhr 6-mal tgl.
San Isidro	6,20	2½ Std.	8.30, 12, 14.45, 17 Uhr
San José	11,50	5½ Std.	5.40– 18.30 Uhr 16- bis 19-mal tgl.
Sierpe	0,75	40 Min.	4.30–17.30 Uhr 7-mal tgl.

cional Corcovado grenzt. Im Regenwalddach begrüßen die Brüllaffen den neuen Tag mit ihrem eindringlichen Bellen und zwischen den Baumwipfeln flattern Aras umher und füllen die Luft mit ihren lauten Gekreische. In der Bucht selbst tummeln sich in dem türkisfarbenen Wasser beim schönen Meeresschutzgebiet Isla del Caño Schulen wandernder Delfine.

Einer der Gründe dafür, dass es an der Bahía Drake so viele wilde Tiere gibt, liegt darin, dass die Region vom Rest des Landes mehr oder weniger abgeschnitten ist. Das Leben konzentriert sich im verschlafenen Dorf Agujitas, dem Verkehrsknotenpunkt der Gegend; mit seinen billigen Unterkünften und seinen tollen Möglichkeiten zum Schnorcheln, Tauchen und zur Tierbeobachtung zieht es immer mehr Rucksacktouristen und Naturliebhaber an. In den einsameren Ecken der Bahía Drake verstecken sich einige der besten (und teuersten) Wildnislodges Costa Ricas.

Aktivitäten

Baden & Schnorcheln

Die rund 20 km westlich von Agujitas gelegene **Isla del Caño** (Eintritt 10 US$, Tauchgebühr 4 US$, im Tourpreis inbegriffen) gilt als bester Schnorchelspot der Gegend. Die Lodges bieten unterschiedliche Tagestouren zu der Insel (ab 80 US$ pro Pers.), gewöhnlich inklusive Parkeintritt, Schnorchelausrüstung und Mittagessen an der Playa San Josecito. Wie klar der Ozean gerade ist und welche Fische zu sehen sind, hängt stark von den Wasser- und Wetterbedingungen ab – am besten erkundigt man sich, bevor man bucht.

Am Küstenstreifen zwischen Agujitas und Corcovado locken die Playa San Josecito und die Playa Caletas zahlreiche tropische Fische an. An der Playa Cocalito wiederum, einem hübschen kleinen Strand in der Nähe von Agujitas, lässt es sich gut schwimmen und sonnenbaden.

Wandern

Der 17 km lange Weg von Agujitas zur Rangerstation San Pedrillo bietet Gelegenheit zu einer tollen Tageswanderung. Unterwegs erstrecken sich wunderschöne Strände. Besucher können mit **Río Claro Tours** (15 US$ pro Pers.) eine Kanutour unternehmen und außerdem Tiere beobachten. Wer möchte, kann sich von einem Tourenanbieter irgendwo unterwegs absetzen lassen und dann zurück nach Agujitas spazieren.

Geführte Touren

★ **Pacheco Tours** TIERBEOBACHTUNG
(☎8906-2002; www.pachecotours.com) Der sehr kompetente Allrounder organisiert Schnorchelexkursionen zur Isla del Caño, Tagestouren zum Corcovado, Tagesausflüge mit Dschungelwanderungen und Baden unter einem Wasserfall (55 US$) sowie Walbeobachtungstouren.

Corcovado Info Center TIERBEOBACHTUNG
(☎2775-0916, 8846-4734; www.corcovadoinfocenter.com; Walbeobachtungs-/Corcovado-Tagestouren 110/90 US$) Touren zum Corcovado und zur Isla del Caño; alle Guides dieses Unternehmens stammen aus der Gegend und sind zweisprachig und vom ICT lizenziert. Am Strandende der Hauptstraße in Agujitas.

Drake Divers TAUCHEN
(☎2775-1818; www.drakediverscr.com; ⊙7–19 Uhr) Dieser Anbieter ist auf Tauchtouren zur Isla del Caño spezialisiert und verlangt für zwei Tauchgänge 135 US$, für drei Tauchgänge 180 US$. Auch Schnorchler (80 US$) dürfen mitfahren. Die Ausrüstung ist nicht die neuste und beim Boot handelt es sich nicht um ein für den Zweck gebautes Tauchboot, doch die Divemaster sind sehr erfahren.

Schlafen & Essen

★ **Martina's Place** PENSION $
(☎8720-0801; www.puravidadrakebay.com; B/EZ/DZ ab 11/25/35 US$; 📶) Die Budgetunterkunft wartet neben ein paar ventilatorgekühlten Dorms und Zimmern auch mit einer sauberen, komplett ausgestatteten Gemeinschaftsküche und einem Café auf, in dem deutsche Frikadellen serviert werden. Die freundliche, preiswerte Bleibe im Zentrum von Agujitas stellt eine tolle Möglichkeit dar, andere Reisende kennenzulernen, sich von Martina über den Corcovado informieren zu lassen und verschiedenste Touren zu organisieren.

Drake Bay Backpackers HOSTEL $
(☎2775-0726; www.drakebaybackpackers.com; Zelten 5 US$ pro Pers., B/EZ/DZ ab 13/25/30 US$; P❄📶) Das ausgezeichnete gemeinnützige Hostel liegt etwas ab vom Schuss und eignet sich bestens für Traveller, die mit der örtlichen Gemeinschaft in Kontakt treten möchten. Preisgünstige Touren lassen sich organisieren und es gibt einen schönen Aufenthaltsbereich, eine Terrasse mit Grill und sogar einen Volleyballplatz. Außerdem

können Übernachtungen bei einer Familie arrangiert werden (30 US$). Im Dorf El Progreso beim Flugplatz, gleich hinter der Flussüberquerung.

★**Casita Corcovado** B&B $$
(☎2775-0627, 8996-8987; www.casitacorcovado.com; EZ/DZ mit Frühstück 57/80 US$;) Das hübsche kleine Haus am Meer hat drei Zimmer, die sich ein Bad teilen und über superbequeme orthopädische Betten verfügen. Die Gäste können zwei luftige Patios und jede Menge Hängematten nutzen. Die Läden des Dorfes liegen gleich vor der Haustür, doch was die Unterkunft vor allen Dingen auszeichnet, ist die Herzlichkeit und Hilfsbereitschaft der Gastgeber Jamie und Craig. Auch köstliche, selbst zubereitete Mahlzeiten sind erhältlich.

★**Finca Maresia** BUNGALOWS $$
(☎8888-1625, 2775-0279; www.fincamaresia.com; Camino a Los Planes; mit Frühstück EZ 30–75 US$, DZ 40–90 US$) Die weltreisenden Eigentümer haben mit diesem *finca*-Hotel ein absolutes Juwel geschaffen, das sich über eine Reihe von Hügeln erstreckt. Kostenbewusste Reisende werden vom das exzellenten Preis-Leistungs-Verhältnis und den erstklassigen Möglichkeiten zur Tierbeobachtung begeistert sein. Alle Zimmer und der offene Gemeinschaftsbereich werden mit den Geräuschen des Dschungels beschallt. Manager Juan ist ein phänomenaler Gastgeber.

An- & Weiterreise

BUS

Busse nach La Palma (wo man in einen Bus nach Puerto Jiménez umsteigen kann) sammeln um etwa 4 und 13.30 Uhr an der Strandstraße und vor den Supermärkten Fahrgäste ein (5 US$, 2 Std.). Die Rückfahrt ab La Palma ist um 11 und 16.45 Uhr. Die Abfahrtszeiten vor Ort nachprüfen!

SCHIFF/FÄHRE

Alle Hotels organisieren die Überfahrt per Boot zwischen Sierpe und der Bahía Drake. Bei den meisten Hotels in Drake landen die Boote am Strand an, daher sollte man geeignetes Schuhwerk tragen.

Wer sich im Vorfeld nicht um die Abholung durch seine Lodge gekümmert hat: Um 11.30 und 16.30 Uhr fahren von Sierpe jeden Tag *colectivo*-Boote; von der Bahía Drake zurück nach Sierpe geht's dann um 7.15 Uhr (15 US$) und 14.30 Uhr (20 US$).

Puerto Jiménez

3036 EW.

Von der sumpfigen Quebrada Cacao in zwei Teile geteilt und auf einer Seite von den smaragdgrünen Gewässern des Golfo Dulce flankiert, teilen sich den ein wenig an den Wilden Westen erinnernden Außenposten Puerto Jiménez die menschlichen und die tierischen Bewohner gleichermaßen. Hier kommt es nicht selten vor, dass man beim Gang durch die staubigen Straßen von Jiménez, wie die Einheimischen die Stadt nennen, Papageien auf dem Fußballplatz oder Weißschulterkapuziner in den Baumwipfeln neben der Hauptstraße sieht.

Das am Rand des Parque Nacional Corcovado gelegene Jiménez ist der bevorzugte Ausgangspunkt zur berühmten Rangerstation Sirena; man kann hier seine Expedition organisieren, die Vorräte aufstocken und noch einmal gut essen und schlafen.

Obwohl sich hier die größte Ansammlung von Hotels, Restaurants und anderen touristischen Einrichtungen der Region befindet, ist Puerto Jiménez im Grunde eine eingeschworene Tico-Gemeinschaft.

Geführte Touren

★**Osa Wild** TOUREN
(☎8709-1083, 8376-1152, 2735-5848; www.osawildtravel.com; Route 245, im Zentrum von Puerto Jiménez; Touren ab 30 US$, Corcovado-Tagestour 85 US$; ⊙8.30–12 & 14.30–19 Uhr) Osa Wild bietet die beste Möglichkeit, in den Corcovado-Park und nach Osa zu gelangen, und ist genau das, was die Region so dringend benötigte: eine tolle Informationsquelle für gemeindebasierten Tourismus, der mit Privatunterkünften, Bauernhoftouren und nachhaltigem Kulturaustausch ins Herz des echten Osa führt. Darüber hinaus werden auch gewöhnlichere Dinge wie Kajaktouren und geführte Wanderungen durch den Corcovado geboten.

Osa Aventura ABENTEUERTOUREN
(☎8372-6135, 2735-5670; www.osaaventura.com) Osa Aventura wird von Mike Boston geleitet, einem Biologen mit einer ausgeprägten Leidenschaft für die Natur. Es möchte Reisenden mit der Schönheit des Regenwaldes vertraut machen und das Bewusstsein dafür schärfen, wie wichtig es ist, das einzigartige Umfeld des Corcovado zu erhalten. Zu den angebotenen Abenteuern zählen dreitägige Wanderungen durch den

Corcovado sowie eine neue Tour, in deren Mittelpunkt die ländlichen Gemeinschaften am Golfo Dulce stehen. Die Touren können auch maßgeschneidert werden.

Surcos Tours TOUREN
(☎8603-2387, 2227-1484; www.surcostours.com) 🍃 Drei ausgezeichnete Führer machen die Touren von Surcos zu den besten Osa-Touren mit Schwerpunkt auf Tier- und besonders Vogelbeobachtung. Angeboten werden z. B. Tageswanderungen im Corcovado und Matapalo wie auch mehrtägige Exkursionen im Corcovado und spezielle Vogelbeobachtungstouren. Tourbuchungen erfolgen über die Website.

Schlafen

Cabinas Back Packer PENSION $
(☎2735-5181; EZ/DZ mit Klimaanlage 30/40 US$, ohne Klimaanlage 17/30 US$; ❄📶) Eine der besseren billigen Unterkünfte: Sie ist blitzsauber, recht ruhig und liegt zwei Blocks von der Hauptstraße entfernt; im Vorgarten baumeln Hängematten. Die Zimmer teilen sich saubere Gemeinschaftsbäder und die Gäste können Fahrräder benutzen. Außerdem werden Zelte und Campingausrüstung verliehen und es gibt sogar eine bunt gekachelte Küche, die man für eine Gebühr von 5 US$ nutzen kann.

Lunas Hostel HOSTEL $
(☎2735-6007; www.lunashostel.com; B/DZ 12/24 US$; ❄📶) Über dieses Backpackermekka regiert der freundliche und hilfsbereite Eigentümer Alex, der schon für mehr als einen Traveller in Not den Schutzengel gespielt hat. Zwar sind die ventilatorgekühlten Schlafsäle und Zimmer winzig, doch schön sind die handgemachten Möbel und die ausgezeichneten Matratzen. Es gibt nur Gemeinschaftsbäder. Alex kann Corcovado-Touren arrangieren, jedoch kommt der Guide, mit dem er zusammenarbeitet, bei den Gästen unterschiedlich gut an.

Oro Verde Hostel HOSTEL $
(☎2735-5241; www.oroverdehostel.com; B/EZ/DZ 10/15/24 US$; ❄📶) Das superzentral gelegene, weitläufige Hostel bietet geräumige, spartanische und recht anonyme Zimmer und Dorms. Aber die Versorgung mit warmem Wasser ist zuverlässig, es gibt eine Gästeküche und das freundliche Eigentümerpaar macht sich jede nur erdenkliche Mühe, die Gäste zu unterstützen. Wer einen leichten Schlaf hat, sollte die Zimmer zur Hauptstraße raus meiden.

Cabinas Marcelina HOTEL $
(☎2735-5286, 2735-5007; www.jimenezhotels.com/cabinasmarcelina; EZ/DZ mit Klimaanlage 36/50 US$, ohne Klimaanlage 25/45 US$; P❄📶) Diese Unterkunft ist schon seit Langem ein Favorit bei kostenbewussten Travellern, die sich nach einer friedlichen Mütze Schlaf sehnen. Das lachsrosa Betongebäude ist von blühenden Bäumen umstellt, was ihm eine heimelige Atmosphäre verleiht. Die Zimmer sind mit modernen Möbeln, weichen Handtüchern und gefliesten Bädern ausgestattet. Da der Eigentümer meistens abwesend ist, lassen sich hier nur schwer Touren usw. buchen.

★ **Cabinas Jiménez** CABINAS $$
(☎2735-5090; www.cabinasjimenez.com; EZ/DZ ab 45/60 US$, Cabinas 80–120 US$; P❄📶🏊) Cabinas Jiménez ist bei Weitem die netteste Unterkunft in Jiménez selbst. Alle Zimmer verfügen über Kühlschränke und an die Wände gemalte Dschungelszenen; die Zimmer am Pool haben außerdem Terrassen zum Abhängen. Die teureren *cabinas* sind mit kleinen Küchen versehen und beeindrucken mit phantastischen Ausblicken über die Lagune. Die Gäste können umsonst Fahrräder und Kajaks benutzen und das zweisprachige Personal ist freundlich und hilfsbereit.

Essen

★ **Restaurante Monka** COSTA-RICANISCH $
(☎2735-5051; Hauptgerichte 5–6 US$; ⏲6–22 Uhr; 📶✎) Das helle und luftige Monka ist das beste Frühstückscafé der Stadt. Es serviert ausgezeichnete Smoothies und große Frühstücksplatten, von amerikanisch mit Schinken und Pfannkuchen bis zu mexikanisch mit *huevos rancheros*. Ansonsten kann man seinen Hunger hier mit guten, preiswerten *casados* stillen. Mehrere Frühstücksspeisen und *casados* sind vegetarisch.

★ **Jardín Dulce** FRANZÖSISCH $
(Hauptgerichte 6–8 US$; ⏲Di–Sa 7–21 Uhr; 📶✎) Das reizende, von Franzosen geführte Gartencafé auf der anderen Seite des Fußballplatzes ist gleichzeitig ein Blumengeschäft. Die Hälfte der köstlichen hausgemachten Gerichte ist vegetarisch, doch es gibt auch Sachen wie Quiche Lorraine, *croque monsieur* und Huhn nach libanesischem Rezept. Auf keinen Fall entgehen lassen darf man sich die hausgemachten Süßigkeiten: Die Pralinen des Cafés sind weithin bekannt.

BUSSE AB PUERTO JIMÉNEZ

ZIEL	PREIS (US$)	DAUER (STD.)	HÄUFIGKEIT (TGL.)
La Palma	2,60	1	mind. stündl.
Neily	4,60	3	5.30, 14 Uhr
San Isidro de General	10	5½	5, 9, 13 Uhr
San José	13	8	5, 9 Uhr

Los Delfines COSTA-RICANISCH $
(☎2735-5083; Mahlzeiten 6–14 US$; ⏱10–22 Uhr) Das am Ende der Strandstraße, die an der Uferpromenade entlangführt, gelegene Los Delfines ist das perfekte Strandlokal für ein spätes *gallo-pinto*-Frühstück oder ein Bier und köstliches *ceviche* nach einem ausgedehnten Sonnenbad am Strand.

Restaurant Carolina COSTA-RICANISCH $
(☎2735-5185; Gerichte 3–8 US$; ⏱6–22 Uhr; 📶) In diesem Klassiker an der Hauptstraße treffen sich Expats, naturkundige Führer, Touristen und Einheimische. Geboten werden Tico-Standardgerichte, frische Obst-Smoothies, große Frühstücksportionen, guter Kaffee und kaltes Bier, das an einem heißen Tag gut durch die Kehle läuft.

Praktische Informationen

Polizei und **Post** (⏱Mo–Sa 8–17 Uhr) befinden sich beim Fußballplatz.

Área de Conservación Osa (ACOSA; Büro des Naturschutzgebiets Osa; ☎2735-5036; Corcovado-Parkeintritt 15 US$ pro Pers. & Tag; ⏱Mo–Fr 8–12 & 13–16 Uhr) Informationen über den Parque Nacional Corcovado, die Isla del Caño, den Parque Nacional Marino Ballena und die Nationalparks und Naturschutzgebiete um Golfito.

Banco Nacional (☎2735-5020; ⏱Mo–Fr 8.30–15.45 Uhr) Mit Geldautomat.

BCR (Banco de Costa Rica; ☎2735-5260; ⏱Mo–Fr 9–16 Uhr) Gegenüber der Kirche; mit Geldautomat.

An- & Weiterreise

BUS

Die meisten Busse halten am pfirsichfarbenen Busbahnhof im Westen des Orts. Alle fahren über La Palma (23 km entfernt) zum Osteingang des Nationalparks Corcovado.

SCHIFF/FÄHRE

Schnelle **Fähren** (☎8632-8672, 8656-0926, 8722-3828) fahren täglich um 6, 8.45, 11.30, 14 und 16.20 Uhr nach Golfito (6 US$, 30 Min.). Die Fahrpläne wechseln häufig und oft ohne Vorankündigung – vor Ort checken!

TAXI

Ein *colectivo* (Lkw-Sammeltaxi) verkehrt täglich nach Cabo Matapalo (1½ Std., 9 US$) und nach Carate (2½ Std., 19 US$) an der Südspitze des Nationalparks. Die **Abfahrt** (☎8837-3120, 8832-8680) erfolgt um 6 und 13.30 Uhr von der Soda Deya; die Rückfahrt ist um 8.30 und 16 Uhr.

Parque Nacional Corcovado

Dieser Nationalpark nimmt 40 % der Fläche der Osa-Halbinsel ein und ist das letzte große Stück original tropischen Regenwalds im pazifischen Zentralamerika. Diese Bastion biologischer Vielfalt ist Lebensraum für die Hälfte der Tierarten Costa Ricas, u. a. die größte Population Hellroter Aras. Hier leben auch unzählige andere gefährdete Arten, darunter der Zentralamerikanische Tapir, der Große Ameisenbär und der weltweit größte Raubvogel, die Harpyie.

Die unglaubliche Artenvielfalt sowie die anspruchsvollen mehrtägigen Wanderwege des Parks locken schon seit Langem massenweise Besucher an, die aus Bahía Drake und Puerto Jiménez kommen, um einige der vielen Tiere in freier Natur zu beobachten und ein echtes Dschungelabenteuer zu erleben.

Aktivitäten

Drei Hauptwege im Park stehen Besuchern offen; dazu kommen noch kürzere Wege um die Rangerstationen herum. Die Wege sind primitiv und schwierig, und die Luft ist schwül und voller Insekten. Dafür ist man aber von Tieren in freier Natur umgeben. Ausreichend Proviant, Wasser, Sonnen- und Insektenschutz mitnehmen!

Die Hauptroute durchquert den Park ab **Los Patos nach Sirena** und verlässt ihn dann bei **La Leona** (oder umgekehrt). Somit können Wanderer ihren Weg in oder bei Puerto Jiménez beginnen und beenden und haben leichten Zugang zu La Leona und Los Patos.

Der beliebteste Abschnitt ist derjenige von **La Leona nach Sirena**. Dort verläuft ein zusätzlicher Weg parallel zum Strandweg, den Wanderer benutzen können, die sich nicht der unbarmherzigen Sonne aussetzen möchten. Der schwierigste Tag ist die Wanderung von La Tarde über Los Patos nach Sirena: heftige 30 km.

In Dos Brazos beginnt der neue **Rundweg El Tigre**; er führt zwar in den Park, hat aber keine Verbindung zum übrigen Wegenetz. Trotzdem muss, wer auf ihm wandern möchte, den vollen Parkeintritt berappen.

Zum Wandern ist die Trockenzeit von Dezember bis April am besten: Dann fällt zwar immer noch regelmäßig Regen, doch alle Wanderwege sind zugänglich. Auch dann ist es noch schlammig, aber man versinkt nicht mehr gar so tief.

Geführte Touren

Im Corcovado müssen alle Besucher von einem ICT-zertifizierten Führer begleitet werden. Diese kennen sich nicht nur bestens mit den Wegen, sondern auch mit der Flora und Fauna aus und wissen, wo die besten Stellen zur Tierbeobachtung sind. Die meisten Guides haben auch Fernrohre bei sich, sodass man sich die Tiere ganz nah heranholen kann.

Meistens werden die Führer über das Büro der Área de Conservación Osa (S. 654) in Puerto Jiménez oder über Hotels und Reiseveranstalter angeheuert. Zwei empfehlenswerte Agenturen sind das äußerst zuverlässige Osa Wild (S. 652) in Puerto Jiménez und das Corcovado Info Center (S. 651) in Bahía Drake. Die Preise schwanken je nach Saison, Nachfrage, Gruppengröße und Art der Expedition ganz beträchtlich. Auf jeden Fall muss man einen Preis aushandeln, in dem die Eintrittsgebühren für den Park, die Mahlzeiten und der Transport enthalten sind.

Schlafen & Essen

Bei den Rangerstationen Sirena, La Leona und San Pedrillo kann gezeltet werden (6 US$ pro Pers. & Tag); hier gibt's Trinkwasser und Latrinen. Auf jeden Fall sollte man eine Taschen- oder Stirnlampe mitbringen – auf den Zeltplätzen herrscht nachts absolute Dunkelheit. Außer an den drei Rangerstationen ist Campen verboten; in Los Patos gibt's keine Unterkünfte.

Alle Besucher müssen ihren Müll wieder mit aus dem Park hinausnehmen. Auf Vorbestellung sind an der Rangerstation Sirena Mahlzeiten (20–25 US$ pro Mahlzeit) erhältlich; es gibt keine Kochmöglichkeiten. An allen anderen Rangerstationen gibt es Trinkwasser, aber seinen Proviant muss man sich selbst mitbringen.

Praktische Informationen

Informationen und Karten sind im Büro der Área de Conservación Osa (S. 654) in Puerto Jiménez erhältlich. Hier ist auch die Eintrittsgebühr von 15 US$ pro Tag zu begleichen.

Die Parkverwaltung befindet sich in der Rangerstation Sirena an der Küste mitten im Nationalpark. Die anderen Rangerstationen liegen am Rand des Parks: San Pedrillo an der Küste im Nordwesten, La Leona in der südöstlichen Ecke an der Küste (nahe Carate) und eine neue Rangerstation im Dorf Dos Brazos; die neu erbaute Rangerstation Los Patos liegt etwas außerhalb des Parks beim Dorf La Tarde.

An- & Weiterreise

AB DER BAHÍA DRAKE

Von der Bahía Drake aus kann man über den Küstenweg bis zu der ungefähr sieben Stunden von Agujitas entfernten Rangerstation San Pedrillo gehen. Viele Lodges und Tourveranstalter bieten Tagestouren hierher, inklusive Bootsfahrt nach San Pedrillo (je nach Abfahrtsort 30 Min. bis 1 Std.) oder Sirena (1–1½ Std.).

AB CARATE

Der nächstgelegene Ort im Südosten ist Carate. Von dort ist es eine einstündige Wanderung (3,5 km) Richtung Westen am Strand entlang bis zur La-Leona-Rangerstation.

Carate ist über eine 45 km lange, schlechte Schotterpiste von Puerto Jiménez aus erreichbar. Diese Strecke ist ein Abenteuer für sich und unterwegs bieten sich oft gute Gelegenheiten zur Tierbeobachtung. Auf dieser Route verkehrt zweimal am Tag ein Allrad-*colectivo* (9 US$); Abfahrt ab Carate täglich um 8.15 und 15.45 Uhr. Ansonsten kann man für rund 90 US$ ein Allradtaxi anheuern.

AB LA PALMA

Aus Richtung Norden ist der nächstgelegene Zugangsort La Palma. Von hier aus düsen Busse und Taxis Richtung Süden nach Puerto Jiménez und Richtung Norden nach San José. Von La Palma sind es 14 km zur Rangerstation Los Patos.

Golfito

7880 EW.

Das weitläufige Golfito ist ein raubeiniger Hafenort am Golfo Dulce mit einer langen und schmutzigen Geschichte. Die Stadt erblühte mit dem Bananenhandel: in den 1930er-Jahren verlegte die United Fruit

BUSSE AB GOLFITO

ZIEL	PREIS (US$)	DAUER (STD.)	HÄUFIGKEIT (TGL.)
Neily	2,90	1½	6–19 Uhr stündl.
Pavones	3,80	2½	10 & 15 Uhr
San José, via San Isidro de El General (Tracopa)	14,70	7	5 & 13.30 Uhr
Zancudo	3,80	3	10 & 15 Uhr

Company ihren Hauptsitz hierher. In den 1980er-Jahren suchte die Firma jedoch angesichts von fallenden Preisen, steigenden Steuern, rebellischen Arbeitern und Bananenkrankheiten das Weite.

Um die örtliche Wirtschaft anzukurbeln, richtete der Staat in Golfito die zollfreie Zona Americana ein. Das surreale Einkaufszentrum **Depósito Libre** (⏲8–21 Uhr) zieht Ticos und Ausländer aus dem ganzen Land an, die zu 24-stündigen Einkaufstouren in die Stadt einfallen, die sich ansonsten auf dem absteigenden Ast befindet. Es gibt noch ein paar andere Attraktionen, jedoch ist Golfito in erster Linie ein Verkehrsknotenpunkt für Wanderer auf dem Weg zum Corcovado, für Surfer auf dem Weg nach Pavones und für Sportfischer.

An- & Weiterreise

Vom Muellecito (6 US$, 30 Min.) fahren täglich um 6, 8.45, 11.30, 14 und 16.20 Uhr schnelle Fähren nach Puerto Jiménez. Die Fährpläne ändern sich häufig, also am besten am Anleger nach den aktuellen Abfahrtszeiten fragen. Auf jeden Fall sollte man immer frühzeitig an der Fähre sein, um sich einen Platz zu sichern.

Die meisten Busse halten am Depot gegenüber dem kleinen Park im Südteil der Stadt. Tracopa-Busse fahren von der Haltestelle am Muelle Bananero ab.

Pavones

2732 EW.

Pavones mit dem zweitlängsten Lefthander auf dem Planeten ist für Surfer auf der ganzen Welt ein legendäres Ziel. Dies ist der südlichste Punkt Costa Ricas, und es ist nicht ganz leicht, hierher zu gelangen. Allein die Anreise ist schon ein Abenteuer für sich, besonders da die beste Zeit zum Surfen in die Regenzeit fällt.

Das Städtchen ist weiterhin mehr oder weniger weltabgeschieden. Zwar ist Pavones dank der einheimischen und ausländischen Besucher heute kein totales Provinznest mehr, doch die weniger Straßen hier sind nach wie vor unbefestigt, der Alltagsrhythmus ist gemächlich und es ist allgemein eher ruhig sowie ein wenig esoterisch angehaucht.

Aktivitäten

Pavones besitzt einen der berühmtesten Surfbreaks Costa Ricas. Die besten Bedingungen herrschen bei südlicher Dünung, gewöhnlich in der Regenzeit von April bis Oktober. Im übrigen Jahr sind die Wellen ideal für Anfänger. Der **Sea Kings Surf Shop** (☎2776-2015; ⏲Mo–Sa 9–17 Uhr) verleiht Surfbretter und organisiert auch Unterricht.

Schlafen & Essen

★ **Rancho Burica** LODGE $

(☎2776-2223; www.ranchoburica.com; B/Zi. 15/40 US$ pro Pers.; P ❄ 📶) Der legendäre, von Holländern geführte Außenposten liegt buchstäblich am Ende der Straße in Punta Banco. Hier treffen sich Surfer und Gleichgesinnte abends zum geselligen Beisammensein. Alle ventilatorgekühlten Zimmer haben eigene Bäder und überall auf dem Anwesen sind Hängematten zu finden. Außerdem gibt's hier gemütliche Aufenthaltsbereiche, ein Restaurant und einen Weg zu einem romantischen Dschungelaussichtspunkt. Die Betreiber sind auch im Schildkrötenschutz engagiert.

Cabinas & Café de la Suerte PENSION $

(☎2776-2388; www.cafedelasuerte.com; Zi. 35–70 US$; ❄ 📶) Das bunte Gästehaus mit drei Zimmern wird – genauso wie das angeschlossene vegetarische Restaurant – von einem freundlichen Surferpärchen geführt und liegt nur 50 m vom Strand entfernt. Die Zimmer oben teilen sich eine Terrasse voller Hängematten, das Zimmer unten kommt in den Genuss einer abgeschiedenen Gartenecke. Alle Zimmer sind mit Kühlschränken ausgestattet. Von der Kreuzung mit dem Supermarkt der Strandstraße nach links folgen.

★ **Lanzas de Fuego Surf & Adventure Lodge** LODGE $$
(☎2776-2014, 8634-0739; www.lanzasdefuego.com; Zi. 45 US$ pro Pers.; ❄📶) Die von dem fröhlichen Südafrikaner Rainy geführte Hügellodge bietet mehrtägige Surf-, Vogelbeobachtungs- und Sportangeltrips; die Teilnehmer werden mit Rainys eigenem Boot zu den besten Spots geschippert. In der kleinen, freundlichen Unterkunft gibt's drei Hütten für acht Gäste, einen riesigen, strohgedeckten Aufenthaltsbereich und ein Restaurant mit gesunder Tico-Kost. Über die Brücke und dann bis zum Schild gehen.

Yoga Farm LODGE $$
(www.yogafarmcostarica.org; B/Zi./Hütte inkl. Mahlzeiten & Yoga 43/50/65 US$) 🌿 Das stille Refugium wartet mit einfachen Zimmern und Dorms auf. Die vegetarischen Mahlzeiten werden mit Zutaten aus dem eigenen Biogarten zubereitet. In einem offenen Studio findet täglich Yoga-Unterricht statt, natürlich mit Blick aufs Meer. Vom Ende der Straße in Punta Banco sind es 15 stramme Minuten zu Fuß den Berg hinauf zur Unterkunft: die bergauf führende Straße nehmen und durch das erste Tor auf der linken Seite gehen. Kein WLAN, kein Telefon; hier steht Entspannung im Mittelpunkt.

ℹ Praktische Informationen

Achtung: In Pavones gibt's weder eine Bank noch eine Tankstelle – also vorher ausreichend Bargeld und Benzin besorgen! Nur wenige Einrichtungen nehmen hier Kreditkarten an. Der nächste Geldautomat und die nächste Tankstelle befinden sich eine Autostunde entfernt im Ort Laurel.

ℹ An- & Weiterreise

Zwei Busse pro Tag fahren nach Golfito (3,80 US$, 2 Std.): Der erste startet um 5.15 Uhr am Ende der Straße in Punta Banco und hält dann noch bei den beiden Supermärkten, der zweite fährt um 12.30 Uhr an der Schule ab. Mit dem Frühbus kann man auch ab Pavones fahren; über die aktuellen Haltestellen informiert man sich am besten vor Ort.

Paso Canoas

Der wichtigste Grenzübergang zwischen Costa Rica und Panama ist hektisch, schmuddelig und komplett charmefrei. Deshalb nehmen sich die meisten Traveller bei der Ein- oder Ausreise in Paso Canoas nur Zeit, einen flüchtigen Blick auf den Stempel in ihrem Pass zu werfen.

Sowohl die **BCR** (Banco de Costa Rica; ☎2732-2613; ⏲Mo–Sa 9–16, So 9–13 Uhr) als auch die **Banco Nacional** (⏲Geldautomat 5–22 Uhr) beim Büro der **Migración & Aduana** (☎2299-8007, 2732-2150; ⏲6–22 Uhr) neben dem Tracopa-Busterminal verfügen über Geldautomaten. Die Kurse für den Umtausch von überschüssigen Colones in Dollar sind nicht gerade berauschend. Einen weiteren Geldautomaten hat die **Báncredito** (⏲8–16.30 Uhr). An der Grenze werden Colones noch akzeptiert, aber weiter in Panama wird man sie schwer los.

Das **Instituto Panameño de Turismo** (☎2727-6524; ⏲6.30–21.30 Uhr) im panamaischen Grenzposten bietet einfache Informationen zum Reisen in Panama.

ℹ An- & Weiterreise

Tracopa betreibt um 3.30, 8, 11 und 16.30 Uhr vom Tracopa-Busbahnhof nördlich des Grenzpostens auf der Ostseite der Hauptstraße Busse nach San José (15,40 US$, 7½ Std.). Die Busse am Sonntagnachmittag sind oft voller Leute, die auf Einkaufstour in Panama waren – Fahrkarten so früh wie möglich kaufen! Die Busse nach Neily (0,85 US$, 30 Min.) fahren von 5.30 bis 18.30 Uhr mindestens stündlich ab der Post. Taxis nach Neily kosten etwa 10 US$.

Auf der anderen Seite der Grenze fahren Busse nach David, der nächsten Stadt in Panama. Von dort gibt es Anschlüsse nach Panama-Stadt und zu anderen Zielen. Weitere Informationen siehe S. 668.

COSTA RICA VERSTEHEN

Costa Rica aktuell

Durch den neuen Präsidenten Luis Guillermo Solís, der seit 2014 im Amt ist, hat sich die politische Landschaft Costa Ricas nicht dramatisch geändert. Viele Costa-Ricaner, die für ihn stimmten, verbanden mit ihm die Hoffnung auf einen dringend notwendigen, aber auch nicht allzu radikalen Wandel. Doch seine Regierung sieht sich massiven Problemen gegenüber, die sie von ihren Vorgängerregierungen geerbt hat: eine steigende Inflationsrate, wachsende Arbeitslosigkeit und eine gewaltige Ungleichheit bei den Einkommen.

Eine einschneidende Veränderung: 2015 erkannte Costa Rica als erstes Land Zentralamerikas die gleichgeschlechtliche Ehe an. Diesen Wandel unterstützte auch Solís, vor dessen Wohnsitz die Regenbogenflagge wehte.

Costa Rica genießt seit Langem ein Image als grünes Land, aber so einfach ist das Ganze nicht. 2009 setzte der damalige Präsident dem Land das ehrgeizige Ziel, dass es bis 2021 klimaneutral werden sollte. Damit wäre Costa Rica dann das erste klimaneutrale Land der Erde – doch die erste Phase, in der es um Energieversorgung und Landwirtschaft ging, hinkt dem Fahrplan schon hinterher. Solís hat vorgeschlagen, den Termin zu verschieben, aber wie weit?

Und an der Grenze zum nördlichen Nachbarn Nicaragua, die am Río San Juan verläuft, gibt es schon seit geraumer Zeit Spannungen. Im Dezember 2015 entschied der Internationale Gerichtshof, dass Costa Rica das Hoheitsrecht über das 3 km lange Feuchtgebiet im Río San Juan zusteht, und Nicaragua hat versprochen, sich an diesen Beschluss zu halten. Dadurch könnte in den Beziehungen zwischen Costa Rica und Nicaragua eine neue Ära eingeläutet werden, jedoch ist die Lage vor Ort noch genauso gespannt wie eh und je.

Geschichte

Wie auch die Geschichte anderer zentralamerikanischer Länder ist diejenige Costa Ricas in vorkolumbischer Zeit nur lückenhaft nachvollziehbar. Auf die „Entdeckung" der Neuen Welt durch die Europäer folgte die Unterwerfung und Christianisierung der indigenen Völker Costa Ricas. Doch zur Mitte des 20. Jhs. wich das Land vom üblichen zentralamerikanischen Schema ab: Es schaffte seine Armee ab, diversifizierte seine Wirtschaft und setzte sich für Frieden in der Region ein. So wurde der Weg für die heutige stabile und naturfreundliche Nation bereitet.

Eine verlorene Welt

Vor 500 Jahren, am Vorabend der Entdeckung durch die Europäer, lebten im heutigen Costa Rica nicht weniger als 400 000 Menschen. Im Valle Central wohnten rund 20 kleine Stämme, an deren Spitze Häuptlinge standen. Der *cacique* (Häuptling) gebot über eine hierarchisch gegliederte Gemeinde, zu der Schamanen, Krieger, Arbeiter und Sklaven gehörten. Im Osten beherrschten die kriegerischen Kariben das Tiefland an der Atlantikküste. Als geübte Seefahrer betrieben sie Handel mit dem südamerikanischen Festland.

Kolumbus' Erben

Auf seiner vierten und letzten Reise in die Neue Welt (1502) musste Christoph Kolumbus in der Gegend des heutigen Puerto Limón vor Anker gehen, nachdem ein Hurrikan sein Schiff beschädigt hatte. Während das Schiff ausgebessert wurde, drang Kolumbus in den üppigen Urwald vor und tauschte mit freundlichen Einheimischen Geschenke aus. Nach dem Zusammentreffen behauptete er, „in zwei Tagen mehr Gold gesehen zu haben als in vier Jahren in Spanien".

Zur Enttäuschung der Konquistadoren, die sein Erbe antraten, erwies sich die Region allerdings gar nicht als besonders goldhaltig, und auch die Einwohner gaben sich nicht besonders sanftmütig. Die gefährlichen Sümpfe, Vulkangipfel und undurchdringlichen Urwälder ließen Kolumbus' Paradies eher wie eine Hölle erscheinen. Da es in Costa Rica an Bodenschätzen und einer größeren Zahl einheimischer Arbeitskräfte mangelte, galt die Region bald als die ärmste und elendste in ganz Amerika. Erst 1560 gründeten die Spanier mit Cartago eine Kolonie im Land. Die kleine Siedlergemeinde bestellte den reichen Vulkanboden des Valle Central.

Sonntag im Valle Central

Costa Ricas Kolonialgeschichte unterscheidet sich beträchtlich von dem sonst in den spanischen Kolonien herrschenden Muster, weil sich hier niemals eine mächtige Großgrundbesitzerelite und eine auf Sklavenausbeutung beruhende Wirtschaft entwickeln konnte. Stattdessen entstanden im Binnenland des Valle Central nur kleinere Bauerndörfer. In der nationalen Geschichtsschreibung wird diese vergleichsweise egalitäre Gesellschaft als „bäuerliche Demokratie" verherrlicht. Als Grundnahrungsmittel wurden Mais, Bohnen und Kochbananen angebaut, für den Export produzierte man Zucker, Kakao und Tabak. Zum Ausgang des 18. Jhs. war die Bevölkerung auf über 50 000 Menschen angewachsen.

Während die spanische Besiedlung sich ausdehnte, schrumpfte die einheimische Bevölkerung. Krankheiten waren die Hauptursache des dramatischen Bevölkerungsrückgangs, aber auch die rücksichtslose Ausbeutung als Sklavenarbeiter durch die spanischen Herren. Außerhalb des Tals konnten mehrere Stämme im Schutz des

Regenwalds länger überleben und wagten sogar gelegentliche Überfälle, doch auch sie wurden schließlich in Feldzügen geschlagen.

Der Kampf um Unabhängigkeit

Im Jahr 1821 erlangten die spanischen Kolonien die endgültige Unabhängigkeit vom Mutterland. Ein unabhängiges Costa Rica begann schon zuvor unter Juan Mora Fernández, dem ersten Präsidenten (1824–1833), Gestalt anzunehmen. 1824 spaltete sich die Provinz Nicoya-Guanacaste von Nicaragua ab und schloss sich dem ruhigeren südlichen Nachbarstaat an.

Mit dem Niedergang des einen Imperiums erlebte ein neues seinen Aufstieg. Im 19. Jh. expandierten die USA, und das ehemalige Spanisch-Amerika schien eine leichte Beute zu sein. 1856 landete der Glücksritter William Walker in Nicaragua mit der Absicht, ganz Zentralamerika zu erobern, die Sklaverei wieder einzuführen und einen Kanal vom Atlantik zum Pazifik zu bauen. Als Walker nach Costa Rica einmarschierte, stellte sich eine hastig mobilisierte Freiwilligenarmee aus 9000 Zivilisten den Yankee-Söldnern bei Santa Rosa entgegen und trieb sie nach Nicaragua zurück.

Kaffee Rica

Die Einführung der koffeinhaltigen Bohne machte das verarmte Costa Rica zum wohlhabendsten Land in der Region. Als ein Exportmarkt entstand, förderte die Regierung den Kaffeeanbau, indem sie den Bauern kostenlos Setzlinge zur Verfügung stellte. Am Ende des 19. Jhs. wurde auf mehr als einem Drittel der Fläche des Valle Central Kaffee angebaut; der Kaffee erbrachte mehr als 90 % der Exporterlöse Costa Ricas.

Eine Elite von Kaffeebaronen monopolisierte die Verarbeitung und Vermarktung des Kaffees und die Finanzierung des Geschäfts mit ihm, aber ihr fehlten Land und Arbeitskräfte, um auch das Monopol über die Bohnen selbst zu erlangen. Daher beruhte die Kaffeewirtschaft in Costa Rica auf einem umfangreichen Netz von Großhändlern und kleinen Kaffeebauern, während es in den anderen Ländern Zentralamerikas eine kleine Schicht von Großgrundbesitzern gab, die ihre Ländereien von Landarbeitern bewirtschaften ließen. Heute gibt es in Costa Rica schätzungsweise 130 000 Kaffeeplantagen.

Der Bananenboom

Der Kaffeehandel löste nebenbei auch Costa Ricas nächsten Exportboom aus: den um die Banane. Um den Kaffee auf die Weltmärkte zu bringen, bedurfte es einer Bahnlinie aus dem zentralen Hochland zur Küste. 1871 übertrug die Regierung den Eisenbahnbau Minor Keith, dem Neffen eines US-amerikanischen Eisenbahntycoons.

Das Projekt war eine Katastrophe: Malariaepidemien und Unfälle sorgten dafür, dass ständig neue Arbeiter rekrutiert werden mussten. Die Regierung geriet in Zahlungsverzug, und die Baukosten sprengten das Budget. 1890 war die Strecke schließlich fertiggestellt und wurde unter Verlust betrieben.

Bananen wurden zunächst als billiges Nahrungsmittel für die Arbeiter an der Strecke angebaut. Im verzweifelten Versuch, seine Investitionen irgendwie zu amortisieren, ließ Keith einige Ladungen der Früchte nach New Orleans verschiffen. Die Kunden reagierten begeistert. *Fincas* (Plantagen) traten im Tiefland an die Stelle der Wälder, und Anfang des 20. Jhs. hatten die Bananen den Kaffee als lukrativsten Exportartikel Costa Ricas abgelöst.

Mit einem weiteren US-amerikanischen Importeur gründete Keith die berüchtigte United Fruit Company, die schnell zum größten Arbeitgeber in Zentralamerika wurde. Der von den Einheimischen als *el pulpo* (der Krake) bezeichnete Konzern besaß weite Strecken des fruchtbaren Tieflands und einen großen Teil des Kommunikations- und Transportwesens und befehligte Heerscharen von Angestellten. Ein Heer von Wanderarbeitern aus Jamaika kam ins Land, was die demografische Zusammensetzung in Costa Rica veränderte und ethnische Spannungen auslöste. Costa Rica war die führende Bananenexportnation geworden, aber die Profite aus diesem Handel wanderten ins Ausland.

1913 wurden viele Plantagen am Karibischen Meer infolge der „Panamakrankheit", einer Pilzerkrankung der Bananenstauden, geschlossen. Die Produktion verlagerte sich an den Pazifik, und schließlich verlor die United Fruit Company auch ihr Bananenmonopol.

Geburt einer Nation

Anfangs herrschten in Costa Rica wie im übrigen Zentralamerika Gewalt und Diktatur. Präsidenten wurden häufiger durch Revolten gestürzt als in Wahlen abgelöst. Aber zu Beginn des 20. Jhs. gestaltete sich die Politik in Costa Rica zunehmend gerechter. Gruppen, denen das Recht zur Beteiligung versagt blieb, machten ihrem Unmut bei Demonstrationen Luft und erzwangen den Rücktritt mindestens eines Präsidenten.

In den 1940er-Jahren nahmen die Spannungen zu, da sich Aktivisten für die Rechte der Arbeiter und Armen starkmachten. Nach einer umstrittenen Wahl brach 1948 ein Bürgerkrieg aus, bei dem bewaffnete Arbeiter unter Führung des Kaffeeproduzenten und utopischen Demokraten José Figueres Ferrer gegen die Streitkräfte aufbegehrten und in den schließlich nicaraguanische und US-amerikanische Truppen eingriffen. Nach weniger als zwei Monaten war der Frieden wiederhergestellt. Rund 2000 Menschen waren ums Leben gekommen.

Figueres wurde Vorsitzender einer provisorischen Junta. Deren neue, 1949 eingeführte Verfassung gab Frauen, Schwarzen, indigenen Gruppen und Chinesen das volle Bürgerrecht. Figueres' zahlreiche Dekrete führten zu einer stärkeren Besteuerung der Wohlhabenden, zur Verstaatlichung der Banken und zum Aufbau eines modernen Wohlfahrtsstaats. Seine außerordentlichste Tat war die Abschaffung der Armee, die er als eine Bedrohung für die Demokratie betrachtete. Mit all diesen Maßnahmen wurden die Grundlagen für die einzigartige waffenlose Demokratie in Costa Rica gelegt.

Der Contra-Konflikt

Allerdings blieb die Souveränität der kleinen Staaten Zentralamerikas immer von den USA, dem übermächtigen Nachbarn im Norden, bedroht. In den USA herrschte eine antikommunistische Hysterie. In den 1970er-Jahren zwangen radikale linksgerichtete Gruppen die Militärdiktaturen in Guatemala, El Salvador und Nicaragua in die Defensive. Als 1979 in Nicaragua das brutale, von den USA unterstützte Somoza-Regime gestürzt wurde, beschloss US-Präsident Ronald Reagan einzugreifen. Der Kalte Krieg erreichte Mittelamerika.

Unter dem starken Druck der USA wurde das politisch gemäßigte Costa Rica gegen seinen Willen in den Konflikt hineingezogen. Die nicaraguanischen Contras setzten sich in Costa Rica fest, von wo aus sie Guerillaangriffe tätigten und wo sie sogar ein Flugfeld im Urwald einrichteten, über das sie Waffen und Nachschub ins Nachbarland schmuggelten.

Der Krieg polarisierte Costa Rica. Die Konservativen drängten auf eine Wiedereinführung der Armee und eine Teilnahme am antikommunistischen Kreuzzug. Die Gegenseite marschierte im Mai 1984 mit mehr als 20 000 Demonstranten durch San José und forderte Frieden. Der Streit erreichte seinen Höhepunkt mit der Präsidentschaftswahl von 1986. Aus ihr ging der 44-jährige Oscar Arias Sánchez, ein intellektueller Reformer in der Tradition von Figueres, als Sieger hervor.

Kaum ins Amt gekommen, bekräftigte Arias sein Engagement für eine Verhandlungslösung und die nationale Eigenständigkeit Costa Ricas. Er gelobte, Neutralität zu wahren, und warf die Contra-Banden aus dem Land. Nach kurzer Zeit verließ der US-Botschafter Costa Rica, und die hiesigen Schulkinder pflanzten Bäume auf dem Flugfeld der CIA. Vor allem aber wurde Arias zur treibenden Kraft in dem Bemühen, alle zentralamerikanischen Länder auf einen Plan zur Beendigung des Krieges in Nicaragua einzuschwören. 1987 bekam er den Friedensnobelpreis.

Das entdeckte Paradies

500 Jahre nachdem die Konquistadoren den dichten Regenwald verflucht hatten, enthüllte er einen verborgenen Schatz: die Möglichkeiten zum Ökotourismus, die er bereithält.

Nach dem Einbruch der Kaffeepreise in den 1970er-Jahren wurde zwischen der Geschäftswelt und Umweltschützern eine ungewöhnliche Allianz geschmiedet. Wenn sich der Wohlstand des Landes nicht mehr über Exporte absichern ließ, wie stand es dann um den Import – von Touristen? Costa Rica ließ sich auf eine grüne Revolution ein. Schon 1995 gab es über 125 staatliche Schutzgebiete. Der Erfolg ermunterte private Grundbesitzer, ebenfalls Reservate einzurichten.

Heute bildet der Tourismus noch vor Landwirtschaft und Industrie die wichtigste Einnahmequelle des Landes. Der Erfolg der „grünen Revolution" hat den Blick dafür geöffnet, dass ein *nachhaltiger* Tourismus geboten ist. Mit den steigenden Besucherzahlen kamen auch immer mehr Hotels, mehr Verkehr und eine verbesserte Infrastruktur. Die vom Tourismus angetriebene Vereinnahmung natürlicher Flächen birgt Gefahren gerade für die fragilen Ökosysteme, derentwegen die Touristen ins Land strömen.

Die Menschen

Bevölkerung

Die meisten Einwohner Costa Ricas sind *mestizos* (Menschen mit spanischen sowie indigenen und/oder afrikanischen Wurzeln). Indigene Volksgruppen stellen nur 1% der Bevölkerung; zu ihnen gehören die Bribrí und Cabécar, die Brunka, die Guaymí und die Maleku.

Weniger als 3% der Bevölkerung sind Schwarze. Sie leben hauptsächlich an der Karibikküste. Sie sehen ihre Wurzeln in den Einwanderern aus Jamaika, die im 19. Jh. für den Eisenbahnbau ins Land kamen, und sprechen Mecatelyu, eine Kreolsprache, die auf dem Englischen, Spanischen und jamaikanischen Englisch basiert.

Auch Chinesen (1% der Bevölkerung) kamen zunächst als Arbeiter beim Bahnbau, doch auch später gab es Einwanderungswellen von Asiaten, insbesondere aus Taiwan.

Lebensart

Da es keinen Krieg gibt, die Lebenserwartung hoch und die Wirtschaft relativ stabil ist, genießt Costa Rica den höchsten Lebensstandard in Zentralamerika. Und Costa Rica geht aus Umfragen immer wieder als eines der „glücklichsten" Länder der Welt hervor. Die Lebenserwartung in Costa Rica ist fast genauso hoch wie die in den USA. Das verdankt das Land vor allem einem umfassenden öffentlichen Gesundheitswesen und guten sanitären Einrichtungen.

Doch die Kluft zwischen Arm und Reich klafft auch hier weit auseinander. Die Angehörigen der Mittel- und Oberschicht wohnen zumeist in San José und anderen größeren Städten. Für die überwiegende Mehrheit der *campesinos* (Bauern) und *indígenas* (Menschen indigener Abstammung) ist das Leben härter, der Anteil an Armen ist höher, und ihr Lebensstandard ist niedriger. Das gilt besonders für die Karibikküste, wo die Nachfahren der jamaikanischen Einwanderer schon lange unter der Vernachlässigung durch die Bundesregierung leiden.

Wie auch im Rest der Welt wirkt sich die Globalisierung tiefgreifend auf das Leben der Bevölkerung aus. Die Costa-Ricaner werden immer mobiler, weltgewandter und sind immer stärker mit der Weltwirtschaft verzahnt – mit allen Vor- und Nachteilen, die das mit sich bringt.

Natur & Umwelt

Im kleinen Costa Rica – mit einer Fläche von 51100 km² ist es kleiner als Bayern, aber größer als die Schweiz – finden sich einige höchst unterschiedliche Landschaftsformen. An die zerklüftete Westküste tost ständig die Brandung des Pazifiks; tropisches Tiefland und Sümpfe prägen dagegen die nur 119 km entfernte Karibikküste im Osten. Dazwischen liegen aktive Vulkane, himmelwärts ragende Berggipfel und Gebirgswälder. Nur wenige Länder der Erde können mit einer ähnlich spektakulären natürlichen, geologischen und klimatischen Vielfalt aufwarten.

Heute gibt es in Costa Rica 35 Nationalparks, die 11% der Landesfläche einnehmen.

PURA VIDA

Pura vida – das reine Leben – ist mehr als ein Slogan, den die Ticos (Costa-Ricaner) gedankenlos von sich geben und den man auf allen möglichen Souvenirs findet: Dieser Ausdruck ist ein echtes Mantra für einen costa-ricanischen Lebensstil. Vielleicht lässt sich das Wesen des reinen Lebens besser leben als erklären, aber wenn man „*pura vida*" bei der Reise durch dieses wunderschöne Land immer wieder hört – ob als Gruß, als Verabschiedungsformel oder als Ausdruck des Danks –, dann wird deutlich, dass diese Idee tief in der DNA des Landes verwurzelt ist.

Das Leben hier scheint vor allem dann „rein" zu sein, wenn man es mit dem in den zentralamerikanischen Nachbarländern Costa Ricas wie Nicaragua oder Honduras vergleicht. Hier gibt es wenig Armut, Analphabetismus und politisches Chaos. Das Land ist mit natürlichen Schätzen gesegnet und bietet einen hohen Lebensstandard. Und Costa Rica gedieh in den letzten 60 Jahren ohne eine Armee. Daher ist dieses Land insgesamt eine Oase des Friedens in einer von Krieg und Gewalt geprägten Region. Und obwohl die Costa-Ricaner mit Recht stolz sind, erhält man auf ein Kompliment an das Land als Antwort oft nur ein geheimnisvolles Lächeln und zwei Wörter: *pura vida*.

Unzählige weitere Schutzzonen, darunter Feuchtgebiete und Mangrovenwälder, stehen unter Schutz. Darüber hinaus existieren noch eine ganze Menge privater Reservate. Aus diesem Grund können die Behörden Costa Ricas behaupten, dass ein Drittel des Landes unter Naturschutz steht. Leider ist ein Teil des Landes dennoch in Gefahr – zum Teil liegt das daran, dass dem Staat das Geld und die Infrastruktur fehlen, um seine Naturschutzmaßnahmen auch wirklich umzusetzen.

Flora & Fauna

Tiere

Baumsteigerfrösche, Vogelspinnen oder Klammeraffen prägen unsere Vorstellungen der tropischen Tierwelt. In Wirklichkeit werden nur wenige Länder diesen Erwartungen gerecht – doch Costa Rica gehört dazu. Das Land ist ein Paradies der Artenvielfalt – hier kommen mehr als 615 Arten auf 10 000 km² – in den USA sind es nur 104.

Vogelkundler haben in Costa Rica mehr als 850 Vogelarten registriert. Mehr als 200 Zugvogelspezies kommen aus so fernen Gegenden wie Alaska oder Australien hierher und können Seite an Seite mit Trogonen und Tukanen bewundert werden. Da viele Vögel in Costa Rica nur eine geringe Reichweite haben, finden sich überall unterschiedliche Arten.

BEDROHTE ARTEN

Die größte Gefahr geht für die meisten bedrohten Arten in Costa Rica von der Zerstörung ihres Lebensraums aus, gefolgt von der Jagd und Fallenstellerei.

- Der legendäre Quetzal steht bei allen Naturfreunden ganz oben auf der Liste der Vögel, die sie sehen wollen, doch durch die fortschreitende Abholzung der Wälder ist er extrem gefährdet.
- Der boomende Tierhandel hat die Bestände der großen, kreischenden Hellroten Aras stark dezimiert.
- Die Meeresschildkröten leiden unter der Zerstörung der Strände, was ihre Möglichkeiten zur Fortpflanzung stark einschränkt, sowie unter der Jagd und dem Sammeln ihrer Eier.

Als Reisender sieht man in Costa Rica mit ziemlicher Sicherheit mindestens eine der vier Affen- und zwei Faultierarten des Landes, doch es gibt noch 230 weitere Säugetierarten. Exotischere Tiere, die man vielleicht erblickt, sind etwa Vieraugenbeutelratten, Zwergameisenbären, scheue Tapire oder gerissene Wieselkatzen (Jaguarundi).

Pflanzen

Die Vielfalt der Pflanzenwelt ist atemberaubend: Fast 12 000 Gefäßpflanzenspezies wurden in Costa Rica beschrieben und jedes Jahr kommen weitere hinzu. Man findet hier allein etwa 1400 Orchideenarten!

Die Vielfalt der Lebensräume, die diesen Artenreichtum hervorbrachte, ist ein echtes Naturwunder – an einem Tag paddelt man durch einen schwülen Mangrovensumpf, am nächsten Tag linst man in einem Bergnebelwald durch eiskalten Nebel nach Orchideen. Natürlich sind auch die Strände des Landes schön, aber wer sich nicht wenigstens einige der verschiedenen Lebensräume wie Mangrovensümpfe und Regen-, Nebel- und Trockenwälder anschaut, der versäumt einen großen Teil dessen, was das Land ausmacht.

PRAKTISCHE INFORMATIONEN

ℹ Allgemeine Informationen

BOTSCHAFTEN & KONSULATE

Die folgenden Vertretungen sind in San José. Die beste Zeit für einen Botschaftsbesuch ist vormittags.

Deutschland (☎ 2290-9091; www.san-jose.diplo.de; 8. OG, Edificio Torre Sabana, Sabana Norte; ⏲ Mo–Fr 8–12 Uhr) Zwei Blocks westlich des ICE-Gebäudes.

Guatemala (☎ 2291-6172, 2220-1297; www.minex.gob.gt; Sabana Sur; ⏲ Mo–Fr 9–13 Uhr) 100 m südlich und 50 m westlich vom Gimnasio Fitsimons.

Honduras (☎ 2291-5145, 2232-9506; www.embajadahonduras.co.cr; Blvr Rohrmoser; ⏲ Mo–Fr 9–12 & 13.30–17 Uhr)

Mexiko (☎ 2257-0633; embamex.sre.gob.mx/costarica; Av 7 zw. Calle 13 & 15; ⏲ Mo–Fr 9–18 Uhr) Rund 250 m südlich vom Autohaus Subaru in Los Yoses.

Nicaragua (☎ 2221-2884, 2221-2957; www.cancilleria.gob.ni/embajadas; Av Central 2540 zw. Calle 25 & 27; ⏲ Mo–Fr 9–17 Uhr) Im Barrio La California.

PREISKATEGORIEN ESSEN

Die folgenden Preiskategorien gelten für ein Standard-Hauptgericht (inklusive Steuern).

$	bis 10 US$
$$	10–15 US$
$$$	über 15 US$

Österreich (☎2239-3616; consulado.austria@cr4a.com; Heredia, Ciudad Cariari, Residencial Bosques de Dona Rosa; ⏲Mo–Fr 9–12 Uhr) Hinter dem Wachhäuschen, 100 m nach Osten und 25 m nach Süden.

Panama (☎2281-2442; www.embajadadepanamaencostarica.org; Barrio La Granja; ⏲Mo–Fr 9–15 Uhr) In San Pedro.

Schweiz (☎2221-4829; www.eda.admin.ch/sanjose; 10. OG, Edificio Centro Colón, Paseo Colón zw. Calle 38 & 40; ⏲Mo– Fr 9–12 Uhr)

USA (☎2519-2000, 2519-2590; costarica.usembassy.gov; Ecke Av Central & Calle 120; ⏲Mo–Fr 8–12 & 13–16 Uhr) Gegenüber vom Centro Commercial del Oeste in Pavas.

ESSEN & TRINKEN

Die beliebteste Art von Esslokal in Costa Rica ist die *soda*, ein kleines, informelles Imbisslokal mit ein paar *casados* (Tagesgerichte). Billiges Essen bieten auch die überall präsenten Brat- und Grillhühnchenstände.

Ein reguläres *restaurante* verlangt in der Regel höhere Preise und verfügt über etwas mehr Atmosphäre. Viele *restaurantes* servieren *casados;* in den nobleren heißen die Tagesmenüs *almuerzo ejecutivo* („Business-Lunch").

In *pastelerías* und *panaderías* werden Backwaren und Brot verkauft. Viele Kneipen bieten auch *bocas* an, kleinere Versionen von Hauptgerichten.

FEIERTAGE

Días feriados (Feiertage) werden in Costa Rica ernst genommen. Banken, Ämter und viele Geschäfte bleiben geschlossen und öffentliche Verkehrsmittel und Hotels sind voll. Zu den Feiertagen finden außerdem zahlreiche Feste statt.

Neujahr (1. Januar)

Semana Santa (Karwoche; März oder April) Gründonnerstag und Karfreitag sind offizielle Feiertage, aber die meisten Geschäfte schließen für die ganze Woche. Von Donnerstag bis Sonntag sind die Kneipen geschlossen und es ist verboten, Alkohol zu verkaufen. Am Donnerstag und Freitag verkehren außerdem keine Busse.

Día de Juan Santamaría (11. April) Im Andenken an den Nationalhelden, der 1856 im Kampf gegen William Walker fiel; in seinem Geburtsort Alajuela finden größere Feierlichkeiten statt.

Tag der Arbeit (1. Mai)

Día de la Madre (Muttertag; 15. August) Fällt mit Mariä Himmelfahrt zusammen.

Unabhängigkeitstag (15. September)

Día de la Raza (Kolumbustag; 12. Oktober)

Weihnachten (25. Dezember) Auch Heiligabend ist ein inoffizieller Feiertag.

Letzte Dezemberwoche Die Woche von Weihnachten bis Neujahr ist eine inoffizielle Ferienwoche: Viele Geschäfte haben geschlossen und die Strandhotels sind voll.

FREIWILLIGENARBEIT

Costa Rica wartet mit einem großen Angebot an Möglichkeiten zur Freiwilligenarbeit auf. Da sie sich einen guten Ruf bewahren möchten, gehen die meisten Einrichtungen mit ihren *volunteers* sehr pfleglich um. Bei fast allen Freiwilligenjobs muss man sich für mindestens zwei Wochen verpflichten.

Biohöfe

Finca La Flor de Paraíso (www.la-flor.org) Bietet Programme in verschiedenen Disziplinen von Tierhaltung bis zum Anbau von Heilkräutern.

ERMÄSSIGUNGSKARTEN

Ermäßigungskarten werden nicht in allen Museen und Naturschutzgebieten angenommen.

KARTE	ERMÄSSIGUNGEN	VORAUS-SETZUNGEN	PREIS	BEZUG
Costa Rica Discount+	Automiete, Aktivitäten & Unterkünfte	online kaufen & dann ausdrucken	50 US$ für 6 Tage	http://costaricadiscount.com
International Student Identity Card (ISIC)	Ermäßigungen in Museen & bei Touren	für Vollzeitstudierende	bis 25 US$, je nach Herkunftsland	www.isic.org
International Student Exchange (ISE)	Ermäßigungen in Museen & bei Touren	für Vollzeitstudierende zw. 12 & 26 Jahren	25 US$	www.isecard.com

Punta Mona (www.puntamona.org) Auf Bio-Permakultur und Nachhaltigkeit basierender Bio-Bauernhof mit Erholungszentrum.

Rancho Margot (www.ranchomargot.com) Die selbsternannte Lebenskompetenzen-Universität vermittelt Umweltbildung mit Schwerpunkt auf ökologischem Landbau und Tierzucht.

Reserva Biológica Dúrika (www.durika.org) Auf Nachhaltigkeit ausgerichtete Gemeinde in einem 8500 ha großen biologischen Schutzgebiet.

WWOOF Costa Rica (www.wwoofcostarica.org) Dieses lose Netz von Bauernhöfen ist Teil des großen internationalen Netzwerks Willing Workers on Organic Farms (WWOOF). Die Höfe sind sehr unterschiedlich. Die WWOOF-Landesorganisationen von Mexiko, Costa Rica, Guatemala und Belize bieten für 33 US$ eine gemeinsame Mitgliedschaft, die Zugang zu allen Angeboten in diesen Ländern erlaubt.

Forstmanagement

Cloudbridge Nature Reserve (www.cloudbridge.org) Freiwillige können hier Wege anlegen, Bäume pflanzen und an Projekten mitarbeiten, bei denen kontrolliert wird, wie der Nebelwald sich erholt. Die Unterbringung bei einer Gastfamilie zahlen die *volunteers* aus eigener Tasche. Biologiestudenten sind besonders gern gesehen, aber generell können sich alle engagierten Freiwilligen bewerben.

Tropical Science Center (www.cct.or.cr) Diese schon lange bestehende NGO offeriert Freiwilligenjobs in der Reserva Biológica Bosque Nuboso Monteverde, z. B. bei der Instandhaltung von Wegen und bei Naturschutzarbeiten.

Fundación Corcovado (www.corcovadofoundation.org) Ein eindrucksvolles Netz von Privatpersonen und Organisationen engagiert sich für die Erhaltung des Parque Nacional Corcovado.

Monteverde Institute (www.monteverde-institute.org) Ein gemeinnütziges Bildungsinstitut, das Schulungen in tropischer Biologie, Umweltschutz und nachhaltiger Entwicklung im Programm hat.

Tierschutz

Tierschützer müssen in Costa Rica damit rechnen, eventuell Ärger (oder Schlimmeres) mit Wilderern zu bekommen, und sollten auch darauf vorbereitet sein, dass die Polizei in solchen vielleicht keine große Hilfe ist.

Earthwatch (www.earthwatch.org) Diese weithin anerkannte Freiwilligenorganisation engagiert sich in Costa Rica für den Schutz der Meeresschildkröten.

Profelis (www.grafischer.com/profelis) Ein Umweltschutzprogramm, das sich um beschlagnahmte große und kleine Wildkatzen kümmert.

Reserva Playa Tortuga (www.reservaplayatortuga.org) Unterstützt den Schutz der Oliv-Bastardschildkröten bei Ojochal.

Sea Turtle Conservancy (www.conserveturtles.org) Von März bis Oktober bietet diese Organisation in Puerto Limón „Öko-Freiwilligen-Abenteuer" bei der Arbeit mit Meeresschildkröten und Vögeln.

GEFAHREN & ÄRGERNISSE

Costa Rica ist im Großen und Ganzen ein sicheres Land, doch Kleinkriminalität wie Taschendiebstahl und Autoeinbrüche sind an der Tagesordnung und auch Raubüberfälle kommen vor – man sollte also wachsam sein. Viele der Gefahren im Land gehen allerdings von der Natur aus, z. B. durch gefährliche Meeresströmungen, Erdbeben und Vulkanausbrüche. Auch Raub- und giftige Tiere können eine Bedrohung darstellen, sodass man im Dschungel am besten mit einem Guide unterwegs sein sollte.

GELD

Sowohl US-Dollars als auch costa-ricanische Colones werden im ganzen Land akzeptiert und von Geldautomaten ausgegeben. Außer in den kleinsten Orten und in Geschäften auf dem Land werden auch überall Kreditkarten angenommen.

- Die costa-ricanische Landeswährung ist der Colón (Plural Colones), benannt nach Cristóbal Colón (Christoph Kolumbus).
- Es gibt Banknoten zu 1000, 2000, 5000, 10 000, 20 000 und 50 000 Colones und Münzen zu 5, 10, 20, 25, 50, 100 und 500 Colones.
- Oft wird auch mit US-Dollars bezahlt; teils wird das auch bevorzugt, da der US-Dollar als stabiler gilt als der Colón.
- Bei Bezahlung mit US-Dollars erhält man das Wechselgeld meist in Colones.
- Neuere US-Dollarscheine (mit den größeren Köpfen) werden lieber angenommen als alte.
- Wer in Restaurants, Bars oder Geschäften in US-Dollars bezahlt, erhält u. U. einen schlechteren Wechselkurs.

Trinkgeld

Hotelpage/Gepäckträger	1–5 US$ pro Service
Kellner	10 % Bedienungsentgelt sind gewöhnlich schon enthalten
Reinigungskräfte	1–2 US$ pro Tag
Reiseleiter	5–15 US$ pro Pers. & Tag
Taxifahrer	keins

KARTEN

Detaillierte Karten sind in Costa Rica leider schwer zu bekommen, am besten besorgt man sich eine vor der Reise.

➡ Die ausgezeichnete, wasserabweisende *Costa Rica Adventure Map* (1:350 000) von National Geographic verfügt auch über eine kleine Karte von San José. Sie ist übers Internet sowie in verschiedenen Buch- und Andenkenläden in San José erhältlich.

➡ Hervorragend ist außerdem die von International Travel Map herausgegebene wasserfeste Costa-Rica-Karte im Maßstab 1:330 000, die auch einen Stadtplan von San José enthält.

➡ Einige Buchläden in San José haben die von der **Fundación Neotrópica** (☎2253-2130; www.neotropica.org) herausgegebene Karte zu den Nationalparks und Naturschutzgebieten im Maßstab 1:500 000 auf Lager; außerdem ist sie im Internet erhältlich.

➡ Das ICT (Instituto Costarricense de Turismo; S. 573) gibt eine Landkarte von Costa Rica im Maßstab 1:700 000 heraus, auf deren Rückseite ein Stadtplan der Innenstadt von San José im Maßstab 1:12 500 abgedruckt ist. Die Karte ist im ICT-Büro in San José kostenlos erhältlich.

➡ **Maptak** (www.maptak.com) hat Karten von den sieben Provinzen Costa Ricas und deren Hauptstädten im Programm.

➡ Nur wenige Nationalparkbüros und Rangerstation haben Karten für Wanderer vorrätig. Topografische Karten können beim **Instituto Geográfico Nacional** (IGN; ☎2257-7798; Calle 9 zw. Av 20 & 22, San José; ⏲Mo–Fr 7.30–12 & 13–15 Uhr) erworben werden.

➡ Die von Incafo herausgegebene *Mapa-Guía de la Naturaleza Costa Rica* mit topografischen Karten im Maßstab 1:200 000 sowie Beschreibungen der Naturschutzgebiete Costa Ricas auf Englisch und Spanisch wird nicht mehr nachgedruckt. Gebrauchte Exemplare sind im Internet erhältlich.

KINDER

Zwar liegt Costa Rica mitten in Zentralamerika, doch können Familien mit Kindern hier recht problemlos reisen: Die Reisevorbereitungen für Costa Rica gestalten sich praktisch wie für eine Reise innerhalb Europas und unterscheiden sich von einem Abstecher z. B. nach Honduras.

➡ Da die Hitze und die Luftfeuchtigkeit für die Kinder ungewohnt sind, müssen die Eltern vor allem darauf achten, dass ihre Kids genug trinken. Glücklicherweise kann in Costa Rica das Leitungswasser überall getrunken werden, abgesehen von seltenen Ausnahmen in abgelegenen Gebieten.

➡ Wer mit einem Baby oder Kleinkind unterwegs ist, sollte sich vor Fahrten in abgeschiedene Gebiete, wo es kaum Geschäfte gibt, mit Babynahrung, Babymilch und Einwegwindeln eindecken.

➡ Viele Restaurants bieten Kinderkarten, allerdings handelt es sich dabei eher um Restaurants mit internationaler als mit costa-ricanischer Küche.

➡ Kinder unter 12 Jahren erhalten auf Inlandsflügen 25 % Rabatt. Kinder bis zwei Jahre fliegen sogar umsonst mit (solange sie auf dem Schoß eines Elternteils sitzen).

➡ In Bussen muss für Kinder über drei Jahren der volle Fahrpreis gezahlt werden.

➡ Autovermietungen haben nicht immer Kindersitze vorrätig – also selbst einen mitbringen oder sich doppelt versichern, dass man auch wirklich einen bekommt.

ÖFFNUNGSZEITEN

Die Öffnungszeiten variieren im Verlauf des Jahres. Nachstehend sind die Öffnungszeiten in der Hauptsaison angegeben; in der Zwischen- und Nebensaison gelten gewöhnlich kürzere Zeiten. Sofern nicht anders angegeben, sollten Sehenswürdigkeiten, Aktivitäten und Restaurants täglich geöffnet sein.

Behörden Mo–Fr 8–17 Uhr. Oft von 11.30 bis 13.30 Uhr geschlossen.

Banken Mo–Fr 9–16 Uhr, manchmal Sa 9–12 Uhr.

Bars & Clubs 20–2 Uhr.

Geschäfte Mo–Sa 8–18 Uhr.

Restaurants 7–21 Uhr. Gehobene Etablissements haben oft nur abends geöffnet. In abgelegenen Gegenden öffnen sogar kleine *sodas* (Imbisslokale) nur zu den Essenszeiten.

REISEN MIT BEHINDERUNG

Unabhängiges Reisen ist für Menschen mit eingeschränkter Mobilität in Costa Rica schwierig. Zwar gibt es in Costa Rica ein Gesetz zur Gleichstellung von Behinderten, aber die Regelungen betreffen nur neue oder kürzlich umgebaute Einrichtungen und werden nur unzureichend durchgesetzt. Nur wenige Hotels und Restaurants sind rollstuhlgerecht ausgestattet. Viele haben keine Rollstuhlrampen, und Zimmer- und Badezimmertüren sind selten breit genug für Rollstühle.

Straßen und Bürgersteige weisen zahlreiche Schlaglöcher auf und sind schlecht asphaltiert, sodass sich die Benutzung eines Rollstuhls sehr schwierig gestaltet. Öffentliche Busse haben keine Vorrichtungen für den Transport von Rollstühlen, und die meisten Nationalparks und Outdoor-Attraktionen verfügen über keine rollstuhlgerechten Wege. Löbliche Ausnahmen bilden der Parque Nacional Volcán Poás (S. 580) und der **Parque Nacional Rincón de la Vieja** (☎661-8139), Sektor Las Pailas.

Der Lonely Planet Guide *Accessible Travel* kann auf http://lptravel.to/AccessibleTravel kostenlos heruntergeladen werden.

SCHWULE & LESBEN UNTERWEGS

In Costa Rica ist die Situation für schwule und lesbische Reisende besser als in den meisten anderen zentralamerikanischen Ländern und einige Gebiete wie besonders Quepos und der Parque Nacional Manuel Antonio sind schon seit zwei Jahrzehnten als Urlaubsziele für Schwule bekannt. Homosexualität ist legal und 2015 erkannte Costa Rica als erstes Land Zentralamerikas gleichgeschlechtliche Partnerschaften an. Die meisten Costa-Ricaner tolerieren Homosexualität nur insofern, als sie es ignorieren und auch nichts davon mitbekommen wollen. Es ist eher unwahrscheinlich, dass gleichgeschlechtliche Paare irgendwie drangsaliert werden, jedoch kann der Austausch von Zärtlichkeiten in der Öffentlichkeit unliebsame Aufmerksamkeit erregen.

Die unangefochtene schwul-lesbische Hauptstadt Costa-Ricas ist Manuel Antonio. Dort sollte man nach der Schwulenzeitschrift *Playita* Ausschau halten. In Schwulenbars in San José sind die Monatszeitung *Gayness* und die Zeitschrift *Gente 10* (auf Spanisch) erhältlich.

Agua Buena (☎2280-3548; www.aguabuena.org) Die gemeinnützige Menschenrechtsorganisation setzt sich schon lange für eine faire medizinische Behandlung von Menschen mit HIV/AIDS in Costa Rica ein.

CIPAC (Zentrum zum Studium & zur Förderung der Menschenrechte in Zentralamerika; ☎2280-7821; www.cipacdh.org) Die führende Schwulenorganisation in Costa Rica.

Toto Tours (☎800-565-1241; www.tototours.com) Der Spezialist für Schwulen- und Lesbenreisen organisiert regelmäßig Reisen nach Costa Rica.

TELEFON

- Das Mobilfunknetz deckt inzwischen den größten Teil des Landes und fast alle für Touristen zugänglichen Teile Costa Ricas ab.
- Überall in Costa Rica finden sich öffentliche Telefone. Telefonkarten von Chip oder Colibrí erhält man zu 1000, 2000 und 3000 Colones.
- Die Chipkarten steckt man ins Telefon, wo sie gescannt werden. Am verbreitetsten sind die Telefonkarten von Colibrí, mit denen man zunächst eine gebührenfreie Nummer (☎199) wählt und dann einen Zugangscode eingibt. Die Anleitung gibt es auf Englisch und Spanisch.
- Ins Ausland telefoniert man am billigsten mit einer Telefonkarte. Um ins Ausland zu telefonieren, wählt man zuerst die ☎00 und die entsprechende Landesvorwahl sowie schließlich die Nummer des Anschlusses.
- Öffentliche Telefone können keine Auslandsgespräche empfangen.
- Für Anrufe aus dem Ausland nach Costa Rica wählt man die Landesvorwahl (☎506) und dann die achtstellige Telefonnummer.
- Da VoIP-Services wie Skype weit verbreitet sind und die Ethernet-Verbindungen inzwischen zuverlässiger sind, kann man jetzt u. U. mit einem Smartphone oder Tablet am billigsten und einfachsten ins Ausland telefonieren.

Handy

- Es stehen 3G- und 4G-Mobilfunknetze zur Verfügung.
- Prepaid-SIM-Karten sind billig und überall erhältlich.
- Von den vier Handyprovidern Claro, Kolbi, Movistar und TuYo bietet Kolbi in abgelegenen Gegenden wie auf der Península de Osa die beste Netzabdeckung, Movistar die schlechteste.

TOILETTEN

- Öffentliche Toiletten sind kaum vorhanden. Aber man kann (manchmal gegen eine kleine Gebühr, nie mehr als 500 Colones) meistens die Toiletten von Restaurants und Cafés benutzen.
- Kostenpflichtige Toiletten gibt's an Busbahnhöfen und in anderen öffentlichen Gebäuden.
- Das Papier nach Gebrauch nicht in die Toilette werfen und hinunterspülen, da der Abfluss leicht verstopfen kann – der Wasserdruck ist nur sehr schwach.
- Das Papier in den Abfalleimer werfen, den es in jeder Toilette gibt.

TOURISTENINFORMATION

Die staatliche Tourismusbehörde ICT (S. 573) hat ein Informationsbüro in San José mit englischsprachigen Mitarbeitern. Das ICT kann einen mit kostenlosen Karten, einem allgemeinen Busfahrplan, Infos zum Zustand der Straßen im Landesinneren und einer praktischen Broschüre mit den Notrufnummern sämtlicher Regionen versorgen.

UNTERKÜNFTE

Unterkünfte gibt es in Costa Rica auf jedem Preis- und Qualitätsniveau: von luxuriösen Ökolodges und glamourösen All-inclusive-Resorts bis zu spartanischen Zimmern mit nicht viel mehr als einem Bett und vier Betonziegelwänden. Da das Angebot so groß ist, muss in der Regel nicht unbedingt vorausgebucht werden, es sei denn, man ist in den Ferienwochen um Weihnachten und Neujahr oder Ostern unterwegs.

Der Begriff *cabina* (Hütte) deckt alle möglichen Preisklassen und Ausstattungen ab, von sehr rustikal bis sehr teuer. Im Allgemeinen kosten Dormbetten zwischen 12 und 15 US$, ein Doppelzimmer der Budgetkategorie bis zu 40 US$. Die in diesem Reiseführer genannten Preise beziehen sich auf die Hauptsaison (Dez.–

PREISKATEGORIEN SCHLAFEN

Die angegebenen Preiskategorien gelten für ein Doppelzimmer mit Bad in der Hauptsaison. Wenn nicht anders angegeben, enthält der Preis eine kombinierte Tourismus- und Mehrwertsteuer in Höhe von 13 %.

$	bis 50 US$
$$	50–100 US$
$$$	über 100 US$

April); viele Lodges senken ihre Preise in der Nebensaison (Mai–Nov.). Während der Semana Santa (Osterwoche) und zwischen Weihnachten und Neujahr steigen die Hotelpreise rasant in die Höhe. Die Preise verstehen sich inklusive Steuern und sind in US-Dollar angegeben, der für die Angabe von Preisen bevorzugten Währung in Costa Rica.

An den meisten Zielen gibt es auch mindestens einen Campingplatz, der in der Regel mit Toiletten und Kaltwasserduschen ausgestattet ist. Campingplätze wurden auch in vielen Nationalparks angelegt; Insektenschutzmittel, Verpflegung und Vorräte sind selbst mitzubringen. Die hier angeführten Preise für einen Stellplatz gelten in der Regel jeweils pro Person und Nacht.

Wer aus einem anderen Teil Zentralamerikas kommt, wird feststellen, dass die Preise in Costa Rica deutlich höher als überall sonst in der Region sind.

VISA

Staatsbürger Deutschlands, Österreichs und der Schweiz dürfen sich ohne Visum 90 Tage lang im Land aufhalten.

Verlängerung

- Wer länger als die erlaubten 90 Tage im Land bleiben möchte, den erwartet ein zeitaufwendiger Spießrutenlauf. Am einfachsten ist es, Costa Rica für 72 Stunden zu verlassen und dann noch einmal einzureisen.
- Zuständig für Visumsverlängerungen ist die **Migración** (Einreisebehörde; ☎2220-0355; ⌚8–16 Uhr) in San José, gegenüber von Channel 6, ungefähr 4 km nördlich des Parque La Sabana.
- Die Bestimmungen zur Visaverlängerung ändern sich andauernd, und Traveller müssen mit mehreren Tagen Bearbeitungszeit rechnen.

ZEIT

Costa Rica ist (genau wie Nicaragua) sieben Stunden hinter der MEZ und eine Stunde hinter Panama. Eine Sommerzeit gibt es nicht.

ZOLL

Alle Reisenden, die mindestens 18 Jahre alt sind, dürfen bei der Einreise nach Costa Rica 5 l Wein oder Spirituosen und 500 g verarbeiteten Tabak (in Form von 400 Zigaretten oder 50 Zigarren) im Gepäck haben. Verboten sind Pornografisches und illegale Drogen.

ℹ An- & Weiterreise

FLUGZEUG

Der US Federal Aviation Administration zufolge erfüllen die costa-ricanischen Flugbehörden die üblichen Sicherheitsstandards.

- **Aeropuerto Internacional Daniel Oduber Quirós** (LIR; www.liberiacostaricaairport.net) Dieser Flughafen in Liberia wird von den USA und Kanada aus angesteuert. Außerdem gibt's hierher Charterflüge aus London sowie Flugverbindungen von Panama und Nicaragua.
- **Aeropuerto Internacional Juan Santamaría** (☎2437-2400; fly2sanjose.com) Auf diesem Flughafen in Alajuela 17 km nordwestlich von San José kommen die meisten Auslandsflüge an.

GRENZÜBERGÄNGE

Costa Rica besitzt gemeinsame Grenzen mit Nicaragua und Panama. Eine Einreisesteuer wird nicht erhoben, bei der Ausreise über Land fällt jedoch eine Gebühr in Höhe von 7 US$ an, zahlbar per Kreditkarte (kein Bargeld).

Nicaragua

Nagelneu ist der Grenzübergang **Los Chiles–Las Tablillas** – dank einer neuen Brücke, die unmittelbar nördlich der nicaraguanischen Grenze den Río San Juan überquert.

- Der Grenzübergang Los Chiles–Las Tablillas ist täglich von 8 bis 16 Uhr geöffnet.
- Zwischen Los Chiles und Las Tablillas verkehren jede Stunde Busse (1 US$, 15 Min.). Außerdem gibt's Direktbusse ab San José und Ciudad Quesada (San Carlos).
- Nachdem man über die Grenze gegangen ist, kommt man zum nicaraguanischen Zoll.

AUSREISESTEUER

- Bei allen Flügen ins Ausland wird eine Flughafensteuer in Höhe von 29 US$ erhoben, die in Dollars oder Colones zu bezahlen ist. Bei den meisten Fluggesellschaften ist die Steuer inzwischen im Ticketpreis enthalten.
- Wer Costa Rica auf dem Landweg verlässt, muss an den Grenzübergängen ein

Die Einreisegebühr beträgt 12 US$, zahlbar in US-Dollar oder Cordobas.

➡ Anschließend kann man in ein flussaufwärts fahrendes Boot steigen oder einen Bus oder ein *colectivo* nach San Carlos (2,20 US$, 30 Min.) nehmen.

➡ Wer aus Nicaragua in Costa Rica einreist, kann einen der stündlich verkehrenden Busse nach Los Chiles oder Ciudad Quesada oder den Direktbus nach San José nehmen, der um 14.30 Uhr abfährt.

➡ Diese Grenze lässt sich auch per Boot überqueren – das ist langsamer, aber schöner. Es fährt nur ein Boot pro Tag (10–12 US$, Abfahrt in Los Chiles um 13 Uhr oder wenn es genügend Interessenten gibt). Dann entfällt die costa-ricanische Ausreisegebühr, die 12 US$ Einreisegebühr nach Nicaragua muss man aber trotzdem bezahlen.

Der Übergang **Sapoá–Peñas Blancas** an der Panamericana ist der meistgenutzte Grenzübergang zwischen Nicaragua und Costa Rica.

➡ Der Grenzübergang Sapoá–Peñas Blancas ist montags bis samstags von 6 bis 22 Uhr geöffnet, sonntags bis 20 Uhr.

➡ Die Wartezeiten an diesem Grenzübergang können mehrere Stunden betragen. Eine Stunde muss man mindestens einplanen.

➡ **Tica Bus** (☎ in Managua 222-6094, in Panama-Stadt 262 2084), **Nica Bus** (☎ in Managua 228-1374) und **TransNica** (☎ 2223-4242; www.transnica.com) bieten tägliche Busverbindungen zu Zielen im Norden und im Süden. Ab Peñas Blancas auf costa-ricanischer Seite fahren regelmäßig Busse nach La Cruz, Liberia und San José.

➡ Wichtig: Peñas Blancas ist nur ein Grenzposten, kein Ort – es gibt hier keine Unterkünfte.

Panama

Die Uhrzeit in Panama ist MEZ minus sechs Stunden; hier ist es eine Stunde später als in Costa Rica.

> **TICKETS FÜR DIE WEITERREISE**
>
> ➡ Offiziell müssen Traveller über ein Ticket für die Weiterreise von Costa Rica verfügen, wenn sie ins Land einreisen wollen. Dies wird jedoch nur sehr selten und sehr unregelmäßig kontrolliert.
>
> ➡ Wer auf dem Landweg einreisen möchte, aber noch kein Ticket für die Weiterreise aus Costa Rica hat, kann sich dies bei den internationalen Buslinien in Managua (Nicaragua) und Panama-Stadt (Panama) besorgen.

Bei Redaktionsschluss musste man bei der Einreise nach Panama 500 US$, einen Nachweis über die Weiterreise ab Panama und zwei Fotokopien des Reisepasses vorweisen können. Selbst mit einer Busfahrkarte für die Ausreise aus Panama sind Reisende schon an der panamaischen Grenze abgewiesen worden. Wir empfehlen daher, im Internet einen Flug aus Panama hinaus zu reservieren, sich die Reservierung auszudrucken und dann die Reservierung verfallen zu lassen, ohne den Flug tatsächlich zu buchen.

Die Carretera Interamericana (Panamericana) bei **Paso Canoas** ist der meistbenutzte Übergang nach Panama und Montag bis Freitag von 6 bis 22 Uhr geöffnet, am Wochenende bis 20 Uhr.

➡ Der Grenzübertritt in beide Richtung geht gewöhnlich problemlos, wenn auch langsam vonstatten.

➡ Vor der Einreise nach Panama sollte man sich am costa-ricanischen Zoll einen Ausreisestempel geben lassen; Gleiches gilt in umgekehrter Richtung.

➡ Für Costa Rica gibt's keine Einreisegebühr. Nach Panama kostet die Einreise 1 US$.

➡ Nach 18 Uhr fahren in der Regel keine Busse mehr Richtung Norden. Wer kein eigenes Fahrzeug hat, sollte tagsüber an der Grenze sein.

➡ Wer mit einem eigenen Fahrzeug ankommt, muss sich auf lange Warteschlangen einstellen.

➡ Tica Bus fährt täglich über diesen Grenzübergang von Panama-Stadt nach San José (42–58 US$, 15 Std.). Ab dem Hauptbusbahnhof in David bietet Tracopa einen Bus pro Tag nach San José (9 Std.). Von David verkehren außerdem von 4 bis 20 Uhr alle 10 Minuten Busse zur Grenze bei Paso Canoas (2,60 US$, 1½ Std.).

Am Grenzübergang **Guabito–Sixaola** an der Karibikküste geht es gewöhnlich eher geruhsam zu und hier kommt man problemlos über die Grenze.

➡ Wer aus Richtung Bocas del Toro kommt, muss zunächst eines der regelmäßig verkehrenden Boote nach Almirante (2 US$) und dort einen öffentlichen Bus oder einen Shuttle nach Changuinola (40 Min.) nehmen. Von dort geht's mit dem Taxi zur Grenze oder zum Busbahnhof (5 US$).

➡ Oder man geht über die Grenze und nimmt einen der jede Stunde verkehrenden Busse, die ab Sixaola die Küste hinauf fahren.

Río Sereno–San Vito ist ein nur selten benutzter Grenzübergang in der Cordillera de Talamanca. Auf costa-ricanischer Seite ist der Übergang von 8 bis 16 Uhr geöffnet, auf panamaischer Seite von 9 bis 17 Uhr. Auf panamaischer Seite gibt's im kleinen Dorf Río Sereno ein Hotel und ein Restaurant; auf costa-ricanischer Seite gibt's keinerlei Einrichtungen.

- Ab Concepción und David in Panama fahren regelmäßig Busse nach Río Sereno. Nahverkehrsbusse (1,60 US$, 40 Min., 11-mal tgl.) und Taxis (30 US$) fahren von der Grenze nach San Vito.
- Wer aus Costa Rica ausreist, muss eine Steuer in Höhe von 7 US$ entrichten, zu zahlen an einem Kiosk am Übergang.

Unterwegs vor Ort

AUTO & MOTORRAD

- Autofahrer müssen in Costa Rica über einen gültigen Führerschein aus dem Heimatland verfügen. Viele Autovermietungen begnügen sich auch mit einem Internationalen Führerschein, den die Verkehrsclubs im Heimatland ausstellen. Nach 90 Tagen benötigt man allerdings einen costa-ricanischen Führerschein.
- Benzin und Diesel sind überall erhältlich. An der Panamericana gibt's rund um die Uhr geöffnete Tankstellen. Zuletzt kostete ein Liter Benzin etwa 1 US$.
- In abgelegenen Gegenden ist Kraftstoff teurer und wird vielleicht an der *pulpería* (Dorfladen) verkauft.
- Besonders für Fahrzeuge mit komplizierter Elektronik und Abgasentgiftungssystemen sind Ersatzteile oft schwer zu bekommen.

BUS

Inlandsbusse

- Am billigsten und zuverlässigsten kommt man in Costa Rica mit Bussen herum. Die längste Inlandsfahrt ab San José kostet noch nicht einmal 20 US$.
- San José ist der Verkehrsknotenpunkt des Landes, aber so etwas wie einen zentralen Busbahnhof gibt es nicht. Die Büros der Busgesellschaften sind über die ganze Stadt verteilt. Einige große Gesellschaften haben eigene Terminals, an denen auch Fahrkarten im Voraus verkauft werden. Andere besitzen nur eine Haltestelle, die nicht einmal unbedingt ausgeschildert ist.
- Normalerweise ist Platz für alle Fahrgäste in den Bussen, auch wenn es manchmal sehr eng wird. Von Gründonnerstag bis einschließlich Ostersamstag ruht der Busverkehr.
- Es gibt zwei Arten von Bussen: *directo* und *colectivo*. *Directos* sind teurer und halten theoretisch an weniger Stellen; *colectivos* halten öfter, und man kommt nur sehr langsam voran.
- Bei Fahrten, die länger als vier Stunden dauern, wird in der Regel unterwegs eine Pause eingelegt, da es in den Bussen keine Toiletten gibt.
- In den Bussen gibt's nur wenig Platz; wer sein Gepäck abgeben muss, sollte genau aufpassen, was damit passiert. Es kommt recht häufig vor, dass Dinge aus den Gepäckablagen geklaut werden, jedoch immer noch erheblich seltener als in anderen Ländern Zentralamerikas.
- Die Busfahrpläne ändern sich oft, daher beim Kauf des Tickets immer die Abfahrtzeit prüfen! Wer einen Bus nehmen möchte, der einen irgendwo am Straßenrand einsammelt, sollte frühzeitig an Ort und Stelle sein.
- Einen einigermaßen aktuellen Generalbusfahrplan für Busse ab San José gibt's beim ICT (S. 573). Außerdem ist der Plan auf der ICT-Website zu finden.

Shuttlebusse

Die Touristen-Minibusse (auch als Gringo-Busse bekannt) sind eine teurere Alternative zu den normalen Fernbussen. Shuttles betreiben die **Gray Line** (www.graylinecostarica.com), **Easy Ride** (www.easyridecr.com), **Monkey Ride** (www.monkeyridecr.com) und **Interbus** (www.interbusonline.com).

- Alle vier Unternehmen bieten Überlandverbindungen von San José zu den beliebtesten Reisezielen sowie Direktverbindungen zwischen anderen Zielen – eine umfassende Liste gibt's jeweils auf der entsprechenden Website.
- Die Shuttles holen ihre Fahrgäste direkt bei deren Unterkunft ab. Gebucht werden kann übers Internet oder bei Reisebüros und in Hotels.
- Beliebte von den Shuttles angesteuerte Ziele sind etwa Quepos, Monteverde/Santa Elena, Manuel Antonio, Jacó, Dominical, Uvita, Puerto Jiménez, Arenal, Montezuma und Mal País.
- Easy Ride bietet außerdem Direktverbindungen ins Ausland: von Jacó, Tamarindo und Liberia nach Granada und Managua in Nicaragua sowie von Monteverde nach Managua.

FAHRRAD

Da das Straßennetz Costa Ricas immer weiter ausgebaut und allgemein auch immer auf die Bedürfnisse von Radfahrern Rücksicht genommen wird, entwickelt sich das Land langsam zu einem der besten Reiseziele in Zentralamerika für Radler. Jedoch sind viele Straßen schmal und kurvig und es gibt keine Radfahrspuren, sodass immer ein gewisses Risiko besteht.

Mountainbikes und Strandräder gibt's in Touristenorten (10–20 US$ pro Tag). Einige Anbieter organisieren Radtouren durch Costa Rica.

FLUGZEUG

- Die costa-ricanischen Inlandsfluglinien sind Nature Air und Sansa. Sansa gehört zur Grupo TACA.
- Beide Fluggesellschaften betreiben kleine Passagierflugzeuge, in denen das Höchstgewicht des Gepäcks auf lediglich 12 kg beschränkt ist.

- In der Trockenzeit ist die Nachfrage nach den recht wenigen Tickets hoch, also sollte man rechtzeitig buchen und das Ticket auch gleich bezahlen.
- In Costa Rica ändern sich die Flugpläne aufgrund schlechten Wetters ständig und es kann häufig zu Verzögerungen kommen.
- Vor einem internationalen Anschlussflug sollte man nur Inlandsflüge mit genügend Spielraum buchen.
- Außer Charterflügen kommen alle Inlandsflüge aus oder gehen nach San José.

SCHIFF/FÄHRE

Es bestehen einige regelmäßige Schiffsverbindungen an der Küste entlang. Die Sicherheitsstandards sind im Allgemeinen gut.

- Die Coonatramar-Fähre (S. 632) verbindet 4-mal tgl. Puntarenas mit Playa Naranjo. Die Fähre Naviera Tambor (S. 632) fährt alle zwei Stunden zwischen Puntarenas und Paquera; von dort hat man mit Bussen Anschluss nach Montezuma.
- Zuma Tours (S. 637) betreiben ein täglich verkehrendes Wassertaxi zwischen Montezuma und Jacó.
- Über den Golfo Dulce verbindet eine Passagierfähre pro Tag Golfito mit Puerto Jiménez auf der Península de Osa. Auf der anderen Seite der Península de Osa verbinden Wassertaxis Bahía Drake mit Sierpe.
- An der Karibikküste gibt es mehrere Male am Tag eine kombinierten Bus- und Bootsverbindung über La Pavona zwischen Cariari und Tortuguero.
- Schiffe verkehren auch auf den Kanälen entlang der Küste zwischen Moín und Tortuguero, jedoch gibt es keine regulären Verbindungen.

TAXI

Taxis gelten in abgelegenen Gegenden als eine Art öffentliches Transportmittel. Sie können für eine Stunde oder einen halben oder ganzen Tag gemietet werden, oder man kann sich auf einen Pauschalpreis für eine Fahrt einigen. Auf längeren Strecken werden keine Taxameter benutzt, sodass man den Fahrpreis vorher aushandeln muss. Wenn der Straßenzustand oder das Wetter bei Fahrten zu schwer erreichbaren Orten schlechter ist als erwartet, kann der Fahrpreis steigen.

Panama

☎ 507 / 3,7 MIO. EW.

Inhalt ➡

Panama-Stadt 673
Panamakanal 693
Pazifikküste & Hochland 698
David 708
Boquete 711
Parque Nacional Volcán Barú 716
Provinz Bocas del Toro 719
Colón 719
Comarca de Guna Yala 738
Provinz Darién 742

Gut essen

- ➡ El Último Refugio (S. 727)
- ➡ Mercado de Mariscos (S. 685)
- ➡ Mare Bonita (S. 703)
- ➡ Boquete Fish House (S. 715)
- ➡ Coco Hill (S. 732)

Schön übernachten

- ➡ Bambuda Lodge (S. 731)
- ➡ Magnolia Inn (S. 683)
- ➡ Hibiscus Garden (S. 706)
- ➡ Lost & Found Hostel (S. 718)
- ➡ Eco Venao (S. 704)

Auf nach Panama

Panama ist ein Land für Entdecker: Hier können Reisende an der karibischen Küste die Ruinen spanischer Festungen erkunden oder mit dem Einbaum tief in die Gebiete der Ureinwohner schippern. Es gibt ein riesiges Angebot an Stränden – von einsamen Inseln über entspannte karibische Strände zum Abhängen bis hin zu solchen mit der Brandung des Pazifiks. Panama-Stadt ist von kultureller Vielfalt geprägt; die hektische Metropole hat ihre Ecken und Kanten, ist aber dennoch mondän und gehört zu Lateinamerikas lebhaftesten und weltoffensten Hauptstädten, wo Englisch weit verbreitet ist. Im letzten Jahrhundert wurde Panama über den Kanal definiert; dieses Jahrhundert steht womöglich ganz im Zeichen seines Ausbaus, der Wachstum und noch mehr Glamour verheißt. Aber vorerst kann man sich noch ein einsames Inselchen schnappen und die Seele baumeln lassen.

Reisezeit

Panama-Stadt

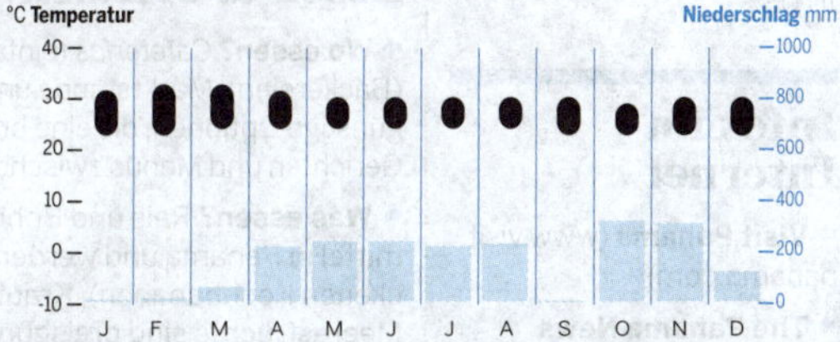

Dez.–April Hochsaison an der Pazifikküste ist die Trockenzeit, perfekt zum Wandern und Tauchen.

Mitte April–Anfang Dez. In der Regensaison gibt's für Reisende Nebensaison-Preise.

Aug.–Okt. Wanderung der Buckelwale im Pazifik; Zwischensaison in Bocas.

AUF EINEN BLICK

Währung US-Dollar (US$)

Sprache Spanisch

Geld Geldautomaten sind weit verbreitet. In manchen Gegenden werden Kreditkarten genommen.

Visa In der Regel für Aufenthalte bis zu 90 Tagen nicht notwendig.

Zeit MEZ minus sechs Stunden.

Fläche 74 340 km^2

Hauptstadt Panama-Stadt

Polizei ☎104

Wechselkurse

Eurozone	1 €	1,11 US$
Schweiz	1 SFr	1,02 US$

Preise

- Bett im Schlafsaal mit Klimaanlage: 13 US$
- Abendessen am Imbisswagen oder Selbstversorgung: 5 US$; in einem Mittelklasserestaurant: 12–18 US$
- Vierstündige Busfahrt: 10 US$

Infos im Internet

- **Visit Panama** (www.visitpanama.com)
- **The Panama News** (www.thepanamanews.com)
- **Panama Info** (www.panamainfo.com)
- **Casco Viejo** (www.cascoviejo.org)

Von Land zu Land

Der Hauptgrenzübergang nach Costa Rica befindet sich an der Panamericana bei Paso Canoas. Guabito auf der Karibikseite und Río Sereno im Hochland sind weniger chaotisch. Nähere Infos s. Praktische Informationen auf S. 760.

PANAMA FÜR EINSTEIGER

Eine Woche

Los geht's in Panama-Stadt mit ihrem Getümmel und Panamá Viejo, das bei einem Piratenüberfall zerstört wurde. Über die Cinta Costera radelt man in den Casco Viejo, ein Viertel mit Kopfsteinpflastergassen, Cafés auf der Plaza und Bars auf dem Dach. Auf dem anschließenden Ausflug zu den nahen Miraflores-Schleusen schaut man zu, wie sich riesige Schiffe durch den Kanal zwängen. Im nahe gelegenen Parque Nacional Soberanía kann man von einem Canopy-Turm Ausschau nach Tukanen und Faultieren halten. Oder man dreht auf dem Lago Gatún eine Runde per Kajak – vorbei an Brüllaffen und sich sonnenden Krokodilen. In Bocas del Toro ist dann vier Tage lang chillen bei karibischen Vibes angesagt. Hier kann man im türkisblauen Wasser schnorcheln, wo es tropische Fische und Korallenriffe zu entdecken gibt, oder mit dem Quad die Isla Colón erkunden. Alternative: Auf die Isla Bastimentos mit ihren schilfgedeckten Resorts und Dschungel-Lodges entfliehen. Wer eine Schokoladentour auf dem Festland macht oder indigene Gruppen auf anderen Inseln im Rahmen von Gemeindetourismus-Initiativen besucht, bekommt eine Dosis Kultur ab.

Zwei Wochen

Noch eine Woche Zeit? Wer mag, kann ins Hochland von Boquete fahren, um Kaffeeplantagen und Nebelwälder zu erkunden, danach die tollen Strände an der Pazifikküste genießen und wieder in die Hauptstadt zurückreisen.

Essen & Trinken

- **Wo essen?** *Cafeterías* (einfache Restaurants), *panaderías* (Bäckereien), Marktstände und andere Stände sind preisgünstige Optionen, die eine breite Palette an sättigenden Gerichten und Menüs zwischen 3 US$ und 6 US$ verkaufen.
- **Was essen?** Reis und Bohnen sind Grundnahrungsmittel in Panama und werden meist mit *patacones* (gebackenen Kochbananen), Krautsalat und Fleisch serviert. Meeresfrüchte sind preisgünstig und allgegenwärtig: auf Fischmärkten gibt's *ceviche* (marinierten rohen Fisch). Probierenswert ist auch *pulpo al carbón* (gegrillter Tintenfisch). Frische tropische Säfte und Kokoswasser (*pipa* genannt) werden auf den Straßen verkauft. Regionale Spezialitäten wie *tortilla de maíz* (frittierte Maisteigfladen), karibischen Kokosnussreis und die scharfe, Pfeffersauce von D'Elidas sollte sich niemand entgehen lassen.

PANAMA-STADT

880 700 EW.

Die kosmopolitischste Hauptstadt Zentralamerikas ist nicht nur eine lebhafte Metropole, sondern auch das Tor zu vielen tropischen Rückzugsorten. Hier existieren mehrere Welten nebeneinander. Als Brücke zwischen Ost und West ist Panama ein regionaler Knotenpunkt für Handel und Migration. Der resultierende Kulturcocktail sorgt für eine erfrischend tolerante Einstellung – hier sind die Dinge dynamischer und fließender als in den Nachbarländern.

Mit ihren Verkehrsstaus, ihren launischen Taxis und ihren zwischen schicken Clubs und Baustellen versteckten Kasinos ist Panama-Stadt eine typische chaotische Metropole. Die Skyline aus glitzernden Glas- und Stahltürmen des internationalen Banken- und Handelszentrums erinnert an Miami. Im Gegensatz dazu hat sich die Halbinsel mit der Altstadt namens Casco Viejo zu einem florierenden Kolonialviertel gemausert, dessen Kopfsteinpflasterstraßen von Boutiquehotels, Underground-Bars und zerfallenden Ruinen mit Piratenflair gesäumt sind.

Doch Erholung ist nie weit entfernt. Auf Tagesausflügen sind Sandstrände am Pazifik und am Karibischen Meer zu erreichen, man kann den Kanal bestaunen oder die üppigen Regenwälder mit ihren Brüllaffen, Tukanen und Faultieren erkunden.

Geschichte

Panama-Stadt wurde 1519 von dem spanischen Gouverneur Pedro Arias de Ávila (Pedrarias) gegründet, nicht lange nachdem der Konquistador Vasco Núñez de Balboa erstmals den Pazifik gesehen hatte. Die spanische Siedlung entwickelte sich rasch zu einem wichtigen Regierungszentrum und zum Sitz der Kirchenoberhäupter. 1671 wurde die Stadt von dem englischen Piraten Henry Morgan geplündert und zerstört. Seine Mannen hinterließen nur die Steinruinen von Panamá Viejo.

Drei Jahre später wurde die Stadt 8 km südwestlich auf dem Gebiet wieder aufgebaut, das heute als Casco Viejo bekannt ist. Zwar war die Halbinsel, auf der die Stadt lag, gut befestigt, doch die spanische Überlandhandelsroute verlor nach der Zerstörung des Karibikhafens Portobelo im Jahr 1746 an Bedeutung.

Panama erlangte 1821 seine Unabhängigkeit von Spanien und wurde ein Teil von Gran Colombia; ein Jahrzehnt später löste sich der regionale Staatenbund auf und Panama gehörte nun zu Kolumbien. Panama-Stadt verlor daraufhin an Einfluss, gewann aber in den 1850er-Jahren von Neuem an Ruhm, als die Panama Railroad fertig gestellt wurde und Goldgräber auf dem Weg nach Kalifornien in Scharen mit dem Zug über die Landenge fuhren.

Nachdem Panama am 3. November 1903 seine Unabhängigkeit von Kolumbien erklärt hatte, wurde Panama-Stadt zur Hauptstadt ernannt. Und durch den 1914 fertiggestellten Panamakanal wurde sie zu einem Drehkreuz des internationalen Handels.

Ihren größten Schock erlebte die Stadt 1989, als die USA einmarschierten, um den Diktator – und einstigen Verbündeten der USA – Manuel Noriega zu stürzen. Panama-Stadt wurde sowohl während der Invasion selbst als auch durch spätere Plünderungen beschädigt; bei Bränden, die durch die Gefechte entfacht wurden, brannten in Chorrillo ganze Wohnblocks ab.

Nach der Rückgabe des Panamakanals durch die USA an Panama im Jahr 1999 und der Schließung der US-Militärstützpunkte im Land hat Panama-Stadt sein Schicksal in die eigenen Hände genommen. Heute ist sie die bei Weitem reichste Stadt Zentralamerikas. Und dank fortwährender ausländischer Investitionen und dem Ausbau des Panamakanals wird in Panama-Stadt auch in Zukunft die Zeit nicht stillstehen.

Sehenswertes

Casco Viejo

Nach der Zerstörung der ursprünglichen Stadt durch Henry Morgan im Jahr 1671 bauten die Spanier ihre Stadt 8 km weiter südwestlich auf einer felsigen Halbinsel am Fuß des Cerro Ancón wieder auf. Die neue Lage erleichterte die Verteidigung, da das Riff die Schiffe davon abhielt, sich der Stadt zu nähern – außer bei Flut. Die neue Stadt war auch deswegen leichter zu verteidigen, weil sie von einer gewaltigen Mauer umgeben war.

Zu Baubeginn des Panamakanals 1904 bestand Panama-Stadt nur aus dem heutigen Casco Viejo. Als die wachsende Bevölkerung und Neubauten die Stadtgrenzen weiter Richtung Osten schoben, verließ die Oberschicht der Stadt das Gebiet und das Viertel verfiel schnell zu einem Slum.

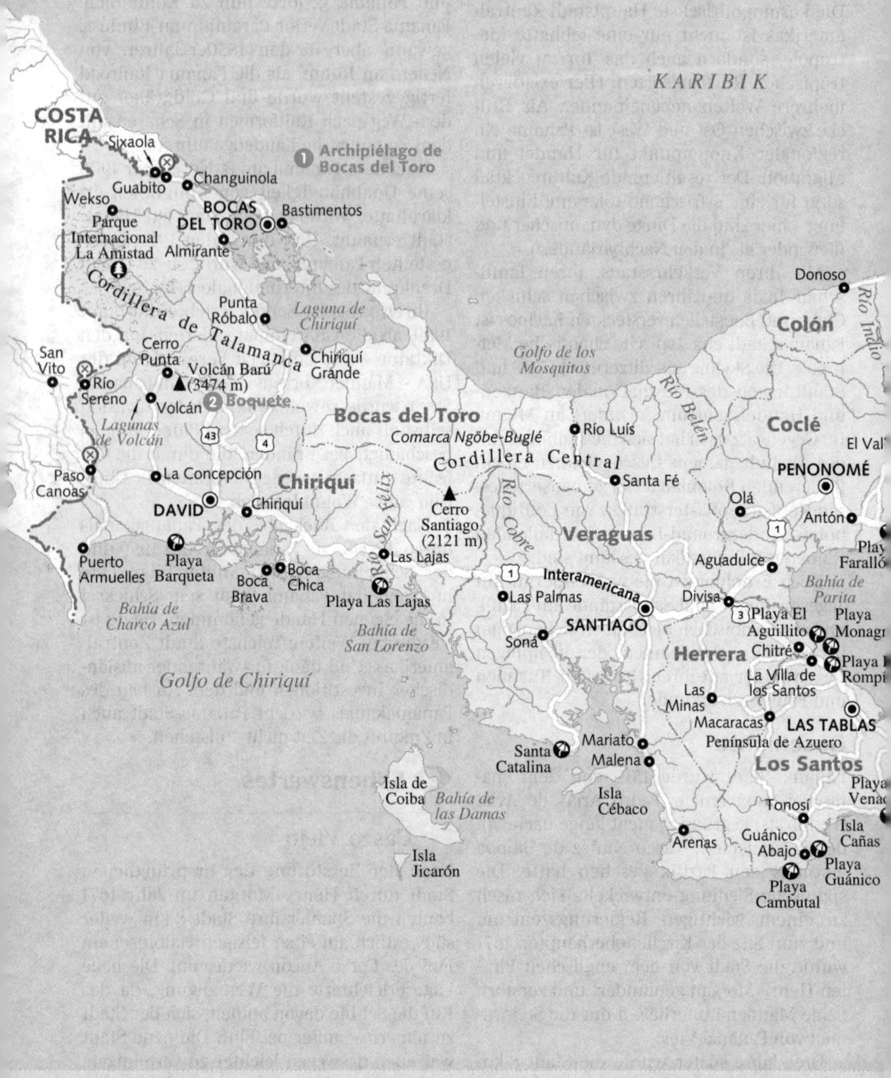

Highlights

1 Archipiélago de Bocas del Toro (S. 719) In entspannten Resorts an Kokosnüssen nippen, schnorcheln und die Seele baumeln lassen.

2 Boquete (S. 711) In der Stadt des ewigen Frühlings Kaffee aus den Bergen trinken und sich so für Hochlandabenteuer stärken.

3 Panama-Stadt (S. 673) Den Tag verbringt man damit, den verblichenen Glanz der Altstadt Casco Viejo zu bewundern, später feiert man

bis zum Sonnenaufgang in der Calle Uruguay.

4 Comarca de Guna Yala (S. 738) Zwischen Inselchen mit weißem Sand umherkreuzen, im klaren Wasser schwimmen und den Sonnenaufgang auf einem Segelboot genießen.

5 Panamakanal (S. 693) Das beeindruckende Wunderwerk der Ingenieurskunst bestaunen, das gerade umfassend ausgebaut worden ist.

Panama-Stadt

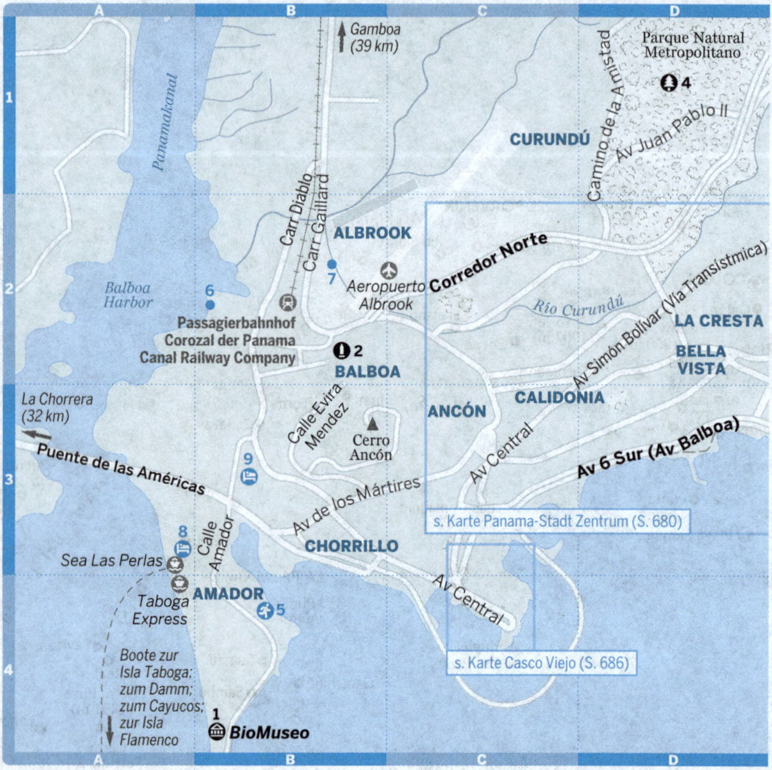

Heute sind die bröckelnden Fassaden des Casco Viejo zum größten Teil liebevoll renoviert worden. Das Gebiet wurde 2003 zum Unesco-Welterbe erklärt und findet deshalb international Beachtung. Durch die renovierten Gebäude bekommt man einen Eindruck davon, wie herrlich die Gegend in vergangenen Zeiten ausgesehen haben muss. Einige Stadtentwickler wollen der Gentrifizierung hier einen Riegel vorschieben, indem sie für jede teure Wohnung eine erschwingliche schaffen, und sie wirken auch bei interessanten Kulturinitiativen im Viertel mit. Doch im Allgemeinen geht man davon aus, dass die meisten ursprünglichen Bewohner der Altstadt schon an die Ränder der Stadt verdrängt worden sind.

Plaza de la Independencia PLAZA

(Karte S. 686) Auf dieser Plaza im Herzen des Casco Viejo erklärte Panama am 3. November 1903 seine Unabhängigkeit von Kolumbien.

Iglesia de San José KIRCHE

(Karte S. 686; Av A) In dieser Kirche im Casco Viejo befindet sich der bekannte Altar de Oro (Goldener Altar), das einzige Stück, das gerettet werden konnte, als der Freibeuter Henry Morgan Panamá Viejo plünderte.

Der Legende zufolge malte ein Priester den Altar schwarz an, um ihn zu verstecken, als er Gerüchte über den bevorstehenden Angriff des Piraten hörte. Der Priester erzählte Morgan, dass der berühmte Altar bereits von einem anderen Piraten gestohlen worden war, und überzeugte ihn geschickt davon, für einen Ersatz zu spenden. Morgan soll zu dem Priester gesagt haben: „Ich weiß nicht warum, aber ich glaube, du bist ein schlimmerer Pirat als ich.“ Was auch immer nun die Wahrheit war: Der barocke Altar wurde später aus der Altstadt zu seiner heutigen Stätte gebracht.

Teatro Nacional THEATER
(Karte S. 686; ☎262-3525; Av B) Der Innenraum des kunstvollen, 1907 erbauten Theaters im Casco Viejo wurde vollständig renoviert und ist mit rotem und goldenem Dekor, einem einst prächtigen Deckengemälde von Roberto Lewis – einem der bedeutendsten Maler Panamas – und einem herrlichen Kristallkronleuchter geschmückt. Hier finden immer noch Aufführungen statt. Informationen sind im Büro seitlich am Gebäude erhältlich.

Plaza de Francia PLAZA
(Karte S. 686) Die Plaza an der Südspitze des Casco Viejo würdigt die Rolle Frankreichs beim Bau des Kanals. Die großen Steintafeln und Statuen sind den 22 000 Arbeitern gewidmet, die beim Bau des Kanals ihr Leben ließen.

Paseo las Bóvedas UFERPROMENADE
(Karte S. 686) Diese Promenade führt auf der Strandmauer entlang, die von den Spaniern errichtet wurde, um die Stadt zu schützen. Von hier aus ist der Puente de las Américas zu sehen, der sich über den Kanal wölbt, und die vielen Schiffe, die darauf warten, den Kanal befahren zu können.

Museo del Canal Interoceánico MUSEUM
(Kanalmuseum; Karte S. 686; ☎211-1649; www.museodelcanal.com; Calle 6a Oeste, Casco Viejo; 2 US$; ⌚Di–So 9–17 Uhr) Das beeindruckende Panamakanal-Museum residiert in einem schön restaurierten Gebäude, das dem ursprünglichen französischen Kanalbauunternehmen einst als Hauptquartier diente. Es zeigt ausgezeichnete Ausstellungen zu dem berühmten Kanal, eingebettet in den historischen und politischen Kontext. Die Beschilderungen sind auf Spanisch, aber es gibt mehrsprachige Führer und Audio-Touren (5 US$).

Palacio de las Garzas HISTORISCHES GEBÄUDE
(Präsidentenpalast; Karte S. 686; Av Alfaro) Der Palacio de las Garzas wurde nach den schö-

Panama-Stadt

Highlights
1 BioMuseo B4

Sehenswertes
Museo de Sitio Panamá Viejo ....(s. 3)
2 Panamakanal-Wandbilder B2
3 Panamá Viejo G2
4 Parque Natural Metropolitano D1

Aktivitäten, Kurse & Touren
5 Bicicletas Moses B4
6 Canal & Bay Tours B2
7 Ecocircuitos B2

Schlafen
8 Country Inn & Suites A3
9 Hostal Amador Familiar B3
10 Hostal Casa Margarita F2

Essen
11 Parillada Jimmy G3

Shoppen
Mercado Nacional de Artesanías ....(s. 3)

nen weißen Fischreihern *(garzas blancas)* benannt, die hier leben. Der Präsident von Panama residiert im oberen Stockwerk.

Museo de Arte Religioso Colonial MUSEUM
(Museum für religiöse Kunst der Kolonialzeit; Karte S. 686; ☎228-2897; www.inac.gob.pa/museos; Ecke Av A & Calle 3a Este, 1 US$; ⌚Di–Sa 9.20–16 Uhr) Neben den Ruinen der Iglesia y Convento de Santo Domingo befindet sich das Museo de Arte Religioso Colonial mit einer Sammlung von religiösen Artefakten aus der Kolonialzeit; einige davon stammen aus dem 16. Jh.

Der Arco Chato am Eingang zu den Ruinen, ein langer Bogen, stand hier jahrhundertelang – ohne Stütze. Er spielte angeblich eine große Rolle bei der Entscheidung für Panama und gegen Nicaragua als Stätte für den Kanal: Dass er die Zeit überdauert hatte, wurde als Beweis dafür gesehen, dass es in der Gegend keine Erdbeben gab. 2003 brach der Bogen zusammen, doch inzwischen ist er neu errichtet worden.

Panamá Viejo

Die am 15. August 1519 vom spanischen Konquistadoren Pedro Arias de Ávila gegründete Stadt Panamá war die erste europäische Siedlung am Pazifik. In den nächsten 150 Jahren profitierte sie vor allem von der berühmten Goldpipeline, die von den Gold- und Silberminen in Peru über Panamá nach Europa verlief. Da so viel Reichtum durch die Stadt floss, hatten die Spanier hier zahlreiche Soldaten stationiert, die die Freibeuter auf Abstand halten sollten.

Im Jahr 1671 fuhren 1200 von Kapitän Henry Morgan angeführte Piraten den Río Chagres hinauf und marschierten dann auf dem Landweg nach Panamá. Zwar war die Stadt nicht befestigt, doch war sie auf drei Seiten durch das Meer und Sümpfe geschützt und auf der Landseite befand sich ein Damm mit einer Brücke, durch die das Flutwasser abfließen konnte. Zum Entsetzen späterer Historiker verließen allerdings die spanischen Soldaten dieses natürliche Bollwerk, als sich Morgan mit seinen Männern der Stadt näherte, und stellten sich den Freibeutern in einem hügeligen Gebiet vor der Stadt entgegen.

Dies war nur der erste von zahlreichen Fehler. Als die spanischen Truppen aufgerieben waren, wurde fast die gesamte Stadt geplündert, die Beute verteilt und die restliche Stadt niedergebrannt.

In den folgenden drei Jahrhunderten diente die verlassene Stadt als praktische Quelle für Baumaterialien. Als die Regierung die Ruinen 1976 unter Schutz stellte – 1997 folgte die Unesco dem Beispiel –, war ein Großteil der alten Stadt bereits verfallen und überwuchert.

Heute ist von der ursprünglichen Stadt so wenig übrig, dass über ihre Größe, ihre Lage und ihr Aussehen nur noch spekuliert werden kann. Weite Teile von Panamá Viejo liegen unter einem Armenwohnviertel begraben. Trotzdem sind die **Ruinen** (Karte S. 676; ☎226-8915; www.panamaviejo.org; Erw./Kind 12/5 US$; ⌚Di–So 8.30–16.30 Uhr) einen Besuch wert, und sei es, um einfach mal auf dem geheiligten Boden einer der wichtigsten Städte Zentralamerikas zu stehen.

Aus Sicherheitsgründen sollte man das Gebiet nur bei Tageslicht erkunden.

Die Panamá-Viejo-Busse setzen ihre Fahrgäste am Mercado Nacional de Artesanías (S. 689) hinter den ersten Ruinen der alten Stadt ab, die man aus Richtung Panama-Stadt erreicht.

Museo de Sitio Panamá Viejo MUSEUM
(Karte S. 676; ☎226-8915; www.panamaviejo.org; Av 6a Sur, Panamá Viejo; Erw./Kind 12/5 US$; nur Ruinen Erw./Kind 8 US$/frei; ⌚Di–So 8.30–16.30 Uhr) In diesem Museum auf dem Gebiet der ursprünglichen Siedlung steht ein

beeindruckendes maßstabsgetreues Modell von Panamá Viejo aus der Zeit vor 1671. Außerdem beherbergt das Haus ein paar Artefakte aus der Kolonialzeit. Alle Erläuterungen sind auf Spanisch, es gibt aber eine Broschüre und einen Audioguide über die Geschichte der Stätte auf Englisch. Wer möchte, kann auch den Mirador de la Torre (Aussichtsturm) erklimmen; Kinder unter acht Jahren müssen aber unten bleiben.

Der Damm

Am Pazifikeingang des Panamakanals verbindet eine 2 km lange, von Palmen gesäumte *calzada* (Damm) die vier kleinen Inseln Naos, Culebra, Perico und Flamenco mit dem Festland. Der schmale Damm ist vor allem am frühen Morgen und am späten Nachmittag ein beliebter Aufenthaltsort, wenn die Bewohner der Stadt hier spazieren gehen, joggen, skaten oder Rad fahren. Der Damm bietet auch eine atemberaubende Aussicht auf die Skyline und die Altstadt. Braunpelikane tauchen hier ins Meer und viele Leute kommen her, um in einem der vielen Restaurants und einer der zahlreichen Bars die frische Brise zu genießen.

Wer kein eigenes Fahrzeug hat, erreicht den Damm am einfachsten mit dem Taxi (4–8 US$); man kann sich in jedem Restaurant und jeder Bar eins rufen lassen.

★ BioMuseo MUSEUM
(Museum der Artenvielfalt; Karte S. 676; www.biomuseopanama.org; Erw./Kind 22/11 US$; ⏲ Di–Fr 10–16, Sa & So bis 17 Uhr) Das Museum ist ein visuelles Fest: eine Hommage an die Landbrücke Panama als Landbrücke, die dieser Region eine erstaunliche Artenvielfalt beschert hat. Der weltberühmte Architekt Frank Gehry, der u. a. das Guggenheim-Museum im spanischen Bilbao schuf, entwarf den auffallenden Museumsbau als eine Ansammlung bunter zerknüllter Formen. Die Ausstellungen haben Weltformat und es soll auch noch ein botanischer Garten angelegt werden. Audioguides stehen in fünf Sprachen zur Verfügung. Das Museum befindet sich am Damm.

Parque Natural Metropolitano

Der auf einem Hügel nördlich des Zentrums gelegene, 265 ha große **Parque Natural Metropolitano** (Karte S. 676; ☎ Informationen 232-5516; www.parquemetropolitano.org; Av Juan Pablo II; 5 US$; ⏲ Mo–Fr 8–17, Sa bis 13 Uhr) schützt große Areale mit tropischem halbimmergrünem Wald innerhalb der Stadtgrenzen und bietet somit eine wunderbare Möglichkeit, sich der Hektik der Großstadt zu entziehen. Die beiden Hauptwanderwege, der Nature Trail und der Tití Monkey Trail, schließen sich zu einem langen Rundweg zusammen. Der 150 m hohe *mirador* (Aussichtspunkt) gewährt Panoramablicke auf Panama-Stadt, die Bucht und den Kanal bis hin zu den Miraflores-Schleusen.

Zu den Säugetieren dort gehören Springaffen, Ameisenbären, Faultiere und Weißwedelhirsche. An Reptilien gibt's z. B. Leguane sowie Wasser- und Landschildkröten. Außerdem wurden hier bereits über 250 Vogelarten gesichtet. Den Río Curundú auf der Ostseite des Parks bevölkern Fische und Garnelen.

Während der amerikanischen Invasion fand im Park ein wichtiger Kampf zur Vertreibung Noriegas statt. Die Betonbauten direkt hinter dem Parkeingang dienten im Zweiten Weltkrieg als Test- und Montageanlage für Flugzeugmotoren.

Im Westen und Norden wird der Park vom Camino de la Amistad begrenzt, im Süden und Osten durch den Corredor Norte. Die Avenida Juan Pablo II verläuft direkt durch den Park.

Für eine Parkbesichtigung auf eigene Faust gibt es im **Besucherzentrum** (Karte S. 680; ☎ 232-5516; ⏲ Mo–Fr 8–17, Sa bis 13 Uhr) 40 m nördlich vom Parkeingang Broschüren auf Spanisch und Englisch.

Weitere Stadtteile

★ Museo de Arte Contemporáneo MUSEUM
(Karte S. 680; ☎ 262-3380; www.macpanama.org; Av de los Mártires, Ancón; Erw./Kind 5/1,50 US$; ⏲ Mo–Fr 9–16, Sa bis 12, So bis 15 Uhr) Dieses wunderbare Privatmuseum präsentiert die beste Sammlung panamaischer Kunst überhaupt, eine hervorragende Kollektion mit Arbeiten auf Papier von lateinamerikanischen Künstlern und gelegentlich Sonderausstellungen ausländischer oder panamaischer Künstler.

Panamakanal-Wandbilder ÖFFENTLICHE KUNST
(Karte S. 676; Balboa; ⏲ Mo–Fr 7.30–16.15 Uhr) GRATIS Die Geschichte der gewaltigen Anstrengung, die der Bau des Panamakanals darstellte, findet auf kraftvolle Weise Ausdruck in den Wandbildern des bekannten New Yorker Künstlers William B. Van Ingen. Zu finden sind diese Bilder in der Rotunde

Panama-Stadt Zentrum

des Panamakanals-Verwaltungsgebäudes. Es handelt sich um die größte Ansammlung von Wandgemälden eines US-amerikanischen Künstlers außerhalb der USA.

Am Wochenende ist die Rotunde nicht zugänglich, aber wenn man höflich fragt, darf man zwischen 10 und 14.30 Uhr vielleicht trotzdem einen Blick hineinwerfen.

Kurse

Casco Antiguo Spanish School SPRACHKURSE
(Karte S. 686; ☎228-3258; www.cascospanish.com; Calle 4a Oeste; 1-wöchiger Intensivkurs mit 20 Std. 249 US$) Die von Lesern empfohlene Spanischschule liegt im Herzen des Casco Viejo. Neben Einzel- und Gruppenunterricht bietet sie auch Unterkünfte und Aktivitäten an.

Institute for Spanish Language Studies SPRACHKURSE
(ILERI; ☎260-4424; www.isls.com/panama; Camino de la Amistad, El Dorado; ab 255 US$ pro Woche) Dieses Institut im Vorort El Dorado bietet an fünf Tagen der Woche je vier Stunden Einzelunterricht an. Auch Möglichkeiten zur Unterbringung in einer Gastfamilie.

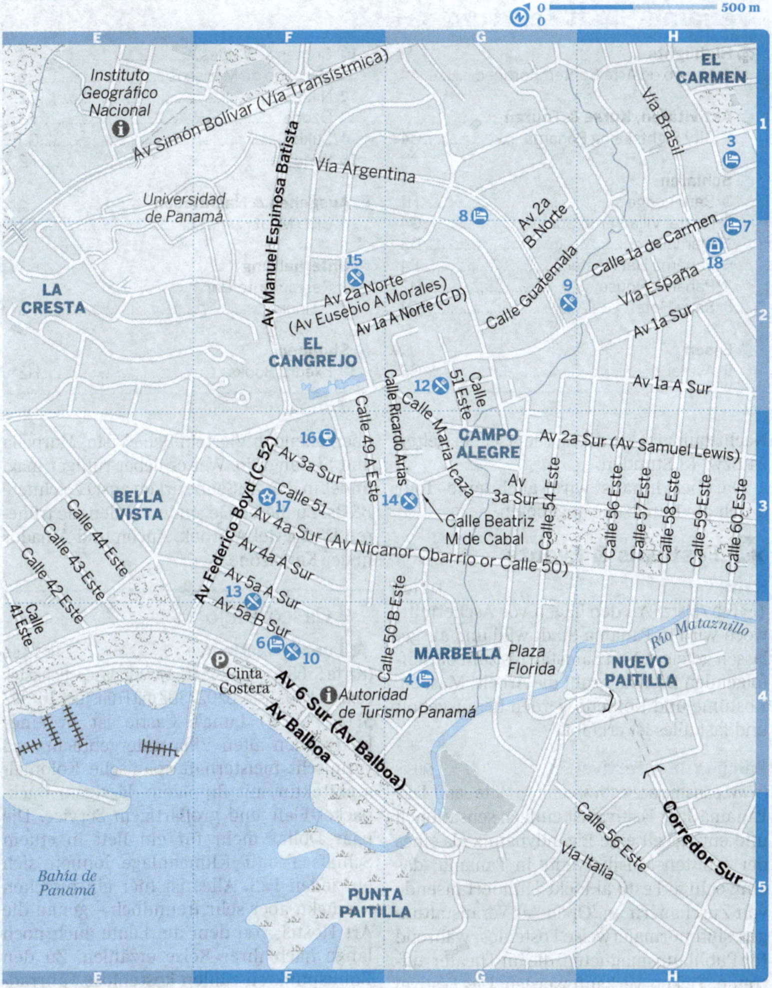

Geführte Touren

Barefoot Panama TOUREN
(Karte S. 686; ☎6780-3010; www.barefootpanama.com; Av A s/n; Stadttour 85 US$ pro Pers.) Pünktlich und professionell ist diese kleine Agentur im Casco Viejo unter US-amerikanischer Leitung; sie hat eine großartige Städtetour in Panama im Angebot, die von der Geschichte bis hin zu Flora und Fauna alles umfasst. Man kann auch Tagesausflüge nach San Lorenzo und Gamboa mit Besuch eines Dorfes der indigenen Wounaan buchen.

City Sightseeing Panama BUSTOUREN
(Karte S. 680; ☎392-6000; www.city-sightseeing.com; Av Justo Arosemena & Calle 29a Este, Calidonia; 24-Std.-Ticket Erw./Kind 29/15 US$) Die roten Doppeldeckerbusse drehen ihre Runden in der Stadt und bieten eine gute Möglichkeit, sich zu orientieren. Sie halten u. a. an der Multicentro Mall, in der Calle Uruguay, im Casco Viejo und am Amador-Damm. Einfach ein- und aussteigen, wie es gerade passt, und die Sehenswürdigkeiten besichtigen, die einen interessieren. Die Busse fahren stündlich zwischen 9 und 16 Uhr. Eine

Panama-Stadt Zentrum

Highlights
1 Museo de Arte Contemporáneo A4

Aktivitäten, Kurse & Touren
2 City Sightseeing Panama C4

Schlafen
3 Baru Lodge H1
4 Hostel Villa Vento Surf G4
5 Mamallena D3
6 Panama Hat Hostel F4
7 Panama House H2
8 Saba Hotel G1

Essen
9 Avatar G2
10 Crêpes & Waffles F4
11 Mercado de Mariscos B5
12 Niko's Café G2
13 Ozone F3
14 Sukhi G3
15 Wine Bar F2

Ausgehen & Nachtleben
16 Club Moat F3

Unterhaltung
17 Restaurante-Bar Tinajas F3

Shoppen
18 Exedra Books H2

Nachttour gibt es auch. Die Tickets gelten 24 bzw. 48 Stunden.

Darüber hinaus wird auch eine Tour durch die Kanalzone angeboten.

Festivals & Events

Karneval KULTUR

(Feb./März) An den Tagen vor Aschermittwoch wird in Panama-Stadt wild und ausgelassen gefeiert. Von Samstag bis zum darauffolgenden Dienstag ruht die Arbeit; Masken, Kostüme und Konfetti werden herausgeholt und fast alles ist erlaubt.

Panama Jazz Festival MUSIK

(www.panamajazzfestival.com; Mitte Jan.) Das Panama Jazz Festival ist einfach sensationell und entwickelt eine Eigendynamik als eines der größten Musik-Events in Panama; das einwöchige Festival lockt Hunderttausende von Zuschauern an. Open-Air-Veranstaltungen sind normalerweise kostenlos, während für Publikumsmagneten, die im Theater auftreten, Tickets verkauft werden. Das Festival findet in der ganzen Stadt statt.

Schlafen

Panama-Stadt hat alle möglichen Unterkünfte und auch eine Menge davon, sodass viele Top-Hotels Schnäppchen anbieten, die sie preislich in die Mittelklasse katapultieren. Es entstehen immer mehr Boutiquehotels. Da der Casco Viejo gründlich renoviert worden ist oder noch wird, ist das charmante alte Viertel eine prima Gegend zum Übernachten. Hier befinden sich in fußläufiger Nähe zahlreiche Restaurants und Cafés.

Das schnelllebige moderne Panama-Stadt erlebt man am besten in den ineinander übergehenden Vierteln Bella Vista, Marbella und El Cangrejo. Wer es lieber ruhiger mag, findet in den Außenbezirken ausgezeichnete B&Bs. Zu diesen Gegenden zählen die früheren US-Viertel Albrook, Ancón und Amador in der Kanalzone.

Casco Viejo

★ **Luna's Castle** HOSTEL $

(Karte S. 686; 262-1540; www.lunascastlehostel.com; Calle 9a Este; B/DZ/3BZ mit Frühstück 16/34/51 US$; @) Luna's Castle ist in einer knarrenden alten Villa untergebracht und vermischt meisterhaft spanische Kolonialarchitektur mit flippigem, lässigem Backpacker-Flair und großartigem Service. Die paar Dollar mehr für ein Bett in einem Schlafsaal mit Klimaanlage lohnen sich auf jeden Fall. Alles ist hier ein bisschen verrückt, aber sehr freundlich – genau die Art Hostel, von dem die Leute auch noch lange nach ihrer Reise erzählen. Zu den Bonuspunkten zählen kostenlose Fahrradnutzung, ein Wäscheservice, eine Aktivitätenberatung und ein Filmraum im Keller, wo beliebte Streifen gezeigt werden.

Hospedaje Casco Viejo HOSTEL $

(Karte S. 686; 211-2027; www.hospedajecascoviejo.com; Calle 8a Oeste; B/DZ mit Frühstück & Gemeinschaftsbad 14/28 US$, DZ 33 US$; P @) Das renovierte Hostel bietet dreistöckige Herbergsbetten und einfache, nette Zimmer zu Hammerpreisen. Die Duschen sind aber nur lauwarm. Es gibt eine hübsche Dachterrasse mit Stadtblick, eine Gemeinschaftsküche und einen Innenhof unter freiem Himmel. Das Hostel liegt in einer ruhigen Seitenstraße nahe der Iglesia de San José.

★ **Magnolia Inn** GASTHAUS $$
(Karte S. 686; ☎202-0872; www.magnoliapanama.com; Ecke Calle Boquete & Calle 8a Este; B 15 US$, Zi. 88–135 US$; ❄ 📶) Jedes Detail spricht dafür, dass dieses coole Gasthaus gut durchdacht ist; es befindet sich in einem restaurierten, dreistöckigen Gebäude aus der Kolonialzeit und wird von amerikanischen Expats geleitet. Die klimatisierten Schlafsäle sind mit orthopädischen Matratzen, dem qualitativ hochwertigen Bettzeug, den Lampen an jedem Bett und den zahlreichen Steckdosen sehr erwachsenenfreundlich. Die Gemeinschaftsbäder sind makellos und der Service ist erstklassig. Die geräumigen Doppelzimmer mit Blick auf die Stadt haben Mini-Kühlschrank, Flachbildfernseher und Kaffeemaschine. Es gibt auch eine Küche.

Casa Nurrati BOUTIQUEHOTEL $$
(Karte S. 686; ☎262-2315; http://casanuratti.com; Av B; DZ/3BZ mit Frühstück 80/120 US$; ❄ 📶) Die kleine Unterkunft über einem italienischen Restaurant wartet mit zwölf weißen Zimmern auf, viele davon klein; zu den Zimmern gelangen die Gäste per Fahrstuhl. Das Hotel ist schummrig beleuchtet und schlicht eingerichtet, mit recycelten Paletten, Fotos zu bestimmten Themen und polierten Zementböden. Die 20 US$ teureren Balkonzimmer sind heller und freundlicher. Wer aufs Dach steigt, wird mit einer schönen Aussicht belohnt. Die Casa liegt in der Nähe der Calle 8a Este.

Calidonia & Bella Vista

★ **Panama Hat Hostel** HOSTEL $
(Karte S. 680; ☎269-3315; www.thepanamahathostel.com; Av 5a B Sur s/n, Bella Vista; B/DZ mit Frühstück 25/50 US$; ❄ 📶 🏊) Fangen wir mit dem Nachteil an: Es ist keine Gästeküche vorhanden. Ansonsten jedoch beeindruckt dieses charmante Retro-Hostel durch blitzblanke Zimmer, Klimaanlage und hübsche Gestaltung. Im Hinterhof gibt's einen Pool und einen Whirlpool. Im erschwinglichen Café (Mittagessen 5 US$) werden gesunde Tagesgerichte (auch vegetarische) serviert und das Eier-Frühstück ist im Übernachtungspreis inbegriffen.

Mamallena HOSTEL $
(Karte S. 680; ☎6676-6163, 393-6611; www.mamallena.com; Calle Primera Perejil, Calidonia; B/DZ mit Frühstück 13/33 US$; ❄ @ 📶) Das kleine, heimelige Hostel liegt an einer Wohnstraße, die die Abrissbirne irgendwie verschont hat, und trifft mit seinem Service genau ins Schwarze. Die Rezeption ist rund um die Uhr besetzt, zum Frühstück gibt's Pfannkuchen und es ist eine DVD-Bibliothek vorhanden. Die Schlafsäle mit den hohen Decken sind nachts klimatisiert und die netten Doppelzimmer im Motelstil bieten absolute Privatsphäre. Das dazugehörige Reisebüro arrangiert Segelbootausflüge nach San Blás und beliebte Tagestrips.

Saba Hotel HOTEL $$
(Karte S. 680; ☎201-6100; www.thesabahotel.com; Vía Argentina s/n, Bella Vista; EZ/DZ 63/68 US$; ❄ @ 📶) Das Hotel Saba ist modern und fröhlich und eine preisgünstige Übernachtungsmöglichkeit in Bella Vista. Die Ausstattung mit viel Glas und Bambus scheint zwar auf Nachhaltigkeit ausgerichtet zu sein, das ist aber wohl nur äußerer Schein. Man kann hier an der Detox-Bar einen Karottensaft trinken oder auf dem Zimmer bleiben, den Flachbildfernseher einschalten und sich vom Room Service was bringen lassen. Der Hotelservice ist prima und ein Restaurant hat das Saba auch.

El Cangrejo & San Francisco

Panama House B&B $
(Karte S. 680; ☎263-4366; www.panamahousebb.com; Calle 1a de Carmen 32, El Carmen; B/DZ mit Gemeinschaftsbad & Frühstück 15/45 US$, DZ/3BZ mit Frühstück 55/65 US$; P ❄ @ 📶) Das sympathische, hübsche Hotel ist in einem gemütlichen Kolonialgebäude in der Nähe der Vía Brasil untergebracht und sehr begehrt. Die frischen Zimmer verfügen über Safes, hohe Decken, eine warme Beleuchtung und gekachelte Bäder mit muschelförmigen Waschbecken. Die Matratzen sind leider etwas dünn. Gäste jeden Alters kommen in der Gemeinschaftsküche, im Wohnraum oder auf der großartigen Veranda mit Hängematten zusammen.

Hostel Villa Vento Surf HOSTEL $
(Karte S. 680; ☎6101-4841, 397-6002; Calle 47 Nr. 7, Marbella; B/DZ/3BZ mit Frühstück 17/35/45 US$; ❄ @ 📶 🏊) Dieses entspannte Hostel mit freundlichen Mitarbeitern befindet sich in einem vorstadtmäßigen Haus, gleich um die Ecke von der Ausgehmeile Calle Uruguay. Junge Leute aus aller Welt kommen wegen des Swimmingpools und des unkomplizierten Zutritts zu den Partys her, doch es ist hier ziemlich ruhig – alle sind mit ihren Laptops beschäftigt. Die

JAZZ IST DIE LÖSUNG FÜR DEN CASCO VIEJO

Für dieses einst heruntergekommene Viertel mit abgewrackten Bauten und echter Armut beginnt ein neues Kapitel. der Casco Viejo hat einen großen Sprung in Richtung Wiederbelebung gemacht; mittlerweile gibt es hier Dutzende neuer Restaurants, Cafés, Geschäfte und renovierter historischer Gebäude. Zusätzlich zur architektonischen Revitalisierung muss ein weiteres, weniger konkretes Problem gelöst werden: Auch die panamaische Musikszene könnte eine Wiederbelebung vertragen.

Der großartige, aus Panama stammende Jazzmusiker Danilo Perez kehrte hierher zu seinem Musikkonservatorium zurück, an dem er seine ersten Noten lernte, um die **Fundación Danilo Perez** (Karte S. 686; ☎211-0272; www.fundaciondaniloperez.com; 1069 Av A) zu gründen: Diese Musikstiftung hat bereits mehr als 1 Mio. US$ in Stipendien für Jugendliche gesteckt. Außerdem sponsert sie das **Panama Jazz Festival** (S. 682), ein sehr beliebtes Event mit Künstlern aus aller Welt, das in der ganzen Stadt stattfindet.

In einem Interview mit *El Casqueño* sagte Perez: „Durch die Disziplin, die Musik erfordert, können wir wichtige Führungskräfte und gute Bürger heranziehen. So lassen sich viele Probleme der Gesellschaft lösen." Die Jugendlichen stammen aus Panama-Stadt sowie aus allen Teilen des Landes wie etwa aus Colón und der Comarca de Guna Yala. Einige Stipendien führen Studenten sogar bis nach Boston ans Berklee College of Music und ans New England Conservatory. Viele kehren ans hiesige Konservatorium zurück, um wiederum andere Schüler zu unterrichten, wodurch sich der Kreis schließt.

Das einwöchige Panama Jazz Festival findet jeden Januar statt und gipfelt in einem kostenlosen Konzert auf der Plaza de la Independencia im Casco Viejo. Die Stiftung selbst befindet sich ebenfalls im Casco Viejo; sie beherbergt eine Bibliothek und ein Musikmuseum und ist für die Öffentlichkeit zugänglich (Eintritt frei).

größeren Schlafsäle sind mit Stockbetten überfüllt, aber durch die Klimaanlage ist es dort trotzdem kühl. Zum Frühstück gibt's Pfannkuchen und Kaffee.

Baru Lodge B&B $$
(Karte S. 680; ☎393-2340; www.barulodge.com; Calle 2a Norte H-7, El Carmen; EZ/DZ mit Frühstück 60/75 US$; ❄@☜) Diese unauffällige Pension wirkt geschmackvoll und begrüßt Gäste herzlich. Sie befindet sich in einer Anliegerstraße nicht weit entfernt vom Trubel. Die Zimmer sind sauber, modern und dezent beleuchtet. Der Besitzer spricht Englisch und man fühlt sich hier gleich zu Hause. Kabel-TV, schnelles WLAN und Luftreiniger gehören zu den Annehmlichkeiten. Auf der Veranda im Garten stehen Korbmöbel. Hier wird auch das kontinentale Frühstück serviert.

Hostal Casa Margarita B&B $$
(Karte S. 676; ☎394-5557; www.hostalcasamargarita.com; Casa 97, Calle Los Claveles, San Francisco; EZ/DZ/3BZ mit Frühstück 70/80/95 US$; P❄@) Ein unwiderstehlich gemütliches und gleichzeitig schickes Hotel. Die Zimmer in dem stuckverzierten Haus sind elegant, schlicht und mit bunten Elementen, Flachbild-TV und Minikühlschränken versehen. Ein großer Garten und eine Veranda bieten jede Menge Platz zum Faulenzen oder für ein gemütliches, ausgiebiges Frühstück mit frischem Obst. Gäste können auch die Küche benutzen, aber das Beste an dem Hotel sind die herzlichen Gastgeber.

Kanalzone

Hostal Amador Familiar GASTHAUS $
(Karte S. 676; ☎314-1251; www.hostalamadorfamiliar.com; Casa 1519, Calle Akee, Balboa; B mit Frühstück 17 US$, DZ mit Ventilator/Klimaanlage 33/39 US$; P❄@☜) Wer Ruhe zu schätzen weiß, der freut sich über die billigen Unterkünfte in diesem großen roten Kanalhaus. Die gekachelten Zimmer mit hohen Decken und Messingbetten sind zwar verwohnt, aber sauber. Weniger ansprechend sind die dunklen Dorms und der Service ist leider recht lax. Highlights dagegen sind die nette Speiseterrasse und die Freiluftküche. In die Innenstadt kommt man nur per Taxi (7 US$). Das *hostal* liegt ganz in der Nähe des Damms.

Country Inn & Suites HOTEL $$
(Karte S. 676; ☎211-4500; www.countryinns.com/panamacanalpan; Ecke Av Amador & Pelicano, Amador; DZ 66 US$; P❄≋) Angeblich gibt es nur zwei Unterkünfte mit Blick auf den Kanal: Eine ist das Gefängnis, in dem auch

Noriega einsitzt, die andere dieses Kettenhotel. Es erinnert zwar etwas an ein Seniorenstift, doch es ist gut geführt und preisgünstig. Zum Damm ist es nicht weit und es gibt einen riesigen Pool. Jedes Zimmer besitzt einen Balkon, von dem der Blick auf den Puente de las Américas fällt.

Dos Palmitos B&B $$
(☎391-0994, 6051-4723; www.panamabedandbreakfast.com; Calle Victor Hugo 0532B, Cerro Ancón; EZ/DZ mit Frühstück 75/88 US$;) Wen an Panama eher das Wildlife als das Nightlife reizt, der sollte in diesem versteckten französischen B&B absteigen. Hier gibt's nur vier Zimmer, die mit Retroplakaten und alten Zeitungsausschnitten dekoriert und mit makellosen Holzböden, übergroßen Betten und Korbmöbeln ausgestattet sind. Auf der Terrasse nach hinten können Gäste Vögel beobachten und ein üppiges Frühstück mit hausgemachtem Brot und frisch gepresstem Saft genießen. Außerdem werden Fahrdienste und Ausflüge angeboten.

Die Pension liegt am ruhigen Cerro Ancón – gut für einen Spaziergang, aber für alles andere benötigt man ein Taxi.

Essen

Casco Viejo

★ **Mercado de Mariscos** MARKT $
(Karte S. 680; Av Balboa; Hauptgerichte 3–14 US$; ab 6 Uhr) Dieses unscheinbare Restaurant über einem geschäftigen Fischmarkt ist *der* Ort für Meeresfrüchtegerichte. Wenn es voll ist, dauert es ewig mit der Bedienung, deshalb lieber früh da sein. Zu den Highlights zählen der ganze gebratene Fisch und die großen Schüsseln mit „Get Up Lazarus"-Suppe – eine Art Wiedererweckungssuppe, die garantiert gegen einen Kater hilft.

Draußen an den Ständen gibt's für 3 US$ köstliches *ceviche* in Plastikbechern – Variationen sind *ceviche* im mediterranen Stil (mit Oliven) und *ceviche* mit Curry.

Crave CAFÉ $
(Karte S. 686; ☎209-0094; Calle José de Obaldía s/n; Hauptgerichte 8–13 US$; Mo–Sa 11.30–23.30, So 10–16 Uhr) In dem erfrischend lockeren Café serviert man frische, kunstvoll dargebotene Cafékost wie handgeschnittene Pommes, Fisch-Tacos und Burger mit knusprigem Rosenkohl oder köstlichem eingelegtem Gemüse. Dazu passt gut eins der verschiedenen Craft-Biere. Die Cocktails werden mit hausgemachten Infusionen und Rohrzucker gemixt. Auch Sonntagsbrunch.

Barrio Pizza PIZZA $
(Karte S. 686; ☎399-3521; www.barriopizza.com; Av Central s/n; Hauptgerichte 8–12 US$; 11–23 Uhr;) Ein Stück vom Glück ist eine heiße Pizza aus dem Holzkohleofen, belegt nach Wunsch etwa mit Trüffelöl, gerösteten Auberginen oder Frikadellen. Auf der einfachen Karte stehen außerdem Caesar-Salate, Wein und Bier. Wer einen Tisch ergattern möchte, muss früh da sein.

Aki JAPANISCH $
(Karte S. 686; ☎6938-8473; Calle 8a Este s/n; Hauptgerichte 9–12 US$; So–Fr 12–24, Sa 15–24 Uhr) In dieser dunklen Ecke werden köstliche Sushi im Fusionsstil serviert. Würziger Thunfisch auf knusprigen Reisvierecken kommt immer gut an. Die Cocktails sind innovativ und gut zubereitet. Ein Schnäppchen ist das Mittagsangebot (6 US$) unter der Woche.

Café Per Due ITALIENISCH $
(Karte S. 686; ☎228-0547; Av A; Hauptgerichte 5–12 US$; Di–So 9–22 Uhr, Dez. geschl.;) Das lässige, von Italienern betriebene Lokal eignet sich bestens, um einen schnellen Imbiss zu sich zu nehmen. Das Personal serviert leckere Pizzas mit dünnem Boden. Probierenswert ist die Pizza mit Speck und Blauschimmelkäse oder die mit frischen Tomaten, Basilikum und Knoblauch. Mit Mozzarella wird hier nicht gegeizt. Wer Privatsphäre braucht, setzt sich an einen der wenigen Tische im kleinen Ziegelinnenhof.

Café Coca Cola PANAMAISCH $
(Karte S. 686; Av Central; Teller 3–8 US$; 7.30–23 Uhr;) Dieser altmodische Diner ist eine echte Institution in dem Viertel – mit Schach spielenden *señoras* und Kellnerinnen, die nicht auf den Mund gefallen sind. Dass dies ein Arbeitercafé ist, zeigt sich auch daran, dass im Fernsehen Fußball läuft. Ansonsten ist man hier, um herzhafte Portionen Reis mit Bohnen oder das Fleischgericht des Tages zu verdrücken, ohne sein Sparschwein schlachten zu müssen.

Granclement EISCREME $
(Karte S. 686; Av Central; Becher 3,50–5 US$; Mo–Do 11.30–20, Fr bis 23, Sa bis 21, So 12.30–20 Uhr) Genuss pur: Hier bekommt man Eis aus tropischen Früchten, aber auch in intensiven, cremigen Geschmacksrichtungen wie Kaffee, Orange-Schokolade und Ingwer. Ein

Casco Viejo

paar Kugeln dieser exquisiten französischen Kreationen versüßen jeden Spaziergang durch den Casco.

★ Super Gourmet DELIKATESSEN $
(Karte S. 686; Av A; Hauptgerichte 3–9 US$; ⏲ Mo–Sa 8–17, So 10–16 Uhr; 👪) Hier gibt es feine Leckereien von Wein bis Wasabi-Erbsen: Das Super Gourmet ist ideal, um für ein Picknick einzukaufen. Es gibt auch Suppen, natürliche Säfte oder Baguette-Sandwiches mit Grillhühnchen und Paprika, Pastrami oder drei verschiedenen Käsesorten. Zum Frühstück schmecken Eier auf englischen Muffins oder *arepas* (herzhafte Maiskuchen).

★ Madrigal SPANISCH $$$
(Karte S. 686; ☎211-1956; www.andresmadrigal.com; Av A; Hauptgerichte 26–30 US$; ⏲ Mo–Fr 12–14.30, Mo–Sa 18.30–22.30 Uhr) Unverkennbare Liebe zum Detail zeichnet dieses sehr reizvolle, edle Restaurant des mit einem Michelinstern versehenen Kochs Andrés Madrigal aus. Zum Einstieg empfiehlt sich vielleicht das Seebarsch-*ceviche* mit Kokosschaum, Peperoni-Streifen und Maracuja-Mousse – und man fragt sich, ob man schon jemals etwas so Köstliches gegessen hat. Die *ropa vieja* (gehacktes Rindfleisch) ist perfekt, die Meeresfrüchtesuppe solide und sättigend. Toller Service.

Casco Viejo

Sehenswertes
1 Iglesia de San José B3
2 Museo de Arte Religioso Colonial C4
3 Museo del Canal Interoceánico C3
4 Palacio de las Garzas C2
5 Paseo las Bóvedas C5
6 Plaza de Francia C5
7 Plaza de la Independencia C3
8 Teatro Nacional C3

Aktivitäten, Kurse & Touren
9 Barefoot Panama B3
10 Casco Antiguo Spanish School B4

Schlafen
11 Casa Nurrati B2
12 Hospedaje Casco Viejo B3
13 Luna's Castle B2
14 Magnolia Inn B2

Essen
15 Aki B2
16 Barrio Pizza B2
17 Café Coca Cola A1
18 Café Per Due C4
19 Crave B2
20 Granclement C3
21 Madrigal B3
22 Super Gourmet B3

Ausgehen & Nachtleben
23 Bar Relic B2
24 Duke's Bar C4
25 La Rana Dorada B1
26 Tántalo Bar B2

Unterhaltung
27 Fundación Danilo Perez B3
28 Platea C4
Teatro Nacional ..... (s. 8)

Shoppen
29 Karavan C4
30 Papiro y Yo C4

El Cangrejo & San Francisco

Niko's Café CAFETERIA $
(Karte S. 680; Calle 51 Este, El Cangrejo; Hauptgerichte 3–8 US$; 24 Std.) Ein griechischer Einwanderer, der einst von einem Wagen aus Essen verkauft hat, besitzt heute eine der erfolgreichsten Ketten in Panama-Stadt mit Filialen in der ganzen Stadt – diese befindet sich bei der Vía España. Die immer zahlreicher werdenden Cafés servieren rund um die Uhr herzhafte Portionen preiswerter Speisen, von individuell zusammengestelltem Frühstück über panamaische Gerichte bis hin zu Desserts.

★ **Avatar** INDISCH $$
(Karte S. 680; 393-9006; www.avatarindiancuisine.com; Ecke Vía Argentina & España, El Cangrejo; Hauptgerichte 9–16 US$) Das Avatar serviert in einer schicken Pianobar gehaltvolle Kormas, duftenden Reis und komplexe Currys – ein echtes Mekka für Freunde von Gewürzen. Die Spezialität des Hauses ist südindische Küche, doch wer sein Essen wirklich scharf haben möchte, muss schon darauf bestehen. Unter der Woche ist das Mittagessen ein Viertel billiger.

Wine Bar ITALIENISCH $$
(Karte S. 680; Av Eusebio A Morales, El Cangrejo; Hauptgerichte 7–17 US$; 17–1 Uhr) Einige Leute meinen, dass das Abendessen in diesem italienischen Bistro mit seiner enzyklopädischen Weinkarte das beste Preis-Leistungs-Verhältnis der Stadt bietet; auf jeden Fall ist es bei Feinschmeckern sehr beliebt. Die Gäste haben die Wahl aus zwei Restaurants: Die Wine Bar bietet Häppchen mit Wein, das Pomodoro (mittags geöffnet) Pizza und gute Pasta. Oder man bestellt einfach eine Käseplatte und macht es sich auf der Terrasse gemütlich.

Parillada Jimmy PARRILLA $$
(Karte S. 676; 226-1096; Av Cincuentenario, San Francisco; Hauptgerichte 9–18 US$; 11.30–23.30 Uhr) Die lange, offene Veranda mit hoher Decke und die schmiedeeisernen Kronleuchter verleihen dieser Institution ein Bauernhausflair. Auf dem offenen Grill brutzeln Rindfleisch, Huhn und Landwurst, alles erstklassig. Die Parillada liegt im Viertel San Francisco unmittelbar östlich der Multiplaza Mall. Mittags und nach Feierabend herrscht hier immer ein großer Andrang.

★ **Maito** PANAMAISCH $$$
(391-4657; www.maitopanama.com; Av 3m Sur, San Francisco; Hauptgerichte 8–27 US$; Mo–Fr 12–15, Mo–Sa 19–23 Uhr) Mit Stil und viel Erfahrung spielt das Maito mit den Klassikern und verarbeitet Einflüsse der karibischen, lateinamerikanischen und chinesischen Alltagsküche. Das Resultat ist gemischt, doch insgesamt lohnend. Als Vorspeise könnte der Wassermelonen-Waldorfsalat schmecken. Die in Maracuja glasierten Rippchen sind zart, es fehlt ihnen allerdings das Knus-

prige des Enten-*chow-mein*. Göttlich ist das Meeresfrüchterisotto in Tintenfischsud. Es stehen auch Tische draußen im Garten; der Service ist tadellos.

Bella Vista

Crêpes & Waffles CRÊPERIE $

(Karte S. 680; ☎269-1574; Av 5a B Sur; Hauptgerichte 5–10 US$; ⌚Mo–Sa 12–22, So 9–22 Uhr; ✎) Diese Salatbar und Crêperie ist ideal für eine Stärkung am Nachmittag oder einen Imbiss vor dem Gang in die Clubs und hat für jeden etwas auf Lager. Spinat, Ricotta und Tomate sind immer gut, himmlisch sind jedoch auch die süßen Crêpes mit z. B. Käse, Apfel, Schokolade und Karamell.

Sukhi THAILÄNDISCH $

(Karte S. 680; ☎395-6081; Calle Beatriz M de Cabal; Hauptgerichte 8–13 US$; ⌚Mo–Sa 11.30–22 Uhr) Das heitere und lässige Café bietet hervorragendes, wenn auch nicht allzu authentisches südostasiatisches Essen in eher kleinen Portionen an. Der gebackene Tintenfisch mit Ingwer-Koriander-Dip ist ein guter Starter. Das grüne Thai-Curry mit grünen Bohnen ist eine Geschmacksexplosion und das *ladna* (Nudeln in Sauce) wird mit duftender Rinderbrühe und Stängelkohl serviert. Der Service ist gut und der Preis angemessen.

Ozone INTERNATIONAL $$

(Karte S. 680; Calle Uruguay; Hauptgerichte 10–22 US$; ⌚11–15 & 18–23 Uhr) Mittags platzt das Ozone, eine echte Institution in der Stadt, aus allen Nähten: Hier gibt's gewaltige Portionen duftender, guter Gerichte aus 110 Ländern, sogar koscheres und Halal-Essen. Leider lässt das Ambiente zu wünschen übrig – das dunkle Restaurant war früher eine Werkstatt. Außerdem ist es schwer zu finden und man muss schon die Augen aufsperren, um das Schild zu finden.

Ausgehen & Nachtleben

Bars und Clubs schießen in Panama-Stadt wie Pilze aus dem Boden, schließen aber auch genauso schnell wieder. Das Nachtleben ist hier im Allgemeinen stilvoll, kultiviert und ziemlich teuer. Die betuchten Stammgäste lieben es, eine Show abzuziehen, es lohnt sich also, sich herauszuputzen, nette Klamotten anzuziehen und sich mit ein bisschen Kohle bewaffnet ins Nachtleben zu stürzen. Am Morgen tut es einem vielleicht leid, sein ganzes Geld auf den Kopf gehauen zu haben, aber das ist eben der Preis, wenn man mit den Reichen und Schönen feiern möchte.

Im Casco Viejo, in San Francisco und an der Calle Uruguay in Bella Vista ist das Nachtleben besonders lebendig. Derzeit erleben Craft-Biere einen Boom und die Leute zieht es in kleine Brauereien, was für Panama ein neues Phänomen ist.

In der Donnerstags- und Freitagsausgabe der *La Prensa* (www.prensa.com) und auf der Website der Zeitung sind unter der Rubrik „De Noche" die Wochenendveranstaltungen aufgelistet.

Die Clubs öffnen gewöhnlich um 23 Uhr ihre Pforten. Bars und Clubs schließen zwischen 2 und 3 Uhr, außer in Kasinos, die jetzt aber keinen Alkohol ausschenken dürfen. Daran denken, einen Ausweis mitzunehmen! Die meisten Clubs verlangen je nach Tag und Uhrzeit 10 bis 25 US$ Eintritt.

La Rana Dorada KLEINBRAUEREI

(Karte S. 686; Av Alfaro, Casco Viejo; ⌚So–Mi 12–0.30, Do–Sa bis 3 Uhr) Das wunderbare, preisgekrönte Brauhaus mit glänzenden Messingelementen und Holzhockern bietet neben Craft-Bieren auch köstliche Pizza mit dünner Kruste sowie Bratwurst (Hauptgerichte 3–9 US$). Langsam setzt sich in der Stadt die *after-work*-Happy Hour durch, die hier auf ganz besonders viel Begeisterung stößt. Eine Filiale gibt's in der Vía Argentina.

Tántalo Bar COCKTAILBAR

(Karte S. 686; Ecke Calle 8a Este & Av B, Casco Viejo; Eintritt 5–10 US$; ⌚Dachterrasse 17–2 Uhr) Auch wenn hier in lockerem Ambiente Mittagessen serviert wird, ist diese ultrahippe Cafébar vor allem für die Happy Hour zum Sonnenuntergang auf der Dachterrasse bekannt. Zum Cocktail ein paar gute Tapas im Fusionsstil bestellen. Ab 22 Uhr kostet es Eintritt, aber um einen Platz auf der kleinen Dachterrasse zu bekommen, muss man ohnehin schon gegen 19 Uhr hier auftauchen. Mittwochs ist Salsa-Abend.

Bar Relic BAR

(Karte S. 686; www.relicbar.com; Calle 9a Este, Casco Viejo; ⌚Di–Sa 21–2 Uhr) Diese große Hostelbar ist sowohl bei Travellern als auch hippen jungen Panamaern ein echter Renner. Der Service ist freundlich und neue Gäste mischen sich in dem großen Patio mit Gemeinschaftstischen einfach unter die Leute. Man feiert nicht nur draußen (eine Seltenheit in Panama-Stadt), sondern auch noch direkt neben der historischen Stadtmauer.

Oben im Hostel gibt's eine ruhigere Cocktailbar für ein erwachseneres Publikum.

Duke's Bar SCHWULE & LESBEN
(Karte S. 686; ☎6597-6200; Edificio Cuatro Casas 3, Calle 4a Oeste, Casco Viejo; ⊙Di–Sa 18.30–1 Uhr) Die elegante, dämmrig beleuchtete Bar ist ein Neuling im Casco Viejo und wendet sich an eine schwule und lesbische Klientel ab Ende zwanzig, jedoch ist jeder willkommen.

Cayucos CAFÉ
(Damm) Diese Restaurant-Bar im Freien befindet sich über dem Wasser und bietet einen tollen Blick auf die Stadt. Das Cayucos ist zwar eigentlich keine richtige Bar, aber ideal für das erste kalte Bier des Abends oder einen entspannten Drink am Wochenende.

Club Moat SCHWULE & LESBEN
(Karte S. 680; ☎6747-2544; Calle Aquilino de la Guardia 12, El Cangrejo; ⊙22–3 Uhr) Der derzeit angesagteste Club ist dieser mehrstöckige Laden mit *musica electronica*, Tanz und Drinks. Die All-you-can-drink-Specials (12 US$) sind echt gefährlich. Sehr gut für den späten Abend.

☆ Unterhaltung

Wer nicht darauf aus ist, sich abzuschießen, dem bieten sich noch viele andere Möglichkeiten, eine Nacht bei Mondschein (oder Regen) in der Stadt zu verbringen. Eine gute Orientierungshilfe sind die Kunstrubrik in der Sonntagsausgabe von *La Prensa* oder die letzten Seiten der *Panama News*.

Restaurante-Bar Tinajas TANZ
(Karte S. 680; ☎263-7890; www.tinajaspanama.com; Av 3a A Sur, Bella Vista; Eintritt 5 US$; ⊙Mo–Sa) Hier gibt's guten traditionellen panamaischen Volkstanz zu sehen: Die Dinnershow ist ein Klassiker. Natürlich ist das Ganze sehr touristisch, aber gleichzeitig auch nett gemacht. Die Shows finden mittwoch- bis samstagabends um 21 Uhr statt und jeder Gast muss mindestens 12 US$ für Essen und Getränke ausgeben. Am besten reservieren. In der Nähe der Avenida Frederico Boyd.

Platea JAZZ
(Karte S. 686; ☎228-4010; Calle 1 Oeste) Winziger Jazzclub an der Spitze der Halbinsel.

Teatro Nacional THEATER
(Karte S. 686; ☎262-3525; Av B, Casco Viejo) Das hübsche Theater aus dem 19. Jh. im Casco Viejo hat Ballett, Konzerte und Theater im Programm.

Shoppen

★ **Karavan** KUNST
(Karte S. 686; ☎228-7177; www.karavan-gallery.com; Calle 3a Oeste, Casco Viejo; ⊙Mo–Sa 10–18, So 11–15.30 Uhr) Ein toller Ort für original Kuna-Stickereien mit modernem Design und Congo-Kunst aus Portobelo; die Künstler arbeiten vor Ort. Das Karavan vergibt Aufträge an einheimische Künstler und unterstützt neue Talente.

Mercado Nacional de Artesanías MARKT
(Nationaler Kunsthandwerkermarkt; Karte S. 676; Panamá Viejo; ⊙Mo–Sa 9–16, So bis 13 Uhr) Toll für unvergessliche Souvenirs.

Papiro y Yo MODE
(Karte S. 686; ☎211-3830; info@papiroyyo.com; Ecke Calle 4a Oeste & Av A, Casco Viejo; ⊙Mo–Sa 10–19 Uhr) Die innovative Boutique verkauft *mola*-Designs – traditionelle Kuna-Stickereien – auf wundervoller italienischer Seide sowie stilvollen Schmuck und Körbe aus recycelten Materialien.

Exedra Books BÜCHER
(Karte S. 680; ☎264-4252; Ecke Vía España & Brasil, El Carmen; ⊙Mo–Sa 9.30–21.30, So 11–20.30 Uhr) Gehört zu den besten Buchläden Zentralamerikas.

Orientierung

Panama-Stadt zieht sich über 20 km an der Pazifikküste entlang, vom Panamakanal im Westen bis zu den Ruinen von Panamá Viejo im Osten.

In der Nähe des Kanals befinden sich der Aeropuerto Albrook, der Damm und die wohlhabenden Vororte Balboa und Ancón, die ursprünglich für die amerikanischen Kanalbauarbeiter und das Militär angelegt wurden. Der koloniale Teil der Stadt, der Casco Viejo, ragt im Südwesten ins Meer hinein. Im Süden gibt's auf dem Damm zahlreiche Restaurants, Bars und schöne Aussichtspunkte am Rande des Ozeans.

Die Hauptstraße ist die Avenida Central, die durch den Casco Viejo zum Parque Santa Ana und zur Plaza Cinco de Mayo führt; zwischen diesen beiden Plätzen ist die Avenida eine autofreie Einkaufsstraße. An einer Weggabelung weiter östlich wird die Straße zur Avenida Central España. Der Abschnitt, der durch das Geschäfts- und Bankenviertel El Cangrejo führt, heißt Vía España. Der andere Teil der Gabelung wird zur Avenida Simón Bolívar und schließlich zur Vía Transístmica, wenn sie aus der Stadt hinaus über die Landenge Richtung Colón führt.

KARTEN

Instituto Geográfico Nacional (Tommy Guardia; Karte S. 680; ☎236-2444; La Cresta; ⏰Mo–Fr 8–16 Uhr) Verkauft verschiedene ausgezeichnete Landkarten. Gleich bei der Avenida Simón Bolívar, nahe der Avenida Arturo del Valle, gegenüber der Universidad de Panamá.

ℹ Praktische Informationen

GEFAHREN & ÄRGERNISSE

Der Casco Viejo steht im Mittelpunkt eines ehrgeizigen Stadterneuerungsprogramms. Allerdings sollte man immer umsichtig sein und sich nur an Stellen aufhalten, die gut beleuchtet sind und wo genügend andere Leute unterwegs sind. Allgemein lässt sich sagen, dass die Spitze der Halbinsel südöstlich der Calle 10 Este und Calle 11 Este für Reisende sicher ist; hier patrouillieren Polizisten. Weiter landeinwärts (nördlich des Parque Herrera und des Parque Santa Ana) gibt es dicht besiedelte Slums. Andere Gebiete, in denen die Kriminalitätsrate sehr hoch ist, sind Curundú, Chorrillo, Santa Ana, San Miguelito und Río Abajo.

Die Calle Uruguay, die Partymeile der Stadt, zieht ebenfalls Kriminelle an. Bei Dunkelheit sollte man nie sein gesamtes Geld dabeihaben. Es soll schon passiert sein, dass sich Frauen männlichen Touristen an den Hals geworfen und dabei deren Brieftaschen geklaut haben.

Im Allgemeinen dürfen sich Fahrgäste, die sich nicht kennen, ein Taxi teilen, doch manchmal kommt es zu Überfällen. Am besten steigt man nicht in ein Taxi, in dem schon ein Fahrgast sitzt. Wer Spanisch spricht, kann einen etwas höheren Fahrpreis anbieten, um das Taxi ganz allein für sich zu haben. Bevor man ein Taxi besteigt, sollte man es sich genau anschauen – z. B. ob es Türgriffe und eine Lizenznummer hat. Oft verweigern Taxifahrer Fahrten zu Zielen, die ihnen nicht in den Kram passen.

Gelegentlich sind bei den Ruinen von Panamá Viejo schon Überfälle passiert – nicht nach Sonnenuntergang hingehen und immer die Augen offen halten.

Panama ist in Sachen Drogen sehr streng geworden: Manchmal werden Kontrollpunkte errichtet, um Autofahrer und ihre Mitfahrer zu kontrollieren. Immer den Pass dabeihaben!

Wer durch die Straßen der Stadt geht, muss sich im Klaren darüber sein, dass Autofahrer nicht auf Fußgänger achten. Am besten nähert man sich einer Kreuzung wie die Panamaer: Man schaut in beide Richtungen und rennt dann wie vom Teufel gehetzt los.

GELD

In der ganzen Stadt sind reichlich Geldautomaten vorhanden. Der Schalter der Banco Nacional de Panamá am Internationalen Flughafen Tocumen zählt zu den wenigen Stellen in Panama-Stadt, an denen ausländische Währungen gewechselt werden.

Panacambios (☎223-1800; Erdgeschoss, Plaza Regency Bldg, Vía España, El Cangrejo; ⏰Mo–Fr 8–17 Uhr) Tauscht ausländische Währungen.

INTERNETZUGANG

Die meisten Unterkünfte und Restaurants, teils auch öffentliche Einrichtungen, haben WLAN.

MEDIZINISCHE VERSORGUNG

Centro Médico Paitilla (☎265-8800, 265-8883; Ecke Calle 53 Este & Av Balboa, Paitilla) Gut ausgebildete Ärzte, die Spanisch und Englisch sprechen.

Centro Metropolitano de Salud (☎512-6600; Calle Principal 237, Los Ríos; ⏰Mo–Fr 7.30–12 & 13–15 Uhr) Bietet für eine geringe Gebühr international zertifizierte Gelbfieberimpfungen an (benötigen Reisende, die nach Kolumbien fahren und danach wieder nach Panama zurückkehren wollen). In der Kanalzone.

NOTFALL

Polizei (☎104)

POST

Viele Hotels verkaufen Briefmarken. Einige versenden auch die Briefe ihrer Gäste.

Post (Karte S. 680; ☎512-7657; www.correos panama.gob.pa; Av Central s/n, Calidonia; ⏰Mo–Fr 7–17.45, Sa bis 16.45 Uhr) Sämtliche Postdienstleistungen inklusive Expresspost.

TELEFON

SIM-Karten verkaufen alle Telefonläden und Kioske. Sie enthalten ein kleines Guthaben und können in jedem dieser Läden mit neuem Guthaben aufgeladen werden.

TOURISTENINFORMATION

Autoridad de Turismo Panamá (ATP; Panamaische Tourismusbehörde; Karte S. 680; ☎526-7000; www.visitpanama.com; 29. OG, Edificio Bisca, Ecke Av Balboa & Aquilino de la Guardia, Bella Vista; ⏰Mo–Fr 8.30–15 Uhr) Panamas Tourismusbehörde hat ihren Hauptsitz in einem Hochhaus neben dem Hilton. Hilfe wird hier wenig geboten; das Büro richtet sich eher an das gehobene Marktsegment. Außerdem gibt's einen ATP-Kiosk im Casco Viejo.

Ministerio de Ambiente (Karte S. 680; ☎500-0855, 315-0855; www.miambiente.gob.pa; Calle Broberg 804, Cerro Ancón, Albrook; ⏰8–16 Uhr) Das Umweltministerium, früher ANAM genannt, bietet gelegentlich Karten und Informationen zu Nationalparks an, aber ansonsten erhalten Reisende dort nicht besonders viel Unterstützung.

An- & Weiterreise

AUTO & MOTORRAD

Die Tagessätze für die sparsamsten Autos beginnen bei 20 US$ einschließlich unbegrenzter Kilometerzahl. Versicherung kostet extra.

Wer einen Mietwagen fährt, ist auch für die Mautgebühren verantwortlich; wenn man sie nicht zahlt, drohen heftige Geldbußen. Der Mautsticker am Armaturenbrett muss über das nötige Guthaben verfügen; mit der ID-Nummer kann man in jedem Supermarkt Guthaben aufladen.

Budget (☎263-8777; www.budgetpanama.com; Internationaler Flughafen Tocumen)

Hertz (☎301-2611; www.hertzpanama.com.pa; Internationaler Flughafen Tocumen)

National (☎275-7100; www.nationalpanama.com; Internationaler Flughafen Tocumen)

BUS

Das **Albrook-Busterminal** (Gran Terminal; Karte S. 680; ☎303-3030, 303-6255; www.grantnt.com) beim Albrook-Flughafen ist ein günstiger und moderner Busbahnhof für die meisten Busse, die Panama-Stadt verlassen. Im Busbahnhofsgebäude gibt es Imbissstände, Banken, Geschäfte, eine Sportbar, eine Gepäckaufbewahrung, Toiletten und Duschen. Im Einkaufszentrum nebenan befinden sich ein Supermarkt und ein Kino.

Passagiere müssen eine *tarjeta* (Mehrfahrtenkarte) kaufen, um die 0,10 US$ Terminalsteuer zu zahlen, bevor sie den Busbereich durch ein Drehkreuz betreten können. Man kann auch versuchen, jemanden in der Schlange zu finden, der seine Karte für einen durchzieht und dem man das Geld erstattet. Mit der *tarjeta* hat man auch Zutritt zu den Toiletten des Busbahnhofs.

Wer Hilfe benötigt, wendet sich an den Informationsschalter.

Alle Nahverkehrsbusse gehören zum neuen **Metrobus**-System (S. 693) mit festgelegten Bushaltestellen und sauberen, neuen Bussen. Bargeld wird nicht angenommen. Fahrgäste müssen am dafür vorgesehenen Schalter im Albrook-Busterminal oder bei entsprechenden Verkaufsstellen (wie in Supermärkten oder an wichtigen Bushaltestellen – siehe Website) *tarjetas* (2 US$) kaufen. Auch hier gilt: Wer keine *tarjeta* hat, kann einen anderen Passagier bitten, seine Karte durchzuziehen, und ihm das Geld zurückzahlen.

Sowohl **Panaline** (Karte S. 680; ☎227-8648; www.viajeros.com/panaline; Albrook-Busterminal) als auch **Tica Bus** (Karte S. 680; ☎314-6385; www.ticabus.com; Albrook-Busterminal) haben Busse nach San José in Costa Rica – Infos auf ihren Websites.

Kanalzonenbusse fahren alle 45 Minuten vom Albrook-Busterminal nach Balboa und Clayton, zu den Miraflores-Schleusen und nach Gamboa. Noch sind diese Busse in der Übergangsphase, aber demnächst werden sie von Metrobus mit dem gleichen Kartensystem betrieben.

FLUGZEUG

Auslandsflüge nutzen den **Aeropuerto Internacional Tocumen** (☎238-2700; www.tocumenpanama.aero; Av Domingo Díaz) 35 km nordöstlich vom Stadtzentrum. Vom **Albrook-Busterminal** beim Aeropuerto Albrook fahren Flughafenbusse (1,25 US$, 1–1½ Std.) mit der Anzeige „Tocumen Corredor" alle 15 Minuten zum Flughafen Tocumen.

Inlandsflüge nutzen den **Aeropuerto Albrook** (Aeropuerto Marcos A. Gelabert; Karte S. 676; ☎315-0403) auf dem ehemaligen Albrook-Luftwaffenstützpunkt in der Nähe des Kanals.

Air Panama (☎316-9000; www.airpanama.com; Albrook Airport) deckt das Inlandsflugnetz ab und hat ein eigenes Reisebüro. Die internationale Fluggesellschaft **Copa Airlines** (☎217-2672; www.copaair.com; Av Central s/n, Casco Viejo; ⏲Mo–Fr 8–17, Sa 9–13 Uhr) fliegt mittlerweile auch Ziele im Inland an.

Flüge innerhalb Panamas sind billig und kurz – nur wenige dauern länger als eine Stunde. Wer jedoch in die Provinz Darién, zur Isla Contadora oder in die Comarca de Guna Yala fliegt, muss unterwegs vielleicht mehrmals zwischenlanden. Die Preise schwanken je nach Saison und Nachfrage.

SCHIFF/FÄHRE

Barcos Calypso (☎314-1730; Balboa Yacht Club, Calzada de Amador; hin & zurück 14 US$) Zur Isla Taboga unter der Woche um 8.30 Uhr, freitags außerdem um 15 Uhr, am Wochenende um 8, 10.30 und 16 Uhr.

Sea Las Perlas (Karte S. 676; ☎391-1424; www.sealasperlas.com; Balboa Yacht Club, Calzada de Amador; Erw./Kind einfach 45/35 US$) Katamaranfähre zur Isla Contadora täglich um 7 Uhr, Rückfahrt um 15.30 Uhr. Sonntags fährt auch um 11 Uhr eine Fähre. Die Fahrt dauert 1¾ Stunden.

Taboga Express (Karte S. 676; ☎6234-8989; www.tabogaexpress.com; Balboa Yacht Club, Calzada de Amador; Erw./Kind hin & zurück 16/8 US$) Der neue Katamaran bietet die schnellste Verbindung nach Taboga (30 Min. einfach). Abfahrt täglich um 8, 9.30, 11, 15 und 16.30 Uhr. Mit Rückfahrt viermal am Tag.

ZUG

Die **Panama Canal Railway Company** (PCRC; ☎317-6070; www.panarail.com; Carretera Gaillard, Corozal; einfach Erw./Kind 25/15 US$) betreibt einen Panoramazug mit Glasdach. Dieser fährt unter der Woche um 7.15 Uhr von Panama-Stadt nach Colón und um 17.15 Uhr wieder zurück. Der Zug fährt am Kanal entlang und ist an manchen Stellen nur von dichtem Urwald umgeben. Wer die Glanzzeit der Luxuszugfahrten wieder zum Leben erwecken möchte, für den ist das auf jeden Fall die beste Möglichkeit.

Achtung: Der Endbahnhof Panama-Stadt liegt eigentlich in der Ortschaft Corazal, eine 15-minütige Taxifahrt von der Hauptstadt entfernt.

Unterwegs vor Ort

BUS

Panama-Stadt hat fast alle seine *diablos rojos* („rote Teufel") aus dem Verkehr gezogen und Metrobus hat sie durch moderne, sichere, klimatisierte Busse ersetzt. Fahrten kosten zwischen 0,35 und 1,25 US$, *corredor*-Strecken (Schnellstraßenstrecken) sind teurer.

Die Busse fahren die drei Hauptrouten von Westen nach Osten ab: Avenida Central–Vía España, Avenida Balboa–Vía Israel und Avenida Simón Bolívar–Vía Transístmica. Die Strecke Avenida Central–Vía España ist Richtung Westen größtenteils eine Einbahnstraße, die Busse Richtung Osten fahren über die Avenida Perú und die Avenida 4 Sur. Diese Busse steuern das Bankenviertel El Cangrejo an. Auch auf der Avenida Ricardo J. Alfaro (bekannt als Tumba Muerto) fahren Busse.

Die Metrobusse halten an offiziellen Bushaltestellen und am Albrook-Busterminal in der Nähe des Flughafens Albrook.

FAHRRAD

Fahrräder werden in einigen Hostels und am Damm verliehen. **Moses** (Karte S. 676; ☎ 211-2718; Calzada de Amador; ⌚ Sa & So 9–19 Uhr) verleiht ab 4 US$ pro Stunde Mountainbikes. Tandems und Rikschas sind ebenfalls zu haben.

TAXI

Es gibt jede Menge Taxis, aber sie sind nicht ganz unproblematisch. Manche Fahrer fahren nicht durch die ganze Stadt (manche Fahrer kennen nicht einmal die ganze Stadt). Also nicht wundern, wenn einen der Taxifahrer am Straßenrand stehen lässt, sobald er das Fahrziel hört.

In den Taxis gibt es keine Taxameter, aber es existiert eine Liste mit Standardpreisen, die der Fahrer je nach Zone erheben muss. Eine Fahrt kostet mindestens 2 US$ pro Zone. Für Fahrten ins Kanalgebiet zahlt man bis zu 6 US$. Eine durchschnittliche Fahrt durch mehrere Zonen kostet zwischen 3 und 6 US$, bei zusätzlichen Fahrgästen oder spät in der Nacht wird es teurer. Der Fahrpreis sollte immer vor Beginn der Fahrt ausgehandelt werden. Noch besser ist es, das Personal im Hotel zu bitten, den Preis

BUSSE AB PANAMA-STADT

ZIEL	PREIS (US$)	DAUER (STD.)	HÄUFIGKEIT
Aguadulce	6,35	3	33-mal tgl.
Antón	4,70	2	alle 20 Min.
Cañita	3	2½	11-mal tgl.
Chame	2,60	1¼	37-mal tgl.
Changuinola	29	10	tgl. um 20 Uhr
Chitré	10	4	stündl.
Colón	3,50	2	alle 20 Min.
David	15–19	7–8	15-mal tgl.
El Copé	6,50	4	9-mal tgl.
El Valle	4,25	2½	stündl.
Las Tablas	10	4½	stündl.
Macaracas	10	5	5-mal tgl.
Paso Canoas	17–22	8	5-mal tgl.
Penonomé	5,25	2½	48-mal tgl.
Pesé	9,65	4½	6-mal tgl.
San Carlos	3,25	1½	25-mal tgl.
San José (Costa Rica)	60	16	2-mal tgl.
Santiago	9	4	20-mal tgl.
Soná	10	6	6-mal tgl.
Villa de los Santos	9	4	18-mal tgl.
Yaviza	16	6–8	8-mal tgl.

IN DIE STADT

Vom Flughafen

Der **Aeropuerto Internacional Tocumen** (☎238-2700; www.tocumenpanama.aero; Av Domingo Díaz) liegt 35 km in nordöstlicher Richtung vom Stadtzentrum entfernt. Am günstigsten kommt man in die Stadt, wenn man den Terminal verlässt, über die Straße zur Bushaltestelle geht und mit einem Bus Richtung Stadt fährt. Mit Gepäck kommt einem der zehnminütige Spaziergang vielleicht länger vor. Schneller, aber auch teurer als der Bus sind die Taxis (rund 30 US$), die am Schalter von Transportes Turísticos am Flughafenausgang angeheuert werden können. Neben dem Schalter befindet sich ein Taxistand mit einer Preistafel. Auf keinen Fall sollte man sich von Schleppern in die Irre führen lassen, die Taxifahrten zu lächerlich hohen Preisen anbieten, wofür sie von den Taxifahrern eine Kommission erhalten.

Der Aeropuerto **Albrook** (S. 691) nördlich des Cerro Ancón ist der Inlandsflughafen. Von hier kommt man am einfachsten mit dem Taxi in die Innenstadt. Die Fahrt sollte zwischen 5 und 8 US$ kosten.

Vom Busbahnhof

Alle Langstreckenbusse kommen am **Albrook-Busbahnhof** (S. 691) an. Von dort gibt es Verbindungen in die Stadt. Die Fahrtrichtung (z. B. Vía España und Panamá Viejo) wird im Frontfenster angezeigt und eine Fahrt kostet 0,35 US$. Wer nach Einbruch der Dunkelheit ankommt, sollte mit dem Taxi (3–7 US$) zu seinem Ziel fahren.

zum anvisierten Ziel abzuschätzen; dann kann man dem Fahrer bei der Ankunft die passende Summe geben. Taxis können auch stundenweise gemietet werden.

Vorsicht vor nicht gekennzeichneten riesigen US-Modellen, die den Hotels als Taxis dienen. Sie sind bis zu viermal so teuer wie reguläre Straßentaxis.

America Libre (☎223-7342)

Radio Taxi America (☎221-1932)

Taxi Unico Cooperativa (☎221-3611)

U-BAHN

Das neueste öffentliche Verkehrsmittel in Panama-Stadt ist **El Metro** (www.elmetrodepanama.com; Fahrpreis 0,35–1,35 US$; ⏲5–22 Uhr). Die Hauptstrecke verbindet Albrook mit der Vía Transístmica, der Vía España und Calidonia. Sie wird einmal bis zum Internationalen Flughafen Tocumen führen und auch Vorortstrecken umfassen. Die Hauptstation befindet sich gegenüber vom Albrook-Busterminal. Für die Fahrten bezahlt man mit derselben Karte wie in den Metrobussen.

RUND UM PANAMA-STADT

Ein Aufenthalt in Panama-Stadt wäre nicht komplett ohne einen Tagesausflug zu dem berühmten Kanal. Man sollte aber nicht vergessen, dass das Kanalgebiet viel, viel mehr zu bieten hat als nur den Kanal selbst. Der Regenwald rund um den Kanal ist leicht zugänglich und gehört zu den Orten, an denen man am besten viele verschiedene zentralamerikanische Tiere und Pflanzen beobachten kann.

Panamakanal

Der Panamakanal ist wirklich eines der Bauwunder der Welt. Er erstreckt sich über 80 km von Panama-Stadt am Pazifik bis nach Colón am Atlantik und führt direkt durch die nordamerikanische kontinentale Wasserscheide. Rund 14 000 Schiffe fahren jedes Jahr durch den Kanal. Beim Schiffsbau wird weltweit darauf geachtet, dass die Containerriesen durch die Schleusen (305 m lang und 33,5 m breit) des Panamakanals passen.

Vor dem Ausbau verfügte der Kanal über drei Doppelschleusen (sogenannte „Locks"): die Miraflores- und Pedro-Miguel-Schleusen am Pazifik und die Gatún-Schleusen am Atlantik. Zwischen den Schleusen fahren die Schiffe über einen riesigen, künstlich angelegten See, den Lago Gatún. Er entstand durch den Gatún-Damm im Río Chagres. Außerdem passieren die Schiffe den Culebra Cut, einen 14 km langen Spalt durch die Felsen und das Schiefergestein der Berge auf der Landenge. Mit jeder Durchfahrt eines Schiffes werden 197 Mio. l Süßwasser in den Ozean gespült.

Pro Jahr betragen die Einnahmen durch den Kanal 2 Mrd. US$. Die Durchfahrtsgebühr richtet sich nach dem Gewicht der Schiffe. Der Preis, den die größten Schiffe zu zahlen haben, liegt derzeit bei etwa 450 000 US$. Am wenigsten blechte übrigens Richard Halliburton, der 1928 für 0,36 US$ durch den Kanal schwamm. Die Erweiterung, mit der die Kapazität des Kanals verdoppelt wird, wurde Mitte 2016 eröffnet.

Sehenswertes

Miraflores-Besucherzentrum MUSEUM

(☎276-8325; http://visitcanaldepanama.com; Erw./Kind 15/10 US$; ⏲9–17 Uhr) Wer den Panamakanal besichtigen möchte, sollte ins Miraflores-Besucherzentrum etwas außerhalb von Panama-Stadt gehen; das ist die einfachste und beste Methode. Das moderne Besucherzentrum verfügt auf vier Stockwerken über ein interaktives Museum, mehrere Aussichtsplattformen und ein ausgezeichnetes Restaurant, in dem mit Panoramablick auf den Kanal üppige Büffets geboten werden. Die besten Zeiten, um große Schiffe bei der Durchfahrt zu beobachten, sind übrigens zwischen 9 und 11 Uhr und von 15 bis 17 Uhr.

Vom Albrook-Busbahnhof in Panama-Stadt fährt jeder Paraíso- oder Gamboa-Bus hierher. Die Busse fahren über die Fernstraße am Kanal nach Gamboa und setzen Fahrgäste am Schild „Miraflores Locks" (0,35 US$) ab, 12 km vom Stadtzentrum entfernt. Vom Schild sind es noch 15 Minuten zu Fuß zur Schleuse. Oder man nimmt ein Taxi; gewöhnlich warten die Fahrer eine halbe Stunde an der Schleuse und fahren einen dann wieder zurück ins Zentrum. Die Hin- und Rückfahrt mit dem Taxi sollte nicht mehr als 30 US$ kosten – den Fahrpreis vorher aushandeln!

Pedro-Miguel-Schleusen KANAL

GRATIS Nördlich der Miraflores-Schleusen befinden sich die Pedro-Miguel-Schleusen. Auf der Straße nach Gamboa kommt man an ihnen vorbei. Rund 100 m hinter den Schleusen befindet sich ein Parkplatz, von wo man die Schiffe auf dem Kanal vorbeifahren sehen kann.

Aktivitäten

Canal & Bay Tours BOOTSTOUREN

(Karte S. 676; ☎209-2002; www.canalandbaytours.com; partielle/komplette Kanaltour 125/170 US$) Veranstaltet jeden Samstagmorgen Fahrten auf dem Kanal (4½ Std.) durch die Pedro-Miguel- und Miraflores-Schleusen. An einem Samstag pro Monat bietet das Unternehmen auch komplette Durchfahrten (10 Std.) von Balboa auf der Pazifikseite nach Cristóbal an der Karibikküste an, bei der alle drei Schleusen durchfahren werden. Die Termine stehen auf der Website. Zwar ist die Kommentierung gut, doch einige Leser haben sich über logistische Patzer beschwert.

★ **Yala Tours** ABENTEUERTOUREN

(☎232-0215, 6641-6676; www.yalatourspanama.com) Dieser kleine, von Schweizern geleitete Betrieb bietet Spezialausflüge in ganz Panama an, darunter auch Tagesausflüge nach Gamboa und das Kanalgebiet. Highlight ist eine Kajakfahrt auf dem Río Chagres und dem Lago Gatún, bei der man beobachten kann, wie sich Schiffe durch den Kanal arbeiten. Außerdem gibt's auch eine Kanaltour auf dem Lago Gatún, Ausflüge zur Beobachtung von Tieren und Pflanzen und Wandertouren im Parque Nacional Soberanía sowie Kulturtrips zu einem Emberá-Dorf.

EcoCircuitos ABENTEUERTOUREN

(☎315-1488; www.ecocircuitos.com; Albrook Plaza, 2. OG, Nr. 31, Ancón) Der renommierte, nachhaltig agierende Veranstalter bietet konventionelle Touren zum Panamakanal und Kanalfahrten, Ausflüge zum Parque Nacional Soberanía, Vogelbeobachtung an der Pipeline Road und vergnügliche Kajaktrips auf dem Lago Gatún an.

Rund um den Kanal

Die Kanalzone beherbergt einige eindrucksvolle Attraktionen. Vor allem lassen sich hier sehr gut Wildtiere und Vögel beobachten und man kann schöne Wanderungen unternehmen. Im Rahmen eines Tagesausflugs von Panama-Stadt lassen sich die Miraflores-Schleusen mit einem Besuch im Parque Nacional Soberanía und im Panama Rainforest Discovery Center verbinden. Mit Vorausbuchung kann man auch eine organisierte Tour zur Isla Barro Colorado mit einer der weltweit bekanntesten tropischen Forschungsstationen oder zu einem Emberá- oder Wounaan-Dorf am Río Chagres unternehmen.

Panamakanal

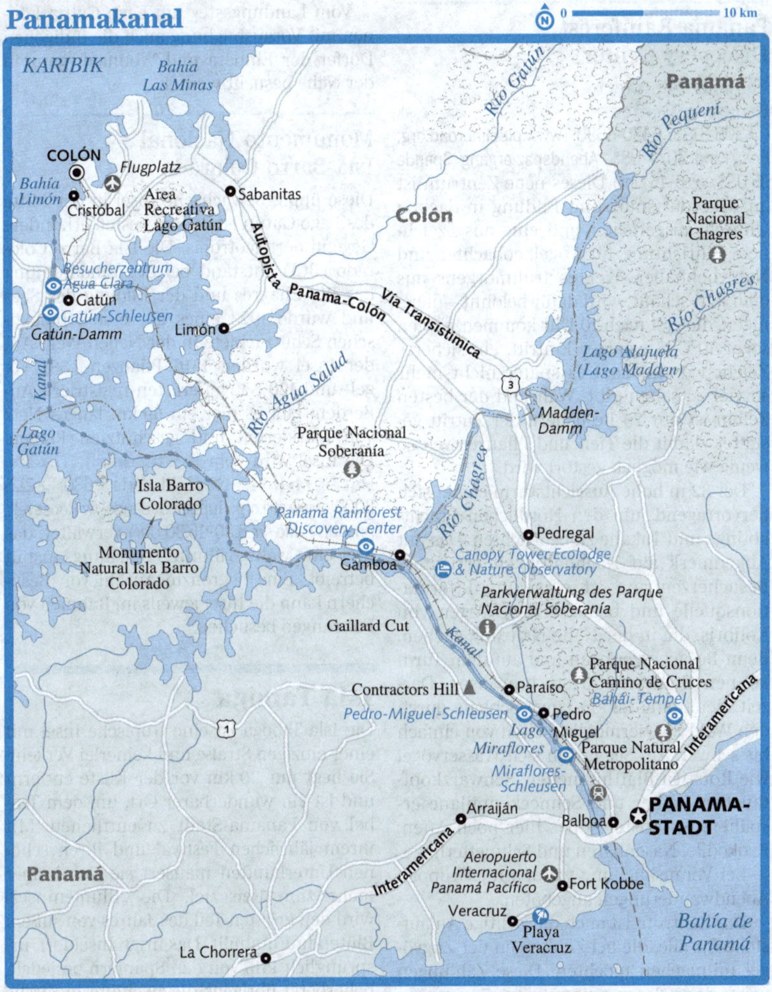

Parque Nacional Soberanía

Parque Nacional Soberanía PARK

(www.miambiente.gob.pa; 5 US$) Der 221 km² große Park ist einer der zugänglichsten tropischen Regenwälder in Panama. Er umfasst den Großteil der Landenge und erstreckt sich von Limón am Lago Gatún bis nördlich von Paraíso. Außerdem hat er jede Menge Wanderwege, den Río Chagres, einen Teil des Lago Gatún und eine bemerkenswert vielfältige Tierwelt aufzuweisen. Broschüren und Infos zum Park, u. a. eine Broschüre, die einen Spaziergang entlang dem Naturlehrpfad beschreibt, sind in der Parkverwaltung bei Gamboa erhältlich.

Zu den hier heimischen Tieren zählen 105 Säugetier-, 525 Vogel-, 55 Amphibien-, 79 Reptilien- und 36 Süßwasserfischarten. Zu den Wanderwegen im Park gehören ein Abschnitt des alten Sendero Las Cruces (Las-Cruces-Pfad) und die 17 km lange Pipeline Road, die zum Río Agua Salud führt. Dort kann man flussaufwärts spazieren und dann unterhalb eines Wasserfalls baden.

Um die hiesige Tierwelt wirklich schätzen zu lernen, heuert man am besten einen Führer an. Die Preise dafür sind unterschiedlich.

Panama Rainforest Discovery Center

Panama Rainforest Discovery Center PARK
(☎306-3133, 6450-6630; www.pipelineroad.org; Erw./Kind 30/4 US$, Abendspaziergang Spende 35 US$; ⊙6–16 Uhr) Dieses neue Zentrum ist auf Ökotourismus und Bildung in Sachen Umwelt ausgerichtet und eine ausgezeichnete Einrichtung für Vogelbeobachter und Naturliebhaber. Wer es frühmorgens aus dem Bett schafft, wird dafür belohnt – diejenigen, die erst nach 10 Uhr kommen, zahlen sogar 10 US$ weniger Eintritt, ein sicheres Zeichen dafür, dass es später nicht mehr so viel zu sehen gibt. Während der besten Zeiten ist nur 25 Besuchern der Zutritt gestattet, damit die Tier- und Pflanzenwelt so wenig wie möglich gestört wird.

Der 32 m hohe Aussichtsturm eignet sich hervorragend, um den Nördlichen Prachtkotinga und Tukane zu beobachten. Das mit Augenmerk auf Nachhaltigkeit errichtete Besucherzentrum ist eine gute Informationsquelle und beherbergt 13 Arten von Kolibris, die in der Nähe Nahrung suchen. Beim Besucherzentrum und auf dem Turm können Guides auf Tiere hinweisen. Derzeit bietet eine 1,2 km lange Schleife durch den Wald Spaziermöglichkeiten von einfach bis schwer. Am See lassen sich Wasservögel wie Rotstirn-Blatthühnchen, Schwarzkopftaucher, Reiher und Schneckenmilane erspähen. Ansonsten gibt's hier noch Affen, Krokodile, Nasenbären und Schmetterlinge.

Bei Vorausbuchung werden für Gruppen Abendwanderungen angeboten.

Das Zentrum ist auch die richtige Anlaufstelle für alle, die bei Zählungen der Zugvögel mitmachen möchten. Diese Zählungen werden von der gemeinnützigen **Fundación Avifauna Eugene Eisenmann** (☎306-3133; www.avifauna.org.pa) durchgeführt, deren Ziel es ist, die Vogelfauna und die Lebensräume in Panamas Regenwald zu schützen. Im Center werden neben Zugvögeln auch Bechsteinaras, Greifvögel und die Kohlenstoffbindung erforscht.

Zum Park fahren keine Busse. Am besten kommt man mit einem Taxi, mietet sich ein Auto oder nimmt an einer organisierten Tour teil. Das Zentrum liegt 1,6 km von der Zufahrt zur Pipeline Road entfernt. Einfach durch den Ort Gamboa durchfahren und am Ende der Gaillard Road den Schildern folgen.

Vom Landungssteg am Lago Gatún können mit Vorausbuchung auch die indigenen Dörfer der Emberá und Wounaan ganz in der Nähe besucht werden.

Monumento Nacional Isla Barro Colorado

Diese üppig bewachsene Insel in der Mitte des Lago Gatún ist die am besten erkundete Gegend der Neotropis. Die Isla Barro Colorado (BCI) entstand bei der Eindämmung des Río Chagres und der Bildung des Sees und wurde 1923 eines der ersten biologischen Schutzgebiete in der Neuen Welt. Auf der Insel wurden 1316 Pflanzen-, 381 Vogel- und 120 Säugetierarten registriert. Außerdem gibt es hier ein 59 km langes Netz von markierten und geschützten Pfaden. Die Insel wird vom **Smithsonian Tropical Research Institute** (STRI; Karte S. 680; ☎212-8000; www.stri.org; Tupper-Gebäude, Av Roosevelt, Ancón; ⊙Mo–Fr 8.30–16.30 Uhr) verwaltet, das hier eine weltberühmte Forschungsanstalt betreibt. Eine begrenzte Anzahl von Besuchern kann die Insel jeweils im Rahmen von Führungen besuchen.

Isla Taboga

Die Isla Taboga ist eine tropische Insel mit einer einzigen Straße und keinerlei Verkehr. Sie liegt nur 20 km vor der Küste entfernt und ist ein wunderbarer Ort, um dem Trubel von Panama-Stadt zu entfliehen. Mit ihrem jährlichen Festival und ihren schönen Unterkünften mausert sie sich immer mehr zum Reiseziel. Die „Blumeninsel" wird den größten Teil des Jahres von süßem Blütenduft umhüllt. Das urige Inseldorf, ursprünglich 1515 von den Spaniern besiedelt, beherbergt übrigens die zweitälteste Kirche Amerikas. Zwar gibt es anderswo bessere Strände, aber die Insel ist ein naheliegendes Ausflugsziel für geplagte Städter.

Sehenswertes & Aktivitäten

Vom Fähranleger aus erstrecken sich in beide Richtungen schöne Sandstrände. Links vom Pier geht es auf der schmalen Hauptstraße der Insel ins Dorf. Nach einer Gabelung führt die Straße hinauf zur Kirche und einem einfachen Platz. Wer der Straße weiter folgt, findet sich in einem adretten Park mit der Statue der Schutzherrin der Insel wieder, der Nuestra Señora del Carmen. Die insgesamt 5,2 km lange Straße endet am alten US-Militärstützpunkt auf der höchsten Erhebung der Insel, dem Cerro El Vigia.

Refugio de Vida Silvestre Islas Taboga y Urabá TIERSCHUTZGEBIET
Dieses Tierschutzgebiet wurde zum Schutz bedeutender Lebensräume für Vögel eingerichtet. Taboga und die Nachbarinsel Urabá beherbergen eine der größten Braunpelikan-Brutkolonien der Welt mit bis zu 100 000 Tieren – das ist etwa die Hälfte der Gesamtpopulation dieser Art. Das Schutzgebiet umfasst etwa ein Drittel von Taboga sowie die gesamte Insel Urabá unmittelbar vor der Südostküste von Taboga. Die Pelikane lassen sich von Januar bis Juni blicken, nisten aber vor allem im Mai.

Iglesia de San Pedro KIRCHE
Die Iglesia de San Pedro wurde 1550 gegründet und ist die zweitälteste Kirche auf dem amerikanischen Kontinent. Im Innern befinden sich ein schöner Altar und entzückende Kunstwerke.

Festivals & Events

Nuestra Señora del Carmen FESTIVAL
(16. Juli) Zu Ehren der Schutzherrin der Insel, Nuestra Señora del Carmen, wird jedes Jahr eine Meeresprozession veranstaltet. So gut wie alle machen mit bei den Spielen, beim Feuerschlucken und bei den Tänzen.

Fiesta del Mar FESTIVAL
(www.fiestadelmarpanama.com; Jan.) Mit diesem Festival wird die einheimische Kultur mit panamaischem Live-Calypso, Tanz, einem Festzug und gutem Essen gefeiert. Es findet Ende Januar statt und lockt rund 4000 Gäste auf die kleine Insel.

Schlafen & Essen

Zoraida's Cool PENSION $
(6471-1123; DZ/3BZ 40/45 US$) Das türkisfarbene Haus mit Blick auf die Bucht wird von Rafael betrieben, dem Witwer von Zoraida. Die Zimmer sind klein und die Matratzen in Plastik eingehüllt, aber es ist die preisgünstigste Unterkunft hier. Die Terrasse mit Hängematte eignet sich hervorragend für ein Päuschen mit Blick auf den Pazifik. Vom Pier aus geht es nach links und nach ein paar Minuten kommt ein Schild in Sicht, das den Hügel hinaufzeigt.

Cerrito Tropical B&B $$
(390-8999, 6489-0074; www.cerritotropical panama.com; DZ mit Frühstück 88 US$, 2-Pers.-Apt. 95–130 US$;) Dieses elegante, von einer Kanadierin und einem Niederländer geführte B&B versteckt sich in einer ruhigen Nische am Ende einer steilen Straße. Die Zimmer sind stilvoll, jedoch sind manche größer als andere und nicht alle haben einen Fernseher. Das Management kann z. B. Angel-, Wander- und Walbeobachtungstouren arrangieren und bietet Nichtgästen Tagespauschalpakete inklusive Mittagessen und Benutzung einer Dusche. Wer sich von der Bootsanlegestelle nicht mit dem Taxi herbringen lässt, muss am Ende der Calle Francisco Pizarro den steilen Berg erklimmen.

★ **Calaloo** FISCH & MEERESFRÜCHTE $
(6000-5172; Hauptgerichte 7–10 US$; Mo–Do 9–17, Fr–So bis 20 Uhr, wenn geschl. nach Vereinbarung;) Dieses niedliche, bunte Lokal bietet neben vegetarischen Speisen die Standardkost mit Fisch und Pommes. Man kann hier bei einem Bier wunderbar dem Dorftrubel zuschauen. Die Bedienung ist langsam, aber die Köche sind der Wochenendklientel zahlenmäßig auch heillos unterlegen, also– einfach geduldig sein! Wird von den Betreibern des Cerrito Tropical B&B geführt.

Donde Pope Si Hay PANAMAISCH $
(Hauptgerichte 4–9 US$; 8–20 Uhr) Das Lokal ist ein einfacher Betonkasten, der frischen Fisch, kaltes Kokoswasser und *patacones* (gebackene Kochbananen) serviert.

Praktische Informationen

Mehr Infos gibt's auf der ausgezeichneten englischsprachigen Website www.taboga.panama now.com.

An- & Weiterreise

Die herrliche Bootsfahrt zur Isla Taboga macht schon einen Teil des Reizes der Insel aus. Die Fähren legen an einem Landungssteg beim Nordende der Insel an. Die Fahrpläne können sich ändern, sodass man sich am besten im Internet nach den aktuellen Zeiten umschaut. Die Polizei überprüft anlandende Passagiere übrigens auf Drogen.

Die Fähren von **Barcos Calypso** (314-1730; hin & zurück 14 US$) fahren ab der Isla Naos am Damm in Panama-Stadt. Zum Fähranleger kommt man am besten mit dem Taxi (7 US$). Die Überfahrt dauert 45 Minuten; Abfahrten ab Panama-Stadt zu den folgenden Zeiten:

ABFAHRT	UHRZEIT
Mo & Fr	8.30, 15 Uhr
Di, Mi & Do	8, 10.30 Uhr
Sa & So	16 Uhr

Rückfahrten von der Isla Taboga:

ABFAHRT	UHRZEIT
Mo–Do	16 Uhr
Fr	9.30, 16.30 Uhr
Sa & So	9, 15, 17 Uhr

Der neue Katamaran **Taboga Express** (☎6234-8989; www.tabogaexpress.com; Erw./Kind hin & zurück 16/8 US$;) benötigt nur eine halbe Stunde und lässt damit die Konkurrenz weit hinter sich. Abfahrt vom Balboa Yacht Club am Damm in Panama-Stadt täglich um 8, 9.30, 11, 15 und 16.30 Uhr.

Die Rückfahrten von der Isla Taboga erfolgen um 8.45, 10.15, 14.30, 16 und 17 Uhr.

Archipiélago de las Perlas

Der nach den großen Perlen, die in den hiesigen Gewässern gefunden werden, benannte Archipiélago de las Perlas umfasst 90 benannte Inseln und mehr als 100 unbenannte Inselchen, jeweils gesäumt von paradiesischen weißen Sandstränden und türkisgrünem Wasser. Am bekanntesten ist die Isla Contadora mit den palastartigen Villen der Reichen und Berühmten. Allerdings geraten die Immobilienhaie, die in Gegenden, in denen schon seit Langem arme Bewohner ansässig sind, immer mehr neue Luxushäuser und Resorts errichten wollen, inzwischen verstärkt ins Kreuzfeuer der Kritik.

Aktivitäten

Coral Dreams TAUCHEN
(☎6536-1776; www.coral-dreams.com; 1-stündiger Tauchgang 95 US$, 3 Std. Schnorcheln 65 US$) Der kleine PADI-zertifizierte Anbieter mit erfahrenen Tauchlehrern hat sich vor dem Flughafen von Contadora niedergelassen. Die Schnorcheltouren führen zur Isla Mogo Mogo. Von Juli bis Oktober werden auch Walbeobachtungstouren angeboten – mit einem Hydrofon kann man dem Walgesang lauschen – und es wird Schnorchelausrüstung verliehen.

Survivor Las Perlas ABENTEUERTOUR
(☎6738-1708; http://ecotourspanama.net/survivorlasperlas; 3-tägige Campingtouren 249 US$ pro Pers.) Willkommen in der Wildnis: Auf organisierten Gruppentouren können die Teilnehmer unbewohnte Inseln im Archipel erkunden, an Riffen schnorcheln und an einsamen Stränden in Hängematten nächtigen. Spaßige Schnitzeljagden gehören ebenfalls zum Programm. Die Tour führt auch zu den Inseln Mogo Mogo und Chapera. Verpflegung und Bootstransfers sind im Preis inbegriffen. Die Tour wird von Panama Travel Unlimited veranstaltet.

Schlafen

★ **B&B Gerald's Place** B&B $$
(☎250-4159; www.island-contadora.com; DZ mit Frühstück 96 US$;) Das zentral beim Fähranleger gelegene Gerald's ist gemütlich und überzeugt mit durchgehend gutem Service. Von den Zimmern bietet sich zwar kein Ausblick, aber sie sind modern und gut ausgestattet, mit Flachbildfernseher und Klimaanlage.

Perla Real B&B $$$
(☎250-4095, 6513-9064; www.perlareal.com; DZ/3BZ/Suite mit Frühstück 127/145/165 US$;) Die komfortable Pension ist eine der besten Unterkünfte auf der Insel. Ihre geräumigen Zimmer warten mit Glastüren, bemalten Keramikwaschbecken und weicher Baumwollbettwäsche auf und die Suiten sind mit Küche und Wohnbereich ideal für längere Aufenthalte. Die ruhige Wohngegend liegt zehn Fußminuten von den Stränden entfernt.

An- & Weiterreise

Die meisten Besucher zieht es auf die Isla Contadora, zu erreichen von Panama-Stadt mit **Air Panama** (☎316-9000; www.airpanama.com) und den Fähren von **Sea Las Perlas** (☎391-1424; www.sealasperlas.com; Erw./Kind einfach 45/35 US$).

PAZIFIKKÜSTE & HOCHLAND

Die Regionen Coclé, Veraguas und Península de Azuero, die sich im Landesinneren zwischen der Provinz Chiriquí und Panama-Stadt befinden, standen schon immer im Schatten der glanzvollen Hauptstadt, des kühlen Berglands und der verlockenden Karibikstrände. Aber vielleicht lernt man hier noch am ehesten das wahre Panama kennen.

Zu den freundlichen, landwirtschaftlich geprägten Provinzen gehören entspannte Kolonialstädte, Farmen und am Hang gelegene Dörfer. Sie wurden vor vier Jahrhunderten von den Spaniern gegründet und die Traditionen leben hier in Form von ursprünglicher Kolonialarchitektur, schillernden Festivals und erlesener Handarbeit weiter.

Zu den Höhepunkten gehört Santa Catalina, einer der besten Surfspots in ganz Zentralamerika. Landschaftlich äußerst reizvoll sind die malerischen Bergdörfer Santa Fé und El Valle. Die aufstrebende Pedasí-Küste schließlich punktet mit Stränden und Surfspots, die abseits der ausgetretenen Pfade liegen.

El Valle

7600 EW.

Das malerische Städtchen, offiziell El Valle de Antón genannt, liegt im Krater eines gigantischen erloschenen Vulkans, umringt von üppig grünen Wäldern und zerklüfteten Bergen. El Valle ist ein beliebtes Wochenendziel der Städter, die sich nach frischer Luft und landschaftlicher Schönheit sehnen. Außerdem genießen nordamerikanische Rentner hier gerne ihren Ruhestand. Ein ausgedehntes Netz an Wegen lädt zum Spazierengehen, Wandern und Reiten ein. In den nahen Wäldern bieten sich tolle Möglichkeiten zur Vogelbeobachtung. In den Tälern rauschen ein paar eindrucksvolle Wasserfälle, außerdem ist hier der immer seltener werdende Panama-Stummelfußfrosch zu finden.

Sehenswertes & Aktivitäten

Chorro El Macho WASSERFALL

(„Männlicher Wasserfall"; Eintritt 5 US$; ⌚8–17 Uhr) Der berühmteste Wasserfall im Umkreis von El Valle ist der 35 m hohe Chorro El Macho 2 km nördlich der Stadt. Er liegt zehn Minuten zu Fuß von der Straße und vom Eingang zum **Canopy Adventure** (☎6613-7220, 264-5720; www.canopytower.com/canopy-adventure; Canopy-Touren 65 US$; ⌚8–16 Uhr) entfernt. Unterhalb des Wasserfalls befindet sich inmitten von Regenwald ein großes felsiges Badebecken, das von einem Fluss gespeist wird. Ein paar kurze Wege winden sich in den umliegenden Wald.

Wie der etwas ironisch gemeinte Name schon andeutet, ist dieser hohe Wasserfall recht kräftig und bildet ein schönes Fotomotiv. Wer sich auf die Canopy-Tour begibt, genießt einen unvergesslichen Blick von oben auf den Chorro El Macho.

El Níspero ZOO

(☎983-6142; Erw./Kind 5/2 US$; ⌚7–17 Uhr) Der Waldzoo El Níspero befindet sich etwa 1 km nördlich der Avenida Central. Hier sind alle möglichen Tiere von Tapiren und Kapuzineräffchen bis zu Jaguaren und über 50 Vogelarten zu Hause. Außerdem ist dies der beste Ort, um die bedrohten *ranas doradas* (Panama-Stummelfußfrösche) zu sehen: Die bunten und sehr fotogenen Amphibien bevölkern das **El Valle Amphibian Conservation Center** (EVACC; http://amphibianrescue.org/evacc; ⌚Mi–Mo 9–17 Uhr) GRATIS des Zoos.

Aprovaca Orquídeas GARTEN

(☎983-6472; http://aprovaca.com; Erw./Kind 2/0,75 US$; ⌚9–16 Uhr) In diesem idyllischen, vom örtlichen Verband der Orchideenzüchter unterhaltenen Garten am östlichen Ortsrand sind die schönsten *orquídeas* (Orchideen) der Region versammelt. Die Pflege der hübschen Blumen im Gewächshaus und draußen in der Anlage obliegt Freiwilligen; sie zeigen zeigen Besuchern gern die mehr als 100 Orchideenarten, die hier kultiviert werden. Orchideen sind launische Blüher: Was gerade blüht, ist im Ausstellungsraum beim Eingang zu erfahren.

Pozos Termales THERMALQUELLE

(Calle Los Pozos; Eintritt 3 US$; ⌚8–16.30 Uhr) Der Thermalkomplex umfasst eine Reihe unterschiedlich warmer Quellbecken mit angeblich heilender Wirkung. Nach dem Bad kann man sich noch mit Heilschlamm einschmieren. Danach ist Zeit für das obligatorische Foto, gefolgt von einer Dusche. Die Bäder befinden sich zehn Fußminuten südwestlich des Zentrums am Ende der Calle Los Pozos nicht weit vom Río Antón.

Schlafen

Bodhi Hostel HOSTEL $

(☎908-7120, 6429-4143; http://bodhihostels.com; Av Central; B/DZ mit Frühstück 15/35 US$; @📶) Der zentral gelegene Neuling auf der Budgetunterkunftsszene von El Valle weist sechs Privatzimmer mit Gemeinschaftsbädern sowie einen großen, hellen und luftigen Dorm mit 27 Betten in dreistöckigen Stockbetten auf. Die Schlafsaalbetten verfügen über Vorhänge und Schließfächer. Die Kunst im Haus stammt von Freiwilligen. Durchs ganze Haus zieht sich das in Panama erstaunlich weitverbreitete Buddha-Thema.

La Casa de Juan PENSION $

(☎6453-9775, 6807-1651; www.lacasadejuanpanama.blogspot.com; Calle Cocorron Nr. 4; Stellplätze 5 US$ pro Zelt, B/EZ/DZ 10/20/25 US$; P📶) Diese große, karge Unterkunft mit 17 Zimmern wartet mit jeder Menge alten Geländewagen, Gerätschaften zum Gewichtheben im Freien und landwirtschaftlichen

ABSTECHER

MAMALLENA ECOLODGE

In dieser stillen **Ökolodge** (☎6673-0752, 6781-7545; http://mamallenaecolodge.com; Camino a La Laguna; B/DZ ohne Bad 13/40 US$, 2-Pers.-Hütten mit/ohne Bad 60/45 US$, jeweils mit Frühstück) auf einer 174 ha großen Farm kommen Gäste in einer atemberaubenden Hochlandkulisse in einem komfortablen Haus im Schweizer Stil und in Hütten am Fluss unter. Wer möchte, kann hier wandern und in einem netten Flussbecken baden. Die Gastgeber stammen aus Wales und aus den USA und nutzen Bio-Permakultur, um einst aufgegebene Obstgärten zu revitalisieren. Die Gäste können für sich selbst kochen oder an preisgünstigen Gemeinschaftsabendessen teilnehmen (auch vegetarisch).

Das Haus verfügt über eine komplett ausgestattete Bar – bei den Cocktails kommen auch heimische Kräuter und Chilischoten zum Einsatz. Das Pfannkuchen-Frühstück ist im Preis inbegriffen.

Die Mamallena Ecolodge liegt 1½ Stunden Fahrt von Panama-Stadt und eine halbe Stunde von El Valle (Provinz Coclé) entfernt. Wer von Panama-Stadt kommt, kann eine Abholung arrangieren oder mit einem Bus nach Coronado fahren und dort das *colectivo* nach La Laguna (1,20 US$, 30 Min.) bis zu einer 3 km von der Lodge entfernten Kreuzung nehmen. Die Abholung von hier sollte man im Voraus vereinbaren.

Sachen auf – als billige hostelartige Bleibe geht sie haarscharf noch als annehmbar durch. Das ziemlich heruntergekommene Haus ist recht sauber und der sehr gesellige, gastfreundliche Señor Juan bietet auch tolle Tipps zur Gegend und geführte Wanderungen.

★ Cabañas Potosí HÜTTEN $$
(☎6946-6148, 983-6181; www.elvallepotosi.com; Calle La Reforma No 84; Stellplätze 15 US$, DZ/3BZ 59/69 US$; P Wi-Fi) Sehr einladend und gut für eine friedvolle Mütze Schlaf – die Cabañas Potosí liegen gut 1 km südwestlich vom Ortszentrum. Vom parkähnlichen Grundstück bieten sich hübsche Aussichten auf die Berge, die das Tal säumen, u. a. auf La India Dormida. In den vier Betonhütten stehen jeweils drei Betten und ein Kühlschrank, außerdem können die Gäste zwei Freiluft-Gemeinschaftsküchen nutzen.

★ Golden Frog Inn GASTHAUS $$
(Villa Rana Dorada; ☎6565-8307, 983-6117; www.goldenfroginn.com; DZ/Suite mit Frühstück ab 77/150 US$; P ❄ Wi-Fi Pool) In der kanadisch-panamaisch geführten Luxuslodge mit sechs sehr unterschiedlichen Zimmern und Suiten kann man relaxen und sich verwöhnen lassen: das perfekte Plätzchen nach einem langen, harten Urlaubstag. Neben einem Pool locken hier Aufenthaltsbereiche an der frischen Luft und eine große Bibliothek. Auf dem weitläufigen Grundstück gedeihen Orchideen und Obstbäume. Und direkt vor der Haustür beginnen Wanderwege.

Essen

El Quijote SPANISCH $$
(☎983-6210, 6095-0124; Calle El Hato Nr. 1; Hauptgerichte 5–9 US$; ⌚Di–So 8–22 Uhr) Dieses Grillrestaurant erfreut sich bei den Einheimischen großer Beliebtheit. Es ist bekannt für seine liebevoll zubereiteten spanischen Gerichte wie den *pulpo a la plancha* (gegrillter Tintenfisch), die Paella und die ungewöhnlichen *migas,* ein Gericht mit gewürzten Brotkrümeln, zu dem oft Rippchen gereicht werden. Das El Quijote ist einfach, fast wie eine *fonda* (billiges Restaurant); ein kleiner Brunnen setzt in der Mitte einen Farbtupfer.

L'Italiano PIZZA $$
(☎6682-9398, 908-7378; www.facebook.com/L-italiano-660035177397679; Av Central; Hauptgerichte 11–14 US$; ⌚Mi–So 11–21 Uhr) Nur 40 Plätze drinnen und draußen hat diese Pizzeria, in der angeblich die beste Pizza in El Valle gebacken wird. Und dank dem italienischen Eigentümer und Koch am Backofen schmeckt sie auch wirklich authentisch. Neben 15 verschiedenen Pizzas (6,50–13 US$) stehen auch noch einige Nudelgerichte (11–13 US$) und komplexere Hauptgerichte auf der Karte.

An- & Weiterreise

Um El Valle Adios zu sagen, besteigt man an der Avenida Central einfach einen der durchschnittlich jede halbe Stunde verkehrenden Busse. Das Ziel ist jeweils auf der Windschutzscheibe angegeben. Wer das eigene Ziel nicht findet, nimmt einen Bus in dieselbe Richtung und steigt dann um.

Von der Panamericana gelangt man nach El Valle, indem man in San Carlos aussteigt, ungefähr 3 km jenseits der Abzweigung nach El Valle. Hier sammeln Minibusse Fahrgäste ein, um sie nach El Valle (1,50 US$, 1 Std., alle 30 Min.) zu bringen. Unter der Woche fährt der letzte Minibus um 16 Uhr, am Wochenende um 19 Uhr. Von Panama-Stadt dauert die Fahrt nach El Valle 2½ Stunden (4,50 US$).

Chitré

48 480 EW.

Das heiße Chitré ist eine der ältesten Siedlungen Panamas und kaum auf Reisende eingestellt, eignet sich jedoch als recht netter Zwischenstopp auf dem Weg zu den Stränden der Halbinsel. Die Hauptstadt der Provinz Herrera ist die größte Stadt auf der Península de Azuero und Kulturhauptstadt der Region.

Schlafen & Essen

Miami Mike's HOSTEL $

(☎6603-9711, 910-0628; www.miamimikeshostel.com; Av Herrera & Calle Manuel Maria Correa; B 11 US$, EZ/DZ 17/22 US$; 📶) Das Ritz ist's nicht gerade, doch Preis, Lage und herzlicher Empfang machen dieses Hostel zu einer guten Wahl. Die vier Zimmer stehen jeweils unter einem bestimmten Motto (Rebel, Che, Bob Marley, Marilyn Monroe) und zeichnen sich durch ihre bunten Wandbilder aus; eins der Zimmer verfügt über ein eigenes Bad. Außerdem gibt's eine gute Gemeinschaftsküche, doch das Beste ist die spektakuläre Dachterrasse mit Rundumpanorama und Bar. Gastgeber Mike Wilson kennt sich prima aus und kann Ausflüge in die Umgebung empfehlen. Ventilatoren sorgen für Kühle.

Hotel Rex HOTEL $

(☎996-4310, 996-2408; www.facebook.com/Hotel-Rex-Chitre-Panama-121877944544889; Calle Melitón Martín s/n; DZ/3BZ 44/66 US$; ❄📶) Mit der erstklassigen Lage am Parque Union und einem guten Restaurant im Erdgeschoss darf sich das Rex zu Recht als Hotel bezeichnen. In den 33 sauberen Zimmern mit Fliesenfußboden und Backsteinwänden gibt es Kabelfernsehen, frische Handtücher und Thermosflaschen mit Wasser. Die Zimmer im zweiten Stock verfügen über eine große Gemeinschaftsveranda, die Blick auf die Kathedrale und den Hauptplatz erlaubt.

★ **Salsa y Carbon** PARRILLA $$

(☎996-6022; www.salsaycarbon.com; Ecke Calle Julio Botello & Francisco Corro; Hauptgerichte 8–14 US$; ⏱11–22 Uhr) Das offene kolumbianische Grilllokal beeindruckt mit Steaks und Rippchen, die zu den besten in der Region zählen. Huhn und anderes Fleisch ist außergewöhnlich zart und wird mit einem Salat und *arepas* (Maisfladenbrote) serviert. Eine herrlich kühle Brise streift die überdachten Sitzgelegenheiten vor dem Haus.

Anreise & Unterwegs vor Ort

Chitré ist ein Knotenpunkt des regionalen Busverkehrs. Ankunft und Abfahrt der Busse ist am **Terminal de Transportes de Herrera** (☎996-6426) 1 km südlich der Innenstadt nahe der Vía Circunvalación. Am Busbahnhof gibt's ein rund um die Uhr geöffnetes Restaurant und eine Autovermietung. Zum Busbahnhof kommt man entweder mit **Radio Taxi** (☎996-4442), was 2 US$ kostet, oder mit dem „Terminal"-Bus (0,30 US$), der an der Kreuzung der Calle Aminta Burgos de Amado mit der Avenida Herrera abfährt.

Busse von **Tuasa** (☎996-2661) und **Transportes Inazun** (☎996-4177) fahren vom Terminal de Transportes de Herrera nach Panama-Stadt (9,10 US$, 4 Std., 6–23 Uhr alle 40 Min.). Andere Busse ab Chitré fahren von Sonnenauf- bis Sonnenuntergang.

Um von Chitré nach David (9,50 US$) zu kommen, nimmt man einen Bus nach Santiago (3,25 US$, halbstündl.) und von dort einen *directo* (Direktbus). Die Busse starten bei der Delta-Tankstelle an der Kreuzung zwischen Panamericana und Carretera Nacional.

Pedasí

2410 EW.

Die Straßen des bescheidenen, malerischen Pedasí säumen mit Wandkacheln verzierte Kolonialhäuser und schattige kleine Plazas. Jahrelang erwachte dieses verschlafene Örtchen nur zur Festzeit zum Leben. Doch allmählich entdecken auch Außenstehende den großen Reiz des Kleinstadtlebens und der Wildnisstrände.

Sehenswertes & Aktivitäten

Die wichtigsten Attraktionen sind die Möglichkeiten zum Schnorcheln und Tauchen um die Inseln in der Nähe herum, die von großen Korallenriffen umgeben sind. Sportfischer können Wahoo, Thunfisch, Mahimahi, Gelbschwanzmakrele und Pazifikmakrele an den Haken bekommen. Nach geführten Trips (ab ca. 200 US$ für 2 Pers.) erkundigt man sich beim **Pedasí Sports Club** (☎6749-4308, 995-2894; www.pedasisports club.com; Av Central s/n; ⏲Mo–Sa 9–18 Uhr) oder bei **Pedasí Tours** (☎995-2466; www.pedasi tours.com; Av Central; ⏲Mo–Sa 9–18 Uhr).

Isla Cañas TIERSCHUTZGEBIET
(Eintritt 10 US$) Die Isla Cañas ist einer der wenigen Orte, an denen Oliv-Bastardschildkröten in großer Zahl nisten – die anderen sind zwei Strände auf der Pazifikseite Costa Ricas und zwei Strände in Orissa an der Bucht von Bengalen in Indien. Auch andere bedrohte Schildkrötenarten wie die Echte Karettschildkröte, die Unechte Karettschildkröte, die Lederrückenschildkröte und die Grüne Meeresschildkröte nisten hier.

Mitbringen sollte man: Moskitonetz und viel Insektenschutzmittel, lange Hosen, Wind-/Insektenschutzjacke und Moskitospiralen, falls erhältlich.

Refugio de Vida Silvestre Isla Iguana TIERSCHUTZGEBIET
(10 US$) Das 55 ha große Tierschutzgebiet umfasst eine von Korallenfeldern umringte verlassene Insel. Das Wasser ist seicht genug zum Schnorcheln, die Rifffische sind ziemlich groß und zwischen Juni und November sind in den umliegenden Gewässern Buckelwale zu sehen.

Schlafen

Dim's Hostal PENSION $
(☎6274-4156, 995-2303; reservacionesdimshostal@gmail.com; Av Central s/n; EZ/DZ mit Frühstück 33/49 US$; P❄📶) Dim's Hostal strahlt eine familiäre Atmosphäre aus und hat nach hinten raus einen heiß begehrten Innenhof mit Tischen fürs Frühstück, Hängematten und einem Mangobaum. Die neun Zimmer sind qualitativ unterschiedlich (manche recht beengt und mit stumpfen Fliesenböden), aber die Besitzer sind reizend und sehr hilfsbereit.

Doña María B&B B&B $
(☎995-2916; www.donamariabnb.com; Av Central s/n; DZ/3BZ mit Frühstück 50/65 US$; P❄📶) Dieser fürsorgliche Familienbetrieb mit sechs netten Zimmern über der Wohnung der Familie ist ideal für Paare. In den gefliesten Zimmern gibt es solide schmale Doppelbetten mit edlen gesteppten Überwürfen sowie Kabelfernsehen. Auf der Veranda mit Blick zur Hauptstraße stehen weiche Sofas. Drei weitere Gästezimmer befinden sich in einem Nebengebäude; eins davon ist behindertengerecht.

★ **La Rosa de los Vientos** B&B $$
(☎6530-4939, 6778-0627; www.bedandbreakfast pedasi.com; Via Playa del Toro; DZ/3BZ/4BZ mit Frühstück 60/75/85 US$; P📶) Das hübsche Kolonialhaus nicht weit vom Strand verströmt mit seinen roten Dachziegeln das Flair einer Hacienda auf dem Land. Es wartet mit drei schicken Zimmern mit bunten Webereien, alten Fliesen und Meeresblick auf. Das Ganze ist umweltfreundlich gestaltet, daher gibt's keine Klimaanlage, aber die Ventilatoren erfüllen ihre Aufgabe. Die mehrsprachigen Eigentümer Isabelle und Robert beeindrucken mit herzlicher Gastfreundschaft.

Essen

Fonda Mama Fefa PANAMAISCH $
(Calle Los Estudiantes s/n; Menüs 2,50–3 US$; ⏲Mo–Sa 5–14 Uhr) Der Matriarchin der kreolischen Küche, Mama Fefa, geht um die Mittagszeit regelmäßig das Essen aus (man kann sich dort auch länger aufhalten). Die riesigen *comidas típicas* (regionale Spezialitäten), zu denen Fleisch oder Fisch, Reis, Salat und ein Getränk gehören, sind preisgünstig und machen Spaß. Ihre Fans teilen den Platz an den wenigen Tischen draußen gern. Gegenüber dem auffälligen Supermarkt zwei Häuserblocks weit die Seitenstraße nehmen; das Lokal ist auf der rechten Seite.

Pasta e Vino ITALIENISCH $
(☎6695-2689; Hauptgerichte 7–11 US$; ⏲Mi–So 18–22 Uhr) Dieses von Italienern geleitete Restaurant ist ein Ausbund an Schlichtheit; es bietet Pasta, Salate und eine recht gute Weinkarte. Das Essen ist einfach, aber authentisch, z. B. das Pesto mit schwarzen Oliven und frischem Käse. Guter Service geht den perfekten Gastgebern Danilo und Elena über alles. Das gelbe Haus steht drei Blocks hinter der Hauptplaza, an der Straße zur Playa El Toro.

Smiley's Restaurant NORDAMERIKANISCH $
(☎995-2863, 6510-9652; www.facebook.com/smileys.restaurante; Av Central s/n; Hauptgerichte 4–12 US$; ⏲Di–So 12–21.30 Uhr) Das freundliche Bar-Restaurant richtet sich mit seinem gegrillten Fisch, den Nudelgerichten wie der Lasagne und den Sandwiches z. B. mit Hackfleisch und Krautsalat vor allem an Ex-

pats. Dienstag- und freitagabends erklingt gute Livemusik, im Fernsehen läuft Sport und es gibt eine ausführliche Getränkekarte. Die Tagesangebote finden sich auf der Facebookseite des Restaurants.

★ **Mare Bonita** FUSIONSKÜCHE **$$**
(☎6200-0124; www.facebook.com/pages/Restaurante-Mare-Bonita/372368832954808; Calle Las Tablas; Hauptgerichte 10–15 US$; ⏲17–22 Uhr) Viele halten das „Schöne Meer“ für das beste Restaurant in Pedasí – auf jeden Fall ist es das erfindungsreichste. Der chilenische Koch Luis Morales ändert sein Angebot ständig: Eine Woche wird möglicherweise *teriyaki chicken* und Thai-Schweinefleisch aufgetischt, dann wieder Gourmet-Hamburger und scharfes Fisch-*ceviche*. Der lange und schmale himmelblaue Speisesaal verströmt ein asiatisches Flair.

Praktische Informationen

ATP (☎995-2339; azuero@atp.gob.pa; ⏲Mo–Sa 8–16 Uhr) Das Büro von ATP mit den hilfsbereiten, aber langsamen Angestellten liegt einen Block hinter der Hauptstraße im Norden der Ortschaft. Hier gibt's eine Liste mit Booten, die zur Isla Cañas fahren.

Banco Nacional de Panama (☎995-2257; Av Central s/n; ⏲Mo–Fr 8–15, Sa 9–12 Uhr) Hat einen Geldautomaten (einer von zweien, hier an der Avenida Central); am Ortseingang.

An- & Weiterreise

Neben dem Supermarkt El Pueblo fahren zwischen 6 und 16 Uhr jede Stunde Busse nach Las Tablas (2,40 US$, 1 Std.). Busse nach Playa Venao (2 US$, 30 Min.) fahren um 7, 12 und 14 Uhr. Busse nach Cañas (2,40 US$, 45 Min.) fahren um 7 und 12 Uhr.

Sunset Coast

Sunset Coast heißt die Westseite der Península de Azuero zum Gulfo de Montijo und Pazifik hin. Und der Name passt, denn dies ist der einzige Ort in Panama, wo man an einem Strand die Sonne untergehen sehen kann.

Hier findet man lange Sandstrände, an denen sich so gut wie gar keine Urlauber tummeln, ausgezeichnete Bedingungen zum Surfen und die Möglichkeit, bei drei Schildkrötenarten das Schlüpfen des Nachwuchses zu beobachten. In den Mangroven locken Naturpfade und der Parque Nacional Cerro Hoya ist nicht weit entfernt.

Das Tor zur Sunset Coast ist Santiago, etwa 60 km nördlich von Mariato. Andere wichtige Orte sind z. B. Malena und Torio, 11 bzw. 15 km südlich von Mariato.

Aktivitäten

Malena Beach Conservation Association TIERBEOBACHTUNG
(Asociación Conservacionista de Playa Malena; ☎6676-0220, 6685-8908; Playa Malena; Spende 15 US$) Von Ende Juni bis Januar legen drei Arten von Meeresschildkröten ihre Eier an den Stränden von Malena ab. Um sie zu schützen, arbeiten Freiwillige bei der Malena Beach Conservation Association mit. Die Vorsitzende Ana González und ihre Mitarbeiter nehmen Besucher auf Schildkrötenwacht mit. Der Höhepunkt der Eiablage- und Schlupfzeit ist Oktober.

Die Organisation bietet außerdem Unterkünfte, Ausritte (10 US$ pro Std.), Bootstouren und Spaziergänge in der Natur.

Centro AAPEQ TIERBEOBACHTUNG
(☎6389-5249, 6491-9365; tortugas.aapeq@gmail.com; Rusia de Quebra) Diese in der Nähe von Morillo ansässige Organisation beschäftigt sich vor allem mit dem Schutz der Schildkröten und der Wiederaufforstung der Mata-Oscura-Mangroven. Das freundliche Paar, das die Vereinigung leitet, nimmt Besucher mit auf eine Tour (10 US$) durch die Mangroven oder durch den Wald hinauf zu einem Wasserfall, wo es Erdbeerfröschchen zu sehen gibt. Es werden außerdem Kajaks verliehen.

Schlafen & Essen

Hostal Iguana Verde HOSTEL **$**
(☎6676-0220, 6685-8908; Zi. 20 US$) Die Vorsitzende der Malena Beach Conservation Association vermietet an der Hauptstraße in Malena nicht weit vom Strand entfernt eine Handvoll einfacher, aber sauberer Zimmer mit Ventilatoren.

Heliconia Bed & Breakfast B&B **$$**
(☎6676-0220, 6370-2857; http://hotelheliconiapanama.com; Palmilla; EZ/DZ mit Frühstück 50/89 US$; P❄📶🏊) 🍃 Das Heliconia Bed & Breakfast in Palmilla unmittelbar nördlich von Malena ist ein hervorragendes Refugium, das zwei äußerst fachkundige niederländische Biologen sehr durchdacht eingerichtet haben. Sie bieten außerdem sehr empfehlenswerte Touren in der Umgebung an. Das B&B liegt inmitten von 8 ha

NICHT VERSÄUMEN

LAS FIESTAS DE AZUERO

Die traditionellen Feste, die die spanischen Siedler einst nach Azuero brachten, sind heute in ganz Panama bekannt. Nur wenige Ausländer sehen diese Seite des Landes. Auch wenn man dadurch vielleicht einen Tag durch einen Kater nach zu heftigem *seco*-Konsum verliert – diese wilden Partys sind einfach unvergesslich (*seco* ist übrigens ein Zuckerrohrschnaps). Hier einige der bekanntesten Feste:

Karneval An den vier Tagen vor Aschermittwoch in Chitré, Parita, La Villa de los Santos und besonders in Las Tablas

Semana Santa Im März/April in Pesé und La Villa de los Santos

Feria Internacional de Azuero Ende April/Anfang Mai in La Villa de los Santos

Fiesta de Corpus Christi 40 Tage nach Ostern in La Villa de los Santos

Fiesta de San Juan Bautista 24. Juni in Chitré

Patronales de San Pablo & San Pedro 29. Juni in Pedasí und La Arena

Feria de la Mejorana Ende September in Guararé

Festival de la Virgen de las Mercedes Ende September in Guararé

Tag der Gründung von Chitré 19. Oktober in Chitré

El Grito de La Villa 10. November in La Villa de los Santos

Garten und hat vier stilvolle Zimmer, eine hübsche Lounge und eine Terrasse sowie einen Pool.

Shaka Bar INTERNATIONAL $$
(☎6627-9787; Hauptgerichte 8–15 US$; ⏲Do–So 17.30–24 Uhr) Dies ist die Unterhaltungszentrale der Sunset Coast und die beliebteste Kneipe der einheimischen Expats wie auch der Surfer, die zu Besuch weilen. Zur Shaka Bar gehört auch ein Restaurant mit Küche bis 21.30 Uhr, das Cheeseburger und Fish and Chips serviert. Hier sollte man auf jeden Fall mal vorbeischauen!

An- & Weiterreise

Zwischen 6 und 17 Uhr fahren bis zu 10 Busse täglich von Santiago über Mariato nach Torio (4,25 US$, 1½ Std.). Die Busse um 12 und 14 Uhr fahren weiter bis Rusia de Quebra mit dem **Centro AAPEQ**.

Playa Venao

2500 EW.

Der ausgedehnte, unter Naturschutz stehende Strand Playa Venao – offiziell Venado, aber immer falsch Venao gesprochen und geschrieben – hat sich in letzter Zeit in ein angesagtes Touristenziel verwandelt, in das vor allem die Surfer strömen, die sich an den konstanten Left- und Right-Hand-Breaks erfreuen.

Schlafen & Essen

★ **Eco Venao** LODGE $
(☎832-0530; www.ecovenao.com; Stellplätze 6 US$ pro Pers., B/DZ ohne Bad 11/30 US$, 2-Pers.-Hütten 40 US$, 6-Pers.-Häuser 200 US$; P❄📶) 🍃 Das von Nordamerikanern betriebene Eco Venao auf der Nordseite der Hauptstraße bietet ein cooles Bergambiente, perfekt für Surfer und Abenteurer. Die 20 ausgezeichneten Unterkünfte reichen von einfach bis edel, und so ist für jeden etwas dabei. Auf dem üppigen, 57 ha großen Gelände findet man direkt vor der Haustür Mini-Abenteuer: Manchmal kommen Brüllaffen vorbei, es gibt einen Spielplatz und einen kurzen Wanderweg zu einem Wasserfall.

Selina Hostel Playa Venao HOSTEL $$
(☎202-5919; www.selinahostels.com; Stellplätze 18 US$ pro Pers., B 14–20 US$, DZ mit/ohne Bad ab 70/45 US$, Deluxe-DZ 99–119 US$; P📶🏊) Dieser Strandableger einer Hostelkette besteht aus 16 bunten, strohgedeckten Bungalows, die sich in zwei Reihen hinunter zu einem Pool und zum Strand ziehen. Die 38 Zimmer haben unterschiedlichste Formen und Größen, von einem gemischten Dorm mit zwölf Betten bis zum Doppelzimmer mit Bad und Balkon. Das schönste Zimmer ist vielleicht das Deluxe-Doppelzimmer 204. Den Mittelpunkt des Hostels bildet die Strandbar samt Billardtischen, wo die Surfer mit ihren Abenteuern prahlen – am besten flieht man

zu dem alten Kleinbus mit Strohdach gegenüber. Das Selina verleiht Surfbretter für 10/75 US$ pro Tag/Woche und organisiert Schildkrötentouren zur Isla Cañas (90 US$ pro Pers.).

★ **Coleos Cafe** CAFÉ $
(☎6289-2820; www.facebook.com/Coleos-cafe-855109761222106; Hauptgerichte 8 US$; ⏲9–22 Uhr) In dem wunderbaren kleinen Café nicht weit vom Strand werden hausgemachte Nudelgerichte, köstliche Hummusplatten, Sandwiches (5–7 US$) und verschiedene leckere Brote, Brownies und Kekse aufgetischt. Das Frühstück (5–9 US$) genießt man am besten auf der winzigen Terrasse.

An- & Weiterreise

Die Straße nach Playa Venao zweigt 33 km südwestlich von Pedasí ab – 2 km hinter der Abfahrt zum Resort La Playita. Der Bus von Cañas nach Pedasí (2 US$) kommt hier morgens zwischen 7 und 9 Uhr und in der Gegenrichtung zwischen 12 und 12.30 Uhr sowie zwischen 14 und 14.30 Uhr vorbei. Die genauen Zeiten weiß man im Hotel. Wer will, kann auch mit dem Taxi von Pedasí hierher fahren (ab 18 US$).

Santa Catalina

300 EW.

Santa Catalina ist einer der besten zentralamerikanischen Surfspots. In dem Fischerdorf herrscht eine entspannte Atmosphäre; es gibt nur wenige Speiselokale und so gut wie kein Nachtleben. Am besten kommt man also hierher, solange der Ort noch abgeschieden und unerschlossen ist. Vorsicht: die Brandung kann stellenweise tückisch sein. Santa Catalina ist der wichtigste Ausgangspunkt für Tages- und Mehrtagestrips zur Isla de Coiba mit ihrem Nationalpark.

Aktivitäten

Die besten Wellen gibt's im Allgemeinen von Dezember bis April, aber surfen kann man hier das ganze Jahr. Anders als die Karibik ist der Pazifik in dieser Hinsicht einigermaßen beständig, aber ein guter Wellengang gibt der Surfszene hier wirklich Auftrieb. Achtung: Viele der Breaks in dieser Gegend verlaufen über Felsen; dabei kann das Surfbrett leicht zu Bruch gehen, wenn der Surfer nicht weiß, was er tut. Die meisten Unterkünfte hier vermieten Surfbretter und bieten Surfunterricht an.

★ **Dream Diving** TAUCHEN
(☎6765-0631; www.dreamdivingpanama.com; ⏲8–16.30 Uhr) 🍃 Dieser ausgezeichnete Tauchladen an der Abzweigung zum Strand wird von einem sehr umweltbewussten Kolumbianer geführt. Er bietet Schnorcheltrips nach Coiba (90 US$) sowie zwei/drei Tauchgänge für 130/160 US$.

Surf & Shake SURFEN
(☎6451-9939; www.surfandshake.com; ⏲9–18 Uhr) An der Straße zum Strand, nur 150 m von der Hauptstraße entfernt, vermietet Surf & Shake Surfbretter und verkauft Leashes, Boards und Surfkleidung sowie köstliche Obst-Shakes. Der von deutschen Surfern betriebene Laden ist außerdem eine gute Quelle für Surfinfos.

Schlafen

Oasis Surf Camp HÜTTEN $
(☎6670-5636, 6671-7049; www.oasissurfcamp.com; Camping mit/ohne Zelt 12/7 US$ pro Pers., B 15 US$, DZ mit Ventilator/Klimaanlage 45/55 US$,

ABSTECHER

ISLA DE COIBA

Mit Ausnahme der zu Ecuador gehörenden Galápagos-Inseln und der Isla de Coco in Costa Rica sind nur wenige Reiseziele vor der amerikanischen Pazifikküste so exotisch wie dieser **Nationalpark** (Coiba-Nationalpark; www.coibanationalpark.com; 20 US$) auf der 503 km² großen Isla de Coiba. Zwar liegt die Insel nur 20 km vor der Küste im Golfo de Chiriquí, doch ist Coiba wirklich eine Welt für sich, mit einem im Ursprungszustand belassenen Ökosystem und einer einzigartigen Fauna.

Als berüchtigte Strafkolonie war Coiba im letzten Jahrhundert völlig isoliert und bietet Reisenden heute die Möglichkeit, durch ursprünglichen Regenwald zu wandern und in einem Meerespark mit zunehmend selteneren Tieren zu schnorcheln und zu tauchen. Allerdings gibt es hier so gut wie keine touristische Infrastruktur, man muss die Reise hierher gut planen und außerdem einen Batzen Dollar auf den Tisch legen.

Coiba wurde 1992 zum Nationalpark und 2005 zur Unesco-Welterbestätte erklärt.

Suite 135 US$; P❄📶) Das von Italienern gemanagte Surfcamp ist schon seit Langem eine Institution in Santa Catalina mit unschlagbarer Lage am Strand. Die hellen, bunten Hütten am schwarzsandigen Strand verfügen über akzeptable Einrichtungen wie warme Duschen und jede Menge Hängematten. Die Suite befindet sich in einem Holzhaus mit zwei Schlafzimmern mit Korbmöbeln, Küche und umwerfender Aussicht vom Balkon.

Boarder's Haven PENSION $
(☎6572-0664; www.labuenavidahotel.com; EZ/DZ/3BZ 25/30/35 US$; ❄📶) Die ideale Wahl für Leute mit kleiner Reisekasse: Die winzige Pension hat in drei Zimmern nur sieben Einzelbetten mit ordentlichen Matratzen, Gemeinschaftsbädern und einer voll ausgestatteten kleinen Küche. Die farbenfrohen Zimmer verfügen über Klimaanlage und Deckenventilator. An der Hauptstraße im Ortszentrum.

★Hibiscus Garden RESORT $
(☎6615-6097; www.hibiscusgarden.com; Playa Lagartero; B/EZ/DZ mit Gemeinschaftsbad 15/30/35 US$, EZ/DZ/4BZ mit Bad ab 45/55/80 US$; P❄📶) Das freundliche Hotel unter italienischer Leitung und in deutschem Besitz befindet sich an der Playa Lagartero, 11 km nordöstlich von Santa Catalina. Es ist eine Mischung aus modern und rustikal, stilvoll eingerichtet und minimalistisch schlicht. Überall gibt es verspielte Mosaiken. Die Betten bestehen aus wiederverwertetem Treibholz und jedes der 14 Zimmer hat eine eigene Terrasse mit Hängematte. Es gibt einen luftigen Open-Air-Schlafsaal mit guter Aussicht. Dieser 6 km lange Strand ist ruhig, abgeschieden und gut zum Baden geeignet.

★La Buena Vida HÜTTEN $$
(☎6635-1895, 6572-0664; www.labuenavidahotel.com; 2-Pers.-Häuschen 66–88 US$, 4-Pers.-Studio 110 US$; P❄📶) 🍃 Diese hübschen Häuschen erstrecken sich an einem schattigen Hang an der Hauptstraße im Zentrum von Santa Catalina – hier kann man sämtlichem Trubel den Rücken kehren. Jedes Haus steht unter einem bestimmten Motto und ist mit bunten Mosaiken und von den amerikanischen Eigentümern hergestellten Kacheln geschmückt. Am luxuriösesten ist das Haus „Gecko", beim „Butterfly" dagegen kann man draußen duschen. Das „Bird" verfügt über zwei Etagen.

Essen

La Vieja Panaderia BÄCKEREI $
(Die alte Bäckerei; ☎6900-5776; Sandwiches & Salate 5–7,50 US$, Pizza 6,50–8,50 US$; ⏲Do–Di 6.30–15 & 18–22 Uhr) Abends ist die italienische Bäckerei an der Hauptstraße eine Pizzeria und überhaupt so etwas wie eine Institution am Ort. Vor 9.30 Uhr kommen, sonst ist das Brot (1,50–2 US$) ausverkauft und es dauert länger, bis das Frühstück (Omeletts, Pfannkuchen) serviert wird. Großartig sind auch der Kaffee, die Lunchbox zum Mitnehmen, die Kuchen und die leckeren Muffins. Die acht Pizzas auf der Karte sind allesamt schmackhaft und authentisch.

La Buena Vida NORDAMERIKANISCH $
(☎6635-1895, 6572-0664; www.labuenavida.biz; Hauptgerichte ab 7 US$; ⏲6–14 Uhr) Wer sich schon früh raus aufs Wasser begibt: Dies ist der erste Laden, der für einen Happen zu essen geöffnet hat. Große Klasse sind z. B. die Frühstücks-Burritos oder das griechische Rührei aus Feta, Oliven, Tomaten und Eiern in diesem flippigen gefliesten Café über der Hauptstraße. Hier gibt's auch frische Fruchtdrinks und um die Mittagszeit eine Auswahl an Salaten, Tacos und Sandwiches aus hausgemachtem Brot.

Pizzeria Jammin PIZZA $
(☎6604-3910; Pizzas 6,50–11 US$; ⏲ab 18.30 Uhr) Die alteingesessene Pizzeria in einem offenen *rancho* (kleines hausähnliches Gebäude) bietet köstliche dünnkrustige Pizza aus dem Steinofen. Hier spielt sich mehr oder weniger das Nachtleben des Orts ab – vielleicht liegt's am billigen Bier, aber es gibt auch guten Wein und die Picknicktische laden dazu ein, sich zu anderen Leuten zu gesellen. Es kann voll werden, also früh am Abend da sein. An der Straße zu den Hotels am Strand.

La Moncheria Heladería EISCREME $
(☎6849-1796; www.facebook.com/pages/La-Moncheria-Santa-Catalina/864661973552320; ⏲15–22 Uhr) Diese *gelateria* an einer schmalen unbefestigten Straße auf dem Weg zum Surferstrand La Punta beeindruckt mit der vielleicht besten Eiscreme in ganz Panama.

Anreise & Unterwegs vor Ort

Von Panama-Stadt nach Santa Catalina fahren Busse, wobei mehrmaliges Umsteigen erforderlich ist: zuerst einen Bus nach Santiago nehmen, danach einen anderen nach Soná, von wo aus um 5.30, 8.40, 11.20, 13.35, 14.40 und 16.45 Uhr

Busse nach Santa Catalina (4,65 US$, 1½ Std.) fahren. Wer den Bus verpasst, kann von Soná nach Santa Catalina (ab 45 US$) ein Taxi nehmen. Von Panama-Stadt fährt alle zwei Stunden ein Direktbus nach Soná.

Von Santa Catalina fahren täglich sieben Busse nach Soná, und zwar um 6.15, 7, 8, 10.20, 13.15, 15 und 18 Uhr. In Santa Catalina hält der Bus an der Abzweigung der Straße zum Strand. Wer außerhalb des Zentrums übernachtet, erreicht die meisten Unterkünfte zu Fuß, etwa 1 km über flaches Terrain ohne Schatten. Achtung: Taxis sind nur in der Stadt, wenn jemand aus Soná ankommt.

Santa Fé

3050 EW.

Dieses kleine Bergstädtchen liegt 53 km nördlich von Santiago im Schatten der kontinentalen Wasserscheide auf einer Höhe von 500 m – hier ist es somit kühler als im Tiefland. Ein Großteil der umliegenden Wälder präsentiert sich noch genauso wie 1557, als die Spanier den Ort gründeten.

Santa Fé hat eine frische, saubere Luft und eine idyllische Umgebung zu bieten, doch verschlägt es nur wenige ausländische Besucher hierher. Mit den üppig grünen Berghängen, Wasserfällen, Bergbächen und gut zugänglichen Badestellen im Nationalpark Santa Fé vor den Toren des Orts ist dies ein ideales Ziel für Wanderer, Vogelbeobachter oder Menschen, die einfach nur die Schönheit des Hochlands genießen möchten.

Sehenswertes & Aktivitäten

Río Bulaba FLUSS

Etwa 20 Minuten zu Fuß vom Ort befindet sich an diesem Fluss eine schöne Badestelle. Um dorthin zu gelangen, geht man auf der Straße am Coffee Mountain Inn vorbei Richtung Nordosten und El Pantino. Die Badestelle liegt etwa 600 m weiter. Ein Einheimischer namens William verleiht **Reifenschläuche** (8 US$) und Schwimmwesten, sodass man sich faul den Fluss hinuntertreiben lassen kann; der Fluss mündet schließlich in den Río Santa Maria. William kann auch die Rückfahrt mit dem Taxi arrangieren.

Cerro Tute BERG

Vom Cerro Tute eröffnen sich tolle Ausblicke auf das Tal. Der Berg ist die Heimat zahlreicher Vogelarten und besitzt eine Klippe, von der man angesichts der starken Aufwinde nicht herunterfallen kann. Ein ausgedehntes Wegenetz windet sich durch Primär- und Sekundärregenwald. Der Tute liegt ein paar Kilometer südlich vom Ort auf der Westseite der Straße von Santiago nach Santa Fé; für Hin- und Rückweg zusammen ist mit fünf Stunden zu rechnen.

Schlafen & Essen

★ **Hostal La Qhia** PENSION $

(☎6592-5589, 954-0903; www.panamamountainhouse.com; B 12 US$, DZ & 3BZ ohne/mit Bad 39/44 US$; P 📶) Das von üppigen Gärten mit Hängematten umgebene, originelle Chalet aus Bambus und Stein bildet eine tolle Ausgangsbasis für Bergabenteuer rund um Santa Fé. Die drei sauberen, gemütlich-kleinen Zimmer verfügen alle über gestärkte Bettwäsche; besonders reizend sind die Zimmer oben. In einem kleinen Nebengebäude aus Beton mit Outdoorküche befinden sich Dorms mit sechs Betten und ein Zimmer mit eigenem Bad.

Hotel Anachoreo HOTEL $

(☎6911-4248; www.anachoreo.com; EZ/DZ/3BZ/4BZ mit Frühstück 44/55/66/77 US$; P 📶) Das kleine Hotel unter niederländisch-kambodschanischer Führung schmiegt sich an einen Hang mit Panoramablick. Es hat vier geräumige Zimmer mit hohen Decken und schmalen Doppelbetten sowie Badewannen in den Bädern. Dazu kommt eine neue Gemeinschaftsküche. Duftende Blumen-, Kräuter- und Gemüsebeete rahmen das Grundstück auf allen Seiten ein und überall sind Hängematten aufgespannt. Der mehrsprachige Eigentümer bietet Allradtouren durch die Umgebung sowie Wandertipps.

Restaurante Hermanos Pineda PANAMAISCH $

(☎954-0777; Hauptgerichte 6–12 US$; ⏲7–21 Uhr) Das einladende, von einer Familie geführte Lokal etwas oberhalb vom Ortszentrum serviert neben panamaischen Klassikern mit Bohnen und Gebratenem jetzt auch Pizza (5–12 US$). Schön sind die offene Veranda zur Hauptstraße hin sowie die große Karte des Nationalparks.

An- & Weiterreise

Busse von Santa Fé nach Santiago (2,90 US$, 1½ Std.) fahren von 4 bis 18 Uhr alle 30 Minuten vom **Busbahnhof** und halten unterwegs auch an zentraler gelegenen **Bushaltestellen**. Wer innerhalb von einem Tag zum Surferort Santa Catalina gelangen möchte, muss vor 9 Uhr in Santa Fé aufbrechen, um sämtliche Anschlussbusse zu erreichen.

PROVINZ CHIRIQUÍ

Chiriquí behauptet, einfach alles zu haben: Panamas höchste Berge, längste Flüsse und fruchtbarste Täler. In dieser Provinz liegen spektakuläre Hochlandregenwälder sowie die produktivsten Landwirtschafts- und Viehzuchtregionen des Landes. Daher sind die *chiricanos* (Bewohner von Chiriquí) auch ganz besonders stolz auf ihre Provinz und zeigen bei jeder sich bietenden Gelegenheit Flagge.

Dies ist außerdem ein Landstrich von enormer Schönheit. An der Küste säumen lange Sandstrände den unberührten Golfo de Chiriquí und man stößt hier auf eine sehr vielfältige Meeresfauna. Die nebelverhangenen Berge in der Nähe von Boquete erfreuen sich großer Beliebtheit bei nordamerikanischen und europäischen Rentnern. Der Ort ist ein guter Ausgangspunkt für Abenteuer wie Wildwasser-Rafting und Wanderungen entlang der Flanken des höchsten Berges des Landes, des Volcán Barú (3475 m). Boquete ist außerdem das Zentrum der panamaischen Kaffeeindustrie, sodass man nie weit von einer Tasse kräftigen Arabica-Kaffees entfernt ist.

David

144 860 EW.

Was eher wie ein aufgeblasenes Landstädtchen wirkt, ist Panamas zweitgrößte Stadt und die Hauptstadt der Provinz Chiriquí. David ist mehr Landwirtschafs- als Kulturzentrum – wem der Sinn nach Museen, Clubs und edlen Restaurants steht, wird sicher enttäuscht. Doch da ausländisches Kapital nach David fließt, wird die Stadt immer wohlhabender und bedeutender und steht kurz vor einem Boom.

Dank der Lage auf halber Strecke zwischen Panama-Stadt und San José in Costa Rica ist David außerdem ein wichtiger Verkehrsknotenpunkt.

Schlafen

★ Bambu Hostel HOSTEL $

(☎730-2961; www.bambuhostel.com; Calle de la Virgencita; B 11–14 US$, DZ mit/ohne Bad 35/30 US$; P ❄ 📶 ≋) Dieses entspannte Hostel wird von einem freundlichen Musiker aus New York geleitet. Greg bietet einen normalen Schlafsaal mit Klimaanlage und sechs Betten sowie dahinter ein strohgedecktes „Dschungelhaus" auf Pfählen mit zehn Betten und Moskitonetzen. Die sieben Doppelzimmer verfügen über Klimaanlagen und elektrische Heißwasserduschen. Im weitläufigen Garten gibt's einen Swimmingpool, eine Bar mit billigem Bier und die obligatorischen Hängematten. Klasse!

Purple House HOSTEL $

(☎774-4059; www.purplehousehostel.com; Ecke Calle C Sur & Av 6 Oeste; B 9 US$, DZ mit/ohne Bad 27/25 US$, jeweils mit Frühstück; P ❄ 📶) 🍃 Friedenscorps-Veteranin Andrea gründete Davids erstes Hostel und leitet diese 5-Zimmer-Herberge seitdem mit großem Geschick. Die Gäste können eine Gemeinschaftsküche benutzen, es gibt Kabelfernsehen und einen Wassersprenger im Freien zum Abkühlen. Die gefliesten lila Schlafsäle mit sechs bzw. zehn Betten sind sauber, haben aber keine Klimaanlagen. In den Doppelzimmern kann die Klimaanlage angeworfen werden (5 US$).

Hotel Puerta del Sol HOTEL $

(☎775-1662, 774-8422; www.hotelpuertadelsol.com.pa; Av 3 Este; DZ/3BZ 45/54 US$; P ❄ 📶) Das zentral gelegene Hotel ist eine sehr sichere Budgetunterkunft. Es bietet 86 geschmackvoll geflieste Zimmer mit Holzeinrichtung. Die Zimmer sind eher klein, aber die Lage ist nett. Zu den Annehmlichkeiten zählen warme Duschen, Kabelfernsehen und ein täglich bis 22 Uhr geöffnetes Restaurant (sonntags nur mittags bis 15 Uhr geöffnet).

Essen

Pizmaricer Polo PANAMAISCH $

(☎6406-9088; www.facebook.com/pages/Marisqueria-Pizmaricer-polo/298511190316835; Calle de la Virgencita; Hauptgerichte 4,25–8 US$) Das sehr einfache Restaurant – beinahe eine *fonda* – im Hotelbezirk hat fast ausschließlich Fisch und Meeresfrüchte auf der Karte, aber auch ein paar Schweinefleischgerichte. Das *ceviche* ist überdurchschnittlich und der ganze gebratene Fisch ist der beste – und wahrscheinlich billigste – der Stadt.

MultiCafe CAFETERIA $

(☎774-6180; www.facebook.com/pages/Multi-Café/317029381703197; Ecke Calle A Norte & Av 2 Este; Gerichte 2,50–5 US$; ⏱Mo–Sa 7–21, So bis 15 Uhr) Eine tolle Wahl für Leute auf der Suche nach etwas Billigem, aber Sättigendem im Zentrum. Die farbenfrohe Cafeteria südlich der Kathedrale bietet Rindfleisch-, Hühnchen-

David

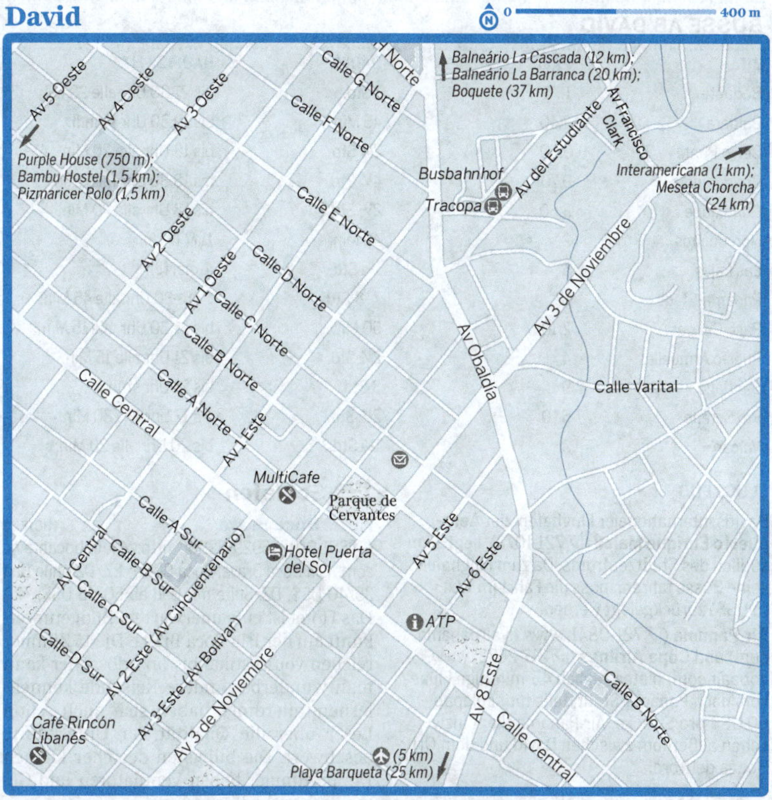

und Nudelgerichte sowie Salate. Auch gut für ein panamaisches Frühstück.

Café Rincón Libanés ORIENTALISCH **$$**
(☎774-2700, 730-3911; www.facebook.com/CafeRinconLibanes; Calle F Sur; Hauptgerichte 8,50–18 US$; ⏲11–23.30 Uhr) Das recht authentische „libanesische Eckcafé" südwestlich des Zentrums stellt eine willkommene Abwechslung zur eintönigen Kost aus Reis und Bohnen dar. Hummus, Tabouleh, *baba ghanoush* und Lamm-Köfte, alles hausgemacht, versetzen die Gäste in den Nahen Osten. Tipp: die hausgemachte rosa Limonade.

ℹ Praktische Informationen

ATP (☎775-2839; chiriqui@atp.gob.pa; Calle Central; ⏲Mo–Fr 8.30–16.30 Uhr) Hat Infos über David und die Provinz Chiriquí.

Banco Nacional de Panamá (☎774-6400; Calle B Norte; ⏲Mo–Fr 8–15, Sa 9–12 Uhr) Filiale im Zentrum mit Geldautomat am Parque de Cervantes.

Hospital Chiriquí (☎777-8814; Ecke Calle Central & Av 3 Oeste) Eines der besten Krankenhäuser des Landes.

Ministerio de Ambiente (Fax 774-6671; ⏲Mo–Fr 8–16 Uhr) Bietet Informationen und Tipps für Touristen und erteilt Campinggenehmigungen für die Nationalparks; 4,5 km südlich vom Zentrum von David.

Post (Calle C Norte; ⏲Mo–Fr 7–18, Sa 8–16.30 Uhr)

ℹ Anreise & Unterwegs vor Ort

BUS

Die Panamericana führt nicht durch David, sondern streift die Stadt westlich und nördlich. Das **Busterminal** (Av del Estudiante) von David liegt 500 m nordöstlich vom Parque de Cervantes. Die meisten Busse fahren ab etwa 6 Uhr morgens.

Tracopa (☎775-0585; www.tracopacr.com) bietet täglich um 8.30, 12 und 16 Uhr vom Busbahnhof in David Direktbusse nach San José in Costa Rica (21 US$, 7 Std.).

BUSSE AB DAVID

ZIEL	PREIS (US$)	DAUER	HÄUFIGKEIT
Boquete	1,75	1 Std.	bis 21.30 Uhr alle 20 Min.
Caldera	2,40	45 Min.	bis 19.30 Uhr stündl.
Cerro Punta	3,50	2¼ Std.	bis 18 Uhr alle 20 Min.
Changuinola	9,70	4½ Std.	bis 18.30 Uhr halbstündl.
Guadalupe	3,50	2½ Std.	bis 18 Uhr alle 20 Min.
Horconcitos	2	45 Min.	11 & 17 Uhr
Las Lajas	5	1½ Std.	4-mal tgl.
Panama-Stadt	18	7–8 Std.	6.45–20 Uhr alle 45 Min.
Paso Canoas	2,10	50 Min.	bis 21.30 Uhr alle 15 Min.
Puerto Armuelles	4	2½ Std.	bis 21 Uhr alle 15 Min.
Santiago	9	3 Std.	bis 21 Uhr stündl.
Río Sereno	5,10	2½ Std.	bis 17 Uhr alle 30 Min.
Volcán	3	1½ Std.	bis 20 Uhr alle 20 Min.

FLUGZEUG

Davids internationaler Flughafen, der **Aeropuerto Enrique Malek** (☎721-1072), liegt 5 km südlich des Stadtzentrums. Da zum Flughafen keine Busse fahren, muss die Fahrt im Taxi (5 US$) zurückgelegt werden.

Air Panama (☎721-0841; www.flyairpanama.com) und **Copa Airlines** (☎217-2672; www.copaair.com) bieten täglich 45-minütige Flüge von/nach Panama-Stadt, teils für schlappe 60 US$ pro Strecke. Air Panama fliegt inzwischen außerdem zwischen David und dem Ort Bocas del Toro.

Golfo de Chiriquí

Das Highlight in der Tiefebene von Chiriquí ist der Golfo de Chiriquí mit dem **Parque Nacional Marino Golfo de Chiriquí**, einem Meeresschutzgebiet mit einer Fläche von 147 km². 25 Inseln, 19 Korallenriffe und jede Menge Wildtiere und Pflanzen sind dort geschützt. Zum Meeresschutzgebiet gehört auch die 30 km² große **Isla Boca Brava**, eine reizende kleine Insel, die mit Wanderwegen überzogen und von schönen Stränden gesäumt ist. Brüllaffen, mehrere Arten von Wasserschildkröten und 280 Vogelarten sind hier beheimatet. Zu erreichen ist die Insel über das Festland vom Dorf **Boca Chica** aus.

Besucher haben hier die Möglichkeit zu surfen, auf den stillen Binnengewässern Kajak zu fahren, zu schnorcheln, unter dem Blätterdach des Regenwalds Tiere zu beobachten und zu angeln.

Schlafen

Hotel Boca Brava HOTEL $
(☎851-0017, 6929-2996; http://hotelbocabrava.com; Isla Boca Brava, Boca Chica; EZ/DZ ohne Bad 35/40 US$, DZ/Suite mit Bad ab 50/75 US$; ❄) Das Hotel ist eine unerwartete Budgetunterkunft auf der Isla Boca Brava. Die 15 Zimmer reichen von rustikal bis luxuriös. Hier kann man wunderbar andere Reisende kennenlernen, allerdings haben sich auch schon Leser über die Qualität der Unterkünfte beschwert. Die billigsten der eher kleinen Doppelzimmer haben Ventilatoren und Gemeinschaftsbad.

Am anderen Ende der Preisskala liegen das reizende Cottage mit Buchtblick (60 US$) und die Suite (75 US$) mit zwei Schlafzimmern und Klimaanlage. Das angeschlossene Restaurant (Hauptgerichte 5–8 US$) liegt auf einer kühlen, vorspringenden Veranda mit weitem Blick über das Wasser – die perfekte Umgebung für einen Cocktail zum Sonnenuntergang. Das Hotel kann alle möglichen Ausflüge organisieren, beispielsweise zum Schnorcheln oder zur Wal- und Vogelbeobachtung.

An- & Weiterreise

Um von David nach Boca Chica zu gelangen, nimmt man einen der regelmäßig auf der Panamericana Richtung Osten verkehrenden Busse bis zum Abzweig Horconcitos (2 US$, 1 Std.). Von hier fahren vier- bis fünfmal täglich Vans (3 US$, 50 Min.) nach Boca Chica. Vom Bootsanleger in Boca Chica legen Wassertaxis (3 US$ pro Pers.) die 200 m zum Anleger auf der Isla Boca Brava beim Hotel Boca Brava zurück.

Playa Las Lajas

1520 EW.

Die Playa Las Lajas ist einer der längsten Strände Panamas; der 12 km lange, von Palmen gesäumte Streifen scheint endlos zu sein. An den Wochenenden lockt der Strand die Massen an, aber unter der Woche ist hier oft überhaupt nichts los und man kann den wunderbaren Strand ganz allein genießen.

Schlafen & Essen

Nahual Eco Hostel HOSTEL $

(Hospedaje Ecológico Nahual; ☎6620-6431; www.nahualpanama.com; B 10 US$, EZ/DZ mit Bad 30/40 US$, ohne Bad 15/25 US$; P ☎) Mit ihren *ranchos* (kleine hausähnliche Gebäude) und schönen Hütten ist die einladende, von Italienern betriebene Unterkunft der beste Deal in Las Lajas. Sie liegt vom Strand aus gesehen auf der anderen Seite der Straße in einem schattigen Garten und ist zu 100 % frei von Chemie. Von den sechs Zimmern haben vier eigene Bäder, die anderen (darunter ein 6-Bett-Dorm) nicht. In dem ausgezeichneten veganen Café-Restaurant, das täglich bis 22 Uhr geöffnet ist, werden Gerichte mit hausgemachten Nudeln serviert.

Naturalmente B&B $

(☎6211-1787, 727-0656; www.naturalmentepanama.com; DZ mit Frühstück 45–65 US$; P ☎ ☎) Die drei ventilatorgekühlten und strohgedeckten Hütten mit kleinen Terrassen in diesem entzückenden B&B bieten Platz für zwei bis vier Personen. Die Pension liegt am nördlichen Ortsrand von Las Lajas – nicht am Strand –, aber im Garten gibt's einen kleinen Pool. Das mediterrane Restaurant (Hauptgerichte 9,50–13 US$) zählt zu den besten Speiselokalen am Golf.

An- & Weiterreise

Um nach Las Lajas zu kommen, nimmt man einen Bus, der von David (2,75 US$, 1½ Std.) auf der Panamericana bis zur Abzweigung nach Las Lajas fährt (76 km östlich). Der Ort Las Lajas liegt 3 km südlich der Panamericana, der Strand weitere 9 km südlich. Von der Abzweigung fahren Taxis (7 US$) weiter bis zu der Stelle, an der die Straße das Meer erreicht. Hier geht man nach rechts und erreicht 1,5 km später den Badeort.

Boquete

19 000 EW.

Boquete ist für sein kühles, erfrischendes Klima und seine unberührte Umgebung bekannt. In dem fruchtbaren Hochland gedeihen Kaffee, Blumen, Gemüse und Zitrusfrüchte gleichermaßen gut und die überwältigende Freundlichkeit der Menschen von Boquete scheint auf die Besucher abzufärben.

Nachdem die Zeitschrift der American Association for Retired Persons (AARP) Boquete zu einem der besten Altersruhesitze weltweit erkoren hatte, strömten zahlreiche Ausländer in den Ort. Bis man die geschlossenen Wohnanlagen und weitläufigen Wohnsiedlungen aus der Nähe sieht, weiß man allerdings nicht, was der ganze Wirbel soll. Das Zentrum von Boquete ist mit seinem zerklüfteten Asphalt, den schmutzigen Bürgersteigen und der Brücke über den Río Caldera jedenfalls nicht der idyllische Bergort, den man erwarten würde.

Von ganz anderem Kaliber ist dagegen die Umgebung des Städtchens. Boquete ist eines der Topreiseziele für Outdoor-Freaks: Sie können hier wandern, klettern, raften oder sich durch die Baumwipfel schwingen. Außerdem kann man Kaffeeplantagen besuchen, in Thermalquellen baden und Spanisch lernen. Und für einen guten Start in den Tag sorgt ein starker Kaffee aus hiesigem Anbau.

Aktivitäten

Wandern

Der atemberaubende Blick auf nebelverhangene Berge und Urwald macht Boquete zu einem der schönsten Wandergebiete Panamas. Mehrere gut befestigte Straßen führen aus der Stadt in die Berge der Umgebung, vorbei an Kaffeeplantagen, Feldern, Gärten und Urwald.

Manch einer gibt sich mit dem idyllischen Weg entlang des Flusses zufrieden, ehrgeizige Wanderer besteigen auch den Volcán Barú (S. 716). Es gibt mehrere Eingänge in den Parque Nacional Volcán Barú, aber der einfachste Weg beginnt in der Nähe von Boquete.

Von Boquete aus kann man auch den Sendero Los Quetzales (S. 717) nehmen, doch der Wanderweg führt hier steil bergauf und es ist einfacher, ihn in Cerro Punta oberhalb von Volcán zu beginnen. In der Vergangenheit war der Weg von Bergrutschen betroffen – vor der Wanderung sollte man sich vor Ort nach den aktuellen Bedingungen erkundigen.

Sendero El Pianista WANDERN

(Pianistenweg) Dieser Weg für eine schöne Tageswanderung schlängelt sich durch grünes Weideland in den feuchten Nebelwald hin-

Boquete

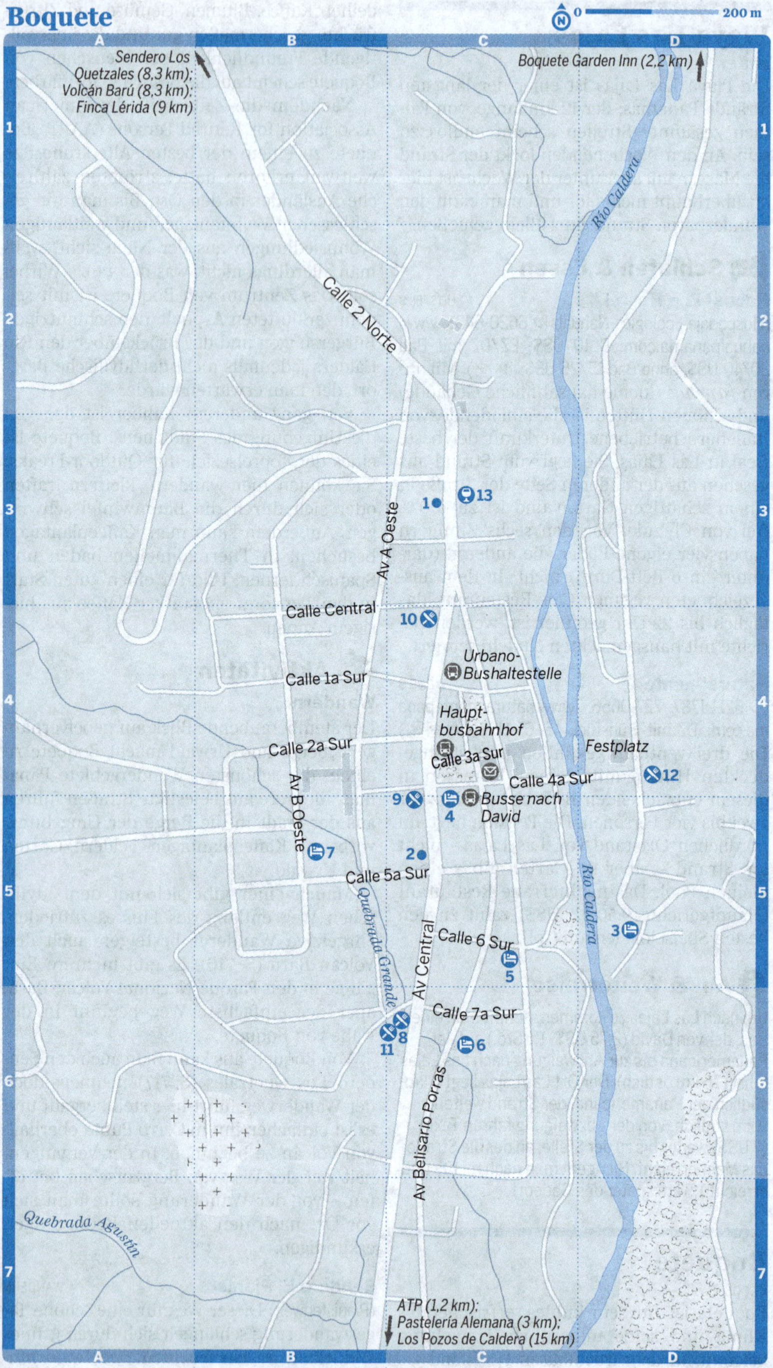
0
200 m
Sendero Los Quetzales (8,3 km); Volcán Barú (8,3 km); Finca Lérida (9 km)
Boquete Garden Inn (2,2 km)
Río Caldera
Calle 2 Norte
Av A Oeste
1
13
Calle Central
10
Urbano-Bushaltestelle
Calle 1a Sur
Haupt-busbahnhof
Calle 2a Sur
Calle 3a Sur
Festplatz
Calle 4a Sur
12
9
4
Busse nach David
Av B Oeste
7
2
Calle 5a Sur
Quebrada Grande
Río Caldera
3
Calle 6 Sur
5
Av Central
Calle 7a Sur
8
11
6
Av Belisario Porras
Quebrada Agustín
ATP (1,2 km); Pastelería Alemana (3 km); Los Pozos de Caldera (15 km)

Boquete

Aktivitäten, Kurse & Touren
1 ATV Adventures Boquete C3
Boquete Outdoor Adventures .... (s. 2)
Boquete Tree Trek .... (s. 2)
2 Habla Ya Language Center C5

Schlafen
3 El Oasis D5
4 Mamallena Boquete Hostel C5
5 Pensión Marilós C5
6 Pensión Topas C6
7 Refugio del Río B5

Essen
8 Boquete Fish House C6
9 El Sabrosón #3 .... C5
10 Gelateria La Ghiotta C4
11 Mike's Global Grill C6
12 Pizzeria Ricos Little Italy D4

Ausgehen & Nachtleben
13 Boquete Brewing Company C3

ein. Nach 200 m muss man durch einen kleinen Fluss waten, aber danach geht es 2 km lang bequem weiter und nur ganz leicht bergauf, bevor der Weg steiler und enger wird. Am besten heuert man einen Führer an (35/60 US$ für einen halben/ganzen Tag).

Der Weg führt tief in den Wald hinein, aber man kann jederzeit umdrehen und zurückgehen. Für den Einstieg in den Wanderweg verlässt man Boquete am rechten Flussufer in Richtung Norden und überquert zwei Brücken. Direkt vor der dritten Brücke, die sich etwa 4 km außerhalb der Stadt befindet, geht links ein Pfad zwischen ein paar Gebäuden ab. Der Pfad ist nicht sonderlich schwierig, aber nicht überall gut in Schuss. Im April 2014 kamen zwei Niederländer hier beim Wandern zu Tode – allerdings ist der Grund für ihren Tod nach wie vor ungeklärt. Man sollte also nicht alleine aufbrechen und in der Unterkunft Bescheid sagen, was man vorhat.

Wildwasser-Rafting

Eine anderthalbstündige Autofahrt von Boquete entfernt gibt es hervorragende Möglichkeiten zum Wildwasser-Rafting. Der Río Chiriquí und der Río Chiriquí Viejo fließen beide von den fruchtbaren Hängen des Volcán Barú herunter und sind größtenteils von Wald gesäumt. An manchen Stellen stürzen Wasserfälle in die Tiefe. Beide Flüsse haben sich ihren Weg durch enge Canyons mit gigantischen, senkrecht aufragenden Felswänden gegraben.

Der Río Chiriquí wird meist von Mai bis Dezember, der Chiriquí Viejo in den restlichen Monaten des Jahres befahren. Die Stromschnellen umfassen die Schwierigkeitsgrade III und III+ und die Touren dauern jeweils vier bis fünf Stunden.

Bei der Buchung des Trips sollte man nachfragen, ob der Anbieter Sicherheitskajaks einsetzt und ob die Guides eine Ausbildung in der Wildwasserrettung nachweisen können – diese Anforderungen sollten für einen sicheren Ausflug mindestens erfüllt sein.

Boquete Outdoor Adventures ABENTEUERSPORT
(☎6630-1453, 720-2284; www.boqueteoutdooradventures.com; Plaza Los Establos, Av Central; ⏰8–19.30 Uhr) Dieser sehr empfehlenswerte Veranstalter, geführt vom altgedienten Naturfreak Jim Omer, bietet erstklassige Raftingausflüge (65–75 US$) und maßgeschneiderte Ferien an, die ideal für Familien sind. Die Angelabenteuer auf dem Golfo de Chiriquí sind ihr Geld wert (an der Küste/abseits der Küste 600/1200 US$ für 4 Teilnehmer). Die Guides sind zweisprachig und der Betrieb nutzt einheimische Dienstleister. Eine ausgezeichnete Informationsquelle.

Außerdem werden Ausflüge zur Vogelbeobachtung (halber/ganzer Tag 40/80 US$) und von Juli bis Oktober auch Walbeobachtungstouren (75 US$) angeboten.

Geführte Touren

ATV Adventures Boquete ABENTEUERTOUREN
(☎6678-5666; www.facebook.com/atv4x4boquete; Av Central; ⏰9–19 Uhr) Bietet mit Allradquads und Geländefahrzeugen Touren durch Boquete und Umgebung an. Die Preise für die 1½-stündige Scenic Tour beginnen bei 70 bzw. 100 US$ für zwei Personen. Längere Ausflüge sind die 3½-stündige Coffee Tour (120/200 US$) und die fünfstündige Hot Springs Tour (160/375 US$).

Boquete Tree Trek CANOPY-TOUR
(☎720-1635; www.boquetetreetrek.com; Plaza Los Establos, Av Central; Canopy-Touren 65 US$; ⏰8 & 13 Uhr) Sehr beliebt bei Travellern ist die vierstündige Tour in wiederaufgeforstetem Wald, zu der zwölfmal Seilrutschen, 14 Plattformen, einmal Abseilen und ein Schwungseil gehören. Die Touren beginnen täglich um 8 und 13 Uhr. An den Ziplines kann man ganz schön Karacho draufkriegen – so man-

cher wird versucht sein, die Handbremse zu ziehen. Die Firma bietet auch noch andere Ausflüge inklusive Abholservice vom Zentrum an.

Kotowa Coffee Estate Tour TOUREN
(☎6634-4698, 720-3852; http://coffeeadventures.net; Touren 35 US$; ⏲Mo–Sa 14 Uhr) Die 3½-stündige Führung über die Plantagen dieses Gourmetkaffeeerzeugers soll die umfassendste in der Gegend sein. Die Teilnehmer erfahren etwas über die Geschichte des Anwesens (beginnend mit der Ankunft eines Kanadiers 1918), können die Verarbeitungseinrichtungen begutachten und am Ende Kaffee verkosten. Reservierung erforderlich.

Kurse

Habla Ya Language Center SPRACHKURSE
(☎730-8344; www.hablayapanama.com; Plaza Los Establos, Av Central; ⏲Mo–Fr 8–17.30, Sa 9–13, So 13–17 Uhr) Habla Ya bietet sowohl Gruppen- als auch Einzelunterricht an. Eine Woche Gruppenunterricht (20 Std.) kostet ab 195 US$. Die Sprachschule hat gute Beziehungen zu örtlichen Unternehmen, sodass die Sprachschüler bei allem Möglichen von Unterkünften bis zu Touren Rabatte erhalten. Außerdem können sie bei Freiwilligenprojekten mitarbeiten.

Festivals & Events

Feria de las Flores y del Café FESTIVAL
(http://feriadeboquete.com; ⏲Jan.) Jedes Jahr im Januar findet im Ort ein zehntägiges Blumen- und Kaffeefest statt. Obwohl das Event den Kaffee im Namen führt, fehlt er seltsamerweise bei der Ausstellung; dafür fließt der Rum in Strömen und es gibt Fahrgeschäfte für Kinder. Unterkünfte weit im Voraus buchen!

Boquete Jazz & Blues Festival JAZZ
(⏲Feb.) Im Februar treffen sich beim größten Musikfest der Provinz Chiriquí vier Tage lang Musiker aus dem In- und Ausland.

Feria de las Orquídeas FESTIVAL
(⏲April) Auf dem zehntägigen Orchideenfest sind über 150 Arten zu sehen. Aber es geht nicht nur um Pflanzen – nach Sonnenuntergang gibt's Rockkonzerte und Tanz.

Schlafen

Mamallena Boquete Hostel HOSTEL $
(☎6723-2014, 730-8342; www.mamallenaboquete.com; Av Central; B 14 US$, DZ/3BZ/4BZ mit Bad 38/55/65 US$, Zi. ohne Bad 33 US$; 🅿📶) Die türkisfarbene ehemalige Pension am Hauptplatz ist zu einer Zentrale für Backpacker geworden; es gibt eine Küche, Waschmaschinen und kostenlose Pfannkuchen zum Frühstück. Dafür, dass es so groß ist, wirkt es ziemlich gemütlich. Die drei 8-Bett-Zimmer sind mit orthopädischen Matratzen ausgestattet. Dreizehn der 16 Privatzimmer haben ein eigenes Bad. Auf einem geschützten Patio steht ein Grill. Das Hostel ist sehr serviceorientiert und bietet Ausflüge und Shuttles nach Bocas und Santa Catalina an.

Pensión Topas PENSION $
(☎720-1005; www.facebook.com/pages/Pension-Topas-Boquete-Panama/877290745620094; Av Belisario Porras; EZ/DZ mit Bad 29/42 US$, ohne Bad 16/26 US$; 🅿📶🏊) Das blau-orange Haus unter Leitung eines exzentrischen Deutschen wurde rund um einen kleinen Biogarten angelegt. Die Wände schmücken die Comic-Figuren Tim und Struppi, es gibt eine Sammlung von einem halben Dutzend Motorrädern und acht saubere Zimmer. Der schattige Innenhof bietet einen großzügigen Gemeinschaftsbereich. Pool und Kabel-TV. Die besten Zimmer sind die beiden im ersten Stock des Nebengebäudes mit Balkon.

Refugio del Río HOSTEL $
(☎6676-5786, 720-2088; www.facebook.com/hostalrefugiodelrio; Av B Oeste; B 13–15 US$, DZ mit/ohne Bad 40/31 US$, Hütten 42 US$; 🅿@📶) Die große Budgetunterkunft mit gemütlicher Atmosphäre verfügt über eine große Küche für Gäste und hat eine gute Lage. Die 13 weitläufigen Räume sind angenehm und gut möbliert, könnten aber etwas ordentlicher sein. Im Schlafsaal stehen zwölf Einzelbetten mit kuscheligen Überwürfen, aber durchgelegenen Matratzen. Die coole Baumhaushütte für drei Personen, die auf einen plätschernden Bach hinausgeht, muss vorher reserviert werden.

Pensión Marilós PENSION $
(☎720-1380; marilos66@hotmail.com; Ecke Av A Este & Calle 6 Sur; EZ/DZ mit Bad 15/20 US$, ohne Bad 10/15 US$; 🅿) Eine zentrale Lage zum günstigen Preis offeriert diese Pension mit dem Charme eines verwohnten Familienhauses. Das halbe Dutzend Zimmer ist mit allerlei Schnickschnack und Krimskrams eingerichtet und erinnert schwer an das Gästezimmer bei Uroma. Der Hauspapagei begrüßt die Gäste gern am Eingang.

El Oasis HOTEL $$
(☎720-1586; www.oasisboquete.com; Av Buenos Aires; DZ mit Frühstück 88 US$; P @) Das El Oasis liegt zwar in fußläufiger Nähe zum Ort, aber auf der anderen Seite des Río Caldera und ist somit erheblich ruhiger als die Unterkünfte im Ort selbst – und der Fluss ist nur ein paar Meter entfernt. Die 18 Zimmer und Suiten sind tadellos und gemütlich; das Hotel wirkt eher wie eine Pension. Im Gartenrestaurant werden gute Suppen serviert.

Boquete Garden Inn GASTHAUS $$
(☎720-2376; www.boquetegardeninn.com; Palo Alto; DZ mit Frühstück 79–119 US$; P) Die Gartenunterkunft am Rand des Río Palo Alto wird von einem freundlichen Briten geführt und bietet in sechs roten Lehmcottages ein Dutzend Zimmer. Das Gelände strotzt vor tropischen Blumen und es sind hier jede Menge Vögel unterwegs: es wurden schon 95 Arten gesichtet. Die hübschen und modernen Zimmer – in fünf unterschiedlichen Ausführungen – sind mit Himmelbetten ausgestattet. Hervorragender Service.

Der Tag lässt sich wunderbar an der Patiobar beschließen, die mit traditionellen panamaischen Masken geschmückt ist; von 18 bis 19 Uhr gehen die Drinks hier aufs Haus.

Essen & Ausgehen

Mike's Global Grill INTERNATIONAL $
(☎730-9360, 6865-8873; www.mikesglobalgrill.com; Av Central Oeste; Hauptgerichte 7–12 US$; ⏲Mo–Do 8–22, Fr & Sa 8–23, So 9–22 Uhr) Das Restaurant ist das „Baby" von Mike und Heidi, die sich am Südpol kennengelernt haben – wo sonst? Um das Thema Wanderlust noch weiterzuführen, reichen die Gerichte von asiatischer Fusionsküche über nordamerikanisches Chili bis hin zu britischen Fish and Chips. Die Atmosphäre ist entspannt, es gibt eine lange Bar und Sofas. Frühstück wird jeden Tag aufgetischt, Livemusik gibt's donnerstag-, freitag- und samstagabends.

El Sabrosón #3 CAFETERIA $
(☎720-2147; Av Central; Hauptgerichte 3–6 US$; ⏲Mo–Fr 6.30–22, Sa & So bis 23 Uhr) Unser Liebling der drei Filialen der sehr beliebten panamaischen Institution produziert billige und sättigende panamaische Küche im Cafeteriastil; die Tische stehen auf einer Terrasse an der Hauptstraße. Zwar schießen in Boquete edle Esstempel im westlichen Stil aus dem Boden, doch diese lokale Institution bleibt ihren Wurzeln treu.

Pizzeria Ricos Little Italy PIZZA $
(☎720-1291, 6390-2415; gegenüber Calle 4a Sur; Pizza klein 7–10 US$, groß 13–20 US$; ⏲Di–So 11–21 Uhr) Die winzige Pizzeria mit nur sechs Tischen serviert authentische Pizzas. Gleich auf der anderen Seite der Brücke beim Jahrmarktgelände.

Gelateria La Ghiotta EISCREME $
(☎6107-1465; Ecke Av Central & Calle Central; 1/2/3 Kugeln 1,75/2,75/3,75 US$; ⏲Do–Di 11–20 Uhr) Die zentral gelegene und sehr freundliche kleine *gelateria* beeindruckt mit tollem italienischem Eis. Unter den zehn Sorten finden sich z. B. *guanabana* (Stachelannone), Ananas und Kaffee.

★ **Boquete Fish House** FISCH & MEERESFRÜCHTE $$
(☎6521-2120, 6918-7111; www.facebook.com/BoqueteFishHouseRestaurant; Av Central; Hauptgerichte 10–14 US$; ⏲Mo–Sa 12–20 Uhr) Eine der besten Adressen für eine köstliche, preiswerte Mahlzeit in Boquete ist dieses Fischrestaurant an der Quebrada Grande. Hier wird Seebarsch auf acht verschiedene Weisen zubereitet, z. B. köstlich in Salatblätter eingewickelt und gedämpft oder auch ganz einfach als Fish and Chips. Außerdem gibt's noch Fleisch- und vegetarische Gerichte.

★ **Il Pianista** ITALIENISCH $$
(☎720-2728; Palo Alto; Hauptgerichte 12–17,50 US$; ⏲Di–So 12–22 Uhr) Das italienische Restaurant hat Steinwände und nur ein paar Tische an einer der Bergstraßen von Boquete. Der Sizilianer Giovanni kocht, seine panamaische Frau Doris serviert. Eine Pizza oder Calzone mit einem Fläschchen Wein bilden ein nettes gemächliches Mittagsmahl – eilig sollte man es nicht haben, denn die Bedienung kann etwas langsam sein. Hier fahren die Ortsbusse vorbei oder man folgt einfach den Schildern zum Boquete Garden Inn: Das Restaurant liegt gleich oberhalb.

Boquete Brewing Company KLEINBRAUEREI
(☎6494-4992; www.boquetebrewingcompany.com; Av Central; ⏲16–22 Uhr) Heutzutage sind Craft-Bier-Kneipen und -Bars im US-amerikanischen Stil in Panama völlig angesagt – in Panama-Stadt gibt's fünf, warum also auch nicht eine in Boquete? Hier werden stets acht Biere und zwei Cidre vom Fass geboten, von göttlich bis lächerlich (Wassermelonenbier). Prost!

Praktische Informationen

ATP (☎720-4060; chiriqui@atp.gob.pa; Hwy 43; ⏲8–16 Uhr) Das große ATP-Büro befindet sich etwa 1,5 km südlich von Boquete an der Straße nach David auf einem Felsvorsprung hoch über der Stadt. Hier gibt's Karten und Informationen über die Sehenswürdigkeiten der Region. Im Erdgeschoss befindet sich ein Café, oben erläutert eine Ausstellung die Geschichte der Gegend (auf Spanisch).

Banco Nacional de Panama (☎720-1328; Av Central; ⏲Mo–Fr 8–15, Sa 9–12 Uhr) Mit Geldautomat.

Centro Medico San Juan Bautista (☎720-1881; Calle 2 Norte) Medizinische Versorgung.

Global Bank (☎720-2329; Av Central; ⏲Mo–Fr 8–15, Sa 9–12 Uhr) Mit Geldautomat.

Post (⏲Mo–Fr 7–18, Sa bis 17 Uhr) Im alten Bahnhof an der zentralen Plaza.

Anreise & Unterwegs vor Ort

Das **Hauptbusterminal** befindet sich an der Hauptstraße beim Hauptplatz. Busse nach David (1,75 US$, 1 Std., alle 30 Min.) fahren von 5 bis 18.30 Uhr halbstündlich von der **Südseite der Hauptplaza von Boquete**. Ab David verkehren sie von 6 bis 21.30 Uhr. Stündlich fahren außerdem Busse nach Caldera (2 US$, 45 Min.).

Shuttlevans fahren vor dem **Mamallena Boquete Hostel** (S. 714) ab nach Bocas del Toro (30 US$ inkl. Boot, 4 Std.) und Santa Catalina (35 US$, 5 Std.).

Im kleinen Ort Boquete ist alles gut zu Fuß zu erkunden. Die Fahrt mit einem der Stadtbusse *(urbano)*, die sich die Berge hochquälen, kostet 0,50 US$. Sie fahren an der **Hauptstraße einen Block nördlich der Plaza** ab. Eine Taxifahrt zu den meisten Zielen in der Stadt kostet zwischen 2 und 3 US$.

Motorroller (25 US$ pro Std.) und Fahrräder (ca. 3 US$) können in Reisebüros und Hostels des Orts ausgeliehen werden. Autos vermietet **Dollar** (☎721-1103; Plaza Los Establos, Av Central; ⏲8–17 Uhr); mit einem eigenen Fahrzeug lässt sich wunderbar die Umgebung erkunden.

Parque Nacional Volcán Barú

Der 143 km² große **Nationalpark** (Eintritt 5 US$) breitet sich rund um den Volcán Barú aus, den einzigen Vulkan Panamas, der zugleich das geografische Wahrzeichen der Provinz Chiriquí ist. Der Vulkan ist nicht mehr aktiv, war es aber offensichtlich mal, und hat nicht nur einen, sondern gleich sieben Krater. Mit 3474 m ist er die höchste Erhebung Panamas. An klaren Tagen kann man von seinem Gipfel die Küsten des Pazifiks und der Karibik sehen.

Im Nationalpark verläuft auch der Sendero Los Quetzales (S. 717), einer der landschaftlich reizvollsten Wanderwege im ganzen Land. Wie der Name schon andeutet, bietet der Weg eine der besten Möglichkeiten in Panama, den seltenen, aber prächtigen Quetzal zu erblicken, besonders während der Trockenzeit von Februar bis Mai. Aber auch wenn der Paradiesvogel der Mayas sich nicht blicken lässt: Der Park ist Lebensraum von mehr als 250 weiteren Vogelarten sowie von Pumas, Tapiren und dem Paka, einem großen gefleckten Nagetier, auch *conejo pintado* genannt, „angemaltes Kaninchen".

Aktivitäten

Volcán Barú WANDERN

Da man vom Gipfel sowohl den Pazifik als auch das Karibische Meer sehen kann, wollen viel Besucher den Volcán Barú besteigen. Bei schlechtem Wetter lohnt sich der Aufstieg möglicherweise nicht, weil er uneben und anstrengend ist. Außerdem ist bei bewölktem Himmel nur wenig zu sehen. Östlich (Boquete) und westlich (Volcán) des Vulkans gibt es Eingänge zum Nationalpark.

Der Aufstieg ab Boquete im Osten ist einfacher, aber auch er ist eine anstrengende, 13,5 km lange Bergwanderung, die direkt beim Parkeingang beginnt, 8 km nordwestlich des Zentrums von Boquete. Bis zur Ranger-Station und noch einige Kilometer darüber hinaus ist der Weg gepflastert. Wenn man mit einem Taxi oder eigenen Auto so weit wie möglich hinauffährt und den Rest des Weges zu Fuß geht, dauert es vom Parkeingang bis zum Gipfel etwa fünf oder sechs Stunden. Für den Fußmarsch von Boquete aus sollte man nochmals zwei bis drei Stunden – für die einfache Strecke – rechnen.

Am besten geht man um 23 oder 24 Uhr los und ist dann zum Sonnenaufgang oben. Dafür benötigt man allerdings einen Führer und muss gegen die Kälte gewappnet sein. Eine andere Möglichkeit ist, auf dem Berg zu übernachten. Dann kann man ebenfalls morgens den überwältigenden Blick vom Gipfel genießen.

Der westliche Parkeingang befindet sich am Ortsende von Volcán, an der Straße nach Cerro Punta. Kurz hinter der Hauptstraße zweigt eine holperige, 16,5 km lange Allradstraße ab, die zum Fuß des Vulkans führt. Von diesem Parkeingang hat man einen grandiosen Blick auf die Krater und die umliegenden Gipfel. Ein schöner Rundwanderweg führt sowohl durch wieder aufgeforsteten als auch ursprünglich belassenen Urwald. Der Aufstieg dauert acht bis zehn Stunden.

★ Sendero Los Quetzales WANDERN

Einer der schönsten Wanderwege Panamas führt von Cerro Punta nach Boquete und kreuzt immer wieder den Rió Caldera. Der Weg kann in beiden Richtungen abgelaufen werden, ist aber einfacher von Westen in Richtung Osten, denn Cerro Punta liegt fast 1000 m höher als Boquete, sodass es hier zum größten Teil bergab geht. Für die 8 km lange Strecke sollte man vier bis sechs Stunden veranschlagen. Allerdings dauert es noch einmal jeweils zwei Stunden, zum Startpunkt des Weges zu kommen bzw. vom Endpunkt wegzukommen (insgesamt ca. 23 km). Am besten geht man mit einem Guide.

Die Fahrt mit einem Allradtaxi zum Startpunkt des Weges in Cerro Punta kostet 25 US$ pro Person; ein *colectivo* (Sammeltaxi) kostet 6 US$. Die Taxifahrer kennen die Gegend übrigens unter dem Namen „Respingo“. Aufgrund von Erdrutschen kann der Zustand der Straßen sehr schlecht sein. Der Weg beginnt 5 km oberhalb der Hauptstraße und 2 km nach Ende der letzten befestigten Straße. Nach dem Endpunkt des Wanderweges sind es noch 8 km bis nach Boquete. Diese Strecke kann auch mit einem Taxi zurückgelegt werden. Insgesamt ist der Weg etwa 23 km lang, sodass die gesamte Begehung auf jeden Fall gut geplant sein sollte.

Von David fahren Busse nach Cerro Punta (3,50 US$, 2¼ Std.), letzte Abfahrt 18 Uhr. Wer nicht sein ganzes Gepäck mitschleppen will, lässt es in einem Hotel in David und nimmt nur das unbedingt Notwendige für die Wanderung mit, einschließlich etwas Bargeld, um in Boquete essen und eventuell übernachten zu können.

Man sollte auf jeden Fall daran denken, dass sich besonders nach starkem Regen die Bedingungen jederzeit ändern können. Am besten wandert man den Weg mit einem Führer; es wird ohnehin gerade diskutiert, ob das nicht obligatorisch werden soll. In letzter Zeit haben sich hier viele Wanderer verirrt und es gibt so gut wie keine Einrichtungen zur Bergrettung.

Schlafen

Parque Nacional Volcán Barú Camping CAMPINGPLATZ $

(Stellplätze 5 US$) Campen ist im Park und entlang dem Weg zum Vulkangipfel von Boquete aus möglich, ebenso am Sendero Los Quetzales – bei einem Picknickplatz namens Mirador La Roca – oder bei der Rangerstation am Ausgangspunkt des Sendero Los Quetzales bei Cerro Punta.

Praktische Informationen

Der Eintritt zum Park ist entweder an den Startpunkten der Wanderwege, die auf den Gipfel des Vulkans hinaufführen, oder in der Rangerstation am Ausgangspunkt des Sendero Los Quetzales in Cerro Punta zu bezahlen. Die beste Zeit für einen Besuch des Nationalparks ist die Trockenzeit und dann frühmorgens, wenn die Tiere am aktivsten sind.

Nachts können die Temperaturen unter den Gefrierpunkt absinken, tagsüber und insbesondere morgens ist es oft recht kalt und windig – also warm anziehen und eine Taschenlampe mitnehmen.

An- & Weiterreise

Der Startpunkt des Wanderwegs, der auf den Gipfel des Volcán Barú führt, ist am besten von Boquete aus zu erreichen, der Sendero Los Quetzales am besten von Cerro Punta aus. Ein Taxi kostet 30 bzw. 25 US$.

Cerro Punta

7750 EW.

Das stille Bergstädtchen auf 800 m Höhe erinnert an ein Alpendorf. Wenn man sich Cerro Punta nähert, nimmt die Gegend ein fast europäisches Aussehen an, mit sorgsam gepflegten Gemüsebeeten und Häusern im Chaletstil mit steilen Dächern. Daher überrascht es kaum zu erfahren, dass hier vor langer Zeit eine Schweizer Kolonie gegründet wurde und der unmittelbar südlich gelegene Weiler Nueva Suiza (Neue Schweiz) heißt.

Reisende kommen vor allem in der Trockenzeit von Mitte Dezember bis April nach Cerro Punta, um den beiden Nationalparks in der Nähe einen Besuch abzustatten: Volcán Barú und La Amistad. Aber auch der Ort selbst bildet eine reizende Zwischenstation, u. a. wegen der saftigen Erdbeeren, die es hier die meiste Zeit des Jahres an Straßenständen zu kaufen gibt.

ABSTECHER

LOST & FOUND HOSTEL

Das **Lost & Found Hostel** (☎6432-8182; www.thelostandfoundhostel.com; Valle de la Mina; B/DZ/3BZ ohne Bad 15/35/50 US$, Frühstück 4–6 US$, Mittagessen 5–6 US$, Abendessen 6–8 US$; @ 📶) ist die einzige Nebelwald-Lodge in Panama, ein zu Fuß erreichbares Backpackermekka auf einem steilen Hügel mit gewaltigem Bergpanorama. Es gibt zwei Schlafsäle – ein weiterer entsteht gerade – mit zehn bis 15 Betten sowie vier einfache, aber saubere Privatzimmer. Die Gemeinschaftsbäder sind im Kabinenstil gehalten und sehr gut in Schuss.

Die neue Küche ist mit zum Verkauf stehendem Proviant bestückt, man kann aber auch fertige Mahlzeiten bestellen. Außerdem gibt's noch einen kleinen Pub, eine Lounge und ein Filmloft, weit entfernt von den Schlafenden.

Die Eigentümer aus Kanada haben alles bis ins Detail geplant, von zwei kniffligen Schatzsuchen, bei denen sie ihre Gäste durch Flüsse und Labyrinthe scheuchen, bis zu dem bis auf 2200 m Höhe führenden Wegenetz durch das Waldschutzgebiet La Fortuna. Die angebotenen Aktivitäten sind vielseitig und preisgünstig und jeden Tag brechen drei Exkursionen auf. Ein Highlight stellt die Lost World Tour (40 US$) dar, die die Wanderer zu einem spektakulären Wasserfall und einer indigenen Gemeinschaft führt. Außerdem kann man die Wanderwege zu Pferd erkunden (40 US$) und einen einheimischen Kaffeeerzeuger besuchen (25 US$). Das Maskottchen des Hostels ist Rocky, der hauseigenen Wickelbär, der in und um seinen Käfig herum lebt, aber in der Wildnis nicht mehr überleben könnte. Schön sind auch der Aussichtsturm und eine neue kleine Seilrutsche, die Gäste umsonst nutzen können.

In Anbetracht der abgeschiedenen Lage der Lodge ist es unbedingt erforderlich, einen Tag im Voraus per Telefon oder E-Mail zu buchen. Um hierher zu gelangen, nimmt man in David einen Bus (3,50 US$, 1 Std.) und bittet den Fahrer, einen bei Km 42 am großen Lost & Found-Schild abzusetzen. Dann folgt man dem Weg rechts vom Lebensmittelladen etwa 20 Minuten bergauf. Man kann auch einen Bus ab Changuinola oder Almirante (ca. 7 US$) in der Provinz Bocas del Toro nehmen. Vom Mamallena Hostel in Boquete fahren spezielle Shuttlebusse für 15 US$ zum Lost & Found.

Schlafen & Essen

Hotel Cerro Punta HOTEL $
(☎6546-7334, 771-2020; www.hotelcerropunta.com; EZ/DZ 24/36 US$; P 📶) Das freundliche Hotel an der Hauptstraße bietet eine Reihe von zehn schon recht stark in die Jahre gekommenen Betonzimmern. Doch sie sind von einem Hof mit Rasen gesäumt, und wer auf dem Weg in einen der Nationalparks Volcán Barú und La Amistad ist, kann hier noch einmal eine heiße Dusche im eigenen Bad genießen – es wird für eine ganze Weile die letzte sein. Das angeschlossene Restaurant ist recht gut und obendrein preisgünstig.

An- & Weiterreise

Von David fahren Busse über Volcán und Bambito nach Cerro Punta (3,50 US$, 2¼ Std., alle 20 Min.) und dann weiter nach Guadalupe. Wer aus Costa Rica kommt, nimmt diesen Bus ab der Abzweigung von der Panamericana bei La Concepción.

Wer selbst fährt: Die Hauptstraße führt durch Cerro Punta und endet 3 km später in Guadalupe. Links führt eine weitere Straße zum Eingang Las Nubes des Parque Internacional La Amistad, knapp 7 km nordwestlich.

Parque Internacional La Amistad

Der 4000 km² große Parque Internacional La Amistad, ein Paradies für Wanderer und Naturkundler, erstreckt sich über Teile der Provinzen Chiriquí und Bocas del Toro. Obwohl der größte Teil des Parks in letzterer Provinz liegt, ist der Teil in Chiriquí mit seinem Eingang bei Las Nubes leichter zugänglich.

Aktivitäten

Der größte Teil des Parks besteht aus unzugänglichem Terrain hoch oben im Talamanca-Gebirge. Doch ein Abstecher in den Park lohnt sich auf jeden Fall: Hier sind 90 Säugetierarten und darunter alle sechs Katzenarten gesichtet worden, außerdem über 450 Vogelarten, so auch der Quetzal und die Harpyie.

Lost World Tours ABENTEUERTOUREN

(☎6432-8182, 6920-3036; www.thelostandfoundhostel.com; 2-/4-Pers.-Wanderungen 500/400 US$ pro Pers.) Der La Amistad Trek führt von Guadalupe durch den Regenwald der kontinentalen Wasserscheide und über das Tiefland nach Norteño in der Provinz Bocas del Toro. Die Wanderung dauert je nach Gruppe drei bis vier Tage und wird von einem zweisprachigen ehemaligen Friedenscorps-Freiwilligen und einem einheimischen indigenen Guide angeführt. Die Übernachtung erfolgt in Ngöbe-Buglé-Dörfern und man wird mit panamaischer Kost verpflegt.

Das Terrain ist sehr steil und zerklüftet und das Wetter kann unberechenbar sein; die Touren empfehlen sich nur für Leute mit beträchtlicher Wandererfahrung.

Schlafen

Rangerstation Las Nubes HÜTTEN $

(☎775-3163, 774-6671; B 15 US$) Die einfache Rangerstation in Las Nubes verfügt über eine Schlafsaalhütte mit Stockbetten. Da diese Schlafplätze besonders bei ausländischen Schülergruppen sehr beliebt sind, sollten sie im Voraus reserviert werden. Den Gästen steht auch eine Küche zur Verfügung. Einkaufen muss man in Cerro Punta. Auch Bettzeug muss mitgebracht werden; gut ist ein Moskitonetz. Reservieren kann man telefonisch beim Ministerio de Ambiente in David und beim Co-op Restaurant am Parkeingang.

Praktische Informationen

Den Eintritt zum Park (5 US$) zahlt man bei der Parkverwaltung in Las Nubes, 6 km nordwestlich von Cerro Punta. Campinggenehmigungen (10 US$ pro Pers.) sind in der Rangerstation Las Nubes erhältlich.

Wer vorhat, einige Zeit in Las Nubes zu verbringen, sollte eine Jacke oder einen Pullover im Gepäck haben, denn da dieser Teil des Nationalparks auf 2280 m Höhe liegt, ist es hier teils kühl: Die Tagestemperatur beträgt normalerweise um die 24 °C, nachts zeigt die Quecksilbersäule aber oft nur noch 3 °C an.

An- & Weiterreise

Der Parkeingang von Las Nubes ist etwa 6 km nordwestlich von Cerro Punta, wo ein Schild an der Hauptstraße die Abzweigung markiert. Ein Taxi kostet etwa 7 US$.

PROVINZ BOCAS DEL TORO

Wo kleine Inseln im tiefblauen Karibischen Meer liegen, erstreckt sich die Provinz Bocas del Toro, die all das hat, was man sich unter den Tropen so vorstellt. Dies ist das bedeutendste Touristenziel Panamas und beschert den Besuchern zweifelsohne unvergessliche Erinnerungen. Der Archipel besteht aus sechs dicht bewaldeten größeren Inseln, unzähligen unbewohnten Inselchen und dem ältesten Meeresnationalpark Panamas, dem Parque Nacional Marino Isla Bastimentos.

Von hier werden aber auch die Chiquita-Bananen verschifft. Auf dem Festland erstreckt sich der Parque Internacional La Amistad, der bis über die Grenze nach Costa Rica hineinreicht. Hier sind Wildtiere wie der scheue Jaguar zu Hause und in traditionellen Siedlungen leben Ngöbe und Buglé. Die hiesigen Naso werden als einer von nur noch wenigen amerikanischen Volksstämmen bis heute von einem Monarchen geführt.

Bei den meisten Besuchern handelt es sich um echte Fans von Sonne und Meer. Eigentlich kann niemand von der perfekten Mischung aus Wasserspaß und Luxus unter Palmen enttäuscht sein, doch die vielleicht schönste Ecke Panamas hat noch erheblich mehr zu bieten.

Isla Colón

9000 EW.

Die am weitesten erschlossene Insel des Archipels beherbergt die Provinzhauptstadt Bocas del Toro. Ab Mitte der 1990er-Jahre strömten ausländische Investoren auf die Insel und schufen Hotels, Restaurants und Apartmenthäuser, während die Infrastruktur für Wasserversorgung und -entsorgung sowie die Müllbeseitigung weit hinterherhinkte. Heute versucht die Insel, deren Energiebedarf mit Dieselkraftstoff gedeckt wird, ein Gleichgewicht zwischen einer hinreichenden Erschließung und den Bedürfnissen der Gemeinschaft zu finden.

Aktivitäten

Angeln

Am günstigsten kommen ehrgeizige Angler weg, wenn sie sich mit einem Wassertaxi zum Küstenangeln fahren lassen. Die Angelschnur ist zunächst etwas schwierig zu handhaben, aber man gewöhnt sich daran. Am besten fährt man frühmorgens raus.

Archipiélago de Bocas del Toro

Archipiélago de Bocas del Toro

Highlights

1 Parque Nacional Marino Isla Bastimentos E4

Sehenswertes

2 Boca del Drago A1
3 Finca Los Monos Botanical Garden B3
4 Fledermaushöhle von Nivida E3
5 Playa Bluff C2
6 Playa Punch C2
7 Red Frog Beach D3
8 Wizard Beach D3

Aktivitäten, Kurse & Touren

Bastimentos Alive .... (s. 16)
9 Bastimentos Sky Zipline Canopy Tour D3
10 Up in the Hill D3

Schlafen

11 Aqua Lounge C3
12 Bambuda Lodge C3
13 Beverly's Hill C3
14 Bubba's House C3
15 Cabañas Estefany A1
Gran Kahuna Beach Hostel .... (s. 11)
16 Hostal Bastimentos D3
17 Palmar Tent Lodge D3
18 Sand Dollar Beach Bed & Breakfast B2
19 Tesoro Escondido C2
Tierra Verde .... (s. 11)
20 Tío Tom's Guesthouse C3

Essen

Chavela .... (s. 16)
21 Coco Hill D3
22 Leaf Eaters Cafe C3
23 Nacho Mama's D3

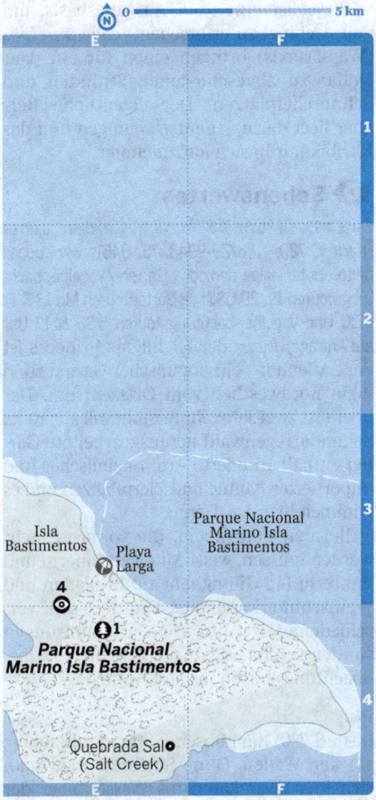

Bootstouren

Zu den beliebtesten Touren in der Gegend gehören ganztägige Schnorchelausflüge. Sie sind bestens geeignet für alle, die nicht tauchen, aber trotzdem etwas von der artenreichen Unterwasserwelt sehen wollen. Bei einer solchen Tour, die 25 US$ pro Person kostet, schnorchelt man in der Dolphin Bay, vor Cayo Crawl, Red Frog Beach (Eintritt 3 US$) oder Hospital Point.

Die Fahrt zu den weiter entfernten Cayos Zapatillas kostet 30 US$ zuzüglich 5 US$ für den Eintritt in den Meeresnationalpark. Dafür sind das Mittagessen, ein Sonnenbad am Strand und eine kurze Urwaldwanderung auf Cayo Zapatilla Sur im Preis inbegriffen.

Vieles, was sich „Tour" schimpft, ist in Wirklichkeit nicht viel mehr als die Bootsfahrt zu einem schönen Platz zum Schnorcheln. Wer eine eigene oder geliehene Schnorchelausrüstung mitbringt, kann auch ein Motorboot chartern. Immer vor der Abfahrt den Preis aushandeln.

Kajakfahren

Auch wenn der starke Bootsverkehr und der manchmal hohe Wellengang höchste Aufmerksamkeit erfordern, ist es eine tolle Sache, mit dem Seekajak zwischen den Inseln herumzupaddeln. Einige Tauchläden und Hostels vermieten Kajaks.

Radfahren

Mit einem Fahrrad ist man gleich viel mobiler, sei es nach Boca del Drago über die befestigte Straße oder über die unbefestigte zur Playa Bluff. Allerdings ist die Fahrradtour vom Ort Boca nach Boca del Drago ganz schön anstrengend – wer sich seiner Fitness nicht ganz sicher ist, sollte lieber die Punta Bluff ins Visier nehmen. Einige Hostels sowie **Ixa's Bike World** (Karte S. 723; Av H; 1 US$ pro Std., halber/ganzer Tag 7/10 US$; ⏲ 8–18 Uhr) und **Bocas Bicis** (Karte S. 723; Av E; Nebensaison 1,50/5 US$, Hochsaison 2/10 US$ pro Std./Tag; ⏲ 9–19 Uhr) in Bocas-Stadt verleihen Fahrräder. Flying Pirates (S. 724) vermietet Quads.

Surfen

Für Surfanfänger, die sich in Riffwellen üben wollen, eignet sich die **Playa Punch** (Playa Paunch; Karte S. 720) mit ihrer Mischung aus Right- und Lefthandern sehr gut. Natürlich kann es auch hier große, schwer zu reitende Brecher geben, aber im Allgemeinen gehören die Wellen an diesem Strand zu den einfachsten der Gegend.

Direkt hinter der Playa Punch, an der Straße zur Playa Bluff, brechen sich am Strand tolle Reefbreaks, die **Dumpers** genannt werden. Da sich die nach links laufenden Wellen bis zu 3 m hoch auftürmen können, sollten sie nur von erfahrenen Surfern geritten werden – die Gefahr, auf das Riff geschleudert zu werden, ist sehr groß. Es gibt auch einen Inner Break, den sogenannten **Inner Dumps**, der ebenfalls nach links verläuft, aber nicht ganz so gnadenlos ist wie der Kumpel außen.

Achtung: Nicht aufs Riff treten, denn es ist scharfkantig und voller Seeigel – nicht barfuß gehen! Passiert doch einmal etwas, muss die Wunde sofort gründlich desinfiziert werden. Man sollte daran denken, dass das Meerwasser in der Karibik den Heilungsprozess nicht befördert: Dank der warmen Wassertemperaturen ist es voller lebender Bakterien.

Der berüchtigtste Surfspot der Insel ist die Playa Bluff (S. 722), wo kraftvolle, hohl brechende Wellen ins seichte Wasser entlang des Strandes krachen. Immer mal wieder splittert hier ein Brett – und manchmal leider auch ein Knochen. Auch wenn die Wellen schnell brechen, sind die Tubes einfach klasse, besonders bei starker Dünung.

Tauchen & Schnorcheln

Erfahrene Taucher, die das kristallklare Wasser der Karibik gewöhnt sind, dürften von dem Archipel enttäuscht sein – fast 40 Flüsse laden ihren Treibsand im umliegenden Meer ab –, aber die Inselgruppe hat dennoch einiges zu bieten. Im smaragdgrünen Wasser des Archipels tummeln sich Barrakudas, Stachelrochen, Delfine und Ammenhaie. Lohnende Tauchstellen in der Nähe sind das **Dark Wood Reef** nordwestlich der Insel Bastimentos, der **Hospital Point**, eine 15 m hohe Wand vor Cayo Nancy, und die Gegend um die Boje bei der **Punta Juan** nördlich der Isla Cristóbal.

Zwei Tauchgänge kosten ungefähr 70 bis 75 US$, Zertifizierungskurse ab 250 US$. Einige zuverlässige Veranstalter bieten ab Bocas preiswerte Schnorchel- und Tauchtrips.

Wandern

Wer sich abseits der ausgetretenen Pfade bewegen möchte, findet ein dichtes Netz unmarkierter Pfade vor, die die ganze Isla Colón überziehen. Einer der bekannteren Wege beginnt am Ende der Küstenstraße in Mimbi Timbi im Nordosten und führt Richtung Westen die Küste entlang bis nach Boca del Drago. Die Wanderung dauert etwa sechs Stunden; man sollte vor Einbruch der Dunkelheit am Ziel sein. Unbedingt ausreichend Trinkwasser mitnehmen! Der Weg windet sich an kleinen und großen Höhlen vorbei durch einen dichten Urwald voller Schlingpflanzen. Mit einem Fahrrad geht's etwas schneller, auch wenn man es über manche Strecken tragen muss, vor allem wenn es kurz zuvor geregnet hat.

Bocas del Toro

7400 EW.

Bocas del Toro, kurz Bocas genannt, eine farbenprächtige Stadt aus Holzhäusern, wurde Anfang des 20. Jhs. von der United Fruit Company erbaut. Die heutigen Einwohner von Bocas sind eine lässig-entspannte Gemeinschaft von Karibikbewohnern, Latinos und Nordamerikanern, die sich hier niedergelassen haben. Es herrscht eine freundliche Atmosphäre, die ansteckt. Bocas kann man recht leicht erkunden und noch leichter ist es, hier eine Weile zu bleiben.

Bocas ist eine gute Ausgangsbasis, um den Archipel zu erforschen; *taxis marinos* (Wassertaxis) bringen einen für ein paar Dollar zu abgeschiedenen Stränden und Schnorchelplätzen. Der eigentliche Reiz aber liegt darin, zu entschleunigen und das Karibikflair in sich aufzunehmen.

Sehenswertes

Finca Los Monos Botanical Garden GARTEN
(Karte S. 720; ☎6729-9943, 757-9461; www.bocasdeltorobotanicalgarden.com; Garten-/Vogelbeobachtungstouren 15/25 US$; ⌚Gartentouren Mo 13 & Fr 8.30 Uhr, Vogelbeobachtungstouren 6.30 & 17 Uhr auf Anfrage) Eines der Highlights in Bocas ist der „Affenhof", ein botanischer Garten rund 2 km nordwestlich vom Ortszentrum. Der über fast zwei Jahrzehnte mühevoll aus 10 ha Sekundärregenwald herausgearbeitete Garten enthält Hunderte Arten heimischer und importierter Bäume und Zierpflanzen und es wimmelt hier von Tieren.

Bei den Führungen, die vorausgebucht werden müssen, weist Miteigentümerin und Führerin Lin Gillingham auf Brüllaffen und Weißschulterkapuziner, Faultiere und verschiedene Vögel hin. Die Gartenführungen werden regelmäßig angeboten, die Vogelbeobachtungstouren nur auf Anfrage.

Playa Bluff STRAND
(Karte S. 720) Ein hübscher Strand mit hohen, starken Wellen. Ohne Surfbrett wagt man sich hier zwar kaum ins Wasser, aber der Sand unter den Palmen ist weich und hellgelb. Der Strand ist 8 km von Bocas-Stadt entfernt, gleich an der Straße, nachdem man die Punta Bluff umrundet hat. Von Mai bis September dient die Playa Bluff Meeresschildkröten zur Eiablage.

Boca del Drago STRAND
(Drachenmaul; Karte S. 720) Boca del Drago, im Nordwesten der Isla Colón, zählt zu den schönsten Stränden auf der Insel, obwohl die Brandung teils recht heftig sein kann. Mehr oder weniger direkt vorm „Drachenmaul" besteht der Meeresboden aus Korallen und Sand: Hier lässt es sich bei ruhiger See und klarem Wasser gut schnorcheln.

Aktivitäten

Dragon Tours BOOTSTOUREN
(Karte S. 723; ☎6499-6317, 757-7010; www.dragon-tours.net; Ecke Calle 3 & Av C; 39–48 US$ pro Pers. inkl. Mittagessen) Das altbewährte Charterunternehmen schippert mit seinem für den Zweck erbauten 20-m-Katamaran –

Bocas del Toro (Stadt)

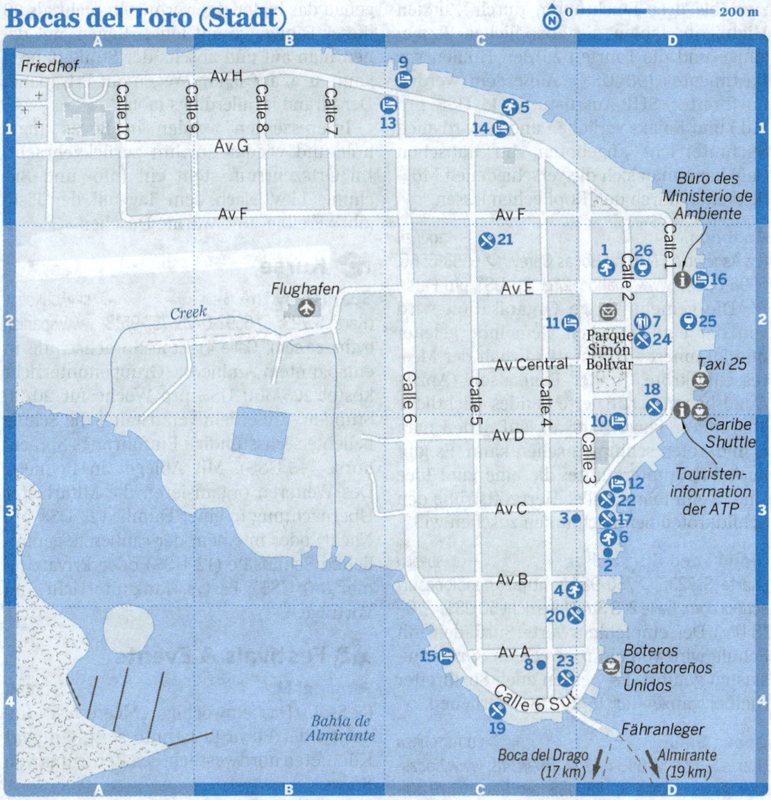

Bocas del Toro (Stadt)

Aktivitäten, Kurse & Touren
1 Bocas Bicis ... D2
2 Bocas Sailing ... D3
3 Dragon Tours ... C3
4 Flying Pirates ... C3
5 Ixa's Bike World ... C1
6 La Buga ... D3
7 Mono Loco Surf School ... D2
8 Spanish by the Sea ... C4

Schlafen
9 Cocomo ... C1
10 Hostal Hansi ... D3
11 Hostel Heike ... C2
12 Hotel Bocas del Toro ... D3
13 Hotel Lula's ... C1
14 Mondo Taitú ... C1
15 Residencial Dos Palmas ... C4
16 Selina Hostel Bocas del Toro ... D2

Essen
17 Buena Vista Bar & Grill ... D3
18 Cafe del Mar ... D2
19 El Último Refugio ... C4
20 Om Café ... C4
21 Pizzeria Alberto ... C2
22 Raw Fusion ... D3
23 Super Gourmet ... C4
24 Taco Surf ... D2

Ausgehen & Nachtleben
25 Barco Hundido ... D2
26 Bookstore Bar ... D2
Selina Bar ... (s. 16)

komplett mit Wasserrutsche – auf Tagestouren zu verschiedenen Inseln. Zum Ausflug gehört immer ein Mittagessen mit Essen vom Grill, Pizza usw.

La Buga TAUCHEN
(Karte S. 723; ☎ 6781-0755, 757-9534; www.labugapanama.com; Calle 3; ⏰ 8–20 Uhr) Der sehr renommierte Tauchanbieter führt pro Tag

zwei bis drei Tauchtouren durch. Zu den Highlights zählen die abendlichen Tauchgänge und die Fahrten zu den Höhlen vor Bastimentos (90 US$). Außerdem werden Surfbretter, SUP-Ausrüstung (15 US$ pro Std.) und Kajaks verliehen und es wird auch Surfunterricht angeboten. Im hübschen Café kann man sich die verschiedenen Möglichkeiten durch den Kopf gehen lassen.

Anaboca TOUREN
(La Asociación Natural Bocas Carey; ☎6553-6566, 6996-0608; www.anaboca.org; 20 US$ pro Pers.) Die gemeinnützige Organisation wird von der einheimischen Gemeinde geleitet und kümmert sich um den Erhalt der Meeresschildkröte. In der Brutsaison (April–Aug.) bieten zertifizierte Guides nächtliche Touren zur Playa Bluff an, auf denen man Schildkröten schlüpfen sehen kann. Es gibt auch Privatunterkünfte, die eine gute Idee sind, wenn man in aller Herrgottsfrühe den Schildkröten beim Schlüpfen zusehen will.

Mono Loco Surf School SURFEN
(Karte S. 723; ☎760-9877; http://monolocosurfschool.com; Calle 2; 3 Std. Unterricht 50 US$; ⊙9–18 Uhr) Der empfehlenswerte Surfladen mit Schule wird von ein paar echten Surfenthusiasten geführt. Es werden auch Surfbretter (halber/ganzer Tag 15/20 US$) verliehen.

Bocas Sailing BOOTSTOUREN
(Karte S. 723; ☎6464-4242, 757-7048; www.bocassailing.com; Calle 3; 48 US$ pro Pers.; ⊙9.30–16.30 Uhr) Bocas Sailing bietet erschwingliche Abenteuer mit Übernachtung und der Möglichkeit zum Schnorcheln, Angeln und Delfinebeobachten. Die Touren auf dem knapp 13 m langen Katamaran sind sehr beliebt und auch für Kinder geeignet.

Flying Pirates ABENTEUERSPORT
(Karte S. 723; ☎6689-5050; http://flyingpiratesbocas.com; Ecke Calle 3 & Av B; halber Tag 90–110 US$, ganzer Tag 117–140 US$; ⊙9–19 Uhr) Eine der besten Arten, die Isla Colón zu erkunden, ist per Quad, und die auf ihrer eigenen 600-ha-*finca* (Bauernhof) auf dem Weg zur Playa Bluff ansässigen Flying Pirates können genau das bieten. Sie vermieten mehr als 30 dieser Fahrzeuge mit fetten Reifen, mit denen man auf und abseits der Straße fahren kann, u. a. auf 15 km Wegen auf Privatland. Der Strand ist allerdings tabu.

Interessenten werden in Bocas abgeholt und wieder dorthin zurückgebracht. Im Ortszentrum steht ein Info- und Buchungs-Lkw. Nach dem Tag auf der Piste gibt's Freibier und warme Duschen.

VERWIRRUNG UM BOCAS

Es verwirrt ein bisschen, dass die Stadt, die Provinz und der Archipel alle den Namen Bocas del Toro tragen. Um der Verwirrung Herr zu werden, nennen wir die Provinzhauptstadt einfach „Bocas".

Kurse

Spanish by the Sea SPRACHKURSE
(Karte S. 723; ☎6592-0775, 757-9518; www.spanishbythesea.com; Calle 4) Eine Sprachschule in entspanntem Ambiente. Gruppenunterricht kostet 225/300 US$ pro Woche für 20/30 Stunden. Außerdem veranstaltet die Schule beliebte sechsstündige Einführungs-Sprachkurse (45 US$). Mit Ableger in Boquete. Des Weiteren organisieren die Mitarbeiter Übernachtung in einer Familie (25 US$ pro Nacht) oder in einem der sauberen, gemütlichen Schlafsäle (12 US$) oder Privatzimmer (30 US$), Partys, Tanzunterricht und Vorträge.

Festivals & Events

Feria del Mar FESTIVAL
(⊙Sept.) Das einwöchige „Meeresfest" findet an der Playa El Istmito statt, ein paar Kilometer nordwestlich des Zentrums von Bocas.

Día de la Virgen del Carmen RELIGIÖSES FEST
(⊙Juli) Am dritten Sonntag im Juli pilgern die *bocatoreños* zur Höhle von La Gruta mitten auf der Isla Colón, wo eine Messe zu Ehren der Virgen del Carmen gefeiert wird.

Fundación de la Provincia de Bocas del Toro KULTUR
(⊙16. Nov.) Mit Paraden und anderen Veranstaltungen wird die Gründung der Provinz 1903 gefeiert. Zu dem großen Fest kommen Leute aus der ganzen Provinz.

Schlafen

BOCAS-STADT

Hostel Heike HOSTEL $
(Karte S. 723; ☎757-9708; www.hostelheike.com; Calle 3; B mit/ohne Klimaanlage 13/11 US$, DZ/3BZ mit Frühstück 24/36 US$; ❄@📶) Farbenfrohe Wandgemälde und Echtholz sorgen in einem alten Karibikhaus mitten im Ortszentrum für entspanntes Flair. Zu den neun Zimmern zählen Dorms mit bis zu zehn

Betten. Es gibt kaum etwas Besseres, als sich auf der weitläufigen Dachterrasse mit Hängematten in ein gutes Buch zu vertiefen und dabei ein kühles Bierchen zu genießen. Im Preis inbegriffen sind entkeimtes Wasser und warme Getränke.

Mondo Taitú HOSTEL $

(Karte S. 723; ☎760-8136; www.mondotaitu.com; Av G; B/DZ mit Gemeinschaftsbad 10/24 US$; @ 📶) Die erste Surferherberge in Bocas ist heute nur noch ein Schatten ihrer selbst, hält sich aber weiter über Wasser, mit einer coolen, geselligen Atmosphäre und recht gutem Nachtleben direkt vor Ort. Allerdings ist dies bestimmt keine Bleibe für Leute, die allergisch auf Schmutz reagieren. Zu den 13 Zimmern zählen Schlafsäle mit bis zu acht Betten. Es gibt eine Gemeinschaftsküche, eine beliebte Bar, eine Filmlounge und Waschmaschinen. Surfbretter werden für 15 US$ verliehen.

Hostal Hansi PENSION $

(Karte S. 723; ☎757-9085; http://hostalhansi.bocas.com; Ecke Av D & Calle 2; EZ mit Gemeinschaftsbad 13 US$, EZ/DZ/3BZ 18/33/39 US$; 📶) Das von Deutschen geleitete, katzenverrückte Gästehaus rühmt sich seiner Ruhe, der heißen Duschen und einiger strenger Regeln. Die 15 Zimmer sind mit Ventilatoren ausgestattet, makellos und komfortabel. Die Doppelzimmer haben einen eigenen Balkon. Die Gäste können in der großen Küche kochen, wo der Platz im Kühlschrank nach Zimmernummer vergeben ist. Die teutonische Reglementierungswut ist sicher nicht jedermanns Sache. Keine Reservierung möglich.

Residencial Dos Palmas HOTEL $

(Karte S. 723; ☎757-9906; www.facebook.com/Residencial-Dos-Palmas-1619749634947555; Calle 6 Sur; DZ/3BZ 30/35 US$; ❄) Das Hotel, das stolz darauf ist, „100 % Bocatoreño“ zu sein, hat acht einfache, mit Holz verkleidete, altmodisch eingerichtete Zimmer mit helltürkisfarbenen Wänden. Das Haus wird von einer freundlichen Matrone geführt und ist alles andere als nullachtfünfzehn. Manche werden es vielleicht etwas muffig finden. Es liegt über dem Meer und der Blick auf die Bucht von der hinteren Terrasse ist sensationell. Nicht den Sonnenuntergang verpassen!

Cocomo B&B $$

(Karte S. 723; ☎757-9259; www.cocomoonthesea.com; Ecke Av H & Calle 6; EZ/DZ/3BZ mit Frühstück 65/85/95 US$; ❄ 📶) Das bunte Holzhaus mit tropischem Garten und Terrasse am Strand, auf der die Hängematten schaukeln, lässt keine Wünsche offen. Das vom nordamerikanischen Tourismuspionier Doug geführte 4-Zimmer-B&B schreibt Service ganz groß. Ein herrlicher Ort, um sich bei schlechtem Wetter zu verkriechen. Zum Frühstück (All-you-can-eat) gehören frisches Gebäck, Zerealien, Obst und Omelett. Außerdem gibt's einen Wäscheservice, die Kajaks können gratis genutzt werden und man kann direkt vom Bootssteg losschwimmen.

NICHT VERSÄUMEN

OREBA-SCHOKOTOUR

Diese **Schokoladentour** (☎6649-1457; www.oreba.bocasdeltoro.org; 35 US$ pro Pers.) ab Bocas führt zu einer Bio-Kakaoplantage, die bei Almirante auf dem Festland von der indigenen Ngöbe-Buglé-Gemeinschaft geführt wird. Die Teilnehmer können die Plantage besichtigen, Faultiere sehen, Schokolade probieren – die einen der hochwertigsten Kakaos der Welt enthält – und ein traditionelles Mittagessen genießen. Entweder direkt buchen oder über **Super Gourmet** (S. 727).

Der Ausflug (mind. 2 Pers.) ist auf Spanisch und Englisch erhältlich. Die Bootsfahrt von Bocas nach Almirante (12 US$ hin & zurück) ist nicht im Preis inbegriffen.

Selina Hostel Bocas del Toro HOSTEL $$

(Karte S. 723; ☎202-7966; www.selinahostels.com; Calle 1; B 14–18 US$, DZ mit/ohne Bad ab 60/45 US$, Deluxe-DZ 75–108 US$; @ 📶) Die stets weiter expandierende Hostelkette mit Ablegern im Casco Viejo in Panama-Stadt und an der Playa Venao auf der Península de Azuero hat am Wasser ein Mammuthostel mit 196 Betten eröffnet, in dem jedem etwas geboten wird – vom einfachen Bett im 12-Bett-Dorm bis zum Luxusdoppelzimmer mit Balkon im obersten Stockwerk (Zimmer 312 und 313).

★ **Hotel Lula's** B&B $$

(Karte S. 723; ☎6629-0836, 757-9057; www.lulabb.com; Ecke Av H & Calle 6; DZ/3BZ/4BZ mit Frühstück 77/88/99 US$; ❄ @ 📶) Dieses reizende B&B ist mit seinen Veranden und Schaukelstühlen ein stilvoller und willkommener Neuzugang in der Übernachtungsszene von Bocas. Die acht Zimmer sind makellos, mit

Klimaanlage, Ventilatoren, Holzdecken und -böden sowie einer gemütlichen Einrichtung. Die Gastgeber, zwei leutselige Jungs aus Atlanta, Georgia, bieten erstklassigen Service und reichhaltiges Südstaatenfrühstück.

★ Hotel Bocas del Toro GASTHAUS $$$
(Karte S. 723; ☎6673-9018, 757-9018; www.hotelbocasdeltoro.com; Calle 2; DZ mit Frühstück ab 129 US$; ❄@📶) Unsere Lieblingsunterkunft in Bocas. Das dreistöckige Hotel am Wasser hat elf geräumige, gemütlich eingerichtete Zimmer mit viel Holz, festen Betten und schöner Bettwäsche; einige verfügen über Balkone zum Meer raus. Pluspunkte gibt's für den Portiersservice und nette Extras wie den Silico-Creek-Kaffee, der von einer Gemeinschaft in Ngöbe-Buglé produziert wird. An der Straße hat das Haus eine gesellige Bar, und mit Blick zum Hafen ein ausgezeichnetes Terrassenrestaurant.

ANDERSWO AUF DER INSEL

★ Tesoro Escondido HÜTTEN $
(Karte S. 720; ☎6711-9594; www.bocastesoroescondido.com; DZ/3BZ ab 45/55 US$, 2-/3-/4-Pers.-Hütten 85/100/115 US$) 🍃 Die bunte Lodge am Wasser mit acht Zimmern, drei strohgedeckten Cottages und einer Suite verströmt einen sehr heimeligen Charme und einen ganz eigenen Zauber. Die Mosaiktische und Kunstwerke aus Recycling-Flaschen verleihen ihr etwas Bohemehaftes. Der Balkon voller Hängematten ist traumhaft und die Zimmer 7 und 8, die man über einen Baumstamm mit Treppenstufen erreicht, sind bombastisch.

Cabañas Estefany HÜTTEN $
(Karte S. 720; ☎6582-9912, 6956-4525; www.cabanasturisticasestefany.com; B 12 US$, DZ mit Küche 35 US$, 6-Pers.-Hütte 80–100 US$; @) Diese Unterkunft mit elf Zimmern ist eine der wenigen Budget-Strandunterkünfte auf der Isla Colón. Die *cabañas* (Hütten) aus Holz sind sehr einfach und haben nur Kaltwasserduschen. Besser gleich eine mit Ventilator sichern, weil hier jede Menge Insekten herumschwirren. Zu den Zimmern im ersten Stock gehören Balkone mit Meerblick.

Sand Dollar Beach Bed & Breakfast B&B $$
(Karte S. 720; ☎6627-5906, 757-9671; www.sanddollarbeachbb.com; Sand Dollar Beach; DZ mit Frühstück 99–132 US$, Suite 149–200 US$; ❄📶) Das B&B in einem gelben hölzernen Herrenhaus etwa 3 km westlich von Bocas erinnert vage an ein altes US-amerikanisches Plantagenhaus. Es umfasst vier hübsche Zimmer, eine nach Blumen benannte Suite und ein separates Apartment für Familien. Von den auf zwei Etagen umlaufenden Veranden blickt man auf den Strand auf der anderen Straßenseite – fabelhaft zum Entspannen!

Essen

★ Taco Surf MEXIKANISCH $
(Karte S. 723; ☎6951-5739; www.tacosurfbocas.com; Calle 2; Hauptgerichte 3,50–8,50 US$; ⏲Do–Di 12–21 Uhr; 🌿) Das kleine Gartenlokal gleich gegenüber vom Hauptplatz gehört einem kontaktfreudigen Paar aus San Diego und serviert mexikanische Küche im Stil der Baja California: Fisch-Tacos, kalifornische Burritos, Nachos und mit Kräutern gewürzte Pommes frites. Auf der Karte stehen auch mindestens sechs vegetarische Speisen. Himmlisch sind die Margaritas, besonders die mit Passionsfrucht und Basilikum.

Cafe del Mar CAFÉ $
(Karte S. 723; ☎6212-8712; www.facebook.com/Cafe-del-Mar-822286594497665; Calle 1; Gerichte 5–9 US$; ⏲Di–So 8–16 Uhr; 🌿) In dem Lokal von der Größe eines großen Schranks gibt's exzellente Bio-Wraps, -Sandwiches und -Burger. Konservierungsstoffe jeglicher Art sind tabu und Vegetarier erwartet eine große Auswahl. Auch Essen zum Mitnehmen. Toller Kaffee (1,50–3 US$).

Pizzeria Alberto PIZZA $
(Karte S. 723; ☎757-9066; Calle 5; Pizza 8,50–14 US$; ⏲Fr–Mi 17–22 Uhr) In dem Lieblingslokal der Einheimischen, dessen Besitzer aus Sardinien stammen, wird Tischtennis gespielt, bis das Essen fertig ist. Die frisch gebackenen Pizzas mit Artischocken, Oliven und Gorgonzola stillen selbst den größten Hunger.

Raw Fusion ASIATISCH $
(Karte S. 723; ☎6938-8473; www.facebook.com/RawFusionBocas; Calle 3; Hauptgerichte 7–10 US$; ⏲Di–So 15–22 Uhr) Nur ein kleines Restaurant auf Planken über dem Wasser, aber was es dort an Gerichten der asiatischen Fusionsküche gibt, kann sich sehen lassen. Zu frischen Tofu-Frühlingsrollen und herrlichen Thunfisch-Tapas gibt es Sake. Die Salate sind köstlich und die Bedienung ist freundlich und aufmerksam. Abends werden Kerzen angezündet und die Bar, die auf Original-Martinis (ab 7 US$) spezialisiert ist, füllt sich allmählich.

Super Gourmet SUPERMARKT $
(Karte S. 723; ☎757-9357; www.supergourmetbocas.com; Calle 3; ⏲Mo–Sa 9–19 Uhr) Das Juwel von Lebensmittelladen führt Leckereien wie Brathuhn, mexikanisches Essen, Wein und gefrorene Bagels. Außerdem findet man hier nachhaltig gefertigte panamaische Mitbringsel wie handgemachte Seifen und ausgezeichnete Schokolade aus Bocas. Der Laden hat sogar eine Abteilung für koschere Lebensmittel.

Om Café INDISCH $$
(Karte S. 723; ☎6127-0671; http://omcafebocas.com; Calle 3; Hauptgerichte 8–15 US$; ⏲ganzjährig Mo–Fr 16–22 Uhr, Dez.–April Sa 16–22 Uhr; ✎) In dem freundlichen und sehr schönen indischen Lokal werden klassische Currys, Kormas und *thalis* serviert, die einen garantiert ins Schwitzen bringen. Da der Service etwas lahm sein kann, überbrückt man die Wartezeit am besten mit einem der originellen Cocktails, z.B. einem Tipsy Turban (6 US$) mit Maracuja- oder Limonensaft, Rum und Zucker. Gute Auswahl an vegetarischen Gerichten.

Buena Vista Bar & Grill NORDAMERIKANISCH $$
(Karte S. 723; ☎757-9035; www.buenavistabocas.com; Calle 3; Hauptgerichte 8,50–18 US$; ⏲Mi–Mo 12–22 Uhr) Ein alteingesessenes Restaurant, wo mit die besten Burger, Tacos und Wraps im Ort zubereitet werden; auf der Abendkarte stehen auch gute Fleisch- und Meeresfrüchtegerichte. Das von einem netten panamaisch-amerikanischen Paar geführte Haus ist eine prima Adresse für ein annehmbares Essen und vielleicht der einzige Laden mit schnellem Service – ein Paradies für hungrige Expats.

★ **El Último Refugio** KARIBISCH $$
(Karte S. 723; ☎6726-9851; www.ultimorefugio.com; Calle 6 Sur; Hauptgerichte 11–16 US$; ⏲18–22 Uhr) Das ruhige, von Nordamerikanern geführte Restaurant am Meer ist eines der besten in Bocas. Es ist auf karibische und Meeresfrüchtegerichte spezialisiert wie Calamari in rotem Curry oder Zackenbarsch in Misokruste. Die Bedienung ist freundlich und dank der ruhigen Lage ist dies eine vorzügliche Adresse für ein romantisches Abendessen.

Ausgehen & Nachtleben

Selina Bar CLUB
(Karte S. 723; ☎202-7966; www.selinahostels.com; Calle 1) Die Bar in diesem neuen Hostel hat täglich geöffnet; von 19 bis 20 Uhr ist Happy Hour. Die meisten Leute kommen jedoch freitags zwischen 22 und 2 Uhr her, denn da steigt hier die wilde Party.

Bookstore Bar BAR
(Karte S. 723; ☎6452-5905; www.facebook.com/pages/Bocas-BookstoreBar-aka-Loco-Daves/139679064390 8649; Calle 2; ⏲Mo–Fr 14–2, Sa & So 18–2 Uhr) Wie der Name schon sagt: Dies ist sowohl Buchladen als auch Bar, wenngleich auch die meisten Besucher an Letzterer interessiert zu sein scheinen. Der von zwei umgänglichen Nordamerikanern geführte Laden ist zu Beginn des Abends – und manchmal auch am Ende – ein echtes Gringo-Mekka. Dienstags ab 21 Uhr Livemusik.

Barco Hundido BAR
(Karte S. 723; Calle 1; ⏲20–24 Uhr) Irgendwann landet wahrscheinlich jeder mal in dieser Freiluftbar mit dem Spitznamen „Wreck Deck" – wegen des davor gesunkenen Bananenboots, das im klaren Wasser der Karibik gut zu erkennen ist. Von der Bar führt ein kurzer Holzsteg zu einer Insel mit Schaukeln, auf der man herrlich sitzen und Sterne gucken kann.

Praktische Informationen

ATP-Touristeninformation (Autoridad de Turismo Panama; Karte S. 723; ☎757-9642; bocasdeltoro@atp.gob.pa; Calle 1; ⏲Mo–Fr 8.30–15.30 Uhr) In einem großen Amtsgebäude an der östlichen Strandpromenade.

Banco Nacional de Panamá (☎758-3850; Ecke Calle 4 & Av E; ⏲Mo–Fr 8–15, Sa 9–14 Uhr) Löst Reiseschecks ein und hat einen rund um die Uhr zugänglichen Geldautomaten.

Krankenhaus (☎757-9201; Av G; ⏲24 Std.) Das einzige Krankenhaus der Insel hat eine rund um die Uhr geöffnete Notaufnahme. Im Nordwesten wird mit Geldern aus Taiwan ein neues Krankenhaus gebaut.

Ministerio de Ambiente (Karte S. 723; ☎757-9442, 758-6822; Calle 1; ⏲Mo–Fr 9–17 Uhr) Anlaufstelle für Fragen zu Nationalparks und anderen Naturschutzgebieten.

Post (Karte S. 723; Calle 3; ⏲Mo–Fr 8–15, Sa bis 13 Uhr) Im Rathaus nördlich des Parque Simón Bolívar.

GEFAHREN & ÄRGERNISSE

Die Brandung kann gefährlich sein und es gibt häufig starke Unterströmungen. Beim Baden also entsprechend vorsichtig sein!

Im Gegensatz zu den meisten anderen Orten in Panama ist das Leitungswasser im Archipel nur gefiltert genießbar. Zwar hat Bocas eine Wasseraufbereitungsanlage, aber die meisten Einheimischen meinen, dem Leitungswasser sei nicht zu trauen. Zum Zähneputzen ist es okay, ansonsten kauft man sich besser abgefülltes Wasser oder entkeimt es selbst.

Der Archipel ist im Allgemeinen recht konservativ: Oben ohne in der Öffentlichkeit ist sowohl für Männlein als auch für Weiblein per Gesetz verboten. Selbst wenn man auf dem Weg zum Strand ist, muss der Oberkörper bedeckt sein. Andernfalls kann es passieren, dass man von der Polizei ins Hotel zurückgeschickt wird.

Egal, wie alt man ist: Mit ziemlicher Sicherheit werden einem auf den Straßen im Zentrum von Bocas Drogen zum Kauf angeboten. Um Drogen sollte man jedoch einen sehr großen Bogen machen: Panama nimmt seine Drogengesetze wirklich sehr ernst!

An- & Weiterreise

Bei der Ankunft in einem Hafen in Bocas del Toro müssen die Ankömmlinge eine Tourismussteuer von 3 US$ entrichten.

FLUGZEUG

Air Panama (☎757-9841; www.flyairpanama.com) Fliegt zweimal täglich nach Panama-Stadt (ab 123 US$, 1 Std.), manchmal über Changuinola (63 US$) und David (63 US$). Niederlassung am **Flughafen** (Karte S. 723).

Nature Air (☎in den USA 800-235-9272; www.natureair.com) Fliegt montags, mittwochs und donnerstags von San José in Costa Rica (ab 130 US$, 1½ Std.).

SCHIFF/FÄHRE

Als Alternative zur Anreise per Flugzeug kann man mit einem Wassertaxi (6 US$) von Almirante auf dem Festland nach Bocas übersetzen. **Taxi 25** (Karte S. 723) legt von 6 bis 18.30 Uhr alle 30 Minuten ab. Die Fahrt dauert 30 Minuten.

Caribe Shuttle (Karte S. 723; ☎757-7048; www.caribeshuttle.com) bietet zweimal täglich eine kombinierte Boot-Bus-Fahrt (39 US$) nach Puerto Viejo in Costa Rica an. Es gibt auch die Möglichkeit, nach Cahuita (38 US$) oder San Jose (75 US$) weiterzufahren. Passagiere werden im Hotel abgeholt, müssen aber einen Tag im Voraus buchen.

Unterwegs vor Ort

Zwischen 5.30 und 20.30 Uhr fährt sechsmal täglich ein Bus vom Parque Simón Bolívar quer über die Insel nach Bocas del Drago (2,50 US$, 1 Std.). Dies ist gleichzeitig ein Schulbus, sodass nachmittags Verspätungen vorprogrammiert sind.

Fahrten mit einem Motorboot oder Kanu zu den anderen Inseln des Archipels bieten die Bootsbesitzer im Hafen von Bocas an. Im Allgemeinen wird der Preis vor der Abfahrt ausgehandelt, und es muss eindeutig geklärt sein, ob er nur für die einfache Strecke oder für Hin- und Rückfahrt gilt. Immer auf der Rückfahrt zahlen, damit die Abholung auch wirklich gesichert ist, aber die meisten Bootsbesitzer wollen etwas Geld im Voraus für Benzin. Die Preise sind sehr unterschiedlich. Günstiger wird es, wenn man Spanisch spricht, in der Gruppe unterwegs ist oder wenn man auch gleich die Abholung vereinbart.

Boteros Bocatoreños Unidos (Karte S. 723; ☎757-9760; Calle 3; ⏲6.30–23 Uhr) fährt u. a. zur Isla Carenero (1 US$), Isla Bastimentos und Isla Solarte (5 US$) sowie zum Red Frog Beach (8 US$). Fahrplanmäßige Boote fahren halbstündlich nach Almirante (20 Min., 6 US$). Das Personal ist speziell in sicherem Umgang mit dem Boot und umweltfreundlichem Verhalten geschult.

Isla Carenero

350 EW.

Die oft übersehene, winzige Isla Carenero liegt nur wenige Hundert Meter südöstlich der Isla Colón entfernt. In ihrem Namen kommt das spanische Wort für „kielholen" vor, was Seemannssprache ist für „ein Schiff auf die Seite legen, um es reinigen und reparieren zu können". Tatsächlich ließ Kolumbus im Oktober 1502 seine Schiffe hier kielholen, während er selbst eine Magenverstimmung auskurierte.

In letzter Zeit sind auf der Insel viele Hotels gebaut worden und die Natur ist hier nicht so ursprünglich wie auf den abgelegeneren Inseln. Doch bleibt Carenero nach wie vor eine nette Alternative für Reisende, die es nach Ruhe und Stille gelüstet. Außerdem ist es eine gute Adresse für ein geruhsames Mittagessen.

Schlafen & Essen

Aqua Lounge HOSTEL $

(Karte S. 720; www.bocasaqualounge.info; B/DZ/3BZ mit Frühstück 12/28/42 US$; 📶✉) Rau, rustikal und schmuddlig: Der Backpacker-Palast mit zwölf Räumlichkeiten direkt an der Bootsanlegestelle gegenüber von Bocas sieht eher wie ein hölzerner Carport aus. Aber die Gäste sind begeistert von allem, angefangen bei der heiß begehrten Bar mit Bier für 1 US$ die Flasche (geöffnet bis spät; Partyabend ist mittwochs) bis zur großen Terrasse am Meer mit Badepontons und Schaukeln.

In den ventilatorgekühlten Schlafsälen stehen bis zu zwölf Betten; am besten ist der mit vier Betten im oberen Stockwerk. WLAN gibt's an der Bar.

Gran Kahuna Beach Hostel HOSTEL $
(Karte S. 720; ☎757-9551; www.grankahunabocas.com; B/DZ 14/55 US$; ❄@📶) Die total beliebte, herrliche Surferunterkunft am Wasser bietet gelbe Betonhütten, sechs helle Zimmer und 6-Bett-Dorms. Außerdem gibt's einen riesigen Flachbildfernseher, eine Gemeinschaftsküche und eine Bar. Die Sauberkeit ist beeindruckend, der Service war dies zur Zeit der Recherche allerdings nicht – eventuell muss man es irgendwie schaffen, dass die Dame an der Rezeption das Feilen ihrer Nägel unterbricht, damit man einchecken kann.

★ **Tierra Verde** HOTEL $$
(Karte S. 720; ☎757-9903; www.hoteltierraverde.com; EZ/DZ/3BZ mit Frühstück 65/75/85 US$, Suite 150–175 US$; ❄@📶) Das familiengeführte, dreistöckige Hotel liegt zurückversetzt vom Strand inmitten von schattigen Palmen und blühenden Pflanzen. Die sechs geräumigen Holzzimmer, gestaltet in einem modernen Inselstil und auf zwei Etagen verteilt, und die Suite ganz oben verfügen über große Fenster, die jede Menge Licht hereinlassen. Es gibt warmes Wasser, und wer möchte, kann sich vom Flughafen abholen lassen (10 US$). Zimmer 4 und 5 haben Meerblick.

★ **Leaf Eaters Cafe** VEGETARISCH $
(Karte S. 720; ☎757-9543; www.facebook.com/bocasleafeaters; Gerichte 6–10 US$; ⏰Mo–Sa 10–16 Uhr; 🌶) Das vegetarische und vegane Mittagslokal ist umgezogen und residiert nun fast direkt gegenüber über dem Wasser. Serviert werden hier originelle und bemerkenswert schmackhafte vegetarische Gerichte wie z. B. „hippie bowls", brauner Reis mit Gemüse und Dressing, außerdem Käsepanini, Bohnen-Tacos, leckere Shiitake-Burger und Schokoladen-Bananen-Smoothies. Helle, fröhliche Einrichtung und freundliche Atmosphäre.

ℹ An- & Weiterreise

Die Bootsfahrt von der Stadt Bocas del Toro zur Isla Carenero dauert nur wenige Minuten und kostet 1 US$. Merkwürdigerweise gibt es keinen öffentlichen Landungssteg. Die Wassertaxis legen im kleinen Bootshafen an der Inselspitze an. Von dort führt ein Weg in den kleinen Ort und weiter über das ganze Eiland.

Isla Bastimentos

1950 EW.

Obwohl sie nur eine zehnminütige Bootsfahrt von Bocas del Toro entfernt ist, fühlt man sich auf der Isla Bastimentos wie in einer anderen Welt. Für manche Reisende ist dies die Lieblingsinsel in ihrem Lieblingsteil von Panama. An der Nordwestküste der Insel erstrecken sich von Palmen gesäumte, unberührte, wilde Strände, auf denen die Meeresschildkröten ihre Eier ablegen. Den Süden prägen Mangrovenwälder und Korallenriffe, die zum Meeresschutzgebiet des Parque Nacional Marino Isla Bastimentos gehören.

Der Hauptort von Bastimentos ist Old Bank mit einem hohen westindischen Bevölkerungsanteil, der seine Anwesenheit hier der Bananenindustrie verdankt. Außerdem befindet sich auf der Insel das Ngöbe-Buglé-Dorf Quebrada Sal („Salzschlucht").

👁 Sehenswertes

Auf Bastimentos gibt es phantastische Strände, die aber mit Vorsicht zu genießen sind, denn die Wellen an der Nordküste können sehr hoch und mächtig werden.

Wizard Beach STRAND
(Playa Primera; Karte S. 720) Der schönste Strand der Isla Bastimentos ist der Wizard Beach, dessen feiner, gelber Sand sich vor einer Kulisse aus dichtem Urwald voller Schlingpflanzen ausbreitet. Der Fußmarsch von Old Bank durch die Wildnis zum Wizard Beach dauert normalerweise etwa 20 Minuten; wenn es stark geregnet hat, kann es jedoch sein, dass der Weg unpassierbar ist. Normalerweise führt er aber weiter an der Küste entlang zur Playa Segunda (Zweiter Strand) und zum Red Frog Beach.

Red Frog Beach STRAND
(Karte S. 720; Eintritt 3 US$) Der kleine, aber perfekt geformte Red Frog Beach ist nach dem *rana roja* (Erdbeerfrosch) benannt, den man hier in der Wildnis aber wohl kaum noch zu Gesicht bekommen wird. Die Frösche werden durch die Erschließung verdrängt, denn die Kinder fangen sie, um sie den Touristen vorzuführen –und in der Hauptsaison fallen auch noch zahllose Tagesbesucher ein. Vom Ort Bocas fahren Wassertaxis (4 US$) zum öffentlichen Anleger neben einem kleinen Bootshafen im Süden der Insel; von hier ist der Strand einen mühelosen 15-minütigen Spaziergang entfernt.

★ Parque Nacional Marino Isla Bastimentos PARK

(Karte S. 720; Eintritt 10 US$) Das 1988 geschaffene, 132 km² große Meeresschutzgebiet war das erste Panamas. Er umfasst 130 Inseln des Archipels Bocas del Toro wie die von Korallen gesäumten Cayos Zapatillas und die Feuchtgebiete im Innern der Isla Bastimentos. Der Nationalpark ist ein bedeutendes Schutzgebiet für Mangroven, Affen, Faultiere, Kaimane, Krokodile und 28 Amphibien- und Reptilienarten.

Aktuelle Informationen halten die Büros der ATP (S. 727) und des Ministerio de Ambiente (S. 727) im Ort Bocas del Toro bereit. Wer im Park zelten möchte, benötigt eine Genehmigung (10 US$) des Umweltministeriums.

Nivida Bat Cave HÖHLE

(Bahía Honda; Karte S. 720; Eintritt 5 US$) Eines der faszinierendsten Naturwunder auf Bastimentos ist diese riesige Höhle mit ihren Blütenfledermäusen und einem unterirdischen See. Sie liegt im Parque Nacional Marino Isla Bastimentos und schon die Anfahrt bedeutet ein kleines Abenteuer für sich. Im Alleingang ist sie jedoch kaum zu bewerkstelligen. Eine organisierte Tour ab Old Bank kostet 35 US$ pro Person.

Die Tour umfasst eine 25-minütige Bootsfahrt von Old Bank zum Kanaleingang. Dann gleitet man noch einmal knapp eine halbe Stunde durch Mangroven und üppige Vegetation. Vom Bootsanleger ist es wiederum eine halbe Stunde zu Fuß zur Höhle. Die Teilnehmer sollten festes Schuhwerk oder Stiefel tragen, Stirnlampen bekommen sie am Höhleneingang.

NICHT VERSÄUMEN

PERLEN DES ARCHIPELS

Genug von den Massen? Dann ein Boot mieten und sich auf diese Abenteuerexkursionen begeben:

Cayo Crawl Auch Coral Cay genanntes Wasserlabyrinth mit Mangrovenwäldchen, in der Nähe der Isla Bastimentos.

Cayos Zapatillas Strahlend weiße Sandstrände und unberührter Urwald auf zwei unbewohnten Inseln südöstlich der Isla Bastimentos.

Dolphin Bay Stark frequentierte Kinderstube von Delfinen, die hier übermütig herumtollen, südlich der Isla San Cristóbal.

Cayo Swan Auf dem winzigen Inselchen in der Nähe der Isla de los Pájaros, nördlich der Isla Colón, tropische Vögel mit leuchtend roten Schnäbeln und Weißkopftauben beobachten.

Aktivitäten

★ Up in the Hill TOUREN

(Karte S. 720; ☎6607-8962, 6570-8277; www.upinthehill.com; Old Bank; Getränke & Snacks 2,50–4 US$) Der schweißtreibende 20-minütige Aufstieg zu dieser Biofarm am höchsten Punkt der Isla Bastimentos lohnt sich schon wegen der Ausblicke. Interessant ist aber auch zu sehen, wie Kakao angebaut und daraus Schokolade hergestellt wird. In einem Café gibt's neben Schokogetränken auch Kaffee aus Boquete und hausgemachten Hibiskustee, im Laden eine eigene Reihe von Körperpflegeprodukten auf Kokosbasis.

Bastimentos Sky Zipline Canopy Tour ABENTEUERSPORT

(Karte S. 720; ☎6987-8661, 836-5501; www.redfrogbeach.com/bocas-del-toro-zipline.html; 55 US$ pro Pers.; ⏲10, 13 & 15.30 Uhr) Sieben Seilrutschen, eine schaukelnde Brücke und vertikales Abseilen sind nur einige der Highlights dieser Attraktion in den Hügeln gleich südlich des Red Frog Beach, die von einem bekannten Zipline-Designer aus Costa Rica konzipiert wurde. Die Tour dauert zwei Stunden.

Bastimentos Alive ABENTEUERTOUREN

(Karte S. 720; ☎6514-7961, 6945-6167; www.bastimentosalive.com; Old Bank; Wanderung mit/ohne BBQ 45/35 US$; ⏲11 Uhr) Dieser neue, aber schon jetzt sehr geschätzte Tourenveranstalter bietet jeden Tag Dschungelwanderungen mit Stopps am Red Frog Beach und bei der Bioplantage Up in the Hill an der höchsten Erhebung der Insel. Inbegriffen sind das Mittagessen und am Ende der Tour ein karibisches Barbecue. Insgesamt dauert die Tour 7½ Stunden (ohne Barbecue sechs). Transfers ab Bocas kosten 10 US$ extra.

Schlafen

Bubba's House PENSION $

(Karte S. 720; ☎6403-9447, 6589-8872; www.bubbas-house.com; Old Bank; B 16 US$, DZ 38–45 US$; ❄📶) Die schöne, aus Holz erbaute Pension am Wasser ist die beste Unterkunft in Old Bank und lockt eine lebhafte und interessante Gästeschar an. Zu den elf bunten Zimmern mit bemalten Böden zählen sowohl

ABSTECHER

BAMBUDA LODGE

Das schönste Budgetresort des Archipels ist die **Bambuda Lodge** (Karte S. 720; ☎ 6962-4644, 6765-4755; http://bambuda.net; B 16 US$, DZ 69–99 US$, DZ mit Gemeinschaftsbad 59 US$, mit Frühstück;). Die meisten Besucher auf der Isla Solarte sind Teilnehmer von Bootstagestouren, doch kann man auch z. B. in dieser Lodge übernachten, einem sorgsam erbauten Holzkomplex mit elf Zimmern inmitten üppigen Regenwaldes mit Wegen und Blick auf ein Korallenriff. Am Hang gibt's einen hübschen Pool und von der Rezeption führt eine neue 60 m lange Wasserrutsche direkt ins Meer. Ein cooles, einladendes Refugium.

Die Lodge gehört zwei Freunden aus Toronto, die gar nicht genug für ihre Gäste tun können, und umfasst zwei Dorms mit Ventilator und jeweils zehn Betten sowie neun Privatzimmer, vier davon recht luxuriös und mit eigenem Bad. In der offenen Bar und im Speiseraum werden Menüs (8–12 US$) serviert. Auf dem 6 ha großen, atemberaubenden Gelände wachsen 40 verschiedene tropische Obstbäume (Mango, Sternfrucht, Zimtapfel usw.) und es gibt 10 km an Wanderwegen, die in unterschiedliche Richtungen führen. Außerdem stehen Schnorchelausrüstung sowie Kajaks und Kanus zur Verfügung.

Die Isla Solarte ist von Bocas schnell mit dem Boot (3 US$) zu erreichen.

Privatzimmer als auch Dorms mit Bad für bis zu sechs Gäste. Die Bar und das Restaurant auf der Terrasse hinterm Haus beeindrucken mit einer tollen Sammlung von Musikinstrumenten. Die freundlichen Gastgeber stammen aus Argentinien.

Tío Tom's Guesthouse PENSION $
(Karte S. 720; ☎ 757-9831; www.tiotomsguesthouse.com; Old Bank; DZ 38 US$, 2-Pers.-Bungalow 48 US$;) Die Pension vermietet schon seit Jahren günstige, saubere und schlichte Zimmer in einem wackeligen Holzhaus über dem Meer. Ein Highlight ist die Terrasse am Wasser voller Hängematten. Angeboten werden fünf Zimmer für zwei oder drei Personen sowie ein separater Bungalow, jeweils mit eigenem Bad. Der deutsche Eigentümer sorgt für herzhafte Mahlzeiten (Abendessen 8 US$), organisiert Tauchausflüge und verleiht Kajaks.

Hostal Bastimentos HOSTEL $
(Karte S. 720; ☎ 6795-8093, 757-9053; www.hostalbastimento.com; Old Bank; B 8–10 US$, DZ 15–20 US$, DZ/3BZ mit Klimaanlage 45/50 US$;) Das weitläufige gelbe Holzhaus mit 28 Zimmern steht auf einem Hügel oberhalb der Hauptstraße. Auf den Terrassen schaukeln Hängematten. Es quietscht und knarrt überall, aber die Einrichtungen sind zweckmäßig. Die Privatzimmer mit Klimaanlage verfügen auch über Kühlschränke und Balkone mit tollem Ausblick. Das Ganze ist auf die Bedürfnisse von Backpackern zugeschnitten: Beispielsweise gibt es zwei Küchen und einen Gemeinschaftsraum mit Bar, TV und Dartscheibe.

★ **Palmar Tent Lodge** CAMPINGPLATZ $$
(Karte S. 720; ☎ 838-8552; www.palmartentlodge.com; Red Frog Beach; Zelt-B 15 US$, Zelt-DZ/3BZ ab 50/60 US$, 2-Pers.-Bungalows 85 US$) An der Grenze zwischen Dschungel und dem berühmten Red Frog Beach hat das Palmar das Luxus-Campen in Bocas del Toro eingeführt – der Archipel wird nie mehr so sein wie zuvor. Die Unterkünfte befinden sich in runden Solarzelten für zwei oder drei Personen mit allen möglichen Annehmlichkeiten wie großen Schließfächern für Wertsachen. Außerdem gibt's einen 8-Bett-Dorm und einen zweistöckigen Luxus-Bungalow für zwei Personen.

An den meisten Abenden – und vielleicht auch Tagen – versammelt sich alle Welt in der riesigen offenen Restaurant-Bar. Die gut informierten Betreiber, zwei Freunde aus Washington, DC, bieten alle möglichen Touren sowie zweimal täglich vor Ort Yoga-Unterricht (6 US$). Wassertaxis (4 US$ einfach) verbinden die Lodge zweimal am Tag mit dem Ort Bocas. Kein Internet.

Beverly's Hill HÜTTEN $$
(Karte S. 720; ☎ 757-9923; www.beverlyshill.blogspot.com; Old Bank; EZ/DZ ohne Bad 17/35 US$, DZ mit Bad 60–70 US$;) Diese palmstrohgedeckten Hütten stehen in einem üppig grünen Garten mit Erdbeerfröschchen: eine Seltenheit im Zentrum von Old Bank. Die sieben makellos sauberen Zimmer verfügen über Ventilatoren, feste Matratzen und Warmwasserduschen; überall sind Hängematten aufgespannt. Dank dem Kompos-

ABSEITS DER ÜBLICHEN PFADE

ABENTEUER IM LAND DER NASO

An der Grenze zwischen dem Parque Internacional La Amistad und der geplanten Naso-*comarca* (autonome Region) liegt diese einzigartige Dschungelunterkunft mit einem Veranstalter für nachhaltige Touren, für die es sich lohnt, von den ausgetretenen Gringo-Pfaden abzuweichen. Im **Soposo Rainforest Adventures** (☎6631-2222, 6875-8125; www.soposo.com; Tagestour 90 US$ pro Pers., 2-/3-Tages-Pakete inkl. Unterkunft, Verpflegung & Touren 140/275 US$) wohnen die Gäste in strohgedeckten Pfahlbauten, essen traditionelle Gerichte und tauchen in die Kultur der Naso ein.

Das von einer ehemaligen Peace-Corps-Volontärin und ihrem Naso-Ehemann initiierte Projekt wird in Travellerkreisen hoch gelobt. Es wurde ins Leben gerufen, um dem Volk der Naso eine alternative Einkommensquelle zu verschaffen, das kulturelle Selbstwertgefühl zu stärken und angesichts eines riesigen Wasserkraftprojekts, das das Antlitz der ganzen Gegend verändert, die natürlichen Ressourcen zu schützen. Das Highlight ist ein dreitägiger Ausflug den Río Teribe hinauf zum Dorf des Naso-Monarchen.

Eine Taxifahrt von Changuinola in das Dorf El Silencio dauert 30 Minuten; von dort geht's über den Fluss zur Unterkunft.

tier- und Wasserfiltrierungssystem ist dies eine der umweltfreundlichsten Herbergen auf der Insel.

Essen

Nacho Mama's TEX-MEX $
(Karte S. 720; ☎6539-5151; Red Frog Beach; Tacos 5–6 US$, mit Getränk 12 US$; ⏲Di–So 11–17 Uhr) Auf dem Treibsand des Red Frog Beach macht dieser Laden den ganzen Tag lang jede Menge Umsatz mit Fisch-, Garnelen-, *ceviche-* und Hühnchen-Tacos – außer montags, da ist Ruhetag. Und es gibt keine Nachos.

Chavela FISCH & MEERESFRÜCHTE $
(Karte S. 720; ☎6502-0024; www.facebook.com/barrestaurantechavela; Old Bank; Hauptgerichte 4–12 US$; ⏲18–22 Uhr) Das hübsche kleine Lokal in einem limettengrünen Schuppen unten beim Hostel Bastimentos serviert billige Burger, aber vor allem Fisch und Meeresfrüchte, von *ceviche de pulpo* (in Limettensaft marinierter roher Tintenfisch) über Fisch-Tacos bis zum Barrakudasteak.

Coco Hill VEGETARISCH $$
(Karte S. 720; Old Bank; Gerichte 7,50–16 US$; ⏲Mi–Mo 10–22 Uhr) Ganz in der Nähe der höchsten Erhebung der Insel zaubert die Australierin Michelle in ihrem vegetarischen, veganen und glutenfreien Restaurant (mit Bar) einige recht exotische fleischfreie Gerichte. Der Weg hierher mag etwas lang erscheinen, doch Paprikasuppe, gemischte Vorspeisenteller und Brownies mit Kahlua und Rum lohnen die Mühe auf jeden Fall. Das Angebot auf der Schiefertafel wechselt täglich. Die Cocktails werden aus frischen Obstsäften zubereitet.

Praktische Informationen

Auf dem Weg von Old Bank zum Red Frog Beach ist es schon zu Raubüberfällen gekommen. Daher sollte man niemals nach Einbruch der Dunkelheit auf einem Wanderweg und generell nicht allein unterwegs sein. Keine Wertsachen an den Strand mitnehmen, nur das Allernotwenigste wie ein Handtuch und Trinkwasser.

An- & Weiterreise

Ein Wassertaxi nach Old Bank kostet 3 US$, zum öffentlichen Anleger Richtung Red Frog Beach 4 US$ und zur Isla Solarte 5 US$. Zu Zielen weiter im Süden der Insel werden für die Fahrt 10 bis 25 US$ einfach berechnet.

Almirante

12 730 EW.

Das verwahrloste Städtchen, das aus einer Ansammlung von Pfahlbauten über dem Wasser besteht, hat schon bessere Tage gesehen. Doch ist es das Sprungbrett zum Archipiélago de Bocas del Toro, sodass hier immer etwas los ist.

Wassertaxis von Taxi 25 fahren nach Bocas del Toro (6 US$, 30 Min.). Ein Taxi vom Busbahnhof zum Bootsanleger sollte nicht mehr als 1 US$ kosten.

Nach Changuinola fährt von 6 bis 20 Uhr alle 15 Minuten ein klimatisierter Bus (1,45 US$); die Fahrt dauert 45 Minuten. Der Preis für eine Taxifahrt nach Changuinola (ab 20 US$) ist reine Verhandlungssache und sinkt mit jedem Schritt vom Bootsanleger zum Busbahnhof.

Changuinola

42 000 EW.

Die staubige Stadt ist rundum von Bananenplantagen umgeben. Kein Wunder, denn hier ist die Zentrale der Chiriquí Land Company, des Produzenten der Chiquita-Bananen! Für Traveller ist Changuinola meist nur eine Haltestelle auf dem Weg nach Costa Rica.

Schlafen & Essen

Hotel Semiramis HOTEL $

(☎758-6006; Av 17 de Abril; DZ/3BZ 33/35 US$; ❄📶) Das glänzende gekachelte Hotel am Südende der Hauptstraße ist das beste der Stadt. Es bietet Klimaanlage, Warmwasser und 20 richtige Zimmer, jedoch haben nicht alle ein Fenster.

Cotty's PANAMAISCH $

(☎760-0161; Av 17 de Abril; Mahlzeiten 2,50 US$; ⏲24 Std.) Das saubere Restaurant im Stil einer Cafeteria mit volkstümlichen Wandbildern befindet sich direkt in der Hauptstraße. Auf den Tisch kommt schnörkelloses panamaisches Essen, z. B. Curryhühnchen mit Reis (2 US$). Bedient wird recht flott.

An- & Weiterreise

Busse nach Costa Rica fahren vom Busbahnhof unmittelbar südlich der Delta-Tankstelle. Weitere Busse starten zwischen 6 und 19 Uhr am **Terminal Urraca** (☎758-8115).

PROVINZ COLÓN

Colón ist selten einmal auf dem Reiseplan von Travellern zu finden, denn die Stadt ist vor allem für ihre hohe Verbrechensrate bekannt. Aber die gleichnamige Provinz am Karibischen Meer besteht ja nicht nur aus ihrer vernachlässigten Hauptstadt. Hier gibt's unberührte Strände und flaches, von Regenwald bedecktes Land, prachtvolle Kolonialbauten und moderne Wunder der Technik. Die aufblühende Kunst- und Musikszene in Portobelo ist vor allem vom temperamentvollen Congo geprägt. Und der Luxus-Express zwischen Panama-Stadt und Colón ist und bleibt eine der großartigsten Eisenbahnstrecken Amerikas.

Colón

35 000 EW.

Längst verfallene koloniale Pracht, ganze Stadtteile, die vernachlässigt werden: Colón ist die vergessene Stadt Panamas, trotz der umfangreichen Erschließungsarbeiten, die unternommen werden, um die Schiffe auf Karibikkreuzfahrt gebührend empfangen zu können. Bis 1869 war die Eisenbahnverbindung zwischen Panama-Stadt und Colón die schnellste Möglichkeit, den amerikanischen Kontinent zu überqueren. Einen letzten Anflug von Aufschwung erlebte die Stadt, als der Panamakanal gebaut wurde.

1948 wurde mit der Zona Libre am Stadtrand ein Freihandelshafen eingerichtet. Leider scheint nur wenig von den 5 Mrd. US$, die jedes Jahr hier umgesetzt werden, den Einheimischen zugute zu kommen. Aus der Nähe betrachtet ist der Freihafen eine Insel des Materialismus in einem Meer von Arbeitslosigkeit und Armut.

In jüngster Zeit ist es um die Sicherheit in der Stadt besser bestellt, dank strengerer Bandenkontrolle und eines Waffen-gegen-Essen-Programms, durch das jetzt weniger Schusswaffen im Umlauf sind. Die ausgebaute Ruta 3 zwischen Panama-Stadt und Colón ist jetzt eine vierspurige Autobahn, sodass Colón inzwischen viel schneller zu erreichen ist.

BUSSE AB CHANGUINOLA

ZIEL	PREIS (US$)	DAUER	HÄUFIGKEIT
Almirante (mit Bootsanschluss zur Isla Colón)	145	45 Min.	alle 30 Min.
Altos del Valle (Bosque Protector de Palo Seco)	7,25	2¼ Std.	alle 30 Min.
David	9,70	4¾ Std.	alle 30 Min.
El Silencio (Parque Internacional La Amistad)	1,25	30 Min.	alle 20 Min.
Guabito-Sixaola	1	30 Min.	alle 30 Min.
Las Tablas (Las Delicias)	2	1½ Std.	stündl.
Panama-Stadt	29	12 Std.	tgl. 7 Uhr
San José (Costa Rica)	16	6 Std.	tgl. 10 Uhr

Schlafen & Essen

Meryland Hotel HOTEL $

(☎441-7055; www.hotelmeryland.com; Ecke Calle 7 & Av Santa Isabel; EZ/DZ 45/60 US$; P ❄ @ 📶) Das Businesshotel in einem wuchtigen Steinbau liegt gegenüber von einem hübschen Stadtpark in einem recht sicheren Teil von Colón. Die kleinen Zimmer mit Fliesenböden sind in goldgelben Farbtönen gehalten und mit schmiedeeisernen Möbeln eingerichtet. Alle haben Klimaanlagen, Kabel-TV und eigene Bäder mit Warmwasseranschluss. Das Teure hier ist nicht der Luxus, sondern die Sicherheit. Abends kann man im hoteleigenen Restaurant essen, muss das Hotel also nicht mehr verlassen.

Arrecifes FISCH & MEERESFRÜCHTE $$

(☎Informationen 441-9308; Calle 3 Höhe Paseo Gorgas; Hauptgerichte 10–15 US$; ⌚Mo–Sa 12–20 Uhr) Einheimische Geschäftsinhaber essen in diesem unscheinbaren Gebäude im bewachten Hafenbereich zu Mittag; hier kommen köstliche panamaische Meeresfrüchte-Gerichte auf den Tisch. Es gibt keinen Schnickschnack und keine Aussicht aufs Meer, aber großzügige Portionen Seafood im *criollo*-Stil in Zwiebeln, Paprika und Tomaten gedünstet sowie ganze gebratene Schnapper.

Orientierung

Die Freihandelszone breitet sich im Südosten aus, nördlich davon befindet sich Colón 2000, der Hafen für die Kreuzfahrtschiffe. Wer an der Calle 13 links geht, kommt zum Bahnhof für Passagierzüge, 200 m vor dem Cristóbal-Hafen.

Praktische Informationen

Abgesehen vom Hafen für Kreuzfahrtschiffe im Osten der Stadt und der geschäftigen Zona Libre (Freihafen) hat Colón den Ruf, eine gefährliche Stadt zu sein. Gewaltverbrechen haben zwar abgenommen, Besucher sollten aber trotzdem vorsichtig sein, wenn sie in der Stadt unterwegs sind, auch tagsüber. Am Tage recht sicher sind der Paseo de Washington, die sanierte Uferpromenade und die große Avenida Bolivár. Bei Dunkelheit immer ein Taxi nehmen.

An- & Weiterreise

BUS

Vom Albrook-Busterminal in Panama-Stadt fahren jede halbe Stunde normale und Expressbusse nach Colón.

Vom **Terminal de Buses** (Ecke Calle Terminal & Av Bolívar) in Colón verkehren stündlich Busse zu Zielen in der ganzen Provinz Colón.

Wer von Panama-Stadt kommt und ein Reiseziel östlich von Colón hat, kann in Sabanitas an der Abzweigung nach Portobelo in einen dieser Busse einsteigen und damit eine Fahrt nach Colón vermeiden. Achtung: Vor allem an den Wochenenden gibt es in vielen Bussen nur noch Stehplätze.

ZIEL	PREIS (US$)	DAUER
Escobal (nahe Parque National San Lorenzo)	1,25	35 Min.
La Guayra	3	2 Std.
Nombre de Dios	3,80	2½ Std.
Panama-Stadt	3,50	1–1½ Std.
Portobelo	1,60	1½ Std.

ZUG

Eine der besten Arten, ein Gefühl für die Ausdehnung des Panamakanals zu bekommen, ist eine Fahrt von Panama-Stadt nach Colón mit der historischen **Panama Railroad** (☎317-6070; www.panarail.com; einfach Erw./Kind 25/15 US$; ⌚Abfahrt ab Panama-Stadt tgl. um 7.15 Uhr, ab Colón um 17.15 Uhr). Der Endbahnhof der Strecke für Panama-Stadt liegt im Ort Corozal, eine Viertelstunde mit dem Auto von der Hauptstadt entfernt.

Unterwegs vor Ort

Generell ist davon abzuraten, in Colón in unbekannten Gegenden zu Fuß unterwegs zu sein. Zum Glück ist es kein Problem, am Bahnhof, Busbahnhof oder in der Zona Libre ein Taxi zu bekommen. Fahrten innerhalb der Stadt kosten in der Regel weniger als 2 US$.

Ein Taxi (hin & zurück) für drei bis vier Personen kostet etwa 60 US$ nach Fuerte San Lorenzo und 30 US$ zu den Gatún-Schleusen; bei weniger Fahrgästen sollte man einen niedrigeren Preis aushandeln können. Vom Busbahnhof fahren auch Busse zu den Gatún-Schleusen (1 US$).

Rund um Colón

Besucherzentrum Agua Clara AUSSICHTSPUNKT

(☎276-8325; www.micanaldepanama.com; Erw./Kind 15/10 US$; ⌚8–15.15 Uhr) Das neue Aussichtszentrum bietet einen exklusiven Panoramablick auf die Erweiterung des Panamakanals. Der Besuch dort dauert etwas über eine Stunde. Überdachte Aussichtsplattformen bieten einen Blick auf den Lago Gatún und die Schleusen. Außerdem gibt's Filmvorführungen auf Englisch, Ausstellungen, ein Café und einen Souvenirladen.

Ein Museum ist hier nicht vorhanden – der Schwerpunkt liegt eindeutig auf dem Betrachten der Kanalerweiterung. Auf einem kurzen Wanderweg durch den Regenwald sind Faultiere und Affen zu sehen. Die Ausstellungen schließen um 16 Uhr, letzter Einlass ist um 15.15 Uhr.

Die Abzweigung hierher ist gleich hinter den Bahnschienen link; wer zu den Schleusen will, fährt an der Abzweigung geradeaus weiter. Das Zentrum ist auch für Reisende mit Behinderung zugänglich.

Gatún-Schleusen KANAL

(5 US$; ⏲8–16 Uhr) In den Gatún-Schleusen 10 km südlich von Colón werden die auf dem Wasser der Karibik nach Süden fahrenden Schiffe um 29,5 m auf das Niveau des Lago Gatún angehoben. Schon die Größe der Schleusen ist atemberaubend. In *The Path Between the Seas* schreibt David McCullough, dass jede einzelne Schleuse, hätte man sie hochkant gestellt, zur Zeit ihrer Erbauung das höchste Bauwerk der Erde gewesen wäre, mehrere Meter höher als der Eiffelturm. Die *Titanic* hätte jede Schleusenkammer problemlos aufnehmen können.

Die Arbeiter verbrauchten die Rekordmenge von 1,82 Mio. m² Beton für den Bau der Gatún-Schleusen. Der Beton wurde von einem riesigen Mischwerk per Eisenbahn auf einer Rundstrecke zur Baustelle befördert. Von den Waggons wurde der feuchte Beton dann mit Kränen in riesigen Eimern in Stahlformen gegossen. Und diese Formen wiederum wurden von Lokomotiven an Ort und Stelle manövriert. Dieser umständliche Vorgang wurde vier Jahre lang mehr oder weniger ununterbrochen durchgeführt, bis die Gatún-Schleusen fertig waren.

Von einer Aussichtsplattform gegenüber dem Kontrollturm lässt sich wunderbar beobachten, wie die Schleusen funktionieren. Der zweistündige Prozess ist der interessanteste Teil der Kanaldurchfahrt – eine Broschüre auf Englisch erklärt anschaulich, was man sieht.

Nachdem die Schiffe die Schleusen durchfahren haben, fahren sie 37 km weiter bis zu den Pedro-Miguel-Schleusen, wo sie wieder um 9,3 m abgesenkt werden, um auf das Niveau des kleinen Lago Miraflores zu kommen, der sich zwischen den beiden Pazifik-Schleusen befindet. Schließlich werden die Schiffe in den Miraflores-Schleusen auf Meereshöhe abgesenkt.

Am Busbahnhof von Colón fahren stündlich Busse zu den Gatún-Schleusen ab (1,25 US$, 20 Min.). Wer mit dem Taxi unterwegs ist, kann später noch weiter zum 2 km entfernten Gatún-Damm fahren. Die Fahrt von Colón zu den Schleusen, zum Damm und zurück sollte etwa 60 US$ pro Taxi kosten. Den Preis unbedingt vor der Fahrt vereinbaren!

Parque Nacional San Lorenzo NATIONALPARK

Der 9,6 km² große Nationalpark erstreckt sich rund um die Ruinen der verfallenden spanischen Festung Fuerte San Lorenzo und umfasst auch den ehemaligen US-Militärstützpunkt Fuerte Sherman sowie zwölf verschiedene Ökosysteme wie Mangroven, Marschland, halbimmergrünen Wald und feuchten Regenwald.

Portobelo

4600 EW.

Kaum zu glauben, aber wahr: Das träge, lässig entspannte karibische Fischerdorf war einmal der größte spanische Hafen in ganz Zentralamerika. Maultiere transportierten das Gold aus Peru und die Schätze des Orients an den Festungen von Portobelo vorbei über die Landenge zur anderen Küste. Obwohl zahlreiche dieser Forts im Laufe der Zeit immer wieder von englischen Freibeutern zerstört wurden, sind doch erstaunlich viele heute noch zu sehen. Die Überreste sind im ganzen Dorf verteilt, dazwischen stehen Wohnhäuser – sehr stimmungsvoll.

Heute verdienen sich die Einwohner von Portobelo ihren kargen Lebensunterhalt durch Fischen, Land- und Viehwirtschaft. Wirtschaftlich ist der Ort also nicht gerade auf Rosen gebettet, doch verspürt Portobelo gerade so etwas wie eine kulturelle Renaissance: Das Interesse an der afrokaribischen Kunst- und Musikform des Congo erlebt in Portobelo zurzeit einen enormen Aufschwung. Besucher können außerdem mit dem Boot zu abgelegenen Stränden fahren oder tauchen und schnorcheln.

Sehenswertes

Fuerte San Jerónimo FESTUNG

Die Fuerte San Jerónimo liegt näher am Zentrum von Portobelo und war die größte Festung, die je zum Schutz der Bucht gebaut wurde. 18 Schießscharten für Kanonen blicken auf die Bucht hinaus; einige davon stehen noch genau so, wie die spanischen Soldaten sie 1821 – dem Jahr, in dem Panama seine Unabhängigkeit erklärte – zurückgelassen haben. Hinter dem beeindruckenden Tor liegen die Überreste der Offiziersunterkünfte, der Kaserne und des Wachlokals.

Wer nicht so viel Zeit hat: San Jerónimo ist die am komplettesten erhaltene der zugänglichen Festungen von Portobelo und lohnt den Besuch am meisten.

Real Aduana de Portobelo HISTORISCHES GEBÄUDE

(5 US$; ⌚8–16 Uhr) Das hübsche zweistöckige Königliche Zollhaus von Portobelo wurde 1630 als *contaduría* (Kontor) für das Gold des Königs errichtet. In den beiden Haupträumen sind heute Dauerausstellungen untergebracht, u. a. mit Nachbauten spanischer Gewehre, Zeichnungen der Festungen von Portobelo, Schwarzweißfotos des Orts aus dem 20. Jh. und einem Dutzend rostiger Kanonenkugeln. Außerdem wird (auch auf Englisch) ein informatives Video gezeigt.

Iglesia de San Félipe KIRCHE

Die katholische Kirche von 1814 beherbergt Portobelos berühmten Schwarzen Christus. Die Gläubigen schreiben der 1,5 m großen Statue Wunderkräfte zu; sie wurde in der Bucht treibend gefunden. Ihr zu Ehren findet jeden Oktober das beliebte Festival de Cristo Negro statt. Die Kirche war das letzte Bauwerk, das die Spanier vor ihrem Abzug aus Panama errichteten.

Aktivitäten

Scubaportobelo TAUCHEN

(☎261-3841; www.scubapanama.com) Scubaportobelo bietet All-inclusive-Pakete in Sachen Gerätetauchen. Die Firma liegt links an der Straße, die in die Stadt führt.

Festivals & Events

Festival de Cristo Negro FEST

(Fest des Schwarzen Christus; ⌚21. Okt.) Jedes Jahr im Oktober nehmen Pilger aus ganz Panama an diesem Fest zu Ehren der wundertätigen Statue des Schwarzen Christus teil, die in der Iglesia de San Félipe steht. Nach Sonnenuntergang wird die Statue durch die Straßen getragen, während die Pilger in purpurnen Gewändern und Dornenkronen bis in die frühen Morgenstunden tanzen und trinken.

Festival de Diablos y Congos FEST

(⌚Feb./März) Das faszinierendste Fest in Portobelo ist das Festival de Diablos y Congos, bei dem das Aufbegehren gegen die spanischen Kolonialherren gefeiert wird, die dabei hemmungslos verhöhnt werden. Bei dem Fest schlüpfen Dorfbewohner in die Rolle der geflohenen Sklaven und machen „Gefangene". In manchen Jahren fällt das Fest, das zwei Wochen nach Karneval stattfindet, mit der Feier zu Ehren des Schutzheiligen von Portobelo am 20. März zusammen. Die Tradition der Los Congos, bekannt nach ihren Teilnehmern, stammt aus der Zeit des Sklavenhandels: Damals flohen Schwarze in den Dschungel und bildeten dort Gemeinden von Exilierten.

TOP FIVE: ABSCHALTEN IN PORTOBELO

- Mit einem Wassertaxi die sensationellen Mangroven östlich der **Isla Grande** (S. 737) erkunden.
- Im Korallenriff über versunkenen, spanischen Kanonen **schnorcheln**.
- Mit dem Kajak auf dem friedlichen Río Claro paddeln.
- Vom **Fuerte San Fernando** aus den Sonnenuntergang beobachten.
- Im heißen Congo-**Tanzworkshop** (☎6693-5690; Calle Principal, Casa Artesanal; 20 US$ pro Pers.; ⌚Fr–So 10–14 Uhr) zu coolen afrikanischen Trommelrhythmen tanzen.

Schlafen & Essen

El Castillo HOSTEL $

(☎6738-1561; eponango@hotmail.com; B/DZ mit Gemeinschaftsbad 10/18 US$) Das verschlissene Restaurant und Hostel am Wasser ähnelt in der Tat einer Burg – einer, die von Miyazaki gezeichnet wurde. Doch der französischsprachige vietnamesische Gastgeber Richard ist freundlich und das Ganze verströmt den Charme des Maroden. Die einfachen Zimmer verfügen über Moskitonetze und Ventilatoren. Das Restaurant (Hauptgerichte 12–25 US$) ist von 9 bis 23 Uhr geöffnet und bietet ein paar ansprechende Gerichte für Vegetarier, u. a. Thai-Currys.

★ La Morada de la Bruja Portobelo BOUTIQUEHOTEL $$

(☎6759-6987, 6528-0679; www.lamoradadelabrujaportobelo.com; Zi. 60–75 US$, 4-Pers.-Loft 100 US$, 2-Schlafzi.-Haus 225 US$; P ❄ 📶) Die ziemlich außergewöhnliche Herberge war einmal das kühle Wohnhaus eines Fotografen und besitzt immer noch ein sehr persönliches Flair. Das kleine Apartment und die beiden großen Häuser am Wasser haben eine moderne, kunstvolle Einrichtung sowie eine Rasenfläche, wo die Gäste wunderbar entspannen können. In den hellen, offenen Räumen sind Fotografien und einheimische Congo-Kunst zu sehen. Es werden auch Kajaks verliehen und Bootsausflüge zu abgeschiedenen Stränden geboten.

Coco Plum HOTEL $$
(☎448-2102; www.cocoplum-panama.com; EZ/DZ/3BZ 55/65/75 US$; P❄) Das hübsche, einladende Hotel im Motelstil gibt es schon seit Jahren. Das Haus an der Küste ist mit Meereskitsch – Netze, Muscheln, Pastellfarben – dekoriert, was aber gemütlich wirkt. Das hoteleigene Restaurant mit Bar (Hauptgerichte 6–15 US$) ist bei Travellern sehr beliebt. Unbedingt probieren: Oktopus in Kokosmilch oder Meeresfrüchteeintopf.

Praktische Informationen

ATP (☎448-2200, 6485-7028; ⏲8–16 Uhr) In der Nähe der Hauptstraße, mit guten Infos. Es wird nur Spanisch gesprochen.

An- & Weiterreise

Die Busse nach Portobelo (1,60 US$, 1½ Std., alle 30 Min.) fahren von 6.30 bis 18 Uhr am Terminal de Buses in Colón ab. **Busse nach Colón** fahren von einer Bushaltestelle an der Hauptstraße.

Wer von Panama-Stadt kommt, kann Colón umgehen: den Bus in Richtung Colón nehmen und beim Supermarkt El Rey in Sabanitas, 10 km vor Colón, aussteigen. Dann fährt man mit dem nächsten Bus aus Colón, der in Sabanitas hält, weiter nach Portobelo (1,40 US$, 1¼ Std.). Da dieser Bus meistens voll ist, sollte man möglichst wenig Gepäck mitnehmen.

Isla Grande

Palmen am weißen Sandstrand sind das Kennzeichen der hübschen kleinen Insel nur 15 km von Portobelo. Kein Wunder, dass sie ein beliebter Zufluchtsort für die Städter aus Panama-Stadt ist! Hier kann man herrlich schnorcheln, tauchen oder einfach die entspannte Stimmung der Insel genießen. Es gibt keine Straßen, lediglich auf der Ostseite der Insel einen angelegten Weg. Ein paar hundert Menschen afrikanischer Abstammung wohnen ständig auf der Insel, wo sie mehr schlecht als recht vom Fischfang und von Kokosnüssen leben. Beides werden Traveller kosten dürfen, wenn sie die ausgezeichnete Inselküche probieren.

Aktivitäten

Auf der 5 km langen und 1,5 km breiten Insel gibt's zwei Wege: einer windet sich an der Küste entlang, der andere ist bloß ein rutschiger Trampelpfad quer durchs Inselinnere. Die schönen **Strände** im Norden der Insel sind per Boot oder per pedes zu erreichen.

Nur höchstens zehn Minuten mit dem Boot entfernt befinden sich schöne Schnorchel- und Tauchspots. Wer tauchen möchte, wendet sich am besten an einen Anbieter in Portobelo (S. 735). Getaucht werden kann nur von April bis Dezember, dann ist das Meer ruhiger.

Mit einem Bootstaxi kann man auch die weiter entfernten **Mangroven** östlich der Isla Grande erkunden oder vor den Küsten der Inselchen in der Umgebung **schnorcheln**.

Festivals & Events

Karneval FEST
(⏲Feb.–März) Auf der Isla Grande wird der Karneval in einer seltenen Form gefeiert: Die Frauen tragen traditionelle *polleras* (bestickte Röcke), die Männer zerlumpte Hosen, die an der Taille mit alten Schiffstauen zusammengebunden sind, und alles singt und tanzt zu afrikanisch beeinflusstem Conga-Getrommel und Gesang. Außerdem werden satirische Lieder zu aktuellen Ereignissen zum Besten gegeben und Scherze in der Tradition des karibischen Calypso gemacht.

Schlafen & Essen

Macondo Hostel HOSTEL $
(☎6102-6262; B/DZ 15/35 US$; 📶) Über einen ausgeschilderten Pfad geht es ein Stückchen landeinwärts zu diesem ansprechenden, luftigen zweistöckigen Hostel mitten im Regenwald. In dunklen und großen Zimmern mit Ventilatoren stehen Herbergsbetten. Mit seinen einladenden schattigen Gemeinschaftsbereichen und Hängematten ist dies eine preiswerte Wahl für Budgetreisende. Wer tagsüber eine kleine Party feiern möchte, findet im Macondo wahrscheinlich Gleichgesinnte.

Sister Moon CABAÑAS $$
(☎6948-1990; www.hotelsistermoon.com; DZ/3BZ/4BZ mit Ventilator 77/116/153 US$, DZ mit Klima-

anlage 140 US$, Tageskarte 20 US$; ❄📶🍴) Die schönste Inselunterkunft ist diese Ansammlung von Hütten am Hang, umgeben von schwingenden Palmen und Brandung. Hier gibt's keinen Strand, deswegen sonnen sich die Gäste auf schönen Terrassen am Wasser – allerdings kann die Brandung recht rau sein. Ein Bonus sind die eigenen Balkone mit Hängematten. Die Duschen sind winzig. Sister Moon vermietet nebenan bei Brother Sun auch schöne Häuschen.

Hotel Congo Restaurante FISCH & MEERESFRÜCHTE $$
(☎6296-8624; Hauptgerichte 15 US$) Das schattige Freiluftrestaurant am Ende eines Piers hat eine der besten Küchen auf der Insel. Im von Spaniern geführten Haus kommen in den aromatischen Meeresfrüchtegerichten mediterrane Einflüsse zum Tragen, z. B. durch Olivenöl und karamellisierte Zwiebeln. Das angeschlossene Budgethotel wird gerade umfassend umgebaut, auch wenn schon einige Zimmer vermietet werden. In der Mitte der Insel.

ℹ An- & Weiterreise

Die Isla Grande ist eine 10-minütige Bootsfahrt von La Guayra entfernt, einem winzigen Küstenweiler, in den ab Colón regelmäßig Busse fahren. Auf der Isla Grande legen die Boote vor dem Hotel Isla Grande an.

Die Busse nach La Guayra (3 US$, 1½ Std.) fahren in Colón am Busbahnhof ab. Ab Panama-Stadt nimmt man einen Bus Richtung Colón bis nach Sabanitas und steigt beim Supermarkt El Rey in einen Bus nach La Guayra um. Rückfahrt der Busse ab La Guayra ist um 8, 9 und 13 Uhr.

In Panama-Stadt bieten Tourveranstalter Tagesausflüge auf die Insel.

Ab La Guayra fahren Boote zur Insel (und weiter), und zwar, wenn sie voll sind. die 10-minütige Fahrt kostet 3 bis 5 US$ pro Person; ein sicherer Parkplatz kostet 5 US$ pro Tag.

COMARCA DE GUNA YALA

Herrlich: türkisblaues Wasser und eine Insel für jeden Tag des Jahres! Mit den weißen Sandstränden und den sich im Wind wiegenden Palmen ist dieser Archipel wirklich das reinste Paradies. Die Comarca de Guna Yala ist die Heimat der Kuna, der ersten Gemeinschaft in Lateinamerika, die als indigenes Volk Autonomie erlangte. Obwohl sie schon Kontakt zu Europäern haben, seit Kolumbus 1502 auf diesen Gewässern segelte, bedeutet ihnen die ethnische Identität alles und viele von ihnen beharren sehr hartnäckig darauf, ihre traditionelle Lebensweise zu erhalten.

2009 wurde die Straße nach Cartí fertiggestellt, wodurch die Region zugänglicher wurde denn je – somit ergeben sich jetzt auch Möglichkeiten für Tagestouren. Der schmale, 226 km lange Streifen an der Karibikküste, der noch immer abseits der touristischen Trampelpfade liegt, erstreckt sich vom Golfo de San Blás bis zur kolumbianischen Grenze.

Die Kuna leben auf winzigen Inselchen voller Bambushütten, Menschen und Nutztiere. Besucher bevorzugen die etwas abgelegeneren äußeren Inseln, auf denen nur wenige Menschen leben. Für die meisten Gegenden muss man „Eintritt" bezahlen.

Geschichte

Seit mindestens zwei Jahrhunderten leben die Kuna im Osten Panamas. Über ihre Ursprünge wird in Expertenkreisen heftig gestritten. Ähnlichkeiten mit der Sprache eines Volkes, das einst ein paar Hundert Kilometer weiter westlich lebte, deuten darauf hin, dass die Kuna von West nach Ost gewandert sind. Laut mündlicher Überlieferung sind die Kuna aber irgendwann nach 1600 von Kolumbien nach San Blás eingewandert, nachdem sie von anderen Stämmen wiederholt mit Giftpfeilen aus Blasrohren attackiert worden waren.

Ungeachtet der Ursprünge der Kuna stimmen alle Experten aber darin überein, dass das Volk noch nicht allzu lange auf den Inseln lebt. Noch Ende des 18. Jhs. notierten Historiker, dass zu jener Zeit auf den Inseln von San Blás nur Piraten, Spanier und der eine oder andere Entdecker lebten. Doch die Kuna konnten dank des Reichtums an Meeresfrüchten gut auf dem Archipel überleben. Dazu gab es Getreide, Reis und Feldfrüchte wie Süßkartoffeln, Yucca, Bananen und Ananas, die auf dem Festland angebaut wurden.

Heute gibt es schätzungsweise 50 000 Kuna, von denen fast 32 000 auf den Inseln des autonomen Gebiets leben. 8000 Kuna wohnen auf Stammesland entlang der Küste und viele außerhalb der Comarca. Die auf den Inseln ansässigen Kuna sind so gemeinschaftsbewusst, dass sie nur 49 der 400 nahen Inselchen besiedeln, der Rest bleibt mehr oder weniger Kokospalmen sowie Meeresschildkröten und Leguanen vorbehalten.

Aktivitäten

Die meisten Unterkünfte bieten Komplettpakete an. Darin enthalten sind das Zimmer, drei Mahlzeiten am Tag und Bootsfahrten zum Schwimmen, Schnorcheln oder Faulenzen an die Strände der Nachbarinseln. Wer in einer Dorfgemeinschaft leben will, besucht eine der dichter besiedelten Inseln. Bevor man sich allerdings von einer solchen dicht besiedelten Insel aus in die Fluten stürzt, sollte man daran denken, dass sämtliche Abwässer hier ins Meer gelangen – zumeist ungefiltert.

Es gibt gute Schnorchelgründe, aber viele Korallenriffe sind stark beschädigt. Die Hotels vermieten oft Schnorchelausrüstungen, aber echte Schnorchler bringen ihre eigene mit. Darüber hinaus bieten sie Ausflüge mit Guide in die Urwälder des Festlandes an. Die meisten Traveller geben sich jedoch damit zufrieden, die karibische Sonne zu genießen.

Schlafen & Essen

Es ist wichtig, sich seine Inselunterkunft genau auszuwählen, denn auf den abgelegenen Inseln kann man sich kaum noch umentscheiden. Auf den unbewohnten Inseln zu zelten ist keine gute Idee – eventuell sind hier nachts Drogenhändler unterwegs. Die Kuna verweigern der panamaischen Küstenwache und den US-amerikanischen Anti-Drogen-Booten die Erlaubnis, in der Inselgruppe zu operieren. Daher transportieren kolumbianische Drogenhändler ihr Kokain auf dem Weg die Küste entlang manchmal über die unbewohnten Inseln.

Auf den Inseln gibt's nur eine Handvoll Unterkünfte, auf dem Festland gar keine. Die meisten sind einfach, aber gemütlich. Auf den am dichtesten besiedelten Inseln gibt es in einem Geschäft Waren für die Grundbedürfnisse des Alltags sowie Telefone für In- und Auslandsgespräche. Zwar sind die Telefone öffentlich, doch steht gewöhnlich ein Kuna in der Nähe und verlangt

VERANTWORTUNGSBEWUSST REISEN IN GUNA YALA

Wer die Comarca de Guna Yala besucht, sollte sich über die Auswirkungen eines solchen Besuchs auf die Gemeinschaft im Klaren sein. Die Einnahmen aus dem Tourismus spielen eine wichtige Rolle in der Entwicklung dieser Region, besonders für Kunsthandwerker und Guides der Kuna. Westliche Interessen haben der Region bereits unumkehrbare Schäden zugefügt. Verantwortungsvolle Reisende sind sich daher ihrer Umgebung bewusst und achten auf die Spuren, die sie hinterlassen.

Ein Blick auf die paradiesische Natur, die Regenbogenflagge und die einzigartige Kleidung der Kuna genügen, um sich in ein Hochglanzmagazin wie *National Geographic* versetzt zu fühlen. Aber das ist nicht das ganze Bild. Wer die Kuna unfreundlich findet, sollte sich einmal in ihre Lage versetzen. Wenn ein Kreuzfahrtschiff anlegt, kann sich die Einwohnerzahl der sowieso dicht besiedelten Inseln locker verdreifachen. Dann verfolgen zwei Drittel der Menschen (nämlich die Touristen) als Paparazzi das restliche Drittel, die Kuna. Und dieses unappetitliche Schauspiel wiederholt sich Tag für Tag. Um Herr der Lage zu bleiben, lassen sich die Kuna für Fotos von sich bezahlen und verlangen auch Eintritt für jede Insel. Wer sich die Fotogebühr nicht leisten kann, packt die Kamera einfach ein und versucht stattdessen, mit ihnen ins Gespräch zu kommen.

Was man anzieht (oder nicht) ist ebenfalls zu bedenken. Die Männer der Kuna tragen immer ein Oberteil, die Frauen kleiden sich sehr konservativ, d.h. Dekolleté, Bauch und der größte Teil ihrer Beine sind immer bedeckt. Der Besuch eines Kuna-Dorfes im Bikini oder mit nacktem Oberkörper wird daher mit ziemlicher Sicherheit als Respektlosigkeit betrachtet.

Ein anderes Problem auf den Inseln ist der Müll, der nicht richtig beseitigt werden kann. Die Entsorgung auf dem Festland ist zu teuer für die Kuna, aber auf den Inseln gibt es weder ausgewiesene Deponien noch eine „Kultur" der Müllentsorgung. Schließlich gab es vor der modernen Beeinflussung von außen praktisch nur unschädliche, biologisch abbaubare Abfälle. Überall liegt der Abfall herum und immer wieder werden große Haufen Plastikmüll verbrannt. Da es in absehbarer Zeit keine Lösung für dieses Problem geben wird, nehmen verantwortungsbewusste Traveller ihren Müll möglichst wieder mit und bevorzugen frische, so wenig wie möglich verpackte Produkte (z. B. Kokoswasser statt Getränke in Flaschen).

BESUCH BEI DEN KUNA

Die Preise für eine Übernachtung auf den Inseln der Comarca sind nicht mit denen auf dem Festland zu vergleichen. Eine Nacht in einer strohgedeckten Hütte mit Sandboden kann zwischen 50 und 150 US$ kosten. Wie kommt das?

Oft sind der Zugang, die Umgebung und die Organisation ausschlaggebend. Auf den dicht besiedelten Inseln der Gemeinschaft findet man eher eine günstige Unterkunft, die jedoch nicht wirklich der allgemeinen Vorstellung von einem tropischen Paradies entspricht. Ferieninseln sind im Allgemeinen teurer und bieten nicht die Möglichkeit, mit den Einheimischen in Kontakt zu kommen. Bei der Planung der Reise sollte man sich also über die eigenen Beweggründe im Klaren sein und Folgendes beachten:

Umgebung Gibt's auf der Insel Schatten? Einsame Abgeschiedenheit? Gibt's schöne Badestrände oder muss man mit dem Boot zum Baden oder Schnorcheln fahren?

Zugang Ist die Insel so weit entfernt, dass man immer teure Transportmittel braucht, um etwas zu unternehmen?

Gastfreundschaft Am besten andere Traveller nach ihren Erfahrungen fragen.

Wasser Ist es trinkbar? Eventuell einen Wasserfilter mitnehmen.

Toiletten Gibt es moderne sanitäre Einrichtungen oder ist die Toilette ein Plumpsklo am Ende des Bootsanlegers?

Sicherheit Sind die Ausflugsboote mit Rettungswesten und guten Motoren ausgestattet? Im Übernachtungspreis sind im Allgemeinen drei Mahlzeiten (ohne Getränke) enthalten sowie ein Ausflug pro Tag (z. B. Schnorcheln, Besuch eines Dorfes) sowie normalerweise der Transfer vom und zum Flughafen oder nach Cartí. Das sollte man sich im Voraus bestätigen lassen. Gebühren für den Besuch von Inseln der Kuna und für Trinkwasser können noch dazukommen. Es empfiehlt sich in jedem Fall, etwas zu essen, Insektenschutz, ein Erste-Hilfe-Set und eine Taschenlampe mitzunehmen. Von April bis November sind die Preise im Allgemeinen niedriger.

Bei der Buchung sollte man bedenken, dass es kaum Internetanschlüsse gibt und eine Handynummer nichts mehr wert ist, wenn das Telefon aus Versehen ins Meer gefallen ist. Begegnet man den Gastgebern mit guter Laune und Geduld, werden sie das hundertfach zurückgeben.

pro Anruf eine Telefongebühr von 1 US$ oder mehr. In einigen Gebieten funktionieren auch Handys.

Da es fast keine Restaurants gibt, bereitet jede Unterkunft Mahlzeiten für ihre Gäste zu. Ganz oben auf dem Speiseplan stehen Meeresfrüchte; Hummer ist etwas teurer als der Rest. Die Qualität ist sehr unterschiedlich, weil die einige Bestände stark zurückgegangen sind. Dafür gibt es immer Reis und reichlich frische Kokosnüsse. Bevor man sich irgendwo eine Kokosnuss nimmt, sollte man immer fragen, denn sie bilden eine wichtige Einkommensquelle in der Region.

Cabañas Tigre HÜTTEN $

(☎6099-2738; Hütten mit/ohne Bad 25/15 US$) Das Beste ist die entspannte Aufnahme: Die Gäste verfügen über genügend eigenen Raum, bekommen jedoch auch viel vom typischen Dorfleben mit und die Einheimischen sind gegenüber Besuchern offener eingestellt als anderswo. Außerdem wird hier Recycling betrieben. Die netten Bambushütten mit Strohdach haben Betonfußböden und Gemeinschaftsbäder und befinden sich in der Nähe des Strands.

Der Ozean ist hier kristallklar und recht ruhig, perfekt zum Kajakfahren (Dez.–Juni) und Schnorcheln. Schnorchelausrüstung, Mahlzeiten (3–7 US$) und Transfers nach Cartí (30 US$) kosten extra.

Cabañas Miro CABAÑAS $

(☎6769-5801; Zi. inkl. 3 Mahlzeiten 25 US$ pro Pers.) Reisende mit geringem Budget, die nur ein Strohdach über dem Kopf und Sand zwischen den Zehen wollen, sind hier genau richtig. Jedoch wird es jetzt ein bisschen voller: gerade werden sieben neue Hütten gebaut. Zu unternehmen gibt es wenig, aber beim Essen am Picknicktisch im Freien kann man sich herrlich mit anderen Travellern austauschen.

Cartí Homestay HOSTEL $$
(☎6734-3454, 6517-9850; www.cartihomestaykuna yala.blogspot.com; Carti Suitupo; Zi. inkl. 3 Mahlzeiten & Tour 50 US$ pro Pers.; @) Das beliebte, auf Backpacker eingerichtete Hostel ist sicher der beste Ort, um mit jungen Kuna ins Gespräch zu kommen. Die aufblasbare Jägermeister-Flasche in der Ecke ist allerdings ein Hinweis darauf, welche Art von kultureller Interaktion hier zu erwarten ist. Für Reisende, die nach Kolumbien wollen, können die Englisch sprechenden Besitzer auch Fahrten mit dem Schnellboot nach Puerto Obaldia arrangieren. Außerdem bieten sie auf einer abgelegeneren Insel Hüttenunterkünfte an.

★ **De Mar Achu** CABAÑAS $$
(☎6513-6597, 6595-6806; Camping/Hütten 55/80 US$ pro Pers. inkl. Transfer, Tour & 3 Mahlzeiten) Diese Ansammlung schöner Hütten bietet mit das beste Preis-Leistungs-Verhältnis in der Region – wer länger als eine Nacht bleibt, zahlt nur die Hälfte. Die Hütten stehen weit genug auseinander, um Privatsphäre zu garantieren, und es gibt auch Ferienhäuschen für Familien und Paare. Allen Besuchern stehen große neue Beton-Badehäuser, ein Volleyballplatz und Hängematten zur Verfügung. Das günstigere Pauschalpaket beinhaltet schattige Plätzchen zum Zeltaufstellen. Außerdem werden Ausflüge in den Ort Río Sidra und Schnorchelexkursionen geboten.

Cabañas Naranjo Chico CABAÑAS $$
(☎6686-7437, 6086-7716; www.sanblaskunayala.com; Zi. mit/ohne Bad inkl. 3 Mahlzeiten, Transfer & Touren 110/85 US$ pro Pers.) Die sechs Hütten versprechen Ruhe und warten außerdem mit einem hübschen Badestrand auf. Diejenigen mit Gemeinschaftsbad verfügen über Sandböden, die neueren Hütten mit eigenem Bad stehen auf Stelzen über dem Wasser. Alle werden mit Strom aus Sonnenenergie versorgt. Die Familie del Valle reagiert umgehend auf Reservierungswünsche, was hier in der Gegend eine Seltenheit ist. Transfers ab dem Flusshafen bei Cartí.

Achutupu Dumat CABAÑAS $$
(Wissudub; ☎6846-5217; argeliomorales2347@gmail.com; Chichime Cays; Camping/B/Privatzimmer inkl. 3 Mahlzeiten & Transfer nach Cartí 70/80/90 US$ pro Pers.) Gastgeber Argelio Morales bietet schattige Zeltstellplätze und sechs strohgedeckte Hütten mit Strom sowie eine Tour pro Tag. Wie auf einigen anderen Inseln stapelt sich auch hier der Müll – die Gäste müssen ihren eigenen wieder mit von der Insel nehmen. Campern werden Zelte und Campingausrüstung zur Verfügung gestellt; wer seine eigenen Sachen hat, kann um einen Rabatt bitten.

Shoppen

Molas (Motivbilder) sind die bekanntesten Erzeugnisse des traditionellen Kunsthandwerks in Panama. Die farbenprächtigen *molas*, die aus bunten Baumwollstoffquadraten zusammengenäht werden, zeigen Landschaften mit Vögeln, Meeresschildkröten, Fischen und anderen Tieren, die meist von einem Labyrinth aus geometrischen Mustern umgeben sind. Das traditionelle geometrische Design gilt gemeinhin als wertvoller als moderne Muster. Die handwerkliche Qualität der einzelnen *molas* ist sehr unterschiedlich. Die einfachsten *molas* werden für ab 10 US$ verkauft, komplizierte sind wahre Kunstwerke und kosten mehrere Hundert Dollar. *Molas* sind überall auf den Inseln zu finden (bzw. die *mola*-Verkäufer finden die Traveller).

Praktische Informationen

Es gibt nur wenige Flüge, also sollte man so weit im Voraus wie möglich buchen. Ebenso sollten Unterkünfte im Voraus gebucht werden, insbesondere da in der Comarca Pauschalpakete die Norm sind. Es gibt hier keine Geldautomaten, man muss also vor dem Besuch auf den Inseln unbedingt einen ansteuern.

Von Mai bis November herrschen gewöhnlich niedrigere Temperaturen. Wenn es windstill ist und die Temperaturen steigen, nimmt auch die Luftfeuchtigkeit zu und das Leben auf den San-Blás-Inseln ist dann nicht mehr so paradiesisch. Im Januar und Februar blasen die Passatwinde.

In der Comarca ist es eine große Hilfe, wenn man recht gut Spanisch spricht, denn außerhalb der Touristenzentren können nur wenige Kuna Englisch. Und viele ältere Kuna sprechen auch kein Spanisch. In abgelegeneren Gebieten muss man eventuell seinem Guide oder Bootsführer das Reden überlassen. Wer sich ein paar Worte Kuna aneignet, bereitet den Kuna eine große Freude.

Die Kuna achten sehr darauf, was Ausländer auf ihren Inseln so treiben. Auf fast allen Inseln müssen sich Touristen registrieren lassen und eine Besuchsgebühr bezahlen (3–12 US$) – egal, ob sie eine Woche oder nur eine halbe Stunde bleiben. Auf den kleineren Inseln in Privatbesitz müssen Besucher den Besitzer ausfindig machen, um Erlaubnis bitten, bleiben zu dürfen, und eine Gebühr von etwa 7 US$ bezahlen.

Es wird erwartet, dass Besucher für Fotos von den Kuna bezahlen (ca. 1 US$ pro fotografierter Person oder Foto). Wer jemanden fotografieren möchte, muss vorher um Erlaubnis fragen. Fotografiert man den Kunsthandwerker, bei dem man gerade etwas gekauft hat, kostet das normalerweise nichts, das kommt aber natürlich auf die jeweilige Person an. Auf einigen Inseln müssen Besucher schon für das Mitführen einer Videokamera 50 US$ bezahlen.

Um die Comarca zu betreten, muss man seinen Pass dabeihaben.

An- & Weiterreise

AUTO

Die Straße zwischen El Llano und Cartí ist die einzige, die direkt in die Comarca hineinführt. Sie verbindet die Stadt El Llano an der Panamericana, 70 km östlich von Panama-Stadt, mit dem Küstendorf Cartí in San Blás. Die Straße beginnt in der Nähe von El Llano, an der Abzweigung nach Nusagandi.

Am besten mietet man sich mit anderen Travellern zusammen ein Auto. Wichtig ist, dass dieses über Allradantrieb, einen starken Motor, eine Winde und gute Reifen verfügt. Bei der Organisation der Fahrt sind die Hostels in Panama-Stadt behilflich. **Tito** (☎6151-8827), **Kuna Yala Expeditions** (☎6708-5254; eliasperezmartinez@yahoo.com) und der Fahrer **Germain Perez** (☎6734-3454; www.cartihomestaykunayala.blogspot.com) bieten auch Transfers an.

FLUGZEUG

Air Panama (☎316-9000; www.airpanama.com) fliegt ab dem Albrook-Flughafen in Panama-Stadt täglich nach Playón Chico, Ogobsucum und Achutupu. Die Flüge dauern eine halbe bis ganze Stunde. Die Ticketpreise schwanken je nach Saison und Nachfrage.

Da die Nachfrage das Angebot an Flügen weit übersteigt, sollte man möglichst lange im Voraus buchen. Außerdem ist zu beachten, dass die Flugzeuge auch auf den anderen Inseln des Archipels landen, um dort Passagiere oder Fracht zu entladen und aufzunehmen, bevor sie dann zu ihrem eigentlichen Ziel weiterfliegen.

SCHIFF/FÄHRE

Segelboote nach Kolumbien passieren den Archipel, aber die meisten schiffen in der Provinz Colón ein. Unterkünfte in Panama-Stadt bieten mehr Infos über diese privat veranstalteten Fahrten.

Mit dem beliebten neuen 4-Tages-Service von **San Blas Adventures** (www.sanblasadventures.com; all-inclusive 375 US$ pro Pers.) werden Backpacker von Cartí nach La Miel (an der kolumbianschen Grenze) gebracht und umgekehrt; unterwegs besuchen sie Kuna-Gemeinden, zelten am Strand und machen Schnorcheltouren. Die Glasfaserboote werden von Außenbordmotoren betrieben. Eine gute Alternative zu einer Fahrt auf dem Segelboot (mit beengtem Nachtquartier) auf rauer See. Auf der Website finden sich nützliche Planungsdetails.

PROVINZ DARIÉN

Eines der reichsten Ökosysteme der Welt ist der 5760 km² große Parque Nacional Darién, in dem die Urwelt auf die Gegenwart trifft, denn diese Landschaft hat sich in Millionen von Jahren kaum verändert. Die Volksgruppen der Emberá und Wounaan leben noch weitgehend nach ihren Traditionen und bewahren so das uralte Wissen über den Regenwald. Ironischerweise ist die Provinz Darién wegen ihres schlechten Rufs so wild und ursprünglich geblieben.

An der Straße nach Yaviza – dem zugänglichsten Teil der Provinz – sind die natürlichen Lebensräume zum Teil schon zerstört worden. Ansonsten sind Touren auf den Wasserwegen und Wanderungen die einzigen Möglichkeiten, das Innere des Darién und die Pazifikküste mit ihrem gemächlichen Lebensrhythmus zu erkunden, wo die Kulturen der Emberá und der Wounaan sowie die afrikanische Darienita-Kultur nebeneinander existieren.

Die regionalen Probleme sind komplex. Wegen des Drogenhandels stößt man hier oft auf Polizeikontrollpunkte. Die Provinz Darién ist nicht jedermanns Sache, aber mit sorgfältiger Planung und den richtigen Reisezielen bietet sie kühnen Reisenden, die sich nach echten Abenteuern sehnen, spektakuläre Möglichkeiten.

Geschichte

Die indigenen Volksgruppen, die heute im Darién leben und allgemein als Chocóes bekannt sind, wanderten vor langer Zeit aus der Provinz Chocó in Kolumbien ein. Anthropologen unterscheiden zwei Sprachgruppen unter den Einwanderern, die Emberá und die Wounaan. Mit Ausnahme der Sprache ist die Kultur der beiden Volksgruppen praktisch identisch, aber sie selbst betrachten sich als zwei eigenständige Völker.

Bevor die Spanier moderne Schusswaffen ins Land brachten, schossen die Emberá und Wounaan mit *boroqueras* (Blasrohren) und brachten es darin zu wahrer Meisterschaft. Ihre Pfeile tränkten sie mit dem tödlichen Gift bestimmter Frösche und der tropischen Riesenameise. Viele Wissenschaftler glauben, dass diese Völker die Kuna aus der Region Darién an die Karibikküste vertrieben haben.

Die Emberá und Wounaan sind für ihre sehr fachmännisch gearbeiteten Einbäume bekannt. Diese *piraguas* verfügen über einen flachen Boden und sind somit besonders für die Trockenzeit ideal, wenn die Wasserstände in den Flüssen niedrig sind. Die Panama Canal Authority beschäftigt schon seit Langem Emberá- und Wounaan-Handwerker zur Herstellung der *piraguas*, mit denen Kanalbedienstete die oberen Teile der Wasserscheide des Kanals erreichen. Bis Ende der 1990er-Jahre wandten sich die Luftstreitkräfte der USA an die Emberá und Wounaan, um von ihnen das Überleben in der tropischen Wildnis zu lernen. Viele von ihnen trainierten im Fuerte Sherman in der Nähe von Colón US-Astronauten und Luftwaffenpiloten.

Heute lebt die Mehrheit der fast 10 000 panamaischen Emberá und Wounaan in den Tiefen des Regenwalds des Darién, vor allem entlang der Flüsse Sambú, Jaqué, Chico, Tuquesa, Membrillo, Tuira, Yapé und Tucutí.

☞ Geführte Touren

Der Darién ist der einzige größere Teil Panamas, in dem man einen Führer benötigt, und im Nationalpark ist ein Guide Vorschrift. Vor Ort kann man Spanisch sprechende Guides für 25 bis 35 US$ pro Tag anheuern. Jedoch können die Transportkosten sehr hoch sein. Tourveranstalter dagegen kümmern sich um alles, kochen für die Teilnehmer und nehmen Rücksicht auf wundgelaufene Füße. Eine weitere Option ist, mit einem unabhängigen Naturkundler zu reisen.

★ Jungle Treks ABENTEUERTOUREN
(☎6438-3130; www.jungletreks.com) Der empfehlenswerte Veranstalter wird von einem erfahrenen Naturexperten und Guide geleitet, der sich auf expeditionsartige Touren für Gruppen von sechs oder mehr Teilnehmern spezialisiert hat. Zu den Zielen gehören das Innere des Darién und die Pazifikküste. Die Tourtermine sind auf der Website zu finden. Individuelle Touren sind ab einer Dauer von drei Tagen möglich. Es wird Englisch gesprochen.

Ecocircuitos ÖKOTOUREN
(Karte S. 676; ☎315-1488; www.ecocircuitos.com; Albrook Plaza, 1. OG, Nr. 31, Ancón, Panama-Stadt) Der tolle Veranstalter bietet viertägige Trips in den Parque Nacional Darién inklusive Stippvisite bei einer Emberá-Siedlung. Er gehört zur APTSO (Asociación Panameño de Turismo Sostenible), Panamas Verband für nachhaltigen Tourismus. Es wird Englisch gesprochen.

Panama Exotic Adventures TOUREN
(☎in Panama-Stadt 223-9283; www.panamaexoticadventures.com) Dieser engagierte, von Franzosen geführte Anbieter hat in Metetí eine Ökolodge und verfügt über sehr viel Erfahrung in der Region. Geboten werden drei- bis achttägige Touren mit Besuchen bei indigenen Siedlungen und Kajak- und anderen Ausflügen. Auch maßgeschneiderte Touren sind möglich.

Ancon Expeditions TOUREN
(☎269-9415; www.anconexpeditions.com) Ancon Expeditions steuert die eigene Lodge in Punta Patiño an der Pazifikküste sowie weiter entfernte Ziele an. Die Sonderprogramme für Vogelbeobachter und Wanderer sind ausgezeichnet.

ℹ Praktische Informationen

Informationen über die Provinz Darién können extrem schnell veralten. Reisende sollten immer versuchen, die aktuellsten Informationen zu bekommen. Die beste Quelle für solche Infos sind die Führer, die häufig mit Tourengruppen in der Gegend unterwegs sind.

In Yaviza kann die Sede Administrativa Parque Nacional Darién Informationen über den Park liefern und auch bei der Suche nach geeigneten Führern – meistens machen das Parkaufseher in ihrer Freizeit – behilflich sein. Traveller müssen sich hier für den Besuch im Nationalpark registrieren und sich bei der Polizei melden, bevor sie in den Urwald entschwinden. An der Straße nach Yaviza und an den Häfen sind außerdem Kontrollposten der Polizei zu finden.

Beim **Instituto Geográfico Nacional** (S. 690) in Panama-Stadt sind topografische Karten für einige Gebiete des Darién erhältlich.

GEFAHREN & ÄRGERNISSE

Die größte Gefahr in der Region Darién geht von der schwer zugänglichen Umwelt aus. Wanderwege – wenn sie denn überhaupt existieren – sind meist kaum erkennbar und grundsätzlich nicht markiert. Von den großen Flüssen, die das Rückgrat des Verkehrsnetzes im Darién bilden, gehen weitere Gefahren aus. Jede Art von Hilfe, insbesondere medizinische Versorgung, ist meilenweit entfernt. Wer sich verirrt, ist verloren. Um das Risiko zu verringern, ist es empfehlenswert, die Provinz mit einer geführten Gruppe oder einem kompetenten Guide zu erkunden.

Provinz Darién

Denguefieber und Malaria sind ernsthafte Gefahren. Bevor es losgeht, am besten den Arzt nach notwendigen Medikamenten fragen und sich zusätzlich so vollständig wie möglich bedecken, vor allem in der Morgen- und Abenddämmerung. Einige Gebiete des Parque Nacional Darién sind auch der bevorzugte Lebensraum der extrem giftigen Terciopelo-Lanzenotter. Die Gefahr, von so einer Schlange gebissen zu werden, ist relativ gering, aber man sollte dennoch vorsichtig sein und im Urwald immer Stiefel tragen. Schließlich sind auch Zecken allgegenwärtig im Darién. Auch wenn sie keine Borreliose übertragen, sind sie äußerst lästig. Deshalb eine gute Zeckenzange und Streichholzbriefchen mitnehmen, um die Zecke vollständig entfernen zu können, falls sie sich tief in die Haut gegraben hat.

Sowohl die deutschen als auch die österreichischen und die schweizerischen Behörden warnen vor Reisen in die Provinz Darién. Leider schließt diese pauschale Reisewarnung auch den gesamten Parque Nacional Darién mit ein, obwohl einige Orte durchaus als sicher eingeschätzt werden können.

Besonders unsicher sind jedoch die Gebiete zwischen Boca de Cupe und Kolumbien, der traditionelle Weg durch den sogenannten Tapón del Darién (Darién-Stöpsel). Hier gibt's nur eine minimale Polizeipräsenz – wer in Schwierigkeiten gerät, ist auf sich selbst gestellt.

Auch wenn die Tabu-Zonen weit abseits der normalen Touristenziele liegen, darf ihre Gefährlichkeit nicht unterschätzt werden. Die Urwaldpfade werden von Drogenschmugglern genutzt, die es gar nicht mögen, dort auf Traveller zu treffen. In der Vergangenheit haben sich auch ehemalige Guerillakämpfer aus dem benachbarten Kolumbien und Flüchtige hierher zurückgezogen. Im Süden des Darién wurden auch schon Traveller und Missionare entführt und ermordet.

Trotz all dieser Warnungen sind einige Teile des Darién sehr sicher zu bereisen.

ℹ An- & Weiterreise

Die Panamericana führt über 266 km von Panama-Stadt nach Yaviza und ist dort zu Ende – dahinter erstreckte sich die gewaltige Wildnis des Darién. Die Straße beginnt erst wieder nach 150 km, nun schon jenseits der Grenze in Kolumbien. Diese Lücke in der Straßenverbindung zwischen Mittel- und Südamerika wird als *Tapón del Darién* (Darién-Stöpsel) bezeichnet – hier ist buchstäblich Ende Gelände.

Auf dieser Strecke fahren sonntags, dienstags und donnerstags zwischen 3.30 und 7 Uhr morgens Busse von Panama-Stadt nach Yaviza (16 US$, 4½ Std.). Man muss dem Fahrer auf jeden Fall sein Ziel mitteilen.

Unterschiedlich häufig fliegt **Air Panama** (☎316-9000; www.airpanama.com) nach Jaqué und Puerto Obaldía.

Unterwegs vor Ort

Im riesigen Urwald des Darién sind die Flüsse oft die einzige Möglichkeit, von einem Ort zum anderen zu kommen. Als Verkehrsmittel dienen *piraguas* (zumeist motorisierte Einbäume).

Ab Puerto Quimba bei Metetí an der Panamericana sowie ab Yaviza gibt es Verkehrsverbindungen ins Landesinnere wie nach El Real und La Palma. In La Palma kann man motorisierte Boote zum Río Mogué und Río Sambú mieten. Von El Real sind Piji Basal und der Parque Nacional Darién erreichbar.

Metetí

Das 1 km südöstlich von einem Polizeikontrollposten gelegene Metetí ist der am schnellsten wachsende Ort im Darién und wartet mit der besten Infrastruktur der Region auf. Die Umgebung wird zügig abgeholzt, doch findet man am Ortsrand interessante Ökolodges. Reisende kommen hierher, um auf einer reizvollen Bootsfahrt ab La Palma das Innere des Darién zu erkunden.

Schlafen & Essen

Hotel Felicidad HOTEL $
(☎299-6544; www.hotelfelicidad.com; DZ 25 US$; ❄) Es riecht nach parfümiertem Reinigungsmittel, die Betonzimmer sind sauber, der Service ist freundlich und im Garten blühen Blumen. Die Zimmer ohne Fenster sollte man besser meiden, weil sie etwas muffig sein können.

Filo de Tallo LODGE $$$
(☎6673-5381; www.panamadarien.com; 4-Tages-Paket ab 1050 US$ pro Pers.) Diese hübsche Ökolodge auf einem grasbewachsenen Hügel am Ortsrand von Metetí wird von Panama Exotic Adventures betrieben. Die reetgedeckten Bambushütten verfügen über feste Betten mit Moskitonetzen und eigenen Bädern mit pastellfarbenen Flusssteinen und handgefertigten Waschbecken. Im offenen Aufenthalts- und Essbereich können die Gäste bei phänomenaler Aussicht auf die Umgebung Wein und gute internationale und panamaische Gerichte genießen.

Einst war dies eine Schießanlage von Noriega-Anhängern – die Umwandlung in ein Projekt für Ethno- und Abenteuertourismus könnte merkwürdiger nicht sein. Zu den angebotenen Aktivitäten gehören Kajakfahren und der Besuch eines Wounaan-Dorfes. Obwohl sich die Lodge auf einem gerodeten Waldstück am Rand der Provinz Darién befindet, ist sie eine der besten Unterkünfte der Region und liefert eine gute Dosis indigener Kultur. Von Forest Finance wurde die Lodge als CO_2-neutral zertifiziert. Im angebotenen Komplettpaket sind alle Mahlzeiten und Aktivitäten sowie der Transport von und nach Panama-Stadt enthalten.

An- & Weiterreise

Die von Panama-Stadt nach Yaviza verkehrenden Busse halten sonntags, dienstags und donnerstags in Metetí (15 US$, 4 Std.).

Zur Anlegestelle des Bootes nach La Palma oder Sambú nimmt man die Abzweigung zur Hafenstadt Puerto Quimba am Río Iglesias. Zwischen Metetí und Puerto Quimba verkehrt zwischen 6 und 21 Uhr alle 30 Minuten ein Pick-up (2 US$), außerdem fahren Taxis (10 US$). Die asphaltierte Straße zwischen Metetí und Puerto Quimba ist ungefähr 20 km lang.

Für die Boote von Puerto Quimba nach La Palma (4 US$, 20 Min.) gibt es keinen Fahrplan. Sie legen zwischen 7.30 und 18.30 Uhr ab, wenn sie voll sind. Oder man chartert ein Boot für die Überfahrt. Fahrgäste müssen sich am Polizeikontrollpunkt neben dem Kartenschalter melden.

Montags, mittwochs und freitags fahren zudem Boote nach Sambú (24 US$, 2½ Std.).

Yaviza

4500 EW.

In dem hässlichen Betonort Yaviza endet die Panamericana – und der berühmt-berüchtigte Tapón del Darién beginnt. Die lieblose, unförmige Siedlung taugt kaum als Feriendomizil, es sei denn, man interessiert sich für Hahnenkämpfe. Die meisten Traveller legen hier nur einen kurzen Zwischenstopp ein, um sich ordnungsgemäß für einen Besuch im Parque Nacional Darién anzumelden.

Schlafen

Hospedaje Sobia Kiru HOTEL $
(☎299-4409; DZ 25 US$; ❄) Das zweistöckige türkisfarbene Haus mit sauberen Zimmern ist mit einer Klimaanlage gesegnet und befindet sich an einer Nebenstraße gegenüber vom Hafen, neben dem Büro von Cable Onda. Nach Leticia fragen.

Ya Darien PENSION $
(☎6653-0074; DZ 25 US$; ❄) Bietet ordentliche Zimmer mit kalten Duschen. Der Service ist hier sehr gemächlich, aber er kommt.

WEITERREISE NACH KOLUMBIEN

Die Panamericana (also die Straßenverbindung) endet in Yaviza und taucht erst nach 150 km wieder auf, weit hinter der kolumbischen Grenze. Doch auf dem Landweg zu Fuß durch den Tapón del Darién marschieren zu wollen, ist nicht ratsam.

Übers Karibische Meer von Puerto Obaldía in Panama nach Capurganá in Kolumbien zu gelangen, geht inzwischen leichter als früher. Air Panama fliegt nach Puerto Obaldía. Von dort gibt es keine Busse, aber es geht mit dem Boot oder per pedes weiter in das kolumbianische Dorf Sapzurro. Zu Fuß dauert es etwa 2½ Stunden, allerdings ist der Pfad an manchen Stellen schwer zu erkennen und hin und wieder kann es brenzlig werden, deshalb ist die Bootsfahrt die bessere Option. In dem panamaischen Dorf La Miel direkt an der Grenze wird gerade ein Hostel gebaut; außerdem gibt's hier einen herrlichen Strand (20 Min. zu Fuß von Sapzurro).

Von Sapzurro fahren Fähren nach Capurganá; zu Fuß dauert es zwei Stunden. Da sich die Sicherheitslage ständig ändert, sollte sich jeder, der die Strecke zu Fuß gehen will, vorher gründlich informieren, wie es aktuell um die Sicherheit bestellt ist.

Abgesehen vom Fliegen ist es bei Weitem am sichersten, mit dem Segelboot oder Schiff nach Kolumbien zu reisen.

Eher eine Tour als einfach nur Transport bietet der beliebte Service von **San Blas Adventures** (☎ 6696-1554, 6731-2530; http://sanblasadventures.com; 4-tägige Tour 375 US$), der Backpacker von Panama über die Provinz Darién und die Inseln von San Blás nach Kolumbien bringt; unterwegs wird gezeltet und geschnorchelt. Auf panamaischer Seite beginnt die Tour in Portobelo; in Kolumbien endet sie in Sapzurro. Gereist wird auf einem überdachten Boot mit Außenbordmotor. Es gibt regelmäßige, feste Abfahrtszeiten und die Website bietet nützliche Details für die Planung.

Praktische Informationen

Wer in dieser Region herumreisen möchte, muss **SENAFRONT** (Servicio Nacional de Fronteras; ☎ in Panama-Stadt 527-1000; www.senafront.gob.pa) rechtzeitig schriftlich auf Spanisch detailliert über seine Reisepläne informieren. Man kann sich auch einheimische Führer empfehlen lassen.

An- & Weiterreise

Von Panama-Stadt fahren sonntags, dienstags und donnerstags Busse nach Yaviza (16 US$, 4½ Std.).

Öffentliche Boote nach El Real fahren unregelmäßig – wenn sie voll sind (5 US$). Der Preis für ein Privatboot nach El Real (60–90 US$ einfach) hängt von der Motorgröße und den Treibstoffkosten ab.

El Real

Das am Fluss gelegene El Real, auch bekannt als El Real de Santa María, wurde von den Konquistadoren gegründet und war damals lediglich ein Fort am Río Tuira. Die Siedlung verhinderte, dass Piraten flussaufwärts segeln konnten, um die Siedlung Santa María zu plündern, wo die Spanier Gold aus den Cana-Minen lagerten. Heute gehört El Real zwar zu den größten Orten in der Provinz Darién, es ist aber immer noch ein rückständiges Provinznest.

El Real ist der letzte größere Ort vor dem Eingang zum Nationalpark. Zur Parkstation Rancho Frío kommt man nur mit einem einheimischen Führer oder im Rahmen einer geführten Tour – das Ministerio de Ambiente (S. 690) erlaubt keine Besuche auf eigene Faust. Vor der Ankunft vor Ort muss man einen Brief mit seinen Plänen an SENAFRONT (s. o.) schicken und sich beim Ministerio de Ambiente in Panama-Stadt melden, wo die Eintrittsgebühr (Ausländer 15 US$) für den Nationalpark und die Übernachtungsgebühren kassiert wird.

Essen

Fonda Doña Lola PANAMAISCH $
(Mahlzeiten 3–5 US$) Das billige Lokal serviert Reis- und Fleischgerichte mit gebratenen Bananen.

An- & Weiterreise

Der alte Bootsmann **Chicho Bristan** (☎ 6913-0321, 299-6566; hin & zurück für 3 Passagiere 60 US$) bietet Chartertrips zwischen El Real und Yaviza oder Puerto Quimba. Wenn man mit dem Boot in El Real ankommt, meldet man sich bei SENAFRONT an dem Kiosk vor dem Landungssteg.

ÜBERLEBEN IN DER PROVINZ DARIÉN

Der Parque Nacional Darién ist der ökologisch vielfältigste Nationalpark zu Land in ganz Zentralamerika. Doch Gefahren aller Art und giftige Schlangen sind nicht jedermanns Sache. Dabei ist der Park absolut faszinierend, vorausgesetzt, man trifft die nötigen Sicherheitsvorkehrungen und bereitet sich gut vor.

Sicherheit

Der Dschungel dient Banditen als ideales Versteck und ist außerdem eine beliebte Route bei illegalen Migranten. Die panamaische Polizei nimmt die Verteidigung dieses Gebietes sehr ernst und ihren Empfehlungen sollte man sich nicht widersetzen.

Zum eigenen Schutz und aus gesetzlichen Gründen sind nur ausgewiesene Routen zu empfehlen. Die Polizei ist bekannt dafür, Traveller, die auf nicht genehmigten Wegen unterwegs sind, festzunehmen und illegaler Aktivitäten zu beschuldigen, selbst wenn sie einen Führer dabeihaben.

Schutz

Hier allein unterwegs zu sein ist keinesfalls zu empfehlen. Die Wege sind nicht markiert, sodass man sich eigentlich nur verirren kann. Kaum jemand kommt vorbei, um zu helfen. Und giftige Schlangen und Skorpione können der Reise (und auch dem Leben) jederzeit ein jähes Ende bereiten.

Vorbereitungen

Trotz ihrer Abgeschiedenheit ist die Provinz Darién recht teuer. Traveller sollten ihr Budget sorgfältig planen. Selbst wer sich sonst nicht gerne geführten Touren anschließt, macht das hier gewöhnlich. Man sollte sich vorher überlegen, ob es wirklich billiger ist, mit einem unabhängigen Führer loszuziehen und die gesamten Benzin- und Verpflegungskosten allein zu tragen – besonders angesichts teils astronomischer Treibstoffpreise. Wer dennoch mit einem einheimischen Guide loszieht, sollte unbedingt Spanisch sprechen, sonst kommt es sicher zu frustrierenden Missverständnissen. Auf jeder Dschungelwanderung sollte man nur ein Minimum an Gepäck dabeihaben. Insektenschutzmittel, Sonnencreme, ein Hut und Regenschutz gehören unbedingt dazu. Lebensmittel sind nur in den wenigen Orten erhältlich, jedoch nicht an den Rangerstationen. Auch Trinkwasser und etwas zum Entkeimen sollte man mitnehmen. Und am besten ist man in der Trockenzeit von Mitte Dezember bis Mitte April unterwegs, denn in der Regenzeit muss man sich durch dicken Schlamm kämpfen und mottengroße Moskitos jagen. Motoren können kaputtgehen, Flüge verschoben

Pick-ups befördern Fahrgäste nach Piji Basal (25 US$) und Pirre 1 (30 US$), 1½ Stunden zu Fuß von Rancho Frío entfernt, dem Zugangspunkt zum Parque Nacional Darién.

Rancho Frío

Dreizehn Kilometer Luftlinie südlich von El Real erreicht man den Sektor Rancho Frío des Parque Nacional Darién. Hier befindet sich die Pirre-Station (Pirre 2), nicht zu verwechseln mit der Station auf dem Cerro Pirre bei Cana. Zu den seltenen hier lebenden Vögeln zählen der Blutbauchspecht, der Weißstirntrappist und der Strichelrücken-Waldspäher – ein tolles Fleckchen für Vogelfreunde.

Das ausgezeichnete Wegenetz umfasst eine zweitägige Wanderung auf den Cerro Pirre und einen einstündigen Spaziergang durch den Urwald zu einer Reihe von Wasserfällen. Keine Wanderung sollte ohne einen Führer unternommen werden, denn die Wege sind nicht markiert und wer sich hier verirrt, ist wirklich hoffnungslos verloren.

Reisende müssen SENAFRONT (S. 747) in Panama-Stadt ihre Reisepläne im Darién per Brief auf Spanisch mitteilen und Fotokopien dieses Briefes dabeihaben. Es kann sein, dass er an Kontrollpunkten vorgezeigt werden muss. Je nach Sicherheitslage kann SENAFRONT von Besuchern verlangen, dass sie mit einem Guide reisen.

Schlafen

Barracks HÜTTEN $

(Rancho Frío; 15 US$ pro Pers.) In dieser Kaserne bei der Pirre-Station gibt's Klappbetten für

werden – Verzögerungen sind im Darién an der Tagesordnung. Deshalb immer zusätzliches Essen und Bargeld, eine Taschenlampe und Streichhölzer mitnehmen! Eine gute persönliche Ausrüstung darf ebensowenig fehlen wie viel Spielraum im Zeitplan.

Führer

Für den Parque Nacional Darién sind Guides mittlerweile Pflicht. Ein Naturkundler hat andere Fähigkeiten als ein *guía local* (örtlicher Guide) – man sollte sich überlegen, was man braucht.

Folgendes müssen Führer auf jeden Fall mitbringen:

- Erfahrung in der Region
- Umfangreiche Kontakte vor Ort und die Fähigkeit, Probleme zu lösen
- Genaue Planung der Route mit realistischen Etappenzielen und organisierten Verkehrsmitteln
- Gute Ausrüstung (Zelt etc.), sofern keine eigene vorhanden ist
- Alle erforderlichen Genehmigungen

Diese Voraussetzungen sind bei Führern wünschenswert:

- Die Fähigkeit, Tiere aufzuspüren
- Kenntnisse der regionalen Geschichte und einheimischen Tier- und Pflanzenwelt
- Kenntnisse im Englischen (oder einer anderen Fremdsprache)
- Verbandskasten und Erste-Hilfe-Kenntnisse
- Tragbares Funkgerät und/oder Handy für Gegenden mit Empfang

Erfahrungen anderer Traveller können eine gute Referenz sein, doch ist es unverzichtbar, einen Führer persönlich kennenzulernen, vor allem wenn man allein mit ihm unterwegs sein wird.

Es muss auch rechtzeitig geklärt sein, ob Benzin, Transport, Essen und etwaige Gebühren im Preis inbegriffen sind. Man sollte außerdem nicht automatisch davon ausgehen, dass die einheimischen Führer zwangsläufig erfahren sind – manche haben noch nie einen Fuß in den Nationalpark gesetzt. Die **Sede Administrativa Parque Nacional Darién** (☎ 299-4495; Panamericana, Gebäude des Ministerio de Ambiente; Parkeintritt 15 US$; ⏲ Mo–Fr 8–16 Uhr) hat eine Liste der örtlichen Guides.

Besucher, neben einer sehr einfachen Küche einen kleinen Essbereich draußen, eine *palapa* (offene Schutzhütte) mit ein paar Stühlen und einige WCs und Kaltwasserduschen. Wenn möglich zahlt man für die Übernachtung direkt beim Ministerio del Medio Ambiente in Panama-Stadt.

An- & Weiterreise

Die Station Pirre ist nur zu Fuß (4 Std.), im Rahmen einer Wanderung mit Bootsfahrt oder aber mit einem Allradfahrzeug (ab 30 US$) und einer Wanderung ab El Real oder Piji Basal zu erreichen. Per Fahrzeug geht's nur bis nach Pirre 1, 1½ Stunden zu Fuß von Rancho Frío entfernt. Für Wanderer hält die Straße wenig Orientierung bereit. Sie sollten daher am besten mit einem Guide gehen.

La Palma

4200 EW.

Wo der breite Río Tuira in den Golfo de San Miguel mündet, liegt La Palma, die Hauptstadt der Provinz Darién, die nur aus wenig mehr als einer Straße besteht. Pastellfarbene Häuser stehen auf Pfählen am schlammigen Ufer. Es wimmelt hier nur so von Lädchen, Bars und evangelikalen Botschaften.

Für die meisten Traveller ist La Palma nur das Sprungbrett für Bootsfahrten zu anderen Reisezielen wie dem Naturschutzgebiet Ancon und der Lodge in der Reserva Natural Punta Patiño oder den Emberá-Dörfern an den Ufern des Río Sambú. Wer genügend Zeit hat, kann sich die Ruinen der spanischen Festungen aus dem 17. Jh. anschauen, die fünf Bootsminuten entfernt sind (30 US$).

Alles, was für Traveller interessant sein könnte, ist entlang der Hauptstraße der Stadt zu finden, die nur 300 m vom Flugplatz entfernt ist. Hier gibt's eine Bank, ein Krankenhaus und eine Polizeiwache sowie drei Hotels, drei Kneipen und mehrere Essensstände. Wer weiter ins Landesinnere vordringen möchte, sollte sich vorher bei der Polizei in La Palma nach der aktuellen Sicherheitslage erkundigen.

Schlafen & Essen

Hotel Biaquira Bagara HOTEL $
(☎299-6224; DZ mit/ohne Bad 25/17 US$; ❄📶) Das Hotel Biaquira Bagara ist schlicht und nett; es ist mit Holzveranden, Korbmöbeln und stabilen Betten ausgestattet.

★ **Restaurante Lola** PANAMAISCH $
(☎6721-8632; Hauptgerichte 5–15 US$; ⏲Mo–Sa 7–19 Uhr) In dem sauberen und freundlichen Café werden neben Gerichten mit Fleisch vom Grill auch Garnelen und Fisch nach *criollo*-Art mit schmackhafter Sauce zubereitet.

An- & Weiterreise

Die Boote nach Puerto Quimba (4 US$, 20 Min.) fahren zwischen 5.30 und 17 Uhr, wenn sie voll sind. Von Puerto Quimba verkehren Busse nach Metetí und von dort wiederum welche nach Panama-Stadt und Yaviza.

Wer ein Boot mit Führer mieten möchte, sucht sich in der Nähe der Anlegestelle einen verantwortungsbewussten Kapitän mit einem seetüchtigen Motorboot (120–300 US$ pro Tag inkl. Benzin).

Reserva Natural Punta Patiño

Am Südufer des Golfo de San Miguel liegt 25 km von La Palma entfernt dieses private, 263 km² große **Tierschutzgebiet**. Es gehört der Organisation Ancon und wird vom gemeinnützigen Arm des Verbands gemanagt, Ancon Expeditions. Es ist mit artenreichem Primär- und Sekundärwald bedeckt und eines der besten Gebiete in Panama, um Harpyien zu sehen. Auch wenn sich der große Vogel nicht blicken lässt: Hier können auch prima viele andere Tiere wie Dreifinger-Faultiere und Wasserschweine, die größten Nagetiere der Welt, beobachtet werden.

Das Wildreservat ist nur per Boot oder Flugzeug zu erreichen. Auf dem winzigen Streifen Gras am Meer zu landen, der hier als Landebahn durchgeht, macht definitv einen Teil des Abenteuers aus.

An- & Weiterreise

Im Tourpaket von Ancon Expeditions sind der Hin- und Rückflug zwischen Panama-Stadt und Punta Patiño sowie Unterkunft, Verpflegung und Aktivitäten enthalten. Diese Tour lässt sich mit einer Fahrt den Río Mogué hinauf zum Emberá-Dorf Mogué und einer geführten Wanderung zum Nest einer Harpyie kombinieren. Punta Patiño ist außerdem ein Ziel auf dem sehr empfehlenswerten zweiwöchigen Darién Explorer Trek von Ancon.

Individualreisende können in La Palma ein Boot nach Punta Patiño chartern. Um eine Hütte zu reservieren, wendet man sich im Voraus an Ancon Expeditions.

Sambú

Das am gleichnamigen Fluss gelegene Sambú ist einen Zwischenstopp wert, denn hier leben sowohl indigene Emberá als auch *cimarrones*, deren Vorfahren entflohene Sklaven waren, die im Urwald überlebt haben. Für Darién-Verhältnisse ist Sambú eine richtige Stadt, komplett mit Flugfeld, Krankenhaus und Münztelefon. Wegen der guten Flugverbindung ist es ein guter Ausgangspunkt, wenn man die Emberá- und Wounaan-Dörfer entlang des Flusses besuchen und sich dem gemächlichen Rhythmus des Lebens im Urwald hingeben möchte.

Von Sambú aus lässt sich auch ein Ausflug nach Puerto Indio planen. Dafür ist eine Genehmigung der Emberá und Wounaan erforderlich, aber wer die hat, kann die Felsenmalereien dort besichtigen oder die Mangrovenwälder erkunden. In der Lagune Bocaca Verano leben Krokodile und eine Menge Vögel. Während der Trockenzeit organisiert der einheimische Führer Lupicinio, der vor dem Hotel Sambú Hause zu finden ist, Wanderungen mit dem Ziel, Harpyien zu beobachten, sowie Touren in die Lagune.

Juan Murillo (☎6940-7765; Angeltrips im Golf 90 US$) fährt mit Besuchern in seinem 75 PS starken Motorboot zum Angeln in den Golfo de San Miguel hinaus.

Schlafen & Essen

Mi Lindo Sueño HOTEL $
(☎333-2512; Zi. ohne Bad 15 US$) Eine wirklich sehr annehmbare Unterkunft am Flugfeld.

Die Zimmer sind mit Ventilatoren ausgestattet. Die angegebene Telefonnummer ist die eines öffentlichen Telefons vor dem Hotel.

Sambú Hause PENSION $$
(☎6672-9452, 268-6905; www.sambuhausedarienpanama.com; EZ/DZ inkl. Mahlzeiten 75/125 US$) Das von US-Amerikanern betriebene Sambú Hause ist das einzige B&B im Urwald. Das hübsche, gelbe Holzhaus wird von der freundlichen Mabel geführt. Es ist einfach, aber gemütlich und vermutlich das einzige Fleckchen im Darién, an dem man zum Frühstück Pfannkuchen bekommt. Auch Kulturtrips können organisiert werden.

Comidas Benedicta PANAMAISCH $
(Mahlzeiten 4 US$) Günstig und gut essen kann man im Comidas Benedicta. Hier speiste auch Starkoch Anthony Bourdain, als er in Sambú war.

An- & Weiterreise

Zur Zeit der Recherche gab es nur Charterflüge nach Sambú. Von Puerto Quimba fährt montags, mittwochs und freitags früh am Morgen eine *panga* (kleines Motorboot) nach Sambú (24 US$) und macht einen Zwischenstopp in La Palma.

Die Abfahrtszeiten der Rückfahrten werden nicht lange im Voraus vorher bekanntgegeben; man muss in der Stadt herumfragen und versuchen, den Termin für die Rückfahrt bestätigt zu bekommen. Von Puerto Quimba gibt es eine Busverbindung nach Metetí (2 US$) und weiter nach Panama-Stadt.

PANAMA VERSTEHEN

Panama aktuell

Panama hat die am schnellsten wachsende Wirtschaft Lateinamerikas. Sein Reichtum ist vor allem dem Panamakanal zu verdanken. Der 80 km lange Kanal verbindet mit seinen Schleusen den Atlantik mit dem Pazifik, den Osten mit dem Westen.

In der Folge des hundertjährigen Bestehens des Kanals wurde Mitte 2016 eine Erweiterung eröffnet – etwas verspätet und viel teurer als geplant. Es wird erwartet, dass sich durch den Ausbau des Kanals die Handelsmuster ändern und der Erfolg der Häfen an der US-amerikanischen Westküste beeinträchtigt wird.

Kritiker fürchten, dass das Projekt zusammen mit der neuen, 1,2 Mrd. US-Dollar teuren U-Bahn für Panama-Stadt, dem 200 Mrd. US-Dollar teuren Autobahnring in der Bahía de Panamá, einem neuen internationalen Flughafen und anderen Projekten Panama mit einem Wahnsinnsberg an Schulden überhäufen wird.

Die Armut ist im vergangenen Jahrzehnt zwar um 10 % gesunken, aber Panama hat noch immer die zweitschlechteste Einkommensverteilung Lateinamerikas. Die Hoffnungen, dass sich die Investitionen des Landes in die Infrastruktur auszahlen werden, sind hoch. Aber angesichts von 23 Mrd. US-Dollar Staatsschulden betrachten viele Panamaer die aktuelle Investitionsfreudigkeit mit Argwohn. Immer mehr verärgerte Bürger protestieren gegen die Privatisierung öffentlicher Ressourcen, gegen die Korruption auf höchster Ebene und die unkontrollierte Erschließung des Landes. Es wird Zeit, dass sich Panama auf die Bedürfnisse der Menschen konzentriert.

Geschichte

An der schmalen Landenge, auf der Panama liegt, treffen Süd- und Nordamerika aufeinander; daher hat Panama schon immer eine strategisch wichtige Rolle in der Geschichte der westlichen Hemisphäre gespielt: vom regen Austausch von Tier- und Pflanzenarten bis hin zur Begegnung – und zu Zusammenstößen – zwischen zahlreichen Kulturen. Früher führte hier ein Handelsweg durch, der das alte Peru mit dem alten Mexiko verband; in der Eroberungsphase nach Kolumbus wurde er zur Überlandstrecke, über die die Schätze der Inka fortgeschleppt wurden. Transit ist hier ein Dauerthema, v. a. weil hier zwei Ozeane so dicht beieinander liegen. Die Panama Railroad brachte während des Goldrauschs einst Goldgräber nach Kalifornien, heute ist der Panamakanal der dröhnende Motor des globalen Handels.

Verlorenes Panama

Die Küstengebiete und Regenwälder Panamas werden seit mindestens 10 000 Jahren von Menschen bewohnt. Einheimische Stämme wie die Kuna, die Ngöbe-Buglé, die Emberá, die Wounaan, die Bribrí und die Naso lebten schon vor der Ankunft der Spanier auf der Landenge. Die historische Tragödie Panamas besteht darin, dass es hier trotz der reichen Kulturgeschichte des Landes so gut wie keine gegenständlichen Überreste dieser großartigen Zivilisationen gibt.

Über das präkolumbische Panama weiß man, dass die frühen Bewohner an einer weitläufigen Handelszone mitarbeiteten, die sich im Süden bis nach Peru und im Norden bis nach Mexiko erstreckte. Archäologen haben herrliche Goldornamente, ungewöhnliche lebensgroße Steinstatuen mit menschlichen Figuren und spezielle Sorten von Tonwaren und *metates* (Steinplatten, die zum Mahlen von Getreide verwendet wurden) entdeckt.

Die ersten Bewohner Panamas lebten an beiden Ozeanen und angelten an Mangrovensümpfen, Flussmündungen und Korallenriffen. In Anbetracht des enormen Einflusses, den die Fischerei auf das Leben der Bewohner der Landenge hatte, scheint es mehr als passend, dass der Landesname sich von einem Wort der *indígenas* ableitet, das so viel bedeutet wie „Fische in Hülle und Fülle".

Eine neue Weltordnung

Die Entdeckung Panamas durch den spanischen Forscher Rodrigo de Bastidas im Jahr 1501 stellte den Beginn des Zeitalters von Eroberung und Kolonisierung auf der Landenge dar. Es war allerdings sein erster Matrose Vasco Núñez de Balboa, der es zu ewigem Ruhm brachte, nachdem dieser zwölf Jahre später den Pazifik entdeckte.

1502 ging Christoph Kolumbus auf seiner vierten und letzten Reise in die Neue Welt im heutigen Costa Rica an Land, wo er eigenen Aussagen zufolge in zwei Tagen mehr Gold gesehen hatte als in Spanien in vier Jahren. Obwohl der heftige Widerstand der Einheimischen 1503 seine Pläne, eine Kolonie an der Mündung des Río Belén zu gründen, durchkreuzte, ersuchte Kolumbus die Spanische Krone, ihn zum Gouverneur von Veraguas zu machen, dem Küstenabschnitt zwischen Honduras und Panama.

Nach Kolumbus' Tod 1506 beauftragte König Ferdinand Diego de Nicuesa, das neu eroberte Land zu besiedeln. Verschiedene Versuche endeten kläglich. Sehr zur Enttäuschung der Eroberer gab es in Panama nicht viel Gold. Dazu kamen noch Tropenkrankheiten, unwirtliches Gelände und überaus unfreundliche Einheimische – es ist also kein Wunder, dass die frühen spanischen Kolonien es schwer hatten und oft zum Scheitern verurteilt waren.

1513 hörte Balboa Gerüchte über ein großes Meer und eine wohlhabende, Gold produzierende Zivilisation auf der anderen Seite der Berge – wahrscheinlich war das Reich der Inka in Peru gemeint. Von Ehrgeiz und Habgier getrieben erklomm Balboa am 26. September 1513 die Kontinentale Wasserscheide und erblickte als erster Europäer den Pazifik. Er erklärte den Ozean und alles Land, an das er uferte, zum Besitz des spanischen Königs.

Das Reich expandiert

1519 gründete der brutale und sehr rachsüchtige Spanier Pedro Arias de Ávila (seinerzeit Pedrarias genannt) die Stadt Panamá auf der Pazifikseite ganz in der Nähe des heutigen Panama-Stadt. Der Gouverneur befahl 1517, Balboa zu köpfen, weil dieser angeblich Hochverrat begangen haben sollte. Pedrarias war auch bekannt für grausame Angriffe auf Einheimische, die er bei lebendigem Leib verbrannte oder den Hunden zum Fraß vorwarf.

Trotz seiner grausigen Taten machte Pedrarias Panamá zu einer wichtigen spanischen Siedlung, zum Handelszentrum und zum Ausgangsort für weitere Expansionen, z. B. für die Eroberung Perus. Von Panamá aus wurden jede Menge peruanisches Gold und orientalische Gewürze zu Fuß über die Landenge transportiert. Auf dieser bekannten Handelsroute, die Sendero Las Cruces (Las-Cruces-Pfad) genannt wird, kann auch heute noch gewandert werden.

Als die Spanier sich am Reichtum der geplünderten Zivilisationen „sattgefressen" hatten, begann die Welt, auf die florierende Kolonie aufmerksam zu werden – besonders die britischen Freibeuter, die in den Küstengewässern lauerten. 1573 zerstörte Sir Francis Drake die Siedlung Nombre de Dios und segelte mit einer Galeone, beladen mit spanischem Gold, zurück nach England.

Daraufhin errichteten die Spanier riesige Steinfestungen bei San Lorenzo und Portobelo. Diese Festungen konnten den walisischen Seeräuber Sir Henry Morgan allerdings nicht davon abhalten, 1671 Fuerte San Lorenzo zu stürmen und den Río Chagres hinaufzusegeln. Nachdem er am Ende der Landenge angekommen war, zerstörte Morgan die Stadt Panamá, indem er sie bis auf die Grundmauern niederbrannte, und kehrte mit 200 Maultieren, beladen mit spanischer Kriegsbeute, an die Karibikküste zurück.

Ein paar Jahre später errichteten die Spanier die Stadt Panamá auf einem Kap neu, das sich einige Kilometer westlich vom ursprünglichen Standort befand. Die Ruinen der alten Siedlung, die heute Panamá Viejo heißt, und die koloniale Altstadt Casco Viejo liegen innerhalb der Stadtgrenzen der heutigen Metropole.

Die britische Freibeuterei endete damit nicht. Nachdem Admiral Edward Vernon 1739 die Festung von Portobelo zerstört hatte, gaben die Spanier die Durchquerung Panamas auf und segelten stattdessen den langen Weg um das Kap Horn zur Westküste Südamerikas.

Das Ende des Reiches

Durch den teuren Krieg auf der Iberischen Halbinsel der Jahre 1808 bis 1814 gegen Frankreich und das politische Chaos, die Unruhen und das Machtvakuum, das darauf folgte, verlor Spanien im ersten Drittel des 19. Jhs. alle seine Kolonien.

Panama erlangte 1821 die Unabhängigkeit von Spanien und trat sofort Gran Colombia bei, einem Staatenbund aus den Ländern Kolumbien, Bolivien, Ecuador, Peru und Venezuela. Diese vereinte lateinamerikanische Nation war lange der Traum von Simón Bolívar. Innere Konflikte führten allerdings 1831 zur formellen Auflösung von Gran Colombia. Neuling Panama blieb jedoch eine Provinz von Kolumbien.

Die Geburt einer Nation

Das Schicksal Panamas wandelte sich für immer, als die Weltmächte erkannten, dass die Landenge der schmalste Streifen zwischen dem Atlantik und dem Pazifik war. 1846 unterschrieb Kolumbien ein Abkommen, in dem es den USA erlaubte, eine Eisenbahnlinie über die Landenge zu bauen, sich aber selbst das Recht vorbehielt, die Strecke kostenlos zu nutzen und sie militärisch zu schützen. Auf dem Höhepunkt des Goldrauschs in Kalifornien 1849 reisten Zehntausende von der Ostküste der USA über Panama an die Westküste, um den feindseligen Stämmen zu entgehen, die in der Mitte der Staaten lebten. Die Eisenbahnstrecke machte Kolumbien und Panama reich und es gab erstmals Gespräche über einen Kanal durch Zentralamerika.

Die Idee, einen Kanal durch die Landenge zu ziehen, kam 1524 auf, als Karl V. von Spanien eine Begutachtung anordnete. Diese sollte zeigen, ob ein Wasserweg hier möglich war. Später dachte Kaiser Napoleon III. von Frankreich ebenfalls über diese Idee nach. Letztendlich wurde 1878 der französische Baumeister Ferdinand de Lesseps, der sich noch im Glanz des kürzlich errichteten Sueskanals sonnte, von Kolumbien damit beauftragt, den Kanal zu bauen. 1881 kam er mit seinen Leuten nach Panama. Genau wie Napoleon unterschätzte Lesseps die Aufgabe und mehr als 22 000 Arbeiter starben in weniger als zehn Jahren an Gelbfieber und Malaria. 1889 trieben unüberwindbare bauliche Probleme und finanzielles Missmanagement das Unternehmen in den Ruin.

Die USA betrachteten das Versagen der Franzosen als Möglichkeit, ein Geschäft zu machen. 1903 stimmte Philippe Bunau-Varilla, einer von Lesseps' Chefkonstrukteuren, zu, den USA die Rechte am Bau zu verkaufen, was die kolumbianische Regierung verweigerte. Bunau-Varilla legte der amerikanischen Regierung nahe, Panama zu unterstützen, wenn es sich von Kolumbien lossagte.

Am 3. November 1903 erklärte eine revolutionäre Junta Panama für unabhängig und die USA erkannten die Souveränität sofort an – das war der erste von einer ganzen Reihe von Eingriffen Amerikas in Panama. Obwohl Kolumbien Flotten schickte, um die Herrschaft wiederzuerlangen, hielten die amerikanischen Schlachtschiffe sie davon ab, an Land zu gehen. Kolumbien erkannte Panama erst 1921 als legitimes eigenständiges Land an, als die USA eine Entschädigung von 25 Mio. US$ an Kolumbien zahlten.

Die USA & der Kanal

Nachdem Panama unabhängig geworden war, wurde Bunau-Varilla zum Botschafter für die USA ernannt, und als erste Amtshandlung ebnete er den Weg für weitere amerikanische Interventionen. Bunau-Varilla kam in der Hoffnung nach Washington, D.C., vom Verkauf der Kanalbaurechte an die USA zu profitieren, bevor Panama eine Delegation bilden konnte. Am 18. November 1903 unterschrieben Bunau-Varilla und der amerikanische Außenminister John Hay den Hay-Bunau-Varilla-Vertrag, der den USA weit mehr zusprach als im ursprünglichen Vertrag vorgesehen. Zusätzlich zu den Kanalbaurechten wurden den USA Rechte zur Intervention in die Angelegenheiten Panamas und die „Hoheitsrechte über die Kanalzone für alle Zeiten“ zugesprochen. Diese Zone umfasste 8 km auf jeder Seite des Kanals.

Trotz der späten Proteste der panamaischen Delegation und der weiterhin offenen Frage, ob er überhaupt rechtens war, trat der Vertrag in Kraft. Das läutete eine Ära der Spannungen zwischen den USA und Panama ein. 1904 wurde mit den Bauarbeiten am Kanal wieder begonnen und trotz Krankheiten, Erdrutschen und rauen Wetters konnte das größte Bauwunder der Welt innerhalb eines Jahrzehnts fertiggestellt werden. Das erste Schiff durchfuhr den Kanal am 15. August 1914.

In den darauffolgenden Jahren mischte sich das US-Militär immer wieder in politische Angelegenheiten ein. Als Antwort auf die zunehmende Ernüchterung der Panamaer wurde der Hay-Bunau-Varilla-Vertrag 1936 durch den Hull-Alfar-Vertrag ersetzt. Die USA verzichteten auf ihre Rechte, außerhalb der Kanalzone Truppen einzusetzen und Land für den Kanal zu beschlagnahmen. Außerdem wurde die Summe, die für die Benutzung der Kanalzone jährlich an Panama gezahlt wurde, erhöht. Trotzdem gab es immer mehr Besatzungsgegner unter den Panamaern. Die Spannungen erreichten 1964 ihren Höhepunkt, als während eines Studentenprotests 27 Panamaer starben und 500 verletzt wurden. Heute wird dieses Ereignisses mit dem Día de los Mártires (Tag der Märtyrer) gedacht.

Als der Einfluss der Amerikaner schwand, wurde die Armee von Panama mächtiger. 1968 setzte die Guardia Nacional den gewählten Präsidenten ab und übernahm die Kontrolle über das Parlament. Bald danach wurde die Verfassung aufgehoben und die Nationalversammlung aufgelöst, die Presse wurde zensiert und der General der Guardia, Omar Torrijos Herrera, wurde zum neuen Anführer ernannt. Torrijos stürzte Panama zwar mit einer Menge öffentlicher Bauvorhaben in die Schulden, überzeugte aber auch den amerikanischen Präsidenten Jimmy Carter davon, die Kontrolle über den Kanal abzugeben. Die daraus hervorgehenden Torrijos-Carter-Verträge vom 7. September 1977 und schließlich vom 31. Dezember 1999 garantierten Panama die volle Kontrolle über den Kanal sowie den kompletten Abzug des amerikanischen Militärs.

Aufstieg & Fall Noriegas

Panama erfreute sich immer noch an den Auswirkungen des neuesten Vertrags, sodass der plötzliche Tod Torrijos', der 1981 bei einem Flugzeugabsturz ums Leben kam, das Land völlig unvorbereitet traf. Zwei Jahre später übernahm Colonel Manuel Antonio Noriega die Guardia Nacional, ernannte sich selbst zum General und machte sich somit zum eigentlichen Herrscher von Panama. Noriega, ehemaliger Vorsitzender der Geheimpolizei Panamas und Agent der CIA sowie Absolvent der School of the Americas, begann schnell, seine Macht zu festigen. Er vergrößerte die Guardia Nacional, erweiterte ihre Autorität erheblich und nannte sie von nun an Las Fuerzas de Defensa Panameñas. Er richtete auch in jeder Stadt, jedem Ort und jedem Dorf ein paramilitärisches Dignity Battalion ein, dessen Mitglieder bewaffnet waren und jeden ihrer Nachbarn verpfiffen, der sich dem Noriega-Regime gegenüber nicht vollkommen loyal zeigte.

1987 verschlimmerte sich die Situation sogar noch, als Noriega öffentlich beschuldigt wurde, in den Drogenhandel mit kolumbianischen Drogenkartellen verwickelt zu sein, seine Gegner ermorden zu lassen und Wahlen zu manipulieren. Viele Einwohner Panamas traten mit Generalstreiks und Straßendemonstrationen für Noriegas Rücktritt ein. Diese endeten in brutalen Zusammenstößen mit den Fuerzas de Defensa Panameñas. Im Februar 1988 versuchte der panamaische Präsident Eric Arturo Delvalle, Noriega zu entlassen, aber er wurde gezwungen, aus Panama zu fliehen. Daraufhin ernannte Noriega einen Präsidenten, der ihm besser gesinnt war.

Noriegas Regime wurde international geächtet. Im März 1988 erhoben die USA wirtschaftliche Sanktionen gegen Panama, beendeten damit eine vorrangige Handelsvereinbarung, froren panamaisches Anlagevermögen bei US-Banken ein und verweigerten die Zahlung von Kanalgebühren. Einige Tage nachdem die Sanktionen erhoben worden waren, veranlasste ein erfolgloser Militärputsch Noriega dazu, die brutale Unterdrückung seiner Kritiker zu verstärken. Als Noriegas Kandidat die Präsidentschaftswahlen im Mai 1989 verloren hatte, erklärte der General die Wahlen für ungültig. Guillermo Endara, der Siegerkandidat, und seine beiden Vizekandidaten wurden von Noriegas Schlägern brutal vermöbelt. Die blutige Tat wurde von einem Kamerateam gefilmt und auf der ganzen Welt gesendet. Im Oktober 1989 scheiterte ein zweiter Putschversuch und zog noch schlimmere Unterdrückungsmaßnahmen nach sich.

Am 15. Dezember 1989 wurde Noriega von seiner Legislative zum Präsidenten ernannt und seine erste Amtshandlung war es, den USA den Krieg zu erklären. Am folgenden Tag wurde ein unbewaffneter US-Marinesoldat in Zivil von panamaischen Soldaten ermordet, als er aus einem Restaurant in Panama-Stadt kam.

Die USA reagierten schnell und unerbittlich. In den ersten Stunden des 20. Dezember 1989 wurde Panama-Stadt von Flugzeugen, Panzern und 26000 Mann starken US-Truppen angegriffen. Der Einmarsch, der eigentlich dazu führen sollte, Noriega vor Gericht zu bringen und eine Demokratie zu schaffen, die den amerikanischen Interessen besser entsprach, hatte über 2000 tote Zivilisten und Zehntausende Obdachlose zur Folge und zerstörte ganze Gebiete von Panama-Stadt.

An Weihnachten bat Noriega bei der Botschaft des Vatikans um Asyl. Amerikanische Truppen umstellten die Botschaft und zwangen den Vatikan, Noriega freizugeben: Sie beschallten das Gebäude mit dröhnender Rockmusik. Daraufhin umstellte ein Haufen wütender Panamaer die Botschaft und forderte die Absetzung Noriegas.

Nach zehn Tagen psychologischer Kriegsführung überzeugte die Botschaft des Vatikans Noriega davon, sich zu stellen, indem sie ihm drohte, das Asyl aufzuheben. Noriega ergab sich am 3. Januar den amerikanischen Truppen und wurde nach Miami gebracht, wo er wegen Herstellung und Verteilung von Kokain verurteilt wurde.

Nach Ende seiner Gefängnisstrafe in den USA 2007 wurde Noriega im April 2010 an Frankreich ausgeliefert. In einem Wiederaufnahmeverfahren wurde er schuldig gesprochen und zu weiteren sieben Jahren Haft verurteilt, allerdings wurde er unter der Bedingung überstellt, 20 Jahre in Panama abzusitzen, wo er seit Dezember 2011 inhaftiert ist.

Die Differenzen von heute

Nach Noriegas unfreiwilligem Rücktritt wurde Guillermo Endara, der legitime Gewinner der Wahlen von 1989, als Präsident vereidigt und Panama versuchte, wieder auf die Beine zu kommen. Das Image und die Wirtschaft des Landes waren zerstört und die Hauptstadt hatte sowohl durch die Invasion als auch durch die ausgedehnten Plünderungen, die darauf folgten, großen Schaden erlitten. Leider stellte sich Endara als erfolgloser Präsident heraus, dessen Politik Arbeitsplätze zerstörte und seine Regierung die anfängliche Beliebtheit kostete. 1994 wurde er mit fast 100% der Stimmen abgewählt.

Aus den Wahlen von 1994, den fairsten in der jüngeren panamaischen Geschichte, ging Ernesto Pérez Balladares als nächster Präsident hervor. Unter seiner Regie führte die Regierung von Panama ein Privatisierungsprogramm ein, das sich auf die Verbesserungen der Infrastruktur, des Gesundheitswesens und der Bildung konzentrierte. Pérez Balladares stellte zwar noch nie dagewesene Finanzmittel für Panamas Entwicklung bereit, doch galt er als korrupt. Im Frühjahr 1999 wiesen die Wähler sein Ansinnen zurück, die Verfassung dahingehend zu ändern, dass ein Präsident zwei Amtszeiten hintereinander absolvieren konnte.

1999 übernahm Mireya Moscoso das Präsidentschaftsamt, die Witwe des beliebten ehemaligen Präsidenten Arnulfo Arias, Panamas erste weibliche Führerin und der Kopf der konservativen Arnulfista-Partei (PA). Moscosos ehrgeizige Pläne konnten nie verwirklicht werden. Als Panama 2003 sein Jubiläum feierte, lag die Arbeitslosenquote bei 18%. Moscoso wurde der Verschwendung beschuldigt: Als in großen Teilen des Landes die Menschen nichts zu essen hatten, gab sie 10 Mio. US$ dafür aus, den Schönheitswettbewerb „Miss Universe" nach Panama zu holen. Es wurde ihr auch vorgeworfen, einfach weggesehen zu haben, als das kolumbianische Militär in die Provinz Darién einfiel.

Martín Torrijos, Mitglied der Partido Revolucionario Democrático (PRD) und Sohn des ehemaligen Oberhaupts Omar Torrijos, wurde 2004 zum Präsidenten gewählt. Zwar gibt es immer noch Diskussionen über den Erfolg seiner Amtsführung, doch er setzte dringend notwendige Steuerreformen in die Tat um, darunter auch eine Überholung des Sozialversicherungssystems des Landes. Zudem wurde sein Vorschlag, den Panamakanal zu erweitern, bei einem nationalen Volksentscheid am 22. Oktober 2006 mit großer Mehrheit angenommen.

Aktuelles politisches Klima

Am 3. Mai 2009 verhielt sich Panama gegenläufig zum derzeitigen lateinamerikanischen Linkstrend, indem der konservative Supermarktmagnat Ricardo Martinelli zum Präsidenten gewählt wurde. Martinelli gehört der konservativen Partei Cambio Democratico (CD) an und war deshalb eine wirtschaftsfreundliche Wahl; er löste einen Investitionsboom aus, indem er Handelsbarrieren und bürokratische Hürden abbaute. Während seiner Amtszeit waren ambitionierte öffentliche Bauvorhaben wie die erste U-Bahn Zentralamerikas an der Tagesordnung und die panamaische Wachstumsquote von 8 % glänzte als die höchste Lateinamerikas.

Schließlich fanden die Flitterwochen ein Ende und aus der Erfolgsstory wurde teils ein Groschenroman, teils ein Politthriller. Martinellis ehemaliger Vizepräsident und Oppositionsführer Juan Carlos Varela wurde 2014 zum Präsidenten gewählt: Er versprach, sich an die Regeln zu halten und verfassungsmäßige Kontrollinstanzen zu etablieren. Martinelli sieht sich Korruptionsvorwürfen gegenüber, die sich um ein 45 Mio. US-Dollar umfassendes Programm zur Ernährung armer Schulkinder drehen. Außerdem gab es einen Abhörskandal, bei dem es um Lauschangriffe auf politische Gegner ging. Und die gewaltigen Infrastrukturprojekte? Inzwischen werden staatliche Aufträge im Wert von 1,2 Mrd. US-Dollar unter die Lupe genommen und einige Direktoren von Projekten mit staatlichen Aufträgen sind verhaftet worden. Martinelli beteuert von Miami aus seine Unschuld; er war in einem Privatjet in eine Luxuswohnung geflohen, die durch den Film *Scarface* berühmt geworden war.

In Panama ist die Zukunft weiter ungewiss – doch langweilig wird sie sicher nicht werden.

Die Menschen

Mentalität

In vielerlei Hinsicht ist die panamaische Mentalität schwer zu greifen. Vielleicht ist das nur natürlich, wenn man bedenkt, wie viele Jahre lang sich andere Länder in die Angelegenheiten Panamas eingemischt haben. Von der durch die USA unterstützten Unabhängigkeit 1903 bis zur Entmachtung Noriegas 1989 mit Waffengewalt und zu einem halben Dutzend anderer Einmischungen in der Zeit dazwischen – die USA haben ein gewaltiges Vermächtnis im Land hinterlassen.

Fast jeder Panamaer hat Verwandte oder Bekannte in den USA. Teile des Landes scheinen geradezu besessen von Einkaufsmalls, deren Gestaltung direkt aus Nordamerika übernommen wurde. Zumindest diejenigen Panamaer, die es sich leisten können, tragen US-amerikanische Kleidung, kaufen US-amerikanische Autos und orientieren sich bei der Mode direkt an der Madison Avenue.

Andere wiederum sträuben sich eher dagegen, die Kultur des Nordens anzunehmen. Indigene Stämme wie die der Emberá und Kuna kämpfen erbittert darum, ihre Traditionen aufrechtzuerhalten, da immer mehr Jugendliche in den Sog der westlichen Lebensart in der Großstadt geraten. Auf der Península de Azuero lebt ein reiches spanisches Kulturerbe fort, wie an traditionellen Festen, Trachten und Traditionen abzulesen ist; hier hegen die Dorfbewohner dieselben Bedenken hinsichtlich der Zukunft ihres Nachwuchses.

Angesichts dieser Kluft zwischen Alt und Neu ist es überraschend, dass das Land nicht unter einem schweren Fall von kognitiver Dissonanz leidet. Irgendwie arrangieren sich die außergewöhnlich toleranten Panamaer mit vielen Gegensätzen – mit dem Alten und dem Neuen, der enormen Ungleichheit zwischen Arm und Reich sowie der atemberaubenden Natur und ihrer schnellen Zerstörung.

Ein Großteil der berühmten panamaischen Toleranz beginnt in der Familie, der Keimzelle der Gesellschaft. Sie spielt eine wichtige Rolle in nahezu allen Aspekten des Lebens. Ob Kuna-Schwestern oder Angehörige der Elite von Panama-Stadt – jeder kümmert sich um seine Familienangehörigen. Erwiesene Gefallen werden gütig akzeptiert, schnell erwidert und niemals vergessen.

Diese gegenseitige Anteilnahme strahlt von der Familie in die Gemeinschaft aus und manchmal erscheint das ganze Land wie eine riesige Großfamilie. Auf der politischen Bühne tauchen immer wieder dieselben Namen auf: Vetternwirtschaft ist die Regel, nicht die Ausnahme. Leider geht das auch Hand in Hand mit dem hartnäckigsten Problem des Landes, der Korruption.

Die Panamaer betrachten die finanziellen und moralischen Fehltritte ihrer politischen Elite mit Abscheu und sind auch gut über die entsprechenden Vorgänge informiert. Doch ertragen sie die Dinge geduldig und mit einer fast fatalistischen Einstellung. Außenstehende sehen das manchmal als eine Art Passivität, doch ist es nur ein weiterer Aspekt der komplexen panamaischen Mentalität.

Lebensart

Auch wenn die wohlhabenderen Viertel von Panama-Stadt vor Wolkenkratzern und schicken Restaurants nur so strotzen, lebt fast ein Drittel der Bewohner Panamas in Armut. Fast 250 000 Panamaer müssen darum kämpfen, überhaupt an Grundnahrungsmittel zu kommen. Die Ärmsten leben meist in dünn besiedelten Provinzen: Darién, Bocas del Toro, Veraguas, Los Santos und Colón. Auch in den Slums von Panama-Stadt, wo ungefähr 20 % der städtischen Bevölkerung wohnen, herrscht schlimme Armut. Landesweit vegetieren 9 % der Bevölkerung in *barriaos* (Elendsviertel) dahin.

Für *campesinos* (Bauern) ist das Leben hart. Ein Bauer im Landesinnern, der nur für den Eigenbedarf produziert, verdient nur 8 US$ pro Tag und liegt damit weit unter dem nationalen Durchschnittseinkommen von 12 000 US$ pro Kopf. In den Dörfern der Emberá in der Provinz Darién geht das traditionelle Leben weiter wie vor Hunderten von Jahren. Dort lebt man in strohgedeckten Hütten und ernährt sich von Landwirtschaft, Jagd, Fischerei und Weidewirtschaft. Die Lebenserwartung in diesen Grenzdörfern liegt etwa zehn Jahre unter dem Landesdurchschnitt. Den meisten der Emberá- und Wounaan-Gemeinden stehen weder sauberes Wasser noch die einfachsten hygienischen Einrichtungen zur Verfügung.

Die Menschen der Mittel- und Oberschicht leben größtenteils in und rund um Panama-Stadt. Ihr Lebensstandard entspricht ungefähr dem ihres Pendants in Europa und den USA. Sie leben in großen Häusern oder Wohnungen, haben eine Putzfrau, ein oder zwei Autos und ein paar wenige Glückliche unter ihnen sogar einen Zweitwohnsitz am Strand oder in den Bergen. Handys sind selbstverständlich. Ihren Urlaub verbringen sie oft in Europa oder in den USA. Die meisten Erwachsenen der Mittelschicht sprechen etwas Englisch und ihre Kinder gehen normalerweise auf Schulen, in denen Englisch die Unterrichtssprache ist.

Bevölkerung

Die meisten Panamaer (65 %) sind *mestizos*, haben also indigene und spanische Wurzeln. Es werden auch viele nicht schwarze Einwanderer zu dieser Kategorie gezählt, z. B. der recht große chinesische Bevölkerungsanteil. Manche gehen davon aus, dass ganze 10 % der Bevölkerung chinesische Wurzeln haben. Es leben aber noch viele andere große Gruppen in dem Land: Etwa 9 % der Panamaer haben afrikanische, 7 % europäische Vorfahren, 7 % haben sowohl Afrikaner als auch Spanier als Vorfahren und 12 % sind *indígenas*. Schwarze Panamaer sind meist Nachkommen der englischsprachigen Bevölkerung der Karibischen Inseln (Jamaika, Trinidad), die ursprünglich als Arbeiter nach Panama gebracht wurden.

Von den zahlreichen indigenen Stämmen, die bei der Ankunft der Spanier in Panama existierten, sind nur noch wenige übrig. Die Kuna leben auf Inseln an der Karibikküste in dem autonomen Gebiet Comarca de Guna Yala. Sie bilden den politisch am besten organisierten Stamm und senden regelmäßig Volksvertreter in die nationale Legislative. Die Emberá und die Wounaan leben im Osten Panamas und im Darién. Panamas größter Stamm, der der Ngöbe-Buglé, ist in den Provinzen Chiriquí, Veraguas und Bocas del Toro angesiedelt. Die Teribe bevölkern die Provinz Bocas del Toro und die Bribrí leben entlang dem Talamanca-Schutzgebiet. Trotz der modernen Einflüsse hat jede indigene Gruppe Panamas ihre eigene Sprache und Kultur erhalten.

Religion

Ein Bild von der religiösen Vielfalt in Panama kann man sich leicht bei einem Spaziergang durch die Hauptstadt verschaffen. In Panama-Stadt gibt es etliche katholische Kirchen, anglikanische Kirchen für die Einwanderer von den Karibischen Inseln, Synagogen, Moscheen, eine herrliche griechisch-orthodoxe Kirche, einen beeindruckenden Hindutempel und einen surrealistischen Baha'i-Schrein (der Hauptsitz für Lateinamerika).

Religionsfreiheit wird in Panama von der Verfassung garantiert, auch wenn die Vormachtstellung der römisch-katholischen Kirche durchaus offiziell anerkannt wird – fast 85 % der Menschen hängen diesem Glauben an. In der Schule haben Kinder die Möglichkeit, Religion als Fach zu belegen, auch wenn es nicht verpflichtend ist. Protestanten machen 12 % der Bevölkerung aus, Muslime 4,4 % und Baha'i 1,2 %. Außerdem leben im Land noch ungefähr 3000 Juden (viele von ihnen sind erst kürzlich aus Israel eingewandert), 24 000 Buddhisten und 9000 Hindus.

Dazu gibt es noch die unterschiedlichen Glaubensrichtungen der verschiedenen indigenen Stämme. Allerdings werden diese

Religionen zusehends vom Einfluss der christlichen Missionare ausgemerzt. Genau wie in anderen Teilen Lateinamerikas spielt auch hier die evangelikale Bewegung eine wichtige Rolle.

Auch wenn die Katholiken in der Mehrheit sind, gehen nur ca. 20 % von ihnen regelmäßig in die Kirche. Die religiösen Regeln sind in Panama auch nicht besonders streng. Nur 25 % der katholischen Geistlichen sind Panamaer, der Rest sind ausländische Missionare.

Kunst & Kultur

Zur bunten Musikszene Panamas gehören Salsa, amerikanischer und Latin-Jazz, traditionelle Musik aus der Landesmitte, Reggae, Reggaetón und lateinamerikanischer, britischer und amerikanischer Rock. Der größte Exportschlager des Landes ist der bekannte Salsasänger Rubén Blades, der sich 1994 sogar als Präsidentschaftskandidat zur Wahl stellte und Dritter wurde. Der Jazz-Komponist und Pianist Danilo Pérez ist bei Kritikern angesehen und Los Rabanes machen klassischen panamaischen Rock. Panamaische Volksmusik (*típico* genannt) wird durch Dorindo Cárdenas, den kürzlich verstorbenen Victorio Vergara (dessen Band als Nenito Vargas y los Plumas Negras weiterhin aktiv ist) und das beliebte Geschwisterpaar Samy und Sandra Sandoval vertreten. Heute setzt sich Reggaetón (auch bekannt als *punta*) in allen sozialen Schichten Panamas durch; zu den Stars zählen Danger Man, der bei einer Schießerei unter Gangmitgliedern ums Leben kam, der Balladensänger Eddie Lover und ein unter dem Namen Flex bekannter Künstler, der auch in Mexiko sehr erfolgreich ist.

Viele der besten panamaischen Romane wurden um die Mitte des 20. Jhs. geschrieben. *El Ahogao*, ein Roman von Tristán Solarte aus dem Jahr 1937, vermischt Elemente aus Krimi, Gruselgeschichte und Psychothriller mit bekannter einheimischer Mythologie. Der Roman *El Esván*, 1954 von Ramón H. Jurado geschrieben, lotet die emotionalen Grenzen des Menschen aus. In dem Roman *Gamboa Roa Gang* von Joaquín Beleño geht es um die politischen und sozialen Ereignisse rund um den Panamakanal. Zu den nennenswerten Autoren der Gegenwart zählen die Dichterin und Schriftstellerin Giovanna Benedetti, die historische Romanautorin Gloria Guardia und die Volksautorin Rosa María Britton.

Die nordamerikanische Romanautorin Cristina Henríquez, die halbpanamaischer Abstammung ist, bietet quasi von Halbaußen einen Einblick in die panamaische Mentalität. Auf ihr Buch *The World in Half* (2010) folgte 2014 der Roman *The Book of Unknown Americans*, eine Liebesgeschichte vor dem Hintergrund der Erlebnisse verschiedener lateinamerikanischer Einwanderer in den USA.

Der erste prominente Künstler Panamas war Roberto Lewis (1874–1949), ein Anhänger der französischen Schule. Er malte allegorische Bilder in öffentlichen Gebäuden, z. B. die im Palacio de las Garzas in Panama-Stadt. 1913 wurde Lewis Leiter der ersten Kunstakademie Panamas, wo er und sein Nachfolger Humberto Ivaldi (1909–1947) eine Generation von Künstlern ausbildeten. Zu den Schülern der Akademie zählten Juan Manuel Cedeño und Isaac Benítez sowie Maler der Mitte des 20. Jhs.: Alfredo Sinclair, Guillermo Trujillo und Eudoro Silvera. Zeitgenössischere Künstler sind u. a. Olga Sinclair und Brooke Alfaro.

Sport

Wegen des starken amerikanischen Vermächtnisses ist Baseball die Lieblingsfreizeitbeschäftigung im Land. Es gibt zwar keine Profiteams, aber in Stadien im ganzen Land spielen Amateurmannschaften. Der in der Oberliga der USA spielende Mariano Rivera, der panamaische Rekordwerfer der New York Yankees, ist ein Nationalheld. Der Batter-Champion Rod Carew, ein weiterer Star aus Panama, wurde 1991 in die Hall of Fame aufgenommen. Auch an den ehemaligen NY Yankee Roberto Kelly erinnert man sich gern.

Boxen ist ein weiterer beliebter Zuschauersport und eine Quelle für Lokalstolz, seit der aus Panama-Stadt kommende Roberto Durán 1972 den Weltmeistertitel im Leichtgewicht gewonnen hat. Er wurde zur Legende, als er den Titel auch in jeder anderen Kategorie gewann: im Weltergewicht (1980) und Halbmittelgewicht (1983) genauso wie im Mittelgewicht (1989). Derzeit hat Panama außerdem drei amtierende Boxweltmeister.

Das erste olympische Gold für Panama gewann Irving Saladino 2008 in Peking im Weitsprung.

Natur & Umwelt

Geografie

Panama ist sowohl das schmalste als auch das südlichste Land Zentralamerikas. Die lange, S-förmige Landenge grenzt im Westen an Costa Rica und im Osten an Kolumbien. Die nördliche karibische Küstenlinie ist 1160 km lang, die Küstenlinie im Süden grenzt an den Pazifik und ist 1690 km lang. Die Gesamtfläche des Landes beträgt 74 340 km². Nur zum Vergleich: Panama ist ein bisschen größer als Irland, aber kleiner als Österreich.

Der rund 80 km lange Panamakanal unterteilt das Land in einen östlichen und einen westlichen Teil. Zwei Bergketten durchziehen Panama küstenparallel im Osten und Westen. Der höchste Punkt des Landes, Chiriquís Volcán Barú, ist gleichzeitig der einzige Vulkan in Panama.

Wie in allen zentralamerikanischen Ländern gibt es in Panama weites Küstenflachland mit riesigen Bananenplantagen. Durch Panama fließen ca. 480 Flüsse und vor den Küsten liegen 1518 Inseln. Die beiden Hauptinselgruppen sind die Archipele San Blás und Bocas del Toro auf der karibischen Seite, zahlenmäßig liegen jedoch die meisten Inseln auf der Pazifikseite.

Tiere & Pflanzen

Seiner Lage als schmale Landbrücke zwischen zwei riesigen Kontinenten verdankt Panama eine bemerkenswerte Vielfalt von Pflanzen und Tieren. Tierspezies, die zwischen den Kontinenten wandern, versammeln sich in Panama, was bedeutet, dass man neben nordamerikanischen Tapiren, Jaguaren und Hirschen südamerikanische Gürteltiere, Ameisenbären und Faultiere beobachten kann. Durch die große Vielfalt einheimischer Arten und Zugvögel ist Panama einer der besten Orte der Welt, um Vögel zu beobachten.

In Panama gibt es über 978 verschiedene Vogelarten und mehr als 10 000 Pflanzenspezies, dazu kommen 125 Tierarten, die nur hier leben. Zu den 105 seltenen und bedrohten Tierarten des Landes gehören der Hellrote Ara, die Harpyie (der Nationalvogel Panamas), der Panama-Stummelfußfrosch, Jaguare und fünf verschiedene Arten von Meeresschildkröten. In Panama lässt sich mit großer Wahrscheinlichkeit auch ein Quetzal sichten und zu den heimischen Primaten gehören Kapuzineräffchen, Tamarine sowie Totenkopf-, Klammer- und Brüllaffen.

Rund um den Kanal, entlang der karibischen Küste und im Großteil der Osthälfte des Landes ist tropischer Regenwald

PANAMAS NATIONALPARKS & NATURSCHUTZGEBIETE

Zu den schönsten Parks Panamas gehören:

Parque Internacional La Amistad (Internationaler Freundschaftspark; Eintritt 5 US$, Camping 10 US$; ⏲8–16 Uhr) Hier leben mehrere indigene Stämme, es gibt unberührten Regenwald und jede Menge wilder Tiere und Pflanzen.

Parque Nacional Darién (S. 742) Unesco-Welterbestätte mit 5760 km² erstklassigem Regenwald und einer reichen Fauna.

Parque Nacional Isla de Coiba (S. 705) Schließt die 493 km² große Isla de Coiba ein, die von Wissenschaftlern als Hotspot für die Artenvielfalt betrachtet wird.

Parque Nacional Marino Golfo de Chiriquí (S. 710) Schützt 25 Inseln und zahlreiche Korallenriffe.

Parque Nacional Marino Isla Bastimentos (S. 730) Ein wichtiges Naturschutzgebiet für viele Arten von in der Karibik heimischen Tieren, darunter Meeresschildkröten.

Parque Nacional Soberanía (S. 695) Ein Paradies für Vogelbeobachter im üppigen Regenwald.

Parque Nacional Volcán Barú (S. 716) Umgibt Panamas einzigen Vulkan und höchsten Gipfel, den 3475 m hohen Volcán Barú.

Parque Natural Metropolitano (S. 679) Tropischer halbimmergrüner Wald innerhalb der Stadtgrenzen.

die vorherrschende Vegetation. Im Parque Nacional Darién wird der überwiegende Teil von Panamas größtem tropischem Regenwaldgebiet geschützt. Andere Vegetationszonen sind Graslandschaften an der Pazifikküste, Bergwälder im Hochland, Nebelwald auf den höchsten Gipfeln und Mangrovenwälder an beiden Küsten.

Nationalparks & Naturschutzgebiete

In Panama gibt es 16 Nationalparks und über zwei Dutzend offizielle Naturschutzgebiete. Etwa ein Drittel von Panamas Fläche steht unter Naturschutz und 40 % des Landes sind mit Wäldern bedeckt. In Panama wird mehr Land zum Schutzgebiet für verschiedenste Lebensräume erklärt als in jedem anderen zentralamerikanischen Land. Und in den Wäldern lebt die größte Tiervielfalt von allen Ländern der Neuen Welt nördlich von Kolumbien. Diese Statistiken lassen allerdings nicht ahnen, dass die Naturreservate oft längst nicht in ausreichendem Maß geschützt werden.

In vielen der Nationalparks und Naturschutzgebiete befinden sich Dörfer von *indígenas* und Mestizen. In einigen Fällen arbeiten diese Gemeinden am Schutz und an der Erhaltung der Parks und der Tierwelt mit. Verwaltet werden die Parks vom in Panama-Stadt ansässigen Ministerio de Ambiente (www.miambiente.gob.pa), Panamas Umweltministerium. Den Eintrittspreis für die Nationalparks von 5 US$ (bei Meeresschutzgebieten 20 US$) zahlen Besucher entweder in einer regionalen Filiale des Ministeriums oder bei einer der Rangerstationen im betreffenden Nationalpark. Campinggenehmigungen oder die Erlaubnis zum Übernachten bei einer Rangerstation (5–10 US$) sind jeweils an denselben Stellen zu bekommen.

Umweltprobleme

Leider gehört die Abholzung der Wälder zu den schwersten Umweltproblemen des Landes. Und da das Personal in den panamaischen Nationalparks hoffnungslos unterbesetzt ist, wird auch innerhalb der Parks illegal gejagt, gesiedelt und abgeholzt.

Ein weiteres großes Problem ist der Bergbau. In ungefähr 26 % des Landes wird Bergbau betrieben oder es liegt eine Förderkonzession vor; zu befürchten ist eine Verschmutzung der Wasserressourcen und die Zerstörung von Waldgebieten und menschlichem Lebensraum. Trotz des Widerstands bedeutender Umweltgruppen hat die Regierung groß angelegte Bergbauprojekte genehmigt und vorangetrieben, allen voran ein 6,2-Mrd.-Projekt zum Abbau von Gold und Kupfer – eine Investition die größer ist als der derzeitige Ausbau des Panamakanals.

Einen wichtigen Sieg stellte 2012 die Verabschiedung von Gesetz 415 dar. Danach ist Bergbau auf dem Territorium indigener Volksgruppen verboten und Wasserkraftprojekten muss dort erst zugestimmt werden. Die Gesetzesänderung erfolgte, als Anfang Februar 2012 bei der Beendigung der Proteste der Ngöbe-Bugle zwei Menschen ums Leben kamen.

PRAKTISCHE INFORMATIONEN

Allgemeine Informationen

AKTIVITÄTEN

Angeln

Bei 1518 Inseln, 2988 km Küstenlinie und 480 Flüssen sollte es kein Problem sein, in Panama ein Plätzchen zum Angeln zu finden. Dabei hat man die Qual der Wahl zwischen Hochseeangeln, Barschangeln im Lago Gatún am Panamakanal, Forellenangeln in den Flüssen des Volcán Barú und Küstenangeln an den Stränden des Pazifik oder des Karibischen Meeres.

Surfen

Die besten Surfmöglichkeiten des Landes gibt's eindeutig im Archipel von Bocas del Toro im Karibischen Meer, wo sich vor allem im Winter Surfer aus aller Welt in die hohen, kräftigen Wellen stürzen. Vor dem noch recht unerschlossenen Santa Catalina an der Pazifikküste brechen sich einige der anspruchsvollsten Wellen Zentralamerikas. Auch rund um die entspannte Karibikinsel Isla Grande und an der Playa Venao auf der Península de Azuero ist Surfen abseits der Massen noch möglich.

Tauchen & Schnorcheln

Panamas Unterwasserwelt erstreckt sich über zwei Ozeane und strotzt vor bunten Korallengärten, hoch aufragenden Felsbänken, versunkenen Wracks und einer reichen Meeresfauna. Fans farbenprächtiger Rifffische und badewannenwarmen Wassers sollten sich in die Karibik aufmachen, erfahrenere Taucher auf der Suche nach großen Ozeanwesen und abgeschiedenen Stätten den Pazifik ansteuern. Drei wichtige Tauchgebiete, die für ihre tollen Möglichkeiten zum Gerätetauchen bekannt sind, sind der Archipiélago de Bocas del Toro, die Karibikstadt Portobelo und die Isla de Coiba vor der Pazifikküste.

In der Comarca de Guna Yala lassen die Kuna keine Tauchveranstalter zu, aber die Schnorchelmöglichkeiten hier zählen zu den besten Panamas.

Vogelbeobachtung

Bei mehr als 900 Vogelarten, die in Panama heimisch sind, muss man sich eigentlich nur mit einem guten Fernglas auf einen der Wanderwege begeben, um die gefiederten Tierchen zu beobachten. Zwei der beliebtesten Orte zur Vogelbeobachtung sind die Pipeline Road im Parque Nacional Soberanía und die Burbayar Lodge in der Provinz Panamá. Die **Panama Audubon Society** (✆ 232-5977; www.audubonpanama.org) in Panama-Stadt organisiert nicht nur die alljährliche Weihnachtsvogelzählung an der Pipeline Road, sondern führt auch Vogelbeobachtungstouren im ganzen Land durch.

Wandern

Panama bietet alles von trockenen tropischen Regenwäldern und Hochland-Nebelwäldern bis zu feuchten Dschungeln und windgepeitschten Berggipfeln.

Der Parque Nacional Soberanía am Ufer des Kanals nicht weit von der Hauptstadt umfasst einen Abschnitt des historischen Sendero Las Cruces. Am Rand von Panama-Stadt wartet der Parque Natural Metropolitano mit einigen kurzen, aber lohnenden Wanderwegen durch üppigen Regenwald auf.

Beliebte Hochlandziele sind z. B. Boquete, El Valle im heute als Valle de Antón bekannten erloschenen Vulkan und das von Flüssen, Wasserfällen und Nebelwäldern umgebene Santa Fé. Alle ermöglichen Wanderungen in unberührten Berglandschaften.

Zwei der berühmtesten Wanderungen lassen sich in der Provinz Chiriquí unternehmen: die auf den Volcán Barú und das Begehen des Sendero Los Quetzales im Parque Nacional Volcán Barú. Bei schlechtem Wetter ist der Los Quetzales reizvoller, doch an klaren Tagen blickt man vom Barú, Panamas höchstem Gipfel, auf beide Ozeane.

Zu den empfehlenswerten abgeschiedenen Zielen zählt der Sektor Las Nubes des Parque Internacional La Amistad. Die Wege in dieser zerklüfteten und einsamen Gegend sind nur mit einem Führer zugänglich.

Wildwasser-Rafting & Kajakfahren

Egal ob mit dem Floß oder dem Kajak – auf Panamas Flüssen lässt sich bestens paddeln. Die bekanntesten Wildwasserflüsse des Landes sind der Río Chiriquí und der Río Chiriquí Viejo mit Stromschnellen ab Kategorie III. Die inoffizielle Rafting-Hauptstadt Panamas aber ist das im Hochland gelegene Boquete. In den Provinzen Bocas del Toro und Chiriquí kann man auch gut auf dem Meer Kajak fahren.

BOTSCHAFTEN & KONSULATE

Mehr als 50 Länder unterhalten Botschaften oder Konsulate in Panama-Stadt. Mit Ausnahme der USA und Frankreichs befinden sich die meisten Botschaften im Stadtteil Marbella.

Costa Rica (Botschaft) (✆ 264-2980; www.embajadacostaricaenpanama.com; 29. OG, Edificio Bisca, Ecke Aquilino de la Guardia & Av Balboa, Bella Vista)

Costa Rica (Konsulat) (✆ 774-1923; www.embajadacostaricaenpanama.com; 2. OG, Edificio Omega, Av Samuel Lewis, Obarrio; ⌚ Mo–Fr 8–15 Uhr)

Deutschland (✆ 263-7733; www.panama.diplo.de; Piso PH, World Trade Center No 20, Calle 53 Este, Marbella; ⌚ Mo–Fr 9–15.30 Uhr)

Kolumbien (✆ 392-5586; http://panama.consulado.gov.co; Erdgeschoss, Condominio Posada del Rey, Vía Italia, Punta Paitilla; ⌚ Mo–Fr 7.30–13.30 Uhr)

Österreich (✆ 260 45 25; austriacon@cableonda.net; Calle Sevilla Casa F 7b, Villa de las Fuentes Nr. 1 Apartado 0818 00160, Betania, ⌚ Mo–Fr 8–12 Uhr

Schweiz (✆ 395 99 22; panama@honrep.ch; Edificio Casa Blanca, planta baja, Bella Vista, Calle 44 y Avenida Justo Arosemena, Generalkonsulat)

USA (✆ 317-5000; www.panama.usembassy.gov; Av Demetrio Basillo Lakas 783, Clayton; ⌚ Mo–Do 8–17.30, Fr bis 12 Uhr)

ELEKTRIZITÄT

Elektrischer Strom kommt in Panama-Stadt mit einer Spannung von 120 Volt aus der Steckdose, anderswo mit 110 Volt, 60Hz. Die Stecker haben zwei flache Stifte wie in den USA und Kanada.

ESSEN & TRINKEN

Essen

Panamas Nationalgericht ist *sancocho*, ein Gemüseeintopf mit Hühnchen. Ein anderes Standardgericht ist *ropa vieja* (wörtlich „alte Kleider"), gut gewürztes Rindergeschnetzeltes, das auf einem Reisberg serviert wird. Reis ist in Panama ein Grundnahrungsmittel.

Zum Frühstück und als Snack gibt's *tortillas e maíz* (dicke, gebratene Maisteigfladen) und *hojalras* (frittierte Teigmasse, die mit Zucker bestreut und heiß serviert wird). Zum Mittagessen werden einfache, preiswerte *comidas corrientes* serviert, die normalerweise aus Rindfleisch, Hühnchen oder Fisch mit Reis, schwarzen Bohnen, gebratenen Kochbananen, fein geschnittenem Kohl und eventuell einem Ei oder einer Avocado bestehen.

PREISKATEGORIEN ESSEN

Die folgenden Preiskategorien beziehen sich auf ein Hauptgericht.

$	bis 12 US$
$$	12–18 US$
$$$	über 18 US$

Zu den Spezialitäten gehört *carimañola*, eine frittierte mit Hackfleisch und gebratenem Ei gefüllte Yucca-Rolle. Als Snack sehr beliebt sind Empanadas (mit Hackfleisch gefüllte gebratene Teigtaschen) und Tamales (Hühner- oder Schweinefleisch in gewürztem Maismehlteig, der in Bananenblätter gewickelt und gekocht wird). Reichlich im Angebot sind auch Meeresfrüchte wie Garnelen, Königskrabben, Tintenfisch und *corvina* (Seebarsch). Der karibische Einfluss an der Karibikküste schlägt sich in Kokosnussreis und Kokosbrot oder Meeresfrüchten in Kokosmilch nieder.

In Panama-Stadt schieben Verkäufer ihre Karren durch die Straßen und verkaufen *raspados*, geraspeltes Blockeis in Waffeltüten, das mit Fruchtsirup und gesüßter Kondensmilch übergossen wird.

Getränke

Bei den äußerst beliebten *chichas* handelt es sich um frische Fruchtsäfte, die mit Zucker gesüßt und mit Wasser oder Milch vermischt werden. Nicht verwechseln darf man sie mit *chicheme*, einem Gebräu aus Milch, Zuckermais, Zimt und Vanille.

Der panamaische Kaffee ist in der Regel ziemlich stark und wird mit Sahne oder Kondensmilch serviert. Milch kann bedenkenlos getrunken werden, denn sie ist pasteurisiert. Espresso gibt's nur in großen Städten und Touristenorten.

Das alkoholische Nationalgetränk Nr. 1 wird aus *seco*, Milch und Eis gemixt. *Seco* wird zwar genau wie Rum aus Zuckerrohr destilliert, schmeckt aber überhaupt nicht wie der Rum, den wir kennen. *Seco* ist das Getränk der *campesinos* (Bauern). In den zentralen Provinzen sehr beliebt ist *vino e palma*, der vergorene Saft, der aus dem Stamm der Stachelpalme *(palma de corozo)* gewonnen wird. Aber das bei Weitem beliebteste alkoholische Getränk in ganz Panama ist *cerveza* (Bier).

FEIERTAGE

Neujahr 1. Januar
Tag der Märtyrer 9. Januar
Karfreitag, Ostern März/April
Tag der Arbeit 1. Mai
Gründung des alten Panama (nur Panama-Stadt) 15. August
Spanientag 12. Oktober
Tag der Nationalhymne 1. November
Allerseelen 2. November
Unabhängigkeit von Kolumbien 3. November
Erster Aufruf zur Unabhängigkeit 10. November
Unabhängigkeit von Spanien 28. November
Muttertag 8. Dezember
Weihnachten 25. Dezember

GEFAHREN & ÄRGERNISSE

Auch wenn in bestimmten Teilen von Panama-Stadt Kriminalität durchaus ein Problem darstellt, ist es in den besseren Stadtvierteln doch sicherer als in vielen anderen Hauptstädten dieser Welt. Angesichts der Straßenkriminalität in Colón sollte man sich im Hotel über die zu meidenden Stadtteile erkundigen.

In der Provinz Darién sind bestimmte Gegenden im Grenzgebiet zu Kolumbien immer noch Schauplatz von Drogen- und Menschenhandel. Vor der Reise in diese Region sollte man sich immer bei SENAFRONT (Grenzpolizei) in Panama-Stadt registrieren und vorzugsweise mit einem Guide reisen.

Auf kolumbianischen Booten, die auf der Karibikseite von Kolumbien nach Panama verkehren – weniger auf der Pazifikseite –, werden oft Drogen in Richtung Norden geschmuggelt.

Baden

Leider ertrinken in panamaischen Gewässern immer wieder Menschen – etwa 80 % der Todesfälle sind auf Brandungsrückströmung zurückzuführen, eine starke Strömung, die den Schwimmer aufs offene Meer hinauszieht. Sie entsteht, wenn zwei Strömungen aufeinandertreffen, die sich parallel zum Ufer bewegen; die entgegenkommenden Wassermassen wählen den Weg des geringsten Widerstandes, also aufs Meer hinaus.

Einige Tipps:

- Wer sich in einer Brandungsrückströmung wiederfindet, sollte unbedingt Ruhe bewahren und parallel zum Ufer schwimmen, um wieder herauszukommen – Brandungsrückströmungen lösen sich rasch wieder auf.
- Es ist wichtig, daran zu denken, dass Brandungsrückströmungen einen zwar hinaus, aber nicht nach unten ziehen.
- Wenn die Strömung sich aufgelöst hat, in einem 45-Grad-Winkel zurück zum Ufer schwimmen, um zu vermeiden, erneut erfasst zu werden.
- Nicht versuchen, direkt zurückzuschwimmen, um nicht direkt gegen die Brandungsrückströmung anzukämpfen und sich auszupowern.
- Wer beim Hineinwaten eine Brandungsrückströmung spürt, sollte versuchen, seitwärts zurückzukommen, um der Strömung weniger Körperoberfläche zu bieten. Wer dabei nicht

vorankommt, sollte parallel zum Strand weiterlaufen, um der Brandungsrückströmung zu entkommen.

Polizei

Das Problem der Polizeikorruption ist in Panama nicht so ausgeprägt wie in einigen anderen lateinamerikanischen Ländern. Aber es kommt schon vor, dass ein panamaischer Polizeibeamter einen Fahrer ohne ersichtlichen Grund anhält, ihn irgendeines Vergehens beschuldigt und eine Strafe verhängt, die auf der Stelle gezahlt werden soll. Manchmal lässt der Polizist einen gehen, wenn man sich dumm stellt. Wer sich tatsächlich eines Vergehens schuldig gemacht hat, sollte anbieten, zum Bezahlen der Strafe mit zur Polizeiwache zu gehen.

In einigen Städten Panamas gibt es eine Touristenpolizei – eine Abteilung, die sich speziell mit den Belangen von Reisenden befasst. Diese Beamten sind unter Umständen hilfreicher; sie sind an den Armbinden zu erkennen, die sie über der Uniform tragen.

Wandern

Obwohl das Land in den Tropen liegt, hat Panama von eisig kalt bis drückend heiß die ganze Bandbreite an Temperaturen zu bieten. Das macht das Wandern nicht gerade einfach; man muss auf jedes Wetter gefasst sein. Vor dem Start sollte man sich bei den örtlichen Veranstaltern oder Rangern immer nach dem Zustand der Wege erkundigen. Selbst für kurze Wanderungen immer genügend Trinkwasser mitnehmen, außerdem Lebensmittel, Streichhölzer und angemessene Kleidung! Auch im Urwald wird es nachts kühler, vor allem in den höheren Bergregionen.

Es kommt immer wieder vor, dass sich Wanderer selbst im scheinbar „übersichtlicheren" Regenwald des Parque Nacional Volcán Barú und auf dem Sendero Los Quetzales verirren. Erdrutsche, Stürme und die alles überwuchernde Vegetation können Wanderwege unpassierbar machen. Manchmal sind schon die Zufahrtstraßen so schlecht, dass Wanderer das Zubringerfahrzeug kilometerweit vor dem eigentlichen Startpunkt verlassen müssen. So ist der Urwald eben. Wenn Wanderer sich verirren, was immer wieder passiert, kommt ihnen keine offizielle Rettungsorganisation zu Hilfe. Wer wirklich ohne Führer losläuft, sollte auf jeden Fall das Hotelpersonal über die Wanderung und deren geplante Dauer informieren.

Niemals in einem Regenwald wandern, in dem keine Wege markiert sind. Wenn kein Weg hineinführt, führt, wenn man dann im Wald umkehren möchte, auch keiner wieder hinaus. Der Transport zum und vom Ausgangspunkt der Wanderung muss im Voraus organisiert werden: Entweder weiß man, wo wann der letzte Bus abfährt, oder man lässt sich einen verantwortungsbewussten Taxifahrer empfehlen und vereinbart mit ihm einen Abholtermin.

> **DER TRANSPANAMA-TRAIL**
>
> Dieser Überland-Rundwanderweg (www.transpanama.org) führt von der costa-ricanischen Grenze Richtung Panama-Stadt. Wer sich einen guten Überblick über das raue Hinterland Panamas verschaffen möchte, kann einfach irgendeinen dreitägigen Abschnitt des Weges gehen. Ausführliche Infos gibt's auf der Website, wo auch kostenlose GPS-Tracks heruntergeladen werden können.

GELD

Panamas Währung ist der US-Dollar. Die offizielle Bezeichnung lautet zwar „Balboa", aber es handelt sich um exakt dieselben Banknoten, die sowohl *dólar* als auch „Balboa" genannt werden.

Die Münzen haben den gleichen Wert, die gleiche Größe und sind aus dem gleichen Metall geprägt wie die US-Münzen. Beide Münzsorten sind gleichermaßen im Umlauf. Es gibt Münzen zu 1, 5, 10, 25 und 50 *centavos* (oder *centésimos*). 100 *centavos* sind ein Balboa. Die meisten Geschäfte wechseln keine 50- oder 100-Dollar-Scheine. Nimmt ein Geschäft dennoch einen solchen Geldschein an, wird es sehr wahrscheinlich die Vorlage des Reisepasses verlangen.

Geldautomaten

Außer in den ganz abgelegenen Regionen stehen überall in Panama reichlich Geldautomaten zur Verfügung. Rote Schilder mit der Aufschrift *sistema clave* weisen den Weg zum Geld. Die Automaten akzeptieren die Karten der meisten Debit-Systeme (Plus, Cirrus, MasterCard, Visa und Amex).

An den folgenden Stellen gibt es keine Banken und der Weg zum nächsten Geldautomat ist sehr weit: Santa Catalina, Santa Fé, Boca Brava, Isla Contadora, Isla Grande, Portobelo, Isla de Coiba und im Darién.

Kreditkarten

Mit der Kreditkarte zu bezahlen ist außerhalb von Reisebüros, besseren Hotels und vielen Restaurants oft nicht möglich. Mit anderen Worten: Immer genügend Bargeld bei sich haben, um sich bis zur nächsten Bank oder zum nächsten Geldautomaten durchschlagen zu können.

Trinkgeld

Restaurants Das Trinkgeld sollte 10 % betragen; eventuell ist es schon im Rechnungsbetrag enthalten.

Taxis Trinkgelder sind freiwillig, jedoch kann man besonders abends auf den nächsten Dollar aufrunden und vielleicht noch einen Dollar drauflegen.

Führer Bei Tagestouren gelten 7 bis 10 US$ pro Person als üblich, bei naturkundlichen Führungen eher 10 US$.

INTERNETZUGANG

In den meisten Städten und Ortschaften Panamas gibt's preisgünstige Internetcafés. An Bushaltestellen, auf Plazas, in Bibliotheken und Restaurants gibt's zunehmend auch öffentliches WLAN. Hotels und Hostels in Gegenden, die auf Touristen eingerichtet sind, bieten WLAN sowie einige Computer an, die die Gäste nutzen können. Ausnahmen sind die Regionen Guna Yala und Darién.

KARTEN

Beim **Instituto Geográfico Nacional** (S. 690) in Panama-Stadt kann man sich mit topografischen Karten von ausgewählten Städten und Regionen eindecken. Kostenlose Karten und Stadtpläne sind in vielen Broschüren für Traveller enthalten, die in ganz Panama verteilt werden. In den Rangerstationen sind nur selten Wanderkarten erhältlich.

ÖFFNUNGSZEITEN

Die Öffnungszeiten variieren im Verlauf des Jahres, hier die für die Hauptsaison:

Ämter Mo–Fr 8–16 Uhr.

Banken Mo–Fr 8.30–13 oder 15 Uhr, einige öffnen auch samstagvormittags.

Bars und Clubs Bars ab 21 Uhr, Clubs ab 23 bis 3 oder 4 Uhr.

Büros Mo–Fr 8–12 & 13.30–17 Uhr.

Einkaufszentren und Geschäfte 10–21 oder 22 Uhr.

Restaurants 7–10, 12–15 & 18–22 Uhr, in Panama-Stadt später; sonntags oft geschlossen.

Supermärkte 8–21 Uhr, manche haben rund um die Uhr geöffnet.

RECHTSFRAGEN

Das Mindestalter für den Alkoholkonsum liegt in Panama bei 18 Jahren – das wird in Panama-Stadt streng kontrolliert, ansonsten aber im Allgemeinen ignoriert.

Jede Person muss sich von Rechts wegen jederzeit ausweisen können, vorzugsweise durch einen Reisepass. Dies mag zwar lästig erscheinen, aber die Polizei kann von Touristen jederzeit verlangen, dass sie sich ausweisen, und mehrere Leser mussten schon eine Nacht im Gefängnis verbringen, weil sie sich nicht ordentlich ausweisen konnten.

Weder Männern noch Frauen ist es erlaubt, sich oben ohne zu zeigen, auch nicht auf dem Weg zum Strand. Im Ort Bocas del Toro auf der Isla Colón werden Verstöße gegen dieses Gesetz konsequent geahndet; wer sich entblößt, muss damit rechnen, es mit der Polizei zu tun zu bekommen.

Die Strafen für den Besitz auch geringer Mengen illegaler Drogen sind in Panama viel höher als in den USA, in Europa und fast überall sonst. Die Angeklagten verbringen oft Jahre im Gefängnis, bevor sie vor Gericht gestellt werden, und wenn sie verurteilt werden (was meistens der Fall ist), müssen sie mit einer mehrjährigen Haftstrafe rechnen. Die meisten Rechtsanwälte übernehmen schon keine Drogenfälle mehr, da das Ergebnis von vornherein feststeht: Es kommt zu einer Verurteilung.

Wer im Gefängnis landet, dem kann seine Botschaft nur in begrenztem Umfang helfen. Vielleicht schickt sie jemanden, der sich vergewissern soll, dass die Menschenrechte nicht verletzt wurden, nimmt Kontakt mit der Familie des Inhaftierten auf und besorgt ihm einen Rechtsanwalt (den er selbst bezahlen muss). Botschaftsbedienstete holen einen nicht durch Kaution aus dem Gefängnis.

REISEN MIT BEHINDERUNG

Panama ist im Allgemeinen nicht gerade rollstuhlfreundlich, Top-Hotels verfügen jedoch über rollstuhltaugliche Zimmer. Es gibt Parkplätze für Menschen mit Behinderungen sowie einige große Toilettenkabinen. Außerhalb der Hauptstadt fehlt eine angemessene Infrastruktur für Behinderte.

SCHWULE & LESBEN UNTERWEGS

Schwule und lesbische Panamaer bekennen sich heute offener zu ihrer Homosexualität als noch vor ein paar Jahren, wobei diese Tendenz in der Hauptstadt wesentlich stärker ist als im übrigen Land. Auch wenn die Szene recht diskret ist, trifft man in Panama eher auf offen homosexuelle Einheimische als in den anderen Ländern Zentralamerikas. Homosexuelle Partnerschaften sind noch immer illegal hier, jedoch meinen viele, dass sich das bald ändern wird. Vielleicht ist es ein Erbe des *machismo*, aber die Einheimischen sind überzeugt, dass Lesben stärker diskriminiert werden als Schwule.

In Panama-Stadt gibt es ein Badehaus und ein paar Clubs und Bars für Schwule und Lesben. Außerhalb der Hauptstadt sind kaum Schwulenbars zu finden und Homosexuelle werden stärker diskriminiert. Also mischen sich Schwule und Lesben meist unter die heterosexuelle Menge in den hipperen Lokalen und vermeiden Bierhallen auf den Dörfern und andere traditionelle Hochburgen der Schwulenhasser.

In der Innenstadt von Panama-Stadt findet jedes Jahr, meist im Juni, eine Gay-Pride-Parade statt. Gesponsert wird sie von der Asociación Hombres y Mujeres Nuevos de Panamá, Panamas erster und einziger Schwulen- und Lesbenorganisation.

TELEFON

Die Landesvorwahl von Panama ist die ☎507. Wer vom Ausland aus anruft, muss diese Nummer vor der siebenstelligen Rufnummer des Teilnehmers in Panama wählen. Ortsvorwahlen gibt es in Panama nicht.

Telefonzellen sind durch Internet-Telefondienste abgelöst worden. Wer länger unterwegs ist und ein entsperrtes Handy hat, kann sich eine panamaische SIM-Card (5 US$) zulegen. In Einkaufszentren verkaufen Kioske ansonsten Pay-Per-Use-Handys, die schon ab 20 US$ zu haben sind; viele davon sind mit Freiminuten ausgestattet.

TOURISTENINFORMATION

Die **Autoridad de Turismo Panamá** (ATP; Panamaische Tourismusbehörde; ☎526-7000; www.visitpanama.com) ist die nationale Touristeninformation. Neben der Zentrale in Panama-Stadt unterhält die ATP auch Büros in Bocas del Toro, Boquete, Colón, David, Paso Canoas, Penonomé, Portobelo, Santiago, Villa de los Santos, Las Tablas, El Valle und Pedasí. Kleinere Informationsschalter gibt's im Casco Viejo sowie in den beiden Flughäfen Aeropuerto Internacional de Tocumen und Aeropuerto Albrook.

Die ATP gibt zwar einige sehr nützliche Karten und Broschüren heraus, von denen aber nicht immer genügend vorrätig sind. In den meisten Touristeninformationen sprechen die Mitarbeiter nur Spanisch. Einige Angestellte geben sich alle Mühe zu helfen, während andere nur die Zeit herumbekommen wollen. Im Allgemeinen erhält man brauchbarere Informationen, wenn man eine konkrete Frage hat.

UNTERKUNFT

Für absolute Top-Zeiten wie die Woche vor Ostern, die Zeit der Feste im November und die Wochen um Weihnachten und Neujahr sollten Unterkünfte zwei bis sechs Monate im Voraus gebucht werden. In der Hochsaison müssen auch beliebtere Hostels und kleine Hotels in der Regel vorgebucht werden.

Hotels In der mittleren und Top-Kategorie.

B&Bs Mittelklasseunterkünfte, die es vor allem in Panama-Stadt, Boquete und Bocas gibt.

Hostels Billig und in Panama auf dem Vormarsch, von ruhigen Unterkünften bis zu Partyhochburgen.

Lodges Von rustikal bis luxuriös; vor allem im Hochland gut fürs Eintauchen in die Natur.

PREISKATEGORIEN SCHLAFEN

Die folgenden Preiskategorien beziehen sich auf ein Doppelzimmer mit Bad in der Hochsaison oder ein Hostel-Dormbett. Soweit nicht anders angegeben, ist die Steuer im Preis enthalten.

$	bis 60 US$
$$	60–130 US$
$$$	über 130 US$

VISA

Alle Besucher benötigen für die Einreise nach Panama generell einen gültigen Reisepass und ein Rück- bzw. Weiterreiseticket. Weitere Einreisebestimmungen richten sich nach der jeweiligen Staatsangehörigkeit der Besucher und ändern sich von Zeit zu Zeit. Vor Antritt einer Panama-Reise sollten Reisende sich daher online über die aktuellen Bestimmungen informieren. Auch die Verkaufsstellen von Flugtickets nach Panama sowie Reiseveranstalter können Auskunft erteilen.

- Die Kosten für die Touristenkarten sind im Flugticketpreis inbegriffen.
- Wer in Panama einreist, bekommt in der Regel einen 90-Tage-Stempel in den Pass.
- Nach 90 Tagen können Visa und Touristenkarten in *migración*-Büros (Büros der Einreisebehörde) verlängert werden.
- Wer auf dem Landweg in Panama einreist, wird vermutlich gefragt werden, ob er oder sie über ein Ticket zur Weiterreise verfügt und genügend Geld (500 US$) oder eine Kreditkarte dabeihat.

Zur Zeit der Recherche brauchten Reisende aus Deutschland, Österreich und der Schweiz bei der Einreise in Panama nur ihren Reisepass vorzuzeigen.

Reisende, die ein Visum benötigen, können es in panamaischen Botschaften oder Konsulaten beantragen – mit der nächsten Botschaft oder dem nächsten Konsulat Kontakt aufnehmen oder die Einreisebehörde **Migración y Naturalización** (☎507-1051, 507-1800; www.migracion.gob.pa; Ecke Av Cuba & Calle 28 Este, Calidonia; ⌚Mo–Fr 7.30–15.30 Uhr) in Panama-Stadt anrufen.

ZOLL

Steuerfrei ist die Einfuhr von bis zu zehn Stangen Zigaretten und fünf Flaschen Spirituosen. Wer versucht, Panama mit Produkten zu verlassen, die aus vom Aussterben bedrohten Arten bestehen – z. B. aus Jaguarzähnen, Ozelotfell und Schildkrötenpanzer – muss mit einer schweren Strafe und einem Gefängnisaufenthalt rechnen.

ℹ An- & Weiterreise

AUTO & MOTORRAD

Von den USA oder Kanada aus mit dem Auto nach Panama zu fahren dauert je nach Zwischenstopps mindestens eine Woche. Bei Dunkelheit zu fahren empfiehlt sich nicht. Die

Straßen in Zentralamerika sind schmal, verfügen meist über keine Mittelstreifen, sind häufig mit Schlaglöchern übersät und in ländlichen Gebieten drohen Gefahren durch Tiere und Fußgänger.

Wer sich dazu entschließt, mit dem Auto nach Panama zu fahren, sollte versichert sein, seine sämtlichen Papiere dabeihaben (u. a. eine *permiso de salida* – Ausfuhrgenehmigung – des Landes, aus dem das Auto kommt) und das Auto nie unbeaufsichtigt lassen – glücklicherweise gibt's in Zentralamerika jede Menge bewachte Parkplätze. Amerikanische Nummernschilder sind sehr beliebt als Andenken, es empfiehlt sich also, sie im Innern des Autos anzubringen.

Wer mit dem Auto nach Panama kommt, muss 15 US$ für eine *tarjeta de circulación* (Verkehrskarte) zahlen und das Fahrzeug für 1 US$ ausräuchern lassen. Außerdem benötigt man einen gültigen Führerschein, den Fahrzeugschein und einen panamaischen Versicherungsschein – die Versicherung besorgt man sich am besten bei der Einreise ins Land bei einem Versicherungsmakler bei der *aduana* (Zoll). Von der Versicherungspolice sollte man eine Kopie anfertigen und sie mit einem offiziellen Stempel versehen lassen.

Im Pass wird eingestempelt, dass man das Fahrzeug ordnungsgemäß ins Land gebracht hat. Dieses Autovisum ist nur einen Monat gültig, kann aber um bis zu drei Monate verlängert werden. Wer über die Gültigkeitsdauer mit dem Fahrzeug im Land bleibt, zahlt weitere 300 bis 500 US$.

FLUGZEUG

In Panama gibt es vier internationale Flughäfen, aber die meisten Reisenden kommen an einem dieser beiden an:

Aeropuerto Internacional Tocumen (☎238-2700; www.tocumenpanama.aero; Av Domingo Díaz) In Panama-Stadt.

Aeropuerto Enrique Malek (☎721-1072) In David.

Fluggesellschaften mit internationalen Flügen nach Panama:

Air Panama (☎316-9000; www.airpanama.com)

American Airlines (☎264-8999; www.aa.com)

Avianca (☎264-5919; www.avianca.com)

Copa (☎217-5656; www.copaair.com; ⏲Mo–Fr 8–17 Uhr)

AUSREISESTEUER

Panama erhebt eine Flughafensteuer von 40 US$ für ausreisende Passagiere auf internationalen Flügen. Sie ist im Flugpreis enthalten.

Delta Airlines (☎238-4793; www.delta.com)

Iberia (☎227-2322; www.iberia.com)

Taca Airlines (☎238-4116; www.taca.com)

Viva Colombia (☎800-157-1073; www.vivacolombia.co)

GRENZÜBERGÄNGE

An allen drei Grenzübergängen kann man auf beiden Seiten mit Regionalbussen zur Grenze fahren, sie überqueren, in einen anderen Regionalbus einsteigen und seine Reise fortsetzen. Die letzten Busse fahren an den Grenzübergängen bei Guabito und Río Sereno um 19 bzw. 17 Uhr ab. Von Paso Canoas fährt der letzte Bus um 21.30 Uhr nach Panama-Stadt.

Zwei Unternehmen, **Panaline** (☎256-8721; www.viajeros.com/panaline) und **Tica Bus** (☎227-3318; www.ticabus.com), bieten täglich direkte Verbindungen mit Bussen zwischen San José in Costa Rica und Panama-Stadt; sie fahren am **Albrook-Busbahnhof** (S. 691) ab. Man sollte seinen Platz einige Tage im Voraus reservieren.

Costa Rica

Der am stärksten frequentierte Grenzübergang zwischen Panama und Costa Rica ist der bei Paso Canoas (7–19 Uhr), 53 km nordwestlich von David an der Panamericana. Einige Tipps:

- Für eine Übernachtung vor dem Grenzübertritt eignet sich am besten David.
- Darauf achten, dass man sowohl einen Ausreise- als auch einen Einreisestempel in seinen Pass bekommt.
- Man muss auf beiden Seiten mindestens ein bis anderthalb Stunden Zeit einplanen, um alle Formalitäten zu klären. Busse fahren ab 4.30 Uhr regelmäßig von David zur Grenze (2,10 US$, 50 Min., alle 15 Min.).
- Auf der costa-ricanischen Seite der Grenze fahren regelmäßig Busse nach San José und in andere Teile des Landes.
- Von David aus fahren auch Taxis nach Paso Canoas (35 US$).

Der Grenzübergang, an dem es am ruhigsten ist, ist der bei Río Sereno (Mo–Sa 9–17, So bis 15 Uhr), 35 km nordwestlich von Volcán. Busse zur Grenze fahren ab David über La Concepción, Volcán und Santa Clara (5,10 US$, 2½ Std., halbstündl.). Auf der costa-ricanischen Seite geht es mit einem Bus oder Taxi in 15 Minuten nach San Vito, von wo aus Busse zu weiteren regionalen Zielen fahren.

Am karibischen Grenzposten Guabito/Sixaola (8–17 Uhr), 16 km nordwestlich von Changuinola, herrscht weniger Verkehr als auf der Pazifikseite – die meisten Traveller finden ihn völlig problemlos. Von Changuinola fahren zwischen 6 und 19 Uhr regelmäßig Busse zur Grenze (1 US$, 20 Min., halbstündl.). Auf der costa-ricanischen

AUF PANAMEÑO

Seine Anerkennung drückt man mit *chévere* („cool") aus, *buena leche* bedeutet „Viel Glück", *una pinta* ist ein Bier und *vaina* heißt einfach nur „Ding".

Seite fahren regelmäßig Busse weiter nach Puerto Limón und San José sowie zu anderen regionalen Zielen.

Kolumbien

Es ist möglich, mit dem Boot nach Kolumbien überzusetzen, aber die Überfahrt kann rau sein. Von der Provinz Colón oder Comarca de Guna Yala aus dauert die Fahrt auf dem Motor- oder Segelboot mehrere Tage.

Unterwegs vor Ort

AUTO & MOTORRAD

Um in Panama ein Fahrzeug zu mieten, muss man mindestens 25 Jahre alt sein und Pass und Führerschein vorweisen können – wenn man über 21 ist und eine gültige Kreditkarte vorlegen kann, verzichten einige Autoverleiher auf Einhaltung des Mindestalters. Selbst wer bei einer internationalen Autovermietung ein Fahrzeug leiht, bekommt es in der Regel von einem Partnerunternehmen und erhält außerhalb Panamas keinerlei Unterstützung.

Pro Tag kostet ein normales Mietauto in Panama ab 35 US$, ein Auto mit Allradantrieb *(cuatro por cuatro)* gibt es ab 110 US$ pro Tag. Bevor man das Auto entgegennimmt, sollte man es auf kleine Beulen und Kratzer, fehlende Radioantennen und Radkappen sowie auf den Ersatzreifen überprüfen. Solche Schäden *müssen* im Mietvertrag vermerkt werden, ansonsten kann man bei Rückgabe des Fahrzeugs dafür belangt werden.

Es wurden schon viele Mietautos gestohlen. Also Wertsachen nie unbeaufsichtigt im Fahrzeug lassen und über Nacht das ganze Gepäck aus dem Fahrzeug nehmen! Viele Hotels verfügen über Gästeparkplätze.

Straßenschilder können verwirrend sein oder gänzlich fehlen. In Panama gibt's jede Menge Nebenstraßen, die sich in einem erbärmlichen Zustand befinden, und selbst asphaltierte Straßen ähneln oft einer Mondlandschaft.

BUS

Busse fahren in Panama so ziemlich zu jeder Gemeinde, zu der eine Straße führt. Einige davon sind große Mercedes-Benz-Busse mit Klimaanlage, Fernseher und Liegesitzen. Diese erstklassigen Busse fahren normalerweise lange Strecken auf den Fernstraßen.

Am meisten kommen kleine Toyota-Coaster-Busse zum Einsatz, die liebevoll *chivas* genannt werden. Die Fahrzeuge steuern z. B. Orte auf der Península de Azuero und entlang der Panamericana an.

Panama-Stadt mustert gerade die umgebauten Schulbusse aus, auch *diablos rojos* (rote Teufel) genannt. Ersetzt werden sie durch das Metrobus-System. Passagiere erhalten Magnetkarten dafür am Busbahnhof Albrook oder anderen wichtigen Bushaltestellen. Die offiziellen Bushaltestellen werden benutzt und die Busse sind klimatisiert.

FAHRRAD

Wenn einem die Hitze nichts ausmacht, kommt man mit dem Fahrrad recht einfach durch Panama – eine Tagesfahrt entfernt befinden sich immer irgendwelche Unterkünfte. In den größeren Städten (besonders in Panama-Stadt) ist es allerdings nicht wirklich klug, Rad zu fahren. Die Straßen sind eng und die Autofahrer fahren aggressiv. Außerdem schränken häufige Regenfälle die Sicht der Autofahrer ein und machen das Fortkommen für Radler zu einer rutschigen Angelegenheit.

Der panamaische Abschnitt der Panamericana bietet die beste Straßenqualität Zentralamerikas, auch wenn die Straße teils nur über sehr schmale Seitenstreifen verfügt. In vielen Provinzen, besonders in Veraguas und Colón, sind die Straßen in einem schlechten Zustand. Darauf sollte man sich einstellen, indem man z. B. genügend Ersatzteile dabeihat.

FLUGZEUG

Die Inlandsstrecken werden von den Fluglinien **Air Panama** (☎ 316-9000; www.airpanama.com) und **Copa Airlines** (☎ 217-5656; www.copaair.com; ⏰ Mo–Fr 8–17 Uhr) bedient. Inlandsflüge aus Panama-Stadt starten vom Aeropuerto Albrook. Zwischen dem Aeropuerto Enrique Malek in David an der costa-ricanischen Grenze und San José bestehen regelmäßige Verbindungen.

In der Hauptsaison, wenn nach Flügen zu Zielen wie Bocas eine große Nachfrage besteht, sollten Tickets im Voraus gebucht werden. Die Buchungen sollte man sich immer bestätigen lassen.

SCHIFF/FÄHRE

In einigen Regionen sind Schiffe die Haupttransportmittel, vor allem im Darién, auf dem Archipiélago de Las Perlas und zwischen den Inselketten San Blás und Bocas del Toro.

Das Touristenmekka Bocas del Toro auf der Isla Colón ist von Almirante aus mit regelmäßig verkehrenden Wassertaxis erreichbar.

Kolumbianische und Kuna-Handelsschiffe transportieren Fracht und Passagiere an der

Küste von San Blás zwischen Colón und Puerto Obaldía. Sie halten an bis zu 48 Inseln, um die Passagiere und die Fracht ein- und auszuladen. Diese Schiffe sind jedoch oft gefährlich überladen. Klüger ist es, eine Passage auf einem Segelschiff zu arrangieren oder die viertägige Motorbootverbindung nach Kolumbien zu nehmen.

Da es im Osten der Provinz Darién nicht viele Straßen gibt, ist die Fahrt mit dem Schiff oft die beste Möglichkeit, von einem Ort zum anderen zu kommen – vor allem während der Regenzeit. Hierfür wird vorzugsweise ein *piragua* (langes Kanu) benutzt, das aus den Stämmen riesiger Ceiba-Bäume geschnitzt wurde. Mit ihrem flachen Rumpf können diese Kanus auf den vielen Flüssen Ostpanamas, das hier das traditionelle Transportnetz bildet, gut fahren. Viele von ihnen sind motorisiert.

TAXI

Taxis gibt's in Panama reichlich und sie sind billig. Nicht alle Fahrer sind jedoch mit einem guten Orientierungssinn gesegnet. Einige Tipps:

➡ Bevor man sich ins Taxi setzt, sollte man sein Fahrziel nennen und einen Fahrpreis aushandeln. Taxis haben in Panama keine Taxameter, aber manchmal gibt es für die Fahrten zwischen den verschiedenen Stadtteilen von Panama-Stadt Festpreise.

➡ Am besten informiert man sich in der Unterkunft über die gängigen Preise für Fahrten zwischen den Stadtteilen. Nach Einbruch der Dunkelheit steigen die Preise in der Regel.

➡ Spät am Abend und an den Feiertagen kann es schwieriger sein, ein Taxi zu bekommen. Zu diesen Zeiten ruft man am besten ein Funktaxi.

➡ Vor gehobenen Hotels und Einkaufszentren fahren teurere „Taxilimousinen" ab. Hier zahlt man doppelt so viel wie für ein normales Taxi.

TRAMPEN

Trampen ist nie ganz sicher und deshalb empfehlen wir es nicht. Wer dennoch trampt, sollte sich drüber im Klaren sein, dass er sich möglicherweise in große Gefahr begibt.

ZUG

Die Bahnfahrt zwischen Panama-Stadt und Colón ist sehr malerisch.

Zentral-amerika verstehen

ZENTRALAMERIKA AKTUELL 770

Verkehrswesen und Tourismus boomen, doch die unsichere Energieversorgung gibt Grund zur Sorge. Armut und Gewalt werfen nach wie vor einen düsteren Schatten über die Region.

GESCHICHTE 772

Die kleine Region blickt auf eine bewegte Geschichte zurück, von den mysteriösen Mayas über die spanischen Konquistadoren bis zum Ringen um Frieden und Wohlstand im 20. Jh.

MENSCHEN & KULTUR 780

Mestizen stellen die Mehrheit der Bevölkerung, doch die Minderheiten europäischer, afrikanischer und indigener Abstammung haben Geschichte und Kultur entscheidend mitgeprägt.

Zentralamerika aktuell

Die aktuelle Perspektive für Zentralamerika hängt sehr vom Standort des Betrachters ab. Im Süden der Region sieht die Zukunft rosig aus: Die politischen Verhältnisse sind ziemlich stabil; die Wirtschaft ist dank Tourismus und Ausbau der Verkehrsinfrastruktur auf Wachstumskurs. Für die nördlichen Länder sieht es nicht so gut aus. Hier versuchen immer mehr Bürger, dem Teufelskreis von Armut und Gewalt durch Auswanderung zu entfliehen.

Top-Filme

Ixcanul (Regie: Jayro Bustamante; 2015) Mehrfach preisgekrönter Film über eine junge Cakchiquel-Frau in Guatemala.

Mosquito Coast (Regie: Peter Weir; 1986) Eine amerikanische Familie sucht in Zentralamerika das einfache Leben: Der Film mit Harrison Ford und River Phoenix spielt in Honduras, wurde aber in Belize gedreht.

Curse of the Xtabai (Kurse a di Xtabai; Regie: Matthiew Klinck; 2012) Die Belizer sind ziemlich stolz auf diesen Horrorstreifen in Spielfilmlänge, den ersten, der zu 100 % in Belize gedreht und produziert wurde – mit heimischer Kulisse, Besetzung und Crew.

Hands of Stone (Regie: Jonathan Jakubowicz; 2016) Die aktuelle Filmbiografie des legendären Boxers Roberto Durán aus Panama, mit Robert De Niro in einer tragenden Rolle.

Top-Bücher

Die Verteidigung des Glücks (Gioconda Belli; 2002) In ihrer Autobiografie erzählt die Dichterin von ihrer Verwicklung in die Revolution in Nicaragua.

Der schwarze Palast (Horacio Castellanos Moya; 2010) Der Anfang des Politkrimis des in Honduras geborenen und in El Salvador aufgewachsenen Autors entstand im Frankfurter Exil.

Enkelin der Maya (Rigoberta Menchú, 1983) Die Autobiografie der Menschenrechtsaktivistin und Nobelpreisträgerin aus Guatemala ist eine aufschlussreiche und eindringliche Lektüre.

Kanäle: größer & tiefer

Der Panamakanal ist eine der größten Erfolgsstorys der Region. Er bringt jährlich 2 Mrd. US$ ein und beschert Panama das höchste Wirtschaftswachstum Lateinamerikas. Und jetzt ist er sogar noch größer geworden. Der 17 Mrd. US$ teure Ausbau, eins der größten Verkehrsprojekte der Welt, soll mit einer dritten Fahrrinne und der Vertiefung für größere Schiffe die Kapazität verdoppeln und den Kanalverkehr verdreifachen. Die Erweiterung wurde im Juni 2016 eröffnet, knapp zwei Jahre nach dem 100. Geburtstag des Kanals, und dürfte sich für Panama als Goldgrube erweisen.

Derweil plant weiter nördlich Nicaragua, eine eigene Riesengrube zu buddeln – eine 50 Mrd. US$ teure Wasserstraße zwischen Atlantik und Pazifik. Mit 277 km wäre der Nicaragua-Kanal fast viermal so lang wie sein Vorläufer in Panama. Das chinesisch finanzierte Projekt steht allerdings wegen seiner unrealistischen Zeit- und Kostenplanung sowie ökologischer und logistischer Bedenken in der Kritik. Die Bauarbeiten sollen angeblich Ende 2016 beginnen, aber der Termin wird immer wieder verschoben. Deshalb fragen sich manche schon, ob Präsident Ortega und seine chinesischen Partner das Projekt überhaupt ernsthaft in Angriff nehmen wollen.

Ölpolitik

Das PetroCaribe-Abkommen, 2005 vom damaligen venezolanischen Präsidenten Hugo Chávez initiiert, garantiert seinen 17 Mitgliedsländern extrem günstige Bedingungen beim Kauf von Rohöl aus Venezuela. Für die Begünstigten, zu denen u. a. Belize, El Salvador, Honduras und Nicaragua gehören, war PetroCaribe zweifellos ein Segen.

Doch nun ist Venezuela infolge des dramatischen Ölpreisverfalls in eine schwere Wirtschaftskrise abgerutscht und stellt PetroCaribe auf den Prüfstand. Die Partei von Chávez und seinem Nachfolger, Präsident Nicolas Maduro, hat 2015 ihre Mehrheit in der venezolanischen Nationalversammlung verloren. Obwohl Maduro nach wie vor zu dem Abkommen steht, fordert die Opposition seine kritische Überprüfung und Reformierung.

Viele Mitgliedsländer stellen sich allmählich auf ein Leben ohne PetroCaribe ein. In Belize z. B. hatte Premierminister Barrow die Wahlen auf 2015 vorgezogen, um den politischen Konsequenzen der Entwicklung zuvor zu kommen. Viele andere behalten das politische Geschehen in Venezuela sorgfältig im Auge.

Ökotourismus als Gratwanderung

Weite Teile Zentralamerikas haben den Tourismus begrüßt, weil er Wohlstand, Arbeitsplätze, Investitionen und einen endlosen Zustrom harter Devisen verspricht. In Belize und Costa Rica ist er die wichtigste Branche, in Nicaragua und Panama spielt er eine zunehmend bedeutende Rolle. Alle diese Länder sehen sich der Herausforderung gegenüber, die Anforderungen einer florierenden Tourismusbranche mit deren ökologischen Auswirkungen in Einklang zu bringen.

In Costa Rica gibt es schon seit Langem erbitterte Diskussionen um die Asphaltierung von Straßen, die Bebauung von Stränden und immer neue Rodungen. Ehemals abgelegene Ziele wie Monteverde und Bahía Salinas dürfen sich auf einen starken Besucheransturm gefasst machen, wenn ihre Hauptzufahrtstraßen in den kommenden Jahren asphaltiert werden. In Belize hat Norwegian Cruise Line die Genehmigung erhalten, eine Insel bei Placencia zu erschließen. Das Projekt bedeutet für die Region regen Schiffsverkehr und potenzielle Umweltbelastungen. Nicaragua und Panama empfangen bislang viel weniger Besucher als ihre Nachbarn, aber wenn die Besucherzahlen steigen, müssen auch sie Wege finden, den Tourismus in geregelte Bahnen zu lenken.

Die meisten Einwohner dieser Länder sind stolz auf ihr Naturerbe und blauben, dass sich Umweltschutz und wirtschaftlicher Wohlstand nicht unbedingt gegenseitig ausschließen. Aber der beste Weg, beides unter einen Hut zu bringen, ist noch nicht gefunden.

Armut & Gewalt

In ganz Zentralamerika sind immer noch viel zu viele Menschen von Armut und Gewalt betroffen. Selbst in den reichsten Ländern (Costa Rica und Panama) liegt die Armutsquote bei rund 25 % und die Kluft zwischen den Arm und Reich ist enorm. In anderen Ländern sieht es noch viel schlimmer aus: In Nicaragua leben etwa 46 % der Bevölkerung unterhalb der Armutsschwelle, in Guatemala 54 %, in Honduras sogar 60 %. Arbeitslosigkeit und die ungleiche Einkommensverteilung sind chronische Probleme der gesamten Region.

Gleichzeitig regiert in vielen armen *barrios* und Dörfern nach wie vor die Gewalt, besonders in Guatemala, El Salvador und Honduras. In den vergangenen Jahren konkurrieren die beiden Letzteren um den traurigen Titel des Landes mit der weltweit höchsten Mordrate pro Kopf. Kriminalitätszahlen, Bandengewalt und das Treiben der Drogenkartelle sind eng miteinander verflochten und stellen diese Staaten vor so unüberwindliche Probleme, dass viele Einwohner die einzige Rettung in der Flucht nach Norden (in die USA und nach Kanada) sehen.

BEVÖLKERUNG: **44 459 300**

FLÄCHE: **521 875 KM²**

BIP PRO KOPF: **PANAMA 20 900 US$; NICARAGUA 5000 US$**

ALPHABETISIERUNGSGRAD: **COSTA RICA 97,8 %; HONDURAS 88,5 %**

Hätte Zentralamerika nur 100 Einwohner, wären …

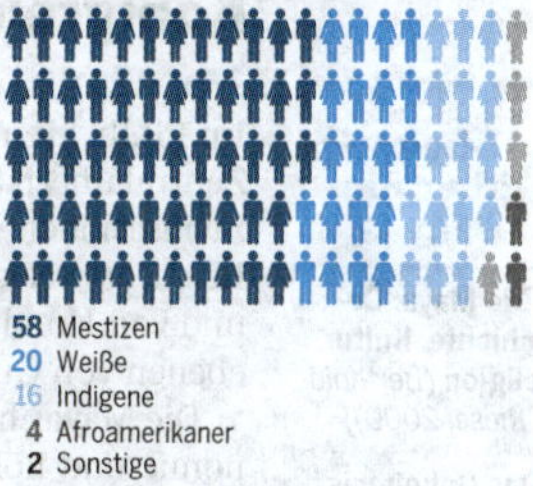

Religionszugehörigkeit

(% der Bevölkerung)

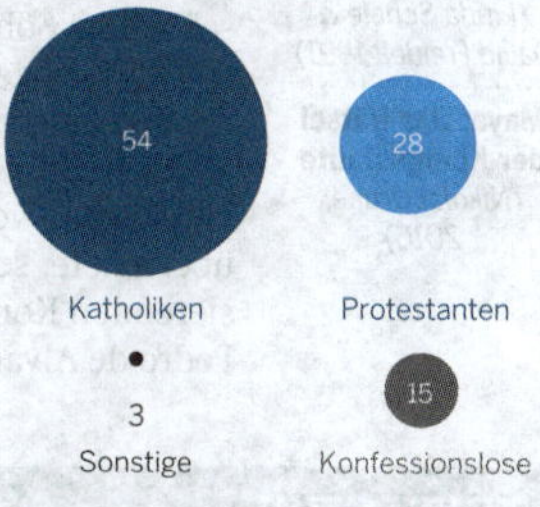

Einwohner pro km²

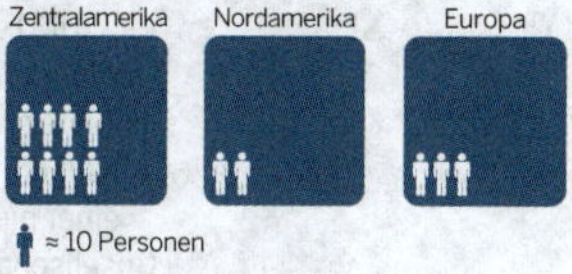

Geschichte

In präkolumbischer Zeit herrschte das mächtige Maya-Reich über weite Teile der zentralamerikanischen Landenge. Nach dieser Blütezeit musste die Region Konquistadoren und Kolonialismus, Unterjochung und Bürgerkriege über sich ergehen lassen. In neuerer Zeit sind die sieben Staaten tatkräftig bemüht, das Vermächtnis der Gewalt zu überwinden, damit in diesem Winkel der Welt endlich Frieden und Wohlstand einkehren können. Die Ergebnisse sind aber noch durchwachsen.

Königreiche & Nationen

Die Mayas

Im 16. Jh. krempelten Invasoren von der anderen Seite des großen Teichs Zentralamerika völlig um, indem sie eine der größten präkolumbischen Zivilisationen von Mesoamerika unterwarfen: die der Mayas. Das Maya-Reich erstreckte sich einst vom südlichen Mexiko bis nach Nicaragua und von Honduras bis nach El Salvador. Sein Kernland waren die Hochebenen von Guatemala und das Tiefland von Belize und Yucatán.

Die Mayas hatten eine Hieroglyphenschrift, verstanden sich auf Astronomie und höhere Mathematik und bauten grandiose Steintempel und -paläste. Ihre Zivilisation bestand fast dreitausend Jahre und erreichte ihren Höhepunkt um 1000 n. Chr., kurz bevor die europäischen Eroberer ihr den Garaus machten.

Bücher über die Mayas

Die Maya. Geschichte, Kultur, Religion *(Berthold Riese; 2000)}*

Das Geheimnis der Maya-Schrift: ein Code wird entschlüsselt *(Michael D. Coe; 1997)*

Die unbekannte Welt der Maya *(Linda Schele & David Freidel; 1991)*

Maya: Das Rätsel der Königsstädte *(Nikolai Grube; 2016)*

Die Konquistadoren

Ihre erste dauerhafte Ansiedlung in Zentralamerika gründeten die Spanier 1510 im heutigen Darién, Panama. Sie diente als Stützpunkt für verschiedene Söhne der Extremadura, wie die Brüder Pizarro, die von hier südwärts zogen, um die Inkas anzugreifen, und Vasco Núñez de Balboa, der sich nach Westen zum Pazifik aufmachte.

Auch Gil González Dávila segelte von Panama aus nordwärts nach Nicaragua, wo er den örtlichen *cacique* (Stammesführer) Nicarao dazu überredete, sein Land dem spanischen König zu geben, und den rivalisierenden Konquistadoren Francisco Hernández de Córdoba köpfen ließ. Pedro de Alvarado wiederum fand das von ihm gesuchte Jadereich nicht,

ZEITACHSE

1100 v. Chr.

Im Copán-Tal entstehen die ersten Proto-Maya-Siedlungen. Schon um 1000 v. Chr. lassen Siedlungen an der Pazifikküste erste Hinweise auf die Entwicklung einer hierarchischen Gesellschaft erkennen.

250–1000 n. Chr.

Die klassische Periode der Maya-Kultur ist geprägt vom Städte- und Tempelbau und großen künstlerischen und geistigen Errungenschaften. Die Bevölkerung wächst auf ca. 400 000 an.

1000–1600

In der Postklassik entwickelt sich die Maya-Kultur weiter, doch die Bevölkerung zerstreut sich. Die Hochland-Mayas bilden konkurrierende Königreiche; die so entstehenden Untergruppen bestehen bis heute.

ließ sich dafür aber zum Militärgouverneur von Guatemala ernennen und tyrannisierte das Land 15 Jahre lang – bis er in einer Schlacht gegen die verzweifelten Einheimischen von seinem gestürzten Pferd zerquetscht wurde.

Die spanische Herrschaft

Mitte des 16. Jhs. war die Zeit der tollkühnen Konquistadoren vorbei. Nun führte die spanische Krone ihre straffe Bürokratie ein. Alvarados Herrschaftsgebiet wurde zum Königreich Guatemala umstrukturiert und dem Vizekönig von Neuspanien unterstellt. Dieses umfasste fast 300 Jahre lang die heutigen Staaten Zentralamerikas und das mexikanische Chiapas. Seine Hauptstadt war Santiago (heute Antigua) im Südwesten von Guatemala. Auch das heutige Panama stand unter spanischer Herrschaft, gehörte aber zum Reich des Vizekönigs von Peru, mit der Hauptstadt Lima.

Der Einflussbereich der spanischen Krone war aber nicht allumfassend. Im Nordosten von Honduras (dem heutigen Belize) gründeten britische Siedler eine Zuflucht für Freibeuter, Schmuggler und Abenteurer, die sich trotz aller Anstrengungen der Spanier nicht vertreiben ließen.

Unabhängigkeit

1821 schüttelte Amerika die spanische Herrschaft ab. Mexiko erklärte sich für unabhängig und Zentralamerika gleich mit. Die zentralamerikanischen Kolonien deklarierten ihrerseits ihre Unabhängigkeit von Mexiko. Das plötzlich herrenlose Imperium weckte Begehrlichkeiten und Konflikte in der Region.

Die frisch befreiten Kolonien mussten abwägen, ob sie als Vereinigte Staaten von Zentralamerika verbunden bleiben oder in Zukunft als Einzelstaaten ihrer eigenen Wege gehen wollten. Zunächst probierten sie es mit einem Mittelweg – der Zentralamerikanischen Föderation. Dieses Gebilde konnte aber weder eine Armee aufstellen noch Steuern einziehen. Das führungsgewohnte Guatemala versuchte, den Staatenbund zu dominieren, was dessen Zerfall nur noch beschleunigte. Einer nach dem anderen wurden seine Mitglieder zu unabhängigen Nationalstaaten.

An Archaeological Guide to Northern Central America (1996) von Joyce Kelly bietet die besten Beschreibungen der Maya-Stätten von Belize, Guatemala und Mexiko.

Götter & Ungeheuer

Maya-Mystizismus

In der Welt der Mayas hörte selbst der König auf den Hohepriester. Die Priester waren Ratgeber, führten den jahreszeitlichen Kalender und die Chronik des Königreichs, unterrichteten die Söhne des Adels und planten religiöse Festlichkeiten. Ihr enormer Einfluss gründete sich darauf, dass sie mit den Göttern sprechen konnten – und von denen gab es jede Menge. Insgesamt über 250: Götter für Leben, Tod, Regen, Donner, Os-

1502

Christoph Kolumbus segelt auf seiner Suche nach einem Seeweg zum Pazifik die Karibikküste ab. Erste überlieferte Kontakte zwischen Ureinwohnern und Europäern.

1510–1527

Im heutigen Darién entsteht die erste dauerhafte Ansiedlung der Spanier. Sie dient später als Ausgangsbasis für Gonzalo Davila, der von hier nordwärts nach Nicaragua segelt.

1540

Die Spanier gründen das Königreich Guatemala, das den größten Teil Zentralamerikas umfasst: Costa Rica, Nicaragua, Honduras, El Salvador, Guatemala und den mexikanischen Bundesstaat Chiapas.

1638

Britische Freibeuter „besiedeln" Belize. Der ehemalige Pirat Peter Wallace gründet einen Hafen an der Mündung des Belize River, am heutigen Standort von Belize City.

ten, Westen, Krieg, Liebe, Jagd, Fischerei, Berge, Flüsse, Helden, Dämonen, Mais und sogar Schokolade. Sie bewohnten die drei Sphären der Mayas: den funkelnden Himmel, die Welt des Lebendigen und Irdischen und die unheilvolle mehrgeschossige Unterwelt.

Imposante Kirchen

- *Catedral de Santiago (S. 119; Antigua, Guatemala)*
- *Catedral de León (S. 507; Nicaragua)*
- *Iglesia de la Merced S. 415; Granada, Nicaragua)*
- *Iglesia San Francisco (S. 482; Granada, Nicaragua)*
- *Catedral de Comayagua (S. 394; Honduras)*

Katholizismus

Die Europäer brachten ihre eigenen göttlichen Mittelsmänner mit nach Amerika. Bei diesem Zusammenprall göttlicher Mächte zogen die Maya-Götter den Kürzeren. Fortan konnte es nur noch eine Gottheit in Zentralamerika geben: den katholischen Gott. Eine Vorhut von Jesuiten, Franziskanern und Dominikanern stieß in die heidnische Wildnis vor, gründete religiöse Stützpunkte und schaffte die heidnischen Götzenbilder ab. Bischof Diego de Landa, der Oberbekehrer, beschlagnahmte alle heiligen Texte – die das gesammelte Wissen der Maya-Kultur enthielten – und ließ sie verbrennen. Tempel und Kultorte wurden geplündert, sich selbst überlassen und vom dichten Regenwald überwuchert. Stattdessen entstanden in den grünen Bergtälern neue Kultstätten im Barockstil, die den Sieg des neuen Gottes verkündeten.

Wie die Mayas teilten auch die spanischen Eroberer Macht und Geltung mit ihren Hohepriestern, die ein privilegiertes Leben führten und hohes Ansehen genossen. Lange Zeit hatte die katholische Kirche ein Monopol auf die Seelen der Zentralamerikaner und war eine zweite Macht im Staat.

Evangelikalismus

Inzwischen ist ein neuer Kampf um die Seelen der Zentralamerikaner entbrannt, da die Evangelikalen immer mehr Gläubige von der katholischen Kirche abwerben. Der erste führende „wiedergeborene" Politiker der Region war General Efraín Ríos Montt in Guatemala (auch bekannt für seine Massaker an der indigenen Bevölkerung). In Guatemala, Honduras, El Salvador und Belize ist inzwischen mindestens ein Drittel der Bevölkerung protestantisch. Medienerfahrene Geistliche und nordamerikanische Missionare kurbeln die Bekehrungsraten an. An Stelle der Maya-Pyramiden und katholischen Kathedralen treten protestantische Mega-Kirchen wie der Tabernáculo Bíblico Bautista „Amigos de Israel" in San Salvador, der jeden Sonntag über 50 000 Kirchgänger anzieht.

Geplündertes Paradies

Die Wirtschaft der Neuen Welt

Die präkolumbische Wirtschaft beruhte auf Landwirtschaft und Handel. Die Mayas legten Terrassenfelder an steilen Berghängen an, legten im sumpfigen Tiefland Plattformen an und betrieben Brandrodungsfeldbau in den dichten Wäldern. Sie bauten Mais, Wurzelgemüse, Bohnen, Kür-

1797
Nach einem Sklavenaufstand auf St. Vincent werden Tausende von Garinagu auf die Insel Roatán umgesiedelt, von wo sie später nach Honduras und ins südliche Belize abwandern.

1821
Zentralamerika wird von Spanien unabhängig, ist für kurze Zeit Teil des mexikanischen Reichs und schließt sich dann zur Zentralamerikanischen Föderation zusammen.

1853–1856
William Walker versucht, Zentralamerika zu erobern. Seine Söldner werden beim Marsch auf Costa Rica geschlagen; er selbst wird von einem honduranischen Erschießungskommando hingerichtet.

1903–1914
Panama erklärt mit Unterstützung der USA seine Unabhängigkeit von Kolumbien und gewährt den USA die Konzession zum Kanalbau. Ein Jahrzehnt später ist der Panamakanal fertig.

bisse und Paprika an. Sie kultivierten die wilden Früchte des Waldes: Papaya, Mango, Banane und Kakao. Sie fischten in Flüssen und Seen mit Netzen – und mit angeleinten Kormoranen – und jagten schmackhafte Waldtiere wie Pekaris, Hirsche und Affen. Aber das tropische Terrain eignete sich nicht für großflächigen Ackerbau und die Region war ausgesprochen arm an Edelmetallen.

Die Spanier ließen sich davon nicht beirren und machten sich stattdessen das wichtigste Wirtschaftsgut der Region zunutze – ihre Menschen. Die Krone erlaubte die Gründung feudalherrschaftlicher Landgüter, der berüchtigten *encomiendas*, auf denen mächtige Kolonialherren die indigene Arbeitsbevölkerung ausbeuteten. Sie produzierten Luxusgüter der Neuen Welt für die Aristokraten der Alten Welt: Indigo aus El Salvador, Kakao aus Guatemala, Tabak aus Chiapas. Nur in Costa Rica, in der Kolonialzeit die ärmste Region Zentralamerikas, konnte sich das *encomienda*-System nicht etablieren. Statt der Großgrundbesitzer prägten dort kleinbäuerliche Familienbetriebe die Wirtschaft des Landes.

Die im Valle des los Santos in Costa Rica ansässige Kaffee-Genossenschaft Coopedota hat den ersten CO_2-neutralen Kaffee des Landes auf den Markt gebracht.

Kaffeerausch

1843 brachte das Handelsschiff HMS *Monarch* eine Ladung gerösteter roter Bohnen von Puerto Limón nach London. Damit lieferte Costa Rica endlich die lang ersehnten Reichtümer, denn der Vulkanboden und das feuchte Klima im Hochland des Valle Central erwiesen sich als ideal für den Kaffeeanbau. Seine anregende Wirkung machte das Getränk bei den Industriearbeitern der Nordhalbkugel rasch beliebt. Mit der Anpflanzung Tausender junger Kaffeepflanzen an schattigen Hängen in Guatemala, Nicaragua und Honduras begann der zentralamerikanische Kaffeeboom.

Costa Rica mauserte sich vom ärmsten zum wohlhabendsten Land der Region. Der duftende Reichtum lockte eine Welle geschäftstüchtiger deutscher Einwanderer nach Zentralamerika. In der ganzen Region schlugen mächtige Cliquen von Kaffeemagnaten Gewinn aus der weltweiten Koffeinsucht.

Bananenboom

Um den Kaffee aus Costa Rica auf den Weltmarkt zu schaffen, mussten Eisenbahnschienen aus dem zentralen Hochland zur Küste gelegt werden. Gleichzeitig führte der kalifornische Goldrausch zum Bau einer panamaischen Eisenbahnverbindung zwischen Atlantik und Pazifik. Beide Bauprojekte wurden von US-Firmen ausgeführt. Die Arbeitsbedingungen waren verheerend; Malaria und Gelbfieber grassierten. Die einheimischen Arbeitskräfte wurden bald durch US-amerikanische Sträflinge, chinesische Kontraktarbeiter und befreite Sklaven aus Jamaika ersetzt.

1949

Der costa-ricanische Präsident José Figueres setzt eine neue Verfassung in Kraft, die Minderheiten und Frauen das Wahlrecht gewährt, und schafft das Militär ab.

1960–1990

Von den USA unterstützte Militärdiktatoren regieren viele Länder der Region. Die Unterdrückung der armen und indigenen Bevölkerungsgruppen führt zur Gründung links gerichteter Guerillagruppen.

1963

Costa Rica erklärt das Cabo Blanco zum ersten staatlichen Naturschutzgebiet. Das ist der erste Schritt zur Schaffung des Nationalparksystems.

1972

Jacques Cousteau erkundet mit seinem Forschungsschiff *Calypso* das Great Blue Hole, wodurch er Belize über Nacht zu einem weltbekannten Topziel für Taucher und Schnorchler macht.

In Costa Rica wurden entlang der Schienenstrecke Bananen als billiges Nahrungsmittel für die Arbeiter angepflanzt. Der angehende Eisenbahnzar Minor Cooper Keith verschiffte versuchsweise einige Bananen nach New Orleans, was sich als geniale Idee erwies. Die Verbraucher in den USA waren ganz verrückt auf die gelben Fingerfrüchte.

Zu Beginn des 20. Jhs. hatten die Bananen den Kaffee als lukrativstes Exportgut der Region überholt. Die United Fruit Company verwandelte weite Teile Zentralamerikas in ihr firmeneigenes Herrschaftsgebiet, in dem Verkehrs- und Nachrichtenwesen, Postdienste, Arbeits- und Exportmärkte unter ihrer Kontrolle standen – ebenso wie viele Politiker.

Diktatur & Demokratie

Eine Oase der Demokratie

Nach der Unabhängigkeit wurde das politische Geschehen in Zentralamerika weitgehend von einigen Familien der Oberschicht bestimmt, die um den Zugriff auf die staatlichen Geldtöpfe rangen und dabei wechselnde Allianzen mit Armeeoffizieren und Kaffeebaronen eingingen. Präsidenten wurden häufiger mit Waffengewalt als an der Wahlurne abgesetzt. Überall in der Region– auch in Costa Rica, El Salvador, Honduras und Guatemala – kämpften die radikalisierten linken und rechten Flügel mit Staatsstreichen und Wahlbetrug um die Macht.

In Costa Rica spitzten sich die wirtschaftlichen und ethnischen Spannungen in den 1940er-Jahren so weit zu, dass ein Bürgerkrieg ausbrach. Bewaffnete Arbeiter marschierten gegen die Streitkräfte. Nicaragua und die USA warfen ihre Truppen ins Getümmel. Zwei Monate – und 2000 Tote – später wurde der Frieden wiederhergestellt. Aus dem Chaos entstand eine provisorische Junta-Regierung unter der überraschenden Führung des Kaffeefarmers und visionären Demokraten José Figueres Ferrer. Er besteuerte die Reichen, verstaatlichte die Banken und baute

EIN HEILIGER DES VOLKES

Im späten 20. Jh. schwappte die „Befreiungstheologie" wie eine Flutwelle über die Region: Volkstümliche Priester gingen auf Konfrontationskurs zu habgierigen Diktatoren. Die herrschende Klasse fürchtete die subversiven Geistlichen und ergriff drastische Maßnahmen, um ihre Kritik zu unterdrücken. Der traurige Höhepunkt des Konflikts war die Ermordung des Erzbischofs von San Salvador, Óscar Romero. Er wurde 1980 während der Messe erschossen.

Das abscheuliche Verbrechen machte Romero zum Märtyrer: Die UN erklärte sein Todesdatum, den 24. März, zum „Tag der Wahrheit und Würde für die Opfer schwerer Menschenrechtsverbrechen" und der Vatikan sprach den Bischof 2015 selig.

1979–1987

In Nicaragua stürzt die Guerillaorganisation der Sandinisten das Regime von Diktator Somoza. Mit Unterstützung der USA starten die Contras eine Gegenrevolution, der folgende Bürgerkrieg spaltet die Region.

1980–1992

In El Salvador bricht ein erbitterter Bürgerkrieg zwischen dem US-gestützten Militär und verschiedenen Guerillagruppen aus. Erst nach zwölf Kriegsjahren und rund 75 000 Todesopfern wird endlich ein Kompromiss erreicht.

1981

Nach jahrelangem politischem Widerstand gegen die britische Kolonialherrschaft wird Belize endlich offiziell unabhängig.

1983-1989

Der ehemalige CIA-Agent Manuel Noriega ergreift die Macht in Panama. Sein korruptes und mörderisches Regime endet erst, als die USA in Panama einmarschieren und Noriega inhaftieren.

einen modernen Sozialstaat auf. Seine Verfassung von 1949 gab Frauen das Wahlrecht und gewährte den schwarzen, indigenen und chinesischen Minderheiten volle Bürgerrechte. Am spektakulärsten war aber seine Entscheidung, das Militär abzuschaffen, weil er es als Bedrohung für die Demokratie betrachtete. Seine Übergangsregierung schaffte die Voraussetzungen für Costa Ricas einzigartige unbewaffnete Demokratie.

Der Kalte Krieg in den heißen Tropen

Der Anspruch der USA auf Vorherrschaft über die westliche Hemisphäre ist so alt wie die Monroe-Doktrin. Ab Mitte des 20. Jhs. griffen die USA mit schöner Regelmäßigkeit in das Selbstbestimmungsrecht der zentralamerikanischen Staaten ein und versuchten, Einfluss auf ihre politischen Entscheidungen, ihre wirtschaftliche Entwicklung und ihre Außenpolitik zu nehmen. Schließlich ist Zentralamerika ja über den von der US-Armee gebauten Pan-American Highway fix zu erreichen.

In den 1950er-Jahren versprach der demokratisch gewählte Präsident von Guatemala, Jacobo Árbenz, die weiten, ungenutzten Ländereien der United Fruit Company zu verstaatlichen (und bot dem Unternehmen an, es in Höhe des in seiner Steuererklärung deklarierten Grundstückswerts zu entschädigen). Woraufhin die United Fruit Company die Demokratie zum Teufel wünschte und sich bei ihren Freunden in Washington beschwerte. 1954 zwang ein von der CIA organisierter Staatsstreich Árbenz zum Rücktritt. Sein Nachfolger, Oberst Castillo Armas, wurde als antikommunistischer Held bejubelt, in New York mit einer Konfettiparade gefeiert und bekam von der Columbia University die Doktorwürde der Rechtswissenschaften verliehen. Drei Jahre später wurde Armas im Präsidentenpalast erschossen – kurz nachdem die United Fruit ihre konfiszierten Ländereien endlich zurückbekommen hatte.

Auf Armas folgten eine Reihe von Militärpräsidenten. Sie erhielten weiterhin Unterstützung durch die US-Regierung – in Form von Geld und Schulungen zur Unterdrückung von Aufständen. Gewalt wurde zum alltäglichen Instrument der Politik. Die Landreformen wurden kassiert, Analphabeten (also ca. 75 % der Bevölkerung) wurde das Wahlrecht entzogen, die Geheimpolizei wurde neu aufgebaut und das Militär zur Unterdrückung der Bevölkerung eingesetzt. Ab 1960 entstanden die ersten linken Guerillagruppen. Damit begann der guatemaltekische Bürgerkrieg.

Der Guerillakrieg griff nach und nach immer weiter um sich. Anfang der 1970er-Jahre sahen sich die Militäroligarchien der Region in arger Bedrängnis durch radikale Sozialisten. In Nicaragua stürzten die aufständischen Sandinisten den von den USA unterstützten Diktator Somoza. Den USA passten die sandinistischen Verbindungen zur Sowjetunion und nach Kuba gar nicht. Sie beschlossen, dass es Zeit sei einzugreifen.

Die von der US-Armee betriebene School of the Americas bildete an ihrem früheren Standort in Panama einige der schlimmsten Verbrecher gegen Menschenrechte in Lateinamerika aus – darunter auch Manuel Noriega. Informationen zur Geschichte der Schule gibt es unter www.soaw.org.

1987

Der costa-ricanische Präsident Óscar Arias Sánchez erhält den Friedensnobelpreis für seine Verdienste um die zentralamerikanischen Friedensabkommen, die der Region neue politische Freiheiten bringen.

1991

Guatemala erkennt endlich die Unabhängigkeit Belizes an, aber der genaue Grenzverlauf bleibt umstritten.

1992

Die Quiché-Aktivistin Rigoberta Menchú wird für ihren Einsatz zur Förderung der Rechte der Ureinwohner von Guatemala mit dem Friedensnobelpreis ausgezeichnet.

1996

In Guatemala werden Friedensabkommen unterzeichnet, die den 36-jährigen Bürgerkrieg mit geschätzten 200 000 Todesopfern beenden.

Die organisatorischen Details der Gegenrevolution wurden dem Jungoffizier Oliver North überlassen, der insgeheim die Contra-Rebellen unterstützte, um einen Bürgerkrieg in Nicaragua anzuzetteln.

Der Konflikt spaltete die Region. Als nach der Ermordung von Erzbischof Romero auch in El Salvador der Bürgerkrieg ausbrach, stützten die USA die Militärdiktatur mit gewaltigen Summen, wodurch sich der Krieg ewig hinzog. Die 1980er-Jahre hindurch massakrierten von der Regierung geschickte Todesschwadronen ganze Dörfer, während die Guerillagruppen ihr Bestes taten, Wahlen zu sabotieren und die Wirtschaft lahmzulegen. Derweil wurde Honduras zur Operationsbasis für den US-finanzierten verdeckten Krieg in Nicaragua.

Oscar Arias Sánchez, der junge Präsident von Costa Rica, initiierte einen Friedensplan, der den Krieg in Nicaragua endlich beendete. Für seine Initiative erhielt Arias als erster Zentralamerikaner den Friedensnobelpreis. Wenige Jahre später wurden auch in El Salvador und Guatemala Friedensverträge geschlossen.

Vom Kolonialismus zum Neokolonialismus

Während die Bürgerkriege in der Region tobten, blieben zwei Länder vergleichsweise friedlich, dies allerdings unter der Bevormundung stärkerer Mächte.

In Belize waren es nicht die Spanier, sondern die Briten, die sich breitmachten, die Wälder rodeten, Früchte und Zuckerrohr anbauten und der Kolonie den Namen „British Honduras" verpassten. Obwohl in der zweiten Hälfte des 20. Jhs. die Unabhängigkeitsbewegung immer weiter erstarkte, wurde die vollständige Unabhängigkeit bis zur Lösung eines heiklen Sicherheitsproblems verschoben: Guatemala beanspruchte nämlich in seiner Verfassung Belize ausdrücklich als Teil seines Staatsgebiets. Nur die britischen Truppen an der Grenze hinderten das größere Land daran, diesen Anspruch in die Praxis umzusetzen.

Guatemala erkannte Belizes Unabhängigkeit erst 1991 an, aber der genaue Grenzverlauf ist immer noch strittig. 2008 wurde eine Vereinbarung unterzeichnet, die Sache vor den Internationalen Gerichtshof zu bringen.

Erst 1981 wurde Belize endlich zum unabhängigen Nationalstaat innerhalb des britischen Commonwealth erklärt. Selbst Guatemala erkannte Belize 1991 als unabhängige Nation an, obwohl es seine Gebietsansprüche bis heute aufrechterhält.

Dagegen war Panama, am Südende der Landbrücke, zu Beginn des 20. Jhs. immer noch eine Provinz Kolumbiens. Als eine Militärjunta Panama für unabhängig erklärte, erkannte die US-Regierung die Souveränität des neuen Landes umgehend an – und unterstützte es sogar mit Kriegsschiffen, als Kolumbien es wieder unter seine Fuchtel nehmen wollte. Dafür gewährte Panama den USA die Konzession zum Bau des Panamakanals und zahlreiche Interventionsrechte in panamaischen Angelegenheiten.

1999
Die USA beenden ihre fast hundertjährige Besatzung der Panamakanalzone, schließen alle ihre Militärbasen im Land und geben die Kontrolle über den Kanal ab.

2001
Die Unesco erklärt Sprache, Tänze und Musik der Garinagu zum Meisterwerk des mündlichen und immateriellen Erbes der Menschheit..

2005
Der ehemalige venezolanische Präsident Chavez sichert mit dem PetroCaribe-Abkommen diversen Mitgliedsländern in Zentralamerika äußerst günstige Rohöleinfuhren aus Venezuela.

2012
Trotz aller Weltuntergangsprognosen durch Nicht-Mayas geht das 13. Baktun ohne größere Zwischenfälle zu Ende und es beginnt ein neuer Großer Zyklus in der Langen Zählung des Maya-Kalenders.

In den Jahren nach der Fertigstellung des Kanals wuchs bei den Panamaern der Widerstand gegen die Bevormundung durch die USA. Während der große Bruder im Norden seine Rechte nach und nach aufgab, wurde das panamaische Militär immer mächtiger. Als Manuel Noriega in den 1980er-Jahren an die Macht kam, baute er die Armee aus und unterdrückte jegliche Opposition brutal. Drogenhandel, Wahlfälschung und Mord waren Teil seiner Regierungsmethoden. 1989 griffen die USA schließlich ein, marschierten in Panama-Stadt ein und verhafteten Noriega. Ein Jahrzehnt später verzichteten die USA auf die Kontrolle über den Kanal, zogen alle Truppen ab und entließen Panama endlich in seine eigene ungewisse Zukunft.

Demokratie mit Mängeln

Inzwischen ist eine neue Ära der Demokratisierung angebrochen. Rechte und linke Diktatoren haben den Weg für Wahlen freigemacht. Ein Zeichen der Zeit ist die Tatsache, dass eine ehemalige salvadorianische Guerillaorganisation den Einstieg in den politischen Alltag geschafft hat und sogar einen erfolgreichen Präsidentschaftskandidaten stellen konnte.

Die Systeme sind nicht perfekt. Noch 2009 wurde der demokratisch gewählte Präsident von Honduras, Manuel Zelaya, durch das Militär abgesetzt (auf Anweisung des obersten Gerichtes). 2014 fasste die nicaraguanische Nationalversammlung den umstrittenen Beschluss, die Beschränkung der Amtszeiten abzuschaffen – sodass Präsident Daniel Ortega ein drittes Mal antreten konnte. Die zentralamerikanische Politik ist von Korruption und Gier geplagt ... aber andererseits: Welche Demokratie ist das nicht?

Menschen & Kultur

Dank seiner Lage an der Schnittstelle von Kontinenten und Ozeanen ist Zentralamerika nicht nur durch seine nord- und südamerikanischen Nachbarn, sondern vor allem durch europäische Kolonisatoren und afrikanische (Zwangs-)Immigranten beeinflusst worden. Ihre Nachkommen bilden zusammen mit den bedeutenden indigenen Bevölkerungsgruppen einen vielfältigen und faszinierenden Kulturmix.

Bevölkerungsgruppen von Zentralamerika

Zentralamerika mag auf den ersten Blick wie ein homogenes Ganzes wirken, doch die überwiegend spanischsprachige Region ist ein Patchwork von Bevölkerungsgruppen europäischer, indianischer und afrikanischer Abstammung, die sich untereinander stark vermischt haben. Rund 78 % der Bevölkerung sind Mestizen (gemischter spanisch-indianischer Abstammung) beziehungsweise von europäischer Herkunft. Der Rest besteht vor allem aus Dutzenden indigener Völker, von den einst mächtigen Mayas bis zu den extrem dezimierten Maleku. Ein kleinerer, aber nicht unerheblicher Prozentsatz stammt von afrikanischen Sklaven und Fremdarbeitern ab.

Mestizen

Mestizen sind Menschen gemischter spanisch-indigener Abstammung. Sie stellen die größte ethnische Gruppe in Zentralamerika und machen rund 58 % der Bevölkerung aus. Sie sind auch die größte ethnische Gruppe in jedem zentralamerikanischen Land mit Ausnahme von Costa Rica (am höchsten ist ihr Bevölkerungsanteil in El Salvador mit 86 %). Selbst Belize – das nicht von den Spaniern besiedelt wurde – hat durch den Flüchtlingszustrom aus benachbarten Ländern eine große und immer noch wachsende Mestizenbevölkerung. Die in sich sehr vielförmige Kultur der Mestizen prägt die gesamte Region, die mehrheitlich katholisch und spanischsprachig ist.

Europäischstämmige

Rund 20 % der zentralamerikanischen Bevölkerung sind rein europäischer Abstammung – dabei handelt es sich hauptsächlich um die Nachfahren der spanischen Konquistadoren und Siedler, die sich ab dem 16. Jh. in der Region niederließen.

Costa Rica hat mit 66 % einen ungewöhnlich hohen Anteil an Bewohnern rein europäischer Herkunft, weil hier nur eine geringe Vermischung zwischen spanischen Bauern und indigenen Gruppen stattfand. Das ganze 19. Jh. hindurch kamen weiterhin Europäer nach Costa Rica. Auch heute noch strömen zahlreiche Rentner und andere Einwanderer aus Nordamerika ins Land.

Guatemala, Nicaragua und Panama haben kleinere, aber nicht unbedeutende Anteile rein europäischstämmiger Bewohner – zwischen 12 und 18 % –, die hauptsächlich von spanischen Siedlern abstammen. Im späten 19. und frühen 20. Jh. verschenkte die nicaraguanische Regie-

DIE ERSTEN MESTIZEN

1511 lief das spanische Schiff *Valdivia* auf ein Riff auf. Etwa 15 Überlebende trieben mehrere Tage im Meer, bevor sie sich im nördlichen Belize an Land retteten, wo sie umgehend von besorgten Mayas aufgegriffen wurden. Um alle Eventualitäten abzudecken, schickten die Ureinwohner zehn der Spanier zu ihren Göttern und behielten fünf für ihre eigenen Zwecke zurück.

Einer der Gefangenen war der Konquistador Gonzalo Guerrero, ein tüchtiger Krieger – und offenbar auch kein übler Diplomat. Guerrero schaffte es, seine Freiheit und eine hochrangige Stellung beim Maya-Häuptling von Chetumal zu erlangen. Er wurde sein Berater in militärischen Angelegenheiten und heiratete die Tochter des Häuptlings. Ihre drei Kinder gelten als die ersten Mestizen (Menschen gemischter spanisch-indianischer Abstammung) in der Neuen Welt.

Acht Jahre später kam Hernán Cortés nach Yucatán und schickte nach Guerrero, der ihn bei seinem Eroberungsfeldzug unterstützen sollte. Aber Guerrero hatte sich schon zu gut bei den Einheimischen eingelebt, inklusive Gesichtstätowierungen und Körperpiercings. Er lehnte das Angebot mit der Begründung ab, dass er nun ein Hauptmann der Mayas sei. Cortés setzte seine Suche nach Gold und Ruhm fort, während Guerrero in den nachfolgenden Kriegen die Verteidigung der Mayas organisierte. Die Spanier sollten über 20 Jahre brauchen, um die Mayas von Yucatán und Belize endgültig zu besiegen.

rung Land an deutsche und französische Einwanderer, die gewillt waren, es zu kultivieren. Dadurch wuchs die europäischstämmige Bevölkerung des Landes auf 17 % an.

Im 20. Jh. wurde Zentralamerika zur Zuflucht für Andersdenkende auf der Suche nach einem ruhigen Ort, an dem sie ihre in Nordamerika unerwünschten Überzeugungen ausleben konnten. Belize hat eine kleine, aber unübersehbare Bevölkerungsgruppe von Mennoniten (Freikirchler deutsch-niederländischer Herkunft), die sich hier in den 1950er- und 1960er-Jahren ansiedelten, um ihre traditionelle Lebensweise und strenge Moral zu bewahren. In den 1950er-Jahren flüchtete auch eine Gruppe von Quäkern aus den USA, um der Wehrpflicht zu entgehen. Sie ließen sich in Monteverde, Costa Rica, nieder, wo sie später das berühmte Nebelwald-Schutzgebiet begründeten.

Indigene Völker

Die Mayas sind die bekannteste indigene Bevölkerungsgruppe in Zentralamerika, aber es gibt noch Dutzende weniger bekannter Indianervölker. Diese Ureinwohner machen rund 16 % der Gesamtbevölkerung der Region aus.

Mayas

Mit geschätzten sieben Millionen Menschen sind die Mayas die größte indigene Bevölkerungsgruppe in Zentralamerika. Von 2000 v. Chr. bis 1500 n. Chr. beherrschten sie den nördlichen Teil von Zentralamerika, erbauten große Städte, zelebrierten komplexe Rituale und führten erbitterte Kriege. Die Lebensweise der moderne Mayas hat wenig mit der damaligen Kultur gemein, doch einige Elemente des kulturellen Erbes blieben erhalten, wie die traditionelle Tracht, die religiösen Bräuche und – am wichtigsten – die Sprache.

In ganz Zentralamerika gibt es etwa 32 verschiedene Sprachgruppen, die zusammen die heutige Maya-Bevölkerung bilden. Besonders viele Mayas leben in Guatemala, wo sie fast 40 % der Bevölkerung ausmachen. Außerdem haben auch Mexiko, Belize, Honduras und El Salvador nennenswerte Maya-Bevölkerungen.

Maya-Sprachgruppen

Kiche' (1,6 Mio.) – Hochland von Guatemala

Yucatec (1,2 Mio.) – Mexiko & Belize

Q'equchi' (1 Mio.) – Guatemala & Belize

Ch'orti' (51 000) – Guatemala & Honduras

Andere indigene Gruppen

Im südlichen Teil des präkolumbischen Zentralamerika lebte eine Vielzahl indigener Völker, die mit den Mayas nicht verwandt waren. Dutzende davon haben bis heute überdauert, obwohl es für sie alle schwer ist, ihre Kultur, Sprache und Identität in unserem Zeitalter der zunehmenden globalen Vereinheitlichung zu bewahren.

Zu den größten indigenen Bevölkerungsgruppen gehören die Ngöbe-Buglé und die Kuna in Panama, die Lenca in Honduras und El Salvador, die Miskito in der Küstenregion von Honduras und Nicaragua und die Bribrí und Cabécar in Costa Rica.

Eine besondere Attraktion von San Blás in Panama ist die Möglichkeit, die einzigartige, lebendige Kultur der Kuna aus erster Hand zu erleben.

Afrikanischstämmige

Von Anfang an brachten die spanischen Siedler afrikanische Sklaven mit in die Neue Welt, um mit ihnen zu handeln und sie zur Arbeit einzusetzen. Im 19. Jh. kamen viele weitere afrikanischstämmige Menschen von Jamaika und aus anderen Teilen der Karibik. Afrikanische Arbeiter, sowohl Zuwanderer als auch Sklaven, spielten eine entscheidende Rolle bei der Erschließung der Region durch Rodungen, Eisenbahn- und Kanalbau. Heute machen ihre Nachfahren rund 4 % der zentralamerikanischen Bevölkerung aus; sie leben hauptsächlich an der Karibikküste.

Kreolen

Die Kreolen sind gemischte Nachkommen afrikanischer Sklaven und europäischer Piraten, Holzfäller und Siedler. Größere kreolische Bevölkerungsgruppen gibt es in Belize (wo sie Kriol heißen, 25 %) und Nicaragua (9 %); die meisten sind Nachfahren entflohener oder schiffbrüchiger Sklaven. Die Kreolen sind stolz auf ihre gemischte Abstammung und sprechen eine faszinierende und einzigartige Version des Englischen: Es hört sich zunächst vertraut an, ist aber auch für englische Muttersprachler und erst recht für Leute mit Schulenglisch schwer verständlich.

In den 1780er-Jahren kamen die Spanier und Briten nach langen Auseinandersetzungen zu einer Vereinbarung, nach der die Briten in Belize Blauholzbäume und Mahagoni fällen durften. Dafür erklärten sie sich bereit, die Moskitoküste in Nicaragua zu räumen. Tausende von Siedlern – viele davon afrikanischer Abstammung – gingen nach Belize, um als Holzfäller zu arbeiten. Nachdem sie sich mehrere Generationen lang mit anderen Holzfällern und Siedlern vermischten, wurden die Kreolen zur größten ethnischen Gruppe in Belize.

Afro-Panamaer & -Costa-Ricaner

In der zweiten Hälfte des 19. Jhs. begann man in Costa Rica und Panama, Eisenbahnstrecken zu bauen, um den Transport von Waren und Menschen zu erleichtern. In Panama ging es darum, Menschen während der Goldrauschära über die Landenge nach Kalifornien zu befördern. In Costa Rica wollte man Kaffee aus dem bewaldeten Landesinneren nach Puerto Limón transportieren, um ihn in alle Welt zu verschiffen. In beiden Fällen wurden Bauarbeiter von den Karibikinseln (insbesondere Jamaika) angeheuert.

Viele dieser afrikanischstämmigen Arbeiter blieben nach Ende der Bauprojekte, um auf den Bananenplantagen zu arbeiten, die entlang der Bahnstrecken angelegt wurden. Weil die Plantagen im Besitz von US-Amerikanern waren, hatten die Arbeiter wenig Kontakt mit den Spanisch sprechenden Einheimischen und bewahrten sich daher ihre Bräuche und Sprache. Heute haben rund 8 % der Bevölkerung von Costa Rica afrikanische Wurzeln. Sie stammen vorwiegend von jamaikanischen Arbeitern ab, leben hauptsächlich an der Karibikküste und sprechen einen englischen Dialekt.

Anfang des 20. Jhs. begannen die Franzosen mit dem Bau des Panamakanals und importierten ihrerseits Tausende von Arbeitern von den Französischen Antillen. Manche Fachleute schätzen, dass ca. 20 000 Afro-Antillianer nach Fertigstellung des Kanals in Panama blieben. Heute machen die Afro-Panamaer etwa 15 % der Bevölkerung aus.

Garifuna

Im 17. Jh. landeten schiffbrüchige afrikanische Sklaven auf der Karibikinsel St. Vincent. Sie vermischten sich mit der indigenen Bevölkerung aus Kariben und Arawaken, wodurch eine ganz neue Bevölkerungsgruppe entstand, die man heute Garifuna (Plural: Garinagu) nennt. Als St. Vincent in andere Hände überging, wurden die Garinagu deportiert und von Insel zu Insel umgesiedelt. Ihre Zahl schrumpfte, bis eine kleine Gruppe schließlich an der honduranischen Küste ankam. Von hier breiteten sich diese Menschen gemischter indianisch-afrikanischer Abstammung entlang der zentralamerikanischen Karibikküste aus.

Heute gibt es größere Garifuna-Bevölkerungsgruppen in Honduras, Belize und Guatemala, kleinere in Nicaragua. Viele sprechen noch die Garifuna-Sprache, die eine Kombination aus Arawakisch und afrikanischen Sprachen ist. Obwohl die Garinagu nur einen kleinen prozentualen Anteil an der Bevölkerung ausmachen (6 % in Belize, 1 % in Honduras), haben sie einen überproportional großen kulturellen Einfluss. Sie besitzen ein ausgeprägtes Gemeinschaftsgefühl und pflegen ihre Rituale, bei denen Trommeln und Tanz eine wichtige Rolle spielen. 2001 erklärte die Unesco Sprache, Tänze und Musik der Garinagu zu einem „Meisterwerk des mündlichen und immateriellen Erbes der Menschheit" – womit sie zu den ersten Empfängern dieser Ehrung gehören, die das kulturelle Gegenstück zur Welterbeliste darstellt.

Zentralamerikanische Lebensart

In Zentralamerika herrschen krasse Kontraste zwischen städtischer und ländlicher Lebensweise. Das betrifft Jobs, Einkommen, Bildung und vieles mehr. Einige Dinge bleiben aber unveränderliche Fixpunkte, zum Beispiel Familie und Kirche. Allerdings ist mit Letzterer heutzutage nicht mehr automatisch die katholische Kirche gemeint.

Familie

Die Familie bleibt in Zentralamerika der Mittelpunkt, um den das Leben kreist. Die erweiterte Familie lebt oft nah beieinander und pflegt regen Umgang. Wer Verwandte in einflussreicher Stellung hat, zögert nicht, sie um Unterstützung zu bitten. Gefälligkeiten werden gern angenommen, prompt erwidert und nie vergessen. Trotz aller Einflüsse der Moderne – Bildung, Kabelfernsehen, Kontakt mit ausländischen Touristen, eigene Auslandsaufenthalte – bleiben die traditionellen Familienbande in allen Gesellschaftsschichten stark. Auch die althergebrachten Geschlechterrollen sind noch fest verwurzelt, obwohl sich das in Costa Rica, Nicaragua und Panama allmählich ändert.

Trotz ihrer engen Verbundenheit haben viele Familien mindestens ein Mitglied, das zur Arbeit in die USA ausgewandert ist. Die Überweisungen aus dem Ausland sind für Familien überall in der Region eine wichtige Einkommensquelle.

Religion

Auch die Religion spielt nach wie vor eine wichtige Rolle im Leben der Zentralamerikaner, doch ist in der einst stramm katholischen Region ein Wandel im Gang. Seit der Ankunft der Spanier – die Missionare, Priester und päpstliche Dekrete mitbrachten – dominierte der Katholizismus in

Zentralamerika. Heute sind rund 54 % der zentralamerikanischen Bevölkerung praktizierende Katholiken.

Aber das 20. Jh. brachte neue Missionare in die Region, diesmal freikirchliche Protestanten aus Nordamerika – die man hierzulande auch *evangelicos* nennt. Ihre feurigen Predigten und Paradiesverheißungen finden bei der armen Landbevölkerung besonders großen Anklang. Rund 28 % der Bevölkerung haben sich bereits von den Evangelikalen abwerben lassen.

Stadt und Land

Typisch für Zentralamerika sind die gewaltigen gesellschaftlichen Unterschiede in puncto Gesundheitsversorgung, Bildung, Wohlstand und Modernität. Diese Schere öffnet sich vor allem entlang der Grenzen zwischen Stadt und Land. Gut situierte Großstädter fahren schicke Autos, besitzen Ferienhäuser und reisen nach Übersee. Doch nur eine Stunde entfernt paddelt eine Indígena-Familie im Einbaum und lebt vorwiegend von dem, was sie anbaut.

Selbst in den reichsten Ländern der Region (Costa Rica und Panama) leben um die 25 % der Bevölkerung unterhalb der Armutsgrenze. In den ärmsten Ländern (Guatemala und Honduras) sind es über 50 %. Die große Mehrheit der Bettelarmen lebt in ländlichen Gebieten; viele von ihnen gehören indigenen Gruppen an. Überall in der Region hat die arme Landbevölkerung einen deutlich niedrigeren Lebensstandard, geringere Bildungschancen und keine ausreichende Gesundheitsversorgung. Es kommt immer wieder zu Abwanderungswellen, da die Kinder der Bauern auf der Suche nach einem besseren Leben in die Städte flüchten.

Die Mittel- und Oberschicht wohnt vorwiegend in den städtischen Regionen und vor allem in den Hauptstädten, wo sie einen ähnlichen Lebensstil pflegt wie vergleichbare Gesellschaftsschichten in Nordamerika oder Europa.

Kunst & Kultur

Die wenigsten Besucher kommen der Hochkultur wegen nach Zentralamerika, denn Kunstmuseen und Konzertsäle sind dünn gesät. Um den ganzen Reichtum der zentralamerikanischen Kunst zu entdecken, muss

INDIGENES KUNSTHANDWERK

Souvenirjäger dürften entzückt sein von Zentralamerikas Vielfalt an Kunsthandwerk und Volkskunst. Vieles davon wird von den indigenen Bevölkerungsgruppen der Region hergestellt.

Besonders im Hochland von Guatemala weben die Mayas fröhlich bunte Kleidung und andere Textilien. Die *huipiles* (Tuniken der Frauen) sind oft wahre Kunstwerke mit vielfarbigen Webmustern aus stilisierten Tieren, Menschen, Pflanzen und mythologischen Formen. Viele Frauen weben diese Kreationen immer noch auf dem vorspanischen Rückengurt-Webstuhl.

Die indigenen Bevölkerungsgruppen von Panama fertigen hochwertige Schnitzereien, Textilien, Keramik, Masken und anderes Kunsthandwerk. Die Emberá und Wounaan sind für ihre Korbwaren bekannt, die aus Fasern der Nahuala-Pflanze und Chunga-Palmwedeln geflochten und teils mit Naturmotiven und knallbunten Mustern verziert werden. Die Kuna sind berühmt für ihre *molas* (die kunstvollen Stoffbilder, die die Frauen auf ihre traditionelle Tracht aufnähen). Die Ocú und Penonomé stellen erstklassige Panamahüte her.

In Costa Rica gibt es an indigenem Kunsthandwerk u. a. die kunstfertig geschnitzten und bemalten Masken der Boruca, handgewebte Taschen und Tücher und die bunt verzierte Keramik der Chorotega.

man an unerwarteten Orten suchen – zwielichtige Tanzclubs und dunkle Gassen, abgelegene Dörfer und Frauenkooperativen. In Zentralamerika ist jeder und jede eine Künstlerin oder ein Musiker oder eine Dichterin. Man ist überall von Kunst umgeben; also: Augen auf!

Kunst am Bau

Vielerorts ist die lebendige Kunstszene Zentralamerikas kaum zu übersehen, denn einige der eindringlichsten zeitgenössischen Kunstwerke sind der Street Art zuzurechnen – Wandgemälde und Mosaike, die baufällige Gebäude zieren und städtische Straßen verschönern. Oft erinnern diese Gemälde an historische Ereignisse und schärfen das Bewusstsein für gesellschaftliche Fragen, eine Tradition, die auf die Zeit zurückgeht, als ein großer Prozentsatz der Bevölkerung nicht lesen und schreiben konnte. Interessanterweise ist die Straßenkunst in kriegsgeschundenen Ländern wie El Salvador, Guatemala und Nicaragua besonders dynamisch.

Der panamaische Songwriter und Salsastar Rubén Blades bekam immerhin 18 % der Stimmen, als er zur Präsidentschaftswahl antrat. Wird er es 2019 wieder versuchen?

In El Salvador sind die besten Beispiele in Perquín, La Palma, Suchitoto und in der Hauptstadt zu finden. 1997 schuf der landesweit verehrte Fernando Llort ein farbenfrohes, volkstümliches Wandmosaik mit dem Titel *Harmonia de Mi Pueblo*. Als Huldigung an das Durchhaltevermögen der Salvadorianer und zur Feier des Friedens wurde das Kunstwerk an der Fassade der Catedral Metropolitana in San Salvador angebracht. Künstler und Anwohner waren geschockt und empört, als der dortige Erzbischof das Mosaik 2012 ohne Rücksprache mit der Regierung oder dem Künstler entfernen ließ.

Gemälde bedecken die Hauswände in vielen nicaraguanischen Städten, besonders in den Sandinisten-Hochburgen León und Estelí. Letzere ist die Heimat einer neuen Bewegung von *muralistas*, die ihre sozialen Botschaften mit Hilfe moderner Graffititechniken verbreiten.

Urban Maeztro ist das Pseudonym eines honduranischen Straßenkünstlers, dessen provokative, unverhohlen politische Werke die ausufernde Gewalt in Tegucigalpa anprangern.

Der berühmteste guatemaltekische Künstler ist Efraín Recinos, dessen Wandbilder das Conservatorio Nacional de Música zieren. Er ist außerdem ein gefeierter Architekt und Bildhauer. Recinos, den man nicht gerade als Straßenkünstler bezeichnen kann, bekam 1999 die höchste Würde Guatemalas verliehen: den Orden vom Quetzal.

Dichtung & Literatur

In Zentralamerika können Bauern Dichter sein und Poeten Politik machen. Die Dichtkunst ist in der ganzen Region hoch geschätzt, ganz besonders in den Ländern, die am meisten Gewalt und Armut erlebt haben – offenbar eine gute Inspirationsquelle für Verseschmiede.

Der erste große Literat Guatemalas war der Dichter und Jesuit Rafael Landivar, dessen Gedichtsammlung 1781 erschien. Die literarische Stimme des guatemaltekischen Volkes war Miguel Ángel Asturias (1899–1974). Sein Meisterwerk ist *Die Maismenschen;* 1967 erhielt er den Literaturnobelpreis. Doch schon lange vorher äußerte er sich als Dichter und Diplomat unverblümt zur Politik.

In Nicaragua weiß jeder *campesino* (Bauer), wer der größte Dichter aller Zeiten war: Rubén Darío, Stimme der Nation und Begründer der Literaturströmung des *modernismo*. Nicaragua ist auch die Heimat des ureigenen kulturellen Archetypus der „Dichterkrieger", die mit Feder und Schwert kämpfen. Das bekannteste Beispiel ist Gioconda Belli, die mit den Sandinisten zusammenarbeitete und den renommierten internationalen Lyrikpreis der Casa de las Americas gewann.

Der Kategorie der „Dichterkrieger" ist auch der salvadorianische Dichter Roque Dalton zuzurechnen, der zuerst wegen seiner radikalen politischen Ansichten ins Exil gehen musste – und später als angeblicher Doppelagent exekutiert wurde. Zu seinen Werken gehört *Taberna y Otros Lugares* (1969), eine politische Vision in Versen.

Musik

Die *música* von Zentralamerika bewegt sich im Spannungsfeld zwischen Latino-Beats und coolen Karibikklängen. Man bekommt in der Region Calypso, Reggae, Soca und Salsa zu hören, entdeckt aber auch weniger bekannte, urtypisch zentralamerikanische Musikgattungen, die das Beste der Mainstream-Musikrichtungen aufgreifen.

Die Marimba ist ein hölzernes Schlaginstrument, das dem Xylofon ähnelt, aber einen volleren Klang hat. Es wird normalerweise von drei Männern gespielt. Marimbamusik ist bei religiösen Zeremonien der Mayas zu hören und die Marimba gilt als das Nationalinstrument von Guatemala. Aber sie ist auch in Costa Rica und Nicaragua beliebt, wo Gruppen wie La Cuneta Son Machín die Marimba-Volksmusik mit *cumbia*-Rockbeats aufpeppen.

Musiker und Sprachwissenschaftler mutmaßen, die Bezeichnung *punta* für die traditionellen Garifuna-Trommelrhythmen könne von *bunda* herrühren, was in vielen westafrikanischen Sprachen „Hinterteil" bedeutet. Diese Wortherkunft ist nicht gesichert, würde aber gut passen. Die Musik, die auf allen Festivitäten gespielt wird, befeuert jedenfalls Garinagu überall in Zentralamerika, aufzuspringen und ihre *bunda* zu schwenken.

In den 1970er-Jahren reiste der belizische Musiker Pen Cayetano in Zentralamerika herum und erkannte, dass die Garifuna-Traditionen immer mehr verkümmerten. Er wollte die jungen Leute inspirieren, ihre eigene Kultur aktiver zu leben. Also erfand er eine coole, moderne Musikgattung, indem er die traditionellen *punta*-Rhythmen mit E-Gitarrenklängen kombinierte – damit war der *punta*-Rock geboren. Seit den 1980er-Jahren ist der *punta*-Rock in der ganzen Region (und quer durch alle ethnischen Gruppierungen) beliebt, ganz besonders aber in Belize und Honduras.

Der Reggaeton, einst die Musik der armen Städter von Panama, hat sich inzwischen auf alle Länder und Gesellschaftsschichten in Zentralamerika (und darüber hinaus) ausgebreitet. Außer Anklängen an den Hip-Hop, wie den Rap-artigen Gesang, bezieht diese Musikgattung auch musikalische Einflüsse des jamaikanischen Dancehouse, der Soca von Trinidad und der puerto-ricanischen Salsa ein. Reggaetón ist in der ganzen Region wahnsinnig beliebt, vor allem in Panama, Costa Rica und Guatemala.

Praktische Informationen

ALLGEMEINE INFORMATIONEN . . . 788
Arbeiten 788
Botschaften & Konsulate 788
Ermäßigungen 788
Essen & Trinken 788
Feiertage 788
Frauen unterwegs 789
Freiwilligenarbeit 789
Geld 790
Gesundheit 791
Internetzugang 792
Karten 793
Kinder 793
Öffnungszeiten 793
Post 793
Rauchen 793
Rechtsfragen 793
Reisen mit Behinderung 794
Schwule & Lesben unterwegs 794
Sicherheit 795
Strom 796
Telefon 796
Toiletten 797
Touristeninformation 797
Unterkunft 797
Versicherung 798
Visa & Einreise 798
Zeit 799
Zoll 799

VERKEHRSMITTEL & -WEGE 800
AN- & WEITERREISE 800
Einreise 800
Auf dem Landweg 800
Flugzeug 801
Übers Meer 802
UNTERWEGS VOR ORT 803
Auto & Motorrad 803
Bus 803
Fahrrad 804
Flugzeug 804
Schiff/Fähre 805
Trampen 805

SPRACHE 806
Glossar 811
Kulinarisches Glossar 813

Allgemeine Informationen

Arbeiten

Um legal in Zentralamerika zu arbeiten, benötigt man eine Arbeitserlaubnis. Schwarzarbeit gibt es allerdings auch – oder aber ein Arbeitgeber findet ein bürokratisches Schlupfloch, um einen passenden Bewerber anstellen zu können. Auf diese Weise finden viele Traveller kurzzeitige Beschäftigung in Restaurants, Hostels oder Bars mit internationalem Publikum – gegen minimalen Lohn. Doch bevor man auf diese Weise den Einheimischen die Jobs wegnimmt, sollte man vielleicht lieber Freiwilligenarbeit in Erwägung ziehen.

Viele Touristen unterrichten auch Englisch. Die Honorare entsprechen allerdings nicht dem internationalen Standard. Die meisten Schulen befinden sich in Großstädten, wo auch der Bedarf an Privatlehrern am größten ist. Viele Schulen verlangen ein Lehrerdiplom wie das TEFL-Zertifikat (Teaching English as a Foreign Language).

Einige internationale Organisationen veröffentlichen Stellenangebote.

Botschaften & Konsulate

Adressen und Telefonnummern von Botschaften und Konsulaten stehen im Abschnitt „Praktische Informationen" der einzelnen Länderkapitel. Wer Zentralamerika bereist, sollte sich darüber im Klaren sein, dass die Botschaft des eigenen Heimatlandes nur beschränkte Handlungsmöglichkeiten hat. Ganz allgemein kann man davon ausgehen, dass sie bei Notfällen, die man auch nur ansatzweise selbst verschuldet hat, nicht einschreiten wird. Reisende dürfen nie vergessen, dass für sie die Gesetze des Landes gelten, in dem sie sich gerade aufhalten. Die Botschaftsangestellten werden kaum Mitleid haben, wenn ein Bürger wegen eines Vergehens im Gefängnis landet – auch dann nicht, wenn die Tat im jeweiligen Herkunftsland nicht als Straftat gilt.

In Notfällen bekommt man vielleicht etwas Unterstützung bei der Beschaffung eines neuen Reisepasses oder zur Kontaktaufnahme mit Familienangehörigen bzw. einem Anwalt.

Ermäßigungen

Eine Mitgliedskarte von **Hostelling International** (HI; www.hihostels.com) nützt einem in Zentralamerika nicht viel. Die Ausnahmen sind Mexiko und Costa Rica, wo einige Hostels HI-Mitgliedern minimale Preisnachlässe einräumen. Anders sieht es aus, wenn neben Zentral- auch noch Südamerika auf dem Reiseplan steht, denn dort findet man weit mehr HI-Hostels.

Inhaber der **International Student Identity Card** (ISIC; www.isic.org) bekommen mitunter sehr gute Rabatte bei Reiseversicherungen und vergünstigte Flugtickets.

Essen & Trinken

Tischreservierungen sind hier praktisch unbekannt, mit Ausnahme von Nobelrestaurants in den wichtigsten Touristenorten.

Street Food In den zentralamerikanischen Städten gibt es überall *carritos* (Karren) oder Imbisswagen mit billigem Street Food. Das Angebot variiert von Land zu Land; typisch sind z. B. Tacos, *pupusas* (gegrillte Maismehltortillas mit Käse- oder Bohnenmusfüllung) oder *Churrasco* (Grillfleisch) mit Reis und Bohnen.

Comedores Schlichte Imbisslokale mit sehr begrenzter Speisenauswahl – fast jeder Ort hat mindestens eins davon. In Costa Rica heißen sie auch *sodas*.

Restaurantes Gehobenere Gastronomie als in den *comedores*, mit umfangreicherer Speisekarte und meist auch einer Auswahl an Wein- und Biersorten.

Feiertage

Neujahr 1. Jan. (ganz Zentralamerika)

Tag der Märtyrer 9. Jan. (Panama)

Baron-Bliss-Tag 9. März (Belize)

Karfreitag März/April (ganz Zentralamerika)

Ostersamstag März/April (ganz Zentralamerika)

Ostermontag März/April (ganz Zentralamerika)

Juan-Santamaría-Tag 11. April (Costa Rica)

Amerikatag 14. April (Honduras)

Tag der Arbeit 1. Mai (ganz Zentralamerika)

Commonwealth-Tag 24. Mai (Belize)

Muttertag 30. Mai (Nicaragua)

Tag der Armee 30. Juni (Guatemala)

Festtag des San Salvador (Heiliger Erlöser) 6. Aug. (El Salvador)

Muttertag 15. Aug. (Costa Rica)

Mariä Himmelfahrt 15. Aug. (Guatemala)

Gründungstag von Panama-Stadt 15. Aug. (nur Panama-Stadt)

Nationalfeiertag 10. Sept. (Belize)

Schlacht von San Jacinto 14. Sept. (Nicaragua)

Unabhängigkeitstag 15. Sept. (Costa Rica, El Salvador, Guatemala, Honduras, Nicaragua)

Unabhängigkeitstag 21. Sept. (Belize)

Francisco-Morazán-Tag 3. Okt. (Honduras)

Kolumbus-Tag 12. Okt. (Belize, Costa Rica, Honduras, Panama)

Revolutionstag (Día de la Revolución) 20. Okt. (Guatemala)

Tag der Armee 21. Okt. (Honduras)

Allerseelen 2. Nov. (El Salvador, Guatemala, Nicaragua, Panama)

Unabhängigkeitstag 3. Nov. (Panama)

Proklamation der Unabhängigkeit 10. Nov. (Panama)

Garifuna-Tag 19. Nov. (Belize)

Unabhängigkeit von Spanien 28. Nov. (Panama)

Unbefleckte Empfängnis 8. Dez. (Nicaragua)

Muttertag 8. Dez. (Panama)

Weihnachten 25. Dez. (ganz Zentralamerika)

Frauen unterwegs

Frauen, die Zentralamerika allein bereisen, stellen oft fest, dass die Länder allgemein als gefährlicher dargestellt werden, als sie tatsächlich sind. Am gewöhnungsbedürftigsten sind die Aufmerksamkeitsbekundungen der männlichen Bevölkerung: Es wird gerufen, gezischelt und gepfiffen. Wer dieses Verhalten einfach ignoriert, wird in den meisten Fällen in Ruhe gelassen.

Natürlich sollten Frauen die üblichen Vorsichtsregeln beachten, die auf unbekanntem Terrain bzw. in Großstädten immer gelten. Schlau ist es, sich am Kleidungsstil der einheimischen Frauen zu orientieren (häufig heißt das, auf Shorts zu verzichten). Am besten fragt man die Einheimischen, um welche Gegenden man einen Bogen machen sollte. In manchen Bars oder bei Fußballspielen mit extrem testosterongeschwängerter Atmosphäre zieht die Anwesenheit einer Frau unweigerlich Aufmerksamkeit auf sich.

Einheimische, besonders Familien, geben sich oft alle Mühe, allein reisenden Frauen behilflich zu sein. Dabei ist zu bedenken, dass viele lateinamerikanische Frauen freundschaftlichen Umgang hauptsächlich mit anderen Frauen pflegen und Freundschaften zwischen Mann und Frau in den konservativeren Ländern Zentralamerikas selten sind. Zu herzlicher Umgang mit jemandes Ehemann kann leicht übel genommen werden. Überhaupt ist kumpelhafter Umgang mit Männern hier eher ungewöhnlich und bringt diese womöglich auf den Gedanken, dass frau eigentlich mehr von ihnen will.

Im Falle sexueller Übergriffe ist es ratsam, sich an die Botschaft des Heimatlandes zu wenden und einen Arzt aufzusuchen.

Freiwilligenarbeit

Der „Voluntourismus" ist ein relativ neuer Reisetrend, durch den Besucher mehr über das Gastland lernen und ihm – im Idealfall – etwas „zurückgeben" können.

Verschiedene internationale Organisationen arrangieren Aufenthalte für freiwillige Helfer – teils zu happigen Preisen. Die Alternative wäre, sich erst im Land eine Gelegenheit zum freiwilligen Arbeitseinsatz zu suchen (sinnvoller ist es aber, das Ganze schon vorab zu organisieren). Meistens müssen sich Freiwillige für eine bestimmte Mindestzeit verpflichten und einen Festbetrag für Kost und Logis zahlen. Freiwillige unterrichten z. B. Englisch, sammeln Müll ein, helfen auf Bauernhöfen mit, bauen Wohnhäuser, bringen Wanderwege in Schuss, überwachen Schildkröten-Niststrände, pflegen gerettete Tiere und helfen in medizinischen Einrichtungen aus. Die Einsätze finden oft an entlegenen Orten statt und können mit langen Arbeitszeiten und strapaziöser Schufterei verbunden sein. Aber die Arbeit kann auch ausgesprochen befriedigend sein.

Mehr Infos zum Thema Freiwilligenarbeit liefert z. B. *Volunteer: A Traveller's Guide to Making a Difference Around the World* von Lonely Planet.

Internationale Freiwilligenorganisationen

Einige dieser Organisationen bieten auch die Möglichkeit, sich den Freiwilligeneinsatz fürs Studium anrechnen zu lassen oder ihn mit einem Spanischkurs zu verbinden.

Amigos de las Américas (www.amigoslink.org) Sommerprogramme für Jugendliche, von der Arbeit in Nationalparks bis zu Gemeindeentwicklungsprojekten in Costa Rica, Mexico, Nicaragua und Panama.

Habitat for Humanity (www.habitat.org) Bei achttägigen „Global Village"-Touren nach Zentralamerika kann man beim Wohnungsbau helfen und an Projekten zur Luftreinhaltung, Wasserversorgung oder Gemeindeentwicklung mitwirken.

Idealist (www.idealist.org) In diesem Forum werden Freiwilligeneinsätze, Praktika und Jobs in aller Welt ausgeschrieben.

International Volunteer Programs Association (www.volunteerinternational.org) Die Organisation betreibt keine eigenen Programme, sondern arbeitet mit anderen Vereinen zusammen, um Freiwillige anzuwerben und sicherzustellen, dass ihr Aufenthalt zu einer lohnenden Erfahrung wird.

ResponsibleTravel (www.responsibletravel.com) Der Öko-Reiseveranstalter mit Sitz in Großbritannien organisiert zahlreiche Freiwilligenreisen.

STA Travel (www.statravel.com) Das weltweit tätige Studenten-Reisebüro bietet auch Reisen mit Einsatz in Freiwilligenprojekten an.

Transitions Abroad (www.transitionsabroad.com) Jede Menge Links für Freiwillige; auf der Website unter „Central America" nachsehen.

Geld

Bargeld

Es ist schlau, immer ein paar Dollarscheine dabeizuhaben – mindestens genug für ein Zimmer, eine Mahlzeit und eine Taxifahrt –, denn sie können eigentlich überall getauscht oder ausgegeben werden. Besonders praktisch ist ein Dollarvorrat, wenn man frisch die Grenze überquert hat oder gerade kein Geldautomat zur Hand ist. Viele zentralamerikanische Währungen sind nur im jeweiligen Herkunftsland von Nutzen. Wer entlegene Regionen besucht, sollte vorausplanen und reichlich Bargeld mitnehmen. Außerdem kann das Bezahlen mit „größeren Scheinen" der Landeswährungen in Stress ausarten. Manchmal sind schon Geldscheine im Gegenwert von 20 US$ schwer zu wechseln.

Geldautomaten

Man sollte eine Bank- oder Kreditkarte mitbringen, denn in den meisten Städten und größeren Ortschaften gibt es Geldautomaten. Bequemer, sicherer und günstiger kann man kaum an Bargeld kommen. Die Automaten sind häufig an das MasterCard/Cirrus- oder Visa/Plus-Geldsystem angeschlossen.

➡ Die Wechselkurse an den *cajeros* sind meist genauso gut wie in Banken oder offiziellen Wechselstuben (u. U. sogar besser).

➡ Vor der Abreise sollte man die eigene Bank über die Reisepläne informieren, damit Auslandsabhebungen nicht gesperrt werden.

Geldwechsler

➡ Reiseschecks oder Bargeld sollten in einer Bankfiliale oder *casa de cambio* (Wechselstube) getauscht werden. Normalerweise sind die Kurse bei beiden ähnlich, doch in den *casas de cambio* ist der Service oft schneller und weniger bürokratisch. Außerdem haben sie länger oder auch an Wochenenden geöffnet. Geldwechsler auf der Straße (nicht immer legal) akzeptieren ausschließlich Bargeld.

➡ Manchmal kann Geld auch inoffiziell in Hotels oder Geschäften, die Importwaren vertreiben (z. B. Elektroläden), getauscht werden. Es ist keine dumme Idee, vorab mehrere Wechselkurse und Gebühren miteinander zu vergleichen. In den Großstädten sind die Wechselkurse häufig besser.

➡ Geldscheine mit Rissen sollte man ablehnen, denn Geschäftsinhaber etc. akzeptieren sie häufig nicht als Zahlungsmittel.

Kredit- & Bankkarten

American Express, Visa und MasterCard sind die Kreditkarten, mit denen man in Zentralamerika am Weitesten kommt. Manchmal wird allerdings eine Gebühr für den Auslandseinsatz fällig (normalerweise um die 2–10 %). Einige Banken zahlen auf die wichtigsten Kreditkarten Bargeld aus.

➡ Obwohl Kreditkarten vielerorts akzeptiert werden, ist ihre Benutzung nicht überall sinnvoll. In Costa Rica z. B. bieten viele Hotels Rabatte für Barzahler an.

Reiseschecks

Reiseschecks sind nicht so praktisch wie Bankkarten und lassen sich selbst bei Banken nicht immer eintauschen. Wenn es nicht anders geht, sollten nur angesehene Marken wie American Express, Visa, Thomas Cook und Citibank benutzt werden. Um bei einem Verlust schnell an neue Schecks zu kommen, sollten die Schecknummern notiert und der Originalkaufbeleg separat an einem sicheren Ort aufbewahrt werden.

In einigen Ländern, wie etwa Honduras, ist es nahezu unmöglich, Reiseschecks gegen Bargeld zu tauschen, und in Banken und *casas de cambio* werden hohe Gebühren berechnet. Man sollte in Erfahrung bringen, ob es eine fixe Transaktionsgebühr gibt oder ob sie sich am Wert des Schecks orientiert (normalerweise 3–10 %).

Schwarzmarkt

Der Schwarzmarkt *(mercado negro)*, auch *mercado paralelo* (Parallelmarkt) genannt, ist weitgehend auf Geldwechsler an den Grenzübergängen beschränkt, die teils legal und teils illegal arbeiten. Sie jubeln einem gelegentlich zerrissene Geldscheine unter (die man nicht mehr los wird) und unterschlagen schon mal die eine oder andere Banknote. Dafür wechseln sie manchmal auch Währungen, die man in einer Bank nicht loswerden würde. Die Schwarzmarktkurse für US-Dollar können niedriger sein als die offiziellen Bankkurse.

Gesundheit

Die größten Gesundheitsgefahren gehen in Zentralamerika von Krankheiten aus, die durch Moskitos übertragen werden. Reisende sollten unbedingt Vorkehrungen treffen, um sich vor Moskitostichen zu schützen, und ein hochwirksames Insektenschutzmittel mit DEET benutzen. Zur Zeit der Recherche galt für Schwangere (und Frauen, die vorhaben, schwanger zu werden) wegen des Zikavirus die Empfehlung, auf Reisen nach Zentralamerika zu verzichten.

Es gibt keine vorgeschriebenen Impfungen für Zentralamerika – es sei denn, man reist aus einem vom Gelbfieber betroffenen Land aus Afrika oder Südamerika ein. Dann muss man eine Gelbfieberimpfung nachweisen. Empfohlen werden Impfungen gegen Typhus, Tollwut und Hepatitis (A und B). Der Arzt sollte frühzeitig vor der Reise aufgesucht werden, denn bei den meisten Impfungen dauert es bis zu zwei Wochen, bis sie wirken. Am besten bittet man den Arzt um einen internationalen Impfpass (das gelbe Büchlein), in dem alle erhaltenen Impfungen aufgelistet werden sollten. Vorgeschrieben ist dieser für die Einreise in Länder, in denen eine Gelbfieberimpfung nachgewiesen werden muss.

Bevor es losgeht

KRANKENVERSICHERUNG

Vorher nachfragen, ob die eigene Krankenkasse bzw. -versicherung ggf. direkt mit den ausländischen Ärzten und Krankenhäusern abrechnet oder die Kosten nur nachträglich erstattet.

EMPFOHLENE IMPFUNGEN

IMPFSTOFF	EMPFOHLEN FÜR	DOSIERUNG	NEBENWIRKUNGEN
Gelbfieber	Vorgeschrieben für Reisende, die aus einem Gelbfiebergebiet in Afrika oder Südamerika kommen	1 Dosis reicht für 10 Jahre	Kopf- und Gliederschmerzen; in seltenen Fällen schwere Unverträglichkeitsreaktionen
Hepatitis A	Alle Reisenden	1. Dosis vor der Reise; 2. Dosis nach 6–12 Monaten	Reizungen an der Injektionsstelle, Kopf- und Gliederschmerzen
Hepatitis B	Langzeitreisende, die engen Kontakt mit der einheimischen Bevölkerung haben	3 Dosen über einen Zeitraum von 6 Monaten	Reizungen an der Injektionsstelle, leichtes Fieber
Masern	Alle, die noch nie oder erst einmal gegen Masern geimpft wurden und auch noch nie Masern hatten	1 Dosis	Fieber, Ausschlag, Gelenkschmerzen, allergische Reaktionen
Tollwut	Reisende, die möglicherweise in Kontakt mit Tieren kommen und sich fernab von medizinischen Einrichtungen aufhalten	3 Dosen über einen Zeitraum von 3–4 Wochen	Reizungen an der Injektionsstelle, Kopf- und Gliederschmerzen
Tetanus & Diphtherie	Alle Reisenden, die innerhalb der letzten 10 Jahre keine Auffrischungsimpfung bekommen haben	1 Dosis reicht für 10 Jahre	Bauchschmerzen, Übelkeit, Ausschlag
Typhus	Alle Reisenden	4 Kapseln oral: Alle 2 Tage 1 Kapsel nehmen	Bauchschmerzen, Übelkeit, Ausschlag
Windpocken	Reisende, die noch nie Windpocken gehabt haben	2 Dosen im Abstand von 1 Monat	Fieber, leichte Form von Windpocken

In diesem Fall alle Belege sammeln, um sie nachher einzureichen.

Falls die normale Krankenversicherung im Ausland keinen ausreichenden Schutz bietet, sollte man eine ausreichende Reisekrankenversicherung abschließen. Mehr Infos dazu sind in jedem Reisebüro, bei der eigenen z. B. Hausratsversicherung oder der Krankenkasse erhältlich. Oder unter lonelyplanet.com/travel-insurance.

INFORMATIONEN

Detaillierte Gesundheitsinformationen zu den einzelnen Ländern finden sich auf www.auswaertiges-amt.de unter „Reise & Sicherheit" – den Eintrag des jeweiligen Landes auswählen und dann „Medizinische Hinweise" anklicken.

World Health Organization (www.who.int/ith) Gibt jährlich ein hervorragendes englischsprachiges Buch mit dem Titel *International Travel and Health* heraus, das man kostenlos über ihre Website herunterladen kann. Die Website listet aktuelle Risiken auf und informiert darüber, welche Impfungen zur Einreise in welches Land erforderlich sind.

MD Travel Health (www.mdtravelhealth.com) Medizinische Reiseempfehlungen für alle Länder, die täglich aktualisiert werden.

In Zentralamerika

VERFÜGBARKEIT & KOSTEN DER GESUNDHEITSVERSORGUNG

In den meisten Hauptstädten der Region ist die Gesundheitsversorgung gut, doch anderswo kann sie sehr dürftig sein. Im Allgemeinen sind Privatkliniken verlässlicher als die öffentlichen medizinischen Einrichtungen, denen es oft an Ausstattung und Material/Medikamenten mangelt.

Viele Ärzte und Krankenhäuser verlangen Barzahlung – unabhängig davon, ob man eine Reisekrankenversicherung hat oder nicht. Im Falle einer lebensbedrohlichen Erkrankung oder Verletzung sollten Reisende nach Möglichkeit in ein Land mit optimaler Gesundheitsversorgung evakuiert werden. Da dies Zehntausende von Dollars kosten kann, sollte man unbedingt eine Reiseversicherung abschließen, die bei Bedarf auch die Rückführung/Evakuierung einschließt.

Viele Apotheken sind gut ausgestattet, aber wichtige Medikamente sind nicht immer und überall verfügbar. Reisende sollten deshalb einen ausreichenden Vorrat aller benötigten verschreibungspflichtigen Medikamente mitbringen.

DURCH INSEKTEN ÜBERTRAGENE KRANKHEITEN

Alle Reisenden sollten Vorkehrungen gegen durch Insekten übertragene Krankheiten wie Malaria, Chikungunya, Dengue und Zika treffen. Gegen viele dieser Krankheiten gibt es weder Impfstoffe noch Medikamente. Am wichtigsten ist es deshalb, Insektenstichen und -bissen vorzubeugen:

- Ein Insektenschutzmittel mit mindestens 20 % DEET verwenden.
- Kleidung, Bettzeug und Campingausrüstung mit Permethrin behandeln, das gut an Textilien haftet.
- Die Haut durch lange Ärmel und Hosen sowie Kopfbedeckungen möglichst vollständig abdecken.
- Sofern es keine Moskitogitter am Fenster gibt, unbedingt unter Moskitonetzen schlafen.

LEITUNGSWASSER

In vielen Teilen Zentralamerikas kann das Leitungswasser Gesundheitsprobleme verursachen. Die beste Methode zur Wasserreinigung besteht darin, es eine Minute sprudelnd kochen zu lassen. In Höhen von mehr als 2000 m über dem Meeresspiegel sollte man es drei Minuten abkochen.

Eine andere Möglichkeit ist, das Wasser mit Jodtabletten zu desinfizieren. Dabei die den Tabletten beiliegende Anleitung genau befolgen. Alternativ kann man einem Liter Wasser 2 % Jodtinktur zufügen (fünf Tropfen bei klarem Wasser, zehn Tropfen bei trübem Wasser) und das Wasser dann 30 Minuten stehen lassen. Bei kaltem Wasser muss man den Zeitraum u. U. verlängern. Der Geschmack von jodiertem Wasser lässt sich durch Zugabe von Vitamin C (Ascorbinsäure) verbessern. Jodiertes Wasser sollte nicht länger als einige Wochen konsumiert werden. Schwangere und Menschen, die schon eine Schilddrüsenerkrankung hatten oder allergisch gegen Jod sind, dürfen kein jodiertes Wasser trinken.

Außerdem sind verschiedenste Wasserfilter auf dem Markt. Solche mit kleinen Poren (Umkehrosmose-Filter) bieten den umfassendsten Schutz, sind aber relativ sperrig und verstopfen leicht. Filter mit etwas größeren Poren (Mikrofilter) können zwar einige Organismen herausfiltern, bieten aber keinen Schutz vor Viren. Die Herstelleranweisungen sind genau zu befolgen.

Internetzugang

Das Internet ist so ziemlich überall zugänglich. Die meisten Unterkünfte bieten WLAN, ebenso wie einige Cafés und Restaurants. Viele Hotels haben auch Gästecomputer. Dafür nimmt die Zahl der Internetcafés ab. Die Kosten reichen von 0,50 US$ pro Stunde in Städten und Touristenorten bis zu 6 US$ in entlegeneren Gegenden.

Auf spanischen Tastaturen wird das @-Symbol durch die Tastenkombinationen Alt + 64 oder Alt-Gr +2 erzeugt.

Karten

Die beste Karte der Region ist die faltbare (Maßstab 1 : 1 100 000 in Farbe) *Central America Travel Reference Map* (13 US$), die von **International Travel Maps & Books** (www.itmb.ca) in Kanada herausgegeben wird. ITMB hat darüber hinaus Karten der einzelnen zentral- und südamerikanischen Staaten sowie mexikanischen Regionen im Sortiment.

Kinder

Zentralamerika ist ein sicheres und spannendes Reiseziel für Familien mit Kindern. Zwei Küsten voller Strände, Wälder, die von interessanten Tieren wimmeln, und jede Menge Abenteuerspaß begeistern Kinder aller Altersstufen.

- Es ist darauf zu achten, dass mitreisende Kinder aktuellen Impfschutz für alle Routineimpfungen haben. Einige der empfohlenen Impfstoffe sind u. U. für Kinder nicht zugelassen. Schon deshalb sollte man darauf achten, dass sie kein Leitungswasser trinken und nur unbedenkliche Nahrungsmittel zu sich nehmen.
- Mehr Tipps zum Reisen mit Kindern bietet der Lonely Planet Band *Travel with Children*.

Infos zum Klima in den einzelnen Ländern liefern die Abschnitte „Praktische Informationen" der jeweiligen Länderkapitel.

REISEN MIT KINDERN

- Von daheim gewohnte Annehmlichkeiten wie Hochstühle im Restaurant, Kinderbettchen im Hotel oder Wickeltische auf öffentlichen Toiletten wird man hier selten finden.
- Viele Autovermieter bieten Kindersitze (gegen Aufpreis) an, aber sie müssen vorab reserviert werden und haben nicht immer das gewohnte Qualitätsniveau.
- Säuglingsnahrung, Windeln und andere Babyausstattung gibt es in vielen Supermärkten.
- Diskretes Stillen in der Öffentlichkeit ist verbreitet, in den Städten allerdings weniger.

Öffnungszeiten

Die regulären Öffnungszeiten sind im Abschnitt „Praktische Informationen" der einzelnen Länderkapitel aufgeführt.

Post

Die Gebühren für Briefe und Postkarten ins Ausland können ziemlich hoch sein. Generell sollten wichtige Unterlagen und Päckchen versichert verschickt werden, weil sie sonst leicht verloren gehen. Da Päckchen oft von einem Zollbeamten inspiziert werden müssen, bevor die Postbeamten sie annehmen dürfen, sollten sie erst nach der Zollinspektion zugeklebt werden. Achtung: Päckchen nach Übersee müssen manchmal an einem anderen Ort aufgegeben werden als dem Hauptpostamt.

In einigen Ländern sind UPS, FedEx, DHL und andere Versand- und Kurierdienste vertreten. Sie stellen eine effiziente, aber teure Alternative zur regulären Post dar.

Rauchen

Die Vorschriften zum Nichtraucherschutz variieren von Land zu Land. In Belize und Nicaragua gibt es kaum Einschränkungen; das Rauchen in Bars und Restaurants ist generell erlaubt. In Costa Rica und Panama ist das Rauchen in allen geschlossenen Räumlichkeiten und auch in vielen öffentlichen Bereichen unter freiem Himmel verboten. Die Gesetzgebung der anderen Länder liegt irgendwo dazwischen, verbietet aber allgemein das Rauchen in öffentlichen Gebäuden.

Rechtsfragen

Es ist ratsam (und mancherorts sogar vorgeschrieben), immer einen Reisepass oder Lichtbildausweis bei sich zu tragen.

Costa Rica, Guatemala und Honduras haben in den Großstädten eine eigene Touristenpolizei. In manchen Ländern ist die Polizei als korrupt verrufen, aber dass Reisende angehalten und schikaniert oder um Schmiergeld angegangen werden, ist eher unwahrscheinlich. Die Ordnungskräfte sind im Allgemeinen professionell, präsent und effektiv. In der ganzen Region gehören Polizeikontrollen und Fahrzeugdurchsuchungen zum Alltag.

Marihuana und Kokain sind in ganz Zentralamerika illegal und die Strafen sind hart. In Mexiko wurde die Drogengesetzgebung vor Kurzem dahingehend reformiert, dass Ersttäter für den Besitz geringer Drogenmengen für den persönlichen Bedarf nicht mehr bestraft werden. Die Obergrenzen werden aber strikt gehandhabt; wer sie überschreitet, wird in aller Regel inhaftiert und vor Gericht gestellt.

In vielen Ländern gilt man als schuldig, sofern man

seine Unschuld nicht beweisen kann. Wer eines schwerwiegenden Verbrechens beschuldigt wird, landet im Gefängnis. In solchen Fällen kann die jeweilige Botschaft nur wenig für einen tun. Ihre Möglichkeiten beschränken sich darauf, einen Botschaftsangestellten zu schicken, der sich vergewissert, dass die Menschenrechte des Inhaftierten gewahrt bleiben, die Familie des Betroffenen zu informieren und den Kontakt zu einem Anwalt herzustellen (den der Betroffene selbst bezahlen muss).

Reisen mit Behinderung

Ganz allgemein sind behindertengerechte Einrichtungen (wie speziell ausgestattete Telefone, Toiletten, Hinweisschilder in Braille-Schrift) in Zentralamerika sehr selten bzw. überhaupt nicht vorhanden. In teureren internationalen Hotels wird der Service für Menschen mit Behinderung tendenziell besser sein als in günstigen Absteigen. Grundsätzlich dürfte es einfacher sein, sich mit dem Flugzeug bzw. in einem vorab gebuchten Verkehrsmittel von A nach B zu bewegen, als spontan in einen öffentlichen Bus zu steigen. Gebiete abseits der üblichen Touristenpfade sind mit Behinderung schwerer zugänglich als gut erschlossene Touristenziele.

Belize und Costa Rica sind von allen zentralamerikanischen Ländern am besten auf Besucher mit Behinderung eingestellt (das hat auch mit den vielen älteren Touristen zu tun, die per Kreuzfahrtschiff kommen). In beiden Ländern gibt es Hotels und Sehenswürdigkeiten, die rollstuhlgerecht eingerichtet sind, insbesondere in den beliebtesten Touristenorten. Einige bekannte Nationalparks in Costa Rica sind ebenfalls rollstuhlgerecht ausgestattet, dazu gehören der Parque Nacional Volcán Poás und (in Kürze) der Parque Nacional Rincon de la Vieja.

Eine gute generelle (wenn auch nicht regionsspezifische) Informationsquelle für Reisen mit Behinderung ist **Access-Able Travel Source** (www.access-able.com).

Informationsquellen

Der kostenlose (englischsprachige) Führer *Accessible Travel* von Lonely Planet steht unter http://lptravel.to/AccessibleTravel zum Download bereit.

In Deutschland kann man sich an die Nationale Koordinierungsstelle Tourismus für Alle e. V. (Natko, (☎0211-3368-001; www.natko.de; Fleher Str. 317 a, 402223 Düsseldorf, wenden.

Auch folgenden Organisationen erteilen allgemein gültige, nützliche Reisetipps:

Mobility International Schweiz (www.mis-ch.ch)

My Handicap Deutschland (www.myhandicap.de)

My Handicap Schweiz (☎ 41-(0)71-911-4949; Sirnacherstraße 1; CH-9500 Wil / St. Gallen; www.myhandicap.ch

Schwule & Lesben unterwegs

Generell empfängt Zentralamerika Schwule und Lesben nicht gerade mit offenen Armen, aber es gibt ein paar Lichtblicke. Gleichgeschlechtliche Ehen sind in Mexiko seit 2009 und in Costa Rica seit 2013 erlaubt. Der derzeitige Präsident von Costa Rica, Luis Guillermo Solís, setzt sich nachdrücklich für die Rechte der Homosexuellen ein und hisste sogar die Regenbogenflagge über der Präsidentenresidenz.

Lobbygruppen arbeiten daran, die Legalisierung auch in anderen zentralamerikanischen Staaten durchzuboxen. Einvernehmlicher homosexueller Sex wurde in der ganzen Region entkriminalisiert, außer in Belize. Theoretisch kann schwulen und lesbischen Reisenden sogar die Einreise nach Belize verweigert werden; wir haben von solchen Vorkommnissen allerdings noch nie gehört.

Es kann aber überall in Zentralamerika zu offiziellen und inoffiziellen Schikanen und Belästigungen kommen. Öffentliche Zuneigungsbekundungen zwischen homosexuellen Pärchen werden nicht akzeptiert, und homosexuelle Männer (eventuell auch Frauen) müssen damit rechnen, das Ziel verbaler, möglicherweise sogar körperlicher Attacken zu werden.

Diskretes Verhalten ist der Schlüssel, insbesondere in ländlichen Gebieten. Lesben erregen normalerweise weniger Anstoß als Schwule; zusammen reisende Frauen dürften also kaum auf Probleme treffen.

Wegweiser

In den Großstädten gibt es normalerweise mindestens eine Schwulenbar. Einige der etwas „öffentlicheren" Schwulen- und Lesbenszenen:

Costa Rica Die Szene floriert in San José (S. 562) und Manuel Antonio (S. 639).

El Salvador Das nette Bergstädtchen San Vicente (S. 347) ist ein beliebtes Ziel für schwule Besucher.

Guatemala Reisende finden eine kleine, zurückhaltende Schwulenszene sowohl in Antigua (S. 118) als auch in Guatemala-Stadt (S. 106).

Mexiko Die größte und beste Schwulenszene der Region tummelt sich in den Bars und Clubs von Cancún (S. 50) und Playa del Carmen (S. 60).

Nicaragua In Managua (S. 465) gibt es einige Schwulenkneipen.

Panama Bars kommen und gehen, aber die Schwulenszene in Panama-Stadt (S. 673) ist ziemlich dürftig. Etwas offenherziger zeigt sich die sehr diskrete Gemeinde während der **Karne-**

valsfestivitäten (⌚Feb./März), bei denen normalerweise ein Festwagen der schwul-lesbischen Szene im Zug mitfährt.

Sicherheit

Teile von Honduras, El Salvador und Guatemala sind bekannt für ihre hohe Kriminalitätsrate und Gangaktivitäten. Vieles davon betrifft ausländische Besucher nicht unmittelbar. Es gab jedoch schon Fälle, in denen Reisende bestohlen, überfallen, vergewaltigt oder ermordet wurden. Auch Autodiebstähle kommen vor.

➡ In den Hauptstädten ist die Kriminalitätsrate tendenziell am höchsten.

➡ Viele sexuelle Übergriffe ereignen sich an einsamen Stränden.

➡ Nachtbusse sollte man meiden (außer vielleicht in Mexiko und Panama), weil nachts oft Wegelagerer unterwegs sind.

➡ Es ist ratsam, sich bei anderen Reisenden, in Touristeninformationen, bei der Polizei, in den Unterkünften oder im Forum **Thorn Tree** (www. lonely planet.com/thorntree) von Lonely Planet über die aktuelle Lage zu informieren.

REISEHINWEISE

Die folgenden staatlichen Websites veröffentlichen aktuelle Reise- und Sicherheitshinweise sowie Reisewarnungen für Krisengebiete etc.:.

Auswärtiges Amt (www.auswaertiges-amt.de/DE/Laenderinformationen/LaenderReiseinformationen_node.html)

Außenministerium von Österreich (www.bmeia.gv.at/aussenministerium/buergerservice/reisewarnungen.html)

Eidgenössisches Departement für auswärtige Angelegenheiten (www.eda.admin.ch/eda/de/home/vertretungen-und-reisehinweise.html)

Darién (Provinz)

Bestimmte Gebiete der Provinz Darién (S. 742) an der Grenze zwischen Panama und Kolumbien sind nicht frei zugänglich. Wer sie bereisen will, braucht eine Sondergenehmigung der Servicios Nacional de Fronteras (SeNaFront) in Panama-Stadt. Das Auswärtige Amt rät wegen der Aktivitäten gewaltbereiter krimineller Organisationen und bewaffneter Gruppen in dieser Region dringend davon ab, sich dort aufzuhalten.

Drogen

➡ Man sollte tunlichst jedes Gespräch mit Leuten vermeiden, die Drogen anbieten.

➡ Wer sich in einer Gegend aufhält, in der Drogenhandel an der Tagesordnung ist, ignoriert die „Szene" am besten (auf keinen Fall Interesse zeigen!). Manchmal versuchen Dealer nämlich, Ausländer mittels ihrer Ware in die Falle zu locken und zu erpressen

Naturkatastrophen

In Zentralamerika sind Naturkatastrophen wie Erdbeben, Wirbelstürme, Überschwemmungen und Vulkanausbrüche keine Seltenheit. Allgemeine Infos zum richtigen Verhalten im Falle eines Falles findet man z. B. auf der Seite der **US Federal Emergency Management Agency (www.fema.gov).**

Polizei & Militär

Korrupte Polizisten sind in ganz Lateinamerika ein ernstzunehmendes Problem. Die Beamten beziehen häufig miese Gehälter und werden kaum kontrolliert. In vielen Ländern kann es deshalb vorkommen, dass sie nichtsahnenden Reisenden Drogen unterjubeln oder ihnen irgendwelche kleinere Vergehen anhängen, um ein paar *coimas* (Bestechungsgelder) einheimsen zu können.

➡ Wer von angeblichen Polizisten in Zivil angehalten wird, darf auf keinen Fall mit ihnen in einen Wagen steigen. Weiterhin sollte man keinesfalls seine Papiere aushändigen oder den Geldbeutelinhalt zeigen und sie auch nicht zu seiner Unterkunft führen. Und wenn die Beamten echt wirken, sollte man einfach darauf bestehen, zu Fuß zur nächsten Polizeiwache zu gehen.

➡ Militärische Kontrollpunkte sind keine Seltenheit in Gegenden wie Chiapas, der Darién-Provinz in Panama und in El Salvador – meist geht es um routinemäßige Passkontrollen.

➡ Englisch sprechende Dolmetscher sind in Polizeistationen eher eine Seltenheit. In einigen Städten gibt es eine Touristenpolizei, die hilfreicher sein kann.

Raub & Diebstahl

Diebstähle geschehen vor allem in den größeren Städten und an belebten, öffentlichen Orten wie Busbahnhöfen. Meistens schlagen geschickte Taschendiebe unbemerkt zu oder aber jemand entreißt einem ein Gepäckstück und rennt schnell davon. Vorsicht ist geboten, wenn einem Fremde in Bussen, Zügen oder Bars Lebensmittel, Getränke, Süßigkeiten oder Zigaretten anbieten – sie könnten Betäubungsmittel enthalten.

Wer ausgeraubt wurde, sollte den Vorfall bei der Polizei melden – schon um eine polizeiliche Bescheinigung zur Vorlage bei der Versicherung zu bekommen. Auf Spanisch sagt man: *Quiero poner una acta de un robo* – Ich möchte einen Diebstahl melden. Eventuell muss man den Bericht selbst schreiben und ihn anschließend abstempeln und unterschreiben lassen.

Um im Falle eines Verlustes schnell an neue Dokumente zu kommen, haben sich Fotokopien oder Fotos von Pass, Visa und Flugtickets und die sichere Aufbewahrung von Kreditkartennummern bewährt. Anträge zur Ausstellung eines neuen Passes gehen meist in das Heimatland. Es ist deshalb ratsam, zu Hause jemanden zu haben, der eine Kopie des Passes besitzt.

➡ Um sich zu schützen, sollte man folgende Ratschläge beherzigen:

➡ iPhone oder Laptop nicht in der Öffentlichkeit benutzen; sie könnten die Aufmerksamkeit von Dieben erregen.

➡ Größere Geldbündel und den Pass in einem Geldgürtel verstecken und einzelne Geldscheine und Münzen greifbar in den Hosentaschen aufbewahren; praktisch sind Reißverschlusstaschen.

➡ Geldbeutel und Taschen können leicht abgeschnitten und gegriffen werden. Für den Rundgang durch Städte am besten eine billige und unauffällige Tasche mitnehmen.

➡ Vorsicht ist geboten, wenn man auf einen Fleck auf der Kleidung hingewiesen wird (Senf, Hundekot etc.). Dies ist ein beliebter Trick versierter Taschendiebe: Während eine Person dabei hilft, den fiesen Fleck zu entfernen, „kümmert" sich ein anderer um die Wertgegenstände des ahnungslosen Opfers.

➡ Nachtbusse vermeiden.

➡ Nach Einbruch der Dunkelheit immer mit dem Taxi fahren, vor allem in Großstädten. Nicht alleine auf einsamen Stadtstraßen und in abgelegenen Gegenden herumwandern.

➡ Wertgegenstände möglichst in einem signierten Umschlag im Hotelsafe einschließen lassen.

➡ Türen und Fenster immer abschließen!

➡ Nicht irgendwo am Strand oder auf dem Land zelten, wenn man nicht 100%ig davon überzeugt ist, dass es sicher ist.

➡ Ortsspezifische Sicherheitsinformationen von Pensionsbesitzern, Touristeninformationen und anderen Reisenden einholen.

➡ Nicht wehren! Viele Diebe sind bewaffnet.

Risiken beim Schwimmen

Jedes Jahr ertrinken Hunderte Menschen an den Stränden Zentralamerikas. In 80 % der Fälle sind starke Brandungsrückströmungen die Ursache. Sie zerren Badende, die teilweise nur bis zur Hüfte im Wasser stehen, vom Ufer weg ins Meer hinaus. Unser Tipp: Vor dem Schwimmen nach den jeweiligen Gegebenheiten fragen. Wird der Strand als gefährlich beschrieben, lieber nur den großen Zeh hineinhalten!

Strom

Die meisten Länder in Zentralamerika benutzen Stecker vom Typ A oder B, die auch in den USA üblich sind. Nur Belize verwendet auch Typ-G-Stecker. Die elektrische Spannung variiert zwischen 110V und 220V. Mehr Infos dazu gibt es unter www.worldstandards.org.

Telefon

Internetcafés mit Voice-over-IP-Diensten bieten die günstigste Gelegenheit für Auslandstelefonate. Bei Anrufen in die USA und nach Europa schwanken die Gebühren zwischen 0,10 und 0,50 US$/Min.

Auslandsgespräche von Festnetztelefonen sind am günstigsten mit Telefonkarten, die es in Kiosken und Eckläden zu kaufen gibt. Eine andere Möglichkeit sind Direktwahlleitungen mit speziellen Nummern, die über einen heimischen Account abgerechnet werden. Mitunter ist es billiger, ein Kreditkarten- oder R-Gespräch nach Europa oder Nordamerika zu führen, als die vor Ort verlangten Minutenpreise zu zahlen.

In vielen Städten gibt es Telefonzentren, von denen Orts- und Ferngespräche geführt werden können, allerdings oft zu hohen Gebühren. Um die Kreditkartentelefone in Mexiko und die schwarzen Telefone in Guatemala sollte man einen Bogen machen; die Gebühren sind exorbitant.

Handys

Mobiltelefone sind in den größeren Städten Zentralamerikas weit verbreitet. Es ist aber immer teurer, eine Mobilnummer anzurufen als eine Festnetznummer.

Wer sein eigenes Handy mitnehmen möchte, sollte ein GSM-Tri- oder Quadband-Telefon besitzen. Für ein kompatibles GSM-Handy ohne SIM-Lock kann man sich auch vor Ort eine Prepaid-SIM-Karte kaufen. Oder man kauft im Land ein billiges Handy, das es am Kiosk ab ca. 20 US$ gibt.

Toiletten

Die zentralamerikanischen Toiletten sind ganz in Ordnung; das Problem sind die Abflussrohre. Nirgends in der Region sollte man Toilettenpapier, Hygieneartikel oder irgendetwas dergleichen durch die Toilette spülen, sofern es nicht durch ein Hinweisschild ausdrücklich erlaubt wird. Stattdessen sind die bereitstehenden Mülleimer zu benutzen.

Manchmal kostet die Nutzung öffentlicher Toiletten etwas (0,10 US$ o. ä.). Dafür versorgt einen das Personal mit Toilettenpapier (für den Fall der Fälle sollte man unterwegs aber immer etwas Klopapier dabeihaben).

Touristeninformation

In allen Hauptstädten der Region gibt es offizielle Touristeninformationen; einige Länder haben auch in entlegeneren Orten Informationsbüros. Studenten können sich an die Studenten-Reisebüros in den Hauptstädten Costa Ricas und Panamas sowie in Cancún, Mexiko, wenden.

Unter www.visitcentroamerica.com (spanisch) findet man grundlegende Reiseinformationen zu den einzelnen Ländern.

Unterkunft

Die Preise für Übernachtungen unterscheiden sich von Land zu Land. Nicaragua, Honduras und Guatemala sind die günstigsten Länder, Mexiko, Belize, Panama und Costa Rica (sowie viele Strandorte) die teuersten Flecken. Extras wie ein eigenes Bad, Warmwasser oder eine Klimaanlage treiben die Übernachtungspreise in die Höhe.

In Touristengebieten sind Reservierungen zur Hauptsaison erforderlich; vor allem während der Semana Santa (Karwoche) und in der Woche zwischen Weihnachten und Neujahr werden die beliebtesten Reiseziele nämlich auch von zahllosen Einheimischen frequentiert.

Preise verändern sich; unsere Preislisten dienen nur als Anhaltspunkt.

Camping

Wer zelten gehen möchte, sollte seine eigene Ausrüstung mitbringen. Offizielle Campingplätze sind in Zentralamerika die Ausnahme und die Ausstattung ist von Campingplatz zu Campingplatz sehr unterschiedlich. Deshalb sollte man sich vorher informieren, ob es dort Feuerstellen, einfache Toiletten und fließendes Wasser gibt.

Manche Hostels haben eigene Campingbereiche. Auch in einigen Nationalparks und Naturschutzgebieten (vor allem in Costa Rica) findet man simple Campingplätze, die aber manchmal sehr voll werden. Hier und da kann man auch Privatleute fragen, ob man auf ihrem Grundstück zelten darf.

Pensionen & Hotels

Pensionen sind in der Regel kleine Familienbetriebe. Die meisten Zimmer sind mit Ventilatoren ausgestattet; das Bad teilt man sich mit anderen Gästen. Handtücher und Seife müssen meist selbst mitgebracht werden. Die Standards sind sehr unterschiedlich, von hübschen Zimmern mit Gemeinschaftsbad bis zu Herbergen mit durchgelegenen Matratzen, zerquetschten Moskitos an den Wänden und einer

PREISKATEGORIEN UNTERKÜNFTE

Die folgenden Preise gelten für ein Doppelzimmer mit Bad.

$	unter 30 US$ (50 US$ in Belize, Costa Rica und Panama)
$$	30–60 US$ (50–120 US$ in Belize, Costa Rica und Panama)
$$$	über 60 US$ (120 US$ in Belize, Costa Rica und Panama)

miefigen, tröpfelnden Dusche am Ende des Flurs.

In Hotels sind Zimmer mit Klimaanlage und TV in der Regel mindestens 20 US$ teurer als ein Zimmer mit Ventilator. Das Frühstück ist normalerweise nicht im Übernachtungspreis enthalten.

„Warmwasser" ist teilweise nur lauwarm und nur zu bestimmten Tageszeiten verfügbar. Immer nachfragen, wenn das Wasser unerwartet kalt ist: Manchmal muss einfach nur der Warmwasserbereiter eingeschaltet werden. Vorsicht heißt es bei den Elektro-Duschen (Kaltwasserduschköpfe, an denen Heizelemente befestigt sind): Auf keinen Fall den Duschkopf bzw. Metallgegenstände anfassen, solange man im Wasser steht!

Benutztes Toilettenpapier *nicht* durch die Toilette spülen, sondern in den bereitgestellten Mülleimer werfen!

Wir haben uns bemüht, nur Unterkünfte zu nennen, die nicht als Stundenhotels genutzt werden. Sollte uns doch eines dazwischengeraten sein, bitte an Lonely Planet schreiben!

Hängematten & Hütten

In einer Hängematte zu schlafen, ist manchmal angenehmer als in einem stickig-heißen Zimmer. In vielen Strandorten werden Hängemattenzimmer oder offene Schlafbereiche zu demselben Preis wie ein Mehrbettzimmer angeboten. Auch eine Nacht in einer Strand- oder Urwald-*cabaña* (oder *cabina*) ist sicher unvergesslich. Die Ausstattung ist sehr unterschiedlich; meist sind es einfache, strohgedeckte Hütten mit Sand- oder Lehmboden.

Homestays

In Städten, in denen es viele Spanisch-Sprachschulen gibt, organisieren diese Aufenthalte bei Gastfamilien, wie z. B. in Antigua und Quetzaltenango in Guatemala, Granada in Nicaragua, Copán in Honduras und Bocas del Toro in Panama. Ähnlich funktioniert *turismo rural* – kommunale Tourismusinitiativen vermitteln Unterkünfte auf Bauernhöfen.

Bei solchen „Homestays" nächtigt man normalerweise in separaten Schlafzimmer in Privathäusern und teilt das Bad mit der Familie. Oft sind auch Mahlzeiten im Preis enthalten. Meist bekommt man so Kost und Logis zu erschwinglichen Preisen und obendrein reichlich Gelegenheit, sein Spanisch zu üben.

Hostels

Hostels gibt es überall in Zentralamerika; sie nehmen Personen jeden Alters auf. Viele vermieten außer Etagenbetten in Gemeinschaftsschlafräumen (normalerweise für 10–15 US$ p. P.) auch einige Pensionszimmer.

Versicherung

Eine Reiseversicherung abzuschließen, die Diebstähle, Unfälle und Krankheiten im Ausland abdeckt, ist auf jeden Fall eine gute Idee. Manche Versicherungen ersetzen Reisenden sogar verlorenes bzw. an den falschen Ort geliefertes Gepäck. Wichtig ist, dass sie auch in den schlimmsten Notfällen zahlen, sprich: bei Krankentransporten, Evakuierungen und medizinisch notwendigen Rückflügen nach Hause. Achtung: Manchmal wird in den Versicherungsbedingungen ausdrücklich darauf hingewiesen, dass „risikoreiche Aktivitäten" nicht abgedeckt sind. Dazu können Tauchen, Motorradfahren oder sogar Wanderungen zählen. Das Kleingedruckte aufmerksam lesen!

Es gibt eine Vielzahl unterschiedlicher Versicherungen. Versicherungen von Studentenorganisationen haben normalerweise preiswerte, qualitativ gute Angebote. Günstigere Tarife mit Selbstbehalt sind ebenfalls eine Option für Zentralamerika, da die Kosten für medizinische Behandlungen hier vergleichsweise gering sind.

Wer ausgeraubt wird (S. 795) und einen Anspruch bei seiner Versicherung geltend machen will, muss den Verlust oder Diebstahl innerhalb von 24 Stunden bei der örtlichen Polizei anzeigen. Vorher sollte man alle vermissten Gegenstände samt Wert auflisten. Bei der Polizei verfasst man dann die *denuncia* (Anzeige) und erhält eine Kopie, die man bei der Versicherung einreichen kann.

Eine weltweit geltende Reiseversicherung gibt es auch auf www.lonelyplanet.com/travel-insurance. Man kann sie jederzeit online abschließen, verlängern oder in Anspruch nehmen – auch von unterwegs.

Visa & Einreise

Bürger aus Deutschland, Österreich und der Schweiz benötigen derzeit kein Visum, um in die zentralamerikanischen Staaten bzw. nach Mexiko einreisen zu können. Zur Sicherheit sollte man sich aber vor der Abreise daheim noch einmal nach

UNTERKÜNFTE ONLINE BUCHEN

Weitere Unterkunftstipps von Lonely Planet Autoren gibt es unter www.lonelyplanet.com/central-america/hotels. Dort sind unabhängige Bewertungen und Empfehlungen für den besten Adressen zu finden. Und das Schönste: Man kann gleich online buchen.

VIVA EL CA-4!

Das „CA-4-Grenzkontrollabkommen" zwischen Guatemala, Honduras, El Salvador und Nicaragua ermöglicht es Bürgern dieser Länder und Besuchern aus den USA, Kanada sowie Europa inklusive der Schweiz, sich 90 Tage lang frei innerhalb dieser Region zu bewegen.

Theoretisch muss die Einreisegebühr nur einmal gezahlt werden und gilt dann für alle vier Länder. Dennoch verlangen viele Grenzbeamte ein paar Dollar zusätzlich für den „Verwaltungsaufwand". Wenn sie darauf beharren, bleibt einem kaum etwas anderes übrig, als zu bezahlen.

dem aktuellen Stand der Dinge erkundigen.

In vielen Ländern wird bei der Einreise eine Touristen-Gebühr fällig (5–20 US$).

Einreise

Bei der Einreise kontrollieren die Grenzbeamten den Pass; manchmal wird man auch nach seinen finanziellen Mitteln befragt. Wer nicht nachweisen kann, dass er über ausreichende Geldmittel für die Dauer seines Aufenthalts verfügt, dem verkürzen die Beamten eventuell den zulässigen Aufenthaltszeitraum. 370 € (500 US$) pro Monat gelten generell als genug; Reiseschecks, manchmal auch Kreditkarten, sollten als Belege akzeptiert werden.

In einigen zentralamerikanischen Ländern muss zudem ein Rück-/Weiterreiseticket (S. 802) vorgelegt werden.

Zeit

In Zentralamerika gilt fast überall die Central Standard Time (UTC-6), d. h. es ist sieben Stunden früher als bei uns (MEZ minus 7 Std.). Die einzige Ausnahme bildet Panama: Hier gilt die Eastern Standard Time oder UTC-5 (MEZ minus 6 Std.).

Zoll

Alle Besucher, die nach Zentralamerika einreisen bzw. Zentralamerika verlassen, müssen den Zoll passieren. Man sollte sich darauf einstellen, dass Taschen am Flughafen und an Landesgrenzen einer Inspektion unterzogen werden. Häufig werfen die Beamten nur pro forma einen schnellen Blick auf das Gepäck, manchmal gehen sie aber auch gründlicher vor. Es kann nicht schaden, immer höflich zu den Beamten zu sein.

Verkehrsmittel & -wege

AN- & WEITERREISE

Die meisten Besucher kommen mit dem Flugzeug oder im Rahmen einer größeren Tour auf dem Landweg aus Mexiko nach Zentralamerika. Flüge, Mietwagen und Touren kann man online auch unter lonelyplanet.com/bookings buchen.

Einreise

Der Pass sollte noch mindestens sechs Monate über das vorgesehene Abreisedatum hinaus gültig sein und für die stempelfreudigen Beamten über mehrere leere Seiten verfügen. Unterwegs sollte man den Pass immer bei sich tragen.

Auf dem Landweg

Aus Mexiko

AUTO & MOTORRAD

Die meisten Traveller, die mit dem Auto nach Zentralamerika einreisen, kommen aus den USA. In Zentralamerika oder Mexiko ein Auto zu kaufen, ist eine sehr komplizierte Angelegenheit.

Eine Autoreise durch Zentralamerika ist eine tolle Erfahrung, aber kein Spartrip. Es erwarten einen viele Gebühren, Papierkram, Bürokratie, Mautgebühren und Parkprobleme. Besonders nervenaufreibend ist das Theater an den Grenzübergängen. Auch sonst wird man häufig an militärischen Kontrollpunkten zur Ausweiskontrolle angehalten. Überfälle auf der Schnellstraße sind nicht unüblich. Nicht nachts reisen!

Eventuell muss man vor der Einreise eine Haftpflichtversicherung abschließen, die in Mexiko gültig ist, z. B. **Oscar Padilla Mexican Insurance** (☎in Nordamerika 800-466-7227800-466-7227; www.mexicaninsurance.com). Die Versicherungsdokumente sind mitzuführen, weil sie an der Grenze vorgezeigt werden müssen. Bei Einreise nach Belize, Nicaragua, Costa Rica und Panama kann man die vorgeschriebene Versicherungspolice am Grenzübergang erwerben. In El Salvador, Guatemala und Honduras ist keine Versicherung vorgeschrieben.

Eine ausgezeichnete Informationsquelle ist „Drive the Americas" (www.drivetheamericas.com) mit Tipps zur Reiseplanung und Fahrzeugauswahl, Fahrzeug-Verkaufsanzeigen, Travellerprofilen und Foren zum Erfahrungsaustausch mit anderen Autoreisenden.

Was vor der Fahrt noch zu bedenken ist:

- Man braucht eine gültige Fahrerlaubnis aus dem Heimatland.
- Bleifreies Benzin/Diesel gibt es inzwischen in ganz Zentralamerika.
- Sicherstellen, dass die Stoßdämpfer und die Federung den holprigen Straßen angepasst sind.
- Ein Ersatz-Kraftstofffilter und andere Ersatzteile können von unschätzbarem Wert sein.
- Im Vorfeld bei einem nationalen Tourismusverband oder Konsulat erkundigen, ob sich die Bestimmungen hinsichtlich der Einreise mit Auto nach Mexiko oder Zentralamerika geändert haben.

BUS

Mit dem Bus kann man von den USA über Mexiko direkt bis Zentralamerika durchfahren. Die drei praktischsten Grenzübergänge zwischen Mexiko und Zentralamerika sind die zwischen Chetumal in Quintana Roo (Yucatán Halbinsel) und Corozal (Belize), zwischen Ciudad Cuauhtémoc und La Mesilla (Guatemala) und zwischen Ciudad Hidalgo in Chiapas (ca. 38 km südlich von Tapachula) und Ciudad Tecún Umán (Guatemala).

Eine ebenfalls beliebte Variante ist die Fähre über den Río Usumacinta, die von Frontera Corozal südlich von Palenque nach Bethel (Guatemala) schippert.

Von Südamerika

Zwischen Süd- und Zentralamerika gibt es keine Straßenverbindung. Wegen der unsicheren Lage in der Grenzregion zwischen Panama und Kolumbien und des unwegsamen Geländes ist auch die Durchquerung des Tapón de Darién („Darien-Hindernis") zu Fuß praktisch unmöglich geworden. Alle Besucher des Darién müssen sich bei der Polizei anmelden.

Flugzeug

Alle zentralamerikanischen Länder haben internationale Flughäfen. Mit Ausnahme der Flüge aus Südamerika (S. 802) legen fast alle Flieger nach Zentralamerika einen Zwischenstopp in den USA (normalerweise in Houston, Miami oder am JFK-Airport in New York) oder in Mexiko-Stadt ein. Es gibt aber auch einige Direktflüge aus Europa, insbesondere ab Madrid. Cancún wird auch von deutschen Ferienfliegern angesteuert.

Internationale Flughäfen

BELIZE

Philip SW Goldson International Airport (BZE; Belize City; www.pgiabelize.com)

COSTA RICA

Aeropuerto Internacional Juan Santamaría (SJO; San José; ☎2437-2400; fly2sanjose.com)

Daniel Oduber Quirós International Airport (LIR; Liberia; www.liberiacostaricaairport.net)

EL SALVADOR

Aeropuerto Internacional Comalpa (SAL; San Salvador; ☎2339-8264; www.aeropuertoelsalvador.gob.sv)

GUATEMALA

Aeropuerto Internacional La Aurora (GUA; Guatemala-Stadt; ☎2260-6257)

Aeropuerto Internacional Mundo Maya (FRS; Flores)

HONDURAS

Aeropuerto Internacional Ramón Villeda Morales (SAP; San Pedro Sula; ☎6689-3261)

Aeropuerto Internacional Toncontín (TGU; Tegucigalpa ☎2233-5107, Flughafen 2234-0137; www.aerolineasosahn.com)

Roatán Airport (RTB; Roatán; ☎2445-1880)

MEXIKO

Aeropuerto Internacional de Cancún (CUN; Cancún; ☎998-848-72-00; www.asur.com.mx)

NICARAGUA

Augusto C. Sandino (MGA; Managua; www.eaai.com.ni)

PANAMA

Tocumen International Airport (PTY; Panama-Stadt; ☎238-2700; www.tocumenpanama.aero)

Aeropuerto Enrique Malek (DAV; David; ☎721-1072)

Ausreisegebühr

Alle sieben zentralamerikanischen Länder erheben von Flugpassagieren eine Ausreisegebühr. Der Betrag variiert je nach Land von 29 bis 40 US$, ist aber normalerweise im Ticketpreis enthalten. Bei Ausreise auf dem Landweg wird die Ausreisegebühr nur in Belize (18,75 US$) und Costa Rica (7 US$) fällig.

Tickets

Da Amerika auf einer schmalen Landbrücke liegt, ist ein „Gabelflugticket" eine attraktive Option – d. h. man fliegt nicht von derselben Stadt zurück, in der man angekommen ist, sondern beginnt seine Zentralamerika-Reise z. B. in Cancún oder Guatemala-Stadt und fliegt dann vielleicht von Panama-Stadt zurück. Oft ist das kaum teurer als ein normales Hin- und Rückflugticket. Wer in puncto Start- und Endpunkt der Reise flexibel ist, wird viele Schnäppchenangebote finden.

Man könnte denken, dass der Flug zu einem Verkehrsknotenpunkt, z. B. mit Avianca nach San Salvador, besonders günstig sein müsste, aber manchmal ist das sogar *teurer*. Der Grund liegt darin, dass die Fluglinien im undurchschaubaren Dschungel der Flugpreisge-

REISEN & KLIMAWANDEL

Jede Form des Reisens, die auf Brennstoff auf Kohlenstoffbasis beruht, erzeugt CO_2, das für den von Menschen verursachten Klimawandel hauptverantwortlich ist. Modernes Reisen ist von Flugzeugen abhängig, die zwar pro Kilometer und Person weniger Kraftstoff als die meisten Autos verbrauchen, aber sehr viel weitere Strecken zurücklegen. Auch die hohen Luftschichten, in die Flugzeuge Treibhausgase (auch CO_2) und Schadstoffe ausstoßen, verstärken ihren Einfluss auf den Klimawandel. Viele Websites bieten „Emissionsrechner", mit denen Reisende die CO_2-Emissionen ihrer Reise ausrechnen und die Auswirkung ihrer Treibhausgase mit einem Beitrag für klimafreundliche Projekte in der ganzen Welt ausgleichen können. Lonely Planet gleicht die CO_2-Bilanz aller Reisen der Mitarbeiter und Autoren aus.

BESTIMMUNGEN FÜR EIN ANSCHLUSSTICKET

Wer per Flugzeug in ein Land einreisen und aus einem anderen wieder abfliegen will, sollte Folgendes beachten: Einreisebeamte können von Travellern einen Nachweis darüber fordern, dass sie ihre Reise fortsetzen. So soll vermieden werden, dass Touristen die Aufenthaltsgenehmigung unerlaubt ausdehnen.

In den meisten Fällen genügt es, wenn man die Absicht zur „Weiterreise" in ein anderes Land (z. B. mit einem Flugticket zurück in die Heimat) belegen und dem Beamten plausibel erklären kann, wie, wann und wohin man das Land wieder verlassen wird. Die meisten Reisenden werden sowieso gar nicht erst gefragt. Wer auf Nummer sicher gehen will, sollte sich bei den Fluglinien erkundigen. Ihnen können Strafen auferlegt werden, wenn sie Passagiere ohne die nötigen Dokumente ins Land einreisen lassen. Es kann auch hilfreich sein, eine „Busreservierung" zum Verlassen des Landes vorzuzeigen.

Dies kann auch an Landesgrenzen erforderlich sein. Reist man z. B. nach Costa Rica ein, muss man manchmal an der Grenze ein Busticket zum Verlassen des Landes kaufen, auch wenn man dies nie benutzen wird. Wer mit einem eigenen Auto einreist, braucht kein Ticket zur Weiterreise, aber alle relevanten Dokumente für das Auto.

staltung oft versuchen, die Konkurrenz mit Direktflügen auszustechen. Es lohnt sich also, die Preise sorgfältig zu vergleichen.

In der Hauptsaison (Juli & August; Weihnachten bis Neujahr und rund um die Semana Santa) können Flüge erheblich teurer sein.

Studentische Reisebüros wie **STA Travel** (www.statravel.de, www.statravel.at, www.statravel.ch) bieten vergünstigte Tarife für Studenten unter 26 Jahren.

ROUND-THE-WORLD-TICKETS

Round-The-World (RTW)-Tickets sind eine weitere Option. Allerdings gibt es keine Flüge zwischen Australasien und Zentralamerika; man wird bei einer Weltumrundung also über die USA weiterreisen müssen.

VON/NACH SÜDAMERIKA

Avianca (El Salvador; www.avianca.com) und Copa Airlines (Panama; www.copaair.com) bieten Verbindungen zwischen zentralamerikanischen Städten und Argentinien, Bolivien, Brasilien, Chile, Kolumbien, Ecuador und Peru an. Auch die chilenische Fluggesellschaft LAN (www.lan.com) hat viele Verbindungen zwischen Zentral- und Südamerika im Programm.

Interessant für Reisende, die Zentral- und Südamerika in einem besuchen wollen: Manche Fluggesellschaften bieten eine kostenlose Reiseunterbrechung in Zentralamerika an. Panama-Stadt ist in vielen Fällen die billigste Zwischenstation auf dem Weg von oder nach Südamerika, insbesondere für Verbindungen mit Kolumbien, Ecuador und Venezuela (die am nächsten zu Panama liegen).

Achtung: Viele südamerikanische Länder verlangen, dass man bei der Einreise ein Rück- bzw. Weiterreise-Flugticket vorlegt.

Übers Meer

Sofern man keine Jacht besitzt oder eine Kreuzfahrt macht, sind die Möglichkeiten, mit dem Schiff nach Zentralamerika zu reisen oder es zu verlassen, begrenzt. Die beliebteste Möglichkeit ist ein Törn mit einem (zu mehreren) gecharterten Segelboot zwischen dem Archipélago de San Blas, Panama, und Cartagena in Kolumbien (550 US$/Pers.). Während der fünftägigen Reise hat man in der Regel ein paar Tage Aufenthalt auf den Inseln; die Fahrt ab/nach Kolumbien selbst dauert zwei Tage. Es gibt auch eine kürzere Route zwischen dem Grenzort La Miel, Panama, und dem nahen Sapzurro, Kolumbien (400 US$/Pers). Genauere Auskunft dazu geben die nachstehenden Anbieter.

Blue Sailing (☎in Cartagena 57-5-668-6485, in den USA 203-660-8644; www.bluesailing.net) Das Unternehmen führt einen Gesamtfahrplan für über ein Dutzend Boote, die zwischen Kolumbien und Panama segeln. Auf der Website gibt es Fotos und Infos über die Boote und ihre Skipper und die Möglichkeit, Törns online zu buchen.

Captain Jack's (www.sailcolombiapanama.com) Bei Captain Jack's Hostel in Portobelo, Panama, kann man Segeltörns ab Portobelo oder Carti bzw. El Porvenir buchen.

Casa Viena (☎in Cartagena 57-5-664-6242; www.casaviena.com) Das Hostel in Cartagena vermittelt Bootstouren nach Panama.

Sailing Koala (☎in Cartagena 57-312-670-7863, in Panama 507-6047-9283; www.sailingkoala.com) Ein empfehlenswerter Segeltörnanbieter.

Mamallena Tours (www.mamallena.com) Der Veranstalter – mit Sitz in den gleichnamigen Hostels in Panama-Stadt und Cartagena – organisiert Segeltörns zwischen den beiden Ländern, die über San Blás führen.

Frachtschiffe sind eine riskante Sache, da Schmuggel auf der Strecke Colón–Cartagena an der Tagesordnung ist.

UNTERWEGS VOR ORT

Busse sind das günstigste und bestverfügbare Verkehrsmittel, um innerhalb von Zentralamerika herumzukommen, vor allem entlang der Panamericana bzw. Interamericana (Panamerican Highway), die mit Ausnahme von Belize alle Länder Zentralamerikas durchquert.

Auto & Motorrad

Führerschein

Wer in Zentralamerika Auto oder Motorrad fahren will, muss einen gültigen Führerschein aus seinem Heimatland oder einen internationalen Führerschein dabei haben, der beim Straßenverkehrsamt erhältlich ist.

Man sollte stets auf Polizeikontrollen vorbereitet sein – immer anhalten und die Papiere griffbereit haben!

Mietfahrzeuge

Zentralamerika kann man recht unproblematisch mit einem eigenen Fahrzeug erkunden. Es würden sich weit mehr Traveller für diese Variante entscheiden, wären die Kosten (Fahrzeugmiete, Versicherung & Sprit) geringer. Für ein Mietauto zahlt man zwischen 15 US$ pro Tag in Nicaragua und 55 US$ pro Tag in Belize; Fahrzeuge mit Allradantrieb sind teurer (im Allgemeinen 30–80 US$). Wer mit dem Mietwagen sonst unerreichbare Ziele (wie abgelegene Strände südlich von Tulum in Mexiko und rund um die Península de Nicoya in Costa Rica) ansteuern will, sollte sich den Allradantrieb gönnen, denn ab irgendeinem Punkt muss man den Asphaltstraßen „Adios" sagen.

In den meisten zentralamerikanischen Ländern ist eine Versicherung vorgeschrieben, die Mietwagen stark verteuert. Die (meist) obligatorische Teilkaskoversicherung (Collision Damage Waiver – CDW) kann den Tagessatz verdoppeln. Viele Autovermieter versuchen auch, den Kunden einen noch umfassenderen und teureren Versicherungsschutz aufzuschwatzen. Wenn die mitgeführte Kreditkarte einen Versicherungsschutz für Mietwagen enthält, sollte man unbedingt Unterlagen bereithalten, die das belegen. In den meisten Fällen muss man die CDW-Police aber trotzdem zahlen.

➡ Im September 2016 lag der Benzinpreis zwischen ca. 0,67 US$ (in Panama) und 1,18 US$ (in Belize) pro Liter.

➡ In vielen Fällen ist es günstiger, Fahrzeuge (sogar noch für denselben Tag) über die Websites der großen Autovermieter zu buchen: Bei unseren Recherchen in Tulum sparten wir 50 % des ortsüblichen Mietpreises, indem wir in ein Internetcafé um die Ecke gingen und online buchten!

➡ Um ein Auto zu mieten, benötigt man einen Pass und einen Führerschein. Manche Agenturen vermieten Autos an Fahrer ab 21 Jahren, andere schreiben ein Mindestalter von 25 Jahren vor.

➡ In ganz Zentralamerika wird auf der rechten Straßenseite gefahren.

➡ In der Regel darf man mit dem Mietwagen nicht das Land verlassen. Budget z. B. erlaubt aber – mit einigen Einschränkungen – Fahrten von Guatemala nach Mexiko, Honduras und El Salvador.

➡ Mancherorts sind auch Roller und größere Motorräder erhältlich. Letzere kosten in der Regel etwa so viel wie ein Kleinwagen.

Bus

Busfahrten können einem einige der unvergesslichsten Augenblicke einer Zentralamerika-Reise bescheren. Das Busnetz ist in der gesamten Region gut ausgebaut; der Komfort bleibt aber nicht selten auf der Strecke. Manche Busse haben eine Klimaanlage und Liegesitze mit Reservierungsmöglichkeit. Sehr verbreitet sind aber auch kunterbunt umlackierte ausrangierte Schulbusse aus den USA (die berühmt-berüchtigten *chicken buses* oder „Hühnerbusse"), deren Fahrer eine liberale „Alles darf an Bord"-Haltung vertreten (es kommt aber eher selten vor, dass man sich den Sitz mit einem Huhn teilen muss).

Nachtbusse meidet man am besten, da sie auf den Schnellstraßen öfter überfallen werden (nur in Mexiko und Panama ist das Risiko gering).

Busse der 1. und einige Busse der 2. Klasse fahren nach Fahrplan von einem *terminal de autobuses* (Fernbusbahnhof) ab. Andere starten von Busbahnhöfen auf Parkplätzen, wenn sie voll sind. Da sie unterwegs anhalten, um noch mehr Fahrgäste einzuladen, haben Traveller ganz gute Chancen, auch irgendwo von der Carretera aufgelesen zu werden. In vielen Städten gibt es mehr als einen Busbahnhof. Manche Busgesellschaften unterhalten eigene Terminals. Die Häufigkeit der Abfahrten variiert.

Gepäck wird im Gepäckraum oder auf dem Dach des Busses verstaut. Nach Möglichkeit sollte man es im Auge behalten, besonders wenn man es in den leicht zugänglichen Gepäckablagen eines vollgestopften Busses untergebracht hat. Wertsachen immer am Körper tragen. In vollen Bussen und an Busbahnhöfen auf Taschendiebe Acht geben.

FAHRTZEITEN

Zu beachten ist, dass notwendiges Umsteigen und die Formalitäten an Grenzposten die Reise in die Länge ziehen können.

START	ZIEL	DAUER (STD.)
Cancún, Mexiko	Belize City	9–10
Flores, Guatemala	Guatemala-Stadt	8–10
Guatemala-Stadt	Copán Ruinas, Honduras	5
Managua, Nicaragua	San José, Costa Rica	9
San Cristóbal de las Casas, Mexiko	Antigua, Guatemala	11
San José, Costa Rica	Panama-Stadt	14
San Salvador, El Salvador	Tegucigalpa, Honduras	8
Tegucigalpa, Honduras	Managua, Nicaragua	8

Mancherorts betreiben Reisebüros private Shuttlebusse (meistens klimatisierte Vans) zu beliebten Zielen. Sie sind komfortabler und teurer als die öffentlichen Busse.

Colectivos & Minibusse

Eine Armada von Minibussen (*rapidito* in Honduras, *chiva* in Panama, *colectivo* in Costa Rica und Mexiko) bedient Kurzstrecken zwischen großen Städten mit wichtigen Verkehrsanbindungen und kleinen Städten. Sie sind günstiger als Busse der 1. Klasse und fahren häufig. Der Haken: Sie halten an jeder Ecke und der Fahrer kennt das Wort „voll" nicht.

Fahrrad

Da nur wenige Autofahrer daran gewöhnt sind, die engen Stadtstraßen und zweispurigen Schnellstraßen (oft ohne Seitenstreifen) mit Radfahrern zu teilen, ist es nicht ungefährlich, lange Überlandstrecken mit dem Fahrrad zurückzulegen. Allerdings ist der Drahtesel im Kommen – Touren in die Berge und zu Kaffeeplantagen (inkl. Führer & Rad) werden in ganz Zentralamerika angeboten.

Fahrräder kann man in mehreren Städten und an Traveller-Hotspots leihen, so z. B. in San Cristóbal de las Casas (Mexiko), Flores (Guatemala), Granada (Nicaragua), La Fortuna (Costa Rica) und Panama-Stadt. Es werden viele Mountainbike-Touren angeboten, vor allem in kühleren Gegenden wie dem Hochland von Guatemala und San Cristóbal de las Casas. Passionierte Radfahrer sollten die Reisezeit mit Bedacht auswählen: In der Trockenzeit (etwa Dez. bis April) dürften einem Regengüsse normalerweise erspart bleiben.

Wer mit dem Rad von Land zu Land reisen will, sollte Grenzbeamten mit einem entsprechenden Dokument den rechtmäßigen Besitz seines Gefährts nachweisen können.

Auf der Website „El Pedalero" (www.elpedalero.com) berichtet Gareth Collingwood von seinen Radabenteuern in Lateinamerika und gibt hilfreiche Tipps für Pedalritter.

Flugzeug

Viele internationale und nationale Fluglinien sind in der Region unterwegs. Auch einige kleinere regionale Fluglinien bieten Flüge an. Gelegentlich muss man in der Stadt umsteigen, in der die Fluglinie ihr Drehkreuz hat (bei einem Flug von Managua nach Panama-Stadt z. B. im nördlichen San Salvador).

Der Haken dabei sind die Preise. Trotz der relativ kurzen Entfernungen können Flüge innerhalb Zentralamerikas (ob einfache Strecke oder Hin- und Rückflug) sehr teuer sein, ganz unabhängig davon, ob die Tickets im Ausland oder vor Ort gekauft werden.

- Manchmal werden Flüge überbucht, deshalb vor der Ankunft am Flughafen noch einmal den Flug bestätigen lassen.
- Ticketpreise können je nach Aufenthaltsdauer, Jahreszeit und Sonderangeboten extrem schwanken. Die Hauptsaisonpreise dienen also nur als grober Anhaltspunkt, um potenzielle Strecken herauszusuchen.
- Die beliebtesten Knotenpunkte sind San Salvador und San José. Mitunter sind Hin- und Rückflüge sogar günstiger als einfache Flüge.
- Eine praktische Inlandsverbindung ist z. B. die Route von Managua zu den Islas de Maíz (Maisinseln; hin & zurück ca. 165 US$); wer sich für den Flieger entscheidet, spart pro Weg eine zweitägige Bus- und Schiffstour. Ähnlich günstig sind Flüge innerhalb von Panama und Costa Rica.

Schiff/Fähre

Zu den beliebtesten Strecken gehören Bootstouren auf dem Río Dulce in Guatemala oder den Río Escondidas hinab nach Bluefields in Nicaragua und dann zu den Islas de Maíz in der Karibik hinaus.

Weitere per Schiff zu erreichende Karibikinseln sind u. a. die Bay Islands in Honduras, Caye Caulker und Ambergris Caye in Belize sowie Cozumel und die Isla Mujeres, Mexiko. Und natürlich ist der Panamakanal, der die Karibik mit dem Pazifik verbindet, eine der wichtigsten Wasserstraßen der Welt.

Schiffe und Boote sind in der Region sehr gebräuchliche Verkehrsmittel, teils auch für Grenzüberquerungen:

- Reisende zwischen Palenque, Mexiko, und Flores, Guatemala, überqueren den Río Usumacinta in der Nähe von Frontera Corozal, Mexiko, und Bethel, Guatemala.
- Zwischen Punta Gorda, Belize, und Puerto Barrios (manchmal auch Lívingston), Guatemala, verkehrt regelmäßig ein Wassertaxi.
- Zwischen San Carlos, Nicaragua, und Los Chiles, Costa Rica, kann man die Grenze per Flussboot queren, aber inzwischen nutzen die meisten Reisenden die neue Brücke bei Las Tablillas.

Trampen

Trampen *(tomar un jalón)* ist in keinem Land der Welt restlos sicher und wird von Lonely Planet daher nicht empfohlen. Dennoch ist es in Teilen Zentralamerikas gang und gäbe. Tramper sollten sich bewusst sein, dass sie ein gewisses Risiko mit potenziell schwerwiegenden Folgen eingehen.

Höflicherweise sollte man stets anbieten, sich an den Spritkosten zu beteiligen, auch wenn der Fahrer das vielleicht ablehnen wird.

Sprache

Lateinamerikanisches Spanisch ist die am weitesten verbreitete Sprache in Zentralamerika. Amtssprache in Belize ist Englisch, doch wird weithin auch Spanisch oder ein kreolischer Dialekt gesprochen. Maya und Náhuatl sind unter der Reihe einheimischer Sprachen und Dialekte, die in der gesamten Region gesprochen werden, am stärksten vertreten. Die Aussprache des lateinamerikanischen Spanisch ist leicht, denn die meisten verwendeten Laute gibt es auch im Deutschen. Zu beachten ist, dass ch wie „tsch" (im deutschen Wort Tschechien) ausgesprochen wird, v und b leicht zu verwechseln sind (beide werden weich ausgesprochen und klingen wie ein Zwischending zwischen „b" und „w"') und das r genüsslich gerollt wird. Der Buchstabe „h" ist im Spanischen stumm. J ist ein gutturaler Laut wie „ch" in „ach".

Es gibt in Zentralamerika auch einige Varianten des gesprochenen Spanisch. Besonders zu erwähnen ist hier die Aussprache der Buchstabenfolge *ll*. In einigen Ecken der Region wird sie wie „lj" (wie in „Million") ausgesprochen, doch im überwiegenden Teil von Zentralamerika klingt sie wie „j" (wie in „ja"), und so wird es auch hier in der Lautschrift gehandhabt.

Die Form eines Adjektivs kann variieren, je nachdem, ob sich dieses auf ein männliches oder weibliches Substantiv bezieht. Im Folgenden sind, durch einen Schrägstrich getrennt, beide Formen angegeben, z. B. „Ich bin krank": *Estoy enfermo* (sagt ein Mann), *estoy enferma* (sagt eine Frau).

NOCH MEHR SPANISCH?

Zusätzliche Informationen zur Sprache und nützliche Wendungen für diejenigen, die fit in Englisch sind, bieten die Lateinamerika-Phrasebooks von Lonely Planet. Sie sind im Buchhandel oder online unter **shop.lonelyplanet.com** erhältlich.

KONVERSATION

Hallo.	*Hola.*	o·la
Auf Wiedersehen.	*Adiós.*	a·*djos*
Wie geht's?	*¿Qué tal?*	ke tal
Gut, danke.	*Bien, gracias.*	bjen *gra*·sjas
Entschuldigung.	*Perdón.*	per·*don*
Tut mir Leid.	*Lo siento.*	lo *sjen*·to
Bitte.	*Por favor.*	por fa·*wor*
Danke.	*Gracias.*	*gra*·sjas
Gern geschehen.	*De nada.*	de *na*·da
Ja.	*Sí.*	si
Nein.	*No.*	no

Ich heiße ... *Me llamo ...* me *ja*·mo ...

Wie heißen Sie?
¿Cómo se llama usted? *ko*·mo se *ja*·ma u·*ste*

Wie heißt du?
¿Cómo te llamas? *ko*·mo te *ja*·mas

Sprechen Sie/sprichst du Deutsch/Englisch?
¿Habla alemán/inglés? *a*·bla a·le·*man*/in·*gles*
¿Hablas alemán/inglés? *a*·blas a·le·*man*/in·*gles*

Ich verstehe nicht.
Yo no entiendo. jo no en·*tjen*·do

UNTERKUNFT

Ich möchte ein EZ/DZ.
Quisiera una habitación individual/doble. ki·*sjera u*·na a·bi·ta·*sjon* in·di·wi·du·*al*/*do*·ble

Wie viel kostet es pro Nacht/Person?
¿Cuánto cuesta por noche/persona? *kuan*·to *kues*·ta por *no*·tsche/per·*so*·na

Ist das Frühstück inbegriffen?
¿Incluye el desayuno? in·*klu*·je el de·sa·*ju*·no

Klimaanlage
aire acondicionado *ai*·re a·kon·di·sio·*na*·do

MINISPRACHFÜHRER

Für die Verständigung auf Spanisch einfach Wörter nach Wahl in diese kurzen Sätze einbauen:

Wann (geht der nächste Flug)?
¿Cuándo sale (el próximo vuelo)? — kuan·do sa·le (el prok·si·mo wue·lo)

Wo ist (der Bahnhof)?
¿Dónde está (la estación)? — don·de es·ta (la es·ta·sjon)

Wo kann ich (ein Ticket kaufen)?
¿Dónde puedo (comprar un billete)? — don·de pue·do (kom·prar un bi·je·te)

Haben Sie (eine Karte, einen Stadtplan)?
¿Tiene (un mapa)? — tie·ne (un ma·pa)

Gibt es (eine Toilette)?
¿Hay (servicios)? — ai (ser·wi·sjos)

Ich möchte (einen Kaffee).
Quisiera (un café). — ki·sje·ra (un ka·fe)

Ich möchte (ein Auto mieten).
Quisiera (alquilar un coche). — ki·sje·ra (al·ki·lar un ko·tsche)

Darf ich (eintreten)?
¿Se puede (entrar)? — se pue·de (en·trar)

Könnten Sie mir bitte (helfen)?
¿Puede (ayudarme), por favor? — pue·de (a·ju·dar·me) por fa·wor

Benötige ich (ein Visum)?
¿Necesito (obtener un visado)? — ne·se·si·to (ob·te·ner un wi·sa·do)

Bad	*baño*	ba·njo
Bett	*cama*	ka·ma
Campingplatz	*terreno de cámping*	te·re·no de kam·ping
Pension	*pensión*	pen·sjon
Hotel	*hotel*	o·tel
Jugendherberge	*albergue juvenil*	al·ber·ge chu·we·nil
Fenster	*ventana*	wen·ta·na

WEGWEISER

Wo ist …?
¿Dónde está …? — don·de es·ta …

Wie lautet die Adresse?
¿Cuál es la dirección? — kual es la di·rek·sjon

Könnten Sie sie bitte aufschreiben?
¿Puede escribirlo, por favor? — pue·de es·kri·bir·lo por fa·wor

Könnten Sie mir das (auf der Karte) zeigen?
¿Me lo puede indicar (en el mapa)? — me lo pue·de in·di·kar (en el ma·pa)

an der Ecke	*en la esquina*	en la es·ki·na
an der Ampel	*en el semáforo*	en el se·ma·fo·ro
hinter …	*detrás de …*	de·tras de …
vor …	*enfrente de …*	en·fren·te de …
links	*izquierda*	is·kjer·da
neben …	*al lado de …*	al la·do de …
gegenüber …	*frente a …*	fren·te a …
rechts	*derecha*	de·re·tscha
geradeaus	*todo recto*	to·do rek·to

ESSEN & TRINKEN

Kann ich bitte die Speisekarte haben?
¿Puedo ver el menú, por favor? — pue·do wer el me·nu por fa·wor

Was würden Sie empfehlen?
¿Qué recomienda? — ke re·ko·mjen·da

Haben Sie vegetarisches Essen?
¿Tienen comida vegetariana? — tie·nen ko·mi·da ve·che·ta·ria·na

Ich esse kein/keine (rotes Fleisch).
No como (carne roja). — no ko·mo (kar·ne ro·cha)

Es war lecker!
¡Estaba buenísimo! — es·ta·ba bue·ni·si·mo

Zum Wohl!
¡Salud! — sa·lu

Die Rechnung, bitte.
La cuenta, por favor. — la kuen·ta por fa·wor

Ich möchte einen Tisch für …	*Quisiera una mesa para …*	ki·sje·ra u·na me·sa pa·ra …
(acht) Uhr	*las (ocho)*	las (o·tscho)
(zwei) Personen	*(dos) personas*	(dos) per·so·nas

Nützliche Begriffe

Aperitiv	*aperitivos*	a·pe·ri·ti·wos
Flasche	*botella*	bo·te·ja
Schüssel	*bol*	bol
Frühstück	*desayuno*	de·sa·ju·no
Kindermenü	*menú infantil*	me·nu in·fan·til
(zu) kalt	*(muy) frío*	(mui) fri·o
Abendessen	*cena*	se·na
Mahlzeit	*comida*	ko·mi·da
Gabel	*tenedor*	te·ne·dor

Glas	*vaso*	*va*·so
heiß (warm)	*caliente*	kal·*jen*·te
Messer	*cuchillo*	ku·tschi·jo
Mittagessen	*comida*	ko·*mi*·da
Hauptspeise	*segundo plato*	se·*gun*·do *pla*·to
Teller	*plato*	*pla*·to
Restaurant	*restaurante*	res·tau·*ran*·te
Löffel	*cuchara*	ku·*tscha*·ra
mit	*con*	kon
ohne	*sin*	sin

Fleisch & Fisch

Ente	*pato*	*pa*·to
Garnelen	*camarones*	ka·ma·*ro*·nes
Hühnchen	*pollo*	*po*·jo
Hummer	*langosta*	lan·*gos*·ta
Kalbfleisch	*ternera*	ter·*ne*·ra
Lamm	*cordero*	kor·*de*·ro
Pute/Truthahn	*pavo*	*pa*·wo
Rindfleisch	*carne de res*	*kar*·ne de *res*
Schweinefleisch	*cerdo*	*ser*·do
Tunfisch	*atún*	a·*tun*

Obst & Gemüse

Ananas	*piña*	*pi*·nja
Apfel	*manzana*	man·*sa*·na
Aprikose	*albaricoque*	al·ba·ri·*ko*·ke
Artischocke	*alcachofa*	al·ka·*tscho*·fa
Banane	*plátano*	*pla*·ta·no
Bohnen (grüne)	*judías*	chu·*di*·as
Champignon	*champiñón*	tscham·pi·*njon*
Erbsen	*guisantes*	gi·*san*·tes
Erdbeeren	*fresas*	*fre*·sas
Gurke	*pepino*	pe·*pi*·no
Karotte	*zanahoria*	sa·na·o·ria
Kartoffel	*patata*	pa·*ta*·ta
Kirsche	*cereza*	se·*re*·sa
Kohl	*col*	kol
Kopfsalat	*lechuga*	le·*tschu*·ga
Kürbis	*calabaza*	ka·la·*ba*·sa
Limone	*limón*	li·*mon*
Linsen	*lentejas*	len·*te*·chas
Mais	*maíz*	ma·*is*
Nüsse	*nueces*	*nue*·ses
Orange	*naranja*	na·*ran*·cha
Pfirsich	*melocotón*	me·lo·ko·*ton*
Paprika (Schote)	*pimiento*	pi·*mjen*·to
Pflaume	*ciruela*	si·ru·*e*·la
Rote Bete	*remolacha*	re·mo·*la*·tscha
Sellerie	*apio*	*a*·pio
Spargel	*espárragos*	es·*pa*·ra·gos
Spinat	*espinacas*	es·pi·*na*·kas
Tomate	*tomate*	to·*ma*·te
Trauben	*uvas*	*u*·was
Wassermelone	*sandía*	san·*di*·a
Zwiebel	*cebolla*	se·*bo*·ja

Noch mehr (Lebensmittel)

Brot	*pan*	pan
Butter	*mantequilla*	man·te·*ki*·ja
Ei	*huevo*	*ue*·wo
Essig	*vinagre*	wi·*na*·gre
Käse	*queso*	*ke*·so
Honig	*miel*	*mjel*
Marmelade	*mermelada*	mer·me·*la*·da
Öl	*aceite*	a·*sey*·te
Pasta	*pasta*	*pas*·ta
Pfeffer	*pimienta*	pi·*mjen*·ta
Reis	*arroz*	a·*ros*
Salz	*sal*	*sal*
Zucker	*azúcar*	a·*su*·kar

Getränke

Bier	*cerveza*	ser·*we*·sa
Kaffee	*café*	ka·*fe*
(Orangen) saft	*zumo (de naranja)*	*su*·mo (de na·*ran*·cha)
Milch	*leche*	*le*·tsche
Rotwein	*vino tinto*	*wi*·no *tin*·to
Tee	*té*	*te*

Schilder

Abierto	Geöffnet
Cerrado	Geschlossen
Entrada	Eingang
Hombres/Varones	Herren
Mujeres/Damas	Damen
Prohibido	Verboten
Salida	Ausgang, Ausfahrt
Servicios/Baños	Toiletten

(Mineral) wasser	*agua (mineral)*	a·gua (mi·ne·ral)
Weißwein	*vino blanco*	wi·no blan·ko

NOTFÄLLE

Hilfe!	*¡Socorro!*	so·ko·ro
Geh weg!	*¡Vete!*	we·te
Rufen Sie ...!	*¡Llame a ...!*	ja·me a ...
einen Arzt	*un médico*	un me·di·ko
die Polizei	*la policía*	la po·li·si·a

Ich habe mich verlaufen.
Estoy perdido/a. es·toi per·di·do/a (m/f)

Wo sind die Toiletten?
¿Dónde están los baños? don·de es·tan los ba·njos

Ich bin krank.
Estoy enfermo/a. es·toi en·fer·mo/a (m/f)

Ich bin allergisch gegen (Antibiotica).
Soy alérgico/a a (los antibióticos). soi a·ler·chi·ko/a a (los an·ti·bio·ti·kos) (m/f)

EINKAUFEN & SERVICES

Um wieviel Uhr wird geöffnet/geschlossen?
¿A qué hora abre/ cierra? a ke o·ra a·bre/ sje·ra

Ich möchte gern ... kaufen ...
Quisiera comprar ... ki·sje·ra kom·prar ...

Ich sehe mich nur um.
Sólo estoy mirando. so·lo es·toi mi·ran·do

Darf ich es mir ansehen?
¿Puedo verlo? pue·do wer·lo

Es gefällt mir nicht.
No me gusta. no me gus·ta

Was kostet es?
¿Cuánto cuesta? kuan·to kues·ta

Das ist zu teuer.
Es muy caro. es mui ka·ro

Fragewörter

Wie?	*¿Cómo?*	ko·mo
Was?	*¿Qué?*	ke
Wann?	*¿Cuándo?*	kuan·do
Wo?	*¿Dónde?*	don·de
Welche/r/s?	*¿Cuál? (sg)* *¿Cuáles? (pl)*	kual kua·les
Wer?	*¿Quién?*	kjen
Warum?	*¿Por qué?*	por ke

Können Sie im Preis heruntergehen?
¿Podría bajar un poco el precio? po·dri·a ba·char un po·ko el pre·sio

Auf der Rechnung ist ein Fehler.
Hay un error en la cuenta. ai un e·ror en la kuen·ta

Geldautomat	*cajero automático*	ka·che·ro au·to·ma·ti·ko
Markt(halle)	*mercado*	mer·ka·do
Postamt	*correos*	ko·re·os
Touristen-information	*oficina de turismo*	o·fi·si·na de tu·ris·mo

UHRZEIT & DATUM

Wie spät ist es?
¿Qué hora es? ke o·ra es

Es ist (10) Uhr.
Son (las diez). son (las djes)

Es ist halb (zwei).
Es (la una) y media. es (la u·na) i me·dia

Vormittag	*mañana*	man·ja·na
Nachmittag	*tarde*	tar·de
Abend	*noche*	no·tsche
gestern	*ayer*	a·jer
heute	*hoy*	oi
morgen	*mañana*	man·ja·na

Montag	*lunes*	lu·nes
Dienstag	*martes*	mar·tes
Mittwoch	*miércoles*	mjer·ko·les
Donnerstag	*jueves*	chue·ves
Freitag	*viernes*	vjer·nes
Samstag	*sábado*	sa·ba·do
Sonntag	*domingo*	do·min·go

Januar	*enero*	e·ne·ro
Februar	*febrero*	fe·bre·ro
März	*marzo*	mar·so
April	*abril*	a·bril
Mai	*mayo*	ma·jo
Juni	*junio*	chun·jo
Juli	*julio*	chul·jo
August	*agosto*	a·gos·to
September	*septiembre*	se·tjem·bre
Oktober	*octubre*	ok·tu·bre
November	*noviembre*	no·vjem·bre
Dezember	*diciembre*	di·sjem·bre

VERKEHRSMITTEL & -WEGE

Öffentliche Verkehrsmittel

Schiff	*barco*	*bar*·ko
Bus	*autobús*	au·to·*bus*
Flugzeug	*avión*	aw·*jon*
Zug	*tren*	*tren*
erster/erstes	*primero*	pri·*me*·ro
letzter/letztes	*último*	*ul*·ti·mo
nächster/s	*próximo*	*prok*·si·mo
Flughafen	*aeropuerto*	a·e·ro·*puer*·to
Gangplatz	*asiento de pasillo*	a·*sjen*·to de pa·*si*·jo
Bushaltestelle	*parada de autobuses*	pa·*ra*·da de au·to·*bu*·ses
gestrichen	*cancelado*	kan·se·*la*·do
verspätet	*retrasado*	re·tra·*sa*·do
Kartenschalter	*taquilla*	ta·*ki*·ja
Fahrplan	*horario*	o·*ra*·rio
Bahnhof	*estación de trenes*	es·ta·*sion* de *tre*·nes
Fensterplatz	*asiento junto a la ventana*	a·*sjen*·to *chun*·to a la wen·*ta*·na
Ein ... Ticket, bitte.	*Un billete de ..., por favor.*	un bi·*je*·te de ... por fa·*wor*
Klasse	*primera clase*	pri·*me*·ra *kla*·se
Klasse	*segunda clase*	se·*gun*·da *kla*·se
einfach	*ida*	*i*·da
hin und zurück	*ida y vuelta*	*i*·da i *wuel*·ta

Um wieviel Uhr fährt/kommt?
¿A qué hora llega/sale? — a ke *o*·ra *je*·ga/*sa*·le

Hält er in ...?
¿Para en ...? — *pa*·ra en ...

Welche Haltestelle ist das?
¿Cuál es esta parada? — kual es *es*·ta pa·*ra*·da

Könnten Sie mir Bescheid sagen, wenn wir in ... ankommen ...?
¿Puede avisarme cuando lleguemos a ...? — *pue*·de a·wi·*sar*·me *kuan*·do je·*ge*·mos a ...

Hier möchte ich aussteigen.
Quiero bajarme aquí. — *kje*·ro ba·*char*·me a·*ki*

Wieviel kostet es bis (zum Flughafen)?
¿Cuánto cuesta ir (al aeropuerto)? — *kuan*·to *kues*·ta ir (al a·e·ro·*puer*·to)

Bringen Sie mich bitte zu (dieser Adresse).
Por favor, lléveme a (esta dirección). — por fa·*wor* *je*·ve·me a (*es*·ta di·rek·*sjon*)

Auto- & Radfahren

Ich möchte	*Quisiera alquilar ...*	ki·*sje*·ra ... al·ki·*lar* ...
4WD	*un todo-terreno*	un to·do·te·*re*·no
Fahrrad	*una bicicleta*	*u*·na bi·si·*kle*·ta
Auto	*un coche*	un *ko*·tsche
Motorrad	*una moto*	*u*·na *mo*·to
Kindersitz	*asiento de seguridad para niños*	a·*sjen*·to de se·gu·ri·*da* *pa*·ra *nin*·jos
Diesel	*petróleo*	pe·*tro*·le·o
Helm	*casco*	*kas*·ko
Mechaniker	*mecánico*	me·*ka*·ni·ko
Benzin	*gasolina*	ga·so·*li*·na
Tankstelle	*gasolinera*	ga·so·li·*ne*·ra
Lastwagen	*camion*	ka·*mjon*

Ist das die Straße nach ...?
¿Se va a ... por esta carretera? — se wa a ... por *es*·ta ka·re·*te*·ra

Darf ich hier parken?
¿Puedo aparcar aquí? — *pue*·do a·par·*kar* a·*ki*

Zahlen

1	*uno*	*u*·no
2	*dos*	dos
3	*tres*	tres
4	*cuatro*	*kua*·tro
5	*cinco*	*sin*·ko
6	*seis*	seys
7	*siete*	*sje*·te
8	*ocho*	o·tscho
9	*nueve*	*nue*·we
10	*diez*	*djes*
20	*veinte*	*weyn*·te
30	*treinta*	*treyn*·ta
40	*cuarenta*	kua·*ren*·ta
50	*cincuenta*	sin·*kuen*·ta
60	*sesenta*	se·*sen*·ta
70	*setenta*	se·*ten*·ta
80	*ochenta*	o·*tschen*·ta
90	*noventa*	no·*wen*·ta
100	*cien*	sjen
1000	*mil*	mil

Das Auto ist liegengeblieben.
El coche se ha averiado. — el *ko*·tsche se a a·we·*ria* do

Ich hatte einen Unfall.
He tenido un accidente. — e te·*ni*·do un ak·si·*den*·te

Das Benzin ist ausgegangen.
Me he quedado sin gasolina. — me e ke·*da*·do sin ga·so·*li*·na

Ich habe einen Platten.
Se me pinchó una rueda. — se me pin·*tscho* u·na *rue*·da

GLOSSAR

alcaldía – Rathaus
apartado – Briefkastennummer
artesanía – Kunsthandwerk; -gewerbe, Handarbeit
Av – Abk. für avenida (Straße)
ayuntamiento – Stadtverwaltung

bahía – Bucht
bajareque – traditionelle indianische Pfostenhausbauweise, bei der eine Grundmauer aus Steinen mit Bambus- oder anderem Holz befestigt und anschließend mit Zement oder Lehm überzogen wird
balneario – öffentliche Badestelle; Badeort (am Meer)
barrio – Bezirk; Stadtviertel
Black Caribs – s. *Garifuna*

caballeros – wörtlich „Pferdemänner", entspricht aber dem englischen „Gentlemen"; erscheint als Hinweis auf WC-Türen
cabaña – Hütte oder Bungalow
cabina – s. *cabaña*; in Costa Rica auch Bezeichnung für eine billige Unterkunft (in Hütten oder Bungalows, manchmal aber auch nur in einem preiswerten Hotelzimmer)
cajero automático – Geldautomat
calle – Straße
callejón – Gasse
calzada – Dammweg
camión – Lkw; Bus
camioneta – Pickup
campesino – Bauer
Carretera Interamericana – (auch: Panamericana); Fernstraße, die von Alaska fast durchgehend bis Chile führt (mit einer Unterbrechung beim sog. Darién Gap in Panama)
casa de cambio – Wechselstube
casa de huéspedes – Gästehaus, Pension
cascada – Wasserfall
catedral – Kathedrale
cay – kleine Sand- oder Koralleninsel; auch caye, cayo
cayuco – Kanu
cenote – großer, natürlicher Wassergraben in Kalksteinboden, dient als Wasserspeicher oder Zeremonialstätte
cerro – Hügel, Berg
cerveza – Bier
Chac – Regengott der Maya; sein Bildnis ziert viele Tempelruinen
chac-mool – Opfersteinskulptur der Maya
chamarra – dicke, schwere Wolldecke (Guatemala)
chapín – Bewohner von Guatemala; guatemaltekisch
chicken bus – ausgedienter US-Schulbus, der als Nahverkehrsbus dient
cine – Kino
ciudad – Stadt
cofradía – religiöse Bruderschaft der Maya, v. a. im Hochland von Guatemala
colectivo – Sammeltaxi oder Minibus, der auf einer bestimmten Strecke verkehrt, an der Passagiere jederzeit ein- und aussteigen können
colón – Landeswährung von Costa Rica
comedor – schlichtes, billiges Esslokal mit zumeist begrenzter Auswahl
conquistador – jeder der spanischen Entdecker/Eroberer Lateinamerikas
Contras – konterrevolutionäre, bewaffnete Gruppen, die in den 1980ern in Nicaragua die regierenden Sandinisten bekämpften
cordillera – Gebirgszug
córdoba – Landeswährung von Nicaragua
corte –7x 10 m langes Stück Stoff, das als Wickelrock getragen wird
costa – Küste
criollo – kreolisch; in Lateinamerika geborener Nachkomme spanischer Eltern; an der Karibikküste Bezeichnung für Menschen gemischter afrikanischer und europäischer Herkunft; s. auch *mestizo* und *ladino*
cuadra – Straßenzeile
cueva – Höhle

damas – Damen; steht normalerweise auf der WC-Tür
edificio – Gebäude
entrada – Eingang
expreso – schneller Bus

faja – Hüftschärpe, die die Kleidung zusammenhält und in die Sachen gesteckt werden, die sonst in Hosen-/Rocktaschen aufbewahrt werden
finca – Bauernhof; Plantage; Ranch
fritanga – Straßen-Grillrestaurant, typisch für Nicaragua
fuerte – Festung

Garifuna – Nachkommen westafrikanischer Sklaven und indigener Kariben, die Ende des 18. Jhs. von der Insel St. Vincent an die Karibikküste Zentralamerikas gebracht wurden, auch *Black Caribs* genannt
Garinagu – s. *Garifuna*
gibnut – kleines, braungeflecktes Nagetier ähnlich einem Meerschweinchen; auch *paca* genannt
golfo – Golf
gringo/a – leicht herablassende Bezeichnung in Latein-

amerika für Ausländer beiderlei Geschlechts, insbesondere aus Nordamerika; wird oft auch für Europäer gebraucht
gruta – Höhle

hacienda – Landgut oder Plantage; Staatskasse wie in Departamento de Hacienda (Finanzministerium)
hospedaje – Unterkunft
huipil – lange, gewobene, ärmellose weiße Tunika mit komplizierter, farbenfroher Stickerei (Maya-Regionen)

iglesia – Kirche
indígena – einheimisch, Ureinwohner/in
Interamericana – s. *Carretera Interamericana*
invierno – Winter; in Zentralamerika die Regenzeit, etwa von April bis Mitte-Dezember
isla – Insel
IVA – *impuesto al valor agregado*; Mehrwertsteuer

ladino – gemischtrassiger Nachkomme von indigenen und europäischen Eltern, wird oft als Bezeichnung für einen spanischsprachigen *mestizo* gebraucht; s. auch *mestizo* und *criollo*
lago – See
laguna – Lagune, See
lancha – kleines Motorboot
lempira – Landeswährung von Honduras

malecón – Hafen, Uferpromenade
mar – Meer
marimba – Xylophon-artiges Instrument
mercado – Markt
Mesoamerica – geografische Region, die von Zentralmexiko bis ins nordwestliche Costa Rica reicht
mestizo – Nachfahre gemischtrassiger Herkunft, zumeist von Spaniern und Ureinwohnern; s. auch *criollo* und *ladino*
metate – flacher Stein, auf dem Getreide/Mais gemahlen wird
migración – Immigration; Einwanderungsbehörde
milpa – Getreidefeld
mirador – Aussichtspunkt
mola – bunte Handstickerei der Kuna-Frauen
muelle – Pier
municipalidad – Rathaus
museo – Museum

Navidad – Weihnachten

oficina de correos – Postamt
ordinario –langsamer Bus

paca – s. *gibnut*
PADI – Professional Association of Diving Instructors (Tauchlehrerverband)
palacio de gobierno – Regierungs-/Präsidentenpalast
palacio municipal – Rathaus; Sitz des Gemeinde-/Stadtrats
palapa – mit Palmblättern gedeckte und an den Seiten offene Strohhütte
Panamericana – s. Carretera Interamericana
panga – kleines Motorboot
parada – Bushaltestelle
parque – Park; bezeichnet manchmal auch die (eine) Plaza
parque nacional – Nationalpark
peña – Folklorekneipe; ein Abend mit Musik, Gesang und Tanz
pensión – Gästehaus, Pension
petén – Insel
playa – Strand
pozo – Quelle
propina – Trinkgeld; kleines Geldgeschenk
pueblo – Kleinstadt oder Dorf
puente – Brücke
puerta – Tor; Tür
puerto – Hafen
pulpería – Krämerladen; Minimarkt
punta – Punkt, (Land-)Spitze; traditioneller Garífuna-Tanz mit viel Hüftschwung

quebrada – Schlucht; Flusstal
quetzal – Landeswährung von Guatemala, nach dem gleichnamigen tropischen Vogel

rancho – Esslokal mit Strohdach
río – Fluss
Ruta Maya – Maya-Route, Reiseroute auf den Spuren der Maya durch Mexiko, Guatemala und Belize (in erster Linie), aber auch durch El Salvador und Honduras

s/n – sin número (ohne Nummer); in Adressen verwendet
sacbé (pl **sacbeob**) –traditioneller Kalksteinpfad zwischen verschiedenen Maya-Städten
salida – Ausgang, Ausfahrt
santo – Heiliger
Semana Santa – „Heilige Woche": die Karwoche (vor Ostern)
sendero – Pfad oder Weg
sierra – Gebirgszug; Säge
stela, stelae – altes Maya-Denkmal: eine (normalerweise behauene) Steinsäule
supermercado – Supermarkt; alles, vom Krämerladen bis zum riesigen Supermarkt nach westlicher Art

templo – Tempel, Kirche
terminal de autobus – Busbahnhof
Tico/a – Einwohner/in von Costa Rica
tienda – Tante-Emma-Laden
típica – s. típico
típico – typisch oder charakteristisch für eine Region, v. a. im gastronomischen Bereich; auch ein Genre panamaischer Folkloremusik
traje – traditionelle, handgefertigte Kleidung
turicentro – wörtlich: „Touristenzentrum"; Outdoor-Freizeitcenter mit Bademöglichkeiten, Restaurants und Campingeinrichtungen (El Salvador)

venado – Wild; Rotwild
verano – Sommer; in Zentralamerika die Trockenzeit, ungefähr von Mitte-Dezember bis April
volcán – Vulkan

Zapatistas – Mitglieder der linksgerichteten Gruppierung Ejército Zapatista de Liberación Nacional (EZLN), die in Chiapas, Mexiko, für die Rechte der Indigenen kämpft

KULINARISCHES GLOSSAR

aguardiente – klarer, kräftiger Schnaps aus Zuckerrohr; auch als *caña* bezeichnet

aguas de frutas – Fruchtsaftgetränk mit Wasser

batido – Wasser- oder Milchshake mit frischen Früchten

bocas – herzhafte Beilagen oder Appetithäppchen

bolitas de carne – Snack aus mäßig scharfen Fleischbällchen

cafetería – zwangloses Restaurant mit Bedienung

cafetín – kleine *cafetería*

caña – siehe *aguardiente*

carne ahumada – geräuchertes, getrocknetes Fleisch

ceviche – roher Fisch oder Meeresfrüchte, in Zitronen- oder Limettensaft, Knoblauch und Gewürzen mariniert

chicha – stark gesüßte, frische Fruchtsaftgetränke

chicharrón – Schweinekruste

cocina – wörtlich „Küche", kleines, einfaches Restaurant oder Garküche, meist in oder in der Nähe von Markthallen

comedor – günstiges, einfaches Lokal mit begrenztem Angebot

comida corriente oder **corrida**; **casado** – Tagesgericht aus Reis, Bohnen, Kochbananen und einem Stück Fleisch oder Fisch

comida típica – typisches einheimisches Gericht

empanada – Teigtasche, gefüllt mit Fleisch oder Käse, gebacken oder frittiert, manchmal mit Obstfüllung als Dessert

fritanga – Straßengrill, in Nicaragua weit verbreitet

gallo pinto – verbreitetes Gericht aus Reis und Bohnen

garnaches – gebackene Maistortillas mit Huhn, Fisch, oder Rind, gehobeltem Kohl und manchmal Käse, offen oder gerollt serviert

gaseosa – Softdrink

guacamole – Dip aus pürierten oder gehackten Avocados

guaro – lokales Feuerwasser aus Zuckerrohr (Costa Rica)

horchata – süßes Reismilchgetränk mit Zimt

huevos fritos/revueltos – Spiegel-/Rühreier

licuado – frisches Fruchtmixgetränk, mit Milch oder Wasser gemixt

menú del día – Tagesmenü

mondongo – Kuttelsuppe

pan de coco – Kokosbrot

panadería – Bäckerei

patacones – frittierte grüne Kochbananen, in dünne Scheiben geschnitten, gesalzen, gepresst und nochmals frittiert

plato del día – Tagesteller oder -gericht

pico de gallo – frische Salsa

pipa – Kokoswasser, direkt in der Schale serviert

plátano maduro – reife Kochbananen, mit Butter, Rohrzucker und Zimt gebacken oder gegrillt; heiß serviert

plato típico – für einen Ort oder eine Region typisches Gericht

pupusa – Maismehltasche, gefüllt mit Käse oder Bohnenmus oder einer Mischung aus beiden (El Salvador)

raspados – Shaved Ice mit Fruchtsaft

refresco – Softdrink; in Costa Rica ein Getränk aus heimischen Früchten

rellenitos – Kochbananenklöße, gefüllt mit schwarzem Bohnenmus

ropa vieja – wörtlich „alte Kleider"; würziges Geschnetzeltes vom Rind

rotisería – Grillrestaurant

salbutes – siehe *garnaches*

sancocho – würziger Eintopf, meist mit Hühnchen

seco – alkoholisches Getränk aus Zuckerrohr

soda – Imbiss; Softdrink (Panama)

tamales – würziger Maisteig mit Huhn oder Schweinefleisch, in Bananenblättern gegart

tapado – reichhaltiger Garifuna-Eintopf mit Fisch, Garnelen, Muscheln, Kokosmilch und Kochbananen und Koriander

tortilla de maíz – gebackener Maismehlfladen

vegetariano/a – Vegetarier/ Vegetarierin

Hinter den Kulissen

WIR FREUEN UNS ÜBER EIN FEEDBACK

Post von Travellern zu bekommen ist für uns ungemein hilfreich – Kritik und Anregungen halten uns auf dem Laufenden und helfen, unsere Bücher zu verbessern. Unser reiseerfahrenes Team liest alle Zuschriften genau durch, um zu erfahren, was an unseren Reiseführern gut und was schlecht ist. Wir können solche Post zwar nicht individuell beantworten, aber jedes Feedback wird garantiert schnurstracks an die jeweiligen Autoren weitergeleitet, rechtzeitig vor der nächsten Auflage.

Wer Ideen, Erfahrungen und Korrekturhinweise zum Reiseführer mitteilen möchte, hat die Möglichkeit dazu auf www.lonelyplanet.com/contact/guidebook_feedback/new. Anmerkungen speziell zur deutschen Ausgabe erreichen uns über www.lonelyplanet.de/kontakt.

Hinweis: Da wir Beiträge möglicherweise in Lonely Planet Produkten (Reiseführer, Websites, digitale Medien) veröffentlichen, ggf. auch in gekürzter Form, bitten wir um Mitteilung, falls ein Kommentar nicht veröffentlicht oder ein Name nicht genannt werden soll. Wer Näheres über unsere Datenschutzpolitik wissen will, erfährt das unter www.lonelyplanet.com/privacy.

DANK VON LONELY PLANET

Vielen Dank an alle Reisenden, die mit der letzten Auflage unterwegs waren und uns hilfreiche Tipps sowie interessante Anekdoten geschickt haben:

Adam O'Rahilly, Andrée-Anne Roberge, Angela Jaeger, Axel Lilja, Ben Johnson, Ben Martin, Chelsea Madden, Daniel Ulbrich, David Herrero, Dominik Boerner, Eirik Rye, Emilie Jaspers, Hannah Woloschuk, Jim Latham, Jodie Knutsen, Jordi Galdon, Justin Nelson, Karina McAuley, Katy Haydn-Smith, Laura Farrell, Loes Verbeeck, Marie Christiansen, Mark Candey, Mat Bowman, Neil Rear, Nicqui Walker, Pat Westcott, Snorre Sæveraas, Stefanie Harris, Uwe Lask

DANK DER AUTOREN

Steve Fallon

Muchas gracias an alle, die mir unterwegs Unterstützung, Ideen und oder Gastfreundschaft angedeihen haben lassen, besonders an meine Geländewagen-Reisepartnerin Carla Rankin aus Bocas del Toro. Weitere hilfsbereite Menschen, die ich auf der Reise getroffen hab, waren Juan José Calvache in Panama-Stadt, Loes Roos und Kees Groenendijk auf der Isla de Coiba und an der Veraguas Sunset Coast, Alberto Young Lim in El Valle, Jane Walker und Barry Robbins in Boquete sowie Brian und Amy Wilcox auf der Isla San Cristóbal. Dank an Koautorin Carolyn McCarthy für all die nützlichen Kontakte und an Redakteur Bailey Johnson, der mir mehr als einmal aus der Klemme geholfen hat. Alles Liebe an meinen Partner, Michael Rothschild, der gar nicht glauben kann, dass ich noch lebe nach meiner Begegnung mit jenem Goldbaumsteigerfrosch.

Bridget Gleeson

Dank an La Esperanza Granada dafür, dass sie mir einen so positiven ersten Eindruck von Nicaragua verschafft haben, und an all die einheimischen Familien, mit denen ich damals dort gearbeitet habe, für ihre Freundlichkeit und Geduld, während ich Spanisch gelernt habe. Danke an die Mitarbeiter bei Rosita's in San Juan del Sur dafür, dass sie mir aus der Patsche geholfen haben, und an alle Traveller und Lonely Planet-Leser, die ich unterwegs getroffen habe – eure Tipps und eure Perspektive hat mir geholfen und eure Begeisterung für Nicaragua hat mich inspiriert.

Paul Harding

Viele Leute in Belize haben mir mit Ratschlägen, Informationen oder auch nur einer netten Unterhaltung bei einem kühlen Belikin weiter geholfen. Besonderer Dank geht an Vitali und Nick in Belmopan, Mike, James und Daniel in San Ignacio, Eric und seine Freunde in Hopkins, sowie Ernesto und Aurora im Maya Center. Riesendank an Bailey bei Lonely Planet und und meinen legendären Koautor Alex. Der allergrößte Dank gebührt, wie immer, Hannah und Layla zuhause für ihre Liebe und Geduld.

John Hecht

Vielen Dank an all die lieben Leute in Yucatán, die dabei geholfen haben, diese wunderbare Reise so besonders zu machen. Besonderer Dank geht an Koautor Lucas Vidgen, Yurij Gabassi und meine Frau, Lau, die zwei hyperaktive Kätzchen versorgte, während ich unterwegs war.

Tom Masters

Ich schulde allen großen Dank, die mich in Honduras unterstützt haben, besonders Hernan, Margarita und Antonio in Tegucigalpa, Tesla und Meme in San Pedro, Bobby und Walter von der D&D Brewery, Howard in Copán Ruinas, Froni in Gracias, Milady in Utila sowie Ginny und Jon in Trujillo. Dank auch an Joe Kellner, der mich auf einem Großteil der Reise begleitet hat und ein unerschrockener Weggefährte und kühner Fahrer auf ein paar krassen Straßen war.

Tom Spurling

Danke an Bailey, dass er mir den Auftrag angeboten hat. Danke an das Writer Tech Team dafür, dass es mir Dinge verraten hat, die ich im Manual hätte gelesen haben sollen. Danke an Jorge und Chobe für ihr *guanaco* Temperament. Danke an meine Familie dafür, dass sie mich nicht in die Wüste geschickt hat. An meine beiden Kumpels in Lexton, Muzza und Matpat, präsentable Herren. Dank auch an Tom Turtle dafür, dass er den spärlich beleuchteten Traum lebt. Und an Cesar, Manolo, Rene, und alle, die für El Salvador arbeiten. Kämpft weiter für die gute Sache!

Lucas Vidgen

Dank zu allererst an die Mexikaner und Guatemalteken dafür, dass sie ihre Länder zu so herrlichen Orten zum Reisen und Arbeiten machen. Besonders Andres und Sylvia waren eine Riesenhilfe in San Cristóbal, und der Abschnitt über Campeche wäre nicht derselbe ohne Alonso Escobar und seinen *compadre* César. Dank auch an Johann in Guate für all die Insider-Infos und einen tollen Abend auf Tour, an Denis in Rio Dulce und Charlie in Monterrico. An alle Leser, die Tipps und Infos geschickt haben – *gracias!* Und, wie immer, danke an América, Sofía und Teresa dafür, dass es sie gibt und dass sie da waren, als ich zurückkam.

Mara Vorhees

Muchas gracias an meine vielen Koautoren und noch mehr *amigos* in Zentralamerika. Besonderere Dank an meinen Berater für zentralamerikanische Geschichte und Politik, der zufällig auch mein bester Freund und liebster Reisegefährte ist. *¡Qué suerte!*

QUELLENNACHWEIS

Die Daten für die Klimakarte stammen von Peel MC, Finlayson BL & McMahon TA (2007) „Updated World Map of the Köppen-Geiger Climate Classification", *Hydrology and Earth System Sciences*, 11, 163344.

Illustration Chichén Itzá S. 74–75: Michael Weldon

Illustration Tikal S. 216–217: Michael Weldon.

Titelfoto: Rotaugenlaubfrosch, Costa Rica, Dirk Ercken / Shutterstock ©

ÜBER DIESES BUCH

Dies ist die 3. deutsche Auflage des Lonely Planet Reiseführers *Zentralamerika für wenig Geld*, basierend auf der mittlerweile 9. englischen Auflage von Steve Fallon, Bridget Gleeson, Paul Harding, John Hecht, Tom Masters, Tom Spurling, Lucas Vidgen und Mara Vorhees. Lucas hat zudem zur Recherche für Mexiko beigetragen. Zur Recherche für Nicaragua und Belize hat Alex Egerton beigetragen, für Costa Rica Ashley Harrell und Anna Kaminski, für Panama Carolyn McCarthy und für Guatemala Daniel C. Schechter. Die vorige Auflage schrieben Carolyn McCarthy, Sandra Bao, Greg Benchwick, Joshua Samuel Brown, Alex Egerton, John Hecht, Daniel C. Schechter, Tom Spurling, Iain Stewart, Lucas Vidgen und Mara Vorhees. Dieser Reiseführer wurde produziert von:

Titelredaktion Bailey Johnson, Clifton Wilkinson

Produktredaktion Grace Dobell

Kartografie Mark Griffiths, Corey Hutchison, Alison Lyall

Layout Mazzy Prinsep

Redaktionsassistenz Michelle Bennett, Andrea Dobbin, Ali Lemer, Katie O'Connell, Gabrielle Stefanos, Ross Taylor

Umschlaggestaltung Campbell McKenzie

Dank an Kate James, Elizabeth Jones, Kirsten Rawlings, Luna Soo, Angela Tinson, Amanda Williamson

Register

A

Abenteuersport *siehe einzelne Sportarten*
Actun Tunichil Muknal 282
Agua Azul 95
Ahuachapán 339
Aktivitäten 39, *siehe auch einzelne Aktivitäten, einzelne Orte*
Alegría 348
Almirante 732
Altagracia 497
Altun Ha 17, 265, **17**
Amapala 449
Ambergris Caye 259, **260**
Angeln
  Belize 254, 290, 294
  Honduras 421
  Nicaragua 530
  Panama 701, 719, 760
Anschlussticket 802
Antigua 118, **120**, **41**
  Aktivitäten 123
  An- & Weiterreise 131
  Ausgehen & Nachtleben 129
  Essen 127
  Festivals & Events 125
  Geführte Touren 124
  Kurse 123
  Praktische Informationen 130
  Schwule & Lesben unterwegs 129
  Sehenswertes 119
  Shoppen 130
  Unterkünfte 125
  Unterwegs vor Ort 131
An- & Weiterreise nach/von Zentralamerika 800
Apaneca 340
Aquarien 440

Kartenverweise **000**
Fotoverweise **000**

Arbeiten 788
Archäologische Museen
  CCIT 220
  Centro Cultural Kumool 156
  Museo Arqueológico de Campeche 81
  Museo El Baúl 176
  Museo Lítico 220
  Museo Nacional de Antropología David J. Guzmán 310
  Museo Nacional de Arqueología y Etnología 107
  Museo Regional de Arqueología 394
  Museo Santa Bárbara 207
Archäologische Stätten 191
  Actun Tunichil Muknal 282
  Akropolis (Copán) 414
  Altun Ha 17, 265, **17**
  Ballspielplatz & Hieroglyphentreppe (Copán) 413
  Cahal Pech 277
  Calakmul 84
  Caracol 282
  Casa Blanca 338
  Ceibal 205
  Cerro Maya 268
  Chichén Itzá 72, **74**
  Chuitinamit 144
  Cihuatán 325
  Cobá 67
  Copán 16, 410, **411**
  Dzibilchaltún 78
  Edzná 84
  Ek' Balam 78
  El-Baúl-Hügelstätte 176
  El Bosque 414
  El Mirador 225
  El Zotz 224
  Huellas de Acahualinca 468
  Joya de Cerén 324
  K'um'arkaj 154
  La Blanca 224
  Lamanai 265
  Las Piedras 176
  Las Sepulturas 414
  Los Sapos 409
  Lubaantun 298
  Mixco Viejo 181
  Monumento Nacional Arqueológico Guayabo 584
  Museo Cultura Cotzumalguapa 176
  Naranjo 224
  Nim Li Punit 297
  Palenque 13, 91, **92**, **13**, **29**
  Parque Arqueológico Takalik Abaj 174
  Piedras Negras 224
  Quiriguá 193
  Río Azul 224
  Ruinas de Quelepa 351
  Ruinas de San Andrés 325
  San Bartolo 224
  Santa Rita 268
  Sitio Arqueológico Finca 6 650
  Stelen der Großen Plaza 413
  Tazumal 337
  Tikal 10, 214, **216**, **10**, **216**
  Tulum 65
  Túnel Rosalila & Túnel de los Jaguares 412
  Uaxactún 222
  Uxmal 78, **21**
  Xunantunich 283
  Yaxchilán 91
  Yaxhá 223
  Zaculeu 169
Archipiélago de Bocas del Toro 10, 719, **10**
Archipiélago de las Perlas 698
Área Protegida Cerro Tisey-Estanzuela 523
Área Protegida Miraflor 521
Arenal 598
Argueta, Manlio 369
Arrué, Salvador Efraín Salazar 369
Ataco 342
Ausreisegebühr 801
Autofahren 800, 803
Awas 533

B

Bahía de Jiquilisco 350
Bahía Drake 650
Balgüe 499
Bananenboote 421
Bay Islands 12, 434, **435**, **12**
Bedrohte Arten 662
Behinderung, Reisen mit 794
  Costa Rica 665
  El Salvador 374
  Guatemala 240
  Honduras 458
  Nicaragua 554
  Panama 764
Belize 45, 245, **248**
  An- & Weiterreise 303
  Botschaften & Konsulate 301
  Budgetplanung 246
  Essen 245, 246
  Feiertage 301
  Freiwilligenarbeit 301
  Geld 246, 302
  Geschichte 298
  Gewichte 302
  Getränke 246
  Grenzübergänge 100, 242, 303
  Highlights 248, **248**
  Infos im Internet 246
  Internetzugang 302
  Klima 245
  Konsulate 301
  Kultur 299
  Maße 302
  Öffnungszeiten 302

Reiserouten 246
Reisezeit 245
Schwule & Lesben unterwegs 302
Touristeninformation 303
Umwelt 300
Unterkünfte 245, 303
Unterwegs vor Ort 304
Visa 303
Wirtschaft 298
Belize City 247, **250**, **252**
An- & Weiterreise 253
Ausgehen & Unterhaltung 251
Essen 250
Praktische Informationen 251
Sehenswertes 247
Unterkünfte 247
Unterwegs vor Ort 254
Belmopan 272
Bermudian Landing 265
Bevölkerung 780
Big Falls 297
Bilwi (Puerto Cabezas) 539
Biotopo del Quetzal 181
Biotopo Monterrico-Hawaii 178
Blades, Rubén 785
Bluefields 530
Blue Hole National Park 276
Blue Hole Natural Monument 262
Boca de Sábalos 543
Bocas del Toro (Provinz) 719, **720**, **10**
Bocas del Toro (Stadt) 722, **723**
Bolas de Fuego 26
Bootstouren
Belize 254, 259, 288
Costa Rica 585, 604
Guatemala 179, 202
Honduras 398, 421
Nicaragua 483, 484, 533
Panama 694, 721, 722
Boquete 711, **712**
Botschaften & Konsulate 788
Belize 301
Costa Rica 662
El Salvador 371
Guatemala 236
Honduras 456
Mexiko 97
Nicaragua 553
Panama 761
Bücher 369, 454, 770, *siehe auch einzelne Länder*
Budgetplanung 19, 36 *siehe auch einzelne Länder*
Busfahren 800, 803

C

Cahal Pech 277
Cahuita 589, **590**
Calakmul 84
Campeche 81, **82**
Cancún 50, **54**
Aktivitäten 50, 53
An- & Weiterreise 56
Ausgehen & Nachtleben 55
Essen 55
Sehenswertes 50
Shoppen 56
Unterkünfte 53
Canopy-Touren
Belize 298
Costa Rica 600, 610
El Salvador 340
Guatemala 221
Honduras 417, 431
Nicaragua 468
Panama 699, 713, 730
Canyoning
Costa Rica 601, 610, 635
Caracol 282
Catarina 489
Caye Caulker 17, 254, **256**, **17**
Ceibal 205
Cenoten
Cenote Azul 68
Cenote Choo-Ha 67
Cenote Cristalino 62
Cenote Multún-Ha 67
Cenote Sagrado 72
Cenote Tamcach-Ha 67
Cenote X'Kekén 70
Cerro El Pital 363
Cerro Punta 717
Cerro Tute 707
Chalatenango 361
Chalchuapa 337
Champerico 175
Changuinola 733
Chiapas 84, **51**, **86**, *siehe auch* Mexiko: Yucatán & Chiapas
Chichén Itzá 72, **74**
Chichicastenango 150, **151**, **29**
Chiquimula 189
Chiriquí 708
Chitré 701
Chuitinamit 144
Cihuat 325
Cinquera 363
Cobá 66
Cobán 182, **184**
Colón 733
Colón (Provinz) 733
Comarca de Guna Yala 738
Comayagua 394
Copán, Archäologische Stätte 16, 410, **411**, **16**
Copán Ruinas 404, **405**
Corn Islands 534
Corozal 268, **269**
Corral de Mulas 350
Cosigüina, Halbinsel 515
Costa Maya 15
Costa Rica 46, 558, **560**
An- & Weiterreise 559, 667
Behinderung, Reisen mit 665
Botschaften & Konsulate 662
Budgetplanung 559
Ermäßigungen 663
Essen & Trinken 558, 559, 663
Feiertage 663
Flora & Fauna 662
Freiwilligenarbeit 663
Gefahren & Ärgernisse 664
Geld 664
Geschichte 658
Getränke 559
Grenzübergänge 376, 667, 766
Highlights 560, **560**
Infos im Internet 559
Karten 665
Kinder 665
Klima 558
Kultur 661
Natur & Umwelt 661
Öffnungszeiten 665
Reiserouten 559
Schwule & Lesben unterwegs 571, 667
Sicherheit 664
Telefon 666
Toiletten 666
Touristeninformation 666
Unterkünfte 558, 667
Unterwegs vor Ort 669
Visa 667
Wandern 586, 590
Zeit 667
Zoll 667
Cotton Tree Chocolate Factory 294
Crooked Tree Wildlife Sanctuary 267

D

Dalton, Roque 369
Dangriga 284, **286**
Darién 742, **744**
Sicherheit 748, 795
David 708, **709**
Día de los Muertos 27
Día de Todos los Santos 172
Diria 489
Diriamba 489
Dominical 642
Dzibilchaltún 78

E

Edzná 84
Ek' Balam 78
El Castillo 545
El Castillo de San Felipe 197
El Estor 198
El Mirador 225
El Petén 204, **206**
El Real 747
El Refugio 542
El Remate 213
El Salvador 45, 305, **308**
An-/Weiterreise 376
Behinderung, Reisen mit 374
Botschaften & Konsulate 371
Bücher 369
Budget 306
Essen & Trinken 305, 306
Feiertage 372
Festivals & Events 314
Freiwilligenarbeit 312, 360, 372
Gefahren & Ärgernisse 372
Geld 373
Geschichte 365
Gesundheit 373
Highlights 308, **308**

Kartenverweise **000**
Fotoverweise **000**

Infos im Internet 306
Internetzugang 373
Kinder 374
Klima 305, 373
Kultur 368
Kunst 368, 369
Natur & Umwelt 370
Notfall 374
Öffnungszeiten 374
Politik 365
Reiserouten 306
Reisezeit 305
Religion 369
Schwule & Lesben unterwegs 374
Sicherheit 372
Telefon 375
Touristeninformation 375
Unterkünfte 305, 375
Unterwegs vor Ort 377
Visa 372
Wirtschaft 365
El Triunfo de la Cruz 422
El Valle 699
El Zotz 224
Emissionsrechner 801
Esquipulas 190
Essen 788, *siehe auch einzelne Orte*
Glossar 813
Sprache 807
Estelí 517, **518**
Etikette 20
Events *siehe* Festivals & Events

F

Fahrrad *siehe* Radfahren
Feiertage 788, *siehe auch einzelne Länder*
Feilschen 21
Festivals & Events 25 *siehe auch einzelne Länder*
Azuero 704
Bolas de Fuego 26
Carnaval 425
Carnaval Mitos y Leyendas 511
Día de la Purísima Concepción 511
Día de los Garifunas 419
Día de los Muertos 27
Día de Todos los Santos 172
Envision Festival 644
Festival de la Luz 650
Garifuna Settlement Day 27, 285
Garifuna-Tag 420
Las Fiestas de Zapote 567
Masacre del 23 Julio 1959 511
Nationales Garifuna-Tanzfest 420
Palo de Mayo 530
Panama Jazz Festival 682, 684
Quema del Diablo 152
San Jerónimo 491
San Lázaro 491
Semana Santa 26, 511
Festungen
El Castillo de San Felipe 197
Festung (Laguna Bacalar) 68
Fortaleza de Coyotepe 490
Fortaleza de San Carlos 541
Fortaleza de San Fernando de Omoa 419
Fortaleza Santa Bárbara de Trujillo 432
Fuerte de San Cristóbal 415
Fuerte de San Miguel 81
Fuerte San Jerónimo 735
Filme 770
Finca El Paraíso 197
Finca Ixobal 205
Finca Santa Leticia 340
Flores 205, **209**
Flugreisen 801, 804
Frauen unterwegs 789
Guatemala 237
Honduras 457
Fray Bartolomé de las Casas 188
Freiwilligenarbeit 789
Belize 301
El Salvador 312, 360, 372
Guatemala 237
Mexiko 60, 98
Freizeitparks
Parque Acuático Xocomil 174
Parque Chatún 191
Parque de Diversiones Xetulul 174
Friedhöfe 432

G

Galerien & Kunstmuseen
El Arbol de Dios 307
Galería Pop-Wuj 152
Image Factory 247
La Antigua Galería de Arte 123
Memorias Frágiles 404
Museo de Arte 158
Museo de Arte de El Salvador 307
Museo de Arte Fundación Ortiz-Gurdián 508
Museo del Hombre 384
Museo Nacional de Arte Moderno 107
Pen Cayetano Studio Gallery 285
Garifuna 420, 783
Garifuna-Dörfer 422
Garifuna Settlement Day 27, 285
Gärten *siehe* Parks & Gärten
Gatún-Schleusen 735
Gefahren *siehe* Sicherheit
Geführte Touren
Belize 254, 259, 277, 290
Costa Rica 563, 586, 590, 594, 600, 604, 610, 635, 637, 651, 652, 655
El Salvador 338, 340, 345, 358, 359
Guatemala 124, 144, 161, 179, 183, 195, 201, 220
Honduras 398, 406, 421, 423, 447, 448
Nicaragua 484, 495, 501, 510, 517, 524, 527, 530, 533, 539, 545
Panama 681, 694, 698, 713, 719, 730, 743
Geld 19, 790, *siehe auch einzelne Orte*
Geschichte 772
Belize 298
Copán 410
Costa Rica 658
Demokratie 779
Diktaturen 776
El Salvador 365
Fußball 452
Guatemala 227
Honduras 450
Kalter Krieg 777
Konquista 772
Mayas 772
Mexiko 96
Neokolonialismus 778
Nicaragua 546
Panama 751
Religion 773
Unabhängigkeit 773
Gesundheit 791
Getränke 788
Glover's Reef Atoll 287
Golfito 655
Golfo de Chiriquí 710
Golfo Dulce **648**
Gracias 414
Granada 12, 479, **480**
An- & Weiterreise 486
Ausgehen 486
Essen 485
Festivals & Events 484
Geführte Touren 484
Geschichte 479
Kurse 483
Nachtleben 486
Praktische Informationen 486
Sehenswertes 482
Unterhaltung 486
Unterkünfte 484
Grenzübergänge
Belize 100, 242, 303
CA-4 Abkommen 799
Costa Rica 376, 667, 766
El Salvador 192, 242, 376, 461
Guatemala 100, 192, 242, 303, 377, 460
Honduras 227, 242, 350, 427, 460, 514
Mexiko 100, 242, 303
Nicaragua 376, 461, 667
Panama 668, 747, 766
Guanacaste National Park 272
Guatemala 44, 102, **104**
Aktivitäten 235
An- & Weiterreise 242
Arbeiten 236
Behinderung, Reisen mit 240
Botschaften & Konsulate 236
Budgetplanung 103
Essen 102, 103
Feiertage 236
Frauen unterwegs 237
Freiwilligenarbeit 237
Gefahren & Ärgernisse 237
Geld 103, 238
Geschichte 227
Gesundheit 239
Getränke 103
Grenzübergänge 100, 192, 242, 303, 377, 460
Highlights 104, **104**
Infos im Internet 103
Internetzugang 239

Kinder 239
Klima 102
Kultur 230
Künste 232
Nationalparks & Naturschutzgebiete 234
Natur & Umwelt 233
Öffnungszeiten 239
Politik 226
Rechtsfragen 239
Reiserouten 103
Reisezeit 102
Religion 232
Schwule & Lesben unterwegs 240
Sicherheit 237
Sprache 103
Telefon 240
Touristeninformation 241
Unterkünfte 102, 241
Unterwegs vor Ort 243
Visa 241
Wirtschaft 226
Zeit 103

Guatemala-Stadt 106, **108**, **112**
An- & Weiterreise 116
Ausgehen & Nachtleben 111
Essen 110
Sehenswertes 106
Shoppen 113
Unterkünfte 109
Unterwegs vor Ort 117

H

Handeln 21
Hochland (Costa Rica) 576, **578**
Hochland (Guatemala) 132
Höhlen
Actun Tunichil Muknal 282
Blue Hole National Park 276
Centro Turístico Cueva de las Minas 191
Cuevas de Ak'tun Kan 208
Cuevas de Taulabé 399
Nivida Bat Cave 730
Nohoch Che'en Caves Branch Archaeological Reserve 271

Kartenverweise **000**
Fotoverweise **000**

Homestays 798
Honduras 45, 379, **382**
An- & Weiterreise 460
Arbeiten 456
Behinderung, Reisen mit 458
Budgetplanung 380
Essen 379, 380
Etikette 457
Feiertage 456
Frauen unterwegs 457
Freiwilligenarbeit 457
Geld 457
Geschichte 450
Getränke 380
Grenzübergänge 227, 242, 350, 427, 460, 514
Highlights 382, **382**
Infos im Internet 380
Internetzugang 458
Kinder 458
Klima 379, 458
Konsulate 456
Kultur 453
Künste 454
Menschen 453
Nationalparks & Naturschutzgebiete 455
Natur & Umwelt 455
Öffnungszeiten 458
Post 458
Preise 380
Rauchen 458
Rechtsfragen 458
Reiserouten 380
Reisezeit 379
Schwule & Lesben unterwegs 459
Sicherheit 459
Unterkünfte 459
Unterwegs vor Ort 461
Visa 459
Zeit 460
Zoll 460
Hopkins 287
Huehuetenango 168, **169**
Hummingbird Highway 275

I

Impfungen 791
Indigene Völker 781, *siehe auch einzelne Gruppen*
Infos im Internet 19
Inseln im Golfo de Fonseca 356
Internetzugang 792
Isla Bastimentos 729
Isla Boca Brava 710
Isla Cañas 702
Isla Carenero 728
Isla Colón 719
Isla Conchagüita 356
Isla Cozumel 62, **63**
Isla de Coiba 705
Isla de Ometepe 16, 494, **496**, **16**
Isla del Tigre 449
Isla Espíritu Santo 350
Isla Grande 737
Isla Madre Sal 350
Isla Martín Pérez 356
Isla Meanguera 356
Isla Méndez 350
Isla Montecristo 349
Isla Mujeres 57
Isla Taboga 696
Isla Venada 542
Isla Zacatillo 356
Isla Zapote 542
Islas de la Bahía 12, 434, **435**, **12**
Islas Solentiname 542
Ixcacao Maya Belizean Chocolate 294

J

Jacó 634
Jinotega 525
Jinotepe 489
Joya de Cerén 324
Juayúa 343

K

Kaffee 341
Kaffeetouren
Costa Rica 583, 610
Guatemala 183
Nicaragua 522
Panama 714
Kajakfahren
Costa Rica 605, 635
Honduras 443
Nicaragua 484, 499
Panama 721, 761
Kanufahren
Costa Rica 586, 600,
Honduras 443
Karibikküste 529, 585
Karten 793
Kathedralen, *siehe* Kirchen & Kathedralen
Kinder 793
Costa Rica 665
El Salvador 374
Guatemala 239
Honduras 458

Kirchen & Kathedralen
Antigua Catedral (Managua) 465
Basílica de Esquipulas 190
Basílica de Suyapa 381
Catedral de Granada 482, **2**, **12**
Catedral de León 507
Catedral de San Isidro 423
Catedral de Santa Ana 333
Catedral de Santiago 119
Catedral (Estelí) 517
Catedral Metropolitana (Managua) 468
Catedral Metropolitana (San Salvador) 307
Catedral Nuestra Señora de la Paz 353
Catedral San Juan 525
Convento y Museo San Francisco 482
Iglesia Católica Copán Ruinas 404
Iglesia de Chalatenango 362
Iglesia de la Merced (Gracias) 415
Iglesia de la Recolección 509
Iglesia de San Félipe 736
Iglesia de San Francisco 123
Iglesia de San José 676
Iglesia de San José Orosi 582
Iglesia de San Pedro 697
Iglesia de Santo Tomás 152
Iglesia El Calvario 310 (San Salvador)
Iglesia El Calvario (Santa Ana) 333
Iglesia El Carmen 333
Iglesia El Rosario 307
Iglesia La Merced (Comayagua) 394
Iglesia La Merced (Granada) 482
Iglesia La Merced (Tegucigalpa) 381
Iglesia Los Dolores 381
Iglesia Parroquial Santiago Apóstol 143
Iglesia (Trujillo) 432
Iglesia y Convento de Nuestra Señora de la Merced 119
Kathedrale (Comayagua) 394

Kathedrale (San Pedro Sula) 400
León 507
Moravian Church (Bluefields) 530
Moravian Church (Pearl Lagoon) 533
Nuestra Señora de Asunción 339
St. John's Cathedral 247
Templo de San Bernardino 70
Templo El Calvario 183
Kitesurfen 254, 537
Klima 18, 25, **18**, *siehe auch einzelne Länder*
Klöster 119, 123
Konsulate *siehe* Botschaften & Konsulate
Kreolen 782
Krokodile 634
Kultur 784
Belize 299
Costa Rica
El Salvador 368
Guatemala 230
Honduras 453
Mexiko 97
Nicaragua 550
Panama 756
K'um'arkaj 154
Kunsthandwerk 784

L

La Blanca 224
La Campa 418
La Ceiba 423, **424**
La Costa del Bálsamo 327
La Cruz 618
La Democracia 177
La Ensenada 422
La Esperanza 395
La Fortuna 598
La Garnacha 523
La Laguna de Alegría 348
La Libertad 325
La Moskitia 446
La Palma 363, 749
La Unión 354
Lago de Atitlán 15, 133, **134**, 15
Lago de Coatepeque 332
Lago de Izabal 194
Lago de Yojoa 397
Lagos de Montebello 90
Laguna Bacalar 68
Laguna de Olomega 352
Lamanai 265
Lancetilla, Botanischer Garten & Forschungszentrum 423
Lanquín 186
Lars, Claudia 369
Las Isletas 483
Las Peñitas 514
Lebensart 783
León 506, **508**
An- & Weiterreise 513
Ausgehen 512
Essen 512
Festivals & Events 510
Geführte Touren 510
Geschichte 507
Kurse 509
Nachtleben 512
Praktische Informationen 513
Sehenswertes 507
Unterhaltung 512
Unterkünfte 511
Lesben unterwegs 794
Belize 302
Costa Rica
El Salvador 374
Guatemala 240
Honduras 459
Mexiko 99
Nicaragua 554
Panama 764
Liberia 614, **615**
Literatur 369, 454, 770, 785
Little Corn Island 537
Lívingston 200
Llort, Fernando 368
Lopez, Matilde Elena 369
Los Cóbanos 327
Los Planes de Renderos 325
Lubaantun 298

M

Mahahual 69
Malkurse 469
Managua 465, **470**, **472**, **478**
Aktivitäten 465
An- & Weiterreise 476
Ausgehen & Nachtleben 474
Essen 473
Festivals & Events 469
Geschichte 465
Kurse 469
Praktische Informationen 475
Sehenswertes 465
Shoppen 475
Unterhaltung 474
Unterkünfte 470
Unterwegs vor Ort 469, 476
Mancarrón 542
Manuel Antonio 639, **640**
Mapa en Relieve 107
Marcala 396
Märkte
Chichicastenango 152
Guatemala-Stadt 107, 113
Mercado de Artesanías de Masaya 490
Panama-Stadt 689
Quetzaltenango (Xela) 167
San Salvador 321
Masachapa 478
Masaya 490, **490**
Masaya (Region) 479
Massagen
Belize 259
El Salvador 355
Guatemala 148
Matagalpa 526
Mayas 781
Mérida (Mexiko) 73, **76**, 23
Mérida (Nicaragua) 499
Mestizen 780
Metapán 336
Metetí 746
Mexiko: Yucatán & Chiapas 44, 48, **51**, **52**, **86**
An- & Weiterreise 100
Botschaften & Konsulate 99
Chiapas 84, **86**
Ermäßigungen 99
Essen 48, 49
Feiertage 99
Freiwilligenarbeit 60, 98
Geld 99
Geschichte 96
Getränke 49
Grenzübergänge 100, 242, 303
Highlights 51, **51**
Infos im Internet 49
Klima 48, 99
Konsulate 99
Kultur 97
Notfälle 99
Öffnungszeiten 99
Preise 49
Reiserouten 49
Reisezeit 48
Schwule & Lesben unterwegs 99
Sicherheit 98
Touristenkarte 99
Unterkünfte 48, 99
Unterwegs vor Ort 101
Visa 99
Wirtschaft 96
Zoll 99
Yucatán 50, **52**
Miami 422
Mirador el Boquete 489
Miramundo 364
Misol-Ha 95
Mixco Viejo 181
Mobiltelefon 797
Monterrico 178
Monteverde 607, **608**, 14
Montezuma 630, **631**
Monumento Nacional Isla Barro Colorado 696
Morazán 357
Motorradfahren 800, 803
Mountain Pine Ridge 282
Mount Pleasant 535
Moya, Horacio Casellanos 369
Moyogalpa 495
Museen
BioMuseo 679
Cacaopera-Museum 357
Casa de los Venados 70
Casa de Montejo 78
Casa del Tejido Antiguo 122
Casa K'inich 404
Casa MIMA 106
Casa Museo Comandante Carlos Fonseca 526
Casa Museo Judith Kain 539
Centro de Textiles del Mundo Maya 85
Centro Monseñor Romero 310
Cojolya Association of Maya Women Weavers 143
Culture House (Great Corn Island) 535
El Campamento Guerrillero Simulado 357
Galería de Héroes y Mártires (Estelí) 517
George Price Center for Peace & Development 272
Gran Museo del Mundo Maya 77
Gulisi Garifuna Museum 284

Miraflores-Besucherzentrum 694
Museo Balam 171
Museo Capitán Dulché 57
Museo Casa Galeano 415
Museo de Antropología e Historia 493
Museo de Antropología e Historia de San Pedro Sula 400
Museo de Arqueología Maya 404
Museo de Arte Contemporáneo 679
Museo de Arte Religioso Colonial 678
Museo de Arte y Diseño Contemporáneo 563
Museo de Café 527
Museo de Chocolate 483
Museo de Escultura 412
Museo de Jade 563
Museo de la Arquitectura Maya 81
Museo de la Medicina Maya 85
Museo de la Palabra y La Imagen 307
Museo de la Revolución Salvadoreña 357
Museo de Leyendas y Tradiciones 509
Museo del Canal Interoceánico 677
Museo del Ferrocarril 106
Museo de Oro Precolombino y Numismática 562
Museo de Paleontología, Arqueología y Geología 191
Museo de Sitio Panamá Viejo 678
Museo Digital de Copán 404
Museo Historico Cultural de la Costa Caribe 530
Museo Historico de la Revolución 509
Museo Ixchel 107
Museo Ixkik' 158
Museo Juan Santamaría 577

Kartenverweise **000**
Fotoverweise **000**

Museo Maya de Cancún 50
Museo Nacional de Costa Rica 562
Museo Nacional de Historia 106
Museo Nacional de Historia Natural Jorge Ibarra 107
Museo para la Identidad Nacional 381
Museo Popol Vuh 107
Museo Regional del Oriente 352
Museo Rubén Darío 507
Museum of Belize 247
Musik 21, 786
  Belize 300
  Garifuna 420
  Guatemala 161, 166, 232
  Panama 682, 684, 758

N

Naranjo 224
Nationalparks & Naturschutzgebiete 234, 370, 455
  Área Protegida Cerro Tisey-Estanzuela 523
  Área Protegida Miraflor 521
  Biotopo Cerro Cahuí 213
  Biotopo Chocón Machacas 202
  Biotopo del Quetzal 181
  Blue Hole National Park 276
  Cloudbridge Nature Reserve 647
  Guanacaste National Park 272
  Isla de Coiba 705
  Monumento Nacional Cañon de Somoto 524
  Monumento Nacional Isla Barro Colorado 696
  Parque Eco-Arqueológico Los Naranjos 399
  Parque Internacional La Amistad 718
  Parque Nacional Braulio Carrillo 581
  Parque Nacional Cahuita 589
  Parque Nacional Carara 634
  Parque Nacional Cerro Azul Meámbar 399
  Parque Nacional Chirripó 647
  Parque Nacional Corcovado 654
  Parque Nacional Cusuco 400
  Parque Nacional Darién 742
  Parque Nacional El Imposible 346
  Parque Nacional Jeannette Kawas 422
  Parque Nacional La Tigra 393
  Parque Nacional Los Volcanes 331
  Parque Nacional Manuel Antonio 13, 639, **13**, **33**
  Parque Nacional Marino Ballena 644
  Parque Nacional Marino Golfo de Chiriquí 710
  Parque Nacional Marino Isla Bastimentos 730
  Parque Nacional Marino Las Baulas de Guanacaste 622
  Parque Nacional Montaña de Celaque 418
  Parque Nacional Montaña de Comayagua 394
  Parque Nacional Montaña de Santa Bárbara 399
  Parque Nacional Pico Bonito 430
  Parque Nacional Rincón de la Vieja 616
  Parque Nacional San Lorenzo 735
  Parque Nacional Soberanía 695
  Parque Nacional Tapantí-Macizo Cerro de la Muerte 582
  Parque Nacional Tortuguero 585
  Parque Nacional Volcán Arenal 599
  Parque Nacional Volcán Barú 716
  Parque Nacional Volcán Masaya 492
  Parque Nacional Volcán Poás 580
  Parque Nacional Walter T. Deininger 326
  Refugio Nacional de Vida Silvestre Caño Negro 604
  Reserva Biológica Bosque Nuboso Monteverde 14, 607
  Reserva Biológica Indio-Maíz, Aguas Frescas 544
  Reserva Biológica Indio-Maíz, Caño Sarnoso 544
  Reserva Biológica Indio-Maíz, Río Bartola 544
  Reserva de Biosfera Bosawás 527
  Reserva de la Biosfera del Río Plátano 447
  Reserva de la Biosfera Ría Celestún 78
  Reserva Natural Absoluta Cabo Blanco 630
  Reserva Natural Estero Padre Ramos 516
  Reserva Natural Isla Juan Venado 514
  Reserva Natural Laguna de Apoyo 488
  Reserva Natural Volcán Mombacho 487
  Reserva Santa Elena 611
  Río Blanco National Park 298
  Shipstern Conservation Management Area 270
  Talamanca Reserve 648
Nebaj 156
Nicaragua 45, 463, **466**
  An- & Weiterreise 555
  Behinderung, Reisen mit 554
  Botschaften 553
  Botschaften & Konsulate 553
  Budgetplanung 464
  Essen 463
  Feiertage 553
  Freiwilligenarbeit 553
  Gefahren & Ärgernisse 553
  Geld 464, 553
  Geschichte 546
  Grenzübergänge 556
  Highlights 466, **466**
  Internetzugang 553
  Klima 463
  Kultur 550
  Natur & Umwelt 552
  Rechtsfragen 554
  Reiserouten 464
  Reisezeit 463
  Schwule & Lesben unterwegs 554
  Sicherheit 553
  Telefon 554

TouristenInformation 555
Unterkünfte 463, 555
Unterwegs vor Ort 556
Visa 555
Nim Li Punit 297
Nördliches Honduras 418
Nördliches Nicaragua 516
Nördliches Tiefland (Costa Rica) 598
Nordwestliches Costa Rica 606
Nordwestliches Nicaragua 506
Notfälle 809
Nueva Ocotepeque 417

O

Öffentliche Kunst 785
Spazierweg an der Nationalversammlung 468
Panamakanal-Wandbilder 679
Wandbilder (Esteli) 517
Öffnungszeiten 793, *siehe auch einzelne Länder*
Ökotourismus 771
Costa Rica 583, 600
Honduras 397, 448
Nicaragua 533
Omoa 419
Orange Walk 266
Ost-Guatemala 189

P

Paddeln 443
Palacios 448
Paläste
Palacio del Ayuntamiento 119
Palacio de los Capitanes Generales 119
Palacio Nacional de la Cultura 106
Palacio Nacional 310
Palenque 13, 91, **92** 13, 29
Palmar 650
Panajachel 134, **136**
Panama 46, 671, **674**
Aktivitäten 760
An- & Weiterreise 766
Behinderung, Reisen mit 764
Botschaften & Konsulate 761
Budgetplanung 672
Elektrizität 761
Essen 671, 672, 761
Feiertage 762
Gefahren & Ärgernisse 762
Geld 763
Geschichte 751
Getränke 672, 762
Grenzübergänge 747, 766
Highlights 674, **674**
Infos im Internet 672
Internetzugang 764
Klima 671
Konsulate 761
Kultur 756
Künste 758
Natur & Umwelt 759
Öffnungszeiten 764
Politik 751
Rechtsfragen 764
Reiserouten 672
Reisezeit 671
Religion 757
Schwule & Lesben unterwegs 764
Sport 758
Telefon 765
Touristeninformation 765
Unterkünfte 671, 765
Unterwegs vor Ort 767
Visa 765
Zoll 765
Panamakanal 693, 770, **695**
Panama-Stadt 14, 673, **676**, **680**, **686**, 14
An- & Weiterreise 691
Ausgehen & Nachtleben 688
Essen 685
Festivals & Events 682
Kurse 680
Praktische Informationen 690
Sehenswertes 679
Shoppen 689
Touren 681
Unterhaltung 689
Unterkünfte 682
Unterwegs vor Ort 692
Panchimalco 325
Paragliding 123, 135
Parks & Gärten
Aprovaca Orquídeas 699
Botanischer Garten & Forschungszentrum Lancetilla 423
Carambola Botanical Gardens 439
Cerro Tzankujil 148
Finca Los Monos Botanical Garden 722
Green Iguana Conservation Project 277
Jardín Botánico Dr. Alfredo Barrera Marín 59
Jardín Botánico (Gracias) 415
Jardín Botánico La Laguna 307
Orquigonia 182
Parque Balboa 325
Parque Histórico Nacional Loma de Tiscapa 468
Parque Metropolitano La Sabana 563
Parque Minerva 107
Parque Nacional Las Victorias 182
Parque Nacional (San José) 562
Parque Natural Metropolitano 679
Parque Santa Lucía 78
Parque Swinford 423
Plaza de la Revolución 465
Tree of Life 589
Turicentro Agua Fría 361
Parque Arqueológico Takalik Abaj 174
Parque Internacional La Amistad 718
Parque Nacional Braulio Carrillo 581
Parque Nacional Carara 634
Parque Nacional Corcovado 654
Parque Nacional El Imposible 346
Parque Nacional La Tigra 393
Parque Nacional Los Volcanes 331
Parque Nacional Manuel Antonio 13, 639, 13, 33
Parque Nacional Marino Isla Bastimentos 730
Parque Nacional Montaña de Comayagua 394
Parque Nacional Pico Bonito 430
Parque Nacional Rincón de la Vieja 616
Parque Nacional San Lorenzo 735
Parque Nacional Soberanía 695
Parque Nacional Volcán Barú 716
Parque Nacional Volcán Masaya 492
Parque Nacional Volcán Poás 580
Parque Nacional Walter T. Deininger 326
Paso Canoas 657
Pavones 656
Pearl Lagoon 532
Pedasí 701
Pedro-Miguel-Schleusen 694
Península de Nicoya 618, **620**
Península de Osa 645, **648**
Perquín 357
Petén 204
Piedras Negras 224
Placencia 290, **291**
Playa Aserradores 515
Playa Avellanas 623
Playa Brava 356
Playa del Carmen 60, **61**
Playa del Coco 619
Playa El Coco 505
Playa El Ostional 506
Playa El Tunco 15, 327
Playa El Zonte 327
Playa Hermosa 505
Playa Jiquilillo 515
Playa Las Lajas 711
Playa Maderas 505
Playa Negra 623
Playa Sámara 626
Playa Santo Domingo 498
Playa Tamarindo 622, **624**
Playa Venao 704
Pochomil 478
Politik 770
Polizei 795
Poneloya 514
Portobelo 735
Post 793, *siehe auch einzelne Länder*
Pueblos Blancos 489
Puerta Lempira 448
Puerto Barrios 198
Puerto Cortés 419
Puerto Jiménez 652
Puerto Limón 588
Puerto Morelos 59
Puerto Viejo de Talamanca 593, **594**
Punta de Manabique 200
Punta Gorda 293, **295**
Punta San Juan 350
pura vida 661

Q

Quema del Diablo 152
Quepos 637
Quetzaltenango (Xela) 158, **160**, **162**
Quezaltepeque 310
Quiriguá 193

R

Radfahren 43, 804
Costa Rica 600
Guatemala 135, 235
Honduras 415
Mexiko 65, 67, 79
Panama 721
Rafting
Costa Rica 583, 605, 637, 643
El Salvador 336
Honduras 429
Panama 713, 761
Raiti Pura 533
Rama Cay 530
Rancho Frío 748
Raub 795
Refugio de Vida Silvestre Cuero y Salado 431
Refugio de Vida Silvestre La Flor 506
Reisehinweise 795
Reisen mit Behinderung 794
Costa Rica 665
El Salvador 374
Guatemala 240
Honduras 458
Nicaragua 554
Panama 764
Reisepass 800
Reiseplanung, *siehe auch* einzelne Regionen
Belize 45, 245
Budgetplanung 19, 36
Costa Rica 46, 558
El Salvador 45, 305
Grundlegende Infos 18
Guatemala 44, 102
Honduras 45, 379
Infos im Internet 19
Mexiko 44, 48
Nicaragua 45, 463
Panama 46, 671
Reisezeit 18, 25
Veranstaltungskalender 25

Kartenverweise **000**
Fotoverweise **000**

Reiserouten 28, **28**, **30**, **31**, **32**, **34**, *siehe auch einzelne Länder*
Reisezeit 18, 25, *siehe auch einzelne Länder*
Reiten
Costa Rica 590, 600, 610, 635
Guatemala 235
Honduras 409, 415, 429, 436
Nicaragua 501
Religion 783, *siehe auch einzelne Länder*
Religiöse Stätten
Cerro La Cruz 525
Reserva Biológica Bosque Nuboso Monteverde 14, 607
Reserva de Biosfera Bosawás 527
Reserva de la Biosfera del Río Plátano 447
Reserva Natural Estero Padre Ramos 516
Reserva Natural Laguna de Apoyo 488
Reserva Natural Volcán Mombacho 487
Retalhuleu 173
Río Azul 224
Río Blanco National Park 298
Río Bulaba 707
Río Cangrejal 428
Río Dulce 194
Río San Juan 543
Rivas 493
Roatán 434, **438**
Far East 438
French Harbour 439
Sandy Bay 439
West Bay 440
West End 434
Ruinas de Quelepa 351
Ruinas de San Andrés 325
Ruta de las Flores 16, 338

S

Salamá 181
Sambo Creek 431
Sambú 750
San Antonio 298
San Bartolo 224
San Carlos 541
San Cristóbal de las Casas 84, **88**
San Fernando 542
San Gerardo de Rivas 646
San Ignacio 276, **278**
San Isidro de El General 645
San José 562, **564**
An- & Weiterreise 573
Ausgehen & Nachtleben 572
Essen 569
Festivals & Events 567
Geführte Touren 563
Praktische Informationen 573
Sehenswertes 562
Shoppen 572
Unterhaltung 572
Unterkünfte 567
Unterwegs vor Ort 576
San Juan de Oriente 489
San Juan del Sur 501, **502**, 33
San Manuel Colohete 418
San Marcos 489
San Marcos La Laguna 148
San Miguel 351, **352**
San Pedro 259, **260**
San Pedro Columbia 297
San Pedro La Laguna 145
San Pedro Sula 400
San Ramón 499
San Salvador 307, **311**, **312**, **316**, **318**
Aktivitäten 310
An-/Weiterreise 322
Ausgehen & Nachtleben 320
Essen 317
Praktische Informationen 321
Sehenswertes 307
Shoppen 320
Unterhaltung 320
Unterkünfte 312
Unterwegs vor Ort 324
San Vicente 347
Santa Ana 333, **334**
Santa Catalina 705
Santa Cruz 498
Santa Cruz del Quiché 154
Santa Cruz La Laguna 149
Santa Elena (Guatemala) 205
Santa Elena (Costa Rica) 607, **608**
Santa Fé 707
Santa Lucía 393
Santa Lucía Cotzumalguapa 175
Santa Rosa Sector 618
Santa Tecla 330
Santa Teresa 628
Santiago Atitlán 142
Sarteneja 270
Sayaxché 204
Schiffsreisen 802, 805
Schnorcheln *siehe* Tauchen & Schnorcheln
Schokoladentouren
Belize 277
Costa Rica 594, 600, 605
Panama 725
Schwimmen 796
Costa Rica 589, 639, 651
Honduras 397
Mexiko 62, 67, 70
Nicaragua 498
Schwule unterwegs 794
Belize 302
Costa Rica
El Salvador 374
Guatemala 240
Honduras 459
Mexiko 99
Nicaragua 554
Panama 764
Segeln
Belize 254, 259
Guatemala 195
Panama 724
Seilrutschen
Belize 283, 298
El Salvador 340
Honduras 417
Panama 730
Semuc Champey 187
Sicherheit 795, *siehe auch einzelne Länder*
Sierpe 650
Sipacate 177
Sittee Point 287
Somoto 524
Sonsonate 344
Spanisch 806
Spas *siehe* Thermalquellen & Spas
Sprache 21, 563, 806
Sprachkurse
Costa Rica 581, 610, 623, 627
El Salvador 359, 374
Guatemala 123, 135, 145, 156, 159, 179
Honduras 406
Mexiko 59
Nicaragua 469, 483, 501, 517, 527
Panama 680, 724
Strände
Bando Beach 441
Big Fowl House Beach 537

Boca del Drago 722
Cabañas Playa Blanca 57
Goat Beach 537
Isla Martín Pérez 356
Jimmy Lever Beach 537
Las Flores 355
Las Peñitas 514
Otto Beach 537
Playa Aserradores 515
Playa Avellanas 623
Playa Bluff 722
Playa Cocles 593
Playa del Carmen 60, **61**
Playa del Coco 619
Playa El Coco 505
Playa El Cuco 355
Playa El Ostional 506
Playa El Tunco 15, 327, **15**
Playa El Zonte 327
Playa Esteron 355
Playa Hermosa 505
Playa Jaguey 355
Playa Jiquilillo 515
Playa Las Lajas 711
Playa Las Tunas 355
Playa Maderas 505
Playa Majahual 356
Playa Montezuma 630
Playa Negra (Cahuita) 589
Playa Negra (Isla del Tigre) 449
Playa Norte 57
Playa Sámara 626
Playa Santo Domingo 495
Playa Tamarindo 622, **624**
Playa Venao 704
Playa Venecia 495
Poneloya 514
Punta Jesús María 495
Red Frog Beach 729
Tela 420
Wizard Beach 729
Suchitoto 359
Südliche Pazifikküste (Nicaragua) 501
Südliches Costa Rica 645
Südliches Honduras 448
Südwestliches Nicaragua 493
Sunset Coast 703
Surfen 42
Costa Rica 594, 622, 627, 635, 643, 656
El Salvador 326, 327, 328, 355
Guatemala 177
Nicaragua 501
Panama 705, 721, 724, 760

T

Tacuba 345
Tanzkurse 469
Tauchen
Tauchen & Schnorcheln 42
Belize 254, 259, 288, 290
Costa Rica 591, 619, 637, 651
El Salvador 310
Guatemala 149
Honduras 425, 435, 441
Mexiko 58, 59, 60, 65, 69
Nicaragua 537
Panama 698, 701, 705, 722, 736
Tazumal 337
Tegucigalpa 381, **386**, **390**
An- & Weiterreise 392
Ausgehen & Nachtleben 388
Essen 385
Festivals & Events 384
Praktische Informationen 389
Sehenswertes 381
Shoppen 389
Unterhaltung 389
Unterkünfte 384
Unterwegs vor Ort 393
Tela 420
Telefon 796, *siehe auch einzelne Länder*
Thermalquellen & Spas
Aguas Termales (Copán Ruinas) 409
Aguas Termales Presidente 418
Centro Turístico Terma del Río 418
Copán Ruinas 409
Eco Termales Hot Springs 599
Paradise Hot Springs 599
Pozos Termales 699
Termales Río Negro 617
Tierbeobachtung 40
Costa Rica 600, 651
Guatemala 213
Mexiko 57, 58, 78
Panama 695, 703
Tiere *siehe auch* Tierbeobachtung, Wildschutzgebiete
Brüllaffen 265
Flamingoes **41**
Schildkröten 42, 57, 178, 703
Schmetterlinge 283
Walhaie 57
Tikal 10, 214, **216**, **10**, **216**
Tilarán 603
Tobacco Caye 287
Todos Santos Cuchumatán 171
Toiletten 797
Toledo 297
Tornabé 422
Tortuguero 585
Touristeninformation 797, *siehe auch einzelne Orte*
Trampen 805
Transport 800
Sprache 810
Trekking *siehe* Wandern
Trinkgeld 21
Belize 302
Costa Rica 664
El Salvador 373
Guatemala 228
Honduras 458
Panama 763
Trommelkurse 288, 294
Trujillo 431, **432**
Tulum 65

U

Uaxactún 222
Umweltprobleme
Abholzung 235, 301, 371, 760
Bergbau 371, 760
Gefährdete Arten 301, 662
Invasive Arten 97
Unesco-Welterbestätten
Antigua 118, **120**
Casco Viejo 673
Copán, Archäologische Stätte 16, 410, **411**
Isla de Coiba 705
Joya de Cerén 324
Parque Nacional Darién 742
Quiriguá 193
Reserva de la Biosfera del Río Plátano 447
Tikal 10, 214, **216**, **10**, **216**
Unterkünfte 36, 797, *siehe auch einzelne Orte*
Sprache 806
Unterwegs in Zentralamerika 803
Uspantán 157
Usulután 350
Utila 440, **442**
Uvita 644
Uxmal 78

V

Valladolid 70
Valle Central & Hochland (Costa Rica) 576, **578**
Valle de Orosi 582
Valle de Sarapiquí 604
Verkehrsmittel & -wege 800
Sprache 810
Versicherung 798
Visa 798
Belize 303
Costa Rica 667
El Salvador 372
Guatemala 241
Honduras 459
Mexiko 99
Nicaragua 555
Panama 765
Vögel 456
Vogelbeobachtung 40 *siehe auch* Tierbeobachtung
Belize 267, 270
Costa Rica 600, 609, 653
El Salvador 331
Guatemala 178, 181, 213, 220, 233
Honduras 393, 406
Mexiko 78
Nicaragua 522
Panama 696, 761, 748
Vulkane
Cerro de Oro 143
El Salvador 337
Parque Nacional Los Volcanes 331
Santiaguito 159
Volcán Arenal 598, **4**
Volcán Barú 716
Volcán Chaparrastique 353
Volcán Izalco 331
Volcán San Pedro 145
Volcán Santa María 159
Volcán Tajumulco 159
Volcán Tolimán 143

W

Walhaie 441
Wandern 39
Costa Rica 580, 581, 586, 590, 599, 607, 617, 635, 639, 651, 654

El Salvador 331, 346, 353, 362
Guatemala 143, 145, 156, 159, 171, 235
Honduras 394, 397, 398, 401, 425, 429
Nicaragua 494, 522, 535
Panama 711, 716, 722, 761
Wasserfälle
Agua Azul 95
Cascada de los Ensueños 394
Cascada San Ramón 499
Catarata Río Fortuna 599
Cataratas Nauyaca 642
Chorro El Macho 699
La Escalada de los Gigantes 398
Los Siete Altares 200
Misol-Ha 95
Montezuma-Wasserfälle 630
Pulhapanzak 399
Salto Estanzuela 523
Wassersport *siehe einzelne Sportarten*
Websites 19, *siehe auch einzelne Orte*
Wechselkurse
Belize 246
Costa Rica 559
El Salvador 306
Guatemala 103
Honduras 380
Mexiko 49
Nicaragua 464
Panama 672
West-Belize 272, **274**
Wetter 18, 25, **18**, *siehe auch einzelne Länder*
Wildschutzgebiete
Alturas Wildlife Sanctuary 642
Biotopo Monterrico-Hawaii 178
Crooked Tree Wildlife Sanctuary 267
Iguana Research & Breeding Station 440
Isla Cañas 702
Jaguar Centro de Rescate 594
Meeresschutzgebiet Roatán 435
Monkey Bay Wildlife Sanctuary 271
Panama Rainforest Discovery Center 696
Parque Hawaii 179
Refugio de Vida Punta Izopo 422
Refugio de Vida Silvestre Isla Iguana 702
Refugio de Vida Silvestre Islas Taboga y Urabá 697
Reserva Biológica Bosque Nuboso de Monteverde 607
Reserva Natural Punta Patiño 750
Tortugario Monterrico 179

X
Xunantunich 283

Y
Yaviza 746
Yaxchilán 91
Yaxhá 223
Yoga
Belize 259
Costa Rica 631, 657
Guatemala 148
Yucatán 48, 50, **51**, **52**, *siehe auch* Mexiko: Yucatán & Chiapas

Z
Zaculeu 169
Zentrale Pazifikküste (Costa Rica) 633
Zigarrentouren 519
Zoll 799, *siehe auch einzelne Länder*
Zoos *siehe auch* Wildschutzgebiete
Bat Jungle 607
Belize Zoo 271
Butterfly Garden 607
El Níspero 699
La Aurora Zoo 109
Macaw Mountain Bird Park 404
Monteverde Theme Park 607

Kartenverweise **000**
Fotoverweise **000**

Kartenlegende

Sehenswertes
- Strand
- Vogelschutzgebiet
- buddhistisch
- Burg/Palast
- christlich
- konfuzianisch
- hinduistisch
- islamisch
- jainistisch
- jüdisch
- Denkmal
- Museum/Galerie/hist. Gebäude
- Ruine
- Sento/Onsen
- shintoistisch
- Sikh
- taoististisch
- Weingut/Weinberg
- Zoo/Naturschutzgebiet
- Sehenswürdigkeit

Aktivitäten, Kurse & Touren
- bodysurfen
- tauchen/schnorcheln
- Kanu/Kajak fahren
- Kurse/Touren
- Ski fahren
- schnorcheln
- surfen
- schwimmen/Pool
- wandern
- windsurfen
- sonstige Aktivitäten

Schlafen
- Hotel/Hostel
- Camping

Essen
- Restaurant

Ausgehen & Nachtleben
- Bar, Kneipe
- Café

Unterhaltung
- Unterhaltung

Shoppen
- Shoppen

Praktisches
- Bank
- Botschaft/Konsulat
- Krankenhaus/Arzt
- Internet
- Polizei
- Post
- Telefon
- Toilette
- Touristeninformation
- sonstige Informationen

Geografie
- Strand
- Hütte/Unterstand
- Leuchtturm
- Aussichtspunkt
- Berg/Vulkan
- Oase
- Park
- Pass
- Rastplatz
- Wasserfall

Städte
- Hauptstadt (Staat)
- Hauptstadt (Bundesstaat/Provinz)
- Großstadt
- Stadt/Ort

Transport
- Flughafen
- Grenzübergang
- Bus
- Seilbahn/Standseilbahn
- Radweg
- Fähre
- Metro-Station
- Schwebebahn
- Parkplatz
- Tankstelle
- Subway-Station
- Taxi
- Bahnhof/Bahnlinie
- Straßenbahn
- U-Bahnstation
- sonstiger Transport

Hinweis: Nicht alle in der Legende aufgeführten Symbole sind Bestandteil der Karten dieses Buches

Verkehrswege
- Mautstraße
- Autobahn
- Hauptstraße
- Landstraße
- Verbindungsstraße
- sonstige Straße
- unbefestigte Straße
- Straße im Bau
- Platz/Promenade
- Treppe
- Tunnel
- Fußgängerbrücke
- Spaziergang
- Abstecher von der Route
- Pfad/Wanderweg

Grenzen
- Staatsgrenze
- Provinzgrenze
- umstrittene Grenze
- Regional-/Bezirksgrenze
- Meeresschutzgebiet
- Klippen
- Mauer

Gewässer
- Fluss, Bach
- periodischer Fluss
- Kanal
- Gewässer
- Salzsee/trockener/periodischer See
- Riff

Gebietsform
- Flughafen/Landepiste
- Strand/Wüste
- christlicher Friedhof
- sonstiger Friedhof
- Gletscher
- Watt
- Park/Wald
- Sehenswertes (Gebäude)
- Sportplatz
- Sumpf/Mangroven

DIE AUTOREN

Steve Fallon
Panama Gebürtig in den USA, reiste Steve als junger Mann nach Lateinamerika. Irgendwie blieb der Mittelteil, vor allem Panama, abgesehen von Hüten und Kanal für ihn Terra incognita, bis Lonely Planet ihn in die Wüste schickte. Und was entdeckte er: Kolibrinester, kobaltblaue und scharlachrote Frösche und eine Spinne, die ein goldenes Netz webt. Und dann war da noch der Kaffee, die Schokolade, die Orchideen, die Strände, die Korallen... Wer hätte das gedacht?

Bridget Gleeson
Nicaragua Bridget lebt in Buenos Aires und arbeitet als Reiseautorin und gelegentlich Fotografin. Ihre ersten Lateinamerikaerfahrungen hat sie in Nicaragua gesammelt. Bevor sie nach Südamerika zog, lebte und arbeitete sie in Granada und lernte dort Spanisch. Dieser Auftrag war eine willkommene Gelegenheit für sie, zu dem Ort zurückzukehren, wo das große Abenteuer begann.

Paul Harding
Belize Als Autor, Fotograf und Person mit chronischem Fernweh hat Paul in den letzten 20 Jahren einen guten Teil der Welt bereist, meist auf der Suche nach Abenteuern, Inseln und Stränden. Belize erfüllt alle Kriterien: Karibikküste und kleine Inseln auf der einen Seite, abgeschiedener Dschungel auf der anderen. Auf dieser Rechercherreise ist Paul auf einem Gummischlauch durch Höhlen gegondelt, an einer Zip-Line durch Baumkronen gesegelt, hat Maya-Ruinen erkundet, am Riff geschnorchelt, scharfe Saucen probiert und reichlich *cabañas* inspiziert. Er hat an über 50 Lonely Planet Bänden für so unterschiedliche Länder wie Australien, Island, Vanuatu und Indien mitgearbeitet.

John Hecht
Mexiko: Yucatán & Chiapas John lebt seit über 20 Jahren in Mexiko und hat in dieser Zeit zu diversen Auflagen des Lonely Planet *Mexico* beigetragen. Er war koordinierender Autor der letzten Auflage von *Cancún, Cozumel & the Yucatán* und hat eine Serie kurzer, in Yucatán gedrehter Videos für Lonely Planet TV produziert. Er lebt mit seiner mexikanischen Frau in Mexiko-Stadt. Seine Mutter wartet immer noch auf seine Rückkehr in die guten alten USA.

Tom Masters
Honduras Der in London aufgwachsene Reisebuchautor Tom lebt in Berlin und schreibt seit fast 10 Jahren über Lateinamerika. Seit seinem ersten Besuch in Honduras 2008 hat Tom die gesamte Region bereist, zuletzt Nordmexiko und Venezuela für Lonely Planet. Als er für diesen Reiseführer wieder dort war, war Tom wirklich beeindruckt, mit welchem Engagement sowohl Einheimische als auch Ausländer daran arbeiten, den Tourismus in Honduras wieder aufzubauen. Mehr von ihm ist auf www.tommasters.net zu lesen.

Tom Spurling
El Salvador Tom hat an 11 Lonely Planet Titeln mitgearbeitet, darunter *India, Turkey, Queensland, Japan* und *South Africa.* Bei *Zentralamerika* ist er zum dritten Mal dabei, aber diesmal wurde er erstmals von einem Vollzeit-Bongospieler begleitet. Wenn er nicht gerade an der Flanke eines aktiven Vulkans Abendessen kocht, verbringt Tom seine Zeit in Hong Kong, häufig auf einem Massagestuhl. Er ist mit einer sehr toleranten Westaustralierin verheiratet und die beiden haben zwei Kinder, die beide nach Pflanzen benannt sind. Er findet, jeder sollte mal nach El Salvador reisen.

Lucas Vidgen

Guatemala Gebürtig und aufgewachsen in Melbourne, Australien, reist und arbeitet Lucas seit beinahe 20 Jahren in Lateinamerika. Er kam damals für einen zweiwöchigen Spanischkurs nach Quetzaltenango und blieb über 10 Jahre. Momentan lebt er abwechselnd in Melbourne und Quetzaltenango, wo er das führende Kultur- und Veranstaltungsmagazin, *XelaWho*, herausgibt – und sehr gelegentlich Beiträge dafür schreibt. Lucas hat an diversen Lonely Planet Reiseführern mitgearbeitet, meist für Ziele in Mittel- und Südamerika. Sein Spanisch ist okay, aber er kann sich immer noch nicht entscheiden, ob eine *pupusa* besser ist als ein Kartoffelpuffer.

Mara Vorhees

Costa Rica, Reiseplanung, Zentralamerika verstehen, Praktische Informationen

In 17 Jahren Reisen nach Zentralamerika, hat Mara 182 Vogelarten, alle vier Neuweltaffen, Ameisenbären, Faultiere, Tapire und ein Jaguarundi erspäht. Aber die wildesten Tiere, die sie kennt, sind ihre sechsjährigen Zwillinge, die sie oft begleiten. Mara war an vielen Lonely Planet Titeln beteiligt, darunter *Costa Rica* und *Belize*. Wenn sie keine Faultiere beobachtet, lebt sie mit ihrem Mann, zwei Kindern und zwei Kätzchen in einem rosafarbenen Haus in Somerville, Massachusetts. Ihre Abenteuer kann man unter havetwinswilltravel.com verfolgen.

DIE LONELY PLANET STORY

Ein ziemlich mitgenommenes, altes Auto, ein paar Dollar in der Tasche und Abenteuerlust – 1972 war das alles, was Tony und Maureen Wheeler für die Reise ihres Lebens brauchten, die sie durch Europa und Asien bis nach Australien führte. Die Tour dauerte einige Monate, und am Ende saßen die beiden – erschöpft, aber voller Inspiration – an ihrem Küchentisch und schrieben ihren ersten Reiseführer *Across Asia on the Cheap*. Innerhalb einer Woche hatten sie 1500 Exemplare verkauft. Lonely Planet war geboren. Heute hat der Verlag Büros in Melbourne, London, Oakland, Franklin, Delhi und Beijing mit mehr als 600 Mitarbeitern und Autoren. Und alle teilen Tonys Überzeugung, dass ein guter Reiseführer drei Dinge erfüllen sollte: informieren, bilden und unterhalten.

Lonely Planet Global Limited
Unit E, Digital Court,
The Digital Hub,
Rainsford Street,
Dublin 8,
Ireland

Verlag der deutschen Ausgabe:
MAIRDUMONT, Marco-Polo-Str. 1, 73760 Ostfildern,
www.lonelyplanet.de, www.mairdumont.com, lonelyplanet-online@mairdumont.com

Chefredakteurin deutsche Ausgabe: Birgit Borowski

Redaktion: Bintang Buchservice GmbH,
www.bintang-berlin.de
Übersetzung: Petra Dubilski, Gunter Mühl, Inga-Brita Thiele, Katja Weber
An früheren Auflagen haben außerdem mitgewirkt: Anne Cappel, Berna Ercan, Tobias Ewert, Karen Gerwig, Marion Gref-Timm, Sonja Häußler, Valeska Henze, Christina Kagerer, Laura Leibold, Marion Matthäus, Silvia Mayer, Ute Perchtold, Julia Rickers, Dr. Christian Rochow

Lektorat: Katharina Grimm, Silvia Mayer
Satz: Holger Ebeling, Katharina Grimm

Zentralamerika für wenig Geld
3. deutsche Auflage Februar 2017, übersetzt von *Central America on a Shoestring, 9th edition*, Oktober 2016, Lonely Planet Global Limited

Die meisten Fotos in diesem Reiseführer können bei Lonely Planet Images, www.lonelyplanetimages.com, auch lizenziert werden.

Printed in Poland